KINDLERS
NEUES
LITERATUR
LEXIKON

Hauptwerke der spanischen und portugiesischen Literatur

Hauptwerke der spanischen und portugiesischen Literatur

Einzeldarstellungen
und Interpretationen

verlegt bei Kindler

Zusammengestellt von Wolfgang Rössig

Satz: Satz-Rechen-Zentrum, Berlin
Druck und Verarbeitung: Franz Spiegel Buch, Ulm
Printed in Germany
ISBN 3-463-40279-3

1 3 5 4 2

Inhaltsverzeichnis

Vorwort

Mit dieser Sammlung von Beiträgen aus *Kindlers Neuem Literatur Lexikon* zu den Hauptwerken der spanischen und portugiesischen Literatur – parallel erscheint ein zweiter Band zu den Hauptwerken der lateinamerikanischen Literatur – folgt der Verlag der Anregung zahlreicher Benutzer dieser Enzyklopädie, bestimmte Literaturbereiche aus dem zwanzigbändigen Gesamtwerk herauszulösen und in Form von Auswahlbänden für Lehrer und Schüler, Studenten und Dozenten der entsprechenden philologischen Fachbereiche sowie für Kenner und Liebhaber der betreffenden Nationalliteraturen zur Verfügung zu stellen.
Anders als im Gesamtlexikon, wo die Werkbeiträge durchgehend von A bis Z nach dem Alphabet der Autoren angeordnet sind, gilt bei den Auswahlbänden ein chronologisches Ordnungssystem: Die Beitragskomplexe zu den einzelnen Autoren – beispielsweise zu Cervantes, García Lorca, Camões oder Pessoa – findet man im literarhistorischen Zusammenhang, dort aber jeweils wieder in alphabetischer Reihenfolge. Zusätzlich findet der Leser am Ende des Bandes ein alphabetisches Register aller Autoren, deren Werke besprochen sind. Mit dieser in erster Linie chronologischen, in zweiter Linie alphabetischen Anordnung der Autoren und Beiträge wird der Stoff unterrichts- und examensgerecht präsentiert, denn aus dem historischen Entwicklungszusammenhang der Literatur, vor allem der verschiedenen Gattungen, ergeben sich die im Unterricht und Studium am häufigsten angewandten Möglichkeiten der Stofferschließung: »Das spanische Theater des Siglo de Oro«, »Der Roman der Generation von 98«, »Die portugiesische Lyrik des Modernismus« oder ähnliche Themen dominieren im akademischen Unterricht und Examenwesen. Auf derartige Zusammenhänge ist die vorliegende Auswahl bewußt ausgerichtet.
Der vorliegende Band bietet nicht nur einen Überblick über die spanische und portugiesische Literatur vom Mittelalter bis zur jüngsten Gegenwart, sondern berücksichtigt auch die wichtigsten Werke der in katalanischer Sprache geschriebenen Literatur sowie die portugiesischsprachige Literatur Afrikas, die wie die Komplexe der spanischen und portugiesischen Literatur jeweils mit einem einleitenden Essay präsentiert werden. Darüber hinaus wurde die in galicischer Sprache verfaßte Literatur Nordwestspaniens in einem Essay vorgestellt.
Angesichts der in jüngster Zeit lebhaften Diskussion über literarhistorische Kanonbildung wirkt der Begriff wie »Hauptwerke« problematisch, vielleicht sogar schon anachronistisch. Gleichwohl muß in einer Enzyklopädie wie *Kindlers Neuem Literatur Lexikon* pragmatisch verfahren und der Kanon möglichst flexibel gehalten werden. Das gilt auch für die vorliegenden Auswahlbände, in denen seit jeher bevorzugte Werke neben zu Unrecht vernachlässigten oder ganz aktuellen zu finden sind. Orientierungspunkte waren vor allem die Bedürfnisse von Schule und Universität; als Richtschnur dienten entsprechende Lektürepläne und Leseempfehlungen.
Die Epochenabgrenzungen sind im Falle der spanischen und portugiesischen Literatur nicht immer unproblematisch. Im vorliegenden Band dienen zur Epochenabgrenzung politisch-historische Eckdaten mit weitreichenden kulturellen Folgen ebenso wie literarhistorische Wendepunkte. Die Niederlage Spaniens im Krieg mit den USA im Jahre 1898 und die durch den Verlust der letzten Kolonien entstandene Identitätskrise oder das Ende des Spanischen Bürgerkriegs im Jahre 1939 gehören zu den politisch-kulturellen Eckdaten, die von Almeida Garrett um 1820 eingeläutete portugiesische Romantik oder der von Fernando Pessoa um 1920 begründete portugiesische Modernismus sind dagegen rein literarhistorische Wendemarken. Weniger eindeutig ist das spanische Siglo de Oro (Goldenes Zeitalter) abzugrenzen, dessen große Klassiker wie Cervantes, Lope de Vega oder Calderón etwa im Zeitraum zwischen 1580 und 1640 wirkten.
Aufgrund der kulturell lähmenden Personalunion mit Spanien (1580–1640) konnte sich

dagegen in Portugal keine Barockliteratur entwickeln. So mußte hier ein weiter Bogen vom Mittelalter bis zum Beginn der Romantik geschlagen werden. Die katalanische Literatur zerfällt wegen der jahrhundertelangen kastilischen Dominanz in zwei sehr deutlich voneinander getrennte Hauptepochen: die bis ins 16. Jahrhundert dauernde Blütezeit und die von Aribaus *La pàtria* (1833) begründete Renaixença (Wiedergeburt).
Einen besonderen Hinweis verdienen die breite Berücksichtigung der Lyrik (meist unter dem Kollektivtitel *Das lyrische Werk* den anderen Beiträgen zu den Werken des betreffenden Autors vorangestellt) und die teilweise sehr ausführlichen, aktuellen Bibliographien.
Wie im zwanzigbändigen Lexikon spiegelt sich natürlich auch in der vorliegenden Auswahl, bedingt durch die große Zahl der Mitarbeiter, die Vielzahl der individuellen Methoden, Stile und Temperamente im Umgang mit Literatur, trotz des vorgegebenen Rahmens. Hier wurde von der Redaktion bewußt nicht normierend eingegriffen, zeigt sich doch darin ein wesentliches Element der Beschäftigung mit Literatur: Auch auf wissenschaftlicher Ebene darf weder die Individualität des literarischen Textes noch die des Betrachters einem abstrakten Konzept geopfert werden.
Die bei einer derart umfangreichen Enzyklopädie trotz größter Sorgfalt unvermeidlichen Fehler wurden, soweit erkannt, in der vorliegenden Auswahl berichtigt, wobei auch die Zuschriften aufmerksamer Leser ausgewertet wurden. Für die auch diesmal übersehenen Fehler bittet die Redaktion um Nachsicht.

Wolfgang Rössig

Die spanische Literatur

von Manfred Tietz

Spanien im Mittelalter: ein europäischer Sonderfall

Spanien ist in seinem Selbstverständnis nicht nur durch die Pyrenäen von Europa getrennt, es unterscheidet sich von Europa auch durch eine lange arabische Präsenz, die im Jahre 711 mit der Eroberung des Landes in nur wenigen Jahren begann, während des ganzen Mittelalters das Land in eine lange Phase der Rückeroberung, der Reconquista, verstrickte und erst 1492 mit der Einnahme und Rechristianisierung Granadas ihr endgültiges Ende nahm. Neben dieser arabischen Präsenz gab es im Spanien des Mittelalters eine zweite, eine jüdische, die weiter zurückreicht, wahrscheinlich in vorchristliche Zeiten, und die ebenfalls 1492 ihr Ende nimmt, als die »Katholischen Könige« ihre jüdischen Untertanen, soweit sie sich nicht zum Christentum bekehren wollen, aus dem frisch vereinigten Spanien vertreiben. Lange Zeit hat die spanische Historiographie versucht, diese arabische und jüdische Präsenz durch Schweigen zu übergehen. Statt dessen wurde die direkte Filiation von den Römern für die spanische Identität betont und die Rolle der Goten hervorgehoben, die das Land von 507 bis 711 besetzt hatten und von denen der spanische Adel noch im 19. Jahrhundert seine Herkunft ableitete. Aus dieser Sicht war es für nicht wenige Literaturhistoriker völlig problemlos, die Ursprünge der spanischen Literatur direkt aus der römischen Antike abzuleiten. Der aus dem spanischen Córdoba stammende SENECA und der aus Aragón gebürtige MARTIAL waren für sie die ersten genuin spanischen Autoren. Mit ihrer Darstellung begann manches Lehrbuch zur spanischen Literatur: Im Stoizismus Senecas oder in der epigrammatischen Kürze des großen Satirikers Martial wollte man nicht selten entscheidende Konstanten der spanischen Mentalität und Geistesgeschichte sehen.

Erst seit Beginn der fünfziger Jahre des 20. Jahrhunderts ist der Historiker und Literaturwissenschaftler Américo CASTRO (1885–1972) dieser Kontinuitätsthese entschieden entgegengetreten. Drei Kasten, die Christen, die Juden und die Mauren, haben, so Castros Argumentation, in Spanien fast über acht Jahrhunderte in häufig friedlichem und tolerantem Kulturaustausch miteinander gelebt. Die Nutznießer dieser multikulturellen Gesellschaft waren vor allem die Christen, bis diese fruchtbare, auf das ganze damalige Abendland ausstrahlende Einheit in Vielfalt endgültig zerbrach, als die spanischen Christen mit vielfacher Unterstützung aus dem restlichen Europa die militärische Vormacht errangen. Ihre politische Vorrangstellung verwandten sie in der Folge darauf, ihrer Sprache, ihrer Literatur und ihrer Ideologie zu exklusiver Geltung zu verhelfen. Das Hebräische verschwand aus Spanien mit der Vertreibung der Juden, die als sogenannte Spaniolen ihr spezielles archaisches Spanisch und ihre Literatur bis ins 20. Jahrhundert bewahrt haben. Der Gebrauch der arabischen Sprache wurde in Spanien zur Regierungszeit Philipps II. (1556–1598) verboten, das Arabische dann 1609 endgültig mit den Morisken aus dem Land der »Altchristen« vertrieben.

Um die Reinheit des Glaubens der zum Christentum konvertierten und mit tiefem Mißtrauen beobachteten Juden und Mauren sowie der nach Reformen strebenden Christen selbst zu kontrollieren, war als erste gemeinsame Einrichtung in dem vereinigten Spanien jene Institution gegründet worden, die das Bild des Landes in Europa bis in die Gegenwart in tiefschwarzen Farben zeichnen ließ: die Inquisition, die das multikulturelle Spanien des Mittelalters zu einer strikt kontrollierten Monokultur werden ließ. Zunächst nur zuständig für die Glaubenskontrolle der Neuchristen, erlangte die Inquisition im Zuge der Reformation schon bald die Kontrolle über alle neuen Formen des Wissens im Land. Immer wieder ist der Inquisition vorgeworfen worden, sie habe das geistige Leben Spaniens seit dem 16. Jahrhundert stranguliert und jenen Rückstand Spaniens gegenüber Europa verursacht, der in der Geistesgeschichte und in der Literatur des Landes seit dem 18. Jahrhundert von den liberalen Geistern immer wieder beklagt und von den konservativen Köpfen als positive Differenz Spaniens gegenüber der Welt der Moderne und als Zeichen der angeblich wahren spanischen Identität verteidigt wird. Nach dieser Sicht der Dinge hat Spanien an den beiden großen Phasen der Modernisierung, Rationalisierung und Säkularisierung des europäischen Denkens nicht teilgenommen: Es ist, so die Thesen, das Land ohne Renaissance, ohne Reformation und ohne Aufklärung, ohne jene Phasen also, die das Gesicht der Moderne so entschieden geprägt haben. Eines haben die Thesen Castros deutlich gemacht: Das spanische Mittelalter ist nicht zu verstehen, wenn man nicht – ohne die Scheuklappen einer auf eine sogenannte Nationalphilologie beschränkten Sichtweise – die drei großen Kulturen ins Auge faßt, die da-

mals in Spanien präsent waren: die jüdische, die arabische und die christliche.
Geradezu symptomatisch ist der Fall der ältesten spanischen literarischen Denkmäler, der *jarchas* (arab. *Ḫarǧa* = Ausgang), die der Hebräist S. M. Sterne 1948 entdeckt hat. Es ist dies die Bezeichnung für jene wenigen, refrainartigen Schlußverse im frühen Spanisch, auf denen die in klassischem Arabisch oder auf hebräisch verfaßten *muwaššaḥāt* endeten. Die spanischen Einsprengsel in diesen komplexen Gedichten, die sich ins 10. Jahrhundert datieren lassen, sind nicht nur ein Beispiel für das Zusammenleben der drei Kulturen. Sie sind auch der früheste Beleg überhaupt für die Existenz einer europäischen Lyrik in der Volkssprache. In der spanischen Literatur des Mittelalters haben sich orientalisches, arabisch-hebräisches Denken und Dichten in vielfacher Form mit Christlich-Abendländischem vermischt. Über sie wurden diese Elemente häufig ins restliche Europa vermittelt, wobei der unablässige Strom der Santiago-Pilger, der im 9. Jahrhundert einsetzt und bis in die Reformation anhält, eine gewichtige Rolle spielte. In den einzelnen Erzählungen und Exempla seiner in lateinischer Sprache verfaßten *Disciplina clericalis* vermittelt der konvertierte Jude Petrus Alphonsi (um 1062) nicht nur eine größere Zahl arabischer Erzählstoffe ins christliche Abendland. Das rasch verbreitete und in viele Volkssprachen übersetzte Werk leitet eine Weisheitsliteratur ein, die, aus Italien, Persien und Arabien stammend, ein weltkluges Verhalten illustriert und fördert, das fern ist von christlicher Weltsicht und Moral. Diese Tendenz setzen die großen Erzählsynthesen wie die Tierfabeln von *Calila y Dimna* oder die Exempla aus *Barlaam y Josafat* und dem *Sendebar* (1253) fort, die im 13. Jahrhundert ins Spanische übertragen wurden; die gleiche säkularisierte Ethnik und analoge orientalische Stoffe finden sich im *Conde Lucanor* des Adligen Juan Manuel (1282–1348). Nüchterner und weltklüger erscheint sie als die schlichte Propagierung christlicher (zum Teil in ganz Europa rezipierter) Wunder- und Heiligenlegenden bei dem Mönch Gonzalo de Berceo (um 1190 – nach 1264), dem der Ruhm zukommt, der erste namentlich bekannte spanische Dichter überhaupt zu sein.
Arabisches Formverständnis und arabischer Geist bestimmen auch das noch heute lebendige *Libro de buen amor* des Arcipreste de Hita, das in zwei Fassungen (1330 und 1343) überliefert ist. Sein Bekenntnis zur – der orientalischen Welt entnommenen – sinnlichen Liebe steht im Gegensatz zu christlicher Weltabkehr und Körperfeindlichkeit. Die Figur des Trotaconventos nimmt jene Kupplerin Celestina in der *Tragicomedia de Calisto y Melibea* (1499) aus der Feder des Neuchristen Fernando de Rojas (um 1465–1541) vorweg, die – wenn auch vielleicht jenseits der Wende Spaniens zu einer ausschließlich christlichen Kultur – nochmals die sinnliche Liebe thematisiert, sie jedoch als *»loco amor«*, als törichte Liebe, verurteilt und alle Protagonisten zu Tode kommen läßt.
Eine gemeinsame Leistung der drei Kulturen ist die sogenannte Übersetzerschule von Toledo, die sich seit 1083 in christlicher Hand befindet. Unter der Herrschaft des kastilischen Königs Alfons X., des Weisen (reg. 1252–1284) erreichen die Übersetzungen ins Lateinische ihren Höhepunkt. Unter ihnen finden sich Werke des Aristoteles, dessen Denken auch auf diesem Weg, vermittelt über das Arabische, in die europäische Hochscholastik und zu Thomas von Aquin gelangte. Alfons' eigenes literarisches Werk in spanischer Sprache, darunter das erste europäische Schachbuch, ist ohne den engen Kontakt zur arabischen Kultur nicht denkbar. In Spanien, jedoch in arabischer oder hebräischer Sprache, schrieben die Philosophen Avicebron (1021–1057), Maimonides (1135–1204), der unter anderem auf Spinoza wirkte, und Ibn Ḥazm al Andalusi (994 bis 1064), der zugleich Dichter war.
Doch auch dort, wo das christliche Spanien sich in seinem frühen Selbstverständnis darstellte, finden sich zunächst eher Vorstellungen der Toleranz als der Ausgrenzung. Das einzige vollständig erhaltene spanische Epos, das *Poema de Mio Cid* (entstanden wohl um 1140, nur ein halbes Jahrhundert nach den erzählten Ereignissen) kennt keinen Kreuzzugsgeist gegenüber Arabern oder Juden. Und so ist es auch kein Zufall, daß die Ringparabel, mit der Lessings *Nathan* den Toleranzgedanken illustriert, erstmals auf spanischem Boden formuliert wurde.
Das spanische Mittelalter war jedoch nicht nur durch die »drei Kulturen« geprägt. Auch die christliche Kultur war ihrerseits vielfältig gegliedert. So ist die frühe spanische Lyrik (außer den *jarchas*) im Stil der »Mädchenlieder« *(cantigas de amigo)* nicht in spanischer, sondern in portugiesisch-galicischer Sprache verfaßt, deren sich auch noch Alfons der Weise für seine Marienlieder *(cantigas de Santa Maria)* bediente.
Gleichfalls auf spanischem Boden gibt es eine Dichtung in katalanischer Sprache; in der Lyrik ist sie das auch im kastilischen Bereich verpflichtende sprachliche Vehikel des – aus der Provence übernommenen – Minnesangs; bei dem Mallorquiner Ramón Llull (1232/33–1316?), der auch auf arabisch und lateinisch schreibt, erscheint sie erstmals als Instrument eines eigenständigen philosophischen Schrifttums.

Kontinuität des Mittelalters

Ein besonderes Kennzeichen dieses spanischen Mittelalters ist es auch, daß es – anders etwa als in Frankreich – im 15. und 16. Jahrhundert von Humanismus und Renaissance nicht als »dunkel« verworfen und aus dem geistigen Erbe der spanischen Moderne gestrichen wird. Am deutlichsten belegt diese Kontinuität die Gedichtform des *romance*. In metrischer und stofflicher Hinsicht setzt diese spanische Form der Ballade die ansonsten größtenteils verlorene altspanische Epik fort. Mündlich als Element der Volkskultur tradiert, leben die »alten Romanzen« in immer neuen Varianten bis ins 16. Jahrhundert fort, wo sie in großen Sammlungen *(Romanceros)* gedruckt und eifrig gelesen werden; sie nahmen aber auch neue Stoffe auf, formten die Grenzkämpfe mit den als edle Ritter geschilderten Mauren zu Liebesszenen *(romances fronterizos)* und regten die Autoren des 16. und 17. Jahrhunderts an, im Stil der mittelalterlichen Formen »neue«, sogenannte Kunstromanzen *(romances nuevos, artísticos)* zu verfassen oder sie als rhetorische Glanzstücke in die *comedias* einzubauen. Noch vor dem Sonett wurde die Romanze zur beliebtesten lyrischen Form der spanischen Dichtung überhaupt. Im Volk gesungen wurden *romances* bis weit ins 20. Jahrhundert hinein; noch heute ist ihre Sammlung nicht abgeschlossen, weder in Spanien noch in Amerika, noch in Nordafrika, Israel und auf dem Balkan, wo sie noch immer, wenn auch nur in bescheidenem Umfang, in altertümlichem Spanisch von den Nachkommen jener Juden gepflegt werden, die 1492 aus Spanien vertrieben worden waren.

Die spanische Dichtung hat aber auch nicht mit der spätmittelalterlichen höfischen Lyrik der kastilischen *trovadores* gebrochen, die im 15. Jahrhundert in umfangreichen Sammelhandschriften konzipiert (*Cancionero de Baena*, 1445; *Cancionero de Lope de Stúñiga*, um 1450) und zu Beginn des 16. Jahrhunderts teilweise gedruckt wurde (*Cancionero general*, 1511). So blieben in Spanien die zahlreichen Metren, Strophen- und Gedichtformen des Spätmittelalters nicht nur im Siglo de Oro, sondern bis in die Gegenwart durchaus lebendig. Daran änderte auch nichts die vielleicht bekannteste Episode der spanischen Literaturgeschichte, die Begegnung zwischen dem venezianischen Gesandten und neulateinischen Dichter Andrea NAVAGERO und dem Spanier Juan BOSCÁN (1487?–1542) in Granada im Jahre 1526. Dieser folgte dem Rat Navageros und übernahm die Terzine DANTES, das Sonett und die Kanzone PETRARCAS sowie die *ottava rima* ARIOSTS. Vor allem Boscáns Freund GARCILASO DE LA VEGA (1501?–1536) schuf diesen Formen und dem mit ihnen verbundenen Dichtungsstil des Petrarkismus in Spanien Heimatrecht neben den fortbestehenden, weiterhin sehr produktiven älteren Formen.

Die Kontinuität des Mittelalters in der spanischen Dichtung belegt auch das spanische Theater des Siglo de Oro: Die Stoffe der *comedias* entstammen in aller Regel nicht – wie die der Tragödien CORNEILLES oder RACINES – der klassischen Antike, sondern der spanischen (spät-)mittelalterlichen Geschichte. Entnommen sind sie mündlichen lokalen Traditionen, in vielen Fällen auch den zahlreichen Chroniken, die von der *Primera crónica general* ALFONS' DES WEISEN, einer episodenreichen Geschichte Spaniens aus dem späten 13., bis zu den vielfältigen Geschichtswerken des 15. Jahrhunderts reichen. Ohne diese Kontinuität wäre jedoch selbst der *Don Quijote* nicht vorstellbar. Zwar hat die kastilische Literatur die Stoffe der Ritterromane, die CERVANTES in seinem Roman parodiert, letztlich aus altfranzösischen Quellen bezogen, doch war es die Literatur Spaniens, die diesen Stoffen mit dem so ungeheuer erfolgreichen *Amadís de Gaula* (1508) den Weg in das Europa der Neuzeit bahnte.

Das Siglo de Oro: eine problematische Blütezeit

Dennoch wäre es falsch, wie einst A. W. SCHLEGEL und mit ihm die deutschen Romantiker zu meinen, Spanien und seine Literatur seien bis auf den Tag lebendiges Mittelalter, durchtränkt vom Geist eines ritterlichen Christentums. Solche Vorstellungen von einem generellen Sonderweg eines christlich-kastilischen Spaniens, von seiner angeblichen kulturellen Verspätung gegenüber Europa, haben zu der Behauptung geführt, Spanien habe anders als Italien, Frankreich oder Deutschland nicht an der Renaissance teilgenommen und sei von dieser tiefgreifenden Modernisierungsphase des europäischen Geistes ausgeschlossen gewesen. Zu dieser Auffassung konnte nur gelangen, wer in der Renaissance vor allem eine stark säkularisierende, antichristliche Strömung sehen und ihre tiefreligiösen, platonisch-mystischen Strömungen nicht wahrnehmen wollte. So trifft es zu, daß im Spanien des 16. Jahrhunderts MACHIAVELLIS säkularisierte Sicht des Staates heftig abgelehnt und die Idee des christlichen Fürsten und Universalmonarchen immer wieder verteidigt wurde; dennoch waren Politik und Gestalt Ferdinands des Katholischen ein entscheidendes Vorbild für den *Principe* Machiavellis gewesen. In der Praxis verhielten sich überdies Karl V., der 1527 das päpstliche Rom plündern ließ, und der privat skrupulös katholische Philipp II. vielfach, als seien sie Inkarnationen ebenjenes *Principe* und seiner Vorstellung von der Staatsraison als Richtschnur allen Handelns des Herrschers.

Ein unbefangener Blick, der sich nicht vom Mythos eines angeblich wesensmäßig katholischen Spanien trüben läßt, macht deutlich, daß das Land durchaus die Ideen des Humanismus rezipiert hat. Bedeutende italienische Humanisten, darunter Lorenzo VALLA, wirkten in Neapel, das vom aragonesischen Königshaus regiert wurde. Von dort gelangte schon früh PETRARCAS humanistisches Werk über Katalonien in die spanische Welt. Elio Antonio de NEBRIJA (1442–1522) war der wohl bedeutendste spanische Humanist. Seine *Introductiones latinae* (1481) fußen auf Lorenzo Valla; wie die besten Humanisten trat er entschieden für die

Förderung der Volkssprache ein und verfaßte ein lateinisch-spanisches Wörterbuch. Seine *Gramática sobre la lengua castellana* (1492) ist die erste Grammatik, die überhaupt zu einer europäischen Volkssprache veröffentlicht wurde. Hochgeschätzt vom Kardinal Francisco Jiménez de Cisneros, arbeitete er an der *Biblia polyglotta complutense* mit, dem ersten Bibeldruck in hebräischer, griechischer und lateinischer Sprache (gedruckt 1514–1517), einem Monument des christlichen Humanismus, dessen griechische Drucktypen noch heute als formvollendet gelten. Ein weiterer spanischer Humanist, Benito ARIAS MONTANO (1527–1598), hat diese Ausgabe revidiert und in Antwerpen 1569–1572 in einer für die damalige katholische Welt maßgeblichen Form ediert. Schließlich hat der wohl bedeutendste Vertreter des christlichen Humanismus, ERASMUS VON ROTTERDAM (1467–1536), insbesondere mit seinem *Enchiridion* (span. Übersetzung 1526), in keinem europäischen Land eine solch begeisterte und tiefgreifende Rezeption erfahren wie in Spanien zwischen 1527 und 1532. Seine Vorstellung von einer Erneuerung der Kirche durch eine Rückkehr zum frühen Christentum, von einer verinnerlichten, allem Äußerlich-Mönchischen fremden Frömmigkeit und eines auf Christus zentrierten, umfassend gebildeten, vom Geist des Friedens und der Toleranz getragenen Christentums faszinierte Spaniens beste Geister, von den Brüdern Juan und Alfonso VALDÉS (1491?–1541; 1490–1532), über Juan Luis VIVES (1492–1540), Fray LUIS DE GRANADA (1504–1588) und Fray LUIS DE LEÓN (1527–1591) bis hin zu Miguel de CERVANTES (1547–1616). Diese Begeisterung für Erasmus konnte sich seit den dreißiger Jahren allerdings nur noch in kryptischer Form ausdrücken. Seine Schriften gerieten immer stärker in den Verdacht, in Spanien das Denken einer antikatholischen Reformation und eines häretischen Illuminatentums zu fördern. So wurden sie 1559 auf den Index gesetzt und fast völlig aus dem öffentlichen Bewußtsein verdrängt; erst im späten 18. Jahrhundert sollten sie von den spanischen »Jansenisten« und aufgeklärten Christen rehabilitiert werden.

So hat denn Spanien ganz unzweifelhaft an der europäischen Bewegung der Renaissance teilgenommen: Dies belegen die in ganz Europa höchst erfolgreichen und viel übersetzten Schriften von Antonio de GUEVARA (1480?–1545), die dem Leser in bunter und wenig kritischer Form eine unterhaltsame Antike vermitteln. Beweis dafür sind auch die *Dialoghi d'amore*, in denen der spanische Arzt LEÓN HEBREO die platonische Liebeslehre formuliert hatte, ohne die das philosophische Denken und die Dichtung der Renaissance unvorstellbar sind. Sie bildet den Hintergrund für die Rezeption der petrarkistischen Lyrik in Spanien, die mit GARCILASO DE LA VEGA (1501?–1536) einsetzt und über seinen Kommentator Fernando de HERRERA (1534–1597) bis zu Lope de VEGA (1562–1635) und Francisco de QUEVEDO (1580–1645) reicht. Die platonische Liebeslehre findet sich aber auch, hier jedoch stärker mit christlich-biblischen Elementen durchsetzt, in den Gedichten glühend erotischer Mystik von San JUAN DE LA CRUZ (1542–1591) und bei dem Augustinermönch Fray LUIS DE LEÓN.

Dennoch wäre es falsch, die spanische Renaissance als einen europäischen Normalfall zu sehen, als strahlendes Tor zur Blütezeit der Literatur Spaniens im 16. und 17. Jahrhundert. Die für diese Epoche geläufige Bezeichnung als Siglo de Oro, als »Goldenes Zeitalter«, verdeckt mit ihrer triumphalistischen Grundtendenz die Tatsache, daß diese zweifelsohne glanzvolle Epoche zugleich eine Phase von außerordentlicher Problematik war. Américo CASTRO hat für sie daher die Bezeichnung *»edad conflictiva«* vorgeschlagen, »Zeitalter der Konflikte«. Spanien erzwingt in dieser Zeit seine staatliche, gesellschaftliche und geistige Einheit auf der Grundlage von »rassischer« Reinheit und striktester religiöser Orthodoxie. Die Gesetze zur Blutsreinheit *(limpieza de sangre)* grenzen – im übrigen bis ins 19. Jahrhundert – alle jene Spanier aus, die von Juden oder Mauren abstammten und die als Zwangs- und Neubekehrte im ständigen Verdacht standen, in frühere häretische Glaubenspraktiken zurückzufallen. Zu ihrer Kontrolle und Repression wurde bereits von den Katholischen Königen die Inquisition geschaffen, die das spanische Geistesleben zunächst als vorrangig religiöse, dann als generelle intellektuelle Kontrolle kontinuierlich bis ins Jahr ihrer Abschaffung (1833) begleiten sollte.

Es ist auffällig, daß viele der bedeutendsten Autoren des Siglo de Oro sogenannte Neuchristen waren und daß sie als solche mit der Inquisition in Konflikt gerieten. Dies gilt für Fernando de ROJAS, den Autor der *Celestina*, für Fray LUIS DE LEÓN, für TERESA DE ÁVILA (1515–1582), für Mateo ALEMÁN (1547–1615), ja selbst für CERVANTES. Ein großer Teil der spanischen Literatur des 16. Jahrhunderts, darunter gerade die schöpferischen Meister, ist als Protest gegen die repressive, im Zusammenhang mit der europäischen Gegenreformation geistig immer weniger offene Welt der Altchristen gedeutet worden. Der Schäferroman mit Jorge de MONTEMAYORS *Siete libros de la Diana* (1564) kann als Flucht in eine von den gesellschaftlichen Zwängen freiere Welt verstanden werden. Dies gilt auch für den Weg Teresas de Ávila aus der sozialen und dogmatischen Kontrolle der kastilischen Gesellschaft hin zu einer individuellen, der äußeren Einflußnahme entzogenen mystischen Frömmigkeit. Schließlich trifft es zu für den ersten spanischen pikaresken Roman. Im *Lazarillo de Tormes* (1554) wird die altchristliche Welt mit ihrer Vorstellung einer auf dem Geburtsadel beruhenden Ehre aus der Perspektive eines Repräsentanten der Randgruppen der Gesellschaft in ihrem Widerspruch zwischen hehrem Anspruch und trivialer und heuchlerischer Realität dem Gelächter preisgegeben.

Mateo ALEMÁN führt in seinem *Guzmán de Alfarache* (1599–1602) diese Linie fort, gibt seinem

Helden jedoch das schlechte Gewissen und die Bereitschaft zur Selbstanklage und Reue, die den gesellschaftlich Verdrängten häufig charakterisiert. QUEVEDO benutzt dann in seiner *Vida del Buscón* das gefestigte Schema des dergestalt in Spanien geschaffenen pikaresken Romans, um aus der Sicht des Altchristen jeden Versuch des nach gesellschaftlicher Anerkennung strebenden Außenseiters anzuklagen und voller Hohn zurückzuweisen. Verspottet und als von Juden abstammend bloßgestellt hat Quevedo den wohl bedeutendsten Lyriker der zweiten Hälfte des 16. Jahrhunderts, Luis de GÓNGORA (1561–1627). Dessen dunklen, kulteranistischen Stil, der sich an ein schmales, elitäres Publikum wendet, hat er nicht als Versuch verstehen wollen, eine reine Kunstwelt jenseits der gesellschaftlichen Zwänge und Konflikte zu errichten. In dieser kontrollierten Gesellschaft, die im übrigen trotz oder gerade wegen des amerikanischen Goldes und Silbers mehrfach in den Staatsbankrott geraten war, wurden für »Abweichler« Verstellung und Verbergen geradezu zum unvermeidlichen Programm. Der von seinem Orden zensierte und drangsalierte Jesuit Baltasar GRACIÁN (1601–1658) hat die Kunst des Verdeckens bis ins Extrem entwickelt. Ihr gilt der ganze Scharfsinn des Individuums und nicht dessen Streben nach neuen Einsichten und Erkenntnissen über Welt und Mensch. Je weiter das 17. Jahrhundert fortschreitet, desto komplexer, artifizieller und dunkler wird die Sprache der spanischen Dichtung. Jenseits aller Moden ist darin auch die Reaktion der Autoren auf die Unmöglichkeit zu sehen, inhaltlich Neues zu erschließen, in den Kern der Dinge gehende Kritik vorzubringen. Die Wörter, ihre Kombination und ihre artifizielle Variation traten an die Stelle der Sachen, der inhaltlichen Erörterung.

Kaum verwundert es daher, daß die spanische Literatur mit dem Tode CALDERÓNS im Jahre 1681 in eine tiefe Lethargie verfiel. Während der folgenden vier Jahrzehnte wurde von keinem spanischen Autor ein nennenswertes poetisches Werk veröffentlicht. Das literarische Ereignis der Zeit waren drei Bände mit Lyrik, Theater und einem philosophischen Gedicht, die zwischen 1689 und 1700 in Spanien erschienen, jedoch im fernen Mexiko von einer entfernten GÓNGORA-Schülerin verfaßt worden waren. Die Nonne Sor JUANA INÉS DE LA CRUZ (1648–1695) wurde von den Zeitgenossen zwar als zehnte Muse gefeiert; ihr Werk gilt als erstes literarisches Dokument, in dem die mexikanische Realität ihren Niederschlag gefunden hat. Sor Juanas frühes Verstummen, das von ihren kirchlichen Oberen erzwungen wurde, und ihr bald darauf erfolgter Tod haben jedoch verhindert, daß die spanischsprachige Literatur in den überseeischen Besitzungen sich schon vor dem 19. Jahrhundert aus dem Sog der spanischen Entwicklung lösen konnte.

Nur auf den ersten Blick mag es überraschen, daß Spanien in der Epoche von den Katholischen Königen bis in die letzten Jahrzehnte des 17. Jahrhunderts trotz des sich immer deutlicher abzeichnenden politischen und wirtschaftlichen Niedergangs seine bislang größte kulturelle Blüte erlebt hat. Es zeigt sich jedoch rasch, daß diese Kultur das Ergebnis einer geistigen und räumlichen Offenheit Spaniens nach Italien, zur Antike, im Sinn jenes »christlichen Humanismus« gewesen ist, wie er in Spanien in der ersten Hälfte des 16. Jahrhunderts mit einer Pluralität von Stimmen herrschte. Diese Vielfalt wurde jedoch allmählich, insbesondere mit Philipp II., durch eine strikte, häufig willkürliche staatliche und kirchliche Zensur auf einen dogmatischen »Einklang« reduziert. Die sich jeder Berechnung entziehenden Verfahren der Inquisition förderten die Selbstzensur der Autoren. Offenere Geister wählten daher schon früh das Exil, so der Humanist Juan Luis VIVES (1492–1549) oder der Arzt und Theologe Miguel SERVET (1511? bis 1553).

Exemplarisch für diesen Prozeß der Redogmatisierung des spanischen Denkens ist die »Amerika-Literatur« der Zeit. Das Bordbuch des KOLUMBUS wird im Spanien des Siglo de Oro nicht veröffentlicht. Zwar vermitteln spanische Autoren ganz Europa erste Kenntnisse des neu entdeckten Kontinents. Die Begegnung mit der Neuen Welt hat jedoch weder eine Auseinandersetzung mit dem Anderen noch ein Infragestellen des Eigenen zur Folge. Zwar gelingt es LAS CASAS mit seinem *Kurzgefaßten Bericht über die Zerstörung der Indien* (1522), in der spanischen Öffentlichkeit eine Diskussion über die Greueltaten während der Eroberung Amerikas zu erzwingen, doch wird diese öffentliche Diskussion schon bald unter apologetischem Schrifttum erstickt. Bereits 1553 verbietet ein königliches Dekret den Export solcher Geschichtswerke nach Amerika, die sich mit der spanischen Eroberung des Kontinents befassen. Mit diesem zensorischen Eingriff wird eine lange Reihe der Tabuisierungen vitaler Themen in der spanischen Literatur eingeleitet.

Eine sozusagen offizielle Darstellung des spanischen Amerika-Engagements wurde die bis in die letzten Jahrzehnte des 18. Jahrhunderts immer wieder gedruckte *Historia de la conquista de México* (1684) von Antonio de SOLÍS Y RIBADENEIRA (1610–1686). Das Werk kennt keinen Zweifel an der gottgewollten Richtigkeit und Selbstlosigkeit des spanischen Tuns. Nicht zufällig war Solís Priester, wie so viele Autoren des Siglo de Oro: GÓNGORA, Lope de VEGA, TIRSO DE MOLINA, Agustín MORETO, CALDERÓN DE LA BARCA. Das theologische Denken der Zeit wurde zum geistigen Rahmen ihrer Werke. Die in der Renaissance eingeleitete Säkularisierung des modernen Denkens haben sie damit eher zurückgenommen als vorangetrieben.

Die Ausnahmeposition Cervantes'

Unter diesen Autoren nimmt Miguel de CERVANTES (1547–1616) eine Sonderstellung ein. Als direkter Schüler des ERASMUS, zu dem er sich gleichwohl nicht öffentlich zu bekennen wagt, sucht er keine Zuflucht im Priesteramt, wenngleich auch er sich in der Mönchskutte des Franziskanerordens beerdigen läßt. Seine beiden Hauptwerke, der *Don Quijote* (1605–1615) und die *Novelas ejemplares* (1613), rechtfertigen die Literatur als – sozusagen säkularisiertes, autonomes – Medium der menschlichen Selbstreflexion. Seine Novellen verstehen sich nicht als Illustration der kirchlichen und gesellschaftlichen Moralvorstellungen. Freiheit, Liebe, Gerechtigkeit stehen als Ideale im Mittelpunkt des *Don Quijote* – entschieden freilich erst im besinnlicheren zweiten Teil. Der erste Teil dagegen ist eine gelungene Satire auf die überalterten Ritterromane, die weniger auf Nachdenklichkeit als auf Gelächter zielt. Beide Teile zusammen ergeben jedoch einen Roman der konsequenten Desillusionierung. Damit ist der *Don Quijote* der erste moderne Roman überhaupt, der, wenngleich humorvoll, ohne die vorgestanzten Antworten der Zeit über die menschliche Existenz nachdenkt. Dergleichen lief freilich dem Geist der Zeit entgegen, für den alles Neue ohnehin häretisch war und existentielle Fragen im Rahmen der kirchlichen Lehren gelöst schienen. Weil diese die Welt verbindlich deuteten, bedurfte es dazu nicht der Kunst, schon gar nicht der ohnehin noch wenig geschätzten Gattung Roman. Dies, und keineswegs eine angeblich alle Nachahmungen sofort entmutigende Vollkommenheit des *Don Quijote*, war der Grund, warum in Spanien bis in die letzten Jahrzehnte des 18. Jahrhunderts hinein nur noch wenige Romane geschrieben und gelesen wurden. Erst die *Gaviota* der unter dem männlichen Pseudonym FERNÁN CABALLERO schreibenden Cecilia Böhl de Faber aus dem Jahr 1849 machte den Roman als Gattung jenseits bloßer, aus theologischer Sicht zeitverschwendender und sündiger Unterhaltung salonfähig.

Das Theater als literarische Massenproduktion

Dem Lesehunger des Publikums wurden anstelle der in Frankreich, England oder Deutschland so hochgeschätzten und in immer größerer Zahl gelesenen Romane Werke der in Spanien so außerordentlich reichen Frömmigkeitsliteratur empfohlen. Nicht der Roman war daher die beliebteste Gattung der Literatur im spanischen 17. Jahrhundert, sondern das Theater. Mindestens 10 000, wahrscheinlich jedoch erheblich mehr, bis zu 30 000 Theaterstücke sind im spanischen Siglo de Oro verfaßt, aufgeführt und bezeichnenderweise in der Mehrzahl der Fälle nicht gedruckt worden. Lope de VEGA allein will 1500 Theaterstücke verfaßt haben; auf jeden Fall sind fast 500 Werke unter seinem Namen überliefert; immerhin hat auch CALDERÓN rund 180 Theaterstücke verfaßt. Diese außerordentlich hohen Zahlen (RACINE hat zwölf, SCHILLER zehn Theaterstücke hinterlassen) lassen bereits vermuten, daß dieses Theater als Massenproduktion nach vorgefertigten Mustern verfaßt wurde und dabei in aller Regel nichts anderes tun konnte, als die herrschende Sicht der Dinge fraglos zu wiederholen.

In der Tat waren diese Stücke Teil eines umfassenden Unterhaltungsapparats in den größeren Städten (Madrid, Valencia, Sevilla, Valladolid). Kaum mehr als drei oder vier Tage hielt sich eine *comedia* auf dem Spielplan. Sie wurde nie allein aufgeführt. Eine *loa* diente ihrer allgemeinen Vorstellung und der Bitte um Ruhe im Theaterraum. Auf jeden der drei Akte *(jornadas)* folgte ein kurzes Zwischenspiel *(entremés)*, mit Musik, Gesang und Tanz, im volkstümlichen Milieu, mit bestimmten Typen (etwa dem berühmten Juan Rana, Hans Frosch), in derber Sprache. Den Abschluß bildete ein Kehraus, eine *mojiganga*. Eine schlechte *comedia* konnte von guten Zwischenspielen gerettet werden; diesen »Sketchen« galt das Interesse des Publikums bisweilen in durchaus höherem Maß als der *comedia* selbst.

Die Kirche nahm zwar grundsätzlich am Theater Anstoß, doch weniger an den Inhalten der Stücke als an den Umständen der Aufführung: an den Schauspielerinnen, die mit ihren Reizen nicht geizten (zumal wenn sie nicht ausgepfiffen werden wollten), den sittlichen Gefährdungen der Zuschauer, der eitlen Zeitverschwendung. Geduldet wurde das Theater vor allem deshalb, weil ein erheblicher Teil des Eintrittsgeldes der städtischen Armen- und Krankenversorgung zugeführt wurde. Lope de VEGA war der erste, der, obwohl ihm das humanistisch gelehrte Theater bestens vertraut war, keinerlei Skrupel hatte, für das Publikum seiner Zeit und in Übereinstimmung mit dessen Wünschen nach leichter, spannender und amüsanter Unterhaltung Theaterstücke zu schreiben. Das Ergebnis sind die sogenannten *comedias*, Mischformen, die die Unterscheidung zwischen Tragödie und Komödie nicht respektieren, wie sie die aristotelische Poetik und die italienischen Präzeptisten des 16. Jahrhunderts forderten. Sie achten weder die Einheiten von Ort, Zeit und Handlung noch die Erfordernisse einer psychologisch fundierten Wahrscheinlichkeit des Geschehens. Ausgesprochen »unwahrscheinlich« ist auch die Sprache in den *comedias:* voller barocker Bilder und Metaphern, bisweilen mehr auf rhetorischen Klang als auf bloße Kommunikation angelegt, geprägt von einer Vielzahl von Metren, Strophen- und Gedichtformen, die wie Arien als sprachliche Bravourstücke in den Text eingestreut dem Publikum direkt an der Rampe vorgetragen werden. Auf der

Bühne erscheint in vielfacher Verkleidung das immer gleiche Personal: die erste, die zweite, bisweilen die dritte Dame, ein erster, ein zweiter, ein dritter Liebhaber, der Vater oder Bruder der Dame, häufig der König, und neben ihm Dienergestalten, darunter immer die komische Figur des *gracioso*, der jedoch keineswegs ein bloßer Hanswurst ist. Auch wenn er gerne ißt und trinkt und aus seiner Furcht keinen Hehl macht, liest er doch zugleich nicht selten seinem leichtsinnigen oder allzu ehrbesessenen Herren die Leviten auf der Basis des gesunden Menschenverstandes. Ziel dieser Stücke ist in der Regel die spannende Unterhaltung und das Gelächter des Publikums, jenes *vulgo*, dem sich Lope, wie er in seiner ironisch gehaltenen *Neuen Anleitung zum Stückeschreiben* (*Arte nuevo de hacer comedias*, 1609) gesteht, verpflichtet weiß, weil ebendieser *vulgo* mit seinen Eintrittsgeldern das Theater insgesamt und die Schauspieler insbesondere finanziert. Diese Schauspieler waren in festen Truppen organisiert. Der Text des Theaterstücks war nur ein Element ihrer professionellen Darstellungskunst: Tanz, Musik, Gesang, akrobatische Glanzleistungen machten das Geschehen selbst auf der einfachen Bühne der städtischen *corrales* zu einem Spektakel, zu dem die an der neuesten Mode orientierten Kostüme ebenso beitrugen wie die bewußt eingesetzte erotische Ausstrahlung der Schauspielerinnen.

Jedoch wurde nicht der Stückeschreiber, sondern der Leiter der Schauspieltruppe als *autor* bezeichnet. Die Texte, auch die eines Lope de VEGA oder CALDERÓN, hatten nicht den Status des Klassikers, der ehrfürchtig respektiert wird. Selbst die nach heutiger Auffassung besten Stücke hielten sich nur wenige Tage auf dem Spielplan oder gingen in ihren Nuancen im Lärm des Publikums auf den Stehplätzen unter.

Die Masse der häufig als billige Einzeldrucke *(sueltos)* überlieferten Texte läßt sich in verschiedene Untergruppen einteilen: die auf eine spannende Handlung angelegten *comedias de enredo*; die im zeitgenössischen Spanien spielenden *comedias de capa y espada*; die *comedias históricas* mit Stoffen aus der nationalen, mittelalterlichen Geschichte; die *comedias religiosas*, die Geschichten aus der *Bibel*, besonders dem *Alten Testament*, oder Heiligenviten in Szene setzten. Wegen ihrer aufwendigen Inszenierungen mit Engeln und Teufeln erfreuten sie sich der besonderen Publikumsgunst, bis übrigens weit ins 18. Jahrhundert hinein, wo die Gattung der *comedias de magia* mit einem guten Zauberer im Zentrum nicht enden wollende Erfolge erzielte. Zu nennen sind auch die *comedias de honor*, jene in ihrer Grundbedeutung noch immer umstrittenen Dramen, in denen, wie in CALDERÓNS *Arzt seiner Ehre*, ein (altchristlicher adliger) Mann seine Ehefrau bereits auf den bloßen Verdacht hin, sie habe seine Ehre befleckt, skrupellos tötet.

Dieses für die städtischen Massen verfaßte Theater zielte nicht darauf ab, konkrete Probleme aufzuwerfen, die weltliche oder gar die göttliche Ordnung zu hinterfragen. Es diente auch nicht als säkularisierte Kanzel oder moralische, im Sinne LESSINGS erzieherische Anstalt. Als »barockes Fest« wollte es insgesamt weniger Fragen aufwerfen als Antworten suggerieren, von den Mißständen ablenken, sie eher überspielen als sie verdeutlichen, um so die bestehenden Ordnungen der Monarchie als natürlich und zeitlos gültig zu erweisen. Fortgesetzt hat diese Tendenz das immer aufwendiger inszenierte Maschinentheater des Hofes, das »mythologische Festspiel« *(fiesta)*, die grandiose Selbstfeier des Königtums, aus der die ersten spanischen Opern hervorgegangen sind.

Das »auto sacramental«

Zur Feier der katholischen Kirche und einer ihrer zentralen Dogmen, der Lehre von der Transsubstantiation, hatte sich ausgehend von den Fronleichnamsprozessionen eine besondere, nur in Spanien anzutreffende Gattung des Theaters entwickelt: das *auto sacramental*. Es wurde im Freien und nur am Fronleichnamsfest aufgeführt; als Bühne dienten vier aneinandergeschobene Karren, die eine große Spielfläche mit aufwendigen Aufbauten ergaben, in denen sich eine komplexe Maschinerie für vielerlei Überraschungseffekte verbarg. Musik, Tanz, Feuerwerk, das Freilassen ganzer Schwärme von Vögeln begleiteten die Aufführung. Gegenstand des Textes sind Episoden der Heilsgeschichte, christlich umgedeutete antike Mythen, in denen anhand allegorischer Figuren die theologische Geschichte des Menschen zwischen Schöpfung, Sündenfall und Erlösung dargestellt wird. Am Ende des Geschehens steht die Feier der Eucharistie, die in Kelch und Hostie am Ende des Bühnengeschehens vergegenwärtigt wird. Bereits die hochkomplexe theologische und doch poetische Sprache der *autos sacramentales* zeigt, daß diese Stücke nicht auf die religiöse Belehrung des Laien zielten. Dafür sind sie zu kompliziert, für das einfache Volk schlicht unverständlich. Ihr Ziel ist es, die ohnehin schon christlichen Massen emotional in ihrem Glauben weiter zu verankern. Deshalb fehlt es auch nicht an antijüdischen, antiislamischen, antiprotestantischen oder an schlechthin antimodernen Elementen. Wie die weltliche *comedia* unterlag auch das *auto sacramental* einer umfassenden Zensur. Das Fronleichnamsspiel mußte sich jedoch nicht selbst finanzieren. Die Stadtverwaltungen hatten die Kosten für diese beeindruckenden Aufführungen zu tragen, von denen die allein überlieferten Texte nur einen schwachen Abglanz vermitteln. Die immer aufwendigeren Inszenierungen verschlangen schließlich solch hohe Summen, daß die *autos sacramentales* 1765 verboten wurden: Humanitären Aufklärern erschien es konsequenter, die riesigen Beträge der Armenpflege zukom-

men zu lassen, als sie für – dem größten Teil der Zuschauer – unverständliche Theateraufführungen zu verschwenden.
Gewiß sind die allermeisten der Theaterstücke des spanischen 17. Jahrhunderts heute vergessen. Nur in wenigen Fällen haben Neuinszenierungen Erfolg gehabt. Zu stark ist die Mode der *comedias* und der *autos sacramentales* dem konservativen, ideologisch eindeutigen Geist ihrer Zeit verbunden, vielfach erkennt sich der Mensch des 20. Jahrhunderts nicht mehr in ihren Fragen und Antworten. Und dennoch hat das spanische Theater des Siglo de Oro – wiederentdeckt, übersetzt und neubelebt insbesondere durch die deutschen Romantiker – dem europäischen Theater eine größere Zahl von Gestalten, Mythen und Situationen überliefert als andere Literaturen – vielleicht mit Ausnahme SHAKESPEARES: Lope de VEGA, dessen *Fuenteovejuna* als Revolutionsstück gedeutet wurde, TIRSO DE MOLINAS Gestalt des Don Juan, CALDERÓNS *Leben ein Traum* oder sein *Großes Welttheater*. Dieses Stück ist im übrigen das einzige *auto sacramental*, das den Sprung in die Moderne geschafft hat. Dabei ist allerdings kritisch anzumerken, daß moderne Aufführungen die Allegorik des *Gran teatro del mundo* eher als allgemeine philosophisch-ästhetische Parabel inszenieren und nicht als Teil der – ins Freie verlagerten – Fronleichnamsliturgie mit der Verherrlichung der Transsubstantiation.

Spanien und die Aufklärung: zwischen Teilhabe und Scheitern

Aufklärung in Spanien? Noch in den dreißiger Jahren unseres Jahrhunderts hatte ein so liberaler, den Idealen der Aufklärung verpflichteter Geist wie José ORTEGA Y GASSET die Auffassung vertreten, Spanien habe das gesamte 18. Jahrhundert einfach übersprungen. A. W. SCHLEGEL hatte sogar gemeint, es habe dieses *»pockennarbige Zeitalter«* einfach verschlafen. Aus dem Mund des antirationalistischen, den Glauben und ein ritterliches Mittelalter verherrlichenden Romantikers war dies als höchstes Lob gemeint; Ortega hingegen wollte darüber Klage führen, daß den Spaniern damit ein im Grunde unersetzliches Jahrhundert fehle, das der Emanzipation und der Mündigkeit des einzelnen gegenüber den tradierten Dogmen, Weltsichten und Denkweisen. Die Auffassungs Schlegels beruht auf schlichtem Unwissen und der mangelnden Bereitschaft, das reale Spanien seiner Zeit diesseits eines idealisierten Siglo de Oro wahrzunehmen. Die Überzeugung Ortegas aber beruht auf absichtlicher Desinformation.
Für den unstrittig bedeutenden, durch seinen katholischen Dogmatismus jedoch zutiefst parteiischen Begründer der spanischen Literatur- und Geistesgeschichte, Marcelino MENÉNDEZ Y PELAYO (1856–1912), war das 18. Jahrhundert eine gottlose, verdammungswürdige Epoche, deren Existenz er für Frankreich, England oder Deutschland zu seinem Bedauern zugestehen mußte, die er aber für Spanien – für sein wesensmäßig katholisches Spanien – entschieden in Abrede stellte. Wo der höchst belesene Autor dennoch die Existenz des ein oder anderen aufgeklärten Autors nicht einfach leugnen konnte, erklärte er sie zu Häretikern, zu Opfern insbesondere französischer Einflüsse, zu Französlingen *(afrancesados)*, die, so das Motto seines einflußreichen Werks zu den *Heterodoxos españoles, »zwar aus uns hervorgegangen sind, aber nicht zu uns gehören«*. Menéndez y Pelayo nimmt damit eine Polemik auf, die aus dem spanischen 18. Jahrhundert selbst stammt: die These von der Existenz zweier Spanien: einem traditionell konservativen, streng dogmatischen, dem wahren Spanien und einem anderen, einem liberalen Spanien, das diese Werte und damit sein eigentliches Wesen aufgegeben haben soll. Diese These reflektiert letztlich den Schock, den die Französische Revolution und in ihrer Folge die gesamte europäische Modernisierungsproblematik in Spanien ausgelöst hat. Die Versuche der beiden Spanien, sich gegenseitig auszugrenzen, sollten die gesamte Geistesgeschichte, Politik und Literatur Spaniens im 18., 19. und 20. Jahrhundert mitprägen und zu immer wieder neuen grausamen Eruptionen von Gewalt, zuletzt im Bürgerkrieg von 1936–1939, führen. Unmittelbare Folgen für die Literatur waren immer neue Zensurmaßnahmen – auch über die Abschaffung der Inquisition im Jahre 1833 hinaus; eine ständige, zu gewissen Zeiten geradezu obsessive Thematisierung des »Spanienproblems« insbesondere in der Essayistik, im Roman und in der Lyrik; schließlich ein immer wieder erfolgtes Exilieren von Schriftstellern, zu denen der nach England geflüchtete José María BLANCO-WHITE (1775–1841) ebenso gehört wie der Lyriker Luis CERNUDA (1902–1963) oder der Romancier und Essayist Juan GOYTISOLO (geb. 1931).
Sieht man als Kennzeichen einer Aufklärung die Säkularisierung und Laizisierung des Wissens sowie das Herstellen einer breiten literarischen Öffentlichkeit an, so setzt die spanische Aufklärung recht unvermittelt mit dem Jahr 1726 ein, als Benito Jerónimo FEIJOO (1676–1764) den ersten der acht Bände seines *Teatro crítico universal* (1726 bis 1740) veröffentlicht. Nur allmählich lassen sich Spuren eventueller Vorläufer auf jenem erstaunlichen weißen Fleck in der Landkarte der spanischen Literatur erkennen, der die 45 Jahre seit dem Tod CALDERÓNS bedeckt. Wichtiger ist jedoch, daß Feijoo das aktuelle französische Denken seiner Zeit zumindest in der Form, wie es sich in dem jesuitischen »Journal de Trévoux« darstellt, nach Spanien vermittelt. Obwohl selbst Benediktinermönch, ist er um eine Trennung von religiös-dogmatischem und philosophisch-naturwissenschaftlichem Denken bemüht. Hier wird für ihn vor allem eine experimentelle Medizin zur neuen Pilot-

wissenschaft, die den Allwissenheitsanspruch einer deduktiven Theologie, wenngleich gänzlich unpolemisch, in ihre Schranken verweist. Das Publikum seines *Teatro* und der fiktiven *Cartas eruditas* (5 Bde., 1742–1760) ist nicht der Klerus, sondern der gebildete Laie, dem anhand wissenschaftlicher, doch leserfreundlich aufbereiteter Lektüre zu geistiger Mündigkeit verholfen werden soll. Die für seine Zeit erstaunlich hohe Gesamtauflage seiner Schriften – es sollen 500 000 Exemplare verkauft worden sein – trug zur Entstehung einer literarischen Öffentlichkeit in Spanien bei, in der u. a. der eindeutige geistige Rückstand des Landes gegenüber Europa und die Mittel zu seiner Behebung diskutiert wurden, Auffassungen, die später José CADALSO in seinen *Marokkanischen Briefen* (entstanden 1772) durchaus teilen sollte.
Das Werk FEIJOOS löste heftige Polemiken aus, die Spanien geistig durchaus befruchteten. Unter anderem um Feijoo vor der Inquisition zu schützen, wurde diese öffentliche und damit höchst nützliche Polemik jedoch schon 1748 durch König Ferdinand VI. verboten. Es ist dies ein – wohlwollend gemeintes – Beispiel für das Scheitern von literarischer Öffentlichkeit und die staatliche und kirchliche Zensur im 18. Jahrhundert. Viele der größeren Autoren der Zeit – von dem Jesuiten ISLA (1703–1781) über den höchst farbigen, eher der Gegenaufklärung zuzurechnenden Diego de TORRES VILLARROEL (1693–1770) bis hin zu CADALSO gerieten mit ihr in Konflikt. Aus dem gleichen Grund wurden Basiswerke der europäischen Aufklärung auf den Index gesetzt und nicht ins Spanische übersetzt: Bayles *Dictionnaire historique* etwa oder die *Encyclopédie* von D'ALEMBERT und DIDEROT. Ein Schlag gegen die literarische Öffentlichkeit der spanischen Aufklärung war auch der Inquisitionsprozeß, der 1778 gegen eine der Symbolfiguren der spanischen Aufklärung, gegen Pablo OLAVIDE (1725–1803), just zu Zeiten des als besonders aufgeklärt eingeschätzten Karl III. (1759–1788) geführt wurde und mit einer demütigenden Verurteilung endete.
Trotz allem war es den spanischen Aufklärern möglich, das gesamte europäische aufgeklärte Wissen in eingeschmuggelten Büchern oder aufgrund von speziellen Leseerlaubnissen der Inquisition kennenzulernen. So gut wie unmöglich war es jedoch, dieses Wissen über die Bildungs- und Führungseliten hinaus in die Breite wirksam werden zu lassen. In ganz Spanien gab es um 1760 nur 180 Buchhandlungen (von denen viele diesen Namen nicht verdienten) – weniger als allein im damaligen Paris. Entscheidendes an dieser Situation der aufoktroyierten Unmündigkeit vermochten auch die immerhin fast 90 Zeitschriften nicht zu ändern, die zwischen 1737 und 1791 in Spanien nach englischem und französischem Vorbild veröffentlicht wurden und zu denen solch bedeutende Werke wie der ›Pensador‹ (1762–1767) von José CLAVIJO Y FAJARDO (1730–1806), das Vorbild für GOETHES ›Clavigo‹, und der außerordentlich satirische ›Censor‹ (1781–1787) von Luis CAÑUELO gehören. Endgültig gebrochen wurde mit dem Zeitschriftenwesen und mit der literarischen Öffentlichkeit in Spanien erst, als die Französische Revolution ausbrach und die eigentlich aufklärungsfreundlichen Minister wie Campomanes oder Floridablanca ein Übergreifen des radikalen französischen Denkens nach Spanien fürchteten. Die Wirren des Kampfes gegen die napoleonische Besatzung (1808–1814) begünstigten zwar nochmals das Aufblühen einer Kampf- und Meinungspresse (es sei daran erinnert, daß das Wort »liberal« aus diesem spanischen Kontext stammt), doch sollte mit der Rückkehr des ultrakonservativen Ferdinand VII. (1814–1833) aus seinem französischen Refugium eine Friedhofsruhe gerade auch für die Literatur beginnen. Erst in der Schlußphase seiner Herrschaft vermochte es Mariano José de LARRA (1809–1837), in Spanien erneut einen außerordentlich scharfsichtigen und scharfzüngigen Journalismus zu begründen, dessen Grunderfahrung unmittelbarer Wirkungslosigkeit allerdings der Satz *»In Madrid schreiben heißt weinen«* zusammenfaßt.
Gewiß ist es zutreffend, daß die spanische Aufklärung trotz aller Säkularisierungsansätze nirgends entschieden mit der Kirche gebrochen hat. Diese Aufklärung ist daher immer wieder als eine *ilustración cristiana* charakterisiert worden, deren Quellen keineswegs nur in Frankreich gelegen haben. Sie hat sich auch auf innerspanische Traditionen berufen, insbesondere auf die Zeit der Katholischen Könige, die Anfangsjahre des 16. Jahrhunderts und die erasmistischen Vorstellungen von einem verinnerlichten, mit einer Arbeitsethik verbundenen Christentum. Für diesen Zeitraum hat sie den Begriff des Siglo de Oro geschaffen. Das Spanien der Habsburger und das der barocken Kunst und Literatur hat sie abgelehnt und als dem neuen disziplinierten, staatskonformen und rationalistischen Geist nicht entsprechend verworfen. In ästhetischer Hinsicht wurde daher vor allem das barocke Theater, die *comedias* mit ihren moralisch wenig vorbildlichen jungen, adligen Protagonisten oder ihren Zauberern, entschieden abgelehnt. Ignacio LUZÁN (1702–1754) hat für das Schauspiel in seiner *Poética* (1737, ²1789) die Normen eines klassizistischen, von Frankreich und Italien inspirierten Theaters theoretisch begründet. Umgesetzt wurden sie dann in einer umfassenden Theaterreform zu Ende des Jahrhunderts sowie in den Stücken von Leandro FERNÁNDEZ DE MORATÍN, der in seiner *Comedia nueva o el Café* (1792) das spätbarocke Theater zum Gegenstand der Komödie macht und dessen Komödie *El sí de las niñas* (1806) den neuen Typus eines regelmäßigen Theaters repräsentiert, das für den zuschauenden Bürger keineswegs mehr bloße Unterhaltung, sondern ein Stück moralische Anstalt und Propagierung des aufgeklärten Absolutismus sein will.
In der Lyrik vollzieht die Aufklärung gleichfalls den Bruch mit an GÓNGORA orientierten, spätbarocken Traditionen, die weit ins 18. Jahrhundert hineinreichen. An ihre Stelle traten, wie der Fall

des bedeutendsten Lyrikers der spanischen Aufklärung, Juan MELÉNDEZ VALDÉS (1754–1817) zeigt, zwei Typen lyrischer Dichtung, die sich durchaus in Einklang mit der europäischen Entwicklung befanden. Zunächst eine anakreontische Lyrik, deren spielerischer traditioneller Charakter nicht darüber hinwegtäuschen darf, daß ihr epikureisches Bekenntnis zur sinnlichen Liebe der offiziellen christlichen Sicht und Weltabkehr widersprach. Die Anakreontik wurde dann in den siebziger Jahren überwunden durch eine »philosophische Lyrik«, die in feierlichen Oden, weitausholenden Episteln und die Sitten geißelnden Satiren alle Themen der Aufklärung behandelt: den Fortschrittsgedanken, den Preis der Landwirtschaft, das Lob der Tugend, der Freundschaft, der Wissenschaften und Künste, den physiko-theologisch gedeuteten Kosmos und das geistige »höchste Wesen«. José Manuel QUINTANA (1772–1857) hat diesen Typus von Lyrik fortgesetzt, wenngleich in heute als allzu rhetorisch empfundener Form. Das hinderte nicht, daß er 1855, in höchst prosaischen Zeiten, von Königin Isabel II. persönlich zum Dichter gekrönt wurde.

Apologetisches Schrifttum

Die Charakterisierung der spanischen Aufklärung bliebe jedoch unvollständig, würde der sogenannten *apologistas* nicht gedacht. Sie sind nicht zu verstehen ohne jene »intellektuelle Geographie« insbesondere der französischen Aufklärung, innerhalb derer das »philosophische England« den positiven, das »mönchische Spanien« den negativen Pol besetzte. In gewollter Unkenntnis der kulturellen Rolle Spaniens im Mittelalter und zur Zeit der ersten Habsburger hatte der ansonsten geistig wenig hervorgetretene französische Aufklärer MASSON DE MORVILLIERS in der *Encyclopédie méthodique* 1786 recht höhnisch nach dem spanischen Beitrag zur europäischen Kultur gefragt und zugleich suggeriert, daß dieser inexistent sei. Dieser Artikel führte nicht nur zu diplomatischen Demarchen Madrids in Paris, dem Verbot des gesamten Werks in Spanien und dem Abbruch einer gerade begonnenen, höchst nützlichen Übersetzung. Es provozierte und verstärkte auch ein apologetisches Schrifttum, dessen Tradition ins 17. Jahrhundert bis zu QUEVEDO zurückreicht. Verstanden als Antwort auf eine angeblich unbegründete Verleumdung Spaniens aus politischen und konfessionellen Gründen, auf die sogenannte »Schwarze Legende«, war dieses Schrifttum häufig nichts anderes als die bedingungslose, schönfärberische und nicht selten mehr überzeugte als wissende Verteidigung alles Spanischen, darunter insbesondere auch dessen, was kaum der Verteidigung wert war: seien dies die Greueltaten etwa, die von den Spaniern ganz zweifelsohne bei der Eroberung Amerikas begangen worden waren, sei es die mächtige, so wenig barmherzige Institution der Inquisition, die die Freiheit des Geistes in Spanien vielfach unterdrückt hat, oder seien es auch nur die Dunkelheiten und literarischen Exzesse zahlloser Autoren des 17. und 18. Jahrhunderts, die GÓNGORA nacheiferten, denen es jedoch am Genie ihres Vorbilds fehlte.

Einer und der vielleicht bedeutendste dieser zum Teil vom Staat selbst finanzierten Apologeten war Juan Pablo FORNER (1756–1797), dem jedoch in Spanien selbst die besten Geister widersprachen. Andere Autoren, darunter manche der besonneneren, veröffentlichten ihre Schriften in Italien und in italienischer Sprache. Es waren dies jene Jesuiten, die 1767 von den Aufklärern um Karl III. aus Spanien und aus seinen überseeischen Besitzungen vertrieben worden waren und die nun – nicht ohne Hoffnung, damit ihre Rückkehr zu ermöglichen – Spaniens historische und literarische Verdienste herausstellten: maßlos übertrieben bei Juan NUIX I PERPIÑÁ in seiner Polemik gegen die Kritik ROBERTSONS und RAYNALS am spanischen Kolonialreich, gut informiert und klug abwägend bei Juan ANDRÉS (1740–1817), dem Autor der ersten breitangelegten europäischen Kulturgeschichte, die vor allem das »unregelmäßige« Theater des Siglo de Oro gegen die Angriffe der italienischen und französischen Klassizisten in Schutz nimmt. Schriften wie diese haben zu einer angemesseneren Sicht Spaniens geführt und dazu beigetragen, das negative, jedoch nicht minder realitätsferne Spanienbild der Aufklärung durch das positive der Romantik besonders in Deutschland zu ersetzen. Allerdings ist hier auch der Vorreiterrolle zu gedenken, die Spanien im Kampf gegen Napoleon gespielt hat. Als erstes europäisches Land hat es in einem von den Zeitgenossen bewundernd verfolgten Guerillakrieg dem französischen Kaiser siegreichen Widerstand geleistet, wenngleich dieser für das spanische Selbstverständnis mythische »Unabhängigkeitskrieg« (1808–1814) das Land letztlich seine Kolonialreiche gekostet hat.

Wie ein roter Faden, im übrigen stärker im konservativen als im progressiven Lager, zieht sich dieses apologetische Schrifttum durch die spanische Geistes- und Literaturgeschichte des 19. Jahrhunderts und, erneut belebt durch die nationalistischen und isolationistischen Tendenzen des Franquismus, bis in die sechziger Jahre des 20. Jahrhunderts hinein. Es ist die ständig wiederholte Verteidigung eines angeblich unveränderlichen, stoisch-christlich geprägten Wesens Spaniens gegenüber dem als materialistisch bekämpften Geist der europäischen Moderne. Den nichtspanischen Betrachter, der von den politischen, den geistigen und sozialen Dimensionen dieser spanischen Selbstbefragung nicht unmittelbar berührt ist, mag es erstaunen, welch großen Raum die Diskussion des sogenannten »Spanienproblems« gerade auch bei den besten Autoren der Zeit eingenommen hat, von LARRA über Angel GANIVET (1865–1898), Benito PÉREZ

GALDÓS (1843–1920), Miguel de UNAMUNO (1864–1936) und die großen Repräsentanten der »Generation von 98« bis hin zu José ORTEGA Y GASSET (1883–1955) und Juan GOYTISOLO (geb. 1931). Die bisweilen obsessiv anmutende Beschäftigung mit dem Thema »Spanien« hat die spanische Literatur häufig von einer drängenderen, über rasche ideologisch vorgegebene Antworten hinausgehende Auseinandersetzung mit der Frage nach der *condition humaine* abgehalten, die doch das eigentliche Wesen allen literarischen Nachdenkens und Schaffens ist.

Das 19. Jahrhundert: die Literatur im Widerstreit der »zwei Spanien«

Die Befreiung Spaniens von Napoleon und die Rückkehr Ferdinands VII., des legitimen Herrschers, hatten keines der Probleme gelöst, mit denen sich das Land während des ganzen 19. Jahrhunderts weiter konfrontiert sehen sollte: die Suche nach einer verfassungsmäßigen Ordnung in Spanien, die Lösung der engen Verbindung von Kirche und Staat, die dringende wirtschaftliche und politische Modernisierung des Landes, insbesondere die Frage der Regionalisierung. Während des ganzen Jahrhunderts standen sich bei der Lösung bzw. der Verschleppung dieser Probleme ein konservativ-katholisches und ein progressiv-liberales Spanien feindlich gegenüber, die jeweils mit Ausschließlichkeitsanspruch für sich behaupteten, das ganze Spanien zu repräsentieren. In diesem Spannungsgeflecht intervenierte allein in den Jahren 1833 bis 1867 das – zunächst liberale, dann zusehends konservativere – Militär mit 24 Putschen *(pronunciamientos)* im politisch-sozialen Leben. Revolutionen (unter anderem 1820 und 1868) und Bürgerkriege (darunter drei Kriege der etablierten Regierungen mit den ultrakonservativen Karlisten 1833–1839, 1846–1849 und 1872 bis 1876) erschütterten das Land.
In ihren ideologischen Kämpfen nahmen beide Lager unablässig die verschiedensten Formen der Literatur als Medium der Information und der Propaganda in Anspruch. Den Konservativen gelang es überdies, im Lauf des Jahrhunderts fast die gesamte literarische Tradition Spaniens – insbesondere das ihnen geistig nahestehende Siglo de Oro – als das Erbe des »ewigen Spaniens« und damit als das ihre in Beschlag zu nehmen. Die Liberalen dagegen suchten ihre geistigen Vorläufer und Mitstreiter immer stärker im europäischen Ausland, in Frankreich, später in Deutschland, ein Vorgang, den sie selbst als positive und unvermeidliche Europäisierung verstanden, der ihnen von der Gegenseite jedoch als permanenter Verrat an dem angeblichen »spanischen Wesen« vorgeworfen wurde. Die Literaten selbst übernahmen nur allzu häufig Rollen im politischen Leben der Zeit. Francisco MARTÍNEZ DE LA ROSA (1787 bis 1862), der mit seinem dramatischen Werk die Brücke vom Neoklassizismus des 18. Jahrhunderts zur Romantik schlägt, wurde 1834 sogar Premierminister, und Benito PÉREZ GALDÓS (1843 bis 1920) erschloß den Lesern seiner Romane nicht nur die Geschichte des 19. Jahrhunderts aus der Perspektive eines Liberalen, er nahm auch während vieler Jahre ein Abgeordnetenmandat wahr. In den literarischen Werken finden die bedingungslosen Apologien der Kirche ebenso ihren Niederschlag wie die zeittypischen Eruptionen des heftigsten Antiklerikalismus. Von diesen Antagonismen ist das Personeninventar der Theaterstücke und der Romane der Zeit zutiefst geprägt. In zahllosen Werken finden sich Mönchs- und Priestergestalten, die entweder zu überirdischen Heiligengestalten oder zu Inkarnationen des Bösen stilisiert sind.
Vor allem aber spiegelt sich in den Romanen der Zeit der Modernisierungsprozeß Spaniens, das Entstehen einer Industriegesellschaft in den städtischen Zentren und das Auftreten der damit verbundenen schwerwiegenden sozialen Probleme. Immer wieder werden leitmotivisch Stadt und Land miteinander kontrastiert. Je nach der politischen Überzeugung des Autors wird die Stadt als Sündenbabel verdammt oder als Motor des Fortschritts gelobt, das Land als Hort einer – religiös bedingten – Rückständigkeit verurteilt oder als heile Welt inmitten der physischen und moralischen Verderbnis der Moderne gepriesen. Cecilia Böhl de Faber (1796–1877), eine deutschstämmige, streng katholische Autorin, die nur unter dem männlichen Pseudonym FERNÁN CABALLERO Romane zu veröffentlichen wagte, stellt der modernen Stadt Madrid die angeblich intakte ländliche Welt Andalusiens gegenüber. Der ihr geistesverwandte José Maria PEREDA (1833–1906) schmäht das Madrid der Revolutionen und preist die heilende Wirkung der nördlichen spanischen Provinz gegen die Schäden der Moderne. Für den Liberalen PÉREZ GALDÓS stellen sich die Verhältnisse umgekehrt dar. Er verurteilt den religiös bedingten Immobilismus der spanischen Provinz. Das bessere Neue entsteht für ihn in der Stadt, wobei er allerdings in seinen Romanen auch die Opfer des Modernisierungsprozesses nicht übersieht und aus einer sozialistischen Perspektive die menschliche Größe gerade der kleinen Leute hervorhebt. Beide Positionen zu versöhnen ist Juan VALERA (1824–1905) gelungen, dessen Roman *Pepita Jiménez* (1874) fast alle Konflikte der damaligen Gesellschaft berührt, sie jedoch in einem bewußt als Idylle konzipierten ländlichen Andalusien auflöst. Es erstaunt daher nicht, daß dieses Buch, das der Autor aus den Kämpfen der beiden Spanien herauszuhalten versucht hat, von beiden ideologischen Lagern begeistert gelesen wurde.

Literatur fürs Volk

Die Zahl der Leser und der Leserinnen nahm überhaupt im Lauf des 19. Jahrhunderts stark zu, wenngleich Spanien auch um 1860 noch immer eine Analphabetenrate von 80 Prozent hatte, die damit weit mehr als doppelt so hoch wie in Deutschland oder Frankreich lag. Dennoch umfaßte die literarische Öffentlichkeit, die im 18. Jahrhundert auf eine schmale Elite begrenzt gewesen war, allmählich prinzipiell alle, insbesondere auch die unteren sozialen Schichten der Gesellschaft. Zu den besonderen Medien dieser Öffentlichkeit wurde zum einen die sich rasch ausbreitende Meinungspresse, zum anderen die schon bald alles beherrschende Gattung des Romans. Seine Rolle wurde entschieden gestärkt durch zwei publizistische Erfindungen: die des Feuilletons, in dem die Romane in kurzen täglichen Fortsetzungen erschienen, und die der sogenannten *entregas*, der im Abonnement preiswerten, meist 16 Seiten umfassenden wöchentlichen Teillieferungen, die nach Monaten der Spannung einen vollständigen Roman ergaben. Beide Formen kamen der in den vierziger Jahren erstmals auch in Spanien feststellbaren »Lesewut« breiter Kreise entgegen, die sich mit den traditionellen Formen der repetitiven, häufig auf ein Buch konzentrierten religiösen Lektüre nicht mehr zufriedengaben. Die jetzt auch in Spanien gewaltig ansteigende Nachfrage nach Romanen hatte das Entstehen großer Verlagshäuser zur Folge wie auch den Typus des vielschreibenden Autors, der, erstmals in Spanien, nicht nur von seiner Feder leben, sondern es zu Reichtum bringen konnte. Dies war der Fall bei dem Verleger und Autor Wenceslao AYGUALS DE IZCO (1801 bis 1873), dessen sofort ins Französische und Deutsche übersetzter Roman *Maria oder die Tochter eines Tagelöhners* (1845–1846) eine rührende Liebesgeschichte in spannender Weise mit einer scharfen sozialkritischen, letztlich aber im Stile seines Vorbilds Eugène SUE paternalistischen Interpretation der Zeitgeschichte verbindet. Im eher konservativen Lager schrieb Manuel FERNÁNDEZ Y GONZÁLEZ (1821–1888) etwa 300 Romane, allerdings ohne das politische Engagement und die kritische Schärfe der Werke von Ayguals. Angesichts dieser Laizisierung und Politisierung der Lesestoffe warnte der Klerus wiederholt vor der Romanlektüre, versuchte sich aber schließlich selbst, so in Gestalt des Jesuiten Luis COLOMA (1851 bis 1915), dieser Form zu bedienen, um seine traditionelle Leserschaft weiterhin zu erreichen.

Trotz ihrer engen Verbindung mit den ideologischen Auseinandersetzungen der Zeit verstärkte sich im Lauf des 19. Jahrhunderts die zweite Funktion der Literatur, die der Unterhaltung. Dies gilt nicht nur für die in immer größerer Zahl und Abfolge gedruckten und konsumierten Romane. Es gilt dies auch für die Lyrik, wenngleich sich diese eher auf ein spezielles Publikum hin orientierte, den weiblichen Leser im bürgerlichen Salon, für den die moralisierenden, von der Philosophie des *common sense* inspirierten, häufig stark prosaischen Gedichtbände von Ramón de CAMPOAMOR (1817 bis 1901) bestimmt sind.

Die Unterhaltungsfunktion der Literatur erfüllt jedoch in besonderem Maß das Theater. Die *alta comedia* bringt in der zweiten Jahrhunderthälfte dem bürgerlichen Zuschauer seine eigene Welt auf die Bühne, wobei sie um die stets gleichen, melodramatisch dargestellten Themen kreist: Liebe, Ehe und Geld. Der Hauptrepräsentant dieses heute weitgehend vergessenen Theaters war José ECHEGARAY (1832–1916), der es zum Finanzminister und Gründer der Bank von Spanien brachte und der bezeichnenderweise als erster Spanier 1904 (zusammen mit Frédéric MISTRAL) den Literaturnobelpreis erhielt. Nach kritischeren Anfängen, in denen er neben Joaquín DICENTA (1863–1917) ein gesellschaftskritisches, auch formal neues Theater geschaffen hatte, setzte Jacinto BENAVENTE (1866–1954) die Tradition der *alta comedia* bis weit in die Francozeit hinein fort, während der er zum meistgespielten spanischen Dramatiker wurde. Auch er erhielt – im Jahre 1922 – unter Protest der Zeitgenossen den Nobelpreis. Der Unterhaltung der breiteren Massen diente das *género chico*, ein Theater ohne Probleme, häufig mit Musikeinlagen, mit regionalen Typen und parodistischen Elementen. Serafín (1871–1938) und Joaquín (1873–1944) ÁLVAREZ QUINTERO haben dieses Theater gleichfalls bis weit ins 20. Jahrhundert hinein gepflegt. Für den unbeschränkten Konsum dieses auf seine bloße Unterhaltungsfunktion reduzierten Theaters wurde das »Stundentheater« *(teatro por horas)* geschaffen, in dem die gleichen Stücke in stündlichem Rhythmus ständig wiederholt wurden.

Im 19. Jahrhundert änderte sich aber nicht nur der Status des Lesers und der Literatur, sondern auch der des Autors. Waren im Spanien der Aufklärung die meisten Autoren noch Kleriker, so sind sie im 19. Jahrhundert fast ausschließlich Laien. Vom romantischen Geniebegriff inspiriert, verstehen sie sich selbst, wie zum Beispiel José ZORRILLA (1817–1893), als weltliche Propheten, erscheinen sie wie die Künstler überhaupt den Massen als die neuen, nur sich und ihrem Werk verpflichteten Priester. Nach der Uraufführung des stark antiklerikalen Theaterstücks *Electra* (1901) von PÉREZ GALDÓS spannte sich die begeisterte Menge vor die Kutsche des Autors und zog ihn im Triumph durch die Hauptstadt.

Krausismus

Insgesamt hat die Literatur des 19. Jahrhunderts zur Laizisierung und Säkularisierung des spanischen Denkens beigetragen, auch wenn von staatlicher und kirchlicher Seite durch Zensurmaßnahmen immer wieder gegengesteuert wurde. Ein wichtiger Markstein in diesem Prozeß stellt der sogenannte »Krausismus« dar, die Rezeption der idealistisch rationalistischen, zwar kirchen- und dogmenfernen, jedoch zutiefst religiös ethischen Philosophie des Deutschen K. Chr. F. KRAUSE (1781–1832) durch Julián SANZ DEL RÍO (1814–1869), der seit dem Verbot des Auslandsstudiums durch Philipp II. als erster Spanier von der Regierung zum Zweck des Studiums »nach Europa« geschickt worden war. Von seinem Denken und von der *Institución libre de enseñanza*, die den aus den staatlichen und kirchlichen Universitäten ausgeschlossenen Krausisten als akademische Plattform diente, wurde das gesamte liberale Denken Spaniens bis weit in die Zweite Republik hinein geprägt. Von dem Regenerationisten Joaquín COSTA (1846–1911) über den Romancier CLARÍN (d. i. Leopoldo Alas, 1852–1901) und UNAMUNO, der dem Klerus in Spanien das Monopol der theologischen Reflexion nahm, bis hin zu dem Philosophen und Kulturkritiker ORTEGA Y GASSET blieb kein bedeutenderer Intellektueller und Autor vom *krausismo* unbeeinflußt.

Verspätete Romantik

Ansonsten folgte die spanische Literatur des 19. Jahrhunderts durchaus dem europäischen Rhythmus einer Epochengliederung in Romantik, Realismus und Naturalismus, wenngleich zeitlich versetzt und mit eigenen Ausprägungen. Bedingt durch die geistige Isolierung des Landes unter Ferdinand VII., der der »Manie des Denkens« wenig gesonnen war und dessen Herrschaft neben dem Zeitraum von 1680 bis 1724 die literarisch wohl sterilste Phase der spanischen Neuzeit ist, hielten sich Formen und Themen der Spätaufklärung und des Neoklassizismus bis über die dreißiger Jahre des 19. Jahrhunderts hinaus. Zur bestimmenden literarischen Strömung wurde die Romantik auch in Spanien erst, als 1833 nach dem Tod Ferdinands all jene Autoren, die sich im englischen und französischen Exil aufgehalten hatten, heimkehren konnten und die neue literarische Mode ihrer Gastländer in ihrer individualistisch liberalen Tendenz mitbrachten: José de ESPRONCEDA (1808–1842) folgte in seiner Lyrik BYRON im Aufbegehren gegen die gesellschaftlichen Konventionen, Francisco MARTÍNEZ DE LA ROSA und der Duque de RIVAS (1791–1865) brachen, von der französischen Romantik Victor HUGOS inspiriert, mit dem neoklassizistischen Regeltheater. In wenigen Jahren erreichte das spanische romantische Theater mit Rivas' Schicksalstragödie *Don Álvaro oder die Macht des Schicksals* (1835) und HARTZENBUSCHS *Liebenden von Teruel* (1837) seinen Höhepunkt in ZORRILLAS *Don Juan Tenorio* (1844). Dieses Kultstück, das in Spanien immer noch alljährlich an Allerseelen aufgeführt wird, macht in einem *»drama religioso fantástico«* aus dem sündigen Don Juan TIRSO DE MOLINAS einen Gottsucher, den schließlich die Liebe einer Frau erlöst.

Eher der konservativen Romantik zugeneigt ist die Flut von historischen Romanen, die auch in Spanien von einer über Frankreich vermittelten SCOTT-Mode ausgelöst wurde. Fern von den Zwängen der Gegenwart inszeniert Enrique GIL Y CARRASCO (1815–1846) im vollkommensten Exemplar dieser Gattung, dem *Señor de Bembibre* (1844), Weltflucht, Liebestod und Selbsterlösung in mittelalterlichem Dekor. Die vielgelesenen historischen Romane haben sicher für viele Spanier zur nationalen Identitätsbildung beigetragen.

Die Grenzen zwischen historischem und zeitgenössischem Roman *(novela contemporánea)* und damit von Romantik und Realismus sind fließend. Ohne seine philosophisch positivistische Komponente rezipiert, erscheint der Realismus in Spanien überwiegend als *costumbrismo*, als eine jeweils regional begrenzte, häufig leicht ironisch distanzierte Beschreibung der Sitten und des Verhaltens *(costumbres)* insbesondere der unteren Volksschichten aus der Perspektive des gebildeten Städters, so bei Ramón de MESONERO ROMANOS (1803 bis 1882) und Serafín ESTÉBANEZ CALDERÓN (1799–1882) oder der nostalgischen, bisweilen ethnologischen Sicht einer FERNÁN CABALLERO, die weiß, daß die von ihr aufgezeichnete Welt der provinziellen Idylle schon bald der Moderne zum Opfer fallen wird. Auch hier sind die Übergänge fließend zwischen den statischen »Sittenbildern« *(cuadros de costumbres)* und den realistischen Romanen, die diesen Bildern, als Element der Spannung, eine (Liebes-)Handlung hinzufügen. Hier lassen sich zumindest teilweise die Quellen der realistischen Romane von Fernán Caballero, Juan VALERA, Pedro Antonio de ALARCÓN (1833–1891), PEREDA und PÉREZ GALDÓS aufzeigen.

Naturalismus und lyrische Erneuerung

Auch der Naturalismus ist in Spanien ohne die für ZOLAS Theorie wichtigen naturwissenschaftlichen Vorstellungen, insbesondere die der Vererbung, rezipiert und in gedämpfter Form nachgeahmt worden. Wenn sich die bedeutende Romanautorin Emilia PARDO BAZÁN (1851–1921) als Vertreterin eines katholischen Naturalismus bezeichnet, so wird deutlich, daß der spanische Naturalismus weit entfernt bleibt von der tabubrechenden Inszenierung der *bête humaine* bei ihrem französischen Vorbild.

Mit dem Realismus zusammen fällt die entscheidende Erneuerung der spanischen Dichtkunst im 19. Jahrhundert. Sie teilt mit ihm die Abkehr von einer hohl gewordenen, maßlosen romantischen Rhetorik. Gustavo Adolfo BÉCQUER (1836 bis 1870) hat die spanische lyrische Sprache revolutioniert, indem er ihr einen – von Heinrich HEINE, allerdings einem Heine in französischer Übersetzung, beeinflußten – äußerst schlichten, doch höchst suggestiven und eindringlichen Volksliedton gab. Mit seinen kurzen, fragmentarisch wirkenden Gedichten läßt er beim Leser Gefühle anklingen; anders als CAMPOAMOR oder Gaspar NÚÑEZ DE ARCE (1832–1903) will er keine selbstsichere Moral und keine bloß skeptische Philosophie vermitteln, sondern die Abgründe des modernen, melancholisch vereinsamten Ichs aufleuchten lassen, die trotz ihrer schönen Faszination das ihnen innewohnende Grauen nicht verbergen können. Sprachlich und thematisch ist Bécquer trotz mancher spätromantischen Preziosität zum Ausgangspunkt der modernen spanischen Lyrik geworden.

Renaissance der katalanischen und galicischen Literatur

Nicht unerwähnt darf hier ein wichtiges Element der Literatur im Spanien des 19. Jahrhunderts bleiben: das Wiedererwachen der seit dem Spätmittelalter fast ganz verstummten Literaturen in katalanischer, aber auch in galicischer Sprache (vgl. die Essays »Die katalanische Literatur« bzw. »Die galicische Literatur«), das als geistige Begleiterscheinung der immer deutlicher werdenden Forderung nach einer politischen und wirtschaftlichen Regionalisierung des Landes zu verstehen ist. Mit Bonaventura Carles ARIBAU (1798–1862) und seiner *Oda a la Pàtria* (1833) beginnt die Erneuerung der katalanischen Literatur, die getragen wird von einem wirtschaftlich aktiven und selbstbewußten Bürgertum. Schon um die Jahrhundertwende hat das Katalanische auch im Drama und im Roman entschieden Fuß fassen und damit seine Situation sprachlich wie literarisch weitgehend normalisieren können.

Langsamer und problematischer ist die Wiedergeburt der galicischen Literatur verlaufen. Isoliert in einer der fernsten spanischen Provinzen, wurde sie zunächst nur von einem engen Kreis von Akademikern an der Universität Santiago de Compostela gefördert. Großartige, doch lange Zeit vereinzelt bleibende Früchte waren die lyrischen Werke der weiterhin auch kastilisch schreibenden Rosalía de CASTRO (1837–1885). Erst mit dem Sieg Francos im Bürgerkrieg wurden diese Entwicklungen wieder jäh abgebrochen, wurde die Literatur in kastilischer Sprache wieder mit der spanischen Sprache schlechthin gleichgesetzt.

Das 20. Jahrhundert: Abbruch und Wiederaufnahme der Moderne

Zur Periodisierung der neueren spanischen Literatur wird insbesondere seit der Wende zum 20. Jahrhundert ein zwar theoretisch wenig abgesichertes, doch plausibles, vor allem aber übersichtliches Gliederungsschema nach Generationen verwendet. Geläufig geworden sind insbesondere die Bezeichnungen »Generation von 98« und »Generation von 27«. Im ersten Fall wird als identitätsstiftendes Generationserlebnis der Verlust der letzten Teile des einstigen spanischen Weltreiches, vor allem der Kubas, im Jahre 1898, angesehen; im zweiten sind es die Feiern zum 300. Todestag des Barockdichters GÓNGORA, dem sich eine ganze Gruppe von Dichtern in ihrem lyrischen Schaffen verpflichtet fühlte. Wie beliebig jedoch diese Bezeichnungen sind, zeigt sich daran, daß die Gruppe der 27er auch »Generation der Republik« oder »Generation der Freundschaft« genannt wird. Der Logik dieses Schemas entsprechend werden dann weitere Gruppierungen vorgenommen: »Generation des Bürgerkriegs«; »Generation der 50er«, jener Autoren, die erst im Francoregime erwachsen wurden und deren Werk von der Opposition zu seinem Regime geprägt ist; eine »Generation der ganz Jungen« *(novísimos)*, die in den siebziger Jahren, kurz vor dem Tod Francos (1975) zu publizieren begannen, und schließlich, zumindest im Bereich der Lyrik, die lockere Gruppe der *postnovísimos*, der Autoren der jüngsten Gegenwart.

Zumindest in Umrissen läßt dieses problematische Schema erkennen, welch tiefgreifende Zäsur der Bürgerkrieg (1936–1939) und die Nachkriegszeit (bis zum Beginn des Kalten Krieges) darstellen. Wieder einmal wurde die spanische Literatur unter Kuratel gestellt, der Propaganda dienstbar gemacht, einer umfassenden staatlichen, doch von der Kirche mitinspirierten Zensur unterworfen. Nicht erkennen läßt dieses Schema allerdings, welch große Rolle das Exil für das spanische Geistesleben des 20. Jahrhunderts gespielt hat. Fast die gesamte liberale und linke Intelligenz sah sich – ein gewaltiger Aderlaß wie seinerzeit die Vertreibung der Juden und der Morisken – gezwungen, Spanien spätestens 1939 zu verlassen und Zuflucht im amerikanischen Exil (USA, Mexiko, Argentinien) zu suchen. Viele sind im Exil gestorben wie Luis CERNUDA (1902–1963), viele sind gar nicht, manche, so Rafael ALBERTI (geb. 1902), erst nach dem Tod Francos zurückgekehrt. Ein weiterer bedeutsamer Mangel des Generationenschemas ist es, daß es die Gleichzeitigkeit und Gemeinsamkeiten zwischen literarischen Entwicklungen in Spanien und im übrigen Europa ganz entschieden verdeckt. So waren die Generation von 98 (ebenso wie die komplementäre Strömung des Modernismus) und die Generation von 27 keineswegs vom europäischen Denken getrennt. SCHOPENHAUER, NIETZSCHE, CARLYLE, KIERKEGAARD, TOLSTOI waren einzelnen 98ern allgegenwärtig; der Modernismus fußt auf der französischen Lyrik der Romantik, des Parnaß und des Symbolismus, auch wenn deren Kenntnis von Rubén DARÍO (1867–1916) vermittelt wurde, der, aus Nicaragua stammend, erstmals das Kulturgefälle zwischen Spanien und Lateinamerika, zwischen Geber und Empfänger umkehrte. Die 27er schließlich waren wohl die zugleich spanischste und europäischste Dichtergruppe, bestens vertraut mit der französischen Avantgarde. ORTEGA Y GASSET und seine Mitstreiter bei der von ihm gegründeten Zeitschrift ›Revista de Occidente‹ (1923 bis 1936) hatten das Vermitteln vor allem zwischen der deutschen und der spanischen Kultur geradezu zum Programm erhoben.

Das »silberne Zeitalter«

Wie in Frankreich oder in Deutschland waren auch in Spanien die ersten Jahrzehnte des 20. Jahrhunderts eine kulturell außerordentlich aktive Zeit, eine Phase undogmatischen Denkens und künstlerischen Experimentierens, auch mit dem neuen Medium Film. Diese Epoche ist als »Silbernes Zeitalter« *(edad de plata)* und damit als zweiter Höhepunkt der spanischen Literatur nach dem »Goldenen Zeitalter« bezeichnet worden. Immerhin haben zwei – glücklicher ausgewählte – Nobelpreisträger diese Zeit mitgeprägt, die Lyriker und Wegbereiter der Generation von 27, Juan Ramón JIMÉNEZ (1881–1958) und Vicente ALEIXANDRE (1898–1984), der nicht ins Exil hatte gehen können und der selbst in der Francozeit noch etwas von dem liberalen Geist und Kunstverständnis der 27er an seine Jünger vermittelte.

Das 20. Jahrhundert setzt ein mit der Generation von 98 und dem Modernismus. Es sind viele Versuche gemacht worden, die beiden Strömungen zu unterscheiden. Im Grunde sind jedoch beide ein entschiedenes Erneuerungsprogramm für Spanien, ein Bruch mit den verbürgerlichten Traditionen und den »alten Männern« des 19. Jahrhunderts, ein Bruch auch mit der im überkommenen Parteienhader versunkenen, weitgehend kunstlos gewordenen Literatur. Dabei ging es den 98ern primär um eine umfassende Erneuerung des Denkens; die Modernisten strebten eher nach einer Erneuerung der Kunst, die nur im Dienst des Schönen und nicht der Moral oder der Politik stehen sollte. Die Autoren beider Gruppen präsentieren sich als antibürgerliche, bewußt junge Bohemiens, die sich an ein junges Publikum wenden, als freie, radikale Intellektuelle, die – so UNAMUNO, AZORÍN (d. i. José Martínez Ruiz, 1873–1967) und Pío BAROJA (1872–1956) – ihre Herkunft aus dem Anarchismus nicht verschweigen oder die, wie Ramón María del VALLE-INCLÁN (1866–1936) und Antonio MACHADO (1875–1939), in ihren frühen Werken der europäischen Dekadenz, dem Ich-Kult und Ästhetizismus gefolgt sind. Retten und erneuern wollen sie Spanien, wobei die einen unter dem Schlagwort »Europäisierung« den radikalen Bruch mit allem »Spanischen«, mit der konservativen *España eterna* seit Philipp II. und eine Modernisierung des Landes fordern, während vor allem Unamuno angesichts der materialistischen Moderne Europas eine »Hispanisierung« Spaniens, eine Rückkehr zu dessen wahrem Wesen *(lo castizo)* propagiert, das für ihn im spanischen metaphysischen Wissen um Tod und Jenseits liegt.

Spätestens ab 1910 lösen sich die beiden Gruppierungen auf, jeder der Autoren geht verstärkt seine künstlerisch und auch politisch eigenen Wege. AZORÍN wird schließlich angesichts der immer gewalttätiger werdenden Auseinandersetzungen zwischen den Republikanern und der sich abzeichnenden Diktatur ganz ins konservative Lager wechseln, Antonio MACHADO dagegen sich bis zuletzt skeptisch, tolerant, erziehend um das neue Spanien bemühen.

Die Erneuerung von Lyrik und Theater

Gegenüber dieser vom politischen Geschehen erneut eingeholten Literatur, die ihren Niederschlag vor allem in den Essays UNAMUNOs und den Romanen BAROJAs fand, vertraten die Autoren der Generation von 27 angeregt von der Sprachkunst GÓNGORAs die Vorstellung von einer »reinen«, politisch nicht engagierten Kunst, was ORTEGA als *»deshumanización del arte«* auf den Begriff zu bringen versuchte. Die Lyrik von Jorge GUILLÉN (1893–1984), Pedro SALINAS (1891–1951), Gerardo DIEGO (1896–1987), Rafael ALBERTI, Federico GARCÍA LORCA (1898–1936), Vicente ALEIXANDRE oder Luis CERNUDA ist diesem Ideal einer freien Kunst gerecht geworden. Erst der nahende Bürgerkrieg erzwang eine erneute *poesía impura*, bei Alberti ebenso wie bei Miguel HERNÁNDEZ (1910–1942).

Eine ebenso tiefe Erneuerung wie die Lyrik erfuhr in den zwanziger und dreißiger Jahren des 20. Jahrhunderts auch das spanische Theater. VALLE-INCLÁN und GARCÍA LORCA brachen radikal mit der flach psychologisierenden *alta comedia*, ihrem Pseudorealismus und ihrer Illusionsbühne. Beide Autoren besannen sich auf die »Theatralität«

des Mediums Theater, entdeckten sie neu im Puppenspiel und schufen unabhängig voneinander ein völlig neues Theater. Valle-Inclán nannte seine neue Form *esperpento*, Schauerposse, die allein ihm geeignet schien, das Spanien seiner Zeit auf die Bühne zu bringen, in der er eine groteske Entstellung der europäischen Zivilisation sah. García Lorca hat sich vom Puppenspiel dazu anregen lassen, die Handlung, die Gestalten, die Gestik und Sprache in seinen Stücken auf ein Minimum zu stilisieren, um so unmittelbar und höchst eindringlich den Grundkonflikt seiner Welt jenseits allen andalusischen Dekors zum Ausdruck zu bringen: die unversöhnliche, in Gewalt ausbrechende Opposition zwischen dem anarchischen Freiheitsbegehren des einzelnen und den gesellschaftlichen Normen. Beide Autoren durften in Spanien in der Francozeit für die breite Öffentlichkeit nicht gespielt werden. Erst in den siebziger Jahren ist ihre revolutionäre Leistung für das spanische und europäische Theater wirklich entdeckt und nutzbar gemacht worden.

Literatur der Francozeit

Aus der wachsenden Distanz stellen sich die Auswirkungen des Francoregimes und der Zensur, die im übrigen erst in den sechziger Jahren gelockert wurde, als weniger verheerend für die spanische Literatur (zumindest die in kastilischer Sprache) dar, als zunächst angenommen. Wenn es trotz Tod, Exil und Repression zu keinem völligen Bruch mit den großen literarischen Leistungen der Republik und des »anderen Spaniens« kam, so ist dies zum einen der Integrität vieler Autoren unter dem Franquismus zu danken, zum anderen der Tatsache, daß der Franquismus selbst jenseits seiner nationalkatholischen Grundvorstellung keinerlei eigenständiges kulturelles Programm besaß. Dennoch hat die Francozeit die spanische Literatur tief geprägt, indem sie diese zwang, sich über lange Zeit und ganz vorrangig als eine Literatur der Opposition zu verstehen und Funktionen zu übernehmen, die in freiheitlichen Systemen die Presse erfüllt. Eine solche politisch und gesellschaftlich engagierte Literatur muß auf direkte, unmißverständliche Kommunikation setzen und um dieses Zieles willen auf ihre komplexeren sowie auf neue, dem Leser noch nicht gewohnte künstlerische Verfahren verzichten. Diese Form der Literatur ist in Spanien als *literatura social* bezeichnet worden, als eine an die *»unendliche Mehrheit« (immensa mayoría)* gerichtete Literatur, die Bewußtwerdung und Widerstand gegen den Franquismus wecken, die offiziell totgeschwiegenen Opfer ins Licht rücken und die Nutznießer des Regimes denunzieren sollte. Diese Sicht hat in den fünfziger und sechziger Jahren weite Bereiche der Literaturproduktion bestimmt. Das enge, am Ideal eines *realismo social* orientierte Konzept verhinderte nicht, daß auch diese Literatur einzelne Meisterleistungen hervorgebracht hat: Im Roman bei Camilo José CELA (geb. 1916), dem bislang letzten spanischen Nobelpreisträger, bei Miguel DELIBES (geb. 1916) oder dem frühen Luis GOYTISOLO (geb. 1935); in der Lyrik bei Gabriel CELAYA (1911–1990), bei Blas de OTERO (1916–1979) oder dem frühen José Angel VALVERDE (geb. 1929). Schwerer noch hatte es das Theater, das als öffentlichkeitswirksame und -abhängige Institution von der Zensur besonders streng beobachtet und reglementiert wurde. Antonio BUERO VALLEJO (geb. 1916) gelang es, durch geschickte Metaphern und das Ausweichen in historische Stoffe, die der Zuschauer aber rasch zu aktualisieren lernte, ein auch im Franquismus *»mögliches Theater« (teatro posible)* von hohen Ansprüchen zu schaffen. Im Gegensatz zu ihm ging es dem weitaus radikaleren Alfonso SASTRE (geb. 1926) darum, bis an die Grenzen eines *»unmöglichen Theaters« (teatro imposible)* zu gehen, das die Rebellion gegen das Regime als Lehrstück unmittelbar auf die Bühne zu bringen versuchte, doch allzuoft von der Zensur unterdrückt wurde.

Alle diese Autoren haben immer wieder die engen Grenzen des *realismo social* überschritten. Ein systematischer Bruch mit ihm wurde jedoch erst vollzogen, als in den sechziger Jahren immer deutlicher wurde, daß die Überwindung des Franquismus nur langfristig und auf gar keinen Fall allein mit den Mitteln der Literatur möglich sein würde. Für die Literatur als Kunst war diese Einsicht ein Akt der Befreiung. Sie öffnete sich den neuen und den jüngsten Tendenzen der anderen europäischen Literaturen; die Auseinandersetzung mit der jetzt verstärkt ins Blickfeld tretenden gänzlich neuen lateinamerikanischen Literatur eines Alejo CARPENTIER (Kuba; 1904–1980), eines Carlos FUENTES (Mexiko; geb. 1928) oder eines Gabriel GARCÍA MÁRQUEZ (Kolumbien; geb. 1928) offenbarte bislang nicht gesehene Wahrnehmungs- und Schreibweisen. *Tiempo de silencio* (1962) von Luis MARTÍN-SANTOS markierte den Bruch am deutlichsten für die Gattung Roman; in der Lyrik vollzog ihn seit Mitte der sechziger Jahre eine Gruppe junger Dichter, darunter Pere GIMFERRER (geb. 1945), die von der Kritik als die *»ganz jungen Autoren« (novísimos)* bezeichnet und von den noch dominierenden *poetas sociales* nach einem ihrer Themen als ästhetisierende, sich dem gesellschaftlichen Engagement entziehende »Venezianer« verspottet wurden. Zusammen mit ihrer Folgegeneration, den *postnovísimos*, den Allerneuesten und Postmodernen, bestimmen sie weiterhin das Panorama der spanischen Lyrik.

Neueste Tendenzen

Als außerordentlich experimentierfreudig erwies sich auch das Theater bereits in der Zeit des Spätfranquismus. Vor allem die jungen Gruppen des nichtkommerziellen *»unabhängigen Theaters« (teatro independiente)* erarbeiteten unkonventionelle Inszenierungen, verfaßten im Kollektiv Stücke, führten erstmals systematisch die Klassiker der Moderne auf, entdeckten vor allem die großen Möglichkeiten des Theaters von GARCÍA LORCA und VALLE-INCLÁN. Die freiheitliche Gesellschaft des Postfranquismus bedeutete für das spanische Theater, dem der Reiz der enttabuisierenden Opposition genommen war, zunächst eine tiefe Krise. Wie sich denn überhaupt neben einer allgemeinen politischen Enttäuschung *(desencanto)* auch eine Enttäuschung darüber breitmachte, daß mit dem Ende des Franquismus keines jener literarischen Meisterwerke ans Licht kam, die in den Schubladen der von der Zensur bedrängten Autoren vermutet worden waren. Doch hat sich die spanische Literatur, befreit von zu hohem Erwartungsdruck und erlöst von der überfordernden Rolle, »das bessere Spanien« herbeischreiben zu müssen, in den achtziger Jahren erfreulich normalisiert. Gonzalo TORRENTE BALLESTER (geb. 1910), Juan BENET (geb. 1927), Juan MARSÉ (geb. 1933), Eduardo MENDOZA (geb. 1943), Esther TUSQUETS (geb. 1936), Soledad PUÉRTOLAS (geb. 1947), Rosa MONTERO (geb. 1951), Bernardo ATXAGA (geb. 1951), Julio LLAMAZARES (geb. 1955), Antonio MUÑOZ MOLINA (geb. 1956) sind einige der älteren und neueren Stimmen in diesem Konzerte besonders erfolgreicher Erzähler. Wahrscheinlich läßt sich kein einleuchtenderes Beispiel für diese Entlastung und Normalisierung der spanischen Literatur der Gegenwart finden als die Tatsache, daß es jetzt einen eigenständigen spanischen Kriminalroman gibt und daß dieses unterhaltende Genre vorrangig aus der Feder von Manuel VÁZQUEZ MONTALBÁN (geb. 1939) stammt, eines höchst respektablen Autors, der in Katalonien geboren wurde, jedoch auf kastilisch schreibt und der seinen Protagonisten *Pepe Carvalho* aus Galicien stammen läßt.

Literaturhinweise

A. Allgemeines

J. L. Abellán, *Historia crítica del pensamiento español*, 5 Bde., Madrid 1979 ff.

S. Arnoldsson, *La leyenda negra. Estudios sobre sus orígenes*, Göteborg 1960.

W. Bernecker u. J. Oehrlein (Hg.), *Spanien heute. Wirtschaft, Politik, Kultur*, Frankfurt 1991.

A. Castro, *La realidad histórica de España*, Mexiko ⁶1975.

J. H. Elliott (Hg.), *Die spanische Welt. Geschichte, Kultur, Gesellschaft*, Freiburg i. Br. u. a. 1991.

C. Fuentes, *Der vergrabene Spiegel. Die Geschichte der hispanischen Welt*, Hamburg 1992.

J. Goytisolo, *Spanien und die Spanier*, Luzern 1969.

H. Hinterhäuser (Hg.), *Spanien und Europa. Texte zu ihrem Verhältnis von der Aufklärung bis zur Gegenwart*, München 1979.

G. Hoffmeister, *Spanien und Deutschland. Geschichte und Dokumentation der literarischen Beziehungen*, Berlin 1976.

J. A. Maravall, *Estudios de historia del pensamiento español*, 3 Bde., Madrid 1983/84.

M. Tietz (Hg.), *Das Spanieninteresse im deutschen Sprachraum. Beiträge zur Geschichte der Hispanistik vor 1900*, Frankfurt/Main 1991.

B. Sprach- und Literaturgeschichte

J. L. Abellán, *El exilio español de 1939*, 6 Bde., Madrid 1977/78.

J. L. Alborg, *Historia de la literatura española*, 4 Bde., Madrid ²1970 ff.

D. Alonso, *De los siglos oscuros al de oro*, Madrid ²1964.

J. Amador de los Ríos, *Historia crítica de la literatura española*, 7 Bde., Madrid 1861–1865; ern. Madrid 1969/70.

M. Bataillon, *Érasme et l'Espagne*, Paris 1937 (span. *Erasmo y España*, Mexiko 1966).

H. Berschin u. a., *Die spanische Sprache. Verbreitung – Geschichte – Struktur*, München 1987.

C. Blanco Aguinaga u. a., *Historia social de la Literatura española (en lengua castellana)*, 3 Bde., Madrid 1978.

G. Brenan, *The Literature of Spanish People*, Cambridge 1962; ern. ²1976.

J. Cejador, *Historia de la lengua y de la literatura castellanas*, 14 Bde., Madrid 1915–1922.

M. Defourneaux, *Spanien im Goldenen Zeitalter. Kultur und Gesellschaft einer Weltmacht*, Stuttgart 1986.

G. Díaz-Plaja (Hg.), *Historia general de las literaturas hispánicas*, 5 Bde., Barcelona 1949–1958.

Diccionario de autores: Quién es quién en las letras españolas, Madrid 1988.

J. M. Diez Borque u. a. (Hg.), *Historia de la literatura española*, 4 Bde., Madrid 1980.

J. Fitzmaurice-Kelly, *Geschichte der spanischen Literatur*, Heidelberg 1925.

H. Flasche, *Geschichte der spanischen Literatur*, 3 Bde., Bern u. a. 1977–1989.

M. Franzbach, *Abriß der spanischen und portugiesischen Literaturgeschichte in Tabellen*, Frankfurt (Main)/Bonn 1968.

R. de la Fuente (Hg.), *Historia de la literatura española*, Madrid 1991 ff. [auf 50 Bde. berechnet].
A. González Palencia u. J. Hurtado, *Historia de la literatura española*, Madrid 1949.
O. H. Green, *Spain and the Western Tradition. The Castilian Mind in Literature from »El Cid« to Calderón*, 4 Bde., Madison 1965 (span.: *España y la tradición occidental*, Madrid 1969).
H. U. Gumbrecht, *›Eine‹ Geschichte der spanischen Literatur*, 2 Bde., Frankfurt/Main 1991.
R. Herr, *The Eighteenth-Century Revolution in Spain*, Princeton 1960 (span.: *España y la revolución del siglo XVIII*, Madrid ²1973).
J. Herrero, *Los orígenes del pensamiento reaccionario español*, Madrid 1971.
H. Hinterhäuser, *Streifzüge durch die romanische Welt*, Wien 1989.
D. Ingenschay u. H. J. Neuschäfer (Hg.), *Aufbrüche. Die Literatur Spaniens seit 1975*, Berlin 1991.
G. Jackson, *Annäherung an Spanien. 1898–1975*, Frankfurt/Main 1982.
R. O. Jones u. a. (Hg.), *A Literary History of Spain*, 6 Bde., London 1971/72 (span. *Historia de la literatura española*, Barcelona 1973–1976).
W. Krauss, *Die Aufklärung in Spanien, Portugal und Lateinamerika*, München 1973.
Ders., *Spanien 1900–1965. Beitrag zu einer modernen Ideologiegeschichte*, München/Salzburg 1972.
W. Kreutzer, *Grundzüge der spanischen Literatur des 19. und 20. Jahrhunderts*, Darmstadt 1982.
W. Krömer, *Zur Weltanschauung, Ästhetik und Poetik des Neoklassizismus und der Romantik in Spanien*, Münster 1968.
R. Lapesa, *Historia de la lengua española*, Madrid ⁸1980.
M. Lentzen, *Der spanische Bürgerkrieg und die Dichter. Beispiele des politischen Engagements in der Literatur*, Heidelberg 1984.
F. López Estrada, *Introducción a la literatura medieval española*, Marid 1987.
J. A. Maravall, *La cultura del barroco*, Barcelona 1975.
F. Meregalli (Hg.), *Storia della civiltà spagnola*, 2 Bde., Turin 1990.
H.-J. Neuschäfer, *Macht und Ohnmacht der Zensur. Literatur, Theater und Film in Spanien (1933–1976)*, Stuttgart 1991.
F. Niedermayer, *Spanische Literatur des 20. Jahrhunderts*, Bern/München 1964.
L. Pfandl, *Geschichte der spanischen Nationalliteratur in ihrer Blütezeit*, Freiburg i. Br. 1929; ern. Darmstadt 1967.
E. Pfeiffer u. H. Kubarth (Hg.), *Neue spanische, portugiesische und lateinamerikanische Literatur im Spiegel von Interpretation und Übersetzung*, Frankfurt/Main 1991.
F. Rico (Hg.), *Breve biblioteca de autores españoles*, Barcelona 1990.
Ders. (Hg.), *Historia y crítica de la literatura española*, 8 Bde., Barcelona 1980 ff.
A. del Río, *Historia de la literatura española*, 2 Bde., Barcelona 1990.
P. Salinas, *Literatura española siglo XX*, Madrid ⁵1983.
S. Sanz Villanueva, *Historia de la literatura española; El siglo XX: La literatura actual*, Barcelona 1984.
Sarrailh, *L'Espagne éclairée de la seconde moitié du XVIIIe siècle*, Paris ²1964 (span.: *La España ilustrada de la segunda mitad del siglo XVIII*, Mexiko 1975).
D. Schmidt, *Spanien im Urteil spanischer Autoren*, Berlin 1975.
G. Siebenmann, *Essays zur spanischen Literatur*, Frankfurt/Main 1989.
J. Simón Díaz, *Manual de bibliografía de la literatura española*, Madrid ³1980.
J. R. Stamm, *A Short History of Spanish Literature*, New York 1979.
M. Strausfeld, *Spanische Literatur. Materialien*, Frankfurt/Main 1991.
Chr. Strosetzki (Hg.), *Bibliographie der Hispanistik in der Bundesrepublik Deutschland, Österreich und der deutschsprachigen Schweiz*, 3 Bde., Frankfurt/Main 1988–1990 [Berichtszeitraum 1978–1989].
Ders. (Hg.), *Geschichte der spanischen Literatur*, Tübingen 1991.
G. Torrente Ballester, *Panorama de la literatura española contemporánea*, Madrid 1965.
A. Valbuena Prat, *Historia de la literatura española*, 6 Bde., Barcelona ⁹1981–1983.
J. Vernet, *La cultura hispanoárabe en Oriente y Occidente*, Barcelona 1978.
H.-W. Wittschier, *Geschichte der spanischen Literatur vom Kubakrieg bis zu Francos Tod (1898–1975)*, Rheinfelden 1982.
Ph. Ward (Hg.), *The Oxford Companion to Spanish Literature*, Oxford 1978.

C. Geschichte der Gattungen

1. Roman

R. Landeira, *The Modern Spanish Novel: 1898–1936*, Boston 1989 (TWAS).
J. M. Martínez Cachero, *La novela española entre 1936 y 1980: historia de una aventura*, Madrid 1986.
V. Roloff u. H. Wentzlaff-Eggebert (Hg.), *Der spanische Roman vom Mittelalter bis zur Gegenwart*, Düsseldorf 1986.
M. F. Jones, *The Contemporary Spanish Novel, 1939–1975*, Boston 1985 (TWAS).
G. Sobejano, *Novela española de nuestro tiempo (en busca del pueblo perdido)*, Madrid ²1975.
R. Spires, *Beyond the Metafictional Mode: Direction in the Modern Spanish Novel*, Lexington/Ky. 1984.

2. *Theater*

J. M. Díez Borque u. a. (Hg.), *Historia del teatro en España*, 2 Bde., Madrid 1984–1988.
W. Floeck (Hg.), *Spanisches Theater im 20. Jahrhundert. Gestalten und Tendenzen*, Tübingen 1990.
J. Oehrlein, *Der Schauspieler im spanischen Theater des Siglo de Oro 1600–1681. Untersuchungen zu Berufsbild und Rolle in der Gesellschaft*, Frankfurt/Main 1986.
K. Pörtl (Hg.), *Das spanische Theater. Von den Anfängen bis zum Ausgang des 19. Jahrhunderts*, Darmstadt 1985.
K. u. R. Reichenberger, *Das spanische Drama im Goldenen Zeitalter. Ein bibliographisches Handbuch*, Kassel 1989.
V. Roloff u. H. Wentzlaff-Eggebert (Hg.), *Das spanische Theater vom Mittelalter bis zur Gegenwart*, Düsseldorf 1988.
F. Ruiz Ramón, *Historia del teatro español. Siglo XX*, Madrid [6]1984.
A. Valbuena Prat, *Historia del teatro español*, Barcelona 1956.

3. *Lyrik*

M. Alvar López, *El Romancero. Tradicionalidad y pervivencia*, Barcelona 1974.
R. Baehr, *Spanische Verslehre auf historischer Grundlage*, Tübingen 1962.
D. Catalán, *Siete siglos de Romancero (Historia y poesía)*, Madrid 1969.
L. Cernuda, *Poesía española contemporánea*, Madrid 1958.
G. Diego, *Poesía española*, Madrid 1934; ern. 1961.
H. Felten u. A. Valcárcel (Hg.), *Spanische Lyrik von der Renaissance bis zum späten 19. Jahrhundert*, Stuttgart 1990 (span.-dt.; RUB).
V. García de la Concha, *La poesía española de 1935 a 1975*, 2 Bde., Madrid 1987.
R. Menéndez Pidal, *Romancero hispánico (hispano-portugués, americano y sefardí). Teoría e historia*, 2 Bde., Madrid [2]1968.
G. Siebenmann, *Die moderne Lyrik in Spanien*, Stuttgart 1965.
Ders. (Hg.), *Spanische Lyrik des 20. Jahrhunderts*, Stuttgart 1985 (span.-dt.; RUB).
M. Tietz (Hg.), *Die spanische Lyrik der Moderne. Einzelinterpretationen*, Frankfurt/Main 1990.
K. Vossler, *Poesie der Einsamkeit in Spanien*, München 1950.

I. Mittelalter und Renaissance. Von den Anfängen bis zum Ende des 16. Jahrhunderts

Francisco de Aldana

* 1537 Neapel (?)
† 4.8.1578 Ksar el-Kebir / Marokko

Literatur zum Autor:
J. P. W. Crawford, *F. de A.: A Neglected Poet of the Golden Age in Spain* (in HR, 7, 1939, S. 46–81). – A. Rodriguez Moñino, *El capitán F. de A., poeta del Siglo XVI (1537–1578)*, Valladolid 1943. – K. Vossler, *Poesie der Einsamkeit in Spanien*, Mchn. [2]1950, S. 210–231. – E. L. Rivers, *F. de A., el divino capitán*, Badajoz 1955. – D. G. Walters, *The Poetry of F. de A.*, Ldn. 1987.

DAS LYRISCHE WERK (span.) von Francisco de Aldana.
Das (bisher veröffentliche) lyrische Werk Franciscos de Aldanas – es umfaßt 44 Sonette (und 2 Oktaven eines unvollendeten Sonetts), bei denen es sich um Liebeslyrik, religionsphilosophische oder Gelegenheitsdichtungen handelt, etwa 20 Texte in Oktaven, die zumeist eine didaktisch-moralische Intention aufweisen und oft christlich-dogmatischen Inhalts sind, die *Fábula de Faetonte*, 6 Coplas, 4 Kanzonen und 6 Episteln in der Ovid- oder Horaz-Tradition – gilt heute als einer der bedeutendsten Beiträge der spanischen Lyrik zur Literatur der europäischen Renaissance. Aldanas Bruder Cosme weist in seiner Ausgabe der Werke Franciscos auf weitere Texte Aldanas hin, die in den Kriegswirren verlorengegangen seien. Es müßte sich dabei – das läßt sich aus den von Cosme aufgezählten Titeln erschließen – hauptsächlich um Werke religiösen (z. B. über die Eucharistie, über die Wahrheit des Glaubens, über die Schöpfung) und neuplatonischen Inhalts gehandelt haben. Cosmes Ausgabe – die keinerlei Systematik und keine editorischen Kriterien erkennen läßt – wurde bereits von Quevedo (1609), der sogar eine emendierte und korrigierte Neuausgabe plante, scharf kritisiert. Selbst die modernen Ausgaben leiden noch unter den Nachlässigkeiten Cosmes, und von einer definitiven Edition der Werke Aldanas (falls sie überhaupt möglich wäre) ist man noch weit entfernt.

Die Bedeutung Aldanas wurde von seinen Zeitgenossen, die ihm den Beinamen »El Divino« gaben, klar erkannt. Auch in der nachfolgenden Dichtergeneration wurde er hoch geschätzt, geriet in der Folgezeit allerdings völlig in Vergessenheit und wurde erst in der Nachfolge der Romantik (durch Nicolás Böhl de Faber für Deutschland und England, durch Marcelino Menéndez y Pelayo für Spanien) wiederentdeckt. Eine breitere Rezeption und Würdigung seiner Lyrik setzt indes erst seit den dreißiger Jahren des 20. Jh.s ein (u. a. durch Studien von Vossler, Crawford, Rodriguez Moñino und Cernuda). Aldana verkörpert geradezu paradigmatisch den Typus des *poeta soldado*, der sich dem *armas y letras*-Ideal (der Verbindung von imperialem Waffendienst und humanistischer Bildung) des spanischen Renaissancehumanismus verpflichtet weiß. Er begann sein lyrisches Schaffen im Florenz Lorenzo de Medicis, und seine ersten Werke zeigen eine starken Einfluß der höfischen Kultur (insbesondere von Castigliones *Il cortegiano*, 1528), des humanistischen Gedankenguts und des Florentiner Neuplatonismus, den Aldana vermutlich über die Vermittlung Benedetto Varchis (1503–1565) kennengelernt hatte. Aldanas literarische Vorbilder dieser Zeit sind vor allem Ovid, Vergil, Horaz sowie die zeitgenössische italienische Literatur – hier besonders Iacopo Sannazaro (um 1456–1530), Luigi Alamanni (1495–1556) und Ludovico Ariosto (1474 bis 1533). Die italienische Lyrik Aldanas – später wird er ausschließlich spanischsprachige Texte verfassen – beschränkt sich auf Gelegenheitsgedichte, z. B. auf den Tod der Lucrezia de Medici oder der Leonore von Toledo.
Aldanas Originalität zeigt sich weniger in seinen neuplatonischen Texten, die lediglich die Topoi und Bilder der in der Ficino-Nachfolge stehenden Literatur variierend imitieren, als vielmehr in seiner Liebeslyrik, die sich zunehmend von der reinen Nachahmung Petrarcas und des Petrarkismus löst. Der Eros wird nicht mehr sublimiert oder lediglich als bloßes Symbol der Vereinigung mit dem *summum bonum* gedeutet, sondern in seiner Körperlichkeit ernst genommen und allenfalls mit philosophischen Reflexionen kontrastierend kombiniert. Im Gegensatz zur selbstmitleidigen Innenschau der petrarkistischen Tradition (auch z. B. eines Garcilaso de la Vega, 1501–1536), kann Aldana die Freuden einer sinnlich erfüllten Liebe

schildern: *»Cuál es la causa, mi Damón, que estando / en la lucha de amor juntos, trabados, / con lenguas, brazos, pies y encadenados / cual vid que entre el jazmín se va enredando /...« (»Was ist der Grund nur, mein Damón, wir sind / im Liebesgefecht vereint, verbunden / mit Zungen, Armen, Füßen und verschlungen / so wie der Wein inmitten des Jasmins sich windet«)*. Bereits im Frühwerk kündigt sich auch Aldanas weitere Entwicklung an, in der die religiös-philosophische Thematik dominieren wird. Sein *Parto de la Virgen (Geburt der Jungfrau)* – auf weiten Strecken eine Bearbeitung von Sannazaros *De partu Virginis* (1526) – stellt den Versuch einer Synthese aus christlichem und antik-heidnischem Gedankengut dar: Während seines Abstiegs auf die Erde unterhält sich der Erzengel Gabriel ungezwungen mit den heidnischen Göttern, denen er in den verschiedenen Himmelssphären begegnet.

Es wird gemeinhin angenommen, daß Aldanas Tätigkeit als Offizier in Flandern (1567–1576) – er nahm aktiv an den großen Schlachten von Harlem, Alkmaar und Leiden teil – seine weitere literarische Produktion maßgeblich beeinflußt hat. Die Hauptthemen seiner Lyrik in dieser Schaffensperiode sind die Schrecken des Kriegs und die damit verbundene – den barocken *vanitas*-Gedanken antizipierende – Erkenntnis der Vergänglichkeit alles Irdischen, der ein Verlangen nach einer mystischen Gotteserfahrung gegenübergestellt wird. Eines seiner bekanntesten Sonette überhaupt stammt aus diesem thematischen Umfeld: *»En fin, en fin, tras tanto andar muriendo, / tras tanto variar vida y destino, / tras tanto, de uno en otro desatino, / pensar todo apretar, nada cogiendo /... y en un rincón vivir con la vitoria / de sí, puesto el querer tan solo adonde / es premio el mismo Dios de lo servido« (»Nun also, nach soviel Sterben Tag für Tag, / nach soviel Wandel in Leben und Geschick, / Nach soviel Fallen von einer Torheit in die andre, / Glauben, alles zu besitzen und doch nichts zu halten. /... / Im Verborgenen leben, Sieger über / sich selbst, alles Trachten nur darin gewandt, / Wo Gott selber Lohn ist für allen Dienst«)*. Aldana setzt sich allerdings auch in sarkastisch-ironischer Weise mit dem Kriegshandwerk auseinander *(»Hueso en astilla, en él carne molida, / despedazado arnés, rasgada malla. / ¡oh solo de hombres digno y noble estado!« – »Knochen in Splittern, zerquetschtes Fleisch, Zerhaunen Harnisch, zerrissene Panzer: / Oh nobler Stand, dem Manne einzig würdig«)*, obwohl er andererseits durchaus die Notwendigkeit der Verteidigung der katholischen Monarchie gegen Angriffe von außen erkennt *(Octavas dirigidas al Rey don Felipe, nuestro Senor – Oktaven, an den König Don Felipe, unseren Herrn, gerichtet)*.

Nachdem Aldana nach Madrid zurückgekehrt war (1577), entstand dort sein wohl bedeutendstes Werk: die *Carta para Arias Montano (Brief an Arias Montano)*. Der Text fiktionalisiert ein Basisaxiom des christlichen Neuplatonismus – die Kontemplation Gottes beginnt mit der rechten Kontemplation der von ihm geschaffenen Natur –, das Aldana mit autobiographischen Reminiszenzen auffüllt und in die Bildersprache der spanischen Mystik überführt. Die Seele, die sich von der Materialität der Welt gelöst hat, erkennt in der von der Schöpfung ausgehenden Ruhe die Möglichkeit zur Erkenntnis der Wirklichkeit Gottes: *»Ojos, oídos, pies, manos y boca, / hablando, obrando, andando, oyendo y viendo, / serán del mar de Dios cubierta roca. // Cual pece dentro el vaso alto, estupendo, / del Oceano irá su pensamiento / desde Dios para Dios yendo y viniendo: // Serále allí quietud el movimiento / cual círculo mental sobre el divino / centro, glorioso origen del contento« (»Augen, Ohren, Füße, Händ und Mund / sprechend, wirkend, gehend, hörend, sehend / werden sein ein Fels, bedeckt vom Meere Gottes, / So wie ein Fisch in weiter, staunenswerter Schale / des Ozeans schweifen die Gedanken / von Gott her, auf Gott hin, kommend und gehend: / Dort wird in Ruhe sein Bewegung / wie ein Gedankenkreis um Gottes / Mitte, glorreicher Ursprung aller Seligkeit«)*. Innerweltliches Abbild dieser angestrebten Harmonie mit Gott ist ein der Kontemplation geweihtes Leben, das sich das lyrische Ich zusammen mit Arias Montano erträumt.

Aldana ist mit seinem lyrischen Werk das *»menschliche Symbol der spanischen Renaissance«* (G. Diaz Plaja); er hat eine exemplarische Zusammenschau aller wesentlichen intellektuellen und literarischen Anliegen der Renaissance geschaffen: *»Christlicher Platonismus, italienischer Humanismus, spanische Mystik, realistischer Humor... kriegerische Motive«* (Vossler) sind die thematischen Schwerpunkte der Lyrik Aldanas, die sich sprachlich durch eine souveräne Handhabung stilistischer Raffinessen auszeichnet und oft konzeptionistische Sprachspiele der spanischen Barockliteratur vorwegnimmt.

U.Pr.

AUSGABEN: *Primera parte de las Obras que hasta agora se han podido hallar del Capitán Francisco de Aldana...*, Mailand 1589. – *Segunda parte de las Obras...*, Madrid 1591. – *Todas las obras que hasta agora se han podido hallar...*, Madrid 1593. – *Poesías* Hg. u. Einl. E.L. Rivers, Madrid 1957. – *Poesías castellanas completas*, Hg. J. Lara Garrido, Madrid 1985.

ÜBERSETZUNG: In *Spanische Lyrik von Garcilaso bis Bécquer*, Hg. H. Felten u. A. Valcarcel, Stg. 1988 (Ausw. einiger Gedichte; RUB).

MATEO ALEMÁN

* 28.9.1547 Sevilla
† nach 1614 Mexiko

LITERATUR ZUM AUTOR:
G. Álvarez, *M. A.*, Buenos Aires 1953. – J. L. Laurenti u. J. Siracusa, *Ensayo de una bibliografía del sevillano M. A.* (in Archivo Hispalense, 45, 1966, S. 179–216). – E. Cros, *Protée et le gueux*, Paris 1967. – D. McGrady, *M. A.*, NY 1968. – E. Cros, *M. A. Introducción a su vida y a su obra*, Salamanca 1971. – C. B. Johnson, *M. A. y sus fuentes literarias* (in NRFH, 28, 1979, S. 360–374). – M. A. Lozano Alonso, *Aproximación a M. A.* (in *La picaresca*, Hg. M. Criado del Val, Madrid 1979, S. 495–509).

GUZMÁN DE ALFARACHE

(span.; *Guzmán von Alfarache*). Schelmenroman von Mateo ALEMÁN, erschienen 1599–1604. – Erst 45 Jahre nach dem Erscheinen des ersten europäischen Schelmenromans, *Lazarillo de Tormes* (1554), wurde diese Gattung in Spanien wiederaufgenommen – die strenge, asketische Atmosphäre der Herrschaft Philipps II. mochte zur Veröffentlichung so diesseitiger, weltfreudiger Bücher nicht eben verlockt haben. Und auch der *Guzmán de Alfarache*, dessen erster Teil ein Jahr nach dem Tod des Königs erschien, zeigt in seiner tief pessimistischen Auffassung vom Menschen und vom Wert des Irdischen deutlich die Prägung dieser Zeit.

Guzmán erzählt seine Geschichte – in der autobiographischen Form, die allen spanischen Schelmenromanen eigen ist – aus der Perspektive des zur Einsicht Gelangten und läßt dabei Handlung und belehrende Betrachtung miteinander abwechseln. Guzmán weiß nicht mit Sicherheit, wer sein Vater ist; wie fast alle *pícaros* aus ungeordneten Verhältnissen stammend, läuft er eines Tages aus seinem Zuhause in Sevilla fort. Völlig naiv und ohne Waffen gegen die Welt, bekommt er sogleich die Härte der Ungeborgenheit zu spüren; er wird gefoppt und geprellt. Aber er paßt sich rasch an. Bei einem Madrider Wirt lernt er, die Gäste zu betrügen. Fortan verdient er sein Geld durch Diebereien, verliert es aber – Strafe und neue Untat zugleich – immer wieder beim Spiel. Als Diener verschiedener Herren, die er fleißig bestiehlt, gelangt er nach Toledo, Almagro, Genua – hier wird er von seinen reichen Verwandten recht kühl behandelt – und schließlich nach Rom, wo er sich zu einem der gerissensten Diebe seiner Zeit emporarbeitet. Immer wieder jedoch wird er, der moralisierenden Absicht des Autors entsprechend, selbst betrogen. Er versucht sich in der Liebe, aber die Frauen führen ihn an der Nase herum. Inzwischen hat er so viel Geld, daß er sich einen Diener leisten kann. Über Florenz und Bologna kommen die beiden nach Mailand, wo sie zusammen mit einem dritten Gauner einen Händler kräftig rupfen. Als reicher Mann wird Guzmán nun auch von seinen Verwandten in Genua gut aufgenommen, es gelingt ihm sogar, sie um hohe Geldbeträge und wertvollen Schmuck zu erleichtern. Dann schifft er sich nach Spanien ein und reist über Saragossa und Alcalá nach Madrid. Er verheiratet sich, wird Kaufmann und kann nun ungehindert betrügen: *»Ich tat, was ich immer getan hatte, jetzt freilich als Ehrenmann.«* Doch sein aufwendiges Leben ruiniert ihn; zudem stirbt seine Frau, und er verliert die Mitgift. Völlig verarmt versucht er es mit Arbeit, doch – *»nur wenn ich Böses tat und stahl, hatte ich Glück«*. Als er fast verhungert, kommt ihm der rettende Einfall, Theologe zu werden, wobei er auf eine fette Pfründe spekuliert. Er geht nach Alcalá und wird einer der besten Studenten, doch kurz vor dem Abschluß verliebt er sich in eine Wirtstochter und heiratet sie. Er gibt sein Studium auf, sie ziehen nach Madrid und leben dort recht auskömmlich von dem, was liebeshungrige Männer der jungen Frau für ihre Gunstbeweise zahlen. Doch ihre Geschäftstüchtigkeit erregt Anstoß, und sie werden aus der Stadt verbannt. Sie gehen nach Sevilla, wo Guzmán seine alte Mutter wiederfindet, während seine Frau ihm mit einem Galeerenkapitän davonläuft. Guzmán stiehlt und betrügt wieder, wird aber erwischt und lebenslänglich auf die Galeeren geschickt. Dort spielt man ihm so übel mit, daß er beschließt, sich ernstlich zu bessern. Er deckt eine Meuterei auf und wird zur Belohnung begnadigt. Damit endet der zweite Teil des Romans; ein dritter wird vom Autor angekündigt, ist aber offensichtlich nicht mehr erschienen.

Aus der erzieherischen Absicht Alemáns ergibt sich der besondere Aufbau dieses zweiten spanischen Schelmenromans: Zwischen derb-realistischer Handlung und moralisierenden Betrachtungen wechselnd, verknüpft er die Gesellschaftssatire der neuen Gattung mit der Tradition der mittelalterlichen Predigtliteratur. Die überlegene Erzählperspektive des Helden, der sein Leben selbst als abschreckendes Beispiel kommentiert, gestattet dem Autor, seine moralische Absicht zu verwirklichen und dem Leser eine handfeste Lebenshilfe zu geben: *»Ich kriege hier die Prügel und du die Lehre, die in ihnen steckt.«* Damit unterscheidet sich der Roman wesentlich von seinem Vorbild, dem *Lazarillo de Tormes*, und auch von den meisten späteren Schelmenromanen, bei denen die angehängte »Moral« eher wie die pflichtgemäße Erfüllung einer Norm wirkt. Ein weiterer Unterschied gegenüber dem Vorbild ist die Stellung des Helden zur Welt. Lazarillo ist Diener, mögen seine Herren auch wechseln, er hat eine soziale Funktion; Guzmán dagegen ist allein, mag er auch zuweilen einem Herrn dienen – er bleibt der Ausgestoßene, Vogelfreie. Entsprechend unterscheidet sich auch die Gesellschaftskritik, die in diesem Werk zum Ausdruck kommt, von der des *Lazarillo*. Sie hat nichts von dessen heiterer Ironie, steht allerdings der grotesken Karikatur in Quevedos *Buscón* ebenso fern. Die Haltung Guzmáns ist von einem verzweifelt anklagenden Zynismus geprägt, der sich auch gegen den Helden selbst wendet: *»Weil ich selbst schlecht bin, gilt mir auch nichts anderes als gut.«* Antiklerikalismus und didaktische Ziele des Verfassers deuten auf erasmistische Einflüsse hin. Die sprachliche Form des Werks läßt auf lange, sorgfältige Arbeit des Autors schließen. Sein Stil ist nüchtern und elegant zugleich, er bevorzugt kurze, konzise Sätze, in denen er aber eine große Flexibilität des Ausdrucks erreicht. Als sprachlich vorbildlich für seine Zeit gelten vor allem die in das Werk eingeschobenen Erzählungen, deren poetischer Zauber eigentümlich mit der drastischen Lebensschilderung des Helden kontrastiert.

Alemáns Schelmenroman, der vom Volk einfach *Pícaro* genannt wurde, hatte einen ungewöhnlichen Erfolg. Mit mindestens 26 Auflagen bis 1605 (von denen nach Fitzmaurice-Kelly 23 belegt sind) übertraf er sogar den *Don Quijote* bei weitem. Diese Beliebtheit nutzte der Valencianer Juan Martí aus, indem er 1602 unter dem Pseudonym Mateo Luján de Sayavedra einen falschen zweiten Teil des *Guzmán* herausbrachte. Alemán rächte sich an ihm dadurch, daß er in seiner Fortsetzung einen gerissenen Dieb mit dem Namen Sayavedra auftreten läßt, dem Guzmán jedoch großmütig verzeiht. Das Werk wurde rasch in alle europäischen Sprachen übersetzt und regte – in der freien Übertragung durch Aegidius Albertinus (1615) – Grimmelshausen zu seinem *Simplicissimus* an.

D.Kös.

Ausgaben: Madrid 1599 *(Primera parte de Guzman de Alfarache)*. – Lissabon 1604 *(Segunda parte de la vida de Guzman de Alfarache. Atalaya de la vida umana)*. – Madrid 1846 (BAE). – Madrid 1962 u.ö., Hg. S. Gili Gaya (Clás. Cast). – Barcelona 1963, Hg. M. Villalta. – Madrid 1981, Hg. u. Einl. B. Brancaforte (Cátedra). – Madrid 1982 (Austral). – Barcelona 1983, Hg. u. Einl. F. Rico. – Barcelona 1984, Hg. u. J. Cañas Murillo. – Barcelona 1984 (in *Obra completa*).

Übersetzungen: *Der Landstörtzer Gusman von Alfarache*, A. Albertinus, Mchn. 1615. – *Der Landtstörtzer Gusman von Alfarache*, M. Freudenhold, Ffm. 1626 [enth. Tl. 3]. – *Gusman d'Alfarache*, E. Buchner, Bln. 1931. – *Das Leben des Guzmán von Alfarache*, R. Specht (in *Spanische Schelmenromane*, Hg. H. Baader, Bd. 1, Mchn. 1964). – *Der Landstörtzer Gusman von Alfarache oder Picaro genannt*, A. Albertinus, Hildesheim 1975, Hg. J. Mayer [Nachdr. der Ausg. Mchn. 1615].

Literatur: M. Garcia Blanco, *»Guzmán de Alfarache« y la novela picaresca alemana*, Madrid 1927, S. 7–13. – E. Moreno Baez, *Lección y sentido de »Guzmán de Alfarache«* (in RFE, 40, 1948). – J. A. van Praag, *Sobre el sentido de »Guzmán de Alfarache«* (in *Estudios dedicados a Menéndez Pidal*, Bd. 5, Madrid 1954, S. 283–306). – R. Specht, *Turm über dem Menschenleben. Zu M. A.s vergessenem Schelmenroman* (in Hochland, 49, 1957, S. 252–259). – D. Pérez Minik, *Novelistas españoles de los siglos XIX y XX*, Madrid 1957, S. 39–55. – J. Simon Díaz, *Bibliografía de la literatura hispánica*, Bd. 5, Madrid 1958, S. 126–158. – G. Sobejano, *De la intención y valor del »Guzmán de Alfarache«* (in RF, 71, 1959, S. 267–311). – C. S. de Cortázar, *Notas para el estudio de la estructura del »Guzmán de Alfarache«* (in Filología, 8, 1962, S. 79–95). – Th. Hanrahan, *La mujer en la novela picaresca de M. A.*, Madrid 1964. – F. Mauren-Rothenberger, *Die Mitteilungen des »Guzmán de Alfarache«*, Bln. 1967. – J. Arias, *»Guzmán de Alfarache«: The Unrepentant Narrator*, Ldn. 1977. – B. Brancaforte, *»Guzmán de Alfarache« ¿Conversión o proceso de degradación?*, Madison 1980. – M. Cavillac, *Gueux et marchands dans le »Guzmán de Alfarache« (1599–1604). Roman picaresque et mentalité bourgeoise dans l'Espagne du Siècle d'Or*, Bordeaux 1983. – R. Tscheer, *»Guzmán de Alfarache« bei M. A. und Juan Martí*, Ffm. 1983. – F. Rico, *The Spanish Picaresque Novel and the Point of View*, NY 1984. – C. A. Rodríguez Matos, *El narrador pícaro: »Guzmán de Alfarache«*, Madison 1985. – A. San Miguel, *M. A.: »Guzmán de Alfarache«* (in *Der spanische Roman vom Mittelalter bis zur Gegenwart*, Hg. V. Roloff u. H. Wentzlaff-Eggebrecht, Düsseldorf 1986, S. 62–81). – J. A. Whitenack, *Patterns of Rejection in »Guzmán de Alfarache«* (in KRQ, 34, 1987, Nr. 1, S. 63–76).

Arcipreste de Hita

d.i. Juan Ruiz

* 1283 (?)
† um 1350 (?)

LIBRO DE BUEN AMOR

(span.; *Buch von rechter Liebe*). Versdichtung von Arcipreste de Hita, erhalten in drei voneinander abweichenden Handschriften, denen möglicherweise zwei verschiedene Fassungen zugrunde liegen, eine aus dem Jahr 1330 (Hss. von Toledo und Gayoso) und eine zweite aus dem Jahr 1343 (Hs. von Salamanca). In dieser umfaßt das Gedicht 1728 Strophen mit 7173 Versen. – Das Werk des »Erzpriesters von Hita«, in dem die Literaturgeschichte den genialsten Dichter des spanischen Mittelalters erblickt, erhielt seinen heutigen Titel erst in neuester Zeit (1898 durch Menéndez Pidal), ist indes weit mehr und auch etwas völlig anderes als ein gelehrt-religiöses Erbauungs- und Unterweisungsbuch über die rechte Liebe, wie man es von einem Dichter geistlichen Standes erwarten dürfte. Weit über jede didaktische Absicht hinaus, wie sie im Prolog zwar ausdrücklich, aber auch recht widersprüchlich verkündet wird, ist es ein Buch persönlicher Lebenserfahrung und eine unerschöpfliche Quelle für die Kenntnis der verschiedenen Stände, der Mentalität und Lebensweise seines Jahrhunderts. Als *»menschliche Komödie«* des 14.Jh.s (Menéndez y Pelayo) stellt es literatur- und geistesgeschichtlich das spanische Gegenstück zu BOCCACCIOS *Decamerone* und zu CHAUCERS *Canterbury Tales* dar. Zum erstenmal bringt hier in spanischer Sprache ein literarisches Werk unmittelbare Lebenswirklichkeit zum Ausdruck und verschmilzt dabei Beobachtetes und Erlebtes mit dem literarischen Bildungsgut, den moralischen und religiösen Vorstellungen seiner Zeit.

Formal ist das *Buch von rechter Liebe* ein kaum zu klassifizierendes Gebilde, in dem sich Heterogenstes durch eine autobiographische Fiktion nur lokker zusammenfügt. Zur Erläuterung seiner These, daß *»Nahrungssuche und der Wunsch nach Paarung mit einem liebeskundigen Weibe«* die Kräfte seien, die Welt und Leben bestimmen, erzählt Juan Ruiz eine Folge von dreizehn sehr verschiedenartigen Liebesabenteuern, unterbricht sie durch moralisierende Betrachtungen, durch Klagen und durch Schmähungen gegen Sünde, Sinnenlust und Tod, streut einen Strauß von 32 Exempeln und Fabeln ein, dazu mehrere allegorische Fragmente, wie die sehr amüsante Beschreibung der großen Schlacht zwischen den Heeren des »Don Carnal« und der »Doña Cuaresma« (des Herrn Fleisch und der Frau Fastenzeit), ferner Spottgedichte, *serranillas* (Hirtenlieder), Blinden- und Studentenlieder, eine Satire auf die Kleriker von Talavera de la Reina, dann wieder fromme Gebete und vor allem Marienlieder voll tiefer Gläubigkeit und starker lyrischer Kraft. – Dabei ist keineswegs alles, was sich autobiographisch gibt, selbsterlebt, und was wie unmittelbare Erfahrung wirkt, ist nicht immer wirklich beobachtet. An vielen Stellen sind literarische Vorbilder unverkennbar; bei der Konzeption des Ganzen hat zweifellos OVIDS *Ars amandi* Pate gestanden, die reizende Geschichte von Don Melón und Doña Endrina geht auf den *Pamphilus*, eine mittellateinische Liebesdichtung aus dem 12.Jh., zurück; das Spottgedicht auf die Kleriker von Talavera ist zum Teil aus der *Consultatio sacerdotum* des Engländers Walter MAP (um 1140–1209) direkt übersetzt; Trotaconventos (»Die-von-Kloster-zu-Kloster-läuft«), eine der originellsten Figuren des Gedichts, hat ihre Ahnherrin in der *vetula*, der kupplerischen Alten der lateinischen Komödie; die allegorischen Episoden entstammen französischen, gewisse Anschauungen über die Allmacht der Liebe möglicherweise arabischen Quellen; die Fabeln und Exempel gehören zum Bildungsgut der Zeit.

Diese ganze Gelehrsamkeit wird jedoch nicht unverhüllt dargeboten, sondern gewinnt Wirklichkeitsgehalt durch die Lebenserfahrung und Menschenkenntnis, die Juan Ruiz in sie einströmen läßt, vor allem aber durch die farbige, ungestüme, im Wortschatz unerschöpfliche, in der Syntax flexible und rasche, alle Ausdrucksmöglichkeiten souverän beherrschende Sprache, in der er Erlebtes und Übernommenes gestaltet. Die Spontaneität und Unbekümmertheit seiner Ausdrucksweise, die nie abstrakt, sondern immer konkret, oft derb realistisch, oft humorvoll bis zur Selbstverspottung, aber auch zartester lyrischer Empfindung fähig ist, gibt dem *Libro de buen amor* jenen volkstümlichen Spielmannston, der das Werk des Erzpriesters von Hita vollends zu dem macht, was es ist: eine Synthese der beiden großen Stilrichtungen der spanischen Dichtung des Mittelalters, dem *mester de clerecia*, dem Juan Ruiz nach Stand und Bildung verpflichtet war, und dem *mester de juglaria*, wohin Temperament und Ursprünglichkeit ihn zogen.

Der Unbeschwertheit, die den sprachlichen Ausdruck ebenso wie die Art der Darstellung und Aussage kennzeichnet und die sich in dem lockeren Aufbau des Werks ebenso zeigt wie in der oftmals fehlerhaften oder auf mancherlei Weise modifizierten Behandlung des Vers- und Strophenmaßes der *cuaderna via*, entspricht eine gewisse Sorglosigkeit der Welt- und Liebesanschauung. Zweck seines Buches, so erklärt der Verfasser, sei es, den Menschen in der rechten Liebe zu unterweisen und ihn vor den Fallstricken der sündhaften zu bewahren. *»Aber«*, so fährt er im Prolog listig fort, *»sündigen ist ein menschlich Ding; wenn jemand (was ich ihm keineswegs rate) der sündhaften Liebe frönen will, hier wird er Anleitung dazu finden.«* Tatsächlich ist sein Buch ebensosehr Anleitung zum *»loco amor«*, wie er die sündhafte Liebe nennt, wie Darstellung des *»buen amor«*, ja, häufig mehr jene als diese. Solches Neben- und Ineinander von Weltflucht und Weltlust, von tiefer Gläubigkeit und Hingabe an die Freuden der Welt, von frägloser Anerkennung der religiösen Lehre und überschäumender Lebenslust, ist nicht nur für den Verfasser des *Libro de buen amor* bezeichnend, sondern Ausdruck des mittelalterlichen Lebensgefühls überhaupt. A.F.R.

AUSGABEN: Madrid 1790 (*Poesías*, Hg. T.A. Sánchez; Collección de poesias castellanas anteriores al siglo XV, 4). – Madrid 1864 (*Libro de Cantares*, Hg. F. Janer; BAE). – Toulouse 1901, Hg. J. Ducamin. – Madrid 1913, Hg. J. Cejador y Frauca (krit.; Clás. Cast). – Mailand/Neapel 1964, Hg. G. Chiarini [krit.]. – Madrid 1965, Hg. M. Criado de Val u. E.W. Naylor [krit.] – Madrid 1967, Hg. J. Corominas, Madrid 1967 [krit.]. – Madrid 1977, Hg. M. Criado del Val [Faks.]. – Madrid 1981–1984, Hg. u. Einl. J. Josef, 2 Bde. (krit.; Clás. Cast). – Madrid 1982 (Austral). – Barcelona 1984, Hg. u. Einl. A. Blecua. – Madrid 1985, Hg. u. Einl. L. Girón Alconchel.

ÜBERSETZUNGEN: *Aus dem Buch der guten Liebe*, W. Goldbaum, Mchn. 1960 (Ausz.; GGT). – *Libro de Buen Amor*, H.U. Gumbrecht, Mchn. 1972 [dt.-span.; m. Einl. u. Bibliogr.].

DRAMATISIERUNG: M. Criado del Val, *Doña Endrina*, Madrid 1960.

Literatur: J. M. Aguado, *Glosario sobre Juan Ruiz, poeta castellano del siglo XIV*, Madrid 1929. – L. Spitzer, *Zur Auffassung der Kunst des A. de H.* (in ZfrPh, 54, 1934, S. 237–270). – F. Lecoy, *Recherches sur le »Libro de buen amor« de Juan Ruiz*, Paris 1938. – A. Castro, *El »Libro de buen amor« del A. de H.* (in A. C., *España en su historia. Cristianos, moros y judios*, Buenos Aires 1948, S. 371–469). – W. Kellermann, *Zur Charakteristik des »Libro« des A. de H.* (in ZfrPh, 67, 1951, S. 225–254). – F. Lázaro Carreter, *Los amores de Don Melón y Doña Endrina. Nota sobre el arte de Juan Ruiz* (in Arbor, 18, 1951, S. 1–27). – F. Capecchi, *Il »Libro de buen amor« di Juan Ruiz, A. de H.* (in Cultura Neolatina, 13, 1953, S. 135–164; 14, 1954, S. 59–90). – U. Leo, *Zur dichterischen Originalität des A. de H.*, Ffm. 1958. – T. R. Hart, *La alegoría en el »Libro de buen amor«*, Madrid 1959. – G. B. Gibbon-Monypenny, *Autobiography in the »Libro de buen amor« in the Light of Some Literary Comparisons* (in BHS, 34, 1957, S. 63–78). – M. R. Lida de Malkiel, *Nuevas notas para la interpretación, influencia, fuentes y texto del »Libro de buen amor«* (in NRFH, 13, 1959, S. 105–150; ern. in M. R. L. de M., *Estudios de literatura española y comparada*, Buenos Aires 1966, S. 14–91). – L. Spitzer, *Note on the Poetic and Empirical »I« in Medieval Authors* (in L. S., *Romanische Literaturstudien*, Tübingen 1959, S. 100–112). – M. Criado del Val, *Teoría de Castilla la Nueva*, Madrid 1960, S. 157–252. – M. R. Lida de Malkiel, *Two Spanish Masterpieces. The »Book of Good Love« and the »Celestina«*, Urbana 1961, S. 1–50. – G. B. Gibbon-Monypenny, *The Two Versions of the »Libro de Buen Amor«: the Extent and Nature of the Author's Revision* (in BHS, 39, 1962, S. 205–221). – F. Torres Yagües, *El A. de H. Estudio y antología*, Madrid 1963. – R. Mignani, *Bibliografia compendaria sul »Libro de buen amor«* (in Cultura Neolatina, 25, 1965, S. 62–90). – A. N. Zahareas, *The Art of Juan Ruiz, Archpriest of Hita*, Madrid 1965. – H. H. Baumann, *Neue Ausgaben des »Libro de Buen Amor«* (in RJb, 17, 1966, S. 242–257). – W. Mettmann, *Drei neue Ausgaben des »Libro de Buen Amor«* (in ZfrPh, 84, 1969, S. 618–635). – D. Catalan u. S. Peterson, *Aunque omne non goste la pera del peral, sobre la sentencia de Juan Ruiz y la de su Buen amor* (in HR, 38, 1970, S. 56–96). – P. N. Dunn, *»Libro de Buen Amor«. Studies*, Ldn. 1970. – M. Criado del Val, *A. de H.: El libro, el autor, la época*, Barcelona 1973. – Ders., *Historia de Hita y su A. Vida y muerte de una villa mozárabe*, Madrid 1976. – M. Bambeck, *Tod und Rabe im »Libro de Buen Amor« von Juan Ruiz* (in RJb, 27, 1976, S. 316–329). – R. Mignani, *A Concordance to Juan Ruiz, »Libro de Buen Amor«*, Valencia 1977. – C. Zardoya, *Tres aspectos metafóricos en el »Libro de buen amor«* (in *Homenaje a Don A. Rey*, Hg. J. Roca-Pons, Bloomington 1980, S. 185–216). – D. Seidenspinner-Nuñez, *The Allegory of Good Love: Parodic Perspectivism in the »Libro de Buen Amor«*, Berkeley 1981. – M. de Lope, *Traditions populaires et textualité dans le »Libro de Buen Amor«*, Montpellier 1984. – H. A. Kelly, *Canon Law and the A. of H.*, NY 1984. – M. Rössner, *Rezeptionsästhetische Lektüre im Werk des A. de H. Zu den Leerstellen im »Libro de Buen Amor«* (in ASSL, 1, 1984, S. 113–129). – L. O. Vasvari, *La digresion sobre los pecados mortales y la estructura del »Libro de buen amor«* (in NRFH, 34, 1985/86, Nr. 1, S. 156–180).

Arcipreste de Talavera

d.i. Alfonso Martínez de Toledo

* 1398 Toledo

† 1470 (?) Toledo

Literatur zum Autor:
R. A. Del Piero, *Dos escritores de la baja Edad Media castellana (Veragüe y el Arcipreste de Talavera)*, Madrid 1971. – E. M. Gerli, *A. M. de Toledo*, Boston 1976. – D. Lomax, *Datos biográficos sobre el Arcipreste de Talavera* (in Filología, 17/18, 1976/77, S. 442–447). – H. Flasche, *Geschichte der spanischen Literatur*, Bd. 1, Bern/Mchn. 1977, S. 392–406. – M. Turon, *A Re-Evaluation of the Work of M. de Toledo*, Diss. Michigan State Univ. 1979 (vgl. Diss. Abstracts, 40, 1980, S. 6036A).

EL CORBACHO O REPROBACIÓN DEL AMOR MUNDANO

(span.; *Der Corbacho oder Die Verwerfung der weltlichen Liebe*). Traktat des Arcipreste de Talavera, erschienen 1498. – Von insgesamt fünf verschiedenen Titeln, die alle erst von den einzelnen Druckern gewählt wurden, setzte sich später *El corbacho* durch; die Anlehnung an Boccaccios Satire *Il corbaccio* geht allerdings nicht so weit, daß man diese als eine direkte Vorlage ansehen könnte. Der erste der vier Teile des *Corbacho* behandelt die verheerenden Folgen der Liebe zu den Frauen (eingeschoben ist ein Sündenkatalog, der sich auf die Zehn Gebote bezieht), der zweite die Laster der Frauen, der dritte die vier Temperamente der Männer in ihrer Eigenschaft als Liebhaber, der vierte schließlich die Verteidigung der Willensfreiheit. – Die Beispiele von Frauen und Männern, die die Gebote übertreten, bieten dem Erzpriester – ähnlich wie seinem genialen Vorgänger, dem Arcipreste de Hita in seinem *Libro de buen amor* – Gelegenheit, jedes Gebot mit einer Fülle von Anekdoten aus dem Alltagsleben zu illustrieren. Folgt der erste Teil in seinem trocken-doktrinären Predigtton noch ganz den christlichen Moralisten, so gelingt es dem Erzpriester im zweiten Teil (der dritte und vierte sind eher von literarhistorischem Interesse), seiner sprühenden Phantasie und seinem boshaften Übermut freien Lauf zu lassen. Bissig, witzig, wirklichkeitsnah und treffsicher verhöhnt er die Laster des schönen Geschlechts, seine Eitelkeit, seine Tükke und Geschwätzigkeit. Der Sinn des Verfassers für Szenen und Situationen, die direkt aus dem Leben genommen sind, lassen die beschriebenen Personen greifbar wie auf der Bühne erscheinen (etwa die Bauersfrau, die in einem derb-wortreichen Monolog den Verlust ihres Huhnes beklagt). Mit wohlgefälliger Ausführlichkeit verweilt der Erzpriester auch bei der Darstellung gewisser heikler Situationen, so daß man geneigt ist, in ihnen frühere sehr irdische Erlebnisse des Autors wiederzuerkennen (z. B. die genießerische Aufzählung von Delikatessen, die ihm dazu dient, die Sünden des Gaumens vorzuführen). Und manchmal fällt es schwer, diese pikareske, frauenfeindliche Zeitsatire nur als »*Sühnewerk, als die Geständnisse eines reumütigen Sünders*« zu betrachten (Miguel y Planes). Andererseits verhinderten gerade seine reichen Erfahrungen aus dem Leben, die ihm eine manchmal derb-realistische, doch stets genau beobachtende, costumbristische Darstellung erlaubten, daß das Werk in die übliche didaktische Öde der Traktatliteratur abglitt. Vielleicht erklärt sich daraus auch seine Vorliebe für die Volks- und Umgangssprache, »*die Sprache der Straße und der Marktplätze*«, die er in die gelehrte Prosa einführte. Er schaute dem Volk »aufs Maul«, und Sprichwörter, Ausrufe sowie die Gespräche des Alltags geben seiner Sprache eine Frische und spontane Ausdruckskraft, wie sie erst wieder bei der *Celestina* und dem *Lazarillo de Tormes* zu finden sind. KLL

AUSGABEN: Sevilla 1498. – Turin 1955, Hg. M. Pinna (Orifiamma, 2; m. Einf.). – Madrid 1970, Hg. J. González Muela.

LITERATUR: A. Farinelli, *Note sulla fortuna del »Corbaccio« nella Spagna medievale* (in Fs. *A. Mussafia*, Halle 1905). – A. Steiger, *Contribución al estudio del vocabulario del »Corbacho«*, Diss. Zürich 1923. – E. v. Richthofen, *A. M. de Toledo u. sein »Arcipreste de Talavera«, ein kastilisches Prosawerk des 15. Jh.s* (in ZfrPh, 61, 1941, S. 417–537). – D. Alonso, *El Arcipreste de Talavera a medio camino entre moralista y novelista* (in CHA, 33, 1957, S. 149–158). – Ders., *De los siglos oscuros al de oro*, Madrid 1958. – E. M. Gerli, *Boccaccio and Capellanus. Tradition and Innovation in A. de Toledo* (in REH, 12, 1978, S. 255–274). – C. I. Nepaulsingh, *Talavera's Imagery and the Structure of the »Corbacho«* (in RCEH, 4, 1980, S. 329–349). – R. Di Franco, *Rhetoric and Some Narrative Techniques in the »Corbacho« of A. M. de Toledo* (in KRQ, 2, 1982, S. 135–142). – M. Cieri, *A. de Toledo: Il linguaggio del corpo* (in Quaderni di lingue e letterature, 8, 1983, S. 121–136).

JUAN ALFONSO DE BAENA

* 1406 (?) Baena
† 1454 Córdoba (?)

CANCIONERO DE BAENA

(span.; *Liederbuch von Baena*). Von Juan Alfonso de BAENA 1445 für König Johann II. von Kastilien und León (reg. 1406–1454) zusammengestellt, erstmals veröffentlicht 1851. – Die Sammlung enthält Gedichte des ausgehenden 14. und beginnenden 15. Jh.s, von der Regierungszeit Peters I. (1350–1369) bis zu den ersten Jahren der Herrschaft Johanns II. Sie ist wichtig als Dokument des Übergangs vom Galicischen zum Kastilisch-Spanischen, der sich damals in der Lyrik vollzog. Die älteren Dichter des *Cancionero* bevorzugen in ihren Versen die traditionelle Metrik der *arte menor*, wie etwa den Achtsilber, und entnehmen ihre meist oberflächlichen Themen – Liebeshandel oder anspruchslose Diskussionen, etwa über die Vorzüge des Winters und des Sommers – dem Bereich der provenzalischen Lyrik. Ihre Sprache ist in den meisten Fällen das Galicische oder ein stark galicisch gefärbtes Spanisch.

In diese Gruppe läßt sich zuerst einmal MACÍAS einordnen, dessen von amourösen Legenden umwobenes Leben von Lope de VEGA in *Porfiar hasta morir* und von Mariano José de LARRA (1809–1837) in der Tragödie *Macías* dramatisiert wurde (er ist auch der Held von Larras Roman *El doncel de Don Enrique el Doliente*); außerdem Alfonso ÁLVAREZ DE VILLASANDINO, der in einigen seiner *cantigas* Töne von großer Zartheit anschlägt, ferner Pero FERRÚS und Ferrant SÁNCHEZ CALAVERA, dessen Einfluß sich in den *Coplas* von Jorge MANRIQUE nachweisen läßt.

Die Gruppe der jüngeren Dichter, aus der der gebürtige Genuese Micer Francisco IMPERIAL hervorragt, nimmt italienische, in geringerem Maß französische Einflüsse auf und bedient sich ausschließlich der spanischen Sprache, die zuweilen stark von Italianismen durchsetzt ist. Ihre Themen sind ernster, der Ton ist feierlicher; ein neues Gefühl für die Schönheit der Sinnenwelt verleiht der Sprache einen wärmeren Klang. Mit Imperials *Dezir a las siete virtudes*, einem schwachen Abglanz von DANTES *Divina Commedia*, finden die Allegorie und der elfsilbige Vers Eingang in die spanische Lyrik. Außerdem zeigt sich bei den jüngeren Dichtern des *Cancionero* erstmals eine konsequente Anwendung der *copla de arte mayor*, der aus acht daktylischen Zwölfsilbern bestehenden Strophe, die schon im 14. Jh. bei Pero LÓPEZ DE AYALA erscheint und zur klassischen Strophe der allegorischen Dichtung des 15. Jh.s wird.

KLL

Ausgaben: Madrid 1851, Hg. P. J. Pidal [m. Einl. u. Anm.]. – Buenos Aires 1949. – NY 1926, Hg. H. R. Lang [Faks. d. Hs.]. – Madrid 1966, Hg. u. Einl. J. M. Azúceta. – Valencia 1978, Hg. u. Einl. N. F. Marino.

Literatur: H. R. Lang, *Las formas estróficas y términos métricos del »Cancionero de Baena«* (in *Estudios eruditos in memoriam de A. Bonilla y San Martín*, Bd. 1, Madrid 1927, S. 485–523). – P. Le Gentil, *La poésie lyrique espagnole et portugaise à la fin du moyen âge*, Rennes 1949–1952. – W. Schmidt, *Der Wortschatz des »Cancionero de Baena«*, Bern 1951. – M. Garcia Viñó, *Los poetas sevillanos en el »Cancionero de Baena«* (in Archivo Hispalense, 1960, Nr. 99/100, S. 17–43). – J. G. Cummings, *Methods and Conventions in the 15th Century Poetic Debate* (in HR, 31, 1963, S. 307–323). – C. F. Fraker, *Doctrinal Poetry in the »Cancionero de Baena«*, Diss. Harvard Univ. 1962/1963. – J. L. Christina, *The Psychology of Love in the »Cancionero de Baena«*, Diss. Indiana Univ. 1971 (vgl. Diss. Abstracts, 32, 1972, S. 4557A). – J. L. Labrador Herraiz, *Poesía dialogada medieval: La »pregunta« en el »Cancionero de Baena«*, Madrid 1974. – H. Flasche, *Geschichte der spanischen Literatur*, Mchn./Bern 1977, S. 270–286. – N. F. Marino, *Dezir que fizo J. A. de B.*, Valencia 1978. – K. Kohut, *La teoría de la poesía cortesana en el Prólogo de J. A. de B.* (in *Actas del Coloquio hispanoalemán*, Hg. W. Hempel u. a., Tübingen 1982, S. 120–137).

Gonzalo de Berceo

* 1197/98 Berceo / Logroño
† nach 1246 Berceo / Logroño

Literatur zum Autor:
R. Lanchetas, *Gramática y vocabulario de las obras de B.*, Madrid 1900. – P. Corrodel Rosario, *G. de B. Estudio crítico literario*, São Paulo 1933. – J. Artiles, *Los recursos literarios de B.*, Madrid 1964. – D. Devoto, *Tres notas sobre B. y la literatura eclesiástica española* (in BHS, 70, 1968, S. 261–299). – J. E. Keller, *G. de B.*, NY 1972 (TWAS). – G. Giménez Resano, *El mester poético de G. de B.*, Logroño 1976. – *II Jornadas de estudios berceanos. Actas*, Logroño 1978. – *Actas de las III Jornadas de Estudios berceanos*, Hg. García Turza, Logroño 1981. – F. Carrera de la Red, *Las expresiones causativas en las obras de G. de B.*, Logroño 1982. – J. Saugnieux, *B. y las culturas del siglo XIII*, Logroño 1982. – R. Sala, *La lengua y el estilo de G. de B.*, Logroño 1983. – J. Saugnieux u. A. Varaschin, *Ensayo de bibliografía berceana* (in Berceo, 104, 1983, S. 103–119). – T. M. Capuano, *The Seasonal laborer: Audience and Actor in the Works of G. de B.* (in Corónica, 14, 1984, S. 15–22). – D. Devoto, *Locos y locura en B.* (in NRFH, 34, 1985/86, S. 599–609).

MILAGROS DE NUESTRA SEÑORA

(span.; *Wunder unserer Lieben Frau*). – Sammlung von 25 Marienmirakeln von Gonzalo de Berceo, die der älteste namentlich bekannte spanische Dichter wohl vor 1246 für das Kloster San Millán de la Cogolla (bei Logroño) schrieb, dessen Notar er möglicherweise war. Da das Kloster Marienreliquien besaß, verfolgte die Sammlung vermutlich die Absicht, die Bewohner der Region und die Pilger, die über Logroño und Burgos nach Santiago de Compostela zogen, zum Besuch des Sanktuariums zu veranlassen. Sie ist in der Form der *cuaderna vía* abgefaßt, die Berceo als erster verwendet: insgesamt 911 vierzeilige Alexandriner-Strophen mit gleichem Reim. Bis auf ein (nach 1252 hinzugefügtes) Stück gehören die *Mirakel* zu den bekanntesten Wundergeschichten um Maria, die im mittelalterlichen Europa kursierten. Berceo benutzte eine vielleicht in Deutschland entstandene lateinische Sammlung als Quelle, die auch in Spanien verbreitet war; hinzugefügt hat er eine allegorische Einleitung (40 Strophen), die schildert, wie der Dichter auf der »Pilgerfahrt« des Lebens zu einer schönen Wiese kommt. Diese steht für die Gottesmutter, die schattenspendenden Bäume sind die von ihr bewirkten Wunder, die Blumen ihre heiligen Namen etc. Möglicherweise folgt der Dichter auch hier einer verlorenen lateinischen Quelle, jedenfalls lassen sich für alle Einzelelemente zahlreiche Parallelen aus der patristischen und mittelalterlichen Überlieferung nachweisen.

Die *Mirakel* zeigen, wie Maria ihre treuen Diener belohnt: Sie erscheint Bischof Ildefonso von Toledo, der das Fest Mariä Verkündigung eingeführt hat, um ihm ein Meßgewand zu schenken; einen Geistlichen, der regelmäßig die fünf Freuden Marias gebetet hat, holt sie in seiner Todesstunde ins Paradies; sie verhindert, daß ein unwissender Priester, der nur eine, der Gottesmutter geweihte, Messe zu lesen vermag, vom Bischof abgesetzt wird. (Die Sprache, in der der Dichter seine Figuren reden läßt, ist wohl im Hinblick auf ein wenig gebildetes Zielpublikum bewußt derb gewählt: Der Bischof nennt den Priester einen »Hurensohn«, und Maria drückt sich oft ähnlich drastisch aus.) Sie verhindert auch, daß ein Marienbild bei einem Kirchenbrand zerstört wird, und hindert Diebe, die den Schmuck einer Marienfigur stehlen wollten, an der Flucht (im einzigen nur bei Berceo bezeugten Mirakel, das er in Spanien und in seiner Gegenwart ansiedelt). Andere Wunder zeigen, wie Sünder, die Maria treu ergeben waren, von ihr gerettet werden. Selbst dem Teufelsbündner Theophilus holt sie (im weitaus längsten Stück der Sammlung) den von ihm unterschriebenen Pakt persönlich aus der Hölle zurück. Nur wenig ist erforderlich, um selbst für schwere Vergehen Gnade zu erlangen: Als ein

Dieb, der regelmäßig das *Ave Maria* betet, gehängt werden soll, hält sie ihn mit ihren Händen fest, so daß ihn der Strick nicht erdrosselt. In solchen Geschichten macht der Dichter, der natürlich wußte, daß nach der kirchlichen Lehre Maria nur durch die von Christus verliehene Macht Wunder tun kann, gewisse Konzessionen an die Volksfrömmigkeit, die die Gottesmutter neben oder über Christus stellt: Besonders in direkter Konfrontation mit dem Teufel scheint sie aus eigenem Antrieb zu handeln. In den Teufelsszenen wird auch der Humor besonders deutlich, der die kurzen, volksnahen Stücke auszeichnet; so etwa, wenn Maria ihrem Erzfeind, der einen betrunkenen Mönch in Gestalt eines Löwen erschreckt hat, mit einem Stock entgegentritt und ihn tüchtig verprügelt. A.Gi.

AUSGABEN: Madrid 1780 (in *Colección de poesías anteriores al siglo XV*, Bd. 2). – Madrid 1922, Hg. A. García Solalinde (Clás. Cast; ern. 1982). – Madrid 1929, Hg. C. Carroll Marden (*Veintitrés Milagros*, in RFE, 10). – Saragossa [4]1949, Hg. G. Menéndez Pidal. – Ldn. 1980 (in *Obras completas*, Hg. u. Einl. B. Dutton, 5 Bde., 1975–1984, 2). – Madrid 1982, Hg. u. Einl. D. Devoto (Castalia). – Madrid 1985, Hg. u. Einl. M. Gerli (Cátedra). – Granada 1986, Hg. J. Montoya Martínez.

LITERATUR: R. Becker, *G. de B.s »Milagros« und ihre Grundlagen*, Straßburg 1910. – J. Loveluck, *En torno a los »Milagros« de G. de B.*, Concepción 1952. – E. Lorenz, *B., der ›Naive‹. Über die Einleitung zu den »Milagros de Nuestra Señora«* (in RJb, 14, 1963, S. 255–268). – C. Gariano, *Análisis estilístico de los »Milagros de Nuestra Señora« de B.*, Madrid 1965. – J. Saugnieux, *Sur l'économie du salut dans les »Milagros de Nuestra Señora« de B.* (in LR, 28, 1974, S. 13–48). – J. M. Rozas, *Los »Milagros« de B. como libro y como género*, Cadiz 1976. – J. Saugnieux, *La tradition mariale et les »Milagros« de B.* (in LR, 31, 1977, S. 32–65). – J. E. Keller, *Pious Brief Narrative in Medieval Castilian and Galician Verse. From B. to Alfonso X*, Lexington 1978. – J. Montoya Martínez, *Las colecciones de milagros de la Virgen en la edad media (el milagro literario)*, Madrid 1981. – E. Drayson, *Some Possible Sources for the Introduction of B.'s »Milagros de Nuestra Señora«* (in MAevum, 2, 1981, S. 274–283). – S. Kantor, *Semiotic Analysis of a Medieval Miracle: G. de B., The Fornicating Sexton* (in Poetics Today, 4, 1983, S. 723 bis 771). – J. Montoya Martínez, *El alegorismo, premisa necesaria al vocabulario de los »Milagros de Nuestra Señora«* (in Studi Mediolatini e Volgari, 30, 1984, S. 167–190). – Ders., *El prólogo de G. de B. al libro de los »Milagros de Nuestra Señora«* (in Corónica, 2, 1985, S. 175–189). – E. M. Gerli, *La tipología bíblica y la introducción a los »Milagros de Nuestra Señora«* (in BHS, 62, 1985, S. 7–14). – A. Gier u. J. E. Keller, *Les formes narratives brèves en Espagne et au Portugal*, Heidelberg 1985, S. 40–45. – F. Rico, *La clerecía del mester* (in HR, 53, 1985, S. 1–23; 127–150). – H. M. Wilkins, *Dramatic Design in B.'s »Milagros de Nuestra Señora«* (in *Hispanic Studies in Honor of A. D. Deyermond*, Hg. J. S. Miletich, Madison 1986, S. 309–324).

VIDA DE SAN MILLÁN

(span.; *Leben des heiligen Aemilianus*). Heiligenlegende von Gonzalo de BERCEO, entstanden um 1230. – Die Legende erzählt nach der Vorlage der lateinischen *Vita Sancti Aemiliani* des heiligen BRAULIO (6. Jh.) die Lebensgeschichte des Priesters und Eremiten Millán, des Schutzheiligen des Klosters San Millán de la Cogolla bei Logroño. In dieser wie in allen seinen späteren Dichtungen verwendet Berceo die Form des *mester de clerecía*. Der Vers der französischen *Alexander-Romane* (Ende 12. Jh.) wird zum spanischen Alexandriner (zwei Halbverse, insgesamt 12–16 Silben); der Dichter (in dem frühere Forscher einen schlichten Landpfarrer haben sehen wollen) muß folglich die neuere französische Dichtung gekannt haben. Nach der überzeugenden Hypothese von B. DUTTON hat er an der neugegründeten Universität Palencia studiert, an der französische Professoren unterrichteten; sie mögen den Alexandriner nach Spanien gebracht haben. Dort entsteht die *cuaderna vía*, vierzeilige Alexandrinerstrophen mit gleichem Reim, für die es in Frankreich kein Vorbild gibt.
Die *Vida de San Millán* (drei Bücher, 481 Strophen) folgt dem traditionellen Schema der Heiligenvita: Der kleine Millán hütet Schafe, bis ihm eines Tages Gott in einer Vision den Wunsch eingibt, nach Unterweisung in der Heiligen Schrift und der Theologie zu streben. Er erwirbt die entsprechenden Kenntnisse, dann lebt er als Eremit in der Wildnis von Cogolla. Sein wachsender Ruhm lockt Pilger an, schließlich ist er gezwungen, in die Zivilisation zurückzukehren; er wird zum Priester geweiht und tritt im Dorf Berceo in ein Kloster ein; vor der Eifersucht der Mönche flieht er erneut in die Wildnis. Damit endet das erste Buch. – Das zweite Buch schildert die Wunder, die der Heilige zu Lebzeiten wirkte; im Zentrum steht die direkte Konfrontation mit (ganz vermenschlicht dargestellten) Teufeln. Am Ende wird der Tod des Heiligen geschildert; das kurze dritte Buch (42 Strophen) behandelt das Eingreifen Milláns in einer Schlacht, die Fernán Gonzalez (einer der Helden der spanischen Reconquista) 934 gegen die Mauren geführt haben soll; zum Dank für die Hilfe des Heiligen erläßt Fernán Gonzalez danach ein Privileg, das alle Bewohner der Region verpflichtet, einen (bescheidenen) jährlichen Tribut an das Kloster San Millán zu zahlen. Diese Legende ist apokryph, das lateinische Privileg ist eine Fälschung aus dem ersten Drittel des 13. Jh.s; die Mönche von San Millán versuchten durch diese und andere Erfindungen, den Rang ihres Klosters gegenüber anderen, im Aufstieg begriffenen religiösen Zentren zu behaupten. Auch Berceos *Vida* verfolgt offenbar einen propagandistischen Zweck: Es geht darum, die Bewohner der Region zur Zahlung des Tributs zu animieren und Pilger ins Kloster zu locken.

Weitgehende strukturelle und inhaltliche Ähnlichkeiten mit der *Vida de San Millán* weist Berceos *Vida de Santo Domingo de Silos* (ca. 1236) auf, die (wiederum einer lateinischen Vorlage folgend) das Leben eines anderen Eremiten schildert, der später Abt des Klosters von Silos wurde; dieses Kloster stand in enger Verbindung zu dem von San Millán de la Cogolla, die *Vida de Santo Domingo de Silos* mag ein offizielles Geschenk der Mönche dort an ihre Brüder in Silos gewesen sein.
Einem anderen Schema folgen die letzten hagiographischen Werke Berceos, die *Vida de Santa Oria* und das unvollständig überlieferte *Martírio de San Lorenzo*; es schildert das Martyrium des heiligen Laurentius auf dem glühenden Rost; auf einem Berg nahe dem Kloster San Millán lag eine diesem Heiligen geweihte Einsiedelei. A.Gi.

Ausgaben: Madrid 1780 (in *Colección de poesias anteriores al siglo XV*, Hg. T. A. Sánchez; Bd. 2). – Münster 1964 (*Estoria de San Millán*, Hg. G. Koberstein). – Ldn. 1967, Hg. B. Dutton [krit.]. – Ldn. 1978 (in *Obras completas*, Hg. B. Dutton).

Literatur: A. Varaschin, *San Millán de la Cogolla: Le temps du monastère ou l'imaginaire de G. de B.* (in Ccm, 24, 1981, Nr. 3/4, S. 257–267). – C. J. Wyatt, *Representation of Holiness in Some Spanish Hagiographical Works: The 13th through the 17th Centuries*, Diss. Univ. Stanford 1983 (vgl. Diss. Abstracts, 44, 1984, S. 2787A). – Th. M. Capuano, *The Seasonal Laborer: Audience and Actor in the Works of G. de B.* (in Corónica, 14, 1985, S. 15–22). – A. Gier u. J. E. Keller, *Les formes narratives brèves en Espagne et au Portugal*, Heidelberg 1985 (in GRLMA, 5, 1/2, Fasz. 2, S. 34–38).

JUAN BOSCÁN

auch Juan Boscán Almogáver
* zwischen 1487 und 1492 Barcelona
† 1542

DAS LYRISCHE WERK (span.) von Juan Boscán.
Zusammen mit Garcilaso de la Vega (1503–1536), mit dem er befreundet war, ist Boscán der Begründer der italienisierenden Schule in der spanischen Lyrik der Renaissance. Sein Verdienst liegt dabei insbesondere in der Transponierung italienischer Versmaße und italienischer Strophenformen ins Spanische, und mit seinem Namen verbindet sich die endgültige Rezeption des italienischen Elfsilbers als Versmaß in der spanischen Literatur. Dieser Vers – so Boscán in seinem Brief an die Herzogin von Soma – sei von seiner Tradition her der vornehmste und solle allen bisherigen Versformen *(»a todos los versos vulgares«)* vorgezogen werden. Von den italienischen Strophenformen führte Boscán die *ottava rima* (span. *octava rima*), eine Strophenform aus acht elfsilbigen Versen, in Spanien ein, und er etablierte zusammen mit Antonio Hurtado de Mendoza die Terzine (span. *terceto*), eine Strophenform bzw. eine Verseinheit aus jeweils drei fortlaufend elfsilbigen Versen mit ebenfalls kontinuierlicher Reimverkettung. Auch die vielzeilige Kanzone im Stil Petrarcas fand in Boscán ihren spanischen Nachschöpfer. Und nicht zuletzt gebührt ihm auch der Ruhm, neben Garcilaso (vgl. dessen Versepistel an Boscán) als erster spanischer Lyriker den freien Vers *(verso suelto)* verwendet zu haben. – Auch vor Boscán hatte es nicht an Versuchen der Transponierung italienischer Lyrik nach Spanien gefehlt. In diesem Zusammenhang sind vor allem zu nennen: der in katalanischer Sprache schreibende Valencianer Ausias March (1397?–1459?) und der Marqués de Santillana (1398–1458) mit seinen allerdings vergeblichen Versuchen, über die gängige Rezeption petrarkistischer Themen und Motive hinaus auch das Sonett und das Versmaß des Elfsilbers im Spanischen adäquat wiederzugeben. Mit Boscán und vor allem mit dem um ein Vielfaches begabteren Garcilaso wurde der Italianismus der Themen und Motive auch zu einem Italianismus der lyrischen Gattungen und der Versformen.
Das lyrische Werk Boscáns im italienisierenden Stil umfaßt 92 Sonette und 10 Kanzonen, darunter das berühmte Gedicht *Gentil señora mía (Edle Herrin mein)*, das gleich in den ersten Versen auf Petrarcas Augenkanzone zurückverweist (vgl. *Rime LXXII*). Zu nennen sind des weiteren: die Versepistel *Respuesta de Boscán a don Diego Hurtado de Mendoza (Antwort Boscáns an Don Diego Hurtado de Mendoza)*, in der sich das Horazsche Thema des *»Beatus ille procul negotiis«* (Glücklich, wer fern den Geschäften) mit neuplatonischen und christlichen und nicht zuletzt auch mit autobiographischen Elementen verbindet; das allegorische Poem *Octava rima*, das sich an den Stanzen Pietro Bembos (1470–1547), die dieser anläßlich des Karnevals am Hofe von Urbino verfaßte, orientiert; und nicht zuletzt ist auf die mythologische Verserzählung *Historia de Leandro y Hero (Geschichte von Leander und Hero)*, das erste Beispiel dieser Gattungsform in Spanien und zugleich auch das erste Beispiel einer Verwendung des freien Verses, zu verweisen.
Neben diesen »modernen« Texten steht das Frühwerk, das mit seinen Gedichten in traditioneller Gattungsform und konventioneller metrischer Form der Tradition der heimischen *cancioneros* verpflichtet ist. Doch kann Boscán auch im traditionellen Rahmen Originalität erreichen. In dem Villancico *Si no os hubiera mirado (Hätt ich dich nicht gesehen)* variiert er durch unterschiedliche Kehrreime die volkstümliche Liedform, und im exzessiven Spiel mit dem Augenmotiv gewinnt ein scheinbar

einfacher Text eine geradezu manieristische Komponente. – Auch in der Vermittlung der italienischen Hofkultur nach Spanien kommt Boscán entscheidende Bedeutung zu. Im Jahre 1534 veröffentlichte er *El Cortesano*, die Übersetzung von CASTIGLIONES *Il libro del cortegiano*, 1528 *(Das Buch vom Hofmann)*, ein Werk, das die maßgebliche Rolle des Fürstenhofs, in dessen Mittelpunkt vor allem Frauen stehen, als Stätte der Selbsterziehung und sittlichen Läuterung des Menschen betont und das in Spanien besonders B. GRACIÁN beeinflußte, der das Traktat *El discreto (Der Weltmann)* publizierte. H.Fel.

AUSGABEN: *Las obras de B. y algunas de Garcilasso de la Vega repartidas en quatro libros*, Barcelona 1543, 4 Bde. [Faks. San Sebastián 1936; Madrid 1943]. – *Obras poéticas*, Hg. M. de Riquer u. a., Barcelona 1957 [krit.]. – *Poesias*, Barcelona 1983.

LITERATUR: M. Morreale, *Castiglione y B. El ideal cortesano en el Renacimiento español*, 2 Bde., Madrid 1959. – D. H. Darst, *J. B.*, Boston 1978 (TWAS). – A. Armisén, *Estudios sobre la lengua poética de B.*, Saragossa 1982. – A. Prieto, *La poesía española del siglo XVI*, 2 Bde., Madrid 1984–1987.

FRANCISCO DELICADO

* um 1480 bei Córdoba
† nach 1533

LITERATUR ZUM AUTOR:
B. W. Wardropper, *La novela como retrato: El arte de F. D.* (in NRFH, 7, 1953, S. 475–488). – B. M. Damiani, *F. D.*, NY 1974 (TWAS). – F. A. Ugolini, *Nuovi dati intorno alla biografia di F. D. desunti da una sconociuta operetta*, Perugia 1975. – G. Allegra, *Sobre una nueva hipótesis en la biografía de F. D.* (in BRAE, 209, 1976, S. 523–535). – A. Fucelli, *F. D. como scrittore »irregulare«* (in Quaderni iberoamericani, 49/50, 1976/77, S. 58–61). – D. Villanueva, *Sobre F. D., obispo de Lugo y Jaén* (in BRAE, 219, 1980, S. 135–142).

RETRATO DE LA LOZANA ANDALUZA

(span.; *Bildnis der fröhlichen Andalusierin*). Roman in Dialogform von Francisco DELICADO, erschienen 1528. – Dieses freizügige, oft der Obszönität geziehene Werk eines sonst unbekannten Autors, über dessen Leben man wenig weiß, führt ein Schattendasein in den Literaturgeschichten. Es gilt als eine Nachahmung der 1499 erschienenen *Celestina* (vgl. *Comedia de Calisto y Melibea*), mit der Delicado selbst sein Werk vergleicht, wenn er in der Inhaltsangabe ankündigt, es passiere darin *»viel mehr als in der Celestina«*. Tatsächlich braucht man nach Übereinstimmungen nicht lange zu suchen. Durch die Dialogform nähert sich *Die fröhliche Andalusierin* der dramatischen Gattung (zu der das Lesedrama *Celestina* von Fernando de Rojas freilich nur bedingt gehört).
Ebenso realistisch wie in diesem sind bei Delicado die Sitten- und Milieuschilderung, die Zeichnung der Charaktere und deren Ausdrucksweise. Vor allem aber ist die fröhliche Andalusierin Aldonza de Córdoba, deren Leben und Abenteuer Delicado darstellt, Celestina selbst in vielem verwandt. Sie ist Kupplerin, Hurenmutter und Prostituierte, dazu Heilpraktikerin und »weise Frau«, die mit Gesundbeten, Besprechen von Krankheiten, Zaubermitteln gegen den bösen Blick, Handlesen, Kartenschlagen, Horoskopie und ähnlichen Künsten den Leuten das Geld aus der Tasche zieht. Möglicherweise hat diese Gestalt ein historisches Vorbild. In Delicados Darstellung erscheint sie als ein Weib schlechthin, schön, skrupellos, vital, von nicht zu brechendem Selbstbehauptungswillen – *»Sie interessierte sich für alles, was ihr von Nutzen sein konnte, um frei und unabhängig zu sein«* –: eine Verkörperung jener kraftvoll-unbekümmerten Natürlichkeit, die das Ideal der Renaissance war, und ein Symbol des freisinnigen, sinnlichen, sündhaften Roms der Renaissancepäpste. In der Schilderung dieses Roms, von dem zur Zeit Delicados gesagt wurde: *»Rom ist größtenteils ein Bordell und heißt jetzt Hurenstadt«*, liegt das eigentliche literarhistorische Verdienst des Werks. Mit der Genauigkeit eines Reiseführers geleitet Delicado den Leser in lose aneinandergereihten Dialogen durch die römische Halbwelt und Unterwelt, vor allem durch die Prostituiertenviertel, in denen es von Dirnen, Zuhältern, Betrügern, Quacksalbern, Händlern aller Nationen, Klerikern, Söldnern, Stutzern, Schmarotzern und anderen Nichtstuern aller Art wimmelt, über deren Häuptern der Autor immer wieder das Menetekel der Plünderung Roms erblickt, die er 1527 selbst miterlebte und die er am Schluß des Werks lakonisch beschreibt: *»Vierzehntausend deutsche Barbaren und siebentausend waffenlose, barfüßige, hungrige und durstige Spanier drangen in die Stadt ein, züchtigten und drangsalierten uns und plünderten uns aus.«* A.F.R.

AUSGABEN: Venedig 1528. – Madrid 1871, Hg. S. Rayón y Fuensanta del Valle. – Paris 1888, Hg. A. Bonneau [m. frz. Übers.]. – Madrid 1899 (Colección de libros picarescos, 11). – Buenos Aires 1942, Hg. J. Farias. – Barcelona 1952 (*La loçana Andaluza*, Hg. u. Einl. A. Vilanova). – Madrid 1967 [Einl. J. Del Val]. – Madrid 1985, Hg. u. Einl. B. M. Damiani (Castalia). – Madrid 1985, Hg. C. Allaigre (Cátedra).

ÜBERSETZUNGEN: *Die schöne Andalusierin*, P. Hausmann, 2 Bde., Bln. o. J. [1919]. – Dass., A. Semerau, Mchn. 1965; ern. Nördlingen 1989.

LITERATUR: M. Criado del Val, *Antífrasis y contaminaciones de sentido erótico en »La lozana andaluza«* (in *Studia Philologica. Homenaje ofrecido a Dámaso Alonso*, Bd. 1, Madrid 1960, S. 431–457). – B. M. Damiani, *»La lozana andaluza«: Bibliografía crítica* (in BRAE, 49, 1969, S. 117–139). – A. I. Bagby, *La primera novela picaressa española* (in Torre, 68, 1970, S. 83–101). – B. M. Damiani, *Un aspecto histórico de »La lozana andaluza«* (in MLN, 2, 1972, S. 178–192). – S. Jüttner, *Der dramatisierte Erzähler und sein Leser: Hermeneutische Analyse der »Lozana andaluza« von F. D.* (in *Spanische Literatur im Goldenen Zeitalter. Fs. f. I. Schalk*, Hg. H. Baader u. E. Loos, Ffm. 1973, S. 175–208). – J. A. Hernández Ortiz, *La genesis artística de »La lozana andaluza«: El realismo literario de F. D.*, Madrid 1974 [Vorw. J. Goytisolo]. – B. M. Damiani, *»La lozana andaluza«: Ensayo bibliográfico II* (in Iberoromania, 6, 1977, S. 47–85). – A. E. Foley, *D., »La lozana andaluza«*, Ldn. 1977. – C. Allaigre, *Sémantique et littérature: Le »Retrato de la lozana andaluza« de F. D.*, Grenoble 1980. – J. Goytisolo, *Bemerkungen zu »La lozana andaluza«* (in J. G., *Dissidenten*, Ffm. 1984). – P. Brakhage, *The Theology of »La lozana andaluza«*, Potomac/Md. 1986.

JUAN DEL ENCINA

eig. Juan de Fermoselle
* 12.7.1468 Salamanca (?)
† 1529/30 León

ÉGLOGAS

(span.; *Eklogen*). Bukolisch-dramatische Stücke aus dem *Cancionero* von Juan del ENCINA, erschienen Anfang 16. Jh. – Der *Cancionero de Juan del Encina* enthält eine Reihe von kleinen Stücken in Dialogform, die der Autor *églogas*, *autos* und *representaciones* nennt. Es handelt sich um insgesamt vierzehn Szenen, meist einfache Wechselgespräche, in denen nur zwei Personen auftreten. In der Mehrzahl entstammen die Themen dem Umkreis des Kirchenjahres (Weihnachten, Epiphanias, Fastenzeit, Ostern). Drei Eklogen aus der zweiten Schaffensperiode des Autors sprengen jedoch, ihrer profanen Thematik wegen, diesen Rahmen. Sie waren es auch, die literarhistorisch besondere Bedeutung erlangen sollten.

In der *Ekloge von Fileno, Zambardo und Cardonio* (aufgeführt 1496) klagt der Hirte Fileno vor seinen Freunden über seine unerwiderte Liebe zu der Hirtin Céfira. Aus Verzweiflung begeht er Selbstmord, und die Freunde sprechen von ihm wie von einem Heiligen. – In der *Ekloge von Plácida und Victoriano* – 1513 in Rom uraufgeführt – treten sogar fünf Personen auf. Plácida, die ihre Liebe zu Victoriano unerwidert glaubt, tötet sich; Victoriano beklagt bitterlich das Schicksal seiner unglücklichen Freundin und will ebenfalls in den Tod gehen; da erscheint Venus und erweckt das Mädchen mit Hilfe Merkurs zu neuem Leben. Das Stück endet mit einem Gesang der beiden Liebenden auf das Leben. – Das dritte dieser weltlichen Stücke, die *Ekloge von Cristino und Febea*, wurde 1497 aufgeführt; sein Thema ist der Gegensatz zwischen mittelalterlicher Askese und der Lebens- und Weltbejahung der Renaissance. Cristino, ein junger Hirt, hat beschlossen, der Welt zu entsagen, um Gott als Einsiedler zu dienen. Der Liebesgott Cupido, erzürnt über diesen Entschluß, schickt die Nymphe Febea, die den Hirten ohne große Mühe umzustimmen versteht.

Die dramatische Handlung ist in allen drei Stücken noch wenig entwickelt; die Szenen sind kaum mehr als ein Neben- und Nacheinander von starren Bildern. Trotzdem hatten diese *Eklogen* Encinas großen Einfluß auf die spanische Literatur: Sie stellen die ersten Ansätze zur Entwicklung eines weltlichen Theaters in Spanien dar. Man findet in ihnen zum erstenmal – im Gegensatz zu den statisch aufgefaßten Mysterienspielen des Mittelalters – dramatische Spannung, dramatische Konflikte, ein Suchen nach Lösungen, ja manchmal sogar einen gewissen Sinn für das Tragische, wenngleich die Handlung immer in einem utopischen Arkadien mit Schäfern und Schäferinnen, Göttern und Nymphen spielt und die Gespräche eher Monologe in verteilten Rollen als wirkliche Auseinandersetzungen sind. Das eigentlich Neue ist die Hinwendung zur irdischen Leidenschaft: Die Liebe, halb platonisch idealisiert, halb sinnlich-triebhaft, erscheint plötzlich als Schicksalsmacht, die das menschliche Glück und Leid bestimmt. Es ist die in der Renaissance wiedergefundene Vorstellung von der Schönheit des Lebens und der Welt, die hier durchbricht und der weltflüchtigen Gesinnung des Mittelalters den Kampf ansagt.

Das von Encina neu geschaffene Genre des bukolischen Theaterstücks hat sich nicht durchsetzen können: Die arkadische Hirtenidyllik erlebte ihre Blüte im Roman und in der Lyrik. Auf der Bühne konnte sie vor dem Wirklichkeitssinn der Spanier, der sich in den späteren Schöpfungen ihres Theaters so großartig ausspricht, nicht bestehen. Das schmälert jedoch nicht das Verdienst Encinas, der mit seinen dramatischen Versuchen in der Tat einen Anfang gesetzt hat. A.F.R.

AUSGABEN: *Egloga de Fileno, Zambardo y Cardonio*: Burgos 1509 (in *Cancionero*). – *Egloga de Plácida y Victoriano:* Rom 1514. – *Egloga de Cristino y Febea:* Anfang 16. Jh. – Madrid 1893 (in *Teatro completo*, Hg. F. Asenjo Barbieri; m. Einl.; Nachdr. Westport/Conn. 1969). – Madrid 1962 (*Egloga trobada de Fileno, Zambardo, Cardonio*; *Egloga de Plácida y Victoriano*, in *Autos, comedias y farsas de la Biblioteca Nacional*; Faks.). – NY 1968, Hg. u. Einl. H. López-Morales *(Églogas completas)*. – Madrid 1978 bis 1983 (in *Obras completas*, Hg. A. M. Rambaldo, 4 Bde., Clás. Cast).

LITERATUR: J. P. W. Crawford, *The Source of J. del E.'s »Egloga de Fileno y Zambardo«* (in RH, 38, 1916, S. 218–231). – R. E. House, *A Study of E. and the Egloga Interlocutoria* (in RomR, 7, 1916, S. 458–469). – G. Cirot, *Le théâtre religieux d'E.* (in BHi, 43, 1941, S. 5–35). – J. R. Andrews, *J. del E., Prometheus in Search of Prestige*, Berkeley/Los Angeles 1959. – D. Lessig, *Ursprung und Entwicklung der spanischen Ekloge bis 1650 mit Anhang eines Eklogenkatalogs*, Genf/Paris 1962. – B. W. Wardropper, *Metamorphosis in the Theatre of J. del E.* (in StPh, 59, 1962, S. 41–51). – Ch. Stern, *J. del E.'s Carnival Eclogues and the Spanish Drama of the Renaissance* (in Renaissance Drama, 8, 1965, S. 181 bis 195). – A. Van Beysterveldt, *La poesía amatoria del siglo XV y el teatro profano de J. del E.*, Madrid 1972. – A. M. Rambaldo, *El cancionero de J. del E. dentro de su ámbito histórico y literario*, Santa Fé/Argentinien 1972. – R. O. Jones, *J. del E. and Renaissance Lyric Poetry* (in *Studia Ibérica. Fs. f. H. Flasche*, Hg. K.-H. Körner u. K. Rühle, Bern 1973, S. 307–318). – J. A. Anderson, *E. y Vergil*, Univ. of Missouri 1974. – J. C. Temprano, *Cronología de las ocho primeras églogas de J. del E.* (in HR, 43, 1975, S. 141–151). – Ders., *Móviles y metas en la poesía pastoril de J. del E.*, Oviedo 1975. – H. D. Sullivan, *J. del E.*, Boston 1976 (TWAS). – Ders., *Towards a New Chronology for the Dramatic Eclogues of J. del E.* (in Studies in Bibliography, 30, 1977, S. 257–275). – Ch. Stern, *Yet another Look at E. and the Égloga interlocutoria* (in Bull. of the Comediants, 33, 1981, S. 47–61). – Y. Yarbró-Bejerano, *J. del E.'s »Égloga de las grandes lluvias«: The Historical Appropriation of Dramatic Ritual* (in *Creation and Recreation: Experiments in Literary Form in Early Modern Spain: Studies in Honor of S. Gilman*, Hg. R. Surtz u. N. Weinerth, Newark 1983, S. 7–27). – F. Gonzáles Ollé, *Die Anfänge des spanischen Theaters* (in *Das spanische Theater*, Hg. K. Pörtl, Darmstadt 1985, S. 32–90; zu J. del E. S. 34–49). – Y. Yarbró-Bejerano, *The New Man and the Shepherd: J. del E.'s First Dramatic Eclogue* (in RCEH, 11, 1986, S. 145–160). – K. Schoell, *J. del E. »Écloga en recuesta de unos amores«* (in *Das spanische Theater*, Hg. V. Roloff u. H. Wentzlaff-Eggebert, Düsseldorf 1988, S. 10–22).

GARCILASO DE LA VEGA

* um 1503 Toledo
† 13./14.10.1536 Nizza

DAS LYRISCHE WERK (span.) von GARCILASO DE LA VEGA.

Das im wesentlichen ab 1526 entstandene, wahrscheinlich nicht vollständig überlieferte Werk des als Soldat in den Diensten Kaiser Karls V. bzw. als Hofmann und als Dichter in hervorragender Weise das Renaissanceideal der Verbindung von *armas y letras* verkörpernden Garcilaso de la Vega markiert den Übergang vom mittelalterlichen zum neuzeitlichen Dichten, das durch die Nachahmung der italienischen Renaissancedichtung die Lyrik des sich formierenden *Siglo de Oro* in neue Bahnen führte. Es umfaßt acht *coplas*, vierzig Sonette, fünf Kanzonen, zwei Elegien, eine Epistel, drei Eklogen und drei neulateinische Oden. Trotz der erst postumen Veröffentlichung als vierter Band der Ausgabe der Werke seines katalanischen Freundes Juan BOSCÁN, die dessen Witwe 1543 besorgte, war Garcilaso bereits zu Lebzeiten als Dichter berühmt.

Mit seinen *coplas* setzt Garcilaso die spanische Tradition der *poesía cancioneril* fort. Metrisch sind sie durch den heimischen Achtsilber bestimmt; inhaltlich knüpfen sie an die von der provenzalischen Trobadorlyrik überlieferte Thematik der höfischen Liebe an, die mit rhetorischen Formspielen (Polyptota, Paronomasien) abgehandelt wird. Auf Anregung Boscáns, der im Gefolge seiner berühmt gewordenen Unterredung mit dem venezianischen Gesandten Navagero 1526 in Granada – als erster in Europa – den italienischen Petrarkismus in die heimische Dichtung einführte, wandte sich auch Garcilaso der neuen Dichtart zu und führte sie zu einem ersten Höhepunkt. Garcilasos Leistung besteht darin, daß er den spanischen Vers mit den neuen Metren (Elfsilber und dessen Verknüpfung mit dem Siebensilber) und den neuen Strophen- und Gedichtformen, die zum Teil genuin italienischen Ursprungs sind (Sonett), zum Teil provenzalische (Kanzone, *terceto*) und antike (Elegie, Epistel) Muster weiterentwickeln, mustergültig verbinden konnte. Seine Sonette und Kanzonen, die anders als bei Petrarca nicht zyklisch geordnet sind (eine Gruppierung zum *cancionero petrarquista* schlägt neuerdings A. PRIETO vor), haben fast ausschließlich die Liebe zum Gegenstand (bekannteste Ausnahme: die *Canción III*, die Klage über das von Karl V. als Strafe verhängte Exil auf die Donauinsel Schütt bei Wien). Dominante Sprechweisen sind die lobpreisende Beschreibung der Schönheit der geliebten Dame und die Klage über die Unerfüllbarkeit der Liebe und den Schmerz des Liebenden. Neben den von Petrarca bereitgestellten Möglichkeiten, über die Liebe zu reden (Liebe als Dienst, Unerreichbarkeit der Dame, Spiritualisierung der

Liebe, Reflexion über die paradoxale psychische Befindlichkeit des Liebenden, die sich in scharfen Antithesen und Oxymora äußert, Rekurs auf antike Mythologie zur Verdeutlichung der Situation des Liebenden, *invocatio* der Natur als Trostspenderin, Thematisierung des Dichtens als höherer Form der Liebe), verwendet Garcilaso auch andere zu seiner Zeit zur Verfügung stehende, die petrarkistische Rede über die Liebe überformende oder mit ihr konkurrierende Liebesdiskurse: den neoplatonischen, der neben dem Einfluß L. HEBREOS besonders durch Boscáns Übersetzung von CASTIGLIONES *Cortegiano* (1534) in Spanien bekannt wurde und der als metaphysische Liebesphilosophie eine irdische Erfüllung der Liebe von vornherein ausschließt und der idealisierten Dame die Aufgabe zuweist, den Liebenden zu läutern und hinaufzuführen in das ewig Gute, Wahre und Schöne, und den sich dagegensetzenden Diskurs des *carpe diem* (HORAZ, AUSONIUS), der zum unmittelbaren Vollzug der Liebe auffordert (Sonett XXIII). Die Liebesproblematik wird in der *Elegía II*, einer an Boscán gerichteten langen Reflexion über Liebe, Täuschung, Eifersucht und widriges Geschick, wiederaufgenommen und in der *Elegía I*, einem an den Duque de Alba gerichteten Trostgedicht anläßlich des Todes von dessen jüngerem Bruder, thematisch um den Tod erweitert, der freilich auch in den Sonetten und Kanzonen häufig als Gefahr und Sehnsucht des vergeblich Liebenden präsent ist. Die reimlose und im niederen Stil gehaltene *Epístola a Boscán* ist ein Lobpreis der Freundschaft.

Die Dichtung Garcilasos ist keine romantische Liebeslyrik, die ein tatsächliches oder fiktives Erlebnis »spontan« und »authentisch« verdichtet. Ob der Autor in seinen Texten autobiographisch seine unerfüllbare Liebe zu der portugiesischen Hofdame Isabel Freyre bzw., nach deren Tod, zu einer geheimnisvollen neapolitanischen Dame dargestellt hat, ist somit von zweitrangiger Bedeutung. Die Liebeslyrik der Zeit war durch das Regelsystem von Poetik und Rhetorik starken Zwängen unterworfen und kaum Ausdruck individuellen Gefühls, sondern normativ kodiert, konventionalisiert und stilisiert. Sie unterstand dem Postulat von Nachahmung und Überbietung von literarischen Vorbildern *(imitatio-aemulatio)* und war daher dominant intertextuell, im Sinne einer *ars combinatoria* vorgegebener Topoi, ausgerichtet, weniger auf die Lebenswirklichkeit. Ein historisch adäquates Verständnis von Garcilasos Lyrik auf der Basis der damals geltenden ästhetischen Normen (und zugleich auch einen aufschlußreichen Einblick in partielle Wandlungen des Normgefüges im Verlauf des 16. und 17. Jh.s) erlauben die noch im 16. Jh. einsetzenden Kommentare (vgl. die programmatische Äußerung des ersten Kommentators, »el Brocense«, 1574: *»No tengo por buen poeta al que no imita los excelentes antiguos« – »Den halte ich nicht für einen guten Dichter, der nicht die hervorragenden Alten nachahmt«*), die die imitierten italienischen und klassischen Musterautoren nachweisen (vor allem PETRARCA, B. TASSO, BEMBO, ARIOST, SANNAZARO, AUSONIUS, HORAZ, VERGIL, OVID; daneben auch der Katalane Ausiàs MARCH) und erklärungsbedürftige Textstellen kommentieren, die vor allem aber die Funktion haben, Garcilaso in eine Reihe mit den Klassikern zu stellen und ihn seinerseits als nachahmenswerten Musterautor auszuweisen. Als solcher bestimmte Garcilaso über das Siglo de Oro hinweg sowohl die weltliche als auch die geistliche Lyrik, und bis heute berufen sich spanische Lyriker, wenn auch aus divergierenden ästhetischen und ideologischen Positionen, auf den *príncipe de los poetas*.

Die Bedeutung Garcilasos liegt zum einen sprachgeschichtlich darin, daß er durch die mustergültige Nachahmung der italienischen volkssprachlichen Dichtung und der antiken Poeten, durch die Adaption des spanischen Verses an die italienischen Metren und durch die kreative Schaffung von Neologismen (italienischer, lateinischer und griechischer Provenienz) die volkssprachliche spanische Dichtung erneuerte und bereicherte und damit im Bereich der Lyrik vorbildhaft das von Karl V. verfolgte Programm der Aufwertung der Nationalsprache gegenüber dem Lateinischen vorantrieb, das seine Grundlegung in der ersten spanischen Grammatik von E. A. de NEBRIJA (1492) hatte und etwa zeitgleich mit Garcilaso von den spanischen Humanisten, vor allem den Gebrüdern VALDÉS, für den Bereich der Prosa realisiert wurde. Zum anderen ist sie literaturgeschichtlich darin begründet, daß er als Schwellenautor einerseits die heimische Dichtung tradiert, daß er andererseits aber auch die fremde italienische Dichtung, nachdem ein erster Versuch durch den Marqués de SANTILLANA Mitte des 15. Jh.s gescheitert war, als neues Modell etabliert und in der poetischen Praxis vorführt, wodurch er zu Beginn des Siglo de Oro zum entscheidenden Neuerer im Dichtungssystem avanciert. H.We.

AUSGABEN: *Las obras de Boscán y algunas de Garcilasso de la V.*, Barcelona 1543, 4 Bde. [Faks. San Sebastián 1936; Madrid 1943]. – *Las obras del excelente poeta Garcilasso de la V.*, Salamanca 1569. – *Obras del excelente poeta Garcilasso de la V.*, Salamanca 1574 u. ö. [Anm. F. Sánchez]. – *Obras de Garcilasso de la V.*, Sevilla 1580 [Anm. F. de Herrera]. – *Garcilasso de la V., natural de Toledo, príncipe de los poetas castellanos*, Hg. Th. de Tomaio de Vargas, Madrid 1622. – *Obras de G. de la V.*, Madrid 1765 u. ö. [m. Anm.]. – *Obras*, Hg. T. Navarro Tomás, Madrid 1911 u. ö. – *Poesías castellanas completas*, Hg. ders., Madrid 1969 u. ö. (Castalia). – *G. de la V. y sus comentaristas*, Hg. A. Gallego Morell, Madrid [2]1972. – *Obras completas*, Hg. E. L. Rivers, Columbus (Oh.)/Madrid 1974; [2]1981 (Castalia; krit.).

LITERATUR: H. Keniston, *G.: A Critical Study of His Life and Works*, NY 1922. – M. Arce Blanco de Vázquez, *G.: contribución al estudio de la lírica española del siglo XVI*, Madrid 1930; ern. Río Piedras 1961; [2]1969. – R. Lapesa, *La trayectoria poética de G.*, Madrid 1948; [3]1985. – D. Alonso, *Poesía española*, Madrid 1950, S. 43–109. – M. Aparici Llanas,

Teorías amorosas en la lírica castellana del siglo XVI (in Boletín de la Biblioteca Menéndez Pelayo, 44, 1968, S. 121–167). – A. Blecua, *En el texto de G.*, Madrid 1970. – E. Sarmiento, *Concordancias de las obras poéticas en castellano de G.*, Madrid 1970. – T. Navarro Tomás, *La musicalidad de G.* (in T. N. T., *Los poetas en sus versos*, Barcelona 1973; ern. 1982, S. 117–136). – *La poesía de G.*, Hg. E. L. Rivers, Barcelona 1974; ²1981. – S. Ghertman, *Petrarch and G.*, Ldn. 1975. – B. Gicovate, *G.*, NY 1975. – A. Prieto, *G.*, Madrid 1975. – V. Bocchetta, *Sannazaro en G.*, Madrid 1976. – N. Ly, *G.: Une autre trajectoire poétique* (in BHi, 83, 1981, S. 263–329). – J. Cammarata, *Mythologic Themes in the Works of G.*, Madrid 1983. – A. Prieto, *La poesía española del siglo XVI*, Bd. 1, Madrid 1984, S. 59–92. – J. Cammarata, *G.s Artistic Language* (in Hispanic Journal, 7, 1985, S. 7–16). – *G.*, Hg. V. García de la Concha, Salamanca 1986. – A. A. Parker, *La filosofía del amor en la literatura española. 1480–1680*, Madrid 1986, S. 61–91.

GASPAR GIL POLO

* um 1535 Valencia
† 1591 Barcelona

DIANA ENAMORADA

(span.; *Die verliebte Diana*). Schäferroman von Gaspar GIL POLO, erschienen 1564. – Die Handlung führt MONTEMAYORS *Siete libros de la Diana* fort: Diana kehrt zu Sireno zurück; ihr Gatte Delio wird gleichzeitig von der Schönheit Alcidas geblendet und stirbt bei ihrer Verfolgung, so daß Diana und Sireno Hochzeit feiern können. Eingestreute Erzählungen (z. B. *Ismenia und Montano, Fileno und Felisarda*) sowie Tänze und Gesänge lockern die Handlung auf. In Nachahmung des *Canto de Orpheo (Orpheus' Gesang)* von Montemayor hat Gil Polo einen *Canto de Turia (Gesang auf den Fluß Turia)* in 44 Oktaven eingeschoben, in dem die berühmten Bürger Valencias, unter ihnen der Dichter Ausiàs March und der Pädagoge Luis Vives, gerühmt werden. – Zwar ist die Handlung weniger bewegt und verschlungen als die der *Diana* Montemayors, doch sind die bukolischen Landschaftsbeschreibungen, die ein farbenprächtiges Bild der levantinischen Küste geben, ihrem Vorbild zumindest ebenbürtig. Während sich die Naturdarstellung Montemayors auf eine beliebige Gegend beziehen kann, hat die genaue Beobachtungsgabe Gil Polos jeden Winkel Valencias und der Albufera erfaßt. Damit erhält der spanische Schäferroman, neben der Erweiterung des Stoffs, seine zweite bedeutende Nuance: Arkadien und Sizilien sind nach Spanien verlegt. Diese Adaptation erwies sich als folgenreich, und CERVANTES, der sich selbst in diesem Genre versuchte *(La Galatea)*, widmete in der Szene der Bücherverbrennung im *Don Quijote* diesem Buch ausdrücklich lobende Worte. Nicht nur unter den zahlreichen spanischen Nachahmern Montemayors, die mit literarisch zweitrangigen Imitationen an dessen erfolgreiche *Diana* anknüpfen wollten, sondern auch im Vergleich mit anderen ausländischen Schäferromanen (SIDNEY, BARCLAY, D'URFÉ) ist diese Fassung auch heute noch eine der lesbarsten und anmutigsten. M.Fr.

AUSGABEN: Valencia 1564. – Madrid 1953, Hg. R. Ferreres (Clás. Cast; m. Einl. u. Anm.). – Minneapolis 1959, Hg. R. L. u. M. B. Grismer [m. Einl. u. Anm.].

ÜBERSETZUNG: *Diana*, G. Ph. Harsdörffer, Nürnberg 1646.

LITERATUR: J. Fitzmaurice Kelly, *The Bibliography of the »Diana enamorada«* (in RH, 2, 1895, S. 304–311). – H. Rennert, *The Spanish Pastoral Romances*, Philadelphia 1912. – J. G. Fucilla, *Sannazaro y Gil Polo* (in Boletín del Instituto Caro y Cuervo, 5, 1949, S. 284–292). – R. Ferreres, *La novela pastoril y G. P.* (in Revista Valenciana de Filología, 2, 1952, S. 33–56). – J. B. Avalle-Arce, *La novela pastoril española*, Madrid 1959. – A. Solé-Leris, *The Theory of Love in the Two »Dianas«. A Contrast* (in BHS, 36, 1959, S. 65–79). – Ders., *Psychological Realism in the Pastoral Novel: G. P.'s »Diana enamorada«* (ebd., 39, 1962, S. 43–47). – G. Hoffmeister, *Die spanische Diana in Deutschland. Vergleichende Untersuchungen zu Stilwandel und Weltbild des Schäferromans im 17. Jh.*, Bln. 1972. – M. L. Cozad, *Experimental Conflict and Rational Motivation in the »Diana enamorada«: An Anticipation of the Modern Novel* (in Journal of Hispanic Philology, 5, 1981, S. 199–214). – N. M. Valis, *Time and Space in G. P.'s »Diana enamorada«* (in Hispano, 26, 1982, S. 9–20). – F. López Estrada, *Un aspecto de la poética de la »Diana enamorada«: Los planos de actuación de G. P. y su Felicia* (in *Renaissance and Golden Age Essays*, Hg. B. Damiani, Potomac 1986, S. 60/61).

FRAY LUIS DE GRANADA

d.i. Luis de Sarria
* 1504 Granada
† 31.12.1588 Lissabon

LITERATUR ZUM AUTOR:
J. Cuervo, *Biografía de Fray L. de G.*, Madrid 1895. – M. Llaneza, *Bibliografía del V. P. M. Fray L. de G. de la Orden de Predicadores*, Salamanca, 4 Bde., 1926–1928. – R. Switzer, *The Ciceronian Style in Fray L. de G.*, NY 1927. – M. Bataillon, *De Savanarole à L. de G.* (in RLC, 16, 1936, S. 23–39). – M. B. Brentano, *Nature in the Works of Fray L. de G.*, Washington 1936, NY 1969. – P. Laín Entralgo, *La antropología en la obra de Fray L. de G.*, Madrid 1946. – Ders., *El mundo visible en la obra de Fray L. de G.*, Madrid 1946. – F. de Ros, *Los místicos del norte y Fray L. de G.* (in Archivo Iberoamericano, 7, 1947, Nr. 25, S. 5–29; Nr. 26–29, S. 145–165). – R. L. Oechslin, *Louis of G.*, NY 1963. – J. A. Moore, *Fray L. de G.*, Boston 1977 (TWAS). – M. Benchot, *Algunos aspectos en la retórica de L. de G.* (in Ciencia Tomista, 113, 1986, S. 127–143).

GUÍA DE PECADORES en el qual se enseña todo lo que el Christiano deue hazer, dende el principio de su conversion, hasta el fin de la perfection

(span.; *Wegweiser für Sünder, in dem alles gelehrt wird, was der Christ tun muß, vom Anfang seiner Bekehrung bis zum Ende der Vervollkommnung*). Moraltraktat von Fray Luis de GRANADA, erschienen 1556/57. – Dieses wichtigste asketische Werk des spanischen Dominikanerpredigers und Theologen wurde 1559 von der Inquisition verboten, 1567 überarbeitet und erweitert in Salamanca neu herausgegeben. Die endgültige Fassung besteht aus zwei Büchern mit je zwei Teilen. Das erste Buch, *Exhortación a la virtud (Ermahnung zur Tugend)*, begründet die christliche Verpflichtung zum sittlichen Lebenswandel mit der unendlichen Vollkommenheit Gottes und seinem Heilshandeln am Menschen (Schöpfung, Erlösung, Rechtfertigung durch die Gnade, Eucharistie etc.). Im zweiten Teil werden Lebensregeln aufgestellt, die der Mensch befolgen muß, um der irdischen und geistlichen Güter teilhaftig zu werden, die der Tugend in diesem Leben zugesprochen sind und ihr durch zwölf Privilegien im Sinne der helfenden Gnade (göttliche Vorsehung, Erleuchtung etc.) gewährleistet werden. Das zweite Buch, *Doctrina de la virtud (Tugendlehre)*, beginnt mit der Aufzählung und Erörterung der Sünden und Laster und gibt Ratschläge zur Befreiung von ihnen. Der letzte Teil behandelt die Ausübung der Tugenden als Weg zur körperlichen und geistigen Läuterung, als Dienst an Gott und am Nächsten. Er schließt mit der Schilderung der vier Stufen des Gehorsams, die zur Vereinigung des menschlichen Willens mit dem Willen Gottes führen.

Der Traktat soll dem Sünder als praktische Anleitung für ein Leben gemäß der christlichen Sittenlehre dienen. Darin, daß er die Vervollkommnung der Seele durch Askese für möglich hält, unterscheidet sich die Einstellung Luis de Granadas wesentlich von der quietistischen Mystik, wie sie später im *Guía espiritual (Geistlicher Führer)* des Miguel de MOLINOS (1628?–1697?) zum Ausdruck kommt, denn nicht passive Kontemplation, sondern Weltklugheit und Kampf gegen die Trägheit des Körpers und der Seele sind die Postulate Granadas, die er zuweilen mit scholastischer Spitzfindigkeit vertritt. Stilistisch zeichnet sich das Werk durch Genauigkeit des Ausdrucks und anschauliche Vergleiche aus. In den weitgeschwungenen Satzperioden zeigt sich der an klassischen Vorbildern geschulte Kanzelredner. Durch Thema und Absicht bedingt, ist der *Wegweiser für Sünder* strenger, nüchterner als etwa der erste Teil des *Libro de la oración y meditación (Gebet- und Meditationsbuch)*, doch wird die Prosa Granadas zuweilen poetisch und lebhaft – vor allem in den phantasievollen, gefühlsbetonten Beschreibungen des Elends der Sünder, der Höllenqualen oder der Freuden des geistlichen Lebens. D.R.

AUSGABEN: Lissabon 1556/57, 2 Bde. – Salamanca 1567. – Madrid 1906–1908 (in *Obras*, Hg. J. Cuervo, 14 Bde., 1 u. 10). – Madrid 1929, Hg. M. Martínez Burgos [gekürzt]. – Madrid 1942, Hg. M. Martínez Burgos (m. Einl.; CC, 97). – Madrid 1962, Hg. L. G. Alonso Getino [m. Einl.].

ÜBERSETZUNGEN: *Deß Sünders geistlicher Gelaitsman, mehr der geistliche Kämpffer*, A. Walasser, Dillingen 1574. – *Die Lenkerin der Sünde*, A. Schanenberg, Paderborn 1906.

LITERATUR: E. A. Peers, *Studies of the Spanish Mystics*, Bd. 1, Ldn. 1951, S. 25–61. – I. Tellechea Idígoras, *Aprobación de la »Guía de pecadores« de Fray L. de G. en el Concilio de Trento* (in Hispania Sacra, 12, 1959, S. 225–227). – J. García Gómez, *Modos de corazón y mundo en la »Guía de pecadores«* (in Revista de Espiritualidad, 28, 1969, S. 348 bis 382).

LIBRO DE LA ORACIÓN Y MEDITACIÓN: en el qual se trata de la Consideración de los principales mysterios de nuestra Fe, con otras cosas provechosas

(span.; *Gebets- und Meditationsbuch, welches sich beschäftigt mit den wichtigsten Geheimnissen unseres Glaubens und andern nützlichen Dingen*). Asketisch-theologische Abhandlung von Fray Luis de GRANADA, erschienen 1554. – Diese Meditationen zählen zu den ersten Versuchen vor dem Erschei-

nen der Werke der großen Systematiker TERESA DE ÁVILA (1515–1582) und JUAN DE LA CRUZ (1542–1591), den Weg und die Formen des asketisch-mystischen Frömmigkeitslebens darzustellen. Der erste Teil enthält vierzehn Betrachtungen für jeden Morgen und Abend der sieben Wochentage. Der Stoff der Morgenbetrachtungen ist aus dem Leben und Leiden, dem Tod und der Auferstehung Jesu geschöpft, die Abendbetrachtungen handeln über den Tod, das Jüngste Gericht, über Himmel und Hölle. Ein Kapitel über die Methode des Gebets und der Betrachtung, Ratschläge für die Meditationspraxis und Themen in Verbindung mit den Leiden des Heilands schließen diesen Teil ab. Der zweite Teil ist vorwiegend praktisch ausgerichtet. Granada spricht hier zunächst von der Frömmigkeit im allgemeinen, dann von den Eigenschaften, Vorbedingungen und Hindernissen des Gebetslebens. Diesen Teil schließen einige Ausführungen über die Versuchungen und ihre Überwindung, über Fasten, Almosen, Kasteiung und gute Werke ab.
Verschiedentlich klingen hier mystische Motive an. So kennt der Autor schon die Erleuchtung durch »Selbstversenkung«, er definiert das Gebetsleben als *»ein Osterfest der Seele«* oder als *»einen Akt, in dem sich der Mensch über sich und die Welt erhebt und die Vereinigung mit Gott erreicht«*, als *»Umarmung mit Gott«*, als *»Kuß zwischen Braut und Bräutigam«*. Im allgemeinen bestimmt jedoch das Werk nicht ein psychologisch zergliedernder, sondern ein asketischer Grundzug. Das Frömmigkeitsleben beruht nach Granada vor allem auf der Selbstzucht, der Abtötung des Leibes, der Unterdrückung der Leidenschaften; es manifestiert sich im ständigen Kampf gegen Fleisch, Welt und Teufel, die die Seele von ihrer hohen Bestimmung abzubringen trachten. Allerdings vermeidet der Autor unter dem Einfluß von THOMAS VON AQUIN die im damaligen Spanien aufkommenden extremen Formen der Askese, deren Diesseitsentwertung und Körperfeindlichkeit den Rahmen europäischer Gesittung zu sprengen drohten. In der äußeren Gestaltung hat das Werk mit seiner ausschmückenden Rhetorik in Antithesen, Anaphern, Fragen und Ausrufen Predigtcharakter; die Erzählung kleiner beispielhafter Anekdoten, wie dies bei Kanzelrednern üblich ist, ist wesentliches Kompositions- und Stilelement. In seinem Bemühen um Volkstümlichkeit und Plastizität behandelt Granada vor allem im ersten Teil Themen, die die Zuhörer rühren und erschüttern können: den blutüberströmten Heiland, die schmerzensreiche Gottesmutter, die Schrecknisse der Hölle und den Tod. Viele Motive der barocken Bildnerei des folgenden Jahrhunderts sind hier in naturalistischer Veranschaulichung und in der distanzlosen Behandlung des Religiösen vorweggenommen, das zwar dem sinnlichen Erleben nahegebracht wird, dabei aber der Gefahr nicht ganz entgeht, seine charismatische Weihe zu verlieren.

A.F.R.

AUSGABEN: Salamanca 1554. – Burgos 1587 (*Libro de la oración*, in *Obras*). – Madrid 1906–1908 (*De la oración y meditación*, in *Obras*, Hg. J. Cuervo, 14 Bde., 2; krit.). – Madrid 1932 (*De la oración y consideración*, in *Obras*, Hg. J. J. de Mora, 3 Bde., 1927–1932, 1; BAE, 8). – Madrid 1944 (*De la oración y meditación*, in *Obras*, 27 Bde., 4). – Madrid 1949 (*Libro de la oración*). – Madrid 1979.

ÜBERSETZUNGEN: *Exercitia Granatae, das ist geistliche Übung, mit denen sich die andächtige Seel täglich speisen kan*, P. Döbereiner, Mchn. o. J. [um 1618]. – *Gebet und Betrachtung*, J. Ecker, Freiburg i. B. 1912.

LITERATUR: M. Angel, *Le véritable et unique auteur du »Tratado de la oración«* (in RABM, 35, 1916, S. 139–222; 36, 1917, S. 145–199, 321–368). – J. Cuervo, *Fray L. de G., verdadero y único autor del »Libro de la oración y meditación«* (in RABM, 38, 1918, S. 293–350; 40, 1919, S. 1–68; 355–417). – E. A. Peers, *Studies of the Spanish Mystics*, Bd. 1, Ldn. 1951. – A. Huerga, *Génesis y autenticidad del »Libro de la oración y meditación«* (in RABM, 59, 1953, S. 135–183). – I. Behn, *Spanische Mystik*, Düsseldorf 1957, S. 78–84. – D. Alonso, *Sobre Erasmo y Fray L. de G.* (in D. A., *De los siglos oscuros al de oro*, Madrid 1958, S. 218–225). – B. Jereczek, *Louis de G. et le »Tratado de oración«* (in RHS, 53, 1977, S. 245–259). – A. Rico-Seco, *Fray L. de G., maestro predilecto de Santa Teresa* (in Ciencia Tomista, 113, 1986, S. 85–107).

FRAY ANTONIO DE GUEVARA

* 1481 (?) Treceño
† 3.4.1545 Mondoñedo

LITERATUR ZUM AUTOR:
R. Foulché-Delbosc, *Bibliographie espagnole de Fray A. de G.* (in RH, 33, 1915, S. 301–384). – R. Costes, *A. de G.: Sa vie et son œuvre*, 2 Bde., Paris 1925/26. – M. R. Lida de Malkiel, *Fray A. de G.: Edad media y siglo de oro español* (in RFH, 7, 1945, S. 346–388). – Archivo Iberoamericano, 6, 1946, Nr. 22/23 [Sondernr.]. – J. Gibbs, *La vida de Fray A. de G.*, Valladolid 1960. – C. E. Schweitzer, *A. de G. in Deutschland. Eine kritische Bibliographie* (in RJb, 11, 1960, S. 328–375). – F. Márquez Villanueva, *Fray A. de G. o la ascética novelada* (in F. M. V., *Espiritualidad en la literatura del siglo XVI*, Madrid 1968, S. 15–66). – E. Grey, *G. A Forgotten Renaissance Author*, Den Haag 1973. – J. L. Laurenti u. A. Porqueras Mayo, *A. de G. en la Biblioteca de la Univ. de Illinois: Fondos raros bibliográficos*, Madrid 1974. – J. R. Jones, *A. de G.*, Bos-

ton 1975 (TWAS). – P. Concejo, *A. de G., ensayista*, Diss. Cincinnati 1976 (vgl. Diss. Abstracts, 37, 1976, S. 2916A). – A. Redondo, *A. de G. et l'Espagne de son temps*, Genf 1976. – F. Márquez Villanueva, *Crítica guevariana* (in NRFH, 28, 1979, S. 334–352). – A. Rallo Gruss, *A. de G. en su contexto renacentista*, Madrid 1979. – H. Walz, *Der Moralist im Dienste des Hofes: eine vergleichende Studie zu der Lehrdichtung v. A. de G. u. A. Ägidius*, Ffm. 1984.

EPÍSTOLAS FAMILIARES

(span.; *Familiäre Briefe*). Briefsammlung von Fray Antonio de Guevara, erschienen in zwei Serien 1539 und 1541. – Es handelt sich um insgesamt 92 Briefe, von denen einige *Razonamientos (Untersuchungen)* betitelt werden. Obwohl der Verfasser eitel beteuert, daß er *»nie an den Druck«* gedacht habe, sind diese Briefe offensichtlich im Hinblick auf eine Veröffentlichung verfaßt. Das humanistische Sendschreiben, wie Guevara es hier vertritt, war ein Vorläufer des modernen Essays und eignete sich wie dieser für jedes Thema, das in gepflegter Sprache und ohne systematische Vertiefung des Stoffes behandelt werden sollte. Man kann die Briefe in vier Gruppen einteilen: 1. einige wenige Briefe, die dem »familiär« des Gesamttitels entsprechen; 2. humanistische Briefe über Themen der Altertumskunde (Münzen, Schreibkunst der Alten, römische Epitaphien usw.); 3. didaktische Briefe über Lebensführung und Berufspflichten (Soldatenleben, Regierungskunst, Rechtspflege, Freundschaft, Nutzen und Schaden der Ärzte usw.); 4. Predigten, die religiöse Themen oder Fragen der christlichen Moral behandeln.

Aegidius Albertinus, der erste deutsche Übersetzer, hat vortrefflich Zweck, Sinngehalt und Form der Briefe charakterisiert: *»Man wird in denselben finden, was er sowohl den Geistlichen als Regenten, sowohl dem Adel als den Untertanen, ehelichen und ledigen Standes, jungen und alten Personen, für herrliche christliche Lehre und Unterweisung gibt, neben Einmischung schöner exemplarischer, denkwürdiger Historien und tiefsinniger Sentenzen und Sprüche, so zur Anreizung der Gottesfurcht, Liebe des Nächsten und Erhaltung guter Polizei, fast dienstlich.«* Guevara entwarf in seinen Briefen eine Erziehungs- und Sittenlehre für den vollkommenen »Hofmann«, die auch über die Hofkreise hinaus für das Volk von Nutzen sein konnte. Wie kaum ein anderes Werk sind sie repräsentativ für den Geist in der Epoche Karls V., was auch ihre schnelle Verbreitung in ganz Europa erklärt (die Briefsammlung wurde sehr bald ins Französische, Italienische, Deutsche und Englische übersetzt). Der Autor brachte einige Voraussetzungen mit, die ihn dazu befähigten, Wortführer seiner Zeit zu werden, denn als Mönch und Bischof vertrat er den Geist des christlichen Mittelalters, als Prediger und Chronist des Hofes war er ein Hofmann, und außerdem besaß er eine allgemeine, wenn auch nicht tiefgehende und von ihm selbst nicht ganz ernstgenommene humanistische Bildung. Alle diese Bildungsmomente verbanden sich, wie die Sitten- und Lebenslehre der Briefe zeigt, zu einer glücklichen Mischung. Guevara gibt sich aufgeschlossen, weltmännisch und, ganz im Gegensatz zum inquisitorischen Geist der Zeit, sehr tolerant in Fragen der Religion. Wie der Inhalt verrät auch die Sprache den Hof- und Kanzelredner: Sie ist von repräsentativer Eloquenz, figurenreicher Rhetorik und zeigt brillante, wenn auch oberflächliche Metaphern; zwar fehlt der vorbarokke, manieristische Wortschwulst nicht ganz, aber immer wieder findet Guevara zu anmutiger Natürlichkeit und einem gewandten und witzigen Plauderton zurück. So berichtet er etwa über die Seitensprünge des Gefolges Karls V. in Italien und fügt hinzu: *»Es dröhnt mir in den Ohren, daß die Frauen sich hier an ihren Männern rächen, denn wenn diese dort einige Frauen schwanger zurücklassen, so finden sie hier die ihrigen im Wochenbett.«* Gut erzählt sind auch die aus reiner Fabulierfreude oder zur Veranschaulichung der Lehren eingestreuten Geschichten, wie etwa die von Cervantes gelobte Anekdote von den Kurtisanen Lamia, Flora und Laida, deren Bilder von einem gewissen Enríquez in höchster Verehrung aufbewahrt wurden, da er die dargestellten »Damen« für Heilige hielt, während sie in Wirklichkeit *»die drei schönsten und berühmtesten Dirnen gewesen sind, die in Asien geboren und in Europa aufgezogen wurden«*. Auch die zahlreichen in den Briefen enthaltenen Sittenbilder vom Leben und Treiben am Hofe hat Guevara mit höchst reizvollen Anekdoten und satirischen Glossen kommentiert. A.F.R.

Ausgaben: Valladolid 1539 (*Libro primero de las Epístolas familiares*). – Valladolid 1541 [erw.]. – Madrid 1850 (BAE, 13). – Madrid 1950–1952 (*Libro primero de las Epístolas familiares*, Hg., Einl. u. Anm. J. M. de Cossío). – Madrid 1969.

Übersetzung: *Güldene Sendtschreiben*, A. Albertinus, Mchn. 1598/99.

Literatur: A. Schneider, *Spaniens Anteil an der deutschen Literatur des 16. u. 17. Jh.s*, Straßburg 1898. – G. Müller, *Höfische Kultur der Barockzeit*, Halle 1929 (DVLG, Buchreihe, 17). – A. M. Müller, *Das Ethos der güldenen Sendschreiben von A. de G.*, Diss. Fribourg 1930. – L. Karl, *Notes sur la fortune des œuvres de G. à l'étranger* (in BHi, 35, 1938). – A. Redondo, *Une source du »Libro de la vida y costumbres« de don Alonso E. de Guzmán: Les »Epístolas familiares« d'A. de G.* (in BHi, 71, 1969, S. 174–190). – D. Concejo, *La obra epistolar de A. de G.* (in REH, 12, 1978, S. 227–238). – Ders., *El elemento picaresco en las »Epístolas familiares« de A. de G.* (in *La picaresca: Orígenes, textos y estructuras*, Hg. M. Criado del Val, Madrid 1979, S. 773–779).

LIBRO ÁUREO DE MARCO AURELIO EMPERADOR

auch: *Relox de príncipes* (span.; *Goldenes Buch des Kaisers Mark Aurel*, auch: *Fürstenuhr*). Fürstenspiegel von Fray Antonio de GUEVARA, erschienen 1529. – Eines der zahlreichen Regelbücher oder politisch-moralischen Traktate über das Verhalten der Fürsten, die sich im Hoch- und Spätmittelalter, dann auch im Zeitalter der Renaissance großer Beliebtheit erfreuten, gehört dieses Buch zu jener Gruppe von Werken, in denen die Unterweisung in Anlehnung an das Leben eines bestimmten Herrschers gegeben wird. Das Vorbild, auf das sie alle, direkt oder indirekt, zurückgehen, ist XENOPHONS *Kyru Paideia (Die Erziehung des Kyros)*.

In Guevaras Werk werden Verhaltensregeln für den Fürsten an Hand einer Pseudobiographie Mark Aurels aufgestellt, in die allerlei anekdotisches Material, vor allem eine Anzahl erfundener Briefe des Kaisers, gelehrte Exkurse sowie verschiedene Nebenepisoden eingearbeitet sind, darunter die berühmte Geschichte des Germanen von der Donau *(El villano del Danubio)*, der vor dem römischen Senat gegen die Versklavung seines Volkes protestiert. Diese Geschichte, die die Überlegenheit des freien, unverdorbenen Menschen demonstrieren soll, fand im Zeitalter der Renaissance weite Verbreitung; sie wurde im 17. Jh. von HOZ Y MOTA als Schauspiel, von LA FONTAINE als Fabel gestaltet. Trotzdem ist die *Fürstenuhr* Guevaras eigentlich kein Buch der Renaissance. Sie offenbart vielmehr eine mittelalterliche Mentalität, vor allem durch ihre scheinbare Gelehrsamkeit: falsche Quellen, erfundene Gewährsleute und falsche Daten, falsche paläographische, epigraphische, topographische Angaben, die erdichteten Grabschriften der Sieben Weisen Griechenlands usw. Von den Humanisten deswegen angegriffen, verteidigte sich Guevara naiv in echt mittelalterlicher Weise: Er habe nichts behauptet, was nicht auch in den heiligen Schriften stünde. Auch formal ist das Buch kein neuzeitliches Werk. Die vom Verfasser angekündigte Einteilung – drei Bücher, von denen das erste vom Fürsten als Christ, das zweite vom Fürsten als Gatte und Vater, das dritte von seiner Lebensführung und von der Regierungskunst handle – wird nur bedingt eingehalten. Sprachlich zeigt Guevara keinen Sinn für die von Juan de VALDÉS († 1541) empfohlene Klarheit und Strenge des Ausdrucks: Sein Redefluß ist schier unaufhaltsam. Seine Ausdrucksweise, undiszipliniert und ungefüge, ist die der gesprochenen Sprache, aber angereichert durch rhetorische Effekte. Von Antithesen, Parallelismen, Alliterationen, Rhythmisierungen, Wiederholungen, Wort- und Begriffsspielereien strotzend, zeigt sein Stil das ganze rhetorische Arsenal des 16. Jh.s und scheint gleichzeitig eine Vorwegnahme der barocken Stilrichtungen des Manierismus, Kultismus und Konzeptismus des 17. Jh.s zu sein. Die Entstehung des »Euphuismus«, der nach John LYLYS (1554?–1606) *Euphues*-Romanen (1578 und 1580) benannten stilistischen Manier, soll dem unmittelbaren Einfluß Guevaras zu verdanken sein, dessen *Fürstenuhr* durch Übersetzung ins Lateinische, Deutsche, Englische, Französische und Italienische weite Verbreitung fand und insgesamt nahezu hundert Auflagen erlebte. Das Werk ist das beredte Spiegelbild einer am Hof Karls V. orientierten Lebenspraxis. A.F.R.

AUSGABEN: Valladolid 1529. – Madrid 1936, Hg. A. Rosenblatt [Ausw.].

ÜBERSETZUNGEN: *Horologium principum*, C. Egenberger, Ffm. 1572. – *Lustgarten und Weckuhr*, A. Albertinus, Mchn. 1599.

LITERATUR: P. A. Turner, *The »Libro áureo« and the »Relox« of A. de G.* (in Harvard Library Bulletin, 5, 1951, S. 63–76). – A. Redondo, *A. de G. y Diego de San Pedro: Las cartas de amores de Marco Aurelio* (in BHi, 78, 1976, S. 226–239).

FERNANDO DE HERRERA

* 1534 Sevilla
† 1597 Sevilla

DAS LYRISCHE WERK (span.) von Fernando de HERRERA.

Im lyrischen Werk des Humanisten und *poeta doctus* Herrera, der bedeutsamsten Gestalt der sogenannten Sevillaner Dichterschule, summieren sich nach einhelliger Auffassung der Forschung die Eigentümlichkeiten, die die »moderne« Lyrik der spanischen Renaissance ausmachen: die produktive Aneignung der Themen- und Formenwelt PETRARCAS und der Petrarkisten sowie des Neuplatonismus und die Hinwendung zur Antike. Wie bei den Lyrikern der ersten Hälfte des Jahrhunderts bedeutet auch bei Herrera die Orientierung an diesen Neuerungen der italienisierenden Schule, wie sie BOSCÁN und GARCILASO DE LA VEGA propagiert hatten, keinen Verzicht auf die spanische Tradition der *Cancioneros*. Auch bei Herrera finden sich Texte *»en metros castellanos«*, z. B. Canciones in der heimischen Form der *redondillas* (achtsilbige Quartette mit umschlingendem Reim). Doch nicht diese durchweg frühen Texte sind es, die den Ruhm des Lyrikers begründeten (C. Cuevas hat sie nach einem Manuskript der Biblioteca Nacional in Madrid 1985 wieder zugänglich gemacht). Wenn der auch politisch einflußreiche Literat Francisco de RIOJA in seiner Einleitung zur sogenannten Pacheco-Ausgabe vom Jahre 1619 den Lyriker Herrera vorstellt oder wenn CERVANTES ihn im sechsten Buch der *Galatea* (1585) oder in seinem Sonett auf den Tod Herreras rühmt, dann wird geradezu topoihaft auf

zwei Besonderheiten des Sevillaner Literaten verwiesen: auf seine herausragende Gelehrsamkeit und auf seine große poetische Begabung. Bei Cervantes geschieht dies indes, anders als bei Rioja, aus der Distanz der ironischen Übertreibung: *»El que subió por sendas nunca usadas / del sacro monte a la más alta cumbre«* (*»Über nie genutzte Pfade stieg er auf zum höchsten Gipfel des heiligen Berges«*).
Herrera hat in der Tat in seinem umfangreichen lyrischen Werk den hohen Grad der Artifizialität, den die italienisierende Schule bereits erreicht hatte, übertroffen und diese zur Vollendung geführt. Zwar ist auch für ihn noch Petrarca das große poetische Vorbild, an dem er sich auch mit seinem ausgeprägten sprachkünstlerischen Bewußtsein und seinem humanistischen Habitus orientiert. Vorbild ist Petrarca indes nicht mehr im Sinne der *imitatio*, sondern der *aemulatio*, einer Nachfolge also, die selbstbewußt den Wettstreit mit dem großen Vorbild sucht. Gleich das erste Sonett der noch von Herrera selbst betreuten Ausgabe von 1582, *Osé i temí, mas pudo la osadía / tanto que desprecié el temor cobarde* (*Wagen und Zögern: so viel vermag der Mut, veracht ich die feige Furcht*), weist in diese Richtung. Auch schon von den Zeitgenossen wurde Herreras Zielsetzung so verstanden. So zitiert Lope de Vega im *Laurel de Apolo* den Anfangsvers des Sonetts, wenn er Herreras Haltung zu Petrarca umschreibt: *»Herrera, que al Petrarca desafía«* (*»Herrera, der sich mit Petrarca messen will«*).
Mit ähnlich selbstbewußter Haltung tritt Herrera auch antiken Texten gegenüber. Das Sonett VI, das Sirenensonett, *»Al mar desierto, en el profundo estrecho,/ entre las duras rocas, con mi nave/ desnuda, tras el canto voi suäve / que forçado me lleva a mi despecho«* (*»Aufs öde Meer, in tiefe Engen, / in rauhe Felsen fahr ich mit / hüllenlosem Schiff lockendem Singen nach. / Willenlos treibt's mich, mir zum Trotz«*), ist eine konzentrierende Replik auf die Sirenenepisode aus der *Odyssee*: Anders als Odysseus entgeht bei Herrera das lyrische Ich nicht dem Verderben (*»Huir no puedo ya mi perdimiento«*). Der gelehrte Humanist Herrera begnügt sich in diesem Sirenensonett nicht mit einer Homerreplik. Der Metaphernkreis der gefährlichen Seefahrt im Zusammenhang mit der Liebesthematik weist über Petrarca (*Rime LXXX*) hinaus auf Ovids *Amores*.
Konventioneller ist Herrera in seinen Fiktionalisierungen neuplatonischer Klischees. Das Sonett 38, *Serena Luz, en quien presente espira/ divino amor* (*Heiteres Licht, in dem göttliche Liebe lebt und atmet*), ist ganz nach dem kodifizierten neuplatonischen System gestaltet. Doch ist es zugleich so durchstrukturiert, daß die Pointe des Sonetts zentrale Schlüsselbegriffe des Systems (*belleza, cielo*) zitiert: *»Que yo en essa belleza que contemplo, / ... la immensa busco i voi siguiendo al cielo«* (*»Denn in dieser Schönheit, die ich hier schau ..., such ich die unendliche, und ich folge ihr auf zum Himmel«*). Eine autobiographische Ausdeutung der Liebeslyrik Herreras, wie man sie lange Zeit versucht hat, gilt als überwunden. Man versteht sie heute gemeinhin als eine *»filosofía del amor«* (Cuevas).

Wie Herrera die italienisierende Schule mit ihrer petrarkistischen und neuplatonischen Themen- und Motivwelt zur Vollendung führt, so weitet er andererseits auch ihren Themenbereich aus ins Nationale und Religiöse. So hat man zu Recht die Themen seiner Lyrik auf die Formel gebracht: *»La patria y el amor«* (O. Macrí). Anders ausgedrückt: Der in seiner Liebeslyrik so ganz Petrarcas elitärem Kunstverständnis nachstrebende Herrera scheut vor dem »Engagement« nicht zurück. In der Canción *Voz de dolor i canto de gemido* (*Schmerzensschrei und Klagelied*) stimmt er mit Bezug auf die Sprache der alttestamentarischen Klagelieder eine pathetische Jeremiade über den Untergang des portugiesischen Heeres und den Tod des jungen Königs Sebastián in der Schlacht bei Alcazarquivir an. Doch diese Klage über die Vernichtung der portugiesischen Macht wird ihm zum Anlaß, Spaniens imperiale Mission zu verherrlichen. *»Tú, infanda Libia, en cuya seca arena/ murió el vencido reino lusitano/ ... que si el justo dolor mueve a vengança/ alguna vez el español corage,/ despedaçada con aguda lança,/ compensarás, muriendo, el hecho ultrage«* (*»Du tückisches Afrika, in deiner heißen Wüste fand Lusitanien besiegt den Tod ... Wenn gerechter Schmerz zur Rache treibt Spaniens mächtige Kraft, durchbohrt wirst du von seiner scharfen Lanze und büßt die Schmach mit deinem Tod«*).
Nicht genug damit: In der Juan de Austria gewidmeten Canción *Cuando con resonante/ rayo, i furor del braço poderoso* (*Als mit donnerndem Blitz und der wütenden Kraft des mächtigen Armes*) steigert Herrera das nationale Pathos ins Mythische, wenn er Juans Sieg über die aufständischen Morisken (gemeint sind die Nachfahren der Mauren im ehemaligen maurischen Königreich Granada) mit dem Sieg Jupiters über die Titanen vergleicht, und wenn er noch dazu in einer Prophezeiung *ex eventu* Juans Triumph über die türkische Flotte bei Lepanto als ein Ereignis von geradezu übermythologischer Bedeutung ankündigt. Den Sieg über die Türken selber feiert Herrera in der sogenannten *Canción a la Batalla de Lepanto*, einer Hymne aus 21 Stanzen und einem Terzett als Epilog. Wider Erwarten verzichtet er hier ganz auf den mythologischen Apparat zugunsten einer vom *Alten Testament* inspirierten Sprache. Gleich die ersten Verse *»Cantemos al Señor, que en la llanura/ venció del mar al enemigo fiero«* (*»Lobsingen laßt uns dem Herrn, der auf dem Feld des Meeres den wütenden Feind besiegte«*) sind eine Nachbildung des Preisgesangs des Moses am Roten Meer.
Wie die Thematik, so hat Herrera auch die lyrische Sprache der italienisierenden Schule weitergeführt und die Sprache der Barocklyrik mit vorbereitet. Eine Vielzahl der Eigentümlichkeiten, die den manieristischen Stil der Barockliteratur auszeichnen, finden sich bereits bei ihm: die Tendenz zu einer möglichst ausgesuchten Metaphorik, das konzeptistische Spiel der Antithesen, die Vorliebe für das Hyperbaton, das kultistische Interesse an möglichst entlegenen Mythen usw. Typisch für den Manierismus Herreras ist es, daß sich in seiner Lyrik

bereits ein Vokabular findet, das GÓNGORA von seinen Gegnern zum Vorwurf gemacht wurde, da *»es von der gebräuchlichen Sprache abweiche und allein der poetischen Sprache zukomme«* (Macrí). Und das gleiche gilt auch für Herreras *»cultismos sintácticos«*, die mit ihrer Nachahmung lateinischer Syntax ebenfalls auf Góngora verweisen. So steht Herrera mit seinem lyrischen Werk als Vollender der italienisierenden Schule der spanischen Renaissance und als Vorläufer der Barockliteratur auf der Mitte zwischen Garcilaso und Góngora. H.Fel.

AUSGABEN: *Algunas obras de F. de H.*, Sevilla 1582 [Faks. Cieza 1967]. – *Versos de F. de H. emendados i divididos por él en tres libros* ..., Sevilla 1619 [sog. Pacheco-Ausg.]. – *Poesías*, Hg. V. García de Diego, Madrid 1914; ern. 1963. – *Rimas inéditas*, Hg. J.M. Blecua, Madrid 1948. – *Obra poética*, Hg. ders., 2 Bde., Madrid 1975 [krit.]. – *Poesía castellana original completa*, Hg. u. Einl. C. Cuevas, Madrid 1985 (Cátedra).

ÜBERSETZUNG: In *Spanische Lyrik von der Renaissance bis zum Ende des 19. Jh.s*, Hg. H. Felten u. A. Valcárcel, Stg. 1989 (Ausw.; RUB).

LITERATUR: A. Coster, *F. de H. (El Divino), 1534–1597*, Paris 1908. – O. Macrí, *F. de H.*, Madrid 1959; ern. 1972. – A. D. Kossof, *Vocabulario de la obra poética de H.*, Madrid 1966. – J. M. Blecua, *De nuevo sobre los textos poéticos de H.* (in J. M. B., *Sobre poesía de la Edad de Oro*, Madrid 1970, S. 110–144). – V. Montori de Gutiérrez, *Ideas estéticas y poesía de F. de H.*, Miami 1977. – W. Ferguson, *La versificación imitativa de F. de H.*, Ldn. 1981. – J. M. Micó, *Norma y creatividad en la rima identica: A propósito de H.* (in BHi, 86, 1984, S. 257–308).

ANOTACIONES A LAS OBRAS DE GARCILASO

(span.; *Kommentar zu den Werken des Garcilaso*) von Fernando de HERRERA, erschienen 1580. – Die Entstehung dieser bedeutendsten Poetik des spanischen 16. Jh.s läßt sich ohne Kenntnis der *questione della lingua*, der italienischen Polemik um Wert, Würde oder Unzulänglichkeit der Volkssprache im Verhältnis zum für hohe literarische Genera verwandten Latein, nicht erklären. Die *Anotaciones* müssen also – trotz beträchtlicher Abweichungen und subtiler Nuancierungen – als spanisches Pendant zu Sperone SPERONIS Dialogen über die Sprache (*Dialoghi delle lingue*, 1542) und Joachim DU BELLAYS *Deffence et illustration de la langue françoyse*, 1549 *(Verteidigung und Rühmung der französischen Sprache)*, angesehen werden.
Der von Francisco de MEDINA, einem Freund des Autors, verfaßte Prolog – von der Literaturkritik als Manifest der Sevillaner Dichterschule betrachtet – enthält neben einer Verteidigung der spanischen Volkssprache im Sinne der fast ein Jahrhundert zuvor erschienenen *Gramática castellana* von NEBRIJA (1492) eine nicht unwesentliche Kritik an der zeitgenössischen spanischen Dichtersprache: Abgesehen von Lobeshymnen auf HERRERA und GARCILASO werden heute als Meisterwerke angesehene literarische Produkte des 16. Jh.s – wie etwa die *Celestina* des Fernando de ROJAS – formaler Unvollkommenheit bezichtigt; die Mängel werden auf die von der Dauer und Intensität der *reconquista* verursachte Verzögerung des Eindringens der Ideen der italienischen Renaissance, das Fehlen einer ausgeprägten literarischen Doktrin, die Rarität imitationswürdiger poetischer Vorbilder sowie die Geringschätzung der Volkssprache durch die Humanisten zurückgeführt. – Der von Herrera selbst in ständigem Wechsel zwischen Quellenforschung und Textkommentar konzipierte Hauptteil der *Anotaciones* beginnt mit dem Platonischen Gedanken von der göttlichen Inspiration der Dichtung, dem Hinweis auf die geistige Unabhängigkeit des poetischen Schaffensvorgangs und mit der Feststellung, die Dichtersprache sei kein in Grammatiken festzulegendes statisches Produkt toter Formen, sondern ein lebendiger Organismus. – In einem zweiten großen Abschnitt entwickelt Herrera eine Theorie der poetischen Imitation, in der er die in den *Anotaciones y Enmiendas (Anmerkungen und Verbesserungen)* von F. SÁNCHEZ EL BROCENSE (1577) und in J. C. SCALIGERS *Poetices libri septem*, 1561 *(Poetik)*, empfohlene und von den spanischen Petrarkisten praktizierte sklavische Imitation antiker und italienischer Vorbilder scharf verurteilt. Statt nachzuahmen, sollte man sich von Themen, Motiven und Stilen inspirieren lassen. So werde man die zu schaffende neue Dichtung am besten bereichern. – Der Schlußteil schließlich enthält im Keim die in der Polemik des Barockzeitalters so umstrittene Unterscheidung zwischen *culteranismo* und *conceptismo*: Bei der Diskussion über Klarheit, Dunkelheit und Hermetismus im dichterischen Ausdruck lehnt Herrera die durch exzessiven Wortschwall entstandene Unverständlichkeit der poetischen Aussage ab, erlaubt jedoch die aus den Themen selbst als Folge der Gelehrsamkeit des Autors sich ergebende Schwerverständlichkeit der Concetti. Damit zielen Herreras Theorien unmittelbar auf die Schaffung einer neuen, von der Alltagssprache sich unterscheidenden, rein poetisch inspirierten Dichtersprache, eine Konzeption, die ihren theoretischen Niederschlag in SOTOMAYOR Y CARILLOS *Libro de la Erudición poética*, 1611 *(Über poetische Bildung)*, und ihren praktischen in GÓNGORAS *Soledades* und *Fabula de Polifemo y Galatea* finden sollte. G.M.

AUSGABEN: Sevilla 1580 (in *Obras de Garcilaso de la Vega con anotaciones de F. de H.*; Faks. Madrid 1973, Hg. u. Einl. A. Gallego Morell). – Sevilla 1870 (*Controversia sobre las »Anotaciones a las obras de Garcilaso«*; Einl. J. M. Asensio).

LITERATUR: J. M. Blecua, *Las obras de Garcilaso con anotaciones de F. de H., nota bibliográfica* (in *Home-*

naje a A. M. Huntington, Mexiko/Wellesley (Mass.) 1951, S. 55–58). – A. Bianchini, *The Anotaciones of F. de H.; An Aesthetics for the New Poetry*, Diss. Univ. of Rutgers 1973. – K. Kohut, *Der Kommentar zu literarischen Texten als Quelle der Literaturtheorie im spanischen Humanismus. Die Kommentare zu Juan de Mena und Garcilaso de la Vega* (in *Renatae litterae. Fs. A. Buck*, Hg. K. Heitmann u. E. Schröder, Ffm. 1973, S. 191–208). – B. Brancaforte, *Valor y limites de las Anotaciones de F. de H.* (in RABM, 79, 1976, S. 113–129). – J. A. Almeida, *La crítica literaria de F. de H.*, Madrid 1976. – J. Montero, *Algo más sobre las peripecias editoriales de las obras de Garcilaso de la Vega con anotaciones de F. de H.* (in Archivo Hispalense, 66, 1983, S. 157–172).

DIEGO HURTADO DE MENDOZA

* 1503 Granada
† 14.8.1575 Madrid

GUERRA DE GRANADA

(span.; *Der Krieg von Granada*). Geschichtswerk von Diego HURTADO DE MENDOZA, geschrieben um 1573, erschienen 1627. – Der Autor schildert in acht Abschnitten die wichtigsten Episoden der Niederwerfung des Moriskenaufstands (1568 bis 1570), an der er selbst teilgenommen hat. Die Darstellung dieses Krieges bereitete ihm Unbehagen, da er zwar mit dem Sieg der spanischen Waffen, doch ohne Ruhm für den Sieger geendet hatte. Die Vernichtung der Morisken – einer Handvoll verzweifelter Kämpfer – durch eine Weltmacht stand, wie der Autor immer wieder andeutet, am Ende eines schmutzigen Krieges, der auf beiden Seiten ohne Großmut und Menschlichkeit geführt wurde. Wie so viele andere weitschauende Zeitgenossen betrachtete Hurtado de Mendoza die Auseinandersetzungen als einen bedauerlichen Bürgerkrieg, in dem Spanier gegen Spanier kämpften.

Das hervorragendste Merkmal des Buches ist seine Unparteilichkeit. Völlig unvoreingenommen läßt Hurtado die Tatsachen sprechen, ohne indessen den Sinn für Recht und Größe zu verlieren und ohne sich des persönlichen Urteils zu enthalten. Als Politiker und Spanier mag er anerkennen, daß die Staatsräson die Unterwerfung der Morisken forderte, die rebellisch waren und sich weder politisch noch rassisch noch religiös integrieren ließen. Seine Sympathie jedoch haben nicht selten und aus schwerwiegenden Gründen die Aufständischen. Deshalb wird seine Darstellung am eindringlichsten, wenn er die Leiden der Morisken beschreibt. Man spürt das Mitleid für die Schwachen, Verfolgten und schließlich Besiegten, aber auch die Bewunderung der gesunden Lebensweise und fröhlichen Tüchtigkeit der Morisken, die auch CERVANTES begeistert hatten. Vor allem in den Reden, die Hurtado nach dem Vorbild von Titus LIVIUS in seinen Bericht einschiebt, wird dies deutlich. Die Ansprache etwa, in der Farax seine Rassen- und Glaubensgenossen zum Aufstand aufruft, ist durch ihre rhetorische Eleganz einer der stilistischen Höhepunkte des Werks. Sie enthält eine geradezu enthusiastische Verherrlichung der moriskischen Kultur; damit kontrastieren die ständige Kritik von Persönlichkeiten und Institutionen auf spanischer Seite, das nur spärliche Lob für Philipp II. und Juan de Austria, den obersten Feldherrn, die Darstellung des Krieges als eine Art von Mord-, Raub- und Brandzug – eine Haltung, die erklärlich macht, daß dieses Werk, das in zahlreichen Manuskripten von Hand zu Hand ging, mehr als ein halbes Jahrhundert ungedruckt blieb.

Guerra de Granada ist das erste wissenschaftliche Werk, in dem das gestörte Verhältnis eines hochkultivierten Geistes zur spanischen Geschichte zum Ausdruck kommt, ebenso wie der *Lazarillo de Tormes* (1554), der vielfach demselben Hurtado de Mendoza zugeschrieben wurde, die erste literarische Schöpfung ist, die eine Störung des Verhältnisses zur Gesellschaft anzeigt. Hurtado de Mendoza bedient sich in diesem Bericht bereits eines modernen historiographischen Stils. Er interessiert sich mehr für die innere als für die äußere Geschichte. Er forscht nach den Ursachen des Geschehens, arbeitet die Zusammenhänge heraus, weist auf die geistigen und politischen Hintergründe hin und zeigt die Abhängigkeit der Ereignisse vom Charakter der jeweils Handelnden. Die Sprache des Buchs macht es zu einem klassischen Werk der spanischen Literaturgeschichte, wenn auch Hurtados Streben, die Knappheit eines SALLUST zu erreichen, seine Diktion gelegentlich verdunkelt. Kurze Partizipialsätze, Anreihungen von Adjektiven und Substantiven und verallgemeinernde Gerundialbildung herrschen vor. Jedes Wort ist sorgsam nach Klang, Rhythmus und Ausdruckswert gewählt. A.F.R.

AUSGABEN: Lissabon 1627, Hg. L. Tribaldos. – Valencia 1776, Hg. G. Mayans y Siscar. – Madrid 1948, Hg. M. Gómez Moreno. – Madrid 1981, Hg. u. Einl. B. Blanco González (Castalia). – Madrid 1986, Hg. u. Einl. E. Sarpe.

ÜBERSETZUNG: *Geschichte der Empörung der Mauren in Granada*, R. O. Spazier, Stg./Tübingen 1831.

LITERATUR: R. Foulché-Delbosc, *Étude sur la »Guerra de Granada« de Don D. H. de M.* (in RH, 1, 1894, S. 101–165; 338). – L. Torre y Franco-Romero, *Don D. H. de M. no fue el autor de la »Guerra de Granada«* (in Boletín de la R. Academia de la Historia, 64, 1914, S. 461–501; 557–596; 65, 1914, S. 28–47; 273–302; 369–415). – A. Morel-Fatio, *Quelques remarques sur la »Guerra de Grana-*

da« de D. H. de M. (in Annuaire de l'École Pratique des Hautes Études, 1914/15, S. 5–40). – R. Foulché-Delbosc, *L'authenticité de la »Guerra de Granada«* (in RH, 35, 1915, S. 476–538). – G. Cirot, *La »Guerra de Granada« y »La Austriada«* (in BHi, 22, 1920). – R. J. Michels, *Sobre la »Guerra de Granada« de D. H. de M.* (in RFE, 23, 1936, S. 304/305). – A. González Palencia u. E. Mele, *Vida y obras de Don D. H. de M.*, 3 Bde., Madrid 1941–1943. – E. Spirakovsky, *D. H. de M. and Averroism* (in Journal of the History of Ideas, 26, 1965, S. 307–326). – Ders., *Son of the Alhambra: Don D. H. de M.*, Austin/Ldn. 1970. – R. L. Kennedy, *Tirso, D. H. de M., Lope y la junta de Reformación* (in Estudios, 39, 1983, S. 57–112).

DON JUAN MANUEL

* 5.5.1282 Escalona / Toledo
† 13.6.1348 Córdoba (?)

LITERATUR ZUM AUTOR:
A. Giménez Soler, *Don J. M. Biografía y estudio crítico*, Saragossa 1932. – J. M. Castro y Calvo, *El arte de gobernar en las obras de Don J. M.*, Barcelona 1945. – G. Gaibrois Ballestreros, *El principe don J. M. y su condición de escritor*, Madrid 1945. – M. Ruffini, *Les sources de Don J. M.* (in LR, 7, 1953, S. 27–40). – F. Huerta Tejadas, *Vocabulario de las obras de Don J. M.*, Madrid 1956. – A. Doddis Miranda, G. Sepúlveda Durán, *Estudios sobre J. M.*, 2 Bde., Santiago de Chile 1957. – H. T. Sturcken, *Don J. M.*, NY 1974. – *J. M. Studies*, Hg. I. Macpherson, Ldn. 1977.

EL CONDE LUCANOR

(span.; *Der Graf Lucanor*). Sammlung von 50 Exempla, kompiliert und bearbeitet von Don JUAN MANUEL zwischen 1330 und 1335. – Gemäß dem Kolophon des Manuskripts wurde das Werk in Salmerón *»am Montag, dem 12. Juni 1335«* abgeschlossen. Ähnlich gut gesicherte Kenntnisse besitzen wir über den Verfasser: Don Juan Manuel, spanischer Infant und Statthalter, Enkel Ferdinands des Heiligen und Neffe Alfons des Weisen, darf wie sein Onkel als einer der ersten spanischen Intellektuellen und als Lehrmeister der spanischen Nation gelten. Obwohl der Autor neben diesem Werk ein umfangreiches und vielfältiges Œuvre hinterlassen hat, von dem etwa ein Drittel heute als verloren gilt, stellt das *Libro de los enxiemplos del Conde Lucanor et de Patronio*, wie die Sammlung vollständig im Prolog genannt wird, nicht nur das unumstrittene Hauptwerk Juan Manuels dar, sondern zählt gemeinsam mit den anonym erschienenen Werken *Libro de Sendebar, Libro del Cauallero Cifar, Libro de los gatos* und der Fabelsammlung *Kalila e Dimna* zu den Meisterwerken der frühen kastilischen Erzählliteratur, mit denen es neben der belehrenden Intention und der orientalischen Herkunft zahlreicher Motive und Themen auch den Reichtum an narrativen Mustern und Situationen teilt.

Obgleich die Exempla häufig auf Volkserzählungen verschiedenster Kulturkreise zurückgehen, zählten sie im kulturellen Klima der spanischen *reconquista*, das in den militärisch zurückeroberten Gebieten durch den didaktischen Einfluß des Klerus bestimmt war, zu beliebten und häufig gepflegten Gattungen, die als Bestandteil einer *»geistigen Rückeroberung«* ihren festen *»Sitz im Leben«* (H. R. Jauß) hatten. Als Quellen haben Juan Manuel zunächst antike Fabeln (PLINIUS, AISOPOS, PHAEDRUS) gedient, die vor ihm bereits in den altfranzösischen *Roman de Renart*, in das *Libro de Alexandre* und in die eingelegten Erzählungen des *Caballero Cifar* Eingang gefunden hatten. Daneben läßt sich das reichhaltige Material in mittelalterlichen Farcen und in den beliebten Geschichtssammlungen der Epoche *(Gesta Romanorum, Legenda aurea, Promptuarium Exemplorum, Castigos y exemplos)* nachweisen. Neben orientalischen Märchen und Erzählungen wie *Alf laila wa-laila (Tausendundeine Nacht), Kalīla wa-Dimna, Pañcatantra* und Aḥmad ibn Muḥammad AL-MAQQARĪS *Nafḥ aṭ-ṭīb min ġuṣn (Das Duften des Wohlgeruchs)* hat Juan Manuel, der sein Leben lang in ständigem Kontakt mit den Mauren und somit des Arabischen kundig war, auch maurische und spanische historische Überlieferungen benutzt. Im *Conde Lucanor* finden sich Erzählungen über den Kriegshelden Sultan Saladin, über den spanischen Nationalhelden Fernán González oder über Alvar Hañez Minaya, den Stellvertreter des Cid Campeador. Wie in BOCCACCIOS 13 Jahre später entstandenem Novellenzyklus *Decamerone* sind auch die »Beispiele« Juan Manuels als Geschichten in einen Erzählrahmen eingefügt, der indes niemals eine vergleichbare Bedeutung als Ort des Erzählens und Kristallisationspunkt des je zu vermittelnden Textsinns erlangt. Anders als Boccaccios Sammlung sind darüber hinaus Juan Manuels Geschichten nicht durch die lebensbejahende Sinnlichkeit der Frührenaissance geprägt, sondern durch die mittelalterliche, religiös fundierte Strenge eines Klerus, der im Spanien dieser Zeit ein Bildungsmonopol besaß, so die direkte Kontrolle über alle Äußerungen ausübte und insbesondere auf Angriffe gegen die herrschende Moral und Religion heftig reagierte.

Graf Lucanor ist der Inbegriff eines fürsorglichen und mächtigen Herrschers, der mit Rastlosigkeit bemüht ist, die Geschäfte seines Reiches zum besten zu führen. Ihm steht als Berater *(consejero)* Patronio zur Seite, der die besorgten Fragen des Herren mit je einer gleichnisähnlichen Erzählung beantwortet. Gemäß dem Schema werden diese Geschichten dann auf die Frage des Grafen hin ausgedeutet. Nicht selten verdichtet Patronio die Lehre

in einem Satz, der sich dann als Rückgriff in die reichhaltige Schatzkammer der spanischen Volksweisheiten und Sprichwörter *(refranes)* erweist. So beantwortet Patronio des Grafen Frage, wie er sich gegenüber einem Günstling verhalten solle, der ihm aus uneinsichtigen Gründen seinen gesamten Besitz überlassen will, mit einer Erzählung, die diese Situation mit einer Umkehrung der Rollen spiegelt und die in dem Spruch konzentriert wird: *»Non vos engannades, nin creades que, endonado faze nigun omne por otro su danno de grado.« (»Keiner schenkt sein Kleid dem andern, Um dann selber nackt zu wandern.«)*
Zusammen mit Boccaccios *Decamerone* und den frühen Novellensammlungen in Frankreich und Deutschland steht der *Conde Lucanor* am Beginn dieser Gattung. Trotz dieser Stellung als Werk an der Schwelle zur Neuzeit bleibt Juan Manuel freilich noch ganz dem mittelalterlichen Denken verhaftet, was sich nicht nur in der moralischen Ausrichtung, sondern auch in der Wahl der Stoffe zeigt, die historisch Faßbares, Märchenhaftes und Legenden gleichermaßen einbezieht. Die Wirkung dieses Werks zumal nicht nur auf das spanische Siglo de Oro kann kaum überschätzt werden, benutzten doch u. a. Calderón und Cervantes Stoffe des *Conde Lucanor* als Vorlage für eigene Werke. Daneben finden sich die *refranes* Juan Manuels in der *Celestina* von Fernando de Rojas ebenso wie im *Guzmán de Alfarache* von Mateo Alemán. Im weiteren Kontext muß Shakespeare *(Der Widerspenstigen Zähmung)* ebenso genannt werden wie Jean de La Fontaine *(Le meunier, son fils et l'âne)*, der dänische Märchendichter H. C. Andersen oder noch der Argentinier Jorge Luis Borges, die sich zu dieser Sammlung anregen ließen oder sich auf sie bezogen haben. 1840 schließlich hat Joseph von Eichendorff das Werk im Zuge der Wiederentdeckung und Aufwertung der spanischen Literatur in Deutschland eingeführt. G.Wil.

Ausgaben: Sevilla 1575, Hg. G. Argote de Molina. – Madrid 1860 (in *Obras*, Hg. P. de Gayangos; BAE, 51). – Lpzg. 1900 (*El libro de los enxiemplos del Conde Lucanor et de Patronio*, Hg. H. Knust; m. Anm.). – Madrid 1933, Hg. E. Juliá Martínez [m. Einl.]. – Lugano 1955, Hg. E. Lunardi [m. Einl., u. Anm.]. – Madrid 1982 (in *Obras completas*, 2 Bde., 2, Hg. u. Einl. J. M. Blecua). – Madrid 1986, Hg. u. Einl. A. Sotelo (Cátedra). – Madrid 1986, Hg. u. Einl. J. M. Blecua (Castalia). – Madrid 1987 (Austral).

Übersetzung: *Der Graf Lucanor*, J. v. Eichendorff, Berlin 1840; ern. Zürich 1944, Hg. A. Steiger; ern. Lpzg. 1961; ²1972. – Dass., ders., Zürich 1983.

Literatur: Azorín, *Los valores literarios*, Madrid 1921, S. 133–157. – A. Steiger, *»El Conde Lucanor«* (in Clavileño, 1953, Nr. 23, S. 1–8). – D. Marín, *El elemento oriental en Don J. M.* (in CL, 7, 1955, S. 1–14). – D. Devoto, *Introducción al estudio de don J. M. y en particular de »El conde Lucanor«. Una bibliografía*, Madrid 1972. – R. Ayerb-Chaux, *»El conde Lucanor«. Materia tradicional y originalidad creadora*, Madrid 1975. – D. Darbord, *Étude de relations casuelles en espagnol. »El conde Lucanor« de Don J. M.*, Diss. Paris 1976. – D. Deyermond, *Editions. Critics and »El conde Lucanor«* (in RPh, 31, 1971, S. 618–630). – A. Blecua, *La transmisión textual de »El conde Lucanor«*, Barcelona 1980. – J. Romera Castillo, *Estudios sobre »El conde Lucanor«*, Madrid 1980. – M. A. Díaz, *Patronio y Lucanor: La lectura inteligente »en el tiempo es turbio«*, Potomac 1984. – K.-W. Kreis, *Don J. M. und die dominikanische Denktradition. Zur Struktur und Bedeutung des »Ejemplo Quinto« aus »El conde Lucanor«* (in GRM, 35, 1985, S. 279–300). – A. Gier u. A. Keller, *Les formes narratives brèves en Espagne et au Portugal* (in GRLMA, Bd. 5, Teilbd. 1/2, Heidelberg 1985, S. 137). – C. M. Jaffe, *»Las vestias que van cargadas de oro«: The Reader and »Exemplo L« of J. M.'s »El conde Lucanor«* (in REH, 21, 1987, S. 1–12).

FRAY LUIS DE LEÓN

* 1527 Belmonte / Cuenca
† 23.8.1591 Madrigal de las Altas Torres

Literatur zum Autor:
Bibliographien:
A. Coster, *Bibliographie de L. de L.* (in RH, 59, 1923). – J. Zarco Cuevas, *Bibliografía de Fray L. de L.*, Málaga 1929. – A. de Mier, *Bibliografía sobre Fray L. de L.* (in Religion y Cultura, 22, 1976, S. 645–652).
Biographien:
J. Fitzmaurice-Kelly, *Fray L. de L. A Biographical Fragment*, Oxford 1921. – A. Coster, *L. de L.*, NY/Paris 1921/22. – A. Bell, *L. de L.*, Oxford 1925. – K. Voßler, *L. de L.*, Mchn. 1946.
Gesamtdarstellungen und Studien:
A. Barasoain, *Fray L. de L. Un estudio del Renacimiento español*, Barcelona 1927; ern. 1973. – Religion y Cultura, 2, 1928 [Sondernr.]. – R. J. Welsh, *Introduction to the Spiritual Doctrine of Fray L. de L.*, Washington 1951. – G. Vallejo, *Fray L. de L. Su ambiente, su doctrina espiritual, huellas de Santa Teresa*, Rom 1959. – A. Guy, *El pensamiento filisófico de F. L. de L.*, Madrid 1960. – F. Torres Yagüe, *Fray L. de L.*, Madrid 1964. – A. C. Vega, *Cumbres misticas: Fray L. de L. y San Juan de la Cruz: Encuentros y Coincidencias*, Madrid 1964. – M. Nerlich, *El hombre justo y bueno: Inocencia bei Fray L. de L.*, Ffm. 1966. – P. de Lorenzo, *Fray L. de L.*, Madrid 1970. – M. Durán, *L. de L.*, NY 1971 (TWAS). – K. A. Kottman, *Law and Apocalypse: The Moral Thought*

of L. de L., Den Haag 1972. – R. Senabre Sempere, *Tres estudios sobre Fray L. de L.*, Salamanca 1978. – H. Schulte-Herbrüggen, *Die Bedeutungslehre Fray L. de L.s* (in *Italien und die Romania in Humanismus und Renaissance. Fs. E. Loos*, Hg. K. W. Hempfer u. E. Straub, Wiesbaden 1983, S. 246–264).

DAS LYRISCHE WERK (span.) von Fray Luis de LEÓN.

Wie als Theologe und Humanist, wie als Übersetzer und Kommentator biblischer und klassisch-lateinischer Texte, so zählt der Augustinermönch Luis de León auch als Lyriker zu den großen Gestalten der Renaissance in Spanien. Das schmale lyrische Œuvre – nur dreiundzwanzig Texte gelten als unbestritten authentisch – wird gemeinhin mit der Lyrik von GARCILASO DE LA VEGA, F. de ALDANA, F. de HERRERA und JUAN DE LA CRUZ in eine Reihe gestellt und gemeinsam mit dieser zu den *»Gipfelwerken der Renaissancelyrik«* (Blecua) gerechnet. Unter den nicht als eindeutig authentisch geltenden Texten befinden sich u. a. fünf PETRARCA- bzw. BEMBO-Pastiches, darunter das vielgerühmte Sonett *Agora con la aurora (Gleich mit der Morgenröte)*, sowie zwei Mariengebete in lateinischer Sprache.

Eine Vielzahl von Traditionen aus der klassischen Antike und der Spätantike, aus der *Bibel*, aber auch aus der spanischen Nationalmythologie und der italienisierenden Lyrik Garcilasos verbinden sich im Werk Luis de Leóns. So bestimmen neuplatonische und mystische Vorstellungen, die auf den spätantiken Pseudo-Dionysios zurückverweisen, die Anlage eines seiner berühmtesten Texte, der *Noche serena (Helle Nacht)* überschriebenen Ode. Die lyrische Ausgangssituation – *»Cuando contemplo el cielo,/ de innumerables luces adornado« (»Schau ich zum Himmel auf/ – Unendlicher Lichter Zier«)* – wird Anlaß zur Kontemplation und zur Reflexion über die Wesensbestimmung des Menschen. Beim Anblick des Sternenhimmels wird sich die Seele ihrer Gefangenschaft *»hier im dunklen, tiefen Kerker«* bewußt und wird mit *»glühend Sehnen«* nach der *»unendlichen Schönheit«* und dem *»strahlend-reinen Licht«* erfüllt. Diese Sprache gipfelt in einem christlichen Neuplatonismus, in dem das Göttliche zugleich mit christlichen und platonischen Begriffen, die gleichwertig nebeneinander stehen, umschrieben wird: *»... aquí, asentado/ en rico y alto asiento,/ está el Amor sagrado ... inmensa hermosura/ aquí se muestra toda ...« (»... hier thront/ reich und erhöht/ die heilige Liebe in Glorie und Seligkeit./ Unendliche Schönheit/ hier in Vollendung«)*. Anders als die so offensichtlich platonisierende und christlich-liturgische Begriffssprache und Haltung erscheint die Luis de León gern zugesprochene mystische Haltung hier eher reduziert. Das Mystische konkretisiert sich in dieser Ode unverkennbar als eine Haltung der Sehnsucht nach dem Göttlichen, die anders als bei Juan de la Cruz Erfüllung in der mystischen Vereinigung mit dem Göttlichen nicht anstrebt.

Eine latent mystische Haltung glaubt man auch in der nicht minder berühmten Ode *La vida retirada (Leben in Beschaulichkeit)* erkennen zu können. Von der lyrischen Situation und der Haltung her erscheint diese Ode zwar als eine – im Sinne der humanistischen *Imitatio* – Nachgestaltung des Horazschen Topos: *Beatus ille qui procul negotiis (Glücklich, wer fern den Geschäften)*. Doch Luis de León verzichtet bei seiner Transformation des antiken Topos nicht nur auf die ironisch-satirische Haltung, wie sie Horaz einnimmt (vgl. *Epoden* 2,1 ff.). Er gibt dem säkularen Thema eine zusätzliche geistliche Nuancierung: *»Qué descansada vida/ la del que huye el mundanal ruido,/ y sigue la escondida / senda, por donde han ido/ los pocos sabios que en el mundo han sido!« (»Wie ruhig, beschaulich ist ein Leben/ Fern vom Treiben der Welt,/ Folgen dem verborgnen/ Pfad. Ihm nahmen nur/ Wenige Weise in dieser Welt«)*. Der »verborgne Pfad« ist nicht nur das *secretum iter* des Horaz, sondern zugleich auch *»der verborgene Weg, der zur unio mystica und damit auch zu einem höheren Grad geistiger Vollkommenheit führt«* (Senabre).

Folgt man der Einteilung Macrís, dann werden nahezu die Hälfte der Texte von mystischer und im weiteren Sinne religiöser Thematik bestimmt, so z. B. die Oden *A todos los Santos (An alle Heiligen), A nuestra Señora (An die Jungfrau Maria), A Santiago* (*An den heiligen Jakob*, d. i. der spanische Nationalheilige). Doch zu nennen ist vor allem die *oda sagrada* mit dem Titel *En la Ascensión (Christi Himmelfahrt)*, die von ihrer Anlage her Meditation und Gebet ist und die in ihrer künstlerischen Gestaltung biblische und klassisch-lateinische, platonische, mystische und patristische sowie nicht zuletzt auch Garcilaso-Passagen konzentriert und miteinander verbindet. So zitieren gleich die ersten drei Verse – *»¿Y dejas, Pastor santo,/ tu grey en este valle hondo, escuro,/ con soledad y llanto;« (»Läßt Du guter Hirte denn/ Deine Herde in diesem tiefen, dunklen Tal/ In Sehnsucht und Tränen nun zurück?«)* – in stärkster Verkürzung die *Bibel* (Joh. 10, 11–16 und Psalm 83,7), Garcilasos erste Ekloge (vv. 253–255) und mit dem Begriff Sehnsucht ein Schlüsselwort des Platonismus und der Mystik.

Trotz der hohen Frequenz mystischer Motive und Haltungen (überdeutlich sind diese z. B. in der Ode: *De la vida del cielo – Über das himmlische Leben*) bleibt die Frage, ob Luis de León den spanischen Mystikern zuzurechnen sei, umstritten. Seine Mystik ist letztlich wohl immer eine eher reduzierte, ja eine Vorstufe der Mystik. *»Zwar ist er Mystiker ..., doch seine Haltung ist die des Verbannten, der in Sehnsucht zu den hohen unberührten Auen aufblickt«* (D. Alonso).

Unbestritten – weil eines der auffälligsten Merkmale der Texte – ist indes die Horazrezeption bei Luis de León. Sie manifestiert sich nicht nur in der Transformation Horazscher Topoi, sondern auch in der Nachgestaltung spanischer Geschichtsmythologie. So folgt er in der *Profecía del Tajo (Weissagung des Tajo)*, wo er den Romanzenstoff um den schuldig gewordenen König Rodrigo und den Einfall der Araber nach Spanien aufnimmt, der lyrischen Situation der Unheilsprophezeiung, wie sie Horaz in *Carmina* I, 15 gestaltet hatte (Der Meergott Nereus verkündet nach dem Raub der Helena dem Trojaner Paris, daß seine Tat zur Zerstörung Trojas führen würde). Dieses klassische Modell der Unheilsprophezeiung und im konkreten Sinne der Verkündigung einer Kollektivstrafe für das Vergehen eines einzelnen transponiert Luis de León in seiner Ode in den Kontext der spanischen Geschichtsmythologie: *»Folgaba el rey Rodrigo/ con la hermosa Cava en la ribera/ del Tajo, sin testigo;/ el río sacó fuera/ el pecho y le habló desta manera: ... Ay! esa tu alegría/ qué llantos acarrea, y esa hermosa,/ que vio el sol en mal día,/ a España ¡ay cuán llorosa!,/ y al cetro de los Godos ¡cuán costosa!« (»An den Ufern des Tajo/ Bei der schönen Cava lag,/ Fern den Seinen, König Roderich./ Da schwellen die Wasser, Und der Tajo spricht: ... Ach, für deine Lust:/ Wieviel Tränen, und diese Schöne,/ – Unselger Tag, als sie die Sonn erblickt –/ Wieviel Leiden bringt sie Spanien,/ Und für der Goten Zepter, welch ein Preis«)*.

Die bevorzugte lyrische Gattungsform ist für Luis de León der Horazsche Odentypus, die sogenannte *lira*, eine Ode mit fünfzeiligen Strophen aus jeweils zwei Elfsilbern (Vers zwei und fünf) und drei Siebensilbern, durchweg mit dem Reimschema *ababb*. Garcilaso hatte nach dem italienischen Vorbild Bernardo TASSOS die Horazsche Odenstrophe in dieser Weise für das Spanische adaptiert, und Luis de León folgt seinem Beispiel. Die Entscheidung für die *lira* ist nicht nur ein Beleg für die Horaz- und Garcilaso-Rezeption, also für eine zugleich humanistische und moderne Haltung bei Luis de León. Die Bevorzugung einer nur fünfzeiligen Strophe bedeutet zugleich auch eine künstlerische Vorentscheidung *»für eine Lyrik der Konzentration und der Verkürzung«* (Alonso).

Wenngleich Luis de León die Anerkennung der führenden Literaten seiner Zeit nicht versagt blieb – Lope de Vega rühmt im *Laurel de Apolo* gleichermaßen seine Prosa und seine Verse *(»Tu prosa y verso iguales/ Conservarán la gloria de tu nombre«)* –, wurde das lyrische Werk erst vierzig Jahre nach dem Tode seines Autors erstmals gedruckt. Und vom ersten Herausgeber, QUEVEDO, wurde es nicht primär um seiner selbst willen publiziert, sondern als Argumentationsmaterial in Quevedos literarischer Fehde mit Góngora. Von daher erklären sich wohl auch die Unzulänglichkeiten der Quevedo-Edition. Warum eine noch von Luis de León wahrscheinlich selber vorbereitete Ausgabe seiner Lyrik – von dieser Ausgabe ist nur das Widmungsschreiben an Don Pedro Portocarrero erhalten – nicht veröffentlicht wurde bzw. warum diese Ausgabe verlorengegangen ist, konnte bisher nicht geklärt werden. H.Fel.

AUSGABEN: *Obras propias y traducciones latinas, griegas y italianas*, Hg. F. de Quevedo Villegas, Madrid 1631. – *Poesías*, Hg. A. C. Vega, Madrid 1955 [krit.]. – *Poesías*, Hg. O. Macrí, Salamanca 1970 [krit.]. – *Fray L. de L. y la escuela salmantina*, Hg. C. Cuevas, Madrid 1982. – *Poesía*, Hg. M. Durán, Madrid 1984 (Cátedra).

ÜBERSETZUNGEN: *In Blüthen spanischer Poesie...*, Magdeburg/Lpzg. ³1857. – *Ausgewählte Gedichte*, E.-E. Keil, Düsseldorf 1989 [Einl. u. Anm. L. Schrader; span.-dt.].

LITERATUR: D. Alonso, *Poesía española. Ensayos de métodos y límites estilísticos*, Madrid 1981, S. 121–198. – E. L. Rivers, *Fray L. de L., the Original Poems*, Ldn. 1983. – A. Prieto, *La poesía española del siglo XVI*, Bd. 2, Madrid 1987, S. 285–344. – Ders., *La poesía en la Edad de Oro (Renacimiento)*, Madrid 1988.

LA PERFECTA CASADA

(span.; *Die vollkommene Ehefrau*). Moralpädagogischer Traktat von Luis Ponce de LEÓN, erschienen 1583. – Ausgehend von den *Sprüchen Salomos*, Kap. 31, V. 10–31, die er einzeln den zwanzig Abschnitten seiner Schrift als Motto voranstellt, und gestützt auf seine detaillierte Kenntnis der *Bibel* und des klassisch-antiken Schrifttums, entwickelt Fray Luis eine lange Reihe von Ratschlägen, die weit über den konkreten Anlaß hinaus – das Werk wurde für eine hochgestellte Dame, Doña María Varela Osorio, verfaßt – Gültigkeit erlangt und bis heute behalten haben: Als Unterweisungsbuch für Ehefrauen und solche, die es werden wollen, wird die Schrift in Spanien immer wieder neu aufgelegt. Zweifellos kannte der Augustinermönch und Professor der Theologie in Salamanca das pädagogische Hauptwerk des berühmten spanischen Humanisten Juan Luis VIVES, *De institutione feminae christianae*, 1523 *(Von der Unterweisung der christlichen Frau)*, aber im Vergleich mit der gemeinsamen Quelle, der *Bibel*, treten die Unterschiede deutlich zutage: Nicht Vives, dem Wegbereiter der modernen empirischen Psychologie und Pädagogik, sondern Fray Luis gelingt es, sich verständnisvoll in die weibliche Psyche hineinzuversetzen. Historisches und literarisches Interesse besitzt seine in spanischer Sprache geschriebene Abhandlung darüber hinaus vor allem wegen der darin enthaltenen Anspielungen auf zeitgenössische Sitten – Kleider und Putz, Schönheitsmittel, Parfüm und Lektüre der Frauen usw. – und wegen der Lebendigkeit und Farbigkeit der Ausdrucksweise. KLL

AUSGABEN: Salamanca 1583. – Chicago 1903, Hg. E. Wallace [krit.]. – Madrid 1959 (in *Obras castellanas completas*, Hg. F. García; m. Einl.). – Barcelona 1962. – Madrid 1968, Hg. J. López Navarro. – Madrid 1983 (Austral). – Madrid 1986, Hg. u. Einl. J. Alcina (Cátedra).

ÜBERSETZUNG: *Die vollkommene Gattin*, Reusch, Wien 1847.

LITERATUR: J. Rogerio Sánchez, *»La perfecta casa-*

da« según Fray L. de L., Madrid 1912. – K. Selig, *On a Passage in Fray L. de L.'s »La perfecta casada«* (in MLN, 69, 1954, S. 102–103). – M. de la Pinta Llorente, *Estudios polémicos sobre Fray L. de L.*, Madrid 1956. – P. García Gonzáles, *L. de L.: Un estudio de »La perfecta casada«*, Diss. St. Louis Univ. 1967 (vgl. Diss. Abstracts, 28, 1967/68, S. 3142). – P. García González, *L. de L.: un estudio de »La perfecta casada«*, Diss. Univ. of St. Louis 1968 (vgl. Diss. Abstracts, 28, 1968, S. 3142A). – S. K. Ugalde, *Reflections of Erasmian Thought in »La perfecta casada«* (in REH, 10, 1976, S. 346–361). – J. A. Jones, *The Sweet Harmony of L. de L.'s »La perfecta casada«* (in BHS, 62, 1985, S. 259–269).

PERO LÓPEZ DE AYALA

* 1332 Vitoria
† 1407 Calahorra

LITERATUR ZUM AUTOR:
T. Niese, *P. L. de A.s Menschenbild im Rahmen der zeitgenössischen Sittenschilderung*, Diss. Kiel 1954. – F. Meregelli, *La vida política del canciller*, Mailand 1955. – L. Suárez Fernández, *El canciller P. L. de A. y su tiempo*, Vitoria 1962. – C. L. Soper, *P. L. de A. as Historian and Literary Artist*, Diss. Univ. of Kansas 1968 (vgl. Diss. Abstracts, 28, 1968, S. 3159A). – C. L. u. H. M. Wilkins, *Bibliography of the Works of P. L. de A.* (in Corónica, 11, 1983, S. 336–350). – M. García, *Obra y personalidad del Canciller A.*, Madrid 1983. – A. Gier, *Neuere Publikationen zu P. L. de A.* (in ZfrPh, 102, 1986).

CRÓNICAS DE LOS REYES DE CASTILLA

(span.; *Chroniken der Könige von Kastilien*) von Pero LÓPEZ DE AYALA, veröffentlicht 1495. – Vier Königen (Peter I., Heinrich II., Johann I., Heinrich III.) hat López de Ayala als Soldat, Politiker (er war Kanzler von Kastilien) und Diplomat mit viel Geschick und nicht immer ganz uneigennützig gedient. Mit seinen Chroniken dieser Herrscher endet die mittelalterliche Geschichtsdarstellung und setzt die neuzeitliche Interpretation historischer Ereignisse ein, wenn auch noch zaghaft und an den pittoresken Stil der *Chroniques de France*, 1373–1400 *(Chronik von Frankreich)*, von Jean FROISSART erinnernd. Man hat Ayala seiner umfassenden Bildung und der Selbständigkeit seines Urteils wegen den ersten Repräsentanten des modernen Geistes in der Geschichte der spanischen Literatur genannt. – In seinen *Crónicas* reiht Ayala nicht nur Tatsachen aneinander, sondern berücksichtigt die kausalen Zusammenhänge der Ereignisse, die politischen, sozialen, wirtschaftlichen, ja selbst die psychologischen Hintergründe. Mit sicherem Blick für das Wesentliche ordnet und wertet er seinen Stoff. In der Prägnanz der Charakterisierung erweist er sich als Schüler des Titus LIVIUS. In seiner Nachfolge entstanden Meisterwerke der spanischen Historiographie: *Libro de los claros varones de Castilla (Buch der berühmten Männer von Kastilien)* von Hernando del PULGAR (1430?–1493) und *Generaciones y semblanzas (Familien und Lebensgeschichten)* von Fernán PÉREZ DE GUZMÁN (1378?–1460). Vor allem in dem Werk über Peter I. – der besten der vier Chroniken – hat López de Ayala ein eindrucksvolles Zeitgemälde entworfen und eine Persönlichkeit beschworen, deren tragischen Niedergang er mit dem Zusammenwirken von persönlicher Schuld, Schicksalsmächten und Zeitumständen erklärt. Die hervorragende Rolle, die die Gestalt dieses Königs bis in die heutige Zeit in der spanischen Literatur spielen sollte, ist schon in Ayalas Werk fixiert. Übrigens legte Prosper MÉRIMÉE diese Chronik mit geringen Änderungen seiner *Histoire de Don Pèdre Ier, roi de Castille* zugrunde.
Bezeichnend für den wachen kritischen Sinn und die Weitsicht Ayalas ist seine Stellungnahme zu den Judenpogromen Ende des 14. Jh.s, die für die wirtschaftliche Entwicklung des damaligen Spanien ähnlich katastrophale Auswirkungen hatten wie die Juden- und Konvertitenverfolgungen, die ein Jahrhundert später unter der Herrschaft der Katholischen Könige stattfanden. Ayalas Urteil darüber ist kurz und vernichtend: *»Das alles war mehr Raubgier als frommes Werk.«* Américo CASTRO hat in *La realidad histórica de España* aufgezeigt, mit welchem Scharfsinn Ayala erkannte, daß Spaniens gesamtes wirtschaftliches Leben von der Tüchtigkeit der Juden abhängig war. A.F.R.

AUSGABEN: Sevilla 1495 *(Crónica del rey Don Pedro)*. – Toledo 1526 *(Crónica del rey Don Pedro aumentada con las Crónicas de D. Enrique II y de D. Juan I)*. – Madrid 1779–1783 *(Crónicas de los reyes de Castilla D. Pedro, D. Enrique II, D. Juan I, D. Enrique III*, Hg. E. de Llaguno y Amirola). – Madrid 1943 (*Crónicas*, Hg. G. Torrente Ballester; Ausw.). – Madison/Wis. 1973 (in H. M. Wilkins, *An Edition and Language Study of the »Corónica del Rey Enrique el Tercero« by P. L. de A. Based on Manuscript X I.5 of the Escorial Library*, Diss. Univ. of Wisconsin, Madison; vgl. Diss. Abstracts, 34, 1974, S. 6609A). – Madison/Wis. 1974 (in C. L. Wilkins, *An Edition of the »Corónica del Rey don Pedro« by P. L. de A. Based on Manuscript A 14 of the Academia de la Historia*, Diss. Univ. of Wisconsin, Madison; vgl. ebd., 35, 1975, S. 6687A).

LITERATUR: E. Fueter, *A. und die Chronik Peters des Grausamen* (in MIÖG, 36, 1905, S. 225–246). – C. Sánchez Albornoz, *El canciller A., historiador* (in Humanitas, Tucumán, 1, 1953, 2, S. 13–46). – R. B. Tate, *L. de A., Humanist Historian?* (in HR,

25, 1957, S. 157–174). – F. Piétri, *Pierre le Cruel, le vrai et le faux*, Paris 1961. – G. Orduna, *La collatio externa de los códices como procedimiento auxiliar para fijar el stemma codicum: Crónicas del Canciller Ayala* (in Incipit, 2, 1982, S. 3–53). – J. L. Monre, *Sobre la autenticidad de las cartas de Benahatin en la crónica de P. L. de A.: Consideración filológico de un MS inédito* (ebd., 3, 1983, S. 53–93).

RIMADO DE PALACIO

(span.; *Reimwerk vom Hofe*). Versdichtung von Pero LÓPEZ DE AYALA, entstanden zwischen 1385 und 1403. – Der Titel dieses uneinheitlichen Werks stammt nicht vom Verfasser selbst und trifft nur für den zweiten Teil zu, der auch als *Libro del palacio (Buch vom Hofe)* oder *Libro de las maneras de palacio (Buch von den Hofsitten)* bekannt ist. Insgesamt besteht das Werk aus vier sehr verschiedenartigen Teilen von zusammen 8200 Versen; Versmaß und Strophenbau sind, mit Ausnahme des dritten Teils, die der *cuaderna vía*, das heißt des für den *mester de clerecía* (geistliche Dichtung) charakteristischen Vierzeilers aus Vierzehnsilbern (Alexandrinern) mit gleichem Reim.

Der erste Teil ist moraldidaktischen Inhalts; er bringt eine Darstellung der Tugenden und Laster mit anschließender Gewissenserforschung und Beichte des Verfassers. Im zweiten, vorwiegend gesellschaftskritischen Teil prangert Ayala die Fehler und Laster der verschiedenen sozialen Gruppen, angefangen vom Papst bis hinunter zu den Handwerkern und Bauern, in schonungsloser, satirisch-karikierender Weise an und setzt seine Ansichten über die Regierungskunst auseinander. Der dritte, erbauliche Teil vereinigt Gedichte an Gott und die Jungfrau Maria, in denen zum erstenmal eine Art persönlicher Frömmigkeit und religiöser Innerlichkeit zum Ausdruck kommt, die im 16. Jh. die Grundlage des religiösen Erlebnisses der spanischen Mystiker bilden sollte. In diesem Teil greift Ayala auf Vers- und Strophenformen des älteren *mester de juglaría*, der Spielmannsdichtung, zurück, die dann in der höfischen Dichtung des 15. Jh.s vorherrschte. Der letzte, wiederum didaktische und bei weitem umfangreichste Teil behandelt auf der Grundlage der *Moralia* GREGORS des Großen (um 540–604) eine Reihe moralischer und religiöser Themen. – In ähnlicher Weise wie das *Libro de buen amor (Buch von der rechten Liebe)* des ARCIPRESTE DE HITA (um 1283–um 1350) zeichnet der *Rimado de palacio* – und darin besteht im Grund sein ganzer Wert – ein Bild der Gesellschaft des 14. Jh.s, doch fehlen Ayala die ursprüngliche dichterische Begabung, die Gesundheit und Lebenskraft des »Erzpriesters von Hita«. Von dessen überschäumender Lebensfreude, spöttischer Bosheit und scherzhafter Munterkeit ist hier nichts zu spüren. Bei López de Ayala herrscht ein trocken-prosaischer, kühl moralisierender Ton; bitter und schroff ist seine Satire, in der eine pessimistische Lebensauffassung und tiefer, illusionsloser Weltüberdruß ihren Ausdruck finden. Es spiegelt sich darin das am Ausgang des Mittelalters auftretende gesamteuropäische Phänomen des Unbehagens und Krisengefühls angesichts einer in ihren Grundlagen erschütterten Welt- und Gesellschaftsordnung.
A.F.R.

AUSGABEN: Madrid 1829 (in F. Bouterweck, *Historia de la literatura española*; Ausz.). – Madrid 1864, Hg. F. Janer (BAE, 57). – NY 1920 (in *Poesías*, 2 Bde., 2, Hg. A. F. Kuersteiner; krit.). – Madrid 1978, Hg. u. Einl. M. García, 2 Bde. – Madrid 1987, Hg. u. Einl. G. de Orduna (Castilia).

LITERATUR: A. Castro, *Lo hispánico y el erasmismo* (in RFH, 4, 1942, S. 1–66; vgl. ders., *Aspectos del vivir hispánico*, Santiago de Chile 1949, S. 62–72). – H. L. Sears, *The »Rimado de Palacio« and the »De Regimine Principum« Tradition of the Middle Ages* (in HR, 20, 1952, S. 1–27). – R. Subirats, *P. L. de A., maître de morale pratique dans le »Rimado de palacio«*, Diss. Paris 1956 (vgl. dazu BHi, 60, 1958, S. 385/386).– D. Alonso, *De los siglos oscuros al de oro*, Madrid 1958, S. 114–124. – F. Rosselli, *Nota sul moralismo di P. L. de A.* (in Studi Mediolatini e Volgari, 8, 1960, S. 211–234). – G. R. Orduna, *El fragmento P del »Rimado de palacio« y un continuador anónimo del Canciller de A.* (in Filología, 7, Buenos Aires, 1961, S. 107–119). – E. B. Strong, *The »Rimado de Palacio«: L. de A.'s Proposals for Ending the Great Schism* (in BHS, 38, 1961, S. 64–77). – J. Casalduero, *P. L. de A. y el cambio poético en Castilla a comienzos del siglo XV* (in HR, 33, 1965, S. 1–14). – R. P. Kinkade, *On Dating the »Rimado de palacio«* (in KRQ, 18, 1971, S. 17–36). – J. L. Coy, *El »Rimado de palacio«* (in Corónica, 6, 1978, S. 82–90). – A. Gier, *Zum Wortschatz des P. L. de A.* (in ZfrPh, 96, 1980, S. 371–378). – J. L. Coy, *Análisis de fuentes y texto original* (in Explicación de textos literarios, 12, 1983/84, S. 37–49). – E. B. Strong, *The »Rimado de palacio«, Aspects of L. de A.'s Narrative Style* (in FMLS, 22, 1986, S. 53–61).

FRANCISCO LÓPEZ DE ÚBEDA

* zwischen 1550 und 1560 (?)

LIBRO DE ENTRETENIMIENTO DE LA PÍCARA JUSTINA

(span.; *Unterhaltsames Buch von der Schelmin Justina*). Schelmenroman, erschienen 1605 unter dem Namen des Lizentiaten Francisco LÓPEZ DE ÚBEDA, eines Arztes aus Toledo. – Julio PUYOL Y ALONSO, der Herausgeber der kritischen Ausgabe (1912), kommt aufgrund seiner Untersuchung des

Stils und des Wortschatzes zu dem Schluß, nicht der Toledaner, sondern der leonesische Dominikanermönch Andrés PÉREZ († nach 1629) sei der wahre Verfasser des Werks. Auch eine Bemerkung von CERVANTES (in *Viaje al Parnaso*) weist auf einen Kleriker als Autor. Indes neigt man neuerdings eher dazu, das Werk López de Úbeda zuzuschreiben.
So unterhaltsam, wie der Titel andeutet, ist der Roman nicht. Entsprechend der restaurativen Tendenz, die in der spanischen Literatur der Epoche vorherrscht, ist auch der Verfasser der *Justina* genötigt, seine satirischen Angriffe durch allegorisch-moralische Kommentare abzusichern: Jedes Kapitel wird von einer kurzen Inhaltsangabe in schlechten Versen eingeleitet und mit einer »moralischen Nutzanwendung« im Predigtton beschlossen. Bemerkenswert ist, daß hier zum erstenmal ein weiblicher *pícaro* auftritt: Justina ist die erste in der langen Reihe der Landstörzerinnen des 17. Jh.s. Sie beginnt ihre Lebensgeschichte damit, daß sie ihren Stammbaum von den Urgroßeltern an schildert; es folgen Jugend und Erziehung (Buch 1: *La pícara montañesa – Die Schelmin aus den Bergen*), ihre Abenteuer und Streiche auf verschiedenen Pilgerfahrten (Buch 2: *La pícara romera – Die Schelmin als Pilgerin*) und die Rechtsstreitigkeiten, die sie mit ihren Brüdern auszufechten hat (Buch 3: *La pícara pleitista – Die Schelmin als Prozeßhansl*). Im vierten und letzten Buch *(La pícara novia – Die Schelmin als Braut)* findet Justina, nachdem sie ihre diversen Verehrer gründlich an der Nase herumgeführt hat, in dem verlotterten Lozano einen würdigen Lebensgefährten. Doch das Eheglück ist kurz – am Schluß des Buchs ist Justina schon Witwe. Sie verabschiedet sich von den Lesern mit dem Versprechen, in einer Fortsetzung von ihrer Ehe mit Guzmán de Alfarache, dem Helden von Mateo ALEMÁNS gleichnamigem Schelmenroman (1599), zu berichten, doch dieser Plan wurde nie verwirklicht. López de Úbeda gibt zwar vor, seinen Roman bereits vor Alemán abgefaßt zu haben. Dennoch weist das Werk spürbare Konvergenzen mit dem *Guzmán de Alfarache* auf und scheint wohl auch auf diesem Modell zu basieren, wobei parodistische Züge nicht fehlen.
Die *Pícara Justina* weicht in einem wesentlichen Punkt vom Muster des Schelmenromans ab: Der charakteristische Pessimismus, die Gesellschaftssatire und die halb stolze, halb feindselige Haltung gegenüber den Mitmenschen fehlen völlig. Die Heldin hungert und gerät in allerlei Nöte, aber auch die schlimmsten Abenteuer gehen glücklich aus. Die Möglichkeit eines optimistischen Schelmenromans ist zu ahnen; doch sie wird nicht verwirklicht. M. BATAILLON vertritt die Ansicht, daß es sich bei dem Werk um einen Schlüsselroman handle, der auf bestimmte Personen in spanischen Hofkreisen bezogen ist. Wenn der Roman heute noch einen mehr als historischen Wert hat, so verdankt er das seiner Sprache. Das uferlose Geschwätz der Heldin wirkt beklemmend, aber es ist zugleich eine Fundgrube für Idiotismen, volkstümliche Redensarten, sprichwörtliche Wendungen, Wort- und Begriffsspielereien und originelle Metaphern, die zuweilen von erstaunlicher Bildhaftigkeit sind. Der Autor erweist sich hier als gründlicher Kenner der gelehrten Dichtung. Mitunter greift er auch auf den reichen Fundus der Emblematik zurück (ALCIATUS, COVARRUBIAS, J. de BORJA, J. de PINEDA). Dieses mit barocker Maßlosigkeit angehäufte Sprachmaterial macht die *Pícara Justina* zu einem literarischen Phänomen ersten Ranges. Die an GÓNGORA erinnernde Tendenz des Autors, die unmittelbare Benennung zu vermeiden, sie durch Metaphern zu ersetzen und in Bildern und Rätseln zu sprechen, war Anlaß zu einer heftigen Kritik, an der sich auch Cervantes beteiligte. A.F.R.-KLL

AUSGABEN: Medina del Campo 1605. – Madrid 1854 (*La pícara Justina*; BAE, 33). – Madrid 1912, Hg. J. Puyol y Alonso, 3 Bde. [m. Einl.; krit.]. – Madrid 1977, Hg. u. Einl. A. Rey Hazas. – Madrid 1982, Hg. u. Einl. B. M. Damiani. – Madrid 1985, Hg. u. Einl. J. E. Martínez Fernández.

ÜBERSETZUNG: *Die Landstörtzerin Justina Dietzin Pícara*, anon., Ffm. 1626/27. – Dass., anon., Ffm. 1646.

LITERATUR: R. Foulché-Delbosc, *L'auteur de la »Picara Justina«* (in RH, 10, 1903, S. 236–244). – F. Sánchez Castañer, *Alusiones a la »Picara Justina« en tel teatro* (in RFE, 25, 1941, S. 225–244). – G. E. Álvarez, *Le thème de la femme dans la picaresque espagnole*, Groningen 1955. – A. del Monte, *Itinerario del romanzo picaresco spagnuolo*, Florenz 1957 [m. Bibliogr.]. – M. Bataillon, *›La picaresca‹. A propos de la »Pícara Justina«* (in *Fs. f. F. Schalk*, Ffm. 1963, S. 233–250). – M. Bataillon, *Pícaros y picaresca: »La pícara Justina«*, Madrid 1969. – U. Stadler, *Parodistisches in der »Justina Dietzin Picara«. Über die Entstehungsbedingungen von Úbedas Schelmenroman in Deutschland* (in Arcadia, 7, 1972, S. 158–170). – B. M. Damiani, *F. L. de Ú.*, Boston 1977 (TWAS). – C. Allaigre u. R. Cortrait, *»La escribana fisgada«: Estratos de significación en un pasaje de »La pícara Justina«* (in *Hommage des hispanistes français à N. Salomon*, Hg. H. Bonneville, Barcelona 1979, S. 22–47). – P. López de Tamargo, *La intertextualidad de »La pícara Justina«*, Diss. The Johns Hopkins Univ. 1979 (vgl. Diss. Abstracts, 41, 1980, S. 275A). – B. M. Damiani, *La pícara Justina*, Madrid 1982. – A. Rey Hazas, *La compleja faz de una pícara: Hacia una interpretación de »La pícara Justina«* (in Revista de Literatura, 45, 1983.)

JORGE MANRIQUE

* um 1440 Paredes de Nava
oder Segura de la Sierra
† 27.3.1479 vor Schloß Garcí Muñoz
bei Calatrava

COPLAS POR LA MUERTE DE SU PADRE

(span.; *Strophen auf den Tod seines Vaters*). Elegie von Jorge MANRIQUE, entstanden 1476. – Die vierzig Strophen dieser Elegie, die aus jeweils vier Terzetten von zwei Achtsilbern und einem viersilbigen Vers bestehen, gelten als der Höhepunkt der mittelalterlichen spanischen Lyrik, ja als einer der Höhepunkte spanischer Dichtung überhaupt. Manrique, dessen übrige Werke durchaus mittelmäßig blieben – geschickte Spielereien, wie der Zeitgeschmack sie liebte –, greift hier in einer die persönliche Betroffenheit spiegelnden, fast kargen Sprache über die damaligen Muster hinaus ins immer Gültige. So fehlen diese Strophen auch in keiner Anthologie und wurden in viele Sprachen, von E. R. Curtius auch ins Deutsche, übersetzt (die berühmteste Übersetzung ist die amerikanische von LONGFELLOW).

Ihrem Inhalt nach sind die *Coplas* keineswegs außergewöhnlich: Sie stellen den Tod als die allgegenwärtige, alles einebnende Macht vor, wie er jener Zeit auch in den drastisch-satirischen Bildern der Totentänze vor Augen stand. Aber nicht dieser mehr volkstümlichen Richtung gehört Manriques Elegie zu, sondern jener anderen Betrachtung des Todes, welche seiner Gewalt mit dem demütigen Stolz stoischer Hinnahme begegnet. Dem Triumph des Todes wird das Wort entgegengesetzt. Das Werk gliedert sich in drei Teile: Es beginnt mit einer allgemeinen Beschwörung der Vergänglichkeit alles Irdischen, schlägt dann den dunklen Ton schicksalsergebener Unterwerfung an, um zum Schluß zur tröstlichen Sicherheit christlicher Todesüberwindung zu finden. Gedanken und Bilder, eine tiefe Melancholie und verhaltene, leidenschaftslose Resignation fließen in einer Sprache von natürlicher und würdevoller Schönheit zusammen.

Viel philologischer Fleiß wurde aufgewandt, um die Quellen und Vorbilder Manriques aufzuspüren, doch war nicht viel mehr festzustellen, als daß der Verfasser die Bildung seiner Zeit besaß: Er kannte neben der *Bibel* BOETHIUS, die Kirchenväter und die didaktische Literatur. Aber das eigentliche Geheimnis seines Werkes ließ sich aus den Quellen nicht erschließen; es ist das Geheimnis der Einheit von Wort, Klang und Stimmung, wie sie sich zu jener Zeit wohl noch in der anonymen Volksdichtung, selten aber in der Kunstdichtung findet.

A.F.R.

AUSGABEN: Sevilla 1494. – Barcelona 1904, Hg. R. Foulché-Delbosc [m. Essay]. – Buenos Aires 1940 (in *Obra completa*, Hg. u. Vorw. A. Cortina; Austral; Madrid [14]1981). – Madrid 1962 (in *Cancionero*, Hg. ders.; Clás. Cast; ern. 1980). – Madrid 1976 (in *Poesía*, Hg. J. M. Alda Tesán; Cátedra; [12]1988). – Madrid 1984, Hg. u. Einl. C. Días Castanón (Castalia). – Madrid 1986 (in *Obras*, Hg. u. Einl. A. Serrano de Haro).

ÜBERSETZUNG: *Strophen auf den Tod seines Vaters*, E. R. Curtius (in Romanische Forschungen, 58, 1944, S. 1–7).

LITERATUR: J. Nieto, *Estudio biográfico de J. M. e influencia de sus obras en la literatura española*, Madrid 1902. – R. Burkart, *Leben, Tod und Jenseits bei J. M. u. F. Villon* (in *Romanische Stil- und Literaturstudien*, Hg. L. Spitzer, Marburg 1931, S. 271–301). – A. Krause, *J. M. and the Cult of Death in the Cuatrocientos* (in Publications of the Univ. of California, Language and Literature, 1, 1937, S. 79–176). – M. R. Lida, *Una copla de J. M. y la tradición de Filón en la literatura española* (in RFH, 4, 1942). – L. Sorrento, *La poesia e i problemi della poesia di J. M.*, Palermo 1946. – V. Borghini, *G. M.*, Genua 1952. – N. E. Sánchez-Arce, *Las glosas a las »Coplas« de J. M.*, Madrid 1956. – S. Gilman, *Tres retratos de la muerte en las »Coplas« de J. M.* (in NRFH, 13, 1959, S. 305–324). – E. R. Curtius, *J. M. und der Kaisergedanke* (in E. R. C., *Gesammelte Aufsätze zur Romanischen Philologie*, Bern 1960, S. 353 bis 372). – A. Prieto, *El sentimiento de la muerte a través de la literatura española – siglos XIV y XV* (in Revista de Literaturas Modernas, Mendoza 1960, Nr. 2, S. 115–170). – *Glosas a las »Coplas« de J. M.*, Hg. A. Pérez Gómez, Cieza 1961–1963 (El Ayre de la Almena, 5–10, Faks.-Ausg.). – P. Salinas, *J. M. o Tradición y originalidad*, Buenos Aires 1962; ern. Barcelona 1974. – P. N. Dunn, *Themes and Images in the »Coplas por la muerte…« of J. M.* (in MAevum, 33, 1964, S. 169–183). – A. Serrano de Haro, *Personalidad y destino de J. M.*, Madrid 1966; [2]1975. – F. Caravaca, *La Qasida de Abu'l Baqa, el Rondeño y algunas »Coplas« de J. M.* (in Boletín de la Biblioteca Menéndez y Pelayo, 1970, Nr. 16, S. 171–259). – S. M. Appolonia, *The History of the Criticism of »Las Coplas« de J. M.*, Diss. Case Western Reserve Univ. 1971 (vgl. Diss. Abstracts, 32, 1971, S. 1481A). – F. Caravaca, *Foulché-Delbosc y su edición »crítica« de las coplas de J. M.* (in Boletín de la Biblioteca Menéndez y Pelayo, 1973, Nr. 43, S. 229–279). – Ders., *Notas sobre las llamadas »Coplas posthumas« de J. M.* (ebd., 1974, Nr. 50, S. 89–135). – *Glosa famosa sobre las Coplas de J. M.: Por el protonotario Luiz Pérez*, Hg. M. de Riquur, Madrid 1974. – H. Flasche, *Die Dichter Gómez u. J. M.* (in H. F., *Geschichte der spanischen Literatur* Bd. 1, Bern/Mchn. 1977, S. 361–363). – M. Carrión Gutiéz, *Bibliografía de J. M. 1479–1979*, Palencia 1979. – S. M. A. Matjasic, *The History of Criticism of las Coplas de J. M.*, Madrid 1979. – L. Suñen, *J. M.*, Madrid 1980. – F. A. Domínguez,

Love and Remembrance: The Poetry of J. M., Lexington 1988 [m. Bibliogr.].

JUAN DE MENA

* 1411 Córdoba
† 1456 Torrelaguna / Madrid

LAS CCC

[trescientas], auch: *El laberinto de Fortuna* (span.; *Die Dreihundert*, auch: *Das Labyrinth der Fortuna*). Allegorisches Epos von Juan de MENA, beendet 1444. – In 297 (nicht, wie der Titel verspricht, in 300) achtzeiligen Strophen aus Zwölfsilbern, sogenannten *coplas de arte mayor* oder *octavas de Juan de Mena*, erzählt der Dichter von seiner Reise ins Land der Fortuna, wohin ihn, von Drachen gezogen, der Wagen der Kriegsgöttin Bellona entführt. In Fortunas Palast zeigt ihm Providencia (Vorsehung) die riesenhaften Räder der Zeit, die stehenden der Vergangenheit und Zukunft und das sich drehende der Gegenwart. Jedes Rad besteht aus sieben Kreisen, die den Bahnen der sieben Planeten entsprechen. In den Kreisen der Vergangenheit wohnen, je nach ihrem Stand, die Seelen der Abgeschiedenen, in dem des Mondes die Tatmenschen, dem des Merkur die Kaufleute und Ratgeber, im Kreis der Venus die großen Liebenden; unter anderem trifft hier der Dichter den galicischen Troubadour Macías el Enamorado, dessen halblegendäre Gestalt die spanische Dichtung immer wieder beschäftigen sollte (vgl. *El doncel de don Enrique el Doliente*). Im Sonnenkreis, dem Kreis der Weisen und Philosophen, erblickt der Dichter den wenige Jahre zuvor verstorbenen Enrique de VILLENA (um 1384–1434, vgl. *Arte de trovar*), im Kreis des Mars berühmte Helden, dem des Jupiter bekannte Könige und Fürsten, im Kreis des Saturn die Inhaber wichtiger Ämter. Mit diesen Gestalten, von denen die einen im oberen Teil, die andern, die sich gegen die besonderen Tugenden ihres Standes versündigt haben, im unteren Teil ihres Kreises wohnen und Strafe erleiden, spricht der Dichter, oder er erzählt von ihnen oder läßt sich von ihnen erzählen. So ist das große Vorbild des Gedichts, DANTES *Göttliche Komödie*, überall gegenwärtig. Im einzelnen sind allerdings andere Vorbilder maßgebend gewesen: Szenen aus der *Aeneis* und den *Georgica* des VERGIL, vor allem die *Pharsalia* LUKANS, den Juan de Mena mit besonderer Vorliebe nachahmt.

Sowohl aus inhaltlichen als auch aus formalen Gründen ist dieses Werk von großer literarhistorischer Bedeutung. Durch die zahlreichen Lebens- und Charakterbilder und die zeitkritischen Aspekte, die es enthält, ist es *»das nationalste Gedicht der mittleren Jahrhunderte«* Spaniens (García López). Und es ist neben den mehr programmatischen Bemühungen des Marqués de SANTILLANA (1398 bis 1458, vgl. *Proemio y carta al condestable de Portugal*) der erste große Versuch einer Dichtung im klassischen Geschmack nach dem Vorbild der Italiener und in Anlehnung an antike Autoren. Dieser Versuch ist gleichbedeutend mit dem Bestreben, die Ausdrucksmöglichkeiten des Spanischen durch Anleihen beim Lateinischen und durch bewußte Nachahmung der lateinischen Dichtung zu erweitern und zu bereichern. Deshalb sind Lehnwörter aus dem Lateinischen – von denen manche Gastrecht in der spanischen Sprache gefunden haben – und Wortfügungen nach lateinischem Muster für Mena ebenso charakteristisch wie der reichliche Gebrauch der Stilmittel der klassischen Rhetorik. Die meisten Kunstmittel des späteren *cultismo*: Metaphern, mythologische Anspielungen, Periphrasen, Hyperbeln, Inversionen, Hyperbata und andere Redefiguren, sind im *Laberinto de Fortuna* bereits enthalten. Wie GÓNGORA (1561–1627) vermeidet Mena die direkte Benennung und ersetzt sie durch schwerverständliche Umschreibung, und er schafft gewollte Dunkelheit durch den Bau kunstvoll verschlungener Satzperioden. Trotz solcher Künstlichkeit und Übertreibung ist sein Gedicht von dramatischer Ausdruckskraft in manchen Episoden und Szenen, ernst und feierlich im Ton, wie es dem Gegenstand entspricht, gewaltig in seinem Pathos. Von berühmten Philologen und Humanisten wie Hernán NÚÑEZ (1474–1553) und SÁNCHEZ DE LAS BROZAS (1523–1601) herausgegeben und kommentiert, stand es bis weit ins 17. Jh. hinein in höchstem Ansehen. A.F.R.

AUSGABEN: o. O. [Salamanca] u. o. J. [ca. 1481 bis 1488]. – Sevilla 1496 (Faks. Valencia 1955, Hg. A. Pérez Gómez). – Madrid 1904, Hg. R. Foulché-Delbosc. – Madrid 1943 (*El laberinto de Fortuna o Las trescientas*, Hg., Einl. u. Anm. J. M. Blecua; ern. 1973; Clás. Cast). – Madrid 1979 (in *Obra lírica*, Hg. u. Einl. M. A. Pérez Priego). – Madrid 1984, Hg. u. Einl. J. Cummins (Cátedra).

LITERATUR: R. Foulché-Delbosc, *Étude sur le »Laberinto« de J. de M.* (in RH, 9, 1902, S. 75–138). – P. Groussac, *Le commentateur du »Laberinto«* (ebd., 11, 1904, S. 164–224). – M. R. Lida de Malkiel, *J. de M., poeta del prerrenacimiento español*, Mexiko 1950; 21984. – M. Bataillon, *L'édition princeps du »Laberinto« de J. de M.* (in *Estudios dedicados a Menéndez Pidal*, Bd. 2, Madrid 1952, S. 325–334). – R. Fuentes Guerra, *»El laberinto (labyrintho) o Las trescientas«* (in R. F. G., *J. de M., poeta insigne y cordobés modesto*, Cordoba 1955, S. 19–35). – Boletín de la Real Academia Española, 28, 1957 (Sondernr.; m. Bibliogr.). – R. Lapesa, *El elemento moral en el »Laberinto« de M., su influjo en la disposición de la obra* (in HR, 27, 1959, S. 257–266). – A. Várvaro, *Premesse ad un'edizione critica delle poesie minori di J. de M.*, Napoli 1964. – O. Macrí, *Ensayo de métrica sintagmática (Ejemplos del »Libro de amor« y* *del »Laberinto« de J. de M.)*, Madrid 1969. – D. C. Clark, *J. de M.'s »Laberinto de fortuna«: Classic Epic and Mester de Clerecía*, Miss. 1973. – F. W. Sargeant, *An Etymological Vocabulary and Line Concordance of the Latinisms in J. de M.'s »El laberinto ...«*, Ann Arbor, 1977. – R. A. Difranco, *The Biographers and Critics of J. de M.*, Diss. Univ. of Calif. 1978 (vgl. Diss. Abstr., 39, 1978, S. 2924A).

PERO MEXÍA

auch Pedro Mejía

* um 1499 Sevilla

† 7.1.1552 (?) Sevilla

SILVA DE VARIA LECCIÓN

(span.; *Wald mannigfaltiger Belehrung*). Sammlung belehrender und unterhaltender Texte von Pero MEXÍA, erschienen 1540. – In diesem Bildungs- und Unterhaltungsbuch, das in der ersten Auflage drei, in der zweiten vier Teile umfaßt und in der 1554 erschienenen Ausgabe noch zwei weitere, apokryphe Teile enthielt, hat ein gelehrter, vielbeschäftigter Mann, Mathematiker, Kosmograph, Hofchronist und Politiker von Beruf, alle »Kuriosa« vereinigt, auf die er bei seinen gelehrten Beschäftigungen und in den Wechselfällen seines Lebens gestoßen war, außerdem viele, die er in den *Noctes Atticae (Attische Nächte)* von Aulus GELLIUS, den *Deipnosophistai (Sophistenmahl)* von ATHENAIOS, den *Saturnalia* von MACROBIUS THEODOSIUS und bei den italienischen Novellisten gefunden hatte. *»Genau wie die Pflanzen und Bäume ohne Ordnung und Regel im Walde wachsen«*, so stehen in diesem Buch Nachrichten aus Archäologie, Ethnographie, Mythologie, Religion, Geschichte und Brauchtum durcheinander und reihen sich kunterbunt Legenden, Wunder, Reiseberichte und biographische Mitteilungen aneinander. Da gibt es Beschreibungen Roms, Konstantinopels und Jerusalems, Lebensbilder des Timon von Athen, Diogenes, Heliogabal, Mohammed und der sieben Weisen Griechenlands, Nachrichten über die Goten, die Türken, die Tempelritter. An naturwissenschaftlichen »Kuriosa« finden sich neben allerlei volkstümlichem und gelehrtem Aberglauben Auslassungen über die Intelligenz der Ameisen, die Eigenschaften der Flüsse, Seen und Quellen, über die Winde, die Kugelgestalt der Erde, über den Zeit- und Wetterinstinkt der Tiere usw. Auch die Moral kommt nicht zu kurz, wie *»einige Beispiele von Verheirateten, die unter schwierigen Umständen einander sehr liebten«*, beweisen, und auch das Gruseln kann man lernen, etwa in dem Kapitel *Über einige sehr grausame Menschen*.

Der Erfolg dieses Buches, in dem Mexía an die dreihundert Werke und Autoren zitiert, war enorm und beruhte nicht zuletzt auf dem Mut des Autors, anstelle des Lateinischen die spanische Volkssprache zu verwenden, die bis dato nicht für würdig erachtet worden war, auch ernste, philosophische oder wissenschaftliche Themen zu behandeln. Im 16. Jh. erlebte es siebzehn, bis zum Ende des 17. Jh.s zweiunddreißig Auflagen, wurde 1542 ins Italienische, 1552 ins Französische, 1571 ins Englische und 1664 ins Deutsche übersetzt. Eine unschätzbare Fundgrube an literarischen Stoffen insbesondere für die Novellendichtung, können manche Kapitel des Buches selbst als echte Novellen angesehen werden, beispielsweise das Kapitel über die legendäre Päpstin Johanna: *Wie eine Frau sich als Mann verkleidete, Pontifex Maximus und Papst in Rom wurde, und von ihrem Ende.* Andere Beiträge sind erste Beispiele einer neuen literarischen Gattung, der im Laufe der Zeit eine immer größere Bedeutung zukommen sollte: die allgemeinverständliche Darstellung wissenschaftlicher Fragen.

A.F.R.

AUSGABEN: Sevilla 1540 *(Libro llamado silua d'varia leciõ)*. – Sevilla 1543 *(Silua de varia lecion)*. – Madrid 1933/34, Hg. J. García Soriano, 2 Bde. – Madrid 1989 (Tl. 1; in neuspan. Übers. v. A. Castro; Cátedra).

ÜBERSETZUNGEN: *Sylva variarum lectionum, das ist vielfältige Beschreibung mancherley Historien und philosophischer Dingen Auslegung ...*, L. Zoleckhofer, Basel 1664. – *Sylva variarum lectionum, das ist: Historischer Geschicht- Natur- und Wunderwald allerhand merckwürdiger Erzehlungen ...*, J. A. Matth, 3 Tle., Nürnberg 1669.

LITERATUR: K. L. Selig, *P. M.'s »Silva de varia leción« and Horapallo* (in MLN, 72, 1957, S. 351–356). – F. Pues, *La »Silva de varia leción« de P. M.* (in LR, 13, 1959, S. 119–144). – M. Menéndez y Pelayo, *Orígenes de la novela*, Bd. 2, Madrid 1961. – J. H. Silverman, *Plinio, Pedro Mejía y Mateo Aleman* (in PSA, 14, 1969, S. 30–38). – A. Castro Díaz, *Los »Coloquios« de Pedro Mexía. Un género, una obra y un humanista sevillano del siglo XVI*, Sevilla 1977. – A. Porqueras Mayo u. J. L. Laurenti, *Rarezas bibliográficas. La colección de ediciones y traducciones del sevillano Pedro Mejía (1496–1552) en la biblioteca de la Universidad de Illinois* (in Archivo Hispalense, 57, 1974, Nr. 175, S. 121–138). – E. M. Cummings, *Pedro Mexía, protagonista en su »Silva«*, Diss. Univ. of Oregon 1979 (vgl. Diss. Abstracts, 40, 1979, S. 887A). – J. L. Pallister, *Pedro Mexía: Champion of Women?* (in Letras femeninas, 10, 1984, S. 3–8). – A. Rallo Gruss, *Las misceláneas. Conformación y desarrollo de un género renascentista* (in Edad de Oro, 1984, Nr. 3, S. 159–180).

DIEGO ORTÚÑEZ DE CALAHORRA

* 1.Hälfte 16.Jh. Nájera
(Provinz Logroño)

ESPEJO DE PRÍNCIPES Y CAVALLEROS. EL CAVALLERO DEL FEBO

(span.; *Ritter- und Fürstenspiegel. Der Phöbusritter*). Ritterroman von Diego ORTÚÑEZ DE CALAHORRA, erschienen 1555. – Die spanischen Humanisten, aber auch der Klerus sahen im Ritterbuch ursprünglich ein verwerfliches Genre, das aufgrund der aristotelischen Poetik nicht zu rechtfertigen, seiner stilistischen Mängel und mehr noch der erotischen Freizügigkeit sowie des mittelalterlich-feudalen Geistes wegen keinesfalls nachahmenswert war. Daß Autoren wie Juan de VALDÉS, TERESA DE ÁVILA, Juan VIVES und selbst Ignacio de LOYOLA, in ihrer Jugend selbst Leser oder sogar Verfasser von Ritterbüchern, in ihren Traktaten gegen die Gattung polemisierten, schmälerte indes nicht den Einfluß dieser Romane bei einem lesehungrigen Publikum. Eines der hervorragendsten Werke, das neben den Romanen des von CERVANTES arg gescholtenen Feliciano de SILVA die Verschmelzung klassischer Bildung und chevaleresker Tradition dokumentiert, ist Ortúñez de Calahorras vielgelesener *Phöbusritter*.

Das Werk, das größtenteils auf dem Balkan in der Antike spielt, behandelt die Taten des späteren byzantinischen Kaisers Trebacio und seiner Nachkommen, berichtet durch einen »Augenzeugen«, den schreibenden Zauberer Artemidoro. Der mächtige Fürst Tiberio von Ungarn will seine Tochter Briana (der Name kombiniert die Namen der Heldinnen des *Amadís* und des *Palmerín de Olivia*) mit Teoduardo von England vermählen, falls dieser Konstantinopel im Kampf gegen Feinde aus Griechenland unterstützt. Trebacio, der in Briana verliebt ist, begegnet eines Tages dem Rivalen Teoduardo, den er im ritterlichen Zweikampf tötet, so daß er fortan dessen Stelle einnimmt und durch diese List die Geliebte mit dem Segen des Erzbischofs von Belgrad heiraten kann. Eines Nachts wird Briana von zwei Riesen geraubt. Trebacio verfolgt die Entführer in einem wunderbaren Schiff bis auf die verzauberte Insel der Fee Lindaraja im Schwarzen Meer, wo er einstweilen verschollen bleibt. Die folgenden, verwirrend zahlreichen Abenteuer handeln von den Versuchen des Caballero del Febo und Rosiclers, der beiden Zwillingssöhne von Briana und Trebacio, ihre Eltern wiederzufinden. Rosicler führt der Zufall nach England, wo er sich in Olivia, die Schwester von Teoduardo, verliebt, während Febo im Tartarenland zwischen dem Liebeswerben der Prinzessin Lindabrides, die einen König für ihr Reich sucht, und der Annäherung der Amazonenkönigin Claridiana hin und her gerissen wird. Zu guter Letzt kann er sich für Claridiana entscheiden. So endet der einzige von Ortúñez verfaßte erste Teil des *Espejos*, ohne daß die getrennte Familie Trebacios zusammengeführt werden kann.

Noch bei Cervantes diskutiert Quijote mit dem Dorfpfarrer und dem Barbier Maese Nicolás darüber, ob Febo ein besserer Ritter als Amadís' Bruder Galaor sei, und verweist so auf die Popularität des *Phöbusritters*, der die Handlung der *Amadises* und *Palmerines* in die Welt der Antike projiziert. Mythologischer Zierrat und geographische Details weisen Ortúñez, über dessen Person so gut wie nichts bekannt ist, als Kenner der humanistischen Tradition aus. Eine genaue Untersuchung der besonders intensiven Beeinflussung des Werks durch die *Odyssee* fehlt bislang: Immerhin verweisen die Geschehnisse auf Lindarajas Insel auf die Odysseus-Circe-Episode, Febos Vatersuche läßt wiederum an die Telemach-Handlung denken. Daneben beweist der Autor eine große Vertrautheit mit den Werken OVIDS, vor allem den *Metamorphosen*, und den Hauptwerken der Ritterliteratur des 16. Jh.s, etwa ARIOSTS *Orlando furioso*, aber auch der *Amadís*- und *Palmerín*-Romane.

Den Erfolg des *Espejo* bescheinigen nicht nur fünf Neuauflagen, deren letzte noch nach dem zweiten Teil des *Don Quijote* erschien, sondern auch eine Reihe von Fortsetzungen, die sich an den Verkaufserfolg anschließen konnten. Eine *Segunda Parte*, die ebenfalls fünf weitere Auflagen erlebte, verfaßte Pedro de la SIERRA INFANZÓN (1580), der – den späteren Büchern der *Amadís*- und der *Palmerim*-Serie ähnlich (vgl. Feliciano de Silva u. Diogo FERNANDES) – den Ritter in einen Schäfer verwandelt, woran man Überdruß oder Skepsis gegenüber dem ewig siegreichen *caballero andante* sehen mag, wie sie später Cervantes artikuliert. Eine *Tercera y Quarta Parte* von Marcos MARTÍNEZ erschien immerhin noch 12 Jahre nach Cervantes' Generalangriff auf die Ritterromane, während ein heute verlorener fünfter Teil offenbar nicht über das Manuskriptstadium hinausgelangte.

Kein Geringerer als LOPE DE VEGA griff auf Episoden des *Espejo* für seine Komödie *El castillo de Lindabridis* zurück. In Übersetzung gelangte der *Phöbusritter* auch in die englische Literatur. Neben SHAKESPEARE, der in *The Tempest* auf Episoden aus Ortúñez' Werk zurückgeht, variiert noch SPENSER in *The Faerie Queene* die Episode von Artidons Höhle aus dem *Cavallero del Febo*. G.Wil.

AUSGABEN: Saragossa 1555. – Saragossa 1562. – Alcalá de Henares 1580. – Medina del Campo 1583. – Saragossa 1617. – Madrid 1975/76, Hg. D. Eisenberg, 6 Bde. (mit Einl. u. Bibl.; Clás. Cast).

LITERATUR: H. Thomas, *Spanish and Portuguese Romances of Chivalry*, Cambridge 1920, S. 117 bis 127. – M. Bataillon, *Erasmo y España*, Mexiko 1966; ern. Madrid 1987, S. 622–642. – D. Eisenberg, *Romances of Chivalry in the Spanish Golden*

Age, Newark 1982. – K. Kohut, *Humanismo y novelas de caballerías* (in IR, 10, 1979, S. 63–76). – B. König, *Margutte – Cingar – Lázaro – Guzmán* (in RJ, 32, 1981, S. 286–305).

FRANCISCO DE OSUNA

* 1492 (?) Osuna
† 1541 (?)

ABECEDARIO ESPIRITUAL

(span.; *Geistliches Alphabet*). Moral-asketisches Werk von Francisco de OSUNA, erschienen 1528 bis 1554. – Es besteht aus sechs in großen Abständen erschienenen Teilen, die nur in losem Zusammenhang stehen und alle den Titel *Abecedario espiritual* tragen. Den einzelnen Abschnitten sind Sinnsprüche vorangestellt, deren Anfangsbuchstaben den Titel des Werkes ergeben. Im ersten Teil (Sevilla 1528) schildert Osuna mit äußerstem Realismus das Leiden Christi und seiner Mutter Maria. Der zweite Teil (Sevilla 1530) enthält vornehmlich asketisch-moralische Unterweisungen und geistliche Übungen zur Abtötung des Leibes und zur Läuterung der Seele. Der dritte Teil (Toledo 1527) handelt vom *»Gebet der Sammlung«*, die, wie er schreibt, *»einige mystische Theologie nennen«*. Der vierte Teil (Toledo 1530), auch *Gesetz der Liebe* betitelt, der im wesentlichen die anderen drei zusammenfaßt, dient mit seinen zahlreichen Zitaten aus der Bibel und den Schriften der Kirchenväter vornehmlich als Stoffsammlung für Predigten. Der fünfte Teil (Burgos 1542) mit dem Titel *Trost der Armen und Ermahnungen an die Reichen* gibt in einer Sitten- und Standeslehre Verhaltensvorschriften für Ledige, Verheiratete und Verwitwete beiderlei Geschlechts. Der sechste Teil (Sevilla 1554), der *»von den Wunden Christi«* handelt, deckt sich thematisch mit dem ersten.

Berühmt geworden ist das *dritte Alphabet*, das bis in die neueste Zeit sehr oft einzeln gedruckt wurde und das einige Jahrzehnte nach Osunas Tod die Gipfelwerke der mystischen Literatur, darunter auch die Schriften der TERESA DE ÁVILA, beeinflussen sollte, die dieses Werk hoch geschätzt und vieles von ihm übernommen hat. Der in diesem Alphabet vorkommende Begriff des *»Nichtsdenkens« (»no pensar nada«)* wurde bald Gegenstand von Auseinandersetzungen; er tritt auch im Quietismus von MOLINOS als Grundthema einer inaktiven, rein kontemplativen Mystik auf: *»Versinken wir im Nichts, so wird Gott unser Alles sein.«* Osuna, dessen Quellen die Bibel, die Kirchenväter und das deutsche und niederländische Schrifttum über die Vollkommenheitslehre sind, setzt die Tradition der Liebestheologie (AUGUSTIN, FRANZ VON ASSISI, HUGO VON ST. VIKTOR, BERNHARD VON CLAIRVAUX, BONAVENTURA u. a.) fort: Der Weg zur Vollkommenheit führt über die unmittelbare Erfahrung Gottes im liebenden Gefühl. Im Unterschied zu den späteren großen Mystikern (LUIS DE LEÓN, JUAN DE LA CRUZ, JUAN DE LOS ANGELES u. a.) zeigt Osuna sich von den Eros-Spekulationen des Neuplatonismus und Plotinismus gänzlich unberührt. Selbst im dritten *Alphabet* geht er nicht über das, was die systematische Mystik *vita contemplativa* (Leben oder Gebet der Sammlung) nennt, hinaus. In Fragen des geistig-religiösen Lebens ist Osuna mehr praktischer Moralist als spekulativer Theologe. Tugendübungen und Kasteiungen, die den Menschen von den Versuchungen der Welt loslösen sollen, stehen bei ihm im Vordergrund. – In seinen Ausführungen geht er unsystematisch vor, er ist *»ein ungezügelter Feuerkopf..., der die Fülle der auf ihn einstürmenden Ideen unruhig umkreist und durchleuchtet... und mit immer neuem Ansprung an ihre wortreiche Deutung geht«* (L. Pfandl).

Der Sprachstil Osunas ist durchweg einfach und natürlich; er steigert sich oft in eine Rhetorik, die an den Kanzelstil erinnert. Entsprechend dem volkstümlichen Zweck seines Werkes nimmt er Beispiele, Bilder und Vergleiche aus dem Alltagsleben zu Hilfe, um seine Darstellungen anschaulicher zu machen. – Die drei letzten *Alphabete* stammen wahrscheinlich nicht von Osunas eigener Hand, sondern sind von Dritten aus seinen Schriften zusammengestellt worden. A.F.R.

AUSGABEN: Sevilla u. a. 1528–1554 [6 Tle.]. – Madrid 1911 (NBAE, 16; nur Tl. 3). – Madrid 1948 (BAC, 38; Tl. 4). – Madrid 1972, Hg. M. Andrés. – Madrid 1980, 3 Bde.

ÜBERSETZUNGEN: *Trost d. Armen u. Warnung d. Reichen*, A. Albertinus, Mchn. 1602 [nur Tl. 5]. – *Versenkung: Weg und Weisung des kontemplativen Gebets*, E. Lorenz, Freiburg i. B. 1982; ²1984.

LITERATUR: F. d. Ros, *Un maître de Sainte Thérèse...*, Paris 1937. – E. A. Peers, *Studies of the Spanish Mystics*, Ldn. 1951, Bd. 1, S. 63–107. – H. J. Prien, *F. de O., Mystik und Rechtfertigung*, Hbg. 1967. – J. A. Marquis, *Las imágenes en los »Abecedarios espirituales« de F. de O.*, Diss. Ohio State Univ. 1971 (vgl. Diss. Abstracts, 31, 1971, S. 4781A). – L. Calvert, *F. de O. and the Spirit of the Letter*, Chapel Hill/N.C. 1973. – Ders., *Images of Darkness and Light in O.'s »Spiritual Alphabet Books«* (in Studia mistica, 8,1985, S. 38–44).

FERNÁN PÉREZ DE GUZMÁN

* zwischen 1376 und 1379
† um 1460 Batres (?)

MAR DE YSTORIAS

(span.; *Ein Meer von Geschichten*). Lebensbilder bedeutender Persönlichkeiten von Fernán PÉREZ DE GUZMÁN, erschienen 1512. – Das in drei Teile gegliederte Werk berichtet im ersten von Kaisern und Fürsten, im zweiten von Heiligen und Weisen und bringt im dritten unter dem Titel *Generaciones y semblanzas (Familien- und Lebensgeschichten)* kurzgefaßte Lebensbilder wichtiger Persönlichkeiten aus der Regierungszeit Heinrichs III. (1349 bis 1406) und Johanns II. (1405–1454) von Kastilien. Während der Inhalt der ersten beiden Teile, die von historischen und legendären Gestalten, wie Alexander dem Großen, Caesar, Mark Aurel, Karl dem Großen, Gottfried von Bouillon, König Artus, Merlin u. a., handeln und diese als Muster des Heldentums, der Tugend und der Weisheit hinstellen, größtenteils dem *Mare historiarum* des Giovanni COLONNA (geb. 1298) entnommen ist, erweist sich der dritte, meist gesondert gedruckte Teil als selbständiges, originelles Werk von hohem literarischem Rang. Mit diesen *Generaciones y semblanzas* ist Guzmán, sieht man von ersten Ansätzen in den *Crónicas de los reyes de Castilla* von Pero LÓPEZ DE AYALA ab, der eigentliche Schöpfer des literarischen Porträts in Spanien.

Hervorzuheben ist bei Guzmán in erster Linie die Objektivität der Darstellung und, bei leidenschaftlicher Anteilnahme, Unparteilichkeit des Urteils. Weder beeinflußt, wie das maßvoll wertende Charakterbild seines Widersachers, des mächtigen Kronfeldherrn Don Álvaro de Luna beweist, sein persönliches Verhältnis zu der beschriebenen Person die Darstellung, noch verleiten ihn deren Rang, Stellung und Einfluß zu schmeichelhaft verfälschter Charakterisierung oder zur Verschleierung der Wahrheit. Von Catalina de Lancastre, der Gemahlin Heinrichs III., heißt es, sie sei dick, unmäßig und in Gestalt und Bewegung so plump gewesen, *»daß man sie ebensogut für einen Mann wie für eine Frau halten konnte«*, und von Johann II.: *»Er tat nichts, woraus man hätte schließen können, daß er ein Mensch war.«* Ein Zeugnis für die edle Gesinnung Guzmáns, der, ein Neffe des Großkanzlers López de Ayala, selbst eine nicht unbedeutende Rolle als Soldat und Politiker gespielt hat, ist das Lebensbild seines Freundes, des konvertierten Juden Pablo de Santa María, den er unbekümmert um den vom niederen Klerus und von den Mönchen geschürten Antisemitismus seiner Zeit verherrlicht.

Kraftvoll und klar wie die seines Vorbilds SALLUST (86–35 v. Chr.), ist die Sprache Guzmáns frei von falscher Rhetorik, nüchtern und straff, aber ausdrucksvoll und lebendig. Licht und Schatten, Stärken und Schwächen, körperliche und geistig-moralische Züge weiß dieser Autor mit Geschick so zu verteilen, daß ein plastisches, eindrucksvolles Bild des jeweils Dargestellten entsteht. *»Kein humanistisches Werk kommt dieser spanischen Sammlung biographischer Skizzen gleich, was gescheite Psychologie, scharfe Weltkenntnis, unabhängiges Urteil und realistische Ausdrucksweise betrifft«* (Fueter). A.F.R.

AUSGABEN: Valladolid 1512. – Paris 1913 (in RH, 28, Hg. R. Foulché-Delbosc). – Madrid 1941 (*Generaciones y semblanzas*, Hg. u. Einl. J. Domínguez Bordona; Clás. Cast). – Madrid 1944, Hg. J. Rodríguez Arzúa. – Ldn. 1965 (*Generaciones y semblanzas*, Hg. R. B. Tate).

LITERATUR: W. J. Entwistle, *A Note on F. P. de G. »Mar de Historias«*, Kap. 46: *»Del santo Grial«* (in MLR, 18, 1923, S. 206–208). – J. L. Romero, *Sobre la biografía española del siglo 15 y los ideales de vida* (in Cuadernos de Historia de España, 1, 1944, S. 115–138). – Ders., *P. de G. y su acitud história* (ebd., 3, 1945, S. 117–151). – F. López Estrada, *La rétorica en las »Generaciones y semblanzas« de F. P. de G.* (in RFE, 30, 1946, S. 310–352). – C. Clavería, *Notas sobre la caracterización de la personalidad en »Generaciones y semblanzas«* (in Anales de la Universidad de Murcia, 10, 1951/52, 4, S. 481–526; Murcia 1953). – F. de Urmenta, *Sobre la estética guzmaniana* (in Revista de Ideas la Estéticas, 35, 1977, S. 65–69). – N. del Castillo Matheu, *Breve análisis de las »Generaciones y semblanzas« de F. P. de G.* (in Thesaurus, 22, 1978, S. 422–445).

FERNÁN PÉREZ DE OLIVA

* 1494 (?) Córdoba
† 3.8.1531 Medina del Campo

DIÁLOGO DE LA DIGNIDAD DEL HOMBRE

(span.; *Dialog über die Würde des Menschen*). Humanistischer Prosadialog von Fernán PÉREZ DE OLIVA, postum erschienen 1546. – Aurelio und Antonio geraten auf einem Spaziergang in einen Disput über das Elend und die Größe des Menschen; an einer Quelle wollen sie den Streit vor einigen Zuhörern in Ruhe austragen. Aurelio vertritt, gestützt auf DEMOKRIT, EPIKUR und die Stoiker, eine pessimistische Auffassung. Schon die vergängliche Wohnstätte des Menschen ist dürftig, verglichen mit der ewigen Schönheit der Himmelskörper. Der Mensch wird nackt, weinend und ohne ausreichend für den Lebenskampf gerüstet zu sein, geboren; seine Sinne sind schwach, unzureichend ist sein Verstand; denn er vermag die Wahrheit, die allein den Menschen Schutz bieten könnte, nur mit Mühe oder gar nicht zu erkennen. Keiner der drei Stände – *»Arbeitende, Herrscher und Krieger«* – macht den Menschen glücklich: *»Ein jeder haßt seinen eigenen Stand und begehrt den der anderen; aber wenn er ihn erreicht hat, findet er die gesuchte Ruhe nicht.«* Obgleich der Tod die Erlösung von allen Übeln ist, erleidet der Mensch auch ihn nur als Qual und Schmerz. Viele preisen den Ruhm als Lebensideal, aber *»er ist nur der eitle Tröster der Kürze des Lebens. Was nützt den begrabenen Knochen der Ruhm der vollbrachten Taten?«* Mächtiger noch als der Ruhm sind die Vergessenheit, *»der alles anheimfällt«*, und die Zeit, *»die Vernichterin aller menschlichen Dinge«*. – Antonio widerlegt die Thesen Aurelios Punkt für Punkt, indem er ihnen das Menschenbild eines christlichen Humanismus entgegenstellt. Eindringlich vertritt er den für die Renaissance typischen Gedanken, daß der Mensch ein vollkommenes Kunstwerk, Krone der Schöpfung und Spiegel der Schönheit der Welt sei. Er preist die Sinne und ihre Organe, besonders die Hände, *»diese weichen Werkzeuge, die selbst die Härte des Eisens zu erweichen vermögen«*. Sie sind ein Symbol der Macht, die dem Menschen durch den Besitz des Verstandes gegeben ist: *»Wir umfassen die Erde, messen die Weiten des Meeres, steigen zum Himmel empor, betrachten seine Wunder und gelangen bis zu Gott, der sich vor uns nicht versteckt. Nichts ist so verborgen, nichts ist so entfernt oder so ins Dunkel gehüllt, daß es für den Blick unseres Verstandes unerreichbar bliebe.«* Auch in den verschiedenen menschlichen Ständen sowie im Tod und im Ruhm, kurz überall, wo Aurelio nur Übel und Sinnlosigkeit entdeckte, findet Antonio Zeichen der Menschengröße. – Mit einer kurzen Bemerkung eines Zuhörers bricht der Dialog ziemlich abrupt ab.

Pérez de Olivas Schrift ist – ähnlich wie viele Werke Ciceros – nur bedingt als ein Dialog anzusprechen; denn die beiden Gesprächspartner diskutieren nicht, sondern verteidigen in langen, monologischen Ausführungen ihre feststehende Meinung. Man wird im ganzen eher von einer geschickt aufgebauten Zusammenfassung von Argumenten für eine pessimistische und eine optimistische Weltsicht sprechen müssen als von einem Streitgespräch. Dennoch ist das Werk als Markstein auf dem Weg zur klassischen spanischen Prosa des 16. Jh.s von Bedeutung. Die Sprache hat sich vom Vorbild des Lateinischen gelöst und entfaltet bewußt dem Spanischen eigene Stilmöglichkeiten: Pérez de Oliva lehnt alle antikisierenden Konstruktionen ab und bekennt sich zu einer klaren, sparsam mit Schmuck versehenen Diktion. A.F.R.

Ausgaben: Alcalá de Henares 1546. – Córdoba 1586. – Madrid 1873, Hg. A. de Castro (BAE, 65). – Madrid 1928. – Barcelona 1967, Hg. u. Einl. J. L. Abellán. – Madrid 1982, Hg. u. Einl. M. L. Cerrón Puga.

Literatur: P. Henríquez Ureña, *El maestro Hernán P. de O.*, Havanna 1914. – W. Atkinson, *Hernán P. de O.: A Bibliographical and Critical Study* (in RH, 71, 1927, S. 309–484). – M. Menéndez y Pelayo, *El maestro F. P. de O.* (in M. M. y P., *Estudios y discursos de crítica histórica y literaria*, Bd. 2, Santander 1941). – M. Solana, *Historia de la filosofía española. Época del renacimiento*, Bd. 2, Madrid 1941, S. 49–64. – A. Buck, *Die Rangstellung des Menschen in der Renaissance: dignitas et miseria hominis* (in AfKg, 42, 1960, S. 61–75). – O. H. Green, *The Concept of Man in the Spanish Renaissance* (in Rice Institute Pamphlet, 46, 1960, S. 41–56). – Ders., *Spain and the Western Tradition*, Bd. 2, Milwaukee/Madison 1964.

HERNANDO DEL PULGAR

* um 1436 Pulgar / Toledo oder Madrid
† um 1495

CHRONICA DE LOS MUY ALTOS Y ESCLARECIDOS REYES CATHOLICOS DON FERNANDO Y DOÑA YSABEL

(span.; *Chronik der hohen und erlauchten Katholischen Könige Ferdinand und Isabella*). Chronik von Hernando del Pulgar, von Antonio de Nebrija (1441–1522) ins Lateinische übersetzt und zum erstenmal 1545 in Granada unter dessen Namen gedruckt. Zwanzig Jahre später erschien sie in spanischer Sprache unter dem Namen des wirklichen Verfassers – des Hofhistoriographen Pulgar.

Die Chronik umfaßt die Zeit von 1468–1490 und gliedert sich in drei Bücher, die von den wichtigsten Ereignissen jener Zeit in ermüdenden Lobreden berichten: Ernennung Isabellas zur Nachfolgerin Heinrichs IV., ihre Ehe mit Ferdinand von Aragonien (1469), Kämpfe und Auseinandersetzungen um die Nachfolgerschaft Heinrichs IV., dessen Tod, Krönung Isabellas zur Königin Kastiliens, ihre Kämpfe gegen den rebellischen und anarchistischen Adel, Beginn des Krieges, der die Mauren für immer aus Spanien vertrieb. Diese Chronik ist von einem geschichtlichen Wert, da Pulgar oft als Augenzeuge berichtet und als Sekretär der Könige Zugang zu wichtigen Dokumenten hatte. Wie schon in seiner Galerie berühmter Zeitgenossen, *Libro de claros varones de Castilla*, geht es dem Autor, dem als Chronist manche Irrtümer und Auslassungen unterlaufen, vor allem darum, die Charakterzüge der Hauptgestalten herauszuarbeiten, besonders die der Königin Isabella, deren Strenge, geistvolle Art und Gerechtigkeitssinn er lobend erwähnt. Nach dem Beispiel von Titus Livius verwendet er häufig die direkte Rede historischer Gestalten. Damit und mit der Einschaltung von persönlichen Beobachtungen und kritischen Kommentaren geht das Werk über eine Chronik rein berichtenden Charakters hinaus. A.F.R.

AUSGABEN: Granada 1545 (*Rerum a Fernando et Elisabe Hispaniarum foelicissimis regibus gestarum decades duae*; lat. Übers. v. A. Nebrija; Auswahl). – Valladolid 1565. – Valencia 1780 (*Crónica de los señores reyes católicos Don Fernando y Doña Isabel*). – Madrid 1878 (BAE, 70). – Madrid 1943, Hg. J. de Mata Carriazo (Colección de crónicas españoles, 5/6).

LITERATUR: J. Cepeda Adán, *El providencialismo en los cronistas de los Reyes Católicos* (in Arbor, 17, 1950, S. 177–190). – J. C. Chevalier, *Otrosi et Asimesmo: Étude sémantique et syntaxique d'après la »Crónica de los Reyes católicos« por su secretario F. del P.* (in BHi, 72, 1970, S. 375–385). – D. W. McPheeters, *El manuscrito clavel de la »Crónica« de P.* (in BHS, 80, 1978, S. 165–174).

LIBRO DE LOS CLAROS VARONES DE CASTILLA

(span.; *Buch der berühmten Männer von Kastilien*). Literarische Porträts von Hernando del PULGAR, erschienen 1486. – Bereits an der Schwelle der Renaissance stehend, ist Pulgar der letzte der großen mittelalterlichen Meister des literarischen Porträts. Er bringt zur Vollendung, was Pero LÓPEZ DE AYALA (1332–1407) in seinen *Crónicas de los reyes de Castilla* begonnen, Fernán PÉREZ DE GUZMÁN (1378?–1460) in *Mar de historias* unter dem Titel *Generaciones y semblanzas* zur Gattung entwickelt hatte. Letzteren bezeichnet Pulgar denn auch, neben PLUTARCH und VALERIUS MAXIMUS, ausdrücklich als sein Vorbild. Er unterscheidet sich von ihm durch die milde Beurteilung, die er den dargestellten Persönlichkeiten zuteil werden läßt, und übertrifft ihn an Lebendigkeit der Phantasie, Lebhaftigkeit der Beschreibung und vor allem an psychologischem Scharfblick. Außer den Porträts der Könige Johann II. (reg. 1405–1454) und Heinrich IV. (reg. 1454–1474) enthält sein Buch acht Bildnisse von hohen kirchlichen Würdenträgern und vierzehn Porträts von Persönlichkeiten des Adelsstandes, die zur Zeit der genannten Könige die höchsten Ämter der zivilen und militärischen Verwaltung des Landes innehatten. Für die Gesellschaftsstruktur jener Zeit ist bezeichnend, daß kein Bürgerlicher, kein Dichter, Schriftsteller oder Gelehrter in diese Porträtgalerie berühmter Leute aufgenommen wurde. Nur einen Dichter stellt Pulgar vor, den Marqués de SANTILLANA (1398–1458), diesen aber aufgrund seines Adelspatents und seiner bedeutenden gesellschaftlichen und politischen Stellung.

Nicht alle Bildnisse der Sammlung sind von gleichem Niveau. Alle sind nach demselben Schema angelegt: Nach Angabe der Herkunft wird kurz und prägnant die äußere Erscheinung des Betreffenden gezeichnet. Darauf folgt eine Würdigung seiner geistigen und moralischen Persönlichkeit durch Hinweise auf Bildung, Charakter, Verhaltensweise und Taten, untermalt und veranschaulicht durch Aussprüche des Porträtierten und eingestreute Anekdoten über ihn. Dabei hebt Pulgar mit einem sehr modernen Sinn für Porträtkunst jeweils die aufschlußreichen Züge und bezeichnenden Merkmale hervor. Auf diese Weise gelingen ihm Charakterbilder, die, wie etwa das des Marqués de Santillana, des Conde Don Rodrigo Manrique, Maestre de Santiago, oder die der beiden Könige, durch Beobachtungsgabe, Sinn für Physiognomie, psychologische Einfühlung und dank der Klarheit und schmucklosen Einfachheit der Sprache Meisterwerke der literarischen Porträtkunst sind. Gelegentlich stört ein Übermaß an gelehrten Zitaten und moralischen Lehren, mit denen Pulgar seine humanistische Bildung beweisen wollte. Doch in der Kunst, große Gedanken mit würdevoller Gelassenheit vorzutragen, kommt kein Zeitgenosse ihm gleich. A.F.R.

AUSGABEN: Toledo 1486. – Madrid 1942, Hg. J. Domínguez Bordona (ern. 1969; Clás. Cast). – Oxford 1971, Hg. R. B. Tate [krit.]. – Madrid 1985, Hg. ders.

LITERATUR: J. L. Romero, *Sobre la biografía española del siglo 15 y los ideales de vida* (in Cuadernos de Historia de España, 1, 1944, S. 115–138).

GARCI RODRÍGUEZ DE MONTALVO

auch Garci Ordoñez de Montalvo

* 1482 erstmals erwähnt
† vor 1505

LOS QUATRO LIBROS DEL VIRTUOSO CAUALLERO AMADÍS DE GAULA

(span.; *Amadis von Gallien*). Ritterroman von Garci RODRÍGUEZ DE MONTALVO, erschienen 1508. – Der berühmteste Ritterroman spanischer Sprache handelt vom Königssohn Amadís und seinen Verwandten, deren abenteuerreiche Schicksale zu einem vielsträngigen peripetienreichen Roman mit gelegentlich schwer zu überblickender Handlungsführung verwoben sind. *»Kurze Zeit nach der Passion Christi«* gelangt der gallische König Perión an den Hof des Königs Garinter, mit dessen Tochter Elisena er Amadís zeugt. Um sich nicht durch die heimliche Liebschaft zu kompromittieren, setzt Elisena, unterstützt von ihrer Zofe Darioleta, den illegitimen Sohn Amadís in einem Kästchen auf dem Meer aus, wo ihn der schottische Edelmann Gandales rettet und zusammen mit seinem eigenen Sohn Gandalín großzieht. Zur selben Zeit wächst auch Galaor, der zweite Sohn Perións und Elisenas, die nach dem Tod Garinters geheiratet haben, fern von seinen Eltern auf: Ihn hat der Riese Gandalac entführt, der in ihm einer Prophetie gemäß seinen künftigen Retter vor seinem Todfeind Albadán sieht. – Als »Doncel del Mar« wird Amadís am Hof des englischen Königs Lisuarte zum Ritter ausgebildet, wo er sich in die Prinzessin Oriana verliebt und von seinem Vater Perión zum Ritter geschlagen wird. Auf seiner ersten Abenteuerfahrt besteht der Doncel del Mar eine Reihe von Kämpfen. Elisena und Perión erkennen schließlich in dem Doncel de Mar ihren einst ausgesetzten Sohn Amadís. – Galaor ist inzwischen herangewachsen. Gandalac läßt den Jungen von Amadís zum Ritter schlagen. Galaor bezwingt zunächst den Riesen Albadán, besteht sodann weitere gefährliche Abenteuer, die ihn berühmt machen. So macht sich Amadís schließlich auf die Suche nach dem eigenen Bruder. Dabei trifft er auf Arcaláus, der ihn durch seine magischen Kräfte besiegt. Amadís, der für tot gilt, kann in einer mysteriösen Beschwörungszeremonie von der Fee Urganda la Desconocida, die künftig immer wieder hilfreich in das Geschehen eingreift, gerettet werden. In einer weiteren Aventüre kann Amadís schließlich Lisuarte und Oriana befreien, die Arcaláus entführt hatte, um seinen Komplizen Barsinán zum Statthalter über England machen zu können.

Die Abenteuer des zweiten Buches zentrieren sich um die Thematik der höfischen Liebe zwischen Amadís und Oriana. Obgleich sich die Unverbrüchlichkeit von Amadís' Treue in der bestandenen Prüfungsaventüre auf der Insola Firme, einem mit wunderbaren Bauwerken und Abenteuern versehenen Inselreich, manifestieren kann, glaubt sich Oriana durch falsche Anschuldigungen zeitweilig von ihm betrogen und verstößt ihn. Amadís zieht sich als ritterlicher Einsiedler auf das Eiland *Peña pobre* zurück. Arcaláus hat mittlerweile gemeinsam mit dem irischen König Abiés England überfallen. Amadís gelingt es, den Widersacher zurückzuschlagen. Als Ritter Beltenebrós besteht er unerkannt bedeutende Taten. Gemeinsam mit Oriana kann er schließlich auf der Insola Firme die Prüfung bestehen, durch die Amadís als bester lebender Ritter und Oriana als schönste Frau der Welt die Schicksalhaftigkeit ihrer Liebe unter Beweis stellen. Doch hat Lisuarte aus Machtkalkül für seine Tochter den römischen Thronfolger als Gatten ausersehen. Amadís verliert die Gunst Lisuartes und zieht sich mit seiner Sippe und Oriana auf die Insola Firme zurück, von wo aus er allerdings immer wieder Lisuarte zu Hilfe eilt, der in zunehmende militärische Bedrängnis gerät. Neben Arcaláus erwächst ihm in dem mit allen Zügen eines Teufelssohnes ausgestatteten König Arábigo ein profilierter Gegenspieler. Die Entscheidung zwischen Lisuarte und diesen finsteren Mächten wird durch eine Reihe von Episoden, die Amadís auf dem Balkan, in Deutschland und Böhmen als »Caballero de la Verde Espada« (Ritter mit dem grünen Schwert) oder als »Caballero del Enano« (Zwergenritter) besteht, verzögert. Auch Episoden aus der Kindheit Esplandiáns, des Amadís-Sohnes, den Oriana auf der Insola Firme zur Welt gebracht hat und der von dem Eremiten Nasciano erzogen wird, sind hier eingeflochten.

Beide Episodengruppen bereiten ab Ende des dritten Buches den späteren Roman *Las Sergas de Esplandián* (vgl. dort) vor. Nach weiteren teils phantastischen Abenteuern wie dem Sieg über das Fabelwesen Endriago gelingt es Amadís, die Zwangsheirat Orianas zu verhindern. Als Lisuarte erneut Krieg gegen die auf der Insola Firme versammelten Helden führen will, fällt ihm Arcaláus mit seinen Verbündeten in den Rücken. Erst Nasciano gelingt es, den Konflikt zwischen Lisuarte und Amadís zu schlichten, indem er die bislang geheimgehaltene Ehe von Oriana und Amadís bekanntmacht. Mit vereinten Kräften werden Arcaláus, Arábigo und ihre Verbündeten zurückgeschlagen. Indem während der Siegesfeiern am Ende des vierten Buches Lisuarte durch Zauberei entführt wird, endet das Werk mit einem offenen Schluß, der zu dem von Rodríguez verfaßten *Sergas de Esplandián* überleitet.

Ebenso wie lange Zeit über die französische, portugiesische oder spanische Herkunft des Werkes Uneinigkeit bestand, ist die verwickelte Entstehungsgeschichte dieses erfolgreichsten Buches des 16. Jh.s bis heute nicht in allen Einzelheiten geklärt. Der kastilische Ratsherr Rodríguez de Montalvo nennt sich selbst nur als Bearbeiter eines älteren Romans in drei Büchern, denen er wohl erst die vorliegende Gestalt in vier Büchern mit einem offenen Schluß gegeben zu haben scheint. Neben der stilistischen Bearbeitung geht auch die profilierte Rolle des Erzähler-Herausgebers auf ihn zurück, die immer wieder in seiner Opposition zum erzählten Stoff evident wird: Im Spanien der Katholischen Könige mag für die Wiederbelebung des *Amadís*-Stoffes, der bereits seit dem 14. Jh. erwähnt ist und von dem sich Fragmente aus dem frühen 15. Jh. nachweisen lassen (sog. Ur-*Amadís*), vor allem der höfisch-ritterliche Vorbildcharakter der Hauptfiguren gesprochen haben. Dagegen distanziert sich der Bearbeiter nicht nur von den charakterlichen Mängeln solcher Figuren wie Lisuarte oder Arcaláus, sondern auch von der erotischen Komponente, die auf die altfranzösischen Vorbilder zurückweist: Der große Prosaritterroman *Lancelot du Lac*, der bis ins 17. Jh. hinein in ganz Europa gelesen und bearbeitet wird, ist hier als bedeutender Anreger zu nennen, dem der *Amadís* nicht nur das Figurenarsenal, sondern ganze Handlungspartien und die Technik der Szenenverflechtung verdankt, ohne dessen melancholisch-tragische Grundstimmung beizubehalten. (So tilgt Rodríguez den tragischen Ausgang des Ur-*Amadís*.) Daneben haben vor allem die *Trojaromane* und die *Gran Conquista de Ultramar* auf die Gestaltung Einflüsse ausgeübt.

Im mentalitätsgeschichtlichen Klima der europäischen Ritterrenaissance entfaltet das Werk seine Wirkung zunächst als Abenteuerroman, dessen bunte Phantastik ARIOST und B. TASSO *(Amadigi)* fasziniert. Neben Ignacio de LOYOLA und TERESA DE ÁVILA haben sich auch J. de VALDÉS, MONTAIGNE und CASTIGLIONE teils bewundernd, teils kritisch zu dem Werk geäußert. Breiteste Wirkung zeitigt der Roman nicht nur als Auslöser der *Amadís*-Serie, die in Spanien zwölf, in Deutschland gar vierundzwanzig Bände in immer neuen Auflagen erreicht, sondern auch als Inspirationsquelle dramatischer (Gil VICENTE, *La tragicomedia de Amadís de Gaula*) und lyrischer Werke (Romanzendichtung). Von der Faszination, die von Rodríguez' Bearbeitung ausging, zeugt, neben Übersetzungen in die wichtigsten europäischen Sprachen, eine hebräische Übersetzung durch den jüdischen Arzt Jacob di ALGABA (Konstantinopel 1541). CERVANTES nimmt den *Amadís* im *Don Quijote* ausdrücklich von der Verdammung der Ritterbücher aus, weil er das erste kastilische Ritterbuch überhaupt gewesen sei: In zahlreichen Episoden seines Werks stilisiert sich Quijote denn auch als »Amadís-Ritter«. Im Lauf des 16., mehr noch im 17. Jh. verschiebt sich die Rezeption des Romans vom reinen Abenteuerroman hin zum höfisch-galanten Roman. Wie nachhaltig der Roman auf die Lebenswelt seiner Leser gewirkt hat, zeigen die *Trésors d'Amadís* (seit 1559), Florilegien besonders nachahmungswürdiger Liebesbriefe und Reden des Werkes. Unter den zahlreichen Opernfassungen, die der Stoff erfuhr, sind diejenigen von J. B. Lully, G. F. Händel, J. C. Bach und L. Rossi zu nennen. Noch im 18. Jh. bezieht sich C. M. WIELAND mit seinem *Neuen Amadís* auf den Roman. Bekannt ist auch GOETHES begeistertes Urteil über den Roman. A. W. SCHLEGEL behandelt ihn in seinen Wiener Vorlesungen über die »Romantischen Dichtungen des Mittelalters«, während Walter SCOTT diesem Klassiker der populären Lesestoffe nicht nur einen Essay (*Amadis of Gaul*, 1803) widmet, sondern in einigen seiner *Waverley*-Novels *(Ivanhoe, Quentin Durward, The Talisman)* deutlich auf den *Amadís* zurückgreift. Scotts Vermittlung ist es zu verdanken, daß der *Amadís* so zum Bindeglied zwischen dem mittelalterlichen Ritterepos und den neuzeitlichen Action-Romanen und Filmserien werden konnte. G.Wil.

AUSGABEN: Saragossa 1508. – Madrid 1857, Hg. P. de Gayangos (*Libros de caballerías*; m. Vorw.). – Madrid 1959–1969, Hg. E. B. Place (m. Vorw. u. Bibliogr. d. Ausg.). – Madrid 1987/88, Hg. u. Einl. J. M. Cacho Blecua.

ÜBERSETZUNGEN: *Newe Historia vom Amadis auß Franckreich*, anon., 4 Bde., Ffm. 1569–1571; ern. Bern 1988, 6 Bde. (Faks. d. Ausg. Ffm. 1569 bis 1572). – *Amadis: Erstes Buch*, Stg. 1857, Hg. A. v. Keller n. d. Ausg. 1596; ern. Darmstadt 1973 (Faks.). – *Amadis von Gallien*, F. R. Fries, Stg. 1977, 2 Bde. (Bücher 1 u. 2); ern. Lpzg. 1985. – *Amadís de Gaule: Le premier livre*, H. des Essarts, Paris 1540; dass. Paris 1918, 2 Bde., Hg. H. Vaganay; ern. Paris 1986. – Lexington 1974, E. B. Place u. H. C. Behm, 2 Bde. (engl. Übers. d. Bücher 1–4).

LITERATUR: G. S. Williams, *The Amadís Question* (in RH, 21, 1909, S. 1–67). – F. González Olmedo, *El Amadís y el Quijote*, Madrid 1947. – F. Weber de Kurlat, *Estructura novelesca del »Amadís«* (in Revista de Literaturas Modernas, 5, 1967, S. 29–54). – J. Amezcua Gomez, *La oposición de Montalvo al mundo del Amadís de Gaula* (in NRFH, 21, 1972, S. 320–337). – Y. Roussinovitch-Solé, *El elemento mítico-simbólico en el Amadís de Gaula* (in Thesaurus, 29, 1974, S. 129–168). – F. Pierce, *Amadís de Gaula*, Boston 1976. – J. D. Fogelquist, *El »Amadís« y el género de la historia fingida*, Madrid 1982. – E. Williamson, *The Half-Way House of Fiction*, Oxford 1984. – A. Gier, *G. R. de M.: Los quatro libros del virtuoso cavallero Amadís de Gaula* (in *Der spanische Roman*, Hg. V. Roloff u. H. Wentzlaff-Eggebert, Düsseldorf 1986, S. 16–32). – M. de Riquer, *Estudios sobre »Amadís de Gaula«*, Barcelona 1988. – J. B. Avalle-Arce, *Amadís de Gaula, el primitivo y el de Montalvo*, Barcelona 1990.

LAS SERGAS DE ESPLANDIÁN

(span.; *Die Heldentaten von Esplandián*). Ritterroman von Garci RODRÍGUEZ DE MONTALVO, erschienen 1510. – Der Roman, dessen Handlung von dem Amadís-Sohn Esplandián, der Zauberin Urganda und einer Reihe junger, im *Amadís*-Roman nicht erwähnter Ritter bestritten wird, knüpft an die nicht zu Ende geführten Entwicklungsmöglichkeiten von Ereignissen aus dem dritten und vierten Buch des *Amadís* an. Anders als die ersten vier Bücher des *Amadís* gibt der Verfasser das fünfte Buch, das zum überwiegenden Teil Rodríguez' Schöpfung ist, als Produkt des Historikers und Weisen Elisabat aus. Die *Sergas* sind in bewußter Überbietung des *Amadís* konzipiert. So besteht der Amadís-Sohn Esplandián bereits zu Beginn das Abenteuer der Montaña Defendida, an dem Amadís scheitern mußte, da sein Rittertum rein innerweltlich bestimmt war und seine einzige Inspirationsquelle die Minne war. Demgegenüber wird nun das höhere Ideal eines christlich fundierten Rittertums propagiert, das nicht mehr die physischen Schranken des vom Ideal der höfischen Liebe durchdrungenen Amadís-Rittertums kennt: Schon in einem der ersten Kapitel kommt es zum Duell auf Leben und Tod zwischen Vater und Sohn, die einander nicht erkennen. Dieser mythische Zweikampf ist eines der wenigen Details, die Rodríguez de Montalvo aus der spätmittelalterlichen Fassung des *Amadís*-Romans übernommen hat, doch tilgt er den tragischen Ausgang: Der tödlich verwundete Amadís wird von Esplandiáns weisem Begleiter Elisabat geheilt. In einer Reihe von Episoden stellt

Esplandián sein Heldentum unter Beweis, indem er den (am Ende des vierten Buches des *Amadís*) entführten Lisuarte befreit, die heidnischen Riesen Furión und Matroco besiegt und zum christlichen Glauben bekehrt, und – was Amadís nie vollbrachte – den mit magischen Kräften begabten Arcaláus tötet. Diese Episoden werden nach dem Muster der Szenenflechtung im Wechsel mit Taten der Ritter Garinto de Dacia und Maneli el Mesurado präsentiert.

Als deutliche Replik auf die Oriana-Amadís-Liebesgeschichte bringt der Autor die Liebe Esplandiáns zu Leonorina, der Tochter des Kaisers von Konstantinopel, ins Spiel. Gegenüber der romantischen Schmerzliebe mittelalterlicher Prägung erlangen indes hier die politisch-dynastischen Erwägungen ein stärkeres Gewicht. An die Stelle der im *Amadís* vage definierten Schauplätze tritt dabei als neuer, geographisch präzise umrissener Hauptschauplatz dieser drei wichtigsten Handlungsstränge Kleinasien mit dem östlichen Mittelmeerraum: Die Umgebung des durch die Türken bedrohten Konstantinopel rückt ins Gesichtsfeld des Lesers, der Zeuge eines wahren Kreuzzuges wird. Der weitaus größte Teil der *Sergas* wird durch die Kämpfe zwischen den christlichen Heeren und den heidnischen Herrschern der kleinasiatischen Reiche bestimmt. In einem der zahlreichen Gefechte wird sogar Urganda von ihrer heidnischen Widersacherin, der Hexe Melia, besiegt, kann aber bald darauf befreit werden. Nach weiteren Kämpfen gelingt es Melia erneut, Urganda in einem von zwei Drachen gezogenen Karren in die Heidenstadt Tesifante zu entführen, wo sie diese in einem gegen jeden Zauber gefeiten Turm einsperrt.

Als der Türke Armato alle heidnischen Kräfte gegen die Christen mobilisiert, muß Esplandián – nun ohne Unterstützung Urgandas – durch Bündnisdiplomatie Truppen der christlichen Fürsten Europas zum Entsatz von Konstantinopel zusammenziehen. Im Kampf gegen die Heiden fallen die alten Helden der früheren *Amadís*-Bücher, Perión, Lisuarte und Balán, doch trägt Esplandián den Sieg davon. Er kann Leonorina zum Traualtar führen, während die zum Christentum bekehrte Amazone Calafia und ihre Schwester mit den Rittern Talanque und Maneli verheiratet werden. In einer phantastischen Apotheose verzaubert Urganda, die im Austausch gegen den gefangengenommenen heidnischen Sultan freigekommen ist, die Hauptfiguren der Geschichte, um sie so vor dem Tod zu bewahren. Einst, wenn König Artus wieder zu den Lebenden zurückkehrt, sollen sie mit ihm gemeinsam den endgültigen Sieg über die Heiden davontragen, um ein die ganze Welt umspannendes christliches Reich zu errichten.

Allein in Spanien lassen sich zehn Auflagen nachweisen, bis in Cervantes' *Don Quijote* (1,6) das Werk dem Feuer übergeben wird. Doch handelt es sich gerade bei den Attacken gegen den *Esplandián* um den planvollen Versuch, die Spuren zu den Inspirationsquellen der im *Don Quijote* entfalteten Desillusionsstrategien zu verwischen: In einer Episode des 99. Kapitels wird der Erzähler Rodríguez von Urganda von seinem Schreibpult durch Zauberei entführt, für seinen schlechten Stil und seine Unfähigkeit im Umgang mit dem erhabenen Geschehen getadelt, um dann den noch unbekannten Teil des Romans aus dem Mund von Urgandas Nichte zu vernehmen. So ist die radikale Ironisierung der romanesken Illusion, die Cervantes so planvoll vorantreiben wird, in den *Sergas* vorgebildet. – Vor allem aufgrund seines militant christlichen Charakters fand das Werk eine durchweg positive Aufnahme und löste erst die eigentliche Flut der Ritterbücher aus, deren Ideologie die Eroberung und Kolonisierung heidnischer Reiche im Orient und auch in der Neuen Welt beeinflußt hat: Selbst der Name Kalifornien weist noch auf jene Amazone Calafia aus den *Sergas* zurück. G.Wil.

Ausgaben: Sevilla 1510. – Madrid 1857, Hg. P. de Gayangos (*Libros de Caballerías*, S. 403–561); ern. Madrid 1954.

Übersetzung: *Das fünffte Buch der Historien vom Amadis aus Franckreich*, Ffm. 1572; ern. Bern 1988 (Faks. der Ausg. 1572).

Literatur: S. Gili Gaya, *Las Sergas de Esplandián* como crítica de la caballería bretona (in Boletín de la Biblioteca Menéndez y Pelayo, 23, 1947, S. 103–111). – M. R. Lida de Malkiel, *Dos Huellas en el Quijote y en el Persiles* (in RP, 9, 1955/56, S. 156–162). – A. van Beysterveldt, *La transformación de la misión del caballero andante en el Esplandián…* (in ZfrPh, 97, 1981, S. 352–369). – Ders., *Amadís – Esplandián – Calisto. Historia de un linaje adulterado*, Madrid 1982. – G. Wild, *Die Geburt der neuen Texte aus dem Geiste von Artus' Tod* (in *Artusroman und Intertextualität*, Hg. F. Wolfzettel, Gießen 1990, S. 215–234).

FERNANDO DE ROJAS

* 1475 oder 1476 Toledo
† 8.(?)4.1541 Talavera

COMEDIA DE CALISTO Y MELIBEA

(span.; *Komödie von Calisto und Melibea*). Lesedrama in Prosa, vermutlich von Fernando de Rojas, erstmals erschienen 1499. – Die erste bekannte Ausgabe dieses Werks nennt keinen Verfasser, in der Ausgabe von Sevilla (1501) wird das Werk als *Comedia de Calisto y Melibea* betitelt und in einem Akrostichon der »Bachiller Fernando de Rojas« als Autor genannt, welcher freilich auch angibt, den bereits vorliegenden ersten Akt eines anderen Autors um fünfzehn weitere ergänzt zu haben. Diese Teilung der Autorschaft hat sich in der neueren Forschung durch Stilanalysen erhärtet. In einer weiteren, ebenfalls in Sevilla gedruckten Ausgabe (1502) heißt das Werk *Tragicomedia de Calisto y Melibea*, in die Literaturgeschichte ist es als *Celestina* eingegangen. Die *Tragicomedia* bewahrt mit geringfügigen Veränderungen die sechzehn Akte der *Comedia*, schiebt aber fünf neue Akte zwischen den 14. und 15. Akt ein. Die Frage der Autorschaft von Rojas für diese eingeschobenen Partien ist noch ungeklärt.

Die Fabel der *Celestina* ist einfach: Calisto, ein junger Mann vornehmer Herkunft, verliebt sich in Melibea, die einzige Tochter einer reichen Familie, die jedoch nichts von ihm wissen will. Seine Liebe zu ihr jedoch wird immer leidenschaftlicher und ist von der Vernunft nicht zu beherrschen. Sein habgieriger Diener Sempronio rät ihm, sich an die alte Kupplerin und Zauberkünstlerin Celestina zu wenden, der zweite Diener Pármeno rät ebenso heftig ab, obwohl ihm Sempronio verspricht, ihn an dem von Celestina zu erwartenden Anteil ihres Kupplerlohns zu beteiligen. Celestina selbst jedoch gelingt es mit psychologischer Raffinesse, Pármeno zum Schweigen zu bringen und schließlich auf ihre Seite zu ziehen. Von Calisto reich beschenkt, macht sie sich auf, um Melibea zu behexen, wird jedoch unterwegs von Angst vor den Folgen ihres Tuns befallen, die sie nur mit Mühe abschüttelt. Einmal von der leichtgläubigen Mutter eingelassen, gelingt es ihr, mit Zaubertricks in Melibea eine ebenso leidenschaftliche Liebe zu Calisto zu erwecken, der sie nun – in sehr profitabler Weise – als »postillon d'amour« dient. Nun wollen allerdings auch die Diener, die mit den Liebesdiensten einiger bei Celestina einquartierter käuflicher Damen abgefunden worden sind, ihren Anteil an der »Beute«, und als Celestina nicht nachgibt, erschlagen sie sie, werden jedoch postwendend vor Gericht gestellt und gehängt. Nun gewährt Melibea im Garten ihres Hauses ihrem Geliebten die Erfüllung seiner Wünsche. Nach der Liebesnacht stürzt er freilich von der Gartenmauer und verletzt sich tödlich. Die verzweifelte Melibea hält daraufhin ihren Eltern vom Turm herab einen Klagemonolog und stürzt sich dann zu Tode. Das Werk endet mit der Klage ihres Vaters Pleberio. In der Fassung von 1502 vergehen zwischen dem Tod der Celestina und dem Tod der beiden Liebenden mehrere Wochen, in denen einerseits Calisto und Melibea ständigen nächtlichen Verkehr pflegen und andererseits die durch Celestinas, Sempronios und Pármenos Tod »doppelt verwaisten« leichten Damen mit ihren neuen Freunden eine Racheintrige gegen Calisto und Melibea schmieden, die sie für den Tod der drei verantwortlich machen. So stellt sich das tragische Ende nicht als unhinterfragbares Wirken des Schicksals, sondern als eine präzise motivierte Intrige dar, in der es noch dazu die niederen Stände sind, die den tragischen Tod des »hohen Personals« bewirken.

In dieser zentralen Rolle realistisch gezeichneter Angehöriger aus dem Dienerstand liegt die revolutionäre Neuheit der *Celestina*. Zwar hatte schon der ARCIPRESTE DE HITA im 14.Jh. eine archetypische und mit gewissen realistischen Zügen ausgestattete Kupplerinnenfigur in seiner »Trotaconventos« geschaffen, mit der die Celestina im Text auch explizit verglichen wird. Sie erreicht jedoch niemals die psychologische Vielschichtigkeit von Rojas' Figur, die neben dem Cid, Don Quijote und Don Juan zu einem der grundlegenden Mythen der spanischen Literatur geworden ist. Im Ausdruck erreichte Rojas durch eine geschickte Verbindung humanistischer Kunstprosa mit einer facettenreichen, auch vor Derbheiten nicht zurückschrekkenden Volkssprache eine völlig neue Dimension. CERVANTES nennt das Stück, wenn auch mit gewissen Einschränkungen, »göttlich«, und die Mit- und Nachwelt zollte ihm reiche Bewunderung: Es wurde bald in alle Sprachen – später durch den deutschen Gelehrten K. BARTH sogar ins Lateinische – übersetzt. Die erste (sehr mangelhafte) deutsche Übersetzung von WIRSUNG erschien 1520. Als glänzendes Ergebnis eines neuen Übertragungsversuchs brachte dieser 1534 eine Ausgabe heraus, die noch Clemens BRENTANO begeisterte und ein Meisterstück der deutschen Prosa darstellt. Noch größer aber ist der Einfluß des Werks, der sich in Nachahmungen und Motivübernahmen durch mehrere Jahrhunderte nicht nur in der spanischen, sondern auch in der portugiesischen, französischen und italienischen Literatur feststellen läßt. Auch die Mutter Courage läßt sich wohl als eine entfernte Verwandte der Celestina interpretieren.

Im Vorwort definiert der Autor selbst sein Werk als eine Warnung an die Jugend vor den Gefahren der Liebe und stellt es solcherart in eine moralisch-didaktische Tradition, in der der Rückbezug auf den *Libro de buen amor* des Arcipreste de Hita neuerlich naheliegt. Aber wie schon der Arcipreste eine höchst ambivalente Haltung zu Fragen der Moral einnimmt, so ist auch bei Rojas keine eindeutige moralische Verurteilung zu erkennen. Sein illusionsloses Sittengemälde einer Gesellschaft, in der Korruption allemal über Tugend siegt, nimmt MACHIAVELLIS Gesellschaftsbild (etwa in der *Mandragola*) ebenso vorweg wie jenes des ersten spanischen Schelmenromans *Lazarillo de Tormes*. Anders als bei Machiavelli und im *Lazarillo* sühnen freilich alle Beteiligten ihre Sünden (Habgier, Maßlosigkeit, Mord, usw.) mit dem Tode, so daß ein Rest der moralisierenden Wirkung der mittelalterlichen Exempla-Dichtung durchaus erhalten bleibt.

A.F.R.-M.R.

AUSGABEN: Burgos 1499 [Faks.-Neudr. NY 1909]. – Toledo 1500 (*Comedia de Calisto y Melibea*; Faks.-Neudr. Coligny/Genf 1961). – Sevilla 1501 (*Comedia de Calisto y Melibea*). – Sevilla 1502 (*Tragicomedia de Calisto y Melibea*). – Madrid 1965 (*Tragicomedia de Calixto y Melibea*, Hg. M. Criado del Val u. G. D. Trotter). – Barcelona 1979, Hg. M. Criado del Val. – Madrid 1980, Hg. B. M. Damiani (Cátedra). – Madrid 1984, Hg. J. Cejador y

Frauca (Clás. Cast). – Urbana/Chicago 1985, Hg. M. Marciales, 2 Bde. [krit.]. – Madrid 1986 (Austral). – Madrid 1988, Hg. D. S. Severin.

Übersetzungen: *Ain hipsche Tragedia von zwaien liebhabenden Mentschen*, Christof Wirsung, Augsburg 1520; ²1534 [ern. Augsburg o. J.; Faks. d. Ausg. v. 1520]. – *Celestina*, E. Hartmann u. F. R. Fries, Bremen 1959; ern. 1989. – Dass., dies. (in *Spanische Meisterdramen*, Wien u. a. 1961). – *La Celestina oder Tragikomödie von Calisto und Melibea*, F. Vogelgsang, Ffm. 1989 [Ill. P. Picasso; m. Nachw.].

Bearbeitung: *Celestina*, G. Heinz, Reinbek 1976.

Literatur: Bibliographien: A. Schizzano Mandel, *»La Celestina«. A Thematic Survey and Bibliography*, Metuchen/N.J. 1971. – G. Siebenmann, *Estado presente de los estudios celestinescos (1956–1974)* (in Vox Romanica, 34, 1975, S. 160–212). – J. T. Snow, *»La Celestina« by F. de R.: An Annotated Bibliography of World Interest (1930–1985)*, Madison 1985.
Allgemeine Literatur: R. de Maeztu, *Don Quijote, Don Juan y la Celestina*, Madrid 1926. – S. Gilman, *The Art of »La Celestina«*, Madison 1956 (span. Madrid 1974). – A. D. Deyermond, *The Petrarchan Sources of »La Celestina«*, Oxford/Ldn. 1961; ern. Westpoint 1972. – M. Bataillon, *»La Celestina« selon F. de R.*, Paris 1961. – M. R. Lida de Malkiel, *La originalidad artística de »La Celestina«*, Buenos Aires 1962; ²1970. – J. A. Maravall, *El mundo social de »La Celestina«*, Madrid 1964; ²1972. – A. Castro, *»La Celestina« como contienda literaria*, Madrid 1965. – D. C. Clarke, *Allegory, Decalogue and Deadly Sins in »La Celestina«*, Berkeley 1968. – E. Leube, *Die »Celestina«*, Mchn. 1971. – D. S. Severin, *»La Celestina« et sa descendance directe*, Bordeaux 1973. – S. Gilman, *The Spain of F. de R.*, Princeton 1973. – P. N. Dunn, *F. de R.*, Boston 1975 (TWAS). – L. Kasten u. J. Anderson, *Concordance to the »Celestina«*, Madison 1976. – J. Ferreras-Savoye, *»La Celestina« ou la crise de la société patriarchale*, Paris 1977. – E. Gurza, *Lectura existencialista de »La Celestina«*, Madrid 1977. – *»La Celestina y su contorno social: Actas del I Congreso Internacional sobre »La Celestina«*, Hg. M. Criado del Val, Barcelona 1977. – Celestinesca. Boletín de información internacional, 1977 ff. [Zs.]. – *»Comedia de Calisto y Melibea«*, Hg. J. R. Rank, Chapel Hill 1978. – C. Morón Arroyo, *Sentido y forma de »La Celestina«*, Madrid 1984. – D. Briesemeister, *Die Sonderstellung der »Celestina«* (in *Das spanische Theater. Von den Anfängen bis zum Ausgang des 19. Jh.s*, Hg. K. Pörtl, Darmstadt 1985, S. 91 bis 107). – D. W. Mac Pheeters, *Estudios humanísticos de »La Celestina«*, Potomac 1985. – F. Cantalpiedra Erostarbe, *Lectura semiotica formal de »La Celestina«*, Kassel 1986. – J. R. Stamm, *La estructura de »La Celestina«: Una lectura analítica*. Santander 1988. – A. Gier, *Rodrigo Cota (?) und F. de R. (Tragi-) Comedia de Calisto y Melibea (Celestina)* (in *Das spanische Theater. Vom Mittelalter bis zur Gegenwart*, Hg. V. Roloff u. H. Wentzlaff-Eggebert, Düsseldorf 1988, S. 23–35). – A. Sánchez-Serrano u. M. R. Prieto de la Iglesia, *F. de Rojas acabó la »Comedia de Calisto y Melibea«* (in Revista de Literatura, 60, 1989, S. 21–54).

Lope de Rueda

* um 1505 Sevilla
† 21.3.1565 Córdoba

Literatur zum Autor:
E. Cotareli y Mori, *L. de R. y el teatro de su tiempo*, Madrid 1898. – S. Salazar, *L. de R. y su teatro*, Santiago de Cuba 1911. – V. Tusón, *L. de R.: Bibliografía crítica*, Madrid 1965. – L. Sáez Godoy, *El léxico de L. de R.: Clasificación conceptual y estadística*, Diss. Bonn 1968.

COMEDIA LLAMADA DE LOS ENGAÑADOS

(span.; *Die Komödie von den Betrogenen*). Lustspiel von Lope de Rueda, erschienen 1567; herausgegeben von dem Schriftsteller, Buchhändler und Verleger Juan Timoneda (1520?–1583). – Der Stoff dieser Prosakomödie geht auf die anonyme italienische »Commedia« *Gl'ingannati* zurück, die 1531 in Siena aufgeführt wurde. Ort und Zeit des Geschehens, die Intrige, einige Namen und selbst die kurze Prosaeinführung hat Rueda übernommen. Nur kürzt er den Umfang seiner Vorlage etwa auf die Hälfte und unterteilt seine Komödie in zehn Szenen (statt der ursprünglichen fünf Akte). – Die Handlung spielt in Modena einige Jahre nach der Plünderung Roms von 1527: Das Mädchen Lelia dient in einer Verkleidung als Page ihrem treulosen Geliebten Lauro, dessen Werbung um Clavela sie zu vereiteln sucht. Ihr verschollener Zwillingsbruder Fabricio erscheint zufällig in Modena, und die Ähnlichkeit mit seiner Schwester führt zu den obligatorischen Verwechslungen. Ein treuer Diener, der von Lelia in ihre Herzensnöte eingeweiht wurde und auch weiß, daß sie als Page verkleidet ist, führt die glückliche Auflösung der Verwicklungen herbei.
Die Bedeutung dieser Bearbeitung liegt vor allem in der sprachlichen Umformung. Der Dialog wird durch die Verwendung volkstümlicher Redeweise lebendig. Besondere Beachtung verdient die dritte Szene, in der es zu einem Rededuell zwischen den weiblichen Bediensteten Clavelas, der kauderwelschenden Negerin Guiomar und der schnippisch-mißmutigen Julieta, kommt. Die anderen Diener-

gestalten bereichern ebenfalls den Dialog durch die Schlagfertigkeit, mit der sie Sprichwörter anbringen. D.R.

AUSGABEN: Valencia 1567, Hg. J. Timoneda. – Madrid 1908 (in *Obras*, Hg. E. Cotarelo y Mori, Bd. 1). – Chicago 1941, Hg. E. Villela de Chasco. – Madrid 1973, Hg. F. González Ollé (Clás. Cast). – Madrid 1979 (in *Teatro completo*, Hg. A. Cardona de Gibert).

ÜBERSETZUNG: *Die Komödie der Verwechslungen*, M. Rapp (in *Span. Theater*, 1. Bd. 1868).

LITERATUR: L. Stiefel, *L. de R. u. d. italien. Lustspiel* (in ZfrPh, 15, 1891, S. 183–216 u. S. 318–343). – C. Bravo-Villasante, *La mujer vestida de hombre en el teatro español (siglos XVI–XVII)*, Madrid 1955.

LA EUFEMIA

auch: *Comedia llamada Eufemia* (span.; *Die Eufemia*). Lustspiel in Prosa von Lope de RUEDA, erschienen 1567. – Der Komödie liegt dieselbe Novelle aus BOCCACCIOS *Decamerone* zugrunde (2,9), die auch SHAKESPEARE für seinen *Cymbeline* benutzt hat: Leonardo nimmt von seiner Schwester Eufemia Abschied, um in fremde Länder zu ziehen. In Valencia tritt er in den Dienst des Fürsten Valliano, dessen Gunst er durch seine Bildung und seine adligen Manieren gewinnt. Die Erinnerung an seine Schwester ist jedoch so stark, daß er vor dem Fürsten immer wieder von ihrer Schönheit, ihren Tugenden und ihrer Klugheit erzählt. Schließlich verliebt sich der Fürst in die unbekannte Schöne und möchte sie heiraten. Durch seinen Lakaien Paulo will er Eufemia herbeiholen lassen. Doch dieser behauptet aus Neid auf Leonardo nach seiner Rückkehr, Eufemia sei ein leichtes Mädchen; er selbst habe des öfteren ihre Gunst genossen. Als Beweis zeigt er ein Büschel Haare, das von einem Muttermal auf ihrer Schulter stammen soll. Der empörte Fürst, der sich betrogen glaubt, verurteilt Leonardo zum Tode. Im letzten Augenblick erscheint aber Eufemia; es gelingt ihr, den Lügner mit einem Trick zu überführen: Sie beschuldigt ihn, ihr während einer Liebesnacht ein kostbares Juwel gestohlen zu haben, worauf jener erschreckt beteuert, sie überhaupt nicht zu kennen. Anstelle Leonardos wird jetzt Paulo zum Tode verurteilt. Eufemia aber erklärt der Fürst zu seiner zukünftigen Gattin.
Lope de Rueda war ein Meister des derben Witzes, und die *Eufemia* bietet einen schier unerschöpflichen Schatz an volkstümlich-farbigen Redensarten. CERVANTES und Lope de VEGA haben den Autor dieser bilderreichen Sprache wegen überaus geschätzt. Obgleich das Stück in seinem dramaturgischen Aufbau noch recht unbeholfen erscheint, ist es doch bedeutsam als ein Vorläufer des spanischen Volkstheaters des 16. Jh.s. A.F.R.

AUSGABEN: Valencia 1567 (in *Las primeras dos elegantes y graciosas comedias del excelente poeta y representante Lope de Rueda*, Hg. J. de Timoneda). – Madrid 1908 (in *Obras*, Hg. E. Cotarelo y Mori). – Madrid 1963 (Austral). – Madrid 1979 (in *Teatro completo*, Hg. A. Cardona de Gibert). – Madrid 1982, Hg. J. Moreno Villa (Clás. Cast).

ÜBERSETZUNG: *Die Komödie Eufemia*, M. Rapp (in *Spanisches Theater*, Bd. 1, Stg. 1868).

LITERATUR: L. Stiefel, *L. de R. und das italienische Lustspiel* (in ZfrPh, 15, 1891, S. 183–216; 318–343). – E. Veres d'Ocón, *Juegos idiomáticos en las obras de L. de R.* (in RFE, 34, 1950, S. 195–237). – F. Abrams, *The Date of Composition of L. de R.'s Comedia »Eufemia«* (in MLN, 76, 1961, S. 766–770). – R. Hesler, *A New Look at the Theatre of L. de R.* (in Educational Theatre Journal, 16, 1964, S. 47–54). – C. B. Johnson, *L. de R.'s »Comedia Eufemia«: A Prelude to Criticism* (in Bulletin of the Comediants, 20, 1968, S. 5–9).

PASOS

(span.; *Zwischenspiele*). Burleske Szenen von Lope de RUEDA, erschienen 1567 bzw. 1570. – Nach ersten Ansätzen bei TORRES NAHARRO (vgl. *Propalladia*) und Gil VICENTE (vgl. *Auto da Lusitania*), in deren *comedias* und *autos* bereits kurze burleske Volksszenen als unverbundene Einlagen zu finden sind, ist Lope de Rueda, ein ehemaliger Sevillaner Goldschläger, der mit seiner Truppe als Schauspieler und Stückeschreiber durch Spanien zog, der eigentliche Begründer der Gattung des »Zwischenspiels« geworden. Die Bezeichnungen *»paso«* und *»entremés«* für diese kurzen, schwankhaften Szenen werden zunächst gleichberechtigt nebeneinander gebraucht, bis sich um die Wende zum 17. Jh. mit CERVANTES die verfeinerte Kleinkunstform des *»entremés«* auf der Bühne durchsetzt. Die sprachgeschichtliche Tradition des Begriffs ergibt sich daraus, daß *»entremets«* sowohl im katalanischen wie im französischen Sprachgebrauch schon des hohen und späten Mittelalters sowohl das »Zwischengericht« bei der Tafel wie die »Einlage« bei höfischen Festlichkeiten bezeichnete.
In dem hier gemeinten Sinn hat den Terminus *»entremés«* zuerst Juan de TIMONEDA († 1583) in seiner Sammlung *Turiana*, 1565 *(Neues vom Turia)*, für das erste der darin enthaltenen Stücke verwandt: *Entremés de um ciego, um mozo y um pobre (Zwischenspiel von einem Blinden, einem Jungen und einem Armen)*. Timoneda war es auch, der die Eigenständigkeit dieser kurzen Prosaeinlagen in Ruedas *comedias* erkannte. Er brachte sie 1567 gesondert unter dem Titel *Compendio llamado el Deleytoso en el qual se contienen muchos passos graciosos (Sogenannte köstliche Auswahl, worin viele ergötzliche »pasos« enthalten sind)* heraus und ließ ihnen 1570 in dem Auswahlband *Registro de representantes* noch weitere folgen. Sie seien dazu bestimmt,

erklärt Timoneda, *»an den Anfang von Wechselreden und Komödien gestellt oder in sie eingeschoben zu werden.«*

Den Kern des *paso* bildet ein witziger, belustigender Vorfall, der, in ungebundener Sprache ohne besondere Kunstregeln als derbe, naturgetreue Szene flüchtig skizziert, allein aus der Situationskomik lebt, so daß Hintergrund, Handlungsführung und Charakterisierung wie in der italienischen *commedia dell'arte* unwichtig sind. Volkstypen, Diener, Bauern, Raufbolde, Tölpel, Gauner, Zigeuner, Neger, Soldaten, Studenten, wie sie den zeitgenössischen Schelmenroman bevölkern, sind die Personen, darunter besonders wichtig für die weitere Entwicklung der spanischen *comedia* die Typen des *fanfarrón* (Prahlhans) und des *bobo* (Hanswurst), eines Vorläufers des *gracioso* (lustige Person).

Die gelungensten Einakter Ruedas enthält die Sammlung *El Deleytoso*. Es sind dies *La carátula (Die Maske)*, worin Herr Salcedo dem einfältigen Alameda dadurch einen großen Schrecken einjagt, daß er ihm maskiert und verkleidet als Gespenst erscheint, *Cornudo y contento (Gehörnt, aber glücklich)*, worin sich der dumme Martin rührend um seine kranke Frau bemüht, die sich derweil mit einem Studenten vergnügt, *El convidado (Der Gast)*, wo zwei Studenten ihren Gast, den sie in ihrer desolaten materiellen Lage nicht bewirten können, unter einem Vorwand geschickt wieder hinauskomplimentieren, sich dann aber in die Haare geraten, und *Tierra de Jauja (Schlaraffenland)*. Hier flunkern Räuber dem nicht gerade mit Geistesgaben gesegneten Mendrujo Wunderdinge vom Schlaraffenland vor und erleichtern ihn gleichzeitig um seinen Schnappsack. Am bekanntesten ist *Las aceitunas (Die Oliven)*, dem ein altes, in der Volksliteratur weitverbreitetes Motiv zugrunde liegt: Mann und Frau streiten sich über den Preis von Oliven, die sie in dreißig Jahren vielleicht ernten werden.

Cervantes hat Rueda außerordentlich geschätzt und ihn als seinen Vorläufer betrachtet. Die weitere Entwicklung der Gattung führt dann über das Cervantinische *entremés* zum *sainete* des 18. und 19. Jh.s. D.B.

Ausgaben: Valencia 1567 *(El Deleytoso. Compendio llamado el Deleytoso en el qual se contienen muchos passos graciosos)*. – Valencia 1570 (in *Registro de representantes a do van registrados por Ioan Timoneda muchos y graciosos pasos, de L. de R. y otros diversos autores asi de lacayos como de simples y otras diversas figuras*). – Madrid 1895 (in *Obras*, Hg. Marqués de la Fuensanta del Valle, 2 Bde., 1). – Madrid 1908 (in *Obras*, Hg. E. Cotarelo y Mori). – Madrid 1958 (in *Teatro*, Hg. J. Moreno Villa; Clás. Cast). – Madrid 1964 *(Pasos completos)*. – Madrid 1979 (in *Teatro completo*, Hg. A. Cardona de Gibert). – Madrid 1981, Hg. V. Tusón (Cátedra). – Madrid 1987, Hg. F. González Ollé (Cátedra).

Übersetzung: *Zwischenspiele*, M. Rapp (in *Spanisches Theater*, Bd. 1, Hildburghausen 1868).

Literatur: H. Heidenreich, *Figuren und Komik in den spanischen ›Entremeses‹ des goldenen Zeitalters*, Diss. Mchn. 1962. – E. Asensio, *Itinerario del entremés desde L. de R. a Quiñones de Benavente*, Madrid 1965, S. 41–62. – C. B. Johnson, *L. de R.'s »Paso del Convidado« and Cristóbal de Villalón* (in Bulletin of the Comedians, 21, 1969, S. 1–6). – R. W. Listerman, *The »Pasos« of L. de R. and the »Fastnachtsspiele« of Hans Sachs: A Comparative Study*, Diss. Univ. of Columbia 1972 (vgl. Diss. Abstracts, 33, 1972, S. 278A).

DIEGO DE SAN PEDRO

* 1437 Peñafiel (?)
† 1498

CÁRCEL DE AMOR

(span.; *Liebesgefängnis*). Abenteuer- und Liebesroman von Diego de San Pedro, erschienen 1492. – Der Verfasser tritt in der Handlung der Liebesgeschichte, deren erster, allegorischer Teil ohne Überleitung in das reale Geschehen übergeht, selbst auf: Er trifft in den Tälern der Sierra Morena (Andalusien) einen *»Ritter von wilder Gestalt und schrecklichem Aussehen«*, der sich als »Wunsch« – ein Diener der Liebe – vorstellt und ihn in das »Liebesgefängnis«, eine Festung, ausgeschmückt mit vergoldeten Marmorsäulen, strahlend vom Glanz des verliebten Herzens, führt. Hier trifft er den Liebesgefangenen Leriano, Sohn des Herzogs von Makedonien, der wegen seiner Liebe zu Laureola, Tochter des Königs von Gaula, unbeschreibliche Martern erdulden muß. Es gelingt dem Erzähler, zwischen Leriano und Laureola Briefe zu vermitteln, die eine weitschweifige und subtile Analyse der Liebesleidenschaft enthalten. Leriano verläßt schließlich sein Gefängnis und erscheint am Hofe des Königs von Gaula, wo er von Laureola Zeichen ihrer Liebe erhält. Nach vielen Intrigen bringt der Verräter Persio falsche Zeugen herbei, die schwören, die beiden Liebenden oft *»an unpassenden Orten und zu unpassender Zeit«* zusammen gesehen zu haben. Die darauf vom König gefangengenommene und zum Tode verurteilte Laureola wird von Leriano befreit und in seine Festung nach Susa gebracht. Das Heer des Königs belagert den Zufluchtsort. Als jedoch einer der falschen Zeugen sein Verbrechen bekennt, scheint der Vereinigung der beiden Liebenden endlich nichts mehr im Weg zu stehen. Doch die Erzählung nimmt nun eine tragische Wendung: Laureola, erzürnt über die Gefährdung ihrer Ehre und ihres Lebens, verbietet Leriano, ihr jemals wieder vor Augen zu kommen. Der abgewiesene Liebhaber beschließt, Hungers zu sterben.

Vorher zerreißt er die Briefe Laureolas und verschluckt sie. Kurz vor seinem Tode hält er eine lange Rede an seine Freunde, die die Frauen der Grausamkeit, Kälte und Wandelbarkeit bezichtigen, und beweist mit zwanzig theologischen, philosophischen oder psychologischen Argumenten die Verpflichtung der Männer, die Frauen bedingungslos zu lieben. Den Roman beschließt die Klage der Mutter Lerianos.
Im *Liebesgefängnis* sind die verschiedensten Stoffe und Motive aus der provenzalischen Minnelyrik, der italienischen Novellistik *(Fiammetta)*, dem höfischen Roman und den Spielmannsepen zu einem verhältnismäßig geschlossenen Ganzen zusammengefaßt. Der Briefstil wurde in Anlehnung an die *Historia de duobus amantibus (Geschichte zweier Liebender)* von Enea Silvio Piccolomini (1405–1464) gewählt, während die Allegorien auf Einflüsse Dantes und des *Roman de la rose* hinweisen. Mit der Frauenapologie schließlich nimmt der Verfasser zur zeitgenössischen, vieldiskutierten frauenfeindlichen Literatur Stellung. Diese Motivfülle, der Ton des echten Pathos in der Schilderung der Liebesleidenschaft und der exaltierte Frauenkult erklären die Beliebtheit des Büchleins, das zu zahlreichen Erzählungen ähnlicher Art (am bekanntesten die *Cuestión de amor*) anregte und trotz des Verbotes durch die Inquisition und der Angriffe der Moralisten (wie Luis Vives, 1492–1540) zum Liebesbrevier der Hofleute in Spanien, Frankreich und Italien wurde. In kurzer Zeit machte das *Liebesgefängnis – »Werthers Leiden jener Zeit«* (L. Usoz) – die Runde durch ganz Europa. A.F.R.

Ausgaben: Sevilla 1492. – Madrid 1950 (in *Obras*, Hg. u. Einl. S. Gili Gaya; Clás. Cast). – Madrid 1984, Hg. E. Moreno Báez (Cátedra). – Madrid 1985 (in *Obras completas*, 3 Bde., 2, Hg. K. Whinnom). – Ldn. 1987, Hg. I. A. Corfis [krit.].

Übersetzung: *Carcell de amor, oder Gefängnüß der Lieb*, Freiherr H. L. von Kufstein, 1625.

Dramatisierung: *Liebes-Gefängnüß*, Trauer-Freuden-Spiel, 1678.

Literatur: A. Giannini, *La »Cárcel de amor« y el »Cortegiano« de B. Castiglione* (in RH, 46, 1919, S. 547–568). – C. E. Kany, *The Beginnings of the Epistolary Novel in France, Italy and Spain*, Berkeley 1937. – S. Serrano Poncela, *Dos »Werther« del Renacimiento español* (in Asomante, 5, 1949, S. 87 bis 103). – B. W. Wardropper, *El mundo sentimental de la »Cárcel de amor«* (in RFE, 37, 1953, S. 168–193). – C. Samonà, *D. de S. P. dall'Arnalte e Lucenda alla »Cárcel de amor«* (in *Studi in onor di P. Silva*, Florenz 1957). – F. Márquez Villanueva, *»Cárcel de amor«, novela política* (in RdO, 14, 1966, S. 185–200). – R. Langbehn-Roland, *Zur Interpretation der Romane des D. de S. P.*, Heidelberg 1970. – F. A. de Armas, *Algunas observaciones sobre la »Cárcel de amor«* (in Duquesne Hispanic Review, 10, 1971, S. 107–127). – G. Hoffmeister, *D. de S. P. und Hans Ludwig von Kufstein: Über eine frühbarocke Bearbeitung der spanischen Liebesgeschichte »Cárcel de amor«* (in Arcadia, 6, 1971, S. 139–150). – K. Whinnom, *D. de S. P.*, NY 1974 (TWAS). – B. M. Damiani, *The Didactic Intention of the »Cárcel de amor«* (in Hispano, 56, 1976, S. 29–44). – J. Mandrell, *Author and Authority in »Cárcel de amor«: The Role of »El auctor«* (in Journal of Hispanic Philology, 8, 1984, S. 99–122). – J. Battesti Pelegrin, *»Je« lyrique, »je« narratif dans la »Cárcel de amor«* (in Cahiers d'Études Romanes, 11, 1986, S. 219–228).

ÍÑIGO LÓPEZ DE MENDOZA, MARQUÉS DE SANTILLANA

* 19.8.1398 Carrión de los Condes / Palencia
† 25.3.1458 Guadalajara

Literatur zum Autor:
M. Pérez y Curtis, *El marqués de S.: El poeta, el prosador y el hombre*, Montevideo 1916. – J. A. de los Ríos, *Vida del marqués de S.*, Buenos Aires 1947. – R. Lapesa, *Los decires narrativos del marqués de S.*, Madrid 1954. – Ders., *La obra literaria del marqués de S.*, Madrid 1957; [2]1963. – G. E. Wade, *The Marqués of S.*, NY 1971 (TWAS). – C. G. López-González, *La obra literaria del marqués de S. en relación con la época de Juan II*, Diss. Univ. of Southern Calif. 1982 (vgl. Diss. Abstracts, 44, 1983, S. 1448A). – *Documentos sobre el Marqués de S.*, Hg. C. Rubio García, Murcia 1983.

COMEDIETA DE PONZA

(span.; *Kleine Komödie von Ponza*). Allegorie von Íñigo López de Mendoza, Marqués de Santillana, entstanden 1444. – Den Mittelpunkt des Werkes, das aus 120 achtzeiligen Strophen *(coplas de arte mayor)* besteht, bildet die Seeschlacht vor der Insel Ponza (1335), in der Alfons V. von Aragon und seine zwei Brüder (Johann, König von Navarra, und der Infant Heinrich) in die Hände der siegreichen Genuesen fielen. – Nach Anrufung Jupiters beschreibt der Dichter einen Traum, in dem er vier schwarzgekleidete Damen sieht: die Königinmutter und die Frauen ihrer drei Söhne. Sie beklagen das große Unglück, das sie betroffen hat, und Boccaccio, der auch im Traum erscheint, spendet ihnen Trost. Dann wird in großartiger Farbigkeit die Seeschlacht beschrieben. Am Schluß tritt, mit einem Gefolge von Damen und Rittern, Fortuna auf, die die baldige Freiheit der Gefangenen und glückliche Ereignisse für das Königshaus von Aragon *»post eventum«* prophezeit.

Wie auch andere Werke Santillanas stellt diese Dichtung einen Versuch dar, Themen und Formen der italienischen Literatur (nach DANTE, PETRARCA, BOCCACCIO) in Spanien einzuführen. Oft jedoch ersticken die Allegorien und die konventionellen Motive der humanistischen Gelehrsamkeit (die sich auf die Verwendung lateinischer Neologismen und auf Hinweise auf die klassische Mythologie beschränkt) den dichterischen Schwung. Der Einfluß der lateinischen Klassik zeigt sich beim Lob des einfachen Lebens, das den Topos des *beatus ille* kommentiert, der später in der berühmten Ode *La vida retirada* von Fray Luis de LEÓN seinen reinsten Ausdruck fand. A.F.R.

AUSGABEN: Madrid 1852 (in *Obras*, Hg. J. Amador de los Ríos). – Madrid 1912 (in *Cancionero castellano del siglo XV*, Hg. R. Foulché-Delbosc, Bd. 1, S. 460–474). – Madrid 1956 (in *Cancionero de Juan Fernández de Ixart*, Hg. J. M. Azáceta, Bd. 2). – Madrid 1986, Hg. M. P. Kerkhof (Cátedra). – Madrid 1987, Hg. ders. (Clás. Cast). – Barcelona 1988 (in *Obras completas*).

LITERATUR: C. R. Post, *Medieval Spanish Allegory*, Cambridge/Mass. 1915. – J. Seronde, *Dante and the French Influence on the M. de S.* (in RomR, 7, 1916). – O. H. Green, *Sobre las dos Fortunas* (in *Studia philologica. Homenaje a D. Alonso*, Bd. 2, Madrid 1961, S. 143–154). – C. de Nigris, *»La comedieta de Ponça« e la »Generale estoria«* (in Medioevo Romanzo, 2, 1975, S. 154–164). – M. P. Kerkhof, *El Ms. 80 de la Biblioteca Pública de Toledo y el Ms. 1967 de la Biblioteca de Catalunya de Barcelona: Dos códices poco conocidos* (in RABM, 82, 1979, S. 17–58). – G. Fernández Escalona, *La estructura de la »Comedieta de Ponça« y su concepción de la fortuna* (in Revista de Literatura, 48, 1986, S. 351–366).

DIÁLOGO DE BÍAS CONTRA FORTUNA

(span.; *Dialog zwischen Bias und Fortuna*). Didaktischer Dialog in Versen von Íñigo López de Mendoza, Marqués de SANTILLANA, entstanden um 1448. – Der Autor widmete das Werk dem Grafen von Alba, der von Álvaro de Luna, dem Günstling König Johanns II. (reg. 1405–1454), ins Gefängnis geworfen worden war. Er tröstet ihn in seiner Not, wünscht ihm baldige Freiheit und stellt ihm als Vorbild den griechischen Weisen BIAS (6. Jh. v. Chr.) vor Augen. Dessen Ausspruch *»Alles, was ich besitze, trage ich bei mir«* ist das Thema des Streitgesprächs zwischen dem Philosophen und Fortuna, die hier nicht, wie sonst, die Verkörperung des glücklichen Zufalls ist, sondern eine allmächtige und launische Göttin, welche das Rad des Schicksals nach Willkür zu drehen beliebt. Sie nähert sich Bias und versucht ihn teils mit Drohungen, teils mit Versprechungen zu verführen. Nacheinander kündigt sie ihm Armut, Unglück, Verbannung, Krankheit und Kerker an, ohne damit den Weisen erschüttern zu können. Reichtum und weltliche Triumphe bedeuten ihm nichts, denn Tugend und Wissen, seine höchsten Güter, können ihm nicht genommen werden. Da er weiß, daß alles Irdische vergänglich ist, hat er sich innerlich von allem gelöst. Der Kerker erschreckt ihn nicht; denn dort kann er *»die Stoiker und seine Lieblingsdenker studieren«*. Ebensowenig vermag Fortuna ihn mit Versprechungen von Ruhm und Größe zu erschüttern. Mit der Frage *»Ubi sunt?« (»Wo sind sie?«)* ruft er das Geschick Thebens, Ninives, Athens, Tyros', Sidons, Babylons und Spartas in Erinnerung und schließt lapidar: *»Sie waren einst und sind nicht mehr.«* Als Fortuna ihm von Octavian, Caesar, Hannibal und anderen Größen berichtet, die sie erhöht habe, erwidert ihr Bias, daß *»die Erhöhung groß gewesen, tiefer aber noch der Fall«*. Zum Schluß droht Fortuna Bias mit dem Tod, doch dieser antwortet, durch den Tod komme man in ein Reich, in dem Fortuna keine Macht mehr besitze. Der Dialog endet mit einem Lobpreis auf das Elysium, das Santillana nach VERGIL als einen Ort beschreibt, in dem die Gerechten ewig-unwandelbares Glück genießen.

Das Charakterporträt, das Hernando del PULGAR (1430?–1493) in *Claros varones de Castilla (Berühmte Männer Kastiliens)* von Santillana entworfen hat, beweist, daß dieser das stoische Ideal, dessen Verherrlichung der *Diálogo* dient, auch vorlebte: *»Er war ein Mann von scharfsinnigem Denken, diskret und weitherzig; große Dinge erschütterten ihn nicht, um die kleinen kümmerte er sich nicht.«* In der bewegten und anmutigen Art, mit der Santillana die Gedanken der Stoa, die zur Zeit des Frühhumanismus allgemein verbreitet waren, in seinem Werk darstellt, scheint diese Lebenshaltung eindrucksvoll durch. Das Bewußtsein vom Wert der Persönlichkeit und der Autonomie des Individuums ist allenthalben spürbar und zeigt die deutliche Abkehr des Autors vom Denken des Mittelalters. – Der Dialog ist in den herkömmlichen *coplas* (achtzeiligen Strophen mit dem Reimschema *abbacddc*) verfaßt. A.F.R.

AUSGABEN: Sevilla 1502 [Faks. Ausg. NY 1902]. – Madrid 1852 (in *Obras*, Hg. J. Amador de los Ríos). – Madrid 1912 (in *Cancionero castellano del siglo XV*, Hg. R. Foulché-Delbosc, Bd. 1, S. 475–496; NBAE, 19). – Madrid 1982, Hg. M. P. Kerkhof. – Barcelona 1988 (in *Obras completas*).

LITERATUR: T. Puymaigre, *La cour littéraire de Don Juan II de Castille*, Paris 1873. – C. R. Post, *Medieval Spanish Allegory*, Cambridge 1915. – J. Seronde, *Dante and the French Influence on the M. de Santillana* (in RomR, 7, 1916, S. 194–210). – J. Seznec, *La survivance des dieux antiques. Essai sur le rôle de la tradition mythologique dans l'humanisme et dans l'art de la renaissance*, Ldn. 1940. – P. le Gentil, *La poésie lyrique espagnole et portugaise à la fin du moyen âge*, Bd. 1, Rennes 1949. – A. Alonso, *El estoicismo y el debate de »Bías contra Fortuna«* (in Dicenda, 4, 1985, S. 107–115).

PROEMIO E CARTA AL CONDESTABLE DE PORTUGAL

(span.; *Vorwort und Brief an den Kronfeldherrn von Portugal*). Gedanken über die Dichtkunst von Íñigo López de Mendoza, Marqués de SANTILLANA, entstanden vor 1449. – In diesem berühmten Brief, den Santillana seinem *Cancionero*, der Sammlung seiner Dichtungen, um deren Zusendung Don Pedro, Kronfeldherr von Portugal, ihn gebeten hatte, als Vorwort voranstellte, legt ein Mann seine Gedanken über Wesen und Aufgabe der Dichtung dar, der als Politiker mächtig, als Feldherr gefürchtet und gleichzeitig den Musen ergeben war, der außer der *Ilias* und *Odyssee* Werke von PLATON, VERGIL, OVID, SENECA übersetzen ließ, als erster Sonette in spanischer Sprache, *»fechos al itálico modo« (»gefertigt in italienischer Manier«)*, nach dem Muster PETRARCAS dichtete, und der eine höchst beachtliche gelehrte Bibliothek klassischer und neuzeitlicher Autoren besaß, in der er sich auskannte. Das beweist die Beurteilung, die er Werken der kastilischen, galicischen, katalanischen, französischen und italienischen Dichtung zuteil werden läßt und durch die seine Schrift zusätzlich den Charakter eines literarkritischen Traktats, des ersten in spanischer Sprache, erhält.

In seinen literarästhetischen Urteilen bleibt dieser glänzende Vertreter der spanischen Frührenaissance durchaus im Rahmen der mittelalterlichen Anschauung, wonach die Kunst in erster Linie lehrhaften Zwecken zu dienen hat, und er definiert die Dichtung als eine Wissenschaft, die die *»Erfindung nützlicher, mit sehr schöner Hülle bedeckter oder verhüllter Dinge«* zum Gegenstand hat und *»mit süßer Beredsamkeit und schöner Redekunst die Geheimnisse und Rätsel aller [anderen] Wissenschaften enthüllt, erklärt, darlegt und sichtbar macht«*. Waren schon der mittelalterlichen Auffassung von der Dichtkunst platonische Züge nicht fremd, so treten diese bei Santillana besonders hervor. *»Himmlischer Eifer, göttliche Aufregung des Gemüts, unersättliches Streben der Seele«* ist ihm die Poesie, die weit über ihre didaktische Absicht hinaus Gott und die Menschen erfreut, *»in delphischen Tempeln gesungen, in Palästen und an Königshöfen willkommen geheißen wird«*. Ohne die Dichtung blieben *»die Plätze und Stätten der Geselligkeit, jedes Fest, jedes üppige Gastmahl wie in dumpfem Schweigen versunken«*. Santillana unterscheidet drei Stile oder Ränge der Dichtung, den *»erhabenen«*, dem die griechische und lateinische Dichtung der Antike zuzuordnen ist, den *»mittelmäßigen«*, dem die Kunstdichtung der lebenden Sprachen angehört, und den *»untersten«*, den er der Volksdichtung zuweist und als Aristokrat verächtlich als *»geeignet für Leute niedrigen und dienstbaren Standes«* bezeichnet. In der Würdigung von Werken der verschiedenen nationalsprachlichen Literaturen erhält dann die italienische Dichtung den höchsten Preis, noch vor der französischen, an der Santillana den Sinn für das Maß, die Regelmäßigkeit und kunstvolle Technik hervorhebt. Aber erfinderischer, phantasievoller, mehr der Musik zugeneigt sei die italienische Dichtung, und in diesem Lob der Italiener, der Begeisterung für PETRARCA und BOCCACCIO, der Vertrautheit mit CICERO, VERGIL und anderen antiken Autoren, in der Gleichsetzung der »Delphiker« mit den Helden des Altertums und den christlichen Heiligen, liegt das eigentlich Bahnbrechende dieser kleinen Schrift. Eine neue Gesinnung kommt darin zum Durchbruch: der universalistische Geist des an der Antike sich inspirierenden Humanismus.

A.F.R.

AUSGABEN: Madrid 1779 (in *Colección de poesías castellanas anteriores al siglo XV*, Hg. T.A. Sánchez). – Madrid 1852 (in *Obras*, Hg. J. Amador de los Ríos). – Paris 1922, Hg. L. Sorrento (in RH, 45). – Oxford 1927 (*Letter of the Marquis of Santillana to Don Peter Constable of Portugal*, Hg. A. R. Pastor u. E. Prestage). – Madrid 1984–1987 (in *Poesías completas*, Hg. M. Durán, 2 Bde., 2; Castalia). – Barcelona 1988 (in *Obras completas*).

LITERATUR: F. Street, *Some Reflexions on S.'s »Proemio e carta«* (in MLR, 52, 1957, S. 230–233).

PROVERBIOS DE GLORIOSA DOCTRINA E FRUCTUOSA ENSEÑANÇA

(span.; *Ruhmreiche, lehrhafte und nützliche Sprichwörter*). Gereimte Spruchsammlung von Íñigo López de Mendoza, Marqués de SANTILLANA, erschienen 1494. – Diese 1437 im Auftrag König Johanns II. von Kastilien (reg. 1406–1454) angefertigte, für den damals zwölfjährigen Thronfolger Heinrich bestimmte, auch *Centiloquio* genannte Sammlung von etwa hundert Weisheitssprüchen ist das Werk eines Mannes, der, mächtig und einflußreich als Kriegsmann und Politiker, auch einen wichtigen Platz in der spanischen Literaturgeschichte behauptet (vgl. *Proemio e carta al condestable de Portugal*). Im Unterschied zu den volkstümlichen *Refranes que dizen las viejas tras el fuego (Sprüche der alten Weiber am Feuer)*, die man ihm ebenfalls zuschreibt, geht die Sammlung der *Proverbios* auf mittelalterliche Florilegien zurück, die Erfahrungssätze und Lebensregeln aus der *Bibel* und vor allem aus den Werken antiker Schriftsteller darboten. Hinzu kommt das Vorbild der reichen kastilischen und katalanischen Spruchdichtung des 13. Jh.s, die auf orientalischer Überlieferung beruht. Abwechselnd in acht- und viersilbigen Versen einprägsam formuliert, stehen die Sprüche des »Marqués de los Proverbios«, wie man Santillana nannte, in einer großen spanischen Tradition, die vom ARCIPRESTE DE HITA (um 1283–1351), dem Rabí SEM TOB (vgl. *Proverbios morales*) und dem Kanzler Pero LÓPEZ DE AYALA (1332–1407) bis zu der *Volksweisheit* Juan de MAL LARAS (vgl. *Philosophia vulgar*) und den *Apophthegmen* Juan RUFOS (vgl. *Los seiscientos apotegmas*) reicht.

In dem umfangreichen Vorwort, einem Zeugnis

frühhumanistischer Geistigkeit in Kastilien, versucht Santillana, der in seiner Person das Ideal der Verbindung von *armas y letras* (Schwert und Feder) verkörperte, den künftigen Herrscher davon zu überzeugen, daß Hingabe an die Musen, Bildung und Wissen mit dem Ritterstand vereinbar sind. Ferner erläutert er in zahlreichen gelehrten Anmerkungen unter Angabe der Quellen die in den Sprüchen seiner Sammlung vorkommenden historischen und mythologischen Namen und Anspielungen. Er ist der erste spanische Dichter, der in dieser Weise sein Werk mit humanistischem Bildungsgut zu erklären sucht. Deutlich, wenn auch noch ungelenk ist außerdem die Bemühung, dem Stilvorbild CICEROS in kastilischer Prosa nachzueifern. Die für die Ausformung eines neuen Menschenbildes und die Festigung des Humanismus in Spanien nicht unwichtige Sammlung, die der Hofkaplan Santillanas, Pedro DÍAZ DE TOLEDO, ebenfalls auf Wunsch des Königs, mit einem Lehrkommentar versah, erlebte von allen Werken Santillanas die weiteste Verbreitung. Sie fand Aufnahme in mehreren Liederbuchhandschriften des 15. Jh.s und wurde bis weit in das 16. Jh. hinein immer wieder gedruckt. D.B.

AUSGABEN: Sevilla 1494 [m. Glossen v. P. Díaz de Toledo]. – Madrid 1852 (in *Obras*, Hg. J. Amador de los Ríos). – Madrid 1928, Hg. J. Rogerio Sánchez. – Madrid 1956 (in *Cancionero de Fernández de Ixar*, Bd. 1, Hg. J.M. Azáceta). – Madrid 1965 [Faks.]. – Santander 1978. – Barcelona 1988 (in *Obras completas*).

LITERATUR: R. Lapesa, *Los »Proverbios« de S.: contribución al estudio de sus fuentes* (in Hispanófila, 1, 1957, S. 5–19).

RABBI DON SEM TOB DE CARRIÓN

(auch San Tob oder Santob)
eig. Sem Tob Ben Ishaq Ibn Ardutiel

* 1290 (?) Carrión de los Condes / Castellón de la Plana (?)
† 1369 (?)

PROVERBIOS MORALES

(span.; *Moralische Sprichwörter*). Spruchsammlung von Rabbi Don SEM TOB DE CARRIÓN, entstanden Mitte des 14. Jh.s. – Diese auch unter dem Titel *Consejos y documentos al rey Don Pedro (Ratschläge und Dokumente für König Peter)* bekannten und für Peter den Grausamen von Kastilien (reg. 1350–1369) bestimmten *proverbia* stellen eine bedeutsame Bereicherung der mittelalterlichen Gnomik dar, die in der Form der Spruchweisheit in erzählenden Werken (vgl. *Bonium o Bocados de oro*) und sogenannten *catecismos político-morales* (vgl. *Flores de filosofía*) des 13. Jh.s ihren Niederschlag gefunden hatte. Das Werk Sem Tobs ist literargeschichtlich in mehrfacher Hinsicht bedeutsam, nicht zuletzt deshalb, weil sich darin ein Rabbiner, ohne Bezug zu der christlich-abendländischen Welt, in der er lebte, an einen christlichen König wendet. Als erster führt er gereimte Spruchdichtung in die spanische Sprache ein und vermittelt in 686 aus vierzeiligen Siebensilblern bestehenden Strophen arabische und hebräische Spruchweisheit. Hauptquellen seiner Denksprüche und Ratschläge an König Peter, die noch ein Jahrhundert später der Marqués de SANTILLANA lobend erwähnte (vgl. *Proemio e carta al condestable de Portugal*), sind *Bibel* und *Talmud*, daneben auch späthebräische und arabische Spruchsammlungen. Das Buch ist nicht wie die meisten Sammlungen dieser Art eine mehr oder minder zufällige Ansammlung praktischer Ratschläge und Verhaltensregeln, sondern enthält Reflexionen über bestimmte, miteinander zusammenhängende Themen: über die Tugend, die Weisheit, die Relativität alles Irdischen, über die Macht des geschriebenen Worts und des Buches, von der es heißt: *»Bis zu einem bestimmten Punkt fliegt der Pfeil, aber der Buchstabe reicht von Burgos bis nach Ägypten«* und: *»Nur den Anwesenden trifft der Pfeil, aber die Schrift auch den, der im Orient weilt.«*

Sehr ausgeprägt ist die Stimmung der Schwermut und Resignation, die über dem Ganzen liegt, von Américo CASTRO (1885–1972) als Ausdruck des *»viver amargo«*, jenes bitteren Lebensgefühls der Juden interpretiert, die als fremdes Volkstum inmitten einer intoleranten, fanatischen Christenheit lebten. Von dieser Stimmung sind vor allem die Reflexionen über Sein und Wesen des Menschen geprägt, die weit über die herkömmlichen Topoi und die scholastische Einteilung der Seelenkräfte hinaus auf ein ganzheitliches Verständnis des Menschen hinzielen, das in existentiellen Kategorien wie Sorge, Werden, Geschichtlichkeit, Widersprüchlichkeit usw. seinen Ausdruck findet. Nicht genug ist an den Sprüchen Sem Tobs die unüberbietbare Knappheit der Formulierung zu rühmen. Die humorvollen, dem Alltagsleben entnommenen Bilder und anschaulichen Vergleiche, wie sie der älteren Spruchdichtung noch unbekannt waren, verleihen der Sammlung einen besonderen, orientalisch-exotischen Reiz. A.F.R.

AUSGABEN: NY/Ldn. 1849 (in G. Ticknor, *History of Spanish Literature*, 3 Bde.; Madrider Hs.). – Madrid 1864 (in *Poetas castellanos anteriores al siglo XV*, Hg. F. Janer; BAE, 57). – Cambridge 1947, Hg. u. Einl. I. González Llubera. – Berkeley/Los Angeles 1950/51 (*A Transcription of Ms. C of Santob de Carrion's »Proverbios morales«*, Hg. ders., in RPh, 4). – Madrid 1974, Hg. A. García Calvo. – Madrid 1985, Hg. S. Shepard (Castalia). – Madison 1986, Hg. T. A. Perry.

LITERATUR: L. Stein, *Untersuchungen über die »Proverbios morales« von Santob de Carrion*, Bln. 1900. – I. González Llubera, *The Text and Language of Santob de Carrion's »Proverbios morales«* (in HR, 8, 1940, S. 113–124). – E. Alarcos Llorach, *La lengua de los »Proverbios morales« de Don S. T.* (in RFE, 35, 1951, S. 249–309). – W. Mettmann, *Spruchweisheit und Spruchdichtung in der spanischen und katalanischen Literatur des MAs* (in ZfrPh, 76, 1960, S. 94–117). – A. Castro, *España en su historia*, Mexiko 1962. – J. Kleinerman, *The Phonology of San Tob de C.'s »Proverbios morales«*, Diss. Univ. of Southern California 1969 (vgl. Diss. Abstracts, 30, 1969, S. 708A). – M. Arochas, *S. de C.'s »Proverbios morales« in the Light of Humanistic Trends of the Era*, Diss. NY Univ. 1972. – L. López Grigera, *Un nuevo códice de los »Proverbios morales« de Sem Tob de C.* (in BRAE, 56, 1976, S. 221–281). – S. Shepard, *Shem Tov, His World and His Words*, Miami 1978. – C. Colahan u. A. Rodríguez, *Traditional Semitic Forms of Reversibility in Sem Tob's »Proverbios morales«* (in Journal of Medieval and Renaissance Studies, 13, 1983, S. 33–50). – A. García Calvo, *Don Sem Tob* (in *El comentario de textos IV: La poesía medieval*, Madrid 1984, S. 211–241). – T. A. Perry, *The Moral Proverbs of Santob de C.*, Princeton 1987.

FELICIANO DE SILVA

* um 1480 Ciudad Rodrigo
† 1554 Ciudad Rodrigo

LISUARTE DE GRECIA

(span.; *Lisuarte von Griechenland*). Ritterroman von Feliciano de SILVA, erschienen 1514. – Der Fiktion zufolge verfaßte dieses siebte Buch der *Amadís*-Reihe nicht Silva selbst, sondern der Zauberer Alquife. Silva schließt sich als Fortsetzer der *Amadís*-Romane an Garci RODRÍGUEZ DE MONTALVOS *Las sergas de Esplandián* (1510) an und umgeht bewußt das von Paez de RIBERA verfaßte sechste Buch der Romanserie, *Florisando*.

Am Beginn des *Lisuarte* erinnert der Erzähler daran, wie am Ende des *Esplandián* der Titelheld und seine Gefährten von der Fee Urganda verzaubert wurden. Der zwölfjährige Perión de Gaula, ein Sohn von Amadís, bricht mit sieben anderen Knappen auf, um diese verschollenen Helden zu suchen. In Irland läßt er sich zum Ritter schlagen. Er lernt Alquifa, die Tochter des Zauberers Alquife, kennen, die künftig als Botin und Mittlerin bei den sich anbahnenden Liebschaften der Ritter fungiert. Lisuarte sucht nach Perión, der nach seinem Sieg über den Herzog Alpatrasio als verschollen gilt, und kommt auf die Insel des Riesen Argamonte. Perión besteht als *caballero de la espera* eine Reihe von Abenteuern, unter anderem ein erbittertes Duell mit den (aus dem *Esplandián*-Roman bekannten) jungen Rittern Talanque und Maneli, die auf der Suche nach ihm sind, ohne daß sie einander erkennen. Inzwischen sind Esplandiáns Sohn Lisuarte und Amadís' Bruder Florestán im Kaiserreich Trapezunt angekommen. Lisuarte verliebt sich in die Kaisertochter Onoloria. Ein Fräulein kommt am Hof an, verlangt von Onoloria als *don*, daß Lisuarte mit ihr komme. Später stellt sich heraus, daß dies eine List der Hexe Melia (vgl. *Las sergas de Esplandián*) ist, die Lisuarte überwältigt und auf einer von heidnischen Riesen bevölkerten Insel gefangensetzt. In Lisuartes Abwesenheit gerät der Kaiser in Bedrängnis durch Dardario, den Herzog von Antilla, wird aber von Florestán und einer Gruppe weiterer Ritter unterstützt. Ein Zwerg überbringt dem Kaiser eine Kampfansage der Hexe Melia, die sich geschworen hat, Konstantinopel zu zerstören und die gesamte Christenheit dem Heidentum auszuliefern. Florestán gewinnt eine Schlacht gegen ihren Verbündeten, den König von Breña. Durch den Einsatz von Amadís' Neffen Perión und Garinter wird die Insel Sibernia – nach Kampfhandlungen auf der Insel California (eine weitere Reminiszenz an die *Sergas de Esplandián*) – befreit. Perión de Gaula läßt eine Reihe von Rittern, die er gefangengenommen hat, dem Kaiser übergeben. Es kommt zu einer Allianz der Kaiser von Konstantinopel und Trapezunt, unterstützt von den Rittern Perión, Lisuarte, Norandel, Maneli und Talanque. Sie steht den Heeren des Königs Armato und den von ihm befehligten türkischen und arabischen Heeren gegenüber.

Lisuarte ist während all dieser Aktionen der Gefangene Melias, aus deren Gewalt er sich nur durch die verliebte heidnische Infantin Gradafilea befreien kann. Schließlich wird Lisuarte am Hof von Konstantinopel mit erheblicher Verzögerung feierlich zum Ritter ordiniert. Darauf folgt der Höhepunkt der Geschichte: Mittels eines wunderbaren Schwertes gelingt es ihm, die seit dem Ende der *Sergas de Esplandián* auf der Insola Firme verzauberten Helden (auch die Amazonenkönigin Calafia) zu befreien, die ihn bei weiteren Kämpfen gegen die kleinasiatischen Heiden unterstützen.

Es kommt zu verschiedenen blutigen Duellen mit den heidnischen Fürsten, aus denen die Christen siegreich hervorgehen, so daß nach breit geschilderten Kämpfen Konstantinopel befreit werden kann. Auf dem Weg in die Heimatländer folgen weitere Gefechte, die die im ersten Teil des Werks eng verbundenen Hauptfiguren wieder auseinanderstreben lassen: Ritter, welche die schöne Mabilea begleiten, werden zu einem Turnier mit Unbekannten mit schwarzen Wappen provoziert, die sich als Ritter der Amadíssippe herausstellen. – Alquifa wird von Piraten entführt. Lisuarte kommt auf die Insola de las Sierpes, wo ihn ein Fräulein in einen Hinterhalt lockt, aus dem er sich und andere Gefangene befreien kann, indem er einen Drachen tötet. In einem Boot gelangt er auf eine andere In-

sel; hier errettet er Amadís und Oriana, die von Riesen gefangen wurden und nun endlich nach England zurückkehren können. – Der Caballero de la espera befreit mittlerweile die Stadt der Herzogin von Österreich und kämpft in einem Zweikampf gegen Lisuarte, der in Verzweiflung über einen Brief seiner Dame als Caballero solitario unterwegs ist. Nach weiteren Turnieren ist ein neuer Höhepunkt die Hofszene, in der Urganda mit dem Zauberer Alquife verheiratet wird.
Für neue Komplikationen sorgt ein Seesturm, der einige der als »caballeros vermejos« gewappneten Amadísritter nach Cartagena verschlägt, wo sie in den Krieg der Christen gegen Mauren verwickelt werden, die Córdoba belagern. Auf dem Rückweg nach Trapezunt befreien die »roten Ritter« Amadís' alten Weggefährten und Chronisten Helisabad, der auf einer Galeere schmachtete. Wenig später gelingt es Lisuarte nicht, das ihm vorbestimmte »Abenteuer der beiden Verzauberten« zu bewältigen, das erst in einem späteren Band der Serie vollendet wird. Es kommt zur heimlichen Heirat der Paare Gricileria und Perión bzw. Lisuarte und Onoloria. – *Lisuarte de Grecia* endet mit einem offenen Schluß: Während mehrere Helden aufbrechen, bringen Onoloria und Gricileria heimlich ihre Söhne zur Welt, mit denen sich die neuen Helden der späten *Amadís*-Romane ankündigen.
Der beträchtliche Erfolg von Silvas siebtem *Amadís*-Buch – es erreichte im 16. Jh. immerhin dreizehn Auflagen – provozierte 1526 den Rivalen Juan Díaz dazu, sich mit seinem achten Buch *Amadís de Grecia* anzuschließen, was Silva nicht nur zu heftigen Polemiken veranlaßte, sondern auch zu weiteren eigenen Fortsetzungen. So folgte Silvas eigene Version über das Leben von Lisuartes Sohn, *Amadís de Grecia* (1530), sodann ein besonders umfangreiches 10. und 11. Buch *Florisel de Niquea* (1532) und *Rogel de Grecia* (1535 u. 1551); diese drei Werke sind jeweils dem Sohn und Enkel von Amadís de Grecia gewidmet. Hervorzuheben ist die allmähliche Annäherung des Ritterromans an den Schäferroman, die Silva vollzieht, indem er Liedeinlagen, Liebesgespräche und bukolische Themenbereiche stärker als zuvor einbezieht. Die sprachliche Gestaltung wird mehr und mehr von einem konzeptistischen Stil bestimmt, den ein halbes Jahrhundert später Cervantes im *Don Quijote* kritisiert, während der »Ritter vom traurigen Gesicht« sich indes immer wieder gerade auf die Helden von Silvas *Amadís*-Fortsetzungen beruft.

G.Wil.

Ausgaben: Sevilla 1514; Sevilla 1525. – Toledo 1534. – Sevilla 1548. – Saragossa 1587. – Lissabon 1587.

Übersetzung: *Das siebend Buch vom Amadis auß Franckreich. Eine schoene und fuertreffliche History von Amadis auß Griechenland, der Ritter vom brennenden Schwert genannt*, G. Rab, Ffm. 1573; ern. 1583; ern. 1596.

Literatur: H. Weddige, *Die »Historien vom Amadis auß Franckreich«*, Wiesbaden 1975. – S. Cravens, *F. de S. y los antecedentes de la novela pastoril en sus libros de caballerías*, Chapel Hill 1976. – D. Eisenberg, *Romances of Chivalry in the Spanish Golden Age*, Newark/Fla. 1982. – G. Wild, *Merlinus poeta, Der schreibende Zauberer auf dem Weg in die Mancha und nach Macondo* (in *Polyglotte Romania, Fs. T. Stegmann*, Hg. B. Schlieben-Lange u. A. Schönberger, Ffm. 1991).

Teresa de Jesús

auch Teresa de Ávila
eig. Teresa de Cepeda y Ahumada
* 28.3.1515 Ávila
† 4.10.1582 Alba de Tormes

Literatur zur Autorin:

Bibliographien:
M. Jiménez Salas, *Sta. T. de J., bibliografía fundamental*, Madrid 1962. – H. Gandarias, *Bibliografía teresiana en el pais vasco-navarro* (in LdD, 12, 1982, S. 235–246). – Luis de San José, *Concordancia de las obras y escritas de S. T. de Á.*, Burgos 1982.
Biographien:
M. Auclair, *La vie de Sainte Thérèse d'A.*, Paris 1950 (dt. Luzern 1960). – O. Leroy, *Sainte T. d'A. Biographie spirituelle*, Paris 1962. – P. Crisógono, *Vida de S. T.*, Madrid 1971. – *A Woman: A Biography of T. de A.*, Hg. V. Lincoln u. E. Rivers, Albany 1984. – E. Lorenz, *Ein Pfad im Wegelosen: T. von A. Erfahrungsberichte und innere Biographie*, Freiburg i. B. 1986.
Studien und Gesamtdarstellungen:
E. Juliá Martínez, *La cultura de S. T. de J. y su obra literaria*, Castellón 1922. – E. A. Peers, *Mother of Carmel*, Ldn. 1945. – M. Lépee, *S. T. mystique, une divine amitié*, Paris 1951. – F. M. Castro, *S. T. de J.*, Valencia 1953. – A. Castro, *T. la Santa y otros ensayos*, Madrid 1972. – V. de la Concha, *El arte literario de S. T.*, Barcelona 1978. – *T. de J., mujer, cristiana, maestra* (in Revista de espiritualidad, 1982, Nr. 162–163). – LdD, 12, 1982 [Sondernr. *T. de J.*]. – *T. de J.: Su vida eclesial y misionera: en el IV centenario de su muerte; ponencias y trabajos*, Burgos 1982. – R. Schneider, *Theresia von Spanien*, Mchn. 1982 [Faks. d. Ausg. 1940]. – *Centenary of St. T.*, Hg. J. Sullivan, Washington 1984. – *S. T. y la literatura mística hispanica: Actas del I Congreso internacional sobre S. T. y la mística hispánica*, Hg. M. Criado del Val, Madrid 1984. – E. T. Howe, *Mystical Imagery: T. de J. and San Juan de la Cruz*, NY 1988.

EL CAMINO DE PERFECCIÓN

(span.; *Der Weg zur Vollkommenheit*). Religiöse Abhandlung von Teresa de Jesús, erschienen 1583. – In dem zwischen 1562 und 1569 verfaßten Lehrtraktat wendet sich die hl. Teresa an die Nonnen ihres ersten Reformklosters in Avila und ruft sie auf zur Verteidigung der katholischen Kirche gegen die »Feuersbrunst« des Protestantismus. Sie selbst will ihrer kleinen Heerschar den Weg zu der für diesen Kampf notwendigen inneren Festigkeit des Glaubens weisen. Dieser Weg beginnt mit der Befolgung der Ordensregeln und führt über die einzelnen Stufen des Gebets bis zur *unio mystica* mit Gott. Der erste Teil des Traktats (Kap. 4–15) lehrt in Form einer Beschreibung des Klosterlebens die Ausübung der für den Weg zur Vollkommenheit unerläßlichen Grundtugenden: eine alle persönliche Freundschaft und Zuneigung ausschließende Nächstenliebe, völlige Abkehr von der Welt und der eigenen Körperlichkeit, Selbstkasteiung und Demut. Der zweite Teil (Kap. 16–26) beginnt mit einem Vorausblick auf das Endziel dieses Weges, die *unio mystica*. Danach werden die einzelnen Stufen der dorthin führenden Gebetsleiter beschrieben. Die erste Stufe ist das »geistige Gebet« *(oración mental)*: Wie die Braut auf den Bräutigam, so soll die Betende den Blick auf den geliebten Gott gerichtet halten. Seine absolute Erfüllung erfährt dieses Gerichtetsein auf den angebeteten Gott jedoch erst im »Gebet der Sammlung« *(oración de recogimiento)*, das heißt in der selbstvergessenen Versenkung in die eigene Seele als den Himmel und Wohnort Gottes.

Hier beginnt der Aufstieg in die Sphären der reinen Kontemplation, die sich der Heiligen in den Bitten und Gelöbnissen des Vaterunsers offenbaren. Dessen Auslegung bildet den Schlußteil der Abhandlung (Kap. 27–42). Im Stadium der reinen Kontemplation ist alles von der entgegenkommenden Gnade Gottes abhängig. So gleicht der Mensch im »Gebet der Ruhe« *(oración de quietud)* dem glückseligen Kind an der Mutterbrust. Die endgültige *unio mystica* – versinnbildlicht in dem am Lebensquell Trinkenden – wird allein in der bedingungslosen Hingabe an das *»fiat voluntas tua«* erreicht, in dem der Mensch ganz zum Werkzeug des göttlichen Willens wird. – Nicht alle freilich können dieser Gnade der reinen Kontemplation teilhaftig werden. Doch für die anderen hat die hl. Teresa Trost bereit: Sie weist darauf hin, daß auch die hl. Martha nicht kontemplativ lebte, und verspricht den im tätigen Leben Stehenden, daß auch ihnen ihr Kloster und die Pforten des Himmels offenstehen. E.F.

Ausgaben: Evora 1583. – Madrid 1954 (in *Obras completas*, Hg. Efrén de la Madre de Dios u. O. Steggink, Bd. 2; ern. Madrid 1986; BAC). – Madrid 1958 (ern. 1973; Clás. Cast). – Rom 1964 [Faks. des Autographs]. – Madrid 1965. – Madrid 1985 (Austral). – Burgos 1987 (in *Obras completas*, Hg. Tomás de la Cruz). – Barcelona 1989.

Übersetzungen: *Weg der Vollkommenheit*, Matthias a Scto. Arnoldo (in *Opera*, Bd. 1, Würzburg/Köln 1649). – Dass., A. Alkofer (in *SS*, Bd. 6, Mchn. 1941; ern. 1981).

Literatur: Gabriel de Santa María Magdalena, *La via dell'orazione. Esposizione e comento dell'opera »Camino di perfezione di S. Teresa di Gesù*, Rom 1955. – M. C. Lipar, *The Portrait of T. of A. as Woman and as Saint in »Camino de perfección«*, Diss. Univ. of Pittsburgh 1983 (vgl. Diss. Abstracts, 44, 1984, S. 2484A). – J. F. Chorpenning, *The Monastery, Paradise and the Castle: Literary Images and Spiritual Development in S. T. of A.* (in BHS, 62, 1985, S. 245–257). – A. Weber, *T.'s »Delicious« Diminutivs: Pragmatics and Style in »Camino de perfección«* (in Journal of Hispanic Studies, 10, 1986, S. 211–230).

CARTAS DE LA GLORIOSA MADRE SANTA TERESA DE IESUS

(span.; *Briefe der glorreichen Mutter, der heiligen Theresia von Jesus*). Von Teresa de Jesús, erschienen 1658. – Diese Sammlung enthält insgesamt 466 Briefe, davon sind 31 undatierte Brieffragmente. Die Briefe wurden fast ausnahmslos zwischen 1562 und 1582 geschrieben. Ihre Adressaten gehörten den verschiedensten Gesellschaftsschichten an: Es sind König Philipp II., Vertreter kirchlicher und weltlicher Behörden, Angehörige des Adels, einfache Bürger sowie die eigenen Verwandten. Die meisten Briefe jedoch sind an Klosterleute, Mönche oder Nonnen gerichtet, und zum größten Teil stehen sie in Zusammenhang mit den 32 Klostergründungen, die Teresa de Jesús in aufreibendem Kampf mit Menschen und widrigen Umständen durchführte. Die Briefe sind oft sehr kurz und privat, nicht für die Veröffentlichung gedacht und häufig durch Zwischenfälle, die Teresas reformatorische Tätigkeit behinderten, veranlaßt. Sie wendet sich an mächtige Herren und bittet um Schutz und Empfehlungen, oder sie regelt die finanziellen Verhältnisse der Klöster, erteilt Vorschriften für die Leitung der Nonnen, antwortet auf Fragen von Menschen, die bei ihr in geistlichen oder weltlichen Angelegenheiten Rat suchen. Alles, was diese *»unruhige und wanderlustige Frau«*, wie sie von einem Zeitgenossen genannt wurde, schreibt, trägt dazu bei, das Bild einer außerordentlichen Persönlichkeit zu verdeutlichen. Während ihre theoretischen Schriften sie auf dem *»Weg zur Vollkommenheit«* durch Loslösung von der Welt bis hin zur Einigung mit Gott in der *»innersten Burg der Seele«* zeigen, erscheint sie in den Briefen inmitten der von Kämpfen erfüllten und mühevollen Welt ihres Alltags. Es geht in ihnen meistens um die kleinen Sorgen des Daseins, um Geld, um Kleidung und Essen usw. Zwar kommt auch die Mystikerin wiederholt zu Wort, vor allem aber ist es die praktische Organisatorin, die unermüdlich tätige »Arbeiterin im Weinberg des Herrn« und die anmutige Frau, deren

Charme sich keiner zu entziehen vermochte. In einem Brief schreibt sie, daß *»ein Quentchen Schlauheit«* oft besser sei als zuviel Bescheidenheit. In welch hohem Maß sie diese Schlauheit besaß, offenbart sich im Ton der Briefe, der sich dem Rang, Bildungsstand und Geschlecht der Adressaten in manchmal geradezu raffinierter Weise anpaßt.
Als Zeugnisse für die Alltagssprache Spaniens in der zweiten Hälfte des 16. Jh.s sind die Briefe Teresas von unschätzbarem Wert. Die Forderung nach *»Einfachheit und Natürlichkeit der Rede«*, die sie auch in ihren theoretischen Schriften befolgt, ist in den Briefen in überzeugender Weise verwirklicht. Hier kann man die Sprache des Volkes hören, die Umgangssprache in den Familien, auf der Straße und auf dem Markt. Der Stil ist bilderreich und anschaulich, reich an volkstümlichen und mundartlichen Redensarten, vermischt mit köstlichen altertümlichen Wendungen, die nicht gesucht sind, sondern aus dem Sprachgut des Volkes stammen. Da Teresa in diesen Briefen keine schwierigen Begriffe zu erklären oder komplizierte Seelen- und Geistesphänomene zu schildern hat, strahlt hier ihre Sprache eine unnachahmliche Herzlichkeit und Frische aus. Und immer wieder belebt den heiteren oder ernsten Plauderton ein tiefer Gedanke, eine kühne Metapher, ein heimisches Sprichwort, in dessen Handhabung ihr nur Cervantes überlegen ist, oder einfach ein witziges Wort. A.F.R.

Ausgaben: Saragossa 1658, Hg. Diego de la Presentación. – Burgos 1915–1925 (in *Obras*, Bd. 7–9, Hg. Silverio de Sta. Teresa). – Madrid 1959 (in *Obras completas*, Bd. 3, Hg. Efrén de la Madre de Dios u. O. Steggink; ern. 1986; BAC). – Burgos 1987 (in *Obras completas*, Hg. Tomás de la Cruz).

Übersetzungen: *Briefe*, G. Schwab (in *SS*, Bd. 5/6, Sulzbach 1833). – Dass., A. Alkofer (in *SS*, Bd. 3/4, Mchn. 1936–1939).

Literatur: J. J. Valentí, *Santa Teresa y el género epistolar*, Burgos 1912. – E. Espert, *Para el epistolario de Sta. Teresa* (in Razón y Fe, 155, 1957, S. 388–397). – D. Mondrone, *Santa Teresa d'Avila nell'edizione critica del suo carteggio* (in Civiltà Cattolica, 109, 1958, S. 489–501). – E. Pesce, *Una lezione di realismo cristiano dalle »Lettere« di S. Teresa de Gesù* (in Studium, 56, Rom 1960, S. 656–662).

EL CASTILLO INTERIOR

(span.; *Die innere Burg*). Religiöse Abhandlung von Teresa de Jesús, erschienen 1588. – Die systematische Darstellung des mystischen Lebens in seiner Stufenfolge ist Gipfelpunkt im literarischen Schaffen der Heiligen, die – unter dem Einfluß von Juan de la Cruz – erst hier zu einer klaren Auffassung über das Verhältnis zwischen Leib, Seele und Gott gelangte.
Das nahezu Unsagbare ihres in den letzten Lebensjahren zu tiefster Erfüllung gelangten mystischen Erlebens kleidet sich fast vollkommen in die Bildsprache dichterischer Vergleiche. Doch die Autorin verliert dank ihrer großen Bescheidenheit und ihres praktischen Sinns niemals die Grenzen menschlicher Ausdrucksfähigkeit aus den Augen. Eher neigt sie dazu, ihre sprachliche Unbeholfenheit und die Plumpheit der erfundenen Bildersprache selbstkritisch zu betrachten.
Der Vergleich der Seele mit einer Burg, allegorisches Gerüst des ganzen Traktats, wurde der um Ausdruck ringenden Teresa von Gott selbst geoffenbart. Sieben Wohnstätten hat diese Burg. Ihre Durchquerung veranschaulicht die mystische Pilgerfahrt des Menschen von der in aktiver Askese und Meditation erlangten Freiwerdung (1–3) für den ersten Einstrom göttlicher Gnaden im Gebet der Introversio, der Ruhe und Einkehr (4–5), bis zu der sich im Innersten der Seele verwirklichenden Einswerdung mit Gott (6–7). Dem giftigen Schlangengewürm weltlicher Verlockungen aus dem Vorhof gelingt es, dem mystischen Pilger durch das Burgtor von Gebet und Meditation bis in die ersten drei Wohnstätten demütiger Selbsterkenntnis, der Willenskonformierung und asketischen Weltabkehr zu folgen. Doch nicht weiter. Denn durch einen aus dem Innersten ertönenden Lockpfiff wird der Pilger unter den Schutz Gottes berufen. Er betritt die Wohnstätte andächtiger Sammlung, in der gottgesandte Freuden ihm gleich einem aus dem tiefsten Seelengrund aufwallenden Strom das Herz weiten. Bis dahin gleicht der Mensch einer Seidenraupe, welche sich vor den Verlockungen der Welt und des Ichs in die Abgeschlossenheit eines selbstgesponnenen Kokons der Askese und Seeleneinkehr zurückgezogen hat. Schenkt Gott in dieser Abgekehrtheit vom Irdischen einen Moment der Einigung, so verwandelt sich die häßliche Raupe in einen weißen Schmetterling, der, emporgetragen von den Flügeln eines unsäglich leidvollen Sehnens, nur noch ein Ziel hat: die endgültige Einigung mit Gott (Wohnstätte 5). Die Verwirklichung dieses Ziels vollzieht sich in zwei Abschnitten – den beiden letzten Wohnstätten – als das Verlöbnis und die Eheschließung der Seele mit dem göttlichen Bräutigam. Zunächst nur der gemeinsamen Flamme zweier vereinigter Kerzendochte ähnlich, gleicht diese Unio schließlich dem Fall eines nie wieder auffindbaren Wassertropfens in einen Strom.
Die Darstellung dieser Endphase des mystischen Wegs, die mehr als die Hälfte des Traktats ausmacht, bekundet die Bereicherung, welche die mystische Erlebnisfähigkeit der Heiligen in den Jahren seit der Abfassung ihrer *Vida* (1562–1565) und des *Camino de perfección*, 1562–1569 *(Weg zur Vollkommenheit)*, erfahren hatte. E.F.

Ausgaben: Salamanca 1588. – Madrid 1954 (in *Obras completas*, Hg. Efrén de la Madre de Dios u. O. Steggink, Bd. 2; ern. 1986; BAC). – Burgos 1987 (in *Obras completas*, Hg. Tomás de la Cruz).

Übersetzungen: *Die Seelenburg oder innerliche*

Wohnungen, M. a Scto. Arnoldo (in *Opera*, Bd. 2, Würzburg/Köln 1651). – Dass., A. Alkofer (in *SS*, Bd. 5, Mchn. 1938). – *Die innere Burg*, F. Vogelgsang, Stg. 1966; ern. Zürich 1979 (detebe).

LITERATUR: M. Asín Palacios, *El simil de los castillos y moradas del alma en la mística islámica y en S. T.* (in Al-Andalus, 11, 1946, S. 263–274). – R. Ricard, *Le symbolisme du »Château intérieur« chez S. T.* (in BHi, 57, 1965, S. 25–41). – J. F. Chorpenning, *The Literary and Theological Method of the »Castillo interior«* (in Journal of Hispanic Studies, 3, 1979, S. 121–133). – F. E. Fittipaldi, *Human Consciousness and the Christian Mystic: T. of A.* (in The Metaphors of Consciousness, Hg. R. S. Valle, NY 1981, S. 325–335). – L. López Baralt, *S. T. de J. y Oriente. El símbolo de los siete castillos del alma* (in Sin Nombre, 13, 1983, S. 25–44). – J. F. Chorpenning, *The Image of Darkness and Spiritual Development in the »Castillo interior«* (in Studia Mistica, 8, 1985, S. 45–58).

LIBRO DE SU VIDA

(span.; *Buch ihres Lebens*). Selbstbiographie von Santa TERESA DE JESÚS, erschienen 1588. – Ähnlich wie die *Confessiones* des AUGUSTINUS ist dieses Erstlingswerk der hl. Teresa keine Autobiographie im eigentlichen Sinn, sondern eine Darstellung ihrer inneren Entwicklung. Es ist die Geschichte ihres geistigen Lebens von den Tagen der Kindheit bis zu dem Augenblick, da bei der Lektüre der *Confessiones* der Entschluß in ihr reift, sich im Gebet ganz Gott zu ergeben, und ist danach, wie sie selbst erklärt (Kap. 23), die Geschichte eines *»neuen Lebens ... das Gott lebte in mir«*. Dazwischen enthält das Buch (Kap. 10–12) eine Abhandlung über die verschiedenen Stufen des Gebets und ihre Wirkungen sowie über die Vereinigung der Seele mit Gott im Gebet. Soweit das Buch überhaupt von ihr selbst handelt (Kap. 1–9 und 23–40), beschreibt es, mit moraldidaktischen Hinweisen und Nutzanwendungen untermischt, die Schwankungen auf dem Weg zur Vollkommenheit, seltsame Erscheinungen, Zustände und Empfindungen, in denen Gott zu ihr spricht, die Zeiten der *sequedad* (Dürre), da Gott fern ist, ihre Vision der Hölle, Augenblicke der Begeisterung und Verzückung, der Vereinigung mit Gott. Diese Erörterung übernatürlicher Phänomene erregte zunächst den Verdacht der Inquisition, die das Werk erst nach langem Zögern freigab.

Teresas Werke bilden zusammen mit denen des JUAN DE LA CRUZ (1542–1591) den literarischen Höhepunkt der spanischen Mystik. Dabei war Teresa von künstlerischen Ambitionen weit entfernt. Dafür fehlten ihr auch die Voraussetzungen: Sie verstand kein Latein, kannte aus spanischen Übersetzungen neben Augustinus auch die *Imitatio Christi* des hl. THOMAS A KEMPIS und die Episteln des hl. HIERONYMUS, ferner spanische Erbauungsbücher und, aus ihrer Kindheit, ein paar Ritterromane. Sie, die überhaupt nur auf Geheiß ihrer Beichtväter schrieb, glaubte sich keineswegs zur Schriftstellerin berufen: *»Sollen die studierten Leute doch schreiben; ich bin eine einfältige Person, weiß nichts zu sagen, setze ein Wort für das andere und richte damit Schaden an.«* Und: *»Manchmal nehme ich das Papier, aber sitze da wie ein Dummkopf, der nicht weiß, was er sagen noch wie er anfangen soll.«* So schreibt sie denn, wie sie spricht, mit starkem Dialekteinschlag, fehlerhaft, häufig in schlecht gebauten, falsch bezogenen oder unvollständigen Sätzen. Doch gerade in dieser Kunstlosigkeit liegt der Reiz ihrer Schriften, insbesondere dieses Buches über ihr Leben, das Teresa zweimal schrieb, 1562 und 1565, wobei sie, wie es im Nachwort des Herausgebers heißt, in der zweiten Fassung *»manches hinzufügte«*.

Das Werk besticht durch die einzigartige Spontaneität und Frische der Aussage, die Differenziertheit und Tiefe der seelischen Erfahrung und Beobachtung, die Genauigkeit der Beschreibung, die lebendige, oft humorvolle Darstellung heikler Dinge, die Kraft der Veranschaulichung des Abstrakten. Hervorzuheben sind die Plastizität gewisser Bilder, die nicht wie beim hl. Johannes vom Kreuz Symbole von philosophischer Tiefe, sondern dem Alltag entnommen sind und nur der Verdeutlichung dienen (zerstreute Einbildungskraft gebärdet sich wie ein *»kleiner Nachtschmetterling«*, wie ein *»Regen«* kommen Gottes Gnaden über uns, die Vereinigung mit Gott ist wie die *»Flamme zweier Kerzen«* usw.), der herzliche, liebevolle Ton, der in dem häufigen Gebrauch von Diminutiven zum Ausdruck kommt, und der Realismus der Darstellung, der auch Alltägliches einbezieht. Das alles macht die Schrift zu einem bedeutsamen Zeugnis der abendländischen Mystik. A.F.R.

AUSGABEN: Salamanca 1588. – Saragossa 1591. – Madrid 1861 (in *Escritos*, Hg. V. de la Fuente, 2 Bde., 1861/62, 1; BAE, 53). – Burgos 1915 (in *Obras*, Hg. u. Anm. P. Silverio, 9 Bde., 1915–1924, 1). – Madrid 1951 (in *Obras completas*, 3 Bde., 1951–1959, 1; BAC, 74). – Madrid 1963 (in *Obras completas*; Vorw. R. Menéndez Pidal). – Madrid 1984 (Austral). – Madrid 1986 (in *Obras completas*, Hg. Efrén de la Madre u. O. Steggink). – Madrid 1986, Hg. O. Steggink (Castalia). – Madrid 1987, Hg. D. Chicharro Chamoro (Cátedra). – Burgos 1987 (in *Obras completas*, Hg. Tomás de la Cruz).

ÜBERSETZUNGEN: *Das Leben der heiligen Mutter Teresa von Jesu ...*, Matthias a Sancto Arnoldo (in *Opera oder alle Bücher und Schriften der heiligen seraphischen Jungfrawen und Mutter Teresa von Jesu*, Tl. 1, Würzburg 1649). – *Das Leben der heiligen Theresia von Jesu ...*, Hg. G. Schwab (in *Die Sämmtlichen Schriften*, Bd. 1, Sulzbach 1831). – Dass., A. Alkofer (in *SS*, Bd. 1, Regensburg 1903; ern. Mchn. 1933; ern. Mchn. 1981). – *Gott hat mich überwältigt. Autobiographie der Hl. Teresa von Ávila*, A. Sagardoy, Wien 1982.

Literatur: P. Bilbao Arístegui, *S. T. de J., su valor literario en el »Libro de su vida«*, San Sebastián 1942 (Cuadernos literarios del Grupo Alea, 1). – G. Mancini, *Espressioni letterarie dell'insegnamento di S. T. de Ávila*, Modena 1955. – E. Schering, *Mystik und Tat. Therese von Jesu, Johannes vom Kreuz und die Selbstbehauptung der Mystik*, Mchn. 1959. – H. Gilleisen, *Die Bedeutung des Ausdrucks »me parece« in der Autobiographie der Hl. T. von A.* (in RF, 87, 1975, S. 257–267). – K. McIntosh, *An Aspect of the Life and Teachings of S. T. as Revealed in Her Autobiography* (in *Women in the Literature of Medieval and Golden Age Spain*, Syracuse 1979, S. 74–80). – B. J. Mandel, *Truth and Reality in the Life of S. T.* (in Renascence, 33, 1980, S. 131–145). – C. O. Nallim, *El »Libro de su vida« de S. T. de J.: Entre la autobiografía y la espiritualidad* (in Revista de Literaturas Modernas, 17, 1984, S. 27–36). – A. Weber, *The Paradox of Humility: S. T.'s »Libro de la vida« a Double Bind* (in Journal of Hispanic Studies, 9, 1985, S. 211–230). – J. Chorpenning, *S. T. of A. as Allegorist: Chapters 1–12 of the »Libro de la vida«* (in Studia Mistica, 9, 1986, S. 3–22).

Juan Timoneda

* um 1520 Valencia
† vor dem 24.8.1583 Valencia

PRIMERA PARTE DE LAS PATRAÑAS DE J. TIMONEDA en las quales se tratan admirables cuentos, graciosas marañas, y delicadas invinciones para saber contar el sabio y discreto relatador agora nuevamente compuesto

(span.; *Erster Teil der Flunkereien von J. Timoneda, in welchen gehandelt wird von wunderbaren Geschichten, anmutigen Ränken und gar feinen Erfindungen zum Wiedererzählen durch den kundigen und gescheiten Erzähler – abermals in Schrift gesetzt*). Novellensammlung von Juan Timoneda, erschienen 1567. – Von den Sammelwerken des rührigen Valencianer Buchhändlers, Schauspielers und Schriftstellers Timoneda, zu denen außer diesem die Anekdotensammlungen *Sobremesa y alivio de caminantes*, 1563 *(Nachtischunterhaltung für Reisende)*, und *Buen aviso y portacuentos*, 1564 *(Frohe Botschaft und Geschichtenträger)*, gehören, ist *Las patrañas* das wichtigste. Es ist die erste Novellensammlung in spanischer Sprache nach italienischem Muster, der erste Versuch, durch Nachahmung einer von den Provenzalen stammenden, durch Boccaccio in Italien zur Vollendung gebrachten Gattung die spanische, seit dem Ende des Mittelalters unterbrochene Erzählkunst zu erneuern. Dieser Versuch ist noch ungeschickt und unselbständig; vor allem fehlt Timoneda das eigentliche Verständnis für die Novelle als Kunstform, wie das Wortspiel im Vorwort der Sammlung beweist. *»Novelas«*, so erklärt der Verfasser, bedeute: *»no velas, yo te desvelaré con algunos graciosos asesados cuentos« (»du wachst nicht, also will ich dich wach machen mit anmutigen, klugen Geschichten«)*. Ihm sind Novellen *patrañas*, Lügengeschichten, aber *»so hübsch ausgeführt und erzählt«*, daß sie wie wahre Geschichten wirken. Die Quellen der 22 *patrañas*, die er *»zur Kurzweil und zur Ergötzung«* erzählt, darunter in der abendländischen Literatur so beliebte Geschichten wie die *Griseldis* oder der *Apollonius-Roman*, sind bekannt: Boccaccio (1313–1375), Franco Sacchetti (um 1330–1400), Masuccio (15. Jh.), Ariosto (1474–1533), Bandello (1485–1562), nicht zuletzt die *Gesta Romanorum*.

Timoneda erzählt unbekümmert, sprachlich oft nachlässig, auf unmittelbaren Erfolg beim unterhaltsamen Vortrag bedacht. Andererseits konnte erst aus dieser verbreiteten Anekdotenliteratur (neben Timoneda z. B. Mal Lara, Pedro Mexía, Antonio de Torquemada, Juan Rufo, Melchor de Santa Cruz) die hohe Auffassung der Novellenkunst entstehen, die Cervantes demonstriert, wenn er in der Vorrede zu den *Novelas ejemplares*, ohne allerdings Timoneda ausdrücklich zu nennen, die Erzählliteratur seiner Vorgänger verächtlich abwertet. D.B.

Ausgaben: Valencia 1567. – Madrid 1846 (BAE). – Madrid 1958, Hg. F. Ruiz Morcuende (ern. 1973; Clás. Cast). – Madrid 1979, Hg. R. Ferreres (Castalia). – Madrid 1986, Hg. J. Romero Castillo (Cátedra). – Valencia 1987.

Literatur: M. Menéndez y Pelayo, *Orígines de la novela*, Madrid 1907, Bd. 2. – J. W. Childers, *Motif-Index of the Cuentos of J. T.*, Bloomington 1948. – E. Cerulli, *Il patrañuelo di J. T. e l'elemento arabo nella novella italiana e spagnola del rinascimento* (in *Atti della Accademia dei Lincei, classe di scienze morali, storiche e filologiche*, 8, 7, 1955, S. 81–181). – P. Delgado Barnés, *Contribución a la bibliografía de J. T.* (in Revista de Literatura, 16, 1959, S. 24–56). – M. P. Aróstegui, *La dramaturgía de J. T. Estado actual de la cuestión* (in Boletín de la Biblioteca de Menéndez Pelayo, 48, 1972, S. 201–230). – J. J. Reynolds, *J. T.*, Boston 1975 (TWAS).

BARTOLOMÉ DE TORRES NAHARRO

* zwischen 1480 und 1485
Torre de Miguel Sesmero
† 1530 (?)

LITERATUR ZUM AUTOR:
S. Zimic, *El pensamiento humanístico y satírico de J. N.* (in Boletín de la Biblioteca de Menéndez Pelayo, 52, 1976, S. 21–100; 53, 1977, S. 1–306; 54, 1978, S. 3–279). – E. M. Malinak, *The Dramaturgy of B. de T. N.*, Diss. Univ. of Kentucky 1977 (vgl. Diss. Abstracts, 39, 1978, S. 1622A). – J. Lihani, *B. de T. N.*, Boston 1979 (TWAS).

HIMENEA

(span.; *Heiratskomödie*). Komödie in fünf Akten von Bartolomé de TORRES NAHARRO, erschienen 1517. – Im Vorwort zu seinen *Propalladia (Erstlinge der Pallas)*, das die erste spanisch geschriebene Abhandlung über die Theorie des Dramas enthält, teilt der Autor die Schauspiele ein in *comedias a noticia*, deren Inhalt und Darstellung auf genauer Beobachtung der Wirklichkeit beruhen müssen, und *comedias a fantasía*, mit erfundenen Ereignissen und Personen, die jedoch den Erfordernissen der Wahrscheinlichkeit genügen sollen. Zur letzteren Gruppe zählt er die *Himenea*, deren Titel als Anspielung auf Hymenaios, den griechischen Gott der Eheschließung, und das nach ihm benannte antike Hochzeitslied zu verstehen ist, gleichzeitig aber auch auf den Namen des Helden, Himeneo, hindeutet.
Obgleich die Handlung noch relativ einfach ist, enthält das Stück im Keim bereits alle typischen Merkmale der späteren *comedia de capa y espada* (Mantel- und Degenkomödie), als deren Vorläufer es gelten kann. Nach einem kurzen Vorspiel werden Himeneo, der in Febea verliebt ist, und der Marqués, der auf die Familienehre bedachte Bruder Febeas, im Gespräch mit ihren Dienern vorgestellt; Himeneo plant, Febea ein Ständchen zu bringen. Im zweiten Akt bewilligt Febea nach der Serenade ihrem Galan ein Rendezvous für die folgende Nacht; dem hinzukommenden Marqués kann Himeneo gerade noch entkommen. Der dritte Akt zeigt, die Haupthandlung gleichsam parodierend, die Liebesabenteuer der Dienerschaft; im vierten betritt Himeneo das Haus der Angebeteten und läßt seine Diener als Wachen zurück, die beim Eintreffen des Marqués schmählich die Flucht ergreifen. Im dramatischen Schlußakt wird – zum erstenmal auf der spanischen Bühne – das Motiv der gekränkten Ehre ausgespielt: der racheschnaubende Marqués droht, die ertappte Schwester zu töten. Doch Himeneo kann ihn von der Lauterkeit seiner Absichten überzeugen, und das Stück endet – da sich auch Doresta, Febeas Dienerin, und Himeneos Diener Boreas gefunden haben – mit einer Doppelhochzeit.
Wegen ihres klaren, dramatisch wirkungsvollen Aufbaus und der straff durchgeführten Handlung gilt die *Himenea* als das beste Schauspiel Torres Naharros. Der Autor führt hier zwei wesentliche neue Elemente in das spanische Theater ein: die Parallelität von Dienerhandlung und Herrenhandlung (in der Gestalt des Boreas zeichnet sich bereits der spätere Typ des *gracioso* ab) und das Thema der Ehre, das im »Goldenen Zeitalter« der spanischen Dramatik vor allem von Lope de VEGA und CALDERÓN immer wieder behandelt wird. Wieweit Torres Naharro, der lange Zeit in Italien lebte, von der italienischen Novellistik und Dramatik beeinflußt ist, läßt sich schwer feststellen; wahrscheinlich ist jedoch, daß er die spanische *Comedia de Calisto y Melibea* kannte, die gerade zur Zeit der Drucklegung seines Werks in Italien sehr beliebt war und aus der er Anregungen zur Gestaltung seiner Dienerrollen geschöpft haben könnte. – Als eines der wenigen Theaterstücke dieser frühen Epoche fand die *Himenea* noch im 18. Jh. Beifall; so rühmte Leandro FERNÁNDEZ DE MORATÍN vor allem die konsequente Wahrung der Einheiten des Ortes, der Zeit und der Handlung, wie die französische Klassik sie forderte. M.Fr.

AUSGABEN: Neapel 1517 (in *Propalladia*). – Madrid 1936 [Faks.]. – Bryn Mawr/Pa. 1946 (in *Propalladia and Other Works*, Hg. E. J. Gillet, 4 Bde., 1943–1961, 2; m. Bibliogr.; ern. Ann Arbor 1979). – Madrid 1986 (in *Comedias*, Hg. H. López Morales). – Madrid 1988, Hg. D. W. MacPheeters (Castalia).

LITERATUR: M. Romera Navarro, *Estudio de la comedia »Himenea«* (in RomR, 12, 1921, S. 50–73).

PROPALLADIA

(span.; *Erstlinge der Pallas Athene*). Sammlung lyrischer und dramatischer Werke von Bartolomé de TORRES NAHARRO, erschienen 1517. – Das Buch enthält vor allem die acht dramatischen Dichtungen Naharros, die als die ältesten *comedias* der spanischen Literatur den Beginn der neuzeitlichen Entwicklung des spanischen Theaters bezeichnen. Noch wichtiger als die Stücke selbst ist der *Proemio (Vorrede)* zu den *Propalladia*, denn *»er enthält die erste dramatische Theorie, die die spanische Literaturgeschichte verzeichnet«* (García López), und war für die Ausbildung des spanischen Schauspiels von Bedeutung.
Zum erstenmal wird hier von Naharro die Definition einer dramatischen Gattung versucht, die dem Mittelalter unbekannt war: *»artificio ingenioso de notables y finalmente alegres acontecimientos por personas disputados« (»ein sinnreiches, kunstvolles Gebilde aus bemerkenswerten und am Ende vergnüglichen Begebenheiten, bei denen Personen sich streiten«)*. In An-

knüpfung an Horaz stellt Naharro Regeln für diese neue Gattung auf: Die *comedia* muß aus fünf *jornadas* (Akte) bestehen, sie darf nicht mehr als sechs bis zwölf Personen enthalten, sie muß wohldurchdacht und im Ausdruck maßvoll sein und gut ausgehen. Er unterscheidet zwei Arten: *comedias a noticia* (Erfahrungsschauspiele) und *comedias a fantasí* (erdachte Schauspiele). Erstere sind eine Art Genrestücke oder Sittendramen und beruhen auf genauer Kenntnis eines bestimmten Milieus und Menschenschlags, letztere sind als Vorläufer der späteren Intrigenstücke anzusehen, die sich im *siglo de oro* und noch weit darüber hinaus so ungeheurer Beliebtheit erfreuten.
Von seinen eigenen Stücken zählt Naharro zwei zu den *comedias a noticia: Soldadesca (Soldaten)* und *Tinellaria (Küchengeschichten)*. In beiden gibt es eigentlich keine Handlung, aber der häufig mehrsprachig – spanisch, katalanisch, italienisch, französisch und in Küchenlatein – geführte Dialog (in dem einen Fall zwischen Soldaten, in dem andern zwischen den Angehörigen des Dienstpersonals eines Kardinals in der Küche) ist so lebendig und farbig, die verschiedenen Typen, ihr Verhältnis zueinander, ihr Benehmen wird so richtig beobachtet, daß man eine durchgehende Handlung nicht vermißt. Zu den *comedias a fantasia* gehören dann die andern sechs: *Trofea, Jacinta, Serafina, Aquilana, Calamita* und *Himenea (Heiratskomödie)*, die besonders hervorgehoben zu werden verdient, da sie als Vorläuferin der späteren *comedias de capa y espada* (Degen- und Mantelstücke) zu betrachten ist. Alle Stücke Naharros beginnen nach dem Muster des Terenz und des Plautus mit einem *introito* (Einleitung), auf den eine Inhaltsangabe folgt; dann beginnt der erste der fünf Akte. – Von den Merkmalen der dramatischen Theorie und Dichtung Naharros hat die spätere spanische Komödie die Gattungseinteilung nicht übernommen; sie hat die Akte auf drei reduziert, die Ansätze Naharros jedoch konsequent weiterentwickelt. KLL

Ausgaben: Neapel 1517 [Faks. Madrid 1936; Faks. Forni 1985]. – Madrid 1880–1900, Hg. M. Cañete, 2 Bde. [Einl. M. Menéndez y Pelayo]. – Bryn Mawr/Pa. 1943–1961 (in *Propalladia and Other Works*, Hg. J. E. Gillet, 4 Bde.; ern. Ann Arbor 1979). – Madrid 1986 (in *Comedias*, Hg. H. López Morales). – Madrid 1988, Hg. D. W. MacPheeters (Castalia).

Literatur: M. V. Depta, *Die »Celestina« in ihrem Verhältnis zu den novellistischen Komödien der »Propalladia« des T. N.*, Breslau 1920. – S. Gilman, *Retratos de conversos en la Comedia »Jacinta« de T. N.* (in NRFH, 17, 1963/64, S. 20–39). – R. E. Surtz u. N. Weinerth, *Algun diablo de fiesta: La »Comedia Trophea« de B. de T. N.* (in Torre, 1, 1987, S. 575–583).

Francisco Vázquez

auch Francisco Vásquez
* 2. Hälfte 15. Jh. Ciudad Rodrigo (?)
† 1. Hälfte 16. Jh. Ciudad Rodrigo (?)

EL LIBRO DEL FAMOSO E MUY ESFORÇADO CAVALLERO PALMERÍN DE OLIVIA

(span.; *Buch vom berühmten und sehr tapferen Ritter Palmerín de Olivia*). Ritterroman, vermutlich von Francisco Vázquez, erschienen 1511. – Entsprechend den Gepflogenheiten des spanischen Literaturbetriebs im Goldenen Zeitalter gibt Vázquez sein Werk als Übersetzung einer in Altgriechisch abgefaßten Kaiserchronik aus. Diese im Ritterroman gängige (und noch im *Don Quijote* parodierte) Manuskriptfiktion hat im Falle des *Palmerín de Olivia* (in späteren Editionen auch: Oliva) bereits im 16. Jh. zu erheblichen Unsicherheiten über die tatsächliche Autorschaft geführt, so daß neben Vázquez sein Zeitgenosse Juan Augur de Trasmiera gelegentlich als mutmaßlicher Autor genannt wurde. Francisco Delicado schließlich, der Herausgeber des venezianischen Nachdrucks von 1534, vermutete aufgrund einer in der Fortsetzung des Werkes interpolierten Passage *(»por mano de dueña«)* gar eine Frau hinter dem geschickt verborgenen Autor. Seinen *»Sitz im Leben«* (H. R. Jauß) erhält der deutlich märchenhafte Roman durch die Widmung an den Grafen Luís de Córdoba, einen Helden der Eroberung Granadas, der sich in den phantastischen Abenteuern des Titelhelden porträtiert sehen konnte, die aber stets ihre literarische Rückbindung an die Tradition des spätmittelalterlichen Ritterromans bewahren (vgl. Rodríguez de Montalvos *Amadís de Gaula* und den anonymen *Lancelot du Lac*).
Unter Berufung auf obskure oströmische Kaiserchroniken berichtet der Erzähler zunächst von der Herkunft der Prinzessin Griana, die von Reymicio, dem *»achten Kaiser von Konstantinopel seit Konstantin«*, abstamme. Reymicio versprach Griana einst seinem Neffen Tarisio zur Frau. Indes hat diese sich in Florendos verliebt, einen jungen Ritter dunkler Herkunft. Reymicio, der sich durch sein Versprechen gebunden fühlt, verweigert Florendos die Hand seiner Tochter auch dann noch, als dieser Tarisio das Leben rettet, der durch einen Seesturm in die Gewalt des Sultans von Babylonien fiel. Als Florendos aus unerfüllter Liebe erkrankt, läßt ihm Griana durch ihren Vertrauten Cardín heimlich einen Ring als Gunstbeweis zukommen. Später kommt es zu heimlichen Zusammenkünften der Liebenden, und schließlich bringt Griana heimlich einen Sohn zur Welt, den sie ihrer Zofe anvertraut, um die Schande der nicht legitimierten Verbindung und der unehelichen Geburt zu verbergen.

Diese setzt den Säugling in einem Hain mit Palmen und Ölbäumen aus, wo ihn ein Bauer findet und mit seinen eigenen Kindern aufzieht. Nach dem Ort, an dem er ihn fand, nennt er den Jungen Palmerín de Olivia.
Schließlich zieht Palmerín, der sich von der bäuerlichen Umgebung bereits durch sein aristokratisches Verhalten abhob, in die Welt hinaus, um Ritter zu werden. Unerkannt schlägt ihn sein eigener Vater Florendos, der jetzt König in Makedonien ist, zum Ritter. Unter den zahlreichen Heldentaten, die Palmerín vollbringt, ist seine erste Aventure erwähnenswert, der Sieg über einen Drachen, der den Zauberbrunnen von Artiferia bewacht. Durch das Wunderwasser des Brunnens gelingt es ihm, seinen Großvater Primaleón zu heilen. In einer späteren »Schwertprobe« erweist Palmerín sich gar als *»bester Ritter der Welt«*, Fortuna weissagt ihm schließlich, daß er einst über ganz Griechenland herrschen wird. Am Hof des französischen Königs verliebt er sich auf den ersten Blick in die schöne Polinarda, in deren Namen er künftig seine Taten vollbringen wird: einen Kampf gegen einen verzauberten Ritter, der Giftpfeile verschießt, ein Turnier oder einen Kampf gegen einen Riesen, der die englische Königin und ihre Tochter entführte. Ein weiterer Höhepunkt ist die Befreiung eines Mädchens aus einem von verzaubertem Wasser umgebenen Palast, der zudem von zwei Löwen bewacht wird. Das Motiv des Löwenkampfes wird später abermals aufgenommen, als der Held in eine Löwengrube geworfen wird und gegen drei der Bestien zu kämpfen hat (diese Episode parodierte später CERVANTES im Löwenabenteuer des *Don Quijote*). Er weist die Annäherungsversuche zweier maurischer Prinzessinnen zurück, verfällt indes durch einen Liebestrank zeitweilig der Königin von Tharsos. Als er nach weiteren Kämpfen und wunderbaren Abenteuern (Rettung der Prinzessin Agriola von einer verzauberten Insel; Heilung der maurischen Prinzessin Zerfira mittels einer Zauberblume) seine Mutter Griana vom Vorwurf des Ehebruchs befreit, erkennt diese an einem Muttermal in dem unbekannten Retter ihren totgeglaubten Sohn. Nach all diesen Wirrungen kann Palmerín endlich seine Geliebte Polinarda heiraten und Kaiser von Konstantinopel werden.
Palmendos, der aus der unfreiwilligen Verbindung mit der Königin von Tharsos hervorging, ist der Held des zweiten Buches, das stereotyp nach dem Muster des ersten Bandes gearbeitet ist. Ein dritter Band, *Primaleón* (1512), stammt vermutlich ebenfalls noch aus der Feder des Francisco Vázquez und handelt von dem gleichnamigen Ritter und legitimen Sohn Polinardas und Palmeríns. Ein späterer Fortsetzer fügte unter dem Pseudonym ENCISO den abschließenden Band der kastilischen *Palmerín*-Serie, *Platir* (1533), hinzu, der von den Abenteuern eines der Söhne Primaleóns berichtet. Dieser fand ganz im Gegensatz zu seinen Vorläufern kein breites Echo – mit 12 bzw. 10 und 11 Auflagen zählen die früheren Bände des spanischen *Palmerín*-Zyklus zu den erfolgreichsten Büchern des 16. Jh.s. Immerhin griff selbst Gil VICENTE auf eine Episode des *Palmerín* bei seinem Schauspiel *Don Duardos* (1522) zurück. In italienischen, französischen und englischen Übersetzungen lebten die Werke bis ins 18. Jh. fort, während Cervantes (*Don Quijote* I,6) das Werk wegen seiner Lügenhaftigkeit verbrennen läßt. G.Wil.

AUSGABEN: Salamanca 1511 *(Palmerín de Olivia; Palmendos)*. – Salamanca 1512 *(Primaleón)*. – Valladolid 1533 *(Platir)*. – Pisa 1966 (in G. di Stefano, *Studi sul Palmerín de Olivia*, Band 1 u. 2; krit.; Einl. G. Mancini).

LITERATUR: H. Thomas, *The Palmerin Romances* (in *Transactions of the Bibliographical Society of London*, 13, 1913–1915, S. 97–144). – Ders., *Spanish and Portuguese Romances of Chivalry*, Cambridge 1920, S. 58–69. – A. Patchell, *The Palmerin Romances in Elizabethan Prose Fiction*, NY 1947; ern. 1966. – G. di Stefano, *Studi sul Palmerín de Olivia*, Bd. 3, Pisa 1966. – L. Stegagno Piccio, *O topos de Constantinopla* (in L. S. P., *A lição do texto*, Lissabon 1983).

ALFONSO DE VALDÉS

* um 1490 Cuenca
† 3(?).10.1532 Wien

DIÁLOGO DE MERCURIO Y CARÓN

(span.; *Dialog zwischen Merkur und Charon*). Politische Streitschrift von Alfonso de VALDÉS, erschienen 1529(?). – In dieser Dialogdiatribe, einer im Humanismus beliebten Form der popularphilosophischen Predigt, werden in mythologischer Verkleidung die Kriegsgeschehnisse der ereignisreichen Jahre 1521–1528 und die Herausforderung der Könige von Frankreich und England an Karl V. geschildert. Nach dem Muster der *Totengespräche* LUKIANS bildet die Überfahrt der Seelen über den Styx den Rahmen für eine kritische Beleuchtung der sozialen Klassen und Berufe: Heuchler, Wucherer, Prediger, Bischof, König, Kardinal werden mit deutlich antiklerikaler Tendenz geschildert. Charon, der Bootsführer, schläft, als Merkur an das Ufer des Styx kommt, um ihm Nachrichten aus der Welt zu überbringen; im Mittelpunkt steht die Auseinandersetzung zwischen Karl V. und Franz I. von Frankreich, dessen Eroberungspolitik verurteilt wird. In der Schilderung der Schlacht von Pavia (1525) und des Vertrages von Madrid (1526) wird das Bestreben deutlich, die Politik Karls V., der als das Ideal eines christlichen Herrschers glorifiziert wird, zu rechtfertigen. Hingegen

entwirft Valdés ein düsteres Bild von der reformbedürftigen katholischen Kirche.
Wie seinem Bruder Juan, der lange als Mitverfasser dieses Dialogs angesehen wurde, geht es Alfonso in erster Linie um eine moralische Erneuerung des Christentums. So erklärt auch er sich wiederholt für eine verinnerlichte Religiosität, die keiner menschlichen Mittlerrolle bedürfe. Diese Haltung, die in letzter Konsequenz auf die Ausschaltung des Priesterstandes hinausläuft, trug dem Werk das Verbot durch die Inquisition ein, ließ es im Ausland aber rasch bekannt werden. In Deutschland erlebte die Schrift als wichtiges Dokument gegen die katholische Gegenreformation Anfang des 17. Jh.s mehrere Auflagen. Ein Einfluß der Streitschriften HUTTENS oder anderer Reformatoren ist nicht ausgeschlossen; der Verfasser, Sekretär Karls V., nahm unter anderem am Reichstag zu Augsburg teil. M.Fr.

AUSGABEN: o. O. 1529(?). – Madrid 1929, Hg. J. F. Montesinos (ern. 1984; Clás. Cast). – Madrid 1986, Hg. M. Paredes.

ÜBERSETZUNG: *Discours uber Kayser Carolen des Fünfften mit dem Khönig aus Franckreich Franzisco Valesio gehaltener Schlacht vor Pavien*, anon., Amberg 1609.

LITERATUR: M. Bataillon, *A. de V., autor del »Diálogo de Mercurio y Carón«* (in *Homenaje a Menéndez Pidal*, Bd. 1, Madrid 1925, S. 403–415). – J. F. Montesinos, *Algunas notas sobre el «Diálogo de Mercurio y Carón«* (in RFE, 16, 1929, S. 225–266). – M. Bataillon, *Erasmo y España*, Mexiko 1950; ²1966. – G. Bagnatori, *Carlos V rex bonus, felix imperator. Notas sobre los »Diálogos« de A. de V.*, Valladolid 1954. – K.-L. Selig, *Zu V.' erasmischen »Diálogo de Mercurio y Carón«* (in Bibliothèque d'Humanisme et Renaissance, 20, 1958, S. 17–24). – M. Darbord, *Des Dialogues D.'A. de V. sur les évènements de Rome* (in *Le Dialogue au temps de la Renaissance*, Hg. M. T. Jones-Davies, Paris 1984, S. 25–33). – J. V. Ricapito, *Literature, Life and History in 16th Century Spain: The Case of Erasmus, A. de V. and Castiglione* (in *J. M. Solá-Solé; Homage, homenaje, homenatge: Miscelánea de estudios de amigos y discípulos*, Hg. A. Torres-Alcalá, Barcelona 1984, S. 185–197). – D. E. Rhodes u. J. E. Walsh, *Spanish Propaganda Printed in Venice: Two Dialogues by A. de V.* (in Harvard Library Bulletin, 34, 1986, S. 421–425).

JUAN DE VALDÉS

* 1509 (?) Cuenca
† Juli 1541 Neapel

LITERATUR ZUM AUTOR:
J. Heep, *J. de V., Seine Religion, sein Werden, seine Bedeutung. Ein Beitrag zum spanischen Protestantismus im 16. Jh.*, Lpzg. 1909. – J. E. Longhurst, *Erasmus and the Spanish Inquisition: The Case of J. de V.*, Albuquerque 1950. – M. Bataillion, *Erasmo y España*, Mexiko 1950; ²1966. – Sta. Teresa Domingo, *J. de V., su pensamiento religioso y los corrientes espirituales de su tiempo*, Rom 1957 (in Analecta Gregoriana, 85). – D. Ricart, *J. de V. y el pensamiento religioso europeo en los siglos XVI y XVII*, Mexiko 1958. – E. Cione, *J. de V. La sua vita e il suo pensiero religioso*, Neapel 1963 [m. Bibliogr.]. – J. C. Nieto, *J. de V. (1509 ? – 1541) and the Origins of the Spanish and Italian Reformation*, Genf 1970. – B. Voigt, *J. de V. und Bermúdez de Pedraza. Zwei spanische Sprachgeschichtsschreiber*, Bonn 1980. – A. Dueñas Martínez, *J. de V.: Un reformador español in Italia*, Triest 1981.

ALFABETO CRISTIANO

(span.; *Christliches Alphabet*). Dialog von Juan de VALDÉS. – Das spanische Original dieses Werkes ist verloren, und man kennt es nur in der italienischen Übersetzung, die M. MAGNO auf Wunsch der Herzogin von Gonzaga verfaßte. – Das Werk setzt die Auseinandersetzung mit den erasmisch geprägten Ideen eines reformierten Christentums fort, die Valdés zunächst in seinem grundlegenden Werk *Dialogo de doctrina christiana* (1529) ausgebreitet hat. Wie dieses Werk, so steht auch das *Alfabeto cristiano* in der Tradition des erasmischen Dialoges, der jedoch bei Valdés wesentlich strenger und ohne die feine Ironie des Vorbildes geführt wird.
Im *Alfabeto* wendet sich die Herzogin Julia Gonzaga mit der Bitte um Rat und Hilfe an Valdés. Durch die Predigten von Bernardino Ochino, einem Kapuziner und Schüler von Valdés, in tiefe Unruhe versetzt, möchte sie ein intensiveres christliches Leben führen, fürchtet aber zugleich das Urteil der Welt. Valdés versichert ihr, daß ihre Verwirrung das Kennzeichen eines edlen und großmütigen Geistes sei und daß sie auf dem Wege der inneren Umstellung, *»ohne daß irgend jemand etwas davon erfährt«*, den Gewissensfrieden und die Tröstungen erlangen werde, die aus dem Leben im Geiste erwachsen. Julias Ziel solle sein, von der Liebe zu Christus, nicht von der Eigenliebe ihr Handeln bestimmen zu lassen. Diese innere Bereitschaft fasse das ganze göttliche Gesetz zusammen. Der *»lebendige Glaube«* an den gekreuzigten Heiland wird in ihrer Seele die Frucht der Liebe, die der

Inbegriff der christlichen Vollkommenheit ist, wachsen lassen. Selbsterkenntnis und Gotteserkenntnis sind der Weg, der zu dieser Vollkommenheit führt.
Durch das natürliche Licht der Vernunft, durch die Heilige Schrift und *»durch Christus«* kann der Mensch Gott erkennen. Da nun Christus nicht durch das natürliche Licht der Vernunft erkannt werden kann, *»wenn Gott nicht die Augen unserer Seele öffnet, behaupte ich, daß diese Erkenntnis Gottes durch Christus übernatürlich ist und daß, um sie zu erreichen, der Mensch einer besonderen Gnade Gottes bedarf«*. Nur gestützt auf diese Erkenntnis Gottes wird Julia erfahren, wie die Tugenden des Glaubens, der Liebe und der Hoffnung wachsen, und dann von selbst das richtige Verhalten in jeder Lebenslage bestimmen können.
Als katechetisches Werk hat das *Alfabeto* den Zweck, *»den wahren Weg zum Lichte des Heiligen Geistes«* zu weisen. Zugleich mit dieser Unterweisung in die Regeln eines christlichen Lebens ist der Text aber auch eine Rechtfertigung des Glaubens aus der Erfahrung *(experiencia)* heraus: Nicht Dogmatik, sondern Hinführung zur Religion ist das oberste Ziel. Valdés faßt seine Lehren in einer Reihe von sehr einfachen Regeln zusammen, betont die innere Freiheit des Christen und ermahnt Julia, *»auf diesem Wege zu wandeln wie eine Herrin, nicht wie eine Dienerin, im Gefühl der Liebe und nicht der Angst«*. KLL

AUSGABEN: Venedig 1546. – Ldn. 1861 (Reformistas antiguos españoles, 15). – Bari 1938, Hg. B. Croce u. E. Cione (Biblioteca di cultura moderna, 312; m. Bibliogr.).

CIENTO Y DIEZ CONSIDERACIONES DIVINAS

(span.; *Hundertzehn Betrachtungen des Göttlichen*). Hauptwerk des Humanisten und Reformators Juan de VALDÉS. – Das nach dem *Alfabeto cristiano* entstandene Werk besteht aus kurzen Abhandlungen über den Glauben und das christliche Leben. Wie in seinen anderen theologischen Werken betont er auch hier – ERASMUS VON ROTTERDAM folgend – die Notwendigkeit einer Verinnerlichung aller Religiosität. In der Rechtfertigungslehre vertritt der Spanier Gedankengänge der Reformatoren (LUTHER, BUCER und vor allem MELANCHTHON), die im *Alfabeto cristiano* noch kaum angedeutet waren. Zwar polemisiert er nicht ausdrücklich gegen die scholastische Rechtfertigungslehre, er verwirft sie jedoch indirekt. Erlösung bedeutet für ihn Gnade, eine durch Christus erwirkte *»allgemeine Versöhnung«*, die dem Menschen durch den Glauben geschenkt wird. In der 21. Betrachtung unterscheidet Valdés vier Arten der Sünde: die Sünde gegen sich selbst, gegen den Nächsten, gegen Christus und gegen Gott. Gegen Christus – so führt Valdés aus – sündigt der, der die Rechtfertigung durch eigene Werke erlangen will und nicht allein durch den Glauben (26. und 28. Betrachtung). Mit den protestantischen Reformatoren stimmt der spanische Humanist auch in seiner Kritik an der Willensfreiheit und der Vernunft überein (28., 67., 72. Betrachtung).
In seiner Auffassung von Glauben und Frömmigkeit läßt er die protestantischen Vorstellungen hinter sich: Im Unterschied zu den schriftgläubigen Reformatoren stellt er die Lehre von der inneren Erleuchtung in den Mittelpunkt. Diese »innere Vision« ist die höchste Stufe der Gnade. In ihr ergießt sich Gott, der das Licht, die Wahrheit und die Güte ist, in die Seele des Menschen, der erst so zu einem Leben im Glauben fähig wird.
Es ist die Hauptabsicht von Valdés, die christliche Lehre zu entmythologisieren, die Dogmen aufzulösen. Vieles deutet darauf hin, daß selbst die Trinitätslehre für Valdés nur symbolischen Wert hatte; er will das religiöse Leben als eine persönliche Beziehung des einzelnen zu Gott deuten – unter Ausschaltung aller vermittelnden Mächte, sei es nun die Kirche oder die *Bibel*. Seine Theologie gipfelt so in einer subjektiven Mystik, in der sich die religiöse Schwärmerei der »Illuminados« (der »Erleuchteten«, einer spanischen Sekte des 15./16. Jh.s) mit den Lehren der von Valdés verehrten deutschen Mystiker ECKART, TAULER und SEUSE verbindet. Seine weltoffene und vom Gedanken großzügiger Toleranz getragene Frömmigkeit erklärt den starken Einfluß des spanischen Humanisten auf die gebildeten Geister der italienischen, aber auch spanischen Theologen. A.F.R.

AUSGABEN: Basel 1550. – Ldn. 1863 (in L. de Usoz y Río, *Reformistas antiguos españoles*, Bd. 17). – Barcelona 1983.

ÜBERSETZUNG: *Hundertundzehn göttliche Betrachtungen*, E. Böhmer, Halle 1870.

LITERATUR: T. M'Crie, *History of the Progress and Suppression of the Reformation in Italy*, Edinburgh 1827. – C. Ossola, *Tradizione et traduzione dell'Evangelio di San Mateo di J. de V.* (in *Eresia e riforma nell'Italia del Cinquecento*, Hg. H. Bondi u. a., Chicago 1974, S. 239–268). – C. Ginzburg u. A. Prosperi, *Le due redazione del »Beneficio di Cristo«* (ebd., S. 135–150). – J. Bell, *Herbert's Valdésian Vision* (in English Literature Renaissance, 17, 1987, S. 303–328).

DIÁLOGO DE LA LENGUA

(span.; *Dialog über die Sprache*). Abhandlung von Juan de VALDÉS, entstanden wahrscheinlich 1535. – Außer dem Autor treten drei Personen in diesem Dialog auf: ein spanischer Soldat, zuerst Pacheco und dann Torres genannt, und zwei italienische Freunde des Verfassers, welche die fingierten Namen Marcio und Coriolano tragen. Sie wollen Einzelheiten über das Kastilische erfahren, das damals im Begriff war, Weltsprache zu werden: Als Spra-

che des habsburgischen Kaiserhofes trat es selbst in Rom in Konkurrenz zum Lateinischen.
Valdés gibt mit bewundernswerter didaktischer Klarheit eine Einführung in das Wesen dieser Sprache. Nacheinander erläutert er die lateinisch-arabischen Ursprünge (unterstellt dabei aus übertriebener Liebe zum Griechischen, man habe in Spanien ursprünglich Altgriechisch gesprochen), die Phonetik und die Orthographie, für die er manchmal allerdings ziemlich willkürliche Regeln aufstellt. Hinsichtlich der Wortwahl gibt er den Rat, immer die schönsten, ausdrucksvollsten und genauesten Vokabeln zu suchen. Wichtiger sind seine Ausführungen über den Stil, von dem er – wie schon vorher CASTIGLIONE in *Il cortegiano* – vor allem Einfachheit, Natürlichkeit und Kürze – die Ideale der neulateinischen Rhetorik – fordert. Den letzten Teil des Dialogs, der dem Studium vorbildlicher kastilischer Texte gewidmet ist, könnte man als einen der ersten Versuche spanischer Literaturkritik werten. Valdés empfiehlt die Lektüre von Juan de MENA, Juan del ENCINA und Jorge MANRIQUE. Unter den Prosawerken lobt er vor allem die *Celestina* und die Schriften des Alfonso de la TORRE, während das meistgelesene Werk der Epoche, der *Amadís*, wegen seines pretiösen und altertümelnden Stils kritisiert wird. Auch andere Texte der fiktionalen Literatur fallen dem Verdikt des Humanisten aufgrund ihrer unrealistischen Szenengestaltung und Unwahrscheinlichkeit zum Opfer.
Vom wissenschaftlichen Standpunkt aus betrachtet, gehört der *Diálogo de la lengua* zur Vorgeschichte der Romanistik. In seinen Ansätzen zu einer spanischen Philologie folgt Valdés den *Prose della volgar lingua* von BEMBO. Unvergleichlich größer als der wissenschaftliche ist der literarische Wert dieses Dialogs; denn hier haben der Sinn für Formschönheit und der ästhetische Geschmack der Renaissance und des Humanismus ihren Niederschlag gefunden. Die Reinheit der Sprache verhalf der Prosa von Valdés zu bleibender Berühmtheit. Die Kunst des Dialogs wird von ihm mit solcher Meisterschaft gehandhabt, daß – wie MENÉNDEZ Y PELAYO sagt – *»nach Fernando de Rojas und vor Cervantes keiner wie Juan de Valdés zu dialogisieren verstanden hat«.* – Der *Diálogo de la lengua* blieb jahrhundertelang unbekannt. A.F.R.-KLL

AUSGABEN: Madrid 1737 (in *Orígenes de la lengua española*, Hg. G. Mayans y Siscar, Bd. 1). – Madrid 1946, Hg. J. F. Montesinos (Clás. Cast; m. Einl.; [2]1964). – Modena 1957, Hg. L. Terracini. – Madrid 1987, Hg. C. Barbolani (Cátedra). – Madrid 1988, Hg. J. M. Lope Blanch (Castalia).

LITERATUR: W. Bahner, *Beitrag zum Sprachbewußtsein in der spanischen Literatur des 16. und 17. Jh.s*, Bln. 1956. – J. J. Fitzpatrick, *El »Diálogo de la lengua«* (in CA, 17, 1958, S. 173–181). – M. R. Lida de Malkiel, *J. de V., »Diálogo de la lengua«* (in RPh, 15, 1961, S. 198–201). – G. K. Zucker, *Indice de materias citadas en el »Diálogo de la lengua« de J. de V.*, Iowa City 1962. – J. A. Avalle-Arce, *La estructura del »Diálogo de la lengua«* (in *Estudios literarios de hispanistas norte-americanos dedicados a H. Hatzfeld*, Barcelona 1975, S. 369–379). – C. Gómez Fayren, *Acerca del »Diálogo de la lengua«* (in *Homenaje al Prof. Muñoz Cortés*, Murcia 1977, 2 Bde., S. 215–220). – T. M. Rossi, *Dos modalidades de la exégesis valdesiana vistas a través del uso del infinitivo* (in Boletín de la Biblioteca de Menéndez Pelayo, 54, 1978, S. 331–350). – R. de Gorog, *J. de V.: The »Diálogo de la lengua« as a Source of Neologisms* (in Los Ensayistas, 4, 1979, S. 97–99). – A.-M. Capdebosq, *J. de V.: Leçon des mots, leçon de vie: Comme un moine convie un banquet* (in LNL, 81, 1987, S. 59–70). – A. Vian Herrero, *La mimesis conversacional en el »Diálogo de la lengua« de J. de V.* (in Criticón, 40, 1987, S. 45–79).

CRISTÓBAL DE VILLALÓN

* um 1500 bei Valladolid

EL CROTALÓN

(span.; *Die Rassel*). Satirisch-phantastischer Roman von Cristóbal de VILLALÓN, entstanden um 1557. – Nach dem Muster eines Dialogs von LUKIAN gibt der Verfasser vor, er habe im Traum den Unterhaltungen eines Schusters und seines Gockels gelauscht. Aus der weisen Überschau eines Wesens, das auf dem Wege der Seelenwanderung bereits mehrere menschliche und tierische Existenzen durchlaufen und die Welt kennengelernt hat, gibt der Hahn einen beißenden zeitkritischen Kommentar. Mit seiner Anprangerung kirchlicher Mißstände, der Korruption in den Klöstern, des Aberglaubens im Volke und der Dummheit und Pedanterie der Gelehrten steht dieses Werk dem Geiste des ERASMUS VON ROTTERDAM weit näher als dem Lukians. In ihrer Schärfe kennt die Satire kaum Grenzen; so ist es auch verständlich, daß sich der Verfasser unter dem Pseudonym Christophero Gnosopho verbarg und sein Werk nicht in Druck zu geben wagte. Er war zwar nicht, wie man früher fälschlich annahm, Protestant, deckte in seiner Satire jedoch schonungslos und bis zur Übertreibung ebenjene Mißstände auf, die die reformatorische Bewegung provoziert hatten. Der literarische Reiz des *Crotalón*, der sich mit der stilistischen Brillanz des Erasmus freilich nicht messen kann, liegt in seinem Formenreichtum; in den einzelnen *Hahnengesängen*, in die das Werk unterteilt ist, lassen sich die verschiedensten epischen Typen wiedererkennen: das Spielmannsepos (Gesang 13 und 14), der Ritterroman (Gesang 5 und 6), der Schelmenroman (Gesang 3 und 4) und die moralsatirische Apologie (Gesang 2). Darüber hinaus ist der Dialogroman ein aufschlußreiches Dokument zur spanischen Geistes- und Kulturgeschichte des 16. Jh.s. A.F.R.

AUSGABEN: Madrid 1871 – Madrid 1907 (NBAE). – Madrid 1982, Hg. A. Rallo (Cátedra).

LITERATUR: F. A. de Icaza, *Cervantes y los orígenes de »El crotalón«* (in BRAE, 4, 1917). – E. S. Morby, *»Orlando furioso« y »El crotalón«* (in RFE, 22, 1935). – M. Bataillon, *Erasmo y España*, Mexiko 1950. – M. Morreale, *Luciano y »El crotalón«* (in BHi, 56, 1954, S. 388–395). – S. E. Howell, *Lucian in »El crotalón«* (in Kentucky Foreign Language Quarterly, 1955, H. 3, S. 97–103). – J. Fradejas Lebrero, *Tres notas acerca del »Crotalón«* (in Revista de Literatura, 10, 1956, S. 143–147). – A. Vives Coll, *Luciano de Samosata en España (1500–1700)*, La Laguna 1959. – J. J. Kincaid, *G. de V.*, NY 1973 (TWAS). – A. Vian, *Cnosopho contra Dávalos: realidad histórica y fuentes literarias (Una alusión oscura en el canto XI de »El crotalón«)* (in RFE, 61, 1981, S. 159–184). – Dies., *»El crotalón«: El texto y sus sentidos* (in NRFH, 33, 1984, S. 451–483). – L. S. Lerner, *En torno a la enunciación en la sátira: Los casos de »El crotalón« y los »Sueños« de Quevedo* (in Lexis, 9, 1985, S. 209–227). – A. Vian, *El ritual satírico en »El crotalón«: El planto y la fiesta* (in CHA, 1987, Nr. 448, S. 55–71).

ENRIQUE DE VILLENA

* 1384 Cuenca
† 1434

LITERATUR ZUM AUTOR:
E. Cotareli y Mori, *Don E. de V. Su vida y obras*, Madrid 1896. – T. Crame, *Don E. de V.*, Madrid 1944. – F. J. Ximénez de Sandóval, *Don E. de V.*, Madrid 1973. – E. F. Garbutt-Parrales, *Los latinismos en la obra de E. de V.*, Diss. Univ. of Southern California 1977 (vgl. Diss. Abstracts, 38, 1978, S. 6099A). – M. Ciceri, *Per V.* (in Quaderni di Lingue e Letterature, 3/4, 1978/79, S. 295–335). – J. K. Walsh u. A. Deyermond, *E. de V. como poeta y dramaturgo* (in NRFH, 28, 1979, S. 57–85).

ARTE DE TROVAR

(span.; *Die Verskunst*). Didaktische Abhandlung von Enrique de VILLENA, entstanden 1423, zuerst gedruckt 1737. – Diesem Werk kommt ein besonderer Wert zu, weil es die erste uns bekannte spanisch geschriebene Abhandlung über Fragen der Metrik ist. Die erhaltenen Fragmente lassen erkennen, daß Villena dem Vorbild der katalanischen und provenzalischen Didaktiker folgte, so z. B. VIDAL DE BESALÚ (*Razós de trobar*, Anfang des 13. Jh.s), Ramón de CORNET (*Doctrinal de trobar*, 1324), Berenguer D'ANOIA (*Mirall de trobar*, Mitte des 14. Jh.s), Lluís D'AVERÇÓ (*Torcimany de la ciencia gaya de trobar*, zweite Hälfte des 14. Jh.s). Villena schrieb sein Werk für Teilnehmer an den poetischen »Blumenspielen« *(Juegos florales)*, die Johann I. von Aragón (1387–1389) nach dem Muster der in der Provence üblichen Dichterwettstreite in Katalonien einführte. Dieser Zweck bestimmte die praktische Ausrichtung des Werkes, das Angaben über Phonetik, Grammatik, Reim- und Strophenformen enthält. Die Verskunst – *»el arte de trobar«*, wie sie schon bei dem Arcipreste de HITA, dem Verfasser des *Buches der Liebe (Libro de buen amor)*, hieß – war für die Troubadours eine komplizierte Wissenschaft geworden, die *gaya ciencia* (fröhliche Wissenschaft), die sehr ernst genommen wurde. Villena setzt sie streng ab von der Volksdichtung, die er nur für eine *»obskure Versemacherei«* hält. Er beschreibt auch Organisation und Verlauf der *Juegos florales*, von denen er wünschte, daß sie auch in Kastilien heimisch würden. Er schöpft dabei aus eigenen Erfahrungen und aus vorhandenen provenzalischen Büchern, wie z. B. *Leys d'amors*, 1356 *(Gesetze der Liebe)*, von Guilhelm MOLINIER, das zum klassischen Kodex für Dichterwettstreite geworden war. A.F.R.

AUSGABEN: Madrid 1737 (in G. Mayans y Siscar, *Orígenes de la lengua española*, T. 2). – 1919, Hg. F. J. Sánchez-Cantón (in RFE, 6, S. 158–180; m. Einl.).

LITERATUR: J. Massó Torrents, *Repertori de l'antiga literatura catalana*, Bd. 1, Barcelona 1932, S. 319–333. – M. de Riquer, *História de la literatura catalana*, Bd. 1, Barcelona 1964: ern. 1982, S. 569–574. – E. de Aguirre, *Die »Arte de trovar« von E. de V.*, Diss. Köln 1968. – R. Santiago Lacuesta, *Sobre ›el primer ensayo de una prosodía y una ortografía castellana‹: »El arte de trovar« de E. de V.* (in Miscellanea Barcinonensia, 14, 1975, S. 35 bis 52).

LOS DOZE TRABAJOS DE HÉRCULES

(span.; *Die zwölf Arbeiten des Herkules*). Allegorisch-didaktische Abhandlung von Enrique de VILLENA, beendet 1417. – Das Werk wurde zuerst in katalanischer Sprache geschrieben und dann vom Autor selbst ins Spanische übertragen. Während die ursprüngliche Fassung verschollen ist, wurde die spanische Version schon bald nach der Erfindung des Buchdrucks in Zamora veröffentlicht.
Entsprechend den zwölf Arbeiten des griechischen Helden ist das Werk in zwölf Kapitel eingeteilt. In jedem wird eine Tat des Herkules behandelt, und zwar, wie Villena im Vorwort sagt, unter vier verschiedenen Gesichtspunkten: 1. Darstellung der

Arbeit gemäß den Aussagen *»der Geschichtsschreiber und Dichter«*; 2. allegorische Deutung; 3. Untersuchung des Wahrheitsgehalts; 4. moralische Nutzanwendung auf die zwölf Stände der zeitgenössischen spanischen Gesellschaft. Beispielsweise wird in der Deutung Villenas der Sieg des Herkules über die Kentauren zum Vorbild für die regierenden Fürsten, das sie die Tugenden der Gerechtigkeit, Beständigkeit und Tapferkeit lehren soll; der Nemeische Löwe verkörpert die Laster und schlechten Sitten, und der Sieg über ihn weist auf die Kraft der Kirche hin, deren Aufgabe es ist, dem Volk den Weg des Guten zu zeigen. – Die Abhandlung wirkt in mancher Hinsicht wie der Versuch eines allegorisch-mythologischen Romans und steht einigen halb didaktischen, halb romanhaften Werken von Juan Manuel (1282–1348) und Ramon Llull (1235–1315?) nahe. Villena wollte mit den *Doze trabajos* in erster Linie den Rittern einen Spiegel vorhalten, um sie, wie er sagt, *»anzuspornen, nach dem Vorbild des Herkules für das allgemeine Wohl Heldentaten zu vollbringen«*.

Das Werk stand bei Villenas Zeitgenossen in hohem Ansehen. Sie waren beeindruckt von der Fülle der Symbole und Allegorien, von der geschickten Interpretation des griechischen Sagenstoffes und nicht zuletzt von der Gelehrsamkeit und Kombinationsgabe Villenas, der mit kühnem Schwung antike und christliche Motive, Mythologie und Moralphilosophie zu verbinden verstand. Heute ist das Werk vor allem interessant als Zeitdokument und als Beispiel eines frühen Humanismus, der sich sowohl in einer fast neugierigen Annäherung an die antike Welt manifestiert als auch in der umfassenden Auswertung klassischer Autoren, wie Vergil, Lukan, Iuvenal, Caesar, Valerius, Seneca, Platon und Aristoteles, die Villena oft zitiert. Allerdings mangelt es dem Autor dabei an Gespür für historische Zusammenhänge. Die Antike bleibt ihm, ähnlich wie allen seinen Zeitgenossen, in ihrer Geschlossenheit und Größe völlig verschlossen. Unberührt von der poetischen Schönheit und dem tiefen Sinn des heidnischen Sagenstoffes, macht er ihn zum Ausgangspunkt einer inhaltlich dürren, in der Anwendung auf die willkürlich herausgegriffenen Stände skurril anmutenden Moralpredigt.

A.F.R.

Ausgaben: Zamora 1483. – Madrid 1878 [Faks.]. – Madrid 1958, Hg. M. Morreale [m. Einl. u. Anm.].

Literatur: M. Morreale, *»Los doze trabajos de Hércules« de E. de V., un ensayo medieval de exégesis mitológica* (in Revista de Literatura, 6, 1954, S. 21–34). – Dies., *Coluccio Salutati's »De laboribus Herculis« (1406) and E. de V.'s »Los doze trabajos de Hércules« (1417)* (in StPh, 51, 1954, S.95–106). – R. G. Keightley, *E. de V.'s »Los doze trabajos de Hercules«: A Reappraisal* (in Journal of Hispanic Philology, 3, 1978, S. 49–68). – E. Adelman, *»Los doze trabajos de Hercules« of E. de V.: A Critical Study*, Diss. Temple Univ. 1979. – J. Escobar, *Edición crítica y estudio histórico de »Los doze trabajos de Ercoles« de E. de V.*, Diss Univ. of Kentucky 1983. – D. M. Lucero Ontiveros, *Don E. de V. Sobre el capítulo cuarto de »Los doze trabajos de Hercules«* (in Revista de Literatura Moderna, 18, 1985, S. 45–56).

Anonyme Werke

AUTO DE LOS REYES MAGOS

(span.; *Spiel von den Heiligen Drei Königen*). Anonym, um 1300 entstanden. – Bedeutend vor allem als das einzige erhaltene Beispiel des spanischen Theaters im Mittelalter (das *Mysterio de Elche* aus dem 14. Jh. ist im valencianischen Dialekt geschrieben). Sprach- und Stilformen lassen als Entstehungszeit das Ende des 12. oder den Anfang des 13. Jh.s vermuten. Von da ab bis in die Mitte des 15. Jh.s, in der Gómez MANRIQUE seine Mysterienspiele schrieb, findet man nicht die geringste Spur einer dramatischen Darstellung. Das *Auto de los Reyes Magos* wurde um 1785 von Felipe Fernández VALLEJO als Fragment in einem Manuskript aus dem Anfang des 13. Jh.s gefunden. Etwa die Hälfte des Stückes, 147 Verse in fünf Szenen aufgeteilt, ist erhalten. Der Stoff ist dem *Matthäus-Evangelium* (II,1–9) entnommen. Nacheinander erscheinen die drei Könige, berichten in kurzen Monologen von ihrem Erlebnis und beschließen, gemeinsam dem Stern zu folgen. In Jerusalem, als der Stern nicht mehr sichtbar ist, begeben sie sich zu Herodes, um ihn um Rat zu fragen. Der erschrockene König beruft seine Ratgeber und Rabbiner, es gibt eine erregte Auseinandersetzung, mit der das Fragment endet. – Die Sprache ist lebhaft, ausdrucksstark und von archaischer Wucht. Die angewandten Kunstmittel sind wenig verfeinert, lassen aber deutlich einen Sinn für Dramatik spüren, der sich in der Abwechslung von Monolog und Dialog und in dem raschen Fortschreiten der Handlung zeigt. Man hat auch einen Zug zur realistischen Charakterisierung – die Skepsis der Könige, die List und Grausamkeit des Herodes und die Lügen der Juden – entdecken wollen. Die unregelmäßige Metrik, vorwiegend Verse von sechs, acht und zwölf Silben, wird von einigen Forschern als rudimentärer Anfang der später im spanischen Theater herrschenden Polymetrie betrachtet. Ohne überzeugende Argumente wurde auf französische Quellen (die franco-lateinische *Liturgie von Orléans*) hingewiesen. A.F.R.

AUSGABEN: 1900 (in RABM, 4, S. 453–462, Hg. R. M. Pidal). – Madrid 1919 (in *Poema de Mío Cid y otros monumentos de la primitiva poesía española*). – Valencia 1958 (in *Teatro medieval*, Hg. F. L. Carreter). – Madrid 1962 (in *Obras dramáticas castellanas*, Hg. T. R. Hart). – Arlington/Tex. 1977 (*The Auto de los Reyes Magos: An Old Spanish Mystery Play of the Twelfth Century*, Hg. u. Einl. C. Stebbins, in Allegorica, 2, S. 118–144).

LITERATUR: W. Studervant, *The »Misterio de los Reyes Magos«, Its Position in the Development of the Medieval Legend of the Three Kings*, Baltimore 1927. – B. W. Wardropper, *The Dramatic Texture of the »Auto de los Reyes Magos«* (in MLN, 70, 1955, S. 46–50). – G. Díaz-Plaja (in Estudios Escénicos, 4, 1959, S. 99–126). – J. M. Regueiro, *El »Auto de los Reyes Magos« y el teatro litúrgico medieval* (in HR, 45, 1977, S. 149–164). – H. Flasche, *Geschichte der spanischen Literatur*, Bd. 1, Bern/Mchn. 1978, S. 91–101. – M. Kerkhof, *Algunos datos en pro del origen catalán del autor del »Auto de los Reyes Magos«* (in BHi, 81, 1979, S. 281–288). – G. Hilty, *La lengua del »Auto de los Reyes Magos«* (in *Logos Semanticos: Studia Linguistica in Honorem Eugenio Coseriu*, Bd. 5, Hg. B. Schlieben-Lange, Bln. 1981, S. 289–302). – D. Hook u. A. Deyermond, *El problema de la determinación del »Auto de los Reyes Magos«* (in Anuario de Estudios Medievales, 13, 1983, S. 269–278). – A. Hermengildo, *Conflicto dramático vs liturgia en el teatro medieval castellano. El »Auto de los Reyes Magos«* (in *Studia Hispánica Medievalia*, Hg. L. T. Valdievieso, Buenos Aires 1988, S. 51–59).

CANCIONERO DE LOPE DE STÚÑIGA

(span.; *Liederbuch des Lope de Stúñiga*). – Wahrscheinlich als Gegenstück zum *Cancionero de Baena* gedacht, enthält diese Sammlung vor allem Lieder von Dichtern, die am neapolitanischen Hof Alfons' V. von Aragonien (reg. 1416–1458) lebten. Sie wurde von einem Unbekannten kurz nach dem Tod des Königs zusammengestellt. Verglichen mit dem *Cancionero de Baena* ist ihr Charakter lyrischer; die Einzelgedichte sind dementsprechend kürzer. Auch wurden volkstümliche Lieder wie *serranillas* (Schäferlieder in Dialogform), Romanzen und *villancicos* (Hirtenlieder) aufgenommen, während die erzählenden Dichtungen vor allem auf geschichtliche Ereignisse zurückgreifen. Zu den wichtigsten Dichtern der Sammlung zählen: Lope de STÚÑIGA (1415?–1465), nach dem die Sammlung benannt ist, Verfasser von Satiren und graziösen Liebesgedichten; CARVAJAL, vertreten mit 49 Gedichten, darunter etwas rauhen *serranillas* im Stil des ARCIPRESTE de HITA und vor allem zwei Romanzen, die die ersten Kompositionen dieser Art von einem namentlich bekannten Autor sind; Juan de VILLALPANDO, der einzige Dichter, der neben SANTILLANA im 15. Jh. Sonette geschrieben hat; Juan de DUEÑAS († um 1460), dessen *Pleito que ovo Juan de Dueñas con su amiga (Streit des J. de D. mit seiner Freundin)* in Dialogform komponiert und vielleicht auch aufgeführt wurde; Juan de VALLADOLID (1403?–1450), ein Dichter, dessen abenteuerliches Leben an einen Schelmenroman erinnert; ferner Juan de TAPIA, der in flüssigen Versen einer Dame auf die Frage antwortet »was die Liebe sei«, und Mosén Pere TORRELLAS, dessen berühmte *Coplas de las calidades de las doñas (Strophen über die Eigenschaften der Damen)*, eine recht harmlose Attacke gegen die Frauen, von den Feministen und Antifeministen der Zeit häufig kommentiert wurden. Er soll angeblich wie Orpheus von erzürnten Frauen getötet worden sein. Juan de FLORES übernahm diese Legende in seine *Historia de Grisel y Mirabella*, von wo aus sie in die Werke von Lope de VEGA, ARIOSTO, FLETCHER und Georges de SCUDÉRY Eingang fand. Weitere in dem *Cancionero* vertretene Dichter sind u. a. Pedro de Santa FE, Juan de ANDUJAR, Bewunderer und Nachahmer von DANTE, Fernando de la TORRE und schließlich König Alfons selbst. A.F.R.

AUSGABEN: Madrid 1872, Hg. J. Sancho Rayón y Marqués de la Fuensanta del Valle. – Aix-en-Provence 1982, Hg. J. Battesti-Pelegrin [krit.]. – Madrid 1987, Hg. N. Salvador Miguel.

LITERATUR: B. Croce, *La corte spagnuola di Alfonso d'Aragona a Napoli*, Bari 1917. – F. Vendrell Gallostra, *La corte literaria de Alfonso V de Aragón en Nápoles y tres poetas de la misma*, Madrid 1933. – N. Salvador Miguel, *La poesía cancioneril. El »Cancionero de Estuñiga«*, Madrid 1977. – H. Flasche, *»Cancionero de Stuñiga«* (in H. F., *Geschichte der spanischen Literatur 1: Von den Anfängen bis zum Ausgang des 15. Jh.s*, Bern/Mchn. 1978, S. 287 bis 306). – N.-F. Marino, *The »Serranillas« of the »Cancionero de Stuñiga«. Carvajales' Interpretation of this Pastoral Genre* (in REH, 15, 1981, S. 43–57). – J. Battesti-Pelegrin, *Lope de Stuñiga: Recherches sur la poésie espagnol au XVe siècle*, 3 Bde., Aix-en-Provence 1982. – T. Trastortza, *La caracterización de la mujer a través de su descripción física en cuatro cancioneros del siglo XV* (in Anales de la literatura española, 5, 1986/87, S. 189–218).

CANCIONERO GENERAL

(span.; *Allgemeine Liedersammlung*), erschienen 1511. – Der *Cancionero* entstand im Auftrag des Bibliophilen Conde de Oliva, des Dienstherrn Hernando del CASTILLOS. Etwa ab 1490 begann dieser »Kompositionen« von der Zeit Juan de MENAS bis zu der seinen zu sammeln, aus denen er, wie er im Prolog sagt, nur den größeren Teil, auf bestmögliche Weise geordnet, zum Druck gab. Der in drei Spalten gotischer Schrift gedruckte Folioband bringt die Liedersammlung in neun Gruppen geordnet: 1. *Werke für Andacht und Moral.* Hier läßt das Fehlen wichtiger religiöser Dichter die Unkenntnis früherer geistlicher Cancioneros vermuten. Im zweiten Teil, *Liebesdichtungen*, erscheinen – recht unsystematisch geordnet – auch moralisch-philosophische Dichtungen und Elegien auf den Tod. Aus dem dritten Teil, *Lieder*, dem wichtigsten der Sammlung, gingen die meisten in die späteren Sammlungen und Anthologien ein. MENÉNDEZ PIDAL nannte ihn den Embryo des *Cancionero de romances*. Es folgen *Romanzen* (4.), *Inventionen* (5.), *Denksprüche* (6.), *Volkslieder* (7.), *Fragen* (8.) und *Spottgedichte* (9.).

Diese Ordnung ist aber nicht konsequent durchgehalten. Zweimal sind umfangreiche, nach Dichtern geordnete Teile eingeschoben und einmal ein *Gelegenheitsgedichte* überschriebener Teil. 1514 erscheint die zweite, erweiterte und verbesserte Auflage ebenfalls in Valencia. Die Zahl der Erweiterungen entspricht ungefähr der Zahl der Kürzungen. In dieser Form wird der *Cancionero* sodann 1517, 1520 und 1527 in Toledo veröffentlicht. Die folgende Auflage 1535 in Sevilla erfährt Änderungen und Kürzungen vor allem im letzten Teil, dessen oft derbe und obszöne Dichtungen der geistlichen Zensur zum Opfer fielen. Ungefähr 1555, wohl anläßlich des Besuchs Philipps II., erfolgt die erste Auflage in London.

Von dem *Cancionero* lassen sich ableiten (nach FOULCHÉ-DELBOSC) der *Cancionero llamado Guirnalda*, der durch Voranstellung von sieben mediokren Gedichten vortäuscht, ein neues Buch zu sein, und der *Cancionero de obras de burlas provocantes a risa*, der ein Nachdruck des letzten Teils der Spottgedichte ist. B.v.B.

AUSGABEN: Valencia 1511 *(Cancionero general de muchas y diversas obras de todos i d'los más principales trovadores de España en lengua castellana recopilado... por Hernando del Castillo)*. – Madrid 1882, Hg. J. A. de Blaenchana (Sociedad de bibliófilos españoles, 21). – NY 1904 [Faks. d. Ausg. v. 1511]. – Madrid 1958/59, Hg. A. Rodríguez-Moñino [Faks. d. Ausg. 1511, m. Einf., Bibliogr. u. Anh. d. 1514–1557 hinzugefügten Dichtungen]. – NY 1967, Hg. u. Einl. H. Del Castillo [Faks. d. Ausg. Toledo 1520]. – Salamanca 1971, Hg. u. Einl. ders. [Anth.].

LITERATUR: P. Le Gentil, *La poésie lyrique espagnole et portugaise à la fin du moyen âge*, 2 Bde., Rennes 1949–1952. – J. del Val, *Las reimpresiones de la Academia Española y el »Cancionero general« de 1511* (in PSA, 11, 1958, S. 102–109). – E. Asensio (in Ibérica, 1, 1959, S. 233–239). – J. Piccus, *The 19th Century »Cancionero general« del siglo XV* (in Kentucky Foreign Language Quarterly, 6, 1959, S. 121 bis 125). – Ders., *El »Cancionero A« y el Ms. 247 del »Cancionero general« del siglo XV que mandó componer el rey: Dos cancioneros perdidos identificados* (in Hispano, 1963, Nr. 17, S. 1–34). – C. V. Aubrun,

Le »Cancionero General« de 1511 et ses trente-huit romances (in BHi, 86, 1984, S. 39–60). – J. Battesti-Pelegrin, *Court ou bref* (in *Les formes brèves*, Hg. B. Pelegrin, Aix-en-Provence 1984, S. 99–121). – P. Botta, *Una tomba emblematica per una morta incoronata lettura del romance »Gritando va el caballero«* (in CN, 45, 1985, S. 201–295).

CANTAR DE MÍO CID

(span.; *Heldenlied vom Cid*). Anonymes Heldenepos aus dem 12. Jh. – Entstanden gegen 1140 (oder 1207?) – rund vierzig Jahre nach dem Tode seines Helden Ruy Díaz de Vivar, der unter dem arabischen Titel des »Cid« (*aṣ-ṣaid*: der Herr) in die Geschichte und Sage einging – und überliefert nur in einer einzigen Kopie, die Per ABBAT 1307 nach einer dem Original noch verhältnismäßig nahestehenden Version anfertigte, stellt dieses im feierlichen Rhythmus des assonierenden Alexandriners einherschreitende Lied den Höhepunkt der spanischen Heldenepik dar. In drei Gesängen von insgesamt 3730 Versen berichtet es von der Verbannung des Cid durch König Alfons VI. von Kastilien (reg. 1072–1109), der ihm die Unterschlagung maurischer Tributgaben vorwirft, und von den Zügen gegen die Araber, die der Cid, nachdem er Frau und Töchter im Kloster von Cardeña untergebracht hat, mit einem wachsenden Heer von Söldnern und Abenteurern unternimmt. Er unterwirft sich einen Teil der maurischen Provinzen und auch den reichen Grafen von Barcelona, dem er großzügig Leben und Freiheit schenkt, freilich um den Preis seiner Besitztümer. Als ein treuer Vasall immer bemüht, die Gunst seines Königs zurückzugewinnen, macht er einen Teil seiner reichen Kriegsbeute Alfons zum Geschenk. Dann zieht er gegen Valencia, erobert auch diese Stadt (im Jahre 1094) und hält sie gegen den zum Entsatz herangeeilten Maurenkönig von Sevilla. Auf der Seite der christlichen Spanier wachsen inzwischen Bewunderung, aber auch Neid gegenüber dem tapferen Kämpfer, während seine Feinde ihm Furcht und Achtung zugleich zollen. Nach abermaligen Geschenken an den König erreicht der Cid, daß er seine Familie zu sich nach Valencia holen darf. Angelockt von seinem Reichtum, stellen sich die Infanten von Carrion als Bewerber um seine Töchter ein. Nach der Hochzeit aber erweisen sich diese Schwiegersöhne nicht nur als Feiglinge, sie mißhandeln auch ihre jungen Frauen aufs grausamste und machen sich mit der Mitgift auf und davon. Der König gibt dem Verlangen des Cid statt und zieht die Infanten zur Rechenschaft. Sie müssen die geraubte Beute zurückgeben und sich im Zweikampf mit Kriegern des Cid messen; sie werden besiegt und als Verräter gezeichnet. Mit der Ankündigung, daß sich nun die Prinzen von Navarra und Aragonien um die Cid-Töchter bewerben werden, schließt das Epos; der Ruhm des Helden wird dadurch gekrönt, daß sich sein Blut verbindet mit dem der spanischen Könige.

Als Musterheld und Symbol der Rittertreue ist El Cid durch das Heldenlied verherrlicht worden. Diese Idealisierung kann über die Zwiespältigkeit der historischen Figur nicht hinwegtäuschen. Letztlich scheint die Glorifizierung des Cid dem nationalen Bedürfnis zu entspringen, das christlich-spanische Trauma zu kompensieren, das durch den zeitweiligen Frontenwechsel Díaz de Vivars ausgelöst wurde. Nach 1081 diente Vivar zeitweilig dem maurischen Herrscher von Saragossa und kämpfte gegen die christlichen Heere; dieser Parteiwechsel, der nicht in das hehre Bild eines Befreiers von Valencia paßte, scheint sich in dem Heldenlied auf die Rivalität mit den Infanten zu reduzieren. Insofern sollte auch der idealisierende *Cantar de mío Cid* keineswegs als realistisches Bild des historischen Helden mißdeutet werden.

Im späteren Mittelalter wurde der *Cantar de mío Cid* von den romanhaften Versionen des *Cantar de Rodrigo* und anderen fabulierenden Chronikberichten zurückgedrängt. In ihnen baute sich die legendäre Cid-Gestalt auf, wie sie dann jahrhundertelang die europäische Dichtung zu immer neuen Variationen reizte und deren wohl bedeutendste deutsche *Der Cid* (1803–1805) von HERDER ist. Das frühe Heldenlied geriet darüber in Vergessenheit, bis es 1779 von Tomás Antonio SÁNCHEZ erstmals veröffentlicht wurde. Die einsame Größe dieser ältesten überlieferten spanischen Dichtung wurde eigentlich aber erst in der Romantik entdeckt. Die letzten Jahrzehnte haben in der Forschung zu einer wahren Cid-Renaissance geführt. Eine Zusammenfassung des angesammelten Materials bieten die Werke von E. de CHASCA. Neue Erkenntnisse liegen vor über die Autorschaft, den Ort und die Entstehungszeit des Epos. Sprach man bisher von einem fahrenden Sänger als Autor, so zwingen nunmehr detaillierte Untersuchungen der künstlerischen Struktur und des Inhalts dazu, einen gebildeten Verfasser anzunehmen, der auf dem Gebiet des Rechts, der Wirtschaft und Verwaltung bewandert und auch ein guter Kenner der Lehren und Probleme der Ästhetik war. Der Autor hat sein Werk wohl in der altkastilischen Stadt Burgos verfaßt, an deren Publikum sich das Epos richtete. Die von R. MENÉNDEZ PIDAL postulierte Entstehungszeit von 1140 wird heute kontrovers diskutiert. Wahrscheinlich sammelte sich schon sehr früh episch gestaltetes Material um den Helden in dem Kloster von San Pedro de Cardeña, Grab- und Kultstätte des Cid, das nach und nach anwuchs und aus dem Heros Kastiliens einen den Islam besiegenden Helden der gesamten Christenheit machte; das Ganze schlug sich im *Cantar de mío Cid* nieder.

A.F.R.-KLL

AUSGABEN: Madrid 1779, Hg. T. A. Sánchez. – Madrid 1944–1946, Hg. R. Menéndez Pidal,

3 Bde. [Text, Gramm., Glossar; Bd. 1; ern. Madrid 1961]. – Madrid 1960 (Clás. Cast; m. Einl. u. Anm.; ern. 1980). – Madrid 1961 *(Poema de mío Cid. Ed. facs. del cod. de per Abat)*. – Oxford 1972 (*Poema de Mío Cid*, Hg. C. Smith; krit.). – Manchester 1975 (*The Poem of the Cid*, Hg. I. Michael; m. engl. Übers.). – Madrid 1976, Hg. ders. (Castalia). – Madrid 1977 [Faks.]. – Burgos 1982, Hg. M. Menéndez Pidal [Faks.]. – Madrid 1985, Hg. P. Salinas. – Madrid 1987, Hg. C. Smith (Cátedra). – Madrid 1988, Hg. F. López (Castalia).

Übersetzungen: *Das Gedicht vom Cid*, O. L. B. Wolf, Jena 1850. – *El Cantar de Mío Cid*, H. J. Neuschäfer, Mchn. 1964. – *Der Cid. Das altspanische Heldenlied*, F. Eggarter, Bremen 1968; ern. Lpzg. 1975. – *Der Cid*, H. Köhl, Mchn. 1970 (Goldm. Tb).

Verfilmung: *El Cid*, USA/Spanien 1961 (Regie: A. Mann).

Literatur: L. Spitzer, *Sobre el caracter histórico del »Cantar de Mío Cid«* (in NRFH, 2, 1948, S. 105–117). – E. Huerta, *Poética del mío Cid*, Santiago de Chile 1948. – R. Menéndez Pidal, *En torno al »Poema del Cid«*, Barcelona 1961. – J. Horrent, *Tradition poétique du »Cantar de mío Cid« au XIIe siècle* (in Ccm, 7, 1964, S. 451–477). – C. Bandera Gómez, *El »Poema de Mío Cid«: poesía, historia, mito*, Madrid 1969. – E. Lorenz, *Der altspanische Cid*, Mchn. 1971. – E. de Chasca, *El arte juglaresco en el »Cantar de mío Cid«*, Madrid 1972. – L. Rubio García, *Realidad y fantasía en el »Poema de mío Cid«*, Murcia 1972. – F. M. Waltman, *Concordance to »Poema de mío Cid«*, University Park/Penn. 1972. – J. Horrent, *Historia y poesía en torno al »Cantar del Cid«*, Barcelona 1974. – M. Garcí-Gómez, *»Mío Cid«. Estudios de endocrítica*, Barcelona 1975. – A. Arens, *Zur Tradition und Gestaltung des Cid-Stoffes*, Wiesbaden 1975. – L. Chalon, *L'histoire et l'épopée castillane du moyen âge*, Paris 1976. – M. Magnotta, *Historia y bibliografía de la crítica sobre el »Poema de Mío Cid« (1750–1971)*, Chapel Hill 1976. – E. de Chasca, *The Poem of the Cid*, Boston 1976 (TWAS). – C. Smith, *Estudios cidianos*, Madrid 1977. – *»Mío Cid«-Studies*, Hg. A. D. Deyermond, Ldn. 1977. – A. Galmes de Fuentes, *Épica árabe y épica castellana*, Barcelona 1978. – J. M. Soussol, *Ser y estar. Orígenes de sus funciones en el »Cantar de mío Cid«*, Sevilla 1978. – M. E. Lacarra, *El »Poema de mío Cid«: realidad histórica e ideología*, Madrid 1980. – F. López Estrada, *Panorama crítico sobre el »Poema de Mío Cid«*, Madrid 1982. – B. Powell, *Epic and Chronicle: The »Poema de mío Cid« and the »Crónica de veinte reyes«*, Ldn. 1983. – C. Smith, *The Making of the »Poema de Mío Cid«*, Cambridge/NY 1983. – A. Alessandro, *Lignaccio, famiglia ed entourage signorile nel »Cantar de mío Cid«* (in ASSL, 14, 1984, S. 45–117). – I. Césped, *Unidad y multiplicidad en el »Poema de mío Cid«* (in Revista Chilena de Literatura, 24, 1984, S. 47–72). – A. Deyermond, *El »Cantar de mío Cid« y la épica medieval española*, Barcelona 1987. – J. J. Duggan, *The »Cantar de Mío Cid«. Poetic Creation in Its Economic and Social Context*, Cambridge 1989. – I. M. Roger, *El verso 3130 del »Poema de Mío Cid«. Un dato para fechar el texto* (in IR, 31, 1990, S. 43–53).

Cantar de rodrigo

(span.; *Lied von Rodrigo*), auch *Mocedades del Cid (Die Jugendabenteuer des Cid)*. – Dieses späte, frühestens in der ersten Hälfte des 14. Jh.s entstandene Heldenlied ist in zwei Versionen überliefert: einmal in Prosa in der *Crónica general de 1344*; eine andere versifizierte Fassung fand man in einem Pariser Codex aus dem Anfang des 15. Jh.s, der *Crónica rimada de las cosas de España ... y mas particulamente de las aventuras del Cid*. Wie es für die Dokumente aus der Verfallszeit der Heldenepik typisch ist, wird der historische Kern dieses *cantar* von phantastischen Hinzuerfindungen übersponnen. Im Alter von dreizehn Jahren soll Rodrigo hier den Grafen Gormaz getötet haben, dessen Tochter Jimena dann zur Sühne vom König die Hand des Mörders fordert. Rodrigo unterwirft sich dem königlichen Befehl, schwört aber, seine Frau nicht sehen zu wollen und auch die Hand des Souveräns nicht wieder zu küssen, bevor er nicht in fünf Schlachten gesiegt habe. So bricht er auf zum Kampf gegen die Araber, und nicht nur gegen sie: Auch gegen die Könige von Frankreich und Deutschland und gegen den Papst zieht er zu Felde. In den einzelnen romanhaften Heldentaten und Abenteuern erinnert dieses Werk schon fast an die späteren Ritterromane. Von der Gestalt jenes christlichen Idealhelden, wie sie der *Cantar de mío Cid* entwarf, ist hier nur noch wenig zu finden; dieser Rodrigo erscheint vielmehr als ein eingebildeter, prahlerischer, streitsüchtiger Jüngling, dabei freilich tapfer und schön.

In metrischer Hinsicht ist der *Cantar de Rodrigo* insofern bemerkenswert, als er mit seinen sechzehnsilbigen Versen, die in achtsilbige Halbverse unterteilt sind, das Versmaß der *romances* vorbereitet, die dann die lyrisch-epischen Erben der Heldendichtung wurden. Inhaltlich aber bedeutet dieser *cantar*, neben anderen Chronikberichten, eine der Hauptquellen für die legendäre Cid-Gestalt, wie sie in den *romances* und auch in der Dramatik der spanischen und der weiteren europäischen Dichtung fortlebte; z. B. in den *Mocedades del Cid* (1618) von Guillén de Castro, in der Tragödie *Le Cid* (1636) von Corneille, durch die der spanische Held gleichsam Eingang in die Weltliteratur findet, und später auch in dem Romanzenzyklus *Der Cid* (1803/04) von Herder, der die gesamte Cid-Überlieferung zur Einheit gestaltet hat.

A.F.R.

AUSGABEN: Wien 1846 (in *Crónica rimada de las cosas de España...*, Hg. F. Michel, in Wiener Jahrbücher für Literatur, 116, S. 1–27). – NY 1904 [Faks. d. Hs. Bibl. Nat. Paris, fonds esp. 12]. – Madrid 1982, Hg. J. Vitorio (Clás. Cast).

LITERATUR: R. Menéndez Pdal, *El rey Rodrigo en la literatura*, Madrid 1924. – G. Crocetti, *La leggenda di Rodrigo* (in Nuovi Studi Medievali, 2, 1929, S. 1–64). – *Romancero del rey Rodrigo y de Bernardo del Carpio*, Hg. R. Lapesa u. a., Madrid 1957. – S. G. Armistead, *A Study of the Chronicle Prosifications of the Lost »Cantar de gesta de las mocedades de Rodrigo«*, Diss. Univ. of California, Los Angeles 1961. – A. D. Deyermond, *Epic Poetry and the Clergy: Studies on the »Mocedades de Rodrigo«*, Ldn. 1969. – R. H. Webber, *Formulaic Language in the »Mocedades de Rodrigo«* (in HR, 48, 1980, S. 195–211). – T. Montgomery, *The Lengthened Lines of the »Mocedades de Rodrigo«* (in RPh, 38, 1984, S. 1–14). – Ders., *Some Singular Passages in the »Mocedades de Rodrigo«* (in JHP, 7, 1983, S. 121–134). – Ders., Las *»Mocedades de Rodrigo« y los Romances* (in *J. M. Solá-Solé: Hommage, homenaje, homenatge: Miscelánea de estudios de amigos y discipulos*, Barcelona 1984, S. 119–133). – L. Funes, *Gesta, refundición, crónica: Deslindes textuales en las »Mocedades de Rodrigo«: Razones para una nueva edición crítica* (in Incipit, 7, 1987, S. 69–94). – T. Montgomery, *Horatius, Cúchulainn, Rodrigo de Vivar* (in RCEH, 11, 1987, S. 541–557).

COPLAS DE MINGO REVULGO

(span.; *Die Strophen des Mingo Revulgo*). Anonyme Zeitsatire, entstanden um 1464. – Diese Eklogensatire schildert den verwahrlosten Zustand der öffentlichen Angelegenheiten gegen Ende der schwachen Regierung König Heinrichs IV. Die Sprecher sind zwei Schafhirten; Mingo Revulgo (aus Domingo statt Dominus Vulgus) vertritt das gemeine Volk, Gil Arribato (der Erhöhte) die oberen Stände. In je 35 dialogisierten Strophen von neun Achtsilbern wird auch die Herde (d. h. das Volk) getadelt, weil sie durch ihre unbekümmerte Ignoranz diesen verantwortungslosen Hirten Candaulo (d. h. Heinrich IV.) begünstigt habe. Dafür werde sie jetzt vom Wolf (dem Minister des Königs) verschlungen. In dieser Allegorie werden die Maßnahmen der Regierung, der feige Charakter des Königs und seine Leidenschaft für die portugiesische Mätresse Guiomar de Castro kritisiert.

Vom diffamierenden Ton ähnlicher Spottverse dieses unruhigen Jahrhunderts heben sich die *Coplas* als eine ernste Erbauungsschrift ab, die sich nahezu an alle sozialen Klassen richtet. Die vergleichsweise offene Kritik wird jedoch nie ausfällig, sondern erscheint in der allegorischen Einkleidung gebändigt. Der moralisierende Zweck wurde schon von Hernando del PULGAR (1430?–1493), dem ältesten Kommentator und wahrscheinlichen Verfasser der *Coplas* herausgestellt. Die Verse sollten dem Volk als Spiegel für ein rechtschaffenes Leben vorgehalten werden. Aus dem Gegensatz Stadt – Land erklärt sich vielleicht die Form der Einkleidung als dramatische Pastorale. Figuren und Worte erreichen dadurch größere Kontrastwirkung, die in diesem Maß erst gegen Ende des 17. Jh.s auf dem Gebiet der Literatursatire wieder versucht wird. Das Werk ist neben den Chroniken Alfonso de PALENCIAS und Hernando del Pulgars eine der besten Quellen für die Geschichte seiner Zeit. Es bezeichnet nicht nur literarhistorisch, sondern auch in der Beschreibung der Sitten eine Übergangsepoche zwischen Mittelalter und Renaissance. In der kompromißlosen Darstellung des ausschweifenden Lebens am Königshof, das der Autor für die schwache Regierung verantwortlich macht, zeichnen sich die allgemeinen Dekadenzerscheinungen der Zeit ab, wie sie vor allem im Niedergang des höfischen Geistes und der Religiosität sichtbar wurden. M.Fr.

AUSGABEN: Burgos ca. 1485. – Madrid 1963 [Faks.]. – Madison 1986, Hg. u. Einl. V. Brodey.

LITERATUR: F. del Pulgar, *Glosa a las »Coplas de Mingo Revulgo«*, Hg. J. Domínguez Bordona, Madrid 1958 (Clás. Cast). – C. A. Puerredón, *Aspectos de la sátira española. Las »Coplas de Mingo Revulgo«* (in Revista de la Educación, 4, 1956, S. 292–302). – H. Brodey, *Political Satire in the coplas of the 15th Century, with a Special Study of the »Coplas de Mingo Revulgo«*, Diss. Columbia Univ. 1959. – J. Rodríguez Puértolas, *Algo más sobre el autor de las »Coplas del Mingo Revulgo«* (in Insula, 27, 1972, S. 14). – M. Ciceri, *La tradizione manoscritta delle »Coplas de Mingo Revulgo«* (in Quaderni di Lingue e Letterature, 1, 1976, S. 191–201). – C. Stern, *The »Coplas de Mingo Revulgo« and the Early Spanish Drama* (in HR, 44, 1976, S. 311–332). – M. Ciceri, *»Coplas de Mingo Revulgo«* (in CN, 37, 1977, S. 75–149; 187–266).

LAS COPLAS DEL PROVINCIAL

(span.; *Die Strophen des Ordensprovinzials*). Die Forschung nimmt an, daß diese Satire zwischen 1465 und 1474 – also in den letzten Regierungsjahren Heinrichs IV. von Kastilien – entstanden ist. Bis heute ist ihr Verfasser, wenn es sich nicht gar um mehrere handelt – Alfonso de PALENCIA, Hernando del PULGAR, Rodrigo de COTA und Antonio de MONTORO wurden in Betracht gezogen –, unbekannt geblieben. Vollständig wurden sie zum er-

stenmal von R. Foulché-Delbosc 1898 nach einem Manuskript aus dem 17. Jh. veröffentlicht. 1899 ließ er eine um 213 Strophen erweiterte Fassung folgen, die unter Karl V. entstanden war.
In Form einer Inspektion, die der Ordensprovinzial in einem ihm unterstellten Kloster vornimmt, wird der kastilische Hofadel von einem erfahrenen Sittenrichter ins Gebet genommen. In fast jeder der 149 Strophen kommt einer der Namen der berühmtesten Geschlechter Kastiliens vor. Die Beschuldigungen reichen vom Ehebruch bis zur Impotenz, von der Sodomie bis zum Inzest. Die *Coplas* fanden schnelle Verbreitung, und der inkriminierte Adel sah sich genötigt, die Inquisition zu seinem Schutz anzurufen.
Die Strophen bestehen aus achtsilbigen Vierzeilern, deren Reimschema *abab* mit *abba* variiert. Sie verteilen sich unregelmäßig auf die Anschuldigungen des Provinzials und die Antworten der Brüder und Schwestern. Die Vergehen der Männer werden bis zur 97. Strophe abgehandelt, die restlichen 52 sind den Frauen gewidmet. Die Sprache ist meist unverblümt scharf. D.R.

Ausgaben: Madrid 1895 (in *La España moderna*, Hg. M. Menéndez y Pelayo, 80, S. 24–28). – Paris 1898, Hg. R. Foulché-Delbosc (in RH, 5, S. 255–266). – Madrid 1949 (*El Cancionero manuscrito de Pedro del Pozo, 1547*, Hg. A. Rodríguez Moñino, in Bol. de la R. Academia Española, 29).

Literatur: R. Foulché-Delbosc, *Notes sur »Las coplas del provincial«* (in RH, 6, 1899, S. 417–446). – M. Menéndez y Pelayo, *Antología de poetas líricos castellanos*, Bd. 2, Santander 1944, S. 288–296. – P. Le Gentil, *La poésie lyrique espagnole et portugaise à la fin du moyen âge*, 2 Bde., Rennes 1949–1952. – M. Ciceri, *»Las coplas del provincial«* (in CN, 35, 1975, S. 39–210). – M. Ferrer-Chivite, *»Las coplas del provincial«; Sus conversos y algunos que no lo son* (in Corónica, 10, 1982, S. 156–178). – C. López Alvarez u. F. Torrecilla del Olmo, *El autor, sus pretensiones y otros aspectos de las »Las coplas del provincial«* (in BHi, 83, 1981, S. 237–262). – M. Ciceri, *Addenda alle »Coplas del provincial«* (in Quaderni di Lingue e Letterature, 8, 1983, S. 295–305).

CORONICA DE DON ALVARO DE LUNA CONDESTABLE DE LOS REYNOS DE CASTILLA Y DE LEON, MAESTRE Y ADMINISTRADOR DE LA ORDEN Y CAVALLERIA DE SANTIAGO

(span.; *Chronik des Don Alvaro de Luna, Konnetabel der Königreiche Kastilien und Leon, Meister und Administrator des Ordens und der Ritterschaft des heiligen Jakob*). Anonyme Chronik, geschrieben etwa 1454–1460. – Die Schilderung des Lebens des ehrgeizigen und einflußreichen Konnetabels Don Álvaro de Luna beginnt mit dem Jahr 1408, als er Page am Hof Johanns II. (reg. 1406–1454) wurde, und endet mit dem Jahr 1453, als er der Eifersucht des Adels und der Schwäche des Königs zum Opfer fiel und in Valladolid auf dem Schafott endete. Die Kämpfe der Rekonquistadoren gegen die Araber sind in der Chronik ebenso anschaulich geschildert wie das Ränkespiel am Hofe des Königs. Der tiefere Grund für die Ermordung Lunas – so läßt der anonyme Biograph durchblicken – lag in der Gier des Hofes nach dem umfangreichen Vermögen des Santiagoritters. Wichtiger noch als die bisher ungelöste Frage nach dem Verfasser sind Anlaß und Absicht dieses Geschichtswerkes. Der Autor, der ein enger Freund und Bewunderer des Konnetabels gewesen sein muß, sah seine Aufgabe in einer persönlichen Verteidigung gegen die Vorwürfe seines Herrn. Als nach dem Tod Johanns II. der Versuch einer Rechtfertigung der Enthauptung Lunas gemacht wurde, wollte der Verfasser mit seiner Chronik zwar zur Klärung des wahren Sachverhalts beitragen, seine oft einseitige Darstellung ist jedoch für den Historiker nur mit Vorbehalt verwertbar. Leidenschaftliches Engagement wechselt darin mit objektiver Berichterstattung ab, die auch die Schwächen Don Álvaros nicht verschweigt: seinen Machtrausch, seine Habsucht, seine Intrigen. Eine reichhaltige Quelle ist dieser Bericht eines Augenzeugen allerdings für den Kulturhistoriker, der hier minuziöse Schilderungen des Lebensstils des Konnetabels, Beschreibungen der Belagerungen, des Zeremoniells und der prunkvollen Festlichkeiten findet. Die gelehrte Bildung, die aus den politisch-moralischen Maximen und den philosophischen Gedankengängen des Werkes erkennbar wird, weist vielleicht auf den geistlichen Stand des Verfassers hin. Innerhalb der reichen spanischen Geschichtsschreibung des 15. Jahrhunderts nimmt diese Chronik in thematischer und stilistischer Hinsicht einen hervorragenden Platz ein. M.Fr.

Ausgaben: Mailand 1546. – Madrid 1940, Hg. J. de Mata Carriazo (Colección de Crónicas de España, 2).

Literatur: C. Silio, *D. A. de L. y su tiempo*, Madrid ³1942 (Colección austral, 64). – F. Meregalli, *Cronisti e viaggiatori castigliani del quattrocento*, Mailand 1957. – G. Ledda, *L'ideale cavalleresco nella »Crónica de Don Alvaro de Luna«* (in Studi Ispanici, 1, 1962, S. 93–98). – T. Cirillo, *Notizia bibliografica su Don A. de L.* (in Annali dell'Istituto Universitario Orientale, Neapel, Sezione romanza, 5, 1963, S. 277–291).

CORONICA DEL MUY ESFORÇADO Y ESCLARECIDO CAUALLERO CIFAR

(span.; *Chronik von dem sehr tapferen und berühmten Ritter Cifar*). Anonymer Ritterroman, entstanden um 1300. – Als eines der bedeutendsten Werke der hochmittelalterlichen kastilischen Prosa steht der Roman ebenbürtig neben den ebenfalls anonym überlieferten Büchern *Libro de Sendebar* und *Libro de los gatos*, der Fabelsammlung *Kalila e Dimna* und den Werken JUAN MANUELS. Das umfangreiche, in einer unvollständigen Handschrift und Drucken des 16. Jh.s überlieferte Werk handelt vom Schicksal des Ritters Cifar, seiner Frau Grima sowie seiner Söhne Roboan und Garfin.

Der erste Teil (Kapitel 1–93) berichtet, wie Cifar, von einem mysteriösen Fluch beladen, beschließt, den indischen Königshof, wo er sich große Verdienste erworben hat, zu verlassen, um fortan ein Wanderleben zu führen, dessen Wechselhaftigkeit stets göttliches Wirken suggeriert. Cifar befreit die Stadt Galapia, deren Herrin von einem benachbarten Grafen belagert wird. In dem Land Falac entführt ein Löwe eines von Cifars Kindern. Während Cifar in der Stadt nach Nahrung für Frau und Kind sucht, bleibt der zweite Sohn allein im Quartier und macht sich auf, seine Mutter zu suchen. Cifar, der so sein zweites Kind verloren glaubt, deutet die Ereignisse als göttlichen Plan. Als er sich einschiffen will, entführen Seeleute seine Frau Grima, deren Abenteuer im folgenden berichtet werden: Im Streit darüber, wer Grima besitzen soll, erschlagen sich die Seeleute gegenseitig. Grima, nun allein auf dem Schiff, betet zur Jungfrau, worauf das Jesuskind das Schiff sicher in einen Hafen lenkt. Grima verkauft all ihre Habe, die auf dem Schiff war, und läßt zum Dank für ihre Rettung ein Kloster erbauen. Schließlich rüstet sie mit Hilfe des Königs Orbin ein Schiff aus, um Cifar zu suchen. Dieser ist bei einem Eremiten eingekehrt, der ihm Trost spendet. Cifar macht Bekanntschaft mit dem ungehobelten, aber gutherzigen Ribaldo, den er vom Galgen rettet, als dieser unter falschem Verdacht verurteilt wird. Als beide das Reich Menton befreien, muß Cifar die Königstochter heiraten, vollzieht jedoch die Ehe nicht. Nach dem Tod des alten Königs wird Cifar Herrscher von Menton.

Grima ist unterdessen auf Rat eines Eremiten nach Menton gegangen, wo sie Cifar wiedererkennt und zunächst ein Hospiz in der Stadt gründet, um später – der Tod der Prinzessin nach Ablauf eines Jahres erscheint dabei als göttliche Fügung – wieder mit ihrem Mann vereint zu sein.

In Menton erfolgt durch nicht minder wunderbare Fügungen die Zusammenführung der getrennten Familie: Cifars Söhne, die von einem Bürgerehepaar erzogen und mit Pferden und Waffen ausgerüstet worden sind, machen sich auf den Weg zu dem inzwischen berühmten König von Menton. Als sie in Grimas Hospiz übernachten, erkennt die Mutter ihre Kinder wieder. Cifar schlägt sie zu Rittern und teilt mit ihnen das Reich, das ihm nach so vielen Mühen endlich zuteil geworden ist. Der mysteriöse Fluch der Unbehaustheit und Armut, der auf eine Sünde von Cifars Großvater zurückging, ist durch die Entbehrungen von der Familie genommen.

Der zweite Teil des Werks berichtet von den Abenteuern des Ribaldo, der mittlerweile zum »Caballero Amigo« avanciert ist und gemeinsam mit Cifars Söhnen die Rebellion des Grafen Nason beendet. Den weitaus größeren Teil dieses Abschnitts nehmen indes die Belehrungen ein, die Cifar seinem Sohn Roboan auf den Weg mitgibt, als dieser auf Abenteuersuche gehen will; diese *Castigos del Rey de Menton* stellen einen Ritter- und Fürstenspiegel dar, der in kastilisch-mittelalterlicher Tradition Beispielerzählungen unterschiedlichster Herkunft mit christlicher Morallehre verbindet. Im Anschluß an diese didaktische Partie erfolgt die Exemplifikation in Form von Roboans Abenteuerqueste, die nach Struktur und Umfang das Ausmaß eines eigenen Ritterromans erlangt: Gemeinsam mit 300 Rittern und dem Caballero Amigo verteidigt Roboan erfolgreich das Reich Pandulfa, dessen Erbin, Prinzessin Seringa, Roboan später heiraten wird. Roboan wird trotz seiner niedrigen Abkunft aufgrund seiner Verdienste zum Ritter geschlagen. In der Episode der Ynsolas Dotadas schließlich spiegelt sich im Geschick Roboans das Leben seines Vaters, indem der Sohn in einem wunderbaren Inselreich dessen Herrin, die Kaiserin Nobleza, heiratet, jedoch diese wieder verlassen muß, nachdem es dem Satan gelungen ist, ihn dreimal in Versuchung zu führen. Als Herrscher erfährt Roboan die Wankelmütigkeit des Schicksals, als seine Vasallen gegen ihn rebellieren und erst durch die Taten Ribaldos sein Rang als Kaiser bestätigt wird. Nach der Heirat Roboans mit Seringa und der Geburt ihres Sohnes Fijo de Bendiçion (»Sohn der Segnung«) schließt das Werk mit der Rückkehr des Sohnes ins Reich Cifars.

Der *Libro del Caballero Cifar* wurde von einem gewissen Ferrant MARTÍNEZ (vor 1274–1310/13) überliefert, der in einer Rahmenerzählung von der Geschichte eines Mirakels berichtet, das ihn dazu veranlaßt habe, die Geschichte vom Ritter Cifar niederzuschreiben. Wie bei dieser Rahmengeschichte finden sich im Roman selbst, der eine komplizierte, in der moralischen und didaktischen Absicht des Verfassers begründete Struktur aufweist, deutliche Anklänge an die geistliche Literatur der Zeit: Dem Leben Cifars liegt eine säkularisierte Version der Legende des heiligen Eustachius bzw. Placidus zugrunde, die sich gerade aufgrund ihrer von vornherein abenteuerlichen Elemente einer besonderen Beliebtheit als Strukturmodell des abendländischen Ritter- und Abenteuerromans erfreute (vgl. CHRÉTIEN DE TROYES' *Guillaume d'Angleterre* und Jean RENARTS *L'escoufle*). Daneben ist in für spanische mittelalterliche Texte charakteristischer Manier jüdisches und arabisches Bildungsgut in breitester Form eingeflossen: Namen der Protagonisten (Cifar: arab. *safara* = reisen; Grima: aus arab. *garama* = verlorengehen, u.a.) und Toponyme verweisen auf arabische Einflüsse zurück bei einem Werk, das dennoch offenkundig genuin spanischer Herkunft ist. In seiner moralischen Ausrichtung ein typisches Produkt der spanischen Klerikerkultur, bleibt das imposante Werk der frühen kastilischen Ritterliteratur dennoch ein singulärer Roman, der weder dem höfischen Roman französischer Herkunft verpflichtet ist, noch auf Gestalt und Gehalt der späteren Ritterromane gewirkt zu haben scheint: Trotz eines prachtvollen Frühdrucks in der Zeit der Hochblüte der Amadises und Palmerines ging nicht nur das 16. Jh. über dieses altspanische Meisterwerk hinweg, sondern auch die Forschung, die erst seit den Untersuchungen von Burke und Walker die allegorische Bedeutung des Textes erkennt. G.Wil.

Ausgaben: Sevilla 1512. – Ann Arbor 1929 (*El libro del Cavallero Zifar*, Hg. C. P. Wagner). – Barcelona 1951, Hg. M. de Riquer [m. Studie]. – Madrid 1982, Hg. J. González Muela (Castalia). – Madrid 1983, Hg. C. González (Cátedra). – Madison/Wis. 1984, Hg. M. A. Olson.

Übersetzung: *The Book of the Knight Zifar*, Ch. L. Nelson, Lexington/Ky. 1983 [engl.].

Literatur: C. P. Wagner, *The Sources of »El Cavallero Cifar«* (in RH, 10, 1903, S. 4–104). – A. H. Krappe, *Le lac enchanté dans le »Chevalier Cifar«* (in BHi, 35, 1933, S. 107–125). – J. Piccus, *Consejos y consejeros en el »Libro del Cavallero Zifar«* (in NRFH, 16, 1962, S. 16–30). – K. R. Scholberg, *The Structure of the »Caballero Cifar«* (in MLN, 79, 1964, S. 113–124). – R. M. Walker, *The Unity of »El libro del Cavallero Zifar«* (in BHS, 42, 1965, S. 149–159). – K. A. Blüher, *Zur Tradition der politischen Ethik im »Libro del Caballero Zifar«* (in ZfrPh, 87, 1971, S. 249–274). – J. Burke, *History and Vision: The Figural Structure of the »Libro del Cavallero Zifar«*, Ldn. 1972. – L. de Stefano, *»El caballero Zifar«. Novela didáctica-moral* (in Thesaurus, 27, 1972, S. 173–260). – Roger M. Walker, *Tradition and Technique in »El libro del Cavallero Cifar«. Meaning and Structure* (in RCEH, 2, 1979, S. 89–121). – F. J. Hernández, *»El libro del cavallero Zifar«* (in RCEH, 2, 1979, S. 89–121). – E. Schreiner, *Die ›Matière de Bretagne‹ im »Libro del Cavallero Cifar«* (in *Romanisches Mittelalter. Fs. R. Baehr*, Hg. P. Messner u. W. Pöckl, Göppingen 1981). – F. Gómez Redondo, *El prólogo de Cifar«: realidad, ficción y poética* (in RFE, 61, 1981, S. 85–112). – F. J. Hernández, *Alegoria y figura en »El libro del Caballero Zifar«* (in Reflexión, 2, 1983, S. 7–20). – M. A. Olsen, *The Prologue of the »Cavallero Cifar«* (in BHS, 62, 1985, S. 15–23). – C. González, *»El Cavallero Zifar« y el reino lejano*, Madrid 1984. – F. Gómez Redondo, *Cifar: tratamiento textual* (in RFE, 66, 1986, S. 319–332). – M. Harvey, *More on the Geography del Cavallero Zifar«* (in Corónica, 16, 1988, S. 71–85). – A. F. Bolaños, *Cifar y Ribaldo* (in Thesaurus, 44, 1989, S. 159–167).

LA CRÓNICA DEL CONDESTABLE MIGUEL LUCAS DE IRANZO

(span.; *Chronik des Konnetabels Miguel Lucas de Iranzo*). Anonymes Werk aus dem 15. Jh., veröffentlicht 1855. – Unter dem Einfluß der Frührenaissance entstanden im 15. Jh. viele Biographien wie die *Corónica de Don Alvaro de Luna* oder die *Crónica de Don Pero Niño* (auch *El victorial* genannt), in denen nicht mehr ausschließlich Könige und Herrscher auftreten, sondern Privatpersonen, die durch Mut, bedeutende Taten und eigenes Können zu Ehren, Einfluß und Ruhm gekommen sind. Diese Lebensbeschreibungen markieren den Übergang von der Chronik als einfacher Aneinanderreihung von Ereignissen zur kritisch wertenden oder charakterisierenden Monographie. Die vorliegende Chronik, die den Zeitraum von 1458 bis 1471 umfaßt, stammt von einem Gefolgsmann oder engen Freund Iranzos und muß noch vor 1473, als der Konnetabel bei einem Judenpogrom in der Hauptkirche von Jaén ermordet wurde, abgefaßt worden sein. – Obwohl von niedriger Geburt (*»aus dem Misthaufen erhoben«* heißt es wörtlich), gelangte Iranzo dank der launischen Gunst des Königs Heinrich IV. von Kastilien (reg. 1454–1474) zu dem hohen Amt eines Kronfeldherrn. In den boshaften, oft verleumderischen *Coplas del provincial* kommt er schlecht weg, während er in den Lobreden seiner Chronik als eine glänzende Persönlichkeit erscheint. Legendäres und Tatsächliches sind hier, wie in den meisten mittelalterlichen Geschichtswerken, so eng miteinander verflochten, daß das wirklich Historische nicht mehr herausgelöst werden kann. Die an sich literarisch nahezu bedeutungslose Chronik, die gegenüber dem zeitgenössischen *Libro de los claros varones de Castilla* von Hernando del Pulgar stark abfällt, erscheint als Zeitdokument von besonderem Wert; denn ausführlich und mit viel Sinn für pittoreske Szenen wird in diesem frisch erzählten Bericht das festgehalten, was die offizielle Geschichtsschreibung vernachlässigte. So entsteht ein buntbewegtes Gemälde jener turbulenten Zeit mit ihren Festen, Turnieren, kriegerischen Unternehmungen, städtischen Einrichtungen, das uns auch über die Lebensgewohnheiten, die Speisen und die Mode jener Zeit genau unterrichtet. A.F.R.

Ausgaben: Madrid 1855 (in Memorial Histórico Español, 8, Hg. P. de Gayangos). – Madrid 1942 (Colección de Crónicas españolas, 3, Hg. J. de Mata Carriazo).

Literatur: J. B. Sitges, *Enrique IV*, Madrid 1912. – Ch.-V. Aubrun, *La chronique de M. L. de I.* (in BHi, 44, 1942, S. 40–60). – V. López González, *La salvación del mundo en las Coplas de Jorge Manrique y en la Crónica del C. M. L. de I.* (in La Ciudad de Dios, 155, 1943, S. 433–453). – J. L. Romero, *Sobre biografía y la historia*, Buenos Aires 1945.

Epístola moral a Fabio

(span.; *Moralisches Sendschreiben an Fabio*). Anonymes didaktisches Gedicht, geschrieben um 1626, überliefert in sechs Handschriften. – Zugeschrieben wurde das Werk u. a. Francisco de Rioja (1583–1659), Bartolomé L. de Argensola (1562–1631), Rodrigo Caro (1573–1647) und Francisco de Medrano (1750–1607); eines der Manuskripte nennt als Verfasser einen Hauptmann Andrés Fernández de Andrada, der aber sonst als Dichter nicht hervorgetreten ist, so daß auch diese Angabe zweifelhaft bleibt. Das Sendschreiben ist nach italienischem Vorbild in Terzinen (68 Strophen) verfaßt, die seit Boscán (um 1490–1542) in der didaktischen Lyrik Spaniens heimisch waren. In der *Epístola* wechseln Warnung vor dem Hofleben und Lob des zurückgezogenen Daseins auf dem Lande mit allgemeinen Betrachtungen über den Menschen und die Vergänglichkeit alles Irdischen. Der Dichter schildert die Gefahren, die das Leben am Hofe und die Jagd nach Gunst und Ämtern für den tugendhaften Menschen in sich bergen (Strophe 1–10), und ermahnt den Freund, den Hof zu verlassen und sich nach Sevilla zurückzuziehen (11–15). Er vergleicht das Leben mit einem kurzen Tag, mit dem Gras, das schnell verwelkt, mit den dahinströmenden Flüssen und erinnert daran, daß die menschliche Existenz nur eine kurze Rast am Rande des Todes ist (15–34). Einige Strophen (35–43) über die Bestimmung des Menschen, die nicht in Genußsucht und dem Streben nach Ruhm und Macht bestehe, leiten über zur Verherrlichung des einfachen Lebens (44–63). Der Dichter preist die Zurückgezogenheit, die Bescheidenheit, die Einfachheit in Reden, Auftreten und Kleidung. Die Schlußstrophen (63–68) fassen die Lehren zusammen und enden mit einem Aufruf an den Freund: *»Komm …, ehe die Zeit in unseren Armen stirbt.«* – Der Inhalt des Gedichts ist oft als eine Zusammenfassung der philosophischen und moralischen Gedanken der Gegenreformation und als Ausdruck des *desengaño* (Desillusionierung) gedeutet worden. Doch hat das *Sendschreiben* nichts von der Zwiespältigkeit und der pathetischen Gebärde des Barock, auch ist es keineswegs konfessionell gebunden. Es besteht vielmehr aus allgemeinen Betrachtungen, wie sie zum Teil schon seit Horaz Gemeingut der Dichtung sind (vgl. etwa *Epoden* 1,2). Einige Motive stammen aus der *Bibel (Prediger Salomo; Sprüche)*, andere – wie der Lobpreis von Wahrheit und Tugend als höchste Güter des Menschen – aus stoischem Gedankengut.
Der eigentliche Wert des Gedichts liegt in der einzigartigen Entsprechung von Form und Thema: In natürlicher und schlichter Sprache, ohne Flickwörter und gesuchte Wendungen, mit sparsam verwandten Bildern und mit aphoristischer Prägnanz drücken sich in den Terzinen die Grundstimmung von Gleichmut und frommem Verzicht und das Bewußtsein des eigenen Wertes aus. Dank dieser ursprünglichen Natürlichkeit gehört die *Epístola moral* zu den Meisterwerken der spanischen Dichtkunst. A.F.R.

Ausgaben: Madrid 1768 (in J. J. López de Sedano, *Parnaso español*). – Madrid 1854, Hg. A. de Castro (in BAE, 32, S. 387–389). – Madrid 1933 (in *Poetas de los siglos XVI y XVII*, Hg. P. Blanco Suárez).

Übersetzungen: *Sendschreiben an Fabio*, K. Voßler (in *Poesie der Einsamkeit in Spanien*, Mchn. 1940; 2 1950). – Dass., R. Grossmann (in *Gedichte der Spanier*, Lpzg. 1948, S. 434–450; Slg. Dieterich 110; span.-dt.).

Literatur: R. Foulché-Delbosc, *Les manuscrits de l'»Epístola moral a Fabio«* (in RH, 7, 1900, S. 248–250). – M. Morales, *Rodrigo Caro, bosquejo de una biografía íntima*, Sevilla 1947, S. 361–390. – L. Cernuda, *Tres poetas metafísicos: Manrique, Aldana y el autor de la »Epístola moral a Fabio«* (in Insula, 1948, Nr. 38). – A. H. Weiss, *Metáfora e imagen en la »Epístola moral a Fabio«* (in Clavileño, Madrid 1952, Nr. 13, S. 13–16). – C. Cerpack, *Some Senecan Analogies in the Anonymous »Epístola moral a Fabio«* (in MLN, 68, 1953). – M. Toussaint, *La »Epístola moral a Fabio«* (in Memorias de la Academia Mexicana, 15, 1956, S. 125–136). – D. Alonso u. S. Reckert, *Vida y obra de Medrano*, Bd. 2, Madrid 1958, S. 372–384. – D. Alonso, *Dos españoles del siglo de oro*, Madrid 1960 (BRH, 2, 1960, 45; m. Bibliogr.).

General estoria

(span.; *Allgemeine Geschichte*). Unter der Leitung Alfons' X., des Weisen, von Kastilien (reg. 1252–1284) entstandenes sechsteiliges Geschichtswerk, dessen letzter Teil unvollendet blieb. Die Entstehungsdaten sind ungewiß; man nimmt an, daß es 1272 begonnen wurde, daß die ersten vier Teile 1280 abgeschlossen waren und die Arbeit am letzten Teil vor 1284 abgebrochen wurde. Bisher wurden nur Teil 1 (1930) und Teil 2 (1957–1961) gedruckt.

Die *General estoria* ist ein Werk von riesigen Ausmaßen. Jeder der ersten drei Teile ist umfangreicher als die ebenfalls unter Alfons' des Weisen Leitung entstandene *Primera crónica general*, die bereits weit über tausend Kapitel umfaßt. Wieviel der König selbst zur *General estoria* beigetragen hat, läßt sich nicht mit Sicherheit ermitteln. Man darf annehmen, daß seine Tätigkeit sich auf die Festlegung der Richtlinien, die Überprüfung von Sprache und Stil und die Kontrolle der gesamten redaktionellen Arbeit beschränkte, die von Schreibern seiner Kanzlei ausgeführt wurde, unter denen sich auch zahlreiche Araber und Juden befanden. Nach dem in der Einleitung skizzierten Plan sollten in dem Werk alle Ereignisse seit Erschaffung der Welt festgehalten werden. Tatsächlich aber mußte es sich aufgrund des Quellenmangels auf die Darstellung der Geschichte der Ägypter, Juden, Griechen, Römer und Spanier beschränken. Innerhalb dieser Grenzen haben die Kompilatoren jedoch eine erstaunlich große Anzahl von Unterlagen verschiedenster Art zusammengetragen. Neben der Hauptquelle – der *Bibel* – wurden nahezu alle Werke ausgewertet, aus denen man im Mittelalter geschichtliches und kulturelles Wissen schöpfen konnte: die der Kirchenväter und Kirchenhistoriker, des jüdischen Historiographen Flavius Iosephus (37 bis um 100), der römischen Geschichtsschreiber und Dichter, dazu mittelalterliche Chroniken und Dichtungen. Die Einbeziehung arabischer Quellen, zum Beispiel des geographischen Lexikons von Abu ʿObeid ʿAbdallāh ben ʿAbd al-ʿAzīz Al-Bakrī († 1094), eröffnete Perspektiven, die im Europa jener Zeit einzigartig waren.

Die Geschichtsauffassung der *General estoria* folgt der Lehre von der Prädestination, wie sie vor allem Augustinus (354–430) formuliert hat. Die Kompilatoren, die sich, wie es im Vorwort heißt, vorgenommen hatten, *»nach dem Vorbild der Weisen die Taten Gottes, der Propheten und der Heiligen zu erzählen und auch die der Könige, der Großen, der Ritter und der Völker«*, taten dies fast ohne jede kritische Sichtung und Wertung. So findet sich in dem Werk neben geschichtlichen Fakten auch eine Vielzahl von Legenden, Sagen, Fabeln, Mythen und phantastischen Erzählungen. Sitten der Völker, Religionen, Erfindungen, Moden, Eroberungen und Schlachten werden in buntem Durcheinander abgehandelt. (Auf diese Weise geraten Anekdoten, wie etwa die von der Erfindung der Unterwäsche durch die Königin Semiramis, neben Berichte über das philosophische Wirken Platons.) Die *General estoria* ist also weniger eine Universalgeschichte als eine Enzyklopädie der Kultur und des historischen Wissens, vergleichbar etwa mit dem *Speculum historiale* des Vincenz von Beauvais (1184/1194 bis um 1264).

Für das große kulturgeschichtliche Interesse Alfons' des Weisen sprechen die zahlreichen Kapitel, die der antiken Mythologie gewidmet sind. In ihnen werden die Götter des klassischen Altertums im Sinn des Euhemerismus als Menschen von überragendem Wissen oder außergewöhnlicher Kraft dargestellt, die von der Nachwelt als Götter verehrt wurden.

Außerordentliches haben die Kompilatoren auf sprachlichem Gebiet geleistet: Sie haben es unternommen, die stofflich und formal völlig heterogenen, in verschiedenen Sprachen (Latein, Hebräisch, Arabisch) abgefaßten Quellen in die noch in der Entwicklung begriffene spanische Sprache zu übertragen. Die Übersetzungen aus dem Hebräischen und Arabischen (auch arabische Bearbeitungen von Schriften des Aristoteles u. a. griechischer Autoren) wurden nach einem seit über hundert Jahren bewährten System von Equipen erstellt, in denen ein Jude für das Inhaltliche, ein Christ für den Stil der spanischen Version verantwortlich war.

Die historiographischen Werke des Königs spiegeln nicht nur seine Bildungsbeflissenheit, sondern auch sein politisches Kalkül: Indem er für Kastilien eine Literatur in der Volkssprache schafft, wetteifert er mit den französischen Königen, die in der Abtei von Saint-Denis bei Paris seit langem eine offizielle Chronistenwerkstatt unterhalten, und untermauert zusätzlich seinen seit 1257 erhobenen Anspruch auf die Kaiserkrone. Folglich wurde die *General estoria* nach Alfons' Tod nicht zu Ende geführt, obwohl im 14. Jh. in Spanien eine Vielzahl von Chroniken entsteht, die alle mehr oder weniger auf den alfonsinischen Vorbildern basierten.

A.F.R.-KLL

Ausgaben: Madrid 1930 (*General estoria. Primera parte*, Hg. A. García Solalinde). – Madrid 1957 bis 1961 (*General estoria. Segunda parte*, Hg. ders., L. A. Kasten u. V. R. B. Oelschläger, 2 Bde.; Ill. d. Ms.). – Oviedo 1963 (*General estoria. Versión gallega del siglo 14*, Hg. J. L. Pensado). – Madrid 1982, Hg. u. Einl. R. Ayerbe-Choux [Anthologie]. – Barcelona 1984, Hg. u. Einl. M. Villar Rubio [Anthologie].

Literatur: A. García Solalinde, *Fuentes de la »General estoria« de Alfonso el Sabio* (in RFE, 21, 1934, S. 1–28; 23, 1936, S. 113–142). – L. B. Kidle, *A Source of the »General estoria«: the French Prose Redaction of the »Roman de Thèbes«* (in HR, 4, 1936). – G. Menéndez Pidal, *Cómo trabajaron las escuelas alfonsíes* (in NRFH, 5, 1951). – M. R. Lida de Malkiel, *La »General estoria«* (in RPh, 12, 1958/59, S. 111–142; 13, 1959/60, S. 1–30). – D. Catalán Menéndez Pidal, *El taller historiográfico alfonsí* (in Rom, 84, 1963, S. 354–375). – F. Rico, *Alfonso el Sabio y la »General estoria«*, Barcelona 1972. – D. Eisenberg, *The »General estoria«: Sources and Source treatment* (in ZfrPh, 89, 1973, S. 206–227). – A. J. Cárdenas, *Alfonso X: Incest and the Scholastic Method* (in RoNo, 23, 1982, S. 93–98). – W. L. Jonxis-Henkemans, *The Dating of the Parts of the »General estoria« of Alfonso el Sabio* (in Corónica, 14, 1986, S. 272–273). – A. K. Barry, *Cletic Pronoun Position in 13th-Century Spanish* (in HR, 55, 1987, S. 213–220). – *La littérature historiographique des origines à 1500*, Hg. H. U. Gumbrecht

u. a., 3. Teilbd., Heidelberg 1987, S. 809–815 (GRLMA, XI/1). – I. Fernández-Ordóñez, *La »Estoria de España«, la »General estoria« y los diferentes criterios compilatorios* (in Revista de Literatura, 50, 1988, S. 15–35). – Vgl. allg. Literatur bei *Cantigas de Santa María*.

LA GRAN CONQUISTA DE ULTRAMAR

(span.; *Die große Eroberung in Übersee*). Anonymes romanhaftes Geschichtswerk, entstanden unter der Regierung Sanchos IV. von Kastilien (1284 bis 1295); gedruckt 1503. – Die 1320 Kapitel des Werks sind in vier Bücher eingeteilt. Zu Beginn werden das Wirken Mohammeds und die Eroberungen der Kalifen dargestellt, dann folgt die phantasievoll ausgeschmückte Beschreibung der Kreuzzüge: die Heldentaten Gottfrieds von Bouillon, die Eroberung der Heiligen Stadt, die Gründung des Königreichs Jerusalem, die Züge nach Afrika, die Unternehmungen Kaiser Friedrich Barbarossas, Richard Löwenherz', Kaiser Friedrichs II. und Ludwigs IX., die Entstehung der geistlichen Ritterorden und zahlreiche weitere Ereignisse jenes Zeitalters.

In einem der Manuskripte heißt es, daß König Sancho *»es aus dem Französischen ins Kastilische übertragen ließ«*. Dem Verfasser der *Gran conquista* dürfte jedoch kaum ein einheitlicher französischer Text vorgelegen haben. Wie die großen Geschichtswerke der alfonsinischen Historiographie ist die *Gran conquista de Ultramar* vielmehr das typische Produkt spätmittelalterlichen Sammeleifers und aus zahlreichen, sehr unterschiedlichen Quellen ohne Rücksicht auf Historizität kompiliert worden. Die verschiedenen, teils in Prosa, teils in Versen abgefaßten Vorlagen sind nur zum Teil wörtlich übersetzt; oft hat der Verfasser des spanischen Werks sie frei redigiert. In der für die spanische Kultur des Spätmittelalters charakteristischen Weise werden dabei nicht nur Namen und Umstände sprachlich angepaßt, vielmehr werden immer wieder Eingriffe vorgenommen, die es erst gestatten, ideologisch problematisches Quellenmaterial dem spanischen Publikum zuzumuten. Eine der wichtigsten Quellen ist die *Historia rerum in partibus transmarinis gestarum* des GUILELMUS TYRIUS (Guillaume de Tyr, Wilhelm von Tyrus, um 1130–1186) in der zu Anfang des 13. Jh.s entstandenen französischen Übersetzung *Livre d'Éracles*, auch *Estoire d'outremer* genannt. Außerdem wurden zahlreiche Epen des Kreuzzugszyklus und des karolingischen Sagenkreises – sowohl in französischen wie in provenzalischen Fassungen – herangezogen, u. a. *La chanson d'Antioche* von RICHARD LE PÈLERIN (12. Jh.), *Les chétifs* und *Conquête de Jérusalem*, teils nach den Fassungen von GRAINDOR DE DOUAI (um 1180), teils nach älteren, inzwischen verlorengegangenen Versionen. Die Schilderung der Ereignisse um Gottfried von Bouillon beruht vornehmlich auf *Le chevalier au cygne* (vgl. dort) und *Enfances Godefroy*. – Um einzelne Teilnehmer der Kreuzzüge vorzustellen, hat der Verfasser vielfach genealogische Legenden in den Text eingeschoben. Die Erwähnung eines Ritters, der als Nachkomme von Mayugot, einem Ratgeber Karls des Großen, bezeichnet wird, gibt ihm so Gelegenheit, die Sagen von Berta und Pippin und von Mainet und Galiena einzuflechten. Der bedeutsamste dieser Einschübe ist die Sage vom Schwanenritter: Diese auf einer Verwechslung des Namens (*cygne* = Schwan, statt *signe* = Kreuzeszeichen) des Helden beruhende Erzählung, die in ganz Europa beliebt war, erscheint hier erstmals in der spanischen Dichtung. In ihrer stilistischen und kompositorischen Geschlossenheit stellt diese 95 Kapitel umfassende Erzählung ein bemerkenswertes Denkmal spanischer Prosa dar.

Hinter dem Eifer, möglichst viel Material zusammenzutragen, tritt das Bemühen um Straffung und Formung des Gesammelten meist völlig zurück. Geschichtliches und Legendäres, Ritterthemen und hagiographische Motive, orientalische Märchen und Sagen, die schon in den Vorlagen vermischt waren, erscheinen in buntem Wirrwarr. Gleichwohl sind es die eingeschobenen Sagen und Legenden, denen die *Gran conquista* ihre große literarhistorische Bedeutung verdankt; durch sie haben viele Stoffe aus der abendländischen Ritterwelt Eingang in die spanische Literatur gefunden. Wurden zur Zeit Alfons' des Weisen die Themen der erzählenden Literatur fast ausschließlich orientalischen Quellen entnommen, die stets im christlichen Sinne didaktisch bearbeitet wurden, so vollzog sich mit diesem Werk eine Wendung zu abendländischen Themen, und gleichzeitig trat der didaktisch-pragmatische Gesichtspunkt hinter einer unbekümmerten Erzählfreude zurück.

A.F.R.-KLL

AUSGABEN: Salamanca 1503. – Madrid 1858, Hg. P. de Gayangos (BAE, 44). – Madrid 1914 (*La leyenda del caballero del cisne*, Hg. E. Mazorriaga; unvollst.). – Chicago 1940, Hg. G. S. Calbick [Diss. Chicago; unvollst.]. – Bogotá 1979, Hg. L. Cooper [krit.].

LITERATUR: G. T. Northup, *»La gran conquista de Ultramar« and Its Problems* (in HR, 2, 1934, S. 287–302). – S. Duparc-Qioc, *»La chanson de Jérusalem« et »La gran conquista de Ultramar«* (in Rom, 66, 1940, S. 32–40). – A. Rey, *Las leyendas del ciclo carolingio en »La gran conquista de Ultramar«* (in RPh, 3, 1949/50, S. 172–181). – C. B. Fitch, *A Clue to the Genealogy of the »Gran Conquista de Ultramar«* (in RoNo, 15, 1974, S. 578–580). – V. Honsa, *An Old Spanish Reader: Episodes from »La gran conquista de Ultramar«: With Intro-*

duction, English Summary of the Chronicle and Etymological Vocabulary, NY 1985. – C. González, *Alfonso X el Sabio y »La gran conquista de Ultramar«* (in HR, 54, 1986, S. 67–82). – V. Honsa, *Old Spanish Grammar of »La gran conquista de Ultramar«. With Critical Edition of Book IV Chapters 126–193: The Conquest of Jerusalem by Sultan Saladin*, NY 1986. – C. González, *Bibliografía de la »Gran conquista de Ultramar«* (in Corónica, 17, 1988, S. 102–108).

Historia del Abencerraje y la hermosa Jarifa

(span.; *Geschichte vom Abencerragen und der schönen Jarifa*). Novelle eines unbekannten Verfassers, erschienen 1565. – Das Werk ist in drei Fassungen erhalten: Im *Inventario* (1565) des Antonio de Villegas († um 1551), dem es deshalb irrtümlicherweise zugeschrieben wurde, als eingeschobene Episode in postumen Auflagen der *Siete libros de la Diana* von Jorge de Montemayor (1520/24 bis 1561) und in einem 1957 entdeckten Manuskript der Madrider Biblioteca Nacional. Diese reizvolle Liebesnovelle, deren Thema schon in der aus dem 15. Jh. stammenden *Crónica de Fernando el que ganó Antequera (Chronik Fernandos, des Eroberers von Antequera)* erscheint, führt das historisch-maurische Element der *romances fronterizos (Grenzromanzen)* in die erzählende Prosa ein. In die Hauptwerke der Erzählliteratur des Siglo de Oro findet die Maurenerzählung aus den letzten Tagen des Königreichs Granada in unterschiedlichster Form Eingang: Cervantes hat sie ebenso beeinflußt wie Mateo Alemán, in dessen Schelmenroman *Guzmán de Alfarache* eine Variante der Liebesgeschichte um den edlen Helden das Format eines Romans im Roman annimmt.

Abindarráez, ein edler Maure aus dem verbannten Geschlecht der Abencerragen, wird von dem spanischen Burgvogt von Antequera und Álora, Rodrigo de Narváez, gefangengenommen, als er auf dem Wege zu Jarifa, einer schönen Maurin, ist. Großmütig gestattet der Spanier dem Mauren, seine Geliebte aufzusuchen, stellt ihm aber die Bedingung, sich nach drei Tagen wieder in die Gefangenschaft zu begeben. Die Liebenden heiraten – heimlich, da Jarifas Vater ein Feind der Abencerragen ist – und finden sich pünktlich bei Narváez ein, denn die junge Frau ist entschlossen, das Los ihres Mannes zu teilen. Doch der Spanier schenkt ihnen die Freiheit und weist auch die Schätze zurück, die sie ihm anbieten. Seine Gewohnheit sei nicht, *»Damen einzusperren, sondern ihnen zu dienen und sie zu verehren«*. Dank seiner Fürsprache versöhnt sich auch Jarifas Vater mit dem jungen Paar.

Diese kleine Erzählung gehört zu den schönsten Liebesgeschichten der spanischen Literatur. Die Sprache ist einfach und natürlich, die klare Handlung entwickelt sich linear ohne alles störende Beiwerk. Die Gestalten werden im wesentlichen realistisch gezeichnet, sind wohl leicht idealisiert, aber doch ohne die Verfälschungen und Übertreibungen, die in den Romanen jener Zeit üblich waren. Die Grundmotive der Handlung, Liebe und Ritterlichkeit, gehören zwar zum Repertoire der damaligen Erzählliteratur, werden hier jedoch frei von jeder konventionellen Schablone dargestellt: Die Liebe ist zartes, inniges Gefühl, das ritterliche Verhalten entspringt echter adliger Gesinnung. – Lope de Vega ließ sich von der *Historia del Abencerraje* zu der höfischen Komödie *El remedio en la desdicha (Das Heilmittel im Unglück)* anregen. Durch das Kompilationswerk des Ginés Pérez de Hita *(Las guerras civiles de Granada)* wird der Stoff, zumal in französischen Bearbeitungen, weiterverbreitet, um im späten 18. Jh. in einer ersten Welle der Maurophilie stärkere Beachtung zu finden. Schließlich nehmen sich die Romantiker der Geschichte an (vgl. Chateaubriand, *L'abencerrage*), die ihnen als Inbegriff der Volkspoesie des ersten romantischen Zeitalters gilt. A.F.R.-KLL

Ausgaben: Medina del Campo 1565 (in A. de Villegas, *Inventario*). – Venedig 1568 (*Los verdaderos amores de Abencerrage y la hermosa Xarifa*, in J. de Montemayor, *La Diana*, Hg. A. de Ulloa). – Madrid 1876 (BAE, 3). – Madrid 1957 (*Historia del Abencerraje y la hermosa Jarifa*, in F. López Estrada, *El Abencerraje y la hermosa Jarifa*). – Chapel Hill 1964, Hg. ders. u. J. Esten Keller [m. engl. Übers.]. – Madrid 1989, Hg. F. López Estrada (Cátedra).

Literatur: H. Mérimée, *»El Abencerraje« d'après l'»Inventario« et »La Diana«* (in BHi, 21, 1919, S. 148–166). – A. Rumeau, *L'Abencérage* (ebd., 59, 1957, S. 369–395). – K. Whinnom, *The Relationship of Three Texts of »El Abencerraje«* (in MLR, 54, 1959, S. 507–517). – C. Guillén, *Literature as Historical Contradiction: »Abencerraje y la hermosa Jarifa« the Moorish Novel and the Eclogue* (in *Literature as a System. Essay toward the Theory of Literary History*, Hg. ders., Princeton 1971, S. 159–217). – J. Gimeno Casalduero, *El »Abencerraje y la hermosa Jarifa«: composición y significado* (in NRFH, 21, 1972, S. 1–22). – M. S. Carrasco-Urgoiti, *The Moorish Novel »El Abencerraje« and Ginés Peréz de Hita*, Boston 1976 (TWAS). – D. H. Darst, *The Literariness of »El Abencerraje«* (in *Estudios sobre el Siglo de oro en homenaje a R. R. MacCurdy*, Hg. A. González u. a., Albuquerque 1983, S. 265–273). – I. Burshatin, *Power, Discourse, and Metaphor in the »Abencerraje«* (in MLN, 99, 1984, S. 195–213). – E. Sánchez García, *Una traducción italiana manierista de »El Abencerraje«* (in Anali Instituto Universitario Orientale Napoli – Sezione Romanza, 27, 1985, S. 491–537).

LIBRE D'APOLONIO

(span.; *Apollonios-Roman*). Versroman eines unbekannten Autors aus der ersten Hälfte des 13. Jh.s. – Geschrieben in der *cuaderna vía*, d. h. in durch gleichen Reim zu Vierzeilern zusammengefaßten Versen von vierzehn Silben, ist dieser Roman eines der frühesten Beispiele des *mester de clerecía*, der geistlichen Dichtung, die als gelehrte Dichtkunst im 13. Jh. neben die ältere des *mester de juglaría*, die volkstümliche Spielmannsdichtung, tritt. Auf einer lateinischen Prosavorlage fußend, erzählt dieser Roman die Geschichte des Prinzen Apollonios von Tyros, des Helden eines verlorengegangenen hellenistischen Romans aus dem 3. Jh. n. Chr., der durch lateinische Bearbeitungen (z. B. *Gesta Romanorum*) große Verbreitung fand und im Mittelalter in fast alle abendländischen Sprachen übersetzt wurde. Mit dem *Apollonios-Roman* fand das Handlungsschema des hellenistischen Romans (vgl. HELIODORS *Aithiopika*) Eingang in die spanische Literatur. Das Grundmotiv ist Trennung und schließliches Wiederfinden nach langen Reisen und Wanderungen, nach Verfolgung, Entführung, Piratenüberfällen und wunderbaren Errettungen. Apollonios, von König Antiochos von Syrien verfolgt, weil er dessen blutschänderische Beziehung zur eigenen Tochter entdeckt hat, gelangt in das Reich des Königs Architrastes, dessen Tochter Luciana er heiratet. Auf einer Reise verliert er die Gattin: Er glaubt, der Tod habe sie ereilt. Seine Tochter Tarsiana wird ihm geraubt und nach mancherlei Vorfällen auf dem Sklavenmarkt in Mytilene verkauft. Nach langen Irrfahrten findet Apollonios sie in den Händen eines Gauklers wieder, in dessen Diensten sie auftritt. Er verheiratet sie mit Antinagoras, dem Erben des Königs Architrastes, und kehrt, nachdem ein Engel ihm offenbart hat, daß Luciana sich im Diana-Kloster zu Ephesos aufhält, mit dieser nach Tyros zurück, wo er als weiser und glücklicher Herrscher regiert.

Bemerkenswert an diesem frühen Erzeugnis der geistlichen Dichtkunst sind die erzählerische Gewandtheit und der konstruktive Sinn des Autors, der realistische und phantastische, lyrische und dramatische Szenen und Episoden um die Hauptgestalt zu ordnen und sinnvoll miteinander zu verknüpfen weiß. Der Protagonist ist nicht, wie in der etwas später entstandenen spanischen Version des *Alexanderromans*, dem Heldentyp der *Ilias*, sondern eher dem »göttlichen Dulder« Odysseus nachgezeichnet, aber ebenso wie die Titelgestalt des *Libro de Aleixandre* in das Gesellschaftsideal des 13. Jh.s transponiert. Apollonios erscheint als der vollkommene Ritter *»de letras profundado«*, bewandert in den Künsten, voll höfischen Anstands, geboren zur Liebe und zum Abenteuer. Der *Libre d'Apolonio* darf so zugleich als eines der Werke gelten, die Wertvorstellungen der französischen höfischen Kultur ins mittelalterliche Kastilien übertragen, obgleich diese stets von den Schranken der christlichen Moral dominiert bleiben. Die melancholische Stimmung und zarte Gefühlsseligkeit, die das ganze Werk durchziehen, sind nicht zuletzt der bemerkenswerten Figur der Tarsiana zu verdanken, der geistreichen, in vielen Kunstfertigkeiten geübten, inmitten aller Anfechtung unberührt bleibenden *juglaresca*. Man hat in Tarsania eine Vorläuferin der Politania in TIMONEDAS *Patrañuelo*, der Preciosa (vgl. *Gitanilla*) des CERVANTES, der Marina in SHAKESPEARES *Pericles* und der Esmeralda in HUGOS *Notre-Dame de Paris* gesehen.

A.F.R.-KLL

AUSGABEN: Madrid 1840, Hg. P. J. Pidal (in Revista de Madrid, 4). – Madrid 1864 (*Libre de Apolonio*; BAE, 57). – Paris/Baltimore 1917–1922 (*Libro de Apolonio*, Hg. C. Caroll Marden, 3 Bde.; m. Einl. u. Anm.). – Santiago de Chile o. J. [1957/58] (*Historia de Apolonio de Tiro*; Einl. R. Oroz). – Mailand 1974, Hg. u. Einl. G. B. De Cesare. – Madrid 1976 (*Libro de Apolonio. Estudios, ediciones, concordancias*, 3 Bde., Hg. M. Alvar; Castalia).

LITERATUR: M. García Blanco, *La originalidad del »Libro de Apolonio«* (in Revista de Ideas Estéticas, 3, 1945, S. 351–378). – H. Serís, *La novela de Apollonio. Texto en prosa del siglo XV descubierto* (in BHi, 64, 1962, S. 5–29). – A. Deyermond, *Motivos folkloricos y técnica structural en el »Libro de Apolonio«* (in Filología, 13, 1967/68, S. 121–149). – D. Devoto, *Dos notas sobre el »Libro de Apolonio«* (in BHS, 74, 1972, S. 291–330). – G. B. De Cesare, *Per una edizione critica del »Libro de Apolonio«* (in CN, 33, 1973, S. 331–356). – J. Artiles, *El »Libro de Apolonio« poema español del siglo XIII*, Madrid 1976. – R. E. Surtz, *The Spanish »Libro de Apolonio« and Medieval Hagiography* (in Medioevo Romanzo, 7, 1980, S. 328–341). – M. S. Brownlee, *Writing and Scripture in the »Libro de Apolonio«: The Conflation of Hagiography and Romance* (in HR, 51, 1983, S. 159–174). – O. García de la Fuente, *Sobre el léxico bíblico y cristiano del »Libro de Apolonio«* (in Cuadernos para la Investigación de la Literatura Hispánica, 5, 1983, S. 83–131). – C. u. M. Alvar, *Apollonius – Apollonie – Apolonio: La originalidad en la literatura medieval* (in *El comentario de textos, IV: La poesía medieval*, Madrid 1984, S. 125–147). – M. Alvar, *Apolonio, clérigo entendido* (in *Symposium in honorem Prof. M. de Riquer*, Hg. A. M. Badia i Margarit, Barcelona 1986, S. 51–73). – J. Cañas Murillo, *Un conocido desconocido recuperado* (in Insula, 1988, 43, S. 3/4).

Libro de acedrex, dados e tablas

(span.; *Buch über das Schach-, Würfel- und Tafelspiel*). Abhandlung über Gesellschaftsspiele, unter König Alfons X., dem Weisen, von Kastilien (reg. 1252–1284) aus nicht bekannten arabischen Vorlagen 1283 übersetzt. – Wie bei allen andern mit seinem Namen verbundenen Originalwerken und Übersetzungen hat der König die Anregung gegeben, einen Plan festgelegt, den von Mitarbeitern redigierten Text durchgesehen und gleichsam autorisiert. Außer den im Titel genannten Spielen wird noch ein weiteres – *albuquerque* – kurz besprochen. Die Abhandlungen sind streng methodisch aufgebaut. Zunächst werden die Figuren im einzelnen beschrieben, die möglichen Spielzüge erklärt und Sonderprobleme erörtert. Den weitaus größten Teil des Werks nimmt die Darstellung des Schachspiels ein; dieses hatte schon damals einen Entwicklungsstand erreicht, an dem sich in der Folgezeit wenig änderte. Neben den geläufigen Regeln werden auch komplizierten Spielformen beschrieben, etwa *»das große Schachspiel«* und *»das Schachspiel nach den Regeln der Astronomie«* – Vorläufer der bis heute andauernden Bemühungen um eine Erneuerung dieses Spiels. – In die eigentliche Erörterung der durch das Thema bedingten Probleme sind Betrachtungen über Lebensführung, gesellschaftliche Organisation und die Kunst der Politik eingeflochten, wie überhaupt das Spiel – und darin weist das Werk einen typisch mittelalterlichen Zug auf – in einen ganzheitlichen Zusammenhang mit der diesseitigen und jenseitigen Bestimmung des Menschen gestellt wird. So symbolisieren etwa die drei im Titel genannten Spiele verschiedene Arten der Lebensführung: nämlich die, die durch Verstand (Schachspiel), Glück (Würfelspiel) sowie die Verbindung von beiden (Tafelspiel) geprägt sind.

Wenn ferner im Schachspiel durch einen in das Hinterfeld eingedrungenen »Bauern« die »Königin« eingelöst werden kann, so drückt sich darin die Möglichkeit aus, durch Mut und Tapferkeit *»vom Stand der Kleinen in den der Großen«* aufzusteigen; auch die Tatsache, daß der König jede Figur schlagen und von keiner geschlagen werden kann, deutet auf dessen Amt als Verwalter der Gerechtigkeit hin. Daß Alfons X. bei derartigen allegorischen Auslegungen auf Vorbilder zurückgreifen konnte, zeigt u.a. das schon bei Mosché Ibn Esra verwendete Bild, daß die einander gegenüberstehenden Figuren zwei zur Schlacht antretenden Heeren gleichen.

Das Werk hat als die erste ausführliche in Europa erschienene Darstellung des Schachspiels einen bedeutenden literargeschichtlichen Wert. Es bildet die Brücke zwischen der umfangreichen orientalischen Schachliteratur und den bis dahin nur wenig aufschlußreichen abendländischen Sammlungen von Regeln und Anekdoten über dieses Spiel.

A.F.R.

Ausgaben: Lpzg. 1913 (*El Tratado de Ajedrez ordenado por mandato del Rey D. Alfonso el Sabio en el año 1283*, m. dt. Übers.; Einl. J.G. White). – Madrid 1922 (in *Alfonso X el Sabio. Antologia de sus obras*, Hg., Einl. u. Anm. A.G. Solalinde, 2 Bde., 2). – Zürich 1941, Hg. A. Steiger [m. dt. Übers.]. – Madrid 1987, 2 Bde. [Faks.].

Literatur: H.J.R. Murray, *A History of Chess*, Oxford 1913. – L. Bachmann, *Das Schachspiel u. seine historische Entwicklung*, Lpzg. 1924. – W. Benary, *Schachspielbuch* (in ZfrPh, 48, 1928, S. 333–336). – Ders., *Die europäischen Schachspielsammlungen des MAs mit besonderer Berücksichtigung der romanischen* (in ZfrPh, 48, 1928, S. 332–360). – J.B. Sánchez Pérez, *»El ajedrez« de Don Alfonso el Sabio*, Madrid 1929. – J.B. Trend, *Alfonso el Sabio and the Game of Chess* (in RH, 81, 1933, S. 393–403). – Vgl. allg. Literatur bei *Cantigas de Santa María*.

Libro de los doce sabios o de la lealtad y de la nobleza

(span.; *Buch der zwölf Weisen oder Über die Treue und den Adel*). Regelbuch eines unbekannten Verfassers aus der ersten Hälfte des 13. Jh.s. – Formal und inhaltlich ähnelt dieses Werk den zahlreichen Spruch- und Regelbüchern aus der Zeit Ferdinands III. (reg. 1217–1257) und seines Sohnes Alfons' X., des Weisen, von León und Kastilien, die, wie das *Bonium o bocados de oro*, durch Übersetzung oder, wie *Poridad de Poridades*, durch Kompilation arabischer Vorlagen entstanden sind. Das Besondere an dieser Sammlung ist die Absicht, Regeln und Maximen für das Verhalten des Fürsten zu geben, *»wie er handeln soll in allem, was ihn betrifft, und wie er die Menschen seines Reichs regieren, strafen, lenken und lohnen soll«*. Sie ist also als Fürstenspiegel gedacht und stellt damit das erste spanisch geschriebene Werk einer literarischen Gattung dar, die sich bis ins 17. Jh. hinein großer Beliebtheit erfreute.

In Anlehnung an eine in der arabischen und hebräischen aphoristischen Literatur verbreitete literarische Fiktion wird berichtet, König Ferdinand III. habe an seinem Hof zwölf Weise zusammengerufen, um sich von ihnen über Fragen der Lebensführung und der Regierungskunst beraten zu lassen. Sein Sohn und Nachfolger, Alfons X., habe die Weisen dann noch einmal versammelt, damit sie ihm Vorschläge für die Grabrede auf seinen Vater unterbreiteten. Am Beispiel Ferdinands hätten daraufhin die Weisen das Idealbild des Herrschers in Regelsprüchen und Leitsätzen umrissen. Im Rahmen dieser Fiktion wird in 65 Kapiteln zunächst über die *lealtad*, die Treue, dann über die Habgier und anschließend über die Tugenden des Fürsten: Nächstenliebe, Frömmigkeit, Gerechtigkeit, Mäßigkeit, Freigebigkeit, Herrschaftsbewußtsein, Unbeugsamkeit gegenüber den Stolzen usw., gehandelt, und zwar durch die Aneinanderreihung von Maximen, Zitaten, Sprüchen und Beispielen, in denen Kerngedanken der stoischen Ethik, Lehrsätze antiker Philosophen, patristische Gedanken, biblische und orientalische Weisheiten zusammengetragen sind. Dabei stellen gewisse Grundgedanken, die immer wiederkehren, die Verbindung zwischen den Einzelaphorismen her, z. B., daß der Fürst, um andere zu beherrschen, zunächst die Herrschaft über sich selbst gewinnen müsse, daß Recht vor Macht und Gewalt gehe und daß die Tat der Idee gehorchen solle. Wie den meisten aphoristischen Büchern der Weltliteratur fehlt dem *Libro de los doce sabios* jedoch eine einheitliche Gesamtkonzeption. A.F.R.

AUSGABEN: Madrid 1800 (in M. de Manuel Rodríguez, *Memorias para la vida del santo rey Fernando III*). – Madrid 1975, Hg. u. Einl. J. K. Walsh (BRAE, Anejo 29).

LITERATUR: J. A. Tamayo y Rubio, *Escritores didácticos de los siglos XIII y XIV* (in *Historia general de literaturas hispánicas*, Hg. G. Díaz-Plaja, Barcelona 1949). – W. Mettmann, *Spruchweisheit u. Spruchdichtung in der spanischen u. katalanischen Literatur des MAs* (in ZfrPh, 76, 1960, S. 94–117).

LIBRO DE LOS GATOS

(span.; *Katzenbuch*). Anonyme spanische Fassung der *Narrationes* des ODO VON CHERITON († 1247), entstanden zwischen 1350 und 1400. – Bei dem spanischen Titel dieser Fabelsammlung handelt es sich möglicherweise um einen Lesefehler des Kopisten, der aus *quētos* (d. i. *cuentos* – Erzählungen) *gatos* (Katzen) machte. Denn um ein Katzenbuch handelt es sich durchaus nicht, obwohl in einigen Fabeln auch Katzen vorkommen. Vielmehr ist das Werk eines der zahlreichen in satirischer Absicht geschriebenen Fabelbücher, die sich im Mittelalter großer Beliebtheit erfreuten. Inhaltlich den *Äsopischen Fabeln* des BABRIUS, dem *Romulus* des PHAEDRUS und den *Gesta Romanorum* entnommen, hat die Fabelkompilation des englischen Zisterziensermönchs Odo von Cheriton, wie viele andere dieser Art, einen ausgesprochen gesellschaftskritischen Charakter. In der Gestalt von Tieren läßt der Verfasser Angehörige der führenden Gesellschaftsschichten, vorwiegend des Adels und der Geistlichkeit, auftreten und unterwirft sie durch die Darstellung ihres sündhaften Gebarens und Redens einer schonungslosen, oft grausamen Kritik. Da erscheinen Adelspaläste, Kirchen und Klöster als Lasterhöhlen, die Ritter als Räuber, die Richter als Rechtsbrecher aus Bestechlichkeit und aus Angst; Kleriker und Mönche sind unwissend, faul, der Völlerei und Unzucht ergeben, während die hohen Würdenträger die Kirchenrenten verprassen und jeglichem Laster frönen. – Da die hochmittelalterliche Literatur Spanien erst spät und durch die ausschließliche Vermittlung des Klerus stets gefiltert erreicht, ist das Werk über den sprachhistorischen Wert hinaus auch ein wichtiges Dokument für die Phasenverschiebung der spanischen Kultur und die eigentümlichen Rezeptionsbedingungen, unter denen Fremdes auf der Iberischen Halbinsel integriert wurde. Odos knappe, die satirische Absicht oft nur andeutende Sprache erfährt im *Libro de los gatos* eine Auflockerung und Erweiterung, die moralisierenden Betrachtungen sind ausführlicher, der Stil ist im ganzen beredter. Dadurch erhält der Leser lebendigere und schärfer konturierte Zeitgemälde als bei Odo von Cheriton. A.F.R.-KLL

AUSGABEN: Madrid 1857, Hg. P. de Gayangos (BAE, 51). – Chicago 1908, Hg. G. T. Northup [krit.]. – Madrid 1958, Hg. J. E. Keller [krit.]. – Paris 1984, Hg. B. Darbord (Annexes des cahiers de linguistique hispanique médievale, 3).

LITERATUR: H. Knust, *Das »Libro de los gatos«* (in Jb. für romanische u. engl. Litteratur, 6, 1865, S. 1–42; 119–141). – H. Dülks, *Der Einfluß der Fabeln O.s v. Cherington auf »El libro de los gatos«*, Diss. Bonn 1929. – A. C. Friend, *Master O. of Ch.* (in Speculum, 23, 1948, S. 641–658). – M. R. Lida de Malkiel, *»Libro de los gatos« o »Libro de los cuentos«* (in RPh, 5, 1951/52, S. 46–49). – J. E. Keller, *Gatos not Quentos* (in StPh, 50, 1953, S. 437–445). – W. Mettmann, *Zum Titel »Libro de los gatos«* (in RF, 73, 1961, S. 391/392). – J. M. Solá-Solé, *De nuevo sobre el »Libro de los gatos«* (in KRQ, 19, 1972, S. 471–483). – B. Darbord, *»Libro de los gatos«: sur la structure allégorique de l'exemple* (in Cahiers de Linguistique Hispanique Médievale, 6, 1981, S. 81–109). – Ders., *Typologie logico-sémantique du langage de l'Exemplum; Apropos de l'édition du »Libro de los gatos«* (in *Actes du Colloque de Linguistique Hispanique*, Hg. J. Schmidley, Rouen 1986, S. 125–132). – M. J. Lacarra, *»Libro de los gatos«. Hacia una tipología del »Enxienplo«* (in *Formas breves del relato*, Hg. Y.-R. Fonquerne, Madrid 1986, S. 19–34). – H. O. Bizzarri, *La crítica social en »Libro de los gatos«* (in Journal of Hispanic Philology, 12, 1987, S. 3–14).

Libros del saber de astronomía

(span.; *Bücher über die Wissenschaft der Astronomie*). Sammelwerk über Astronomie und Himmelsmechanik, entstanden unter der Leitung von König Alfons X., dem Weisen, von Kastilien (reg. 1252–1284) zwischen 1256 und 1277. – Die hier vereinigten Stücke sind zum Teil Übersetzungen und Zusammenfassungen arabischer Texte aus der Zeit zwischen dem 9. und 12. Jh., zum Teil neue Werke von Mitarbeitern des Königs, der in Toledo eine Gruppe gelehrter Astronomen konstituiert hatte. Die Sammlung ist nach einem festen Plan aufgebaut, der in den wahrscheinlich (zumindest teilweise) von Alfons X. selbst geschriebenen Einleitungen umrissen wird: Das verstreute griechische, durch die Araber vermehrte wissenschaftliche Erbe sollte gesammelt werden und zugleich die Grundlage für neue Beobachtungen und Messungen bilden. Diese Aufgabe könne nur durch die über Generationen sich erstreckende Zusammenarbeit vieler Gelehrter gelöst werden. Die ersten Ergebnisse dieses Unternehmens sind in den *Büchern über die Wissenschaft der Astronomie* niedergelegt. Alfons X. hat offenbar manche der Einleitungen verfaßt, die Arbeit koordiniert, die abschließende Redaktion der Texte vorgenommen und Anweisungen zu Illustrationen gegeben. Zu den Mitarbeitern des Königs zählten neben Arabern, Spaniern und Italienern vor allem viele Juden, etwa Jehuda ben Mosche Kohen, Samuel Halevi und Isaac ben Sid.

Die Abhandlungen sind nach der in ihnen vorherrschenden Thematik angeordnet und gruppieren sich vorwiegend um die folgenden Sachgebiete: a) einen Sternenkatalog, in dem die Himmelskörper nach dem Vorbild der *Megalē syntaxis* des Ptolemaios mit einigen Erweiterungen katalogisiert und beschrieben sind; b) um den Bau und Gebrauch wichtiger Meßinstrumente und Darstellungsmittel (Himmelsglobus, einen von Isaac ben Jahia al-Zarqālī in der zweiten Hälfte des 11. Jh.s erfundenen Höhenmesser, Planisphärien, Astrolabien); c) um den Bau und die Anwendung von Uhren (Sonnen-, Wasser-, Quecksilber-, Kerzenuhr) und um graphische Darstellungsmethoden des Himmels; d) um Astrologie (Übersetzungen von Werken al-Battānīs und ʿAlī Ibn ʿAbī-l-Ruāls) sowie schließlich e) um die Zeitrechnung im berühmten *Libro de los tablas alfonsies (Buch der Alfonsinischen Tafeln)*. Dieses letzte Werk – die wichtigste Schrift der Sammlung – enthält Darlegungen über neue Zeitrechnung, über Kalender, Messungen zur Bewegung des Mondes, der Sonne und der Planeten, Vorberechnungen der Eklipsen und die Bestimmung der Jahreslänge, die nur um 26 Sekunden von den genauesten modernen Messungen abweicht. Diese Tafeln wurden bis ins 16. Jh. astronomischen Berechnungen zugrunde gelegt.

Alfons X. erhielt in erster Linie aufgrund dieses Werks den Beinamen »der Weise«. Es bildet das umfangreichste Corpus astronomischen Wissens des christlichen Mittelalters. Obgleich die Abhandlungen noch auf dem ptolemäischen Weltsystem basieren und daher nur einen relativen wissenschaftlichen Wert besitzen, sind sie durch den Versuch, eine einheitliche Vorstellung von den Himmelskörpern, der Himmelsmechanik und der Zeit zu gewinnen, in geistesgeschichtlicher Hinsicht von unschätzbarer Bedeutung. Sie sind für die Sprachwissenschaften um so wichtiger, als sie das erste Dokument wissenschaftlicher spanischer Prosa darstellen. A.F.R.

Ausgaben: Madrid 1863–1867, Hg. M. Rico y Sinobas, 5 Bde. [unvollst.]. – Madrid 1922 (*Libros de Astronomia*, in *Alfons X el Sabio. Antologia de sus obras*, Hg., Einl. u. Anm. A. G. Solalinde, 2 Bde., 2). – Madrid 1954 (*Libro complido de los juicios de las estrellas*, Hg. u. Einl. G. Hilty; unvollst.). – Madrid 1961 (*Libros de las cruzes*, Hg. L. A. Kasten u. L. B. Kiddle; unvollst.).

Literatur: A. Wegener, *Die astronomischen Werke A.' X.* (in Bibliotheca mathematica, 6, 1905, S. 129–185). – O. J. Tallgren, *Los nombres árabes de las estrellas y la transcripción alfonsina* (in *Homenaje a Menendez Pidal*, Bd. 2, Madrid 1925, S. 633 bis 718). – A. G. Solalinde, *Alfonso X, astrólogo* (in RFE, 13, 1926, S. 350–356). – J. Soriano Viguera, *Contribución al conocimiento de los trabajos astronómicos desarollados en la escuela de Alfonso X*, Madrid 1926. – J. A. Sánchez Pérez, *El »Libro de las cruces« que mandó traducir del árabe Alfonso el Sabio* (in Isis, 14, 1930, S. 77–132). – J. Dominguez Bardona, *»El libro de las estrellas« que mandó traducir del árabe Alfonso X* (in Revista de la Biblioteca, Archivo y Museo del Ayuntamiento de Madrid, 8, 1931, S. 171 ff.). – G. Bossong, *Las traducciones alfonsíes y el desarollo de la prosa científica castellana* (in *Actas del Coloquio hispano-alemán R. Menéndez Pidal*, Hg. W. Hempel u. D. Briesemeister, Tübingen 1982, S. 1–14). – Vgl. allg. Literatur bei *Cantigas de Santa María*.

Poema de Fernán González

(span.; *Gedicht von Fernán González*). Heldengedicht eines unbekannten Autors, geschrieben um 1250. – Als Verfasser dieses 740 Strophen umfassenden, in einem Manuskript aus dem 15. Jh. unvollständig erhaltenen Gedichts kann ein Mönch des Klosters San Pedro de Arlanza bei Burgos gelten, das nach der Überlieferung eine Stiftung des

Grafen Fernán González sein soll. Daneben ist vor allem eine anonyme Escorial-Handschrift als wichtige Quelle zu nennen. Geschrieben in vierzeiligen Alexandrinern, der für die geistliche Dichtung *(mester de clerecía)* des Mittelalters charakteristischen Strophenform der *cuaderna vía* (einem Vierzeiler mit vier identischen Reimen und 14silbigem Vers). In dieser Strophenform, die im allgemeinen religiösen und antiken Themen vorbehalten war, ist es das einzige bekannte Gedicht dieser Gattung, das einen spanischen Volkshelden zum Gegenstand hat.

Die Abenteuer des Grafen Fernán González (935–970), des Begründers der Unabhängigkeit Kastiliens, hatten in legendärer Ausschmückung Eingang in die alten Chroniken gefunden, und diese bilden zusammen mit einem heute verlorenen volkstümlichen Heldenlied die Grundlage für die Rekonstruktionsversuche des Heldengedichts durch den amerikanischen Hispanisten C. MARDEN (1906) und vor allem durch R. MENÉNDEZ PIDAL.

Der Dichter beginnt mit einem Hinweis auf das Reich der Gotenkönige in Spanien, erwähnt den Einfall der Araber – Barbaren, die *»Menschen kochten, brieten und aßen«* –, schildert im Überblick die Reconquista bis hin zu Fernán González und besingt dann die Taten des Helden; seinen Sieg über Almanzor, den mächtigen Maurenführer, seine Gefangenschaft bei König García von Navarra, aus der ihn die Schwester des Königs, Doña Sancha, unter der Bedingung befreit, daß er sie heiratet, seine Kerkerhaft bei Sancho dem Dicken von León, der er ebenfalls mit Hilfe Doña Sanchas entrinnt, und schließlich die Gewährung der Selbständigkeit seiner Grafschaft durch König Sancho gegen den Verzicht des Grafen auf den Kaufpreis für ein Pferd und einen Falken, die Fernán González dem König mit der Maßgabe überlassen hatte, daß sich an jedem Tag, den Don Sancho über den vereinbarten Termin hinaus in Zahlungsverzug geriete, die Kaufsumme verdoppeln sollte. Nach dieser Bestimmung war der Betrag inzwischen so angewachsen, daß der König ihn unmöglich zahlen konnte; so gab er Kastilien dahin. – Von der kraftvollen Spontaneität der alten volkstümlichen spanischen Heldendichtung ist hier wenig zu spüren. Die Sprache ist trocken und arm an poetischen Ausdrucksmitteln. In der dem *mester de clerecía* eigenen Art und Weise verformt der anonyme Bearbeiter den heroischen Stoff durch klassische Reminiszenzen, moralisierende Betrachtungen und gelehrte Exkurse in eine Legende, den Helden in ein Werkzeug des Allmächtigen. Frömmigkeit, Demut, Gerechtigkeit und Milde werden zu den wichtigsten Eigenschaften des Grafen, und seine frommen Taten sind nur insofern sein Verdienst, als Gott in ihnen das Gebet der gläubigen Seele erhört: *»Es gefiel Gott, dem guten Grafen gnädig zu sein; so konnten ihn weder Mauren noch Christen besiegen.«*

Das Gedicht wurde in Prosaform in die *Primera crónica general* von 1289 und in veränderter Fassung, die möglicherweise auf einem zweiten, ebenfalls verlorenen Heldengedicht beruht, in die *Segunda crónica* von 1344 aufgenommen. Von dort fand es den Weg in die volkstümliche Romanzendichtung, aus welcher 32 künstlerisch hoch bedeutsame Romanzen über Fernán González erhalten sind (vgl. *Romancero general*). Im Zeitalter des Buchdrucks wurde der Stoff in verschiedenen Prosaauflösungen seit 1516 bis in das Siglo de Oro vermittelt, um dann über Lope de VEGA (1562–1635) und Francisco de ROJAS ZORILLA (1607–1648) hinaus, die ihm zwei Schauspiele – *El conde Fernán González (Der Graf Fernán González)* und *La más hidalga hermosura (Die adeligste Schönheit)* – widmeten, bis in die Zeit der Romantik hinein immer wieder behandelt zu werden. A.F.R.-KLL

AUSGABEN: Madrid 1863 (in B. J. Gallardo, *Ensayo de una biblioteca*, Bd. 1). – Baltimore 1904, Hg. C. C. Marden [m. Einl., Anm. u. Glossar]. – Madrid 1955, Hg. A. Zamora Vicente (Clás. Cast; ern. 1978). – Madrid 1979 (Austral). – Madrid 1981, Hg. J. Victorio Martínez (Cátedra). – Madrid 1982, Hg. E. Alarcos Llorach (Castalia). – Madison 1987, Hg. u. Einl. J. S. Geary [Faks.]. – Burgos 1989, Hg. u. Einl. M. Alvar.

LITERATUR: I. v. Dyherrn, *Stilkritische Untersuchung u. Versuch einer Rekonstruktion des »Poema de Fernán González«*, Diss. Bln. 1937. – G. Cirot, *Sur le »Fernán González«* (in BHi, 30, 1928, S. 113 bis 146; 33, 1931, S. 104–115). – G. Cirot, *Historia y leyenda en el »Poema de Fernán González«* (in Escorial, 14, 1944, S. 319–352). – G. Davis, *National Sentiment in the »Poema de Fernán Conçález« and in the »Poema de Alfonso Onceno«* (in HR, 16, 1948, S. 61–68). – R. Menéndez Pidal, *Reliquias de la poesía épica española*, Madrid 1951, S. 34–180. – E. Correa Calderón, *Reminiscencias homéricas en el »Poema de Fernán González«* (in *Estudios dedicados a Menéndez Pidal*, Bd. 4, Madrid 1953, S. 359–389). – J. P. Keller, *Inversion of the Prison Episode in the »Poema de Fernán González«* (in HR, 22, 1954, S. 253–263). – Ders., *The Structure of the »Poema de Fernán González«* (ebd., 25, 1957, S. 235–246). – J. Pérez de Urbel, *El Conde Fernán González*, Burgos 1970. – R. Cotrait, *Histoire et poesie. Le comte Fernán González. Recherche sur la tradition gonzalienne dans l'historiographie et la littérature des origines au »Poema« I: La genèse de la légende de »Fernán González«*, Grenoble 1977. – M. E. Lacarra, *El significado histórico del »Poema de Fernán González«* (in Studi Ispanici, 1979, S. 9–41). – J. S. Geary, *Formulaic Diction in the »Poema de Fernán González« and the »Mocedades de Rodrigo«: A Computer-Aided Analysis*, Madrid 1980. – M. Márquez-Sterling, *»Fernán González«, First Count of Castile: The Man and the Legend*, Univ. of Mississippi 1980. – B. West, *Folk and Christian Traditions in the »Poema de Fernán González«*, Madrid 1983. – L. Formisano, *Cuaderna vía ajuglarada en el »Poema de Fernán González«* (in *La lengua y la literatura en los tiempos de Alfonso X.*, Hg. F. Carmona, Murcia 1985, S. 181–194). – J. H. Pérez, *Nuevos datos para* *el estudio del »Poema de Fernán González«* (in BRAE, 66, 1986, S. 135–152). – M. I. Santana Herrera, *Un adjetivo atributivo en el »Poema de Fernán González«* (ebd., S. 251–266). – J. Nagore de Zand, *La alabanza de España en el »Poema de Fernán González« y en las crónicas latinomedievales* (in Incipit, 7, 1987, S. 35–67).

Poema de Yuçuf

(span.; *Dichtung von Josef [in Ägypten]*). Erzählendes Gedicht eines unbekannten Autors, entstanden Ende des 13./Anfang des 14. Jh.s. – Die unter christlicher Herrschaft lebenden Mohammedaner Spaniens, die sogenannten Mudejaren, hielten, teilweise bis zur Vertreibung der Mauren (1609), am Gebrauch der arabischen oder hebräischen Schriftzeichen fest, obgleich sie spanisch – genauer: kastilisch – sprachen und schrieben. Nach der arabischen Bezeichnung für die kastilische Sprache, *aljamía* (die Fremde), wird diese spanisch-maurische Literatur, eine der merkwürdigsten Erscheinungen des europäischen Schrifttums, »aljamiadische Literatur« genannt. Ihre künstlerisch nicht besonders wertvollen Reste wurden erst in der zweiten Hälfte des 19. Jh.s wieder aufgefunden und entziffert.

Das wichtigste, literarisch bedeutendste dieser Zeugnisse ist das *Poema de Yuçuf*. Geschrieben in der typischen Form des *mester de clerecía*, der sogenannten *cuaderna vía* (durch gleichen Reim zu Vierzeilern zusammengefaßte Alexandriner), erzählt es die Geschichte Josefs in Ägypten bis zu seiner Begegnung und Hochzeit mit Suleika. Das Gedicht folgt weniger dem biblischen Bericht (1. *Mose*, 37 ff.) als vielmehr der Version der zwölften Sure des *Koran*. Außer Bestandteilen aus islamischen Legenden zeigt das Werk auch Einflüsse aus volkstümlich jüdischer Überlieferung. Die aragonesischen Spracheigentümlichkeiten in den beiden unvollständigen und fehlerhaften arabisch geschriebenen Handschriften, in denen es erhalten ist, lassen einen Mauren aus Aragonien als Verfasser vermuten.

Ein Gegenstück zu dem *Poema de Yuçuf* bilden die Mitte des 14. Jh.s entstandenen *Coplas de Yoçef (Lieder von Josef)*. Überliefert in einer hebräisch geschriebenen Handschrift vom Anfang des 15. Jh.s, in der auch die berühmten *Sprichwörter* des Rabbi Sem Tob (vgl. *Proverbios morales*) enthalten sind, lehnt diese Dichtung sich eng an den biblischen Bericht. In dem schöpferischen Unvermögen des Verfassers, den ungelenken und unlebendigen Versen, spiegelt sich das Schicksal einer politisch, religiös und gesellschaftlich auf Dauer unterdrückten, zu kultureller Stagnation verurteilten Minderheit.

D.B.

Ausgaben: Madrid 1856 (in G. Ticknor, *Historia de la literatura española*, Bd. 4, S. 247–275; in der dt. Ausg.: *Geschichte der schönen Literatur in Spanien*, Bd. 2, Lpzg. 1867). – Lpzg. 1883, Hg. H. Morf [Hs. B]. – Granada 1952, Hg. R. Menéndez Pidal [Hs. A; m. Faks. der Hs.; arab. u. transkribierter Text; Einl. u. Komm.]. – Tübingen 1972 (*La leyenda de Yuçuf: ein Aljamiadatext*, Hg. U. Klenk).
Coplas de Yuçuf: Cambridge 1935, Hg. J. González Llubera.

Literatur: M. Schmitz, *Über das altspanische »Poema de José«* (in RF, 9, 1901, S. 315–411; 623–627; m. Text). – Ch. Fest, *»Poema de Yuçuf«, Versuch einer Rekonstruktion*, Diss. Bln. 1956. – W. W. Johnson, *The »Poema de José«*, University of Mississippi 1974. – A. Vespertino-Rodríguez, *Leyendas aljamiades y moriscas sobre personajes bíblicas*, Madrid 1983.

Primera crónica general

(span.; *Erste allgemeine Chronik*). Auf Veranlassung des Königs Alfons X., des Weisen, von Kastilien (reg. 1252–1284) entstandenes Geschichtswerk, abgeschlossen 1289. – Der erste Teil dieses auch *Crónica de 1289* genannten Werkes umfaßt die Zeit von der frühesten Besiedlung Spaniens bis zum Einfall der Araber, der zweite, unter König Sancho IV. (reg. 1284–1295) entstandene Teil die Zeit der Reconquista bis zum Tod König Ferdinands III. (reg. 1217–1252). Diese erste nicht in lateinischer, sondern in kastilischer Sprache geschriebene Geschichte Spaniens ist das Werk einer von Alfons dem Weisen an seinen Hof berufenen Gruppe bedeutender Gelehrter. Der redaktionelle Anteil des Königs am ersten Teil ist groß, sein Einfluß auf die Gestaltung des Ganzen entscheidend. Hauptquellen waren die lateinisch geschriebenen Chroniken des Bischofs Lucas de Túy († 1250; *Chronicon mundi*, beendet 1236) und des Erzbischofs von Toledo, Rodrigo Ximénez de Rada (*Historia gotica*, beendet 1247), vervollständigt für die Zeit der Römerherrschaft aus Sueton, Ovid, Lukan, Justinian, Orosius, Isidor von Sevilla, Jordanes u. a. für die Zeit des gotischen Königreichs sowie für die Zeit der Reconquista aus den *cantares de gesta (Heldenlieder)*, von denen die *Crónica general* ingesamt vierzehn in Prosa nacherzählt, eine Tatsache, die für die Rekonstruktion dieser größtenteils verlorengegangenen Dichtungen der spanischen Frühzeit von unschätzbarem Wert ist. Groß ist die nationalhistorische Bedeutung dieses Geschichtswerks insofern, als in ihm die verschiedenen christlichen Königreiche Spaniens als Glieder eines übergeordneten Ganzen erscheinen. Ebenso groß ist sein literarhistorischer Wert. Es ist wie alle von Alfons dem Weisen beeinflußten Werke in spanischer Sprache ein entscheidender Beitrag zur weiteren Ausgestaltung und Festigung der spanischen Schriftsprache, es bedeutet gegenüber seinen lateinischen Vorlagen einen gewaltigen Fortschritt in der Kunst der geschichtlichen Darstellung, und es enthält Passagen, wie den begeisterten *Loor de España (Lob Spaniens)* oder die Beschreibung der maurischen Invasoren, die in ihrer Bilderkraft und Unmittelbarkeit literarische Kleinode sind. Bei solchen Vorzügen nimmt es nicht wunder, daß eine ganze Reihe späterer Geschichtswerke auf dieser *Primera crónica general* beruhen. So ist die *Crónica abreviada (Verkürzte Chronik)* von Don Juan Manuel (1282–1348), dem Neffen Alfons des Weisen, nichts anderes als ein Auszug aus der *Crónica general*, die sogenannte *Segunda crónica general (Zweite allgemeine Chronik)* oder *Crónica de 1344* nur die bis 1340 weitergeführte Wiederholung der *Primera crónica general*. Eine um 1350 entstandene, später verlorengegangene Chronik war aller Wahrscheinlichkeit nach ein zusammenfassender Auszug aus der *Ersten* und der *Zweiten Crónica General*. Auf ihr beruht die *Crónica de veinte reyes (Chronik von zwanzig Königen)*, die eine auf die Urfassung zurückgehende Prosanacherzählung des *Cantar de mio Cid (Heldenlied vom Cid)* enthält, ferner die *Crónica particular del Cid (Sonderchronik des Cid)* und die *Crónica de los reyes de Castilla (Chronik der kastilischen Könige)*. Die *Tercera crónica general (Dritte allgemeine Chronik)* von 1404 ist ebenso wie die *Cuarta crónica general (Vierte allgemeine Chronik)* von 1460, die die Geschichte Spaniens bis 1455 aufzeichnet, eine weiterführende Fassung der *Primera crónica general*.

Aber nicht nur zur Grundlage für zahlreiche spätere Geschichtswerke ist die *Primera crónica general* geworden, sie ist auch, zusammen mit jenen, eine unerschöpfliche Quelle für die spanische Literatur gewesen, angefangen von der für die literarische Tradition Spaniens bedeutsamen Romanzendichtung (vgl. *Romancero general*) über die große dramatische Dichtung des *Siglo de oro* (»Goldenes Zeitalter«) bis hin zur Romantik. Erst 1541 wurde das Werk von Florián de Ocampo gedruckt, und trotz der sehr unvollkommenen, fehlerhaften Beschaffenheit der Ausgabe haben die dramatischen Dichter jener Zeit, an ihrer Spitze Lope de Vega, mannigfache Anregung daraus gewonnen. Durch Sammlung, Einordnung und Auswertung des historiographischen Materials hat diese Chronik »España« zum umfassenden, festumrissenen und in der Geschichte verankerten Begriff gemacht und damit die Grundlage für die Entwicklung des geschichtlichen Selbstverständnisses der Spanier geschaffen. A.F.R.

Ausgaben: Zamora 1541 *(Las quatro partes enteras de la crónica de España)*. – Madrid 1906, Hg. R. Menéndez Pidal (NBAE, 5). – Madrid 1955, Hg. ders. u. a., 2 Bde.

Literatur: R. Menéndez Pidal, *La »Crónica general de España« que mando componer el Rey Alfonso el Sabio*, Madrid 1916. – Ders., *Crónicas generales de España*, Madrid 1918. – T. Babbit, *»La crónica de veinte Reyes«. A Comparison with the Text of the »Primera crónica general« and a Study of Its Latin Sources*, New Haven/Conn. 1936. – R. Menéndez Pidal, *Alfonso X y las leyendas heroicas* (in CHA, 1, 1948, S. 13–37). – C. E. Dubler, *Fuentes árabes y bizantinas en la »Primera crónica general«* (in Vox Romanica, 12, 1951, S. 120–180). – A. Letsch-Lavanchy, *Éléments didactiques dans la »Crónica general«* (ebd., 15, 1956, S. 231–240). – A. M. Badía Margarit, *La frase de la »Primera crónica general« en relación con sus fuentes latinas* (in RFE, 42, 1958/59, S. 179–210). – J. Gómez Pérez, *Fuentes y cronología en la »Primera crónica general de España«* (in RABM, 67, 1959, S. 615–634). – D. Catalán Menéndez Pidal, *De Alfonso X al Conde de Barcelos*, Madrid 1962. – J. Gómez Pérez, *Elaboración de la »Primera crónica general de España« y su transmisión manuscrita* (in Scriptorium, 18, 1963, S. 233 bis 276). – C. F. Fraker, *The »Fet des romains« and the »Primera Crónica general«* (in HR, 46, 1978, S. 192–220). – M. T. Echenique Elizondo, *Apócope y leísmo en la »Primera crónica general«: Notas para una cronología* (in Studi Ispanici, 1979, S. 43–58). – V. C. Almazan, *Normanos u. almuiuces bei Alfonso X* (in GRM, 34, 1984, S. 167–171). – P. K. Rodgers, *Prolegomena to a Critical Edition of the Crónica de Alfonso X*, Diss. Univ. of California, Davis, 1984 (vgl. Diss. Abstracts, 45, 1985, S. 2521A). – M. Metzeltin, *Handlung u. Beschreibung in der »Primera crónica general«* (in *Non Nova, sed nove*, Groningen 1984, S. 139–146). – Vgl. allg. Literatur bei *Cantigas de Santa María*.

Razon feyta d'amor

(span.; *Geschichte einer Liebe*). – Das mit einem *Streit zwischen Wasser und Wein (Denuestos del agua y del vino)* verbundene Gedicht eines unbekannten Verfassers ist in einer lateinischen Predigthandschrift aus dem Beginn des 13. Jh.s überliefert und gehört zu den ältesten Denkmälern der spanischen Literatur. Der in der Schlußzeile der 264 durch Paarreime verbundenen sieben- bis elfsilbigen Verse genannte Lupus (Lope) de Moros hat das Gedicht wahrscheinlich nach einer kastilischen Vorlage abgeschrieben, wobei die sprachlichen Eigenarten seines heimatlichen aragonesischen Dialekts in den Text eingeflossen sind. Der Autor betont stolz, er sei ein weitgereister *»Scholar, kein Ritter« (»clérygo e non cavalero«)* und verstehe sich trefflich auf *»cortesía«*. Er trägt seinem wohl gemischten, teils vornehmen, teils bürgerlich-einfachen Publikum zur tröstlichen und unterhaltsamen

Belehrung eine »*Liebesgeschichte*« vor. – Im gemäß der Topik des *locus amoenus* beschriebenen (Liebes-)Garten erblickt der unter einem Olivenbaum ruhende Dichter im Gezweig eines Apfelbaums, von der Herrin jenes Lustortes für ihren Geliebten dort versteckt, zwei silberne Becher, einen mit Wein, den anderen mit Wasser gefüllt, von dem er jedoch aus Furcht vor bösem Zauber nicht zu kosten wagt. Am kühlen Quell labt er sich und schickt sich gerade an, die »schöne Liebe« zu besingen, als ihm eine nach dem mittelalterlichen Schönheitskanon überaus anmutig geschilderte Frau erscheint. Sie besingt mit Anklängen an die galicisch-portugiesische *cantiga de amigo* einen fernen Geliebten in der verklärten Gestalt jenes höfischen *clericus*, als der sich der Dichter eingangs vorgestellt hat. Stürmisch ergibt sie sich dem einmal erkannten Scholaren, dessen Gunst sie höher schätzt als die eines Ritters. Als der »Edle« nach seinem Abenteuer traurig verlassen um sich schaut, schwebt eine weiße Taube an der Quelle hernieder. Ohne dort zu trinken, schwingt sie sich zum Wasserbecher im Baum empor und stürzt ihn um, so daß Wasser und Wein sich vermischen. Nach dieser Überleitung beginnt der Streit zwischen Wasser und Wein um ihre Vorzüge, der unentschieden abbricht, ohne daß der Dichter abschließend noch einmal ein erläuterndes Wort spricht.

Die Frage, wie der trotz der Anwendung rhetorischer Gemeinplätze stellenweise anmutige, lyrische und kunstvoll gebaute erste Teil mit dem stilistisch und thematisch so verschieden gearteten dramatischen Dialog des zweiten Teils zusammenhängt, beschäftigt die literarische Kritik schon seit der Entdeckung des Textes. Nach der einen Deutung handelt es sich um zwei selbständige Gedichte, die vom Schreiber recht und schlecht aneinandergefügt wurden. Andere halten dafür, daß ein und derselbe Dichter die beiden Motive miteinander verschmolzen habe, entweder aufgrund verschiedener französischer, provenzalischer und lateinischer Quellen, oder indem er eine heute unbekannte, bereits kontaminierte Vorlage übertrug. Spitzers geistreiche Verteidigung der strukturellen Zusammengehörigkeit der »*amorosa visione*« mit dem Streitgedicht gründet auf einer recht erzwungenen allegorisch-symbolischen Deutung: »*Wasser und Wein stehen in demselben Verhältnis zueinander wie geistige und sinnliche Liebe, beide sind Gottesgaben.*« Dem beliebten Motiv des Streits zwischen Wasser und Wein entspreche die Gegenüberstellung von Keuschheit und Sinnenfreude. – Ein Zusammenhang zwischen beiden Teilen läßt sich auch herstellen, wenn man das Streitgedicht als glossierende Erweiterung auffaßt, die der Vagantendichter seinem Vortrag in Erinnerung an das in der Zeit überaus verbreitete und bekannte Motiv vom Streit zwischen Wasser und Wein anfügt. Damit würde sich sogar die gewisse parodistisch-komische Wirkung des zweiten Teils erklären lassen. D.B.

Ausgaben: Paris 1887 (*Textes castillans inédits du XIIIe siècle*, Hg. A. Morel Fatio, in Rom, 16). – Paris 1905, Hg. R. Menéndez Pidal (in RH, 13). – Pisa 1959 (in M. di Pinto, *Due contrasti d'amore nella Spagna medievale*; m. Komm. u. Einl.). – Arlington/Tex. 1977 (*The Razón de amor: An Old Spanish Lyrical Poem of the 13th Century*, Hg. C. C. Stebbins, in Allegorica, 2).

Literatur: – C. Michaëlis de Vasconcellos, *Observações sobre alguns textos lyricos da antiga poesia peninsular* (in Revista Lusitana, 7, 1902, S. 1–32). – J. H. Hanford, *The Medieval Debate between Wine and Water* (in PMLA, 28, 1913, S. 315–367). – H. Walther, *Das Streitgedicht in der lateinischen Literatur des MAs*, Heidelberg 1920. – L. Spitzer, »*Razon de amor*« (in Rom, 71, 1950, S. 145–165; auch in L. S., *Romanische Literaturstudien*, Tübingen 1959). – A. Jacob, *The »Razon de amor« as Christian Symbolism* (in HR, 20, 1952, S. 282 ff.). – G. Díaz-Plaja, *Poesía y diálogo. »Razon de amor«* (in Estudios Escénicos, 5, 1960, S. 7–43). – G. Tavani, *Osservazioni sul ritmo della »Razon feyta d'amour«* (in Studi di Letteratura Spagnola, Rom 1964, S. 171–186). – G. A. London, *The »Razon de amor« and the »Denuestos del agua y el vino«* (in RPh, 19, 1965, S. 28–47). – A. C. de Ferraresi, *Sentido y unidad de »Razón de Amor«* (in Filología, 14, 1970, S. 1–48). – A. C. de Ferrares, *Locus Amoenus y vergel visionario en »Razón de Amor«* (in HR, 42, 1974, S. 173–183). – M. DeLey, *Provençal Biographical Tradition and the »Razon de Amor«* (in Journal of Hispanic Philology, 1, 1976/77, S. 1–17). – M. van Antwerp, *»Razón de Amor« and the Popular Tradition* (in RPh, 32, 1978, S. 1–17). – O. T. Impey, *La estructura unitaria de »Razón de Amor«* (in Journal of Hispanic Philology, 4, 1979, S. 1–24). – J. J. de Bustos Tovar, *»Razón de amor«* (in *El comentario de textos, IV: La poesía medieval*, Madrid 1984, S. 53–83). – P. E. Grieve, *Through the Silver Goblet: A Note on the »Vaso de plato« in »Razón de amor«* (in REH, 20, 1986, S. 15–20). – L. Rossi u. E. Franchini, *»Razon de amor«* (in VRo, 46, 1987).

Romancero

(span.). Das aus dem mittellateinischen Adverb *romanice* (auf romanisch) abgeleitete spanische Wort *Romance* bezeichnete im 13. Jh. die romanische Volkssprache im Unterschied zum gelehrten und kirchlichen Latein. Es wurde bald nicht nur auf Übersetzungen aus dem Lateinischen, sondern auch auf jedes Werk in der jungen Volkssprache, vor allem aber auf Verserzählungen, angewandt, während sich in Frankreich die Bezeichnung *romanz (romant)* schon seit Chrétien de Troyes (um 1135–1190) auf die literarische Gattung des Romans bezog. Der früheste Beleg für *romance* im Sinne der typisch spanischen, bis heute im Volk und in der Literatur lebendigen Dichtungsform stammt aus dem Jahre 1437. Obwohl die Ursprünge einiger Romanzen, wie aus einigen zeitgeschichtlichen Anspielungen hervorgeht, in die zweite Hälfte des 13. Jh.s zurückreichen müssen, findet sich der älteste bislang bekannte datierte Romanzentext *(Gentil dona, gentil dona)* erst in einer Handschrift der Gedichte des Katalanen JAUME D'OLESA d. Ä. (1421). Für Juan de VALDÉS († 1541) ist *romance* um 1535 als Form gleichbedeutend mit dem klaren, verständlichen Kastilisch. Die Bezeichnung *Romancero* für eine Sammlung von Romanzen wurde erst um die Mitte des 16. Jh.s geprägt und mit dem Erscheinen des *Romancero general* (seit 1600) allgemein üblich.

Die Romanze ist eine erzählend-lyrische Dichtung von beliebiger Länge im grundsätzlich achtsilbigen Versmaß (»Romanzenvers«). Die Verse gerader Zahl verbindet eine innerhalb der Romanze stets gleichbleibende Assonanz (im Gegensatz zum Reim also lediglich ein Gleichklang der den Haupton tragenden Vokale im Wort an den Versenden). Den ungeraden Versen fehlt jede Reimentsprechung. Die von mehreren Forschern angenommene Ableitung des Romanzenverses aus der epischen Strophenform der Laisse stellt allerdings wieder eine durch gleichbleibende Assonanz gebundene, nichtstrophische Folge von sechzehnsilbigen Langzeilen mit einer starken Zäsur nach dem ersten Hemistich her, was nicht nur die schon von Antonio de NEBRIJA (vgl. *Gramática castellana*, 1492) erstmals getroffene Anordnung, sondern auch die ältesten Melodiengliederungen bei Francisco SALINAS (*De musica libri septem*, Salamanca 1577) bezeugen.

Seit Johann Gottfried HERDER (1744–1803) die Romanzen als reinstes Beispiel der »Naturpoesie«, als die *»lebendige Stimme des Volkes, ja der Menschheit selber«* gepriesen hatte, ist die Entstehung der Romanzen umstritten. Eine Reihe berühmter Philologen wie Agustín DURÁN (1793–1862, der 1828–1832 die erste umfassende Romanzensammlung veröffentlichte), Ferdinand Josef WOLF (1796–1866), Carolina MICHAELIS DE VASCONCELLOS (1851–1925) und Julio CEJADOR Y FRAUCA (1864–1927) sahen in den Romanzen die frühesten Erzeugnisse der spanischen Nationaldichtung. Die Romanzen bildeten die Grundlage für die Entstehung der *cantares de gesta* (Heldenepen). Hingegen vertrat der Venezolaner Andrés BELLO (1781–1864) bereits 1843 die Theorie, daß die Romanzen Reste von umfangreicheren, durch Spielleute *(juglares)* vorgetragenen Dichtungen sein müßten. Diese Anschauung wurde von Manuel MILÁ Y FONTANALS (1818–1884) ausgebaut und von Marcelino MENÉNDEZ PELAYO (1856–1912) bestätigt. Nach den grundlegenden Forschungen von Ramón MENÉNDEZ PIDAL (1869–1969) und seiner Schule hat sich heute die epische Deszendenztheorie durchgesetzt. Demnach sind die ältesten Romanzen Fragmente von zersungenen Heldengedichten, die jene Gestalten und Begebenheiten herausgreifen und unter Abwandlungen selbständig im Volk weiterüberliefern, welche sich den Zuhörern der *juglares* ursprünglich besonders eingeprägt hatten. Hierbei spielt auch die stoffliche Vermittlung durch Prosafassungen von Heldengedichten in Chroniken eine Rolle, jedoch fehlen Belege für die eigentliche Ablösung der Romanzen von den epischen Gedichten. Sie tauchen in Kastilien in einem Zeitraum auf, da das Repertoire der Spielmannsdichtung *(juglaría)*, das Heldengedicht *(cantar de gesta)*, in Verfall geraten war. Sie verbreiten sich in der Folge nach Katalonien, Portugal, über die gesamte Iberische Halbinsel, später sogar nach Spanisch-Amerika und unter den in der Vertreibung lebenden Judenspaniern. In den Romanzen setzt sich im Unterschied zur Balladendichtung anderer europäischer Völker die Überlieferung heldenepischer Stoffe bis in die Gegenwart fort. Diese einzigartige Überlieferung löst sich vom *juglar* und wird vom Volk getragen und bestimmt, weshalb sich auch anstelle der mißverständlichen Bezeichnung »Volksdichtung« die Bestimmung *poesía de tipo tradicional* (»volkstümlich überlieferte Dichtung«) eingebürgert hat. Noch heute werden immer wieder mündliche, lokale Romanzenversionen aufgezeichnet. Etwa gleichzeitig mit den aus zersungenen Heldengedichten hervorgehenden Romanzen entstehen Kompositionen zu zeitgeschichtlichen Ereignissen *(romances noticieros)*, die sich dem neugebildeten Formgefüge einpassen. Die unbekannten, von den Epen nunmehr auf die Romanzen übergehenden *juglares* greifen im Verlauf des 15. Jh.s auch zu Stoffen und Motiven aus anderen literarischen Quellen (Antike; *romances novelescos*). Sie deuten damit bereits gewisse Entwicklungsmöglichkeiten der Romanzenform in den beiden folgenden Jahrhunderten an.

Nach ihrem Inhalt werden die alten, bis etwa 1550 entstandenen Romanzen gemeinhin nach folgenden Gesichtspunkten eingeteilt. Die *romances históricos* (historische Romanzen) handeln von den Gestalten der nationalen Geschichte: dem König Roderich, Bernardo del Carpio, dem Grafen Fernán González, den Siete Infantes de Lara (s. d.), dem Cid sowie von König Peter dem Grausamen von Kastilien. Die *romances fronterizos* (Romanzen aus den Grenzgebieten [zwischen Christentum und Islam]) berichten vor allem im 15. Jh. von kriegerischen Ereignissen an der im Zuge der Reconquista immer tiefer in das maurische Herrschaftsgebiet vorgezogenen Grenze zu den christlichen Königtümern Spaniens, etwa vom Krieg um Granada (vgl. auch Ginés PÉREZ DE HITA, *Historia de los vandos de Zegríes y Abencerrajes o Guerras civiles de Granada*, 1595–1604). Hier verdichtet sich der geistige und geschichtliche Zustand der gegen die Mauren kämpfenden und mit ihnen zusammenlebenden Spanier in vielen berühmten, nicht nur Heldentaten verherrlichenden, sondern auch gefühlvollen Romanzen (vgl. auch *Historia del Abencerraje y la hermosa Jarifa*, 1565). Die sogenannten *Romances moriscos* (maurische Romanzen) stellen, obgleich von Christen geschrieben, die Sache der Mauren einfühlsam und mit verhaltener Sympathie dar.

Frei nach französischen Quellen gestaltet, entstand im Verlauf des 15. Jh.s eine Reihe von zum Teil sehr umfangreichen und kunstvollen Romanzen aus dem karolingischen und bretonischen Sagenkreis (Schlacht von Roncesvalles, Gaiferos, Conde Claros, Conde Dirlos, Rosaflorida). Episoden aus dem *Amadís de Gaula* (s. d.) leben ebenfalls in Romanzen fort. Daneben gibt es zahlreiche beliebte erzählende und lyrische Romanzen, die die verschiedensten Gefühlshaltungen, Erfahrungen und Begebenheiten besingen, wie zum Beispiel *La bella malmaridada, El prisionero, Rosa fresca, Conde Arnaldos, Fontefrida*. – Seit der Mitte des 15. Jh.s erscheinen die anonymen Romanzen in Anthologien höfischer Dichtung (vgl. *Cancioneros*), obwohl der Marqués de SANTILLANA diese Gedichte noch um 1448 verächtlich abtut als *»sin ningun orden, regla nin cuento« (»ohne Strophen, Regel und Maß«)*, an denen sich nur Leute niedrigen Standes ergötzten. Jedoch ist belegt, daß Romanzen mit Musikbegleitung schon am Hofe Heinrichs IV. (1454–1474) vorgetragen wurden und daß Isabella die Katholische die Romanzen sehr schätzte.

Der Buchdruck bezeichnet einen tiefen Einschnitt in der Überlieferungsgeschichte der Romanzen. Aus der bisher mündlichen, also stets beweglichen Tradition fixiert der Druck in billigen, handlichen Einzelausgaben (*pliegos sueltos* – fliegende Blätter) oder in Blütenlesen eine von vielen vorgegebenen Varianten. Das von Improvisation und festen sprachlichen Formeln bestimmte Wechselspiel zwischen der Vielfalt mündlicher Überlieferung, handschriftlichen Versionen, den heute sehr selten gewordenen *pliegos sueltos*, den *Cancioneros* und *Romanceros* ist für die Bildung des traditionellen Kanons noch kaum bekannt und angesichts der erdrückenden, ungesichteten Materialmasse überaus schwierig zu erforschen.

Nach Einzelveröffentlichungen, u. a. im *Cancionero general* von Hernando de CASTILLO (1511 und öfter), erschien in Antwerpen um 1547/48 der erste *Cancionero de romances*. Von nun an häufen sich die Neuausgaben und Neuauflagen von Romanzenanthologien in einer breiten, zuweilen modisch anmutenden, aber auch gelehrten Ehrgeiz bezeugenden »folkloristischen Sammelaktion«. Zu den wichtigsten Veröffentlichungen gehören die *Silva de varios romances* (Saragossa 1550/51), ferner von Lorenzo de SEPULVEDA die *Romances nuevos sacados de historias antiguas de la Crónica de España* (Antwerpen 1551) und vier Sammlungen von Juan de TIMONEDA (Valencia 1573). Der *Romancero general* (Madrid 1600–1605) sowie *Primavera y flor de los mejores romances* (Madrid 1622–1629) bilden bereits die großen Sammelbecken der neuen, zwischen 1530 und 1640 geschriebenen Romanzen, die den traditionellen *Romancero* ablösen wollen, obwohl freilich ihr eigener Erfolg wesentlich auf dem der alten *romances* beruht und sie mit diesen im Volk aufgenommen werden. Das Interesse an den Romanzen erwachte nach HERDERS *Cid* in der Romantik besonders stark im Ausland (Jakob GRIMM, Friedrich DIEZ, Juan BOEHL DE FABER, Agustín DURÁN; neben Frankreich auch in England mit Thomas BLACKWELL, Robert SOUTHEY und Walter SCOTT). Ferdinand WOLFS *Primavera y flor de romances* (Berlin 1856) stellt die bedeutendste philologische Leistung für die Erforschung der Romanzen zwischen Durán und Menéndez Pelayo dar. Unter der Leitung von Menéndez Pidal begann dann die umfassende Sammlung und Erforschung des gesamten Traditionsgutes.

Schon im 16. Jh., vor allem im 17. Jh., wurde die Romanze zu einer überaus verbreiteten Form der Kunstdichtung, die mit Lope de VEGA, Luis de GÓNGORA und Francisco de QUEVEDO ihre höchste Vollendung erreicht. Vielfach werden Romanzen auch in Glossen paraphrasiert. Die Romanze findet nicht nur häufige Verwendung als Einlage in der spanischen *comedia* des *siglo de oro* und verdrängt hier die bis gegen die Mitte des 17. Jh.s vorherrschende Redondilla, sondern bildet ihrerseits eine unerschöpfliche Quelle, an der sich das nationale Theater inspiriert. Inhaltlich erweitert sich die Form sehr stark, man unterscheidet Ritter-, Mauren-, Schäfer-, Schelmen-, Verbrecherromanzen sowie religiös-biblische und satirische Romanzen. Zuweilen nimmt sie sogar den Charakter einer *»individuellen und seelisch-autobiographischen Persönlichkeits- oder Ichdichtung«* (L. Pfandl) an. Wenngleich die Dichter der gelehrten wie der kunstmäßigen, das alte volkstümliche Überlieferungsgut nachahmenden und umarbeitenden Romanzen den überkommenen metrischen Bau beibehalten, so treten dennoch eine Reihe wichtiger Veränderungen ein, wie etwa die seit Ende des 16. Jh.s geläufige Gliederung in Vierzeiler *(cuartetas)* infolge der wachsenden lyrischen Eigenart der Romanze, die zeitweilige Einführung des Vollreims sowie die Ausschmückung durch Einschübe und Anhängsel *(villancicos, estribillos, desfechas)*. In neoklassizistischen Tragödien und Epen wird die heroische Romanze mit italienischen Elfsilbern verwendet.

Mit dem ausgehenden Goldenen Zeitalter hat sich die Romanzendichtung erschöpft. Das 18. Jh. hat sie kaum geschätzt, außer etwa Juan Meléndez VALDÉS (1754–1817). Gegen die ausgearteten Romanzen erließ die Regierung in der Aufklärung sogar wiederholt Druckverbote. Erst die Romantiker entdeckten mit der Vorliebe für die nationale Geschichte und legendäre Stoffe erneut die Romanzenform, die Dichter wie der Duque de RIVAS und ZORRILLA erfolgreich pflegten. Wichtige Anregungen vermittelte die spanische Romanzenliteratur, die in ihrer Kunstform bereits im Spätbarock in Deutschland bekannt geworden war, auch der deutschen Dichtung von J. W. L. GLEIM und J. G. HERDER bis zur Erneuerung der Poesie durch die Romantiker (Brüder SCHLEGEL, L. TIECK, L. UHLAND, C. BRENTANO) und weiter zu H. HEINE und E. GEIBEL. Seit dem Modernismus und zumal durch die Strömung des Neopopularismus in der Gegenwartslyrik ist die Romanze eine lebendige Dichtungsform sowohl in der spanischen als auch in der lateinamerikanischen Literatur (Antonio MACHADO, *La tierra de Alvargonzález*, 1912 – vgl.

Campos de Castilla; Miguel de UNAMUNO, *Romances del destierro*, 1928; F. GARCÍA LORCA, *Romancero gitano*, 1928; Jorge GUILLÉN, *Cántico*, 1928 u.ö.). Daneben besteht weiterhin eine zwar anspruchslose, aber dennoch vom Geist des alten Erbes getragene Romanzendichtung in der Art des Bänkelsanges (Germanía, d.i. die Gaunersprache; spanischer Bürgerkrieg).
Die Darstellungsweise der alten Romanzen besteht darin, eine dramatische Situation ausschnitthaft in ihrer letzten Zuspitzung zu zeigen und der Lösung zuzuführen oder die Erzählung zum Höhepunkt zu bringen, um dann unvermittelt abzubrechen, wobei der Hörer (Leser) in Spannung oder Ungewißheit über den Ausgang gehalten wird. Die häufige Verwendung des Dialogs, des Ausrufs, von Wiederholungen und Reihungen unterstreicht diese Wirkung. Form und Stil der alten Romanzen sind nur scheinbar einfach und schmucklos. Der knappe, stets den Eindruck der Unmittelbarkeit und Natürlichkeit vermittelnde Ausdruck stellt jedoch das Endergebnis einer Entwicklung dar von einer frühen, beschränkten bis zu einer allgemeingültigen Dichtung, in deren Verlauf die poetische Ausdruckskraft höchst kunstvoll auf das Wesentliche verdichtet wurde. Die Volkstümlichkeit der Romanzen ist keineswegs die Folge von Primitivität. Die Romanzendichtung ist zum literarischen Gemeinbesitz der gesamten spanischsprechenden Welt geworden. Ihre nach einer vielhundertjährigen Geschichte ungebrochene Lebendigkeit hat das Leben des spanischen Volks, seine dichterische Phantasie, seine Fähigkeit im spontan-schöpferischen Umgang mit der Sprache und sein Verständnis für Dichtung tief geprägt. D.B.

AUSGABEN: Madrid 1849–1851 (*Romancero general*, Hg. A. Durán; BAE, 10, 16; ern. 1945). – Madrid 1855 (*Romancero y cancionero sagrados*, Hg. J. Sancha; BAE, 35). – NY 1903 (L. de Sepulveda, *Romances nuevos*, Hg. A. M. Huntington; Faks.). – Madrid 1928 (*Flor nueva de romances viejos*, Hg. R. Menéndez Pidal). – Santander 1944/45 (*Antología de poetas líricos castellanos*, Hg. M. Menéndez Pidal, Bde. 6–9; enth. auch F. J. Wolf u. C. Hofmann, *Primavera y flor de romances*, Bln. 1856). – Madrid 1945 (*Cancionero de romances impresos en Ameres sin año*, Hg. R. Menéndez Pidal; Faks. m. Einl.). – Valencia 1953 (*Silva de varios romances*, Hg. A. Rodríguez-Moñino; Faks. der Ausg. Barcelona 1561). – Madrid 1957–1985, 12 Bde. (*Romancero tradicional de las lenguas hispanicas – español, portugués, catalán, sefardi –*, Hg. R. Menéndez Pidal u. M. Goyri). – Madrid 1963 (*Rosas de romances*, Hg. J. de Timoneda). – NY 1967 (*Romancero general*, Hg. A. M. Huntington; Faks.). – Madrid 1967 (*Romancero de germania*, Hg. J. Hesse). – Madrid 1968 (*Romancero judeo-español de Marruecos*, Hg. P. Bénichou). – Valencia 1968 ff. (*Romanceros de los siglos de oro*, Hg. A. Rodríguez-Moñino). – Barcelona 1969 ff. (*Romancero antiguo*, Hg. J. Alcina Frauch). – Madrid 1978 (*Romancero rústico*, Hg. u. Einl. Sánchez Romeralo). – Madrid 1981 (*El Romancero*, Hg. u. Einl. G. di Stefano). – Sevilla 1986 (*Romancero andaluz de tradición oral*, Hg. u. Einl. P. M. Piñero). – Madrid 1989 (*Romancero viejo*, Hg. u. Einl. M. Díaz Roig; Cátedra). – Madrid 1989 (*Romancero viejo*, Hg. u. Einl. M. C. García Enterría; Castalia).

Pliegos Sueltos: Madrid 1919 (*Les romancerillos de la Bibliothèque ambrosienne*, Hg. R. Foulché-Delbosc, in RH, 45, S. 510–624). – Cambridge 1927 (*Early Spanish Ballads in The British Museum*, Hg. H. Thomas). – Madrid 1929 (*Colección de pliegos sueltos*, Hg. V. Castañeda u. A. Huarte). – Barcelona 1931 (*Thirteen Ballads Printed in Burgos 1516–1517 Now in The British Museum*, Hg. H. Thomas). – Madrid 1933 (*Nueva colección de pliegos sueltos*). – Madrid 1957–1961 (*Pliegos góticos de la Biblioteca Nacional*; Faks.). – Madrid 1960 (*Pliegos poéticos españoles en la Universidad de Praga*; Faks.). – Madrid 1962 (*Los pliegos poéticos de la colección del Marqués de Morbecq, siglo XVI*, Hg. A. Rodríguez-Moñino; Faks.; m. Einl. u. Bibliogr.). – Valencia 1963 (*Las series valencianas del romancero nuevo y los cancionerillos de Munich, 1589–1602*, Hg. A. Rodríguez-Moñino; Faks.; m. Einl.). – Coimbra 1963 (*Pliegos poéticos de Oporto*, Hg. A. Rodríguez-Moñino). – Cambridge 1969 (*Two Spanish Chap-books*, Hg. F. J. Norton u. E. M. Wilson; Faks.; m. Bibliogr. der *Pliegos sueltos* bis 1520). – Madrid 1974 (*Pliegos poéticos de la Biblioteca del Estado Baviera en Munich*, Hg. u. Einl. M. C. Garcá Enterría, 2 Bde.; Faks.). – Madrid 1981 (*Pliegos poéticos del siglo XVI de la Biblioteca Rodríguez-Moñino*, Hg. u. Einl. A. L. Askins, 2 Bde.; Faks.). – Valencia 1983 (*Los pliegos sueltos de Tomas Croft: siglo XVI*, Hg. u. Einl. H. M. Cátedra, 2 Bde.; Faks.).

ÜBERSETZUNGEN: *Altspanische Romanzen*, F. Diez, Ffm. 1818. – *Spanische Romanzen*, C. F. v. Jariges, Bln. 1823. – *Der Cid, ein Romanzenkranz*, F. M. Duttenhofer, Lpzg. 1842; Bln. 1852. – *Volkslieder u. Romanzen der Spanier*, E. Geibel, Bln. 1843. Vgl. dazu: M. Ohlischlaeger, *Die spanische Romanze in Deutschland*, Diss. Freiburg i. B. 1926. – F. Krüger, *J. Grimm, F. Diez u. die Anfänge der spanischen Romanzenforschung* (in Spanien, 2, 1918, S. 97–105). – T. R. Hart, *Apuntes sobre los estudios del romancero en Alemania, anteriores a 1830* (in Clavileño, 30, 1954, S. 13–18). – W. Kayser, *Geschichte der deutschen Ballade*, Bln. 1936. – *Romanzen von Mauren, Christen und einem langen Krieg*, A. Hillach, Bln. 1979 [Ill.]. – *Spanische Romanzen. Unter Berücksichtigung der romances viejos, romances del Cid y Jimena Gómez, romances carolingos und romances fronterizos*, E. Geibel, Hg. u. Einl. O. Deutschmann, Bern 1989.

LITERATUR: G. Cirot, *Le mouvement quaternaire dans les romances* (in BHi, 21, 1919, S. 103–168). – E. Martínez Torner, *Ensayo de clasificación de las melodías de romance* (in *Homenaje a R. Menéndez Pidal*, Bd. 2, Madrid 1925, S. 391–402). – L. Pfandl,

Das spanische Wort romance (in Investigaciones lingüísticas, Mexiko, 2, 1934, S. 242–264). – W. C. Atkinson, *The Chronology of Spanish Ballad Origins* (in MLR, 32, 1937, S. 44–61). – R. Menéndez Pidal, *Los romances de América y otros estudios*, Buenos Aires 1939. – K. Schindler, *Folk Music and Poetry of Spain and Portugal*, NY 1941. – D. Devoto, *Sobre la música tradicional española* (in RFH, 5, 1943, S. 344–366). – G. Cirot, *Cantares et romances* (in BHi, 47, 1945, S. 15–25; 169–186). – W. J. Entwistle, *La chanson populaire française en Espagne* (in BHi, 51, 1949, S. 253–268). – R. Menéndez Pidal, *El Romancero nuevo*, Madrid 1949. – W. J. Entwistle, *European Balladry*, Oxford 1951. – R. Menéndez Pidal, *De primitiva lírica española y antigua épica*, Buenos Aires 1951. – R. H. Webber, *Formulistic Diction in the Spanish Ballads*, Berkeley/Los Angeles 1951. – P. Salinas, *El romancismo y el siglo XX* (in *Homenaje a A. M. Huntington*, Wellesley/Mass. 1952, S. 499–527). – R. Menéndez Pidal, *Romancero hispánico. Teoria e historia*, Madrid 1953; [2]1968. – D. Catalán u. A. Galmés de Fuentes, *Cómo vive un romance*, Madrid 1954. – D. Bodmer, *Die granadinischen Romanzen in der europäischen Literatur*, Zürich 1955. – D. Devoto, *Sobre el estudio folklórico del Romancero español* (in BHi, 57, 1955, S. 233–291). – E. Asensio, *Poética y realidad en el cancionero peninsular de la edad media*, Madrid 1957. – A. Rodríguez-Moñino, *Las fuentes del Romancero general*, Madrid 1957. – L. Spitzer, *Romanische Literaturstudien*, Tübingen 1959. – A. B. Lord, *The Singer of Tales*, Cambridge/Mass. 1960. – J. M. Alín, *El cancionero español de tipo tradicional*, Madrid 1968. – P. Bénichou, *Creación poética en el romancero tradicional*, Madrid 1968. – J. Szertics, *Tiempo y verbo en el romancero viejo*, Madrid 1968. – D. Catalán, *Siete siglos de romanceros*, Madrid 1969. – D. Devoto, *Un no aprehendido canto. Sobre el estudio del romancero tradicional y el llamado método geográfico* (in *Abaco. Estudios sobre literatura española*, Madrid 1969). – A. Rodríguez-Moñino, *La silva de romances de Barcelona, 1561*, Salamanca 1969. – Ders., *Diccionario bibliográfico de pliegos sueltos poéticos (siglo dieciséis)*, Madrid 1970. – M. Alvar, *El Romancero. Tradicionalidad y pervivencia*, Barcelona 1970. – D. Catalán, *Por campos del romancero*, Madrid 1970. – S. W. Foster, *The Early Spanish Ballad*, NY 1972 (TWAS). – D. Catalán u. S. G. Armistead, *El romancero en la tradición oral moderna: Primer Colóquio Internacional*, Madrid 1973. – A. Rodríguez-Moñino, *Manual bibliográfico de Cancioneros y Romanceros (siglo XVI)*, 2 Bde., Madrid 1973. – R. Menéndez Pidal, *Estudios sobre el Romancero*, Madrid 1973. – *Studies of the Spanish and Portuguese Ballad*, Hg. N. D. Shergold, Ldn. 1973. – O. R. Ochrymowycz, *Aspects of Oral Style in the »Romances juglarescos« of the Carolingian Cycle*, Iowa City 1975. – S. G. Armistead, *El romancero judeo-español en el Archivo Menéndez Pidal*, 3 Bde., Madrid 1977. – P. E. Grieve, *Desire and Death in Fifteenth Century Spanish Sentimental Romances*, Newark/Del. 1987. – J. A. Whitenack, *Conversion to Christianity in the Spanish Romance of Chivalry, 1490–1524* (in Journal of Hispanic Philology, 13, 1988, S. 103–115).

LOS SIETE INFANTES DE LARA

(span.; *Die sieben Infanten von Lara*). Anonymes episches Gedicht. – Der Stoff dieses »düsteren Racheepos« ist einer der berühmtesten der altspanischen Literatur, der in der Romanzendichtung, in Bühnenwerken des Goldenen Zeitalters (Juan de la Cueva, *Tragedia de los siete Infantes de Lara*, 1579; Lope Félix de Vega Carpio, *El bastardo Mudarra y siete Infantes de Lara*, 1612: Alonso Hurtado de Velarde, *La gran tragedia de los siete Infantes de Lara*, um 1615; Juan de Matos Fragoso, *Traidor contra su sangre*, um 1650), in der lateinisch-spanischen Bearbeitung von Otto Vaenius (*Historia septem Infantium de Lara*, 1612) bis in die Romantik hinein (Duque de Rivas, *El moro expósito o Córdoba y Burgos en el siglo décimo*, 1834) auch im Ausland (z. B. bei Victor Hugo) oft aufgegriffen und ausgestaltet wurde. Die Legende spiegelt zweifellos historische Begebenheiten einer blutigen Familientragödie wider.

Aus Anlaß der Hochzeit von Ruy Velázquez, des Herrn von Vilvestre, mit Lambra de Bureda aus der Familie der Grafen von Kastilien, finden in Burgos Festlichkeiten statt, an denen auch Sancha, die Schwester des Ruy Velázquez und Gemahlin des Gonzalo Gústioz, mit ihren sieben Söhnen, den Infanten von Lara (oder Salas), teilnimmt. Bei einem Streit tötet der Jüngste, Gonzalo González, den Vetter der Doña Sancha, Alvar Sánchez. Die Auseinandersetzungen zwischen den beiden Familien werden durch Vermittlung des Grafen von Kastilien und Gonzalo Gústioz' geschlichtet. Die Infanten begleiten Doña Lambra nach Barbadillo. Auf ihr Geheiß schleudert ein Diener eine mit Blut gefüllte Gurke gegen Gonzalo González; er büßt dafür vor den Augen seiner Herrin das Leben ein. Voller Zorn verlangt sie von Ruy Velázquez, die ihr zugefügte Beleidigung zu sühnen. Ihr Gemahl schickt daher den Vater der Infanten in heimtückischer Absicht mit einem arabisch geschriebenen Brief nach Córdoba zu Almanzor und fordert darin den Maurenführer auf, den Überbringer der Botschaft zu enthaupten. Sodann solle er sich an die Grenze begeben, dort die sieben Infanten in Empfang nehmen und sie ebenfalls umbringen. Almanzor jedoch setzt González Gústioz gefangen und gesellt ihm eine Maurin bei. Ruy Velázquez aber hat die Neffen in Begleitung ihres Erziehers Nuño Salido unter dem Vorwand eines Überfalls auf maurisches Gebiet hinausgelockt. Trotz warnender böser Vorzeichen folgen jene dem Onkel bis Almenar, wo sie, plötzlich von Feinden umstellt, sich verraten sehen. In erbittertem Kampf unterliegen sie. Die ihnen und Nuño Salido in Gegenwart von Ruy Velázquez abgeschlagenen Häupter werden nach Córdoba geschafft und von Almanzor Gonzalo Gústioz gezeigt. In einer ergreifenden Totenklageszene spricht der Vater einzeln zu den Köpfen seiner Kinder. Davon gerührt läßt ihn Almanzor frei. Als die Maurin Gonzalo beim Abschied offenbart, daß sie ein Kind von ihm erwarte, trägt er ihr auf, falls es ein Knabe sei, diesen später als Rächer mit dem Erkennungszeichen einer Ringhälfte zu ihm zurückzuschicken. – Er zieht dann mit den abgeschlagenen Köpfen seiner Söhne heim. Nach vielen Jahren gelangt Mudarra, vom Vater wiedererkannt, nach Salas. Zur Rache für seine Brüder und die Haft des Vaters tötet er Ruy Velázquez und verbrennt Lambra bei lebendigem Leib.

Die Rekonstruktion dieses Heldenliedes hauptsächlich aufgrund der in der *Crónica de 1344* überlieferten Bruchstücke war eine der philologischen Glanzleistungen des jungen Ramón MENÉNDEZ PIDAL (1896). Es stellt gegenüber der früheren, aus dem 12. Jh. stammenden und in der *Crónica general* zuerst übernommenen Fassung eine für die späte Epik bezeichnende Erweiterung (mit Episoden um Mudarra González und der Totenklage des Gústioz) dar, in der die Achtsilber-Halbverse in der traditionellen Ametrie des alten epischen Verses bereits überwiegen. D.B.

LITERATUR: R. Menéndez Pidal, *La leyenda de los siete Infantes de Lara*, Madrid 1896; 1934. – M. Menéndez y Pelayo, *Estudios y discursos de crítica histórica y literaria*, Bd. 1, Madrid 1941, S. 119 bis 141. – R. Menéndez Pidal, *Reliquias de la poesía épica española*, Madrid 1951, S. 181–239. – E. v. Richthofen, *Estudios épicos medievales*, Madrid 1954, S. 130–220. – R. Menéndez Pidal, *Los godos y la epopeya española*, Madrid 1956, S. 211–240. – M. de Riquer, *El fragmento de Roncesvalles y el planto de Gonzalo Gústioz* (in *Studi in onore de A. Monteverdi*, Modena 1959, Bd. 2, S. 623–628). – M. Vallvé López, *Los Infantes de Lara*, Barcelona 1962. – *Romancero tradicional de las lenguas hispánicas*, Hg. M. Goyri u. R. Menéndez Pidal, Bd. 2, Madrid 1963. – T. A. Lathrop, *The Legend of »Los siete infantes de Lara« (Refundición toledano de la crónica de 1244)*, Chapel Hill 1971. – J. G. Cummins, *The Chronicle Textes of the Legend of the »Infantes de Lara«* (in BHS, 53, 1976, S. 101–106). – C. Acutis, *La leggenda degli »Infanti di Lara« – due forme epiche nel Medioevo occidentale*, Turin 1978. – C. Bluestine, *The Power of Blood in the »Siete Infantes de Lara«* (in HR, 50, 1982, S. 201–217). – J. R. Burt, *The Bloody Cucumber and Related Matters in the »Siete Infantes de Lara«* (in HR, 50, 1982, S. 345–352). – A.-M. Capdebosq, *La trame juridique de la legende des infants de Lara: incidents des Noces et de Barbadillo* (in Cahiers de Linguistique Hispanique Médiévale, 9, 1984, S. 189–205).

LAS SIETE PARTIDAS

(span.; *Die sieben Bücher*). Auf Veranlassung des Königs ALFONS X., des Weisen, vom Kastilien (reg. 1252–1284) entstandene Gesetzessammlung, verkündet 1348. – Diese von einer Gruppe bedeutender Rechtsgelehrter auf Veranlassung und unter persönlicher Aufsicht Alfons' X. entstandene Sammlung ist das bedeutendste Gesetzeswerk des Mittelalters. Sein Ziel ist, auf der Grundlage des römischen Rechts und unter Berücksichtigung der neuen von Bologna ausgehenden Rechtsauffassungen das überlieferte Gesetzesmaterial zu sichten, zu überprüfen und neu zu formulieren und darüber hinaus in die verschiedenen Lebensbereiche bis in die Einzelheiten ordnend einzugreifen. Das Buch enthält also nicht nur Gesetzesnormen, sondern Verhaltensvorschriften und Anstandsregeln für die Angehörigen der einzelnen Stände. So heißt es etwa über die Erziehung der Königskinder: *»Man soll sie nicht mit allen Fingern essen lassen ..., und man soll sie anhalten, sich vor dem Essen die Hände zu waschen ... und sie an Handtüchern abzutrocknen und an nichts anderem ...; denn an den Kleidern sollen sie sie nicht abtrocknen.«* Durch die Hineinnahme des gesellschaftlichen Verhaltens – des Betragens, des Anstandes und der Sitte – bilden die *Siete partidas* *»eine Enzyklopädie ... der menschlichen Beziehungen«* (Alda Tesán) und ein lebendiges Gemälde der spanischen Gesellschaft des 13. Jh.s.

Die »sieben Bücher«, in welche die Sammlung sich gliedert, entsprechen keinen streng systematischen Gesichtspunkten, vielmehr hängt diese Einteilung mit der mystisch-symbolischen Bedeutung der Zahl Sieben für das Mittelalter zusammen. Innerhalb jedes Buches ist jedoch die Rechtsmaterie jeweils recht einheitlich dargestellt, allerdings ebenfalls unsystematisch insofern, als die Darstellung nicht streng begrifflich nach Rechtsgrundsätzen und Tatbeständen, sondern ausgehend von konkreten Fällen beschreibend und exemplifizierend erfolgt und die Grenzen zwischen Rechtsprechung und Brauchtum, zwischen Gesetz und Konvention nicht scharf gezogen sind. In dieser Weise handeln die *Sieben Bücher* in der Reihenfolge ihrer Numerierung: von der Religion, der Kirche und Geistlichkeit; von den Rechten und Pflichten der *»Kaiser, Könige und anderen großen Herren der Erde«*; von der Rechtsprechung; von der Ehe; von den Verträgen; von den Testamenten; von den Vergehen und ihren Strafen, d. h., die einzelnen Bücher entsprechen folgenden Rechtsgebieten: 1. Kirchenrecht, 2. Staatsrecht, 3. Gerichtsbarkeit und Prozeßrecht, 4. Ehe- und Familienrecht, 5. Vertragsrecht, 6. Erbrecht, 7. Strafrecht. Die Ursache dafür, daß dieses umfangreiche und im ganzen doch erstaunlich vollständige Gesetzeswerk erst mehr als ein halbes Jahrhundert nach seiner Entstehung in Kraft trat, ist in dem Widerstand des Hochadels zu suchen, dessen Teilhabe an der Justizhoheit und privilegierte rechtliche Stellung durch die *Siete partidas* eine empfindliche Einschränkung erfuhren.

Abgesehen von der Bedeutung des Werkes für die Entwicklung des Rechtsbewußtseins und der Rechtspflege in Spanien ist wie bei allen auf Veranlassung Alfons' des Weisen entstandenen Werken die sprachgeschichtliche Bedeutung zu berücksichtigen (vgl. *General estoria*). Der weiteren Ausbildung und Festigung insbesondere der logischen Klarheit und syntaktischen Biegsamkeit der spanischen Sprache hat gerade dieses Werk, welches schwierige, sprachlich zum Teil noch wenig erschlossene, weil immer noch dem Latein vorbehaltene Sachgebiete zum Gegenstand hatte, großen Vorschub geleistet. Darüber hinaus stellen die *Siete partidas* eine kulturhistorische Quelle ersten Ranges dar, die die Lebensverhältnisse aller Stände im Spanien des 13. Jh.s getreu abbildet. KLL

Ausgaben: Sevilla 1491. – Paris 1861, Hg. G. Lopez [m. Anm.]. – NY 1931, Hg. u. engl. Übers. S. Parson-Scott. – Sevilla 1941. – Madrid 1985, 3 Bde. – Valladolid 1989, 2 Bde.

Literatur: J. M. Dihigo, *»Las siete Partidas«, estudio linguistico* (in Revista de la Facultad de Letras y Ciencias, Havanna 33, 1923, S. 1–71). – K. H. Vanderford, *El Setenario y su relación con »Las siete Partidas«* (in RFH, 3, 1941, S. 233–262). – A. García Gallo, *El »Libro de las leyes« de Alfonso el Sabio Del Espéculo a »las Partidas«* (in Anuario de Historia del Derecho Español, 21/22, 1951/52, S. 345–528). – J. Iturrioz, *Fundamentos sociológicos en »las Partidas« de Alfonso X el Sabio* (in Estudios de Historia Social de España, 3, 1955, S. 3–100). – J. Cerda Ruiz-Funes, *Consideraciones sobre el hombre y sus derechos en »las Partidas« de Alfonso el Sabio*, Murcia 1963. – E. Martinez Marcos, *Las causas matrimoniales en »las Partidas« de Alfonso el Sabio*, Salamanca 1966. – J. A. Maravall, *Estudios de historia del pensamiento español. Edad media*, Madrid 1967, S. 87–140. – E. Livacic, *Repasando »Las siete partidas«* (in Nueva Revista de Pacífico, 22, 1982, S. 28–41). – J. M. Pérez-Prendas, *Las leyes de Alfonso el Sabio* (in RdO, 43, 1984, S. 67–84). – M. Ratcliffe, *Judios y musulmanes en la jurisprudencia medieval española* (in RCEH, 9, 1985, S. 423–438). – L. A. McMillin, *Alfonso el Sabio and the »Primera partida«: A Thirteenth Century Vision of the Church* (in Comitatus, 17, 1986, S. 52–69). – M. Stone, *Human Relations in the »Quarta partida« of Alfonso el Sabio*, Diss. NY Univ. 1985 (vgl. Diss. Abstracts, 46, 1986, S. 2313A). – M. P. Garcés, *Aportación al estudio de los préstamos galoromances en las »Partidas« de Alfonso X* (in Epos, 2, 1986, S. 89–101). – J. A. Bartol Hernández, *Oraciones y Concesivas en »Las siete partidas«*, Salamanca 1986. – D. Carpenter, *Alfonso el Sabio y los moros: algunas precisiones legales, históricas y textuales con respecto al »Siete partidas«* (in Al-Qantara, 7, 1986, S. 229–252). – J. R. Craddock, *The Legislative Works of Alfonso X, el Sabio: a Critical Bibliography*, Ldn. 1986. – J. Montoya Martínez, *Una síntesis del »Ars praedicandi« medieval enla Partida primera, Tit. V, ley 68* (in Estudios románicos, 5, Murcia 1987–1989, S. 977–985). – Vgl. allg. Literatur bei *Cantigas de Santa María*.

Viaje de turquía

(span.; *Reise in die Türkei*). Reisebeschreibung eines unbekannten Autors aus der Mitte des 16. Jh.s. – Der Held dieses in Dialogform geschriebenen Reisebuchs ist Pedro de Urdemalas (Peter Tunichtgut), eine Figur des spanischen Sprichworts, das Urbild des *picaro* im spanischen Schelmenroman. Er berichtet Matalascallando (Leisetreter) und Juán de Votadios (Johannes Buttadeus) – das ist in volkstümlicher Ausschmückung die Figur des Ewigen Juden in Spanien – von seinem Leben in Konstantinopel, wohin er als Kriegsgefangener aus der Seeschlacht von Ponza (1552) gebracht worden war, und von seiner abenteuerlichen Flucht, die ihn zuerst nach dem geheimnisvollen Berg Athos, dann auf die griechischen Mittelmeerinseln Chios und Lemnos und schließlich nach langer Kreuzfahrt im Mittelmeer nach Sizilien verschlug. Was Urdemalas über Land und Leute, Sitten und Gebräuche der von ihm besuchten Gegenden zu berichten weiß, beruht auf schriftlichen Quellen, möglicherweise auch auf mündlichen Informationen, ist aber mit großer Anschaulichkeit so lebendig erzählt, daß es durchaus den Eindruck des Selbsterlebten erweckt. Hinzu kommt eine mit Geist und Witz und großer schriftstellerischer Gewandtheit vorgetragene, die geschliffene Ironie und ätzende Satire eines Erasmus (1469?–1536) manchmal noch übertreffende Kritik an den kirchlichen, gesellschaftlichen und kulturellen Mißständen der Zeit, vor allem im Bereich des Erziehungs- und Universitätswesens. Darüber heißt es z. B.: *»Die spanischen Professoren haben ein Gutes: sie wollen nicht, daß ihre Schüler kleinere Esel sind als sie selbst. Und auch die Schüler haben ihre gute Seite: sie begnügen sich damit, ebensoviel Esel zu sein als sie.«* So ist dieses Werk eines der reizvollsten unter den zahlreichen Orientbüchern jener Zeit. Daß sein Verfasser der Humanist Cristóbal de Villalón († nach 1558) gewesen sei, wie Serrano y Sanz (1868–1932) in der von ihm besorgten ersten Ausgabe (1905) vermutet, ist unwahrscheinlich; der Versuch Marcel Bataillons, es dem weltberühmten Humanisten und Arzt Andrés Laguna (1499–1560), dem Leibarzt Kaiser Karls V. und Papst Julius' III., zuzuschreiben, letztlich nicht überzeugend. Wir wissen nicht mehr, als daß der Verfasser ein Humanist des durch Erasmus von Rotterdam unmittelbar beeinflußten Kreises gewesen sein muß, vielleicht ein Protestant. Die in Spanien herrschende Bewegung der Gegenreformation, die auch gegen Erasmus und seine Schule gerichtet war, erklärt, warum das Werk in der Zeit, in der es entstand, nicht gedruckt wurde. A.F.R.

AUSGABEN: Madrid 1905, Hg. M. Serrano y Sanz (NBAE, 2). – Madrid 1919, Hg. A. García Solalinde [m. Einl.]. – Madrid 1946. – Madrid 1980, Hg. F. García Salinero (Cátedra).

LITERATUR: M. Bataillon, *Le docteur Laguna, auteur du »Voyage en Turquie«*, Paris 1958. – *IV centenario del Doctor Laguna*, Segovia 1959. – L. und J. Gil, *Ficción y realidad en el »Viaje a Turquía«* (in RFE, 45, 1962, S. 89–160). – M. Bataillon, *Erasmo y España*, Mexiko 1966, S. 669–675; 681–692. – F. G. Salinero, *El »Viaje de Turquía«: Examen de una tesis inédita sobre su autor* (in REE, 34, 1978, S. 441–453). – J. Goytisolo, *El »Viaje a Turquía«* (in Quimera, 6, 1981, S. 20–27). – A. Delgado-Gómez, *La medicina y el »Viaje a Turquía«* (in Boletín de la Biblioteca de Menéndez y Pelago, 60, 1984, S. 115–184). – M.-S. Ortolá, *Un estudio del »Viaje a Turquía«: Autobiografía o ficción*, Ldn. 1983. – Dies., *La tendencia utópica en el »Viaje a Turquía«* (in Neoph, 70, 1986, S. 217–227). – A. Delgado Gómez, *Una visión comparada de España y Turquía: El »Viaje a Turquía«* (in CHA, 1987, Nr. 444, S. 35–64). – A. S. Trueblood, *Some Aspects of the Art of Dialogue in »Viaje a Turquía«* (in *East Meets West*, Hg. R. L. Hadlich u. J. D. Ellsworth, Honolulu 1988, S. 306–314).

LA VIDA DE LAZARILLO DE TORMES Y DE SUS FORTUNAS Y ADVERSIDADES

(span.; *Das Leben des Lazarillo von Tormes, seine Freuden und Leiden*). – Die 1554 unabhängig voneinander dreimal mit einigen unterschiedlichen Lesarten veröffentlichte Erzählung steht als eine der berühmtesten Schöpfungen der spanischen Literatur am Beginn der sich nach Erscheinen des → *Guzmán de Alfarache* (1599–1605) von Mateo ALEMÁN (geb. 1547) vielschichtig und auch in anderen europäischen Literaturen erfolgreich weiterentwickelnden Gattung des Schelmenromans. Ihr sehr bewußt schreibender Verfasser mußte wohl bei der formal wie thematisch gewagten Neuartigkeit des Werks den Schutz der Anonymität suchen, zumal er möglicherweise aus jüdisch-spanischen Konvertitenkreisen stammte. Alle Versuche, ihn zu identifizieren, sind jedoch bislang ebenso gescheitert, wie die Suche nach einer früheren Druckausgabe (von 1553?) ergebnislos verlief. Als Verfasser wurden neben anderen der Humanist und Diplomat Diego HURTADO DE MENDOZA (1503–1575), der Hieronymitermönch Juan de ORTEGA, Sebastián de HOROZCO und Lope de RUEDA (um 1510–1565) vermutet. Die Entstehungszeit des Werks läßt sich ebenfalls aufgrund einiger historischer Anspielungen nur ungefähr auf das zweite Viertel des 16. Jh.s eingrenzen.

Durch die Fiktion des von Lázaro selbst erzählten Lebensberichts, der einem ungenannten Herrn der Reihe nach die entscheidenden Entwicklungsstufen bis zum vermeintlichen Höhepunkt, weniger die »ganze Geschichte« seiner Person im Kampf wider Fortuna, Geiz und Egoismus um die nackte Selbstbehauptung vorführt, schafft sich der Autor nicht nur geschickt einen offenen Erzählrahmen, sondern auch die Voraussetzung, welche die satirische Darstellung eines falsch verstandenen Ehrbegriffs, eines Hungerleiderdaseins am Rande der Gesellschaft in der damaligen Zeit überhaupt erst ermöglichte. Gegenüber der entrückt-verklärten Welt der Schäfer- und Ritterromane wird hier geradezu mit einem Antihelden aus der untersten Gesellschaft ein zeitlich in der Gegenwart spielendes, geographisch zwischen Salamanca und Toledo situiertes Geschehen erzählt, dessen Protagonisten zwar keineswegs unwahrscheinlich, aber dennoch nicht realistisches Spiegelbild sozialer Wirklichkeit sind. Die Gestalt Lázaros weist zudem Züge literarischer und volkstümlicher Typisierung auf, wobei unter Anspielung auf den biblischen Lazarus Motive mittelalterlicher Schwank- und Erzählüberlieferung aufgenommen werden. Der mit dem Blick auf die damalige Romankonvention nicht zuletzt wegen seiner »plumpen Sprache« – etwa im Sinne der Stilideale eines Juan de VALDÉS (*Diálogo de la lengua*, um 1535) – als *»arme Gabe«* bezeichnete novellenhafte Bericht ist mit seinen elf Episoden weder unvollständig noch verstümmelt; seine scheinbare Anspruchslosigkeit täuscht virtuos über die hintergründige und pessimistisch-ironische Schärfe des sofort erfolgreichen, in Spanien aber über 250 Jahre lang nur in »gereinigter« Form bekannten Werks hinweg. Es erliegt nicht wie später seine Fortsetzungen oder Nachahmungen der naheliegenden Versuchung, schwankhafte Episoden beliebig aneinanderzureihen, sondern folgt einer überlegten Komposition.

Lázaro wird von der Mutter, die sich nach dem Tod seines wegen Diebstahls verurteilten Vaters mit dem Neger und Stallknecht Zayde eingelassen hatte, einem Blinden als Führer anvertraut. Bei diesem abgefeimten Frömmler, recht geschäftstüchtigen Quacksalber und überdies geizigen Schurken, der den einfältigen Burschen mit einem groben Scherz zur Einweihung erst einmal gegen eine steinerne Brückenfigur schmettert, lernt der arme Müllerssohn, daß er, um sich allein durch das Leben zu schlagen, selbst den Teufel in den Sack stecken muß. Mit wachsender Spannung wird der Kleinkrieg wechselnd erfolgreicher, einander ebenbürtiger Überlistungen anhand »ausgewählter« Begebenheiten geschildert (Geschichte vom Knappsack, vom Weinkrug, von den Trauben und der Wurst). Aus Rache für die anfängliche unsanfte Belehrung und die üble Behandlung heißt Lázaro den Alten schließlich mit voller Wucht gegen einen Steinpfeiler springen und überläßt den Schwerverwundeten grausam seinem Schicksal. Die prophetischen Ahnungen des Blinden machen nach diesem wirkungsvoll erzählten und in sich geschlossen gebauten ersten Kapitel auf das weitere Geschehen gespannt. Der Sieger kommt alsbald in den Diensten eines noch geizigeren Geistlichen in Maqueda – von seinen neun Herren sollen fünf nicht gerade würdige Vertreter des geistlichen Standes sein – vom Regen in die Traufe. Lázaro verhungert beinahe. Die Plünderung der alten Truhe – des »Brotparadieses« – mit Hilfe des »Engels von einem Kesselflicker«, eine meisterlich dargestellte Szene, führt wieder zum Zerwürfnis. Lázaros moralische Bewußtseinsspaltung wird nur allzu deutlich, wenn er als Ministrant zwar die vorgeschriebenen frommen Gebete etwa zur Gesundung von Kranken verrichtet, insgeheim aber in seiner Not Gott nur anflehen kann, doch möglichst viele Menschen sterben zu lassen, damit er sich wenigstens auf dem Leichenschmaus wieder satt essen könne. Religiöse Anspielungen mit parodistisch-satirischer Absicht, etwa auf das Brot der Engel, den armen Lazarus im Himmel und den reichen Prasser, sind in diesem zweiten Kapitel unverkennbar.

Der hartherzige Geistliche, eine aus der mittelalterlichen Schwankliteratur bekannte Gestalt, ahnt, damit an den ersten »Tractado« anknüpfend, daß Lázaro als Blindenjunge seine Schliche gelernt haben muß, und jagt ihn davon. Das dritte Kapitel zeigt Lázaro im Dienst eines kastilischen Hidalgo zu Toledo, der trotz bitterster Not den Standesdünkel des Ehrenmannes bewahrt. Hatte der Priester vorgegeben, tugendsam Maß in Speise und Trank zu üben, um sich als Gast unverschämt schadlos zu halten, so ist der Edelmann mäßig aus Armut und versucht, seine Schande zu verdecken. In grotesker Weise spielen Lázaro und der Adlige voreinander den Mäßigen, bis dieser ausgehungert der von Lázaro erbettelten Mahlzeit nicht länger widerstehen kann. Zuvor erteilt er ihm jedoch eine zweideutige Lektion über die Aufgaben des Dieners und das Treiben bei Hof. Während dem blindlings mitleidig nun auch für seinen Herrn sorgenden Lázaro durch ein komisches Mißverständnis angesichts eines Leichenzugs eine ersehnte Mahlzeit entgeht, verschwindet der angebliche Ehrenmann spurlos mit Schulden.

Die Tatsache, daß sich in diesem Kapitel zum erstenmal der Typ des vom Hirngespinst der Ehre besessenen Hidalgo in literarischer Gestaltung manifestiert und Lázaro infolgedessen mehr in den Hintergrund tritt, wird zum Kennzeichen auch der weiteren Episoden. Gegenüber dem Motiv des Hungerns gewinnt damit das kritische Unterscheidungsvermögen zwischen Sein und Schein größeres Gewicht. Überleitend wird mit vielsagender Geste des Verschweigens nur kurz auf den Dienst Lázaros bei einem weltlich gesinnten Mönch angespielt. Skrupellos treibt im fünften Kapitel der Ablaßkrämer mit der Gutgläubigkeit der Menschen sein Geschäft und bedient sich bei seinen betrügerischen Machenschaften der Beihilfe eines Büttels: eine gesteigert pervertierte Replik auf den rettenden Engel aus dem zweiten Traktat in Gestalt des Kesselflickers. Nach einem neuerlich überleitenden Intermezzo als Tamburingehilfe verdingt sich Lázaro für vier Jahre bei einem Kaplan als Wasserverkäufer und kann nun endlich für sich sorgend kleine Ersparnisse zurücklegen, die es ihm erlauben werden, sein bescheidenes Glück zu erreichen. Er erlangt zunächst die Stelle eines Gerichtsdieners und dann das königliche Amt eines städtischen Ausrufers für Weinpreise, Versteigerungen und Verlustmeldungen. Die Voraussage des Blinden, daß der Wein, der Lázaro krank gemacht hat, ihn auch wieder gesunden lassen werde, findet ironische Erfüllung, die noch gesteigert wird, als er trotz des Volksgeredes nicht durchschaut, daß ihm der Erzpriester von San Salvador heuchlerisch zur Ehe mit seiner Konkubine rät, von deren Ehrbarkeit Lázaro jedoch, sich fortan zu den anständigen kleinen Leuten zählend, fest überzeugt ist. Damit schließt sich der Ring dieses Lebens, das unter einer unüberwindbaren schicksalhaften Verkettung widerlicher Umstände und nicht aus angeborener Bosheit oder freier Entscheidung zur Schurkerei gegen Moral und Recht verstößt, mit einer bitter umgekehrten Entsprechung zu der anfangs erwähnten wilden Ehe seiner Mutter mit Zayde; ein paradoxer Widerspruch zur Lebenseinsicht Lázaros, daß die Menschen vor anderen davonlaufen, weil sie sich selbst nicht sehen und erkennen.

Das Werk ist bei aller Kürze mit seinem geradlinigen, dramatisch bewegten Aufbau in Szenen und Dialogen voller erzählerischer Prägnanz und beziehungsreicher Details. Die Sprache verrät keineswegs rotwelsche Elemente, sondern ist klar, frisch, humorig-geistreich, gelegentlich mit Sprichwörtern und humanistischen Bildungsreminiszenzen geschmückt.

Schon 1555 erschien in Antwerpen als Fortsetzung ein apokrypher zweiter Teil, in dem geschildert wird, wie Lázaro in Toledo Freund einiger Deutscher wird, sich dann als Soldat nach Algerien einschifft und Schiffbruch erleidet. In einen Thunfisch verwandelt, lebt er als Günstling des Fischkönigs unter Wasser und gewinnt, erst nachdem er von Fischern gefangen worden ist, wieder die Menschengestalt zurück. Hinter solcher in der damaligen spanischen Literatur beliebten grotesk-komischen Verwandlung (siehe *El crotalón*) verbergen sich möglicherweise verschlüsselte Anspielungen auf die Gesellschaft. 1620 erschien in Paris eine weitere von Juan (?) de Luna gezeichnete Fortsetzung mit stark antiklerikaler Tönung. Lázaro ist als Kaufmann in Indien, wird nach dem Schiffbruch zwar gerettet, aber von den Fischern für ein Meerungeheuer gehalten. Als Triton vermummt, führt man ihn durch Spanien. Dabei erfährt er in Toledo von der Untreue seiner Frau und macht ihr mit dem Geliebten den Prozeß. Nach weiteren Erlebnissen, u. a. mit einer Kupplerin, wird er Einsiedler. Als er sich jedoch zum zweitenmal verheiraten will, peit-

schen ihn die Weiber aus, und er stirbt später als frommer Mönch.
In Deutschland wurde der *Lazarillo*-Roman viel später als bei Franzosen und Engländern in Übersetzung bekannt. Der Landstörtzer *Guzmán de Alfarache* erschien 1615 als erster spanischer Schelmenroman in Deutschland. Dessen Rezeption verbindet sich hier mit der Überlieferung der Volksbücher (*Lalebuch*, 1597, Eulenspiegel-Bearbeitungen), späthumanistischer Narrenliteratur sowie dem Erbauungsschrifttum. GRIMMELSHAUSEN hat mit dem *Abentheurlichen Simplicissimus Teutsch* (1669) sowie der *Landstörtzerin Courasche oder Trutzsimplex* (1670) Anregungen aus dem Schelmenroman weitergeführt. D.B.

AUSGABEN: Alcalá de Henares/Antwerpen/Burgos 1554 [Faks. Cieza 1959, Hg. E. Gómez Moreno]. – Madrid 1966 (in *La novela picaresca española*, Hg. A. Valbuena Prat). – Paris 1968, Hg. u. Einl. M. Bataillon. – Madrid 1972, Hg. A. Blecua (Castalia). – Madrid 1976, Hg. J. V. Ricapito (Cátedra). – Buenos Aires 1980, Hg. N. M. Grotta [krit.; m. Bibliogr.]. – Madrid 1988 (Austral). – Madrid 1988, Hg. F. Rico (Cátedra).

ÜBERSETZUNGEN: *Lazarillo de Tormes* (in *Zwo kurtzweilige, lustige und lächerliche Historien*, Hg. N. Ullenhart, Augsburg 1617). – *Leben und Wandel Lazaril von Tormes: Vnd beschreibung, Waß derselbe für vnglück und widerwertigkeitt außgestanden hat. Verdeutzscht 1614*, Hg. H. Tiemann, Hbg. 1951; ern. Stg. 1979 (Überarb. M. Sestendrup, Nachw. G. Noelle; RUB; ern. Lpzg. 1983; RUB). – *Die Geschichte vom Leben des Lazarillo de Tormes und von seinen Leiden und Freuden, von ihm selbst erzählt*, W. Widmer, Mchn. 1963. – *Das Leben des Lazarillo vom Tormes. Von seinem Glück und seinem Unglück*, G. Spranger, Lpzg. 1962; ^{3}1980 (IB). – *Das Leben des Lazarillo de Tormes, seine Freuden und Leiden*, H. Henze (in *Spanische Schelmenromane*, Hg. H. Baader, Bd. 1, Mchn. 1964; ern. Basel 1973). – *Lazarillo von Tormes oder die Listen der Selbsterhaltung*, F. R. Fries, Bln./DDR 1985.

LITERATUR: G. Siebenmann, *Über Sprache und Stil im »Lazarillo de Tormes«*, Bern 1953. – C. Guillén, *La disposición temporal del »Lazarillo de Tormes«* (in HR, 25, 1957, S. 264–279). – H. R. Jauss, *Ursprung und Bedeutung der Ich-Form im »Lazarillo de Tormes«* (in RJb, 8, 1957, S. 290–311). – A. Rumeau, *Le »Lazarillo de Tormes«, essai d'interprétation, essai d'attribution*, Paris 1964. – L. L. Laurenti, *Estudio crítico de la segunda parte del »Lazarillo de Tormes«*, Mexiko 1965. – A. Castro, *Hacia Cervantes*, Madrid 1966. – F. Márquez Villanueva, *La actitud espiritual del »Lazarillo de Tormes«* (in *Espiritualidad y literatura en el siglo XVI*, Madrid 1968, S. 69–137). – *Pikarische Welt. Schriften zum europäischen Schelmenroman*, Hg. H. Heidenreich, Darmstadt 1969 [m. Bibliogr.]. – M. Saludo Stephan, *Misteriosas andanzas atunescas de »Lazarillo de Tormes«*, San Sebastián 1969. – M. Bataillon, *Novedad y fecundidad del »Lazarillo de Tormes«*, Salamanca 1970; ern. 1973. – E. García-Angulo, *Vocabulario del »Lazarillo de Tormes«*, Barcelona 1970. – C. Minguet, *Recherches sur les structures narratives dans »Lazarillo de Tormes«*, Paris 1970. – R. Zwez, *Hacia la revaloración de la segunda parte del »Lazarillo« (1555)*, Valencia 1971. – F. Rico, *La novela picaresca y el punto de visto*, Barcelona 1970. – F. Ayala, *El Lazarillo: nuevo examen de algunos aspectos*, Madrid 1971. – A. D. Deyermond, *»Lazarillo de Tormes«. A Critical Guide*, Ldn. 1972. – F. Lázaro Carreter, *»Lazarillo de Tormes« en la picaresca*, Barcelona 1972. – J. L. Laurenti, *Bibliografía de la literatura picaresca*, Metuchen/N.J. 1973. – A. Ruffinato, *Struttura e significazione del »Lazarillo de Tormes«*, 2 Bde., Turin 1975–1977. – J. V. Ricapito, *Bibliografía razonada y anotada de las obras maestras picarescas españolas*, Madrid 1976. – J.-C. Santoyo, *Ediciones y traducciones inglesas del »Lazarillo de Tormes« (1568–1977)*, Vitoria 1978. – *La picaresca: Orígenes, textos y estructuras*, Hg. M. Criado del Val, Madrid 1979. – P. N. Dunn, *The Spanish Picaresque Novel*, Boston 1979 (TWAS). – H. Sieber, *Language and Society in »La vida de Lazarillo de Tormes«*, Baltimore 1979. – W. Casanova, *La casa y los valores de la intimidad en el »Lazarillo de Tormes«* (in CHA, 1980, Nr. 363, S. 515–539). – V. García de la Concha, *Nueva lectura del »Lazarillo de Tormes«. El deleite de la perspectiva*, Madrid 1981. – J. A. Maravall, *Pobres y pobreza del medioevo a la primera modernidad: Para un estudio histórico-social de la picaresca* (in CHA, 1981, Nr. 357/358, S. 189–242). – A. Gómez-Moriana, *Autobiografía y discurso ritual: Problemática de la confesión autobiográfica destinada al tribunal inquisitorial* (in *L'autobiographie en Espagne*, Aix-en-Provence 1982, S. 69–94). – H. H. Reed, *The Reader in the Spanish Picaresque Novel*, Ldn. 1984. – A. Cea Gutiérrez u. J. Alvarez Barrientos, *Fuentes etnográficas en la novela picaresca española I. Los Lazarillos*, Madrid 1984 [Vorw. J. Caro Baroja]. – R. L. Fiore, *»Lazarillo del Tormes«*, Boston 1984 (TWAS). – A. Gómez-Moriana, *La subversión del discurso ritual: Una lectura intertextual del »Lazarillo del Tormes«* (in Co-textes, 8, 1984, S. 21–79). – J. M. Alegre Peyrón, *Costumbres populares y formas de vida en la España del »Lazarillo de Tormes«*, Salamanca 1985. – W. Engler, *Zur Rekonstruktion des »Lazarillo de Tormes«* (in RZL, 10, 1986, S. 21–34). – B. König, *»La vida de Lazarillo del Tormes«* (in *Der spanische Roman vom Mittelalter bis zur Gegenwart*, Hg. V. Roloff u. H. Wentzlaff-Eggebert, Düsseldorf 1986, S. 33 bis 47). – A. Vilanova, *»Lazarillo del Tormes«, pregonero y biógrafo de sí mismo* (in *Symposium in honorem Prof. M. de Riquer*, Hg. A. M. Badia i Margarit, Barcelona 1986, S. 417–461). – D. Brenes Carrillo, *Lazarillo, La Vlixea y Anón* (in Boletín de la Biblioteca de Menéndez Pelayo, 63, 1987, S. 57–104). – J. M. López de Abiada, *Alusiones, reticencias y silencios locuaces en el Lazarillo* (in IR, 31, 1990, S. 65–81).

LA VIDA DE MADONA SANTA MARIA EGIPCIAQUA

(span.; *Das Leben der heiligen Frau Maria aus Ägypten*). Anonymes hagiographisches Gedicht, entstanden Ende des 12. oder Anfang des 13. Jh.s. – Die 1452 Verse umfassende Heiligenlegende ist in einer einzigen Handschrift des Escorial aus dem 14. Jh. zusammen mit dem *Libro dels tres reys d'Orient* und dem *Libre d'Apolonio* überliefert. Die Sprache des Gedichts mit seiner unregelmäßigen, zwischen Reim und Assonanz schwankenden volkstümlichen Form, in der die Neunsilber die Acht- und Zehnsilber überwiegen, weist aragonesische Spracheigentümlichkeiten auf. Es stellt eines der wenigen Beispiele aus der spanischen Literatur für die Gestaltung eines religiösen Stoffes in der Spielmannsdichtung dar. Ihm liegt die altfranzösische Fassung der im byzantinischen Osten nach dem Vorbild von Anachoretenbiographien legendär ausgeschmückten Vita der ägyptischen Maria zugrunde, die auch in der westlichen Kirche verehrt und bis in die Barockzeit in der religiösen Kunst sehr häufig dargestellt wurde. Der unbekannte nordspanische Spielmann übersetzte seine Vorlage zuweilen ungelenk und paßte sie den Bedürfnissen seiner Zuhörer durch ausschmückende oder erklärende Einschübe an. Mangelndes Verständnis oder flüchtige Schreibweise dürften der Grund für gelegentliche Auslassungen sein.

Nach einem lehrhaften Prolog, der theologische Betrachtungen über Sünde und Buße anstellt, beginnt die Erzählung des Exemplum mit Kindheit und Jugend des schönen Mädchens, das früh seine Eltern verließ, um in Alexandrien ein ausschweifendes Leben zu führen. Eine Reise führt Maria nach Jerusalem, wo sie am Himmelfahrtstag, von Engeln am Betreten der Kirche gehindert, bekehrt wird. Unverzüglich nimmt sie ein Leben härtester Buße in der Nähe des Johannesklosters am Jordan auf sich und erreicht in vierzig Jahren asketischer Abtötung hohe geistliche Vollkommenheit. Vor die Begegnung mit dem heiligmäßigen Mönch Gozimas ist die Schilderung des Lebens in der Abtei eingeschoben. Maria bekennt Gozimas ihre Sünden und empfängt die Kommunion. Nach ihrem gottseligen Tod findet Gozimas den Leichnam und bestattet ihn, wobei ihm ein Löwe hilft. In die Abtei zurückgekehrt, erzählt er den Mönchen vom vorbildlichen Büßerleben Marias. Den Schluß dieser eines naiv-künstlerischen Reizes nicht entbehrenden Bearbeitung, die zu den frühen Zeugnissen der spanischen Literatur gehört, bildet eine Ermahnung an die Zuhörer zu sittlichem Lebenswandel.

D.B.

Ausgaben: Madrid 1840, Hg. J. P. Pidal (in Revista de Madrid, 4). – Madrid 1864, Hg. F. Janer (BAE, 57). – Barcelona 1907, Hg. R. Foulché-Delbosc. – Madrid 1964, Hg. M. S. de Andrés Castellanos [m. Einl., Glossar u. Bibliogr.]. – Madrid 1970–1972, Hg. u. Einl. M. Alvar; 2 Bde. – Exeter 1977, Hg. u. Einl. B. Thompson u. J. K. Walsh.

Literatur: A. T. Baker, *»Vie de sainte Marie l'Égyptienne«* (in RLaR, 59, 1917, S. 145–401). – A. M. Monti, *La leggenda di santa Maria Egiziaca nelle letterature medioevali italiana e spagnola*, Bologna 1938. – M. Wietzorek, *Die Legenden der Thais u. der Maria Aegyptiaca in den romanischen Literaturen vornehmlich des Mittelalters*, Diss. Münster 1941. – *Bibliotheca sanctorum*, Bd. 8, Rom 1967, Sp. 981–994. – M. Alvar, *Poemas hagiográficos de caracter juglaresco. Estudio y edición*, Madrid 1967. – L. R. Cortina, *Composition and Meaning of the »Vida de Santa María Egipciaca«*, Diss. Case Western Reserve Univ. 1972 (vgl. Diss. Abstracts, 33, 1972, S. 1718A). – E. Swanberg, *The Singing Bird: A Study of the Lyrical Devices of »La vida de Santa María Egipciaca«* (in HR, 47, 1979, S. 339–353). – L. R. Cortina, *The Aesthetics of Morality: Two Portraits of Mary of Egypt in the »Vida de Santa María Egipciaca«* (in Hispanic Journal, 2, 1980, S. 41–45).

II. Siglo de Oro. Das 17. Jahrhundert

PEDRO CALDERÓN DE LA BARCA

* 17.1.1600 Madrid
† 25.5.1681 Madrid

LITERATUR ZUM AUTOR:
Bibliographien:
E. M. Wilson, *An Early List of C.'s Comedias* (in MPh, 40, 1962, S. 95–102). – *C. de la B.-Studies, 1951–1969. A Critical Survey and Annotated Bibliography*, Hg. J. H. Parker u. A. M. Fox, Toronto 1971. – K. u. R. Reichenberger, *Bibliographisches Handbuch der C.-Forschung*, 2 Bde., Kassel 1979–1981. – J. Simon Díaz, *Manual de Bibliographía Espanola*, Madrid 1980, S. 246–264.
Forschungsberichte:
H. Flasche, *Stand u. Aufgaben der C.-Forschung* (in DVLG, 32, 1958, S. 613–643). – J. M. Diéz Borque, *Análisis crítico del status de los estudios calderonianos (1951–1981)* (in *Colloquium Calderonianum Internationale. Atti*, Hg. G. De Gennaro, L'Aquila 1983, S. 141–190). – H. Flasche, *Itinerario de la investigación calderoniana durante los últimos decenios* (ebd., S. 1–34). – M. Tietz, *Stimmen zu C. in Spanien u. Dtld.* (in *C. 1600–1681*, Hg. G. Denzler u. a., Bamberg 1983, S. 47–66).
Kongreßberichte:
Hacia C. / Archivum Calderonianum, Hg. H. Flasche, Bln./Wiesbaden 1970 ff. – *P. C. de la B. (1600–1681): Beiträge zu Werk u. Wirkung*, Hg. T. Heydenreich, Erlangen 1982. – *Approaches to the Theatre of C.*, Hg. M. D. McGaha, Washington D.C. 1982. – *Actas del Congreso Internacional sobre C. y el teatro español del Siglo de oro*, Hg. L. García Lorenzo, 3 Bde., Madrid 1983. – *P. C. de la B.: Vorträge anläßlich der Jahrestagung der Görresgesellschaft 1978*, Hg. T. Berchem, Bln. 1983. – *C. 1600–1681. Bamberger Vorträge zum 300. Todesjahr*, Hg. G. Denzler u. a., Bamberg 1983. – *Colloquium Calderonianum Internationale. Atti*, Hg. G. De Gennaro, L'Aquila 1983.
Biographien:
A. de los Ríos y Ríos, *Biografía del celebre poeta don P. C. de la B.*, Torrelavega 1883. – C. Pérez Pastor, *Documentos para la biografía de don P. C. de la B.*, Madrid 1905. – H. Lund, *P. C. de la B. A Biography*, Edinburgh 1963. – A. Valbuena Briones, *Revisión biográfica de C. de la B.* (in Arbor, 1976, Nr. 365, S. 17–31). – J. Alcalá Zamora, *El siglo de C.* (in Historia, 16, 1981, S. 44–52).
Gesamtdarstellungen und Studien:
M. Menéndez Pelayo, *C. y su teatro*, Santander 1881. – E. Cotarelo y Mori, *Ensayo sobre la vida y obras de D. P. C. de la B.*, Madrid 1924. – M. V. Depta, *P. C. de la B.*, Lpzg. 1925. – A. Valbuena Prat, *C.*, Barcelona 1941. – A. A. Parker, *The Allegorical Drama of C. An Introduction to the autos sacramentales*, Oxford 1943 (span.: *Los autos sacramentales de C.*, Barcelona 1983). – D. Alonso, *La correlación en la estructura del teatro calderoniano* (in D. Alonso u. C. Bousono, *Seis calas de la expresión literaria española*, Madrid 1951, S. 109–175). – E. Frutos Cortés, *La filosofía de C. en sus autos sacramentales*, Saragossa 1952; ern. 1981. – H. Friedrich, *Der fremde C.*, Freiburg i. B. 1955. – A. E. Sloman, *The Dramatic Craftsmanship of C.*, Oxford 1958. – M. Sauvage, *C. dramaturge*, Paris 1959. – W. Brüggemann, *Spanisches Theater u. dt. Romantik*, Münster 1964. – *Critical Essays on the Theatre of C.*, Hg. B. W. Wardropper, NY 1965. – E. W. Hesse, *C. de la B.*, NY 1967. – *C. de la B.*, Hg. H. Flasche, Darmstadt 1971. – E. Honig, *C. and the Seizures of Honor*, Cambridge/Mass. 1972. – *The Textual Criticism of C.'s Comedias*, Hg. E. M. Wilson u. D. W. Cruickshank, Ldn. 1973. – M. Franzbach, *Untersuchungen zum Theater C.s in der europäischen Literatur vor der Romantik*, Mchn. 1974. – M. Durán u. R. Gonzáles Echevarría, *C. y la crítica: Historia y antología*, Madrid 1976. – J. V. Bryans, *C. de la B.: Imagery, Rhetoric and Drama*, Ldn. 1977. – A. Valbuena Briones, *C. y la comedia nueva*, Madrid 1977. – G. Edwards, *The Prison and the Labyrinth: Studies in Calderonian Tragedy*, Cardiff 1978. – J. E. Maraniss, *On C.*, Columbia 1978. – S. Neumeister, *Mythos u. Repräsentation. Die mythologischen Festspiele C.s*, Mchn. 1978. – H. Flasche, *Über C. Studien aus den Jahren 1958–1980*, Wiesbaden 1980. – B. L. Mujica, *C.'s Characters: An Existential Point of View*, Barcelona 1980. – N. Sorg, *P. C. de la B.*, Salzburg 1980. – *Konkordanz zu C.*, Hg. H. Flasche u. G. Hofmann, 5 Bde., Hildesheim/NY 1980–1983. – M. Tietz, *Zur Vermittlung religiöser Inhalte an Laien im Theater C.s. Die ›autos sacramentales‹ und der ›vulgo ignorante‹* (in RF, 93, 1981, S. 319–334). – R. W. Tyler u. S. D. Elizondo, *The Characters, Plots and Settings of C.'s ›comedias‹*. Lincoln/Nebr. 1981. – S. Neumeister, *C. in Dtld.*, Bln. 1981 [Ausst. Kat.]. – D. J. Hildner, *Reason and the Passions in the Comedias of C.*, Amsterdam 1982. – C. Morón Arroyo, *C. Pen-*

samiento y teatro, Santander 1982. – R. Ter Horst, *C.: The Secular Plays*, Lexington/Ky. 1982. – D. Briesemeister, *C. de la B.* (in *Exempla historica. Die Konstituierung der neuzeitlichen Welt*, Bd. 30, Ffm. 1984, S. 79–101). – A. J. Cascardi, *The Limits of Illusion: A Critical Essay on C.*, Cambridge 1984. – F. Ruiz Ramón, *C. y la tragedia*, Madrid 1984. – M. Engelbert, *C.* (in *Das Spanische Theater*, Hg. K. Pörtl, Darmstadt 1985, S. 240–279). – *C. and the Baroque Tradition*, Hg. K. Levy u. J. Ara, Waterloo 1985. – W. Matzat, *Die ausweglose Komödie – Ehrenkodex u. Situationskomik in C.s ›comedia de capa y espada‹* (in RF, 98, 1986, S. 58–80). – S. Hernández-Araico, *Ironía y tragedia en C.*, Potomac/Md. 1986.

EL ALCALDE DE ZALAMEA

(span.; *Der Richter von Zalamea*). Versdrama in drei Akten von Pedro CALDERÓN DE LA BARCA, entstanden um 1640, möglicherweise schon vor 1636. – Bei der Einquartierung durchziehender Soldaten nimmt der reiche Bauer Pedro Crespo den Hauptmann Alvaro de Ataide auf. Dieser mißbraucht die Gastfreundschaft und vergewaltigt Pedros Tochter. Gerade an diesem Tag ist Don Crespo zum Alkalden ernannt worden. Zunächst versucht er, nicht als Richter, sondern als Mensch *(»como un hombre no más«)* den Hauptmann anzusprechen und bittet ihn kniefällig, die Ehre seiner Tochter wiederherzustellen, indem er sie heiratet. Als er damit nur Hohn und Spott erntet, benutzt er seine Amtsgewalt und läßt den Hauptmann ohne Rücksicht auf dessen adelige Geburt und militärischen Rang, der ihn der Militärgerichtsbarkeit unterstellt, ins Gefängnis werfen. Er weigert sich auch, ihn dem nach Zalamea zurückkehrenden General auszuliefern, weil er selbst eine unmittelbare Wiederherstellung der verletzten Ordnung herbeiführen will. Erbost befiehlt der General seinen Soldaten, das Dorf anzuzünden. Da erscheint der König, dem der Fall vorgetragen wird. Er gibt Crespo recht, fordert jedoch die Herausgabe des Gefangenen. Doch dieser ist schon tot: Der Alkalde hatte ihn aus Furcht vor dem Eingreifen der Soldaten hängen lassen. Nach kurzem Bedenken heißt der König Crespos Vorgehen gut und verlängert sein Richteramt auf Lebenszeit.

Die berichtete Begebenheit geht zurück auf ein Ereignis, das sich während des Portugalfeldzuges (1580/81) unter Philipp II. in Zalamea zugetragen hatte. Vermutlich hat Calderón auch eigene, im katalanischen Feldzug gesammelte Erfahrungen verarbeitet, und wahrscheinlich kannte er Lope de VEGAS gleichnamiges Stück. Erst Calderón jedoch gelang es, durch Reduzierung (wenn auch Beibehaltung) der komödienhaften Züge die Intrige zu vereinfachen, den Konflikt dramatisch zuzuspitzen, die Handlung auf die Hauptfiguren und die dem Protagonisten Lopes an menschlicher und dramatischer Kraft weit überlegene Gestalt des Richters als den beherrschenden Mittelpunkt zu konzentrieren und die einzelnen Szenen harmonisch auszubalancieren. *»Mit großer intellektueller Kraft vermag der Verfasser die durcheinandergewirbelten Bilder sprachlich in einer genauen . . ., durch Wiederholungsfiguren gegliederten, dem Syllogismus angenäherten Satzstruktur zu bändigen.«* (H. Friedrich) Im Unterschied zu seinen anderen Werken, in denen meist allegorische Figuren oder Vertreter höheren Standes als Hauptpersonen auf der Bühne stehen, läßt Calderón hier Vertreter aller Stände wirklichkeitsnah und lebendig agieren. Man könnte den *Alcalde* geradezu ein Meisterwerk Lopes nennen, das von Calderón realisiert worden ist. Angehörige der Armee vom gemeinen Soldaten und der Marketenderin über den Sergeanten und den Hauptmann bis zum General vereinigen sich mit der Familie Crespos und vielen Sekundärfiguren zu einem innerhalb seines dramatischen Werkes einzigartigen Bild der spanischen Stände, deren niedere der Dichter hier nicht nur für darstellungswürdig hält, sondern als wahrhaft aristokratischer Ehrbegriffe und Handlungsweisen fähig schildert. Dennoch glaubte man zu Unrecht, daß in diesem Stück bereits Sozialkritik geübt und eine »demokratische« Gesellschaft vorweggenommen worden sei. Wenn Crespo, der bäuerliche Zivilrichter, auf den Einwand des Königs, der Hauptmann könne nur von einem Kriegsgericht verurteilt werden, antwortet: *»Die Gerechtigkeit des Reiches / hat nur einen Körper zwar, / aber der hat viele Hände: / Sagt, was tut's, wenn diese Hand / einen umbringt, der den Tod / von der anderen empfangen?«* und der König bestätigt: *»Rechtlich war der Tod erkannt, / und nichts tut ein Fehl im Kleinern, / wenn man nur den Hauptpunkt traf«*, so scheint das ein Sieg natürlichen Rechtsempfindens über die Willkür der privilegierten Stände und Crespo ein Bild unabhängigen Bauernstolzes im absolutistischen Spanien des 17. Jhs. zu sein. Doch abgesehen davon, daß es unter den spanischen Habsburgern keinen freien Bauernstand gab, ist die Unbedingheit, mit der Crespo dem Recht Geltung verschafft, eher als Vollzug einer *»gottgegebenen Veranstaltung«* (Voßler) zu werten; denn Crespo rächt nicht seine eigene verletzte Ehre, sondern die willkürliche Übertretung einer von Gott gesetzten Ordnung, und in gewisser Weise vertritt er als Dorfrichter Gott selbst. I.F.-KLL

AUSGABEN: Madrid 1651 (in *El mejor de los meiores libro que ha salido de comedias nuevas*). – Madrid 1959 (in *Obras completas*, Hg. A. Valbuena Briones, 3 Bde., 1959–1967, 1; m. Anm.; ern. 1969). – Madrid 1960, Hg. A. Cortinas (Clás. Cast; m. Anm.). – Oxford 1966, Hg. P. N. Dunn. – Madrid 1976, Hg. J. M. Diéz Borque [m. Anm.]. – Barcelona 1982, Hg. D. Yndurain [m. Anm.].

ÜBERSETZUNGEN: *Der Richter von Zalamea*, J. D. Gries (in *Schauspiele*, 7 Bde., Bln. 1815–1829; 5, 1822). – *Der Schultheiß von Zalamea*, O. Graf von der Malsburg (in *Schauspiele*, 6 Bde., Lpzg. 1819–1825, 5). – *Der Richter von Zalamea*, W. v. Wurzbach (in *A W*, 10 Bde., Lpzg. 1910, 7). – *Der*

Schulze von Zalamea, O. Frh. v. Taube, Lpzg. 1923 (IB). – *Der Richter von Zalamea*, E. Gürster (in *Ausgew. Schauspiele*, Mchn. 1928; einzeln: Mchn. 1931). – Dass., W. v. Scholz (in W. v. S., *Welttheater*, Lpzg. 1942; einzeln: Mchn. 1954; ern. in *Spanisches Welttheater*, Mchn. 1961). – Dass., J. D. Gries, Hg. W. Tschulik, Mchn. 1958. – Dass., ders. (in *Dramen*, Mchn. 1963; Nachw. E. Schramm). – Dass., E. Gürster, Stg. 1981.

BEARBEITUNGEN: G. Stephanie, *Der Oberamtmann u. die Soldaten* (in G. S., *Sämtliche Lustspiele*, Wien 1787, Bd. 6). – F. L. Schröder, *Amtmann Graumann oder Die Begebenheiten auf dem Marsch*, Hannover 1781. – O. Döpke, *Der Richter von Zalamea*, bearb. nach d. Übers. v. J. D. Gries, Bln. 1981.

VERFILMUNGEN: *Der Richter von Zalamea*, Deutschland 1956 (Regie: M. Hellberg). – *La leyenda del Alcalde de Zalamea*, Spanien 1972 (Regie: M. Camus).

LITERATUR: A. Günther, *C.s »Alcalde de Zalamea« in der dt. Lit.* (in Zs. f. frz. u. engl. Unterricht, 26, 1927, S. 445–457). – W. Küchler, *C.s Comedia »El alcalde de Zalamea« als Drama der Persönlichkeit* (in ASSL, 190, 1953/54, S. 306–313). – C. A. Soons, *Caracteres e imágenes en »El alcalde de Zalamea«* (in RF, 72, 1960, S. 104–107). – W. O. Casanova, *Honor, patrimonio del alma y opinión social, patrimonio de casta en »El alcalde de Zalamea«* (in Hispanófila, 33, 1968, S. 17–33). – M. Franzbach, *P. C. de la B. »Der Richter von Zalamea«*, Mchn. 1971. – A. A. Parker, *La estructura dramática de »El alcalde de Zalamea«* (in *Homenaje a Casalduero*, Madrid 1972, S. 411–418). – P. Halkhoree, *C. de la B.: »El alcalde de Zalamea«*, Ldn. 1972. – V. B. Bickert, *C.s »El alcalde de Zalamea« als soziales Drama*, Ffm. 1977. – A. Valbuena Briones, *Una interpretación de »El alcalde de Zalamea«* (in Arbor, 1978, Nr. 385, S. 25–39). – P. L. Smith, *C's Mayor* (in RF, 92, 1980, S. 100–117). – G. Edwards, *The Closed World of »El alcalde de Zalamea«* (in *Critical Perspectives on C. de la B.*, Hg. F. A. de Armas u. a., Lincoln/Nebr. 1981, S. 53–67). – C. Morón Arroyo, *»La vida es sueño« y »El alcalde de Zalamea«: Para una sociología del texto calderoniano* (in IR, 14, 1981, S. 27–41). – R. Ter Horst, *The Poetics of Honour in C.'s »El alcalde de Zalamea«* (in MLN, 96, 1981, S. 286–315). – D. J. Hill, *»El alcalde de Zalamea«: A Chronological Annotated Bibliography* (in Hispania, 66, 1983, S. 48–63). – H. W. Sullivan, *»El alcalde de Zalamea« de C. en el teatro europeo de la segunda mitad del siglo XVIII* (in *Actas del Congreso Internacional sobre C. y el teatro español de Siglo de oro*, Hg. L. García Lorenzo, Bd. 3, Madrid 1983, S. 1471–1477). – D. Yndurain, *»El alcalde de Zalamea«, historia, ideología, literatura* (in Edad de oro, 5, 1986, S. 299–311).

LA CENA DEL REY BALTASAR

(span.; *Das Nachtmahl des Königs Balthasar*). *Auto sacramental* von Pedro CALDERÓN DE LA BARCA, geschrieben wahrscheinlich 1632, gedruckt 1664. – Die Überlieferung des Stücks ist nicht völlig gesichert, die Begleitmusik ist verlorengegangen. – Der heidnische König Belsazar tritt als Gemahl der Welteitelkeit auf und ist im Begriff, sich auch noch mit der »Götzenliebe« zu verbinden. Am Morgen des geplanten Festes entwirft er seinen beiden Buhlen ein prächtiges Gemälde seiner Macht, seines Reiches und seiner künftigen verwegenen Vorhaben. Der Prophet Daniel erscheint und warnt Belsazar vor dem Zorn Gottes. Der Tod naht als Höfling *(galán)* mit Degen und Dolch, in einem mit Totenköpfen übersäten Mantel, und antwortet auf Daniels Frage nach einem, der den gotteslästerlichen Stolze des Königs Belsazar rächen werde: *»Wer... übernimmt das Rächeramt für diese Beleidigung? Ich.«* Daniel erschrickt und fragt den *galán* nach seinem Namen. Darauf gibt dieser sich als Tod zu erkennen. Er beauftragt den »Gedanken«, Belsazar zu warnen. Dann sucht er den König, der sich im Garten mit seinen Buhlen vergnügt, ein zweites Mal auf und liest ihm aus einem *libro de memorias* Worte vor, die ihn zur Umkehr und Demut bewegen sollen. Schließlich überläßt er dem König ein Blatt des Buches, auf dem dieser liest: *»Du warst Staub und zu Staub sollst du werden.« (»Polvo fuiste, y polvo eres, y polvo has de ser.«)* Belsazar wird nachdenklich, doch die leichtfertigen Frauen zerstreuen seine Bedenken. Die »Eitelkeit« entreißt ihm das Memorial und vernichtet es. Nun beschließt der Tod, Belsazar das Leben zu nehmen; denn auch der »Gedanke«, der als *gracioso* (Narr) auftritt, kann – weil er von Natur wankelmütig und unfähig zur Erkenntnis des Guten ist – Belsazar nicht zur Selbstbesinnung bringen. Der König wird vom Tod in Schlaf versenkt. Nachdem »Welteitelkeit« und »Götzenliebe« ihn verlassen haben, spricht der Tod im Traum zu ihm. Am Schluß dieses langen Monologs (geschrieben im Lieblingsversmaß Calderóns, den *décimas*, die durch den Sigismundmonolog in *La vida es sueño – Das Leben ein Traum* so berühmt geworden sind) zieht der Tod das Schwert. Da stürzt Daniel herbei und hält ihn zurück: Er darf keinen Menschen ohne die Vollmacht Gottes töten. So entfernt sich der Tod noch einmal, und Belsazar sieht im Traum ein ehernes Reiterstandbild: »Götzenliebe« hält das Roß am Zügel. Ein Turm erscheint ihm, auf dessen Zinne »Welteitelkeit« steht. Das Standbild ruft Belsazar an und droht ihm mit dem Zorn des lebendigen Gottes, falls er sich nicht von seinen Götzen losreiße. Statt des träumenden Königs antworten seine beiden Buhlen: Sie wünschen sich ein rauschendes Fest. Als der König erwacht, befiehlt er, ein glänzendes Bankett vorzubereiten, und läßt die heiligen Tempelgefäße der Juden – Sinnbild des Kelches im Altarsakrament, zu dessen Ehre das *auto sacramental* aufgeführt wurde – als Zechbecher herbeischaffen. Mitten im Taumel des Festes erscheint unter

Blitz und Donner an der Wand die rätselvolle Inschrift: *»Mene, tekel, u'pharsin«*, die niemand, nicht einmal der »Gedanke«, zu deuten vermag. Jetzt wird der König von Angst gepackt, er läßt Daniel rufen, der Tod und Gericht verkündet. Der verkleidete Tod tritt auf und reicht dem König den Becher. Belsazar verbrennt innerlich am Gift der Sünde. Noch will er das Schwert gegen den Tod ziehen – da streckt dieser ihn schon nieder. Des Königs gotteslästerlicher Stolz wird also mit zweifachem Tod, dem der Seele und dem des Leibes, bestraft. Daniel weist angesichts dieses tödlichen Mahles auf das wahre Gnadenmahl, das Altarsakrament, hin. Der Tisch des Banketts verwandelt sich in einen Altar, der Pokal in einen Kelch.

Alle *autos sacramentales* von Calderón sind im Grunde Allegorien: Theologie, Metaphysik, die Beziehung des Menschen zu den christlichen Heilstatsachen werden anhand von Stoffen dargestellt, die entweder dem *Alten* oder dem *Neuen Testament*, der Heiligenlegende oder der antiken Mythologie entnommen sind, oder aber aus eigenen *comedias* des Dichters stammen. So ist König Belsazar der Mensch, der seine freie Willensentscheidung zu Schlechtem verwendet, der den Hauptsünden *idolatría* und *vanidad* verfällt und der Stimme Gottes (die durch Daniel zu ihm spricht) kein Gehör schenkt. Gleichzeitig aber treten König und Prophet als konkrete historische Personen auf (und wurden vom Zuschauer auch als solche verstanden). Ihre Wirkung auf das Publikum muß vor allem durch die großartige Rolle des Todes verstärkt worden sein, der bei Calderón zwar Sinnbild der Sünde, des Abfalls von Gott, zugleich aber auch konkrete Wirklichkeit ist, eine Macht, die jeden Menschen berührt: *»... wie die Sonne, die erhellt, / bin ich Schatten, der verdunkelt, / wie das Leben sie der Welt / bin ich dieser Erde Tod, / komme, wie die Sonne geht, / denn es haben Licht und Schatten / stets auf Erden gleiches Recht...«*

Calderóns *autos* sind geistliche Lehrstücke, in denen die Effekte des Barocktheaters voll zur Wirkung kommen; da der Dichter ihnen alle Schönheit der Welt verleiht, packt und erschüttert er um so stärker, wenn er diese Welt gleichzeitig als *engaño* – als Täuschung und Schein – enthüllt und den Zuschauer über das *desengaño* – die Enttäuschung am bloß Weltlichen – zur Erfüllung im Geistlichen hinführt. I.F.

AUSGABEN: Madrid 1664 (in *Navidad, y Corpus Cristi...*, anon.). – Madrid 1957, Hg. A. Valbuena Prat (Clás. Cast). – Madrid 1967 (in *Obras completas*, Hg. A. Valbuena Briones, 3 Bde., 1959–1967, 3; m. Anm.; ern. 1987). – Bln./NY 1971, Hg. G. Hofmann [m. Anm.].

ÜBERSETZUNGEN: *Balthasars Nachtmahl*, J. v. Eichendorff (in *Geistliche Schauspiele*, Bd. 1, Stg./Tübingen 1846; ern. in *Dramen*, Mchn. 1963). – *Das Festmahl des Belsazar*, L. Braunfels (in *Dramen aus und nach dem Spanischen*, Bd. 2, Ffm. 1856).

BEARBEITUNG: R. Schneider, *Das Spiel vom Menschen. Belsazar*, Graz 1949 [m. Einl.].

LITERATUR: A. A. Parker, *The Allegorical Drama of C.*, Oxford 1943, S. 156–196. – E. Frutos Cortés, *La voluntad y el libre albredío en los Autos sacramentales de C.* (in Universidad, 25, 1948, S. 3–26). – L. K. Hulse, *Edición crítica y estudio de »La cena del rey Baltasar« de C. de la B.*, Diss. Univ. of Cincinnati 1973 (vgl. Diss. Abstracts, 34, 1974, S. 5177A). – J. O. Valencia, *Pathos y tabu en el teatro bíblico del siglo de oro*, Madrid 1977, S. 55–61. – J. E. Varey, *The staging of C.'s »La cena del rey Baltasar«* (in *Aureum Saeculum Hispanum*, Hg. K. H. Körner, Wiesbaden 1983, S. 299–311).

LA DAMA DUENDE

(span.; *Die Dame Kobold*). »Mantel-und-Degen-Komödie« von Pedro CALDERÓN DE LA BARCA, Uraufführung: Madrid 1629. – Der Stoff ist einem gleichnamigen, heute verlorenen Stück von TIRSO DE MOLINA entnommen: Die junge lebenslustige Witwe Doña Angela ist wieder einmal ihren sie streng bewachenden Brüdern entwischt und geht tiefverschleiert allein spazieren. Als sie merkt, daß ihr Bruder Luis ihr folgt, bittet sie einen ihr entgegenkommenden Edelmann, den Verfolger aufzuhalten, damit sie unerkannt nach Hause zurückgelangen kann. Der spanische Ehrenkodex verlangt, daß ein Mann dem Wunsch einer Dame wie einem Befehl nachkomme; so muß Don Manuel sich unter einem nichtigen Vorwand mit Don Luis duellieren. Als Don Juan, der zweite Bruder, herbeieilt, erkennt er in dem Gegner seines Bruders einen alten Freund und bittet ihn als Gast in sein Haus. So logiert Don Manuel, ohne es zu wissen, Tür an Tür mit der Frau, für die er sich geschlagen hat, von ihr nur durch einen drehbaren Schrank getrennt, der der »Dame Kobold« erlaubt, immer neue Späße und Neckereien auszuhecken. Sie läßt für Manuel Briefe hinterlegen und versteckt Geschenke in seinem Zimmer. Der junge Mann, dessen Antwortbillets auf die gleiche geheimnisvolle Weise verschwinden, findet an der kapriziösen Korrespondenz großen Gefallen, müht sich jedoch vergeblich, das Geheimnis des »Kobolds« zu lüften. Erst nach zahlreichen Mißverständnissen kommt durch die Brüder Angelas der wahre Sachverhalt an den Tag, und gemäß dem Sprichwort, daß sich liebe, was sich neckt, heiraten die »Dame Kobold« und Don Manuel.

La dama duende ist eine Komödie von bezaubernder Anmut und Leichtigkeit, in der Art der Lustspiele des späteren GOLDONI. Mit geradezu mathematischer Präzision folgen einander die Verwicklungen, und die witzigen Einfälle der Titelfigur lassen den Zuschauer leicht vergessen, daß dem irrlichternden Treiben viel Phantastisches und Unwirkliches anhaftet. Freilich: Selbst in diesem ausgelassenen Intrigenspiel ist allenthalben der spanische – und Calderónsche – Pessimismus des *desen-*

gaño spürbar: die Überzeugung von Scheinhaftigkeit und Unsicherheit alles Irdischen. Die Koboldstreiche der unternehmenslustigen Angela lassen Manuel und seinen Diener buchstäblich an der Wirklichkeit zweifeln. Im finsteren Zimmer, unsichtbar für Manuel, raunt Angela diesem zu: *»Gönnet, daß ich Eurem Sinn / Als ein Rätselbild erscheine, / Denn nicht bin ich, was ich scheine, / und nicht schein' ich, was ich bin.«* Er fragt zurück: *»Bist ein Blendwerk oder Schatten, / Weib, das mich zu Tode quält?»*, und wenig später ruft er aus: *»O wie häuft in dieser Irrung / sich Verwirrung auf Verwirrung!«* Daß das Leben ein Traum, ein Schatten, eine Täuschung ist – immer wiederkehrendes Hauptthema der Dramen Calderóns –, wird in *La dama duende* auf anmutigste Weise veranschaulicht. I.F.

AUSGABEN: Madrid 1636 (in *Primera parte de comedias*). – Halle 1952, Hg. H. Koch (Slg. romanischer Übungstexte). – Madrid 1960 (in *Obras completas*, Hg. A. Valbuena Briones, 3 Bde., 1959 bis 1969, 2; m. Einl.; ern. 1973). – Madrid 1962, Hg. ders. (Clás. Cast). – Madrid 1983, Hg. ders. (Cátedra).

ÜBERSETZUNGEN: *Die Dame Kobold*, J. D. Gries (in *Schauspiele*, Bd. 5, Bln. 1822). – *Dame Kobold*, H. v. Hofmannsthal, Bln. 1920 [Bearb.; ern. in H. v.H., *Dramen I*, Ffm. 1953; ern. 1964]. – Dass., H. Schlegel, Stg. 1958, ern. 1981 (RUB). – Dass., J. D. Gries (in *Dramen*, Mchn. 1963; Nachw. E. Schramm). – Dass., A. C. Artmann, Wien 1969.

VERTONUNGEN: *Dame Kobold*, J. Raft, Weimar/ Bln. 1870 (Text: P. Reber; Oper). – Dass., F. v. Weingartner, Wien 1916. – Dass., G. Wimberger, 1964 (Text nach H. v. Hofmannsthal; Oper).

LITERATUR: E. Günthner, *C. und seine Werke*, Bd. 2, Freiburg i. B. 1888, S. 2–15. – J. B. Dalbor, *»La dama duende« de C. y »The Parson's Wedding« de Killigrew* (in Hsipanófila, 2, 1958, S. 41–50). – E. Honig, *Flickers of Incest on the Face of Honor, C.'s »Phantom Lady«* (in Tulane Drama Review, 6, 1962, S. 69–105). – B. K. Mujica, *Tragic Elements in C.: »La dama duende«* (in KRQ, 16, 1969, S. 303–328). – O. G. Schindler, *C.s »Dame Kobold« aus dem Stegreif* (in Maske u. Kothurn, 15, 1969, S. 325–341). – G. Fucilla, *»La dama duende« and »La viuda valenciana«* (in Bull. of the Comediantes, 22, 1970, S. 29–32). – R. Ter Horst, *The Ruling Temper of C.'s »La dama duende«* (ebd., 27, 1975, S. 68–75). – A. Valbuena Briones, *La técnica dramática y el efecto cómico en »La dama duende«* (in Arbor, 1975, Nr. 349, S. 15–26). – M. D. Stroud, *Social-Comic Anagnorisis in »La dama duende«* (in Bull. of the Comediantes, 29, 1977, S. 96–102). – D. J. Hildner, *Sobre la interpretación tragedizante de »La dama duende«* (in *Perspectivas de la comedia*, Hg. A. V. Ebersole, Bd. 2, Valencia 1979, S. 121–125). – S. L. Fischer, *The Invisible Partner: A Jungian Approach to C.'s »La dama duende«* (in RCEH, 1983, Nr. 2, S. 231–247). – A. Holmberg, *Variaciones sobre el tema del honor en »La dama duende« de C.* (in *Actes del Congreso Internacional sobre C. y el teatro español del Siglo de oro*, Hg. L. García Lorenzo, Bd. 2, Madrid 1983, S. 913–923). – A. Pacheco-Bertholet, *La tercera jornada de »La dama duende« de P. C. de la B.* (in Criticón, 21, 1983, S. 49–91). – A. Schizzano-Mandel, *El fantasma en »La dama duende«: una estructuración dinámica de contenidos* (in *Actas del Congreso Internacional sobre C. y el teatro español del Siglo de oro*, Hg. L. García Lorenzo, Bd. 1, Madrid 1983, S. 639–648). – J. E. Varey, *»La dama duende« de C.: símbolos y escenografía* (ebd., S. 165–183). – K. Reichenberger, *Unrechtes Handeln u. angemessene Reaktion: Zum Thema der patria potestas in C.s comedias de capa y espada* (in *Theatrum Mundi Hispanicum*, Hg. S. Neumeister u. K.-L. Selig, Tübingen 1986, S. 167–173).

ECO Y NARCISO

(span.; *Echo und Narcissus*). Drama in drei Akten von Pedro CALDERÓN DE LA BARCA, entstanden um 1661, erschienen 1672. – Schauplatz des Dramas sind die Wälder und Fluren Arkadiens. Singende, tanzende Schäfer und Schäferinnen, unter ihnen die beiden Rivalen Silvio (Sylvius) und Febo (Phoebus), feiern Eco, die *»himmlisch schöne Göttin der Wälder« (»divina y hermosa deidad de las selvas«)*. In der nahen Bergwildnis haust Liríope mit ihrem schönen Sohn Narciso in einer Höhle. In einem packenden Monolog erzählt sie ihr Schicksal: ihre Entführung durch Céfiro (Zephyrus), den Gott des Windes, und ihre Gefangenschaft in der von dem blinden Seher Tiresias bewachten Höhle. Dort zieht sie ihren Sohn in Einsamkeit und Unwissenheit auf, um ihn vor den Gefahren zu schützen, die Tiresias vor seiner Geburt prophezeit hat. Dieser Weissagung gemäß werden eine Stimme und eine Schönheit Narciso in Lebensgefahr bringen. Angelockt vom Wohlklang der Musik und von Ecos Stimme, verlangt Narciso in einem bilder- und gleichnisreichen Monolog von seiner Mutter die Freiheit, diese *»Gabe, die selbst ein Vogel oder ein Raubtier seinen Jungen gewährt, das Vermächtnis des Himmels an jeden Erdenbürger«*. Die Begegnung zwischen Eco und Narciso entfacht in beiden sogleich das Feuer der Liebe. Doch eingedenk der Warnung seiner Mutter weist der Jüngling Ecos Liebesgeständnis zurück und flieht in die Wälder. Im kristallklaren Wasser eines Baches erblickt er sein Spiegelbild, in das er sich leidenschaftlich verliebt. Um ihren Sohn von der Bezauberung durch Ecos Stimme und Schönheit zu befreien, flößt Liríope der Nymphe ein Gift ein, das ihre Zunge so lähmt, daß sie nur die letzten Silben der Wörter wiederholen kann, die sie von anderen hört. Doch alle Bemühungen der Mutter, ihren Sohn zu retten, bleiben vergeblich: Es sind die eigene Schönheit und das Echo der eigenen Stimme, die Narciso zum Verhängnis werden. Unterm Dröhnen eines Erdbebens fällt er tot zu Boden, eine Narzisse sprießt aus der Erde, und Eco verwandelt sich in Luft.

Den Stoff seines Dramas entnahm der Dichter dem vor allem durch Ovids *Metamorphosen* (III, 341–510) bekanntgewordenen griechischen Mythos von Echo und Narcissus. Calderóns Fassung, die in einigen Einzelheiten von Ovid abweicht, entstand gegen Ende seiner (etwa 1635 einsetzenden) zweiten Schaffensperiode, in der sein Realismus immer mehr hinter einem barocken Symbolismus zurücktrat. Die realistischen Elemente des Dramas – etwa die sarkastischen Bemerkungen des Bauernburschen Batos über die Galanterie der Männer und die Modetorheiten der Frauen – werden überwuchert von der Metaphorik des barocken Sprachstils. Der Wechsel von kunstvoll-rhetorischen Monologen, dramatischen Dialogen, lyrischen, tänzerischen und musikalischen Sequenzen verleihen dem Stück opernhaften Charakter. Dem poetischen Zauber arkadischen Schäferlebens, der Zartheit und Aufrichtigkeit der ersten Begegnung zwischen Eco und Narciso und der tragischen Verblendung des Helden verhilft Calderóns Sprachkunst zu beredtem Ausdruck. K.St.

Ausgaben: Madrid 1672 (in *Quarta parte de comedias*). – Madrid 1959 (in *Obras completas*, Hg. A. Valbuena Briones, 3 Bde., 1959–1969, 1; m. Einl.; ern. 1969). – Paris 1963, Hg. C. V. Aubrun (Chefs-d'œuvre des lettres hispaniques).

Übersetzung: *Echo und Narcissus*, E. F. G. O. v. der Malsburg (in *Schauspiele*, Bd. 3, Lpzg. 1819–1825).

Literatur: W. Brüggemann, *Romantisches in C.s comedia mitológica »Eco y Narciso«* (in Ges. Aufsätze zur Kulturgeschichte Spaniens, 13, 1958, S. 239 bis 258). – P. Groult, *Sur »Eco y Narciso« de C.* (in LR, 16, 1962, S. 103–113). – E. Cros, *Paganisme et christianisme dans »Eco y Narciso«* (in RLaR, 75, 1962, S. 39–74). – E. W. Hesse, *Estructura e interpretación de una comedia de C.: »Eco y Narciso«* (in Boletín de la Biblioteca Menéndez y Pelayo, 39, 1963, S. 57–72). – C. V. Aubrun, *»Eco y Narciso«* (in *Homenaje a W. L. Fichter*, Hg. A. Kossof u. J. Amor y Vázquez, Madrid 1971, S. 47–58). – W. R. Blue, *Dualities in C.'s »Eco y Narciso«* (in RHM, 39, 1976/77, S. 109–118). – S. Neumeister, *Mythos u. Repräsentation. Die mythologischen Festspiele C.s*, Mchn. 1978. – E. Lorenz, *Narziss – menschlich und göttlich: Der Narziss-Stoff bei P. C. de la B. und Sor Juan Inés de la Cruz* (in RJb, 30, 1979, S. 283–297). – S. H. Lipmann, *Sobre las interpolaciones en el »Eco y Narciso« de 1674* (in Segismundo, 14, 1979/80, S. 181–193). – E. W. Hesse, *C.'s »Eco y Narciso« and the Split Personality* (in E. W. H., *Theology, Sex and the Comedia*, Potomac/Md. 1982, S. 53–61). – Ders., *El fenómeno del doble en la comedia de C.* (in Segismundo, 16, 1982, S. 79–94). – D. Dipuccio, *Ambigous Voices and Beauties in C.'s »Eco y Narciso« and Their Tragic Consequences* (in Bull. of the Comediantes, 37, 1985, S. 129–144).

EL GRAN TEATRO DEL MUNDO

(span.; *Das große Welttheater*). Allegorisches religiöses Schauspiel *(auto sacramental)* von Pedro Calderón de la Barca, vor 1641 erstmals aufgeführt, erscheinen 1655. – Neben *La cena del rey Baltasar (Das Nachtmahl des Königs Balthasar)* ist *Das große Welttheater* das bedeutendste der Fronleichnamsspiele Calderóns. Der Dichter, der diesem für das spanische Theater charakteristischen Genre die gültige Form gegeben hat, greift hier den bereits in der Antike (Platon, Seneca, Epiktet) bekannten Topos von Leben als Spiel und der Welt als Bühne auf.

»Liebe den Nächsten wie dich selbst und tue recht, denn Gott ist Gott.« Unter diesem Motto soll, nach den Worten der »Gnade«, das Lebensspiel stehen. Der »Autor« – Gott – beruft die »Welt« zum Regisseur des Stückes. Seinen wunderbaren Anfangsmonolog schrieb Calderón im heroischen Stil der spanischen *silvas: »Hermosa compostura / de esa varia inferior arquitectura, / que entre sombras y lejos / a esta celeste usurpas los reflejos, / cuando con flores bellas / el número compite a sus estrellas, / siendo con resplandores / humano cielo de caducas flores..«* (*»Anmutige Konturen / der aus der Tiefe dämmernden Naturen, / die zwischen Licht und Nächten / des Himmels Abglanz sich erobern möchten / und die Gestirne überfunkeln / mit ihren schönen Blumen, die verdunkeln, / eh sie noch kaum erglühten, / ein irdischer Himmel schnell verwehter Blüten...«*; Ü: Eichendorff). Dann ruft er die Spieler auf und teilt ihnen ihre Rollen zu: »König«, »Reicher«, »Bauer«, »Schönheit«, »Weisheit«, »Bettler« und »Kind«. Wie sie sie ausfüllen, bleibt ihnen überlassen, sie müssen improvisieren – der Wille des Menschen ist frei. Die »Welt« überreicht ihnen die Requisiten ihres Standes, und das Spiel beginnt. Jeder Spieler betritt die Bühne durch dieselbe Tür, die Wiege, und verläßt sie, nachdem er seine Rolle gespielt hat, durch eine zweite, das Grab. Der König erweist sich als hoffärtig, der Reiche als unbarmherzig, die Schönheit als eitel, der Bauer als faul. Nur der Bettler und die Weisheit spielen Gott zur Ehre. Dann nimmt die »Welt« jedem Spieler die geliehenen Insignien wieder ab und öffnet ihm die Augen, um ihn selbst erkennen zu lassen, ob er seine Rolle erfüllt oder verfehlt hat – nach dem *engaño*, der Täuschung des Spiels, bewirkt sie den *desengaño*, die »Ent-Täuschung«. Den Spielern, die der Illusion verfallen sind, die das *obrar bien*, das Recht-Tun, nicht begriffen haben, droht nach dem Ende des Spiels – dem leiblichen Tod – der ewige Tod der Verdammnis. In den getragenen *octavas reales* der »Welt« kündet sich der Ernst dieser Scheidung der Geister an: *»Kurz war das Schauspiel, aber wann verwehen / nicht rasch des Lebens Spiele, kaum erklungen, / wo alles nur ein Kommen ist und Gehen, / das keinen überrascht, der's recht durchdrungen? / Verödet schon seh' ich die Bühne stehen, / zu ihrem Urstoff, dem sie sich entrungen, / kehrt nun die Form, die jeder angenommen, / Staub, scheiden sie, da sie als Staub gekommen.«* – Nach dieser irdischen Szenerie öffnet sich auf einer erhöhten

Bühne die himmlische: Der »Autor«, Gott, wird mit Kelch und Hostie sichtbar. Den Bettler und die Weisheit zieht er zu sich empor, die Reuigen werden dem Purgatorium, der reuelose Reiche aber der Verdammnis überwiesen. Das Stück klingt aus in dem von Spielern und Zuschauern gemeinsam gesungenen *Tantum ergo*, dem Lobpreis auf die Eucharistie: Christus ist der Mittler, der dem Gläubigen die helfende Gnade schenkt, die den freien Willen des Menschen zum Gehorsam leitet.
Beruht die Grundidee des Stücks – die Welt als Bühne, das Leben als Spiel – auf Calderóns Beschäftigung mit den eingangs erwähnten Autoren der Antike, so zeigt sich in der theologischen Tendenz der Einfluß der Jesuiten (Calderón hatte am Madrider Jesuitenkolleg studiert). Luis de Molina hatte mit seinen Schriften Anlaß zu dem »Gnadenstreit« gegeben, in dem es vor allem um die Frage ging, wie die Freiheit des menschlichen Willens mit dem Wirken der göttlichen Gnade vereinbar sei. Während die Thomisten behaupteten, der menschliche Wille sei abhängig von der göttlichen Gnade, vertraten die Molinisten (unter ihnen vor allem viele Jesuiten) die Ansicht, daß der Wille frei sei und die Gnade nur die Funktion einer Helferin habe. Dieser Lehre schließt sich Calderón an. Seine Spieler improvisieren ihr Leben, die Gestalt der Gnade übernimmt gleichsam die Rolle des Souffleurs, indem sie den Spielern in entscheidenden Augenblikken das Motto des Stücks zuruft: *»Liebe den Nächsten wie dich selbst und tue recht, denn Gott ist Gott!«* *Das große Welttheater* gehört im deutschen Sprachraum durch die Einsiedler Aufführungen in der Übersetzung Eichendorffs und durch die Salzburger Festspiele, für die Hugo von Hofmannsthal es neu bearbeitete, zu den bekanntesten *autos sacramentales*. I.F.

Ausgaben: Madrid 1655 (in *Autos sacramentales con cuatro comedias*...). – Madrid 1717 (in *Autos sacramentales*, Hg. P. de Pando y Mier, 6 Bde., 1). – Madrid 1952 (in *Obras completas*, Hg. A. Valbuena Briones, 3 Bde., 1959–1969, 3; m. Einl.; ern. 1987). – Madrid 1957 [Einl. u. Anm. J. L. Aguirre Sirera]. – Madrid 1981, Hg. D. Yndurain [m. Anm.]. – Madrid 1983, Hg. E. Frutos Cortés.

Übersetzungen: *Das große Welttheater*, J. v. Eichendorff (in *Geistliche Spiele*, Stg. 1846, Bd. 1). – Dass., ders., Stg. 1954 (RUB; Nachw. F. Schalk); ern. 1981. – Dass., H. Urs v. Balthasar, Einsiedeln 1959 (Sigillum). – Dass., J. v. Eichendorff (in *Dramen*, Mchn. 1963). – Dass., H.-G. Kübel u. W. Franke, Zürich 1981 [Vorw. G. Siebenmann].

Bearbeitung: H. v. Hofmannsthal, *Das Salzburger Große Welttheater*, Lpzg. 1922 (Urauff.: 12. 8. 1922, Collegienkirche Salzburg).

Literatur: G. Cirot, *»El gran teatro del mundo«* (in BHi, 43, 1941, S. 265–305). – M. Kommerell, *Beiträge zu einem deutschen C.*, Bd. 1, Ffm. 1946. – A. Vilanova, *El tema del »Gran teatro del mundo«* (in Boletín de la Academia de Buenas Letras de Barcelona, 23, 1950, S. 153–188). – S. Bartina Grassiot, *La Bíblia y C.*, Barcelona 1958. – E. Maclachlan, *C.'s »El gran teatro del mundo« and the Counter-Reformation in Spain* (in *Scritti vari dedicati a M. Parenti*, Florenz 1960, S. 181–190). – E. Schwarz, *Hofmannsthal u. C.*, Den Haag 1962. – L. C. Pérez, *Preceptiva drámatica en »El gran teatro del mundo«* (in Hispanófila, 30, 1967, S. 1–6). – N. D. Shergold, *»El gran teatro del mundo« y sus problemas escenográficos* (in *Hacia C. Coloquio Anglogermano*, Bln. 1970, S. 77–84). – R. L. Fiore, *C.'s »El gran teatro del mundo«. An Ethical Interpreation* (in HR, 40, 1972, S. 40–52). – D. Yndurain, *El gran teatro de C. y el mundo del XVII* (in Segismundo, 10, 1974, S. 17–72). – R. D. F. Pring-Mill, *La estructura de »El gran teatro del mundo«* (in *Hacia C. Tercer Coloquio Anglogermano*, Bln. 1976, S. 47–74). – R. W. Felkel, *»El gran teatro del mundo« of P. C. de la B. and the Centrality of Grace* (in Bull. of the Comediantes, 31, 1979, S. 127–134). – A. M. García, *»El gran teatro del mundo«: estructura y personajes* (in *Hacia C. Cuatro Coloquio Anglogermano*, Bln./NY 1979, S. 17–29). – K. Reichenberger, *C.s Welttheater und die autos sacramentales* (in *Theatrum Mundi*, Hg. F. Link u. G. Niggl, Bln. 1981, S. 161–175). – A. Hillach, *Das spanische Fronleichnamsspiel zwischen Theologie u. humaner Selbstfeier. Ein geschichtsphilosophischer Versuch über C.* (in *P. C. de la B. (1600–1981)*, Hg. T. Heydenreich, Erlangen 1982, S. 45–61). – F. Carillo, *Contexto y ley natural en »El gran teatro del mundo«* (in *Acta del Congreso Internacional sobre C. y el teatro espanol del Siglo de oro*, Hg. L. García Lorenzo, Bd. 2, Madrid 1983, S. 679–686). – M. Sito Alba, *Mimética en C. »El gran teatro del mundo«* (in *Colloquium Calderonianum Internationale. Atti*, Hg. G. de Gennaro, L'Aquila 1983, S. 35–62). – N. D. Shergold, *C. and Theatrum Mundi* (in J. M. Vaccaro u. J. Jaquot, *Art du spectacle et histoire des idées*, Tours 1984, S. 163–175). – M. Tietze, *»El gran teatro del mundo«* (in *Das spanische Theater*, Hg. V. Roloff u. H. Wentzlaff-Eggebert, Düsseldorf 1988).

GUÁRDATE DEL AGUA MANSA

(span.; *Hüte dich vor stillem Wasser*). Verskomödie in drei Akten von Pedro Calderón de la Barca, erschienen 1657. – Die erste Fassung unter dem Titel *El agua mansa* wurde wahrscheinlich um 1644 geschrieben. Diese zweite Fassung entstand wahrscheinlich um 1650, denn im ersten Akt wird der festliche Empfang Maria Annas von Österreich erwähnt, die 1649 die zweite Gemahlin Philipps IV. von Spanien wurde. Während Calderón in seinen anderen Sittenkomödien komplizierte Intrigen bevorzugt, entwickelt sich das Geschehen hier geradlinig, ohne daß nebensächliche Episoden den Ablauf der Haupthandlung stören.
Don Alonso ist als reicher Mann aus Amerika nach Madrid zurückgekehrt und hat seine beiden hübschen Töchter zu sich geholt, die in Alcalá im Klo-

ster erzogen worden sind, Clara, die ältere, ist sanft und bescheiden, sie will wenig von der Welt und erst recht nichts – so scheint es – von den Männern wissen und sehnt sich nach dem Kloster zurück. Eugenia dagegen ist ein anspruchsvolles, lebenslustiges Geschöpf, dessen Temperamentsausbrüche *»selbst einem Heiligen Verdruß machen würden«*. Als der geplagte Vater überdies erfährt, daß sie verliebte Verse schreibt und erhält, bemüht er sich, die Tochter möglichst rasch unter die Haube zu bringen, ehe Schlimmeres geschieht. Einen Ehemann hat er ihr schon ausgesucht: den Vetter Toribio Cuadradillos. Er kommt aus den Bergen Asturiens und ist also – den Vorstellungen des kultivierten Madrider Publikums entsprechend – der Inbegriff des dummen Bauerntölpels. Doch größere Chancen haben offensichtlich Don Pedro, der Eugenia aus Alcalá nach Madrid gefolgt ist, und vor allem Don Juan, dem sie längst geneigt ist.

Die Verwicklungen beginnen, als sich der leichtherzig-zynische Don Félix, der mit den beiden Liebhabern befreundet ist, ernsthaft in Clara verliebt, sie jedoch durch ein Mißverständnis für Eugenia hält. Als loyaler Freund seiner Freunde versucht er, seine Gefühle zu unterdrücken und die Chancen der beiden bei dem Mädchen zu erkunden. Clara, deren Scheu und Klostersehnsucht beim Anblick Don Félix' wie fortgeblasen sind, hütet sich, das Mißverständnis aufzuklären. Voll Eifersucht auf ihre umworbene Schwester macht sie sich mit größter Raffinesse daran, deren Erfolge zu übertrumpfen, so daß Félix bald in ihrem Netz gefangen ist, während Eugenia in ihren Liebesangelegenheiten keinen Schritt weiterkommt und es so aussieht, als sollte sie leer ausgehen. Doch sie erhält zu guter Letzt ihren Don Juan, und so zeigt die Schlußszene zwei glückliche Paare, während Don Pedro sich mit Haltung zurückzieht und Don Toribio froh ist, unbeweibt in seine Berge heimkehren zu können.

Das plötzliche Erwachen des weiblichen Instinkts bei Clara, die Entschlossenheit, mit der sie sich in den Kampf um den Mann stürzt, und die tiefe Befriedigung, die sie empfindet, als ihre List zum Erfolg führt, verraten Calderóns genaue Kenntnis der traditionellen Topoi über die weibliche Psyche. *Guárdate del agua mansa* ist eines seiner ausgeglichensten Stücke. Harmonisch verbindet es Elemente des Intrigenstücks mit denen der Charakterkomödie; hinzu kommen possenhafte Motive, die sich aus der Gestalt des Vetters aus der Provinz ergeben. Alles in diesem Stück ist echt; Situationen und Charakterzeichnungen sind gut beobachtete Wirklichkeit. A.F.R.

AUSGABEN: 1657 (in *Comedias nuevas escogidas, octava parte*). – Madrid 1684 (in *Octava parte de comedias*). – Madrid 1960 (in *Obras completas*, Hg. A. Valbuena Briones, 3 Bde., 1959–1967, 2; m. Einl.; ern. 1973). – Barcelona 1981 [Faks.-Ausg. d. ersten Fassg.]. – Kassel 1988, Hg., Einl. u. Anm. I. Arellano [erste u. zweite Fassg.].

ÜBERSETZUNGEN: *Hüte dich vor stillem Wasser*, J. D. Gries (in *Schauspiele*, Bd. 6, Bln. 1824). – *Hüte dich vor'm stillen Wasser*, M. Rapp (in *Spanisches Theater*, Bd. 6, Hildburghausen 1870).

LITERATUR: A. W. Atkinson, *La comedia de capa y espada* (in Bull. of Spanish Studies, 4, 1927, S. 80–89). – M. Kommerell, *Beiträge zu einem deutschen C.*, Bd. 1, Ffm. 1946. – D. Herreras, *Fuentes españoleas de »La escuela de los maridos« de Molière*, Malaga 1967. – L. E. F. de Orduna, *Un manuscrito de C. y los editores* (in Incipit, 2, 1982, S. 107–116). – I. Arellano, *Las dos versiones de una comedia de C.: »El agua mansa« y »Guárdate del agua mansa«* (in Criticón, 35, 1986, S. 99–118). – K. Reichenberger, *Unrechtes Handeln u. angemessene Reaktion: Zum Thema der patria potestas in C.s comedias de capa y espada* (in *Theatrum Mundum Hispanicum*, Hg. S. Neumeister u. K.-L. Selig, Tübingen 1986, S. 167–173).

LA HIJA DEL AIRE

(span.; *Die Tochter der Luft*). Schauspiel in zwei Teilen zu je drei Akten von Pedro CALDERÓN DE LA BARCA, Uraufführung: Madrid 1653. – Calderón übernimmt hier einen bereits vorgeformten Stoff; das Leben der halblegendären Königin Semiramis war in Spanien u. a. schon von Cristóbal de VIRUÉS und Lope de VEGA behandelt worden. Die überlieferten Tatsachen interessieren ihn wenig, auch auf die Entwicklung von Charakteren, auf Zusammenstoß und Widerspiel der Temperamente kommt es ihm nicht in erster Linie an. Er stellt das Leben der Heldin, einer Frau, die Geschichte macht, als ein sich zwangsläufig vollziehendes Geschehen dar. Semiramis ist die Verkörperung der unveredelten Natur. Ethische Begriffe sind ihr fremd, sie erfährt keine Läuterung, bleibt ohne Bewußtsein von Schuld, ohne den Willen zur Einsicht, ohne Verlangen nach Gnade und damit ohne Freiheit. Für den christlichen Dramatiker Calderón heißt das: Sie bleibt heillos, ihr Leben steht unter einem Verhängnis. Ihr Aufstieg zur Gemahlin des Königs von Assyrien, zur Herrscherin von Babylon, und ihr würdeloses Ende haben nichts mit antiker Tragödie gemein. Calderón sieht ihren Weg als Schicksal einer großangelegten, aber egoistisch in Herrsch- und Ruhmsucht verstrickten, zu Liebe und Leid unfähigen und stark typisierten weiblichen Gestalt.

Als Kind einer verführten Nymphe, die den Zorn der Artemis auf sich geladen hat, steht Semiramis von Anfang an unter einem Unstern. Auch sie wird von der Göttin verfolgt; nur die Vögel, die der Aphrodite heilig sind, schützen sie (daher ihr Name »Tochter der Luft«). Ein Priester Aphrodites hält sie in einer Höhle verborgen, um die Verbrechen, die sie nach einer Weissagung begehen soll, zu verhindern. Doch der siegreiche Feldherr Menon findet sie und verliebt sich in sie. Auch der König Ninus verfällt ihr. Semiramis entscheidet sich für Ninus, für den höheren Ruhm, den größeren Glanz.

Sie erkennt, welche Macht Schönheit bedeutet, und nutzt diese ihre verliehene Gabe bedenkenlos aus, um ihre Triebe zu befriedigen: Sie will herrschen, genießen, siegen, grenzenlose Macht besitzen. Dankbarkeit, Güte und Mitleid werden ihr immer fremder. Alle ihr hörigen Männer reißt sie in den Sog dieser Triebhaftigkeit mit hinein. Ninus vergißt sein Menon gegebenes Ehrenwort; er läßt ihn, den Nebenbuhler, blenden. Semiramis vergiftet Ninus. Sie besiegt Lidorus, den König von Lydien, und läßt ihn wie einen Hund an die Tür ihres Palastes ketten. Um ihre Herrschaft nicht mit ihrem Sohn Ninyas teilen zu müssen, setzt sie ihn gefangen und gibt sich – sie ist ihm sehr ähnlich – selbst für ihren Sohn aus. Als Ninyas eilt sie in eine Schlacht gegen den Sohn des von ihr gedemütigten Königs Lidorus, der seinen Vater befreien will. Sie wird besiegt und fällt. Sterbend hält sie in der Verwirrung ihres gequälten Gewissens einen von ihr grausam betrogenen Diener (es ist die Rolle des *gracioso* in diesem Stück), der die von Pfeilen durchbohrte Fürstin auffindet, für die gespenstische Verkörperung der von ihr betrogenen und vernichteten Männer. Sie erleidet den schrecklichen Tod eines Menschen, der nur sich selbst geliebt hat und kein anderes Gesetz als sich selbst kannte:

»Ich bin ein Weib, das stöhnt.
Ich lebe nicht, es wäre denn gekrönt.
›Ich herrsche‹ heißt für mich: ›Ich bin.‹
Ich bin nicht ich, wenn nicht als Königin,
Ich sage ›Despotie‹
Statt ›Ehre‹. Ehrlos ohne sie…«

Zwischen den beiden Teilen der Handlung liegen zwanzig Jahre. Diese Zäsur ist ein kluger dramaturgischer Einfall Calderóns, obwohl dessen Autorschaft für den zweiten Teil umstritten ist (vgl. C. H. Rose). Damit wird nicht nur die Gefahr epischer Längen vermieden, die im Drama bei der Entfaltung eines ganzen Menschenschicksals naheliegt; die Zeit selbst wird zur wirksamen Akteurin: Sie läßt die Anlagen der Heldin reifen. – Goethe erkannte und rühmte die große dramatische Dichte des Stücks (in *Über Kunst und Altertum*). Hugo von Hofmannsthal beschäftigte sich lange damit, wie die Fragmente *Semiramis* (1908/09) und *Die beiden Götter* (1917/18) bezeugen. I.F.

Ausgaben: Saragossa 1650 (in *Parte cuarenta y dos de comedia de diferentes autores*; enth. Tl. 2). – Madrid 1664 (in *Tercera parte de las comedias*; enth. Tl. 1 u. 2). – Madrid 1959 (in *Obras completas*, Hg. A. Valbuena Briones, 3 Bde., 1959–1967; 1; m. Einl.; ern. 1969). – Ldn. 1970, Hg. G. Edwards. – Madrid 1987, Hg. u. Einl. F. Ruiz Ramón.

Übersetzungen: *Die Tochter der Luft*, J. D. Gries (in *Schauspiel*, Bd. 4, Bln. 1821). – Dass., M. Kommerell, Lpzg. 1941.

Literatur: M. Kommerell, *Beiträge zu einem deutschen C.*, Bd. 1, Ffm. 1946. – E. Schwarz, *Hofmannsthal u. C.*, Cambridge/Mass. 1963. – S. L. Hardy, *Goethe, C. und die romantische Theorie des Dramas*, Heidelberg 1965. – G. Edwards, *C.'s »La hija del aire« in the Light of His Sources* (in BHS, 43, 1966, S. 177–196). – Ders., *C.'s »La hija del aire« and the Classical Type of Tragedy* (in BHS, 44, 1967, S. 161–194). – J. G. Fucilla, *Lope and C.'s »La hija del aire«* (in Bull. of the Comediantes, 27, 1975, S. 90–93). – F. Meregalli, *J. W. v. Goethe y »La hija del aire« de C.* (in Segismundo, 23/24, 1976). – E. Cingano, *Annotazioni su »La hija del aire« di Don P. C. de la B.* (in Filologia Moderna, 1, 1976, S. 103–142). – S. L. Fischer, *The Psychological Stages of Feminine Development in »La hija del aire«: A Jungian Point of View* (in Bull. of the Comediantes, 34, 1982, S. 137–158). – E. W. Hesse, *C.'s Semiramis: A Personality Profile* (in E. W. H., *Theology, Sex and the Comedia*, Potomac/Madrid 1982, S. 95–111). – S. H. Lipmann, *The Duality and Delusion of C.'s Semíramis* (in BHS, 59, 1982, S. 42–57). – G. Chiappini, *La parola e il silenzio, la visione e le tenebre della cecità nei perso naggi de »La hija del aire« (I parte) di P. C. de la B.* (in *Colloquium Calderonianum Internationale. Atti*, Hg. G. De Gennaro, L'Aquila 1983, S. 195–237). – A. Hermenegildo, *La responsabilidad del tirano: Virués y C. frente a la leyenda de Semiramis* (in *Actas del Congreso Internacional sobre C. y el tetaro español del Siglo de oro*, Hg. L. García Lorenzo, Bd. 2, Madrid 1983, S. 897–911). – S. Hernández-Araico, *Texto y espectáculo en »La hija del aire«* (in *Proceedings of the Second Annual Golden Age Drama Symposium*, El Paso 1983, S. 43–61). – C. H. Rose, *¿Quién escribió la »Segunda Parte de La hija del aire«? ¿C. o Enríquez Gómez?* (in *Actas del Congreso Internacional sobre C. y el teatro español del Siglo de oro*, Hg. L. García Lorenzo, Bd. 1, Mailand 1983, S. 603–615). – D. Cruickshank, *The Second Part of »La hija del aire«* (in BHS, 61, 1984, S. 286–294). – S. Hernández Araico, *La Semíramis calderoniana como compendio de estereotipos femeninos* (in Ibero, 1985, Nr. 22).

EL MÁGICO PRODIGIOSO

(span.; *Der wundertätige Magus*). Schauspiel von Pedro Calderón de la Barca, geschrieben zur Fronleichnamsfeier 1637, in zweiter Fassung erschienen 1663. – In diesem Stück verbinden sich verschiedene Stoffkreise: die der *Legenda aurea* entnommenen Lebensbeschreibungen der heiligen Märtyrer Cyprianus und Justina und die spanische Version der Faustsage. Das Motiv des Teufelspakts erschien bereits vor Calderón in Stücken von Mira de Amescua, Guillén de Castro, Ruiz de Alarcón und Lope de Vega.

Bei Calderón heißt der Wahrheitssucher Cyprianus. Er ist ein in Antiochia lebender heidnischer Gelehrter, der sich wie Faust bemüht, den philosophischen Gottesbegriff mit lebendiger Erfahrung zu erfüllen. Ihm erscheint als Diskussionspartner *el demonio*, der Teufel, der vergeblich versucht, ihn im gelehrten Disput zu schlagen. Um Cyprianus auf andere Weise beizukommen, läßt er ihm zwei junge Adlige begegnen, die sich um der schönen Christin

Justina willen, deren Tugend der Teufel zu bezwingen sucht, duellieren wollen. Cyprianus legt sich ins Mittel und verspricht, die Gefühle des Mädchens für jeden der beiden vorsichtig zu erkunden. Dabei verliebt er sich, dem Plan des Teufels entsprechend, selbst in Justina, wird jedoch, ebenso wie die beiden anderen, von ihr abgewiesen. Nun entfesselt der Teufel einen Sturm und fingiert einen Schiffsuntergang. Als Cyprianus zum Strand eilt, um zu helfen, findet er dort als einzigen »Überlebenden« einen Fremden, dem er seine Dienste anbietet. Zum Dank will ihn dieser in die Geheimnisse der Magie einweihen. Bereitwillig geht Cyprianus, der auf diese Weise Justinas Gunst zu erzwingen hofft, auf das Anerbieten ein und schließt mit dem Teufel – denn kein anderer als dieser ist der Fremde – einen Pakt auf ein Jahr. Als er danach versucht, mit Hilfe der erworbenen magischen Fähigkeiten Justinas Gegenwart zu beschwören, erscheint zwar eine verhüllte Gestalt, doch als er sie entschleiert, starrt ihm ein Totengerippe entgegen. Die Christin Justina stellte den sinnlichen Verlokkungen ihren freien Willen entgegen, an ihm prallt jede dämonische Magie ab. Als der Teufel die Einhaltung des Paktes, nämlich die Seele Cyprianus', fordert, erklärt dieser die Verschreibung für hinfällig, da sie ihm nur ein Phantom Justinas verschaffen konnte. Vom Teufel verlangt er Aufklärung über die Kraft, die stärker war als das magische Experiment. Es ist der Gott der Christen. Nun ruft Cyprianus diesen Beistand gegen den Dämon an und wird Christ. Da er den neuen Glauben überall verkündet, läßt der heidnische Statthalter ihn zusammen mit Justina festnehmen. Beide sterben den Märtyrertod durch Enthauptung. Der Teufel muß die Rettung und Seligkeit der beiden verkünden: *»Leider leben die beiden, / Aufgestiegen zu den Sphären / Des heiligen göttlichen Throns, / in einem besseren Reich. / Dies ist die Wahrheit, und ich / Spreche sie aus, weil Gott selbst / Mich dazu zwingt.«*
Auch bei Calderón ist also der Teufel zum Schluß der Verlierer. Aber nicht den witzigen Possenreißer der Faustsage beschwört der Dichter hier, sondern einen Teufel von furchtbarer Majestät, der deutlich das Adelszeichen des gefallenen Engels trägt. Die moderne Faust-Problematik Goethescher Prägung ist angesichts dieses Teufels undenkbar. Die Macht des Bösen, die er demonstriert, besiegt der Mensch nur, wenn er sich in der Klarheit vernünftiger Einsicht durch einen Willensakt unwiderruflich bindet, wenn er seine Freiheit im Gehorsam zur höheren Ehre des geoffenbarten Glaubens erkennt. – In Deutschland wurde das Stück von Lessing, Herder, Goethe und den Romantikern hoch geschätzt. Shelley übertrug Teile davon ins Englische. Darüber hinaus wurde es, oft mehrmals, in alle europäischen Sprachen übersetzt. I.F.

Ausgaben: Madrid 1663 (in *Parte veinte de comedias varias*; 2. Fassg.). – Heilbronn 1877, Hg. A. Morel-Fatio. – Madrid 1959 (in *Obras completas*, Hg. A. Valbuena Briones, 3 Bde., 1959–1967, 2; m. Einl.; ern. 1969). – Madrid 1966, Hg. A. Valbuena Prat (Clás. Cast; m. Einl.). – Chapel Hill/N.C. 1973, Hg. A.V. Ebersole [1. Fassg.; m. Einl. u. Anm.]. – Madrid 1985, Hg. B. W. Wardropper [m. Einl., Anm. u. engl. Übers.].

Übersetzungen: *Der wundertätige Magus*, J. D. Gries (in *Schauspiele*, Bd. 2, Bln. 1816). – *Der wundertätige Magier*, E. Gürster, Stg. 1962. – *Der wundertätige Magus*, J. D. Gries (in *Dramen*, Mchn. 1963). – *Der seltsame Magier*, T. Krapf, Luzern 1967.

Vertonung: J. G. Rheinberger, *Der wundertätige Magus* (Bühnenmusik, 1864).

Literatur: A. Valbuena Prat, *La ideología y el arte de »El mágico prodigioso«*, Segovia 1930. – H. C. Heaton, *C. and »El mágico prodigioso«* (in HR, 19, 1951, S. 11–36; 93–103). – A. E. Sloman, *»El mágico prodigioso«* (ebd., 20, 1952, S. 212–222). – Ch. Dédéyan, *Un sujet parallèle: »El mágico prodigioso« et »Faust«* (in Ch. D., *Le thème de Faust dans la littérature européenne*, Bd. 1, Paris 1954, S. 145–226). – A. A. Parker, *The Theology of the Devil in the Drama of C.*, Ldn. 1958. – T. E. May, *The Symbolism of »El mágico prodigioso«* (in RomR, 54, 1963, S. 95–112). – M. Franzbach, *Die ›Lustige Person‹ (Gracioso) auf der Spanischen Bühne u. ihre Funktion, dargelegt an C.s »El mágico prodigioso«* (in NSp, 14, 1965, S. 61–72). – A. A. Parker, *The Role of the ›Gracioso‹ in »El mágico prodigioso«* (in *Litterae Hispaniae et Lusitanae*, Hg. H. Flasche, Mchn. 1968, S. 317–330). – R. González Echevarría, *En torno al teme de »El mágico prodigioso«* (in REH, 3, 1969, S. 207–220). – P. B. Ballesteros, *C.s erste Fassung von »El mágico prodigioso« u. das Doktor-Faustus-Spiel der englischen Komödianten*, Bln. 1972. – C. V. Aubrun, *»El mágico prodigioso«. Sa signification et sa structure* (in *Studia Iberica*, Hg. K. H. Körner, Bern 1973, S. 35–46). – A. Rothe, *C., »Der wundertätige Zauberer« u. das Publikum* (in *Prismata, Fs. B. Hanssler*, Mchn. 1974, S. 205 bis 229). – A. Rodríguez López-Vázquez, *C. y Fausto: ideología y mito en el barroco* (in A. R. L.-V., *Tres estudios sobre C.*, Rennes 1978, S. 2–86). – R. Suganyes, *Complexidad temática y contrapunto en el teatro barroco: Los graciosos en »El mágico prodigioso«* (in CHA, 1980, Nr. 355, S. 112–123). – E. W. Hesse, *C.'s »El mágico prodigioso« and the Role of the Devil* (in E. W. H., *Theology, Sex and the Comedia*, Potomac/Md., 1982, S. 38–52). – B. W. Wardropper, *La ironía en »El mágico prodigioso«* (in *Actas del cuarto Congreso Internacional de hispanistas*, Bd. 2, Salamanca 1982, S. 819–825). – N. D. Shergold, *C.'s »El mágico prodigioso«: The Role of Lelio and Floro* (in BHS, 61, 1984, S. 391–398).

EL MÉDICO DE SU HONRA

(span.; *Der Arzt seiner Ehre*). Versdrama in drei Akten von Pedro Calderón de la Barca, geschrieben vor 1635, möglicherweise schon

1628/29, erschienen 1637. – Eines der zahlreichen Schauspiele Calderóns, in denen die Sühne verletzter Ehre das bewegende Motiv ist und die, wie Karl VOSSLER schreibt, *»kaum mehr genießbar sind«*, weil in ihnen ein starrer übertriebener, gnadenloser Ehrbegriff herrscht, der uns heute veraltet scheint. Veraltet ist jedoch nur die historisch-gesellschaftliche Erscheinungsform, nicht der geistige Kern dieses Ehrbegriffs. Bei Calderón, dessen Devise war: *»Gut und Leben für den König / Setzet ein, jedoch die Ehre / Ist das Erbteil unserer Seele, / Und die Seele ist ganz Gottes«*, geht es letzten Endes um diesen ewigen, göttlichen Kern. Nach den gesellschaftlichen Konventionen der Zeit, denen Calderón sich zutiefst verbunden fühlte, war die Ehre ein Ding *»aus so zerbrechlichem Stoff, / Daß sie an einer einzigen Handlung zerbricht, / Und daß ein Luftzug sie befleckt«*. Das bedeutet: Ehre ist in erster Linie eine Sache des äußeren Anscheins. Wo der Anschein gegen ihn spricht, ist die Ehre des Menschen verletzt. In diesem Sinn genügt der bloße Verdacht, Doña Mencía könne ehebrüchig geworden sein, um den Gatten, Don Alfonso Gutierre, zu grausamer, mit kühler Berechnung ausgeklügelter Rache zu bewegen, die der Autor zweifellos ebenso gutheißt, wie sie im Stück selbst nachträglich vom König gebilligt wird. Folgendes ereignet sich: Der Infant Don Enrique, Halbbruder des Königs Don Pedro, des Grausamen, von Kastilien, stürzt auf der Jagd und wird in das Haus des Don Alfonso Gutierre gebracht, in dessen Gattin, Doña Mencía, er seine Jugendliebe wiedererkennt. Als er entdeckt, daß sein Gastgeber ihr Gatte ist, läßt er sich unverzüglich von diesem in die Hauptstadt zurückbegleiten. Als Don Alfonso wegen eines Ehrenhandels dort festgehalten wird, sucht der Infant Doña Mencía gegen ihren Willen von neuem auf und läßt, als der Gatte unvermutet heimkehrt, in der Eile der Flucht seinen Dolch zurück. Don Alfonso sieht darin den Beweis für die Verletzung seiner Ehre. Als es ihm gelingt, der schlafenden Gattin einige Worte zu entlocken, wird sein Verdacht zur Gewißheit. Fest entschlossen, Rache zu nehmen, überrascht er Doña Mencía dabei, wie sie dem Infanten schreibt, er möge sie um ihrer Ehre willen nicht mehr besuchen. Don Alfonso entreißt ihr den Brief, und ohne ihr Gelegenheit zur Erklärung zu geben, ohne die Möglichkeit, sie könne unschuldig sein, überhaupt zu erwägen, schreitet er zur Ausführung seines Plans. Er zwingt einen Wundarzt, der schlafenden Frau mit ebendem Dolch, den er gefunden hat, die Adern zu öffnen und sie verbluten zu lassen. Währenddessen steht er vor der Tür und bestätigt sich selbst die Richtigkeit seines Handelns: *»Fué bien« (»Es war richtig«)*, sagt er. *»Ich bin meiner Ehre Arzt, / Ihr will ich das Leben erhalten / Durch einen Aderlaß; denn jede Ehre / Wird wiederhergestellt durch Blut.«*

Der Schematismus des Handelns, der aus diesen Worten spricht, mag uns heute marionettenhaft und unmenschlich vorkommen. Tatsächlich erwekken diese Menschen den Anschein, als würden sie nicht von innen heraus, sondern von außen bewegt. Nicht Gefühle und Leidenschaften sind die Antriebe ihres Tuns. Don Alfonso ist kein Othello. Mit Verwunderung stellen wir fest, daß er im Grunde nicht einmal eifersüchtig ist und daß ihn die Rache, die er vollzieht, seelisch nicht belastet, sondern befreit. Leichten Herzens fügt er sich danach der Weisung des Königs, Leonor, der er früher einmal den Hof gemacht hat, zu heiraten. Ein solches Verhalten ist nur vor dem Hintergrund einer Gesellschaft verständlich, für welche die Ehre, neben dem Gehorsam im Glauben und der Treue zum König, an der Spitze einer objektiven Wertordnung stand, an die der einzelne, je nach seiner gesellschaftlichen Stellung, unauflöslich gebunden war. Am Maßstab dieser Wertordnung ist gerade die nur gefühlsbedingte, blind leidenschaftliche Handlung unmenschlich – in *El mayor monstruo los çelos* macht Calderón das deutlich. Nur in dem Maße, in dem der Mensch in Übereinstimmung mit der objektiven Wertordnung handelt und aus ihr sein Tun zu rechtfertigen vermag, erfüllt er seine Bestimmung als Mensch.

Es ist das rationalistische neuscholastische Welt- und Menschenbild der Gegenreformation, das die Dramatik des Jesuitenzöglings Calderón vor allem in den *comedias heroicas*, zu denen diese Stück gehört, bis in den Gang des Dialogs und die sprachlichen Ausdrucksformen hinein bestimmt. Bereichert durch die Stilmittel des in Wortspielen, überraschenden Paradoxien und Sinnvertauschungen schwelgenden *conceptismo* gleicht der Dialog Calderóns vielfach einer scholastischen, dialektisch geführten Disputation und gewinnt gerade dadurch seine mitreißende dramatische Kraft. *El médico de su honra* ist dafür ein eindrucksvolles Beispiel. F.I.

AUSGABEN: Madrid 1637. – Madrid 1956, Hg. A. Valbuena Briones (CC). – Madrid 1959 (in *Obras completas*, Hg. ders., 3 Bde., 1959–1967, 1; m. Einl.; ern. 1969). – Oxford 1961, Hg. C. A. Jones [m. Einl.]. – Madrid 1981, Hg. u. Einl. D. Criuckshank.

ÜBERSETZUNGEN: *Der Arzt seiner Ehre*, J. D. Gries (in *Schauspiele*, Bd. 8, Bln. 1840). – Dass., Hg. W. v. Wurzbach (in *AW*, Bd. 6, Lpzg, 1910). – Dass., J. D. Gries (in *Spanisches Theater*, Mchn. 1963).

LITERATUR: K. Vossler, *C.* (in K. V., *Südliche Romania*, Mchn./Bln. 1940). – B. W. Wardropper, *Poetry and Drama in C.'s »El médico de su honra«* (in RomR, 49, 1958, S. 3–11). – E. Honig, *The Seizures of Honor in C.* (in KR, 23, 1961, S. 426–447). – A. J. Watson, *Peter the Cruel or Peter the Just? A Reappraisal of the Role Played by King Peter in C.'s »El médico de su honra«* (in RJb, 14, 1963, S. 322 bis 346). – D. Rogers, *»Tienen los celos pasos de ladrones«. Silence in C.'s »El médico de su honra«* (in HR, 33, 1965, S. 273–289). – D. W. Criuckshank, *»Pongo mi mano en sangre bañada a la puerta«: Adultry in »El médico de su honra«* (in *Studies in Spanish Literature of the Golden Age presented to*

E. M. Wilson, Hg. R. O. Jones, Ldn. 1973, S. 45 bis 62). – T. O. Connor, *The Interplay of Prudence and Imprudence in »El médico de su honra«* (in RJb, 24, 1973, S. 303–322). – E. W. Hesse, *Honor and Behavioural Patterns in »El médico de su honra«* (in RF, 88, 1976, S. 1–15). – Ders., *A Psychological Approach to »El médico de su honra«* (in RJb, 28, 1977, S. 326–340). – J. Bryans, *System and Structure in C.'s »El médico de su honra«* (in RCEH, 1981, Nr. 3, S. 271–291). – D. W. Cruickshank, *The Metaphorical Criptojudaismo of C.'s Gutierre* (in BHS, 59, 1982, S. 33–41). – D. Fox, *»El médico de su honra«: Political Considerations* (in Hispania, 65, 1982, S. 28–38). – A. J. Cascardi, *Morality and Theatralicity in C.'s »El médico de su honra«* (in KRQ, 32, 1985, S. 165–176). – F. de Blas, *El paralelismo: estructura y lenguaje en »El médico de su honra« de C.* (in Bull. of the Comediantes, 37, 1985, S. 209–224). – D. Briesemeister, *Traducciones y refundiciones de »El médico de su honra«* (in *Hacia C. Octava Coloquio Anglogermano, 1987*). – P. Juan i Tous, *»El medico de su honra«* (in *Das spanische Theater*, Hg. V. Roloff u. H. Wentzlaff-Eggebert, Düsseldorf 1988, S. 163–178).

EL PRÍNCIPE CONSTANTE

(span.; *Der standhafte Prinz.*) Versdrama in drei Akten von Pedro Calderón de la Barca, geschrieben vor Ostern 1629, erschienen 1636. – Diesem Stück Calderóns liegt folgende geschichtliche Begebenheit zugrunde: Im Jahre 1437 gewährten die Mauren einem vor Tanger liegenden portugiesischen Heer unter dem Oberbefehl Heinrichs des Seefahrers freien Abzug gegen das Versprechen der Herausgabe Ceutas, das die Portugiesen rund zwanzig Jahre vorher erobert hatten. Als Sicherheit für die Erfüllung des Vertrags lieferte Heinrich den Mauren seinen Bruder Ferdinand als Geisel aus. Auf einer eigens einberufenen Versammlung der portugiesischen *cortes* (Landstände) sprach sich die Mehrheit des Adels und des Klerus, an ihrer Spitze Heinrich, gegen die Rückgabe Ceutas aus. Ferdinand blieb in den Händen der Mauren und starb nach Jahren grausamer Gefangenschaft 1443 den Märtyrertod; 1470 wurde er seliggesprochen. Erst im folgenden Jahr gaben die Mauren, nachdem König Alfons V. (reg. 1438–1481) Tanger erobert hatte, den Leichnam Ferdinands an Portugal zurück.

Diesen Sachverhalt, der schon früher, in einem Lope de Vega zugeschriebenen Stück *La fortuna adversa del infante don Fernando de Portugal (Das widrige Schicksal des Infanten Ferdinand von Portugal)* dramatisch behandelt worden war, hat Calderón in entschiedener Weise verändert. Aus dem leidenden Dulder wurde ein handelnder, sein Schicksal selbst herbeiführender, kraftvoller christlicher Held. Als Heerführer der Christen schlägt er die Vorhut der Mauren, läßt jedoch den gefangenen General Muley Bagr großzügig frei, als dieser ihm sein heimliches Liebesverhältnis mit Fénix, der Tochter des Sultans, gesteht. Von diesem in der entscheidenden Schlacht zwischen Christen und Mauren besiegt und zum Gefangenen gemacht, wird Ferdinand zunächst wie ein hochstehender Gast behandelt, den man zur Jagd einlädt und dem man Aufmerksamkeiten erweist. Denn der Sultan hofft, im Austausch gegen Ferdinand, den Königssohn und Großmeister des Ordens von Aviz, die Rückgabe Ceutas zu erreichen. Entsprechend scheinen Ferdinands Gedanken ganz auf seine Befreiung gerichtet. In seiner Botschaft an den königlichen Bruder, in der er diesem des Sultans Auslösevorschlag unterbreitet, heißt er allerdings: *»Que haga como cristiano«*, er möge handeln als Christ – ein doppeldeutiger Rat, da es christliche Pflicht sowohl wäre, dem Bruder zu helfen, als auch Ceuta nicht auszuliefern. Nach dem Tod des »aus Gram« früh verstorbenen Bruders tritt Ferdinands wahre Meinung zutage. König Eduard (reg. 1433–1438) hat auf dem Sterbebett testamentarisch die Herausgabe Ceutas verfügt. Doch Ferdinand zerreißt die Vollmacht, die seine Befreiung bedeutet hätte, und bekundet in einem leidenschaftlichen Monolog seinen Willen, sich selbst für die Erhaltung Ceutas zu opfern. *»Sollten etwa«*, so fragt er, *»seine Kirchen zu Ställen / und die Altäre zu Viehtrögen werden?«* So weigert er sich, dem Sultan die Stadt herauszugeben: *»Denn Gott gehört sie, nicht mir.«* Aller Würden und Vorrechte beraubt und zum Sklaven erniedrigt, kann weder die Fürsprache des dankbaren Muley und der Sultanstochter Fénix noch ein hohes Lösegeld, das König Alfons V. in einer persönlichen Unterredung dem Sultan anbietet, das Schicksal Ferdinands wenden. Zum Sklett abgemagert sieht man ihn bettelnd auf einem Misthaufen sitzen, und er stirbt, bevor König Alfons mit Heeresmacht zu seiner Befreiung eintrifft. Doch sein Geist führt die Truppen zum Sieg: Muley und der mit dem Sultan verbündete Tarudante sowie Fénix werden gefangen und gegen Ferdinands Leichnam ausgetauscht. Damit erfüllt sich eine alte Prophezeiung, die Fénix einst im Traum zuteil geworden war, wonach ihre Schönheit der Preis für einen Toten sein sollte.

Man hat diesem Stück Calderóns eine psychologische Deutung zu geben versucht, in den stolzen Worten Ferdinands *»Vielleicht bin ich mehr wert«* beispielsweise die *»Gereiztheit des enttäuschten Liebhabers«* (Spitzer) sehen wollen. Solche Deutungen übersehen, daß Ferdinand die beispielhafte Verkörperung christlicher Glaubensgewißheit und Standhaftigkeit darstellt. Aus freiem Willen zu »handeln als Christ« und auch durch die Widrigkeiten des Geschicks in dem einmal gefaßten Entschluß, nicht wankend zu werden, ist das von Seneca und dem Stoizismus beeinflußte Ideal des christlichen Helden, das in diesem Stück sinnfällig werden soll. Vorausdeutend beschwört Ferdinand seinen Mitgefangenen die Wandelbarkeit des Schicksals: *»Wüste Gottheit voller Tücke, Heute Leich' und gestern Blume, kann es nie sich gleich verweilen, Und so wird es anders wenden Euren Stand«* (Ü: Schlegel). Als der Beständige überwindet Ferdinand diese Unbeständigkeit des Glücks und der

Welt und ist am Ende auf höherer Ebene wieder derjenige, der er war: siegreicher Feldherr. Deshalb ist er »mehr wert« als Fénix, die als Nichtchristin ausgeliefert an das Schicksal bleibt, in ihrer Passivität verharrt. Nicht sie, sondern Ferdinand ist der wahre »Phönix«, der die eigentliche, die »seelische Schönheit« besitzt und siegreich aufersteht. In solchen allegorisch-symbolischen Anspielungen und Bezügen liegt die Bedeutung des Stücks, das dadurch eine Mittelstellung zwischen *comedia* (Schaustück) und *auto sacramental* (Mysterienspiel) einnimmt. GOETHE und die Romantiker schätzten es hoch, SCHOPENHAUER sah in ihm den Prototyp der modernen christlichen Tragödie. Im Jahre 1809 von August Wilhelm von SCHLEGEL übersetzt, erlebte es 1811 durch Goethe seine deutsche Erstaufführung am großherzoglichen Hoftheater in Weimar. D.Kös.

AUSGABEN: Madrid 1636 (in *Primera parte de comedias*). – Cambridge 1957, Hg. A.A. Parker. – Madrid 1959 (in *Obras completas*, Hg. A. Valbuena Briones, 3 Bde., 1959–1967, 1; m. Einl.; ern. 1969). – Mexiko 1963, Hg. J. Bergamín. – Cambridge 1968, Hg. A. A. Parker. – Madrid 1975, Hg. A. Porqueras-Mayo (Clás. Cast).

ÜBERSETZUNGEN: *Der standhafte Prinz*, A.W.v. Schlegel (in *Spanisches Theater*, Bd. 2, Bln. 1809; ern. Mchn. 1961; GGT). – *Don Fernando, Infant von Portugal oder dem Dulder Sieg*, C. A. Mämminger, Sulzbach 1820. – *Der große Prinz von Fez*, F. Lorinser (in *C.s größte Dramen religiösen Inhalts*, Bd. 2, Freiburg i. B. 1875). – *Der standhafte Prinz*, O. v. Taube, Mchn. 1946.

LITERATUR: A.E. Sloman, *The Sources of C.'s »Principe constante«. With a Critical Edition of its Immediate Source »La fortuna adversa del infante don Fernando de Portugal«*, Oxford 1950. – W. Kayser, *Zur Struktur des »Standhaften Prinzen«* (in *Gestaltprobleme der Dichtung*, Hg. R. Alewyn, H.-E. Hass u. C. Heselhaus, Bonn 1957, S. 67–82). – B.W. Wardropper, *Christian and Moor in C.'s »El principe constante«* (in MLR, 53, 1958, S. 512–520). – L. Spitzer, *Die Figur der Fénix in C.s »Standhaftem Prinzen«* (in RJb, 10, 1959, S. 305–355). – Y. Gulsoy u. J.H. Parker, *»El principe constante«, drama barroco de la contrarreforma* (in Hispanófila, 3, 1960, S. 15–23). – E.M. Wilson, *Fray Hortensio Paravicino's Protest against »El principe constante«* (in Ibéria, 6, 1961, S. 245–266). – W. Brüggemann, *Spanisches Theater und deutsche Romantik*, Bd. 1, Münster 1964. – R.W. Truman, *The Theme of Justice in C.'s »Principe constante«* (in MLR, 59, 1964, S. 43–52). – S.L. Hardy, *Goethe, C. und die romantische Theorie des Dramas*, Heidelberg 1965. – W. Brüggemann, *Johannes Schulzes Schrift »Über den standhaften Prinzen« des Don P. C. de la B. (1811)* (in Spanische Forschungen, 24, 1968, S. 397–418). – R. Sloane, *Action and Role in »El príncipe constante«* (in MLN, 85, 1970, S. 167–183). – R. Ter Horst, *The Economic Parable of Time in C.'s »El príncipe constante«* (in RJb, 23, 1972, S. 294–306). – A. A. Parker, *Christian Values and Drama: »El príncipe constante«* (in *Studia Iberica*, Hg. K.-H. Körner, Bern 1973, S. 441–457). – W.M. Whitby, *C.'s »El príncipe constante«: Structure and Ending* (in *Approaches to the Theatre of C.*, Hg. M.D. McGaha, Washington D.C. 1982, S. 143–156). – S. L. Fischer, *Aspectos psicológicos de la clarividencia y del martirio en »El príncipe constante«* (in *Homenaje a R. MacCurdy*, Albuquerque/Madrid 1983, S. 135–149). – J. A. Parr, *»El príncipe constante« and the Issue of Christian Tragedy* (in *Studies in Honor of W. C. MacCrary*, Hg. R. Fiore u. a., Lincoln/Nebr. 1986, S. 165–175).

A SECRETO AGRAVIO SECRETA VENGANZA

(span.; *Auf heimliche Kränkung heimliche Vergeltung*). Drama in drei Akten von Pedro CALDERÓN DE LA BARCA, erstaufgeführt 1636, gedruckt 1637 im zweiten Teil einer Ausgabe seiner Dramen, die von seinem Bruder Don José besorgt wurde. – Der portugiesische Edelmann Don Lope erwartet seine junge Gemahlin, die ihm durch Vertrag bereits angetraut ist. Sie hatte sich nur auf die falsche Nachricht vom Tod ihres Geliebten, Don Luis, hin zu dieser Ehe entschlossen. Don Luis, der in Flandern von der Verlobung gehört und versucht hatte, die Heirat zu verhindern, kommt zu spät: Die Ehe ist bereits vollzogen, die Gattin ist trotz ihrer Liebe zu Luis nun ihrem Mann treu ergeben (Akt 1). – Auf langes Drängen hin läßt sich Doña Leonor schließlich doch auf eine Unterredung mit ihrem früheren Geliebten ein, die aber von einem Freund, Juan, der sich verpflichtet fühlt, über die Ehre Don Lopes zu wachen, gestört wird. Zufällig kommt auch Don Lope nach Hause. Er scheint zwar der Erklärung des Rivalen Glauben zu schenken, aber seine Eifersucht ist geweckt, seine früheren Verdächtigungen sind nun gerechtfertigt. Sein heimlicher Argwohn führt ihn zu *»heimlicher Vergeltung«*, denn offene Rache würde sein Ansehen noch mehr schädigen (Akt 2). – Eine Gelegenheit für die Ausführung seines Racheplanes bietet sich Lope bald: Leonor hat während der Abwesenheit ihres Gatten Luis zu einer Zusammenkunft ins Haus bestellt. Doch der Zufall führt die beiden Rivalen am Strand zusammen, sie fahren gemeinsam aufs Meer. Ohne jeden Zeugen findet Don Luis den Tod; doch erst der Tod Leonors stellt Lopes Ehre wieder ganz her. Der herbeigeeilte König, der Vertreter des Rechts, dem Juan die wahre Ursache des »Unglücksfalles« andeutet, erkennt die Haltung Don Lopes dadurch an, daß er schweigt und dessen Taten nicht rechtlich verfolgt.

Dem Drama liegt eine wahre Begebenheit aus dem Jahr 1578 zugrunde. Das gleiche Thema taucht auch bei TIRSO und LOPE (z.B. in seiner Novelle *La más prudente venganza – Die vorsichtigste Rache*) auf. Mit den Stücken *El médico de su honra (Der*

Arzt seiner Ehre) und *El pintor de su deshonra (Der Maler seiner Schande)* gehört es in die Gruppe der Ehren- und Eifersuchtsdramen. Sie alle behandeln das gleiche Thema: den im Äußeren erstarrten Ehrbegriff des barocken Spanien, den Widerspruch zwischen den Vorschriften des Ehrenkodex und dem menschlichen Empfinden. Die peinlich genaue Einhaltung des Kodex bestimmt die ganze Haltung des Dramas, während die Kritik an den herrschenden Zuständen, nur versteckt und nur für den aufmerksamen Zuschauer erkennbar, als Reflexion in den Monologen auftaucht. Persönliche Gefühle treten in dem Stück ganz in den Hintergrund, es wird nicht einmal erwähnt, ob Don Lope seine Frau liebte oder nicht. Die Ehre, die sich vor der Öffentlichkeit in der Anerkennung absoluter Wertgesetze manifestiert, bestimmt allein sein Denken und Tun. B.W.

Ausgaben: Madrid 1637 (in *La segunda parte*...). – Madrid 1956 (in *Dramas de honor*, Hg. A. Valbuena Briones; m. Einl.; Clás. Cast). – Madrid 1959 (in *Obras completas*, Hg. ders., 3 Bde.; 1959–1967, 1; m. Einl; zul. 1969).

Übersetzungen: *Für heimliche Beleidigung heimliche Rache*, A. Martin (in *Schauspiele C.s*, 3 Bde., Lpzg. 1844, 1). – *Die stumme Rache*, J. G. Seidl (in *GS*, Wien 1877–1881; Bd. 5; Prosabearbeitung).

Literatur: J. M. de Cossio, *El celoso prudente y »A secreto agravio, secreta venganza«* (in Boletín de la Biblioteca Menéndez Pelayo, 5, 1923, S. 62–69). – S. H. Eoff, *The Sources of C.'s »A secreto agravio, secreta venganza«* (in MPh, 28, 1930/31, S. 297 bis 311). – J. M. de Cossío, *La secreta venganza en Lope, Tirso y C.* (in Fénix, 1, 1935, S. 501–515). – E. M. Wilson, *La discreción de Don Lope de Almeida* (in Clavileño, 11, 1951, S. 1–10). – E. Honig, *C.'s »Secret Vengeance«: Dehumanizing Honor* (in *Homenaje a W. L. Fichter*, Hg. A. Kossof u. J. Amor de Vázquez, Madrid 1971, S. 295–306). – B. K. Mujica, *C.'s Don Lope de Amleida: A Kafkian Character*, Madrid 1971. – W. Holzinger, *Ideology, Imagery and the Literalization of Metapher in »A secreto agravio, secreta venganza«* (in BHS, 54, 1977, S. 203–214). – A. K. Paterson, *C.'s »A secreto agravio, secreta venganza«: A Theatre of the Passions* (in MLR, 79, 1984, S. 589–608). – A. I. Watson, *C.'s King Sebastian: Fool or Hero* (in BHS, 61, 1984, S. 407–418). – T. E. May, *The Folly and the Wit of Secret Vengeance: C.'s »A secreto agravio, secreta venganza«* (in T. E. M., *Wit of the Golden Age*, Kassel 1986, S. 213–222).

LA VIDA ES SUEÑO

(span.; *Das Leben ein Traum*). Versdrama in drei Akten von Pedro Calderón de la Barca, entstanden 1634/35. – Auf Befehl seines Vaters Basilio vegetiert der polnische Königssohn Segismundo seit seiner Geburt unter Aufsicht des Vertrauten Clotaldo in einem geheimen Turmverlies dahin, weil ein ungünstiges Horoskop dem sternkundigen Basilio bedeutet hatte, sein Sohn werde einst ein grausamer Herrscher sein und ihn, den eigenen Vater demütigen. Rosaura, eine junge Moskowiterin, ist in Männerkleidung mit ihrem Diener Clarín ihrem treulosen Liebhaber Astolfo nach Polen gefolgt und wird ungewollt Zeugin von Segismundos Freiheitsklage. Clotaldo kommt hinzu und verhaftet Rosaura, um sie nach geltendem Befehl vor den König zu führen. Ein von dem vermeintlichen Jüngling mitgeführtes Schwert gibt Clotaldo die verzweifelte Gewißheit, daß er sein eigenes Kind aus Loyalität zum König der Hinrichtung überantworten muß. Doch Basilio hat inzwischen öffentlich von der Existenz seines Sohnes berichtet und den Plan gefaßt, ihn kurze Zeit probeweise regieren zu lassen, bevor er endgültig die Erbansprüche seines Neffen Astolfo und seiner Nichte Estrella anerkennt. Gelingt es Segismundo, durch Mut und Klugheit kraft seines freien Willens die Sterne Lügen zu strafen, so soll er in seine Rechte als Thronfolger eingesetzt werden. – Segismundo wird eingeschläfert und in den Palast gebracht, wo er sich nach seinem Erwachen gegen alle aufbrausend und unbeherrscht zeigt. Auch vor Rosaura, die in ihm eine tiefe Neigung weckt und ihm jetzt als Kammerfräulein Estrellas in Frauenkleidern begegnet, kann er Herrschsucht und geschlechtliche Begier nicht zügeln. Während Rosaura, auf die Wiederherstellung ihrer Ehre bedacht, die sich anbahnende Heirat zwischen Astolfo und Estrella durch eine List zu verhindern weiß, wird Segismundo erneut eingeschläfert und in den Turm zurückgebracht. Als er nach vorgetäuschtem und tatsächlichem Traum erwacht, bestärkt Clotaldo den an der Wirklichkeit des Daseins Zweifelnden in dem Glauben, das Palasterlebnis sei nur Traum gewesen, und überzeugt ihn davon, daß es auch im Traum einzig auf das »gut Handeln« ankomme.

Der dritte Akt beginnt damit, daß Segismundo von einer aufrührerischen Menge, die den angestammten Thronfolger verlangt, aus dem Turm befreit wird. Zögernd zuerst und verunsichert durch die vorangegangenen Erfahrungen, aber eingedenk der Mahnung Clotaldos an die Bedeutung des »gut Handeln«, läßt sich Segismundo erneut auf das Wagnis des Lebens ein und zieht gegen den Vater und Astolfo in den Kampf. Rosaura wendet sich in ihrer Verzweiflung an Segismundo und fordert ihn auf, gemeinsam für seine Rechte und die Rächung oder Wiedergutmachung ihrer Schmach zu streiten. Diese dritte Begegnung mit der schutzlosen Rosaura ist für Segismundo einerseits eine letzte und schwerste Bewährungsprobe im inneren Zwiestreit zwischen seinem ungezügelten Aggressions- und Geschlechtstrieb und dem sittlichen Gebot des »gut Handeln«; zum anderen wird Rosaura für ihn zur Garantin seiner eigenen Identität und der wiedergewonnenen Wirklichkeit, weil nur sie ihm sowohl bei seiner ersten Gefangenschaft wie auch danach im Palast und jetzt nach seiner erneuten Befreiung begegnet ist und ihm rückschauend die Einsicht in das Trugspiel von Traum und Wirklichkeit und damit auch den endgültigen Vollzug des *desengaño*, der Desillusionierung hinsichtlich des irdischen Lebens im Blick auf Tod und Jenseits, ermöglicht. Segismundo kann dem besiegten Vater den widerrechtlichen Freiheitsentzug verzeihen, die Ehre Rosauras durch Verheiratung mit Astolfo wiederherstellen und seine eigene moralische Wandlung durch den Verzicht auf Rosaura und die eheliche Verbindung mit Estrella besiegeln.

Die für die spanische *comedia* des *siglo de oro* charakteristische zweisträngige Handlung mit ihrer Mischung von Ernst und Komik (Dienerfigur Clarín als *gracioso*) entfaltet sich aus sehr unterschiedlicher Thematik um die Figurenpaare Segismundo – Basilio bzw. Rosaura – Astolfo. Sie wird zu struktureller Einheit verknüpft durch die vergleichbare Ausgangssituation der Hauptfiguren Segismundo und Rosaura (beide sind vom Unglück gezeichnet), ferner durch die verbindende Funktion der Figur Clotaldos als Aufseher Segismundos und Vertrauter Basilios einerseits und als Vater Rosauras andererseits, vor allem aber durch die sich im Laufe der Handlung verstärkende wechselseitige Abhängigkeit der Geschicke Segismundos und Rosauras, die im letzten Akt bis zu einem Punkt führt, an dem Segismundos endgültige Wandlung nur durch die Wiederbegegnung mit Rosaura, deren Ehrenrettung wiederum nur mit der Hilfe Segismundos bewirkt werden kann. – *La vida es sueño* ist ein Lehrstück, an dessen Figuren und Handlung Calderón eine moralische Absicht exemplifiziert. Dem entspricht ein dramatischer Stil, der unter Verzicht auf psychologische Vertiefung von Charakteren und auf Wahrscheinlichkeit im Sinne einer naturalistischen Ästhetik einen Gesamtrahmen von Lebens- und Schöpfungsbezügen sichtbar machen will, die auch sprachlich durch ein konsistentes Gefüge von Metaphern und Symbolen evoziert werden. G.Hm.

AUSGABEN: Madrid 1636 (in *Primera parte de comedias*). – Madrid 1960, Hg. A. Cortina (Clás. Cast). – Madrid 1960 (in *Obras completas*, Hg. A. Valbuena Briones, 3 Bde., 1959–1967, 1; m. Einl.; ern. 1969). – Manchester 1961, Hg. A. E. Sloman; 21965. – Madrid 1977, Hg. C. Morón Arroyo (Cátedra). – Salamanca 1978, Hg. E. W. Hesse. – Madrid 1980, Hg. E. Rull [*Comedia, auto sacramental* u. *loa*].

ÜBERSETZUNGEN: *Das Leben ein Traum*, C. A. Schreyvogel, Wien 1816. – Dass., J. D. Gries (in *Schauspiele*, Bd. 1, Bln. 1815; ern. in *Dramen*, Mchn. 1963). – *Das Leben ist Traum*, M. Kommerell (in *Beitr. zu einem deutschen C.*, Bd. 2, Ffm. 1946). – *Das Leben ist ein Traum*, E. Gürster, Stg. 1955; zul. 1986 (RUB). – *Das Leben ein Traum*, W. v. Scholz (in *Spanische Meisterdramen*, Wien u. a. 1961). – *Das Leben ist ein Traum*, R. Fries, Bln. 1985.

BEARBEITUNGEN: C. H. Postel, *Der Königliche Prinz aus Polen Sigismundus oder Das menschliche Leben wie ein Traum*, Hbg. 1693. – F. Grillparzer, *Der Traum ein Leben*, Wien 1840. – H. v. Hofmannsthal, *Der Turm*, Mchn. 1925. – *Das Leben ist ein Traum*, Übers. u. Bearb. U. Berkéwicz, Ffm. 1984.

VERTONUNG: G. F. Malipiero, *La vita è sogno* (Oper; Urauff.: Breslau 1943).

LITERATUR: F. G. Olmedo, *Las fuentes de »La vida es sueño«*, Madrid 1928. – A. Lora Risco, *El Segismundo histórico de »La vida es sueño«* (in Revista de la Univ. de Buenos Aires, 5, 1949, S. 379–464). – L. E. Palacios, *Don Quijote y »La vida es sueño«*, Madrid 1960, S. 31–88. – E. Schwarz, *Hofmannsthal und C.*, Den Haag 1962. – P. Cepeda Calzada, *La vida como sueño*, Madrid 1964. – U. Ehrgott, *Das Schicksal C.'s in Deutschland. Unter besonderer Berücksichtigung der Übersetzungen von »La vida es sueño«*, Diss. Innsbruck 1964. – S. L. Hardy, *Goethe, C. und die romantische Theorie des Dramas*, Heidelberg 1965. – C. Bandera, *El itinerario de Segismundo en »La vida es sueño«* (in HR, 35, 1967, S. 69–84). – V. Bodini, *Segni e simboli nella »Vida es sueño«*, Bari 1968. – U. Knoke, *C.s Drama »La vida es sueño« u. seine Kritiker* (in RJb, 20, 1969, S. 239–289). – A. L. Cilveti, *El significado de »La vida es sueño«*, Valencia 1971. – H. Dommel, *Die gedankliche u. dramatische Struktur von C.s Drama »La vida es sueño«*, Würzburg 1971. – G. Feal u. C. Feal Deibe, *»La vida es sueño«. De la psicología al mito* (in Reflexion, 2, 1972, S. 35–55). – A. L. Cilveti, *La función de la metáfora en »La vida es sueño«* (in NRFH, 22, 1973, S. 17–38). – D. L. Heiple, *The Tradition Behind the Punishment of the Rebel Soldier in »La vida es sueño«* (in BHS, 50, 1973, S. 1–17). – M. Franzbach, *»La vida es sueño«* (in M. F., *Untersuchungen zum Theater C.s*, Mchn. 1974, S. 10–73). – A. Valbuena Briones, *La paradoja en »La vida es sueño«* (in Thesaurus, 31, 1976, S. 413–429). – A. Alcalá Zamora, *Despotismo, libertad política y rebelión en el pensamiento calderoniano de »La vida es sueño«* (in Cuadernos de investigación histórica, 2, 1978, S. 39–113). – A. Rodríguez López-Vázquez, *El sueño como discurso: teología y política* (in A. R. L.-V., *Tres estudios sobre C.*, Rennes 1978, S. 87–155). – E. W. Hesse, *»La vida es sueño« and Its Vision of a Socio-Moral Psychology* (in *New Perspectives of Comedia Criticism*, Madrid 1980, S. 84–107). – M. Vitse, *Segismundo e Serafina*, Toulouse 1980. – C. V. Aubrun, *»La vida es sueño«: le discours dramatique, sa fonction première, ses fonctions dérivées* (in IR, 14, 1981, S. 1–16). – E. W. Hesse, *»La vida es sueño« and the Paradox of Violence* (in E. W. H., *Essays on Spanish Letters*, Madrid 1981, S. 188–201). – C. Morón Arroyo, *»La vida es sueño« y »El alcalde de Zalamea«: Para una sociología del teatro calderoniano* (in IR, 14, 1981, S. 27–41). – A. Berenguer, *Para una sociología de »La vida es sueño«* (in Nuevo Hispanismo, 1, 1982, S. 103 bis 121). – R. Lapesa, *Consideraciones sobre »La vida es* *sueño«* (in Boletín de la Real Academia Espanola, 62, 1982, S. 87–102). – M. Barrio, *Die Begriffe ›Leben‹ und ›Tod‹ (in »Das Leben ein Traum« von C.*, Salzburger Romanistische Schriften, 1984, S. 85–99). – E. W. Hesse, *»La vida es sueño« and Contemporary Criticism* (in E. W. H., *The Comedia and Points of View*, Potomac/Md. 1984, S. 1–13). – T. E. May, *Segismundo and the Rebel Soldier, Brutus and Stars in »La vida es sueño«, Rosaura, Clotaldo* (in T. E. M., *Wit of the Golden Age*, Kassel 1986, S. 233–269). – B. Teuber, *»La vida es sueño«* (in *Das spanische Theater*, Hg. V. Roloff u. H. Wentzlaff-Eggebert, Düsseldorf 1988, S. 146–162).

GUILLÉN DE CASTRO Y BELLVÍS

* 1569 Valencia
† 28.7.1631 Madrid

LITERATUR ZUM AUTOR:
H. A. Rennert, *»Introducción« to G. de C.*, Philadelphia 1899. – W. E. Wilson, *G. de C.*, NY 1973. – L. García Lorenzo, *El teatro de G. de C.*, Barcelona 1976. – C. Faliù-Lacourt, *G. de C.*, Diss. Univ. Toulouse-Le Mirail.

LAS MOCEDADES DEL CID

(span.; *Die Taten des Cid*). Schauspiel von Guillén de CASTRO Y BELLVÍS, erschienen 1618. – Titelheld ist der kastilische Grande Rodrigo Díaz, der, teils auf spanischer, teils auf maurischer Seite kämpfend, von den Mauren den Beinamen »Cid« (Herr) bekam und dem die früheste spanische Dichtung, *Cantar de mío Cid*, gewidmet ist. In der Folgezeit in zahlreichen *romances* besungen, wurde er zum spanischen Nationalhelden, dessen Charakter und Taten jedermann vertraut waren. An das von der frühmittelalterlichen Dichtung überlieferte Charakterbild hält sich Guillén de Castro mit großer Treue. Sein Schauspiel besteht aus zwei Teilen, von denen der schwächere zweite unter einem eigenen Titel bekannt ist: *Las hazañas del Cid (Die Heldentaten des Cid)*.

Im Mittelpunkt des ersten Teils steht jener Konflikt zwischen Liebe und Ehre, der es CORNEILLE ermöglichte, durch Vereinfachung und Konzentration, durch Streichung von Episoden und Nebenfiguren, in *Le Cid* (1636) den Stoff dem klassischen Schema der drei Einheiten von Ort, Zeit und Handlung zu unterwerfen und ein Stück von universaler Geltung zu schaffen, das ihn mit einem Schlag zum berühmtesten Dramatiker seiner Zeit machte. Das Stück Guillén de Castros ist ein spanisches Nationalstück und als solches zu werten. Von den drei Einheiten ist darin keine zu finden. Immerhin wird der erste Teil durch die zentrale Fabel zusammengehalten, die Corneille dann für sein Stück übernommen hat: Die Wahl des ehrwürdigen Don Diego zum Prinzenerzieher wird zur Ursache des Konflikts, da Graf Lozano, sein Rivale, sich hinreißen läßt, den stolzen alten Mann öffentlich zu ohrfeigen. Die Rache für diese Beleidigung fällt dem jungen Rodrigo, dem Sohn Don Diegos, zu, der Jimena, die Tochter Lozanos, liebt. Trotzdem tötet er den Beleidiger seines Vaters. Jimena fordert Rache vom König. Rodrigo geht ins Exil, kämpft in Aragón und Kastilien siegreich gegen die Mauren. Zweimal stoßen fingierte Nachrichten über den angeblichen Tod des Geliebten Jimena in Verzweiflung. Schließlich aber siegt doch die Liebe über die Ehre.

Im zweiten Teil, den *Hazañas del Cid*, fehlt eine durchgehende Fabel. Er besteht nur noch aus einer Folge von meist unzusammenhängenden Bildern, in deren Mittelpunkt der Kampf König Sanchos mit seinen Geschwistern, Don Alfonso und Doña Urraca, um die Thronfolge steht. Höhepunkte dieser Auseinandersetzung sind die Belagerung Zamoras durch Don Alfonso, der gewaltsame Tod Sanchos und der Schwur des danach zum König gekrönten Alfonso, er habe nichts mit dem Tod seines Bruders zu tun. In diesen und anderen Episoden spielt der Cid eine entscheidende Rolle.

KLL

AUSGABEN: Valencia 1618. – Madrid 1780, Hg. A. de Soto. – Bonn 1878, Hg. W. Foerster. – Madrid 1962, Hg. u. Anm. V. Said Armesto (Clás. Cast, 15).– Madrid 1982 (Hg. u. Einl. L. García Lorenzo, Cátedra).

ÜBERSETZUNG: *Der Cid*, A. v. Schack (in *Spanisches Theater*, Bd. 2, Stg. ca. 1885).

LITERATUR: A. Hämel, *Der Cid im spanischen Drama des 16. u. 17. Jh.s*, Halle 1910 [zugl. Diss. Würzburg]. – W. Schulz, *Ein Kulturbild aus den »Mocedades del Cid« von G. de C. mit Ausblicken auf Quellen u. Techniken des Dichters wie auf den »Cid« des Corneille* (in ZfrPh, 47, 1927, S. 446–491). – J. Ruggieri, *Le »Cid« de Corneille e »Las mocedades del Cid« de G. de C.* (in Archivum Romanicum, 14, 1930, S. 1–97). – L. Santelices, *La originalidad en la segunda parte de »Las Mocedades del Cid«* (in Anales de la Universidad de Chile, 43, 1936, S. 169–178). – W. Floeck, *»Las mocedades del Cid« von G. de C. und »le Cid« von Corneille. Ein neuer Vergleich*, Bonn 1969. – J. Casaldueros, *Estudios sobre el teatro español*, Madrid 1972, S. 64–87. – S. J. McMullan, *Epic, Ballad, Drama: The »mocedades del Cid«* (in *Spanish and Portuguese Papers*, Hg. P. S. Russel-Gebbett u. a., Belfast 1979, S. 123 bis 143).

MIGUEL DE CERVANTES Y SAAVEDRA

* 29.9.1547 Alcalá de Henares
† 22.4.1616 Madrid

LITERATUR ZUM AUTOR:
Bibliographien:
R. L. Grismer, *C.: A Bibliography*, 2 Bde., NY 1946 u. Minnesota 1963. – C. Fernández Gómez, *Vocabulario de C.*, Madrid 1962. – L. Ríus, *Bibliografía de las obras de M. de C.*, 3 Bde., NY 1970 [Faks. d. Ausg. Madrid 1895–1904]. – J. Simón Díaz, *Bibliografía de la literatura hispánica*, Bd. 8, Madrid 1970, S. 3–442. – A. Sánchez, *Bibliografía cervantina* (in Anales Cervantinos, 21, 1983, S. 225–281; 22, 1984, S. 239–293).
Kongreßberichte:
C.: Su obra y su mundo: Actas del I Congreso Internacional sobre C., Hg. M. Criado del Val, Madrid 1981. – *Lenguaje, ideología y organización textual en los Novelas ejemplares: Actas del Coloqio celebrado en la Facultad de Filosofía y Letras de al Univ. Complutense Madrid*, Hg. J. J. de Bustos Tovar, Toulouse 1983.
Zeitschriften:
Anales Cervantinos, Madrid 1951 ff. – *C.: Bulletin of the C. Society of America*, Gainesville/Fla. 1981 ff.
Biographien:
L. Astrana Marín, *Vida ejemplar y heroica de M. de C. S.*, 7 Bde., Madrid 1948–1958. – J. A. Cabezas, *C.: del mito al hombre*, Madrid 1967. – B. Frank, *C.*, Mchn. 1978. – M. McKendrick, *C.*, Boston 1980. – W. Byron, *C. Der Dichter des Don Quijote und seine Zeit*, Mchn. 1982. – A. Dieterich, *C. in Selbstzeugnissen und Bilddokumenten*, Reinbek 1984 (rm).
Gesamtdarstellungen und Studien:
A. Castro, *Pensamiento de C.*, Madrid 1925; ern. Barcelona 1972 [rev.]. – R. Menéndez Pidal, *C. y el ideal caballeresco*, Madrid 1948. – J. Casalduero, *Sentido y forma del teatro de C.*, Madrid 1951; ern. 1967 [rev.]. – S. Gilman, *C. y Avellaneda. Estudio de una imitación*, Mexiko 1951. – J. F. Montesinos, *C. anti-novelista* (in NRFH, 7, 1953, S. 449–514). – A. González de Amezúa, *C., creador de la novela corta española*, 2 Bde., Madrid 1956–1958. – F. Ayala, *Experiencia e invención*, Madrid 1960. – A. Castro, *Hacia C.*, Madrid 1960. – L. Rosales, *C. de la libertad*, 2 Bde., Madrid 1960. – D. Alonso, *Sancho Quijote, Sancho-Sancho. Del Siglo de Oro a este siglo de siglas*, Madrid 1962. – *C. y los casticismos españoles*, Barcelona/Madrid 1966. – W. Krauss, *M. de C. Leben und Werk*, Bln. 1966. – E. Riley, *Teoría de la novela en C.*, Madrid 1966. – *C. A Collection of Critical Essays*, Hg. L. Nelson, Englewood Cliffs/N.J. 1969. – *Suma cervantina*, Hg. J. B. Avalle-Arce, Ldn. 1973 [mit Bibliogr.]. – F. Márquez Villanueva, *Fuentes literarias cervantinas*, Madrid 1973. – R. L. Predmore, *C.*, NY 1973. – M. Durán, *C.*, NY 1974 (TWAS). – J. B. Avalle-Arce, *Nuevos deslindes cervantinos*, Barcelona 1975. – C. Fuentes, *C. o la crítica de la lectura*, Mexiko 1976. – M. Molho, *C.: Raíces folclóricos*, Madrid 1976. – J. Canavaggio, *C. dramaturge. Un Théâtre à naître*, Paris 1977. – G. Díaz Plaja, *En torno a C.*, Pamplona 1977. – V. Gaos, *C. novelista, dramaturgo, poeta*, Barcelona 1979. – J. W. Geiger, *The Individual Self: C. and the Emergence of the Individual*, Athens/Oh. 1979. – *C. and the Renaissance*, Hg. D. McGaha, Easton/Pa. 1980. – E. T. Aylard, *C.: Pioneer and Plagiarist*, Ldn. 1982. – M. Ihrie, *Skepticism in C.*, Ldn. 1982. – *Lecciones cervantinas*, Hg. A. Egido, Saragossa 1985. – P. E. Russell, *C.*, Oxford/NY 1985. – *C. and the Pastoral*, Hg. J. J. Labrador Herraiz u. J. Fernández Jiménez, Cleveland 1986. – J. Canavaggio, *C.*, Paris 1986. – R. El Saffar, *Critical Essays on C.*, Cambridge 1986. – J. G. Weiger, *The Substance of C.*, Cambridge 1986. – *C.*, Hg. H. Bloom, NY 1987.

EL CASAMIENTO ENGAÑOSO

(span.; *Die betrügerische Heirat*). »Exemplarische Novelle« von Miguel de CERVANTES SAAVEDRA, erschienen 1613. – Die Handlung bildet den Rahmen für die darauffolgende Novelle *Coloquio de los perros*, wobei die Verknüpfung der beiden Novellen durch die Protagonisten erfolgt, die übereinander sprechen. In *El casamiento engañoso* erzählt der Fähnrich Campuzano seinem Freund, dem Magister Peralta, von zwei Hunden namens Cipión und Berganza. Im *Coloquio de los perros* unterhalten sich diese Hunde über den Fähnrich. Das zentrale Thema dieser Rahmennovelle ist, wie bereits der Titel ankündigt, das Motiv des *engaño*, der Täuschung, die freilich nicht nur im Sinne eines schlichten Betrugs als kriminelle Handlung mißverstanden werden sollte. Der *engaño* und seine Aufhebung im *desengaño* (Erkenntnis der Täuschung) sind vielmehr Bestandteile einer genuin spanischen Philosophie des *Siglo de Oro*, die sich aus dem christlich-mittelalterlichen Gedanken der Eitelkeit der Welt herleitet. In der spanischen Literatur des frühen 17. Jh.s lebt dieser Gedanke in vielfältig variierter Weise in weiteren Werken von Cervantes *(Don Quijote)*, CALDERÓN, Lope de VEGA und vor allem in den zeitgenössischen Schelmenromanen fort.
Der Fähnrich Campuzano wird, von einer venerischen Krankheit geheilt, aus dem Hospital de la Resurrección in Valladolid entlassen. Sein Leiden hat ihn so stark geschwächt, daß er seinen Degen als Stock benutzen muß. Er ist nicht nur von seiner Krankheit genesen, sondern auch vom Wahn und den Täuschungen *(engaño)* seines Vorlebens. Unterwegs trifft der Soldat auf einen alten Freund, den Magister Peralta, der ihn zu sich nach Hause einlädt. Dort erzählt Campuzano auf Peraltas Bitte hin die Geschichte seiner betrügerischen Heirat: Er berichtet, wie er selbst, aufs beste herausgeputzt, durch Kleidung einen höheren Sozialstatus vorspiegelnd, in einem Gasthof die als Doña Estefanía

de Caicedo sich ausgebende Dienerin kennenlernt. Diese verbirgt ihr Gesicht hinter einem Schleier. Campuzano möchte, in Liebe entbrannt, ihr Gesicht sehen, sie aber hebt den Schleier nicht. Beide vermuten materiellen Profit in einer möglichen Verbindung und spielen sich deswegen gegenseitig eine sozial höhere Rolle vor. Als der Soldat dann seine vermeintliche Dame im Herrenhaus besucht, verbringen sie dort vier Tage miteinander. In ihren Gesprächen bedienen sie sich der Sprache der Maskerade und des schönen Scheins, um ihre wahre Identität nicht preisgeben zu müssen: *»Pasé con ella luengos y amorosos coloquios. Blasoné, hendí, rajé, ofrecí, prometí y hice todas las demonstraciones que me pareció ser necesarias para hacerme bienquisto con ella.« (»Ich prahlte, schnitt auf, führte das große Wort, bot, versprach und tat alles, was mir erforderlich erschien, mich in ihren Augen liebenswürdig zu machen«)*. Estefanías Herrschaft war während dieser Tage verreist. Wenig später heiratet das Hochstaplerpaar, kurz danach kommt jedoch die Herrschaft unerwartet früh zurück, und der Schwindel droht aufzufliegen. In dieser kritischen Situation stellt Estefanía Campuzano gegenüber geistesgegenwärtig die Sache als ihre eigene Berechnung hin und erklärt dem Gutgläubigen, daß die zurückgekehrte Herrin in Wahrheit keine Herrin, sondern ihre Freundin sei, die ein paar Tage die reiche Dame spiele, um damit ihren Geliebten zum Eheversprechen zu bewegen. Campuzano fällt darauf herein und zieht mit Estefanía in ein enges Zimmer. Erst nachdem sie mit all seinem Besitz entflohen ist, erfährt er die bittere Wahrheit von der Hauswirtin. Aber nicht nur er wurde von ihr betrogen, auch sie wurde von ihm getäuscht, denn die Goldketten, die sie ihm gestohlen hatte, waren nicht echt. Campuzano befällt eine Geschlechtskrankheit, die ihn zwingt, sich einer langwierigen Behandlung im Hospital de la Resurrección zu unterziehen. Erst die Erkenntnis der Täuschungen führt Campuzano wieder zum rechten Gebrauch der Sprache. Mit dem Erzählen seiner betrügerischen Heirat legt er die Sprache der Maskerade, des *engaño*, endgültig ab und legitimiert im Akt des Erzählens seine neue Identität, die fortan von einem selbstkritischen Umgang mit Sprache geprägt ist.

Campuzano berichtet seinem Freund jedoch nicht nur von seiner Heirat, sondern auch von einem Gespräch zweier Hunde, dem er im Hospital de la Resurrección während einer schlaflosen Nacht gelauscht hatte. Ob dieses Gespräch möglicherweise nur Inhalt eines Traums gewesen ist, bleibt offen. Die Rede, die die beiden Hunde eigentlich gegen ihre Absicht, denn sie wähnten sich allein ohne Zuhörer, Campuzano »souffliert« haben, habe er am folgenden Tag aufgezeichnet. Er händigt Peralta auf dessen Wunsch hin das Manuskript aus. Für Campuzano ist dieses »Gespräch der Hunde« ein Wendepunkt in seinem Leben. Seine Rekonvaleszenz ist zugleich körperlicher und seelischer Natur. War er bisher ein Prahlhans, so erfährt er in der Begegnung mit dem Wunderbaren, das die Grenzen des Natürlichen überschreitet, eine Schärfung der Sinne und erlernt die Kunst des Zuhörens und Toleranz gegenüber den Werken der Schöpfung. S.L.

Ausgaben: Madrid 1613 (in *Novela ejemplares*). – Madrid 1912, Hg. A. G. de Amezúa y Mayo [krit., m. Einl. u. Anm.]. – Madrid 1925 (in *Obras completas*, Hg. R. Schevill u. A. Bonilla, Bd. 14). – Madrid 1962 (in *Novelas ejemplares*, Hg. F. Sáinz Rodriguez). – Madrid 1963 (in *Obras completas*). – Madrid 1975–1980 (in *Obras completas*, Hg. u. Einl. A. Valbuena Prat, 2 Bde.). – Saragossa 1976. – Madrid 1986 (in *Novelas exemplares*, Hg. u. Einl. H. Sieber; Cátedra).

Übersetzungen: *Die betrogene Eifersucht*, G. Ph. Harsdörffer (in *Der große Schauplatz lust- und lehrreicher Geschichten*, Ffm. 1650/51; Ausz.). – *Die betrügliche Heirat*, A. Keller u. F. Notter (in *Novellen*, Mchn. 1958; ern. 1971). – *Die betrügerische Heirat*, G. v. Uslar, Bln. 1961. – Dass., D. W. Soltau (in *Exemplarische Novellen*, Ffm./Hbg. 1961; Nachw. W. Krauss; EC). – Dass., A. M. Rothbauer (in *SW*, Bd. 1, Stg. 1963).

Literatur: R. P. Grant, *C.'s »El Casamiento...« and Fletcher's »Rule a Wife and Have a Wife«* (in HR, 12, 1944). – C. Rodriguez Arango Díaz, *El matrimonio clandestino en la novela cervantina* (in Anuario de historia del derecho español, 25, 1955, S. 731–774). – P. Waley, *The Unity of the »Casamiento engañoso« and the »Coloquio de los perros«* (in BHS, 34, 1957, S. 201–212). – R. El. Saffar, *»El casamiento engañoso« and »El coloquio de los perros«*, Ldn. 1976. – A. K. Forcione, *C. and the Mystery of Lawlessness. A Study of »El casamiento engañoso« and »El coloquio de los perros«*, Princeton 1984.

EL CELOSO EXTREMEÑO

(span.; *Der Eifersüchtige von Estremadura*). »Exemplarische Novelle« von Miguel de Cervantes Saavedra, erschienen 1613. – Weder auf den Irrwegen eines Verschwenderdaseins in seiner Jugend noch während seines späteren Existenzkampfes in fremden Ländern hat Carrizales Glück und Frieden finden können. Auch der letzte Versuch des wieder zu Reichtum gelangten Alten, das Glück schließlich doch noch zu erzwingen, entpuppt sich nur als der folgenschwerste und letzte Irrtum seines Lebens. Fast siebzig Jahre alt, heiratet er ein vierzehnjähriges Mädchen, von dessen streng bewachter Unschuld und Unwissenheit sich der Alte Glück und Liebe erhofft. Doch das sorgfältig geplante Haus, hinter dessen fensterlosen Mauern der krankhaft Eifersüchtige die junge Gemahlin gleich einer Scheintoten begräbt, wird schließlich zu seiner eigenen Sterbekammer: Es gelingt nämlich dem jungen Loaysa, einem von Abenteuerlust und Neugier getriebenen Galan, die künstlichen Schutzmauern zu durchbrechen, die Carrizales um sein gegen Natur und Schicksal erzwungenes Glück errichtet hat. Als der Alte eines Nachts seine Frau in den Armen des jungen Mannes findet, ergreift ihn ein so tiefer Schmerz, daß er den Tod, dessen Nähe er zu fühlen glaubt, wie eine Erlösung herbeisehnt. – Doch das Schicksal scheint es anders vorgezeichnet zu haben: Auf der Grenze zwischen Diesseits und Jenseits erkennt Carrizales zum erstenmal, daß er ein Leben des Selbstbetrugs geführt hat. Er sieht ein, daß allein seine eigene Anmaßung schuld an allem Unglück ist, vergibt seiner Frau und vererbt ihr die Mittel, die ihr die Ehe mit dem geliebten Mann ermöglichen. Doch sie – bewegt von der Tragik seiner inneren Wandlung – tritt nach seinem Tod in ein Kloster ein. Ihren Verführer treiben Zorn und Scham in die spanischen Kolonien Amerikas, einem Schicksal entgegen, wie es auch Carrizales zuteil wurde, dem erst die Todesstunde die Gnade der Erkenntnis schenkte.

Die Tragik der Haupthandlung wird betont durch die Gegenüberstellung von komischen, von der farbigen Atmosphäre des zeitgenössischen Sevilla erfüllten Szenen zwischen dem Galan Loaysa und den von ihm betörten Dienerinnen des Carrizales. In ihnen beweist Cervantes, wie vollendet er die dramatische Erzählform beherrscht und wie souverän er den Dialog als Mittel der Charakterisierung und Handlungsschilderung zu handhaben weiß.

E.F.

Ausgaben: Madrid 1613 (in *Novelas ejemplares*). – Madrid 1923 (in *Obras completas*, Hg. R. Schevill u. A. Bonilla, Bd. 13). – Madrid 1962 (in *Novelas ejemplares*, Hg. F. Sáinz Rodríguez). – Madrid 1963 (in *Obras completas*). – Madrid 1975–1980 (in *Obras completas*, Hg. u. Einl. A. Valbuena Prat, 2 Bde.) – Madrid 1980.

Übersetzungen: G. P. Harsdörffer (in *Der große Schauplatz lust- und lehrreicher Geschichten*, Ffm. 1650/51). – *Der eifersüchtige Estremadurer*, A. Keller u. F. Notter (in *Novellen*, Mchn. 1958; ern. 1971). – Dass., D. W. Soltau (in *Exemplarische Novellen*, Ffm./Hbg. 1961; Nachw. W. Krauss; EC; ern. Dortmund 1984). – Dass., A. Keller, (in *Die Macht des Blutes*, Zürich 1985). – Dass., A. M. Rothbauer (in *SW*, Bd. 1, Stg. 1963).

Literatur: A. Mas, *Quelques réflexions au sujet de »El celoso extremeño«* (in BH, 56, 1954). – A. Castro, *C. se nos desliza en »El celoso extremeño«* (in PSA, 48, 1968, S. 205–222). – E. J. Febres, *»El celoso extremeño«: estructura y otros valores estéticos* (in Hispanófila, 57, 1976, S. 7–22). – L. Spitzer, *Das Gefüge einer cervantinischen Novelle: »El celoso extremeño«* (in *Die romanische Novelle*, Hg. W. Eitel, Darmstadt 1977, S. 175–213). – A. F. Lambert, *The Two Versions of C.'s »El celoso extremeño«, Ideology and Criticism* (in BHS, 57, 1980, S. 219–231). – P. Werle, *»El celoso extremeño«. Überlegungen zu Text und Kontext in den »Novelas ejemplares« des C.* (in RJb, 35, 1984, S. 258–277). – C. Donato, *Leonora and Camila: Female Characterization and Narrative Formula in the Cervantine Novela* (in Mester, 15, 1986, S. 13–24).

EL CERCO DE NUMANCIA

(span.; *Die Belagerung von Numantia*). Verstragödie in vier Akten von Miguel de Cervantes Saavedra, verfaßt zwischen 1581 und 1583, erschienen 1784. – Das Trauerspiel, ein Meisterwerk der frühen dramatischen Schaffensperiode des Dichters, ist zugleich eines der ersten großen Werke der neueren europäischen Dramatik. Von den Romantikern wurde es mit den Dramen Shakespeares, Marlowes und auch Aischylos' verglichen. Eine tatsächliche Ähnlichkeit ergibt sich jedoch nur bei einem Vergleich der Tragödie mit den *Persern* des Aischylos, in denen das gleiche Thema – der Freiheitskampf eines Volkes – behandelt wird. Mit den Mitteln der Allegorie verleiht Cervantes seiner Bearbeitung des historisch belegten Stoffs vom Selbstmord einer Stadt die Dimensionen eines Nationalepos. – Als Protagonist der Tragödie erscheint, stellvertretend für das gesamte Spanien, die Bevölkerung der von den Römern belagerten Festung Numantia. In ihrem aussichtslosen Freiheitskampf bleibt der ausgehungerten Stadt schließlich als einzige Alternative zur schmachvollen Übergabe die Flucht in den Freitod. Die trotzige Verwirklichung dieses von Schicksal und Ehrgefühl diktierten Vorhabens bringt die Tragödie zu einem Abschluß, der in seiner Grausamkeit an den Untergang der Nibelungen erinnert. Jedoch wird durch die blutige Selbstzerstörung der Numantiner die Ehre des spanischen Volkes gerettet.

Dieses Zentralthema der Tragödie erfährt seine sinnfälligste Gestaltung im Auftritt der das ganze Stück chorisch einrahmenden allegorischen Figuren. So bestätigt sich die zu Beginn von den Figuren »España« und »Duero« gemachte Prophezeihung vom ruhmvollen Untergang Numantias in Kommentaren der Symbolgestalten »Krieg«, »Krankheit« und »Hunger« und der Schlußhymne der »Fama« (Ruhm). – Ebenso beispielhaft wie die Allegorien veranschaulichen einzelne Episoden, die Ereignisse in der Stadt schildern, das Grundthema von Tod und ruhmvoller Auferstehung; so etwa die Totenauferweckungsszene, in deren Mittelpunkt der Magier Marquino steht, so auch die Episode vom Opfertod Marandros für seine Geliebte und Leonicios für seinen Freund, oder die Szene, in der der Befehlshaber Teógenes beispielhaft für die ganze Stadt zunächst seine Familie und schließlich sich selbst dem Tod überantwortet. Der Heldentod des Knaben Bariato, des letzten Überlebenden der Stadt, wirkt wie die Schlußapotheose der Tragödie. Sein freiwilliger Sturz vom Turm vor den Augen der besiegten Sieger wird zum Symbol für die äußere Niederlage und den unzerstörbaren Ruhm des spanischen Volkes.

E.F.

Ausgaben: Madrid 1784. – Madrid 1920 (in *Obras completas*, Hg. R. Schevill u. A. Bonilla, 9). – Madrid 1962 (in *Obras*, Hg. F. Ynduráin, 2; BAE). – Madrid 1963 (in *Obras completas*). – Madrid 1964, Hg. F. Ynduráin. – Madrid 1975–1980 (in *Obras completas*, Hg. u. Einl. A. Valbuena Prat,

2 Bde.). – Madrid 1984, Hg. u. Einl. R. Marrast (Cátedra).

ÜBERSETZUNG: *Numantia*, A. M. Rothbauer (in *SW*, Bd. 3, Stg. 1968).

LITERATUR: M. Aub, *La »Numancia« de C.* (in La Torre, 1956, Nr. 14, S. 99–111). – J. Mañach, *El sentido trágico de la »Numancia«* (in Nueva Revista Cubana, 1, 1959, Nr. 1, S. 21–40). – R. R. MacCurdy, *The Numantia Plays of C. and Rojas Zorrilla* (in Symposium, 14, 1960, S. 100–120). – W. M. Whitby, *The Sacrifice Theme in C.'s »Numancia«* (in Hispania, 45, 1962, S. 205–210). – J. B. Avalle-Arce, *Poesía, historia, imperialismo: »La Numancia«* (in Anuario de Letras, 2, Mexiko 1962, S. 55–75). – H. Hermengildo, *La »Numancia« de C.*, Madrid 1969. – E. H. Friedman, *»La Numancia« Within Structural Patterns of Sixteenth Century Spanish Tragedy* (in Neoph, 61, 1977, S. 74–89). – W. F. King, *C.'s »Numancia« and Imperial Spain* (in MLN, 94, 1979, S. 200–221). – E. Bergmann, *The Epic Vision of C.'s »Numancia«* (in Theatre Journal, 1984, Nr. 1, S. 85–96). – G. Güntert, *La poética del primer C.: Desde la »Numancia« al Quijote* (in CHA, 1986, Nr. 430, 85–96).

EL COLOQUIO DE LOS PERROS

(span.; *Das Zwiegespräch der Hunde*). »Exemplarische Novelle« von Miguel de CERVANTES SAAVEDRA, erschienen 1613. – Die letzte der zwölf *Novelas exemplares* des Cervantes erwächst aus der vorangegangenen Novelle *El casamiento engañoso (Die betrügerische Heirat)*, die den Rahmen für die Manuskriptfiktion des vorliegenden Hundedialogs bildet, den der Fähnrich Campuzano belauscht und in dem Manuskript mit dem Titel *Novela y coloquio que pasó entre Cipión y Berganza, perros del Hospital de la Resurrección, que está en la ciudad de Valladolid, a quien comunamente llaman los perros de Mahudes (Novelle und Zwiegespräch zwischen Cipión und Berganza, Hunde des in der Stadt Valladolid befindlichen Auferstehungshospitals, die allgemein die Hunde des Mahudes genannt werden)* aufgezeichnet hat, das er seinem Freund Peralta nun zur Lektüre überreicht. Die Lesesituation ist von jetzt an gedoppelt, denn der Magister Peralta liest das Manuskript, und der reale Leser liest somit das von Peralta Gelesene. Diese komplexen Kommunikationszusammenhänge (Hören, Aufschreiben und Lesen des Hundegesprächs) treten jedoch zurück, sobald Berganza und Cipión ihren Dialog eröffnen. – Cervantes' Novelle steht in der literarischen Tradition der Hundegespräche, die mit dem Dialog des Menippus mit dem Hund Cerberus bei LUKIAN *(Totengespräche, XXI)* beginnt. Innerhalb dieser Tradition steht ihr wohl der Dialog der Hunde Hylactor und Pamphagus in Bonaventure DES PÉRIERS' *Cymbalum Mundi* (1537) am nächsten. Wenn in der Frage nach dem Ursprung der Sprache im *Cymbalum Mundi* ein antiker Text, OVIDS *Metamorphosen* (Buch III, 192–252), als Legitimationsmythos berufen wurde – der lesende Hund Pamphagus hat in seiner Ovid-Lektüre erfahren, daß er und Hylactor durch das Fressen der Zunge ihres Herrn Acteon die Sprechfähigkeit erlangt haben –, so erhalten die beiden Hunde im *Coloquio de los perros* durch ein göttliches Wunder die Sprache. Berganza erzählt seinem Freund Cipión die Stationen seines Lebens, das der Vita eines pikaresken Helden ähnelt, der immer wieder seinen Herrn wechselt, weil er schlecht behandelt wird, hungern muß oder betrogen wird, und der sich als Spurensucher in den sozialen Systemen der Zeit erweist. So ist Berganza zunächst der Hund eines Metzgers in Sevilla, kommt dann zu Schäfern, zu einem reichen Kaufmann, zu einem Büttel, einem Trommler, gerät dann in eine Gruppe von Zigeunern, gehört zu einem Morisken, zu einem Dramendichter und hilft am Ende seinem Herrn Mahudes zusammen mit Cipión beim Almosensammeln für das Hospital de la Resurrección in Valladolid. Dieser Lebensbericht erreicht mit der Erzählung der Hexe Cañizares seinen Höhepunkt, in der die Frage der Metamorphose von Mensch zu Tier zur Sprache kommt: Cañizares vermutet in den beiden Hunden die verzauberten Zwillingssöhne ihrer Freundin, der Hexe Montiela.

Das *Coloquio*, der nächtliche Lebensbericht Berganzas, der von Bemerkungen Cipións immer wieder unterbrochen wird, zeichnet sich durch die Virtuosität im Umgang mit ästhetischen Formen aus. Das Gespräch ist als solches keine Satire; vielmehr wird hier Satire als ästhetisches Problem besprochen. Dies wird z. B. deutlich, wenn die Hunde über die Wirkung satirischer Kommentare *(murmuración)* sprechen und dabei zugeben: *»Era difícil cosa el no escribir satiras.« (»Es war schwierig, keine Satiren zu schreiben.«)* Die Textstruktur des *Coloquio* ist gekennzeichnet von der Überlagerung und Verquickung der pikaresken Vita Berganzas mit der metapoetischen Rede über literarische Formen selbst, über den Ursprung und die Bedeutung von Sprache und über die Regeln der Kommunikation. Das Gespräch der Hunde Cipión und Berganza ist ein Wechselspiel zwischen Lebensbericht und Metapoesie. Die poetische Wahrheit des Textes konstituiert sich auf der Grenze zwischen Wirklichkeit und Traum, zwischen Realität und Fiktion. Im *Coloquio de los perros* wird, innerhalb der literarischen Fiktion, der Schritt vom »schriftlich« Erzählten der vorangegangenen Novellen zum Privileg des Wortes vollzogen. Das Spannungsverhältnis zwischen Fiktion und Wirklichkeit wird besonders im Gespräch der Hunde über die Literatur der Zeit eindringlich dargestellt: So erzählt Berganza, daß er, als er das wirkliche Leben der Schäfer kennenlernte, erfahren mußte, daß die Welt der Schäferromane nichts mit der rauhen Wirklichkeit gemein hat. Cervantes spricht hiermit ein zentrales Thema des *Don Quijote* an, nämlich die Konstitution der Welt durch Lektüreerfahrungen im Gegensatz zur Realität. Im *Coloquio* bleiben jedoch beide Bereiche nebeneinander Gegenstände der metasprachlichen

Rede und bilden nicht, wie im *Don Quijote*, ein wesentliches Handlungsmovens: Berganza und Cipión besprechen Realität und Fiktion, Don Quijote dagegen handelt im »er-lesenen« Wahn.
Innerhalb der *Novelas ejemplares* ist das *Coloquio de los perros* der wirkungsreichste Text, der neben Fortsetzungen verschiedener spanischer Autoren, wie Belmonte BERMÚDEZ' *La vida de Cipíon*, Jacinto BENAVENTES *Nuevo coloquio de los perros*, FERNÁN CABALLEROS *Los pobres perros abandonados*, vor allem in E. T. A. HOFFMANNS *Nachricht von den neuesten Schicksalen des Hundes Berganza* (1814) eine kongeniale Weiterführung erfahren hat und auch in jüngster Zeit in Zsuzsanna GAHSES Erzählung *Berganza* (1984) weiterwirkt. S.L.

AUSGABEN: Madrid 1613 (in *Novelas ejemplares*). – Madrid 1925 (in *Obras completas*, Hg. R. Schevill u. A. Bonilla, Bd. 14). – Madrid 1962 (in *Novelas ejemplares*, Hg. F. Sáinz Rodríguez). – Madrid 1963 (in *Obras completas*). – Madrid 1975–1980 (in *Obras completas*, Hg. u. Einl. A. Valbuena Prat, 2 Bde.). – Madrid 1986 (in *Novelas ejemplares*, Hg. u. Einl. H. Sieber; Cátedra).

ÜBERSETZUNGEN: *Gespräch des Scipio und des Bergance*, Conradi (in *Satyrische und lehrreiche Erzehlungen*, Bd. 2, Ffm./Lpzg. 1753). – *Gespräch des Szipio und Berganza*, J. v. Soden (in *Moralische Novellen*, Bd. 2, Lpzg. 1779). – *Gespräch zwischen Cipion und Berganza, Hunden des Auferstehungshospitals*, A. Keller u. F. Notter (in *Novellen*, Mchn. 1958; ern. 1971). – *Das Kolloquium der beiden Hunde*, D.W. Soltau (in *Exemplarische Novellen*, Ffm./Hbg. 1961; Nachw. W. Krauss; EC). – *Novelle vom Zwiegespräch zwischen Cipión und Berganza*, A. M. Rothbauer (in *SW*, Bd. 1, Stg. 1963).

LITERATUR: N. Alonso Cortés, *Los perros de Mahudes* (in RFE, 26, 1942). – E. F. Jareño, *»El coloquio de los perros«, documento social de la vida española en la edad de oro* (in Estudios de Historia Social de España, 1952, 2, S. 327–364). – P. Waley, *The Unity of the »Casamiento engañoso« and the »Coloquio de los perros«* (in BHS, 34, 1957, S. 201–212). – L. J. Woodward, *»El casamiento engañoso« y »El coloquio de los perros«* (ebd., 36, 1959, S. 80–87). – L. A. Murillo, *C.' »Coloquio de los perros«, a Novel-Dialogue* (in MPh, 58, 1960/1961, S. 174–185). – G. Sobejano, *»El coloquio de los perros« en la picaresca y otros apuntes* (in HR, 43, 1975, S. 25–41). – E. C. Riley, *C. and the Cynics* (in BHS, 53, 1976, S. 189–199). – R. S. El Saffar, *»El celoso extremeño« and »El coloquio de los perros«. A Critical Guide*, Ldn. 1976. – T. Ziolkowski, *Talking Dogs. The Canonization of Literature* (in T. Z., *Varieties of Literary Thematics*, Princeton 1983). – F. Carrasco, *»El coloquio de los perros«: veridicción y modelo narrativo* (in Criticón, 1986, Nr. 35, S. 119–133).

LA CUEVA DE SALAMANCA

(span.; *Die Höhle von Salamanca*). Dramatisches Zwischenspiel von Miguel de CERVANTES SAAVEDRA, erschienen 1615. – Für die von Cervantes zur Vollkommenheit geführte Gattung des *entremés* kann der Einakter *Die Höhle von Salamanca* als Musterbeispiel gelten. So werden zur Darstellung des darin behandelten Themas vom betrogenen Ehemann statt der Radaueffekte der Farce ausschließlich die gehobeneren Ausdrucksmittel der hohen Komödie verwendet. Hierzu gehören die straffe Handlungsführung, die skizzenhafte und doch eindringliche Charakterisierung durch das Medium eines den Personen und Situationen angepaßten Prosadialogs und als wesentlichstes Merkmal der einer ironisch-tiefgründigen Sicht der Menschennatur entspringende Humor. – All diese Darstellungsmittel verwendet Cervantes auf einen an sich eher für die Farce geeigneten Stoff aus dem Genre der italienischen Schwanknovelle: Eine leichtlebige Ehefrau und ihre Dienerin werden in Gesellschaft ihrer Liebhaber plötzlich von dem unerwartet von einer Reise zurückgekehrten Hausherrn überrascht. Doch ein zufällig im Hause weilender Student rettet die Situation. Dem leichtgläubigen Ehemann macht er weis, er habe in der Höhle von Salamanca die Kunst der Geisterbeschwörung erlernt, und gibt sodann einen Beweis seines Könnens, indem er die beiden Liebhaber, den Sakristan und den Barbier des Dorfes, als zwei Dämonen aus ihren Verstecken hervorzaubert. Der Ehemann beschließt, die beiden Teufel nicht eher aus dem Haus zu lassen, als bis auch er die in der Höhle von Salamanca gelehrte Kunst der Geisterbeschwörung erlernt hat.
Cervantes ist es in diesem Stück gelungen, vorgegebene literarische Typen in lebende Figuren umzuformen: der törichte, vielleicht im Interesse der Handlung etwas zu leichtgläubige Ehemann, seine keine Mittel zum Betrug scheuende Gemahlin und ihre ebenso gewitzte Dienerin, der ängstliche und sich einer kulteranistischen Diktion befleißigende Sakristan und schließlich sein biederer Freund, der Barbier. Unvergeßlich bleibt der Student, dessen verschlagene Intelligenz sich ebenso an der Torheit des betrogenen Ehemanns wie an der Angst der um den Erfolg seines dreisten Betrugsspiels bangenden Ehebrecher weidet. Die unübertreffliche Wirklichkeitsnähe dieser Gestalten, die Lebendigkeit ihres Dialogs und die aus beiden resultierende Komik zeigt ein Vergleich der *Höhle von Salamanca* mit zahlreichen Stücken zum gleichen Thema von Vorläufern und Zeitgenossen des Cervantes oder mit CALDERÓNS farbloser Imitation, die den Titel *El dragoncillo (Der kleine Drache)* trägt. E.F.

AUSGABEN: Madrid 1615 (in *Ocho comedias y ocho entremeses*). – Madrid 1918 (in *Obras completas*, Hg. R. Schevill u. A. Bonilla, Bd. 8). – Madrid 1962 (in *Entremeses*, Hg. M. Herrero García). – Madrid 1963 (in *Obras*, Hg. F. Ynduráin, Bd. 2; BAE). – Madrid 1975–1980 (in *Obras completas*,

Hg. u. Einl. A. Valbuena Prat, 2 Bde.). – Madrid 1985 (in *Ocho comedias y ocho entremeses*, Hg. u. Einl. N. Spadaccini; Cátedra).

ÜBERSETZUNGEN: *Die Teufel aus der Kohlenkiste*, F. J. Bertuch (in Magazin der span. u. portug. Literatur, Dessau 1782, 3, S. 129–168). – *Die Höhle von Salamanca*, J. v. Eichendorff (in J. v. E., *SW*, Hg. G. Baumann u. S. Grosse, Bd. 3, Stg. 1959; ern. in *SW*, Bd. 16: *Übersetzungen aus dem Nachlaß*, Hg. K. Dahme, Regensburg 1966). – Dass., H. Kurz (in *Zwischenspiele*, Mchn. 1961; ern. Ffm. 1967). – Dass., H. Schlegel (in *Spanisches Theater*, Mchn. 1964; Nachw. M. Franzbach). – *Das Zwischenspiel von der Salmantiner Höhle*, A. M. Rothbauer (in *SW*, Bd. 4, Stg. 1970).

LITERATUR: M. Ingunza y Santo Domingo, *»La cueva de Salamanca« en la literatura española*, Diss. Madrid 1946. – M. García Blanco, *El tema de »La cueva de Salamanca« y el entremés cervantino de este título* (in Anales Cervantinos, 1, 1951). – W. L. Fichter, *»La cueva de Salamanca« y un cuento de Bandello* (in Studio Philologica, 1, Madrid 1960, S. 525–528). – M. Chevalier, *A propos de »La cueva de Salamanca« Question sur la censure au Siècle d'Or* (in *Les cultures ibériques en devenir*. Fs. f. M. Bataillon, Paris 1979, S. 659–664). – S. Zimic, *»La cueva de Salamanca«: parábola de la tontería* (in Anales Cervantinos, 21, 1983, S. 135–152).

LA GITANILLA

(span.; *Das Zigeunermädchen*). »Exemplarische Novelle« von Miguel de CERVANTES SAAVEDRA, erschienen 1613. – Das wahrscheinlich nach 1605 entstandene Werk ist die erste und zugleich eine der schönsten der *Novelas ejemplares*. Preciosa, ein Zigeunermädchen, bezaubert ganz Madrid und wird, wo immer sie tanzt und singt, umjubelt. Ihre Schönheit, Intelligenz und offensichtliche Ehrbarkeit zwingen jedermann in ihren Bann. Don Juan de Cárcamo, ein adliger Jüngling, verliebt sich so leidenschaftlich in das Mädchen, daß er aus dem Elternhaus flieht, um unter dem Decknamen Andrés Caballero bei den Zigeunern zu leben. Preciosa will seine Liebe auf die Probe stellen und erst nach zwei Jahren seine Frau werden. Durch seine Geschicklichkeit im Wettlauf, im Stangenwurf und im Springen verschafft der Jüngling den Zigeunern große Einkünfte. Bald akzeptieren sie ihn als ihren Anführer und lassen sich von ihm sogar bewegen, das Stehlen aufzugeben. Auf diese Weise nimmt er auch Preciosa mehr und mehr für sich ein.
In einem Dorf bei Murcia verliebt sich die Tochter einer Wirtin in Andrés. Als er auf ihre Avancen nicht eingeht, versteckt sie einige Schmuckstücke in seinem Gepäck und bezichtigt dann die Zigeuner des Diebstahls. Der Schmuck wird bei Andrés gefunden, den daraufhin ein Soldat, der Neffe des Alkalden, beschimpft und ins Gesicht schlägt. Andrés tötet seinen Beleidiger. Des Diebstahls und des Mordes angeklagt, kommt er in Murcia ins Gefängnis, während man Preciosa im Haus der Korregidorin unterbringt. Die alte Zigeunerin, die sich als Großmutter Preciosas ausgegeben hat, gesteht, daß das schöne Mädchen in Wirklichkeit die Tochter der Korregidorin, das vornehme Fräulein Constanza de Acevedo y Meneses, ist, das sie im Kindesalter geraubt hat. Schließlich entdeckt auch die um den Geliebten bangende Preciosa-Constanza dessen wahre Identität. Die Novelle endet mit der Heirat der beiden »Zigeuner«.
Cervantes, der mit der Wirklichkeit des Zigeunerdaseins vertraut war, schildert einige Episoden realistisch, stellt jedoch die edle Gestalt der Preciosa in ein im großen und ganzen idealisiertes Milieu. Diese Gestalt dürfte der Dichter der Novellensammlung *El Patrañuelo* (1576) des Juan de TIMONEDA entnommen haben, wo die Geschichte von Apollonios von Tyros und seiner von Piraten geraubten, sing- und tanzbegabten Tochter nacherzählt wird. Von den zahlreichen Romanzen der Preciosa gehören die Wahrsagung *Tausendschönchen, Tausendschönchen* und die Beschwörung *Köpfchen, Köpfchen, nicht verzagen* zu den schönsten und zartesten lyrischen Schöpfungen Cervantes'. – In Anlehnung an *Das Zigeunermädchen* schrieb Pius Alexander WOLFF das Schauspiel *Preciosa*, das mit der Musik von Carl Maria von Weber 1821 uraufgeführt wurde. Ob Cervantes' Preciosa tatsächlich das Vorbild für GOETHES Mignon und für Victor HUGOS Esmeralda (in *Der Glöckner von Notre-Dame*) war, ist nicht mit Sicherheit nachzuweisen. A.M.R.

AUSGABEN: Madrid 1613 (in *Novelas ejemplares*). – Madrid 1922 (in *Novelas ejemplares*, in *Obras completas*, Hg. R. Schevill u. A. Bonilla, 18 Bde., 1914–1941). – Madrid 1962 (in *Novelas ejemplares*, Hg. F. Rodríguez Marín, Bd. 1; Clás. Cast). – Madrid 1963 (in *Obras completas*). – Barcelona 1964. – Madrid 1975–1980 (in *Obras completas*, Hg. u. Einl. A. Valbuena Prat, 2 Bde.). – Madrid 1986 (in *Novelas ejemplares*, Hg. u. Einl. H. Sieber; Cátedra).

ÜBERSETZUNGEN: In *Satyrische und lehrreiche Erzählungen*, J. L. Conradi, Ffm./Lpzg. 1799. – *Das Zigeunermädchen*, D. W. Soltau (in *Lehrreiche Erzählungen*, Königsberg 1801; ern. in *Exemplarische Novellen*, Ffm./Hbg. 1961; EC; Nachw. W. Krauss). – *Geschichte des Zigeunermädchens*, F. Notter (in *Novellen*, Bd. 1, Stg. 1839; ern. Mchn. 1958; ern. 1970). – *Das Zigeunermädchen*, R. Baumstark (in *Musternovellen*; Bd. 1, Regensburg 1868). – Dass., A. M. Rothbauer (in *SW*, Bd. 1, Stg. 1963; m. Einl.); ern. Stg. 1986 (RUB). – *Geschichte des Zigeunermädchens*, K. Thorer (in *Die englische Spanierin. Erzählungen*, Bln./Weimar 1974).

DRAMATISIERUNG: P. A. Wolff, *Preciosa. Romantisches Schauspiel mit Musik* (Musik: C. M. v. Weber; Urauff.: Bln., 14. 3. 1821).

LITERATUR: W. v. Wurzbach, *Die Preziosa des C.* (in StvLg, 1, 1901). – E. Fey, *Das literarische Bild der Preciosa des C.* (in RH, 75, 1929, S. 459–549). – H. Meier, *Personenhandlung u. Geschehen in C.' »Gitanilla«* (in RF, 51, 1937, S. 187–218). – F. Rauhut, *Consideraciones sociológicas sobre »La gitanilla« y otras novelas cervantinas* (in Anales Cervantinos, 3, 1953, S. 143–160). – W. Starkie, *C. y los gitanos* (ebd., 4, 1954, S. 139–186; engl.: *C. and the Gypsies*, in Huntington Library Quarterly, 26, 1963, S. 337–349). – J. Lowe, *Two Novelas Ejemplares: »La gitanilla« and »La ilustre fregona«*, Ldn. 1971. – M. Laffranque, *Encuentro y coexistencia de dos sociadades en el Siglo de Oro: »La gitanilla« de M. de C.* (in *Actas del V. Congreso Internacional de Hispanistas*, Bd. 2, Bordeaux 1977, S. 549–561). – F. Pierce, *»La gitanilla«: A Tale of High Romance* (in BHS, 54, 1977, S. 283–295). – I. Lerner, *Marginalidad en Las Novelas Ejemplares: »La gitanilla«* (in Lexis, 1, 1980, S. 47–59). – S. F. Boyd, *The Mystery of C.: »La gitanilla«* (in FMLS, 1981, Nr. 4, S. 312–321). – B. Marcos, *Un exponente ideal de exaltación feminina: »La gitanilla«* (in LdD, 33, 1985, S. 95–111). – F. Martínez Bonati, *Forms of Mimesis and Ideological Rhetoric in C.'s »La gitanilla«* (in *Textual Analysis: Some Readers Reading*, Hg. M. A. Caws, NY 1986, S. 64–73).

LA ILUSTRE FREGONA

(span.; *Die erlauchte Scheuermagd*). »Exemplarische Novelle« von Miguel de CERVANTES SAAVEDRA, erschienen 1613. – Da die Novelle eine Anspielung auf den Schelmenroman *Guzmán de Alfarache* von Mateo ALEMÁN enthält, dürfte sie nach Erscheinen des ersten Teils dieses Werks (1599) entstanden sein.

Zwei jungen Edelleuten, Tomás de Avendaño und Diego de Carriazo, gelingt es, ihrem Haushofmeister, der sie an die Universität von Salamanca bringen soll, zu entwischen. Sie wollen nach Süden ziehen, um eine Weile das ungebundene Leben bei den Gaunern der Thunfischereien von Zahara zu genießen, wo Diego sich bereits auskennt; aber sie bleiben in Toledo hängen, denn Tomás hat sich im »Gasthof zum Sevillaner« (er wird heute noch gezeigt) rettungslos in Constanza verliebt, ein Mädchen geheimnisvoller Abkunft, das wegen seiner Schönheit und seines edlen Anstands allgemein »die erlauchte Scheuermagd« genannt wird. Dem Wirt fehlt gerade ein Stallbursche; Tomás de Avendaño übernimmt unter falschem Namen die Stelle, während Diego de Carriazo, der den Freund nicht verlassen will, sich als Wasserträger verdingt. Obwohl Constanza sich kaum zeigt, wird sie von der vornehmen Jugend Toledos eifrig umworben. Sie schenkt indes niemandem Gehör, auch Avendaño geht es nicht besser. Eines Tages treffen die Väter der beiden Ausreißer im Gasthof ein; der alte Carriazo sucht nach einer Tochter, von deren Dasein er erst kurz zuvor erfahren hat. Aus seiner Beichte vor dem Korregidor von Toledo – die Mutter des Mädchens sei eine vornehme Dame gewesen, die er einst vergewaltigt habe; er wisse, daß sie das Kind hier zur Welt gebracht habe – wird klar, daß die gesuchte Tochter keine andere ist als die »erlauchte Scheuermagd«. So lösen sich alle Schwierigkeiten, und Tomás wird mit seiner Angebeteten vermählt.

Stärker noch als in *La gitanilla (Das Zigeunermädchen)* verwendet Cervantes hier den Kontrast als Darstellungsmittel. Die Atmosphäre des Gasthofs, das Treiben der Gauner und Schelme, die Händel mit der Obrigkeit – all das schildert er mit saftigem, humorvollem Realismus; beispielhaft dafür ist die schwankhafte Geschichte von den fünf Vierteln des Esels, um den der junge Carriazo mit anderen Wasserträgern spielt. Das Liebeswerben des jungen Avendaño und die Gestalt der Constanza werden dagegen zart idealisiert. *La gitanilla* zeigt in einzelnen Motiven deutliche Parallelen zu dieser Novelle: der junge Edelmann, der zum Zigeuner wird, die Zigeunerin, die sich als Edelfräulein entpuppt. Das Thema der Vergewaltigung, das in der Beichte des alten Carriazo anklingt, steht im Mittelpunkt einer anderen »exemplarischen Novelle«, *La fuerza de la sangre (Die Macht des Blutes)*. Dramatisiert wurde *La ilustre fregona* von Lope de VEGA unter dem gleichen Titel, von José de CAÑIZARES (1676 bis 1750) als *La más ilustre fregona (Die erlauchteste Scheuermagd)*. A.M.R.

AUSGABEN: Madrid 1613 (in *Novelas ejemplares*). – Madrid 1923 (in *Novelas ejemplares*, in *Obras completas*, Hg. R. Schevill u. A. Bonilla, 18 Bde., 1914–1941, 13). – Madrid 1962 (in *Novelas ejemplares*, Hg. F. Sáinz Rodríguez, Bd. 1; Clás. Cast). – Madrid 1963 (in *Obras completas*, Hg. A. Valbuena Prat). – Madrid 1975–1980 (in *Obras completas*, Hg. u. Einl. A. Valbuena Prat, 2 Bde.). – Madrid 1986 (in *Novelas ejemplares*, Hg. u. Einl. H. Sieber; Cátedra).

ÜBERSETZUNGEN: *Die edle Dienstmagd*, G. P. Harsdörffer (in G. P. H., *Der große Schau-Platz lust- und lehrreicher Geschichte*, Bd. 2, Ffm. 1650/51). – In *Moralische Novellen*, J. v. Soden, Bd. 2, Lpzg. 1779. – *Die adelige Dienstmagd*, D. W. Soltau (in *Lehrreiche Erzählungen*, Königsberg 1801; ern. in *Exemplarische Novellen*, Ffm./Hbg. 1961; EC; Nachw. W. Krauss). – *Die erlauchte Scheuermagd*, A. M. Rothbauer (in *SW*, Bd. 1, Stg. 1963). – *Die vornehme Küchenmagd*, A. Keller, Mchn. 1971.

LITERATUR: R. Ramírez de Arellano, *El mesón del Sevillano*, Toledo 1919. – J. Oliver Asín, *Sobre los orígenes de »La ilustre fregona«* (in Boletín de Real Academia Española, 15, 1928, S. 224–241). – R. del Arco, *Los universitarios y la gente letrada vistos por C.* (in Universidad, Saragossa 1949, H. 2). – C. Castro, *Personajes femeninos de C.* (in Anales Cervantinos, 3, 1953, S. 43–85). – J. Casalduero, *Notas sobre »La ilustre fregona«* (ebd., 3, 1953, S. 331–339). – A. M. Barrenechea, *»La ilustre fregona« como ejemplo de structura novelesca cervantina* (in

Actas del Primer Congreso Internacional de Hispanistas, Oxford 1964, S. 199–206). – J. C. Lowe, *Two Novelas ejemplares: »La gitanilla« and »La ilustre fregona«*, Ldn. 1971. – A. Weber, *»La ilustre fregona« and the Barriers of Caste* (in Papers on Language and Literature, 1, 1979, S. 73–81). – M. Joly, *Para una reinterpretación de »La ilustre fregona«* (in *Aureum Saeculum Hispanum. Beiträge zu Texten des Siglo de Oro*, Hg. K.-H. Körner, Wiesbaden 1983, S. 103–116).

EL INGENIOSO HIDALGO DON QUIXOTE DE LA MANCHA

(span.; *Der sinnreiche Junker Don Quijote de la Mancha*). Roman von Miguel de Cervantes Saavedra, erschienen 1605 (Teil I) und 1615 (Teil II). – *Don Quijote* ist nicht nur Cervantes' Hauptwerk, sondern zugleich der bekannteste Text der spanischsprachigen Literatur überhaupt und sicherlich eines der unvergänglichen Meisterwerke der Weltliteratur, an dem sich Generationen von Lesern, Autoren und Interpreten auf mannigfaltigste Weise erfreuen. Zahlreiche Abenteuer des fahrenden Ritters – etwa der Kampf gegen die Windmühlen – sind zum Anlaß sprichwörtlicher Redensarten geworden. Auch das groteske Paar des hageren Titelhelden und seines dickleibigen Knappen Sancho Pansa lebt in allerlei Wiederaufnahmen in Theater und Film bis heute weiter. 1598, gegen Ende der Regierung Philipps II., als sich der Glanz des spanischen Sonnenreiches nach einem Jahrhundert beispielloser Macht- und Prachtentfaltung dem Ende zuneigte, begann der bei Lepanto verwundete und in Algier in Gefangenschaft geratene Kriegsveteran Cervantes, der zuvor bereits mit einer Reihe von Theaterstücken im Stil der Zeit hervorgetreten war, mit der Niederschrift seines Romans, der sich von der Masse der damaligen Romanproduktion bereits durch sein realistisches Ambiente abhebt: Nicht das mythische Arkadien des Schäferromans, noch das nachchristliche Kleinasien des Ritterromans, sondern das zeitgenössische Spanien, ein von Gott verlassener Landstrich in einer der wirtschaftlich schwächsten Regionen ist sein Schauplatz.

Handlung des ersten Teils

»An einem Ort in der Mancha, an dessen Namen ich mich nicht mehr erinnern mag« lebt der Hidalgo Alonso Quijada, gelegentlich auch Quesada oder Quijana geheißen, verarmter Nachkomme des seit dem Ende der Reconquista zur Bedeutungslosigkeit abgesunkenen niederen Adels und hängt seinem Traum vom Rittertum nach, den er aus unrealistisch-märchenhaften Ritterromanen – *Amadís, Palmerín, Clarián* und *Belianis*, um nur einige zu nennen – nährt. Über dieser kontinuierlichen Lektüre verliert Quijano schließlich den Verstand. Von dem Vorsatz, selbst die Fortsetzung des Ritterromans *Belianis de Grecia* zu verfassen, läßt er nur zugunsten eines noch viel *»bedeutenderen und ehrenvolleren«* Vorhabens ab, nämlich nach Art der fahrenden Ritter von einst auszuziehen und zum Preis Gottes und seiner Geliebten rechtlose Jungfrauen und Waisen zu beschützen. Er stellt sich eine notdürftige Rüstung zusammen, deren fehlende Teile er durch Gebrauchsgegenstände – eine Barbierschüssel dient als Helm – ergänzt. Eine alte Mähre aus dem Stall wird zum Reitpferd ernannt, dessen neuer klangvoller Name Rocinante (»der Klepper von einst«) doch noch die frühere Herkunft durchscheinen läßt. Auch Quijano selbst legt sich mit »Don Quijote« einen geeigneten Namen zu, der den klangvollen Beinamen der chevaleresken Helden (Lanzarote, Angriote) abgelauscht scheint. (Es ist dies ein Beispiel Cervantinischer Ironie, daß span. *quijote* zugleich die *Beinschiene* der Ritterrüstung bedeutet.) Als ferne Geliebte erwählt er sich eine Bauernmagd, die er wohl nur ein einziges Mal aus der Ferne erblickte und die er nach ihrer Herkunft aus dem Hundertseelendorf El Toboso in der Mancha mit dem Namen Dulcinea del Toboso zur Minneherrin stilisiert (I. 1). Ideell und materiell also notdürftig gerüstet, bricht Quijote zu seiner ersten Ausfahrt auf und sieht im Geiste bereits seine Waffentaten *»in Erz gegraben und in Marmor gemeißelt«*. Er gelangt an eine Schenke, an deren Tür er einige Mädchen – vermutlich Huren – und einen zum Kneipenwirt aufgestiegenen ehemaligen Beutelschneider und Schelm aus Andalusien trifft. Quijote hält das Wirtshaus für eine Burg, die Anwesenden für den Kastellan und seine Edelfräulein (I. 2). Er läßt sich von dem vermeintlichen Burgherrn, der über genügend literarische Bildung besitzt, um sich auf Quijotes Wahn einzulassen, im Stall zum Ritter schlagen. Um den Verrückten loszuwerden, verlangt der Wirt nicht einmal die Zeche für Übernachtung und Speise (I. 3). Unterwegs trifft Quijote auf einen Bauern, der seinen Knecht prügelt. Quijote heißt ihn, davon abzulassen, doch setzt dieser die Prügel fort, sobald Quijote außer Sicht ist (I. 4). Sodann attackiert Quijote eine Gruppe reisender Kaufleute, da sie nicht bereit sind, Dulcinea zur schönsten Frau der Welt zu erklären. Doch Rocinante strauchelt, und der gestürzte Ritter wird von einem Maultiertreiber daraufhin verprügelt und bewegungsunfähig liegengelassen (I. 5). Ein Nachbar im Dorf findet den Geschundenen und bringt ihn nach Hause, wo die Haushälterin in gesund pflegt, aber zugleich gemeinsam mit Quijotes Nichte und seinen Freunden, dem Dorfpfarrer und dem literarisch gebildeten Barbier, Quijotes Bibliothek einer berühmt gewordenen unnachsichtigen Inquisition unterzieht, in deren Verlauf nur wenige Werke – u. a. *Amadís de Gaula, Palmerín de Inglaterra* und *Tirante el Blanco* – dem im Hof des Anwesens errichteten Scheiterhaufen entgehen (I. 6). Darüber hinaus mauert man Quijotes Bücherzimmer zu. Der genesene Quijote glaubt getreu den Phantasien seiner Ritterbücher hierbei an den Spuk eines feindlichen Zauberers (I. 7).

Bald bricht er zu einer zweiten Fahrt auf, bei der es ihm zunächst gelingt, den Bauern Sancho Pansa als

Knappen zu gewinnen, da er ihm für seine zu vollbringenden Taten als Diener eines so großen Ritters einen Gouverneursposten in Aussicht stellt: Der mit dem Witz spanischer Spruchweisheit ausgestattete, grobschlächtige Familienvater bildet fortan den dialogischen Kontrapunkt zu Quijotes idealistischer Buchwelt. Sancho versucht zunächst mehrmals vergeblich, den völlig abhanden gekommenen Realitätssinn seines neuen Herrn zu wekken. Wie eine Reihe weiterer Figuren läßt sich jedoch auch Sancho, der für die Vorstellung des Erwerbs von Ruhm und Reichtum Frau und Kind verläßt, von dem poetischen Zauber der Romanliteratur und der Faszinationskraft Quijotes im Laufe der Erzählung vereinnahmen. Es folgt hierauf das berühmteste Abenteuer des Werkes: Quijote hält Windmühlen für feindliche Riesen und bekämpft sie hoch zu Roß mit der Lanze, was natürlich in einem Desaster endet. Sodann zersprengt er eine sonderbar wirkende Reisegruppe: Zwei Benediktiner mit Reisebrillen und Sonnenschirmen auf Dromedaren hält er für Zauberer, die eine vornehme Dame zu entführen versuchen. Quijote schlägt die Mönche in die Flucht, während zwei Maultiertreiber über Sancho herfallen. Ein biskayischer Edelmann dringt auf Quijote ein, doch an dieser Stelle läßt Cervantes den Faden seiner Erzählung fallen, da – auch dies eine der gattungstypischen Eigenarten der Ritterbücher – das Manuskript endet, das er als Vorlage benutzt hat (I. 8).

Der Erzähler bricht nun nach Toledo auf: Er findet ein Manuskript des fiktiven arabischen Historikers Cide Hamete Benengeli – hier spielt der Autor mit der arabischen Übersetzung seines eigenen Namens (arab. *Benengeli* = Sohn des Hirsches, span. *cervanteño*), zugleich dient er ihm als Anlaß, um anhand der *»Lügenhaftigkeit der arabischen Rasse«* den Fiktionscharakter aller Romane wiederholt bloßzulegen. Benengelis Buch, aus dem der Erzähler ab dem neunten Kapitel gleichsam zitiert, berichtet nun, wie Quijote den Biskayer besiegt und ihm nur auf Flehen des biskayischen Fräuleins Gnade gewährt – wiederum ein typisches Motiv der Ritterliteratur (I. 9). Bei einem Ziegenhirten erhalten die beiden Helden harten Käse und getrocknete Eicheln, was Quijote zu einer aus den Schäferromanen der Zeit entlehnten Eloge auf das *»Goldene Zeitalter«* veranlaßt (I. 10), die Sancho und der Hirt freilich ohne jedes Verständnis anhören. Der Jüngling Antonio singt eine Liebesromanze (I. 12), ein anderer Hirt erzählt die erste der in den Roman eingeflochtenen Geschichten: Sie handelt von Grisóstomo, der aus Liebe zur Schäferin Marcela an gebrochenem Herzen stirbt (I. 13). Quijote hält sodann eine pathetische Rede über seine ritterliche Bestimmung. Schließlich erscheint – als Abrundung der eingelegten Geschichte – Marcela am Grab des Grisóstomo und legt ihre Ansicht über diese Affäre dar. Die zuvor erzählte Geschichte und Quijotes Rede werden aufeinander bezogen, indem Quijote als Verteidiger der Jungfrauen Marcelas Standpunkt vertritt (I. 14). Im folgenden Abenteuer beziehen Sancho, Quijote und sogar Rocinante Prügel von einer Schar yangüeser Kuhtreiber (I. 15). Ebenso ergeht es Quijote, als er nachts das Rendezvous der häßlichen buckligen Magd Maritornes und eines Hirten stört (I. 16), und später, als er mit einem Mitglied der paramilitärischen *Santa Hermandad* in Streit gerät und dieser ihm eine Öllampe über den Kopf schlägt (I. 17). Der zweifelhafte *»Zauberbalsam des Fierabras«*, den Quijote zur Linderung anwendet, zeitigt nicht minder große Schäden, vor allem Übelkeit und Durchfall (I. 18). Quijote vertreibt die Begleiter eines nächtlichen Trauerzugs, die er in seinem Wahn bezichtigt, den Leichnam eines Ritters entführen zu wollen (I. 19). Sancho dagegen bringt heimlich die Vorräte dieser vermummten Gestalten an sich. Im nächtlichen Schein der Fackel wird Quijote von einem Zeugen der Angelegenheit mit dem Ritterbeinamen *»el de la Triste Figura« (»der vom Traurigen Gesicht«)* benannt, dessen falsche Übersetzung *(»der Ritter von der traurigen Gestalt«)* durch TIECK im Deutschen sprichwörtlich geworden ist.

Ein nächtliches Abenteuer, das die beiden aufgrund ungewöhnlicher Geräusche vermuten, erweist sich beim genaueren Hinsehen – die Geräusche rühren von sechs Walkstempeln in der Ruine einer Eisenwalkmühle her – als so unabenteuerlich, daß sogar Quijote lächeln muß (I. 20). Wenig später nimmt er einem Barbier die Bartschüssel aus Messing ab, die er für *»Mambrins Helm«* (aus ARIOSTS *Orlando Furioso*) hält (I. 21). Sodann befreit er etliche *»Unglückliche«*: In Wirklichkeit handelt es sich um allerlei Gesindel, um Sklaven, die zu den königlichen Galeeren unterwegs sind (I. 22). Unter ihnen ist der Erzschelm Ginés de Pasamonte, dessen Erscheinen dem Moralisten Cervantes Gelegenheit für eine erneute literarische Schelte gegen die um 1600 aufkommenden Schelmenromane gibt. Ginés macht sich später mit Sanchos Esel davon. Vor der Santa Hermandad retten sich Sancho und Quijote in die Sierra Morena, wo Sancho ein Bündel mit Goldstücken und einem Manuskript findet (I. 23, 24). Es ist das Notizbuch des verschmähten Liebhabers Cardenio, der ebenfalls durch die Lektüre der Ritterromane verwirrt ist, über ein Problem aus dem *Amadís* mit Quijote in Streit gerät und schließlich das Weite sucht.

Quijote beschließt nun, um seiner imaginären Dulcinea zu gefallen, im Gebirge nach *Amadís'* Vorbild wahnsinnig zu werden (I. 25). Sancho gibt er einen Brief an Dulcinea mit. Dieser begegnet an der Schenke dem Dorfpfarrer und dem Barbier, die an einem Plan zur Rückholung Quijotes arbeiten (I. 27). Während Sancho seinen Herrn sucht, erzählt Cardenio den beiden das Ende seiner Geschichte: Seine Geliebte Luscinda heiratete seinen Freund Fernando (I. 29). Dorotea, Fernandos verstoßene Geliebte, kommt hinzu (I. 30). Eine besonders gelungene Szene stellt Sanchos Rückkehr zu Quijote dar, der seinen Knappen natürlich über den Erfolg seiner Mission bei Dulcinea ausfragt: Sancho, der freilich nie bei Dulcinea war, lügt – ganz in der Manier der Ritterbücher – seinem Herrn das Blaue vom Himmel (I. 31). Der

Dorfpfarrer wird nun zum Autor und Regisseur einer Intrige, mit der man Quijote zurückholen will, wobei er sich in subtiler Weise an den Phantasien Quijotes, aber auch an Doroteas eigenem Dilemma orientiert: Diese kann für den Plan gewonnen werden, als *»Prinzessin Micomicona«* den Ritter um Hilfe anzuflehen (I. 32). Es gelingt ihr, Quijote in die Schenke zu locken, die durch zahlreiche Verwicklungen ein literarischer Knotenpunkt des ersten Teils wird: Auf dem Höhepunkt liest der Pfarrer die Novelle *El curioso impertinente (Der vorwitzige Neugierige)* vor: Anselmo überredet den zunächst widerstrebenden Lotario, die Treue seiner Frau Camila zu erproben, ein Unterfangen, das für alle drei mit dem Tod endet (I. 33, 34). Diese Novelle hört nur Quijote nicht, der inzwischen einen lächerlichen Kampf gegen die Weinschläuche des Wirts führt (I. 35). Die Schenke füllt sich nun mit allerlei Gästen: Cardenio und Dorotea erkennen in zwei maskierten Personen Fernando und Luscinda, worauf sich alle versöhnen. Ein Reisender in Begleitung der schönen Maurin Zorayda berichtet über Lepanto, seine Gefangenschaft in Algier und einen *»gewissen Saavedra«*, den er dort kennenlernte, und wie er mit Zoraydes Hilfe floh (I. 39–41). Eine Kutsche fährt vor, der ein Mann entsteigt, der in dem Geflohenen seinen Bruder Juan Pérez de Viedma wiedererkennt. Maritornes spielt Quijote einen Streich, so daß dieser den Rest der Nacht an einer Fensteröffnung hängend verbringt. Tags darauf kommt es zu einem Streit, als der Wirt bezahlt werden will und der Barbier hinzukommt, dem Quijote die Bartschüssel abnahm (I. 35). Quijote wird von dem maskierten Pfarrer und dem Barbier auf einem Karren in einem Käfig nach Haus gebracht (I. 36). Die Reise gibt einem mitreisenden Kanonikus und dem Pfarrer Gelegenheit, ihre Ansichten über Poetik und literarische Moden der Zeit, vor allem natürlich über die Ritterromane, auszutauschen (I. 48). Sancho bekommt seinen Herrn wieder frei, der nichts Eiligeres zu tun weiß, als mit Rocinante in eine Prozession hineinzuplatzen, *»um die Prinzessin zu befreien«* (I. 49). Der übel zugerichtete Held wird schließlich doch noch in sein Heimatdorf zurückgebracht, wo er seiner nächsten Ausfahrt harrt, bis der *»Einfluß der Gestirne«* wechselt (I. 52).

Als Cervantes bereits den zweiten Teil bearbeitete, erschien 1614 in Tarragona die apokryphe Fortsetzung des Alonso Fernández de Avellaneda, dessen Angriffe gegen Cervantes diesen veranlaßten, seinem eigenen zweiten Teil ein anderes Gesicht zu geben. Deutlich wird dies an seiner Wendung vom »Literaturroman« des ersten Teils zur Konzeption eines »Metaromans«, also eines Textes, der seine eigene Entstehung in die Handlung einbezieht, wie er im authentischen zweiten Teil entfaltet wird. Offenbar war jedoch die Abfassung bereits zu weit gediehen, als daß Cervantes ins Zentrum des Werks noch zusätzliche Invektiven hätte einbauen können; so beschränken sich die ziemlich modernen und originellen Angriffe gegen den literatischen Rivalen Avellaneda auf die Anfangs- und Schlußpartien des Werks, wodurch sie aber zugleich um so deutlicher erkennbar werden und in den Vordergrund treten.

Inhalt des zweiten Teils

Sancho besucht Quijote und berichtet ihm, daß die Historien des Cide Hamete Benegeli, die Geschichte vom Don Quijote also, nun als gedrucktes Buch vorliegen und daß sich so der Ruhm ihrer Taten verbreite. Der erste Teil des *Quijote* wird also durch diesen Kunstgriff Bestandteil der Fiktion des zweiten Teils. Auch der Baccalaureus Sansón Carrasco diskutiert mit dem »berühmten« Ritter über die Fragen, die nach der Lektüre des ersten Teils offenbleiben (II. 1–4). Entgegen allen Ratschlägen der Haushälterin und der Nichte Quijotes und ebenso der Frau Sanchos (II. 5) brechen Herr und Knappe zur dritten Ausfahrt auf. Quijote möchte sich in El Toboso den Segen seiner imaginären Geliebten holen, findet sie freilich nicht; und so beschließt Sancho, ihm das erstbeste Bauernmädchen als Dulcinea vorzustellen, wodurch es zu allerlei grotesken Szenen kommt: Sancho hofiert die nach Knoblauch stinkende Magd, Quijote ist von alledem verwirrt (II. 7–10). Später besiegt Quijote einen anderen fahrenden Ritter, den »Spiegelritter«, der die Schönheit Dulcineas beschwören muß. Der Unbekannte entpuppt sich als Sansón Carrasco, der mit diesem mißlungenen Trick Quijote nach Hause locken wollte. Quijote deutet dies alles, wie in solchen Situationen üblich, als Wirken eines Zauberers (II. 11–15). Es folgt ein Literaturgespräch mit Diego de Miranda, der zufällig des Weges kommt (II. 16). Einen ziemlich phlegmatischen Löwen, der in einem Karren vorbeitransportiert wird, kann Quijote nicht zu einem Kampf bewegen. Trotzdem nennt er sich fortan der *»Löwenritter«* (II. 17). Einige Tage verbringen Sancho und Quijote bei Miranda, wo Quijote literarische Gespräche führt und Sancho endlich etwas für sein leibliches Wohl tun kann (II. 18). Auch auf der darauffolgenden Hochzeit des reichen Camacho läßt er es sich zunächst gutgehen, doch kommt es zum Zwischenfall, als der Rivale Camachos, Basilio, dessen Braut Quiteria durch einen Trick und mit Hilfe des unwissenden Quijote doch erhält: Als Basilio einen Selbstmord fingiert, richtet Quijote es so ein, daß der vermeintlich Sterbende mit Quitaria getraut wird (II. 20, 21). Es folgt das nach einer Reihe vergleichbarer Szenen in den Ritterbüchern stilisierte Abenteuer in der Höhle von Montesinos, in die sich Quijote mit einem Seil hinabläßt und, als er schlafend hochgezogen wird, bei seiner Rückkehr allerlei phantastische Dinge zu berichten weiß (II. 22, 23). In der folgenden Episode führt Maese Pedro ein Puppenspiel vor, welches Quijote, da er die Ritterpuppen für reale Gegner hält, gewaltsam beendet (II. 25, 26). Nach einem vergeblichen Versuch Quijotes, Streitigkeiten zwischen sich bekämpfenden Dörfern zu schlichten, nehmen einen großen Teil des weiteren Werks die Ereignisse am Hof eines Herzogspaares ein (II. 30): Hier erhält Sancho das erstrebte Gouverneursamt (II. 45), das eine

vorübergehende Aufhebung der Hierarchien bedeutet und karnevaleske Zustände am herzöglichen Hof mit sich bringt. Beiden Helden werden allerlei Streiche gespielt, Quijote vor allem durch das Hoffräulein Altisidora (II. 46). Quijote tritt in einem typisch chevaleresken Gerichtskampf für eine entehrte Tochter der Doña Rodríguez siegreich ein, doch erweist sich der unbekannte Gegner nicht als der tatsächliche Rechtsbrecher, sondern als Tosílos, der Page des Herzogs (II. 48–56).
Insgesamt zeigt sich Sancho als Herrscher durchaus weise, zugleich ist aber seine Regentschaft örtlich und zeitlich begrenzt wie der karnevaleske Mummenschanz, aus dem er hervorgeht. Sancho dankt schließlich freiwillig ab (II. 57). Auf dem Weg zu einem Turnier in Zaragoza platzt Quijote in eine einstudierte Schäferszene hinein (II. 58). In einer Schenke werden beide Zeugen einer Unterhaltung über den apokryphen zweiten Teil des *Quijote* von Avellaneda: Quijote beschließt nach dem Gespräch mit Gerónimo, dessen Avellaneda-Ausgabe er mit einigem Abscheu durchblättert, nicht nach Zaragoza zu gehen, um so den frechen Plagiator Avellaneda Lügen zu strafen (II. 59). Auf dem Weg nach Barcelona lernt er den edlen Banditen Roque Guinard kennen (II. 60). In Barcelona beaufsichtigt Quijote schließlich selbst den Druck des authentischen zweiten Teils des *Quijote*. Mit Sancho besichtigt er eine Galeere, als deren Befehlshaber er begrüßt wird (II. 63). Ein türkischer Segler wird aufgebracht, dessen Kapitän sich als eine in jungen Jahren nach Algier gebrachte Christin entpuppt (II. 64, 65). Ein abschließender Höhepunkt ist das zweite Duell gegen Sansón Carrasco, der dem besiegten Quijote das Versprechen abverlangt, nach Hause zurückzukehren. Tosílos, ein Bote vom Hof des Herzogs, teilt mit, die entehrte Tochter der Doña Rodríguez sei ins Kloster gegangen (II. 66). Quijote, nach seiner Niederlage deprimiert, erwägt die Ritterrüstung für immer abzulegen und Schäfer zu werden (II. 67). Nochmals am Herzogshof, läßt sich Sancho überreden, durch eine heroische Opfertat – er muß sich von einer Handvoll Zofen drangsalieren lassen – die allem Anschein nach tote Altisidora zu entzaubern. Diese berichtet von einer Vision, die sie während der Verzauberung hatte: Sie habe in der Hölle gesehen, wie einige Teufel mit Avellanedas *Quijote* Pelota (ein Ballspiel) spielten, da es nach Auskunft eines Teufels das schlechteste Buch der Welt sei (II. 70). Auf dem Weg in das Heimatdorf begegnen den beiden Helden schließlich sogar die Figuren aus Avellanedas Roman. Quijote und Sancho lassen sich durch eine notarielle Urkunde beglaubigen, daß sie selbst nichts mit Avellanedas Gestalten gemein hätten (II. 72). Ins Dorf zurückgekehrt, fühlt sich Quijote krank. Auf dem Sterbelager macht er – nach dem Vorbild des katalanischen Ritterromans *Tirant lo Blanc* – sein Testament und stirbt friedvoll, befreit von seinem literarischen Wahn, im Kreis seiner Angehörigen, nachdem er seine eigentliche Identität als Alonso Quijano el Bueno wieder angenommen hat. Zum Schluß ergreift der *»große Historiker Cide Hamete Benengeli«* nochmals das Wort, um zu verkünden, er habe dieses Werk verfaßt, um *»den Abscheu gegen all die ersonnenen und wirren Ritterbücher zu erwecken«* (II. 74).

Zur Entstehungs- und Wirkungsgeschichte

Cervantes geht zumal im zweiten Teil weit über seine ursprüngliche Absicht, die Macht der Ritterromane und ihrer Welt der Illusion zu brechen, hinaus. Vielmehr stellt der Roman eine kritische Auseinandersetzung mit allen damaligen literarischen Moden, dem Schelmen-, Schäfer- und vor allem dem Ritterroman, dar. So hatte Cervantes zunächst wohl keine Fortsetzung des Werks geplant, obwohl das Werk 1605 als *»erster Teil«* erschien: Bereits hierbei dürfte es sich um eine der Gepflogenheiten der geschmähten Gattung der Ritterbücher handeln, deren Fortsetzungen sich für gewöhnlich an den Erfolg des jeweils nachgeahmten Textes anzuschließen versuchten. Auch sonst lassen sich für zahllose Details der Struktur, der Handlung und vor allem der verbalen Gestaltung Vorbilder nicht nur aus den Ritterromanen, sondern vor allem auch der altspanischen Romanzendichtung und dem italienischen Renaissance-Epos (BOIARDO, ARIOST, PULCI, FOLENGO) ausfindig machen. Ein Blick auf die komplizierte Entstehungsgeschichte zeigt, daß das Thema des Ritters, der über der allzu unkritischen Lektüre erfundener Abenteuer beschließt diese zu imitieren, nicht nur in Folengos *Baldus* (span. Fassg. 1542), sondern außerdem zwischen 1588 und 1591 in der spanischen Literatur vorgebildet war, und zwar in einem *Entremes de los romances*, einem volkstümlichen Theaterstück, dessen bäuerischer Held eine ganze Reihe der imaginären »Heldentaten« Quijotes regelrecht vorwegnimmt. Im übrigen scheint einiges darauf hinzudeuten, daß Cervantes zunächst nur beabsichtigt hatte, eine kürzere *Novela ejemplar* zu verfassen, den Plan schließlich aber dahingehend abänderte, daß er das Thema des Scheiterns des idealistischen Literaten auf der ganzen Linie doch besser in einem Roman vorzuführen gedachte. Darüber hinaus hat Cervantes auf Ereignisse seines eigenen Lebens zurückgegriffen, so in der Geschichte der türkischen Gefangenschaft, und sich von der italienischen Novellistik (BANDELLO) bei der Einlagerung der verschiedenen Binnenerzählungen anregen lassen. Die Parodie der Ritterromane im *Quijote* ist, wie schon HEGEL ausführte, denn auch eher als »Aufhebung« im doppelten Sinne zu verstehen: Einerseits will Cervantes das Ende dieser Gattung signalisieren, in deren Zentrum eine überholte Sicht des mythischen Helden steht. Dieser mittelalterlichen Darstellung ritterlichen Handelns entspricht es, den Helden als Vollstrecker eines theologischen Heilsplans zu begreifen, durch den die Welt als »Buch« lesbar wird. Quijotes häufiges Scheitern an der Wirklichkeit stellt sich so als mißlungener Versuch dar, zwischen der christlich geprägten idealistischen Ordnung der chevaleresken Textwelt und dem trügerischen Schillern der zeitgenössischen Realität zu vermitteln. Andererseits wird, wie Hegel in der *Ästhetik* betonte, *Don Quijote* zugleich ein »Archiv« jener mittelalterlichen Vorstellungen, die mit der Epochenwende zur Neuzeit unwiderbringlich preisgegeben werden. Am deutlichsten ist dies sicher daran zu erkennen, daß modernen Lesern Belianis de Grecia, Amadís de Gaula, Palmerín de Inglaterra und wie sie sonst heißen mögen, am besten aus Cervantes' Werk bekannt sind: Es gebührt hier dem großen Cervantisten des 19. Jh.s, Diego de CLEMENCÍN, das Verdienst, durch seinen ebenso bedeutenden wie unentbehrlichen *Comentario al Don Quijote* (1833–1839) die Grundlagen für eine Beschäftigung mit dem Werk gelegt zu haben, das so zugleich ein Gedächtnisspeicher der teils vergessenen, teils verlorenen Ritterliteratur des *Siglo de Oro* ist.

Gerade für das spanische Selbstverständnis nicht nur der Epoche, sondern auch der frühen Moderne ist der Roman eines der wegweisenden Zeugnisse geworden. So dürfen die wesentlichen Texte der *Generación de '98* (UNAMUNO, MAEZTU, BAROJA) als interpretierende Beschäftigung mit Cervantes' Text gelesen werden, der ebenso zur Folie erzähltechnischer Experimente wie auch zur Quelle der ideologischen Auseinandersetzung mit dem spanischen Wesen wird. Don Quijote wird hier allmählich von der literarischen Figur zum spanischen Mythos schlechthin, in Funktion und Wirkung durchaus vergleichbar mit dem Faust-Mythos in Deutschland.

Im Frankreich der beginnenden Aufklärung wird der Roman zunächst als Dokument der Narreteien des reaktionären Spanien gedeutet. Trotzdem ist bereits in den Werken SORELS (*Le berger extravagant*, 1627/28), DUVERDIERS (*Le chevalier hypocondrique*, 1632), MARIVAUX' (*Pharsamon*, 1732) und CAZOTTES (*Belle par accident*, 1742) Cervantes' Einfluß spürbar. Indes wären die Neuerungen des »verwilderten Romans« und der philosophischen Erzählung im England und Frankreich des 18. Jh.s (STERNE, FIELDING, VOLTAIRE) ohne die Beschäftigung mit *Don Quijote* wohl kaum in der bekannten Weise verlaufen: DIDEROTS Erzählwerk, zumal *Jacques le Fataliste et son maître* (1796) sei hier stellvertretend genannt. In Deutschland setzt die Beschäftigung mit dem Werk nach dem Intermezzo von NEUGEBAUERS *Deutscher Don Quixotte*, HIPPELS *Kreuz- und Querzüge des Ritters A bis Z* und WEZELS *Tobias Knaut* erst mit der Übersetzung TIECKS in der Romantik ein, die den Text – neben SHAKESPEARE, ARIOST und RABELAIS – als Hieroglyphe genuin romantischer Erzählkunst, als Vorläufer des Schlegelschen Konzepts der *»progressiven Universalpoesie«* aufnimmt. Wie später bei den spanischen Autoren der *Generación de '98* scheint das übermächtige Textvorbild auch bei den romantischen deutschen Autoren stets durch, deren revolutionäre Techniken der Illusionsbrechung (Tieck, *Der gestiefelte Kater*), des »Buches im Buch« (HOFFMANN, *Kater Murr*) der »immanenten Poetik« (NOVALIS, *Heinrich von Ofterdingen*) sich ebenso von Cervantes herleiten wie das zentrale Thema des literarischen Wahns (FOUQUÉ, *Alethes von Lindenstein*). So vielfältig wie die Rezeption durch andere Autoren ist auch die wissenschaftliche Auseinandersetzung: Der Cervantes-Forscher sieht sich einer so unübersehbaren Fülle von Sekundärliteratur und Kommentaren unterschiedlichster Zielsetzung gegenüber, wie sie allenfalls noch durch das Schrifttum zu Shakespeare und Rabelais erreicht wird. In 68 Sprachen übersetzt, kann der *Don Quijote* mit 2300 Auflagen in aller Welt als das wirkungsmächtigste Werk nach der Bibel gelten. Neben Parodien und Plagiaten sollten die zahlreichen Bearbeitungen, erleichterten und gekürzten Fassungen und selbst Comic-strip-Versionen hier nicht unerwähnt bleiben, die den Ruhm von Don Quijote und Sancho in den Kinderzimmern in aller Welt verbreitet haben.

Auch die bildende Kunst hat sich des Themas angenommen. Nach den berühmt gewordenen Illustrationen Honoré Daumiers und Gustave Dorés haben sich auch Paul Cézanne und Odilon Redon damit befaßt. Im 20. Jh. haben sich namhafte Künstler mit dem »Ritter von der traurigen Gestalt« beschäftigt: Neben André Masson, Horst Janssen, Hap Grieshaber ist Pablo Picasso hier ebenso zu nennen wie Salvador Dalí, die immer wieder auf Cervantes' Helden zurückgegriffen haben.

In der Musik hat das Quijote-Thema natürlich immer wieder zu Balletten und Opern inspiriert, wobei zu den frühesten Zeugnissen die Opern Henry Purcells (1694/95, Libretto von Thomas d'Urfey), Giovanni Paisiellos (1769) und die *Don Quijote*-Suite von Georg Philipp Telemann (1761) zählen. Im 19. Jh. wäre neben Felix Mendelssohns Jugendwerk *Die Hochzeit von Camacho* vor allem Jules Massenets Oper *Don Quijotte* (1910) und Richard Strauss' symphonische Dichtung *Don Quixote* (1898) zu erwähnen, während der irrende Ritter im 20. Jh. vor allem durch Maurice Ravels letztes Werk, die drei Lieder *»Don Quijotte à Dulcinée«* (nach Texten des zeitgenössischen Dichters Paul Morand, 1932), und in Manuel de Fallas kongenialer Oper für Puppentheater *El Retablo de Maese Pedro* (1923) weiterwirkt, die am deutlichsten den Geist der Vorlage bewahren. Schließlich hat sich auch das Broadway-Musical in den sechziger Jahren (Mitch Leighs *The Man from La Mancha*) mit dem Thema beschäftigt. Unter den zahlreichen Verfilmungen ragt neben den Fassungen von Pabst und Kosintzev vor allem der unvollendete Film von Orson Welles (1955 ff.) heraus. G. Wil.

AUSGABEN: Madrid 1605 [Tl. 1]. – Madrid 1615 *(Segunda parte del ingenioso caballero Don Quixote de la Mancha)*. – Madrid 1647 *(Primera y segunda parte del ingenioso hidalgo Don Quixote de la Mancha)*. – Madrid 1928–1941 (*El ingenioso hidalgo Don Quijote de la Mancha*, in *Obras completas*, Hg. R. Schevill u. A. Bonilla, 18 Bde., 1914–1941, 15–18). – Madrid 1963 (in *Obras completas*, Hg. A. Valbuena Prat). – Barcelona 1955; [3]1982, Hg. M. de Riquer. – Madrid 1968–1975, Hg. u. Einl. F. Rodríguez Marín, 8 Bde. (Clás. Cast). – Madrid 1975–1980 (in *Obras completas*, Hg. u. Einl.

A. Valbuena Prat, 2 Bde.). – Madrid 1985, Hg. u. Einl. L. A. Murillo, 3 Bde. (Castalia). – Madrid 1986, Hg. u. Einl. J. J. Allen, 2 Bde. (Cátedra).

ÜBERSETZUNGEN: *Don Kichote de la Mantzscha, das ist: Juncker Harnisch auss Fleckenland*, P. Basteln von der Sohle, Köthen 1621. – Dass., ders., Ffm. 1648; ern. Hbg. 1928. – *Leben und Thaten des weisen Junkers Don Quixote von Mancha*. Neue Ausgabe, aus der Urschrift des Cervantes, nebst der Fortsetzung des Avellaneda., F. J. Bertuch, 6 Bde., Würzburg/Lpzg. 1775. – *Leben und Taten des scharfsinnigen Edlen Don Quixote von la Mancha*, L. Tieck, 4 Bde., Bln. 1799–1801; ern. Düsseldorf 1951, Hg. H. Rheinfelder. – Dass., ders., 2 Bde., Bln. 1876 (Ill. G. Doré); ern. 1986. – *Der sinnreiche Junker Don Quixote*, D. W. Soltau, 2 Bde., Königsberg 1800; Neubearb. W. Lange, 2 Bde., Lpzg. 1880; 4 Bde., Lpzg. [2]1937. – *Der sinnreiche Junker Don Quixote von la Mancha*, anon.; m. dem Leben von C. nach Viardot u. e. Einl. v. H. Heine; m. Ill.; 2 Bde., Stg. 1837/38; 2 Bde., Stg. 1870; Lpzg./Bln. 1911. – *Der sinnreiche Junker Don Quixote von der Mancha*, A. Keller, 5 Bde., Stg. 1839–1841. – Dass., Übers., Einl. u. Anm. L. Braunfels, 4 Bde., Stg. 1884; 4 Bde., Straßburg 1905; 4 Bde., Bln. 1923; Mchn. 1985; Nachw. F. Martini, Ill. Grandville; dtv; Mchn. 1986; Darmstadt 1986. – *Don Quijote de la Mancha*, A. M. Rothbauer (in *SW*, Bd. 2, Stg. 1964). – *Der scharfsinnige Ritter Don Quijote von der Mancha*, Textrevision nach d. anon. Ausg. v. 1837 v. K. Thorer, Ffm. 1975 [Einl. I. Turgenjew, Ill. G. Doré].

VERTONUNGEN: H. Purcell, *Comical History of Don Quixote* (Text: Th. d'Urfey, 1694/95). – G. Ph. Telemann, *Don Quichotte der Löwenritter*, 1761. – G. Paisiello, *Don Chisciotte della Mancia*, 1769. – K. Ditters von Dittersdorf, *Don Quixote der Zweyte* (Urauff.: Oels, 4. 2. 1795). – A. L. Clapisson, *Don Quixotte et Sancho* (Oper; Urauff.: Paris, 11. 12. 1847, Opéra Comique). – R. Strauss, *Don Quixote* (Tondichtung; Urauff.: Köln, 8. 3. 1898). – J. Massenet, *Don Quichotte* (Text: H. Cain; Oper; Urauff.: Monte Carlo, 19. 2. 1910). – M. de Falla, *El Retablo de Maese Pedro* (Text: M. de F.; Oper; Urauff.: Sevilla, 23. 3. 1923). – M. Ravel, *Don Quichotte à Dulcinée* (Text: P. Morand; Lieder; 1932).

VERFILMUNGEN: *Don Quijote*, Frankreich 1933 (Regie: G. W. Pabst). – Dass., Spanien 1948 (Regie: R. Gil). – *Don Kichot*, UdSSR 1957 (Regie: G. Kosintzev). – *Don Kihot*, Jugoslavien 1961 (Regie: V. Kristl).

LITERATUR:
a) Bibliographien: J. Suñé Benages u. J. Suñé Fombuena, *Bibliografía crítica de ediciones del »Quijote« impresas desde 1605 hasta 1917*, Barcelona/Cambridge (Mass.) 1917–1939. – J. D. M. Ford u. R. Lansing, *C. A Tentative Bibliography of His Works and of the Bibliographical and Critical Material Concerning Him*, Cambridge/Mass. 1931. – G. Colon, *Die ersten romanischen u. germanischen Übersetzungen*, Bern 1974. – D. B. Drake, *»Don Quijote« 1894–1970. A Selected and Annotated Bibliography*, 2 Bde., Chapel Hill 1974 u. Miami 1978. – E. Ruiz-Fronells, *Las concordancias de »El ingenioso hidalgo Don Quixote de la Mancha«*, 2 Bde., Madrid 1976–1980 [wird fortgesetzt]. – L. A. Murillo, *Bibliografía fundamental sobre »Don Quijote de la Mancha«*, Madrid 1985.
b) Spezialliteratur: J. M. Asensio, *Los continuadores del »Ingenioso hidalgo« de C. y sus obras*, Barcelona 1903. – Azorín, *La ruta de »Don Quijote«*, Madrid 1906. – J. Ortega y Gasset, *Meditaciones del »Quijote«*, Madrid 1914 (dt.: *Meditationen über Don Quijote*, Stg. 1959). – S. de Madariaga, *Guía del lector del »Quijote«*, Madrid 1925; ern. 1976 (dt.: *Über »Don Quijote«*, Wien/Mchn. 1966). – H. Hatzfeld, *»Don Quijote« als Wortkunstwerk*, Lpzg. 1927 (span., Madrid 1966). – J. Millé, *Sobre la génesis del »Quijote«*, Barcelona 1930. – G. G. Lagrone, *The Imitations of »Don Quixote« in the Spanish Drama*, Philadelphia 1937. – R. L. Predmore, *An Index of »Don Quijote«. Including Proper Names and Notable Matters*, New Brunswick 1938. – H. Meier, *Zur Entwicklung der europäischen »Quijote«-Deutung* (in RF, 54, 1940, S. 227–264). – A. Castro, *Los prólogos al »Quijote«* (in RFH, 3, 1942, S. 313–338). – J. García Soriano, *Los dos Don Quijotes. Investigaciones acerca de la génesis de »El ingenioso hidalgo«*, Toledo 1944. – V. Espinós, *El »Quijote« en la música*, Madrid 1945. – C. F. Melz, *An Evaluation of the Earliest German Translation of »Don Quijote«*, Berkeley/Los Angeles 1945. – J. Givanel y Más, *Historia gráfica de C. y del »Quijote«*, Madrid 1946. – F. G. Olmedo, *El Amadís y el »Quijote«*, Madrid 1947. – C. Fernández u. J. J. A. Bertrand, *La primera traducción alemana del »Quijote«* (in RFE, 32, 1948, S. 475–486). – C. Fernández Cuenca, *Historia cinematográfica del »Don Quijote de la Mancha«* (in Cuadernos de Literatura, 3, 1948, S. 161–212). – J. A. Maravall, *El humanismo de las armas en »Don Quijote«*, Madrid 1948. – J. Oliver Asín, *El »Quijote« de 1604* (in Boletín de la Real Academia Española, 28, 1948, S. 89–126). – C. Real de la Riva, *Historia de la crítica e interpretación de la obra de C.* (in RFE, 32, 1948, S. 107–150). – J. Casalduero, *Sentido y forma del »Quijote«*, Madrid 1949; [2]1966. – M. Rüegg, *M. de C. u. sein »Quijote«*, Bern 1949. – S. Gilman, *C. y Avellaneda*, Mexiko 1951. – H. Weinrich, *Das Ingenium »Don Quijotes«*, Münster 1956. – W. Brüggemann, *C. u. die Figur des Don Quijote in Kunstanschauung u. Dichtung der deutschen Romantik*, Münster 1958. – H.-J. Neuschäfer, *Der Sinn der Parodie im »Don Quijote«*, Heidelberg 1963. – E. Auerbach, *Mimesis*, Bern/Mchn. [3]1964, S. 319–342. – A. Navarro, *El Quijote español del siglo XVII*, Madrid 1964. – W. Krauss, *M. de C. Leben u. Werk*, Bln. 1966. – R. L. Predmore, *The World of Don Quijote*, Cambridge/Mass. 1967. – J. J. Allen, *Don Quijote, Hero or Fool? A Study of Narrative Technique*, 2 Bde., Gainesville/Fla. 1969–1979. – M. de Riquer, *Aproximación al*

Quijote, Madrid 1970. – F. Márquez Villanueva, *Fuentes literarias cervantinas*, Madrid 1973. – Ders., *Personajes y temas de »Don Quijote«*, Madrid 1975. – H. Percas de Ponseti, *C. y su concepto del arte. Estudio crítico de algunas aspectos y episodios del Quijote*, 2 Bde., Madrid 1975. – L. A. Murillo, *The Golden Dial. Temporal Configuration in »Don Quijote«*, Oxford 1975. – R. S. El Saffar, *Distance and Control in »Don Quijote«. A Study in Narrative Technique*, Chapel Hill 1975. – J. B. Avalle-Arce, *Don Quijote como forma de vida*, Madrid 1976. – C. Morón Arroyo, *Nuevas meditaciones del Quijote*, Madrid 1976. – E. Koppen, *Gab es einen Ur-Quijote? Zu einer Hypothese der C.-Philologie* (in RJb, 27, 1976). – C. Fuentes, *C. y la crítica de la lectura*, Madrid 1976. – K. Togeby, *La estructura del »Quijote«*, Sevilla 1977. – A. Close, *The Romantic Approach to »Don Quijote«*, Cambridge 1978. – A. Rosenblat, *La lengua del »Quijote«*, Madrid 1978. – A. Redondo, *Tradición carnevalesca y creación literária* (in BHi, 80, 1978). – L. Combet, *C. ou les incertitudes du désir*, Lyon 1981. – K. Dirscherl, *Lügner, Autoren und Zauberer. Zur Fiktionalität der Poetik im »Quijote«* (in RF, 94, 1982). – D. Eisenberg, *Romances of Chivalry in the Spanish Golden Age*, Newark 1982. – H. Mancing, *The Chivalric World of »Don Quijote« Style, Structure and Narrative Technique*, Missouri 1982. – J. I. Ferreras, *La estructura paródica del »Quijote«*, Madrid 1982. – R. M. Flores, *Sancho Panza Through Three Hundred Seventy Five Years of Continuations and Criticism, 1605–1980*, Newark 1982. – G. Barriga Casacini, *Los dos mundos del Quijote. Realidad y ficción*, Madrid 1983. – I. Reyes García, *La actualidad de »Don Quijote« y ensayos*, Puerto Rico 1984. – E. Williamson, *The Half-Way House of Fiction. »Don Quijote« and Arthurian Romance*, Oxford 1984 [m. Bibliogr.]. – V. Nabokov, *Die Kunst des Lesens. C.s »Don Quijote«*, Ffm. 1985. – H. Weinrich, *Die Leser des »Don Quijote«* (in LiLi, 15, 1985). – E. C. Riley, *»Don Quijote«*, Boston 1986 [m. Bibliogr.]. – M. Kruse, *Gelebte Literatur im »Don Quijote«* (in *Gelebte Literatur in der Literatur*, Hg. T. Wolpers, Göttingen 1986). – R. El Saffar, *In Praise of What is Left Unsaid: Thoughts on Women and Lack in »Don Quijote«* (in MLN, 103, 1988, S. 205–222). – J. G. Weiger, *The Prolongist: The Extratextual Authorial Voice in »Don Quijote«* (in BHS, 65, 1988. S. 129–140).

EL LICENCIADO VIDRIERA

(span.; *Der Lizenziat Vidriera*). »Exemplarische Novelle« von Miguel de Cervantes Saavedra, erschienen 1613. – Die wahrscheinlich um 1597 entstandene Novelle steht in der Sammelausgabe der *Novelas ejemplares* von 1613 an fünfter Stelle. Sie entspricht, wenngleich in ihrer künstlerischen Gestalt weniger ausgeglichen, der vom Dichter bekundeten Absicht besonders deutlich, die Wahrheit durch die Blume zu sagen und nicht nur zu unterhalten, sondern anhand einer beispielhaften Geschichte auch zu belehren. Inhaltlich und formal unterscheidet sie sich zusammen mit *Rinconete y Cortadillo* sowie *Coloquio de los perros (Zwiegespräch der Hunde)* von den übrigen neun Novellen der Sammlung, in deren Geschehen die Liebe beherrschend hervortritt.

Hier wird das Leben eines begabten Jungen unbekannter Herkunft, den zwei in Salamanca studierende andalusische Edelleute als Diener aufgenommen haben, weniger als erzählerischer Vorwurf durchgearbeitet, es dient vielmehr als Rahmen für eine Reihe von Szenen und Sentenzen. Von einem gebildeten Offizier für jenes Leben begeistert, *»das dem Tode so nahe ist«*, trennt sich Tomás Rodaja nach acht Jahren von seinen Gönnern und zieht gen Italien, weil das Reisen den Menschen »gescheit« *(discreto)* mache. Von Genua aus unternimmt er, nur mit einem Stundenbuch und den Gedichten Garcilasos de la Vega in der Wandertasche, eine Bildungsreise bis nach Sizilien. Von diesem mit knappen Strichen gezeichneten Abenteuer kehrt der wissensdurstige, die Ungebundenheit aber mehr als die soldatische Pflicht liebende Fähnrich gerade beim Abmarsch seiner Truppe zurück und nimmt auf der Stelle Abschied vom Militär, um in Salamanca seine so glänzend begonnenen Studien abzuschließen. Dort begegnet er einer gerissenen Frau, die sich an ihm, als ihre Liebe unerwidert bleibt, durch einen bösen Liebeszauber rächt: Rodaja verfällt dem Wahn, er sei aus Glas. Vergebens suchen die Freunde ihn von der seltsamen Einbildung abzubringen, daß der Geist im Glas schneller und mächtiger als im Leibe wirken könne. Um ihn auf die Probe zu stellen, richten die Leute schwierige Fragen an ihn, die er jedoch zum Erstaunen der Mediziner und Philosophen scharfsinnig zu beantworten weiß. Aus panischer Angst vor dem Tod durch Berührungen zudringlicher Menschen läuft der Lizenziat mit dem vermeintlich gläsernen Leib, von einer Korbhülle geschützt, durch die Straßen Salamancas, mitleidig bestaunt von den einen, belästigt von anderen. Als Weiser, Schiedsrichter und wandelndes Orakel wird er nunmehr Vidriera (*vidrio* – Glas) genannt und gibt allenthalben seine Erkenntnis zum besten. Die *»Kunde von seiner Narrheit, seinen Antworten und seinen Aussprüchen«* verbreitet sich schnell in ganz Kastilien, und man ruft ihn sogar an den Hof nach Valladolid. Poeten, Buchhändler, Literaturkritiker, Richter, Notare, Handwerker, Ärzte, Apotheker, Schauspieler werden von dem Glasmann in einer lockeren Folge von Begegnungen freimütig mit Kritik bedacht, aus der, ähnlich wie beim Gracioso im spanischen Theater des Goldenen Zeitalters, der gesunde Menschenverstand spricht.

In diesen apophthegmatischen Meinungen spiegeln sich sowohl die Lebenserfahrung und Ironie von Cervantes als auch die alte spanische Vorliebe für die Spruchweisheit. Wie im *Coloquio de los perros* wird die Ständereihe zu einem kleinen Welttheater aus der Sicht des Herrn »Wasserflasch«, der selbst *»mehr Schelm denn Narr«* ist, bis ein Mönch ihn entzaubert und mit dem neuen Namen »Rueda«

(Rad) in den dritten Abschnitt seiner gleichnishaften Existenz unter die Menschen entläßt. Obwohl viele Leute den geistreichen Vidriera wiedererkennen und er anfänglich auch großen Zulauf hat, findet er als normaler, vernünftiger Mann trotz seines Wissens bald kein Auskommen mehr im Land. Deshalb vertauscht er Salamanca, den Hof, mit Flandern – ein Motiv, das später im Theater CALDERÓNS wiederholt vorkommt. Dort beschließt er sein Leben nun doch noch als ebenso tapferer wie kluger und ehrenhafter Soldat. In dieser Pointe aller Irrungen und Wirrungen klingt Don Quijotes berühmte Rede (vgl. *El ingenioso hidalgo*... I, 38) über den Vorrang des Waffenhandwerks vor den Wissenschaften an *(armas y letras)*. Die Novelle ist jedoch keineswegs ein Entwurf für den zwischen 1598 und 1604 niedergeschriebenen Roman jenes Edelmannes, der über der Lektüre von Ritterromanen seinen Verstand verloren hat. In ihr fließt die den *Dialogen* LUKIANS und den *Colloquia* des ERASMUS nahestehende Satire zusammen mit stofflichen Anregungen aus der italienischen Novellistik sowie Vorbildern in bekannten Spruchsammlungen (Erasmus' *Adagia*, Juan de MAL LARAS *Philosophia vulgar*, Juan RUFOS *Apotegmas* sowie *Floresta española de apotegmas y sentencias* von Melchor de SANTA CRUZ). Vom *Lob der Torheit* des Erasmus ließe sich auch ein Zugang zum Verständnis dieses eigenartigen Werks gewinnen. D.B.

AUSGABEN: Madrid 1613 (in *Novelas ejemplares*). – Madrid 1916, Hg., Einl. u. Anm. N. A. Cortés. – Madrid 1923 (in *Novelas ejemplares*, in *Obras completas*, Hg. R. Schevill u. A. Bonilla, 18 Bde., 1914–1941, 13). – Madrid 1962 (in *Novelas ejemplares*, Hg. u. Anm. F. Rodríguez Marín, 2 Bde., 2; Clás. Cast). – Madrid 1963 (in *Obras completas*, Hg. A. Valbuena Prat). – Madrid 1975–1980 (in *Obras completas*, Hg. u. Einl. A. Valbuena Prat, 2 Bde.). – Madrid 1986 (in *Novelas ejemplares*, Hg. u. Einl. H. Sieber; Cátedra).

ÜBERSETZUNGEN: *Der Licentiat Vidriera*, D. W. Soltau (in *Lehrreiche Erzählungen*, Königsberg 1801; ern. in *Exemplarische Novellen*, Ffm./Hbg. 1961; EC; Nachw. W. Krauss). – *Der Licentiat*, A. Keller u. F. Notter (in *Sämmtliche Romane u. Novellen*, Bd. 8, Stg. 1840). – *Der gläserne Lizentiat*, G. v. Uslar (in *Die beispielhaften Novellen*, Bd. 1, Wiesbaden 1948; Slg. Dieterich). – *Advokat »Glasscheibe«*, A. Magnus (in *Die Macht des Blutes. Exemplarische Novellen*, Gütersloh 1948). – *Der Lizentiat Vidriera*, A. Keller u. F. Notter (in *Novellen*, Mchn. 1958; Nachw. K. H. Weinert; ern. 1971). – Dass., A. M. Rothbauer (in *SW*, Bd. 1, Stg. 1963). – Dass., K. Thorer (in *Die englische Spanierin. Erzählungen*, Bln./Weimar 1974).

BEARBEITUNG: A. Moreto, *El licenciado Vidriera*, Madrid 1653.

LITERATUR: F. A. Icaza, *Las novelas ejemplares de C., sus críticos, sus modelos literarios, sus modelos vivos y su influencia en el arte*, Madrid 1901; ²1915. – L. Pfandl, *Spuren des »Licenciado Vidriera« von C. bei Harsdörfer* (in ASSL, 136, 1911, S. 440 f.). – Azorín, *»El licenciado Vidriera«, visto por Azorín*, Madrid 1915. – E. Jiménez Caballero, *»El Licenciado Vidriera«, obra de plata* (in Filosofía y Letras, 1918, 20, S. 5 u. 7). – S. Rivera, *El ›modelo‹ de »El licenciado Vidriera«*, Valladolid 1943. – O. H. Green, *»El licenciado Vidriera«, Its Relation to the »Viaje del Parnaso« and the »Examen de ingenios« of Huarte* (in *Linguistic and Literary Studies in Honor of H. A. Hatzfeld*, Washington 1964). – C. Latorre, *Temas y técnicas surrealistas en »El licenciado vidriera«* (in CA, 4, 1977, S. 135–155). – W. Glannon, *The Psychology of Knowledge in »El licenciado vidriera«* (in RHM, 3/4, 1978/79, S. 86–96). – E. J. Febres, *»El licenciado vidriera«. Nuevas indagaciones en cuanto a su estructura y contenido* (in CHA, 1982, Nr. 381, S. 544–556).

NOVELAS EJEMPLARES

(span.; *Exemplarische Novellen*). Zwölf Novellen von Miguel de CERVANTES SAAVEDRA, erschienen 1613. – Die dem spanischen Vizekönig von Neapel, Conde de Lemos, gewidmete, im Jahre 1612 vollendete Sammlung enthält folgende, vom Dichter wohl ausnahmslos nach seinem fünfzigsten Lebensjahr geschriebene Novellen: → *La gitanilla (Das Zigeunermädchen), El amante liberal (Der edelmütige Liebhaber)*, → *Rinconete y Cortadillo (Rinconete und Cortadillo), La española inglesa (Die englische Spanierin)*, → *El licenciado Vidriera (Der Lizenziat Vidriera), La fuerza de la sangre (Die Stimme des Blutes)*, → *El celoso extremeño (Der Eifersüchtige von Extremadura)*, → *La ilustre fregona (Die erlauchte Scheuermagd), Las dos doncellas (Die beiden Nebenbuhlerinnen), La señora Cornelia (Das Fräulein Cornelia)*, → *El casamiento engañoso (Die trügerische Heirat)* und → *Coloquio de los perros (Zwiegespräch der Hunde)*. Sie sind teilweise schon vor dem ersten Teil des *Don Quijote* (1605) entstanden, in den Cervantes (ähnlich wie in seiner *Galatea* und später in den *Trabajos de Persiles y Sigismunda*) einige selbständige Erzählungen (z. B. *El curioso impertinente – Der törichte Vorwitz* und *La historia del cautivo – Die Geschichte des Sklaven aus Algier)* eingefügt hat. Im Vorwort zu seiner Sammlung, in dem er mit leiser Ironie ein literarisches Selbstporträt zeichnet, gibt der Dichter der Überzeugung Ausdruck, der erste zu sein, *»der Novellen in spanischer Sprache geschrieben hat«*. Denn, so fährt er fort, *»die vielen darin schon gedruckten Novellen sind allesamt Übersetzungen aus fremden Sprachen, während diese hier meine eigenen sind, nicht nachgeahmt und nicht gestohlen. Mein Geist hat sie gezeugt, meine Feder sie zur Welt gebracht«*. Damit distanziert sich der Dichter indirekt von einer Novellistik, die von Juan de TIMONEDAS *Las patrañas* (1567) bis zu den *Noches de invierno*, 1609 *(Winternächte)* von Antonio de ESLAVA (*1570) tatsächlich in nichts anderem als der Nachahmung und Übersetzung italienischer Vorbilder des 14. bis 16. Jh.s, vor allem Boccaccios, Bandellos und Giraldi Cintios, bestand. Im Gegensatz zu jener nicht sehr anspruchsvollen, satirischen und locker unterhaltsamen Erzählliteratur versucht Cervantes der Forderung des Horaz zu entsprechen und Kurzweil mit Belehrung zu verbinden *(»deleitar aprovechando«): »Ich habe sie ›exemplarisch‹ (ejemplares) genannt, und wenn du sie recht betrachtest, so ist keine darunter, der sich nicht eine nützliche Lehre (ejemplo) abgewinnen ließe.«* Damit stellt sich Cervantes in die Tradition der mittelalterlichen Erbauungsliteratur, die Sinn und Aufgabe der Erzählung in ihrer Brauchbarkeit als Exempel, als nachahmenswertes oder warnendes Beispiel, sah. Selbst Giraldi Cintio behauptete, die 113 zum Teil sehr freien Novellen seiner *Hecatommithi*, 1565 *(Hundert Erzählungen)*, dienten der sittlichen Erziehung. Cervantes, der sich diese moralisierenden Anschauungen, die von einigen Zeitgenossen sicher bisweilen mit ironisch pointiertem Nachdruck vertreten wurden, ganz zu eigen machte, verwirklichte diese Absicht dank seiner tiefen Lebenserfahrung und künstlerischen Gestaltungskraft allerdings in so vollendeter Weise, daß die moralische Nutzanwendung der Erzählungen oft in den Hintergrund tritt. Seine Absicht sei gewesen, *»auf öffentlichem Platz einen Billardtisch zu errichten«*, an dem sich jeder *»ohne Schaden für Leib und Seele«* vergnügen könne.

Zwar liegt der Sammlung offensichtlich kein kompositorischer Gesamtplan zugrunde, doch deutet die heilige Zahl Zwölf möglicherweise an, daß der Dichter damit die besondere Exempelhaftigkeit seiner Erzählungen zur Geltung bringen wollte. Nach formalen und inhaltlichen Gesichtspunkten lassen sich innerhalb der *Exemplarischen Novellen* gleichwohl zwei unterschiedliche Gruppen erkennen. In einigen Geschichten geht es um Liebe und Glück. Cervantes greift darin, was seinem Originalitätsanspruch keinen Abbruch tut, häufig noch auf Requisiten der herkömmlichen, vor allem der italienischen Erzählliteratur und der Ritterromane zurück, in denen Phantastisches und Gefühlvolles wirkungsvoll vermengt ist (Verkleidungen, Verwechslungen, Intrigen, Irrfahrten, grausame Trennung und wunderbare Errettung). In diese Reihe gehören die Novellen *El amante liberal, La española inglesa, La fuerza de la sangre, Las dos doncellas* und *La señora Cornelia*. Das klare Bewußtsein des Dichters von der dramatischen Eigenart der novellistischen Form, zu der er sich besonders hingezogen fühlte, tritt in diesen Erzählungen überaus eindrucksvoll zutage. Kern der Handlung ist meist eine »unerhörte Begebenheit«, die alle Verwicklungen plötzlich löst oder eine unerwartete Wendung des Geschehens einleitet und somit *»das von der Novelle umspannte Stück Leben und Erleben vorläufig zu einem gewissen Ruhepunkt«* (L. Pfandl) bringt. Obgleich Cervantes auch in den Novellen dieser Gruppe viele eindringliche Gestalten geschaffen hat, überwiegen darin die straff erzählte Handlung und ihre überraschenden Ereignisse.

Als die schwächste Novelle dieser ersten Gruppe, wie überhaupt der ganzen Sammlung, gilt allgemein *El amante liberal*. In diese Novelle, die – ein damals beliebter literarischer Vorwurf – die Schicksale eines von den Türken entführten Liebespaares schildert, dürften ebenso wie in das Schauspiel *Los baños de Argel (Die Gefängnisse von Algier)* und die *Cautivo*-Erzählung im *Don Quijote* Erinnerungen des Dichters an seine fünfjährige Gefangenschaft in Algier (1575–1580) eingegangen sein. – *Las dos doncellas*, eine weitere Novelle dieser Gruppe, ist das Musterbeispiel einer *»rein abenteuerlichen Erlebnisnovelle«* (L. Pfandl). Zwei junge Damen entfliehen als Männer verkleidet dem Elternhaus, um den Verführer der einen aufzuspüren. Der Liebhaber der anderen eilt den beiden nach; es stellt sich heraus, daß die eine der Ausreißerinnen die Schwester des ungetreuen Kavaliers der anderen ist, und das Ganze endet glücklich mit einer Doppelhochzeit. – Viele gefährliche Abenteuer, märchenhafte Verwicklungen und bösen Zauber muß in *La española inglesa* ein junger Edelmann bestehen, um sich die Hand eines Mädchens zu verdienen, das Königin Elisabeth von England – von Cervantes trotz der Niederlage der spanischen Armada (1588) überaus wohlwollend gezeichnet – ihm versprochen hat. Es handelt sich um eine schöne Spanierin, die als Kind bei dem Überfall der Engländer auf Cádiz (1596) entführt und dann in England aufgezogen worden war. – In *La fuerza de la sangre* erzählt Cervantes die Geschichte eines Edelfräuleins, das von einem jungen Adligen gewaltsam entführt, geschändet und wieder auf die Straße gesetzt wird, ohne daß die Unglückliche weiß, wer ihr Verführer ist. Der Knabe, den sie zur Welt bringt, wird auf der Straße durch einen Reiter verletzt und in das Haus eines reichen Edelmannes gebracht. Es zeigt sich, daß dieser der Großvater des Kindes ist. Rodolfo, sein Sohn, verliebt sich bei seiner Rückkehr aus Italien in die so schmählich von ihm behandelte Leocadia, und die Erzählung endet glücklich mit der Hochzeit der beiden. – Die Erlebnisse, die zwei spanischen Edelleuten in Italien in derselben Nacht widerfahren, sind Gegenstand der letzten Novelle dieser Gruppe, *La señora Cornelia*. Dem einen wird ein Bündel zugesteckt, in dem ein Neugeborenes schreit, während der andere, Juan de Gamboa, einem Unbekannten das Leben rettet und dann von einer verhüllten Dame um Schutz gebeten wird. Es ist die adlige Mutter des Säuglings, die Geliebte des Herzogs von Ferrara, ebendes Mannes, dem Gamboa das Leben gerettet hat. Auch hier macht nach allerlei Verwicklungen die Hochzeit alles Ungemach wieder gut.

Gegenüber diesen bewegten und handlungsreichen, oft märchenhaften, auf Liebesverwicklungen beruhenden Erzählungen sind die Novellen der zweiten Gruppe eher als *»satirische Sittenbilder«* (L. Pfandl) zu bezeichnen. Hier schildert Cervantes mit kräftigem, humorvollem Realismus das spanische Volk, vorzüglich in seinen mittleren und unteren Schichten. In einigen dieser Novellen ist es die Liebe, die einen zarten, idealisierenden Kontrast zum Milieu der Handlung bildet (vgl. *La gitanilla; La ilustre fregona*) oder einen tragischen Akzent setzt (vgl. *El celoso extremeño*). In den übrigen läßt der Dichter die gesamte an Italien orientierte Tradition der Renaissancenovelle vollends hinter sich und gibt »kleines Welttheater« entweder als burleskes Einzelstück (vgl. *El casamiento engañoso*) oder eben apophthegmatisch zusammengedrängt als *»Spruchweisheit in Novellenform«* (vgl. *El licenciado Vidriera*), einmal parodistisch durch die Darstellung der Gaunerwelt als Spiegelbild der etablierten Gesellschaft (vgl. *Rinconete y Cortadillo*), zum Schluß in buntem Szenenwechsel aus der Perspektive des Tieres (vgl. *Coloquio de los perros*). In diesen Novellen ist nicht die »unerhörte Begebenheit«, sondern das Bild der Wirklichkeit das eigentliche Anliegen des Erzählers. Deshalb zeigt sich Cervantes gerade in ihnen als Meister der Situationsschilderung in ihrer Komik und plastischen Anschaulichkeit, als Meister des dramatischen Dialogs, der die Novellen von innen heraus belebt, und als intimer Kenner der menschlichen Seele, dem selbst sein größter Widersacher FERNÁNDEZ DE AVELLANEDA (vgl. *Segundo tomo del ingenioso hidalgo Don Quixote...*) *ingeniosidad* (Scharfsinn) nicht abzusprechen wagte.

Der Einfluß der Cervantinischen Novelle auf die Entwicklung der spanischen Erzählung im 17. Jh. war groß. SALAS BARBADILLO (1581–1635), CASTILLO SOLÓRZANO (1584–1648), Juan PÉREZ DE MONTALBÁN (1602–1638, vgl. *Para todos*), CÉSPEDES Y MENESES (um 1585–1638), María de ZAYAS SOTOMAYOR (1590–1661?, vgl. *Novelas amorosas y ejemplares*) und viele andere ahmten den Dichter nach, oft schon in den Titeln ihrer Sammlungen, ohne ihn zu erreichen. In Deutschland wurden die *Novelas ejemplares* erst im Rahmen der verstärkten *Don-Quijote*-Rezeption des 18. Jh.s bekannt. Während LESSING sie als *»neue Beispiele«* verstand, preist GOETHE sie SCHILLER gegenüber als *einen wahren Schatz, sowohl der Unterhaltung wie der Belehrung«*, der für die deutschen Dichter vorbildlich sein sollte. Hermann PONGS hat die mögliche Bedeutung der *Novelas ejemplares* für die deutsche Novelle der Romantik – E. T. A. HOFFMANN, F. G. WETZEL, H. v. KLEIST, L. TIECK – besonders unterstrichen, wobei sich die Gattung allerdings immer weiter von ihrer ursprünglichen Gebundenheit an die Gesetze der Renaissance- und Barockpoetik fortentwickelt hat. D.B.

AUSGABEN: Madrid 1613. – Madrid 1914–1917, Hg. F. Rodríguez Marín (Clás. Cast). – Madrid 1922/23 (in *Obras completas*, 1, Hg, R. Schevill u. A. Bonilla, 18 Bde., 1914–1941, 12/13). – Madrid 1963 (in *Obras completas*, Hg. A. Valbuena Prat). – Madrid 1968. – Madrid 1975, Hg. u. Einl. F. Rodríguez Marín (Clás. Cast). – Madrid 1975–1980 (in *Obras completas*, Hg. u. Einl. A. Valbuena Prat, 2 Bde.). – Madrid 1982, Hg. u. Einl. J. B. Avalle-Arce (Castalia). – Madrid 1986, Hg. u. Einl. H. Sieber (Cátedra).

ÜBERSETZUNGEN: *Moralische Novellen*, F. J. H. v. Soden, Lpzg. 1779. – *Lehrreiche Erzählungen*, D. W. Soltau, Königsberg 1801. – *Novellen*, A. Keller u. F. Notter (in *Sämtliche Romane und Novellen*, Bd. 8–10, Stg. 1840). – *Die beispielhaften Novellen*, G. v. Uslar, 2 Bde., Wiesbaden 1948 (Slg. Dieterich, 115/116). – *Die Novellen*, A. Keller u. F. Notter, Mchn. 1958 [Nachw. K.H. Weinert]; ern 1970/71. – *Exemplarische Novellen*, D. W. Soltau, Ffm./Hbg. 1961 (Nachw. W. Krauss; EC; ern. Dortmund 1984). – Dass., A. M. Rothbauer (in *SW*, Bd. 1, Stg. 1963). – *Die Novellen*, K. Thorer, Ffm. 1987 (Insel Tb).

LITERATUR: J. de Apráiz, *Estudio historico-crítico sobre las »Novelas exemplares«*, Vitoria 1901. – N. González Aurioles, *Recuerdos autobiográficos de C. en »La española inglesa«*, Madrid 1913. – Azorín, *Al margen de los clásicos*, Madrid 1915. – F. A. de Icaza, *»Las novelas ejemplares« de C.*, Madrid 1915. – C. B. Bourland, *The Short Story in Spain in the 17th Century*, Northampton 1927. – G. Hainsworth, *»Les nouvelles exemplaires« de C. en France au 17e siècle*, Paris 1933. – W. C. Atkinson, *C., el Pinciano and the »Novelas exemplares«* (in HR, 16, 1948, S. 189–208). – A. G. de Amezúa y Mayo, *C., creador de la novela corta española*, Madrid 1956–1958. – F. Sánchez-Castañer, *Un problema de estética novelística como comentario a »La española inglesa« de C.* (in *Estudios dedicados a Menéndez Pidal*, Bd. 7/1, Madrid 1957, S. 357–386). – W. Krauss, *Studien und Aufsätze*, Bln. 1959, S. 93–138. – F. Meregalli, *Le »Novelle esemplari« nello svolgimento della personalità di C.* (in Letterature Moderne, 10, 1960, S. 334–351). – I. M. Barrenechea, *»La ilustre fregona« como ejemplo de estructura novelesca cervantina* (in Filologia, 8, 1961, S. 13–32). – E. C. Riley, *C.' Theory of the Novel*, Oxford 1962. – J. Casalduero, *Sentido y forma de las »Novelas exemplares«*, Madrid 1962. – C. Ayllón, *Sobre C. y Lope, »La novella«* (in RF, 75, 1963, S. 273–288). – E. M. Barbera, *Las influencias italianas en la novela de »El curioso impertinente« de C.*, Rom 1963. – J. Thomson, *The Structure of C.' »Las dos doncellas«* (in BHi, 40, 1963, S. 144–150). – R. V. Piluso, *»La fuerza de la sangre«* (in Hispania, 47, 1964, S. 485–490). – J. Rodríguez Luis, *Estructura y personaje en el arte narrativo de »Las novelas exemplares«*, Diss. Princeton 1966 (vgl. Diss. Abstracts, 27, 1966, S. 1383 f.). – W. Pabst, *Novellentheorie und Novellendichtung. Zur Geschichte ihrer Antinomie in den romanischen Literaturen*, Heidelberg [2]1967. – D. B. Drake, *C.: A Bibliography, I. The »Novelas ejemplares«*, Blacksburg/Va. 1968. – J. Casalduero, *Sentido y forma de las »Novelas ejemplares«*, Madrid 1974. – R. El Saffar, *Novel to Romance: A Study of C.'s »Novelas ejemplares«*, Baltimore 1974. – J. Rodríguez Luis, *Novedad y C. and the Humanist Vision: A Study of Four Exemplary Novels*, Princeton 1982. – *Leguaje, ideología y organisación textual en las »Novelas ejemplares«*, Hg. J. H. de Bustos Tovar, Madrid 1983. – H. Wentzlaff-Eggebert, *Zur Topographie der »Novelas ejemplares«* (in IR, 18, 1983,

S. 163–196). – M. G. Paulson u. T. Alvárez-Detrell, *C., Hardy and »La fuerza de la sangre«*, Potomac/Md. 1984.

OCHO COMEDIAS Y OCHO ENTREMESES NUEVOS, NUNCA REPRESENTADOS

(span.; *Acht Komödien und acht Zwischenspiele, neu und unaufgeführt*). Sechzehn Bühnenwerke von Miguel de CERVANTES SAAVEDRA, erschienen 1615. – Im Vorwort zu den hier vereinigten Bühnenwerken seiner zweiten dramatischen Schaffensperiode gedenkt Cervantes mit spürbarer Wehmut der Zeit, als er *»zwanzig oder dreißig Komödien verfaßte, die alle aufgeführt wurden«* und *»ihren Weg machten ohne Pfiffe, Geschrei und Tumult«*. Von diesen Stükken der ersten Periode sind nur zwei, *El trato de Argel (Der Liebeshandel von Algier)* und *El cerco de Numancia (Die Belagerung von Numancia)*, erhalten geblieben. Die übrigen fanden keinen Verleger; zwei nachweisbare Verträge aus den Jahren 1585 und 1592 wurden nicht eingehalten, wahrscheinlich weil der in den achtziger Jahren des 16. Jh.s erstrahlende Ruhm Lope de VEGAS, dieses *»Ungeheuers der Natur« (»monstruo de la naturaleza«)*, wie Cervantes ihn bewundernd nennt, das Interesse an seinen Stücken erlahmen ließ. Auch habe er selbst, so bekennt Cervantes, *»die Feder und die Komödien ruhenlassen«* und sich *»mit anderen Dingen beschäftigen müssen«*. Wenn er sich nun, anderthalb Jahre vor seinem Tod, entschließt, die Komödien und Zwischenspiele, die er *»ein paar Jahre zuvor«* verfaßt und, weil er keinen Verleger fand, zunächst *»zu ewigem Schweigen verurteilt«* habe, herauszugeben, so tut er es in der Überzeugung, daß diese neuen Früchte seiner dramatischen Kunst *»nicht so schlecht«* und *»nicht so reizlos«* seien, *»daß man nicht einigen Geschmack daran finden könnte«*.

Die Chronologie der in der Sammelausgabe von 1615 erstmalig veröffentlichten Komödien – *El gallardo español (Der schneidige Spanier), La casa de los zelos y selvas de Ardenia (Das Haus der Eifersucht und die Wälder von Ardenia), Los baños de Argel (Die Gefängnisse von Algier), El rufián dichoso (Der glückhafte Zuhälter), La gran sultana Doña Catalina de Oviedo (Die Großsultanin Katharina von Oviedo), El laberinto de amor (Das Liebeslabyrinth), La entretenida (Das ausgelassene Frauenzimmer), Pedro de Urdemalas (Peter Tunichtgut)* – ist ebensowenig festzustellen wie die der Zwischenspiele. Die erste, dritte und sechste von ihnen haben mit dem früheren Stück *El trato de Argel* das autobiographische Motiv der Gefangenschaft in Algier (vgl. *Los baños de Argel*) und das Verhältnis zwischen Mauren und Christen gemeinsam. Das sehr verwickelte Stück *El gallardo español* verherrlicht die Heldentat eines spanischen Offiziers bei der Belagerung von Oran. *La gran sultana* zeigt die Liebe des Sultans von Konstantinopel zu einer christlichen Sklavin, der überaus schönen Catalina von Oviedo, in einem aufwendigen märchenhaft-exotischen Rahmen, der aber durch die kontrastierende Nebenhandlung mit einem Spitzbuben und einem Tölpel gleichzeitig auch komisch wirkt und an die Serailgeschichten der späteren *opera buffa* erinnert. *La entretenida*, eine an Personen und Verwechslungen reiche Liebeskomödie, endet ausnahmsweise nicht mit der Verheiratung der Protagonistin, während sich in dem ebenfalls recht verwickelten *Laberinto de amor* nach mancherlei Eifersüchteleien und Intrigen schließlich drei Paare finden. In *La casa de los celos*, einem Ritter- und Schäferstück, das möglicherweise die Neufassung einer der verlorengegangenen Komödien des Dichters darstellt, werden ironisch und beziehungsreich Karls-Epik und Romanzendichtung bemüht, um die Eifersucht dramatisch zu verspotten. Der Titelheld der *comedia de santos, El rufián dichoso*, der sich vom Schelm zum Heiligen wandelt, hat historische Vorbilder. Das Stück selbst, eine Art Bekehrungsschauspiel, geht der Gestaltung ähnlicher Stoffe bei Lope de VEGA, TIRSO DE MOLINA, CALDERÓN und MIRA DE AMESCUA voraus. Während die mit unnachahmlichem Cervantinischem Realismus in Szene gesetzte Gaunerwelt Sevillas, die der Dichter schon in einer seiner *Novelas ejemplares* beschrieben hat (vgl. *Rinconete y cortadillo*), den ersten Akt dieses Stücks beherrscht, ist die Komödie *Pedro de Urdemalas* im ganzen ein Schelmenstück.

Die acht *entremeses* der Sammelausgabe – *El juez de los divorcios (Der Scheidungsrichter), El rufián viudo, llamado Trampagos (Der verwitwete Gauner), La elección de los alcaldes de Daganzo (Die Richterwahl von Daganzo), La guarda cuydadosa (Der wachsame Posten), El vizcayno fingido (Der falsche Biskayer), El retablo de las maravillas (Das Wundertheater), La cueva de Salamanca (Die Höhle von Salamanca), El viejo zeloso (Der eifersüchtige Alte)* – übertreffen im szenischen Aufbau, in der raschen, humorvollen, witzig-komischen Darstellung, vor allem aber in der Kunst der Sprache und der Charakterzeichnung die »Zwischenspiele« des von Cervantes als Vorläufer hochgeschätzten Lope de RUEDA (vgl. *Pasos*). Es sind Meisterstücke einer erst von Cervantes zur Kleinkunstform erhobenen besonderen dramatischen Gattung. Die beide Stücke *El juez de los divorcios* und *La elección de los alcaldes de Daganzo* geben jeweils bestimmte Gruppen von menschlichen Typen – streitende Eheleute auf der einen, kandidierende Dorfgrößen auf der anderen Seite – dem Gelächter preis. Eine Satire auf Dünkel und gesellschaftliche Konvention enthält *El retablo de las maravillas*, neben *La cueva de Salamanca* das gelungenste der acht Zwischenspiele. Zwei Schausteller narren ein ganzes Dorf, indem sie auf ihrer Bühne Wunderdinge zu zeigen behaupten, die jedoch nur Personen von untadeliger Abstimmung sichtbar seien. Die Furcht, in den Verdacht unehelicher Geburt zu geraten, hält alle davon ab zu gestehen, daß sie nichts sehen. In *El viscayno fingido* knöpft ein Gauner, der sich als Baske ausgibt, zwei fürwitzigen, eitlen Weibern ihr Geld ab, und ein Bild der Gaunerzunft bietet *El rufián viudo*. Hier heiratet der Zuhälter Trampagos, der eben noch sein verstorbenes Weib beklagt, flugs eine andere Standesgenossin. In *La guarda cuydadosa* rivalisieren ein Soldat und ein Sakristan um die Gunst einer Magd, und in *El viejo zeloso* ist ebenso wie in dem letzten und besten der Zwischenspiele, *La cueva de Salamanca*, der betrogene Ehemann der Gegenstand des Spotts. Hier ist es der sehr viel ältere, lächerlich eifersüchtige Geizhals, den seine Frau betrügt, ein Thema, das Cervantes auch in einer seiner *Novelas ejemplares*, dort allerdings als tragische Verstrickung behandelt (vgl. *El celoso extremeño*).

Ist Cervantes durch seine Zwischenspiele der Schöpfer einer neuen Form, so ist er mit seinen *comedias »der letzte und der beste von den Vorläufern und Wegbereitern«* Lope de Vegas (L. Pfandl). Jedoch hat er im Unterschied zu Lope (vgl. *Arte nuevo de hacer comedias en este tiempo*), obschon er von der Eigenart und Bedeutung seiner dramatischen Werke durchaus überzeugt war, eine eigene programmatische Vorstellung über die Form der *comedia*, trotz gelegentlicher kritischer Äußerungen darüber (z. B. im *Don Quijote* I, 48, im Prolog zu *Ocho comedias* und im *Rufián dichoso*, Akt 2), nicht entwickelt. Der Aufbau seiner Stücke ist in barokker Weise oft kunstvoll verwoben, doch kommt es ihm anders als Lope weniger auf die Intrige als auf die Beobachtung und psychologische Durchleuchtung des Menschen sowie auf gedankliche Durchdringung des Geschehens an. D.B.

AUSGABEN: Madrid 1615 (in *Ocho comedias y ocho entremeses*). – Madrid 1915–1922 (in *Obras*, Hg. R. Schevill u. A. Bonilla, 18 Bde., 1914–1941, 5–10). – Madrid 1962 (Clás. Cast). – Madrid 1963. – Madrid 1975–1980 (in *Obras completas*, Hg. u. Einl. A. Valbuena Prat, 2 Bde.). – Madrid 1981, Hg. u. Einl. M. Herrero García (Clás. Cast). – Madrid 1984 [Faks. der 1. Ausg. 1615, Real Academia Española]. – Madrid 1984, Hg. u. Einl. E. Asensio (Castalia). – Madrid 1985, Hg. u. Einl. N. Spadaccini (Cátedra).

ÜBERSETZUNGEN: *Zwischenspiele*, A. F. v. Schack (in *Spanisches Theater*, Bd. 1, Ffm. 1845). – Dass., H. Kurz, Mchn. 1961. – Dass., F. R. Fries, Lpzg. 1967 [Ill. N. Quevedo]. – *Acht Schauspiele und acht Zwischenspiele, alle neu und nie aufgeführt*, A. M. Rothbauer (in *SW*, Bd. 4, Stg. 1970).

LITERATUR: R. Balbín Lucas, *La construcción temática de los »Entremeses« de C.* (in RFE, 32, 1948, S. 415–428). – S. Griswold Morley, *The »Interludes« of C.*, Princeton 1948. – E. Juliá Martínez, *Estudio y técnica de las comedias de C.* (in RFE, 32, 1948, S. 339–365). – J.-J. Gonzy, *L'élément populaire dans le théâtre de C.* (in Revue d'Esthétique, 10, 1957, S. 269–295; 407–431). – A. Agostini Bonelli del Río, *Vida, sociedad y arte en el teatro cómico de C.* (in Anales Cervantinos, 8, 1959/60, S. 51–73). – Dies., *El teatro cómico de C.* (in BRAE, 45, 1965, S. 65–90). – H. Recoules, *C., Timoneda y los entremeses del Siglo 16* (in Boletín de la Biblioteca Menéndez Pelayo, 48, 1972, S. 231–291). – Ders., *En busca del pasado con los entremeses de C.* (in Anales Cervantinos, 13, 1973, S. 40–72). – S. Zimic, *La ejemplaridad de los entremeses de C.* (in BHS, 61, 1984, S. 444–453). – B. König, *»Entremeses«* (in *Das spanische Theater*, Hg. V. Roloff u. H. Wentzlaff-Eggebert, Düsseldorf 1988.

PEDRO DE URDEMALAS

(span.; *Peter Tunichtgut*). Verskomödie in drei Akten von Miguel de CERVANTES SAAVEDRA, erschienen 1615. – Die volkstümliche Titelgestalt (vgl. *Viaje a Turquía*) dieser vermutlich in den Jahren 1610/11 entstandenen Komödie ist ein listenreicher, vielgesichtiger Bursche unbekannter Herkunft. Als Knecht des Bauern Martín Crespo versöhnt er im ersten Akt zunächst dessen Tochter Clemencia wieder mit ihrem Anbeter Clemente, mit dem sie sich zerstritten hat. Dann macht ihn der Bauer, inzwischen zum Bürgermeister gewählt, zu seinem Vertrauten, damit er ihm, der zwar gutmütig, aber recht ungebildet ist, bei der Rechtsprechung helfe. Diese Verbindung führt dann auch zu einigen weisen Urteilssprüchen im Stil Sancho Pansas (vgl. *Don Quijote*). Einem verhüllt auftretenden Paar, das darüber Klage führt, daß der Vater dem Mädchen die Heiratserlaubnis nur deshalb verweigere, weil der Junge nicht reich sei, wird als Urteil der Spruch zuteil: *»que sea la pollina del pollino« (»die Eselin soll dem Esel gehören«)*. Als sich herausstellt, daß es sich bei dem Paar um Clemencia, die Tochter Crespos, und den bisher abgewiesenen armen Clemente handelt, steht der Vater gleichwohl zu seinem Urteil; die Hochzeit soll nach der Johannisnacht stattfinden, deren Brauchtum nun in einer lyrisch bewegten Szene beschworen wird. In ihrem Verlauf gelingt es dem listigen Pedro, die Bemühungen des Sakristans Roque zu hintertreiben und Clemencias Freundin Benita mit ihrem geliebten Pascual zu vereinigen. Auch Maldonado, der Zigeunerhäuptling, tritt nun mit seinen Leuten auf. Er möchte die schöne, stolze und abweisende Belica, die bei ihnen lebt, mit Pedro verheiratet sehen. Zum Schluß erscheint noch eine reiche geizige Witwe, die der Zigeunerin Inés eine milde Gabe verweigert. Ein Real jeden Monat ist überhaupt das einzige Almosen, das sie gibt, damit ein Blinder für die Seelen ihrer verstorbenen Angehörigen betet. Diese Schwäche benutzt der zu Beginn des zweiten Akts als vermeintlicher Blinder auftretende Pedro, um mit Hilfe eines Leidensgefährten in einer köstlichen Szene die wundergläubige Frau um ihren Reichtum zu bringen. Indessen versucht Maldonado vergebens, Belica zur Ehe mit Pedro zu überreden. Da erscheint, auf der Jagd zufällig hierher verschlagen, plötzlich der König bei der Gesellschaft. Der Akt schließt inmitten eines Tanzspiels der Zigeuner zu Ehren des königlichen Paares mit einem Eifersuchtsausbruch der Königin, die bemerkt hat, daß der König in jäher Verliebtheit zur schönen Belica entbrannt ist. Zu aller Erleichterung stellt sich im dritten Akt heraus, daß Belica eine Prinzes-

sin, ja sogar die Nichte der Königin ist. Pedro de Urdemalas, der zu Beginn dieses Akts als Einsiedler auftritt, um der frommen Witwe endgültig ihr Geld abzuknöpfen, erscheint danach als Student, gerät an zwei Komödianten, nennt sich »Nicolás de los Ríos« und gibt sich als Schauspieler aus, bis er dann tatsächlich, unter ebendiesem Namen, nachdem Belica als Nichte der Königin zur Prinzessin Isabel geworden ist, endgültig unter die Schauspieler geht. Berühmt ist die Szene, in der er als Vorbereitung auf eine Komödie, die vor der königlichen Gesellschaft aufgeführt werden soll, Wesen und Funktion des Schauspiels erörtert.
Die novellesk-zauberhafte Handlung des Stücks, der reizvollsten, festlichsten, fröhlichsten, »überraschendsten« aller *comedias* dieses Dichters, gewinnt eine besondere innere Spannung durch die Gegenüberstellung zweier ganz verschiedener Seinsweisen in Pedro de Urdemalas auf der einen und Belica-Isabel – eine an die Gestalt der Preciosa aus den *Novelas ejemplares* (vgl. *La gitanilla*) erinnernde Figur – auf der anderen Seite. D.B.

Ausgaben: Madrid 1615 (in *Ocho comedias y ocho entremeses nuevos*). – Madrid 1917 (in *Obras completas*, Hg. R. Schevill u. A. Bonilla y San Martín, 18 Bde., 7). – Madrid 1962 (in *Obras dramáticas*, Hg. F. Ynduráin; m. Einl. u. Bibliogr.; BAE). – Madrid 1963 (in *Obras completas*, Hg. A. Valbuena Prat). – Madrid 1975–1980 (in *Obras completas*, Hg. u. Einl. A. Valbuena Prat, 2 Bde.). – Saragossa 1980.

Übersetzung: *Pedro de Urdemalas*, A. M. Rothbauer (in *SW*, Bd. 4, Stg. 1970).

Literatur: E. Juliá Martínez, *Estudio y técnica de las comedias de C.* (in RFE, 32, 1948, S. 339–365). – A. Agostini del Río, *El teatro cómico de C.* (in Boletín de la Real Academia Española, 44, 1964, S. 223–307; 475–539). – E. H. Friedman, *Dramatic Structure in C. and Lope: The two »Pedro de Urdemalas«* (in Hispania, 60, 1977, S. 486–497). – R. E. Surtz, *C.'s »Pedro de Urdemalas* (in RF, 92, 1980, S. 118–125). – M. Alvar, *»Ensayo« y no »ensaye«. Nota al »Pedro de Urdemalas« cervantino* (in Anuario de Letras, 19, 1981, S. 293–297). – B. W. Wardropper, *Fictional Prose and Drama: »Pedro de Urdemalas«* (in *Essays on Narrative Fiction in the Iberian Peninsula*, Hg. R. B. Tate, Oxford 1982, S. 217–227). – E. Müller-Bochat, *Las ideas de C. sobre el teatro y su síntesis en »Pedro de Urdemalas«* (in Arbor, 1984, Nr. 467/468, S. 81–92).

LA PRIMERA PARTE DE LA GALATEA

(span.; *Erster Teil der Galatea*). Schäferroman von Miguel de Cervantes Saavedra, erschienen 1585. – Seinem Erstlingsroman hat Cervantes bis an sein Lebensende eine besondere Zuneigung bewahrt, auch wenn er über den Schäferroman, einschließlich der *Galatea*, gelegentlich spottete. Noch auf dem Sterbebett versprach er für den Fall, daß er *»wie durch ein Wunder«* mit dem Leben davonkommen sollte, *»(la) fin de La Galatea«*, den *»Abschluß der Galatea«*. Aber die Literaturkritik beurteilte dieses Werk durchweg negativ: es sei *»ein frostiges, unlebendiges, unbeholfenes Werk ... in der Hauptsache tote Literatur*; Cervantes habe darin *»einer Mode gehuldigt«* (Valbuena Prat).
Formal ist der Roman in der Tat ein Produkt der literarischen Modeströmung des Schäferromans. Die *Arcadia* (1502) des Italieners Sannazaro, die Cervantes in der Originalsprache kannte, hat dabei ebenso Pate gestanden, wie die *Diana* (1559) von Jorge de Montemayor, die *Diana enamorada*, 1564 *(Die verliebte Diana)*, von Gaspar Gil Polo, und *El pastor de Fílida*, 1582 *(Phyllidas Schäfer)*, von Luis Gálvez de Montalvo. Cervantes hält sich im Aufbau seines Werks ganz an diese Vorbilder, mischt Vers und Prosa, verwendet die Briefform, singt im *Canto de Calíope (Kalliopes Gesang)* in 110 Stanzen das obligate Preislied auf die Dichter seiner Zeit. Auch folgt er der verbreiteten Neigung, Persönlichkeiten der Zeit im Schäfergewand darzustellen. Ausdrücklich weist er den Leser darauf hin: in diesem Werk gebe es *»viele verkleidete Schäfer«*. Die neuplatonische Auffassung von der Liebe, die in diesem Werk zum Ausdruck kommt, übernahm Cervantes vor allem aus den *Dialoghi d'amore*, 1535 *(Dialoge über die Liebe)*, von Leone Ebreo. Eine bemerkenswerte Besonderheit der *Galatea* besteht jedoch darin, daß neben der idealistischen Auffassung auch einer anderen, realistischen Raum gegeben wird, die zu jener in einem polaren Verhältnis steht. In dieser Polarität, in der sich bereits die Cervantische »Kunst der Gegensätze« ankündigt, stehen die beiden Schäfer – Elicio, der »poetische«, und Erastro, der »wirkliche« Schäfer –, die durch ihre gemeinsame Liebe zu der *»überaus schönen Schäferin an den Ufern des Tajo«* zu einer höheren Einheit von Idealität und Realität verbunden sind.
Auch die zahlreichen in die recht ereignisarme Haupthandlung eingestreuten Erzählungen sind polar angelegt. Dem idyllischen Erlebnis der Teolinda steht die dramatische Liebeserfahrung Rosauras gegenüber. Während die Geschichte Lisandros, die aus dem üblichen Rahmen des Schäferromans durch den Mord, den Lisandro an Carino begeht, herausfällt, der Welt des andalusischen Kleinadels zuzuordnen ist, führt die Geschichte Silerios aus dem arkadischen Bereich in die Welt der großen Städte. Dank dieser modern anmutenden Polarität durchbricht die *Galatea* das Schema des idealisierenden Schäferromans, bleibt aber trotzdem zu sehr »Literatur«, um als lebendige Schöpfung beeindrucken zu können.
Erfolgreicher als das Erstlingswerk des Cervantes war seine Nachahmung durch Jean Pierre Claris de Florian, *Galatée, roman pastoral imité de Cervantes*, 1783 *(Galatea, Schäferroman nach Cervantes)*. Die sechs Bücher des Originals sind darin in drei zusammengefaßt, ein viertes, von Florian verfaßtes Buch bringt mit der Heirat der Galates einen glück-

lichen Abschluß. Die meisten Übersetzungen der *Galatea* beruhen auf der Fassung Florians. KLL

AUSGABEN: Alcalá 1585; Nachdr. NY 1967. – Madrid 1914 (in *Obras completas*, Hg. R. Schevill u. A. Bonilla, Bd. 1/2). – Madrid 1961, Hg. J. B. Avalle-Arce (Clás. Cast; m. Einl. u. Anm.). – Madrid 1963. – Madrid 1975–1980 (in *Obras completas*, Hg. u. Einl. A. Valbuena Prat; 2 Bde.).

ÜBERSETZUNGEN: *Galathee. Schäferroman nach Cervantes*, F. v. Mylius, Bln. 1787 [aus d. Frz.]. – *Galathea*, F. Sigismund, Zwickau 1830. – *Galathea*, M. Duttenhofer, 2 Bde., Stg. 1841. – *Galatea*, O. Hettner, Wien 1922. – *Die Galatea*, A. M. Rothbauer (in *SW*, Bd. 1, Stg. 1963; m. Einf.).

BEARBEITUNGEN: J. P. de Florian, *La Galatée, roman pastoral*, Paris 1783 (span. Madrid 1797). – C. M. Trigueros, *Los enamorados o Galatea y sus bodas*, Madrid 1798 [gek.].

LITERATUR: F. López Estrada, *Estudio crítico de »La Galatea« de M. de C.*, La Laguna 1948. – J. B. Trend, *C. in Arcadia*, Oxford 1954 (zuerst in *Estudios dedicados a Menéndez Pidal*, Bd. 2, Madrid 1951, S. 497–510). – G. Stagg, *Plagiarism in »La Galatea«* (in Filologia Romanza, 6, 1959, S. 255–276). – M. Z. Wellington, *»La Arcadia« de Sannazaro y »La Galatea« de C.* (in Hispanófila, 1959, Nr. 7, S. 7–18). – M. G. Randel, *The Language of Limits and the Limits of Language: The Crisis of Poetry in »La Galatea«* (in MLN, 97, 1982, S. 254–271). – R. El Saffar, *Beyond Fiction. The Recovery of the Femine in the Novels of C.*, Berkeley 1984. – *»La Galatea« de C. – cuatrocientos años después. C. y lo pastoril*, Hg. J. B. Avalle-Arce, Newark 1985. – B. M. Damiani, *Amor as a God of Death: Love-Death Symbiosis in C.'s »La Galatea«* (in *Studies in Honor of W. C. McCray*, Hg. R. Fiore u. E. W. Hesse, Lincoln/Nebr. 1986, S. 65–76).

RINCONETE Y CORTADILLO

(span.; *Rinconete und Cortadillo*). »Exemplarische Novelle« von Miguel de CERVANTES SAAVEDRA, erschienen 1613. – Das Thema der dritten Erzählung der *Novelas ejemplares*, die Gaunerwelt von Sevilla, ist auch Gegenstand eines Zwischenspiels von Cervantes, *El rufián viudo* (vgl. *Ocho comedias y ocho entremeses*...). In der Novelle treffen sich zwei etwa gleichaltrige, vierzehn- bis fünfzehnjährige Burschen, Diego Cortado, ein Schneiderlehrling, und Pedro del Rincón, der Sohn eines Ablaßhändlers, die auf die schiefe Bahn geraten sind, zufällig in der Schenke »Zur kleinen Mühle«. Sie erzählen einander ihr wenig exemplarisches Leben und beschließen, beisammenzubleiben, übervorteilen als erstes einen Mauleseltreiber im Kartenspiel, erleichtern dann eine Reisegesellschaft um einige wenig brauchbare Dinge, die sie alsbald verkaufen, verdingen sich, in Sevilla angelangt, zunächst als nicht eben ehrliche Lastträger, bis sie ein Gaunerspitzel dem mächtigen, väterlich verehrten König der Sevillaner Unterwelt, Monopodio, zuführt, der sie nach strengem Verhör unter dem Namen Cortadillo (Schnittchen) und Rinconete (Winkelchen) in die Gaunerzunft aufnimmt. Bei den Beratungen dieser wie ein Orden gelenkten, von festen Pflicht- und Ehrvorstellungen getragenen Genossenschaft, an denen sie nun teilnehmen, lernen die beiden allerlei Strolche, Diebe, Dirnen und Zuhälter kennen und erfahren manche Gaunergeschichte. Die locker geführte, als »Beispiel und Warnung« geschriebene Erzählung schließt mit nachdenklichen Betrachtungen Rinconetes, der sich vornimmt, nicht allzulang bei dieser Gesellschaft zu bleiben.

Mit der Beschreibung der Gaunerzunft von Sevilla, ihrer Typen und ihres Treibens eröffnet Cervantes den Einblick in eine verkehrte, aber völlig geordnete, intakte Welt, in der höfliche Umgangsformen, gesunde sittliche Grundsätze, ja sogar Frömmigkeit herrschen und in der außerhalb der staatlichen Rechts- und Gesellschaftsordnung mit eigener Sprache, Polizei und Gerichtsbarkeit, vernünftiger Arbeitsteilung, uneigennütziger Erwerbsgemeinschaft und einem Budget für Sonderausgaben das menschliche Zusammenleben sich besser und reibungsloser vollzieht als in der »rechtschaffenen« Gesellschaft. Die Kritik an den Zuständen des späten 16. Jh.s und das Idealbild einer vollkommeneren Gesellschaft, die der Entwurf einer solchen verkehrten Welt impliziert, schließen die Zuordnung dieser Novelle zu der Gattung des Schelmenromans aus, zu der sie dem Thema nach gehören könnte. Vom herben, düsteren Pessimismus des Schelmenromans, beginnend bei *Lazarillo* (1554) bis zu QUENEDOS *Buscón* (1626), ist in dieser Novelle nichts zu spüren. Die Gauner fristen hier nicht als vom Unrecht verfolgte Diener geiziger Herrn ein dürftiges Leben, sie haben ein geregeltes Auskommen, einen Platz in der Gemeinschaft, genießen die gebührende Achtung und besitzen, was die offizielle Gesellschaft nicht zu gewährleisten vermag und wovon der *pícaro* des Schelmenromans nicht den geringsten Begriff hat: Lebenssicherheit. Wie spanische Theologen des 16. Jh.s den »guten Heiden« entdeckten und verteidigten, so entdeckte Cervantes neben der Tugend des Narren, aus dem warnend die Stimme der Unterdrückten spricht, und neben dem exzentrischen Typ des edlen Räubers, der einer wahreren Gerechtigkeit dient, den Typ des »exemplarischen« Gauners. In der Erfassung der verschiedenen Stillagen dieser Novelle, in der sich Cervantes als Meister des Worts und des Wortspiels ebenso ausweist wie als Kenner der Gaunersprache, zeichnet sich die für die Entwicklung des Schelmenromans in Deutschland wichtige Nachdichtung von Niclas ULENHART aus, der die Geschichte nach Prag verlegt. D.B.

AUSGABEN: Madrid 1613 (in *Novelas exemplares*). – Madrid 1922 (in *Obras completas*, Hg. R. Schevill u. A. Bonilla y San Martín, 18 Bde., 12). – Madrid 1962 (in *Novelas ejemplares*, Hg. F. Sáinz

Rodríguez). – Madrid 1975–1980 (in *Obras completas*, Hg. u. Einl. A. Valubena Prat, 2 Bde.). – Aranjuez 1984.

Übersetzungen: *History von Isaac Winckelfelder und Jobst von der Schneid*, N. Ulenhart, Augsburg 1617. – In *Moralische Novellen*, J. v. Soden, Lpzg. 1779. – *Geschichte von Eklein und Schnittel*, A. Keller u. F. Notter (in *Novellen*, Mchn. 1958; ern. 1971). – *Rinconete und Cortadillo*, A. M. Rothbauer (in *SW*, 4 Bde., 1, Stg. 1963). – *Die Erzählung von Ecklein und Schnittel*, F. Müller, Mchn. 1981, (dt.-span.; dtv).

Literatur: R. del Arco, *La ínfima levadura social en las obras de C.* (in Estudios de Historia Social de España, 2, 1952, S. 209–290). – D. Yndurain Muñoz, *»Riconete y Cortadillo« de entremés a novela* (in BRAE, 46, 1966, S. 321–333). – J. L. Varela, *Sobre el realismo cervantino en »Rinconete y Cortadillo«* (in Atlántida, 4, 1968, S. 434–449). – A. W. Hayes, *Narrative »Errors« in »Rinconete y Cortadillo«* (in BHS, 58, 1981, S. 13–20). – G. Edwards, *»Rinconete y Cortadillo« The Wonder of the Ordinary* (in IR, 15, 1982, S. 37–46). – G. R. Keightley, *The Narrative Structure of »Rinconete y Cortadillo«* (in *Essays on Narrative Fiction in the Iberian Peninsula*, Hg. R. B. Tate, Oxford 1982, S. 39–54).

LOS TRABAIOS DE PERSILES Y SIGISMUNDA. Historia setentrional

(span.; *Die Mühen und Leiden des Persiles und der Sigismunda. Eine septentrionale Geschichte*). Roman von Miguel de Cervantes Saavedra, erschienen 1617. – Bereits vom Tod gezeichnet, konnte Cervantes das gegen Schluß nur noch mühsam und eilig niedergeschriebene Werk, an dem er wahrscheinlich bereits zwischen 1599 und 1605 zu arbeiten begonnen hatte, fertigstellen und mit einer ergreifenden Vorrede dem Grafen von Lemos widmen. Schon 1613 hatte er im Vorwort zu den *Novelas ejemplares* angekündigt, mit Heliodoros' *Aithiopika* in Wettstreit zu treten. Zusammen mit *Ta kata Leukippēn kai Kleitophōnta* von Achilleus Tatios erfreuten sich diese hellenistischen Liebes- und Abenteuerromane im Spanien des Goldenen Zeitalters in wiederholt aufgelegten Übersetzungen sowie dramatischen Bearbeitungen und Prosanachahmungen (Alonso Núñez de Reinoso, *Historia de los amores de Clareo y Florisea y de los trabajos de Ysea*, 1552; Jerónimo de Contreras, *Selva de aventuras*, 1565; Lope Félix de Vega Carpio, *El peregrino en su patria*, 1604) großer Beliebtheit.
Schon im *Don Quijote* trägt der toledanische Domherr bei seiner berühmten Besprechung der Ritterbücher (I, 47) einen versteckten, lobenden Inhaltsabriß des nach der postumen Veröffentlichung sogleich überaus erfolgreichen Romans vor. Er weist nicht nur auf die darin als *»schönstes Ziel«* erreichte Verbindung von Belehrung und Unterhaltung hin (den wiederentdeckten spätgriechischen Roman schätzen Erasmianer und Humanisten gerade wegen seines philosophischen, paradigmatischen Gehalts so hoch), sondern auch auf die *»zwanglose Schreibart dieser Bücher«*, die dem Dichter die sowohl reizende als auch sehr anspruchsvolle Möglichkeit gewährt, *»sich als epischen, lyrischen, tragischen und komischen Dichter zu zeigen«*. Der Überzeugung von Cervantes, daß sich epische Dichtung ebensogut in Prosa wie in Versen schreiben lasse, entspricht jener im Persilesroman (IV, 6) seherisch erwähnten Neubegründung des christlichen Epos durch Torquato Tassos *Gerusalemme conquistata* (1593) und Francisco López Zárates *Poema heroico de la invención de la Cruz por el Emperador Constantino Magno* (erst 1648 gedruckt), neben die sich Cervantes implicite mit *»einem gewissen Hang zum Sonderbaren und Ungewöhnlichen«* (IV, 1) als »Heliodorus Christianus« stellt, nachdem auch Alonso López el Pinciano in der *Philosophia antigua poetica* (1596) Heliodors *Aithiopika* trotz ihrer Prosaform für Homer und Vergil ebenbürtig erklärt hatte. Außer diesen für das Verständnis des Romans zumal gegenüber dem *Don Quijote* bedeutsamen theoretischen Einstellungen zeigt ferner die zwischen 1609 und 1611 entstandene exemplarische Novelle *La española inglesa* gewisse Berührungen mit dem Cervantes besonders angelegenen Werk, das noch einmal alle seine persönlichen Vorstellungen und künstlerischen Absichten originell, vielschichtig und gedankentief umschließt, wenngleich dem Dichter für eine endgültig ausgearbeitete Fassung keine Zeit mehr vergönnt war.
Die Verwicklungstechnik des byzantinischen Romans mit dem typischen Aufgebot an Irrfahrten, Räuberüberfällen, Entführungen, Schiffbruch, Gefangenschaft, Verstellungs- und Verkleidungskünsten, Liebe, Tod und heldischer Tugend übernimmt Cervantes kunstvoll in seine zeitlich verschachtelte Erzählung, deren Hauptgeschehen mehrere Berichte in der Ichform durchwirken. Die als Quellen für Einzelheiten der damaligen Weltbeschreibungen genau studierten Bücher u. a. von Olaus Magnus, Niccolò Zeno oder kulturgeschichtliche Sammelwerke wie die des Polydorus Vergilius, Pedro Mexía oder Antonio de Torquemada benützt Cervantes mit phantasievoller Freizügigkeit. Seiner Belesenheit stehen vor allem im dritten und vierten Teil des Romans ebenso reichhaltige eigene Beobachtungen und Erinnerungen zur Seite. Das Geschehen spielt ungefähr um die Mitte des 16. Jh.s (spätere geschichtliche Ereignisse wie die Seeschlacht von Lepanto oder die Vertreibung der Morisken werden auf andere Weise eingeflochten) in zwei einander völlig verschieden gegenüberstehenden und trotzdem beziehungsreich miteinander verwobenen symbolischen Welten: dem mit odysseischen Irrfahrten auf dem Meer gefahrvollen, barbarischen, glaubenslosen Norden und der trotz aller menschlichen Schwächen geschlossenen, christkatholischen, mediterranen Welt. Das ewige Rom, *caput mundi*, ist erlösendes Ziel für diese Wanderschaft, über der die göttliche Vorsehung waltet.

Kaum von Barbaren aus seinem Verlies auf einer nordländischen Insel herausgeholt, gerät Periandro, ein Jüngling von edelster Schönheit, auf See in höchste Not. Das Schiff des Dänenprinzen Arnaldo, der auf der Suche nach der von Seeräubern entführten Geliebten Auristela ist, rettet ihn. Periandro gibt an, Auristela sei seine Schwester, und bietet Arnaldo an, ihm bei seiner Suche zu helfen. Als Mädchen verkleidet, läßt sich Periandro auf die Barbareninsel zurückbringen, wo er Auristela in Gefangenschaft vermutet. Im letzten Augenblick kann er die Opferung der mit Männerkleidern angetanen Auristela verhindern. Unter den Wilden bricht darauf tödlicher Streit um den Besitz der schönen Gefangenen aus. Zusammen mit ihrer Zofe Cloelia, der polnischen Dolmetscherin der Insulaner (Transila) und Periandro bringt sie der Kastilier Antonio in Sicherheit. Er bewohnt, mit der Eingeborenen Ricla verheiratet und zwei Töchtern, die er alle im katholischen Glauben unterwiesen und getauft hat, eine abseits gelegene Höhle. Hier lauschen die Geretteten der »abwechslungsreichen Lebensgeschichte« dieses ersten Christenmenschen in nördlichen Breiten. Sie fliehen gemeinsam auf eine benachbarte Insel, wo ihnen der dorthin verschlagene italienische Tanzmeister Rutilio die Wechselfälle seines Lebensweges mitteilt. Wieder auf einer anderen Insel berichtet der liebeskranke portugiesische Sänger de Sosa Coutinho von seinem Schicksal und bricht plötzlich tot zusammen. Nach längerer Meerfahrt begegnen die Flüchtigen einem Schiff, unter dessen Besatzung die Polin Transila sowohl ihren Mann Ladislao als auch den Vater Mauricio wiedererkennt, ein glückverheißendes Vorzeichen für Auristela. Ihrer beider Lebensbericht kontrastiert die liebestolle, zuchtlose Rosamunda. Bald darauf ankert Arnaldos Schiff vor der Insel, auf der sich Periandro und Auristela befinden. Arnaldo begehrt Auristela zur Gemahlin. Unter der Begründung, zuvor mit seiner Schwester das Gelübde einer gemeinsamen Wallfahrt nach Rom zu erfüllen, erreicht Periandro den Aufschub der Hochzeit. Durch einen böswillig verursachten Schiffbruch werden die beiden keuschen Liebenden erneut getrennt. Auristela, Transila, Rosamunda, Mauricio und der junge Antonio landen auf der unwirtlichen Schneeinsel, wo Rosamunda lüstern Antonio nachzustellen versucht. Ein Korsarenschiff bringt die Gruppe nach dreimonatiger Fahrt in das Reich des als edel und gebildet berühmten Königs Policarpo. Schon unterwegs wußte der Kapitän zu berichten, wie Periandro bei einem Wettkampf die Gunst des angeblich idealen Herrschers zu gewinnen verstand.

Mit ironisierender Selbstkritik mischt sich Cervantes zu Beginn des zweiten Buches, wie auch an anderen Stellen, kommentierend in die Erzählung ein, die durch das Kentern des Schiffes mit Auristela an Bord ein vorzeitiges, tragisches Ende finden zu müssen scheint. Aus dem im Hafen von Policarpos Hauptstadt angespülten Wrack werden jedoch die Halbtoten gerettet und dem Leben wiedergeschenkt. Periandro und Auristela sind zwar erneut vereint, aber auch Arnaldo ist zugegen. Durch die Liebe Policarpos zu Auristela und seiner Tochter Sinforosa zu Periandro (sie gesteht Auristela offenherzig selbst ihre Leidenschaft und entdeckt ihr später die Neigung ihres Vaters) entstehen weitere gefährliche Verwicklungen. Überdies entbrennt Rutilio in Liebe zur Königstochter Policarpa, und der zynische Clodio erdreistet sich gleichfalls in einem Brief, Auristela Anträge zu machen. Erst in diesem Augenblick, da Eifersucht und irdische Verstrickung die reine Liebe bedrohen, bestätigt sich dem Leser, daß Periandro in Wirklichkeit Persiles heißt, der die Unschuld seiner Geliebten standhaft zu wahren geschworen hat. Weit ausholend erzählt er nun vor Arnaldo und Policarpo seine vergangenen Fährnisse. Vor einem von der Zauberin Zenotia ausgeheckten Verrat Policarpos an den Gästen, durch den Auristela in die Gewalt des alten Herrschers gebracht werden soll, werden die Fremden von Policarpa gewarnt. Sofort stechen sie in See und gelangen zur Insel der Klausen – letzte Station ihrer nordischen Irrfahrten und zugleich äußerster Vorposten der katholischen Welt. Der französische Edelmann Renato schildert ihnen dort seine reine Liebe zur Hofdame Eusebia sowie den Anlaß für die Entsagung der beiden nun als Einsiedler fernab der Heimat lebenden Europäer. Periandro nimmt den Faden seines so oft unterbrochenen Lebensberichtes wieder auf und schließt mit kunstvoller Hysteron-Proteron-Technik zum Anfang des Romans auf. Ohne Rutilio, aber mit dem durch ein königliches Schreiben in seiner Ehre voll gerechtfertigten Paar Renato und Eusebia segelt schließlich die Gruppe gen Süden.

Zu Beginn des dritten Buches wird die glückliche Ankunft in Lissabon mit einem überschwenglichen Lob auf dieses Sinnbild der rettenden, zivilisierten, katholischen Welt beschrieben. Die Pilgerschar reist nach dem Kloster Guadelupe weiter. In den Reisebericht wird wieder eine Episode eingeschoben (Feliciana). In Talavera wohnen die Reisenden einem Volksfest bei. Weitere besonders aufschlußreiche kulturgeschichtliche Einzelheiten spiegelt der Besuch im Moriskendorf. Über die Provence gelangen die Pilger unter mannigfachen Gefahren, die Cervantes mit einer lebendigen Fülle von Typen und Begebenheiten anschaulich auszumalen versteht, über Mailand nach Lucca. Isabela Castruccios durch »Kniffe und Winkelzüge« glücklich zustande gekommene Ehe kündigt die vom Astrologen Soldino bereits verheißene Vereinigung Periandros und Auristelas an.

Das bei der ausgewogenen künstlerischen Symmetrie des Romans vergleichsweise kurze vierte Buch setzt unmittelbar vor dem ersehnten Ziel Rom mit dem ersten Gespräch Periandros und Auristelas über ihre Herzensangelegenheiten ein. Wieder flicht Cervantes hier versteckt ironisch-kritische Selbstbetrachtungen ein. Das Paar trifft alsbald auf Arnaldo und den Herzog von Nemours, die sich beim Zweikampf verwundeten. In Rom empfängt Auristela weitere Belehrung im christlichen Glauben und richtet mit Periandro ihre Gedanken ganz auf himmlische Dinge, während Arnaldo und Nemours sich gegenseitig überbieten, um ein Bild von Auristela zu erwerben. Nunmehr berichtet Arnaldo rückblendend von seinen Erlebnissen, seit er Periandro und Auristela aus den Augen verloren hat. Infolge eines bösen Zaubers erkrankt Auristela und eröffnet, wieder genesen, Periandro den Entschluß, fortan ihr Leben Gott zu weihen. Jetzt erst deutet sie die Hintergründe ihrer Beziehung zu Periandro an. Verzweifelt über die Wendung, verläßt dieser Rom. – Drei Kapitel vor Schluß (IV, 12) enthüllen zwei Wandersleute, Rutilio und Periandros ehemaliger Erzieher Serafido, das Rätsel um die Identität der beiden Liebenden und schlagen so den Bogen zurück zum Anfang. Beide sind Fürstenkinder, die Prinzessin von Friesland und der Prinz von Thule. Maximino, von Serafido über ihre Geschicke unterrichtet, begegnet todkrank seinem Bruder Persiles. Ein vereitelter Mordanschlag auf diesen bewegt Auristela schließlich doch zur dankerfüllten, ja gottgewollten und Periandro rettenden Rückkehr. Sterbend segnet Maximino den Ehebund des nunmehr als Persiles und Sigismunda bekannten Paares vor der Paulsbasilika ein.

Die Unwahrscheinlichkeiten dieses Geschehens sind von Cervantes gewollt. Sie sind weder Symptome eines Alterswerks noch Ausflucht in romantische Träume, sondern nur im Zusammenhang mit den literarischen Anschauungen Cervantes' und seiner Zeit über das Verhältnis von Geschichte und poetischer Fiktion, von Wahrheit und Wahrscheinlichkeit verständlich. So gesehen, bietet das Werk die *»Summe aller möglichen damaligen Gesichtspunkte über den Roman«* (Avalle-Arce). Auch in der Theorie des Epos spielt das Wunderbare eine wichtige Rolle, so daß die anekdotische Zergliederung der Abenteuerromane auf höherer Ebene überwunden und christlich überhöht wird. Im Bild der Reise, der Wanderschaft als Spiegel des Lebens wird die zur größeren Vollkommenheit hin fortschreitende Entwicklung zweier Seelen auf der Stufenleiter der Liebe vorgeführt, die ein *»Wunder an Reinheit, Schönheit und Edelsinn«* sind und sich nie vom Gemeinen, das sie bedrängt, bezwingen lassen (L. Pfandl). D.B.

Ausgaben: Madrid 1617. – Madrid 1625 *(Los trabajos...)*. – Madrid 1914 (in *Obras completas*, Hg. R. Schevill u. A. Bonilla; m. Einl). – Madrid 1917 (in *Obras completas*, 7 Bde., 6; Faks.). – Madrid 1969, Hg. J. B. Avalle-Arce [m. Einl. u. Bibliogr.]. – Madrid 1975–1980 (in *Obras completas*, Hg. u. Einl. A. Valbuena Prat, 2 Bde.). – Madrid 1978, Hg. u. Einl. J. B. Avalle-Arce (Castalia).

Übersetzungen: *Persilus und Sigismunda, nordische Historie*, Ludwigsburg 1746. – *Die Drangsale des Persiles und der Sigismunda*, L. F. F. Theremin, Bln. 1808. – *Die Leiden des Persiles und der Sigismunda*, D. Tieck, Lpzg. 1837 [Einl. L. Tieck]. – *Die Mühen und Leiden des Persiles und der Sigismunda. Eine septentrionale Geschichte*, A. M. Rothbauer (in *SW*, Bd. 1, Stg. 1963; m. Einl.).

Literatur: R. Schevill, *Persiles y Sigismunda«* (in MPh, 4, 1906/07, S. 1–24; 677–704). – Ders., *Studies in C.* (in Transactions of the Connecticut Academy of Arts and Sciences, 13, 1908, S. 475–548). – Azorín, *Al margen de los clásicos*, Madrid 1915. – R. Beltrán Rózpide, *La pericia geográfica de C. demostrada con la historia de »Persiles y Sigismunda«*, Madrid 1924. – J. Casalduero, *Sentido y forma de »Los trabajos de Persiles y Sigismunda«*, Buenos Aires 1947. – W. C. Atkinson, *The Enigma of Persiles* (in Bull. of Spanish Studies, 24, 1947, S. 242–253). – Z. Orozco, *Una introducción al »Persiles« y a la intimidad del alma en C.* (in Arbor, 11, 1948, S. 207–236). – A. Vilanova, *El peregrino andante en el »Persiles« de C.* (in Boletín de la Real Academia de Buenas Letras, Barcelona, 22, 1949, S. 97–159). – W. Boehlich, *Heliodorus Christianus* (in *Freundesausgabe für E. R. Curtius*, Bern 1956, S. 103–124). – F. López Estrada, *La novela de Feliciana y Rosanio en el »Persiles« o los extremesos amores de la Extremadura* (in Anales Cervantinos, 6, 1957, S. 333–356). – M. Bataillon, *Erasmo y España*, Mexiko 1966. – R. E. Jones, *A Study of the Baroque Elements in the »Persiles y Sigismunda« of M. de C.*, Diss. Univ. of Minnesota 1966 (vgl. Diss. Abstracts, 27, 1966, S. 1787A). – R. Osuna, *El olvido del »Persiles«* (in Boletín de la Real Academia Española, 48, 1968, S. 55–75). – A. K. Forcione, *C., Aristotle and »Persiles«*, Princeton 1970. – T. Diego Stegmann, *C.' Musterroman »Persiles«. Epentheorie und Romanpraxis um 1600*, o. O. 1971. – K. P. Allen, *Aspects of Time in »Los trabajos de Persiles y Segismunda«* (in RHM, 36, 1970/71, S. 77–107). – M. G. Randel, *Ending and Meaning in C.'s »Persiles y Segismunda«* (in RomR, 1983, Nr. 2, S. 152–169).

VIAGE DEL PARNASO

(span.; *Die Reise zum Parnaß*). Episches Gedicht von Miguel de Cervantes Saavedra, erschienen 1614. – Die Fiktion einer Reise zum Parnaß war in der italienischen Literatur des 17. Jh.s nicht unbeliebt (Giulio Cesare Cortese, *Viaggio di Parnaso*, 1621; Traiano Boccalini, *De' ragguagli di Parnaso*, 1612/1613); Cervantes selbst beruft sich zu Beginn seines in 1092 Terzinen mit Kettenreim *(aba bcb)* verfaßten Gedichts auf Cesare Caporali, dessen *Viaggio in Parnaso* (1582) zusammen mit *Gli avvisi di Paranso* zu den bekanntesten Beispielen dieser satirisch-burlesken Gattung gehört.

Cervantes will mit dem als gereimten Schriftstellerkatalog abgetanen Werk ebensowenig wie im Gesang der Kalliope am Schluß von Buch VI der *Primera parte de la Galatea* (1614) einen kritischen Abriß der Literatur seiner Zeit als vielmehr eine geistreiche, amüsante Selbstrechtfertigung geben, in die viel autobiographische Einzelheiten sowie theoretische Auffassungen des Dichters eingehen. Geführt von Mercurio, tritt Cervantes in einem merkwürdigen Schiff aus Versen, das mit den verschiedensten Dichtungsformen bestückt ist, die

Reise zu Apoll auf dem Parnaß an. Im zweiten Kapitel »siebt« er in einer komischen Vorlesung die auf einer Liste aufgeführten, mehr oder weniger bekannten Namen seiner Zeitgenossen (GÓNGORA und QUEVEDO erhalten Seitenhiebe), die Merkur für den Musengott in Spanien aufstellen sollte. Die poetische Galeerenladung gelangt über Valencia, wo die lokalen Dichtergrößen ihre Reverenz erweisen und lediglich Rey de Artieda an Bord genommen wird, in den Golf von Narbonne. Hier regnen die Wolken vier Dichter auf das Schiff herab. Hinter Genua und Rom erteilt Merkur Cervantes vor Neapel den Auftrag, an die Argensola-Brüder einen Brief zu überbringen und sie auf das Schiff zu holen. Cervantes ist jedoch nicht gut auf die beiden zu sprechen, nachdem sie sich seiner Berufung an den Hof des Vizekönigs und Gönners, des Grafen de Lemos, widersetzt haben. Apoll geleitet die spanische Poetenelite auf seinen Berg, nur Cervantes findet empört keinen Platz mehr. In einer großen »Klagerede« posiert er vor dem Gott mit seinem dichterischen Selbstporträt. Da rüsten einige Dichterlinge zum Angriff auf den Musenberg. Neptun läßt jedoch schon vorher ihr Schiff kläglich scheitern und verwandelt die für den Ruhm toten Dichter in Kürbisse und Weinschläuche. Das siebente Kapitel schildert die komische Dichterschlacht mit Worten, Versen und Büchern. Apolls Günstlinge obsiegen. Nur neun spanische Dichter werden letztlich von dem Gott mit Lorbeer gekrönt. Cervantes schaut indes im Traum voller Sehnsucht sein geliebtes Neapel. Mit einem »Anhang« in Prosa versetzt er seine Leser nach ermüdender Reise scherzhaft wieder auf den Boden der Madrider Wirklichkeit. Im Zwiegespräch mit dem vermeintlichen großen Dichter Pancracio de Roncesvalles geht er mit köstlicher Ironie auf sein Bühnenwerk und seine Reise ein. In einem von Pancracio überbrachten Brief erläßt Herr Apoll für die spanischen Dichter besondere Privilegien.

Die zuweilen wie ein heroisch-komisches Kleinepos anmutende, ebenso humorige wie temperamentvoll bittere Satire ist sprachlich von Italianismen durchsetzt und parodiert gelegentlich auch DANTES *Divina Commedia*. D.B.

AUSGABEN: Madrid 1614. – Madrid 1917 (in *Obras completas*, 7 Bde., 1917–1923, 6). – Madrid 1922 (in *Obras completas*, Hg. R. Schevill u. A. Bonilla, 18 Bde.). – Madrid 1935, Hg. F. Rodríguez Marín [m. Einl. u. Anm.]. – Madrid 1975–1980 (in *Obras completas*, Hg. u. Einl. A. Valbuena Prat, 2 Bde.). – Madrid 1980 [Faks. der 1. Ausg.]. – Madrid 1983, Hg. u. Einl. M. Herrero García.

ÜBERSETZUNG: *Die Reise zum Parnaß*, A. M. Rothbauer (in *SW*, Bd. 3, Stg. 1968; m. Einl.).

LITERATUR: L. Firpo, *Allegoria e satira in »Parnaso«* (in Belfagor, 1, 1946, S. 673–699). – B. Croce, *Saggi sulla letteratura italiana del seicento*, Bari 1948. – F. D. Maurino, *El »Viage« de C. y la »Comedia« de Dante* (in Kentucky Foreign Language Quarterly, 3, 1956, S. 7–12). – Ders., *Cortese, Caporali and Their Journeys to Parnassus* (in MLQ, 19, 1958, S. 43–46). – G. Correa, *La dimensión mitológica del »Viage del Parnaso«* (in CL, 12, 1960, S. 113–124). – O. H. Green, *El Licenciado Vidriera. Its Relation to the »Viage del Parnaso« and the »Examen de ingenios« of Huarte* (in *Linguistic and Literary Studies in Honor of H. A. Hatzfeld*, Washington 1964, S. 213–220). – F. González Ollé, *Observaciones filológicas al texto del »Viage del Parnaso«* (in Miscellanea di Studi Ispanici, 1963, Nr. 6, S. 99–109). – J. Simon Díaz, *El monte Parnaso en cinco obras del Siglo de Oro* (in Anales de Literatura Hispano-americana, 7, 1979, S. 273–288). – J. Canavaggio, *La dimensión autobiográfica del »Viaje del Parnaso«* (in Cervantes, 1, 1981, S. 29–41). – J. Asensio, *¿Es Tirso »el otro« de »El viaje del Parnaso« de C.?* (in RCEH, 10, 1986, S. 154–172).

JUAN DE LA CUEVA

* um 1543 Sevilla
† um 1612 Sevilla

LITERATUR ZUM AUTOR:
J. M. Caso González, *Las obras de tema contemporáneo en el teatro de J. de la C.* (in Archivum, 19, 1969, S. 127–147). – J. W. Battle, *Dramatic Unity in the Plays of J. de la C.*, Diss. Duke Univ. 1970. – A. Watson, *J. de la C. and the Portuguese Succession*, Ldn. 1971. – R. F. Glenn, *J. de la C.*, NY 1973 (TWAS). – J. M. Reyes Cano, *La poesía lírica de J. de la C.*, Sevilla 1980. – Ders., *Documentos relativos a J. de C.: nuevos datos para su biografía* (in Archivo Hispalense, 1981, Nr. 196, S. 107–135). – J. Cebrián, *Nuevos datos para las biografías del Inquisidor Claudio de la Cueva y del poeta J. de la C. (1543–1612)* (ebd., 1983, Nr. 202, S. 3–29).

COMEDIA DEL INFAMADOR

(span.; *Spiel vom Verleumder*). Komödie in drei Akten von Juan de la CUEVA, 1581 in Sevilla aufgeführt; erschienen 1588. – Thema dieser mythologischen Komödie ist die Verteidigung der Jungfrauenehre. Leucinio, ein reicher Tunichtgut, stellt vergeblich der schönen Eliodora nach. Die Standhaftigkeit, mit der sie die Kupplerinnen (zu denen sich auch die Göttin Venus gesellt) zornig abweist, erbittert und reizt ihn so sehr, daß er ihr Gewalt antun will. Sie wehrt sich und tötet dabei einen seiner Diener. Als die Justiz eingreift, schwört Leucinio einen Meineid darauf, daß Eliodora diese Tat aus Eifersucht begangen habe. Ihrer Darstellung des wahren Sachverhalts schenkt man keinen Glauben, sondern wirft sie und Leucinio ins Gefängnis. Die Väter plädieren für den Tod ihrer Kinder, da sie ihren guten Namen aufs schändlichste vom eigenen Fleisch und Blut beschmutzt glauben. Eliodoras Vater schickt ihr Gift, um ihr einen raschen Tod zu ermöglichen. Aber das Eingreifen der Göttinnen Diana und Nemesis errettet die keusche Eliodora und führt Leucinio seiner gerechten Strafe zu: Er wird lebendig eingegraben.

In der Gestalt des Leucinio glaubte man einen Vorläufer des Don Juan Tenorio von Tirso de Molina sehen zu können, und tatsächlich spricht einiges für diese These: Leucinio wie Don Juan brüsten sich ihrer Erfolge bei Frauen, die sie mit Geld, List oder Versprechungen verführt haben. Beide werden von einer höheren Macht aufgefordert, sich zu bessern, und da sie ihren unheilvollen Lebenswandel nicht aufgeben wollen, sind sie zu einem gräßlichen Tod verdammt. Unterschiedlich ist jedoch die Motivierung ihres Handelns: Während Leucinio bewußt die Ehre eines Mädchens beleidigt, rebelliert Don Juan gegen die höhere Ordnung; der Widersacher Leucinios ist Eliodora, der des Don Juan ist Gott.

Juan de la Cueva, der die Gesetze des klassischen Theaters ablehnt, läßt die Handlung an häufig wechselnden Orten und während eines nicht fixierten Zeitraumes ablaufen. Wie den meisten seiner Stücke mangelt es auch diesem an dramatischer Straffung und logischer Zeitfolge. Das Auftreten der Götter wirkt wie Beiwerk, ihr Eingreifen am Schluß wie die Notlösung in einer psychologisch ungenügend vorbereiteten Situation. – Wie kurz nach ihm Lope de Vega verstand es auch Cueva, die verschiedensten Vers- und Strophenformen kunstvoll zu handhaben. D.R.

Ausgaben: Sevilla 1588. – Madrid 1917 (in *Tragedias y comedias*, Hg. F.A. de Icaza). – Madrid 1953, Hg. F.A. de Icaza (Clás. Cast.) – Madrid 1973.

Literatur: J.T. Gillet, *C.'s »Comedia del infamador« and the Don Juan Legend* (in MLN, 36, 1922). – C. Guerrieri Crocetti, *J. de la C. e le origini del teatro nazionale spagnolo*, Turin 1936. – N.D. Shergold, *J. de la C. and the Early Theatres of Sevilla* (in BHS, 32, 1955, S. 1–7). – A. Hermenegildo, *Los trágicos españoles del siglo XVI*, Madrid 1961 [m. Bibliogr.]. – R.V. Piluso, *Análisis de »El infamador«* (in Duquesne Hispanic Review, 3, 1968, S. 23 bis 32).

EXEMPLAR POÉTICO O ARTE POÉTICA ESPAÑOLA

(span.; *Poetisches Beispiel oder Spanische Dichtkunst*). Poetik in Versen von Juan de la Cueva, verfaßt 1606, bearbeitet 1609; veröffentlicht 1774. – Wie die anderen Theoretiker seiner Zeit – Gioviano Pontano, Marco Girolamo Vida, Giulio Cesare Scaliger und Antonio Minturno –, deren Poetiken er kennt und auf die er ebenso wie auf Horaz und Aristoteles zurückgreift, gibt Cueva feste Regeln für die Dichtkunst, für ihre einzelnen Gattungen, für Stil und Verslehre, Übersetzung und Nachahmung. Auffallend ist lediglich seine Meinung über die Funktion und Verwendung der Adjektive: Nach Cueva dürfen sie niemals in Dreiergruppen auftreten. Auch unterscheidet sich Cueva von den anderen humanistischen Theoretikern durch seine Betonung der fortschreitenden Entwicklung in der Kunst und durch sein Bestreben, die Dichtung ganzheitlich als ästhetisches Phänomen zu erfassen, das aus dem Zusammenwirken der verschiedensten Elemente, wie äußere Form, Inhalt, Klang und Stimmung, entsteht. Kennzeichen des vollendeten Stils ist darum für ihn die harmonische Einheit von Gegenstand, sprachlichem Ausdruck und innerer Gestimmtheit. Neuen Wegen folgt Cueva auch in seinen Ausführungen über das Drama, die am Ende der drei Abschnitte des Werks stehen und dessen wichtigsten und originellsten Teil darstellen.

Schon als Bühnenschriftsteller hat Cueva bahnbrechend gewirkt, indem er die alten Chroniken und Romanzen als Quellen für theaterwirksame Stoffe erschloß. In seiner Poetik schafft er nun die theoretischen Grundlagen für dieses Vorgehen. Die Zeiten, meint er, ändern sich und mit ihnen die Sitten, Erkenntnisse und Empfindungen. Dementsprechend müsse die Kunst immer wieder neue Fabeln und Ausdrucksformen finden. Cueva lobt zwar die Kunstfertigkeit, den Geist und das große Wissen der antiken Autoren, aber *»erfinderischen Geist, Anmut und kunstvollen Ornat«* habe dagegen *»nur die geistreiche Fabel Spaniens«*. Für das erneuerte Drama führt er dann Regeln und Vorschriften an, die von Einsicht und überlegener Sachkenntnis zeugen. Für die Literaturwissenschaft ist seine Auffassung von der Romanze wichtig geworden, die er, wie auch die heutige Forschung (Menéndez Pidal), als Überbleibsel des alten Epos ansieht und auf die Goten zurückführt. A.F.R.

Ausgaben: Madrid 1774 (in *Parnaso español*, Bd. 8, Hg. J.J. López de Sedano, S. 1–68). – Madrid 1953, Hg. F.A. de Icaza (Clas. Cast). – Madrid 1973. – Sevilla 1986, Hg. J.M. Reyes Cano.

Literatur: E. Walberg, *J. de la C. et son »Exemplar poético«*, Lund 1904. – C. Guerrieri Crocetti, *J. de la C. e le origini del teatro nazionale espagnole*, Turin 1936. – A. Vilanova, *Preceptistas de los siglos 16 y 17* (in *Historia general de las literaturas hispánicas*, Bd. 3, Barcelona 1953, S. 567–692). – M. Newels, *Die dramatischen Gattungen in den Poetiken des Siglo de oro*, Wiesbaden 1959. – A. Hermenegildo, *Los trágicos españoles del siglo 16*, Madrid 1961. – M. Menéndez y Pelayo, *Historia de las ideas estéticas en España*, Madrid [3]1962. – F. Sánchez Escribano no u. A. Porqueras Mayo, *Preceptiva dramática española del renacimiento y el barroco*, Madrid 1965.

VICENTE ESPINEL

* 28.12.1551 Ronda
† 4.2.1624 Madrid

RELACIONES DE LA VIDA DEL ESCUDERO MARCOS DE OBREGÓN

(span.; *Berichte aus dem Leben des Junkers Marcos de Obregón*). Roman von Vincente ESPINEL, erschienen 1618. – Dieses der Gattung des Schelmenromans zugeordnete Werk, das jedoch mehr den Charakter eines Abenteuerromans mit autobiographischen Zügen besitzt, hat den Ruhm seines Verfassers als Musiker und lyrischer Dichter, der auf der Gitarre die fünfte Saite einführte und angeblich die *espinela* – d.i. eine nach ihm benannte Strophenform der Dezime – erfand, fast völlig vergessen lassen. Schuld daran ist LESAGE (1668–1747), der in seiner *Histoire de Gil Blas de Santillane* (1715 bis 1735) Motive, Episoden und Nebenfiguren aus dem Roman Espinels verwendete. Die darauf beruhende »Questión del Gil Blas« (Streit um den G.B.), ausgelöst durch den von VOLTAIRE (1775) erhobenen Vorwurf des Plagiats, machte den Roman des Spaniers und diesen als dessen Autor nachträglich weltberühmt.

Die drei »Lebensberichte«, in die der Roman gegliedert ist, sind durch »Descansos« (Ruhepausen) miteinander verbunden. Im ersten Bericht schildert Obregón sich als ehemaligen Diener des Arztes Sagredo und seiner launischen Frau. Er hat freiwillig seinen Abschied genommen und erzählt nun einem Einsiedler und früheren Waffenbruder sein Leben von der Studienzeit in Salamanca bis zum Eintritt in den Dienst des Grafen Lemos. Dabei berichtet er von zahlreichen Abenteuern, die er in spanischen Städten und auf seinen Fahrten durch Spanien erlebt haben will. Die Gefangenschaft Obregóns in Algier, aus der ihn der Vizekönig zur Belohnung für wertvolle Dienste schließlich entläßt, bildet den Inhalt des zweiten Berichts, während der dritte zunächst von den Schicksalen des Helden in Italien und seiner Rückkehr nach Spanien handelt, dann aber ausführlich von den wunderbaren Abenteuern des Doktors Sagredo in Amerika, wo dieser die Magellanstraße befuhr und nach einer von Zyklopen bewohnten Insel verschlagen wurde. Obregón trifft ihn in Andalusien als Gefangenen einer Räuberbande, der auch er in die Hände fällt.

Mit der Schilderung seiner Befreiung endet die bewegte Lebensgeschichte eines Menschen, der alles in allem wenig von einem *pícaro* (Schelm) an sich hat. Im Gegensatz zu den Helden der meisten Schelmenromane stammt Obregón aus ehrbarer Familie, sein unstetes Leben entspringt nicht innerer Veranlagung, sondern äußerem Zufall, an den Gaunerstreichen, von denen er berichtet, hat er selbst keinen Anteil. Er besitzt, was dem typischen »Schelmen« fehlt: Naturliebe, Freude an Musik und Gesang, Wissensdrang und Aufgeschlossenheit für das Fremde und Merkwürdige. Zwar gleicht das Werk formal in manchem dem pikaresken Roman: in der Fülle der Abenteuer, dem – teils fiktiven – autobiographischen Anschein, dem Hang zu lehrhafter Betrachtung, die die Erzählung fortlaufend begleitet. Aber während der echte Schelmenroman sich als zufällige und endlos fortsetzbare Folge von Abenteuern und Streichen erweist, unternahm Espinel den Versuch, das Leben seines Helden als Ganzheit zu erfassen. Seinen Betrachtungen fehlt auch die sarkastisch-destruktive, seiner Erzählung und Beschreibung die grotesk verzerrende Tendenz jener Gattung. In Espinels Werk herrscht ein freundlich anteilnehmender und realistischer Ton, der den Ereignissen, Menschen und Situationen sachlich gerecht zu werden versucht und darin schon auf den *roman des mœurs* des 18. Jh.s vorausweist. A.F.R.

AUSGABEN: Madrid 1618. – Madrid 1851, Hg. C. Rosell (BAE). – Madrid 1922–1925, Hg. S. Gili Gaya (Clás. Cast; ern. 1969/70). – Barcelona 1962. – Madrid 1979 [Faks.; m. Ill.]. – Madrid 1980, Hg. u. Einl. M. S. Carrasco Urgoiti (Castalia).

ÜBERSETZUNGEN: *Leben und Begebenheiten des Escuderos Marcos Obregon oder Autobiographie des spanischen Dichters V.E.*, L. Tieck, Breslau 1827; ern. Mchn. 1913. – *Das Leben des Schildknappen Marcos von Obregón*, R. Specht (in *Spanische Schelmenromane*, Hg. H. Baader, Bd. 2, Mchn. 1965; m. Einl. u. Anm.).

LITERATUR: A. Zamora Vicente, *Presencia de los clásicos*, Buenos Aires 1951, S. 75–147. – I. B. Anzoategui, *La picaresca y V.E.* (in CHA, 1957, Nr. 94, S. 54–65). – G. Haley, *V.E. and Marcos Obregón*, Providence 1959. – A. Pardo Tovar, *Perfil y semblanza de V.E.* (in Revista Musical Chilena, 16, 1962, Nr. 79, S. 6–30). – F. Brunn, *Strukturwandel des Schelmenromans. Lesage und seine spanischen Vorgänger*, Diss. Zürich 1962. – V. Y. McConnell, *Antithetical Expression and Subconscious Conflict in V.E.'s »Vida de Marcos de Obregón«*, Diss. Univ. of Arizona 1966 (vgl. Diss. Abstracts, 27, 1966, S. 1060A). – R. Bjornson, *Social Conformity and Justice in »Marcos de Obregón«* (in REH, 9, 1975, S. 285–307). – A. G. Montoro, *Libertad cristiana: Relectura de »Marcos de Obregón«* (in MLN, 91, 1976, S. 213–230). – A. A. Heathcote, *V.E.*, Boston 1977 (TWAS). – A. Navarro González, *V.E.: Músico, poeta y novelista andaluz*, Salamanca 1977. – A. M. García, *La cólera de V.E. y la paciencia de »Marcos de Obregón«* (in *La picaresca: Orígenes, textos y estructuras*, Hg. M. Criado del Val, Madrid 1979, S. 609–618). – J. R. Stamm, *»Marcos de Obregón«: La picaresca aburgesada* (ebd., S. 599 bis 607).

LUIS DE GÓNGORA Y ARGOTE

* 11.7.1561 Córdoba
† 23.5.1627 Córdoba

LITERATUR ZUM AUTOR:

Bibliographien:
R. Foulché-Delbosc, *Bibliographie de G.* (in RH, 18, 1908, S. 73–161). – J. u. I. Millé Giménez, *Bibliografía gongorina* (in RH, 81, 1933, S. 130 bis 176). – H. A. Ryan, *Una bibliografía gongorina del siglo XVII* (in BRAE, 33, 1953, S. 427–467).
Biographien:
M. Artigas, *Don L. de G. y A.: Biografía y Estudio crítico*, Madrid 1925. – C. L. Penny, *L. de G. y A.*, NY 1926. – M. Artigas, *G. Resumen biográfico*, Córdoba 1927. – D. Alonso u. E. Galvarriato, *Para la biografía de G.: Documentos desconocidos*, Madrid 1962. – J. de Entrambasaguas, *Un misterio desvelado en la biografía de G.*, Madrid 1962. – R. Espinosa Masco, *Nuevos datos biográficos de G.* (in RFE, 45, 1962, S. 57–87). – V. Vázquez Luis, *Don L. de G. en la Merced de Madrid. Nuevos datos para la biografía de G.* (in BRAE, 66, 1986, S. 75–92).
Gesamtdarstellungen und Studien:
Boletín de la Real Academia de la Ciencia, Bellas Artes y Nobles Artes de Córdoba, 6, 1927 [Sondernr.]. – D. Alonso, *La lengua poética de G.*, Madrid 1935; ern. 1961. – Ders., *Estudios y ensayos gongorinos*, Madrid 1950; ern. 1970. – E. Orozco, *Introducción a G.*, Barcelona 1953; ern. 1984. – Atenea, 143, 1961 [Sondernr.]. – B. Müller, *G.'s Metaphorik. Versuch einer Typologie*, Wiesbaden 1963. – R. Jammes, *Études sur l'œuvre poétique de don L. de G. y A.*, Bordeaux 1967. – W. Pabst, *L. de G. im Spiegel der dt. Dichtung und Kritik*, Heidelberg 1967. – J. Ferraté, *Ficción y realidad en la poesía de G. Dinámica de la poesía*, Barcelona 1968. – D. W. Foster u. V. Ramos Foster, *L. de G.*, NY 1973 (TWAS). – E. Orozco, *Lope y G. frente a frente*, Madrid 1973. – J. Entrambasaguas, *Estudios y ensayos sobre G. y el Barroco*, Madrid 1975. – A. Martínez Arancón, *La batalla en torno a G.*, Barcelona 1978. – M. J. Woods, *The Poet and the Natural World in the Age of G.*, Oxford 1978. – A. Pariente, *G.*, Madrid 1982. – A. Sánchez Robayna, *Tres Estudios sobre G.*, Barcelona 1983.

DAS LYRISCHE WERK (span.) von Luis de GÓNGORA Y ARGOTE.

Das poetische Werk des bedeutendsten spanischen Barocklyrikers, das durch die verschiedenen, gleichzeitig nebeneinander bestehenden Traditionsstränge der Lyrik des Siglo de Oro gekennzeichnet ist, nimmt einerseits die beiden gelehrten Linien der fremden italienischen, im wesentlichen petrarkistischen Dichtung und der heimischen *poesía cancioneril* auf und setzt andererseits die traditionelle spanische Volkslyrik des *romancero* fort. Es umfaßt (in der Zählung moderner, kritischer Editionen) 169 sicher authentische und 49 zuschreibbare Sonette, 94 (und 116 zuschreibbare bzw. zugeschriebene) Romanzen, 59 (und 29 zuschreibbare) Letrillas, drei lyrische Langtexte: die *Fábula de Polifemo y Galatea* (1612), die Fragment gebliebenen *Soledades* (um 1613) und den *Panegírico al Duque de Lerma* (1617), der nach dem Fall des Günstlings Philipps III. nicht mehr vollendet wurde. Daneben gibt es eine Anzahl weiterer Dichtungen in *arte menor* und *arte mayor* (Gedichte mit Versen von jeweils bis zu acht bzw. mehr als acht Silben Länge). Der genaue Umfang des Werks ist definitiv kaum festzustellen, da Góngora zwar, besonders was die Sonette betrifft, intensiv an seinen Texten arbeitete und sie immer wieder verbesserte, an ihrem Druck aber nicht interessiert war. Sie zirkulierten in Manuskripten und als *pliegos sueltos* (Einzelblätter); die Romanzen und Letrillas wurden daneben vor allem mündlich weitergegeben und in der Tradition modifiziert und korrumpiert. Zu Lebzeiten Góngoras erschienen einige Texte in Anthologien; das Gesamtwerk wurde postum durch J. LÓPEZ DE VICUÑA, G. de HOCES Y CÓRDOBA und García de SALCEDO CORONEL publiziert. Als verläßlichster Textzeuge gilt die Chacón-Handschrift (1628), die noch zum Teil unter Góngoras Aufsicht entstand, jedoch viele der polemisch-satirischen und burlesken Texte ausschied. Die modernen Editoren sehen sich vor die kaum lösbare Aufgabe gestellt, das Textkorpus abzustecken und authentische von apokryphen Gedichten zu scheiden. Die Rezeption der Texte Góngoras spaltete sich schon zu seinen Lebzeiten in zwei Lager glühender Verteidiger (José PELLICER DE SALAS Y TOVAR, später vor allem Baltasar GRACIÁN) und unerbittlicher Gegner (QUEVEDO, Juan Martínez de JÁUREGUI, Lope de VEGA). Das Urteil des Humanisten Pedro de VALENCIA über Góngora als *»príncipe de la luz y príncipe de las tinieblas« (»Fürst des Lichts und Fürst der Finsternis«)* animierte auch die spätere Literaturkritik, von zwei Epochenstilen des Autors und von zwei Góngoras zu sprechen, der »klaren«, relativ einfachen, »konzeptistischen« ersten Phase bis um 1610 (häufig, zu Recht oder zu Unrecht, als »Manierismus« apostrophiert) und, ab *Polifemo* und *Soledades*, von der »dunklen«, unverständlichen, »kulteranen« zweiten Phase (»Barock«). Während der klare Góngora von Anfang an gefeiert wurde, erfuhr der dunkle hingegen weitgehende Ablehnung, wurde von Dichterrivalen parodiert und polemisch direkt angegriffen. Diese scharfe Opposition zweier Stile ist, wie Dámaso ALONSO gezeigt hat, nicht aufrechtzuerhalten; Góngora selbst verstand sich mit seiner gesamten Produktion als elitärer *poeta eruditus*, der sich an eine gebildete Minderheit wendet. Beide Stile sind demnach unterschiedlich akzentuierte Ausprägungen derselben zugrunde liegenden (Barock-)Poetik, die Dichtung insgesamt als hoch rhetorisiertes Artifizium begreift, das den Intellekt anspricht und das Wirkziel verfolgt, das Publikum zu verblüffen; *»al-*

le auf Menéndez y Pelayo zurückgehenden Versuche der Literarhistoriker, ›cultismo‹ und ›conceptismo‹ mittels Definitionen voneinander zu trennen, halten einer Nachprüfung an Hand der dichterischen Praxis nicht stand« (A. Buck). Beide Ausprägungen bestehen in unterschiedlicher Gewichtung gleichzeitig nebeneinander, wobei allenfalls die zweite Phase das bereits Angelegte verstärkt und steigert.
Góngora kündigt erstens die der Tradition des 16. Jh.s entstammende rhetorische Redetugend des *aptum* auf, indem er zum einen die in der Renaissance herrschende Harmonie von *res* und *verba*, von Sachverhalt und dessen Versprachlichung, zugunsten einer unverhältnismäßigen Dominantsetzung der *verba* stört (*»Überfunktion des Stils«*, H. Friedrich) und zum anderen die Stiltrennungsregel außer Kraft setzt, indem er neben seinen die Renaissance-Tradition fortsetzenden ernsten Gedichten schon sehr früh auch karnevaleske, komisch-parodistische Gegengedichte verfaßt, die sich durch polyphone Stilmischung auszeichnen. Die Koexistenz einer ernsthaften und einer komischen Schreibweise, nicht die zweier Epochenstile, ist das Góngoras Lyrik zutreffend kennzeichnende Signum. Zweitens wird bei Góngora das poetologische Gebot der *imitatio naturae*, das in der Renaissance als bloße Nachahmung der Natur durch die Kunst verstanden wurde, im Hinblick auf ihre Überbietung und Ersetzung durch die Kunst umakzentuiert (der selbstbewußte Dichter als Kreator tritt in Konkurrenz zu Gott als Schöpfer) und die Forderung der *imitatio veterum*, der Nachahmung der vorausgehenden antiken, italienischen und spanischen Musterautoren, im Hinblick auf den Wettstreit mit und die Überbietung von zeitgenössischen Dichterrivalen neu gewichtet.
Die Sonette, die ab 1582 entstanden, zeigen am deutlichsten das breite thematische Spektrum der Lyrik Góngoras, die ohne saubere Trennung inhaltlicher und funktionaler Kriterien von Chacón in die Bereiche *sacros* (religiöse Dichtung), *heroicos* (enkomiastische Lobpreisdichtung), *morales* (Reflexionsdichtung allgemeiner Inhalte), *fúnebres* (Trauer- und Trostdichtung), *amorosos* (Liebesdichtung), *satíricos* (satirische Dichtungen), *burlescos* (komisch-parodistische Dichtungen) und *varios* (verschiedene) eingeteilt worden ist. Góngoras Sonettdichtung setzt mit der Nachahmung der petrarkistischen Liebeslyrik ein und sucht die maßgeblichen Musterautoren PETRARCA, B. TASSO, ARIOST, J. SANNAZARO, GARCILASO DE LA VEGA und F. HERRERA zu überbieten. Sie nimmt die petrarkistische Konstellation der unerfüllbaren Liebe und der Abweisung des Liebenden durch die unerreichbare Geliebte wieder auf, verbindet sie zugleich mit der italienischen Schäfer- und der heimischen *serranilla*-Tradition. Entgegen dem petrarkistischen Liebesdiskurs gibt es Sonette, die vor den Gefahren und der Illusion der Liebe warnen *(La dulce boca que a gustar convida)* bzw. zum unmittelbaren Vollzug der Liebe auffordern. Die beiden bekanntesten *carpe diem*-Sonette, *Mientras por competir con tu cabello* (1582) und *Ilustre y hermosísima María* (1583), die eine kreative Überbietung der Vortexte von B. Tasso und Garcilaso leisten, zeigen erneut das für die Krisenzeit des Barock als charakteristisch bezeichnete Nebeneinander des Gegensätzlichen: Während der erste Text mit seiner »nihilistischen« Schlußzeile *»en tierra, en humo, en polvo, en sombra, en nada« (»zu Erde, zu Rauch, zu Staub, zu Schatten, zu Nichts«)* das Vergänglichkeitsbewußtsein und die eindringliche Botschaft der *vanitas* und des *memento mori* zum Ausdruck bringt, gipfelt der zweite ganz gegenteilig in der sinnenfreudigen Einladung: *»goza, goza el color, la luz, el oro« (»genieße, genieße die Farbe, das Licht, das Gold«)*. Beide Texte weisen, obwohl sie dem »klaren« Góngora zuzurechnen wären, typische Merkmale der als »dunkel« bezeichneten gongorinischen Schreibart auf, wobei der Dichter neue, kühne Metaphern zweiten Grades aus den topischen und bereits lexikalisierten ersinnt, die dem Rezipienten durch die notwendige doppelte Rückübersetzung Schwierigkeiten, aber auch intellektuelle Lust bereiten.
Neben der traditionellen Funktion als Liebesdichtung verwendet Góngora das Sonett auch zur Vermittlung anderer Inhalte; es handelt sich dabei zumeist um an konkrete Anlässe gebundene Gelegenheitslyrik. Ein nicht geringer Teil von Góngoras Sonetten wurde von vornherein für Dichterwettstreite geschrieben. Großen Raum nehmen die panegyrischen Widmungssonette ein, die sowohl Herrscher, einflußreiche Höflinge und Mäzene feiern als auch um finanzielle Zuwendungen werben, an Dichter- und Malerfreunde gerichtet sind oder Städte und Gebäude (Córdoba, El Escorial) preisen. Mit ähnlicher Funktion verfaßt Góngora ab 1610 zunehmend Epitaphe auf bedeutende Personen (Philipp III., Heinrich IV., Aristokratinnen). Die religiöse Lyrik hat einen geringen Stellenwert; sie ist Auftragslyrik, die Góngora als Mitglied des Domkapitels von Córdoba und als Hofkaplan Philipps III. verfaßt hat, zum Teil wohl auch als Rechtfertigung und Gegengewicht zu seinem anfänglich ausschweifenden, von der Kirche häufig gemaßregelten Lebenswandel. Am ehesten autobiographische Töne in der im Gegensatz etwa zu Lope de Vega und Quevedo insgesamt ganz und gar unpersönlichen, als emotionslos und kalt empfundenen Lyrik Góngoras lassen sich in den *sonetos morales* erkennen, die Meditationen über die Vergänglichkeit, Kürze und Nichtigkeit des Lebens (*vanitas*-Bewußtsein), über die Einsamkeit und das Alter, über Geldnöte, die Enttäuschung am Hof sowie die Rückkehr nach Córdoba beinhalten. Ab 1588 setzen die burlesken und die auf den korrupten Hof zielenden bzw. bissige Literaturpolemik gegen rivalisierende Dichterfeinde betreibenden satirischen Sonette ein, die den petrarkistischen Liebesdiskurs parodieren, witzig auf Flüsse und Städte (Manzanares, Valladolid) bezogen sind bzw. auf historische Ereignisse anspielen.
Die die heimische volkstümliche Tradition fortsetzenden niederen Formen der Letrilla (ab 1581) und der Romanze (ab 1580) weisen bis auf die einen hohen Stil verlangenden Sprechgegenstände

des Heroischen und der Trauer beinahe dieselbe thematische Vielfalt auf wie die Sonette. Die Abgrenzung der Letrilla zum *romance con estribillo* (Romanze mit Refrain) einerseits und zur *décima* (Gedichtformen mit Strophen à zehn Zeilen) andererseits ist nicht einfach. Die Letrilla ist eine Wiederaufnahme und teilweise eine Fortentwicklung der heimischen Gedichtformen des *zéjel* (10. Jh.) und des *villancico* (15. Jh.). Metrisch ist sie definiert durch die Länge der Verse (Sechs- bzw. meist Achtsilber), den (oft heterometrischen) Refrain *(estribillo)* und die enge Reimbindung. Der *estribillo*, der häufig der Glosse eines bereits existierenden traditionellen Gedichts entnommen und gelegentlich als *cabeza* (Kopf) der Letrilla vorangestellt wird, gibt entweder gedrängt das Thema vor, das das Gedicht daraufhin entfaltet, oder er fungiert als ernster, sentenzenhafter Kommentar bzw. als ironischer Kontrast. Die ernste Liebesdichtung ist in den Letrillas kaum von Bedeutung; größeres Gewicht haben die religiösen Letrillas, die zu Ehren von Heiligen oder zur Feier hoher kirchlicher Festtage (vor allem der Geburt Jesu) geschrieben wurden. Den weitaus größten Umfang nehmen die satirischen und die burlesken Letrillas ein, die auch zunächst für Góngoras Produktion typisch sind. Die satirischen Letrillas lassen im Sinne einer Stände-, Zeit- und Sittensatire ein allerdings auch durch die traditionelle Typensatire vorgeprägtes Panorama der zeitgenössischen spanischen Gesellschaft Revue passieren: den betrügerischen Kaufmann, den meineidigen Notar, den käuflichen Richter, den quacksalbernden Arzt, den großsprecherischen, aber feigen Soldaten, den gehörnten Ehemann, den armen Hidalgo sowie die Kupplerin, die Dirne, die Diebin und die lustige Witwe, die bedeutend weniger frauenfeindlich gezeichnet sind als beispielsweise bei Quevedo. Gemeinsamer Nenner der meisten Letrillas ist das Thema des Geldes, durch das die alten Werte von Adel, Ehre und selbstloser Liebe korrumpiert und ersetzt sind und das als das neue verhaltensregelnde Prinzip im öffentlichen wie im privaten Bereich sklavische Abhängigkeiten schafft und den Eigennutz, die Aufrechterhaltung des Scheins und damit gesellschaftliche Instabilität fördert. Die satirische Aggression der Letrillas zielt nicht so sehr auf die Vernichtung der angegriffenen Objekte und eine Änderung der als bedrohlich empfundenen Verhältnisse ab, sondern versucht vielmehr, mit Hilfe einer mit Witz, Ironie und Wachsamkeit verfolgten Strategie des Aufdeckens des Anscheins (im Rahmen des für den spanischen Barock topischen Gegensatzes von *engaño* und *desengaño*) in den Umgang mit einer zunehmend als trügerisch empfundenen Wirklichkeit einzuüben.

Nach R. Jammes prangern die satirischen Letrillas auf der Basis der für die Zeit als gültig akzeptierten und von der offiziellen Ideologie von Staat und Kirche propagierten Normen lasterhafte Verstöße gegen die herrschende Ideologie an (allerdings auch am Hof), während die burlesken Letrillas sich bewußt in Opposition zur offiziellen Ideologie setzen, indem sie das dort ausgegrenzte Niedere (die krude Materialität, die Körperlichkeit, Sexuelles und Skatologisches) karnevalesk hereinholen und gegen die autoritativen Konzepte der offiziellen Welt ausspielen. In der Praxis freilich ist diese Unterscheidung aufgrund der noch ausstehenden befriedigenden theoretischen Klärung des schwierigen Verhältnisses von Komik und Satire nur mit Mühe aufrechtzuerhalten, wie die divergierenden Klassifizierungen der Letrillas in den verschiedenen Ausgaben zeigen.

Mit seinen *romances* (1580) führt Góngora in Form der gelehrten Kunstromanze die genuin spanische Tradition der volkstümlichen Romanzendichtung fort. Metrische Kennzeichen der Kunstromanze sind die Reimassonanz der geraden Zeilen, die Gruppierung in Strophen à vier Zeilen (*cuartetas*) und, als wesentlicher Unterschied zur traditionellen Romanze, die Verknüpfung mit metrisch variierten *estribillos*, die Góngora in etwa einem Drittel seiner Produktion anwendet. Zudem bringt Góngora verstärkt den *romancillo* wieder zur Geltung, ein aus Versen von sechs statt der üblichen acht Silben bestehendes Gedicht. Inhaltlich nehmen die Romanzen die traditionellen Themen auf, behandeln sie aber in der Regel sowohl ernsthaft als auch komisch-parodistisch und ergänzen und verbinden sie zugleich mit den aus Italien kommenden neuen humanistischen Themen. Die traditionellen heroisch-kriegerischen Romanzen, handlungsreiche narrativ-dramatische Mischgedichte, die zur Zeit der *Reconquista* angesiedelt sind (Maurenromanzen, Romanzen aus dem karolingischen Sagenkreis um Karl den Großen), erfahren bei Góngora eine gewisse Lyrisierung dahingehend, daß die Liebe größeres Gewicht erhält und beschreibende Passagen ein deutliches Eigengewicht gewinnen. Die Liebesthematik wird in unterschiedlichen Konzeptionen durchgespielt: in der petrarkistischen Variante, in der Variante der seit den Anfängen der volkssprachlichen spanischen Lyrik gepflegten traditionellen Mädchen- und Frauenklage über die Abwesenheit des Geliebten *(jarchas)*, in Form des für die Schelmenromanzen typischen *carpe diem* und auch in Form der Warnung vor den Gefahren der Liebe. Eine Neuschöpfung Góngoras ist der in einem nüchtern tragischen Ton gehaltene *romance de cautivos* (Gefangenenromanze), in dem schicksalhafte Momente aus dem Leben spanischer Christen geschildert werden, die in maurische Gefangenschaft geraten und sich entweder nach der Heimat sehnen oder sich in der Gefangenschaft verlieben.

Aus Überformungen mit der italienischen und spanischen Bukolik entstehen die Schäfer-, Fischer- und Jägerromanzen *(romance pastoril, piscatorio, venatorio)*, die in einer mythologisch überhöhten, idealisierten Natur deutlich aristokratisch geprägten Schäfern, Fischern und Jägern Gelegenheit geben, über ihre vergebliche Liebe und die Abwesenheit der Geliebten zu klagen. Diese Romanzen stehen deutlich in der von A. de Guevara mustergültig vertretenen Tradition des *menosprecio de corte y alabanza de aldea (Geringschätzung des Hofes und Lob des Landlebens)*. In seinen karnevalesken, komisch-parodistischen Romanzen richtet er sich spielerisch gegen die Konventionalität und hohle Idealität der von der soziohistorischen Wirklichkeit völlig losgelösten ernsten Texte und betreibt eine Entidealisierung der Natur (schmutzige Gewässer), der Liebenden (alt, häßlich, von niederer Abkunft) und der Liebeskonzeptionen. Vor allem in den Romanzen, in denen er mythologische Themen parodiert (vgl. etwa die Liebe von Hero und Leander, von Pyramus und Thisbe), formuliert er witzige Absagen an die idealisierte treue, unerfüllbare und entsagende Schmerzliebe, wie sie sowohl in der mittelalterlichen Tradition der höfischen Trobadorlyrik als auch in der Renaissance-Tradition von Petrarkismus und Neoplatonismus unablässig gefeiert wurde. Die lange Romanze *Fábula de Píramo y Tisbe* (1618), die in karnevalesker Weise hohe und niedere Stile, Wörter und Konzepte mischt und die hehre Idealität der vom Mythos vorgegebenen Liebe systematisch und lustvoll umkehrt und herabsetzt und dabei Góngoras eigenen »kulteranen« Stil, wie er ihn in den »dunklen« Langtexten *Polifemo* und *Soledades* pflegte, parodiert, ist das eindrucksvollste Beispiel der burlesken Dichtart und wurde von Góngora selbst sehr hoch eingeschätzt. Als letzter Typus entsteht aus der kontrastreichen Verbindung der heimischen Tradition der Bauern- und Hirtendichtung *(serranilla)* mit der gelehrten italienischen Tradition die nicht komische, hybride Form der bäuerlichen Romanze *(romance rústico)*. Die satirischen und religiösen Romanzen behandeln weitgehend dieselben Themen wie die Letrillas und Sonette.

Die Lyrik Góngoras nimmt somit die bestehenden Traditionslinien auf, erweitert sie sowohl formal als auch thematisch und verbindet sie kreativ zu teils ernsthaften, aber zumeist komischen, hybriden Texten. Wesentliches Kennzeichen seines Stils ist die ausgeprägte Tendenz zur Vermeidung des Gewöhnlichen und Erwartbaren. Daraus resultieren im sprachlichen Bereich seine Vorliebe für *cultismos*, gelehrte, latinisierende Bildungen, die eine frühere Bedeutung oder eine sekundär gewordene Bedeutung wieder aufwerten, aber auch seine Vorliebe für fachsprachliche Termini und eine latinisierende Syntax (Verwendung von Konstruktionen, die dem *ablativus absolutus* entsprechen; exzessive Verwendung des Hyperbatons), weswegen er sich in einem Brief selbstbewußt als erster spanischer Dichter rühmt, der das Kastilische auf die Höhe des Lateins geführt und diesem ebenbürtig gemacht hat. Dem entspricht auch die Tendenz, den eigentlichen Ausdruck zu umgehen und Sachverhalte uneigentlich, durch Anspielungen, Periphrasen und Metaphern ersten und zweiten Grades zu versprachlichen, damit den Leser zur aktiven Suche nach Verbindungen einzuladen und so gegenüber der üblichen fortlaufenden syntagmatischen eine moderne paradigmatische Lektüre zu fördern. Góngoras Dichtung, die seit der dezidierten Ablehnung im Neoklassizismus des 18. Jh.s vergessen war, sodann von der (vor allem deutschen) Romantik als Volksdichtung produktiv mißverstanden wurde, erhält so für die moderne Lyrik der Avantgarde eine neue poetologische Relevanz, die gar nicht hoch genug eingeschätzt werden kann. MALLARMÉ sowie später F. GARCÍA LORCA und die mit ihm anläßlich des 300. Todestages Góngoras sich konstituierende *generación del 27* sahen in Góngora einen »modernen« Dichtungsstil mustergültig vorgeprägt, der nicht mimetisch Wirklichkeit abbildet, sondern kreativ Kunstwirklichkeit schafft und den Leser aktiv am Prozeß der Schaffung von sprachlicher Wirklichkeit und von Sinn teilhaben läßt. H.We.

AUSGABEN: *Obras en verso del Homero español*, Hg. J. López de Vicuña, Madrid 1627. – Faks. Madrid 1963, Hg. D. Alonso. – *Todas las obras de Don Lvis de G. en varios poemas*, Hg. G. de Hoces y Córdoba, Madrid 1633 u. ö. – *Obras de Don Lvis de G.*, Hg. J. G. de Salcedo Coronel, Madrid 1636–1649, 3 Bde. [m. Anm.]. – *Obras poéticas*, Hg. R. Foulché-Delbosc, NY 1921, 3 Bde. – *Romances*, Hg. J. M. de Cossío, Madrid 1927; ern. 1980. – *Obras completas*, Hg. J. u. I. Millé y Giménez, Madrid 1932 u. ö. – *Letrillas*, Hg. R. Jammes, Paris 1963 [krit.]. – *Sonetos*, Hg. B. Ciplijauskaité, Madrid 1980 (Castalia). – *Letrillas*, Hg. R. Jammes, Madrid 1980 (Castalia). – *Sonetos*, Hg. B. Ciplijauskaité, Madison 1981 [krit.]. – *Romances*, Hg. A. Carreño, Madrid 1982 (Cátedra).

ÜBERSETZUNGEN (Ausw.): *Romanzen*, J. G. Jacobi, Halle 1767. – *Sonette*, S. Meuer, Bln. 1960 [m. Komm.].

LITERATUR: J. Pellicer de Salas y Tovar, *Lecciones solemnes a las Obras de G.*, Madrid 1630; Faks. NY 1971. – M. Menéndez y Pelayo, *Conceptismo, gongorismo y culteranismo*, Valladolid 1912. – M. Artigas, *G., Biografía y estudio crítico*, Madrid 1925. – A. Farinelli, *Marinismus u. Gongorismus*, Bonn/Lpzg. 1925. – B. Alemany y Selva, *Vocabulario de las obras de G.*, Madrid 1930. – D. Alonso, *La lengua poética de G.*, Madrid 1935 u. ö. – E. Brockhaus, *G.s Sonettdichtung*, Bochum 1935. – E. Orozco Díaz, *G.*, Barcelona 1953; 21984. – D. Alonso, *Estudios y ensayos gongorinos*, Madrid 1955 u. ö. – J. M. Aguirre, *G., su tiempo y su obra*, Madrid 1960. – A. Comas u. J. Reglá, *G., su tiempo y su obra*, Barcelona 1960. – B. Müller, *G.s Metaphorik. Versuch einer Typologie*, Wiesbaden 1963. – V. Bodini, *Studi sul Barocco di G.*, Rom 1964. – U. Knoke, *Die spanische »Maurenromanze«. Der Wandel ihrer Inhalte, Gehalte u. Ausdrucksformen zwischen dem Spätmittelalter u. dem Beginn des Barock*, Göttingen 1967. – W. Pabst, *G. im Spiegel der dt. Dichtung und Kritik (17. bis 20. Jh.)*, Heidelberg 1967. – R. Jammes, *Études sur l'œuvre poétique de G.*, Bordeaux 1967. – A. Rodríguez-Moñino, *Construcción crítica y realidad histórica en la poesía española de los siglos XVI y XVII*, Madrid 21968. – J. de Entrambasaguas, *Estudios y ensayos sobre G. y el Barroco*, Madrid 1975. – M. Molho, *Semántica y poética (G., Quevedo)*, Barcelona 1977. – A. Martínez Arancón, *La batalla en torno a G.*, Barcelona 1978. – M. J. Woods, *The Poet and the Natural World in the Age of G.*, Oxford 1978. – D. Alonso, *G. y el gongorismo* (in D. A., *Obras completas*, Bd. 5–7, Madrid 1978 bis 1984). – A. Buck, *Forschungen zur romantischen Barockliteratur*, Darmstadt 1980. – H. U. Gumbrecht, *Warum gerade G.?* (in *Lyrik und Malerei der Avantgarde*, Hg. R. Warning u. W. Wehle, Mchn. 1982, S. 145–192). – D. Chaffee-Sorace, *Historical Truth in G.'s Satirical Vision: Golden Age Spain as Depicted in Three Letrillas* (in South Atlantic Review, 50, 1985, S. 17–34).

FÁBULA DE POLIFEMO Y GALATEA

(span.; *Sage von Polyphem und Galatea*). Mythologische Dichtung, 504 Elfsilber in Ottaverime, von Luis de GÓNGORA Y ARGOTE, entstanden 1612, erschienen 1627. – Den Stoff zu diesem Werk, das neben den *Soledades* zu den reinsten und kühnsten Verkörperungen des *cultismo* Góngoras gehört, hat der Dichter den *Metamorphosen* des OVID entnommen, und zwar wohl nicht – wie lange Zeit angenommen wurde – auf dem Umweg über die *Fábula de Acis y Galatea* von Luis CARRILLO Y SOTOMAYOR (1583–1610). Die Übereinstimmungen zwischen beiden Werken sind, wie Dámaso ALONSO in *La supuesta imitación por Góngora de la ›Fábula de Acis y Galatea‹* (1932) nachweist, auf die gemeinsame Quelle zurückzuführen, auf die übrigens auch der Italiener Tommaso STIGLIANI zurückgegriffen hat (*Polifemo*, 1600).

Der Zyklop Polyphem umwirbt die Nymphe Galatea. Diese begegnet dem jungen Hirten Acis, und beide verlieben sich ineinander. Von Polyphem überrascht, wenden sie sich zur Flucht, doch der eifersüchtige Riese schleudert einen Felsbrocken auf Acis und zermalmt ihn. Die Götter erhören die Bitte der Nymphe und verwandeln ihren toten Geliebten in einen Bach, der unter dem Felsen hervorsprudelt. Um diesen Handlungskern läßt Góngora das Bild der felsigen Insel entstehen, auf der der Zyklop haust, ein Bild, das für die Barockszenerie charakteristisch wurde: Von den schäumenden Wogen des Meeres umspült, liegt auf einer Klippe die Höhle des Ungeheuers *(»Gewölbe über den Essen Vulkans«)*. Ein riesiger Stein verschließt sie *(»Knebel ihres Rachens«)*. Ungeheuer ist auch die Gestalt des Polyphem, berggleich türmt sie sich auf, ein *»monte de miembros eminente«*. Sein Bart ist ein wilder Gießbach, der seine Brust überflutet. In starkem Kontrast dazu die Schilderung der Nymphe: Sie ist ganz Schönheit und Reinheit, über ihren Körper *»entblättert der Morgen purpurne Rosen und weißleuchtende Lilien«*. Dieser Kontrast wird zum beherrschenden Element; nach der zarten Liebesszene zwischen Acis und Galatea, *»einem Augenblick großartiger Apotheose des Genusses und der Schönheit«* (A. Valbuena Prat), erscheint unter dem feurigen Wiehern der Sonnenrosse wieder der ungeheure *»Beherrscher der Berge«*, der schließlich in blinder Wut die Katastrophe herbeiführt.

Im Unterschied zu den unvollendet gebliebenen *Soledades* zeigt die *Fábula de Polifemo y Galatea* die strenge klassische Dreiteilung in Exposition, dramatischen Höhepunkt und Auflösung. Gemeinsam ist den beiden Werken, daß sie in sprachlicher Hinsicht zum Kühnsten und, wenn man will, Modernsten gehören, was Góngora geschaffen hat. Federico GARCÍA LORCA nennt Góngora den *»Vater der modernen Lyrik«*. Wohl sind die Charakteristika des *»estilo culto«* – Neologismen, Metaphern, Hyperbata – bereits bei Renaissancedichtern wie Fernando de HERRERA (1534–1597) zu finden, ihre reinste Ausprägung und virtuoseste Handhabung erfahren sie aber erst hier. Besonders die Metapher, die in der Renaissancelyrik seit PETRARCA häufig zur Floskel und Konvention erstarrt war, wird bei Góngora zu einem Ausdrucksmittel von magischer Kraft. Darüber hinaus zeigt sich in der *Fábula* die Stärke und Originalität des Dichters vor allem in der Klarheit der Form, in der Beherrschung der Kontrastmittel und im Gespür für das Ambiente.

Die vielkritisierte »Dunkelheit« der Sprache Góngoras ist eine bewußte Abwendung vom allgemeinen Publikumsgeschmack; seine Dichtung sollte nur einer erlesenen Minderheit zugänglich sein, der seine Symbole und Metaphern vertraut waren. Wie Lorca in seinem 1927 gehaltenen Vortrag *La imagen poética en Don Luis de Góngora* sagte, strebte der Dichter außerdem nach der reinen, zweckfreien Schönheit, die sich erst dann verwirklicht, wenn mitteilbare Gefühle ausgeschieden sind. Der Einfluß dieses Werkes auf die zeitgenössische Dichtung war so stark, daß sich – nach Meinung von A. VALBUENA PRAT – *»eine ganze Theorie der Barockdichtung im Zeichen des Polifemo«* aufstellen ließe. M.Fr.

AUSGABEN: Madrid 1627 (in *Obras en verso del Homero español*, Hg. J. López de Vicuña; Faks. – Nachdr. Madrid 1963, Hg. D. Alonso). – Madrid 1629, Hg. J. G. de Salcedo Coronel [m. Komm.]. – NY 1921 (in *Obras poéticas*, Hg. R. Foulché-Delbosc, 3 Bde., 2). – Madrid 1932 u. ö. (in *Obras completas*, Hg. J. u. I. Millé y Giménez). – Madrid 1961 (in *Góngora y Polifemo. Estudio sobre G. y sus obras*, Hg. D. Alonso, 2 Bde., 1: Studien, 2: Text; BRH, 6, 17/1, 2). – Madrid 1983, Hg. u. Einl. A. Rallo (Cátedra).

ÜBERSETZUNGEN: *Die Fabel von Poliphem und Galatea*, W. Pabst (in *G.s Schöpfung in seinen Gedichten »Polifemo« und »Soledades«*, in RH, 80, 1930, S. 1–229). – *Poliphem*, M. Eschenberger, Viernheim 1956. – *Die Fabel von Poliphem und Galatea*, F. Eggarter (in F. E., *Das Spätwerk G.s*, Bremen 1962; m. Einl. u. Anm.; Slg. Dieterich).

LITERATUR: A. Reyes, *»Fábula de Polifemo y Galatea«*, Madrid 1923. – A. Vilanova, *Las fuentes y los temas del »Polifemo« de G.*, Madrid 1957. – A. Reyes,

El »Polifemo« sin lágrimas, Madrid 1958. – A. Comas u. J. Reglá, *G. Su tiempo y su obra. Estudio especial del »Polifemo«*, Barcelona 1960. – J. L. Aguirre, *G., su tiempo y su obra. Estudio crítico sobre el »Polifemo«*, Madrid 1960. – E. J. Gates, *Baroque Features of G.'s »Polifemo« and »Soledades«* (in Texas Studies in Language and Literature, 2, 1960, S. 61–77). – D. Alonso, *»El Polifemo«, poema barroco* (in Atenea, Nr. 393, 1961, S. 56–74). – E. L. Rivers, *El conceptismo del »Polifemo«* (ebd., S. 102–109). – C. C. Smith, *La musicalidad del »Polifemo«* (in RFE, 44, 1961, S. 139–166). – E. Dehennín, *La résurgence de G. et la génération poétique de 1927*, Paris 1962. – W. Pabst, *G.s Nachruhm in Deutschland* (in *Wort und Text, Fs. für F. Schalk*, Hg. H. Meier u. H. Sckommodau, Ffm. 1963, S. 251–280). – C. Colin Smith, *An Approach to G.'s »Polifemo«* (in BHS, 42, 1965, S. 217–238). – S. L. Guyler, *G.'s »Polifemo«: The Humour of Imitation* (in RHM, 37, 1975, S. 237–252). – A. A. Parker, *»La Fábula de Polifemo«. A Study in the Interpretation of a Baroque Poem*, Austin 1977. – R. Nuñez Ramos, *Poética semiológica. »El Polifemo« de G.*, Oviedo 1980. – K. H. Kathleen, *Figure and Ground: Concrete Mysticism in G.'s »Fábula de Polifemo y Galatea«* (in HR, 52, 1984, S. 223–232). – D. Alonso, *G. y el »Polifemo«*, Madrid 1985. – M. E. Lehrer, *G.'s »Polifemo« and Its Classical Predecessors*, Diss. Brandeis Univ. 1986 (vgl. Diss. Abstracts, 47, 1986, S. 1720A).

SOLEDADES

(span.; *Einsamkeiten*). Lyrische Dichtung von Luis de Góngora y Argote, entstanden 1613/14. – Von dem ursprünglich als Zyklus mit vier *Soledades (Soledad de los campos – Einsamkeit der Felder; Soledad de las riberas – Einsamkeit der Ströme; Soledad de las selvas – Einsamkeit der Wälder; Soledad del yermo – Einsamkeit der Wüste)* geplanten Werk vollendete Góngora nur die ersten beiden Teile, die 1636 im ersten Band einer von García de Salcedo Coronel, dem Freund des Dichters, herausgegebenen Gesamtausgabe zum erstenmal gedruckt wurden.

Die im Mai 1613 vorliegende und in der Handschrift von Pérez de Rivas ziemlich genau gespiegelte ursprüngliche Fassung der ersten *Soledad* (1091 Verse in der strophischen Form der *silva*) hat Góngora zusammenhängend und zügig auf dem Landsitz Huerta de Don Marcos unweit seiner Heimatstadt Córdoba niedergeschrieben. Die zweite *Soledad* wird zwar 1614 bereits auf Drängen von Freunden und im Hinblick auf die bei ihrem Bekanntwerden sogleich umstrittene Berühmtheit der ersten weitgehend geschrieben gewesen sein, doch hat sie Góngora nicht vollendet (840 Verse in der Erstausgabe, 936 bei Pellicer und 979 in der Chacón-Handschrift). Über die beiden anderen *Soledades* ist nichts mehr bekanntgeworden. Möglicherweise machte der Fall von Góngoras Gönner, des Herzogs von Lerma, 1618 nicht nur den Abschluß des *Panegírico al duque de Lerma*, sondern auch die Vollendung dieses Werks unmöglich.

Über frühere Gedichte, etwa das Sonett *Descaminado, enfermo, peregrino* (1594) sowie die Romanzen *En un pastoral albergue* (1602) und *En los pinares de Júcar* (1603), führt die künstlerische Entwicklung Góngoras sprachlich wie thematisch mit innerer Folgerichtigkeit zu den *Soledades*, die dem Herzog von Béjar gewidmet sind, als Gipfel der kulteranen Lyrik überhaupt. Góngora hat bewußt für wenige geschrieben, sein Gedicht ist gewollt schwierig, aber nicht unverständlich. In dieser Schöpfung gibt es nichts Spontanes und keinen Appell an Emotionen, sondern rational konstruierte Beziehungen zu höchstgradig poetisierten Dingen im Medium eines verblüffenden Wortzaubers und im Rahmen einer humanistischen Bildungswelt, deren in langer literarischer Überlieferung vorgegebene Formen, Techniken, Inhalte in eine neue dichterische Ordnung hineingearbeitet werden. Den im herkömmlichen Sinn weder rein episch erzählend noch als bloße bukolische Idylle angelegten *Soledades* liegt als Gerüst ein vergleichsweise einfaches, ja literarisch konventionelles und sehr konkretes Geschehen zugrunde.

Der Sturm verschlägt einen unbekannten schönen, in der Liebe unglücklichen Jüngling an unwirtliche Gestade. Bei Einbruch der Nacht erblickt er ein schwaches Licht in der Ferne und bahnt sich durch Dickicht den Weg dorthin. Hundegebell kündigt ihn den Ziegenhirten an, die sich in ihrer Höhle am Feuer wärmen. Von der freundlichen Aufnahme gerührt, rühmt der Fremdling das Landleben und die Einfachheit gegenüber der Verderbtheit des Hofes – ein in der humanistischen und barocken Höflingsliteratur sehr verbreitetes Thema. Am anderen Morgen bewundert er zusammen mit dem Hirten die arkadische Landschaft. Bei einer Wolfsjagd wird der Fremde von seinem Begleiter getrennt und gelangt zu Bergbewohnern, die musizieren und sich festlich schmücken. Aus umliegenden Weilern kommen die Mädchen zusammen, junge Männer bringen mit ihnen reiche Geschenke, die in einem Katalog minuziös vorgeführt werden, zu einer ländlichen Hochzeit. Von diesem Schauspiel gebannt, nähert sich der namenlose Peregrino den Einheimischen. Ein Greis, der ihm die Spuren des überstandenen Schiffbruchs ansieht, hält eine wohlgegliederte Schmährede auf die Codicia, das unersättliche und überhebliche Begehren des Menschen, als Urantrieb zu allen Entdeckungstaten. Da Dichten traditionell mit Schiffsmetaphern umschrieben zu werden pflegte, könnte man hier bei aller geographisch-historischen Genauigkeit und Góngoras Bewunderung für die spanisch-portugiesischen Entdeckungen auch an eine Spiegelung des Problems manieristischen Dichtens schlechthin denken. Der Fremdling zieht dann mit den froh gestimmten, erwartungsvollen Hochzeitsgästen durch die lichtvolle Landschaft. Am anderen Morgen bewundert er in Begleitung des Alten das über Nacht festlich geschmückte Dorf und wird den Brautleuten vorgestellt. Wechselchöre und Musik begleiten die symbolische Vermählungszeremonie. Danach beginnt ein sportlicher Wettstreit der Burschen. Am Abend geleiten die Gäste die Neuvermählten unter Anrufung der Venus zu ihrem Brautgemach.

Die zweite *Soledad* beginnt am Morgen nach der Hochzeit. Am Ufer eines von den Gezeiten des nahen Meeres bewegten Flusses verabschiedet sich der Fremde von Fischern, die nach der Teilnahme an der Feier zu ihren Hütten übersetzen wollen. Der Schiffbrüchige besteigt in dieser erneut am Wasser spielenden Eingangsszene mit zwei Fischern einen bescheidenen Kahn und fährt zum Einholen der Netze hinaus. Während sie mit reichem Fang ihren Behausungen zurudern, singt der Fremde dem Meer selbstanklagend von seiner Herzenstraurigkeit (vv. 116–171). Diese Verse gehören zu den schönsten Góngoras und spielen erneut geheimnisvoll auch auf seine dichterischen Aspirationen an: *»Verwegen schraubten sich meine Gedanken ins Blau geflügelt. / Dieser stolze Flug – gab er deinem Schaum nicht den Namen? / Vom schwindelnden Fall der Federn bewahrt die Geschichte der Wind. / Das ist meine Schuld: das Steuer gedreht ins Ungewisse«* (Ü: F. Eggarter). Auf einer Insel angelangt, lernt der Fremde deren einzige Bewohner, den alten Vater und sechs Schwestern der beiden Fischer, kennen. Der Alte zeigt dem Besucher die vom Füllhorn der Natur überreich bedachte Insellandschaft. Der Abendwind trägt die Liebeslieder von Lícidas und Micón, die zweien der Fischertöchter gelten, an das Ohr des seltsam berührten Wanderers. Auf seine Bitten hin nimmt der Vater jene als Schwiegersöhne an. Am Morgen des fünften Tages setzt der Peregrino mit den Fischern erneut das Boot aus. Sie halten dicht unter der Küste auf der Höhe eines glänzenden Marmorpalastes. Auf edlen Pferden reitet eine Jagdgesellschaft mit Beizvögeln aus. Verwundert beobachten die drei Männer die Jagd und den Einzug des vornehmen Gefolges in ein armes Fischerdorf. Die unmittelbar bevorstehende Lösung sowie den Schluß dieser nach der Abgeschiedenheit im flachen Land und auf den Bergen, im Dorf wie am Meer wieder zu aristokratischen Lebensformen zurückkehrenden *Soledad* hat Góngora nicht angedeutet.

Dieses Geschehen und die immer gegenwärtige, genau gesehene Dingwelt – Pflanzen, Tiere, Vögel, Jagd und Fischfang – bilden für den Dichter nur einen Vorwand. Er verhüllt die Dinge in eine vom alltäglichen Sprachgebrauch weit entfernte, verzweigte Bildersprache, bietet die Dinge nicht beschreibend dar, sondern umschreibt sie spielerisch und schafft sie poetisch neu. Góngoras Wortgenie erweist gerade in der Metaphorik seine unübertreffliche Meisterschaft. Die sich überstürzenden, gesuchten Metaphern schöpfen im virtuosen Rückgriff auf die klassische Rhetorik, Poetik, Mythologie und Emblematik die gegebenen dichterischen Sprachmöglichkeiten aufs äußerste aus. In dieser sprachlich-formalen Vollendung sah Góngora das entscheidende Merkmal eines künstlerisch gelungenen Werks und seines ästhetischen Anspruchs. Nicht weniger kunstvoll als die komplexe Sprache ist der architektonische, dynamische Bau der Verse (zum Beispiel durch Kontrastierungen, Parallelisierungen und Symmetrien) und Strophen. Die Empfindsamkeit vor allem für visuelle, dekorative Sinnesqualitäten, das die Dinge geradezu ins Körperlose auflösende Farbenspiel, die kristallene Lichtfülle schaffen jenen faszinierenden malerischen Reiz und die starke innere Bewegung des Gedichtes, lassen aber Vorgänge und Gestalten gewollt undeutlich erscheinen.

Als Motiv war die Poesie der Einsamkeit in der pastoralen und bukolischen Literatur des Goldenen Zeitalters als schließlich abgegriffener Gemeinplatz sehr beliebt, aber auch in der ernsten und religiösen Lyrik des Barock erneut vertieft worden. Góngoras *»Einsamkeit ist gemeint als ein Ort seelischer Abseitigkeit, Getrenntheit von der Liebsten und von der gewohnten Umwelt, kurz als eine seelische Verlorenheit und andererseits als ein Ort der musischen Inspiration, der künstlerischen Arbeit und treffsichern Ausgestaltung einer Welt von Phantasien«* (K. Vossler). Die *Soledades*, in die manche persönliche Erfahrung des Dichters aus seinen Reisen und aristokratischen Bekanntschaften eingeflossen sein mag, entstanden gerade in einer Zeit innerer Krise, da sich Góngora nicht an den Hof in Madrid begab, sondern sich bei Córdoba auf das Land zurückzog.

Die zu Lebzeiten des Dichters nur in zahlreichen Abschriften verbreitete Kenntnis seiner beiden großen Dichtungen *Polifemo* und *Soledades* rief eine in der Weltliteratur beispiellose Auseinandersetzung um deren Sprachstil hervor, in der sich Freunde und Feinde des *cultismo (culteranismo)*, das hieß vor allem zunächst Góngoras, unvermittelt gegenüberstanden. Góngoras Freund, der Humanist und Philologe Pedro de Valencia, dem die erste Fassung der ersten *Soledad* vorlag, äußerte sich in seiner *Censura de las Soledades, Polifemo y obras de Don Luis de Góngora* im allgemeinen anerkennend über Ingenium und Kunstfertigkeit des Dichters, kritisiert jedoch wie Francisco Cascales, Verfasser einer seinerzeit sehr geschätzten Dichtungslehre, die durch den übermäßigen Gebrauch von Hyperbata und ungewöhnlicher Wörter dunkel und geschraubt wirkende Sprache. Der Dichter, Maler, Übersetzer und Literaturtheoretiker Juan Martínez de Jáuregui griff außer Quevedo und Lope de Vega vor allem Góngora im *Discurso poético* (1623) sowie im berüchtigten *Antídoto contra las Soledades* an, bevor er sich wenig später selbst der Pflege des kulteranen Stils in der Dichtung verschrieb. Lope de Vega war bei aller Achtung vor der dichterischen Begabung Góngoras, der umgekehrt wenig schonungsvoll mit ihm umging, dem neuen Stil nicht wohlgesonnen. Viel schärfer reagierte dagegen von seiten der Konzeptisten Quevedo sowohl mit seinen Literatursatiren *(La Perinola, La culta latiniparla, La aguja de navegar cultos)* als auch mit der demonstrativen Veröffentlichung der Gedichte von Luis de León und Francisco de la Torre (1631). Andere griffen mit Parodien auf Góngora in die Kontroverse ein. Dem spanisch

schreibenden, aber stark national denkenden portugiesischen Kommentator der *Lusiadas* (1639), Manuel de FARIA E SOUSA, war Góngora als angeblicher Widerpart des Ruhms von CAMÕES verhaßt. Bis nach Lima schlugen die Wellen dieser literarischen Fehde. Es fehlte nicht an entschiedenen Verteidigern, umständlichen Exegeten und geschickten Nacheiferern Góngoras: vor allem Pedro SOTO DE ROJAS, Francisco FERNÁNDEZ DE CÓRDOBA (Abt von Rute), José LEÓN Y MANSILLA (*Soledad tercera*, 1718), José PELLICER DE SALAS Y TOVAR (*Lecciones solemnes*, 1630) und García de SALCEDO CORONEL (*Comentarios*, 1636–1648).
Nach langer Zeit mangelnden Verständnisses und nur vereinzelter Kenntnis (bei VERLAINE, MALLARMÉ und Rubén DARÍO) brachte schließlich das Gedenkjahr 1927 den Durchbruch zu einem neuen Góngora-Bild sowohl für das philologisch-ästhetische Verständnis als auch, aus einer geistig-künstlerischen Übereinstimmung heraus, für eine ganze Dichtergeneration (Rafael ALBERTI, Jorge GUILLÉN, Gerardo DIEGO, Federico GARCÍA LORCA u.a.), die in dem »Erzdichter von Córdoba« die »reine Poesie« verwirklicht sah. D.B.

AUSGABEN: Madrid 1636 (in *Obras de Don Lvis de G.*, Hg. J.G. de Salcedo Coronel, Bd. 1). – NY 1921 (in *Obras poéticas*, Hg. R. Foulché-Delbosc, 3 Bde., 2). – Madrid 1956, Hg. D. Alonso [m. Einl. u. span. Prosaversion]. – Madrid 1961 (in *Obras completas*, Hg. J. u. I. Millé y Giménez; 1972). – Madrid 1982, Hg. u. Einl. J. Beverley (Cátedra). – Madrid 1982, Hg. u. Einl. D. Alonso.

ÜBERSETZUNGEN: *Die Soledades*, H. Brunn, Mchn. 1934 [m. Einl.]. – *Soledades*, F. Eggarter, Bremen 1962. – *The Solitudes of Don Luis de Góngora*, E.M. Wilson, Cambridge 1965 [engl.; m. Anm.]. – *Soledades*, E. Arendt, Hg. H. Naumann, Hbg./Düsseldorf 1974. – Dass., ders., Lpzg. 1982.

LITERATUR: W. Pabst, *G.s Schöpfung in seinen Gedichten »Polifemo« u. »Soledades«* (in RH, 80, 1930, S. 1–129; span. Überarbeitung *La creación gongorina en los poemas P. y S.*, Madrid 1966). – L. Spitzer, *Romanische Stil- und Literaturstudien*, Bd. 2, Marburg 1931, S. 126–140 (vgl. LNL, 54, 1960, S. 1–12). – A. Vilanova, *El peregrino de amor en las »Soledades« de G.* (in *Estudios dedicados a Menéndez Pidal*, Bd. 3, Madrid 1952, S. 421–460). – M.R. Lida de Malkiel, *El hilo narrativo de las »Soledades«* (in Boletín de la Academia Argentina de Letras, 26, 1961, S. 349–360). – R.O. Jones, *Neoplatonism and the »Soledades«* (in BHS, 40, 1963, S. 1–16; vgl. ebd., 31, 1954, S. 189–204). – M. Molho, *»Soledades«* (in BHi, 62, 1960, S. 249–285). – E. Dehennín, *La résurgence de G. et la génération poétique de 1927*, Paris 1962. – R. Geske, *G.s Warnrede im Zeichen der Hekate*, Bln. 1964. – E. Orozco, *Lope ataca las »Soledades« de G.* (in RFE, 49, 1966, S. 1–37). – Ders., *Paisaje y sentimiento de la naturaleza en la poesía española*, Madrid 1968, S. 139–228. – J.M. Blecua, *Una nueva defensa e ilustración de la Soledad primera* (in *Homage to J. McMurry Hill*, Bloomington 1968, S. 113–122). – E. Orozco, *En torno a las »Soledades« de G.*, Granada 1969. – S. Chala, *Conceptismo in the »Soledades of G.*, Diss. Univ. of Pittsburgh 1972 (vgl. Diss. Abstracts, 33, 1973). – L. Rosales, *Las »Soledades« de don L. de G. Algunas características de su estilo* (in *Atti del Convegno Internazionale sul tema: Premanirismo e Pregongorismo*, Hg. Accademia dei Lincei, Rom 1973, S. 59–93). – M.L. Perna, *The Poetic World of G.: Surface Descriptions and Inner Reactions in »Las Soledades«*, Diss. Duke Univ. 1977. – B. Wardropper, *The Complexity of the Simple in G.'s »Soledad primera«* (in Journal of Medieval and Renaissance Studies, 7, 1977, S. 35–51). – J.R. Beverley, *Aspects of G.'s »Soledades«*, Amsterdam 1980. – R. Jammes, *Un hallazgo olvidado de A. Rodríguez-Moñino: La primera redacción de las »Soledades«* (in Criticón, 27, 1984, S. 5–35). – N. Ly, *»Las Soledades«: »... esta poesía inútil ...«* (ebd., 30, 1985, S. 7–42).

BALTASAR GRACIÁN

* 8.1.1601 Belmonte de Calatayud / Saragossa
† 6.12.1658 Saragossa

LITERATUR ZUM AUTOR:
Bibliographien:
A. Parsons, *Bibliografía de B.G.*, Diss. Madrid 1934. – M. Romera-Navarro, *Bibliografía graciana: Ediciones españolas del »Criticón«* (in HR, 4, 1936, S. 11–40). – V. Ramos Foster, *The Status of B.G.'s Criticism: A Bibliographic Essay* (in RJb, 18, 1967, S. 296–307).
Biographien:
A. Coster, *B.G.*, Saragossa 1947. – M. Batllori u. C. Peralta, *B.G. en su vida y en sus obras*, Saragossa 1969. – E. Correa Calderón, *B.G. Su vida y su obra*, Madrid 1970. – C. Guardiola Alcover, *B.G. Recuento de una vida*, Saragossa 1980.
Gesamtdarstellungen und Studien:
A. Coster, *B.G.* (in RH, 29, 1913, S. 347–754). – W. Krauss, *G.'s Lebenslehre*, Ffm. 1947. – M. Romera-Navarro, *Estudios sobre G.*, Austin 1950. – F. Maldonado de Guevara, *Estudios sobre G.*, Austin 1950. – M. Batllori, *G. y el barocco*, Genf/Paris 1958. – H. Jansen, *Die Grundbegriffe des B.G.*, Genf, Paris 1958. – M.Z. Hafter, *G. and Perfection. Spanish Moralists of the Seventeenth Century*, Cambridge 1966. – V.R. Foster, *B.G.*, Boston 1975 (TWAS). – J.L. Aranguren, *La moral de G.* (in J.L.A., *Estudios literarios*, Madrid 1976, S. 113–150). – J.M. Ayala, *Reflejo y reflexión. B.G., un estilo de filosofar*, Saragossa 1979. – K.D. Wilmath, *The Philosophy of Education of B.G.*, Diss.

Univ. of Kansas 1979. – S. Alonso, *Tensión semántica (lenguaje y estilo) de G.*, Saragossa 1981. – K. Heger, *G., estilo y doctrina*, Saragossa 1982. – B. Pelegrin, *Éthique et esthétique du baroque. L'espace jésuitique de B. G.*, Paris 1985. – E. Hidalgo-Serna, *Das ingeniöse Denken bei B. G. Der »concepto« und seine logische Funktion*, Mchn. 1985. – M. T. Hernández, *La teoría literaria del conceptismo en B. G.* (in Criticón 33, 1986, S. 5–36).

ARTE DE INGENIO, TRATADO DE LA AGUDEZA

(span.; *Kunst der Erfindung, Abhandlung über den Scharfsinn*). Schrift über die Stilkunst von Baltasar GRACIÁN, erstmals 1642 und erweitert 1648 erschienen. – Den Stoff für seine Untersuchung, die den Autor von allen seinen Büchern am nachhaltigsten beschäftigt hat, lieferten ihm die spanische und portugiesische Dichtung des 16. und 17. Jh.s, die zeitgenössische Predigtliteratur und römische Schriftsteller wie MARTIAL, LUKIAN, STATIUS, SENECA, TACITUS. Gracián wollte an ihnen studieren, mit Hilfe welcher Stilmittel der lebendige Geist sich in der Sprache zum Ausdruck bringt. Es wird dabei deutlich, daß dem Autor die Lehre des Stils im Grund als ein Sonderfall der Lehre des Lebens galt, wie er sie in den Maximen des *Discreto* (1646) und im *Oraculo manual* (1647) zusammengefaßt hat. Um einen konzentrierten, zunächst undurchschaubaren Ideenkomplex begreiflich zu machen, bedient sich der Autor stilistischer Mittel, die den Regeln der militanten jesuitischen Disputation entsprechen.

Agudeza bezeichnet bei Gracián einmal eine Qualität des guten Stils und ist zugleich ein Sammelbegriff für die komplizierten Einzelheiten der Technik dieses Stils, d. h. eine Tropen- und Figurenlehre; es ist der Versuch, aus unzähligen Beispielen des *conceptismo* und des *cultismo* die Synthese seiner Poetik zu ziehen. Gracián untersucht, auf welche Weise die kunstvoll angewandten Bilder *(impresa)* und Figuren als Mittel der Spannungserregung bei der fortschreitenden Entwicklung eines Gedankens verwandt werden. Als stilistische Grundregel gilt: *»Das Wort soll sinnträchtig sein, nicht aufgeblasen; es soll bedeuten, nicht hohl klingen.«* Dabei aber soll es wiederum mehr andeuten als aussagen. Dem Verständnis sollen keine bequemen Brücken gebaut werden (daher auch der bevorzugte Lakonismus der Graciánischen Maximen). Die Worte sollen den Gedanken nicht einfach spiegeln, ihn vielmehr hervorbringen (Konzipieren; *lo conceptuoso*). Dieser von Gracián geforderte Konzeptismus ist ein aggressiver Stil: Bei der Entwicklung des Gedankens muß der Leser als Widerpart mithelfen. Neben diesem Kunststil läßt Gracián dem natürlichen Stil seine volle Geltung. Der im 17. Jh. ausgetragene Streit um den Vorzug eines natürlichen oder künstlichen Stils wiederholt den antiken zwischen Attizismus und Asianismus, dem Gracián wiederum die Beweise für seine eigenen Thesen entnimmt. Ihm liegt nicht am bloßen klanglichen oder formalen Wortspiel wie den Kultisten, sondern an der geistreichen Kürze. Graciáns Interpretation des Konzeptismus hatte eine unerhörte Vergeistigung der Sprache zur Folge. Während man in der *Agudeza* anfangs nur ein Handbuch der manieristischen Topik zu entdecken geglaubt hatte, beginnt sich die Gracián-Forschung mittlerweile über die rein rhetorischen Implikationen hinaus mit den philosophischen Voraussetzungen des Werks auseinanderzusetzen, die sich keineswegs im rein Technisch-Ästhetischen erschöpfen. Die zentralen Begriffe *ingenio, concepto* und *agudeza* sind im Rahmen einer umfassenden Theorie der literarischen Kreation zu sehen, die es gestatten, die Natur in einem Prozeß gestaltender Aneignung zu entdecken und zu erkennen. Daneben gilt das Werk heute als ein Manifest des europäischen Manierismus in der Literatur.

I.F.-KLL

AUSGABEN: Madrid 1642. – Madrid 1648 [erw.]. – Madrid 1944 (in *Obras completas*, Hg. E. Correa Calderón; m. Komm.). – Madrid 1957 (Austral). – Madrid 1960 (in *Obras completas*, Hg. A. del Hoyo; m. Anm. u. Bibliogr.; ern. 1967). – Madrid 1981, Hg. u. Einl. E. Correa Calderón (Castalia).

LITERATUR: E. Sarmiento, *G.s »Agudeza y arte de ingenio«* (in MLR, 27, 1932, S. 280–292; 420 bis 429). – T. E. May, *An Interpretation of G.'s »Agudeza«* (in HR, 16, 1948, S. 275–300). – A. Navarro González, *Las dos redacciones de la »Agudeza«* (in Cuadernos de Literatura, 4, 1948, S. 201–214). – E. R. Curtius, *Europ. Literatur u. lat. MA*, Bern/Mchn. 1961, S. 297–305. – L. H. Chambers, *Theory and Practice in the »Agudeza y arte de ingenio«* (in *Fs. Iberoamerikanisches Forschungsinstitut*, Hbg. 1968, S. 109–117). – H. H. Grady, *Rhetoric, Wit and Art in G.'s »Agudeza«* (in MLQ, 41, 1980, S. 21–37). – N. P. Wardropper, *The Editions of 1648 and 1649 of G.'s »Agudeza y arte de ingenio«* (in Journal of Hispanic Philology, 5, 1981, S. 137–157). – I. P. Rothberg, *Neoclassical Wit and G.'s Theory of agudeza* (in RF 93, 1981, S. 82–102). – Ders., *B. G.'s Two Interpretations of the Variety of »Agudeza«: 1642 and 1648*, Diss. The John Hopkins Univ. 1985 (vgl. Diss. Abstracts, 46, 1985, S. 1643A). – H. D. Smith, *B. G.'s Preachers: Sermon-Sources in the »Agudeza«* (in BHS, 63, 1986, S. 327–338).

EL CRITICÓN

(span.; *Der Kritiker*). Philosophisch-satirischer Roman von Baltasar GRACIÁN, aus drei Teilen bestehend, die zunächst einzeln publiziert wurden: Der erste erschien 1651 (unter dem Pseudonym García de Morlanes), der zweite 1653, der dritte 1657. – Das zentrale Anliegen des *Criticón* ist die Beziehung des Menschen zur Natur, die Gracián in einem dreistufigen Erkenntnisvorgang an der Trias von Natur, Kunst und Moral erläutert. Der formalen Dreiteilung entspricht inhaltlich die in Landschaften und Jahreszeiten versinnbildlichte Darstellung der drei Lebensalter des Menschen: Critilo, ein Abenteurer, erleidet in der Nähe der Insel St. Helena Schiffbruch. Andrenio, ein unter Tieren aufgewachsener Inselbewohner, rettet ihn und wird in der Folge sein Schüler und Begleiter. Während Critilo eher den zum objektiven Urteil fähigen Menschen versinnbildlicht, verkörpert Andrenio den ungebildeten naturhaften Typus. Auf der Suche nach der Geliebten Critilos, Felizinda (Personifikation des irdischen Glücks), durchreisen die beiden Spanien, Frankreich und Italien. In der Begegnung mit allegorischen Figuren in allegorisch verstandenen Gegenden vollzieht sich Andrenios Bildungsgang. In Spanien lernt er zunächst die Falschheit der Frauen erkennen. In Frankreich, dem Land der *vita activa*, bildet er sich, unter anderem in der Auseinandersetzung mit den schönen Künsten, zum Weltmann heran, der es versteht, inmitten der Welttorheit Ehre und Ruhm zu erwerben. Auf der letzten Reiseetappe (Italien) führen allegorische Vertreter des Geistes, wie Acertador (der Erratende), Descifrador (der Weltentzifferer) und Zahorí (Scharfblick), die Helden zur höchstmöglichen Welterkenntnis, zur Desillusion. Von einem der Hügel Roms erblicken sie schließlich das Rad der Zeit. Dann endet ihre Wanderschaft mit dem Verzicht auf die gesuchte Felizinda und dem Ausblick auf irdische, im Ruhm der Nachwelt bestehende Unsterblichkeit.

Die Wanderschaft der beiden Helden vergegenwärtigt symbolisch die unaufhaltsame Verflüchtigung des Lebens, stellt aber zugleich das beispielhafte Modell einer stufenweise fortschreitenden »Weltentzifferung« dar, die sich in den einzelnen Kapiteln als empirisch bedingte Wandlung von Weltneugier in Weltkritik vollzieht. Die Konzeption der Figuren beruht auf der Vorstellung einer rein diesseitigen Vernunft, die das menschliche Handeln leitet, indem sie es von empirisch erfaßten Ausgangspunkten zu immer neuen Zielen führt. Diese empirische Welterfassung bildet die Voraussetzung zur geistig-schöpferischen Aktivität. Beide Gestalten zusammen stellen den Menschen als Ganzes dar: die Unterschiedlichkeit ihrer Art und ihres Weltbildes zeigt die Relativität alles irdisch-menschlichen Urteilens. *El criticón* macht sich Handlungselemente utopischer Literatur zu eigen, geht jedoch in seinen Intentionen über die reine Utopie ebenso hinaus wie über die Struktur der satirischen Reiseerzählungen. Denn das Ziel Graciáns ist nicht die Entwicklung staatstheoretischer Ideen oder eine Kritik von politischen Mißständen, sondern die Vermittlung einer umfassenden auf die Lebenspraxis ausgerichteten Moral, die weniger rigoros als die der Stoiker ist, obgleich beide durchaus Gemeinsamkeiten aufweisen. Der Roman erweist sich so als die allegorische Veranschaulichung von philosophischen Vorstellungen, in denen sich das scholastische und das humanistische Menschenbild in der für die Zeit typischen Weise durchdringen. Doch gibt Gracián – obwohl selbst Theologe wie seine Zeitgenossen QUEVEDO, CALDERÓN, SAN JUAN DE LA CRUZ – keine dogmatische oder systematische Lehre, sondern eher Ratschläge zur Lebensklugheit. Hinter ihnen steht nicht die Verheißung von Seligkeit oder Glück, sondern lediglich das Bewußtsein, daß im Erkennen des Wahns der Welt die Würde der Persönlichkeit liegt; denn solches Wissen ist Urteilsfähigkeit (*crisi* – davon der Titel *Criticón*): Unterscheiden zu können zwischen Schein und Sein trägt seinen Wert in sich selbst. Ruhmvoll im Urteil der Nachwelt zu überdauern, vermag nur die sich selbst besitzende, im Trug der Umwelt sich behauptende Persönlichkeit. Sie sieht ihr Glück nicht im Verzicht auf die Welt, sondern in der durch alle Enttäuschung sich behauptenden Spannkraft des Strebens. *»Das Leben des Menschen ist* milicia *gegen die* malicia *des Menschen«*, eine aristokratische Kunst der idealen Lebensführung: Diese begründet freilich nicht eine sittliche, sondern eine ästhetische Würde des Menschen.

Diesem Lebensstil entspricht Graciáns Sprachstil: *El criticón* ist ein Meisterwerk des sogenannten *conceptismo*. Es ist ein schwieriger Stil, der nur für wenige Wissende bestimmt ist. Die Sprache spiegelt nicht einfach den Gedanken, sie bringt ihn vielmehr hervor: *»Siempre insisto en que lo conceptuoso es el espíritu del estilo« (»Immer wieder betone ich, daß das In-Begriffe-Fassen das Wesen des Stils ist«)*, sagt Gracián in *Arte de ingenio, tratado de la agudeza*. Er zielt nicht auf Begrifflichkeit, sondern auf Beziehung zwischen den Dingen, auf Spannungserregung. *»Durch ein System kunstvoller Verzögerungen wird die Neugier erregt, wird Aufmerksamkeit geweckt, bis eine vorzügliche Lösung das Mysterium in angemessener Weise klärt.« (Arte de ingenio)* Die daraus resultierende ständige Spannung zwischen kühler Intellektualität, die mit Wortspielen und Assonanzen brilliert, und barocker Überladenheit – die Allegorien sind von satirischer Schärfe und zuweilen grotesker Bizarrerie – wird manchen modernen Leser nur schwer ein Verhältnis zu dem Werk finden lassen. Die vielen trefflichen Maximen menschlicher Weisheit, die in die Allegorien eingestreut sind, und die teilweise großartig-kühnen Bilder können ihn dafür um so nachhaltiger fesseln.

I.F.-KLL

AUSGABEN: Saragossa 1651–1657. – Philadelphia 1938, Hg. M. Romera-Navarro [krit., m. Komm.]. – Madrid 1944 (in *Obras completas*, Hg. E. Correa Calderón; m. Einl. u. Komm.). – Madrid 1957 (Austral). – Madrid 1960 (in *Obras completas*, Hg. A. del Hoyo; m. Einl., Komm. u. Bibliogr.; ern. 1967). – Madrid 1977, Hg. u. Einl. E. Correa Calderón (Clás. Cast). – Hildesheim 1979 [Nachdr. d. Ausg. Philadelphia 1938]. – Madrid 1980 (Austral). – Madrid 1984, Hg. u. Einl. S. Alonso (Cátedra). – Barcelona 1985, Hg. u. Einl. A. Prieto.

ÜBERSETZUNGEN: *Von den allgemeinen Lastern der Menschen*, anon., Ffm./Lpzg. 1698. – *Der entdeckte Selbstbetrug*, C. Gottschling, Halle/Lpzg. 1721. –

Criticon, H. Studniczka, Hbg. 1957 (Einl. v. H. Friedrich, m. Bibliogr.; RKl, 2).

LITERATUR: F. Rahola, *Estudio sobre B. G. y su »Criticón«*, Barcelona 1908. – K. L. Selig, *G. and Alciato's »Emblemata«* (in CL, 8, 1956, S. 1–11). – M. Baquero Goyanes, *Perspectivismo y sátira en »El criticón«* (ebd., S. 27–56). – E. Moreno Baez, *Filosofía del »Criticón«*, Santiago de Compostela 1959. – L. B. Watson, *Two Allegoric Journeys. A Comparison between Bunyan's »Pilgrim's Progress« and G.'s »Criticón«* (in BHS, 36, 1959, S. 28–36). – H. Iventosch, *Moral Allegorical Names in G.'s »Criticón«* (in Names, 9, 1961, S. 215–233). – P. Sáinz Rodríguez, *Una posible fuente de »El criticón« de G.* (in Archivo Teológico Granadino, 25, 1962, S. 7–21). – G. Schröter, *B. G.s »Criticón«*, Mchn. 1966 (Freiburger Schriften zur roman. Philologie, 2). – H. Friedrich, *G., »El criticón«* (in *Romanische Literaturen. Aufsätze II: Italien und Spanien*, Hg. B. Schneider-Pachaly, Ffm. 1972, S. 162–180). – T. L. Kassier, *The Truth Disguised: Allegorical Structure and Technique in G.'s »El criticón«*, Ldn. 1976. – M. L. Welles, *Style and Structure in G.'s »El criticón«*, Chapel Hill 1976. – M. J. Bruno Herrera, *»El criticón« de B. G.: Aspectos de la técnica descriptiva*, Diss. NY 1977. – R. Senabre, *G. y »El criticón«*, Salamanca 1979. – G. Sobejano, *Prosa poética en »El criticón«: Variaciones sobre el tiempo mortal* (in *Romanica Europea y Americana, Fs. H. Meier*, Bonn 1980, S. 602–614). – B. Pelegrin, *De la géographie allégorique du »Criticón« à l'espace jésuitique de B. G.*, Bordeaux 1982. – Ders., *Le fil perdu du »Criticón« de B. G.: objectif Port-Royal: Allégorie et composition conceptiste*, Aix-en-Provence/Marseille 1984 [vgl. dazu U. Schulz-Buschhaus, Rez. (in RF, 97, 1985, S. 493/494]. – M. S. Carrasco Urgoiti, *Fortuna reivindicada. Recreación de un motivo alegórico en el Criticón* (in Crotalón, 1, 1984, S. 159–176). – I. C. Livosky, *Función de los personajes en la estructura narrativa de »El Criticón« de B. G.* (in Hispanic Journal, 7, 1985, S. 29–39). – M. Blanco, *Aporías de una ficción ingeniosa* (in Criticón, 33, 1986, S. 5–36). – U. Schulz-Buschhaus, *B. G.: El Criticón* (in *Der Spanische Roman*, Hg. V. Roloff u. H. Wentzlaff-Eggebert, Düsseldorf 1986).

ORÁCULO MANUAL Y ARTE DE PRUDENCIA. Sacada de los aforismos que se discurren en las obras de Lorenço Gracian, que publica don Vincencio Juan de Lastanosa

(span.; *Hand-Orakel und Kunst der Weltklugheit. Blütenlese der in den Werken Lorenzo Graciáns enthaltenen Aphorismen, herausgegeben von Vincenio Juan de Lastanosa*). Spruchsammlung von Baltasar GRACIÁN, erschienen 1647. – Nachdem Gracián in mehreren Schriften seine Vorstellungen von menschlicher Vollkommenheit und Lebensklugheit entwickelt hatte, gab er in den 300 Merksprüchen dieses Handbüchleins *»die gedrängteste Fassung seiner Moralistik«* (H. Friedrich). Zwar ließ er, wohl um Schwierigkeiten bei der Erteilung des Imprimaturs zu vermeiden, das vom Standpunkt der kirchlichen Morallehre keineswegs unproblematische Werk unter dem Pseudonym Lorenzo Gracián von seinem Freund Lastanosa »herausgeben«, aber die Auswahl und Zusammenstellung der Aphorismen stammen sicherlich von ihm selbst. Etwa ein Viertel von ihnen läßt sich, wenn auch teilweise in anderer Form, in früheren Werken nachweisen; für die übrigen finden sich manche gedanklichen Anklänge in den Spruchsammlungen des ERASMUS VON ROTTERDAM (vgl. *Adagia*) und des berühmten Vorstehers der Kanzlei Philipps II., Antonio PÉREZ (1540–1611). Ähnlich wie die Essays in *El discreto*, 1646 *(Der Weltmann)*, ohne innere Ordnung aneinandergereiht, erschließt sich die gedankliche Einheit dieser lakonischen, aufs äußerste komprimierten und jeweils kurz erläuterten Denksprüche nur dem, der sie zu dechiffrieren versteht. Denn als Vertreter des *conceptismo*, für den *»das In-Begriffe-Fassen das Wesen des Stils ist«* (vgl. *El criticón*), vermeidet Gracián den klaren, unmittelbar verständlichen Ausdruck. Seine Kunst des Wortspiels, des Doppelsinns, des Paradoxons und der Ellipse, der etymologisch begründeten ungewöhnlichen Bedeutungsnuance, der schwierigen Allegorie und gesuchten, dunklen Metapher ist nur für wenige intellektuell gebildete, äußerst belesene Menschen bestimmt und fordert höchste geistige Konzentration für die Erschließung dieser Maximen, die erst nach ihrer Enträtselung durch den Verstand angeeignet und auf das praktische Leben bezogen werden können.

Als vollendeter Ausdruck der spanischen Geistigkeit des Hochbarock fand das Büchlein im 17. und 18. Jh. europäische Verbreitung. Mindestens zehn verschiedene Übersetzungen erschienen allein in Deutschland. Hier fühlten sich im 19. Jh. vor allem SCHOPENHAUER und NIETZSCHE von den psychologischen Einsichten angezogen und sahen sich in manchen eigenen Überzeugungen durch die pessimistischen Grundzüge im Denken Graciáns bestätigt. D.B.

AUSGABEN: Huesca 1647. – Madrid 1954, Hg. M. Romera-Navarro. – Madrid 1960 (in *Obras completas*, Hg. A. del Hoyo; ern. 1967). – Ldn. 1963, Hg. L. B. Walton [m. Einl. u. Anm.]. – Salamanca 1968, Hg. E. Correa Calderón. – Madrid 1969 (in *Obras completas*, Hg. u. Einl. M. Batllori, Bd. 1). – Saragossa 1983.

ÜBERSETZUNGEN: *L'homme de cour, oder B. G.'s Vollkommener Staats- und Weltweise*, A. G. Kromayer, Lpzg. 1686. – *Handorakel und Kunst der Weltklugheit*, A. Schopenhauer, Lpzg. 1862; ern. Stg. o. J. [m. Einl. K. Vossler]. – Stg. 1968 (RUB). – Bln. 1970. – Stg. 1978 (KTA). – Mchn. 1985 (dtv).

LITERATUR: M. Lacoste, *Les sources de l'»Oráculo manual« dans l'œuvre de B. G. et quelques aperçus touchant à l'»Atento«* (in BHi, 31, 1929, S. 93–101; vgl. auch ders., ebd., 33, 1931, S. 126–140). –

E. Correa Calderón, *Hipótesis sobre el »Oraculo manual«* (in RFE, 28, 1944, S. 66–73). – K. A. Blüher, *G.'s Aphorismen im »Oráculo manual« und die Tradition der politischen Aphorismensammlungen in Spanien* (in IR, 1, 1969, S. 319–327). – F. G. Povedano, *El juego de palabras en el »Oráculo manual« de G.* (in RF, 88, 1976, S. 210–224). – B. Pelegrin, *Antithèse, métaphore, synecdoque et métonymie. Stratégie de la figure dans »L'oraculo manual« de B. G.* (in Revue de Littérature, 56, 1982, S. 339–350). – J. M. Lope Blanch, *La estructura del discurso en el »Oráculo manual«* (in Archivo de Filología Aragonesa 36, 1985, S. 101–115).

JUAN DE LA CRUZ

Hl. Johannes vom Kreuz
d.i. Juan de Yepes y Álvarez

* 24.6.1542 Fontiveros
† 14.12.1591 Kloster Úbeda

LITERATUR ZUM AUTOR:
Bibliographien:
P. Bilbao Aristegui, *Indice de bibliografía sobre J. de la C.*, Bilbao 1946. – P. P. Ottonello, *Bibliografia di San J. de la C.*, Rom 1967. – R. P. Hardy, *Early Biograpical Documentation of J. de la C.* (in Science et Esprit, 30, 1978).
Biographien:
C. de Jesús Sacramentado, *Vida de J. de la C.*, San Sebastián 1939. – H. Chaudebois, *La lección de Fray J. de la C.*, Barcelona 1942. – E. A. Peers, *Spirit of Flame. A Study of St. John of the Cross*, Ldn. 1943, 81961. – J. C. Gómez-Menor Fuentes, *El linaje familiar de Santa Teresa y J. de la C.*, Toledo 1970. – G. Brenan, *St. John of the Cross: His Life and Poetry*, Ldn./NY 1973. – *Vida y obras de San J. de la C.*, Hg. M. del Niño Jesús, Madrid 1978. – P. Lauzeral, *Quand l'amour tisse un dessin: vie de saint Jean de la Croix*, Paris 1985.
Gesamtdarstellungen und Studien:
J. Baruzi, *Saint Jean de la Croix*, Paris 1924. – M. Herrero García, *S. J. de la C.: Ensayo literario*, Madrid 1942. – E. Stein, *Kreuzwissenschaft. Studien über Johannes a Cruce*, Löwen/Freiburg 1950. – H. Waach, *Johannes vom Kreuz*, Wien/Mchn. 1954. – F. Urbina, *La persona humana en San J. de la C.*, Madrid 1956. – H. Sanson, *El espíritu humano según San J. de la C.*, Madrid 1962. – D. Alonso, *La poesía de San J. de la C.*, Madrid 1966. – F. Ruiz Salvador, *Introducción a San J. de la C.: el escritor, los escritos, el sistema*, Madrid 1968. – E. de la Virgen del Carmen, *San J. de la C. y sus escritos*, Madrid 1969. – A. Bord, *Mémoire et espérance chez Jean de la Croix*, Paris 1971. – B. Gicovate, *San J. de la Croix*, NY 1971 (TWAS). – J. Camón Aznar, *Arte y pensamiento en San J. de la C.*, Madrid 1972. – J. L. Aranguren, *San J. de la C.*, Madrid 1973. – M. Wilson, *San J. de la C.: Poems*, Ldn. 1975. – J. C. Nieto, *Mystic, Rebel, Saint: A Study of St. John of the Cross*, Genf 1979. – W. Repges, *Johannes vom Kreuz: der Sänger der Liebe*, Würzburg 1985. – E. Wilhelmsen, *Cognition and Communication in John of the Cross*, Ffm. u. a. 1985. – M. E. Glies, *The Poetics of Love: Meditations with John of the Cross*, NY u. a. 1986.

CÁNTICO ESPIRITUAL

(span.; *Geistlicher Lobgesang*). Mystischer Wechselgesang zwischen der Seele und Gott von JUAN DE LA CRUZ, begonnen während des Gefängnisaufenthalts in Toledo 1577/78, in zwei Fassungen überliefert; 1622 auf französisch erstmals gedruckt. – Ins Religiöse verweist der erst 1630 von dem Herausgeber Jerónimo de SAN JOSÉ hinzugefügte Titel. In ihrer Verlassenheit und Pein ruft die Braut nach ihrem Geliebten. Sie eilt hinaus in die Natur, die ihr in der Schönheit der Wälder, Flüsse und Berge von dem Gesuchten kündet. Als dieser erscheint, ist sie zunächst geblendet vom Glanz seiner Augen; doch seine begütigenden Worte entlocken ihr einen Freudenhymnus auf die Natur: *»Mi amado, las montañas, / los valles solitarios nemorosos, / las ínsulas extrañas, / los ríos sonorosos, / el silbo de los aires amorosos ...«* (*»Mein Geliebter, die Berge, die einsamen und bewaldeten Täler, / die fremden Inseln, / die tönenden Flüsse, / das Säuseln der liebreichen Düfte ...«* [1. Fassung: Strophe 13]). Die bösen Elemente der Dunkelheit sind gebannt, die Braut ruht in den Armen ihres Geliebten, *»y yo le di de hecho / a mi sin dejar cosa* (*»und ich gab mich ihm, in der Tat, ganz hin«*). Wie die weiße Taube zur Arche zurückgekehrt war, so hat nun die Geliebte den Ersehnten gefunden. In der Schönheit des Bräutigams möchte sie den Berg und den Hügel betrachten, in verborgenen Höhlen will sie mit ihm verweilen, wenn in ruhiger Nacht der leichte Hauch des Windes sie umweht und der Gesang der Nachtigall aus dem Hain ertönt.
Allegorisch spiegeln sich in dem geistlichen Wechselgesang zwischen Braut und Bräutigam die drei Stufen auf dem Weg der Seele zur mystischen Vereinigung mit Gott. Ausführliche traktatähnliche Kommentare, die vermutlich dem Liede angefügt wurden, erklären dessen Sinngehalt. Es ist nicht sicher, ob die Kommentare – Dámaso ALONSO nannte sie *»einen vorauszusehenden, wenn auch bewundernswürdigen Mißerfolg«* – nicht vor dem Gedicht entstanden sind. Fast jedes einzelne Wort wird rational ausgedeutet und auf die Heilswahrheiten bezogen. So etwa sind die verborgenen Höhlen die Geheimnisse und die Weisheit Gottes, der Windhauch die Berührung der Seele durch den Heiligen Geist, der Gesang der Nachtigall das Zwiegespräch zwischen Gott und der Seele, der Hain die gottgeschaffene Natur und die Nacht die meditierende Betrachtung der Geschöpfe Gottes. Doch kann die Exegese San Juans keinen Zugang zu seinen Gedichten und den ihnen zugrunde liegenden mysti-

schen, dem Wort sich entziehenden Erfahrungen vermitteln. Das Unaussprechliche, das Geheimnis der *unio mystica*, das solche Erklärungen eher verdecken, läßt vielleicht nur die dichterische Aussage erahnen. Trotz der Einfachheit der Sprache und dem Gleichklang der Strophen und Verse erweist sich das Gedicht bei näherer Betrachtung als ein kunstvolles Gefüge. Wenn sich auch San Juan den reichen Formelschatz der volkstümlichen und PETRARCA nachempfundenen Liebeslyrik zu eigen machte und sich dabei auf SEBASTIÁN DE CÓRDOBAS Übertragungen der Eklogen GARCILASOS »ins Christliche und Religiöse« stützen konnte, handelt es sich im *Cántico* doch um eine eigenständige Neuschöpfung. San Juan verzichtete fast ganz auf rhetorische Mittel, doch ist seine Sprache überaus plastisch. So ahmen die lautmalerisch wiederholten o- und s-Laute (z. B. *ríos sonorosos* ...) das Rauschen der Flüsse und der Winde nach. Die häufigen Wortreihen, Fragen, Ausrufe, eindringlichen Aufforderungen, der ständige Wechsel zwischen Sieben- und Elfsilber steigern den Versrhythmus zu äußerster Dynamik und Ausdruckskraft – ganz im Gegensatz zu der Statik und Geschmeidigkeit der Verse Garcilasos. Auch weiß San Juan den Rhythmus der wechselnden Stimmung des Liedes anzupassen. So findet die Unrast, mit der die Seele nach Gott sucht, Ausdruck in der raschen, unverbundenen Aufeinanderfolge von Nomen und Verben: *»Ni cogeré las flores / ni temeré las fieras ...«* Doch dann, als der Geliebte erscheint, verlangsamt sich der Rhythmus zu einem ruhigen Verweilen: *»La noche sosegada / en par de los levantes de la aurora ...« (»Die ruhige Nacht / den Anfängen der Morgenröte weit geöffnet ...«)* Die Einheit von Natur und Geliebtem, von Schöpfer und Schöpfung drückt sich in der unverbundenen Folge der Substantive aus *(»Mein Geliebter, die Berge ...«)*. Der *Cántico espiritual*, der in vielem an das biblische *Hohelied* erinnert, ist das vielleicht vollkommenste Werk von San Juan de la Cruz und eine der tiefsten Aussagen mystischer Erfahrungen in der spanischen Lyrik.

E.F.-KLL

AUSGABEN: Paris 1622. – Brüssel 1627 (in *Declaración de las Canciones que tratan del exercicio de amor entre el Alma y el Esposo Christo*). – Madrid 1630 (in *Obras*, Hg. Jerónimo de San José). – Salamanca 1948, Hg. J. Krynen (*Le cantique spirituel de St-Jean de la Croix*; kommentiert u. umgearbeitet im 18. Jh. von Augustín Antolínez). – Solesmes 1951, Hg. P. Chevalier *(Le texte du Cantique spirituel mis au net par St-Jean de la Croix)*. – Madrid 1960 (in *Vida y obras de San Juan de la Cruz*, Hg. Lucinio del Stmo. Sacramento; m. Einl. u. Bibliogr.; BAC). – Madrid 1983, Hg. u. Einl. C. Cuevas García. – Burgos 1987 (in *Obras completas*, Hg. u. Einl. E. Pacho).

ÜBERSETZUNGEN: *Göttliche Liebesflamme*, G. Ph. Harsdörffer (in J. M. Dilherr, *Göttliche Liebesflamme*, Jena 1640). – *Das Lied der Liebe*, I. Behn (in *SW*, Bd. 3, Einsiedeln 1963; ern. 1979).

LITERATUR: R. M. Icaza, *The Stylistic Relationship between Poetry and Prose in the »Cántico espiritual« of San Juan de la Cruz*, Washington 1957. – E. Orozco, *Poesía y mística*, Madrid 1959. – E. de la Virgen del Carmen, *El »Cántico espiritual«: Trayectoría histórica del texto*, Rom 1967. – R. Duvivier, *La genèse du »Cántico espiritual« de Saint Jean de la Croix*, Paris 1971. – J. L. Morales, *El »Cántico espiritual« de San J. de la C.*, Madrid 1971. – R. Duvivier, *Le dynamisme existentiel dans la poésie de Jean de la Croix. Lecture du »Cántico espiritual«*, Paris 1973. – J. Martín Ballester, *S. J. de la C. »Cántico espiritual« leido hoy*, Madrid 1977. – C. P. Thompson, *The Poet and the Mystic: A Study of the »Cántico espiritual« of S. J. de la C.*, NY/Oxford 1977. – J. B. McInnis, *Eucharistic and Conjugal Symbolism in »The Spiritual Canticle« of St. John of the Cross* (in Renascence, 36, 1984, S. 118–138).

LLAMA DE AMOR VIVA

(span.; *Lebendige Liebesflamme*). Gedicht und mystischer Traktat von JUAN DE LA CRUZ, erschienen 1618. – Auf Bitten von Doña Ana de Peñalosa schrieb Johannes vom Kreuz als Prior des Karmeliterklosters und berühmter Seelenführer in Granada Erläuterungen zu seinen wahrscheinlich 1584 gedichteten Gesängen der Seele im Zustand der innigsten Einigung mit Gott, ihrem geliebten Bräutigam. Diese Lira mit nur vier, auf je sechs Zeilen und drei Reime erweiterten Strophen verleiht äußersten ekstatischen Erfahrungen des Heiligen in einer Reihe von Anrufungen und Bildern poetischen Ausdruck. Die geheimnisvolle Gedankentiefe, schwebende Musikalität und unerhörte Sprachgewalt der Verse lassen das Gedicht als eine der reinsten lyrischen Schöpfungen überhaupt erscheinen. Wie in den beiden anderen Werken (*Subida del Monte Carmelo* und *Cántico espiritual*) erklärt der Kirchenlehrer sein zunächst in ein dichterisches Kunstwerk gegossenes religiöses Erleben nachträglich, wenn auch nur widerstrebend, Zeile für Zeile in einem theologischen Kommentar von hohem literarischem Rang. Aus den zahlreichen, noch zu Lebzeiten des Mystikers und Reformers verbreiteten Abschriften läßt sich der kritische Text nur mehr sehr schwer herstellen, da die Originalhandschriften verschollen sind. Dennoch ragen aus der Überlieferung zwei mit Sicherheit authentische Bearbeitungen heraus: eine frühere, angeblich in vierzehn Tagen in der Zeit zwischen Mai 1585 und April 1587 hergestellte Fassung, die somit ihrem Entstehen nach zwischen der ersten und zweiten Textgestaltung des *Cántico espiritual* liegt, sowie eine spätere, erweiterte Form, die um 1590, kurz vor dem Tod des Dichters, vollendet wurde. Da in Lehre und Ausdeutung jedoch keine wesentlichen Veränderungen festzustellen sind, bleibt der Anlaß für die nochmalige Behandlung auch hier im dunkeln.

Wie das Holz, vom Feuer ergriffen, in sprühende Glut und strahlendes Licht übergeht, so wird die geläuterte und »leere« Seele im Zustand der Umwandlung in lodernder Entflammtheit durch noch vollkommenere und ganz wesenhafte Liebe vergöttlicht, ja zu *»Handlungen Gottes in Gott«* emporgehoben. In der *»Mitte der Seele«* selbst ist das Mysterium des trinitarischen Lebens gegenwärtig. Durch die Liebeseinigung geschieht in der Seele jene *»Aneignung Gottes«*, mitten in das *»Herz des Geistes«* hinein. Die drei göttlichen Personen bewirken dieses Gleichförmigwerden in der auserwählten Seele. Nun schenkt die Seele, in ihren Kräften und Sinnen *»erhellt und liebesglühend genug«*, Gott den Heiligen Geist jubelnd und dankend als ihr Eigenes zurück, denn *»die göttliche Wesenheit wird von jedem auf freie Weise besessen aufgrund der freiwilligen Hingabe des einen an den anderen«*. Dank der Einigung der Erkenntniskraft und des Gefühls mit Gott genießt die Seele den Widerschein des himmlischen Glanzes. *»Der wahrhaft Liebende ist erst dann befriedigt, wenn er alles, was er ist und wert ist, alles, was er besitzt und empfängt, dem Geliebten zubringt.«* Damit vollzieht sich gleichsam ein »Atemholen« oder ein »Aufwachen« Gottes in der Seele. In ihrem Schoß findet Gott Ruhe, zugleich schwingt die Seele mit ihrem Leib, dem Willen, im Schoß des göttlichen Glanzes bis auf den Grund erhellt. Indem sich also die Seele durch den Geist Gottes heiligt, verherrlicht sich Gott selbst in ihr. *»Das Einhauchen von Heil und Herrlichkeit und Gottes zartestes Lieben in der Seele«* – die mystische Ehe und wesentliche Erkenntnis – zu umschreiben übersteigt selbst die mitßreißende Sprachphantasie eines Johannes vom Kreuz.

Unter Vermeidung jeglichen persönlichen, anekdotenhaften Elements versucht der Heilige nicht nur den Skeptikern die schreckliche Schönheit seiner außerordentlichen Begnadung zu zeigen, er will vor allem berufene, fromme Seelen in faßbarer Sprache an seiner Gottesschau teilhaben lassen. Mit auffälligem Nachdruck warnt der Mönch vor unerleuchteten Seelenführern mit *»Stümperhänden«* wie von *»Grobschmieden«* und verlangt mehr Feingefühl und Freizügigkeit von ihnen, damit nicht *»jene innige Künstlerhand«* des Heiligen Geistes gestört werde, wenn sie der Seele das Antlitz Gottes aufprägt. Den steilen Weg der Seele von der Reinigung und Erleuchtung in dunkler Nacht bis zur Vereinigung mit Gott berührt der »Doctor extaticus« in diesem Werk, der Krönung seiner mystischen« Spiritualität, nicht mehr. Die im *Cántico espiritual* besungene geistliche Vermählung der Seele mit Gott wird jetzt durch den Zustand innigster Gemeinsamkeit vollendet. Nur weil die Seele im Diesseits nicht vollkommen aufnahmefähig ist für die göttliche Herrlichkeit, erscheint ihre Erfahrung der Seligkeit noch von Erschütterungen durchbebt, die der ewigen Gelassenheit Gottes nicht eignen. Die Fülle des mystischen Erlebens wird mit einer theologischen Präzision erfaßt, die der Gewalt des Gefühls bei der Darstellung des Unaussprechlichen keinen Abbruch tut.

Die streckenweise hymnisch-rhythmische Prosa des Kommentars ist reich an lautmalerischen Effekten, kühnen und plastischen Bildern, Paradoxa, Hyperbeln und bleibt dennoch immer von einer erstaunlichen Klarheit. Das Gedicht bildet mit dem Kommentar eine geistige Einheit, wenngleich im Hinblick auf das Verhältnis der lyrischen Intuition zur mystischen Reflexion hier besonders jener unüberbrückbare Abgrund deutlich wird, den Johannes vom Kreuz auch bei seinem Wagnis, das *»Innerliche und Geisthafte«* in die Sprache der Menschen zu übersetzen, nur allzuoft selbst empfunden hat: Alles Gesagte bleibt so weit hinter dem Wirklichen zurück wie etwas Gemaltes hinter dem Urbild. So werden weniger Metaphern, Symbole oder Allegorien, sondern allein die lyrische Beteuerung im Ausruf *»mehr vom Inneren offenbaren, als Worte es vermögen«*. D.B.

AUSGABEN: Alcalá 1618 (in *Obras espirituales*). – Burgos 1931 (in *Obras*, Hg. P. Silverio de Santa Teresa, 5 Bde., 4). – Madrid 1960 (in *Vida y obras*; BAC). – Madrid 1980. – Burgos 1987 (in *Obras completas*, Hg. u. Einl. E. Pacho).

ÜBERSETZUNGEN: *Göttliche Liebesflamme*, G. Ph. Harsdörffer, Nürnberg 1644. – *Flammen der lebendigen Lieb*, Modestus v. hl. Johannes Ev. (in *Ascetische Schriften*, Prag 1697). – *Lebendige Liebesflamme*, A. Alkover (in *SW*, Bd. 3, Mchn. 1938). – *Die lebendige Flamme*, I. Behn (in *SW*, Bd. 4, Einsiedeln 1964; ern. 1981).

LITERATUR: Juan José de la Inmaculada, *El último grado del amor*, Santiago de Chile 1941. – F. Sánchez-Castañer, *La »Llama de amor viva«, cima de la mística y de la poesía del Doctor Extático* (in Boletín de la Universidad de Santiago, 11, 1942, S. 3–26). – Efrén de la Madre de Dios, *San J. de la C. y el misterio de la Santísima Trinidad en la vida espiritual*, Saragossa 1947. – Gabriel a S. M. Madeleine, *S. Jean de la Croix, docteur de l'amour divin*, Paris 1947. – Eulogio de la Virgen del Carmen, *Un manuscrito desconocido de la »Llama de amor viva«* (in El Monte Carmelo, 63, 1955, S. 76–80). – H. Hatzfeld, *Estudios literarios sobre mística española*, Madrid 1955. – W. Barnstone, *Mystic-Erotic Love in »Living Flame of Love«* (in RHM, 37, 1972/73, S. 253–261). – A. Figueroa Brett, *El prodigio de San J. en »Llama de amor viva«* (in Anuario de Filología, 10/11, 1971–1974, S. 95–105). – J. Gimeno Casalduero, *La »Noche oscura« y »Llama del amor viva« de S. J. de la C.: Composición y significado* (in CHA, 1979, Nr. 346, S. 172–181).

NOCHE ESCURA DEL ALMA

(span.; *Die dunkle Nacht der Seele*). Mystisches Gedicht und Prosakommentar von JUAN DE LA CRUZ, erschienen 1618. – Das Gedicht *En una noche escura (In einer dunklen Nacht)* ist eines der drei Gedichte in »Lyren« – das sind fünfzeilige Strophen aus Sechs- und Elfsilbern mit der Reimfolge *ababb* –, die formal und inhaltlich ein Ganzes bilden (vgl. *Cántico espiritual* und *Llama de amor viva*). In ihm *»singt die Seele das hohe Glück, das sie fand, als sie in Entblößung und Läuterung die dunkle Nacht des Glaubens bis zur Vereinigung mit dem Geliebten durchschritt«*. In wenigen Strophen beschreibt es die Loslösung von aller Weltsinnlichkeit *»in einer dunklen Nacht«* und das Entzücken *»der Seele, die sich freut, den hohen Zustand der Vollkommenheit erlangt zu haben, der die Vereinigung mit Gott ist«: »Da stand ich still und vergaß mich selbst, / das Antlitz neigt' ich über den Geliebten, / alles erlosch und ich überließ mich, / ließ mein Sehnen / unter den Lilien vergessen sein.«*

Zu diesem Gedicht verfaßte Juan de la Cruz schon zwischen 1578 und 1583 einen Kommentar in drei Büchern, *Subida al monte Carmelo (Aufstieg zum Berge Karmel)*. Zwischen 1583 und 1585, in der Zeit des Granadiner Priorats, und noch ehe jener Traktat vollendet war, unternahm er, wahrscheinlich auf Bitten eines geistlichen Mitbruders, in der Schrift *Noche escura del alma*, eine zweite Deutung des Gedichts. Obwohl die beiden Werke ihrem Stil und inneren Aufbau nach sehr verschieden sind, bildet möglicherweise die spätere Schrift den Ansatz zum fehlenden vierten Abschnitt des ersten Kommentars. Der Heilige betrachtete jedenfalls die beiden für seine Lehre vom Weg der Seele zur Schau Gottes grundlegenden, wenn auch Fragment gebliebenen Traktate als Einheit. Ihr inhaltlicher Zusammenhang kommt auch darin zum Ausdruck, daß in der ersten Schrift die »Nacht« der Sinne und des Geistes *»en cuanto a lo activo«* (d. h. als Ergebnis der tätigen Bemühung der Seele) dargestellt wird, während der gleiche Zustand in der zweiten Schrift *»en cuanto a lo pasivo«* (d. h. als Folge der Einwirkung Gottes) beschrieben ist.

Mit dem Sinnbild der Nacht umschreibt Johannes nicht, wie man erwarten könnte, den Tod oder den Stand der Sünde oder das Dunkel des Unglaubens und Zweifels, sondern er meint damit den Zustand der Seele nach ihrer Entblößung und Läuterung zuerst von allen Anwandlungen der Sinne, dann von allen Regungen des Geistes. Die Begierden der Sinne blenden die Seele wie *»dem Schmetterling die Augen, denn die Begierde nach Schönheit treibt ihn betört in die Flamme«*. Nach Überwindung aller Begierden und Affekte besteht die Läuterung des Geistes in seiner Befreiung von jeder eigenen Wahrnehmung, Erkenntnis, Willensregung und Erinnerung. In die nach so unsäglicher Anstrengung völlig leer gewordene, sich selbst enthobene Seele strömt die Selbstmitteilung der göttlichen Liebe ein. Die gleichsam gestorbene Seele erlebt in der äußersten Entmachtung der Sinne und des Verstandes dialektisch ihre Auferstehung und gelangt durch gnadenhafte Finsternis zur beseligenden Schau Gottes. Je freier das Auge in die Sonne blickt, desto mehr wird seine Sehkraft verdunkelt. So ist auch das Lichteste und Wahrste, Gott selbst, für *»das Auge des Nachtvogels«*, den Menschen, zweifelhaft und dunkel. Doch wie das Licht, das nicht unmittelbar angeschaut werden kann, die von ihm getroffenen Gegenstände sichtbar macht, so wird der durchklärte Geist in der Kontemplation vergöttlicht.

Im ganzen ist der anscheinend rasch und in einem Wurf niedergeschriebene Traktat von der *Dunklen Nacht der Seele* in der Formulierung weniger scharf als *Subida al monte Carmelo*. Neben einfachen, praktischen Ratschlägen für Anfänger in den mystischen Übungen auf der Stufe der *vía purgativa* (Weg der Läuterung) enthält er ähnliche Aussagen wie Buch II der *Subida* über die »Nacht der Sinne« auf der Vollkommenheitsstufe der »Erleuchtung«. Darüber hinaus gelingt es dem Heiligen, in vielen Bildern und Vergleichen von großer suggestiver Kraft die schreckliche Schönheit des für ihn so bedeutsamen Nachterlebnisses fühlbar zu machen. In seiner immer wieder zu großen Perioden feierlich ausholenden Darstellung fließen persönliche Erfahrung und psychologisches Wissen zusammen. Mit *»einprägsamer Deutlichkeit«* (L. Pfandl) vermag er tiefstes mystisches Erleben mitzuteilen, das dem natürlichen Fassungsvermögen entzogen ist und auch der Glaubenskraft der Berufenen das Äußerste abverlangt. Der in den letzten Strophen des Gedichts mit höchster dichterischer Kraft gestaltete Vollzug der mystischen Vereinigung mit Gott wird in diesem Kommentar ebensowenig erläutert wie in *Subida al monte Carmelo*. D.B.

Ausgaben: Alcalá 1618 (in *Obras espirituales*). – Burgos 1929 (in *Obras*, Hg. Silverio de Santa Teresa, 4 Bde., 1929–1931, 2). – Madrid 1964 (in *Obras*; BAC). – Madrid 1984. – Burgos 1987 (in *Obras completas*, Hg. u. Einl. E. Pacho).

Übersetzungen: *Die finster Nacht der Seel*, Modestus v. Hl. Johannes Ev. (in *Des seeligen Vatters Joannis vom Creutz ascetische Schriften*, Prag 1697). – *Dunkle Nacht*, A. Alkofer (in Johannes vom Kreuz, *SW*, Bd. 2, Mchn. 1931). – *Die dunkle Nacht der Seele*, I. Behn (in Johannes vom Kreuz, *SW*, Bd. 2. Einsiedeln 1961; ern. 1978).

Literatur: J. Lebreton, *»La nuit obscure« d'après s. Jean de la Croix* (in Revue d'Ascétique et Mystique, 9, 1928, S. 3–24). – Marcelo del Niño Jesús, *Las noches sanjuanistas y las moradas teresianas* (in El Monte Carmelo, 43, 1942, S. 288–354). – A. de Campo, *Poesía y estilo de la »Noche oscura«* (in Revista de Ideas Estéticas, 3, 1943, S. 33–58). – B. Jiménez Duque, *»Noches del alma«* (in Revista de Espiritualidad, 4, 1945, S. 151–168). – *Mediaeval Mystical Tradition and St. John of the Cross*, Ldn. 1954. – Emeterio del S. Corazón, *La noche pasiva del espíritu* (in Revista de Espiritualidad, 18, 1959, S. 5–49; 187–228). – E. W. T. Dicken, *The Crucible of Love*, Ldn. 1963. – Eulogio de San Juan de la Cruz, *La transformación total del alma en Dios según San J. de la C.*, Madrid 1963. – R. W. Miller, *»Noche oscura del alma«, a 16th Century Mystic Poem* (in Gordon Review, 10, 1967, S. 92–98). – A. Ruffinato, *L'altra ritmicitá: Semiotica delle forme nella »Noche oscura« di J. de la C.* (in Stc, 39/40, 1979, S. 385–405). – F. Labera Serrano u. N. v. Prellwitz,

Sulla poetica de San J. de la C.: En una noche oscura (in Studi Ispanici, 1980, S. 71–119). – M.-J. Mancho Duque, *El simbolo de la noche en San J. de la C.*, Salamanca 1982.

SUBIDA AL MONTE CARMELO

(span.; *Aufstieg zum Berge Karmel*). Mystische Abhandlung von JUAN DE LA CRUZ, erschienen 1618. – Zusammen mit *Noche escura del alma* handelt es sich bei diesem Werk des Unbeschuhten Karmeliters wahrscheinlich um zwei nach 1578, vorwiegend in Granada zwischen 1582 und 1585, verfaßte Teile eines entweder unvollendet gebliebenen oder infolge interner Ordensauseinandersetzungen und geistlicher Verbote verstümmelten Traktats mit dem Titel *Noche oscura de la subida al monte Carmelo*. Beide erläutern das geistliche Gedicht *En una noche oscura*, jedoch in freierer Form als in *Cántico espiritual* und *Llama de amor viva*.

Johannes stellt in dem von ihm selbst als seine Hauptschrift bezeichneten *Aufstieg zum Karmel* eine keineswegs allgemein für die Gläubigen verbindliche Weise dar, *»wie die Seele sich bereitmachen kann, um in kürzester Zeit zur Vereinigung mit Gott zu gelangen«*. Eine Handzeichnung für die Karmelissen von Beas veranschaulicht die Grundgedanken dieser mystische Erfahrung, metaphysische Spekulation, theologisch-exegetisches Wissen und psychologische Beobachtung einzigartig miteinander verbindenden Abhandlung. Auf den Berg der Vollkommenheit, über dessen Gipfel die Worte »Ewige Vollkommenheit« stehen, führen drei Wege: links der im Leeren endende, falsche Weg des gewöhnlichen Frömmigkeitslebens und in der Mitte der enge, steile Pfad, der die Seelen der wenigen Berufenen unmittelbar zur Anschauung Gottes leitet. Über ihm erscheinen die Worte: *»Nichts, nichts, nichts und auf dem Berge nichts.«* Die erste Stufe der Umgestaltung in Gott ist das Abtöten der Sinne, weniger als Buße denn als vollständige Reinigung von Leidenschaften verstanden, bis die *»Nacht der Sinne«* (1. Buch) hereinbricht. Die aktive *»Nacht des Geistes«* bewirkt die Läuterung des Verstandes (2. Buch). Mit dem begrifflichen und logisch vorgehenden Denken verlischt auch die Erinnerung (Einbildungskraft), an deren Stelle die übernatürliche Tugend der Hoffnung tritt. Die Meditation ist lediglich eine Anfängerübung vor diesem Zustand. Schließlich erstirbt auch der Wille (3. Buch) und geht in der göttlichen Liebe auf. Die Liebe ist das Wirkprinzip, das überhaupt den ständigen Übergang vom Natürlichen zum Übernatürlichen ermöglicht. *»Um alles zu besitzen, sollst du nichts mehr besitzen. Um alles sein zu können, so wünsche nichts mehr zu sein. Um alles Wissen zu besitzen, verzichte auf jedes Wissen.«* In die ihrer selbst entäußerte Seele strahlt das »dunkle Licht« der Gottheit ein, bis gnadenhaft der Zustand der mystischen Vereinigung eintritt, der auf Erden schon die beseligende Schau Gottes vorwegnimmt. Die Kontemplation ist Endziel, nicht nur Mittel der Gottessuche.

Ohne sich einer bestimmten Richtung zu verschreiben, steht Johannes vom Kreuz im philosophisch-theologischen Überlieferungsstrom des Mittelalters (z. B. PSEUDO-DIONYSIUS, hl. THOMAS VON AQUIN). Der deutschen und niederländischen Mystik (TAULER, RUYSBROECK, HERPHIUS) verdankt er, wenn dies auch bei seiner synthetischen Denkweise selten eigens mit Zitaten belegt wird, ebenso wie der Spiritualität der hl. TERESA VON ÁVILA, wichtige Anregungen. Mit unerhörter verstandesmäßiger Klarheit prüft und ordnet er seine eigentlich unaussprechbaren geistlichen Erfahrungen in einem nüchternen, auch literarisch schmucklosen Werk, das am Anfang umwälzender Entdeckungen der Neuzeit im seelischen Innenleben steht. Trotz dieses verinnerlichten, dialektischen Systems der Entselbstung und Entrückung hat der Ordensreformer und Seelenführer nie die Belange des tätigen Lebens und die Forderungen der praktischen Ethik verkannt.

Der *Aufstieg zum Karmel* und die als viertes Buch hierzu gedachte, teilweise aber schon früher entstandene *Nacht der Seele* wurden nicht zu Unrecht als Versuch gedeutet, sich dem göttlichen Wesen jenseits dogmatischer Eingrenzungen in seiner absoluten Ganzheit zu nähern. Der *Geistliche Lobgesang* und die *Lebendige Flamme* stellten demgegenüber die stärker auf Christus den Erlöser ausgerichtete, der biblischen Offenbarung folgende Erfahrung des Mystikers dar. Wenn auch das erhaltene Gesamtwerk des hl. Johannes eine innere Einheit bildet, die freilich bei seiner zufälligen, oft fragmentarischen und eiligen Schreibweise keineswegs auf einem fest vorliegenden Plan beruht, so sind weder *Cántico espiritual* noch *Llama de amor viva* nur als Ergänzung für die fehlenden Teile des *Aufstiegs zum Karmel*, als kirchlich gebundene Weise mystischer Gottsuche zu verstehen. Es ist einer der kühnsten intellektuellen und spirituellen Versuche in der europäischen Geistesgeschichte, den abgründigen seelischen Spielraum in den Beziehungen zwischen göttlichem Du und menschlichem Ich mit strengster persönlicher Zucht zu erproben und mit wissenschaftlicher Genauigkeit zu beschreiben.

D.B.

AUSGABEN: Alcalá 1618 (in *Obras espirituales*). – Madrid 1960. – Madrid 1965. – Madrid 1983. – Burgos 1987 (in *Obras completas*, Hg. u. Einl. E. Pacho).

ÜBERSETZUNGEN: *Auffsteigung des Bergs Carmeli*, Modestus vom hl. Johannes Ev. (in *Des seeligen Vatters Joannis vom Creutz ascetische Schriften*, Prag 1697). – *Aufstieg zum Berge Karmel*, A. Hofmeister (in *SW*, Bd. 1, Bln. 1931). – Dass., F. Wessely, Wien 1953. – *Empor den Karmelberg*, O. Schneiders (in *SW*, Hg. I. Behn, Bd. 1, Einsiedeln 1964; ern. 1977).

LITERATUR: P. Garrigou-Lagrange, *Perfection chrétienne et contemplation selon St. Thomas et St-Jean de la Croix*, Ligugé 1926. – J. Baruzi, *St-Jean de la*

Croix et le problème de l'expérience mystique, Paris 1931. – E. Stein, *Kreuzeswissenschaft. Studie über Joannes a Cruce*, Löwen/Freiburg i. B. 1950. – L. Lavelle, *La contemplation selon St-Jean de la Croix* (in L. L., *Quatre saints*, Paris 1951). – G. Morel, *Le sens de l'existence selon St-Jean de la Croix*, Paris 1960. – A. C. Vega, *Cumbres místicas*, Madrid 1963. – M. Ballestrero, *J. de la C.: De la angustia al olvido. Análisis del fondo intuido en la »Súbida al Monte Carmelo«*, Barcelona 1977. – M. E. Giles, *Take back the Night* (in *The Feminist Mystic and other Essays on Women and Spirituality*, Hg. M. E. Giles, NY 1982, S. 39–70). – L. Vázquez, *Poemas »Sanjuanistas« fuera del Carmelo* (in Estafeta literario, 38, 1982, S. 149–198).

ANTONIO MIRA DE AMESCUA

* 1574(?) Guadix
† 8.9.1644 Guadix

LITERATUR ZUM AUTOR:
F. Sanz, *El doctor don A. M. de A. Nuevos datos para su biografía* (in BRAE, 1, 1914, S. 551–572). – E. Cotareli y Mori, *M. de A. y su teatro* Madrid 1931). – K. L. Gregg, *A Brief Biography of A. M. de A.* (in Bulletin of the Comediants, 26, 1974, S. 14–22). – C. Smith, *El doctor M. de A. An Examination of His Plays with an Introductory Biographical Study*, Diss. Univ. of British Columbia 1976 (vgl. Diss. Abstracts, 37, 1977, S. 4405A). – J. A. Castañeda, *M. de A.*, Boston 1977 (TWAS). – A. Gallego Morell, *La poesía lírica de M. de A. y bibliografía del escritor* (in BRAE, 64, 1984, S. 333–361).

EL ESCLAVO DEL DEMONIO

(span.; *Der Teufelssklave*). Tragödie von Antonio MIRA DE AMESCUA, erschienen 1612. – Als Don Marcelo seine Tochter Lisarda dem König Sancho vermählen will, gesteht sie ihm, Don Diego de Meneses ewige Treue geschworen zu haben. Die Liebenden wollen fliehen, aber Don Gil, ein Geistlicher, der im Rufe der Heiligkeit steht, redet ihnen den Plan aus. Vom Teufel versucht, entführt er selbst die schöne Lisarda, indem er ihr vorspiegelt, Diego habe sie verlassen. Während Don Marcelo Diego für den Entführer hält, streift Don Gil als Straßenräuber umher. Er nimmt Diego gefangen, und Lisarda versucht, ihren vermeintlich treulosen Verlobten zu erschießen. Als die Waffe versagt, sieht Lisarda darin einen Fingerzeig Gottes. Sie bereut ihre Sünden und läßt sich ihrem Vater, der sie für tot hält, als Sklavin verkaufen. Don Gil hat dem Teufel seine Seele versprochen, falls dieser ihm Lisardas Schwester zuführe. Doch als er statt des Mädchens ein Skelett erhält, bereut auch er sein bisheriges Leben. Sein Schutzengel hilft ihm, sich aus dem Teufelspakt zu lösen.

In diesem Werk hat Mira de Amescua die portugiesische Legende von Frei Gil de Santarem dramatisiert, der als »Teófilo« einen Pakt mit dem Teufel unterzeichnet, um die Schwarze Kunst zu erlernen, doch im letzten Augenblick, dank der Gnade der Jungfrau Maria, die Erlösung erlangt. Als direkte Quelle gilt die *Historia general de Santo Domingo y de su Orden de Predicadores* (1584) von Fray Hernando del CASTILLO. Trotz der portugiesischen Vorlage und des bei Coimbra gelegenen Schauplatzes hat der Dichter alle Figuren mit typisch spanischen Eigenschaften ausgestattet. Angelio, eine der ersten Teufelsgestalten der spanischen Bühne, tritt noch nicht als der Herausforderer Gottes auf, als der er später in den Dramen CALDERÓNS zu finden ist. Bei Mira de Amescua ist er ein recht menschlicher Teufel, der sich in der Welt auskennt, Frankreich und Italien bereist hat und von der geheimnisvollen Schönheit der Sevillanerinnen spricht. Bei Calderón, dem dieses Stück als Quelle für sein berühmtes Drama *El mágico prodigioso (Der wundertätige Magus)*, entstanden 1637, diente, hat er die dämonischen Züge angenommen, die er auch im *Faust*-Mythos trägt. M.Fr.

AUSGABEN: Barcelona 1612 (in *Tercera parte de las comedias de Lope de Vega y otros autores*). – Madrid 1926 (in *Teatro*, Hg. u. Einl. A. Valbuena Prat, 3 Bde.; ern. 1971–1973; Clás. Cast). – Madrid 1960. – Madrid 1980, Hg. u. Einl. J. Catañeda (Cátedra).

LITERATUR: J. Conan, *Le conflit entre la prédestination et la liberté dans »El esclavo del demonio«* (in Annales de l'Université d'Abidjan, 8 D, 1975, S. 217–228). – R. Moore, *Leonor's Role in »El esclavo del demonio«* (in RCEH, 3, 1979, S. 275–286). – Ders., *Appearance (Evil) and Reality (Good) as Elements of Thematic Unity in M. de A.'s »El esclavo del demonio«* (in *Perspectivas de la comedia II*, Hg. A. V. Ebersole, Valencia 1979, S. 79–91). – A. Williamsen-Cerón, *The Comic Function of Two Mothers: Belisa and Angela* (in Bulletin of the Comediants, 36, 1984, S. 167–174).

OBLIGAR CONTRA SU SANGRE

(span.; *Gegen sein Blut verpflichten*). Versdrama von Antonio MIRA DE AMESCUA, erschienen 1638. – Dieses Stück zählt zu den sogenannten *comedias históricas* (historische Stücke) Amescuas, eines Dichters in der Nachfolge Lope de VEGAS. Tatsächlich gehört es zu der im spanischen *siglo de oro* so beliebten Gattung der *comedias de capa y espada* (Mantel-und-Degen-Stücke). Gleich zu Beginn des Stücks zieht Don Nuño de Castro den Degen gegen den alten, königstreuen Don Lope de Estrada, als dieser ihn beschuldigt, an der Ermordung der toledanischen Jüdin Raquel, der Geliebten des Königs Alfons VIII., beteiligt gewesen zu sein. Don Nuño tötet den Alten und flieht in das Haus seiner Schwester, Doña Sancha. Den Bericht über das Geschehene hört der Geliebte der Schwester, Nuños Freund Don García, der Sohn des getöteten Lope, der gerade im Hause weilte und sich im Nebenzimmer versteckt hat. Doch bevor er rachedurstig hervortritt, kann Doña Sancha den Bruder zum Verlassen der Wohnung bewegen. Aus Andalusien flieht Don Nuño nach Kastilien. Als er, hart bedrängt von den Häschern, in Burgos in einem fremden Haus Zuflucht sucht, ist es das Haus Doña Elviras, der Tochter des Toten, Garcías Schwester. Doch diese, von Liebe zu Don Nuño ergriffen, tritt dem Bruder, der den Aufenthaltsort des Mörders alsbald ausfindig gemacht hat, entgegen und beschwört ihn, das Gastrecht zu achten. Don García schwankt zwischen Freundschaft und Rache; trotzdem scheint der tödliche Kampf zwischen ihm und dem Freund unabwendbar. Doch da gelingt es Doña Sancha, die ebenfalls eintrifft, in einem letzten Versuch den Bruder *»gegen sein Blut zu verpflichten«* (*»obligar contra su sangre«*). Liebe und Freundschaft siegen, die Gegner versöhnen sich.

Wie in allen *comedias de capa y espada* sind auch in dieser verletzte Ehre und Rache die einzigen Antriebe des Handelns. Den Reiz des Neuen besaß das Stück Amescuas dadurch, daß es Sancha, als Verkörperung der Liebe, gelingt, die Rache aufzuhalten und damit den grausamen Kreis zu durchbrechen. Glaubhaft gemacht wurde dem zeitgenössischen Publikum ein solcher Ausgang durch die Kraft des dramatischen Dialogs, in dem sich Amescua des von GÓNGORA (1561–1627) begründeten »gebildeten Stils« *(culteranismo)*, d.h. einer mit Metaphern, Hyperbeln, Sinnvertauschungen, Neologismen, insbesondere solchen gelehrter Bildung, »aufgeladenen« Sprache befleißigt. – Der traurige Anlaß der Feindschaft zwischen García und Nuño, die Ermordung der schönen Jüdin Raquel von Toledo, bildete schon den Gegenstand eines früheren Stücks von Amescua, *La desgraciada Raquel*, um 1605 *(Die unglückselige Rachel)*, deren Geschichte er der *Primera crónica general (Erste allgemeine Chronik)* und einer weitverbreiteten Romanze von Lorenzo de SEPÚLVEDA (*Romances*, 1551) verdankte. Der Stoff war im *siglo de oro* ein beliebtes Thema der dramatischen Dichtung, das auch Lope de Vega mehrfach beschäftigte. KLL

AUSGABEN: Madrid 1638. – Madrid 1858 (BAE, 45).

LITERATUR: A. R. Cooper, *A Critical Edition of A. de M. de A.'s »Obligar contra su sangre«*, Diss. Univ. of Arizona 1974 (vgl. Diss. Abstracts, 35, 1975, S. 5394A).

MIGUEL DE MOLINOS

* 1628 Muniesa
† 28.12.1696 Rom

GUÍA ESPIRITUAL que desembaraza al alma, y la conduce por el interior camino, para alcanzar la perfecta contemplación, y el rico tesoro de la interior paz

(span.; *Geistlicher Führer, der die Seele frei macht und sie auf dem innerlichen Wege führt, daß sie der vollkommenen Betrachtung fähig werde und den reichen Schatz des inneren Friedens erlange*). Theologisch-mystische Abhandlung von Miguel de MOLINOS, erschienen 1675. – Das Werk erreichte kurz nach Erscheinen zwanzig Ausgaben in verschiedenen Sprachen und ist der letzte große Beitrag der spanischen Mystik zur europäischen Geistesgeschichte. In Spanien selbst hat das Buch keinen nennenswerten Einfluß ausgeübt, einmal, weil es durch die damals übermächtige Inquisition verurteilt wurde, und zum andern, weil der darin unternommene Versuch zur Vergeistigung des Religiösen in krassem Gegensatz zu der in rituellen Praktiken und dogmatischem Formalismus erstarrten spanischen Religiosität stand. Noch die Urteile der meisten neueren spanischen Literaturhistoriker, die sich unter dem Einfluß von M. MENÉNDEZ Y PELAYO darauf beschränken, den heterodoxen Charakter der Anschauungen Molinos' zu betonen, sind oberflächlich, tendenziös und oft geradezu falsch. Um so größer war der Einfluß des Werks im Ausland, wo die Lehren Molinos' mit Erneuerungsbewegungen wie denen der Quäker, der Illuminaten und der Pietisten leicht eine Verbindung eingingen. In Frankreich insbesondere fand der von Molinos begründete Quietismus in Madame de GUYON und FÉNELON bedeutende Vertreter und trug dort viel zur Verinnerlichung des religiösen Lebens bei.

Im Prinzip sind die Lehren des Autors eine folgerichtige Weiterführung zentraler Motive aus der vorangegangenen Mystik. Wie allen Mystikern geht es ihm darum, der Seele den Weg zu weisen, der von der Selbstversenkung über die Erleuchtung zur Vereinigung mit Gott führt. Molinos betont dabei die Notwendigkeit, sich nicht nur vom Weltgetriebe abzusondern, sondern auch durch innere Einkehr die Seele selbst in einen Zustand absoluter »Ruhe« zu versetzen: *»Du sollst wissen, daß die Seele das Zentrum, die Wohnung und das Reich Gottes ist; aber damit der große König von dem Thron deiner Seele Besitz nehmen kann, mußt du sie rein, ruhig, leer und friedlich halten.«* Gott teilt sich ohne jede Vermittlung – etwa die von Bußübungen oder guten Werken – der schweigenden, sich passiv verhaltenden, von allen Leidenschaften freien Seele mit: *»Dadurch, daß der kontemplative Geist weder spricht* *noch wünscht noch denkt, erreicht er den Zustand wahren, vollkommenen mystischen Schweigens, in dem Gott mit der Seele spricht, sich ihr mitteilt und sie im Abgrund ihrer eigenen Tiefe die vollkommenste und erhabenste Weisheit lehrt.«*

Molinos verwirft keinesfalls die kirchliche Religion und ihre Dogmen. Doch wohnt seinen Lehren durch die Betonung der unmittelbaren und persönlichen Gotteserfahrung die Tendenz zu subjektiver Religiosität ebenso inne wie die zur Befreiung von konkreten, den Umgang mit dem Absoluten vermittelnden Religionsformen. Große Bedeutung hat in seiner Mystik der Begriff »Nichts«: *»Versenkt euch in das Nichts, und Gott wird euch ganz und gar gehören!«* Diese und ähnliche Formulierungen haben irrtümlicherweise immer wieder dazu verleitet, die quietistischen Lehren des Verfassers mit dem buddhistischen Nirwana und anderen Formen des metaphysischen Nihilismus in Verbindung zu bringen. Doch ist bei ihm das Nichts keine ontologische Bestimmung, sondern lediglich eine psychologische Metapher für das Gefühl der Kreatürlichkeit angesichts der Allwirksamkeit Gottes.

Die besondere Begabung Molinos' liegt in der Kunst, den überlieferten mystischen Lehrstoff systematisch zu ordnen und in synthetischer Form leicht faßlich darzustellen. Seine Sprache ist klar, reich an Sentenzen und frei von der gekünstelten Verschnörkelung der barocken Sprachdekadenz. Sein Denken hat die rationale Kühle und methodische Schärfe, die auch bei Descartes und Spinoza zu finden sind. Allerdings wird man bei Molinos vergeblich die spekulative Tiefe von Juan de la Cruz oder die Spontaneität und Innigkeit der Teresa de Ávila suchen, obgleich er manche Gedanken aus deren Werken übernimmt. Durch seine programmatisierende Darstellungsweise steht er Ignatius von Loyola am nächsten, mit dem Unterschied freilich, daß alles, was dieser in den Vordergrund stellt, etwa Tat, Willens- und Bußübungen, Gebete, Sakramente, Dogmen, das Einswerden mit der mystisch aufgefaßten Kirche, bei Molinos jede Bedeutung verliert. Seine Lehre wurde 1687 von Papst Innozenz XI. verworfen, Molinos selbst von der Inquisition lebenslänglich eingekerkert. A.F.R.

Ausgaben: Rom 1675. – Madrid 1676. – Barcelona 1906, Hg. R. Urbano. – Madrid 1935, Hg. J. Entrambasaguas. – Madrid 1955. – Madrid 1976, Hg. u. Einl. J. I. Tellechea [krit.]. – Madrid 1977, Hg. u. Einl. S. González Noriega.

Übersetzung: *Der geistliche Wegweiser, die Seele von den sinnlichen Dingen abzuziehen u. zur inneren Ruhe zu führen*, G. Arnold, Ffm. 1699.

Literatur: P. Dudon, *Le quiétiste espagnol M. M.*, Paris 1921. – K.-Niccolini, *Su M. de M., P. M. Petrocci e altri quietisti*... (in Bolletino dell'Archivio Storico del Banco di Napoli, 3, 1951, S. 88–201). – J. Ellacuria, *Reacción contra la ideas de M. de M.*, Bilbao 1956. – J. I. Tellechea, *Dos originales manucritos de la »Guía espiritual« de M.* (in Anthologica Annua, 8, 1960, S. 495–515). – J. Fernández Alonso, *Una bibliografía inédita de M. M.* (ebd., 12, 1964, S. 293–321). – F. Sánchez Castañer, *M. de M. en Valencia y Roma. Nuevos datos biográficos*, Valencia 1965. – J. Asensio, *Los dietámenes sobre el último capitulo de la »Guía espiritual« de M. de M.* (in REH, 6, 1972, S. 345–354). – A. D. Rey, *Caracter ideológico y literario del quietismo de M. de M. in su »Guía espiritual«*, Diss. NY 1974 (vgl. Diss. Abstracts, 35, 1975, S. 5359A). – J. Asensio, *Glosas a la »Guía espiritual« de M. Desde el articulo* (in Estudios, 33, 1977, S. 361–369). – P. E. Demlis, *The Ring, the Book and M.* (in Fu Jen Studies: Literature & Linguistics, 15, 1982, S. 19–36).

Elio Antonio de Nebrija

* 1441 Lebrija
† 2.7.1522 Alcalá de Henares

GRAMÁTICA CASTELLANA

auch: *Arte de lengua castellana* (span.; *Spanische Grammatik*, auch: *Spanische Sprachkunst*). Grammatik von Elio Antonio de Nebrija, erschienen 1492. – Die beiden wichtigsten historischen Ereignisse im Erscheinungsjahr der *Gramática castellana*, die Eroberung Granadas durch die Truppen der Katholischen Könige Ferdinand und Isabella und die erste Entdeckungsfahrt des Christoph Kolumbus, bedeuten für Spanien zweierlei: Abschluß der nationalen Einigung und Anfang einer territorialen Expansion. Daß die für die Entwicklung des spanischen Nationalbewußtseins ideale Verbindung von *armas* und *letras* – Kriegskunst und Beschäftigung mit Wissenschaft und Literatur – erhalten und gefördert werde, daß der Schaffung eines hispanischen Gesamtstaates eine Fixierung der spanischen Nationalsprache folge, war das Hauptanliegen Nebrijas: *»Siempre la lengua fué compañera del Imperio.« (»Immer war die Sprache Gefährtin des Reiches.«)*

Diese Vorstellung spricht bereits aus der einleitenden Widmung an Königin Isabella: Am Beispiel des Hebräischen, des Griechischen und des Lateinischen demonstriert Nebrija, daß Aufstieg und Verfall von Staat und Sprache parallel verlaufen, und verfolgt dann die Entwicklung des Kastilischen durch verschiedene Epochen der spanischen Geschichte. Von dem Gedanken beunruhigt, das dank dem Wirken Alfons' X., des Weisen, in höchster Blüte stehende Kastilische könne einen der Korruption des Lateinischen ähnlichen Niedergang erleben, betreibt er eine Katalogisierung und Fixierung der Sprache nach dem Vorbild der griechischen und lateinischen Grammatiken. Er verfolgt mit dieser Arbeit einen doppelten pädagogischen Zweck: Einmal will er der vom Geist der Renaissance erfüllten spanischen Jugend eine präzise Kenntnis ihrer Muttersprache vermitteln, um ihr dadurch das Studium des Griechischen und Lateinischen zu erleichtern, zum anderen soll mit dieser Grammatik den von spanischen Seefahrern und Eroberern unterworfenen Völkern das Erlernen der spanischen Sprache ermöglicht werden. – Nebrija äußert sich ferner zu dem für seine Epoche nicht unproblematischen Verhältnis des Spanischen zum Lateinischen und zu der Frage nach dem Ursprung des Spanischen: das Kastilische sei in seiner derzeitigen Form eine völlig neue Sprache, die sich aus einem bis zur Unkenntlichkeit verstümmelten Latein entwickelt habe. Daß er sich damit in Widersprüche zu seiner zuvor geäußerten Theorie verwikkelt, nach der die grammatische Fixierung des Lateinischen diese Sprache vor dem Verlust ihrer Integrität bewahrt hat, scheint ihn nicht zu stören. Ob er möglicherweise an die Existenz einer zweiten lateinischen Sprache, einer Volkssprache, analog zum italienischen *volgare*, gedacht hat, läßt sich nicht mit Sicherheit sagen.

Die fünf Bücher der *Grammatik* enthalten nacheinander Richtlinien zur Orthographie und Prosodie, Anmerkungen zur Etymologie und zum Gebrauch der verschiedenen Wortarten sowie Untersuchungen zur Syntax und zur Verwendung rhetorischer Figuren. Im Verlauf der in ständigem Vergleich mit dem Lateinischen durchgeführten Sprachanalyse (das Kastilische wird mehrmals höher bewertet als die Sprache CAESARS und CICEROS) stellt Nebrija weitgehende Übereinstimmung der beiden Sprachen im Vokabular, in der Syntax und der poetischen Diktion fest, lehnt aber eine bewußt forcierte Latinisierung des Kastilischen ab. Die Exkurse über antike und moderne Metrik und Rhetorik lassen das Bestreben des Autors erkennen, das Studium der Volkssprache mit dem der Kunstsprache zu verbinden, Sprache und Literatur als Einheit zu betrachten.

Nebrijas *Gramática castellana*, die erste Grammatik einer romanischen Volkssprache, leitet, zusammen mit den Werken seiner humanistischen Zeitgenossen Juan Luis VIVES, Juan NÚÑEZ und Francisco SÁNCHEZ DE LAS BROZAS (»el Brocense«), die Fortführung der präzeptistischen Tradition der Antike auf spanischem Boden ein. G.M.

AUSGABEN: Salamanca 1492. – Halle 1909 [Faks. d. Ausg. 1492]. – Oxford 1926, Hg. I. González Llubera [m. Einl. u. Anm.]. – Madrid 1946, Hg. P. G. Romeo u. L. Ortiz Muñoz. – Madrid 1984.

LITERATUR: L. Kukenheim, *Contribution à l'histoire de la grammaire italienne, espagnole et française à l'époque de la renaissance*, Amsterdam 1932. – H. Meier, *Spanische Sprachbetrachtung und Geschichtsschreibung am Ende des 15. Jh.s* (in RF, 49, 1935, S. 1–20). – F. González Olmedo, *Humanistas y pedagogos españoles: N. (1441–1522), debelador de la barbarie, comentador eclesiástico, pedagogo y poeta*, Madrid 1942. – J. Casares, *N. y la »Gramática castellana«* (in BRAE, 26, 1947, S. 335–367). – S. Gili Gaya, *N. et sa »Grammaire castillane«* (in LNL, 42, 1947, 105). – W. Bahner, *Beitrag zum Sprachbewußtsein in der spanischen Literatur des 16. u. 17. Jh.s*, Bln. 1956. – D. C. Clarke, *N. on Versification* (in PMLA, 72, 1957, S. 27–42). – E. Asensio, *La lengua compañera del imperio* (in RFE, 43, 1960, S. 399–413). – O. H. Green, *Spain and Western Tradition*, Bd. 3, Madison 1965. – J. Fernández-Sevilla, *Un maestro preterito: E. A. de N.* (in Thesaurus, 29, 1974, S. 1–33). – F. Rico, *N. frente a los bárbaros: El canon de gramáticos nefastos en las polémicas del humanismo*, Salamanca 1978. – A. Quilis, *N. y Encina frente a la métrica* (in REH, 7, 1980, S. 155–165). – F. Rico, *N. en Catalunya*, Barcelona 1981. – F. Tollis, *À propos de »circunloquios« du verbe castillan chez N.: »Le nombre participal infinito«* (in *The History of Linguistics in Spain*, Hg. J.-J. Niederehe, Amsterdam 1986, S. 55–76).

FRANCISCO DE QUEVEDO Y VILLEGAS

* 17.9.1580 Madrid
† 8.9.1645 Villanueva de los Infantes

LITERATUR ZUM AUTOR:
Bibliographien:
J. O. Crosby, *Guía bibliográfica para el estudio crítico de Quevedo*, Ldn. 1976. – *Catálogos de los libros que, con motivo del IV centenario del nacimiento de Don F. de Q. y V., se exponen en el Instituto Nacional del Libro Español en Madrid*, Madrid 1980.
Biographien:
L. Astrana Marín, *La vida turbulenta de Q.*, Madrid 1945. – C. Campoamor, *Vida y obra de Q.*, Buenos Aires 1945. – A. Espina, *Q.*, Madrid 1945. – A. Papel, *Q. Su tiempo, su vida, su obra*, Barcelona 1947. – M. Fernández y González, *Amores y estocadas: Vida turbulenta de F. de Q.*, Madrid 1950. – R. Gómez de la Serna, *Q.*, Buenos Aires 1953. – E. Agudo, *F. de Q.*, Madrid 1962.
Studien und Gesamtdarstellungen:
O. Lira, *Visión Poética de Q.*, Madrid 1948. – F. Ynduráin, *El pensamiento de Q.*, Saragossa 1954. – A. Mas, *La caricature de la femme, du mariage et de l'amour dans l'œuvre de Q.*, Paris 1957. – A. Rothe, *Q. und Seneca: Untersuchungen zu den Frühschriften Q.'s*, Genf 1965. – D. C. Baum, *Traditionalism in the Works of F. de Q.*, Chapel Hill/Valencia 1970. – C. Pérez Carnero, *Moral y política en Q.*, Orense 1971. – D. W. Bleznick, *Q.*, NY 1972 (TWAS). – R. de Garcisol, *Q.*, Madrid 1976. – R. Moore, *Towards a Chronology of Q.'s Poetry*, Fredericton 1977.

– *F. de Q. El escritor y la crítica*, Hg. G. Sobejano, Madrid 1978 [m. Bibliogr.]. – J. Iffland, *Q. and the Grotesque*, 2 Bde., Ldn. 1978–1983. – M. Durán, *F. de Q.*, Madrid 1979. – Letras de Deusto, 10, 1980 [Sondernr. *Q.*]. – CHA, 1980, Nr. 361/362 [Sondernr. *Q.*]. – R. Lida, *Prosas de Q.*, Barcelona 1980. – *11 Essays for the Quadricentennial, Proceedings from the Boston Q.-Symposium*, Hg. J. Iffland, Newark 1982. – *Homenaje a Q.*, Hg. V. García de la Concha, Salamanca 1982. – L. Schwartz Lerner, *Metáfora y sátira en la obra de Q.*, Madrid 1983. – M. Llano Gago, *La obra de Q.: algunas recursos humorísticos*, Salamanca 1984. – D. G. Walters, *F. de Q. Love Poet*, Washington 1985. – R. Querillac, *Q.: de la misogynie à l'antiféminisme*, Nantes 1987.

LA FORTUNA CON SESO I LA HORA DE TODOS. Fantasía moral

(span.; *Die vernünftige Fortuna und die Stunde aller. Moral-Phantasie)*. Zeitsatire von Francisco de Quevedo y Villegas, geschrieben 1635, erschienen 1650. – Als das Werk entstand, war Quevedo in erbitterte literarische Kämpfe mit den Gongoristen verwickelt. In dieser Zeit kühlten sich auch seine Beziehungen zu dem Conde-Duque de Olivárez ab, der als Günstling Philipps IV. (reg. 1621–1665) den Höhepunkt seiner Macht erreicht hatte und dessen hemmungsloser Ehrgeiz katastrophale Folgen für die spanische Innen- und Außenpolitik erwarten ließ. Angesichts seiner zahlreichen Feinde gab Quevedo die Satire als Übersetzung aus dem Lateinischen aus und verbarg sich selbst hinter dem Anagramm Rifroscrancot Viveque Vasgel Duacense.

In einer burlesk gestalteten mythologischen Rahmenhandlung wirft Jupiter der Glücksgöttin Fortuna vor, sie habe ihn und alle Götter durch ihre Ungerechtigkeiten vor der Welt diskreditiert. Er ordnet an, daß sie den Menschen eine Stunde lang das geben solle, was ihren Verdiensten entspricht. So kommt es zu einer allgemeinen Verkehrung der bisherigen Zustände: Der Sträfling peitscht den Henker aus; das Haus eines Betrügers löst sich in seine Bestandteile auf, die zu den erschrockenen Betrogenen zurückkehren; ein Heiratsvermittler ist plötzlich mit dem von ihm angepriesenen Scheusal verheiratet usw. Jupiter aber sieht, daß die neuen Günstlinge Fortunas sich schlimmer gebärden als die alten, und kommt am Ende des Versuchs zu der Einsicht, daß die Menschen ihre Moral nach den Umständen richten, *»denn ihre Schwäche ist dergestalt, daß der, der Böses tut, wenn er kann, es seinläßt, wenn er nicht kann«*.

Die Satire zielt nicht nur auf die Schichten und Stände der Gesellschaft – Richter, gongoristische Dichter, Ärzte, Apotheker, putzsüchtige Frauen und die Schelmenwelt der Falschspieler, Schankwirte, Kupplerinnen und Dirnen –, sie erstreckt sich in weit stärkerem Maße auf die Beziehungen zwischen den Staaten, die Regierungen und die innerstaatlichen Verhältnisse in Europa. Quevedos Kritik gilt vor allem den Zuständen in Spanien, auf die er meist versteckt anspielt. So enthalten zum Beispiel die Äußerungen des venezianischen Staatsoberhauptes über die französische Regierung einen scharfen Angriff auf den spanischen König und seinen Minister: *»Sobald der Vasall Herr seines Königs und der König Vasall seines Knechtes wird, haßt man jenen als Verräter und verachtet diesen als niedrigen Schwächling. Und in der Öffentlichkeit sagen zu können ›Es sterbe der König‹ und nicht nur straflos zu bleiben, sondern gar noch Dank dafür zu ernten, genügt es zu sagen: ›Es lebe der Günstling.‹«*

Das um 1639 entstandene und später in das Werk einbezogene Opusculum *La isla de los Monopantos (Die Insel der Monopanten)* attackiert noch einmal in aller Schärfe die machiavellistischen Bestrebungen des Conde-Duque und seiner Kamarilla, wobei diesmal die Namen der Personen als Anagramme verschlüsselt werden. Quevedos politisches Manifest wird am Schluß vorgetragen. Aber diese Rede über die Pflichten und Freiheiten der Untertanen in einer Monarchie, über den Kampf gegen Tyrannei und Korruption geht unter in den Meinungsverschiedenheiten der Menschen, die in der Stunde ihrer gerechten Belohnung nur für die Befriedigung ihrer egoistischen Wünsche kämpfen. In einer philosophischen Sentenz Quevedos heißt es: *»Fortuna nennen wir die Abfolge und den ewigen Plan der göttlichen Vorsehung im menschlichen Dasein.«* Dieser auf Seneca zurückgehende stoische Schicksalsbegriff wird paradigmatisch in der Fülle der sich bis zur Schlußrede steigernden Einzelbilder dargestellt: Wenn die Menschen einmal selbst ihr Schicksal bestimmen können, bedeutet das nur eine Verschiebung der Positionen. Weder bessern sich die Menschen dadurch, noch gelingt es ihnen, eine Ordnung zu schaffen, die Fortunas scheinbar willkürlicher Ordnung überlegen wäre.

Im Vergleich mit den *Sueños* (1612) ist in diesem Werk die Fabel stark genug, die Vielzahl der Szenen kommentarlos zu tragen und zu erklären. Die Sprachkunst des Konzeptisten Quevedo hat hier ihren Höhepunkt erreicht. Zahlreich sind die Neologismen, deren Prägnanz und Plastik einem tiefen Verständnis für die Möglichkeiten des Spanischen entspringen (aus diesem Verständnis ist auch seine Kritik an den kultistischen Wortschöpfungen zu erklären, die er als künstliche, der spanischen Sprache wesensfremde Exotismen verwirft). Den Reichtum der Umgangssprache, aus dem er schon in der literarischen Satire *Cuento de cuentos (Geschichte der Geschichten)* schöpfte, bezieht er auch hier wirkungsvoll in die Gestaltung ein, entweder, um durch die Sprache das Milieu zu charakterisieren, oder, wie in der Rahmenhandlung, als Mittel der humoristischen Verfremdung. D.R.

Ausgaben: Saragossa 1650. – Madrid 1658 (in *Obras en prosa*, 2 Bde., 2). – Madrid 1852 (in *Obras*, 3 Bde., 1; BAE, 23). – Madrid 1932 (in *Obras completas*, Hg. L. Astrana Marín, 2 Bde., 2; ³1945). – Madrid 1966/67 (in *Obras completas*, Hg. F. Buendía, Bd. 1; ern. Madrid 1981). – Madrid 1987, Hg.

J. Bourg (Cátedra). – Madrid 1988, Hg. L. López-Grigera (Castalia).

ÜBERSETZUNG: *Fortuna mit Hirn oder die Stunde aller*, W. Muster. Ffm. 1966; ²1980 [Vorw. S. L. Borges].

LITERATUR: F. Schalk, *Die Sentenzen Q.s* (in RF, 56, 1942, S. 300–312). – O. Lira, *La Monarquía de Q.* (in Revista de Estudios Políticos, 15, 1946, S. 1–46). – L. Pabón Muñoz, *Q., político de la oposición*, Bogotá 1949. – S. Serrano Poncela, *Q., hombre político* (in La Torre, 6, 1958, 23, S. 55–95). – J. Iffland, *Apocalypse Later: Ideology and Q.'s »La hora de todos«* (in REH, 7, 1980, S. 87–132). – B. Pelegrin, *Avec hauteur mais sans recul. La comédie humaine de »La hora de todos«* (in Cahiers d'Etudes Romanes, 6, 1980, S. 220–231). – Co-Textes, 2, 1981 [Sondernr. *F. Q.: »La hora de todos«*]. – C. Vaillo, *El mundo al revés en la poesía satírica de Q.* (in CHA, 1982, Nr. 380, S. 364–393). – M. Dabord, *Q. et la satire en prose* (in *La satire au temps de la Renaissance*, Hg. M. T. Jones, Paris 1986, S. 71–78).

HISTORIA DE LA VIDA DEL BUSCÓN LLAMADO DON PABLOS, EJEMPLO DE VAGAMUNDOS Y ESPEJO DE TACAÑOS

(span.; *Lebensgeschichte des Buscón, genannt Don Pablos, Muster der Landstreicher und Spiegel der Schelme*). Schelmenroman von Francisco de QUEVEDO Y VILLEGAS, erschienen 1626. – Wann das Werk geschrieben wurde, ist bis heute ungeklärt. Auf Grund inhaltlicher Kriterien nimmt F. LÁZARO CARRETER, der Herausgeber der kritischen Ausgabe (1965), an, daß die Urschrift gegen 1603 und eine überarbeitete, ebenfalls verlorengegangene Fassung in den Jahren von 1609 bis 1614 entstanden sei. Wahrscheinlich zirkulierten dann von beiden bereits vor der Drucklegung zahlreiche Abschriften.

In der für den Schelmenroman typischen Form der fiktiven Autobiographie berichtet Don Pablos einem anonymen Zuhörer seine Lebensgeschichte. Sein Vater, von Beruf Barbier, ist als Trinker, Gauner und Zuhälter ein Ausbund von Untugenden. Er hat mehrmals im Gefängnis gesessen und öffentlich schimpfliche Bestrafungen erlitten. Der Sündenkatalog von Pablos' Mutter erstreckt sich vom unzüchtigen Lebenswandel in ihrer Jugend bis zu den finsteren Machenschaften der Hexerei, die sie vorwiegend in einem Raum voller makabrer Requisiten ausübt. (Später erfährt Pablos aus einem Brief seines Onkels, des staatlichen Henkers – eine Figur, die diese Familiengroteske vollständig macht –, daß dieser seinen Vater gehenkt, zerstükkelt und den Krähen vorgeworfen habe, während seine Mutter noch im Gefängnis der Inquisition auf ihren Feuertod warte.) In dem kindlichen Wunsch, ein tugendhaftes Leben zu führen, verwirft Pablos die wohlgemeinten Vorschläge seiner Eltern und geht auf eine Schule. Erste bittere Erfahrungen sind die boshaften Anspielungen der Kameraden auf seine anrüchigen Familienverhältnisse. Gleichzeitig beginnt aber auch sein sozialer Aufstieg: Er gewinnt die Freundschaft des adligen Don Diego und begleitet diesen als sein Diener in ein Internat, dessen Leiter, der Lizentiat Cabra (d. h. Ziege), seine Schüler aus Geiz fast verhungern läßt. Gerade noch rechtzeitig werden sie auf die Universität nach Alcalá geschickt, wo die abscheulichen Demütigungen, die der Neuling von seinen Kommilitonen erdulden muß, Pablos zum gerissenen Schurken werden lassen. Er verbringt die nächste Zeit mit boshaften Streichen, bis ihn die Nachricht vom Tode seines Vaters erreicht und er nach Segovia aufbricht. Unterwegs trifft er mit verschiedenen Leuten zusammen, in denen Quevedo zeitgenössische Typen, den närrischen Hasardeur, den heuchlerischen Einsiedler, oder persönliche Gegner, wie den Fechtmeister Pacheco de Narváez, karikiert. Nachdem der Onkel ihm seine Erbschaft ausgehändigt hat, begibt Pablos sich nach Madrid. Sein Reisebegleiter ist ein Hidalgo, der ihn in die Kunst einweiht, trotz äußerster Armut standesgemäß aufzutreten, und ihn in eine Gesellschaft einführt, die von verhohlener Bettelei, von Diebstahl und Raub lebt. Die ganze Bande wird jedoch eines Tages festgenommen, und nur durch Bestechung gelingt es Pablos, seine Freiheit wiederzuerlangen. Ein mißliches Geschick vereitelt danach die Verführung der Tochter seiner Wirtin und die mit verwegener Hochstapelei angebahnte Heirat mit einer adeligen Dame. Verprügelt und bettelarm begibt er sich nach Toledo. Er schließt sich einer Komödiantentruppe an, wird Schauspieler und zeitweise Theaterdichter. Als sich die Truppe auflöst, macht er noch eine Weile einer Nonne den Hof. Anschließend geht er nach Sevilla, wo er nach einem Gelage mit anderen Gaunern zwei Polizeidiener ersticht. Er beschließt, nach Amerika auszuwandern, um dort sein Glück zu machen. Das Werk endet mit dem an einen Horazischen Spruch erinnernden Satz: *»Aber es ging mir schlechter, denn niemals verbessert der seinen Stand, der nur den Ort und nicht auch Leben und Sitten wechselt.«*

Wie im *Lazarillo de Tormes* oder im *Guzmán de Alfarache*, den ebenbürtigen Vorläufern des *Buscón*, entstammt der Protagonist der niedrigsten Gesellschaftsschicht. Er ist frei von Vorurteilen und auch von persönlicher Tragik – es gibt für ihn nur den Weg nach oben –, und er kann vom Autor je nach der satirischen Absicht als kritischer Beobachter des trügerischen Weltgetriebes oder als Beispiel des von der Welt betrogenen Betrügers manipuliert werden. Aber während die Satire des *Lazarillo* von philanthropischem Humor getragen wurde und die des *Guzmán* als breit erläuterte moralische Antithese zur Welt des Scheins und der Lüge verstanden werden sollte, scheint Quevedo die Satire zum Selbstzweck gesteigert zu haben. In der Fülle der Episoden wird *»ein Stück prall gespannten Lebens voll Weltsucht vor uns hingestellt – eine Entspannung in Weltflucht ist derartig komplementär, notwendig geboten, daß wir Leser, um sie betrogen, nach dem*

Sinn jener Gestaltung tappen – und hilflos unorientiert bleiben bis auf den heutigen Tag« (L. Spitzer). Das rechtfertigt die Frage, ob der *Buscón* nicht gar eine Parodie der Schelmenromane, mithin die moralische Satire von der literarischen aufgehoben sei, um vielleicht in einem übergeordneten Sinne wieder als moralische Forderung wirksam zu werden. Wie sich dem spöttischen Vorwort an den Leser entnehmen läßt, war Quevedo scharfsinnig genug zu erkennen, daß die moralische Nutzanwendung der Mode gewordenen Schelmenliteratur weniger für die an ihrem Vergnügen und Amüsement interessierten Leser als für die kirchlichen Zensoren bestimmt war. Es entspräche kaum dem rechtschaffenen Charakter und dem exzentrischen Geist des Autors, ausgefahrene Wege weiter zu benutzen, wenn er auf ihnen nicht ein neues Ziel erreichen zu können meinte.

Über die Jahrhunderte hinweg hat der Roman als satirisches Kunstwerk nichts von dem Zauber seines makabren Humors, seiner bitteren Ironie, seiner boshaften Karikatur und nichts von der Frische und Prägnanz der »konzeptistischen« Wortspiele eingebüßt. Die vollendete Sprachkunst Quevedos, mit der in Wettbewerb zu treten niemand wagen konnte, bewahrte das Werk vor Fortsetzungen aus unberufener Hand, d. h. vor dem Schicksal vieler erfolgreicher Romane, das auch dem *Guzmán*, dem *Lazarillo* und selbst dem *Don Quijote* nicht erspart blieb. Wohl aber fanden sich immer wieder Übersetzer, die die schwierige Vorlage zu meistern suchten. D.R.

Ausgaben: Saragossa 1626. – Madrid 1927, Hg. R. S.Rose [krit.]. – Madrid 1964 (in *Obras completas*, Hg. F. Buendía; ern. 1981). – Salamanca 1965, Hg. F. Lázaro Carreter (ern. 1980; krit.). – Madrid 1980 (Austral). – Madrid 1984, Hg. F. Lázaro Carreter (Cátedra). – Madrid 1986, Hg. ders. (Castalia). – Madrid 1988, Hg. D. Ynduráin (Cátedra).

Übersetzungen: *Der Abentheuerliche Buscon*, anon., Ffm. 1671. – *Der abenteuerliche Buscon*, H. Koch, Lpzg. 1956; [3]1980. – Dass. H. C. Artmann, Ffm. 1963 (Vorw. F. Schalk; ern. 1980; Insel Tb). – Dass., H. Koch (in *Spanische Schelmenromane*, Hg. H. Baader, Bd. 2, Mchn. 1965). – *Leben des Don Pablos, Landstörzers, Erzschelmen und Hauptvagabunden*, W. Muster, Stg. 1984.

Literatur: L. Spitzer, *Zur Kunst Q.s in seinem »Buscón«* (in Archivum Romanicum, 11, 1927, S. 511–580). – P. N. Dunn, *El individuo y la sociedad en »La vida del Buscón«* (in BHi, 52, 1950, S. 375–396). – A. Rodríguez-Moñino, *Los manuscritos del »Buscón« de Q.* (in NRFH, 7, 1953, S. 657–672). – F. Lázaro Carreter, *Originalidad del »Buscón«* (in *Studia philologica*, Bd. 2, Madrid 1962, S. 319–338). – D. B. J. Randall, *The Classical Ending of Q.'s »Buscón«* (in HR, 32, 1964, S. 101–108). – H. Sieber, *The Narrative Art of Q. in »El Buscón«*, Diss. Duke Univ. 1968 (vgl. Diss. Abstracts, 28, 1968, S. 4188A). – E. Cros, *L'aristocrate et le carneval des gueux: Étude sur le »Buscón« de Q.*, Montpellier 1975. – B. Marcos, *Desplazamientos significativos del léxico en los tres primeros capítulos de »El Buscón« de Q.* (in LdD, 7, 1977, S. 23–58). – A. N. Zahareas, *Q.'s »Buscón: Structure and Ideology* (in *Homenaje a J. Caro Baroja*, Hg. A. Carreira, Madrid 1978, S. 1055–1089). – A. V. Ebersole, *El fenómeno de los juegos de palabras en el »Buscón« de Q.* (in Hispano, 62, 1979, S. 49–63). – E. Cros, *Ideología y genético textual. El caso del »Buscón«*, Madrid 1980. – D. Ynduráin, *El Q. del »Buscón«* (in Boletín de la Biblioteca de Menéndez Pelayo, 62, 1986, S. 77–136). – D. P. Russi, *The Animal-Like World of the »Buscón«* (in PQ, 66, 1987, S. 437–455). – N. Fallows, *A Note on the Treatment of Some Popular Maxims in the »Buscón«* (in RoNo, 29, 1989, S. 217–220).

EL PARNASSO ESPAÑOL, MONTE EN DOS CUMBRES DIVIDIDO, CON LAS NUEVE MUSAS CASTELLANAS

(span.; *Der spanische Parnaß, in zwei Gipfel geteilter Berg, mit den neun kastilischen Musen*). Gedichte von Francisco de Quevedo y Villegas, erschienen 1648. – Diese von einem Freund des Dichters, dem Humanisten José Francisco González de Salas (1588–1654), postum herausgegebene Sammlung umfaßt nur sechs der im Titel angekündigten »Musen«, also nur einen »Gipfel« des zweigeteilten Parnaß. Den zweiten mit den drei verbleibenden Musen brachte ein Neffe Quevedos, Pedro Alderete Quevedo y Villegas, unter dem Titel *Las tres musas ultimas castellanas. Segunda cumbre del Parnasso español (Die letzten drei kastilischen Musen. Zweiter Gipfel des spanischen Parnaß)* erst 1670 heraus. In beiden Sammlungen haben die »Musen« eine rein äußerliche Gruppierungsfunktion, keinen inhaltlichen Bezug zu den Dichtungen. Die Sammlungen unterscheiden sich dadurch voneinander, daß Alderete im Gegensatz zu González de Salas auf jede Bearbeitung und Erläuterung der oft schwer verständlichen Texte verzichtet. In beiden Teilen sind Gedichte enthalten, die gar nicht aus der Feder Quevedos stammen, während zahlreiche andere fehlen, die von späteren Herausgebern, insbesondere von Luis Astrana Marín und José Manuel Blecua, identifiziert wurden. Aber auch ohne die späteren Funde beweist der Umfang des *Parnasso* – insgesamt über 1000 Seiten – eine lyrische Produktivität, die kein zeitgenössischer Dichter, nicht einmal Lope de Vega, erreicht haben dürfte.

Das lyrische Werk Quevedos läßt sich in drei große Gruppen einteilen: Gedichte religiösen, moralphilosophischen oder politischen Inhalts; Liebesgedichte; satirisch-burleske Gedichte über die verschiedensten Themen, meist zeitkritischer Art.

In den metaphysischen Gedichten zeigt sich Quevedo aufs tiefste von Seneca und dessen Stoizismus beeinflußt. Das Leben wird durch die Allgegenwart des Todes bestimmt. Senecas *»Vita punctum est«*, ein Thema, das die gesamte spanische

Lyrik bis zu UNAMUNO (1864–1936), Antonio MACHADO (1875–1939) und Dámaso ALONSO (1898–1990) durchzieht, erscheint bei Quevedo in zahlreichen Variationen. *»Fue sueño ayer; mañana será tierra« (»Gestern war es ein Traum; morgen wird es Erde sein«)* – in diesem Sonettbeginn existiert das Heute, die Gegenwart des Lebens, gleichsam nur als flüchtige Pause zwischen Gestern und Morgen. Konsequenter und überzeugender als Quevedo hat kein Dichter des Barock die Einsicht von der Nichtigkeit des Daseins formuliert. Sie bildet den Hintergrund seiner stoischen Lebenslehre, wie sie am eindrucksvollsten in der angeblich kurz vor seinem Tod entstandenen Kanzone *¡Oh tú, que inadvertido peregrinas! (O du, der du unbekümmert wandelst!)* zum Ausdruck kommt, an deren Ende es heißt: *»Leb, wenn du kannst, für dich allein; / Denn wenn du stirbst, stirbst du allein für dich.«* Die Überzeugung von der Eitelkeit der Welt, der Flüchtigkeit des Glücks, der Vergänglichkeit alles Irdischen gibt auch den politischen Gedichten Quevedos das Gepräge. In ihnen offenbart sich erschütternd das Bewußtsein des unaufhaltsamen Niedergangs Spaniens, seines materiellen und geistigen Verfalls, beispielsweise in der *Epístola censoria al Conde Duque (Kritischer Brief an den herzoglichen Grafen)* oder in dem berühmten, von VOSSLER übersetzten Sonett: *»Burg meiner Heimat, einst so fest gemauert, / und jetzt vom Lauf der Jahre schon geschwächt, / erscheinst du mir ein Bauwerk, das nicht recht / dem Sturm der Zeiten widersteht und dauert ...«*

Im Gegensatz zum strengen Ernst der Gedankenlyrik Quevedos bleibt der größere Teil seiner Liebeslyrik im Bereich des anmutigen, galant-poetischen Spiels mit den durch die Traditionen von höfischer Liebe, Petrarkismus und Neuplatonismus gesetzten Topoi. Wenn irgendwo, so rückt Quevedo in diesen Gedichten durch die sehr erlesene, kunstvolle Metaphorik in die Nähe GÓNGORAS (1561 bis 1627), den er im übrigen unversöhnlich bekämpfte. Doch in einzelnen Liebesgedichten zeigt Quevedo eine Bildkraft und Intensität des Gefühls, die ihn von allen Zeitgenossen unterscheidet. In ihnen wird die Aussage zum *»fiebernden Aufschrei«* (Dámaso Alonso), zum leidenschaftlichen Ausbruch, wie er ähnlich erst in neuester Zeit, in der Lyrik eines Miguel HERNÁNDEZ (1910–1942), wieder zu finden ist. *»Von der Glut des Vulkans, der in den Adern mir tobt, / sollen die Blitze meines Wehklagens sprechen«* – heißt es in einem Sonett, und berühmt ist der Schluß eines andern – *»Cerrar podrá mis ojos la postrera / sombar que me llevare el blanco día« (»Schließen kann mir die Augen der letzte / Schatten, den mir bringt der helle Tag«)* –, der die Versicherung enthält: Nach meinem Tod werden mein Blut und Mark *»zu Asche werden – aber Gefühl besitzen, / Staub sein – aber Staub in Liebe«.*

Von den Gedichten Quevedos wurden zu seinen Lebzeiten nur einige wenige gedruckt. Während die poetische Intensität der metaphysischen Dichtungen und der Liebeslyrik erst im 20. Jh. erkannt und gewürdigt wurde, fand seine satirisch-burleske zeitkritische Lyrik sofort Anerkennung. Äußerlich unterscheidet sie sich vom übrigen Werk dadurch, daß sie zumeist kürzere Verse als den Elfsilber sowie die volkstümlichen Gedichtformen der Romanze, der *letrilla* (Spottgedicht) und besonders der *jácara* (Schenkenlied) bevorzugt. Vor allem die Schenkenlieder Quevedos erfreuten sich allgemeiner Beliebtheit; man sang sie und tanzte dazu im Wirtshaus, auf dem Volksfest, dem Jahrmarkt. Eines von ihnen, die *Jácara de Escarramán*, findet in drei Komödien Lope de VEGAS Erwähnung.

In der satirisch-burlesken Dichtung Quevedos erscheint die Wirklichkeit zur Karikatur verzerrt. Dem tief pessimistischen, ganz und gar illusionslosen Blick dieses Dichters enthüllt sich die Schlechtigkeit, Häßlichkeit und Lächerlichkeit dieser Welt. Zu Objekten seiner Satire werden alle Stände und sozialen Gruppen – die Hofgesellschaft, die Ärzte, die Schneider, die Schreiber, die Schelme usw. –, ebenso die menschlichen Schwächen und Laster, in erster Linie die Geldgier, ja sogar körperliche Mißbildungen und Gebrechen. Berühmt ist das Sonett *Es war einmal ein Mann, der hing an einer Nase*, das ein überdimensionales Riechorgan und seinen Träger durch gewagte Vergleiche und Wortspiele übermütig verspottet. Recht unsanft geht Quevedo mit den Damen um. Den Mund der einen apostrophiert er als *»gefräßige Schnute«*, die Zähne einer andern als *»wurmstichige Hauer«*, den Augen einer dritten sagt er nach, daß sie *»vor lauter Verschlafenheit schnarchen«*. Von der weiblichen Moral hat er keine sehr hohe Meinung: *»Ein Engelchen schienst du mir, Mädchen«*, – so beginnt eine *letrilla* – / *»das Seelen hütet, / doch eine Spinne warst du, auf Jagd / nach der armen Fliege.«* – Der Reiz dieses Gedichts beruht auf der Doppelbedeutung des spanischen Wortes *mosca*: »Fliege« und »Geld«. Mit diesem Doppelsinn verbindet sich im Fortgang ein zweiter. Wenn es heißt: *»Den schlimmsten Kuchen, / wenn du im Sommer sie sähest, / fingest die Fliege du weg / besser als Fliegenwedel«*, so erhält diese Stelle ihren Sinn durch die besondere, übertragene Bedeutung des spanischen Wortes für »Kuchen«; *pasteles* bedeutet auch »Machenschaften«, »dunkle Geschäfte«.

Dieses Spiel mit dem Doppelsinn und der Mehrdeutigkeit der Wörter ist ein Stilmittel des *Konzeptismus*, als dessen bedeutendster Vertreter neben GRACIÁN (1601–1658) Quevedo anzusehen ist. Das Wortspiel im weitesten Sinn, wozu neben der Vertauschung von Wortbedeutungen die überraschende Verwendung von Homonymen, Synonymen und Antonymen sowie ungewohnten Wortableitungen gehört, ist die wichtigste Ausdrucksform dieser Dichtersprache, die ebenso wie der *Cultismus* oder *Gongorismus* die spanische Literatur des Barock charakterisiert. Trotz der engen Beziehungen zwischen diesen beiden Sprachauffassungen lebte Quevedo in unversöhnlicher Gegnerschaft zu Góngora, den er sowohl in seinen Spottgedichten als auch in mehreren kritischen Schriften bis zur persönlichen Verunglimpfung und gehässigen Anspielung auf seine angeblich jüdische Abstammung verhöhnte. Dabei karikiert er vor allem die gelehrten Wortbildungen Góngoras, seine Nachahmung der lateinischen Syntax und seine Vorliebe für die bizarre Metapher. Indessen besteht zwischen beiden Dichtern in Wirklichkeit kein scharfer, unversöhnlicher Gegensatz. Bei Quevedo tritt die Metapher zurück zugunsten einer Intensivierung des Ausdrucks durch Steigerung, überraschende Gegensätze und Antithesen. Sein Material ist das überlieferte Wortgut der Literatur- und Volkssprache. Seine Originalität zeigt sich weniger in der Bildung neuer Wörter aus lateinischer oder griechischer Wurzel, weniger in der Erfindung neuer, gesuchter Metaphern und Bilder als vielmehr in der Art seines Umgangs mit dem vorhandenen Sprachmaterial. Im Wortspiel, d.h. in der Sinnvertauschung und in der Sinnveränderung durch überraschende Wortableitungen oder Wortkombinationen, liegt Quevedos Meisterschaft.

D.R.

Ausgaben: Madrid 1648. – Saragossa 1649. – Madrid 1670 *(Las tres musas últimas castellanas. Segunda cumbre del Parnaso español)*. – Barcelona 1963 (in *Obras completas*, Hg. J.M. Blecua, Barcelona 1963; [3]1980, Clás. Cast). – Madrid 1966/67 (in *Obras completas*, Hg. F. Buendía, Bd. 2; ern. 1981). – Madrid 1969–1981 (*Obra poética*, Hg. ders., 4 Bde.). – Madrid 1972 (in *Poemas escogidos*, Hg. ders.; Ausw.; Castalia). – Madrid 1981 (in *Poesía varia*, Hg. J. O. Crosby, Madrid 1981; Ausw.; Cátedra). – Madrid 1986 (in *Antología poética*, Hg. A. Cabañas; Ausw.).

Übersetzungen: *Aus dem Turm. Sonette*, W.v. Koppenfels, Bln. 1981 [span.-dt.]. – *Gedichte*, W. Muster, Stg. 1982 [span.-dt.]. – *In Spanische Lyrik von der Renaissance bis zum späten 19. Jh.*, Hg. H. Felten u. A. Valcárcel, Stg. 1990, S. 234–251; 456–467 [Ausw.; span.-dt.].

Literatur: B. Sánchez Alonso, *Los satíricos latinos y la satira de Q.* (in RFE, 11, 1924, S. 33–62; 113–153). – P. Laín Entralgo, *La vida del hombre en la poesía de Q.* (in CHA, 1, 1948, S. 63–101). – D. Alonso, *El desgarrón afectivo en la poesía de Q.* (in D.A., *Poesía española*, Madrid 1952 u.ö., S. 495–580). – A. A. Parker, *La ›agudeza‹ en algunos sonetos de Q.* (in *Estudios dedicados a Menéndez Pidal*, Madrid 1952, Bd. 2, S. 345–360). – W. Kellermann, *Denken und Dichten bei Q.* (in *Gedächtnisschrift für A. Hämel 1885–1952*, Würzburg 1953, S. 121–154). – J. Lanza Esteban, *Q. y la tradición literaria de la muerte* (in Revista de literatura, 4, 1953, S. 367–380; vgl. dazu R. Alberti in Revista Nacional de Cultura, 22, 1960, S. 6–23). – A. Terry, *Q. and the Metaphysical Conceit* (in BHS, 35, 1958, S. 211–222). – C. Blanco Aguinaga, *Dos sonetos del siglo XVII: Amor-Locura en Q. y Sor Juana* (in MLN, 77, 1962, S. 145–162). – E. Alarcos Garcia, *El poema heroico de las necedades y locuras de »Orlando enamorado«* (in *Homenaje al profesor E. A. G.*, Bd. 1, Valladolid 1965, S. 341–374; zuerst in Mediterráneo, 4, 1946, S. 25–63). – Ders., *Q. y la parodía idiomática* (ebd., S. 443–472; zuerst in Archivum, 5, 1955, S. 3–38). – G. O. Crosby, *En torno a la poesía de Q.*, Madrid 1967; ern. 1978. – M. Pinna, *La lirica di Q.*, Padua 1968. – G. Sobejano, *»En los claustros del alma…« Apuntaciones sobre la lengua poética de Q.* (in *Sprache und Geschichte. Fs. Harri Meier*, Mchn. 1971, S. 459–492). – E. Navarro de Kelley, *La poesía metafísica de Q.*, Madrid 1973. – L. Muñoz González, *La navegación de Q.* (in CHA, 92, 1973, S. 115–137). – F. Lázaro Carreter, *Q., entre el amor y la muerte* (in *F. de Q.*, Hg. G. Sobejano, Madrid 1978; [3]1984, S. 291–299; zuerst in PSA, 1, 1956, S. 145–160). – C. Blanco Aguinaga, *»Cerrar podrá mis ojos…«: Tradición y originalidad* (ebd., S. 57–78; zuerst in Filología, 8, 1962, Nr. 1/2, S. 57–78). – R. M. Price, *Sobre fuentes y estructura de »Miré los muros de la patria mía«* (ebd., S. 319–325). – J. M. Pozuelo Yvancos, *El lenguaje poético de la lírica amorosa de Q.*, Murcia 1979. – M. J. Martín Fernández, *Referencias judaicas en la poesía satírica de Q.* (in Anuario de Estudios Filológicos, 2, 1979, S. 121–146). – R. Rodríguez, *Observaciones sobre la poesía de Q. desde el soneto »Miré los muros de la patria mía«* (in Anuario de Estudios Filológicos, 2, 1979, S. 239–249). – G. Güntert, *Q. y la regeneración del lenguaje* (in CHA, 121/122, 1980, S. 21–39). – F. Lázaro Carreter, *Q.: la invención por la palabra* (in BRAE, 61, 1981, S. 23–41). – R. Skyrme, *Q., Du Bellay and Janus Vitalis* (in Comparative Literature Studies, 19, 1982, S. 281–295). – A. M. Snell, *Hacia el verbo: signos y transignificación en la poesía de Q.*, Ldn. 1982. – J. Olivares, *The Love Poetry of F. de Q. An Aesthetic and Existential Study*, Cambridge 1983. – M. E. Barnard, *Myth in Q.: The Serious and the Burlesque in the Apollo and Daphne Poems* (in HR, 52, 1984, S. 499–522). – J. M. Oliver, *Comentarios a la poesía de Q.*, Madrid 1984. – I. Arellano Ayuso, *Poesía satírica burlesca de Q.*, Pamplona 1984. – J. Arellano, *Un soneto de Q. a Góngora, y algunos neologismos satíricos* (in REH, 18, 1984, S. 3–17). – G. Naderi, *Petrarchian Motifs and Plurisignative Tension in Q.'s Love Sonnets: New Dimensions of Meaning* (in Hispania, 69, 1986, S. 483–494). – Ch. Maurer, *Defeated by the Age: On Ambiguity in Q.'s »Miré los muros de la patria mía«* (in HR, 54, 1986, S. 427–442). – P. J. Smith, *Q. on Parnassus. Allusive Context and Literary Theory in the Love-Lyric*, Ldn. 1987.

POLÍTICA DE DIOS. GOVIERNO DE CHRISTO: TYRANIA DE SATANAS

(span.; *Politik Gottes. Herrschaft Christi: Tyrannei des Satans*). Politisch-moralischer Traktat von Francisco de Quevedo y Villegas, erschienen 1626 (Teil 1) und 1655 (Teil 1 u. 2). – Kaum ein anderes spanisches Werk der Zeit erlebte so viele Auflagen wie dieser Traktat eines der größten spanischen Lyriker und Satiriker des 17. Jh.s. Der erste, in den Jahren 1619–1621 geschriebene Teil wurde allein 1626 neunmal gedruckt (nur die beiden Madrider Ausgaben bieten den autorisierten Text). Der zweite, 1635 fertiggestellte und bis 1639 wiederholt überarbeitete Teil erschien allerdings erst zehn Jahre nach Quevedos Tod. Die lange, durch den Herzog von Olivárez (reg. 1621–1643) veranlaßte Kerkerhaft Quevedos (1639–1643) dürfte den Druck zu seinen Lebzeiten verhindert haben.

Ganz in der Weise eines Fürstenspiegels, wie sie im Mittelalter und in der Zeit der Renaissance häufig waren, wendet sich die *Política* als eine Art Handbuch der Regierungskunst an König Philipp IV. (reg. 1621–1665) und entwickelt ohne direkte Bezugnahme auf die politischen Verhältnisse der Zeit die Grundsätze fürstlichen Verhaltens in Übereinstimmung mit der christlichen Lehre und am Beispiel Roms. Im Vordergrund der Betrachtungen steht das Verhältnis zwischen dem Fürsten und seinen Ministern; insbesondere geht es um den *privado* (Günstling), der als bevollmächtigter Sachverwalter des Monarchen dem Absolutismus des 17. Jh.s in steigendem Maße das Gepräge gab. Quevedo, der als ehemaliger Sekretär des Vizekönigs von Neapel die politischen Verhältnisse seiner Zeit aus eigener Erfahrung kannte, schrieb seinen Traktat als indirekte Kritik an den herrschenden Zuständen in der Hoffnung, diese könnten sich unter der Regierung Philipps IV. ändern. Doch seine Klagen über den Verfall der Sitten und den Verlust der großen Ideale der Vergangenheit, seine heftigen Angriffe gegen die »schlechten Minister« blieben ohne Wirkung. Unter Olivárez, dem Günstling Philipps IV., verschlimmerten sich die Zustände weiter; die Willkür wurde schlechterdings unerträglich. Dies dürfte der Grund dafür sein, daß im zweiten Teil des Traktats die Argumentation vorsichtiger und stärker durch Zitate aus der *Bibel* und den Kirchenvätern abgesichert ist. Trotzdem ereilte Quevedo das Schicksal, das er in seiner Schrift dem »Gerechten« voraussagt: *»Alle schlechten Minister sind Schüler der Tochter der Herodias; sie unterhalten die Könige und Fürsten mit Tänzen und Festen, zerstreuen sie durch Gelage, dann fordern sie den Kopf des Gerechten.«*

In diesem seinem umfangreichsten und geschlossensten politischen Traktat erweist sich Quevedo als traditionsverhafteter, »modernen« Gedanken kaum aufgeschlossener Denker. Seine Überzeugung von der gottgewollten, Gott allein verantwortlichen Stellung des Fürsten entfernt sich ebenso weit von der auf *virtù*, *necessità* und *fortuna* beruhenden Staatsräson MACHIAVELLIS (1469 bis 1527; vgl. *Il principe*, 1532) wie von der naturrechtlich begründeten Staatstheorie des Francisco SUÁREZ, vor allem in dessen Schrift *De legibus ac Deo legislatore*, 1613 *(Über die Gesetze und Gott als Gesetzgeber)*, die im 17. Jh. in ganz Europa bei Katholiken und Protestanten maßgebend war. Trotz dieser »Rückständigkeit« steht die *Política* Quevedos wegen der harten, fast verzweifelten Kritik an den zeitgenössischen Zuständen, wegen der moralischen Integrität der Gesinnung und dank der strengen, lakonischen, auf didaktische Wirkung bedachten Diktion an hervorragender Stelle innerhalb des politischen Schrifttums der Zeit. D.R.

AUSGABEN: Madrid 1626 [Tl. 1]. – Madrid 1655 [Tl. 1 u. 2]. – Madrid 1966, Hg. J. O'Hea Crosby. – Madrid 1966/67 (in *Obras completas*, Hg. F. Buendía, Bd. 1; ern. Madrid 1981). – Madrid 1986.

LITERATUR: L. Pabón Muñoz, *Q., político de la oposición*, Bogotá 1949. – D. W. Bleznick, *La »Política de Dios« de Q. y el pensamiento político en el siglo de oro* (in NRFH, 9, 1955, S. 385–394). – S. Serrano Poncela, *Q., hombre político* (in La Torre, 6, 1958, S. 55–95). – M. Z. Hafter, *Sobre la singularidad de la »Política de Dios«* (in NRFH, 13, 1959, S. 101–104). – J. O'Hea Crosby, *The Sources of the Text of Q.'s »Política de Dios«*, NY 1959 (vgl. dazu J. R. Craddock, in RomR, 54, 1963, S. 57–61). – H. Ettinghausen, *Q.'s Repuesta al P. Pineda and the Text of »Política de Dios«* (in BHS, 46, 1969). – A. Ruiz de la Cuesta, *La vocación pacifista de don F. de Q.* (in Arbor, 1982, Nr. 112, S. 41–52). – T. Eminowicz, *Sobre una traducción de la »Política de Dios«*... (in Dicenda, 3, 1984, S. 273–278).

SUEÑOS Y DISCURSOS DE VERDADES
descubridoras de abusos, vicios y engaños en todos los oficios y estados del mundo

(span.; *Träume und Gespräche über Wahrheiten, die Mißbräuche, Laster und Betrug in allen Berufen und Ständen der Welt aufdecken*). Fünf Moralsatiren von Francisco de QUEVEDO Y VILLEGAS, erschienen 1627. – Die 1610 vorbereitete Veröffentlichung von drei zwischen 1606 und 1609 entstandenen *Sueños* scheiterte an Beanstandungen der kirchlichen Zensur. Trotz eines milderen Urteils von 1612 verzögerte sich die Drucklegung bis 1627; in der Zwischenzeit wurde die zunächst aus dem *Sueño del Juicio final* (später *El sueño de las calaveras* überschrieben), dem *Alguacil endemoniado* sowie dem *Sueño del infierno* (später *Las zahurdas de Plutón* benannt) bestehende Sammlung durch *El mundo por de dentro* (1612) und den *Sueño de la muerte* (1621) erweitert und zugleich in zahllosen Abschriften verbreitet. Sechs überaus erfolgreiche, aber vom Verfasser nicht ausdrücklich gebilligte Drucke von 1627 und 1628 nehmen bereits verschiedene andere satirische Jugendschriften Quevedos, u. a. die *Cartas del Caballero de la Tenaza* und *La casa de locos de amor* (deren Verfasserschaft nicht feststeht) auf. Sie sind keineswegs korrekt und weichen auch textlich zum Teil erheblich voneinander ab, so daß sich die kritische Textgestalt angesichts der verwickelten handschriftlichen Überlieferung nur schwer rekonstruieren läßt. Nach der Indizierung dieser Ausgaben erschienen die *Sueños* 1631 von Quevedo überarbeitet in einem harmlos *Juguetes de la niñez y travesuras del ingenio* betitelten Sammelwerk, das wiederum sechs andere satirische Prosaschriften, darunter *El entremetido, la dueña y el soplón* (1629) – auch mit dem Titel *Discurso de to-*

dos los diablos o infierno enmendado bekannt – und die bekannten Sprach- und Literaturkritiken *Aguja de navegar cultos* und *La culta latiniparla* enthält. Die als *fantasía moral* bezeichnete Satire *La Fortuna con seso i la hora de todos* (1635, vgl. dort) weist wie auch der *Discurso de todos los diablos* gewisse Beziehungen zu den *Sueños* auf, beide zählen jedoch nicht zu den fünf, in Vorworten ausdrücklich als zusammengehörig bezeichneten Jenseitsreisen oder Höllenvisionen, die der Dichter fingiert in Anlehnung an die von den spanischen Erasmus-Anhängern im 16. Jh. gepflegte Vorliebe für LUKIANS *Totengespräche* und Dialogsatiren (z. B. Juan de VALDÉS, *Diálogo de Mercurio y Carón, El Crotalón*), an humanistische Colloquia in Traumeinkleidung (Juan de MALDONADO, Justus LIPSIUS) sowie an die mittelalterliche Visions- und Jenseitsliteratur. Eine großartig gewagte, nicht religiös, sondern satirisch gemeinte Vision des Endgerichts *(Sueño del Juicio final – Traum vom Jüngsten Gericht)* eröffnet die Sammlung. Der Dichter wohnt im Traum dem Aufmarsch der vom Posaunenschall des Engels aus den Gräbern gerufenen Toten bei, die wieder menschliche Gestalt annehmen, um vor dem Gericht Jupiters Rechenschaft über ihr sündhaftes Leben und Treiben abzulegen. In schneller episodischer Reihung treten Ärzte, Fechtmeister, Geizkragen, Sakristan, Barbier, Apotheker, Richter, ja sogar Judas, Luther und Mohammed sowie viele andere Standesvertreter und Typen pointiert charakterisiert (vgl. *Totentanz*) auf, gegen die unablässig die Unterteufel Anklagen erheben. Für ähnliche im geistlichen Schauspiel des Mittelalters beliebte Gerichtsszenen vergleiche man etwa *Processus Belial* (1382) von Jacobus PALLADINI. Als der Dichter die Höllenstrafen schaut, erwacht er vom Lärm, der durch die Bemerkung des Astrologen entstanden ist, man habe sich im Datum geirrt, dies sei noch nicht der Jüngste Tag.

Demgegenüber ist der *Alguacil endemoniado (Der besessene Büttel*; auch *Alguacil alguacilado* betitelt, womit die Gleichsetzung zwischen Polizeiknecht und Teufel sarkastisch hervorgehoben wird) ein anekdotischer Dialog *(discurso)*, den der Dichter zu hören vorgibt, aber nicht im Traum schaut. Er trifft in der Kirche San Pedro seinen Bekannten, den Lizenziaten Calabrés, der sich vorzugsweise als Teufelsbeschwörer betätigt und gerade einen besessenen Büttelknecht »behandelt«. Dem Teufel ist in der Haut des seine Künste nur allzugut beherrschenden Polizisten keineswegs wohl zumute. Der Exorzist gewährt auf Bitten des Dichters dem Teufel eine Ruhepause, um diesen über die Zustände in der Hölle berichten zu lassen. Vor allem Dichter, Komödienschreiber, Kaufleute, Schneider, Schmeichler, Justizbeamte, Könige, Betrüger, Verliebte sowie alte und häßliche Weiber werden dabei in satirischer Weise vorgeführt. Der Teufel erzählt die bittere Fabel von der Gerechtigkeit, die keine Heimstatt auf Erden finden konnte und deshalb wieder in den Himmel zurückwich.

Das lange und thematisch vielschichtige Mittelstück der Sammlung *(Sueño del infierno – Traum von der Hölle)* ist wiederum ein *Sueño* im eigentlichen Sinne des Wortes: Die Höllenwanderung des Dichters entfaltet, in deutlicher Anlehnung an DANTES *Comedia*, das im *Weltgerichtstraum* und im *Alguacil* bereits angedeutete Motiv der Höllenwanderung, allerdings ohne Begleitung eines Führers. Der Dichter sieht sich eingangs am Scheideweg (von Tugend und Laster) und schlägt den bequemen, verlockenden und von allen Leuten begangenen Pfad zur Hölle ein. Dabei werden bereits bekannte Typen (Wirte, Apotheker, Schneider, Soldaten) und Situationen aufgenommen und burlesk-satirisch abgewandelt. Der Gang durch den höllischen Pfuhl bietet Gelegenheit, eine neue Reihe von Porträts wirkungsvoll Revue passieren zu lassen: u. a. Flickschuster, Gecken, Ketzer, Astrologen sowie Buchhändler und stolzen Hidalgo. Schließlich sieht er den Thron Satans, umgeben von den schlimmsten Sündern, und appelliert an den Leser, die guten Lehren dieses Traums zu beherzigen. Die Teufel halten eindringliche Predigten, der Dichter beteiligt sich selbst auch an manchen Streitgesprächen (mit Judas, Mohammed und Luther), in denen weitreichende polemische Akzente gesetzt werden.

Die folgende Satire *El mundo por de dentro (Die Welt von innen)* ist eine allegorische Erzählung mit zahlreichen Dialogelementen und eingestreuten Episoden. Obwohl es sich hier nicht um eine Vision handelt, führt Desengaño, ein zentraler Begriff in der spanischen Lebensphilosophie des 17. Jahrhunderts, als Greis den Dichter durch die als Stadt gedachte Welt, ein Motiv, das später Luis VÉLEZ DE GUEVARA im *Diablo cojuelo* (vgl. dort) wirkungsvoll abwandeln sollte und Diego de TORRES VILLARROEL zu den *Sueños morales, visiones y visitas de Torres con Quevedo* (1751), sittengeschichtlichen Streifzügen durch das damalige Madrid, anregte. Auf der Calle Mayor de la Hipocresía erlebt der Dichter, belehrt vom weisen Alten Desengaño, eine Reihe von Enttäuschungen beim Anblick von fünf alltäglichen, pikarisch geschilderten Szenen, welche Arglist und Heuchelei der Menschen entlarven, u. a. die Totenklage einer trauernden Witwe, einen reichen Caballero in seiner Kutsche sowie eine vielbewunderte Schönheit.

Den viel später geschriebenen Abschluß der Sammlung bildet eine Jenseitsreise, die wiederholt Anklänge an die voraufgehenden Satiren aufweist. *El sueño de la muerte (Der Traum vom Tod)* ist einer der Höhepunkte der satirischen Meisterschaft Quevedos, dessen Gestalt, deutlicher individuell charakterisiert als bisher, in das traumhafte Geschehen einbezogen wird. Der Tod geleitet den Dichter ins Jenseits. Eine groteske Schar von Wundärzten, Apothekern, Barbieren, Schneidern und anderen Typen des Totenheeres zieht vorüber. Sie schauen dann dem Kampf zwischen Mundo, Carne, Diablo und Dinero, den Hauptfeinden des Menschen, zu – ein bekanntes Motiv der mittelalterlichen allegorischen Literatur – und gelangen zum infernalischen Gerichtssaal des Todes. Umgeben von Zwietracht, Undank und bösen Zungen, hält hier der Tod inmitten der allegorischen Todesarten, unter denen der Liebestod hervorsticht, seinen Hof. Als die Toten aufgerufen werden, vor dem Besucher auszusagen, treten statt dessen seltsam unwirkliche, burleske Gestalten auf, die sprichwörtliche Redensarten zum Namen tragen (z. B. Pero Grullo, Rey Perico, el Otro, San Ciruelo) und sich über deren mißbräuchliche Verwendung unter den Lebenden beklagen, ein satirischer Seitenhieb auf die spanische Vorliebe für Sprichwörter. Dabei werden die Auftritte der Dueña Quintañones, des Don Diego de Noche und Diego Moreno besonders herausgearbeitet. Einzelne Auftritte sind geradezu farcenhaft dramatisiert, auch die Gesamtanlage als *comedia* erinnert an Micael de CARVAJAL und Luis HURTADO DE MENDOZA (vgl. *Las cortes de la muerte*, 1557). Im Gespräch mit dem Marqués de Villena wird die wirtschaftliche und politische Lage Spaniens wie auch Europas eingehend erörtert.

Die *Sueños* gehören zu den großen satirischen Werken der Weltliteratur. Ihre Rahmeneinkleidung (Begegnungen des Dichters mit der anderen Welt) wie auch die Fiktion der Jenseitsreise oder Vision konstituieren eine für satirische Effekte geeignete, offene Form der Darstellung. Die Schärfe der Karikatur, die Prägnanz der spöttischen Porträts beruhen auf den konzeptistischen Stilkünsten mit ihrem Aufgebot an Metaphern, Wortwitzen und -spielen. Sarkastische Polemik und offener Zynismus verbinden sich mit erbaulicher Ermahnung, wobei die spätbarocke Welt- und Kulturmüdigkeit den reformerischen, weltverbessernden Eifer der satirischen Kolloquien des vorausgehenden Jahrhunderts nicht mehr zuläßt – die *Sueños* demaskieren erbarmungslos Welt und Menschen. Außer spanischen Nachbildungen (etwa Francisco SANTOS, *Día y noche de Madrid*, 1663; *El diablo anda suelto, verdades de la otra vita soñadas en ésta*, 1677), erschienen bereits im 17. Jh. französische, italienische, englische und holländische Übersetzungen der *Sueños*. Hans Michael MOSCHEROSCHS (1601–1696) Gedichte bilden teils eine an die französische Fassung von de la GENESTE (1633) angelehnte, paraphrasierende Übertragung *(Schergenteufel, Weltwesen, Das letzte Gericht)*, teils eine kongeniale, selbständige Weiterführung und geistreiche Neugestaltung der Moralsatire und Zeitkritik im Stile Quevedos. D.B.

AUSGABEN: Saragossa 1627. – Madrid 1631. – Paris 1957 (*Las zahurdas de Plutón*, Hg. A. Mas). – Madrid 1961, Hg. J. Cejador y Frauca (CC, 31, 34). – Madrid 1966/67 (in *Obras completas*, Bd. 1, Hg. F. Buendía; ern. 1981). – Madrid 1969 (in *Obras satíricas, picarescas, políticas, burlescas, filosóficas, critico-literarias, poeticas*). – Madrid 1972/73, Hg. J. Cejadory Frauca (Clás. Cast). – Madrid 1980, Hg. F. Abad (Austral). – Barcelona 1987, Hg. H. Ettinghausen. – Madrid 1989, Hg. F. C. Maldonado (Castalia).

ÜBERSETZUNGEN: *Wunderliche und warhafftige Gesichte Philanders von Sittewalt*, J. M. Moscherosch, Straßburg 1640–1643; ern. Bln. 1883. – *Wunderliche Träume*, C. Moreck, Mchn. 1919. – *Die Träume. Die Fortuna mit Hirn oder Die Stunde aller*, W. Muster, Ffm. 1966; ern. Ffm. 1980.

LITERATUR: J. Goyanes Capdevila, *La sátira contra los médicos y la medicina en los libros de Q.*, Madrid 1934. – J. A. Tamayo, *El texto de los »Sueños«* (in Boletín de la Biblioteca Menéndez Pelayo, 21, 1945, S. 456–493). – S. E. Fernández, *Ideas sociales y políticas en el Infierno de Dante y en los »Sueños« de Q.*, Mexiko 1950. – M. Morreale, *Luciano y Q.* (in Revista de Literatura, 8, 1955, S. 213–227). – J. O. Crosby, *Un sueño desconido* (in NRFH, 14, 1960, S. 295–306). – S. Serrano Poncela, *Los »Sueños«* (in PSA, 21, 1961, S. 32–61). – H. Iventosch, *Q. and the Defense of the Slandered* (in HR, 30, 1962, S. 94–115). – J. O. Crosby, *A New »Sueño« Wrongly Attributed to Q.?* (ebd., 31, 1963, S. 118–133). – M. Levisi, *H. Bosch y los »Sueños« de F. de Q.* (in Filología [Buenos Aires], 9, 1963, S. 163–200). – A. E. Rider, *Forms of Ironic Expression in Q.'s »Sueños«*, Diss. Washington 1963 (vgl. Diss. Abstracts, 24, 1963/64, S. 4196). – G. Testas, *L'enfer dans les »Songes« de Q., recherches sur les principales sources*, Diss. Paris 1964. – F. W. Müller, *Allegorie und Realismus in den »Sueños« von Q.* (in ASSL, 202, 1966, S. 321–346). – I. Nolting-Hauff, *Vision, Satire und Pointe in Q.s »Sueños«*, Mchn. 1968 (span. Madrid 1974). – G. Haley, *The Earliest Dated Manuscript of Q.'s »Sueño del juicio final«* (in MPh, 67, 1970, S. 238–262). – R. Lida, *»Sueños y discursos«: El predicador y sus máscaras* (in *Homenaje a J. Caro Baroja*, Madrid 1978, S. 669–684). – D. M. Kercher, *Strategies of Censorship. Critical Readings of Four of Q.'s »Sueños«*, Diss. The Johns Hopkins Univ. 1980 (vgl. Diss. Abstracts, 41, 1980, S. 1073A). – R. M. Price, *Q: »Los sueños«*, Ldn. 1983. – S. K. T. Kuusisto, *The Historical Basis of Satire in Q.'s »Sueños«: The Social Construction of Evil*, Diss. Univ. of Minnesota 1985 (vgl. Diss. Abstracts, 46, 1986, S. 1962A). – Ders., *Q.'s Vision of a Mercantile Hell* (in Ideology and Literature, 2, 1987, S. 105–113).

FRANCISCO DE ROJAS ZORRILLA

* 4.10.1607 Toledo
† 23.1.1648 Madrid

LITERATUR ZUM AUTOR:
E. Cotareli y Mori, *Don F. de R. Z., noticias biográficas y bibliográficas*, Madrid 1911. – D. L. Duis, *Versification in the Comedias of R. Z.*, Columbus 1926. – J. B. Barrett, *Some Aspects of the Dramatic Techniques of F. de R. Z.*, Chapel Hill 1938. – J. T. Boormann, *The Dramatic Technique of R. Z.*, Leeds 1950. – G. Schmidt, *Studien zu den Komödien des*

Don F. de R. Z., Diss. Köln 1959. – N. L. Kennington, *R. Z. and the »comedia de figurón«*, Chapel Hill 1962. – R. R. MacCurdy, *F. de R. Z. bibliografía crítica*, Madrid 1965. – Ders., *F. de R. Z. and the Tragedy*, Albuquerque 1966. – D. Briesemeister, *El horror y su función en algunas tragedias de F. de R. Z.* (in Criticón, 23, 1983, S. 159–175).

CADA QUAL LO QUE LE TOCA. Comedia famosa

(span.; *Jedem, was ihm zusteht*). »Berühmtes Schauspiel« von Francisco de Rojas Zorrilla, erschienen 1640–1645. – Isabel wird von ihrem Vater gezwungen, Fernando zu heiraten. Sie willigt nur ungern ein, da sie vorher ein Liebesverhältnis mit Luis, einem Freund Fernandos, verband, der sie jedoch verlassen hat. Nach ihrer Eheschließung flammt in dem früheren Liebhaber die alte Leidenschaft wieder auf. Sein Versuch, ihr erneut den Hof zu machen, erregt die Eifersucht ihres Gatten. Als es Luis gelingt, sich Zugang zu ihrem Zimmer zu verschaffen, greift die Bedrängte zum Schwert ihres Mannes, tötet den Eindringling und rächt so die erlittene Schmach und die Ehre Fernandos.

Bances Candamo berichtet in seinem *Teatro de teatros*, daß dieses Drama ausgepfiffen wurde, weil der Verfasser es gewagt hatte, einen Mann auftreten zu lassen, der seine Frau *»mißbraucht vorfand, als er heiratete«*. In Wirklichkeit hatte der Unwille des Publikums einen tieferen Grund: Man nahm Anstoß daran, daß Rojas in einer dramatischen Gattung, in der bislang grundsätzlich nur die reichlich fragwürdigen Rechte und Ehrbegriffe des Mannes anerkannt wurden, eine Frau zum Mittelpunkt der Handlung und zur Handelnden machte. Zum erstenmal hatte es damit ein Dramatiker gewagt, sich gegen den strengen Ehrenkodex zu wenden, der eine Frau – ob schuldig oder unschuldig – der Rache des tatsächlich oder auch nur scheinbar beleidigten Mannes überantwortete. Rojas Zorrilla bricht hier mit der ebenso unlogisch wie raffiniert ausgeklügelten Ehrenkasuistik, die die Frau zu einem Stück Besitz herabwürdigt. In seinem Drama hat sie nicht nur ihre eigene Ehre, sondern auch das Recht, diese zu verteidigen (daher der Titel *Jedem, was ihm zusteht*). Seine Isabel beweist in ihrem Selbstbewußtsein und ihrer Selbständigkeit ein Maß an Persönlichkeit, wie es das Theater sonst höchstens Königinnen zuzugestehen pflegte. – Wie in anderen Werken des Dichters zeichnet sich auch hier jenes Streben nach einer Humanisierung des Moralkodex ab, das Américo Castro dem Einfluß des Erasmus zuschreibt. A.F.R.

Ausgaben: Madrid 1640–1645 (in *Las comedias*, 2 Tle). – Madrid 1740 [?]. – Madrid 1917, Hg. A. Castro (in *Teatro antiguo español, textos y estudios*, Bd. 2; m. Einl. u. Anm.).

Literatur: B. Matulka, *The Feminist Theme in the Drama of Siglo d'Oro* (in RomR 46, 1936). – C. V. Ortigosa, *Los móviles de la comedia en Lope, Tirso, Moreto, R. y Calderón*, Mexiko 1954. – D. Moir, *Notes on the Significance and Text of R. Z.'s »Cada qual lo que le toca«* (in *Studies in Literature of the Golden Age Presented to E. M. Wilson*, Hg. R. O. Jones, Ldn. 1973, S. 149–159).

ENTRE BOBOS ANDA EL JUEGO O DON LUCAS DEL CIGARRAL

(span.; *Zwischen Dummen läuft das Spiel ab oder Don Lucas del Cigarral*). Verskomödie in drei Akten von Francisco de Rojas Zorrilla, Uraufführung: Madrid, wahrscheinlich 1638; erschienen 1645. – Don Antonio de Contreras will seine Tochter Isabel mit dem reichen, alten, extravaganten Don Lucas del Cigarral verheiraten. Dessen Nebenbuhler ist der Komödienschreiber Don Luis, der das Mädchen auf Schritt und Tritt mit seiner Liebe verfolgt. Isabel wiederum kann einen unbekannten jungen Mann nicht vergessen, der sie einst vor einem wütenden Stier gerettet hat. Dieser junge Mann ist niemand anders als Don Pedro, Neffe von Don Lucas, der in dessen Auftrag Isabel zur Hochzeit nach Toledo holen soll. Als die beiden jungen Leute sich erneut gegenüberstehen, wird aus ihrer geheimen Zuneigung leidenschaftliche Liebe. Auf dem Weg nach Toledo trifft das Hochzeitsgefolge, darunter auch der liebestolle Don Luis, mit Don Lucas zusammen. Er wird von seiner Schwester, der mürrischen und altjüngferlichen Alfonsa, begleitet, die er, um sie loszuwerden, mit Don Pedro verheiraten will. Man logiert im selben Gasthaus. Da Don Pedro, Don Luis und Don Lucas ebenso wie Alfonsa und Isabel die Dunkelheit für ihre persönlichen Pläne ausnützen wollen, kommt es im Lauf der Nacht zu einer ganzen Serie komischer Zwischenfälle, die in turbulenten Eifersuchts- und Verfolgungsszenen kulminieren. Als der Tag anbricht, hat Don Lucas das Spiel von Pedro und Isabel durchschaut und verzichtet nun gern auf *»die arme Hand«* und auf die, wie er glaubt, *»verwelkte Tugend«* seiner schönen Braut. Und weil ihm nur ein voller Geldsack als solide Ehegrundlage erscheint (*»Süße Worte machen nicht satt«*), ist er der Überzeugung, Don Pedro damit der gerechten Strafe überlassen zu haben.

Rojas Zorrilla hat mit diesem Stück die sogenannte *comedia de figurón* (Figurenkomödie) geschaffen. Die Gestalt des Don Lucas ist eine köstliche Karikatur des ungebildeten, tölpelhaften und anmaßenden Neureichen, der alles nach seinem Geldwert mißt (dem Vater Isabels stellt er eine regelrechte Warenquittung als Empfangsbescheinigung für die Tochter aus). Meisterhaft ist auch die Komposition, und die – dem Zeitgeschmack entsprechend – reichlich in Szene gesetzten Intrigen und Verwicklungen lassen an Spannung nichts zu wünschen übrig. Dabei arten Witz und Satire nie zur Posse aus; alle Komik dient letztlich nur dem – für jene Epoche recht kühnen – Zweck, das Recht der Jugend (und der Frau) auf ihr eigenes Glück zu verteidigen (vgl. auch das andere Stück des Autors, *Cada qual lo que le toca – Jedem, was ihm zusteht*). A.F.R.

AUSGABEN: Madrid 1645 (in *Segunda parte de las comedias*). – Madrid 1861 (in *Comedias escogidas*, Hg. R. de Mesonero Romanos; BAE, 54). – Madrid 1917, Hg. Ruiz Marcuende (krit.; ern. 1967; Clás. Cast). – Madrid 1982 (Austral). – Madrid 1984, Hg. M. Grazia.

LITERATUR: A. Morel-Fatio, *L'Espagne au XVIe et au XVIIe siècles*, Heilbronn 1878, S. 603–676.

EL LABRADOR MÁS HONRADO, GARCÍA DEL CASTAÑAR

auch: *Del rey abajo, ninguno* (span.; *Der ehrenhafteste Bauer, García del Castañar*, auch: *Niemand außer dem König*). Versdrama in drei Akten von Francisco de ROJAS ZORRILLA, erschienen 1645. – König Alfons XI. (reg. 1312–1350) kehrt unerkannt auf dem Gut des edlen García ein, der einem berühmten Adelsgeschlecht entstammt, sich aber aus Scham über die Rebellion seines Vaters in freiwillige Verbannung begeben hat und nun in der Umgebung von Toledo als Bauer lebt. Don Mendo, ein Edelmann aus dem Gefolge des Königs, verliebt sich in Blanca, die schöne Gemahlin Garcías, und dringt nachts in ihr Gemach ein. Der Ehemann überrascht ihn dabei, läßt ihn jedoch ungestraft entkommen, da er ihn für den König hält, dem er unverbrüchliche Treue geschworen hat. Als García seine vermeintlich gekränkte Ehre an der unschuldigen Blanca rächen will, schreckt er jedoch im letzten Augenblick entsetzt vor der Mordtat zurück. Blanca flieht an den Hof des Königs, wo sie wiederum den Nachstellungen Don Mendos ausgesetzt ist. García, von neuem entschlossen, sie zu töten, folgt ihr, entdeckt dann aber den wirklichen Schurken. Vor den Augen des Königs erdolcht er Don Mendo. Das Ehrendrama endet mit seinen pathetischen Worten, daß *»niemand außer dem König«* seine Ehre ungestraft antasten dürfe.

Bei der Darstellung des Konflikts zwischen Mannesehre und Vasallentreue hat Rojas in diesem Drama – seinem bekanntesten Werk – ungewohnte Zugeständnisse an den zeitgenössischen Publikumsgeschmack gemacht. Das überspitzte Ehrgefühl seines Helden García entspricht dem barbarischen, absurden und völlig wertblinden Ehrenkodex, dem das spanische Theater jener Zeit huldigte, nicht aber der wahren Einstellung des Dichters, der in anderen Werken diesen starren Kodex aufzulokkern suchte. Abgesehen von dieser Einschränkung besitzt das Stück viele Vorzüge. Seine außerordentliche dramatische Spannung verdankt es sowohl der Szenenführung als auch der Charakterisierung der Hauptgestalten. Die idyllischen Anfangsszenen, in denen das Leben des Paares in der ländlichen Umgebung dargestellt wird, stehen in wirkungsvollem Kontrast zu dem Chaos von Konflikten, in das Blanca und García durch die niederträchtige Tat Don Mendos gestürzt werden und das sie an den Rand des Untergangs treibt. Die Gegenüberstellung des Edlen im Bauerngewand und des Schurken in Amt und Würden erzwingt ebenso wie die Seelengröße der unschuldig leidenden Blanca, deren Schicksal bis zuletzt in der Schwebe bleibt, die innere Anteilnahme des Publikums. – Dank seiner klaren Struktur und der Modernität seiner Sprache kann *El labrador más honrado* noch heute aufgeführt werden. A.F.R.

AUSGABEN: Madrid 1645 (in *Segunda parte de las comedias*). – Madrid 1861 (in *Comedias escogidas*, Hg. R. de Mesonero Romanos; BAE, 54). – Madrid 1956 (in *Teatro*, Hg. F. Ruiz Morcuende; m. Einl. u. Anm.). – Saragossa 1958, Hg. P. Pou Fernández. – Madrid 1967, Hg. F. Ruiz Morcuende (Clás. Cast). – Madrid 1978 (Castalia). – Madrid 1982, Hg. B. Wittmann (Cátedra). – Madrid 1982 (Austral).

ÜBERSETZUNG: *Garcia von Castagnar* (in *Spanisches Theater*, Hg. M. Rapp, Bd. 7, Hildburghausen 1870).

LITERATUR: J. G. Fucilla, *Sobre las fuentes de »Del rey abajo, ninguno«* (in NRFH, 5, 1951, S. 381–393). – C. Ortigoza, *»Del rey abajo, ninguno« de R. Estudiada a través de sus móviles* (in Bulletin of the Comediantes, 9, 1957, S. 1–4). – W. M. Whitby, *Appearance and Reality in »Del rey abajo, ninguno«* (in Hispania, 42, 1959, S. 186–191). – B. M. Wardropper, *The Poetic World of R. Z.'s »Del rey abajo, ninguno«* (in RomR, 52, 1961, S. 161–172). – R. Ullman, *A Theme of »Del rey abajo ninguno« and its Analogy with »Limpieza de sangre«* (in RomR, 57, 1966, S. 25–34). – M. A. Van Antwerp, *»El fenix es«. The Symbolic Structure of »Del rey abajo ninguno«* (in HR, 47, 1979, S. 441–454). – C. González, *Sobre »Del rey abajo ninguno«* (in Bulletin of the Comediantes, 32, 1980, S. 49–53). – E. T. Howe, *»Del rey abajo ninguno« and »Menosprecio del corte« Reconsidered* (in Journal of Hispanic Philology, 9, 1985, S. 133 bis 146).

JUAN RUFO Y GUTIÉRREZ

* um 1547 Córdoba
† zwischen 1598 und 1620 Madrid oder Toledo

LAS SEYSCIENTAS APOTEGMAS

(span.; *Die sechshundert Apophthegmen*). Anekdotensammlung von Juan RUFO Y GUTIÉRREZ, erschienen 1596. – Diese im Widerspruch zur Titelangabe etwa siebenhundert Anekdoten, Witzworte und Kurzgeschichten umfassende Sammlung unterscheidet sich von der rund zwei Jahrzehnte früher erschienenen *Floresta española de apotegmas y sentencias*, 1574 *(Spanischer Apophthegmen- und Sentenzenwald)*, von Melchor de SANTA CRUZ durch ihren geistreich treffenden, boshaft witzigen Charakter gegenüber dem bedächtigeren, pedantisch-ernsthaften und methodischen Gebaren des Vorgängers. Prägnanz, gedankliche Konzentration und Satire sind bei Rufo die leitenden Gestaltungsprinzipien der Erkenntnisse und Lebensregeln, die er in erster Linie der eigenen großen Lebenserfahrung verdankt. Kennzeichnend für ihn ist die Reduktion des erzählerischen Moments zum bloßen Anlaß, der die kritische oder belehrende Pointe funkenartig hervorspringen läßt: *»Ein alter Mann von sechzig Jahren fragte, ob er sein weißes Haar färben lassen sollte. Man gab ihm zur Antwort: Tilge nicht in einer Stunde, was Gott in sechzig Jahren geschrieben hat.«* Viele der Apophthegmen sind Witze, die durch den Zusammenprall inkongruenter, aber durch ein und denselben sprachlichen Ausdruck bezeichneter Vorstellungen entstehen: *»Jemand erzählte, eine Ehebrecherin sei ihrem Mann entwischt, weil er in der Eile nichts fand, womit er sie hätte töten können. Man gab ihm zur Antwort: Wieso nichts? – Und die Hörner?«* Besonders die komischen Seiten des Lebens, die Schwächen und Unzulänglichkeiten seiner Mitmenschen reizen die Spottlust dieses Autors, der, *»als er eine Frau sah, die mit der Geduld einer Märtyrerin sich angemalt, aufgeputzt und kostbar nach der neuesten Mode gekleidet hatte«*, den Ausspruch tat: *»Die Häßlichen sind wie die Pilze, die man nur stark gewürzt essen kann und die auch dann ein gewöhnliches Gericht bleiben.«*

Nicht alle Weisheiten, die Rufo verkündet, sind auf seinem Acker gewachsen, aber meistens weiß dieser vielerfahrene Mann, der auf seinem unsteten Lebensweg alle Höhen und Tiefen kennengelernt hat, auch abgegriffenen, von alters her bekannten Sätzen die Originalität und Frische der Formulierung zu geben, die ihnen Glaubwürdigkeit verleiht. Außerdem sind seine Apophthegmen eine wichtige Quelle für die Kenntnis der spanischen Sitten des Zeitalters. A.F.R.

AUSGABEN: Toledo 1596. – Madrid 1923 (Einl. A. González de Amezúa; auch in A. González de Amezúa, *Opúsculos histórico-literarios*, Bd. 1, Madrid 1951). – Madrid 1972, Hg. A. Blecua (Clás. Cast).

ÜBERSETZUNG: *Spanischer Pfeffer/Apophthegmen*, R. Smolka, Mchn. 1959.

LITERATUR: R. Ramírez de Arellano, *J. R., jurado de Córdoba*, Madrid 1912. – J. A. Moreno, *J. R. o la agudeza* (in Escorial, 6, 1942, S. 122–133). – L. Pfandl, *Geschichte der spanischen Nationalliteratur in ihrer Blütezeit*, Darmstadt 1967, S. 89–91. – M. Bataillon, *Erasmo y España*, Mexiko 1969.

JUAN RUIZ DE ALARCÓN Y MENDOZA

* um 1581 Mexiko
† 4.8.1639 San Sebastián

LITERATUR ZUM AUTOR:
Bibliographie:
W. Poesse, *Ensayo de una bibliografía de J. R. de A.*, Valencia 1964.
Biographien:
L. Fernández-Guerra y Orbe, *Don J. R. de A. y M.*, Madrid 1871. – J. Jiménez Rueda, *J. R. de A. y su tiempo*, Mexiko 1939. – A. Castro Leal, *J. R. de A., su vida y su obra*, Mexiko 1943. – *Critical Essays on the Life and Work of J. R. de A.*, Hg. J. A. Parr, Madrid 1972.
Gesamtdarstellungen und Studien:
M. Sackheim, *Die Lebensphilosophie des Dichters Don J. R. de A.*, Bln. 1936. – E. E. Hamilton, *The Structure of the Alarconian Comedia*, Austin/Tex. 1940. – S. Denis, *Lexique du théâtre de J. R. de A.*, Paris 1943. – Ders., *La langue de J. R. de A.*, Paris 1943. – A. V. Ebersole, *El ambiente español visto por J. R. de A.*, Valencia 1959. – C. O. Brenes, *El sentimiento democrático en el teatro de J. R. de A.*, Valencia 1960. – E. Claydon, *J. R. de A. Baroque Dramatist*, Chapel Hill 1970. – W. Poesse, *J. R. de A.*, NY 1972 (TWAS). – A. Sandóval Sánchez, *Estructura e ideología en las comedias de J. R. de A. Hacia la determinación de una cronología*, Diss. Univ. of Minnesota 1983 (vgl. Diss. Abstracts, 44, 1984, S. 2786A).

GANAR AMIGOS

(span.; *Freunde gewinnen*). Drama von Juan RUIZ DE ALARCÓN Y MENDOZA, erschienen 1634. – Das Stück, das in Sevilla zur Zeit König Peters I., des Grausamen, von Kastilien (reg. 1350–1369) spielt, ist eine Verherrlichung von Edelmut und sittlicher Größe. Der Marqués Don Fadrique wird zum Opfer seiner eigenen Ideale: Ahnungslos verspricht er Don Fernando, der im Duell einen Ritter getötet hat, Schutz und Hilfe. Als sich herausstellt, daß der Getötete Don Fadriques eigener Bruder ist, der versucht hat, ein Rendezvous zwischen Fernando und Don Fadriques Braut, Doña Flor, zu verhindern, zieht der Marqués den Degen. Doch die Tapferkeit des Gegners und sein mutiges Schweigen über seine Beziehungen zu Doña Flor bewegen Don Fadrique, ihm zu verzeihen und ihm seine Freundschaft anzubieten. – Während der Marqués sich bemüht, das Leben Don Pedros zu retten, den der König zum Tode verurteilt hat, weil er in den Palast eingedrungen war, *»um die Schönheit einer Hofdame zu genießen«*, zieht sich neues Unheil über seinem Haupt zusammen: Don Diego, der Bruder von Doña Flor, der deren Freundin Doña Ana unerwidert liebt, ist unter dem Namen des Marqués in ihr Haus eingedrungen und hat ihr Gewalt angetan. Der Marqués wird der Tat verdächtigt und zudem von Don Pedro, der die edelmütigen Motive seines Retters verkennt, beim König verleumdet. Als dieser den Marqués einkerkern läßt, erkennen seine Widersacher ihr Unrecht und erbieten sich, an seiner Stelle die Strafe zu erleiden. Dadurch klären sich die Mißverständnisse auf, und der König verzeiht allen Beteiligten.

Die heute übertrieben anmutende Idealisierung der Personen, unter denen Don Fadrique durch die Vornehmheit seines Charakters und die Reinheit seiner Gefühle herausragt, entspricht ganz dem ritterlich-höfischen Ideal der Zeit. Die Erkenntnis des Edlen und Guten befähigt den Menschen, seine persönlichen Leidenschaften zu zügeln und Großmut und Menschlichkeit siegen zu lassen. Diese Vertiefung und Verinnerlichung ethischer Werte war neu und bedeutungsvoll in einer Zeit, in der im klassischen spanischen Theater der leicht gekränkte Stolz und die kompromißlose Rache archaischer Helden überwogen. A.F.R.

AUSGABEN: Barcelona 1634 (in *Comedias*, 2 Bde., 2). – Barcelona 1852 (in *Comedias*, Hg. J. E. Hartzenbusch; BAE, 20). – Mexiko 1957 (in *Obras completas*, Hg. A. Millares Carlo). – Madrid 1960, Hg. ders. (ern. 1963; Clás. Cast).

ÜBERSETZUNGEN: *So gewinnt man Freunde*, L. Wegler, Halle 1904. – *Wie man Freunde gewinnt*, K. Thurmann (in *Mantel und Degen. Neun Komödien*, Mchn. 1969; Nachw. M. Franzbach).

LITERATUR: J. M. Castro y Calvo, *El resentimiento de la moral en R. de A.* (in Universidad, 19, 1942, S. 587–607; vgl. a. ders. in RFE, 26, 1942, S. 282–297). – C. Ortigosa, *Los móviles de la comedia de Lope, A., Tirso, Moreto, Rojas y Calderón*, Mexiko 1954. – A. Reyes, *R. de A. y el teatro francés* (in Cuadernos del Congreso por la Libertad de la Cultura, 1955, 14, S. 8–13).

LAS PAREDES OYEN

(span.; *Die Wände haben Ohren*). Verskomödie in drei Akten von Juan RUIZ DE ALARCÓN Y MENDOZA, erste Aufführung: Madrid 1618; erschienen 1628. – Die besonderen Merkmale der Komödiendichtung Alarcóns treten in diesem Stück deutlich hervor: die moralisierende Tendenz, die in der Geschichte des spanischen Theaters damals etwas Neues war; die für die Charakterkomödie bezeichnende Verabsolutierung einzelner Eigenschaften in bestimmten Menschentypen, welche bei den Franzosen – CORNEILLE und MOLIÈRE – begeisterte Anerkennung fand; die besonnene Sorgfalt des Stils und klare Bewußtheit der Technik, die zu der sprachlichen Nachlässigkeit und Improvisationsfreude Lope de VEGAS und anderer Zeitgenossen in greifbarem Gegensatz standen. Außerdem tritt in dieser Komödie ein persönliches Moment, das auch in anderen Stücken zu beobachten ist, mit besonderer Deutlichkeit zutage: In dem verwachsenen, häßlichen Juan, der dank seiner Tugend zum Schluß den Sieg davonträgt, zeichnet Alarcón sich selbst, in dem wohlgestalten Mendo, der aber in Wirklichkeit ein Klatschmaul und Ehrabschneider ist, sucht er die Erfolgsautoren seiner Zeit (neben Lope de Vega z. B. QUEVEDO, GÓNGORA, TIRSO u. a.) zu treffen, die den zwergenhaft kleinen, buckligen, rotbärtigen Alarcón grausam verspotteten. »Zwergkamel« nannten sie ihn wegen seiner Hökker auf Brust und Rücken, »Don Talega« (Herr Sack), »Poetenkoffer« und anderes mehr.

In *Las paredes oyen* umschwärmen drei Männer die schöne, launische Ana: der häßliche, aber ehrbare Juan, der Herzog Urbino und Mendo, der *murmurador* (Lästerzunge). Ihm macht Doña Ana schöne Augen, denn er sieht sehr gut aus und weiß seine Rede zu setzen. Indessen wird – eine der wirkungsvollsten Szenen des Stücks – Ana unbemerkt Zeugin eines Gesprächs zwischen ihren Bewerbern, in welchem Juan dem Herzog in glühenden Farben die Schönheit Anas beschreibt, während Mendo sie in häßlicher Weise herabsetzt. Bald darauf zeigt ihr Lucrecia, ihre Kusine, die Mendo um Anas willen verlassen hat, einen Brief des Ungetreuen, worin dieser, um Lucrecias Eifersucht zu dämpfen, sich in beleidigenden Worten über Ana ergeht. In ihrer Enttäuschung wendet nun Ana, wenn auch zögernd, dem guten Juan ihre Aufmerksamkeit zu. Doch unterstützt dieser in seiner Gutmütigkeit zunächst die Bemühungen des Herzogs um Ana – nicht ohne die Hoffnung, in dem Wettstreit zwischen Urbino und Mendo vielleicht der lachende Dritte zu sein. Tatsächlich ist er alsbald Favorit, da der Herzog wegen seiner hohen gesellschaftlichen Stellung als Ehemann nicht in Frage kommt. Und Mendo hat endgültig das Nachsehen: Bei einem rachsüchtigen Überfall auf Anas Kutsche schlägt ihn Juan in die Flucht, und Lucrecia, zu der er zurückkehren will, hat sich bereits einem andern zugewandt. Die Schlußworte spricht Juans Diener Beltrán: *»Nehmt Euch ein Beispiel dran und redet stets gut; denn die Wände haben Ohren.«*

Nicht alles in dieser Charakterkomödie ist zu letzter Glaubwürdigkeit gediehen. Die Figur des Juan erscheint allzu naiv vereinfacht, die des Mendo eher abstoßend-verächtlich als belustigend. Überhaupt erhält das Stück um der moralischen Absicht willen manchmal eine Ernsthaftigkeit, die seine Wirkung als Lustspiel gefährdet, jedoch entsprach dies dem zeitgenössischen literarischen Bewußtsein, das zwischen den Gattungen des Komischen und des Tragischen noch nicht streng unterschied. Außerdem gleichen die klare Einfachheit der Sprache und die Leichtigkeit des Reims solche Ernsthaftigkeit sogleich wieder aus. In achtsilbigen Vierzeilern mit Schweifreim *(redondillas)* geschrieben, die er häufig durch *romances* (Romanzen) oder *espinelas* (Dezimen) unterbricht, verwendet Alarcón in diesem Stück nur ein einziges Mal das bei Lope de Vega und Tirso de Molina so beliebte Sonett.

D.Kös.-KLL

Ausgaben: Madrid 1628 (in *Comedias*, 2 Bde., 1628–1634, 1). – Madrid 1852 (in *Comedias*, Hg. J. E. Hartzenbusch; BAE, 20). – Mexiko 1957 ff. (in *Obras completas*, Hg. A. Millares Carlo). – Madrid 1963 (Clás. Cast). – Caracas 1982 (in *Comedias*, Hg. M. Frenk Alatorre). – Barcelona 1986, Hg. J. Oleza.

Übersetzung: *Die Wände haben Ohren*, K. Thurmann (in *Mantel und Degen. Neun Komödien*, Mchn. 1969; Nachw. M. Franzbach).

Literatur: B. B. Ashcom, *Three Notes on A.'s »Las paredes oyen«* (in HR, 15, 1947, S. 378–384). – J. Frutos Gómez de las Cortinas, *La génesis de »Las paredes oyen« de R. de A.* (in RFE, 35, 1951, S. 92–105). – J. A. Parr, *Honor-Virtue in »La verdad sospechosa« and »Las paredes oyen«* (in REH, 8, 1974, S. 173–188).

LA VERDAD SOSPECHOSA

(span.; *Die verdächtige Wahrheit*). Komödie in drei Akten von Juan Ruiz de Alarcón y Mendoza, erschienen 1630. – Der Student Don García kommt aus Salamanca nach Madrid zurück, begegnet zwei jungen Damen, Doña Jacinta und Doña Lucrecia, und verliebt sich sogleich in die erste, lügt ihr Reichtum und ewige Liebe vor, verwechselt aber unglücklicherweise die Namen der beiden. Inzwischen hat der Hang zum Lügen bei dem jungen Mann so überhandgenommen, daß der Vater anfängt, sich Sorgen zu machen, denn: *»Jedes Laster bringt letzten Endes/ Spaß oder Nutzen;/ Aber das Lügen, was bringt's/ außer Verachtung und Schmach?«* Und er beschließt, den Sohn in die harte Schule einer zarten Hand zu geben. Keine andere bestimmt er ihm als die junge, schöne, kluge Jacinta. Don García jedoch, in der Meinung, seine Angebetete heiße Lucrecia, wehrt sich mit Händen und Füßen: Er habe bereits mit einer andern die Ehe so gut wie geschlossen und könne nicht mehr zurück. Da sich diese Lüge als unhaltbar erweist, gesteht er, er liebe Lucrecia und habe um ihretwillen gelogen. Nun soll er Lucrecia bekommen. Als er die Verwechslung der Namen bemerkt, ist es zu spät. Er muß die ungeliebte Lucrecia nehmen und verliert durch seine Lügen die Frau, die er wahrhaft liebt. – Als Meister der Charakterkomödie (vgl. *Las paredes oyen*) übertrifft Alarcón in diesem Stück sich selbst. Den Typ des Lügners aus Veranlagung, nicht aus Bosheit, hat er in unvergleichlicher Weise getroffen. Auch die übrigen Charaktere sind echt, das Werk ist ein Stück Leben, voll von köstlichem Humor. Kein Geringerer als Corneille, der es als das beste Stück des spanischen Theaters ansah, ahmte es nach (vgl. *Le menteur*); sein Einfluß reicht bis zu Goldonis (1707–1793) *Il bugiardo*, 1750 *(Der Lügner)*.

A.F.R.

Ausgaben: Saragossa 1630 (in *Parte veynte y dos de las comedias*). – Barcelona 1634 (in *Comedias*, Tl. 2). – Madrid 1946 (in *Comedias*, Hg. J. E. Hartzenbusch; BAE, 20). – Mexiko 1959 (in *Obras completas*, Bd. 2, Hg. A. Millares Carlo). – Garden City/N.Y. 1966 (in *Obras completas*, Bd. 2, Hg. A. V. Ebersole). – Madrid 1970, Hg. A. Reyes (Clás. Cast). – Madrid 1981 (Austral). – Caracas 1982 (in *Comedias*, Hg. M. Frenk Alatorre). – Madrid 1986, Hg. A. V. Ebersole (Cátedra).

Übersetzungen: *Selbst die Wahrheit wird verdächtig*, K. A. Dohrn (in *Spanische Dramen*, Bd. 4, Bln. 1844). – *Die verdächtige Wahrheit*, M. Rapp (in *Spanisches Theater*, Bd. 7, Lpzg. 1871). – Dass., K. Thurmann (in *Mantel und Degen. Neun Komödien*, Mchn. 1969; Nachw. M. Franzbach).

Literatur: A. L. Owen, *»La verdad sospechosa« in the Editions of 1630 and 1634* (in Hispania, 8, 1925, S. 85–97). – J. Brooks, *»La verdad sospechosa«. The Source and Purpose* (ebd., 15, 1932, S. 243–252). – B. H. Whitsberger, *The Relationship of A.'s »La verdad sospechosa« to Its Imitations*, Diss. Ohio Univ., Athens 1941. – C. A. Soons, *»La verdad sospechosa« in Its Epoch* (in RF, 74, 1962, S. 399–403). – R. L. Fiore, *The Interaction of Motives and Mores in »La verdad sospechosa«* (in Hispano, 61, 1976, S. 11–21). – J. A. Ara, *El engañoso desenlace de »La verdad sospechosa«* (in REH, 13, 1979, 82–98). – C. Larson, *Labels and Lies: Names and Don García's World in »La verdad sospechosa«* (in REH, 20, 1986, S. 95–122). – E. Urbina, *La razón de mas fuerza: Triple juego en »La verdad sospechosa«* (in Hispania, 70, 1987, S. 724–730).

TIRSO DE MOLINA

d.i. Gabriel Téllez

* 1580 oder 1581 Madrid
† 1648 Almazán

LITERATUR ZUM AUTOR:
Bibliographien:
T. de M. Investigaciones bibliográficas, Hg. E. Cotareli y Mori, Madrid 1893. – A. K. Paterson, *T. de M. Two Bibliographical Studies* (in HR, 35, 1967, S. 43–68). – *An Annotated Analytical Bibliography of T. de M. Studies*, Hg. W. Poesse, Columbia 1979.
Biographien:
Ensayos sobre la biografía y la obra del Padre maestro Fray Gabriel Téllez por Revista de Estudios, Madrid 1949. – G. Gustavino, *Algunos comentarios sobre el año de nacimiento de T. de M.* (in RABM, 77, 1974, S. 765–772). – S. Bonifaci, *¿Tirso o Téllez?*, Madrid 1979.
Gesamtdarstellungen und Studien:
B. de los Ríos, *Las mujeres de T.*, Madrid 1910. – I. L. MacClelland, *T. de M. Studies in Dramatic Realism*, Liverpool 1948; ern. NY 1976. – W. Mettmann, *Studien zum religiösen Theater T. de M.s*, Köln 1954. – *Studi tirsiani*, Hg. G. Mancini u. a., Mailand 1958. – A. Nogué, *L'œuvre en prose de T. de M.*, Toulouse 1962. – K. Vossler, *Lecciones sobre T. de M.*, Madrid 1965. – S. Hörl, *Leidenschaften und Effekte im dramatischen Werk T. de M.s*, Hbg. 1969. – S. Maurel, *L'univers dramatique de T. de M.*, Poitiers 1971. – I. T. Agheana, *The Situational Drama of T. de M.*, NY 1972. – D. H. Darst, *The Comic Art of T. de M.*, Chapel Hill 1974. – R. L. Kennedy, *Studies in T.*, 3 Bde., Chapel Hill 1974. – H. W. Sullivan, *T. de M. and the Drama of the Counter-Revolution*, Amsterdam 1976. – M. Wilson, *T. de M.*, Boston 1977 (TWAS). – K.-W. Kreis, *Studien zur Liebesmetaphorik im Theater T. de M.s*, Madrid 1981. – E. W. Hesse, *The Comedia and Points of View*, Potomac 1984. – A. N. Hughes, *Religious Imagery in the Theatre of T. de M.*, Macon 1984. – *T. de M. Vida y obra; actas del I Congreso internacional sobre T. en Washington 1984*, Hg. J. M. Solá-Solé, Madrid 1987.

EL BURLADOR DE SEVILLA Y CONVIDADO DE PIEDRA

(span.; *Der Spötter von Sevilla und der Steinerne Gast*). Schauspiel in drei Akten von TIRSO DE MOLINA, erschienen 1630 ohne Namensnennung des Autors; Uraufführung: Madrid, um 1624 (Compañia Roque de Figueroa). – Seit der kritischen Ausgabe von A. LÓPEZ-VÁZQUEZ (1987), der den *Burlador de Sevilla* dem Theaterdichter und Impresario Andrés de CLARAMONTE (um 1580–1626) zuschreibt, sind die Kontroversen um die von M. MENÉNDEZ Y PELAYO seinerzeit dekretierte Autorschaft Tirsos wiederaufgeflammt. Wie A. GIER angemerkt hat, erscheint so nicht nur die verwickelte Überlieferungsgeschichte des Stückes in einem anderen Licht (die erste Ausgabe bietet nach López-Vázquez einen von Schauspielern aus Claramontes Truppe nach der Erinnerung niedergeschriebenen, an vielen Stellen fehlerhaften Text), auch für unser Verständnis des Dramas ist es nicht gleichgültig, ob es von einem Geistlichen stammt, der als Prediger die Heilslehre der Kirche verkündete, oder von einem auf Erfolg und Gewinn bedachten Theaterpraktiker.
Das Drama, das sich fast ausschließlich auf den Hauptlhelden, den edlen Verbrecher und charmanten Verführer Don Juan, konzentriert, ist – ähnlich wie Christopher MARLOWES *Faust* und Miguel de CERVANTES' *Don Quijote* – die erste umfassende künstlerische Gestaltung eines der archetypischen Charakterbilder des abendländisch-christlichen Menschen. Es ist das Verdienst des Autors, die in der Volksliteratur bereits in Umrissen erschienene Gestalt dessen, der sich über göttliche Ordnung und menschliche Sitte hinwegzusetzen wagt, voll zur Entfaltung gebracht zu haben.
Don Juan, ein junger Edelmann am Hof von Neapel, verführt in der Rolle des Verlobten eine Herzogin, kann jedoch mit Hilfe seines Onkels, dessen Gunst er sich durch seine Offenheit und seinen Freimut erworben hat, der gerechten Strafe entfliehen. Auf dem Weg nach Spanien zerstört der Verführer die Unschuld und das idyllische Glück der Fischerin Thisbea und wird kurz darauf in Sevilla bei einem weiteren Versuch, sich wieder in der Rolle des Verlobten die Gunst einer Edeldame zu erwerben, zum Mörder an ihrem Vater, Don Gonzáles, der zum Schutz der Bedrängten herbeigeeilt war. Später, als Don Juan nach einer weiteren Übeltat wieder einmal in seine Heimatstadt zurückkehrt, erblickt er in einer Kirche die Statue des Ermordeten. Mit der Unverfrorenheit des Spötters, der selbst vor den Toten nicht zurückschreckt, reißt er die Steinfigur am Barte und lädt den Toten zum Nachtmahl ein. Ein Wunder geschieht: Das Standbild steigt von seinem Podium, geht zu der vereinbarten Stelle und bittet nun seinerseits Don Juan zu einem Essen in der Gruft. Unerschrocken begibt sich Don Juan zu dem wunderlichen nächtlichen Gastmahl, bei dem als Gerichte Vipern und Skorpione serviert werden. Beim Abschied reicht ihm der Tote seine Hand, die Feuer ausströmt und den vergeblich um Barmherzigkeit flehenden Spötter in die Hölle hinabreißt. – Das Stück schließt mit einem Bericht vom Ende des Helden aus dem Munde seines Dieners und der symbolischen Wiederherstellung der von dem Frevler verletzten menschlichen Ordnung durch die Heirat der verführten Opfer.
Wie Lope de VEGA legt der Autor das Hauptgewicht seiner Darstellung auf den Ablauf der dramatischen Intrige und auf einen der Mantel-und-De-

gen-Komödie ähnlichen Handlungsaufbau. Besonders gegen den Schluß jedoch trägt dieser Handlungsaufbau typische Züge eines geistlichen Spiels. Es ist die didaktische Absicht des Dichters, vor dem Zorn Gottes zu warnen, der alle verdammen wird, die sich erst im Angesicht des Todes entschließen, ihre Sünden zu bereuen. So wird die hauptsächlich der Abschreckung dienende Höllenfahrtsszene – eine wirkungsvolle Illustration zu den Bußpredigten der Fastenzeit – im Verlauf des ganzen Dramas leitmotivisch vorbereitet. Von allen Seiten ergehen an Don Juan Warnungen vor der ihm drohenden Verdammnis, und immer wieder tröstet sich der Held mit dem Gedanken an eine später noch mögliche Besserung. Selbst die Möglichkeit zur Reue im letzten Augenblick schlägt er aus. Zur Veranschaulichung dieser didaktisch-christlichen Absicht schuf der Autor eine Gestalt, die in ihrer vom Heroengeist der Renaissance beeinflußten Verquickung von Grausamkeit und Edelmut trotz ihrer Funktion als Repräsentant des Bösen bereits die Möglichkeit der Entwicklung eines sittlichen Bewußtseins in sich einschließt. Denn Don Juan ist nicht nur der Verächter aller menschlichen Sitte und Ordnung, der, von einer ruhelosen Erlebnissucht getrieben, die Menschen und vor allem die Frauen auf skrupellose Weise seinen Interessen opfert, sondern auch eine Gestalt voll Edelmut und unerschrockener Tapferkeit; so zögert er zum Beispiel nicht, wenn es gilt, das eigene Leben für das seines schelmischen Dieners aufs Spiel zu setzen. – Die Ansätze der erst zur Zeit der Romantik aufkommenden positiven Auffassung von dem großen Verführer, nach der der Held durch das Wunder reiner Liebe vor den Qualen ewiger Verdammnis gerettet wird, sind also hier bereits latent vorhanden. E.F.-KLL

Ausgaben: Barcelona 1630 (in *Doce comedias de Lope de Vega y otros autores, segunda parte*). – Madrid 1952 (in *Obras dramáticas completas*, Hg. B. de los Rios, 3 Bde., 1946–1958, 2; ern. 1962). – Madrid 1980 (in *Comedias*, 2 Bde., 1, Hg. A. Castro, Clás. Cast). – Barcelona 1984, Hg. J. M. Oliver. – Madrid 1987, Hg. J. Casalduero (Cátedra). – Kassel 1987 (*El burlador de Sevilla atribuido tradicionalmente a T. de M.*, Hg. A. Rodríguez López-Vázquez; krit.).

Übersetzungen: *Don Juan, der Wüstling*, C. A. Vulpius, 1805. – *Der Steinerne Gast*, K. Vossler (in *Spanische Meisterdramen*, Wien u. a. 1961; ern. 1962). – *Don Juan: der Verführer von Sevilla und der Steinerne Gast*, W. Eitel, Stg. 1976; [2]1983 (RUB).

Literatur: J. Casalduero, *Contribución al estudio del tema de Don Juan en el teatro español*, Northampton 1938. – C.-V. Aubrun, *Le Don Juan de T. de M.* (in BHi, 59, 1957, S. 26–61). – M. Penna, *Don Giovanni e il misterio di T.*, Turin 1958. – A. E. Sloman, *The Two Versions of »El burlador de S.«* (in BHS, 42, 1965, S. 18–33). – I. Bogner, *»El burlador de Sevilla y convivado de piedra« v. T. de M. als Kunstwerk*, Mchn. 1969. – X. A. Fernández, *En torno al texto de »El burlador de Sevilla y convivado de piedra«*, Madrid 1969. – C. Feal Deibe, *»El burlador de Sevilla« de T. y la mujer* (in Symposium, 29, 1975, S. 300–313). – D. Rogers, *T. de M.: »El burlador de Sevilla«*, Ldn. 1977. – J. E. Varey, *Social Criticism in »El burlador de Sevilla«* (in Theatre Research International, 2, 1977, S. 197–221). – A. V. Ebersole, *Disquisiciones sobre »El burlador de Sevilla« de T. de M.*, Salamanca 1980. – D. W. Cruickshank, *The First Edition of »El burlador de Sevilla«* (in HR, 49, 1981, S. 443–467). – A. Rodríguez López-Vázquez, *Aportaciones críticas a la autoría de »El burlador de Sevilla«* (in Criticón, 40, 1987, S. 5–44). – *T.'s Don Juan. A Metamorphosis of a Theme*, Hg. J. M. Solá-Solé, Washington 1988.

LOS CIGARRALES DE TOLEDO

(span.; *Die Landhäuser von Toledo*). Sammelwerk von Prosatexten, Komödien und lyrischen Einlagen von Tirso de Molina, erschienen 1621. – Eine Gruppe von jungen Leuten, Damen und Herren der Gesellschaft, flieht vor der Sommerhitze der Stadt und trifft sich jeweils in einem anderen *cigarral* (Landhaus in der Nähe Toledos, am Ufer des Tajo), um sich die Zeit mit Singen, Tanzen, Musizieren, Rezitationen, Komödienaufführungen, Erzählen und Vorlesen von Geschichten zu vertreiben. – Tirso de Molina hatte zwanzig *cigarrales* geplant, vollendete jedoch nur fünf (enthaltend 2 Novellen, 3 Lustspiele, 1 Gesellschaftsspiel, 13 Gedichte). Die Rahmenhandlung gibt dem Verfasser die Möglichkeit, eine Gesellschafts- und Sittenschilderung der Madrider Bevölkerung, der Bauern und der literarisch interessierten Aristokratie Toledos zu geben. – Tirsos Prosa (vor allem in den Novellenanfängen und bei der Schilderung von Landschaften und Festen) steht unter dem Einfluß des manieristischen Barockstils des Gongorismus: Betonung der Kontraste, Vorliebe für Farb- und Lichtwirkungen, Stilisierung der Gärten und Parklandschaften, Verwendung antiker Motive zur rhetorischen Ornamentik und lange Perioden von verschwenderischer Formenfülle. An den Schäferroman erinnern die vielfach bukolischen Naturbeschreibungen und die in die Erzählung eingeschobenen Gedichte, Tanz- und Gesellschaftsspiele, mit denen die Liebenden einander ihre Gefühle entdecken. Während die Novelle *Die Katalanin Dionisia* nach dem Schema des hellenistischen Liebes- und Abenteuerromans – einer Gattung, in der sich auch Lope de Vega und Cervantes versuchten –, jedoch in der Handlungsführung weniger kompliziert, eine Aventiure mit Trennung der Liebenden, Meeresfahrt, Piraterie und der glücklichen Wiedervereinigung schildert, folgt die Novelle *Die drei hintergangenen Ehemänner* dem italienischen Vorbild Boccaccios: Drastisch, mit viel Sinn für Handlungseffekte – man spürt Tirsos Theatererfahrung – wird erzählt, wie drei Frauen ihre arglosen Männer hintergangen haben. In einer

Reihe religiöser Erzählungen tritt das Wunderbare stärker hervor.
Die an die einzelnen Stücke sich anschließenden Kommentare bilden eine wichtige Quelle für die Kenntnis der dramatischen Theorie jener Zeit und eine begeisterte Verteidigung des Theaters von Lope de Vega. Eine Rahmenhandlung nach dem Muster des *Decamerone* verbindet die einzelnen in sich geschlossenen Novellen, Komödien, Gedichte und Theatertheorien. (Wie A. NOGUÉ darlegte, handelt es sich bei diesem Rahmen nicht um einen bloßen Vorwand; vielmehr lassen sich in den darin erscheinenden Figuren reale Personen erkennen, so daß *Los cigarrales de Toledo* auch als Schlüsselroman zu lesen wäre.) Doch erwies sich der Versuch Tirsos, sämtliche literarischen Gattungen in einem Werk zusammenzufassen, um so eine neue Kunstform zu schaffen, letztlich als nicht entwicklungsfähig.
A.F.R.-KLL

AUSGABEN: Madrid 1621; [2]1642. – Madrid 1913, Hg. V. Said Armesto. – Madrid 1954 (CC). – Madrid 1968 (Austral).

LITERATUR: M. Penedo Rey, *El fraile músico de los »Cigarrales de Toledo« de T. de M.* (in Estudios, 3, 1947, S. 383–390). – M. Wilson, *Some Aspects of T. de M.'s »Cigarrales de Toledo« and »Deleytar aprovechando«* (in HR, 22, 1954, S. 19–31). – A. Nogué, *L'œuvre en prose de T. de M. »Los cigarrales de Toledo« et »Deleytar aprovechando«*, Paris 1962. – J. F. Wolfe, *A Study of the »Cigarrales de Toledo« as a Satire*, Diss. The Johns Hopkins Univ. 1976 (vgl. Diss. Abstracts, 37, 1977, S. 6543A). – S. Hernández, *Prosopografía tirsiana en »Los cigarrales de Toledo«* (in Estudios, 40, 1984, S. 429–432). – A. Nogué, *El bestiario en »Los cigarrales de Toledo«* (en RCEH, 10, 1986, S. 205–220).

EL CONDENADO POR DESCONFIADO

(span.; *Der wegen Mißtrauens Verurteilte*). Versdrama in drei Akten von TIRSO DE MOLINA, erschienen 1635. – Der Einsiedler Paulo, der zehn Jahre lang ein Leben der Buße führte, erlebt im Traum seine eigene Verdammnis. Voller Angst bittet er Gott, ihm sein künftiges Geschick zu offenbaren. Zur Strafe für diese Vermessenheit wird Paulo den Versuchungen des Teufels ausgesetzt, der ihm in Engelsgestalt verkündet, daß er im Jenseits das Schicksal eines gewissen Enrico teilen werde; er solle ihn in Neapel aufsuchen. Der Einsiedler macht sich auf den Weg und findet einen Mörder und Gotteslästerer, der eine Bande von Dieben und Dirnen anführt. Nun erscheint Paulo seine eigene Verdammnis gewiß; er gibt sein Büßerleben als sinnlos auf, organisiert eine Räuberbande und terrorisiert das Land noch schlimmer als sein Schicksalsgefährte Enrico. Vergebens ruft ihn ein Engel Gottes zur Umkehr, vergebens ringt Paulo selbst um Klärung seines Schicksals, indem er dem gefangenen Enrico mit dem Erhängen droht und ihn im Gewand des Einsiedlers zur Buße ermahnt: Bereut Enrico, so erhält er Anspruch auf die göttliche Gnade, die dann auch Paulo erhoffen darf. Doch Enrico verspottet ihn. Nur wenig später wird er in Neapel, von wo er seinen alten Vater zu sich holen wollte, verhaftet und zum Tode verurteilt. Von den flehentlichen Ermahnungen seines Vaters ergriffen, bereut er seine Taten, stirbt bekehrt und erlangt die Erlösung aufgrund seiner jenseits aller Greueltaten bedingungslosen Liebe zu seinem Vater. Paulo sieht die Seele des Schicksalsgefährten zum Himmel aufsteigen; aber er begreift das Wunder nicht und weist die Mahnung des Engels wiederum zurück. Wenig später erschlagen ihn meuternde Bauern, und er wird zur Hölle verdammt.
George SAND hat Tirso aufgrund dieses Dramas mit SHAKESPEARE verglichen; in der Tat weist der zentrale Knoten der Handlung (das Schicksal des Helden, das durch zwei Prophezeiungen zum Schlechteren gelenkt wird) Gemeinsamkeiten mit *Macbeth* auf. – Die religiösen Probleme, die in dem Stück sichtbar werden, gehören nicht zum Bereich der spekulativen Dogmatik, sondern sind Fragen der allgemeinen Frömmigkeit. Vielfältig sind die Anregungen und Quellen, die Tirso aufnahm: Einmal sind zahlreiche Banditenerzählungen und -dramen zu nennen, die in Verbindung mit sozialen Problemen in Süditalien und Nordspanien zu sehen sind. Andererseits hat MENÉNDEZ PIDAL zu zeigen versucht, daß die Motive des Dramas auf eine im indischen *Mahābhārata* erzählte Legende zurückweisen, die in verschiedenen Versionen in die arabische, jüdische und christliche Literatur eingegangen ist, namentlich in die *Vitae patrum*, die Tirso neben den Schriften des italienischen Theologen Roberto BELLARMINO (1542–1621) selbst als seine Quelle nennt. Diese Legende lehrt, daß man Gott selbstlos dienen soll, im Vertrauen auf die göttliche Barmherzigkeit, nicht auf die eigenen Werke. Wesentlicher ist freilich die seit dem tridentinischen Konzil propagierte thomistische Lehrmeinung, daß Gnade nur von Gott selbst kommen könne, während die Verdammung des Sünders stets auf seiner Schuld beruhe: Paulos Versuch, das Heil durch Askese zu »erkaufen«, ist so von vorneherein zum Scheitern verurteilt.
Die Hauptfiguren des Dramas sind treffend charakterisiert: Paulo als der mißtrauische, selbstsüchtige Vertreter einer pharisäischen Frömmigkeit, Enrico als ein leidenschaftlicher, spontan handelnder Mensch, der trotz seiner Zügellosigkeit der Liebe fähig und deswegen für die Gnade offen ist. Die lyrische Schönheit vieler Szenen, der planvolle Aufbau der Handlung, die gelungene Einfügung übernatürlicher Motive, die Verschmelzung von symbolischem Gehalt und realem Geschehen sind die Hauptmerkmale dieses Stücks, das von jeher als eines der Meisterwerke der Weltliteratur gegolten hat.
A.F.R.-KLL

AUSGABEN: Madrid 1635 (in *Parte segunda de las comedias*). – Madrid 1952 (in *Obras dramáticas completas*, Hg. B. de los Ríos, 3 Bde., 1946–1958,

2; ern. 1962). – Madrid 1964. – Ldn. 1974, Hg. D. Rogers. – Madrid 1983 (Austral). – Madrid 1987, Hg. C. Morón (Cátedra).

Übersetzung: *Der Kleinmütige*, K. Vossler (in *Drei Dramen aus dem Spanischen des T. de M.*, Bln. 1953; Dt. Akad. d. Wiss., Vorträge u. Schriften, 45).

Literatur: N. Prado, *»El condenado por desconfiado«. Estudio crítico teológico del drama*, Vergara 1907. – R. Menéndez Pidal, *Sobre los orígenes de »El condenado por desconfiado«* (in R. M. P., *Estudios literarios*, Madrid 1920). – R. M. Majó Framis, *Interpretación y paráfrasis de »El condenado por desconfiado«* (in Escorial, 1949). – E. W. Hesse (in BHi, 51, 1949; Bibliogr.). – Ders. (in Estudios, 1949–1960; Bibliogr.). – B. Varela Jácome, *Antecedentes medievales de »El condenado por desconfiado«* (in Boletín de la Universidad de Santiago de Compostela, 1953/54, Nr. 61/62, S. 127–142). – C.-V. Aubrun, *La comedia doctrinale et ses histoires de brigands: »El condenado por desconfiado«* (in BHi, 59, 1957, S. 137–151). – T. E. May, *»El condenado por desconfiado«* (in BHS, 35, 1958, S. 138–156). – H. T. Sturcken, *Critical Bibliography of »El condenado por desconfiado«; 1839–1956* (in ASSL, 196, 1960, S. 253–257). – Ders., *»El condenado ...«, a Literary Debate in Retrospect* (in Symposium, 12, 1958, S. 189–195). – C. A. Pérez, *Verosimilitud psicológica de »El condenado por desconfiado«* (in Hispano, 1966, Nr. 27, S. 1–21). – T. Sol, *La estructura de »El condenado por desconfiado«* (in La Palabra y el Hombre, 15, 1975, S. 39–47). – R. L. Kennedy, *»El condenado por desconfiado«: Various Reasons for Questioning Its Authenticity in T.'s Theatre* (in KRQ, 23, 1976, S. 129–148). – R. J. Oakley, *Time and Space in »El condenado por desconfiado«* (in FMLS, 21, 1985, S. 257–272). – P. Pelckmans, *T. girardien? Pour une nouvelle lecture du »Condenado por desconfiado«* (in RRo, 20, 1985, S. 56–67). – J. E. Varey, *The Use of Levels in »El condenado por desconfiado«* (in RCEH, 10, 1986, S. 299–310). – T. S. Soufas, *Religious Melancholy and T.'s Despairing Monk in »El condenado por desconfiado«* (in KRQ, 34, 1987, S. 179–188).

DON GIL DE LAS CALZAS VERDES

(span.; *Don Gil mit den grünen Hosen*). Verskomödie in drei Akten von Tirso de Molina, erschienen 1635. – Juana, ein armes adliges Mädchen aus Valladolid, liebt Don Martín, der jedoch von seinem Vater unter dem Namen Gil de Albornoz nach Madrid geschickt wird, um die reiche Inés zu heiraten. Als Mann verkleidet und ebenfalls unter dem Namen Gil begibt sich auch Juana nach Madrid und stellt sich – Martín zuvorkommend – bei Inés vor. Diese verliebt sich auf den ersten Blick in den schönen, schlagfertigen »jungen Mann in grünen Hosen«. Um seinetwillen bringt sie nicht nur Martín kein Interesse entgegen, sondern weist auch ihren bisherigen Liebhaber Don Juan zurück (1. Akt). Im zweiten Akt erscheint Juana in einer neuen Verkleidung als Elvira und spricht mit Inés über die frühere Beziehung Martíns zu einer gewissen Juana. Nach vielen weiteren Intrigen erreichen die Verwicklungen im dritten Akt ihren Höhepunkt. Auf der Bühne erscheinen vier grünbehoste Personen, die sich alle Gil nennen: Juana, Don Juan, Don Martín und Clara, die Kusine von Inés, die sich ebenfalls in »Don Gil«-Juana verliebt hat. Es kommt zu einem heftigen Streit, die Degen werden gezogen, und es gibt einige Verwundete und Verhaftete. Schließlich deckt Juana ihr Verkleidungsspiel auf und bekommt ihren gutmütigen Martín, während Inés sich mit Don Juan begnügt.

Beim zeitgenössischen Publikum fand das Stück nur wenig Anklang; so ist das harte Urteil Lope de Vegas überliefert, der es als *»albernes Werk«* bezeichnete. Tatsächlich sind einige der Verwicklungen im Verlauf der Handlung nicht plausibel motiviert. Dennoch vermag heute das bekannteste der Intrigenstücke Tirsos das Theaterpublikum zu fesseln. Die Charaktere dekuvrieren sich im Verlauf der verschiedenen Maskierungen: Martín, den Juana für einen Adonis hielt, stellt sich als ein farbloser, opportunistischer Jüngling heraus, die kapriziöse, verwöhnte Inés erkennt sich wieder in ihrer Kusine Clara, die wiederum als erste den Mut findet, Don Gil ihre Liebe zu entdecken. Die dramatische Spannung ergibt sich aus den verschiedenen Verwandlungen der Juana, die ständig in Gefahr schwebt, sich im Netz ihrer Lügen zu verstricken, und auch nicht davor haltmacht, in Männerkleider zu schlüpfen, um ihren Liebsten zurückzugewinnen. *»Die Handlung ist schwer auf das erstemal zu fassen, hat man sich aber in den Irrgängen zurechtgefunden, so steht man staunend vor einer Wunderschöpfung dichterischer Phantasie«* (A. Schaeffer).

A.F.R.-KLL

Ausgaben: Madrid 1635 (in *Parte cuarta de las comedias*). – Madrid 1946 (in *Obras dramáticas completas*, Hg. B. de los Ríos, 3 Bde., 1946–1958, 1; ern. 1969). – Madrid 1964. – Saragossa 1982, Hg. I. M. Gil.

Übersetzungen: *Don Gil von den grünen Hosen*, H. Warnick u. K. A. Dohrn, Bln. 1841; ern. Lpzg. 1941. – *Don Gil mit den grünen Hosen*, H. Schlegel (in *Spanisches Theater*, Mchn. 1964; Nachw. M. Franzbach). – *Don Gil von den grünen Hosen*, F. R. Fries, Bln./DDR 1968. – Dass., J. v. Guenther, Stg. 1977 (RUB).

Vertonung: W. Braunfels, *Don Gil von den grünen Hosen*, 1930 (Oper).

Literatur: C. Bravo-Villasante, *La mujer vestida de hombre en el teatro español (siglos 16–17)*, Madrid 1955. – B. B. Ashcom, *Concerning ›la mujer en hábito de hombre‹ in the Comedia* (in HR, 28, 1960, S. 43–62). – E. W. Hesse, *The Nature of the Com-*

plexity in T.'s »Don Gil« (in Hispania, 45, 1962, S. 389–394). – E. W. Hesse, *Análisis e interpretación de la comedia*, Madrid 1968. – G. E. Wade, *La comicidad de »Don Gil de las calzas verdes« de T. de M.* (in RABM, 76, 1973, S. 475–486). – H. Hatzfeld, *The Styletype of T. de M.'s »Don Gil de las calzas verdes«: The Problem of the Moderate Baroque* (in Neohelicon, 7, 1979, S. 29–41). – D. Compte, *»La fingida Arcadia«: T.'s Disenchantment with Pastoral* (in Bulletin of the Comediants, 36, 1984, S. 155–166). – N. Ly, *Descripción del estatuto de los personajes en »Don Gil de las calzas verdes«* (in *Actas del Congreso internacional sobre semiotica e hispanismo*, Hg. M. A. Garrido Gallardo, Madrid 1986, S. 299–324).

MARTA LA PIADOSA O LA BEATA ENAMORADA

(span.; *Die fromme Martha oder Die verliebte Betschwester*). Schauspiel in drei Akten von TIRSO DE MOLINA, erschienen 1636. – Dies ist eines jener Intrigenstücke Tirsos, in deren Mittelpunkt als treibende Kraft des Liebeshandels jeweils eine Frauenfigur steht, wie sie unter den großen Dramatikern der Zeit nur dieser Dichter mit psychologischem Blick und feiner, leicht boshafter Ironie zu schaffen wußte. Wie in *Don Gil de las calzas verdes* und *El vergonzoso en palacio* nimmt auch in diesem Stück die Protagonistin entschlossen ihr Schicksal selbst in die Hand, um es mit List und Klugheit zum guten Ende zu führen. Marta, so heißt sie, soll den reichen, ältlichen Hauptmann Urbina heiraten, hat aber schon ein Verhältnis mit dem schönen Don Felipe. Um der Ehe mit dem ungeliebten Bewerber zu entgehen, heuchelt sie eine religiöse Berufung, kleidet sich wie eine Nonne, behauptet, sie verabscheue die Männer und wolle keusch bleiben ihr Leben lang. Beeindruckt von ihrem Entschluß, stellt ihr Vater einen fahrenden Scholaren, der sich als »Magister Berrio« vorstellt, als Lateinlehrer für die »fromme« Tochter an – sehr zu deren Freude, denn der Scholar ist natürlich Don Felipe. Als das Spiel schließlich aufgedeckt wird, verzichtet Urbina verständnisvoll auf Martas Hand, und der Vater gibt sie Don Felipe.

An dem unterhaltsamen Stück voll heiterer, komisch-ernster und ausgelassener Szenen ist neben einer augenzwinkernd liebenswürdigen Gestaltung der Charaktere vor allem das realistische Kolorit der Stadt hervorzuheben, die zugleich Kulisse, aber auch Ort der ersten Aufführungen war.

A.F.R.-KLL

AUSGABEN: Madrid 1636 (in *Quinta parte de comedias*). – Madrid 1850 (in *Obras escogidas*, Hg. J. E. Hartzenbusch; BAE, 5). – Madrid 1952 (in *Obras dramáticas completas*, Hg. B. de los Ríos, 3 Bde., 1946–1958, 2; ern. 1962). – Saragossa [4]1958, Hg. E. Juliá Martínez [m. Einl. u. Anm.]. – Salzburg 1978, Hg. E. E. García [krit.].

ÜBERSETZUNG: *Die fromme Marta*, M. Rapp (in *Spanisches Theater*, Bd. 5, Hildburghausen 1870).

LITERATUR: J. Asensio, *Hay tercería en »Marta la piadosa«* (in RABM, 78, 1975, S. 599–604). – E. E. García, *A Critical Edition of T. de M.'s »Marta la piadosa«*, Diss. Univ. of Nebraska, Lincoln 1976 (vgl. Diss. Abstracts, 37, 1977, S. 4332A). – M. Parajón, *»El amor médico« y »Marta la piadosa«* (in CHA, 1976, Nr. 376, S. 185–196). – J. W. Albrecht, *The Satiric Irony of »Marta la piadosa«* (in Bulletin of the Comediants, 39, 1987, S. 37–45).

LA PRUDENCIA EN LA MUJER

(span.; *Frauenklugheit*). Schauspiel in drei Akten von TIRSO DE MOLINA, erschienen 1634. – Im Mittelpunkt dieses Schauspiels, das als die beste *comedia histórica* (historisches Stück) Tirsos gilt, steht Doña María de Molina († 1321), die Witwe Sanchos IV. (reg. 1284–1295). Jahrelang setzt sie sich als Regentin für ihren minderjährigen Sohn, den späteren Ferdinand IV. (reg. 1295–1312), gegen die Machenschaften des Adels, insbesondere der Infanten Don Enrique und Don Juan, zur Wehr, die danach trachten, die Krone von Kastilien und León an sich zu bringen. Beide bewerben sich zunächst um die Hand der Königinwitwe und versuchen dann, als diese sie abweist, mit allen erdenklichen Mitteln sie zu verderben. Während Don Enrique, der vorübergehend zum Regenten ernannt wird, sein Ziel insgeheim durch Verleumdungen und Intrigen zu erreichen trachtet, paktiert Don Juan mit den Mauren, die die Südgrenze des Reiches bedrohen, und greift offen zu den Waffen. Aber mit Hilfe des edlen Don Diego López de Haro und einiger mächtiger Adelsfamilien kann Doña María sich gegen ihre Widersacher behaupten. Mit männlicher Energie und mit weiblicher Klugheit und List rettet sie ihrem Sohn die Krone.

Tirso hat sich für das Werk durch das Studium älterer und zeitgenössischer Chroniken anregen lassen. Dieser Dialog des alten und des aktuellen Spanien wird auch in den Deutungen, die das Werk erfährt, hervorgehoben. In der Situation Doña Marías spiegelt sich – wie R. L. KENNEDY zeigt – die desolate gesellschaftliche Situation Spaniens unter Philipp IV. Freilich wird in Tirsos Werk gerade die bedrükkende Perspektive des wirtschaftlichen Ruins durch die imponierende Gestalt der Königin harmonisiert. Begabt mit großer Willenskraft und scharfem Verstand, von achtunggebietender königlicher Erscheinung, gewinnend durch große mütterliche Güte, steht diese Frau hoch über ihrer Umgebung, ein Inbegriff fraulicher Würde und menschlichen Adels. Überzeugend in seiner Redlichkeit und Treue ist auch López de Haro, ein würdevoller Vertreter altkastilischen Rittertums. Weniger gelungen erscheint dagegen die Gestalt des Hauptgegenspielers der Königin, Don Juan: ein naiv wirkender, gleichwohl machiavellistischer Charakter, abgründig boshaft, starrköpfig im Unglück und unempfänglich für die Großmut seiner Fürstin. In der für das Theater des Siglo de Oro so charakteristischen Weise überlagern sich also biblisch-typologische Bezüge mit historischen und zeitgenössischen Implikationen. Die Königin weist so über ihre »realistische« Rolle in einem von Politik bestimmten Leben zurück auf die zu jedem Opfer bereite Gottesmutter.

Einige Szenen des Werkes, vor allem der auf Veranlassung Don Juans von einem Juden unternommene Versuch, das Königskind zu vergiften, sind Meisterleistungen der dramatischen Weltliteratur.

A.F.R.-KLL

Ausgaben: Tortosa 1634 (in *Parte tercera de las comedias*). – Mexiko 1948, Hg. A. H. Bushee u. L. L. Stafford. – Madrid 1958 (in *Obras dramáticas completas*, Hg. B. de los Ríos, 3 Bde., 1946–1958, 3; ern. 1968). – Mailand 1967, Hg. C. Samonà. – Madrid 1983 (Austral). – Barcelona 1984, Hg. J. M. Oliver.

Literatur: A. Morel-Fatio, *»La prudence chez la femme«, drame historique de T. de M.* (in A. M.-F., *Études sur l'Espagne*, Bd. 3, Heilbronn 1904). – A. H. Bushee, *Bibliography of »La prudencia en la mujer«* (in HR, 1, 1935; auch in A. H. B., *Three Centuries of T. de M.*, Philadelphia 1939, S. 29–44). – R. L. Kennedy, *»La prudencia en la mujer« and the Ambient That Brought It Forth* (in PMLA, 63, 1948). – F. A. De Armas, *La Figura del niño en »La prudencia en la mujer«* (in BHi, 80, 1978, S. 175–189). – R. L. Kennedy, *»Las tocas« en las comedias de Tirso, »La prudencia en la mujer« y »La mujer que manda en casa«: Su valor simbólico* (in *Estudios sobre el siglo de oro en homenaje a R. R. MacCurdy*, Hg. A. González, Madrid 1983, S. 205 bis 212).

EL VERGONZOSO EN PALACIO

(span.; *Der Schüchterne bei Hofe*). Verskomödie in drei Akten von Tirso de Molina, erschienen 1621. – Unter den Intrigenkomödien Tirsos nimmt *El vergonzoso* eine Sonderstellung aufgrund der überaus komplexen Handlungsführung ein. Einer von drei parallelen Strängen ist jeweils auf einen der drei Protagonisten konzentriert. Der »Schüchterne« ist Mireno, der Sohn des Infanten Don Pedro de Portugal. Zu Unrecht verschwörerischer Absichten gegen König Alfons V., seinen Neffen, beschuldigt, war der Vater in die Berge geflohen und hatte den Sohn als Hirten aufwachsen lassen. Zum Jüngling herangereift, verläßt Mireno in dem Gefühl der Überlegenheit über seine Umgebung und in der Ahnung um das Geheimnis seiner Geburt die entlegene Bergwelt und geht an den Hof des Herzogs von Aveiro. Von den beiden Töchtern des Herzogs macht der Edelmann Don Antonio der männerfeindlichen Serafina den Hof, jedoch verliebt sich diese ebenso wie ihre Schwester Madalena in den Naturburschen Mireno. Nur dadurch gewinnt Don Antonio Serafinas Gunst, daß er sich in der Nacht als Mireno verkleidet mit ihr trifft, während es unter Aufbietung aller ihr zu Gebote stehenden Verführungskünste Madalena gelingt, Mireno in ihren Bann zu ziehen. Als endlich die Herkunft Mirenos geklärt und die Unschuld seines Vaters erwiesen ist, steht der Doppelhochzeit nichts mehr im Wege.

Der Hauptreiz dieses bezaubernden Lustspiels geht von den beiden Frauengestalten aus; an ihnen beweist Tirso von neuem *»seine staunenswerten und beinahe unheimlichen Einblicke in das weibliche Gemüt und Naturell«* (Vossler). Mit der zwischen Stolz und Liebe schwankenden, mit allen Fähigkeiten der Koketterie begabten Madalena kontrastiert Serafina, die in ihr eigenes Bild verliebte Spröde, während der Charakter Mirenos durchaus Brüche aufweist, die man dem Werk auch als Schwächen auslegen wollte. Dennoch bleibt der besondere Charme der Komödie hervorzuheben, der Kritiker dazu brachte, *El vergonzoso en palacio* mit Shakespeares *As you like it (Was ihr wollt)* zu vergleichen. Die Szene, in der Serafina in Männerkleidung ihrer Schwester einen verliebten, eifersüchtigen Ritter vorspielt, gehört zu den berühmtesten des Tirsoschen Theaters.

A.F.R.-KLL

Ausgaben: Madrid 1621 (in *Los cigarrales de Toledo*). – Madrid 1946 (in *Obras dramáticas completas*, Hg. B. de los Ríos, 3 Bde., 1946–1958, 1; ern. 1969). – Saragossa 1963, Hg. F. Tolsada. – Madrid 1963, Hg. A. Castro (ern. 1980; Clás. Cast). – Madrid 1981, Hg. F. Ayala (Castalia). – Madrid 1987 (Austral). – Madrid 1987, Hg. E. Hesse (Cátedra). – Madrid 1987, Hg. F. Durán.

Literatur: K. Vossler, *Aus der romanischen Welt*, Karlsruhe 1948. – A. Zamora Vicente, *Portugal en el teatro de T. de M.* (in Biblos, 24, 1948, S. 1–41). – J. Casalduero, *Sentido y forma de »El vergonzoso en palacio«* (in NRFH, 15, 1961, S. 198–216). – F. H. Fornoff, *Symbolic Action in T.'s »El vergonzoso en palacio«* (in RHM, 39, 1976/77, S. 39–48). – R. ter Horst, *Experienced Innocence: T.'s »El vergonzoso en palacio«* (in KRQ, 25, 1978, S. 129–143). – J. G. Weiger, *La pertinencia del primer cuadro de »El vergonzoso en palacio«* (in *Perspectivas de la comedia II: Ensayos sobre la comedia del siglo de oro español*, Valencia 1979, S. 43–102). – J. Romera Castillo, *Notas a tres obras de Lope, T. y Calderón*, Madrid 1981. – S. Bonifaci, *Noches en los jardines de T.* (in CA, 242, 1982, S. 163–194). – R. Conlon, *Female Psychosexuality in T.'s »El vergonzoso en palacio«* (in Bulletin of the Comedians, 37, 1985, S. 55–70).

LUIS VÉLEZ DE GUEVARA Y DUEÑAS

* Ende Juli 1579 Ecija
† 10.11.1644 Madrid

LITERATUR ZUM AUTOR:
F. E. Spencer u. R. Schevill, *The Dramatic Works of L. V. de G. Their Plots, Sources and Bibliography*, Berkeley 1937. – M. G. Hauer, *L. V. de G.: A Critical Bibliography*, Chapel Hill 1975. – *Antigüedad y actualidad de L. V. de G.*, Hg. C. G. Peale u. a., Amsterdam 1983.

EL DIABLO COJUELO

(span.; *Der hinkende Teufel*). Satirischer Sitten- und Schelmenroman von Luis VÉLEZ DE GUEVARA Y DUEÑAS, erschienen 1641. – In zehn Kapiteln werden die Abenteuer des Studenten Don Cleofás Leandro Pérez Zambullo berichtet, der, wegen einer Liebesaffäre auf der Flucht vor der Justiz, in die Dachbude eines Astrologen geraten ist. Dort befreit er aus einer Phiole den Teufel Cojuelo (der Hinkende), der ihm aus Dankbarkeit viele Dächer von Madrid abdeckt, um ihm in das Leben verschiedener Gesellschaftsschichten Einblick zu geben. Dabei beobachten sie auch, wie Cleofás' Geliebte, Doña Tomasa de Vitigudino, gerade einem andern Galan die Tür öffnet. Nach mannigfachen Abenteuern kommen sie nach Konstantinopel und vergnügen sich im Harem des Großtürken. Wenig später werden sie in Sevilla von Doña Tomasa, einem Gerichtsdiener und Soldaten beinahe verhaftet. Am Schluß wird der Teufel in die Hölle beordert, und Don Cleofás kehrt nach Alcalá zurück, um sein Studium fortzusetzen.
Der originelle Handlungsrahmen ist ein Kunstgriff, der es Guevara erlaubt, in ironischem Ton eine Reihe von Bildern aus dem täglichen Leben seiner Zeit vorzuführen. Mehr als auf die innere Logik der Ereignisse kommt es dem Autor auf die zahlreichen Betrachtungen an, die er geschickt in sein Werk einstreut. Die Satire ist nicht so scharf und pessimistisch wie in den *Traumgesichten (Sueños)* QUEVEDOS, die als Vorbild des Werkes angesehen werden. Anders als in der mittelalterlichen Moralliteratur nähert sich die Gestalt des Teufels in diesem Roman bisweilen dem »Schelm« *(pícaro)* und dient dazu, die komischen Aspekte der menschlichen Gesellschaft aufzuzeigen. Das Werk ist wegen seines »konzeptistischen« Stils im Original nur schwer lesbar. Wortspiele, ausgefallene Bilder, Anspielungen und häufiger Doppelsinn geben der Interpretation weiten Spielraum. Es ist daher nicht verwunderlich, daß der Stoff erst durch die Bearbeitung LESAGES (*Le diable boiteux*, 1707) berühmt wurde, der von Vélez de Guevara die Idee und neun Geschichten entlehnte. M.Fr.

AUSGABEN: Madrid 1641. – Madrid 1854 (BAE, 33, S. 21–45). – Vigo 1902, Hg. A. Bonilla y San Martín. – Madrid 1951, Hg. F. Rodríguez Marín (CC, 38). – Barcelona 1963. – Madrid 1981 (Austral). – Madrid 1984, Hg. E. Rodríguez Cepeda (Cátedra). – Madrid 1988, A. R. Fernández (Castalia).

LITERATUR: F. Pérez y González, *»El diablo cojuelo«, notas y comentarios*, Madrid 1903. – H. Willers, *»Le diable boiteux« (Lesage) – »El diablo cojuelo« (G.)* (in RF, 49, 1935, S. 215–316). – M. Múñoz Cortés, *Aspectos estilísticos de V. de G. en su »Diablo cojuelo«* (in RFE, 27, 1943, S. 48–76). – U. Holtz, *Der hinkende Teufel von G. und Lesage. Eine literatur- und sozialkritische Studie*, Wuppertal 1970. – G. Alfaro, *»El diablo cojuelo«, y la picaresca alegorizada* (in RF, 83, 1971, S. 1–9). – R. Bjarnson, *Thematic Structure in »El diablo cojuelo«* (in Hispano, 60, 1977, S. 13–19). – C. G. Peale, *La anatomía de »El diablo cojuelo«: Deslindes del género anatomístico*. Chapel Hill 1977 [m. Bibliogr.]. – F. Assaf, *Aspects picaresques du »Diablo cojuelo«* (in RCEH, 8, 1984, S. 405–412). – E. Rogers, *»El diablo cojuelo« churrigueresco* (in Hispano, 31, 1988, S. 19–28).

REINAR DESPUÉS DE MORIR

(span.; *Herrschen nach dem Tod*). Versdrama in drei Akten von Luis VÉLEZ DE GUEVARA Y DUEÑAS, erschienen 1652. – Gegenstand dieses Dramas eines Barockdichters der Lope-Schule ist die unglückliche Geschichte der Geliebten Peters I. von Portugal (reg. 1357–1367), Inês de Castro, die, erstmalig von dem Kanzler Peters I. von León und Kastilien (reg. 1350–1369), Pero LÓPEZ DE AYALA (1332–1407), in seinen Chroniken erwähnt, danach von dem portugiesischen Chronisten Fernão LOPES (um 1384–1460) ausführlicher erzählt (vgl. *Chronica del rey D. Pedro I*), durch die portugiesischen Dichter des 15. und 16. Jh.s, angefangen von Garcia de RESENDE (vgl. *Cancioneiro geral*), zu einer symbolhaften Legende der unglücklichen Liebe ausgestaltet worden war. Berühmt wurden die Strophen, die CAMÕES (um 1525–1580) ihr im dritten Gesang der *Lusíadas* (1572) widmet (III, 118–135), ferner kannte Guevara zweifellos die vor 1569 entstandene *Tragédia mui sentida e elegante de D. Inês de Castro* von António FERREIRA (1528–1569), ein Trauerspiel in fünf Akten im klassischen Stil, und dessen spanische Bearbeitung, *Nise lastimosa* (1577), von Fray Jerónimo BERMÚDEZ (um 1530–1589). Guevara bereichert die Geschichte der Inês de Castro um ein Motiv, das bei seinen Vorgängern fehlt: die Eifersucht einer Rivalin. Nach dem Tod der ersten Gemahlin Don Pedros, Doña Constanza, drängt König Alfons IV. (reg. 1325–1357) seinen Sohn und Thronfolger, sich in zweiter Ehe mit Doña Blanca von Navarra zu verbinden. Nun muß Don Pedro gestehen, daß er bereits mit der Hofdame Doña Constanzas, Inês de Castro, heimlich die Ehe eingegangen ist. Der

König, der von der Schönheit der zweiten Gattin des Sohnes und dem Liebreiz ihrer Kinder zunächst beeindruckt ist, sieht sich von der eifersüchtigen, in ihrem Stolz verletzten Doña Blanca und von seinen Ratgebern Egas Coello und Alvar González bedrängt, die die Gefahr eines Volksaufstandes ausmalen. Die Beseitigung der Doña Inês erscheint als der einzige Ausweg. In Abwesenheit Don Pedros, den der König festnehmen ließ, wird sie ermordet. Als der Thronfolger bald darauf, nach dem Tod des Vaters, zum König ausgerufen wird, findet er die Gattin nicht mehr und erfährt, was geschehen ist. Er nimmt an den Mördern blutige Rache und zwingt den Hof, der Leiche der Doña Inês, die er zu seiner Rechten auf den Thron hat setzen lassen, mit königlichen Ehren zu huldigen.

»Die lyrische Stimmung einiger von Schwermut überschatteter Szenen und das Pathos der Höhepunkte machen dieses Werk zu einem der wirkungsvollsten Stücke des spanischen Theaters« (García López). Hervorzuheben sind besonders die große Kunst der Charakterzeichnung, vor allem bei den weiblichen Figuren, der wache Sinn für den dramatischen Effekt und die volkstümlich-lyrische Empfindungsweise, die in den eingestreuten Romanzen und Liedern, z. B. in *¿Donde va el caballero? (Wohin geht der Ritter?)*, zum Ausdruck kommt. Störend ist dagegen die schwülstige, an GÓNGORA gemahnende barokke Ausdrucksweise, beispielsweise in den einhundertsechzig Versen, in denen der Diener Pedros die Schönheit Inês de Castros rühmt. A.F.R.

AUSGABEN: Lissabon 1652 (in *Comedias de los mejores y más insignes poetas de España*). – Madrid 1959, Hg. M. Muñoz Cortés (Clás. Cast).

LITERATUR: S. Cornil, *Inés de Castro. Contribution à l'étude du développement littéraire du thème dans les littératures romanes*, Brüssel 1952. – E. Asencio, *»Inés de Castro«*, Lissabon 1965. – A. Weber, *Hamartia in »Reinar después de morir«* (in Bulletin of the Comediants, 28, 1976, S. 89–95). – M. Durán, *V. de G. y H. de Montherlant: Creación y recreación de una obra maestra* (in Folio: Ensayos on Foreign Languages and Literature, 12, 1981, S. 30–45).

LOPE DE VEGA

eig. Lope Félix de Vega Carpio

* 25.11. oder 2.12.1562 Madrid
† 27.8.1635 Madrid

LITERATUR ZUM AUTOR:

Bibliographien:

J. Simón Díaz u. J. de José Prades, *Ensayo de una bibliografía de las obras y articulos sobre la vida y escritos de L. de V.*, Madrid 1955. – R. B. Brown, *Bibliografía de las comedias históricas, tradicionales y legendarias de L. de V.*, Mexiko 1958. – J. Simón Díaz u. J. de José Prades, *Nuevos estudios, adiciones al ensayos*, Madrid 1955. – Dies., *L. de V. Nuevos estudios*, Madrid 1961. – J. H. Parker, A. M. Fox, *L. de V. Studies 1937–1962. A Critical Survey and Annotated Bibliography*, Toronto 1964. – R. L. Grismer, *Bibliography of L. de V.*, 2 Bde., Minneapolis 1965; ern. 1977, Hg. M. Kraus. – S. Griswold Morley u. C. Bruerton, *Cronología de las comedias de L. de V.*, Madrid 1968. – M. C. Pérez y Pérez, *Bibliografía del teatro de L. de V.*, Madrid 1973. – M. G. Profeti, *Spigolature bibliografiche: Opere non drammatiche di Lope* (in Quaderni di Lingue e Letterature, 13, 1988, S. 93–107).

Biographien:

H. A. Rennert, *The Life of L. de V. (1562–1635)*, Glasgow 1904 (rev. span. Übers. m. Erw. von A. Castro: *Vida de L. de V., 1562–1635*, Salamanca ²1968). – J. de Entrambasaguas, *Vida de L. de V.*, Barcelona 1936. – Ders., *Vivir y crear de L. de V. I: La vida del hombre*, Madrid 1946; ²1961. – M. Goyri Menéndez Pidal, *De L. de V. y del Romancero*, Saragossa 1953. – R. Gómez de la Serna, *L. viviente*, Madrid 1954. – A. Zamora, *L. de V., su vida y su obra*, Madrid 1961; ²1969. – C. A. de la Barrera, *Nuevo biografía de L. de V.*, 2 Bde., Madrid 1973/74. – F. R. Fries, *L. de V.*, Lpzg. 1977 (RUB; m. Ill.); ern. Ffm. 1979.

Gesamtdarstellungen und Studien:

A. F. v. Schack, *Geschichte der dramatischen Literatur u. Kunst in Spanien*, 2 Bde., Bln. 1845–1854. – J. L. Klein, *Geschichte des spanischen Dramas*, 3 Bde., Lpzg. 1871–1875. – K. Vossler, *L. de V. und sein Zeitalter*, Mchn. 1932; ²1947. – J. de Entrambasaguas, *L. de V. símbolo del temperamento estético español*, Murcia 1936. – H. Tiemann, *L. de V. in Deutschland*, Hbg. 1939. – J. de Entrambasaguas, *Vivir y crear de L. de V.*, Madrid 1946; ²1961. – Ders., *Estudios sobre L. de V.*, 3 Bde., Madrid 1946–1958; ern. 1967 [korr. u. erw.]. – M. Menéndez y Pelayo, *Estudios sobre el teatro de L. de V.*, 6 Bde., Salamanca 1949. – E. Müller-Bochat, *L. de V. und die italienische Dichtung*, Mainz 1956. – S. G. Morley u. R. W. Tyler, *Los nombres de personajes en las comedias de L. de V.*, Berkeley 1961. – L. C. Pérez u. F. Sánchez Escribano, *Afirmaciones de L. de V. sobre preceptiva dramática*, Madrid 1961. – J. F. Gatti, *El teatro de L. de V.*, Buenos Aires 1962. – F. Ynduráin, *L. de V. como novelador*, Santander 1962. – G. Laplane, *L. de V.*, Paris 1963. – M. Chevalier, *L'Arioste en Espagne*, Bordeaux 1966. – J. F. Montesinos, *Estudios sobre L.*, Salamanca 1967. – R. Frioldi, *L. de V. y la formación de la Comedia*, Salamanca 1968. – F. Lázaro, *L. de V. Introducción a su vida y a su obra*, Salamanca 1968. – D. J. Pamp, *L. de V. ante el problema de la limpieza de sangre*, Northampton/Mass. 1968. – F. M. Clark, *Objective Methods for Testing Authenticity and the Study of Ten Doubtful Comedies Attributed to L. de V.*, Chapel Hill/N.C. 1971. – C. Fernández Gómez, *Vocabulario completo de L. de V.*, 3 Bde.,

Madrid 1971. – E. Orozco Díaz, *L. y Góngora frente a frente*, Madrid 1973. – F. Exum, *The Metamorphosis of L. de V.'s King Pedro*, Madrid 1974. – *L. de V.*, Hg. E. Müller-Bochat, Darmstadt 1975. – G. Umpierre, *Songs of the Plays of L. de V.: A Study of Their Dramatic Function*, Ldn. 1975. – E. Forastieri Braschi, *Aproximación estructural al teatro de L. de V.*, Madrid 1976. – L. Guarner, *En torno a L. de V. (Seis ensayos)*, Valencia 1976. – D. R. Larson, *The Honor Plays of L. de V.*, Cambridge 1977. – S. A. Vosters, *L. de V. y la tradición occidental, I: El simbolismo bíblico; II: El manierismo de L. de V. y la literatura francesa*, Madrid 1977. – J. M. Diéz Borque, *Teatro y sociedad en tiempos de L. de V.*, Barcelona 1978. – N. Ly, *La poétique de l'interlocution dans le théâtre de L. de V.*, Bordeaux 1981. – *L. de V. y los orígenes del teatro español, Actas del I congreso internacional sobre L. de V.*, Hg. M. Criado del Val, Madrid 1981. – F. J. Díez de Revenga, *Teatro de L. de V. y lírica tradicional*, Murcia 1983. – A. Zukkermann-Ingber, *El más bien alto. A Reconsideration of L. de V.'s Honor Plays*, Gainesville/Fla. 1984. – E. Müller-Bochat, *L. de V.* (in *Das spanische Theater*, Hg. K. Pörtl, Darmstadt 1985, S. 133–200). – J. Küpper, *Diskurs-Renovatio bei L. de V. und Calderón. Untersuchungen zum spanischen Barockdrama*, Tübingen 1989. – Insula, 1990, Nr. 520 [Sondernr.: *L. de V., poeta: balance crítico*].

AMAR SIN SABER A QUIÉN

(span.; *Lieben, ohne zu wissen wen*). Komödie in drei Akten von Lope de VEGA, geschrieben zwischen 1616 und 1623; erschienen 1630. – Don Juan de Aguilar wird, nachts in Toledo einreitend, Zeuge eines Duells mit tödlichem Ausgang. Der Sieger, Don Fernando, entflieht, und als vermeintlicher Täter wird Don Juan festgenommen; aus Hochherzigkeit will er aber den eigentlichen Täter nicht verraten. Don Fernando gesteht unterdessen seiner Schwester Leonarda den wahren Sachverhalt. Beide wollen dem unschuldigen Häftling helfen; doch Leonarda hält ihren Bruder davon zurück, Don Juan selbst im Gefängnis aufzusuchen. Sie schlägt statt dessen vor, ihrerseits mit Don Juan in Verbindung zu treten und ihm zu verstehen zu geben, sie habe ihn auf seinem Weg ins Gefängnis von ihrem Fenster aus gesehen und bei dieser Gelegenheit eine ebenso plötzliche wie heftige Neigung zu ihm gefaßt. Unter diesem Vorwand schickt sie Geld an Don Juan und Briefe, die nicht ohne Antwort bleiben. Ohne daß die beiden Partner sich zunächst zu Gesicht bekämen, entwickelt sich aus diesem Briefwechsel rasch eine tiefe gegenseitige Liebe. Schließlich erwirkt ein gewisser Don Luis, Sohn eines einflußreichen Beamten, die Freilassung des schuldlos Inhaftierten. Damit beginnen nun erst die ernsthaften Komplikationen. Denn groß ist die Bestürzung Don Juans, als er erkennt, daß jener Don Luis, dem er seine Freiheit verdankt, sich ebenfalls Hoffnungen auf die Hand Leonardas macht und also nicht nur sein Freund, sondern in derselben Person auch sein Rivale ist. Aus Dankbarkeit glaubt Don Juan, auf die Verlobte, die er inzwischen endlich zu Gesicht bekommen hat, verzichten zu müssen. Aber Don Luis weist das Opfer zurück, und nach einem regelrechten Duell der Hochherzigkeit überführt er den glücklicheren Liebhaber in das »Gefängnis« der Ehe mit Leonarda.

Liebe *vor* dem ersten Blick und eine allseitige, gerade deshalb immer wieder zu Komplikationen führende Großmut sind die Motive, die den Gang der komplizierten Handlung bestimmen. Immer neue Beziehungen enthüllen sich zwischen den Protagonisten, die zunächst in keinerlei Verbindung zu stehen schienen; und das Ergebnis ist eine fast ausweglos erscheinende Verstrickung, die nur noch eine Besinnung auf die Vernunft zu lösen vermag. Von einer fast übermütigen Preziosität ist der Dialog. Der Einfallsreichtum tritt hier um so wirkungsvoller in Erscheinung, als Lope in diesem Werk weitgehend auf die Register der italienischen Formenkunst verzichtet und sich im wesentlichen auf den Gebrauch der volkstümlich-traditionellen spanischen Kurzverse beschränkt. Die Pointen folgen einander rasch. – Die Gestalt des Dieners Limón gehört zu den profiliertesten und witzigsten »Gracioso«-Figuren, die Lope geschaffen hat. Die so platonisch beginnende Liebe seines Herrn ist für ihn vollkommen unverständlich und bietet ihm Anlaß zu unermüdlichen Sticheleien. Zum Schluß findet er jedoch sein Glück bei der Zofe Leonardas.

E.M.B.

AUSGABEN: Saragossa 1630. – Madrid 1855 (in *Comedias escogidas*, Hg. J. E. Hartzenbusch, 4 Bde., 1853–1860, 2; BAE, 34; ern. 1946–1952). – Madrid 1929 (in *Obras dramáticas*, Hg. E. Cotarelo y Mori, 13 Bde., 1916–1930, 11). – Salamanca 1967, Hg. u. Einl. C. Bravo-Villasante.

ÜBERSETZUNG: *Die unbekannte Geliebte*, H. Schlegel, Lpzg. 1937. – Dass., ders. (in *AW*, Bd. 11, Emsdetten 1974).

LITERATUR: B. Caravaglios, *»Amar sin saber a quién« di L. de V. e »La suite du menteur« di Corneille*, Neapel 1931. – D. McGrady, *An Undetected Cuentecillo in L.'s »Amar sin saber a quién«* (in REH, 17, 1983, S. 125–133).

ARCADIA

(span.; *Arkadien*). Schäferroman von Lope de VEGA, erschienen 1598. – Lope verfaßte die *Arcadia* in den Jahren zwischen 1591 und 1594 während seines Aufenthaltes als Privatsekretär am Hof des Herzogs Antonio von Alba. Wie schon das gleichnamige, die Gattung des neuzeitlichen Schäferromans begründende Werk des Italieners SANNAZARO ist die *Arcadia* ein Schlüsselroman; der Roman *Arcadia* ist nicht zu verwechseln mit dem gleichnamigen Theaterstück Lopes, das mit Pastoralen wie

El verdadero amante, Belardo el Furioso und *Pastoral de Jacinto* zur bukolischen Produktion des Autors zählt. – Auf Anregung seines Herrn beschreibt Lope unter dem Deckmantel einer Hirtenfabel die Liebesabenteuer des Herzogs und seiner Freunde. Eine Anzahl von Episoden hat keinerlei Beziehung zur Haupthandlung, denn wenigstens zwei von ihnen dienen dem alleinigen Zweck einer Lobpreisung des Hauses Alba. Der Schäfer Anfriso verkennt die wahren Gefühle seiner Geliebten und behandelt sie in einer Weise, die sie schließlich dazu treibt, einen anderen zu heiraten. Anfriso ist darüber todunglücklich, doch rettet ihn aus seiner Verzweiflung eine Serie von Zaubereien, durch die sein Herz von aller Liebe reingewaschen wird. Schließlich erscheint wie ein *deus ex machina* die Zauberin, welche dann im Nu das begehrte glückliche Ende herbeiführt.
Diese Liebeshandlung wird von zahlreichen gelehrten Exkursen über Bereiche der Grenzwissenschaften (Magie, Metaphysik) unterbrochen, deren Terminologie Lope in einem Anhang aufschlüsselt. – Wie in den anderen Schäferromanen dient jedoch die Prosaerzählung hauptsächlich als Rahmen für die darin eingegliederten Gedichte; in diesem Teil des Frühwerks kündet sich schon der große Lyriker Lope an. Die Gedichte der *Arcadia* enthalten bereits die wesentlichen Eigenheiten seines späteren Stils: die außergewöhnlichen Hyperbeln, die Wiederholung eines Grundgedankens in verschiedenen Ausdrucksvariationen, ungezwungen dahinfließende Verse und des Dichters besondere Vorliebe für Pflanzen- und Tiermetaphorik. Trotzdem blieb es Lope, wie bereits Cervantes mit seiner *Galatea*, versagt, die alte literarische Gattung mit neuem Leben zu erfüllen. E.F.-KLL

Ausgaben: Madrid 1598. – Madrid 1620 (in *Trezena parte de las comedias*). – Madrid 1857 (in *Comedias escogidas*, Hg. J.E. Hartzenbusch, 4 Bde., 1853–1860, 3; BAE, 41; ern. 1946–1952). – Madrid 1895 (in *Obras*, Hg. M. Menéndez y Pelayo, 15 Bde., 1890–1913, 5). – Madrid 1965 (in *Obras*, Hg. ders., 33 Bde., 1963–1972, 13; BAE, 188). – Madrid 1965 (in *Obras completas*, Hg. J. de Entrambasaguas, Bd. 1: *Obras no dramáticas*). – Madrid 1980, Hg. E. S. Morby (Castalia).

Übersetzung: *Arkadien. Ein Schäferroman*, C. Richard (in *Romantische Dichtungen*, Bd. 4–6, Aachen/Lpzg. 1827).

Literatur: J. Scudieri Ruggieri, *Notas a la »Arcadia« de L. de V.* (in CHA, 1963, Nr. 161/162, S. 577–605). – M. Ricciardelli, *L'Arcadia di J. Sanazaro e di L. de V.*, Neapel 1966. – E. S. Morby, *La »Arcadia« de L.: ediciones y tradición textual* (in Abaco, 1969, S. 135–233). – R. Osuna, *La »Arcadia« de L. de V.: Genesis, estructura y originalidad*, Madrid 1973. – B. Mujica, *L. de V.'s »Arcadia«. A Step Towards the Modern Novel* (in Hispanic Journal, 2, 1981, S. 27–49). – F. A. de Armas, *L. de V. and the Hermetic Tradition: The Case of ardanio in »La Arcadia«* (in RCEH, 7, 1983, S. 345–362). – K. Schoell, *Das arkadische Stück als Comedia. Zu L. de V.s Schäferspielen* (in *Texte, Kontexte, Strukturen. Fs. für K. A. Blüher*, Hg. A. de Toro, Tübingen 1987, S. 311–323).

ARTE NUEVO DE HACER COMEDIAS EN ESTE TIEMPO

(span.; *Die neue Kunst der Komödiendichtung*). Abhandlung von Lope de Vega in 376 ungereimten Elfsilbern, erschienen 1609. – Zwar erkennt Lope die Bedeutung der Aristotelischen Regeln an und auch die Notwendigkeit, Dichtung bestimmten Gesetzen, gemäß den klassischen Beispielen oder dem Typ der italienischen Komödie, unterzuordnen; aber er läßt auch durchblicken, daß die Komödie seiner Zeit für ein Auditorium geschrieben ist, das sich in erster Linie amüsieren will und auf hochgestochene Gelehrsamkeit und allzu verfeinerte Form nur wenig Wert legt. Doch soll man dies wiederum nicht zu ernst nehmen, denn es geht dem Autor einfach darum, die Komödie, die ja für eine Aufführung geschrieben ist, allein den Anforderungen der Szene zu unterstellen. Darum soll sie sich auch nach dem Publikumsgeschmack richten und nicht nur nach den Regeln, wie man sie etwa einem Handbuch für dramatische Kunst entnimmt. Es überrascht, daß Lope der Komödie nur einen zweitrangigen Wert zumißt. Er, der sie mit solchem Können und Erfolg behandelt hat, erwartet von ihr weder Ruhm noch die Billigung des gebildeten Publikums. Beifall erhofft er für ihren Einfallsreichtum und die vollendete Beherrschung der Technik. Gerade diese glückliche Verbindung von praktischer Theatererfahrung, Improvisationstalent und Verantwortung gegenüber den Gesetzen der Form hatte es mit sich gebracht, daß Lope die spanische *comedia* mitbegründete, die sich über die gebräuchlichen Konventionen und die von den Poetikern im Zuge der Nachfolge der Aristoteles- und Horaz-Rezeption geforderten Regeln hinwegsetzt. In diesem kleinen Werk äußert sich der Autor auch über die mannigfachen Rollen im Theater und über die Kunst, die verschiedenen Versmaße in einer Komödie passend anzuwenden. *»Zehnzeiler sind sehr geeignet für Klagen; das Sonett paßt für den Monolog; Berichte fordern das Versmaß der Romanze; das Terzett ist für ernste Anlässe bestimmt, und die Rendondilla* [achtsilbige Vierzeiler mit umarmendem Reim] *für die Liebesszenen.«*
C.L.

Ausgaben: Madrid 1609; Faks. NY 1903. – Bordeaux 1901, Hg. A. Morel-Fatio (in BHi, 3). – Madrid 1971, Hg. J. de José Prades. – Madrid 1980, Hg. u. Einl. J. Campos. – Madrid 1981 (Austral).

Literatur: A. Farinelli, *Italia e Spagna*, Bd. 2, Turin 1929, S. 377–409 (Letterature Moderne, 21). – R. Menéndez Pidal, *L. de V., el arte nuevo y la nueva biografía* (in RFE, 22, 1935, S. 377–398). – G. Sinicropi, *»L'arte nuevo« e la prassi drammatica di L. de V.* (in Quaderni Iberoamericani, 25, 1965, S. 13–26). – J. Fernandez Montesinos, *La paradoja del »Arte nuevo«* (in RdO, 2, 1964, S. 302–330). – J. M. Rozas, *Significado y doctrina del »Arte nuevo« de L. de V.*, Madrid 1976. – E. Orozco Díaz, *¿Qué es el »Arte nuevo« de L. de V.?*, Salamanca 1978. – J. Rico-Verdú, *La epistolografía y el »Arte nuevo de hacer comedias«* (in Anuario de Letras, 19, 1981, S. 133–162). – J. G. Weiger, *L.'s Conservative »Arte de hacer comedias«* (in *Studies in Honor of E. W. Hesse*, Lincoln/Nebr. 1981, Hg. J. A. Madrigal, S. 187–198).

EL CABALLERO DE OLMEDO

(span.; *Der Ritter aus Olmedo*). Drama in drei Akten von Lope de VEGA, erschienen ca. 1625–1630. – Die Datierung dieses Stückes, das zu den eindrucksvollsten Bühnenwerken Lopes gehört, ist schwierig. Zugrunde liegt ein historisches Ereignis, das in verschiedenen Chroniken erscheint und bereits vor Lope auch in die volkstümliche Literatur eingegangen war. Der durch die Chroniken verbürgte Tatbestand ist einfach: Ein angesehener Edelmann aus Olmedo wird nachts aus persönlicher Feindschaft ermordet. Inspiriert hat Lope de Vega eine kastilische Romanze, die in dem Stück auch zitiert wird. Lope hat auf diese Legende auch in anderen Werken Bezug genommen.

Don Alonso, ein junger Adliger aus Olmedo, verliebt sich in die schöne Doña Inés aus dem Nachbarstädtchen Medina. Mit Hilfe einer alten Kupplerin gelingt die Übermittlung eines Briefes. Seine Neigung wird ebenso rasch wie leidenschaftlich erwidert. Bald aber zeigt sich, daß ein anderer Verehrer beim Vater des Mädchens die besseren Aussichten hat. – Um die Hochzeit hinauszuschieben, schützt die bedrängte Inés im Elternhaus Klostergedanken vor. Für Momente folgt die Handlung nun schwankhaften Motiven. Die als fromme Büßerin auftretende Kupplerin und der als Student verkleidete Tello – Diener Don Alonsos und profilierter *gracioso* des Stücks – übernehmen die geistliche Vorbereitung und den Lateinunterricht der Doña Inés. Der heimliche Briefwechsel der Liebenden gedeiht unter diesen Umständen nur um so besser. – Zu Ehren des durchreisenden Königs werden in Medina Stierkampfspiele veranstaltet, in deren Verlauf sich Don Alonso besonders auszeichnet. Er rettet seinem Rivalen das Leben; aber dieser ist in seiner Ehre nur um so tiefer getroffen, als nun zur Eifersucht noch das Gefühl der Demütigung kommt. Auf seinem nächtlichen Heimweg nach Olmedo wird Don Alonso durch einen Schuß aus dem Hinterhalt ermordet. Tello findet den Sterbenden und eilt zum König. Mit dem Todesurteil für die Mörder endet das Stück, dessen Motive in der für die spanische *comedia* typischen Weise von der ausgelassensten Burleske bis zur düsteren Schicksalstragödie reichen. Trotz des komödienhaften und entspannten ersten Teiles kann bei dem literarisch Eingeweihten von vornherein kein Zweifel über das traurige Ende bestehen. – Deutliche Analogien weist das Werk zu Fernando de ROJAS' *Celestina* auf: Tello vergleicht die beiden Liebenden humorvoll mit Calisto und Melibea (II, 116 f.). Die Kupplerin Fabia, mit ihren Heuchel- und Zauberkünsten eine zweite Celestina, ist durch viele Reminiszenzen mit dieser Figur verbunden. – In der zweiten Hälfte des Schauspiels präzisieren und häufen sich die unheilvollen Vorahnungen. Don Alonso hat Träume und verfällt einer Traurigkeit, die mehr ist als die obligate Liebesmelancholie der Ritter- und Schäferromane. Beim letzten Abschied von Doña Inés begegnet der Caballero de Olmedo seinem eigenen Schatten; und auf dem verhängnisvollen Heimweg endlich hört er in der Nacht eine Stimme das Lied von seinem eigenen Tod singen.

Entgegen der historischen Überlieferung, die das Ereignis im 16. Jh. lokalisiert, hat Lope die Handlung seines Stücks ins 15. Jh. zurückverlegt, eine Epoche, die ihm als historischer Rahmen besonders lieb war (vgl. *Peribáñez; Fuenteovejuna; El mejor alcalde, el rey*). Im Stil der *cancioneros*, die in diesem Jahrhundert in Spanien entstanden, sprechen auch Don Alonso und Doña Inés miteinander. Aber die scharfsinnigen dialektischen Variationen über das Thema des Liebestods sind weit davon entfernt, rhetorische Spielereien zu sein, sondern bereiten leitmotivisch auf die Katastrophe des wirklichen Todes vor, die in zeittypischer Manier im Schlußwort des Königs als Rechtsinstanz aufgehoben wird. E.M.B.-KLL

AUSGABEN: o. O. u. J. [ca. 1625–1630]. – Saragossa 1641 (in *Ventiquatro parte perfeta de las comedias*). – Madrid 1855 (in *Comedias escogidas*, Hg. J. E. Hartzenbusch, 4 Bde., 1853–1860, 2; BAE, 34; ern. 1946–1952). – Madrid 1899 (in *Obras*, Hg. M. Menéndez y Pelayo, 15 Bde., 1890–1913, 10). – Madrid 1981, Hg. u. Einl. M. G. Profeti. – Madrid 1987, Hg. F. Rico (Cátedra). – Madrid 1988, Hg. J. Pérez (Castalia). – Madrid 1988 (Austral).

ÜBERSETZUNG: *Der Ritter von Olmedo*, H. Schlegel (in *AW*, Bd. 1, Emsdetten 1960).

LITERATUR: F. Rita, *»El caballero de Olmedo« y la Orden de Santiago* (in Bol. de la Real Acad. de Historia, 46, 1905, S. 398–422). – J. Sarrailh, *L'histoire dans le »El caballero de Olmedo« de L. de V.* (in BHi, 37, 1935, S. 337–352). – R. Gómez de la Serna, *»El caballero de Olmedo«* (in Revista Cubana, 14, 1940, S. 38–55). – W. C. McCrary, *The Goldfinch and the Hawk: A Study of L. de V.'s Tragedy »El caballero de Olmedo«*, Chapel Hill/N.C. 1966. – R. Rico, *»El caballero de Olmedo« – amor, muerte, ironía* (in PSA, 57, 1967, S. 38–56). – W. Wardropper, *The Criticism of the Spanish Comedia: »El caballero de Olmedo« as Object Lesson* (in PQ, 51, 1972, S. 177–196). – J. W. Sage, *L. de V. »El caballero de Olmedo«*, Ldn. 1974. – J. Casalduero, *Sentido y forma de »El caballe-*

ro de Olmedo« (in NRFH, 24, 1975, S. 318–328). – F. Rico, *Hacia »El caballero de Olmedo«, I* (ebd., S. 329–338). – F. A. O'Connor, *The Caballero of Olmedo and Oedipus: Perspectives on a Spanish Tragedy* (in HR, 48, 1980, S. 391–413). – F. Rico, *Hacia »El caballero de Olmedo«, II* (in NRFH, 29, 1980, S. 271–292). – G. Greco, *Il linguaggio artistico speciale in »El caballero de Olmedo« di L. de V.* (in Studi di letteratura spanici, 1981, S. 47–80). – A. Castro, *»El caballero de Olmedo«* (in *Essays on Hispanic Literature in Honor of E. L. Kings*, Hg. S. Molloy, Ldn. 1983, S. 31–44). – A. Blanco, *Sobre la realidad histórica de »El caballero de Olmedo«* (in BRAE, 65, 1985, S. 237–310). – A. Ingber, *El juego de motivos contextuales en »El caballero de Olmedo«* (in La Torre, 1, 1987, S. 429–444). – M. Engelbert, *La historia como provocación de la ciencia literaria: el caso del »Caballero de Olmedo«* (in Iberoamericana, 1989, Nr. 37/38, S. 40–50).

EL CABALLERO DEL MILAGRO

(span.; *Der Ritter vom Mirakel*). Komödie in drei Akten von Lope de Vega, erschienen 1621. – Luzmán, spanischer Söldner in Rom, vergnügt sich in blindem Selbstvertrauen mit drei Frauen zugleich: mit den beiden Kurtisanen Otavia und Beatriz sowie mit Isabela, der reichen Gattin des alten Patricio. Im Lauf der heiklen Verwicklungen, in die ihn sein verwegener Leichtsinn führt, entgeht er nur knapp einem Duell mit dem Fähnrich Leonato, der in Otavia vernarrt ist, und kann auch dem schwerfälligen Sergeanten, der Beatriz mit seiner Liebe verfolgt, gerade noch entfliehen. Zuletzt betrügt er Isabela um eine größere Summe Goldes, die er für die Heimfahrt nach Spanien braucht. Sein Diener Tristán verrät ihn aus Rache dafür, daß Luzmán ihn zu schlecht entlohnt. So endet Luzmán im barmherzigen Hospital.

Dieses Stück mit seiner zügigen Handlung und seiner bis zum turbulenten Schluß anhaltenden Spannung ist ein Schulbeispiel der *comedia de capa y espada* (Mantel-und-Degen-Komödie). An der Gestalt des von Lebensoptimismus sprühenden Abenteurers Luzmán beweist sich Lopes Talent für die Zeichnung lebensnaher Charaktere. Der echt barocken, durch den am eigentlichen Geschehen nicht unmittelbar beteiligten Diener herbeigeführten Schlußwendung – heute König, morgen Bettelmann – fehlen die tragischen Züge, die bei Tirso de Molina dem Schicksal des Don Juan innewohnen. Bei Lope beginnt der betrogene Betrüger nach dem Höhensturz bereits wieder zu kokettieren, da er weiß, daß seinem Charme immer wieder eine neue Isabela erliegen wird. – Hatte der Dichter sich auch die attische Komödie zum Vorbild genommen, so gelang ihm hier doch eine typisch spanische Ausprägung des Glücksritters, eine *»leichte Persiflage der spanischen Großtuerei«* (Vossler). Der über Spanien hinausreichende Einfluß dieser Komödie führte zu verschiedenen Nachahmungen in anderen Ländern. M.Fr.

Ausgaben: Madrid 1621 (in *Décima parte de las comedias*). – Madrid 1917 (in *Obras dramáticas*, Hg. E. Cotarelo y Mori, 13 Bde., 1916–1930, 4). – Madrid 1962 (in Primer Acto, Nr. 37). – Madrid 1964 [bearb. v. J. G. Schroeder].

Übersetzungen: *Der Ritter vom Mirakel*, H. Schlegel (in *AW*, Bd. 3, Emsdetten 1961). – Dass., F. Wellner, Bln. 1948; ern. Stg. 1961 (RUB). – Dass., H. Schlegel (in *Dramen*, Mchn. 1964; Nachw. M. Franzbach). – Dass., S. u. P. Kupke, Bln./DDR 1964 [Bühnenms.]. – *Der Kavalier vom Mirakel*, H. C. Artmann, Wien 1972 [Bühnenfassg. v. H. Wochniz]. – *Der Ritter vom Mirakel*, G. Heinz, Reinbek 1976.

Literatur: W. Promies, *Mimik u. Gebärde in L. de V.s »El caballero del milagro«* (in Maske u. Kothurn, 3, 1957, S. 116–127).

EL CASTIGO SIN VENGANZA

(span.; *Strafe ohne Rache*). Tragödie in drei Akten von Lope de Vega, geschrieben 1631; erschienen 1635. – Das Drama des fast siebzigjährigen Lope gehört noch heute zu seinen berühmtesten und eindrucksvollsten, obgleich es in thematischer Hinsicht besonders zeit- und milieugebunden ist. Für die Forschung ist das Stück außerdem von speziellem Interesse, weil es im handschriftlichen Entwurf erhalten ist, dessen zahlreiche Korrekturen einen Einblick in Lopes Arbeitsweise und in die Genese des Werkes gestatten. Das Zeugnis dieser Handschrift ist um so wertvoller, als *El castigo sin venganza* eines der überlegtesten und ausgefeiltesten Dramen des sonst vielfach improvisierenden Lope ist. Der Handlung liegt eine Novelle des Italieners Bandello zugrunde, die ihrerseits auf ein historisches Ereignis zurückgeht: Der Herzog von Ferrara, ein gealterter Lebemann, den die ersten Szenen auf einem nächtlichen Streifzug durch die Stadt zeigen, hat sich aus politischen Gründen zur Hochzeit mit Casandra, der Tochter des Herzogs von Mantua, entschlossen. Er sendet der Verlobten seinen natürlichen Sohn, den Conde Federico, entgegen. Der Zufall will es, daß dieser unterwegs einer schönen Unbekannten das Leben rettet, in der er wenig später seine künftige Stiefmutter erkennt. Die Neigung, die beide im ersten Augenblick zueinander fassen, ist der Keim einer Leidenschaft, die durch eine selbstquälerische Gewissenskasuistik nur gesteigert wird und ihren dramatischen Höhepunkt in einem gegenseitigen Geständnis erreicht. Diese sprachlich brillant gestaltete Szene, die letzte des zweiten Aktes, gehört in ihrer beherrschten Heftigkeit zu den großartigsten, die Lope geschrieben hat. – Der Herzog, der sich bald nach seiner Hochzeit wieder den gewohnten Liebesabenteuern zugewandt und seine Frau sich selbst überlassen hat, ist unterdessen zum päpstlichen Heerführer ernannt worden. Nach einer mehrmonatigen Abwesenheit, die für die beiden

Liebenden eine Atempause verzweifelten Glücks bedeutet, kehrt er siegreich und als ein durch den päpstlichen Auftrag Geläuterter aus dem Felde zurück, entschlossen, sein künftiges Leben ganz der Gattin und dem Sohn zu widmen. Der Conde, eingeschüchtert durch die Rückkehr des Vaters, ist bereit, sich von der Geliebten zu lösen und eine Ehe einzugehen. Unbeugsam in ihrer Liebe ist dagegen Casandra, die ihm mit todesmutiger Härte seine Schwäche vorwirft. Der inzwischen gewarnte Herzog belauscht die Auseinandersetzung. Seine Verzweiflung führt ihn daraufhin zu dem grausamen Entschluß, mit kalter Berechnung eine gottgewollte, gottgefällige Sühne vorzubereiten: Die Strenge der Strafe soll die ewige Vergeltung mildern, aber auch dazu beitragen, den Ehrverlust geheimzuhalten. Er fesselt und knebelt Casandra, bedeckt sie mit einem Tuch und ruft den Conde. Er bedeutet diesem, unter dem Tuch liege gefesselt ein Verschwörer, appelliert an seine Loyalität und gibt ihm den Auftrag, das unbekannte Opfer mit dem Degen zu durchbohren. Der Sohn gehorcht zögernd. Im selben Augenblick ruft der Herzog die Wachen, weist auf den Sohn als den Mörder der Herzogin und läßt auch ihn auf der Stelle exekutieren.

Trotz des italienischen Schauplatzes und der italienischen Quelle hat Lope diese Tragödie des Ehebruchs und der Fatalität fast ganz in den altspanischen Versmaßen der *cancioneros* geschrieben. Auch die dialektische Verspieltheit der Liebesdialoge, die dem Text ein zugleich diszipliniertes und monomanisches Pathos verleiht, lokalisiert das Stück stilistisch in der Nähe der *cancioneros*. Typisch spanisch und unabhängig von der Quelle ist schließlich auch die Lösung des Ehrkonflikts.

E.M.B.

AUSGABEN: Madrid 1635 (in *Veinte y una parte de las comedias*). – Madrid 1853 (in *Comedias escogidas*, Hg. J.E. Hartzenbusch, 4 Bde., 1853–1860, 1; BAE, 24; ern. 1946–1952). – Madrid 1913 (in *Obras*, Hg. M. Menéndez y Pelayo, 15 Bde., 1890–1913, 15). – Groningen u.a. 1928, Hg. C.F.A. van Dam. – Madrid 1972 (in *Obras*, Hg. M. Menéndez y Pelayo, 33 Bde., 1963–1972, 32; BAE, 249). – Madrid 1984 (Austral). – Madrid 1988, Hg. D. Kosoff (Clás. Cast).

ÜBERSETZUNG: *Richter, nicht Rächer*, H. Schlegel (in *AW*, Bd. 1, Emsdetten 1960).

LITERATUR: H.A. Rennert, *Über L. de V.s »El castigo sin venganza«* (in ZfrPh, 25, 1901, S. 411–423). – E. Gigas, *Étude sur quelques comedias de L. de V., 3: »El castigo sin venganza«* (in RH, 53, 1921, S. 577–604). – T.E. May, *»El castigo sin venganza«. The Idolatry of the Duke of Ferrara* (in BHS, 37, 1960, S. 154–182). – V. Dixon, *»El castigo sin venganza«: The Artistry of L. de V.* (in *Studies in Spanish Literature of the Golden Age presented to E.M. Wilson*, Ldn. 1973, S. 63–81). – G.C. Nichols, *The Rehabilitation of the Duke of Ferrara* (in Journal of Hispanic Philology, 1, 1977, S. 209–230). – W.M. McCrary, *The Duke and the Comedia: Drama and Imitation in L.'s »El castigo sin venganza«* (ebd., 1978, S. 203–222). – F.J. Bianco, *L. de V. »El castigo sin venganza« and Free Will* (in KRQ, 26, 1979, S. 461–468). – D.M. Gitlitz, *Ironía e imagenes en »El castigo sin venganza«* (in REH, 14, 1980, S. 19–41). – G. Edwards, *L. and Calderón: The Tragic Pattern of »El castigo sin venganza«* (in Bull. of the Comediants, 33, 1981, S. 107–120). – C.K. Thompson, *Unstable Irony in L. de V.'s »El castigo sin venganza«* (in StPh, 78, 1981, S. 224–240). – M. McKendrick, *Language and Silence in »El castigo sin venganza«* (in Bull. of the Comediants, 35, 1983, S. 79–95). – M. Frenk, *Claves metafóricas en »El castigo sin venganza«* (in Filología, 20, 1985).

LA DAMA BOBA

(span.; *Die kluge Närrin*). Komödie in drei Akten von Lope de VEGA, erschienen 1617. – Das bis heute erhaltene Autograph dieses Stücks, das Lope für die ihm befreundete Schauspielerin Jerónima de Burgos schrieb, stammt vom 28.4.1613.

Wie viele Komödien Lopes spielt auch dieses Sitten- und Intrigenstück in der zeitgenössischen guten Gesellschaft Madrids. Octavio hat zwei Töchter, die er standesgemäß zu verheiraten wünscht. Nur ihre große Schönheit haben die beiden Mädchen miteinander gemein; in jeder anderen Hinsicht aber sind sie völlig gegensätzlich. Nise ist klug; die Atmosphäre, die sie umgibt und die ihr Lebenselement bedeutet, ist jene literarische Exaltiertheit, die für die spanische Gesellschaft des ausgehenden 16. und des beginnenden 17. Jh.s charakteristisch gewesen sein muß. Ganz anders die Schwester Finea. Sie ist ein pathologischer Fall von Dummheit. Mit zwanzig Jahren übt sie unter der Anleitung eines verzweifelten Elementarpädagogen noch immer das Alphabet. Der einzige Aktivposten auf dem Konto ihrer Heiratschancen ist eine beträchtliche Mitgift, die ihr ein mitleidiger Onkel ausgesetzt hat. Von dieser finanziellen Aussicht angelockt, aber in Unkenntnis des geistigen Zustands seiner Erwählten, reist aus der Provinz der Verlobungskandidat Liseo an. Die Eltern des künftigen Paares sind sich bereits einig. Als Liseo jedoch sieht, wie es um Finea bestellt ist, beschließt er, auf das Geld zu verzichten und lieber bei Nise sein Glück zu versuchen. Nises Erwählter wiederum, ein in der Dichtkunst sehr gewandter, aber mit weltlichen Gütern nicht eben gesegneter Edelmann, kommt zu der Einsicht, daß für ihn Finea die geeignetere Partie sei. Finea reagiert auf seine Routinetiraden mit einem echten Gefühl, dem ersten ihres Lebens. Und ihre durch Liebe zum Leben erweckte Seele findet nun rasch, mit traumwandlerischer Sicherheit, den Weg des Denkens. Unschuldige Vorurteilslosigkeit bei der Entdeckung geistigen Neulands und diplomatischer Einfallsreichtum, sobald es um die Wahrung ihrer Interessen geht, bestimmen das Verhalten der neuen Finea und verbinden sich in ihr zu einer ebenso originel-

len wie reizvollen Persönlichkeit. Ihr erst nur vom Gelde angelockter Verehrer lernt sie nun wirklich lieben. Aber auch Liseo fühlt sich unter dem Eindruck dieser Wandlung neuerlich zu ihr hingezogen und würde die nun klug gewordene erste Braut gern samt der Mitgift nehmen. Daß er keinen Erfolg haben wird, liegt auf der Hand und gehört zur poetischen Gerechtigkeit. Er muß am Ende froh sein, daß er wenigstens Nise bekommt. Da auch die jeweiligen Zofen und Diener sich gut verstehen, schließt das Stück mit vier glücklichen Paaren. Unvermählt bleiben, in gravitätischer Resignation, die Dichterfreunde des Hauptgewinners.
Das Phänomen des Wahnsinns hat die Literatur des 16. und des 17. Jh.s in vielen Variationen beschäftigt und ist auch von Lope mehrfach gestaltet worden. Die Auftritte der geistig gestörten Finea sind ohne Peinlichkeit; denn die pathologische Seite ihres Verhaltens bleibt im Hintergrund. Im Vordergrund dagegen steht die literarische Absicht des scheinbar sinnlosen Geredes: die Parodie der vernünftigen Welt. Das durch den Schock einer echten Empfindung geheilte Mädchen dagegen geht wiederum in der »vernünftigen Welt« nicht einfach auf, sondern es erreicht mit seiner unverbrauchten und unverbildeten Spontaneität, daß diese sich gewissermaßen selbst parodiert. Hervorzuheben ist eine Szene des dritten Aktes, in der die geheilte Finea aus Klugheit noch einmal die Schwachsinnige spielt. E.M.B.

Ausgaben: Madrid 1617 (in *Novena parte de las comedias*). – Madrid 1853 (in *Comedias escogidas*, Hg. J. E. Hartzenbusch, 4 Bde., 1853–1860, 1; BAE, 24; ern. 1946–1952). – Madrid 1929 (in *Obras dramáticas*, Hg. E. Cotarelo y Mori, 13 Bde., 1916–1930, 11). – Madrid 1948, Hg. I. Montiel. – Madrid 1982 (Austral). – Madrid 1987, Hg. A. Zamora Vicente (Clás. Cast). – Madrid 1988, Hg. D. Marín (Cátedra).

Übersetzungen: *Finea oder Die kluge Närrin*, H. Schlegel, Barcelona 1935. – *Die kluge Närrin*, ders. (in *AW*, Bd. 6, Emsdetten 1963). – Dass., ders. (in *Dramen*, Mchn. 1964; Nachw. M. Franzbach). – Dass., ders., Stg. 1985. – *La dama boba. Eine Liebeskomödie*, K. Laabs, Bln. 1988.

Literatur: F. Grillparzer, *Studien zum spanischen Theater* (in F. G., *SW*, Hg. A. Sauer, Bd. 17, Stg. 1892). – R. Schevill, *The Dramatic Art of L. de V. Together with »La dama boba«*, Berkeley/Calif. 1918. – D. R. Larson, *»La dama boba« and the Comic Sense of Life* (in RF, 85, 1973, S. 41–62). – A. Zamora Vicente, *Para el entendimiento de »La dama boba«* (in *Collected Studies in Honour of A. Castro's Eightieth Year*, Oxford 1975, S. 447–459). – R. ter Horst, *The True Mind of Marriage: Ironies of the Intellect in L.'s »La dama boba«* (in RJb, 27, 1976, S. 347–363). – A. Egido, *La universidad de amor y »La dama boba«* (in Bol. de la Biblioteca de Menéndez Pelayo, 54, 1978, S. 351–371). – E. H. Friedman, *»Girl gets Boy«: A Note on the Value of Exchange in the Comedia* (in Bull. of the Comediants, 39, 1987, S. 75–83). – W. Matzat, *L. de V.: »La dama boba«* (in *Das spanische Theater vom MA bis zur Gegenwart*, Hg. V. Roloff u. H. Wentzlaff-Eggebert, Düsseldorf 1988, S. 90–104).

LA DISCRETA ENAMORADA

(span.; *Die kluge Verliebte*). Komödie in drei Akten von Lope de Vega, postum erschienen 1653.
Fenisa, ein junges Mädchen der Madrider Adelsgesellschaft, lebt, von einer strengen Mutter bewacht, in tugendhafter Abgeschiedenheit. Bei aller Tugend möchte sie der Mutter aber doch gern entrinnen und hat ihr Auge auch schon auf einen schmukken Jüngling geworfen: Lucindo. Der allerdings kennt sie nicht einmal, und es bedarf weitläufiger Listen, um den einstweilen in andere Abenteuer Verstrickten auf die Fährte seines wahren Glücks zu locken. Eine unerwartete Gelegenheit hierzu bietet sich, als der Vater Lucindos, ein ausgedienter Feldhauptmann, seinen Besuch im Hause der beiden Damen ankündigen läßt. Fenisas Mutter ist überzeugt, er wolle um ihre eigene Hand anhalten. Der alte Haudegen indes möchte nicht die Matrone ehelichen, sondern das Mädchen. Geistesgegenwärtig geht Fenisa auf den Vorschlag ein, nicht ohne sich sogleich beim väterlichen Bräutigam über den Sohn Lucindo zu beklagen: Er mache ihr in aufdringlichster Weise den Hof. Der eifersüchtige Vater stellt alsbald den Sohn zur Rede, und dieser entziffert nach anfänglicher Verwunderung den geheimen Sinn der falschen Beschuldigung. Als Übermittler verschlüsselter Botschaften hält von nun an der ahnungslose Feldhauptmann die Verbindung zwischen Fenisa und Lucindo aufrecht. Auch die Mutter des Mädchens wird mit einer Täuschung beschwichtigt. Überglücklich wiegt sie sich in dem Glauben, Lucindo habe es auf sie abgesehen. Auf dem Höhepunkt der Verwicklungen muß der bestürzte Lucindo glauben, das ganze Quidproquo sei von Fenisa nur veranstaltet worden, um ihn im Ernst an ihre liebestolle Mutter zu verkuppeln. In einem temperamentvollen Finale laufen schließlich die Fäden der Handlung so zusammen, daß die bisher getrennt operierenden Figuren des Stücks sich unerwartet zu einem kleinen Menschenauflauf versammelt finden. Rasch und geschickt die Anwesenheit von Zeugen nutzend, weiß die kluge Verliebte die Paare so zu gruppieren, daß ein Zurück ohne Skandal nicht mehr möglich ist. Der heiratslustige Haudegen und die jugendlich gestimmte Matrone müssen der neuen Generation ihr Recht lassen und sich damit abfinden, ihrerseits ein Paar geworden zu sein.
Der Reiz dieses mit Recht gerühmten Lustspiels Lopes liegt in der virtuosen Häufung komischer und schwankhafter Motive. Der empfindsame und sympathische Feuerkopf Lucindo trägt Züge, mit denen Lope seine eigene Jugend literarisch zu objektivieren liebte. E.M.B.

AUSGABEN: Madrid 1653 (in *Comedias de los mejores ingenios de España*, Tl. 3). – Madrid 1853 (in *Comedias escogidas*, Hg. J. E. Hartzenbusch, 4 Bde., 1853–1860, 1; BAE, 24; ern. 1946–1952). – Madrid 1913 (in *Obras*, Hg. M. Menéndez y Pelayo, 15 Bde., 1890–1913, 14). – Madrid 1971 (in *Obras*, Hg. ders., 33 Bde., 1963–1972, 31; BAE).

ÜBERSETZUNG: *Die schlaue Susanna*, H. Schlegel, Bln. 1941. – *Die schlaue Susanne*, ders. (in *AW*, Bd. 7, Emsdetten 1968).

LITERATUR: E. W. Hesse, *L.'s »La discreta enamorada« and the Generation Gap* (in Hispanófila, 1972, Nr. 42). – N. L. D'Antuono, *The Comedia in Italy: L.'s »La discreta enamorada« and Its »Commedia dell'arte« Counterpart* (in *La Chispa 81*, Hg. G. Paolini, New Orleans, S. 69–81). – A. Williamsen-Cerón, *The Comic Function of Two Mothers: Belisa and Angela* (in Bull. of the Comediants, 36, 1984, S. 167–174). – D. Gitlitz, *How to Read a Comedia: Branching Points in the Script of L.'s »La discreta enamorada«* (ebd., 40, 1988, S. 53–65).

LA DOROTEA

(span.; *Dorothea*). Prosadrama in fünf Akten von Lope de VEGA, veröffentlicht 1632. – Dieses umfangreiche Lesedrama nimmt im literarischen Riesenwerk des großen spanischen Dichters eine in jeder Hinsicht herausragende Stellung ein. Während Lope um die Aneignung fast aller literarischen und theatralischen Gattungen in immer neuen Versuchen und Anläufen rang, ist *La Dorotea* das einzige Beispiel einer Anlehnung an den literarischen Typus der *Celestina* (1499), die auch heute noch als eine der größten Schöpfungen der spanischen Literatur gilt. In der *Égloga a Claudio* (1631), einer Art Lebensbeichte, nennt der fast siebzigjährige Lope *La Dorotea* das *»letzte, liebste und persönlichste«* seiner Werke. Im Vorwort zur Erstausgabe von *La Dorotea*, die ein Jahr später erschien, gab Lope sie allerdings als ein Werk seiner frühen Jugend aus, das er durch die Umstände von 1588 verloren, nach Jahrzehnten wiedergefunden und überarbeitet habe. Oft ist die Frage erörtert worden, ob es sich hierbei um eine bloße Fiktion handle mit dem Zweck, das Werk in eine halb verklärende, halb entschuldigende Distanz zu rücken, oder ob wirklich eine Ur-*Dorotea* den Kern bilde. Viele der in die Prosa eingestreuten Verse, die gesprächsweise vorgetragen und diskutiert, gelobt oder getadelt werden, sind jedenfalls nachweislich später entstanden. Und auch die räsonierend-retardierende Intonation des Ganzen vermittelt eher den Eindruck einer Abrechnung mit den Illusionen des schon gelebten Lebens.

Die Ereignisse, die den Kern der Handlung bilden, sind autobiographischen Charakters: Lopes Beziehungen zu der Schauspielerin Elena Osorio, die 1588 mit einem Skandal, einem Gerichtsverfahren und einer dramatischen Wendung in Lopes eigenem Leben ihr Ende fanden. Die Titelheldin Dorotea ist eine schöne, geistreiche und künstlerisch ebenso interessierte wie talentierte Frau. Ihr Mann ist in den Kolonien verschollen; sie selbst ist seit Jahren in eine leidenschaftliche, intellektuell-sentimentale Liebelei mit dem jungen Studenten Fernando verstrickt, in welchem Lope sich gleichsam objektiviert porträtiert hat.

Den Vorhaltungen ihrer Mutter und den Einflüsterungen der Kupplerin Gerarda nachgebend, entschließt sich Dorotea, dem mittellosen Fernando den Laufpaß zu geben und auf die Avancen Don Belas, eines reichen, freigebigen und sympathischen Amerikaners, einzugehen. Voller Schmerz und mit erschwindeltem Reisegeld verläßt Fernando die Stadt. Dorotea, die dem in stolzer Pose Davonreitenden nachschaut, versucht vergeblich, sich durch Verschlucken eines Diamantrings zu töten. Nach einigen Monaten, die die beiden Liebenden getrennt und in selbstquälerischer Melancholie verbringen, kehrt Fernando nach Madrid zurück. Im Prado erzählt er einer vermeintlichen Unbekannten – es ist in Wirklichkeit die tiefverschleierte Dorotea – seine Geschichte. Von dem pathetischen Bericht überwältigt, gibt Dorotea sich zu erkennen. Aber Versöhnung und Glück sind nicht von Dauer. Eifersucht und Exaltiertheit tragen zu gleichen Teilen bei zur Zermürbung dieser Liebe bis zu ihrem schließlichen Zerfall. Der banale Zufall tritt unbarmherzig in seine Rechte. Gerarda und Don Bela finden den Tod. Fernando und Dorotea gehen voll trauriger Ahnungen auseinander. Wie Lope selbst, so wird Fernando das spanische Festland auf einem Schiff der Armada verlassen. Während nach dem Vorbild der antiken Tragödie ein Chorlied die einzelnen Akte beschloß, endet der fünfte Akt mit einem *coro del ejemplo*: Versen über die Hinfälligkeit aller irdischen Leidenschaften.

Die *Dorotea* ist oft gedeutet worden, seit VOSSLER hinter dem komplizierten literarischen Zierat eine große Dichtung zu sehen vermochte. *»Man literarisierte das Leben und lebte die Literatur«*, so sagt er vom Siglo de Oro. Die auf die Spitze getriebene Schöngeisterei der *Dorotea* bedeute für Lope eine humorvoll verstehende Geste der Abwehr gegenüber der in Mode geratenen literarischen Künstlichkeit. Der manierierte Sprach- und Denkstil der Personen sei gewissermaßen das Symptom einer Krankheit, von der Lope selbst genesen sei, während SPITZER die Funktion des rhetorischen und konzeptistischen Prunkstils als Verklärung des nichtigen Lebens durch die Literatur und den trügerischen, doch schönen Schein der literarischen Sprache deutete.

In der Tat ist *La Dorotea* keineswegs eine Absage an alle Stilisierung in der Literatur. Wie schon CERVANTES' *Don Quijote* handelt die *Dorotea* von Menschen, die die Literatur nicht nur zum Lebensinhalt, sondern zu ihrer Lebensform erhoben haben, und es wird an ihrem Beispiel demonstriert, daß die Spielregeln der Literatur inkommensurabel sind mit den Anforderungen des wirklich zu lebenden Lebens. E.M.B.

Ausgaben: Madrid 1632; Faks. 1951. – Madrid 1853 (in *Comedias escogidas*, Hg. J. E. Hartzenbusch, 4 Bde., 1853–1860, 1; BAE, 24; ern. 1946–1952). – Madrid 1982 (Austral). – Madrid 1988, Hg. E. S. Morby (Castalia).

Übersetzung: *Dorothea*, C. Richard (in *Romantische Dichtungen*, Bd. 7–9, Aachen/Lpzg. 1828).

Literatur: L. Spitzer, *Die Literarisierung des Lebens in L.s »Dorotea«*, Bonn/Köln 1932. – E. S. Morby, *»La Dorotea«, estudio crítico*, Valencia 1960. – A. S. Trueblood, *Experience and Artistic Expression in L. de V. The Making of »La Dorotea«*, Cambridge 1974. – M. S. Garrido, *Dialectica de la acción en prosa y la narración en prosa en »La Dorotea« de L. de V.* (in CA, 213, 1977, S. 156–177). – L. C. Poteet-Bussard, *»La ingratitud vengada« and »La Dorotea«* (in HR, 48, 1980, S. 347–360). – C. C. Philipps, *The Mirror and the Portrait: Reflections on Time in L.'s »La Dorotea«* (in Hispanic Journal, 6, 1985, S. 69–85). – H. J. F. de Aguilar, *Arousing Wonder, Bringing Veneration* (in Parnassus, 14, 1987, S. 126–143).

FUENTEOVEJUNA

(span.; *Fuenteovejuna*). Drama in drei Akten von Lope de Vega, geschrieben vor 1614, zum erstenmal gedruckt 1619. – Diesem Stück liegt eine historische Begebenheit aus dem Jahre 1476 zugrunde, die in der *Crónica de las tres órdenes militares*, 1572 *(Chronik der drei Militärorden)*, von Rades y Andrada festgehalten wurde. Fernán Gómez de Guzmán, Großkomtur des Calatrava-Ordens, übt seine Feudalherrschaft über das Dorf Fuenteovejuna mit solcher Willkür und Härte aus, daß sich die verzweifelten Untertanen, einschließlich der Frauen, zu einer Revolte zusammenfinden und den Despoten auf grausame Weise töten. Das Königspaar Ferdinand und Isabella beauftragt einen Hofbeamten damit, den Schuldigen zu ermitteln. Aber selbst Frauen und Kinder bleiben auf der Folter standhaft; und auf die Frage, wer den Komtur getötet habe, geben sie alle die gleiche Antwort: Fuenteovejuna. Das ganze Dorf also hat es getan und will es getan haben. Der Beauftragte kehrt ohne Ergebnis an den Hof zurück. Die Katholischen Könige verzeihen, als sie von der standhaften Einmütigkeit der Dorfbewohner hören und außerdem erfahren, welche schwerwiegenden Gründe zu dem Bauernaufstand führten. Nachdem so den Bauern Gerechtigkeit widerfahren ist, begeben sie sich freiwillig unter die direkte Herrschaft des Königspaars. Die Antwort *»Fuenteovejuna lo hizo« (»Fuenteovejuna hat es getan«)* ging dann als Redensart in den Sprachgebrauch ein und machte den Namen des Dorfes zu einem Begriff.

Lope hat die mit dem Namen Fuenteovejuna verknüpfte Geschichte fast ohne Abweichungen übernommen. Die beiden ersten Akte motivieren die Revolte, indem sie in farbenreicher Szenenfolge eine Reihe von Provokationen des Komturs zeigen. Dieser verlangt von den Bauern immer höhere Abgaben, beschlagnahmt Hab und Gut der Widerstrebenden und läßt die Mädchen des Ortes einfangen, um sie entweder sich selbst oder seiner Soldateska gefügig zu machen. Am Ende des zweiten Aktes unterbricht er die Hochzeit der beiden Hauptgestalten; er läßt den Bräutigam Frondoso in den Kerker werfen und die schöne Braut Laurencia auf sein Schloß bringen. Bei den gutmütigen Bauern ist damit das Maß des aufgestauten Grolles voll. Im dritten Akt verdichtet sich das von der Chronik überlieferte Geschehen.

Die schlichte, geradlinige Monumentalität dieser Handlung kontrastiert mit einer überaus virtuosen sprachlichen und szenischen Ausgestaltung. Das Stück zeichnet sich nicht nur durch einen besonders absichtsvollen Wechsel der metrischen Formen aus, sondern auch durch die Dynamik eines unablässigen Schauplatzwechsels. Allein der dritte Akt vollzieht sich in sieben Stationen, so daß das wuchtige, an Grausamkeiten nicht sparende Bühnengeschehen sich nur in raschen und stimmungsmäßig stark variierenden Impressionen darbietet. Hervorzuheben ist die hinter der Szene sich abspielende und auf der Szene von dem horchenden Protagonistenpaar kommentierte Folterung der Dorfbewohner. Selbst der *gracioso* (Spaßmacher) des Stückes, der dickbäuchige Trunkenbold Mengo, wird von der Welle des Heroismus ergriffen, und in einem Augenblick, da alle aus seinem Mund den Namen des Täters erwarten, modifiziert er die stereotype Antwort der vor ihm Gefolterten zu einem befreienden Wortspiel: *»Fuenteovejunica.«* – Dem historischen Hintergrund seines Stoffes hat Lope einen verhältnismäßig breiten Raum gegönnt. Die politischen Schwierigkeiten des Königspaares Ferdinand und Isabella sowie die bis zur kriegerischen Auflehnung reichende Selbstherrlichkeit des Calatrava-Ordens gegenüber der Krone sind in die Motivationskette eingegliedert, die bis zum Bauernaufstand führt. E.M.B.

Ausgaben: Madrid 1619 (in *Docena parte de las comedias*). – Madrid 1857 (in *Comedias escogidas*, Hg. J. E. Hartzenbusch, 4 Bde., 1853–1860, 3; BAE, 41; ern. 1946–1952). – Madrid 1899 (in *Obras*, Hg. M. Menéndez y Pelayo, 15 Bde., 1890–1913, 10). – Madrid 1978, Hg. u. Einl. M. G. Profeti. – Madrid 1985 (Austral). – Madrid 1988, Hg. M. T. López García-Berdoy (Castalia). – Madrid 1988, Hg. J. M. Marín (Cátedra).

Übersetzungen: *Das brennende Dorf*, A. F. v. Schack u. G. Hänel, Bln. 1935 (ern. Lpzg. 1961 u. d. T. *Fuente Ovejuna*; neu durchges. v. R. Noack; RUB). – *Der Kampf um die Schafsquelle*, F. Wolf, Bln. 1946 [Bühnenms.]. – *Loderndes Dorf*, H. Schlegel (in *AW*, Bd. 1, Emsdetten 1960); ern. Mchn. 1964 (in *Dramen*; Nachw. M. Franzbach). – *Das Dorf Fuente Ovejuna*, F. Wellner, Ffm./Hbg. 1963 (EC, 74).

LITERATUR: C. E. Aníbal, *The Historical Elements of L. de V.'s »Fuenteovejuna«* (in PMLA, 49, 1934, S. 657–718). – G. W. Ribbans, *The Meaning and Structure of L.'s »Fuenteovejuna«* (in BHS, 31, 1954, S. 150–170). – A. Almasov, *»Fuenteovejuna« y el honor villanesco en el teatro de L. de V.* (in CHA, 1963, Nr. 161/162, S. 701–751). – H. Hoock, *L. de V.s »Fuenteovejuna« als Kunstwerk*, Diss. Würzburg 1963. – F. López Estrada, *»Fuenteovejuna« en el teatro de L. y de Monroy*, Sevilla 1965. – E. W. Hesse, *Los conceptos del amor en »Fuenteovejuna«* (in RABM, 75, 1968–1972, S. 305–323). – C. Serrano, *Métaphore et idéologie: Sur le tyran de »Fuenteovejuna« de L. de V.* (in LNL, 1971, Nr. 199, S. 31–53). – R. Carter, *»Fuenteovejuna« and Tyranny: Some Problems of Linking Drama with Political Theory* (in FMLS, 13, 1977, S. 313–335). – T. J. Kirschner, *Sobrevivencia de una comedia: Historia de la difusión de »Fuenteovejuna«* (in RCEH, 1, 1977, S. 255–271). – J. Weiger, *L. de V.'s »Fuenteovejuna« under Tsars, Comissars and the Second Republic* (in AION, 24, 1981, S. 167–223). – H. W. Seliger, *»Fuenteovejuna« en Alemania: De la traducción a la falsificación* (in RCEH, 8, 1983, S. 381–403). – J. B. Hall, *L. de V. »Fuenteovejuna«*, Ldn. 1985. – V. Dixon, *Su majestad habla, en fin quien tanto ha acertado: La conclusión ejemplar de »Fuenteovejuna«* (in Criticón, 42, 1988, S. 155 bis 168). – J. Küpper, *L. de V.: »Fuente Ovejuna«* (in *Das spanische Theater vom MA bis zur Gegenwart*, Hg. V. Roloff u. H. Wentzlaff-Eggebert, Düsseldorf 1988, S. 105–122).

LA GATOMAQUIA. Poema jocoserio

(span.; *Der Katzenkrieg. Scherzhaft-ernstes Gedicht*). Burleskes Tierepos von Lope de VEGA, erschienen 1634 unter dem Pseudonym des Lizentiaten Tomé de Burguillos. – Zapaquilda, die schönste aller Katzen, verschmäht in ihrer Eitelkeit das heiße Liebeswerben Marramaquiz', des *»Heldenkaters«* (wie Karl VOSSLER ihn genannt hat). Sie schenkt ihre Gunst seinem Rivalen Micifuf. Keine Seufzer und keine Schwüre, weder Ständchen noch Mutproben des enttäuschten Galans können die Ungetreue zur Umkehr bewegen. Selbst der Rat des weisen Zauberkaters Garfiñanto, der Verschmähte solle Zapaquilda mit Hilfe des Kätzchens Micilda eifersüchtig machen, führt nicht zum Erfolg. Am Hochzeitstag fällt Marramaquiz, blind vor Zorn und Eifersucht, über die Braut Zapaquilda her und entführt sie mitten aus der Festgesellschaft in eine Festung. Ohnmächtig vor Wut, belagert Micifuf mit großer Heeresmacht den schwachen Gegner. Auf der Nahrungssuche für seine hungrige Gefangene erliegt Marramaquiz dem Zufallstreffer eines Sonntagsjägers. Jetzt steht der langersehnten Heirat zwischen Zapaquilda und Micifuf nichts mehr im Wege.

Mit zweiundsiebzig Jahren schrieb Lope diese ausgelassene Parodie des klassischen, besonders des italienischen Epos, die in ihrer Leichtigkeit und Ironie den Vorbildern (TASSONI, ARIOST, PULCI, LIPPI) nicht nachsteht. Italianisiert wie die äußere Form – sieben Silvas mit fast 2800 Lang- und Kurzversen – sind auch Stil und Inhalt des heroisch-komischen Epos. Während im äußeren Rahmen Entführung (Helena), Belagerung (Troja), Parteienstreit der olympischen Götter an HOMER erinnern, hat der Dichter in zahlreichen Einzelzügen ein ironisches Bild der zeitgenössischen Gesellschaft entworfen. Er überträgt menschliche Gefühle wie Liebe, Haß und Ehre auf die Katzenwelt und parodiert den Glauben an Astrologie und Zauberei ebenso geistreich wie die kunstvoll-künstliche Sprache seines Rivalen GÓNGORA. Diesem reizvollen Einfall ist es zu verdanken, daß das Epos trotz seiner Länge und der Fülle von Anspielungen zu einem der meistgedruckten und beliebtesten Werke des Spaniers wurde. Unter den zahlreichen spanischen Tierburlesken seiner Zeit – Gutierre de CETINA: *La pulga (Der Floh)*; MERETISSO: *Muerte, entierro y honras de Chrespina Marrauzmana, gata de Juan Chrespo*, 1604 *(Tod, Begräbnis und Ehrenbezeugungen für Chr. M., Katze von Juan Chrespo)*; José de VILLAVICIOSA: *Mosquea*, 1615 *(Fliegenepos)* – ist *La Gatomaquia* das unbestrittene Meisterstück. M.Fr.

AUSGABEN: Madrid 1634 [zus. m. *Rimas humanas y divinas*]. – Madrid 1856 (in *Obras no dramáticas*; BAE, 38; ern. 1950). – Florenz 1932, Hg. A. Gasparetti [m. Einl. u. Komm.]. – Madrid 1935, Hg. u. Einl. F. Rodríguez Marín. – Madrid 1935 (in *Poemas*; m. Studie). – Madrid 1948, Hg. u. Einl. A. del Campo. – Madrid 1983, Hg. C. Sabor de Cortázar (Castalia).

ÜBERSETZUNGEN: *Die Gatomachia*, F. J. Bertuch (in Magazin der spanischen und portugiesischen Litteratur, Hg. ders., 1, 1780, S. 116–212). – *Die Kater*, A. Herrmann (in ASSL, 24, 1858, S. 85–116; 343–368).

LITERATUR: K. Schmidt, *Vorstudie zu einer Geschichte des komischen Epos*, Halle/Saale 1953. – L. Jiménez Martos, *La »Gatomaquia«, último L.* (in La Estafeta Literaria, 1961, Nr. 241, S. 6). – A. Iglesias Laguna, *Bernardo de Albornoz y su antilopesco poema »La gaticida famosa«* (in CHA, 1963, Nr. 161/162, S. 647–674). – J. B. Norden, *»La gatomaquia«: The Laying to Rest of Polifemo* (in RoNo, 26, 1985, S. 44–49). – M. Blásquez Rodrigo, *Estudios sobre »La gatomaquia« de L. de V.*, Diss. State Univ. of NY, Albany 1985 (vgl. Diss. Abstracts, 47, 1986, S. 884A).

JERUSALÉN CONQUISTADA

(span.; *Die Eroberung Jerusalems*). Epos von Lope de VEGA, erschienen 1609. – In siebenjähriger Arbeit schrieb Lope dieses König Philipp III. gewidmete Mammutwerk (zwanzig Gesänge mit mehr als 22 000 Versen), *»um meinem Vaterland zu die-*

nen, das von den fremden Geschichtsschreibern immer so schlecht behandelt wird«, aber auch, um den nationalen Epen der Nachbarländer, CAMÕES' *Os Lusíadas* (1572) und den Jerusalem-Epen Torquato TASSOS, eine spanische Entsprechung an die Seite zu stellen. Technik (Ottaverime), Titel und Thema sind den Epen des Italieners entlehnt, die historische Grundlage entstammt im wesentlichen dem vierten Buch der anonymen *Gran conquista de ultramar (Große Eroberung in Übersee)*, die Lope in einem der Nachdrucke des frühen 16. Jh.s gekannt haben mag. Aufbauend auf der Schilderung des Dritten Kreuzzugs ins Heilige Land, erfindet Lope zum höheren Ruhm Spaniens eine Beteiligung König Alfons' VIII. an dem unglücklichen Versuch seines Schwiegervaters Richard Löwenherz, das von Saladin besetzte Jerusalem zurückzuerobern. Diese Umdichtung der Geschichte rechtfertigt er mit dem Hinweis, daß es nach ARISTOTELES nicht Aufgabe des Dichters sei, Tatsachen zu berichten, sondern zu schildern, *»wie die Dinge hätten gehen können«*.

Indessen gelang es Lope nicht, seine Zeitgenossen von dieser poetischen »höheren Wahrheit« zu überzeugen; GÓNGORA und CERVANTES kritisierten es; nach vier Auflagen in zehn Jahren versank es in Vergessenheit. Literarhistoriker des 19. und 20. Jh.s rügten die langatmige Erzählweise des Epos und nannten es eine blasse Nachahmung Tassos; Karl VOSSLER bezeichnete es als *»pseudospanisch und akademisch«*. Hervorzuheben sind die eingeschobenen Episoden – Heldentod der spanischen Mädchen Blanca und Sol (2. Gesang), Kinderkreuzzug von Toledo nach Valencia (7. u. 8. Gesang), Prahlereien der spanischen Ritter (15. Gesang) und Lucinda-Idyll (16. u. 17. Gesang) –, die zu den gelungensten Teilen des Werks gehören, das laut J. de ENTRAMBASAGUAS wegen seiner unpathetischen und unrhetorischen Darstellungsweise trotz aller Kritik auch heute noch lesenswert ist. M.Fr.

AUSGABEN: Madrid 1609. – Madrid 1951–1954, Hg. J. de Entrambasaguas, 3 Bde. [krit.; m. Studie]. – Madrid ³1961 (in *Obras escogidas*, Hg. F. C. Sáinz de Robles, 3 Bde., 2; ern. 1987).

LITERATUR: J. Lucie-Lary, *La »Jerusalén conquistada« de L. de V. et la »Gerusalemme liberata« du Tasse* (in RlaR, 41, 1898, S. 165–203). – F. Pierce, *La »Jerusalén conquistada« de L. de V. A Reappraisal* (in Bull. of Spanish Studies, 20, 1943, S. 11–35). – R. Lapesa, *La »Jerusalén« del Tasso y la de L.* (in BRAE, 15, 1946, S. 111–136). – F. Pierce, *The Literary Epic and L.'s »Jerusalén conquistada«* (in BHS, 33, 1956, S. 93–98). – M. González Marcos, *La »Jerusalén conquistada« epopeya trágica* (in Torre, 17, 1969, S. 97–108). – G. Güntert, *L. lector del Tasso: la »Jerusalén conquistada«* (in *L. de V. y los orígines del teatro español. Actas del I Congreso Internacional sobre L. de V.*, Madrid 1981, S. 581–589). – E. Pérez, *La »Jerusalén conquistada«: Un relato de relatos* (in Estudios de Filología, 18, 1983, S. 77–84).

LO FINGIDO VERDADERO

(span.; *Spiel wird Wahrheit*). Geistliches Schauspiel in drei Akten in Versen von Lope de VEGA, erschienen 1622. – Im Mittelpunkt des Stückes steht der hl. Genesius, von dem die Legende erzählt, er sei als Schauspieler im Jahre 303 durch die Darstellung einer Taufe auf der Bühne zum Christentum bekehrt worden und habe unter Kaiser Diokletian den Märtyrertod erlitten. Der Heilige wird bereits von dem Kirchenvater AURELIUS AUGUSTINUS erwähnt; nach Lope de Vega haben Pierre CORNEILLE, Jean de ROTROU und andere diesen literarisch außerordentlich fruchtbaren Stoff behandelt. Lope selbst lehnt sich eng an den *Flos sanctorum*, 1599 *(Blüte der Heiligen)*, des Paters RIBADENEYRA an, in dem erzählt wird, wie der Schauspieler Genesius beschließt, sich in die Geheimnisse des Christentums einweihen zu lassen, um sie auf der Bühne verständlich machen zu können. Als er dort das Sakrament der Taufe darstellt, erleuchtet ihn die Gnade Gottes, und er teilt dem Kaiser und dem Publikum mit, daß aus dem Spiel Ernst geworden sei. Auf Befehl Diokletians wird er daraufhin getötet.

Der erste Akt von Lopes Stück führt nach Mesopotamien, wo der junge Diokletian als Soldat im Felde steht. Eine Verschwörung des Konsuls Aper und die Rache Diokletians setzen erste dramatische Akzente. Im zweiten Akt spielt Ginés (Genesius) mit seiner Truppe vor dem Kaiser; im theatralischen Überschwang wird ihm dabei seine Rolle immer wieder zu lebendiger Wirklichkeit. Besonders in den Liebesszenen zwischen Ginés und der Schauspielerin Marcela verwischen sich die Grenzen zwischen Sein und Schein. Der dritte Akt zeigt dann, wiederum anläßlich einer Theateraufführung, die Verwandlung des Helden vom eifersüchtigen Liebhaber zum Heiligen; Konversion, Taufe und Martyrium beschließen das Stück.

Lopes geistliches Schauspiel ist dramaturgisch kunstvoll aufgebaut: Die erste der beiden Aufführungen vor dem Kaiser legt den Grund zu der später gezeigten Konversion des Ginés – Vorgebliches wird Wirklichkeit, auf der irdischen wie auf der göttlichen Bühne, ganz im Sinne des spanischen Welttheaters. M.Fr.

AUSGABEN: Madrid 1622 (in *Decimasexta parte de las comedias*). – Madrid 1894 (in *Obras*, Hg. M. Menéndez y Pelayo, 15 Bde., 1890–1913, 4). – Madrid ²1962 (in *Obras escogidas*, Hg. F. C. Sáinz de Robles, 3 Bde., 3; ern. 1987). – Madrid 1964 (in *Obras*, Hg. M. Menéndez y Pelayo, 33 Bde., 1963–1972, 9; BAE, 177).

ÜBERSETZUNG: *Sein ist Schein*, H. Schlegel, Lpzg. 1938 [Bühnenms.]. – Dass., ders. (in *AW*, Bd. 2, Emsdetten 1961). – Dass., ders., Ffm./Hbg. 1963.

LITERATUR: B. v. der Lage, *Studien zur Genesiuslegende*, Bln. 1899. – S. L. Fischer, *L.'s »Lo fingido verdadero« and the Dramatization of the Theatrical*

Experience (in RHM, 39, 1976/77, S. 156–166). – H. G. Hall, *Illusion et vérité dans deux pièces de L. de V. »La Fiction vraie« et »Le Chien du jardinier«* (in *Vérité et illusion dans le théâtre au temps de la Renaissance*, Hg. M. T. Jones-Davies, Paris 1983, S. 41–54). – D. F. Tukore, *L. Discovered: Barne's Actors* (in Theatre History Studies, 7, 1987, S. 12–27). – J. Nolting-Hauff, *L. de V.: »Lo fingido verdadero«* (in *Das spanische Theater vom MA bis zur Gegenwart*, Hg. V. Roloff u. H. Wentzlaff-Eggebert, Düsseldorf 1988, S. 70–89).

EL MEJOR ALCALDE, EL REY

(span.; *Der beste Richter, der König*). Schauspiel von Lope de VEGA, erschienen 1635. – Zur Hochzeit des Viehhirten Sancho mit Elvira erscheint als Trauzeuge der Junker Don Tello, befiehlt jedoch, überrascht von der Schönheit der Braut, die Vermählung auf den nächsten Tag zu verschieben. In der Nacht läßt er Elvira entführen. Verzweifelt wenden sich Sancho und Elviras Vater an König Alfons VII., der gerade in dem nahen León residiert, aber das Schreiben, das dieser an Don Tello richtet, bleibt ohne Wirkung. Als daraufhin Sancho den König bittet, er möge einen energischen Richter zu Don Tello senden, erscheint der König selbst und verurteilt den Junker zum Tode. Vorher muß er jedoch Elvira heiraten, um ihre Ehre wiederherzustellen. Nach der Hinrichtung Don Tellos werden Elvira und Sancho, dem der König das Vermögen des Edelmanns zur Hälfte zuspricht, ein glückliches Paar.

Schutz der Ehre auch des Niedriggeborenen und der König als Hort der Gerechtigkeit sind die eigentlichen Themen dieses Stücks, als dessen Quelle Lope de Vega selbst in den Schlußszenen den vierten Teil der *Crónica general* ALFONS' DES WEISEN (1221–1284) bezeichnet. Mit dieser Thematik steht es gleichwertig neben *Fuenteovejuna*, *Peribáñez y el comendador de Ocaña* und dem von CALDERÓN in strafferer Form neubearbeiteten *El alcalde de Zalamea*. M.Fr.

AUSGABEN: Madrid 1635 (in *Veinte y una parte verdadera de las comedias*). – Madrid 1853 (in *Comedias escogidas*, Hg. J. E. Hartzenbusch, 4 Bde., 1853–1860, 1; BAE, 24; ern. 1946–1952). – Madrid 1897 (in *Obras*, Hg. M. Menéndez y Pelayo, 15 Bde., 1890–1913, 8). – Madrid 1920, Hg. J. Gómez Ocerín u. R. M. Tenreiro (Clás. Cast; ern. 1952). – Madrid 1967 (in *Obras*, Hg. M. Menéndez y Pelayo, 33 Bde., 1963–1972, 19; BAE, 198). – Madrid 1985 (Austral).

ÜBERSETZUNGEN: *Der beste Richter ist der König*, E. O. v. der Malsburg (in *Stern, Zepter, Blume oder Der Stern von Sevilla*, Dresden 1824). – Dass., H. Schlegel (in *AW*, Bd. 9, Emsdetten 1972).

LITERATUR: P. Halkhoree, *El arte de L. de V. en »El mejor alcalde, el rey«* (in BHS, 66, 1979, S. 31–42). – J. E. Varey, *Kings and Judges: L. de V.'s »El mejor alcalde, el rey«* (in *Drama and Society*, Hg. J. Redmond, Cambridge 1979, S. 37–58). – R. Carter, *History and Poetry: A Re-Examination of L. de V.'s »El mejor alcalde, el rey«* (in FMLS, 16, 1980, S. 193–213). – D. McGrady, *L. de V.'s »El mejor alcalde, el rey«. Its Italian Novella Sources and Its Influence upon Manzoni's »I promessi sposi«* (in MLR, 80, 1985, S. 604–618). – D. T. Dietz, *The Non-Acting Character-Type: The Priest in L.'s »El mejor alcalde, el rey«* (in Hispania, 71, 1988, S. 14–19).

LOS PASTORES DE BELÉN

(span.; *Die Hirten von Bethlehem*). Schäferroman in fünf Büchern von Lope de VEGA, erschienen 1612. – In diesem frommen Gegenstück zu Lopes weltlichem Schäferroman *Arcadia* (1598) kommen Hirten und Hirtinnen des Heiligen Landes wie zufällig wenige Wochen vor Christi Geburt in den Bergen und Tälern von Bethlehem zusammen, erzählen einander biblische und weltliche Geschichten, lassen sich durch Augenzeugen von der Geburt, Kindheit und Heirat Marias berichten, von ihrer Begegnung mit Elisabeth, von Johannes dem Täufer, stellen Betrachtungen über den Namen und die Abstammung Jesu, die Prophezeiungen, die auf seine Geburt hindeuten, die Ereignisse, die ihr vorausgehen, an und eilen in der Heiligen Nacht auf die Verkündigung des Engels hin zum Stall in Bethlehem, um das Kindlein in der Krippe anzubeten.

Die weiteren Ereignisse – der Besuch der Könige aus dem Morgenland, die Darstellung im Tempel, die Flucht nach Ägypten – werden in einer solchen Mischung von Scherz und Ernst wiedergegeben, daß die Inquisition zunächst Anstoß nahm und viele Passagen strich. Dem Herzog von Sessa, mit dem er befreundet war, hatte Lope das Werk als ein Buch, *»reich an menschlichen und göttlichen Geschichten«*, angekündigt. In der Widmung an seinen kleinen Sohn Carlos, der schon im Alter von sieben Jahren gestorben war, bezeichnete er es als ein Buch *»meiner Ernüchterung«*. Aber diese Ernüchterung ist eine fröhliche Sache. Ein spielerischer Geist durchzieht das Ganze. *»Die ganze Skala einer zweckfreien Hingabe des Gemütes an das Göttliche in der Natur, an die Menschwerdung Gottes, an die Gottesmutter vor allem, wird durchlaufen, von der tiefen bis zur scherzenden, spielerischen, kindlichen und kindischen Andacht«* (Vossler). Der abwechslungsreiche, unterhaltsame Geist des Buchs kommt vor allem in den zahlreichen eingestreuten Gedichten zum Ausdruck: Neben stimmungsvollen Wechselgesängen stehen volkstümliche Strophengedichte, Weihnachts- und Wiegenlieder, anmutige Romanzen, aber auch völlig verspielte Kunststücke der Lautsymbolik, Sonette mit aufgegebenen, ausgefallenen Reimwörtern. Ähnlich wechselvoll ist die Prosa gestaltet. KLL

AUSGABEN: Pamplona 1612. – Madrid 1930, Hg. u. Einl. S. Fernández Ramírez. – Madrid ³1961 (in *Obras escogidas*, Hg. F.C. Sáinz de Robles, 3 Bde., 2; ern. 1987). – Madrid 1973, Hg. u. Einl. L. Herranz.

ÜBERSETZUNG: *Hirten von Bethlehem*, F. Vogelgsang, Ffm. 1986.

LITERATUR: A.M. Cayuela, *»Pastores de Belén«* (in Cristiandad, 1951, Nr. 186, S. 526–531). – J.B. Avalle-Arce, *La novela pastoril española*, Madrid 1959. – M. Audrey Aaron, *Cristo en la poesía lírica de L. de V.*, Madrid 1967. – A. Carreño, *La otra »Arcadia« de L. de V.: »Pastores de Belén«* (in *Homenaje al prof. Antonio Vilanova*, Hg. M.C. Carbonell, Bd. 1, Barcelona 1989, S. 137–155).

PERIBÁÑEZ Y EL COMENDADOR DE OCAÑA

(span.; *Peribáñez und der Komtur von Ocaña*). Versdrama in drei Akten von Lope de VEGA, erschienen 1614. – Mitten in den Trubel der Hochzeit des reichen Bauern Peribáñez mit der schönen Casilda bringt man den Komtur von Ocaña herein, der durch einen Stier schwer verletzt worden ist. In der gleichen Sekunde, da er Casilda erblickt, steht sein Herz in Flammen, und fortan ist sein Sinnen und Trachten darauf gerichtet, die junge Frau zu besitzen. Auf dem Fest der »Virgen de Agosto« in Toledo, wohin er dem Paar gefolgt ist, läßt er Casilda unbemerkt malen. Danach benutzt er eine zweite Reise des Bauern nach Toledo, um sich in dessen Haus einzuschleichen; doch Casilda weist den Liebhaber ab. Inzwischen hat Peribáñez in Toledo das Bildnis seiner Frau gesehen und den Namen des Auftraggebers erfahren. Betroffen kehrt er nach Hause zurück und wird dort durch die Andeutungen eines Nachbarn und die anzüglichen Lieder der Schnitter auf dem Feld in seinem Argwohn bestätigt. Als ihn der Komtur zum Hauptmann über eine Hundertschaft Bauern ernennt, mit der er sich dem Heer des Königs anschließen soll, nimmt er den Auftrag zwar an und läßt sich das Schwert umgürten, doch in der Nacht reitet er heimlich zurück und rettet die Ehre seiner Frau, indem er den Komtur niederstößt. König Heinrich III. von Kastilien (reg. 1390–1406) billigt die außergewöhnliche Tat und entläßt die tugendhafte Casilda mit reichen Geschenken.

Formal ist an diesem Stück die spiegelbildliche Struktur bemerkenswert: Den Verletzungen Ocañas durch den Stier zu Beginn des Stücks entspricht am Ende sein Tod im Duell, der zweimaligen Reise nach Toledo der doppelte Hausbesuch des Komturs. Hervorzuheben sind ferner, als Gegengewicht gegen die düstere Tragik der Handlung, die volkstümlich-genrehaften Züge in der Schilderung des ländlichen Lebens und das lyrisch-musikalische Element in den eingestreuten Hochzeitsliedern.

M.Fr.

AUSGABEN: Madrid 1614 (in *Quarta parte. Doze comedias*). – Madrid 1857 (in *Comedias escogidas*, Hg. J.E. Hartzenbusch, 4 Bde., 1853–1860, 3; BAE, 41; ern. 1946–1952). – Madrid 1899 (in *Obras*, Hg. M. Menéndez y Pelayo, 15 Bde., 1890–1913, 10). – Ldn. 1980, Hg. u. Einl. J.M. Ruano de la Haza. – Madrid 1987, Hg. J.M. Marín (Cátedra). – Madrid 1987, Hg. A. Zamora Vicente (Clás. Cast). –Madrid 1988, Hg. F. Pedraza Jiménez (Castalia).

ÜBERSETZUNG: *Das Weib des Andern*, H. Schlegel (in *AW*, Bd. 1, Emsdetten 1960).

LITERATUR: C. Poncet, *El teatro tradicional de L. de V.* (in Revista Bimestre Cubana, 36, 1935, S. 163–201). – Ders., *Consideraciones sobre el episodio de Belardo en la tragicomedia »Peribáñez«* (in Revista Cubana, 14, 1940, S. 78–99). – E.M. Wilson, *Images et structure dans »Peribáñez«* (in BHi, 51, 1949, S. 125–159). – C. Bruerton, *»La quinta de Florencia«, fuente de »Peribáñez«* (in NRFH, 4, 1950, S. 25–39). – G. Correa, *El doble aspecto de la honra en »Peribáñez...«* (in HR, 26, 1958, S. 188–199). – C.A. Ferguson, *Personaje, imagen y tema en »Peribáñez«* (in RFH, 2, 1960, S. 313–332). – G. Araya, *Paralelismo antitético en »Peribáñez y el comendador de Ocaña«* (in Estudios de Filología, 5, 1969, S. 9–127). – M. G. Randel, *The Portrait and the Creation of »Peribáñez«* (in RF, 85, 1973, S. 145–158). – J.E. Varey, *The Essential Ambiguity in L. de V.'s »Peribáñez«: Theme and Staging* (in Theatre Research International, 1, 1976, S. 157–178). – L.L. Zeller, *The Dramatic Function of Comic Relief in L. de V.'s Tragicomedia »Peribáñez«* (in PQ, 57, 1978, S. 337–352). – J.M. Ruano de la Haza, *An Early Rehash of L.'s »Peribáñez«* (in Bull. of the Comediants, 35, 1983, S. 5–29). – J.H. Silverman, *On L.'s Art of Citing Ballads: »Peribáñez y el comendador de Ocaña«. Once more* (in *Studies in Honour of W. C. McCrary*, Hg. R. Fiore, Lincoln/Nebr. 1986, S. 195–204). – M. Delgado-Morales, *Iconología de »Peribáñez y el comendador de Ocaña«* (in Bull. of the Comediants, 40, 1988, S. 181–192). – G. Güntert, *Relección del »Peribáñez«* (in *L. de V. El Teatro*, Hg. A. Sánchez Romeralo, Madrid 1989, S. 229–246).

EL PERRO DEL HORTELANO

(span.; *Der Hund des Gärtners*). Verskomödie in drei Akten von Lope de VEGA, erschienen 1618. – Der Titel dieses Stücks beruht auf dem zur Zeit Lopes sehr verbreiteten Sprichwort: *»El perro del hortelano, que ni come las berzas ni las deja comer« (»Der Gärtnerhund, der selbst den Kohl nicht frißt und doch nicht will, daß ihn ein anderer nimmt«)*. Mit der im Titel enthaltenen Anspielung auf dieses Sprichwort, das sowohl auf den treuen, selbstlosen Diener als auch auf den mißgünstigen Neider gemünzt ist, meint Lope das eifersüchtige Verhalten der Gräfin Diana de Belflor und gibt damit dem

Sprichwort eine neue Bedeutung. Die Gräfin weist ihren Sekretär Teodoro, obgleich sie sich in ihn verliebt hat, zurück, verhindert aber auch, daß er sich ihrer Dienerin Marcela nähert; auf dem Höhepunkt ihrer Eifersucht ohrfeigt sie Teodoro so, daß er blutet, und läßt die Zofe einsperren. Der Retter in dieser verteufelten Lage ist Tristán, der Diener Teodoros. Als griechischer Kaufmann verkleidet erscheint er und erzählt eine Geschichte, aus der sich ergibt, daß Teodoro der Sohn des leider verstorbenen Grafen Ludovico ist. Da wandelt sich die Eifersucht Dianas in vorbehaltlose Liebe, denn ihrer Verbindung mit Teodoro steht nun kein Standesunterschied mehr im Wege.

El perro del hortelano ist alles andere als ein gesellschaftskritisches Stück. Das eigentliche Anliegen Lopes ist vielmehr, die Umkehrung eines Satzes der damals so beliebten Liebeskasuistik durchzuspielen. Ein Axiom dieser Liebeskasuistik war, daß Liebe in Eifersucht umschlagen kann. Lopes Stück führt vor, wie aus Eifersucht Liebe wird. Der Beweis für dieses scheinbare Paradox wird einmal durch höchst geistvolle Exkurse und Maximen – an den Höhepunkten in Form von Sonetten – über die Frauen und die Liebe, dann aber vor allem durch die psychologisch sehr feinsinnig gestaltete Rolle der Gräfin Diana erbracht. Doch zum Schluß zeigt die Täuschung des Dieners Tristán, daß zwischen beiden – dem Axiom und seiner Umkehrung – kein Unterschied ist. Noch heute bildet die Rede Tristáns den umjubelten Höhepunkt des Stücks.

KLL

AUSGABEN: Madrid 1618 (in *Onzena parte de las comedias*). – Madrid 1853 (in *Comedias escogidas*, Hg. J. E. Hartzenbusch, 4 Bde., 1853–1860, 1; BAE, 24; ern. 1946–1952). – Madrid 1930 (in *Obras dramáticas*, Hg. E. Cotarelo y Mori, 13 Bde., 1916–1930, 13). – Paris ²1951, Hg. u. Einl. E. Kohler. – Madrid ²1962 (in *Obras escogidas*, Hg. F. C. Sáinz de Robles, 3 Bde., 3; ern. 1987). – Madrid 1983 (Austral). – Madrid 1988, Hg. A. D. Kosoff (Castalia).

ÜBERSETZUNGEN: *Der Hund des Gärtners*, H. Salomon, nach d. Übers. v. S. Funke, Bln./DDR 1962 [Bühnenms.]. – *Liebe aus Neid*, H. Schlegel (in *AW*, Bd. 5, Emsdetten 1963).

BEARBEITUNG: P. Ernst, *Der Gärtnerhund* (in P. E., *Gesammelte Dramen*, Bd. 3, Mchn. 1919; ern. 1933).

LITERATUR: B. W. Wardropper, *Comic Illusion. L. de V.'s »El perro del Hortelano«* (in KRQ, 14, 1967, S. 101–111). – M. Wilson, *L. as Satirist. Two Themes in »El perro de Hortelano«* (in HR, 40, 1972, S. 271–282). – J. W. Sage, *The Context of Comedy: L. de V.'s »El perro de Hortelano« and Related Plays* (in *Studies in Spanish Literature of the Golden Age Presented to E. M. Wilson*, Ldn. 1973, S. 247–266). – F. Weber de Kurlat, *»El perro de Hortelano«, comedia palatina* (in NRFH, 24, 1975, S. 339–363). – G. Rossetti, *»El perro de Hortelano«: Love, Honor and the Burla* (in Hispanic Journal, 1, 1979, S. 37–46).

ROMANCERO ESPIRITUAL PARA RECREARSE EL ALMA CON DIOS. Y redención del Genero Humano, con las Estaciones de la Via-Crucis

(span.; *Geistliches Liederbuch zur Erbauung der Seele an Gott. Und Erlösung des Menschengeschlechts, mit den Stationen des Kreuzwegs*). Religiöse Lyrik von Lope de VEGA, erschienen 1619. – Die Sammlung religiöser Dichtungen umfaßt sehr Verschiedenartiges. Im Mittelpunkt der im Untertitel umrissenen Thematik stehen die Mysterien der Geburt, der Passion Christi und der Eucharistie. Am bekanntesten ist noch heute der Passionszyklus, welcher teilweise schon in den *Rimas sacras (Heilige Verse)* erschienen war, die Lope im Herbst 1614 seinem strengen Beichtvater Fra Martín de San Cirilo gewidmet hatte. In diesen Passionsgedichten verwendet Lope durchweg die volkstümlichen Gedichtformen der *romances* und *villanescas* und legt eine unreflektierte, innig gläubige, von rückhaltlosem Vertrauen zu Gott getragene Frömmigkeit an den Tag, die durch keinerlei Gefühl der *vanitas vanitatum* und des barocken *desengaño (Enttäuschung)* geprägt ist. Solche Gedichte – beispielsweise die Romanzen *A la oración del huerto (Das Gebet im Garten)*, *A los azotes (Die Geißelung)*, *A Cristo en la cruz (Christus am Kreuz)* – haben zwar in den romanischen Literaturen des Mittelalters bereits eine lange Tradition, besitzen aber bei Lope einen besonderen Aussagewert, der auch den modernen Leser beeindruckt. In anderen Gedichten der Sammlung siegt *»die Eitelkeit des Wortkünstlers«* (K. Vossler) über die Aufrichtigkeit des religiösen Gefühls, die Erzählung wirkt monoton, die sich anschließende asketische Betrachtung verschroben. KLL

AUSGABEN: Pamplona 1619; Faks. NY 1903. – Valencia 1941, Hg. u. Einl. L. Guarner. – Madrid 1935 (in *Obras*, 2 Bde., 1). – Segovia 1976, Hg. u. Einl. A. Martín de Andrés.

LITERATUR: J. Rubinos, *L. de V. como poeta religioso*, Madrid 1935. – L. Guarner, *Autenticidad y crítica del »Romancero espiritual« de L. de V.* (in Revista de Bibliografia Nacional, 3, 1942, S. 64–79; 198–207). – L. Morales Oliver, *La poesía religiosa de L. de V.*, Madrid 1961. – A. Carreno, *El »romancero espiritual« de L. de V.* (in Bol. de la Biblioteca de Menéndez Pelayo, 55, 1979, S. 19–63). – Ders., *El romancero lírico de L. de V.*, Madrid 1979.

SOLILOQUIOS AMOROSOS DE UN ALMA A DIOS

(span.; *Liebesmonologe einer Seele an Gott*). Gedichte und Prosastücke von Lope de VEGA, erschienen

1626. – Dieser *»stärkste Versuch«* Lope de Vegas, *»einen möglichst persönlichen Ausdruck für seine Frömmigkeit zu finden«*, wurde zum erstenmal 1612 veröffentlicht. Vierzehn Jahre später ließ Lope sie in erweiterter Form und endgültiger Gestalt – lyrische Dichtungen mit anschließenden Betrachtungen in Prosa – unter dem Anagramm »Gabriel Padecopeo« erscheinen, während er, Lope, einer literarischen Gepflogenheit der Zeit folgend, als Herausgeber auftrat, der sie aus dem Lateinischen ins Kastilische übersetzt zu haben vorgab. Ohne Zweifel in einer Anwandlung von Reue und Bußfertigkeit am Ende einer Zeit äußerer Unordnung und Fehlschläge und innerer Krisen geschrieben, liegt das Persönliche des Werks doch nicht darin, daß es bestimmte Selbstanklagen oder eine konkrete Beichte enthält. Der Inhalt der *Soliloquios* ist sehr allgemeiner Natur: die Klage um die verlorene Zeit in eitlem weltlichem Treiben, die Erfahrung des *desengaño* (Enttäuschung), das Gefühl der Sündhaftigkeit und Reue, die Sehnsucht nach Erlösung. Darauf deutet auch der Vermerk auf dem Titelblatt der Erstausgabe von 1612: *»Ein Werk, überaus wichtig für jeden Sünder, der von seinen Lastern loskommen und ein neues Leben beginnen will.«* Und anläßlich der erweiterten Fassung schrieb Lope an den Herzog von Sessa, er habe die Prosastücke geschrieben *»in dem Wunsch, daß sie anderen Menschen zugute kommen«*. Das Persönliche der *Soliloquios* liegt auch nicht in der besonderen Glaubensform, die hier zum Ausdruck käme. Vielmehr steht Lope auf dem *»allgemeinen, hergebrachten, durch viele Jahrhunderte zubereiteten Boden«* des Dogmas der katholischen Kirche. Das Eigentümliche und Persönliche der *Soliloquios* liegt in der Art und Weise, wie in ihnen ein Mensch *»in seiner seelischen Bedrängnis kniend, in vertrauter, inbrünstiger Zwiesprache mit seinem Heiland, kindlich und spitzfindig plaudernd, auf du und du mit der Gottheit«* (K. Vossler) Trost sucht mit so vorbehaltloser Selbstverständlichkeit und Einfalt im Gottvertrauen, daß trotz aller Geistreicheleien, gesuchten Vergleiche und witzigen Einfälle diese Herzensergießungen durchaus natürlich wirken. *»Lopes Lyrismus steht hier sozusagen am Ende und zugleich wieder am Anfang seiner Entwicklung«* (K. Vossler). KLL

Ausgaben: Madrid 1626. – Madrid 1948, Hg. M. A. Sanz Cuadrado. – Madrid 31961 (in *Obras escogidas*, Hg. F. C. Sáinz de Robles, 3 Bde., 2; ern. 1987). – Madrid 1970 (in *Obras sueltas*, Hg. A. Pérez-Gómez, 4 Bde., 1968–1971, 3; Faks.).

Literatur: J. Rubinos, *L. de V. como poeta religioso*, Havanna 1935. – E. A. Peers, *Mysticism in the Poetry of L. de V.* (in *Estudios dedicados a Menéndez Pidal*, Bd. 1, Madrid 1950, S. 349–358). – A. Alonso, *Materia y forma en poesía*, Madrid 1955, S. 133–179. – E. Müller-Bochat, *L. de V., poeta sacro* (in La Torre, 11, 1963, S. 65–85). – H. Hatzfeld, *Estudios sobre el barroco*, Madrid 1966, S. 334 bis 346. – A. Aaron, *Cristo en la poesía lírica de L. de V.*, Madrid 1967.

EL VILLANO EN SU RINCÓN

(span.; *Der Landmann in seinem Winkel*). Versdrama in drei Akten von Lope de Vega, erschienen 1616. – Titelheld des in Frankreich spielenden Stücks ist der reiche Bauer Juan Labrador (*labrador*: Bauer), der sich auf seinen Gütern in der Nähe von Paris als Herr und König fühlt (*»Yo he sido rey... / en mi pequeño rincón«*) und von der großen Welt nichts wissen möchte. Zwar betrachtet er sich als getreuen Untertan seines Königs und ist bereit, ihm zu dienen, aber er hat sich in den Kopf gesetzt, ihm nie zu begegnen: Immer wenn die königliche Jagd sich seinen Ländereien nähert, verbirgt sich Juan aus Furcht, der Anblick des Monarchen (gemeint ist wahrscheinlich Ludwig XIII.) werde ihm und seinem Haus Unheil bringen. Seine Kinder Lisarda und Feliciano hingegen fühlen sich vom Glanz des Hofes magisch angezogen. Ohne Wissen des Vaters pflegen sie in eleganter Kleidung nach Paris zu reisen, um Kontakt mit dem Hof zu finden; dabei gelingt es Lisarda, das Verlangen des Marschalls Otón zu wecken. – Der König wird zufällig auf den stolzen Bauern Juan aufmerksam, als er bei einem seiner Jagdausflüge auf dem Dorffriedhof die Grabinschrift entdeckt, die Juan sich schon zu Lebzeiten hat setzen lassen: In ihr rühmt er sich seines glücklichen Lebens, das keinen Neid, keine Furcht und keine Bedürftigkeit gekannt habe, weil es den Hof und seine Gefahren zu meiden verstand. Der König wird neugierig auf den Mann, der sich eine Ehre daraus macht, ihm nie begegnet zu sein. Unter dem Vorwand, auf der Jagd vom Wege abgekommen zu sein, bittet er, als Edelmann verkleidet, eines Abends Juan um Obdach für die Nacht. Dieser empfängt ihn zunächst mißtrauisch, dann aber bewirtet er ihn mit Freundlichkeit, lobt ihm die Freuden seines einfachen, naturnahen Daseins – und beginnt damit den Neid des Königs zu wecken. Juan verbirgt ihm nicht seine Abneigung, den König je zu sehen, obwohl er bereit sei, ihm sein Vermögen und sogar seine Kinder zu überlassen, wenn dieser es wünsche.

In der ihm unbekannten Umgebung und ohne seine Diener allein geblieben, wird der König von den Mädchen des Hauses genarrt, bis er den Marschall Otón entdeckt, dem Lisarda ein nächtliches Rendezvous zugesagt hat. Der König verläßt am nächsten Morgen Juans Haus, ohne sich zu erkennen zu geben. Vom Hof aus schickt er Otón mit der Botschaft zu Juan, dieser möge seinem König die 100 000 Taler leihen, die er seinem nächtlichen Gast zugesagt habe. Juan gehorcht, der König schickt einen weiteren Brief, in dem er Juan auch um seine Kinder bittet, die er in den Dienst des Hofes nehmen wolle. Widerstrebend beugt sich Juan ein zweites Mal, so daß der König ihn schließlich selbst an den Hof bestellt. Als Juan in dem König seinen nächtlichen Gast wiedererkennt, glaubt er seine Befürchtung bestätigt, daß diese Begegnung ihm nur Unheil bringen, ja sein eigenes Leben kosten werde, da er Bestrafung für sein damaliges Verhalten erwartet. Die »Strafe« aber besteht dar-

in, daß er zum Majordomus ernannt und damit gezwungen wird, den König jeden Tag zu sehen, während Lisarda Otón zum Gatten erhält und Feliciano zum Edelmann avanciert.
Das Stück um den stolzen Bauern Juan Labrador nähert sich stellenweise der im Theater des spanischen *siglo de oro* so verbreiteten Ehrproblematik. Der märchenhaft-legendäre Stoff führt letztlich nicht zu einer eindeutigen Lösung, denn wenn die Nobilitierung durch den König auch Lisardas und Felicianos höchste Wünsche erfüllt, wird der Vater Juan von seinem Land getrennt.
Die in der spanischen Renaissance verbreitete Thematik der ländlichen Idylle, die »Verachtung des Hofes und das Lob des Landlebens«, durch Antonio de GUEVARAS Werk (vgl. *Menosprecio de la corte y alabança de aldea*, 1539) zu europäischer Verbreitung gelangt, schließlich das horazische *»beatus ille«*, das ein Chor der Dorfjugend in einer der lyrischen Zwischenszenen vorträgt – sie sind die überall wiederkehrenden Leitmotive, die Juan trotz seines Eigensinns dem König überlegen erscheinen lassen, ohne daß Lope sich jedoch eindeutig für eine der beiden Positionen entschiede. Grillparzer, der in der Figur des Juan Labrador eine der *»vortrefflichsten Theaterpersonen«* sah, hebt mehr noch jene ländlich-idyllischen Szenen hervor: *»Was dabei vorfällt, der Gesang, der Tanz, die gesellschaftlichen Spiele, das alles ist so mannigfaltig und wahr, daß man seiner Bewunderung kein Ende findet. Ich wollte, Lessing hätte Calderón und Lope de Vega gekannt, er hätte vielleicht gefunden, daß ein Mittelweg zwischen beiden dem deutschen Geiste näherstehe als der gar zu riesenhafte Shakespeare.«* J.Kap.

AUSGABEN: Madrid 1616 (in *Séptima parte de las comedias*). – Madrid 1855 (in *Comedias escogidas*, Hg. J.E. Hartzenbusch, 4Bde., 1853–1860, 2; BAE, 34; ern. 1946–1952). – Madison/Wis. 1956, Hg. D.C. Sheppard. – Salamanca 1961, Hg. E. Correa Calderón u. F. Lázaro [m. Einl.]. – Madrid 1970, Hg. A. Zamora Vicente (Clás. Cast). – Madrid 1972 (in *Obras*, Hg. M. Menéndez y Pelayo, 33Bde., 1963–1972, 33; BAE, 250). – Madrid 1987, Hg. J.M. Marín (Cátedra).

ÜBERSETZUNG: *König und Bauer*, E.v. Münch-Bellinghausen, Wien 1842.

BEARBEITUNGEN: M. Sedaine, *Der König und der Pächter, ein comisches Singspiel* (in G.K. Pfeffel, *Theatralische Belustigungen nach französischen Mustern*, Ffm./Lpzg. 1766). – J. de Matos Fragoso, *Der Weise auf dem Lande* (in S.N.H. Linguet, *Spanisches Theater*, Bd. 1, Braunschweig 1770).

LITERATUR: M. Bataillon, *»El villano en su rincón«* (in BHi, 41, 1943, S.5–38; 52, 1950, S.397). – E.W. Hesse, *The Sense of L.'s »El villano en su rincón«* (in StPh, 57, 1960, S.165–177). – J. Casalduero, *Sentido y forma de »El villano en su rincón«* (in Revista de la Univ. de Madrid, 11, 1962, S.547–564). – B.W. Wardropper, *La venganza de Maquiavelo. »El villano en su rincón«* (in *Homenaje a W.L. Fichter*, Madrid 1971, S.765–772). – J.E. Varey, *Towards an Interpretation of L. de V.'s »El villano en su rincón«* (in *Studies in Spanish Literature of the Golden Age Presented to E.M. Wilson*, Ldn. 1973, S.315–337). – F.D. Wardlaw, *»El villano en su rincón«. L.'s Rejection of the Pastoral Dream* (in BHS, 58, 1981, S.113–119).

ANTONIO DE ZAMORA

* zwischen 1660 und 1664 Madrid
† nach 1728 Madrid (?)

NO HAY PLAZO QUE NO SE CUMPLA NI DEUDA QUE NO SE PAGUE Y CONVIDADO DE PIEDRA

(span.; *Jede Frist läuft ab und jede Schuld wird bezahlt und Der Steinerne Gast*). Schauspiel in drei Akten von Antonio de ZAMORA, Uraufführung: Madrid 1714. – In diesem Schauspiel in Versen greift Zamora einen Stoff wieder auf, der erstmals von TIRSO DE MOLINA (1583?–1648) auf die Bühne gebracht (vgl. *El burlador de Sevilla*, 1624) und danach in mehreren europäischen Ländern wiederholt bearbeitet worden war. Ist in Tirsos Schauspiel Don Juan der große Verführer und unerschrockene Spötter, der sich über göttliche Ordnung und menschliche Sitte hinwegzusetzen wagt, so bearbeiteten die Italiener Giacinto Andrea CICOGNINI (*Il convitato di pietra*, um 1650), Onofrio GILIBERTO (*Il convitato di pietra*, 1653) und die *commedia dell'arte* den Stoff unter Betonung des Komischen, während er in MOLIÈRES *Don Juan* (1665), dem andere französische Bearbeitungen vorausgingen, zum Sittenbild gestaltet wurde.
Das Stück Zamoras ist dadurch gekennzeichnet, daß darin *»die persönliche Tapferkeit auf die vulgäre Ebene des Kraftprotzentums und der Flegelhaftigkeit«* (Valbuena Prat) herabgesunken ist. Trotzdem weist Zamoras Bearbeitung deutliche Vorzüge gegenüber anderen, insbesondere gegenüber dem Schauspiel Tirso de Molinas, auf, dessen Hauptmotive – Verführungsgeschichten, Ermordung des Komturs Don Gonzalo, Verhöhnung des Standbilds und seine Ladung zum Nachtmahl, Erscheinung des Steinernen Gasts im Hause Don Juans und dessen Besuch in der Gruft des Komturs – sie grundsätzlich beibehält. Aber die rasche, oft lockere Szenenfolge des älteren Stückes erscheint bei Zamora gestrafft und zu einheitlicher Handlung verschmolzen, vieles, was dort den Charakter des Improvisierten, Unverbundenen trägt, ist hier durch logische Verknüpfung und psychologische Motivierung einer planvoll entwickelten Grundkonzep-

tion unterworfen. Vor allem ist das Schicksal Don Juans von Anfang an so mit dem des Komturs verknüpft, daß das verhängnisvolle Gastmahl am Schluß eine bei Tirso fehlende dramaturgische Rechtfertigung besitzt. Der wichtigste Beitrag Zamoras zur Geschichte der Don-Juan-Thematik besteht jedoch darin, daß er *»den Ausgang im ungewissen, die Rettung des hartgesottenen Sünders denkbar erscheinen läßt«* (Zamora Vicente). Hierin wird die romantische Auffassung der Gestalt des Don Juan vorweggenommen, wie sie mehr als hundert Jahre später in dem Drama Zorillas (vgl. *Don Juan Tenorio*, 1844) zum Ausdruck kommt, in dem der Verführer – durch die Fürbitte der von ihm entehrten Inés – erlöst wird. – Von der dämonischen Gewalt der Don-Juan-Figur Tirso de Molinas ist in dem Stück Zamoras nichts übriggeblieben. Aber gerade diesem Umstand verdankt es wohl seine große Volkstümlichkeit, durch die es das ältere Stück von der Bühne verdrängte und Jahr für Jahr am Allerseelentag an den spanischen Bühnen aufgeführt wurde, bis es seinerseits durch Zorillas *Don Juan Tenorio* verdrängt wurde. A.F.R.

Ausgaben: Madrid 1722 (in *Comedias nuevas*, Bd. 2; Faks. Hildesheim/NY 1975) – Barcelona 1777. – Madrid 1859, Hg. R. de Mesonero Romanos (BAE, 49).

Literatur: J. W. Barlow, *Zorrilla's Indebtedness to Z.* (in RomR, 17, 1926, S. 303–318). – J. Casalduero, *Contribución al estudio del tema de Don Juan en el teatro español*, Northampton/Mass. 1938. – J. M. Gutiérrez Mora, *A. de Z. y su Don Juan* (in Et Caetera, Guadalajara/Mexiko, 1, 1950, S. 61–90). – L. Weinstein, *The Metamorphoses of Don Juan*, Stanford 1959. – A. Baquero *Don Juan y su evolución dramática*, Madrid 1962. – A. Rosenberg, *Don Giovanni*, Mchn. 1968, S. 70. – A. González-Quevedo, *A. de Z.: Su vida y sus obras* (in Hispanófila, 19, 1976, S. 35–45).

María de Zayas y Sotomayor

* 12.9.1590 Madrid
† 1660 (?)

NOVELAS AMOROSAS Y EJEMPLARES

(span.; *Beispielhafte Liebesnovellen*). Novellensammlung von María de Zayas y Sotomayor, erschienen 1637. – Den Rahmen für die hier erzählten Geschichten bildet eine Zusammenkunft von fünf jungen Damen und fünf jungen Herren der Madrider Gesellschaft im Hause der schönen Lisis, die aus Liebeskummer erkrankt ist. In den fünf Nächten zwischen Weihnachten und Neujahr erzählen die jungen Leute zur Unterhaltung der Kranken jeweils abwechselnd zwei Novellen, die sie jedoch, um dieses *»so ärgerliche«* Modewort zu vermeiden, *maravillas* (wunderbare Geschichten) nennen. In der als *Parte segunda del sarao, y entretenimiento honesto (Zweiter Teil der Abendgesellschaft und züchtige Unterhaltung)* 1647 erschienenen Fortsetzung der Sammlung werden die Geschichten *desengaños* (etwa: abschreckende Beispiele) genannt und, nunmehr nach Lisis' Genesung, nur von Frauen erzählt. Trotz der Ablehnung der Bezeichnung »Novelle« ist die formale und inhaltliche Übereinstimmung dieser Erzählungen mit der traditionellen Gattung offensichtlich. Formal war seit Boccaccio die Fiktion einer Gesellschaft von Leuten, die sich Geschichten erzählen, allgemein üblich geworden. Inhaltlich werden die hier erzählten Geschichten zwar als wahre Geschichten aus der Madrider Aristokratie oder als eigene Erlebnisse ausgegeben, doch hat die Dichterin in Wirklichkeit bekannte Motive der Zeit aufgenommen. Anzeichen unmittelbarer Entlehnung zeigt jedoch nur die letzte Novelle des ersten Teils, *El jardín engañoso (Der trügerische Garten)*, mit deutlichen Anklängen an die fünfte Novelle der zehnten Nacht des *Decamerone*. Ehre und Liebe und der Widerstreit beider bilden, wie in der übrigen zeitgenössischen Literatur, die durchgehende Thematik in beiden Teilen der Sammlung. Im positiven wie im negativen Sinn ist die Liebe die alles besiegende Macht. Sie läßt in den Frauen genialen Erfindungsgeist erwachen, sie vor keinem Betrug, keiner Intrige, nicht einmal vor dem Brudermord zurückschrekken, um zum Ziel zu gelangen. Der Liebe gefährlichster Gegner ist jedoch die Ehre: *»Der Fleck auf der Ehre verschwindet nur durch das Blut dessen, der sie verletzt hat«*, heißt es in *La burlada Aminta y venganza del honor (Die genarrte Aminta und gerächte Ehre)*, worin die Heldin eigenhändig den Frevler und seine Geliebte ersticht.

Die Novellensammlung übertrifft ähnliche Werke anderer Autoren durch unbekümmerte Offenheit in erotischen Dingen; ihr *»übertriebener Realismus«* ist *»manchmal geradezu obszön«* (A. Zamora). Der Dichterin fehlt der mildernde Charme Boccaccios ebenso wie der versöhnliche Humor eines Salas Barbadillo (1581–1635) oder Cervantes. Doch deswegen von *»schmutzigen Bettgeschichten«* (L. Pfandl) zu sprechen wäre verfehlt; zudem ist Zayas y Sotomayor eine frühe Vorkämpferin für die Gleichberechtigung der Frau. Zu der von Don Fradique in *El prevenido engañado (Der gewarnte Betrogene)* geäußerten, allgemein üblichen Meinung von den Aufgaben der Frau – *»Eine Frau sollte nichts anderes verstehen, als ihre Arbeit zu tun, zu beten, hauszuhalten und ihre Kinder großzuziehen, denn alles andere ist Bildungsfirlefanz und Geistreichelei, die nur um so rascher ins Verderben führen«* – bemerkt die Erzählerin geistreich: *»Die Seelen sind weder männlich noch weiblich«* und tritt dafür ein, daß den Frauen größere Bildungschancen eingeräumt werden. Lebendigkeit und Frische der Erzählung sowie stilistische Sorglosigkeit kennzeichnen dieses Werk ebenso wie die Verschlagenheit und erfinderische List der darin geschilderten *»picaresca aristocrática«* (*»aristokratische Schelmengesellschaft«*; Pardo Bazán). Hervorzuheben ist die stellenweise geradezu modern anmutende psychologische Betrachtungsweise sowie die Fülle der eingestreuten Gedichte. *»Die unsterbliche María de Zayas«*, wie Lope de VEGA sie nannte, wurde in Frankreich bekannt, wo SCARRON (1610–1660) einige ihrer Novellen übersetzte. Dagegen blieb die deutsche Übersetzung von Sophie von BRENTANO (1770–1806) fast unbemerkt. D.Kös.

AUSGABEN: Saragossa 1637. – Madrid 1656. – Madrid 1948, Hg. A. G. de Amezúa [m. Einl.]. – Madrid 1988.

ÜBERSETZUNGEN: *Der unschuldige Ehebruch*, G. Greflinger, Hbg. 1662. – *Von der unnötigen Vorsorge vor kluges Frauen-Volck*, ders., Hbg. 1661. – In *Novellen*, F.W. Gente, o.O. 1833.

BEARBEITUNG: *Spanische und italienische Novellen*, Hg. S. v. Brentano, Penig 1804.

LITERATUR: J. V. Vasileski, *M. de Z. y S. Su época y su obra*, Madrid 1973. – A. Melloni, *Il sistema narrativo di M. de Z. y S.*, Turin 1976. – S. M. Foa, *Feminismo y forma narrativa. Estudio del tema y las técnicas de M. de Z. y S.*, Valencia 1979. – S. Montesa Peydro, *Texto y contexto en la narrativa de M. de Z. y S.*, Madrid 1981. – J. Dölz-Blackburn, *M. de Z. y S. y sus »Novelas ejemplares y amorosas«* (in Explicación de textos literarios, 14, 1985/86, S. 73–82). – S. P. De García, *Love and Deceit in the Works of Dona M. de Z. y S.*, Diss. Univ. of Michigan 1987 (vgl. Diss. Abstracts, 48, 1987, S. 406A). – W. H. Clamurro, *Ideological Contradictions and Imperial Decline: Toward a Reading of Z.'s »Desengaños amorosos«* (in South Central Review, 5, 1988, S. 43–50). – A. K. Kaminski, *Dress and Redress: Clothing in the »Desengaños amorosos«* (in RomR, 79, 1988, S. 377–391).

Anonyme Werke

Segundo tomo del ingenioso hidalgo Don Quixote de la Mancha que contiene su tercera salida y es quinta parte de sus aventuras

(span.; *Zweiter Band des scharfsinnigen Edlen Herrn Don Quijote de la Mancha, der seine dritte Ausfahrt enthält und den fünften Teil seiner Abenteuer*). Roman eines unbekannten Autors, erschienen 1614. – Ein Jahr, bevor Cervantes den »zweiten Teil« seines *Don Quijote* veröffentlichte, erschien in Tarragona eine Fortsetzung des ersten Teils, als deren Verfasser der »Lizentiat« Alonso Fernández de Avellaneda zeichnete. Wer sich hinter diesem Pseudonym verbirgt, hat bis heute nicht nachgewiesen werden können. Sprachliche Eigentümlichkeiten lassen auf einen Aragonesen, das häufige Vorkommen des Rosenkranzes auf einen Dominikaner schließen. M. de Riquer vermutet hinter Avellaneda, der nirgends urkundlich bezeugt ist, den literarischen Rivalen Jerónimo de Passamonte, der sich in der Gestalt des Galeerensträflings Ginés de Pasamonte bereits im ersten Teil des *Don Quijote* geschmäht sehen mußte, was die zahlreichen Invektiven gegen Cervantes innerhalb des Avellaneda-*Quijote* plausibel macht.

Das nicht ungeschickt geschriebene, aber vordergründige Buch nennt nach dessen Vorbild ebenfalls einen arabischen Gewährsmann, Alisolán, dem der Bericht über die ferneren Abenteuer des Ritters von der traurigen Gestalt zu verdanken sei. Sechs Monate nach seiner kläglichen Heimkehr gilt Don Quijote als geheilt, doch ein Ritterbuch, von dem ihm Sancho Pansa erzählt, und eine Gesellschaft durchreisender Edelleute, die zum Turnier nach Saragossa ziehen, erwecken in ihm von neuem den Wunsch, als fahrender Ritter Ruhm zu erwerben. So kommt es zur dritten Ausreise, in deren Verlauf der Junker zahlreiche Abenteuer besteht. Einen Höhepunkt bildet sein Kampf mit einem Melonenbauern, den er für den Rasenden Roland hält. Der undankbaren Dulcinea, die auf seine Botschaften verständnislos mit Grobheiten antwortet, kündigt er den Minnedienst und nennt sich fortan: »El Caballero Desamorado« – »Der liebentfremdete Ritter«. Doch entsagt er dem Frauendienst nicht ganz: Ab Kapitel 22 begleitet ihn Bárbara, eine alte Kupplerin, als »Königin Cenobia«.

Das Buch *»ein klägliches Pfuschwerk«* (L. Pfandl) zu nennen ist zweifellos zu hart. Immerhin scheint es Cervantes zu einigen seiner originellsten und kühnsten Einfälle im zweiten Buch seines *Don Quijote* inspiriert zu haben. Avellanedas Fortsetzung provozierte eigentlich erst den Umbau von Cervantes' bereits relativ weit gediehenem Werk zum Metaroman, d. h. einem Roman, der seine literarische Bedingtheit auf Handlungsniveau kritisch reflektiert. Es ist ein zweitrangiger, aber recht unterhaltsamer, stellenweise durchaus angenehm zu lesender Roman. Dies gilt besonders für die zweite der nach Cervantinischem Muster eingestreuten Novellen: *El rico desesperado (Der verzweifelte Reiche)* und *Los felices amantes (Die glückhaften Liebenden)*. Von der Vielschichtigkeit eines Cervantes ist in dieser »Fortsetzung« allerdings nichts zu spüren. Sancho ist nichts als ein grober, unsympathischer Bauer, Don Quijote ein ganz gewöhnlicher, griesgrämiger Narr, mit dem die Welt ihren Spaß treibt. Da er nicht zu kurieren ist, landet er folgerichtig im Irrenhaus.

Trotz der Überlegenheit des bald nach ihm erschienenen echten *Zweiten Teils* von Cervantes blieb dem Werk des angeblichen Lizentiaten der Erfolg nicht versagt. Teile davon sind in die freie Bearbeitung des *Don Quijote* durch Lesage (1668–1747) ebenso eingegangen wie in die auf Lesage beruhende, in den Jahren 1775/77 erschienene deutsche Bearbeitung von F. J. Bertuch (1747–1822), der auch den von Lesage völlig veränderten Schluß übernahm: Don Quijote wird von einem Soldaten, dessen Vorgesetzten er tötet, erschossen.

D. Kös.-G. Wil.

Ausgaben: Tarragona 1614. – Madrid 1851, Hg. C. Rosell. – Barcelona 1905, Hg. u. Anm. M. Menéndez y Pelayo. – Barcelona 1961, Hg. M. Villalta. – Barcelona 1967. – Madrid 1972, F. García Salinero (Castalia). – Madrid 1972, Hg. u. Einl. M. de Riquer, 3 Bde. (Clás. Cast).

Übersetzungen: *Neue Abentheuer und seltsame Geschichten des wunderbaren Ritters D. Quichote de la Manche*, anon., Kopenhagen 1707. – *Leben und Taten des weisen Junkers Don Quixote von La Mancha*, W. Bahner (nach F. M. Bertuch), Mchn. u. a. 1968 [m. Einl.].

Literatur: J. Espín Rael, *Investigaciones sobre el »Quixote apócrifo«*, Madrid 1942. – S. Gilman, *Cervantes y A., estudio de una imitación*, Mexiko 1951. – J. García Soraino, *Los dos »Don Quijote«*, Toledo 1944. – J. Terrero, *Itinerario del »Quijote« de A. y su influencia en el cervantino* (ebd., S. 159–191). – A. Sanchez, *Consiguió Cervantes identificar al falso A.?* (ebd., S. 311–333; vgl. F. Maldonado de Guevara, ebd., 5, 1955/56, S. 41–62). – W. Bahner, *Cervantes u. seine Auseinandersetzung mit A.* (in BRP, Sondernr., 1967, S. 27–34). – J. R. Jones, *Notes on the Diffusion and Influence of Avellaneda's »Quijote«* (in Hispania, 56, 1973, S. 229–237). – M. Durán, *El »Quijote« de Avellaneda* (in *Temas hispánicos medievales*, Hg. J. B. Avalle Arce, Madrid 1974, S. 357–376). – W. Bahner, *Cervantes' Aus-*

einandersetzung mit Avellaneda und ihre Konsequenzen für den Aufbau des »Don Quijote« (in *Formen, Ideen, Prozesse in den Literaturen der romanischen Völker I: Von Dante bis Cervantes. II: Positionen und Themen der Aufklärung*, 2 Bde., Hg. ders., Bln. 1977/78, S. 221–247). – N. Marín, *Cervantes frente a Avellaneda: la duguesa y Bárbara* (in *Cervantes. Su obra y su mundo. Actas del I Congreso sobre Cervantes*, Hg. M. Criado del Val, Madrid 1981, S. 831–835). – J. Polles Herrera, *Rocinante y el rocio en el »Quixote« de Alonso Fernández Avellaneda* (ebd., S. 837–848). – E. Ruiz-Fornells, *El ejército y las armas en el »Quixote« de Alonso Fernández de Avellaneda* (ebd., S. 849–855). – L. Osterc, *Cervantes y Avellaneda* (in Anales Cervantinos, 21, 1983, S. 91–102). – T. A. Lathrop, *Avellaneda y Cervantes: el nombre de Don Quijote* (in Journal of Hispanic Philology, 10, 1983, S. 203–209). – Ders., *Cervantes' Treatment of the False »Quijote«* (in KRG, 32, 1985, S. 213–217). – M. de Riquer, *Cervantes en Barcelona*, Barcelona 1989.

SONETO A CRISTO CRUCIFICADO

(span.; *Sonett an den Gekreuzigten*). Mystische Dichtung eines unbekannten Verfassers, erschienen 1628. – Die Frage der Urheberschaft dieses literarischen Kleinods, *»dessen Verfasserschaft man abwechslungsweise den größten Mystikern und Lyrikern des Goldenen Zeitalters zutraute«* (Vossler), ist bis heute ungeklärt. Zum erstenmal in dem 1628 gedruckten, unbedeutenden Werk eines gewissen Antonio de ROJAS, *Libro titulado Vida del espíritu (Buch vom Leben des Geistes)*, veröffentlicht, muß es doch sehr viel früher entstanden sein, denn schon der heilige Franz Xaver (1507–1552) kannte es und verbreitete es in Indien. Diese Tatsache macht es unmöglich, das Gedicht, wie es in Anthologien bis heute geschieht, dem Dichter San JUAN DE LA CRUZ (1542–1591) zuzuschreiben, dessen Lyrik es inhaltlich und formal sehr nahe steht. Formale Ähnlichkeiten zeigt es allerdings auch mit manchen Gedichten Lope de VEGAS (1562–1635) und GÓNGORÁS (1561–1627), die alle noch später liegen, während es inhaltlich Motiven nahesteht, wie sie bei Juan de ÁVILA (1500–1569) und Juan de VALDÉS († 1541) zum Ausdruck kommen. Das Grundmotiv allerdings, daß die Liebe der Gott begehrenden Seele *»ein Analogon zur schrankenlosen Gottesliebe in der Liebe des Erlösers findet«* (F. Schalk), ist als Gemeingut der spanischen Mystik des 16. Jh.s. anzusehen.

Diesen Gedanken spricht das Gedicht mit den einfachsten Mitteln und in schlechthin vollendeter Form aus, so daß er gleichsam unmittelbar dem liebenden Herzen des nach der Vereinigung mit Gott sich sehnenden Menschen zu entströmen scheint. Der »Aufgesang« des Sonetts, d. h. die beiden Quartette, sind beherrscht von dem Gegensatz: *no me mueve – me mueve: »Mich treibt nicht, o mein Gott, Dich zu begehren,/ der Himmel, den Du mir versprochen hast.«* Mich treibt die Hölle nicht mit ihren entsetzlichen Schrecken, sondern: *»Du treibst mich, Herr, mich treibt, daß ich Dich sehe/ geheftet an ein Kreuz und arg verhöhnt.«* Aus diesen Feststellungen zieht zu Beginn des »Abgesangs« ein letztes *me mueve* die Schlußfolgerung, die sich dann in den beiden Terzetten bis zum Ende des Gedichts rasch steigert zum Ausdruck des reinen, ganz und gar uneigennützigen mystischen Begehrens: *»Kurz, Deine Liebe treibt mich und so sehr,/ daß ich, wenn's keinen Himmel gäb', Dich liebte,/ und auch wenn's keine Hölle gäb', Dich fürchtete./ Dich zu begehren, brauchst Du nichts zu geben,/ denn auch wenn ich nicht hoffte, was ich hoffe,/ begehrt' ich so Dich, wie ich Dich begehre.«*

Noch in dieser wörtlichen Übersetzung, die um der Genauigkeit willen auf den Reim verzichtet, ist die Aufrichtigkeit und Reinheit des Gefühls, das hier Sprache geworden ist, spürbar. Diese Reinheit und Spontaneität sowie die Schmucklosigkeit der sprachlichen Mittel machen die große Volkstümlichkeit und Verbreitung verständlich, die das Gedicht gefunden hat, nicht nur in den spanisch sprechenden Ländern Europas und Amerikas, sondern durch Übersetzungen in nahezu alle Sprachen überall in der katholischen, ja sogar protestantischen Welt. F.I.

AUSGABE: Madrid 1628 (in A. de Rojas, *Libro titulado Vida de espíritu y provecho de las almas*, fol. 109 r.).

ÜBERSETZUNGEN: In *Sämtliche Gedichte des hl. Johannes vom Kreuz und der hl. Theresia von Jesus*, W. Stork, Münster 1854. – In *Romanische Dichter*, K. Vossler, Mchn. 1946. – In *Spanische Gedichte aus acht Jahrhunderten*, R. Grossmann, Bremen 1960 [m. span. Text].

LITERATUR: M. C. Huff, *The Sonnet »No me mueve, mi Dios«. Its Theme in Spanish Tradition*, Washington 1948. – M. Bataillon, *El anónimo soneto »No me mueve, mi Dios«* (in NRFH, 4, 1950, S. 254–269). – E. Asensio, *El soneto »No me mueve, mi Dios« y un auto vicentino inspirados en santa Catalina de Siena* (in RFE, 34, 1950, S. 125–136). – F. López Estrada, *En torno al »Soneto a Cristo crucificado«* (in BRAE, 33, 1953, S. 95–106). – R. Ricard, *Encore le thème de Jésus crucifié* (in BHi, 59, 1957, S. 57–76). – I. Elizalde, *Sobre el autor del Soneto »No me mueve, mi Dios« y su repercusión en el mundo literario* (in Revista de Literatura, 13, 1958, S. 3–29). – F. Schalk, *Spanische Geisteswelt*, Baden-Baden 1957 [m. Einl.]. – L. Spitzer, *Romanische Literaturstudien*, Tübingen 1959, S. 749–759. – I. Elizalde, *San Francisco Xavier en la literatura española*, Madrid 1961. – J. Jurado, *Dos sonetos espirituales de José de Villaroel. Imitaciones del »No me mueve, mi Dios«* (in BHS, 77, 1975, S. 125–139). – L. López Barralt,

Anonimia y posible filiación espiritual islámica del soneto »No me mueve, mi Dios para quererte« (in NRFH, 24, 1975, S. 243–266). – H. G. Jones, *The Author of the Sonnet »Cristo crucificado«: Fray Hernando de Camargo y Salgado* (in KRQ, 25, 1978, S. 311–322). – M. Kelly, *The Sonnet »No me mueve mi Dios« and St. John of the Cross* (in BHS, 62, 1985, S. 281–187??).

VIDA Y HECHOS DE ESTEBANILLO GONZÁLEZ HOMBRE DE BUEN HUMOR. COMPUESTO POR EL MESMO

(span.; *Leben und Taten des Estebanillo González, eines gutgelaunten Menschen. Geschrieben von ihm selbst*). Schelmenroman eines unbekannten Verfassers »Estebanillo González«, erschienen 1646. – Der in Neapel als Sohn spanischer Eltern geborene Estebanillo González verläßt in jugendlichem Alter sein Elternhaus und wird Barbiergeselle in Rom. Dort verweilt er nicht lange, sondern durchwandert Italien und Südfrankreich, gelangt als Bettler und Hausierer nach Santiago de Compostela, von dort über Portugal nach Sevilla und Córdoba. Danach zieht er als Soldat nach Frankreich, betrügt die Juden von Rouen, weilt kurze Zeit in Paris, geht rheinaufwärts über die Alpen nach Mailand und wird als Fourrier der spanischen Armee nach Flandern geschickt. Als Hofnarr des berühmten Generals Octavio Piccolomini finden wir ihn in Polen, Österreich, England, Spanien und Deutschland. An der Schlacht von Nördlingen (1634) nimmt er ebenso teil wie an der Schlacht um Leipzig (1642). Als ihm seine Geliebte in Brüssel untreu wird, beschließt er, sich nach dem Vorbild Kaiser Karls V. von der Welt zurückzuziehen und in Neapel seßhaft zu werden, indem er dort ein Spielhaus aufmacht.

Unter den Helden des Schelmenromans ist keiner so weit und so lange gereist und hat kaum einer eine derart optimistische, unbekümmerte Lebensauffassung wie Estebanillo González. Obgleich der Autor behauptet, daß er nur Selbsterlebtes und nichts Erfundenes berichtet wie der *Lazarillo de Tormes* oder der *Guzmân de Alfarache* von Mateo ALEMÁN, enthält sein Werk doch viele Motive, Begebenheiten und Streiche aus dem Repertoire des Schelmenromans. Auch die Berufe, die er ergreift, und die Lebensumstände, in die er gerät, sind die üblichen des vagabundierenden Schelmen. *Estebanillo González* ist ein reiner Handlungsroman aus zahlreichen, in chronologischer Folge aneinandergereihten Abenteuern, Zufällen und Episoden. Mit der Beschreibung der jeweiligen Umwelt, der Landschaften und Städte hält sich der Autor ebensowenig auf wie mit moralisierenden Betrachtungen. Doch gewährt das Werk manchen Einblick in die Gesittung der Zeit. Die Verhältnisse an den Höfen und das Leben der Soldaten im Europa des Dreißigjährigen Krieges werden in burlesk-parodistischer Sprache voll abstruser Barockmetaphorik und in humoristischer Absicht dargestellt. Es fehlt dem Buch die auf skeptisch-stoischer Welt- und Lebensauffassung beruhende kritische Note des großen Schelmenromans. Trotz echtem erzählerischem Talent des Verfassers zeigt sein Werk die Schwächen einer in Stil und Motiven erschöpften literarischen Gattung, die sich durch Übertreibungen in der Charakterzeichnung und Situationsschilderung zu behaupten sucht. A.F.R.

AUSGABEN: Antwerpen 1646. – Madrid 1854, Hg. C. Rosell (BAE, 23). – Madrid 1946, Hg. J. Millé y Giménez (Clás. Cast; m. Einl. u. Bibliogr.). – Madrid 1978, Hg. N. Spadaccini u. A. N. Zahareas, 2 Bde. (Castalia).

ÜBERSETZUNG: *Geschichte des Estevanillo Gonzalez mit dem Zunahmen des Lustigen*, anon., Wien 1791. – In *Spanische Schelmenromane*, Hg. H. Baader, Mchn. 1964.

LITERATUR: E. Gossart, *Les espagnols en Flandre*, Brüssel 1914, S. 243–296. – W. Knapp Jones, *E. G.* (in RH, 77, 1929, S. 201–245). – E. R. Moore, *E. G.' Travels in Southern Europe* (in HR, 8, 1940, S. 24 f.). – A. S. Bates, *Historical Characters in E. G.* (ebd., S. 63–66). – A. Del Monte, *Itinerario del romanzo picaresco spagnolo*, Florenz 1957. – A. Gil Novales, *Un bufón antisemita* (in CHA, 38, 1959, S. 78–81). – A. A. Parker, *Literature and the Delinquent. The Picaresque Novel in Spain and Europe*, Edinburgh 1967. – R. Ayerbe-Choux, *»Estebanillo González«: La picaresca y la corte* (in *La picaresca: Orígenes, textos y estructuras*, Hg. M. Criado del Val, Madrid 1979, S. 739–747). – N. Spadaccini, *Las »vidas« picarescas en »Estebanillo González«* (ebd., S. 749–763). – F. Meregalli, *»Estebanillo González«: Romanzo o autobiografía* (in Spicilegio Moderno, 11, 1979, S. 16–24). – P. Fattori Sandal, *Una anomala autobiografia picaresca: »La vida y hechos de Estebanillo González«, hombre de buen humor* (in Studi Ispanici, 1981, S. 81–101). – J. B. Avalle-Arce, *El nacimiento de »Estebanillo González«* (in NRFH, 34, 1985/86, S. 529–537). – R. A. Verdonk, *La »Vida y hechos de Estebanillo González«, espejo de la lengua castellana en Flandes* (in RFE, 66, 1986, S. 101–109).

III. Von der Aufklärung bis zum Ende des 19. Jahrhunderts

PEDRO ANTONIO DE ALARCÓN Y ARIZA

* 10.3.1833 Guadix / Granada
† 19.7.1891 Valdemero / Madrid

LITERATUR ZUM AUTOR:
H. Rodríguez de la Pena, *P. A. de A., el novelista romántico*, Madrid 1933. – J. F. Montesinos, *P. A. de A.*, Saragossa 1955; ern. Madrid 1977 [rev. u. erw.]. – E. Pardo Canalis, *P. A. de A.*, Madrid 1965. – A. Ocaño, *A.*, Madrid 1970. – C. C. De Coster, *P. A. de A.*, Boston 1979 (TWAS). – F. Liberatori, *I tempi e le opere di P. A. de A.*, Neapel 1981.

EL ESCÁNDALO

(span.; *Der Skandal*). Roman von Pedro Antonio de ALARCÓN Y ARIZA, erschienen 1875. – Alarcóns berühmtester Roman erzählt die Geschichte eines jungen Aristokraten, der *»der Verwegenheit und Gottlosigkeit eines Don Juan Tenorio nacheifert und sie sogar übertrifft«*. Im Haus seiner Geliebten Matilde, der Frau eines Offiziers, lernt Fabián Conde deren bezaubernde Nichte Gabriela kennen und verliebt sich in sie. Er erhofft sich von dieser reinen Liebe die Erlösung von seinem ausschweifenden Leben und bricht mit Matilde. Doch als Gabriela sich über die Art seiner Beziehungen zu ihrer Tante klar wird, flieht sie in ein Kloster und teilt ihm mit, sie werde ihn erst erhören, wenn er sich vor der Gesellschaft rehabilitiert habe. Sein Freund Diego steht ihm mit Rat und Tat zur Seite, doch dessen Frau Gregoria, herrschsüchtig und fanatisch auf ihre Tugend bedacht, haßt Fabián. Um die Freunde zu entzweien, behauptet sie, Fabián habe versucht, sie zu verführen. Diego fühlt sich getäuscht, fordert den Freund zum Duell und erklärt öffentlich, dieser habe in Wirklichkeit gar nicht die Absicht, sich zu bessern. Um seinen guten Willen und seine Unschuld vor der Welt zu beweisen, verzichtet Fabián, dem Rat eines Jesuiten folgend, auf Adelstitel, Reichtum und Heirat, ja der Atheist gewinnt sogar den Glauben an Gott zurück und beschließt, Missionar zu werden. Doch unversehens wendet sich das Schicksal zu Fabiáns Gunsten: er kann in Madrid bleiben und Gabriela heiraten. Schließlich söhnt sich, kurz vor seinem plötzlichen Tod, auch Diego mit ihm aus.

Der breit angelegte Roman weist noch deutliche Anklänge an die Romantik auf, der der junge Alarcón sich einst mit einer Fortsetzung von ESPRONCEDAS *Diablo mundo* verpflichtet gezeigt hatte. Das Motiv der Erlösung des hartnäckigen Sünders durch die reine Liebe ist romantischen Ursprungs, und ebenso die Vorliebe des Autors für starke Kontraste (etwa im Wechsel der Schauplätze) und das Auftreten geheimnisvoller Personen unbekannter Herkunft. Dagegen macht sich eine Tendenz zu realistischerer Darstellung dort bemerkbar, wo der Verfasser mit psychologischer Einfühlung die Wandlung des Helden vom skrupellosen Abenteurer zum ernsthaft Liebenden gestaltet. Die in der Ichform erzählten Bekenntnisse des Fabián Conde nach seiner Bekehrung gehen auf eigene Erlebnisse Alarcóns zurück, der nach Jahren heftiger Religions- und Kirchenfeindschaft zum überzeugten, ja ultrakonservativen Katholiken geworden war. Diese Umkehr war ein rein emotionaler, kein intellektueller Akt. So nimmt es nicht wunder, daß ihm als Schriftsteller die gefühlsmäßige Darstellung mehr liegt als die intellektuelle Durchdringung eines Stoffes.

Vielleicht ist gerade deshalb der problematischere, autobiographisch geprägte Teil des Werkes weniger überzeugend als der, in dem der gottlose Wandel des leichtlebigen Aristokraten geschildert wird.

A.A.A.

AUSGABEN: Madrid 1875. – Mexiko 1958. – Madrid 1968 (in *Obras completas*, Hg. u. Einl. L. Martínez Kleiser; m. Biogr. v. M. Catalina). – Madrid 1973, Hg. u. Einl. M. Baquero Goyanes, 2 Bde. (Clás. Cast). – Madrid 1986, Hg. u. Einl. J. Bautista Montes (Cátedra).

ÜBERSETZUNG: *Der Skandal*, H. Bondy, Bln. 1959.

LITERATUR: F. de P. Canalejas, *»El escándalo«* (in Revista Europea, 5, 1932). – J. F. Montesinos, *Ensayos y estudios de literatura española*, Mexiko 1959, S. 170–201. – M. Z. Hafter, *A. in »El escándalo«* (in MLN, 83, 1968, S. 212–225). – C. Feal Deibe, *»El escándalo« de A. a una nueva luz* (in KRQ, 19, 1972,

S. 501–514). – H. B. Powers, *Allegory in »El escándalo«* (in MLN, 1972, Nr. 2, S. 324–329).

EL SOMBRERO DE TRES PICOS

(span.; *Der Dreispitz*). Erzählung von Pedro Antonio de ALARCÓN Y ARIZA, erschienen 1874. – Aus einer Volkserzählung, *Der Stadtrichter und die Müllerin*, auch *Der Müller und die Stadtrichterin* oder *Der Müller von Arcos*, die Alarcón erstmalig von einem Ziegenhirten und danach noch mancherorts auf dem Lande gehört, auch in Volksliederbüchern gelesen haben will, ist hier ein kleines Meisterwerk geworden, das alles übertrifft, was Alarcón selbst und was seine Zeitgenossen in der erzählenden Gattung hervorgebracht haben. Unter Verzicht auf »Philosophie« und Tiefsinn, im leichten, humorvollen, boshaft-ironischen Plauderton erzählt Alarcón die Geschichte neu, in einer Form, die erst von VALLE-INCLÁN (1869–1936) wiederaufgenommen und weiterentwickelt werden sollte. In Alarcóns Version erhält die Erzählung einen fröhlich-versöhnlichen Schluß und spielt zu Beginn des 19. Jahrhunderts, da *»in Spanien noch in allen Bereichen des öffentlichen und privaten Lebens das ›Ancien régime‹ herrschte, als hätten sich inmitten so vieler Neuerungen und Wirren die Pyrenäen in eine zweite Chinesische Mauer verwandelt«*. Zu dieser Zeit lebt in Andalusien, nahe dem Städtchen *** – die ungenannt bleibende Stadt ist Guádix, die Heimat des Dichters –, Lucas Fernández, der Müller, mit »señá« Frasquita, seiner Frau, in glücklicher Eintracht, er *»häßlich wie die Nacht«*, aber über alle Maßen *»sympathisch und angenehm«*, sie *»eines der schönsten, anmutigsten und bewunderungswürdigsten Werke, die je aus Gottes Hand hervorgegangen sind«* und trotzdem *»eine gute Frau, ein Engel, unschuldig wie ein vierjähriges Kind«*. Ihr eifrigster Verehrer ist der Stadtrichter, der zusammen mit anderen Honoratioren der Stadt, dem Anwalt, dem Obersten der Miliz, dem Prior des Franziskanerklosters, dem Bischof, die Mühle zu besuchen pflegt, denn sie ist ein Ausflugsort und Treffpunkt der guten Gesellschaft. Um an das Ziel seiner frivolen Wünsche zu gelangen, bestimmt er den Dorfschulzen Juan López, den Müller des Nachts in einer angeblich dringenden Angelegenheit aus dem Hause holen zu lassen. Währenddessen schleicht er selbst im Umhang und Dreispitz dorthin, fällt aber in der Dunkelheit in den Mühlbach und wird von der resoluten Frau mit der Flinte bedroht, so daß er vor Kälte und Schreck einen Anfall erleidet und von Frasquita kurzerhand ins Bett gesteckt wird. Dort sieht durchs Schlüsselloch der Müller ihn liegen, der Verdacht geschöpft hat und heimlich zurückgekehrt ist. Natürlich glaubt er sich betrogen, schwört, sich zu rächen, ergreift Hut und Mantel des Stadtrichters, von seiner Frau zum Trocknen auf die Leine gehängt, und eilt mit den Worten *»auch die Stadtrichterin ist hübsch«* zum Haus des Rivalen, um dort Gleiches mit Gleichem zu vergelten. Doch bei der Stadtrichterin hat er ebensowenig Erfolg wie der Stadtrichter bei »señá« Frasquita. Zum Schluß geht alles gut, nur für den Stadtrichter nicht, dem die tugendhafte Gattin höchst eindrucksvoll den Standpunkt klarmacht. Die Mühle wird wie zuvor Treffpunkt der guten Gesellschaft. Nur der Stadtrichter verschwindet. Von ihm wird erzählt, nach den großen Veränderungen des Jahres 1808 sei er durch einen französischen Marschall ersetzt worden und im Gefängnis gestorben, denn er habe *»nicht einen einzigen Augenblick (zu seiner Ehre sei es gesagt) mit der Fremdherrschaft gemeinsame Sache machen wollen«*.

Geist und Stimmung dieser *»Königin der spanischen Erzählungen«* (E. Pardo Bazán), ihre spielerische Anmut, zierliche Spontaneität und verschmitzte Boshaftigkeit hat Manuel de Falla (1873–1943) in seinem gleichnamigen Ballett (*Der Dreispitz*, 1919) in kongenialer Weise musikalisch wiedergegeben. *El sombrero de tres picos* stellt heute das einzige Werk des im Augenblick nur wenig geschätzten Autors dar, das nicht der Vergessenheit anheimfiel. Vor allem die Thesenromane Alarcóns *»sind einerseits denen Fernán Caballeros noch zu ähnlich, ohne deren Originalität beanspruchen zu können, und erwecken andererseits nicht das Interesse, mit denen man den dualistischen Romanen eines Pereda oder Pérez Galdó als Vorstufen ihrer Schaffenshöhepunkte begegnen kann«* (W. Kreutzer). F.I.

AUSGABEN: Madrid 1874. – Madrid 1954 (in *Obras completas*, Hg. L. Martínez Kleiser). – NY 1965. – Madrid 1968 (in *Obras completas*, Hg. u. Einl. L. Martínez Kleiser; m. Biogr. v. M. Catalina). – Madrid 1975, H. u. Einl. V. Gaos (Clás. Cast). – Madrid 1985, Hg. u. Einl. A. López-Casanova (Cátedra). – Madrid 1986, Hg. u. Einl. J. Rubio Jiménez (Austral).

ÜBERSETZUNGEN: *Der Dreispitz*, H. Meister, Lpzg. 1886 (RUB). – Dass., V. Schubert, Stg. 1961. – Dass., H. Weyl, Wiesbaden 1963 (IB). – Dass., E. V. Dombrowski, Mchn. 1970. – Dass., H. Meister, Stg. 1981.

BEARBEITUNG: F. Ringgenberg, *Der Dreispitz als passe partout*, Elgg 1959.

VERTONUNGEN: H. Wolf, *Der Corregidor* (Oper; Urauff.: Mannheim 7.6. 1896; Text: R. Mayreder). – M. de Falla, *El sombrero de tres picos* (Ballett; Urauff.: 1919).

VERFILMUNGEN: *Il cappello a tre punte*, Italien 1934 (Regie: M. Camerini). – *La pícara molinera*, Spanien/Frankreich 1954 (Regie: L. Klimovsky).

LITERATUR: A. Bonilla y San Martín, *Los orígenes de »El sombrero de tres picos«* (in RH, 13, 1905, S. 5–17; siehe auch R. Foulché-Delbosc, ebd., 18, 1908, S. 468–487). – E. B. Place, *The Antecedents of »El sombrero de tres picos«* (in PQ, 8, 1929, S. 339–42). – J. E. Gillet, *A New Analogue of A.'s*

»El sombrero de tres picos« (in RH, 73, 1928, S. 616–628). – E. de Chasca, *La forma cómica en »El sombrero de tres picos«* (in Hispania, 36, 1953, S. 283–288). – R. A. Mazzara, *Dramatic Variations on Themes of »El sombrero de tres picos«: »La zapatera prodigiosa« and »Una viuda difícil«* (in Hispania, 41, 1958, S. 186–189). – V. Gaos, *Ensayos y estudios de literatura española*, Madrid 1959, S. 177–201. – R. W. Winslow, *The Distinction of Structure in A.'s »El sombrero de tres picos« and »El Capitán Veneno«* (in Hispania, 46, 1963, S. 715–721). – O. Bělič, *»El sombrero de tres picos« como estructura épica* (in O. B., *Análisis estructural de textos hispánicos*, Madrid 1969, S. 117–141). – V. Gaos, *Técnica y estilo de »El sombrero de tres picos«* (in *Claves de la literatura española*, Bd. 1, Madrid 1971, S. 383–405). – S. G. Armistead u. J. H. Silverman, *El corregidor y la molinera: Some Unnoticed Germanic Antecedents* (in PQ, 51, 1972, S. 279–291).

GUSTAVO ADOLFO BÉCQUER

eig. Gustavo Adolfo Domínguez Bastida

* 17.2.1836 Sevilla

† 22.12.1870 Madrid

LITERATUR ZUM AUTOR:

Bibliographien:

R. Benítez, *Ensayo de bibliografía razonada en G. A. B.*, Buenos Aires 1961. – D. J. Billick u. W. A. Dobrian, *Bibliografía selecta y comentada de estudios becquerianos, 1960 bis 1980* (in Hispania, 69, 1986).

Biographien:

J. P. Díaz, *G. A. B. Vida y poesía*, Montevideo 1953. – R. Brown, *G. A. B. en dos tiempos* (Vorw. V. Aleixandre), Barcelona 1963. – R. Múgica, *G. A. B.*, Madrid 1972. – R. Montesinos, *B. Biografía e imagen*, Barcelona 1977.

Gesamtdarstellungen und Studien:

Cruz y Raya, 1935, Nr. 32 [Sondernr. *G. A. B.*]. – E. L. King, *G. A. B.: From Painter to Poet*, Mexiko 1953. – RFE, 52, 1969 [Sondernr. *G. A. B.*]. – REH, 4, 1970 [Sondernr. *G. A. B.*]. – CHA, 1970, Nr. 248–249 [Sondernr. *G. A. B.*]. – C. J. Barbachano, *B.*, Madrid 1970. – Quaderni Iberoamericani, 1971, Nr. 39–40 [Sondernr. *G. A. B.*]. – G. Celaya, *G. A. B.*, Madrid 1972. – M. Alonso, *Segundo estilo de B.*, Madrid 1972. – *Estudios sobre G. A. B. Homenaje a G. A. B. en el centenario de su muerte*, Madrid 1972 [m. Bibliogr.]. – D. Alonso, *Originalidad de B.* (in D. A., *Obras completas*, Madrid 1978, Bd. 4, S. 511–545). – S. Moratiel Villa, *G. A. B. Antecesor de Saussure y de los »estructuralismos«*, León 1979. – R. P. Sebold, *Trayectoría del romanticismo español: desde la ilustración hasta B.*, Barcelona 1983. – Ders., *G. A. B.*, Madrid 1985.

LEYENDAS

(span.; *Legenden*). Erzählungssammlung von Gustavo Adolfo BÉCQUER, erschienen 1871. – Der Titel *Leyendas* verweist bereits auf den Inhalt der Geschichten, der meist eine Synthese märchenhafter Elemente mit christlichen Zügen anstrebt. Die an Volkserzählungen erinnernde Schlichtheit seiner fast lyrischen Sprache rückt Bécquer in die Nähe der Werke von T. GAUTIER (1811–1872). Im Gegensatz dazu steht seine oft verschachtelte Erzähltechnik, welche die unglaublichen und wunderbaren Geschehnisse durch eingelegte Berichte, aufgefundene Manuskripte und vor allem durch das Verfahren der Rahmenerzählung aus der Erzählgegenwart entrückt. Auch die erzählerische Gestaltung läßt lediglich die Konturen der dargestellten Welt ahnen: Lokales und historisches Kolorit und Naturschilderung dienen eher dem atmosphärischen Charakter der Handlung als ihrer absichtsvollen geographischen und zeitlichen Einordnung. Von zwei Erzählungen abgesehen – *La creación (Die Schöpfung)* und *El caudillo de las manos rojas (Der Feldherr mit den roten Händen)* –, die aus der indisch-brahmanischen Literatur stammen, schöpft Bécquer seine Themen einerseits aus der maurisch-spanischen und jüdisch-spanischen Tradition, andererseits aus dem reichen Sagenschatz vor allem des abendländischen Mittelalters.

La cruz del diablo (Das Teufelskreuz) erzählt von den Schandtaten eines mittelalterlichen Feudalherren, der mitsamt seinen Spießgesellen von den aufgebrachten Untertanen seines Territoriums hingerichtet wird, und von seiner Ritterrüstung, die, offenbar vom Teufel besessen, auch nach dem Tod des Besitzers dessen unheiliges Treiben fortsetzt. Erst durch den Rat eines Bischofs wird man der verhexten Rüstung Herr, indem man sie einschmilzt, um aus ihr das *»Teufelkreuz«* zu gießen, welches fortan an einer verrufenen Stelle in der Wildnis der Pyrenäen von den teuflischen Machenschaften kündet. – Auch der Protagonist von *Creed en Dios (Glaubt an Gott)*, Teobaldo de Montagut, ist ein Adliger, der durch seinen gotteslästerlichen Lebenswandel den Zorn des Himmels auf sich zieht. Ein auf merkwürdige Weise erschienenes Pferd entführt den Grafen ins Jenseits, wo er zunächst der himmlischen Heerscharen, dann der Hölle ansichtig wird. Er erwacht aus dieser Vision vor seiner eingestürzten Burg, die nunmehr von frommen Männern bewohnt wird, und tut Buße, um bei den Mönchen Aufnahme zu finden. – *El miserere (Das Miserere)* handelt ebenfalls von der Buße eines reuigen Sünders und Musikers und dessen letztlich scheiternden Versuch, den Engeln das *»Miserere der Berge«* abzulauschen. – *Los ojos verdes (Die grünen Augen)* ist Bécquers Version des Undinestoffs. Hier verliebt sich Fernando de Argensola in eine grünäugige Wasserfee, die ihn für immer auf den Grund eines Sees mit sich zieht. – *Maese Pérez, el organista (Meister Pérez, der Organist)* ist eine an die Figuren E. T. A. HOFFMANNS erinnernde Musikergestalt. So kann der Geist eines weithin berühmten Organisten, der dem alten Instrument einer Sevillaner Kirche berückend schöne Klänge zu entlocken vermochte, auch nach dessen Tod nicht von der Orgel lassen, die von unsichtbarer Hand gespielt wird, bis sie sich aus Altersschwäche auflöst. – *La corza blanca (Das weiße Reh)* ist zum einen durch deutliche Bezüge zu den Legenden der Heiligen Hubertus und Julian des Gastfreundlichen bestimmt, zum anderen nimmt sie das Thema der »mystischen Jagd« nach einem gottähnlichen Wesen aus der religiösen Literatur auf. Aus Liebe zu seiner adeligen Herrin Constanza geht der Jäger Garcés auf die Pirsch nach einem sagenhaften weißen Reh, beobachtet dabei jedoch die Erscheinung jener Constanza, umgeben von einer Gruppe junger Mädchen. Als Garcés sich nähern will verwandelt sich die Gruppe in ein Rudel Rehe. In der Überzeugung, daß hierbei Teufelswerk im Spiel sein müsse, und in dem Ehrgeiz, seiner tatsächlichen angebeteten Constanza zu imponieren, erlegt Garcés das weiße Reh, muß jedoch erkennen, daß er ein zweites Mal vom Teufel genarrt wurde; denn das sterbende weiße Reh verwandelt sich in die wirkliche Constanza zurück und haucht in seinen Armen ihr Leben aus. – Die Heldinnen von *El gnomo (Der Gnom)* erliegen der Faszination der Erzählung eines Alten und machen sich auf die Suche nach dem Wassergeist, der als Gnom eine Quelle und angeblich verborgene Schätze bewacht. Marta, eine der beiden Schwestern, wird ein Opfer dieses verwegenen Unternehmens. – In der Erzählung *La ajorca de oro (Das goldene Armband)* fällt María der Verblendung durch das kostbare Geschmeide anheim, das eine Madonnenstatue in der Kathedrale von Toledo schmückt. So nötigt sie ihren Verehrer Pedro, für sie das Juwel zu stehlen. Als Pedro nachts das Armband an sich bringt, glaubt er plötzlich, die steinernen Heiligenstatuen erwachten zum Leben, worüber er den Verstand verliert. – Auch der Jäger Alonso in *El monte de las ánimas (Der Geisterberg)* wird durch Liebe zur schönen Beatriz wider bessere Einsicht dazu veranlaßt, in der Allerseelennacht auf dem unheimlichen *»Geisterberg«*, der einst Schauplatz eines Massakers zwischen Templern und kastilischen Edelleuten war, die verlorene Schärpe, ein Liebespfand, zu suchen, was ihm zum Verhängnis wird. – *La promesa (Das Heiratsversprechen)* handelt von dem Grafen Gómara, der seiner Geliebten Margarita nach einer Liebesnacht die Ehe verspricht, bevor er in den Krieg gegen die Mauren zieht. Über den militärischen Erfolgen vergißt er dies jedoch, bis ihm das Lied eines Troubadours in Andalusien vom Tod der durch diese Schmach entehrten Geliebten berichtet: deren Hand rage zur Erinnerung an das nicht eingelöste Eheversprechen im fernen Kastilien noch aus dem Grab. Der Graf läßt sich, als er von dem Wunder erfährt, mit der Toten trauen. – Aus Liebe zur schönen Inés de Tordesillas werden in *El Cristo de Calavera (Das Bild mit dem Totenkopf)* zwei Freunde zu Rivalen, die sich nachts duellieren und nur durch eine überirdische Erscheinung sich ihres Tuns bewußt werden. Als sie beschließen, ihrer Angebeteten selbst die Wahl zu überlassen, und sie zu diesem Zweck heimlich aufsuchen, werden sie Zeugen, wie Inés gerade ihren tatsächlichen Liebhaber verabschiedet. – *El beso (Der Kuß)* ist, wie die wenige Jahre zuvor erschienene phantastische Novelle *La Vénus d'Ille* von P. Mérimée (1803–1870), eine Variation über das Thema des *»Steinernen Gastes«*. Ein Rittmeister der französischen Revolutionsarmee verliebt sich bei einem Zechgelage in der Kathedrale von Toledo in die Grabesstatue einer schönen Kastilierin. Da er die Statue ihres Gatten provoziert – unter anderem fordert er sie auf, mit ihm zu trinken –, stirbt er von der Steinhand des Edelmanns, als er die Frauenstatue zu küssen versucht.

Deutlich spürbar ist der Einfluß der romantischen Erzählungen, vor allem der dem Autor wohl über französische Übersetzungen bekannten Werke E. T. A. Hoffmanns und E. A. Poes, aber auch der Erzählungen T. Gautiers. In ihrer Nachfolge kann man die *Leyendas* als bedeutende Beispiele der phantastischen Erzählung in der spanischen Literatur des 19. Jh.s ansehen. Zugleich sind sie damit Dokumente der romantischen Mittelalterbegeisterung, die sowohl die Themen der Geschichten als auch ihre Gestaltung erfaßt. Anders als bei Poe und Hoffmann erreicht die Darstellung des Wunderbaren, Phantastischen und Geheimnisvollen bei Bécquer aber niemals deren rhetorische Überhöhung.

S.L.

Ausgaben: Madrid 1871 (in *Obras*). – Madrid 1942 (in *Obras completas*, Hg. J. u. S. Alvarez Quintero; [11]1964). – Madrid 1973 (in *Obras completas*, Hg. u. Einl. D. Gamallo Fierros). – Barcelona 1984, Hg. u. Einl. E. Rull Fernández. – Madrid 1986, Hg. u. Einl. P. Izquierdo (Cátedra).

Übersetzungen: *Die grünen Augen. Das weiße Reh*, J. Speier (in J. S., *Fern im Süd*, Bln. 1885; unvollst.). – *Das Kreuz des Teufels. Der Gnom. Das weiße Reh. Der Rajah mit den roten Händen*, M. Spiro (in M. S., *Meisternovellen spanischer Autoren*, Bln. 1915; unvollst.). – *Legenden*, O. Stauf von der March, Bln. 1907. – *Legenden*, R. Caltofen, Zürich 1946 [Ausw.]. – Dass., H. Baltzer, Mchn. 1954 [Ausw.]. – *Die grünen Augen: Phantasiestücke*, F. Vogelgsang, Stg. 1982. – Dass., ders., Bln. 1984.

Literatur: R. Balbin Lucas, *B., fiscal de novelas* (in Revista de Bibliografía Nacional, 3, 1942, S. 133–165). – M. Baquero Goyanes, *Las »Leyendas« de G. A. B.* (in M. B. G., *El cuento español en el siglo XIX*, Madrid 1949). – C. Gallaher, *The Predecessors of B. in the Fantastic Tale*, Hammond 1949. – J. E. Englekirk, *E. A. Poe in Hispanic Literature*, Mexiko 1953. – M. R. Lida de Malkiel, *La leyenda de B. »Creed en Dios« y su presunta fuente francesa* (in CL, 5, 1953, S. 235–246). – J. Alcina Franch, *Estudio en G. A. B. Leyendas*, Barcelona 1967. – M. García Viñó, *Mundo y trasmundo de las »Leyendas« de B.*, Madrid 1970. – Y. Montalvo, *Las voces narrativas en las »Leyendas« de G. A. B.*, NY 1983. –

L. M. Willem, *Folkloric Structure and Narrative Voice in B.'s »Leyendas«* (in Mester, 1, 1984, S. 351–380).

RIMAS

(span.; *Gedichte*). Gedichtzyklus von Gustavo Adolfo BÉCQUER, erschienen 1871. – Einige der seit 1856 entstandenen Gedichte wurden ab 1859 in verschiedenen Zeitschriften veröffentlicht. Die von Bécquer besorgte, zur Publikation bestimmte Zusammenstellung aller *Rimas* ging 1868 in den Wirren der Revolution verloren; Dichterfreunde publizierten die *Rimas* unter Rückgriff auf das sog. *Libro de los Gorriones (»Spatzenbuch«)*, das 79 Gedichte enthielt, postum 1871 unter Ausschluß von drei Gedichten und unter Neuanordnung der Texte, die der Verfasser des Vorworts, R. R. CORREA (vor 1840–1894), maßgeblich verantwortete. In den heutigen Ausgaben sind neben den drei in der Erstausgabe ausgeschiedenen sieben weitere, später aufgefundene Gedichte abgedruckt.

In Anlehnung an den bedeutendsten europäischen Liebeslyrikzyklus, PETRARCAS *Canzoniere (Le Rime)*, sind die *Rimas* zu einer fiktiven Liebesgeschichte angeordnet. Nach einleitender dichtungstheoretischer Reflexion (I–VIII), in der Poesie, Liebe und dichterisches Genie verbunden werden, kommt die Liebe des Sprechers zu einer idealisierten, zunächst unerreichbaren Frau zum Ausdruck, die jedoch, anders als im petrarkistischen System, zur Erfüllung führt (IX–XXIX). Darauf folgt der Bruch mit der Geliebten; Erinnerung an das vergangene Liebesglück, nie endender Schmerz des Liebenden, bittere Vorwürfe an die entidealisierte Geliebte, Einsamkeit und Resignation sind fortan die Themen (XXX–LXVII). Reflexionen über die Nichtigkeit des Lebens, die Unstillbarkeit des Verlangens, den Tod und die Sehnsucht nach dem Tod schließen die *Rimas* ab (LXVIII–LXXVI). – Nicht zuletzt gefördert durch das Vorwort von CORREA zur Erstausgabe, herrschte auch in der Wissenschaft lange Zeit die Überzeugung vor, die *Rimas* seien authentische und spontane Verdichtung des (Liebes-)Lebens des Autors (»Erlebnislyrik«): *No finge nunca ... habla según siente (Er erfindet nie ... er redet, wie er fühlt)*. Heute geht man mit Recht davon aus, daß es sich um eine geschickte Authentizitäts- und Spontaneitätsfiktion handelt und es von zweitrangiger Bedeutung ist, nach den Entsprechungen von Dichtung und Leben zu suchen. Bécquers prinzipieller Schaffensprozeß aus der Distanz zum »Erlebnis« *(»cuando siento no escribo« – »wenn ich fühle, schreibe ich nicht«)*, seine bezeugte intensive Korrekturarbeit, seine Absicht, das Material zum Zyklus zu ordnen, die deutliche Rhetorisierung seiner Texte und die zum Teil enge intertextuelle Bezugnahme auf Vorbilder wie H. HEINE und V. HUGO bestätigen diese neuere Sicht.

Der sensible Vielleser Bécquer verarbeitet in seiner Liebeslyrik die beiden großen Traditionslinien der europäischen Liebesdichtung: die petrarkistisch-neoplatonistische der Renaissance und des Barock und die subjektiv-expressive der Romantik. Sowohl in der Thematik (petrarkistischer Frauenpreis, Idealisierung der Geliebten, Ineinssetzung von Liebe und Dichtung, Vereinigung der Seelen der Liebenden versus romantisches Selbstbewußtsein des Dichtergenies, Darstellung des Ungenügens am Sein, der unstillbaren Sehnsucht nach dem Unerreichbaren, schauerromantische Verbindung von Liebe, Mysterium und Tod) als auch in der diskursiven Vermittlung (lobpreisende Beschreibung, topische Metaphorik des *siglo de oro* versus balladeskes Erzählen von Geschichten, Dialogisierung) sind die beiden Traditionen deutlich sichtbar. Die Leistung Bécquers liegt in ihrer Verbindung und Transformation. Durch die Entlastung von pomphaft-oratorischer Rhetorik und die Verwendung weitgehend einfacher Naturmetaphorik erreicht Bécquer eine für die Zeit ungewöhnliche Intimität und Verknappung des lyrischen Diskurses. Die Vorliebe Bécquers gehört nicht der *»poesía magnífica y sonora ... que se englana con todas las pompas de la lengua« (»einer prunkhaften und sonoren Dichtung ... die sich mit allem Pomp der Sprache putzt«)*, sondern deutlich der zweiten Form von Lyrik, wie er sie in der Rezension zur Gedichtsammlung *La Soledad* seines Freundes A. FERRAN (1835–1880) definiert: *»einer natürlichen, kurzen, nüchternen Poesie, die der Seele wie ein elektrischer Funke entspringt, die das Gefühl mit einem Wort verletzt und flieht und ohne jede Künstlichkeit, zwanglos in freier Form, die tausend Ideen aufweckt, die im grundlosen Ozean der Phantasie schlafen«*. Die freilich stark rhetorisch geprägte Strukturiertheit der meisten *Rimas*, die Vorliebe für Vergleiche, Parallelismen, zwei- und dreigliedrige Korrelationen, die Beachtung metrischer Zwänge (Romanzenvers, Silva, *octava real*) offenbaren zwar allzu deutlich die Konstruiertheit der Gedichte. Gleichwohl kommt Bécquer in seiner dichterischen Praxis durchaus dem gepriesenen zweiten Lyriktyp, der *»poesía de los poetas« (»der wahrhaft poetischen Poesie«)*, nahe, und zwar im Bereich der Metrik, wo er sich von den herrschenden Regeln vorsichtig löst (generelle Vorliebe für assonantische Reime gegenüber konsonantischen; plurimetrische Verse), und im Bereich der Bedeutungsebene, wo es ihm gelingt, mit einfachsten Naturbildern, unterstützt durch die Musikalität und den Klangzauber der Sprache, immer neu das Glück der Vereinigung bzw. den Schmerz über die Unaufhebbarkeit des Getrenntseins auszudrücken und prekäre Seelenzustände, Stimmungen der unbestimmten Trauer, der Sehnsucht und des Verlorenseins zu evozieren. Aufgrund der geschickten Verschmelzung der lyrischen Traditionen, vor allem des *siglo de oro* und der englischen, deutschen, französischen und spanischen Romantik, der Anregung durch die andalusische Volkspoesie und das deutsche Kunstlied und der Überformung dieser Traditionsstränge durch die autorspezifische Ästhetik der Reduktion und der Evokation kann Bécquer in bezug auf die spanische Lyrik als Romantiker gelten, der die Romantik überwindet und damit den Weg bereitet für die Moderne. Nicht nur der *modernismo* des ausgehenden 19. Jh.s, sondern vor allem die Dichter der *generación del 27* (wie J. GUILLÉN, R. ALBERTI und L. CERNUDA) sehen in ihm einen entscheidenden Neuerer und Anreger. H.We.

AUSGABEN: Madrid 1871 (in *Obras*; Vorw. R. R. Correa). – Madrid 1963, Hg., Vorw. u. Anm. J. P. Díaz. – Madrid 1965, Hg. u. Vorw. J. M. Díez Taboada. – Madrid 1971 (*Libro de los Gorriones*, Hg. R. de Balbín Lucas u. A. Roldán). – Madrid 1972, Hg., Vorw. u. Anm. R. Pageard. – Madrid 1974, Hg., Vorw. u. Anm. J. C. de Torres. (Castalia).

ÜBERSETZUNGEN: *G. A. B.s Gedichte*, U. Darapsky, Lpzg. 1902 [unvollst.]. – *Spanische Lieder von G. A. B.*, R. Jordan, Halle o. J. [um 1920].

LITERATUR: L. Cernuda, *B. y el romanticismo español* (in Cruz y Raya, 26, 1935, S. 45–73; auch in L. C., *Críticas, ensayos y evocaciones*, Barcelona 1970, S. 99–114). – J. Guillén, *La poética de B.* (in Revista Hispánica moderna, 8, 1942, S. 1–42). – D. Alonso, *Originalidad de B.* (in D. A., *Ensayos sobre poesía española*, Madrid 1944, S. 261–304). – C. Bousoño, *Las pluralidades paralelísticas de B.* (in C. B. u. D. Alonso, *Seis calas en la expresión literaria española*, Madrid 1951, S. 187–227). – J. M. de Cossío, *B.* in J. M. de C., *Cincuenta años de poesía española (1850–1900)*, Bd. 1, Madrid 1960, S. 392 bis 415. – J. M. Díez Taboada, *La mujer ideal. Aspectos y fuentes de las »Rimas« de G. A. B.*, Madrid 1965. – C. Zardoya, *Las »Rimas« de G. A. B. a una nueva luz* (in C. Z., *Poesía española contemporánea*, Madrid 1961, S. 19–89). – *Estudios sobre G. A. B.*, Madrid 1972. – J. Casalduero, *B.* (in J. C., *Estudios de literatura española*, Madrid ³1973, S. 206–244). – R. Cotrait, *Sur la Rima LIII de B.* (in Recherches sur le monde hispanique au dix-neuvième siècle, Lille/Paris 1973, S. 165–197). – Hg. R. P. Sebold, *G. A. B.*, Madrid 1982. – P. J. de la Peña, *El B. no romántico* (in CHA, 1983, Nr. 402, S. 51–68). – J. M. Díez Taboada, *El tema de la unión de las almas y las fuentes de la Rima XXIV de B.* (in Revista de literatura, 46, 1984, S. 43–87).

JOSEPH BLANCO WHITE

eig. José María Blanco y Crespo

* 11.7.1775 Sevilla
† 20.5.1841 Liverpool

LETTERS FROM SPAIN

(engl.; *Briefe aus Spanien*). Kostumbristische Briefe von Joseph BLANCO WHITE (Spanien), erschienen 1822. – Die als Hauptwerk des protestantischen Spaniers Blanco White geltende, aus insgesamt 13 Briefen und einem Anhang bestehende Sammlung kostumbristischer Skizzen ist das Resultat eines Projekts des schottischen Poeten Th. CAMPBELL (1777–1844), der für seine Zeitschrift ›The New Monthly Magazine‹ einschlägige Artikel in Auftrag gab. Blanco White hatte sich nach der Rückkehr des absolutistisch ausgerichteten Königs Ferdinand VII. (1814) völlig von der spanischen Sprache und Kultur abgewandt, schöpfte jedoch nach dem erfolgreichen liberalen Aufstand von 1820 wieder Hoffnung für Spanien und verfaßte in Form von fiktiven Briefen die Memoiren Doblados, die von der Autobiographie eines jungen spanischen Priesters namens Leandro im dritten Brief unterbrochen werden: beide Autoren stehen – wie aus dem Vorwort zur zweiten Ausgabe hervorgeht – für Blanco White selbst.
Im ersten, mit Mai 1798 datierten Brief kehrt der Erzähler aus seinem englischen Exil nach Spanien zurück und bekundet die Absicht, dem Leser eine tiefgründige Darstellung der spanischen Sitten und eine Skizze des vorherrschenden Geisteslebens zu liefern. Im Vordergrund steht dabei eine überaus ätzende Religionskritik, die in verschiedenen Variationen den gesamten Text durchzieht. Doblado bezeichnet sich selbst als *»monacophob«* und begründet diese Haltung mit der persönlichen Kenntnis dieses *»verhaßten, wahrhaftigen Dschungels«*, den die Klöster in ihrem Inneren aufzuweisen hätten. – Im zweiten Brief steht dem obskuren Spanien England als leuchtendes Beispiel für Freiheit und sinnvolle Politik gegenüber, wobei insbesondere den spanischen Granden der Prozeß gemacht wird: Allzulang getragene Fesseln des spanischen Volkes würden den Weg in die Freiheit, in eine auf einer Verfassung beruhende Staatsform erschweren. – Den Schwerpunkt der Sammlung bildet der dritte Brief, in dem der fiktive Erzähler das Wort und damit die Religionskritik dem jungen Leandro überläßt: exemplarisch – wie Blanco White dies auch in seinen übrigen Schriften zu tun pflegt – wird an Hand des autobiographischen Manuskripts Leandros die *»Herausbildung des intellektuellen und moralischen Charakters«* unter den spanischen Verhältnissen des ausgehenden 18. Jh.s dargestellt, um dem Leser – im Sinne ROUSSEAUS – die Verderbtheit der religiösen Institutionen unmiß-

verständlich vor Augen zu führen. Die repressive Erziehung unter schärfster ideologischer Kontrolle der klerikalen Umgebung, die unheilvollen Auswirkungen der Beichte auf die kindliche Psyche, die Bestrafung für die Lektüre aufklärerischer französischer Texte, die inhumanen Zwänge des Zölibats: das sind die Hauptangriffspunkte des autobiographisch-didaktischen Einschubs im dritten Brief. *»Ignoranz, Fanatismus und Aberglaube«* der spanischen Gesellschaft sollen dem englischen Leser vor Augen geführt werden.
Die folgenden drei Briefe befassen sich eingehend mit den Widersprüchen und Absurditäten der Verhältnisse in Spanien und werfen die Fage auf, aus welchen Gründen ein Stierkampf moralisch weniger Schaden anrichten kann als eine Theatervorstellung, warum die Blutreinheit für die spanische Gesellschaft noch immer von Bedeutung ist und man bei Gelbfieberseuchen (Sevilla 1801) dem Übel mit Hilfe von religiösen Praktiken beikommen möchte. – Im siebenten und achten Brief richtet der Autor – Diderot folgend – heftige Invektiven gegen die verfänglichen Mechanismen der Mönchs- und Nonnenklöster und schreckt nicht davor zurück, die Ordensgründer für die aufgezeigten Auswüchse verantwortlich zu machen. Sich stets auf die eigene Erfahrung als Priester berufend, deckt Doblado die sonst undurchschaubaren Strukturen auf und demonstriert an mehreren Beispielen, wie junge, idealistische Menschen in die *»grausamste aller Maschinerien, die Klöster«*, geraten können. Nach einer äußerst kritischen Skizzierung der andalusischen Bräuche (neunter Brief) geht Doblado in den letzten drei Briefen auf die politischen Wirren Spaniens ein, die zur Katastrophe von 1808 und zur Ausweglosigkeit führten. Auch hier dominieren autobiographische Elemente: der lebhafte Augenzeugenbericht über das grausame Vorgehen der französischen Armee und die Flucht des Autors nach Sevilla dienen der Kritik an den Zuständen am spanischen Hof, dessen Korruptheit besonders unterstrichen wird. Zwischen französischer Armee und einheimischer Tyrannei eingezwängt, bleibt dem spanischen Priester nur mehr eine Möglichkeit offen: der Weg ins Exil.
Diese Grundaussage des Werks wurde von der spanischen Kritik lange Zeit hindurch negiert. Sogar Menéndez y Pelayo hatte die ideologische Ausrichtung des religiösen Abweichens noch aufs schärfste verurteilt. Erst vor einigen Jahren wurden die *Letters from Spain* im Rahmen der Rehabilitierung des Autors ins Spanische übersetzt. Blanco Whites Verdienst liegt in der Überschreitung des Rahmens der traditionellen Reiseromane seiner Zeit, indem er seine persönliche Entwicklung in mehreren Perspektiven und Varianten collagenartig und in brillantem Stil darzustellen vermochte. K.Er.

AUSGABEN: Ldn. 1822. – Ldn. 1825.

ÜBERSETZUNGEN: *Briefe aus Spanien*, E. L. Domeier, Hbg. 1824. – *Cartas de España*, A. Garnica, Madrid 1972; ern. 1983 [span.].

LITERATUR: *The Life of the Reverend J. B.-W., Written by Himself with Portions of His Correspondence*, Hg. J. H. Thom, 3 Bde., Ldn. 1845. – E. Piñeyro, *B.-W.* (in BHi, 12, 1910, S. 71–100; 163–200). – M. Méndez Bejarano, *Vida y obras de J. M. B. y C.*, Madrid 1920. – C. Palencia, *B.-W. y sus »Cartas sobre España«* (in CA, 115, 1961, S. 179–193). – V. Llorens, *B.-W. en el Instituto Pestalozziano* (in *Homenaje a A. Rodríguez-Moñino*, Bd. 1, Madrid 1966, S. 349–365). – A. Pons, *Recherches sur B.-W. et l'indépendence des colonies espagnoles d'Amérique*, Diss. Univ. de Paris III 1974. – L. Domergue, *J. B.-W. (Sevilla 1775–Liverpool 1841): L'obsession autobiographique chez un apostat* (in L. D., *L'autobiographie en Espagne*, Aix-en-Provence 1982, S. 111–133). – J. Goytisolo, *Obra inglesa de J. M. B.-W.*, Barcelona 1974. – K. Hack, *Spanien – J. M. B.-W. – ein gesellschaftskritischer Autor wird wiederentdeckt* (in Hispanorama, 1982, Nr. 32, S. 22–27). – K.-D. Ertler, *Die Spanienkritik im Werk J. M. B.-W.s*, Ffm./Bern 1985.

MANUEL BRETÓN DE LOS HERREROS

* 18.12.1796 Quel / Logroño
† 8.11.1873 Madrid

LITERATUR ZUM AUTOR:
M. de Molíns, *B. de los H. Recuerdos de su vida y de sus obras*, Madrid 1883. – G. Le Gentil, *Le poète M. B. de los H. et la société espagnole de 1830 à 1860*, Paris 1909. – N. Alonso Cortés, *B. de los H., teatro*, Madrid 1943. – S. N. B. Chaskin, *Social Satire in the Works of M. B. de los H.*, Diss. Univ. of Virginia 1968. – J. A. Corey, *The Comedies of M. B. de los H.*, Diss. UCLA 1972. – E. Caldera, *La commedia romantica in Spagna*, Pisa 1978. – G. Flynn, *M. B. de los H.*, Boston 1978 (TWAS). – P. Garelli, *B. de los H. la sua »formula cómica«*, Imola 1983.

MARCELA O ¿Á CUAL DE LOS TRES?

(span.; *Marcella oder Wen von den dreien?*). Verskomödie in drei Akten von Manuel BRETÓN DE LOS HERREROS, Uraufführung: Madrid, 30. 12. 1831, Teatro del Príncipe. – Einziger Schauplatz dieser Komödie, mit der Bretón sich vom Einfluß von Fernández de MORATÍN (vgl. *La comedia nueva* ...) zu lösen beginnt, ist das Haus der schönen jungen Witwe Marcella, einer Dame der Madrider Gesellschaft. Hier finden sich abwechselnd drei Verehrer ein: Agapito, ein eitler Geck, der Poet Amadeo, ein ebenso schüchterner wie produktiver Verfasser zarter Verse, und dessen Vetter Martín, Hauptmann

der Artillerie, Andalusier, ein polternder, aber unterhaltsamer Gesellschafter. Diese drei bewerben sich, teils direkt, teils indirekt über das Personal oder über Verwandte, um Marcellas Gunst. Da keiner den Mut zu einem offenen Heiratsantrag hat, wählen sie schließlich den schriftlichen Weg und nötigen dadurch die Umworbene zur Entscheidung. Obwohl sie erst 25 Jahre zählt, erweist sich Marcella als eine kluge, erfahrene Frau. Sie bittet die Bewerber zu sich und erteilt jedem von ihnen eine begründete Absage, wobei sie beweist, wie genau sie die drei Herren kennt und durchschaut. Ihrem Onkel Timoteo, der sie gern wieder verheiratet sähe und der ihre Entscheidung nicht versteht, erklärt sie: *»Mit meinem Verblichenen / war ich nicht glücklich. Bevor ich das Haupt / noch einmal unters Joch beuge, / betrachte ich's mir genau ... Gebranntes Kind / scheut das Feuer.«* Und: *»Ich liebe die Freiheit, / auf ihr beruht mein Glück ... Mit allen / spreche ich und mit keinem.«*
Das Stück, das mit Begeisterung aufgenommen wurde, erreicht seine komische Wirkung durch die karikierende Darstellung bestimmter Typen, die sich in erster Linie auf die Sprech- und Ausdrucksweise der Personen bezieht. Der Onkel Timoteo macht sich lächerlich durch seine übertriebene Vorliebe für Synonyme *(»Wie dumm ist dieser junge Mann, / wie töricht, wie beschränkt / und wie begriffsstutzig, wie plump!«)*, Agapito durch Galanterien, die haarscharf danebengehen, Amadeo durch unbeholfenes Stottern. Ihn ahmt Marcella nach: *»Eh ..., Ah ..., Ha ... – Wollen Sie mir die Tonleiter beibringen?«* Offenbar verspottet der Autor in Amadeo die romantischen Dichter seiner Zeit, von denen er sich auch im Metrum entfernt. Er wechselt zwischen dem Versmaß der von den Romantikern ausschließlich verwendeten *romances* und dem der *redondillas* und vermeidet im Gegensatz zu den Romantikern den unreinen Reim. – Von der gesellschaftskritischen Absicht, die seinen Stücken nachgesagt wird, ist in dieser Komödie wenig zu spüren, es sei denn, man entdeckt sie in den Schlußworten Marcellas: *»Heiraten will die Ledige, / Daß Freiheit sie erfreu', / jedoch bei einem Ehemann / droht Knechtschaft ihr aufs neu. / In jedem Stand und Lebenskreis / ist unglücklich die Frau; / nur für die freie Witwe ist / das Leben nicht so grau.«* D.Kös.

Ausgaben: Madrid 1831. – Madrid 1850/51 (in *Obras*). – Logroño 1975, Hg. u. Einl. F. Serrano Puente.

Literatur: S. E. Howell, *Does B.'s »Marcela« stem from »Quijote«?* (in MLN, 53, 1938, S. 195/196). – A. del Campo, *Sobre la »Marcela« de B., 1831* (in Berceo, 2, 1947, S. 41–56). – L. Yravedra, *Las figuras femeninas del teatro de B.* (ebd., S. 17–24).

¡MUÉRETE Y VERÁS!

(span.; *Stirb, und du wirst sehen!*). Verskomödie in vier Akten von Manuel Bretón de los Herreros, Uraufführung: Madrid, 27.4.1837, Teatro del Príncipe. – Schauplatz dieser Komödie, die zur Zeit des ersten Karlistenkriegs (1833–1839) spielt, ist Saragossa. In Jacinta, die Verlobte des Armeeoffiziers Don Pablo, ist dessen Freund und Kamerad Don Matías verliebt, während Jacintas Schwester, Isabel, heimlich in Liebe zu Don Pablo entbrannt ist. Ewige Treue verspricht Jacinta dem Verlobten, als dieser mit dem Freund in den Krieg zieht. Nach dem Sieg der Armee über die Rebellen kehrt Matías mit der Nachricht vom Heldentod Don Pablos allein nach Hause zurück. Rasch gelingt es ihm, Jacinta zu trösten: Schon am nächsten Tag soll die Hochzeit sein. Da kehrt unbemerkt auch Don Pablo, der in Wirklichkeit nur verwundet war, heim, vernimmt Totengeläut, erfährt, daß es ihm gilt, und belauscht, neugierig geworden, ein Gespräch seiner Freunde. Dabei hört er nicht nur von der bevorstehenden Hochzeit, sondern auch von Isabels Liebe zu ihm. Als am nächsten Tag mit den Unterschriften des Brautpaars und der Zeugen der Trauakt vollzogen ist, ertönt aus dem Nebenzimmer eine Stimme: *»Ein Zeuge fehlt!«* Und herein tritt, während *»ein lebhafter rötlicher Schimmer das Zimmer erfüllt«*, eine weiße Gestalt, Don Pablo, *»der Tote!«* Die Gesellschaft gerät angesichts dieses Ereignisses in Panik und begreift erst allmählich die Wahrheit. Nun rechnet Don Pablo spöttisch mit seinen Freunden ab und verkündet, daß er Isabel heiraten werde.
Wie in den meisten Stücken Bretóns de los Herreros wird auch hier die komische Wirkung in erster Linie durch karikierende Darstellung bestimmter Typen erreicht. Dabei verspottet der Autor, deutlicher noch als in *Marcela o ¿A cual de los tres? (Marcela oder Wen von den dreien?)*, die romantischen Bühnenerzeugnisse seiner Zeit. So ist die schüchterne, seelenvolle Isabel eine Karikatur der idealistisch verklärten, empfindsamen Frauengestalten der Romantiker, die Schlußszene mit dem rot umlohten Auftritt des angeblichen Gespensts eine Persiflage auf die phantastischen Bühnenerfindungen einiger Zeitgenossen. D.Kös.

Ausgaben: Madrid 1840. – Paris 1853 (in *Obras escogidas*). – Madrid 1969, Hg. u. Einl. N. A. Cortés (Clás. Cast). – Saragossa 1983.

Übersetzung: *Stirb und du wirst sehen*, J. Fastenrath (in *Lustspiele*, Dresden/Lpzg. 1897).

Literatur: J. M. Asensio, *El teatro de don M. B. de los H.* (in La España Moderna, 97, 1897, S. 79–100). – L. Yravedra, *Las figuras femeninas del teatro de B.* (in Berceo, 2, 1947, S. 17–24). – R. Allen, *The Romantic Element in B.'s »Múerete y verás«* (in HR, 34, 1966, S. 218–227). – A. Goenaga u. J. P. Maguna, *Teatro español del siglo XIX, análisis de obras*, Long Island 1972.

JOSÉ DE CADALSO Y VÁZQUEZ

* 8.10.1741 Cádiz
† 26.2.1782 Gibraltar

LITERATUR ZUM AUTOR:
N. Glendinning, *Vida y obra de C.*, Madrid 1962. – F. Ximénez de Sandoval, *Vida y muerte de un poeta soldado*, Madrid 1967. – R. P. Sebold, *Colonel Don J. C.*, NY 1971 (TWAS). – Ders., *C.: El primer romántico »europeo« de España*, Madrid 1974. – J. K. Edwards, *Tres imágenes de J. C.: el crítico, el moralista, el creador*, Sevilla 1976. – D. E. Schurlknight, *C.: Tensión vital, tensión literaria* (in REH, 3, 1979, S. 429–437). – A. Castro Díaz, *El hombre de la »Mente anochecida« de Young a C.* (in CHA, 1980, Nr. 356, S. 371–391). – CHA, 1982, Nr. 389 [Sondernr.: *Homenaje a J. C.*]. – *Coloquio internacional sobre J. C. en Bologna*, Abano Terme 1986.

CARTAS MARRUECAS

(span.; *Briefe aus Marokko*). Werk von José de CADALSO Y VÁZQUEZ, zwischen 1768 und 1774 geschrieben, unvollendet geblieben und 1793 postum erschienen. – Die Korrespondenten des fingierten Briefwechsels, der dem Muster von MONTESQUIEUS *Lettres persanes* folgt, sind die Marokkaner Gazel Ben-Aly, der im Gefolge des marokkanischen Botschafters nach Madrid gekommen ist, und Ben-Beley, sein ehemaliger Lehrer. Von dem Spanier Nuño Núñez in die Salons und literarischen Kreise der Hauptstadt eingeführt, macht sich Gazel mit der Geschichte Spaniens und den Lebensbedingungen auf der Halbinsel vertraut. Indem Nuño seinen Freund über den Charakter, über die Sitten und Gebräuche seiner Landsleute unterrichtet, lehrt er ihn aber auch erkennen, was darin Fassade oder Imitation des Französischen ist. Gazels Briefe geben getreu alle diese Lehren und seine eigenen Beobachtungen wieder. An anderer Stelle behandelt er das Thema der Moral unter allgemeineren Aspekten. In Nuños, Gazels und seines Lehrers Ansichten spiegeln sich wie in einem Prisma die verschiedenen Gesichtspunkte, unter denen der Autor das Phänomen der spanischen Dekadenz einer kritischen Analyse unterzieht. Sein lebendiger Sinn für nationale Traditionen verleitet Cadalso aber nicht zu einer Verherrlichung des Spanischen; andererseits steht er auch fremden Einflüssen skeptisch gegenüber. Er plädiert für einen »wohlverstandenen«, auf geschichtliches Wissen gegründeten Patriotismus (Briefe 16, 21, 44 u. a.) und bezeichnet den Nationalcharakter als eine farbige Vielheit aus verschiedenen regionalen Eigenschaften (Briefe 21, 26). Er prangert den Adelsstolz und die soziale Ungerechtigkeit an und beklagt das niedrige Niveau der spanischen Wissenschaft. Als aufgeschlossener und großzügiger Geist kämpft Cadalso gegen jede Form der Abstraktion. Er polemisiert gegen den französischen Rationalismus (Brief 77) und empfiehlt seinen Landsleuten, damit auch Spanien am Fortschritt der Zivilisation teilnehme: *»Widmen wir uns den positiven Wissenschaften, damit die Ausländer uns nicht Barbaren nennen.«* M.Ca.-KLL

AUSGABEN: Madrid 1793. – Madrid 1944, Hg. F. Sáinz de Robles. – Madrid 1950 (Hg. u. Einl. J. A. Tamayo y Rubio Clás. Cast). – Madrid 1984 (Austral). – Madrid 1985, Hg. u. Einl. J. Arce (Cátedra). – Madrid 1986, Hg. u. Einl. M. Camarero Gea (Castalia).

LITERATUR: W. Mulertt, *Die Stellung der Marokkanischen Briefe innerhalb der Aufklärungsliteratur*, Halle 1937. – A. Güntzel, *Die »Cartas marruecas« des Don J. de C.*, St. Gallen 1938. – P. Laborde, *C. et Montesquieu* (in Revue des Langues Romanes, 71, 1952, S. 171 ff.). – G. Adolfini, *Le »Cartas marruecas« di J. de C. e la cultura spagnuola della seconda metà del settecento* (in Filologia Romanza, 3, 1956, S. 30–83). – N. Glendinning, *New Light on the Circulation of C.'s »Cartas marruecas« before Its First Printing* (in HR, 28, 1960, S. 136–149). – J. B. Hughes, *J. C. y las »Cartas marruecas«*, Madrid 1969. – K.-J. Bremer, *Montesquieus »Lettres persanes« und C.s »Cartas marruecas« Eine Gegenüberstellung von zwei pseudo-orientalischen Briefsatiren*, Heidelberg 1971. – H.-J. Lope, *Die »Cartas marruecas« von J. C. Eine Untersuchung zur spanischen Literatur des 18. Jhs.*, Ffm. 1973. – H. Lomné, *C. e la diversité des provinces dans les »Cartas marruecas«* (in Ibéria, 1, 1977, S. 173–186). – H.-J. Lope, *»Pongamos la fecha desde hoy…« Geschichte und Geschichtsschreibungen in den »Cartas marruecas« von J. C.* (in *Aufsätze zur Literaturgeschichte in Frankreich, Belgien und Spanien*, Hg. H.-J. L., Ffm. u. a. 1985, S. 157–178).

LOS ERUDITOS A LA VIOLETA O CURSO COMPLETO DE TODAS LAS CIENCIAS, DIVIDIDO EN SIETE LECCIONES PARA LOS SIETE DIAS DE LA SEMANA

(span.; *Die Schöngeister oder Vollständiger Kursus über alle Wissenschaften, eingeteilt in sieben Vorlesungen für die sieben Tage der Woche*). Satire von José de CADALSO Y VÁZQUEZ, erschienen 1772. – Wie in *Cartas marruecas* wehrt sich Cadalso auch in diesem Werk gegen die gedankliche Oberflächlichkeit, gegen sprachlichen Schwulst bei Ideenmangel und das pedantische Getue der Großsprecher. Wörtlich rechtfertigt er sein Vorhaben wie folgt: *»Wollte im vergangenen Jahrhundert jemand als Wissender gelten, so mußte er das gesellige Leben meiden, viel rauchen, immer schlechte Laune vortäuschen, wenig sprechen und mit aufgeblähtem Wortschwall über die einfachsten Dinge schwadronieren.«* In seiner Zeit, fährt

Cadalso fort, habe sich die Situation geändert, aber nicht zum Besseren, denn *»um glaubhaft zu machen, daß man ein Wissender ist, genügt es, Französisch halbwegs zu verstehen, öffentliche Vergnügungen zu frequentieren, die Alten zu beschimpfen und selbst über die tiefsinnigsten Dinge draufloszuschwatzen«*. Diese Situation habe ihn veranlaßt, die heutigen dünkelhaften Ignoranten zu kritisieren und ihnen in sieben Lektionen, je einer für jeden Wochentag, das unerläßliche Minimum auf allen Gebieten des Wissens zu vermitteln, so am Montag: *»Allgemeine Idee der Wissenschaften«*; Dienstag: *»Poetik und Theoretik«*; Mittwoch: *»Alte und neue Philosophie«*; Donnerstag: *»Natur- und Völkerrecht«*; Freitag: *»Theologie«*; Sonnabend: *»Mathematische Wissenschaften«*; und am Sonntag: *»Allerlei Wissenswertes«*. In ironischem Ton, der vom Vorwort zu *Don Quijote* von Cervantes inspiriert ist, macht sich der Autor so über das Halbwissen lustig, das auf einigen allgemeinen Formeln beruht, und die scheinbar klassische Bildung, die sich auf einige Namen beschränkt und auf eine flüchtige Bekanntschaft mit den berühmtesten römischen Dichtern des römischen Zeitalters. Im Französischen genügen den Schöngeistern einige Kenntnisse der Theaterkritik, im Italienischen begnügt man sich mit Petrarca, Tasso und Guarini, im Spanischen mit den klassischen Dichtern Boscán, Garcilaso, Luis de León, Herrera, und im Englischen mit Shakespeare und Milton.

Mit diesem Werk – neben *Cartas marruecas* – reiht sich Cadalso in die Zahl der Schriftsteller und Gelehrten ein, die als Träger der spanischen Aufklärung eine Erneuerung der Literatur, der Wissenschaften und des gesamten Geisteslebens anstrebten und nach Überwindung der Übel trachteten, die B. J. Feijóo y Montenegro in seinen Werken *Teatro crítico universal* (1726–1740) und *Cartas eruditas y curiosas* (1742–1751) als Pionier der Aufklärung in Spanien bekämpft hatte: Aberglauben, konformistische Haltung, Wundersucht, Mißachtung der Naturwissenschaften, Rückständigkeit im Bildungs- und Erziehungswesen. Die von den spanischen Aufklärern des 18. Jh.s ausgegangenen geistigen Impulse versanken im politischen Chaos des 19. Jh.s, lebten jedoch in der Kritik von M. J. de Larra (1809–1837) wieder auf und fanden ein fernes Echo in den Erneuerungsbestrebungen der »Generation von 98«.

Cadalso hat später dieses Werk mit *Suplemento al papel intitulado ‹Los eruditos a la violeta›* vervollständigt. Im selben Stil schrieb er auch die Satire *Los militares a la violeta*. A.F.R.

Ausgaben: Madrid 1772 [m. Erg.]. – Madrid 1772 [erw.]. – Madrid 1781. – Madrid 1928 (Vorw. R. Miquel y Planas; Pequeña colección del bibliófilo). – Madrid 1944, Hg. F. Sáinz Robles. – Sevilla 1982.

Literatur: J. M. de Cossío, *»Los eruditos a la violeta« de C.* (in Boletín de la Biblioteca Menéndez Pelayo, 8, 1926, S. 232/233). – E. Lunardi, *La crisi del 700. J. C.*, Genua 1948. – L. A. de Cuenca, *Una lectura de »Los eruditos a la violeta«* (in CHA, 1982, Nr. 389, S. 279–290).

ROSALÍA DE CASTRO DE MURGUÍA

* 21.2.1837 Santiago de Compostela
† 15.7.1885 Padrón

DAS LYRISCHE WERK (span./gal.) von Rosalía de Castro.

Rosalía de Castro, in der eine ideologisch ausgerichtete Kritik vor allem eine Symbolgestalt des galicischen Regionalismus und einer eigenständigen neuen galicischen Literatur oder auch eine frühe Feministin innerhalb einer patriarchalisch bestimmten Gesellschaft sehen will, steht im Kontext der spanischen Literaturgeschichte des späten 19. Jh.s nahezu gleichrangig neben Gustavo Adolfo Bécquer (1836–1870). Ähnlich wie Bécquers *Rimas* (postum 1871) kommt ihrem späten Lyrikband *En las orillas del Sar*, 1884 *(An den Ufern des Sar)*, eine entscheidende Bedeutung auf dem Weg zu einer Erneuerung der spanischen Lyrik zu, wie sie sich schließlich zu Beginn des 20. Jh.s vor allem in der Schule der *modernistas* realisiert hat. Manche ihrer Verse – hierauf hat schon L. Cernuda (1902–1963) verwiesen – lassen sich unschwer auch als Vorwegnahme Ruben Daríos (1867–1916) verstehen, so z. B. die modernistische Klangmetaphorik der Schlußstrophe aus *Pensamientos de alas negras (Gedanken aus schwarzen Flügeln)* aus dem Zyklus *Santa Escolástica: »Frescas voces juveniles, armoniosos instrumentos,/ ¡A Venid!, que a vuestros acordes yo quiero unir mis acentos« (»Ihr jugendlich frischen Stimmen, ihr Instrumente, in Harmonie,/ Kommt, euren Akkorden will ich singend mich verbinden«)*. Auch die Rezeptionsgeschichte zeugt vom ständig wachsenden Nachruhm der Rosalía de Castro. Zwar wird sie nicht gleich wie Bécquer zum *»poeta contemporáneo«* erhoben, doch huldigen ihr u. a. Federico García Lorca (vgl. *Canzón de cuna pra Rosalía Castro, morta. – Wiegenlied für die verstorbene Rosalía de Castro)*, Gerardo Diego und unlängst auch José Angel Valente. In ihren Widmungsgedichten zitieren und variieren sie – Diego in spanischer, Valente in galicischer Sprache – Verse und Bildfragmente aus Rosalía de Castros spätem Prosagedicht *Dicen que no hablan las plantas, ni las fuentes, ni los pájaros (Sie sagen, Pflanzen, Quellen, Vögel kennen keine Sprache)*.

Das lyrische Werk umfaßt fünf Bücher: die beiden Frühwerke, *La flor*, 1857 *(Blüten)*, und *A mi madre*, 1863 *(An meine Mutter)*, die in galicischer Sprache geschriebenen Sammlungen, *Cantares gallegos*, 1863 (*Lieder aus Galicien)*, und *Follas no-*

vas, 1880 *(Neue Blätter)*, sowie das wieder in spanischer Sprache verfaßte Spätwerk, *En las orillas del Sar*. – Die sechs teilweise recht umfangreichen Poeme aus *La flor* – darunter als bekanntestes *Un recuerdo (Erinnerung)* – orientieren sich in Thematik, Stil und Versformen noch ganz an der Tradition der spanischen Romantik. Darüber hinaus meint eine psychologisierende Kritik in der schmerzvollen Liebesthematik – einem Leitthema auch in den späteren Werken, das literaturgeschichtlich gesehen an J. de EESPRONCEDAS *Canto a Teresa* erinnert – auch autobiographische Züge entdecken zu können: die »Sublimierung des Makels einer unehelichen Geburt«. Trotz oder vielleicht besser wegen seiner Traditionalität erfuhr der schmale Lyrikband der kaum Zwanzigjährigen eine enthusiastische Kritik im Kreise der Madrider Literaten.

Anders als die stark traditionell geprägten Texte aus *La flor* und die von der Trauer über den Tod der Mutter bestimmten meist einfachen Verse aus *A mi madre* verweisen die kaum mehr als einhundert Gedichte und Gedichtzyklen der Sammlung *En las orillas del Sar* auf die Moderne. Was dabei die Modernität der Autorin ausmacht, das sind neben der Thematik des Schmerzes, der Einsamkeit und des Todes und einer Weltsicht, die *»der Philosophie des Absurden nicht mehr fern steht«* (M. Mayoral), vor allem die stilistischen und metrischen Neuerungen: eine Vorliebe für die Assonanz, die Auflösung der strengen Vers- und Strophenformen und ein Abrücken von der deklamatorischen Weitschweifigkeit der frühen Romantiker (vor allem Esproncedas) und auch vieler ihrer Zeitgenossen. Mit diesen Neuerungen, so originell sie auch im einzelnen sind, steht Rosalía de Castro letztlich in der Nachfolge Bécquers. Auch in scheinbar ganz einfach gehaltenen Texten, wie z. B. in dem vierstrophigen Gedicht *Las Campanas (Die Glocken)*, manifestieren sich die Besonderheiten der Lyrik Rosalía de Castros. Der reimlose Text ist auf das Thema des Todes als Teilnahme der Toten an der Welt der Lebenden hin pointiert, und das romantische Motiv der Glocken, das zunächst scheinbar ganz konventionell eingeführt wird – *»Yo las amo, yo las oigo / cual oigo el rumor del viento, / el murmurar de la fuente (...)« (»Ich lieb sie, höre sie / Wie Windesrauschen, / Quellenmurmeln ...«)* – wird aus seiner traditionellen Zuordnung zur romantischen Weltschmerzthematik gelöst und dem Thema des Todes untergeordnet: *»Si por siempre enmudecieran, ... / qué extrañeza entre los muertos« (»Doch verstummten sie einmal: ... Welch Wundern bei den Toten«)*. Trotz all der Modernität, die zu Recht vor allem der späten Lyrik der Autorin zuerkannt wird, entgehen ihre Texte nicht immer der Redundanz und der Banalisierung. Dies gilt vor allem für die Gedichte, die auf die Tradition der *Doloras* (1846) von R. de CAMPOAMOR (1817–1901) mit ihren Allerweltsweisheiten, ihrer einfach-alltäglichen Sprache und ihrer Kontrasttechnik verweisen, so z. B. *»Te amo ...: ¿por qué me odias?/ Te odio ...: ¿por qué me amas?« (»Ich lieb dich ...: was haßt du mich?/ Ich haß dich ...: was liebst du mich?«)*.

Weit bedeutsamer noch als für die spanische ist Rosalía de Castro für die galicische Literatur. Ihre *Cantares gallegos* markieren nach einhelliger Auffassung der Kritik den Beginn einer Renaissance des Galicischen als Literatursprache, den es seit dem späten Mittelalter verloren hatte. Und mit *Follas novas*, dem zweiten auf galicisch geschriebenen Lyrikband, hat Rosalía de Castro das Galicische endgültig wieder als Literatursprache institutionalisiert. In dem vielzitierten Prolog zu den *Cantares gallegos*, der sich als eine literarische und mehr noch als eine politisch-gesellschaftliche Programmschrift begreifen läßt, nennt die Dichterin ihre vorrangigen Ziele: die Apologie und Rehabilitierung der so viel geschmähten Region Galicien, ihrer Menschen und ihrer Sprache. Dieses Galicien, das für Ignoranten und Böswillige nur ein *»Dreckstall« (»un cortello inmundo«)* sei, stilisiert Rosalía de Castro zu einer gleichsam paradiesischen und dazu auch poetischen Landschaft: *»Seen, Wasserfälle, Sturzbäche, blühende Auen, Täler, Höhenzüge, blaue Himmel, so heiter wie diejenigen Italiens .... Galicien ist immer ein Garten, in dem man reine Düfte atmet, Frische und Poesie.«* Gegenstand der *Cantares gallegos* sei die Poesie des Volkes, zu deren Sprecherin sie sich gemacht habe: *»... all das, was um seiner Form und um seines Kolorits willen wert ist, besungen zu werden, all das, was als Echo, als Stimme, als ein Murmeln ... an mein Herz gerührt hat, all das habe ich in diesem schlichten Buch zu singen gewagt, um einmal wenigstens ... denen, die uns ... mißachten, zu sagen, daß unser Land rühmenswert ist und daß unsere Sprache nicht das Kauderwelsch ist, das man, plump sie verfälschend, ... dafür ausgibt ...«* (Übers. F. Vogelgsang). Die Poetisierung der Landschaft und der Glaube an das Volk als schöpferische Größe, an denen sich Rosalía de Castro in den *Cantares gallegos* orientieren will, all diese Vorstellungen sind zwar Topoi der europäischen Romantik, doch hat die Autorin sie als erste auf Galicien bezogen. Es ist indes nicht nur ein idyllisch-poetisches Galicien mit seinen Kirchweihfesten und Volksbräuchen und einer volksliedhaften Liebe (z. B. *»San Antonio bendito,/ dádeme un home« – »Heiliger San Antonius, schenk mir einen Mann«)*, das in den *Cantares gallegos* präsentiert wird. Auffällig ist, wenngleich sie andererseits nicht überaus stark vertreten ist, die soziale Thematik, und hier vor allem das Thema der von wirtschaftlicher Armut erzwungenen Emigration. Als populär gewordene Texte sind in diesem Zusammenhang vor allem zu nennen: das Abschiedslied des jungen Auswanderers: *Adiós ríos, adiós fontes (Lebt wohl ihr Flüsse, ihr Quellen)* und das Klagelied *Castellanos de Castilla,/ tratade ben ôs gallegos (Ihr Männer aus Kastilien, behandelt die Galicier gut)*, der Protest und Aufschrei einer Frau gegen die Arbeitsbedingungen in Kastilien, denen ihr Mann zum Opfer gefallen ist.

Noch weit schärfer als in den *Cantares gallegos* zeichnet Rosalía de Castro in den *Follas novas* die soziale Problematik Galiciens. Im Prolog bekennt sie sich ausdrücklich zu dieser Zielsetzung: Die Mehrzahl der Texte *»soll Ausdruck geben von den*

Drangsalen derer, die schon so lange leiden«. Wieder sind die Themen: Hunger, Armut, Ausbeutung, Verlassenheit, erzwungene Auswanderung, vgl. z.B. das *Pra a Habana (Auf nach Havanna)* überschriebene Einleitungsgedicht zu dem mit *As viúdas dos vivos i as viúdas dos mortos (Die Witwen der Lebenden und die Witwen der Toten)* betitelten fünften Teil der Sammlung: *»Vendéronlle os bois, / vendéronlle as vacas. ...« (»Sie verkauften ihm die Ochsen,/ Sie verkauften ihm die Kühe«)*. Auch der soziale Protest verschärft sich in den *Follas novas*. So wird in dem Poem *A xusticia pola man (Selbstjustiz)* wie schon in *Castellanos de Castilla*, eine Frau zur Sprecherin des Protests gemacht.
Rosalía de Castros Texte sind indes weit mehr als zeitgebundene Sozialkritik und Zeugnis der Misere Galiciens im späten 19. Jh. Gerade auch in den *Follas novas* finden sich Verse, die fern aller vordergründigen Sozialproblematik mit ihrer kunstvollen Gestaltung des Leidens an die mittelalterlichen *Chansons de toile* erinnern (vgl. z.B. *Tecín soya a miña tea – Allein webt ich mein Linnen)* oder die den Schmerz der Frau, die vergeblich auf die Rückkehr ihres Mannes harrt, in eine einfache *copla* fassen und in zwar alte, aber dennoch eingängige Symbole konzentrieren: *»Non coideréi xa os rosales,/ que teño seus, nin os pombos ...« (»Nicht mehr denk ich an die Rosen,/ die mir seine waren, nicht mehr an die Tauben«)*. – Das soziale Engagement, das so viele ihrer Texte auszeichnet, aber nicht zuletzt auch ihre so eingängigen Verse haben Rosalía de Castro für nicht wenige ihrer galicischen Landsleute zu einem Mythos Galiciens, zur *»personificación del espíritu gallego«* (M. Mayoral), werden lassen. H.Fel.

Ausgaben: *Cantares gallegos*, Vigo 1863; Madrid 1975; [6]1982, Hg. R. Carballo Calero (Cátedra). – *Follas novas*, Madrid 1880; La Coruña 1985, Hg. E. Souto [krit.]. – *En las orillas del Sar*, Madrid 1884; Madrid 1976; [2]1985, Hg. M. Mayoral (Castalia). – *Obras completas*, Hg. V. García Martí, Madrid 1944; erw. 1982, Hg. A. de Hoyo.

Übersetzung: *An den Ufern des Sar*, F. Vogelgsang, Ffm. 1987.

Literatur: D. Briesemeister, *Die Dichtung der R. de C.*, Mchn. 1959. – M. Mayoral, *La poesía de R. de C.*, Madrid 1974. – L. Cernuda, *R. de C. (1837–1885)* (in L. C., *Prosa completa*, Barcelona 1975, S. 325–333). – K. Kulp-Hill, *R. de C.*, Boston 1977 (TWAS). – *En torno a Rosalía*, Hg. X. Alonso Montero, Madrid 1985. – M. Mayoral, *R. de C.*, Madrid 1986. – S. Stevens, *R. de C. and the Galician Revival*, Ldn. 1986. – *Actas do congreso internacional de estudios sobre R. de C. e o seu tempo*, 3 Bde., Santiago de Compostela 1986.

Clarín

d.i. Leopoldo E. García-Alas Ureña
* 25.4.1852 Zamora
† 13.6.1901 Oviedo

Literatur zum Autor:
J. A. Cabezas, *C., el provinciano universal*, Madrid 1936. – M. Baquero Goyanes, *C., creador del cuente español* (in Cuadernos de la Literatura, Jan.–Juni 1949, S. 145–158). – M. Gómez-Santos, *L. A., Ensayo bio-bibliográfico*, Oviedo 1952. – Archivum, 2, 1952 [Sondernr.]. – W. Küpper, *L. A., C. und der französische Naturalismus in Spanien*, Diss. Köln 1958. – L. de los Ríos, *Los cuentos de C. Proyección de una vida*, Madrid 1965. – *Teoría y crítica de la novela española*, Hg. S. Beser, Barcelona 1972. – F. García Sarría, *C. o la herejía amorosa*, Madrid 1975. – *L. A. »Clarín«*, Hg. J. M. Martínez Cachero, Madrid 1978 [m. Bibliogr.]. – *L. A., »Clarín«*, Hg. B. Varela Jácome, Madrid 1980. – Y. Lissorgues, *C. político*, Toulouse 1981. – Letras de Deusto, 15, 1985, Nr. 32 [Sondernr.]. – *C. y su obra en el centenario de la Regenta. Actas del simposio internacional en Barcelona 1984*, Hg. A. Vilanova, Barcelona 1985.

LA REGENTA

(span.; *Die Präsidentin*). Roman von Clarín, erschienen 1884/85. – Die Stadt Vetusta, der Schauplatz dieses Romans, ist die nordspanische Provinzhauptstadt Oviedo, wo Clarín jahrelang Universitätsprofessor war. Es ist *»eine levitische Stadt«*, deren Gesicht das aristokratische Stadtviertel der Encimada bestimmt, in dem nach engen Ehr- und Moralbegriffen und bigotten Glaubensvorstellungen die Schicht der vom Glück Begünstigten, der Genießer und Nichtstuer lebt. Beherrschend ist der allmächtige Einfluß der Kirche, sein Symbol Don Fermin de Pas, der ehrgeizige Kanonikus, der an Tatkraft, theologischem Wissen und an Beredsamkeit sogar den Bischof übertrifft und in Don Restituto Mourelo einen mißgünstigen, machiavellistischen Gegner besitzt. In Kontakt mit Don Fermín gerät Ana de Ozores, die Titelfigur des Romans. Von ihrem Vater, der sein Vermögen in politischen Machenschaften vergeudet hat, im Elend zurückgelassen, ist sie durch die Heirat mit dem betagten Gerichtspräsidenten Don Víctor de Quintanar, dem »Regente«, in die obersten Kreise der städtischen Aristokratie aufgerückt und wird als die schöne, empfindsame »Regenta« von allen bewundert und umschwärmt. Aber die Enge ihrer Umgebung bedrückt sie – *»Vetusta war ein Gefängnis, die starre Routine ein Eismeer, das sie gefesselt, bewegungslos gefangenhielt«* –, so daß sie in religiöser Schwärmerei ihre Zuflucht sucht. Unter der Anleitung Don Fermíns gelangt sie immer häufiger in einen Zustand mystischer Verzückung und wird bald wie eine Heilige verehrt. Um so größer ist ihre Erschütterung, als sie erkennt, daß der Geistliche sie in verbotener, gotteslästerlicher Leidenschaft begehrt. – Nach Überwindung dieser Krise verliebt sich Ana in den verführerischen Frauenkenner Don Alvaro Mesía, den es reizt, die schönste und faszinierendste Frau von Vetusta zu erobern. Anas Sehnsucht nach einem Kind und ihres Gatten Gleichgültigkeit treiben sie schließlich in Don Alvaros Arme. In einem Duell, zu dem er den Nebenbuhler fordert, wird Don Víctor tödlich getroffen. Mesía flieht nach Madrid. Ana wird von der Gesellschaft, deren Bewunderung ihr einmal galt, verstoßen.

In diesem wichtigsten psychologischen Roman der spanischen Literatur des 19. Jh.s bildet die Handlung den Anlaß für eine in die Tiefe gehende Charakteranalyse der Hauptfiguren. Clarín beschreibt das Leben in einer Provinzstadt und zeigt zugleich die Rückwirkungen der Außenwelt auf die Seelen der Menschen. Vetusta symbolisiert das Spanien der »Restauration« (Wiederkehr der Bourbonen 1874 mit Alfons XII.), dessen konservative Politik den Geist der Revolution von 1868 auslöschte, deren romantischer Liberalismus Clarins politisches Credo war. Die anämische und schwunglose Gesellschaft dieses Spaniens wird in den Romangestalten von Vetusta porträtiert; das Leben, das sie führen, ist das traurige, reizlose und erstickende Dasein, gegen dessen Oberflächlichkeit, Materialismus und Gleichgültigkeit auch die »Generation von 98« angeschrieben hat. In diesem tiefen Konflikt zwischen individuellem Willen und der starren gesellschaftlichen Ordnung setzen die Protagonisten (Ana de Ozores, Fermín de Pas) ihr Streben nach höheren Zielen entgegen. Beide scheitern, sind aber die einzigen, die den Horizont dieser armseligen Gesellschaft einer euphorischen Zukunft öffnen könnten.

Dem Verfasser wurde vorgeworfen, er habe ZOLA und FLAUBERT nachgeahmt. Obwohl gewisse Parallelen zum französischen Naturalismus und eine Ähnlichkeit zwischen *La regenta* und Flauberts *Madame Bovary* unleugbar sind, ist doch ein deutlicher Unterschied in der Behandlung des Themas festzustellen. Genauso wichtig wie der erotische Konflikt war für Clarín eben auch die Darstellung der geistigen Enge und Mittelmäßigkeit der spanischen Provinz, wo Liebe, Religion, Kultur und Politik nur die Fassaden sind, hinter denen sich Mißgunst und Haß, Intrige und Klatschsucht verbergen. A.A.A.

AUSGABEN: Barcelona 1884/85, 2 Bde. – Madrid 1950 (in *Obras escogidas*). – Barcelona 1963 (in *Obras*, Hg. J. M. Martínez Cachero, Bd. 1; m. Einl. u. Bibliogr.). – Madrid 1966. – Madrid 1984, Hg. u. Einl. G. Sobejano, 2 Bde. (Castalia). – Madrid 1985, Hg. u. Einl. M. Baquero Goyanes (Austral). – Madrid 1986, Hg. u. Einl. J. Oleza, 2 Bde. (Cátedra).

ÜBERSETZUNG: *Die Präsidentin*, E. Hartmann, Bln./DDR 1971 [Nachw. v. F. R. Fries]. – Dass., ders., Ffm. 1985; ern. 1987 (st).

VERFILMUNG: Spanien 1974 (Regie: G. Suárez).

LITERATUR: G. Laffitte, *»Madame Bovary« et »La regenta«* (in BHi, 45, 1943, S. 157–163). – C. Clavería, *Flaubert y »La regenta«* (in C. C., *Cinco estudios de literatura española moderna*, Salamanca 1945, S. 9–28). – A. Brent, *L. A. and »La regenta«. A Study in 19th Century Spanish Prose Fiction*, Columbia/Mo. 1951. – J. Bécarud, *»La regenta« de C. y la restauración*, Madrid 1964. – J. V. Agudiez, *Inspiración y estética en »La regenta«*, Oviedo 1970. – M. Nimetz, *Eros and Ecclesia in C.'s Vetusta* (in MLN, 86, 1971, S. 242–253). – H.-P. Endres, *»La regenta« von L. A. C. und »Madame Bovary«: Von der Anklage des Plagiats zum Nachweis der Originalität* (in *Beiträge zur vergleichenden Literaturgeschichte. Festschrift f. K. Wais*, Tübingen 1972, S. 225–246). – J. Rutherford, *L. A. »La regenta«*, Ldn. 1974. – J. Bécarud, *De »La regenta« al Opus Dei*, Madrid 1977. – *C. y »La regenta«*, Hg. S. Beser, Barcelona 1982. – C. Iranzo, *»La regenta«: Cultura e idiosincrasia de C.*, Valencia 1984. – M. del C. Bobes Naves, *Teoría general de la novela: semiología de »La regenta«*, Madrid 1985. – C. Rico-Avello, *Aspectos psicosexuales en »La regenta«* (in Boletín del Instituto de Estudios Asturianos, 39, 1985, S. 841–872). – U. Link-Heer, *L. A. »C.«: »La regenta«* (in *Der spanische Roman*, Hg. V. Roloff u. H. Wentzlaff-Eggebert, Düsseldorf 1986, S. 247–269). – E. Doremus Sánchez, *»La regenta«. A Spatial-Form Narrative: A Twentieth-Century Perspective* (in MLN, 103, 1988, S. 335–349). – G. García Gómez, *El antiflamenquismo en »La regenta«* (in CHA, 1988, Nr. 453, S. 73–86).

RAMÓN DE LA CRUZ CANO Y OLMEDILLA

* 28.3.1731 Madrid
† 5.3.1794 Madrid

LITERATUR ZUM AUTOR:
E. Cotarelo y Mori, *Don R. de la C. y sus obras. Ensayo biográfico y bibliográfico*, Madrid 1899. – B. Pérez Galdós, *Don R. de la C.* (in Memorandum, 1906, S. 145–225). – J. Vega, *Don R. de la C., poeta de Madrid*, Madrid 1945. – J. Moore, *R. de la C.*, NY 1972 (TWAS). – A. V. Ebersole, *Los sainetes de R. de la C.: nuevo examen*, Valencia 1984. – M. E. Hart, *The Image of Women in the Sainetes of R. de la C.*, Diss. Univ. of Maryland 1985 (vgl. Diss. Abstracts, 47, 1986, S. 1347A).

EL MANOLO. Tragedia para reír, o Sainete para llorar

(span.; *Der Manolo. Tragödie zum Lachen oder Posse zum Weinen*). Posse von Ramón de la Cruz Cano y Olmedilla, Uraufführung: Madrid 1769; erschienen 1784. – Dies ist eines der besten jener *»kleinen heiteren Stücke«* (Giese), in denen der »Meister des *sainete*« das Leben in dem volkstümlichen Madrider Viertel Lavapiés schildert und gleichzeitig die klassizistische Tragödie verspottet, zu der er sich zu Beginn seiner Laufbahn, als er Tragödien und Komödien im französischen Geschmack verfaßte, selbst bekannt hatte. Wie in allen *sainetes* – der spanischen Form des Volksstücks, das zur Gattung entwickelt zu haben das eigentliche Verdienst Ramón de la Cruz' ist – treten hier keine Einzelpersonen, sondern Volkstypen auf, die statt Eigennamen mehr oder minder bezeichnende Spitznamen haben. Der des Titelhelden ist nichts anderes als die gängige Bezeichnung für den dreisten, angeberischen Madrider Burschen, der den Mund voll nimmt und sich häufig »etwas außerhalb der Legalität« bewegt. Der Manolo dieses Stücks kommt nach Verbüßung einer zehnjährigen Zuchthausstrafe in Ceuta nach Madrid zurück und findet manches verändert. Seine Mutter Chiripa (»Glücklicher Zufall«) hat den Kneipwirt Matute (»Schmuggelware«) geheiratet, seine Geliebte, die Potajera (»Eintopfköchin«), hat sich inzwischen mit Mediodiente (»Halbzahn«) getröstet, der nebenbei zärtliche Beziehungen zu Remilgada (»Zierpuppe«) unterhält, die nunmehr Manolo heiraten soll. Doch die Potajera fordert diesen unter Berufung auf ein früheres Eheversprechen für sich. Als Manolo sich weigert, *»das Gesetz der Ehre«* zu befolgen, erliegt er einem Messerstich Mediodientes, und nun sterben auf offener Szene nacheinander seine Mutter, Matute und die Remilgada; nur die Potajera kann sich davonmachen, um in ihrem Bett eines würdigeren Todes zu sterben.

Ramón de la Cruz, der etwa 540 *sainetes* über Typen und Sitten des niederen Volkes von Madrid verfaßt hat, erreicht in *El Manolo* den parodistischen Effekt, indem er seine Figuren im feierlichen Elfsilber des klassizistischen Dramas pathetisch von Ehre, Schicksal und Heldentum sprechen läßt. Durch den Kontrast zwischen dem erhabenen Pathos des Ausdrucks und der Banalität des Gegenstands, zwischen geschraubten und saftig-derben Wendungen wird hier eine Komik erzielt, deren Hauptanliegen die Verspottung der damaligen Tragödie ist.

Ramón de la Cruz hat unter dem Titel *El Manolo, tragedia burlesca. Segunda parte (Der Manolo. Burleske Tragödie. Zweiter Teil)* eine Fortsetzung zu diesem Stück geschrieben, in der er das Ehrenduell- und Blutrachemotiv der Tragödie parodiert. Juan Pateta (»Hans der Deibel«), der Sohn des ermordeten Manolo, fordert Halbzahns Sohn, Media Muela (»Halbmahlzahn«), zum Duell, wird aber hinterrücks von seinem Rivalen erdolcht. Um einiges geistvoller und witziger als der erste Teil und von strafferem Aufbau, enthält diese Fortsetzung eine köstliche Passage, in der Juan Pateta den berühmten Hamlet-Monolog parodiert. A.F.R.

Ausgaben: Cádiz 1784. – Madrid 1787 (in *Teatro o Colección de los saynetes y demás obras dramáticas*, 10 Bde., 4). – Madrid 1791 (*El Manolo*; Tl. 2). – Valencia 1822 (dass.). – Madrid 1928 (in *Sainetes*, Hg. E. Cotarelo, 2 Bde., 1915–1928; 2; NBAE). – Madrid 1964 (in *Sainetes*, Hg. F. C. Sáinz de Robles; m. Einl). – Madrid 1986 (in *Sainetes I*, Hg. u. Einl. J. Dowling; Castalia).

Literatur: J. F. Gatti, *A Study of Spanish Manners 1750–1800 from the Plays of R. de la C.*, Illinois 1926. – A. García, *Los sainetes de Don R. de la C.* (in Religion y Cultura, 14, 1931, S. 69–87). – F. Palau Casamitjana, *R. de la C. u. der französische Kultureinfluß im Spanien des 19. Jh.s*, Bonn 1935. – *Censura anónima*, Hg. J. Simón Díaz (in Revista de Bibliografía Nacional, 5, 1944, S. 470). – J. F. Gatti, *Las fuentes literarias de los sainetes de R. de la C.* (in Filología, 1, 1949, S. 59–74).

José Echegaray y Eizaguirre

* 19.4.1832 Madrid
† 16.9.1916 Madrid

Literatur zum Autor:
F. Herranz, *E.: Su tiempo y su teatro*, Madrid 1880. – H. de Curzon, *Le théâtre de J. E.*, Paris 1912. – L. A. del Olmet u. A. García Carraffa, *E.*, Madrid 1912. – A. Gallego y Burin, *E. Su obra dramática*, Granada 1917. – Y. R. Young, *J. E. A Study of His Dramatic Technique*, Urbana 1936. – A. Martínez Olmedilla, *J. E. Su vida, su obra, su ambiente*, Madrid 1949. – C. Baker, *E. and His Critics*, Diss. Univ. Indiana 1969 (vgl. Diss. Abstracts 30, 1969, S. 1162A). – J. Mathias, *E.*, Madrid 1970. – G. Sobejano, *E., Galdós y el melodrama* (in Anales Galdosianos, Suppl. 1978, S. 91–117).

EL GRAN GALEOTO

(span.; *Der große Kuppler*). Versdrama in drei Akten mit einem Vorspiel in Prosa von José Echegaray y Eizaguirre, Uraufführung: Madrid, 19. 3. 1881. – Der Titel des Dramas bedarf einer Erklärung: Galeotto (span. Galeoto, engl. Galahault) ist in den mittelalterlichen Lancelot-Romanen des *Cycle breton* der Artusritter, der den Helden der Königin Ginevra vorstellt. Dante verwendet den Namen in einer Passage des *Inferno* in der Bedeutung von »Kuppler«, und in diesem Sinne wird er

im Italienischen und Spanischen auch heute noch gebraucht. Der Kuppler in Echegarays Drama ist nicht eine Einzelperson, sondern die ganze Gesellschaft – der geschickteste und erfolgreichste Kuppler, den man sich denken kann. Die ironischen Kommentare des einen, die vielsagenden Blicke eines anderen, das verständnisinnige Lächeln eines dritten und das Getuschel der Menge können die Opfer der anonymen Verleumdung ins Unglück stürzen.
Der angesehene Bankier Don Julián hat den jungen Ernesto, den Sohn seines verstorbenen Freundes und Wohltäters, in sein Haus aufgenommen. Ernesto ist seinen Pflegeeltern in aufrichtiger Sohnesliebe zugetan. Doch die Gesellschaft legt diese Hausgemeinschaft anders aus, denn Teodora, die junge Gattin Don Juliáns, ist fast gleichaltrig mit Ernesto. Man vermutet, daß Don Julián von den beiden betrogen wird. Als dieser von seinem Bruder Severo auf das Gerede der Leute hingewiesen wird und auch Severos Frau und Sohn sich einmischen, ist das Unheil nicht mehr aufzuhalten. Ernesto verläßt das Haus, und durch eine tragische Verkettung von Umständen wird Don Julián im Duell mit einem Verleumder seiner Frau tödlich verwundet. Er stirbt in der Überzeugung, daß Teodora ihn mit Ernesto betrogen habe. Vor der Bosheit und den Schmähungen der Leute kann Teodora jetzt nur noch bei Ernesto Schutz finden, und er nimmt sie auf. Der große Kuppler, die Gesellschaft mit ihrem Klatsch, hat in ihr Leben eingegriffen, aber Gott kennt die Reinheit ihrer Herzen: *»Wenn es an der Zeit ist, mag der Himmel euch und mich richten!«* (3. Akt, letzte Szene)
Besonders hervorzuheben ist die feine psychologische Studie Don Juliáns im ersten Akt, als er zwar nach außen hin jede Verdächtigung der beiden zurückweist, insgeheim aber Gefahr wittert. Als er zuläßt, daß Ernesto sein Haus verläßt, tut er es nicht nur, weil »man« diese Haltung von ihm erwartet, sondern auch, weil er weiß, daß die Klatschereien die Unbefangenheit Ernestos und Teodoras bereits zerstört haben. Weniger subtil ist dagegen die Schilderung seiner Wandlung vom bedingungslos vertrauenden zum fest von der Untreue seiner Frau überzeugten Ehemann. Die psychologische Analyse ist nicht die Stärke Echegarays und auch nicht sein Anliegen. Bereits die Kritik seiner Zeitgenossen hat wiederholt auf das Fehlen von Realismus, auf die pathetische Ausdrucksweise, das Ungewöhnliche der Situationen und die Falschheit der Figuren in seinen Stücken hingewiesen. Die Vorliebe des Autors für starke Effekte und dramatische Gesten führt auch häufig zu sprachlichen und dramaturgischen Forciertheiten. Was Ernesto im Vorspiel von seinen Schwierigkeiten bei der Abfassung eines Dramas berichtet, das eben den Titel »El gran Galeoto« tragen soll, zeigt, wie sehr Echegaray sich bewußt war, daß bei dem Versuch, in wenigen Figuren die gesamte Gesellschaft als Urheber der Katastrophe darzustellen, diese Figuren überzeichnet erscheinen mußten. Beispielsweise wirkt der würdig-ernste Don Severo mit seinem übertriebenen Ehrgefühl eher wie ein Calderónscher Typ als wie ein Vertreter des spanischen Bürgertums des ausgehenden 19. Jh.s.
Der Erfolg von *El gran Galeoto* und anderer seiner Werke in ganz Europa war einer der Gründe, weswegen der Autor 1904 den Nobelpreis für Literatur erhielt: *»... wenn einmal der Vorhang gefallen ist, hört der Zuschauer weiterhin diese heftigen Verwünschungen, diesen Schrei voll Zorn und Rache eines isolierten Menschen, der sich gegen die Gesellschaft auflehnt ... und der mit erhabener Geste der Herausforderung an die Gesellschaft Ausdruck verleiht. Dieses Stück erinnert in der Tat daran, was in den griechischen Tragödien und bei Shakespeare am ergreifendsten ist«* (A. Marvaud). A.A.A.

AUSGABEN: Madrid 1881. – Madrid 1957 (in *Teatro escogido*). – Barcelona 1983.

ÜBERSETZUNGEN: *Galeotto*, A. Grawein, Halle 1901. – *Der große Kuppler* (in *Meisterdramen*, D. Deinhard u. P. Lindau, Zürich 1974).

LITERATUR: C. Oyuela, *Estudios y artículos literarios*, Buenos Aires 1889, S. 199–208. – C. Eguía Ruiz, *E., dramaturgo* (in Razón y Fe, 47, 1917, S. 26–37; 199–210; 48, 1917, S. 22–33; 156–167; 300–312). – P. P. Rogers, *Why »El gran Galeoto«?* (in Hispania, 6, 1923). – S. u. J. Álvarez Quintero, *E., dramaturgo* (in Boletín de la Real Academia Española, 19, 1932, S. 444–453). – F. Ibarra, *La aventura parisiense de »El gran galeoto«* (in RLC, 46, 1972, S. 428–437). – A. Castilla, *Una parodia de »El gran galeoto«* (in Hispano, 26, 1983, S. 33–40). – M. Link-Heer, *J. E. »El gran Galeoto«* (in *Das spanische Theater*, Hg. V. Roloff u. H. Wentzlaff-Eggebert, Düsseldorf 1988, S. 264–273).

O LOCURA O SANTIDAD

(span.; *Wahnsinn oder Heiligkeit*). Drama in drei Akten von José ECHEGARAY Y EIZAGUIRRE, Uraufführung: Madrid, 22. 1. 1877, Teatro del Príncipe. – In ähnlicher Weise wie später in *El gran Galeoto* greift der Autor schon hier sein Lieblingsthema auf: Er zeigt das Individuum im Konflikt mit der Gesellschaft und als machtloses Opfer einer unseligen Verkettung von unbeeinflußbaren Gegebenheiten.
Don Lorenzo de Avendaño, ein integrer, untadeliger Mann, steht plötzlich vor einem schweren Gewissenskonflikt: Die alte Dienerin Juana eröffnet ihm kurz vor ihrem Tod, daß nicht die Señora de Avendaño, sondern sie selbst in Wahrheit seine Mutter sei. Zum Beweis liest sie ihm einen Brief vor, worin die Señora de Avendaño den Betrug gesteht, durch den sie, die kinderlos geblieben war, sich das Erbe ihres früh verstorbenen Mannes sichern wollte. Vierzig Jahre lang hat Don Lorenzo also in dem Glauben gelebt, einer begüterten, angesehenen Madrider Familie zu entstammen, hat er einen Namen usurpiert und von Reichtümern ge-

zehrt, die ihm nicht zustanden. Das Fortbestehen dieser Täuschung kann Avendaño mit seinen hohen moralischen Grundsätzen nicht vereinbaren, und er ist sofort bereit, auf Namen und Geld zu verzichten. Vergeblich versucht seine Frau Angela, ihn umzustimmen: Da niemand von der Sache wisse, könne ihm kein Vorwurf daraus gemacht werden. Darüber hinaus werde der unvermeidliche Skandal die labile Gesundheit und das Glück seiner Tochter Inés zerstören, die kurz vor ihrer Heirat mit dem Herzog von Almonte steht. Immer tiefer verstrickt sich Don Lorenzo in diesen Gewissenskonflikt, der unlösbar scheint, wenn er zugleich seinem Gewissen folgen und das Glück der Seinen nicht aufs Spiel setzen will. Ist es Heiligkeit oder Wahnsinn, als er schließlich die Verlobung löst und vor aller Welt die Gründe darlegt, die ihn zu diesem Schritt führten? Seine Angehörigen verlangen einen Beweis für die unbegreifliche Behauptung. Aber das Blatt Papier, das Lorenzo aus dem Umschlag zieht, den Juana ihm anvertraut hatte, ist leer. Er weiß nicht, daß sie – in Vorausahnung dessen, was geschehen würde – das Blatt ausgetauscht hat. Kein Zweifel: alles war eine Phantasie seines kranken Hirns. Das Stück endet mit der Überführung Don Lorenzos in ein Irrenhaus.

Im ungewöhnlichen Schicksal seines Helden, eines eifrigen *Don-Quijote*-Lesers, demonstriert Echegaray die stumpfsinnige Teilnahmslosigkeit, mit der ein gut und gerecht Denkender von einer Gesellschaft verurteilt wird, deren Lebensform von Eigennutz und äußerem Schein bestimmt wird. Das gilt für den aus Routine gedankenlosen Arzt Don Lorenzos ebenso wie für die oberflächliche Indiziengläubigkeit aller übrigen Beteiligten. Keiner erkennt die achtunggebietende Charakterstärke, die aus D. Lorenzos Verzicht spricht. Deshalb endet sein Konflikt in einer persönlichen Katastrophe, wenngleich scheinbar niemandem eine böse Absicht bescheinigt werden kann. In dieser konsequenten Entfaltung einer unerbittlich zerstörerisch wirkenden Konvention liegt der – trotz aller für Echegaray typischen stilistischen und situationsbedingten Überspitztheiten – unbezweifelbare Wahrheitsgehalt des Stücks. Nach der Uraufführung von *»En el puño de la espada«* schrieb ein Kritiker: *»Für derartige Werke gibt es nur zwei mögliche Arten von Urteil: Triumph oder Todesstrafe«* (F. Balart). Jahrelang war es der Triumph, den das Publikum und ein Großteil der Kritiker rühmte. Heute ist das Gegenteil eingetreten. Es hat jedoch immer noch Gültigkeit, was 1918 über ihn geschrieben wurde: *»Wirklich dramatische und mitfühlende Situationen weiß Echegaray darzustellen wie nur wenige, auch wenn er manchmal keinen Abstand zu den Mitteln (dem Wahrscheinlichen, dem Übertriebenen, dem Extravaganten) nimmt«* (J. Cejador). A.A.A.

Ausgaben: Madrid 1877. – Madrid 1882.

Übersetzung: *Wahnsinn oder Heiligkeit*, C. Wiene u. G. Kirem, Neuwied 1889.

Literatur: F. Vezinet, *Les maîtres du roman espagnol contemporain*, Paris 1907. – E. Mérimée, *E. et son œuvre dramatique* (in BHi, 18, 1916).

José de Espronceda y Delgado

* 25.3.1808 Almendralejo / Estremadura
† 23.5.1842 Madrid

Literatur zum Autor:
J. Cascales Muñoz, *Don J. de E., su época, su vida y sus obras*, Madrid 1914. – G. Breteton, *Quelques précisions sur les sources d'E.*, Paris 1933. – N. Alonso Cortés, *E. Illustraciones biográficas y críticas*, Valladolid 1942. – J. Casalduero, *E.*, Madrid 1961; ern. 1983. – P. Ortiz Armengol, *E. y los gendarmes*, Madrid 1969. – D. Yndurain, *Análisis formal de la poesía de E.*, Madrid 1971. – E. Pujals, *E. y Lord Byron*, Madrid 1972. – G. Carnero, *E.*, Madrid 1974. – R. Marrast, *J. de E. et son temps, littérature, societé, politique au temps du romantisme*, Paris 1974. – D. J. Billick, *J. de E., an Annotated Bibliography, 1834–1980*, NY 1981. – R. Landeira, *J. de E.*, Lincoln 1985.

DAS LYRISCHE WERK (span.) von José de Espronceda y Delgado.

Die Lyrik Esproncedas gilt gemeinhin als der Gipfelpunkt der liberalen spanischen Romantik, deren verschiedenartige Aspekte sich allesamt in seinem Werk konkretisieren: Verbundenheit mit dem politischen Liberalismus und Kampf gegen die Willkürherrschaft König Ferdinands VII. und die Machtansprüche der Karlisten, politisches und gesellschaftliches Engagement, neoklassizistische Anfänge und Loslösung von diesen im Exil in London und Paris durch die Begegnung mit der westeuropäischen Romantik, Exaltiertheit und Leidenschaftlichkeit und nicht zuletzt Literarisierung des eigenen Lebens.

Für die frühe Lyrik Esproncedas, in der neben neoklassizistischen Elementen die unterschiedlichsten traditionellen Materialien – von der Romanze über die Renaissance- und Barocklyrik bis hin zu frühromantischem Vokabular – verarbeitet werden, steht das Fragment gebliebene Poem *El Pelayo* (begonnen 1825). Die sechs voneinander unabhängigen Fragmente – insgesamt 127 Oktaven – gestalten tableauartig Episoden aus dem Romanzenstoff vom König Rodrigo und dem Untergang des Westgotenreiches in Spanien infolge der arabischen Invasion und evozieren zugleich durch den Titel *El Pelayo* (Pelayo war der mythische Repräsentant des ersten Widerstands gegen die arabische Fremdherrschaft) den Beginn der Reconquista.

Anders als diesen frühen Texten, die größtenteils kaum mehr sind als *»literarische Übungen«* einer allerdings schon *»großen schöpferischen Kraft«* (J. Casalduero), kommt den fünf Canciones: *El mendigo (Der Bettler), El verdugo (Der Henker), El reo de muerte (Der zum Tode Verurteilte), El canto del cosaco (Das Lied des Kosaken)* und vor allem der *Canción del pirata (Das Lied des Piraten)* eine entscheidende Bedeutung in der Werk- sowie der Rezeptionsgeschichte der Lyrik Esproncedas zu. Vornehmlich die im Jahre 1835 erstmals veröffentlichte *Canción del pirata*, mit der er den auch auf ein breites Publikum zielenden Stil, die *»lindísima tonada popular«* (Enrique Gil, 1840), fand und in der sich zugleich auch seine liberale Einstellung radikalisierte, begründete auch schon für die Zeitgenossen den Ruhm des Lyrikers Espronceda. *»Der junge Espronceda marschiert zweifellos an der Spitze unserer modernen romantischen Poesie«*, so heißt es im Jahre 1836 in der Zeitschrift ›El Español‹, und die moderne Kritik sieht in ebendieser Canción das *»lyrische Manifest der spanischen Romantik«* (Casalduero). In der Figur seines Piraten, der mit seinem jugendlich-anarchistischen Freiheitsdrang und in der Glorifizierung der Rebellion gegen jegliche staatliche Autorität weit über seine möglichen Vorbilder bei Victor Hugo (Hernani) und Lord Byron *(The Corsair)* hinausgeht, hat Espronceda *»einen Archetypus der romantischen Literatur«* (R. Marrast) gestaltet. Dieser *»titanisme anarchique«* (R. M.) wird gern als literarisierende Übersteigerung der privaten und politischen Vorstellungen verstanden, die Espronceda in der Entstehungszeit der Canción vertrat. Im Refrain der *Canción del pirata* wird die Freiheitsthematik – ein Grundthema auch des übrigen Werks – überdeutlich: *»Que es mi barco mi tesoro, / que es mi dios la libertad, / mi ley, la fuerza y el viento, / mi única patria, la mar.« (»Denn mein Schiff ist mein Schatz, / denn mein Gott ist die Freiheit, / mein Gesetz sind Kraft und Wind, / mein einzig Vaterland: das Meer«).*

Neben der so eingängigen Freiheitsthematik sind es auch die spielerische Verwendung der romantischen Topoi (Nacht und Sturm, Mond und Meer, Einsamkeit und Wagemut des exaltierten Individuums inmitten der Naturgewalten) sowie die Einfachheit des Vokabulars, die man allerdings nicht mit Simplizität verwechseln darf, und nicht zuletzt auch die für die damalige Zeit ungewöhnlich moderne Behandlung von Vers und Rhythmus (uneinheitliche Strophen, heterogenes Versmaß), die die *Canción del pirata* zu einem der populärsten Texte der spanischen Romantik haben werden lassen.

In den vier übrigen genannten *Canciones* nimmt Espronceda Themen aus der sozialen Wirklichkeit seiner Zeit auf, ohne indes dabei auf das Romantisch-Spielerische gänzlich zu verzichten: die Freiheit des Bettlers und dessen Verachtung für die Gesellschaft und ihre gedankenlose Moral in *El mendigo*, das dekadente und effeminierte Europa als Beute der Kosaken in *El canto del Cosaco*, die Indifferenz dem Tode gegenüber und die menschliche Bosheit in *El reo de muerte* bzw. in *El verdugo*. Diese *Canciones*, wenngleich auch ihre Figuren *»Symbolgestalten der Epoche«* (Casalduero) sind, erreichen nicht mehr den künstlerischen Rang der *Canción del pirata*. Das gleiche gilt auch für die politische Lyrik Esproncedas, in der die Freiheitsthematik immer wieder zum vaterländischen Pathos verflacht, so z. B. die frühe Elegie *A la patria (An das Vaterland)* oder die *Canción patriótica (Patriotisches Lied)*: *»Inspíranos tu fuego, / divina libertad: / y al trueno de tu nombre, / o déspotas temblad« (»Hauch uns dein Feuer ein, o göttliche Freiheit, und beim Donnerschall deines Namens erzittert, ihr Tyrannen«)*.

Ein besonders typisches Beispiel für diese Art tagespolitischer Gebrauchs- und Propagandapoesie ist das Sonett *A la muerte de Torrijos y sus compañeros (Auf den Tod von Torrijos und seiner Getreuen)*, das eine Episode aus dem Freiheitskampf der Liberalen gegen die absolutistische Herrschaft Ferdinands VII. – die dilettantische Rebellion des Generals Torrijos, der bei Málaga mit seinen wenigen Leuten gefangengenommen und hingerichtet wurde – in den Rang einer Nationallegende erheben möchte, und zwar durch die Imitatio des typischen Romanzeneingangs im Anfangsvers des Sonetts: *»Hélos allí:« (»Siehe dort:«)*.

Neben dem Thema der Freiheit in seinen politischen und individualistischen Konkretisierungen dominiert bei Espronceda das Thema der Liebe, das bei ihm eine durchweg romantisch-pessimistische Gestaltung erfährt: volksliedhaft in dem Sonett *A un ruiseñor (An eine Nachtigall)*: *»Canta en la noche, canta en la mañana, / ruiseñor ... endulzará tu acento el llanto mío« (»Sing in die Nacht, sing in den Morgen, Nachtigall, ... Dein Lied versüßen wird mein Leid«)*, als Liebestod- und Opheliamotiv in der Verserzählung *El estudiante de Salamanca* (1840), als Steigerung bis hin zu einer nihilistischen Welteinstellung im *Canto a Teresa* und in dem Poem *A Jarifa en una orgía (An Jarifa, die Bacchantin)*.

Das Jarifa-Gedicht (1840) – 116 Verse aus Oktaven und Quartetten – ist von der lyrischen Haltung her ein Monolog der Desillusion. Von seiner Thematik her steht es zwar auch in der Tradition der Misogynie *(»Siempre igual! Necias mujeres, / inventad otras caricias, / otro mundo, otras delicias, / o maldito sea el placer!«) (»Immer gleich, ihr törichten Weiber. Sucht anderes Lieben, andere Welten, andere Freuden. Verflucht sei alle Lust«)*, doch wird es gemeinhin gedeutet als eine fatalistische *»Satire auf die Klischees von der Liebe als der höchsten Form der Verbindung mit der Welt und als Quelle der Erkenntnis und der Vollkommenheit«* (G. Carnero), wie die folgenden Verse zeigen: *»¿Qué la virtud, la pureza? / ¿Qué la verdad y el cariño? / Mentida ilusión de niño / que halagó mi juventud« (»Was ist Tugend, Reinheit? Wahrheit, Liebe? – Lüge, Kindertraum, Jugendschmeichlerin«)*.

Im *Canto a Teresa* (1841) radikalisiert sich noch einmal die Haltung der Desillusion. Der *Canto* ist mehr als ein Grabgesang auf Teresa, eine Gestalt, die die biographische Forschung mit Teresa Mancha, der im Jahre 1839 verstorbenen Geliebten Esproncedas, gleichsetzt. Auch eine Deutung, die sich an der Selbstauslegung des Autors orientiert *(»Este canto es un desahogo de mi corazón« – »Dieser Gesang ist selbstbefreiende Herzensergießung«)*, greift zu kurz. Die 44 Oktaven des *Canto a Teresa* zeichnen zwar auch die Phasen einer vergangenen Liebe nach, doch ist er letztlich die Elegie auf das Scheitern aller Lebensillusionen: *»Dónde volaron ay! aquellas horas / de juventud, de amor y de ventura...?« (»Wo sind sie hin, die Stunden der Jugend, der Liebe und des Glücks?«)*. Eine solche Haltung der Desillusion mag zwar, wie in der Forschung gern behauptet wird, auch der persönlichen Haltung Esproncedas entsprochen haben. Gestaltet wird sie indes mit den Materialien der Weltschmerzthematik, mit ihrem lustvollen Versenken in den eigenen Schmerz und mit der Kultivierung der Leere und der Nichtigkeit aller großen Hoffnungen; einer Thematik, die in der europäischen Romantik überaus verbreitet war. Von kaum minderer Bedeutung für die Gestaltung des *Canto a Teresa* ist die Tradition der spanischen Elegie. In diese Richtung weisen die Themen der Totenklage und der Trauer sowie der Vergänglichkeit allen Glücks und auch die Wiederaufnahme des spätmittelalterlichen Topos *Ubi sunt* sowie des Renaissance-Topos *Carpe diem (»Gocemos, sí; la cristalina esfera / gira bañada en luz« – »Laßt uns genießen: Kristallene Kugel dreht sich, lichterumstrahlt«)*. Espronceda, *»der sich mit dem Tod und dem Verlust einer großen Liebe konfrontiert sah, schuf seine Elegie ganz im traditionellen Stil«* (B. W. Wardropper).

Der *Canto a Teresa* ist der »zweite Gesang« aus dem neben der Einleitung sechs »Gesänge« umfassenden unvollendet gebliebenen Poem *El Diablo mundo*, 1841 *(Der Weltteufel)*. Nach der Selbstauslegung Esproncedas soll der *Canto a Teresa »in keinerlei Zusammenhang mit dem Poem stehen«*, obwohl sich die Forschung immer wieder bemüht, Zusammenhänge herzustellen. *El Diablo mundo* wird häufig als Esproncedas Faustdichtung angesehen, obwohl sich weder vom Handlungsverlauf noch von den zentralen Themen und Motiven her zwingende Analogien zu Goethes *Faust* ergeben. Die Handlung wird immer wieder von Exkursen unterschiedlichster Art *(»mis queridas digresiones y sabias reflexiones«)* unterbrochen. Es fehlen die bei Goethe zentralen Motive des Teufelspakts und der Wette und ebenso das Thema der intellektuellen Neugierde. Der in einer Vision zu neuer Jugend verwandelte Protagonist, dessen Klagen nicht vom Ungenügen an der Wissenschaft, sondern von der romantischen Desillusionierung herrührten, ist ein Naiver, der all sein Vorwissen verloren hat, ein neuer Adam (Adán), der im Konflikt mit der Welt in Leben und Denken eingeführt werden muß und der ein Naiver bleibt. So gesehen ist *El diablo mundo* kaum eine Faustdichtung, sondern eher eine ironische Satire auf die zeitgenössische Gesellschaft.

Im Kontext der spanischen Romantik kommt Espronceda als Lyriker und auch als Publizist zwar eine überragende Rolle zu, doch im Vergleich mit den großen französischen, englischen und deutschen Romantikern oder auch im Hinblick auf den spanischen »Spätromantiker« Gustavo Adolfo Bécquer ist er eher eine zweitrangige Gestalt. Zwar gelingen ihm Verse, die zu Recht zu den populärsten der spanischen Literatur zählen, und manche seiner Bilder – z. B. die Bilder der Nacht im zweiten Teil der Verserzählung *El estudiante de Salamanca* – erinnern an Brentano und Eichendorff. Doch daneben finden sich auch Verse – und dies nicht nur im *Canto a Teresa* und im Jarifa-Gedicht –, in denen romantische Leidenschaftlichkeit zur Pose erstarrt und sich nur noch in Tiraden ergeht. H.Fel.

Ausgaben: *Poesías*, Madrid 1840. – *Obras poéticas*, Hg. J. E. Hartzenbusch, Paris 1848. – *Obras poéticas completas*, Hg. J. J. Domenchina, Madrid 1936; ern. 1972. – *Obras completas*, Hg. J. Campos, Madrid 1954 (BAE). – *Poesías líricas y fragmentos épicos*, Hg. R. Marrast, Madrid 1970 (Castalia). – *El estudiante de Salamanca. El diablo mundo*, Hg. ders., Madrid 1978 (Castalia). – *El diablo mundo*, Hg. u. Einl. J. Moreno Villa, Madrid 1981 (Clás. Cast). – *Obras poéticas*, Hg. L. Romero Tobar, Barcelona 1986.

Übersetzung: In *Spanische Lyrik von der Renaissance bis zum Ende des 19. Jh.s*, Hg. H. Felten u. A. Valcárcel, Stg. 1989 (Ausw.; RUB).

Literatur: J. Casalduero, *Forma y visión de »El diablo mundo« de E.*, Madrid 1951. – A. Martinengo, *Polimorfismo nel »Diablo mundo« d'E.*, Turin 1962. – B. W. Wardropper, *E.'s »Canto a Teresa« and the Spanish Elegiac Tradition* (in BHS, 40, 1963, S. 89–100). – F. Caravaca, *Dramatis personae en »El diablo mundo« de E.* (in CHA, 1964, Nr. 177, S. 356–372). – Ders., *Las posibles fuentes literarias de E. en »En diablo mundo«* (in Boletín de la Biblioteca Menéndez Pelayo, 45, 1969, S. 271–330). – M. Z. Hafter, *»El diablo mundo« in the Light of Carlyle's »Sartor Resartus«* (in RHM, 37, 1972–1973, S. 46–55). – R. P. Pérez, *»El diablo mundo« y Calderón* (in REH, 12, 1978, S. 55–70). – M. L. Bretz, *»El diablo mundo« y sus relaciones con la literatura europea moderna* (in Arbor, 103, 1979, S. 375 bis 382). – Dies., *E.'s »El diablo mundo« and Romantic Irony* (in REH, 16, 1982, 257–274). – T. E. Lewis, *Contradictory Explanatory Systems in E.'s Poetry: The Social Genesis and Structure of »El diablo mundo«* (in Ideology and Literature, 4, 1983, S. 11–45).

EL ESTUDIANTE DE SALAMANCA

(span.; *Der Student von Salamanca*). Verserzählung in vier Teilen von José de Espronceda y Delgado, erschienen 1840. – Die 1704 Verse umfassende phantastische Erzählung vom letzten, tödlich endenden Liebesabenteuer des Félix de Montemar und die mit dieser verbundene Geschichte der von ihm verlassenen Elvira, die im Wahn stirbt, ist, vordergründig gesehen, eine der vielen Versionen des Don-Juan-Mythos. Espronceda stellt seinen Helden auch ausdrücklich in diese Tradition, wenn er ihn als *»segundo don Juan Tenorio«* vorstellt. Doch anders als in der Überlieferung treten bei Espronceda die konventionell mit dem Don-Juan-Mythos verbundenen Themen wie Verführung, Untreue, Kraft und Gewalt, Bestrafung und Tod durch den Eingriff einer übernatürlichen Macht zugunsten eines allerdings auch schon in der Tradition des Stoffs mitangelegten Rebellentums zurück. Diese aufrührerisch-hochmütige Haltung, die keinerlei Beschränkung für sich gelten lassen will, wird indes anders als in der klassischen Gestaltung des Stoffs bei Tirso de Molina nicht mehr im Sinne der theologischen Konventionen als Sünde verurteilt, sondern positiv gesehen und zur alles bestimmenden Eigentümlichkeit des neuen Don Juan erhoben. In diesem Sinne verstanden, ist Esproncedas Don Juan auch ein *»neuer Satan« (»segundo Lucifer«)*, und wie dieser schreckt er in seinem Hochmut nicht vor der metaphysischen Provokation zurück. *»Grandiosa, satánica figura, / alta la frente, Montemar camina, / espíritu sublime en su locura, / provocando la cólera divina / ... Segundo Lucifer que se levanta / del rayo vengador la frente herida, / alma rebelde que el temor no espanta« (»Eine große satanische Gestalt, erhobenen Hauptes schreitet Montemar immer weiter, ein edler Geist inmitten seines Wahns, fordert er den göttlichen Zorn heraus... Ein zweiter Luzifer, der sich – die Stirn vom Strahl der Rache getroffen – wieder erhebt, ein rebellischer Geist, den keine Furcht erschreckt«)*. Das dieser Figur *»Eigentümliche ist nicht der Don-Juanismus, sondern das Satanische und das unbedingte Aufbegehren«* (J. Casalduero). Eine solche Gestaltung der Superbia, also letztlich der Ursünde, ist zwar für *»die spanische Literatur ungewöhnlich«* (V. Llorens), doch ergibt sie sich konsequent aus dem Werk Esproncedas. Der Freiheitsmythos und der *»titanisme anarchique«* (R. Marrast), die schon die *Canción del pirata (Das Lied des Piraten)* kennzeichneten, werden in *El Estudiante de Salamanca* nur ins Absolute gesteigert und damit auch religiös interpretiert.

Anders als in ihrem ideologischen Anspruch ist die Verserzählung vom Handlungsverlauf und vom Erzählmaterial her konventionell angelegt. Die Topoi des Don-Juan-Mythos verbinden sich mit gängigen romantischen und mehr noch mit schauerromantischen Motiven: mitternächtliche Stunde, sternenlose Nacht, dumpfer Glockenklang aus verlassenen Kirchen, gespenstische Schatten, letzte Seufzer von im Duell Getöteten, eine geheimnisvolle weiß gekleidete Frau, der der Held wie im Zustand des Wachtraumes folgt, die ihn in ein Totenhaus führt und die sich als Totengerippe enthüllt, Hochzeits- und Todestanz mit dem *»hohlwangigen bleichen Skelett«*, das als die verlassene Elvira das Heiratsversprechen einzulösen verlangt, usw. Diese schauerromantischen Materialien, aus denen im vierten Teil der Verserzählung eine ganze Reihe effektvoller Tableaus gestaltet werden, bilden die Folie, vor der sich die Gestalt des *»segundo don Juan Tenorio«* abhebt, der noch im tödlichen Tanz bei seiner stolzen Haltung bleibt und unbesiegt *(»jamás vencido el ánimo«)* zugrunde geht.

Das effektvolle In-Szene-Setzen schauerromantischer, romantischer und auch dramatischer Klischees bestimmt die Anlage des ersten, dritten und vierten Teils, so z. B. im ersten Teil die Evokation einer unwirklichen nächtlichen Stadt, die trotz des Namens nichts mit Salamanca gemein hat *(»y allá en el aire cual negras / fantasmas, se dibujaban / las torres de las iglesias / y del gótico castillo« – »und fern am Himmel wie dunkel Traumbilder die Silhouetten der Kirchentürme und der gotischen Burg«)* oder die Gegenüberstellung des »lasterhaften« Don Félix und der *»schönen, reinen«* Elvira. Weitere Beispiele finden sich im dritten Teil, der ausdrücklich als *cuadro dramático* (dramatisches Bild) ausgewiesen wird, so die Beschreibung der Spielhölle der *»estancia infernal«*, in der Don Félix mit seinen Kumpanen um das Porträt der Elvira spielt, oder die gleich anschließende Szene, in der Don Diego, der Bruder Elviras, den Verführer seiner Schwester zum Duell auffordert, um ganz im Sinne des traditionellen Ehrenkodex, wie er viele Male in den *dramas de honor* gestaltet worden ist und der auch zum Komplex der Don-Juan-Tradition gehört, die seiner Schwester angetane Schmach zu rächen.

Eine Sonderstellung nimmt der zweite Teil der Verserzählung ein, der vom Geschick der verlassenen Elvira berichtet: von ihrem Wahn, ihrem Tod, dem Abschiedsbrief, den sie sterbend an Don Félix schreibt. Vor allem die Wahnszene der Elvira, die aus Motiven und Bildern der lichten romantischen Nachtpoesie und der Wahnszene der Ophelia kontaminiert ist, gehört zu Recht mit zu den berühmtesten lyrischen Texten Esproncedas. *»Argentadas chispas brillan / entre las espesas ramas, / y en el seno de las flores / tal vez se aduermen las auras... Blanco es su vestido, ondea / suelto el cabello a la espalda, / hoja tras hoja las flores / que lleva en su mano arranca« (»Silberfunken sprühen im dichten Gezweig, und im Blütenschoß schläft zuweilen Morgenrot... Bleich ihr Kleid, wehend ihr gelöstes Haar, zupft Blatt um Blatt der Blüte, die sie hält in ihrer Hand«)*. In den achtsilbigen Versen der Elvira-Szene, die den Rhythmus und die Assonanz der Romanze aufnehmen, ist es Espronceda gelungen, seine Neigung zur Redundanz, seine Vorliebe für unpräzise Adjektive und seinen Hang zur dramatisch-wortreichen Pose, die sonst so viele seiner Verse bestimmen, zu zügeln.

H.Fel.

Ausgaben: Madrid 1841. – Paris 1848 (in *Obras poéticas*, Hg. J. E. Hartzenbusch). – Madrid 1936 (in *Obras poéticas completas*, Hg. J. J. Domenchina; ern. 1972). – Madrid 1954 (in *Obras completas*, Hg. J. Campos; BAE). – Madrid 1978, Hg. u. Einl. J. Moreno Villa (Clás. Cast). – Madrid 1978, Hg. R. Marrast (zus. mit *El diablo mundo*; Castalia). – Madrid 1986, Hg. u. Einl. B. Varela Jácome (Cátedra).

Übersetzung: In *Spanische Lyrik von der Renaissance bis zum Ende des 19. Jh.s*, Hg. H. Felten u. A. Valcárcel, Stg. 1989 (Ausw.; RUB).

Literatur: P. H. Churchman, *Byron and E.* (in RH, 20, 1909). – A. Hämel, *Der Humor bei J. de E.* (in ZfrPh, 41, 1921, S. 389–407). – R. C. Allen, *El elemento coherente de »El estudiante de Salamanca«, la ironía* (in Hispanófila, 1963, Nr. 17, S. 105 bis 115). – N. L. Hutman, *Dos círculos en la niebla de »El estudiante de Salamanca«* (in PSA, 59, 1970, S. 5–29). – R. P. Sebold, *El infernal arcano de Félix de Montemar* (in HR, 46, 1978, S. 447–464). – M. A. Rees, *E.; »El estudiante de Salamanca«*, Ldn. 1979. – S. Vasari, *Aspectos religioso-políticos de la ideología de E.: »El estudiante de Salamanca«* (in BHi, 82, 1980, S. 94–149). – J. L. Paulino, *La aventura interior de Félix de Montemar* (in Revista de literatura, 44, 1982, S. 57–67).

BENITO JERÓNIMO FEIJÓO Y MONTENEGRO

* 8.10.1676 Casdemiro
† 26.9.1764 Oviedo

Literatur zum Autor:
M. Morayta, *El Padre F. y sus obras*, Valencia 1913. – G. Marañon, *Vocación, preparación y ambiente biológico y médico del Padre F.*, Madrid 1934. – S. Leirós Fernández, *El Padre F. Sus ideas crítico-filosóficas*, Santiago de Compostela 1935. – G. Delpy, *L'Espagne et l'esprit européen. L'œuvre de F.*, Paris 1936; ern. 1946. – C. Amor, *Ideas pedagógicas del Padre F.*, Madrid 1950. – Cuadernos de la Cátedra Feijóo, 1955 ff. – A. Ardao, *La filosofía polémica de F.*, Buenos Aires 1962. – Boletín de la Biblioteca de Menendez Pelayo, 40, 1964 [Sondernr. *J. y. M.*]. – F. Eguiagaray Bohigas, *El Padre F. y la filosofía de la cultura de su época*, Madrid 1964. – J. A. Pérez-Rioja, *Proyección y actualidad de F. Ensayo de interpretación*, Madrid 1965 [m. Bibliogr.]. – *El Padre F. y su siglo: Ponencias y comunicaciones presentados en el simposio celebrado en la Univ. de Oviedo 1964*, Oviedo 1966. – A. R. Fernández Gonzáles, *Personalidad y estilo en F.*, Oviedo 1966. – I. L. McClelland, *B. J. F.*, NY 1969 (TWAS). – R. Otero Pedrayo, *El Padre F. Su vida, doctrina e influencia*, Orense 1972. – P. Alvarez de Miranda, *Aproximación al vocabulario ideológico de F.* (in CHA, 1979, Nr. 347, S. 367–396). – *II. Simposio sobre el Padre F. y su siglo*, Oviedo 1983. – J. Filgueire Valverde, *Estudios sobre F.*, Madrid 1983.

CARTAS ERUDITAS Y CURIOSAS

(span.; *Gelehrte und interessante Briefe*). Ein fünfbändiges Sammelwerk von Benito Jerónimo Feijóo y Montenegro, erschienen 1742–1751. – Die 163 Abhandlungen stellen eine Fortsetzung des *Teatro crítico universal* dar: Auch sie sind dem Kampf gegen die Irrtümer, die Unwissenheit, den Aberglauben, die Vorurteile und die erstarrten Traditionen der Zeit gewidmet. Freilich wirken die *Briefe*, verglichen mit dem 1726–1740 erschienenen *Teatro crítico*, matter, wie von Altersmüdigkeit gezeichnet; der aufklärerische Impetus und die Begeisterung für Naturwissenschaft und experimentelle Forschung haben indes nicht nachgelassen. So bekämpfen einige Briefe die überall grassierende Wundersucht, die allenthalben Tatkraft und Unternehmungsgeist lähme: Feijóo erzählt etwa, wie es ihm einmal gelungen ist, ein alljährlich am Festtag eines Heiligen sich wiederholendes Wunder als frommen Betrug zu entlarven – was ihm den nicht geringen Haß der unfrommen Nutznießer des Wunders zuzog.
Das modern anmutende Eintreten des Autors für religiöse Toleranz ist um so höher zu bewerten, als Feijóo selbst ein durchaus gläubiger Mensch war; seine tolerante Gesinnung entspringt einer allgemeinen Menschenliebe, hat also nichts mit der religiösen Gleichgültigkeit vieler französischer Enzyklopädisten und Aufklärer zu tun. Auch heute noch vermögen diese Briefe zu beeindrucken; zieht man die allgemeine Rückständigkeit und geistige Enge jener Zeit in Betracht, so erregt die liberale und fortschrittliche Aufgeschlossenheit des Benediktinermönchs höchste Bewunderung. A.F.R.

Ausgaben: Madrid 1742–1751, 5 Bde. – Madrid 1928, Hg. A. Millares Carlo [Ausw.]. – Madrid 1969 (Clás. Cast). – Madrid 1984, Hg. u. Einl. C. Martín Gaíte.

Literatur: J. A. L. Marichal, *F. y el ensayismo hispánico*, Diss. Princeton 1949 [vgl. ders., in NRFH, 5, 1951, S. 313–323]. – G. Marañón, *Las ideas biológicas del P. F.* (in B. J. F., *Obras escogidas*, Hg. A. Millares Carlo, Bd. 2, Madrid 1961).

TEATRO CRÍTICO UNIVERSAL. DISCURSOS VARIOS EN TODO GÉNERO DE MATERIAS, PARA DESENGAÑO DE ERRORES COMUNES

(span.; *Kritisches Welttheater. Verschiedene Abhandlungen über Gegenstände jedweder Art zur Richtigstellung landläufiger Irrtümer*). Ein neunbändiges Sammelwerk von Benito Jerónimo Feijóo y Montenegro, erschienen 1726–1740. – Die 118 hier vereinigten Arbeiten bilden zusammen mit der Sammlung von 163 *Gelehrten und interessanten Briefen* (vgl. *Cartas eruditas y curiosas*) die literarische Hinterlassenschaft des bedeutendsten Mannes der spanischen Geistesgeschichte in der er-

sten Hälfte des 18. Jh.s. Wie diese behandeln sie die unterschiedlichsten Themen aus Mathematik, Physik, Biologie und Medizin, Geschichte, Gesellschaftslehre und Geographie, Sprachlehre und Literatur, Astrologie, Philosophie, Theologie und Moral.
Ein wahrhaft enzyklopädischer Geist, der von sich sagen konnte: *»Ich schreibe über alles; es gibt keinen Gegenstand, der der Absicht meines Werkes entgegenstünde!«*, nimmt Feijóo Stellung zu Fragen, die ihm vorgelegt werden, zu den Büchern und Schriften, die er in unersättlichem Wissensdurst liest, zu aktuellen Problemen und irrtümlichen Anschauungen seiner Zeit mit dem *»einzigen Ziel, die Wahrheit darzulegen«*. Als Mann der Aufklärung *»allein von Vernunft und Erfahrung geleitet«*, unterwirft er alles kritischer Nachprüfung und akzeptiert nichts, was dem gesunden Menschenverstand und eigener Beobachtung nicht standhält. Getreu seinem Wahlspruch *»Ein kluger Mann erkennt immer mehr als eine Horde von Dummköpfen!«*, zieht er ebenso gegen die Leichtgläubigkeit und den Aberglauben der Menge wie gegen den altgewohnten Trott des Wissenschaftsbetriebs seiner Zeit zu Felde. Er wettert gegen die Vorliebe der Gelehrten für abstrakte Diskussionen und fordert die Beschäftigung mit solchen Wissenschaften, in denen man wie in Physik, Chemie und Medizin durch vorurteilsfreies methodisches Vorgehen und nachprüfbares Experimentieren zu sicheren praktischen Ergebnissen gelangt.
Der kritische Rationalismus Feijóos, seine Auflehnung gegen Autorität und geheiligte Denktraditionen machen nur dem streng religiösen Bereich der katholischen Glaubenslehre gegenüber halt. Unduldsamkeit in Religionsfragen lehnt er jedoch ebenso ab wie übertriebene Vaterlandsliebe: *»Leidenschaftlicher Nationalismus ist ein Laster.«* Mit dieser zutiefst liberalen, kritisch-polemischen und grundsätzlich skeptischen Haltung, die der des von ihm bewunderten englischen Philosophen Francis BACON (1561–1626) nicht unähnlich ist, war Feijóo ein einsamer Rufer in der Wüste seiner Zeit. Nicht durch die Originalität seiner Gedanken, sondern durch die Verkündigung einer neuen Denkart wurde er zum Stein des Anstoßes in einem Land, das seit der Zeit Philipps II. hermetisch von der europäischen Kulturwelt abgeschlossen war, unter dem Zwang der Inquisition und der Gegenreformation an der stürmischen Entwicklung des Geisteslebens keinen Anteil genommen hatte. So erregten die Schriften Feijóos, die bis 1787 etwa hundert Auflagen mit nahezu 500 000 Exemplaren erreichten, in Spanien gewaltiges Aufsehen und entfachten eine beispiellose Polemik. Trotzdem blieb ihre Wirkung gering. Die herrschenden Mächte der Zeit – Kirche und religiöse Orden, die das Erziehungs- und Bildungswesen beherrschten, Ärzte und Professorenschaft, die von den neuen wissenschaftlichen Methoden den Verlust ihres Ansehens befürchteten – stellten sich gegen sie. Mit Recht klagte Feijóo: *»Meine Stimme dringt überallhin, doch wird sie von niemandem gehört.«* A.F.R.

AUSGABEN: Madrid 1726–1740, 9 Bde. – Madrid 1863 (BAE, 56; ern. 1961). – Madrid 1923–1925, Hg. A. Millares Carlo, 3 Bde. (Clás. Cast; ern. Madrid 1973–1975). – Madrid 1985, Hg. u. Einl. A.-R. Fernández González (Cátedra). – Madrid 1986, Hg. u. Einl. G. Stiffoni (Castalia).

LITERATUR: C. Reed, *El ›Teatro crítico universal‹ del P. F.*, Mexiko 1950. – E. V. Coughlin, *The Polemic on F.'s »Defensa de las mujeres«* (in Dieciocho, 9, 1986, S. 74–85).

FERNÁN CABALLERO

d.i. Cecilia Böhl de Faber y Larrea
* 25./27.12.1796 Morges / Schweiz
† 7.4.1877 Sevilla

LITERATUR ZUR AUTORIN:
A. Palma, *F. C. La novelista novelable*, Madrid u. a. 1931. – L. Coloma, *Recuerdos de F. C.*, Madrid 1943. – J. F. Montesinos, *F. C. Ensayo de justificación*, Mexiko 1961. – J. Herrero, *F. C.: un nuevo plantamiento*, Madrid 1963. – S. Montoto, *F. C.: algo más que una biografía*, Sevilla 1969. – L. H. Klibbe, *F. C.*, NY 1973 (TWAS). – D. Pineda Novo, *Dos Hermanos en la obra de F. C.*, Sevilla 1977. – J. L. Varela, *F. C. y el Volksgeist* (in Arbor, 97, 1977, S. 327–342).

LA GAVIOTA

(span.; *Die Möwe*). Roman von FERNÁN CABALLERO, erschienen 1849. – Als Tochter des Hamburger Exportkaufmanns Nikolaus Böhl von Faber, eines bedeutenden Impulsgebers der spanischen Romantik, lebte die Autorin in Andalusien, das mit seiner Landschaft und seinen Menschen auch das Thema ihrer Romane, Novellen und kostumbristischen Genrebilder ist (u. a. *La familia de Alvareda*, 1856; *Un verano en Bornos*, 1858; *Cuadros de costumbres populares andaluzas*, 1852). *La Gaviota*, ihr bekanntestes Werk, entstand ab 1845 in französischer Sprache, wurde von J. Joaquín de MORA, einem Bekannten ihres Vaters und Direktor von ›El Heraldo‹, ins Spanische übersetzt und erschien als Fortsetzungsroman in dieser Madrider Zeitung seit 1849 (in Buchform 1856). Die französische Urfassung ist nicht erhalten.
Der Roman erzählt das Schicksal des andalusischen Fischermädchens Marisalada, die wegen ihrer schrillen Stimme »La Gaviota« (die Möwe) genannt wird. Fritz Stein, ein deutscher Arzt, der krank in ihrem Dorf Villamar aufgenommen wird, verliebt sich in Marisalada und heiratet sie. Als un-

erwartet ein alter Bekannter Steins, der Herzog von Almansa, auftaucht und auf die schöne Stimme Marisaladas aufmerksam wird, beginnt der soziale Aufstieg der Familie. Marisalada und Stein verlassen Villamar mit seinen einfachen, guten und originellen Menschen, dem etwas einfältigen Bruder Gabriel, dem spottlustigen Burschen Momo, dem melomanen Barbier sowie dem ehrenwerten und leicht grotesken Kriegsmann Don Modesto Guerrero, der seine Laufbahn als Kommandant eines zerbröckelnden Forts an der Küste, auf dessen Reaktivierung er vergeblich hofft, in Gesellschaft seiner ältlichen Freundin, der frommen »Rosa mística«, beenden wird. In Sevilla und Madrid wird Marisalada eine gefeierte Sängerin, die in den Salons der Aristokratie wie im Milieu der Toreros und der Halbwelt verkehrt; sie entfernt sich innerlich von ihrem bescheidenen Ehemann und als sie sich in einen Stierkämpfer verliebt, verläßt Stein sie und geht nach Amerika, wo er bald stirbt. Als der Torero in der Arena umkommt und Marisalada bald darauf ihre Stimme verliert, kehrt sie ins Dorf zurück und heiratet den Barbier, der lange nach ihr geschmachtet hatte.

Der Roman stellt deutlich die Handlungsräume Land und Stadt gegenüber, wobei ersteres als eine idyllische heile Welt erscheint, während die Stadt in ihren verschiedenen Milieus nuancierter, auch negativ, dargestellt wird. Der Gegensätzlichkeit dieser beiden Bereiche entspricht Fernán Caballeros Sympathie für Originalität und Authentizität des traditionellen Spaniens und ihre konservative Grundhaltung, wobei sich ihre Polemik gegen Fortschrittler und Liberale im wesentlichen auf deren Ironisierung beschränkt und sie andererseits auch nicht jedem Aspekt der Tradition kritiklos gegenübersteht (Ablehnung des Stierkampfs; Ironisierung des Reaktionärs in der Gestalt des Generals Santamaría). Charakteristisch für die Handlung ist einerseits ihre einfache Strukturierung, andererseits ihre Anreicherung mit kostumbristischen Szenen und Tableaus. Während die übrigen Charaktere, auch Stein, deutlich typisiert sind, macht die Hauptfigur Marisalada in ihrem Wesen als einzige eine unerwartete, aber doch nicht unwahrscheinlich anmutende Entwicklung von ländlicher Herbheit zu unreflektiert egoistischer Gefühlskälte durch.

Literaturhistorisch gilt der Roman als typischstes Beispiel des spanischen prärealistischen Romans, das gleichzeitig deutlich in der Spannung zwischen dem kostumbristischen Tableau mit seiner zur Idyllisierung neigenden Thematisierung der Alltagsrealität, aber auch darstellerischer Statik, und dem eigentlichen realistischen Roman steht. Von der Romantik grenzen den Roman vor allem die Nüchternheit der Handlung, die unpathetische Sprache (vor allem die Dialoge), die Zeichnung der Vulgarität gewisser Madrider Milieus und die Banalität des Endes ab. An die Romantik (auch deutscher Prägung) erinnert dagegen die Idealisierung des Volkes als Träger hoher menschlicher Werte und Hüter der nationalen Identität. Die neuere Kritik situiert den Roman vor allem innerhalb des die spanische Literatur des 19. Jh.s prägenden Konflikts zwischen konservativen und fortschrittlichen Bestrebungen, sieht ihn als reaktionären Gegenpart zum zeitgenössischen sozial-humanitären Stadtroman, dessen Vorbilder Eugène Sue und Victor Hugo waren, und bestreitet seinen Realismus. W.Kre.

Ausgaben: Madrid 1849 (in El Heraldo). – Madrid 1856. – Madrid 1943. – Madrid 1958. – Madrid 1961 (in *Obras*, Hg. J.M. Castro y Calvo, 5 Bde., 1; m. Einl. u. Bibliogr.; BAE). – Madrid 1964. – Barcelona 1972, Hg. u. Einl. J. Rodríguez Luis. – Madrid 1985, Hg. u. Einl. C. Bravo-Villasante (Castalia).

Übersetzungen: *Die Möve*, L. G. Lemcke (in *AW*, Bd. 2, Braunschweig 1859). – Dass., H. Kundert, Zürich 1973.

Literatur: Th. Heinermann, *Dichtung und Wahrheit in der »Gaviota« F. C.s* (in RF, 56, 1942, S. 313–324). – Ch. B. Qualia, *»La Gaviota« One Hundred Years After* (in Hispania, 34, 1951, S. 63–73). – J. Horrent, *Sur »La Gaviota« de F. C.* (in Revue des langues vivantes, 32, 1966, S. 227–237). – J. Rodríguez Luis, *»La Gaviota«, F. C. entre romanticismo y realismo* (in Anales Galdosianos, 8, 1973, S. 123–136). – S. Kirkpatrick, *On the Threshold of the Realist Novel: Gender and Genre in »La Gaviota«* (in PMLA, 98, 1983, S. 323 bis 340).– M. Tietz, *F. C. »La Gaviota«* (in *Der spanische Roman vom MA bis zur Gegenwart*, Hg. V. Roloff u. H. Wentzlaff-Eggebert, Düsseldorf 1986, S. 193–214).

LEANDRO FERNÁNDEZ DE MORATÍN

* 10.3.1760 Madrid
† 21.6.1828 Madrid

Literatur zum Autor:
J. Martínez Ruiz, *M.: Esbozo por cándido*, Madrid 1893. – F. Ruiz Morcuende, *Vocabulario de L. F. de M.*, Madrid 1945. – A. Lefebvre, *El teatro de M.*, Santiago de Chile 1958. – A. Papell, *M. y su época*, Mallorca 1958. – Revista de la Universidad de Madrid, 9, 1960, Nr. 33–36 [Sondernr. *F. de M.*]. – Insula, 15, 1960, Nr. 161 [Sondernr. *F. de M.*]. – F. Lázaro Carreter, *M. en su teatro*, Oviedo 1961. – S. Melón R. de Gordejuela, *M. por dentro*, Oviedo 1964. – R. Andioc, *Sur la querelle du théâtre au temps de L. F. de M.*, Toulouse 1970. – J. Dowling, *L. F. de M.*, NY 1971 (TWAS). – L. F. Vivanco, *M.*

y la ilustración mágica, Madrid 1972. – H. Higashitani, *El teatro de L. F. de M.*, Madrid 1973. – G. C. Rossi, *L. F. de M.: Introducción a su vida y su obra*, Madrid 1974. – *Una bibliografía de L. M.* (in Insula, 35, 1980, S. 2). – *Coloquio internacional sobre L. F. de M. en Bologna 1978*, Abano Terme 1980. – H. Rien, *L. F. de M. Versuch einer sozialhistorischen Analyse des autobiographischen, literaturhistorischen u. dramatischen Werks*, Ffm. 1982. – P. Ortiz Armengol, *El año que vivió M. en Ingleterra*, Madrid 1985.

LA COMEDIA NUEVA O EL CAFÉ

(span.; *Die neue Komödie oder Das Café*). Schauspiel von Leandro FERNÁNDEZ DE MORATÍN, Uraufführung: Madrid 1792. – Eine »neue Komödie« mit dem Titel »Die große Belagerung von Wien« soll aufgeführt werden. Don Hermógenes, ein pedantischer Besserwisser, hat Don Eleuterio zu diesem Stück angeregt und ihm einen großen Erfolg prophezeit. Er selbst ist an diesem Erfolg besonders interessiert, weil ihm dann der wackere Stükkeschreiber aus seiner prekären finanziellen Lage heraushelfen könnte und ihm überdies seine Schwester zur Frau geben würde. Bevor Don Eleuterio das Stück aufführen läßt, liest er dem Theatertheoretiker Don Pedro Teile daraus vor. Wie nicht anders zu erwarten, findet der Kritiker es schlecht. Hermógenes läßt sich trotzdem nicht davon abbringen, mit hohlen Worten, lateinischen und griechischen Zitaten das neue Werk mit Vorschußlorbeeren zu bedecken. – Die Aufführung wird zu einem Skandal. Unter lautem Protest muß sie während des zweiten Aktes abgebrochen werden. Als nun der enttäuschte Autor von Hermógenes schmählich im Stich gelassen wird, will Don Pedro ihm zu einer guten Stelle verhelfen, vorausgesetzt, daß er auf die Schriftstellerei verzichtet. Hier nun legt der Autor Moratín der Figur des Don Pedro seine Theorien über das neue Drama in den Mund. Der heftige Verriß des aufgeführten Spiels im Spiel ist eine glänzende Parodie auf die monströsen Tragödien eines COMELLA, der zu dieser Zeit einen unverdienten Ruf genoß. *»Hier gibt es nichts als eine verworrene Handlung, unwahrscheinliche Vorfälle, unzusammenhängende Episoden ... weder Geschmack noch gesunden Menschenverstand.«*

Als geradezu *»unerträglicher Pädagoge«* (M. Pelayo) doziert Don Pedro (alias Moratín) seine Theorien, überzeugt von der Notwendigkeit einer Theaterreform in Spanien. Scharf wendet er sich gegen den Schwulst und die Phantastereien des zeitgenössischen Theaters, das sich in einen übertriebenen barocken Stil verrannt hatte. Nach französischem Muster – Moratín hatte den Ehrgeiz, ein spanischer MOLIÈRE zu werden – fordert er die drei klassischen Einheiten (Ort, Zeit, Handlung), außerdem Maß und guten Geschmack. Er versucht, seine Theorien in seinen technisch sehr präzisen Stücken auch zu realisieren. Er wendet sich nicht mit hochtrabenden Versen und unglaubhaften Situationen an die Phantasie des Zuschauers, sondern spricht mit seiner knappen, klaren Prosa eher dessen Verstand an. Nichts ist dem Zufall überlassen. Die einfache Handlung schreitet geradlinig fort; die Dialoge verraten souveräne Beherrschung der Sprache und haben bis heute wenig von ihrer Schlagkraft verloren. Die Tendenz zum Theoretisieren beeinträchtigt dagegen die psychologisch glaubwürdige Ausformung der Dramenfiguren. Andererseits macht gerade die Mischung aus Theorie und Theaterpraxis, aus Parodie und »neuer Komödie« dieses Stück zu einer *»verblüffenden literarischen Satire«* (Pelayo). KLL

AUSGABEN: Madrid 1792. – Madrid 1830/31 (in *Obras*, 4 Bde., 2). – Madrid 1944 (in *Teatro completo*). – Madrid 1955, Hg. F. Ruiz Morcuende [m. Anm. u. Einl.]. – Buenos Aires 1958, Hg. J. F. Gatti [m. Einl.]. – Madrid 1963, Hg. R. Ferreres. – Madrid 1977 (in *Teatro completo*, Hg. u. Einl. N. Fernández Nieto). – Madrid 1983, Hg. u. Einl. J. Dowling u. R. Andioc (Castalia). – Barcelona 1984, Hg. u. Einl. G. Díaz Plaja.

ÜBERSETZUNG: *Das neue Lustspiel oder Das Caffehaus*, M. Ojamar, Dresden 1800.

LITERATUR: R. Andioc, *À propos d'une reprise de »La comedia nueva«* (in BHi, 63, 1961, S. 54–61). – J. Dowling, *»La comedia nueva« and the Reform of the Spanish Theatre* (in Hispania, 53, 1970, S. 397–402). – H. Higashitani, *Las ideas teatrales de L. F. de M. En torno a su definición de la comedia* (in IR, 3, 1971, S. 269–284). – R. Osuna, *Temática e imitación en la »Comedia nueva« de M.* (in CHA, 1976, Nr. 317, S. 286–302). – U. Schulz-Buschhaus, *L. F. de M. »La comedia nueva«* (in *Das spanische Theater*, Hg. V. Roloff u. H. Wentzlaff-Eggebert, Düsseldorf 1988, S. 228–240).

EL SÍ DE LAS NIÑAS

(span.; *Das Jawort der Mädchen*). Komödie von Leandro FERNÁNDEZ DE MORATÍN, Uraufführung: Madrid, 24. 1. 1806, Teatro de la Cruz. – In seiner »Kaffeehaus-Komödie« (vgl. *La comedia nueva o El café*, 1792) hatte Moratín das Barocktheater verspottet und ein »neues« Theater gefordert; mit dieser Komödie lieferte er selbst das Muster eines klassizistischen Stücks, das durch geschickten Dialog, logischen Aufbau der Handlung und zarte, präromantische Gefühlstöne besticht. Don Diego, ein begüterter, in reiferem Alter stehender Herr, soll Paquita (Francisca), ein junges, tugendhaftes Mädchen, das im Kloster erzogen wird, heiraten. Von Doña Irene, ihrer Mutter, einer aufdringlichen, intriganten Person, hat er jede nur mögliche Sicherheit dafür erhalten, daß das Mädchen seine Zuneigung erwidern, ein ruhiges, materiell gesichertes Leben an der Seite eines älteren Mannes der trügerischen Liebe eines jüngeren vorziehen werde. Als er nun zusammen mit der Mutter

und seinem Neffen Don Carlos, einem schmucken Leutnant, der ihnen nachgereist ist, Francisca aus dem Kloster abholt, entdeckt er des Nachts im Gasthaus zu Alcalá de Henares, wo sie abgestiegen sind, daß Francisca Don Carlos liebt. Nur widerwillig, aus Respekt und Gehorsam, hatte sie sich den Wünschen der Mutter gefügt und in die Heirat mit Don Diego gewilligt. Als dieser den wahren Sachverhalt erfährt, ist er entrüstet: *»Das nennt man nun, ein Mädchen richtig erziehen: es lehren, mit heuchlerischer Verstellung die unschuldigsten Gefühle zu verleugnen und zu verbergen. Wenn sie sich dann in der Kunst des Schweigens und der Lüge erfahren zeigen, gelten sie für ehrbar... Alles ist ihnen erlaubt, außer aufrichtig zu sein.«* Und er verzichtet, nicht ohne Wehmut, zugunsten seines Neffen großzügig auf Paquita – nicht ohne vorher die Moral gezogen zu haben: *»Das hat man nun von dem Mißbrauch der Autorität, der Unterdrückung, die die Jugend erleidet; das sind die Sicherheiten, die Eltern und Erzieher uns geben; da sieht man, was vom Jawort der Mädchen zu halten ist.«*
Mit Vernunftgründen, die dem rationalistischen Geist der Epoche entsprachen, rechtfertigt Don Diego seinen Entschluß, der die Dinge ins Lot bringt und die gestörte Ordnung wiederherstellt. Auch hierin, nicht nur durch den Verzicht auf Effekthascherei und die strenge Einhaltung der drei Einheiten, ist das Stück *»die beste spanische Komödie des Neoklassizismus«* (García López). A.A.A.

Ausgaben: Madrid 1805. – Madrid 1850 (BAE). – Madrid 1944 (in *Teatro completo*). – Madrid 1956. – Barcelona 1967 (in *Teatro completo*). – Madrid 1977 (in *Teatro completo*, Hg. N. Fernández Nieto). – Madrid 1982, Hg. u. Einl. J. Montero Padilla (Cátedra). – Madrid 1983, Hg. u. Einl. J. Dowling u. R. Andioc (Castalia). – Barcelona 1984.

Literatur: J. Pérez de Guzmán, *Estudios sobre M. La primera representación de »El sí de la niñas«* (in España Moderna, 168, 1902, S. 103–137). – J. Asensio, *Estimación de M., un manuscrito de la Bibliothèque nationale de Paris sobre »El sí de las niñas«* (in Estudios, 17, 1961, S. 83–143). – C. V. Aubrun, *»El sí de las niñas«, o más allá de la mecánica de una comedia* (in RHM, 31, 1965, S. 29–35). – M. Fernández Nieto, *»El sí de las niñas« de M. y la Inquisición* (in Revista de literatura, 37, 1970, S. 15–54). – R. Andioc, *Teatro y público en la época de »El sí de las niñas«* (in *Creación y público en la literatura española*, Hg. J.-F. Botrel u. S. Salaün, Madrid 1979, S. 93–110). – D. Quinn, *Modal Expectations and M.'s »El sí de las niñas«* (in RoNo, 18, 1977, S. 88–92). – S. Menton, *La contradanza de M.* (in RoNo, 23, 1983, S. 238–244). – J. M. González Herrán, *La teatralidad de »El sí de las niñas«* (in Segismundo, 18, 1984, 145–171).

JUAN PABLO FORNER

eig. Juan Bautista Pablo Forner y Segarra
* 17.2.1756 Mérida
† 16.3.1797 Madrid

EXEQUIAS DE LA LENGUA CASTELLANA

(span.; *Leichenfeier für die spanische Sprache*). Satire in Prosa und Versen von Juan Pablo Forner, geschrieben 1788, postum erschienen 1871. – Das Hauptwerk des scharfsinnigen Kritikers, dessen Veröffentlichung die Zensur 1794/95 mit dem Hinweis auf die kritische politische Situation Spaniens (das Land befand sich im Krieg mit Frankreich) unterband, richtet sich vor allem gegen diejenigen spanischen Schriftsteller, die von den französischen Enzyklopädisten beeinflußt waren, und insgesamt gegen alle ehrgeizigen, aber unfähigen Schreiberlinge des 18. Jh.s, die – wie es in der dem Werk vorangestellten Grabrede heißt – die spanische Sprache umgebracht haben. (Das Spanische hat sich aus dem Kastilischen entwickelt, die Bezeichnung *castellano* wurde für die Hochsprache beibehalten, daher *lengua castellana* – spanische Sprache.) In einer Anmerkung gibt Forner vor, er habe das Manuskript von einem jungen Doktor erhalten, der darin die Ursachen des in der nationalen Literatur vorherrschenden schlechten Geschmacks untersucht und die größten und würdigsten Schriftsteller aufgeführt habe.
In einem köstlichen Gemisch aus Prosa und Versen erzählt nun »Aminta« (dieses Pseudonym hat Forner oft für sich gebraucht), wie er sich mit seinem Freund »Arcadio« (dem zeitgenössischen Satiriker José Iglesias de la Casa) den Hängen des Parnaß nähert. Es begegnet ihnen ein ehrwürdiger Alter – kein Geringerer als Cervantes –, der Aminta die Einladung Apollos zum Begräbnis der spanischen Sprache überbringt. Gemeinsam besteigen sie den Berg. Während sie auf den Beginn der Leichenfeier warten, erklingt die Stimme des berühmten Villegas, der die größten spanischen Dichter lobt, diejenigen aber, die nach Ruhm gestrebt haben, ohne seiner würdig zu sein, streng tadelt. Schließlich bricht die Stunde der feierlichen Bestattung an. Scharen von Schriftstellern erweisen der Verstorbenen die letzte Ehre – für Forner die Gelegenheit, die Großen der spanischen Literatur vorzuführen. Als auch Arcadio und Aminta in den Tempel eintreten, erleben sie ein Wunder: Gestützt von Alfons X. und Alfons XI., dem Prinzen Carlos de Viana und Don Juan Manuel, die eigentlich die Bahre tragen sollten, steht die spanische Sprache aufrecht da, schwach und ächzend zwar, aber doch lebendig. Unter Beifallsrufen ordnet Apollo neue Feiern an, die nun nicht mehr einer Toten gelten. Er fordert Aminta auf, seine *Sátira contra la literatura chapu-*

cera de estos tiempos (Satire gegen die stümperhafte Literatur dieser Zeit) vorzutragen, und als diese Verse erklingen, werden viele schlechte Poeten, die als Büßer auf den Parnaß gekommen sind, von Apollo in quakende Frösche verwandelt und aus der edlen Versammlung ausgestoßen. Aminta fürchtet, ihr Schicksal teilen zu müssen, da aber wird er von Arcadio, der glaubt, sein Freund sei von einer neuen poetischen Eingebung besessen, aus dem Traum geweckt. Damit endet das Werk.

Die *Exequias* schießen in ihrer Kritik an der spanischen Literatur des 18. Jh.s oft übers Ziel hinaus, wie das in jener an literarischen Fehden reichen Zeit häufig der Fall war. Auch enthalten sie weitschweifige Aufzählungen und peinlich genaue Untersuchungen, die den Eindruck erwecken, als habe das Motiv von der Reise zum Parnaß Forner lediglich als Rahmen für eine Literaturgeschichte gedient. Doch hat das Werk auch Passagen von funkelndem Witz und voller origineller Einfälle. Sein eigentlicher Wert liegt in den scharfsinnigen und fundierten Urteilen über die Literatur des 16. und 17. Jh.s, in einem kraftvollen sicheren Stil und einer Sprache, die – etwa in der Schlußrede Apollos – außerordentliche Schönheit besitzt. KLL

AUSGABEN: Madrid 1871 (BAE). – Madrid 1925, Hg. P. Sáinz y Rodríguez (Clás. Cast; ern. 1967).

LITERATUR: A. González Blanco, *Ensayo sobre un crítico español del siglo XVII* (in Nuestro Tiempo, 4, 1917, S. 157–170). – M. F. Laughrin, *J. P. F. as a Critic*, Washington 1943 (Studies in Romance Languages and Literatures, 26). – M. Jiménez Salas, *Vida y obras de Don J. P. F. y Sagarra*, Madrid 1944. – F. Lázaro Carreter, *Las ideas lingüísticas en España durante el siglo XVIII*, Madrid 1949. – G. C. Rossi, *La teórica del teatro en J. P. F.* (in Filologia Romanza, 5, 1958, S. 210–222). – P. Sáinz Rodríguez, *Evolución de las ideas sobre la decadencia española y otros estudios de crítica literaria*, Madrid 1962. – J. Jurado, *Repercusiones del pleito con Iriarte en la obra literaria de F.* (in Thesaurus, 24, 1969, S. 228–277). – J. Alvárez Gómez, *J. P. F. Preceptista y filósofo de la historia*, Madrid 1971. – F. López, *J. P. F. et la crise de la conscience espagnole au XVIII siècle*, Bordeaux 1976. – G. Smith, *J. P. F.*, Boston 1976 (TWAS).

VICENTE GARCÍA DE LA HUERTA

* 9.3.1734 Zafra / Badajoz
† 12.3.1787 Madrid

LA RAQUEL

(span.; *Rachel*). Tragödie in drei Akten von Vicente GARCÍA DE LA HUERTA, Uraufführung: Madrid 1778. – Die Fabel zu diesem Stück stammt aus der *Primera crónica general* König ALFONS' des Weisen (reg. 1252–1284) und hat eine lange literarische Geschichte bis hin zu GRILLPARZERS *Die Jüdin von Toledo* (1872). Grillparzers Tragödie ist eine freie Nachdichtung des Stücks *Las paces de los reyes y judía de Toledo*, 1616 *(Der Frieden der Könige und die Jüdin von Toledo)*, von Lope de VEGA, der als erster den Stoff dramatisch bearbeitete. Ihm folgten Antonio MIRA DE AMESCUA *(La desdichada Raquel – Die unglückliche Rachel)* und Juan Bautista DIAMANTE (*La judía de Toledo*, 1667) sowie Luis de ULLOA PEREIRA, der ein Versepos (*Alfonso octavo detenido en Toledo por los amores de hermosa o Raquel hebrea*, 1650) darüber dichtete. So fand García de la Huerta einen nach Handlungsablauf, Konfliktsituationen, Charakteren und Motivierungen vielfach durchgearbeiteten Stoff vor; seine Hauptaufgabe bestand darin, ihn den dramatischen Regeln anzupassen, die Ignacio LUZÁN in seiner *Poética*, 1737 *(Poetik)*, nach dem Vorbild des französischen Klassizismus für das spanische Theater aufgestellt hatte. Dieser Aufgabe entledigte er sich so gut, daß *La Raquel* die einzige bedeutende Tragödie im klassizistischen Stil genannt werden kann, die das spanische Theater hervorgebracht hat.

Während der Feierlichkeiten zum zehnten Jahrestag einer von König Alfons VIII. (reg. 1158 bis 1214) gegen die Mauren gewonnenen Schlacht in Toledo drohen die Großen des Reichs dem König mit einem Volksaufstand, wenn er die Jüdin Rachel, seine Geliebte, die die Juden begünstigt und die Christen unterdrückt, nicht von sich weise. Vor der Drohung der Großen weicht der König zurück und verfügt die Verbannung Rachels und aller Juden aus dem Königreich. Dann aber nimmt er, angesichts der Bitten und Tränen der Jüdin, seine Entscheidung zurück, ja er erhebt sie zur Königin und überträgt ihr stellvertretend seine ganze Macht. Während eines längeren Jagdausflugs des Königs erläßt Rachel, aufgestachelt durch ihren Ratgeber Rubén, Gesetze, die das spanische Volk der Willkür der Juden überantworten. Aber ebendamit löst sie den Volksaufstand aus. Rubén wird gezwungen, seine Herrin zu töten, da die Christen ihr Schwert nicht mit Judenblut besudeln wollen. *»Möge aus diesem Exempel die Eitelkeit die Lehre ziehen«*, lautet in Übereinstimmung mit den moralisierenden Tendenzen des 18. Jh.s der Schluß, *»denn wenn sie der Himmel strafen will, kann kein Gesetz* *und keine Macht sie beschützen«.* – Es mag dahingestellt bleiben, ob das Stück Garcías de la Huerta die begeisterte Aufnahme, die es bei den Zeitgenossen fand, tatsächlich seiner klassizistischen Form verdankte: Beachtung der drei Einheiten, würdevolle Sprache in der Metrik des *romance heroico*, der vierzeiligen Strophe aus Elfsilbern mit assonierendem zweiten und vierten Vers usw. Sein Erfolg ist zum Teil wohl auch darauf zurückzuführen, daß es gewisse Elemente des traditionellen spanischen Theaters, z. B. die Einteilung in drei statt in fünf Akte, entgegen den klassischen Regeln beibehält, vor allem aber sicherlich darauf, daß es ein antisemitisches Stück ist, geeignet, dem jahrhundertealten religiös begründeten Judenhaß der spanischen Christenheit Nahrung zu geben. Ist bei Lope de Vega die schöne Jüdin eine schuldig-unschuldig liebende Frau, so ist sie hier eine eitle, habgierige, herrschsüchtige Intrigantin, und mit patriotischem Überschwang stellt García de la Huerta das edle Verhalten der spanisch-christlichen Partei den verwerflichen Absichten der Juden gegenüber. A.F.R.-KLL

Ausgaben: Madrid 1786 (in *Theatro hespañol*, 16 Bde., 1785/86, 16). – Paris 1839 (in *Tesoro del teatro español*, Hg. E. de Ochoa, Bd. 5). – Madrid 1929. – Salamanca 1965, Hg. J. G. Fucilla. – Madrid 1969 (in *Teatro español del siglo XVIII*, Hg. E. Catena). – Madrid 1981, Hg. u. Einl. R. Andioc (Castalia). – Madrid 1984, Hg. u. Einl. J. C. Fucilla (Cátedra).

Literatur: E. Segura Covarsi, *»La Raquel« de G. de la H.* (in Revista de Estudios Extremeños, 7, 1951, S. 197–234). – G. Mancini, *Per una revisione critica de G. de la H.* (in Studi di Letteratura Spagnola, 1964, S. 267–274). – *Raquel. Tragedia española en tres jornadas*, Hg. J. G. Fucilla, Madrid 1974. – R. Andioc, *La »Raquel« de Huerta y la censura* (in HR, 43, 1975, S. 115–139). – P. Deacon, *G. de la H., »Raquel« y el motín de Madrid 1766* (in BRAE, 56, 1976, S. 369–387). – D. E. Schurlknight, *La »Raquel« de Huerta y su sistema particular* (in BHi, 83, 1981, S. 65–78). – J. A. Ríos, *Nuevos datos sobre el proceso de V. G. de la H.* (in Anales de la Literatura española, 3, 1984, S. 413–427). – M. Z. Hafter, *Remedial Action in Huerta's »Raquel«* (in *Studies in Honor of S. M. Greenfield*, Hg. H. L. Bondreau u. a., Lincoln 1985, S. 119–128). – D. L. Shaw, *Dramatic Technique and Tragic Effect in G. de la H.'s »Raquel«* (in Dieciocho, 9, 1986, S. 249–258).

ANTONIO GARCÍA GUTIÉRREZ

* 5.7.1813 Chiclana / Cádiz
† 26.8.1884 Madrid

Literatur zum Autor:
F. Funes, *G. G.: Estudio crítico de su obra dramática*, Cádiz 1900. – N. B. Adams, *The Romantic Plays of G. G.*, NY 1922. – N. G. Lamb, *Characterization in Some Early Dramas of G. G.* (in Liverpool Studies in Spanish Literature, 1st ser., Hg. E. A. Peers, Oxford 1940). – R. E. Eckard, *A Critical Study of the Later Plays (1849–1880) of A. G. G.*, Diss. Univ. of Kentucky (vgl. Diss. Abstracts, 40, 1979, S. 3338A). – C. Iranzo, *A. G. G.*, Boston 1980.

EL TROVADOR

(span.; *Der Troubadour*). Drama in fünf Akten von Antonio García Gutiérrez, Uraufführung: Madrid, 1. 3. 1836, Teatro del Príncipe. – Ein Jahr nachdem mit *Don Álvaro*, dem bedeutendsten Bühnenwerk des Duque de Rivas, sich die Romantik im spanischen Theater endgültig durchgesetzt hatte, erlebte das Erstlingswerk eines Dichters, der, einer jüngeren Generation zugehörig, das romantische Drama später in eine ruhigere, gemäßigte Form überführen sollte (vgl. *Juan Lorenzo* und *Venganza catalana*), einen triumphalen Erfolg. Dieses Stück, seit 1853 durch Verdis Oper *Il Trovatore (Der Troubadour)* weltberühmt geworden, trägt allerdings noch alle Kennzeichen der ersten stürmischen Phase der Romantik in Spanien. Es entsprach so sehr dem literarischen Geschmack der Zeit, daß – zum ersten Mal in der Geschichte des spanischen Theaters – das Publikum bei der Uraufführung nicht ruhte, bis zum Schluß der Vorstellung der Autor persönlich auf der Bühne erschien. Dabei ist die Handlung des Stücks turbulent und verworren. In Anlehnung an die *comedia* des Goldenen Zeitalters sind die fünf Akte des Dramas als *jornadas* überschrieben und, in Nachahmung einer seit V. Hugos *Ernani* üblich gewordenen Praxis, mit eigenen Titeln versehen: 1. *Das Duell*; 2. *Das Kloster*; 3. *Die Zigeunerin*; 4. *Die Enthüllung*; 5. *Die Folter*.
Der Sohn der Zigeunerin Azucena, Manrique, der »Troubadour«, der das Waffenhandwerk ebenso meisterhaft beherrscht wie Gesang und Lautenspiel, liebt Doña Leonor, der auch der Graf von Luna, Don Nuño de Artal, den Hof macht. Auf die Nachricht vom Tod des Geliebten als Gefolgsmann des Grafen von Urgel, der mit Don Nuño in Fehde liegt, nimmt Leonor den Schleier. Als Manrique wider Erwarten doch erscheint, willigt sie ein, aus dem Kloster zu fliehen, doch die Burg Manriques wird von Don Nuño erstürmt, Manrique gefangen und zum Tode verurteilt. Leonor, in dem verzwei-

felten Versuch, den Geliebten zu retten, verspricht dem Grafen ihre Hand – und nimmt Gift. Vergebens versucht Azucena, die Mutter Manriques, die Hinrichtung zu verhindern. Zu spät offenbart sie das rettende Geheimnis. Manrique war der Bruder Don Nuños. Als Kind hatte ihn Azucena entführt und anstelle ihres eigenen durch einen Unglücksfall ums Leben gekommenen Kindes aufgezogen. Mit dem Ausruf: *»Nun ist sie gerächt!«* – ihre Mutter nämlich, die Don Nuños Vater seinerzeit als Hexe verbrennen ließ – stirbt nach dieser Enthüllung auch Azucena.
Das Drama vereinigt alle Merkmale romantischer Exaltiertheit, und eine zwischen Vers und Prosa wechselnde Sprache paßt sich der spannungsreichen Handlung an, deren Verlauf bestimmt wird vom Geheimnis der Herkunft Manriques, vom Mysterium des Klosters, von rasender Eifersucht, Haß, Kampf und Tod, Liebe über alle menschlichen und göttlichen Gesetze hinweg. Ihr unbändiger Rachedurst macht die Gestalt der Zigeunerin Azucena zur eigentlichen Hauptfigur der Tragödie. Mariano José de LARRA, ein Zeitgenosse des Autors, erkannte den Irrtum des Stücks: *»ein umfassender Plan«*, eine *»allzu breit angelegte Konzeption, ... eher für einen Roman als für ein Drama geeignet«*. Larra verfaßte zu dem gleichen Thema auch zwei eigene Werke, das Drama *Macías* (1834) und den Roman *El doncel doliente* (1834). 1860 griff Ramón ORTEGA Y FRIAS auf den Stoff für seinen Feuilletonroman *El Trovador* zurück. A.A.A.

AUSGABEN: Madrid 1836. – Madrid 1916, Hg. A. Bonilla y San Martín. – NY 1962 (in *Tres dramas románticos*). – Madrid 1964, Hg. J. Hesse [m. Einl. u. Anm.]. – Barcelona 1972, Hg. u. Einl. L. A. Blecua. – Madrid 1979, Hg. J.-L. Picoche. – Barcelona 1984, Hg. u. Einl. A. Rey Hazas. – Madrid 1985, Hg. u. Einl. C. Ruiz Silva (Cátedra).

VERTONUNG: G. Verdi, *Il trovatore* (Oper; Urauff.: Rom, 19. 1. 1853, Teatro Apollo; Text: S. Cammarano).

LITERATUR: C. A. Regensburger, *Über den »Trovador« des G. G., die Quelle von Verdis Oper »Il trovatore«*, Bln. 1911. – J. de Entrambasaguas, *La realidad de »El trovador«* (in J. de E., *Miscelánea erudita*, Madrid 1957, S. 79 f.). – J. A. Cook, *Neo-Classic Drama in Spain*, Dallas 1959. – A. E. Peers, *A History of the Romantic Movement in Spain*, Bd. 1, NY/Ldn. 1964, S. 270–274. – E. A. Siciliano, *La verdadera Azucena de »El trovador«* (in NRFH, 20, 1971, S. 107–114). – A. Ruiz Díaz, *Motivos románticos europeos en »El trovador« de G. G.* (in Revista de Literatura moderna, 1973, S. 151–190). – J. C. Ruiz Silva, *»El trovador« de G. G., drama y melodrama* (in CHA, 112, 1978, S. 251–272). – A. Vilarnovo, *Poética del sonido en »El trovador«* (in Revista de Literatura, 48, 1986, S. 101–113).

JUAN EUGENIO HARTZENBUSCH

* 6.9.1806 Madrid
† 2.8.1880 Madrid

LITERATUR ZUM AUTOR:
A. S. Corbière, *J. E. H. and the French Theatre*, Philadelphia 1927. – G. J. Conliffe, *El teatro de J. E. H.*, Diss. Northwestern Univ. 1974 (vgl. Diss. Abstracts, 35, 1975, S. 4508A). – C. Iranzo, *J. E. H.*, Boston 1978 (TWAS).

LOS AMANTES DE TERUEL

(span.; *Die Liebenden von Teruel*). Romantisches Drama von Juan Eugenio HARTZENBUSCH, Uraufführung: Madrid, 19. 1. 1837, Teatro del Principe. – Es gilt als eines der besten Stücke der spanischen Romantik und als die beste Bearbeitung dieses legendären Stoffes, der nach der volkstümlichen Überlieferung auf eine wirkliche Begebenheit in Teruel, einer Stadt in Aragonien, zurückgeht, wo noch heute die angeblichen Mumien der beiden Liebenden gezeigt werden. Schon zu Beginn des 17. Jh.s bestritt jedoch der aragonische Geschichtsschreiber BLASCO DE LANUZA die historische Stichhaltigkeit dieser Tradition. Als erster nannte dann COTARELO Y MORI (1857–1936) BOCCACCIOS *Decamerone* (Girolamo und Salvestra, 4. Tag, 8. Novelle) als literarische Quelle.
Die – seit dem 16. Jh. in der spanischen Literatur immer wieder abgewandelte – Grundfabel ist etwa diese: Zwei junge Menschen, die sich seit ihrer Kindheit lieben, können nicht glücklich werden, weil sich infolge des Standesunterschieds – das Mädchen stammt aus einer sehr reichen Familie, der junge Mann aber ist arm – die Eltern des Mädchens der Heirat widersetzen. Der Mann erbittet sich eine Frist, um in der weiten Welt zu Reichtum und Ansehen zu gelangen, und seine Braut verspricht, auf ihn zu warten. An dem Tag jedoch, da diese Frist abgelaufen ist, wird sie von ihren Eltern gezwungen, einen andern zu heiraten. Wenige Stunden nach dem Hochzeitsfest kehrt der immer noch Geliebte zurück. Er sucht Isabel in ihren Gemächern auf und bittet sie vergeblich um einen letzten, innigen Kuß. Zorn und Schmerz des beleidigten Mannes sind so groß, daß er tot zu Füßen der jungen Frau niedersinkt. Am folgenden Tag jedoch küßt sie, seine letzte Bitte erfüllend, während der Totenmesse vor allen Anwesenden ihren verblichenen Freund und stirbt dann selbst vor Leid und Kummer. Die Liebenden von Teruel, die nur der Tod vereinen konnte, werden gemeinsam zu Grabe getragen.
Erwähnt wird die Legende erstmals im Jahr 1577 von Bartolomé de VILLALBA in *El peregrino curioso y grandezas de España (Der neugierige Pilger und die*

Größe Spaniens); seitdem war sie, bis zum Ende des 19. Jh.s, ein beliebter, immer wieder aufgegriffener Stoff der spanischen Literatur. Andrés Rey de Artieda gab 1581 der Geschichte der beiden Liebenden die erste dramatische Fassung in seiner pathetischen Verstragödie *Los amantes de Teruel*. Jerónimo de Huerta gliederte dieselbe Legende seinem Ritterepos *Florando de Castilla* (1588) ein. Juan Yagüe de Salas gestaltete den Stoff zu einer 1616 in Valencia erschienenen »tragischen Epopöe« von 26 Gesängen. Um die Authentizität seiner Darstellung zu unterstreichen, fügte der Verfasser, der in Teruel als Stadtschreiber und Notar wirkte, eine ausführliche Geschichte Aragoniens und der Stadt Teruel ein. Er verteidigte die historische Echtheit der Legende und behauptete, alte Dokumente benutzt zu haben, die jedoch Isidro de Antillón in seinen *Noticias históricas sobre los amantes de Teruel*, 1806 *(Historische Notizen über die Liebenden von Teruel)*, als apokryph entlarvte. Aus dem 17. Jh. liegen weitere dramatische Bearbeitungen der Legende von Tirso de Molina und Pérez de Montalbán vor. Tirsos Stück enthebt durch größeren Realismus und durch stärkere Individualisierung der Personen die tragische Geschichte der rein legendären Sphäre und erhöht damit ihre lebendige Wirkung. Montalbán stützt sich im allgemeinen auf Tirsos Version, verlegt jedoch die Handlung in die Zeit Karls V. und unterstreicht im Unterschied zu seinen mehr episch erzählenden Vorgängern die Dramatik der schicksalhaft abrollenden tragischen Vorgänge. Vor allem dieses eindrucksvolle, auf den Ton elegischer Innigkeit gestimmte Stück machte die Legende populär. Die klassizistischen Dramatisierungsversuche des 18. Jh.s (F. M. Nifo, 1719 bis 1803, und L. F. Comella, 1751–1812) wirken kalt und akademisch. Erst die Romantik schuf wieder die Voraussetzungen für eine poetische Gestaltung, die dieser Geschichte einer selbstzerstörerischen Liebe gemäß waren.

Hartzenbusch behält in seinem Stück, das zu einem großen Bühnenerfolg wurde, die überlieferten Grundmotive der Legende bei, strafft aber den Aufbau und konstruiert die Handlungsfolge logischer. Er fügt auch romantische Motive hinzu, bei denen die Anlehnung an die *Romances fronterizos (Romanzen von der Grenze)* und den maurisch-historischen Roman *Las guerras civiles de Granada (Die Bürgerkriege von Granada)* von Pérez de Hita spürbar wird. Ein typisch romantisches Motiv ist es etwa, daß die Verliebtheit der maurischen Königin den Helden daran hindert, fristgemäß nach Teruel zurückzukehren. An die Rolle, die die Ehre im klassischen spanischen Theater spielt, erinnert die Art, wie Hartzenbusch Isabels Einwilligung, Diegos Rivalen zu heiraten, begründet: Pedro Azagra bedroht sie damit, Dokumente bekanntzugeben, die ihre Mutter kompromittieren würden. Doch auch der erpresserische Azagra handelt unter dem Zwang einer Liebesleidenschaft; denn die Liebe ist die herrschende Macht in diesem Stück: sie verbindet, trennt, beflügelt, verblendet und tötet. Trotzdem strahlt dieses zwar romantische, aber zugleich kühl-sachliche, mit viel Geschick aufgebaute Drama keine Gefühlsinnigkeit aus. Es ist, wie Cejador in seiner Geschichte der spanischen Literatur sagt, *»ein von leidenschaftlicher Liebe erfülltes Drama, in dem die Liebe an keiner Stelle zu spüren ist«.*

Ein Jahr nach der Uraufführung erschien ein Roman von I. Villaroya, der ebenfalls diesen Stoff behandelt. Das bisher letzte Glied in der Tradition der Legende ist eine 1889 uraufgeführte Oper von Tomás Bretón (1850–1923), deren Textbuch sich auf Hartzenbuschs Drama stützt. A.F.R.

Ausgaben: Madrid 1936. – Madrid 1947, Hg. A. Gil Albacete (Clas. Cast; ern. 1985). – Paris 1970, Hg. u. Einl. J.-L. Picoche [krit.]. – Madrid 1984, Hg. u. Einl. C. Iranzo (Cátedra). – Madrid 1987, Hg. u. Einl. J. Testas (Castalia).

Übersetzungen: *Die Liebenden von Teruel*, A. Seubert, Stg. 1853. – Dass., H. Schlegel, Zürich o. J.

Literatur: E. Cotarelo Mori, *Sobre el origen y desarrollo de la leyenda de »Los amantes de Teruel«* (in RABM, 8, 1903, S. 347–377); Madrid ²1907 [Bibliogr.]. – M. Butterfield, *Two Dramatic Versions of »Los amantes de Teruel«*, Diss. Oklahoma 1931. – *»Los amantes de Teruel«*, Teruel 1958. – F. B. Rang, *The Erudite Romanticism of J. E. H. in »Los amantes de Teruel«*, Diss. Univ. of Southern California 1971 (vgl. Diss. Abstracts, 32, 1972, S. 7000A). – J.-L. Picoche, *»Los amantes de Teruel« avant et après* (in *Recherches sur le monde hispanique au 19e siècle*, Lille 1973, S. 97–126). – D. E. Farkas, *»Los amantes de Teruel« y »El niño de la bola« de Alarcón: Un estudio comparativo*, Diss. Case Western Reserve Univ. 1975 (vgl. Diss. Abstracts, 36, 1976, S. 1487A).

José Francisco de Isla

* 24.3.1703 Vidanes / León
† 2.11.1781 Bologna

HISTORIA DEL FAMOSO PREDICADOR FRAY GERUNDIO DE CAMPAZAS, ALIAS ZOTES

(span.; *Geschichte des berühmten Predigers Bruder Gerundio de Campazas, genannt Zotes*). Roman von José Francisco de Isla, erschienen 1758–1770 unter dem Pseudonym Francisco Lobón de Salazar. – In seinem Hauptwerk, das neben der *Vida* … von Diego de Torres Villarroel das einzige nennenswerte Erzeugnis des spanischen Romanschaffens im 18. Jh. darstellt, wendet sich der Jesuitenpater Isla gegen die hohle Kanzelrhetorik seiner Zeit, die letzte Entartung des kultistischen Schwulststils, den der »Prediger der Könige und König der Prediger«, Hortensio Paravicino (1580–1633), in die Predigt eingeführt hatte.

In locker aneinandergereihten Episoden nach dem Vorbild des Schelmenromans schildert Isla das Leben des Bauernjungen Gerundio Zotes: Nachdem er die Dorfschule und den Lateinunterricht hinter sich gebracht hat, wird er wegen seiner großen Beredsamkeit in einen nicht näher bezeichneten Bettelorden aufgenommen. Der skurrile Bruder Blas bildet ihn zum Kanzelredner aus, und bald verdunkelt der Schüler den Ruhm seines Meisters mit Predigten, von denen ein Hauptmann sagt, daß sie *»die Melancholie in ihren eigenen Gräben besiegen könnten«*. Mit den gedrechselten Tiraden und den grotesken Stilblüten dieses *»Don Quijote der Prediger«* illustriert Isla in derber Komik den verheerenden Einfluß des spätbarocken Sprachprunks auf jene Kanzelredner, denen statt soliden theologischen Wissens und umfassender Bildung nur hohle scholastische Dialektik zu Gebote stand. Er stellt dem dummdreisten Geschwätz seines Helden seine eigene Theorie über die Kunst des Predigens vom Standpunkt des kultivierten Jesuiten gegenüber, die er in langen Exkursen erläutert.

Seine Satire zielt jedoch nicht auf eine bloße Einzelerscheinung: Gerundio ist ein typisches Kind seiner Zeit, und in ihm prangert Isla die erschreckende Unwissenheit weiter Kreise des Klerus an, der auch für den geistigen Niedergang des ganzen Landes verantwortlich sei, da in den Händen der Kirche das gesamte Erziehungswesen liegt. – Isla konnte mit der Wirkung seines Werks zufrieden sein: Die Veröffentlichung des ersten Teils entfesselte einen derart wilden Streit – vornehmlich unter der Geistlichkeit –, daß die Inquisition sich 1760 genötigt sah, den Band zu beschlagnahmen und jede weitere Diskussion darüber zu verbieten. Der künstlerische Wert des Werks ist dagegen gering. Zwar vermag der Autor seine selbstgefälligen Pfaffen und verschmitzten Bauern treffsicher zu typisieren, und es finden sich zuweilen Passagen, die in ihrer Detailgenauigkeit wie Vorwegnahmen der Beschreibungskunst der »Generation von 1898« anmuten, aber es gelingt Isla nicht, den romanhaften und den didaktischen Teil seiner Satire zu einer Einheit zu verbinden. A.F.R.

AUSGABEN: Madrid 1758–1770, 4 Bde. – Paris 1824, 5 Bde. – Madrid 1960–1964, 4 Bde., Hg. u. Einl. R. P. Sebold (Clás. Cast). – Madrid 1983, Hg. u. Einl. J. E. Martínez.

ÜBERSETZUNGEN: *Geschichte des berühmten Predigers Bruder Gerundio von Campazas, sonst Gerundio Zotes*, F. J. Bertuch, 2 Bde., Lpzg. 1773 [nach der engl. Übers. 1772]. – *Des berühmten Predigers Gerundio von Kampazas, sonst Gerundio Zotes, Lotterie für die Herrn Prediger*, M. Hahn, Ranzelburg 1777.

LITERATUR: C. Eguía, Ruiz, *El estilo humanístico del autor de »Fray Gerundio«* (in Humanidades, 3, 1951, S. 262–276). – J. A. de Carvalho, *El ›monstruo de púlpito‹ portugués criticado en »Fray Gerundio de Campazas«* (in Archivum, 18, 1968, S. 349–376). – A. García Abad, *Correcciones y nuevos datos para la biografía del Padre I.* (in Revista de Literatura, 69/70, 1969, S. 39–55). – J. E. Palmer, *The Spanish Society as Seen in the Works of Padre I.*, Diss. Univ. of Columbia 1969 (vgl. Diss. Abstracts, 30, 1969, S. 693A). – A. Raetz, *F. J. de I. Der Mensch – der Reformer – der Kritiker*, Diss. Köln 1970. – H. Hatzfeld, *Humor der getarnten Aufklärung in »O Hissope« und »Fray Gerundio«* (in APK, 12, 1972/73, S. 55–69). – J.-E. Palmer, *Elements of Social Satire in Padre I.'s »Fray Gerundio de Campazas«* (in RoNo, 17, 1976, S. 170–176). – J. H. R. Polt, *The Ironic Narrator in the Novel: I.* (in Studies in Eighteen Century Culture, 9, 1979, S. 371–386). – J. Jurado, *Ediciones ›1758‹ del »Fray Gerundio de Campazas«* (in Thesaurus, 37, 1982, S. 544–580). – G. Smith, *El Padre I., su vida, su obra y su tiempo*, León 1983. – D. Briesemeister, *J. F. de I. – »Historia …«* (in *Der spanische Roman*, Hg. V. Roloff u. H. Wentzlaff-Eggebert, Düsseldorf 1986, S. 171–192). – Ders., *La aventura de leer en »Fray Gerundio«* (in IR, 23, 1986, S. 125–148).

GASPAR MELCHOR DE JOVELLANOS

* 5.1.1744 Gijón
† 27.11.1811 Vega / Asturien

LITERATUR ZUM AUTOR:
J. Marías, *Los españoles, J., concordia y disconcordia de España*, Madrid 1962. – J. M. Palacios, *J., vida y trabajos*, Oviedo 1970. – J. Simón Diáz, *Bibliografía de J.*, Oviedo 1970. – J. H. R. Polt, *G. M. de J.*, NY 1971 (TWAS). – M. Cardenal de Iracheta, *J., autor dramático*, Madrid 1972. – L. L. Rick, *J. Studies, 1901–1973: A Critical Bibliography*, Diss. Michigan State Univ. 1973 (vgl. Diss. Abstracts, 34, 1973, S. 3428A). – G. Gómez de la Serna, *J., el español perdido*, Madrid 1975. – F. Fernández de la Cigoña, *J., Ideología y actitudes religiosas, políticas y economicas*, Oviedo 1983. – J. A. Cabezas, *J. El fracasco de la Ilustración*, Madrid 1985.

DIARIOS

(span.; *Tagebücher*). Tagebuchaufzeichnungen von Gaspar Melchor de JOVELLANOS, entstanden zwischen 1790 und 1801; im Druck erschienen 1915. – Diese *Tagebücher* dürfen als das Meisterwerk ihrer Gattung in der spanischen Literatur gelten. Hier haben die von einer kleinen Schicht Intellektueller getragenen Reformbewegungen der Aufklärungszeit unverfälschten Ausdruck gefunden. Jovellanos spricht von seiner Lektüre und seiner Tätigkeit, von seinen persönlichen Freunden und Feinden, doch seine Aufmerksamkeit gilt vor allem dem politischen Geschehen und dem Zustand des Vaterlandes. Als ein echter Vorläufer der »Generation von 98« meditiert er über das Schicksal seines Volkes, dessen Verfall er bewußt miterleidet. Während er in den Kunstdenkmälern noch einen Hauch der vergangenen Größe spürt, entdeckt er überall um sich die Zeichen des Niedergangs: *»... verfallene, halbentvölkerte und schmutzige Ortschaften, ... traurige und zerlumpte Bewohner, ... unbebaute, zur Wüste gewordene Landstriche.«* Jovellanos hat in dem Zeitraum, den seine Tagebücher umfassen, einen großen Teil Spaniens zu Pferd durchquert und die Bewohner direkt befragt, um sich aus erster Hand über die örtlichen Verhältnisse zu informieren. Er interessierte sich für Geographie und Geschichte ebenso wie für die Folklore, die Arbeitsmethoden, die soziale Struktur und die Lebensweise der Bevölkerung. Da er nicht als Tourist, sondern als Patriot, Dichter, Kunstkenner, Politiker und Ökonom das Land bereiste, beschränkt er sich nicht darauf, Mißstände aufzuzeigen, sondern versucht, deren Ursachen aufzudecken und Reformpläne zu entwerfen, die er freilich angesichts der Verantwortungslosigkeit der Regierenden und der Apathie des Volkes selbst als utopisch betrachtet. Seine Anklagen richten sich vor allem gegen die herrschenden Stände, den Adel und den Klerus. Dem ersteren wirft er vor, daß er degeneriert sei und in Madrid dem Müßiggang und dem Laster fröne, anstatt das Vorbild eines tätigen Lebens zu geben. Der Kirche hält er die allzu große Zahl der Kleriker vor; so notiert er bei der Beschreibung des Dorfes Tineo: *»Das Kloster ist ein elendes Gebäude; aber dort wohnen dreißig Mönche, die das Dorf wirtschaftlich ruinieren.«* Für noch bedenklicher aber hält er es, daß die Kirche ihre Aufgabe, das Volk belehrend zu führen, vernachlässigt und die Religion in eine *»Farce«* abergläubischer Praktiken verwandelt hat.

Da Jovellanos' Urteile treffend und gut fundiert sind, stellen seine Tagebucheintragungen die zuverlässigste Dokumentation über das Spanien des ausgehenden 18. Jh.s dar. Aber auch als dichterisches Zeugnis sind sie bedeutend. Jovellanos ist der Wiederentdecker der Landschaft für die spanische Literatur. Das Naturgefühl, das im 16. Jh. so gut wie erloschen war, hat er, mit romantischem Vorzeichen und unter dem Einfluß von ROUSSEAU, dessen Werke ihm vertraut waren, wiedererweckt: *»Willst du glücklich sein, o Mensch, dann betrachte die Natur und nähere dich ihr; sie ist die einzige Quelle der kurzen Freude, die dem menschlichen Geschlecht gegönnt ist.«* A.F.R.

AUSGABEN: Madrid 1915, Hg. M. Adellac y González de Agüero (vgl. dazu J. Somoza, in Boletín de la Biblioteca Menéndez Pelayo, 5, 1923, S. 102 bis 116; 241–258; 325–339; 6, 1924, S. 20–35; 134–150; 250–258). – Oviedo 1955/56, Hg. J. Somoza [Einl. A. del Río]. – Madrid 1956 (in *Obras*, Hg. M. Artola, Bd. 3 u. 4; m. Einl.; BAE, 85/86).

LITERATUR: A. del Río, *El sentimiento de la naturaleza en los »Diarios« de J.* (in NRFH, 7, 1953, S. 630–637). – E. F. Helman, *Viajes de españoles por España* (ebd., S. 618–629). – Ders., *El humanismo de J.* (in NRFH, 15, 1961, S. 519–528). – J. Sarrailh, *L'Espagne éclairée de la seconde moitié du 18e siècle*, Paris 1964. – W. Vogt, *Die »Diarios« von G. M. J.*, Bern 1975.

MARIANO JOSÉ DE LARRA

eig. Mariano José de Larra y Sánchez de Castro

* 24.3.1809 Madrid
† 13.2.1837 Madrid

ARTÍCULOS

(span.; *Journalistische Arbeiten*). Essays von Mariano José de LARRA, unter verschiedenen Pseudonymen in Zeitungen zwischen 1832 und 1837 erschienen. – Ähnlich wie sein Zeitgenosse José de ESPRONCEDA (1808–1842), mit dem er immer wieder zusammen genannt wird, gilt Larra gemeinhin als der Prototyp des liberalen und nonkonformistischen spanischen Romantikers. Doch während Espronceda nur noch eine Figur von historischem Interesse ist, bleibt *»la actualidad de Larra«* (J. Goytisolo) unbestritten. Larras *artículos*, die schon die 98er-Generation gerühmt hatte, sind – so schrieb Juan Goytisolo im Jahre 1961 – *»das Aktuellste, was es zur Zeit überhaupt in Spanien gibt, und dies aus dem einfachen Grunde, weil die Gesellschaft, die Larra in seinen Arbeiten angegriffen hat, im Jahre 1960 zumindest in ihren Grundlinien noch die gleiche ist wie im Jahre 1836«*. Zwar wird Goytisolos enthusiastische Beurteilung Larras auch von seinem eigenen Selbstverständnis als oppositioneller spanischer Intellektueller in der späten Franco-Zeit mitbestimmt, doch sieht auch die heutige Kritik in Larra noch eine mögliche Identifikationsfigur und betont, wie sehr viele seiner Schilderungen und Analysen spanischer Verhältnisse auch heute noch zuträfen. Sie warnt aber zugleich vor einer vorschnellen Idealisierung Larras und weist auf die Widersprüchlichkeiten und Wandlungen in seinem Denken hin, die es verbieten, den auch bei seinen Zeitgenossen schon berühmten Journalisten für modische politische Richtungen zu vereinnahmen. Bereits im Jahre 1828 veröffentlichte Larra in einer eigenen – wahrscheinlich aus politischen Gründen

– nur kurzlebigen Zeitschrift mit dem programmatischen Titel: ›El duende satírico del día‹ (Der satirische Kobold vom Tage) seine ersten acht Arbeiten, darunter *El café*, die Präsentation eines Panoptikums grotesker Figuren aus nahezu allen Schichten der spanischen Gesellschaft, und *Corridas de toros (Stierkampf)*, ein ironischer Abriß der Geschichte des Stierkampfs, den er als *»Barbarei und Grausamkeit«* hinstellt. Bereits in diesen frühen Arbeiten, die wegen ihrer durchweg impliziten Zeit- und Gesellschaftskritik, aber auch wegen ihrer satirisch-spöttischen Angriffe auf die offiziöse Presse, den ›Correo Literario y Mercantil‹, Aufsehen erregten, manifestieren sich eine Reihe der vielgerühmten Eigentümlichkeiten, die Larras *artículos* auszeichnen: das moralistisch-analytische Interesse an Spanien und an seinen Lebensgewohnheiten sowie die Gabe der Schilderung von Alltagsszenen (der sogenannte *costumbrismo*), aber vor allem die scharfe satirische Haltung, mit der – nur aufgesetzte – Verhaltensweisen im privaten und im öffentlichen Bereich entlarvt werden. Mit dieser seiner Haltung und seiner Intention stellt sich Larra in die Tradition der spanischen moralistischen Literatur, wie sie z. B. QUEVEDO in den *Sueños* (1627) oder VÉLEZ DE GUEVARA in *El diablo cojuelo* (1641) geprägt haben.

Die große produktive und einflußreiche Phase des Journalisten Larra fällt in die Jahre von 1832 bis 1837, d. h. in die ersten Jahre der Regentschaft der María Cristina, als sich konservative Karlisten und Liberale, aber auch liberale Parteiungen untereinander erbittert bekämpften. Larras in diesen Jahren erscheinende *artículos* – neben den mehr moralistisch-kostumbristischen Arbeiten eine Vielzahl von Theaterkritiken und tagespolitischen Artikeln – bestimmen die politische und kulturelle Diskussion in Madrid mit und sind zugleich auch ein Dokument der gesellschaftlichen und geistigen Situation jener Zeit. Larra ist in den Jahren nach 1832, nachdem er zunächst noch einmal in einer eigenen, wiederum nur kurzlebigen Zeitschrift, ›El Pobrecito Hablador‹ (Der arme Erzähler), publiziert hatte, Mitarbeiter der angesehensten Madrider Zeitschriften wie z. B. ›La Revista Española‹, ›El Observador‹ oder ›El Español‹. Dort erscheinen seine Arbeiten unter dem Pseudonym »Figaro« – ein Rollenspiel, das mit der gezielten Anspielung auf BEAUMARCHAIS' bekannte Theaterfigur nicht nur bürgerliches Selbstbewußtsein signalisiert, sondern auch auf die Tradition der Aufklärung verweist, der Larra in seinem Denken verpflichtet ist. Mit seinem Glauben an die Macht der Vernunft und an die Wahrheit, die sich durchsetzen werde – *»Das Licht der Wahrheit wird früher oder später die Nebel vertreiben, in denen die Parteigänger der Unwissenheit sie gefangenhalten möchten« (Reflexiones acerca del modo de hacer resucitar el teatro español – Gedanken zur Frage der Wiederbelebung des spanischen Theaters)* –, mit seiner Propagierung der Volkserziehung und der Meinungsfreiheit und nicht zuletzt mit seinem Glauben an eine mögliche Reform der spanischen Gesellschaft und an den technischen Fortschritt *»war Larra ein leidenschaftlicher Verteidiger der Zielsetzungen der Aufklärung«* (S. Kirkpatrick). In seinen letzten Jahren indes treten die aufklärerischen Vorstellungen immer mehr zurück zugunsten einer wachsenden Skepsis gegenüber positivistischem Denken (vgl. z. B. den Artikel *Tanto vales cuanto tienes – Man gilt so viel, wie man hat)* und gegenüber den Möglichkeiten einer politischen Reform in Spanien. So beschreibt er z. B. in einem Artikel vom Jahre 1835. *(El hombre globo – Der Ballonmensch)*, die spanische Gesellschaft als eine Dreiklassengesellschaft: *»... die große Masse, die man Volk nennt ... und auf die man tritt«*, die *»clase media«*, *»deren Bestreben auf Wachstum gerichtet ist«*, und schließlich die Gruppe des *»hombre globo«*, der sich über alle Hindernisse hinwegzusetzen vermag und zur Spitze aufsteigt. Diese Gesellschaftsstruktur wird scheinbar als ein Naturgesetz beschrieben, indem nämlich die physikalische Unterscheidung von festen, flüssigen und gasförmigen Körpern als ohne weiteres übertragbar auf die menschliche Gesellschaft hingestellt wird: *»Hay hombres sólidos, líquidos y gaseosos.«* Aber implizit wird dem Leser gerade das Gegenteil suggeriert: Gerade weil die Übertragung eines Naturgesetzes auf die Gesellschaft nicht ohne weiteres möglich ist, ist auch der gegenwärtige Zustand der Gesellschaft nicht naturgesetzlich unveränderbar, sondern fordert geradezu zur Veränderung heraus. Diese Technik des ironischen Diskurses, eine rhetorische Technik, mittels deren das Gegenteil vom eigentlich Gemeinten gesagt wird, ist ein gängiges Stilistikum bei Larra. So heißt es z. B. in dem Artikel *La policía* über die »politische Polizei«: *»In den Vereinigten Staaten und in England gibt es keine solche politische Polizei. Aber man weiß auch, was für ein Durcheinander unterschiedlichster Ideen in diesen Ländern herrscht. Dort kann jeder denken, wozu er Lust hat ... Wir aber sollten aus dem großen Buch der Revolution etwas lernen und nicht auf den Spuren dieser allzu freien Länder wandeln, denn dann erreichten wir schließlich den gleichen Wohlstand wie diese beiden Nationen. Reichtum führt zum Laster, und Wohlstand macht stolz und hochmütig.«*

Der moralistisch-kostumbristische und der vom aufklärerischen Denken mitgeprägte Journalist Larra steht zugleich auch inmitten der romantischen Bewegung. Sind doch die Jahre nach 1832 in Spanien auch die Zeit, in der die neue romantische Literatur u. a. mit der Lyrik Esproncedas und dem Theater des Duque de RIVAS und des MARTÍNEZ DE LA ROSA ihre großen Erfolge feierte: *»Wir haben in Madrid noch nichts Besseres gesehen«* – so schreibt Larra in seiner Rezension zur Uraufführung von *La conjuración de Venecia (Die Verschwörung von Venedig)* im Jahre 1834. Es ist die Zeit, in der sich die Romantik als *»libéralisme en littérature«* (Victor Hugo) durchsetzte. Larra gehört zu den entschiedenen Vorkämpfern der neuen romantischen Literatur und des romantischen Denkens. Ähnlich wie für Hugo oder Espronceda ist auch für ihn der Freiheitsgedanke das entscheidende Kriterium der *»neuen Literatur«*. Und ähnlich wie für diese bedeutet auch für ihn Freiheit nicht nur Freiheit vom Regelzwang der traditionellen Literatur. Literarische, politische und gesellschaftliche Freiheit sind auch für ihn eng miteinander verknüpft: *»Freiheit in der Literatur, in den Künsten, in Handwerk und Handel und Freiheit im Denken. Das ist die Devise unserer Zeit. Das ist das Maß, mit dem wir messen wollen« (Literatura. Rápida ojeada sobre la historia e índole de la nuestra – Literatur. Knapper Überblick über Geschichte und Wesen unserer Literatur)*. Dieses romantisch-liberale Credo beinhaltet indes keinen Verzicht auf die aufklärerische Tradition. Die »neue Literatur«, die Larra fordert, soll im Dienste der Volkserziehung und des intellektuellen Fortschritts stehen. Diese Widersprüchlichkeiten zwischen aufklärerischem und romantischem Denken – hier im besonderen die Widersprüchlichkeit zwischen aufklärerischem, auf die Gesellschaft gerichtetem Nützlichkeits- bzw. Fortschrittsstreben und dem romantischen Freiheitspathos, das das Individuum in den Mittelpunkt stellte, bleiben letztlich die Paradoxien, die Larras Schriften bestimmen. Sein Selbstmord – ganz im Klischee des frühen romantischen Todes – gilt gemeinhin als Ausdruck der Widersprüchlichkeiten, die Larra *»weder zu ertragen noch zu lösen vermochte«* (S. Kirkpatrick). Nur wenige Monate vor seinem Tode hatte er das Thema des Todes in dem berühmten Artikel *El Día de Difuntos de 1836. Fígaro en el cementerio (Allerseelen 1836. Figaro auf dem Friedhof)* in Verbindung mit dem Thema der romantischen Melancholie, die auch seine eigene war, fiktionalisiert.

Ausgaben: Madrid 1835–1837 *(Colección de artículos...)*. – Barcelona 1921 (in *Obras completas*). – Madrid 1956 *(Artículos de costumbres...*, Hg. J. R. Lomba y Pedraya; ern. 1981; Clás. Cast). – Madrid 1960 (in *Obras*, Bd. 1, 2, 4, Hg. C. Seco Serrano; BAE). – Madrid 1969 *(Artículos completos)*. – Madrid 1979 (*Artículos varios*, Hg. E. Correa Calderón; Castalia). – Madrid 1981 (*Artículos*, Hg. E. Rubio; Cátedra). – Madrid 1982 (*Las palabras: artículos y ensayos*, Hg. J. L. Varela). – Madrid 1982 (*Artículos sociales, políticos y de crítica literaria*, Hg. J. Cano Ballesta). – Madrid 1984 (*Artículos de costumbres*; Austral). – Barcelona 1986 (*Artículos literarios*, Hg. u. Einl. J. J. Ortiz de Mendívil).

Literatur: C. de Burgos, *Fígaro*, Madrid 1919. – I. Sánchez Estevan, *M. J. de Larra (Fígaro)*, Madrid 1934. – J. R. Lomba y Pedreja, *M. J. de L. (Fígaro)*, Madrid 1936. – R. Bautista Moreno, *L.*, Madrid 1951. – Insula, 1962, Nr. 188/189 [Sondernr.]. – F. Umbral, *L., anatomía de un dandy*, Madrid 1965. – J. Goytisolo, *La actualidad de L.* (in J. G., *El furgón de cola*, Paris 1967, S. 7–20). – RdO, 17, 1967 [Sondernr.]. – E. Konitzer, *L. und der Costumbrismo*, Meisenheim a. Gl. 1970. – P. L. Ullman, *M. de L. and Spanish Political Rhetoric*, Madison/ Ldn. 1971. – J. L. Varela u. D. Armijo, *1837 – Documentos nuevos en torno a la muerte de L.*, Madrid 1972. – J. Escobar, *Los orígenes de la obra de L.*, Madrid 1973. – G. C. Martín, *Hacia una revisión crítica de la biografía de L.*, Porto Alegre 1975. – J. L. Aranguren, *L. Estudios literarios*, Madrid 1976. – J. V. Servididio, *Los artículos de J. M. de L.: Una crónica de cambio social*, NY 1976. – S. Kirkpatrick, *L.: el laberinto inextricable de un romántico liberal*, Madrid 1977. – L. Lorenzo-Rivero, *L.: lengua y estilo*, Madrid 1977. – *M. J. de L.*, Hg. R. Benítez, Madrid 1979. – L. T. Perry, *L.'s View of the Middle Class as Perceived Through His »Artículos costumbristas«* (in Círculo, 11, 1982, S. 93–98). – *Revisión de L.*, Hg. A. Dérozier, Paris 1983. – J. L. Varela, *L. y España*, Madrid 1983. – L. Lorenzo-Rivero, *Estudios literarios sobre M. J. de L.*, Madrid 1986. – M. Gregorio, *L. y el teatro: censura, crítica e historia* (in Romance Quarterly, 33, 1986, S. 431–437; 34, 1987, S. 343–350). – S. Zantop, *Zeitbilder. Geschichte und Literatur bei Heinrich Heine und M. J. de L.*, Bonn 1988.

IGNACIO DE LUZÁN CLARAMUNT DE SUELVES Y GUERRA

* 28.3.1702 Saragossa
† 19.5.1754 Madrid

POÉTICA O REGLAS DE LA POESÍA EN GENERAL Y DE SUS PRINCIPALES ESPECIES

(span.; *Poetik oder Regeln der Dichtkunst im allgemeinen und ihrer Hauptgattungen*). Poetik von Ignacio de Luzán Claramunt de Suelves y Guerra, erschienen 1737. – Inspiriert durch die Dichtungstheorie von Boileau (vgl. *L'art poétique*, 1674), aber vor allem beeinflußt von Muratori (vgl. *Della perfetta poesia italiana*, 1706) und den italienischen Kommentatoren des Aristoteles, ist die *Poetik* Luzáns, bei deren Abfassung außerdem Luzáns Lehrer, der Philosoph Giambattista Vico (1668–1744), Pate stand, das Werk eines Kompilators, nicht eines Übersetzers, wie Joseph Blanco-White (1775–1841) glaubte, der vermutete, Luzán habe Muratoris Werk nur übersetzt.
In vier Büchern behandelt Luzán Ursprung, Entwicklung und Wesen der Dichtkunst, ihren Nutzen und den durch sie bewirkten Genuß und ihre beiden wichtigsten Gattungen. Mit Aristoteles definiert er die Dichtkunst als *»Nachahmung der Natur«* und begreift sie als Verskunst, die *»dem Nutzen des Menschen oder dem Vergnügen, oder dem einen und andern zugleich dient«*. Ihr Hauptzweck ist immer die Belehrung des Lesers, *»sei es in der Politik oder Kriegskunst, in der Geographie oder auf dem Gebiet der Wirtschaft«*. Daneben kommt dem Gesichtspunkt der Unterhaltung eine untergeordnete Bedeutung zu; dichterische Schönheit wird als

»Glanz der Wahrheit« begriffen. In Übereinstimmung mit dem französischen Klassizismus betrachtet Luzán Phantasie und Gefühl als gefährlich für den »guten Geschmack«. Dichtung bedarf der Kunstfertigkeit im Formalen und der Wahl des richtigen Stoffs. *»Große, wunderbare, neue und außergewöhnliche Wahrheiten«* sind die Gegenstände der Dichtkunst; sie entstammen, wie auch Muratori verlangt hatte, dem himmlischen, menschlichen oder dem außermenschlichen Bereich. Die Kunstfertigkeit, das ist die Behandlung des Stoffs nach den Regeln der Poetik, bedarf dann zusätzlich noch der *»poetischen Süße«*, damit die Wahrheit, die sie darstellen soll, gefälliger wird. In der Darlegung der dramatischen Kunst folgt Luzán vor allem Boileau, preist allerdings im Gegensatz zu ihm die christliche Religion und die Lebensgeschichten der Heiligen als vorzügliche Quellen für die dramatische Dichtung. In der Epik ist das Leitbild natürlich HOMER, jedoch ist ganz unhomerisch die Zweckbestimmung, die Luzán der epischen Dichtung zuweist, nämlich *»die Unterweisung der Könige und Heerführer«*. Zwischendurch bekennt sich Luzán zu einigen Ansichten, die dem klassizistischen Kodex nicht entsprechen: Er lobt die Poesie der *Bibel*, tadelt die antik-mythologische Kostümierung zeitgenössischer Stoffe, stellt die Griechen wegen ihrer Natürlichkeit über die kunstreicheren Lateiner, duldet das Niedrige und Häßliche als Gegenstand der alles verklärenden Kunst, erlaubt dem Dichter Abweichungen von der wissenschaftlichen oder philosophischen Wahrheit zugunsten bloßer Wahrscheinlichkeit oder volkstümlicher Anschauungsweise; er zeigt Sinn für Volksdichtung und für den Niederschlag der nationalen Eigenart in der Dichtung der verschiedenen Völker. Seine *Poetik* hat das Verdienst, die theoretischen Anschauungen des Klassizismus zur normativen Programmschrift vereinheitlicht und systematisiert zu haben.
In der von seinen Söhnen und Schülern besorgten zweiten Auflage von 1789 ist der klassizistische Standpunkt von unorthodoxen Zutaten weitgehend gereinigt, vor allem ist die positive Bewertung, die Luzán dort dem spanischen Theater des *siglo de oro* – Lope de VEGA, CALDERÓN, MORETO und ROJAS – zuteil werden ließ, stark herabgemindert. Der Einfluß gerade dieser zweiten Fassung hat, besonders durch Luzáns Kritik an der Barockdichtung, der er Mangel an Kunstsinn und Geschmack, zügellose Phantasie und Sprachverderbnis vorwarf, lange Zeit den Zugang zu wichtigen Schöpfungen der spanischen Literatur erschwert, ja versperrt. A.F.R.

AUSGABEN: Saragossa 1737. – Madrid 1789. – Barcelona 1956, Hg. L. de Filippo. – Madrid 1974, Hg. u. Einl. I. M. Cid de Sirgado (Cátedra). – Barcelona 1977, Hg. u. Einl. R. P. Sebold.

LITERATUR: J. G. Robertson, *Studies in the Genesis of Romantic Theory in the 18th Century*, Cambridge 1923, S. 219–234. – J. Cano, *La »Poética« de L.*, Toronto 1928. – V. Borghini, *Problemi d'estetica e di cultura nel settecento spagnolo*, Genua 1958, S. 137–178. – J. A. Cook, *Neo-Classic Drama in Spain*, Dallas/Tex. 1959, S. 19–64. – F. Lázaro Carreter, *I. L. y el neoclasicismo* (in Universidad, 37, 1960, S. 48–70). – M. Puppo, *Fonti italiane settecentesche della »Poética« di L.* (in Lettere Italiane, 14, 1962, S. 265–284). – M. Nerlich, *Untersuchungen zur Theorie des klassischen Epos in Spanien (1700–1850)*, Genf/Paris 1964, S. 19–29. – R. P. Sebold, *A Statistical Analysis of the Origin and Nature of L.'s Ideas on Poetry* (in HR, 35, 1967, S. 227–251). – J. Jurado, *La imitación en la »Poética« de L.* (in Torre, 63, 1969, S. 113–124). – G. Makowiecka, *L. y su poética*, Barcelona 1973. – I. L. McClelland, *J. de L.*, NY 1973 (TWAS). – R. Alvarez u. T. Braun, *An Example of L.'s Influence on Eighteenth-Century Spanish Dramatic Practice* (in Eighteenth Century Life, 8, 1983, S. 88–91).

FRANCISCO MARTÍNEZ DE LA ROSA

* 10.3.1787 Granada
† 7.2.1862 Madrid

LITERATUR ZUM AUTOR:
J. Sarrailh, *Un homme d'état espagnol: F. M. de la R.*, Bordeaux 1930. – L. de Sosa, *Don F. M. de la R.*, Madrid 1930. – A. Asensio, *F. M. de la R. (1787–1862): A Study in the Transition from Neo-Classicism to Romanticism and Eclecticism in Spanish Literature*, Diss. Univ. of Columbia 1965. – G. P. Mansour, *The Edipo of M. de la R. and Romantic Dramaturgy* (in REH, 17, 1983).

ABÉN HUMEYA O LA REBELIÓN DE LOS MORISCOS EN TIEMPO DE FELIPE II

(span.; *Abén Humeya oder Die Verschwörung der Morisken zur Zeit Philipps II.*). Historisches Drama von Francisco MARTÍNEZ DE LA ROSA, erschienen 1830; Uraufführung: Paris, 19. 7. 1830, Théâtre Porte St.-Martin (in frz. Sprache unter dem Titel *La révolte des maures sous Philippe II*). – Während seines neunjährigen Exils in Frankreich (1822–1831) hatte der spanische Schriftsteller und Politiker, der bis dahin mit Komödien im Stil L. FERNÁNDEZ DE MORATÍNS (*Lo que puede un empleo*, 1810; *La niña en la casa y la madre en la máscara*, 1821) sowie mit klassizistischen Tragödien (*La viuda de Padilla*, 1814; *Moraima*, 1818) hervorgetreten war, die neuen Möglichkeiten der romantischen Dramenkonzeption erkannt, ohne völlig mit der klassizistischen Ästhetik zu brechen. Die Fabel dieses Dramas, das als erstes romantisches Theaterstück Spaniens bezeichnet werden kann, ist dem

Geschichtswerk *La guerra de Granada* von Diego Hurtado de Mendoza und anderen historischen Quellen entnommen. – Die in der Höhle des Alfaquís versammelten Morisken ernennen ihren Führer Abén Humeya zum König und beschließen, endlich die Unterdrückungen zu rächen, denen sie unterworfen sind. Es ist Weihnachtszeit, und es schneit. In dem Augenblick, da die Glocke die Christen zur Mitternachtsmette ruft, brechen die Aufständischen auf und veranstalten ein furchtbares Massaker. Bald danach jedoch werden sie uneinig. Die von Abén Abó und Abén Farax aufgestachelten Morisken rebellieren gegen ihren König, der sich gegen die Verschwörer stellt, besiegt und getötet wird. Abén Abó wird an seiner Stelle zum König ernannt, während Abén Farax schon seine Nachfolge anstrebt und auf die Gelegenheit wartet, ihn zu stürzen. – *Abén Humeya* steht am Übergang der klassizistischen Dramatik französischer Prägung zum romantischen Theater nach der Art Victor Hugos. Auch Anklänge an das historische Drama des klassischen spanischen Theaters sind spürbar. Martínez de la Rosa behält das Prinzip der drei Einheiten bei, aber die Stimmung ist romantisch, wenn sie auch nicht frei ist von Effekthascherei und äußerer Theatralik. In Paris wurde das Drama mit mäßigem Erfolg aufgeführt, den der Verfasser bezeichnenderweise *»der Höflichkeit der Franzosen, dem Zauber der Musik, dem Pomp der Dekorationen und der prächtigen Buntheit der Kostümierung«* zuschreibt. Die verschiedenen, von Martínez de la Rosa zusammengetragenen Elemente sind nicht ganz zur fugenlosen Einheit verschmolzen, so daß Larra behaupten konnte, *Abén Humeya* sei nicht *»ein fertiges, sondern erst der Entwurf zu einem noch zu schaffenden Drama«*. A.F.R.-KLL

Ausgaben: Paris 1830 [frz. u. span.]. – Madrid 1947, Hg. u. Einl. J. Sarrailh (ern. 1972; Clás. Cast). – Madrid 1962 (in *Obras*, Hg. C. Seco Serrano, m. Einl. u. Bibliogr.; BAE).

Literatur: E. Allison Peers u. A. Parker, *The Influence of Victor Hugo on Spanish Drama* (in MLR, 1933). – M. J. de Larra, *Articulos completos*, Madrid 1944. – J. A. Cook, *Neo-Classic Drama in Spain*, Dallas/Tex. 1959. – J. C. Dowling, *The Paris Premiere of F. M. de la R.'s »Abén Humeya« (July 1830)* (in *Homenaje a Rodríguez Moñino*, Madrid 1966, S. 147–154). – G. P. Mansour, *An »Abén Humeya« Problem* (in RoNo, 8, 1967, S. 213–216). – R. Geraldi, *F. M. de la R. Literary Atrophy or Creative Sagacity?* (in Hispano, 27, 1983, S. 11–19).

LA CONJURACIÓN DE VENECIA, AÑO 1310

(span.; *Die Verschwörung von Venedig im Jahr 1310*). Historisches Prosadrama in drei Akten von Francisco Martínez de la Rosa, Uraufführung: Madrid, 23. 4. 1834. – Rugiero, ein junger Mann von unbekannter Herkunft, und mehrere Adlige konspirieren in Venedig gegen den tyrannischen »Rat der Zehn«. Rugiero ist mit Laura, der Nichte Morosinis, des Vorsitzenden des Rates, heimlich vermählt. Morosini hört, wie er mit Laura über die Verschwörung spricht, und läßt ihn gefangennehmen. In der Karnevalszeit bricht der Aufstand los, wird aber niedergeschlagen. Unter den zum Tode verurteilten Verschwörern ist auch Ruggiero, obwohl sich vor Gericht herausstellt, daß er der Sohn Morosinis ist. Die verzweifelte Laura verliert darüber den Verstand. – *La conjuración de Venecia* ist, neben dem *Macías* von Larra (der über Martínez' Stück begeistert urteilte), das erste in Spanien aufgeführte romantische Drama, das den Siegeszug der Romantik auf der Bühne vorbereitete. Auf die Einheit von Zeit und Ort wurde verzichtet. Der Schauplatz, das Venedig Byrons mit seinen Festen, Intrigen und Liebesabenteuern, ist in eine düstere Stimmung getaucht. In dramatischer Zuspitzung werden die Personen einander gegenübergestellt: Morosini, hart bis zur Grausamkeit, Rugiero, Held und Opfer der Freiheit, aber auch der Willkür des Schicksals preisgegeben, und Laura, die engelhafte Frau.

Da Martínez de la Rosa eine gemäßigte Romantik vertritt und sich im Aufbau, in der Handlungsführung sowie in der Charakterisierung an die Gesetze der Wahrscheinlichkeit hält, konnte sich sein Werk auch über die Romantik hinaus behaupten. A.F.R.

Ausgaben: Paris 1830. – Madrid 1962 (in *Obras*, Hg. C. Seco Serrano, m. Einl. u. Bibliogr.; BAE, 148). – Madrid 1964, Hg. u. Einl. J. Sarrailh (ern. 1972; Clás. Cast). – Madrid 1987, Hg. u. Einl. J. Paulino.

Literatur: R. Avrett, *A Brief Examination into the Historical Background of M. de la R.'s »La conjuración de Venecia«* (in RomR, 21, 1930, S. 132–137). – J. A. Cook, *Neo-Classic Drama in Spain*, Dallas 1959. – E. A. Peers, *A History of the Romantic Movement in Spain*, NY ²1964. – M. McGaha, *The Romanticism of »La conjuración de Venecia«* (in KRQ, 20, 1973, S. 235–242). – R. P. Sebold, *Nuevos Cristos en el drama romántico español* (in CHA, 1986, Nr. 431, S. 126–132).

JUAN MELÉNDEZ VALDÉS

* 11.3.1754 Ribera del Fresno / Badajoz
† 24.5.1817 Montpellier / Frankreich

DAS LYRISCHE WERK (span.) von Juan Meléndez Valdés.

Das literarische Werk von Juan Meléndez Valdés ist im wesentlichen auf den Bereich der Lyrik beschränkt. Neben seinen 481 Gedichten, von denen einige mehrere hundert Verse umfassen, hat er lediglich eine wenig erfolgreiche pastorale Komödie, *Las bodas de Camacho el Rico* (1784; nach einer Episode des *Don Quijote II*, 19–20), sowie eine Reihe von nur zum Teil erhaltenen kürzeren Prosaschriften (*Discursos forenses*, 1821) verfaßt, die zwar wichtige Belege für sein vom Ideengut der Aufklärung getragenes Denken sind, jedoch keinen literarischen Anspruch erheben. Die überragende Bedeutung seines lyrischen Werkes wurde dagegen schon von den Zeitgenossen unmittelbar anerkannt, Meléndez Valdés als *»Erneuerer des spanischen Parnaß«* (M. J. Quintana) gefeiert.

Meléndez Valdés hat drei Ausgaben seiner immer wieder überarbeiteten und im Sinne der *amplificatio* ausgestalteten Gedichte besorgt: Das Frühwerk erschien 1785 in einem Band (107 Texte); eine zweite Ausgabe von 1797 in drei Bänden enthält 187 Gedichte; schließlich besorgte er noch eine vierbändige Ausgabe mit 299 Gedichten, die erst 1820 postum erschien. Die kritische Ausgabe von 1983 enthält auch zerstreut publizierte oder von Meléndez Valdés zu Lebzeiten nicht veröffentlichte Texte. Dieses umfassende Werk ist formal wenig innovativ: Es bedient sich der traditionellen formal bzw. inhaltlich bestimmten Genera der spanischen Lyrik, wobei verschiedene Formen der Ode (260 Gedichte) und die Romanzen (72) im Vordergrund stehen. Daneben finden sich Letrillas, Idyllen, Endechas, Sonette, Elegien, Silvas, Eklogen, Episteln und Discursos. Thematisch handelt es sich vor allem um Liebes-, Natur- und Bekenntnislyrik sowie um Gedichte, die philosophische, moralische und soziale Grundideen der Aufklärung zum Gegenstand haben. Die Mehrzahl der Gedichte ist nicht zu in sich strukturierten Zyklen zusammengefaßt.

Die erste Epoche des lyrischen Werks von Meléndez Valdés ist ganz der anakreontischen Liebeslyrik gewidmet. Sie entstand in Salamanca, wo José Cadalso (1741–1782) einen Freundes- und Dichterkreis um sich geschart hatte, dem er – über das Barock zurückgreifend – die petrarkuistisch bukolische Lyrik der spanischen Renaissance, insbesondere das Werk von Garcilaso de la Vega (1501?–1536) und das des Anakreon-Übersetzers Estéban Manuel de Villegas (1589–1669) erschloß. In diesem Umfeld schrieb der junge Meléndez Valdés als »dulce Batilo« (so sein Dichtername nach einem von Anakreon geliebten Jüngling) in den konventionellen kurzen Formen und den inhaltlichen Topoi der europäischen Anakreontik sinnenfreudige Gedichte, die das beschränkte Themeninventar von Liebe als Spiel und nicht als Leidenschaft, von unschuldigen, doch tändelnden Frauen, von Wein und gefälligem Naturdekor in geistvoll witziger Weise im Stil des Rokoko variieren. Hierher gehören die 81 *Odas anacreónticas*, die vier Gedichte des kurzen Zyklus *La Inconstancia. Odas a Lisi* und die 36 von Catull, aber auch Ovid, Horaz, Tibull und Properz inspirierten 36 kurzen klassizistischen Oden *La paloma de Filis (Die Taube der Philis)*. Die Gedichte verstehen sich gewiß in erster Linie als bloße Unterhaltung für das gebildete Publikum der Zeit. Gleichzeitig mit diesen hochkonventionellen Gedichten schrieb Meléndez Valdés jedoch auch die 23 erotisch eindeutigeren Oden *Los besos de amor*, die er teilweise direkt aus dem Lateinischen des 16. Jh.s übersetzte, allerdings selbst wohl aus Gründen des Dekorums und der Furcht vor der Inquisition nicht veröffentlicht hat (Erstausgabe 1897). Das in diesen Gedichten deutliche Bekenntnis zum Hedonismus und einem immanenten Glücksstreben legt es nahe, auch in den rein anakreontischen Gedichten mehr als ein nur ästhetisches Spiel zu sehen und sie als die bewußte, wenn auch nicht dogmatisch polemische Abkehr von der Leibfeindlichkeit und der jenseitsorientierten Moral des Katholizismus im Spanien des 18. Jh.s zu verstehen.

Obwohl Meléndez Valdés sein ganzes Leben hindurch die anakreontische Lyrik weiter pflegen sollte, setzt doch Ende der siebziger Jahre des 18. Jh.s eine zweite, ganz neue Phase in seinem lyrischen Schaffen ein. Sie wurde zwar nicht ausgelöst, aber wohl beschleunigt durch eine Epistel, die der Aufklärer B. M. G. Jovellanos (»Jovino«) 1778 an seine Dichterfreunde in Salamanca sandte und darin u. a. »Batilo« ausdrücklich aufforderte, den *»caramillo pastoril«* (die Hirtenschalmei) beiseite zu legen und eine ernsthafte, patriotisch nützliche Dichtung zu pflegen, die sich als Medium des Denkens der Aufklärung versteht *(Jovino a sus amigos de Salamanca)*. Meléndez Valdés war allerdings schon zu diesem Zeitpunkt bestens mit dem Denken der englischen und französischen Aufklärer vertraut; seit 1776 beschäftigte er sich intensiv mit Locke, auch mit Condillac, Rousseau, Voltaire. Ebenso las er die Dichtungen von Pope, Thomson, Young, (des Milton-Übersetzers) Louis Racine, Roucher, Saint-Lambert, Haller, Utz und Cramer, die ihn zum Schreiben von *»poesías más filosóficas y morales«* veranlaßten (Vorwort zur Ausgabe von 1797, in der diese neuen Gedichte erstmals zusammen mit der wiederaufgelegten und ergänzten anakreontischen Lyrik erschienen). Zu dieser tiefgreifenden Neuorientierung haben neben einer nicht sehr glücklichen Heirat (1782) auch zwei Ereignisse beigetragen, die Meléndez Valdés zutiefst erschüttert haben: der Tod seines Bruders Estéban (1777) und der Tod Cadalsos (1782). So verfaßt er 1780 mit der Ode *La noche y la soledad (Die Nacht und die Einsamkeit)* sein erstes »philosophisches Gedicht« in enger Anlehnung an die *Nachtgedanken* von Young. Die Themen Natur im Sinne einer im damaligen Spanien neuen deskriptiven Poesie, Philosophie und Moral in der Form einer Gedankenlyrik sowie schließlich eine patriotisch engagierte, auf Reformen abzielende Dichtung aus dem Geist der Aufklärung sollten seine Werke der Folgezeit bestimmen.

An der Wende zu dieser neuen Dichtung steht das Gedicht *Batilo. Egloga en alabanza de la vida del campo (Batilo. Ekloge zum Lob des Landlebens)*, mit dem Meléndez Valdés 1780 ein Preisausschreiben der Königlichen Akademie gewann und das seinen Ruf als Dichter begründete. Hier werden Themen der Antike (Horaz, Vergil), der spanischen Renaissance (Mythos vom Goldenen Zeitalter, die Lyrik von Fray Luis de León) und der Aufklärung (Rousseaus Vorstellung vom Naturmenschen) zu jenem Oppositionspaar verschmolzen, das für die »aufgeklärte Lyrik« und ihre stark emphatische Darbietung bei Meléndez Valdés charakteristisch wurde: der Gegensatz zwischen einfachem Landleben, Unschuld, Tugend und egalitärem Menschsein einerseits und umtriebigem Stadtleben, Laster, ruinösem Luxus und ungerechter Ständegesellschaft andererseits. In dieser mit sozialreformerischen Forderungen verbundenen Idealisierung des Landlebens finden sich auch Reflexe der europäischen Modeströmungen der Idylle sowie der Naturdichtung. In der ersten Buchveröffentlichung seiner Lyrik (1789) hat Meléndez Valdés jedoch trotz gegenteiliger Ankündigung im Vorwort diese Lyrik seiner zweiten Schaffensperiode nicht berücksichtigt.

Das neue politische Engagement von Meléndez Valdés zeigt sich besonders deutlich in einem seiner wenigen satirischen Gedichte *La despedida del anciano (Der Abschied des Alten)* (Erstausgabe in der recht aggressiv aufklärerischen Zeitschrift ›El Censor‹ am 24. 5. 1787), in dem er den konservativen Geist der Universität Salamanca geißelt, ein aufgeklärtes Unterrichtswesen fordert und den müßiggängerischen Adel verurteilt, der auf Kosten der Armen und ihrer übermäßigen Arbeit lebt. Um selbst besser in diesem Reformsinne wirken zu können, verließ Meléndez Valdés 1789 die Universitätslaufbahn und begann eine neue Karriere als Jurist in der Staatsverwaltung, ab 1797 sogar direkt am Hof in Madrid. Lyrik ist für ihn jetzt Medium der Aufklärung. Sie erscheint gegenüber der Anakreontik als *»edlere und gehobenere Gattung«* (Vorwort zur Ausgabe von 1797), die unmittelbar zur Reform des Staates beizutragen vermag. Um dergestalt nützlich sein zu können, bemüht sich diese Lyrik um eine schlichte, doch höchst pathetische Sprache. Ihr Adressatenkreis bleibt aber weiterhin das nach Reformen strebende Bürgertum und der aufgeschlossenere Teil des Adels. So ist sie im wesentlichen Lyrik über das Volk, doch nicht für das Volk, wie die idyllische Darstellung des Landlebens in den Romanzen *Los segadores (Die Schnitter), Los aradores (Die Ackersleute)* und *La vendimia (Die Weinlese)* oder die von physiokratischen Ideen getragene Epistel *El filósofo en el campo*, 1794 *(Der Philosoph auf dem Land)*, belegen. Hier wird der blinde Eigennutz von Adel und Klerus angeklagt und ein pathetisches Bild von den edlen, doch elenden Landbewohnern entworfen: *»¿Y éstos miramos con desdén? ¿La clase/ primera del estado, la más útil,/ la más honrada, el santuario augusto/ de la virtud y la inocencia hollamos?« (»Und ausgerechnet sie sehen wir voll Verachtung an? Den ersten/ Stand des Staates, den nützlichsten,/ den ehrenhaftesten, das hehre Heiligtum/ der Tugend und der Unschuld treten wir mit Füßen?«)*.

Als weitere zentrale Themen der aufgeklärten Reformpolitik werden in den 44 *Odas filosóficas y morales* (entstanden zwischen 1780 und 1812) u. a. das Bettelwesen (moderner die Arbeitslosigkeit) in *La mendiguez*, 1802 *(Die Bettelei)*, die Frage der Solidarität aller gesellschaftlichen Schichten im säkularisierten Staat in der Form von Brüderlichkeit und Vaterlandsliebe (*A un ministro, sobre la beneficencia*, 1797 – *An einen Minister über die Wohltätigkeit*), oder das Problem der Toleranz behandelt *(El fanatismo*, 1794 – *Der Fanatismus)*. Immer wieder findet sich das Lob der Künste und der Naturwissenschaften (Kopernikus und Newton), die Forderung nach einem laizistischen Erziehungswesen, nach einer an den Prinzipien Beccarias orientierten Rechtsreform und einer von allem Aberglauben befreiten Religion, die bei Meléndez Valdés stark deistische Züge trägt *(Al ser incomprensible de Dios*, 1786 – *Dem unbegreiflichen Wesen Gottes)*.

Wie in der Lyrik des aufgeklärten Europa findet sich neben dieser optimistischen propagandistischen Dichtung auch bei Meléndez Valdés eine umfangreiche Natur- und Tageszeitenlyrik, die sich bei Thomson, Young, Saint-Lambert und Parini, aber auch bei Fray Luis de León inspiriert. Die Romanze *La mañana (Der Morgen)* oder die Ode *El mediodía (Der Mittag)* und eine ausgesprochen häufig verwandte Nachtthematik *(La noche – Die Nacht; A la luna – An den Mond)* zielen auf den an der Physikotheologie orientierten Preis des Universums als vollkommener Schöpfung Gottes *(Orden del universo, y cadena admirable de las cosas*, 1795 – *Die Ordnung des Universums und die wunderbare Kette seiner Wesen)*: *»Sí, sí Jovino: el Bueno, el Inmutable,/ el Poderoso, el Sabio, cuanto hiciera/ lo enlazó en nudo y orden inefable.« (»Ja, ja, Jovino: was immer der Gütige, der Unwandelbare,/ der Mächtige, der Weise geschaffen hat,/ er verknüpfte es und verband es in unaussprechlicher Ordnung«)*.

Die konsequenteste Ausgestaltung der bereits in den philosophischen und religiösen Oden vorhandenen subjektivistischen Elemente findet sich in den sechs *Elegías morales*, die u. a. auch dem aufgeklärten, gefühlsbetonten Tugendlob gewidmet sind *(El deleite y la virtud – Das Vergnügen und die Tugend)*. In den Gedichten *Mis combates*, 1797 *(Meine Kämpfe)*, und *A Jovino: el melancólico*, 1794 *(An Jovino: der Melancholiker)*, kommen der Transzendenzverlust des modernen Subjekts, seine Melancholie, sein Weltschmerz *(»fastidio universal«)* und sein Pessimismus zum Ausdruck, für die nur die Flucht in die Natur oder die Freundschaft Auswege zu bieten scheint: *»¡Ay Jovino! ¡ay amigo!/ Tú solo a un triste,/ leal, confidente en su miseria extrema,/ eres salud y suspirado puerto .../ Ven, dulce amigo,/ consolador y amparo; ven y alienta/ a este infeliz, que tu favor implora./... ampara, ampara/ a un desdichado que al abismo que huye,/ se ve arrastrar por invencible impulso,/ y abrasado en angustias criminales,/ su corazón por la virtud suspira.« (»Ach Jovino!/ Ach, Freund! Weh, mir! Du allein bist für einen Trauernden, Getreuen, in seinem höchsten Elend Vertrauensvollen/ Heil und ersehnter Hafen... Komm, süßer*

Freund,/ Tröster und Schutz; komm und ermuntere/ diesen Unglücklichen, der Deine Gunst erfleht./ ..., schütze, schütze/ einen Unglücklichen, der spürt, wie es ihn dem Abgrund/ den er flieht, unausweichlich zutreibt,/ und dessen Herz in verbrecherischen Ängsten entbrannt/ nach der Tugend seufzt«).

Mit dem Scheitern der Aufklärung in Spanien geriet auch Meléndez Valdés als *poeta ilustrado* mit seinen Fürsprechern Jovellanos und Godoy ins Abseits, verlor seine Ämter und wurde 1798 für ein Jahrzehnt aus Madrid verbannt. In dieser Zeit verliert die Lyrik für ihn ihren reformerischen Anspruch und wird zum individuellen Trost *(A mi lira*, vor 1814 – *An meine Leier; Mis desengaños*, zwischen 1798–1808 – *Meine Enttäuschungen)* und zum Preis der politikfernen *aurea mediocritas*. Diese pessimistische, stark subjektivistische Bekenntnislyrik wird durch eine ausgesprochene Gelegenheitsdichtung ergänzt, als Napoleon 1808 in Spanien einmarschiert. Meléndez stellt sich dem Eindringling mit an die breite Masse gerichteten exaltiert patriotischen Gedichten entgegen, die als Flugblätter tatsächlich sehr große Verbreitung fanden *(Alarma española*, 1808 – *Spanischer Ruf zu den Waffen)*: *»Corred, hijos de la gloria, sí,/ Corred, que el clarín os llama/ a salvar nuestros hogares,/ la religión y la patria« (»Eilt, ruhmreiche Söhne,/ eilt, die Kriegstrompete ruft euch/ zur Rettung unserer Feuerstätten,/ der Religion und des Vaterlands«).*

Dergleichen unmittelbar ins politische Leben eingreifende Gelegenheitsdichtung verfaßt Meléndez Valdés dann auch, nachdem er sich durch die Umstände gezwungen als sogenannter *afrancesado* in den Dienst der dem aufgeklärten Gedankengut verpflichteten Politik Josephs I. gestellt hat *(España a su rey José Napoleón I – Spanien an seinen König Joseph Napoleon I.)*. Sie setzt sich fort in Gedichten über den einsetzenden Bürger- und Unabhängigkeitskrieg *(A mi patria, en sus discordias civiles – An mein Vaterland in den Bürgerzwisten)*. Als 1812 die Sache Napoleons in Spanien verlorengeht und Meléndez Valdés als *afrancesado* ins Exil gehen muß, kehrt er vereinzelt zur anakreontischen Dichtung seiner Jugend zurück *(El lunarcito*, 1815 – *Das Schönheitspflästerchen*; und der Zyklus *Galatea o la ilusión del canto*, 1814 – *Galathea oder die Illusion des Gesangs)*. Daneben preist er den Rückzug ins Private *(Que la felicidad está en nosotros*, 1814 – *Vom Glück, das in uns selber ist)* und beschreibt zugleich sein Heimweh *(Afectos y deseos de un español al volver a su patria*, 1814 – *Empfindungen und Begehren eines Spaniers nach der Heimkehr in sein Vaterland)*. Mit diesem Gedicht verfaßt Meléndez Valdés das erste Beispiel einer modernen Exillyrik, die in Spanien eine lange Tradition haben sollte.

Die Jahre bis zu seinem Tod hat Meléndez Valdés vor allem mit der Überarbeitung seiner in zahlreichen Varianten überlieferten Gedichte und der Vorbereitung der dritten Ausgabe seiner Werke verbracht, die erst 1820 in Spanien erscheinen konnte, als zu Beginn des *trienio liberal* die Wiederveröffentlichung des unter Ferdinand VII. verfemten Aufklärers und Liberalen möglich wurde.

Weder von den verwandten Genera noch von den Metren her stellt die Lyrik von Meléndez Valdés eine tiefergehende Neuerung dar. Dennoch ist seine Dichtung gegenüber der Lyrik des letzten Drittels des 18. Jh.s in entscheidender Hinsicht neu. Sie machte nicht nur freien Gebrauch von den tradierten Formen und verwandte sie rhythmisch gefälliger als die formstrengen gleichzeitigen Klassizisten. Vor allem brach sie in radikaler Weise mit der spätbarocken Tradition des Gongorismus, mit dessen dunkler Sprache und dem nur eingeweihten Lesern zugänglichen komplizierten poetischen Schmuck. Mit seiner am Ideal der Schlichtheit orientierten Sprache, die allerdings die Verwendung von Archaismen, Kultismen und einzelnen mythologischen Elementen nicht ausschließt, machte Meléndez Valdés die Lyrik wieder einem breiteren Publikum zugänglich. Eine ganz neue Würde und eine neue Funktion verlieh er aber der lyrischen Dichtung dadurch, daß er sie als erster in Spanien sowohl zur Vermittlung aufgeklärten Denkens als auch zum Ausdruck jener subjektivistischen Empfindsamkeit machte, die als sensualistische Komponente die rationalistische Hauptströmung der Aufklärung begleitete. Die Bezeichnung dieser emotionalen Elemente als Präromantik, wie dies die spanische Kritik tut, verkennt die auch bei Meléndez Valdés innige Verbindung der beiden Wahrnehmungs- und Ausdrucksweisen. Im Spanien der Spätaufklärung, das den Roman noch kaum entwickelt hatte und im Theater über mittelmäßige Leistungen nicht hinauskam, wurde die Lyrik durch Meléndez Valdés zum Medium der fortschrittlichsten und aktuellsten geistigen Auseinandersetzungen. Trotz berechtigter Vorbehalte gegenüber einer toposhaften Verwendung seines Motivrepertoires, seines heute bisweilen hohl erscheinenden Pathos und seiner Tendenz zur bloß amplifizierenden Überlänge bleibt seine Dichtung *»die Achse, der Schlüssel und die Synthese der gesamten spanischen Lyrik des 18. Jh.s«* (J. Arce). M.Ti.

AUSGABEN: *Poesías*, Madrid 1785. – *Poesías*, Valladolid/Santander 1797, 3 Bde. – *Poesías*, Madrid 1820, 4 Bde. – *Los besos de amor. Obras inéditas / Poesías inéditas*, Hg. R. Foulché-Delbosc (in RH, 1897, Nr. 1, S. 73–83; 166–195). – *Poesías y cartas inéditas*, Hg. M. Serrano y Sanz (ebd., Nr. 4, S. 266–313). – *Poesías inéditas*, Hg. A. Rodríguez-Moñino, Madrid 1954. – *Poesías*, Hg. P. Salinas, Madrid 1965 (Castalia; [5]1973). – *Poesías*, Hg. E. Palacios, Madrid 1979. – *Poesías selectas. La lira de marfil*, Hg. J. H. R. Polt u. G. Demerson, Madrid 1981 (Castalia). – *Obras en verso*, Hg. dies., Oviedo 1981–1983, 2 Bde. [krit.].

LITERATUR: W. E. Colford, *J. M. V. A Study in the Transition from Neo-Classicism to Romanticism in Spanish Poetry*, NY 1942. – G. Demerson, *D. J. M. V. et son temps, 1754–1817*, Paris 1962 [recte 1961; span.: 2 Bde., Madrid 1971]. – A. Forcione, *M. V. and the »Essay on Man«* (in HR, 34, 1966, S. 291–306). – R. Froldi, *Un poeta illuminis-*

ta: M. V., Mailand 1967. – R. G. Harvard, *The »Romances« of M. V.* (in *Studies of the Spanish and Portuguese Ballad*, Hg. N. D. Shergold, Ldn. 1972, S. 111–126). – R. M. Cox, *J. M. V.*, NY 1974 (TWAS). – J. H. R. Polt, *La imitación anacreóntica en M. V.* (in HR, 47, 1979, S. 193–218). – J. Arce, *La poesía del siglo ilustrado*, Madrid 1981. – M. Junquera, *M. V.: un romántico intelectual* (in REH, 18, 1984, S. 293–312). – J. H. R. Polt, *Batilo: Estudio sobre la evolución estilística de M. V.*, Oviedo 1987. – E. Wright, *The Anacreontic Odes by J. M. V.: Archetypes and Aesthetic Form* (in Dieciocho, 10, 1987, S. 18–31).

MARCELINO MENÉNDEZ Y PELAYO

* 3.11.1856 Santander
† 19.5.1912 Santander

LITERATUR ZUM AUTOR:
A. Muñoz Alonso, *Las ideas filosóficas de M. y P.*, Madrid 1956. – E. J. Capestany, *M. y P. y su obra*, Buenos Aires 1981. – P. Saínz Rodríguez, *Estudios sobre M. y P.*, Madrid 1984. – C. Morón, *M. y P. Un programa de historia del pensamiento hispánico* (in Boletín de la Biblioteca M. P., 61, 1985, S. 149–172).

LA CIENCIA ESPAÑOLA

(span.; *Die spanische Wissenschaft*). Polemische Studie von Marcelino MENÉNDEZ Y PELAYO, erschienen 1876. – Den Grundstock des Werkes bildet eine Reihe von Briefen, die zuerst in der ›Revista Europea‹ abgedruckt, dann in einem Band gesammelt und von Auflage zu Auflage um neue Beiträge erweitert wurden. Der trotz seiner Jugend erstaunlich belesene und gebildete Autor nahm in ihnen leidenschaftlich Stellung zu der damaligen Diskussion über die »spanische Wissenschaft«, deren Existenz von den »Krausisten« und von fortschrittlichen Denkern (wie Francisco GINER DE LOS RÍOS, G. de AZCÁRATE, dem Kantianer J. del PEROJO) bestritten wurde. Der Verfasser hat den Anteil Spaniens an der Entwicklung der wissenschaftlichen Forschung in Europa zweifellos überschätzt, aber er erschloß mit diesem Werk wertvolle Quellen und schuf damit die Voraussetzung für die gerechte Würdigung der Leistungen einer beträchtlichen Anzahl von Forschern und Denkern der Vergangenheit. So hat er auf die große Bedeutung von Ramon LLULL, Juan Luis VIVES, Francisco SUÁREZ, Francisco de VITORIA u. a. hingewiesen. Bemerkenswert sind auch seine Studien über den Philosophen FOX MORCILLO (1527–1560), den Skeptiker F. SÁNCHEZ (1513–1593) und über GÓMEZ PEREIRA (1500–?), der in seinem Werk *La Antoniana Margarita* (1555) das berühmte *Cogito ergo sum* schon vor DESCARTES formuliert hatte: *»Nosco me aliquid noscere, et quisquis noscit est; ergo ego sum.«* Menéndez verfällt bei aller Begeisterung für Spanien nicht in blinden Nationalismus, sondern bemüht sich, spanisches Denken objektiv im Zusammenhang mit der Entwicklung der Wissenschaften in der ganzen Welt zu sehen. Trotz mancher Einseitigkeiten und Übertreibungen war *La ciencia española* ein bahnbrechendes Werk, das die Geschichte der spanischen Wissenschaft begründete. Wertvoll ist vor allem der Ergänzungsband, eine bibliographische Bestandsaufnahme der gesamten wissenschaftlichen Literatur Spaniens. A.F.R.

AUSGABEN: Madrid 1876 (in Revista Europea). – Madrid 1876. – Madrid ³1887. – Santander 1953/54 (in *Edición nacional*, 64 Bde., 1940–1954, 58–60).

LITERATUR: A. G. de Amezua, *M. y P. y la ciencia española* (in Boletín de la Biblioteca de M. y P., 1927). – F. Mateu y Llopis, *La ordenación bibliográfica de »La ciencia española«* (in RABM, 61, 1956, S. 99–113). – J. M. Millás Vallicrosa, *La vindicación de la ciencia española por M. y P.* (in Arbor, 34, 1956, S. 410–426). – J. Iriarte, *M. y P. y la filosofía española*, Madrid 1956. – P. Sáinz Rodríguez, *Evolución de las ideas sobre la decadencia española*, Madrid 1962, S. 121–124; vgl. a. S. 430–536 [Bibliogr. S. 141–231].

HISTORIA DE LAS IDEAS ESTÉTICAS EN ESPAÑA

(span.; *Geschichte des ästhetischen Denkens in Spanien*). Philosophiegeschichtliches Werk von Marcelino MENÉNDEZ Y PELAYO, erschienen 1883 bis 1891. – Da Spanien nur in sehr eingeschränktem Maß über eine eigenständige philosophische Tradition verfügt, war der Autor gezwungen, die Geschichte der spanischen Ästhetik stets in Verbindung mit der gesamten europäischen Entwicklung der Metaphysik, der Philosophie der Kunst und deren praktischer Anwendung – vor allem in der Literatur – abzuhandeln. Durch diese weitgespannte Konzeption wurde die Untersuchung zu einer einzigartigen Geschichte der abendländischen Ästhetik. Das Werk gewinnt auch dadurch an Bedeutung, daß Menéndez hier die philosophische und methodologische Grundlage für eine kritische spanische Literaturgeschichte zu schaffen versuchte. Das Ziel seiner Forschungen bestand in erster Linie darin, die Auswirkung von Ideen oder Lehren über das Schöne innerhalb des Kunstschaffens genau zu erfassen; der Einfluß solcher Theorien brauche dem Künstler während seiner Arbeit gar nicht bewußt zu sein, sie übten auch in der allgemeinen *»geistigen Atmosphäre, in der er atmete, in den Ideen, von deren Substanz er lebte, und in den Einflüssen* *durch die zeitgenössischen philosophischen Schulen«* ihre Wirkung aus.

Der erste Teil des Werks beginnt mit einer Abhandlung über die Platonische Philosophie und reicht bis zum Ende des 15. Jh.s. Menéndez sieht im Idealismus PLATONS, im Realismus des ARISTOTELES und im Mystizismus PLOTINS die Grundlage für die gesamte Ästhetik des Mittelalters und der Renaissance. Von der Untersuchung der rhetorischen und poetologischen Theorien der Römer (vor allem in den Schriften CICEROS, HORAZ', SENECAS und der Grammatiker) sowie der Ideen über das Schöne in der christlichen Frühzeit und im Mittelalter (AUGUSTINUS, THOMAS AQUINAS u. a.) geht der Verfasser über auf die spanische Ästhetik während der Herrschaft der Goten und der Araber. Dieser Abschnitt gehört zu den aufschlußreichsten Darstellungen der von Römern und Arabern beeinflußten Kultur des mittelalterlichen Spaniens. Der Band endet mit Monographien über die religiös-mystische Ästhetik Ramon LLULLS und den Platonismus des Ausiàs MARCH.

In Band 2 hebt der Autor aus den verschiedenen Kunsttheorien der Renaissance und der Barockzeit vor allem die Lehren von NEBRIJA, GÓNGORA, QUEVEDO und GRACIÁN hervor, in Band 3 setzt er die spanische Ästhetik des 18. Jh.s mit außerordentlichem Einfühlungsvermögen in Beziehung zur französischen, deutschen und englischen Aufklärung. Band 4 ist ausschließlich der deutschen und englischen Philosophie im 19. Jh. gewidmet, wobei vor allem die Kantische und Hegelsche Ästhetik sowie die der Romantiker, der Positivisten und der physiologischen Richtung betrachtet werden. In der Darstellung der französischen Philosophie im 19. Jh., mit der das Werk endet, zeigt sich die besondere Vorliebe des Verfassers für die diskursive Denkweise der Franzosen, die er der deutschen systematischen Philosophie entschieden vorzog. Weitere Bände über die Ästhetik in Spanien und Italien während des 19. Jh.s und eine Ausarbeitung seiner eigenen Lehre waren geplant, wurden jedoch nicht ausgeführt. A.F.R.

AUSGABEN: Madrid 1883–1891, 5 Bde. – Santander 1940 (in *Edición nacional*, Hg. D. Miguel Artigas, 64 Bde., 1940–1954, 1–5). – Madrid 1974, 2 Bde.

LITERATUR: M. Olguín, *M. M. y P.'s Theory of Art, Aesthetics and Criticism*, Berkeley 1950. – S. Gili Gaya, *Sobre la »Historia de las ideas estéticas en España« de M. y P.*, Santander 1956. – J. L. Mico Buchon, *La historia de la estética en M. y P.* (in Humanidades, 8, 1956, S. 23–54). – J. Camón Aznar, *El platonismo en la »Historia de las ideas estéticas en España«* (in Revista de Ideas Estéticas, 14, 1957, S. 119–211). – F. Kluge, *Las ideas estéticas fundamentales de M. M. y P.* (in Boletín de la Biblioteca M. P., 35, 1959, S. 1–30). – F. J. León Tella, *El pensamiento estético de M. y P.* (in Revista de Ideas estéticas, 25, 1967, S. 217–248).

HISTORIA DE LOS HETERODOXOS ESPAÑOLES

(span.; *Geschichte der spanischen Heterodoxen*). Religionsgeschichtliches Werk von Marcelino MENÉNDEZ Y PELAYO, erschienen 1880–1882. Eine umgearbeitete und erweiterte Fassung wurde, teilweise postum, 1911–1932 veröffentlicht. – Der Verfasser behandelt neben den eigentlichen Irrlehren, die gegen Dogmen der katholischen Kirche verstoßen, auch die Geheimlehren und den Unglauben im allgemeinen, soweit sie sich in Spanien und Portugal ausgebreitet hatten. Diese Strömungen sucht Menéndez stets mit der geschichtlichen, politischen, sozialen und literarischen Entwicklung der jeweiligen Epoche zu verbinden und vermittelt dadurch einen lebendigen Einblick in die spanische und portugiesische Geistesgeschichte. Der erste Band der erweiterten Ausgabe enthält Untersuchungen über den Aberglauben, das Hexenwesen und die Geschichte der Sekten in den ersten christlichen Jahrhunderten und während der Gotenherrschaft; vor allem erfährt der Leser Genaueres über die Anhänger des ORIGENES und PRISCILLIANUS sowie über den Gnostizismus. Daran schließt sich in Band 2 die Geschichte der Antitrinitarier, Albigenser, Waldenser, Katharer und anderer Sekten vom 6. bis 13. Jh., ferner eine Darstellung der unter der Einwirkung von arabischem und jüdischem Gedankengut entstandenen Häresien an (Averroismus, Naturalismus, Pantheismus u. a.). In Band 3 wird der Einfluß untersucht, der von ERASMUS und vom Protestantismus ausging, ohne daß sich der Autor dabei ausschließlich auf die Heterodoxen der Iberischen Halbinsel beschränkt. Wertvoll sind in diesem Zusammenhang die Ausführungen über Miguel SERVET, die Brüder VALDÉS und andere Apostaten. Die mystischen Bewegungen der Illuminaten und Quietisten im 16. und 17. Jh., insbesondere die Lehre Miguel de MOLINOS', erörtert Menéndez im vierten Band. Es folgt, neben anderen Studien, eine Betrachtung des Jansenismus, des Freimaurertums und der Aufklärung in Spanien. Mit der Darstellung der von der orthodoxen Lehrmeinung abweichenden philosophischen Strömungen erreicht das Werk in Band 6 seinen eigentlichen Abschluß; denn der nächste enthält neben verschiedenen Registern lediglich Ergänzungen, während in einem letzten Band eine Abhandlung über die vorchristlichen Religionen auf der Iberischen Halbinsel nachgetragen wird.

Für die religionsgeschichtliche Forschung ist das umstrittene Werk durch die Fülle des verarbeiteten Materials und die Verbindung verschiedener Aspekte auch heute noch unentbehrlich. Es hat für zahlreiche Spezialuntersuchungen den Weg vorbereitet, so etwa für M. BATAILLONS Studien über den Erasmismus. Doch wird der Autor aufgrund seiner intoleranten katholischen Einstellung, die in seinen späteren Werken zurücktritt, häufig zu unsachlichen Polemiken verleitet. Durch diese aggressive Unduldsamkeit – das Werk war ursprünglich als Kampfschrift gegen die 1876 in Spanien verfassungsmäßig eingeführte Religions- und Gewissensfreiheit vorgesehen – versperrte sich Menéndez den Weg zu einer objektiven Wertung geistesgeschichtlicher Bewegungen, die für die spanische Kultur äußerst fruchtbar waren. Selbst die Inquisition wird in sophistischer Spitzfindigkeit verteidigt: *»Wer einräumt, daß die Ketzerei ein schweres Verbrechen und eine Sünde ist… der muß die Inquisition anerkennen.«* Die Verständnislosigkeit dem Protestantismus gegenüber, den der Autor nur in seiner äußeren Gestalt zu erfassen vermag, die unzulässige Identifizierung von Volkscharakter und Glaubenslehre und die daraus resultierende, mit konsequentem Patriotismus begründete Ablehnung des Nichtkatholischen als eines ganz und gar nichtspanischen Phänomens sind bedeutende Mängel dieses Werks. A.F.R.

Ausgaben: Madrid 1880–1882, 3 Bde. – Santander 1946–1948 (in *Edición nacional*, Hg. D. Miguel Artigas, 64 Bde., 1940–1954, 35–42). – Madrid 1986, 2 Bde.

Literatur: L. de la Calzada, *La historia de España en M. y P.* (in Boletín de la Biblioteca M. P., 32, 1956, S. 219–292). – A. Estéban Romero, *La »Historia de los heterodoxos españoles« de M. y P.* (in Revista Española de Teología, 16, 1956, S. 507–513). – B. Llorca, *M. y P. y la historia de la iglesia española* (in Arbor, 34, 1956, S. 452–463). – J. Jiménez Rueda, *Don M. M. y P. y los heterodoxos españoles* (in Filosofía y Letras, 31, 1957, S. 245–254). –E. Fernández-Barros, *M. y P. y el liberalismo* (in Hispano, 28, 1984, S. 29–43).

RAMÓN DE MESONERO ROMANOS

* 19.7.1803 Madrid
† 30.4.1882 Madrid

Literatur zum Autor:
E. Cotareli y Mori, *Elogio biográfico de don R. de M. R.* (in BRAE, 12, 1925, S. 155–191, 309–343, 433–469). – M. Sánchez de Palacios, *M. R. Estudio y antología*, Madrid 1963. – F. Romero, *M. R.: activista del madrileñismo*, Madrid 1968. – H. L. Colvocoresses, *R. de M. R. sembrador del Realismo*, Diss. Univ. of Connecticut 1976 (vgl. Diss. Abstracts, 8, 1976, S. 8091A). – R. A. Curry, *R. de M. R.*, Boston 1976 (TWAS).

PANORAMA MATRITENSE. Cuadros de costumbres de la Capital, observados y descritos por un Curioso Parlante

(span.; *Madrider Panorama. Sittenbilder aus der Hauptstadt, beobachtet und aufgezeichnet von einem neugierigen Plauderer*). Prosaskizzen von Ramón de Mesonero Romanos, erschienen 1835. – Der Titel der ersten Buchausgabe, die 43 verschiedene Texte enthält, gilt eigentlich auch für Mesoneros später geschriebene, unter anderen Sammeltiteln veröffentlichte Arbeiten: *Escenas matritenses*, 1836–1842 *(Madrider Szenen)*, und *Tipos y caracteres*, 1843–1863 *(Typen und Charaktere)*. Sie alle zusammen ergeben als lebendige Chronik und »menschliche Komödie« ein »Panorama« der Stadt Madrid. Neben Estébanez Calderón (*Escenas andaluzas*, 1847) und Larra (vgl. *Artículos*, 1832–1837) ist Mesonero einer der Begründer des spanischen *costumbrismo*, jener Kunst der Sittenschilderung, die in kurzer, skizzenhafter Darstellung das Typische einer zeit- und ortsgebundenen Szene oder Sitte oder eines bodenständigen Menschentyps festzuhalten sucht und in Spanien als Vorläufer des literarischen Realismus anzusehen ist, dem bis hinein in die naturalistischen Romane von Emilia Pardo Bazán gewisse Züge des *costumbrismo* anhaften sollten. Dem Geist der Aufklärung des 18. Jh.s verhaftet und gleichzeitig von dem romantischen Glauben an die Ursprünglichkeit des Volkhaften beeinflußt, nennt Mesonero als seine Vorbilder die Engländer Joseph Addison (1672–1719), Richard Steele (1672–1729) und Laurence Sterne (1713–1768), außerdem den Franzosen Étienne de Jouy (1764–1846), von dem er vielleicht den *»boshaften, aber wohlwollend neckischen Ton«* übernahm, den er ein Kennzeichen seiner eigenen Schreibweise nannte. Sein Pseudonym – wie die übrigen *costumbristas* schrieb er unter einem Decknamen – ist allerdings dem Titel von Addisons Zeitschrift ›The Tatler‹ (Der Plauderer) nachgebildet: »Curioso parlante« (Neugieriger Plauderer). Über Mesonero urteilt, im Vergleich mit Larra, Azorín (1874–1967), der große Künstler des Details, der Illusion und der melancholischen Erinnerung an die Vergangenheit: *»Verkörpert Larra die literarische Gesellschaft seiner Zeit, eine überspannte, leicht erregbare, großzügige, romantische Gesellschaft, so ist Mesonero der Vertreter der bürgerlichen Gesellschaft, praktisch, methodisch, gewissenhaft und selbstzufrieden.«*

Als Repräsentant des Bürgertums schildert Mesonero und *»kritisiert ohne Zorn«* das bürgerliche Madrid in seinen Handwerkern, Kaufleuten, Unternehmern, Beamten und Angestellten. Deren Lebens- und Denkweise, ihre Gewohnheiten und Typen finden seine Sympathie; seine Kritik gilt hingegen der Ämtersucht *(Empleomanía)*, dem Mangel an Ehrgeiz und fortschrittlichem Sinn *(Tengo lo que me basta – Ich habe ja, was ich brauche)*, der Bewunderung für das Ausland *(Extranjero en su patria – Fremdling in seiner Heimat)* und anderen Schwächen des Bürgertums. Als Angehöriger einer Zeit, in der die Umgestaltung und Modernisierung der spanischen Hauptstadt begann, nimmt er sich des Überkommenen, sofern es echt und erhaltenswert ist, gegen das Neue an, das sich, vielfach in Nachahmung ausländischer Moden, mit Gewalt durchsetzen will (z. B. in *Sombrero y mantilla – Sombrero und*

Mantilla). Berühmt ist seine Satire auf die revolutionäre, liberal-romantische Schule, die damals gerade in Mode kam, in *El romanticismo y los románticos (Die Romantik und die Romantiker)*. In alldem bleibt Mesonero ein »*nach dem Ruf eines wahrheitsliebenden Beobachters, nicht nach dem Ruhm des Genies*« trachtender Schriftsteller, der in einfacher, ungekünstelter Sprache liebevoll, auch wenn er Kritik übt, auf seinen Gegenstand eingeht, getreu seiner Devise, »*nie zum Weinen zu bringen, fast immer zum Lachen*« (vgl. *Memorias de un setentón*..., 1880). A.F.R.

AUSGABEN: Madrid 1835, 2-C. Sáinz de Robles [m. Einl. u. Bibliogr.]. – Madrid 1967 (in *Obras*, Hg. u. Einl. C. Seco Serrano, 5 Bde., 1; BAE). – Hg. u. Einl. L. Romero Tobar (Austral). – Barcelona 1987, Hg. u. Einl. M. del Pilar Palmoma.

LITERATUR: C. Pitollet, *M. R., costumbrista* (in La España Moderna, 178, 1903, S. 38–53). – R. Foulché-Delbosc, *Le modèle inavoué du »Panorama matritense« de M. R.* (in RH, 48, 1920, S. 257–310). – E. Correa Calderón, Einl. (in *Costumbristas españoles*, Bd. 1, Madrid 1950). – J. F. Montesinos, *Costumbrismo y novela*, Berkeley 1960. – R. Sebold, *Comedia clásica y novela moderna en las »Escenas matritenses« de M. R.* (in BHi, 83, 1981, S. 331–377).

EMILIA PARDO BAZÁN

* 15.9.1851 La Coruña
† 12.5.1921 Madrid

LITERATUR ZUR AUTORIN:
Bibliographie:
Bibliografía descriptiva de estudios críticos sobre la obra de E. P. B., Hg. R. M. Scari, Chapel Hill 1982.
Biographien:
M. G. Brown, *La vida y las novelas de E. P. B.*, Madrid 1940. – R. E. Osborne, *E. P. B. Su vida y sus obras*, Mexiko 1964. – C. Bravo-Villasanter, *Vida y obra de E. P. B.*, Madrid 1973.
Studien und Gesamtdarstellungen:
M. Baquero Goyanes, *La novela naturalista española: E. P. B.*, Murcia 1955. – D. F. Brown, *The Catholic Naturalism of P. B.*, Chapel Hill 1957. – U. Menge, *Die dialektische Struktur der Kurzgeschichten Doña E. P. B.s*, Diss. Hbg. 1967. – W. T. Pattison, *E. P. B.*, NY 1971 (TWAS). – F. J. Barroso, *El naturalismo en la P. B.*, Madrid 1973. – B. Varela Jácome, *Estructuras novelísticas de E. P. B.*, Santiago de Compostela 1973. – J. Paredes Núñez, *Los cuentos de E. P. B.*, Madrid 1971. – N. Clemessy, *E. P. B. como novelista (de la teoría a la practica)*, Madrid 1981. – M. Hemingway, *E. P. B.: The Making of a Novelist*; Cambridge 1983. – J. Paredes Núñez, *La realidad gallega en los cuentos de E. P. B.*, La Coruña 1983. – M. López Sanz, *Naturalismo y espiritualismo en la novelística de P. B.*, Madrid 1985. – D. Henn, *The Early P. B.: Theme and Narrative Technique in the Early Novels of 1879–1889*, Wolfeboro/N.H. 1988.

LA CUESTIÓN PALPITANTE

(span.; *Die brennende Frage*). Literarkritische Studien von Emilia PARDO BAZÁN, erschienen 1883. – Bei seinem Erscheinen gab dieses bedeutendste literarhistorische Werk der Autorin (das in zwanzig Aufsätzen Blüte und Niedergang des romantischen Romans, dann vor allem den französischen Naturalismus – seine Vorläufer und Hauptvertreter – behandelt und in den letzten drei Kapiteln auf das Romanschaffen in England und Spanien eingeht) Anlaß zu endlosen Polemiken. Die für die Moderne aufgeschlossene spanische Komtesse »entdeckte« den naturalistischen französischen Roman, den sie fast doktrinär als das nunmehr auch in Spanien gültige Vorbild bezeichnete. Dies mußte um so schockierender wirken, als die puritanisch erzogene Aristokratin den ungewöhnlichen Versuch wagte, ihr festgefügtes katholisches Weltbild mit dem materialistischen Ideengut ZOLAS in Einklang zu bringen. Ein mühseliges Unterfangen, in dem nur die radikale Trennung von geistesgeschichtlicher und formalistischer Kunstbetrachtung als gangbarer Weg erscheinen konnte.
Mit feinem Gespür stellt Emilia Pardo Bazán in einer Ästhetik des Naturalismus die Neuerungen dieser literarischen Bewegung heraus. Doch bestimmt ihre katholische Haltung sie dazu, den Gedanken von der durch Erbmasse, Instinkt und Milieu determinierten Unfreiheit des Menschen entschieden zu verwerfen. Sie geht so weit, Zola neben SHAKESPEARE zu stellen und einige seiner Romane als »*Schöpfungen eines mächtigen Verstandes, eines eindringlichen, hellsichtigen, analysierenden Blickes*« zu feiern. Andererseits besteht für sie der Hauptirrtum des Naturalismus darin, »*das verwickelte Lebensdrama durch das Wirken blinder Triebe erklären zu wollen*« und damit den Menschen zu einer *bête humaine* zu erniedrigen. Dazu kommt die utilitaristische Tendenz des Naturalismus, den Roman als eine soziologische Studie aufzufassen. Diese Grenzen, die der Naturalismus sich selbst gesetzt hat, sollen – zukunftweisend – durch die »*breitere, vollständigere Theorie des Realismus*« überwunden werden, der »*das Natürliche und das Geistige* ... *umfaßt und den Gegensatz von Idealismus und Naturalismus zur Einheit führt*«.
In ihrem heftig umstrittenen Werk lief die Autorin Sturm gegen den Zustand geistiger Selbstzufriedenheit und literarischer Stagnation am Ende des 19. Jh.s und gehörte so zu den Wegbereitern der literarischen Revolution in der »Generation von 98«. A.F.R.

Ausgaben: Madrid 1883. – Madrid 1956 (in *Obras completas*, Hg. F.C. Sáinz de Robles; ern. Madrid 1973, 3 Bde., 3).

Literatur: L. D. Gifford, *The Critical Reception of Naturalism in Spain before »La cuestión palpitante«* (in HR, 22, 1954). – L. D. Gifford, *The ›Coletilla‹ to P. B.'s »La cuestión palpitante«* (in HR, 24, 1956). – H. L. Kirby, *Evolution of Thought in the Critical Writing and Novels of E. P. B.*, Diss. Univ. of Illinois (vgl. Diss. Abstracts, 24, 1963/64, S. 299). – R. A. Schmidt, *E. P. B.'s Retrospective View of Naturalism: Thirty Years after »La cuestion palpitante«* (in *Papers on Romance Literary Relations*, Hg. H. H. Chapman, NY 1978, S. 29–42). – D. Goldin, *The Metaphor of Original Sin: A Key to P. B.'s Catholic Naturalism* (in PQ, 64, 1985, S. 27–49).

LOS PAZOS DE ULLOA

(span.; *Das Gut Ulloa*). Roman von Emilia Pardo Bazán, erschienen 1886/87. – Dieser Roman schildert den Niedergang einer Adelsfamilie, deren mächtiger, die Gegend weithin beherrschender Besitz in dem rauhen, fruchtbaren Bergland Galiciens durch die Schuld des letzten Abkömmlings, Don Pedro Moscoso, der Verwahrlosung preisgegeben ist und zerfällt. Als der Hauskaplan Don Julián geradewegs aus dem Priesterseminar auf den Familiensitz der Ulloa kommt, trifft er dort unhaltbare Zustände an: Verwahrlost sind Haus und Betrieb. Der Junker Don Pedro, ein stolzer, schroffer, rücksichtsloser, ganz der Jagdleidenschaft verfallener Herr, überläßt das Regiment dem Verwalter Primitivo, einem undurchsichtigen, durchtriebenen Menschen, dem er ausgeliefert ist, weil er mit dessen Tochter, der Magd Sabel, in wilder Ehe lebt. Diesem Verhältnis entstammt Pedrucho, ein gesunder, kräftiger, gutartiger, aber völlig verwilderter Junge, der in ungebundener Freiheit heranwächst. Alle Bemühungen Don Juliáns, in diese Zustände ordnend einzugreifen, scheitern zunächst am Widerstand Primitivos. Schließlich kann er Don Pedro dazu bewegen, eine seiner adligen Kusinen, Nucha, zu heiraten. Doch eine nachhaltige Änderung erreicht er damit nicht. Don Pedro kehrt alsbald zu seiner früheren Lebensweise zurück, die alten Mißstände reißen wieder ein. In ihrer Not sucht Nucha, die diesen Verhältnissen nicht gewachsen ist, Trost und Rat bei Don Julián. Doch dieser wird, von Primitivo wegen seines freundschaftlichen Umgangs mit der Gutsherrin bei den Vorgesetzten verleumdet, in ein anderes Dorf versetzt. Als er nach zehn Jahren, nun als Gemeindepfarrer von Ulloa, rehabilitiert zurückkehrt, ist Nucha schon lange gestorben. An ihrem Grabe trifft er ihre verwahrloste kleine Tochter Manolita mit Pedrucho, dem künftigen Erben Don Pedros. Beider Schicksal erzählt Emilia Pardo Bazán in einem anderen Roman (*La madre naturaleza*, 1887).

In *Los pazos de Ulloa* verwirklicht die Dichterin wohl am reinsten jene Art des literarischen Naturalismus, den sie wenige Jahre zuvor theoretisch entwickelt hatte (vgl. *La cuestión palpitante*, 1883). Nachdrücklich hatte sie den französischen Naturalismus, insbesondere Zola, den Spaniern zur Nachahmung empfohlen, allerdings mit der Einschränkung, daß man, ganz abgesehen von gewissen *»Geschmacksverwirrungen«* und *»mangelnder künstlerischer Auswahl«* auf keinen Fall dessen *»verderbliche Ketzerei, die menschliche Freiheit zu leugnen«* teilen dürfte. Außerdem glaubt sie nicht, daß der experimentelle Roman die Entwicklung der Gesellschaft regeln könne. Im Sinne dieser Einschränkungen ist ihr Roman Ausdruck eines geläuterten Naturalismus, in dem das allzu Häßliche, allzu Krasse und das nur Krankhafte oder Obszöne fehlt, ebenso wie der Mensch nicht auschließlich als ein Produkt aus Vererbung und Umwelt erscheint. Zwar zeigt die Galicierin Pardo Bazán gerade am Beispiel der rauhen Landschaft, in der ihr Roman spielt, wie sehr die Umwelt den Menschen formt: Es ist eine Welt, in der der Lebenskampf atavistischen Normen gehorcht, der Herr dank seiner herkömmlichen Autorität gefürchtet wird, die Magd in ihrer Untertanenrolle verbleibt, auch wenn sie die Geliebte des Herrn ist. Aber die Menschen dieses Romans sind nicht nur Produkte dieser Welt. Das zeigt besonders die prächtige Gestalt des Don Pedro, der in seiner elementaren Kraft trotz seiner Derbheit und Triebhaftigkeit die Sympathien des Lesers gewinnt. Diese Gestalt des stolzen, rücksichtslosen Landjunkers nahm ein anderer galicischer Dichter, Ramón del Valle-Inclán (1869–1936), zum Vorbild für eine seiner Dramenfiguren, die des Don Juan Manuel Montenegro (vgl. *Comedias bárbaras*). A.A.A.-KLL

Ausgaben: Barcelona 1886/87, 2 Bde. – Madrid 1957 (in *Obras completas*, Hg. F.C. Sáinz de Robles, 2 Bde., 1; ern. 1973, 3 Bde., 1). – Madrid 1986, Hg. M. Mayoral (Castalia). – Madrid 1987, Hg. N. Clemessy (Clás. Cast).

Literatur: Clarín (d. i. L. Alas), *Nueva campaña, 1885–1886*, Madrid 1887, S. 215–237. – R. Segade Campoamor, *»Los pazos de Ulloa«* (in Galicia, 1, La Coruña 1887). – J. Blanco Amor, *Romanticismo y espíritu de clase en »Los pazos de Ulloa«* (in CHA, 148, 1962, S. 5–12). – C. Feal Deibe, *Naturalismo y antinaturalismo en »Los pazos de Ulloa«* (in BHS, 48, 1971, S. 314–327). – M. López, *Naturalismo y Espiritualismo en »Los pazos de Ulloa«* (in REH, 12, 1978, S. 353–371). – D. Viallanueva, *»Los pazos de Ulloa«, el naturalismo y Henry James* (in HR, 52, 1984, S. 121–139). – C. Feal Deibe, *La voz femenina en »Los pazos de Ulloa«* (in Hispania, 70, 1987, S. 214–221). – C. A. Bradford, *El niño: punto focal de la estructura de »Los pazos de Ulloa«* (in Hispanic Journal, 9, 1988, S. 53–62). – J. J. Wood, *Quest Narrative as Intertext in »Los pazos de Ulloa«* (in Hispanic Journal, 9, 1988, S. 63–70). – B. A. González, *Artistic Unity and Aesthetic Response in »La madre naturaleza« and »Los pazos de Ulloa«* (in RHM, 62, 1989, S. 19–30).

BENITO PÉREZ GALDÓS

* 10.5.1843 Las Palmas
† 4.1.1920 Madrid

LITERATUR ZUM AUTOR:
Bibliographien:
T. A. Sackett, *P. G. An Annotated Bibliography*, Mexiko 1968. – H. C. Woodbridge, *B. P. G. A Selective Annotated Bibliography*, Metuchen/N.J. 1975. – *Contribución a una bibliografía de escritos biográficos referentes a G.: 1870–1920* (in Ottawa's Hispánica, 2, 1980, S. 83–101). – T. A. Sackett, *G. y las máscaras: Historia teatral y bibliografía anotada*, Verona 1982.
Zeitschrift:
Anales Galdosianos, Austin/Tex. 1966 ff.
Biographien:
J. Casalduero, *Vida y obra de G.*, Buenos Aires 1943; ern. Madrid 1974. – C. H. Berkowitz, *P. G. Spanish Liberal Crusader*, Madison 1948.
Gesamtdarstellungen und Studien:
S. H. Eoff, *The Novels of P. G.: The Concept of Life as Dynamic Process*, St. Louis 1954. – W. T. Pattison, *B. P. G. and the Creative Process*, Minneapolis 1954. – J. C. Herman, *Don Quijote and the Novels of P. G.*, Oklahoma 1955. – R. Gullón, *G. novelista moderno*, Madrid 1960. – R. Ricard, *G. et ses romans*, Paris 1961. – G. Correa, *El simbolismo religioso en las novelas de P. G.*, Madrid 1962. – A. Regalado García, *B. P. G. y la novela histórica española: 1868–1912*, Madrid 1966. – G. Correa, *Realidad, ficción y simbolo en las novelas de B. P. G.*, Bogotá 1967. – J. F. Montesinos, *G.*, 3 Bde., Madrid 1968–1972. – *Galdós-Studies*, Hg. J. E. Varey, Ldn. 1970. – CHA, 1970/71, Nr. 250/251 [Sondernr. *B. P. G.*]. – *B. P. G. Ensayo de crítica literaria*, Hg. L. Bonet, Barcelona 1972. – *B. P. G.*, Hg. D. Rodgers, Madrid 1973. – M. C. Lassaletta, *Aportaciones al estudio del lenguaje coloquial galdosiano*, Madrid 1974. – J. Rodríguez Puértolas, *G.: Burgesía y revolución*, Madrid 1975. – W. T. Pattison, *B. P. G.*, Boston 1975 (TWAS). – K. Engler, *The Structure of Realism. The Novelas contemporáneas of B. P. G.*, Chapel Hill/N.C. 1977. – C. Blanco Aguinaga, *La historia y el texto literario: tres novelas de P. G.*, Madrid 1978. – R. López Landy, *El espacio novelesco en la obra de G.*, Madrid 1979. – J. Beyrie, *G. et son mythe*, 3 Bde., Paris 1980. – B. J. Dendle, *G.: The Mature Thought*, Lexington/Ky. 1980. – R. Gullón, *Técnicas de G.*, Madrid 1980. – W. H. Shoemaker, *The Novelistic Art of G.*, 3 Bde., Albatros 1980–1982. – I. Elizalde, *P. G. y su novelistica*, Bilbao 1981. – S. Gilman, *G. and the Art of the European Novel: 1867–1887*, Princeton 1981. – V. Fuentes, *G. demócrata y republicano*, La Laguna 1982. – S. Miller, *El mundo de G.: teoría, tradición y evolución del pensamiento socio-literario galdosiano*, Santander 1983. – A. Percival, *G. and His Critics*, Toronto 1985. – P. A. Bly, *Vision and the Visual Arts in G. A Study of the Novels and Newspaper Articles*, Liverpool 1986. – B. J. Dendle, *G.: The Early Historical Novels*, Columbia/Mo. 1986. – A. M. Penuel, *Psychology, Religion and Ethics in G.'s Novels: The Quest for Authenticity*, Lanham 1987.

ÁNGEL GUERRA

(span.; *Angel Guerra*). Roman in drei Teilen von Benito PÉREZ GALDÓS, erschienen 1890/91. – Ángel Guerra ist aus Haß auf die Bourgeoisie und ihre engstirnigen Gesetze zum Revolutionär geworden. Er beteiligt sich an Klassenkämpfen und Aufständen und lebt – eine andere Form des Protestes – in wilder Ehe mit Dulcenombre. Geldmangel treibt ihn von Zeit zu Zeit nach Hause zu seiner Mutter, Doña Sales, die mit ihrer Herrschsucht und Intoleranz das verkörpert, was ihm am meisten zuwider ist. Vor Jahren hatte er sich ihr zu Gefallen mit einer von ihr bestimmten Frau verheiratet. Aus der mißglückten Ehe blieb ihm eine Tochter, Ción (Asunción). Nach dem Tod seiner Mutter wendet sich Ángel Guerra, der sich nun im Besitz großer Reichtümer sieht, Leré (Lorenza) zu, einem jungen Mädchen, das die Pflege seiner Tochter übernimmt. Cións Tod stürzt ihn in tiefe Verzweiflung, die er mit Lerés Hilfe zu überwinden hofft. Doch Leré weist seinen Heiratsantrag ab und geht nach Toledo, um sich in ein Kloster zurückzuziehen. Ángel Guerra folgt ihr. – Schauplatz des zweiten und dritten Teils ist Toledo. Die herrliche Stadt mit ihrer Kathedrale, die eindrucksvolle Prachtentfaltung bei den Gottesdiensten und die reine Seele Lerés bewirken eine innere Wandlung Ángel Guerras. Er will Priester werden, einen neuen Orden zum Schutz bedürftiger Menschen gründen und die Lehre Christi wortgetreu erfüllen. In Augenblicken religiöser Begeisterung sieht er seinen Orden über die ganze Welt verbreitet: Er soll sich für Nächstenliebe und soziale Gerechtigkeit – im Grunde dieselben Postulate, die er als Revolutionär verteidigte – einsetzen. Doch kurz vor seiner Ordination wird Ángel Guerra von den Brüdern Dulcenombres, seiner früheren Geliebten, ermordet, als er die beiden bei einem Raub überrascht. Sterbend erkennt er, daß seine religiöse Leidenschaft eine Selbsttäuschung war, denn in Wirklichkeit wollte er nur Leré nahe sein, die er mit allen Sinnen liebte.

Wie in einigen anderen Romanen übt Galdós auch in *Ángel Guerra* – aus der Sicht des 19. Jh.s – Kritik an den Vertretern der Kirche und ihrer Unfähigkeit, die soziale Frage zu lösen. Im Unterschied zu so materialistischen Domherren wie Don Francisco Mancebo, einem raffgierigen Geizhals, der sich gegen die religiöse Berufung seiner Nichte Leré stellt, um sich eine Erbschaft zu sichern, und zu Priestern wie Don Eleuterio Virones, der seinen Stand beschimpft, weil er ihm nicht den erträumten Wohlstand gebracht hat, oder wie Don Juan Casado, der sich lieber seinen Ländereien als der Seelsorge widmet, handeln Leré und Ángel Guerra selbstlos, ohne Heuchelei, aus echter Nächstenliebe. Darum nimmt der geplante Orden einen so erfolgreichen Anfang, und die Unglücklichen, die in ihm Aufnahme finden, fühlen, daß sie an etwas ungeheuer Großem teilhaben: am wahrhaft christlichen Geist. – Doch Ángel Guerra scheitert; er scheitert, weil es Menschen wie Dulcenombres Brüder gibt, für die Nächstenliebe und Opfermut nur leere Worte sind; und er scheitert schließlich auch an sich selbst. Die einzige ihn befriedigende Form der Annäherung an Leré sei die menschliche, gesteht er vor seinem Tod. Und er fügt hinzu: *»Da dies nicht möglich ist, zerstöre ich das Trugbild meiner religiösen Berufung und nehme den Tod hin als einzige Lösung, denn es gibt keine andere, und es kann auch keine andere geben.«* – Ángel Guerra scheitert, aber das Problem beschäftigte Galdós weiter. In einem späteren Roman, *Nazarín* (1895), versucht er es dadurch zu lösen, daß er den Priester Nazarín in einer rein geistigen Welt leben läßt, in der ihm die sinnliche Liebe nicht zu dem Verhängnis werden kann, an dem Ángel Guerra zerbrach. A.A.A.

Ausgaben: Madrid 1890/91. – Madrid 1950 (in *Obras completas*, Hg. F. C. Sáinz de Robles, 6 Bde., 1945–1951, 5). – Madrid 1973–1976 (in *Obras completas*, Hg. ders., 8 Bde.). – Madrid 1986, 2 Bde.

Literatur: F. Rosselli, *»Ángel Guerra«. Analisi di un fallimento existenziale* (in Studi dell'Istituto linguistico, 6, 1983, S. 117–154). – S. Lakhdari, *Le pronunciamiento de Villacampa dans »Angel Guerra« de P. G.* (in Ibérica, 5, 1985, S. 47–65). – Ders., *Le sein coupé dans »Angel Guerra«* (in LNL, 81, 1987, S. 117–131). – N. Valis, *»Angel Guerra« o la novela monstrua* (in RHM, 41, 1988, Nr. 1, S. 31–44).

EL AMIGO MANSO

(span.; *Freund Manso*). Roman von Benito Pérez Galdós, erschienen 1882. – Der Philosophieprofessor Máximo Manso ist ein vom Verstand beherrschter, der Wissenschaft ergebener Mensch ohne besondere Laster und Leidenschaften. Er führt das zurückgezogene Leben eines Gelehrten, vertieft in theoretische Probleme, die ihn für das praktische Leben untauglich machen. Als nun sein Bruder José María aus Havanna kommt, sieht Máximo sich mit einem Male vor die Wirklichkeit gestellt. Denn José strebt eine politische Laufbahn an, und das bringt eine Reihe gesellschaftlicher Verpflichtungen mit sich, denen sich auch der lebensfremde Gelehrte auf die Dauer nicht entziehen kann. José María stellt ein junges Mädchen, Irene, als Hausdame ein. Es bleibt nicht aus, daß Máximo sich stark von ihr angezogen fühlt, ja sich schließlich in sie verliebt. Jedoch verstreicht geraume Zeit, bis er sich dieser »Schwäche« bewußt wird. Als er sie endlich akzeptiert, überstürzen sich die Ereignisse. Irene verläßt das Haus, da José María – inzwischen zum Abgeordneten aufgestiegen – ihr nachstellt. Auch sie hat sich verliebt, aber nicht in Máximo – obwohl er es in seiner Naivität so auslegt –, sondern in seinen Schüler Manuel Peña, der seinen Meister nicht allein auf diesem Gebiet schlägt, er triumphiert auch als Redner über seinen Lehrer. – Die Ernüchterung bleibt nicht aus. Für Máximo ist Irene plötzlich nur noch eine Frau wie jede andere, mit ganz gewöhnlichen Ambitionen: Ehe, Kinder, Vergnügen ... Doch je mehr sie von dem Sockel, auf den er sie hob, heruntersteigt, um so stärker fühlt er sich zu ihr hingezogen. Großmütig verzichtet er aber und ebnet den beiden jungen Menschen die Wege. Schließlich heiraten Irene und Manuel, Máximo stirbt. *»Mögen sie leben, mögen sie genießen, ich gehe«*, lautet die Überschrift des letzten Kapitels.

Ebenso wie in dem Werk *Marianela*, das als Ansatzpunkt zu diesem Roman zu betrachten ist, steht hier der Konflikt zwischen Phantasie und Wirklichkeit im Vordergrund. Die Akzentuierung der Wirklichkeit leitet die »naturalistische« Phase von Pérez Galdós ein. Er fordert, sich ganz der Realität zu stellen. Mehr noch, *El amigo Manso* zeigt den verhängnisvollen Weg, auf den jedes Abweichen von der Wirklichkeit führt. Der Mensch, der sich zurückzieht in eine imaginäre Welt, in die Welt der Betrachtung und Geistigkeit, ist zum Versagen vor dem Leben verurteilt. Nach dieser Niederlage bleibt Manso nur noch gutmütige Bonhomie, die ihm die Sympathien des Lesers gewinnt. – Um die Gestalt seines Helden zu zeichnen, nimmt der Autor die Methode vorweg, die später auch Pirandello und Unamuno verwenden sollten: Er gibt der von ihm geschaffenen literarischen Figur ein Eigenleben außerhalb der Romanhandlung, und er spricht mit ihr. So bittet er z. B. zu Beginn des Werks Manso um die Erlaubnis, ihn im Buch erscheinen zu lassen. Dieser stimmt zu. *»Der Schmerz sagte mir, daß ich Mensch wurde.«* Gibt der Autor damit gleich zu Anfang der literarischen Existenz Mansos dem Leser zu verstehen, daß das Bewußtsein des Lebens paradoxerweise mit dem Schmerz verknüpft ist, so ist umgekehrt das Lebensende für Manso Beginn inneren Friedens: *»... und der innere Frieden gab mir zu verstehen, daß ich aufgehört hatte, Mensch zu sein.«* – Obwohl der Stil zuweilen ins Rhetorische abgleitet, vermittelt dieser Roman doch eine Realität, die Pérez Galdós in ihren vielfältigsten Schattierungen einzufangen versteht. Im ersten Kapitel sagt Manso – der Roman ist in Ichform geschrieben –: *»Ich existiere nicht ... Ich bin nicht, noch bin ich gewesen, noch werde ich jemals sein ... Ich frage mich, ob das Niemand-Sein dem Jeder-Sein entspricht.«*

Pérez Galdós' Kunst der Darstellung erreicht, daß der Leser im Helden eigene Züge entdeckt, so, als ob dieser wirklich ein wenig teilhabe am Sein aller Menschen. A.A.A.

Ausgaben: Madrid 1882. – Madrid 1949 (in *Obras completas*, Hg. F. C. Sáinz de Robles, 6 Bde., 1945–1951, 4). – Madrid 1973–1976 (in *Obras completas*, Hg. ders., 8 Bde.) – Madrid 1984.

ÜBERSETZUNGEN: *Freund Manso*, E. v. Buddenbrock, Bln. 1894. – *Amigo Manso*, K. Kuhn, Zürich 1964. – Dass., W. Plackmeyer, Bln./Weimar 1983.

LITERATUR: R. Kirsner, *Sobre »El amigo Manso« de G. (1882)* (in Cuadernos de Literatura, 8, 1950, S. 189–199). – P. Sánchez Rábanos, *»El amigo Manso« en su ambiente*, Diss. Madrid 1960. – G. A. Davies, *G.' »El amigo Manso«, an Experiment in Didactic Method* (in BHS, 39, 1962, S. 16–30). – R. H. Russell, *»El amigo Manso«, G. with a Mirror* (in MLN, 77, 1962). – M. Z. Hafter, *»Le crime de Sylvestre Bonnard«, a Possible Source for »El amigo Manso«* (in Symposium, 17, 1963, S. 123–129). – D. A. Castillo, *The Problems of Teaching in »El amigo Manso«*, (in REH, 19, 1985, S. 37–55).

LA DESHEREDADA

(span.; *Die Enterbte*). Roman von Benito PÉREZ GALDÓS, erschienen 1881. – Isidora, die Tochter des in geistiger Umnachtung verstorbenen Tomás Rufete, geht nach Madrid, um dort in einem Prozeß ihre Rechte als angebliche Enkelin der Marquise de Aransis geltend zu machen. Sie hat ein empfindsames, leicht beeindruckbares Gemüt, träumt von einem Leben in Luxus und Reichtum und verachtet das dörflich-einfache Dasein der Verwandten, bei denen sie bisher gelebt hat. So verschmäht sie die Zuneigung des Medizinstudenten Augusto Miquis, um sich dem vornehmen Joaquín Pez zuzuwenden, von dem sie sich verführen läßt. Da sie nichts gelernt hat und jede Arbeit verachtet, ist sie von ihren Liebhabern abhängig. Als entdeckt wird, daß die Dokumente, auf die sie ihre aristokratischen Ansprüche gründet, eine plumpe Fälschung sind, kommt sie ins Gefängnis. Nach ihrer Entlassung verfällt sie nach einer Reihe bezahlter Liebschaften, zu denen sie ihre Verschwendungssucht zwingt, endgültig der niedersten Prostitution. Ihr vorbestrafter Bruder Mariano, der einen unstillbaren Haß auf diejenigen, die in Luxus leben können, hegt, versucht am Ende, den König zu ermorden, und wird hingerichtet.

Mit diesem Werk leitet Galdós die Serie der »zeitgenössischen spanischen Romane« und zugleich seine eigene naturalistische Phase ein. Bisher hatte er seine Themen von einer Idee her entwickelt; die Personen hatten ihn nicht als individuelle Gestalten interessiert, sondern als Repräsentanten einer Richtung oder Ideologie. Jetzt läßt er Figuren mit ihren Schwächen und Stärken auftreten, die um ihrer selbst willen von Interesse sind, was nicht ausschließt, daß auch diese Romane durch die dichterische Gestaltung zuweilen symbolischen oder belehrenden Charakter erlangen. Typisch für die Werke dieses Zyklus (und hier wird das Erbe BALZACS spürbar) ist das Auftauchen derselben Gestalten in verschiedenen Romanen. Wenn der Vater der Ausgestoßenen wahnsinnig wird, wenn die Labilität der Ausgestoßenen ihre Erklärung in dem Wahnsinn des Vaters findet, liegt es nahe, Einflüsse ZOLAS zu vermuten. Doch bewegen sich selbst die Szenen, in denen Galdós den völligen moralischen Verfall Isidoras schildert, im Rahmen des spanischen Naturalismus, ohne die Roheit und Genauigkeit der französischen Schule. – In *Marianela* (1878) hatte Galdós die Auseinandersetzung zwischen dem Ideal, d. h. einer fiktiven, vom Geist konstruierten Welt, und der Wirklichkeit dargestellt. In *La desheredada* verschärft sich dieser Gegensatz, da die Hauptfigur nicht wie in *Marianela* blind, sondern eine Frau mit gesunden Sinnen ist. Der Konflikt findet eine tragische Lösung, weil die Realität nicht ignoriert werden kann, selbst auf die Gefahr hin, daß der einzelne dabei zugrunde geht. Isidora gerät durch ihre Sucht nach Luxus und Vornehmheit in Geldnot und endet als Prostituierte, ein Thema, das geradezu *La de Bringas* (1884) vorwegzunehmen scheint.

Mit diesen »zeitgenössischen Romanen« erreicht Galdós' Schreiben seinen Höhepunkt. Er hat *»das Auge für das Wirkliche und Wesentliche am Menschen und Gabe, Beobachtungen durch Phantasien anzureichern und beide in schöpferische Praxis umzusetzen; alle Lebensalter, beide Geschlechter, alle gesellschaftlichen Stände, Haupt- wie Nebenpersonen tragen den Stempel dieses großartigen Talents, das immer neue Varianten der Vergegenwärtigung zu erfinden weiß«* (H. Hinterhäuser). A.A.A.

AUSGABEN: Madrid 1881. – Madrid 1949 (in *Obras completas*, Hg. F. C. Sáinz de Robles, 6 Bde., 1945–1951, 4). – Madrid 1973–1976 (in *Obras completas*, Hg. ders., 8 Bde.). – Madrid 1985.

LITERATUR: C. Rovetta, *El naturalismo de G. en »La desheredada«* (in Nosotros, 2, 20, 1943, S. 275 bis 284). – H. R. Russell, *The Structure of »La desheredada«* (in MLN, 76, 1961, S. 794–800). – M. Z. Hafter, *G.'s Presentation of Isidora in »La desheredada«* (in MPh, 60, 1962, S. 22–30). – E. Rodgers, *G.'s »La desheredada« and Naturalism* (in BHS, 45, 1968, S. 285–298). – W. R. Risely, *Narrative Overture in G.'s Early Novelas españolas contemporáneas* (in KRQ, 31, 1984, S. 135–146). – M. del Porrúa, *La función de la ambigüidad en la protagonista de »La desheredada« de G.* (in Filología, 20, 1985, S. 139–151). – H. Hinterhäuser, *B. P. G. – »La desheredada«* (in *Der spanische Roman*, Hg. V. Roloff u. H. Wentzlaff-Eggebert, Düsseldorf 1986, S. 231–246). – J. J. López, *Génesis, texto y contexto del galán galdosiano: Joaquín Pez en »La desheredada«* (in CHA, 143, 1986, S. 111–121). – E. Martinell, *Isidora Rufete (»La desheredada«) a través del entorno inanimado* (in LdD, 16, 1986, S. 107–122).

DOÑA PERFECTA

(span.; *Doña Perfecta*). Roman von Benito PÉREZ GALDÓS, erschienen 1876. – Der Roman spielt in der imaginären Stadt Orbajosa. Sie ist für Galdós der Prototyp der rückständigen spanischen Provinzstadt. Äußerlich wird sie von der ungeheuren

Masse der Kathedrale beherrscht, geistig unterwirft sie sich aus alter Tradition der Macht des Klerus und seiner Anhänger. Hierher kommt der Ingenieur Pepe Rey, um Rosario, die Tochter Doña Perfectas, zu heiraten. Unausbleiblich ist der Zusammenstoß des modern denkenden Ingenieurs mit der in mittelalterlichen Vorstellungen befangenen Gesellschaft Orbajosas, deren Haupt Doña Perfecta ist. Sie beschließt deshalb, ihre Tochter nicht Pepe Rey, sondern dem erzkatholischen Advokaten Jacinto zur Frau zu geben, dessen Ideen und Wesensart dieser Welt völlig entsprechen. Rosario besteht jedoch darauf, Pepe Rey zu heiraten, und ist sogar bereit, mit ihm zu fliehen. Doña Perfecta läßt daraufhin den Ingenieur ermorden und das Gerücht verbreiten, er habe Selbstmord begangen. So bleibt der Schein gewahrt. Rosario verfällt dem Wahnsinn.

Die Liebesgeschichte dient Galdós nur als Mittel, um die mehr oder weniger obskuren Mächte sichtbar zu machen, die Orbajosa reagieren: Intoleranz und Fanatismus. Daß man Pepe Rey das Leben in dieser Provinzstadt unmöglich macht, seine modernen Ideen als atheistisch verwirft und ihn schließlich ermordet, soll den unüberwindbaren Gegensatz der beiden politischen Konzeptionen zeigen, der Spanien während des 19. Jh.s in blutige Kämpfe verwickelte: den Gegensatz zwischen den Absolutisten (zu denen Doña Perfecta und Jacinto gehören) und den Liberalen (Pepe Rey und Galdós selbst). Doch auch Pepe Rey, der sich von den anderen durch seine Offenheit und sein Wahrheitsstreben unterscheidet, läßt es angesichts der Irrtümer der anderen an Edelmut fehlen; der Stolz auf seine eigene Aufrichtigkeit führt ihn zu einer anderen Form der Intoleranz den Andersdenkenden gegenüber. Pepe Rey will Orbajosa zum Fortschritt verhelfen: durch Kapitalinvestitionen sollen Industrien gegründet werden und die Bettler Arbeit finden; die Leute sollen lesen lernen und erfahren, was in der Welt geschieht, und sie sollen ihre Passivität überwinden.

Doch die Tragödie der Leute von Orbajosa – wie ein wenig die ganz Spaniens – ist, daß sie überhaupt nichts erfahren wollen. Sie haben sich von der Welt isoliert, weil sie sich im Besitz der Wahrheit dünken. Wer mit ihnen nicht übereinstimmt, gilt als Atheist und ist von fremdländischen Ideen durchdrungen, die nur zum Untergang des Vaterlandes führen können. – Als Pepe Rey nach Orbajosa kommt, findet er eine wüstenähnliche Landschaft, ein unfruchtbares Stück Erde. Doch diese Ländereien tragen poetische, wohlklingende Namen. Der Kontrast ist so groß, daß er ausruft: *»Schöne Worte, prosaische, elende Wirklichkeit. Die Blinden wären glücklich in diesem Land, das für die Zunge ein Paradies ist, für die Augen Hölle ... Die Leute in diesem Land leben von der Phantasie.«* A.A.A.

Ausgaben: Madrid 1876 (in Revista de España, Nr. 194–198). – Madrid 1876. – Madrid 1949 (in *Obras completas*, Hg. F. C. Sáinz de Robles, 6 Bde., 1945–1951, 4). – Ldn. 1971, Hg. J. E. Varey. – Madrid 1973–1976 (in *Obras completas*, Hg. u. Einl. F. C. Sáinz de Robles, 8 Bde.). – Madrid 1984, Hg. R. Cardona (Cátedra). – Madrid 1987.

Übersetzungen: *Doña Perfecta*, F. Reichell, Dresden/Lpzg. 1886. – Dass., E. Hartmann, Bln. 1963; ern. Bln./Weimar 1974. – Dass., ders., Mchn. 1989 [Anm. u. Nachw. H. Weich].

Dramatisierung: B. Pérez Galdós, *Doña Perfecta*, Madrid 1896.

Literatur: S. Gilman, *Las referencias clásicas de »Doña Perfecta«, tema y estructura de la novela* (in NRFH, 3, 1949, S. 353–362). – G. Correa, *El arquetipo de Orbajosa en »Doña Perfecta« de P. G.* (in La Torre, 1959, Nr. 26, S. 123–126). – S. Cardona, *Introduction to »Doña Perfecta«*, NY 1965. – J. F. Montesinos, *»Doña Perfecta« de G.*, Madrid 1968. – J. E. Varey, *P. G.: »Doña Perfecta«*, Ldn. 1971. – L.-N. Kèrek, *Le personnage de Pepe Rey dans »Doña Perfecta« de P. G.* (in *Hommage à G. Fourrier*, Paris 1973, S. 209–233). – I. Lerner, *Para una nueva lectura de »Doña Perfecta« de G.* (in Lexis, 1, 1977, S. 211–227). – D. Estébanez Calderón, *»Doña Perfecta« de G. como novela de tesis* (in Boletín de la Biblioteca Menéndez Pelayo, 55, 1979, S. 107–146). – J. Ricardo-Gil, *El manuscrito de »Doña Perfecta« de B. P. G. A Transcription with a Critical Study*, Diss. Boston Univ. 1985 (vgl. Diss. Abstracts, 46, 1985, S. 1295A). – G. Ribbans, *Dos novelas de G.: »Fortunata y Jacinta« y »Doña Perfecta«*, Madrid 1988.

EPISODIOS NACIONALES

(span.; *Nationale Episoden*). Romanserien von Benito Pérez Galdós, erschienen 1873–1912. – Der Autor ordnete diese gigantische Sammlung von 46 Romanen in fünf Serien zu je zehn Werken; die letzte blieb unvollendet. – Nach Beendigung des letzten Bandes der zweiten Serie hatte Galdós erklärt, die *Episodios* nicht weiterführen zu wollen, da die späteren Ereignisse *»uns zu nahe stehen ... Es sind Jahre, die nicht seziert werden können; denn es lebt etwas in ihnen, das schmerzt und sich entzieht, wenn man das Skalpell ansetzt.«* Trotzdem nahm er die Arbeit an den *Episodios* nach einer Unterbrechung von neunzehn Jahren (1878–1898) wieder auf. Neben der Tatsache, daß die *Episodios nacionales* den Autor in Spanien außerordentlich populär gemacht hatten, spielten wohl auch finanzielle Motive eine Rolle. Während die beiden ersten Serien in sich harmonische und geschlossene Einheiten bilden, macht sich bei den letzten drei das Fehlen eines Gerüsts mehr und mehr bemerkbar. Einige Figuren werden, nur leicht variiert, aus den ersten Serien übernommen.

Die erste Serie, zwischen 1873 und 1875 verfaßt, umspannt die historischen Ereignisse des Unabhängigkeitskrieges gegen Napoleon, an Hand deren der Autor die allgemeine Situation in Spanien zu Beginn dieser bedeutenden Epoche seiner Geschichte darstellt. Die Rolle des Erzählers übernimmt Gabriel Araceli, der als Soldat an allen bedeutenden Kämpfen teilgenommen hat. Krieg und Heldentum spielen eine wichtige Rolle, obwohl Galdós selbst den Krieg verabscheut und sich nicht für die Waffentaten, von denen er berichtet, begeistern kann. Die fast unpersönliche Objektivität, mit der er die Ereignisse kommentiert, hat man vielfach zum Anlaß genommen, ihm mangelnden Patriotismus vorzuwerfen.

Die zweite Serie (entstanden 1875–1879) spielt zur Zeit der Regierung Ferdinands VII. und der Vorspiele des ersten Karlistenkrieges – einer Zeit, die arm war an aufsehenerregenden Ereignissen, aber reich an Intrigen und innenpolitischen Unruhen. Spanien spaltete sich endgültig in zwei Gruppen: die fortschrittlich und in europäischem Rahmen denkenden Liberalen und die in der Tradition verankerten Absolutisten, die alles Neue ablehnten und in der absoluten Monarchie die einzige Rettung sahen. Die beiden opponierenden Gruppen vertreten Salvador Monsalud, der allein schon seiner unehelichen Herkunft wegen liberalen Gedankengängen aufgeschlossen ist, und sein Stiefbruder Carlos Navarro (alias »Garrote«), der die traditionalistische, reaktionäre Seite des spanischen Wesens verkörpert. Beide stehen sich nicht nur als politische Gegner gegenüber, sondern auch als Rivalen in der Liebe zu Jenara, die anfangs Monsalud den Vorzug gibt, später aber, als sie von seinen liberalen Ansichten erfährt, Garrote drängt, ihn zu töten. Jenara verkörpert das intolerante, fanatische Spanien. Ihre Ehe mit Navarro scheitert. Monsalud verliebt sich in die sanfte, schweigsame, aber tätige Soledad, Symbol der Zukunft Spaniens. In dieser Serie tritt das historische Element hinter das romanhafte zurück, und das politische gewinnt die Oberhand.

Die dritte Serie schildert die Epoche vom Beginn des ersten Karlistenkrieges bis zur Hochzeit Isabellas II. mit Don Francisco de Asís, eine Zeit der Unsicherheit, der ständigen Unruhen, Aufstände und Machtkämpfe zwischen den Generalen. Als Galdós die Arbeit an den *Episodios* nach fast zwanzigjähriger Unterbrechung wiederaufnahm, griff er auf sein altes Schema zurück: Er nahm eine Hauptfigur – hier Fernando Calpena – und verknüpfte deren Erlebnisse mit dem politischen Geschehen der Zeit sowie mit den kulturellen und gesellschaftlichen Tendenzen einer im Aufbruch begriffenen Gesellschaft. Galdós schildert den Schritt vom Klassizismus zur Romantik und weiter zu einem sentimental gefärbten Realismus; darüber hinaus charakterisiert er jene neue Klasse, die ihren Aufstieg der Einziehung der Kirchengüter und dem Bau der Eisenbahn verdankte. – Die zehn »Episoden« dieser Serie haben keinen durchgehenden Handlungsfaden. Gleichsam *»impressionistisch«* (Casalduero) beleuchtet Galdós bestimmte Themen unter verschiedenen Gesichtspunkten.

Die vierte Serie umfaßt die Regierung Isabellas II. von ihrer Hochzeit bis zu ihrer Verbannung aus Spanien als Folge der Revolution von 1868, also eine Periode unaufhörlicher Ministerwechsel, totaler Wirrnis und mißglückter Versuche, die Königin zu stürzen, um der Politik ein solideres Fundament zu geben. Der Held dieser Serie, José García Fajardo, intelligent und eine brillante Erscheinung, verheiratet sich, nachdem er zunächst seine Freiheit genossen hat, mit der Millionärin María Ignacia Emparán, um seine Zukunft zu sichern. Als Marqués de Beramendi hat er Gelegenheit, mit den Persönlichkeiten in Kontakt zu kommen, die die Fäden der Politik in der Hand halten. Um dem Leser auch in das politische Geschehen außerhalb der Hauptstadt (afrikanischer Krieg usw.) Einblick zu geben, stellt der Autor dem Helden in der merkwürdigen Gestalt des Juan Santiuste eine Art Korrespondenten an die Seite, der ihm laufend Berichte über die wichtigsten Ereignisse sendet.

Die fünfte – unvollendete – Serie berichtet von den Ereignissen nach dem Sturz Isabellas II., der Herrschaft Amadeus' I. von Savoyen, dem Scheitern der ersten Republik und schließlich der Restauration der Bourbonen durch die Rückkehr Alfons' XII., des Sohnes Isabellas II., auf den Thron. Vom dritten Roman an fungiert der Journalist »Tito« (Proteo Liviano) als Berichterstatter. Galdós verzichtet hier auf eine logische Entwicklung der Handlung: Die Anwesenheit des Helden bei den Ereignissen, von denen er berichtet, wird nicht begründet; er wird in einem ungewissen Halbdunkel, in einer Art Körperlosigkeit belassen, die es ihm ermöglicht, die Grenzen von Raum und Zeit zu überwinden. – In dieser Serie drückt sich die Desillusionierung des Autors und seine Verbitterung über die spanische Politik des 19. Jh.s aus. Er hatte sich gründlich mit ihr auseinandergesetzt, um das Riesenwerk der *Episodios nacionales* zu Ende führen zu können. Am Ende von *Cánovas*, dem letzten Roman der Serie, stehen jene Zeilen, die mehr über die Spanier aussagen als so manche Analyse zeitgenössischer spanischer Politiker: *»Sie werden eine Kaste bilden und sich heuchlerisch in zwei gleichermaßen unfruchtbare Lager spalten, ohne ein anderes Ziel, als das Gewebe ihrer persönlichen Vorteile auf dem bürokratischen Webstuhl zu weben und wieder aufzutrennen. Sie werden nichts Dauerndes schaffen: sie werden nichts tun, um die unfruchtbaren Steppen Kastiliens und der Estremadura zu beseitigen; sie werden das Elend des Proletariats nicht lindern; sie werden eher die Artillerie als die Schulen fördern, eher den königlichen Pomp als den Ausbau der Handelswege und der Groß- und Kleinindustrie ...«* Hier macht sich bereits deutlich der Geist bemerkbar, der die »Generation von 98« inspirierte.

Die *Episodios nacionales* bilden keinen Zyklus historischer Romane im Stil Walter Scotts oder Victor Hugos, und dies nicht nur, weil die geschilderten Ereignisse bis fast in die Lebenszeit des Autors reichen, sondern auch, weil es Galdós um mehr ging als um die literarische Rekonstruktion vergangener Zeiten. Er schrieb über das 19. Jh., weil sich in ihm das Spanien herausbildete, in dem er lebte. Bewegend ist in *La de los tristes destinos* die Schilderung des Aufstandes und der Erschießung der Sergeanten von San Gil, ein Ereignis, dessen ungeheuerliche Ungerechtigkeit den Autor – wie er in seinen *Memorias* berichtet – tief beeindruckte und ihn zu seinem ersten Roman *La fontana de oro* inspirierte, in dem sich bereits das Engagement des Autors für einen neuen spanischen Lebensstil abzeichnet. Er schrieb seine Werke, zumindest im Anfang, um den Spaniern die Vorzüge eines geregelten und arbeitsamen Lebens in Freiheit und Ordnung zu demonstrieren und um jene zu belehren, die alles Bestehende erhalten wollten, alles Neue ablehnten und im Schutze ungerechter Gesetze nach Macht und Reichtum strebten. Er deckt die Hintergründe der unentschlossenen und zögernden Politik des 19. Jh.s auf, um seinen Zeitgenossen zu zeigen, wohin die verworrenen Ideen und Gelüste einzelner sie geführt haben. Galdós war sich dabei vollkommen bewußt, daß diese Vergangenheit nicht nur für die schmerzliche Gegenwart verantwortlich war, sondern ihre düsteren Schatten auch auf die Zukunft warf. A.A.A.-KLL

Ausgaben: Madrid 1873–1912.
1. Serie: *Trafalgar*; 1873. – *La corte de Carlos IV*; 1873. – *El 19 de marzo y el 2 de mayo*; 1873. – *Bailén*; 1873. – *Napoleón en Chamartín*; 1874. – *Zaragoza*; 1874. – *Gerona*, 1874. – *Cádiz*; 1874. – *Juan Martín el Empecinado*; 1874. – *La batalla de los Arapiles*; 1875.
2. Serie: *El equipaje del Rey José*; 1875. – *Memorias de un cortesano de 1815*; 1875. – *La segunda casaca*; 1876. – *El Grande Oriente*; 1876. – *El 7 de julio*; 1876. – *Los cien mil hijos de san Luis*; 1877. – *El terror de 1824*; 1877. – *Un voluntario realista*; 1878. – *Los apostólicos*; 1879. – *Un faccioso más y algunos frailes menos*; 1879.
3. Serie: *Zumalacárregui*; 1898. – *Mendizábal*; 1898. – *De Oñate a la Granja*; 1898. – *Luchana*; 1899. – *La campaña del Maestrazgo*; 1899. – *La estafeta romántica*, 1899. – *Vergara*; 1899. – *Montes de Oca*; 1900. – *Los Ayacuchos*; 1900. – *Bodas reales*; 1900.
4. Serie: *Las tormentas del 48*; 1902. – *Narváez*; 1902. – *Los duendes de la camarilla*; 1903. – *La revolución de Julio*; 1904. – *O'Donnell*; 1904. – *Aita-Tettauen*; 1905. – *Carlos VI en la Rápita*; 1905. – *La vuelta al mundo en la Numancia*, 1906. – *Prim*; 1906. – *La de los tristes destinos*; 1907.
5. Serie: *España sin rey*; 1908. – *España trágica*; 1909. – *Amadeo I*; 1910. – *La primera República*, 1911. – *De Cartago a Sagunto*; 1911. – *Cánovas*; 1912.
Madrid 1945–1950 (in *Obras completas*, Hg. F. C. Sáinz de Robles, 6 Bde., 1945–1951, 1–3; m. Einf., Bibliographie u. Personenverzeichnis). – Madrid 1973–1976 (in *Obras completas*, Hg. ders., 8 Bde.). – Madrid 1981, Hg. ders., 5 Bde. – Barcelona 1986/87, 32 Bde.

Literatur: R. Darío, *Una novela de Galdós: »La estafeta romántica«* (in *España contemporánea*, Paris 1901, S. 271–279). – E. Gómez de Baquero, *La tercera serie de los »Episodios nacionales« de P. G.* (in La España Moderna, 145, 1901, S. 144–151). – G. Boussagol, *Sources et composition du »Zumalacárregui«* (in BHi, 26, 1924, S. 241–264). – C. Vázquez Arjona, *Cotejo histórico de cinco »Episodios nacionales«: »Trafalgar«, »La corte de Carlos IV«, »Zaragoza«, »Gerona«, »Cádiz«* (in RH, 68, 1926, S. 321–551). – Ders., *Introducción al estudio de la primera serie de los »Episodios nacionales« de P. G.* (in PMLA, 48, 1933, S. 895–907). – D. R. Kerr, *Military Subject Matter in G.*, Diss. Univ. of Washington 1958. – R. Ricard, *Études hispano-africaines: »Aita Tettauen«, »Carlos VI en la Rápita«*, Tetuán 1956. – M. Zambrano, *La España de G.*, Madrid 1960. – H. Hinterhäuser, *»Los Episodios nacionales« von B. P. G.*, Hbg. 1961 [m. Bibliogr.]. – A. Rodríguez, *An Introduction to the »Episodios nacionales« of G.*, NY 1967. – G. Ribbans, *Historia novelada and Novela histórica: the Use of Historical Incidents from the Reign of Isabella II in G.'s »Episodios« and »Novelas contemporáneas«* (in *Hispanic Studies in Honour for F. Pierce*, Hg. J. England, Sheffield 1980, S. 133–147). – A. Varela, *Narrative Structure and History in the Fifth Series of the »Episodios nacionales« of B. P. G.*, Diss. Indiana Univ. 1981 (vgl. Diss. Abstracts, 42, 1981, S. 3179A). – J. A. Ferrer Benimeli, *La masonería en los »Episodios nacionales« de P. G.*, Madrid 1982. – D. Troncoso Durán, *La unidad de la quinta serie de los »Episodios nacionales«* (in Revista de literatura, 48, 1986).

FORTUNATA Y JACINTA, dos historias de casadas

(span.; *Fortunata und Jacinta. Zwei Geschichten von Ehefrauen*). Roman in vier Bänden von Benito Pérez Galdós, erschienen 1887. – Das umfangreiche Werk gehört zur Reihe der *Novelas españolas contemporáneas (Zeitgenössische spanische Romane)*, in der der Autor versucht hat, ohne ideologisches Engagement das Spanien seiner Zeit darzustellen. Es gilt als eines seiner Meisterwerke.
In diesen *Zwei Geschichten von Ehefrauen* – wie der Untertitel lautet – ist Juanito Santa Cruz die »auslösende« Figur, ein junger, wohlhabender, verantwortungsloser Nichtstuer. Aufopferungsvoll lebt die stille Jacinta mit ihm in unglücklicher, kinderloser Ehe. Die primitiv-leidenschaftliche, charakterlich labile Fortunata ist seine Geliebte. Das einfache Mädchen aus dem Volk sieht in Jacinta die verhaßte »Diebin«, die ihr Juanito weggenommen hat. Aus Vernunftsgründen heiratet sie den schwärmerisch veranlagten Maximiliano Rubin, der sie abgöttisch liebt und aus ihrer Erniedrigung erlösen will. Aber schon wenige Stunden nach der Hochzeit betrügt sie ihn mit Juanito. Maximiliano ist so tief getroffen, daß sein Geist sich umnachtet. Um Jacinta, die sich verzweifelt nach der Mutterschaft sehnt, noch tiefer zu verletzen, will Fortunata ihrem Geliebten einen Sohn schenken. Kurz nach der Geburt dieses Kindes erfährt sie von Maximiliano, daß Juanito auch sie mit einer anderen betrügt. Obwohl sie

schwer leidend ist, steht sie heimlich auf, um sich und Jacinta an der Rivalin zu rächen. Doch diese Unvorsichtigkeit kostet sie das Leben. Sterbend bestimmt sie, daß Jacinta das Kind in ihre Obhut nehmen soll. Maximiliano, der nie aufgehört hat, Fortunata zu lieben, läßt sich nach ihrem Tod widerstandslos in eine Heilanstalt bringen.

In Maximilianos Worten *»Das Leben ist ein Alptraum«* klingt die Grundstimmung des Romans an. Und doch überwiegt darin nicht Pessimismus, sondern Mitleid mit all denen, die tragisch an sich selbst oder der Umwelt scheitern, Ehrfurcht vor dem Leben überhaupt. Eine der Nebenfiguren drückt diese Einstellung einmal so aus: *»Ich folge dem Grundsatz, daß man über nichts lachen darf; alles was geschieht, erfordert dadurch, daß es geschieht, Ehrfurcht von uns.«*

Eingefügt in das realistisch wiedergegebene Zeitpanorama, wirft die im *tempo lento* ablaufende Handlung ein bezeichnendes Licht auf das Madrider Bürgertum der siebziger Jahre. Während die Lebensgeschichten der Romangestalten ausführlich geschildert werden, tritt die Bemühung um psychologische Stimmigkeit häufig hinter die gesellschaftskritischen und -reformerischen Absichten des Autors zurück. In diesem Zusammenhang mißt Galdós vor allem den beiden männlichen Hauptfiguren Symbolwert zu. Juanito verkörpert einen für diese Gesellschaft kennzeichnenden Typ – den des *señorito*, des trägen, unproduktiven Egoisten mit der ererbten Gewissenlosigkeit einer Schicht, der die Begriffe »Leistung«, »persönliches Ethos« und »soziale Verantwortung« längst nichts mehr bedeuten. Maximiliano (hinter ihm verbirgt sich Galdós selbst) ist eine Gestalt, die, abgewandelt und vertieft, in anderen Romanen des Autors, vor allem in *Nazarín* (1895), wiederkehrt. Der Wirklichkeit vorauseilend, steht er für jene Ideale, von denen Galdós sich die Erneuerung des von Parteienhaß zerrissenen, geistig rückständigen, demoralisierten und trotz religiöser Intoleranz zynisch religionslosen Spanien erwartete. A.F.R.

Ausgaben: Madrid 1887, 4 Bde. – Madrid 1950 (in *Obras completas*, Hg. F.C. Sáinz de Robles, 6 Bde., 1945–1951, 5). – Madrid 1973–1976 (in *Obras completas*, Hg. ders., 8 Bde.). – Madrid 1980, Hg. P. Ortiz Armengol, 2 Bde. – Madrid 1985, Hg. F. Caudet, 2 Bde., (Cátedra).

Übersetzung: *Fortunata und Jacinta. Zwei Geschichten von Ehefrauen*, K. Kuhn, Zürich 1961; ern. 1983.

Literatur: S. H. Eoff, *The Treatment of Individual Personality in »Fortunata y Jacinta«* (in HR, 17, 1949, S. 269–289). – J. Menéndez y Arranz, *Un aspecto de la novela »Fortunata y Jacinta«*, Madrid 1952. – G. Andrade, *Las expresiones del lenguaje familiar de P. G.*, Diss. Univ. of Iowa 1957 (vgl. Diss. Abstracts, 17, 1956/57, S. 3008/09). – R. Schimmel, *Algunos aspectos de la técnica de G. en la creación de »Fortunata«* (in Archivum, 7, 1957, S. 77–100). – S. Gilman, *La palabra en »Fortunata y Jacinto«* (in NRFH, 15, 1961, S. 542–560). – M. Z. Hafter, *Ironic Reprise in G.' Novels* (in PMLA, 76, 1961, S. 233–239). – L. V. Braun, *Problems of Literary Creation in Five Characters of G.' »Fortunata y Jacinta«*, Diss. Univ. of Wisconsin 1962. – K. A. Horst, *Ein klassischer Roman. »Fortunata und Jacinta«* (in Merkur, 16, 1962, S. 594–596). – F. Ruiz Ramón, *Tres personajes galdosianos*, Madrid 1964. – A. Zahareas, *The Tragic Sense in »Fortunata y Jacinta«* (in Symposium, 19, 1965, S. 38–49). – R. Gullón, *Estructura y diseño in »Fortunata y Jacinta«* (in PSA, 48, 1968, S. 223–316). – S. Gilman, *Narrative Presentation in »Fortunata y Jacinta«* (in RHM, 34, 1968, S. 288–301). – G. Ribbans, *P. G.: »Fortunata y Jacinta«*, Ldn. 1977. – P. Ortiz Armengol, *Relojes y tiempo en »Fortunata y Jacinta«: Cronología de una novela de G.*, Las Palmas 1978. – *Conflicting Realities: Four Readings of a Chapter by P. G. (»Fortunata y Jacinta«)*, Hg. P. B. Goldmann, Ldn. 1985. – F. Anderson, *Espacio urbano y novela. Madrid en »Fortunata y Jacinta«*, Madrid 1985. – G. Ribbans, *Dos novelas de P. G.: »Fortunata y Jacinta« y »Doña Perfecta«*, Madrid 1988.

MISERICORDIA

(span.; *Misericordia*). Roman von Benito Pérez Galdós, erschienen 1897. – Gegenstand dieses Romans ist das Phänomen der Selbstlosigkeit, das darin besteht, daß jemand über der Sorge für andere sich selbst völlig vergißt und ebendarin ganz bei sich selbst ist. So jedenfalls geht es »Señá Benina«, auch »Nina« genannt, die bei Doña Paca, ihrer Herrin, bleibt, als diese ins Elend gerät und von allen, auch den eigenen Kindern, verlassen wird; die ihre Ersparnisse opfert und schließlich heimlich betteln geht, um den Lebensunterhalt für sie beide zu bestreiten. Aus Rücksicht auf die Empfindlichkeit der alten Dame erfindet Benina einen reichen, mildtätigen Geistlichen, Don Romualdo, bei dem sie eine Stelle als Aufwartefrau gefunden haben will. In Wirklichkeit wird sie Mitglied der Bettlerzunft ihres Viertels (die Galdós in einer Reihe von Typen, in dem Elend ihrer Behausungen und Asyle, in ihren Krankheiten und Leiden, in dem ganzen Jammer ihres Daseins am Rand der Gesellschaft beschreibt). Bei den Bettlern findet die Hilfsbereitschaft der alten Dienerin zusätzlich ein weites Betätigungsfeld; das wenige, das für sie abfällt, teilt sie mit anderen. Vor allem gilt ihre Fürsorge Almudena, einem häßlichen, blinden Araber, der sich in rührender Hilflosigkeit an sie klammert. Mit ihm zusammen wird sie eines Tages festgenommen und ins Asyl gebracht. Als sie nach Tagen des Hungers und der Schande zu ihrer Herrin zurückkommt, findet sie alles verändert. Inzwischen hat ein Priester, der wahrhaftig Don Romualdo heißt, Doña Paca eine beträchtliche Erbschaft überbracht, die ein reicher Verwandter ihr vermacht hatte. Man empfängt Nina mit Vorwürfen und verbietet ihr, die Wohnung zu betreten, in der sich nun auch die

Kinder Doña Pacas eingefunden haben und in der kein Platz mehr für Nina ist. Juliana, die Schwiegertochter, erklärt ihr, sie wäre in der »Misericordia« am besten aufgehoben. Doch Nina zieht in Almudenas jämmerliche Behausung und pflegt den von einer schweren Hautkrankheit befallenen Mann. Nach einiger Zeit erscheint dort Juliana. Von der Vorstellung verfolgt, ihre Kinder müßten bald sterben, bittet sie Nina, ihr zu sagen, daß dies nicht geschehen werde. *»Wenn Sie es sagen, will ich's glauben und werde von diesem verfluchten Gedanken geheilt sein.« »Dann, Kind, ist es leicht, dich zu heilen«*, erwidert Nina. *»Ich sage dir, deine Kinder werden nicht sterben, deine Söhne sind gesund und stark.« »Sehen Sie, jetzt freue ich mich!«* ruft Juliana erleichtert. *»Das ist ein Zeichen dafür, daß es so ist, wie Sie sagen. Ach, Nina, Nina, Sie sind eine Heilige.« »Ich bin keine Heilige!«* wehrt sich die alte Dienerin. *»Weine nicht – geh jetzt nach Haus und sündige nicht mehr.«*

Mit diesen Worten schließt der Roman, den man *»den bittersten, düstersten und härtesten«* genannt hat, den Galdós jemals geschrieben habe. Ist er wirklich so bitter? In Nina, der Hauptfigur, ist keine Bitterkeit. Nur einmal begehrt sie auf: als man sie, die Barmherzige, ins »Haus der Barmherzigkeit« *(Misericordia)* – ins Armenhaus – schicken will. Da schlägt sie sich mit der geballten Faust an die Stirn: *»Welch ein Undank! ... O Welt, o Elend! Wohltun heißt, Gott versuchen.«* Aber alsbald beruhigt sie sich und ist wieder ganz sie selbst. Sie ist, was Juliana in ihr erkennt: eine Heilige, die in gelassener Heiterkeit, unberührt von der Welt und unverwundbar, selbst den noch tröstet, der sie beleidigt hat.

Misericordia ist der bedeutendste Roman der dritten, sogenannten idealistischen Schaffensperiode des Autors. Das naturalistische Dogma vom Menschen als Produkt aus Vererbung und Umwelt ist hier einer spiritualistischeren Auffassung gewichen. Die naturalistische Technik wird beibehalten, erfährt aber eine »Theatralisierung«, das heißt, die deskriptiven Partien treten zugunsten des Dialogs zurück. F.I.

AUSGABEN: Madrid 1897. – Madrid 1950 (in *Obras completas*, Hg. F. C. Sáinz de Robles, 6 Bde., 1945–1951, 5). – Madrid 1956. – Madrid 1973–1976 (in *Obras completas*, Hg. ders., 8 Bde.). – Madrid 1983, Hg. L. García Lorenzo (Cátedra). – Madrid 1987.

ÜBERSETZUNG: *Misericordia*, F. R. Fries u. R. Vollrath-Wirth, Lpzg. 1962 [m. Nachw.] 21971].

VERFILMUNG: Mexiko 1952 (Regie: Z. Gómez Urquiza). .

LITERATUR: M. Zambrano, *»Misericordia«* (in Hora de España, 21, 1938, S. 29–52). – J. Casalduero, *Significado y forma de »Misericordia«* (in PMLA, 59, 1944, S. 1104–1110). – J. Fradejas Lebrero, *Para las fuentes de G. »Misericordia«* (in Revista de Literatura, 4, 1953, S. 319–344). – D. Lida, *De Almudena y su lenguaje* (in NRFH, 15, 1961, S. 297–308). – V. A. Chamberlin, *The Significance of the Name of Almudena in G.' »Misericordia«* (in Hispania, 47, 1964, S. 491–496). – H. E. Major, *El tema de la caridad en la obra de G.* (in Revista de la Universidad de Madrid, 12, 1964, S. 766 f.). – L. García Lorenzo, *»Misericordia« de G.*, Madrid 1975. – M. Smolen, *Las dos caras de San Sebastián: Hacia una análisis de la tecnica caricaturesca en »Misericordia« de B. P. G.* (in RoNo, 21, 1980, S. 63–67). – S. Lakhdari, *Les rêves de chute de doña Paca dans »Misericordia«* (in Ibérica, 4, 1983, S. 49–60). – W. Glannon, *Charity and Distance Justice: »Misericordia« Reexamined* (in MLN, 100, 1985, S. 247–264). – E. Rodgers, *El krausismo, piedra angular en la novelística de G.* (in Boletín de la Biblioteca Menéndez Pelayo, 62, 1986, S. 241 bis 253).

JOSÉ MARÍA DE PEREDA

* 6.2.1833 Polanco / Salamanca
† 1.3.1906 Santander

LITERATUR ZUM AUTOR:
L. Pfandl, *P., der Meister des modernen spanischen Romans*, Hbg. 1920. – K. Siebert, *Die Naturschilderungen in P.s Romanen*, Hbg. 1932. – J. M. de Cossío, *La obra de P., su historia y su crítica*, Santander 1934. – R. Gullón, *Vida de P.*, Madrid 1965. – J. F. Montesinos, *P. o la novela idilio*, Madrid 1969. – A. H. Clarke, *Manual de bibliografía perediana*, Santander 1974. – J. M. González Herrán, *La obra de P. ante la crítica de su tiempo*, Santander 1983. – *Homenaje a P.*, Santander 1983. – *Nueve lecciones sobre P.*, Hg. J. M. González Herrán u. B. Madariaga de la Campa, Santander 1985.

PEÑAS ARRIBA

(span.; *Hoch in den Felsen*). Roman von José María de PEREDA, erschienen 1895. – Während der Arbeit an diesem Roman, der als *»Krönung seines Lebens und als literarisches Testament«* angesehen wird (Montesinos), beging Peredas Sohn Juan Manuel Selbstmord. Wie es scheint, hat dieses Ereignis den gläubigen Katholiken Pereda tief getroffen; nach *Peñas arriba* hat er nur noch wenig veröffentlicht. Auf die Fortführung und den Abschluß dieses Romans blieb es jedoch ohne Einfluß.

Wie schon die meisten früheren Werke Peredas spielt auch dieses in der rauhen Gebirgslandschaft der Provinz Santander, der Heimat des Dichters.

Dort lebt in dem Dörfchen Tablanca der alte Landedelmann Don Celso, von den Einwohnern vorbehaltlos als ihr Herr und Beschützer anerkannt. Seine Ratschläge werden befolgt, seine Erfahrung hilft die Schwierigkeiten überwinden, und wer immer in Not gerät, kann mit Don Celsos großzügiger Unterstützung rechnen. In Don Sabas, dem Pfarrer, und Don Neluco, dem Arzt, besitzt er zwei tatkräftige Helfer, die wie er selbst den Dorfbewohnern ein Leben der Arbeit und Frömmigkeit im Schoß der heiligen katholischen Kirche vorleben. Als Don Celso den Tod nahen fühlt, ruft er seinen Neffen Marcelo zu sich auf das Gut in der Hoffnung, daß dieser sein Werk übernehmen und in seinem Geist weiterführen werde. Marcelo aber, der in Madrid das leichte Leben eines jungen Mannes aus wohlhabendem Hause geführt hat, erscheint das Landleben zunächst unerträglich. Doch nach und nach üben die erhabene Pracht der Berge, die Schlichtheit der dörflichen Gebräuche, die sittliche Gesundheit der Menschen und nicht zuletzt die hübsche und gescheite Lita einen unwiderstehlichen Zauber auf ihn aus. Er wird bleiben und mit Lita als Gattin an seiner Seite Don Celsos würdiger Nachfolger werden. Denn das Leben in Tablanca, sagt er, *»hat aus dem verweichlichten, herzlosen, leichtsinnigen Höfling, der ich war, einen tätigen, fleißigen und nützlichen Menschen gemacht«*.

Das Dorf als Hort patriarchalischer Ordnung, lebendiger Überlieferung, kraftvollen Glaubens und ursprünglichen Menschentums gegenüber der sittenverderbenden Stadt – das ist die Lehre, die Pereda aus seiner unerschütterlichen klerikal-konservativen Welt- und Lebensanschauung in allen seinen Werken verkündet. Aber nicht darin, auch nicht in der Psychologie der Personen, die an der Oberfläche bleibt, liegt der Wert dieses Romans. Seinen hohen literarischen Rang erhält das Werk durch die Kraft und Genauigkeit seiner Naturschilderungen. In lebendigen Bildern entfaltet sich die Landschaft der Montaña in ihrer ungezähmten Ursprünglichkeit und Dramatik. Mit seinen Werken leistete Pereda einen wertvollen Beitrag zur Gattung des Heimatromans, der im 19. Jh. seine Blüte erlebte.

A.A.A.

Ausgaben: Madrid 1895. – Madrid 1888–1900 (in *Obras completas*, 17 Bde., 15). – Madrid 1943 (in *Obras completas*, Hg. J.M. de Cossío, 2 Bde.; ern. 1965–1974). – Madrid 1980 (Clás. Cast). – Barcelona 1984, Hg. D. Estébanez-Calderón. – Madrid 1984 (Austral).

Übersetzung: *Das Erbe von Tablanca*, G. v. Uslar, Bln. 1950.

Literatur: N. M. Valis, *P.'s »Peñas arriba«: A Re-Examination* (in RJb, 30, 1979, S. 298–308). – R. Penny, *El dialectismo de »Peñas arriba«* (in Boletín de la Biblioteca Menéndez Pelayo, 56, 1980, S. 293–314). – M. F. Bacigalupo, *The Process of Conversion in P.'s »Peñas arriba«* (in Hispano, 71, 1981, S. 23–40). – A. H. Clark, *El regreso a la tierra natal: »Peñas arriba« dentro de una tradición europea* (in Boletín de la Biblioteca Menéndez Pelayo, 60, 1984, S. 213–269). – D. K. Herzberger, *Narrative Self-Awareness in P.'s »Peñas arriba«* (in Hispania, 68, 1985, S. 22–28).

Ángel de Saavedra y Ramírez de Baquedano Duque de Rivas

* 10.3.1791 Córdoba
† 22.6.1865 Madrid

Literatur zum Autor:
E. A. Peers, *R. and Romanticism in Spain*, Liverpool 1923. – G. Boussagol, *A. de S., Duc du R. Sa vie, son œuvre poétique*, Toulouse 1926. – Ders., *A. de S., Duc de R., essai, bibliographie critique* (in BH, 29, 1927, S. 5–98). – N. González Ruiz, *El duque de R. o la fuerza del sino*, Madrid 1943. – L. López Anglada, *El Duque de R.*, Madrid 1972. – G. Lovett, *The Duke of R.*, Boston 1977 (TWAS). – D. J. Billick, *A. de S., el Duque de R.: A Checklist of Criticism 1927–1977* (in Bulletin of Bibliography, 36, 1979, S. 113–118).

EL DESENGAÑO EN UN SUEÑO

(span.; *Die Belehrung im Traum*). Drama in Versen von Ángel de Saavedra y Ramírez de Baquedano, Duque de Rivas, erschienen 1842. – Das Stück greift ein Thema auf, das in der spanischen Literatur schon eine lange Tradition hat: den künstlich hervorgerufenen Traum. Bereits in der elften Geschichte des *Conde Lucanor* von Juan Manuel (1282–1348) erscheint dieses Motiv. Äußerlich betrachtet, ergeben sich gewisse Ähnlichkeiten zwischen Rivas' Drama und *Sueños hay que lecciones son, y efectos del desengaño (Es gibt Träume, die Lehren sind, und Wirkungen der Enttäuschung)*, einem mittelmäßigen Schauspiel des Maschinentheaters im ausgehenden 18. Jh.; weit stärker jedoch ist der Einfluß von Calderóns *La vida es sueño (Das Leben ein Traum)*, der sich in der Struktur der Verse wie in der Gestaltung der Schicksale zeigt. Außerdem hat Rivas manche Ideen aus Shakespeares *The Tempest (Der Sturm)* übernommen.

Der junge Lisardo lebt mit seinem Vater auf einer einsamen Insel und verzehrt sich in Sehnsucht nach der unbekannten Welt. Um ihn von dieser Sehnsucht zu befreien, versetzt sein Vater ihn durch Zauberkraft in einen Schlaf, in dem er träumend alle Freuden und Täuschungen der Welt erlebt: Er gewinnt die Liebe der schönen Zora, die er jedoch um seines Machthungers willen verläßt. Die Königin überredet ihn, den König zu töten, um selbst auf den Thron zu gelangen. Nun aber wird er seinerseits das Opfer einer Verschwörung, man wirft ihn in den Kerker, und die treulose Königin läßt ihn zum Tode verurteilen. In diesem Augenblick erwacht er voller Schrecken, und als sein Vater ihn fragt, ob er noch immer unter den Menschen leben wolle, ist seine Antwort: *»Niemals!«*

Dieses symbolische Drama, das den abschließenden Höhepunkt im dichterischen Schaffen des Duque de Rivas darstellt und zu den besten Werken der spanischen Romantik zählt, zeigt deutlich, wie sehr sich die Einstellung des Autors seit der Veröffentlichung seines *Don Álvaro o La fuerza del sino*, 1835 *(Don Álvaro oder Die Macht des Schicksals)*, gewandelt hat. War in diesem Werk noch das blinde Schicksal die alles beherrschende Macht, gegen die alle menschliche Güte, aller Seelenadel nichts vermögen, so liegt bei dem späteren Stück die Kraft, die den Menschen in den Untergang treibt, in ihm selbst, und er vermag sich durch sein Verhalten – im Fall Lisardos durch den Verzicht auf die Welt – zu retten. Das resignierende Sichabwenden von der menschlichen Gesellschaft, in dem eine gewisse Weltmüdigkeit des Dichters anklingt, erreicht reinen poetischen Ausdruck in der Schlußszene auf der Insel, einem ruhigen Bild von schwermütiger Schönheit.

Das Stück ist in der Konzeption und im dramatischen Aufbau ähnlich ambitioniert wie Calderóns Traumstück. Lisardo, dynamischer Mittelpunkt einer farbigen Szenenfolge von ständig wechselnder atmosphärischer und dramatischer Dichte, ist in seinem jugendlichen Feuer und seiner schwärmerischen Sehnsucht nach Glanz und Größe ein romantischer Held par excellence. Eine Schwäche des Stückes liegt – wie schon bei *Don Álvaro* – in der ziemlich abrupten Auflösung, eine weitere in den allzu melodramatischen Effekten einzelner Szenen.

KLL

Ausgaben: Madrid 1842. – Madrid 1957 (in *Obras completas*, Hg. J. Campos, 3 Bde., 3; BAE, 102). – Barcelona 1982 (in *Obras completas*, 2 Bde.). – Madrid 1987 (Austral).

Literatur: E. A. Peers, *Some Observations on »El desengaño en un sueño«* (in *Homenaje a Menéndez Pidal*, Bd. 1, Madrid 1925). – R. B. O'Connell, *R.'s »El desengaño en un sueño« and Grillparzer's »Der Traum ein Leben«* (in PQ, 40, 1961, S. 569–576). – R. C. Allen, *An Archetypical Analysis of R.'s »El desengaño en un sueño«* (in BHS, 45, 1968).

DON ÁLVARO O LA FUERZA DEL SINO

(span.; *Don Álvaro oder Die Macht des Schicksals*). Drama in fünf Akten, in Prosa und Versen, von Ángel de Saavedra y Ramírez de Baquedano, Duque de Rivas, Uraufführung: Madrid, 22. 3. 1835, Teatro del Príncipe. – Die ursprüngliche Prosafassung wurde von dem spanischen Schriftsteller und Politiker Antonio Alcalá Galiano, einem Freund Rivas', ins Französische übertragen und in dieser Sprache 1831 veröffentlicht. Dann setzte Rivas Teile des Werkes in Verse, und in dieser Fassung errang das Stück in Spanien einen ähnlichen Erfolg wie Victor Hugos *Hernani* (1830) – mit dem es oft verglichen worden ist – in Frankreich.

Mit *Don Álvaro*, dem bedeutendsten Bühnenwerk des Dichters, nach dem F. M. Piave das Libretto zu Verdis Oper *La forza del destino (Die Macht des Schicksals)* schrieb, setzte sich die Romantik im spanischen Theater endgültig durch. – Tatsächlich vereinigt das Werk in sich alle Charakteristika des romantischen Dramas. Es spielt in der ersten Hälfte des 18. Jh.s. Der unglückliche Don Álvaro, edel, großzügig und von warmer, impulsiver Menschlichkeit, wird, wie der Held einer griechischen Tragödie, von einem erbarmungslosen Schicksal verfolgt. Der Vater seiner geliebten Leonor, der adelsstolze Marqués de Calatrava, weist ihn seiner Herkunft wegen – Álvaro ist der Sohn des verräterischen Vizekönigs von Peru und einer Inkaprinzessin – als Freier zurück. Bei dem Versuch, Leonor aus Sevilla zu entführen, wird Álvaro unabsichtlich zum Mörder des Marqués. Das Mädchen flieht in ein Kloster, um dort in steter Buße Vergebung und Frieden zu finden. Dann wird Álvaro gegen seinen Willen gezwungen, Carlos, einen Bruder Leonors, zu töten, der ihm als Rächer der vermeintlich befleckten Familienehre ins italienische Feldlager gefolgt ist und ihn zum Duell fordert. Um sich von dem Fluch zu befreien, der auf ihm zu lasten scheint, tritt Álvaro in ein spanisches Kloster ein, ohne zu ahnen, daß die Geliebte in seiner Nähe als Einsiedlerin lebt. Doch auch hier erreicht ihn die Macht des Schicksals: Alfonso, Leonors zweiter Bruder, spürt ihn auf und beleidigt ihn so schwer, daß Álvaro trotz seines Mönchsgelübdes keine andere Wahl bleibt, als den Zweikampf anzunehmen. In einer allzu forcierten dramatischen Zuspitzung bricht nun die Katastrophe herein: Die beiden fechten, und der tödlich verwundete Alfonso ersticht seine herbeieilende Schwester, da er glaubt, sie lebe mit dem Verhaßten zusammen. Verzweifelt stürzt sich Álvaro in einen Abgrund.

Das Drama, dessen Handlung nur dank der klar charakterisierten Hauptgestalten nicht völlig verworren wirkt, erhält seine Tragik aus dem Triumph eines maßlos übersteigerten Ehrbegriffs über wahre Gefühle. Die Hohlheit dieses Ehrbegriffes, der zur Zeit Rivas' nur noch als Thema einer historisierenden literarischen Mode existierte, macht die Brüder Leonors zu bloßen marionettenhaften Vollzugsorganen einer sinnlosen Rache, getrieben von einem Schicksal, das in dieser Form – als blinde, chaotische Macht – bis dahin auf der spanischen Bühne nicht dargestellt wurde. Bisher war man im wesentlichen der Auffassung gefolgt, daß das menschliche Schicksal von Gott vorherbestimmt sei, und selbst in Fällen, wo – wie in Lope de Vegas *Caballero de Olmedo* – ein unheilvolles »Fatum« triumphiert hatte, war dies nach den Gesetzen von Logik und Wahrscheinlichkeit geschehen. In *Don Álvaro* dagegen wird die Handlung zu einem wil-

den Strudel von Zufällen, von dem die Gestalten mitgerissen werden: passiv dahintreibend wie Leonor, das unschuldige Opfer, die reine Verkörperung der beständigen Liebe, als romantisches Symbol der Frau *»mehr ein Motiv als eine Dramengestalt«* (A. Valbuena Prat), oder gegen das Verhängnis kämpfend, wie Álvaro, der die drei traditionellen männlichen Idealbilder der spanischen Literatur, den Liebenden, den abenteuernden Helden und den Mann des Glaubens, in sich vereint.
Seine Bühnenwirksamkeit verdankt das Stück weniger der Haupthandlung als den mit ihr kontrastierenden Genrebildern der Zwischenszenen, den realistisch gezeichneten, zum Teil komischen Nebenfiguren und den sehr genauen Inszenierungsanweisungen, in denen der Verfasser auch die aufwendigen Bühnenbilder bis in Einzelheiten vorgeschrieben hat. KLL

AUSGABEN: Madrid 1835. – Madrid 1957 (in *Obras completas*, Hg. J. Campos, 3 Bde., 2; BAE, 101). – Madrid 1963. – Madrid 1975, Hg. R. Novas Ruiz (Clás. Cast). – Barcelona 1982 (in *Obras completas*, 2 Bde.). – Madrid 1988, Hg. A. Sánchez (Cátedra). – Madrid 1988, Hg. D. L. Shaw.

VERTONUNG: G. Verdi, *La forza del destino* (Oper; Urauff.: Petersburg, 10. 11. 1862).

LITERATUR: F. Caracaca, *¿Plagió Mérimée el »Don Álvaro« del Duque de R.? Ensayo de literatura comparada* (in La Torre, 13, 1965, S. 77–135). – W. T. Pattison, *The Secret of »Don Álvaro«* (in Symposium, 21, 1967, S. 67–81). – E. Grey, *Satanism in »Don Álvaro«* (in RF, 80, 1968, S. 292–302). – J. F. Knowlton, *»Don Álvaro«: A Spanish Phaeton?* (in RoNo, 13, 1972, S. 460–462). – R. A. Cardwell, *»Don Álvaro« or the Force of Cosmic Injustice* (in Studies in Romanticism, 12, 1973, S. 559–579). – A. Nogué, *La violence dans »Don Álvaro o la fuerza del sino« du duc de R.* (in CMHLB, 43, 1984, S. 109–124). – L. Busquets, *R. y Verdi: del Don Álvaro a la fuerza del sino*, Rom 1988.

MANUEL TAMAYO Y BAUS

* 16.9.1829 Madrid
† 21.6.1898 Madrid

UN DRAMA NUEVO

(span.; *Ein neues Drama*). Drama von Manuel TAMAYO Y BAUS, Uraufführung: Madrid 1867. – Das Stück spielt in England im Jahre 1605. Yorick, Komiker in einer unter Shakespeares Leitung stehenden Schauspieltruppe, will sich in einer tragischen Rolle versuchen. Da er in glücklicher Ehe mit Alicia lebt und seinen Adoptivsohn Edmundo wie sein eigenes Kind liebt, fällt es ihm schwer, die Rolle des hintergangenen Ehemannes in einem neuen Drama zu spielen, in welchem Edmundo sein Gegenspieler ist. Versteckte Anspielungen des Schauspielers Walton, der sich zurückgesetzt fühlt, da ihm die Rolle ursprünglich zugedacht war, erregen Yoricks Argwohn, und er entdeckt, daß Alicia einen Liebhaber hat. Während der Aufführung überreicht Walton ihm statt eines im Stück vorkommenden Liebesbriefes einen echten Brief Edmundos an Alicia, in welchem dieser ihr vorschlägt, am nächsten Tag mit ihm zu fliehen. Bis ins Innerste getroffen, tötet Yorick Edmundo in dem Duell, das beide auf der Bühne auszutragen haben.
Tamayo, der anfangs SCHILLER bewunderte und nachahmte (*Kabale und Liebe* in *Angela* und *Die Jungfrau von Orleans* in *Juana de Arco*), begeisterte sich später mehr und mehr für SHAKESPEARE. *Un drama nuevo* zeigt diese Verehrung deutlich, nicht nur, weil Shakespeare selbst als Theaterleiter in dem Stück auftritt und Yorick dem Hofnarren aus *Hamlet* gleicht, sondern auch, weil sich im Charakter des neidischen Walton Züge des Jago aus *Othello* finden. Selbst die Art, wie Tamayo die dramatische Spannung steigert, wie er mit ein paar knappen, treffenden Sätzen eine Situation umreißt, erinnert an das englische Vorbild. Seiner genauen Kenntnis der Theaterwelt und der bühnentechnischen Möglichkeiten verdankte Tamayo – der Sohn von Schauspielern – die Geschicklichkeit, mit der er »Theater im Theater« spielen läßt, Fiktion und Wirklichkeit vermischt und damit die Technik von Autoren wie PIRANDELLO vorwegnimmt. Die Handlung entwickelt sich folgerichtig: Ohne psychologischen Bruch wird die Wandlung des gutmütigen, vertrauensvollen Yorick zum eifersüchtigen Ehemann und Mörder glaubhaft gemacht. Weniger überzeugend ist die Figur Waltons, die im Gegensatz zu den anderen komplexen Charakteren zu einseitig angelegt ist. A.A.A.

AUSGABEN: Madrid 1867. – Madrid 1898–1900 (in *Obras*, Bd. 4). – NY 1937, Hg. C. K. Moore u. J. H. Nunemaker [m. Einl., Anm. u. Vokab.]. – Salamanca 1963, Hg. A. Sánchez. – Madrid 1978 (Austral). – Madrid 1982, Hg. A. Labandeira. – Madrid 1984, Hg. A. Sánchez (Cátedra).

LITERATUR: N. Sicars y Salvado, *Don M. T. y B.: estudio crítico-biográfico*, Barcelona 1906. – N. H. Tayler, *Las fuentes del teatro de T. y B. Originalidad e influencias*, Madrid 1959. – R. Esquer Torres, *El teatro de T. y B.*, Madrid 1965. – J. Alberich, *El papel de Shakespeare en »Un drama nuevo« de T. y B.* (in Filología Moderna, 39, S. 301–322). – G. Flynn, *M. T. y B.*, NY 1973 (TWAS). – M. C. Lassaletta, *»Un drama nuevo« y el realismo literario* (in Hispania, 57, 1974, S. 856–867). – R. G. Sánchez, *Los comediantes del XIX: »Un drama nuevo«* (in HR, 48, 1980, S. 435–447). – D. K. Herzberger, *Shakespeare and the Creation of Fiction in T. y B.'s »Un drama nuevo«* (in KRQ, 32, 1985, S. 177–184).

DIEGO DE TORRES VILLARROEL

getauft 18.6.1694 Salamanca
† 19.6.1770 Salamanca

VIDA, ASCENDENCIA, NACIMIENTO, CRIANZA Y AVENTURAS DEL DOCTOR DON DIEGO DE TORRES VILLARROEL

(span.; *Leben, Herkunft, Geburt, Lehr- und Wanderjahre des Doktors Don Diego de Torres Villarroel*). Autobiographischer Roman von Diego de TORRES VILLARROEL, erschienen 1743–1758. – In jedem der sechs *trozos* (Stücke), aus denen das Werk besteht, beschreibt Torres Villarroel ein Jahrzehnt seines bewegten Lebens, das sich liest wie ein Schelmenroman, zeitweilig wohl auch nichts anderes war als das Leben eines Schelmen.

Als Sohn eines Buchhändlers in Salamanca geboren, geht der junge Mann nach verbummelten Schüler- und Studentenjahren auf die Wanderschaft und gelangt nach Portugal, wo er nacheinander Einsiedler, Soldat, Arzt, Tanzlehrer und Stierkämpfer wird, kehrt schließlich in seine Heimat zurück, widmet sich dem Studium der Alchimie, Astrologie und Mathematik und gelangt als »Grand Piscator de Salamanca« durch die Herausgabe von Kalendern und Horoskopen zu einer gewissen Berühmtheit.

Ab 1723 finden wir ihn in Madrid als Komplizen eines Schmuggel treibenden Priesters, Student der Medizin, Pantoffel- und Schlafmützenmacher und schließlich als Gespensteraustreiber im Palast der Komtesse von Alarcos. Im Jahre 1726 bewirbt er sich mit Erfolg um den Lehrstuhl für Mathematik in Salamanca und widmet sich in der Folge ausschließlich der Lehrtätigkeit, dem Studium der Naturwissenschaften und der Schriftstellerei. Mit 52 Jahren empfängt er die Priesterweihe. Nach seiner Emeritierung im Jahre 1751 lebt er im Monterrey-Palast in Salamanca als Verwalter des Herzogs von Alba, in dessen Besitz sich dieses kunstgeschichtlich wichtige Bauwerk damals befand.

Die aufrichtige und humorvolle Lebensbeschreibung des Doktors Don Diego steht unverkennbar in der Nachfolge des spanischen Schelmenromans, vor allem unter dem Einfluß des bedeutendsten Vertreters dieser Gattung, Francisco de QUEVEDO (1580–1645; vgl. *Historia de la vida del Buscón llamado Don Pablos, ejemplo de vagamundos y espejo de tacaños*), den Torres Villarroel unverhohlen als sein Vorbild verehrte. Allerdings ist von dessen tief pessimistischer Lebensauffassung hier nichts zu spüren. Überhaupt steht dieses Spätwerk des Schelmenromans an sprachlicher Ausdruckskraft und geistigem Gehalt hinter den großen Werken der Blütezeit weit zurück. Infolgedessen ist seine Bedeutung weniger literarischer als historisch-dokumentarischer Natur. Es vermittelt einen tiefen Einblick in den geistigen und sittlichen Niedergang Spaniens in der ersten Hälfte des 18. Jh.s, einer Zeit, in der *»una obscuridad tan afrentosa«*, eine so schmachvolle Dunkelheit herrschte, daß es nirgendwo an den spanischen Schulen und Universitäten *»jemanden gab, der fähig gewesen wäre, ein Licht zu entzünden, um die Grundlagen der Wissenschaften zu suchen«*. A.F.R.

AUSGABEN: Madrid 1743 [4 Tle.]. – Salamanca 1752 [5. Tl.]. – Salamanca o. J. [1758; 6. Tl.]. – Madrid 1912, Hg. F. de Onís (ern. 1985; Clás. Cast). – Madrid 1976, Hg. R. P. Sebold (Clás. Cast). – Madrid 1980, Hg. D. Chicharro Chamarro (Cátedra). – Madrid 1988, Hg. G. Mercadier (Castalia).

LITERATUR: A. García Boiza, *Don D. de T. V.*, Salamanca 1911. – R. Monner Sans, *Introducción al estudio de la vida y obras de T. V.*, Buenos Aires 1915. – J. de Entrambasaguas, *Un memorial autobiográfico de Don D. de T. y V.* (in Boletín de la R. Academia Española, 18, 1931, S. 395–417). – M. Herrero, *Nueva interpretación de la novela picaresca* (in RFE, 24, 1937). – E. Segura Covarsi, *Ensayo crítico de la obra de T. V.* (in Cuadernos de Literatura, 8, 1950, S. 135–164). – La Estafeta Literaria, 1970, Nr. 443 [Sondernr. *En el segundo Centenario de Don D. de T. V.*]. – J. Mathías, *T. V., su vida, su obra, su tiempo*, Madrid 1971. – S. Kleinhaus, *Von der »novela picaresca« zur bürgerlichen Autobiographie: Studien zur »Vida« des T. V.*, Meisenheim a. Gl. 1975. – R. P. Sebold, *Novela y Autobiografía en la »Vida« de T. V.*, Barcelona 1975. – E. Suárez-Galbán, *La vida de T. V.: Literatura antipicaresca, autobiografía burguesa*, Madrid 1975. – I. L. MacClelland, *D. de T. V.*, Boston 1976 (TWAS). – G. Mercadier, *D. de T. V.: Masques et miroirs*, 3 Bde., Paris 1976. – A. J. Mark, *El doctor Don D. de T. V.: Major Figure of the Spanish Enlightenment*, Diss. Boston College 1984 (vgl. Diss. Abstracts, 46, 1985, S. 714A). – H. U. Gumbrecht, *»Vida, ascendencia, macimiento, ...«* (in *Der spanische Roman vom Mittelalter bis zur Gegenwart*, Hg. V. Roloff u. H. Wentzlaff-Eggebert, Düsseldorf 1986, S. 145–170).

JUAN VALERA

eig. Juan Valera y Alcalá Galiano
* 18.10.1824 Cabra / Cordoba
† 18.4.1905 Madrid

LITERATUR ZUM AUTOR:
Bibliographien:
P. Guenoun, *Manuscritos de J. V.* (in Boletín de la Biblioteca Menéndez Peleyo, 42, 1966, S. 117 bis

129). – C.C.Coster, *Bibliografía crítica de J. V.*, Madrid 1970.
Biographien:
P. Romero Mendoza, *Don J. V. Estudio biográfico-crítico*, Madrid 1940. – A. Zamora Romero, *Don J. V. Ensayo biográfico-crítico*, Córdoba 1960. – C. Bravo-Villasante, *Vida de J. V.*, Madrid 1974.
Gesamtdarstellungen und Studien:
J. Fernández Montesinos, *V. o la ficción libre*, Madrid 1957; ern. 1969. – C. C. DeCoster, *Obras desconocidas de J. V.*, Madrid 1965. – M. Bermejo Marcos, *Don J. V., crítico literario*, Madrid 1968. – P. C. Smith, *J. V.*, Buenos Aires 1969. – M. Azaña, *Ensayos sobre V.*, Hg. J. Marichal, Madrid 1971. – L. Jiménez Martos, *V.*, Madrid 1972. – A. Jiménez Fraud, *J. V. y la generación de 1868*, Madrid 1973. – L. Jiménez Martos, *J. V. Un liberal entre dos fuegos*, Madrid 1973. – C. C. DeCoster, *J. V.*, NY 1974 (TWAS). – L. López Jiménez, *El naturalismo y España: V. frenta a Zola*, Madrid 1977. – A. García Cruz, *Ideología y vivencias en la obra de J. V.*, Salamanca 1978 [m. Bibliogr.]. – R. Porlán, *La Andalucía de V.*, Sevilla 1980.

PEPITA JIMÉNEZ

(span.; *Pepita Jiménez*). Roman von Juan VALERA, erschienen 1874. – Valeras erster Roman, der von ihm selbst und der zeitgenössischen Kritik (L. ALFONSO, CLARÍN, A. PALACIO VALDÉS) durchweg positiv eingeschätzt wurde und den eine ideologisch fixierte Kritik häufig mißverstanden hat, ist ein *»raffiniert komponiertes Romangebilde«* (K. Pörtl). Es ist nicht der einfache, nahezu triviale Handlungsverlauf des Romans – der Priesterseminarist Don Luis sieht von seiner geistlichen Berufung ab und findet in der weltlichen Liebe zur jungen Witwe Pepita Jiménez seine Erfüllung –, vielmehr sind es die stilistische Qualität sowie die minutiöse Analyse seelischer Vorgänge und nicht zuletzt die intertextuelle Anlage, die den literarischen Wert des Romans ausmachen. Valera, als Vertreter des *L'art-pour-l'art*-Prinzips ein literarischer Außenseiter in seiner Epoche, ließ sich von der gängigen Realismusmode seiner Zeit nicht einengen. Nicht nur mit seinen literarästhetischen Vorstellungen und seinem hohen stilistischen Anspruch, sondern auch mit seiner letztlich nur parodistisch zu verstehenden Entscheidung für das Klischee vom Erzähler als Herausgeber von Briefen und Aufzeichnungen sowie nicht minder mit seiner Verwendung der längst überlebten Gattungsform des Briefromans tritt Valera in Opposition zu seinen Zeitgenossen. Doch wird diese Gattungsform in dem aus drei Teilstücken bestehenden Roman nicht konsequent durchgehalten. Der erste, der gelungenste Teil des Romans, *Cartas de mi sobrino (Briefe meines Neffen)*, ist gleichsam als eine fortlaufende schriftliche Beichte angelegt. In seinen Bekenntnisbriefen berichtet der junge Theologe Don Luis seinem Onkel, dem Dechanten, seinem geistlichen Mentor, von den »Irrungen und Wirrungen«, in die er durch die schöne Pepita gerät. Im zweiten Teil, dessen Titel *Paralipómenos (Ergänzungen)* biblisch konnotiert ist, variiert Valera Gattungsform und Erzählperspektive und läßt den Dechanten als auktorialen Erzähler auftreten, der von der Konversion des jungen Theologen hin zum Weltlichen und von der Liebeshochzeit des jungen Paares im andalusischen Idyll berichtet. Im dritten, dem kürzesten Teil des Romans, *Epílogo, Cartas de mi hermano (Epilog, Briefe meines Bruders)*, variiert Valera erneut Gattungsform und Erzählperspektive, indem er Luis' Vater als Erzähler einführt, der in Briefen an seinen Bruder, den Dechanten, das Schicksal der Nebenpersonen sowie das Glück des jungen Paares beschreibt.

Valeras Erzählhaltung der ironischen Distanz sowohl zum Erzählmaterial wie zur Erzählform läßt den Leser bereits zu Beginn des Romans ahnen, daß Don Luis, der unter der Obhut seines Onkels im Priesterseminar aufgewachsen ist und gegen weltliche Verführungen jeglicher Art immunisiert zu sein scheint, doch den Verlockungen der Welt erliegen wird. Bei einem Ferienaufenthalt in Andalusien, wo sein Vater, Don Pedro de Vargas, sich mit der jungen Witwe Pepita vermählen möchte, löst Don Luis sich mehr und mehr von seiner geistlichen Berufung und verfällt der Liebe zu Pepita. Eine eigentümliche Ambivalenz gewinnt der Text, wenn Don Luis in den Briefen an seinen Onkel seine Impressionen schildert und das erotische Geschehen – seine wachsende Liebe zu der jungen Witwe – in die ihm einzig vertraute Sprache, den religiösen Diskurs, transponiert und dabei die Geliebte zu unterschiedlichen Figuren aus biblischem und religiösem Kontext in Beziehung setzt. Pepita wird für Don Luis zum Objekt seiner mystischen Neigungen. Ihren Höhepunkt erreicht die Überlagerung mystischer und erotischer Bildvergleiche, wenn Don Luis die Geliebte als Schwester Braut, verschlossener Garten, versiegelter Quell, Lilie und Taube, also mit den gängigen Bildern aus dem Hohen Lied apostrophiert. Mit Luis' Entschluß, nach einem letzten Besuch bei Pepita, bei dem ihm der Abschiedskuß als Judaskuß an Gott und Pepita zugleich dünkt, den Verlockungen der Welt auf immer zu entfliehen, schließt der erste Teil des Romans.

Im zweiten Teil übernehmen der alte Vikar, ein Vertrauter Pepitas, und ihre Dienerin Antoñona, der Geistliche unbewußt, Antoñona ganz gezielt, die Funktion eines Kupplergespanns, das erfolgreich dazu beiträgt, Don Luis von seiner Abreise fernzuhalten. Der celestinischen Antoñona gelingt es sogar, Don Luis zu einem weiteren Besuch bei ihrer Herrin zu bewegen. Bei diesem Rendezvous, von Don Luis als endgültiger Abschiedsbesuch geplant, scheitert der junge Theologe kläglich bei seinem Versuch, in einer versteckten Liebeserklärung – von der Erzählhaltung her eine Parodie auf die Mystik des heiligen Johannes vom Kreuz – Pepita mit einer Liebesvereinigung im Jenseits zu vertrösten: *»Lassen Sie uns im Geiste diese mystische und schwer erklimmbare Leiter ersteigen ...«* Pepita reagiert auf Don Luis' mystische Phantasmagorien und Jenseitsvertröstungen mit einer eindeutigen Liebeserklärung – von der Erzählhaltung her offensichtlich eine Parodie auf die Topoi der romantischen Liebe: *»Ihr Mund, Ihre Augen, Ihre dunklen Haare, die ich mit meinen Händen zärtlich streicheln möchte ... sind es, die mich anziehen und verführen ... Töten Sie mich also, damit wir uns auf diese Weise lieben können ...«* Durch Pepitas Liebesbekenntnis erkennt Don Luis, daß seine mystischen Sehnsüchte nichts als Selbstbetrug waren und seine wahre Berufung in der Liebe zu Pepita liegt.

Von einer soziologisch bestimmten Kritik, die Valera Idealisierungstendenz, Verklärung von Figuren und Geschehen sowie *»Verfälschung«* der gesellschaftlichen Wirklichkeit Andalusiens zum Vorwurf macht (Azorín), wird gern übersehen, daß Valera mit seiner Erzählhaltung der ironisch-spielerischen Distanz, mit seiner Profanisierung mystischer Topoi, mit seiner gezielten Überdetermination romantischer Topoi, die sich in der Beseelung der Natur und eben in jener absichtsvollen Verklärung von Figuren und Geschehen manifestiert, eben nicht realistische, sondern vor allem literarästhetische und parodistische Zielsetzungen verfolgt. U.Fe.

Ausgaben: Madrid 1874 (in Revista de España). – Madrid 1874. – Madrid 1900–1925 (in *Obras completas*, 49 Bde.). – Madrid 1958 (in *Obras completas*, 3 Bde., 1949–1958, 1; Hg. L. Aranjo Costa). – Madrid 1963, Hg. M. Azaña (ern. Madrid 1968; CC). – Madrid 1977, Hg. u. Einl. C. Martín Gaite. – Madrid 1983 (Clás. Cast). – Madrid 1988, Hg. C. García Lorenzo. – Madrid 1988, Hg. A. R. Navarro (Castalia). – Madrid 1988 (Austral). – Madrid 1989, Hg. L. Romero (Cátedra).

Übersetzungen: *Pepita Jiménez*, P. Schanz, Bln. 1882. – Dass., J. Fastenrath, Lpzg. 1882. – Dass., W. Lange, Lpzg. o.J. [1884] (RUB). – Dass., A. u. F. Wahl, Zürich 1950.

Dramatisierung: J. Albéniz, *Pepita Jiménez*, Barcelona 1896.

Verfilmung: Mexiko 1945 (Regie: E. Fernández).

Literatur: M. Azaña, *La novela de »Pepita Jiménez«*, Madrid 1927. – R. E. Lott, *Siglo de oro. Tradition and Modern Adolescent Psychology in »Pepita Jiménez«*, Washington 1958. – R. E. Lott, *Language and Psychology in »Pepita Jiménez«*, Urbana/Ill. 1970 – C. Bravo-Villasante, *»Pepita Jiménez«, mujer actual*, Madrid 1976. – J. Whiston, *V.: »Pepita Jiménez«*, Ldn. 1977. – G. Güntert, *V.: Reflektierendes Erzählen als ästhetische Intention* (in RF, 3, 1983, S. 247–263). – G. G. MacCurdy, *Mysticism, Love and Illumination in »Pepita Jiménez«* (in REH, 17, 1983, S. 323–334). – J. M. Ruano de la Haza, *La identidad del narrador de los »Paralipómenos« de »Pepita Jiménez«* (in RCEH, 8, 1984, S. 335–350). – C. Feal, *»Pepita Jiménez« o del misticismo al idilio* (in BHi, 86, 1983, S. 473–483). – L. Charnon-Deutsch, *Gender-Specific Roles in »Pepita Jiménez«* (in REH, 19, 1985, S. 87–105). – R. T. Rodríguez, *Icarus Reborn: Mythical Patterns in »Pepita Jiménez«* (in REH, 19, 1985, S. 75–85). – K. Pörtl, *J. V.: »Pepita Jiménez«* (in *Der spanische Roman vom Mittelalter bis zur Gegenwart*, Hg. V. Roloff u. H. Wentzlaff-Eggebert, Düsseldorf 1986, S. 215 bis 230). – H. S. Turner, *»Nescit Labi Virtus«: Authorial Self-Critique in »Pepita Jiménez* (in KRQ, 25, 1988, S. 347–357).

José Zorrilla y Moral

* 21.2.1817 Valladolid
† 23.1.1893 Madrid

Literatur zum Autor:
N. Alonso Cortés, Z. *Su vida y sus obras*, Santarém 1943. – H. C. Agüera, *Los orientales de J. Z.*, Diss. The Catholic Univ. 1972 (vgl. Diss. Abstracts, 33, 1972, S. 743A). – A. H. Lensing, *J. Z.: A Critical Annotated Bibliography, 1837–1985*, The Univ. of Iowa 1986 (vgl. Diss. Abstracts, 47, 1987, S. 3061A).

A BUEN JUEZ, MEJOR TESTIGO

(span.; *Einem guten Richter ein besserer Zeuge*). – Ballade von José Zorrilla y Moral, erschienen 1838. Sie ist neben *»Para verdades el tiempo y para justicias Dios«* die wohl früheste Ballade Zorrillas und gehört mit *El Capitán Montoya* und *Margarita la Tornera* zu seinen heute noch bekanntesten erzählenden Gedichten *(leyendas)*. Diese beruhen in der Regel auf lokalen volkstümlichen Überlieferungen, im vorliegenden Fall nach Angabe des Dichters auf einer Legende um die eigentümliche Figur des Cristo de la Vega, der die Rechte vom Kreuz gelöst hielt, in der gleichnamigen Kirche vor den Mauern Toledos. (Die Figur existiert heute nicht mehr.)

Der junge Diego Martínez hat durch nächtliche Besuche bei Inés de Vargas deren Ehre zerstört. Vor seiner Abreise zum Heer nach Flandern schwört er auf ihr Drängen vor der Figur des Gekreuzigten, sie nach seiner vorgesehenen baldigen Rückkehr zu heiraten. Inés wartet; doch als er, Jahre nach der vereinbarten Frist, als stolzer *capitán* zurückkehrt, weigert er sich, sein Versprechen zu erfüllen. Inés' Klage vor dem Gobernador von Toledo scheint aussichtslos, da Martínez seinen Schwur ableugnet und Inés keine Zeugen hat. In ihrer Verzweiflung benennt sie schließlich den Cristo de la Vega als

Zeugen. Das Gericht begibt sich in die Kirche, ihn zu befragen. In aller juristischen Form zum Zeugnis aufgefordert, bestätigt die Figur mit einem *»¡Sí juro!«* die Aussage der Inés und legt ihre Hand auf die Protokolle. Inés und Diego entsagen der Welt und gehen ins Kloster. Das Gericht macht den Vorgang aktenkundig. Man stiftet ein Fest, bei dem *»bis in unsere Tage«* jedes Jahr die Statue gezeigt wird.

Die Themenstruktur – Durchsetzung der Gerechtigkeit durch göttlichen Eingriff angesichts der hinfälligen und unzureichenden menschlichen Justiz, freilich mit deren gutwilliger Kooperation und bereiter Annahme des göttlichen Spruchs – zeigt die für Zorrilla besonders typische Tendenz zur Harmonisierung und Lösung von Konflikten durch Einschaltung des Übernatürlichen, der seine Vorliebe für die Verarbeitung volkstümlicher Legenden entspricht, im Unterschied etwa zu den Romanzen des Duque de RIVAS, die in der Regel historische Vorkommnisse zum Gegenstand haben. Typisch für Zorrilla ist auch die Verführerthematik.

Die Ballade weist bei Anlehnung an die mittelalterliche Romanze mit der Ausweitung der ausschmückenden, jedenfalls nicht narrativen Elemente allgemeine formale Merkmale der erzählenden Dichtung Zorrillas (R. Navas Ruíz) auf: Beschreibung des Ortes des Geschehens, Darstellung des Vorfalls – hier der Aussage der Figur – in mysteriös-unheimlicher Atmosphäre, innere und äußere Darstellung der Figuren, Einschub stimmungshafter Passagen (Toledo bei Nacht oder im Abendlicht), moralisierendes oder reflektierendes Auftreten des Erzählers, Dramatisierung, gegebenenfalls im Dialog (z. B. die Benennung des Cristo als Zeugen) und einen zusammenfassenden Epilog. Im Aufbau des Gedichts in sechs Teilen (zuzüglich des Epilogs) hat die Kritik Parallelen zur Dramaturgie Zorrillas gesehen (G. Torres Nebreda). Prosodisch dominiert der Romanzenvers und die Romanzenstrophe (Achtsilber mit Assonanz der geraden Verse); Teil III (Warten auf Diego, seine Rückkehr) ist in reimenden Quintillas gehalten.

Ein Interessenschwerpunkt der Kritik ist die Quelle Zorrillas. Traditionen, nach denen eine Statue als Zeuge in einem Rechtsstreit fungiert, sind auch für das Benediktinerkloster in Santarém (Portugal), für Segovia und Civitavecchia (Italien) belegt und entsprechen der Fassung Zorrillas zum Teil bis in Einzelheiten. Thematisch etwas ferner steht die Erzählung *La deuda saldada* in BERCEOS *Milagros de Nuestra Señora*. Formale Ähnlichkeiten (Beginn) bestehen mit ESPRONCEDAS *El estudiante de Salamanca*. W.Kre.

AUSGABEN: Madrid 1838 (in *Poesías*, Bd. 2). – Paris 1852 (in *Obras*, Bd. 1). – Barcelona 1884 (in *Obras completas*, Bd. 1). – Madrid 1901 (in *Leyendas*, Bd. 2). – Madrid 1964 (in *Leyendas*). – Barcelona 1984 (in *Antología poética*, Hg. G. Torres Nebredo).

LITERATUR: D. Ibáñez, *Z., poeta legendario* (in La Ciudad de Dios, 1926, Nr. 145, S. 414–426). – J. María de Cossío, *Sobre las fuentes de la leyenda de Z. »A buen juez, mejor testigo«* (in RFE, 18, 1931, S. 260/261). – J. Sarrailh, *Note sur »A buen juez, mejor testigo« de Z.* (in BHi, 39, 1937, S. 253–254). – G. Guastavino Gallent, *La leyenda segoviana de »A buen juez, mejor testigo«* (in Revista de Bibliografía Nacional, 4, 1943, S. 283–285). – G. Torres Nebreda, *Comentario de un texto representativo: »A buen juez, mejor testigo«* (in J. Z., *Antología poética*, Hg. ders., Barcelona 1984, S. 395–408).

DON JUAN TENORIO

(span.; *Don Juan Tenorio*). Versdrama von José ZORRILLA Y MORAL, Uraufführung: Madrid, 28. 3. 1844, Teatro de la Cruz. – Der Don-Juan-Fabel TIRSO DE MOLINAS fügt Zorrilla einige neue Motive hinzu, die teils eigener Erfindung entstammen, teils früheren Bearbeitungen des Themas entnommen sind (ZAMORA, MERIMÉE, DUMAS PÈRE u. a.); die wichtigsten Neuerungen sind die Einführung der Gestalt des Don Luis Mejías, des Gegenspielers Don Juans, sowie die Bekehrung Don Juans durch die Liebe der unschuldigen Inés.

Das Stück ist in zwei Teile gegliedert. Die vier Akte des ersten Teiles zeigen Don Juan als Haudegen, Prahler und Wüstling, der aufgrund einer Wette Ana, die Braut des Luis Mejías, verführt und die Novizin Inés aus dem Kloster entführt. Er wird von Luis Mejías und Don Gonzalo de Ulloa, dem Vater der Inés, verfolgt, tötet beide in Notwehr und muß fliehen.

Der zweite Teil spielt einige Jahre später: Don Juan kehrt nach Sevilla zurück und begegnet auf dem Friedhof zwischen Gräbern und Statuen den Schatten der von ihm Getöteten und Verführten. Voller Entsetzen bricht er an der Statue Don Gonzalos tot zusammen. Aber er wird nicht – wie bei Tirso – zur Hölle verdammt, sondern im letzten Akt (der den bezeichnenden Titel *Gottes Mitleid und Apotheose der Liebe* trägt) durch die Fürbitte der Inés, die aus Liebe zu ihm gestorben ist, gerettet und in den Himmel aufgenommen.

Das Stück Zorrillas ist die wohl volkstümlichste dramatische Schöpfung der reichen Theatergeschichte Spaniens, vielleicht weniger seiner literarischen Qualitäten als vielmehr der Tatsache wegen, daß Zorrillas Don Juan so viele typische Eigenschaften des Spaniers verkörpert. *Don Juan Tenorio* ist auch heute noch in den Repertoires zu finden, in Madrid wird das Drama jedes Jahr am Allerseelentag aufgeführt und löste damit Zamoras Stück *No tray plazo que no se cumpla...* (1714) ab. Hat Don Juan bei Tirso mythisch-legendäre Größe, so wirkt er bei Zorrilla eher zeitgebunden. Der Autor hat behauptet, sein Werk in 21 Tagen geschrieben zu haben. In der Tat erweckt das Stück gelegentlich den Eindruck des Improvisierten. Eine gewisse Melodramatik und Effekthascherei sind weitere nicht zu übersehende Schwächen. Doch überwiegen die Vorzüge bei weitem; der dynamische Verlauf der Handlung, die dramatische Spannung und die plastische Gestaltung der Haupt- und Nebenfiguren haben dem Werk nicht zu Unrecht den Ruf der eindrucksvollsten Nachahmung von Tirsos *Burlador de Sevilla* eingetragen. A.F.R.

AUSGABEN: Madrid 1844. – Valladolid 1943 (in *Obras completas*, Hg. N. Alonso Cortés). – Madrid 1961, Hg. u. Einl. F. C. Sáinz de Robles (Col. Crisol, 177). – NY 1962 (in *Tres dramas románticos*). – Madrid 1963. – Madrid 1975, Hg. J. L. Varela (Clás. Cast). – Madrid 1985, Hg. u. Einl. A. Amorós. – Madrid 1987, Hg. A. Pena (Cátedra). – Madrid 1989 (Austral).

ÜBERSETZUNGEN: *Don Juan Tenorio*, G. H. de Wilde, Lpzg. 1850. – Dass., J. Fastenrath, Dresden/Lpzg. 1898. – Dass., D. J. Wölfel, Wien 1947.

LITERATUR: L. Pfandl, *Wie J. Fastenrath den »Don Juan Tenorio« übersetzte* (in *Amigos de Zorrilla*, Valladolid 1933, S. 103–124). – F. Cervera, *Z. y sus editores. El »Don Juan Tenorio«, caso cumbre de explotación de un drama* (in BHi, 46, 1944, S. 147–190). – *Centenario del estreno de »Don Juan Tenorio«, 1844–1944*, Madrid 1944. – L. Rubio Fernández, *Variaciones estilísticas del »Tenorio«* (in Revista de Literatura, 19, 1961, S. 55–92). – W. Mills, *»Don Juan Tenorio«, Introduction, Notes, Appendixes*, Ldn. 1966. – L. Constanza, *Il mito di Don Giovanni Tenorio*, Neapel 1968. – G. Torrente Ballester, *Z.'s »Don Juan« Revisited* (in Theater Annual, 24, 1969, S. 47–57). – L. Muñoz González, *»Don Juan Tenorio«. La personalización del mito* (in Estudios de Filología, 10, 1974/75, S. 93–122). – C. Feal, *Conflicting Names, Conflicting Laws: Z.'s »Don Juan Tenorio«* (in PMLA, 96, 1981, S. 375–387). – G. Pérez Firmat, *Carnival in »Don Juan Tenorio«* (in HR, 51, 1983, S. 269–281). – J.-M. Lavaud, *L'organisation fonctionelle de »Don Juan Tenorio« de Z.* (in Cahiers d'Études Romanes, 11, 1986, S. 49–74). – P. Menarini, *Z. contra don Juan* (ebd., S. 75–92). – B. Kampel, *Verführer und Rebell. Zur romantischen Ausprägung der Don Juan-Figur bei Lenau und Z.* (in GRM, 37, 1987, 68–89). – J. Mandrell, *»Don Juan Tenorio« as Refundación* (in Hispania, 70, 1987, S. 22–30).

LEYENDAS

(span.; *Legenden*). Verserzählungen von José ZORRILLA Y MORAL, erschienen 1840/41 (in *Cantos del trovador*). – Die epischen Dichtungen Zorrillas, die er selbst als *leyendas* bezeichnete, stehen als Gattung der deutschen Ballade nahe, deren Stimmungsgehalt sie teilen, und stehen andererseits in der Tradition der spanischen *romances*, mit denen sie die Dramatik gemeinsam haben. Thematisch aus spanischem Volksgut (volkstümlicher Legende und alter Volkssage) und aus der spanischen Geschichte geschöpft, haben diese Dichtungen für das 19. Jh. eine ähnliche Bedeutung wie die *romances* für das Mittelalter und das Theater Lope de VEGAS für eine spätere Zeit: Sie machen die legendär-sagenhafte und die historische Vergangenheit Spaniens auf eine allgemeinverständliche Weise lebendig. Viele Legenden Zorrillas gehören zum klassischen Bestand der spanischen Dichtung. Eine der schönsten, *A buen juez, mejor testigo (Einem guten Richter ein besserer Zeuge)*, erzählt eine alte toledanische Legende nach, die schon bei BERCEO († 1268?, *Milagros de Nuestra señora*) zu finden ist: das Wunder des Bildnisses Christi am Kreuz, der den Arm senkt zum Zeichen dafür, daß Diego Martínez der Inés de Vargas, die das Bildnis zum Zeugen anruft, wirklich die Ehe versprochen hat. *Margarita la tornera (Margarete, die Klosterpförtnerin)* nimmt aus europäisch-mittelalterlicher Tradition das Thema von der sündigen Nonne wieder auf, die nach reumütiger Rückkehr ins Kloster erkennt, daß ihre Flucht unbemerkt geblieben ist, weil die Mutter Gottes an ihrer Stelle den Pförtnerinnendienst versehen hat. Eine andere dieser berühmten Legenden, *El capitán Montoya (Hauptmann Montoya)*, behandelt ein ähnliches Thema wie das Gedicht *El estudiante de Salamanca* von ESPRONCEDA (1808–1842). Bei Zorrilla wird der Hauptmann Montoya, der sein Mädchen aus dem Kloster entführen will, ähnlich wie Don Félix de Montemar bei Espronceda, in der Klosterkirche Zeuge seines eigenen Begräbnisses. Einige dieser *leyendas* sind thematisch die Vorläufer späterer Dramen Zorrillas. So taucht das Motiv von *Justicias del rey Don Pedro (Die Gerechtigkeitsliebe des Königs Peter)* in dem großen zweiteiligen Stück *El zapatero y el rey (Der Schuster und der König)* wieder auf. – In seinen *leyendas* erweist sich Zorrilla als Meister der erzählenden Dichtung. Dramatische Spannung, eindrucksvolle Szenerie, wirksame Verteilung von Licht und Farbe auf der einen, große Plastizität und Musikalität des dichterischen Worts und der leichte Fluß der Erzählung auf der andern Seite sind ihre wichtigsten Vorzüge. Vor dem Hintergrund der alten spanischen Städte Burgos, Toledo, Granada, Segovia u. a. zaubert Zorrilla eine Welt hervor, die allen Romantikern teuer war, die aber keiner von ihnen so lebendig zu gestalten wußte: die Welt der Burgen, Ritter und Turniere, der verliebten Damen und Abenteuer suchenden Galane, der wilden, ungezügelten Leidenschaften und Kämpfe, aber auch des frommen Väterglaubens und alten, geheiligten Brauchtums.
Geradezu unerhört ist die Leichtigkeit, mit der diesem Dichter die Verse zuströmen. In dieser Leichtigkeit liegt allerdings eine Gefahr, deren sich Zorrilla durchaus bewußt war. Er beherrsche, sagte er von sich selbst, *»die Kunst, viel zu reden, ohne etwas zu sagen«*. Diese Gefahr macht sich außer in der Lyrik Zorrillas auch in seinen großen *leyendas* bemerkbar, die wegen ihrer Länge als Epen anzusprechen sind: *María* (1849), ein Epos in zwölf Büchern über das Leben der Jungfrau Maria, *Granada* (1852), ein unvollendetes Werk, das die Eroberung der Stadt Granada durch die Katholischen

Könige (1492) besingt und ein farbenprächtiges Bild der spanisch-arabischen Welt entwirft. Hier wetteifert das dichterische Wort *»mit den schillernden Arabesken und der schlanken Anmut der Feenpaläste der Alhambra«* (E. Mérimée). Danach verläßt den Dichter die Inspiration. *La leyenda del Cid*, 1892 *(Die Sage vom Cid)*, und die postum erschienene *Leyenda de Juan Tenorio*, die den Stoff seines berühmtesten Dramas wiederaufnimmt, sind endlose Versgebilde und traurige Zeugnisse erloschener Phantasie und Gestaltungskraft. A.F.R.-KLL

AUSGABEN: Madrid 1840/41 (in *Cantos del trovador*, 3 Bde.). – Madrid 1842 (in *Vigilias de estío)*. – Madrid 1844 (in *Recuerdos y fantasías)*. – Valladolid 1943 (in *Obras completas*, Hg. N. Alonso Cortés). – Madrid 1963. – Madrid 1982 (Austral).

LITERATUR: J. M. Aguirre, *Z. y García Lorca: »Leyendas« y romances gitanos* (in BHi, 81, 1979, S. 75–92). – M. Bernard, *Una promesa mancata: note al margine de una »Leyenda« di Z.* (in Quaderni iberoamericani, 59/60, 1985/86, S. 81–92).

IV. Von der Generation von 98 bis zum Spanischen Bürgerkrieg (1939)

RAFAEL ALBERTI

* 16.12.1902 Puerto de Santa María / Cádiz

LITERATUR ZUM AUTOR:
R. Alberti, *La arboleda perdida*, Buenos Aires 1959 (dt. *Der verlorene Hain*, Ffm. 1985). – E. Gonzáles Lanuza, *R. A.*, Buenos Aires 1965. – C. Couffon, *R. A.*, Paris 1966. – S. Salinas de Marichal, *El mundo poético de R. A.*, Madrid 1969. – B. Ophey, *R. A. als Dichter des verlorenen Paradieses*, Ffm. 1972. – J. P. Gonzáles Martín, *A. (Ensayo)*, Madrid 1978. – J. L. Tejada, *La poesía gaditana y universal de R. A. Biografía y nostalgía* (in Gades, 8, 1981). – *Dr. R. A.*, Hg. Université de Toulouse – Le Mirail, Toulouse 1984.

CAL Y CANTO

(span.; *Kalk und Gesang*). Gedichte von Rafael ALBERTI, erschienen 1929. – Alberti leistete mit *Cal y canto* seinen Beitrag zur Renaissance GÓNGORAS, dessen dreihundertstes Todesjahr – 1927 – zum Symbol der »Generation von 27« (GUILLÉN, GARCÍA LORCA, DIEGO u. a.) wurde. So ist der vierte Teil des Werks, die dem Barockdichter gewidmete *Soledad tercera (Dritte Einsamkeit)*, die Huldigung Albertis an den Ahnherrn moderner Metaphernlabyrinthe. In Stil, Form (er verwendet die aus sieben- und elfsilbigen Versen in unregelmäßiger Folge bestehende Silva) und Konzeption versucht der Dichter, die einst von Góngora geplante *Einsamkeit der Wälder* zu realisieren. Das so benannte Gedicht bildet durch die Hervorhebung im Druck den Kern des Werks, das mit vier aus barocken Formenelementen (Hyperbata, Ellipsen, Topoi etc.) aufgebauten Sonetten einsetzt. Die Themen der einzelnen Gedichte sind teils der Mythologie entnommen (Nixen, Engel, Narziß, Venus), teils der unmittelbaren Gegenwart (Stierkampf, Reise, Torwart Platko). Diese beiden Ebenen stehen jedoch nicht getrennt nebeneinander, sie überschneiden sich, werden vertauscht und dadurch beide verfremdet. Die Welt der Mythologie erhält Attribute der Zivilisation: *Venus im Fahrstuhl*, *Sommerprogramm des Paradieses*, während auf der anderen Seite die banale Wirklichkeit ins Kosmische überhöht wird: *An Miss X*, *Begraben im Westwind*. Nur die Phantasie des Dichters schafft seine Welt, nur sie ist Realität. In *Carta abierta (Offener Brief)* heißt es: *»En todas partes, tú, desde tu rosa, / desde tu centro inmóvil, sin billete, / muda la lengua, riges, rey de todo... / Y es que el mundo es un álbum de postales.« (»Überall herrschst Du, von Deiner Rose / Deiner unbewegten Mitte aus, ohne Fahrschein / mit stummer Zunge, König über alles... / Die Welt ist nämlich ein Postkartenalbum.«)*. Die Gestalten selbst bewegen sich in der Welt ihrer Vorstellungen und Träume, in einer von der dichterischen Phantasie erweiterten »Realität« (so in der von leiser Ironie getragenen Idylle *Don Homero y Doña Ermelinda*). Die Metaphorik dient nicht mehr, sie ist selbständig geworden, sie verklammert die entferntesten Bereiche. So entstehen Grotesken wie z. B. *Asesinato y suicidio (Mord und Selbstmord)*, in der der Küchenruß nach der im Soßennapf verbrennenden Köchin gefragt wird. Ebenso wie die thematischen Ebenen Mythologie, Traum, Realität sind auch die sprachlichen Elemente vermischt: das Vokabular der Moderne, der Technik, mit Begriffen der griechischen Mythologie, banaler Alltag mit barocken Metaphern. Alberti verwendet neben traditionellen metrischen Formen, wie Silva, Romanzenvers, Terzine und reimloser elfsilbiger Vierzeiler, auch freie Rhythmen. D.R.

AUSGABEN: Madrid 1929. – Buenos Aires 1959. – Buenos Aires 1961 (in *Poesías completas*). – Barcelona 1978 (in *Obras*, 14 Bde., 9). – Madrid 1978 (in *Obras completas*, Hg. A. Alberti). – Madrid 1981.

ÜBERSETZUNGEN: *Stimme aus Nesselerde und Gitarre*, E. u. K. Arendt, Bln. 1959 [Ausw.]. – *Zu Lande zu Wasser*, E. W. Palm, Ffm. 1960 (BS; Ausw.).

LITERATUR: E. Proll, *The Surrealist Element in R.A.* (in Bulletin of Spanish Studies, 18, 1941, S. 70 ff.) – Ders., *Popularismo and Barroquismo in the Poetry of R. A.* (ebd., 19, 1942, S. 59 ff.) – R. Marrast, *Essai de bibliographie de R. A.* (in BH, 57, 1955, S. 147–177; 59, 1957, S. 430–435). – L. Monguío, *The Poetry of R. A.* (in Hispania, 43, 1960, S. 158–168). – C. Zardoya, *Poesia española contemporanea*, Madrid 1961. – Ders., *La técnica metafórica albertiana* (in PSA, 30, Mallorca 1963, S. 12–75). – Y. Gonzáles-Montes, *Pasión y forma en »Cal y canto«*, NY 1982. – A. del Villar, *»Cal y canto« – Síntesis de la poesía albertiana* (in Arbor, 118, 1984, Nr. 461, S. 31–44).

MARINERO EN TIERRA

(span.; *Ü: Zu Lande zu Wasser*). – Gedichtsammlung von Rafael Alberti, erschienen 1925 (ausgezeichnet mit dem Premio Nacional de la literatura 1924). – Das verlorene Paradies, das Alberti besingt, ist das Meer. Das Heimweh, das ihn im Landesinneren quält, ist die Sehnsucht nach dem Meer der Bucht von Cádiz. *»Weg vom Meer, / verlor ich mich im Land«*. Als Fünfzehnjähriger mußte er mit den Eltern nach Madrid ziehen, und seitdem fühlt er sich vom Meer *»verbannt«*, von seinem Meer. *»Ich sah, träumte oder erfand viele kleine Dinge, die ich aus diesem nostalgischen Brunnen schöpfte, der von Tag zu Tag tiefer wurde.«* Nicht daß er in diesem Moment am realen Meeresufer von Cádiz leben möchte, er begibt sich vielmehr in eine magische Welt des Meeres, in das vergnügte Spiel eines Heranwachsenden mit Booten, Matrosenanzügen, Sirenen, Kapitänen: *»Auf einem Wägelchen, das / ein Lachs zieht, böten wir dann, / unterm Salzwasser, wär das ein Spaß, / dein Grünzeug, Liebste, an.«* Zurückzukehren an den Ort seiner Kindheit, dem Ort der Freiheit und des Abenteuers, ist sein Wunsch, zurück mit den Wellen, die kommen und gehen. Und so macht er sich zum Reiter schäumender Wogen: *»Wer reitet das Pferd / des blauen Meeresschaums! … mit einem Satz, / auf dem Meer will ich reiten.«* Die heiter bis melancholische Sehnsucht kann sich bis zum Lamento steigern: *»Warum, Vater, brachtest du mich / in die Stadt?… Nach dem Meere jammernd hißt / ein Matrose, an Land verschlagen, / diesen Seufzer, in der Luft: / Meine Bluse, armes Ding, / die hat der Wind sonst aufgeblasen, / noch eh's um die Mole ging.«*

Marinero en tierra hat das Meer zum Thema, *»nicht in seiner epischen Erhabenheit, sondern als Tresor kurzer, beschwingter und graziöser Eingebungen, wie eine Sammlung von Seemannsliedern«* (Salinas). Von einer gefährlichen Krankheit überfallen symbolisiert es für den Matrosen an Land mehr noch als Quelle und Medium der Erinnerung die Polarität der Existenz selbst, das doppelte Gesicht von Leben und Tod: *»Windet mich aus auf dem Meer, / in der Sonne, als ob mein Leib / ein Fetzen Segel wär. / Wringt alles Blut aus mir / und hängt mein Leben zum Trocknen / auf die Takelage am Kai…«*

Daß Alberti in seinem Erstlingswerk neben der traditionellen populären Liedform auch die klassische Sonettform wählt, deutet schon seine Absicht an: die – gelungene – Verschmelzung von volkstümlicher Kunst und moderner Lyrik; Lebendigkeit, Sensibilität mit klassischer Reinheit, womit er die neopopularistische Strömung in Spanien zu einem ersten Höhepunkt führte. Trotz der hier noch deutlich spürbaren Abgrenzung Albertis zum gerade entstehenden *Vanguardismo* enthält *Marinero en tierra* bereits feine surrealistische Andeutungen, aber ohne die menschenleere Künstlichkeit des Surrealismus, dem der Dichter jedoch selbst mit seinem bedeutendsten Werk *Sobre los ángeles* in Spanien zum gefeierten Durchbruch verhelfen sollte. W.Ste.

Ausgaben: Madrid 1925. – Madrid 1985 (Castalia).

Übersetzung: *Zu Lande zu Wasser*, E. W. Palm, Ffm. 1960 (BS).

Literatur: M. López Muñoz, *»Marinero en tierra«* (in Revista Portuense, 7, 1926). – J. M. Quiroga Plá, *Ulises adolescente* (in RdO, 69, März 1929). – C. Zardoya, *Poesía española contemporánea*, Madrid 1961, S. 601–608. – S. Salinas de Marichal, *Los paraisos perdidos de R. A.* (in Insula, 198, Mai 1963). – G. Siebenmann, *Die moderne Lyrik in Spanien*, Stg. 1965, S. 194–198. – S. Salinas de Marichal, *El mundo poetico de R. A.*, Madrid 1968. – A. Valbuena Prat, *Lo popular y lo culto en la poesía de R. A.* (in A. V. P., *Historia de la literatura española*, Barcelona 1983, S. 41–46).

SOBRE LOS ÁNGELES

(span.; *Ü: Über die Engel*). Gedichtzyklus von Rafael Alberti, erschienen 1929. – Bei seinem Erscheinen als Manifest des Surrealismus in Spanien stürmisch gefeiert, gilt dieser Zyklus bis heute als das bedeutendste Werk Albertis und als ein Höhepunkt der spanischen Gegenwartslyrik. Die Engel, die der Dichter hier anspricht, sind nicht mehr die Vermittler des Friedens und der Unschuld, als die der christliche Glaube sie ansieht, sondern Boten des Unheils und des Chaos, Symbole der Unbehaustheit des Menschen im Kosmos. Vertrieben aus seiner Urheimat, sich nur dunkel des verlorenen Paradieses erinnernd, findet der Mensch die Hand des Engels nicht mehr. Die Engel sind *»stumme Engel«*, *»grausame Engel«*, *»lügenhafte Engel«* geworden, sie gehen unerkannt durch die Straßen und überlassen den Menschen der Ungewißheit und Ratlosigkeit. Vom ersten Gedicht, *Verlorenes Paradies*, bis zum letzten, *Davongekommener Engel mit den verstümmelten Flügeln*, zeigt der Dichter in alogischen Strophen und surrealistischen Bildern Stationen der menschlichen Seele in Angst und Bedrohung, in einer Welt, in der auch die scheinbar gewissesten, weil selbstgeschaffenen Dinge – Stuhl, Tisch, Balkon – plötzlich fragwürdig werden, als Verbündete des Unheils erscheinen. – Die Engel-Gedichte Albertis bezeichnen den Zeitpunkt, von dem an die »Generation von 1927« sich statt einer ausschließlich der Schönheit verpflichteten Lyrik mit fast prophetischer Emphase menschlichen Inhalten zuwendet. Diese Umkehr vollzieht sich im Zeichen Gustavo Adolfo Bécquers (1836–1870), dessen Wort vom *Nebelgast (Huesped de las nieblas)*

Alberti den Engel-Gedichten als Motto vorangestellt hat. Die Vision des vom Unheil bedrohten Ich gestaltet Alberti mit den ihm zu Gebote stehenden Stilmitteln radikaler als der große Romantiker. Surrealistische Wendungen wie: *»Man spricht im Himmel vom Verrat der Rose«*, oder: *»Die böse Minute, / da das Wasser stirbt, / das immer zum Himmel sah«*, lassen die tiefe Entfremdung verspüren, in welcher der Mensch, dessen Hand die Engel für immer losgelassen haben, allein und seiner Qual überantwortet ist. Die Gestalt des Engels, die in der abendländischen Tradition ihren festen Platz als Verkörperung sowohl des Schönen als des Schrecklichen hat, verkörpert bei Alberti nur das Schreckliche: *»Geister mit sechs Flügeln, / sechs strohgelbe Geister, / stießen mich vor sich her. / Sechsfache Glut ... / Sechsfache Glut, / verborgen Name und Angesicht, / stießen mich vorwärts in Eile.«* – Eine *»Vision der bedrängten, unheilbedrohten Welt, in der Asche und Gold sich verbinden wie in den Engeln der romanischen Malerei«*, so nannte Pedro SALINAS (vgl. *La bomba increíble; El desnudo impecable*) die Engelgedichte Albertis. A.As.

AUSGABEN: Madrid 1929. – Buenos Aires 1959. – Buenos Aires 1961 (in *Poesías completas*). – Barcelona 1978 (in *Obras*, 14 Bde., 1). – Madrid 1978 (in *Obras completas*, Hg. A. Alberti). – Madrid 1984, Hg. u. Einl. C. B. Morris (Cátedra).

ÜBERSETZUNG: *Über die Engel*, F. Vogelgsang, Stg. 1981.

LITERATUR: H. Baumgart, *Der Engel in der modernen spanischen Literatur*, Genf/Paris 1958. – C. B. Morris, *»Sobre los ángeles«. A Poet's Apostasy* (in BHS, 37, 1960, S. 222–231). – G. W. Connell, *The Autobiographical Element in »Sobre los ángeles«* (ebd., 40, 1963, S. 160–173). – G. Siebenmann, *Die moderne Lyrik in Spanien*, Stg. 1965, S. 204/205. – R. T. Horst, *The Angelic Prehistory of »Sobre los ángeles«* (in MLN, 81, 1966, S. 174–194). – C. B. Morris, *R. A.'s »Sobre los ángeles«. Four Majour Themes*, Hull 1966. – C. M. Bowra, *The Creative Experiment*, Ldn. 1968. – C. G. Bellver, *El infierno de ángeles de R. A.* (in Hispanófila, 55, 1975, S. 67–86). – M. Heisel, *Imagery and Structure in R. A.'s »Sobre los ángeles«* (in Hispania, 58, 1975, S. 864–873). – F. G. Sarriá, *»Sobre los ángeles« de R. A. y el surrealismo* (in PSA, 1978, Nr. 271–273, S. 23–40). – A. Soria Olmeda, *El producto de una crisis: »Sobre los ángeles« de R. A.* (in *Lectura del 27*, Universidad de Granada 1980, S. 157–198). – J. Jiménez, *El ángel caído. La imagen artística del ángel en el mundo contemporáneo*, Barcelona 1982. – M. D. Rugg, *»Sobre los ángeles«: The Poetic Voices of R. A.* (in MLN, 1983, Nr. 2, S. 259–267). – D. Gagen, *›Thy Fading Mansion‹: The Image of the Empty House in R. A.'s »Sobre los ángeles«* (in BHS, 64, 1987, Nr. 3, S. 225–235).

VICENTE ALEIXANDRE

* 26.4.1898 Sevilla
† 14.12.1984 Madrid

LITERATUR ZUM AUTOR: K. Schwartz, *V. A.*, NY 1970. – C. Bousoño, *La poesía de V. A. Imagen. Estilo. Mundo poético*, Madrid 1950; ern. 1977 [erw.]. – *Homenaje a V. A.* (in Insula, 1978, Nr. 374/375; Sondernr.). – L. de Luis, *Vida e obra de V. A.*, Madrid 1978. – Y. Novo Villaverde, *V. A. poeta surrealista*, Santiago de Compostela 1980. – L. Personneaux Conesa, *V. A. poète de l'amour fou* (in LNL, 77, 1983, Nr. 245, S. 69–94).

LA DESTRUCCIÓN O EL AMOR

(span.; *Ü: Die Zerstörung oder Die Liebe*). Gedichtzyklus von Vicente ALEIXANDRE, erschienen 1935. – Der Titel ist keineswegs antithetisch zu verstehen; denn die Konjunktion *o* bedeutet bei Aleixandre stets Verbindung. Er soll ausdrücken, daß die Liebe zwischen Mann und Frau nichts anderes ist als das Abbild der höheren Einheit alles Organischen, die Werden und Zerstörung einschließt. Für Aleixandre ist die Welt da, um geschaut zu werden; sie lebt nur durch ihre ständigen Verwandlungen im dichterischen Wort. Ein Hauptmerkmal seiner Dichtung ist ihre Universalität, ihr Streben nach Vereinigung aller Elemente, nach Ganzheit: Der Dichter *»hat Meer in den Adern«*, und *»Menschsein ist wie ein unermeßlicher Ozean«*. Die Natur ist der Quell jeder Wahrheit. Die Materie, nackt und glühend, verwandelt sich und schweigt. Die Tiere sind fast so rein wie der Stein und das Licht. Der Mensch aber ist elend, sein Blut pulsiert in einem solchen Kosmos *»wie besänftigte Trauer«*: was seine Existenz rechtfertigt, ist allein sein Verlangen nach Liebe, sind seine Visionen einer Morgenröte, einer Kindheit, eines Paradieses. In der Ganzheit der Schöpfung allein offenbart sich die ewige Schönheit, die aus einer Form in die andere tritt. Aus dieser Überzeugung des Dichters entstehen seine kosmischen und tellurischen Metaphern. Menschliches Leben kann in diesem gewaltigen Kosmos nur ein kurzes Unterwegssein bedeuten; huldigen muß man *»dem Adler, der die Felsen wie harte Brüste liebkost«* und *»dem Meer, das kraftvoll ohne Flügel sich aufschwingt, dich zu lieben«*. Liebe und Zerstörung sind das Gesetz, unter dem sich das All täglich erneuert: *»Du schreiendes Herz im Gefieder des Vogels / oder im geheimnisvollen Knochenmark der Tiger / du Herz, das überall ist, wo auch der Tod ist ...«*
Wo in diesem Buch der Mensch auftaucht, ist es vor allem der liebende Mensch. Nur für ihn gibt es Helligkeit, *»Licht, das kommt mit der Wärme einer Haut, die uns liebt«*; nur wer liebt, hat teil an der Harmonie des Kosmos. In der Hingabe an den an-

deren erscheinen Liebe und Zerstörung wie Brechungen in einem Prisma, das die Einheit des Strahls zerlegt, aber nicht aufhebt. Diese Identität der Kontraste ist ein ständig wiederkehrendes Leitmotiv der Gedichte. Licht und Schatten dienen nur dazu, ein Ungeteiltes und Ganzes zu besingen. In solchen Visionen erscheint der Tod nicht als Begrenzung oder Bedrohung, sondern als die letzte und große Gewißheit der Vereinigung, als endgültige Erlösung, als die *»Wirklichkeit, die am Grunde eines schlummernden Kusses lebt / wo die Falter nicht zu fliegen wagen, um die Luft, still wie die Liebe, nicht zu bewegen«*. Der Tod ist die dauernde Liebe, die der Dichter in seinen oratorischen Strophen herbeiruft: *»Komm, komm, komm wie dunkle erloschene Kohle, die eine Tote umhüllt«*.

Die Dichtung, die 1935 mit dem spanischen Nationalpreis für Literatur ausgezeichnet wurde, hat einen bedeutenden Einfluß auf die junge spanische Lyrik ausgeübt. A.As.

Ausgaben: Madrid 1935. – Madrid 1960 (in *Poesías completas*; Vorw. C. Bousoño). – Madrid 1978 (in *Obras completas*, Hg. C. Bousoño). – Madrid 1984, Hg. u. Einl. B. Brancaforte, 2 Bde. (Cátedra). – Madrid 1986, Hg. u. Einl. J. L. Cano (Castalia).

Übersetzungen: *Nackt wie der glühende Stein*, E. Arendt, Hbg. 1963 [Ausw.]. – *Die Zerstörung oder Die Liebe*, F. Vogelgsang, Stg. 1978.

Literatur: D. Alonso, *»La destrucción o el amor«* (in RdO, 1935, 114, S. 331–340). – P. Salinas, *Nueva poesía* (in Índice Literario, 5, 1935, S. 93–100). – J. L. Cano, *De Machado a Bousoño*, Madrid 1955. – L. F. Vivanco, *Introducción a la poesía española contemporánea*, Madrid 1957, S. 341–383. – R. Gullón, *Itinerario poético de V. A.* (in PSA, 11, 1958, S. 195–234; m. Bibliogr., S. 443–463). – C. Zardoya, *Poesía española contemporánea*, Madrid 1961. – J. Olivio Jiménez, *V. A. en dos tiempos* (in RHM, 29, 1963, S. 263–289). – G. Siebenmann, *Die moderne Lyrik in Spanien*, Stg. 1965. – C. Esteban, *Occultation du moi et fonction du poète dans »La destrucción o el amor«* (in Ibérica, 2, 1979, S. 77–92). – D. Puccini, *La palabra poética de V. A.*, Barcelona 1979, S. 68–103. – A. Amusco, *Las recurrencias en »La destrucción o el amor«* (in *V. A. A Critical Appraisal*, Hg. S. Daydi-Tolson, Ypsilanti 1981, S. 145–171).

POEMAS DE LA CONSUMACIÓN

(span.; *Ü: Strophen des Vollendens*). Gedichtsammlung von Vicente Aleixandre, erschienen 1968. – In diesen meist kurzen, aphorismenartigen Gedichten blickt der Dichter von der Höhe des vollendeten Lebens aus zurück, stellt er die menschlichen Polaritäten Jugend und Alter einander gegenüber: *»Sind die Jahre ihr Gewicht oder ihre Geschichte?«*; man empfindet weniger ein nostalgisches Zurücksehnen nach der unwiederbringlich vergangenen Jugend, oder eine Reflexion über den biologischen Zerfall; vielmehr ist es eine Meditation über die Einwirkung der Zeit auf das menschliche Leben. Die düsteren Farbtöne des abnehmenden Lichts des vollendeten Lebens, dem *»letzten Strahl der untergehenden Sonne«* beherrschen das *»erste Grün der frühen Jahreszeit«*. *»Conocer no es lo mismo que saber«* (*»Erkennen ist nicht Wissen«*).

Die Haltung gegenüber der Welt ist für Aleixandre durch den Gegensatz von *»conocer«* und *»saber«* – Schlüsselbegriffe dieser Sammlung – bestimmt. Der unabgeschlossene Prozeß einer neugierigen Suche nach dem noch nicht Bekannten, das Gefühl, sich auf unsicheren, noch nicht begangenen Wegen zu befinden, ist gleichbedeutend mit Jugend und Lebendigkeit: *»Erkennen«* ohne zu *»wissen«*; *»Ich bin jung und erkenne«*, *»Leben ist jung sein und nichts mehr«*. *»Saber«* dagegen ist das Resultat des abgeschlossenen Erfahrungsprozesses: *»Wissen heißt sterben«*, *»Weil ich weiß, bin ich nicht.«* Das Wissen ist mit der Jugend unvereinbar. Das Leben dauert so lange, wie der Wunsch, die Welt kennen zu wollen, nicht vollkommen gesättigt ist. Die Augen *»glänzen nicht, denn sie hatten erfahren«*. Wissen läßt den Glanz der Augen verblassen, Symbol der verschwenderischen Kraft der Jugend. *»Porque quien vio y miró, no nació y vive«* (*»Denn wer sah und hinsah, ward nicht geboren. Und / lebt«*). *»Mirar«* ist das Äquivalent zu *»conocer«*, *»ver«* das zu *»saber«*. *»Mirar«* meint ebenfalls – wie *»conocer«* – den unabgeschlossenen Prozeß des Betrachtens der Welt, ohne sie erklären zu können, das Schauen ohne entzauberten analytischen Einblick. Das Paradoxon, daß jeder Erfahrungsprozeß nur in einem zeitlichen Ablauf gewonnen werden kann und notwendigerweise zu bestimmten Schlußfolgerungen führen muß, spiegelt sich in zahlreichen Gegensätzen wider, z. B.: *»Wer stirbt, wird geboren«*; der Wissende stirbt für das Leben und wird geboren – für die Wissenschaft. Das Streben nach Wissen beruht nach Aleixandre auf der falschen Überzeugung, die Welt müsse mit Begriffen zugänglich gemacht werden, der sinnliche Kontakt könne dies nicht erreichen. *»Die Lippen auf deinen Gedanken legen, heißt, dich / als Verkündigung spüren. O ja, Schreckliche, du / bist / ich bin es, der endete, der deinen Namen als Gestalt / aussprach, / während er starb.«*

Leben ist gleichbedeutend mit der Fähigkeit zur Liebe. Sie ist im Kontext von Aleixandres Lyrik untrennbar mit dem Wunsch zu *»erkennen«* verbunden, auch sich selber zu erkennen, was letztlich nur ein Teil des Erkennens des anderen ist. Aber wenn mit der erlangten Weisheit einmal die Welt an Neuheit verliert, weil jede neue Erfahrung erklärbar und sogar voraussehbar wird, wenn man alles Betrachtete bereits gesehen hat, wenn jedes Erkennen zum Wiedererkennen wird, erlischt auch der Stimulus, der zum anderen führt: *»Erkennen heißt lieben. Wissen, sterben. / Ich zweifelte. / Nie ist die Liebe Leben«*. Wissen und Weisheit drücken sich in Worten aus, und so stellt sich für den Dichter auch die Frage des Schreibens, die meist in einer entzauberten Sicht erscheint: *»In ihnen leben? Die Worte sterben«*, es sei denn, die Worte des Dichters sind eine weitere Form von vitaler Lebensäußerung: *»Sterben heißt, einige in Augenblicken des Entzückens / oder Zorns gesagte Worte, in Ekstase oder / Verlassenheit / zu vergessen, wenn die erwachte Seele aus den Augen / schaut«*, so heißt es im einleitenden Gedicht *Die Worte des Dichters*. Aber jene Worte des *»Entzückens oder des Zorns«* bestehen für den alt gewordenen Dichter nur noch in der Erinnerung: *»Die Kälte brennt, und in deinen Augen wird ihr / Gedächtnis / geboren. Sich erinnern ist obszön, / schlimmer noch: traurig. Vergessen ist sterben«* – so die letzten Zeilen des letzten Gedichts. In dem 1974 erschienenen Band *Diálogos del conocimiento (Zwiegespräche des Erkennens)* führt Aleixandre, der 1977 den Nobelpreis für Literatur erhielt, das Thema zu Ende. W.Ste.

AUSGABEN: Madrid 1968. – Madrid 1977.

ÜBERSETZUNGEN: *Gesicht hinter Glas. Gedichte/ Dialoge*, F. R. Fries, Mchn. 1978 [enth. *Strophen des Vollendens* u. *Zwiegespräche des Erkennens*]. – Dass., ders., Ffm. 1980.

LITERATUR: G. Carnero, *›Conocer‹ y ›saber‹ en »Poemas de la consumación« y »Diálogos del conocimiento« de V. A.* (in CHA, 276, 1973, S. 571–579). – D. Puccini, *La extrema ciencia del vivir en imágenes esenciales: »Poemas de la consumación«* (in *V. A. – A Critical Appraisal*, Hg. S. Daydi-Tolson, Ypsilanti/Mich. 1981, S. 187–199).

DÁMASO ALONSO

* 22.10.1898 Madrid
† 25.1.1990 Madrid

LITERATUR ZUM AUTOR:
M. J. Flys, *La poesía existencial de D. A.*, Madrid 1968. – A. P. Debicki, *D. A.*, Madrid 1974. – R. Ferreres, *Aproximaciones a la poesía de D. A.*, Valencia 1976. – A. Zorita, *D. A.*, Madrid 1976.

HIJOS DE LA IRA. Diario íntimo

(span.; *Ü: Söhne des Zorns*). Gedichtzyklus von Dámaso ALONSO, erschienen 1944. – Nach den frühen Gedichten *Poemas puros* (1921), die den Einfluß von Juan Ramón JIMÉNEZ deutlich erkennen ließen, wirkte dieser schmale Band in freien Rhythmen wie ein Schock auf das spanische Publikum, das Alonso vor allem als subtilen Deuter GÓNGORAS, als Literaturkritiker der Generation von 1927 und als Stilforscher von internationalem Ruf kannte. In diesem *Intimen Tagebuch* (Untertitel der Erstausgabe), einem verzweifelten Aufschrei des gequälten Menschen, schien sich eine völlig andere Haltung zu manifestieren als in den formal strengen und – zumindest oberflächlich betrachtet – der *poésie pure* nahestehenden Sonetten der *Poemas puros*. Doch handelt es sich hier nicht um einen Bruch in der Entwicklung des Dichters, sondern vielmehr – wie K. A. HORST im Nachwort der deutschen Übersetzung schreibt – um *»eine Erweiterung des dichterischen Bewußtseins«*, das erkannt hat, daß die Welt kein geschlossener, festen Stand bietender Kosmos ist. Alonso definiert seine Lyrik als *»poesía desarraigada«*, entwurzelte Dichtung, im Gegensatz zur *»poesía arraigada«*, der verwurzelten Dichtung aller derer, die in ihrer Weltanschauung, gleich, worauf diese gegründet sein mag, einen Halt finden. So ist *Hijos de la ira* ein verzweifelter Versuch, sich zu orientieren in einem Labyrinth, das von Schatten und Ungeheuern bevölkert ist. Den Gedichten liegen ganz konkrete Erlebnisse zugrunde, so das Todeswüten des Spanischen Bürgerkriegs, der den Dichter, wie er sagt, *»aufgerüttelt«* hat, die Perfektionierung der Zerstörungsmittel im Zweiten Weltkrieg, die Organisation des Menschen in Massenbewegungen, die Pervertierung des Wortes in politischen Demagogien und die Verdrängung des humanistischen Menschenbildes durch die technische Zivilisation. Diese Erfahrungen werden jedoch nicht konkret benannt, sondern erscheinen chiffriert als »die Ungeheuer«, von denen immer wieder die Rede ist. Untersucht man das Sprachmaterial dieser Gedichte, so findet man vor allem Bilder, Metaphern und Wörter, die negative Empfindungen und Vorstellungen hervorrufen: Chaos, Angst, Ekel, Leere, Wüste, Langeweile, Einsamkeit, Mauer, Ruinen, Verzweiflung u. a. Die aus diesem Material geformte Dichtung definiert sich selbst als Ausdruck *»inneren Schreckens, der in der Nacht nach dir* [Gott] *seufzt«* oder als *»wütendes Beweinen meiner Fäulnis und der sterilen Weltungerechtigkeit«*. Sehr oft wird die Welt als Labyrinth, Tunnel und immer wieder als Höhle, in der die Menschen als Verdammte herumirren, bezeichnet: *»Ach, wir sind ein Todeskampf, Begrabene, die um Mitternacht erwachen, ein unterirdisches Fließen, schwarzes Gewässer in einem Kohlenbergwerk ..., ein Hauch von Tod.«*
Einige Gedichte haben die Form von Selbstbekenntnissen, in denen er sich, wie in *De profundis*, als Glied der verworfenen Menschheit selber an den Pranger stellt: *»Dreck eines räudigen Hundes, in einem Jahr von Mißernte ausgepreßter Trester, Fleischabfall, den der Metzger dem Hund des Bettlers hinwirft.«* Wie sein Welterlebnis und seine Daseinsstimmung steht auch Alonsos Religiosität eher im Zeichen existentialistischer als christlicher Seinserfahrung. Der angerufene Gott ist in der Finsternis verborgen, seine Transzendenz ist Abwesenheit, er hat den Menschen – *»Kindern des Zorns«* – den Rükken gekehrt, und seine Ferne hat die Welt zum Chaos verfremdet. Der Gedanke an ihn erweckt keine

fromme Zuversicht und kein Gefühl der Sicherheit. Selbst in Gedichten, die der traditionellen mystischen Lyrik am nächsten kommen, wie *Isla (Insel)* und *El alma es lo mismo que una ranita verde (Die Seele ist wie ein grüner Laubfrosch)*, erscheint Gott wie eine dahinbrausende Urgewalt, die den Laubfrosch mit sich reißt und die Insel überflutet. Der Dichter Alonso, der den Menschen weder in noch außer sich, nicht in der Geschichte und nicht in der Welt, weder in Gott noch im Nächsten einen festen Halt finden läßt, mußte auch auf das sichere Gefüge der klassischen Formprinzipien verzichten. Seine Gedichte bestehen aus freien Versen ohne Reim und Assonanz, ohne strophischen Aufbau und fast ohne Rhythmus. Der Einfluß der prophetischen und apokalyptischen Bücher der *Bibel* auch auf die Sprache und den Stil ist unverkennbar. A.F.R.

AUSGABEN: Madrid 1944. – Madrid 1958. – Madrid 1982 (in *Obras completas*). – Madrid 1983.

ÜBERSETZUNG: *Söhne des Zorns*, K. A. Horst, Bln./Ffm. 1954.

LITERATUR: L. F. Vivanco, *Introducción a la poesía española contemporánea*, Madrid 1957, S. 259–291. – J. M. Caballero Bonald, *»Hijos de la ira«* (in PSA, 11, 1958, S. 431–443; m. Bibliogr. S. 493–518). – E. Alarcos Llorach, *»Hijos de la ira« en 1944* (in Insula, 13, 1958, 138/139, S. 7). – J. O. Jiménez, *Diez años en la poesía de D. A. De »Hijos de la ira« a »Hombre y dios«* (in Boletín de la Academia Cubana de la Lengua, 7, 1958, S. 78–100). – C. Zardoya, *D. A. y sus »Hijos de la ira«* (in RHM, 25, 1959, S. 281–290). – V. Gaos, *Temas y problemas de la literatura española*, Madrid 1959, S. 321–337. – C. Zardoya, *La poesía española contemporánea*, Madrid 1961, S. 411-428. – A. P. Debicki, *Symbols in the Poetry of D. A., 1921–1944* (in Hispania, 47, 1964, S. 722-732). – F. Silver, *Tradition and Originality in »Hijos de la ira«* (in BHS, 67, 1970, S. 124–130). – A. P. Debicki, *»Hijos de la ira« y la poesía temprana de D. A.* (in RoNo, 12, 1970, S. 274–281). – L. de Paola, *D. A. y un horror inicial de nebulosa (En torno a »Hijos de la ira«)* (in Estafeta Literaria, 1976, Nr. 582, S. 4–7). – C. A. Bradford, *The Dramatic Function of Symbol in »Hijos de la ira«* (in KRQ, 3, 1981, S. 295–308).

MANUEL ALTOLAGUIRRE

* 29.6.1905 Málaga
† 26.7.1959 Burgos

LITERATUR ZUM AUTOR:
Indice, Aug. 1959 (Sondernr. *M. A.*). – Revista de cultura mexicana, Juli 1959 (Sondernr. *M. A.*). – M. Smerdou Altolaguirre, *M. A., poeta e impresor*, Diss. Madrid 1970. – M. L. Álvarez Harvey, *Cielo y tierra en la poesía lírica de M. A.*, Hattiesburg/Mississippi 1972. – C. D. Hernández de Trelles, *M. A.: vida y literatura*, San Juan de Puerto Rico 1974. – C. B. Morris, *A Generation of Spanish Poets 1920–1936*, Cambridge 1971. – J. Crispin, *Quest for Wholeness: The Personality and Works of M. A.*, Valencia/Chapel Hill 1983. – M. Lentzen, *Der Spanische Bürgerkrieg und die Dichter – Beispiele des politischen Engagements in der Literatur*, Heidelberg 1985.

DAS LYRISCHE WERK (span.) von Manuel ALTOLAGUIRRE.
Manuel Altolaguirre gehört der spanischen »Generation von 27« an. Seine Lyrik, ein relativ begrenztes Korpus von etwa 300 Gedichten, stellt den Schwerpunkt seines literarischen Werks dar; sie erschien im wesentlichen in den Bänden *Las Islas Invitadas*, 1926 *(Die eingeladenen Inseln)*, *Ejemplo*, 1927 *(Beispiel)*, *Poesía*, 1930/31 *(Poesie)*, *Soledades juntas*, 1931 *(Verbundene Einsamkeiten)*, *La lenta libertad*, 1936 *(Die langsame Freiheit)*, *Nuevos poemas de las Islas Invitadas*, 1936 *(Neue Gedichte von den eingeladenen Inseln)*, *Nube Temporal*, 1939 *(Zeitweilige Wolke* oder *Gewitterwolke)*, *Más Poemas de las Islas Invitadas*, 1944 *(Weitere Gedichte von den eingeladenen Inseln)*, *Nuevos poemas*, 1946 *(Neue Gedichte)* und *Fin de un amor*, 1949 *(Ende einer Liebe)*. In der Thematisierung von Liebe, Einsamkeit, Vergessen und Erinnerung, der Reflexion über das Verfließen der Zeit, den Tod, den Traum, den Schmerz über den Verlust geliebter Menschen usw. widerspricht diese Lyrik dem Postulat einer *»poesía pura«* oder eines »enthumanisierten« Dichtens, eines objektiven, intellektuellen und sich am mathematischen Kalkül orientierenden Schreibens, wie es die zeitgenössische Poetik (VALÉRY u. a.) formulierte, wie ORTEGA Y GASSET es als modern definiert hatte (*La deshumanización del arte*, 1925) und wie es in Dichtung und Poetik der 27er zumindest tendenziell erscheint. Altolaguirre leugnet auch ausdrücklich die Möglichkeit eines solchen Dichtens. Mit seiner Poesie, die vor allem den privaten seelischen Innenbereich zum Gegenstand hat, steht er Autoren wie CERNUDA, PRADOS und SALINAS besonders nahe.
Die den dichterischen Kosmos Altolaguirres prägende Zentralopposition Innen versus Außen kon-

kretisiert sich in den Motiven der Abschließung und der Öffnung bzw. Durchdringung von Grenzen, Motive, die nicht nur die Darstellung des Verhältnisses von Ich und Umwelt prägen, sondern sich schon auf sprachlicher Ebene in Schlüsselbegriffen wie etwa »Tür«, »Mauer«, »Zimmer«, »Insel« einerseits, »Feld«, »Meer«, »Fluß«, »Pfad« andererseits zeigen, wobei einige Begriffe ambivalenten Charakter haben (z. B. die häufig vorkommende »Wolke«: Kontur und Flüchtigkeit). In der Darstellung des Verhältnisses von Ich und Umwelt manifestiert sich die genannte Opposition in einer extensiven Thematisierung der Einsamkeit *(»soledad«)*, die ambivalent erscheint: Sie wird einerseits beklagt, vor allem wo sie sich daraus ergibt, daß die Liebenden einander isoliert, unabhängig und in sich verschlossen, als *»verbundene Einsamkeiten«* gegenüberstehen. Der Egoist erscheint in diesem Rahmen als *»Herr über sich, Herr über nichts«*. Andererseits wird der Verlust der Einsamkeit gefürchtet und bedauert; die Umwelt präsentiert sich als bedrohlich, ist doch die Abschließung nach außen auch wirklich Befreiung in der Loslösung von sinnlicher Beschränkung und Bedingtheit, in der Möglichkeit, authentischem Sein in der Erkenntnis seiner selbst wenigstens vorläufig näherzukommen. Dies gilt sogar für die geliebte Person: *»Jetzt weiß ich, was du bist. / Jetzt da ich dich nicht fühle, / da meine Sinne dich nicht begrenzen. / Jetzt habe ich dich.«*

Die Erkenntnis des Problems der verfließenden Zeit und des Todes führt bei Altolaguirre kaum je zum Ausdruck der Verzweiflung wie bei anderen Vertretern seiner Generation; der Tod wird von vorneherein als Zukunftsperspektive und Bestandteil der Existenz akzeptiert, ja als Möglichkeit der Befreiung und Vollendung, ähnlich dem Traum *(»ensueño«)*, verstanden. Gerade in der Reflexion um Zeit und Tod erscheint eine dem Altolaguirreschen Dichten zugrundeliegende Tendenz zu Ausgleich und Harmonie – und sei es auf dem Umweg über Paradox und Ambiguität. Die relativ begrenzte Thematik Altolaguirres bedingt fast notwendig die Wiederkehr von zum Teil archetypischen (»Wasser«, »Baum«), zum Teil konventionellen Bildern und Symbolen (»Himmel« vs. »Erde« steht für »Seele« vs. »Körper«, »Aufschwung« vs. »Schwere«). Soweit es sich um offensichtliche »Zitate« handelt, sind sie wohl freilich durch das spezifische Verhältnis der 27er zur dichterischen Tradition bedingt. Thematische Enge, eine gewisse Monotonie und die stilistische Neigung, zu konstatieren anstatt fühlbar zu machen, sind weitgehend verantwortlich für die Einstufung Altolaguirres als *»poeta minor«* der 27er Generation. In seiner Dichtung sind Einflüsse der Romantik, des Surrealismus, des Neopopularismus und, von Altolaguirre ausdrücklich angemerkt, von Juan Ramón JIMÉNEZ zu verzeichnen.

Trotz seiner Tendenz zur Innerlichkeit engagierte sich Altolaguirre bei Ausbruch des Bürgerkriegs entschieden auf republikanischer Seite. Schon 1936 gab er einen kleinen *Romancero de la guerra civil*, 1927 *(Romancero des Bürgerkriegs)* heraus, ein Jahr vor dem von Emilio PRADOS herausgegebenen *Romancero de la guerra de España (Romancero vom spanischen Krieg)*. Von seiner Anteilnahme am Zeitgeschehen zeugen, neben den Gedichten des Bandes *Nube Temporal*, ein programmatischer Artikel über ein neues antifaschistisches und der spanischen Tradition würdiges Theater, *Teatro Nuestro*, 1937 *(Unser Theater)*, sowie ein Theaterstück *Tiempo, a vista de pájaro*, 1937 *(Zeit, aus der Vogelschau)*. Daneben übersetzte Altolaguirre SHELLEYS *Adonais* und PUSCHKINS dramatisches Gedicht *Don Juan*, schrieb literaturkritische Artikel sowie ein Buch über GARCILASO DE LA VEGA und publizierte eine bekannte Anthologie zur Lyrik der spanischen Romantik. Ebenso bedeutsam wie Altolaguirres eigenes literarisches Werk war für die Literatur der Epoche seine Tätigkeit als Drucker und Verleger. Zusammen mit Emilio Prados produzierte er in ihrer Druckerei »Sur« in Málaga ›Litoral‹, die möglicherweise bedeutendste literarische Zeitschrift im Spanien der zwanziger Jahre. Altolaguirre, zusammen mit Prados Gründer der Zeitschrift, wirkte bis zum Schluß im Direktionskollegium, wenn er sich auch 1929 weitgehend von der redaktionellen Arbeit zurückzog und der Surrealist José Maria HINOJOSA das Bild von ›Litoral‹ prägte. ›Litoral‹, das als Zeitschrift schon durch seine sorgfältige und originelle graphische Gestaltung Aufmerksamkeit erregte, entwickelte sich zu einem Kristallisationspunkt der 27er Literatur; praktisch alle 27er und auch Juan Ramón Jiménez veröffentlichten in ihr; ein Höhepunkt war die im Oktober 1927 erschienene Dreifachnummer zum Góngora-Jubiläum, die ein Pendant zu den in Sevilla organisierten Gedenkveranstaltungen der 27er darstellte. ›Litoral‹ fungierte daneben auch als Verlag, unter dessen Ausgaben sich u. a. Erstlingswerke von ALEIXANDRE, PRADOS, CERNUDA, HINOJOSA, ALTOLAGUIRRE, SOUVIRON, BERGAMÍN, GARCÍA LORCA und ALBERTI befinden. Daß ›Litoral‹ zum Treff- und Sammelpunkt dieser sich vor allem als Erlebnisgemeinschaft darstellenden literarischen Gruppe oder »Generation« werden konnte, ist nicht zuletzt dem von vielen Zeitzeugen unterstrichenen aufgeschlossenen Charakter Altolaguirres zuzuschreiben, der als Integrationselement fungierte.

Der weitverbreiteten Einschätzung Altolaguirres als einem der weniger bedeutenden Dichter der 27er Generation trat seit 1962 mit Heftigkeit Luis Cernuda entgegen, der ihn schließlich als einen der bedeutendsten Dichter seiner Generation bezeichnete. Die tiefergehende kritische Beschäftigung mit Altolaguirre hat freilich erst in den letzten Jahren ein nennenswertes Ausmaß erreicht. W.Kre.

AUSGABEN: *Poesías Completas (1926–1959)*, Mexiko 1960; [2]1974. – *Las Islas Invitadas*, Hg. M. Smerdou Altolaguirre, Madrid 1973. – *Fin de un amor*, Vorw. dies., Madrid 1974. – *Las Islas Invitadas y cien poemas más*, Hg. dies., Sevilla 1985 (Ausw.). – *Obras completas, I. El caballo griego. Crónicas y artículos. Estudios literarios*, Hg. J. Valender, Madrid 1986 (krit.).

LITERATUR: L. de Leopoldo, *La poesía de M. A.* (in PSA, 59, 1961, S. 189–202). – J. L. Cano, *M. A., poeta de la nube* (in J. L. C., *La poesía en la generación del 27*, Madrid [3]1973, S. 277–282). – M. de las Mercedes de los Reyes Peña, *Aproximación a la poesía de M. A. Estudio del tema del agua* (in *Andalucía en la generación del 27*, Hg. J. Collantes de Terán, Sevilla 1978, S. 187–217). – A. Bush, *M. A., The Dialogue of Poetry* (in Modern Language Studies, 15, 1985, S. 135–142).

LAS ISLAS INVITADAS

(span.; *Die eingeladenen Inseln*). Gedichtsammlung von Manuel ALTOLAGUIRRE, erschienen 1926, erweitert 1936. – Ähnlich wie etwa GARCÍA LORCAS *Poeta en Nuevo York* oder ALEIXANDRES *Sombra del paraíso* zeigt auch Altolaguirres Dichtung den gebrochenen Rhythmus und pessimistische Visionen, wie sie für diese Generation als typisch gelten können.

Jeder Mensch gleicht einer Insel, einem Turm mit *»blinden Fenstern«*, ist gefangen in der Hülle des eigenen Körpers, umgeben von *»Kreisen aus Einsamkeit«*, die eine wirkliche Kommunikation mit dem anderen unmöglich machen. Gemäß Altolaguirres eigenem ästhetischem Bekenntnis ist die Poesie eine Flucht nach innen, Dichtung hinter verschlossenen Türen: *»Die Poesie zeigt mir die Welt, durch sie kann ich mich kennenlernen. Deshalb hat der Dichter nie etwas Neues zu sagen. Die Poesie enthüllt uns, was wir bereits wissen und wieder vergessen. Sie hilft uns, die verlorene Zeit zu retten.«* Nur ein Leben in der Poesie kann zur wahren Kommunikation führen, das Gefühl der Entfremdung und Einsamkeit überwinden, so in *Vida poética*, einer der 13 Titel, unter denen die 137 Gedichte gruppiert sind: *»Yo junto al mundo y el mundo / communicando conmigo«* (*»Die Welt neben mir und die Welt / im Gespräch mit mir«*). Der Konflikt zwischen individuellem und kollektivem Dasein wird zum zentralen Thema der *Islas invitadas*. Dieser läßt sich nur durch ein Streben nach einem geistigen Leben auflösen, das gegenüber der äußeren Welt gleichgültig ist, durch eine Flucht aus der sichtbaren Realität in eine unsichtbare, in eine Traumwelt: *»Si fuera el cuerpo lo invisible / y el almo lo real«* (*»Als wäre der Körper das Unsichtbare / und die Seele das Wirkliche«*). Demnach überwiegen in Altolaguirres Lyrik auch Symbole der Flüchtigkeit und Vergänglichkeit: *»Todo el ámbito es beso / de aire y niebla, / de alma y alma, / como si un invisible / amor interminable / cubriera la ciudad«* (*»Alles um uns ist Kuß, / von Luft und Nebel, / von Seele und Seele, / wie wenn eine unsichtbare / unendliche Liebe / die Stadt überdecken würde«*). Am eindringlichsten faßt er seinen Konflikt zwischen Realität und Traum, zwischen Licht und Dunkel, Himmel und Erde in der Ode *A un olmo (An eine Ulme)*. Verwurzelt in der Erde und gleichzeitig dem Himmel entgegen wachsend, sieht er in der Ulme sein Ideal eines *»Dios vegetal«*, des permanenten Wachstums und der Erneuerung, verkörpert: *»Tu conquistas el cielo sin derrota / dueño de tu comienzo y tus fines«* (*»Du eroberst den Himmel ohne Niederlage / Herr deines Anfangs und Endes«*). W.Ste.

AUSGABEN: Madrid 1936. – Madrid 1972, Hg. u. Einl. M. Smerdou Altolaguirre (Castalia). – Mexiko 1974 (in *Poesías completas*, Hg. u. Einl. M. L. Álvarez Harvey). – Madrid 1982 (in *Poesías completas*, Hg. u. Einl. M. Smerdou Altolaguirre u. M. Arizmendi). – *Las Islas Invitadas y cien poemas más*, Hg. M. Smerdou Altolaguirre, Sevilla 1985 [Ausw.].

LITERATUR: L. F. Vivanco, *Aprendiendo a ser buen lector de »Las islas invitadas«* (in Caracola, 1960, Nr. 90–94, S. 122–130). – C. Zardoya, *Poesía española del 98 y 27*, Madrid 1968. – C. B. Morris, *A Generation of Spanish Poets*, Cambridge 1969, S. 144–149. – T. Gonzales Rivas, *Escritores malagueños*, Malaga 1973.

CARLOS ARNICHES Y BARRERA

* 11.10.1866 Alicante
† 16.4.1943 Madrid

LITERATUR ZUM AUTOR:
M. Lentzen, *C. A. Vom »género chico« zur »tragedia grotesco«*, Genf/Paris 1966. – V. Ramos, *Vida y teatro de C. A.*, Madrid 1966. – J. E. Aragones u. ders., *Conferencias pronunciadas con motivo del primer centenario de su nacimiento*, Alicante 1967. – *C. A. Teatro*, Hg. J. Monléon, Madrid 1967. – D. R. McKay, *C. A.*, NY 1967.

ES MI HOMBRE. Tragedia grotesca

(span.; *Das ist mein Mann. Groteske Tragödie*). Schauspiel in drei Akten von Carlos ARNICHES Y BARRERA, Uraufführung 1921. – Im Gegensatz zu seinen *sainetes*, kurzen, meist einaktigen Stücken aus dem Madrider Volksleben, hat der Autor seine »grotesken Tragödien« breit angelegt. Don Antonio, die Hauptfigur, wendet sich am Schluß an das Publikum und behauptet, der Autor habe *»die Wahrheit über den Mut der Männer«* darstellen wollen: Wahrhaftig mutig sei ein Mann, der acht Kinder durchzubringen habe, ohne zu wissen, wie er auf redliche Art das tägliche Brot herbeischaffen solle. Don Antonio ist einer dieser mutigen Männer. Zwar hat er nur eine Tochter, aber er ist arbeitslos. Da bietet sich ihm eine Chance: Er erhält eine gutbezahlte Stellung als Aufseher in einem

Spielsalon. Der schmächtige, schüchterne Don Antonio hat nun plötzlich mit Raufbolden zu tun. Das bare Entsetzen, das gelegentliche Zusammenstöße bei ihm hervorrufen, wird ihm als Gelassenheit und Kaltblütigkeit ausgelegt. Er bewährt sich so vorzüglich, daß der Besitzer des Spielsalons einmal erstaunt ausruft: *»Das ist mein Mann!«* Eines Tages aber verliebt sich Don Antonio in eine Frau, die mit recht zweifelhaften Absichten in den Spielsalon kam. Mit ihr bringt Antonio sein ganzes Geld durch und ergibt sich schließlich dem Trunk.
Das Stück und seine oft groteske Tragikomik leben von dem Kontrast zwischen den jämmerlichen Bemühungen des Helden, seiner erbärmlichen Lage Herr zu werden, und der Art und Weise, wie er schließlich den »Lebenskampf« besteht. Die einzelnen Typen – auch sie stammen alle aus den unteren Madrider Volksschichten – sind treffend charakterisiert (wofür nicht zuletzt der große Erfolg aller Stücke von Arniches beim Madrider Publikum ein Beweis ist). Dem Autor gelang es, die Sprache der kleinen Leute, angereichert mit vielen Wortspielen und witzigen Pointen, literaturfähig zu machen. Umgekehrt sind aber auch viele seiner Wendungen und Ausdrücke in die Volkssprache eingedrungen, so daß einmal treffend gesagt wurde, man wisse nicht, wer eigentlich den größeren Einfluß ausgeübt habe: das Madrider Volk auf Arniches oder dieser auf die Sprache des Volks von Madrid.
Diese groteske Tragödie (wie auch andere: *»Los caciques«*, *»La señorita de Trevélez«* usw.) stellt das Ende einer Entwicklung dar, die von dem flachen und ausschließlich komischen Charakter seiner ersten Werke (fast nur Einakter) bis zu langen, komplizierten und strengen Werken reicht, in denen einige Aspekte der politischen und sozialen Problematik Spaniens erscheinen, freilich ohne die Tiefsinnigkeit anderer zeitgenössischer Schriftsteller (BAROJA, BENAVENTE, VALLE-INCLÁN etc.) zu erreichen.

A.A.A.

AUSGABEN: Madrid 1921. – Madrid 1948/49 (in *Teatro completo*, Bd. 2). – Barcelona 1983.

LITERATUR: Cuadernos de literatura contemporánea, Nr. 9–10, 1943 [Sondernr.; m. Bibliogr.]. – F. Ros, *Notas parciales sobre A.* (in CHA, 1953, Nr. 45, S. 297–314).

AZORÍN

d.i. José Martínez Ruiz

* 8.6.1873 Manóvar
† 2.3.1967 Madrid

LITERATUR ZUM AUTOR:
W. Mulertt, *A. Zur Kenntnis spanischen Schrifttums um die Jahrhundertwende*, Halle 1926. – R. Gómez de la Serna, *A.*, Madrid 1930. – H. Denner, *Das Stilproblem bei A.*, Zürich 1931. – J. M. Martínez Cachero, *Las novelas de A.*, Madrid 1960. – M. Tudela, *A.*, Madrid 1969. – L. Livingstone, *Tema y forma en las novelas de A.*, Madrid 1970. – J. Valverde, *A.*, Barcelona 1971. – J. Alonso, *A. íntimo*, Madrid 1973. – J. Rico Verdú, *Un A. desconocido. Estudio psicologico de su obra*, Alicante 1973. – F. Sáinz de Bujanda, *Clausura de un centenario: guía bibliográfica de A.*, Madrid 1974. – S. Rióperez y Mila, *A. integro*, Madrid 1979. – A. Risco, *A. y la ruptura con la novela tradicional*, Madrid 1980. – K. M. Glenn, *A. (J. M. R.)*, Boston 1981 (TWAS). – *Annales Azorianos*, 1, 1983/84.

ANTONIO AZORÍN

(span.; *Antonio Azorín*). Roman von AZORÍN, erschienen 1903. – Wie *Der Wille (La voluntad)*, als dessen Fortsetzung er betrachtet werden kann, ist auch dieser Roman vorwiegend autobiographisch, ein Erinnerungsbuch, in dem das Romanhafte völlig zurücktritt. Es besteht aus drei Teilen. Im ersten Teil wird erzählt, wie Azorín müde und enttäuscht aus Madrid in seinen Heimatort Manóvar zurückkehrt, wo er sich in der ruhigen Abgeschiedenheit auf dem Land seinen Studien und Meditationen hingibt. Der zweite Teil berichtet über einen längeren Besuch Azoríns bei einem Onkel in einem Nachbardorf, wo er Pepita kennenlernt und eine zarte Liebesgeschichte sich anbahnt. Diese beiden Teile des Romans sind im schleppenden *tempo lento* geschrieben. In der genauen Beschreibung von Landschaft, Wohnungen, Möbeln, Personen sucht er das Substantielle des Lebens in der Provinz zu erfassen, wo die Zeit stillzustehen scheint und wo höchstens Begegnungen mit mehr extravaganten als geistvollen Menschen die ewige Monotonie des Alltags unterbrechen. Azorín schildert auch die »spanische Traurigkeit«, diese überall herrschende müde und freudlose, düstere Stimmung, die zwar im spanischen Menschen und seinem Land liegen mag, doch seiner Ansicht nach mehr die Folge einer jahrhundertealten religiösen Erziehung ist, die den Todesgedanken, die Resignation, eine weltflüchtige Askese und die Entwertung des Diesseitigen in den Vordergrund stellt. Diese Traurigkeit entspringt einem äußerst empfindlichen Gemüt, das der raschen Hinfälligkeit alles Seienden nur manchmal Dauer und Schönheit entgegensetzen kann. Ihre letzte Konsequenz ist die Unfähigkeit, das Leben zu genießen und, was tragischer ist, es durch Handlungen oder Willensentscheid zu meistern und zu gestalten. Der dritte Teil zeigt uns Azorín als Journalisten in Madrid. Seiner Arbeit bald überdrüssig, unternimmt er Ausflüge und längere Fahrten in die Umgebung. Er entdeckt die Landschaft der Hochebene, auch die Stätten, die mit den Namen der großen Vertreter der spanischen Literatur verbunden sind (QUEVEDO, CERVANTES, Luis de LEÓN u. a.). Vor allem wird ihm der materielle Verfall dieser Gegend bewußt, die das Herzstück Spaniens gewesen war, als dieses Land ein Weltimperium schuf. Überall sieht er Zeichen von Niedergang, Apathie, Hoffnungslosigkeit, Unwissenheit, Armut und Rückständigkeit. Jetzt erwacht Azorín aus seiner Tatenlosigkeit, und endlich bekommt sein Leben ein Ziel: gegen die Dekadenz zu kämpfen, indem er seinem Land hilft, die Welt und das Leben zu bejahen und sich die Zivilisationsgüter Europas anzueignen (Schulen, Bildung, Wissenschaft, aber auch gute Straßen, Bewässerung und Aufforstung, helle Wohnungen und saubere Kleidung). – Dieses Lebensideal hatte schon der Jurist J. COSTA verkündet, und die Mitglieder der »Generation von 98« machten es sich zu eigen. Als Roman ist *Antonio Azorín* nahezu bedeutungslos, aber als Zeitdokument ist das Werk von unschätzbarem Wert. An einem Modellfall werden die Probleme, Krisen und Sorgen gezeigt, die für die geistige Prägung dieser Generation wesentlich waren. A.F.R.

AUSGABEN: Madrid 1903. – Madrid 1947 (in *Obras completas*, Hg. A. Cruz Rueda, 9 Bde., 1947–1954, 1). – Barcelona 1970, Hg. u. Einl. F. I. Fox. – Barcelona 1983.

LITERATUR: J. R. Jiménez, *»Antonio Azorín«* (in Helios, 1, 1903). – A. Cruz Rueda, *Realidad y fantasia en los personajes de A.* (in Revista Nacional de Educación, 99, 1956). – H. R. Romero, Símbolismo e impresionismo en la trilogía *»Antonio Azorín«* (in RoNo, 15, 1973, S. 30–36).

CLÁSICOS Y MODERNOS

(span.; *Klassiker und Moderne*). Literarkritisches Werk von AZORÍN, erschienen 1913. – Zusammen mit den *Lecturas castellanas* (1912) steht dieser Band am Anfang einer langen Reihe von literarkritischen Werken des Autors. Wie sie alle ist auch *Clásicos y modernos* eine Sammlung von Zeitungs- und Zeitschriftenaufsätzen Azoríns. Sie beginnt mit der Betrachtung verschiedener Zeitgenossen (Silverio LANZA, Leopoldo ALAS, Joaquín COSTA, Ramón MENÉNDEZ PIDAL u. a.). Die epigonale Romantik des 19. Jh.s beachtet Azorín kaum. Einen breiten Raum widmet er dagegen den Aufklärern und Reformern des 18. Jh.s (COBARRÚS, JOVELLANOS, CADALSO, Francisco Gregorio de SALAS u. a.), die mit ihren wirtschaftlichen, kulturellen und politischen Reformprogrammen den Niedergang Spaniens aufzuhalten suchten. Azorín betrachtet sie als »Vorläufer« Costas, der auf seine Generation einen so entscheidenden Einfluß ausübte. Wenig Sympathie empfindet der Verfasser dagegen für das *siglo de oro*. Wie Jacinto BENAVENTE lehnt auch er das klassische Theater Spaniens als unlogisch, unmoralisch und unpädagogisch ab. Ähnliche Einwände erhebt er gegen den pikaresken Roman, in dem er jede Menschlichkeit vermißt. Die barocke Literatur, ob Prosa oder Poesie, mit ihrer hochartistischen Ornamentik und ihrer Obskurität bedeutet wenig für Azorín, den Schöpfer eines Stils, der in seiner Klarheit und Einfachheit so weit geht, daß die Sätze unverbunden aneinandergereiht werden. So sind es eigentlich nur die von der Renaissance beeinflußten Dichter, wie Luis de LEÓN und CERVANTES, denen seine ungeteilte Liebe und Bewunderung gilt. Besondere Erwähnung verdienen vier der »Generation von 98« gewidmete Beiträge. Wenn dieser Begriff auch zuerst von dem Politiker Gabriel Maura (1853–1925) gebraucht wurde, machte Azorín ihn erst zu jenem Einordnungskriterium, das heute aus der Geistesgeschichte Spaniens nicht mehr fortzudenken ist. Gemeint ist damit die Generation von Denkern und Schriftstellern, die das Land nach dem Verlust der letzten Kolonien (Kuba, Puerto Rico, Philippinen) im Jahre 1898 zu Selbstbesinnung und geistiger Erneuerung aufgerufen haben. Als Mitglieder dieser Generation nennt Azorín Ramón del VALLE-INCLÁN, Miguel de UNAMUNO, Jacinto BENAVENTE, Pío BAROJA, Manuel BUENO, Ramiro de MAEZTU und Rubén DARÍO. Als das ihnen allen gemeinsame Ziel bezeichnet er *»el renacimiento«* (Wiedergeburt), d. h. die *»Befruchtung des spanischen Denkens mit den Denkergebnissen des Auslands«*. Unter den Vorbildern nennt er NIETZSCHE, Théophile GAUTIER und Paul VERLAINE. Azorín charakterisiert die Generation 98 wie folgt: *»Die Generation von 1898 liebt die alten Dörfer und die Landschaft; sie versucht, die primitiven Dichter lebendig zu machen; sie fördert die Begeisterung für El Greco ...; sie erklärt sich als romantisch auf dem Bankett zu Ehren von Pío Baroja ...; sie bemüht sich, sich der Wirklichkeit zu nähern, und auch darum, die Sprache zu vereinfachen, ihr Schärfe zu verleihen und darin einfache, plastische Wörter einzuführen.«*
Für dieses wie für alle anderen literarkritischen Werke Azoríns gilt: sie sind nicht Erzeugnisse der Gelehrsamkeit eines Philologen, Kritikers oder Literaturhistorikers. Azorín geht an sein Thema vielmehr als belesener Amateur heran, der sich an ein breites Publikum wendet. Nach W. MULERTT liegt die Betonung nicht *»auf der rein wissenschaftlichen, vielmehr auf der national-pädagogischen und künstlerischen Seite«*. Die Fähigkeit des Verfassers, durch kleine Beobachtungen, durch Hervorhebung unscheinbarer Züge und Umstände ein Werk oder einen Autor dem Leser lebendig vor Augen zu stellen, sein Interesse und sogar seine Neugierde zu wecken, bewog ORTEGA Y GASSET schon im Jahre

1913 zu der Feststellung, daß Azorín die Lektüre der Klassiker und der Modernen am nachhaltigsten gefördert habe. A.F.R.

Ausgaben: Madrid 1913. – Madrid 1947 (in *Obras completas*, Hg. A. Cruz Rueda, 9 Bde., 1947–1954, 2).

Literatur: W. Mulertt, *A. Zur Kenntnis spanischen Schrifttums um die Jahrhundertwende*, Halle 1926, S. 197–224. – J. Ortega y Gasset, *El espectador; II; R. Gómez de la Serna, A.*, Madrid 1930. – E. J. Fox, *A. as a Literary Critic*, NY 1962. – I. Fox, *Lectura y literatura en torno a la inspiración libresca de A.* (in CHA, 1967, Nr. 205, S. 5–26). – M. Pérez López, *A. y la literatura española*, Salamanca 1974. – M. D. van Biervliet d'Overbroeck, *Los clásicos redivivos: A.' Attempt to Revivify His Presentation of the Classics* (in REH, 11, 1977, S. 411–423). – E. Rubio Cremades, *A., crítico de L. Alas* (in Letras de Deusto, 32, 1985, S. 185–198).

LAS CONFESIONES DE UN PEQUEÑO FILÓSOFO

(span.; *Ü: Bekenntnisse eines kleinen Philosophen*). Autobiographischer Roman von Azorín, erschienen 1904. – Wie in *La voluntad (Der Wille)* und *Antonio Azorín*, mit denen dieser Roman eine lose Trilogie bildet, wird auch hier in der Ichform und im *tempo lento* erzählt, und die schon in den ersten beiden Büchern auf ein Minimum reduzierte Handlung tritt nun hinter dem Autobiographischen völlig zurück. Der Verfasser erinnert sich an sein *»Leben als Knabe und Jüngling«* in seinem Heimatort Monóvar und im Internat in Yecla. Eine Reihe von zwanglos aneinandergereihten Episoden und persönlichen Erlebnissen aus dem eintönigen Dasein eines Internatszöglings wird durch Porträts der Patres an der Ordensschule ergänzt. Der zweite Teil ist Verwandten und Menschen gewidmet, die den Schüler Azorín beeindruckt haben. Mit besonderer Vorliebe verweilt er bei der Schilderung der *»vidas opacas«* (der undurchsichtigen Existenzen), bescheidener Menschen, wie Krämer, Händler, Büroangestellte und kleinere Beamte, die ihn *»von jeher wie einen Flaubert«* mehr als die Vertreter der großen Gesellschaft angezogen haben. Der Epilog berichtet von der späteren Rückkehr an die Orte der Jugend, wo dem Autor zwar manches fremd erscheint, wo sich im Grunde aber nichts verändert hat. Die Erkenntnis, daß *»das Leben Wiederkehr bedeutet«*, ist ein im Werk Azoríns immer wieder auftauchendes Thema. Die kaum merklich verrinnende Zeit gleicht alle Gegensätze aus: *»Die Gegenwart stellt mit Überraschung fest, daß sie schon vergangen, daß sie ein Gewesensein ist «* (Ortega). Zwar vergeht alles, aber etwas bleibt, was sich immer wiederholt: die Gewohnheit, das Alltägliche.

Obwohl die *Bekenntnisse* kurz nach den anderen Romanen der Trilogie entstanden sind, lassen sie eine entscheidende geistige und künstlerische Wandlung Azoríns erkennen. An die Stelle seiner früheren, bald kritisch-pessimistischen, bald ironisch-überlegenen oder nörgelnd-mißmutigen Lebenseinstellung ist die heitere Abgeklärtheit des Humoristen getreten. Die wichtigste Entdeckung ist: *»Im Leben gibt es nichts Großes und nichts Kleines: denn für einen einfachen Menschen kann ein Sandkorn wie ein Berg sein.«* Es geht Azorín darum, *»das Substantielle des Lebens zu erfassen«*, Menschen und Dinge, Vergangenes und aktuelles Geschehen *»im Worte aufzuheben«* und sie *»vor ihrer Vergänglichkeit zu retten«* (Ortega). Hatte er vorher versucht, die Welt vom Standpunkt eines apriorischen Kategoriensystems aus zu deuten, so geht er in den *Bekenntnissen* ganz von der Wirklichkeit aus. Dem entspricht ein Stil, der durch das Vorherrschen parataktischer Syntaxformen gekennzeichnet ist. Azorín schreibt nun eine intime, anspruchslose Prosa von *»schwieriger Einfachheit«*, die unter bewußtem Verzicht auf deklamatorische Geste und äußere Brillanz die Dinge anspricht und selbst sprechen läßt. A.F.R.

Ausgaben: Madrid 1903 (in Alma Española, 22.11.). – Madrid 1904. – Madrid 21909. – Madrid 1947 (in *Obras completas*, Hg. A. Cruz Rueda, 9 Bde., 1947–1954, 2). – Madrid 1956; ern. 1983, Hg. u. Einl. J. M. Martínez Cachero (Austral).

Übersetzung: *Bekenntnisse eines kleinen Philosophen*, L. Roffler u. J. Romagosa, Bern-Bümplitz 1949.

Literatur: A. Krause, *A., el pequeño filósofo*, Madrid 1955. – K. M. Glenn, *Point of View and Narrative Distance in »Las confesiones de un pequeño filósofo«* (in *Perspectivas sobre la novela española de los siglos XIX y XX*, Valencia 1979, S. 93–102).

LO INVISIBLE

(span.; *Das Unsichtbare*). Drei Einakter von Azorín, Uraufführung des Gesamtwerks: Madrid, 24. 11. 1928. – In der Ausgabe der *Gesammelten Werke* wird diese Trilogie von einer Präambel eingeleitet, in der Azorín den Tod Rilkes erwähnt und sagt: *»Die Lektüre des Meisterwerkes des großen Dichters* [gemeint sind *Die Aufzeichnungen des Malte Laurids Brigge*] *führte zur Entstehung dieser Einakter, die geschrieben wurden, damit eine Schauspielerin* [das Werk ist der großen Rosario Pino gewidmet] *ihre ganze Kunst entfalte.«* – Die Trilogie beginnt mit einem »Szenischen Prolog«, in dem eine seltsame Dame kurz vor der Aufführung den Autor und die Darstellerin besucht. Aus ihren Worten wird nach und nach ersichtlich, daß sie der Tod ist: *»Die ganze Welt ist ein Schauspiel, und ich bin darin die Hauptperson …«* Sie verschwindet wieder, und die Zurückbleibenden fragen sich, ob diese Erscheinung Traum oder Wirklichkeit gewesen sei. Danach hebt sich der Vorhang.

La arañita en el espejo (Die kleine Spinne im Spiegel), Uraufführung: Barcelona, 15. 10. 1927. – Die unheilbar kranke Leonor erwartet ihren Gatten Fernando aus dem Krieg zurück. Ihre Liebe zu ihm – gesteht sie dem Dienstmädchen Lucia – ist der einzige Lichtpunkt in einem von Krankheit und Trübsal überschatteten Leben gewesen. Als sie das Zimmer verläßt, sagt Leonors Vater, Don Pablo, dem Dienstmädchen, daß Fernando nicht zurückkommen werde. Leonor hat im Zimmer ihres Gatten eine Spinne im Spiegel gesehen und mit ihr gesprochen: Sie möchte, daß Fernando, wenn sie sterben muß, eine andere heiratet. Ihr Vater deutet jetzt an, daß ihr Mann vielleicht nicht wiederkommen werde. Man hört die Sirene des Schiffs, mit dem Fernando kommen wollte. Obwohl Leonor nichts weiß, fällt sie bewußtlos zu Boden und fühlt den Tod nahen.

El segador (Der Schnitter). – Maria ist seit zwei Monaten verwitwet und lebt mit ihrem kleinen Sohn in einem abgelegenen Haus. Der Landmann Pedro versucht sie zu überreden, ins Dorf zu ziehen, damit sie weniger allein sei; überdies möchte er das Haus und die angrenzenden Ländereien kaufen. Sie weigert sich; hier hat ihr Mann gelebt, und hier will sie mit ihren Erinnerungen bleiben. Pedros Tochter Teresa erzählt, daß in den letzten Tagen viele Kinder in der Gegend gestorben seien. Ein schwarz gekleideter Schnitter, mit einer Sense über der Schulter, klopfe an jedem Haus an, in dem ein Kind lebt. Kurz darauf werde es krank und sterbe. Man hört Rufen und Schreien. Ein Kind in der Nähe ist gestorben. Pedro und Teresa gehen. Es wird Nacht. Maria hat Angst: Nein, ihr Sohn nicht! Sie beginnt zu beten, das Schlimmste befürchtend. Da klopft es an der Tür...

Doctor Death, de 3 a 5 (Dr. Death von 3 bis 5), Uraufführung: Santander, 28. 4. 1927. – Die Kranke betritt einen schlichten, unmöblierten Raum. Sie spricht mit dem Gehilfen des Arztes, versteht aber seine Andeutungen nicht. Sie fühlt sich gut, besser denn je. Der Garten, den man vom Fenster aus sieht, ist schön. Man hört ein Geräusch, als ob etwas zu Boden falle. Der Gehilfe geht, und sie wird unruhig. Noch ist der Garten schön, aber die Zypressen stehen düster und drohend gegen den Himmel... Ein alter Mann tritt ein. Er ist des Lebens müde, erhofft nichts mehr. Er betritt das Sprechzimmer. Die Kranke ist beunruhigt. Es wird Nacht. Sie betrachtet den Garten. Er ist jetzt voller Kreuze und Gräber. Sie protestiert. Sie will leben. Sie will fort, kann aber die Tür nicht öffnen und weint. Die Krankenschwester tritt ein und tröstet sie. Sie spricht von ihrer Kindheit, von ihrer Mutter und wird ruhiger. Die Tür öffnet sich. Der Gehilfe erscheint, schwarz gekleidet. Die Stunde ist gekommen. Beide helfen der Kranken, die Schwelle zu überschreiten.

Azorín, der einige Zeit Theaterkritiker war, beurteilte seine eigenen Beiträge als revolutionäre Neuerung und nannte sie surrealistisch. Man darf diese Bezeichnung nicht wörtlich nehmen. Mehr als die Freilegung des Unbewußten spielen hier phantastische Elemente eine Rolle, die eine Atmosphäre von Mysterium und Idealität innerhalb des Konkreten der einzelnen Bilder schaffen. Der Tod ist nicht sichtbar – außer im »Szenischen Prolog«, dem schwächsten Teil des Werks –, aber man fühlt sein Nahen, fühlt, wie er die Szene mit seinem Hauch erfüllt. – Es ist von der Literaturkritik u. a. der Einfluß Maeterlincks auf Azorín betont worden. Doch erreicht der Spanier dieselben Effekte mit sparsameren Mitteln, mit weniger »Milieu«. Was andere seiner dramatischen Versuche zum Scheitern verurteilte, die Verhaltenheit, das lange Verweilen bei Details, wirkt sich hier, dank der Kürze der Stücke, positiv aus. Die Kleinigkeiten – das stete Zurückblicken auf die gleichen Dinge – führen zu einem Crescendo der Todesangst, von der die Hauptfiguren (und auch der Zuschauer) gepackt werden. Die Details deuten jedesmal klarer die Gegenwart des Todes an. – Die Worte Miguels aus *Cervantes o La casa encantada (Cervantes oder Das verzauberte Haus)*, einem anderen Theaterstück Azoríns, kennzeichnen gut die für den Autor primäre Darstellungsebene: »*... es geht nicht darum, zu wissen, sondern zu fühlen... Es wäre mir gleich, ob man von mir sagen würde: ›Er weiß nicht.‹ Wohl aber würde es mich treffen, wenn man mir sagte: ›Er fühlt nicht.‹*« A.A.A.

Ausgaben: Madrid 1928. – Madrid 1948 (in *Obras completas*, Hg. A. Cruz Rueda, 9 Bde., 1947–1954, 4).

Literatur: C. Consiglio, *»Lo invisible«. La gran obra teatral de A.* (in Cuadernos de Literatura Contemporánea, 16/17, 1945, S. 389–393). – G. Díaz-Plaja, *El teatro de A.* (ebd., S. 369–388). – L. A. Lahjohn, *A. Dramatist*, Diss. Univ. of Indiana 1958 (vgl. Diss. Abstracts, 19, 1958/59, S. 1385). – F. S. Stimson, *»Lo invisible«. A.'s Debt to Maeterlinck* (in HR, 26, 1958, S. 64–70). – S. Riopérez y Milá, *El problema de la muerte en la obra de A.* (in CHA, 38, 1959, S. 126–134). – L. A. Lahjohn, *A. and the Spanish Stage*, NY 1961. – G. Torrente Ballester, *»Lo invisible« en el teatro española contemporáneo*, Madrid 1968.

LA VOLUNTAD

(span.; *Der Wille*). Roman von Azorín, erschienen 1902. – Dies ist der erste von drei Romanen – *La voluntad, Antonio Azorín*, 1903 *(Antonio Azorín)*, und *Las confesiones de un pequeño filósofo*, 1904 *(Die Bekenntnisse eines kleinen Philosophen)*–, mit deren gemeinsamem Helden sich der Dichter so sehr identifizierte, daß er seither alle seine Werke unter dem Namen der von ihm geschaffenen Gestalt veröffentlichte: Azorín. Was der Dichter in diesen Romanen beschreibt, ist, gewoben aus Wahrheit und Dichtung, die Geschichte seines eigenen inneren Wandels vom Rebellen und Anarchisten zum kontemplativen, die Menschen und Dinge aus der Distanz, *sub specie aeternitatis* betrachtenden Ästheten (vgl. auch *La ruta de Don Quijote*). Dabei sind zahlreiche Einzelheiten – Örtlichkeiten, Daten, Begebenheiten, Personen – der eigenen Lebensgeschichte entnommen, doch verkörpern die Hauptfiguren mehr als reale Personen die Ideen des Zöglings, Ergebnis der ungeordneten Lektüre des Erzählers. So spielt der erste Teil von *La voluntad* in Yecla, wo der Dichter als Angehöriger des Priaristenkollegs seine Jugend verbrachte. Im Roman ist Yecla der Schauplatz der »Lehrjahre« Antonio Azoríns, seiner Beziehung zu dem verehrten Lehrer Yuste und seines ersten zarten Liebesverhältnisses mit Justina, der Nichte des frommen, weltabgewandten Geistlichen Puche, auf dessen Rat das Mädchen den Schleier nimmt, sich des eigenen Willens begibt und Gott überantwortet. Zu der Reinheit, Klarheit und Ruhe des Klosters, das sie aufnimmt, steht die innere Unruhe des jungen Mannes, der, ein rastloser Leser, zwischen einander widersprechenden Theorien und Glaubenssätzen schwankt, in schroffem Gegensatz. Nach Yustes und Justinas Tod verläßt Antonio Azorín die Stadt und geht nach Madrid, um sich dort literarischer Tätigkeit zu widmen. Dieser zweite Teil des Romans enthält eine Fülle autobiographischer Details aus den ersten Madrider Jahren des Dichters, insbesondere sein Verhältnis zu dem wenig älteren Pío BAROJA (1872–1956), zu anderen Mitgliedern der »Generación del 98« (Generation von 1898), zu PI Y MARGALL (1824–1901), dem Präsidenten der Ersten Spanischen Republik, der auch als Historiker, Essayist und politischer Schriftsteller hervorgetreten war. Für Antonio Azorín bedeutet Madrid eine Enttäuschung. Angesichts der Armseligkeit des geistigen Lebens, der Rivalität und Zwietracht unter den Schriftstellern zieht er sich mehr und mehr in sich selbst zurück, der innere Kampf zwischen Willen und Reflexion entscheidet sich allmählich zugunsten der Kontemplation: *»Azorín ist fast ein Symbol; seine Angst, seine Sehnsucht, seine Verzweiflung können gut für eine ganze Generation stehen, die ohne Willen, ohne Energie und Entschlossenheit ist, eine Generation, die weder den Wagemut der Romantiker hat noch den bejahenden Glauben der Naturalisten«* (Kap. XI). Im dritten Teil des Romans heiratet Antonio Azorín, der Madrid den Rücken gekehrt hat und nach Yecla zurückgekehrt ist, eine Jugendfreundin Justinas, die tatkräftige, entschlossene Iluminada. Sie bildet eine Gegenkraft zu Azoríns Willenlosigkeit und Untätigkeit. *»Sein Fall ist mehr oder weniger typisch für die gesamte spanische Jugend«*, schreibt der Dichter an Pío Baroja im Epilog. *»Ländlich gekleidet, unrasiert«*, so lebe dieser Mensch, ein Schriftsteller *»von so schöner Intelligenz, so unabhängigem Urteil, heute versunken in einem Dorf der Mancha«*.

Nach E. I. Fox spiegelt sich in der Lebensgeschichte Antonio Azoríns die Chronik einer spanischen Generation, deren geistige Vorkämpfer den Widerspruch zwischen ihrem eigenen Leben und der historischen Wirklichkeit, in der sie leben mußten, schmerzlich fühlten. Ihre Merkmale sind Protest gegen die kurzsichtige Politik der Regierung, Auflehnung gegen die Autorität der Kirche, Mitleid mit dem Elend der Bauern, Ablehnung des spanischen Hanges zur Rhetorik, zu hochtönendem Patriotismus, Kritik an den literarischen Zuständen der Zeit, Ablehnung der spanischen Klassiker des 17. Jh.s. Andererseits verkörpert er auch den Glauben an die Kraft des spanischen Volkes, das ein besseres Schicksal verdient hat, die Sehnsucht nach einem Katholizismus der einfachen Leute, die Achtung vor echter, mit Güte und Toleranz einhergehender Frömmigkeit, die Wiederentdeckung der spanischen Dichter der vorklassischen Zeit (BERCEO, ARCIPRESTE DE HITA, Jorge MANRIQUE usw.) und einer neuen Malerei, deren Vorläufer El Greco ist. Und mit Azorín, dem Dichter, teilt Antonio Azorín, der Held dieses Romans, die Ansicht von der Notwendigkeit einer neuen, freien Romantechnik, die das enge, starre, vom Naturalismus ererbte Schema durchbricht: *»Vor allem ist die Fabel unnötig ... das Leben hat keine Fabel; es ist mannigfaltig, vielgestaltig, immer in Bewegung, widersprüchlich ... und alles andere als symmetrisch, geometrisch starr, wie es in den Romanen erscheint«* (Kap. IV).

A.A.A.

AUSGABEN: Madrid 1902. – Madrid 1947 (in *Obras completas*, Hg. A. Cruz Rueda, 9 Bde., 1947–1954, 1). – Barcelona 1958 (in *Las mejores novelas contemporáneas*, Hg. J. de Entrambasaguas, Bd. 2; m. Einl.). – Madrid 1985, Hg. u. Einl. F. I. Fox (Castalia).

LITERATUR: E. Bobadilla, *Impresiones literarias: »La voluntad«* (in Nuestro Tiempo, 1902, 2, S. 92–99). – S. Beser, *Notas sobre la estructura de »La voluntad«* (in Boletín de la Sociedad Castellonense de Cultura, 36, 1960, S. 169–181). – L. Litvak, *La catedral inconclusa. Un análisis de »La voluntad« de A. como novela de tema religiosa* (in Explicación de Textos Literarios, 2, 1973, S. 67–73). – P. Pearsall, *A.'s »La voluntad« and Nietzsche's »Schopenhauer as Educator«* (in RoNo, 2, 1984, Nr. 25, S. 121–126).

PÍO BAROJA Y NESSI

* 28.12.1872 San Sebastián
† 30.10.1956 Madrid

LITERATUR ZUM AUTOR:
Biographien:
M. Pérez Ferrero, *P. B. en su rincón*, San Sebastián 1941. – Ders., *Vida de P. B.*, Barcelona 1963. – S. J. Arbó, *P. B. y su tiempo*, Barcelona 1963; [2]1969. – L. S. Granjel, *Retrato de P. B.*, Barcelona 1954. –

I. Criado de Miguel, *Personalidad de B.*, Barcelona 1974. – J. Caro Baroja, *Los Baroja*, 1972.
Gesamtdarstellungen und Studien:
F. García Sánchez, *P. B.*, Valencia 1905. – F. Carmona Nenclares, *P. B. Estudio crítico*, Madrid 1921. – H. Demuth, *P. B. Das Weltbild in seinen Werken*, Hagen 1937. – Azorín, *Ante B.*, Saragossa 1946. – P. Caro Baroja, *La soledad de P. B.*, Mexiko 1953. – C. Longhurst, *Las novelas históricas de P. B.*, Madrid 1954. – Indice, 1955, Nr. 70/71 [Sondernr. *P. B.*]. – M. Gómez Santos, *B. y su máscara*, Barcelona 1956. – C. J. Cela, *Recuerdo de P. B.*, Mexiko 1958. – *P. B. y su mundo*, Hg. F. Baeza, 3 Bde., Madrid 1962 [m. Bibliogr.]. – C. Iglesias, *El pensamiento de P. B.: Ideas centrales*, Mexiko 1963. – J. Alberich, *Los ingleses y otros temas de P. B.*, Madrid 1966. – E. González-López, *El arte narrativa de P. B.: Las trilogías*, NY 1971. – B. P. Patt, *P. B.*, NY 1971 (TWAS). – CHA, 1972, Nr. 265–267 [Sondernr. *Homenaje a P. B.*]. – F. López Estrada, *Perspectiva sobre P. B.*, Sevilla 1972. – *Barojiana*, Madrid 1972. – C. Longhurst, *Las novelas de P. B.*, Madrid 1974. – C. del Moral, *La sociedad madrileña fin de siglo y B.*, Madrid 1974. – I. Elizalde, *Personajes y temas barojianas*, Bilbao 1975. – I. R. M. Galbis, *B.: El lirismo de tono menor*, Madrid 1976. – *P. B.*, Hg. J. Martínez Palacio, Madrid 1979 [m. Bibliogr.]. – J. Campos, *Introducción a B.*, Madrid 1981. – J. Extramiano, *La guerra de los Vascos en el 98. Unamuno, Valle-Inclán, B.*, San Sebastián 1983. – J. M. López Marrón, *Perspectivismo y estructura en B.*, Madrid 1985. – J. A. Pérez, *Anarchism in the Works of P. B.*, Diss. NY 1986 (vgl. Diss. Abstracts, 47, 1986).

EL ÁRBOL DE LA CIENCIA

(span.; *Ü: Der Baum der Erkenntnis*). Roman von Pío Baroja y Nessi, erschienen 1911. – In der von ihm selbst zusammengestellten Gesamtausgabe hat der Autor das Werk in die Trilogie *La raza (Die Rasse)* eingegliedert, in der es mit den Romanen *La dama errante* (1908) und *La ciudad de la niebla* (1909) erscheint. Trotzdem sollte gerade *El árbol de la ciencia* als eigene geschlossene Romanwelt betrachtet werden, wohingegen die beiden anderen Werke durch Personen, Handlung und Thematik enger miteinander verknüpft sind. Der Roman ist insofern ein autobiographisches Zeugnis, als aus ihm Barojas Enttäuschungen über das Scheitern eigenen gesellschaftlichen Wirkens sprechen. Wie der Autor selbst 1926 in dem Vortrag *Tres generaciones* betonte, hatte er die historische Wirkung der zeitgenössischen intellektuellen Strömung der *generación del 98* bestritten, die nach dem Desaster des Kubakrieges von 1898 und dem Verlust der letzten überseeischen Kolonien die *regeneración de España*, die geistige und ästhetische Erneuerung Spaniens, betrieben hatte. Doch sollte nicht übersehen werden, daß auch Baroja in den ersten Jahren dieses Jahrhunderts – wie Maeztu, Azorín, Unamuno und Pérez de Ayala – soziale und politische Ideale zu verwirklichen hoffte. *El árbol de la ciencia* darf als das Dokument dieser Generation gedeutet werden, deren Wirken Baroja zwar nicht als gescheitert, so doch in seiner historischen Bedingtheit illusionslos beurteilte.

Sieben Abschnitte unterschiedlicher Länge gliedern die 53 Kapitel des Werks, die scheinbar zusammenhanglos verschiedenste Aspekte des spanischen Lebens am Ende des 19. Jh.s illustrieren. Im Mittelpunkt all dieser Episoden steht der wißbegierige Medizinstudent Andrés Hurtado. Bald muß der jugendliche Idealist erkennen, wie sehr der Universitätsbetrieb von Stagnation und Borniertheit geprägt ist und daß er darin den sozialen Strukturen Madrids gleicht. Auch in die Wissenschaft selbst setzt Hurtado alsbald keine allzu großen Erwartungen mehr, die vermittelte Theorie erkennt er als halbfertig, die Behandlungsmethoden, die er als Praktikant kennenlernt, als menschenunwürdig. Der Tod seines geliebten jüngeren Bruders Luisito, dem die Medizin nicht zu helfen vermag, bestätigt dieses Urteil. Das intellektuelle Leben im Madrid des Fin de siècle, die Caféhauskultur, Diskussionen um die Moden der Zeit – etwas das Aufkommen R. Wagners und C. Lombrosos in Spanien –, die schlaglichtartig dieses Panorama beleuchten, vermögen Hurtado nicht zu befriedigen. Er rettet sich in die Welt des Geistes, liest Romane und begeistert sich für die philosophischen Systeme Kants und Schopenhauers. In ihrem Denken sieht sich der Moralist Hurtado bestätigt, als er erkennt, daß unsoziales und unmoralisches Handeln quer durch die Gesellschaftsschichten eher bestätigt als kritisiert wird. Die Lebensmaxime, die Hurtados Onkel Iturrioz daraus ableitet, lautet: *»... entweder völlige Zurückhaltung und indifferente Betrachtung aller Dinge oder Handeln mit der Beschränkung auf einen kleinen Kreis. Das heißt, man kann wie Don Quijote kämpfen, wenn es gegen eine Anomalie geht; in der gleichen Weise gegen etwas angehen zu wollen, was allgemeine Regel ist, wäre absurd«*. Das Thema der »Quijoterie«, mit der sich Hurtado als Idealist in einer unmoralischen Wirklichkeit identifiziert und das, wenn auch nicht karnevalesk und ironisch wie in Cervantes' Werk, eine Handlungsfolie des Werkes liefert, wird nicht nur im Motiv der dekadenten Flucht des Helden in die Welt der Philosophie Schopenhauers evoziert. Formal und thematisch im Zentrum des Romans steht die Diskussion zwischen Iturrioz und Hurtado: Hurtado deutet das Handeln Quijotes als *»Symbol der Lebensbejahung«* in einer von Illusionen und Täuschungen bestimmten Wirklichkeit: *»Der Lebensdrang bedarf der Fiktion zur Selbstbehauptung. Die Wissenschaft aber ... muß eine Wahrheit finden: die Menge an Lüge, die man zum Leben braucht.«* Dem kultartigen Wahrheitsanspruch Hurtados begegnet Iturrioz mit der Titelmetapher vom »Baum der Erkenntnis« und dem »Lebensbaum«, die in der Heiligen Schrift komplementär aufeinander bezogen waren. Das späte 19. Jh. habe *»die Wissenschaft zum Idol«* gemacht, er dagegen plädiert für eine pragmatische Einstellung gegenüber der Erkenntnis zugunsten des Lebens: *»Was* *ich sagen will, ist, daß ich nicht glaube, daß der Wille nur eine Wunschmaschinerie und die Intelligenz nur eine Reflektionsmaschinerie ist ... Aber dieser Agnostizismus gegenüber allen Dingen, die man nicht mit wissenschaftlichen Methoden erkennt, ist absurd, weil er völlig unbiologisch ist, völlig fremd gegenüber allen Lebensvorgängen.«*

Weder als Landarzt in der kastilischen Kleinstadt Alcolea del Campo, wo Hurtado mit der sozialen Dumpfheit seiner Landsleute konfrontiert ist, noch als Amtsarzt in Madrid, wo er in der Ära des Kubakriegs den Schattenseiten der Großstadt begegnet, kann er sich die Lehren seines Onkels zu eigen machen. Schließlich zieht er aus der *Erfahrung in Madrid*, wie dieser sechste Teil überschrieben ist, die Konsequenz einer Rettung ins Private. Alles scheint sich zum Besseren zu wenden, als Hurtado seine hochfahrenden Pläne zugunsten eines Ehelebens mit seiner Jugendfreundin Lulú aufgibt. Vom gesellschaftlichen Leben löst er sich, indem er seine Amtsarztstelle kündigt und fortan als Übersetzer neuester theoretischer Werke einen aufklärerischen Beitrag zur Förderung der Wissenschaft in seinem Land leistet. Die Idylle wird jedoch getrübt, als Lulú ein Kind erwartet und Hurtado – durch den Tod seines Bruders Luisito gewarnt – fürchtet, Vater eines erblich belasteten Kindes zu werden. Als Lulú und das Kind bei der Geburt sterben, sieht er sich in seinem erbbiologischen Fatalismus bestätigt und vergiftet sich selbst. Die Worte seines Onkels Iturrioz, der Hurtados Leichnam findet, geben dem Freitod des Neffen, der *»keine Kraft zum Leben«* hatte, eine positive Wendung: *»Er war ein Epikuräer, ein Aristokrat, auch wenn er selbst das nicht glaubte. – Aber er hatte etwas, das in die Zukunft wies.«*

Der Roman fügt sich in die lange Reihe der Texte ein, die sich um die Jahrhundertwende mit den Problemen des Vitalismus und des Szientismus auseinandersetzten. In deutlicher Nachfolge ZOLAS, dessen Metaphorik des Sündenfalls dieses Werk ebenso verarbeitet wie die Kategorien der »Rasse«, der »Erbanlagen« und des »sozialen Milieus«, hat Baroja wie sein Zeitgenosse Thomas MANN den Bannkreis der Fin-de-Siècle-Thematik auch in seinem späteren Schaffen nicht verlassen. Bemerkenswert ist die formale Eigenwilligkeit des Werks, die sich einerseits in der strikten Symmetrie der Hauptteile (I bis III, IV mit dem zentralen Dialog über den Lebensbaum, und IV bis VII) äußert, andererseits die willkürliche Kapiteleinteilung, die an Stelle der klassischen, chronologisch erzählten Fabel dialogisch strukturierte Episoden setzt und die so bereits auf den Modernismus CELAS vorausweist.

G.Wil.

AUSGABEN: Madrid 1911. – Madrid 1946–1952 (in *Obras completas*, Bd. 2); ern. Madrid 1973–1980. – Barcelona 1961 (BAE contemporáneos). – Madrid 1985, Hg. u. Einl. P. Caro Baroja (Cátedra).

ÜBERSETZUNG: *Der Baum der Erkenntnis*, W. Halm, Mchn. 1963.

LITERATUR: S. H. Eoff, *The Modern Spanish Novel*, NY 1961, S. 148–185. – E. Inman Fox, *B. and Schopenhauer* (in RLC, 37, 1963, S. 350–360). – M. Duran, *El B. esencial: »El árbol de la ciencia«* (in Insula, 27, 1972, S. 1, 14–15). – L. Iguzquiza, *»El árbol de la ciencia«*, Pamplona 1981. – P. Juan i Tous, *Das gefesselte Engagement. P. B. und das weltanschauliche Spektrum der Jahrhundertwende im Spiegel des »Árbol de la ciencia«*, Diss. Würzburg 1983. – S. Beser, *P. B. »El árbol de la ciencia«*, Barcelona 1983. – P. Juan i Tous, *P. B. – »El árbol de la ciencia«* (in *Der spanische Roman*, Hg. V. Roloff u. E. Wentzlaff-Eggebert, Düsseldorf 1986, S. 270 bis 288).

LA LUCHA POR LA VIDA

(span.; *Ü: Spanische Trilogie*). Romantrilogie von Pío BAROJA Y NESSI, erschienen 1904. – Wie die anderen Trilogien, zu denen Baroja seine Romane *»ein bißchen willkürlich«* (García López) zusammengebündelt hat, trägt auch *La lucha por la vida* (wörtliche Übersetzung: *Der Kampf ums Dasein*) einen Titel, der nur unter einem sehr allgemeinen Gesichtspunkt die innere Einheit von Werken zum Ausdruck bringt, zwischen denen im übrigen kein rechter Zusammenhang besteht. Hier ist es die Darwinsche These des *struggle for life*, von deren Gültigkeit Baroja, der den Leitsatz vertrat: *»Die Tat um der Tat willen ist das Ideal des starken gesunden Menschen«*, auch und gerade im Hinblick auf den Menschen zutiefst überzeugt war. Diese Überzeugung wird im letzten der drei Romane, die hier vereinigt sind (1. *La busca – Irrende Jugend*, 2. *Mala hierba – Giftkraut*, 3. *Aurora roja – Rotes Morgenrot*), durch Roberto Hasting, eine der interessantesten Gestalten des Werks, folgendermaßen ausgesprochen: *»Alle Tiere, und der Mensch ist nur eines von ihnen, befinden sich ständig im Kampf. Deine Nahrung, deine Frau, deinen Ruhm machst du den andern und machen die andern dir streitig.«*

Inhaltlich bietet diese Romantrilogie einen *»offenen, schonungslosen Einblick in die Madrider Unterwelt«* (García López) in einer Reihe von Bildern und Szenen aus den Vorstadtvierteln der spanischen Hauptstadt, in denen am häufigsten die Gestalt des Manuel Alcázar erscheint. Hier, in dieser *»Welt im Kleinen, fieberhaft erregt, wimmelnd wie ein Haufen Würmer« (La busca)*, gelingt es nur wenigen, sich aus der elenden, rein vegetativen Existenz der Masse herauszuheben. Von animalischen Antrieben beherrscht, sind die meisten dieser Menschen ohne Lebensplan und ohne Willen, sich durchzusetzen. Nur Roberto Hasting besitzt beides und triumphiert. Manuel Alcázar, der sich in dem Leben, das er führt, zutiefst unglücklich fühlt, fehlt trotz aller Geschicklichkeit, mit der er es schließlich sogar zu einem kleinen Laden bringt, letzten Endes doch die entscheidende Willenskraft. Er verdankt seine Befreiung einem schlichten, charakterfesten Mädchen mit dem symbolischen Namen Salvadora, einer der rührendsten, dichterisch eindrucksvollsten Frauengestalten Barojas. – Den »Kampf ums Dasein« schildert Baroja nicht nur in der untersten Menschenschicht der Madrider Vorstädte, sondern – in *Mala hierba* – auch in der Schicht des mittleren und gehobenen Bürgertums. Auch hier, wo das Gewinnstreben die Menschen beherrscht, wo Haß, Bosheit, Betrug und Heuchelei ihr Handeln bestimmen, ist dieser Kampf nicht weniger gnadenlos, nur spielt er sich in diskreteren, höflicheren Formen ab. – In dem Kampf aller gegen alle, in dem der Stärkere skrupellos den Schwächeren unterdrückt und vernichtet, erscheint diesem der Anarchismus als die große Möglichkeit der Befreiung, und um ihn geht es in *Aurora roja*. Hier erscheint Juan, der Bruder Manuel Alcázars, als Prototyp jener spanischen Intellektuellen, die sich angesichts der sozialen Ungerechtigkeit die Ideen des Anarchismus zu eigen machten und sich in zugleich religiöser und ästhetischer Begeisterung – Juan Alcázar, ein ehemaliger Seminarist, hat in Paris Malerei und Bildhauerei studiert – für eine neue Gesellschaftsform der Gerechtigkeit, Freiheit und Nächstenliebe einsetzten. Aber der Idealismus dieser jungen Leute ist töricht; er übersieht die niederen Interessen, den Eigennutz, der auch aus den erhabensten Ideen persönlichen Vorteil zu schlagen sucht. An dieser Kurzsichtigkeit geht Juan zugrunde: Zermürbt durch den Einsatz für die Bewegung, stirbt er als einer, der *»zum Rebellen wurde, weil er gerecht sein wollte«*.

So ist *La lucha por la vida* ein zutiefst pessimistisches Werk, geprägt von dem gleichen Pessimismus, der auch für den Nonkonformisten, den »Rebellen« und »Anarchisten« Pío Baroja kennzeichnend war. Manche persönliche Erfahrung des Dichters ist in dieses Romanwerk eingegangen. Den geschilderten Typen war er selbst begegnet in einer Zeit, als er in Madrid die Bäckerei seiner Tante leitete und häufig in die berüchtigten Stadtviertel kam. Die dabei gewonnenen Eindrücke lebendig werden zu lassen ist ihm in unnachahmlicher Weise gelungen. Mit Recht hat Ortega y Gasset gerade im Hinblick auf diese Trilogie Baroja den *»Homer des Pöbels«* genannt. A.A.A.-KLL

Ausgaben: Madrid 1904. – Madrid 1947 (in *Obras completas*, 8 Bde., 1947–1951, 1); ern. Madrid 1973–1980. – Barcelona 1958 (*La busca*, Hg. J. de Entrambasaguas; Las mejores novelas contemporáneas, 3). – Madrid 1972, 3 Bde.

Übersetzung: *Spanische Trilogie*, A. Guggenheim, Zürich 1948.

Verfilmung: Spanien 1966 (Regie: A. Fons; nur Tl. 1).

Literatur: J. Dos Passos, *B., arrebozádo* (in The Dial, Febr. 1923; auch in *B. y su mundo*, Bd. 2, Madrid 1962, S. 115/116). – S. Puértolas Villanueva, *El Madrid de »La lucha por la vida«*, Madrid 1971. – A. Risco, *»La lucha por la vida« de P. B. en la evolución novelística española* (in RCEH, 2, 1978, S. 258–281). – M. Embeita, *»La lucha por la vida«* (in *Actas del I Congreso sobre la picaresca*, Madrid 1979, S. 877–892). – E. Alarcos Llorach, *Anatomía de »La lucha por la vida«*, Madrid 1982. – C. Eustis, *Politics and the Picaresque in the 20th Century Spanish Novel* (in REH, 2, 1984, S. 163–182).

MEMORIAS DE UN HOMBRE DE ACCIÓN

(span.; *Lebenserinnerungen eines Mannes der Tat*). Romanfolge von Pío Baroja y Nessi, erschienen 1913–1935. – Im Vorwort zum ersten Roman *(El aprendiz de conspirador – Der Verschwörerlehrling)* dieser zweiundzwanzig Einzelwerke umfassenden Folge erklärt der Autor, es handle sich um die Lebenserinnerungen eines entfernten Verwandten, Eugenio de Aviraneta, die, niedergeschrieben von dessen Freund Pedro de Leguía y Gaztulumendi, in drei dicken Heften in seine Hände gelangt, von ihm geordnet und ergänzt und schließlich auf Wunsch des Verlegers unter seinem Namen gedruckt worden seien. Aber, so gesteht er, *»jetzt weiß ich schon fast nicht mehr, was Aviraneta diktiert, was Leguía geschrieben hat und was ich hinzugefügt habe«*. In Wirklichkeit beruht das Werk auf langen, mühsamen Nachforschungen, die Baroja im Vorwort zu der von ihm verfaßten Biographie desselben Verwandten – *Aviraneta, o la vida de un conspirador*, 1931 *(Aviraneta, oder das Leben eines Verschwörers)* – sowie in seinen eigenen Erinnerungen – *Desde la última vuelta del camino*, 1944–1949 *(Von der letzten Wegbiegung aus)* – humorvoll beschreibt und bei denen er u. a. auf mehrere Hefte mit Aufzeichnungen von der Hand Aviranetas gestoßen sein will. Das fertige Werk ist dann um ein Vielfaches umfangreicher als alles, was Baroja auf die von ihm beschriebene Weise gefunden haben mag. Ausgedehnte historische Studien sind darin ebenso eingegangen wie die mannigfachen Eindrücke und Beobachtungen, die er während mehrerer Reisen an die Schauplätze seines Romanwerks sammelte. Was bedeutet demgegenüber die Fiktion der dreifachen Autorschaft, die er im Vorwort behauptet? Zweck und Gegenstand des riesigen Unternehmens sind zweifacher Natur. In den Dokumenten und Nachrichten über seinen Verwandten trat Baroja ein Charakter entgegen, der ihm wie eine Verkörperung seines menschlichen Idealtyps erschien: ein Mann der Tat. Wenn Baroja, der die Tat um ihrer selbst willen idealisierte, im Vorwort über Aviraneta sagt: *»Er war einer jener persönlich integren Menschen, die das Ergebnis suchen, ohne sich um die Mittel zu kümmern. [Er] war als Politiker davon überzeugt, daß jedes Ding seinen Namen hat und daß man die Wahrheit nicht verbergen, ja nicht einmal herausputzen darf«* – so kommt das einer Definition dieses Idealtyps gleich. Von Aviraneta sagt Baroja weiter: *»Er erlebte seine Epoche in ihrem Haß und in ihrer Liebe, ihrer Größe und ihrer Verzagtheit, und er erlebte sie intensiv.«* Das will heißen: Die Selbstdarstellung dieses Menschen ist gleichbedeutend mit der Darstellung einer ganzen Epoche, und zwar von innen her. Die von Aviraneta »intensiv erlebte« Epoche umfaßt im wesentlichen die Zeit vom Einfall der napoleonischen Truppen im Jahr 1808 bis zur Übernahme der Regierung durch den General Espartero 1841. Es ist die Zeit der Guerillakämpfe gegen die französische Fremdherrschaft, der Loslösung der amerikanischen Kolonien, vor allem die Auseinandersetzung zwischen Absolutismus und Liberalismus, welche durch zwei militärische Ereignisse, die Intervention der Heiligen Allianz (1823) und den ersten Karlistenkrieg (1834 bis 1840) gekennzeichnet ist. Die eingehende Darstellung dieser Epoche, das zweite Grundanliegen Barojas, war jedoch nur durch die Einführung eines Ko-Autors zu meistern. Don Pedro de Leguía, der die Erinnerungen seines Freundes aufschreibt, teilt auch eigene Beobachtungen mit und kann Dinge berichten, die Aviraneta nicht oder nicht so berichten könnte, kurz, diese Fiktion ermöglicht eine Erweiterung der Perspektive, die das Gesamtbild der Zeit unendlich vertieft. Im Dienst solcher Erweiterung und Vertiefung hält Leguía es zuweilen für nötig, ein Manuskript mitzuteilen, das er angeblich von dritter Hand erhalten hat, nicht ohne, wie der »Herausgeber« gewissenhaft vermerkt, das Einverständnis Aviranetas einzuholen (s. Prolog zu *Las figuras de cera – Wachsfiguren*). Darüber hinaus nimmt sich der »Herausgeber« die Freiheit, Geschichten »aus fremder Feder« einzufügen, die mit Aviraneta zu tun haben. So heißt es von den beiden Geschichten, die den Roman *La ruta del aventurero (Die Straße des Abenteurers)* ausmachen: *»Es scheint, sie wurden vor Jahren von einem Engländer, J. H. Thomson, geschrieben, der lange in Malaga lebte, wo er mit Trauben handelte.«*

Im Zusammenwirken der *»einen, unteilbaren Dreifaltigkeit«* der Autoren ist ein sehr abwechslungsreiches Romanwerk entstanden, in dem kaum zwei Teile formal einander gleichen. In vielen steht Aviraneta nur am Rande, in andern erscheint er gar nicht; manche entpuppen sich als eine Folge von Geschichten, deren Zusammenhang nicht ohne weiteres erkennbar ist. Trotzdem: Vor allem wenn man das Werk Barojas mit den *Episodios nacionales (Nationale Episoden)* von PÉREZ GALDÓS (1843 bis 1920) vergleicht, ist der romanhafte Charakter der *Memorias* nicht zu bestreiten. Baroja selbst wehrt sich allerdings gegen diesen Vergleich (*Obras*, Bd. 7, S. 1077). Sein Werk habe mit dem von Galdós nur äußerlich etwas gemeinsam: *»die Zeit und die Sache«*. Aus dieser Zeit habe Galdós sich die glänzendsten Augenblicke ausgesucht, er dagegen die, die sein Protagonist ihm geliefert habe. Dieser verkörpert einen Menschentyp, welcher der ganzen Epoche das Gepräge gibt, den *des Guerrillero*, der sich in den Aufständen gegen die Franzosen herausgebildet hatte und dann zum Träger der innenpolitischen Auseinandersetzungen wurde, soweit diese militärischen Charakter annahmen. Aviraneta hatte als *Guerrillero* unter dem Kommando des Priesters Merino gegen die Franzosen gekämpft; bald darauf aber stand er auf seiten der Liberalen gegen Merino, der dem karlistischen Lager angehörte. In der Schilderung der Ereignisse, mit denen das Leben Aviranetas verbunden war, interessieren Baroja nicht die großen, heroischen, »weltbewegenden« Augenblicke; der 2. Mai 1808 beispielsweise, der Tag der Erhebung Madrids gegen die napoleonische Herrschaft, bei Galdós ein eindrucksvolles Gemälde, ist bei Baroja nur ein Datum. Ihm geht es um den Alltag, die prosaische Innenseite der Dinge: das Leben der Guerrilleros in den Bergen Navarras, das Treiben der Geheimbündler und Freimaurer in ihren Schlupfwinkeln. Er hält sich an die intime, menschliche Seite, die nicht in den Geschichtsbüchern steht. Ebendarum reizte ihn Aviraneta, den weder die zeitgenössische noch die spätere Geschichtsschreibung erwähnt, der in der großen Auseinandersetzung der Zeit die Sache des Liberalismus *Mit der Feder und mit dem Degen* (Titel eines Romans der Reihe) verteidigte, aber keine Anerkennung erfuhr. Ihn, *»den tapferen Mann, den kühnen Patrioten, den begeisterten Liberalen, dessen Los es war, zu seinen Lebzeiten der Verachtung, nach seinem Tod der Vergessenheit anheimzufallen«*, grüßt Baroja durch den Mund Leguías am Schluß des letzten Romans *(Desde el principio hasta el fin – Von Anfang bis Ende)*: *»Adieu, Herr Aviraneta, Verwandter, Landsmann und Kampfgenosse im Liberalismus, Individualismus und im ein wenig verunglückten Leben.«* F.I.

AUSGABEN: *El aprendiz de conspirador*, Madrid 1913. – *El amor, el dandysmo y la intriga*, Madrid 1913. – *El escuadrón del »Brigante«*, Madrid 1913. – *Los caminos del mundo*, Madrid 1914. – *Con la pluma y con el sable*, Madrid 1915. – *Los recursos de la astucia*, Madrid 1915. – *Los caudillos de 1830*, Madrid 1918. – *La veleta de Gastizar*, Madrid 1918. – *La Isabelina*, Madrid 1919. – *Los contrastes de la vida*, Madrid 1920. – *El sabor de la venganza*, Madrid 1921. – *Las figuras de cera*, Madrid 1924. – *Humano enigma*, Madrid 1928. – *Las mascaradas sangrientas*, Madrid 1928. – *La senda dolorosa*, Madrid 1928. – *La nave de los locos*, Madrid 1929. – *Los confidentes audaces*, Madrid 1931. – *La venta del Mirambel*, Madrid 1931. – *Juan van Halen, el oficial aventurero*, Madrid 1933. – *Cronica escandalosa*, Madrid 1935. – *Desde el principio hasta el fin*, Madrid 1935. – Madrid 1947/48 (in *Obras completas*, 8 Bde., 1946–1952, 3/4); ern. Madrid 1973–1980. – Madrid 1981.

LITERATUR: F. Sánchez, *Sobre las »Memorias de un hombre de acción« de B.* (in Hispania 13, 1930, S. 301–310). – J. L. Castillo Puche, *Memorias íntimas de Aviraneta o Manual del conspirador*, Madrid 1952. – C. A. Longhurst, *P. B. and Aviraneta: Some Sources of the »Memorias de un hombre de acción«* (in BHS, 1971, S. 328–345). – J. Sánchez Reboredo, *Notas sobre la estructura de las »Memorias de un hombre de acción«* (in RRO, 4, 1972, S. 379–395). – J. M. López Marrón, *Perspectivismo histórico y estructura literaria en las »Memorias de un hombre de acción« de P. B.*, Diss. NY 1979 (vgl. Diss. Abstracts, 40, 1980, S. 4076A). – M. S. Collins, *P. B.'s »Memorias de un hombre de acción« and the Ironic Mode: The Search for Order and Meaning*, Diss. Princeton 1983 (vgl. Diss. Abstracts, 43, 1983, S. 3615 A).

JACINTO BENAVENTE Y MARTÍNEZ

* 12.8.1866 Madrid
† 14.7.1954 Madrid

LITERATUR ZUM AUTOR:
F. de Onis, *J. B.*, NY 1923. – W. Starkie, *J. B.*, Ldn. 1924. – A. Lázaro, *Vida y obra de B.*, Madrid 1925, ern. 1964. – M. Roggendorf, *J. B. und sein Werk*, Diss. Köln 1951. – J. Vila Selma, *B., fin de siglo*, Madrid 1952. – A. Guardiola, *B. Su vida y su teatro portentoso*, Barcelona 1954. – F. C. Saínz de Robles, *J. B.*, Madrid 1954. – J. Sánchez Estevan, *J. B. y su teatro. Estudio biográfico y crítico*, Barcelona 1954. – C. Pörtl, *Die Satire im Theater B.s von 1896 bis 1907*, Mchn. 1966. – M. Peñuelas, *J. B.*, NY 1968 (TWAS). – J. Mathias, *B.*, Madrid 1969. – M. Sánchez de Palacios, *J. B.*, Madrid 1969. – R. L. Sheehan, *B. and the Spanish Panorama 1894–1954*, Madrid 1976. – H. Tzitsikas, *La supervivencia existencial de la mujer in las obras de B.*, Barcelona 1982.

LOS INTERESES CREADOS. Comedia para Polichinelas

(span.; *Ü: Der tugendhafte Glücksritter oder Crispin als Meister seines Herren*). Komödie in zwei Akten, einem Prolog und drei Bildern von Jacinto BENAVENTE Y MARTÍNEZ, Uraufführung: Madrid, 9. 12. 1907, Teatro de Lara. – Der Autor bezeichnet sein Werk als *»Puppenkomödie«* und sagt im Prolog, seine Personen seien keine Menschen, sondern Marionetten, Hampelmänner aus Pappe und Lumpen; doch an diesen Figuren, deren Namen der italienischen *commedia dell'arte* entnommen sind, demonstriert und kritisiert er höchst menschliche Verhaltensweisen. Im Prolog zu seiner als Fortsetzung dieses Stücks gedachten Komödie *La ciudad alegre y confiada* wird seine Absicht deutlich: *»Die Puppen sind ganz Federn, Falten und Gelenke; wie sie sich aufrichten und beugen, wie sie sich wenden und kriechen! ... Diese Puppen sind Menschen, die zu leben wissen: die schlauen Menschen, die wir alle kennen. Der wahre Mensch wird euch dagegen starr und unbiegsam vorkommen, ohne Gelenke ...«* In dieser eleganten und witzigen Komödie, einem seiner besten Werke, geht Benavente mit seinen eigenen Zeit- und Standesgenossen ins Gericht, mit den materialistisch-positivistischen Bürgern, die sich so leicht am Faden ihrer banalen finanziellen oder gesellschaftlichen Interessen gängeln lassen, wenn man sich mit ihrer Mechanik auskennt. Aber Benavente will nicht den finsteren Moralapostel spielen, er will unterhalten. Deshalb rückt er die Handlung in eine ferne Zeit und läßt sie zwischen stilisierten Gestalten in einer stilisierten Landschaft spielen. Im 17. Jahrhundert kommen zwei Spitzbuben, Leandro und Crispín, ohne Geld und auf der Flucht vor der Justiz in eine Stadt, wo sie – zum Glück – niemand kennt. Der pfiffige und tatkräftige Crispín führt seinen Kumpan als vornehmen Herrn bei den Bürgern ein und gibt sich als dessen Diener aus. Im Handumdrehen hat er überall Kredit. Durch Schenkungen, die andere bezahlen, und Versprechen, um deren Einlösung er sich vorerst keine Sorgen macht, nimmt er die Leute für sich ein und weiß seine und seines Herrn Interessen so eng mit denen der Bürger zu verknüpfen, daß, als sein Schwindel platzt, niemand die Bestrafung der beiden Gauner wollen kann – im Gegenteil: Alle bestehen darauf, daß Leandro seine geliebte Silvia heiratet, die Tochter des reichen Herrn Polichinela, denn nur so ist ihnen das versprochene oder geschuldete Geld sicher. Und Polichinela muß zähneknirschend zustimmen – seine dunkle Vergangenheit ist Crispín zu gut bekannt.

Benavente mischt ironische Charakterisierungskunst mit Schelmentum und einer Dosis Romantik. Crispín hat Erfolg, weil er die Menschen kennt und ihre Motive durchschaut: *»Wer nicht gibt, der nimmt nicht; Handelsbörse, Wechselstube ist die Welt.«* Auf den Einwand des durch Liebe gewandelten Leandro, außer den Interessen habe auch seine Liebe zu Silvia zum glücklichen Ende beigetragen, antwortet er: *»Und ist diese Liebe ein geringes Interesse? Ich habe dem Ideal immer sein Teil zukommen lassen und immer mit ihm gerechnet.«* Doch das Schlußwort behält Silvia: Wohl seien es die groben Fäden der Interessen, die die Menschen bewegen, doch zuweilen senke sich auch der zarte Faden der Liebe vom Himmel ins Menschenherz, der *»uns sagt, daß es etwas Göttliches in unserem Leben gibt, das ewig ist und nicht vorbei sein kann, wenn die Posse endet«*. Benavente erweist sich hier als glänzender Dramaturg, sein Stück ist technisch nahezu perfekt, in den eleganten Dialogen entfaltet sich eine bissige Ironie und Gesellschaftskritik. A.A.A.

AUSGABEN: Madrid 1908. – Madrid 1956 (in *Obras completas*, 11 Bde., 1950–1958, 3). – Madrid 1963. – Madrid 1980 (Austral). – Barcelona 1983. – Madrid 1986, Hg. u. Einl. F. Lázaro Carreter.

ÜBERSETZUNG: *Der tugendhafte Glücksritter oder Crispin als Meister seines Herren*, A. Haas u. E. Domínguez Rodiño, Mchn. 1917; Zürich 1974.

LITERATUR: S. Aznar, *J. B. »Los intereses creados«* (in Cultura Española, 1, 1908, S. 70–77). – E. Gómez de Baquero, *»Los intereses creados«* (in La España Moderna, 229, 1908, S. 169–177). – E. Buceta, *En* *torno de »Los intereses creados«* (in Hispania, 4, 1921, S. 211–222). – J. H. Allred, *A Comparison of B.'s »Los intereses creados« and »La ciudad alegre y confiada« with Beaumarchais' »Le barbier de Séville« and »Le mariage de Figaro«*, Diss. Univ. of North Carolina 1929. – D. Alonso, *De »El caballero de Illescas« a »Los intereses creados«* (in RFE, 50, 1967, S. 1–24). – J. Vila Selma, *Notas en torno a »Los intereses creados« y sus posibles fuentes* (in CHA, 1970, Nr. 243, S. 588–611). – R. J. Young, *»Los intereses creados«: Nota estilística* (in NRFH, 21, 1972, S. 392–399). – G. Dufour, *Note sur le personnage de »Leandro« dans »Los intereses creados« de J. B.* (in Cahiers d'Études Romanes, 8, 1982, S. 85–92). – A. M. Peñuel, *Form, Function and Freud in B.'s »Los intereses creados«* (in Hispano, 3, 1985, S. 71–82).

LO CURSI

(span.; *Das Spießbürgerliche*). Komödie in drei Akten von Jacinto BENAVENTE Y MARTÍNEZ, Uraufführung: Madrid, 19. 1. 1901, Teatro de la Comedia. – Agustín, der Sohn des Marqués de Villa-Torres, lebt nicht nur in der ständigen Sorge, ob er auch immer nach der letzten englischen Mode gekleidet sei und eine geeignete Büglerin für seine Hemden finden werde usw.; er verschont auch seine Frau Rosario nicht mit dieser Manie. Diese fühlt sich ihm gegenüber unsicher, als armselige Provinzlerin, in der steten Furcht, nicht »vornehm« genug zu sein und »spießig« zu wirken. Ihre unverheiratete Tante Flora verkörpert mit ihrer strengen Moral die traditionelle spanische Lebensart. Sie wehrt sich gegen alles »Moderne«, das nur den Verlust der gesunden Sitten von früher verdeckt. Ganz anders dagegen sind Agustíns Kusinen Lola und Asunción mit ihren Hündchen, ihren Sätzchen in französisch und englisch, ihrer Sportbegeisterung, ihrem Gefallen an pikanter Literatur. Mit ihrem Vetter teilen sie die Vorliebe für alles Vornehme und den Abscheu vor allem, was spießbürgerlich wirken könnte. Vergebens warnt der Marqués, daß ihr Tun ein schlechtes Ende nehmen werde, denn *»schlecht sein bedeutet, die Gefühle maskieren, und um nicht spießig zu wirken, maskieren wir sie oftmals und zwingen die anderen, dasselbe zu tun«*. Agustín beginnt einen Flirt mit Lola, da es nicht zum guten Ton gehört, sich allzu abhängig von seiner Frau zu zeigen. Er ermutigt Rosario sogar, sich ihrerseits mit Carlos, seinem besten Freund, einzulassen, der aber die Lage zu seinem Vorteil zu nutzen und sich nicht mit frivolem Spiel zu begnügen gedenkt. Als das Spiel scheinbar ernst zu werden beginnt, wird Agustín – obwohl das nicht sehr »vornehm« ist – eifersüchtig. Doch in der letzten, vom Marqués geschickt vorbereiteten Szene versöhnen sich die Eheleute, und Agustín kommt zu dem Schluß, daß *»das Gute niemals spießig ist«*. Rosario hat einen zu aufrechten Charakter, als daß ihr das Spießertum wirklich etwas anhaben könnte.

Mit Vorliebe befaßte sich Benavente mit diesen ihm wohlvertrauten Kreisen der begüterten Klasse Madrids, denn sie gaben ihm die Möglichkeit, Figuren zu zeichnen, die andere Probleme beschäftigten als die Sorge um das tägliche Brot. Zwar ist D. Gasparito, der Vater Lolas und Asuncións, ein Parvenü, der nur an sein Geld und seine eingebildeten Krankheiten denkt, doch besitzen die übrigen Personen genügend Bildung und Esprit, die es dem Autor erlauben, seine geistreichen Dialoge zur Geltung zu bringen, die zwar ein wenig bitter, spöttelnd, zuweilen verletzend, aber stets elegant, liebenswürdig und von feinem Humor sind. Benavente scheut zurück vor heftigen dramatischen Situationen, vor Verzweiflungsschreien und tragischen Gesten. Die Gefühlsäußerungen sind eher verhalten. Rosario bricht nicht in Tränenströme aus, als sie sieht, daß es ihrer aufrichtigen Liebe nicht gelingt, die Gefühlskälte und den Dünkel ihres Gatten zu überwinden. Sie protestiert wohl, aber sanft, schmeichelnd und immer zur rechten Zeit abbrechend. Die allzu rasche Lösung am Schluß entbehrt der Glaubwürdigkeit, aber Benavente will eher unterhalten als irgendeine Moral predigen. Er zeichnet ein Bild der eleganten Madrider Gesellschaft und macht sich lustig über ihren Drang, übermäßig »modern« zu erscheinen. Die Dinge sind nun einmal so, warum sollte man sie übertreiben, schreckliche Probleme daraus machen?

Diese Einstellung hebt sich von den dramatischen Effekten, ausladenden Gesten und aufgebauschten Situationen ECHEGARAYS ebenso ab wie von den schwierigen Problemstellungen eines PÉREZ GALDÓS. Benavente verspottet zwar diejenigen, die keine anderen Sorgen haben, als »elegant« zu sein oder, besser gesagt, zu erscheinen (ein Thema, das von einem anderen großen Kenner der Madrider Gesellschaft, Pérez Galdós, in seinen Romanen behandelt wurde). Aber der Esprit des Autors, seine scharfsinnigen und intelligenten Beobachtungen und sein Humor hindern ihn daran, eine Lektion zu erteilen; er macht auf subtile Weise darauf aufmerksam, daß diesen lächerlichen Spießbürgern eine ernsthafte Arbeit fehlt. A.A.A.

AUSGABEN: Madrid 1904 (in *Teatro*, Bd. 4). – Madrid 1957 (Austral). – Madrid 1958 (in *Obras completas*, 11 Bde., 1). – Madrid 1964. – Madrid 1979 (Austral).

LITERATUR: R. Gómez de la Serna, *»Lo cursi« y otros ensayos*, Barcelona 1948. – J. Vila Selma, *B. fin del siglo*, Madrid 1952.

LA NOCHE DEL SÁBADO. Novela escénica en cinco cuadros

(span.; *Die Nacht des Samstags*). Schauspiel von Jacinto BENAVENTE Y MARTÍNEZ, erschienen 1903; Uraufführung: Madrid, 17. 3. 1903, Teatro Español. – Mit diesem als »szenischer Roman« bezeichneten Bühnenwerk erzielte Benavente nicht nur einen seiner größten Erfolge, sondern verhalf auch dem modernistisch-symbolistischen Theater gegenüber den noch immer gängigen Dramen von José Echegaray zum entscheidenden Durchbruch. Schon durch den vom »Leser« des Romans gesprochenen Prolog wird die Handlung ins Gleichnishafte gehoben, zumal durch das beschwörende Zitat der Inschrift über dem Höllentor in Dantes *Inferno*. Die ironisch-phantastische Fiktion einer irgendwo an der Côte d'Azur gelegenen Luxusherberge für die dekadente internationale Hautevolee und die Typen der Protagonisten unter den insgesamt 44 auftretenden Gestalten unterstreichen zusammen mit den späteren Dialogszenen die Intention des »Ideentheaters«.

Das erste Bild zeigt, in einer die Perversion enthüllenden, karikaturenhaften Selbstdarstellung, jene Welt, in der Erbprinz Florencio von Suevia lebt, umgeben von Snobs wie dem englischen adeligen Ehepaar Seymour, dem Dichterling Harry Lucenti als Maître de plaisir und der mannstollen Gräfin Rinaldi, der es gelungen ist, sich zu dieser zynischen, ausschweifenden Gesellschaft Zutritt zu verschaffen. Das zweite Bild stellt – voller komischer Effekte – die Welt des Zirkus vor, in dessen zu einer Grotte verkitschtem Erfrischungsraum sich Artisten und Zuschauer im Gespräch begegnen. Mit dem wirkungsvoll verzögerten Auftritt der Hauptfigur Imperia, die von niedriger Herkunft ist, schlägt das Stück in tragische, von pessimistischem Lebensgefühl bestimmte Bilder um. Imperia, die die feine Gesellschaft mit dem Bericht über ihre Jugend und mit ihrer Liebe zu einem Mörder schokkiert hat, dient dem lebensuntüchtigen Fürsten Miguel als Halt, an den er sich hilflos klammert. Getreu ihrem Namen und ganz im Gegensatz zu der schizophrenen alten Maestá, läßt sich Imperia bei ihren Handlungen nur vom Willen, nicht vom Gefühl leiten. Ursprünglich eingegeben hat ihr diesen Willen freilich der weltfremde Bildhauer Leonardo, dessen Modell und Phantasiegebilde sie war. Der Tod ihrer Tochter erspart Imperia, die Herrin von Suevia werden will, den Konflikt zwischen Muttergefühlen und Machtgier. Nachdem Florencio ermordet worden ist, erpreßt sie skrupellos die Polizei, die Tatzeugen und die Verwandtschaft, um den wahren Sachverhalt zu verbergen: *»Um etwas Großes im Leben zu verwirklichen, muß man die Wirklichkeit vernichten, ihre Trugbilder beseitigen, die uns den Weg verstellen, und als einziger Wirklichkeit dem Weg unserer Träume zum Ideal folgen.«* Auf der Flucht vor der Wirklichkeit aber bleiben alle Gefangene ihrer Träume: *»Sie fliehen die Kälte und bringen die Kälte ihres Lebens mit, sie fliehen ihr Leben, und ihr Leben verfolgt sie. Für sie sind alle Wege eine Hölle.«* D.B.

Ausgaben: Madrid 1903. – Madrid 1956 (in *Obras completas*, 11 Bde., 1950–1958, 1). – Madrid 1972. – Madrid 1983 (Austral).

Literatur: J.-P. Borel, *Teatro de lo imposible*, Madrid 1966.

VICENTE BLASCO IBÁÑEZ

* 29.1.1867 Valencia
† 28.1.1928 Menton / Frankreich

Literatur zum Autor:
E. Zamacois, *Mis contemporáneos: V. B. I.*, Madrid 1910. – J. Mas y Laglera, *B. I. y la jauría*, Madrid 1928. – R. Martínez de la Riva, *B. I., su vida, su obra, su muerte, sus mejores paginas*, Madrid 1929. – E. Gascó Contell, *Genio y figura de V. B. I.*, Madrid 1957. – E. Betoret-Paris, *El costumbrismo regional en la obra de B. I.*, Valencia 1958. – J. B. Dalbor, *The Short Stories of V. B. I.*, Ann Arbor 1961. – A. Domínguez Barberá, *El tradicionalismo de un republicano*, 3 Bde., Sevilla 1962. – J. L. León Roca, *V. B. I.*, Valencia 1967. – M. Xandró, *B. I.*, Madrid 1971. – J. L. León Roca u. J. N. Loubès, *B. I., diputado y novelista*, Toulouse 1972. – P. Smith, *V. B. I., una nueva introducción a su vida y su obra*, Santiago de Compostela 1972. – P. Tortosa, *La mejor novela de B. I.: su vida*, Valencia 1977. – C. Iglesias, *B. I. Un novelista para el mundo*, Madrid 1986.

LA BARRACA

(span.; *Ü: Valencia*). Roman von Vicente Blasco Ibáñez, erschienen 1899. – Eine Bauernhütte in der Nähe von Valencia ist wegen eines einst dort begangenen Verbrechens verfemt. Die umwohnenden Bauern haben sich geschworen, jeden zu vernichten, der sich anmaßen würde, dort zu wohnen oder den Boden zu bestellen. Doch Battiste Borull, ein arbeitsamer und tatkräftiger Mann, wagt es, diese Drohung zu mißachten; daraufhin sind er und seine Familie ständig den Schikanen und Verfolgungen der von Pimento, einer hinterlistigen, aber einflußreichen Kreatur, aufgewiegelten Bauernschaft ausgesetzt. Als der jüngste Sohn Borulls in einen Kanal geworfen wird und an den Folgen dieser brutalen Untat stirbt, ruht der Haß der Widersacher eine Weile. Aber als Battiste sich in einer Kneipe gegen einen heimtückischen Angriff Pimentos zur Wehr setzt und ihn niederschlägt, flammt die alte Wut gegen ihn um so stärker wieder auf. In der Nacht stecken die Bauern die verfemte Hütte in Brand und zerstören damit Battistes Lebenswerk.

Neben der Schönheit der üppigen Vegetation der Huerta-Landschaft bei Valencia, Schauplatz des Romans, beschreibt Blasco Ibáñez mit angeborener erzählerischer Begabung, sprachlicher Gewandtheit und dramaturgischem Geschick das Land gleichzeitig als wenig bekanntes Rückzugsgebiet von Aberglauben, Rückständigkeit, Intoleranz, Lastern aller Art und Machtmißbrauch. In allen Naturschilderungen des stets leidenschaftlichen politischen Kämpfers und unbequemen Republikaners dominiert Protest, Anklage, zugleich aber auch Selbstkritik. – Viele Kritiker halten diesen Roman für Blasco Ibáñez' Meisterwerk. Der zähe und fleißige Battiste verkörpert einen der vom Autor bewunderten Tatmenschen, die an sich selbst, an den Mitmenschen, an den Widrigkeiten der Natur oder der Lebensumstände scheitern. Battiste geht zugrunde an der dumpfen Gedankenlosigkeit und dem stumpfsinnigen Verhalten der von einem brutalen Schläger geführten Masse. Die Analogien, die man zwischen *La barraca* und ZOLAS *La terre* hat feststellen wollen, überzeugen nicht recht. Die Methodik des naturalistischen Romans ist zwar nicht ohne Nachwirkung auf Ibáñez geblieben, aber sein Naturalismus setzt vor allem die realistische Tradition der spanischen Kunst fort: Ihre Härte kam dem schroffen, kämpferischen Charakter des Verfassers, der auch in seinen Hauptfiguren zu spüren ist, am meisten entgegen.

»Das Leben ist Lebenskampf, und der Kampf ist sinnlos« war seine Maxime, die in der klaren und einfachen Fabel dieses Romans packend veranschaulicht wird. A.F.R.

AUSGABEN: Madrid 1899. – Madrid 1958 (in *Obras completas*). – Madrid 1979–1980 (in *Obras completas*, Bd. 1). – Barcelona 1982.

ÜBERSETZUNGEN: *Valencia*, O. A. van Bebber (in *Ges. Romane*, Bd. 2, Zürich/Lpzg. 1928). – *Die Scholle*, O. A. u. E. van Bebber, Mchn. 1950.

LITERATUR: P. Gómez Martí, *Psicología del pueblo valenciano según las novelas de B. I.*, Valencia 1931. – A. Greiner, *B. I., der spanische Zola?*, Jena 1932. – A. Vázquez Cey, *»La barraca«, novela mediterránea* (in Humanidades, Universidad del Plata, 1934). – R. Edel, *B. I. in seinem Verhältnis zu einigen neueren frz. Schriftstellern*, Gütersloh 1935. – R. A. Cardwell, *B. I. »La barraca«*, Ldn. 1973. – J. Vayssiere, *»La barraca« devient »Terres maudites«* (in BHi, 76, 1974, S. 335–352). – B. Suárez, *La creación artística en »La barraca« de B. I.* (in CHA, 1981, Nr. 371, S. 371–385). – J. T. Medina, *The Valencian Novels of B. I.*, Valencia 1984, S. 51–64.

ÁNGEL GANIVET

* 13.12.1865 Granada
† 29.12.1898 Riga

LITERATUR ZUM AUTOR:
F. Navarro Ledesma, *A. G.*, Valencia 1905. – M. Fernández Almagro, *Vida y obra de A. G.*, Valencia 1925, ern. Madrid 1953. – H. Jeschke, *A. G. Seine Persönlichkeit und Hauptwerke* (in RH, 72, 1928, S. 102–246). – A. Espina, *G. El hombre y la obra*, Buenos Aires 1942. – R. Martínez Nadal, *Introduction to Spain and Interpretation of A. G.*, Ldn. 1946. – F. García Lorca, *A. G. Su idea del hombre*, Buenos Aires 1952. – M. Olmedo Moreno, *El pensamiento de A. G.*, Buenos Aires 1952; Madrid 1965. – A. Gallego Morell, *A. G. El excéntrico del 98*, Granada 1965. – Insula, 20, 1965 [Sondernr. *Homenaje a A. G.*]. – J. Herrero, *A. G., un iluminado*, Madrid 1966. – A. Gallego Morell, *En torno a G.*, Madrid 1969. – *Estudios y textos ganivetianos*, Hg. A. Gallego Morell, Madrid 1971. – N. Carrasco, *G.*, Madrid 1971. – J. V. Agudiez. *Las novelas de A. G.*, NY 1972. – C. de la Flor Maya, *A. G. y la teoría del conocimiento en la España en la fin del siglo*, Granada 1982. – J. Ginsburg, *A. G.*, Ldn. 1985. – M. Franzbach, *Die Hinwendung Spaniens zu Europa. Die generación del 98*, Darmstadt 1988, S. 47–58 (EdF).

IDEARIUM ESPAÑOL

(span.; *Spaniens Weltanschauung und Weltstellung*). Kulturkritischer Essay von Ángel GANIVET, erschienen 1897. – In diesem seinen bedeutendsten Werk wird der Autor insofern zum Vorläufer der »Generation von 98«, als er fern von aller großen Rhetorik in klarer und eleganter Sprache den politischen und kulturellen Niedergang Spaniens analysiert und durch Besinnung auf die angestammte kastilische Wesensart die Überwindung der Krise anstrebt. Im ersten der drei Teile zeigt er anhand eines Streifzugs durch das Kriegswesen, die Justiz und die Kunst den stoischen Grundzug *(sosiego)*, der in Spanien zuerst von SENECA klar formuliert worden war und der neben dem christlichen Einschlag sowie dem leidenschaftlichen arabischen Temperament den iberischen Volkscharakter entscheidend bestimmt. Diese Eigenarten äußerten sich in der spanischen Geschichte immer wieder als Nonkonformismus, als Abneigung gegen alles Geschriebene und als eine gewisse Eigenbrötelei gegenüber fremden Einflüssen. – In der anschließenden Analyse der spanischen Politik versucht der Autor den Nachweis zu führen, daß die Abkehr von den natürlichen Lebensgesetzen der Nation und die Verausgabung der Kräfte in auswärtigen Unternehmungen die eigentlichen Gründe des Niedergangs seien. Im Gegensatz zu der europäisierenden Literatur seiner Zeit erhofft Ganivet voller Optimismus den inneren Wiederaufbau Spaniens auf den Grundpfeilern der Tradition. Fremde Einflüsse will er dabei nur in dem Maß zugelassen wissen, in dem diese der Wesensart des Volkes untergeordnet werden können. Er weist dabei im abschließenden dritten Teil auch auf Mängel der spanischen Mentalität hin, insbesondere auf die *abulia*, eine besondere Form der Willensschwäche und des Unvermögens, neue Gedanken zu assimilieren. Er verlangt daher vom einzelnen, den undisziplinierten Individualismus in eine produktive innere Unabhängigkeit zu verwandeln. Nur dann könne Spanien seiner geistigen Rolle in der Geschichte gerecht werden. Ganivets Ideen, die er hier mit erstaunlicher Klarheit vorträgt, haben vor allem auf den spanischen philosophischen Roman der Jahrhundertwende (Baroja, Azorín, Pérez de Ayala und Unamuno) gewirkt. H.M.-KLL

Ausgaben: Granada 1897; Madrid ²1905, Hg. A.T. de Ganivet (erw.: *El porvenir de España*). – Madrid 1923 (in *Obras completas*, Hg. ders., 2 Bde., 1). – Madrid 1961 (in *Obras completas*, Hg. M. Fernández Almagro, 2 Bde., 1). – Madrid 1962. – Madrid 1964 [Ausz.]. – Madrid 1981 (Austral.). – Barcelona 1983.

Übersetzung: *Spaniens Weltanschauung und Weltstellung*, A. Haas, Mchn. 1921.

Literatur: M. Azaña, *El »Idearium español« de G.* (in M. A., *Plumas y palabras*, Madrid 1930, S. 9–115). – F. Elías de Tejada, *Ideas políticas de A. G.*, Madrid 1939. – P. Laín Entralgo, *Visión y revisión del »Idearium español« de A. G.* (in Ensayos y Estudios, 2, 1940, S. 67–93). – C. Arduengo Valderrama, *Las ideas de G. y de Unamuno sobre España*, Diss. Univ. of NY 1950. – A. del Hoyo, *Más sobre el »Idearium español« de A. G.* (in La Torre, 14, 1966, S. 140–148). – H. Ramsden, *A. G.'s »Idearium Español«. A Critical Study*, Manchester 1967. – Ders., *The 1898 Movement in Spain. Towards a Reinterpretation with Special Reference to »En torno al casticismo« and »Idearium español«*, Manchester 1974. – J. Sánchez Bondy, *Cervantes y el »Idearium español«* (in *Cervantes. Su obra y su mundo. Actas del I Congreso Internacional sobre Cervantes*, Hg. M. Criado del Val, Madrid 1981, S. 1037–1041). – P. Blasco, *Perception du Portugal dans »Idearium español« de A. G.* (in Ibérica, 4, 1983, S. 35–47).

LOS TRABAJOS DEL INFATIGABLE CREADOR PÍO CID

(span.; *Die Arbeiten des unermüdlichen Schöpfers Pío Cid*). Roman von Ángel Ganivet, erschienen 1898. – Vom Verfasser als Fortsetzung seines Romans über *»den letzten spanischen Eroberer Pío Cid«* bezeichnet (in *Conquista del reino de Maya*), haben die beiden Werke doch wenig gemeinsam. An die Stelle des utopischen Mayareiches ist die zeitgenössische Wirklichkeit Spaniens und der spanischen Gesellschaft getreten. Die Hauptstadt Madrid, die sich nach dem Vorbild von Paris zur Großstadt wandelt, ist nun der Schauplatz. Aus dem Eroberer Pío Cid ist der Erzieher geworden, der an seiner eigenen Vervollkommnung und der seiner Mitmenschen arbeitet. Nacheinander widmet er sich der Führung der studierenden Jugend, der Rettung gefallener Mädchen, der Unterweisung der Dichter, der Reform der spanischen Politik durch Änderung des Menschen. Zunächst plante Ganivet, seinen Helden Pío Cid wie Herkules zwölf Arbeiten verrichten zu lassen, die der Erneuerung Spaniens dienen sollten. Als Abschluß des Romans war der Tod Píos vorgesehen, doch wandte sich der Autor nach der Veröffentlichung seiner ersten sechs *trabajos* anderen Projekten zu. Das Werk besitzt autobiographische Züge insofern, als sich hinter der Gestalt Pío Cids Ganivet selbst mit seinem Reformeifer verbirgt, und die Welt- und Lebensauffassung des Helden ebendie seines Schöpfers ist. Diese Auffassung ist durch die für die spanische Geistesgeschichte so wichtige Schule des »Krausismo« bestimmt, die vor allem auf die pädagogischen und religionskritischen Ideen und die freimaurerische Agitation des deutschen Philosophen Karl Christian Friedrich Krause (1781–1832) zurückgeht und in gerader Linie zu der für die Erneuerung des spanischen Geisteslebens hoch bedeutsamen literarisch-kulturellen Bewegung der »Generación del 98« geführt hat. Ein wichtiges Bindeglied ist in dieser Entwicklung Ángel Ganivet, der als Student bei Ginger de los Ríos (1839–1915), dem Schüler und geistigen Erben des Begründers des Krausismo in Spanien, Sanz del Río (1814–1869), Vorlesungen hörte. Ebenso wie dieser Lehrer Ganivets glaubt Pío Cid, nur durch einen neuen Menschentyp könne Spanien, das er von toten Traditionen, Interessengruppen und Cliquen, von fortschrittsfeindlichen, längst erstorbenen Institutionen beherrscht sieht, zu neuem Leben erweckt und zu neuer Bedeutung geführt werden. A.F.R.-KLL

Ausgaben: Madrid 1898, 2 Bde. – Madrid 1923–1930 (in *Obras completas*, Bde. 3–4). – Madrid 1966. – Madrid 1983, Hg. u. Einl. L. Rivkin (Cátedra).

Literatur: G. Conradi, *Das Problem der »autocreación« bei A. G.*, Diss. Mainz 1950. – R. Ricard, *Galdós et ses romans*, Paris 1961. – J. Herrero, *El elemento biográfico en »Los trabajos del infantigable creador Pío Cid«* (in HR, 34, 1966, S. 95–110). – R. Sáenz-Hayes, *La España de G.* (in Boletín de la Academia Argentina de Letras, 31, 1966, Nr. 119, S. 33–64). – L. Rivkin, *»Los trabajos del infatigable creador Pío Cid«* (in Semiotik, 2, 1986).

FEDERICO GARCÍA LORCA

* 5.6.1898 Fuente Vaqueros / Granada
† 18. oder 19.8.1936 Víznar / Granada

Literatur zum Autor:
Bibliographien:
D. Klein, *A Critical Bibliography of the Theatre of F. G. L.: 1940 through 1970*, Diss. Boston 1973 (vgl. Diss. Abstr. 34, 1974, 6645A). – J. L. Laurenti, *F. G. L. y su mundo: Ensayo de una bibliografía ge-*

neral, Metuchen 1974. – F. Colecchia, *F. G. L.: A Selectively Annotated Bibliography of Criticism*, NY 1979. – Ders., *G. L.: An Annotated Primary Bibliography*, NY/Ldn. 1982.
Zeitschriften:
García Lorca Review, Madrid 1976 ff. – Boletín de la Fundación García Lorca, Madrid 1987 ff.
Forschungsbericht:
H. Rogmann, *G. L.*, Darmstadt 1981 (EdF).
Biographien:
A. del Río, *Vida y obra de F. G. L.*, Saragossa 1952. – J. Mora Guarnido, *F. G. L. y su mundo*, Buenos Aires 1958. – C. Morla Lynch, *Con Federico en España*, Madrid 1958. – A. de la Guardia, *G. L. Persona y creación*, Buenos Aires 1961. – F. Vázquez Ocaña, *G. L. Vida, cántico y muerte*, Mexiko 1962. – C. Couffon, *A Grenade, sur les pas de G. L.*, Paris 1962. – M. Auclair, *Enfance et mort de G. L.*, Paris 1968. – I. Gibson, *Lorcas Tod*, Ffm. 1976. – M. Adams, *G. L.: Playwright and Poet*, NY 1977. – F. García Lorca, *Federico y su mundo*, Madrid 1981. – I. Gibson, *F. G. L. – De Fuente Vaqueros a Nueva York, 1898–1929*, Barcelona 1985. – Ders., *F. G. L. – De Nueva York a Fuente Grande, 1929–1936*, Barcelona 1987.
Gesamtdarstellungen und Studien:
J. Guillén, *Federico en persona. Semblanza y epistolario*, Buenos Aires 1959. – C. W. Cobb, *F. G. L.*, NY 1967. – M. Laffranque, *Les idées esthétiques de F. G. L.*, Paris 1967. – C. Ramos-Gil, *Claves líricas de G. L.: Ensayos sobre la expresión y los climas poéticos lorquianos*, Madrid 1967. – F. Umbral, *L., poeta maldito*, Madrid 1968. – G. Correa, *La poesía mítica de F. G. L.*, Madrid 1970. – R. C. Allen, *The Symbolic World of F. G. L.*, Albuquerque 1972. – C. Feal Deibe, *Eros y Lorca*, Barcelona 1973. – J. M. Gil, *F. G. L.*, Madrid 1973. – *A Concordance to the Plays and Poems of F. G. L.*, Hg. A. M. Pollin, Ithaca 1975. – C. Rincón, *Das Theater G. L.s*, Bln./DDR 1975. – S. Byrd, *La Barraca and the Spanish National Theater*, NY 1975. – M. T. Babín, *Estudios lorquianos*, Puerto Rico 1976. – C. Eich, *F. G. L., poeta de la intensidad*, Madrid 1976. – D. K. Loughran, *F. G. L.: The Poetry of Limits*, Ldn. 1978. – G. Edwards, *Lorca. The Theatre Beneath the Sand*, Ldn. 1980. – *Federico y su mundo*, Hg. M. Hernández, Madrid 1981. – A. Belamich, *Lorca*, Paris 1983. – Anales de la Literatura Española Contemporánea, 11, 1986, Nr. 1/2 [Sondernr.]. – CHA, 1986, Nr. 435/36 [Sondernr.]. – Insula, 41, 1986, Nr. 476/77 [Sondernr.]. – Hispania, 69, 1986, Nr. 4 [Sondernr.]. – E. Martín *F. G. L. – heterodoxo y mártir – Análisis y proyección de la juvenil inédita*, Madrid 1986. – A. Sahnquillo, *F. G. L. y la cultura de la homosexualidad*, Stockholm 1986.

AMOR DE DON PERLIMPLÍN CON BELISA EN SU JARDÍN. Aleluya erótica en cuatro cuadros

(span.; *Ü: In seinem Garten liebt Don Perlimplín Belisa*). Prosakammerspiel (*»erotisches Halleluja in vier Bildern«*) von Federico García Lorca, Uraufführung: Madrid 1933. – Der alternde Don Perlimplín wird gedrängt, seiner schönen und noch sehr jungen Nachbarin Belisa einen Heiratsantrag zu machen. Belisas anfängliche Bedenken weiß ihre Mutter mit den immer wirksamen Argumenten zu zerstreuen: *»Don Perlimplín besitzt viele Ländereien ... Geld macht schön ... Und die Schönheit wird von den übrigen Männern begehrt.«* Bald darauf durchleben Perlimplín und Belisa eine aufregende Hochzeitsnacht: Man hört fünf Pfiffe, die fünf Balkontüren von Belisas Zimmer, zu denen fünf Leitern führen, stehen weit offen. Am nächsten Morgen erscheint Don Perlimplín als Hahnrei mit großen goldenen Hörnern. Er entdeckt zwar die Veränderungen im Zimmer, läßt sich anscheinend aber doch von den recht naheliegenden Argumenten Belisas überzeugen: *»Warum sollte es nicht so sein.«* Einige Tage später aber gesteht sie ihre Bewunderung für einen geheimnisvollen jungen Mann, der sich von Zeit zu Zeit unter ihrem Balkon zeigt. Don Perlimplín gibt vor, nichts von der Sache zu verstehen. Er gerät auch keineswegs in Wut, als ein Stein mit einem Brief durchs Fenster fliegt. Geheimnisvoll deutet er sein späteres Schicksal an: *»Da ich schon alt bin, will ich mich für dich opfern.«* In der letzten Szene bekennt Belisa ihre glühende Liebe zu dem weiter unsichtbar bleibenden Mann, den sie im nächtlichen Garten erwartet. Don Perlimplín, der alles gehört hat, erschreckt Belisa mit der Versicherung, er werde seinen Rivalen sogleich umbringen. Kaum ist er abgetreten, erscheint der vermeintliche Liebhaber in einem roten Umhang, einen Dolch in der Brust. Vor der verzweifelten Belisa gibt er sich zu erkennen: Es ist Don Perlimplín selbst, der nun in den Armen Belisas *»bekleidet mit der Glorie seines Blutes«* stirbt.

Erst in der letzten Szene wird die im ganzen Stück durchgehaltene, schwebende und eigentlich nie greifbare Identität Perlimplíns mit seinem mysteriösen Rivalen – eine virtuose und tiefsinnige Abwandlung des Verstellungs- und Verwechslungsmotivs der alten *comedia* – deutlich. In ständigem Perspektivenwechsel spricht er sowohl aus der Sicht des Ehemanns als auch aus der des Liebhabers. Don Perlimplín weiß, daß er alt ist, und er weiß auch, daß die junge Belisa ihn betrügen wird. Das kann er nur verhindern, wenn er selber der Liebhaber ist, der seine Frau zu glühend-sinnlicher Liebe entflammt. *»Sie soll ihn mehr als ihren eigenen Körper lieben!«* Das ist sein höchster Triumph, der »Triumph der Einbildung«. Er muß also das Spiel zu Ende führen und den imaginären Liebhaber aus Eifersucht töten. Nur sein Tod gibt ihm die Gewißheit, daß sie ihn als ihren Liebhaber ewig lieben wird. Gleichzeitig weiß er auch, daß er ihre Liebe nie erfüllen könnte. Er tötet sich also auch – und dies ist vielleicht die tiefste Dimension des Stücks –, weil er die Unmöglichkeit seiner Liebe zu der jungen Belisa erkennt. Wie in anderen Stücken Lorcas ist Liebe nur im Tod oder in der Aufopferung bis zum Tod möglich und eigentlich in der Wirklichkeit nicht zu realisieren. Aber dieser Sinn ist nur angedeutet, rational nicht faßbar. Auch die burleske Komödienintrige wechselt von einer Ebene zur anderen: Die in den spanischen Mantel-und-Degen-Stücken so typischen Eifersuchts- und Ehrenkonflikte erscheinen hier bald ins Groteske verwandelt (fünf Liebhaber in der Brautnacht), bald ad absurdum geführt (in der Identifizierung von Ehemann und Rivalen). Das tatsächliche Geschehen wird in einer ständigen Gattungsmischung, wie sie der spanischen *comedia* eigen ist, überspielt. Die zunächst kapriziös-virtuose Marionettenfarce, die in der traditionellen Typik ihrer Komödienfiguren das Spiel als Spiel in seiner Artistik, *»Phantasie und freien Verzauberung«* bewußt von der Wirklichkeit abheben soll, steigert sich im letzten Akt zu einer Tragödie, die durch märchenhafte und komödiantische Elemente in einem merkwürdigen, fast heiteren Schwebezustand gehalten wird. Diese verschiedenen Stil- und Gattungselemente fügen sich nicht zuletzt dank der vom Autor vorgeschriebenen traumhaften Dekorationen zu einer poetisch-irrealen Einheit, die Lorcas Schöpfungen unverwechselbar macht. W.H.

Ausgaben: Madrid 1933. – Buenos Aires 1938 (in *Obras completas*; Bd. 1). – Madrid 1955 (in *Obras completas*; m. Bibliogr.). – Madrid 1975. – Madrid 1980–1984 (in *Obras*, Hg. u. Einl. M. Hernández). – Madrid 1981–1984 (in *Obras*, Hg. u. Einl. M. García Posada). – Madrid 1986 (in *Obras completas*, Hg. u. Einl. A. del Hoyo).

Übersetzung: *In seinem Garten liebt Don Perlimplín Belisa*, E. Beck (in *Dramat. Dichtungen*, Wiesbaden 1958 ff.; ern. Ffm. 1972). – Dass., ders. (in *Werke in drei Bänden*, E. Beck, Ffm. 1986).

Vertonungen: H. Villa-Lobos, *Die Liebe von Don Perlimplín und Belisa*, 1952 (Ballett). – L. Nono, *Der rote Mantel*, Ballett, Konzertsuite (Urauff. Bln. 1954).

Literatur: F. Ferguson, *»Don Perlimplín«: L.'s Theatre-Poetry* (in Kenyon Review, 17, 1955, S. 337–348). – P. González Guzmán, *Los dos mundos de Don Perlimplín* (in Revista do Livro, 4, 1959, S. 39–59). – H. Grant, *Una aleluya erótica de F. G. L. y las aleluyas populares del siglo XIX* (in *Actas del primer congreso de hispanistas*, Oxford 1964, S. 307–314). – C. Feal Deibe, *L.'s two Farces: Don Perlimplín and Don Cristóbal* (in American Imago, 27, 1970, S. 358–377). – Ders., *Crommelynck y Lorca. Variaciones sobre un mismo tema* (in RLC, 1970, Nr. 44, S. 403–409). – M. Ucelay, *»Amor de Don Perlimplín con Belisa en su jardín« de F. G. L.* (in *Essays of Hispanic Literature in Honour of E. L. King*, Ldn. 1983, S. 233–239). – J. Lyon, *Love, Imagination and Society in »Amor de Don Perlimplín« and »La zapatera prodigiosa«* (in BHS, 63, 1986, S. 235–245).

BODAS DE SANGRE

(span.; *Ü: Bluthochzeit*). Lyrische Tragödie in drei Akten und sieben Bildern von Federico García Lorca, Uraufführung: Madrid, 5. 3. 1933, Teatro Beatriz; deutschsprachige Erstaufführung: Zürich, 15. 4. 1944, Schauspielhaus. – Der erste Akt stellt in kurzen, statuarischen Dialogen die wenigen Personen des Stückes vor: die »Mutter«, den »Bräutigam«, die »Braut«, deren Vater, in dessen Haus die zeremonielle Brautwerbung stattfindet, und Leonardo Félix, einen früheren Verlobten der Braut, der, seiner Armut wegen abgewiesen, Vater und Bruder des Bräutigams ermordet hat. Das von der Mutter und der Frau Leonardos in diesem Akt alternierend gesungene balladenartige Wiegenlied *»Träume, Kindchen, träume, träume vom großen Falben«* – eine der schönsten lyrischen Schöpfungen Lorcas – sagt in dunklen Bildern vom Todeslauf eines verwundeten Pferdes die herannahende Tragödie voraus. – Hochzeit und Entführung stehen im Mittelpunkt des zweiten Aktes. Zur starren, ungelösten Haltung der Braut, einer Kusine der Frau Leonardos, die sich aus Trotz widerspruchslos verheiraten läßt, obwohl der frühere Verlobte auch nach seiner Hochzeit mit einer anderen Frau ihr noch *»das Blut erhitzt«*, steht in schroffem Gegensatz die fröhliche Ausgelassenheit des Hochzeitsliedes, das die von überall herbeiströmenden Gäste singen. Nach der Trauungszeremonie läßt sich die Braut, *»wahnsinnig vor Dulden und Harren«*, von Leonardo entführen; beide fliehen, verfolgt von dem Bräutigam, in den nahen Wald, der den Schauplatz des dritten Aktes bildet. – Drei Holzfäller – allegorische Figuren – kommentieren beim dünnen Klang zweier Violinen die Ereignisse der plötzlich gestörten Hochzeitsfeier. Nach ihnen treten der Mond in Gestalt eines jungen Holzfällers *»mit weißem Gesicht«* und der Tod in Gestalt einer Bettlerin auf, die direkt in das Geschehen eingreifen, indem sie die Rivalen einander zutreiben. Zwei lange Schreie bezeichnen das tödliche Ende dieses Zweikampfes. Inmitten absoluter Stille wächst die Bettlerin, *»wie ein riesiger Vogel mit unermeßlich weit ausgebreiteten Flügeln«*, aus dem blauen Licht der leeren Szene. Die letzten Szenen des Schlußaktes finden im Hause der Mutter statt, in dem die Toten aufgebahrt sind. Die Braut, die sich noch in der Entführung ihre Reinheit bewahrt hat, kehrt zurück und besingt mit der Mutter die *»Stunde des Blutes«* und das Geheimnis des *»winzigen Messers«*, *»das eine Hand / kaum festhalten kann. / Fisch ohne Schuppen, / Fisch ohne Fluß, / damit eines Tages, / der vorher bestimmt war, / zwischen drei Uhr und vier, / durch dies winzige Messer / zwei kraftvolle Männer / mit wachsgelben Lippen / sterbend sich strecken«*.

Lorca soll das Thema der *Bluthochzeit* einer Zeitungsnotiz über einen Fall von Familienfehde und Blutrache entnommen haben. Aber diese konkrete Begebenheit wird von ihm in die Dimension eines mythisch-zeitlosen Urereignisses erhoben. Werbung, Hochzeit, Entführung und Tod der Rivalen finden in einem durch archaische Vorzeichen und

Symbole markierten Spannungsfeld statt, in dem weniger die einzelnen Menschen als die zum Subjekt der Handlung verdichteten Mächte des Lebens Verstrickung und Untergang der Handelnden verschulden – Leonardo: *»Ich trage daran nicht die Schuld – / die Erde, die Erde ist schuldig, / der Geruch deiner Brüste und Zöpfe.«*
Lorca verwendet in der *Bluthochzeit* alternierend Vers und Prosa: Die Prosa behält er den dramatischen Dialogen zwischen den Hauptpersonen vor; in Versform sind lyrische und allegorische Szenen – wie die zwischen Mond und Bettlerin – und die Rollen der Randfiguren geschrieben, die nach der Art des Chors in der griechischen Tragödie das Geschehen kommentieren, deuten, vorhersagen. An die klassische Tradition knüpft auch das Hochzeitslied an, in dem Lorca das antike Epithalamium mit Motiven aus der andalusischen Folklore verbindet. – Die Hauptpersonen, ausgenommen Leonardo Félix, werden nicht mit konventionellen Eigennamen benannt, sondern als »Vater«, »Mutter« usw. bezeichnet; ihre Handlungsweise, ihre Sprache und ihr stilisiertes Erscheinungsbild heben sie aus dem Bereich historisch und sozial bestimmter »Personen« heraus und machen sie zu »Archetypen« – etwa im Sinne der modernen Mythenforschung. Das gilt vor allem von der »Mutter«, der Zentralfigur des Stücks, einer gewandelten Demeter mit bäuerlich-andalusischen Zügen, unter deren statuarischer Kälte gegenüber der »Mördersippschaft« sich mütterliche Fürsorglichkeit für das eigene Geschlecht verbirgt. Sie versinnbildlicht die mythische Mutter Erde, die sie auch im Augenblick ihrer höchsten Not und Verlassenheit anruft: *»Die Erde und ich. Mein Schmerz und ich. Und diese vier Wände.«* Die ihr und der Braut entgegengesetzte männliche Welt verkörpert sich im Vater, im Bräutigam und in Leonardo, denen Sinnbilder der Kraft – das Pferd, der Baum, der Fluß, der zu pflügende Acker – zugeordnet sind. Diese Menschen stehen fest in der Aufeinanderfolge der Generationen, in denen das im »Kind« verjüngte Leben mittels des durch Riten, Sitten und Traditionen (Hochzeit, Ehe, Familie) geheiligten Zeugungstriebes sich ständig erneuert, in Harmonie mit dem zyklischen Rhythmus von Werden und Vergehen in der Natur. Der tragische Konflikt entsteht, als durch eine Ehe ohne Liebe, die aus Stolz geschlossen wurde, diese natürliche Harmonie zwischen »Blut« und »Sitte«, Mysterium und Gesetz gestört wird. Dieser Konflikt kann nur durch gewaltsamen Tod gelöst werden, durch Blutvergießen unter dem Einfluß des Mondes, der furchtbaren Todesgöttin der alten Mythen, und im Zeichen des Messers, dessen leitmotivische Bedeutung schon in den ersten Sätzen der Mutter (der *»silberne Dolch«* in den Augen des Falben) anklingt. A.F.R.

AUSGABEN: Madrid 1933. – Madrid 1955 (in *Obras completas*; m. Bibl.; Neudr. 1964). – Madrid 1980–1984 (in *Obras*, Hg. u. Einl. M. Hernández). – Madrid 1981–1984 (in *Obras*, Hg. u. Einl. M. García Posada). – Madrid 1985 (Austral). – Madrid 1986 (in *Obras completas*, Hg. u. Einl. A. del Hoyo). – Madrid 1986, Hg. u. Einl. A. Josephs u. J. Caballero (Cátedra).

ÜBERSETZUNG: *Bluthochzeit*, E. Beck, Wiesbaden 1952 (IB). – Dass., ders. (in *Die dramatischen Dichtungen*, Wiesbaden 1954; ern. Ffm. 1972). – Dass., ders. (in *Werke in drei Bänden*, Ffm. 1986).

VERFILMUNG: Spanien 1982 (Regie: C. Saura).

VERTONUNGEN: H. Smith, *Blood Wedding*, Oper (Urauff. Cleveland 1953). – J. J. Castro, *Bodas de sangre*, Oper (Urauff. Buenos Aires 1956). – W. Fortner, *Die Bluthochzeit*, Oper (Urauff. Köln 1957). – A. Robledo, *Los siete puñales*, Ballett (Urauff. Bern 1975).

LITERATUR: A. Berenguer Carisomo, *Las máscaras de F. G. L.*, Buenos Aires 1941. – M. L. Pérez Marchand, *Apuntes sobre el concepto de la tragedia en la obra dramática de F. G. L.* (in Asomante, 4, 1948). – M. T. Balbín, *El mundo poético de F. G. L.*, San Juan de Puerto Rico 1954. – E. Pujals, *»Bodas de sangre« y Campos de asfodelos* (in Revista de Literatura, 8, 1955, S. 57–66). – R. Barnes, *The Fusion of Poetry and Drama in »Blood Wedding«* (in MD, 2, 1960, S. 395–402). – J. Villegas, *El leitmotiv del caballo en »Bodas de sangre«* (in Hispano, 29, 1967, S. 21–36). – L. González del Valle, *»Bodas de sangre« y sus elementos trágicos* (in Archivum, 21, 1971, S. 95–120). – J. T. Timm, *Some Critical Observations on G. L.'s »Bodas de sangre«* (in REH, 7, 1973, S. 255–288). – C. B. Morris, *»Bodas de sangre«*, Ldn. 1980. – C. Feal Deibe, *El sacrificio de la hombría en »Bodas de sangre«* (in MLN, 2, 1984, S. 270–287). – A. Vermeylen, *Du fait divers à la tragédie. A propos de »Noces de sang« de G. L.* (in LR, 39, 1985, S. 125–138). – A. A. Anderson, *The Strategy of G. L.'s Dramatic Composition 1930–1936* (in KRQ, 33, 1986, S. 211–229). – H. J. Neuschäfer, *F. G. L. »Bodas de sangre«* (in *Das spanische Theater*, Hg. V. Roloff u. H. Wentzlaff-Eggebert, Düsseldorf 1988, S. 355–369).

LA CASA DE BERNARDA ALBA. Drama de mujeres en los pueblos de España

(span.; *Ü: Bernarda Albas Haus*). »Frauentragödie in spanischen Dörfern« in drei Akten von Federico GARCÍA LORCA, entstanden 1933–1936; Uraufführung: Buenos Aires, 8. 3. 1945, Teatro de Avenida; deutschsprachige Erstaufführung: Basel, 22. 11. 1947. – Mit erbarmungsloser Despotie herrscht die Witwe Bernarda Alba in einem Haus mit vernagelten Fenstern und Türen über ihre schwachsinnige Mutter, zwei Mägde und ihre fünf heiratstollen Töchter Angustias, Magdalena, Amelia, Martirio und Adela. Die älteste und häßlichste der Töchter, die neununddreißigjährige Angustias – sie stammt aus einer früheren Ehe ihres Vaters und hat nach dessen Tod ein kleines Vermögen geerbt –, ist von Bernarda mit dem viel jüngeren Pepe el Romano verlobt worden. Dieser aber gewinnt heimlich die Liebe der schönen Adela. In verzweifelter Auflehnung gegen das Schreckensregiment der Mutter gibt sich das Mädchen eines Nachts im Stall dem Verlobten ihrer Schwester hin. Die eifersüchtige Martirio belauscht das Paar und ruft die Mutter herbei. Diese schießt auf Pepe, doch er entkommt unverletzt. Adela erkennt, daß sie der grausamen Unterdrückung nie wird entfliehen können, und erhängt sich. Bernarda, maßlos in ihrem Stolz wie in ihrer Härte, läßt den Leichnam der Tochter prunkvoll aufbahren und verpflichtet die Angehörigen ihres Hauses zum Schweigen: Was für Gerüchte auch aufkommen mögen, Adela – so bestimmt sie – ist »unberührt« gestorben.

Bernarda Alba, die unbeugsame, grausame Vertreterin einer überlebten, längst erstarrten Konvention – am Todestag ihres zweiten Mannes ordnet sie acht Trauerjahre an –, diese Frau, die, um die Ehre der Familiendynastie aufrechtzuerhalten, nicht davor zurückschreckt, ihre eigene Tochter zu opfern, ist im Grunde selbst nicht weniger als ihre Tochter ein Opfer ihrer von Haß, Lüge und Gewalt genährten Tyrannei: Ihre unmenschliche Despotie trägt in sich den Keim der Selbstzerstörung. Am Ende steht auch für die Mutter das Schweigen, ein Weiterleben ohne Hoffnung. Doch so ausweglos die Verhältnisse erscheinen mögen, es ist deutlich zu spüren, daß – nach Meinung des Dichters – dieser sinnlose, lebensvernichtende Ehrenkodex nicht dauern wird.

Das Drama ist ein Stück scharfer Gesellschaftskritik: García Lorca geht es nicht um Einzelschicksale, sondern um die Darstellung allgemeiner sozialer Klassenunterschiede und der *»konkreten Situation der Frau in einer von obsoleten Ehrengesetzen und moralischen Normen beherrschten Gesellschaft«* (W. Floeck).

Das Werk gehört in die letzte Schaffensperiode des Dichters – er beendete es einen Monat vor seiner Ermordung durch die Falangisten – und führt konsequent die Thematik von *Bodas de sangre (Die Bluthochzeit)* und *Yerma* weiter. Doch hat der fast erdrückende Reichtum an poetischen Bildern, kühnen Metaphern und vielfältigen, kunstvoll miteinander verschlungenen Motiven, der *Bodas de sangre* kennzeichnet, in *La casa de Bernarda Alba* einer geradezu asketischen Sprache Platz gemacht, so daß die Tragödie in ihrer Wortkargheit und Unerbittlichkeit fast archaisch wirkt. Vor allem diese sprachliche Kargheit verleiht der beklemmenden Atmosphäre angestauter Leidenschaften die düstere Dramatik. Daß Pepe, der einzige Mann in dem Stück, nur zu hören ist, nicht aber auf der Bühne erscheint, gehört gleichfalls zu der bewußten Beschränkung im Dramaturgischen. Nicht zuletzt diese Sparsamkeit macht – neben der stringenten Handlungsführung – dieses Drama zu einem Schauspiel von größter Eindringlichkeit: *»Mit ›La casa de Bernarda Alba‹ ist Lorca ein Werk gelungen, in dem traditionelle und moderne Verfahren ebenso wie soziale Verantwortung und ästhetischer Anspruch zu einem glücklichen Ausgleich geführt haben«* (W. Floeck). KLL

Ausgaben: Buenos Aires 1945. – Madrid 1955 (in *Obras completas*; m. Bibliogr.; ern. 1960). – Barcelona 1964 [Einl. u. Anm. D. Pérez Minik u. J. A. Bardem]. – Madrid 1980–1984 (in *Obras*, Hg. u. Einl. M. Hernández). – Madrid 1981–1984 (in *Obras*, Hg. u. Einl. M. García Posada). – Madrid 1985, Hg. u. Einl. A. Josephs u. J. Caballero (Cátedra). – Madrid 1986 (Austral). – Madrid 1986, Hg. M. García Posada (Castalia). – Madrid 1986 (in *Obras completas*, Hg. u. Einl. A. del Hoyo).

Übersetzung: *Bernarda Albas Haus*, E. Beck (in *Die dramatischen Dichtungen*, Wiesbaden 1954; ern. Ffm. 1972). – Dass., ders., Stg. 1981 (RUB). – Dass., ders. (in *Werke in drei Bänden*, Ffm. 1986).

Verfilmung: Spanien 1986 (Regie: M. Camus).

Vertonungen: H. D. Hosalla, *Bernarda Albas Haus*, Ballett (Urauff. Bln./DDR 1974). – S. Hernández Barroso u. I. Tenorio, *La casa de Bernarda Alba* (Urauff. Madrid 1976).

Literatur: E. Dughera, *Un aspecto de »La casa de Bernarda Alba«*, Santa Fé 1952. – M. S. Greenfield, *Poetry and Stagecraft in »La casa de Bernarda Alba«* (in Hispania, 38, 1955, S. 456–461). – E. S. Speratti Piñero, *Paralelo entre »Doña Perfecta« y la »Casa de Bernarda Alba«* (in Revista de la Universidad de Buenos Aires, 4, 1959, S. 369–378). – T. F. Sharp, *The Mechanics of L.'s Drama in »La casa de Bernarda Alba«* (in Hispania, 44, 1961, S. 230–233). – R. A. Young, *G. L.'s »La casa de Bernarda Alba«: A Microcosmos of Spanish Culture* (in Modern Languages, 50, 1969, S. 66–72). – C. Rincón, *»La casa de Bernarda Alba« de F. G. L.* (in *Beiträge zur französischen Aufklärung und zur spanischen Literatur: Fs. W. Krauss*, Hg. W. Bahner, Bln. 1971, S. 555–584). – J. Bull, *Santa Barbara y »La casa de Bernarda Alba«* (in BHS, 47, 1979, S. 117–123). – J. Rubio, *Notas sobre el realismo de »La casa de Bernarda Alba« de G. L.* (in RCEH, 4, 1980, S. 169–182). – R. G. Harvard, *The Hidden Part of Bernarda Alba* (in RoNo, 26, 1985, S. 102–108). – C. B. Morris, *The »Austere Abode«. Lorca's »La casa de Bernarda Alba«* (in Anales de la Literatura Española Contemporánea, 11, 1986, S. 129–141). – W. Floeck, *F. G. L. »La casa de Bernarda Alba«* (in *Das spanische Theater*, Hg. V. Roloff u. H. Wentzlaff-Eggebert, Düsseldorf 1988).

DOÑA ROSITA LA SOLTERA O EL LENGUAJE DE LAS FLORES. Poema granadino del novecientos

(span.; *Ü: Doña Rosita bleibt ledig oder Die Sprache der Blumen. Granadiner Dichtung um das Jahr Neunzehnhundert*). Dramatische Romanze in drei Akten von Federico García Lorca, Uraufführrung: Barcelona, 13. 12. 1935, Teatro Principal Palace; deutsche Erstaufführung: München, 18. 8. 1950, Brunnenhoftheater; erschienen 1938. – Die junge, temperamentvolle Rosita lebt als Waise im Hause ihres Onkels und ihrer Tante. Der Onkel, ein gütiger, versponnener Blumenliebhaber, hat eine kostbare Rose gezüchtet, die *»rosa mutabilis«*, die morgens rot aufblüht, mittags *»hart«* ist *»wie Koralle«*, abends weiß wird und nachts ihre Blätter fallen läßt. Sie wird zum Symbol für das ganze Leben des Mädchens. Rosita ist mit ihrem Vetter verlobt, der sie nach zärtlichem Abschied verläßt, um seinem Vater nach Amerika zu folgen. Von seinem Versprechen, bald zurückzukehren, bleiben nur die Briefe, in denen er ihr seine Liebe beteuert. Rosita wartet Jahr um Jahr auf den Geliebten und weist in unwandelbarer Treue alle anderen Bewerber ab. Nach fünfzehn Jahren schlägt der Bräutigam ihr brieflich eine Heirat »durch Vollmacht« vor, bis er – später – zurückkomme. Rosita durchschaut, daß seine Argumente Ausflüchte sind, schließt jedoch die Augen vor dieser Erkenntnis und klammert sich selbst dann noch an ihre Illusion, als sie von einer Freundin erfährt, daß ihre Hoffnung sie getrogen hat: Obgleich noch immer seine Liebesbriefe eintreffen, hat der Geliebte sich verheiratet. Nach weiteren zehn Jahren gesteht der Vetter in einem Brief an die Tante endlich seine Treulosigkeit. Wie Rositas Leben, wie ihre Hoffnungen, so ist inzwischen auch ihr Heim zerbrochen: Die Großzügigkeit des immer hilfsbereiten Onkels und die Kosten ihrer Aussteuer haben das Haus mit Hypotheken belastet, und nach dem Tode des Onkels muß es verkauft werden. Nicht einmal ihre Illusion kann Rosita aus dem Zusammenbruch ihres Lebens retten; sie selbst zieht das Fazit: *»Das einzige, was mir jetzt noch bleibt, ist meine Würde.«*

Doña Rosita la soltera ist ein Werk mit starken poetischen Kontrasten. Vor dem leuchtenden, klingenden Hintergrund Andalusiens entwickelt sich die zartfarbige Illusionswelt Rositas, von Anfang an umweht vom Hauch des Vergehens, jener *»unsäglich aristokratischen Melancholie«*, die Lorca als den Grundton des Lebens in Granada erkannt hatte und die das Stück zu einem der zartesten, schönsten Bühnenstücke des Dichters macht.

Anders als im illusionistischen Theater Alejandro Casonas (1903–1965) ist hier das Poetisch-Schöne gleichzeitig Ausdrucksform der sozialen Anklage. Die märchenhafte Verwandlung der *»rosa mutabilis«*, in der Natur ein anmutiges Spiel, wird im Leben Rositas zum unerbittlichen Zwang. Das Gesetz der spanischen Gesellschaft, unter dem sich ihr »Erblühen« vollzog, bestimmt auch ihre »Härte«, ihre unbeugsame Treue sich selbst und dem Geliebten gegenüber; es drängt sie schließlich in die Einsamkeit ihrer sinnlos-schönen Illusionen und zerschlägt am Ende auch noch diese letzte Zuflucht. Lorca, der sich als *»glühender Verehrer des Theaters der sozialen Aktion«* bekannte, geißelt hier die erstarrten spanischen Konventionen, die die Frauen in einen Kerker zwingen, sei es nun der Kerker einer zur leeren Form gewordenen Familienehre, deren Aufrechterhaltung in der etwa zur gleichen Zeit entstandenen »Frauentragödie« *La casa de Bernarda Alba* zum einzigen Daseinszweck der Heldin wird, oder der Kerker ihrer eigenen Träume, ohne die für Rosita das Leben unerträglich leer wäre: *»Das ist das Leben meiner Doña Rosita: zahm, fruchtlos, ohne Zweck und Sinn ... Wie lange noch werden Spaniens Doña Rositas so leben müssen?«* KLL

Ausgaben: Buenos Aires 1938 (in *Obras completas*, Hg. G. de Torre, 8 Bde., 1938–1942, 5). – Madrid 1954 (in *Obras completas*, Hg. A. del Hoyo; [22]1986). – Madrid 1980–1984 (in *Obras*, Hg. u. Einl. M. Hernández). – Madrid 1981–1984 (in *Obras*, Hg. u. Einl. M. García Posada). – Madrid 1985 (Austral).

Übersetzung: *Doña Rosita bleibt ledig ...*, E. Beck (in *Die dramatischen Dichtungen*, Wiesbaden 1954; ern. Ffm. 1972). – Dass., ders. (in *Werke in drei Bänden*, Ffm. 1986).

Vertonungen: R. Rossellini, *Il linguaggio dei fiori, ossia Donna Rosita nubile*, Oper (Urauff. Mailand 1963). – C. Hockett, *Doña Rosita*, Oper 1973.

Literatur: J. E. A., *La verdad sobre G. L. a propósito de »Doña Rosita la soltera«* (in Criterio, 10, 1937, S. 43–45; 63–65). – D. Devoto, *»Doña Rosita la soltera«: Estructura y fuentes* (in BHi, 69, 1967, S. 407–435). – R. Doménech, *Nueva indagación en »Doña Rosita la soltera«* (in Anales de la Literatura Española Contemporánea, 11, 1986, S. 79–90). – G. Velázquez Cueto, *Adiós al jardín: G. L. y Chejov* (in Insula, 41, 1986, S. 13).

MARIANA PINEDA. Romance popular en tres estampas

(span.; *Ü: Mariana Pineda*). »Volkstümliche Romanze« in drei Akten von Federico García Lorca, Uraufführung: Barcelona, 24. 6. 1927. – In seinem einzigen historischen Schauspiel deutet Lorca das Schicksal der granadinischen Freiheitsheldin Mariana Pineda aus einer dichterischen Schau ihrer Geistesverwandtschaft sowohl mit Judith als auch mit Julia und überspielt so den ursprünglich in ihrer Gestalt volkstümlich-pathetisch versinnbildlichten politischen Gegensatz zwischen liberaler Gesinnung und absolutistischem Regime. Entgegen dem geschichtlichen Sachverhalt wird Mariana – bereits mit achtzehn Jahren Mutter zweier Kinder und Witwe – erst durch die Liebe zu ihrem Vetter Pedro de Sotomayor zur patriotischen Idealistin und schließlich zur Märtyrerin um Liebe, Ehre, Freiheit willen. Sie hat 1822 den Offizier Sotomayor, hinter dem die historische Persönlichkeit des Fernando Álvarez de Sotomayor steht, mittels einer List aus dem Gefängnis befreit und vor dem sicheren Tod bewahrt. Nachdem sie für die Verschwörer von Torrijos eine Fahne mit der Devise »Gesetz – Freiheit – Gleichheit« gestickt hat und die (tatsächlich allerdings erst nach ihrem Tod 1831) erfolgte Erhebung zusammenbricht, wird sie verhaftet. Der Richter Pedrosa, eine berüchtigte Erscheinung jener Zeit, versucht nun vergebens, sich die in Gewissensnöten zwischen der Sorge um ihre Kinder, den Gefühlen für Sotomayor und dem Verlangen nach Freiheit schwankende Frau gefügig zu machen. In einem Nonnenkloster muß sie erkennen, daß Don Pedro sie im Stich gelassen hat. *»Um seine Gedanken zu leben und zu lieben«*, hat sie konspiriert. Ein letztes Werben Fernandos, des Vertrauten von Don Pedro, und sein Angebot, sie in Sicherheit zu bringen, vermögen Marianas innere Gewißheit nicht mehr zu erschüttern, daß der Opfertod sie zum Sinnbild jener Freiheit erhöhe, die Don Pedro sucht: *»¡Yo soy la Libertad porque el amor lo quiso!«*

Die historisierenden, im Stil »zeitgenössischer Stiche« gehaltenen Szenen mit dem romantischen Stimmungsrahmen – die Kulisse des fernandinischen Granada, Mondlicht, Kindergesang und Orgelklänge in der Episode im Kloster – verlieren jeden sentimentalen oder melodramatischen Beigeschmack durch die knappen, fast abrupten und in Elfsilber bzw. Alexandriner gefaßten Dialoge, die weniger die Handlung vorantreiben als vielmehr auf einer anderen Ebene in lyrischer Sprache voll kühner Metaphern die seelischen Höhepunkte der Wandlung Marianas im Balladenstil beziehungsreich ausdeuten sollen. Hier werden denn auch Romanzen und Redondillas eingeschoben. Wenngleich Lorca, der sich früh zum Theater hingezogen fühlte, dieses Anfängerwerk später nur gering schätzte, verrät es dennoch in der Sprache wie in der schwebenden Verbindung volkstümlicher Inspiration und Motive mit lyrischer Poesie den großen Dichter, für den jede Bühnengestalt *»un traje de poesía«* trägt, ja für den Theater Poesie ist, *»que se levanta del libro y se hace humana«*. D.B.

Ausgaben: Madrid 1928 (in La Farsa). – Madrid 1928. – Madrid 1954 (in *Obras completas*, Hg. u. Einl. A. del Hoyo; [22]1986). – Boston 1960. – Madrid 1980–1984 (in *Obras*, Hg. u. Einl. M. Hernández). – Madrid 1981–1984 (in *Obras*, Hg. u. Einl. M. García Posada). – Madrid 1985 (Austral).

Übersetzung: *Mariana Pineda*, E. Beck (in *Dramatische Dichtungen*, Wiesbaden 1958; ern. Ffm. 1972). – Dass., ders. (in *Werke in drei Bänden*, Ffm. 1986).

Vertonungen: D. Popovici, *Mariana Pineda*, Oper (Urauff. Iaşi/Rumänien 1969). – L. Sauguet, *Mariana Pineda*, Oper (Urauff. Marseille 1970).

Literatur: S. M. Greenfield, *The Problem of »Mariana Pineda«* (in Massachusetts Review, 1, 1960, S. 751–763). – G. Díaz-Plaja, *F. G. L.*, Buenos Aires 1961, S. 179–186. – J. L. Cano, *De »El maleficio de la mariposa« a »Mariana Pineda«* (in CA, 1962, Nr. 4, S. 201–213). – R. Doménech, *A propósito de »Mariana Pineda«* (in CHA, 70, 1967, S. 608 bis 613). – C. Zardoya, *»Mariana Pineda«. Romance trágico de la libertad* (in RHM, 34, 1968, S. 471 bis 497). – A. Rodrigo, *Mariana Pineda. Heroina de la libertad*, Barcelona 1977.

POEMA DEL CANTE JONDO

(span.; *Ü: Dichtung vom Cante Jondo*). Gedichtzyklus von Federico García Lorca, erschienen 1931. – Der Zyklus war 1922, als sich der Dichter an der Seite Manuel de Fallas (1873–1946) an der Vorbereitung des *cante jondo*-Wettbewerbs beteiligte, bereits vollendet. Weit entfernt vom ichbezogenen Ton seines ersten Gedichtbandes *Libro de poemas* (1921), versucht Lorca hier den Leser in die *»entlegenen Länder des Schmerzes«* zu entführen, aus denen die geistige Welt des andalusischen *cante jondo* geformt ist. Zwar von diesem zutiefst tragischen und schwermütigen Gesang inspiriert, sind Lorcas Gedichte keine neuen Gesangsstrophen, sondern Interpretation und Vision Andalusiens vor dem Hintergrund dieses aus den niedersten und ärmsten Schichten Andalusiens entstandenen Gesangs, der Ausdruck eines jahrhundertelang unterdrückten und marginalisierten Volkes ist. Dieser düsteren Welt voller dunkler Vorahnungen, Fatalismus, Resignation und ständiger Präsenz des Todes wird in der Dichtung vom *cante jondo* universale und mythische Form verliehen. In der Volkslyrik des *cante jondo* bewunderte Lorca, der den lyrischen Überschwang der Romantiker und ihrer Nachfolger zu überwinden und eine neue Dichtung zu begründen suchte, die unvergleichliche Kunst der Stilisierung, die *»justeza emocional« (»Richtigkeit des Gefühls«)*; er sah in ihr *»den reinsten und treffendsten Ausdruck«* für die Verdichtung *»höchster Gefühlsmomente des menschlichen Lebens«*. In dem Pathos des Schmerzes, das sie auszudrücken vermag, dem Zusammenprall zwischen Liebe und Tod, der sich in ihr ereignet, erkannte er eine Spiegelung des »sphinxhaften« andalusischen Wesens. Dabei greift er weder inhaltlich noch formal unmittelbar auf die Dichtung des *cante jondo* zurück, noch versucht er, die verschlungene Ornamentik und schwierige chromatische Modulation der kaum in Noten faßbaren andalusischen Musik sprachlich nachzuahmen. Er will auf eigene Weise erreichen, was ihn an dieser Kunstform fasziniert: den vom persönlichen Erlebnis losgelösten Ausdruck, die *»zur Sprache gewordene Anonymität«* (H. Friedrich) des Gefühls als Voraussetzung seiner überindividuellen Gültigkeit.

In dem Eingangsgedicht des Werks, *Baladilla de los tres ríos (Kleine Ballade von den drei Flüssen)*, erklingt zunächst leicht und graziös die andalusische Landschaft zwischen Sevilla und Granada. Doch schon in den darauffolgenden Gedichten der *Siguiriya gitana* verdüstert sich die Stimmung. Unheimlich verdichten wenige Verse in *El grito (Der Schrei)* und *El silencio (Die Stille)* die lastende schicksalsschwere Traurigkeit und Allgegenwart des Todes: *»Por el llano, por el viento, / jaca negra, luna roja. / La* *muerte me está mirando / desde las torres de Córdoba«* (*»Durch die Ebne, durch den Wind, / schwarzes Pferdchen, roter Mond. / Es läßt mich nicht aus den Augen / der Tod von Córdobas Türmen«*; Übers. E. Beck). In der nächsten Gedichtreihe *De la soledad (Gedicht von der Soleá)* entfaltet sich die Klage unerfüllter Liebe, zeichnet der Dichter sein Bild von Andalusien, einer traumwandlerischen und verlorenen Welt: *»Por las callejas / hombres embozados, / y en las torres / veletas girando. / Eternamente / girando. / ¡Oh pueblo perdido, / en la Andalucía del llanto!«* (*»In schmalen Gäßchen / eingemummte Männer, / und auf den Türmen / drehn sich Wetterfahnen. / Drehen sich immer / und ewig. / O verlornes Dorf du / im klagevollen Andalusien!«*). Das *Pfeilgedicht (De la saeta)* enthält Symbole aus den religiösen Umzügen während der Karwoche in Sevilla. Eine musikalisch-tänzerische, dramatische Bewegung durchzieht die Gedichte des *Gráfico de la petenera (Zeichnung der Petenera)*. Nach den anekdotenhaften Einlagen *Dos muchachas (Zwei Mädchen)* und *Viñetas flamencas (Flamenco-Vignetten)* fassen die Gedichte der Reihe *Tres ciudades (Drei Städte)* die landschaftliche und seelische Spannung im andalusischen Lebensrhythmus zusammen. Den Abschluß bilden *Seis caprichos (Sechs Capricci)*, die in verkürzten Metaphern und symbolhaften Anspielungen schlaglichtartig Situationen, Konflikte, Befindlichkeiten beleuchten. So stilisiert die *Escena del Teniente Coronel de la Guardia Civil (Auftritt des Oberstleutnants der Guardia Civil)* die ewigen Konflikte zwischen Zigeunern und Polizei. Dramatisch bewegt wie sie ist auch der *Diálogo del Amargo (Amargos Zwiegespräch)*.

Die metrischen Formen der »gesungener Prosa« sich nähernden Gedichte, in denen Reime und andere Klangwirkungen zurücktreten, sind frei und einfach. Rhythmischer Zusammenhalt und kompositorische Einheit werden durch leitmotivische Wiederholungen, durch Kehrreime und die verschlungenen Bezüge von Schlüsselwörtern, Symbolen und Bildern erzeugt. In diesen prägnanten, fast lakonischen Gebilden von großer suggestiver Kraft gelangt Lorca zu fugenloser schöpferischer Übereinstimmung mit der überlieferten Volksdichtung Andalusiens in völlig eigener, unmanierierter Weise. D.B.-KLL

AUSGABEN: Madrid 1931. – Madrid 1954 (in *Obras completas*, Hg. u. Einl. A. del Hoyo, [22]1986). – Madrid 1980–1984 (in *Obras*, Hg. u. Einl. M. Hernández). – Madrid 1981–1984 (in *Obras*, Hg. u. Einl. M. García Posada). – Madrid 1986, Hg. u. Einl. C. de Paepe (Austral). – Madrid 1987, Hg. u. Einl. A. Josephs u. J. Caballero (Cátedra).

ÜBERSETZUNG: *Dichtung vom tiefinnern Sang*, E. Beck, Wiesbaden 1956. – *Dichtung vom Cante Jondo*, ders., Ffm. 1967; ern. 1984. – Dass., ders. (in *Werke in drei Bänden*, Ffm. 1986).

VERTONUNGEN: J. Peris, *Siete canciones sobre Poemas del Cante Jondo* (1958) für Sopran, 2 Klarinetten und 4 Schlagzeuge. – E. Lejet, *Quatre mélodies sur le Poème de Cante Jondo* (1965) für Sopran und Klavier.

LITERATUR: M. de Falla, *El cante jondo*, Granada 1922. – M. T. Babín, *El mundo poético de F. G. L.*, San Juan de Puerto Rico 1954. – J. M. Flys, *El lenguaje poético de G. L.*, Madrid 1955. – A. Henry, *Les grands poèmes andalous de F. G. L.*, Gent 1958. – H. T. Young, *L. and the Deep Song* (in Claremont Quarterly, 11, 1964, 2, S. 5–14). – E. W. Palm, *Kunst jenseits der Kunst* (in Akzente, 13, 1966, S. 255–270). – F. Umbral, *»Poema del Cante Jondo«* (in CHA, 74, 1968, S. 49–57). – M. C. Miller, *G. L.'s »Poema del Cante Jondo«*, Ldn. 1978. – E. F. Stanton, *The Tragic Myth: Lorca and Cante Jondo*, Lexington 1978. – C. de Paepe, *La esquina de la sorpresa: Lorca entre »Poema del cante jondo« y el »Romancero gitano«* (in RdO, 65, 1986, S. 9–31).

POETA EN NUEVA YORK

(span.; *Ü: Dichter in New York*). Gedichtzyklus von Federico GARCÍA LORCA, erschienen 1940. – Im Sommer 1929 reiste García Lorca in die Vereinigten Staaten. Er befand sich aufgrund des Erfolges der Zigeunerromanzen, den er nicht verkraftet hatte, in einer tiefen persönlichen Krise. In New York angekommen, überraschte ihn der Ausbruch der Weltwirtschaftskrise. Seine von ungünstigen Voraussetzungen belastete Begegnung mit der amerikanischen Wirklichkeit und mit der Weltstadt New York zeigen die erst nach seinem Tod herausgegebenen, aber größtenteils bereits in den USA entstandenen Gedichte dieser Sammlung. Fremdartig, von allen früheren Schöpfungen Lorcas sich unterscheidend, spiegelt der in zehn Teile gegliederte Zyklus die aufeinanderfolgenden Phasen der inneren Entwicklung des Dichters, die sich von der Ankunft in New York bis zur Rückkehr nach Spanien (Frühjahr 1930) vollzog. Der erste Teil, *Poemas de la soledad (Gedichte der Einsamkeit)*, zeugt von schmerzlicher Ratlosigkeit in einer Welt, in der *»Mensch und Maschine der Sklaverei des Augenblicks leben«*. Aus dieser sinnentleerten, verstümmelten, in *»Geometrie und Angst«* gigantisch übersteigerten, labyrinthischen Welt flüchtet sich der Dichter sehnsüchtig in die Erinnerung an seine Kindheit. – Die beiden Teile *Los negros (Die Neger)* und *Calles y sueños (Straßen und Träume)* evozieren die Welt der Neger und ihr verlorenes Paradies gegenüber dem gespenstischen Leben der Stadt, das wie ein Totentanz der Lebenden anmutet. Im Neger sieht Lorca nicht nur *»lo más espiritual y lo más delicado«* (*»das Geistigste und das Verletzlichste«*) der Neuen Welt, sondern wie im Zigeuner auch Ursprünglichkeit und ungebrochene schöpferische Kraft. – Die mittleren Teile, *Poemas del Lago Eden Hills (Gedichte vom See Eden Hills)* und *En la cabaña del fármer (Im Haus des Farmers)*, bilden eine Art bukolisches Zwischenspiel. Doch die bergende Atmosphäre, die der Dichter bei Freunden in der amerikanischen

Provinz kennenlernte, zeigt sich alsbald von Todesahnungen überschattet, von dem Rückfall in »Lüge«, »Leere« und »Zerfall«. – In *Vuelta a la ciudad (Wieder in der Stadt)* geißelt der Dichter die Brutalität des Geschäftsbetriebs und die Geistlosigkeit einer technisierten Zivilisation, die die Wahrheit des Todes ausklammern will. *Grito hacia Roma (Aufruf an Rom)* und eine hymnische Beschwörung des Geistes von Walt WHITMAN formulieren Anklage und Protest, ehe der Dichter New York verläßt und sich ihm in Havanna eine verheißungsvollere Welt und ursprüngliche Lebensformen eröffnen. Nach dieser Zwischenstation auf dem Rückweg, von der das Gedicht *Son de negros en Cuba (Negerklänge in Kuba)* mit Anklängen an die kurz vorher entdeckte afrokubanische Dichtung Zeugnis gibt, wird nach der Rückkehr in die europäische Heimat die Überwindung der bitteren amerikanischen Erfahrung in den Schlußgedichten lediglich angedeutet, in *Tierra y luna (Erde und Mond)*, einem Gedicht aus dem Jahre 1935, das den Titel für eine nicht mehr vollendete Gedichtsammlung bilden sollte, und in *Dos valses hacia la civilización (Zwei Walzer in Richtung Zivilisation)*.

Wie T.S. ELIOT in *The Waste Land*, 1922 *(Das wüste Land)*, und DOS PASSOS in *Manhattan Transfer*, 1925 *(Manhattan Transfer)*, erkennt Lorca mit Hilfe der von ihm so genannten *»observación lírica« (»lyrische Beobachtung«)* im Spiegel des »wüsten Landes« und der »unwirklichen Stadt« den Geist seiner Zeit und den Zustand der modernen Zivilisation. Mit der ihm eigenen Fähigkeit der Aneignung verwendet er dabei surrealistische Stileigentümlichkeiten und Montageeffekte, die ihm durch Louis ARAGON (vgl. *Le monde réel*) und Rafael ALBERTI (vgl. *Cal y canto, Sobre los ángeles*) sowie durch den Maler Salvador Dalí vertraut waren. Doch die Bewußtseinshaltung seiner Dichtung, die der »poetischen Logik«, dem Symbolwert der Bilder, den verborgenen Zusammenhängen zwischen Verstand und Gefühl und der Wirklichkeit verschrieben ist, bleibt von diesen Einflüssen im Grunde unberührt. D.B.

AUSGABEN: Mexiko 1940. – Madrid 1954 (in *Obras completas*, Hg. u. Einl. A. del Hoyo; [22]1986). – Madrid 1980–1984 (in *Obras*, Hg. u. Einl. M. Hernández). – Madrid 1981–1984 (in *Obras*, Hg. u. Einl. M. García Posada). – Barcelona 1983, Hg. u. Einl. E. Martín. – Madrid 1984 (Austral).

ÜBERSETZUNG: *Dichter in New York*, E. Beck, Ffm. 1963.

VERTONUNG: H.W. Henze, *El rey de Harlem*, »Imaginäres Theater« 1979, für eine Singstimme und kleines Instrumentalensemble.

LITERATUR: J.M. Flys, *»Poeta en Nueva York«, la obra incomprendida de F. G. L.* (in Arbor, 31, 1955, S. 247–257). – R. Gullón, *L. en Nueva York* (in La Torre, 5, 1957, 18, S. 161–170). – Angel del Río, *»Poeta en Nueva York«*, Madrid 1958 (auch in *Estudios sobre literatura española contemporánea*, Madrid 1960). – K. Schwartz, *G. L. and Vermont* (in Hispania, 42, 1959, S. 50–55). – G. Correa, *Significado de »Poeta en Nueva York« de F. G. L.* (in CA, 18, 1959, S. 224–233). – C. Marcilly, *Ronde et fable de la solitude à New York*, Paris 1962. – B. Sesé, *A propos de »Poeta en Nueva York«* (in LNL, 56, 1962, S. 1–35). – R. Hess, *G. L. y Whitman* (in Arbor, 58, 1964, S. 265–282). – E. Martín, *¿Existe una versión definitiva de »Poeta en Nueva York« de Lorca?* (in Insula, 310, 1972, S. 1–10). – D. Eisenberg, *»Poeta en Nueva York«. Historia y problema de un texto de Lorca*, Barcelona 1976. – B. J. Craige, *F. G. L.'s »Poeta en Nueva York«: The Fall into Consciousness*, Lexington 1977. – D. R. Harris, *The Religious Theme in L.'s »Poeta en Nueva York«* (in BHS, 54, 1977, S. 315–326). – Ders., *F. G. L.: »Poeta en Nueva York«*, Ldn. 1978. – D. Eisenberg, *The Textual Tradition of »Poeta en Nueva York«*, Chapel Hill, 1978. – R. L. Predmore, *Lorca's New York Poetry*, Durham 1980. – M. García Posada, *Lorca: Interpretación de »Poeta en Nueva York«*, Madrid 1981. – H. Pratt, *Place and Displacement in Lorca's »Poeta en Nueva York«* (in FMLS, 22, 1986, S. 248–262).

EL PÚBLICO. Drama en cuadros

(span.; *Ü: Das Publikum. Drama in Bildern*). Drama von Federico GARCÍA LORCA, Uraufführung in deutscher Sprache, Wuppertal, 5. 6. 1986, Wuppertaler Bühnen (in einer Inszenierung von Augusto BOAL). – Als unaufführbar bezeichnete der Autor selbst sein bereits 1931 fertiggestelltes – allerdings bis zuletzt immer wieder überarbeitetes – Stück. Lorca experimentiert hier schon *»mit ähnlichen Techniken und Ausdrucksweisen, die 20 oder 35 Jahre später das Avantgarde-Drama Europas und Amerikas charakterisieren sollten«* (R. Martínez Nadal). In *El público*, in dem Parallelen zu CALDERÓNS *El gran teatro del mundo* nicht zu übersehen sind, werden zwei fundamentale Themen vereinigt: eine Betrachtung über das Rollenspiel im Leben und auf der Bühne, mit der García Lorca eine Revolutionierung des zeitgenössischen spanischen Theaters anvisierte, und die These von der Freiheit des Individuums, zu lieben, was auch immer das Objekt seiner Liebe sei. Die Konventionen des Theaters, in dem Lorca nur eine Verlängerung des bürgerlichen Heims sah, sind nur reproduzierte gesellschaftliche Konventionen. Der Versuch, die Begierden einzukerkern oder Normen zu unterwerfen, macht aus dem Leben ein Theater, ein Leben, das nur hinter Masken versteckt möglich ist. Man muß die Masken vor anderen Maskierten ablegen; ein erneuertes Theater verändert auch sein Publikum. Diese eminent soziale Funktion des Theaters versuchte Lorca auch mit seiner Wanderbühne »La Barraca« zu verwirklichen. Die Kohärenz des Stücks liegt eher in dem zu übermittelnden Thema, weniger in seiner Handlung, die der Logik des Unterbewußtseins im Traumzustand folgt. Inszeniert werden Gefühle und Gedanken, die einzelnen Rollen sind keine Individuen, sondern Typisierungen im Dienste der Gedanken, die auftretenden Figuren sind lediglich Träger von Gattungsbezeichnungen (Mann 1, Nackter, Dame, Student usw.). Obwohl nicht selten mit groben Ausdrücken, sadistischen oder blasphemischen Andeutungen hantiert wird, bleibt der poetische Charme der Darstellung davon unberührt.

Das erste Bild stellt das Zimmer des Theaterdirektors dar, der gleich zu Beginn sein Ideal vom Theater ankündigt: *»Mein Theater wird immer im Freien spielen.«* Alle Figuren verbergen sich hinter Masken, die teilweise selbst wiederum maskiert sind oder als Verdoppelungen auftreten. Ausnahme von dieser Regel ist lediglich der Gonzalo genannte Mann 1, die einzige Person, die mit sich selbst identisch ist. Dieser entdeckt die Falschheit des Direktors, der versucht, seine Homosexualität zu verbergen. Während des gesamten Stücks ist es Gonzalo, der die Lüge und die maskierten Gefühle anklagt. *»Ich habe so lange mit der Maske gekämpft, bis ich dich nackt sah!«* sagt er zum Direktor und gleich darauf: *»Ich liebe dich vor den anderen, weil ich die Maske verabscheue und weil ich es fertiggebracht habe, sie dir herunterzureißen.«* Der Direktor spricht seine Ängste offen aus. *»Was mache ich mit dem Publikum, wenn ich der Brücke das Geländer nehme? Die Maske würde mich verschlingen.«* Sagt jemand die Wahrheit, riskiert er, von der Gesellschaft der Masken verschlungen zu werden, weil er die sozialen Regeln verletzt hat. Stößt man die Barriere zwischen Bühne und Publikum um, fällt auch deren schützende Wirkung weg. – Über eine römische Ruine im zweiten Bild gelangt die Handlung zum *»Theater unter dem Sand«*, dargestellt von einer Reihe von Figuren, die nichts anderes sind als Sinnbilder der verschiedenen Facetten der Liebe, der *»verborgenen Kraft«*, unterdrückte natürliche Leidenschaften, die ein wahrhaftes Theater freilegen muß.

Das Verständnis des kühnen und komplexen fünften Bildes wird dadurch erschwert, daß das vierte Bild unbekannt ist. Im Zentrum der Bühne steht *»ein Bett, von vorne und senkrecht, wie von einem naiven Maler; darauf ein roter Nackter mit einer blauen Dornenkrone.«* Während der sadistische Krankenpfleger den Tod des Nackten herbeiführt, treten aus der Fassade des Universitätsgebäudes Studenten auf die Bühne und diskutieren über Fragen des Theaters am Beispiel von Shakespeares *Romeo und Julia*, das als Kontrapunkt und als Theater im Theater eingeführt ist. Als das Publikum, so berichten die Studenten, bemerkt, daß *»Romeo ein Mann von dreißig und Julia ein fünfzehnjähriger Junge«* ist, rufen sie den Richter. Dieser fordert, die Grabszene zu wiederholen. Aber das aufgebrachte Publikum hat die Schauspieler bereits umgebracht. Mit dieser Gewalttat jedoch noch nicht zufrieden, will das Publikum – ein Abbild der zeitgenössischen bürgerlichen Gesellschaft mit ihrem Abscheu vor der Homosexualität – den zum eigentlich Schuldigen erklärten Dichter von den Pferden zu Tode schleifen lassen.

Um die Zerstörung der bürgerlichen Normen geht es, um das Aussprechen von *»unschuldigen Wahrheiten«*, wenn die Studenten die Befreiung der Instinkte fordern: *»Student 1: Und wenn ich mich in ein Krokodil verlieben will? Student 5: Dann verliebst du dich eben. Student 1: Und wenn ich mich in dich verlieben will? Student 5: Dann verliebst du dich eben auch, ich lasse dich und trage dich auf den Schultern die Felsen hinauf. Student 1: Und wir zerstören alles. Student 5: Die Dächer und die Familien.«* Das Publikum, das im Stück in Form von Andeutungen der Darsteller auftritt, räsoniert über Fragen des Theaters, die von dem eingeflochtenen Drama *Romeo und Julia* ausgelöst werden, und die Figuren auf der Bühne stellen Aspekte dieser Fragen dar. Sie nehmen an der Entfaltung ihres eigenen Dramas teil und werden somit für den Zuschauer zu lebenden Formen. Auf diese Weise lösen sich die Grenzen zwischen Bühne und Zuschauer auf und werden statt dessen zu Spiegeln. Am Ende ist man wieder beim ersten Bild angelangt. Dem Publikum, das *»authentischen Dramen«* beigewohnt hat und vor deren Wahrheit flüchten will, bleiben alle Ausgänge versperrt. Es wird erst durch den Spruch eines Zauberkünstlers erlöst. Als Antwort auf die Suche nach der Wahrheit bleibt nur das eigene Echo zurück. W.Ste.

Ausgaben: Oxford 1976 (in *Autógrafos*, Hg. u. Einl. R. Martínez Nadal, Bd. 2). – Barcelona 1978, Hg. u. Einl. R. Martínez Nadal. – Madrid 1986 (in *Obras completas*, Hg. u. Einl. A. del Hoyo). – Madrid 1988, Hg. u. Einl. M. C. Millán (Cátedra).

Übersetzung: *Das Publikum*, R. Wittkopf, Ffm. 1986 (st).

Literatur: U. Newberry, *Aesthetic Distance in G. L.'s »El público«: Pirandello and Ortega* (in HR, 37, 1969, S. 276–296). – R. Martínez Nadal, *L.'s »The Public«. A Study of his Unfinished Play and of Love and Death in the Work of F. G. L.*, Ldn. 1974. – C. Feal Deibe, *El L. posthumo: »El público« y »Comedia sin titulo«* (in Anales de la Literatura Española Contemporánea, 6, 1981, S. 43–62). – P. Figure, *The Mystification of Love and L.'s Female Image in »El público«* (in Cincinnati Review, 2, 1983, S. 26–32). – C. Jerez-Farrán, *La estética expresionista en »El público« de G. L.* (in Anales de la Literatura Española Contemporánea, 11, 1986, S. 111–127).

ROMANCERO GITANO

(span.; *Ü: Zigeunerromanzen*). Lyrisch-epische Dichtungen von Federico García Lorca, erschienen 1928. – Die zwischen 1924 und 1927 in einem teilweise mühsamen Schaffensprozeß entstandenen achtzehn Romanzen hatten García Lorca so bekannt gemacht, daß er sich selbst von dem ihm plötzlich nachgesagten *Mito de gitanería* betroffen fühlte. Denn jener viel besprochene und bald auch nachgeahmte *gitanismo* – im Grunde *»tiefes Mitgefühl für die Verfolgten«* – brachte ihn in den Geruch eines ungebildeten *poeta salvaje*, der er keineswegs sein wollte. Die bereits mit dem *Poema del cante jondo* (1931) zusammenhängende Beschäftigung mit den volkstümlichen Überlieferungen seiner andalusischen Heimat findet in Lorcas Wiederentdeckung der traditionellen, seit der spanischen Romantik jedoch erstarrten Romanzenform einen weiteren Höhepunkt. Zu einer Zeit, da feste Formen wenig gesucht waren und die *poésie pure* gepriesen wurde, will Lorca, ebenso spontan-genial wie bewußt naiv und kunstvoll, die Romanze wieder *»verdichtet und fest wie einen Stein«* machen, ihr zu *»neuartiger Schönheit«* verhelfen, ohne dabei im Stil des *costumbrismo* der folkloristischen Versuchung einer Zigeunerromantik zu verfallen. Dennoch erklärt der Dichter seinen *Romancero gitano* als ein *»retablo andaluz de todo el andalucismo« (»andalusische Bilderfolge des gesamten Andalusiertums«)*. Die Bilderfolgen aus dieser mythisierten Welt stellen sich auf drei, meist ineinanderfließenden Ebenen dar (G. Díaz-Plaja): Es ist zunächst die anekdotische Wirklichkeit des Zigeunerlebens mit Liebe und Leidenschaft, Haß und gewaltsamem Tod sowie dem ständigen Konflikt mit der Polizei (zum Beispiel *Reyerta*, die beiden *Antoñito el Camborio*-Romanzen, *Romance de la Guardia Civil española*); ferner der volkstümlich religiöse Bereich, wie er sich in den drei Erzengel-Romanzen *San Miguel, San Rafael* und *San Gabriel* darbietet, denen sich subtil die landschaftliche Dreiheit Granada, Córdoba und Sevilla zuordnet; schließlich der Bereich der dunklen Mächte des Schicksals, des Leids, der Todesahnung, des Eros (etwa *Romance de la luna, luna, Romance sonámbulo, Romance de la pena negra, Romance del emplazado*). Die Romanze *Thamár y Amnón* greift daneben mit Anklängen an Tirso de Molinas Schauspiel *La venganza de Tamar* einen biblischen Stoff auf (*2. Samuel*, 13, 1–14). In der *Romance de Santa Olalla* gestaltet García Lorca die Legende vom Martyrium der aus Mérida stammenden heiligen Jungfrau Eulalia.

Die faszinierende Wirkung dieser Dichtungen beruht auf dem kunstvollen *»Verweben von kaum angedeuteten Geschehnisresten mit irrealem Bild- und Wortzauber«* (H. Friedrich). Unvermittelt stehen neben ebenso einfachen wie geschliffenen beschreibenden Versen kühne Metaphern und vielschichtige Chiffren für das Unausgesprochene. Häufig wiederkehrende Schlüsselwörter sind »Mond«, »Pferd«, »Wind«, »Fluß«. In der Farbskala herrschen dunkle Töne vor (Schwarz, Grün). Die Bildvergleiche bevorzugen den Bereich des Visuellen und des Taktilen. Die lyrische Sprache Lorcas verrät gelegentlich das Vorbild seines Landsmannes Juan Ramón Jiménez *(Romance sonámbulo)*, aber auch die genaue Kenntnis der alten spanischen Romanzenüberlieferung. Die metrisch zwar nicht anspruchsvollen, rhythmisch jedoch reichen Romanzen lassen trotz ihrer gleichsam traumhaft erreichten Bildreihung einen oft dreiteiligen Aufbau erkennen, bei dem vorwiegend leitmotivische Wiederholungen und Parallelisierungen verwendet werden. Die ursprüngliche dramatische Begabung Lorcas bricht in lakonischen Dialogansätzen wiederholt deutlich durch. In diesen zu den berühmtesten Gedichten der spanischen Gegenwartsliteratur gehörenden Zigeunerromanzen von der *»Härte und Anmut eines Kiesels«* gelingt es García Lorca, wie in der *Dichtung vom Cante Jondo* einen einmaligen künstlerischen Einklang mit den über Jahrhunderte in der volkstümlichen Überlieferung bewahrten menschlichen Erfahrungen zu finden. Doch hält der Identifizierung mit dieser anonymen Gestimmtheit eine leise ironische Distanzierung das Gleichgewicht. D.B.

Ausgaben: Madrid 1928 (u. d. T. *Primer Romancero gitano (1924–1927)*). – Buenos Aires 1933 (*Romancero gitano*; ern. 1962). – Madrid 1954 (in *Obras completas*, Hg. u. Einl. A. del Hoyo; [22]1986). – Parma 1959, Hg. O. Macri [m. Einl., Komm. u. ital. Übers.]. – Madrid 1980–1984 (in *Obras*, Hg. u. Einl. M. Hernández). – Madrid 1981–1984 (in *Obras*, Hg. u. Einl. M. García Posada). – Madrid 1986 (Austral). – Madrid 1987, Hg. u. Einl. A. Josephs u. J. Caballero (Cátedra).

Übersetzung: *Zigeunerromanzen*, E. Beck, Wiesbaden 1953. – Dass., ders. (in *Werke in drei Bänden*, Ffm. 1986).

Verfilmung: Spanien 1954 (Regie: M. Dolores Mejías).

Vertonungen: M. Theodorakis, *Antoñito el Camborio*, für Gesang und Ensemble. – H. Reutter, *Drei Zigeunerromanzen*, 1956, für Gesang und Klavier.

Literatur: L. Rosales, *La Andalucía del llanto* (in Cruz y Raya, 1934, Nr. 14, S. 39–70). – J. López-Morillas, *G. L. y el primitivismo lírico; reflexiones sobre el »Romancero gitano«* (in CA, 53, 1950, S. 238–250). – A. Henry, *Les grands poèmes andalous de F. G. L.*, Gent 1958. – C. H. Leighton, *The Treatment of Time and Space in the »Romancero gitano«* (in Hispania, 43, 1960, S. 378–383). – A. Caffarena, *F. G. L. y las distintas ediciones del »Romancero gitano«* (in Estafeta literaria, 1967, Nr. 362, S. 8/9). – B. J. Delong, *L.'s »Romancero gitano«*, Diss. Univ. of Iowa 1967. – L. Rosales, *El sentimiento del desengaño en la poesía barroca*, Madrid 1967, S. 233–250. – F. Allué y Morer, *F. G. L. y el »Romancero gitano«* (in RdO, 32, 1971, S. 229 bis 239). – J. B. Hall, *Lorca's »Romancero gitano« and the Traditional »Romances viejos«* (in *Studies of the Spanish and Portuguese Ballad*, Hg. N. D. Shergold, Ldn. 1972, S. 141–164). – E. Rozik, *A Structural Approach to Lorca's Metaphorics in the »Romancero gitano«* (in *Studies in Hispanic History and Literature*, Hg. B. Jozef, Jerusalem 1974, S. 174–198). – C. B. Morris, *Bronce y sueño: Lorca's Gypsies* (in Neoph, 61, 1977, S. 225–244). – A. Rodríguez, *G. L., los gitanos y la Guardia Civil* (in Hispano, 64, 1978, S. 61–69). – J. Crosbie, *Structure and Counter-Structure in Lorca's »Romancero gitano«* (in MLR, 1, 1982, S. 74–88).

TEATRO BREVE

(span.; *Ü: Drei kurze Spiele*). Dramatische Szenen von Federico García Lorca, erschienen 1928. – Unter dem Titel werden gewöhnlich drei kleine szenische Auftritte zusammengefaßt, die der Dichter für die literarische Zeitschrift ›Gallo‹ wahrscheinlich 1926 geschrieben hat: *El paseo de Buster Keaton; La doncella, el marinero y el estudiante* sowie *Quimera*. Letztere Szene erschien nicht mehr in der geplanten dritten Nummer von ›Gallo‹, sondern erst postum. – *Buster Keatons Spaziergang*, eine kleine Hommage an den Stummfilm, gewinnt nur durch die gegenüber den un-sinnig zusammenhanglosen Worten der Personen (außer dem Schauspieler der Hahn, der Uhu, ein Neger, eine Amerikanerin, ein junges Mädchen und eine Stimme) viel längeren, lyrisch beschreibenden Szenenanweisungen Gestalt. – Die zweite Szene ist ein wortkarger Dialog zwischen der Jungfer, einer Alten, dem Matrosen und Studenten sowie der Mutter, nur scheinbar wirklichkeitsnäher als Keatons grotesker Auftritt. In der *Chimäre* sprechen Enrique, Frau, Alter, Mädchen, Knabe und sechs Stimmen in einer häuslichen Szene.

Trotz ihrer Kürze sind die drei Stücke für die Entwicklung von Lorcas Werk von Bedeutung. Sie nehmen bereits Aspekte von *Poeta en Nueva York, El público* und *Así que pasen cinco años* vorweg. Gerade nach dem großen Erfolg der Zigeunerromanzen, der den Autor in den Ruf eines Zigeunerdichters brachte, näherte sich Lorca zur Erneuerung seiner poetischen Sprache und seines Bildrepertoires bewußt dem Surrealismus und dem Kino. Unter dem Einfluß des 1929 uraufgeführten surrealistischen Films *Un chien andalou*, dessen Drehbuch L. Buñuel und S. Dalí erarbeiteten, schrieb Lorca *Así que pasen cinco años* (1929/30). Dieses surrealistische Drama ist in vieler Hinsicht eine literarische Version von *Un chien andalou*, eine Antwort auf die darin enthaltene Spöttelei über Lorca, von der dieser sich zutiefst gekränkt fühlte. (Im Madrider Freundeskreis um Buñuel und Dalí pflegte man die andalusischen Dichter, allen voran Lorca, »andalusische Hunde« zu nennen.) Sowohl Film als auch Drama verwenden Bilder und Erzählstruktur des Traums, beide Protagonisten sind jeweils hoffnungslos fragmentierte Persönlichkeiten auf der Suche nach ihrer Identität. »Das Leben ist kein Traum« widerspricht Lorca Calderóns *La vida es sueño* in diesem traumwandlerischen Spiel gegen das Träumen, bei dem das Leben immer nur zukünftig bleibt, bis am Ende der Protagonist von der Zeit eingeholt und tödlich verwundet wird. Wie wichtig für Lorca in dieser Phase das Kino als neuer Impuls war, zeigt neben den vielen hier verwendeten Über- und Rückblendtechniken sowie anderen filmischen Mitteln die Tatsache, daß der Autor gleichzeitig das Drehbuch *Viaje a la luna (Reise auf den Mond)* schrieb. D.B.-W.Ste.

Ausgaben: Granada 1928 (in Gallo, Bd. 1, Nr. 2). – Buenos Aires 1938 (*Quimera*, in *Obras completas*, Bd. 6; auch in RHM, 6, 1940, S. 312 f.). – Mexiko 1959 (in *Tres farsas*). – Madrid 1980–1984 (in *Obras*, Hg. u. Einl. M. Hernández). – Madrid 1981–1984 (in *Obras*, Hg. u. Einl. M. García Posada). – Madrid 1986 (in *Obras completas*, Hg. u. Einl. A. del Hoyo).

Übersetzung: *Drei kurze Spiele. Buster Keatons Spaziergang. Die Jungfer, der Matrose und der Student. Chimäre*, E. Beck, Zürich 1956 [m. span. Text]. – Dass., ders. (in *Werke in drei Bänden*, Ffm. 1986).

Vertonungen: I. Eröd, *Die Jungfer, der Matrose und der Student*, Kurzoper (Urauff. Wien 1960). – H.-J. v. Bose, *Quimäre*, Kurzoper (Urauff. Aachen 1986).

Bearbeitungen: L. Kemp, *El paseo de Buster Keaton*, Madrid 1986. – J. L. Castro, *La doncella, el marinero y el estudiante*, Madrid 1986.

Literatur: O. Machado Bonet, *F. G. L., su producción dramática*, Montevideo 1951. – R. C. Allen, *A Commentary on Lorca's »El paseo de Buster Keaton«* (in Hispano, 48, 1973, S. 23–35). – R. G. Harvard, *Lorca's Buster Keaton* (in BHS, 54, 1977, S. 13–20). – D. Giunti, *»El paseo de Buster Keaton« di F. G. L.* (in Quaderni di Lingue e Letterature, 3/4, 1978/79, S. 233–248).

YERMA. Poema trágico en tres actos y seis cuadros

(span.; *Ü: Yerma*). »Tragische Dichtung in drei Akten und sechs Bildern« von Federico García Lorca, Uraufführung: Madrid, 29. 12. 1934, Teatro Español; deutschsprachige Erstaufführung: Bern, 26. 3. 1946, Stadttheater. – Zusammen mit *Bodas de sangre* (1932) und *La casa de Bernarda Alba* (1936) bildet diese in poetischer Prosa geschriebene Tragödie eine Trilogie mit dem gemeinsamen Problem der in dörflich-bäuerlichem Milieu und Sittengesetz scheiternden Erfüllung der Liebe.

Die seit zwei Jahren kinderlos mit Juan, einem verbissen schaffenden Landarbeiter, verheiratete Yerma (der Name spielt an auf *yermo* – öde, unfruchtbar) sieht im Dämmer ihrer Wunschträume die mythisch-symbolische Gestalt eines Hirten vorüberhuschen, der ein weißgekleidetes Kind an der Hand führt. Während sie an einem strahlenden Frühlingsmorgen erwacht und ein Wiegenlied an ihr Ohr dringt, kehrt der Mann, der ihr das sehnlichst gewünschte Kind versagt, vom Feld heim, um sich alsbald wieder unwirsch-ironisch ihrem Verlangen zu entziehen. Nachdem sie nähend lyrisch-innig Zwiesprache mit dem ersehnten Kind gehalten hat, tritt die Nachbarin María, die jungvermählt schon guter Hoffnung ist, zu ihr und offenbart sich ihr in freudig-banger Erwartung. Yerma, teils neiderfüllt, teils von neuer Zuversicht für ihr eigenes Mutterglück beseelt, berät altklug die unerfahrene Frau und beginnt Windeln für sie zu nähen. Da kommt Victor, ein lebensfroher Hirt und Gefährte Juans, vorbei. Er bestätigt sie in ihrem Wunsch nach einem Kind, den sie gehobenen Gefühls wieder in einem Lied zum Ausdruck bringt. Das zweite Bild des ersten Akts zeigt Yerma, nun schon im dritten Jahr ihrer Ehe, im Gespräch mit einer kinderreichen und verlebten Alten, die ihrem Mann das Essen in den Olivenhain trägt. Von Schuldgefühlen getrieben, versucht Yerma ihr vergeblich das Geheimnis der Fruchtbarkeit zu entlocken. Sie gesteht immerhin ein, die Liebe zum Gatten ihrem krankhaft übersteigerten Mutterinstinkt unterzuordnen. Allein für Victor habe sie auch sinnliche Gefühle der Liebe empfunden. Bevor es zur neuerlichen Begegnung mit ihm kommt, unterbrechen zwei junge Frauen das Yerma unbefriedigt lassende Gespräch mit der Alten. Während die eine alsbald zu ihrem Kind zurückeilt, zeigt sich die andere mit ihrer Kinderlosigkeit zur Verwunderung der bereits verbitterten Yerma überaus zufrieden. Die Aussprache mit Victor, durch ein lyrisches Lied eingangs besonders hervorgehoben, läßt keinen Zweifel, daß Yerma in ihm die Erfüllung erspürt. Juans Rückkunft unterbricht diese spannungsgeladene, doch keineswegs kompromittierende Szene am Schluß des ersten Aktes.

Den zweiten Akt eröffnen die Lieder der fünf Waschweiber, die abwechselnd mit kaum verhüllten Anspielungen von Yermas Eheleben singen, eine Art Chor, der die tragische Isolierung Yermas litaneihaft betont, nachdem Juan sie auch allein nach Hause geschickt und seine beiden mißgünstigen, unverheirateten Schwestern zu ihrer Bewachung aufgenommen hat. Nicht aus Eifersucht, sondern aus Sorge um Yermas Ehre erwartet er ungeduldig die Rückkehr seiner Frau, der er jeden Ausgang verboten hatte, aus dem Dorf. Die Auseinandersetzung mit ihm sublimiert Yerma erneut in Gesang, entsagt nun aber in bitterem Haß ihren Muttertrieben (was durch ein Gespräch mit María, die dabei ihr Kind im Arm hält, deutlich gemacht wird), zumal sie es aus Gründen der Ehrbarkeit ablehnt, sich einem fremden Mann hinzugeben. Verhalten nimmt sie von Victor endgültig Abschied und vertraut sich der aus I, 2 schon bekannten jungen Frau an, die einen Fruchtbarkeitszauber im Hause der Dolores (Akt III, 1) vermittelt. Bei dieser magischen Suche nach dem Glück wird sie im Morgengrauen von Juan und ihren Schwägerinnen ertappt. Juan stößt sie trotz ihres Werbens von sich, weil er sich durch diesen Skandal, dessen Zeuge das Dorf wird, in seiner Ehre zutiefst gekränkt fühlt. Die letzte Szene spielt nahe der Ortschaft auf einem Berg bei einer Einsiedelei, wo anläßlich einer jährlich stattfindenden Wallfahrt kinderlose oder unverheiratete Frauen sich ein Stelldichein mit Männern geben. Yerma wohnt in Begleitung Marías dem zynischen Treiben und einem maskenhaften Tanzauftritt – Allegorien der Männlichkeit und Fruchtbarkeit – bei. Juan folgt Yerma, die ein Weib zur Untreue zu verführen sucht. Yerma weiß, daß sie nie Mutter werden wird. Juan, nicht weniger ichsüchtig als sie, nur auf Befriedigung seines geschlechtlichen Triebs versessen, schleudert ihr diese Versicherung entgegen. Als er sie sich gefügig zu machen sucht, leistet sie Widerstand, da ihre Hingabe nun sinnlos erscheint, und erwürgt ihn. Damit hat sie zugleich in ihm auch ihr Kind getötet und ihre eigene Existenz vernichtet.

Mit sparsamsten Dialogmitteln und einer beziehungsreichen Bildersprache gelingt es dem Dichter, dieser Tragödie der unfruchtbaren Frau weit über das Psychologische hinaus eine mythische Dimension zu verleihen. D.B.

Ausgaben: Buenos Aires 1937. – Madrid 1954 (in *Obras completas*, Hg. u. Einl. A. del Hoyo; [22]1986). – Madrid 1960. – Rio de Janeiro 1963. – Buenos Aires 1967. – Madrid 1980–1984 (in *Obras*, Hg. u. Einl. M. Hernández). – Madrid 1981–1984 (in *Obras*, Hg. u. Einl. M. García Posada). – Madrid 1987, Hg. u. Einl. I.-M. Gil (Cátedra).

Übersetzung: *Yerma*, E. Beck (in *Dramatische Dichtungen*, Wiesbaden 1958; ern. Ffm. 1972). – Dass., ders., Reinbek 1985 [mit Materialien]. – Dass., ders. (in *Werke in drei Bänden*, Ffm. 1986).

Vertonungen: D. Apivor, *Yerma*, Oper (Urauff. Ldn. 1961). – H. Villa Lobos, *Yerma*, Oper (Urauff. Santa Fé 1971). – B. Liberda, *Yerma*, Ballett (Urauff. Ffm. 1978).

Verfilmung: BRD/Ungarn 1984 (Regie: B. Kabay u. I. Gyöngyössy).

Literatur: G. Correa, *»Yerma«, estudios estilisticos* (in Revista de las Indias, Bogotá, 35, 1949, S. 11–63). – C. Calvin, *The Imagery of L.'s »Yerma«* (in MLQ, 21, 1960, S. 122–130). – G. Correa, *Honor, Blood and Poetry in »Yerma«* (in Tulane Dramatical Review, 6, 1962, S. 96–110). – R. E. Lott, *»Yerma«: The Tragedy of Unjust Barrenness* (in MD, 8, 1965, S. 20–27). – C. Rincón, *»Yerma« de F. G. L. Ensayo de interpretación* (in BRP, 5, 1966, S. 66–69). – R. Skloot, *Theme and Image in L.'s »Yerma«* (in Drama Survey, 5, 1966, S. 151–161). – J. V. Falconieri, *Tragic Hero in Search of a Role: Yerma's Juan* (in REH, 1, 1967, S. 17–33). – C. B. Morris, *Lorca's »Yerma«. Wife without an Anchor* (in Neoph, 56, 1972, S. 285–297). – P. L. Sullivan, *The Mythic Tragedy of »Yerma«* (in BHS, 54, 1972, S. 265–278). – R. Anderson, *The Idea of Tragedy in G. L.'s »Yerma«* (in Hispanófila, 74, 1982, S. 41–60). – L. Fernández-Cifuentes, *»Yerma«: Anatomía de una transgresión* (in MLN, 2, 1984, S. 288–307). – M. García Posada, *Un estímulo lopesco en la creación de »Yerma«* (in Insula, 41, 1986, S. 11/12).

LA ZAPATERA PRODIGIOSA. Farsa violenta

(span.; *Ü: Die wundersame Schustersfrau*). »Volkskomödie« in zwei Akten von Federico GARCÍA LORCA, Uraufführung: Madrid, 24. 12. 1930, Teatro Español; endgültige Fassung: Buenos Aires, 30. 11. 1933, Teatro Avenida. – Dieser »einfache Schwank in klassischer Manier« greift das auch schon in mittelalterlichen Volksliedern *(chansons de mal mariées, romances de la mal maridada)* beliebte Thema der mit einem älteren Mann unglücklich verheirateten schönen jungen Frau auf. Im Sommer 1926 unmittelbar nach *Mariana Pineda* in Granada begonnen, wurde dieses neben den Puppenspielen *Los títeres de Cachiporra* einzige Stück mit glücklichem Ausgang 1929/30 in New York in einer entscheidenden Wende von Lorcas Schaffen vollendet und nach der Lesung im Freundeskreis als Kammerspielversion mit Kostümentwürfen von Pablo Picasso aufgeführt. Die u. a. durch Volkslied- und Balletteinlagen erweiterte Fassung (1933) der mit folkloristischen Elementen und farbigen andalusischen Redewendungen durchsetzten »Apologie für die menschliche Seele« wurde unter Lorcas Leitung gespielt und bringt nach seinen eigenen Worten den Kampf zwischen Wirklichkeit und Phantasie im Menschen zum Ausdruck, wobei die Schustersfrau, literarischer Typ und Archetyp zugleich, als mythische Symbolgestalt die unerfüllten Träume verkörpert.

Nach dem vom Schimpfen der Schustersfrau hinter der Bühne mehrmals unterbrochenen Vorspruch des Dichters betritt diese die Werkstatt ihres Mannes. Während sie ihre Selbstverliebtheit ausspielt, bringt ein Kind Schuhe zur Reparatur und nimmt als Geschenk eine Puppe entgegen, wobei die Frau unverblümt erklärt, sie werde nie Kinder bekommen (vgl. *Yerma*). Der Mann wird Zeuge ihrer Erregung. In koketter Wehmut reizt sie ihn lautstark mit der Erinnerung an ihre früheren jugendlichen Verehrer, wohl wissend, daß er in seiner Ehrbarkeit nichts mehr fürchtet als den Skandal im Dorf. In einem komischen Auftritt bekennt er der »Roten Nachbarin«, die ihn heuchlerisch zu übervorteilen versucht, seine Leiden. Die Schustersfrau hat jedoch sein Geständnis belauscht und stürzt sich auf die Rote. Nach dem gewohnten häuslichen Gezänk tritt der Alcalde, der bereits vier Frauen besessen hat, in das Haus des Schusters und hört ebenfalls dessen Klagen über die erzwungene Heirat an. Sein Weib brennt indessen nur darauf, ihn noch mehr zu ärgern, und führt, berauscht von den Traumbildern einstiger Liebhaber, einen wilden Tanz auf. Don Mirlo (Herr Amsel) und Mozo (Bursche) umwerben die Schusterin aufdringlich-ungeschickt, vom Herrn des Hauses insgeheim beobachtet, der sich daraufhin entschlossen und feig zugleich, beinah noch von zwei Betschwestern ertappt, davonmacht, um endlich seinen Frieden zu haben. Das Kind meldet der Frau arglos die Flucht. Der erste Akt endet mit einer Ballettphantasie bunt gekleideter Frauen in grotesker Verwirrung. Um ihren Lebensunterhalt zu verdienen, hat die Schusterin in der Werkstatt eine Schenke eingerichtet, läßt sich aber aus nunmehr verklärter Anhänglichkeit zum davongelaufenen Mann mit keinem der zahlreichen Bewerber um ihre Gunst ein, obgleich ihr das ein anzügliches Lied nachsagt. Auch der Alcalde versucht jetzt schamlos, sie sich gefügig zu machen. Da zieht, von niemandem außer dem Kind erkannt, der Zapatero als Straßensänger verkleidet mit Musik in das Dorf. Er trägt die Moritat vom geduldigen Ehemann und der schönen jungen Frau vor. Als die Zuhörer weglaufen, weil wegen der Wirtin eine Messerstecherei begonnen hat, stehen sich die Eheleute allein gegenüber. Die Schustersfrau beteuert dem »Fremden«, der ihre Treue hart auf die Probe stellt, die Liebe zum verschwundenen Ehemann. Auf die vom Kind überbrachte Kunde, daß sich die streitenden Liebhaber verletzt hätten, verteidigt der fahrende Sänger, mühsam seine Rolle weiterspielend, die Frau gegen die Anschuldigungen der hämischen Weiber. Er prüft sie erneut und gibt sich, von ihrem guten Willen gerührt, schließlich zu erkennen, ohne daß sie ihm jedoch sofort Glauben schenkt. Wieder ertönt das Gassenlied von ihrer Treulosigkeit, schon streitet sie auch wieder mit dem Mann, verteidigt aber mit ihm das Haus wild entschlossen gegen böse Nachreden.

Die gewollt einfache poetische Farce nimmt nach Abschluß des ersten, zwischenspielartigen Teils im Verlauf des zweiten Akts den Charakter einer in die spanische Tradition eingebetteten, mit sparsamsten szenischen Mitteln gelungen stilisierten Volkskomödie an, deren lyrisch-volkstümliche Sprache, ironisch-karikaturenhafte und zugleich menschlich-lebensvolle Symbolisierungen und Thematik (unerfüllte Liebe, Kind, Ehre) auf den reifen Lorca hindeuten. D.B.

AUSGABEN: Madrid 1930. – NY 1952, Hg. E. F. Helman [m. Einl., Anm. u. Vokabular]. – Madrid 1954 (in *Obras completas*, Hg. u. Einl. A. del Hoyo; [22]1986). – Madrid 1960. – Buenos Aires 1966. – Madrid 1968 [zus. m. *Bodas de sangre*]. – Madrid 1980–1984 (in *Obras*, Hg. u. Einl. M. Hernández). – Madrid 1981–1984 (in *Obras*, Hg. u. Einl. M. García Posada). – Madrid 1985 (Austral). – Valencia 1986, Hg. u. Einl. L. Rodríguez Cacho [Faks.].

ÜBERSETZUNG: *Die wundersame Schustersfrau*, E. Beck (in *Dramatische Dichtungen*, Wiesbaden 1958; ern. Ffm. 1972). – Dass., ders. (in *Werke in drei Bänden*, Ffm. 1986).

VERTONUNGEN: J. J. Castro, *La zapatera prodigiosa*, Oper (Urauff. Montevideo 1949). – U. Zimmermann, *Die wundersame Schustersfrau*, Oper (Urauff. Schwetzingen 1982).

LITERATUR: F. Lázaro Carreter, *Apuntes sobre el teatro de G. L.* (in PSA, 18, 1960, S. 9–33). – J. E. Aragonés, *»La zapatera prodigiosa« cuarenta años después* (in La Estafeta Literaria, 1966, Nr. 337, S. 17). –

R. S. Picciotto, *»La zapatera prodigiosa« and L.'s Poetic Credo* (in Hispania, 49, 1966, S. 250–257). – J. M. Quinto, *»La zapatera prodigiosa« o el redescubrimiento de G. L.* (in Insula, 1966, Nr. 230, S. 15). – C. Rincón, *»La zapatera prodigiosa« de F. G. L., ensayo de interpretación* (in IR, 2, 1970, S. 290–313). – G. Müller, *Lorcas »La zapatera prodigiosa« als Manifest dichterischer Verfremdung* (in NSp, 22, 1973, S. 439–447). – J. M. Aguirre, *El llanto y la risa de »La zapatera prodigiosa«* (in BHS, 58, 1981, S. 245–250). – F. Anderson, *»La zapatera prodigiosa«* (in KRQ, 3, 1981, S. 279–284). – C. B. Morris, *Divertissement as Distraction in L.'s »La zapatera prodigiosa«* (in Hispania, 69, 1986, S. 797–803).

RAMÓN GÓMEZ DE LA SERNA

* 3.7.1888 Madrid
† 12.1.1963 Buenos Aires

LITERATUR ZUM AUTOR:
R. Cardona, *Ramón. A Study of G. de la S. and his Works*, NY 1957. – L. Sofowich, *R. G. de la S.*, Buenos Aires 1962. – G. Diego, *Lope y Ramón*, Madrid 1963. – G. Gómez de la Serna, *Ramón, obra y vida*, Madrid 1963. – L. Sánchez Granjel, *Retrato de Ramón. Vida y obra de R. G. de la Serna*, Madrid 1963. – F. Ponce, *R. G. de la S.*, Madrid 1968. – R. Daus, *Der Avantgardismus R. G. de la S.s*, Ffm. 1971. – J. Camón Aznar, *R. G. de la S. en sus obras*, Madrid 1972. – R. Mazzetti Gardiol, *R. G. de la S.*, NY 1974. – J. M. Castañón, *Mi Padre y G. de la S.*, Caracas 1975. – J. I. Ramos, *Mi amigo Ramón*, Buenos Aires 1980. – *R. G. de la S.*, Hg. N. Dennis, Valencia 1986. – RdO, 1988, Nr. 80 [Sondernr.].

GREGUERÍAS

(span.; *Greguerías*). Aphorismensammlung von Ramón GÓMEZ DE LA SERNA, erschienen 1917, in den folgenden Jahren oftmals verändert und stark erweitert neu herausgegeben. – Das unübersetzbare Titelwort ist, ebenso wie die literarische Sonderform, die es bezeichnet, eine Erfindung des Autors. Inzwischen wurde es von der Real Academia de la Lengua, der spanischen Sprachakademie, in der Bedeutung von »Kauderwelsch, unverständliches Geschrei« anerkannt. Gómez de la Serna gibt eine Fülle von Definitionen der *greguería*: *»Sie ist wie diese japanischen Wasserblumen, die, so unscheinbar sie sind, im Wasser aufquellen, sich entfalten und in Blumen verwandeln.«* – *»Die Greguería ist das einzige, was uns beim Schreiben nicht traurig, schwerköpfig, trübselig und geschwollen macht, denn der Autor spielt, während er sie schafft; er wirft seinen Kopf in die Höhe und fängt ihn wieder auf.«* – *»Sie* [die Greguería] *bückt sich im Stadtpark und meint, sie habe etwas aus Gold gefunden, sie hebt auf, was da geglänzt hat, wenn es auch nur ein Kügelchen aus Pralinépapier ist; sie schenkt eine Idee für ein Drama, für einen Roman, oder damit man sich daran aufhängen kann.«* – Oder ganz formelhaft: *»Humor + Metapher = Greguería.«* Am treffendsten ist vielleicht die Deutung von Pedro SALINAS: *»Die Greguería soll eine plötzliche Offenbarung sein, die vermöge einer ungewöhnlichen Ideenverbindung uns blitzartig eine neue Sicht von irgend etwas gibt.«*

Dennoch hat die *Greguería* eine komplizierte, doch folgerichtige Struktur. Dabei begnügt sich Gómez de la Serna anders als die Dadaisten nicht damit, nur noch Fragmente von Assoziationen vorzulegen. Vielmehr gehorchen die *Greguerías* einer eigenen formallogischen Struktur, die sich eines großen Arsenals rhetorischer Ausdrucksmittel bedient: Vergleiche, Metaphern, Paradoxien, Antithesen und Hyperbeln. Die Inhalte reichen vom geistvollen Wort- und Gedankenspiel bis zum Gemeinplatz, ja zum Kalauer; als Gegenstand kann alles dienen, vom Staub bis zu den Sternen. Vom eigentlichen Aphorismus unterscheiden sich die *Greguerías* dadurch, daß dieser bestimmte Erkenntnisse, Werturteile oder Lebensweisheiten vermitteln will und somit eine gewisse Gültigkeit beansprucht; sie dagegen sind nur Augenblickseinfälle eines extravaganten und verspielten Bilderstürmers, der gerade hier anarchistische und nihilistische Tendenzen noch deutlicher als in seinem weiteren Werk aufweist. In ihrer Gesamtheit jedoch stellen sie eine neue Art der Wirklichkeitsbetrachtung dar. Ihnen liegt eine skeptische, fast nihilistische Weltanschauung zugrunde, die alle herkömmlichen Denkformen, Wertmaßstäbe, Theorien und Standpunkte ablehnt und den logischen Zusammenhang der Dinge aufhebt: *»Ich bin immer mehr davon überzeugt, daß es sinnlos ist, Sinnvolles sagen zu wollen.«*

Für diesen »Greguerismus« ist die Welt ein Chaos, ein formloser Stoff, den der Literat frei gestaltet – nicht nach apriorischen Prinzipien oder allgemeingültigen Regeln, sondern mittels willkürlicher, einzig von der Phantasie bestimmter Assoziationen und spontaner Eingebungen. Nicht um Wahrheit oder Moral geht es Gómez de la Serna in der Literatur; er will Neues sagen, ungeahnte Aspekte zeigen und noch nicht erprobte Perspektiven eröffnen. Den Schriftstellern macht er zum Vorwurf, daß ihnen der Mut fehle, das Gegebene auseinanderzunehmen; er dagegen habe sich *»die Unordnung«* geleistet, *»die Zerstückelung, den aufrichtigsten barokken Manierismus, ehe alles etwas barock wurde«*. – Diese Zerstörung der vorgefundenen Ordnungen ist sein Vorsatz in den *Greguerías*: *»Wie schwierig es doch ist, dafür zu arbeiten, daß nichts gemacht wird, dafür zu arbeiten, daß alles wie zerstört wirkt, und zwar ziemlich gut zerstört.«*

Die *Greguerías*, deren ironischer Antirealismus seit Francisco de QUEVEDO (1580–1645) in Spanien einzig ist, dürfen als einer der originellsten Beiträge zur modernen Literatur des Landes gelten. Gómez de la Sernas Einfluß war in der Zeit zwischen den beiden Weltkriegen besonders stark. Eine Befreiung der Phantasie, wie sie ihm gelang, kam allen avantgardistischen Bewegungen – den *»Ismen«*, wie er sie in seinem gleichnamigen Buch (1930) nannte – zugute, ihre Wirkungen zeigen sich in der Metaphorik GARCÍA LORCAS ebenso wie in den Bildkompositionen Picassos. A.F.R.-KLL

AUSGABEN: Valencia 1917. – Madrid 1919. – Madrid 1927 *(Las 636 mejores Greguerías)*. – Buenos Aires 1943 *(Greguerías 1940–1943)*. – Barcelona 1956 (in *Obras completas*, 1956 ff., Bd. 1). – Madrid 1962 *(Total de Greguerías)*. – Barcelona 1978. – Madrid 1983 (Austral). – Madrid 1985, Hg. u. Einl. R. Cardona (Cátedra).

ÜBERSETZUNG: *Greguerias*, M. Mies, Wiesbaden 1958 [Ausw.]; ern. Ffm. 1974. – Dass., R. Wittkopf, Straelen 1986 [span.-dt.; Ausw.].

LITERATUR: J. Cassou, *La significación profunda de R. G. de la S.* (in Revue Européenne, 1928). – G. de Torre, *Paralelismos entre Picasso y R.* (in Sintesis, 1, 1928). – P. Rojas Paz, *La greguería y su estética* (in Azul, 2, 1931). – A. Porras, *R. y sus »Greguerías«* (in Indice Literario, 4, 1935). – L. Cernuda, *R. G. de la S. y la generación poética de 1925* (in L. C., *Estudios sobre poesía española contemporánea*, Madrid/Bogotá 1957). – R. L. Jackson, *Toward a Classification of the »Greguería«* (in Hispania, 48, 1965, S. 826 bis 832). – Ders., *The Surrealist Image of R. G. de la S.* (in RoNo, 8, 1966/67, S. 11–19). – Ders., *The »Greguerías« of R. G. de la S.: Antecedents and Originality* (in Symposium, 21, 1967, S. 293–305). – R. Senabre Sempere, *Sobre la técnica de la greguería* (in PSA, 45, 1967, S. 121–145). – J. Begoña Rue-Explicación de Textos Literarios, 6, 1977/78, S. 61–68). – T. Llanos Alvárez, *Aportación al estudio de las »Greguerías« de R. G. de la S. Origen y evolución*, Madrid 1980. – W. Helmich, *Ideología literaria y visión del mundo en las »Greguerías« de R. G. de la S.* (in IR, 16, 1982, S. 54–83).

JACINTO GRAU DELGADO

* 1877 Barcelona
† 14.8.1958 Buenos Aires

LITERATUR ZUM AUTOR:
W. Giuliano, *The Life and Works of J. G. D.*, Diss. Ann Arbor 1950. – G. Rodríguez Salcedo, *Introducción al teatro de J. G.* (in PSA, 42, 1966, S. 13–42). – R. L. Ezell, *The Theatre of J. G.: A Depiction of Man*, Diss. Oklahoma 1971 (vgl. Diss. Abstracts, 32, 1971, S. 2086A). – J. Winecoff Díaz, *J. G. and his Concept of the Theater* (in REH, 5, 1971, S. 203–221). – M. Navascués, *El teatro de J. G. D.*, Madrid 1975.

EL SEÑOR DE PIGMALIÓN. Farsa tragicómica de hombres y muñecos

(span.; *Der Herr Pygmalion*). »Tragikomische Farce von Menschen und Puppen« in drei Akten mit einem Vorwort von Jacinto GRAU DELGADO, Uraufführung: Paris 1923, Théâtre de l'Atelier. – Die Stücke dieses Emigranten haben im Ausland – Paris, London, Prag, Buenos Aires – größere Anerkennung gefunden als in Spanien. Grau, ein *»in vielem ebenbürtiger Partner von Shaw und Pirandello«* (Niedermayer), hat große, anspruchsvolle Stoffe aus dem spanischen *Romancero* (vgl. *El conde Alarcos*, 1917, der *Bibel*, *El hijo pródigo*, 1918 – *Der verlorene Sohn)*, der literarischen Tradition Spaniens und, wie in dieser »Farce«, aus der Antike gestaltet. Ebenso wie SHAW seinen im übrigen anders gearteten *Pygmalion* (1913) hat auch Grau die Handlung in die Gegenwart verlegt. Sein Pygmalion ist ein Puppenspieler, der die Puppen, mit denen er in aller Welt Stücke eigener Erfindung aufführt, auch selbst anfertigt. In Pomponina, die vollkommenste seiner Puppen, hat er sich unrettbar verliebt, doch sie haßt ihren Schöpfer, weil er sie eingesperrt hält, um sie nur für sich zu besitzen. Eines Nachts öffnet der Herzog von Aldurcara, in dessen Theater Pygmalion auftreten soll, die Puppenkästen und überredet Pomponina, mit ihm zu fliehen. Als Pygmalion sie einholt und zur Rückkehr zu bewegen versucht, wird er von Pedro Urdemalas (Peter Tunichtgut), der sich zum Anführer der Puppen aufgeschwungen und ihnen die Freiheit versprochen hat, und Juan el Bobo (Juan der Dumme) getötet. Sterbend faßt er sein Schicksal als schöpferischer Künstler zusammen: *»Immer siegen die Götter und vernichten den, der ihnen ihr Geheimnis rauben will ... Ich wollte das menschliche Wesen übertreffen, doch meine ersten Versuchsautomaten töten mich hinterrücks ... Welch trauriges Los des Heldenmenschen, dessen Stolz bis jetzt gedemütigt wird durch die Geschöpfe seiner eigenen Phantasie!«*
Graus *El señor de Pigmalión* behandelt ähnlich wie PIRANDELLOS (1867–1936) *Sechs Personen suchen einen Autor*, 1920 (vgl. *Sei personaggi in cerca d'autore*) die Beziehungen zwischen dem Künstler und seinen Geschöpfen. Hier sind es Puppen, die lebendig werden, aus ihren Kästen schlüpfen und sich selbständig machen, in ihrer Freiheit aber nichts anderes als traurige Wiederholungen des Menschen sind, nicht etwa höhere, vollkommenere Wesen, wie Pygmalion sie erträumte. *»Tun wir das Böse, das läuternde, gerechte Böse«*, fordert Urdemalas. Er, die verkörperte Bosheit, trägt den Sieg davon. So werden die Puppen dank eines vollkommenen Mechanismus zu Menschen und handeln auf deprimierende Weise wie ihre Erfinder, indem sie von deren Leidenschaften beherrscht werden. Ähnlich

wie in Pirandellos Werk wird durch die Verlebendigung der Puppen jedoch zugleich die Problematik des Spiels und des Theaters selbst versinnbildlicht. A.A.A.

Ausgaben: Madrid 1921. – NY 1952, Hg. W. Giuliano. – Buenos Aires 1959 (in *Teatro*).

Literatur: A. M. Calvente de Helmbold, *J. G. en el »Señor de Pigmalión«* (in Conducta, Buenos Aires, 22, 1942). – L. Gonzáles del Valle, *Farsa y tragedia en »El señor de Pigmalión«: Una reconsideración* (in L. G. del V., *El teatro de F. García Lorca y otros ensayos sobre literatura española y hispanoamericana*, Lincoln 1980, S. 197–212). – C. Kaiser-Lenoir, *»El señor de Pigmalión« de J. G. Una subversión doble* (in Insula, 37, 1982, S. 15/16). – D. Dougherty, *The Semiosis of Stage in J. G.'s »El señor de Pigmalión«* (in Hispania, 67, 1984, S. 351–357).

JORGE GUILLÉN

* 18.1.1893 Valladolid
† 6.2.1984 Málaga

Literatur zum Autor:
R. Gullón u. J. M. Blecua, *La poesía de J. G. Dos ensayos*, Saragossa 1949. – D. Alonso, *Poetas españoles contemporáneos*, Madrid 1952, 21965, S. 201–231. – J. González Muela, *La realidad y J. G.*, Madrid 1962. – I. Ivask u. J. Marichal, *Luminous Reality. The Poetry of J. G.*, Norman 1969. – L. F. Vivanco, *J. G., poeta del tiempo* (in L. F. V., *Introducción a la poesía española contemporánea*, Madrid 1971, S. 79–107). – A. P. Debicki, *La poesía de J. G.*, Madrid 1973 [m. Bibliogr.]. – J. Caro Romero, *J. G.*, Madrid 1974. – *J. G.*, Hg. B. Ciplijauskaité, Madrid 1975. – CHA, 318, 1976 [Sondernr.]. – O. Marcí, *La obra poética de J. G.*, Barcelona 1976 [m. Bibliogr.]. – J. M. Polo de Bernabé, *Consciencia y lenguaje en la obra de J. G.*, Madrid 1977. – B. Mitterer, *Zur Dichtung J. G.'s*, Mchn. 1977. – R. Gibbons u. A. L. Geist, *G. on G.: The Poetry and the Poet*, Princeton 1979. – *J. G.*, Hg. C. Meneses u. S. Carretero, Madrid 1981. – G. G. Mac Curdy, *J. G.*, Boston 1982 (TWAS). – *Homenaje a J. G.*, Hg. A. Piedra, Valladolid 1982. – Insula, 38, 1983, Nr. 435/436 [Sondernr.]. – BRAE, 64, 1984, Nr. 231/232 [Sondernr.]. – F. J. Díaz de Castro, *La poesía de J. G. Tres ensayos*, Palma de Mallorca 1987.

CÁNTICO

(span.; *Lobgesang*). Gedichtzyklus von Jorge Guillén, erschienen 1928 (75 Stücke), der im Laufe der Jahre immer wieder – auf schließlich 334 Gedichte – erweitert und verändert wurde und den ersten Teil von *Aire nuestro (Unsere Luft)*, dem Gesamtwerk des Autors, bildet. – Das erste Gedicht des Zyklus, *Más allá* (wörtlich: *Darüber hinaus*), schlägt gleichsam das Thema der Dichtung an: die Reaktion der menschlichen Seele auf das Wunder der Schöpfung, das beglückende Geschenk des Seins. Mit äußerster Genauigkeit und bis in die kleinsten Einzelheiten beschreibt das Einleitungsgedicht das Erwachen im Licht des frühen Morgens: *»El alma vuelve al cuerpo / Se dirige a los ojos / y choca.« (»Die Seele kehrt in den Körper zurück, wendet sich zu den Augen und stößt an.«)* Die Seele *»stößt an«* – nämlich an die Außenwelt, und mit einem Ausruf freudigen Erstaunens begrüßt sie die Erscheinung, die zum wesentlichsten Element der Welt Guilléns wurde: *»Luz!» (»Licht!«)*. Mit diesem überwältigenden Licht dringt das *»ganze Sein«* in den Erwachenden ein: *»Me invade / Todo mi ser.«* Angesichts der Herrlichkeit der geordneten Welt fragt der Dichter: *»Gab es je ein Chaos?«*, um sich selber zu antworten, daß auch das Echo des einstigen Chaos, das aus den Zeiten herüberdringe, zu Licht geworden sei. Der Anblick der lichtdurchfluteten Welt schenkt dem Erwachenden ein Gefühl der Sicherheit. Alles, was er sieht, ist zwar Jahrhunderte alt, ist ewig, aber auch Augenblick, der ihm gehört: *»In dieser Minute, / Ewig und für mich.«* Das ganze Sein teilt sich ihm mit und weckt in ihm das Bewußtsein seiner eigentlichen Bestimmung: *»¡Quiero ser!« (»Ich will sein!«)*. Dann: *»Ser, nada más. Y basta. Es la absoluta dicha.« (»Sein, nicht mehr. Das genügt. Es ist das unbedingte Glück.«)* Die Wirklichkeit triumphiert, in ihr sieht der Dichter seinen Ursprung, ja, er hat erkannt, daß er ohne sie nicht ist: *»Die Wirklichkeit erfindet mich, ich bin ihre Legende.«* Aus dieser unbedingten Unterwerfung unter die Realität entsteht ein umfassender Katalog ihrer Elemente, ein Inventarium der stofflichen Dinge, die den Dichter umgeben: *»Der Balkon, die Fensterscheiben, einige Bücher, der Tisch ...«* Aber sind sie nicht mehr als das, nicht mehr als einfach Dinge? Sie sind *»maravillas concretas« (»konkrete Wunder«)*. Der Stoff jubiliert: *»material jubiloso«*. Die liebevolle Biegung eines Henkels genügt, um Kräfte der Verwandlung, die Energie der Fülle wirksam werden zu lassen. Ein Baum, dessen Wipfel in Licht getaucht ist, erweckt Liebe, und diese Liebe ist ein Teil der verzückten Liebe zur ganzen Schöpfung.

Man hat über Guilléns Weltbild, das in einem ungebrochenen Lobgesang auf die Schöpfung gipfelt *(»Es ist das Licht des ersten Fruchtgartens«)*, gesagt, es sei ohne Tragik. Das stimmt nur teilweise; denn die Qual des Leidens und der Trauer ist dem Dichter nicht fremd geblieben. Aber es ist ihm gelungen, sie zu überwinden: *»Ich habe gelitten. Das bedeutet nichts. Weder Bitterkeit noch Klage. Zwischen*

Heil und Liebe kreise und schwirre der Planet.« Überwindung heißt für Guillén Aufsteigen. Schicht um Schicht läßt er auf diesem Weg nach oben hinter sich: *»Ich münde in der Höhe.«* Schon im Titel des ersten Gedichts, *Más allá*, kündigt sich diese Bewegung an; denn alles Sein ist angelegt auf Steigerung, auf ein Darüberhinaus, die Bewegung zum Kern der Dinge hin. Stets ist der Dichter bestrebt, mit dem Instrument seiner Sprache mehr sichtbar zu machen als den äußeren Schein. Die Rose, die er anspricht, ist mehr als zufällige Rose, zum Verwelken verurteilt. Sie ist die Rose, die stellvertretend für alle Rosen steht, sie wird erfaßt in ihrer Wesenhaftigkeit, festgebannt in das Wort. Aus dem Gefühl der Verantwortung den angesprochenen Dingen gegenüber entspringt Guilléns Erkenntnis, daß der Dichter nur die Dinge »wirklich« machen kann, denen er Namen zu geben vermag: *»Wieviel Dinge! Sind sie benannt, unterwerfen sie sich dem Geist.«* Ein Gedicht des *Cántico* trägt, an die uralte Vorstellung von der magischen Macht des Nennens erinnernd, den Titel *Die Namen. (»Der Horizont öffnet ein wenig die Wimpern und fängt an zu sehen. Was? Namen. Sie sind auf die Patina der Dinge geprägt. Die Rose heißt immer noch Rose, auch heute.«)* Was bleibt, sind Namen, das Wort des Dichters, und indem er die Dinge nennt, verleiht er ihnen unzerstörbare Dauer.

Zu Guilléns geistigen Ahnen zählt man immer wieder MALLARMÉ und VALÉRY. Ihnen gemeinsam ist das Streben nach der *poésie pure*, die Guillén im Sinne von »destilliert«, reduziert auf das Wesentliche begreift: *»Poésie pure ist alles, was in einem Gedicht zurückbleibt, nachdem alles, was nicht Dichtung ist, eliminiert wurde.«* Sie sei rein genug, *»ma non troppo«*; denn um noch Dichtung zu bleiben, kann »reine Poesie« nicht nur »Mathematik« und »Chemie« sein. In dem Maße, in welchem der Dichter eigene Erlebnismomente ausschließt, das sprachliche Material immer stärker verdichtet (destilliert), wird seine Schöpfung schwerer nachvollziehbar. Dieser Destillationsprozeß, der die Erscheinungen auf Geometrie (Kreis, Linie) zurückführt, birgt in sich die Gefahr der Abstraktion, der totalen Enthumanisierung der Welt: *»Schwierige Dünne: / Sucht die Welt ein weißes, / gänzliches, ewiges Wegsein?«* Doch ist sich Guillén der Gefahr dieses Wegseins, der Entdinglichung bewußt, wenn er feststellt, daß im Gegensatz zu konventioneller Erlebnisdichtung diese *»poésia bastante pura«* leider zu inhuman, zu dünn zum Atmen und zu langweilig sei. Der Dichter ist beauftragt, *»das Ganze zu leben, aber auch das Ganze auszusagen«*, er ist Geschöpf und Schöpfer der Welt zugleich. – Daß der *Cántico* ein strahlender Lobgesang auf diese Welt ist, räumt ihm innerhalb der von Verzweiflung und Daseinsangst gezeichneten modernen Dichtung seinen besonderen, unverwechselbaren Platz ein. H.Fa.

AUSGABEN: Madrid 1928 [unvollst.]. – Buenos Aires 1950 *(Cántico, fe de vida)*. – Mailand 1968 (in *Aire nuestro*). – Barcelona 1970, Hg. u. Einl. J. M. Blecua. – Barcelona 1977 (in *Aire nuestro*, 5 Bde., 1977–1981, 1). – Madrid 1984 (in *Mientras el aire es nuestro. Antología*, Hg. P. W. Silver; Cátedra).

ÜBERSETZUNGEN (Ausw.): *Lobgesang*, E. R. Curtius, Zürich 1952. – *Berufung zum Sein*, H. Baumgart, Wiesbaden 1963. – *Lobgesang*, dies. (in *Ausgewählte Gedichte*, Ffm. 1974; span.-dt.; BS).

LITERATUR: J. Casalduero, *J. G. y »Cántico«*, Buenos Aires 1946. – G. R. Lind, *J. G.s »Cántico«. Eine Motivstudie*, Ffm. 1955. – H. Friedrich, *Die Struktur der modernen Lyrik*, Hbg. 1956 (rde, 25; m. Textbeispielen). – P. Darmangeat, *J. G. ou »Le cantique émerveillé«*, Paris 1958. – J. Gil de Biedma, *»Cántico«, el mundo y la poesía de J. G.*, Barcelona 1960; ern. 1980. – E. Dehennin, *»Cántico« de J. G.: Une poésie de clarté*, Brüssel 1969. – H. R. Picard, *Sein und ontisches Bewußtsein in »Mas allá« (»Cántico«) von J. G.* (in IR, 3, 1971, S. 302–319). – G. A. MacCurdy, *A Symbological Analysis of J. G.'s »Cántico«*, Ldn. 1972. – C. Pettit, *Evolution of Themes and Images in J. G.'s »Cántico«*, Ldn. 1972. – M. del C. Bobes Naves, *Gramática del »Cántico«*, Barcelona 1975. – M. Alvar, *Visión en claridad. Estudios sobre »Cántico«*, Madrid 1976. – *Hacia »Cántico«: Escritos de los años 20*, Hg. K. M. Sibbald, Barcelona 1980. – R. C. Allen, *Transcendentalismo en »Cántico« de J. G.* (in Revista de Literatura, 44, 1982, S. 97–122). – E. Mathews, *The Structured World of J. G. A Study of »Cántico« and »Clamor«*, Liverpool 1985. – R. Harvard, *J. G.'s »Cántico«*, Ldn. 1986.

CLAMOR

(span.; *Klage*). Gedichtzyklus von Jorge GUILLÉN, erschienen 1968. In diesen Zyklus sind die ursprünglich als Trilogie entstandenen Teile *Maremagnum*, 1967 *(Unendlichkeit)*, *Que van a dar a la mar*, 1960 *(Die ins Meer fließen)*, und *A la altura de las circunstancias*, 1963 *(Unendlichkeit)*, zusammengefaßt. – In den Gedichten dieser Trilogie, die später wiederum zum zweiten Band des Gesamtwerks *Aire nuestro (Unsere Luft)* wurde, begegnet uns *»ein zweiter, ein neuer Guillén, der sich mit 60 Jahren grundsätzlich wandelte«* (Niedermeyer). Der Meister des *Cántico (Lobgesang)*, des in 25 Jahren stetig angewachsenen *»ungebrochenen Lobgesangs auf die Schöpfung«*, ist plötzlich nicht mehr der Dichter *»ohne Tragik ... nur dem reinen Gedanken existentieller Dingdeutung hingegeben«*. Was im letzten Teil des *Cántico* der dritten und vierten Auflage sich anzubahnen begann, wird nun zu einem *»dramatischen Neuansatz«* durch die Erfahrung der modernen Weltangst, die das Daseinsgefühl des Dichters verwandelt. *Tiempo de historia (Geschichtliche Zeit)* lautet der Untertitel des neuen Gesamtwerks. Nicht der Zeitlosigkeit des Seins, das in der Zeit sich zugleich offenbart und verbirgt, sondern der Geschichtlichkeit des Daseins ist der Dichter jetzt zugewandt. In ihr wird das, was er vorher als *resto social* (sozialer Rest) aus dem Bereich der dich-

terischen Aussage verbannte, die eigentliche Wirklichkeit, deren Sinnbild Luzifer ist und in der *»die Kräfte des Bösen«* herrschen, *»der Unordnung, des Zufalls, des Todes, des zerstörenden Ablaufs der Zeit«*, vor allem aber das Leid, *»das Kind des Zufalls, des Bösen, der Schöpfung und immerwährenden Zerstörung« (Dolor tras dolor – Leid um Leid)*. Weiß sich im *Cántico* das Ich in der Geborgenheit des Seins – *»Ich will sein. Sein, sonst nichts. Das ist genug. Es ist das absolute Glück«* – so weiß es sich in *Clamor* als im Mitsein mit andern geschichtlich gewordenes Ich: *»Leben, das ist meine Liebe und meine Arbeit, / die Kinder, die Freunde, die Bücher, / die Bedrängnis, die ich stündlich / mit den anderen teile, / in leidvoller, jubelnder Gemeinsamkeit.«*
Zahlreiche Motive aus dem *Cántico* kehren in dem neuen Zyklus wieder, aber mit verändertem Vorzeichen. War dort beispielsweise der Morgen ein beglückender Augenblick der Seinserfahrung, so erlebt in *Maremagnum*, in dem Gedicht *Mañana no será otro día (Morgen ist kein neuer Tag)* der Schlaflose den Tagesanbruch nicht als Lichtung des Seins, sondern als Wiederkehr von Leid und Lebensangst. In *Tren con sol naciente (Zug bei aufgehender Sonne)* braust die Erde durch die Weltennacht einem Morgen entgegen, den der Zug, der die Menschheit symbolisiert, nie erreicht. Zug und Flugzeug als Symbole der Unruhe und Seinsflucht sind in *Clamor* an die Stelle von Balkon und Fenster getreten, den Symbolen der Seinsverbundenheit im *Cántico*.
Vielfältig sind die Gegenstände der Klage: Krieg, Terror, Tyrannei, Konzentrationslager, Rassenhaß, Völkermord und Flüchtlingselend rufen ein Wehgeschrei hervor, das *»die Sterne zum Erlöschen«* bringt. Deshalb geht es dem Dichter jetzt nicht mehr um existentielle Dingdeutung, sondern um Betrachtung und Deutung der hervorstechenden Erscheinungen unserer Daseinswirklichkeit: des ziellosen, allein aus den technischen Möglichkeiten sich speisenden Fortschritts, des Verlustes der gemeinschaftsbildenden Kräfte in der Vermassung, der Herrschaft des Sachverstandes, der Manipulation des Denkens und Fühlens durch die Massenmedien, die aus den Menschen Marionetten machen: *»Gefügig lächeln sie, / Zum Kaufen wie zum Sterben gern bereit.«*
In solcher Daseinswirklichkeit drängt sich die Frage nach dem Sein des Dichters auf. Das große Gedicht *Luzbel desconcertado (Verstörter Lichtengel)* enthält den Versuch einer Deutung. Unter den Grundbefindlichkeiten des Menschen – Liebe, Tod, Mitsein, Weltsein, Transzendenz, Einsamkeit – kommt dem Dichter die letztere in besonderem Maße zu. Einsamkeit als existentielle Befindlichkeit ist deshalb ein Thema, das in *Clamor* häufig wiederkehrt und gleichnishaft sichtbar wird, z. B. im Schicksal des Schwarzen, dem die *»christliche Liebesreligion«* das Anderssein in *»völliger Einsamkeit«* aufgeprägt hat, oder im Bild des gefangenen, in *»eine absolute Gegenwart«* versunkenen Gorillas.

A.F.R.

Ausgaben: Buenos Aires 1957–1963. – Madrid 1965 (in *Selección de poemas*). – Mailand 1968 (in *Aire nuestro*). – Barcelona 1977 (in *Aire nuestro*, 5 Bde., 1977–1981, 2). – Madrid 1984 (in *Mientras el aire es nuestro. Antología*, Hg. u. Einl. P. W. Silver; Cátedra).

Übersetzungen: *Berufung zum Sein, ausgewählte Gedichte*, H. Baumgart, Wiesbaden 1963 [Ausw.; span.-dt.]. – *Klage*, dies. (in *Ausgewählte Gedichte*, Ffm. 1974; span.-dt.; BS).

Literatur: M. Durán, Rez. (in La Torre, 31, 1960, S. 197–203). – R. J. Weber, *De »Cántico« a »Clamor«* (in RHM, 29, 1963, S. 109–119). – G. Siebenmann, *Die moderne Lyrik in Spanien*, Stg./Bln./Köln 1965. – A. P. Debicki, *Tono y punto de vista en »Clamor« de J. G.* (in PSA, 60, 1971, S. 5–36). – Y. González, *»Maremagnum«: El horror totalitario hecho poesía* (in REH, 5, 1971, S. 391–412). – F. D. Wardlaw, *J. G.'s »Clamor«: Harmonious Dissonance* (in KRQ, 30, 1983, S. 77–86). – E. Mathews, *The Structured World of J. G.: A Study of »Cántico« and »Clamor«*, Liverpool 1985. – M. F. Vilches de Frutos, *»A la altura de las circunstancias« o la inmersión del hombre en la historia* (in Boletín de la Biblioteca Menéndez Pelayo, 61, 1985, S. 331–353).

HOMENAJE

(span.; *Huldigung*). Gedichtzyklus von Jorge Guillén, erschienen 1967. – Der Zyklus bildet die dritte Serie des poetischen Gesamtwerks Guilléns, das der Autor 1968 unter dem Titel *Aire nuestro (Unsere Luft)* zusammenfaßte. Die insgesamt fünf Bücher *»verbanden sich von innen heraus miteinander«*. Die thematische Ausrichtung war bereits vor der *»architektonischen Gesamtanlage ... mit einer zahlenkompositorischen Ordnung von beinahe Dantescher Strenge«* (H. Friedrich) festgelegt. So wie *»diese Luft, die wir teilen«*, die unermeßliche Vielfalt der Schöpfung umgibt, strebt *Aire nuestro* nach der Vereinigung alles Lebendigen in der Dichtung.
In *Homenaje* gewinnt der Dichter seinen in *Clamor* verlorenen Glauben an das Leben zurück. Der Zyklus enthält 613, in fünf Gruppen unterteilte Gedichte, die den Lebenden und den Toten, Gegenständen, Städten und Landschaften huldigen, der Liebe und allem, was an der Seite des Dichters lebte und ihm Leben verlieh. In diesem mit *Reunion de vidas (Verbindungen von Leben)* untertitelten Zyklus verschmelzen Leben und Poesie, das eigene Leben und das anderer Dichter miteinander. So versammeln die beiden ersten Gruppen *Al margen (Randnotizen)* und *Atenciones (Aufmerksamkeiten)* Gedichte zu Poeten aus vorwiegend romanischem und englischem Sprachraum. Meist wird ein Zitat aus dem jeweiligen Originalwerk vorangestellt, so z. B. Mallarmés *»La chair est triste et j'ai lu tous les livres« (»Das Fleisch ist traurig, und ich habe alle Bücher gelesen«)*, das dann variiert wird: *»Ah la carne*

no es triste, no leí todo libro. / Jamás se me hartarán los ojos ni los manos« (*»Oh, nicht traurig ist das Fleisch, ich las nicht alle Bücher. / Niemals wird Überdruß die Hände mir und Augen lähmen«*). Humane Weisheit dringt über die Stimme des mittelalterlichen jüdischen Dichters und Theologen SEM TOB DE CARRIÓN († nach 1350) in die Seele des Poeten: *»Llega hasta el alma mía / voz sagaz del judío / con la sabiduría / Del hombre que es un río«* (*»Es gelangt bis in meine Seele / die geistreiche Stimme des Juden / mit der Weisheit / des Menschen, der ein Fluß ist«*).

Um das Thema der Liebe kreisen die Gedichte der Gruppe *Centro (Zentrum)*, in denen die konkrete Geliebte Silvia über Zitate mit den Silvias von TASSO, LEOPARDI oder NERVAL verschmilzt. Diese der äußeren Form nach einem Renaissance-Liederbuch vergleichbare Sammlung erzählt in vielen kleinen Gedichten die unterschiedlichen Momente, die eine Liebe durchläuft: *»Habito el amor. / Me envuelve, / Solar, el viento profundo / De una dicha respirable«* (*»Ich wohne in der Liebe. / Es umhüllt mich, / sonnengeboren, der reife Wind / eines Glücks, das sich atmen läßt«*). – In der vierten Gruppe *Alrededor (Umgebung)* sind zum Teil Motive der zerstörerischen Kräfte der modernen Zivilisation aus *Clamor* wiederaufgenommen, wie in dem Gedicht *El mañana (Die Zukunft)*: *»¿El fin del mundo / Para siempre jamás? / – Los átomos, los átomos«* (*»Das Ende der Welt / auf ewig? / Die Atome, die Atome«*). Die fünfte Gruppe *Variaciones (Variationen)* umfaßt Übersetzungen fremdsprachiger Werke, die sich der Dichter auf diese Weise aneignet.

Der Charakter von Guilléns Poesie ist zweifellos intellektuell. Sein Ausgangspunkt ist aber fast immer ein ursprünglich sinnlicher Eindruck. Die Begeisterungsfähigkeit des Dichters und seine Bewunderung für das Leben bis in die kleinsten Alltagserscheinungen sind immens. Sein Weltbild bleibt dabei durchsichtig, der Prozeß von der ersten Impression bis zur vollkommenen Abstraktion ist immer nachvollziehbar, sogar erhellend. *»Es ist der intellektuelle Jubel eine Schaukraft, die in den Dingen die Stille ihrer Urformen wahrnimmt und die sich mächtig weiß, allem Seienden das bleibende geistige Sein im Wort zu geben«* (H. Friedrich).

Homenaje schließt mit der Trauer über das vollendete Werk: *»Hemos llegado al fin y yo inauguro, / Triste mi paz: la obra está completa«* (*»Am Ende sind wir angelangt, und ich beginne / meinen Frieden, traurig: vollendet ist das Werk«*). Doch mit der Kontinuität des Lebens vermehrt sich auch das Werk. Auf *Homenaje* folgt *Y otros poemas*, 1973 *(Und weitere Gedichte)*. Hier glossiert Guillén den Schluß von *Homenaje*: *»Obra acabada nunca si no se detuviese, / – Fuerza mayor – la mano que traza aún más signos«* (*»Nie vollendetes Werk, hielte man es nicht an, / – Höhere Kraft – die Hand, die noch Zeichen zieht«*). Mit *Final*, 1981 *(Finale)*, das *»diesem Ganzen innere Harmonie verleihen«* soll, ist das Werk *Aire nuestro* endgültig vollendet. W.Ste.

AUSGABEN: Mailand 1967. – Mailand 1968 (in *Aire nuestro*). – Barcelona 1978 (in *Aire nuestro*, 5 Bde., 1977–1981, 3). – Madrid 1984 (in *Mientras el aire es nuestro. Antología*, Hg. u. Einl. P.W. Silver; Cátedra).

ÜBERSETZUNG: *Huldigung*, H. Baumgart (in *Ausgewählte Gedichte*, Ffm. 1974; span.-dt.; BS).

LITERATUR: A.P. Debicki, *El tema de la poesía en »Homenaje« de J.G.* (in Insula, 23, 1968, S. 1 u. 12). – R. Gullón, *Homenaje con variaciones* (ebd., S. 1, 6 u. 16). – O. Marcí, *Estudio sobre »Homenaje« de J.G.* (in *Homenaje a J. Casalduero*, Hg. R. Pincus Sigele u. G. Sobejano, Madrid 1972, S. 341–362). – I. Prat, *Estética de lo absurdo y del sentido estricto en »Homenaje« de J.G.* (in Insula, 27, 1972, S. 11/12). – C.B. Morris, *J.G., poeta castellano* (in Mester, 14, 1985, S. 95–118).

MIGUEL HERNÁNDEZ

* 30.10.1910 Orihuela
† 28.3.1942 Alicante

LITERATUR ZUM AUTOR:
Bibliographie:
M. de Gracía Ifach, *Bibliografía de M.H.* (in RdO, 47, 1974, S. 137–139).
Biographien:
J. Guerrero, *M.H., poeta*, Madrid 1955. – C. Zardoya, *M.H. Vida y obra. Bibliografía. Antología*, NY 1955. – F. Martínez Marín, *Yo Miguel. Biografías y testimonios del poeta M.H.*, Orihuela 1972. – M. de Gracía Ifach, *M.H., rayo que no cesa*, Barcelona 1975. – J. Guereña, *M.H.: Biografía ilustrada*, Barcelona 1979. – M. de Gracía Ifach, *Vida de M.H.*, Esplugues de Llobregat 1982.
Gesamtdarstellungen und Studien:
J. Cano Ballesta, *La poesía de M.H.*, Madrid 1963. – D. Puccini, *M.H., vita e poesia*, Mailand 1966 (span. Buenos Aires 1970). – C. Couffon, *Orihuela y M.H.*, Buenos Aires 1967. – Quaderni Ibero-Americani, 1968, Nr. 35/36 [Sondernr.]. – K. Barck, *M.H.* (in Zur Gegenwartsliteratur in den Romanischen Ländern, 5/6, 1970, S. 99–176). – V. Ramos, *M.H.*, Madrid 1973. – RdO, 47, 1974, Nr. 139 [Sondernr.]. – M. Chevallier, *L'homme, ses œuvres et son destin dans la poésie de M.H.*, Paris 1974. – J.M. Balcells, *M.H., corazón desmesurada*, Barcelona 1975. – *M.H.*, Hg. M. de Gracía Ifach, Madrid 1975. – *En torno a M.H.*, Hg. J. Cano Ballesta, Madrid 1978. – G.C. Nichols, *M.H.*, Boston 1978 (TWAS). – W. Rose, *El pastor de la muerte: la dialectica pastoril en la obra de M.H.*, Barcelona 1983.

CANCIONERO Y ROMANCERO DE AUSENCIAS

(span.; *Liederbuch und Romanzero der Trennungen*). Gedichtsammlung von Miguel HERNÁNDEZ, postum erschienen 1958. – Diese Gedichte des einstigen Hirtenjungen aus der Levante, der mit R. ALBERTI, P. SALINAS, F. GARCÍA LORCA, V. ALEIXANDRE und J. GUILLÉN zu den Hauptvertretern der modernen spanischen Dichtung gehört, sind teilweise im Gefängnis kurz vor seinem frühen Tod geschrieben. Hernández, der sich im Spanischen Bürgerkrieg leidenschaftlich auf republikanischer Seite engagiert hatte und mit der Gedichtsammlung *Viento del pueblo*, 1937 *(Wind des Volkes)*, zum Dichter des spanischen Freiheitskampfes geworden war, wurde auf der Flucht nach Portugal verhaftet, kurzfristig freigelassen und schließlich zum Tode verurteilt, nach internationalen Protesten jedoch zu 30 Jahren Zuchthaus begnadigt. War die Lyrik von Hernández bis dahin von der ornamentalen Sprache und Metaphorik klassischer Herkunft geprägt (vgl. *El rayo que no cesa*), so kennzeichnen sein letztes Werk Schlichtheit und unverstellte Aussage.

Die Zeile *»Mit drei Wunden kam ich an, der des Lebens, der Liebe, der des Todes«* könnte als Motto über dem Band stehen. Die Liebe ist für Hernández sowohl die Gewißheit für das Sein als auch die elementare Tragik des menschlichen Lebens: *»Das Herz ist eine Flut, die zurückrollt, stürzt und wirbelnd tötet!«* Unter drei Trennungen hat der Dichter zu leiden: Die erste erwächst ihm aus dem Tod seines ersten Sohnes, die zweite bedingt der Bürgerkrieg, die dritte wird ihm durch den Gefängnisaufenthalt auferlegt. Aus dem tiefen Schmerz über den Tod seines Kindes entstand der ergreifende Klagegesang *Hijo de la luz y la sombra (Sohn des Lichtes und des Schattens)*.

Das erschütterndste Gedicht jedoch verfaßte Hernández, als ihm seine Frau Josefina Manresa ins Gefängnis schrieb, sie habe für ihren Sohn nichts zu essen außer Zwiebeln: *»En la cuna del hambre/ mi niño estaba./ Con sangre de cebolla/ se amamantaba./ Pero tu sangre,/ escarchada de azúcar,/ cebolla y hambre« (»Es lag in der Wiege des Hungers/ mein Kind./ Es wurde gestillt/ mit Zwiebelblut./ Aber dein Blut,/ frostüberzuckert,/ Zwiebel und Hunger«*; Übers. G. Siebenmann). C. ZARDOYA hat dieses Gedicht als das *»tragischste Wiegenlied der gesamten spanischen Poesie«* bezeichnet. Doch ruht alle Hoffnung des Dichters auf seinem Kind, dessen Lachen die Gefängnismauern sprengen wird: *»Tu risa me hace libre,/ me pone alas./ Soledades me quita,/ cárcel me arranca./ Boca que vuela,/ corazón que en tus labios/ relampaguea« (»Dein Lachen befreit mich,/ setzt mir Flügel./ Nimmt mir die Einsamkeit,/ reißt mir auf den Kerker./ Mund, der fliegt,/ Herz, das auf deinen Lippen/ blitzt«)*.

Die Gedichte und Wiegenlieder des *Cancionero* sind längst zum Gemeingut des spanischen Volkes geworden: *»Fern von aller Deklamation und Rhetorik stellen sich die traditionellen Formen volkstümlicher Dichtung bei ihm ein, um als Träger seiner schmerzlichen Botschaften ein nur durch die verzögerte Publikation verspätetes Echo in der ganzen Welt zu finden. In den Augen aller jüngeren Generationen in Spanien sollte selbst Lorcas Einmaligkeit verblassen vor der zornigen Humanität von Miguel Hernández«* (G. Siebenmann). KLL

AUSGABEN: Buenos Aires 1958 [Vorw. E. Romero]. – Buenos Aires 1960 (in *Obras completas*, Hg. ders. u. A. R. Vázquez, [3]1977). – Madrid 1976 (in *Obra poetica completa*, Hg. u. Einl. L. de Luis u. J. Urrutia; ern. 1982). – Barcelona 1978. – Madrid 1979 (in *Poesias completas*, Hg. A. Sánchez Vidal). – Alicante 1985, Hg. u. Einl. J. C. Rovira. – Madrid 1986, Hg. L. de Luis u. J. Urrutia (zus. m. *El hombre acecha*; Cátedra).

ÜBERSETZUNGEN: *Gedichte*, E. Arendt u. K. Hajek-Arendt, Köln 1965 [Ausw.; span.-dt.]. – In *Spanische Lyrik des 20. Jh.s*, Hg. G. Siebenmann u. J. M. López, Stg. 1986 (enth. Übers. von *Nanas de la cebolla – Wiegenlied von der Zwiebel*; span.-dt.; RUB).

LITERATUR: T. J. Rogers, *Tension and Poetic Imagery in M. H.'s »Cancionero y Romancero de ausencia«* (in Rocky Mountain Review of Language and Literature, 35, 1981, S. 113–123).

EL RAYO QUE NO CESA

(span.; *Der unaufhörliche Blitz*). Gedichtsammlung von Miguel HERNÁNDEZ, erschienen 1936. – Der aus 30 Gedichten (vorwiegend Sonetten) bestehende Band stellt die Endfassung von zwei vorangegangenen Gedichtzyklen, *El silbo vulnerado* (1934) und *Imagen de tu huella* (1934/35), dar und bedeutet eine Synthese von unterschiedlichen lyrischen Traditionen, unter denen folgende aufzuzählen wären: die bukolische Lyrik GARCILASO DE LA VEGAS, die religiös-mystische Lyrik des Siglo de Oro, die durch Góngora vermittelte Lyrik der griechischen und römischen Antike, DANTES und PETRARCAS, die Dichtung des französischen Surrealismus, die Lyrik der »Generation von 27« (besonders F. GARCÍA LORCA, R. ALBERTI und V. ALEIXANDRE) sowie die Dichtung des chilenischen Poeten Pablo NERUDA. *El rayo que no cesa* rückt das lyrische Ich, das in der »Generation von 27« – unter dem Einfluß des Surrealismus – in einen anonymen Sprecher verwandelt wurde, wieder in den Vordergrund: Das Thema der Liebe bestimmt den Tenor des Zyklus, die Ausdrucksform ist das Sonett. Traditionelle Liebesmetaphern und -symbole werden surrealistisch verfremdet und umgewandelt. Damit stellt sich Hernández an die Spitze einer von Neruda begonnenen, sich durch eine Mischung aus poetischem Realismus und Surrealismus charakterisierenden Lyriktradition, die von da an die in spanischer Sprache verfaßte Lyrik des 20. Jh.s entscheidend prägen wird.

Die Liebesthematik in all ihren Variationen – Liebesleid, -fieber, -kampf, -sehnsucht, -lob, -einsamkeit, Kälte der Geliebten, sinnliche Vereinigung und Vergänglichkeit der Liebe – wird von dem Gegensatzpaar »Keuschheit vs. Sinnlichkeit« begleitet und durch das Thema des Todes am Stierkampf veranschaulicht, bei dem der Geliebten die Rolle des Stierkämpfers und dem Liebenden die des tödlich verwundeten Stieres zugewiesen wird: *»Como el toro te sigo y te persigo, / y dejas mi deseo en una espada, / como el toro burlado, como el toro«* (*»Wie ein Stier lauf ich und stell dir nach, / und meine Begier läßt du an einem Degen enden / genarrt wie der Stier, wie der Stier«*; Übers. G. Siebenmann). Topisch tradierte Themen aus der anakreontischen Lyrik und aus der Dichtung der römischen Erotiker und Elegiker, aus dem *dolce stil novo* Dantes und aus der Lyrik Petrarcas stammende Elemente werden transformiert: Der Pfeil mit Bogen wird zum *»fleischfressenden, mordenden Messer«* oder zum *»bohrenden Strahl/ Blitz«*, der sich in den Eingeweiden des Liebenden einnistet. Der hier aktualisierte *Amor*-Topos wird dem Leser durch die Erwähnung von »Flügeln« und »Flug« bewußtgemacht. Der Blick-Topos, der vor allem in der *Vita nova* Dantes, aber auch in der petrarkischen und petrarkistischen Lyrik eine zentrale Rolle spielt, kehrt in der Metapher des »Zitronenwurfes« (vgl. *Me tiraste un limón*) wieder und stellt den für das lyrische Ich erschütternden Blick der Geliebten und zugleich eine Reminiszenz der Zitronenhaine der Aphrodite dar, unter denen sich die Liebenden im Frühling der Liebe widmen; dabei steht der Zitronenwurf als Synonym für den Liebesakt, der als bitter und gelb, als hitzig und listig, als fröhlich und traurig erscheint.

Diese so konzipierte Lyrik trägt alle Merkmale der Modernität und kann zu den besten Blüten spanischer Lyrik gerechnet werden. Wenn Hernández' Poesie auch durch die Folgen des Bürgerkriegs und durch den frühen Tod des Dichters im Gefängnis von Alicante zum Schweigen gebracht wurde, wußte die Forschung ihr bald den verdienten Platz in der spanischen Literaturgeschichte zuzuweisen.

A. de T.

AUSGABEN: Madrid 1936. – Madrid 1949, Vorw. J. M. de Cossio (10 1982; Austral). – Buenos Aires 1960 (in *Obras completas*, Hg. E. Romero u. A. R. Vázquez; 3 1977). – Madrid 1976 (in *Obra poética completa*, Hg. L. de Luis u. J. Urrutia; ern. 1982). – Madrid 1979 (in *Poesías completas*, Hg. A. Sánchez Vidal).

ÜBERSETZUNGEN: *Gedichte*, E. Arendt u. K. Hajek-Arendt, Köln 1965 [Ausw.; span.-dt.]. – In *Spanische Lyrik des 20. Jh.s*, Hg. G. Siebenmann u. J. M. Lopez, Stg. 1986 (enth. *Como el toro – Wie der Stier*; span.-dt.; RUB).

LITERATUR: A. de Toro, *Formas del lenguaje poético en »El rayo que no cesa« de M. H.* (in RF, 97, 1985, S. 243–259; ern. in A. de T., *Texto-Mensaje-Recipiente*, Tübingen 1988, S. 209–220). – P. Glairacq, *Sur »El rayo que no cesa«* (in Imprévue, 1, 1986, S. 131–143).

BENJAMIN JARNÉS

* 7.10.1888 Codo / Saragossa
† 10.8.1949 Madrid

LITERATUR ZUM AUTOR: V. J. Vinch, *The Narrative Art of B. J.*, Diss. Univ. of Michigan 1968 (vgl. Diss. Abstracts, 28, 1968, S. 2680A). – J. S. Bernstein, *B. J.*, NY 1972 (TWAS). – E. de Zuleta, *Arte y Vida en la obre de B. J.*, Madrid 1977. – M. Andújar, *Grandes escritores aragoneses en la narrativa española del siglo XX*, Saragossa 1981. – M. C. Guilott, *La poética novelística de B. J.*, Diss. Tulane Univ. 1984 (vgl. Diss. Abstracts, 45, 1985, S. 3653A).

LA VIDA DE SAN ALEJO

(span.; *Das Leben des heiligen Alexius*). Roman von Benjamin JARNÉS, erschienen 1928. – Die in Syrien entstandene, auf ihrem Weg in das Abendland durch byzantinische Elemente bereicherte Alexius-Legende, die im 11. Jh. in Frankreich in der *Vie de Saint Alexis (Alexiuslied)* und im 13. Jh. in dem *Alexius* des KONRAD VON WÜRZBURG literarischen Niederschlag fand, wurde im 17. Jh. von dem Spanier Augustín MORETO (1618–1669) zum Gegenstand eines Dramas gemacht und in moderner Zeit, noch vor Erscheinen des Romans von Jarnés, wiederum dramatisch bearbeitet in dem Stück *Le pauvre sous l'escalier*, 1920 *(Der Arme unter der Treppe)*, von Henri GHÉON (1875–1944).

Jarnés verwendet in dieser Lebensgeschichte des zu Beginn des 5. Jh.s verstorbenen Gottesmannes und Büßers die wesentlichen epischen und psychologischen Aspekte der Legende. Als Sohn einer reichen römischen Familie wird Alexius in jungen Jahren mit einer edlen Jungfrau vermählt. Doch in der Hochzeitsnacht verläßt er, ohne sie zu berühren, abschiedslos seine Braut. Nach langer Pilgerfahrt lebt er siebzehn Jahre als namenloser Bettler in Edessa, kehrt dann nach Rom zurück und lebt dort wiederum siebzehn Jahre unerkannt und von der Dienerschaft verspottet in einer Rumpelkammer unter der Treppe des väterlichen Hauses. Erst nach seinem Tod offenbaren Aufzeichnungen, die man bei ihm findet, wer er war.

Jarnés, der in seinen Romanen einen echten Erzählstil oft vermissen läßt, liefert in diesem Buch einige der schönsten Proben hoher erzählerischer Kunst, beispielsweise in der mit sensibler Sprachpoesie und tiefer psychologischer Einsicht gestalteten

Schilderung der inneren Zerrissenheit des Alexius vor dem Brautgemach und der sehnsuchtsvollen Erwartung der Braut oder in der eindrucksvollen Darstellung des Kampfes zwischen Heidentum und Christentum in Rom während des 4. und 5. Jh.s. Das Buch, das gewisse Parallelen zu dem Roman *Der Erwählte* (1951) von Thomas Mann aufweist, läßt die künstlerische Absicht seines Verfassers nur schwer erkennen. Sicherlich bestand diese nicht lediglich darin, *»das verkleinerte Bild des Alexius auf eine Ebene lächerlicher Frömmigkeit«* herabzuziehen. (E. de Nora). Alexius ist bei Jarnés durchaus der bewundernswerte Vertreter einer Lebensauffassung, die alle profanen Neigungen im Menschen verwirft, dient aber gleichzeitig auch dazu, den christlichen Helden, der in Verzicht, Weltentsagung und Selbstaufgabe die höchste Form der Sittlichkeit erreicht, in Frage zu stellen. Mit einer Mischung von skeptischer Ironie, lächelndem Unglauben und nachdenklichem Erstaunen steht der Autor seiner Figur gegenüber, deren Leben er mit ästhetisierender Anteilnahme erzählt. A.F.R.

Ausgaben: Madrid 1928 (in Revista de Occidente, Nov.). – Madrid 1934 *(San Alejo)*.

Literatur: P. Ilie, *B. J., Aspects of the Dehumanized Novel* (in PMLA, 76, 1961, S. 247–253). – E. G. de Nora, *La novela española contemporánea*, Bd. 2, Madrid 1962, S. 168 f. – E. de Zuleta, *La novela de B. J.* (in Insula, 203, 1963, S. 7). – Dies., *B. J.* (in Universidad de Santa Fe, 55, 1963, S. 21–60). – H. Th. Oostendorp, *El sentido de »San Alejo« de B. J.: Reinterpretación moderna de una leyenda antigua* (in Neoph, 56, 1972, S. 417–434).

JUAN RAMÓN JIMÉNEZ

* 24.12.1881 Moguer / Huelva
† 29.5.1958 San Juan / Puerto Rico

Literatur zum Autor:
Bibliographie:
A. Campoamor González, *Bibliografía general de J. R. J.*, Madrid 1983.
Biographien:
F. Garfias, *J. R. J.*, Madrid 1958. – R. Gullón, *Conversaciones con J. R. J.*, Madrid 1958. – J. Guerrero Ruiz, *J. R. de viva voz*, Madrid 1961. – R. Gullón, *Así se fueron los ríos*, Madrid, Barcelona 1968. – B. Gicovate, *La poesía de J. R. J.: Obra en marcha*, Barcelona 1973. – G. Palau de Nemes, *Vida y obra de J. R. J.: La poesía desnuda*, Madrid 1974. – A. Campoamor González, *Vida y poesía de J. R. J.*, Madrid 1976. – I. Paraíso Leal, *J. R. J.: Vivencia y palabra*, Madrid 1976.
Gesamtdarstellungen und Studien:
E. Neddermann, *Die symbolischen Stilelemente im Werk von J. R. J.*, Hbg. 1935. – E. Díez Canedo, *J. R. J. en su obra*, Mexiko 1944. – G. Díaz Plaja, *J. R. J. en su poesía*, Madrid 1985. – O. Marci, *Metafisica e lingua poética di J. R. J.*, Parma 1958. – R. Gullón, *Estudios sobre J. R. J.*, Buenos Aires 1960. – S. R. Ulibarri, *El mundo poético de J. R. J.: Estudio estilístico de la lengua poética y de los símbolos*, Madrid 1962. – B. de Pablos, *El tiempo en la poesía de J. R. J.*, Madrid 1965. – M. P. Predmore, *La obra en prosa de J. R. J.*, Madrid 1966. – C. del Saz Orozco, *Dios en J. R. J.*, Madrid 1966. – L. R. Cole, *The Religious Instinct in the Poetry of J. R. J.*, Oxford 1967. – P. R. Olson, *Circle of the Paradox: Time and Essence in the Poetry of J. R. J.*, Baltimore 1967. – O. Lira, *Poesía y mística en J. R. J.*, Santiago de Chile 1969. – A. Crespo, *J. R. y la pintura*, Barcelona 1974. – A. González, *J. R. J.*, 2 Bde., Madrid 1974. – D. F. Fogelquist, *J. R. J.*, Boston 1976 (TWAS). – R. A. Cardwell, *J. R. J.: The Modernist Apprenticeship 1895–1900*, Bln. 1977. – J. C. Wilcox, *W. B. Yeats and J. R. J.*, Michigan 1979. – *J. R. J.: El escritor y la crítica*, Hg. A. Albórnoz, Madrid 1980. – H. T. Young, *The Line in the Margin: J. R. J. and his Readings in Blake, Shelley and Yeats*, Madison 1980. – G. Azam, *L'œuvre de Don J. R. J.*, Paris 1980 (span. Madrid 1983). – CHA, 1981, Nr. 376–378 [Sondernr.]. – Renaissance and Modern Studies, 25, 1981 [Sondernr.]. – Torre, 29, 1981 [Sondernr.]. – *J. R. J.*, Hg. R. A. Cardwell, Nottingham 1981. – *Criatura afortunada. Estudios sobre la obra de J. R. J.*, Granada 1981. – *J. R. J. en su centenario*, Cáceres 1981. – A. Sánchez Barbudo, *La obra poética de J. R. J.*, Madrid 1981. – Sin Nombre, 12, 1982 [Sondernr.]. – M. Coke-Enguídanos, *Word and Work in the Poetry of J. R. J.*, Ldn. 1982. – *J. R. J.: Actas del Congreso Internacional del Centenario de J. R. J. (Moguer)*, Huelva 1983. – M. Alvar, *J. R. J. y la palabra poetica*, Río Piedras/Puerto Rico 1986.

ANIMAL DE FONDO

(span.; *Wesen der Tiefe*). Gedichtzyklus von Juan Ramón Jiménez, erschienen 1949. – Das Werk enthält 29 Gedichte, ein Vorwort und Schlußanmerkungen des Autors. Alle Gedichte der Sammlung sind Ausdruck eines religiösen Erlebnisses, einer mystischen Gottesbegegnung, die Jiménez – wie er angibt – anläßlich einer Meerfahrt 1949 zuteil wurde. Das *»animal de fondo«* ist der Dichter selbst. Mit *animal* ist hier gemäß der ursprünglichen Bedeutung des Wortes das lebendige, beseelte Wesen gemeint. In ähnlicher Form versinnbildlicht in Jiménez' berühmter Tierlegende *Platero und ich (Platero y yo)* ein kleiner Esel das in sich selbst ruhende, im All eingebettete, mit allem Lebendigen verbundene Dasein. Der *»Grund aus Luft«* (Einheit des an sich Unvereinbaren) steht mit dem »Seelengrund« *(fondo* oder *centro del alma)* der Mystiker in Beziehung und ist Ausdruck des Losgelöstseins, des Schwebens über dem Irdischen, in welchem sich die Vereinigung mit dem Göttlichen vollzieht, das Jiménez als *»einheitliches Schönheitsbewußtsein, das innerhalb und außerhalb von uns ist und beides zugleich«* bezeichnet. In der Begegnung mit dem sehnlichst erwarteten, gesuchten Gott findet Jiménez den wahren Sinn der durch das dichterische Wort geschaffenen Welt. *»Wenn ich durch Dich eine Welt schuf für Dich / Gott, unfehlbar mußtest du kommen / und siehe Du bist erschienen.«*

Jiménez selbst hat für seine Gotteserkenntnis den Begriff der »pantheistischen Mystik« geprägt. Sein Gott ist unpersönlich (nicht Ursprung, Tat oder Schöpfung), kein Du (obwohl er immer als *Du* angesprochen wird), sondern unbestimmbare Weltqualität und Schönheitsglanz des Seins: *»Du bist nicht mein Erlöser und nicht mein Beispiel, / Du bist nicht mein Vater und nicht mein Sohn und nicht mein Bruder; / Du bist überall gleich und eins, Du bist von allem verschieden und bist alles; / Du bist der Gott der erreichten Schönheit / und das Bewußtsein, das ich vom Schönen habe.«* – Gott *»west«* als der *»Wünschende«* in der Natur, in der er noch namenlos ist und keine Gestalt hat; er ist andrerseits der *»Erwünschte«* auf dem Grund der Menschenseele, dem *»Brunnen« (pozo)*, in dem sich alles widerspiegelt. In dem Augenblick, da die Seele innerhalb und außerhalb ihrer selbst das Göttliche erfaßt, wird Gott geboren; ein Vorgang, der sich bei Jiménez als dritte Stufe der Gottesbegegnung in der *»Erleuchtung«* oder *»Findung«* vollzieht. (In den Schlußanmerkungen schreibt der Autor, daß der unmittelbaren Gottesschau in seinen Jugendjahren *»eine gegenseitige sinnenhafte Hingabe«* und später, aufgrund einer schlußfolgernden Erkenntnis des Ganzen, eine *»diskursive Eroberung«* vorausgegangen seien.) – *»Du warst es, der mich denken ließ, daß Du Du warst, / der mich fühlen ließ, daß ich Du war, / der mich genießen ließ, daß Du ich warst, / der mich aufschreien ließ, daß ich ich war.«*

Die Verse haben unregelmäßige Silbenzahl und sind meist reimlos. Obwohl sich die Ergriffenheit des Dichters hinter asketisch-karger Sprachgebung verbirgt, wirken die Gedichte zum Teil wie in mystischer Ekstase geschrieben; dies vor allem durch die schwer deutbaren metaphorischen Umschreibungen des Unsagbaren, durch die monotone, an kirchliche Litaneien erinnernde Wiederholung der Bilder und Chiffren, in denen die Innen- und Außenwelt zur Zeichensprache des immer nahen und immer fernen Gottes wird. A.F.R.

AUSGABEN: Buenos Aires 1949. – Madrid 1959 (in *Libros de poesía*, Hg. A. Caballero). – Madrid 1981/82 (in *Obra completa*, Hg. u. Einl. R. Gullón, 20 Bde., 19).

ÜBERSETZUNG: *Wesen der Tiefe*, L. Hübsch-Pfleger, Ffm. 1963 [Ausz.].

LITERATUR: C. Zardoya, *El dios deseado y deseante de »Animal de fondo«* (in Insula, Juli/Aug. 1957). – R. Fernández Contreras, *En torno de »Animal de fondo« de J. R. J.* (in Explicación de Textos Literarios, 6, 1978, S. 129–134). – R. Allen, *J. R. J. The Transcendalist as »Animal de fondo«* (in MLR, 76, 1981, S. 81–98). – G. B. De Cesare, *La proiezione dell'io in »Animal de fondo«* (in *Aspetti e problemi delle letterature iberiche: Studi offerti a F. Meregalli*, Hg. G. Bellini, Rom 1981, S. 145–152).

ETERNIDADES

(span.; *Ewigkeiten*). Gedichtband von Juan Ramón JIMÉNEZ, entstanden 1916/17, erschienen 1918. – Als Ganzes sind diese Gedichte ein Hohelied der ehelichen Liebe. Im Gesamtwerk des Dichters markiert der Band die Abwendung von allem nur Dekorativen, nur Musikalischen, die Hinwendung zum reinen und absoluten Ausdruck. Aus der früher oft beschworenen gestaltlosen Muse ist die konkrete Gestalt der liebenden und geliebten Frau geworden: *»Der Schein von Morgenröte? / Oder ist es der Schrei des klaren Erwachens unserer Liebe?«* Wirklichkeit und Phantasie verschmelzen zu einer von der Schönheit des Universums und dem Wunder menschlicher Liebe kündenden Gegenwart.

Grundsituation der Gedichte ist die Zwiesprache des dichterischen Ichs mit der Unendlichkeit: *»Du bist in mir, der ich dich durchdringe.«* Die Seele des Dichters – die Form aller Formen – ist in der leuchtenden Gegenwart der liebenden Herzen unterwegs, das All und die Ewigkeiten auszumessen: *»Die Fülle des Heute ist der Zweig an der Blüte des Morgen. / Meine Seele muß wiederkehren / um die Welt als meine Seele zu schaffen.«* Ein immer wiederkehrendes Motiv ist das Gefühl des Erwachens: *»Ich starb im Traum / und bin im Leben auferstanden!«* Immer stärker durchdringt das helle Bewußtsein das Meer des Schlafes und des Traumes. Der Einfluß der intellektuellen Lyrik VALÉRYS wird hier deutlich spürbar. Auch Jiménez will den genauen Namen der Dinge, den genauen Klang der Töne ergründen, *»damit mein Wort das Ding selbst sei, neu geschaffen aus meinem Innern«*. Er strebt nach einer gleichsam destillierten Dichtung, reduziert auf das Einfache, das gleichbedeutend ist mit *»klar, treffend, synthetisch und richtig«*. Zwar ist noch immer Irrationales spürbar, noch immer fast ein Überschuß an andalusischen und arabischen Elementen vorhanden, doch ist der Dichter nun auf dem Weg zur »reinen Poesie«: *»Mein Herz ist schon so rein, daß es dasselbe ist, ob es stirbt, ob es singt.«* Die Eitelkeit der Träume und Illusionen hat dem Tag, der menschlichen Ergriffenheit und Verinnerlichung weichen müssen, und auf dieser Ebene vollzieht sich der dichterische Schöpfungsprozeß. Für Jiménez ist die Welt ein nur durch die Poesie existierender Kosmos, und so werden ihm, der *»die Sterne mit seinem Blut ernährt«*, alle Vorgänge in diesem Kosmos zum Abglanz jener Schönheit, die das Wort, der menschliche Geist, schafft. A.As.-KLL

AUSGABEN: Madrid 1918. – Madrid 1959 (in *Libros de poesía*, Hg. A. Caballero). – Madrid 1981/82 (in *Obra completa*, Hg. u. Einl. R. Gullón, 20 Bde., Bd. 14).

Literatur: D. F. Fogelquist, *J. R. J.* (in RHM, 24, 1958, S. 105–177; Bibliogr.).

PLATERO Y YO. Elegía andaluza. 1907–1916

(span.; *Ü: Platero und ich*). Elegie in Prosa von Juan Ramón Jiménez, erschienen 1917. – In der dichterischen Entwicklung dieses *»Generalkonsuls der Poesie«*, wie García Lorca ihn nannte, bedeutet *Platero y yo*, das in unvollständiger Form bereits 1914 erschien, eine Wendung. Hatte Jiménez bis zum Erscheinen dieses Buchs als Vertreter der reinen Innerlichkeit gegolten, dem die Welt bloßer Anlaß zu schwermütiger Selbstbespiegelung war, so wendet er sich nun dem Gegenständlichen zu. In Platero, dem kleinen Esel, findet der Dichter zum ersten Mal einen Gefährten seiner melancholischen Einsamkeit.

Das Werk besteht *»aus einer Folge kleiner Gedichte in Prosa«*; es sind 138 mit Untertiteln versehene kurze Abschnitte, von denen keiner zwei ganze Druckseiten, die meisten weniger als eine Seite, einer nur vier Zeilen umfaßt. Sie handeln in lose nebeneinander gestellten Szenen, Beschreibungen, Ansprachen und Betrachtungen von Leben, Krankheit, Tod und Himmelfahrt des sanften Eselchens, *»so weich von außen, als ob es aus Watte wäre, ganz ohne Knochen«*. Die in *Platero y yo* erzählte Zeit beginnt im Frühling und endet im Winter, umfaßt also einen Jahreszyklus, der seinerseits mit seinen Stationen den Tageslauf und die Lebensstufen des Menschen symbolisiert. Diesen dreifachen Ablauf durchwandert der Dichter mit seinem Esel, den er an seinen Empfindungen und Erlebnissen teilnehmen läßt und den er hinführt zu den uralten Stätten dichterischer Inspiration: Quelle, Wiese und Bach, Brunnen, Acker und Baum, Friedhof, Bergeshöhe und Brücke. Beschreibende Stücke wechseln mit hinweisenden oder anspielungsreich-evokativen und mit erzählenden ab. Höhepunkte der Wanderung sind die weltlichen und kirchlichen Feste: Weihnachten, Fastnacht, Fronleichnam und Kirchweih, Johannistag, Korn-, Wein- und Olivenernte. Moguer, die Heimat des Dichters, seine Lebensweise, sein Brauchtum haben bei der Schilderung der ländlich-kleinstädtischen Welt Modell gestanden, nicht zuletzt die kleinlichen, engstirnigen Bewohner, die den Dichter *el loco*, den Verrückten, nannten – dies alles ist sehr präzis, aber wie aus weiter Ferne beobachtet und impressionistisch verschleiert. Mit besonderer Anteilnahme werden die Kinder geschildert und erschütternde Kindertragödien erzählt. Auch Häßliches, ja Abstoßendes ist mit drastischem Realismus beschrieben: Tierquälerei, Hartherzigkeit gegenüber Kindern und die niedrigen Gelüste des Trinkens, des Karnevals und des Stierkampfes. Den Sinn des Dichters für Ironie und Humor bezeugen die Karikaturen des Pfarrers, des Tierarztes und einer Familie von Zirkusleuten, seine Tierliebe die vielen Geschichten von Spatzen und Schwalben, Hunden und Katzen, Maultieren und Pferden. So umfaßt das kleine Werk die großen Erscheinungen des Universums ebenso wie die unscheinbaren Schönheiten der Natur, und jedes dieser Phänomene enthüllt sich als Teil des Kosmos.

Platero und ich ist das Meisterwerk der modernen spanischen Prosa, und es ist durch seine Gefühlsinnigkeit, die Reinheit der lyrischen Stimmung, den zauberhaften Glanz seiner Sprache zugleich eines der schönsten Prosawerke der Weltliteratur. Formal und inhaltlich tief in der abendländischen Geistes- und Literaturgeschichte verankert, sind in ihm vor allem die Dingfrömmigkeit des hl. Franz von Assisi und der Pantheismus Spinozas gegenwärtig, auf dessen *Deus sive natura* (Gott und Natur sind eins) der Dichter ausdrücklich hinweist. Eine pantheistische Naturmystik kommt an vielen Stellen zum Ausdruck: *»Und die Seele, Platero, fühlt sich als Herrscherin über das, was sie Kraft ihres Gefühles besitzt, über den großen, gesunden Leib der Natur, der, ehrfürchtig behandelt, jedem, der es verdient, in Ergebenheit das Schauspiel seiner glänzenden und ewigen Schönheit bietet.«* – Elegie und Idylle – deutlich sind die Verknüpfungen mit der bukolischen Dichtung der Vergangenheit – verwandeln in *Platero und ich* die konkrete Landschaft in einen geschichtslosen Raum der Ruhe und des Friedens: *»Heiter ziehen die Stunden dahin. Es ist kein Krieg in der Welt, und der Landmann schläft ruhig und sieht den Himmel in der Tiefe seines Traumes.«* Auch Motive der Fabeldichtung sind in das Werk eingegangen, und eindeutig ist seine Beziehung zum Märchen. Allerdings sind die herkömmlichen Kennzeichen dieser Gattung – Allegorie, Verwandlungen, Zauber und Magie – in die Macht des Wortes und der Phantasie zurückgenommen und zu Vergleichen, Metaphern, Synästhesien und assoziativen Bildern sublimiert. – Noch 1944 nannte Jiménez sein Werk etwas abschätzig ein *»sentimentales Büchlein meiner Jugendzeit«*. Erst 1948 auf seiner Reise durch Argentinien und Uruguay, auf der dem umjubelten Dichter *Platero y yo* als Bilder- und Lesebuch in den Schulen begegnete, wurde ihm die enorme Volkstümlichkeit seiner Schöpfung bewußt. Für die Verleihung des Nobelpreises an Juan Ramón Jiménez im Jahre 1956 war nicht zuletzt *Platero y yo* ausschlaggebend. A.F.R.

Ausgaben: Madrid 1914 [unvollst.]. – Madrid 1917. – Madrid 1926 (in *Obras*, Bd. 2). – Madrid 1965. – Madrid 1981/82 (in *Obra completa*, Hg. u. Einl. R. Gullón, 20 Bde., 11). – Madrid 1985, Hg. u. Einl. R. Predmore (Cátedra).

Übersetzungen: *Platero und ich. Andalusische Elegie*, D. Deinhard, Ffm. 1953; ern. 1965. – Dass., F. Vogelgsang, Ffm. 1985.

Literatur: J. L. Castillo Puche, *El burriquillo Platero, personaje universal* (in CHA, 84, 1956, S. 389–391). – G. Díaz-Plaja, *El poema en prosa en*

España, Madrid 1956. – J. Marías, *»Platero y yo« o la soledad comunicada* (in La Torre, 19/20, 1957, S. 381–395; dt. in Antaios, 5, 1963/64, S. 88 bis 100). – D. C. Bayón, *»Platero y yo« y españoles de tres mundos* (in La Torre, 19/20, 1957, S. 365–379). – R. Gullón, *»Platero« revivido* (in PSA, 16, 1960, S. 9–40; 127–156; 246–290). – N. E. Broggini, *»Platero y yo«: Estudio estilístico*, Buenos Aires 1965. – E. Milazzo, *Il mondo di »Platero y yo« di J. R. J.*, Rom 1967. – M. P. Predmore, *The Structure of »Platero y yo«* (in PMLA, 85, 1970, S. 56–64). – L. S. Marcus, *The Beast of Burden and the Joyful Man of Words: J. R. J.'s »Platero y yo«* (in The Literature and the Unicorn, 4, 1980/81, S. 56–74). – R. A. Cardwell, *The »Universal Andalusian«, »The Zealous Andalusian« and the »Andalusian Elegy«* (in StTCL, 7, 1983, S. 201–224). – M. E. Altisent, *Un narratario insólito: Platero. Diálogo interior y precencia del narrativo en »Platero y yo«* (in Explicación de Textos literarios, 14, 1985/86, S. 89–103).

SONETOS ESPIRITUALES

(span.; *Geistliche Sonette*). Sonette von Juan Ramón JIMÉNEZ, erschienen 1917. – In den 55 zwischen 1914 und 1915 entstandenen Sonetten dieses Bandes kündigt sich die bedeutsame Wandlung im Schaffen des Dichters bereits an, die in dem wenig später erschienenen *Diario de un poeta recién casado*, 1917 *(Tagebuch eines jungverheirateten Dichters)*, in voller Deutlichkeit sichtbar und durch die nachfolgenden Werke (vgl. *Eternidades*, 1918) bestätigt werden sollte. Hatte Jiménez bis dahin *»innige, zarte gefühlvolle Gedichte geschrieben mit Versen, die ganz Farbe, Musik, Rhythmus und innere Erregung waren«* (A. Antón Andrès), so treten nun Farbe und Musik wie überhaupt der unmittelbare Eindruck zurück, die äußere Wirklichkeit wird zum Abbild und Spiegel der eigenen Innerlichkeit: *»Auf den Gefühlsimpressionismus der ersten Zeit folgt nun eine Art Impressionismus des Geistes.«* Bezeichnend für diesen Wandel ist in den *Sonetos espirituales* bereits die äußere Form. Die klassische Form des Sonetts, die Jiménez hier zum ersten Mal wählte, ist durch strengen Aufbau und klare Struktur wie kaum eine andere geeignet, dem unbestimmten Eindruck, dem schwebenden Gefühl Festigkeit und Dauer zu verleihen. In diesem Sinn stellte Jiménez der Sammlung einen Vers des englischen Lyrikers Dante Gabriel ROSSETTI (1828–1882) voran: *»A sonett is a moment's monument / memorial from the soul's eternity«*, und erklärt im Eingangsgedicht das Wesen dieser lyrischen Form: Wie im Flügel der Flug, in der Blume der Duft, in der Flamme das Feuer, im Wasser die Frische und im Diamanten der edle Reichtum enthalten ist, so birgt das Fleisch alle Sehnsucht; ihre Wunder sollen in der reinen Form des Sonetts zum Ausdruck kommen. Wenn der Dichter von den fünfzehn Büchern, die er außer der ersten Ausgabe von *Platero y yo*, 1917 *(Platero und ich)*, vor dieser Sammlung veröffentlicht hatte, sagte, es seien nur *»wilde Skizzen«* gewesen, so befindet er sich jetzt auf dem Wege der *»Hinwendung zum reinen und absoluten Ausdruck«*.

Seine in drei Gruppen – *Liebe, Freundschaft* und *Einkehr* – geordneten Gedichte sind thematisch ebenso traditionsverhaftet wie in ihrer Symbolik, die sich um Wörter wie Licht, Stern, Mond, Nachtigall, Frühling, Garten entfaltet. Durch die immer noch stark »modernistische« Sprache hindurch sind die Ausdrucks- und Gefühlskonventionen der großen Sonettisten des Goldenen Zeitalters vernehmbar, so etwa der sprachliche Duktus Fernando de HERRERAS (1534–1597) in dem Gedicht *Mujer celeste* oder, in andern Sonetten, die durch Sinnvertauschungen, Antithesen und verschlüsselte Anspielungen gekennzeichnete Aussageweise GÓNGORAS (1561–1627). In einzelnen Fällen reicht die Traditionsgebundenheit der Sonette noch weiter zurück. Titel und Thema des an literarhistorischen Reminiszenzen reichen Gedichts *Guardia de amor (Liebeswache)* erinnern an die in katalanischer Sprache geschriebenen *Cants (Gesänge)* des valenzianischen Dichters Ausiàs MARCH (um 1397–1459), eines späten Vertreters des *trobar clou*, des dunklen, verschlossenen Stils der altprovenzalischen Literatur. A.F.R.

AUSGABEN: Madrid 1917. – Buenos Aires 1959. – Madrid 1959 (in *Libros de poesía*). – Madrid 1964 (in *Primeros libros de poesía*). – Madrid 1981, Hg. u. Einl. A. W. Phillips. – Madrid 1981/82 (in *Obra completa*, Hg. u. Einl. R. Gullón, 20 Bde., 12).

LITERATUR: P. Cabanas, *Sobre la rima en los sonetos de J. R. J.* (in *Univ. of British Columbia Hispanic Studies*, Hg. H. Livermore, Ldn. 1974, S. 79–86). – N. B. Mandlove, *The Ordering of Experience: A Study of J. R. J.'s »Sonetos espirituales«* (in Hispania, 63, 1980, S. 666–673).

ANTONIO MACHADO

eig. Antonio Machado y Ruiz
* 26.7.1875 Sevilla
† 22.2.1939 Collioure / Frankreich

LITERATUR ZUM AUTOR:
Bibliographien:
Bibliografía machadiana. Bibliografía para el centenario, Hg. M. Carrión Gutiez, Madrid 1976 [enth. auch Bibliogr. zu Manuel Machado]. – O. Macrí, *Bibliografía* (in A. M., *Poesía y prosa*, Bd. 1, Madrid 1989, S. 247–422).
Biographien:
M. Pérez Ferrero, *Vida de A. M. y Manuel*, Madrid 1947. – A. C. McVan, *A. M.*, NY 1959. – J. Macha-

do, *Últimas soledades del poeta A. M. Recuerdos de su hermano José*, Soria 1971. – J. L. Cano, *Biografía ilustrada*, Madrid 1975. – L. de Luis, *A. M. Ejemplo y lección*, Madrid 1975. – J. M. Valverde, *A. M.*, Madrid 1975. – M. Tuñon de Lara, *A. M. poeta del pueblo*, Barcelona 1976. – J. Issorel, *Collioure 1939. Les derniers jours d'A. M.*, Collioure/Perpignan 1982. – J. M. Moreiro, *Guiomar, un amor imposible de A. M.*, Madrid 1982.
Sammelbände und Sondernummern:
CHA, 1949, Nr. 11/12. – Insula, 1960, Nr. 158. – *A. M.*, Hg. R. Gullón u. R. W. Philips, Madrid 1974. – Cuadernos para el dialogo, Nov. 1975, Nr. 45. – Estafeta literaria, 1975, Nr. 569/570. – CHA, 1975–1976, Nr. 304–307, 2 Bde. – *Homenaje a A. M.*, Salamanca 1977. – *Estudios sobre A. M.*, Hg. J. Angeles, Barcelona 1977. – *Il poeta nella tempestà*: A. M., Rom 1985. – Insula, 1989, Nr. 506/507.
Gesamtdarstellungen und Studien:
R. Zuburía, *La poesía de A. M.*, Madrid 1951; [3]1966. – D. Alonso, *Poetas españoles contemporáneos*, Madrid 1952. – M. Gullón, *Las secretas galerías de A. M.*, Madrid 1958. – A. de Albornoz, *La prehistoria de A. M.*, Rio Piedras 1961. – D. Alonso, *Cuatro poetas españoles*, Madrid 1961. – P. de A. Cobos, *Humor y pensamiento de A. M. en la metafísica poética*, Madrid 1964. – A. Gil Novales, *A. M.*, Madrid 1966. – G. Caravaggi, *I paesaggi ›emotivi‹ di A. M.*, Bari 1969. – R. Gutiérrez-Girardot, *Poesía y prosa en A. M.*, Madrid 1969. – R. Gullón, *Una poética para A. M.*, Madrid 1970; ern. 1986 (Austral). – C. W. Cobb, *A. M.*, NY 1971 (TWAS). – H. Laitenberger, *A. M. Sein Versuch einer Selbstinterpretation in seinen apokryphen Dichterphilosophen*, Wiesbaden 1972. – R. Zubiría, *La poesía de A. M.*, Madrid 1972. – J. M. Aguirre, *A. M. poeta simbolista*, Madrid 1973; ern. 1982. – R. Alvarez Molina, *Variaciones sobre A. M., el hombre y su lenguaje*, Madrid 1973. – A. Sánchez Barbudo, *El pensamiento de A. M.*, Madrid 1974. – E. Barjan, *Teoría y práctica del apócrifo*, Barcelona 1975. – P. Cerezo Galán, *Palabra en el tiempo*, Madrid 1975. – D. Ynduráin, *Ideas recurrentes en A. M.*, Madrid 1975. – A. Sánchez Barbudo, *Los poemas de A. M.*, Barcelona 1976. – D. Gómez Molleda, *Guerra de ideas y lucha social en A. M.*, Madrid 1977. – B. Sesé, *A. M. (1875–1939). El hombre, el poeta, el pensador*, 2 Bde., Madrid 1980. – M. Predmore, *Una joven España en la poesía de A. M.*, Madrid 1981. – J. L. Cano, *A. M.*, Barcelona 1982. – S. Zaragoza, *Lectura etica de A. M.*, Murcia 1982. – A. Gonzáles, *Aproximaciones a A. M.*, Mexiko 1982. – *A. M. y Baeza a través de la critica*, Granada 1983. – J. Olivio Jiménez, *La presencia de A. M. en la poesía española de posguerra*, Lincoln/Nebr. 1983. – S. Pérez Gago, *Razón, ›sueño‹ y realidad*, Salamanca 1984. – J. D. García Bacca, *Invitación a filosofar según espiritu y letra de A. M.*, Barcelona 1984. – M. Alonso u. A. Tello, *A. M., poeta en el exilio*, Barcelona 1985. – A. Baker, *El pensamiento religioso y filosófico de A. M.*, Sevilla 1985. – J. M. Sola-Solé, *La tierra de Alvargonzález de A. M.*, Barcelona 1986. – E. Baker, *La lira mecánica: en torno a la prosa de A. M.*, Madrid 1986. – A. Gonzáles, *A. M.*, Madrid 1986.

DAS LYRISCHE WERK (span.) von Antonio Machado.

Die Lyrik Antonio Machados zählt nach weitgehend übereinstimmender Einschätzung zu den bedeutendsten und einflußreichsten Manifestationen der spanischen Lyrik im 20. Jh. Machados lyrisches Schaffen umfaßt in der vierten Auflage der *Poesías completas*, der letzten vom Dichter im Jahre 1936 noch selbst besorgten Ausgabe, 176, zum Teil aus mehreren Gedichten bestehende Stücke, die in vier Gruppen geordnet sind: *Soledades (Einsamkeiten*; mit den Gedichten I–XCVI, entstanden 1899–1907), *Campos de Castilla (Kastilische Felder*, XCVII–CXXXVIII; 1907–1917) mit 14 *Elogios (Lobgedichte*; CXXXIX–CLII), die *Nuevas canciones (Neue Gedichte*; CLIII–CLXVI) sowie der sog. *Cancionero apócrifo (Apokryphe Dichtungen*; CLXVII– CLXXVI; 1924–1936). Hinzu kommt in der kritischen Ausgabe von O. Macrí (1989) eine Gruppe von 13 während der Zeit des Bürgerkriegs entstandenen Gedichten, die *Poesías de guerra (Kriegsgedichte*; 1936–1939).

Bereits im Jahre 1902 (nicht, wie in der Erstausgabe angegeben, 1903) erschienen in Madrid 42 Gedichte unter dem Titel *Soledades*. Sie bilden den Kern der später (1907) erschienenen Sammlung *Soledades, Galerías y otros poemas*, die zum Teil stark überarbeitete Texte der ersten Fassung und neue, teilweise bereits zuvor in Zeitschriften veröffentlichte Gedichte enthält. Der Titel dieses ersten Gedichtbandes schlägt das wichtigste Leitmotiv der gesamten lyrischen Produktion Machados an: die Einsamkeit. Das Thema konkretisiert sich in Bildern und Motiven, die deutlich von der (französischen) Romantik und vom Symbolismus beeinflußt sind.

Für den frühen Machado überaus Charakteristisches läßt sich an dem Gedicht XIII der Sammlung verdeutlichen. Den relativ langen Text (51 Zeilen) eröffnet ein an Lamartine erinnernder Natureingang (vgl. z. B. *L'Isolement*), der eine hochsommerliche Landschaft evoziert (Z. 1–12): *»Hacia un ocaso radiante / caminaba el sol de estío« (»Einem strahlenden Untergang entgegen / schritt die Hochsommersonne«*; Übers.: G. Siebenmann). Im Gegensatz aber zum französischen Romantiker findet das einsame lyrische Ich bei Machado zunächst Trost in der Natur mit ihren Sphärenharmonien (13–18). Auf seinem Weg – eine Metapher, die in Machados Gesamtwerk eine zentrale Rolle spielt – gelangt das Ich an eine Brücke. Aus der Kontemplation über das vorbeiströmende Wasser – ebenfalls eine häufige Metapher – erstehen Gedanken an Vergänglichkeit und Tod (19–39), die in ihrer bildlichen Gestaltung auf die *Vanitas*-Gedichte Quevedos oder Góngoras zurückgehen könnten und die in der topischen Frage nach der *»Disproportion de l'homme«* (Pascal, *Pensées*, 72), nach der Bedeutungslosigkeit des Menschen im Weltenlauf, gipfeln: *Qué es*

esta gota en el viento / que grita al mar: soy el mar« (»Was ist dieser Tropfen im Wind, / der zum Meer schreit: ich bin das Meer?«). Dem lyrischen Ich scheint ein Stern im Dunkel der Nacht einen möglichen Trost jenseits der irdischen Realität zu verheißen (40–47). Anders jedoch als in der berühmten Ode *Noche serena* von Fray Luis de LEÓN mit ihrer parallelen lyrischen Haltung resultiert aus der Betrachtung des Sternenhimmels nicht mehr die mystisch-platonische Hoffnung auf das Heil – das lyrische Ich Machados bleibt in seiner Einsamkeit gefangen und kehrt zum Ausgangspunkt seiner Wanderung zurück (48–52), wobei die zyklische Zeitauffassung durch die Wiederaufnahme von Bildern aus den Zeilen 8 (in 40/43), 10 (in 50/51) und 12 (in 46/48) zusätzlich unterstrichen wird.
In konzentrierter Form klingen in dem frühen Text viele der Themen und Motive auch der späteren lyrischen Produktion an: zuvörderst als generelle Stimmung die (petrarkistische) Pose der Melancholie und der Einsamkeit (vgl. etwa PETRARCA, *Canzoniere*, XXXV), dann das Thema des visionären Traums – *»Sobre la tierra amarga / caminos tiene el sueño / laberínticos (»Über der bittren Erde / hat der Traum verschlungene / Wege, labyrinthische«*, XXII, Übers.: F. Vogelgsang) – und schließlich das Thema des Erinnerns als Möglichkeit zur Weltüberwindung (vgl. III, V, VIII, LXXXII) und zur Schaffung einer am SCHOPENHAUERschen Axiom von Wille und Vorstellung orientierten Gegenwelt. Gegenstand der Dichtung ist auch immer wieder die Zeit, oft symbolisiert durch das fließende Wasser oder durch den Brunnen (VI, VII), aus dem eine glückliche Vergangenheit in die Gegenwart auftaucht: *»El limonero lánguido suspende / una pálida rama polvorienta, / sobre el encanto de la fuente limpia, / y allá en el fondo sueñan los frutos de oro ...« (»Der darbende Zitronenbaum hängt einen / blaßgrauen, staubigen Zweig / über den Zauber des lauteren Brunnens, / und dort, auf dem Grund, träumen / jene Früchte aus Gold ...)*. Dichtung soll *»palabra en el tiempo« (»Wort in der Zeit sein«)*, ein aus der Erfahrung der Vergänglichkeit entstandenes, nicht auf bloßen Ideen beruhendes dichterisches Wort. Der *poeta* erscheint oft als ein vergeblich nach metaphysischer Gewißheit, nach Gott Suchender (LXXVII), wobei Machado aus der Tradition der spanischen Mystik des 16. Jh.s (TERESA VON ÁVILA, JUAN DE LA CRUZ) schöpft.
Lassen sich einerseits viele der bewußt prunkvollen Bilder der *Soledades* im Zusammenhang mit der französischen Lyrik des Parnaß verstehen, so sucht Machado andererseits die Forderung VERLAINES *(Art poétique)* nach Musikalität vor allem durch Alliteration und klangvolle Reime zu erfüllen. Er wird daher in der Nachfolge R. DARÍOS (gemeinsam etwa mit seinem Bruder Manuel MACHADO, mit M. de UNAMUNO, R. del VALLE-INCLÁN oder J. R. JIMÉNEZ) in seinen lyrischen Anfängen als Vertreter des *modernismo* angesehen. Spätere Überarbeitungen einzelner Gedichte aus den *Soledades* geben dabei Aufschluß über Machados an der Lyrik von G. A. BÉCQUER geschulten Willen zur Konzentration und Verknappung, der sich im Lauf seines Schaffens immer stärker profilieren wird. Man erkennt eine deutliche Tendenz zum Objektivieren und zum direkten Benennen, die sich bei vielen Texten auch in der Streichung eines allzu parfümiert empfundenen modernistischen Modevokabulars (vgl. z. B. die Fassungen von XLI, XLII, LXIII, LXXXIV) niederschlägt.
Im Jahre 1907 zog Machado nach Soria, um dort als Französischlehrer zu arbeiten. Hier heiratete er 1909 die sechzehnjährige Leonor, die schon zwei Jahre später starb. Der Aufenthalt in Soria eröffnet Machado zwei neue poetische Themen – *lo esencial castellano*, die kastilische Landschaft und die von ihr abgeleitete Spanienideologie sowie das Thema der Liebe zu Leonor – die ihren Ausdruck in den *Campos de Castilla* (1912) erhalten.
Im Eröffnungsgedicht der Sammlung (*Retrato-Porträt; XCVII*) beschreibt Machado Stationen seiner Biographie, thematisiert sein (neoplatonisches) Streben nach dem ethisch Guten, dem ästhetisch Schönen und nach religiöser Gewißheit und erläutert seine Abwendung von den *»afeites de la actual cosmética«*, den *»Schminken der modernen Kosmetik«*, d. h. vom Modernismus, dessen Klang-, Farben- und Ornamentrausch er durch eine, wie er später schreibt, *»honda palpitación del espíritu«*, eine durch geistige Arbeit gleichsam gefilterte und dadurch objektivierte, aus dem Inneren aufsteigende Lyrik, ersetzen will. Machado wird damit, vor allem aber mit seiner Hinwendung zur kastilischen Landschaft und zum spanischen Nationalmythos, zu einem Vertreter der *Generación del 98*, einer nach dem Krisenjahr 1898 (Verlust der spanischen Überseebesitzungen) benannten Bewegung, zu der neben den Brüdern Machado vor allem Unanumo und AZORÍN zu rechnen sind.
Das Gedicht *A orillas del Duero (An den Ufern des Duero*; XCVIII) zeigt besonders eindrucksvoll Machados Hinwendung zur Landschaft Kastiliens und illustriert die Bedeutung, die ihr in den *Campos*, seiner wohl berühmtesten Gedichtsammlung, zukommt. Die lyrische Haltung des sinnierenden Wanderers entspricht der des Gedichts XIII aus den *Soledades*, aber im Gegensatz zu der an europäischen Vorbildern geschulten Sprache taucht nun – ein Charakteristikum der *Campos* – eine Vielzahl regional-kastilischer Vokabeln auf, die dem Gedicht einen herben, folkloristischen Ton verleihen und eine Konzentration auf die spanische Tradition bezeugen. Auch die Gedanken des Wanderers unterscheiden sich von denen im frühen Gedicht. Es geht nicht mehr um die Flucht in die Welt des Traumideals, sondern um ein durch die Landschaft ausgelöstes Reflektieren der ruhmreichen kriegerischen und vitalen Vergangenheit und der trostlosen Gegenwart Spaniens: *»Castilla miserable, ayer dominadora (Elendes Kastilien, gestern noch Herrscherin«)*. Die geistige Armut, die Abwesenheit des idealtypischen, das kraftvolle Leben repräsentierenden Kriegers, den die *»fruchtbare Mutter«* Kastilien einst gebar, spiegeln sich sprachlich in einer auf scharfen Antithesen (gestern/heute) aufgebau-

ten, phonetisch durch viele Reibelaute verhärteten Sprache, in der die Wiederholungen weniger dazu dienen, klanglichen Reiz zu verströmen, als vielmehr dazu, auf dem zentralen Gedanken von der Dekadenz Spaniens zu insistieren.

Der im 1898-Debakel mündende, seit Jahrhunderten unaufhaltsam voranschreitende Niedergang Spaniens bedeutet für Machado indes kein abschließendes Urteil. Er setzt seine ganze Hoffnung in die Jugend, in die *Espãna joven* (CXLIV), die mit einem gemeinsamen und starken, dem *»göttlichen Licht«* geöffneten Willen Spanien aus dem Dunkel der Geschichte und der Gegenwart in eine strahlende Zukunft – *»wie der Diamant, so hell, wie der Diamant, so rein«* – führen soll. Anders als in den *Soledades* dient die Naturmetaphorik in den *Campos de Castilla* weniger als Projektionsfolie eines postromantischen Subjektivismus, sondern wird als Chiffre eines nationalen und historischen Bewußtseins eingesetzt. Neben den von der Spanienideologie geprägten Texten finden sich auch eher gefühlsbetonte Gedichte (z. B. CXIX, CXX), in denen vor allem die Natur Andalusiens (1912 hatte sich Machado nach Baeza versetzen lassen) die Trauer um die verstorbene Geliebte widerspiegelt (z. B. *Caminos-Wege*; CXVIII).

Der Patriotismus, die Reflexion über historische und philosophische Probleme, die »realistische« Darstellung der Natur – das sind die Kennzeichen der *Campos de Castilia*, die Machado (in *Problemas de lírica*) als Ausdruck einer antisubjektivistischen, dialogischen Konzeption der menschlichen Wahrnehmung versteht: *»Gefühl ist nicht die Schöpfung eines einzelnen Subjekts, kein innerliches Arbeiten des ICHS mit den Materialien der Außenwelt. Es beruht immer auf der Mitarbeit des DU anderer Subjekte.«* Eine thematisch und formal selbständige Einheit innerhalb der *Campos* bildet die Tatsachenbericht, biblischen Mythos (Kain und Abel) und Volksaberglauben vereinende Romanze *La tierra de Alvargonzález* (CXIV), die Machado 1912 zunächst in einer Prosafassung vorlegte. Die Ballade erzählt in traditionellen Achtsilbern die Geschichte des wohlhabenden Großgrundbesitzers Alvargonzález, der von zwei Söhnen umgebracht und in die *Schwarze Lagune* geworfen wird. Die magisch beseelte Erde rächt diese Tat durch andauernde Unfruchtbarkeit, die so lange anhält, bis der jüngste Sohn, aus Südamerika zurückgekehrt, die Ländereien übernimmt. Die verzweifelten, durch Erscheinungen des Vaters halb wahnsinnigen älteren Brüder werden eines Tages ertrunken in der Schwarzen Lagune gefunden. Der weitschweifige Text wird von einem Animismus getragen, der alle empirischen Phänomene (Mond, Pinie, Flamme, Wasser, Wolf, Axt) in Symbole von Seinszuständen verwandelt. Mit seiner deutlichen Tendenz zur Überdetermination erinnert der Text an symbolistische Theaterstücke, während die Vermischung einer realistischen Ebene mit Elementen des Unheimlich-Magischen das *real maravilloso* des modernen lateinamerikanischen Romans vorwegzunehmen scheint. – Des weiteren enthält der Band 14 *Elogios* (Lobgedichte) z. B. auf J. Ortega y Gasset (CXL), R. Darío (CXLVII, CXLVIII), M. de Unanumo (CLI) und J. R. Jiménez (CLII). Die *Campos de Castilla* markieren sicherlich den Höhepunkt im lyrischen Schaffen Machados. Alle für das Werk Machados relevanten Themen – so z. B. die Zeitproblematik, der Spanienkult, die Landschafts- und Wegmetaphorik, die Liebe, der Traum, das Erinnern – werden angesprochen. Zudem gelingt ihm die Loslösung von den als ästhetizistisch verurteilten Vorgaben des *modernismo*. Durch diese Katharsis versteht es Machado, seine eigene lyrische Sprache zu finden, die den oft im Sinne der 98-Generation ideologisch beladenen Texten einen unbestreitbaren Platz in der Geschichte der modernen Lyrik sichert.

Im Jahre 1924 erschien unter dem Titel *Nuevas Canciones* Machados letztes ausschließlich lyrisches Werk, in dem er Gedichte aus den Jahren 1917–1920 versammelt. Neben Gedichten, die wie einfache Volkslieder klingen, stehen, vor allem in der 103 Texte umfassenden (zum Teil in die *Campos de Castilla* integrierten) Sektion *Proverbios y cantares (Sprichwörter und Lieder)*, aufs äußerste verknappte Epigramme, in denen Machado seine Ich-Du-Philosophie in Anlehnung an die Sinnsprüche des Rabbis Sem Tob (14. Jh.) darlegt: *»El ojo que ves no es / ojo porque tú lo veas; / es ojo porque te ve«* (*»Das Auge, das du siehst, ist nicht / ein Auge, weil du es siehst, / sondern weil es dich sieht«* [F. Vogelgsang]). Die für die früheren Texte so wichtige Form der Beschreibung erscheint vollkommen zurückgedrängt zugunsten einer Beschränkung auf eine einzelne, konkrete Aussage. Das sich bereits mit der Überarbeitung der *Soledades* ankündigende Bemühen, auf das Akzidentelle, das rein ästhetische Element, zu verzichten und sich auf das Substantielle, den philosophisch-ethischen Gehalt, zu konzentrieren, findet mit diesen Texten einen Endpunkt. Sie legen Zeugnis ab von einem wachsenden Skeptizismus, dem ein Ringen um Wahrheit gegenübersteht: *»¿Tu verdad? No, la Verdad, / y ven conmigo a buscarla. / La tuya, guárdatela«* (*»Deine Wahrheit? Nein, die Wahrheit. / Komm, wir wollen sie suchen. Deine behalte für dich«*). Ähnlich den Mystikern kämpft ein lyrisches Ich um Glaubensgewißheit, die ihm indes angesichts eines zweifelhaft gewordenen Gottes versagt bleibt (CXXXVII, *Parábolas*, V, VI).

Die Sentenzen der *Proverbios y cantares* werden ergänzt durch zwei weitere Textgruppen. Zum einen die in der Nachfolge des Siglo de Oro stehenden Sonette, zum anderen das Eingangsgedicht *Olivio del camino* (CLIII, *Olivenbaum am Weg*): Das im Schatten eines Olivenbaums rastende lyrische Ich malt ein von mythologischen Reminiszenzen (vor allem aus dem Umfeld des Archetyps »Große Mutter«, z. B. Demeter) durchzogenes, breit angelegtes Bild der andalusischen Landschaft, das eine große Nähe zu dem berühmten *Cimetière marin* von Paul Valéry aufweist.

Als Konsequenz seines ständigen Strebens nach Objektivierung der Erfahrung und der lyrischen

Sprache, veröffentlichte Machado schließlich unter dem Pseudonym Abel Martín Gedichte in einem *Cancionero apócrifo*. Er verleiht Martín eine Biographie (* 1849 in Sevilla, † 1898 [!] in Madrid) und gibt zunächst eine Einführung in sein philosophisches Œuvre, das mit Schriften z. B. über die unterschiedlichen Formen der Objektivität, über das Verhältnis zum anderen und vor allem über die wesensmäßige Heterogenität allen Seins *(Las cinco formas de la objetividad, De lo uno a lo otro, De la esencial heterogeneidad del ser)* eine auffällige Nähe zu Machados eigenen Anliegen aufweist. Abel Martín hat zudem ein dichterisches Werk mit dem bezeichnenden Titel *Los complementarios (Ergänzungen)* hinterlassen, aus dem Machado immer wieder zitiert. Martín thematisiert in seinen Gedichten die von der Monadenlehre Leibniz' ausgehenden Grundgedanken seiner Philosophie, vor allem die an christliche Tradition anknüpfende Vorstellung von der die Wahrheit erkennenden Liebe, der die in die Ausführungen eingebetteten Sonette gewidmet sind. Die Sonette thematisieren die unterschiedlichen Erscheinungsformen der Liebe vom aufkeimenden Verlangen nach einem Du in *Primaveral (Frühlingshaft)*, über die Erfahrungen der Leidenschaft in *Rosa de Fuego (Feuerrose)* und des Liebesleids in *Guerra de amor (Liebeskrieg)* bis hin zur Erkenntnis, daß wahre Liebe nicht in einem geliebten Du als Spiegelbild des eigenen Ichs, sondern nur in der Liebe zu einem ganz anderen, zu einem göttlichen, Du in *Nel mezzo del cammin* (Zitat der ersten Worte aus Dantes *Divina Commedia*) zu finden ist.

Die Geschichte der Liebe, die in den eingelegten Sonetten beschrieben wird, zeigt deutlich eine Ablösung von einem persönlichen, menschlichen Du und die Hinwendung zu einem entpersonalisierten Du, das als Inkarnation christlicher Agape- und platonischer Ideenlehre erscheint. Der Schüler Abel Martíns, Juan Mairena, weist im übrigen in seiner Schrift *Sentencias, donaires, apuntes y recuerdos de un Profesor apócrifo* (1936) explizit auf Werte der christlichen Ethik (Nächstenliebe, Streben nach dem moralisch Guten, Glaube an eine göttliche Gerechtigkeit) als Grundlage der Anthropologie Martíns (und damit selbstverständlich Machados, der sich wiederum als Schüler Tolstojs erweist) hin. Ebenfalls mit dem Thema Liebe als *»última instancia de la objetividad« (»letzte Instanz der Objektivität«)* hängt die folgende Gruppe von dreizehn Kurzgedichten aus Martíns *Complementarios* mit der Überschrift *Consejos, coplas apuntes (Ratschläge, Lieder, Notizen)* zusammen, in denen sich unschwer ein Abriß von Machados Biographie mit Kindheitserinnerungen, Erlebnissen von Liebe, Eifersucht und Verzweiflung erkennen läßt und die mit einem bitter-lakonischen *»Ya no puedo más« (»Ich kann nicht mehr«)* enden.

Besondere Beachtung verdienen schließlich Martíns zwölf *Recuerdos de sueño, fiebre y duermivela (Erinnerungen aus Traum, Fieber und Halbschlaf*; CLXXII). Der Zyklus beginnt mit der Evokation eines Fieberzustands, der das lyrische Ich in einen visionären dichterischen Wahn versetzt, der mit surrealistischen Bildern und assoziativen Lautmalereien versinnbildlicht wird. Wieder taucht das Thema der Suche nach einer Geliebten auf, das jedoch in Sprachlosigkeit und Einsamkeit endet. Machado greift hier abermals auf die Wegmetaphorik zurück, wobei der Weg nun über eine leere, nackte, kalte Erde führt, die eine nihilistische Macht auf den Wanderer ausübt. Angesichts der plötzlich die Wolken durchbrechenden Sonne (auch dies ein rekurrentes Symbol des Ideals, der Erlösung gelingt noch nicht einmal mehr ein Schrei, geschweige denn ein adäquates Wort: *»La vi un momento asomar / en las torres del olvido. / Quise y no pude gritar« (»Da sah ich sie erscheinen / auf den Zinnen des Vergessens. / Ich wollte und konnte nicht schreien«*; Übers.: G. Siebenmann). Einziges Hoffnungssymbol in diesem an T. S. Eliot gemahnenden *Waste Land* ist ein Baum, dessen Früchte nur für Kinder bestimmt sind und der nur blüht, wenn ein Vogel abends ein Lied singt. Allein die Dichtung hat also die Macht, Einsamkeit und Verzweiflung zu überwinden und in Hoffnung zu verwandeln. Dann kann sich der Dichter im Flug, in einer Baudelaireschen *Élévation*, aufschwingen in eine Gegenwelt, in der *»allein Stille und Gott singen ohne Ende«*. Der optimistische Aufschwung endet jäh mit einem *descensus ad infernos*, in dem danteske Bilder aufscheinen und der durch ein allegorisches Straßenlabyrinth führt, in dem als zynischer Abschluß all der großartigen Visionen als Wahrheit nur bleibt: *»Ja, zwei und zwei macht vier.«*

In den *Canciones a Guiomar* (CLXXIII, CLXXIV) schlägt Martín einen versöhnlicheren, fast heiteren Ton an. Den Schrecknissen der Existenz wird die Liebe entgegengestellt, die die Macht der Phantasie stärkt, mit der Gegenwelten der Poesie erschaffen werden können, die alles in *»einer einzigen Melodie«* zusammenfließen läßt.

Beginnend mit den *Soledades*, deren Gehalt der Dichter in einem später verfaßten Vowort als im Sinne der Zeit *»esencialmente subjectivista«* charakterisiert, entwickelt Machado in den *Campos de Castilia* eine, wie er 1928 sagte, *»nueva objetividad«*. Unter der Maske – in Anlehnung an Ezra Pound kann man auch von *persona* sprechen – Abel Martíns (oder auch Juan de Mairenas oder der anderen 34 von Machado ausgedachten Pseudonyme) unternimmt er in seinen »apokryphen« Schriften schließlich den Versuch einer von H. Bergsons Zeitbegriff beeinflußten Reinterpretation des eigenen Schaffens, das sich, wie bestimmte motivische Konstanten zeigen, nicht in Brüchen, sondern sich ständig entwickelnd vollzog. U.Pr.

Ausgaben: *Soledades*: Madrid 1903 [recte 1902]. – Madrid 1968; [4]1974, Hg. R. Ferreres. – *Soledades. Galerias. Otros Poemas*: Madrid 1907 (seit [2]1919 u. d. T. *Soledades. Galerias y otros Poemas*). – Barcelona 1975, Hg. R. Ribbans. – Madrid 1983, Hg. ders. (Cátedra). – *Campos de Castilla*: Madrid 1912. – Madrid 1970; [4]1977, Hg. R. Ferreres. –

Madrid 1974; [8]1982, Hg. J. L. Cano. – *Nuevas canciones*, Madrid 1924. – *Cancionero apócrifo, Abel Martín*, Madrid 1926 (in RdO, 12, S. 189–203; 284–300). – *La guerra (1936–1937)*, Madrid 1937 [Ill. J. Machado]. – *La tierra de Alvargonzález y Canciones del Alto Duero*, Barcelona 1938 [Ill. J. Machado]. – *Abel Martín. Cancionero de Juan de Mairena. Prosas Varias*, Buenos Aires 1943; [4]1975. – *Los complementarios y otras prosas postumas*, Buenos Aires 1957 [Vorw. G. de la Torre]. – *Nuevas canciones y De un Cancionero Apócrifo*, Hg. J. M. Valverde, Madrid 1971; ern. Madrid 1980 (Castalia). – *Los Complementarios*, Hg. D. Yndurain, 2 Bde., Madrid 1972 [krit.]. – *Los complementarios*, Hg. M. Alvar, Madrid 1980; [2]1982 (Cátedra).
Sammelausgaben: *Poesías completas*, Madrid 1917 (erw. 1928 u. 1933); [11]1979. – *Obras*, Mexiko 1940 [Vorw. J. Bergamín]. – *Obras completas de Manuel y A. M.*, Hg. H. Carpintero, Madrid 1947; zul. 1978. – *Obras completas*, Buenos Aires 1951. – *Poesías completas*, Madrid 1975; zul. 1988 (Vorw. M. Alvar; Austral). – *Poesía y prosa*, Hg. O. Macrí, 4 Bde., Madrid 1989 (krit.; Clás. Cast).

Übersetzungen (Ausw.): In *Gedichte der Spanier*, Hg. R. Grossmann, Lpzg. 1948. – In *Spanische Gedichte des 20. Jh.s*, Hg. K. Krolow, Ffm. 1962 (span.-dt.; IB). – *Gedichte*, F. Vogelgsang, Ffm. 1964. – In *La generación del 98. ¿Precursores de la España moderna? / Die 98er Generation. Wegbereiter des modernen Spanien?*, Hg. E. Brandenberger, Mchn. 1977 (span.-dt.; dtv). – In *Spanische Lyrik des 20. Jh.s*, Hg. G. Siebenmann u. J. M. López, Stg. 1985 (RUB).

Literatur: J. R. Jiménez, *»Soledades«. Poesías, por A. M.* (in El País, März 1903). – C. Guillén, *Estilística de silencio* (in Revista Hispánica Moderna, 23, 1957, S. 260–291). – C. Lascaris, *El despertar de la conciencia moral en »La tierra de Alvargonzález« de A. M.* (in CHA, 1960, Nr. 128/129, S. 236–247). – J. M. Diez Borque, *Consideraciones en torno al color en »Campos de Castilla«* (in Celtiberia, 19, 1969, S. 257–284). – G. Siebenmann, *¿Qué es un poema típicamente machadiano?* (in PSA, 53, 1969, S. 31–49). – C. Segre, *Sistema y estructura en las »Soledades« de A. M.* (in *Crítica bajo control*, Barcelona 1970, S. 103–150). – A. A. Terry, *»Campos de Castilla«*, Ldn. 1973. – M. L. Predmore, *The Nostalgia for Paradise and the Dilemma of the Solipsism in the Early Poetry of A. M.* (in Revista Hispánica Moderna, 38, 1975, S. 30–52). – A. Dominguez Rey, *En torno a »Los Complementarios« de A. M.* (in CHA, 1981, Nr. 375, S. 669–679). – A. R. Fernández Ferrer, *»Campos de Castilla«. A. M.*, Barcelona 1982. – G. Güntert, *La heteronomía como problema de poética: F. Pessoa y A. M.* (in *De los romances-villancico a la poesía de Claudio Rodríguez. Fs. G. Siebenmann*, Hg. M. López de Abiada u. A. López Bernasocchi, Madrid 1984, S. 157–174). – J. O. Jiménez, *Realidad y tiempo en la poesía española de posguerra* (ebd., S. 199–212). – F. Lázaro Carreter, *Aliteración y variantes aliterativas* (in *Estudios en honor a R. Gullón*, Hg. L. T. González-del-Valle u. D. Villanueva, Lincoln/Nebr. 1984, S. 197–209). – J. Whiston, *Leonor and the Last Three Lines of M.'s »A un olmo seco«* (in Neoph, 70, 1985, S. 397–405). – T. I. Giovacchini, *Sem Tob, posible fuente de la poesía aforística de A. M.* (in Revista de Literatura, 47, 1985, S. 105–115). – A. Fernández Ferrer, *Los »Campos de Castilla« de A. M.*, Barcelona 1986. – D. Nouhaud, *»Campos de Soria« ou le pays de derrière les yeux* (in LNL, 83, 1989, S. 17–27). – R. Warner, *Critical Reports: Ideology and Expression in A. M.'s »Campos de Castilla«* (in Neoph, 73, 1989, S. 230–242).

Manuel Machado

* 29.8.1874 Sevilla
† 19.1.1947 Madrid

Literatur zum Autor:
Bibliographie:
Bibliografía machadiana. Bibliografía para un centenario, Hg. M. Carrión Gutiez, Madrid 1976 [enth. auch Bibliogr. zu Antonio Machado].
Gesamtdarstellungen und Studien:
M. Pérez Ferrero, *Vida de Antonio Machado y Manuel*, Buenos Aires 1952. – M. H. Guerra, *El teatro de M. y Antonio Machado*, Madrid 1966. – G. Diego, *M. M., poeta*, Madrid 1974. – G. Gayton, *M. M. y los poetas simbolistas franceses*, Valencia 1975. – *Doce comentarios a la poeasía de M. M.*, Hg. F. López Estrada, Sevilla 1975. – G. Brotherston, *M. M.*, Madrid 1976. – F. López Estrada, *Los ›primitivos‹ de Antonio y M. M.*, Madrid 1977. – G. Allegra, *Il regno interiore. Premesse e sembianti del modernismo in Spagna*, Mailand 1982.

DAS LYRISCHE WERK (span.) von Manuel Machado.
Manuel Machado gilt mit seiner Lyrik als einer der typischen Vertreter des *modernismo*, einer literarischen Strömung, die von dem nikaraguensischen Lyriker Rubén Darío im Jahre 1898 nach Spanien gebracht wurde und zu der neben den Brüdern Machado vor allem Salvador Rueda, Miguel de Unamuno, Ramón María del Valle-Inclán und Juan Ramón Jimenez gerechnet werden. Wenn sich auch Modernismo und die etwa gleichzeitige Lyrik der *Generación del 98* in vielen Punkten berühren, so kann man doch (mit Pedro Salinas) einige Charakterista des Modernismo ermitteln, die auch die Lyrik Manuel Machados entscheidend bestimmen. Während sich die Literatur der 98-Generation vor allem auf eine feste Spanienideologie stützt, berufen sich die Dichter des Modernismo dagegen auf

die Literatur der Romantik, des Parnaß und vor allem auf die Lyrik Paul VERLAINES, von dem Machado behauptet, er sei *»der letzte bedeutende Dichter, den die Welt hervorgebracht hat«*. Von daher kann der Modernismo mit Recht kosmopolitisch genannt werden, die Literatur der 98er Generation dagegen national-spanisch. Alleiniges Ziel der modernistischen Dichtung ist die Apotheose der Schönheit – nicht, wie bei den 98ern die der Wahrheit –, die in einer deutlichen Betonung der Form und der Suche nach Sinnlichkeit ihren Ausdruck findet. Man kann den Unterschied zwischen den beiden literarischen Strömungen auf die simplifizierende Formel bringen: Die Literatur des Modernismo ist eine Literatur der Sinne, die der 98er Generation eine Literatur der Ideen.

Der Einfluß der französischen Lyrik in der Nachfolge BAUDELAIRES (z. B. in *Domingo-Sonntag* und *La canción del alba - Morgenlied*), Albert SAMAINS (*Los días sin sol – Tage ohne Sonne, Fin de siglo*), LECONTE DE LISLES und José María de HEREDIAS (besonders in der Sammlung *Apolo*, 1911), vor allem aber Verlaines erweist sich als durchgehendes Merkmal der Lyrik Machados und tritt formal, im Bildmaterial und in der klanglichen Sinnlichkeit der Gedichte *Pierrot y Alequín, Felipe IV* oder *Otoño (Herbst)* besonders deutlich zutage: *»La hoja seca / vagamente / indolente / roza el suelo. / Nada sé. / Nada quiero. / Nada espero« (»Das trockne Blatt / schwebend / träge / streift den Boden. / Nichts weiß ich. / Nichts will ich. / Nichts erhoff ich«)*.

Ein, wenn nicht das zentrale Thema der Lyrik Manuel Machados ist die Liebe, und zwar nicht die oft vergeistigte, mystische Liebe wie in den Gedichten seines Bruders Antonio, sondern die Liebe der Décadence, die sinnliche, frivole Erotik, wie sie in seinem wohl berühmtesten Gedicht *Adelfos* ersehnt wird: *Mi ideal es tenderme, sin ilusión ninguna. / De cuando en cuando un beso y un nombre de mujer« (»Mein Ideal: entspannen, ohne jede Illusion. / Dann und wann ein Kuß, ein Frauenname«)*. Die von der bürgerlichen Moral abweichende Erotik gerinnt zur Chiffre eine antibourgeoisen, dekadenten Protestpose.

Der Einfluß der Parnaß-Lyrik macht sich in Machados Gedichten über Kunstwerke bemerkbar, so z. B. in *Museo* oder *Miniatures* oder in *Figulinas*, ein Text aus der Sammlung *Alma* (1902), der Gemälden von Watteau gewidmet ist. In diesem Sinne erscheint der Untertitel des Gedichtbandes *Apolo – Teatro pictórico* – programmatisch. Mit 25 Sonetten, von denen viele durch ihren klanglichen Reiz bestechen, stellt Machado eine Art literarischer Galerie vor, in der sich Bilder vieler berühmter Maler wie Botticelli, Leonardo da Vinci, Tizian, Rembrandt oder Goya finden. Neben Liebe und Kunst stellt das Interesse für historische Persönlichkeiten eine weitere Konstante dar. Aus diesem Themenkreis sind vor allem die Gedichte *Felipe IV* und *Oliveretto de Fermo* hervorzuheben. – Seinem großen Vorbild Verlaine folgend und unter dem Eindruck des Bürgerkrieges, in dem er für die Nationalisten Partei ergriff, verfaßte Machado in seinen letzten Lebensjahren religiöse Gedichte, die in den *Horas de oro*, 1938 *(Goldene Stunden)*, und *Horario. Poemas religiosos* (1947) versammelt sind.

Bei aller Vorliebe für das Französische, für Boheme und Décadence, für das Erotische und das Exotische, für das Elegante und Galante, hat Machado nie den folkloristischen, in Andalusien verwurzelten Ursprung seiner Lyrik (vgl. seinen ersten Lyrikband *Tristes y alegres*, 1894 – *Fröhliches und Trauriges*) verleugnet, und er bekennt (in *Retrato-Porträt*): *»Medio gitano y medio parisién – dice el vulgo –/ con Montmartre y con la Macarena comulgo« (»Halb Zigeuner und halb aus Paris – so heißt es im Volk / zelebriere ich Montmartre und Sevilla«)*. Aus dem nie verlorenen Kontakt zum Volkstümlichen erklärt sich vielleicht auch die zuweilen ironisch-distanzierte Haltung in den Texten, die sich, etwa in *El jardín negro (Der schwarze Garten)*, bis hin zur Parodie konventioneller romantischer und dekadenter Motive steigern kann. Das Schwingen zwischen Grazilität und Derbheit, zwischen Heiterkeit und Melancholie, das als bezeichnend für Manuel Machados lyrisches Œuvre angesehen werden muß, hat Dámaso ALONSO prägnant als Synthese von *»Ligereza y gravedad«* charakterisiert. U.Pr.

AUSGABEN: *Alma (1898–1900)*, Madrid 1902. – *Caprichos*, Madrid 1905; 21908. – *La fiesta nacional*, Madrid 1906. – *Alma, Museo, Los cantares*, Madrid 1907 [Vorw. M. de Unamuno]. – *El mal poema*, Madrid 1909. – *Poesias escogidas*, Barcelona 1910. – *Apolo*, Madrid 1911. – *Cante hondo*, Madrid 1912; 21916. – *Trofeos*, Madrid 1913. – *Canciones y dedicatorias*, Madrid 1915. – *Sevilla y otros poemas*, Madrid 1918. – *Ars moriendi*, Madrid 1922. – *Phoenix*, Madrid 1935. – *Horas de oro*, Valladolid 1938. – *Cadencia de cadencias, Nuevas dedicatorias*, Madrid 1943. – *Estampas sevillanas*, Madrid 1949. – *Alma. Ars moriendi*, Hg. P. del Barco, Madrid 1988 (Cátedra).

Sammelausgaben: *Poesias (Opera omnia lírica)*, Madrid 1924. – *Poesia (Opera omnia)*, Barcelona 1940; Madrid 21942. – *Obras completas de M. y Antonio Machado*, Madrid 1947. – *Antologia poética de M. M.*, Hg. M. Smerdou Altolaguirre, Madrid 1977 (Austral). – *Poesias*, Hg. J. Campos, Madrid 1979; 71985. – *Antologia poética*, Hg. M. de G. Ifach, Barcelona 1982.

ÜBERSETZUNG: In *Spanische Lyrik des 20. Jh.s*, Hg. G. Siebenmann, Stg. 1986 (Ausw.; span.-dt.; m. Komm.; RUB).

LITERATUR: D. Alonso, *Ligereza y gravedad en la poesia de M. M.* (in D. A., *Poetas españoles contemporáneos*, Madrid 1952, S. 50–102). – M. Urbano, *M. M. y el cante jondo* (in CHA, 1981, Nr. 373, S. 69–101). – B. Sesé, *Lumières et couleurs dans la poésie de M. M.* (in Crisol, 1, 1983, S. 37–59). – A. W. Philipps, *M. M. y el Modernismo* (in CHA, 1984, Nr. 407, S. 77–92). – F. Ortiz, *Una ciudad y dos poetas* (ebd., Nr. 412, S. 127–133). – M. d'Ors, *M. M. ¿Ars corrigiendi?* (in *Estudios romanicos. Fs.*

A. Soria Ortega, Granada 1985, Bd. 2, S. 397 bis 409). – V. Sabido, *De M. M. y el haiku japonés* (ebd., S. 467–477). – Ders., *El arte de soneto en M. M.* (in Revista de literatura, 48, 1986, Nr. 95, S. 115–127).

RAMIRO DE MAEZTU Y WHITNEY

* 4.5.1874 Vitoria
† 7.11.1936 Aravaca bei Madrid

LITERATUR ZUM AUTOR:
A. Fuentes-Rojo, *R. de M. Ein Leben im Kampf für die nationale religiöse Erneuerung Spaniens*, Breslau 1940. – CHA, 1952, Nr. 33/34 [Sondernr. *R. de M.*]. – V. Marrero Suárez, *M.*, Madrid 1955. – W. Herda, *Die geistige Entwicklung von R. de M.*, Diss. Mainz 1956. – *Autobiografía*, Madrid 1962. – E. I. Fox, *Una bibliografía anotada del periodismo de R. de M. (1897–1904)* (in CHA, 1974, Nr. 291, S. 528–581). – *En torno a R. de M.*, Hg. V. del Val, Vitoria 1974. – R. López Landeira, *R. de M.*, Boston 1978 (TWAS). – E. S. Gutiérrez, *El impacto del mundo anglosajón en la obra de R. de M.*, Diss. City Univ. of NY 1984 (vgl. Diss. Abstracts, 45, 1984, S. 855A).

DEFENSA DE LA HISPANIDAD. Libro de amor y de combate

(span.; *Verteidigung der Hispanität. Buch der Liebe und des Kampfes*). Essay von Ramiro de MAEZTU Y WHITNEY, erschienen 1934. – Dieses Werk sollte Teil einer Trilogie werden, die als eine Apologie der drei Punkte, die das Programm der spanischen Traditionalisten ausmachen, entworfen war: Gott, Vaterland und König. Von den drei vorgesehenen Bänden erschien nur die *Defensa de la Hispanidad*. In der von ihm gegründeten und seit 1931 geleiteten Zeitschrift ›Acción Española‹ veröffentlichte Maeztu einige Artikel zur *Defensa del Espiritú (Verteidigung des Geistes)*, die er während seines Gefängnisaufenthaltes 1936 in Madrid zu einem Buch ausarbeitete, bevor er ermordet wurde. Das Manuskript ging verloren. Nie geschrieben wurde der Band, der den dritten Punkt, den König, behandeln sollte und der den Titel *Defensa de la Monarquía (Verteidigung der Monarchie)* getragen hätte. Diese Staatsform wollte Maeztu als *»Beschützerin der Justiz und der christlichen Freiheit«* auslegen.
»Ich komme, um gemartert zu werden«, prophezeite Maeztu 1930 nach seiner Rückkehr von einem mehr als zweijährigen Aufenthalt als Botschafter in Argentinien. In diesen Jahren bildet sich das heraus, was die »Bekehrung« Maeztus genannt wurde: die immer unnachgiebigere und umgestümere Rückbesinnung auf die traditionellen Prinzipien Spaniens, die ganz klar im Gegensatz zu seinen Jugendideen stehen. Wie die »Generation von 98« hatte Maeztu in *Hacia otra España* (1898) die »Europäisierung Spaniens« zu einer Zeit gefordert, in der er MENÉNDEZ Y PELAYO als *»traurigen Sammler lebloser Kleinigkeiten«* bezeichnete; eine Meinung, die er nunmehr revidiert. Wenn er sich auf das Streben dieser Generation bezieht, Spanien aus der Agonie zu befreien, in der es sich befand, deckt er den irrigen Ausgangspunkt auf, der da lautete: *»Da wir von einem Land* [USA] *niedergeworfen wurden, das nur reicher ist als wir (und sonst nichts), werden wir uns jetzt nur mit der Wirtschaft und nicht mit der Tradition beschäftigen müssen.«* Diese Ansicht hält er nunmehr für falsch. Es handelt sich weniger um ein wirtschaftliches oder politisches Problem, sondern eher um eine Identitätskrise. Spanien war im 16. und 17. Jh. ein großes Land. Seine Größe bestand darin, *»alle Rassen, die unter unserem Einfluß standen ... ohne Unterschiede und Privilegien«* in ein christliches Ideal *»aufzunehmen«*. Hierin sieht er das Fundament der Hispanität. Am weitesten davon entfernt ist das übertriebene Nationalgefühl. Die Hispanität bedeutet vielmehr die Bejahung der universellen katholischen Ideale der moralischen Einheit des menschlichen Geschlechts. Vom 18. Jh. an blieb Spanien hinter der allgemein-europäischen Entwicklung zurück. Es richtete darum den Blick auf fremde Vorbilder, vor allem Frankreich, England, Deutschland, die USA, in der *»Manie, alles Ausländische zu bewundern«*. Doch der Niedergang der modernen Welt hatte bereits begonnen, als für die hispanische Welt die Stunde angebrochen war, *»der Welt, die schon dem Untergang geweiht ist, den Weg zu weisen ... zum Ruhme Gottes und zur Befriedigung unserer historischen Bestrebungen«*. Die Welt und die Zeiten haben sich geändert? Doch die Geschichte beweist das Gegenteil. *»Alle Völker, die vom Weg der gemeinsamen christlichen Tradition abwichen (siehe England, Deutschland etc.), befinden sich in einer so tiefen Krise, daß es ungewiß ist, ob sie je aus ihr herauskommen.«*
Was wurde in diesen drei Jahrhunderten geleistet? Nichts. Die Wissenschaft? Maeztu glaubt nicht an sie, da sie, die die Rolle der Religion innehatte, außerstande war, die Moral des Menschen zu verbessern. Die kapitalistische Wirtschaft? Sie hat die soziale Frage im Gefolge und verdirbt den menschlichen Geist, da sie die materiellen Güter als einziges Ziel sieht. Der Sozialismus? Er ruiniert die Völker. Die Demokratie? Sie bedeutet ein Handikap für die Regierung. Der geistige Liberalismus? Triumph der Diffamierung. Die Freiheit? *»Völker schließen sich nicht in der Freiheit zusammen, sondern in der Gemeinschaft. Unsere Gemeinschaft ist weder rassisch noch geographisch, sondern geistig; es ist der Geist, in dem wir gleichzeitig Gemeinschaft und Ideal finden.«* Patriotismus? Dieser Religionsersatz kann nicht das Fundament der Hispanität sein, weil diese historisch gesehen einzig und allein die Macht des Glaubens darstellt. Die Aufgabe der Hispanität ist

es demnach, der Welt in diesen schlimmen Zeiten eine Reihe von (ethischen) Werten zu vermitteln, deren höchster Vertreter sie ist. Diese »Verteidigung der Hispanität« ist eine Aufmunterung und Aufforderung an die spanischsprachigen Völker, sich in ihren Gemeinsamkeiten zu betrachten und dadurch Vertrauen in die Größe eines Ideals zu haben. Der früher verpönte Menéndez y Pelayo ist für den Maeztu dieser Jahre *»der Restaurator der spanischen Würde«*, denn für die spanischsprachigen Völker *»gibt es keinen anderen Weg als den der alten katholischen Monarchie, die für den Dienst an Gott und dem Nächsten eingerichtet wurde«*.

Angesichts dieser Ansichten ist es nicht verwunderlich, daß Maeztu mit der düsteren Voraussage seines Schicksals bei der Rückkehr nach Spanien kurz vor der Einsetzung der Zweiten Republik (April 1931) recht behalten sollte und in jenen ersten blutigen und grausamen Monaten des Spanischen Bürgerkriegs ermordet wurde. A.A.A.

AUSGABEN: Madrid 1934. – Madrid 1952.

LITERATUR: J. Pemartin, *El pensamiento político de M. posterior a »La crisis del humanismo«* (in CHA, 12, 1952, S. 83–106). – P. Laín Entralgo, *España como problema*, Madrid 1957.

DON QUIJOTE, DON JUAN Y LA CELESTINA. Ensayos en simpatía

(span.; *Don Quijote, Don Juan und die Celestina. Zusammenhängende Essays*). Aufsatzsammlung von Ramiro de MAEZTU Y WHITNEY, erschienen 1925. – Das Werk ist eine Zusammenfassung und Erweiterung verschiedener Artikel, die der Autor in der in Buenos Aires erscheinenden Zeitung ›La Prensa‹ veröffentlicht hatte. Jeder einzelnen der drei berühmtesten literarischen Gestalten der spanischen Literatur schreibt Maeztu eine charakteristische Eigenschaft zu: *Don Quijote oder Die Liebe, Don Juan oder Die Macht, Die Celestina oder Das Wissen*. – Don Quijote, der die Menschheit liebt, verläßt sein Haus, um das Reich der Gerechtigkeit auf Erden zu gründen. Aber – und das ist seine Tragik – er überschätzt seine Kräfte: *»Liebe ohne Kraft kann nichts ausrichten, und um die eigene Kraft richtig einzuschätzen, muß man die Dinge sehen, wie sie sind... Windmühlen für Riesen zu halten ist nicht nur eine Halluzination, sondern eine Sünde.«* Für Maeztu markiert Don Quijote den Niedergang Spaniens in einer Zeit, in der das Ideal (die universelle katholische Monarchie) stärker war als die Mittel zu seiner Verwirklichung. Dieses desillusionierende »Buch für alte Leute« mache den Leser apathisch, es gebe der Jugend keinerlei Auftrieb, die Nation der *»spanischen Abulie«* (Ganivet) zu entreißen. Maeztu vergleicht, wie vor ihm schon TURGENEV, diesen die Zuschauer passiv stimmenden Don Quijote mit dem sie gerade durch seine Unentschlossenheit aktivierenden Hamlet. Er hält beide Werke für den Ausdruck eines entscheidenden historischen Moments: England begann, sein Imperium zu gründen, als das erschöpfte und zerschlagene Spanien das seine zu verlieren drohte. – Don Juan verkörpert für Maeztu *»einerseits den Mythos der unerschöpflichen Energie, andererseits den Lebensgrundsatz ›Ich und meine Sinne‹ vor allen menschlichen und göttlichen Gesetzen«*. Diese herausfordernde Haltung gegenüber der Gesellschaft und ihrer Moral, dieses weniger großzügige als unbesonnene Vergeuden der Energien gibt der spanischen Don-Juan-Figur wohl das Verführerische, das sie von den nordischen Deutungen, in denen Don Juan vor allem als der ewig Unzufriedene auf der Suche nach der idealen Frau auftritt, unterscheidet. – Das Wissen der Celestina ist *»ein egoistisches, unseren Erfordernissen angepaßtes Wissen«*, das die menschlichen Schwächen kennt und sie zum eigenen Vorteil ausnutzt. Der Pessimismus der *tragicomedia*, die Leugnung der göttlichen Vorsehung, das stoische Hinnehmen der Verzweiflung, als sei sie ein Naturgesetz, veranlaßt Maeztu zu dem Schluß, daß der konvertierte Jude Fernando de ROJAS in seiner *Celestina* die Gefühle darlegen wollte, die ihn dazu trieben, den Glauben seiner Vorfahren aufzugeben, ohne sich jedoch innerlich überzeugt dem Katholizismus zuzuwenden.

Maeztu, der Verfechter der monarchistisch-katholischen Richtung (vgl. *Defensa de la hispanidad*), war zu Beginn seiner Schriftstellerlaufbahn ein leidenschaftlicher Anhänger NIETZSCHES, dessen Methode, *»die Kunst unter der Optik des Lebens zu sehn«*, er in seinen Essays anwandte. Was den Journalisten Maeztu am Kunstwerk interessierte, waren weniger seine formalen oder stilistischen Aspekte als vielmehr seine Vorstellungen von Leben, Moral und Gesellschaft. A.A.A.

AUSGABEN: Madrid 1925. – Madrid 1943. – Madrid 1981 (Austral).

LITERATUR: L. Montero, *Don Juan en el '98* (in Escorial, 10, 1943, S. 83–105). – J. López-Ibor, *M. y el mito de Don Juan* (in CHA, 12, 1952, S. 107–114). – A. Porqueras Mayo, *El Quijote en un rectángulo del pensamiento moderno español* (in RHM, 27, 1962, S. 26–35). – R. McCormick, *New Approaches in Literary Criticism: M.'s »Don Quijote, Don Juan y La Celestina« and Psychohistory* (in BRAE, 2, 1981, S. 59–67).

EDUARDO MARQUINA Y ÁNGULO

* 21.1.1879 Barcelona
† 21.11.1946 New York

LITERATUR ZUM AUTOR:
J. Montero Alonso, *Vida de E. M.*, Madrid 1965. – M. de la Nuez, *E. M.*, Boston 1976 (TWAS).

EN FLANDES SE HA PUESTO EL SOL

(span.; *In Flandern ging die Sonne unter*). Versdrama in vier Akten von Eduardo MARQUINA Y ÁNGULO, Uraufführung 1909. – Der Autor ist der wichtigste Vertreter eines Anfang des 20. Jh.s in Spanien entstehenden, in Versen geschriebenen poetischen Theaters, das zum einen eine Reaktion auf den Naturalismus und zum anderen eine Verbindung mit der neuen Ästhetik des Modernismus darstellen sollte.

Sein populärstes Bühnenwerk schrieb Marquina zum Gedenken *»all der Toten, die fern ihres spanischen Vaterlandes in Kälte und Vergessenheit ihr Grab fanden«* (Widmung). Sein Stück spielt in Flandern während des Krieges Philipps II. gegen die Niederlande. Protagonist ist der adlige spanische Hauptmann Don Diego Acuña de Carvajal, der verwundet und von dem Flamen Godart aufgenommen und gesund gepflegt wird. Er heiratet dessen Tochter Magdalena. Um seinen Schwiegervater, der der Rebellion gegen das spanische Heer beschuldigt wird, vor der königlichen Justiz zu retten, zerreißt Diego, seine Pflicht verletzend, den Haftbefehl und geht selbst ins Gefängnis. Als er schließlich nach der Niederlage seiner Armee mutlos und verzweifelt nach Hause zurückkehrt, gelingt es Magdalena, ihn den tieferen Sinn seines Schicksals verstehen zu lehren. Während die Unabhängigkeit des Landes gefeiert wird, ist es Albertino, der Sohn Diegos und Magdalenas, der das Freudenfeuer vor dem Haus entzündet: ein Symbol dafür, daß er bereits einer neuen Generation angehört, die die Brücke zwischen zwei bisher feindlichen Welten schlagen wird.

Die Macht Spaniens, einst so weitreichend, daß die Sonne im Imperium niemals unterging, neigte sich damals ihrem Ende entgegen; in Flandern war die Sonne bereits untergegangen. Doch – so scheint Marquina andeuten zu wollen – die Gestalt Albertinos steht für das auch in der Niederlage unverlierbare spanische Erbe. Diego verkörpert den legendären Typ des spanischen Helden im Krieg gegen die Niederlande: stolz, hochmütig, kühn, galant. Aber auch die anderen Figuren des Stückes, mit Ausnahme von Magdalena und deren Eltern, sind weniger menschlich überzeugende Persönlichkeiten als Wesen, die ein spanischer Autor ausschließlich in der Absicht schuf, der ruhmreichen Geschichte und den Helden seines Vaterlandes ein begeistertes Loblied zu singen. – Von seinem Zeitgenossen VILLAESPESA, der gleich ihm Versdramen schrieb, die Nationalmythen wiedergewinnen wollten, unterscheidet Marquina das fast klassische Ebenmaß seiner Verse. Sein von den klassischen Sprachen beeinflußter Stil steht in krassem Gegensatz zum Überschwang des anderen. A.A.A.

AUSGABEN: Madrid 1911. – Boston 1924, Hg. E. H. Hespelt u. P. R. Sanjurjo [m. Einl. v. F. de Onís]. – Madrid 1941 (in *Obras completas*, Bd. 1). – Buenos Aires 1953. – Madrid 1973.

LITERATUR: C. Cierco, *El drama del nacionalismo »En Flandes se ha puesto el sol« de E. M.* (in Ciervo, 1961, Nr. 99, S. 15). – A. Fernández-Santos, *»En Flandes se ha puesto el sol« de E. M.* (in Indice de Artes y Letras, 1961, Nr. 150/151, S. 23).

GABRIEL MIRÓ FERRER

* 28.7.1879 Alicante
† 27.5.1930 Madrid

LITERATUR ZUM AUTOR:
A. W. Becker, *El hombre y su circunstancia en las obras de G. M.*, Madrid 1958. – J. van Praag-Chautraine, *G. M. ou le visage du levant, terre d'Espagne*, Paris 1959. – C. Sánchez Jimeno, *G. M. y su obra*, Valencia 1960. – G. Vidal, *G. M. Le style. Les moyens d'expression*, Bordeaux 1964. – T. Barbero, *G. M.*, Madrid 1974. – Y. E. Miller, *La novelística de G. M.*, Madrid 1975. – *An Annotated Bibliography of G. M. (1900–1978)*, Hg. R. Landeira, Lincoln 1978. – *Critical Essays on G. M.*, Hg. ders., Ann Arbor 1979. – *Homenaje a G. M.*, Hg. M. Baquero-Goyanes, Alicante 1979. – *Harvard Univ. Conference in Honour of G. M.*, Hg. T. Márquez-Villanueva, Cambridge 1982. – M. G. R. Coope, *Reality and Time in the Oleza Novels of G. M.*, Ldn. 1984. – R. L. Johnson, *El ser y la palabra en G. M.*, Madrid 1985.

LIBRO DE SIGÜENZA

(span.; *Sigüenzas Buch*). Erzählung von Gabriel MIRÓ FERRER, erschienen 1916. – Zusammen mit *El humo dormido*, 1919 *(Der schlafende Rauch)*, *Años y leguas*, 1928 *(Jahre und Meilen)*, und *Glosas de Sigüenza*, 1952 *(Glossen Sigüenzas)*, gehört dieses Buch zu der Gruppe von Werken, auf die Miró sich bezog, als er schrieb: *»Ich habe eine Reihe von Büchern in Angriff genommen, die mein inneres Leben darstellen.«* Es handelt sich in diesen Büchern nicht um fortlaufende Erzählungen, sondern – besonders in *Libro de Sigüenza* und *Años y leguas* – um locker aneinandergereihte *»Bilder, Erinnerungen, Evokationen«*, in denen der Autor versucht, in der Gestalt des Sigüenza, seines Alter ego, sich selbst zu erfahren und darzustellen. Seine Bücher – autobiographisch wie das etwa gleichzeitig entstandene Hauptwerk Marcel PROUSTS – zeigen ein ähnliches Verhältnis zur Vergangenheit und zur Zeit und eine ähnliche Technik der Betrachtung und Darstellung wie *À la recherche du temps perdu*. Ebenso wie bei Proust überwindet auch bei Miró die Versenkung in die eigene Vergangenheit die Zeit und verwandelt sie in Dauer. So sieht Sigüenza sich *»als ein Schauspiel für seine Augen immer in der gleichen Entfernung als seiendes Selbst«*. *»Gelehnt an die Brüstung der Zeit«* schaut er zurück, und aufgerufen durch Sinneseindrücke und Empfindungen subtilster Art, steigt die Vergangenheit herauf, wird der Fluß der Zeit unterbrochen: *»Und plötzlich empfand er auf der Zunge den Geschmack des Wassers und den Durst von damals...«* *»Wie sanfte Lämmer kamen die vergangenen zwanzig Jahre herbei, blieben stehen, tranken aus der alten bescheidenen Tränke, in welche zitternd der Himmel gefallen war, und erblickten darin sich selbst.«* Die Welt, in die sich Sigüenza-Miró erinnernd versenkt, ist eine selbstverständliche, eine ganz andere als die Marcel Prousts. Es ist die Landschaft des südöstlichen Spaniens, die Sigüenza durchwandert, Freunde besuchend, plaudernd, lauschend, unter Bäumen oder an Quellen ruhend, in Gedanken versunken über Welt, Leben und Mensch. Dabei ist die Sensualität Mirós, der eine »Hautseele« hatte wie Proust (von Sigüenza heißt es: Er *»war ganz Haut, die sich dehnte und spannte«*), vor allem der Schilderung der Natur zugewandt. Eine Landschaft, in die er sich versenkte, war, so schreibt seine Tochter Clemencia, *»wie der Saft eines Baumes in seinen Adern und verlieh seinem Herzen jenen kosmischen Schlag, in dem es mit der Brandung des Meers, dem Zittern der Zweige, dem pochenden Blinken der Sterne verschmolz«*. In den Natur- und Landschaftsschilderungen, die *»an Präzision, Plastizität und echtem Naturgefühl kaum zu übertreffen sind«* (Angel del Río), entfaltet der Stil Mirós den ganzen Reichtum seiner Möglichkeiten. Es ist ein bildhafter, malerischer, extrem lyrischer Prosastil von einer »statischen« Schönheit, die in der spanischen Literatur nicht ihresgleichen hat (vgl. *Nuestro padre San Daniel*). A.F.R.

AUSGABEN: Barcelona 1916. – Barcelona 1936 (in *Obras completas*, 12 Bde., 1932–1949, 7). – Buenos Aires [6]1962. – Madrid 1984, Hg. u. Einl. J. Más.

LITERATUR: M. Baquero Goyanes, *La prosa neomodernista de G.M.* (in M. B. G., *Prosistas españoles contemporáneos*, Madrid 1956, S. 173–252). – R. López Landeira, *G.M. Trilogía de »Sigüenza«*, Chapel Hill 1972. – J. Rubia Barcia, *La radical esencialidad de »Sigüenza«* (in *Lingüística y educación: Tercer Congreso de lenguas nacionales*, La Paz 1977, S. 35–52).

NUESTRO PADRE SAN DANIEL. - EL OBISPO LEPROSO

(span.; *Unser Vater Sankt Daniel. – Der aussätzige Bischof*). Zwei Romane von Gabriel MIRÓ FERRER, erschienen 1921 und 1926. – Der erste dieser beiden Romane enthält die Geschichte Paulinas, der reichsten Erbin der Stadt, und ihrer Ehe mit dem ungeliebten, düsteren, starren, despotischen Don Álvaro, mit dem sie gegen ihren Willen verheiratet wurde, der zweite die ihres Sohnes Pablo, der dieser unseligen Verbindung entstammt. Aber diese Geschichten bilden nicht eigentlich das Thema der beiden Romane. Der Untertitel des ersten, der auch für den zweiten gelten kann, *Novela de capellanes y devotos (Roman von Kaplänen und frommen Leuten)*, deutet auf ein besonderes, aber noch nicht auf das eigentliche Anliegen hin.

Eigentliches Thema der Romane ist Oleza, ein Name, hinter dem sich das in der südostspanischen Provinz Alicante gelegene Städtchen Orihuela verbirgt. In einer Fülle von Bildern, Begebenheiten und Szenen versucht der Dichter mit der geduldigen Technik des Impressionisten die äußere und innere Physiognomie dieser Stadt einzufangen, die eine jener vielen spanischen Provinzstädte ist, wie man sie in Werken von PÉREZ GALDÓS (1843–1920), CLARÍN (1852–1901) und BAROJA (1872–1956) beschrieben findet: rückständig, bigott, beherrscht vom Klerus und von einer konservativen Gesellschaftsschicht. In diesen Städten scheint die Zeit vor vielen Jahrzehnten stehengeblieben zu sein; den Tageslauf bestimmt uralte Gewohnheit, das sittliche Verhalten steht unter dem Druck erstarrter Konvention, und das Denken bewegt sich in überlieferten Formeln. So ist es auch in Oleza, wo alles Leben dem Schutz des hl. Daniel anvertraut ist, dessen wundertätiges Bild sich in dem mächtigen Dom, dem Wahrzeichen des Orts, befindet. Dieser bestimmt zusammen mit vielen Kirchen und Klöstern das äußere Bild der Stadt; über die Gesinnung der Einwohner aber wachen unzählige Priester und Ordensleute, die ihnen helfen, sich auf die Freuden des Jenseits vorzubereiten, und sie vor den verdammenswerten weltlichen Genüssen warnen. Der eifrigste unter den geistlichen Herren, Pater Bellod, vor dem selbst die keuschesten Frauen zittern, stellt den jungen Mädchen sogar die Intimitäten der Ehe als verabscheuenswert dar.

Frömmigkeit und Heuchelei, Grausamkeit, verdrängte Sinnlichkeit, heimlicher Ehrgeiz, Habgier und versteckter Haß, auch wirkliche Liebe sind die Antriebe dieser im Schatten der Kirchen sich drängenden Welt von Junkern, Patriziern und anderen Honoratioren, von Priestern, Mönchen und Nonnen, Bauern, Bettlern und Lumpen, die Miró mit knappen, das Pittoreske hervorholenden Strichen in einer das Typische und Repräsentative betonenden Weise festzuhalten weiß. Dabei gehört das Interesse des Dichters weder dem Fortgang der Handlung noch der Darstellung der Charaktere, was ORTEGA Y GASSET zu dem Urteil bewog, *El obispo leproso* sei kein guter Roman; für *Nuestro padre san Daniel* gilt dasselbe.

Die Stärke Mirós liegt in der Beschreibung: Die Mittelmeerküste mit ihren fruchtbaren Getreideniederungen, ihren Palmenwäldern und Pinienhainen, ihren Maurentürmen am endlos sich dehnenden einsamen Strand vor dem Hintergrund der Sierra, ihren Weingärten und Olivenkulturen, die wechselnde Tagesstimmung, die sternklaren Nächte, das tintenblaue Meer, der ockerfarbene Boden, das Grün und Gelb der Orangen- und Zitronenpflanzungen, dies alles wird Miró nicht müde mit einem aufs äußerste entwickelten Sinn für Nuancen, Besonderheiten, Halbtöne und Schattierungen festzuhalten, in einem Stil, durch den seine Werke zu den vollkommensten sprachlichen Kunstwerken gehören, die in spanischer Sprache geschaffen worden sind. Aber, so urteilt Ortega, *»es ist eine statische, starre Vollkommenheit, ganz in jedem Stück ihrer selbst«*. Es ist die Vollkommenheit einer durch und durch *»lyrischen Prosa… voll Duft und Licht, die allen Sinnen schmeichelt«*, und reich an Metaphern, die jede Seite dieser Werke *»schmücken mit dem leuchtenden Glanz erlesener Bilder«* (García López). A.F.R.

AUSGABEN: Madrid 1921 *(Nuestro padre san Daniel)*. – Madrid 1926 *(El obispo leproso)*. – Barcelona 1932–1949 (in *Obras completas*, Bd. 10/11). – Buenos Aires 1956/57 [beide Tle.]. – Madrid 1960 (in *Obras escogidas*). – Madrid 1961 (in *Obras completas*). – Madrid 1981, Hg. u. Einl. C. Ruiz Silva. – Madrid 1985.

LITERATUR: L. J. Woodward, *Les images et leur fonction dans »Nuestro padre san Daniel« de G. M.* (in BHi, 56, 1954, S. 110–132). – E. Moreno Báez, *El impresionismo de »Nuestro padre san Daniel«* (in *Studia philologica. Homenaje ofrecido a D. Alonso*, Bd. 2, Madrid 1961, S. 493–508). – J. Ortega y Gasset, *»El obispo leproso«* (in J. O. y G., *Obras completas*, Bd. 3, Madrid 1961). – P. A. López Capestany, *»Nuestro padre San Daniel«: Novela psicologica* (in CHA, 1973, Nr. 275, S. 349–359). – M. G. R. Coope, *The Critic's View of »Nuestro padre San Daniel« and »El obispo leproso« by G. M.* (in *Univ. of British Columbia Hispanic Studies*, Hg. H. Livermore, Ldn. 1974, S. 51–60). – G. G. Brown, *The Biblical Allusions in G. M.'s »El obispo leproso«* (in MLR, 70, 1975, S. 786–794). – R. Johnson, *M.'s »Obispo leproso«: Echoes of Pauline Theology in Alicante* (in Hispania 59, 1976, S. 239–246). – I. R. MacDonald, *Caminos y lugares: G. M.'s »El obispo leproso«* (in MLR, 77, 1982, S. 606–617). – Ders., *Why Is M.'s Bishop a Leper?* (in Anales de la Literatura española contemporánea, 7, 1982, S. 59–77).

JOSÉ ORTEGA Y GASSET

* 9.5.1883 Madrid
† 18.10.1955 Madrid

LITERATUR ZUM AUTOR:
Bibliographie:
U. Rusker, *Bibliografía de O.*, Madrid 1971.
Biographien:
J. Iriarte, *J. O. y G. Su personalidad y su doctrina*, Madrid 1942. – C. Ceplecha, *The Historical Thought of J. O. y G.*, Washington D.C. 1958. – J. Marías, *Ortega I: Circunstancia y creación*, Madrid 1960. – M. Ortega y Gasset, *Niñez y mocedad de O.*, Madrid 1964. – J. Marías, *Ortega II: Las trayectorías*, Madrid 1983. – M. Ortega y Gasset, *O. y G. mi padre*, Barcelona 1983.
Gesamtdarstellungen und Studien:
J. Marías, *J. O. y G. und die Idee der lebendigen Vernunft*, Stg. 1952. – C. Cascalès, *L'humanisme d'O. y G.*, Paris 1957. – J. Ferrater Mora, *O. y G., etapas de una filosofía*, Barcelona 1958. – B. Galen, *Die Kultur- und Gesellschaftskritik J. O. y G.s*, Heidelberg 1959. – F. Niedermayer, *J. O. y G.*, Bln. 1959. – R. Sebabre Sempere, *Lengua y estilo de O. y G.*, Salamanca 1964. – E. Prescott, *Art and Reality in the Aesthetic Theory of O. y G.*, Berkeley 1965. – A. Rodríguez Huéscar, *Perspectiva y verdad. El problema de la verdad en O.*, Madrid 1966. – G. Sobejano, *Nietzsche en España*, Madrid 1967. – J. P. Borel, *Introducción a O. y G.*, Madrid 1969. – P. Garragorri, *Introducción a O.*, Madrid 1970. – J. W. Díaz, *The Major Themes of Existencialism in the Work of J. O. y G.*, Chapel Hill/N.C. 1971. – G. Redondo, *Las empresas políticas de O. y G.*, 2 Bde., Madrid 1973. – J. F. Lalcona, *El idealismo político de O. y G.*, Madrid 1974. – H. C. Paley, *O. y G., filosofía de la unidad europea*, Madrid 1977 [Vorw. J. Marías]. – J. L. Aranguren, *La ética de O.*, Madrid 1978. – N. R. Orringer, *O. y sus fuentes germánicos*, Madrid 1979. – V. Ouimette, *J. O. y G.*, Boston 1982 (TWAS). – A. Rodríguez *Huéscar, La innovación metafísica de O. Crítica y superación del idealismo*, Madrid 1982. – Cuenta y Razón, 1983, Nr. 11 [Sondernr. *O. y G.*]. – Insula, 37, 1983, Nr. 440/441 [Sondernr. *O. y G.*]. – LdD, 13, 1983 [Sondernr. *O. y G.*]. – RdO, 1983, Nr. 24/25 [Sondernr. *O. y G.*]. – Sur, 1983, Nr. 352/353 [Sondernr. *O. y G.*]. – CHA, 1983, Nr. 403–405 [Sondernr. *O. y G.*]. – *Centenario O. y G.*, Hg. M. H. Hull, Madrid 1985. – P. Fernández, *La paradoja en O. y G.*, Madrid 1985. – *Actas del Coloquio celebrado en Marburgo con motivo del centenario del nacimiento de O. y G.*, Ffm. 1986. – RdO, 1989, Nr. 96 [Sondernr. *»O.: Técnica y arte«*].

ESPAÑA INVERTEBRADA

(span.; *Ü: Aufbau und Zerfall Spaniens*). Essay von José ORTEGA Y GASSET, erschienen 1921. – Diese Abhandlung über die Struktur Spaniens in Geschichte und Gegenwart versucht, angesichts der Krise Europas neue Kräfte für die Gesundung des Landes wachzurufen. Ausgehend von der Geschichte Roms zeigt Ortega, wie irrig die Annahme ist, ein Volk entstehe durch ständige Erweiterung seines ursprünglichen Kerns; dies geschieht vielmehr durch gegliederte Verbindung vieler sozialer Einzelgruppen zu einem neuen Gebilde. Ein solcher Prozeß geht freilich nicht ohne Gewaltanwendung durch die Herrschenden vonstatten; doch ist, nach Ortega, die Gewalt nur etwas Zufälliges, wesentlich ist die staatenbildende Idee. Nur sie kann nebeneinander bestehende Teile so zusammenführen, daß sie sich für das Ganze verantwortlich fühlen. Ideen jedoch, die neue Realitäten schaffen, sind das Werk einer geistigen Elite. Es ist einer der immer wieder hervortretenden Zentralgedanken Ortegas, daß allein eine aristokratische Elite fähig sei, Staaten zu bilden, zu erhalten und zu erneuern. Da in Spanien eine solche führungsfähige Elite fehlt, ist dieses Land in partikularistische Landschaften zerfallen; der Regionalismus gilt als normal. Bloße Macht, platte Nützlichkeitsstandpunkte mit ihrem Interessenmechanismus sind nicht gemeinschaftsbildend. Der Mangel an begabten Oberschichten ist, nach Ortega, ein durchgehendes Merkmal der spanischen Geschichte. Die Westgoten, die nach Spanien kamen und mit den Iberern verschmolzen, waren der am wenigsten vitale germanische Stamm; darum war auch ihre Feudalherrschaft, sehr zum Schaden Spaniens, die schwächste in ganz Europa. Dieser Umstand erklärt wiederum die mangelnde Initiative im spanischen Mittelalter, aber auch den erstaunlichen Aufschwung zwischen 1480 und 1600, im »Goldenen Zeitalter«: Spanien wurde die erste Nation, die unter der starken Hand eines Königs zur Einheit gelangte, weil die Feudalherren nur verhältnismäßig geringen Widerstand leisteten. Die darauffolgende koloniale Leistung Spaniens hingegen, die zu seiner Weltherrschaft führte, war zunächst nicht das Werk einer überlegenen Minorität, sondern das der breiten Masse des Volkes. Das Volk besiedelte und bebaute die neuen Weltteile. Aber weil es auch hier an hervorragenden Führerpersönlichkeiten fehlte, konnte Spanien diesen neuen Ländern weder Disziplin noch fortschrittliche Zivilisation und Kultur aufprägen.

Spanien war ein bäuerliches Land und ist es geblieben, trotz des großartigen Ansatzes am Ausgang des 15. Jh.s; nach zwei Generationen sank es in seine historische Lethargie zurück. So leidet das Land auch heute noch in erster Linie weniger an seinen politischen Fehlern, seinem religiösen Fanatismus und der Unbildung des Volkes als vielmehr an einer Vorherrschaft der Massen – genauer: des spießigen Kleinbürgertums. Deshalb bedarf es dringend einer gesunden geistigen Elite. In diesem Zusammenhang tritt besonders deutlich Ortegas ausgesprochene Germanophilie hervor: Er glaubt, daß der Mangel an starken Persönlichkeiten einem zu geringen Anteil germanischen Blutes im spanischen Volkskörper zuzuschreiben sei. I.F.

AUSGABEN: Madrid 1921. – Madrid 1950 (in *Obras completas*, 12 Bde., 1950–1983, 3; ern. 1983). – Madrid 1981 (in *Obras*, Hg. P. Garragorri, 31 Bde., 1979–1986, 13). – Madrid 1984 (Austral).

ÜBERSETZUNG: *Stern und Unstern über Spanien*, H. Weyl, Stg. 1937. – *Aufbau und Zerfall Spaniens*, dies. (in *GW*, Bd. 2, Stg. 1955; ern. 1978).

LITERATUR: R. Schneider, *Spanische Probleme* (in Die Literatur, 40, 1937/38, S. 73–75). – H. Becher, *Stern und Unstern über Spanien* (in Stimmen der Zeit, 134, 1938, S. 265–267). – E. Schramm, *Spanien ohne Wirbelsäule* (in Hochland, 35/I, 1938, S. 334–336). – J. Córdova de Braschi, *España en O.*, Diss. Madrid 1953. – J. M. Hernández-Rubio, *Sociología y política en O. y G.*, Barcelona 1956. – E. de Frutos, *La sociologia de O. y G.*, Saragossa 1957. – C. S. Mazlish, *O. and Spain*, Diss. Columbia Univ. (vgl. Diss. Abstracts, 17, 1956/57, S. 1766/67). – G. Fernández de la Mora, *O. y el 98*, Madrid 1963. – R. Schmolling, *Faschistische Umdeutung u. franquistische Rezeption der Staatsphilosophie O. y G.s: »España invertebrada« u. »La rebelión de las masas« zwischen 1932 u. 1956* (in Iberoamericana, 5, 1981, S. 38–57). – J. W. Díaz, *»Ausencia de los mejores« in the Light of Studies of Comparative Feudalism* (in RCEH, 6, 1982, S. 159–173).

EL ESPECTADOR

(span.; *Ü: Buch des Betrachters*). Essaysammlung von José ORTEGA Y GASSET, erschienen 1934. – Der Band enthält die bedeutendsten der Aufsätze, die Ortega in den Jahren 1916–1934 für die von ihm gegründete ›Revista de Occidente‹ verfaßte. Im einleitenden Essay spricht der liberale Aristokrat Ortega vom Kosmopolitismus der Intelligenz, den er als Symptom der Nachkriegsjahre freudig begrüßt. Die Mission einer denkenden Elite der ganzen Welt hat für ihn jedoch nur einen Sinn, wenn der Geist keinen politischen Führungsanspruch erhebt: *»Zu seiner vollen Würde kann er nur aufsteigen, wenn er seine Größe und sein Elend, seine Macht und seine Grenzen erkannt hat.«* Der Autor fordert eine Reform des Denkens; es soll stets auf die *»Freude am Betrachten«* im Sinne PLATONS gegründet sein: *»Erste Aufgabe des Gedankens ist es, das Sein der Dinge zu spiegeln.«* Die Diskrepanz zwischen Geist und Leben, an der die Gegenwart krankt, setzt für Ortega mit dem Kartesianischen System ein, dem Ausdruck einer im höchsten Maße rationalistischen Epoche, *»da der Gedanke glaubt, er könne das Universum konstruieren mittels reiner Begriffe, aus Axiomen und Prinzipien«*.

In dem Essay *Phrase und Aufrichtigkeit* nennt der Verfasser unser Zeitalter das »*Zeitalter der Phrase*«, wobei er diese als »*jede verstandesmäßige Formel, welche über die Grenzen der in ihr gemeinten Wirklichkeit hinausgreift*« definiert. Am Beispiel der Kunst erläutert er die zerstörerische Wirkung der Phrase: Der »*gute Geschmack*« gilt als verbindliche Norm, der der eigene Geschmack zu gehorchen hat. Im Zeitalter der Phrase besteht der »*Kunstgenuß*« demnach nicht in der individuellen seelischen Reaktion auf das Kunstwerk, sondern »*in dem beruhigenden Bewußtsein, sich gemäß allgemein anerkannten Grundsätzen verhalten zu haben*«. Die Phrasen machen die Wirklichkeit handlich, verstellen sie. Die Aufrichtigkeit dagegen führt das Individuum zu unmittelbarer Auseinandersetzung mit der »nackten« Wirklichkeit. Nur so aber kann eine neue Kultur geschaffen werden, »*die sich den Konturen des Wirklichen genauer anschmiegt*«. – In dem Aufsatz *Die beiden großen Metaphern* (1916) interpretiert der Autor Realismus und Idealismus als die grundlegenden philosophischen Systeme des Abendlandes. Den Realismus veranschaulicht er mit der Metapher Platons von der Wachstafel und dem Siegeleindruck: Subjekt und Objekt existieren unabhängig voneinander wie Tafel und Siegel; Bewußtsein entsteht nur beim Zusammentreffen der beiden, es ist der »*Ein-druck*«. Der Idealismus hingegen kennt nur das denkende Subjekt und die von ihm gedachten Gedanken. »*Die neue Metapher heißt: das Gefäß und sein Inhalt ... die Dinge nähern sich dem Bewußtsein nicht von außen, sondern sind seine Inhalte; sie sind Ideen.*« – In dieselbe Richtung zielt ein Beitrag zur Geschichte der Philosophie, in dem Ortega auf Kant eingeht, der in einem genialen Vorstoß mit wissenschaftlicher Strenge den abendländischen Geist und das Erkenntnisproblem »*auf die Höhe des Mißtrauens und des Argwohns*« geführt habe. In Kant manifestiert sich für Ortega die äußerste Gegenposition zum mediterranen Geist, als dessen Inbegriff der sokratische Imperativ des »Erkenne dich selbst« gelten kann.
Zum hundertsten Todestag Goethes verfaßte Ortega den bekannten Essay *Um einen Goethe von innen bittend*, mit dem Untertitel *Brief an einen Deutschen*. Ohne selbst dem Goethe-Mythos zu verfallen, versucht der universell gebildete Spanier, der Vertreter der »lebendigen Vernunft«, unter Verzicht auf die übliche »*monumentale Optik*« die Entstehung und die erstaunliche Lebenskraft dieses Mythos zu ergründen. Für ihn ist nur der junge Goethe noch »*wahr und seiend*«, und nur er wäre befähigt gewesen, jene deutsche Literatur zu schaffen, die »*gekennzeichnet ist durch die Vereinigung von Sturm und Maß*«.
Aber – so Ortega – die Entscheidung für die materielle Sicherheit, »*die sterile Glasglocke von Weimar*«, hat Goethe an der Verwirklichung dieser Synthese gehindert; in einem dauernden und qualvollen Zwiespalt mit sich selbst weicht der Dichter aus in die Welt der Symbole, in deren Zeichen er sein Leben und alles Organische fortan verstanden wissen will: »*Goethe wird vegetativ. Pflanzenhaft ist das organische Dasein, das nicht mit seiner Umwelt kämpft und daher nur in einem günstigen Milieu, von dem es genährt und gehegt wird, leben kann. Weimar war der Kokon, den der Seidenwurm absondert, um ihn zwischen sich und die Welt zu legen ... Weimar trennte ihn auf bequeme Art von der Welt, aber es trennte ihn zugleich von sich selbst.*« Ortega weiß selber, daß er übertreibt. Er übertreibt, weil er, getreu seiner Überzeugung, daß das Sein wichtiger ist als die Idee, die lebendige Wirkung des Klassikers retten will, indem er zeigt, »*warum Goethe, der seinem Ich untreu war, uns gerade Treue gegen das unsrige gelehrt hat ... und die entscheidende Mahnung an uns richtet: Befreie dich von dem andern zu dir selbst!*«
A.As.

Ausgaben: Madrid 1934. – Madrid 1950 (in *Obras completas*, 12 Bde., 31950–1983, 2; ern. 1983). – Madrid 1985.

Übersetzungen: *Buch des Betrachters*, H. Weyl, Stg. 1934. – Dass., dies., Stg. 1952. – *Der Betrachter*, dies. (in *GW*, Bd. 1, Stg. 1954; ern. 1978).

Literatur: J. Sáiz Barberá, *O. y G. ante la crítica. El idealismo en »El espectador«*, Madrid 1950. – J. Marías, *O.*, Madrid 1960. – V. Marrero, *O., filósofo ›mondain‹*, Madrid 1961. – M. Boero Vargas, *Un breve ensayo de O. en »El espectador«: »Dios la vista«* (in CHA, 1984, Nr. 135, S. 403–405, S. 191–194).

HISTORY AS A SYSTEM

(engl.; *Ü: Geschichte als System*). Philosophischer Essay von José Ortega y Gasset (Spanien), erschienen 1936. – Unter dem Eindruck der Krise des modernen Bewußtseins hat der Verfasser hier zum erstenmal den Begriff der »historischen Vernunft« *(razón histórica)* herausgearbeitet, in dem er – zusammen mit dem das Wesen des Menschen bestimmenden Satz »*Ich bin ich und meine Umstände*« – das Kernproblem seines Philosophierens ausgedrückt sieht. Er erkennt das menschliche Leben als die Grundwirklichkeit, auf die alle anderen Wirklichkeiten zu beziehen sind und die dem Menschen als stets neu zu erfüllende Aufgabe gegenübertritt. Die Richtlinien für die Deutung der Welt und des Menschen waren seit dem Erscheinen von Descartes' *Discours de la méthode* (1637) durch die »physikalisch-mathematische Vernunft« bestimmt worden, und überall in Europa »*fügte sich der Sozialorganismus ihren Entscheidungen*«. Erst zu Beginn des 20. Jh.s wurde der Glaube an die unbegrenzte Zuständigkeit der rationalen Erkenntniskraft dadurch erschüttert, daß Albert Einsteins Relativitätstheorie eine entscheidende Selbsteinschränkung der wissenschaftlichen Kompetenzen zur Folge hatte und sich die Einsicht durchzusetzen begann, daß der Mensch bei allen Fortschritten in den Naturwissenschaften nicht in dem weitergekommen sei, »*was wir unser Leben nennen und was in seiner vielfältigen Überkreuzung die Gesellschaft*

formt«. Ortega sieht den Grund dieses Versagens darin, daß seit PARMENIDES in den Dingen ein unveränderliches Sein, *»eine feste und statische Konsistenz«* gesucht wird – eine Form des Intellektualismus, der die nur dem Denken zugehörige Logik in die Wirklichkeit hineinprojiziert, obgleich diese keineswegs logisch strukturiert ist: *»Der tiefe Irrtum des Naturalismus ... besteht nicht darin, daß wir die Ideen behandeln, als wären sie körperhafte Wirklichkeiten, sondern umgekehrt, daß wir die Wirklichkeiten – ob Körper oder nicht – behandeln, als wären es Ideen, Begriffe, kurz: Identitäten.«* Was der Mensch in Wirklichkeit vorfindet, *»sind einzig und allein Schwierigkeiten oder Möglichkeiten, um zu existieren«.* Er ist kein unveränderliches »Ding«, er besitzt weder ein »Wesen« noch eine »Natur«, sondern ist ein »Drama«, sein Leben *»ein reines allumfassendes Ereignis, das einem jeden zustößt und bei dem jeder seinerseits nur Ereignis ist«. »Was die Natur den Dingen ist, das ist die Geschichte – als res gestae (vollbrachte Dinge) – dem Menschen.«*
Die Geschichte ist also – dies der Sinn des etwas dunklen Essaytitels – das »System«, mit dessen Hilfe der Mensch sich selbst erkennen kann; er »ist« das, was er vollbracht hat, vollbringt und vollbringen wird. Weil er keine Natur, also kein durch bestimmte Kategorien fixiertes Sein hat, ist er bloßes Werden, reine Entwicklung und ständige Wandlung. – In späteren Abhandlungen hat Ortega diesen Grundgedanken weiter ausgeführt und den Sinn der Geschichtlichkeit des Menschen näher bestimmt, indem er behauptet, der Mensch sei eine »Utopie« oder ein »Selbstentwurf«; wie ein Dichter die Gestalten eines Dramas oder Romans erfindet, schaffe ein jeder sich selbst, existierend schreibe er den Roman seines Ichs. Es liegt auf der Hand, daß der Verfasser damit einem extremen Subjektivismus und auch einer gewissen Willkür Tor und Tür öffnet, da sich aus dem System dieser sich ständig neu entwerfenden Geschichte keine Verhaltensregeln für die Zukunft ableiten lassen. Bei der Konfrontation mit der Ethik, Politik und Pädagogik ergeben sich infolgedessen für dieses Menschenbild dieselben Schwierigkeiten wie für den Historismus DILTHEYS, dem Ortega übrigens sehr nahesteht. Denkbar fern ist die hier entwickelte Anthropologie hingegen der phänomenologisch-ontologischen Daseinsanalytik HEIDEGGERS; sie weist eher in die Richtung des voluntaristischen Existentialismus von SARTRE und CAMUS. – Der Aufsatz ist ein Muster vollendeter philosophischer Essayistik. Die Stilmittel, mit denen Ortega die Fragen der menschlichen Existenz zu erschließen sucht, finden sich auf knappem Raum zusammengedrängt: metaphorische und anekdotische Veranschaulichung von Abstraktem, dramatisierende Darstellung, Aktualisierung der Ideengeschichte und Einbeziehung umfassender Perspektiven in die Behandlung einzelner Probleme. A.F.R.

AUSGABEN: Oxford 1936 (in *Philosophy and History. Essays Presented to E. Cassirer*, Hg. R. Klibansky u. H. J. Paton; engl.). – Madrid 1941 *(Historia como sistema).* – Madrid 1955 (in *Obras completas*, 12 Bde., 1950–1983, 6; ern. 1983). – Madrid 1981 (in *Obras*, Hg. P. Garagorri, 31 Bde., 1979–1986, 15).

ÜBERSETZUNG: *Geschichte als System*, G. Lepiorz, Stg. 1952 (zus. m. *Über das römische Imperium*). – Dass., ders. (in *GW*, Bd. 4, Stg. 1956; ern. 1978).

LITERATUR: P. Laín Entralgo, *Notas marginales al último libro de O. y G. »La historia como sistema«* (in Escorial, 1941, 3, S. 304–312). – J. Sánchez Villaseñor, *La crisis del historicismo y otros ensayos*, Mexiko 1945. – F. Alluntis, *La ›ragione vitale e storica‹ di J. O. y G.* (in Rivista di Filosofia Neo-Scolastica, 1955, 47, S. 625–641). – Ch. Cascalès, *La philosophie de l'histoire d'O. y G.* (in Revue de la Méditerranée, 16, 1956, 73, S. 227–289; 74, S. 384–394). – A. García Astrada, *Historia, ciencia histórica e historiología en O. y G.* (in Humanitas, 4, 1957, 9, S. 107–115). – F. Díaz de Cerio Ruiz, *J. O. y G. y la conquista de la conciencia histórica*, Barcelona 1961. – L. Legaz Lacambra, *Pesimismo e inseguridad ante el derecho, en la visión ortegaina de la historia* (in Crisis, 1962, 9, S. 297–312). – C. Morón Arroyo, *El sistema de O. y G.*, Madrid 1968. – D. A. Stahl, *The Philosophy of History of J. O. y G. and Its Existential Themes*, Diss. De Paul Univ. 1976 (vgl. Diss. Abstracts, 37, 1976, S. 387A).

EL HOMBRE Y LA GENTE

(span.; *Ü: Der Mensch und die Leute*). Soziologisches Werk von José ORTEGA Y GASSET, postum erschienen 1957. – Das Buch ist aus einer 1949/50 in Buenos Aires gehaltenen Vorlesungsreihe entstanden und bildet, obgleich es ein Torso geblieben ist, den Hauptbeitrag Ortegas zur modernen Gesellschaftslehre. Er versucht, die Wirrnis der soziologischen Theorien durch eine gründliche Begriffsanalyse und genaue Eingrenzung des Sachbereichs zu beseitigen und damit auch das allgemein empfundene Unbehagen an der Gesellschaft aus dem Weg zu räumen. In den ersten Kapiteln stellt er zunächst eine von Wilhelm DILTHEY und den französischen Existentialisten beeinflußte Anthropologie dar: Das Leben des Individuums ist die Grundwirklichkeit, in der alle übrigen Realitäten in Erscheinung treten, es ist die Summe der Handlungen und Verhaltensweisen, die zur Selbsterhaltung notwendig sind. Diese Handlungen sind ein »persönliches Tun«, d. h., sie werden vollzogen von einem verantwortlichen Subjekt, sind zweckgerichtet und ihrem Wesen nach »einsam«. Das gesellschaftliche Moment hingegen ist kein ursprünglicher Faktor des individuellen Lebens; es ergibt sich vielmehr aus den gegenseitigen Beziehungen verschiedener Individuen. Diese *»Welt interindividueller Beziehungen«* erscheint Ortega – wie Ferdinand TÖNNIES schon einige Jahrzehnte vor ihm – als eine zwischen die Bereiche des Einzellebens und der Gesellschaft geschaltete Gemeinschaft, in der sich das Handeln eines Individuums stets auf eine andere bestimmte Person richtet, wie etwa in der Familie die Tätigkeit des Vaters auf das Kind. Diese Untersuchung über das Du, das Er, das Wir weist deutliche Einflüsse der Phänomenologie Husserls und der Existenzphilosophie Heideggers auf. – In seiner eigentlichen Lehre von der Gesellschaft bestimmt der Autor im Anschluß an den »Soziologismus« Émile Durkheims die Bräuche *(usos)* als die die Gesellschaft konstituierenden Grundfaktoren. Er versteht darunter Handlungen, die das Individuum nicht aus eigenem Antrieb vollzieht, sondern zu denen es durch ein unpersönliches Kollektiv veranlaßt wird. Sie sind ihrem Wesen nach *»extraindividuell oder unpersönlich«* und, da sie vom Ausführenden im Grunde nicht verstanden werden, irrational. Ihre Struktur und Wirkungsweise illustriert der Verfasser am Gruß, am *»Sprechen der Leute«* und an der öffentlichen Meinung, die sich in einem fortgeschritteneren Stadium in der öffentlichen Gewalt konkretisiert und im Staat organisiert. In den unveröffentlichten, lediglich in Manuskriptform vorliegenden Kapiteln behandelt Ortega den Staat; den Staat und das Gesetz; das Recht; die Formen der Gesellschaft (Horde, Stamm, Nation; tierische und menschliche Gesellschaften; die Menschheit). In vieler Hinsicht kann das Werk als Fortschritt in der soziologischen Grundlagenforschung bewertet werden. Hier wird die herkömmliche, den Zugang zur Wirklichkeit oft versperrende soziologische Terminologie durch eine aus phänomenologischer Wesensschau hergeleitete Sprache ersetzt, die Ursprung, geschichtliches Werden, Gesetzmäßigkeit, Gestalt und Wirkungsweise des Sozialen sowie dessen vielfältige Beziehung zur Geschichte, Kultur und Person in ein neues Licht stellt. A.F.R.

Ausgaben: Madrid 1957 (in *Obras inéditas*, 8 Bde., 1957–1962, 1). – Madrid 1961 (in *Obras completas*, 12 Bde., 1950–1983, 7; ern. 1983). – Madrid 1981 (in *Obras*, Hg. P. Garagorri, 31 Bde., 1979–1986, 8). – Madrid 1983 (Austral).

Übersetzung: *Der Mensch und die Leute*, U. Weber, Stg. 1958; [2]1962. – Dass., ders., Mchn. 1968 (dtv). – Dass., ders. u. G. Kilpper (in *GW*, Bd. 6, Stg. 1978).

Literatur: J. M. Hernández Rubió, *Sociología y política en O. y G.*, Barcelona 1956. – J. Marías, *»El hombre y la gente«. El lugar de la teoría de la vida social en la filosofía de O.* (in Insula, 1957, 130). – M. Riaza, *»El hombre y la gente« de O. y G.* (in CHA, 1958, Nr. 35, S. 235–238). – B. v. Galen, *Die Kultur- u. Gesellschaftsethik J. O. y G.s*, Heidelberg/Löwen 1959. – H. Rodríguez Alcalá, *Existencia y destino del hombre, según O. y G. y J.-P. Sartre* (in CA, 3, 1960, S. 89–109). – F. Romero, *O. y G. y el problema de la gefatura espiritual y otros ensayos*, Buenos Aires 1960. – A. de Sotiello, *El hombre y las cosas* (in Naturaleza y Gracia, 1960, 7, S. 217–258). – J. C. Agulla, *La contribución de O. a la teoría sociológica* (in Revista de Humanidades, 5, 1962, 5, S. 67–108). – A. Guy, *La femme, selon O. y G.* (in *La femme dans la pensée espagnole*, Hg. J. Guitton, Paris 1984, S. 91–113).

MEDITACIONES DEL QUIJOTE

(span.; *Ü: Meditationen über »Don Quijote«*). Essay von José Ortega y Gasset, erschienen 1914. – In dieser seiner ersten Veröffentlichung in Buchform *»erreicht Ortegas Kunst der Prosa einen ersten Gipfel«* (J. Marías). Aber *»das Buch ist in kein Schema zu bringen«*. Ortega selbst bezeichnet es im Vorwort an den Leser als Essay, und als *»einer der bedeutendsten spanischen Essayisten«* (A. Antón Andrés) gilt der Verfasser dem Literarhistoriker bis heute. Der Essay über den berühmten Roman des Cervantes war jedoch wenig beachtet worden, bis Ortega achtzehn Jahre später selbst begann, auf sein Frühwerk aufmerksam zu machen, beispielsweise durch den Hinweis, daß die Formel: *»Ich bin ich und mein Umstand«*, die *»letztlich den Kern meines philosophischen Denkens bildet ... bereits in meinem ersten Buche auftritt«* (Vorwort zu *Gesammelte Werke*). Demnach wären die *Meditationen über »Don Quijote«* ein philosophischer Essay. Tatsächlich sind die Grundgedanken der philosophischen Lehre Ortegas bereits darin enthalten, allerdings noch nicht als Theorie des menschlichen Lebens, sondern als Theorie des Helden oder der tragischen Persönlichkeit. Aber indem sie diese Theorie an Don Quijote erläutern, der als *»Grenznatur«* (*Erste Meditation*, 10), in der die eigentliche *conditio humana* zutage tritt, aufgefaßt wird, sind die *Meditationen* der erste Schritt zu einer metaphysischen Theorie des menschlichen Lebens, in deren Mittelpunkt der Begriff der *»vitalen Vernunft«* stehen wird.

Philosophisch nach Inhalt und Absicht, ist dieses Buch doch nicht im landläufigen Sinn philosophisch in der Form. Ortega definiert im Vorwort den Essay als *»Wissenschaft ohne ausdrücklichen Beweis: ... der starre Mechanismus der Beweisführung wird zugunsten einer mehr organischen, bewegten und persönlichen Darstellung aufgelockert.«* Das bedeutet: Ortega verwandelt Philosophie in Literatur, sofern man unter Literatur die Kunst der Darstellung im Material der Sprache versteht. Literarischen, das heißt Sinnlichkeit und Phantasie ansprechenden Charakters sind die Kapitelüberschriften: *Der Wald, Bäche und Goldammern, Welten des Hintergrundes, Was Goethe zu einem Hauptmann sagte, Das Gebot des Lichts* usw. Andere Überschriften machen unmittelbar literarhistorische oder literaturwissenschaftliche Begriffe und Namen thematisch: *Epik, Der Rhapsode, Helena und Madame Bovary, Ritterbücher, Die realistische Dichtung, Die Tragödie, Die Komödie* u. a. Hinter einer solchen literarhistorischen, literarisch behandelten Thematik erhebt sich als unmittelbarer Antrieb *»die große Frage ...: Mein Gott, was ist Spanien?«* (*Erste Meditation*, 13). Mit dieser Frage steht Ortega in einer Tradition, die spätestens in der ersten Hälfte des 19. Jh.s mit Mariano José de Larra (1809–1837) beginnt und in der »Generación del 98«, deren Erbe Ortega ist, ihren Gipfel erreicht. Ein Jahrhundert lang wird die Frage Ortegas von den bedeutendsten Vertretern der spanischen Geisteswelt in tiefster Sorge immer wieder gestellt, und die meisten von ihnen suchen wie Ortega die Antwort bei Don Quijote. Aber der »Quijotismus« Ortegas *»hat mit der Ware, die man gemeinhin unter diesem Namen feilbietet, nicht das geringste zu tun«.* Ortega untersucht nicht den Quijotismus der Quijote-Figur, sondern *»den Quijotismus des ›Don Quijote‹-Buches«* (Vorwort). Im Lauf dieser Untersuchung kommt er jedoch nicht nur, im Sinn seiner Frage, zu kulturphilosophischen und kulturpsychologischen Erkenntnissen über das Wesen Spaniens und des Spaniers, der lateinischen und der germanischen Welt usw., sondern zu Einsichten über das Menschsein als solches, die der Grundstock seiner späteren philosophischen Lehrmeinung sind.

Die *Meditaciones del Quijote* gelten als Fragment, denn das Buch enthält außer dem Vorwort nur eine *Vorbereitende Meditation* und eine *Erste Meditation*; zwei weitere, von Ortega angekündigte, sind nie erschienen. Trotzdem ist das Buch in sich abgeschlossen und fertig, und der Aufruf des Ortega-Schülers Julián MARÍAS, nun, nach dem Tode des Autors, sei die Stunde gekommen, es von neuem zu lesen, war berechtigt. F.I.

AUSGABEN: Madrid 1914. – Madrid ²1936 (in *Obras*, 2 Bde., 2). – Madrid 1950 (in *Obras completas*, 12 Bde., 1950–1983, 1; ern. 1983). – Madrid ⁷1963. – Madrid 1981 (in *Obras*, Hg. P. Garagorri, 31 Bde., 1979–1986, 17). – Madrid 1984, Hg. J. Marías (Cátedra). – Madrid 1985 (Austral). – Madrid 1987, Hg. E. I. Fox (Castalia).

ÜBERSETZUNG: *Meditationen über »Don Quijote«*, U. Weber, Stg. 1959 [Einl. J. Marías].

LITERATUR: A. Machado, *Las »Meditaciones del Quijote« de O. y G.* (in La Lectura, 169, 1915, S. 52–64). – M. Arce, *La función del paisaje en las »Meditaciones del Quijote«* (in Asomante, Puerto Rico, Okt.–Dez. 1956). – A. A. Roggiano, *Estética y crítica literaria en O. y G.* (in La Torre, 15/16, 1956, S. 337–360). – J. López-Morillas, *O., Marías y un libro escorzo. En torno a las »Meditaciones del Quijote«* (in Insula, 12, 1957, Nr. 133). – W. Hampton, *La teoría de la novela en las »Meditaciones del Quijote« de O. y G.* (in Language Quarterly, 11, 1973, S. 37–40). – P. W. Silver, *Fenomenología y razón vital. Genesis de »Meditaciones del Quijote« de O. y G.*, Madrid 1978. – B. Marcons, *Perspectivas críticas de O. y G. en sus »Meditaciones del Quijote«* (in LdD, 13, 1983, S. 157–174). – E. I. Fox, *Revelaciones textuales sobre las »Meditaciones« de O.* (in Insula, 39, 1984, S. 4–5).

LA REBELIÓN DE LAS MASAS

(span.; *Ü: Der Aufstand der Massen*). Kulturphilosophischer Essay von José ORTEGA Y GASSET, erschienen 1930. – Neben der Schrift von Karl JASPERS *Die geistige Situation der Zeit* (1931) ist dieses in zehn Sprachen übersetzte Buch das wichtigste zeitdiagnostische Werk der dreißiger Jahre. Bereits ab 1926 zunächst in einer Madrider Zeitung veröffentlicht, hat es bis heute nichts von seiner Aktualität verloren, ja einzelne seiner Thesen erhalten im Licht der späteren Ereignisse und bezogen auf die Verhältnisse der Gegenwart erst ihr volles Gewicht. Die Analyse der Zeit, die er unternimmt, beruht auf seiner schon früher ausgesprochenen kulturphilosophischen Grundüberzeugung (vgl. *España invertebrada*, 1921) von der wesenhaft aristokratischen Natur der menschlichen Gesellschaft. Das wichtigste Faktum der gesellschaftlichen Entwicklung im 20. Jh. steht dazu im Widerspruch: *»der Aufstieg der Massen zu voller gesellschaftlicher Macht«*. Jeder Deutungsversuch der Zeit, der daran vorbeigeht, scheint Ortega verfehlt. Die liberale Demokratie des 19. Jh.s, die das Ideal der Gleichheit aller Menschen verkündete, hat dazu geführt, daß der Mensch heute diese Gleichheit als eine Selbstverständlichkeit fordert. Im Verein mit Wissenschaft und Industrie hat der Liberalismus ferner dem Durchschnittsmenschen ein Ausmaß an materieller Sicherheit und einen Lebensstandard beschert, wie ihn früher nur »auserwählte Minderheiten« besaßen. Dies hatte nicht nur die Einebnung der Unterschiede des Vermögens, des Bildungsniveaus, der Geschlechter, der Völker und Kontinente zur Folge, sondern die Aufhebung des über alle soziologischen und politischen Gesichtspunkte hinaus für menschliches Zusammenleben überhaupt konstitutiven Unterschiedes zwischen Masse und elitärer Minderheit, insofern die zur Herrschaft gelangte Masse keinerlei Instanzen und Werte außerhalb ihrer eigenen Bedürfnisse und Forderungen mehr anerkennt. Die »Aggressivität«, in die die »Unlenksamkeit« des modernen Massenmenschen jederzeit umschlagen kann, sieht Ortega politisch im Faschismus und im spanischen Syndikalismus in exemplarischer Weise verkörpert. In diesen Bewegungen zeigt sich *»zum ersten Mal in Europa ein Menschentyp, der weder Gründe angeben noch recht haben will, sondern einfach entschlossen ist, seine Meinung aufzuzwingen«*. Während die liberale Demokratie, in der die Mehrheit den Minderheiten ihr Recht gewährt und entschlossen ist, *»mit dem Feind zusammenzuleben«*, der Prototyp der »indirekten Aktion« ist, vertritt dieser Menschentyp als *prima ratio* die »direkte Aktion«, die über alle *»indirekten Instanzen – Dienstwege, Vorschriften, Höflichkeit, vermittelnde Gepflogenheiten, Gerechtigkeit, Gründe«* – hinweg mit Gewalt ihren Willen durchsetzt. Denn *»die Masse … wünscht kein Zusammenleben mit dem, was nicht sie ist. Sie haßt auf den Tod, was nicht sie ist.«*

Trotz dieser negativen Befunde, die den Untergang der liberalen Demokratie, ja den Untergang der Zivilisation anzukündigen scheinen, ist Ortega – entgegen der düsteren Prognose Spenglers (vgl. *Der Untergang des Abendlandes*, 1918–1922) – von der Zukunft Europas überzeugt: »*Der Aufstand der Massen kann in der Tat der Übergang zu einer neuen, unvergleichbaren Organisation der Menschheit sein.*« Ein untrügliches Zeichen des Niederganges wäre allein »*una vitalidad menguante*«, ein Nachlassen der Vitalität. Davon ist jedoch nichts zu bemerken, im Gegenteil: Niemals hat der Durchschnittsmensch so gern gelebt, niemals so unbegrenzte Lebensmöglichkeiten besessen wie heute. Gefährlich ist diese Situation indessen dadurch, daß der Durchschnittsmensch die zivilisatorischen Errungenschaften als etwas Selbstverständliches, Naturgegebenes hinnimmt, ohne jedes Interesse für die Grundlagen, in denen sie wurzeln. Diese Ignoranz, der ein erschreckender Mangel an historischem Bewußtsein entspricht, zeigt sich »*vielleicht unverhüllter als irgendwo bei der Masse der Techniker selbst, bei Ärzten, Ingenieuren usw. –; … es erweist sich, daß der heutige Wissenschaftler das Urbild des Massenmenschen ist … weil die Wissenschaft selbst, die Wurzel der Zivilisation … ihn unentrinnbar … zum Primitiven, zu einem modernen Barbaren macht.*« Diesen *sabio-ignorante* (gelehrter Ignorant, mit einem jüngeren Ausdruck »Fachidiot«) nennt Ortega »*eine überaus ernste Anlegenheit*«, weil »*er sich in allen Fragen, von denen er nichts versteht, mit der ganzen Anmaßung eines Mannes aufführen wird, der in seinem Spezialgebiet eine Autorität ist*«.

Im Gegensatz zu Jaspers, in dessen Schrift der Staat als Apparat der Daseinsvorsorge einen breiten Raum einnimmt, handelt Ortega vom Staat nur in einem kurzen Kapitel, worin er sich gegen die zunehmende »*Verstaatlichung (estatificación) des Lebens*« wendet. Weit ausführlicher befaßt er sich mit der Frage: »*¿Quien manda en el mundo?*« (»*Wer herrscht in der Welt?*«). Ihr widmet er das größte, in neun Unterabschnitte eingeteilte Kapitel des Buches (Kap. XIV) – nahezu ein Essay im Essay. »*Der Umkreis an Möglichkeiten*«, über die der Durchschnittsmensch heute verfügt, ist »*unvorstellbar viel größer als jemals*«. Aber der Mensch weiß nichts damit anzufangen, er hat keine in die Zukunft weisenden Ziele, Aufgaben, Pläne. Die Gefahren, die Europa und die Zivilisation bedrohen, wären zu bannen, wenn eine Instanz oder Macht der Menschheit neue Aufgaben und Ziele zu setzen vermöchte. Als eine solche Macht wird sich in den nächsten Jahrhunderten weder Amerika noch Rußland erweisen. Sie sind beide zu jung, zu sehr Abkömmlinge Europas, zu sehr mit den gleichen Problemen wie dieses belastet. Nur von Europa selbst kann ein neuer Impuls ausgehen, nicht allerdings von dem bestehenden Europa der Nationalstaaten und Diktaturen, sondern allein von einem integrierten Europa, in dem neue politische Formen unter Aufrechterhaltung der Grundprinzipien des Liberalismus an die Stelle der liberalen Demokratie alter Prägung getreten sind.

In den Gedanken Ortegas zur europäischen Integration, die sich bis auf die Bereiche der Wirtschaft, der arbeitsteiligen Produktion und des Gemeinsamen Marktes erstrecken, besteht vielleicht sein wichtigster Beitrag zum Problem der Zeit. Manche seiner Ansichten sind durch die Entwicklung überholt. Beispielsweise wird die Spaltung Europas von ihm zwar als Gefahr gesehen, aber für unwahrscheinlich gehalten. Trotzdem entspricht, was unter der Devise »Europäische Integration« in der Nachkriegszeit geschehen ist, in der Grundkonzeption den Vorstellungen Ortegas.

Ortega war sich bewußt, in seinem Essay weder alle Fragen behandelt noch in irgendeiner das letzte Wort gesprochen zu haben. Er weist darauf hin, es handle sich in *La rebelión de las masas* um die Weiterführung bereits früher, insbesondere in *España invertebrada*, 1921 *(Aufbau und Zerfall Spaniens)*, angeschnittener Probleme. In diesem Sinn nennt Ortega in dem 1937 geschriebenen *Prolog für Franzosen* sein Buch »*nur eine Annäherung an das Problem des modernen Menschen*« und kündigt eine weitere Schrift an, in der dieses Problem »*ernsthafter und gründlicher*« untersucht werden soll. Diese Schrift, *Der Mensch und die Leute*, ist unvollendet geblieben, aber als Fragment nach Ortegas Tod veröffentlicht worden (vgl. *El hombre y la gente*, 1957). F.I.

Ausgaben: Madrid 1930. – Madrid 1951 (in *Obras completas*, 12 Bde., 1950–1983, 4; ern. 1983). – Madrid 1960. – Madrid 1981 (in *Obras*, Hg. P. Garagorri, 31 Bde., 1979–1986, 2). – Madrid 15 1986 (Austral).

Übersetzung: *Der Aufstand der Massen*, H. Weyl, Stg. 1931; ern. 1965. – Dass., dies. (in *GW*, Bd. 3, Stg. 1956; ern. 1978). – Dass., dies., Reinbek 1962 (rde; ern. 1984). – Dass., dies., Bln./Ffm. 1983 (Ullst. Tb).

Literatur: J. Arsenio Torres, *Supuestos filosóficos de la reconstrucción social en O. y G.* (in La Torre, 15/16, 1956, S. 401–432). – J. M. Hernández Rubió, *Sociología y política en O. y G.*, Barcelona 1956. – L. Recasens Siches, *J. O. y G., su metafísica, su sociología y su filosofía social* (in La Torre, 15/16, 1956, S. 305–336). – F. Goyenechea, *Lo individual y lo social en la filosofía de O. y G. Con una línea sistemática de su sabor filosófico*, Zürich 1964. – J. L. Abellán, *O. y G. en la filosofía española. Ensayos de apreción*, Madrid 1966 [m. Bibliogr.]. – J. Herrero, *O. y su crítica a la sociedad de masas* (in Arbor, 92, 1975, S. 149–175). – R. Schmolling, *Faschistische Umdeutung und franquistische Rezeption der Staatsphilosophie O. y G.'s: »España invertebrada« und »La rebelión de las masas« zwischen 1932 und 1956* (in Iberoamericana, 5, 1981, S. 38–57). – M. Adler u. J. Benítez, *O. y G.: El educador del siglo XX* (in Sur, 1983, Nr. 352, S. 159–180). – J. Blanco Amor, *En torno a O. y G.* (in CA, 1983, Nr. 250, S. 65–74). – A. R. Wedel, *O. y G. y los Estados Unidos: reflexiones retrospectivas sobre aseveraciones antiamericanas en »La rebelión de las masas«* (in CHA, 1984, Nr. 135, S. 485–490).

EL TEMA DE NUESTRO TIEMPO

(span.; *Ü: Die Aufgabe unserer Zeit*). Kulturpolitischer Essay von José ORTEGA Y GASSET, erschienen 1923. – In dieser bedeutenden Schrift des spanischen Philosophen wird zum ersten Mal der für Ortegas gesamte Philosophie zentrale Begriff der *»razón vital«* (»vitale Vernunft«) entwickelt. Was Ortega als die »Aufgabe unserer Zeit« beschreibt, gipfelt in der Forderung: *»Die reine Vernunft muß abtreten zugunsten der vitalen.«* Seit Sokrates die Vernunft entdeckte, in deren Licht *»die strengen Umrisse der Ideen«, »die reinen Begriffe«* sichtbar wurden, hat sich die abendländische Menschheit daran gewöhnt, die Kultur, das heißt die Bereiche des Wahren, Guten und Schönen, als ein *»neues Universum«* anzusehen, *»vollendeter und erhabener als das, welches wir im spontanen Leben um uns her vorfinden«.* Die Sokratische Entdeckung ermutigte in der Neuzeit DESCARTES, den *»Vater des Rationalismus«, »jenseits der menschlichen Verschiedenheit ein abstraktes Bewußtsein«* anzunehmen, *»ein irreales Gespenst, das sich ewig gleich durch die Zeit bewegt und nicht an den Zufälligkeiten teilhat, die das Anzeichen des Lebendigen sind«.* Gegen diesen Rationalismus erhob sich eben im Namen der *»wundervollen Schrankenlosigkeit des Lebendigen«* und der *»Mannigfaltigkeit der historischen Erscheinungen«* der Relativismus, der die Wahrheit als *»die Eine und Unwandelbare«* leugnete, aber damit *»das Leben zu einem unverständlichen Schein«* degradierte und sich als Skeptizismus, als *»eine selbstmörderische Theorie«* offenbarte.

Für die neue Generation, der Ortega sich zugehörig weiß, ist dieser Gegensatz zwischen Rationalismus und Relativismus nicht mehr existent: *»Das wesentliche Merkmal des neuen Weltfühlens ist der Entschluß, niemals und auf keine Weise zu vergessen, daß die geistigen oder Kulturvermögen auch biologische Aktivitäten sind... Leben ohne Geist ist Barbarei, Geist ohne Leben Byzantinismus.«*

»Die Aufgabe unserer Zeit besteht darin, die Vernunft in die Biologie einzuordnen und dem Spontanen zu unterstellen.« Die Bewältigung dieser scheinbar widersprüchlichen, ja paradoxen Aufgabe erscheint möglich im Licht der Ortegaschen »Lehre vom Standpunkt«: *»Jede Erkenntnis geschieht von einem Standpunkt.* SPINOZAS *›species aeternitatis‹, den überalligen, absoluten Standpunkt gibt es nicht. ... Die eigentliche Aufgabe unserer Zeit«* besteht darin, *»eine Ordnung der Welt vom Standpunkt des Lebens aus zu versuchen«.* Damit will Ortega *»nicht ein kulturfeindliches Bekenntnis ablegen«. »Die Kulturwerte bleiben unverletzt, geleugnet wird nur ihre Ausschließlichkeit.«* Vom Standpunkt des Lebens zeigt sich nämlich: *»Das Leben bedarf keines bestimmten Inhalts, keiner Askese und keiner Kultur, um Wert und Sinn zu haben. Nicht anders als Gerechtigkeit, Schönheit und die ewige Seligkeit ist das Leben an und für sich ein Wert.«* Damit sind jene anderen Werte *»nicht tot, aber ihre Rangordnung hat gewechselt«.* So tritt beispielsweise über die Wertschätzung der »Arbeit«, die das 19. Jh. zu seiner Gottheit machte, ein anderer Typus der Anspannung, *»der nicht aus einem auferlegten Gebot entspringt, sondern als freier, verschwenderischer Antrieb aus der Lebenskraft quillt: der ›Sport‹«. »Dieser unökonomische Aufschwung«*, der sich als *»Sinn für ›Sport‹ und Heiterkeit«* bezeichnen läßt, stellt als Grundlage für *»wissenschaftliche und künstlerische Schöpfung, politisches und moralisches Heldentum, die Religiosität des Heiligen... einen der allgemeinsten Züge des neuen Weltfühlens«* dar. Es liegt auf der Hand, daß solche Thesen Ortegas durch manche Erscheinungen der Gegenwart ihre Bestätigung erfahren. F.I.

AUSGABEN: Madrid 1923. – Madrid 1950 (in *Obras completas*, 12 Bde., 1950–1983, 3; ern. 1983). – Madrid 1981 (in *Obras*, Hg. B. Garagorri, 31 Bde., 1979–1986, 16). – Madrid [18]1988.

ÜBERSETZUNG: *Die Aufgabe unserer Zeit*, H. Weyl, Stg. 1931 [Einl. E. R. Curtius]. – Dass., ders. (in *GW*, Bd. 2, Stg. 1955; ern. 1978).

LITERATUR: M. García Morente, *»El tema de nuestro tiempo«* (in RdO, 1, 1923, S. 201–217). – A. Barroso Nieto, *O. y G. y el perspectivismo* (in Verdad y Vida, 4, 1946, S. 405–436). – J. Roig Gironella, *O. y G. y su perspectiva de la historia y de la vida* (in Pensamiento, 2, 1946, S. 53–75). – E. R. Curtius, *Kritische Essays zur europäischen Literatur*, Bern 1950, S. 247–287; ern. Ffm. 1985 (FiTb).

RAMÓN PÉREZ DE AYALA

* 9.8.1880 Oviedo
† 5.8.1962 Madrid

LITERATUR ZUM AUTOR:
Bibliographien:
D. J. Billick, *Addendum to the Bibliography of R. P. de A.: Master's Theses of Doctoral Dissertations* (in Hispanófila, 59, 1977, S. 89–93). – M. Best, *R. P. de A. An Annotated Bibliography of Criticism*, Ldn. 1980. – F. Friera, *Crónica y bibliografía del primer centenario del nacimiento de R. P. de A.* (in Nueva Ciencia, Oct. 1980, S. 115–144).
Biographien:
F. Augustín, *R. P. de A. Su vida y sus obras*, Madrid 1927. – M. Pérez Ferrero, *R. P. de A.*, Madrid 1973. – M. Fernández Avello, *Recuerdos asturianos de R. P. de A.*, Oviedo 1980.
Gesamtdarstellungen und Studien:
B. Gómez Maqueo, *La forma y el contenido en la novela de P. de A.*, Mexiko 1937. – K. W. Reinick, *Algunos aspectos literarios y lingüísticos de la obra de don R. P. de A.*, Den Haag 1959. – R. Dendarsky, *R. P. de A. Zur Thematik und Kunstgestalt seiner Romane*,

Ffm. 1970. – M. C. Rand, *R. P. de A.*, NY 1971 (TWAS). – A. Amorós, *La novela intelectual de R. P. de A.*, Madrid 1972. – J. Matas, *Contra el honor. Las novelas normativas de R. P. de A.*, Madrid 1974. – M. Fernández Avello, *El anticlericalismo de P. de A.*, Oviedo 1975. – Insula, 35, 1980, Nr. 404/405 [Sondernr. *R. P. de A.*]. – M. del C. Bobes, *Homenaje a R. P. de A.*, Oviedo 1980. – CHA, 1981, Nr. 367/368 [Sondernr. *R. P. de A.*]. – *Simposio internacional R. P. de A. (1880–1980)*, Hg. P. H. Fernández Pelayo, Gijón 1981. – Ders., *Ideario etimológico de R. P. de A.*, Madrid 1982. – M. A. Lozano Marco, *Del relato modernista a la novela poemática: la narración breve de R. P. de A.*, Alicante 1983. – F. Feeny, *The Paternal Orientation of R. P. de A.*, Valencia 1985. – M. P. Stock, *Dualism and Polarity in the Novels of R. P. de A.*, Ldn. 1988.

BELARMINO Y APOLONIO

(span.; *Ü: Belarmino und Apolonio*). Roman von Ramón Pérez de Ayala, erschienen 1921. – Der Handlungsverlauf dieses so scharfsinnig-humoristischen wie versponnen-grotesken Romans wird bestimmt von zwei keineswegs alltäglichen Schuhmachern, dem *»bilateralen«* Philosophen Belarmino und dem Verse speienden Dramatiker Apolonio, in der Rúa Ruera von Pilares im Lande Spanien, wo es verschrobene Aristokraten und gewaltige Jesuiten gibt. Der Autor verteilt seine äußerst scharfen Hiebe, die aber einer gütigen Menschlichkeit entspringen, nach allen Seiten. Unverkennbar gehört seine Sympathie dem verschrobenen, für die normale Menschheit verlorenen Belarmino, der eine eigene Sprache erfand, um sämtliche Geheimnisse des Kosmos zu erforschen. Aber Pérez liebt auch den Dramatiker Apolonio, der unglaubliche Dichtwerke produziert, unaufhaltsam redet und vom Publikum schrecklich genasführt wird. Den eigenwilligen Vätern sind zwei ebenso ungewöhnliche Kinder zugeordnet, der Sohn Pedrito und die Tochter Angustias, die beide im Gegensatz zu ihren Vätern eher von tragischem Zwiespalt zerrissen sind. Natürlich sind sie sterblich ineinander verliebt, aber Pedrito ist für den Priesterberuf vorgesehen. Dem Dilemma ist auch nicht durch eine Flucht abzuhelfen, welche von der alten Jungfer Felicita – seit sehr vielen Jahren fiktive Braut und schon etwas geistesschwach – eingefädelt, jedoch von der Herzogin, die Pedritos »dramatischen« Vater protegiert, jäh unterbrochen wird. Der Zögling muß zurück ins Seminar, während Angustias in der Unterwelt von Madrid verschwindet. Doch das gute Ende bleibt nicht aus, wenn auch mit bitterem Nachgeschmack. Pedrito, inzwischen Don Guillén, ist ein berühmter Kanzelredner geworden und beerbt eine steinreiche und bigotte Dame. Den Großteil des Geldes verwendet er für soziale Reformen, den Rest, um Belarmino und Apolonio wieder aus dem Armenhaus herauszuholen, wohin ihr skurriles Verhalten sie inzwischen gebracht hatte, und Angustias zurück nach Pilares zu bringen. Er hatte sie in Madrid, und zwar durch die Vermittlung des Erzählers, wiedergefunden. Dieser Erzähler ist selbst eine Figur des Romans, dessen lockere Szenenfolge und komplizierte, höchst eigenwillige Komposition auffallen. Im Prolog wird das Lob des Lebens in Pensionen gesungen und eine eigene Pensionsphilosophie entwickelt. Darauf folgt die Schilderung des sonderbaren Völkchens einer Pension in Madrid, wo der Erzähler dem scharfsinnigen Geistlichen Don Guillén begegnet, der sich den Annehmlichkeiten des Lebens nicht abgeneigt zeigt und nun in langen Nächten bei ausgesuchten Getränken das Schicksal der beiden Väter und ihrer Kinder entfaltet. Dabei wechselt der Bericht des Don Guillén bisweilen in die Perspektive des allwissenden Erzählers über, der dann wieder andere Ausblicke eröffnet, philosophische und sprachtheoretische Betrachtungen humoristischer Art einmischt, gegen Ende des Romans sogar längere theologische Abhandlungen. P.F.

Ausgaben: Madrid 1921. – Madrid 1924 (in *Obras completas*, Bd. 13). – Madrid 1965–1973 (in *Obras completas*, Hg. J. García Mercadal, 4 Bde., 4). – Madrid 1984, Hg. A. Amorós (Cátedra).

Übersetzung: *Belarmino und Apolonio*, W. Muster, Ffm. 1959; ern. 1964 (FiBü).

Literatur: N. J. Lamb, *The Art of »Belarmino y Apolonio«* (in BHS, 17, 1940, S. 127–138). – M. C. Bobes, *Notas a »Belarmino y Apolonio«* (in Boletín del Instituto de Estudios Asturianos, 12, 1958, S. 305–320). – C. H. Leighton, *The Structure of »Belarmino y Apolonio«* (in BHS, 37, 1960, S. 237–243). – C. Cordura de Torretti, *Belarmino: hablar y pensar* (in La Torre, 8, 1960, S. 43–60). – F. Weber, *Relativity and the Novel: P. de A.s' »Belarmino ...«* (in PQ, 43, 1964, S. 253–271). – M. Salgués Cargill, *Mito de Don Quijote y Sancho en »Belarmino y Apolonia«* (in Insula, 24, 1969, S. 16). – M. B. Lozano Alonso, *El tiempo en »Belarmino y Apolonio«* (in BRAE, 51, 1971, S. 413–458). – P. H. Fernández, *El prólogo en »Belarmino y Apolonio«* (in Boletín del Instituto de Estudios Asturianos, 27, 1973, S. 141–155). – S. Suárez Solís, *Análisis de »Belarmino y Apolonio«*, Oviedo 1974. – M. del C. Bobes, *Gramática textual de »Belarmino y Apolonio«*, Barcelona 1977. – M. K. Read, *»Belarmino y Apolonio« and the Modern Linguistic Tradition* (in BHS, 55, 1978, S. 329–335).

PROMETEO. – LUZ DE DOMINGO. – LA CAÍDA DE LOS LIMONES. Novelas poemáticas de la vida española

(span.; *Prometheus. – Sonntagslicht. – Der Sturz der Limones. Dichterische Novellen vom spanischen Leben*). Drei Novellen von Ramón Pérez de Ayala, erschienen 1916. – Schon in der Bezeichnung »dichterische Novellen« liegt eine deutliche Abkehr vom Naturalismus, die in den Erzählungen selbst formal darin zum Ausdruck kommt, daß jedes Kapitel mit einem Gedicht, meist einer Romanze, beginnt, welches den Inhalt des folgenden Prosastücks vorwegnimmt. Über diese *»poetischen Glossen«* äußert sich der Verfasser wie folgt: *»Ich glaube, die Poesie stellt den Ausgangspunkt und, sozusagen, die tiefere Bedeutung der erzählenden Prosa dar. Viele lästige Schilderungen würden an Präzision und Ausdruckskraft gewinnen, wenn man sie in einem kurzen, dem Kapitel vorangestellten Gedicht kristallisierte.«* Ausdrücklich wendet er sich gegen den psychologischen Naturalismus: *»Die sorgfältige psychologische Analyse, wie sie bis vor kurzem im Roman üblich war, führt nur zu Müdigkeit und Verwirrung. Der Romanschriftsteller halte sich allein an die Poesie.«* Diesem Prinzip folgen seine *novelas poemáticas*, von denen die erste, *Prometeo*, thematisch an einen Roman UNAMUNOS (vgl. *Amor y pedagogía*) erinnert. Juan Pérez Setignano, Professor für griechische Sprache und Literatur an der Universität Pilares, ein Name, hinter dem sich Oviedo, die Geburtsstadt des Dichters, verbirgt, heiratet Perpetua Meana, der er seine Rettung aus einem Schiffbruch verdankt. Die Phantasie des Altphilologen sieht in dem jungen Mädchen Nausikaa, er selbst ist Odysseus, und alle Lebensumstände gewinnen für ihn eine deutliche Parallele zu den Abenteuern des homerischen Helden. Da er selbst, an seinen Lehrstuhl in der Provinzstadt gefesselt, nicht der sein kann, der er sein möchte, projiziert er seine hochfliegenden Wünsche in den Sohn, den er als einen zweiten Prometheus mit Meana zeugen wird. Was aber wirklich zur Welt kommt, ist ein schwächliches, mißgestaltetes Geschöpf, ein ungebärdiger, ausschweifender Charakter, ein Wesen, das zum Schrecken seiner Umwelt wird und durch Selbstmord endet. Für die heitere und heroische, gesunde Welt Homers ist in der Enge und Trivialität der spanischen Wirklichkeit kein Platz. – Diese spanische Wirklichkeit wird, ganz besonders in der Provinz, von dem Gespenst eines Ehrbegriffes beherrscht, der seine metaphysische Würde, wie CALDERÓN sie verstanden hatte (vgl. *El médico de su honra; El pintor de su deshonra*), längst verloren hat und als düsterer Fluch auf den Menschen liegt. Balbina (in der Novelle *Sonntagslicht*), die Braut des Gemeindesekretärs von Cenciella, Cástor Cagigal, wird vor den Augen des Bräutigams von den sieben Brüdern Becerriles, den Anführern der das Dorf beherrschenden aristokratisch-traditionalistischen Partei, siebenmal geschändet, weil sie sich ihren Nachstellungen gegenüber unzugänglich gezeigt hat. Dem jungen Paar macht das Dorf nach der Heirat das Leben zur Hölle, so daß die beiden nach Amerika auswandern wollen. Doch auf dem Schiff sind noch andere Emigranten aus Cenciella, und ihre Pein beginnt von neuem. So gehen sie, als das Schiff auf einen Felsen aufläuft, freiwillig in den Tod, um dem Gespenst der Unehre, das sie verfolgt, zu entgehen. Das Symbol der Eintracht und Harmonie unter den Menschen, das »Sonntagslicht«, jenes reine, leuchtende Festtagslicht, das Cástor, ein begeisterter Amateur, auf seinen Bildern einzufangen versuchte, offenbart sich in der engen, düsteren Lebenswirklichkeit des Dorfs Cenciella als Täuschung. – In der letzten, auf historischen Tatsachen beruhenden Novelle, *Der Sturz der Limones*, treiben die Trostlosigkeit und Enttäuschung des Provinzlebens den jungen Arias zu Maßlosigkeit und zum Verbrechen. Fernanda, der letzte Sproß aus dem alten, verarmten Adelsgeschlecht der Uceda, hat den finanzstarken Enrique Limón geheiratet, der mit der Zeit zum allgewaltigen Tyrannen des Ortes aufsteigt. Arias, der Sohn, ein wirklichkeitsfremder Träumer, aber daran gewöhnt, seine Launen durchzusetzen, tötet in jähzorniger Aufwallung Lola und ihre Mutter, weil das Mädchen seine Liebe zurückweist. – Das gemeinsame Thema dieser »Novellen vom spanischen Leben« ist das Scheitern des Idealisten und des Träumers an der Wirklichkeit, Hauptkennzeichen der Darstellungsweise ist die Unparteilichkeit des Erzählers, der sich persönlich nicht engagiert, weder Zorn noch Mitleid äußert noch protestiert, sondern die eigene Anteilnahme hinter einer *»sorgfältig ziselierten«* Prosa verbirgt, die sich auszeichnet durch Reichtum, Genauigkeit und Gewähltheit des Wortschatzes und eine Syntax von klassischem Gleichmaß. A.A.A.

AUSGABEN: Madrid 1916. – Madrid 1924 (in *Obras completas*, 19 Bde., 1923–1926, 8). – Barcelona 1962 (in *Obras selectas*). – Madrid 1965–1973 (in *Obras completas*, Hg. J. García Mercadal, 4 Bde., 2).

ÜBERSETZUNG: *Der Sturz der Limones*, W. Muster (in *Artemis. Zwei Erzählungen*, Bln./Ffm. 1959).

LITERATUR: E. A. Johnson, *Sobre »Prometeo« de R. P. de A.* (in Insula, 1954, Nr. 100/101). – Ders., *The Humanities and the »Prometeo« of P. de A.* (in Hispania, 38, 1955, S. 276–281). – B. Noble, *The Descriptive Genius of P. de A. in »La caída de los Limones«* (ebd., 40, 1957, S. 171–175). – D. H. Fabian, *Action and Idea in »Amor y pedagogía« and »Prometeo«* (ebd., 41, 1958, S. 30–34). – V. Rangel, *Las novelas poemáticas de R. P. de A. Una interpretación estilística de »Luz de domingo«* (in Explicación de Textos literarios, 7, 1978/79, S. 197–205). – M. A. Lozano Marco, *En el umbral de las novelas poemáticas: novela inconclusa de P. de A.* (in Revista de Literatura, 46, 1981, S. 101–108). – A. Prado, *Las novelas poemáticas de R.P. de A.* (in CHA, 1981, Nr. 367–369, S. 41–70). – *La novela lírica II, P. de A., Jarnés*, Hg. D. Villanueva, Madrid 1983. – M. D. Albiac, *»Prometeo«: El mito y su degradación en una novela de P. de A.* (in *Formas breves de relato*, Hg. Y.-R. Fonquerne, Madrid 1986, S. 243–266).

TIGRE JUAN. – EL CURANDERO DE SU HONRA

(span.; *Tiger Juan. – Der Quacksalber seiner Ehre*). Zwei Romane von Ramón PÉREZ DE AYALA, erschienen 1926. – Im Gegensatz zur ersten Schaffensperiode dieses Autors, die durch realistische, autobiographische und bitter ironische Züge gekennzeichnet ist (vgl. *Troteras y danzaderas*), überwiegt in der zweiten Phase, zu der *Tigre Juan* gehört und die mit dem Novellenband *Prometeo*, 1916 *(Prometheus)*, begann, sein Hang zum Symbolischen und Abstrakten. In ausdrücklicher Kehrtwendung gegen den psychologischen Naturalismus (vgl. *Prometeo*) geht es Ayala jetzt um *die Wiederbelebung zeitloser literarischer Mythen«* (E. de Nora) im konkreten lokalen und zeitgebundenen Gewand. So nimmt er in *Tigre Juan* und dessen Fortsetzung, *El curandero de su honra*, dem letzten seiner Romane, den »Archetypus« Don Juan und das Motiv der verletzten Gattenehre wieder auf, zwei »Mythen«, die in der spanischen Literatur seit Tirso de Molina (1583?–1648) und Calderón (1600–1681) weiterleben.

Die Handlung spielt in Pilares, ein Toponym, hinter dem sich Oviedo, die Heimatstadt des Dichters, verbirgt. Dort lebt Juan Guerra Madrigal, dessen widersprüchlicher Name – *guerra* (Krieg) und *madrigal* (Hirtenlied) – sein wahres Wesen bezeichnet: unter harter Schale eine empfindsame Seele; seines *»finsteren Wesens und menschenscheuen Charakters«* wegen wird er »der Tiger« genannt. Seiner Empfindsamkeit wegen liebt ihn Doña Iluminada, die Witwe eines früheren Freundes von Juan. Doch der Tiger hat eine ebenso große Scheu vor den Frauen, wie er die Kinder liebt, ganz im Gegensatz zu seinem Freund Vespasiano Cebón, einem Handlungsreisenden und *»reisenden Don Juan«*. Mit großer Zärtlichkeit hängt Tiger Juan an dem elternlosen Colás, den er bei sich aufgenommen hat. Als der junge Mann von Herminia, seiner großen Liebe, einen Korb erhält und daraufhin zu den Soldaten gehen will, beschließt Juan, dieses Vorhaben zu verhindern. Herminias Großmutter, Doña María Laviada, in deren Haus er verkehrt und deren Gläubiger er ist, will er ruinieren.

Des Tigers Haß gegen die Frauen hat eine weit zurückliegende Ursache: Als Bursche eines spanischen Hauptmanns auf den Philippinen hatte er einst Engracia, eine Dienstbotin des Hauptmanns, kennengelernt und geheiratet. Eines Abends, als Hauptmann Semprún und er unerwartet frühzeitig nach Hause gekommen waren, hatte die Frau des Hauptmanns, Doña Isabel, die Tür selbst geöffnet. Engracia aber überraschte er in einer scheinbar eindeutigen Situation. Trotz aller Unschuldsbeteuerungen schien der Ehebruch erwiesen. Tigre Juan war daraufhin allein nach Spanien zurückgekehrt und hatte sich in Pilares niedergelassen.

Jetzt, da er Doña María Herminias wegen zur Rede stellen will, erreicht ihn ein Brief der Hauptmannsfrau, worin sie gesteht, daß Engracia, die inzwischen aus Gram gestorben ist, damals nur ihren eigenen, Doña Isabels, Fehltritt habe vertuschen sollen. Die Unschuld Engracias bringt den Frauenhaß Juans zum Verschwinden. Alsbald wirbt Juan um Herminia, weil sie seiner verstorbenen, ehemals heißgeliebten Engracia so ähnlich sieht, findet aber keine Gegenliebe. Herminia ist in Vespasiano verliebt, den reisenden Verführer, mit dem sie, sobald er wieder in der Stadt ist, entfliehen wird. Doch da erzählt Tiger Juan, der seinen Freund bewundert, Vespasiano, der Schwerenöter, habe ihm geschrieben, jetzt hätte er in Pilares ein Opfer gefunden, das sich ihm bald ergeben werde. Unter den andern, die von dem Getändel zwischen Herminia und Vespasiano wissen, macht betretenes Schweigen sich breit: *»Ein Schweigen, so tief, daß man hätte hören können, wie sich eine Rose entblätterte. Das war eben Herminias Herz: eine Rose, die sich entblättert.«*

In *El curandero de su honra* (der Titel ist eine Anspielung auf Calderóns *El médico de su honra – Der Arzt seiner Ehre*) wird zunächst die Hochzeit des Tigers mit Herminia geschildert, dann Herminias Flucht, von der sie aber, ohne einen Fehltritt begangen zu haben, bald reumütig wieder zurückkehrt. Im Gegensatz zu Don Alfonso Gutierre in Calderóns Schauspiel, der auf den bloßen Verdacht der Untreue hin seiner Frau die Pulsadern öffnen und sie verbluten läßt, öffnet hier Tiger Juan sich die Adern: *»Bin ich Gott«*, fragt er, *»der verlangen kann, daß seine Geschöpfe ihn lieben? Wenn du mich nicht geliebt hast und mich auch jetzt nicht liebst: Gibt es da Schuld? Du hast mich nicht entehrt. Ich habe mich entehrt, egoistisch und hochmütig, weil ich an Rache dachte.«* Und um diese Selbstentehrung zu sühnen, will er sterben. Doch wird der Selbstmord verhindert. Herminia gesteht, wie sehr sie ihren Gatten liebt, daß sie ihn nie mehr verlassen will, daß er bald Vater sein wird – das Glück ist vollkommen. Mit einem Dankgedicht Juans schließt der Roman, einem mächtigen Ja zum Leben, das unter Gottes Ratschluß steht.

In jedem der beiden Romane interpretiert also Pérez de Ayala einen literarischen Mythos völlig neu. Während er in *El curandero de su honra* den Mythos geradezu umkehrt, entlarvt er im ersten – in Übereinstimmung mit den Ansichten seines Freundes G. Marañón (1887–1960) – die Gestalt des Don Juan als feministischen, charakterlich wenig gefestigten Typ, der durch seine Launenhaftigkeit und seinen Wankelmut geradezu ein Antipode wahrer Männlichkeit ist. Diese verkörpert trotz seiner Frauenscheu vielmehr Juan Guerra Madrigal, der ein Lamm und ein Tiger zugleich ist, voll Hingabe und Leidenschaft, charakterlich integer, energisch und treu, ein ganzer Mann. Bei allem Übergewicht des Intellektuellen und trotz einzelner melodramatischer und feuilletonistischer Züge, die die Wirkung dieser beiden Romane etwas beeinträchtigen, ist Tiger Juan die anziehendste und gelungenste aller von Pérez de Ayala geschaffenen Gestalten.

A.A.A.

Ausgaben: Madrid 1926 (in *Obras completas*, 19 Bde., 1923–1928, 18/19). – Barcelona 1962 (*Tigre Juan*, in *Obras selectas*). – Barcelona 1963 (in *Obras*, 4 Bde., 2/3). – Madrid 1965–1973 (in *Obras completas*, Hg. J. García Mercadal, 4 Bde., 4). – Ldn. 1980, Hg. J. J. Macklin. – Madrid 1988, Hg. A. Amorós (Castalia).

ÜBERSETZUNG: *Tiger Juan*, W. Muster, Ffm. 1959; ern. 1966 (FiBü).

LITERATUR: W. A. Beardsley, *A.'s Latest, »Tiger Juan« and »Curandero du su honra«* (in Saturday Review of Literature, 15.4. 1926). – E. R. Curtius, *R. P. de A.* (in Die Literatur, 1932, 34, S. 11–16; auch in E. R., *Kritische Essays zur europäischen Literatur*, Bern 1950, S. 288–297). – N. Urrutia, *De »Troteras« a »Tigre Juan«. Dos grandes temas de R. P. de A.*, Madrid 1960. – W. A. Dobrian, *Development and Evolution in P. de A.'s »Tigre Juan«* (in *Literature and Society*, Hg. B. Slote, Lincoln 1964, S. 187–201). – M. Salgués de Cargill, *Myth and Anti-Myth in »Tigre Juan«* (in REH, 7, 1973, S. 399–416). – J. J. Macklin, *Myth and Mimesis: The Artistic Integrity of P. de A.'s »Tigre Juan« and »El curandero de su honra«* (in HR, 48, 1980, S. 15–36). – C. Feal Deibe, *Don Juan y el honor en la obra de P. de A.* (in CHA, 1981, Nr. 367/368, S. 81–104).

EMILIO PRADOS

* 4.3.1899 Málaga
† 24.4.1962 Mexiko-Stadt

DAS LYRISCHE WERK (span.) von Emilio PRADOS.

Im Vergleich zu anderen Vertretern der Dichtergeneration von 1927 (F. GARCÍA LORCA, R. ALBERTI, V. ALEIXANDRE) hat die Kritik Prados bisher verhältnismäßig wenig Aufmerksamkeit geschenkt. Er selbst war kaum an Publicity interessiert; auch während seiner für die gesamte 27er Generation wichtigen Editionstätigkeit (in den Zeitschriften ›Sur‹, 1924–1926, und ›Litoral‹, 1927–1929, zusammen mit M. ALTOLAGUIRRE) lebte er eher zurückgezogen in Málaga und bewegte sich am Rande des literarischen Tagesgeschehens. Wesentliche Teile seiner eigenen lyrischen Produktion sind bis zur Herausgabe des gesamten Werks (1975/76) unveröffentlicht geblieben. Auf die Eigenwilligkeit seines Dichtens machte allerdings sein Zeitgenosse Gerardo DIEGO 1927 aufmerksam. Trotz äußerlicher Anpassung an die wechselnden Stiltendenzen, die seine Generation prägten, scheint Prados' Werk schon zu Zeiten, als seine Dichtergruppe noch einen »enthumanisierten« Stil propagierte, eine sehr persönliche Welt widerzuspiegeln.

Eine Analyse anhand der von Prados selbst 1954 herausgegebenen Anthologie seiner Lyrik *(Antología)* läßt zwei große Schaffensperioden erkennen, die durch die *Penumbras (Halbschatten)* titulierten Übergangsgedichte voneinander abgegrenzt sind. Deren Entstehungszeit fällt mit einem bedeutenden biographischen Einschnitt zusammen: dem Gang ins mexikanische Exil nach dem verlorenen Bürgerkrieg.

Das in Spanien entstandene Werk der ersten Periode umfaßt die Gedichtbände von *Tiempo*, 1925 *(Zeit)*, bis *Llanto en la sangre*, 1937 *(Klage im Blut)*. – Die *Antología (1923–1953)* läßt die innere Entwicklung des lyrischen Ichs noch schlüssiger zutage treten als die ursprünglichen Werkausgaben: Die Lyrik vor dem Bürgerkrieg zeigt das tiefe Empfinden einer disharmonischen Existenz zwischen Vergänglichkeit und Ewigkeit (Prados leidet seit frühester Jugend an einer schweren Lungenkrankheit). Gemeinsames Thema der drei Gedichtbände *Tiempo, Otras canciones*, entstanden 1925 *(Andere Gesänge)*, und *Misterio del agua*, entstanden 1926/27 *(Mysterium des Wassers)*, ist die Suche nach innerer Harmonie. Eine thematische Einheit ist auch durch den landschaftlichen Hintergrund, das Meer, den zeitlichen Rahmen, die Dämmerung und die Nacht, sowie die zentrale Figur des Sprechers gegeben, der sich als Matrose darstellt und dessen Gemütslage die Natur widerspiegelt. Die Elemente des Meeres wirken (anders etwa als im spielerisch anmutenden Gedichtband *Marinero en tierra*, 1925 – *Zu Wasser, zu Lande*, des Freundes R. Alberti) als bedrohliche Zeichen der Vitalität, denen gegenüber der Sprecher in Untätigkeit erstarrt. Doch Außen- und Innenwelt sind schwer voneinander zu trennen *(»¿Barco en el mar o en el alma?« – »Schiff auf dem Meer oder in der Seele?«)*, das lyrische Ich spricht von *doble alma*, einer doppelten Seele, es flüchtet sich in eine illusorische Gedanken- und Traumwelt, die sich ihm in den kurzen trügerischen Augenblicken der Dämmerung eröffnet. Die Zeit bleibt für einen Augenblick stehen, herrscht *silencio* (Stille).

Das Auftreten einer als *tú* (du) angeredeten Person in *Memoria de poesia*, entstanden 1926/27 *(Gedächtnis in Poesie)*, aus dem einige Gedichte 1940 unter dem Titel *Memoria del olvido (Gedächtnis des Vergessens)* erschienen, hat die Kritik hervorgehoben. Dieses Du ist jedoch kaum als eigene Person faßbar. Es erscheint vor allem in der Welt des Traums und verschmilzt zum Teil mit narzißtischen Selbstbildnissen des *yo* (Ich): *»En el sueño,/ tu ausencia aún no revela/ mi forma por tu espejo« (»Im Traum/ entdeckt deine Abwesenheit/ noch nicht meine Gestalt in deinem Spiegel«)*. Im Traum erhalten alle Symbole der äußeren Realität eine positive Bedeutung. Eine Aussöhnung zwischen Du und Ich, zwischen Körper und Seele (vgl. Metaphern wie *»carne del alma« – »Fleisch der Seele«*) wird möglich, jedoch unter dem Preis der Flucht vor der realen Welt des Körpers. Unsicherheit wird ausgedrückt in Form von Fragen oder durch sprachlichen Ausdruck des Zweifels sowie sinistre Bilder, wie etwa *»manzana de ébano« (»Apfel aus Ebenholz«)*.

Mit dem Anbruch der Republik ändert sich der Stil von Prados. Wie seine Dichterkollegen wendet er sich in den Jahren bis zum Ende des Bürgerkriegs immer deutlicher einer kommunikativen, rhetorisch schmuckloseren lyrischen Sprache zu, bei der das soziale Engagement zeitweilig die Suche nach innerer Harmonie ablöst. In den bis zur *Antología* (die jedoch nicht alle Titel umfaßt) unveröffentlichten Gedichten von *La voz cautiva* entdeckt das lyrische Ich die mögliche innere Kraft, die mit der Stimme nach außen strebt. Prados bekennt sich hier zum historischen Zeitbezug, der den *canto libre (freien Gesang)* unmöglich macht. In *Andando, andando* sieht sich Prados zum ersten Mal der Gesellschaft zugehörig *(»Yo pertenezco a esos muchos caminos« – »Ich gehöre zu jenen breiten Wegen«)*. In *Llanto en la sangre* heißt es schließlich: *»Quien no ponga el pie en el suelo/ por temor a verlo herido/ por su proprio desconsuelo/ siempre estará perseguido« (»Wer aus Furcht vor Verletzung/ den Boden nicht betritt/ wird auf ewig verfolgt sein/ vom eigenen Gram«)*, ein offener Aufruf zu politischem Engagement, das Prados während des Bürgerkriegs etwa mit Beiträgen in Zeitschriften der republikanischen Seite (›Hora de España‹) und im Rundfunk auch praktisch beweist. Die engagierte Lyrik der dreißiger Jahre ist vom einfachen, von A. Machado verfeinerten Stil der *Coplas* und des *Romancero* beeinflußt. Hinter den Versen bleibt jedoch weiter der persönliche Konflikt spürbar. Das lyrische Ich identifiziert sich vor allem mit marginalen gesellschaftlichen Gruppen, die dargestellte Außenwelt verschwimmt mit der inneren: *»Castillos de mi razón ... ¿En dónde empiezas ciudad,/ que, no sé, si eres mi cuerpo?« (»Festungen meiner Vernunft ... Wo beginnst du, Stadt,/ denn ich weiß nicht, bist du mein Körper?«)*.

Unter dem Titel *Penumbras*, 1939–1941 *(Halbschatten)*, sammelt der Dichter in *Antología* Übergangsgedichte zur zweiten Schaffensperiode, die zu Beginn des mexikanischen Exils (1939) entstanden. Hier deutet sich bereits eine veränderte, positivere Grundstimmung an, die sich in der darauffolgenden Zeit immer stärker durchsetzen sollte. Das Gedicht *Cuando era primavera (Als Frühling war)* beschwört die Erinnerung an Spanien mit den altbekannten Bildern, die in der Rückschau die positive Konnotation von Lebenskraft und Wärme erhalten: *primavera* wird mit der glücklichen Kindheit assoziiert. *Vuelta a Méjico* verheißt die Aussicht auf eine Lösung des inneren Konflikts im Tod.

In der eindeutig der zweiten Periode zugehörigen, 1939/40 entstandenen Sammlung *Mínima muerte (Winziger Tod)* überwiegen Bilder der Harmonie, der inneren Ruhe, der Totalität (häufiger Gebrauch von *todo*), wenn auch der Zwiespalt zwischen Körper und Geist noch nicht überwunden ist (am Ende des Kapitels in *Antología* heißt es: *»Mas el alma no es cuerpo del alba,/ ni la luz es el cuerpo del alma« – »Doch die Seele ist nicht Körper des Morgens/ und das Licht ist nicht Körper der Seele«)*. Das Bild der Rose deutet (schon in *Vuelta a Méjico*) auf eine Ewigkeit über den Tod hinaus. In *Jardín cerrado*, 1946 *(Verschlossener Garten*; mit einer Auswahl aus *Dormido en la yerba*, 1946 – *Schlafend im Gras)*, wird der Lösungsprozeß von der schmerzvollen Vergangenheit mit deutlichen Anklängen an den konzeptistischen Stil des Mystikers Juan de la Cruz beschrieben: *»Huyendo voy de la muerte,/ ... que ya la muerte y mi cuerpo/ tienen un solo sentido« (»Ich fliehe vor dem Tod/ ... denn der Tod und mein Körper/ bedeuten bereits dasselbe«)* oder: *»Hoy no sé si vivo o muero/ o en la eternidad habito« (»Heute weiß ich nicht, ob ich lebe oder sterbe/ oder ob ich in der Ewigkeit wohne«)*. Das lyrische Ich findet schließlich zur Integration des Körpers ins Universum: *»Ya soy, Todo: Unidad/ de un cuerpo verdadero« (»Nun bin ich, Alles: Einheit/ eines wahrhaftigen Körpers«)*. In *Río natural* (die Anthologie trifft eine Vorauswahl von Gedichten, die eine Auflösung des inneren Zwiespalts andeuten), erlangt der Körper die Einheit mit dem Meer (vgl. den Ausruf *»¡Mar quiero ser!«* und die Metapher *»cuerpo del mar«)*. Der Sprecher befindet sich in Einklang mit der Natur. – Die nach der *Antología* veröffentlichten Gedichtbände seit *Circuncisión del sueño*, 1957 *(Beschneidung des Traums)*, versuchen diesen neuen Ansatz in Prados' Lyrik jeweils zu vervollkommnen und so das Gesamtwerk thematisch abzurunden. Stilistisch ist in Prados' gesamtem lyrischem Werk die konstant wiederkehrende symbolträchtige Bildersprache hervorzuheben, die surrealistische Tendenzen mit der änigmatischen Sprache der Volkslyrik verbindet. Trotz deutlicher Zugeständnisse an modische Stiltendenzen vor allem in seiner frühen Lyrik – z. B. Anklänge an die kulteranische Tradition Góngoras *(»nieve de carne« – »fleischerner Schnee«)* oder die spielerischen Bildkreationen der damaligen Avantgarde *(»cartón de luna« – »Mondpappe«; »Toda la noche cuelga como un gran mapa negro« – »Die ganze Nacht hängt wie eine große schwarze Karte herab«)* – verleiht das konsequente Festhalten an zentralen Bildern Prados' Gesamtwerk eine innere Geschlossenheit. Der Dichter greift gerne auf volkstümliche Liedformen zurück: kurze Gedichte mit elliptischen, oft sich refrainartig wiederholenden, parallel aufgebauten Versen *(»Cielo gris/ Suelo rojo« – »Grauer Himmel/ Rote Erde«)*; es herrscht eine Neigung zu assonantischem Reim. Prados' Werk ist den klassischen Themen der Dichtung gewidmet, die die Frage nach der menschlichen Existenz, nach dem Sinn von Leben und Tod stellt. Seine Verse lassen eine sehr persönliche Sensibilität des Lyrikers für die Problematik des menschlichen Daseins spüren: eine Empfindsamkeit, die in der ersten Schaffensperiode von einer starken Melancholie geprägt ist, während in der zweiten Periode immer deutlicher eine versöhnliche, ja vom Glücksgefühl bestimmte Einstellung zu Leben und Tod zum Ausdruck kommt. Die Omnipräsenz des lyrischen Ichs in Prados' Werk unterscheidet diesen Dichter in den Anfangsjahren von den übrigen Vertretern seiner Generation, die sich jedoch später, besonders in der Zeit nach dem Bürgerkrieg, auch wieder stärker dem intimistischen Stil annähern. P.Str.

Ausgaben: *Tiempo. Veinte poemas en verso*, Málaga 1925. – *Canciones del farero*, Málaga 1926; ern. 1960. – *Vuelta (Seguimientos-ausencias)*, Málaga 1927. – *El llanto subterráneo*, Madrid 1936; ern.

Alicante 1953. – *Llanto en la sangre. Romances 1933–1936*, Valencia 1937 [Vorw. M. Altolaguirre]. – *Cancionero menor para los combatientes (1936–1938)*, Barcelona 1938; ern. Madrid 1977. – *Memoria del olvido*, Mexiko 1940. – *Mínima muerte*, Mexiko 1942. – *Jardín cerrado*, Mexiko 1946 (ern. Buenos Aires 1960; Vorw. J. Larrea). – *Dormido en la yerba*, Málaga 1953. – *Antología (1923–1953)*, Buenos Aires 1954. – *Río natural*, Buenos Aires 1957. – *Circuncisión del sueño*, Mexiko 1957. – *La sombra abierta*, Mexiko 1961. – *La piedra escrita*, Mexiko 1961 (ern. Madrid 1979, Hg. J. Sánchez-Banús). – *Signos del ser*, Palma de Mallorca 1962. – *Transparencias*, Málaga 1962. – *Últimos poemas*, Hg. M. Prados, Málaga 1965. – *Diario íntimo*, Málaga 1966. – *El cuerpo perseguido*, Hg. C. Blanco Aguinaga u. A. Carreira, Barcelona 1971. – *Poesías completas*, Hg. dies., Mexiko 1975, 2 Bde. – *Antología poética*, Hg. J. Sanchis-Banús, Madrid 1978.

ÜBERSETZUNGEN: In *Poetas españoles. La Generación del 27 / Spanische Dichter. Die Generation von 1927*, Hg. E. Brandenberger, Mchn. 1980 (span.-dt.; Ausw.; dtv). – In *Spanische Lyrik des 20. Jh.*, Hg. G. Siebenmann u. J. M. López, Stg. 1985 (Ausw.; RUB).

LITERATUR: G. Diego, *E. P. »Vuelta«* (in RdO, 51, 1927, S. 384–387). – J. L. Cano, *La poesía de E. P.* (in Insula, 1954, Nr. 97, S. 6/7). – C. Blanco Aguinaga, *E. P.: Vida y obra. Bibliografía. Antología*, NY 1960. – C. Zardoya, *E. P. Poeta de la melancolía* (in *Poesía española contemporánea*, Madrid 1961, S. 531–535). – V. Aleixandre, *E. P., en su origen* (in Insula, 1962, Nr. 187, S. 1/2). – J. L. Cano, *Presencia viva de E. P.* (ebd., S. 3). – V. Aleixandre, *E. P., vivo* (in Indice de Artes y Letras, 1962, Nr. 168, S. 16). – J. Cano Ballesta, *Poesía y revolución: E. P. (1930–1936)* (in *Homenaje universitario a Dámaso Alonso*, Madrid 1970, S. 232–248). – M. Zambrano, *Pensamiento y poesia de E. P.* (in RdO, 15, 1977, S. 56–61). – P. J. Ellis, *The Perception of the Self and of the Other in the Early Poetry of E. P.* (in BHS, 56, 1979, S. 207–223). – I. Delogu, *Il »Diario intimo« di E. P.* (in Annali della Faculta di Lettere. Bari, 23, 1980, S. 387–434). – H. K. Greif, *Historia de nacimientos: The Poetry of E. P.*, Potomac (Md.)/Madrid 1980. – P. J. Ellis, *The Poetry of E. P.: a Progression towards Fertility*, Cardiff 1981. – E. R. Carmona, *Lo órfico y lo elegíaco en el poema de E. P.: »Estancia en la muerte con Federigo García Lorca«* (in Anales de la Literatura Española Contemporánea, 9, 1984, S. 29–48). – J. L. del Castillo Jiménez, *Las formas poéticas tradicionales en E. P.: (Mínima muerte)* (in Revista de literatura, 47, 1985, Nr. 93, S. 129–138). – I.-J. López, *Repetición e integración en la obra poética de E. P.* (in BHS, 62, 1985, S. 373–383). – E. Reina, *Hacia la luz: Simbolización en la poesia de E. P.*, Amsterdam 1988.

DIONISIO RIDRUEJO

eig. Dionisio Ridruejo Jiménez
* 12.10.1912 Burgo de Osma / Soria
† 29.12.1975 Madrid

DAS LYRISCHE WERK (span.) von Dionisio RIDRUEJO.

Der Dichter gilt als Vertreter der »Generation von 1936«. Er war Mitglied der Falange und ein enger Freund von General Antonio Primo de Rivera, dem Gründer dieser nationalistischen Bewegung. Von Ridruejo stammen auch einige Verse der Falange-Hymne *Cara al sol*. In den Jahren 1938 bis 1940 leitete er als hoher Funktionär unter Franco das Presseamt und zeichnete von 1940 bis 1942 für das offizielle Publikationsorgan der Falange, ›Escorial‹, verantwortlich. 1941–1942 kämpfte er sogar als Freiwilliger in Rußland in der División Azul (Blaue Division), die Franco zur Unterstützung Hitlers gestellt hatte. Nach seiner Rückkehr in die Heimat zog er sich aus Enttäuschung jedoch endgültig von der aktiven Politik zurück. Im von Franco auferlegten fünfjährigen Exil (Ronda, Katalonien) begann sein politischer Wandel, bis er sich ab dem Jahre 1955 offiziell in Opposition zu Franco begab. Mit seinem Kampf für die Demokratie, bei dem er sich auch für die Staatsform der später verwirklichten parlamentarischen Monarchie einsetzte, handelte er sich fortan wiederholt Gefängnisstrafen ein.

Die erste Schaffensphase (nach dem in *Plural*, 1935, publizierten Frühwerk) fällt mit der Zeit aktiver politischer Tätigkeit Ridruejos zusammen. In Anlehnung an den Stil der 36er Generation, die sich anläßlich des 400. Todesjahres von GARCILASO DE LA VEGA 1936 diesen Dichter zum Vorbild erwählt, benutzt Ridruejo mit Vorliebe Gedichtformen der Renaissance und des Barock, wie Lira, Ekloge, Elegie, Sonett mit elfsilbigen Versen, sowie entsprechende Metaphern, Topoi und Themen (z. B. bukolische Motive).

Die *Sonetos a la piedra*, 1943 *(Sonette an den Stein)*, in denen alle Reimvarianten virtuos ausgeschöpft werden, entstanden zwischen 1934 und 1942. Die festgefügte Form dieses Gedichttyps entspricht dem Symbol des Steins, der für Unvergänglichkeit und Beständigkeit steht: Im ersten Sonett wird der Stein als *»duro tambor de tempestades«, »vertical ambición de eternidades«, »rostro sin voz de las edades« (»harte Trommel gegen Stürme«, »vertikales Streben nach Ewigkeit«, »Antlitz ohne Stimme der Zeiten«)* gepriesen. Dem in der kastilischen Steppe gelegenen Königspalast »El Escorial«, dem fünf Sonette gewidmet sind, kommt dabei als Sinnbild für den spanischen Nationalcharakter und die spanische Religiosität (vgl. Sonett 35: *»Constancia y ambición, si grave erguida« – »Beständigkeit und An-*

spruch, so feierlich emporgestreckt«) ein besonderes Gewicht zu.

Primer libro de amor, 1939 *(Erstes Buch der Liebe)*, entstanden zwischen 1935 und 1939, besteht aus acht Teilen mit unterschiedlichen Einflüssen. I, IV, VII scheinen persönliches Erleben im Stil A. MACHADOS wiederzugeben, ohne daß jedoch die für Ridruejo typischen kulteranistischen Elemente fehlen (Teil I, Sonett 1: *»Tu soledad de nieve« – »Deine Einsamkeit aus Schnee«*). Für II, III, V, VI, VIII ist *alma* ein Schlüsselwort. Neben der Liebe wird hier die Existenz allgemein bejaht (V, Sonett 1: *»Alma canta en el día,/ tu enajenada libertad usando ...« – »Seele, singe in den Tag,/ deine jubelnde Freiheit nutzend ...«*) und durch die bildliche Darstellung sinnlichen Erlebens ergänzt (II, Sonett 2: *»Se retuerce el coral bajo los mares/ cuando los peces de tu piel navegan ...« – »Es biegt sich die Koralle unter den Meeren,/ wenn die Fische gleiten auf deiner Haut...«*). – In einem Band mit *Primer libro de amor* erschien der 1936 entstandene Zyklus *Elegía y egloga del bosque arrancado (Elegie und Ekloge des abgeholzten Waldes)*. Es handelt sich um ein dreiteiliges Gedicht, eine Ekloge mit bukolischer Thematik, die von zwei kürzeren elegischen Teilen eingerahmt ist. Die Elegien beschreiben die Realität der abgeholzten spanischen Landschaft; die Ekloge beschwört im Traum die Pracht einer ursprünglichen Waldfläche herauf.

Poesía en armas. Cuadernos de la Guerra Civil, 1940 *(Bewaffnete Dichtung. Notizen zum Bürgerkrieg)*, ein Pilar Primo de Rivera gewidmeter Lyrikband mit Sonetten, entstand als eine Art Tagebuch während des Bürgerkriegs. Ridruejo selbst spricht von einem *»folleto de nuestra Propaganda« (»Broschüre unserer Propaganda«)* und verurteilte später diese Dichtung, nahm sie jedoch als Zeitdokument in seine Werkausgabe (1976) mit auf. – *Fábula de la doncella y el río*, 1943 *(Fabel von der Jungfrau und dem Fluß)*, besingt eine allegorische Mädchengestalt in Einklang mit der Natur. In dieser 1940 überarbeiteten Fassung eines Frühwerks von 1935 (in *Hasta la Fecha* unter dem Titel *Canciones de la niña del río*) wird das ursprünglich vorherrschende volkstümliche Element (vorwiegend Romanzenform) durch einen rhetorischen Stil in barocker Tradition und eine strenge Form (oft Sonette, Elf- und Siebensilber) ersetzt.

Mit der beginnenden Ernüchterung als Politiker und Ideologe verändert sich Ridruejos Dichtungskonzeption. An die Stelle von pathetischen Themen und dem Streben nach Originalität tritt nun in der zweiten Periode das Bemühen um Authentizität. Besonders in den literarisch äußerst produktiven Jahren des Exils (1942–1947) findet Ridruejo zu seinem endgültigen lyrischen Stil. Dieser ist von der existentiellen Thematik (Vergänglichkeit der Zeit) geprägt. Lösungen werden im persönlichen Bereich gesucht, was sich bereits durch die Vorliebe für die Bezeichnung seiner Publikationen als *Cuadernos* (Hefte) andeutet. Eine neue Religiosität und die Entwicklung hin zu neuen politischen Ideen deuten sich an. Formal wendet er sich von den strengen Gedichtformen wie dem Sonett ab und dem freien Wechsel der Versformen zu.

Die Gedichte von *Poesías en armas. Cuadernos de la Campaña en Rusia*, 1944 *(Dichtung in Waffen. Notizen während des Rußlandfeldzugs)*, entstanden 1941–1942 als eine Art lyrisches Tagebuch mit stark autobiographischen Zügen. Sie sind von einem nüchternen Grundton und Worten der Desillusion beherrscht. Die Beschreibung der russischen Landschaft verschmilzt mit der Erinnerung an die kastilische. Die äußere Welt wirkt auf die Psyche des Betrachters, löst Reflexionen über die Problematik Spaniens, die Vergänglichkeit aus. Schlüsselwörter sind *soledad, silencio, gravedad, eternidad* (Einsamkeit, Stille, Feierlichkeit, Ewigkeit) und, durch die Erfahrung der militärischen Gemeinschaft ausgelöst, *esperanza* (Hoffnung): *»Adiós. Tú, camarada,/ quedarás esperándome/ vivo o muerto. Yo marcho y voy contigo/ a la Patria lejana...« (»Adieu, Du, Kamerad,/ wirst bleiben, auf mich warten,/ lebendig oder tot. Ich zieh fort und geh mit Dir/ in das ferne Vaterland«)*. Der Stil der meist langen Gedichte (nur sieben Sonette) mit verschiedenen metrischen Schemata wirkt spontan und ungekünstelt.

Die Gedichte von *En la soledad del tiempo*, 1944 *(In der Einsamkeit der Zeit)*, – der Lyrikband nimmt auch *Serranía y otras notas de España* und *Cancionero en Ronda* auf – entstanden nach der inneren Krise des Autors, die zum Rückzug aus der Politik und dann zum Exil führte. Resignation (*desengaño* nach dem Vorbild J. MANRIQUES, QUEVEDOS) und Einsamkeit (*Soledades* heißt der erste Zyklus) sind die vorherrschenden Gefühle. Die Vergänglichkeit der Zeit wird beklagt: *»En enero nace el alma/ .../ Noviembre el lento recuerdo/ y Diciembre el desamparo./ Luego brotará lo muerto,/ sin regreso, sin huída/ en la soledad del tiempo« (»Im Januar wird die Seele geboren/ ... November, allmähliches Erinnern/ und Dezember, Schutzlosigkeit./ Dann keimt das Tote/ ohne Wiederkehr/ ohne Entkommen/ in der Einsamkeit der Zeit«)*. Der zweite Teil, *Sospechas (Vermutungen)*, ist mehr von der existentiellen Thematik und einer lyrischen Sprache im Stil A. Machados geprägt. Hier deutet sich ein Hoffnungsfunke an: *»... todo presencia y misterio/ .../ Dime quién soy y quién eres/ .../ y por qué quiero saber,/ mirar, lo que estoy creyendo« (»alles Gegenwart und Mysterium/ .../ Sag mir, wer ich bin, du bist/ .../ und warum ich wissen möchte,/ sehen, was ich glaube«)*.

In *Cancionero en Ronda (Liederbuch aus Ronda)*, in den ersten Exiljahren entstanden, wendet sich Ridruejo der kleinen Welt der konkreten Dinge seiner Umgebung, vor allem der einsamen Kontemplation der Natur zu. Gefühle der Resignation *(»Pasa a mis pies un agua, .../ encadenando al tiempo mis entrañas« – »Mir zu Füßen fließt ein Wasser .../ knüpft an die Zeit mein Innerstes«)* werden durch Hoffnung gemildert. Die Natur führt ihn zu Gott: *»¡O, religiosa flor, sagrado signo!/ ¿Qué será la belleza sino el cebo divino ...?« (»Oh, keusche Blüte, geheiligtes Zeichen/ Was ist die Schönheit, wenn nicht göttlicher Köder«)*.

Die Gedichte von *Elegías (1943–1946)*, 1948, Elegien in reimlosen Sieben- und Elfsilbern, Alexandrinern und zum Teil freien Rhythmen, entstanden im katalanischen Exil. Weiterhin steht die existentielle Klage im Vordergrund. Melancholie wechselt jedoch mit Hoffnung ab. Wesentliche Themen sind der persönlich erlebte Tod, *»el desengaño del tiempo«*, sowie die politische Enttäuschung. Trost wird in der Bejahung des Vaterlands, im Streben nach Absolutem, Ewigem (wiederum *piedra* als Bild) und vor allem im Glauben gesucht.
Die beiden rückblickenden Werkausgaben, *En once años*, 1950 *(In elf Jahren)*, für die Ridruejo trotz des Protests von politischer Seite den Nationalpreis für Literatur erhielt, sowie *Hasta la fecha* (1961) beschließen die fruchtbarste lyrische Schaffensperiode des Autors. Neben zahlreichen, auch politischen Prosaveröffentlichungen erschienen fortan nur noch wenige Lyrikbände. Zu diesen Werken der dritten Periode gehört *Cuaderno catalán*, 1965 *(Katalanisches Heft)*, das Kataloniens Landschaft und Menschen beschreibt, jedoch unter Vermeidung der früheren Verknüpfung mit der subjektiven Gefühlswelt des lyrischen Ich. Die Sensibilität für die Vergänglichkeit der Zeit bleibt jedoch nicht nur hier, sondern auch in dem während der sog. »Nelkenrevolution« in Portugal entstandenen *Cuadernillo de Lisboa*, 1975 *(Kleines Heft von Lissabon)*, und in *Casi en prosa*, 1968–1972 *(Fast wie in Prosa)* spürbar, dessen zweiter Teil, *Los cuadernos de Austin (Die Hefte von Austin)*, in den USA entstand. – *En breve*, 1975 *(Bald)*, ist die letzte von Ridruejo selbst vorbereitete Gedichtausgabe. Er bezeichnet den Inhalt in der Einleitung als *»kurze Gedanken über Leben, Menschen, Städte, Dichter, Maler, Kunstwerke aus den letzten 15 Jahren«*.
Im Einklang mit der »rehumanisierten« Kunst der 36er Generation stellte Ridruejo von Beginn an die Thematik in seiner Lyrik über das Formale. In der ersten Schaffensperiode werden entsprechend der politischen Überzeugung des Falangisten bleibende, zeitlose Werte besungen wie Liebe, Schönheit, Vaterland, wobei klassische, feste Versformen die Botschaft bekräftigen. In der zweiten Periode erfolgt ein enttäuschter Rückzug auf das persönliche Erleben ohne ideale Überhöhung. Es geht ihm nun vor allem um Authentizität, weniger um Originalität. Die Versform wird freier und offener. Den mit der Tendenz zum *intimismo* verbundenen Gefahren versucht Ridruejo in der dritten Periode durch die Hinwendung auf allgemeinere Beobachtungen zur menschlichen Existenz zu entgehen. Mit seinem Streben nach ehrlicher und offener Kommunikation mit dem Leser muß Ridruejo als einer der authentischsten Verfechter der *»humanización«* unter den Lyrikern der 36er Generation gelten. P.Str.

AUSGABEN: *Plural*, Segovia 1935. – *Primer libro de amor*, Barcelona 1939. – *Poesía en armas*, Madrid 1940. – *Fábula de la doncella y el río*, Madrid 1943. – *Sonetos a la piedra*, Madrid 1943. – *Poesía en armas (Cuadernos de la campaña de Rusia)*, Madrid 1944. – *En la soledad del tiempo*, Barcelona 1944. – *Elegías*, Madrid 1948. – *En once años*, Madrid 1950 [enth. alle bisherigen Bücher u. zusätzl. die Slg. *Convivencias*]. – *Hasta la fecha (Poesías completas, 1934–1959)*, Madrid 1961 [Vorw. L. F. Vivanco; enth. außerdem 95 unveröffentl. Gedichte]. – *Cuaderno catalán*, Madrid 1965. – *Casi en prosa* (1968–1970), Madrid 1972. – *Cuadernillo de Lisboa* (in Revista Peñalabra, Santander 1974). – *En breve* (in Litoral, Málaga 1975). – *Poesías completas*, Hg. C. Blanco Aguinaga u. A. Carreira, 2 Bde., Madrid 1975. – *Antología poética*, Hg. J. Sanchis-Banús, Madrid 1978. – *Cuadernos de Rusia, En la soledad del tiempo, Cancionero en Ronda, Elegías*, Hg. M. A. Panella, Madrid 1981.

ÜBERSETZUNG: *Payeses/Landvolk*, G. Stocker (in *Spanische Lyrik des 20. Jh.s*, Hg. G. Siebenmann u. J. M. López, Stg. 1985; Einzelgedicht; RUB).

LITERATUR: B. Mostaza, *»En once años«* (in Ya, Madrid 1950). – Ders., *»Hasta la fecha«* (ebd., 1961). – L. F. Vivanco, *El desengaño del tiempo en la poesía de D. R.* (in *Introducción a la poesía española contemporánea*, Madrid 1971). – H. P. Schmidt, *D. R. Ein Mitglied der spanischen ›Generation von 36‹*, Bonn 1972.

LUÍS ROSALES

eig. Luís Rosales Camacho
* 31.5.1910 Granada

DAS LYRISCHE WERK (span.) von Luís ROSALES.
Der spanische Dichter gilt als zentrale Figur, wenn nicht als Initiator der Dichtergruppe von 1936, auch »Gruppe um Rosales« genannt, die während des Bürgerkrieges für Franco Partei ergriff und im offiziellen Publikationsorgan der Falange mit dem bezeichnenden Namen ›Escorial‹ schrieb. Rosales war lange Zeit als Kämpfer in Francos Bürgerkriegsheer und wegen seiner aktiven Arbeit in Francos Propagandaapparat nach dem Krieg umstritten. Vom Vorwurf, er sei persönlich für die Festnahme und Erschießung seines Freundes und Dichterkollegen F. GARCÍA LORCA in Granada verantwortlich gewesen, wurde er erst im Laufe der sechziger Jahre reingewaschen. 1974 mit dem Erscheinen seines Buches *Como el corte hace sangre*, das 16 Texte der jungen, als *Novísimos* bezeichneten Generation zu Ehren von Rosales begleiten, scheint seine Rehabilitation als Mensch und als Dichter besiegelt. Rosales' literarisches Werk wird 1982 mit der Verleihung des angesehenen, hochdotierten Cervantes-Preises honoriert.

Rosales' Lyrik ist von seinen persönlichen Lebensumständen geprägt. Als intimistische Reflexion über die eigene Existenz, seine individuelle Innen- und Außenwelt, weist sie durch die Konstanz weniger, zentraler Themenkreise eine starke innere Geschlossenheit auf: Seine Dichtung dreht sich immer wieder um die melancholische Gegenüberstellung des persönlichen Erlebens von Gegenwart und Vergangenheit, momentaner Realität und Erinnerungsvermögen. Ein zentraler Aspekt seiner Lyrik ist auch das Bekenntnis zum Katholizismus. Sein erster Gedichtband, *Abril* (1936), stellt im Vergleich zum Gesamtwerk insofern eine Ausnahme dar, als die Dichtung hier in ihrem neoklassizistischen Ansatz (Vorbild: GARCILASO DE LA VEGA, dessen 400. Todesjahr 1936 begangen wurde) sowohl formal (Geschlossenheit der Form in Sonett, Dezine und Romanze) als auch thematisch (klassizistisch stilisierte Realität – abstrahierte Welt: Lilien, Narden, Jasmin, Hirsche, Ricken, Schwäne; Protagonisten: Jünglinge, Jungfrauen, Engel) von seiner späteren Lyrik abweicht. Die Rhetorik ist kompliziert, häufig kommen statische, konzeptistisch verdichtete Nominalsyntagmen vor: *»Delfín de nieve el alto caminar de tu corriente« (»Schneedelphin der hohe Gang deines Strömens«)*. Im Unterschied zu der späteren Dichtung ist die poetische Welt in *Abril* von einer enthusiastischen Aufbruchsstimmung, vom Frühling, von der Morgensonne, von Lachen und sinnlicher Lebensfreude geprägt. Begierig entdeckt das lyrische Ich die Dinge seiner Umwelt, die Landschaft, die Geliebte. Die Grundhaltung des Staunens wird dabei formal durch häufige Ausrufe untermauert.

In *Rimas*, 1951 *(Reime)*, in dem seit 1937 entstandene Verse vorgestellt werden, findet Rosales zu dem lyrischen Stil, der sein ganzes weiteres Werk bestimmen sollte. Der optimistische Lobgesang seiner Anfangslyrik hat sich hier zu einem pessimistischen Weltbild gewandelt. Im Mittelpunkt steht nun thematisch das Individuum, die alltägliche Welt, die Vergänglichkeit der Zeit. Die Bilder sind nicht mehr statisch. Das menschliche Dasein wird als Erleben der Vergänglichkeit begriffen. Die Neigung zum freien Langvers, der sich dem Thema unterordnet, zum erzählenden Stil und einer einfachen Rhetorik (der Vergleich etwa folgt nun dem einfachen Schema A wie B oder A ist B) setzt sich durch. Die Abkehr von *Abril* zeigt sich deutlich: *»si tú supieras que un poema/ no puede ya volver a ser como un escaparate de joyería« (»wenn du wüßtest, daß ein Gedicht/ nicht mehr wie eine Schmuckvitrine sein kann«)*. Im Gegensatz zu *Abril* ist das Ambiente jetzt vom Sonnenuntergang beherrscht: Der Blick wandelt sich zu Blindheit: *»Estamos juntos sin vernos« (»Wir sind beisammen, ohne uns zu sehen«); »El labio/ está diciendo un beso como el ciego/ no tiene en el mirar más luz que el llanto (»Die Lippen/ sagen einen Kuß, wie der Blick/ des Blinden nicht mehr Licht hat als das Weinen«)*.

Hoffnung schöpft das lyrische Ich über den Weg der Erinnerung, die bewahrt: *»Cierra los ojos .../ Ciérralos bien. Todo ha sido ... No olvides nada« (»Schließe die Augen .../ Schließe sie gut. Alles ist gewesen ... Vergiß nichts«); »Para volver a ser dichoso era/ solamente preciso el estipendio/ de recordar« (»Um erneut glücklich zu sein, brauchte/ es nur den Lohn/ der Erinnerung«)*. Das Gedächtnis führt zurück zum Paradies der Kindheit: *»Antes tenía/ una esperanza quieta,/ ... a una tranquila/ mirada dulce y vegetal, inerme,/ una mirada niña ...« (»Früher hegte ich/ eine stille Hoffnung,/ ... auf einen ruhigen,/ süßen, pflanzlichen Blick, wehrlos,/ einen Kinderblick ...«)*. Trost findet der Dichter auch im lyrischen Wort, *»porque nada está vivo sino ella« (»denn nichts außer ihm ist lebendig«)*. Im zweiten Teil von *Rimas* deutet sich auch der Trost im Glauben an: *»Siendo y sufriendo/ .../ amándote, olvidándote y negándote/ somos tuyos,/ Señor ...« (»Seiend und leidend/ .../ Dich liebend, Dich vergessend und verleugnend/ sind wir Dein/ Herr ...«)*.

Seit dem Erscheinen von *La casa encendida*, 1949 *(Das erleuchtete Haus)*, verschwindet der klassische Vers fast vollständig zugunsten des freien Langverses und des umfangreichen Poems mit erzählerischem Charakter (vgl. das fast 100 Seiten umfassende Gedicht *Fragmento de la Pepona*). Die biographische Thematik herrscht hier vor (Jugenderinnerungen, Freunde, momentane Kollegen, Profanes wie das Haus, wo er wohnt). Der existentielle Zweifel steht weiterhin im Vordergrund: *»... para qué puede servir la palabra misma: ›ahora‹,/ .../ en una vida que no tiene memoria perdurable,/ que no tiene mañana,/ que no conoce apenas si era clavel, si rosa,/ si fue azucenamente hacia la tarde« (»... wozu dient selbst das Wort ›jetzt‹,/ .../ in einem Leben, das kein endloses Erinnern kennt, kein Morgen kennt,/ kaum weiß, ob es Nelke war, ob Rose, es lilienweiß gen Abend schritt«)*. Der Pessimismus wird jedoch auch hier kraft der Erinnerung und des poetischen Wortes gemildert, um das Chaos zu ordnen: *»La palabra del alma es la memoria;/ la memoria del alma es la esperanza/ y ambas están unidas.../ la esperanza, que quizá es tan sólo la memoria filial que aún tenemos de Dios« (»Das Wort der Seele ist die Erinnerung:/ die Erinnerung der Seele ist die Hoffnung,/ und beide sind vereint.../ die Hoffnung, die vielleicht nur die Erinnerung ist, die wir, die Kinder, an Gott bewahren«)*.

Die Themen von *Rimas* und *La casa encendida* sollten weiterhin im Mittelpunkt von Rosales' Gesamtwerk stehen: Einsamkeit, Schmerz, Tod, Bewußtsein der Sterblichkeit, Inkommunikation. Dieser existentielle Pessimismus wird jedoch zum Teil gedämpft durch den Glauben an den Menschen und seine schöpferische Kraft gegenüber dem Chaos, durch das historische Bewußtsein und den Aufruf zur *»reconstrucción solidaria del mundo« (»solidarische Erneuerung der Welt«)*, sowie durch die Religion.

Das Autobiographische bestimmt auch die beiden letzten Gedichtbände des Lyrikers mit den bezeichnenden Titeln *Diario de una resurrección*, 1979 *(Tagebuch einer Auferstehung)*, und *Carta entera*, 1980–1984 *(Vollständiger Brief)*. In *Diario* dokumentiert der Autor, wie das Erlebnis einer Liebe zumindest für eine kurze Dauer zum Leben erweckt: *»... todo lo que soy.../ depende de saber que nuestro amor pudo resucitarnos/ .../ pero/ sólo puede durar/ mientras que dure un beso«* (*»... alles, was ich bin.../ wird davon bestimmt, zu wissen, daß unsere Liebe uns zu neuem Leben erweckt,/ .../ doch/ kann es nur währen/ solange ein Kuß währt«*). Das Schreiben des *Diario* ist ein einsamer Akt – *»Escribir es la cita que todos los veranos tengo conmigo mismo«* (*»Schreiben ist das vereinbarte Treffen jeden Sommer mit mir selbst«*) –, ebenso die Liebe: *»Todos los elementos del amor son egoístas,/ menos el luto«* (*»Alle Elemente der Liebe sind egoistisch,/ außer der Trauer«*), heißt es dazu in sentenzenhafter Zuspitzung. Der Moment der Liebe, des Lebens, soll mit allen Mitteln retardiert werden, um die Vergänglichkeit, den Tod aufzuhalten: *»... sólo un momento más,/ sólo un momento,/ detenido,/ igual que el agua fría se bebe sorbo a sorbo,/ o/ también/ como a veces se detiene el orgasmo,/ cuando la dicha es tan intensa que no queremos que se agote,/ y volver a empezar se parece a morir«* (*»... nur einen Moment noch,/ nur einen Moment,/ verzögert,/ wie Schluck für Schluck man kaltes Wasser schlürft,/ oder/ auch,/ den Orgasmus man bisweilen verzögert,/ wenn das Glück so heftig ist, daß man es nicht vergeuden will,/ denn neu beginnen ist wie sterben«*).

Mit seinem bisher letzten Werk *La carta entera*, das sich aus drei Episoden zusammensetzt – 1. *La almadraba*, 1980 (*Thunfischfang*); 2. *Un rostro en cada ola*; 1982 (*Ein Antlitz auf jeder Welle*); 3. *Oigo el silencio universal del miedo*, 1984 (*Ich höre das universale Schweigen der Angst*) –, verbindet der Autor die Absicht, *»ein minutiöses und absurdes Buch zu machen über den aktuellen Menschen/ und seine wachsende Vereinsamung«*, wie es im Prolog heißt. Das lyrische Ich irrt durch *»eine verlassene Stadt/ übergangen/ mit der Hoffnung auf Leben«*, auf der Suche nach etwas, das aus seiner Einsamkeit befreit, der zu entfliehen es auch hier nur durch den Rückzug in die Innenwelt gelingt. Ein intensiver Dialog entspinnt sich in der Erinnerung mit den Toten, dem *»Reigen der verstorbenen Freunde«*, aber auch den Toten der Kriege, vor allem des Spanischen Bürgerkriegs, mit denen er im Zwiegespräch alle Probleme des modernen Lebens vom Privaten bis zur Politik anspricht.

Das ständige Spiel zwischen Erinnerung und gegenwärtiger Realität steigert sich in *La carta entera* nicht selten zum Onirischen, wie folgender Vers aus *Un rostro en cada ola* zeigt: *»Me puse en la cabeza un sombrero de niña, y aquel sombrero era la muerte de mis padres«* (*»Ich setzte mir einen Mädchenhut auf, und jener Hut war der Tod meiner Eltern«*). In solchen Bildern zeigt sich das kreative Element in Rosales' Lyrik, das seinen Stil allgemein trotz der Nähe zur Alltagssprache auszeichnet und sich nicht selten auch in einer Art von Humor äußert, der bis ins Absurde verzerrt ist: In *Rimas* spricht er z. B. von *»una familia que tenía una sola lágrima repartida entre cuatro«* (*»eine Familie, die eine einzige Träne unter vieren aufteilte«*), in *Un rostro en cada ola* erzählt er: *»Pasó junto a nosotros una mujer tan embarazada que andaba ya sobre los pies del niño«* (*»Bei uns tauchte eine Frau auf, die war so schwanger, daß sie auf den Füßen des Kindes lief«*). Auch fast surrealistisch verfremdete Epitheta sind typisch für Rosales' Gesamtwerk wie *»la tortilla difunta«* (*»die verstorbene Tortilla«*), *»el árbol miope«* (*»der kurzsichtige Baum«*), *»la nieve monosilábica«* (*»der einsilbige Schnee«*) etc. Daneben steht die Neigung des Dichters zum oft gewagten sprachlichen Experiment: In *Oigo el silencio universal del miedo* heißt es etwa: *»La vida ha mañanado«* (= *Das Leben hat gemorgend*). Hier wird ein Adverb *mañana* zum Verb *mañanar*. Ähnliche Beispiele lassen sich überall in Rosales' Lyrik finden (z. B. *despaciarse, todavíar*). Adjektive werden zum Verb umfunktioniert (*tristear, alegrar, ningunear, anteriorizar*), auch Substantive (*extremaunciar, ardillear, desplacentarse, desdolorirse*) oder Verben durch Präfixe u. ä. verändert (*desnacer, santihablar, desnochecer, traspensar*). Neue Substantive werden gebildet (*silenciosidad, señorumbre, arañaduría*), von Adjektiven abgeleitet (*sucesividad, infinitación, usualidad, minimalidad*) oder von Verben (*meritancia, adentración*).

Diese Beispiele machen deutlich, wie sehr in Rosales' Lyrik seit *Rimas* und *La casa encendida* die thematische Funktion vorherrscht, der sich die Form beugt. Rosales' Vorliebe für den erzählerischen, anekdotischen, zum Teil auch sentenzenhaften Stil mit Neigung zum Dialog entspricht das ausgedehnte Poem in ungleichen Langversen, das der Dichter bis zum Schluß bevorzugt. Es ist auch ein Markenzeichen der Dichtung seiner Generation, die mit Rosales als Wortführer die Rehumanisierung in bewußtem Gegensatz zu ORTEGA Y GASSETS Theorie von der *»deshumanización del arte«*, die Ästhetik einer *»poesía impura«* statt der *»poesía pura«* der 27er Generation auf ihr Banner schrieb und damit der spanischen Lyrik der gesamten Francozeit den Weg wies. P.Str.

AUSGABEN: *Abril*, Madrid 1936. – *Retablo sacro del nacimiento del Señor*, Madrid 1940; [2]1964. – *La casa encendida*, Madrid 1949. – *Rimas*, Madrid 1951. – *La casa encendida. Nueva versión*, Madrid 1967. – *El contenido del corazón (Elegía)*, Madrid 1969; [2]1978. – *Rimas y La casa encendida*, Madrid 1971. – *Segundo Abril*, Saragossa 1972. – *Canciones*, Madrid 1973. – *Como el corte hace sangre*, Cáceres 1974. – *Las puertas comunicantes. Primera antología poética*, Salamanca 1976. – *Diario de una resurrección*, Mexiko/Madrid/ Buenos Aires 1979. – *La carta entera. La almadraba*, Madrid 1980. – *Poesía reunida (1935–1974)*, Barcelona 1981. – *La carta entera. Un rostro en cada ola*, Madrid 1982. – *La carta entera. Oigo el silencio universal del miedo*, Madrid 1984. – *Antología poética*, Madrid 1988.

ÜBERSETZUNG: *La casa encendida/Das erleuchtete Haus*, G. Siebenmann (in *Spanische Lyrik des 20. Jh.s*, Hg. ders. u. J. M. López, Stg. 1985; gek. Einzelgedicht; RUB).

LITERATUR: D. Alonso, *Retrato del poeta L. R.* (in *Poetas españoles contemporáneos*, Madrid 1952, S. 381–384). – *Homenaje a L. R.* (in CA, 1971,

Nr. 257/258; Sondernr.). – L. F. Vivanco, *Introducción a la poesía española contemporánea*, Madrid 1974, S. 113–149. – R. Lapesa, *»Abril« y »La casa encendida« de L. R.* (in *História y crítica de la literatura española*, Bd. 8, Barcelona 1980, S. 180–188). – D. Santos, *L. R. y sus cincuenta años seguidos de creación poética* (in Anthropos, 25, 1983, S. 39 bis 41). – A. Porpetta, *L. R., la memoria creadora* (in *Homenaje a los premios Miguel de Cervantes*, Madrid 1986, S. 307–328). – A. Sánchez Zamarreno, *La poesía de L. R. 1935–1980*, Salamanca 1986.

PEDRO SALINAS

* 27.11.1891 Madrid
† 4.12.1951 Boston

LITERATUR ZUM AUTOR:
A. del Río, *El poeta P. S.: vida y obra* (in RHM, 7, 1941, S. 1–32). – Hispania, 25, 1952 [Sondernr. *P. S.*]. – Insula, 1952, Nr. 74 [Sondernr. *P. S.*]. – H. Baader, *P. S. Studien zu seinem dichterischen und kritischen Werk*, Diss. Köln 1956. – C. Feal Deibe, *La poesía de P. S.*, Madrid 1965. – J. Palley, *La luz no usada. La poesía de P. S.*, Mexiko 1966. – J. Guillén, *P. S.* (in MLN, 82, 1968, S. 135–148). – A. de Zubizarreta, *P. S. el diálogo creador*, Madrid 1969. – Insula, 1971, Nr. 300–301 [Sondernr. *P. S.*]. – J. Crispin, *P. S.*, NY 1974. – D. L. Stixrude, *The Early Poetry of P. S.*, Princeton/Madrid 1975. – *P. S.*, Hg. A. Debicki, Madrid 1976. – R. C. Allen, *Symbolic Experience. A Study of Poems by P. S.*, Alabama 1982. – J. F. Cirre, *El mundo lírico de P. S.*, Granada 1982.

LA BOMBA INCREÍBLE

(span.; *Ü: Die Rätselbombe*). Utopischer Roman von Pedro SALINAS, erschienen 1950. – Das unter dem Eindruck der Atombombenexplosion entworfene Thema hatte der Verfasser schon in seinem 1949 erschienenen Gedicht *Cero (Null)* angekündigt: *»Ich weiß um das große Paradox: in den Laboratorien, den geheiligten Tempeln des Fortschritts, wird die Technik für den endgültigen Rückschritt des Menschenwesens erarbeitet: die Rückkehr des Seins in Nichtsein.«* In diese zur Welt ausgeweiteten Laboratorien führt uns nun der Roman. Sie heißen hier TWS (Technischer Wissenschaftler Staat). Die Menschen in diesem Staat – er trägt Züge sowohl der UdSSR wie der USA – werden zu reinen Verstandeswesen reduziert. Ihre Intelligenz dient ausschließlich der Wissenschaft, und diese nur der auf den Krieg ausgerichteten Technik. Es kommt jedoch der Tag, da die Vorsehung, des frevelhaften Menschentreibens müde – der Roman läßt hier an die Sintflut denken –, im TWS ein rätselhaftes Gebilde erscheinen läßt. Als man versucht, es auseinanderzumontieren, entlädt es sich: Die Schmerzen und das Wehgeschrei der um des Fortschritts willen gequälten Kreatur quellen hervor. Sie dehnen sich mehr und mehr aus, machen den TWS unbewohnbar und drohen, die ganze Erde zu zerstören. Aber ein neues paradiesisches Paar, das nur die Liebe kennt, rettet das Menschengeschlecht vor dem Untergang und leitet eine neue Geschichtsepoche ein. – *La bomba increíble* ist der Protest eines Dichters, der gegen das funktionelle Denken der Technik die befreiende Kraft der Liebe, die Schönheit und den zweckfreien Umgang mit der Natur stellt. Nach dem erschütternden Erlebnis des Kriegsgeschehens verkündet Salinas nun auch als Epiker die Botschaft seiner Lyrik: Die Liebe ist die Macht, die die Welt erleuchtet und dem Leben Sinn und Bestand verleiht. A.F.R.

AUSGABEN: Buenos Aires 1950. – Barcelona 1971; [2]1975 (in *Poesías completas*, Hg. u. Einl. J. Guillén). – Madrid 1989 (in *Poesías completas*).

ÜBERSETZUNG: *Die Rätselbombe*, E. Fey, Wiesbaden 1959 [m. Nachw.]; [2]1960.

LITERATUR: F. Aparicio, *P. S. y »La bomba increíble* (in Razón y Fe, 145, 1952, S. 184–190). – H. Young, *P. S. y los Estados Unidos o la nada y las máquinas* (in CHA, 1962, Nr, 145, S. 5–13). – S. G. Polanski, *La personalidad extraordinaria de la bomba en »La bomba increíble« de P. S.* (in Hispanic Journal, 9, 1988, S. 113–118).

EL DESNUDO IMPECABLE

(span.; *Die unschuldige Nacktheit*). Novellen von Pedro SALINAS, erschienen 1951. – Der Band enthält fünf Novellen des Lyrikers, Kritikers und Romanciers Salinas, eines der vielseitigsten Repräsentanten der spanischen Moderne. Den Schlüssel zur Thematik des ganzen Bandes liefert erst die letzte Geschichte: In einer leidenschaftlichen Diskussion verteidigt Eusebio die Freiheit des menschlichen Willens, während Mr. Bruce, ein fiktiver Romanautor, durch dessen Mund Salinas selbst spricht, die Behauptung aufstellt, der Mensch sei der Willkür von Zufall und Schicksal ausgeliefert. – Alle vorangegangenen Novellen scheinen diese These zu stützen, sie alle schildern Menschen, in deren Leben das Schicksal blind und scheinbar sinnlos eingreift. In der ersten Novelle kommt durch eine unglückliche Verkettung von Umständen – vertauschte Sitze, ein bremsender Omnibus – ein Mensch ums Leben. War es Zufall? Läßt sich eine Schuld erkennen? Diese Fragen klingen auch in den folgenden Geschichten an, bleiben jedoch bis zum Schluß offen. In der zweiten Novelle *(Der Ruhm und der Nebel)* reißt ein doppelter Zufall ein liebendes Paar auseinander: Ein junger Dichter ersteigt

auf Wunsch seiner Freundin ein Denkmal von Edgar Allan Poe, übersieht in dem dichten Nebel jedoch, daß die Figur noch nicht fest auf ihrem Sokkel steht, und stürzt tödlich ab.
So verknüpfen sich belangloser Alltag und unberechenbare Ereignisse zu einem Verhängnis, dem der Mensch machtlos gegenübersteht. Er kann nur in gefaßter Haltung das Ende erwarten. Der erwähnte Mr. Bruce zitiert Seneca, um diese These zu stützen, und spricht dem Menschen jede Freiheit, auch die Freiheit zur Schuld, ab. Der einzelne sei nichts als eine Marionette des Schicksals.
Neben dem Zufall aber zieht sich noch ein zweites Motiv durch alle Novellen: die Liebe, die der einzig mögliche Ausweg aus dem Verhängnis des irdischen Geschehens ist. Für Daniel bringt sie die Befreiung. Er, der in seiner Jugend jahrelang unter einer verzerrten moralischen Ordnung gelitten hat, erkennt nun an seiner Geliebten *»die schönste Nacktheit eines Körpers in seiner Seele«*. Und in der Schlußnovelle findet die dialektische Spannung ihre Auflösung in der Bestimmung des Menschen zur Liebe. Sie besiegt nicht nur den Ruhm, wie in der zweiten Geschichte, sondern überwindet schlechthin alles Böse. Mr. Bruce wird widerlegt – in genauer Antithese zu seinen vorhergehenden Ausführungen: das unabwendbare Schicksal existiert nur für die Schwachen und Lauen, der liebende Mensch steht über ihm, dank der Stärke, die ihm die Liebe verleiht. A.As.

AUSGABEN: Mexiko 1951. – Barcelona 1971; 21975 (in *Poesías completas*, Hg. u. Einl. J. Guillén). – Madrid 1989 (in *Poesías completas*).

LITERATUR: J. L. Cano, *Las narraciones de un poeta* (in Insula, 1952, Nr. 74). – E. F. Helman, *The Innocent and the Guilty* (in Hispania, 35, 1952, S. 151/152). – J. L. Romero, *»El desnudo impecable«* (in Buenos Aires Literaria, 1953, Nr. 13, S. 104–108). – E. G. de Nora, *La novela española contemporánea*, Bd. 2/1, Madrid 1962, S. 215–218.

LA VOZ A TI DEBIDA

(span.; *Ü: Die Simme, die ich dir verdanke*). Lyrikband von Pedro SALINAS, erschienen 1933. – Die 70 Gedichte des Werkes, das mit seinem Titel einen Vers aus der dritten Ekloge von GARCILASO DE LA VEGA zitiert, bilden ein langes Poem, das seine Geschlossenheit durch das gemeinsame Thema, die Liebe zu einer Frau, erfährt.
Wie in den Eklogen wünscht sich das lyrische Ich bei Salinas die Vereinigung mit einem abwesenden *tú* (Du): *»Me fui a tú encuentro / ... te perdí« (»Ich ging los, dich zu suchen / ... doch ich verlor dich«)*. Anders als bei Garcilaso scheint die Geliebte hier nicht unerreichbar für den Liebenden, denn er hat erfahren, daß sie ihm nahestand: *»Si los ojos me dicen / ... que no eres de verdad, / las manos y los labios, / ... recorren tiernas pruebas« (»Wenn die Augen mir sagen, Du bist nicht wahr, / ertasten Hand und Augen zärtliche Beweise«)*. Auch ist seine Liebe nicht wie in den Eklogen unerwidert geblieben. Das Ich könnte so die Liebe zumindest in der Erinnerung wiederbeleben, doch bei jedem Gedanken an sie entgleitet ihm ihr Bild: *»Vas y vienes, resbalas / ... cautiva a lo fácil« (»Du kommst und gehst, gleitest / ... Gefangene des Leichten«)*. Auch die Realität selbst *(»tan verdad / que parecía mentira« – »so wahr / daß es Lüge schien«)* macht dem Ich ein Erfassen der Liebe unmöglich. Der Wille zu lieben, und zwar in der Vereinigung mit der Geliebten, wird durch das Bewußtsein der Vergänglichkeit getrübt.
Das Ich jedoch wünscht sich, die Liebe in ihrer reinsten Form zu bewahren. Daher steht dem erlebten *tú*, dem Erleben der Liebe, ein anderes, überhöhtes *tú* gegenüber. Dem vordergründigen Gesicht, das die Frau ihm zeigt, mißtraut der Liebende, er sucht den wahren Kern dahinter: *»yo no te quiero así, / disfrazada de otra, / ... Te quiero pura, libre, / irreducible: tú« (»ich liebe Dich nicht so / als eine andere verkleidet, / ... Ich liebe Dich rein, frei, / unreduzierbar: Du«)*. Der Liebende entrückt die Geliebte den Konditionen ihrer von der Umwelt abhängigen Individualität, um sie über alle wechselnden Erscheinungen in ihrer Essentialität zu besitzen. Die Erinnerung an die konkreten Erlebnisse wecken in ihm nicht den Wunsch nach einem erneuten Erleben, sondern führen zur Verinnerlichung, ja zu einer Abtötung der Sinne: *»No. / Tengo que vivirlo dentro, / me lo tengo que soñar« (»Nein. / Ich muß es in mir erleben, / muß es träumen«)*. Die wahre Liebe führt ihn über das Leben hinaus: *»Vivir ya detrás de todo / – por encontarte – / como si fuese morir« (»Endlich hinter den Dingen leben / – um Dich zu finden – / so wie man stirbt«)*. Was hier wie eine platonische Sublimierung scheint, ist jedoch kein irreales Wunschbild, das sich der Liebende von der Frau macht. Es geht ihm vielmehr darum, das Beste des geliebten Wesens zu fördern: *»Es que quiero sacar / de ti tu mejor tú« (»Ich will doch / in Dir Dein bestes Du fördern«)*. Er wünscht, ihr durch seine Liebe zu ihrem wesenhaften Du-selbst zu verhelfen. Auch er lebt in der Liebe aus dem anderen, gibt sich selbst auf, beide stehen sich in einer Beziehung der Gleichheit gegenüber, die Liebe ist ein gemeinsames, Erleben, ist *nuestro* (unser). Dem lyrischen Ich geht es nicht um eine reine Erfindung der idealen Geliebten. Vielmehr ist seine Liebe so stark, daß er die Trennung zwischen Ich und Du aufheben, mit der Geliebten verschmelzen möchte. So will er also das »Du« nicht nur von Zufällen befreien, sondern auch zu einer Welt finden, in der Ich und Du ineinander übergehen können. Dies ist freilich in der Realität nicht möglich, für die er seine grundsätzliche Einsamkeit erkennt: *»Pero ... / no soy más que lo soy« (»Doch ... / bin ich nicht mehr, als ich bin«)*.
Die lyrische Sprache spiegelt die Verneinung der erlebten Realität in häufigen Negationen wider, den Wunsch der Sublimierung der Geliebten in Präpositionen wie *atrás, detrás, más allá* (hinter, jenseits), durch das Präfix *tras- (trasnoche, trasamor, transfugas)*, Superlative *(más)*, absolute Ausdrücke *(»minas / últimas de tú ser«)* und Bilder der

Aufwärtsbewegung *(»Qué alegría más alta« – »Welch höchste Freude«)* etc. Diese Neigung zu Sublimierung und Verabsolutierung erinnert bei Salinas an Generationsgenossen wie J. GUILLÉN. Bei beiden Dichtern kehren auch bestimmte Schlüsselbegriffe immer wieder. Doch im Unterschied zu Guilléns Nominalstil bevorzugt Salinas Pronomina und Adverbien, ja hegt eine Abneigung gegen Substantive: *»¿Por qué tienes nombre tú?« (»Warum hast Du einen Namen?«)* fragt er die Geliebte. Er wehrt sich gegen die vorfabrizierte Sprache. *»Si tú no tuvieras nombre, / todo sería primero / ... inventado / por mí« (»Hättest Du keinen Namen, wäre alles neu / ... alles von mir / erdacht«)*. Mit der Sprache hinterfragt Salinas immer wieder die Realität. So bewahren die Begriffe auch keinen festen Sinn, sondern wandeln ihre Bedeutung in unterschiedlichen Kontexten. Dies wird besonders in der Sprache der Liebe deutlich, die stete Gemütsschwankungen, beständige Zweifel des Liebenden widerspiegelt.

Die Forschung hat versucht, in den 70 Gedichten eine thematische Entwicklung zu sehen, etwa über eine anfängliche Aufwärtsbewegung im Liebesglück zum fortschreitenden Verlust des gleichen, bis das letzte Gedicht den Kreis zur anfänglichen Hochstimmung wieder schließt (J. Crispin, 1974). Das Auf und Ab der Liebesemotion in den einzelnen Gedichten erschwert freilich das Erkennen einer konsequenten Entwicklung. Doch ab Gedicht 64 läßt sich eine gewisse Vereinheitlichung des Themas in der Frage erkennen, ob die sinnlich erfahrene Liebesemotion über das eigentliche Erleben hinaus auch in Abwesenheit der Geliebten aufrechterhalten werden kann. Dies scheint das letzte Gedicht zu verneinen: Die Liebe kann nur andauern, wenn sie zum ursprünglichen, sinnlichen Erleben wieder zurückfindet. P.Str.

AUSGABEN: Madrid 1933. – Buenos Aires 1949; ²1954. – Madrid 1968 (*La voz a ti debida. Razón de amor*, Hg. J. González Muela). – Barcelona 1971 (in *Poesías completas*, Hg. S. Salinas de Marichal; Vorw. G. Guillén; ²1975). – Madrid 1989 (in *Poesías completas*).

ÜBERSETZUNGEN: In *Spanische Lyrik des 20. Jh.s*, Hg. G. Siebenmann u. J.M. López, Stg. 1985 (Übers. v. 2 Ged.; RUB). – *Gedichte*, R. Wittkopf, Ffm.1990 (span.-dt.; Ausw.; BS).

LITERATUR: P. Dermangeat, *P. S. et »La voz a ti debida«*, Paris 1955. – S. Gilman, *The Proem to »La voz a ti debida«* (in MLQ, 23, 1963, S. 353–359). – R. B. Harvard, *The Reality of Words in the Poetry of P. S.* (in BHS, 51, 1974, S. 28–47).

MIGUEL DE UNAMUNO

* 29.9.1864 Bilbao
† 31.12.1936 Salamanca

LITERATUR ZUM AUTOR:
Bibliographien:
M. Valdés, *An U. Sourcebook. A Catalogue of Readings and Acquisitions with an Introductory Essay on U.'s Dialectical Enquiry*, Toronto 1973. – P. H. Fernández, *Bibliografía crítica de M. de U. 1888–1975*, Madrid 1976. – E. E. Larson, *M. de U.: A Bibliography*, Washington 1986.
Zeitschrift:
Cuadernos de la Cátedra de Miguel de Unamuno, Salamanca 1954 ff. [m. jährl. Bibliogr.].
Biographien:
L. S. Granjel, *Retrato de U.*, Madrid 1957. – E. Salcedo, *Vida de don M. de U.*, Madrid/Barcelona 1964. – L. G. Egido, *Agonizar en Salamanca: U.: julio – diciembre 1936*, Madrid 1986.
Gesamtdarstellungen und Studien:
A. Wills, *España y U.*, NY 1938. – J. Marías, *M. de U.*, Buenos Aires, Mexiko 1943, ²1950. – C. Clavería, *Temas de U.*, Madrid 1953. – S. Serrano, *El pensamiento de U.*, Mexiko 1953. – C. Blanco-Aguinaga, *El U. contemplativo*, Mexiko 1959. – *U.: Creator and Creation*, Hg. J. R. Barcía, M. A. Zeitlin, Berkeley 1964. – J. Abellán, *U. a la luz de la psicología*, Madrid 1964. – M. J. Valdés, *Death in the Literature of U.*, Urbana 1964. – E. K. Pauker, *Los cuentos de U., clave de su obra*, Madrid 1965. – *Spanish Thought and letters in the Twentieth Century. An International Symposium to Commemorate the centenary of the Birth of M. de U. 1864–1964*, Hg. G. Bleiberg u. E. I. Fox, Nashville 1966. – F. Fernández Turienzo, *U., ansia de Dios y creación literaria*, Madrid 1966. – R. Pérez de Dehesa, *Política y sociedad en el primer U. 1894–1904*, Madrid 1966. – P. Ilie, *U.: An Existential View of Self and Society*, Madrid 1967. – A. Regalado García, *El ciervo y el señor*, Madrid 1968. – P. Turiel, U.: *El pensador, el creyente, el hombre*, Madrid 1970. – M. Nozick, *M. de U.*, NY 1971 (TWAS). – *M. de U.*, Hg. A. Sánchez Barbudo, Madrid 1974. – V. Ouimette, *Reason Aflame: U. and the Heroic Will*, New Haven 1974. – R. Díez, *El desarrollo de la novela de U.*, Madrid 1976. – A. R. Fernández, *U. en su espejo*, Valencia 1976. – F. Wyers, *M. de U.: The Contrary Self*, Ldn. 1976. – M. Edery, *El sentimiento filosófico de U.*, Madrid 1977. – LdD, 14, 1977 [Sondernr. *M. de U.*]. – R. García-Mateo, *Dialektik als Polemik. Welt, Bewußtsein, Gott bei M. de U.*, Ffm. u. a. 1978. – L. A. Arocena, *U. Sentidor paradojal*, Buenos Aires 1981. – O. Lottini, *U. linguista*, Rom 1984. – *M. de U. (1864–1936)*, Hg. J. Schmiedely, Rouen 1985. – M. D. Pérez Lukas, *Un agónico español. U., su vida, su obra, su tiempo*, Salamanca 1986. – G. Roberts, *U.: Afinidades y*

coincidencias kierkegaardianses, Boulder 1986. – CHA, 1987, Nr. 440–441 [Sondernr. *M. de U.*]. – LR, 41, 1987 [Sondernr. *M. de U.*]. – RCEH, 11, 1987 [Sondernr. *M. de U.*]. – R. L. Nicholas, *U., narrador*, Madrid 1987.

ABEL SÁNCHEZ

(span.; *Ü: Abel Sánchez*). Roman von Miguel de UNAMUNO, erschienen 1917. – Dieser Roman behandelt das Kain-Abel-Problem, das nicht nur Unamuno sein ganzes Leben hindurch beschäftigte, sondern – vor allem in der Nachfolge von NIETZSCHES und STIRNERS Philosophie – ein wesentliches Thema der Literatur der Jahrhundertwende ist (vgl. C. REYLES, *La raza de Caín*). Abel fallen alle Güter des Lebens zu, er bemerkt nicht, wie sehr sich sein Bruder Joaquín neben ihm als ein Zerrissener und Ausgestoßener, als ein Kain fühlt. Denn es ist Joaquín unerträglich, zusehen zu müssen, wie Abel in allem von der Natur begünstigt erscheint, während man ihm – dem Verschlossenen, Ehrgeizigen – nur widerwillig Achtung zollt. Er beginnt Abel zu hassen, als er auch noch die geliebte Cousine an ihn verliert. Dieser Haß steigert und verhärtet sich, er wird zu einem Dämon, der ihm teuflisch Mordgedanken einflüstert. Den Ruhm Abels, der ein berühmter Maler geworden ist, festigt Joaquín – er ist inzwischen erfolgreicher Arzt – durch eine glänzende Rede auf dessen Bilder, während gleichzeitig weiter und schlimmer denn je der Neid an ihm nagt. Obwohl seine Leidenschaft für die Cousine fortdauert, heiratet er ein armes Mädchen in der Hoffnung auf »Erlösung«. Aber auch die fromme, aufopfernde Antonia kann die Mauer trotziger Selbstbezogenheit um Joaquín nicht niederreißen.

Schließlich verfällt Joaquín auf den Gedanken, den Sohn Abels, der sein Schüler geworden ist, mit seiner eigenen Tochter zu verbinden, damit die Rivalität der Väter vielleicht in den Kindern ein Ende finde. Aber der Dämon des Neides und des Hasses ist stärker; Joaquín versucht, seinen Schwiegersohn dem eigenen Vater ganz zu entfremden und ihn auch geistig für sich zu gewinnen. Der alte Streit bricht dann um den Enkel wieder auf und gibt Joaquíns Haßgefühlen neue Nahrung; denn der kleine Abelin meidet instinktiv den stets düsteren Großvater, sosehr dieser auch die Zuneigung des Kleinen sucht. Er gerät in eine letzte heftige Auseinandersetzung mit dem schwerkranken Abel, bei der es zu Handgreiflichkeiten kommt; Abel stirbt an dem Schock, daß der eigene Bruder ihn zu erwürgen versucht.

Vor der Familie bezeichnet sich Joaquín als schuldig am Tod Abels und stirbt kurz darauf selbst in verzweifelter Melancholie. (Joaquíns erschütterndes Selbstbekenntnis zählt zu den eindrucksvollsten Partien des Werks.) Er begreift seine tragische Verstrickung zwar als eine Folge der Erbsünde, kann sich aber nicht zu dem Glauben durchringen, daß die erlösende Liebe Gottes ihn vom Haß hätte befreien und seinem Schicksal einen Sinn geben können, eine Wandlung, die der Autor selbst durchaus für möglich hält. Für ihn war *»Abel Sánchez das schmerzhafteste Experiment, das ich durchgeführt habe, indem ich das Messer in den schrecklichsten Tumor gestoßen habe, der unserem spanischen Wesen anhaftet«*. Er spricht von dem *»hispanischen Neid«*, dem *»spanischen Krebsgeschwür«*, das die Literatur seit *El Cid* durchzieht.

Form und Inhalt des Romans sind bezeichnend für Unamunos bohrendes Suchen nach religiöser Sinngebung. Landschaft und Umwelt gewinnen gar kein Relief; die Menschen aber kreuzen miteinander die Klingen eines scharfen, zustoßenden Dialoges. Sie haben kein Organ für ein mögliches Nebeneinander von Gegensätzen, jeder ist von sich selbst erfüllt und fasziniert. Außer Joaquín sind die Charaktere oberflächlich gezeichnet. Hervorzuheben ist dagegen die Auflösung des Handlungskontinuums in szenische Impressionen ohne innere Kohärenz. I.F.

AUSGABEN: Madrid 1917. – Madrid 1951 (in *Obras completas*, 2). – Madrid 1960 (CC). – Madrid 1963. – Madrid 1966–1971 (in *Obras completas*, 9 Bde., Hg. M. García Blanco). – Madrid 1987, Hg. L. González Egido. – Madrid 1988, Hg. J. L. Abellán (Castalia). – Madrid 1988 (Austral).

ÜBERSETZUNGEN: *Abel Sánchez*, W. v. Wartburg, Mchn. 1925. – Dass., O. Buek (in *GW*, 3, Wien 1933). – *Abel Sánchez. Die Geschichte einer Leidenschaft*, W. v. Wartburg, Hg. O. Buek, Ravensburg 1987.

VERFILMUNG: Spanien 1946 (Regie: L. Serrano de Osma).

LITERATUR: R. Díaz-Peterson, *»Abel Sánchez« de U. Un conflicto entre la vida y la escolástica* (in Arbor, 1974, Nr. 341, S. 85–96). – N. G. Round, *U.: »Abel Sánchez«*, Ldn. 1974. – S. Jiménez Fajardo, *U.'s »Abel Sánchez«: Envy as a Work of Art* (in JSpS, 4, 1976, S. 89–103). – H. N. Campanella, *U.: El motivo biblico de Caín en »Abel Sánchez«* (in *Melanges à la memoire d'A. Joucla-Ruan*, Aix-en-Provence 1978, S. 519–529). – L. C. Fox, *The Vision of Cain and Abel in Spain's Generation of 1898* (in College Language Association Journal, 21, 1978, S. 499 bis 512). – R. L. Nicholas, *El proceso de creación en »Abel Sánchez«* (in *Homenaje a A. Sánchez Barbudo: Ensayos de literatura española moderna*, Hg. B. Brancaforte, Madison 1981, S. 167–185). – N. R. Orringer, *Civil War Within: The Clash between Sources of U.'s »Abel Sánchez«* (in Anales de la Literatura española contemporánea, 11, 1986, S. 295 bis 318).

AMOR Y PEDAGOGÍA

(span.; *Liebe und Erziehung*). Roman von Miguel de UNAMUNO, erschienen 1902. – Don Avito Carrascal, ein fanatischer Anhänger der Eugenik, ist davon überzeugt, daß man die Arbeit der Natur nur entsprechend unterstützen müsse, um ein Genie gleichsam als Werkstück zu erhalten. Ihm steht Don Fulgencio Entrambosmares zur Seite, ein überspannter Theoretiker, der in grenzenloser Hybris an die Allmacht seiner intellektuellen Fähigkeiten glaubt. Zur Verwirklichung seiner Pläne heiratet er Marina. Kaum hat das zukünftige Genie – der Vater nennt es Apolodoro, die Mutter Luis – das Licht der Welt erblickt, beginnt der Vater schon mit seinem Erziehungswerk, das freilich die Mutter heimlich hintertreibt. Der Philosoph, der Don Avito in seiner Erziehungsarbeit beisteht, gedenkt mit Hilfe seiner »kombinatorischen Philosophie« dem kommenden Genius den letzten Schliff zu geben. Aber trotz aller Sorgfalt, mit der man ihn ernährt und aufzieht, wird aus Apolodoro Luis nur ein Durchschnittsmensch, noch dazu ein unglücklicher. Die gekünstelte Erziehungsmethode macht aus ihm einen verschrobenen Kerl, der unfähig ist, mit normalen Menschen zu verkehren. Enttäuschte Liebe treibt ihn zum Selbstmord. Zuvor hatte er freilich noch eine arme, unwissende Magd verführt. Das Kind aus dieser Vereinigung soll später Don Avito, der noch immer von der Richtigkeit seiner Theorien überzeugt ist, als zweites Versuchsobjekt dienen. – Dieser Roman ist eine schonungslose Satire auf den wissenschaftsgläubigen Optimismus des ausgehenden 19. Jh.s, ein mutiger Versuch, den Menschen gegen die Vergewaltigung durch eine Wissenschaft zu verteidigen, die seine natürlichen Anlagen nicht zu verändern, wohl aber gefährlich zu stören vermag.

Der Einfluß Flauberts, der die Wissenschaftsgläubigkeit als *bêtise humaine* bezeichnete (vgl. *Madame Bovary, Bouvard et Pécuchet*), ist unverkennbar. Unamuno geht das Thema eher polemisch an, während seine Vorläufer und Vorbilder in der französischen und portugiesischen Literatur (vgl. Eça de Queiroz' Erzählung *Civilisação*) die Auswüchse des Positivismus mit feiner Ironie bedachten. Unamuno selbst sah das Werk als wichtige Stufe auf dem Weg zu der ihm eigenen Romanform der *novela escueta*, eines Romans, der monomanisch auf das Schicksal einer Figur hin orientiert ist (vgl. *Abel Sánchez, Niebla*). A.F.R.-KLL

Ausgaben: Madrid 1902. – Madrid 1951 (in *Obras completas*, Bd. 2). – Madrid 1966–1971 (in *Obras completas*, Hg. M. García Blanco, 9 Bde.). – Madrid 1989 (Austral).

Literatur: D. L. Fabián, *Action and Idea in »Amor y pedagogía« and »Prometeo«* (in Hispania, 41, 1958). – G. Ribbans, *The Development of U.'s Novels »Amor y pedagogía« and »Niebla«* (in *Hispanic Studies in Honour of I. González Llubera*, Oxford 1959, S. 269–285). – M. García Blanco, *»Amor y pedagogía«, nívola unamuniana* (in La Torre, 9, 1961, S. 443–478; dort weitere Aufsätze u. Bibliogr.). – R. Díaz-Peterson, *»Amor y pedagogía«, o la lucha de una ciencia con la vida* (in CHA, 1982, Nr. 384, S. 549–560). – K. C. Richards, *U. y la paternidad espiritual* (in Hispano, 28, 1985, S. 53–60). – E. de Jough-Rossel, *La institución de Ensenanza, el joven U. y la pedagogía* (in Hispano, 69, 1986, S. 830–836). – G. Jurkevich, *The Sun-Hero Revisited: Inverted Archetypes in U.'s »Amor y pedagogía«* (in MLN, 102, 1987, S. 292–306).

EL CRISTO DE VELÁZQUEZ

(span.; *Der Christus des Velázquez*). Gedichtzyklus von Miguel de Unamuno, erschienen 1920. – Diese umfangreiche Dichtung, die von manchen Kritikern als bedeutendstes geistliches Werk seit dem Siglo de Oro eingestuft wird, ist aus der Betrachtung des bekannten, um 1638 entstandenen Gemäldes des Gekreuzigten von Velázquez hervorgegangen. Sie stellt einen fortlaufenden Kommentar zur Heilsgeschichte, insbesondere zur Passion dar; die betreffenden Stellen aus den *Evangelien*, den *Prophetenbüchern* und dem *Psalter* sind am Rande vermerkt oder wörtlich im Text zitiert. Unamuno versucht, das Geheimnis der Gestalt Christi, seines Leidens und seiner erlösenden Wahrheit lyrisch darzustellen. Der Autor, der sich immer dann im Gedicht ausdrückt, wenn sich ihm eine Wahrheit unauslöschlich einprägt, die er in der Erzählform nicht darzustellen vermag, sucht hier die reine Metapher, die allein die Wirklichkeit ganz erfaßt. Als Kapitelüberschriften verwendet der Dichter neben Symbolen und Vorstellungen aus der christlichen Überlieferung *(Lamm, Löwe, Rose, Ecce homo, Gottesreich)* auch Formulierungen wie *Gott-Finsternis, Einsamkeit, Liebessehnsucht, Krieg-Frieden, Traum, Morgendämmerung*, die als Schlüsselworte von Unamunos Gesamtwerk auch hier besonders bedeutsam sind. Visionäre Bilder häufen sich in dem Text, die aber gleichzeitig von archetypischer Schlichtheit sind.

Die in 2538 freien Elfsilbern *(endecasílabos blancos)* geschriebene Dichtung hat ihr stilistisches Vorbild in der *Bibel*, insbesondere den *Psalmen*; in seinem stark oratorischen Charakter nähert sich das Gedicht bisweilen der Prosa. Nicht immer findet der Dichter für seine Absicht, in einem persönlichen Bekenntnis zugleich dem religiösen Empfinden des Spaniers allgemeingültigen poetischen Ausdruck zu verleihen, die adäquate Form.

In dem leidenschaftlichen Bemühen, das Wesen des Todes zu erfassen, und in der Anrufung des Erlösers, der die Unsterblichkeit verbürgt, ist die Dichtung zweifellos Zeugnis tiefen Erlebens. Wie das ganze Werk Unamunos kreist auch dieser Text um die Vergänglichkeit der »eigenen substantiellen Existenz«. In der mystischen Schau Christi aber wird dieses Problem überwunden: *»Du, Christus, hast durch deinen Tod dem Universum menschliche Zweckbestimmung gegeben und wurdest so der Tod des Todes!«* Doch Unamuno wandelt die Christusvorstellung der Kirche um und interpretiert den Sinn der Sendung Christi auf seine eigene Weise oder versucht, Jesus als Kronzeugen für seine eigene

Vorstellung vom Leben als einem Traum zu gewinnen. Unamunos Absicht war es, die Gläubigkeit Spaniens zum Ausdruck zu bringen, die frei von den theologischen Systemen in einer »realistischen« Anschauung Christi aufgeht. H.M.

AUSGABEN: Madrid 1920. – Madrid 1956 (Austral). – Madrid 1962 (in *Obras completas*, Bd. 13; m. Einl. u. Bibliogr.). – Madrid 1966–1971 (in *Obras completas*, 9 Bde., Hg. M. García Blanco). – Madrid 1984 (Austral). – Madrid 1987, Hg. V. García de la Concha (Clás. Cast).

LITERATUR: J. Bergamín, *La voz apagada*, Mexiko 1945, S. 185–200. – M. García Blanco, *D. M. de U. y sus poesías*, Salamanca 1954. – C. Cannon, *The Mystic Cosmology of U.'s »El Cristo de Velázquez«* (in HR, 28, 1960, S. 28–39). – J. Manyá, *La teología de U.*, Barcelona 1960. – V. Marrero, *El Cristo de U.*, Madrid 1960. – N. M. Scott, *U. y »El Cristo de Velázquez«* (in Revista de Literatura, 38, 1970, S. 119–137). – M. A. Persin, *Structure and Meaning in U.'s »El Cristo de Velázquez«* (in Crítica Hispánica, 4, 1982, S. 57–73). – J. G. Renart, *»El Cristo de Velázquez« de U.*, Toronto 1982.

DEL SENTIMIENTO TRÁGICO DE LA VIDA EN LOS HOMBRES Y EN LOS PUEBLOS

(span.; *Ü: Das tragische Lebensgefühl*). Religionsphilosophische Abhandlung in zwölf Essays von Miguel de UNAMUNO, erschienen 1913. – Unamunos philosophisches Hauptwerk blickt auf die lange Entstehungsgeschichte von 14 Jahren zurück. Das Hauptziel der Abhandlung sollte darin bestehen, über soziologische und ethische Erkenntnis zu einem Verständnis des *»Sinns des Universums«* und von daher zu einer tieferen Gotterkenntnis zu gelangen. So fragt der Autor nach dem Grundbedürfnis des Menschen, dem *»unsterblichen Bedürfnis nach Unsterblichkeit«*. Wie seine Vorbilder und Geistesverwandten KIERKEGAARD, NIETZSCHE, ROUSSEAU und MARC AUREL zieht Unamuno der wissenschaftlich-logischen Vorgehensweise SPINOZAS und DESCARTES' den intuitiven Zugang zur Erkenntnis vor: In Umkehrung des cartesianischen Axioms geht er von der Prämisse *»Sum, ergo cogito«* aus. So wird ihm CERVANTES' *Don Quijote* zu einer Daseinsmetapher, die sein gesamtes Werk leitmotivisch durchzieht (vgl. die Abhandlung *La vida de Don Quijote y Sancho*, 1905).

Ausgangspunkt der Betrachtungen ist die *conditio humana* des *»Menschen aus Fleisch und Blut«* und seine grundlegende Sehnsucht nach Unsterblichkeit. In dem Essay *Über das Wesen des Katholizismus* deutet Unamuno die christliche Offenbarung aus der Dualität der gleichzeitigen Erfahrung von Christi Tod und dessen Überwindung in der Auferstehung als bedeutendsten Versuch, der Sterblichkeit zu begegnen. Es entspricht Unamunos intuitiver Vorgehensweise, daß er – wie schon in seinem zweiten theologisch-philosophischen Hauptwerk *Agonía del cristianismo* – dabei kein rational ableitbares theologisches System entwickelt; Gotterkenntnis und Unsterblichkeitsglaube werden nicht durch verstandesmäßige Gottesbeweise oder Empirie begründet. Vielmehr rechtfertige sich der Glaube an Gott und Unsterblichkeit aus der *conditio humana* selbst: Da alles menschliche Streben ohne die Heilsverheißung der Unsterblichkeit sinnlos wäre, bedarf dieser Glaube keiner rationalen Begründung. Vielmehr sei das Beharren auf der Vernunftmäßigkeit dem menschlichen Grundbedürfnis nach einer transzendentalen Sicherheit radikal entgegengesetzt: Der Antagonismus zwischen Vernunft und Glauben, der die Geistesgeschichte durchzieht, soll in der Besinnung auf das christliche Heilsangebot überwunden werden. Dabei redet der Autor freilich keiner Flucht in die Hoffnung auf ein besseres Jenseits das Wort, vielmehr vermag laut Unamuno die Verheißung der Unsterblichkeit das Vitale des Menschen im Diesseits zu fördern, während er umgekehrt vernunftmäßige Lebensanschauungen als dem Leben selbst feindlich deutet: *»Alles Vitale ist antirational, und alles Rationale ist antivital.«* Diese an Nietzsche und Kierkegaard orientierte Haltung gegenüber der Vernunft führt Unamuno geschichtsphilosophisch am Gegensatz von Glaube und Wissen in einer Weise aus, die die Geschichte der Neuzeit als Dekadenz begreift: Die Versuche, den Menschen durch wissenschaftlichen Rationalismus aus dem tragischen Lebensgefühl der Sterblichkeit zu befreien, seien stets in einer neuen Tyrannei gemündet: Der Skeptizismus habe einerseits zu einer Diktatur des vernunftmäßigen Handelns geführt, andererseits sei er gezwungen, unaufhörlich seine eigenen Grundlagen zu hinterfragen und somit seine Instrumente gegen sich selbst einzusetzen. Die hieraus resultierende Zerrissenheit sei Ursache der Angst, die dem Menschen zugleich zu Selbstvergewisserung in immer neuen Schöpfungsakten inspiriere: Im Ringen um ein positives Dasein im Diesseits gebe es also für den Menschen nur die Sinngebung, Gott so zu erschaffen, wie einst Quijote seine Welt aus der Phantasie seiner Lektüre erschaffen habe. Die Erfindung Gottes und der Unsterblichkeit rechtfertige sich aus ihrer Notwendigkeit für die menschliche Existenz.

Ähnlich wie Kierkegaard und Nietzsche läßt sich Unamuno bei dieser Apologie des Glaubens nicht von logischen Grundsätzen leiten. An Stelle von kühl-rationaler Argumentation läßt sich der Autor immer wieder zu expressiven emotionalen Ausbrüchen hinreißen. Unamunos teils ironischer, stets impulsiver Stil macht *Del sentimiento trágico* zu einem eindrucksvollen Werk, das zu einem neuen kreativen Verständnis des Katholizismus gelangt und bestimmenden Einfluß auf das Selbstbewußtsein des geistigen Spanien ausübte. G.Wil.

AUSGABEN: Madrid o. J. [1913]. – Madrid 1950 (in *Obras completas*, 15 Bde., 1950–1963, 4). – Madrid 1966–1971 (in *Obras completas*, 9 Bde., Hg.

M. García Blanco). – Madrid 1985, Hg. P. Félix García (Austral). – Madrid 1986.

Übersetzung: *Das tragische Lebensgefühl*, R. Friese, Mchn. 1925.

Literatur: N. González Caminero, *U., trayectoria de su ideología y de su crisis religiosa*, Comillas 1948. – H. Lederer, *M. de U. u. sein religiöses Problem*, Diss. Mainz 1959. – J.-A. Collado, *Kierkegaard y U. La existencia religiosa*, Madrid 1962 (Biblioteca hisp. de filosofía, 34). – F. Niedermayer, *M. de U.: Gottsucher oder Literat* (in Hochland, 55, 1962, S. 126–143). – F. Schürr, *M. de U. Der Dichterphilosoph des tragischen Lebensgefühls*, Bern/Mchn. 1962. – J. Huertas-Jourda, *The Existentialism of M. de U.*, Gainesville/Fla. 1963. – A. Alcalá, *El U. agónico y el sentido de la vida* (in CHA, 1969, Nr. 230, S. 267–301). – P. Oyaneder Jara, *Imagen del hombre en U.*, Atenea, 1983, Nr. 448, S. 207–230. – R. M. Scarí, *U.: Fruto tardío del romanticismo español* (in Hispano, 27, 1984, S. 51–70). – H. Thurston, *El hombre de carne y hueso en »Del sentimiento trágico de la vida«* (in Dactylus, 6, 1986, S. 30–34). – R. Wright, *La estructura semántica de la conciencia en el »Sentimiento trágico de la vida«* (in BHi, 87, 1987, S. 485–501).

EN TORNO AL CASTICISMO

(span.; *Um das Problem der Sprachreinheit*). Essays von Miguel de Unamuno, erschienen 1895. – Unamunos Essays *Die ewige Tradition, Die historische Kaste, Der Geist Kastiliens, Über Mystik und Humanismus* und *Die geistige Stagnation Spaniens heute* bilden thematisch eine Einheit. Sie stehen am Anfang jener Bewegung, die mit der hohlen Rhetorik des ausgehenden 19. Jh.s brach und die Sprache durch eine strenge Bindung an die gedanklichen Gehalte, die sie zu vermitteln hat, zu erneuern suchte. Das schwer zu übersetzende Wort *casticismo* ist bei Unamuno gleichbedeutend mit Traditionalismus. In seinen Essays nimmt er nur am Rande gegen die pedantischen Sprachreiniger Stellung und greift ein in den gegen Ende des 19. Jh.s aufflammenden Streit zwischen den Traditionalisten einerseits, die mit ihrem Wortführer Marcelino Menéndez y Pelayo glaubten, Spanien könne nur durch Belebung und Weiterentwicklung seiner Traditionen zu einem gesunden Gemeinwesen werden, und den »Krausisten« (nach dem deutschen Philosophen Christian Friedrich Krause, 1781–1832) andererseits, die allein in der Übernahme fremder Ideen das Heil für das in ihren Augen dekadente und zurückgebliebene Spanien finden zu können meinten.

Unamuno stellt sich auf die Seite der Neuerer und greift ihr von Joaquín Costa (1846–1911) geprägtes Schlagwort von der »Europäisierung« Spaniens auf. Er bedient sich dabei der Denkmodelle der französischen Kulturpessimisten, deren Ideen ihn angeregt haben dürften (vgl. M. Barrès, P. Bourget), von deren einseitigem Nationalismus er sich jedoch distanziert: Er schildert Spanien als einen kränkelnden, altersschwachen Organismus, als ein materiell und geistig armes Land, in dem es keine aufstrebende Jugend, keinen Gemeinschaftssinn und kein Zukunftsprogramm gebe. Bedingt werde dieser Zustand durch den sich an der eigenen Vergangenheit orientierenden, gegen die Europäisierung auflehnenden Geist; letzte Ursache dafür sei die Inquisition, die Spanien vom europäischen Geistesleben isoliert und in eine intellektuelle Verkümmerung gezwungen habe, die sich nun in dogmatischem Traditionalismus äußere. An die Stelle dieser leeren und überwundenen Überlieferung soll eine *»ewige, universelle und kosmopolitische Tradition«* treten, Ausdruck des schöpferischen Geistes der Menschheit, der für jede Zeit die ihr angemessene kulturelle Lebensform schafft. In der spanischen wie in jeder Überlieferung gebe es *»historische Erscheinungsformen, die vergänglich sind«*, und einen *»unter der Geschichte wirkenden Grund«*, der ewig ist. Ein Gang durch die spanische Geistesgeschichte, in dessen Zentrum das Siglo de Oro steht, illustriert diese These an Beispielen der Auffassung von Liebe, Religion und Kunst, durch die das »kastilische Temperament« charakterisiert wird. – Die Essays von Unamuno waren eine der grundlegenden Schriften der »Generation von 98«, die an die Stelle eines bornierten Patriotismus eine weltoffene Vaterlandsliebe und kritische Haltung zur eigenen Geschichte setzen wollte und hier einige ihrer Zentralgedanken vorgezeichnet fand. Bereits zwei Jahre später griff Ángel Ganivet die Ideen in seinem *Ideario español* auf. A.F.R.-KLL

Ausgaben: Madrid 1895 (in La España Moderna). – Madrid 1902. – Madrid 1950 (in *Obras completas*, Bd. 3). – Madrid 1961; ern. 1983 (Austral). – Madrid 1966–1971 (in *Obras completas*, Hg. M. García Blanco, 9 Bde.). – Madrid 1986.

Literatur: R. de Maeztu, *»En torno al casticismo«* (in La Lectura, 3, 1903, S. 282–286). – A. Wills, *España y U.*, NY 1938. – M. de la Pinta Llorente, *El castellanismo de Don M. de U.* (in Ciudad de Dios, 154, 1942, S. 439–450). – J. Grau, *U., su tiempo y su España*, Buenos Aires 1946. – C. Blanco Aguinaga, *U., teórico del lenguaje*, Mexiko 1954. – P. Laín Entralgo, *España como problema*, Madrid 1957. – L. Urrutia, U. et *»En torno al casticismo«* (in LNL, 208, 1974). – P. A. Fernández, *Filosofía y literatura: Teresa de Avila y U.* (in CA, 245, 1982, S. 180–185).

NIEBLA

(span.; *Ü: Nebel*). Roman von Miguel de Unamuno, erschienen 1914. – Unamunos erzählerisches Hauptwerk – ein Schlüsseltext der »Generation von 98« – kreist um die zentralen Fragestellungen der spanischen Geistesgeschichte: Die seit dem Siglo de Oro stets virulente Problematik des Lebens als

Traumwirklichkeit wird in der Titelmetapher *(Niebla)* der Undurchdringlichkeit der menschlichen Existenz aufgenommen; zugleich stellt der Roman ein kühnes formales Wagnis dar, da er zwar hinsichtlich der verarbeiteten Motive auf die Literatur des Fin de siècle rekurriert, diese jedoch an die Formexperimente des »Goldenen Zeitalters« (CERVANTES) zurückbindet. Man hat das Werk, das fast ausschließlich aus Dialogen und Monologen besteht, einen »existentialistischen Experimentalroman« genannt. Tatsächlich bezeichnet sein Titel das Lebensgefühl *»des seiner Existenz ungewiß gewordenen Menschen«*. Dem Zweifel an der eigenen Existenz versucht die Hauptperson des Romans durch das Experiment der Liebe zu entkommen. Andererseits ist dem Autor die Liebe Gegenstand des dichterischen Experiments schlechthin. So nimmt er – mehrere Jahre vor PIRANDELLOS *Sei personaggi in cerca d'autore*, 1921 *(Sechs Personen suchen einen Autor)*, noch ein formales Wagnis – sich selbst mit in den Roman hinein und läßt sich mit seinen Geschöpfen, der Hauptgestalt Augusto Pérez und dem Räsoneur Victor Goti, in Auseinandersetzungen ein.

Der junge, reiche Augusto Pérez lebt einsam und ziellos dahin, als er durch Zufall mit der jungen Klavierlehrerin Eugenia Domingo del Arco bekannt wird. Er verliebt sich, nicht eigentlich in sie, sondern in das Bild, das er sich von ihr macht, und durch diese Liebe erwacht er zum Leben. Eugenia weist seine Werbung zurück, denn sie liebt Mauricio. Durch die großzügige Tilgung einer Hypothek auf Eugenias Haus kränkt Augusto sie nur in ihrem Stolz. Erst als der charakterlose Mauricio ihr vorschlägt, Augusto ruhig zu heiraten und dann die Beziehung zu ihm, Mauricio, in einem Dreiecksverhältnis fortzusetzen, verlobt sie sich aus Entrüstung mit Augusto und bittet ihn, Mauricio anderswo eine Beschäftigung zu verschaffen. Aber unmittelbar vor der Hochzeit flieht sie eben dorthin zu Mauricio zurück. Eugenias Verrat trifft Augusto nicht nur in seiner Liebe, sondern in seiner Existenz. So sieht er im Selbstmord das letzte Experiment, um sich Gewißheit über sein Dasein zu verschaffen. Zuvor begibt er sich nach Salamanca, um den Philosophieprofessor Unamuno zu hören, der über Selbstmord liest. (Hier wird besonders deutlich, daß der Roman der Welt des Lektüreromans des Fin de siècle verhaftet bleibt, der Wirklichkeit nur noch über gelesenes, nicht mehr über gelebtes Wissen zugänglich ist.) Aber in einer dramatischen Diskussion hält dieser ihm vor, er könne gar keinen Selbstmord begehen, da er nicht in Wirklichkeit, sondern nur in der Phantasie seines Autors existiere, und er, Unamuno, werde ihn ohnehin nächstens sterben lassen. Leidenschaftlich lehnt sich Augusto gegen seinen Schöpfer auf. Als Unamuno Augusto, dem Geschöpf seiner Phantasie, eine Existenz in der »Wirklichkeit« abspricht, antwortet ihm Augusto mit Unamunos eigener These (vgl. *Vida de Don Quijote y Sancho*), daß nämlich Don Quijote und Sancho realer seien als CERVANTES, und folgert daraus, auch er, Unamuno, sei nur ein Vorwand. Denn allein die aus Traum und Phantasie geschöpften Vorstellungen sind Realität, und das wahre Wesen des Dichters ist wirklich nur in seinem Werk.

Das Experiment von Unamunos Roman besteht darin, *»von der dichterischen Welt und ihrem Traumcharakter her die Problematik des menschlichen Daseins zu durchleuchten, d. h., durch dieses Gleichnis zu verstehen«* (F. Schürr). Es ist eine Lieblingsvorstellung Unamunos, daß, ebenso wie der Dichter seine Gestalten, Gott uns erdichtet, uns träumt. Dieser Kampf, in anderer Weise auch in Unamunos philosophischem Hauptwerk *Del sentimiento trágico de la vida* (1913) ausgefochten, endet im Roman unentschieden. Auf Augustos Frage, was in höherem Maß Existenz besitze, das Bewußtsein eines Schläfers, der träumt, oder sein Traum, fragt Unamuno zurück, wie es wäre, wenn der Träumende seine eigene Existenz träume. In welcher Weise existiere er dann, als Träumer, der träumt, oder als durch sich selbst Geträumter? Diese Fragen finden dadurch ein Ende, daß Augusto noch am Abend seines Gesprächs mit dem Dichter nach einer allzu reichlichen Mahlzeit plötzlich stirbt. H.M.-KLL

AUSGABEN: Madrid 1914. – Madrid 1959–1961 (in *Obras completas*, 10 Bde., 2). – Madrid [9]1961. – Madrid 1966–1971 (in *Obras completas*, 9 Bde., Hg. M. García Blanco). – Madrid 1987, Hg. M. J. Valdés.

ÜBERSETZUNGEN: *Nebel*, O. Buek, Mchn. 1926. – Dass., ders. (in *GW*, Wien 1963). – Dass., ders. u. D. Deinhard, Köln/Bln. 1965. – Dass., dies., Mchn. 1968 (dtv). – Dass., O. Buek, R. de Hollanda u. S. Weidle, Ravensburg 1987.

LITERATUR: J. P. Gallo, *U. and His Novel »Niebla«*, Diss. Harvard Univ. 1951. – G. Ribbans, *The Development of U.'s Novels »Amor y pedagogía« and »Niebla«* (in *Hispanic Studies in Honour of I. González Llubera*, Oxford 1959, S. 269–285). – A. F. Zubizarreta, *U. en su »Nívola«*, Madrid 1960 [m. Bibliogr.]. – J. Huertas-Jourda, *The Existentialism of M. de U.*, Gainesville/Fla. 1963. – G. Ribbans, *Estructura y significación de »Niebla«* (in Revista de la Universidad de Madrid, Nr. 49/50, 1964, S. 211 bis 240). – A. C. Vento, *»Niebla«, laberinto intencionado a través de la estructura* (in CHA, 68, 1966, S. 427–434). – H. Lijerón Alberti, *U. y la novela existencialista*, La Paz 1970. – G. Ribbans, *»Niebla« y »Soledad«. Aspectos de U. y Machado*, Madrid 1971. – R. E. Batchelor, *Form and Content in U.'s »Niebla«* (in FMLS, 8, 1972, S. 197–214). – J. Pérez, *Rhetorical Integration in U.'s »Niebla«* (in RCEH, 8, 1983, S. 49–73). – P. R. Olson, *»Niebla«*, Ldn. 1984. – G. Müller, *U. – »Niebla«* (in *Der spanische Roman vom Mittelalter bis zur Gegenwart*, Hg. V. Roloff u. H. Wentzlaff-Eggebert, Düsseldorf 1986, S. 289–307). – K. Holz, *Le monde du brouillard et la poétique du confus dans le roman »Niebla« de U.* (in LR, 41, 1987, S. 213–234). – H. R. Picard, *Das Erzählen als Grenzübertritt zwischen Wirklichkeit und Fiktion: M. de U.: »Niebla«* (in H. R. P.,

Der Geist der Erzählung – Dargestelltes Erzählen in literarischer Tradition, Bern u.a. 1987, S. 170 bis 180).

PAZ EN LA GUERRA

(span.; *Ü: Frieden im Krieg*). Roman von Miguel de UNAMUNO, erschienen 1897. – Einen *»Roman aus dem Karlistenaufstand«* nennt der Autor selbst dieses sein erstes erzählerisches Werk, an dem er, wie er im Vorwort gesteht, zwölf Jahre gearbeitet hat. Dem Roman liegt die 1888 entstandene Novelle *Solitaña* zugrunde, in deren Mittelpunkt ein unscheinbarer Held steht, der dennoch archetypische Qualitäten aufweist. In ständig wechselnden Perspektiven, deren kunstvolle Verknüpfung eine reizvolle Eigenart des Romans ist, schildert der Dichter Begebenheiten aus dem Dritten Karlistenkrieg (1874–1876), das Alltagsleben der Stadt Bilbao unmittelbar vor und während dieser Zeit und das Schicksal der Familie Iturriondo. Der Vater, Pedro Antonio, der den echten Basken verkörpert, fromm und weltzugewandt, fleißig und sparsam, geschäftstüchtig und ehrlich, ist vom Land in die Stadt gezogen und betreibt dort einen gutgehenden Süßwarenladen. Um diesen aufrechten Mann, seine Frau Josefa und den Sohn Ignacio gruppiert der Dichter eine ganze Galerie von Nebenfiguren, in denen sich die soziale Struktur Bilbaos, die Lebens- und Denkart der einzelnen Gesellschaftsschichten widerspiegeln. In einem der vielen Freunde Ignacios, Zubalbide, hat Unamuno sich selbst dargestellt. Nachdenklich, empfindsam und in sich gekehrt, lebt dieser Jüngling in einer lyrisch-mystischen Welt der Ideale, *»in sich zusammengekauert seine Träume ausbrütend«*. Die Grundfragen des literarischen und kulturphilosophischen Werkes Unamunos beschäftigen auch ihn: das Ich, die Persönlichkeit, Tod, Zeit und Ewigkeit, Probleme der Selbstverwirklichung und des gesellschaftlichen Verhaltens. Im Gegensatz zu ihm ist Ignacio Iturriondo ein Mann der Tat, begeisterungsfähig und imstande, das Leben zu meistern. Doch er zieht, verführt durch die Parole »Gott, König, Vaterland«, als Freiwilliger auf der Seite des Kronprätendenten Don Carlos in den Bürgerkrieg und fällt. In stiller Verzweiflung kehren die Eltern aufs Land zurück, während das sinnlose Blutvergießen langsam zu Ende geht. Der Roman schließt mit einem Rückblick Zubalbides auf den Karlistenkrieg und die nationale Geschichte. In den Erkenntnissen und Entschlüssen, zu denen er dabei gelangt, kündigt sich bereits die große geistige und moralische Erneuerungsbewegung an, die von Unamuno ausgelöst werden sollte.

Nachweislich hat sich Unamuno durch TOLSTOJS *Krieg und Frieden* und PROUDHONS *La guerre et la paix* anregen lassen, wenngleich *Paz en la guerra* gerade hinter Tolstojs Werk deutlich zurückbleibt. In diesem komplexen, vielseitigen Roman Unamunos, der Stadt- und Familienchronik, autobiographische Seelengeschichte und Heimatepos in einem ist, hält sich der Autor im wesentlichen an die Verfahrensweisen des Realismus und Naturalismus. Überzeitlichen Wert gewinnt das Werk durch die überlegene, wahrhaft epische Objektivationskraft des Dichters in der Darstellung tiefer, verschwiegener Seiten des Menschen und seines Verhaltens vor dem Hintergrund des lokalen und nationalen Geschehens. A.F.R.-KLL

AUSGABEN: Madrid 1897. – Madrid 1960 (CA, 179). – Madrid 1959 (in *Obras completas*, 15 Bde., 1959–1963, 2). – Madrid 1966–1971 (in *Obras completas*, 9 Bde., Hg. M. García Blanco). – Madrid 1980 (Austral). – Bilbao 1986, Hg. M. Basas [krit.].

ÜBERSETZUNG: *Frieden im Krieg. Ein Roman aus dem Carlistenaufstand*, O. Buek, Bln. 1929.

LITERATUR: R. Altamira, *U. y »Paz en la guerra«* (in La Gaceta Literaria, 15. 3. 1930, S. 8). – C. Bo, *Riflessione critiche*, Florenz 1953. – J. Entrambasaguas, *Las mejores novelas contemporaneas*, Bd. 1, Madrid 1957, S. 1535–1577 [m. Text]. – R. Rérez de Dehesa, *Política y sociedad en el primer U., 1894–1904*, Madrid 1966. – M. de Ugalde, *U. y el vascuence*, Buenos Aires 1967. – R. Díaz-Peterson, *La función de la escolástica en »Paz en la guerra« de U.* (in KRQ, 25, 1978, S. 339–354). – C. Colonge, *La rêverie unamunienne à travers »Paz en la guerra«* (in BHi, 81, S. 113–130). – B. Ciplijauskaité, *Perspectiva irónica y ambigüedad en »Paz en la guerra«* (in *Homenaje a A. Sánchez Barbudo: Ensayos de literatura española moderna*, Hg. B. Brancaforte, Madison 1981, S. 139–155). – T. R. Franz, *U.'s »Paz en la guerra«. A Systematic Guide to its Derivation and Departure from War and Peace*, Athens/Oh. 1983. – R. Díaz-Peterson, *Paz en la guerra vista por U.* (in Revista de Literatura, 46, 1984, S. 88–99). – J. M. de Areilza, *Cuatro libros sobre Bilbao* (in RdO, 50, 1985, S. 65–82). – V. Ouimette, *»Paz en la guerra« y los limites de la ideología* (in RCEH, 11, 1987, S. 355–376).

SAN MANUEL BUENO, MÁRTIR, Y TRES HISTÓRIAS MÁS

(span.; *Ü: San Manuel Bueno, Märtyrer*). Sammlung von vier Erzählungen von Miguel de UNAMUNO, erschienen 1933. – In ihren Memoiren, als deren Herausgeber sich Unamuno in diesem Buch ausgibt, erzählt Angelina Carballino die Geschichte des Dorfpfarrers Manuel Bueno, dessen Seligsprechung der Bischof eifrig betreibt. Zur Eröffnung des Seligsprechungsprozesses hat Angelina allerlei Unterlagen geliefert, das *»tragische Geheimnis«* des Pfarrers jedoch verschwiegen. In ihren Memoiren teilt sie es mit: Manuel Bueno, Pfarrer von Valverde de Lucerna, glaubte weder an die Unsterblichkeit der Seele noch an Gott. Vergeblich rang er sein Leben lang unablässig darum, seinen Glauben wiederzufinden; sein Verstand erlaubte es nicht. Doch nach außen hin ist er ein heiterer Mensch, warmherzig und hilfreich, von seiner Gemeinde, der er weiterhin den Glauben und die ewige Seligkeit verkündet, verehrt und geliebt. Diese Situation droht sich zu komplizieren, als Angelinas Bruder, Lázaro Carballino, ein Freidenker und Atheist, aus Amerika zurückkehrt. Doch aus Rücksicht auf seine Schwester und im Andenken an seine verstorbene Mutter begegnet Lázaro dem Geistlichen mit Achtung und Höflichkeit, ja der Freidenker und der Pfarrer fühlen sich freundschaftlich zueinander hingezogen, so daß Manuel Bueno schließlich Lázaro seine Glaubenslosigkeit offenbart, die er vor der Gemeinde geheimhält, weil er ihren Seelenfrieden nicht stören, sie nicht unglücklich machen will. Auf die Vorhaltung Lázaros, aber die Wahrheit gehe doch über alles, antwortet der Pfarrer: *»Die Wahrheit? Die Wahrheit, Lázaro, ist vielleicht etwas Furchtbares, etwas Unerträgliches, ja etwas Tödliches. Die einfachen Leute können mit ihr nicht leben.«* So eindringlich begründet der Pfarrer seine Überzeugung, ohne *»das Opium der Religion«* würde dem Volk das Leben unerträglich, daß er Lázaro zu ihr bekehrt. Beide wirken fortan als Heuchler und Märtyrer, die »die Wahrheit« ihrer Gesinnung täglich und stündlich dem Wohl der Gemeinde opfern.

San Manuel Bueno, mártir knüpft an die in den theoretischen Texten *El sentimiento trágico de la vida* und *Agonía del cristianismo* entwickelten Ideen an. Das Werk gilt nicht nur unter den drei weiteren Texten der Sammlung *(La novela de Don Sandalio, jugador de ajedrez; Un pobre hombre rico; Una historia de amor)*, sondern auch innerhalb von Unamunos Gesamtschaffen als Meisterwerk. Einerseits liegt der Geschichte Unamunos eigene Novelle *Las tijeras* (1911) zugrunde, andererseits wurde er auch durch Manuel Ciges Aparicios *El Vicario* und unmittelbar durch den Roman *Peter Elsmere* (1888) von Humphrey Ward (1851–1920) angeregt, der von der religiösen Krisis eines protestantischen Pastors handelt. In Peter Elsmere sah Unamuno, der sich in seiner Jugend zum Priester berufen fühlte und zeit seines Lebens ein starkes priesterliches Sendungsbewußtsein besaß, das Spiegelbild seiner eigenen seelischen Verfassung, die er nun seinerseits in die Gestalt des Landpfarrers von Valverde projizierte. Wie entscheidend die innere Krise, die in dieser Geschichte zum Ausdruck kommt, gewesen ist, zeigt sich darin, daß Unamuno in seinem Roman nicht nur die Wahrheit der Religion, sondern den Wert sozialer Reformen, die Bedeutung des Fortschritts, den Sinn aller geschichtlichen Entwicklung in Frage stellt. Der Roman verhält sich damit diametral zu den aufklärerischen Überzeugungen, denen der Autor in seinen früheren Werken Ausdruck verlieh. Alles, was Unamuno in früheren Werken als Gift für Geist und Seele angezweifelt hatte: Sitte, Konvention, Trost, Ruhe, Zufriedenheit usw., kehrt in *San Manuel Bueno* als notwendiges Betäubungsmittel wieder. – Wie die übrigen Romane Unamunos ist die Geschichte des ungläubigen Pfarrers vor allem im Gesamtzusammenhang seines religiösen, kulturphilosophischen und pädagogischen Denkens interessant, weniger als literarisches Werk. A.F.R.

Ausgaben: Madrid 1933. – Madrid 1951 (in *Obras completas*, 15 Bde., 2). – Madrid 1966. – Madrid 1966–1971 (in *Obras completas*, 9 Bde., Hg. M. García Blanco). – Manchester 1984, Hg. C. A. Longhurst. – Madrid 1987 (Austral). – Madrid 1988, Hg. F. Fernández Turienzo. – Madrid 1988, Hg. J. Valdés (Cátedra). – Madrid 1988, Hg. J. Rubio Tovar (Castalia).

Übersetzung: *San Manuel Bueno, Märtyrer*, E. Brandenburger, Stg. 1987 [span.-dt.; RUB].

Literatur: A. Sánchez Barbudo, *Los últimos años de U., »San Manuel Bueno« y »El vicario saboyano« de Rousseau* (in HR, 19, 1951, S. 281–322). – C. Calvetti, *La fenomenologia della credenza in M. de U.*, Mailand 1955. – J. A. Balseiro, *El vigía*, Buenos Aires/Madrid 1956, S. 27–99. – C. Blanco Aguinaga, *»San Manuel Bueno, mártir«, novela* (in NRFH, 15, 1961, S. 569–588). – P. H. Fernández, *Más sobre »San Manuel Bueno, mártir« de U.* (in RHM, 29, 1963, S. 252–262). – C. Aguilera, *Fe religiosa y su problemática en »San Manuel Bueno, mártir«* (in Boletín de la Biblioteca Menéndez Pelayo, 40, 1964, S. 205–307). – J. F. Falconieri, *»San Manuel Bueno, mártir«, Spiritual Biography. A Study in Imagery* (in Symposium, 18, 1964, S. 128–141). – C. Morón Arroyo, *»San Manuel Bueno, mártir«, y el sistema de U.* (in HR, 32, 1964, S. 227–246). – P. H. Fernández, *El problema de la personalidad en U. y en »San Manuel Bueno«*, Madrid 1966. – D. M. Carey u. P. G. Williams, *Religious Confessions as Perspective and Meditation in U.'s »San Manuel Bueno, mártir«* (in MLN; 91, 1976, 292–310). – F. Fernández-Turienzo, *»San Manuel Bueno, mártir«, un paisaje del alma* (in NRFH, 26, 1978, S. 113–130). – S. Predmore, *»San Manuel Bueno, mártir«: A Jungian Perspective* (in Hispano, 64, 1978, S. 15–29). – J. Butt, *M. de U.: »San Manuel Bueno, mártir«*, Ldn. 1981. – L. A. Longhurst, *The Problem of Truth in »San Manuel Bueno, mártir«* (in MLR, 76, 1981, S. 581–597). – W. Krömer, *U.s »San Manuel Bueno, mártir«* (in *Aspekte der Hispania im 19. u. 20. Jh.*, Hg. D. Kremer, Hbg. 1983, S. 59–68). – E. Payo, *Leyenda a U.: sugerencias de »San Manuel Bueno, mártir«*, Madrid 1986. – W. Glannon, *U.'s »San Manuel Bueno, mártir«. Ethics through Fiction* (in MLN; 102, 1987, S. 316–333). – C. I. Nepaulsingh, *In Search of a Tradition, not a Source for »San Manuel Bueno, mártir«* (in RCEH, 11, 1987, S. 315–330).

RAMÓN MARÍA DEL VALLE-INCLÁN

* 28.10.1866 Villanueva de Arosa
† 5.1.1936 Santiago de Compostela

LITERATUR ZUM AUTOR:

Bibliographien:
J. Rubia Barcia, *A Bibliography and Iconography of V.-I.*, Berkeley 1960. – R. Lima, *An Annotated Bibliography of R. del V.-I.*, University Park/Pa. 1972. – *Textos sobre V.-I. publicados en Cuadernos Hispanoamericanos* (in CHA, 1986, Nr. 438, S. 114–116).
Biographien:
F. Fernández Almagro, *Vida y literatura de V.-I.*, Madrid 1943; ern. 1966. – F. Madrid, *La vida altiva de V.-I.*, Buenos Aires 1944. – F. Pina, *El V.-I. que yo conocí*, Mexiko 1969.
Sondernummern und Sammelbände:
R. M. del V.-I. 1866–1966, Hg. A. Sánchez-Garrido, La Plata 1967. – CHA, 1966, Nr. 199/200. – Insula, 21, 1966, Nr. 236/237. – PSA, 1966, Nr. 153. – RdO, 1966, Nr. 44/45. – *R. del V.-I.: An Appraisal of His Life and Works*, Hg. A. N. Zahareas, R. Cardona u. S. Greenfield, NY 1968. – *V.-I.: Centennial Studies*, Austin/Tex. 1968. – *V.-I. y su tiempo de hoy*, Hg. J. A. Hormigón Blánquez, 4 Bde., Madrid 1986 [Ausst.-Kat.]. – *Genio y virtuismo de V.-I.*, Hg. J. P. Gabriele, Madrid 1987. – *R. del V.-I. (1866–1936), Akten des Bamberger Kolloquiums vom 6.–8.11. 1986*, Hg. H. Wentzlaff-Eggebert, Tübingen 1988. – Insula, 1988, Nr. 502.
Gesamtdarstellungen und Studien:
R. Gómez de la Serna, *Don R. del V.-I.*, Madrid 1944. – A. del Sanz, *El teatro de V.-I.*, Buenos Aires 1950. – H. Günter, *Die Kunst Don R. del V.-I.s*, Rostock 1958. – G. Díaz-Plaja, *Las estéticas de V.-I.*, Madrid 1965. – F. Meregalli, *Studi su R. del V.-I.*, Madrid 1965. – R. J. Sender, *V.-I. y la dificultad de la tragedia*, Madrid 1966. – E. González López, *El arte dramático de V.-I.*, NY 1967. – J. A. Marín Gómez, *La idea de sociedad en V.-I.*, Madrid 1967. – F. Umbral, *V.-I.*, Bilbao 1968. – M. E. March, *Forma y idea de los esperpentos de V.-I.*, Madrid 1969. – F. Yndurain, *V.-I. Tres estudios*, Santander 1969. – R. Cardona u. A. N. Zahareas, *Visión del esperpento: Teoría y práctica en los esperpentos de V.-I.*, Madrid 1970. – P. Salinas, *Significación del esperpento o V.-I., hijo pródigo del 98* (in P. S., *Literatura española, siglo XX*, Madrid 1970, S. 86–114). – M. Bermejo Marcos, *V.-I. Introducción a su obra*, Salamanca 1971. – J. Doll, *Stilwandel und ›esperpento‹ im Werk R. del V.-I.s*, Diss. Wien 1971. – S. M. Greenfield, *V.-I.: Anatomía de un teatro problemático*, Madrid 1972. – J. A. Hormigón, *R. del V.-I. – La política, la cultura, el realismo y el pueblo*, Madrid 1972. – A. Buero Vallejo, *Tres maestros ante el publico (V.-I., Velázquez, Lorca)*, Madrid 1973. – V. Smith, *V.-I.*, NY 1973 (TWAS). – A. Zamora Vicente, *V.-I., novelista por entregas*, Madrid 1973. – J. A. Hormigón, *V.-I., la política, la cultura, el realismo y el pueblo*, Madrid 1974. – E. S. Speratti-Piñero, *El ocultismo en V.-I.*, Ldn. 1974. – J. Pérez Fernández, *V.-I. Humanismo, política y justicia*, Alcoy 1976. – A. Risco, *El demiurgo y su mundo. Hacia un nuevo enfoque de la obra de V.-I.*, Madrid 1977. – E. Lavaud, *V.-I., du journal au roman 1888–1915*, Paris 1981. – V. Roloff, *V.-I. und die Aktualisierung der Farce im Theater der Zwanziger Jahre* (in *Avantgardetheater und Volkstheater*, Hg. K. Schoell, Ffm./Bern 1982, S. 109–131). – J. Lyon, *The Theatre of V.-I.*, Cambridge 1983. – J. Rubia Barcia, *Mascerón de Proa. Aportaciones al estudio de la vida y de la obra de don R. del V.-I.*, La Coruña 1983. – W. Floeck, *Parodie und Gattungsbildung. Bemerkungen zu V. I.s ›Esperpentos‹* (in *Formen innerliterarischer Rezeption*, Hg. ders., D. Steland u. H. Turk, Wiesbaden 1987, S. 281–299).

CLAVES LÍRICAS

(span.; *Lyrische Register*). Gedichtsammlung von Ramón María del VALLE-INCLÁN, erschienen 1930. – Die Sammlung umfaßt die Gedichtbände *Aromas de leyenda*, 1907 *(Duft aus alter Sage Grund)*, *La pipa de Kif*, 1919 *(Die Kif-Pfeife)*, und *El pasajero*, 1920 *(Der Wanderer)*. – Vom Modernismus ausgehend, steht Valle-Inclán in der vordersten Reihe der um die Jahrhundertwende einsetzenden Bewegung, die es unternommen hatte, die spanische Lyrik zu erneuern. Obwohl anfänglich von Rubén DARÍO, BAUDELAIRE und VERLAINE beeinflußt, kommt es ihm bald weniger auf die musikalische als auf die bildhaft-malerische Wirkung des poetischen Worts an. Schon in den *Aromas de leyenda* mit dem bezeichnenden Untertitel *Versos en loor de un santo ermitaño (Verse zu Ehren eines heiligmäßigen Einsiedlers)* wendet sich Valle-Inclán vom dandyhaften Aristokratentum, von den an Versailles erinnernden Gärten und Teichen und von den Chinoiserien des Modernismus ab und sucht die geheimnisvolle archaische Atmosphäre seiner galicischen Heimat einzufangen. Hier pflegt der Dichter einen kunstvollen Primitivismus. In den Gedichten des Bandes *El pasajero* – er ist zwar später erschienen als *La pipa de Kif*, schließt aber in Thematik und Formen an den ersten Band an – erscheint die Landschaft stilisierter, das musikalische Element tritt hinter das bildhafte zurück. Schon kündigt sich der Stil der *esperpentos* – der Grotesken – in der Manier eines Goya und eines Solana an. Die *»Enthumanisierung«* erreicht ihren Höhepunkt in *La pipa de Kif*. Eine groteske Welt von Zuhältern, Dirnen, Raufbolden, Säufern, Gehenkten, scheußlichen Megären und Idioten wird beschworen. Wie Jahrhunderte vor ihm QUEVEDO sucht auch Valle-Inclán neue Wörter und Wortspiele und schafft solcherart ein unübersetzbares Werk, in dem sich die erstaunlichsten Archaismen mit den ausgesuchtesten Nuancierungen moderner Sprachschöpfung verbinden. Bis ins letzte ausgefeilte Bilder stehen neben den gemeinsten Ausdrücken der Gosse.

Valle-Inclán ist kein »Gefühls«-Lyriker, er ist vor allem Stilist, und stilisieren heißt für ihn *»das Wirkliche deformieren, verfremden und entrealisieren«* (Ortega y Gasset). A.M.R.

AUSGABEN: Madrid 1907 [1. Tl.: *Aromas de leyenda. Versos en loor de un santo ermitaño*]. – Madrid 1919 [2. Tl.: *La pipa de Kif. Versos*]. – Madrid 1920 [3. Tl.: *El pasajero. Claves líricas*]. – Madrid 1930 (in *Opera omnia*, 30 Bde., 1913–1930, 9). – Madrid 1964. – Madrid 1976 (Austral).

LITERATUR: A. M. Sanz Cuadrado, *»Flor de santidad« y »Aromas de leyenda«* (in Cuadernos de Literatura Contemporánea, 18, 1946, S. 503–539). – M. Borelli, *Sulla poesia di V.-I.*, Turin 1961. – A. Martínez Blasco, *Poeta y censor de su propria obra: Observaciones a »Claves líricas«, 1930* (in CHA, 1986, Nr. 438, S. 31–43). – C. S. Maier, *The Image of the Empty Center: Toward a Re-Evaluation of R. del V.-I.'s »Claves líricas«* (in Symposium, 41, 1987, S. 110–126). – S. Horl Groenewold, *Die andere Seite. Versuch über V.-I.s »La pipa de kif«* (in *R. del V.-I. 1866–1936*, Hg. H. Wentzlaff-Eggebert, Tübingen 1988, S. 259–269).

COMEDIAS BÁRBARAS

(span.; *Ungeheuerliche Komödien*). Drei Theaterstücke von Ramón María del VALLE-INCLÁN: *Águila de blasón*, 1907 *(Wappenadler)*, *Romance de lobos*, 1908 *(Wolfsromanze)*, und *Cara de plata*, 1922 *(Silbergesicht)*. Der Chronologie der Handlung entsprechend steht *Cara de plata* am Beginn der Trilogie. – Thema der drei Bühnenwerke ist der Zerfall des galicischen Adelsgeschlechtes der Montenegros, die von der Bevölkerung wegen ihres rücksichtslosen Stolzes und ihrer sexuellen Hemmungslosigkeit mit Schrecken, aber auch Bewunderung betrachtet werden. Gegenspieler der Hauptfigur, des Vaters Don Juan Manuel, ist in *Cara de plata* sein Lieblingssohn »Silbergesicht«. Dessen unerwiderte Liebe zu seiner Adoptivschwester Sabelita, die von Don Juan Manuel zur Kebse gemacht wurde, zieht die allmähliche Zerstörung der Familie nach sich. In wütender Eifersucht tritt er vor seinen Vater, bereit, ihn zu erschlagen. Aber er und seine Brüder werden von dem tyrannischen Familienoberhaupt vertrieben, enterbt und verflucht. – In *Águila de blasón* erscheint Doña María, die Mutter, um zwischen Vater und Söhnen zu vermitteln. Ihre Bemühungen sind vergebens, da Don Juan Manuel seine Söhne im Verdacht hat, einen Raubüberfall auf den Herrensitz unternommen zu haben. Doña María versöhnt sich mit der schuldbewußten Sabelita, deren Selbstmordversuch vereitelt werden konnte. Aber Don Juan Manuel hat sich inzwischen Ersatz verschafft: die von seinem Ältesten vergewaltigte Müllerin Liberata. Der Tod Doña Marías ist die einzige Sünde, die sich der »Wolf« Juan Manuel vorwirft. Er, der in kaltem Hochmut von sich als einem Schützling Satans spricht, klagt sich in *Romance de lobos* an, der Henker seiner vor Gram gestorbenen Frau gewesen zu sein. Von ihrem Grabe kehrt er, gefolgt von einer Bettlerschar, nach Hause zurück, um sich dort einzumauern. Bei seiner Ankunft erschlagen ihn die Söhne. – Im ersten Teil der Trilogie entwickelt sich das Geschehen, die Entfremdung zwischen Vater und Sohn, in fast epischer Breite. Der zweite Teil besteht aus einer wildbewegten, ja geradezu brutalen Szenenfolge, die sich an der Peripherie der eigentlichen Handlung zwischen Don Juan Manuel und Doña María abspielt. In *Romance de lobos* spitzt sich das Geschehen tragisch zu. Zwar handelt Don Juan Manuel bis zum Schluß mit dem Pathos des Gewaltmenschen, das selbst in seiner reuigen Zerknirschung mitklingt, aber das Bewußtsein von Schuld und Tod hat seine Kraft gebrochen. Sein Ende ist tragisch, weil die Buße, die er zu seiner Erlösung leisten will, vereitelt wird. So entbehrt die Verruchtheit des Individuums Don Juan Manuel nicht einer gewissen Größe, und sein Untergang wird fast als Apotheose dargestellt. Dagegen haben die Söhne (außer Silbergesicht, der sich den Streitkräften der Karlisten anschließt) ihre Individualität eingebüßt; sie sind nur noch Strolche und Mörder, die im Kollektiv handeln, und als solche werden sie denn auch am Schluß von den Bettlern umgebracht.

In der Darstellung der Roheit und der primitiven Leidenschaften wendet sich der Autor von der überfeinerten, ästhetischen Welt seiner *Sonatas* ab. Doch die sprachliche Stilisierung, die bis in die Szenenanmerkungen und die dialektgefärbte Redeweise des niederen Volkes beibehalten ist, mildert und ironisiert das Dargestellte. Der Verzicht auf detaillierte psychologische Motivierung und die Tendenz, den Stil der Romanzendichtung – und damit längst Vergangenes, aber im Volk stets Gegenwärtiges – wiederzugeben, führen das Werk in den Bereich des Mythischen. Einige Szenen wirken dagegen wie eine Vorstufe der späteren *Esperpentos*, in denen die Wirklichkeit wie im Hohlspiegel systematisch deformiert wird. D.R.

AUSGABEN: *Águila de blasón*, Barcelona 1907. – *Romance de lobos* (in El Mundo, 1907); Madrid 1908. – *Cara de plata* (in La Pluma, 1922); Madrid 1923. – *Comédias bárbaras*: Madrid 1923 (in *Opera omnia*, 30 Bde., 1913–1930, 15). – Madrid 1958 (in *Obras escogidas*). – Madrid 1964 *(Águila de blasón)*. – Madrid 1979.

ÜBERSETZUNG: *Barbarische Komödien. Dramatische Trilogie. Silbergesicht – Wappenadler – Wolfsballade*, F. Vogelgsang, Stg. 1984.

LITERATUR: A. Martilla Rivas, *Las »Comedias bárbaras«, historicismo y expresionismo dramático*, NY 1972. – J. Canoa, *Semiología de las »Comedias bárbaras«*, Barcelona 1977. – G. Edwards, *The »Comedias bárbaras«: V.-I. and the Symbolist Theatre* (in BHS, 60, 1983, S. 293–303). – M. del C. Porrúa, *La Galicia decimonónica y las »Comedias bárbaras« de V.-I.*,

La Coruña 1983. – L. Schiavo, *La barbarie de las »Comedias bárbaras«* (in Boletín de la Academia Argentina de Letras, 52, 1987, S. 473–490).

DIVINAS PALABRAS. Tragicomedia de aldea

(span.; *Ü: Wunderworte. Eine dörfliche Tragikomödie*). Schauspiel in drei Akten von Ramón María del VALLE-INCLÁN, erschienen 1920, Uraufführung: Madrid, 26. 11. 1933, Teatro Español. – Mit dieser *»dörflichen Tragikomödie«*, die im gleichen Jahr wie *Luces de bohemia* erschien, vollzieht Valle-Inclán bereits den Übergang zur avantgardistischen Ästhetik, schreibt er ein »Esperpento« *avant la lettre*. Mit den früheren Dramen durch den Schauplatz (ein ländliches Galicien) und manche Gestalten (etwa den »Blinden von Gontar«) verbunden, erreicht dieses gleichsam wie ein Flügelaltar streng symmetrisch gebaute Stationendrama (aus 5/10/5 Szenen) sowohl in den enthumanisierenden Personenbeschreibungen der Regiebemerkungen wie auch in dem Sprechstil mancher Figuren das Niveau der Groteske, das dem *esperpento* entspricht. Auch die *»Visionsschilderung«* (H. Wentzlaff-Eggebert) *Divinas palabras* ist ein *»Retabel des Geizes, der Geilheit und des Todes«* in einem alles andere als idyllischen ländlichen Kontext eines von Hexen und Teufeln, vor allem aber von völlig enthumanisierten und jeder zwischenmenschlichen Solidarität abholden Leuten bewohnten Landes.

Die Fabel beginnt mit dem Tod Juana la Reinas, der Mutter eines geistig behinderten Monsters, das sie auf einem Wagen durch die Jahrmärkte der Gegend schleppt, um sich so leichter das Geld für den Schnaps zu erbetteln, an dem sie letzten Endes stirbt. Um das »Erbe« der Verstorbenen (den die Mildtätigkeit – oder auch nur die Schaulust – anregenden Debilen) streiten nun ihre Schwester und die Schwägerin Mari-Gaila, die Frau des vertrockneten Sakristans Pedro Gailo. In diesem Streit läßt Valle-Inclán bereits die für die *esperpento*-Technik typische extreme Distanz zwischen dem Pathos der Worte und der materialistischen Intention der Sprecher erkennen. Ein salomonisches Urteil weist den Debilen drei Tage der Woche der einen, drei der anderen zu, sonntags hat er frei. Mari-Gaila hält sich freilich kaum an diese Vereinbarung, sie »benützt« den Idioten ohne Unterbrechung, zieht mit ihm durch die Gegend und läßt sich von einer diabolischen Gauklerfigur, dem Hundebändiger Séptimo Miau, verführen, während ein paar sadistische Schaulustige den Behinderten durch Einflößen von Schnaps in ungeheuren Mengen regelrecht umbringen. Verfolgt und schließlich unterstützt vom Teufel in Gestalt eines Ziegenbocks, muß Mari-Gaila nun den Leichnam auf dem Karren nach Hause ziehen, wo unterdessen ihr gehörnter Ehemann mit der Tochter Simoniña über die Sünde der Mutter und die Notwendigkeit, sie um der Ehre willen dafür zu töten, spricht, wobei er fast wortwörtlich die Tiraden Don Frioleras im gleichnamigen *esperpento* vorwegnimmt (bis hin zum Wiederholungstick: *»Das Messer! Das Messer! Das Messer!«*). Als die Mutter an die Türe klopft, ist der Sakristan, nachdem er noch rasch versucht hat, seine eigene Tochter zu verführen, endlich völlig betrunken eingeschlafen. Nun wird die Tochter geschickt, den Karren mit dem unerwünschten Leichnam vor dem Haus der Schwester von Juana la Reina zu deponieren, damit man sich die Begräbniskosten erspart. Da die Schwester freilich am nächsten Morgen ihrerseits den Karren mit der von den Schweinen angeknabberten Leiche wieder zurückschleppt, wird Simoniña mit dem toten Debilen vor die Kirche kommandiert, um dort das Geld für das Begräbnis zu erbetteln. Unterdessen wird Mari-Gaila bei einem Schäferstündchen mit Séptimo Miau überrascht, vom ganzen Dorf gejagt und schließlich nackt auf einen Heuwagen gelegt, um zur Schande durch das Dorf gefahren zu werden. Als sie vor der Kirche eintrifft, stürzt sich Pedro laut Regieanweisung vom Turm, bleibt zerschmettert auf dem Vorplatz liegen, steht jedoch gleich wieder auf und geht seiner Frau entgegen, die nackt vom Karren springt. Als er das Bibelwort *»Wer von euch ohne Sünde ist, der werfe den ersten Stein!«*, das zunächst ohne Wirkung bleibt, in Latein wiederholt, geschieht das *»Wunder des Lateinischen«*: Die aufgebrachte Menge läßt von ihrem Opfer ab, Mari-Gaila zieht am Arm ihres Mannes in die Kirche ein wie eine Braut, und der *»Wasserkopf des Idioten«*, der die ganze Zeit über in der Mitte der Bühne lag, erscheint ihr *»wie ein Engelshaupt«*.

Hier ist die Darstellung des ländlich-katholischen Galicien, die schon in den *Comedias bárbaras* die Grenze zur Groteske mehrfach streift, wohl endgültig in die Groteske abgeglitten. Alles, was Valle-Inclán später zum *esperpento* gesagt hat, der deformierende Zerrspiegel, die sprachlichen Automatismen, die Bezeichnung der Figuren als Hampelmänner oder Tiere in den Regiebemerkungen, die Betrachtungsweise des Autors »aus der Höhe« ohne Anteilnahme am Geschehen, läßt sich auch von diesem Stück sagen. Pedro Gailo ist wenigstens in einigen Szenen ein deutlicher Vorläufer von Don Friolera, für Séptimo Miau gilt dasselbe bezüglich Juanito Ventolera (aus *Las galas del difunto*), und die aktive, sinnliche Frauengestalt der Mari-Gaila hat gewisse Parallelen zur Hauptmannstochter Sini, der Titelfigur von *La hija del capitán*, des dritten *esperpento* aus *Martes de carnaval*. Das einzige, was *Divinas palabras* noch von den Werken dieses Zyklus trennt, ist also die räumliche Entrückung in ein archaisches Galicien, das sich keiner Zeitepoche eindeutig zuordnen läßt. Gerade dadurch aber erreicht Valle-Inclán hier auch noch einige besonders wirkungsvolle Effekte, die an manche viel spätere »schwarze« Darstellungen des Ländlichen auch in unseren Breiten (etwa F. X. KROETZ) denken lassen. M.R.

AUSGABEN: Madrid 1920 (in El Sol). – Madrid 1920 (in *Opera omnia*, 30 Bde., 1913–1930, 17). – Madrid 1961 (CA). – Madrid 1986 (Austral).

Übersetzung: *Wunderworte. Eine dörfliche Tragikomödie*, F. Vogelgsang, Bad Homburg 1982. – *Wunderworte. Zwei Theaterstücke*, ders., Stg. 1983 [zus. m. *Glanz der Bohème*].

Verfilmung: Spanien 1987 (Regie: J. L. García Sánchez).

Literatur: R. Marrast, *Quelques clés pour »Divines Paroles«* (in CRB, 43, 1963, S. 18–35). – J. Blanquat, *Symbolisme et Esperpento dans »Divinas palabras«* (in *Mélanges à la mémoire de Jean Sarrailh*, Paris 1966, Bd. 1, S. 145–165). – D. E. Dagum, *Una incursión: »Divinas palabras« de V.-I.* (in CA, 1970, Nr. 170, S. 205–223). – G. Umpierre, *»Divinas palabras«: alusión y alegoría*, Chapel Hill 1971. – D. Ling, *Greed, Lust and Death in V.-I.'s »Divinas palabras«* (in REH, 8, 1974, S. 83–93). – H. Wentzlaff-Eggebert, *Zur Ästhetik V. I.s am Beispiel von »Divinas palabras«* (in IR, 13, 1981, S. 77–95). – J. Crispin, *The Ironic Manichean Battle in »Divinas palabras«* (in Anales de la litteratura española contemporánea, 7, 1982, S. 189–200). – C. Jerez-Farrán, *Séptimo Miau y Ginés de Pasamonte: Un caso de duplicación biográfica cervantina en »Divinas palabras«* (in RHM, 41, 1988, S. 91–105). – H. Wentzlaff-Eggebert, *R. de V.-I. »Divinas palabras«* (in *Das spanische Theater*, Hg. V. Roloff u. ders., Düsseldorf 1988, S. 309–324).

LUCES DE BOHEMIA

(span.; *Ü: Glanz der Bohème*). Schauspiel von Ramón María del Valle-Inclán, erschienen 1920. – Gemeinsam mit *Divinas palabras* stellt dieses Drama den Neubeginn des dramatischen Œuvres von Valle-Inclán nach der »schöpferischen Pause« während des Ersten Weltkriegs dar. Wie die ersten beiden Stücke der Trilogie *Comedias bárbaras, Romance de lobos*, 1907 *(Wolfsromanze)*, und *Águila de blasón*, 1908 *(Wappenadler)*, ist *Luces de bohemia* ein Stationendrama, gebaut um einen dominierenden männlichen Protagonisten: War es dort mit Juan Manuel Montenegro ein galicischer Feudalherr, so ist es nun mit dem blinden Schriftsteller Max Estrella ein »Adeliger des Geistes«, der in einer mickrigen, kreatürlich-hinterlistigen und rein auf das Materielle ausgerichteten Gesellschaft nicht überleben kann und letztlich ein tragisches Ende findet.

Durch die Transposition aus dem ländlichen Galicien des 19. Jh.s in das Madrid der Gegenwart gewinnt Valle-Incláns Drama freilich viel an Aktualität und politisch-gesellschaftlicher Sprengkraft, die der Autor auch durch Anspielungen auf aktuelle Tagesereignisse unterstreicht. So sind nicht nur beinahe alle Figuren entschlüsselbar und mit realen Personen aus Literatur und Politik in Bezug zu setzen – die Titelfigur etwa mit dem Schriftsteller Alejandro Sawa (1862–1909) –, wenn sie nicht überhaupt, wie Rubén Darío, gleich unter eigenem Namen auftreten; in den 1924 in der überarbeiteten Fassung eingefügten Szenen hat Valle-Inclán darüber hinaus die politischen Ereignisse seiner Zeit (vor allem die blutige Niederschlagung von Streiks und Arbeiterbewegungen und die Rolle der Anarchisten) direkt eingearbeitet. Max Estrella, der auch viele Züge des Autors trägt, zeigt eine Art ohnmächtige Sympathie mit den politischen Häftlingen und den Unterdrückten. Allerdings hatte sich bereits Montenegro in den *Comedias bárbaras* als Beschützer der Armen präsentiert und dies ausdrücklich als die Aufgabe der Feudalherren definiert. Ähnlich sieht es auch Max Estrella, zugleich aber ist er sich bewußt, daß die Zeit der Feudalherren, selbst jener des Geistes, vorüber ist. So entwirft er, kurz bevor er vor Kälte und Entkräftung auf einer Madrider Straße stirbt, im Gespräch mit seinem Faktotum, dem betrügerischen Speichellecker Don Latino de Hispalis, eine neue Ästhetik, die er als *esperpento* (Zerrspiegel) bezeichnet und die Valle-Inclán später sowohl im Drama (vgl. *Martes de carnaval*) als auch im Roman (vgl. *Tirano Banderas*) eingesetzt hat. Max führt diese »Deformationsästhetik« auf Goya zurück und sieht sie in der historisch-gesellschaftlichen Situation begründet: Da Spanien *»eine groteske Deformation der europäischen Zivilisation«* ist, *»kann der tragische Sinn des spanischen Lebens nur durch eine systematisch deformierte Ästhetik wiedergegeben werden«*.

Darunter ist nun eine besondere Abart des Grotesken zu verstehen, wie es auch das Avantgarde-Theater Italiens und Frankreichs, teilweise sogar den deutschen Expressionismus geprägt hat. Valle-Inclán treibt es freilich zu einem Extrem, das schon manche Züge des absurden Theaters vorwegnimmt (so sagt Max auch schon: *»In einem Zerrspiegel sind die schönsten Bilder absurd«*). Auch diese Technik ist freilich nichts radikal Neues in seinem Werk: Schon in den *Comedias bárbaras* finden sich einige groteske Figuren (Hofnarren, Verrückte, Debile) und Szenen (etwa, wenn ein Sohn Montenegros eine gestohlene Leiche im Kessel kocht, um die Knochen an die Anatomie zu verkaufen, während nebenan sein Bruder mit einer Hure im Bett liegt). Und andererseits ist in *Luces de bohemia* das Stadium des *esperpento* als Gattung auch noch nicht erreicht: Neben ganz oder teilweise grotesk deformierten Figuren (der Buchhändler Zarathustra, Don Latino, der Minister, der Max eine Pension verspricht, oder der Chor der modegeilen Modernisten) finden sich durchaus berührende tragische oder tragikomische Gestalten: Max selbst und seine Familie, Rubén Darío, der Anarchist, die Mutter mit dem erschossenen Kind usw.

Sie alle säumen den Weg des Blinden durch das nächtliche Madrid: eine letzte, apokalyptische Sauftour am Arm Don Latinos, auf der Max, der eben seine letzte Einnahmequelle, einen Vertrag mit einer Zeitschrift, verloren hat und von Latino und anderen zwielichtigen Existenzen um seine letzten Pfennige betrogen wird, in pathetischer und zugleich ironischer Weise den völligen moralischen Bankrott um ihn herum kommentiert. Die Reise führt von dem Antiquariat des betrügerischen »Za-

rathustra« über die Schenke der Pica Lagartos nach einem Konflikt mit der Polizei, die gegen die ruhestörende Menge der modernistischen Dichtergruppe vorgeht, in eine Gefängniszelle, schließlich über eine Zeitungsredaktion in das Innenministerium, dann wieder in ein Kaffeehaus und zurück auf die Straße, auf der Estrella im Morgengrauen tot zusammenbricht. Mehrfach scheint eine Wendung zum Guten möglich; so, als der dilettierende Literat, der den Posten des Innenministers bekleidet, Max freiläßt und ihm eine Pension auszahlt – die dieser sofort mit Freunden vertrinkt; oder als, viel zu spät, das Los, das er gekauft hat, den Haupttreffer macht – aber da ist Max bereits tot, Latino hat sich das Los angeeignet, Frau und Tochter des blinden Dichters haben Selbstmord begangen, was man nach der Aufbahrungs- und der Begräbnisszene (eine Parodie auf die Totengräberszene in SHAKESPEARES *Hamlet*) am Schluß in der Schenke von Pica Lagartos erfährt, in der Don Latino den »ererbten« Losgewinn in Schnaps umsetzt.
In dieser Schlußszene, als alle tragischen und tragikomischen Helden tot sind und nur noch groteske, deformierte Charaktere die Bühne bevölkern, scheint der Weg frei zum *esperpento*, den Valle-Inclán in seinen folgenden Stücken auch beschritten hat; in *Luces de bohemia* ist jedoch bei aller Entlarvung des Mythos der Bohème auch noch eine (nicht uneitle) nostalgische Verehrung für die »Dichterfürsten« da, die an die Stelle der galicischen Feudalherren seines früheren Werkes getreten sind und in denen sich der Autor auch selbst wiedererkennt. Ein Gleiches gilt für den Stil, eine stets die Pointe, das Bonmot suchende, an die Atmosphäre des Kaffeehaustisches gemahnende Redeweise, die – wie man anhand der Valle-Inclán-Biographie von GÓMEZ DE LA SERNA erkennen kann – auch für den Schöpfer Max Estrellas typisch war. Die langen und poetisch gestalteten Regieanweisungen (ein generelles Charakteristikum der Dramen Valle-Incláns) machen klar, daß der Autor *Luces de bohemia* wohl zunächst teilweise nur als Lesedrama verstanden hat, weil im kommerzialisierten spanischen Theaterbetrieb seiner Zeit an eine Aufführung kaum zu denken war. Nach ZAMORA VICENTE weist es eher filmische als theatralische Züge auf. Auf der Bühne gab es erst in den letzten Jahren überzeugende Realisierungen. M.R.

AUSGABEN: Madrid 1920 (in España, 31.7. – 23.10.). – Madrid 1924 (in *Opera omnia*, 30 Bde., 1913–1930, 19). – Madrid 1961. – Madrid 1987, Hg. A. Zamora Vicente (Clás. Cast). – Madrid 1988 (Austral).

ÜBERSETZUNG: *Glanz der Bohème. Eine Schauerposse*, F. Vogelgsang, Bad Homburg o. J. – Dass., ders. (in *Wunderworte. Zwei Theaterstücke*, Stg. 1983).

LITERATUR: A. W. Philipps, *Sobre la génesis de »Luces de bohemia«* (in Insula, 1966, Nr. 236/237). – G. Sobejano, *»Luces de bohemia«, elegía y sátira* (in PSA, 43, 1966, S. 89–106). – M. Durán, *V.-I. y el sentido de lo grotesco* (ebd., S. 109–131). – F. W. Weber, *»Luces de bohemia« and the Impossibility of Art* (in MLN, 82, 1967, S. 575–589). – A. Zamora Vicente, *La realidad esperpéntica. Aproximación a »Luces de bohemia«*, Madrid 1969. – J. E. Lyon, *A Note on the Two Versions of »Luces de bohemia«* (in BHS, 47, 1970, S. 52–56). – F. Ynduraín, *Valleinclaniana: Todavía sobre »Luces de bohemia«* (in PSA, 70, 1973, S. 283–293). – Ders., *»Luces de bohemia«. Variaciones, ironía y compromiso* (in CHA, 1973, Nr. 280–282, S. 588–597). – D. Dougherty, *»Luces de bohemia« and V.-I.'s Search for Artistic Adequacy* (in JSpS, Twentieth Century, 2, 1974, S. 61–75). – J. Ortega, *»Luces de bohemia« y »Tiempo de silencio«: Dos concepciones del absurdo español* (in CHA, 1976, Nr. 317, S. 303–317). – S. Gubern Garriga-Nogués, *Más sobre el desprecio en »Luces de bohemia«* (in PSA, 74, 1974, S. 143–154). – R. Osuna, *Corporalidad y cinematografía en »Luces de bohemia«* (in Explicación de textos literarios, 14, 1985/86, S. 57–61). – J. R. Resina, *Número mítico y matemática de espejo* (in Ideology & Literature, 3, 1988, S. 97–127). – V. Roloff, *»Luces de bohemia« als Stationendrama* (in *R. del V.-I., 1866–1936*, Hg. H. Wentzlaff-Eggebert, Tübingen 1988, S. 125 bis 139). – K. S. Larren, *›El rey de Portugal‹ en »Luces de bohemia«* (in Explicación de textos literarios, 18, 1989/90, S. 31–37).

MARTES DE CARNAVAL

(span.; *Ü: Karneval der Krieger*). Drei *esperpentos* von Ramón María del VALLE-INCLÁN, erschienen 1930. – In diesen zwischen 1921 und 1926 entstandenen Stücken, die Valle-Inclán 1930 zu der Sammlung mit dem doppelsinnigen Namen (Faschingsdienstag bzw. Mars-[also Krieger-]Karneval) zusammengefaßt hat, realisiert der spanische Autor seine in *Luces de bohemia* skizzierte Dramenästhetik des *esperpento*, des Zerrspiegels, in dem die Helden der klassischen Tragödie gesehen werden sollen. Dies impliziert einerseits eine parodistische Intertextualität, andererseits eine radikal antimimetische Haltung. Tatsächlich sind wenigstens zwei der drei hier vereinten Stücke eindeutig parodistisch auf kanonisierte Werke des dramatischen Repertoires bezogen: *Don Friolera* auf SHAKESPEARES *Othello*, CALDERÓNS Ehrendramen, vor allem dessen *El médico de su honra (Der Arzt seiner Ehre)*, aber auch moderne Kolportagestücke wie José ECHEGARAYS *El gran galeoto*, und *Las galas del difunto* auf José ZORRILLAS romantische Version des Don Juan-Stoffes, den *Don Juan Tenorio*. Was die antimimetische Haltung betrifft, die aus den Personen Marionetten, ja groteske Hampelmänner werden läßt, hat sie Valle-Inclán in einem Interview aus dieser Zeit auch in seine bekannte Formel von den *»drei Positionen des Dramatikers«* gefaßt: Der antike Dramatiker behandle die Helden des Mythos ehrfürchtig *»auf den Knien«*, Shakespeare trete seinen Figuren *»stehend«*, d. h. Aug in Aug gegenüber, der moderne, sprich: avantgardistische Autor des *esperpento* betrachte seine lächerlichen Zwerge, die in die Rollen der klassischen Helden zu schlüpfen versuchen, ungerührt lachend *»aus der Luft«*.

In dem chronologisch ersten der Stücke, *Los cuernos de Don Friolera (Die Hörner von Leutnant Firlefanz)*, wird diese Konzeption auch im Rahmenteil, in dem zwei Intellektuelle sich über neue Formen der Ästhetik unterhalten, vorgeführt: Die Handlung des Stückes wird im Prolog von einem Puppenspieler in der grotesken Form des Kasperletheaters aufgeführt, im Epilog von einem Blinden in einer rührenden Romanze besungen, und die beiden Kommentatoren sind sich sofort einig, wem die Palme der besseren Interpretation gebührt: dem Puppenspieler.

Tatsächlich hat dessen Version auch mehr mit den zwölf dazwischenliegenden Szenen gemeinsam, in denen der Leutnant der Zollwache Pascual Astete, wegen seines zwanghaft ständig wiederholten *»Friolera!« (»Firlefanz!«)* mit diesem Spitznamen bedacht, von der als »Eule« bezeichneten bösen alten Jungfer Doña Tadea Calderón durch anonyme Briefe dazu getrieben wird, ein Liebesverhältnis zwischen seiner Frau Loreta und dem hinkenden Barbier Pachequín zu vermuten. Zwar hat Friolera gar keine Lust, die tragische Rolle des eifersüchtigen Ehemanns zu spielen, weil er seine Frau und seine Tochter über alles liebt und sich lediglich nach dem etwas süßlichen kleinbürgerlichen Familienglück am trauten heimischen Herd sehnt, aber als Angehöriger einer militärischen Einheit ist er zu gewissen Verhaltensnormen verpflichtet, wie ihm ein aus grotesken, vertrottelten Offizierskollegen bestehendes Ehrengericht klarzumachen versucht. Als er mit seinen Ausbrüchen von Raserei Loreta tatsächlich zur Flucht mit Pachequín treibt, *»weiß er, was er zu tun hat«*, trifft aber leider seine über alles geliebte Tochter, die wachspuppenartige Manolita. Als er in der Meinung, er habe seine Pflicht getan und die ehebrecherische Frau erledigt, seinem in Unterhosen zeitunglesenden Kommandanten Meldung macht, wird er zuerst belobigt und dann, als dessen Frau, offenbar von ihrem Liebhaber, den wahren Ausgang erfährt, in den Arrest gesperrt. Die Tragödie findet also nicht statt – oder sie besteht eben darin, daß dem kleinbürgerlich-larmoyanten Friolera nicht einmal das Schicksal des tragischen Helden gegönnt ist.

In dem zweiten *esperpento* mit dem Titel *Las galas del difunto (Die Festkleider des Verblichenen)* greift Valle-Inclán als Angehöriger der »Generation von 98« die traumatische Erfahrung des verlorenen Krieges gegen die USA um die letzte spanische Kolonie in Amerika, die Insel Kuba, auf. Die Hauptfigur, der heruntergekommene Juanito Ventolera, ist ein desillusionierter, zynisch gewordener Heimkehrer, der nur beklagt, daß die Soldaten in Kuba nicht statt auf den Feind auf die eigenen Offiziere geschossen haben. Einquartiert bei einem geizigen Apotheker, umwirbt er die Prostituierte »La Daifa«, deren gefallener Geliebter – so sagt er wenigstens – sein Freund im Schützengraben gewesen ist. Die »Daifa«, die von diesem Freund schwanger war und deshalb von ihrem Vater, dem nunmehrigen Zimmerwirt Juanitos, verstoßen worden ist, schreibt diesem einen rührseligen Brief. Der Apotheker steckt ihn ungelesen in seinen Sonntagsrock, stirbt aber kurz darauf in einer grotesken, schattenrißartig beschriebenen Pantomimen-Szene an einem Schlaganfall. Nun wettet Juanito mit ein paar Freunden, daß er es wagen würde, die Ruhe des Toten zu stören, gräbt ihn aus und *»tauscht mit ihm die Kleider«*. Danach besucht er noch die Witwe und verlangt Hut und Stock, um sich der »Daifa« nun neu herausgeputzt zu präsentieren. Im Bordell greift er dann in die Rocktasche, findet ihren Brief und liest ihn vor, ohne zu wissen, von wem er ist. Unter allgemeinem Gelächter wird von den Bordellkolleginnen auch noch enthüllt, daß der Text des Briefes nicht von ihr stammt, sondern aus einem »Handbuch« abgeschrieben wurde.

Im letzten *Esperpento de la hija del capitán (Esperpento von der Hauptmannstochter)* ist die parodistische Folie nicht die Literatur, sondern das Leben: Ziemlich unverhüllt macht sich Valle-Inclán dort über den operettenhaften Staatsstreich des Generals Primo de Rivera von 1923 lustig, der in seiner Version nur geschieht, um Enthüllungen der Skandalpresse über das Liebesleben und die Korruption der höheren Offizierskreise zu unterbinden. Die Titelfigur Sini, von ihrem Vater zur Geliebten eines wesentlich älteren Generals bestimmt, weiß sich recht gut ihrer Haut zu wehren: Als sie bei dem Erpresser, den ihr eigentlicher Geliebter, ein Leierkastenmann, aus Eifersucht in der Nacht an Stelle des Generals ermordet hat, belastende Dokumente findet, erpreßt sie ihrerseits ihren Vater und den für sie ausersehenen General so lange, bis dieser zum Staatsstreich schreitet. Nun kann sie mit dem Leierkastenmann fliehen, muß sich allerdings bei der Abfahrt ihres Zuges auf dem Perron noch eine lange Rede des ebenfalls operettenhaften Königs (Alfons XIII.) anhören, in dem dieser ununterbrochen die Werte von Vaterland, Ehre und Treue beschwört, um den Staatsstreich zu rechtfertigen.

Der gemeinsame thematische Nenner der drei *esperpentos* liegt, wie der Titel schon andeutet, in der Satire des aufgeblähten, anachronistisch denkenden Militärapparates des Spanien der zwanziger Jahre. Darüber hinaus aber sind sie wegen der konsequenten Umsetzung einer antimimetischen, oft sogar an die Stelle des Wortes marionettenhafte Pantomime setzenden Ästhetik ebenso bemerkenswert wie durch die groteske Deformierung der Figuren, die in den Regieanweisungen sehr oft sogar verdinglicht und nur als »Schatten«, »Haufen«, »Bündel« und dergleichen angesprochen werden. Valle-Inclán leistet hierin sicherlich seinen bedeutendsten Beitrag zur Geschichte des avantgardistischen Dramas. M.R.

AUSGABEN: Madrid 1921 (*Los cuernos de don Friolera*, in España, Nr. 11 u. 15). – Madrid 1927 (*La hija del capitán*, in La Novela Mundial, 28. 7. 1927).

– Madrid 1930 (in *Opera omnia*, 30 Bde., 1913–1930, 17). – Madrid 1958; [5]1976 (in *Obras escogidas*). – Madrid 1964. – Madrid 1987 (Austral).

ÜBERSETZUNG: *Karneval der Krieger. Drei Schauerpossen*, F. Vogelgsang, Stg. 1982.

LITERATUR: A. González Pedro, *»Los cuernos de don Friolera«* (in La Torre, 2, 1954, Nr. 8, S. 45–54). – D. Bary, *Notes on »Los cuernos de don Friolera«* (in Humanitas, Monterrey, 5, 1964, S. 309–322). – M. Durán, *»Los cuernos de don Friolera« y la estética de V.-I.* (in Insula, 236/237, 1966, S. 5 u. 28). – A. Dias, *La escenografía esperpéntica en »Martes de carnaval«* (in Explicación de textos literarios, 2, 1974, S. 199–208). – W. B. Berg, *R. del V.-I.: »Esperpento de los cuernos de Don Friolera«* (in *Das spanische Theater*, Hg. V. Roloff u. H. Wentzlaff-Eggebert, Düsseldorf 1988, S. 325–339). – M. Rössner, *Zerrspiegel, Marionetten, Grotesken. V.-I.s ›esperpentos‹ im Vergleich mit dem italienischen ›teatro del grottesco‹ und Pirandello* (in *R. del V.-I., 1866–1936*, Hg. H. Wentzlaff-Eggebert, Tübingen 1988, S. 147–162).

EL RUEDO IBÉRICO

(span.; *Das iberische Kampfrund*). Romanfolge von Ramón María del VALLE-INCLÁN. – Von dem in seiner letzten Schaffenszeit geplanten Triptychon *El ruedo ibérico*, einem in drei Serien auf neun Romane angelegten Bild der spanischen Geschichte und Gesellschaft in der Zeit vom Sturz Isabellas II. (1868) bis zum Regierungsantritt Alfons' XIII. nach dem Zusammenbruch der Kolonialmacht im Krieg um Kuba (1898), konnte Valle-Inclán nur zwei Werke der ersten Reihe *Los amenes de un reinado (Das Ende eines Königreichs)* vollenden: *La corte de los milagros (Der Hof der Wunder)* und *Viva mi dueño (Es lebe der König)*, erschienen 1927/28. Die in Fortsetzungen 1932 erschienenen Kapitel aus *Baza de espadas* kamen gesammelt erst 1958 heraus.

In betontem Gegensatz zur Erzählweise des historischen Romans bei Benito PÉREZ GALDÓS (1843–1920), dessen in fünf Serien zu je zehn Romanen gegliederter Zyklus *Episodios nacionales* (1873–1912) den Zeitraum spanischer Geschichte von der Niederlage bei Trafalgar (1805) bis zur Ermordung von Antonio Cánovas del Castillo (1897) am Vorabend der nationalen Katastrophe von 1898 umspannt, versucht Valle-Inclán mit der als künstlerischem Gestaltungsmittel systematisch gewollten *»mathematischen Verzerrung der Wirklichkeit« (esperpento)* die *»traurige spanische Wirklichkeit«* in einem Spiegel zu fassen. Die für den Leser im Zeit- und Handlungsverlauf kaum überschaubaren Romane setzen sich zusammen aus einer verwirrenden Folge von Bildern und Einzelheiten, deren Einheit lediglich die geschichtliche Situation und die in ihr auftretenden echten oder fiktiven Gestalten bilden. Jeder Roman zerfällt in zahlreiche Momentaufnahmen, in Episoden von manchmal nur wenigen Zeilen Umfang, die ohne inneren Entwicklungszusammenhang aneinandergereiht werden. Die drei Werke hat der Dichter mit jeweils drei gleichlaufenden Handlungssträngen in verschachtelter Symmetrie aufgebaut. *La corte de los milagros* und *Viva mi dueño* sind in neun Bücher unterteilt. Valle-Incláns fragmentistische Darstellungsweise ergibt eine zeitlich tief gestaffelte, die Gegenwart facettenartig zu einem Panorama zerdehnende und scheinbar völlig unbeteiligte Vision des gleichzeitigen Geschehens gleichsam von höherer Warte aus. Der Erzähler schaut, weder um gefühlsmäßige Vertiefung oder Charakterisierung seiner Gestalten noch um den deutenden Kommentar zu den Geschehnissen bemüht – die stilisierte, karikierende Beschreibung spricht für sich –, dem grotesken Maskenspiel zu. Wirklichkeit und Erfindung vereinigen sich in diesem an QUEVEDOS oder Goyas schonungslose Bloßstellungen erinnernden Bild vom Verfall einer Epoche, das die Zeitverhältnisse dokumentarisch genau, aber auch in Symbolen dichterisch überhöht erfaßt.

Schon die *La corte de los milagros* einleitende Erzählung von der goldenen Rose, die der Papst zur Fastenzeit katholischen Herrschern überreichen ließ, demaskiert in beißender Schärfe das pompöse Gehabe der korrupten Adelsgesellschaft am Madrider Hof. Zur gleichen Zeit führt Don Segis, Verwalter des Grafen von Torre-Mellada, mit einer Gruppe von Gaunern in Andalusien ein merkwürdiges Regiment über das hörige, arme Landvolk. Der Tod des Generals Ramón Maria Narváez (Espadón), der durch seine reaktionäre Politik den Sturz der Königin mitverschulden sollte, sowie die Beratungen der Marionetten über einen Ausweg aus der Krise werfen ein gespenstisches Licht auf den dramatischen Niedergang des Landes. In dem nach der Devise *»Viva mi dueño«* auf den Säbeln der alsbald konspirierenden Offiziere benannten Mittelstück der ersten Folge von *El ruedo ibérico* vergegenwärtigt Valle-Inclán die verworrene Lage Spaniens unmittelbar vor der Septemberrevolution 1868, vor allem aus der Sicht des Generals Prim in seinem Londoner Exil. *Baza de espadas* stellt das Pokerspiel der Generale um die Macht dar. Freimaurer, Anarchisten, Militärs und Literaten stehen im Hintergrund der Verschwörung, die sich auf drei Erzählebenen zusammenballt: den Geschehnissen von Cádiz, der Überfahrt des britischen Schiffes »Omega« von Gibraltar nach London und Prims Aktivität in der Verbannung.

Die Erzählweise dieser letzten drei Romane veranschaulicht Valle-Incláns Ästhetik des *esperpento* mit unübertroffener Konsequenz. Der Wortzauberer inszeniert mit einem verblüffend reichen Sprachmaterial, das vom Vulgären über das Banale und Volkstümliche bis zum Manierismus reicht, in schnellen Gesprächen, in rhythmisierten Wortkaskaden, in schneidend scharf eingeblendeten Situationsberichten die Deformation der spanischen Wirklichkeit. Der überaus bewußte Stilwille des eigenwilligen Dichters findet seinen Ausdruck nicht nur in der zahlensymbolischen formalen Komposition der Bücher, sondern auch in der durchgängigen Variation von Bildern und Metaphern, deren Grundton, etwa den Stierkampf, schon die Titelfassungen beziehungsreich andeuten. D.B.

AUSGABEN: *La corte de los milagros*: Madrid 1927 (in *Opera omnia*, 30 Bde., 1913–1930, 21). – Madrid 1931 (in El Sol, Okt.–Dez.; verändert). – Madrid 1961.
Viva mi dueño: Madrid 1928 (in *Opera omnia*, 30 Bde., 1913–1930, 22). – Madrid 1961.
Baza de espadas: Madrid 1932 (in El Sol, Juni/Juli). – Barcelona 1958. – Madrid 1961.

LITERATUR: J. Marias, *V.-I. en el »Ruedo ibérico«*, Buenos Aires 1967. – B. Cores Trasmonte, *»El ruedo ibérico« y la sociedad transicional* (in Revista de Literatura, 1, 1969, S. 245–289). – J. M. García de la Torre, *Análisis temático de »El ruedo ibérico«*, Madrid 1972. – A. Sinclair, *The First Fragment of »El ruedo ibérico«* (in BHS, 49, 1972, S. 165–174). – A. Sinclair, *V.-I.s »Ruedo ibérico«. A Popular View of Revolution*, Ldn. 1977. – L. Schiavo, *Historia y novela en V.-I. Para leer »El ruedo ibérico«*, Madrid 1980. – W. B. Berg, *Die Diskursivität der Geschichte: V.-I.s Geschichte in »La corte de los milagros«* (in *R. del V.-I.*, Hg. H. Wentzlaff-Eggebert, Tübingen 1988, S. 243–257).

SONATAS

(span.; *Sonaten*). Vier Kurzromane von Ramón María del VALLE-INCLÁN, erschienen als *Sonata de otoño*, 1902 *(Herbstsonate)*, *Sonata de estío*, 1903 *(Sommersonate)*, *Sonata de primavera*, 1904 *(Frühlingssonate)*, *Sonata de invierno*, 1905 *(Wintersonate)*. – Den Inhalt dieser Prosadichtung in vier Teilen – *»eigentlich eine Art symphonischer Dichtung in vier Sätzen«* (A. Antón Andrés) – bilden die *»memorias amables«* *(»galante Erinnerungen«)* des Marqués de Bradomín, eines überfeinerten, dekadenten Aristokraten. *»Ein bewundernswerter Don Juan. Der bewundernswerteste vielleicht ..., häßlich, katholisch und gefühlvoll«* – so stellt der Dichter ihn vor.
Den Jahreszeiten der Romantitel entsprechen jeweils das Lebensalter des Marquis, die Art seiner Abenteuer und die Landschaft, die den Rahmen bildet. So spielt die Liebesgeschichte der *Frühlingssonate*, die mit einem furchtbaren Unglücksfall endet, in Florenz. – Schauplatz der glühenden Leidenschaft zu dem Mädchen Chole, das mit seinem Vater, dem General Bermudez, in Blutschande lebt, ist Mexiko *(Sommersonate)*. – Auf einem Schloß in Galicien endet die krankhafte, herbstliche Liebe zu der schwindsüchtigen Kusine, die eines Nachts unter den Küssen Bradomíns plötzlich stirbt *(Herbstsonate)*. Und das Hauptquartier des karlistischen Thronprätendenten in der rauhen Berglandschaft Navarras ist in der *Wintersonate* der Ort der Wiederbegegnung mit Maria Antonieta, einer früheren Geliebten, und der Altersleidenschaft des Marqués zu einem häßlichen Mädchen, das sich als seine leibliche Tochter entpuppt.
Wie in den übrigen Werken Valle-Incláns spielt auch hier die eigentliche Handlung nur eine untergeordnete Rolle. Für den Dichter ist sie in erster Linie der Anlaß, den unvergleichlichen Reichtum an sprachlichen Ausdrucksmöglichkeiten, über den er verfügt, einzusetzen und in der Beschwörung der Landschaften, Stimmungen und Situationen, der Beschreibung der Umstände, der Darstellung der Charaktere wirksam werden zu lassen. *»Aus Altem, Gesprochenem, Erfundenem, Gekünsteltem«* (Niedermayer) schuf Valle-Inclán in diesen *Sonaten* eine *»äußerst melodische Prosa«*, die jede Stimmung, jeden Eindruck und jede Empfindung vermittelt, einen Stil, in dessen Vollkommenheit die Ursache für ein heute noch lebendiges Interesse an diesem Werk zu suchen ist. KLL

AUSGABEN: Madrid 1902–1905. – Madrid 1923–1928 (in *Opera omnia*, 30 Bde., 1920–1928, 5–8). – NY 1961 [Einl. R. J. Sender]. – Madrid 1979 (Austral). – Madrid 1986 (*Sonata de invierno*; Austral). – Madrid 1988 (*Sonata de otoño*; Austral). – Madrid 1988 (*Sonata de primavera; Sonata de estío*; Austral).

ÜBERSETZUNGEN: *Sommersonate. Aus den Erinnerungen des Marquis von Bradomín*, G. v. Uslar, Zürich 1958 [unvollst.]. – *Frühlingssonate*, A. Botond, Ffm. 1980 (BS). – *Wintersonate: Memoiren des Marqués de Bradomín*, F. Vogelgsang, Stg. 1985.

LITERATUR: M. Fernández Almagro, *Bradomín y su ronda de amor* (in Escorial, 7, 1942, S. 47–65). – W. L. Fichter, *Sobre la génesis de la »Sonata de estío«* (in NRFH, 7, 1953, S. 526–535). – A. Zamora Vicente, *Las »Sonatas de R. del V.-I.*, Madrid 1955; 21966. – J. Ruiz de Galarreta, *Ensayo sobre el humorismo en las »Sonatas« de R. del V.-I.*, La Plata 1962. – C. Dumas, *Une source mexicaine de V.-I. dans la »Sonata de estío«* (in BHi, 68, 1968, S. 309–322). – R. J. Weber, *Unidad y figuras en la »Sonata de otoño« de V.-I.* (in CHA, 75, 1966, S. 179–197). – R. N. Tolman, *Dominant Themes in the »Sonatas« of V.-I.*, Madrid 1973. – G. Güntert, *La fuente en el laberinto: Las »Sonatas« de V.-I.* (in BRAE, 53, 1973, S. 543–567). – S. M. Greenfield, *Bradomín and the Ironies of Evil. A Reconsideration of »Sonata de primavera«* (in StTCL, 2, 1977, S. 23–32). – O. Lottini, *Lo scrittore e la scrittura. Preludio alle »Sonatas« de V.-I.* (in Anali Instituto Orientale – Sezione Romanza, 21, 1979, S. 283–311). – A. Villanova, *El tradicionalismo anticastizo, universal y cosmopolita de las »Sonatas« de V.-I.* (in *Homenaje a A. Sánchez Barbudo: ensayos de literatura española moderna*, Hg. B. Brancaforte u. a., Madison 1981, S. 353–394). – J. M. Pozuelo Yvancos, *Focalización y estructura textual: La capilla de Brandeso en la »Sonata de otoño«* (in Estudios de lingüística, 2, 1984, S. 251–272). – C. J. Paolini, *Mystical Symbolism in the »Sonatas« of V.-I.* (in Discurso literario, 3, 1985, S. 133–144). – M. P. Predmore, *The Dominant Mode of the »Sonatas« of V.-I.: Aestheticism, Ambiguity or Satire?* (in *Ideology and Literature*, 2, 1987, S. 63–83). – M. Predmore, *Satire in the »Sonata de primavera«* (in HR, 56, 1988, S. 307–317). – U. Schulz-Buschhaus, *V.-I.s oppositioneller Historismus – Zu einigen stilistischen und ideologischen Aspekten der »Sonatas«* (in *R. del V.-I., 1866–1936*, Hg. H. Wentzlaff-Eggebert, Tübingen 1988, S. 87–100). – P. Juan i Tous, *La sensualidad pervertida del divino marqués. Necrofilia decadentista en las »Sonatas« de V.-I.* (ebd., S. 101–113).

TIRANO BANDERAS. Novela de tierra caliente

(span.; *Ü: Tyrann Banderas. Roman des tropischen Amerika*) von Ramón María del VALLE-INCLÁN, erschienen 1926. – Seit Ende 1923 arbeitete Valle-Inclán gleichzeitig mit dem ersten Teil von *El ruedo ibérico* an seinem erzählerischen Hauptwerk, dessen Held eine »Synthese« lateinamerikanischer Diktatoren – der Juan Manuel de Rosas, Porfirio Díaz, Francisco Solana López – und dessen Sprache *»eine Summe der Spracheigenheiten aller hispanoamerikanischen Länder«* darstellen sollte. Durch die meisterlich angewandte Sehweise des *esperpento*, der grotesk marionettenhaften Verzerrung und ironischen Spiegelung wirklicher Gestalten und Geschehnisse, entfernt sich jedoch dieses gegenüber den auszugsweisen Vorabdrucken und der Erstveröffentlichung in seiner endgültigen Fassung abermals überarbeitete Werk von einem historisch-politischen Roman im herkömmlichen Sinn. Das Problem Spanien, an sich schon *»eine groteske Entstellung der europäischen Zivilisation«*, und nicht die »Americanidad« bewegt Valle-Inclán zu seiner Deutung jener den ehemaligen Kolonien von den spanischen Eroberern hinterlassenen geschichtlichen Erbschaft des *caudillo*.

Unter dem Schein demokratischer Rechtmäßigkeit spielt Santos Banderas, mönchisch-maskenhafter Präsident in einem imaginären Staat (Anspielungen auf Mexiko, das Valle-Inclán 1892 und 1921 bereist hatte, sowie auf die Bodenreform unter General Alvaro Obregón sind unverkennbar), bedenkenlos mit der Macht im Sinne der Interessen einer dekadenten herrschenden Kaste und geldprotziger Spanier, welche die indianische Bevölkerung ausbeuten. Während des Allerheiligen-Jahrmarktes bricht in Santa Fe de Tierra Firme im Zirkus Harris ein von kreolischen Grundbesitzern und Viehzüchtern veranstalteter Tumult aus. Oberst Domiciano de la Gándara verbrüdert sich opportunistisch mit den Aufständischen, denen insgeheim seine Sympathie schon gegolten hatte, als er noch der Bundesmiliz angehörte und Vertrauter des Tyrannen war. Seiner drohenden Verhaftung entzieht er sich durch die Flucht mit Hilfe des indianischen Töpfers Zacarías San José. Der kleine Sohn des »Gezeichneten« kommt elend um, während seine Frau von Gendarmen schikaniert wird. In der Festung Santa Mónica werden indes weitere Gegner des Regimes gefangengesetzt und vor den Augen der Mithäftlinge allabendlich ohne Gerichtsverfahren liquidiert.

In gespenstischen Szenen ziehen die Schicksale dieser mit Verbrechern zusammengesperrten, aus guten Verhältnissen stammenden Revolutionäre vorüber. Roque Cepeda versteht es, mit seinen theosophischen Schwärmereien einige Häftlinge in dieser erniedrigenden Trostlosigkeit des Wartens auf den Tod zu fesseln. Ihn versucht auch der Militärdiktator beim Besuch des Straflagers im Verlauf eines makabren Gesprächs in seine Selbstrechtfertigung hineinzuziehen. Der Auftritt des diplomatischen Korps, allen voran des spanischen Botschafters Benicarlés, eines verlebten Barons, beleuchtet wie ein groteskes Puppenspiel den unmittelbar bevorstehenden Fall des Tyrannen. Während eine angeblich der Hellseherei kundige Prostituierte vor der »grünen Fratze« ihre possenreißerische Vorstellung gibt, wird Santa Fe von den Aufständischen angegriffen und eingeschlossen. Von allen verlassen und verraten, wird Banderas von tödlichen Kugeln getroffen und sein Leichnam der öffentlichen Schande preisgegeben.

Der Roman ist in sieben Teilen zu je drei Büchern kunstvoll architektonisch durchkomponiert; der Mittelteil enthält sieben Bücher. Der Auftakt nimmt den Ausgang der knapp zwei Nächte und einen Tag umspannenden Handlung vorweg, so daß die zu »kubistischen Formen« verschachtelte Szenenfolge zeitlich umgekehrt das vielschichtige Geschehen gerafft aufrollt. Die Sprache Valle-Incláns reicht von oft eigenwillig umgedeuteten umgangssprachlichen Amerikanismen und Neuschöpfungen bis zur gespreizten Hochsprache. Die sprachlichen Verfremdungseffekte unterstreichen wirkungsvoll die dichterische *Esperpento*-Karikatur. Als einziger ist der Indio, der Gezeichnete, in seiner naiv-abergläubischen Menschlichkeit nicht verzeichnet. Angesichts dieser höchst kunstvollen Verformungen sind Anregungen aus zwei Chroniken der Zeit der Eroberung Südamerikas, die neben einigen Episoden hauptsächlich das Ende des rebellischen Lope de Aguirre (1518–1561) als Vorbild für den Tod Banderas' erscheinen lassen, kaum von Belang.

Valle-Inclán gelingt es, seinem Werk geschichtliche Authentizität zu verleihen und diese zugleich virtuos durch Stilisierung und Symbolisierung trotz aller politischen Aktualität von unmittelbaren zeitgeschichtlichen Bezügen zu distanzieren. D.B.

AUSGABEN: Salamanca 1925/26 (in El Estudiante; unvollst.). – Madrid 1926 (in *Opera omnia*, 30 Bde., 1913–1930, 16). – Madrid 1927. – Madrid 1965. – Madrid 1980, Hg. A. Zamora Vicente (Clás. Cast). – Madrid 1987 (Austral).

ÜBERSETZUNG: *Tyrann Banderas. Roman des tropischen Amerika*, A. M. Rothbauer, Hbg. 1961; ern. Mchn. 1963. – Dass., ders., Ffm. 1975 (BS).

LITERATUR: A. Espina, *»Tirano Banderas«* (in RdO, 15, 1927, S. 247–279). – E. S. Speratti Piñero, *La elaboración artística en »Tirano Banderas«*, Mexiko 1957. – J. R. Silverman, *V.-I. y Ciro Bay, sobre una fuente desconocida de »Tirano Banderas«* (in NRFH, 14, 1960, S. 73–88). – R. Gullón, *Técnicas de V.-I.* (in PSA, 1966, Nr. 127, S. 21–86). – O. Kattan, *Notas sobre »Tirano Banderas«* (in CHA, 1969, Nr. 235, S. 179–189). – V. Smith, *V.-I. »Tirano Banderas«*, Ldn. 1971. – S. Kirkpatrick, *»Tirano Banderas« y la estructura de la historia* (in NRFH, 24, 1975, S. 449–468). – O. Belič, *La estructura narrativa de »Tirano Banderas«* (in O. B., *Análisis de textos hispanos*, Madrid 1977, S. 187–211). – P. L. Tucker, *Time and History in V.-I.'s Historical Novels and »Tirano Banderas«*, Valencia 1980. – D. Liano, *V.-I.: Los sitios de la imaginación: El espacio en »Tirano Banderas«* (in Studi dell'Instituto Linguistico, 6, 1983, S. 155–184). – W. B. Berg, *Erkennen als ›Schreibe‹: Ein Beitrag zur Esperpento-Diskussion in V.-I.s »Tirano Banderas«* (in ASSL, 220, 1985, S. 323–342). – P. Finnegan-Smith, *The Complementary Roles of Satire and Irony in V.-I.'s »Tirano Banderas«* (in Hispanic Journal, 8, 1986, S. 31–46). – J. B. Varela, *El mundo narrativo de »Tirano Banderas«* (in RdO, 59, 1986, S. 67–78). – G. Díaz-Migoyo, *»Tirano Banderas« o la simultaneidad textual* (in RHM, 41, 1988, S. 61–66). – H. Wentzlaff-Eggebert, *R. del V.-I. »Tirano Banderas. Novela de tierra caliente«* (in *Der spanische Roman*, Hg. V. Roloff u. H. W.-E., Düsseldorf 1986, S. 309–329). – M. Tietz, *V.-I. und die spanische ›novela de dictador‹* (in *R. del V.-I.*, Hg. H. Wentzlaff-Eggebert, Tübingen 1988, S. 233–242).

V. Vom Ende des Spanischen Bürgerkriegs bis zur jüngsten Gegenwart

IGNACIO AGUSTÍ

* 3.9.1913 Lliça de Vall / Barcelona
† 26.2.1974 Barcelona

LITERATUR ZUM AUTOR:
G. E. Wade, *A New Spanish Novelist* (in MLJ, 31, 1947, S. 426–430). – L. Horno Liria, *El novelista I. A.* (in Estafeta Literaria, 1968, H. 399, S. 9/10). – W. Miranda, *I. A.: El autor y la obra*, Washington D. C. 1982.

LA CENIZA FUE ÁRBOL

(span.; *Ü: Von der Asche zum Baum*). Fünfteiliger Romanzyklus von Ignacio AGUSTÍ, bestehend aus den Einzelbänden *Mariona Rebull* (1944), *El viudo Rius* (1945), *Desiderio* (1957), *19 de julio* (1966) und *Guerra Civil* (1972). – *Mariona Rebull* führt in die Anfänge des industriellen Unternehmertums in Katalonien. Joaquín Rius hat sein in der südamerikanischen Emigration erspartes kleines Kapital in die Errichtung von Webstühlen investiert. Unter der Leitung seines Sohnes wird der Betrieb zu einem der führenden Unternehmen in Barcelona. Inzwischen hat sich die Gesellschaftsstruktur der Stadt gewandelt: Die neue Klasse der Industriekapitäne rivalisiert mit dem alten Patriziat, das die Emporkömmlinge als plebejische Händler betrachtet. Joaquín Rius' Sohn strebt mit allen Mitteln danach, die höchste Sprosse der sozialen Leiter zu erklimmen. Er heiratet Mariona Rebull, die Tochter eines der angesehensten Patrizierfamilien. Sie erkennt jedoch bald, daß sie für ihren zwar grundehrlichen, aber nur in Produktionsziffern denkenden Mann kaum mehr als ein Wertgegenstand ist. Als die Entfremdung zwischen dem Paar auch durch die Geburt eines Sohnes – Desiderio – nicht überbrückt wird, läßt sich die enttäuschte Frau in eine ehebrecherische Affäre mit Ernesto, einem Angehörigen ihrer Klasse, treiben. Das anarchistische Attentat auf die Opera, bei dem Mariona und Ernesto umkommen, setzt den familiären Wirren ein tragisches Ende.

Im zweiten Teil *El viudo Rius (Der Witwer Rius)* wird auf die Verflechtung von individuellem Schicksal und Zeitgeschehen, die den Reiz von *Mariona Rebull* ausmacht, weitgehend verzichtet. Der früh verwitwete, kontaktarme Rius, der das Geheimnis seiner Familienschande peinlich hütet, gerät in eine *»groteske Fabrikanteneinsamkeit«*. Aber obwohl der Verfasser in dieser Gestalt das zähe und arbeitsame Bürgertum dargestellt hat, das die in Spanien einzig dastehende wirtschaftliche Macht Barcelonas begründete, ist die wahre Hauptfigur des Romans ein Kollektiv; eben die Stadt Barcelona selbst. Sie erlebt jetzt den Aufstieg zu einer der Metropolen Europas, aber auch die ersten großen sozialen und wirtschaftlichen Krisen und den Alptraum des Anarchismus, der seinen Höhepunkt in der »Semana tragica« (Tragische Woche, 1909) erreicht. So wird *El viudo Rius* zur romanhaften Chronik, deren Schilderungen ohne wesentliche Veränderungen in eine Stadtgeschichte Barcelonas übernommen werden könnten.

In *Desiderio* wird das Gleichgewicht zwischen sozialpolitischem Dokumentarbericht und Figurenroman wiederhergestellt. Nun tritt die dritte Generation der Rius' auf die Bühne. Desiderios Entwicklung wird bis zu dem Tag beschrieben, an dem er eine vorzeitige Ehe mit Christa, der Gefährtin seiner Vergnügungen, eingehen muß. – Hatte Großvater Rius vor allem Freude am Reichwerden (*»das Beneidenswerte, das Aufregende ist nicht, reich zu sein, sondern die Lust in sich zu spüren, reich sein zu wollen«)* und kapselt sich der Sohn in einer Welt ein, die ausschließlich von Geld, Geschäft und wirtschaftlicher Macht bestimmt war, so ist in dem im Reichtum aufgewachsenen Enkel der kompromißlose Pioniergeist seiner Vorfahren erloschen. Er und seine Freunde sind typische Vertreter des spanischen *señoritismo* (Klasse der reichen Nichtstuer), die bar jeder ethischen, sozialen und politischen Ideale einem krassen Hedonismus huldigen. Indem er ihnen auf ihrer ständigen Jagd nach Vergnügungen folgt, entwirft der Autor ein neues Bild von Barcelona: Nicht mehr das große Industriezentrum, sondern die lärmende, mondäne Stadt der rauschenden Feste, der Sportveranstaltungen, Spielhäuser und eleganten Klubs steht im Mittelpunkt.

Der Titel des vierten Bandes *19 de julio (Der 19. Juli)* bezieht sich auf den Tag, an dem in Barcelona das Volk den Aufstand der sog. Nationalisten gegen das noch junge, erst 1931 eingeführte linksliberale republikanische Regime zum Scheitern brachte; ein wichtiges Datum der spanischen Geschichte, da ohne den Sieg der regimeloyalen Kräfte, der Arbeitermassen vor allem, dieser Aufstand nur einer von vielen Staatsstreichen in Spanien geblieben wäre. Da aber Agustís erzählerische Begabung nicht auf der Darstellung der Massendynamik liegt, verblaßt in seinem Roman die vermutbare schicksalhafte Größe dieses Tages, denn der größte Teil des Romans ist der Beschreibung der Lebensläufe Desiderios und seiner näheren Umgebung gewidmet: seiner Frau Christa, seiner Liebschaft mit Blanquita, der Schilderung von Sitten und Gebräuchen des *»gente chic«* (Schickeria) von Barcelona. Damit verbindet Agustí die Darstellung der ersten sechs Jahre der Zweiten Republik. Eine Besonderheit hierbei ist, daß der Autor die Schuld für das unaufhaltsame Taumeln der Republik in den am 18. Juli ausgebrochenen Bürgerkrieg auch bei ihren Gründern und Anhängern sucht, und nicht nur bei den Falangisten.

Im letzten Teil der Pentalogie *Guerra Civil (Bürgerkrieg)* verlieren die Rius', die am Anfang der Serie vordergründig das Interesse des Lesers beanspruchen, die Repräsentanz im Schatten der politischen Wirren. Bei Agustís Darstellung des Spanischen Bürgerkriegs hat sich die Tatsache ungünstig ausgewirkt, daß der Autor offen für die sog. Nationalisten oder Rebellen Partei ergreift. In den letzten Kapiteln schildert Agustí, mit welcher Hingabe die Katalanen sich an den Aufbau ihrer Stadt machen. Auch die Familie Rius findet nach dem Versagen von Desiderio ihre alte Schaffenskraft in dessen Sohn, dem jungen Carlos, wieder, der die Fabrik in den langsam wiedereinsetzenden Produktionsgang der katalanischen Industrie einschleust. Mit Wärme und Melancholie wird der Tod des alten Großvaters Rius erzählt, der sich – mit allem versöhnt – an der Seite seiner einst schönen, vitalen und ungetreuen Ehefrau Mariona Rebull begraben läßt.

Agustí realisiert in dieser Romanserie – einer Art Genealogie der Industrieklassen Kataloniens – seine Theorie des Romans als eines nach den strengen Gesetzen des klassischen Realismus aufgebauten sprachlichen Organismus, dessen Struktur unveränderbar festliegt. In Stil und Erzähltechnik herrscht die Haltung des sachlichen, leidenschaftslosen Beobachters vor, der das sorgfältig gesichtete Material mit handwerklicher Geduld und Präzision zu einem Gesamtbild im Rahmen einer zeitlich genau abgegrenzten Periode zusammenfügt. A.F.R.

Ausgaben: *Mariona Rebull:* Barcelona 1944; Barcelona 1962; Barcelona 1982. – *El viudo Rius:* Barcelona 1945; Barcelona 1962; Barcelona 1982. – *Desiderio:* Barcelona 1957; Barcelona 1976, 2 Bde. – *19 de Julio:* Barcelona 1966; Barcelona 1976. – *Guerra Civil:* Barcelona 1972; Barcelona 1976.

Übersetzung: *Von der Asche zum Baum, 1. Mariona Rebull*, B. Fenigstein, Zürich 1946.

Literatur: G. Torrente Ballester, *Panorama de la literatura española contemporánea*, Madrid 1956, S. 455–465. – R. M. de Hornedo, *»19 de Julio« en la tetralogía de A.* (in Razón y Fe, 173, 1966, S. 91–99). – J. Alberich, *»Mariona Rebull« o la burgesía inútil* (in RdO, 28, 1970, S. 23–28). – J. Sendra-Catafau, *La novelística de I. A. en »La ceniza fue árbol«: Una saga catalana*, Diss. Univ. of Maryland 1977 (vgl. Diss. Abstracts, 39, 1978, S. 912/913A).

MAX AUB

* 2.6.1903 Paris
† 24.7.1972 Mexiko

Literatur zum Autor:
I. Soldevila Durante, *El español M. A.* (in La Torre, 8, 1961, S. 103–120). – La obra narrativa de M. A., 1929–1969, Madrid 1973. – F. A. Longoria, *El arte narrativo de M. A.*, Madrid 1977. – R. Prats Rivelles, *M. A.*, Madrid 1979.

LABERINTO MÁGICO

(span.; *Magisches Labyrinth*). Romanzyklus über den Spanischen Bürgerkrieg in sechs Bänden von Max Aub: *Campo cerrado*, 1943 *(Geschlossenes Feld)*, *Campo de sangre*, 1945 *(Blutiges Feld)*, *Campo abierto*, 1951 *(Offenes Feld)*, *Campo del Moro*, 1963 *(Mohrenfeld)*, *Campo francés*, 1965 *(Französisches Feld)*, und *Campo de los almendros*, 1968 *(Mandelbaumfeld)*. – Aub selbst bezeichnet als Teile dieser Serie zwanzig weitere Erzählungen, Novellen, Novellensammlungen, Skizzen und als Epilog ein dichterisches Tagebuch mit dem Titel *Diario de Djelfa*, 1944 *(Djelfaer Tagebuch)*, in dem er seine Haft im Konzentrationslager von Djelfa in Algerien schildert. Die Grundthematik des Spanischen Bürgerkriegs (1936–1939) wiederholt sich auch in anderen Werken Aubs, so etwa in *Las buenas intenciones*, 1954 *(Die guten Vorsätze)*, *La calle de Valverde*, 1961 *(Die Valverdestraße)*, *No son cuentos*, 1944 *(Es sind keine Märchen)*, *Cuentos ciertos*, 1954 *(Wahrhaftige Erzählungen)*, *La verdadera historia de la muerte de Franco y otros cuentos*, 1960 *(Die wahrhafte Geschichte vom Tode Francos und andere Erzählungen)*, *Ultimos cuentos de la guerra de España*, 1960 *(Letzte Erzählungen über den Spanischen Bürgerkrieg)*.

Das Titelsymbol des Labyrinths kennzeichnet die Ausrichtung der ganzen Serie, denn schon G. Brenan hatte in seinem dem Bürgerkrieg gewidmeten Werk *Spanish Labyrinth*, 1942 *(Spanisches Labyrinth)*, diesen Ausdruck benutzt. Aub selbst weist oft darauf hin: *»Wir leben in einem magischen Labyrinth, das von den fünf Sinnen begrenzt ist«* (*Campo abierto*). In einem historisch-geographisch-labyrinthischen Raum handelt und kämpft das spanische Volk, der eigentliche Handlungsträger in diesem Romanzyklus ohne handelnde Hauptpersonen. Eine Szene grausiger Unmenschlichkeit in *Campo cerrado* verdeutlicht Aubs Leitidee. In Viver de las Aguas, einer Ortschaft der Provinz Alicante, wird zu Ehren des Schutzpatrons ein Stier aus seinem Verlies gelassen und mit einem Sack über Stirn und Augen und brennenden Pechkugeln an den Hörnern über verbarrikadierte Plätze und Straßen gehetzt. Einen ganzen Tag und eine lange Nacht sucht das in Panik geratene Tier nach einem Ausgang und bricht schließlich unter dem Gejohle von Männern, Frauen und Kindern tot zusammen, erschöpft von der vergeblichen Suche nach Befreiung aus dem teuflischen Labyrinth. So steht der Stier, gleichsam Totemtier Spaniens, Opfer und kultische Opfergottheit zugleich, für das spanische Volk, das durch den Krieg in ein ausweglos es Labyrinth getrieben wurde. Der Krieg als solcher wird zwar nur selten direkt beschrieben, ist aber ständig gegenwärtig als düstere Atmosphäre, die alles in ihren Bann zieht und das Verhalten der Menschen prägt.

In *Campo cerrado* kommt Rafael Serrador, ein Mensch aus einfachem Milieu, von dem Dorf Viver de las Aguas über verschiedene Orte der Levante nach Barcelona, wo sich ihm in zahllosen Kneipengesprächen ein Land offenbart, das sich nach langen Jahren der Diktatur im Aufruhr befindet und in dem sich Parteien, Gruppierungen und Ideologien aller Art bekämpfen. Lange Zeit bleibt Serrador unentschlossen, beobachtet die Menschen, hört ihre Propaganda, schwankt zwischen anarchistischem Kommunismus und Faschismus, schließt sich aber am Ende den revolutionären Massen an, die am 19. Juli 1936 den Sieg durch die blutige Niederwerfung des Aufstands der Generäle erringen. Aub entwirft hier das bunte, verwirrende Schauspiel eines Landes, das unaufhaltsam seinem Untergang entgegentaumelt.

Im folgenden Roman, *Campo de sangre*, ist aus diesem Land schon ein blutiges Schlachtfeld geworden. Die Handlung spielt in Valencia, kurz auch in Burgos und schließlich wieder in Barcelona, in der Zeit vom 24. Juli bis 7. November 1936. Es ist die Stunde der Rache und allgemeinen Abrechnung, des Kampfes aller gegen alle. – *Campo abierto* umfaßt die Zeit vom 14. Dezember 1937 bis 19. März 1938. Der erste Teil spielt in Barcelona, im zweiten Teil folgt die Beschreibung der blutigen Schlacht um Teruel, und er schließt mit der packenden Darstellung des Lebens in der katalanischen Hauptstadt. Von der Front kommen täglich neue, alarmierende Nachrichten, und die Zustände in der Stadt werden ständig kritischer und chaotischer: Denunziationen, Spionage, willkürliche Verhaftungen, Verhöre, Hunger und Verbrechen. – In *Campo del Moro* schildert der Autor die Kriegsereignisse in der Zeit vom 15. bis 30. März 1939 in Madrid. Es ist die Zeit, da Oberst Casado sich gegen die kommunistisch beeinflußte Regierung Negríns auflehnt und die Übergabe der Hauptstadt vorbereitet. Mit der Schilderung einiger sich kreuzender Lebensschicksale von historischen Persönlichkeiten und fiktiven Figuren vergegenwärtigt Aub die Tragödie der hungrigen, erschöpften, durch die Bombardements in panische Angst versetzten Stadt, die sich in eine kollektive Stimmung von Verzweiflung und Hoffnungslosigkeit ergeben muß. Aub beendet die Schilderung vom Untergang Madrids mit einer alles umfassenden Verdammnis: *»Alle Verräter: die Republikaner, die Anarchisten, die Sozialisten, und selbstverständlich die Faschisten, die Konservativen, die Liberalen – alle Verräter, die ganze Welt: voll von Verrätern.«*

Campo francés hat als Thema die endlose Odyssee der geschlagenen und nach Frankreich flüchtenden Republikaner, das erniedrigende Leben in verschiedenen Lagern, in einem Kornfeld, an einem Strand, in einem Stadion: eine Flucht, die für viele am Ende den Tod in deutschen Konzentrationslagern bedeutete. – *Campo des los almendros* schließlich ist in Stil und Aufbau das vollendetste Werk der Serie. Der Titel birgt eine bittere Ironie in sich, denn das »Mandelbaumfeld« wird zur letzten Etappe und zum Konzentrationslager der geschlagenen Republikaner. Über dreißigtausend von ihnen strömen von überall her in die kleine Stadt Alicante. Es ist das Gerücht entstanden, daß sie von hier aus evakuiert und in die westlichen, demokratischen Länder verteilt werden sollen. Tatsächlich übernimmt ein französisches Schiff einige Dutzend von ihnen, für alle anderen aber wird Alicante das, was Viver de las Aguas für den »Feuerstier« war: ein ausgangsloses Labyrinth. *»Die Panik war furchtbar, Tausende glaubten, ihre letzte Stunde wäre gekommen. Die Verwünschungen und Flüche der Männer vermischten sich mit dem Schreien der Frauen und dem hilflosen Wimmern der Kinder. Alle, denen der mögliche Selbstmord als letzter Ausweg vorgeschwebt hatte, begingen ihn, tausend andere fingen an, alles zu zerstören, was sie bei sich hatten.«*

Aubs Werk wurde mit TOLSTOJS *Krieg und Frieden* verglichen. Er selbst fühlte sich literarisch mit Ernest HEMINGWAY, André MALRAUX, Il'ja ĖRENBURG, William FAULKNER und Eugene O'NEILL verbunden. Als seine Leitbilder bezeichnete er die Chronisten des Mittelalters, doch fehlen ihm der Gleichmut und die Gelassenheit dieser alles *sub specie eternitatis* betrachtenden Menschen; vielmehr reagierte er mit Bestürzung, Betroffenheit und Verzweiflung beim Anblick des unfaßbaren Kriegsgeschehens, das für ihn den Untergang seiner (literarischen) Generation, eines ganzen Landes bedeutete, dessen Bürger er – Sohn eines Deutschen jüdischer Abstammung und einer Französin – im Alter von 21 Jahren geworden war. *Laberinto mágico* läßt sich nur schwer unter die Gattung »Roman« subsumieren. Es gibt kaum eine erzählerische Methode, die Aub nicht anwendet: Bericht, journalistische Reportage, Dokumente, Briefe, Dialoge, Porträts, lyrisch beschreibende Prosa, dramati-

sierte Szenen, innere Monologe, Wechsel der Perspektive und der sprachlichen und zeitlichen Ebene. Aubs Romane kennen keine geschlossene Struktur, keine im Mittelpunkt stehenden Hauptpersonen, keine zusammenhängende Handlung. Allenfalls wäre der Bürgerkrieg selbst als zentrale Handlung zu bezeichnen und dementsprechend das spanische Volk, das sich in einer Unzahl einzelner Figuren widerspiegelt (in *Campo abierto* hat man 370 Personen gezählt), als Protagonist des Ganzen zu betrachten.
Aub schildert die Ereignisse mit leidenschaftlicher Anteilnahme aus liberal-republikanischer Sicht, trotzdem gipfelt seine Schilderung nicht in der absoluten Rechtfertigung einer der beiden kämpfenden Parteien. Mehr als der militärischen und politischen Seite der Auseinandersetzung gilt seine Aufmerksamkeit dem Verhalten der Menschen, ihrer Bewährung und ihrem Versagen in extremen Situationen des kollektiven Geschehens, das für Aub letzten Endes die Dimension einer Naturkatastrophe annimmt. In diesem Totentanz werden alle aufgerufen und geprüft, und alle kommen zu Wort: Gläubige und Ungläubige, Revolutionäre, Konservative, Republikaner und Faschisten, Katholiken, Atheisten, Politiker, Intellektuelle und Literaten. – *Laberinto magico* ist ein »großes Welttheater« calderonianischer Prägung und apokalyptischer Art, entworfen mit den Mitteln neuerer und neuester Erzähltechnik, unter Verwendung der ganzen Bandbreite sprachlicher Ausdrucksmittel. Wenn Aub auch erst mit elf Jahren die spanische Sprache zu lernen begann, brachte er es in ihrer Beherrschung zu solcher Perfektion, daß er wegen der unerschöpflichen Fülle des Wortschatzes und der Differenziertheit der stilistischen Möglichkeiten mit Quevedo, dem größten Sprachkünstler des »Goldenen Zeitalters« Spaniens, verglichen worden ist. A.F.R.

Ausgaben: Mexiko 1943 *(Campo cerrado)*. – Mexiko 1945 *(Campo de sangre)*. – Mexiko 1951 *(Campo abierto)*. – Mexiko 1963 *(Campo del moro)*. – Paris 1965 *(Campo francés)*. – Mexiko 1968 *(Campo de los almendros)*. – Madrid 1984 (in *Obra completa*, 6 Bde.).

Übersetzung: *Die bitteren Träume*, H. Frielinghaus, Mchn. 1962 [d. i. *Campo abierto*].

Literatur: F. Carenas, *Análisis de los grupos sociales en »Campo cerrado«* (in CA, 1971, Nr. 174, S. 197–213). – M. Tuñon de Lara, *El »Laberinto mágico«* (ebd., 1973, Nr. 1987, S. 85–90). – M. Duran, *M. A., El »Laberinto mágico« y la novela de la guerra civil española* (in *Actas del simposio internacional de estudios hispánicos*, Budapest 1978, S. 339–349). – J. W. Diaz, *Spanish Civil War in the Novels of A., Ayala and Sender* (in *Latin America and the Literature of Exile*, Hg. H. Moeller, Heidelberg 1983, S. 207–231). – I. Gonzales Pozuelo, *El »Laberinto mágico«, M. A. entre la novela y la historia* (in Insula, 1984, Nr. 449, S. 3).

Arturo Barea

* 20.9.1897 Madrid
† 24.12.1957 Faringdon / Oxfordshire

THE FORGING OF A REBEL

(engl.; *Ü: Hammer oder Amboß sein*). Autobiographische Romantrilogie von Arturo Barea (Spanien), geschrieben in spanischer Sprache, Erstveröffentlichung englisch 1941–1946. – Im ersten Teil, *The Forge (Die Schmiede)*, erzählt der Autor von seiner Kinder- und Jugendzeit. Als Halbwaise wächst er in ärmlichen Verhältnissen auf, ernährt von seiner abgöttisch geliebten Mutter, die als Waschfrau bei reichen Familien arbeitet. Der Junge erweitert seine kümmerliche Schulausbildung durch gelegentliche Lektüre und vor allem durch die genaue Beobachtung des Lebens, wie er es bei verschiedenen einfachen Nebenbeschäftigungen in der Stadt und auf dem Land kennenlernt. Der zweite Teil, *The Track (Der Weg)*, behandelt die Militärdienstzeit in Marokko um 1925, der letzte Teil, *The Clash (Der Zusammenprall)*, hat den Spanischen Bürgerkrieg, an dem der Autor auf der republikanischen Seite teilnahm, zum Thema. Der Ausgang des Bürgerkriegs bedeutete für Barea den Zusammenbruch seiner Ideale und zwang ihn zur Flucht nach England. *»Allein unter Ausländern merkte ich, daß ich keine weiteren Artikel und propagandistischen Schriften schreiben konnte, ohne vorher meine Anschauungen über das Leben meines Volkes zum Ausdruck zu bringen; weiterhin merkte ich, daß ich zur Klärung dieser Anschauungen zuerst mein eigenes Leben und meine Denkart analysieren mußte!«*
Die Romantrilogie Bareas – zugleich Gewissenserforschung, Bekenntnis und Memoirenbuch – stellt trotz ihres unsystematischen, geradezu willkürlichen Aufbaus einen Höhepunkt spanischer Erzählkunst der Gegenwart und einen entscheidenden Beitrag spanischer Exilierter zum Thema des Bürgerkriegs dar (vgl. M. Aub, R. Sender).
Charakteristisch für das Werk ist die Verflechtung von Zeitgeschichte und persönlicher Entwicklung, von Selbstanalyse und Umweltkritik. In der Art des pikaresken Romans illustriert eine bunte Fülle von Typen die verschiedenen städtischen und ländlichen Lebensbereiche. Das kritische Unbehagen des Erzählers wird zur lodernden Empörung über die Verlassenheit der Armen und die mit frommen Gebärden verbrämte Härte der Reichen, über die großen sozialen Gegensätze und die ideologischen Kämpfe in Spanien, die unüberbrückbare Klüfte aufreißen und schließlich zur Katastrophe führen. In dieser spannungsgeladenen Atmosphäre entwickelte sich der Charakter des einsamen Rebellen, der die kennzeichnenden Wesenszüge der spanischen Mentalität in sich vereint: den Idealismus eines Don Quijote, anarchistischen Personalis-

mus, Gerechtigkeitssinn und den nörgelnden, manchmal zynischen Voluntarismus des Pícaro.
A.F.R.

AUSGABEN: Ldn. 1941 (*The Forge*, Übers. Sir P. Chalmers Mitchell). – Ldn. 1943 (*The Track*, Übers. I. Bara). – Ldn. 1946 (*The Clash*, Übers. ders.). – NY 1946 (*The Forging of a Rebel*, Übers. ders.). – Buenos Aires 1951 (*La forja de un rebelde*). – Madrid 1984. – Barcelona 1985/86.

ÜBERSETZUNG: *Hammer oder Amboß sein*, J. Kalmer, Ffm./Wien/Zürich 1955.

LITERATUR: M. Benedetti, *El testimonio de A. B.* (in Número, 2, 1951). – G. de Torre, *A. B.: »La forja de un rebelde«* (in Sur, 1951, Nr. 205, S. 60–65). – F. Ynduráin, *Resentimiento español: A. B.* (in Arbor, 24, 1953, S. 73–79). – Villa Selma, *Tres ensayos sobre la literatura y nuestra guerra*, Madrid 1956. – J. J. Devlin, *A. B. and J. M. Gironella. Two Interpreters of the Spanish Labyrinth* (in Hispania, 41, 1958, S. 143–148). – J. L. Alborg, *Hora actual de la novela española*, Madrid 1958. – E. de Nora, *La novela española contemporánea*, Madrid 1958–1962 [m. Bibliogr.]. – J. R. Marra-López, *Narrativa española fuera de España*, Madrid 1962. – E. Rodríguez Monegal, *Tres testigos de la Guerra Civil (Sender, Barea y Aub)* (in Revista Nacional de Cultura, 182, 1967, S. 3–22). – J. Ortega, *A. B., novelista español en busca de su identidad* (in Symposium, 25, 1971, S. 377–391). – J. Blanco Amor, *A 20 años de la »Forja de un rebelde«. A. B. y los valores de su obra* (in CA, 185, 1972, S. 213–222). – K. L. Lunsford, *»The Forging of a Rebel« by A. B. An Autobiographical Account of the Spanish Civil War*, Diss., Univ. of Maryland.

JUAN BENET Y GOITIA

* 7.10.1927 Madrid
† 3.1.1993 Madrid

LITERATUR ZUM AUTOR:
J. Ortega, *Estudios sobre la obra de J. B.* (in CHA, 1974, Nr. 284, S. 229–258). – J. Rodríguez Padrón, *Apuntes para una teoría benetiana* (in Insula, 1979, Nr. 396/397, S. 3 u. 5). – J. L. Sandarg, *The Role of Nature in J. B.'s Novels of Region*, Diss. Univ. of North Carolina at Chapel Hill 1980 (vgl. Diss. Abstracts, 41, 1981, S. 3606A). – J. L. Wescott, *Creation and Stucture of Enigma. Literary Conventions and J. B.'s Trilogy*, Diss. Univ. of Massachusetts 1982 (vgl. Diss. Abstracts, 42, 1982, S. 5142A) – V. Cabrera, *J. B.*, Boston 1983 (TWAS). – D. K. Herzberger, M. A. Compitello, *Critical Approaches to the Writings of J. B*, Hannover/Ldn. 1984. – R. Gullón, *Sombras de J. B.* (in CHA, 1985, Nr. 417, S. 45–70).

VOLVERÁS A REGIÓN

(span.; *Du wirst nach Región zurückkehren*). Roman von Juan BENET, erschienen 1967. – Die hermetisch abgeschlossene Welt von Región ist von außen unzugänglich. *»Im einen oder anderen Moment erkennt man das befremdende Gefühl, daß jeder Schritt nach vorn einen ein wenig mehr von diesen unbekannten Bergen entfernt.«* Die unsichtbare Gegenwart von Numa, *»alt und roh«* – durch gelegentliche Echos von Schüssen aus einem alten Karabiner wahrnehmbar – wacht über den *»verbotenen Wald«* und sein Schweigen. Wie G. GARCÍA MÁRQUEZ' Macondo in *Cien años de soledad*, 1967 (*Hundert Jahre Einsamkeit*) sucht man Región vergeblich auf der Landkarte, es ist ein mystisches Universum, der Raum, in dem das paralysierte Nachkriegsspanien vegetiert.
Gegen Ende des Spanischen Bürgerkriegs flüchten einige überlebende Kämpfer – unter ihnen der Pflegesohn des Arztes Sebastián –, die wegen Rebellion zum Tode verurteilt wurden, nach Región. Sebastián vergräbt sich in seiner Klinik, sein einziger Patient ist ein Junge, der die Abwesenheit seiner Mutter nicht verkraftet und verrückt geworden ist. Nach langer Zeit erhält Sebastián den Besuch von Marré Gamallo, Tochter eines im Bürgerkrieg getöteten Generals der Falangisten, die Luis Timoner, Sebastiáns Pflegesohn und republikanischer Offizier, wiedersehen will. Während des Bürgerkriegs war sie dessen Geliebte gewesen, bis dieser in den letzten Kriegstagen in die Berge flüchten mußte. Jetzt kommt sie nach Región zurück, um diese Leidenschaft wieder aufleben zu lassen. Das eine ganze Nacht dauernde Gespräch zwischen Marré und Sebastián erweckt noch einmal die Gespenster der Vergangenheit. Als die Frau schließlich am Morgen die Klinik wieder verläßt, stürzt sich der junge Patient, der an die Rückkehr seiner Mutter geglaubt hatte, da diese einst in einem dem schwarzen Auto Marrés sehr ähnlichen Wagen verschwunden war, im Delirium auf Sebastián und tötet ihn.
Das labyrinthische und rätselhafte Región, dessen undurchdringliche Topographie Benet minutiös beschreibt – *»unentwirrbare Dschungel«, »gespenstische Wege und öde Felder«* – prägt Charakter und Lebensweise seiner Bewohner, die wie Gespenster in einer abgeschiedenen Welt leben, in der Raum und Zeit zur Unbeweglichkeit erstarrt sind: *»Ihr ganzes Leben hatten sie sich von Ruinen ernährt, nie haben sie gelernt, wie man einen Stein auf den anderen setzt.«* Es sind physische und moralische Ruinen, die das traumatische Erlebnis des Spanischen Bürgerkriegs zerstört hat. Dieses zentrale Thema wird auf zwei Erzählebenen zur Sprache gebracht: Zum einen ermöglicht der subjektive Blickwinkel Marrés und Sebastiáns eine psychologische Bestandsaufnahme der Ereignisse, zum anderen genügt der Autor in

der exakten Beschreibung der militärischen Vorgänge um Región seiner Chronistenpflicht. Die Zeitebenen vor, während und nach dem Krieg fließen ineinander; im Bewußtsein der Personen scheinen alle Ereignisse gleichzeitig zu existieren. Die Zeit bleibt auf eine taumelnde, gespenstische und labyrinthische Gegenwart reduziert. Auch der Krieg war und ist eine verhaßte und unbesiegbare Gegenwart, eine unsichtbare und unwirkliche Gegenwart. Die Zeit *»ist die Dimension, in der das menschliche Wesen nur unglücklich sein kann … Die Zeit zeigt sich im Unglück, deswegen ist das Gedächtnis nur das Register des Leidens … Deshalb gibt es keine Zukunft, und nur ein infinitesimaler Teil der Gegenwart ist keine Vergangenheit«*, sagt Sebastián im nächtlichen Gespräch. Bilder der Vergangenheit entstehen in verwirrender Folge und dominieren die Gegenwart, häufig wechseln die Sichtweisen, Vorwegnahmen und Sprünge zurück symbolisieren sprachlich das Labyrinth, aus dem es für die Personen des Romans kein Entweichen gibt. Lange Beschreibungen paralysieren den Fluß der Zeit; der sich über zwei Drittel des Buches erstreckende Dialog ist kein Zwiegespräch, sondern eine Aneinanderreihung von Monologen, mit Sätzen, oft länger als eine Seite, in derselben unpersönlichen, komplizierten und ausgefeilten Sprache wie die Autorenrede. Es gibt in Región keine Kommunikation, nur Angst, Verzweiflung und Einsamkeit. Nach dem Tode Sebastiáns stellt unter den ekstatischen Schreien des verrückten Jungen *»mit dem Licht des Tages, zwischen zwei Bellen eines einsamen Hundes, das Echo eines entfernten Schusses das gewohnte Schweigen wieder her«*. Auch ein sorgfältiges Nachlesen von *Volverás a Región* löst das vom Autor beabsichtigte Labyrinth von Rätseln nicht. Die Lösung besteht darin, daß es keine Lösung gibt. Kunst besitzt nach Benets eigenem literarischen Credo nur dann einen Wert, wenn sie den Bereich des menschlichen Geistes anspricht, *»der jenseits aller Dogmen liegt«*, jene *»Schattenzonen der enigmatischen Realität«*. Mit dieser Auffassung wird Benet auch dem »neuen (spanischen) Roman« *(novela nueva)* zugeordnet, der sich *»um eine Betrachtung der universellen, unsichtbaren Realität, statt um photographische Wiedergabe des Unmittelbaren und Sichtbaren bemüht«* (M. García-Vinó). *»›Volverás a Región‹ ist neben ›Tiempo de silencio‹ und ›Señas de identidad‹ von J. Goytisolo eines der hoffnungslosesten und nihilistischsten Bücher, die in den letzten Jahren über den Zustand unseres Landes geschrieben wurden«* (P. Gimferrer).

In den 1983–1986 erschienenen zwölf Büchern des Romanzyklus *Herrumbrosas lanzas (Rostige Lanzen)* kehrt Benet noch einmal nach Región zurück. Anhand einer Gruppe von Personen, die zumeist schon in *Volverás a Región* auftraten, schildert der Autor in exemplarischer Weise den Spanischen Bürgerkrieg und den Krieg schlechthin als überzeitliches Phänomen. Das republikanische Región plant eine militärische Kampagne gegen das benachbarte nationalistische Macerta. Der Rost an den Lanzen symbolisiert dabei das Anachronistische des Kriegs in einer Gesellschaft, die sich zivilisiert nennt, und darüber hinaus die Lächerlichkeit und das Groteske von Gewalt in jeder ihrer Erscheinungsformen. Der mystische Raum *Región* wird hier erweitert und gefestigt, auch wenn viele Rätsel ihre Auflösung finden. Jedenfalls ist das *Región* von *Herrumbrosas lanzas* weniger hermetisch, man kann sich in ihm leichter zurechtfinden, nicht zuletzt mit Hilfe einer dem ersten Band beigefügten minutiösen Landkarte. W.Ste.

AUSGABEN: Barcelona 1967. – Barcelona 1984.

LITERATUR: M. A. Compitello, *»Volverás a Región«, the Critics and the Spanish Civil War: A Solo-Poetic Reappraisal* (in The American Hispanist, 4, 1979, S. 11–20). – L. F. Costa, *El lector viajero en »Volverás a Región«* (in Anales de la narrativa española contemporánea, 4, 1979, S. 9–19). – E. W. Nelson, *Narrative Perspective in »Volverás a Región«* (in The American Hispanist, 4, 1979, S. 3–6). – M. A. Compitello, *Region's Brazilian Backlands: The Link Between »Volverás a Región« and Euclides da Cunha's »Os Sertões«* (in Hispanic Journal, 1, 1980, S. 25–45). – Ders., *Ordering the Evidence: »Volverás a Región« and Civil War Fiction*, Barcelona 1983. – M. E. Bravo, *Región: Una crónica del discurso literario* (in MLN, 98, 1983, S. 250–258).

ANTONIO BUERO VALLEJO

* 29.9.1916 Guadalajara

LITERATUR ZUM AUTOR:
J. R. Cortina, *El arte dramático de A. B. V.*, Madrid 1969. – R. Müller, *A. B. V. Studien zum spanischen Nachkriegstheater*, Diss. Köln 1970. – J. W. Kronik, *A. B. V. A Bibliography (1949–1970)* (in Hispania, 54, 1971, Nr. 4, S. 856–868). – J. Roeple, *A. B. V: The First Fifteen Years*, NY 1972. R. Doménech, *El teatro de B. V. Una meditación española*, Madrid 1973. – M. T. Halsey, *A. B. V.*, NY 1973 (TWAS). – J. Mathias, *B. V.*, Madrid 1975. – J. Verdú de Gregorio, *La luz y la oscuridad en el teatro de B. V.*, Barcelona 1977. – C. González-Cobos Dávila, *A. B. V. El hombre y su obra*, Salamanca 1979 [m. Bibliogr.]. – M. Ruggeri Marchetti, *Il teatro di B. V. o il processo verso la verità*, Rom 1981. – L. Iglesias Feijoo, *La trayectoría dramática de A. B. V.*, Santiago de Compostela 1982. – *Estudios sobre B. V.*, Hg. M. de Paco, Murcia 1984. – W. Floeck, *A. B. V.* (in KLRG, 5. Lfg., 1987).

HISTORIA DE UNA ESCALERA

(span.; *Geschichte einer Treppe*). Schauspiel in drei Akten von Antonio Buero Vallejo, Uraufführung: Madrid, 14. 10. 1949, Teatro Español. – Mit diesem Stück, das 1949 den »Premio Lope de Vega« erhielt, gelang dem Autor der Durchbruch auf der spanischen Bühne. – Auf den Treppen eines schäbigen Madrider Mietshauses treffen sich die Bewohner des fünften Stocks, diskutieren, klatschen übereinander, streiten; hier entstehen Freundschaften und Feindschaften. Im Mittelpunkt der in kleine und kleinste Szenen zergliederten Handlung stehen die Kinder: Urbano, ein einfacher, gutmütiger Bursche, der mit beiden Beinen fest auf der Erde steht, seine Schwestern Rosa und Trini; die zielbewußte Elvira, die von ihrem wohlhabenden Vater verwöhnt wird und alles dransetzt, den arbeitsscheuen Phantasten Fernando zu heiraten; schließlich das ungleiche Geschwisterpaar Carmina und Pepe – das naive, ein wenig schüchterne Mädchen und der großmäulige Windbeutel und Weiberheld. Sie alle glauben mit leichtherzigem Optimismus an Fortschritt und Aufstieg, haben den Kopf voller großer Pläne und lachen oder murren über die Kleinmütigkeit der Eltern. Aber die Zeit vergeht – zwischen dem ersten und dem dritten Akt liegen dreißig Jahre –, und es hat sich nichts geändert. Immer noch leben sie in den gleichen schäbigen Wohnungen, verbittert und müde geworden; von ihren Plänen ist nichts übriggeblieben, Energie und Lebensmut haben sich im Kampf mit Alltagswidrigkeiten, in Streitereien mit den Nachbarn verbraucht. Ihre Eltern sind gestorben, ihre Kinder stehen dort, wo sie einst standen, und der hoffnungslose Kreislauf beginnt von neuem. Die Worte, mit denen der junge Fernando am Ende des Stücks seiner Carmina eine glückliche Zukunft ausmalt, sind fast genau die gleichen, mit denen sein Vater vor dreißig Jahren der Mutter Carminas goldene Berge versprochen hat.

Buero Vallejo hält sich in dem tief pessimistischen Stück gleich weit entfernt von naturalistischer Milieuschilderung wie von betonter Sozialkritik, obgleich der Stoff beide Möglichkeiten nahelegt. Sein eigentliches Thema ist die Zeit, das unaufhaltsame Dahinfließen und Verrinnen des Lebens. Fernando spricht es im ersten Akt aus: *»Ich habe Angst vor der Zeit! Das ist es, was mir Kummer macht. Zusehen, wie die Tage, die Jahre vergehen – ohne daß sich etwas ändert ... Es wäre schrecklich, so weiterzumachen! Treppauf, treppab, auf einer Treppe, die nirgendwo hinführt.«* Der Autor begnügt sich damit, die Umstände dieser Alltagstragödien zu registrieren – in den kurzen Momenten ihres Auftretens gibt er ein präzises Bild von jeder seiner Gestalten, ohne zu typisieren oder zu karikieren –, nach der Schuld fragt er nicht. Weder die Gesellschaft noch die Zeitumstände macht er verantwortlich, allenfalls den Charakter des einzelnen, seine Bequemlichkeit, seine Kurzsichtigkeit, sein Unvermögen, aus dem Wirbel in die Strömung zu gelangen. Das Stück wurde mit großem Erfolg bei Publikum und Kritik aufgeführt und ist gleichsam zu einem klassischen Theaterstück der spanischen Nachkriegszeit geworden, für viele Kritiker beginnt mit ihm sogar ein neuer Abschnitt in der modernen Theatergeschichte. Der *»Neorealismo«* Buero Vallejos setzt sich deutlich von Zensur und Konformismus der Franco-Epoche ab. Als neorealistisch definiert der Autor selbst eine Form des Theaters, deren Grundelemente schon in *Historia de una escalera* vorhanden sind: Dialoge ohne Gemeinplätze und leere Phraseologie, lebensnahe und bescheidene Schauplätze der Handlung, psychologisch glaubhafte Situationen und Konflikte, klare Handlungsführung ohne gekünstelte Verwicklungen und Unwahrscheinlichkeiten, direkte, den Zuschauer ansprechende Aussagen. A.F.R.

Ausgaben: Barcelona 1950 [m. Einl.]. – NY 1955, Hg. J. Sánchez. – Ldn. 1963, Hg. H. Lester u. J. A. Zabalbeascoa. – Madrid 1982 (Austral). – Madrid 1985, Hg. u. Einl. R. Doménech.

Literatur: A. de Hoyo, *Sobre la »Historia de una escalera«* (in Insula, 47, 1950). – J. R. Castellano, *Un nuevo comediógrafo español, A. B. V* (in Hispania, 37, 1954, S. 17–25). – W. L. Shelnutt, *Symbolism in B.'s »Historia de una escalera«* (in Hispania, 42, 1959, S. 61–65). – R. Benítez Claros, *B. V. y la condición humana* (in Nuestro Tiempo, 107, 1963, S. 581–593). – F. Anderson, *The Ironic Structure of »Historia de una escalera«* (in KRQ, 18, 1971, S. 223–236). – R. L. Nicholas, *The Tragic Stages of A. B. V.*, Chapel Hill 1972. – M. de Paco Moya, *»Historia de una escalera« 25 años más tarde* (in *Estudios literarios dedicados al Prof. M. Baquero Goyanes* Murcia 1974, S. 375–398). – W. Asholt, *A. B. V. »Historia de una escalora«* (in *Das span. Theater*, Hg. V. Roloff u. H. Wentzlaff-Eggebert, Düsseldorf 1988, S. 406–419).

LAS MENINAS

(span.; *Die Mädchen*). Schauspiel in zwei Akten von Antonio Buero Vallejo, Uraufführung: Madrid, 9. 12. 1960, Teatro Español. – Wie auch in seinem 1970 entstandenen historischen Stück *El sueño de la razón (Der Traum der Vernunft)*, wo der späte Goya im Mittelpunkt der Handlung steht, ist in diesem historischen Drama ein Maler, diesmal Velázquez, die Hauptfigur. Den geschichtlichen Hintergrund bildet das Spanien Philipps IV.; Ort der Handlung ist die Hauptstadt Madrid im Jahr 1656. In diesem Jahr malte Velázquez am Hof des Königs sein berühmtes Gemälde *Las meninas*, welchem der Autor nicht nur den Titel, sondern auch die Hauptfiguren entlehnt, die er nun als *dramatis personae* agieren läßt und dabei neue Zusammenhänge konstruiert.

So wird im ersten Akt ein engmaschiges Intrigennetz um den spanischen Hofmaler gesponnen. Das Unheil beginnt damit, daß Velázquez' prüde Ehefrau Doña Juana ihrem der Inquisition nahestehenden Vetter José Nieto das vom Maler selbst strikt geheimgehaltene Bildnis einer Venus zeigt. Unter dem Vorwand, dessen Seelenheil retten zu wollen, denunziert Nieto, der auf Velázquez' Amt als Kammerherr des Königs spekuliert, den Maler daraufhin an die Inquisition. Darüber hinaus wirft der Hofmaler Nardi, einer der vielen Neider seiner Kunst, Velázquez vor, in seinen Bildern Hof und König nicht genügend zu würdigen. Auch in ein erotisches Ränkespiel wird der Maler verwickelt: Doña Marcela, die Anstandsdame der Infantinnen, ist in Velázquez verliebt, wird von diesem aber immer wieder zurückgewiesen. Erbost beschuldigt die Gekränkte ihn vor dem König einer Affäre mit der Infantin María Teresa, die ein enges freundschaftliches Vertrauen zu dem Maler hegt, in dem sie den einzigen ehrlichen Charakter am Hof ihres Vaters zu erkennen glaubt. Zu allem Überfluß gerät Velázquez nun auch noch auf politischer Ebene in die allgemeine Schußlinie, hat er doch den fast blinden Pedro in sein Haus aufgenommen. Mit diesem ehemaligen Sträfling, der an mehreren Volksaufständen beteiligt war, fühlt sich der Maler in seiner Liebe zu Freiheit und Wahrheit eng verbunden und sieht in ihm seinen einzigen Freund. Pedro ist auch der einzige, der den wahren Charakter von Velázquez' Kunst erkennt und schon im Entwurf zum Bild *Las Meninas* das Wesentliche sieht: *»ein ruhiges Bild, das jedoch die ganze Schwermut Spaniens in sich trägt«.* – Im zweiten Akt spitzt sich die Lage zu. Velázquez wird vor den König geführt und vernommen, wobei er erfahren muß, daß Pedro bei einem Festnahmeversuch tödlich gestürzt ist. Mit seinem Freund ist für Velázquez ein Symbol der Wahrheit gestorben, und er scheut sich nicht, seiner Verzweiflung vor dem König Ausdruck zu verleihen.

Das Stück *Las Meninas* verdeutlicht in exemplarischer Weise ein grundsätzliches Anliegen Buero Vallejos, das auch in weiteren historischen Stücken wie *Un soñador para un pueblo*, 1959 (*Ein Träumer für ein Volk), La detonación*, 1978 (*Der lautlose Schuß*) eine große Rolle spielt: nämlich dem Publikum den Gegensatz von Wahrheit und politischer Heuchelei vor Augen zu führen. Auf theoretischer Ebene geschieht dies durch die thesenhafte Kontrastierung von Licht und Schatten, Bedecktheit und Nacktheit, Blindsein und Nicht-sehen-Wollen; im Drama verkörpern die Paarungen Velázquez – König, König – María Teresa, María Teresa – Doña Juana die jeweils gegensätzlichen Positionen. Velázquez selbst wird als einsamer Außenseiter gezeichnet, der sich auf der Suche nach der verborgenen »nackten« Wahrheit befindet und der das Licht nicht nur als malerisches Element sucht: Er ist der Künstler, der Intellektuelle, der sich gegen die unterdrückende Obrigkeit stellt und das Volk als den Adressaten seiner Kunst sieht. Die Rekonstruktion der Vergangenheit dient Buero Vallejo stets dazu, ein besseres Verständnis der Gegenwart zu ermöglichen: *»Das historische Drama erhellt unsere Gegenwart, wenn es sich nicht darauf reduziert, ein Trick zur Umgehung der Zensur zu sein, und wenn es uns die lebendige Beziehung zwischen dem, was geschehen ist, und dem, was uns zustößt, besser verstehen und empfinden läßt.«* Die Parallelen zur historischen Situation der spanischen Nachkriegszeit werden vor allem in der Figur des Künstler-Vermittlers sichtbar. Auch Buero Vallejo spiegelt sich in seiner Rolle als Schriftsteller und Interpret von Gegenwartsgeschichte in der Figur des Malers Velázquez.

C.F.L.

Ausgaben: Madrid 1961. – NY 1963, Hg., Einl. u. Anm. J. Rodríguez-Castellano. – Madrid 1972.

Literatur: J. Diamante, *Cuatro escenografías de la temporada 60/61. II: »Las meninas«* (in Primer acto, 1961, Nr. 25, S. 3–5). – R. Vazquez Zamora, *»Las meninas« de B. V., en el español* (in Insula, 16, 1961, Nr. 170, S. 15). – G. Videla, *»Las meninas« en el teatro de A. B. V.* (in Cuadernos de filología, 1969, Nr. 3, S. 121–134). – H. Carrasco M., *El problema del destinatario en »Las meninas« de B. V.* (in Estudios filológicos, 15, 1980, S. 59–72). – D. Perri, *»Las meninas«. The Artist in Search of a Spectator* (in Estreno, 1, 1985, S. 25–29).

ALEJANDRO CASONA

d.i. Alejandro Rodríguez Álvarez
* 23.3.1903 Besullo / Asturien
† 17.10.1965 Madrid

Literatur zum Autor:
J. Caso González, *Fantasía y realidad en el teatro de A. C.* (in Archivum, 5, 1955, S. 304–318). – J. Rodríguez Richart, *Vida y teatro de A. C.*, Oviedo 1963. – J. J. Plans, *A. C.*, Oviedo 1965. – Boletín del Instituto de Estudios Asturianos, 1966, Nr. 57 [Sondernr.]. – E. Gurza, *La realidad caleidoscópica de A. C.*, Oviedo 1968. – H. Bernal Cabrada, *Símbolo, mito y leyenda en el teatro de C.*, Oviedo 1972. – A. Sánchez Rojas, *Bibliografía de A. C.* (in Boletín del Instituto de Estudios Asturianos, 1972, Nr. 76, S. 381–403). – Ders., *Elementos poéticos del lenguaje en los dramas de C.* (ebd., 1975, Nr. 86, S. 429–460). – H. K. Moon, *A. C.*, Boston 1985 (TWAS).

LOS ÁRBOLES MUEREN DE PIE

(span.; *Ü: Die Bäume sterben aufrecht*). Drama in drei Akten von Alejandro Casona, Uraufführung: Buenos Aires, 1. 4. 1949, Teatro Ateneo; deutsche Erstaufführung: Stuttgart, 1950, Staatstheater. – Dr. Ariel, der in dem Drama *Prohibido suicidarse en primavera (Es ist verboten, im Frühling Selbstmord zu begehen)* als Stifter eines Sanatoriums zur Heilung von Selbstmordkandidaten auftrat, hat in diesem Stück ein anderes, nicht weniger merkwürdiges Institut ins Leben gerufen, eine Art »Mafia des Guten«. Sie verfügt über unbeschränkte finanzielle Hilfsmittel und wirkt im geheimen mit einer kleinen Anzahl von aufopferungsfreudigen Mitarbeitern, denen eine riesige Kartothek zur Verfügung steht, in der alle Einwohner der Stadt mit ihren seelischen Nöten und Gebrechen registriert sind. Die Organisation betreibt indirekt eine bekenntnisfreie Laienseelsorge. Der Direktor – mit Dr. Ariel nicht identisch – bestimmt einmal ihren Zweck folgendermaßen: *»Wir sind dabei, eine Wohlfahrt der Seele zu organisieren ... denn viele sind es, die sich um die Leiden des Körpers bemühen, aber wer denkt an jene, die ohne eine einzige schöne Erinnerung sterben müssen, wer denkt an die vielen, die niemals ihren Traum haben verwirklichen können und in deren Herzen niemals das Licht des Glaubens und der Hoffnung geleuchtet hat?«* Diese Lücke will die Organisation schließen. Im geeigneten Augenblick treten ihre Mitglieder an Menschen heran, die am Ende ihrer Kräfte angelangt sind. Durch Wort und Tat gelingt es ihnen, jenen zu einem Lebensideal oder wenigstens zu einer Illusion zu verhelfen.

Im Büro dieser Organisation treffen sich nun Isabel, die ihren Arbeitsplatz verloren hat, und Balboa, dessen mißratener Enkel Mauricio auf der Reise von Kanada zu den Großeltern das Opfer einer Schiffskatastrophe geworden ist. Balboa hatte, um die Großmutter zu trösten, Briefe von Mauricio fingiert, in denen er das Bild eines reumütigen und glücklich verheirateten Enkels entwarf. Nun handelt es sich darum, ein Paar herbeizuschaffen, das vor der Großmutter einige Tage lang die Rolle Mauricios und seiner Frau spielen soll. Der Direktor selbst und Isabel übernehmen die Vertretung: Sie machen die Großmutter glücklich, doch können sie nicht verhindern, daß ihre vorgetäuschten Liebesbeziehungen Wirklichkeit werden. Da erscheint plötzlich der richtige Mauricio, der bei der Schiffskatastrophe gerettet worden ist, und fordert den Verkauf des Hauses. Dem Großvater und dem falschen Mauricio gelingt es nur mit größter Mühe, den Enkel aus dem Hause zu weisen, ohne daß die Großmutter etwas von seiner Rückkehr erfährt. Aber noch einmal kehrt er in das großelterliche Haus zurück, trifft die Großmutter allein und wiederholt vor ihr seine Geldforderung. Auch sie weist ihn ab. Mit letzter Kraft – denn *»die Bäume sterben aufrecht«* –, und um das Glück der falschen Enkel nicht zu stören, tut sie so, als ob sie deren Spiel nicht durchschaut hätte.

Dieses Drama ist als eines der erfolgreichsten Stükke Casonas fast über alle Bühnen Europas gegangen. Der dramaturgisch klar durchgeführte 1. Akt spielt in einem Grenzraum zwischen Phantasie und Wirklichkeit. Im weiteren Verlauf verliert das Stück mit der wachsenden Tendenz zum Realismus an tieferer Bedeutung. So wirkt der 2. Akt wie ein geschickt aufgebautes Familienidyll, und im letzten Akt häufen sich unwahrscheinliche melodramatische Situationen. Nur allzu leichten Herzens lassen die Großeltern den »verlorenen« Enkel in sein Leben zurückkehren. Auch der Direktor, der sich anfangs für die Nächstenliebe einsetzt, versucht nichts, um dieses menschliche Wrack zu retten. Er verläßt das Haus der Balboas selbstzufrieden als glücklicher Verlobter. A.F.R.

AUSGABEN: Buenos Aires 1950. – NY 1953. – Madrid 1959 (in *Obras completas*, Bd. 1, Hg. F. C. Sáinz de Robles; m. Einl.). – Buenos Aires 1962 (in *Teatro*, Bd. 1). – Madrid 1964. – Madrid 1977 (in *Obras completas*, 2 Bde.). – Madrid 1984.

ÜBERSETZUNG: *Die Bäume sterben aufrecht*, L. Kornell, Mchn. 1950 [Bühnenms.].

LITERATUR: C. H. Leighton, *A. C. and the Significance of Dreams* (in Hispania, 45, 1962, S. 697–703). – F. Jiménez Herrero, *El árbol personaje y símbolo en la obra literaria de C.* (in Boletín del Instituto de Estudios Asturianos, 23, 1969, S. 261–266). – J. K. Leslie, *C., Mármol and a Flance at Gallegos: A Note on the Genesis of »Los árboles mueren de pie«* (in *The Two Hesperias: Literary Studies in Honor of J. G. Fucilla*, Hg. A. Bugliani, Madrid 1977, S. 209–216).

LA SIRENA VARADA

(span.; *Ü: Die gestrandete Sirene*). Komödie von Alejandro CASONA, Uraufführung: Madrid, 17. 3. 1934, Teatro Español. – Überdrüssig des Alltags, des von starren Regeln beherrschten Lebens in der Gesellschaft, proklamiert Ricardo eine neuartige Republik, in der nur Männer zugelassen sind; der sogenannte gesunde Menschenverstand soll durch die Phantasie ersetzt werden: *»Es gibt Männer mit Phantasie und ohne Verstand, die inmitten der anderen Menschen zugrunde gehen«* (1. Akt). In dem alten Haus, das er zu diesem Zweck gemietet und mit seinem Diener und einem ersten Anhänger, dem Maler Daniel, bereits bezogen hat, entdeckt er ein Gespenst, das sich allerdings alsbald als Joaquín entpuppt, ein armer Mann, der sich in dem verlassenen Haus eingenistet hatte. Ihn zwingt Ricardo, als Napoleon seine Geisterrolle weiterzuspielen. Daniel, sein Gefolgsmann, aber trägt ständig eine Binde vor den Augen, weil er, der gewöhnlichen Farben überdrüssig, sich neue vorzustellen versucht. Statt des sehnlich erwarteten künftigen »Präsidenten« der Republik, Samys, des alten Clowns – *»ein Mensch ohne Verstand, ein Träumer und Trinker«* –, betritt ein junges Mädchen, Sirena, die Wohnung und redet von ihrem Haus auf dem Meeresgrund, von ihren Delphinen und davon, daß sie gekommen sei, die Beziehung mit Ricardo wiederaufzunehmen, der ihr vor einiger Zeit das Leben gerettet hat, als sie sich ins Meer stürzte. Auch Doktor Florín, der Hausarzt von Ricardos Familie, tritt auf, doch sein Versuch, den jungen Mann zur Vernunft zu bringen, bleibt erfolglos, denn Ricardo ist

bereits unrettbar in Sirena verliebt. Da erscheint endlich Samy, macht Rechte geltend und meldet Einwände an: Sirena ist seine Tochter und ist geistesgestört. Doch unterstützt von Ricardo, der nicht nur nach dem Körper Sirenas, sondern auch nach ihrer Seele verlangt, vermag der Doktor das Mädchen von ihrem Wahn zu heilen. Ricardo möchte mit der Hilfe Sirenas, die sich jetzt María nennt, zum normalen Leben zurückkehren, der Wahrheit ins Gesicht sehen.
Die Ankunft des Zirkusdirektors Pipo, dessen Geliebte Sirena gewesen ist und von dem sie ein Kind erwartet, stiftet Verwirrung. Pipo ist ein brutaler Mann, der seine Truppe mit der Peitsche antreibt. Um ihn zu besänftigen, hat ihm Samy seine Tochter María überlassen, die dieser nicht aus den Augen läßt. Um ihrem grausamen Liebhaber zu entfliehen, stürzt sie sich ins Meer. Pipo ist bereit, María gegen eine hohe Geldsumme freizugeben, doch Ricardo wirft ihn in einem Wutanfall aus dem Haus. Vom Wahrheitswahn besessen, reißt er danach dem Maler die Binde von den Augen. Doch die Entdeckung, daß der Maler blind ist, daß die Binde nur ein Mittel der Selbsttäuschung war, läßt ihn zurückschrecken. *»Ist das die Wahrheit?«* fragt er den Doktor Florín. *»Haben Sie das Sirena zurückgeben wollen? Nein, niemals!«* Er will nicht, daß sie *»in die Bewußtheit eines verkommenen, schmutzigen Lebens«* zurückkehrt, und beginnt nun seinerseits von dem Haus auf dem Meeresgrund, von den Delphinen zu sprechen. Doch Sirena macht den Wahn nicht mehr mit; sie will für ihr Kind leben, und Ricardo fügt sich schließlich.
In diesem Erstlingswerk Casonas, das ihm den »Premio Lope de Vega« eintrug und ihn über Nacht berühmt werden ließ, ist bereits enthalten, was allen späteren Werken dieses Autors eigentümlich ist: die Konfrontation der Vernunft mit der Phantasie, der Alltagswirklichkeit mit einer höheren, reicheren Wirklichkeit, einer außergewöhnlichen Realität. In dieser Konfrontation, die den Menschen zuletzt auf sich selbst und seine Daseinswirklichkeit zurückverweist, erhält diese jedoch eine neue Dimension, neue Würde und Schönheit. Ebendaraus gewinnen Sirena und schließlich auch Ricardo neuen Lebensmut. A.A.A.

AUSGABEN: Madrid 1934. – NY 1951, Hg. R. C. Gillespie [m. Einl.]. – Buenos Aires 1961 (in *Teatro*, Bd. 1). – Madrid 1966 (in *Obras completas*, 2 Bde., 1, Hg. u. Einl. F. C. Sáinz de Robles); Madrid 1974–1977. – Madrid 1985 (Austral).

ÜBERSETZUNG: *Die gestrandete Sirene*, H. Schlegel, Zürich/Mchn. o. J. [Bühnenms.].

LITERATUR: J. F. Toms, *The Reality-Fantasy Technique of A. C.* (in Hispania, 44, 1961, S. 218–221). – S. C. King, *Symbolic Use of Color in C.'s »La sirena varada«* (in RoNo, 13, 1973, S. 226–229). – S. E. Peromsic, *Ruiz Iriarte's »El puente de los suicidas«: A Rejoinder to C.'s »La sirena varada«* (ebd., 20, 1980, S. 33–37).

AMÉRICO CASTRO

* 4.5.1885 Rio de Janeiro
† 28.7.1972 Madrid

LITERATUR ZUM AUTOR: E. Asensio, *A. C., historiador* (in MLN, 81, 1966, S. 595–637). A. Amorós, *Conversación con A. C.* (in RdO, 82, 1970, S. 1–22). – A. Sicoroff *A. C. and His Critics: E. Asensio* (in HR, 40, 1970, S. 1–30). – *Estudios sobre el obra de A. C.*, Hg. A. Amorós, Madrid 1971. – Ders., *La obra de A. C., Bibliografía básica de A. C., Estudios* (in Estafeta Literaria, 1972, Nr. 501, S. 4–8). – E. Asensio, *Notas sobre la historiografía de A. C.* (in Anuario de Estudios medievales, 1974, S. 349–392). – *A. C. and the Meaning of Spanish Civilisation*, Hg. J. Rubia Barcia, Berkeley/Ldn. 1976. – P. Garagorri, *Introducción a A. C. El estilo vital hispánico*, Madrid 1984. – *Homenaje a A. C.*, Hg. J. J. de Bustos Tovar u. J. H. Silvermann, Madrid 1987.

LA REALIDAD HISTÓRICA DE ESPAÑA

(span.; *Ü: Spanien. Vision und Wirklichkeit*). Kulturhistorische Darstellung von Américo CASTRO, erschienen 1954. – Dieser 1962 in zweiter, überarbeiteter Auflage veröffentlichte Versuch einer Wesensdeutung der spanischen Geistesgeschichte ist die völlig veränderte und erweiterte Fassung des 1948 erschienenen Buches *España en su historia. Cristianos, moros y judíos (Spanien in seiner Geschichte. Christen, Mauren und Juden)*. Es ist der gründlichste und wohl geistreichste Versuch einer Lösung des »Problems Spanien«, das die Mitglieder der »Generación del 98« (Generation von 1898) – UNAMUNO (1864–1936), GANIVET (1865–1898), BAROJA (1872–1956), AZORÍN (1873–1967), MAEZTU (1874–1936) und Antonio MACHADO (1875–1939) – und deren Nachfahren – vor allem ORTEGA Y GASSET (1883–1955) und Salvador de MADARIAGA (1886–1978) – besonders beschäftigt hat. Zuletzt gab der Mediziner und Kulturhistoriker Pedro LAÍN ENTRALGO in seinem Werk *España como problema* (1949) eine umfassende Darstellung dieser spanischen Selbstkritik zwischen 1812 und 1936.
Castro, der eine kulturmorphologische Geschichtsbetrachtung unter rein biologistischen Denkkategorien (Aufstieg, Größe, Niedergang, Rasse u. ä.) ablehnt, nimmt in seinem Ansatz zweifellos Anregungen der »Lebensphilosophie« der Jahrhundertwende (BERGSON, DILTHEY) auf. Es geht ihm dabei weniger um das Wissen *(saber)* von geschichtlichen Gegebenheiten, als vielmehr um deren Verständnis *(entender)* mit Hilfe einer Modellkonstruktion, die den *»innerlichen Prozeß, der den äußerlichen Motivationen Form und Realität verleiht«*

im Fluß des historischen Lebens sichtbar werden läßt. Geschichtliche Ereignisse und künstlerische Zeugnisse sind sinnvoll und bezeichnend für *»die besondere Physiognomie eines Volkes«*, soweit sich in ihnen die Innenseite seines Lebens offenbart. Dieses »Innen« *(dentro)* als *»dynamische«*, nicht als *»statische und ein für allemal fertige Realität«* ist entweder, als *»ein bestimmter Horizont an Lebensmöglichkeiten und Lebensunmöglichkeiten«*, *»morada de la vida«* (Daseinswirklichkeit, Behausung des Lebens), oder es bezeichnet die Art, wie ein Volk seine Daseinswirklichkeit hinnimmt, ist *»vividura«* (Lebenseinstellung, Lebensweise). Den Grundtenor der schon im 15. Jh. einsetzenden Selbstbesinnung der Spanier sieht Castro in dem Erlebnis der eigenen Geschichte als *»chronisches Übel«*, Unsicherheit und sich selbst verzehrendes Leben *(vivir desviviéndose)*.

Bei seiner eigenwilligen Analyse der politischen und religiösen sowie der Literatur- und Kunstgeschichte Spaniens gelangt Castro zunächst zur Ablehnung jeglichen römischen und westgotischen Einflusses als Bestimmungsfaktoren für das spanische Wesen. Er bestreitet insbesondere die immer wieder hervorgehobene Nachwirkung SENECAS und des Stoizismus auf die spanische Geistesart (vgl. Ganivet, *Idearium español*, 1897). Das eigentliche Spaniertum entwickelte sich Castro zufolge erst in der Konfrontation der christlichen Stämme Nordspaniens mit dem Islam. Die vermeintliche Auffindung der Gebeine des hl. Jakobus (um 829) und die Ausbildung des Jakobskultes in Santiago de Compostela bezeichnen die Geburtsstunde jener typischen, zutiefst religiös bestimmten spanischen Lebensformen.

Die mehr als sechs Jahrhunderte währende Auseinandersetzung mit den Mauren spiegelt sich für Castro nicht nur in gewissen Spracheigentümlichkeiten und Lebensgewohnheiten der Spanier, sondern vor allem in der Ideologie des »heiligen Krieges« sowie in der Einrichtung geistlicher Ritterorden. Neben den geradezu von einer Haßliebe gezeichneten Beziehungen zwischen dem Islam und den Daseinsformen des christlichen Spaniens untersucht Castro die Ausformung des spanischen Wesens auch in der Literatur am Beispiel der epischen Dichtung in Kastilien, dessen »moralischen Objektivismus« er die vom arabischen Sufismus beeinflußte Mystik eines Ramon LLULL (vgl. *Libre d'amic e amat*, um 1281) gegenüberstellt. Insbesondere deutet Castro den *Libro de buen amor* des ARCIPRESTE DE HITA (1283–um 1350?) als *»kastilische Wiedergabe und Verarbeitung arabischer Vorbilder«* erotischer Literatur.

Die Verflechtungen der maurischen mit der jüdischen Tradition weist Castro in der Kultur Spaniens u. a. aufgrund der von König ALFONS X., DEM WEISEN (reg. 1252–1282) in Toledo geförderten Übersetzertätigkeit, der *Proverbios morales* des SEM TOB DE CARRIÓN († 1369?), der »Literatur der Verzweiflung«, des Schelmen- und Schäferromans nach. In der spanischen Spiritualität sind für ihn der strenge Reinheitsgedanke der Inquisition, die Probleme der gesellschaftlichen Integration der »Conversos« (zum Christentum konvertierte Juden) sowie Tendenzen des Messianismus (vgl. *Diario de viaje* des Cristóbal COLÓN) und Illuminismus unmittelbarer Ausdruck dieses Zusammenlebens von Christen, Mohammedanern und Juden.

Gegen Unamuno, der im Individualismus das Wesen des Spaniers zu erkennen glaubte (vgl. *Del sentimiento trájico de la vida*, 1913), bestimmt Castro die spanische *vividura* als *absolutismo personal* (Absolutismus der Persönlichkeit). Konfrontiert mit der Übermacht des arabischen Weltreichs, dem er *»nichts als den Glauben an die Überlegenheit der eigenen Person«* entgegensetzen konnte, ist das entscheidende Lebensgefühl des Spaniers bis heute: *»Die Person ist und vermag alles, und sie bedarf nur ihrer selbst.«* Von hier aus finden alle Ereignisse und Erscheinungen der spanischen Geschichte sowohl auf politischem, wirtschaftlichem und sozialem wie auf geistig-religiösem und kulturellem Gebiet ihre Deutung: die Gründung des spanischen Weltreichs und die Nachlässigkeit, durch die es verfiel, die Gestalt des *Don Quijote* auf der einen, der Erscheinung des Schelmenromans auf der anderen Seite, Klerikalismus, Inquisition und religiöse Unduldsamkeit ebenso wie die spanische Mystik und die Neigung zur Anarchie, die großen Leistungen in Literatur und Kunst, die große Rückständigkeit auf allen Gebieten der materiellen Zivilisation. *»Die spanische Geschichte erhält Sinn, wenn man sie begreift nicht als Gesamtheit einer objektiv organisierten Kultur, sondern gleichsam als einen riesigen Archipel großer individueller und kollektiver Gestalten, die keine außergewöhnlichen oder weltlich sozialen Werte (Wissenschaft, Wirtschaft usw.) geschaffen haben.«*

Das methodisch in Einzelheiten anfechtbare, in seinen Thesen im ganzen zweifellos unbeweisbare, aber durch brillante Darstellung und Gelehrsamkeit bestechende Buch hat eine leidenschaftliche Kontroverse ausgelöst. Die entschiedenste Widerlegung der von Castro auch in anderen Werken (etwa *Los españoles, como llegaron a serlo*, 1965 – *Das Werden der Spanier)* vorgetragenen Geschichtsvision stammt von dem im argentinischen Exil lebenden Historiker Claudío SÁNCHEZ-ALBORNOZ *(España, un enigma histórico*, 1956 – *Spanien, ein geschichtliches Rätsel*). In seinem Werk *Spain and the Western Tradition*, 1963–1966 *(Spanien und die westliche Tradition)*, bezieht auch Otis H. GREEN durch den Nachweis der Verklammerung von spanischer und westeuropäischer Literatur indirekt gegen Castros Spanienbild Stellung. F.I.

AUSGABEN: Mexiko 1948 [u. d. T.: *España en su historia. Cristianos, moros y judíos*]. – Mexiko 1954; 91982.

ÜBERSETZUNG: *Spanien. Vision u. Wirklichkeit*, S. Heintz, Köln/Bln. 1957.

LITERATUR: M. Bataillon, *L'Espagne religieuse dans son histoire* (in BHi, 52, 1950, S. 6–26). – Y. Makiel,

The Jewish Heritage of Spain (in HR, 18, 1950, S. 328–340). – J. Rubia Barcia, *A. C. a la realidad histórico de España* (in La Torre, 14, 1956, S. 27–45). – C. Sánchez-Albornoz, *España, un enigma histórico*, Buenos Aires 1956; 21962. – A. Castro, *»La realidad histórica de España«. Juicios y comentarios*, Mexiko 1957. – J. Marichal, *La voluntad de estilo*, Barcelona 1957, S. 277–294. – J. M. Piel, *Zu A. C.s These von der ›no-hispanidad‹ der Westgoten* (in RF, 69, 1957, S. 409–413). – D. García Sabell, *A. C. en su historia* (in PSA, 10, 1958, S. 11–31). – C. Sánchez-Albornoz, *Españoles ante la historia*, Buenos Aires 1958, S. 229–254; 255–283. – A. Castro, *Origen, ser y existir de los españoles*, Madrid 1959. – O. H. Green, *Spain and the Western Tradition. The Castilian Mind in Literature from »El Cid« to Calderón*, 4 Bde., Madison 1963–1966. – H. Lapeyre, *Deux interprétations de l'histoire d'Espagne, A. C. et C. Sánchez-Albornoz* (in Annales, 20, 1965, S. 1015–1037). – G. Araya, *Evolución del pensamiento histórico de A. C.*, Madrid 1969. – J. L. Gómez-Martínez, *A. C. y el origen de los españoles: Historia de una polémica*, Madrid 1975. – A. Peña, *A. C. y su visión de España y de Cervantes*, Madrid 1975. – E. Asensio, *La España imaginada de A. C.*, Barcelona 1976. – C. Sánchez-Albornoz, *Drama de la formación de España y los Españoles*, Madrid 1979.

CAMILO JOSÉ CELA

* 11.5.1916 Iria Flavia

LITERATUR ZUM AUTOR:
O. Prejvalinksy, *El sistema estético de C. J. C.*, Valencia 1960. – J. M. Castellet, *Iniciación a la obra narrativa de C. J. C.* (in RHM, 28, 1962, S. 107–150). – A. Zamora Vicente, *C. J. C. Acercamiento a un escritor*, Madrid 1962. – P. Ilie, *La novelística de C. J. C.*, Madrid 1963; ern. 1979 [erw.]. – R. Kirsner, *The Novels and Travels of C. J. C.*, Chapel Hill 1963. – D. W. Forster, *Forms of the Novel in the Work of C. J. C.*, Columbia 1967. – K. Barck, *C. J. C. und der Aufbruch des spanischen Gegenwartsromans* (in Gegenwartsliteratur, 1968, Nr. 1/2, S. 10–28). – D. W. McPheeters, *C. J. C.*, NY 1969 (TWAS). – S. Suárez Solís, *El léxico de C. J. C.*, Madrid, Barcelona 1969. – L. H. Seator, *The Antisocial Humanism of C. and Hemingway* (in REH, 9, 1975, S. 425–439). – *Homenaje a C. J. C.* (in CHA, 1978, Nr. 337/338; Sondernr.). – V. Cabrera, L. González del Valle, *Novela española contemporánea: C., Delibes, Romero y Hernández*, Madrid 1978. – *C. J. C.* (in The Review of Contemporary Fiction 3, 1984; Sondernr.). – J. C. Giménez Frontín, *C. J. C.: Texto y contexto*, Barcelona 1985. – J. C. Medizábal, *C. y el juego de ciegos: Los ciegos en C. J. C. Realidad y crítica* (in LdD, 16, 1986, S. 187–194).

LA COLMENA

(span., *Ü: Der Bienenkorb*), Roman von Camilo José CELA, erschienen 1951. – Der Roman, ein Höhepunkt in Celas umfangreichem Schaffen, wurde bereits Mitte der vierziger Jahre geschrieben, konnte in Spanien aber aufgrund der dort herrschenden franquistischen Restauration erst zehn Jahre später veröffentlicht werden. Wegen *»offenkundiger Unmoral«* und deutlicher Kritik an der zeitgenössischen gesellschaftlichen Situation zunächst von Francos Zensoren abgewiesen, kam *La colmena* erst nach Umarbeitung und Publikation im Ausland zur Wirkung. Der Roman spielt im Madrid des Jahres 1942 an drei kalten Tagen kurz vor Weihnachten. Das Elend, das der Bürgerkrieg verursacht hatte, ist noch überall spürbar: Bestimmendes Thema ist die schlechte Versorgungslage, der Hunger, der das Handeln aller Figuren, ungeachtet ihrer sozialen und intellektuellen Herkunft, beherrscht. Anders als im spanischen Schelmenroman, auf den sich Cela in seinem vorausgegangenen Roman *Nuevas andanzas y desventuras de Lazarillo de Tormes* (1944) unmittelbar bezieht, wird hier das Motiv des allgegenwärtigen Hungers und des Kampfes um das Überleben in einer von Vorurteilen und gesellschaftlichen Schranken beherrschten Welt weder humoristisch abgeschwächt noch durch moralisierende Tendenzen bewältigt. Darüber hinaus kennt das Werk keine eigentlichen Helden, sondern lediglich die 296 Personen, die dem Leser in schnell wechselnder Szenenfolge in den Cafés, Bordellen, Kneipen, Schlafzimmern und billigen Absteigen der Hauptstadt vorgeführt werden. Integraler Bestandteil des Originaltextes ist denn auch ein vom Autor selbst geliefertes Personenregister mit Seitenangaben zur besseren Orientierung für den Leser.

Eines der Handlungszentren ist das an einer Straßenecke in Madrid gelegene Kaffeehaus der Doña Rosa, einer geldgierigen und hartherzigen Frau, die sich aus zweifelhafter Germanophilie für Hitler begeistert und mit größter Aufmerksamkeit die deutschen Wehrmachtsberichte verfolgt, während sie zugleich Kunden und Kellner rücksichtslos traktiert. Zu den Gästen des Lokals zählen vor allem verarmte Kleinbürger und Bürger der Mittelschicht, die stets bemüht sind, den Schein der in Folge des Bürgerkriegs verlorenen gesellschaftlichen Geltung zu wahren. Das allgegenwärtige Elend zwingt allen die Diskrepanz von Schein und Sein auf, die vom Erzähler entlarvt wird: Don Leonardo Meléndez, der sich gern als eleganter Mann von französischer Kultur präsentiert, ist in Wirklichkeit so hoch verschuldet, daß er sich sogar von dem Schuhputzer Segundo Segura dessen hart verdientes Geld leiht, es nie zurückzahlt, aber mit solcher Verachtung auf alle seine Gläubiger herabblickt, daß keiner ihn gerichtlich zu belangen wagt. Señorita Elvira, deren Liebhaber stets nach kurzer Zeit wieder das Weite suchen, führt nach Aussagen des Erzählers ein *»Hundeleben, das, genau gesehen, gar nicht wert ist, gelebt zu werden«.* Sie ist gerade von dem aufschneiderischen Don Pablo verlassen worden, der sich immer jüngeren Mädchen zuwendet. Daneben fristet der junge Intellektuelle Martín Marco ein erbärmliches Dasein: Doña Rosa läßt ihn aus dem Lokal werfen, als er nicht bezahlen kann. Der Erzähler folgt ihm nun auf seinen Irrwegen durch die Straßen Madrids.

Martín ist in diesem Panoptikum von Gestalten am wenigsten mit Realitätssinn ausgestattet; vor einem Schaufenster mit Sanitäreinrichtungen sinniert er darüber, wie er in einer solchen Luxustoilettenausstattung kostbar gebundene Ausgaben esoterischer Dichter wie Mallarmé und Darío drapieren würde: *»Das Blöde ist nur – weiß der Kuckuck, warum –, daß wir Intellektuellen weiterhin wenig zu essen haben und die Klosetts in den Cafés benutzen müssen. – Das soziale Problem regt Martín Marco auf. Er hat wenig klare Ideen, aber ihn beunruhigt das soziale Problem.«* Martín lebt von geliehenem Geld, das Zimmer eines Freundes darf er unter der Bedingung als Schlafplatz benutzen, daß er diesen nicht um Geld bittet und rechtzeitig am Morgen das Feld räumt. Auf einem seiner Spaziergänge trifft Martín seine Jugendliebe und ehemalige Mitschülerin Nati: Ihr Wohlstand, dessen Ursachen diskret ausgespart bleiben, erlaubt es ihr, den ausgehungerten und halberfrorenen Dichter in vornehme Lokale zu führen, in denen er mit Geld bezahlt, das sie ihm gegeben hat. Mit dem verbliebenen Wechselgeld versucht er sich in Doña Rosas Café Genugtuung für den Hinauswurf zu verschaffen. Am Abend kann er sich bei einer Polizeikontrolle wegen seines verdächtigen Aussehens und fehlender Ausweispapiere einer drohenden Verhaftung nur knapp entziehen. Für diese Nacht rettet er sich in das Bordell einer alten Freundin, die ihm aus Mitleid eine Dachkammer als Schlafstelle überläßt. Dort verbringt er eine Liebesnacht mit der eigentlichen Bewohnerin des Zimmers, der erkrankten Prostituierten Pura. Eine letzte Serie von Szenen zeigt Martín auf dem Weg zum Grab seiner Mutter, der er ein Sonett widmet.

In diesem vom Elend beherrschten Madrid schafft sich die Liebe in den gegensätzlichsten Schattierungen noch eine Daseinsmöglichkeit: Der homosexuelle Sohn der Doña Margot, die sich aus Kummer erhängt, ist hierfür ebenso ein Beispiel wie Laurita, die sich Pablo vor allem wegen des bescheidenen Luxus, den er ihr bietet, angeschlossen hat. Um die Behandlung ihres todkranken Geliebten Paco, den ihre Eltern ablehnen, zu finanzieren, ist Victoria schließlich bereit, Verhältnisse mit reichen alten Männern einzugehen. Der prahlerische Ventura spiegelt seiner Julia eine brillante Laufbahn nach einem Studium, das er nicht sehr genau nimmt, vor, muß sich aber wegen der moralischen Schranken in den dürftigsten Absteigen mit ihr treffen. Cela selbst hat hervorgehoben, daß das Kaleidoskop von Handlungsfäden, kurzen Geschichten, Impressionen, unaufgelösten Konflikten und liegengelassenen Handlungsfragmenten in diesem Großstadtroman ein *»Ausschnitt des Lebens, der genau so erzählt wird, wie das Leben eben abläuft«* sei. Tatsächlich versagt sich der Roman jeglichem Versuch einer Hierarchisierung der zahlreichen, meist trivialen Geschehnisse, die zudem nicht literarisch stilisiert werden. Sie sind Mosaiksteine einer typischen Alltagsrealität, die sich auf die Tradition des spanischen *Costumbrismo* (S. ESTEBAÑEZ CALDERÓN, M. J. de LARRA) berufen können, dessen kleinformatige Momentaufnahmen der spanischen Wirklichkeit hier weiterleben. Nur etwa ein Fünftel der zahlreichen Romanfiguren erhält ein gewisses individuelles Profil durch Wiederaufnahme in mehreren Szenen und dadurch ein nachvollziehbares Lebensschicksal.

In dieser ständig bewegten Menge, welche die Titelmetapher des »Bienenkorbs« für das Lebensgefühl in der spanischen Metropole rechtfertigt, fehlt nicht nur der rote Faden einer chronologisch nachvollziehbaren Haupthandlung im traditionellen Sinn, sondern auch ein Erzähler, der in der Lage wäre, dieses von Cela so absichtsvoll inszenierte Chaos durch Hinweise an den Leser zu erhellen. Auch in dem Labyrinth von zeitlich verschobenen Handlungen läßt der Erzähler den Leser allein. Ein übriges leistet die abrupte Montage, die anstelle erzählerisch vermittelter Übergänge die Abschnitte nur noch typographisch kenntlich macht. Selbst in den beschreibenden Partien des Werkes enthält sich der Erzähler zumeist der Wertung: Handlungen, Probleme und Meinungen der beschriebenen Personen werden vielmehr als Bestandteile einer Durchschnittlichkeit gezeigt, die sich jeder hoffnungsvollen Transzendenz entzieht. So nimmt der Erzähler, wenn er sich etwa zu Beginn über den Schuhputzer Segura äußert, eine zynisch anmutende, teilnahmslos analytische Grundhaltung ein: *»Der Schuhputzer ist ein Schafskopf, eine rachitische, steife Schindmähre. Seit unzähligen Jahren spart er und borgt dann Don Leonardo alle seine Ersparnisse. Recht geschieht ihm. Don Leonardo ist ein Hochstapler, der immer auf Pump lebt und Geschäfte plant, die nie zustande kommen.«* An die Stelle der Erzählerrede tritt ein Puzzle fragmentarischer Figurenreden, die von umgangssprachlichen Wendungen und Sprachklischees geprägt sind. Zahlreiche Neuauflagen bestätigen den Erfolg dieses formalen Experiments, dessen kinematographisch inspirierte Erzähltechnik in der preisgekrönten Verfilmung von Mario Camús (1982) eine überzeugende und beeindruckende Umsetzung erfahren hat. G. Wil.

AUSGABEN: Buenos Aires 1951. – Barcelona 1962–1986 (in *Obra completa*, 17 Bde., 8). – Madrid 1984. – Madrid 1987, Hg. u. Einl. R. Asún (Castalia).

ÜBERSETZUNG: *Der Bienenkorb*, G. Theile-Bruhns, Olten/Freiburg i. B. 1964. – Dass., ders., Mchn. 1968 (dtv). – Dass., ders., Mchn. 1988.

VERFILMUNG: Spanien 1982 (Regie: M. Camús).

LITERATUR: G. Torrente Ballester, *»La colmena«, cuarta novela de C. J. C.* (in CHA, 8, 1951, S. 96–102). – G. Bueno Martínez, *»La colmena«, novela behaviorista* (in Clavileño, 17, 1952, S. 53–58). – J. J. Flasher, *Aspects of Novelistic Technique in C.'s »La colmena«* (in Philological Papers, 12, 1959, S. 36 ff.). – M. Durán, *La estructura de »La colmena«* (in Hispania, 43, 1960, S. 19–24). – J. Ortega, *»La colmena« de C. J. C.*, Diss. Ohio State Univ. (vgl. Diss. Abstracts, 25, 1964/65, S. 483). – Ders., *El sentido temporal en »La colmena«* (in Symposium, 19, 1965, S. 115–122). – Ders., *Importancia del personaje de Martín Marco en »La colmena« de C.* (in RoNo 6, 1965, S. 92–95). – D. W. Foster, *»La colmena« de C. J. C. y los informes de éste sobre la novela* (in Hispanófila, 30, 1967, S. 59–65). – F. Carenas, *»La colmena«: Novela de lo concreto* (in PSA, 61, 1971, S. 229–255). – R. C. Spires, *»La colmena«: The Creative Process as Message* (in Hispania, 4, 1972, S. 873–880). – D. Henn, *C.: »La colmena«*, Ldn. 1974. – D. Dougherty, *Form and Structure in »La colmena«: From Alienation to Community* (in Anales de la Narrativa Española Contemporánea, 1, 1976, S. 7–23). – N. G. Kobzina, *Bleak House Revisited: C.'s »La colmena«* (in Hispanófila, 47, 1984, S. 57–66). – W. Matzat, *Die Modellierung der Großstadterfahrung in C. J. C.s Roman »La colmena«* (in RJb, 35, 1984, S. 278–302). – V. Roloff, *C. J. C. – »La colmena«* (in *Der spanische Roman*, Hg. ders. u. H. Wentzlaff-Eggebert, Düsseldorf 1986, S. 330–349).

LA FAMILIA DE PASCUAL DUARTE

(span.; *Ü: Pascual Duartes Familie*). Roman von Camilo José CELA, erschienen 1942. – *Pascual Duarte* bildet nicht nur den vielbeachteten Auftakt zu Celas erzählerischem Werk, sondern gilt neben *La Colmena* als Klassiker der spanischen Literatur nach dem Bürgerkrieg. Seine Modernität beruht im schockierenden Bruch mit den Normen menschlichen Empfindens und ethischen Werten, während gleichzeitig der Anschein moralisierender Absicht gewahrt bleibt. Der Roman knüpft dabei an die Tradition der Pikareske *(Lazarillo de Tormes)* an. *Pascual Duarte* besteht aus zwei Teilen, nämlich der Lebensbeichte des mehrfachen Mörders Pascual und einem Rahmen, in dem verschiedene Stimmen das »Dokument« kommentieren.

Wenige Tage vor seiner Hinrichtung schreibt Pascual im Gefängnis von Badajoz 1936/37 sein Leben von Geburt an nieder, das sich – nicht streng chronologisch erzählt – als eine Kette von Gewalttaten und familiären Unglücksfällen darstellt: Er erschießt seine Hündin Chispa, da er ihren *»Blick eines Beichtvaters«* nicht ertragen kann; nach der Heirat mit Lola, die er zuvor auf dem frischen Grab seines schwachsinnigen Bruders Mario vergewaltigt hatte, verletzt er im Wirtshaus einen Mann im Streit und ersticht danach mit demselben Messer die Stute, die Lola abwarf und so eine Fehlgeburt verursachte; dann tötet er Estirao, der seine Schwester Rosario in die Prostitution trieb und Lola in seiner Abwesenheit verführte; schließlich ermordet er seine Mutter. An diesem Punkt bricht Pascuals Erzählung abrupt ab, obgleich er danach weitere Verbrechen beging, etwa an Don Jesús, dem er seine Aufzeichnungen widmet. Für die Beweggründe seiner Taten findet Pascual nur wenige Worte – ein plötzlicher Wutausbruch, verletztes Männlichkeitsgefühl, ein unerträglicher Blick; den Situationen gemeinsam ist, daß sie eine Unbeholfenheit ausdrücken, dem Leben anders als mit Gewalt zu begegnen. Pascual beschreibt, wie er als Kind schlechter Eltern in armseligen ländlichen Verhältnissen aufwuchs, von einer gefühlsrohen Umwelt angesteckt und immer stärker von einem *»Unglücksstern«* verfolgt wurde. Doch die Erklärungsmuster der Vererbung, des Milieus und der Fatalität, die für seine verminderte Schuldfähigkeit sprechen sollen, erscheinen entweder übermäßig naiv oder von einer subtilen Ironie durchdrungen. In Pascuals zahlreichen Reflexionen, die den Erzählprozeß begleiten, vermischen sich christliche Gemeinplätze, Bauernweisheiten und Sprichwörter, die oft deplaziert anmuten. Eher grotesk statt glaubwürdig erscheint die Haltung des Reumütigen unmittelbar neben der teilnahmslos detaillierten oder gar genüßlichen Beschreibung von abstoßenden Szenen und seinen Taten, etwa als er Estirao den Brustkasten eindrückt: *»Ich drückte etwas stärker zu... Es gab das gleiche Geräusch, wie man es von einem Braten im Backofen hört... Er fing an, Blut zu spucken. Als ich aufstand, fiel sein Kopf kraftlos zur Seite...«*

Pascual richtet seine Aufzeichnungen an Don Joaquín, einen Freund des ermordeten Don Jesús, und rechtfertigt in einem Sendschreiben seine Niederschrift zwar als Lehre für andere, *»aus dem zu lernen, was ich nicht begriff«*, tatsächlich überwiegt jedoch der Aspekt einer Selbsttherapie: Das erinnernde Nacherleben seiner Taten gipfelt nach dem Muttermord in dem alles andere als reuevollen Satz: *»Ich konnte wieder atmen...«* Der von Pascual angeschriebene Don Joaquín hält den Bericht für *»zersetzend«*, doch sorgt er in seinem Testament für seine Bewahrung, so daß das Manuskript schließlich jemandem in die Hände fällt, der es als *»Transcriptor«* sichtet, anstößige Stellen streicht und den Text ausdrücklich zur abschreckenden Wirkung veröffentlicht: *»Siehst du, was er tut? Das genaue Gegenteil von dem, was er tun sollte.«* Die Zweifel an der moralisierenden Botschaft der angeblichen Beichte eines Schwerverbrechers werden in einem Nachtrag durch das widersprüchliche Urteil eines Pfarrers und eines Wachtmeisters, die als erste Leser auftreten, noch verstärkt: Ist Pascual ein naives, aber *»sanftmütiges Schaf«* oder ein Delinquent, der nur nach außen eine bußfertige Haltung annimmt? Die fragwürdige Moralität der Bekenntnisse empörte zwangsläufig das spanische Bürgertum und führte 1943 zu einem zeitweiligen Verbot des Romans durch die Zensur. Die schockierend gefühllose Beschreibung schwach motivierter Gewalttaten wurde als *tremendismo (tremendo*: schrecklich) zu einem Schlagwort spanischer Nachkriegsliteratur, das man dem zeitgleichen französischen Existentialismus zur Seite stellte (A. CAMUS, J. P. SARTRE); entstehungsgeschichtlich wichtiger sind jedoch die Bezüge zur Tradition der Groteske (R. M. del VALLE-INCLÁN). Neben individual- und sozialpsychologischen Deutungen von Pascual Duarte als Orest-Figur und Träger von Kollektivschuld angesichts des »Brudermords« im Bürgerkrieg haben neuere Studien die kommunikativen Prozesse zwischen der Rahmenerzählung und Pascuals Bericht hervorgehoben. In einer subversiven Mischung aus vorgegebenen Redeweisen (Kirche, Staat), naivem Sprechen und Schweigen leistet Pascuals Schrift einen *»heroischen Akt«* (G. Gullón) gegen die Unterdrückung des Wortes in der Franco-Ära und deren überdeckende Propagierung von Harmonie (»die Familie«) nach den Greueln des Krieges. O.Gr.

AUSGABEN: Madrid/Burgos 1942. – Barcelona 1962 – 1986 (in *Obra completa*, 17 Bde., 1). – Palma de Mallorca 1964. – Barcelona 1984.

ÜBERSETZUNGEN: *Pascual Duartes Familie*, G. Leisewitz, Hbg. 1949. – Dass., G. Theile-Bruhns u. C. J. Cela, Zürich 1960 (n. d. Übers. v. G. Leisewitz); ern. 1984.

VERFILMUNG: *Vida y muerte de Pascual Duarte*, Spanien 1975 (Regie: R. Franco).

LITERATUR: M. A. Beck, *Nuevo encuentro con »La familia de Pascual Duarte«* (in RHM, 30, 1964, S. 279–298). – D. W. Foster, *Social Criticism, Existentialism and Tremendismo in C.'s »La familia de Pascual Duarte«* (in KRQ, 13, 1967, S. 25–33; Suppl.). – F. Huarte Morton, *Ensayo de una bibliografía de »La familia de Pascual Duarte«* (in PSA, 48, 1968, S. 59–165). – G. Sobejamo, *Reflexiones sobre »La familia de Pascual Duarte«* (in ebd., S. 17–58). – R. C. Spires, *Mode of Existence and the Concept of Morality in »La familia de Pascual Duarte«*, Athens 1968. – Ders., *Systematic Doubt: The Moral Art of »La familia de Pascual Duarte«* (in HR, 40, 1972, S. 283–302). – A. Rodríguez u. J. Timm, *El significado de lo femenino en »La familia de Pascual Duarte«* (in REH, 1977, Nr. 2, S. 251–264). – M. D. Thomas, *Narrative Tension and Structure in C.'s »La familia de Pascual Duarte«* (in Symposium, 31, 1977, S. 165–178). – A. M. Penuel, *The Psychology of Cultural Desintegration in C.'s »La familia de Pascual Duarte«* (in REH, 1982, Nr. 3, S. 361–378). – J. Urrutia, *C.: »La familia de Pascual Duarte«. Los contextos y el texto*, Madrid 1982. – G. Gullón, *Contexto ideológico y forma narrativa en »La familia de Pascual Duarte«: En busca de una perspectiva lectorial* (in Hispania, 68, 1985, S. 1–8). – J. R. Rosenberg, *El autobiógrafo encerrado: Pascual Duarte y su transcriptor* (in Explicación de Textos Literarios, 14, 1985/86, S. 63–72). – C. R. Perricone, *The Function of the Simile in C.'s »La familia de Pascual Duarte«* (in The USF Language Quarterly, 24, 1986, S. 33–37).

MAZURCA PARA DOS MUERTOS

(span.; *Mazurka für zwei Tote*). Roman von Camilo José CELA, erschienen 1983. – Schon heute kann dieser Roman als die Summe von Celas erzählerischem Werk gelten: Das Trauma des Bürgerkriegs, die obsessive Gestaltung von Tod, Sexualität und Animalität des Menschen und die Lebenswelt Galiciens, in der der Autor aufwuchs, verschmelzen in *Mazurca* zu einem kaleidoskophaften Ganzen. Dabei werden Struktur- und Stilprinzipien miteinander verwoben und weiterentwickelt, die Cela in seinen früheren Romanen erprobte, insbesondere die Collage und die niedere bis obszöne Alltagssprache, deren galicische Ausdrücke ein beigefügtes Verzeichnis erklärt.

Unter dem Leitmotiv des anhaltenden Regens über Galicien erschließt sich dem Leser der nicht weiter untergliederte Haupttext von *Mazurca* als der mündliche Vortrag verschiedener Stimmen, die von Zuhörern und Dialogen unterbrochen werden. Auch die zeitlichen Ebenen des Erzählens sowie des erzählten Geschehens wechseln ständig, so daß viele Personen unter dem Vorzeichen ihres Todes stehen: *»Der Tote, der Afouto tötete, tötete auch meinen Verstorbenen.«* Dieser zentrale Satz Ádegas umreißt eine Geschichte, die aus der Fülle des fragmentarisch Erzählten herausragt: Afouto Gamuzo wird 1936, in den Anfängen des Bürgerkriegs, zusammen mit Ádegas Gatten von Moucho Carroupo verschleppt und exekutiert. 1939 (oder 1940) rächt Tanis Gamuzo den ermordeten älteren Bruder.

Die zwei Todesfälle von Afouto und Moucho, zu denen der blinde Akkordeonspieler Gaudencio die Mazurka *»Ma petite Marianne«* spielt, erklären nicht nur den Romantitel; zusammen mit der Mazurka ermöglichen sie eine zeitliche Orientierung im verwirrenden Panorama aus Episoden, Alltagsdialogen und Porträts, die beständig wiederholt, ergänzt und verändert werden. Dabei tritt neben grotesker Körperlichkeit (Krankheiten, Behinderungen, Kriegsverletzungen) und variationsreicher Sexualität die Beziehung der Menschen zu den Tieren und zur Musik in den Vordergrund – beides Verbindungen, die die »Komposition« von *Mazurca* prägen. Die Geschichte der Rache bettet sich somit ein in die monumentale galicische Familiensaga der Gamuzos und der verwandten Clans: *»Die Familien sind wie das Meer, das niemals aufhört.«* Gemäß diesem Satz Ádegas, die wie ihr Bruder Gaudencio Akkordeon spielt, scheinen die weitschweifigen und unzuverlässigen Erzählerstimmen selbst orientierungslos in der Vielzahl von Daten, Orten und Personen zu ertrinken, die zudem mehrere Namen tragen. So sind etwa auch die beiden Zeitpunkte, an denen Gaudencio die Mazurka spielte, umstritten. Doch dies stört niemanden ernsthaft, denn Geschichte erscheint hier als die Wiederkehr des Gleichen unter jeweils anderem Namen. Ausgehend von diesem beherrschenden Gedanken wird *Mazurca* offen und verborgen von Zirkelschlüssen (klassischen Paradoxa) bis in die Ebene der Textkonstitution selbst bestimmt. Beispielsweise schließt sich die Geschichte der Rache im Sinne des *sich selbst verschlingenden Spanien* zu einem Kreislauf: Ádega gräbt den beerdigten Moucho Carroupo aus, der ihren Mann umbrachte, und wirft ihn ihrem Schwein zum Fraß vor, schlachtet es und macht Würste daraus, die ihrem Mann ebenso gut schmecken wie dem Zuhörer, Don Camilo. Don Camilo ist wiederum derjenige, der die Rache an Moucho Carroupo anordnet. Robín Lebozán, eine Dichterfigur, die ähnlich wie zuvor Camilo diesmal mit dem Familiennamen Cela auf den Autor rückverweist, stellt die Linearität der Geschichte offen in Frage: *»Die Geschichte rennt die Zeit nieder, manchmal geschehen Dinge außerhalb der Zeit aus Schuld der Zeit. Warum kamen Hannibals Elefanten nicht aus der Arche Noah?«*. Als eine Stimme, die das Erzählte sowie Gehörtes niederschreibt, zitiert Robín das dem Roman vorangestellte Motto E. A. Poes von den *»welken und verräterischen Erinnerungen«* und wünscht sich, diese zu verlieren, nicht mehr denken zu müssen. Doch gegen Ende des Buches beginnt er das von ihm Niedergeschriebene wieder zu lesen, und der Text von *Mazurca* wiederholt ihren Beginn, allerdings mit ausgetauschten Orten und Namen. Der Text negiert sich und entsteht neu als einer von vielen möglichen. Die trügerische Gewißheit des Geschehenen und Geschriebenen zeigt sich abschließend in einem Obduktionsbericht zu Moucho Carroupos Leiche: Der Arzt konstatiert einen zufälligen Tod durch wildgewordene Wölfe. Tatsächlich ließ Tanis Gamuzo ihn von seinen Hunden zu Tode beißen. Dies bildet zugleich eine letzte Variation der Überzeugung von der wölfischen Natur des Menschen: *homo homini lupus*. – *Mazurca para dos muertos* erfuhr innerhalb kürzester Zeit hohe Auflagen und wurde 1984 mit dem Nationalpreis für Literatur ausgezeichnet. Die Kritik bemerkte Ähnlichkeiten mit dem lateinamerikanischen »magischen Realismus« (G. García Márquez), den Cela zweifellos in einzelnen Motiven übersteigert. O.Gr.

Ausgabe: Barcelona 1983; [12]1986.

Literatur: I. A. Vara, *Diez años de »celedad«* (in Cambio, 16, 1983, Nr. 623, S. 138–141). – P. Fröhlicher, *Lectura de »Mazurca para dos muertos« de C. J. C.* (in RJb, 36, 1985, S. 361–370).

SAN CAMILO, 1936

(span; *San Camilo, 1936*). Roman von Camilo José Cela, erschienen 1969. – Während in Celas bekanntestem Roman *La Colmena* die Madrider Alltagswelt nach dem Spanischen Bürgerkrieg in einer Fülle von Personencharakterisierungen lebendig wird, zeigt *San Camilo 1936*, wie die Menschen den Beginn des Bürgerkriegs erleben. Dabei rückt das Verhältnis von Geschichte zu Alltag sowie die Frage kollektiver Schuld am »Brudermord« in den Mittelpunkt. Dies verdichtet sich in der periodisch wiederkehrenden Grundsituation eines Mannes, der vor dem Spiegel steht und sich in der Du-Anrede anklagt. Auf diese Situation zurückgeführt, stellt sich der gesamte Text als eine ununterbrochene Bewußtseinsrede dar, die alle fremden Stimmen in sich birgt.

Der vollständige (im Innenteil des Buches genannte) Titel *Vísperas, festividad y octava de San Camilo del año 1936 en Madrid (Vorabende, Festlichkeit und achttägige Andacht des heiligen Camilo, 1936 in Madrid)* verweist bereits auf die streng symmetrische Triptychon-Gliederung, wobei der 18. Juli 1936 das chronologische Zentrum bildet. Der erste Teil beschreibt ganze Straßenzüge der Madrider Lebenswelt zwischen Bordell, Café und bürgerlichem Heim und gipfelt in der Nachricht von den historisch realen politischen Morden an José de Castillo und Calvo Sotelo, die sich in ein allgemeines Klima exzessiver Gewalt, zufälliger Unfälle und sexueller Perversionen einbetten. Diese Atmosphäre steigert sich im mittleren Teil vor dem geschichtlichen Hintergrund von Francos Erhebung in Marokko, dem Generalstreik und der Weigerung der Regierung Casares, das Volk zu bewaffnen, um die Republik gegen das Militär zu verteidigen. Diese letzten Stationen auf dem Weg in den offenen Krieg stehen als Zeitungs- oder Radiomeldungen, Demonstrationen und Agitationsreden neben Sport (z. B.: Tour de France), Reklame, Klatschgeschichten aus Kino und Zarzuela, Kneipengesprächen und Gebeten. So wird die Alltagswirklichkeit als ein Nebeneinander verschiedenartiger Stimmen rekonstruiert, das sich zu grotesken Collagen formt, aber dennoch im konkreten Augenblick Denk- und Verhaltensweisen bestimmt: *»Wir sind einfach zu nahe und haben keine Perspektive.«* Ohne geschichtliche Distanz werden für die Menschen auf der Straße die politischen Richtungen austauschbar: *»Man kann eines Morgens als Faschist aufstehen und am nächsten Morgen als Marxist.«* Im dritten Teil wird das tägliche Leben unmittelbar in den beginnenden Krieg hineingezogen. So wird jemand versehentlich als Faschist erschossen, der für seine schwangere Frau eine Hebamme holen wollte. Das daraufhin totgeborene Kind, das in einer Schuhschachtel verbrannt wird, steht symbolisch für die traumatisch erfahrene politische Ausweglosigkeit, die zum eskalierenden Massaker führt. Die Belagerung der Montaña-Kaserne, in der der General Fanjul auf das Eintreffen der Franco-treuen Truppen aus der Sierra hofft, endet mit der Erstürmung, wobei alle Eingeschlossenen ermordet werden.

Das Ich vor dem Spiegel begleitet den geschichtlichen Prozeß und überzieht ihn mit einem Netz wiederkehrender Verweise auf mythologische, biblische und geschichtliche Figuren sowie mit variierenden Leitmotiven. Dabei wird in generellen Aussagen über Spanien als einem *»Land der Verrück-*

ten« historische Entwicklung negiert. Der Spiegel, der ständig seine Form verändert, sich mit Blut befleckt und zerbricht, steht im Zentrum einer surrealistischen Poetisierung des nationalen Traumas in Bilder der Gewalt. Das stellvertretende Ich spielt vielfältige Rollen des Mörders und des Opfers durch. Die Legende um den grausamen Tod des englischen Königs Cirilo, dem angeblich von seinen Getreuen flüssiges Blei in den Körper gefüllt wurde, nimmt dabei eine Schlüsselstellung ein und wiederholt sich gegen Ende des Romans in dem sadomasochistischen Selbstmord des Homosexuellen Matiítas auf der Ebene erzählter Geschichte. *San Camilo, 1936* ist in dieser strukturellen Vielschichtigkeit, die an den französischen *Nouveau Roman* erinnert, und mit seiner tabubrechenden Ästhetik ein kühner Versuch, sechs Jahre vor Francos Tod den Bürgerkrieg als Phänomen kollektiver Psychose aufzuarbeiten und verschüttetes Geschichtsbewußtsein zu provozieren getreu einem Satz aus dem Epilog: *»Der Spanier ist Pyromane, weil er jede Spur seiner Vergangenheit, jede Chronik seiner Gegenwart und jede Hoffnung in seine Zukunft auslöschen will«.* O.Gr.

AUSGABEN: Madrid 1969. – Madrid 1974.

LITERATUR: A. Amorós, *C. J. C.: »San Camilo, 1936«* (in RdO, 87, 1970). – M. Tuñón de Lara, *La circunstancia histórica de la novela »San Camilo, 1936«* (in PSA, 69, 1973, S. 229–252). – G. Roberts, *La culpa y la busca de la autenticidad en »San Camilo, 1936«* (in *Novelistas Españoles de Postguerra*, Hg. R. Cardona, Madrid 1976, S. 205–218). – P. Ilie, *»San Camilo, 1936«: La Política de la Obscenidad* (in P. I., *La Novelística de C. J. C.*, Madrid 31978, S. 271–325). – M. Durán, *»San Camilo«: de los anuncios comerciales a las visiones goyescas* (in Insula, 34, 1979, S. 396 f.). – P. L. Ullmann, *Sobre la rectificación surrealista del espejo emblemático en »San Camilo, 1936« de C. J. C.* (in Neoph, 66, 1982, S. 377–385). – D. Henn, *Endemic Violence and Political Balance in C.'s »San Camilo, 1936«* (in RoSt, 1983/84, Nr. 3, S. 31–46).

LUIS CERNUDA Y BIDÓN

* 21.9.1902 Sevilla
† 5.11.1963 Mexiko

LITERATUR ZUM AUTOR:
E. Müller, *Die Dichtung L. C.s*, Genf/Paris, 1962. – *Homenaje a L. C.*, Valencia 1962. – Insula, 1964, Nr. 207 [Sondernr.]. – P. Silver, *Et Arcadia Ego: A Study of the Poetry of L. C.*, Ldn. 1965. – A. Coleman, *Other Voices: A Study of the Late Poetry of L. C.*, Chapel Hill 1969. – J. M. Capote Benot, *Bibliografía cernudiana* (in CHA, 1970, Nr. 248/249, S. 572–576). – Ders., *El período sevillano de L. C.*, Madrid 1971. – D. Harris, *A Study of the Poetry of L. C.*, Ldn. 1973. – A. Delgado, *La poética de L. C.*, Madrid 1975. – J. Talens, *El espacio y las máscaras. Introducción a la lectura de C.*, Barcelona 1975. – J. M. Capote Benot, *El surrealismo en la poesía de L. C.*, Sevilla 1976. – CHA, 10, 1976, Nr. 316 [Sondernr.]. – *L. C.*, Hg. D. Harris, Madrid 1977. – S. Jiménez-Fajardo, *L. C.*, Boston 1978 (TWAS). – C. Ruiz Silva, *Arte, amor y otras soledades en L. C.*, Madrid 1979. – R. Martínez Nadal, *Españoles en la Gran Bretaña, L. C.*, Madrid 1983. – F. Romero, *El muro, la ventana: La »otredad« de L. C.* (in CHA, 1983, Nr. 396, S. 545–575). – J. Valender, *C. y el poema en prosa*, Ldn. 1984. – R. C. Allen, *L. C.: Poet of Gay Protest* (in Hispano, 29, 1985, S. 61–78).

OCNOS

(span.; *Ocnos*). Gedichte in Prosa von Luis CERNUDA, erschienen 1942 und in erweiterter Form jeweils 1949 und 1963. – Nach Jahren des Exils in angelsächsischen Ländern macht sich der Andalusier Cernuda auf die poetische Reise zurück in das verlorene Paradies der Kindheit. Der Dichter verwandelt sich in den Protagonisten »Albanio«, das Schäferskind aus der zweiten Ekloge von GARCILASO DE LA VEGA (1503–1536), um sein Kindheitsparadies wiederzufinden, den mythischen Raum, der in perfekter Harmonie mit der Welt ist, in dem keine Zeit existiert, in dem der Mensch eins mit der Natur ist, *»frei von jeder menschlichen Vernunft«*, nur einem vegetativen Ideal folgend. Wie für die meisten der vorwiegend aus Andalusien stammenden Dichter der »Generation von 27« *»könnte dieses Eden in Andalusien liegen«*.

Albanio nährt sich nicht von Worten oder Spielen mit anderen Kindern, sondern von Empfindungen, von Musik, von Mythen. Sie bestimmen das Gefühl des Schönen, des Wahren, der Poesie, der Liebe, des Glücks; es sind die einzigen Momente authentischen Lebens. Cernuda versucht in *Ocnos* den psychologischen Mechanismus dieses Gefühls perfekter Harmonie, der Identität von Welt und kindlichen Wünschen zu analysieren.

Es sind vor allem Wahrnehmungen aus der natürlichen Umwelt, die den Dichter zur philosophischen Reflexion provozieren, so z. B. in *El magnolio (Die Magnolie)*. *»Diese Magnolie war für mich immer etwas mehr als eine schöne Wirklichkeit: In ihr verbarg sich der Schlüssel des Lebens. Obwohl ich sie mir manchmal anders wünschte, freier, mehr im Strom der Wesen und der Dinge, wußte ich, daß es genau dieses einsame Leben des Baumes ist, dieses Blühen ohne Zeugen, das der Schönheit solch hohe Würde gab.«* Das Glück unterscheidet sich nicht von der Seligkeit der Sinne. Dagegen erscheint die Bibliothek als Symbol der zerbrochenen Einheit der sinnlichen Wahrnehmungen. *»Schüttele diesen so barbarisch intellek-*

tuellen Staub von deinen Händen und meide diese Bibliothek, in die sich deine Gedanken eines Tages als Mumien niederlassen könnten.« Nicht nur aus dem mythischen Raum der Kindheit fühlt sich der Dichter exiliert, sondern auch aus der Zeit. *»Wieviel Jahrhunderte füllen die Stunden eines Kindes?«* Im kindlichen Eden herrscht als zeitliche Dimension nur die Ewigkeit, während danach der Moment eintritt, in dem *»wir der Zeit unterworfen und verpflichtet sind, als ob uns irgendeine wütende Vision mit funkelndem Schwert dem ersten Paradies entreißen würde, in dem der Mensch frei vom Stachel des Todes gelebt hat«.*

Die der zweiten und dritten Ausgabe hinzugefügten Gedichte spiegeln eine gewisse Verhärtung des Dichters wider. Die jugendliche Begeisterung und die Unbefangenheit des Kindes sind bis auf wenige Ausnahmen verschwunden, die sinnlichen Wahrnehmungen durch rationale Überlegungen ersetzt. Es dominieren eher Angst vor der Vergänglichkeit der Zeit, dem Altern und der Einsamkeit im Exil. Im letzten Gedicht von *Ocnos – El acorde (Der Akkord)* – versucht Cernuda noch einmal das Gefühl perfekter Harmonie mit der Welt heraufzubeschwören.

In der Nachfolge von G. A. Bécquer (1836 bis 1870) und J. R. Jiménez (1881–1958) hat Cernuda dem Prosagedicht in Spanien zur Bedeutung verholfen, zur *»Eroberung der Prosa als dem reinen Instrument der Poesie«* (J. Bergamín). W.Ste.

Ausgaben: Ldn. 1942. – Madrid 1949 [erw.]. – Mexiko 1963 [erw.]. – Barcelona 1975 (in *Prosa completa*, Hg. u. Einl. D. Harris u. L. Maristany). – Madrid 1979, Hg. u. Einl. J. Gil de Biedma. – Barcelona 1981, Hg. u. Einl. D. Musacchio.

Literatur: P. Pinto, *Lo mítico, una nueva lectura de »Ocnos«* (in Acta Literaria, 6, 1981, S. 119–138). – J. M. La Rosa, *L. C. y Sevilla (Albanio en el Edén). Notas para una introducción a la lectura del »Ocnos«*, Sevilla 1981. – M. Ramos Ortega, *La prosa literaria de L. C.: el libro »Ocnos«*, Sevilla 1982.

LA REALIDAD Y EL DESEO

(span.; *Ü: Das Wirkliche und das Verlangen*). Gedichtzyklus von Luis Cernuda, erschienen 1936. – Diese zwischen 1924 und 1935 entstandenen Gedichte wurden als Cernudas *»geistige Biographie«* (O. Paz), gesehen, sie sind Ausdruck seiner unaufhörlichen Suche *»nach Wahrheit, nach meiner Wahrheit, die weder besser noch schlechter sein wird als die der anderen, sondern nur anders«.* Prousts »Suche nach der verlorenen Zeit« durchaus vergleichbar, begibt sich Cernuda nach dem Zusammenbruch des Kindheitsparadieses auf die Suche nach einer Wahrheit, die den Konflikt zwischen den beiden antagonistischen Konstanten *»realidad«* und *»deseo«* zu lösen vermag. Die Sehnsucht nach einer Reintegration des Verlangens nach dessen Scheitern an der beschränkenden Realität ist zentrales Thema in Cernudas ganzem Werk. Die einzige Kraft, die seinem Leben Hoffnung geben kann, ist die Suche nach einer perfekten Liebe, die gleichzeitig die des Geistes und des Leibes sein muß. Da diese Suche nicht vor dem Tod enden kann, ist auch jede unvollkommene Liebe stets ein Bild der ewigen Liebe und eine flüchtige Erfahrung der Ewigkeit, die den Dichter für einen Moment mit seinem Ideal vereinigt, womit die antithetischen Pole *»realidad«* und *»deseo«* versöhnt werden.

Die zwischen 1924 und 1927 entstandenen und unter dem Titel *Primeros poesías (Erste Gedichte)* in die Ausgabe von 1936 aufgenommenen Gedichte zeichnen das Porträt eines einsetzenden gefühlsbetonten Lebens, die Geburt des Verlangens. Es sind bereits die ersten Andeutungen enthalten, daß der Dichter sich dem *»vollkommenen Akkord«* seiner Kindheit entrissen fühlt. *»Los sentidos tan jóvenes / frente a un mundo se abren / sin goces ni sonrisas«* (*»Die Sinne so jung / öffnen sich vor einer Welt / ohne Genuß noch Lächeln«*). In dem 1927/28 entstandenen Zyklus *Écloga, Elegía, Oda (Ekloge, Elegie, Ode)*, *»Übungen zu klassischen poetischen Formen«*, wird die äußere Wirklichkeit aber noch nicht im Konflikt mit dem Verlangen gesehen, sondern bezeichnet eine ideale Realität, die zu Genuß und Lust einlädt. In *Un río, un amor (Ein Strom, eine Liebe)* dagegen muß Cernuda das Scheitern seines Verlangens akzeptieren: *»Eines Tages begriff er, wie sehr doch seine Arme/ Nur aus Wolken waren;/ Unmöglich, mit Wolken bis ins Innerste einen Leib/ zu umarmen, ein Glück.«* Die Entdeckung, daß seine Wahrheit nichts anderes ist als eine weitere der Lügen, die von der Gesellschaft aufrechterhalten werden, provoziert im Dichter bitteren Zorn und Rebellion gegen die existentielle Ungerechtigkeit, die dem Menschen nur die einzige Wahrheit beläßt, den Tod. *»Abajo pues la virtud, el orden, la miseria;/ abajo todo, todo, excepto la derrota, ... sabiendo nada más que vivir es estar a solas con la muerte.«* (*»Nieder also mit der Tugend, der Ordnung, dem Elend;/ nieder mit allem außer dem Untergang, ... wissend, daß leben nichts anderes heißt, als mit dem Tod allein zu sein.«*) Es ist das Scheitern eines Menschen, des Menschen, dessen Ideal einer Liebe als existentielle Wahrheit negiert wird. Die Suche nach der Erfüllung des Verlangens ist vergeblich (Das Verlangen *»ist eine Frage / ohne Antwort«*), die menschliche Liebe ist nur ephemere Erscheinung, deshalb faßt der Dichter seine Sehnsucht nach transzendentaler Liebe als Poem unsterblicher metaphysischer Götter – so in dem Zyklus *Los placeres prohibidos*, 1934 *(Die verbotenen Lüste)*. Noch weiter gesteigert wird der pessimistische Ton in den 1932/33 entstandenen Gedichten *Donde habite el olvido (Wo das Vergessen wohnt)*. In seiner absoluten Negation flüchtet sich der Dichter in einen trostlosen Nihilismus. *»Vivo y no vivo, muerto y no muerto;/ ni tierra ni cielo, ni cuerpo ni espíritu./ Soy eco de algo; ... He amado, ya no amo más;/ he reído, tampoco río.«* (*»Ich lebe und lebe nicht; tot und nicht tot;/ weder Erde noch Himmel, weder Körper noch Geist./ Ich bin das Echo von etwas; ... Ich habe geliebt, ich liebe nicht mehr;/ ich habe gelacht,* *auch lache ich nicht mehr.«)* Die geistige Biographie erweitert sich in diesen Gedichten zu einer globalen Sicht über den Sinn der menschlichen Existenz und deren Schicksal. *»Kann eine Poetik biographisch sein?«*, fragt O. PAZ, *»nur unter der Bedingung, daß die Anekdoten sich in Gedichte verwandeln, d. h., nur wenn die Tatsachen und Daten aufhören Geschichte zu sein und exemplarisch werden … Oder: Mythos, ideale Aussage und reale Fabel.« La realidad y el deseo* ist der persönliche Mythos Cernudas. W.Ste.

AUSGABEN: Madrid 1936. – Mexiko 1940 [erw.]. – Mexiko 1958 [erw.]. – Mexiko 1964 [erw.]. – Barcelona 1973; ²1977 (in *Poesía completa*, Hg. u. Einl. D. Harris u. L. Maristany). – Madrid 1987, Hg. u. Einl. M. J. Flys (Castalia).

ÜBERSETZUNG: *Das Wirkliche und das Verlangen*, E. Arendt, Lpzg. 1978 (Nachw. C. Rincón; Ausw.; RUB).

LITERATUR: M. E. Ruiz, *La angustia como origen de »La realidad« y manifestación »del deseo« en L. C.* (in REH, 5, 1971, S. 349–362). – L. E. Délano, *L. C.: »La realidad y el deseo«* (in CA, 1976, Nr. 205, S. 240–245). – J. Romera Castillo, *Autobiografía de L. C.: Aspectos literarios* (in *L'autobiographie en Espagne*, Aix-en-Provence 1982, S. 279–294). – J. M. Ulacia Altolaguirre, *Escritura, cuerpo y deseo en la primera parte de la obra poética de L. C.*, Diss. Yale Univ. 1984 (vgl. Diss. Abstracts, 46, 1985, S. 715A).

ÁLVARO CUNQUEIRO

* 22.12.1911 Mondoñedo
† 28.2.1981 Vigo

UN HOMBRE QUE SE PARECÍA A ORESTES

(span.; *Ein Mann, der Orest ähnelt*). Roman von Álvaro CUNQUEIRO, erschienen 1969. – Obgleich das Werk mit dem »Premio Eugenio Nadal« ausgezeichnet wurde, hat der galicische Autor erst in den letzten Jahren seines Lebens größere Beachtung erfahren. Die Flucht in poetische oder mythische Stoffe, die ihm häufig vorgeworfen wurde, bestimmt auch diesen Roman, der mit wechselnden Erzählperspektiven und tragikomischem Stil die *Oresteia* von AISCHYLOS neu interpretiert.
Der Text umfaßt vier selbständige Teile, gefolgt von den sechs Porträts der Hauptfiguren und einem kommentierten Personenverzeichnis. In einer Lebenswelt zwischen Galicien und antikem Griechenland gelangt der Fremde Don León zu einer Königsstadt, über die Ägisth herrscht. Den Neuankömmling halten die Bewohner für Orest, der dem Mythos nach an Ägisth und Klytämnestra für seinen Vater Agamemnon Rache üben soll. Letztlich bleiben aber die Leute über seine Identität ebenso im Zweifel wie der Leser selbst. Man weiß schon von zu vielen »falschen« Orests, die durch das Überwachungs- und Spitzelsystem zu Tode kamen, mit dem Ägisth die vorbestimmte Ermordung verhindern will.
Der zweite Teil beschreibt aus der Perspektive des bereits altersschwachen Königs Ägisth das jahrzehntelange Warten auf die prophezeite Rache. Einerseits sucht er durch alle erdenklichen Präventivmaßnahmen dem gewaltsamen Tod zu entgehen, andererseits wird die phantasievoll ausgemalte Schlußszene des Atridendramas geradezu als Erlösung ersehnt.
Im dritten Teil schwenkt der Blickpunkt auf den »wahren« Orest, der als Jüngling den Mordauftrag von seiner Schwester Elektra zugewiesen bekam, ohne einen inneren Antrieb zur Ausführung zu verspüren. Er erwägt in imaginierten Versionen der Schlußszene alle möglichen Eventualitäten, die die vorgeschriebene Tat scheitern lassen könnten. Auf der Reise zu seiner Geburtsstadt, die er immer wieder durch Umwege verzögert, versucht er sich bei anderen Leuten seiner Bestimmung zu versichern, doch im Gegensatz zum ersten Teil weiß niemand etwas von Orest und seinem Schicksal. Statt dessen erzählen die Leute ähnliche Fälle mit jeweils vom tragischen Ende abweichenden Lösungen, die Orest verunsichern: *»Kann die Rache nicht warten? Muß ich nur für sie leben?«* Trotz Alternativen und dem Rat eines Tyrannen *»Es gibt viele Leben!«* kann er sich nicht zu einer anderen Identität entschließen. Als nach Jahrzehnten des Umherziehens sein Pferd stirbt, wird er durch diesen Tod an sein Alter und seinen Auftrag erinnert. Er kehrt endlich nach Mykene zurück, auch wenn er nicht von der Rache überzeugt ist.
Den vierten Teil dominiert eine Art »Meta-Perspektive«, die sich bislang durch Fiktionsironie aufdrängte. So ist der Dichter Filón der Jüngere in seiner Version des Atridendramas an den Punkt von Orests Rückkehr angelangt und kann nicht weiterschreiben. Eumón, ein Freund Ägisths, deutet die Tragödie zu einer harmlosen Verwechslungskomödie um. Im vierten Teil wird der Blickpunkt auf die »Selbstdramatisierung des Lebens« gelenkt mit der Figur von Doña Inés, die alle Reisenden, die zu ihr kommen, in sich verliebt macht. Sie wartet auf ihre *»große Stunde«*, die erlösende Begegnung mit Orest. Somit wird sie zur Spiegelung von Ägisth und Orest selbst, die sich beide mit den Rollen auseinandersetzen, die sie laut der *Oresteia* erfüllen müssen. Die Ausführung der Rache wird lediglich als Miniatur in einer Glaskugel eingespielt: In Mykene angekommen, zeigt ein Kerzenmacher Orest die in die Kugel eingeschlossene Schlußszenerie des Dramas, auf die man durch Schütteln oder Herumdrehen künstliche Schneeflocken fallen lassen kann. Orest tritt danach zur

Tür hinaus ins Freie, während es zu schneien beginnt.
Cunqueiros Reinterpretation der *Oresteia* erschöpft sich somit keineswegs in der tragikomischen Wiederaufnahme antiker Mythen, sondern leistet eine Parabel des modernen Menschen, der im vergeblichen Suchen nach Identität und Bestimmung gefangen ist. Doch das zentrale Motiv sinnloser Rache besitzt auch einen direkten Bezug zur zeitgenössischen Situation Spaniens zwischen der Herrschaft des senilen Generals Franco und den seit dem Ende des Bürgerkriegs vom Sturz der Diktatur träumenden Exilierten. O.Gr.

Ausgaben: Barcelona 1969. – Barcelona 1981.

Literatur: M. D. Thomas, *C.'s »Un hombre que se parecía a Orestes«* (in Hispania, 61, 1978, S. 35 bis 45). – D. M. Torrón, *La fantasía lúdica de A. C.* (in CHA, 1979, Nr. 347, S. 357). – J. E. Bixler, *Self-conscious Narrative and Metatheater in »Un hombre que se parecía a Orestes«* (in Hispania, 67, 1984).

MIGUEL DELIBES

* 17.10.1920 Valladolid

Literatur zum Autor:
F. Umbral, *M. D.*, Madrid 1970. – J. Díaz, *M. D.*, NY 1971 (TWAS). – C. A. de los Ríos, *Conversaciones con M. D.*, Madrid 1971. – L. López Martínez, *La novelistica de M. D.*, Murcia 1973. – E. Pauk, *M. D.: Desarollo de un escritor (1947–1974)*, Madrid 1975. – A. Rey, *La originalidad novelística de M. D.*, Santiago de Chile 1975. – R. F. del Valle Spinka, *La conciencia social de M. D.*, NY 1976. – E. Bartholomé Pons, *D. y su guerra constante*, Madrid 1979. – A. Gullon, *La novela experimental de M. D.*, Madrid 1980. – *Estudios sobre M. D.*, Hg. Univ. Complutense Madrid, Madrid 1983. – B. A. González, *Parábolas de identidad: realidad interior y estrategía en tres novelístas de posguerra*, Potomac/Md. 1985. – M. Alvar, *El mundo novelesco de M. D.*, Madrid 1987.

CINCO HORAS CON MARIO

(span.; *Fünf Stunden zusammen mit Mario*). Roman von Miguel Delibes, erschienen 1966. – Eine Todesanzeige informiert den Leser über die Ausgangssituation des Romans: Mario Díez Collado, Ehemann der María del Carmen Sotillo, Vater von fünf Kindern, ist am 24. März 1966 im Alter von 49 Jahren verstorben. Der wie sein epilogartiges Pendant als Er-Erzählung konzipierte erste Teil des Rahmentexts präsentiert (im Erzähltempus des Präsens) Geschehnisse vom Vorabend der Überführung des Toten. Fragmentarische, inhaltlich belanglose Dialoge zwischen Marios Ehefrau Carmen und deren Freundin Valentina im Sterbezimmer lösen bei der trauernden Witwe Erinnerungen an unmittelbar, aber auch längst Vergangenes aus: an Marios unerwarteten Tod durch Herzinfarkt, die unterschiedlichen Reaktionen der Kinder, die formelhaften Beileidsbezeugungen eines durchaus heterogenen Bekanntenkreises. Das Erinnerte setzt in Carmen einen Gedankenstrom in Gang, der sich im wesentlichen aus (in Anführungszeichen wiedergegebenen) Redezitaten und (kursiv gesetzten) Reflexionen zu offenbar signifikanten Episoden eines langen Ehelebens konstituiert. Liefert die Gedankenwiedergabe dieses ersten Rahmentexts bereits typische Merkmale der Figuren Carmen und Mario, so thematisieren die auf die Erzählgegenwart zentrierten Berichtteile die dem folgenden Haupttext zugrundeliegende Erzähl- bzw. Sprechsituation: Nachdem Valentina und Carmens Sohn Mario gegangen sind, führt Carmen, in der Bibel blätternd, während der verbleibenden fünf Nachtstunden ein (wohl eher »inneres«) Gespräch mit dem toten Lebensgefährten. Aus ebendiesem Dialog mit einem zwar verstummten, aber in der Imagination der Sprecherin keineswegs inaktiven Dialogpartner, einer spezifischen Form des inneren Monologs also, besteht der Haupttext. Der von Pausen unterbrochene Gedanken- bzw. Redefluß wird in Bewegung gehalten durch Carmens sukzessive Lektüre sämtlicher Bibelstellen, die Mario im Sinne von Lebensmaximen unterstrichen hat. Carmen rekonstruiert in ihrer an rhetorischer Intensität und argumentativer Rigorosität bis zum Ende zunehmenden Rede nicht nur die Vita und die Persönlichkeit Marios, zieht nicht nur kritische Bilanz von 23 Ehejahren, sondern legt auch mehr als 30 Jahre politischer, vor allem aber sozialer Wirklichkeit Spaniens bloß. Mario, Gymnasiallehrer und Journalist, philosophierender und politisierender, insgeheim Lyrik produzierender Essayist, ein linksliberal-progressistischer Intellektueller, entpuppt sich in lebenspraktischen Fragen als totaler Versager: Trotz seiner verschiedenen Betätigungen finanziell mäßig ausgestattet, kann er seiner Familie einen – im Verhältnis zu den vielen Bekannten und zum zeitgenössischen Standard – lediglich bescheidenen Wohlstand bieten. Die Ehe leidet unter Marios intellektuellem Hochmut, seiner Gleichgültigkeit gegenüber den Kindern, seiner Passivität im sexuellen Bereich. Carmens (unerfüllte) Sehnsüchte kulminieren im Besitz eines Kleinwagens (eines Seat 600: ein Zentralmotiv der Geschichte) und im Akzeptieren ihrer Sexualität (ein weiteres Zentralmotiv: ihr prächtiger Busen). Ihre sexuellen Emanzipationsversuche gipfeln in einem Beinahe-Ehebruch mit dem Jugendfreund Paco, der es auch ohne intellektuelle Potenz zu einem Straßenkreuzer gebracht hat. In Konfrontation mit Mario, dessen Persönlichkeitsbild freilich fast ausschließlich aus der Perspektive Carmens vermittelt wird, erweist sich Carmen als zwar ambitionierte, in ihren geistigen Mitteln allerdings beschränkte Natur. Ihre Plädoyers für den politischen und sozialen *status quo*, ihr bornierter Konservativismus sind Resultate einer auf *law and order* basierenden Erziehung in einem monarchistischen Elternhaus sowie der geringen Manövrierfähigkeit in einem starren politisch-sozialen System. Ebendiese geistige Prädisposition prägt Carmens Redeweise, formt ihre nächtliche Rede an den toten Mario: Die Rede ist lesbar als einziger Katalog argumentativer und rhetorischer Klischees, wie sie das franquistische Spanien der Nachbürgerkriegszeit hervorgebracht hat. Versuche der frühen Delibes-Forschung, aus der Opposition Carmen – Mario einen politischen Kasus zu konstruieren, dem Roman, in dem tatsächlich wenig »erzählt« wird, den Status einer antifranquistischen Propagandaschrift zuzuweisen, hat die neuere Forschung weitgehend relativiert. – Carmen hat sich im Verlauf ihrer Rede bis an den Rand des Wahnsinns gesteigert. Der junge Mario findet die erschöpfte, über Nacht sichtlich gealterte Mutter im Morgengrauen vor der Leiche des Vaters kniend vor. Er plädiert für eine Überwindung des Schmerzes im Sinne moderner aufgeklärter Menschen und entwirft – wenigstens für sich und das aktuelle Spanien – ein durchaus optimistisches Zukunftsbild. Das lange Gespräch zwischen Mutter und Sohn bedeutet die letzte Ruhephase vor dem Einsetzen der Aktivitäten des Tages: Alle Familienmitglieder begeben sich in die Seelenmesse, lesen nach ihrer Rückkehr einen Nachruf auf den Toten, nehmen (im Text wörtlich wiedergegebene) Beileidsbekundungen entgegen; Marios Anhänger und Gegner geraten beim Versuch einer adäquaten Würdigung seiner Persönlichkeit in Streit, wobei das Spektrum ihrer Meinungen von »Revolutionär« bis »Tartuffe« reicht. Friede kehrt erst wieder ein, als Leichenträger den Toten abholen.

Cinco horas con Mario ist neben dem frühen, mit dem »Premio Nadal« ausgezeichneten, weitaus konventioneller geschriebenen Roman *La sombra del ciprés es alargada* (1948) zum meistgelesenen Text von Delibes geworden, zu einem Text, der zwar in jeder Geschichte des modernen spanischen Romans besprochen wird, aber nur bedingt der Narrativik zuzuordnen ist. Die wissenschaftliche Literatur diskutiert ihn als originellen Beitrag zum inneren Monolog, lobt den Psychologismus des Autors und beschreibt ihn, wie zuletzt H.-J. NEUSCHÄFER, als überragendes Sprachkunstwerk: die Sprache ist in der Tat *»der eigentliche Protagonist des Hauptteils«*. G.M.

AUSGABE: Barcelona 1966; [4]1969.

LITERATUR: G. Sobejano, *Novela española de nuestro tiempo*, Madrid [2]1970. – E. Guillermo u. J. A. Hernández, *La novelística española de los 60*, NY 1971. – A. Amorós, *Carmen y Mario: una pareja española* (in *Studia Hispanica in honorem R. Lapesa*, Bd. 2, Madrid 1974). – A. Gil Hernández, *La obra literaria como integración dinámica: »Cinco horas con Mario«* (in *Crítica semiológica*, Hg. M. del C. Bobes Naves, Oviedo [2]1977). – A. Rey, *Forma y sentido de »Cinco horas con Mario«* (in *Historia crítica de la literatura española*, Hg. F. Rico, Bd. 8, Barcelona 1980). – H.-J. Neuschäfer, *M. D.: »Cinco horas con Mario«* (in *Der spanische Roman*, Hg. V. Roloff u. H. Wentzlaff-Eggebert, Düsseldorf 1986).

LAS GUERRAS DE NUESTROS ANTEPASADOS

(span.; *Die Kriege unserer Vorfahren*). Roman von Miguel DELIBES, erschienen 1975. – Zentrales inhaltliches Element des Romans ist die Lebensgeschichte des Pacífico Pérez, wie sie als Transkription der Tonbandaufnahmen von Gesprächen vorgelegt wird, die der Gefängnisarzt der Krankenhaftanstalt Navafría mit Pérez geführt hat, der dort einem Mordprozeß entgegensieht. Eigentümlichkeiten des Häftlings – äußerste Zurückhaltung bis Apathie, der Anschein gewisser Intellektualität bei offensichtlich bäurischem Hintergrund, die Anlegung eines kleinen Gartens im Gefängnishof – haben das medizinische, später auch menschliche Interesse des Arztes erweckt, dem es gelingt, das Zutrauen des Häftlings zu gewinnen. Dessen Kindheit in einem entlegenen kastilischen Dorf stand unter dem Eindruck einer Erziehung zu Aggressivität und Brutalität, vor allem durch Urgroßvater (El Bisa) und Großvater, aber auch immer wieder gewalttätig ausgetragener Konflikte zwischen zwei Ortsteilen. Die Alten hatten im zweiten Karlistenkrieg bzw. Marokkokrieg gekämpft und sind der Auffassung, daß jeder Mann, ohne Rücksicht auf historische Umstände, Anlässe o. ä., »seinen Krieg« bekomme und daß das Töten den Mann erst zum Mann mache. Sie versuchen, das sensible Kind durch die Erzählung selbst begangener »Heldentaten« bzw. Grausamkeiten, durch die »Hinrichtung« des Hofhunds etc. hart und bereit für »seinen Krieg« zu machen. Die Mutter stirbt, die Großmutter begeht Selbstmord *(»weil ihr böse seid«)*, der Vater – Bürgerkriegsteilnehmer, wenn auch ohne den Kriegswahn der Alten – kümmert sich nur um sein Geschäft. Verstanden wird der Junge nur von seinem Onkel Paco, mit dem ihn seine Naturliebe und eine außergewöhnliche Sensibilität verbinden. Eine Liebesaffäre mit Candi, einer emanzipierten und nonkonformistischen Studentin, führt schließlich, in einer Kurzschlußhandlung, zur Tötung Teotistas, des Bruders des Mädchens. Pacífico wird zu zwölf Jahren Haft verurteilt, gerät im Gefängnis von Góyar zusammen mit anderen unter den Einfluß eines gewissen Don Santiago, der in einem aufwendigen Unternehmen einen Ausbruch organisiert, von dem nur er profitiert. Der von ihm verübte Mord an einem Wärter wird Pacífico zur Last gelegt, der sich aus Loyalität gegenüber Don Santiago weigert, den wahren Sachverhalt preiszugeben. Pacífico wird zum Tode verurteilt, durch den Staatschef zu dreißig Jahren Haft begnadigt, stirbt aber schon acht Jahre später.

Der Inhalt konstituiert sich in verschiedenen Erzählperspektiven (einleitender und abschließender Bericht des Arztes; Interventionen des Arztes im Gespräch; Pacíficos Bericht über die Vergangenheit; seine Einschätzung des Geschehens etc.), die wohl relativierend wirken (C. Richmond), vor allem aber die Gestalt Pacíficos erhellen, wobei die Äußerungen des Arztes traditionsgemäß beglaubigend und sympathiesteuernd wirken. Die Sprache Pacíficos ist ein im Hinblick auf die Verständlichkeit leicht stilisiertes bäuerliches Umgangskastilisch. – Die Aussage des Romans zielt über Person und Schicksal des Protagonisten auf eine umfassendere Diagnose der Situation Spaniens, ein Bezug, der schon durch die Namensgebung der Figuren nahegelegt wird (Pacífico; Paco = Franziskus; Don Santiago). Der von Natur friedliche und sensible Pacífico wird bewußt zu Härte und obsoleten Ehrbegriffen erzogen, worunter er leidet, was aber wohl doch Spuren hinterläßt (Tötung Teotistas). Unkritische Loyalität gegenüber der Führerfigur Don Santiago machen ihn zum idealen Ausbeutungsobjekt. Aktualitätsbezogen kann der Roman als Schilderung der ersten Jahrzehnte des Franquismus mit dem Fortdauern der Gewalt und Gewaltbereitschaft einerseits, der Hinnahme der Unfreiheit um des Friedens willen (Pacífico empfindet das Gefängnis als schützenden Raum) andererseits, gelesen werden. Trotzdem enthält der Roman keine plakative politische Positionsnahme; ähnlich doppelsinnig wie die positiven Gestalten, die nichts bewirken (Paco) oder scheitern, weil sie zu passiv oder nicht passiv genug sind (Pacífico), erscheint die Natur, die für Pacífico und Paco ein Hort des Friedens ist, aber vor allem in Verbindung mit der Sexualiät auch Gewalttätigkeit impliziert.

Literaturhistorisch steht der Roman in einer Tradition der Spanienkritik, die spätestens seit M. de Unamunos *Abel Sánchez* (1917) die latente Bereitschaft zu Haß und Gewalt als ein Grundübel Spaniens, häufig in der Darstellung des Bruderkonflikts oder der zerstrittenen Familie, thematisiert und die vor allem nach dem Bürgerkrieg toposhaft wurde (z. B. C. Laforet, *Nada*; die Romane A. M. Matutes), wobei der Kindheit jeweils großes darstellerisches Interesse entgegengebracht wird. Formale und inhaltlich-thematische Parallelen zwischen *Las guerras de nuestros antepasados* und C. J. Celas *La familia de Pascual Duarte* (1942) sind unverkennbar. W.Kre.

Ausgaben: Barcelona 1975. – Barcelona 1979. – Barcelona 1982.

Literatur: M. Martínez del Portal, *El tema guerra en M. D.* (in *Estudios literarios dedicados al profesor M. Baquero Goyanes*, Murcia 1974). – M. I. Butler, *Relación hombre – naturaleza*, (in CHA, 1975, Nr. 100, S. 572–597). – P. Carrero Eras, *Determinismo y violencia en »Las guerras de nuestros antepasados«* (in Ínsula, 1976, Nr. 350, S. 1 u. 10). – J. Ortega, *Dialéctica y violencia en tres novelas de D.* (in The American Hispanist, 1976, Nr. 1, S. 10–14). – M. G. Micci Scelfo, *M. D. e »Las guerras de nuestros antepasados«* (in AION, 19, 1977, S. 523–538). – M. Quiroga Clérigo, *»Las guerras de nuestros antepasados« de M. D.* (in CHA, 1977, Nr. 320/321, S. 532–537). – L. González del Valle, *»Las guerras de nuestros antepasados«* (in V. Cabrera u. L. G. del V., *Novela española contemporánea: Cela, D., Romero y Hernández*, Madrid 1978, S. 80–95). – J. W. Díaz u. R. Landeira, *Structural and Thematic Reiteration in D.' Recent Fiction* (in Hispania, 63, 1980, S. 674–684). – C. Richmond, *Un análisis de la novela »Las guerras de nuestros antepasados« de M. D.*, Barcelona 1982. – P. de la Puente Samaniego, *Castilla en M. D.*, Salamanca 1986.

GERARDO DIEGO CENDOYA

* 3.10.1896 Santander
† 8.7.1987 Madrid

ALONDRA DE VERDAD

(span.; *Wie eine richtige Lerche*). Gedichtsammlung von Gerardo Diego Cendoya, erschienen 1941. – Die Einheit der in vier Gruppen unterteilten, zwischen 1926 und 1936 geschriebenen Sonette liegt, so Diego selbst, *»eher im Ton und in der Temperatur«*, als in einem durchgängigen Thema: *»Ich bin nicht dafür verantwortlich, daß mich Stadt und Land, Tradition und Zukunft gleichzeitig anziehen, daß mich die moderne Kunst fasziniert und die alte bezaubert...«* Die 42 Gedichte enthalten neue, vielfältige Themen in der alten Metrik des klassischen Sonetts, dessen schwierige Form Diego wiederbelebt hat und mit großer Sicherheit beherrscht. Sie sind streng chronologisch angeordnet, die Gruppeneinteilung entspricht in diesem persönlichen Tagebuch bestimmten Erlebniszeiträumen. Dennoch lassen sich thematische Hauptakzente – über alle vier Gruppen verteilt – feststellen.

In den fünf Sonetten, die Musikerpersönlichkeiten gewidmet sind, versucht der Dichter-Musiker Diego deren unaussprechliche musikalische Welten in Poesie zu fassen. Die musikalische Harmonie ist für ihn das Abbild der intellektuellen, der poetischen: *»Wenn meine Gedichte eine Beständigkeit und eine Struktur aufweisen, dann verdanken sie dies der Musik.«* Beethovens Sonaten werden zu Seen, auf denen der Dichter navigiert: *»Contigo voy, a navegar los lagos / de tus sonatas, cálidas halagos, / madres de almas salvadas de la nada«* (*»Mit dir befahr' ich die Seen / deiner Sonaten, zärtliche Wärme, / Mütter von aus dem Nichts geretteter Seelen«*). Und im Sonett *»A C. A. Debussy« (An C. A. Debussy)*, dem Komponisten von *Iberia*, läßt er iberische Bilder defilieren: *»y metales en flor, celestes leños / elevan al nivel de *las mejillas / lágrimas de claveles y azanares«* (*»und unberührte Metalle, himmlische Hölzer / erheben bis hoch zu den Wangen / Tränen aus Nelken und Orangenblüten«*). Wie der Gesang der Lerche im 8. Sonett, das der Sammlung den Namen verleiht, klingen seine musikalischen Themen; dieser Vogel symbolisiert nichts anderes als Diegos hohes dichterisches Ideal *»einer leuchtenden und schwebenden Poesie, einer authentischen und lebendigen Poesie«*. Von den Liebessonetten ist *Insomnia (Schlaflosigkeit)* eines der bewegendsten. Diego betrachtet hier die Anmut und Sanftheit der schlafenden Geliebten. *»Die Unschuld der Bilder, die Reinheit des Themas, die kontrastierende Technik, die überschäumende Zärtlichkeit machen dieses zu einem der schönsten Liebessonette, ... das je in spanischer Sprache geschrieben wurde«* (D. Alonso). Die vielfältigen Schattierungen und Kombinationen gipfeln in dem Bild: *»Las naves por el mar, tú por tu sueño«* (*»Die Schiffe auf dem Meer, Du in Deinem Traum«*). Eindrücke von spanischen Landschaften oder Monumenten sind ein weiteres Thema, so etwa im kubistischen Bild, das er von der Giralda von Sevilla – *»Giralda en prisma pura de Sevilla«* (*»Giralda im reinen Prisma von Sevilla«*) – malt, oder in der impressionistischen Skizze der Kathedrale von Santiago de Compostela. Impressionen und Visionen der Rückreise zu Schiff von den Philippinen bestimmen die gesamte dritte Gruppe der Sammlung. In ihr sind geographische Erscheinungen und Erinnerungen an abwesende Figuren festgehalten oder die Ungeduld, mit der der Dichter der Ankunft entgegenfiebert, so in *Radiograma (Radiogramm)*: *»Socorred a esta nave de fortuna / remoto caracol, torpe camella. / La adelantan la brisa, el sol, la luna«* (*»Kommt diesem Schicksalsdampfer zu Hilfe / entfernte Schnecke, ungelenkes Kamel. / Es überholen ihn der Wind, die Sonne, der Mond«*). Objekten der modernen Zivilisation, die mit der Mythologie konfrontiert werden, und ebenso alltäglichen wie unbegreiflichen Naturerscheinungen (Nebel, Wind, Gezeiten, etc.) sind die restlichen Sonette gewidmet.

Alondra de verdad weist deutliche Einflüsse aus Diegos Entwicklungsphase auf, in der er aktiv an den künstlerischen Bewegungen des *Creacionismo* und *Ultraísmo* teilhatte. Die Poesie dieser Sammlung bewegt sich im Grenzbereich zwischen reinen Bildern und einer wirklichen Vision nachempfundenen Bildern, was ihr den Eindruck ätherischer Leichtigkeit vermittelt. Die Sonettform, die den verstreuten Elementen die Einheit gibt, verleiht der Sammlung eine klassische Perfektion. W. Ste.

AUSGABEN: Madrid 1941. – Madrid 1985, Hg. u. Vorw. F. J. Díez de Revenga (Castalia).

LITERATUR: J. M. Cossío, *De la poesía de G. D.* (in Escorial, 5, 1941, S. 440–451). – R. Gullón, *Aspectos de G. D.* (in Insula, 1958, Nr. 137, S. 1 u. 4). – D. Alonso, *Poetas españoles contemporáneos*, Madrid 1969, S. 233–255. – J. G. Manrique de Lara, *G. D.*, Madrid 1969.– L. F. Vivanco, *Introducción a la poesía española contemporánea*, Bd. 1, Madrid 1974, S. 177–220. – R. Gullón, *G. D. y el Creacionismo* (in Insula, 1976, Nr. 354, S. 1 u. 10). – A. del Villar, *La poesía total de G. D.*, Madrid 1984.

JESÚS FERNÁNDEZ SANTOS

* 1926 Madrid
† 2.6.1988 Madrid

LOS BRAVOS

(span.; *Ü: Die tapferen Toren*). Roman von Jesús FERNÁNDEZ SANTOS, erschienen 1954. – Der Autor, als Dokumentarfilmer gleichermaßen hervorgetreten wie als Schriftsteller, leitete mit diesem Werk die sogenannte »Neue Welle« in der spanischen Romanliteratur der Gegenwart ein – im gleichen Jahr erschienen José I. ALDECOAS *El fulgor y la sangre*, Juan GOYTISOLOS *Juegos de manos* und Ana Maria MATUTES *Pequeño teatro* –, eine Entwicklung, deren Kennzeichen Einfachheit der Themen und Sachlichkeit der lakonisch-präzisen Erzähltechnik sind. – Fernández Santos' Roman schildert den grauen Alltag der Bewohner eines armseligen, in der abgeschiedenen Gebirgsgegend der nordwestlichen Provinz León gelegenen Dorfes. Stolz aus Not, nicht aus Tugend, und wortkarg, weil sie sich nichts zu sagen haben, verschanzen sie sich hinter einer Mauer von gegenseitigem Neid und Mißtrauen. Ihre Hauptlaster sind die Verhärtung ihrer Herzen, die Habgier und der Geiz; Sinnlichkeit spielt für sie nur dann eine Rolle, wenn es gilt, ihre eigene Spezies zu erhalten. Ein Tag verläuft wie der andere, jedes Jahr wie das vorhergehende. Die starre soziale Ordnung verkörpert sich im Feldhüter und in der Gendarmerie, die göttliche im Pfarrer, dessen Gemeinde allerdings nicht viel für höhere Werte übrig hat. Himmel und Hölle, Gnade und Sakramente sind für sie Tatsachen wie Regen und Sonne. Die eigentliche Handlung spielt während dreier Sommermonate und wird ausgelöst durch die Ankunft eines neuen Arztes aus der Stadt, dessen Einstellung zum Leben sich grundsätzlich von der der Dorfbewohner unterscheidet.

Hatte ORTEGA Y GASSET den modernen Romancier mit einem Holzfäller in der Wüste verglichen, weil alle Themen schon behandelt und ausgeschöpft seien, so mutet dieser Roman wie eine Widerlegung dieser weitverbreiteten Meinung an, die viele Romanschriftsteller zu einer krampfhaften Suche nach unverbrauchten Themen oder zu ebenso krampfhaften stilistischen Experimenten veranlaßt hatte. Hinter dem gedämpften Ton und der unprätentiösen Sprachgeste des Autors wird eine Spannung spürbar, die die äußere Ereignislosigkeit aufhebt und zur Anteilnahme zwingt. A.F.R.

Ausgaben: Valencia 1954. – Barcelona 1983.

Übersetzung: *Die tapferen Toren*, D. Schellert, Köln 1961.

Literatur: G. Novales, *»Los bravos«* (in Insula, Dez. 1955). – *Moderne spanische Erzähler*, Hg. Gonzalo Sobejano, Köln 1963, S. 38–56. – G. Gaínza, *Vivencia bélica en la narrativa de J. F. S.* (in Estudios filológicos, 3, 1967, S. 91–125). – A. Iglesias Laguna, *J. F. S. en »Los bravos«* (in Estafeta literaria, 1971, Nr. 460, S. 18–19). – S. G. Freedman, *J. F. S.: The Trajectory of His Fiction*, Diss. Univ. of Massachusetts 1973. – G. C. Martín, *Personajes en »Los bravos«: El buen samaritano* (in Estudios Iber-Americanos, 2, 1976, S. 11–23). – D. J. Di Nubila, *Nothingness in the Narrative Works of J. F. S.*, Diss. Univ. of Pennsylvania 1978. – M. D. Thomas, *Penetrando la superficie: Apuntes sobre la estructura de »Los bravos« de J. F. S.* (in Anales de la Narrativa Española Contemporánea, 5, 1980, S. 83–90). – J. Rodríguez Padrón, *J. F. S.*, Madrid 1982. – D. K. Herzberger, *J. F. S.*, Boston 1983 (TWAS). – C. Alborg, *Temas y tecnicas en la narrativa de J. F. S.*, Madrid 1984.

Adelaida García Morales

* 11.10.1945 Badajoz

EL SUR seguido de BENE

(span.; *Ü: Der Süden. Bene*). Zwei in einem Prosaband zusammengefaßte Erzählungen von Adelaida García Morales, erschienen 1985. – Das stark autobiographische Züge aufweisende Erstlingswerk der Autorin ist in beiden Texten durch einen weitgehend ähnlichen Erzählaufbau charakterisiert: Ein in seine Innenwelt zurückgezogenes Mädchen evoziert aus seiner Einsamkeit heraus in Erinnerungssequenzen die Anwesenheit einer männlichen Figur – in *El Sur* ist dies der Vater, in *Bene* der Bruder –, um in einem Wechselspiel von Realität und phantastischer Traumwelt Licht in das Dunkel einer unbewältigten Beziehung aus der Kindheit zu bringen.

Adriana, Protagonistin und Ich-Erzählerin in *El Sur*, erwählt in einem Selbstgespräch ihren durch Selbstmord umgekommenen Vater als Ansprechpartner. Sie lebt zurückgezogen ohne Spielkameradinnen, lange Zeit nur von ihrer Mutter zu Hause unterrichtet, außerhalb der Stadt in geographischer und zwischenmenschlicher Isolation. In der sie umgebenden Erwachsenenwelt voller Gefühlskälte, Rationalität und menschlicher Mittelmäßigkeit konzentriert Adriana ihre Aufmerksamkeit auf den Vater, der ähnlich wie sie unter den Konventionen seiner Umwelt zu leiden scheint. Doch gleichzeitig bleibt bei aller Solidarität und gemeinsamer Verschworenheit immer ein Rest von Ungewißheit bezüglich der Vergangenheit des Vaters, der die Gründe seines seelischen Leidens verbirgt. Zur Beerdigung der Großmutter reisen die Eltern nach Sevilla – in den Süden. Nach der elterlichen Rückkehr muß Adriana feststellen, daß sich ihr Vater immer mehr nicht nur von seiner ungeliebten Umwelt, sondern auch von seiner Tochter zurückzieht. Mit seinen neun Jahren gelingt es dem Mädchen nicht, diesen »freiwilligen« Rückzug des Vaters zu verstehen, und es beginnt für sie eine Zeit der inneren Isolation und des Hinter-den-Türen-Lauschens, um Klarheit in das Dunkel dieser Ungereimtheiten zu bringen. Denn sowohl der Tod der Großmutter als auch die Erkenntnis, daß es im Leben des Vaters eine andere Frau namens Gloria Valle gibt, erscheinen ihr nicht als ausreichende Gründe für den eingeschlagenen Weg des Vaters hin zur Selbstzerstörung. Fünfzehnjährig muß Adriana eines Morgens feststellen, daß ihr Vater seinem seelischen Leiden selbst ein Ende gesetzt hat. Dem Mädchen gelingt es, wegen einer an sich unbedeutenden Krankheit eine Erholungsreise nach Sevilla zu unternehmen, um dort mehr über den ungeklärten Leidensweg des Vaters zu erfahren. Sie lernt die andere Frau und deren Sohn – ihren Stiefbruder – kennen, ohne diesem jedoch die Illusion zu rauben, sein Vater sei noch vor seiner Geburt verstorben. An der Schwelle zum Erwachsenwerden demonstriert die Protagonistin erstaunliche Reife und erkennt endgültig, daß ihr Vater nicht nur ein pendel- und wünschelrutenschwingender Magier in einer Phantasiewelt war, sondern ein Mensch mit allen Stärken und Schwächen, Widersprüchen und Fehlern.

Aus einer Position der kritischen Distanz thematisiert die Autorin die Erfahrung einer Kindheit voller Zweifel und Frustrationen. Das Schreiben etabliert sich als besondere Form, all dem Ausdruck zu verleihen, wofür sie bisher keinen Namen gefunden hatte. Der Verzicht auf Dialogpassagen und ein Spannungsverhältnis zwischen der bedeutungslosen Banalität des Wortes und der Ausdrucksstärke der Stille und des Schweigens rückt *El Sur* in die Nähe eines elegischen Briefes. Eine zielstrebige Syntax in Verbindung mit einer akzelerierenden Prosa stört in keiner Weise die minuziöse Bloßlegung der Gefühlswelt der Personen, ihrer Ängste und Sehnsüchte, was von der Kritik, die Adelaida García Morales zur literarischen Entdeckung des Jahres 1985 in Spanien erkor, besonders hervorgehoben wird. P.P.C.-G.E.F.

Ausgabe: Madrid 1985.

Übersetzung: *Der Süden. Bene*, A. Sorg-Schumacher u. I. Berg-Mayer, Ffm. 1989 (es.).

Verfilmung: Spanien/Frankreich 1983 (Regie: V. Erice).

LITERATUR: A. Vivas, *A. G. M. como una casa solitaria* (in LEER, Jan.–März 1985, Nr. 3, S. 95–98). – M. Sánchez Arnos, *La soledad gozosa* (in Insula, März 1986, Nr. 472). – W. Schütte, Rez. (in FRs, 31. 3. 1989). – A. M. Cortes-Kollert, Rez. (in FAZ, 16. 6. 1989). – J. Drews, Rez. (in SZ, 8./9. 7. 1989).

JOSÉ MARÍA GIRONELLA

* 31.12.1917 Darnius / Girona

LITERATUR ZUM AUTOR:
G. Gómez de la Serna, *El nuevo episodio de J. M. G.* (in G. de la S., *España en sus episodios nacionales*, Madrid 1954). – J. A. Salso, *J. M. G.*, Madrid 1972. – R. Schwartz, *J. M. G.*, NY 1972. – J. D. Súarez-Torres, *Perspectiva humorística en la trilogía de G.*, NY 1975. – R. Eder, *G.*, Mexiko 1982.

LOS CIPRESES CREEN EN DIOS

(span.; *Ü: Die Zypressen glauben an Gott*). Roman von José María GIRONELLA, erschienen 1953. – Das umfangreiche Werk ist der erste Roman eines auf fünf Teile angelegten Zyklus' über die sozialpolitische Entwicklung Spaniens seit der republikanischen Ära (1931–1936). *Un millón de muertos* (1961) schildert dann den Verlauf des Bürgerkriegs; der 1966 erschienene Roman *Ha estallado la paz (Der Frieden ist ausgebrochen)* beschäftigt sich mit den Ereignissen der Jahre 1939 bis 1941, während *Los hombres lloran solos*, 1986 (*Die Männer weinen allein*), die Zeit von 1941 bis 1946 umfaßt. Das Romangeschehen in *Los cipreses* spielt sich innerhalb vier konzentrischer Handlungkreise ab. In enger Verflechtung wird die Geschichte eines einzelnen, einer Familie, einer Stadt und schließlich des ganzen Landes erzählt. Die Entwicklung der Hauptfigur, des aufgeweckten und intelligenten Ignacio Alvears, bildet den innersten Handlungskreis. Ignacio erscheint zuerst tief im Leben seiner Familie verankert, deren bescheidene Verhältnisse der Autor eingehend schildert (2. Handlungskreis). Schon als Kind prägt sich ihm das mittelalterliche Stadtbild seiner Heimat Gerona ein, die er mit einer belagerten Festung vergleicht: Im Zentrum, beschützt von religiösen und nationalen Traditionen, leben die Reichen; in den Außenbezirken hausen die Armen, inmitten von Elend, Haß und Laster. – Der Autor läßt den heranwachsenden Ignacio mit den verschiedensten ideologischen Richtungen und politischen Parteien in Berührung kommen und geht dabei auf die Anschauungen und Lebensweise der Gruppen und Klassen (kirchliche Kreise, Militär, Bürgertum, Arbeiterschaft) der kleinen Provinzstadt ein, deren stark vom Kirchenkalender bestimmter Lebensrhythmus in der republikanischen Ära immer empfindlicher gestört wird (3. Handlungskreis). Was in Gerona geschieht, spiegelt die geistigen und politischen Umwälzungen in ganz Spanien wider (4. Handlungskreis). Die von der republikanischen Regierung verkündeten demokratischen Freiheitsideen führen in kurzer Zeit zu einem Sturmangriff auf die traditionellen, oft anachronistischen Prinzipien der wenig stabilen spanischen Gesellschaft. Am Ende des unaufhaltsamen Auflösungsprozesses steht das Chaos des Bürgerkriegs. Der letzte, sehr dramatische Teil des Romans berichtet, wie zu Beginn des Krieges die Regierungstreuen in Gerona nach kurzem Widerstand bezwungen werden und der Mob in einer Verwüstungsorgie das Unrecht von Jahrhunderten an Schuldigen und Unschuldigen rächt. Die Auffächerung des Romans in Handlungskreise gibt Gironella die Möglichkeit, ein umfassendes Panorama zu entwerfen und *»eine um den Mittelstand gelagerte, geschlossene Beschreibung der spanischen Gesellschaft zu bieten«*. Obwohl er selbst christlich-konservativ orientiert ist, gelang es ihm besser als vielen anderen Bürgerkriegsautoren, die Gefahr eines persönlichen Engagements zu vermeiden. Seine Romangestalten (in deren Dialogen sich sein Sinn für dramatische Wirkung verrät) hat er in ihren von Herkunft oder Charakter bedingten Umkreis gestellt: So erscheinen nicht links die Bösen und rechts die Guten, sondern überall nur Suchende, Irrende, tragisch Versagende (Konservative und Umstürzler, Kommunisten, Anarchisten, Gläubige und Ungläubige), die die Zeit gestalten wollen und doch von ihr getrieben werden. Es spricht für Gironellas Unparteilichkeit, daß seine Ironie auch die christlich-konservativen Parteiführer trifft, in denen er eher Hüter des Kirchenvermögens als des christlichen Gedankengutes sieht, während er andererseits den Kommunistenführer Cosme Vila als einen Fanatiker schildert, *»um dessen Kopf das Licht eines Cäsars strahlte«*. – Das erfolgreiche, spannungsgeladene Monumentalwerk nimmt einen bedeutenden Platz in der spanischen Nachkriegsliteratur ein. A.F.R.

AUSGABEN: Barcelona 1953. – Barcelona 1961. – Barcelona 1983.

ÜBERSETZUNG: *Die Zypressen glauben an Gott*, D. Niebuhr, Mchn. 1957.

LITERATUR: J. L. Cano, *»Los cipreses creen en Dios«* (in Insula, Mai 1953). – A. de Hoyos, *Ocho escritores actuales*, Murcia 1954. – J. Vila Selma, *Tres ensayos sobre la literatura y nuestra guerra*, Madrid 1956. – Ders., *El mundo de G.* (in Punta Europa, 1, 1956). – W. J. Grupp, *J. M. G., Spanish Novelist* (in Kentucky Foreign Language Quarterly, 4, 1957). – J. Devlin, *Arturo Barea and J. G.* (in Hispania, 41, 1958, S. 143–148). – E. S. Urbansky, *Revolutionary Novels of G. and Pasternak* (in Hispania, 43,

1960, S. 191–197). – J. C. Mainer, *Histología y patología de un best-seller: La trilogía de J. M. G.* (in *Serta Gratulatoria in Honorem J. Régulo*, Hg. A. u. M. Régulo-Rodríguez, La Laguna 1985).

UN MILLÓN DE MUERTOS

(span.; *Ü: Reif auf Olivenblüten*). Roman von José María Gironella, erschienen 1961. – Im zweiten Band seines gigantischen Romanzyklus schildert Gironella den Verlauf des Spanischen Bürgerkriegs 1936–1939. – Er stellt diesem Band den Bibelvers voran: *»Und es begab sich, da sie auf dem Felde waren, erhob sich Kain wider seinen Bruder Abel und schlug ihn tot.«* Es widerspräche aber Gironellas *»humaner, selbstkritischer, den Werten von Volk und Religion geöffnenten Grundhaltung«* (Niedermayer), sähe er in einer der beiden Parteien dieses Kriegs Kain, in der anderen Abel. Vielmehr erweist seine Darstellung den Spanischen Bürgerkrieg als gegenseitigen Brudermord. Der Domherr Francisco, der die Anschauung des Autors zu vertreten scheint, sagt einmal: *»Was war der Sinn dieses makabren Spiels? Einige nannten sich Priester des Allgemeinwohls und schossen unter dem Zeichen von Hammer und Sichel auf X; andere hielten sich für Buchhalter des Heiligen Geistes und schossen im Schein der Kerzen und unter dem Zeichen des Kreuzes auf Z.«*

Da es Gironella darum ging, das Gesamtphänomen des Spanischen Bürgerkriegs in der Vielfalt seiner Erscheinungen, Antriebe, Auswirkungen und Verkettungen deutlich zu machen, fehlt seinem Buch eine durchgehende Handlung, fehlen ihm auch die scharf profilierten Gestalten des ersten Teils. Die Mitglieder der Familie Alvear, insbesondere Ignacio, der dazu bestimmt schien, der Hauptheld des gesamten Romanwerks zu werden, treten in diesem Band in den Hintergrund. Nicht weniger als 150 historische und 180 erfundene Gestalten aus allen Lagern, Parteien und Schichten, darunter viele Angehörige anderer Nationen, bevölkern die Szene des Romans. Um unparteiische und wahrheitsgetreue Darstellung bemüht, hat Gironella nach eigenen Angaben unzählige Dokumente und Zeitungen durchgesehen, zahllose Augenzeugen befragt und etwa tausend in- und ausländische Werke gelesen. Die künstlerische Bewältigung dieses ungeheuren Materials ist ihm freilich nur streckenweise gelungen. Sein über 800 Seiten umfassendes Buch enthält eine Fülle von Handlungssträngen, Einzelszenen und Episoden – darunter manche von hohem literarischem Rang –, bildet aber keine Dichtung und Wahrheit überzeugend verschmelzende Einheit. Was daran am nachhaltigsten beeindruckt, sind die teilnahmsvolle, geduldige Hingabe des Autors an sein Thema, sein Ernst und Gerechtigkeitssinn, seine grenzenlose Bereitschaft, zu verstehen und zu verzeihen. – Zusammen mit den anderen Bänden *»überzeugt dieser größte Ansatz zum zeitgeschichtlichen Großroman nach Struktur, Thema und Vielfalt alle Nebenbuhler«* (Niedermayer). A.F.R.

Ausgaben: Barcelona 1961. – Barcelona 1983.

Übersetzung: *Reif auf Olivenblüten*, D. Niebuhr, Mchn. 1963.

Literatur: R. M. Hornedo, *J. M. G.* (in Razón y Fe, 164, 1961, S. 222–231). – L. E. Calvo Sotelo, *Crítica y glosa de »Un millón de muertos«*, Madrid 1961. – J. Pérez, Rez. (in Punta Europa, 72, 1961, S. 99–116). – J. L. Vázquez Dodero, *El arte y la historia en »Un millón de muertos«* (in Nuestra Tiempo, 14, 1961, S. 732–742).

JUAN GOYTISOLO

eig. Juan Goytisolo Gay

* 5.1.1931 Barcelona

Literatur zum Autor:

J. M. Martínez Cachero, *El novelista J. G.* (in PSA, 32, 1964, S. 125–160). – K. Schwartz, *J. G.*, NY 1970 (TWAS). – F. Cárenas, *Bibliografía de J. G.* (in *J. G.*, Hg. G. Sobejano u. a., Madrid 1975, S. 125–265). – *J. G.*, Hg. J. Rios, Madrid 1975. – J. M. Castellet, *J. G.*, Madrid 1975. – L. Gould Levine, *J. G.: La destrucción creadora*, Mexiko 1976. – F. Martínez Ruiz, *J. G.*, Madrid 1976. – M. Albert Robatto, *La creación literaria de J. G.*, Barcelona 1977. – S. Sanz Villanueva, *Lectura de J. G.*, Barcelona 1977. – G. Navajas, *La novela de J. G.*, Madrid 1980. – *J. G.*, Hg. P. Gimferrer, Barcelona 1981 (Voces). – M. Ugarte, *Trilogy of Treason: An Intertextual Study of J. G.*, Ldn. 1982. – S. Truxa, *Die Frau im spanischen Roman nach dem Bürgerkrieg*, Ffm. 1982, S. 147–179. – N. Rivero Salavert, *Geschichte u. Gesellschaft Spaniens im Werk J. G.s*, Diss. Bamberg 1983. – *J. G. Présentation biographique et bibliographique*, Hg. A. Kitching-Schulman, Montpellier 1983. – C. Schaefer-Rodríguez, *J. G.: Del »realismo crítico« a la utopía*, Madrid 1984. – J.-C. Pérez, *La trayectoria novelística de J. G.: El autor y sus obsesiones*, Boston/Saragossa 1984. – J. Lázaro Serrano, *La novelística de J. G.*, Madrid 1984. – *J. G.* (Anthropos 60/61, Barcelona/Madrid 1986; m. Bibliogr.). – L. R. Polanco, *La iconoclaria profética: La desmitificación en la novelística de J. G.*, Ann Arbor 1987. – *Escritos sobre J. G.*, Almería 1988.

DISIDENCIAS

(span.; *Ü: Dissidenten*). Essays von Juan Goytisolo, erschienen 1976. – Die Sammlung umfaßt nahezu alle essayistischen Arbeiten Goytisolos, die zwischen 1970 und 1976 entstanden sind; daneben enthält der Band ein Interview des peruanischen

Dichters und Essayisten Julio ORTEGA mit Goytisolo und eine kurze, in der dritten Person geschriebene Autobiographie. Goytisolo formuliert mit den Aufsätzen, die – in zwei Teile untergliedert – zunächst spanische Autoren des 15. bis 17. Jh.s und danach lateinamerikanische Gegenwartsliteratur besprechen, seine eigene Poetik. Er stellt somit sein Romanwerk ab *Reivindicación del Conde don Julián* (1970) und *Juan sin tierra* (1975) sowohl in einen historischen wie zeitgenössischen Kontext. Dabei werden Vergangenheit und Gegenwart, Spanien und Lateinamerika direkt aufeinander bezogen. Im Interview mit J. Ortega wird der enge Zusammenhang von Essay und Romanwerk, der die gesamte Sammlung prägt, abschließend bekräftigt: Beides ist ein bewußt »intertextuelles« Schreiben, das nach dem Modell des *Don Quijote* im Text die eigene Schreibweise als Prozeß reflektiert.

So werden im ersten Teil die Werke *Libro de buen amor* des ARCIPRESTE DE HITA, *La Celestina* von Fernando de ROJAS, *La lozana andaluza* von Francisco DELICADO, die amourösen Novellen von María de ZAYAS SOTOMAYOR und die skatologische Obsession Francisco de QUEVEDOS als Stationen der offiziell geächteten oder mißinterpretierten Tradition der Literatur der Körperhaftigkeit gesehen. Nach Goytisolo begann diese Art von Literatur zu verfallen, als man die mittelalterliche Mischkultur von Muselmanen, Juden und Christen auf der Iberischen Halbinsel zu beseitigen suchte. Der Autor selbst nimmt diese verschüttete Tradition gegen den Widerstand der nach wie vor körperfeindlichen und intoleranten spanischen Gesellschaft wieder auf: *»Spanien ist der leuchtende Beweis für die Tatsache, daß die Intelligenz zu unterdrücken dem gleichkommt, den Sex zu unterdrücken, und umgekehrt.«*

Im zweiten Teil präsentiert Goytisolo Lektüreerfahrungen lateinamerikanischer Essayistik (Octavio PAZ) und Romankunst: Mit Severo SARDUY *(De donde son los cantantes)*, Guillermo CABRERA INFANTE *(Tres tristes tigres)*, Carlos FUENTES *(Terra Nostra)* und José LEZAMA LIMA *(Paradiso)* untermauert Goytisolo seine Poetik des Zeichens »Körper«: Er plädiert für die Vorherrschaft des erotischen Impetus im selbstreflexiven, abweichenden, spielerischen Schreiben, das Verrat oder Rache übt an der unterdrückenden Gesellschaft. Jene läßt freie Erotik ebensowenig zu wie das freie (chaotische) Sprechen, das das Ungesagte (Tabuisierte) in dem Akt der »Rückforderung« *(reivindicación)* bloßlegt, wobei die Unmöglichkeiten des Inhalts in Möglichkeiten des Diskurses umgewandelt werden: *»Die Sprache und nur die Sprache kann subversiv sein.«* Aus dieser Überlegung sind Experimentalität und Sprachkritik für Goytisolo Notwendigkeiten einer antiautoritären Literatur. Anhand der Schreibpraxis von Konvertierten und Abweichlern macht er das produktive Sprachdilemma einer solchen Grenzsituation deutlich, das auch *Reivindicación* und *Juan sin tierra* kennzeichnet: das Mißtrauen gegen die eigene Sprache oder der Versuch, gegen die eigene Sprache zu denken.

Goytisolo revidiert mit *Disidencias* zugleich die Literatur- und Kulturgeschichte, die durch die erotikfeindliche, auf kastilische Reinheit bedachte Philologie verfälscht wurde. Dabei entwickelt er die Betrachtungen Américo CASTROS weiter, der die Bedeutung des islamischen und semitischen Erbes betont. Zusammen mit tabubrechenden, strukturalistischen Analysen leistet *Disidencias* für Spanien wichtige Literatur- und Ideologiekritik und kann – als poetologischer Text verstanden – die Lektüre von *Reivindicación del Conde don Julián* und *Juan sin tierra* vertiefen. O.Gr.

AUSGABEN: Barcelona 1977. – Barcelona 1978.

ÜBERSETZUNG: *Dissidenten*, J. A. Frank, Ffm. 1984 (es).

LITERATUR: K. Schwartz, *The Literary Criticism of J. G.* (in Review of Contemporary Fiction, 4, 1984, Nr. 2). – F. Carrasquer, *J. G., ensayista, o la crítica hace al hombre* (in Anthropos, 60/61, Barcelona/Madrid 1986, S. 51–67).

JUAN SIN TIERRA

(span.; *Ü: Johann ohne Land*). Roman von Juan GOYTISOLO, erschienen 1975. – Der Titel verweist einerseits auf den Autor selbst, der sich zur Entstehungszeit des Romans außerhalb seiner Heimat (meist in Paris) aufhielt, andererseits auf den englischen König John Lackland: Beide haben »ihr Land verloren«. Die autobiographische Exilerfahrung und historisch-mythische Bezüge prägen in verfremdeter Form den gesamten Roman, der in seiner Experimentalität an *Reivindicación del Conde don Julián* anschließt. *Juan sin tierra* ist geradezu als »Gedicht« angelegt: Die spielerische Anhäufung von sieben unterschiedlichen Textsequenzen durchwandert verschiedene Zeiten, Räume und Personen(masken): *»Das Zentrum nomadisiert.«* Leitidee des Buches ist es, die Konsequenzen für Zivilisation und Kultur zu analysieren, die sich laut Goytisolo aus dem *»Zerbrechen der menschlichen Einheit von Gesicht und Hintern«* ergeben. Dieser Ansatz wird auf Spanien und die eigene, durch die Exilerfahrung beschädigte Identität des Ichs bezogen, das unter verschiedenen Masken auftritt.

Anläßlich der Vorführung eines englischen Klosetts in einer kubanischen Zuckerfabrik predigt ein Vertreter des körperfeindlichen Katholizismus gegen die hemmungslose Sexualität der Negersklaven. Am selben Ort wird der verwandlungsfähige Erzähler und Protagonist wie Jesus aus der unbefleckten Empfängnis geboren. Er durchstreift Europa, Nordamerika und Nordafrika, mal als Unterweltschlange, mal als King-Kong. Dabei bekräftigt er zugleich mit der Analyse der verklemmten, macht- und kopforientierten Konsumgesellschaft gegenüber körperhaften Kulturen den Bruch mit dem eigenen Land. Als perverser Verwandlungskünstler wird er Spanien abtrünnig. Vor den ent-

setzten Touristen – unter ihnen ein spanisches Paar auf Hochzeitsreise – umarmt er einen stinkenden arabischen Bettler in homosexueller Absicht.
Der anormale Renegat erkennt das ihn faszinierende Arabien in den Spuren von T. E. LAWRENCE, Ch. Eugène vicomte de FOUCAULD und Anselm TURMEDA als den zu Unrecht ausgetriebenen, körperhaften Bestandteil der spanischen Mischkultur des Mittelalters. Sowohl in der Reconquista wie in der Inquisition – beides aufgefaßt als die Verfolgung jeder Form kreativer Abweichung – sieht der Erzähler die Gründe für die spanische Dekadenz, die für ihn in der Diktatur von Franco gipfelt. Gegen diesen Zustand wird offensiv ein utopisches Gegenmodell der Körperlichkeit entwickelt: Spanien muß sich auf die verdrängte arabische und häretische Tradition besinnen, muß die erstarrte Orthodoxie untergraben durch sprachliche, sexuelle, politische Befreiung. Diese Forderung gilt auch für die Literatur und bezieht sich damit auf den Text selbst, der nach einer Abrechnung mit den literarischen Traditionen (vor allem der Theorie des bürgerlichen Realismus) die Destruktion des Romans und vor allem der Romanfigur vollzieht. Übrig bleibt das graphische Zeichen in seiner spielerischen, erotischen Funktion. Dieser Ausbruch aus literarischer und sprachlicher Starre, der dem Verrat Spaniens an die Araber parallel läuft, drückt sich am Ende des Romans darin aus, daß sich das Spanische ins Arabische verwandelt. Damit findet die mit *Señas de identidad* (1966) initiierte Recherche nach Identität und Heimat über *Reivindicación del Conde don Julián* (1970) in *Juan sin tierra* sein diskursives *»finis terrae«*.
Juan sin tierra zeigt deutliche Bezüge zu Strukturalismus (Roland BARTHES) und zur zeitgenössischen lateinamerikanischen Literatur (Alejo CARPENTIER; Carlos FUENTES; Octavio PAZ). Die Architektur des Buches basiert auf den Verfahren der Vielstimmigkeit und -sprachigkeit, sowie verfremdeter Literatur- und Filmzitate; schöpferische Rezeption und Wieder-Schreiben gehen als emanzipatives Verhalten ineinander über und fordern den Leser auf, sich in einer »aktiven Lektüre« daran zu beteiligen. Das Interview von Goytisolo mit Julio Ortega in seiner 1976 erschienenen Essaysammlung *Disidencias* leistet hierzu Lesehilfe. Wegen seines »anti-patriotischen« Charakters waren Vertrieb und Verkauf von *Juan sin tierra* in Spanien zunächst verboten. Heute ist die eminente Bedeutung des Romans für die spanische Gegenwartsliteratur jedoch nicht mehr zu übersehen. O.Gr.

AUSGABEN: Barcelona 1975; ern. 1978. – Barcelona 1985.

ÜBERSETZUNG: *Johann ohne Land*, J.A. Frank, Ffm. 1981 [Nachw. K. Garscha].

LITERATUR: N. Gonzalo, *»Juan sin tierra«: realidad y escritura en la novela* (in PSA, Febr. 1978, S. 101–130). – N. Gonzalo, *»Juan sin tierra«: fin de un período novelístico* (in REH, 13, Mai 1979).

MAKBARA

(span.; *Friedhof*). Roman von Juan GOYTISOLO, erschienen 1980. – *»Wenn du in Zukunft schreibst, wird es in einer anderen Sprache sein.«* Diese Ankündigung aus Goytisolos vorangehendem Roman *Juan sin tierra*, der in Arabisch endet, löst *Makbara* (der Titel verwendet die arabische Bezeichnung für Friedhof) auf andere Weise ein: Obwohl arabische und andere Sprachen vorkommen, bleibt *Makbara* als spanischer Text lesbar; aber der Autor entwikkelt hier in verschärfter Form die bisher geforderte und erprobte literarische »neue Sprache« fort. Dabei geht es ihm darum, Eros und Subversion gegenüber dem (Sprach-)System erstarrter westlicher Zivilisation zu verbinden: Ideologiekritik bedeutet immer zugleich Sprachkritik. Infolgedessen erfaßt das Programm, gegen die eigene Sprache zu denken, in *Makbara* die Institution »Schrift« selbst: Goytisolo sucht die Annäherung an die mündliche Form des Erzählens, an die sinnlich-spontane Körper-Kommunikation des Halaiquis (arabischer Wander-Erzähler) mit seinen Zuhörern auf dem Marktplatz. Die *»ewige De(Kon)struktion«* eines unabgeschlossenen, unendlich variierbaren Fabulierens erweist sich somit schließlich als das Aufbauprinzip der fünfzehn Textsegmente von *Makbara*, die anfangs zusammenhanglos erscheinen, sich jedoch im Verlauf des Leseprozesses puzzleartig zusammensetzen. Allerdings ergeben sie kein abgeschlossenes Ganzes; Geschehen und Figuren, Zeit und Ort verlieren nur teilweise ihre Unschärfe oder Vieldeutigkeit: *Makbara* prägt hierfür das Bild der *»Palimpsest-Lektüre«*.
Der Inhalt kann dementsprechend nur in Annäherungen beschrieben werden: Die Vielzahl angedeuteter Figuren läßt sich auf zwei homosexuelle Protagonisten zurückführen. Der eine, betont maskuline Typ scheint in Europa Schriftsteller gewesen zu sein. Er nimmt zunächst arabische Identitäten an, später vegetiert er als schrift- und sprachloser Tiermensch in den Abwässerkanälen westlicher Metropolen, wo die Ratten ihm die Ohren abfressen. Stets befindet er sich in der Rolle des Ausgestoßenen, des Paria, der durch seine Anwesenheit die Errungenschaften der Konsumgesellschaft in Frage stellt: Er wird von Touristen begafft, von Reportern eines Privatsenders zum Medienereignis gemacht und von Wissenschaftlern als atavistische Abweichung analysiert. Die rekonstruierbare Geschichte des anderen Protagonisten, eines femininen Typs, kehrt den Topos des »gefallenen Engels« um. Aus einem totalitären »Paradies« als sexueller und politischer Nonkonformist verstoßen, geht er nach New York, wo er ebenfalls als Außenseiter gebrandmarkt wird. Nach einer Umwandlung zur Frau wird der Transsexuelle Prostituierte und versucht vergeblich, über eine Pariser Heiratsvermittlung die Frau eines analphabetischen, aber potenzstrotzenden Askari (marokkanischer Soldat) zu werden. Hinter dem Soldaten könnte sich eine Figuration des maskulinen Protagonisten verbergen, dem der »gefallene Engel« im Kino von Paris oder

Oran, auf dem »Makbara« (Friedhof; zugleich Ort der Liebe) und in der Kanalisation von Pittsburgh sexuell begegnet. Der letzten Begegnung im Kanalschacht, wo der gealterte, mit Prothesen ausgestattete Transsexuelle einem schwarzen Minenarbeiter gegenübertritt, folgt der (Wieder-)Eintritt ins heuchlerische und lustfeindliche Paradies, wo der »gefallene Engel« in einem Brief an die himmlische Regierung darum bittet, erneut verstoßen zu werden.
Eingebettet in Sprachklischees aus Tourismus, Werbung, Medien, Politik und Wissenschaft, verdichten sich diese Textsegmente, die sich erst durch die Assoziation des Lesers zu einzelnen Geschichten nomadisierender Parias fügen, zu einem Zerrspiegel der westlichen Zivilisation. Stärker als in den vorangegangenen Texten vertraut Goytisolo auf die polyvalente Evokationskraft des einzelnen Wortes in bewußter Nachfolge der Dichtung von VERLAINE, PRÉVERT und RIMBAUD. So ergibt sich ein Stil zwischen lyrischer Kodierung und alltäglich-volksnahem Sprechen (des Halaiqui), der – parallel zu den Verwandlungen des maskulinen Protagonisten – im Schweigen enden könnte.

O.Gr.

AUSGABE: Barcelona 1980; [4]1983.

LITERATUR: L. G. Levine, *»Makbara«: entre la espada y la pared – política marxista o política sexual?* (in RI, 47, 1981, S. 97–106). – S. Vegas González, *Ideología y literatura: a propósito de »Makbara«* (in Arbor, 114, 1983, Nr. 445, S. 83–96). – K. Schwartz, *Makbara – Metaphysical Metaphor or Goytisolian World Revisited?* (in Hispania, 67, 1984, S. 97–106). – J. L. Alonso Hernández, *Funcionalidad prelegal del mito* (in *Actas del congreso internacional sobre semiótica e hispanismo*, Hg. M. A. Garrido Gallardo, Bd. 2, Madrid 1986, S. 719 ff.).

REIVINDICACIÓN DEL CONDE DON JULIÁN

(span.; *Ü: Rückforderung des Conde Don Julián*). Roman von Juan GOYTISOLO, erschienen 1970. – Conde don Julián soll der Legende nach im Jahre 711 dem arabischen Feldherrn Tarik den Einfall auf die Iberische Halbinsel ermöglicht haben. Dieser legendäre Verrat, der das katholische Spanien den Arabern auslieferte, bildet den Hintergrund zu *Reivindicación*: Der Erzähler und Protagonist des Romans plant den Verrat an die Araber von neuem. Dahinter steht die Überzeugung, daß Spanien nur in der Zeit, als Katholiken, Juden und Moslems friedlich koexistierten, eine wirkliche kulturelle Blüte erfahren hat. Auf dieser Basis setzt sich Goytisolo in seinem zweiten experimentellen Roman nach *Señas de identidad* mythenzerstörend und sprachkritisch mit dem Land auseinander, das er als Exilierter ebenso vom anderen, afrikanischen Ufer aus sieht wie das autobiographische Ich im Roman. Alvaro Mendiola aus *Señas de identidad* wird in *Reivindicación* zum neuen Conde don Julián, dem Landesverräter.
Ein Plakat, das zum Blutspenden aufruft, ein James-Bond-Film, amerikanische Touristen und arabische Bettler sind Wirklichkeitspartikel, die das Ich auf seiner odysseischen Wanderung durch die marokkanische Küstenstadt Tanger wahrnimmt. Diese »äußere« Wirklichkeit wird in den Bewußtseinsstrom des neuen Conde don Julián in verfremdeten Variationen hineingesogen. Angeregt durch das Rauchen von Kif, träumt er an der Seite seines arabischen Liebhabers Tarik von der Zerstörung des katholischen, verklemmten, intoleranten Franco-Staates. Er macht die erhabenen Reliquien der Nationalliteratur durch zerquetschte Insektenkörper unleserlich, zertrümmert den literarischen Topos vom Idyll Kastiliens, mengt Haschisch in Hostien, spendet den angeblich so reinen Kastiliern sein verseuchtes Maurenblut. Diese »Happening«-Strategien des Verrats von Mythos und Ideologie können nicht vor der Sprache haltmachen: So fordert Julián alle arabischen Wörter aus der sich so puristisch gebenden kastilischen Sprache zurück. Der Verrat steht damit für den Versuch, in dem von repressiver Ideologie besetzten kastilischen »Sprachterritorium« subversiv zu denken und zu schreiben. Die Zerstörung offizieller Mythen und subversive Remythisierung mit Hilfe der Freudschen Psychoanalyse spielen dabei eine zentrale Rolle. So wird der Mythos von der in *Reconquista* und Inquisition konservierten Kulturreinheit – angefangen bei SENECA und in Franco gipfelnd – durch die unverletzte Höhle des jungfräulichen Geschlechts symbolisiert. Diese letzte Zuflucht aller aufrechten Kastilier schändet der Verräter Julián mit seiner Schlange, um Spanien, seine Mutter, zur Hure zu machen. In Gestalt der Märchen-Großmutter vergewaltigt und ermordet er Rotkäppchen, stellvertretend für alle, die in der Tradition und Sexualmoral Kastiliens erzogen wurden.
So ist die imaginierte sadistische Rache letztlich eine rituelle, befreiende Selbstopferung, die neues Leben in der Identität des Verräters Julián ermöglicht: *»Die Invasion wird wieder beginnen.«* Der Text ist demgemäß zirkulär als täglich wiederholbares Ritual von Mörder und Opfer angelegt. Die rhythmischen Satzperioden des geradezu psychedelischen Stils entfalten symbolisch verwobene, frei variierte Motive, die, beständig wiederholt, an eine musikalische Komposition in Sonatenform erinnern. Dieses Sprechen ist zugleich ein Dialog mit fremden Stimmen und Texten, die der Bewußtseinsstrom in sich aufnimmt. *Reivindicación* öffnet sich somit einer mehrfachen Leseweise als Fiktion, (literatur)kritischer Essay und politischer Traktat, basierend auf der Rezeption strukturalistischer Literaturtheorie. Die Experimentalität des Romans bleibt bei Goytisolo notwendige Bedingung des Schreibens in der »Heimatlosigkeit«, da erst sie den *»furchtbarsten Angriff auf die repressiven Kräfte einer Nation«* (C. Fuentes) ermöglicht. Dementsprechend war das Buch, das den mittleren Teil einer Trilogie mit *Señas de identidad* (1966) und

Juan sin tierra (1975) bildet, im Franco-Staat verboten. Heute gilt *Reivindicación* als Höhepunkt im bisherigen literarischen Schaffen Goytisolos und als Meisterwerk des spanischen Neuen Romans *(nueva novela)*. O.Gr.

Ausgaben: Mexiko 1970. – Barcelona 1976; ³1985.

Übersetzung: *Rückforderung des Conde Don Julián*, J. A. Frank, Ffm. 1976 [Nachw. C. Fuentes]. – Dass., ders., Ffm. 1986 (st).

Literatur: M. Durán, *El lenguaje de J. G.* (in CA, 29, Nov./Dez. 1970, S. 167–179). – M. Vargas Llosa, *»Reivindicación del Conde don Julián«* (in Marcha, 23. 7. 1971, S. 31). – K. Schwartz, *Cultural Constraints and the Historical Vindication of Count Julian* (in Hispania, 54, Dez. 1971). – J. Ortega, *J. G. Alienación y agresión en »Señas de identidad« y »Reivindicación del conde don Julián«*, NY 1972. – J. S. Bernstein, *»Reivindicación del Conde don Julián y su discurso eliminado* (in *J. G.*, Hg. P. Gimferrer, Barcelona 1981, S. 55–66; Voces). – P. van Esseveld, *La subversión del cuento folklórico en la vanguardia literaria (Caperucita, G. y don Julián)* (in *Literatura y folklore*, Hg. J. L. Alonso Hernández, Salamanca 1983, S. 347–362).

SEÑAS DE IDENTIDAD

(span.; *Ü: Identitätszeichen*). Roman von Juan Goytisolo, erschienen 1966. – Dieser experimentelle Roman bedeutete einen Wendepunkt in der neueren Literaturgeschichte Spaniens, nämlich die Abkehr vom engagierten Objektivismus, einer Strömung, der auch Goytisolo in seinem früheren Werk gefolgt war und von der er sich – vergeblich – Impulse für eine gesellschaftliche Umwandlung im Spanien Francos erhofft hatte. Gerade diese Frustrationen und Zweifel an der Rolle des emigrierten Intellektuellen – der Autor befand sich zur Entstehungszeit des Romans in Kuba und Paris – thematisiert *Señas de identidad*. Hier führt der Versuch der autobiographischen Recherche von Alvaro Mendiola, einem 32jährigen Journalisten, in ein Chaos von Stimmen und Fragmenten verschiedener Geschichten, die das Scheitern der Selbstfindung anzeigen. Der Verlust der Identität eröffnet allerdings neue Möglichkeiten des Denkens und Schreibens, die *Señas de identidad* zum vielleicht wichtigsten Vorreiter des spanischen Neuen Romans *(nueva novela)* machen.
Alvaro Mendiola kehrt 1963 nach zehn Jahren freiwilligen Exils in Paris in seine spanische Heimat zurück und unternimmt an drei Sommertagen im Haus seiner Eltern Versuche, die *»verlorene Identität«* wiederzugewinnen, nachdem er in Paris einen Herzanfall erlitten hat. Doch, systematisch begonnen mit der Aufarbeitung seiner Kindheit mit ihren sexuell besetzten Märtyrerphantasien, seiner Jugend und Studentenzeit in Barcelona, entgleitet ihm die Recherche immer mehr. Ereignisse verschiedener Zeitstufen, die seine Individualität, die Geschichte seiner Familie in historisch-kollektive Zusammenhänge stellen, durchdringen sich ungeordnet: Sein von der Polizei unterbundener Versuch, 1958 einen Dokumentarfilm zu drehen, ein Stierkampf, die blutig niedergeschlagene Landrevolte von 1936 vermischen sich und schaffen ein grotesk verfremdetes Bild spanischer Realität. Alvaros desillusionierende Erfahrungen als Exilant unter den Pariser Linksintellektuellen und die Überwachungsprotokolle der Geheimpolizei, die die Aktivitäten seines »Alter ego« Antonio in Barcelona beobachtet, dokumentieren Emigration und Widerstand als frustrierende Lebensalternativen. Im Unterschied zu Alvaro gelingt es allerdings Antonio, selbst in der Verbannung seine Identität als Widerstandskämpfer zu bewahren.
So gerät der Versuch individueller Identitätsfindung zu einer Beschreibung von verfolgter Opposition, politischem und wirtschaftlichem Emigrantentum (Gastarbeiter), die ein Spanien artikuliert, das vom Franco-Staat in die Anonymität verbannt wird. Die Restauration des Ichs bleibt unterdessen erfolglos. Auch die Liebesbeziehung zu Dolores kann nicht dauerhaft einen »ursprünglichen« Harmoniezustand wiederherstellen, eine Wiedergeburt ermöglichen: *»Ohne Heimat, ohne Zuhause, ohne Freunde, reine ungewisse Gegenwart, geboren mit deinen 32 Jahren, Alvaro Mendiola nur, ohne Identitätszeichen.«*
Der absichtsvoll herbeigeführte Herzanfall in Paris ist die letzte Konsequenz dieser absoluten Entfremdung, die Alvaro rückblickend in Barcelona im Haus seiner Eltern als Prozeß rekonstruiert. Das Nachvollziehen der Selbstzerstörung in dieser neuartigen Autobiographie, bei der sich Alvaro im »Du« selbst verhört, bildet den Ausgangspunkt sprachlicher Strategien des Widerstandes gegen die offizielle Interpretation von Vergangenheit und Gegenwart: wechselseitige Durchdringung des chronologisch Ungleichzeitigen; Überschreitung der normativen Grenzen von Textarten und Sprachsystemen in der Collage und Mehrstimmigkeit. Das Ziel besteht letztlich in der sprachlichen Unterwanderung gesellschaftlicher Machtstrukturen – eine phantasievolle Umsetzung strukturalistischer Literaturtheorie.
So wird am Ende das Resultat der 25 Jahre Franco-Herrschaft, die die Vergangenheit des »anderen Spanien« zugedeckt haben, in einer Montage von Zitaten eines Stadtführers, Stierkampfplakaten und den banalen Konversationen von Touristen präsentiert. Das Aufbrechen der erstarrten, ideologiebesetzten spanischen Sprache durch ungeordnetes Wuchern des Sprechens erscheint somit nach dem Reflexionsprozeß des Intellektuellen in *Señas de identidad* als wirkungsvollstes Projekt einer neuen »engagierten Literatur«: *»Goytisolo unternimmt die dringendste Aufgabe des spanischen Romans: eine alte Sprache zu zerstören«* (C. Fuentes). Diese Aufgabe entwickelt der Autor konsequent in den Romanen *Reivindicación del Conde don Julián* (1970)

und *Juan sin tierra* (1975) weiter, die insgesamt auch unter dem Titel *Trilogía de Alvaro Mendiola* zusammengefaßt wurden. – *Señas de identidad* war unter der Diktatur Francos verboten. Der gegenüber seinen früheren Romanen »neue« Goytisolo wurde von der spanischen Kritik totgeschwiegen. Erst seit den siebziger Jahren wird der Roman in seiner überragenden Bedeutung für die spanische *nueva novela* gewürdigt. O.Gr.

AUSGABEN: Mexiko 1966 [umfaßt 9 Kap., in der nachfolgenden definitiven fehlt das 8. Kap.]. – Mexiko 1969; [3]1973. – Barcelona 1976; [3]1986.

ÜBERSETZUNG: *Identitätszeichen*, J. A. Frank, Ffm. 1978. – Dass., ders., Ffm. 1985 (st).

LITERATUR: Ch. Meerts, *Technique et vision dans »Señas de identidad« de J. G.*, Ffm. 1972. – J. Ortega, *J. G. Alienación y agresión en »Señas de identidad« y »Reivindicación del Conde don Julián«*, NY 1972. – L. G. Levine, *J. G. La destrucción creadora*, Mexiko 1976. – R. Spires, *Modos narrativos y búsqueda de identidad en »Señas de identidad«* (in Anales de la novela de posguerra, 1977, S. 55–72). – A. Schulman u. a., *Mesa redonda sobre »Señas de identidad«*, Toulouse 1980. – B. A. González, *Parabolas de identidad: realidad interior y estrategia narrativa en tres novelistas de posguerra*, Potomac/Md. 1985, S. 169–195. – W. Asholt, *J. G.: »Señas de identidad«* (in *Der spanische Roman vom Mittelalter bis zur Gegenwart*, Hg. V. Roloff u. H. Wentzlaff-Eggebert, Düsseldorf 1986, S. 379–397). – V. Roloff, *Definitionsprobleme der literarischen Autobiographie am Beispiel von J. G.s »Señas de identidad«* (in *Autobiographie*, Hg. H. Sanders, Tübingen 1986).

LUIS GOYTISOLO-GAY

* 17.3.1935 Barcelona

LAS AFUERAS

(span.; *Ü: Auf Wegen ohne Ziel*). Roman von Luis GOYTISOLO, erschienen 1958. – *»Las afueras«* heißt wörtlich »die Umgebung«, und die Umgebung der Millionenstadt Barcelona, der Stadtrand, wo die Wohnblocks sich nach und nach in das flache Land verlieren, spielt in dem Erstlingsroman Goytisolos eine zentrale Rolle. *»Las afueras«* bedeutet bei diesem Autor gleichzeitig die psychologisch und soziologisch wirksam werdende Umwelt, in welcher seine Figuren beheimatet sind.

Der Roman besteht aus sieben einzelnen, in sich abgeschlossenen Erzählungen. Fast jede beginnt mit einer knapp angedeuteten Handlung, die jedoch bald abgelöst wird von Reflexionen, Ausflügen in die Vergangenheit, Rückbezügen auf andere Erzählungen des Bandes und sehr dichten, lyrisch gefärbten Stimmungsbildern. Die innere Einheit ist einmal durch die Gemeinsamkeit des Schauplatzes gegeben, zum anderen durch eine dem Verfasser eigentümliche Methode des formalen Aufbaus. Die Mehrzahl der »Helden« dieser sieben Erzählungen erscheinen in anderen Abschnitten wieder, dann allerdings nicht mehr als Hauptpersonen, sondern als mehr oder minder wichtige Randfiguren. Sie behalten jeweils ihre Namen, wechseln aber ihre Berufe. Was ihnen bei jedem ihrer Auftritte erhalten bleibt, ist ihre soziale Position. So ist, um nur einige der auftretenden Figuren zu nennen, Don Augusto Großgrundbesitzer, dann wieder wohlhabender Rentner, Arzt oder Geschäftsmann. Als Gegenspieler tritt Ciriaco auf, der einmal als Hehler im Gefängnis sitzt, einmal sich als schwindsüchtiger Schuhputzer mühsam durch das Leben schlägt oder als Maurer arbeitet, den widrige Verhältnisse zum Diebstahl zwingen. Zwischen diesen beiden Figuren steht Victor, ein wenig profilierter, treuherziger, aber ungeschickter junger Mann in gutdotierter Stellung, der den besten Willen hat, den sozial Unterdrückten zu helfen, der aber nicht weiß, wie er es anstellen soll, und in seiner Ungeschicklichkeit stets dort verletzt, wo er Gutes tun will. Diese Methode ist mehr als ein literarischer Kunstgriff, sie ist wesentliches Gestaltungsprinzip. Die Personen werden funktionalisiert. Sie stehen stellvertretend für die Gesellschaftsschicht, der sie angehören. So verkörpern Don Augusto und Victor eine moralisch haltlos oder lebensuntüchtig gewordene Oberschicht, Ciriaco das Proletariat, das den ungerechtfertigten Ansprüchen dieser Schicht schutzlos ausgeliefert ist oder schuldlos in sozialer Unordnung untergeht.

Goytisolo setzt die Tradition des sozial betonten, realistischen modernen spanischen Romans, die mit Camilo José CELA, Rafael SÁNCHEZ FERLOSIO u. a. begann, mit sehr persönlichen Mitteln und einer unverwechselbaren, knappen, expressiv verdichteten Sprache fort. Durch seine Methode der Objektivierung, der Typisierung fügte er dieser Gattung des Romans eine neue Dimension hinzu, die, allen Gefahren der Zensur zum Trotz, das sozial- und gesellschaftskritische Element schärfer als in anderen Werken der modernen spanischen Literatur zutage treten ließ. Allerdings verzichtet er darauf, Lösungen dieser Probleme anzubieten; er zeigt sie lediglich auf, läßt sie für sich selbst sprechen. Das nimmt seinem Roman den Beigeschmack der Lehrhaftigkeit, der sozialkritischer Belletristik so häufig anhaftet. *Las afueras* wurde mit dem »Premio Biblioteca Breve« des Verlags Seix Barral ausgezeichnet. H.Fa.

AUSGABEN: Barcelona 1958. – Barcelona 1979.

ÜBERSETZUNG: *Auf Wegen ohne Ziel*, D. Deinhard, Köln 1960.

Literatur: J. L. Cano (in Insula, 1959, Nr. 146, S. 8–9). – J. Rodríguez Puertolas, *»Las afueras« de L. G.* (in Cuadernos de Arte y Pensamiento, 1959, Nr. 1, S. 44/45). – J. M. Castellet, *Técnicas narrativas, tiempo histórico, novela colectiva* (in Acento Cultural, 1959, Nr. 4, S. 5–8). – *Moderne spanische Erzähler*, Hg. G. Sobejano, Köln 1963 [vgl. die Einl.]. – R. Benasso, *»Las afueras«: una tierra de nadie* (in Revista de la Universidad de México, 1, 1971, S. 47). – R. D. Pope, *»Las buenas conciencias« de C. Fuentes y »Las afueras« de L. G.: Correspondencia en la nostalgía* (in RCEH, 7, 1983, S. 273–289).

ANTAGONÍA

(span.; *Antagonie*). Romantetralogie von Luis Goytisolo, erschienen 1973–1981. – Zwei Jahre nach seiner Inhaftierung wegen politischer Aktionen gegen den Franco-Staat begann Goytisolo 1962 mit der Abfassung von *Recuento (Revision)*. Dies ist der bei weitem umfangreichste erste Band der Tetralogie, der aus Gründen der Zensur erst 1975 in Spanien erscheinen konnte. Hier vollzieht sich im »Revisions«-Prozeß des Schreibens Goytisolos Bruch mit der damals in Spanien vorherrschenden engagierten Literatur, die durch die bloße ungeschminkte Dokumentation sozialer Realität zu Veränderungen beitragen wollte. Statt dessen macht der Autor hier den »Antagonismus« von politischem Engagement und künstlerischem Schaffen selbst zum zentralen Thema eines umfassenden *work in progress*, das – sich ständig selbst in Frage stellend – unter diesen Vorzeichen mögliche Schreibweisen erprobt. Ausgehend von den Mustern der Autobiographie, der Familiensaga und des Gesellschaftsromans wird versucht, die Position eines jungen Oppositionellen aus einer wohlhabenden Familie der Bourgeoisie Kataloniens gegenüber dem zentralistischen und repressiven Franco-Staat zu analysieren. Doch weicht die zunehmend fragliche *»Referenz auf die Wirklichkeit«* einer vieldeutigen *»autonomen Welt«*, zu deren Konstruktionen und Destruktionen auf verschiedenen Ebenen der Leser selbst gefordert wird.

Die autobiographische Recherche in *Recuento* beginnt mit momenthaften kindlichen Erinnerungen an das Ende des Bürgerkriegs und konzentiert sich nach Klosterschulzeit und Militärdienst auf die Jahre politischer Aktivität im Umfeld der Universität von Barcelona, an der Raúl Ferrer Gaminde – so der Name der Hauptfigur – Jura studiert. In der Rolle eines Flaneurs durchwandert Raúl verschiedene, ihn bestimmende Lebenskreise: Evoziert werden die Familie, die Studentenboheme mit Freundes- und Frauenbeziehungen (insbesondere zu Nuria und Aurora), der Katalanismus Barcelonas gegenüber dem kastilischen Zentralismus und den andalusischen Immigranten, die geschichtlichen Ereignisse der fünfziger Jahre wie Generalstreik, Studentenunruhen, politische Verfolgung und Zersplitterung der Linken. Immer wieder wird die Stadt Barcelona mit Gaudís unvollendeter Kathedrale »Sagrada Familia« als Zentrum vor Raúls Blick entworfen. Doch entlarvt die scheinbar impersonale Erzählstimme dies auch als ein traditionell realistisches Vorgehen im Sinne von Balzac und Zola. In verfremdenden Collagen legen sich über die Stadtbeschreibung die Sprechweisen der offiziellen Historie, des Staates, des katalanischen Bürgertums, aber auch des Marxismus und der Psychoanalyse. So wird nicht nur die Manipulation von Realität und Individuum durch Herrschaftsdiskurse bewußtgemacht, sondern auch der Weg zur Selbstbefreiung durch eine »neue Schrift« angelegt, die die »Realität« in ihren Stimmen parodierend zitiert und den Dogmen das Enttabuisierende, Sexuelle entgegenstellt. Den Nullpunkt der Selbstbestimmung bildet dabei das brutale Verhör und die Inhaftierung Raúls (etwa 1962). Im Gefängnis beginnt Raúl auf Toilettenpapier zu schreiben, ein Schreibprozeß, als dessen Ergebnis sich *Recuento* vom Schlußkapitel her zu erkennen gibt. Nach seiner Entlassung – zugleich eine tiefgreifende Krise seiner privaten Beziehungen – schreibt Raúl in dem katalanischen Fischerdorf Rosas weiter; dies bildet die Grundsituation für den zweiten Band der Tetralogie.

In *Los verdes de mayo hasta el mar*, 1976 *(Maiwiesen bis zum Meer)*, wird dem an Proust erinnernden, lyrischen Titel gemäß versucht, am Ort der Kindheit Erlebniskomplexe, die jenseits des bewußten Erinnerns in Traumschichten angelegt sind, wieder an die Oberfläche zu bringen. Die Zerstörung der Küstenlandschaft und der traditionellen Lebenswelt der Fischer durch die *»touristische Lawine«* bildet ein ernüchterndes Gegenbild entfremdeter Freizeitindustrie, an der die Romanfiguren selbst Anteil haben: Raúl (der hier Rodolfo heißt) ergeht sich zusammen mit Rosa (Nuria) und dem Paar Carlos und Aurea auf einer Jacht und in einem Motel in bürgerlichem Snobismus mit »small talk«, Sex und Drogen, wobei sich die Grenze zwischen Realität und Wunschphantasien verwischt. Im Kern dieses *»Antagonismus«* steht als Meta-Text eine Theorie des Schreibens von Destruktion und Rekonstruktion, die das vom Tourismus zerstörte Dorf Rosas als Abbild einer *»Idealen Stadt«* selbst spiegelt: In Anlehnung an die psychoanalytische Archäologie-Metapher liegen wie bei Troja oder Rom verschiedene Schichten übereinander. Dabei beschränkt sich die Rolle des Schreibenden jedoch keineswegs auf die eines passiven Mediums (sexueller) Träume, sondern über eine weitergehende Mythisierung der Topographie nach griechischen und römischen Epen *(Ilias, Odyssee, Aeneis)* und die Einführung wechselnder stellvertretender Akteure als Projektionen des Ichs (Raúl) *»erschafft er sich selbst mit der Erschaffung des Werks«*. Bezeichnenderweise ist sein fiktives Alter ego Ricardo eher Architekt als Schriftsteller, und der gesamte Schreibprozeß wird als göttliche Schöpfung auf sechs Tage (Kapitel) angelegt.

Diese »autonome Welt« bestätigt sich im dritten Band, *La cólera de Aquiles*, 1979 *(Der Zorn des*

Achill), in einander verschachtelten Schreib-, Erzähl- und Handlungssituationen. Wie in einer Komödie wechseln – spielerischer als in *Los verdes de mayo* – die Identitäten, vermischen sich die Grenzen von Leben, Traum und Fiktion. Dabei bildet Raúl Ferrer Gaminde nicht mehr das mehr oder weniger verdeckte Zentrum des Schreibprozesses, sondern wird zum analysierten Objekt der rückblickenden Ich-Perspektive seiner bisexuellen Kusine Matilde Moret, mit der er ein Verhältnis hatte; somit wird die Welt von *Recuento* aus einem anderen Blickwinkel neu reflektiert, Raúls Verbindung mit Nuria den Beziehungen Matildes gegenübergestellt. In Matilde Morets Erzählung ist zudem ein Roman eingebettet, den sie 1963 unter dem Pseudonym Claudio Mendoza veröffentlichte und den sie jetzt nach 15 Jahren erneut liest und kommentiert. In diesem fiktiven Roman *El Edicto de Milán (Das Edikt von Mailand)* wird anhand der Hauptfigur Lucía – die sich wiederum als Doppelung von Raúl erweist – die Boheme-Haltung der antifranquistischen Exilierten im Paris der siebziger Jahre kritisch dargestellt. In dieser *mise en abyme* (Spiegeltechnik) gipfelt auch die *»Metaphorisierung des antagonistischen Prinzips«* (J. Ortega) nach dem für die *Ilias* bestimmenden Motiv des grollenden Achill, der sich vom Kampf um Troja fernhält, als ihm Agamemnon seine Lieblingssklavin Briseis nimmt: Beteiligung am Widerstand ohne Rücksicht auf persönliche (sexuelle) Wünsche oder Rückzug in die (schöpferische) Einsamkeit. Dieser »Antagonismus« bildet nur die Spitze des verspiegelten Textaufbaus, bei dem vor allem Matilde Moret auch falsche Fährten legt und einen einsinnigen Leseprozeß verhindert. Über die wechselnden Deutungen des Achill-Mythos und dem komplexen Spiel von Leben und Fiktion, das auch den Autor Luis Goytisolo und Kritiker einbezieht, fallen ambivalente Welterfahrung und ambivalenter Text zusammen.

Der letzte Band der Tetralogie, *Teoría del conocimiento*, 1981 *(Erkenntnistheorie)*, führt schließlich die thematischen Fäden (Politik, Eros) sowie die bisher entworfene Theorie des Schreibens und des Lesens zu einer dialogischen Synthese erkenntnis- und diskurstheoretischer Überlegungen zusammen: Mit wechselnden Namen passieren nochmals verschiedene Lebensstationen und -haltungen Revue. Gleichzeitig ändert sich auch jeweils die Art und Weise der Vermittlung: vom Tagebuch eines Mittzwanzigers (Carlos) und dem Buch eines Vierzigjährigen, das auf Band gesprochen wurde (das Buch des Architekten Ricardo), bis hin zur Tonbandaufnahme eines Greises (Ich), die wiederum Carlos in die Maschine tippt. So werden verwirrende Äußerungs- und Rezeptionsprozesse angelegt, die sich zirkulär schließen und kein verantwortliches Zentrum finden. Zum Schluß stirbt das Ich gleichzeitig mit einem Neujahrsfeuerwerk, während es sich in Gedanken an das heitere Kindheitserlebnis eines Picknicks in Font de les Delícies verliert. Paradies und Epiphanie fallen zusammen und bestätigen den Schöpfungsgedanken der Tetralogie: Der Autor befindet sich zugleich in der Welt und steht außerhalb als ihr gottgleicher Schöpfer.

Antagonía bildet so ein architektonisch gefügtes Ganzes, das sich selbst als solches mit universalen Bezügen auf die abendländische Kulturgeschichte reflektiert, aber mit dem Bezugspunkt von Barcelona und Gaudís »Sagrada Familia« zugleich bewußt ein katalanisches Epos in kastilischer Sprache bleibt. *Antagonía* führt den intertextuellen Dialog vor allem mit PLATONS *Symposion*, OVIDS *Metamorphosen*, DANTES *Comedia*, CERVANTES' *Don Quijote* und PROUSTS *À la recherche du temps perdu*. Jedem einzelnen Band ist ein Gemälde von Diego Velázquez als »Abbild« der Schrift zugeordnet, der Reihenfolge nach sind dies *Las Meninas* (Die Mädchen), *La Hilanderas* (Die Spinnerinnen), *Las Lanzas* (Die Übergabe von Breda) und im letzten Band, der die genannten Bezüge noch einmal bündelt, das Bild des Aisopos. Nach der Erklärung des Autors deckt die Tetralogie auch – den einzelnen Bänden nach – Epik, Lyrik, Komödie und Tragödie ab. Trotzdem behält *Antagonía* auch noch in *Teoría del conocimiento* seinen Charakter als *work in progress*, gemäß dem utopischen Bild der *Idealen Stadt*, die aus antagonistisch zugeordneten Schichten der Konstruktion und Destruktion besteht.

Die Tetralogie, die als komplexes »Abenteuer der Schrift« zugleich aus narrativem Text und reflexivem Meta-Text besteht, bildet den imposantesten Gesamtentwurf mit dem Ziel, die Prinzipien des französischen *nouveau roman* im Spanien der sechziger und siebziger Jahre umzusetzen. Lediglich Luis' älterer Bruder Juan Goytisolo unternimmt ab *Señas de identidad* etwas Vergleichbares, wobei er ungleich stärker als Luis Goytisolo internationale Beachtung fand. O.Gr.

AUSGABEN: Mexiko 1973 *(Recuento)*. – Barcelona 1975 *(Recuento)*. – Barcelona 1976 *(Los verdes de mayo hasta el mar)*. – Barcelona 1979 *(La cólera de Aquiles)*. – Barcelona 1981 *(Teoría del conocimiento)*. – Madrid 1987/88 *(Antagonía I–IV)*

LITERATUR: P. Gimferrer, *Círculos i metamorfosis* (in Plural, 36, Mexiko 1974, S. 80–83). – J. Ortega, *Asedio a »Recuento« de L. G.* (in CHA, 1976, Nr. 313, S. 208–216). – A. Sargatal, *El tiempo de la escritura: el »Recuento« de L. G.* (in Camp de l'arpa, 1976, Nr. 21–23, S. 52/53). – J. Ortega, *»Los verdes de mayo hasta el mar«. De L. G.: segunda etapa de una aventura literaria* (in CHA, 1977, Nr. 326/327, S. 488–494). – L. Suñen, *La cólera de Aquiles* (in Insula, 395, 1979, S. 5). – A. Sargatal, *»La cólera de Aquiles«* (in Vuelta, 39, 1980, S. 40). – J. Ortega, *Aspectos narrativos en »Los verdes de mayo hasta el mar« de L. G.* (in CHA, 1981, Nr. 370, S. 105 bis 115). – Ders., *La visión del mundo en »Recuento«* (ebd., 1982, Nr. 385, S. 121–138). – Ders., *Un ejercicio de escritura: »La cólera de Aquiles« de L. G.* (in *Actas del Congreso Inernacional sobre Semiótica e Hispanismo*, Madrid 1986, Bd. 2, S. 727–734). – G. Navajas, *Internalización e ideologia en »La cólera de Aquiles«* (in Hispania, 69, 1986, S. 23–33).

CARMEN LAFORET

* 6.9.1921 Barcelona

NADA

(span.; *Ü: Nada*). Roman von Carmen LAFORET, erschienen 1944. – Die als *tremendismo* (von *tremendo* – furchterregend, gewaltig) bezeichnete, mit dem Erstlingswerk von Camilo José CELA (vgl. *La familia de Pascual Duarte*, 1942) sich durchsetzende spanische Variante des europäischen literarischen Existentialismus, die sich die schonungslose Enthüllung des Grauenvollen, Gewaltsamen und Gewalttätigen im Menschen zum Ziel gesetzt hatte, fand in diesem Buch eine erstaunliche Bestätigung. In dem *»krassen, bitteren, milieukritischen Nachkriegsroman aus Barcelona«*, dem ersten Roman (wörtliche Titelübers.: »Nichts«), der mit dem neugegründeten »Premio Nadal«, dem höchstdotierten Verlegerpreis Spaniens, ausgezeichnet wurde, *»stecken ebensoviel technisches Können und mehr Seele ... als in Celas ›Pascual Duarte‹«* (Niedermayer). Autobiographisches und Beobachtetes sind darin kunstvoll gemischt und zu einer Erzählung in der Ichform gestaltet, die den Leser mitreißt *»durch die Raschheit der Handlung, die erregende Spannung des Berichts, die Lebendigkeit des Dialogs, in dem die Personen ihre Seele enthüllen, so daß umständliche psychologische Analysen überflüssig sind«* (Consuelo Burell).

Andrea, ein verschlossenes, unerfahrenes, sensibles Mädchen, begeisterungsfähig und voll Illusionen, kommt von den Kanarischen Inseln zum Studium der Philologie nach Barcelona in das Haus von Verwandten. Sie trifft zu später Nachtstunde ein und wird begrüßt von müden, verschlafenen Gestalten, die ihr *»hoch und düster erschienen, langgestreckt, unbeweglich und traurig wie die Lichter an der Bahre eines Toten auf dem Dorf«*: die Großmutter, *»alt und gebrechlich«*, Onkel Juan, *»dessen hohlwangiges Gesicht im spärlichen Licht der Lampe einem Totenkopf glich«*, Tante Gloria, seine Frau, *»jung, mager mit wirrem rotem Haar um das bleiche Gesicht«*, Tante Angustias und Antonia, die Köchin. Als Andrea in das rohgezimmerte Bett sinkt, das man ihr zugedacht hat, ist ihr, als lege sie sich in einen Sarg. Ein Jahr lang lebt sie bei diesen Menschen, die sich gegenseitig quälen, einander hassen und lieben und auf eine tierisch-instinkthafte Weise aneinander hängen. Im Verfall begriffen das Haus; seine Bewohner, mit Ausnahme der Großmutter, mit Anzeichen sittlicher oder geistiger Erkrankung behaftet: Onkel Juan, von Beruf Maler, verbringt untätig die Tage und zeigt Symptome des Wahnsinns; Onkel Ramón, ein genial veranlagter, aber gescheiterter Musiker, schneidet sich eines Morgens beim Rasieren die Kehle durch; Tante Angustias, eine pseudomystische Schwärmerin voll altjüngferlichen Ressentiments, geht ins Kloster. Furchtbar sind in diesem Haus unter solchen Menschen vor allem die Nächte: *»Wie ein dunkler Fluß gingen sie unter den Brücken der Tage dahin.«* Als Andrea endlich nach einem Jahr das Haus verläßt, geht sie weg, *»ohne irgend etwas von dem erfahren zu haben, was ich erwartet hatte: das Leben in seiner Fülle, bedeutsame Erlebnisse, die Liebe. Nichts nahm ich mit aus dem Haus in der Arribaustraße, so wenigstens dachte ich damals.«*

Die Wirkung dieses Romans eines jungen, erlebnisbereiten Menschen, der gezwungen wird, in die Abgründe des Lebens zu schauen, und aus kindlich-mädchenhaften Träumen in einer dunklen Welt des Leidens und der Schuld zu sich selbst erwacht, ist nicht zuletzt der kraftvollen, wagemutigen Sprache, voll von ungewöhnlichen Bildern, und einer tiefen, echt weiblichen dichterischen Empfindung zu verdanken; beide bestimmen den hohen literarischen Rang dieser *»Vollenderin und Überwinderin des iberischen ›tremendismo‹«* (Niedermayer). A.F.R.

AUSGABEN: Madrid 1944. – Barcelona 1960 (in *Novelas*, Bd. 1).

ÜBERSETZUNG: *Nada*, R. Lackenbucher, Gütersloh 1952. – Dass., dies., Köln 1963.

LITERATUR: S. Eoff, *»Nada« by C. L.: A Venture in Mechanistic Dynamics* (in Hispania, 35, 1952, S. 207–211). – D. W. Foster, *»Nada« de C. L.: Ejemplo de neoromance en la novela contemporánea* (in RHM, 32, 1966, S. 43–55). – G. Illanes Adaro, *La novelística de C. L.*, Madrid 1971. – J. Villegas, *»Nada« de C. L. La infantilización de la aventura legendaria* (in J. V., *La estructura mítica del héroe*, Barcelona 1973, S. 177–201). – R. El Saffar, *Structural and Thematic Tactics of Suppression in C. L.'s »Nada«* (in Symposium, 18, 1974, S. 119–129). – R. C. Spires, *La experiencia afirmadora de »Nada«* (in R. C. S., *La novela española de la posguerra*, Madrid 1978, S. 51–73). – R. Johnson, *C. L.*, Boston 1981 (TWAS). – *C. L.*, Hg. F. Cerezales, Madrid 1982. – M. F. Mateu, *The New Spanish Feminism in the Writing of C. L.*, Diss. Univ. of Alabama 1982 (vgl. Diss. Abstracts, 43, 1983, S. 3617A). – M. S. Collins, *C. L.'s »Nada«. Fictional Form and the Search for Identity* (in Symposium, 38, 1984/85, S. 298–310). – C. K. Thompson, *Perception and Art: Water Imagery in »Nada«* (in KRQ, 32, 1985, S. 291–300).

JAVIER MARÍAS

* 20.9.1951 Madrid

TODAS LAS ALMAS

(span.; *Alle Seelen*). Roman von Javier MARÍAS, erschienen 1989. – Der Sohn des Philosophen Julián MARÍAS, der bereits mit 19 Jahren seinen ersten Roman veröffentlichte, schuf mit *Todas las almas* ein Meisterwerk der neuen spanischen Erzählkunst, die sich kosmopolitisch nach außen wendet. Für Javier Marías, der unter anderem *Tristram Shandy* von L. STERNE übersetzte, bedeutet dies vor allem eine Begegnung mit England. Als Dozent für spanische Literatur verbrachte er 1983–1985 an der Universität Oxford, ebenso wie der Erzähler in *Todas las almas*, der – nach Madrid zurückgekehrt – seine zwanzig Monate in der *»unwirtlichen und in Sirup konservierten Stadt«* rekapituliert.

Aus der Perspektive des ausländischen Beobachters wird das dekadente Sittengemälde eines elitären Professorenstandes in einem verstaubten Kleinstadtmilieu entworfen. In beides wird der spanische Gastdozent nach den ersten vier Monaten hineingezogen, als er unter der Obhut seines Vertrauten, des homosexuellen Professors Cromer-Blake, eine Liebschaft mit der verheirateten Clare Bayes eingeht. Die heimlichen Rendezvous werden jedoch von ihr verweigert, als sie ihren kranken Sohn Eric pflegen muß. Schließlich erreicht der Erzähler vor seiner Abreise aus Oxford doch noch ein letztes Treffen. Hier erfährt das Dreiecksverhältnis allerdings keine dramatische Wendung, sondern entschlüsselt sich endgültig als die zentrale Ebene eines komplexen Gebildes von Raum, Zeit und Perspektive: Clare war vor dreißig Jahren als Kind in Indien Zeuge, wie die Liebschaft ihrer Mutter mit einem gewissen Terence Armstrong darin endete, daß sie sich von der Eisenbahnbrücke vor ihrem Haus in den Fluß stürzte. Der Erzähler, der diese Geschichte im besagten Abschiedstreffen von Clare erfährt, lebt seinerseits zum Zeitpunkt des Erzählens verheiratet in Madrid und hat – ebenso wie Clare – einen Sohn.

Hier zeigt sich beispielhaft die für den Roman typische Wiederkehr von Grundepisoden in verschiedenen Zeit- und Raumebenen. Das dreistöckige Haus in Form einer Pyramide, das der Erzähler während seines Aufenthalts in Oxford bewohnt, erscheint dabei als das Abbild des geometrisch strukturierten Textes. Die Verbindungen werden durch die sogenannten *»reinen Blicke«* der Personen gezogen, in denen sich Schlüsselereignisse spiegeln, die dann zeit- und raumverschoben verändert wiederkehren. Die verstorbenen Seelen leben dabei im Gegenwärtigen weiter, denn die Toten *»sind die Hälfte unseres Lebens«*. So wird das spießige Oxford für den Erzähler auch zur Stadt *»außerhalb der Welt«*, und der Titel *Todas las almas* ist nicht nur die wörtliche Übersetzung von *All Souls*, dem Namen desjenigen Oxford-College, dem seine Geliebte Clare Bayes angehört, sondern bezeichnet auch »Alle Seelen« dieses Buches in Anklang an die *Toten Seelen* N. GOGOL's. Der spanische Dozent wird nach und nach von einer Welt vereinnahmt, in der es darum geht, daß die toten Seelen – zu denen er eines Tages auch gehören könnte – eine Verlängerung haben, das heißt einen Empfänger oder Verwalter ihrer Geheimnisse.

Damit werden auch die Schreib- und Leseprozesse in das komplexe Gebilde von Raum, Zeit und Perspektive integriert. So besucht überraschend ein Mann namens Alan Marriott mit einem dreibeinigen Hund den Erzähler in seinem pyramidenförmigen Haus. Marriott gewinnt ihn als Mitglied der *Machen Company* zum Andenken an den Schriftsteller Arthur Machen (1863–1947) und erklärt am Beispiel seines Hundes dessen Fähigkeit, durch den willkürlichen Zusammenschluß zweier Ideen Entsetzen einzuflößen – ein Verfahren, das der Erzähler später ausdrücklich auf seine eigene Geschichte überträgt. Bei seinen Nachforschungen stößt er auf den Autor John Gawsworth (1912–1970), für den Arthur Machen ein Vorwort verfaßte. Weitere Dokumente sind ein Porträtfoto und eine Totenmaske (beides in *Todas las almas* abgebildet), sowie ein 1962 von Lawrence Durrell verfaßter Text über Gawsworth, der im Laufe seines Vagabundenlebens mehrere Pseudonyme benutzte. Der Erzähler wird sich dessen bewußt, daß er zum Empfänger und Verwalter von Geheimnissen wird: So sucht er beispielsweise vergeblich nach dem Buch *Above the river*, bis sich alles im besagten letzten Treffen mit Clare Bayes zu einem Ganzen fügt: Vor dreißig Jahren befand sich Gawsworth alias Terence Armstrong zusammen mit Clares Mutter auf der Eisenbahnbrücke. Doch während sich die Geliebte hinunterstürzte, blieb Gawsworth über dem Fluß. Dort stand er dem *»Gefühl des Falls«* ebenso beobachtend gegenüber wie später der Erzähler der Stadt Oxford, über die er zu schreiben beginnt, als er das Tagebuch eines inzwischen verstorbenen Vertrauten Cromer-Blake als Vermächtnis in Händen hält.

Dies untermauert den Palimpsest-Charakter von *Todas las almas*, mit dem das Prinzip des Fortlebens toter Seelen auf die Schrift übertragen wird: Der Roman ist eine Hommage auf den verkannten walisischen Schriftsteller Arthur MACHEN (eigentl. A. Llewellyn Jones), der 1907 mit *The Hill of Dreams (Der Hügel der Träume)* nach eigener Aussage einen *»Schelmenroman der Seele«* schuf; daneben entwickelt Javier Marías genau diejenige kühne Komplexität eines geometrisch durchkonstruierten Erzählens weiter, das der englische Schriftsteller Lawrence DURRELL in den Romanzyklen *The Alexandria Quartet* (1957–1960) und *The Avignon Quintet* (1974–1985) vorgeführt hat. *Todas las almas* ist damit ein Beweis für die Offenheit und Experimentierfreude spanischer Romankunst, die Eduardo MENDOZA so sehr begeisterte, daß er Javier Marías als derzeit besten Erzähler Spaniens bezeichnete. O.Gr.

AUSGABE: Barcelona 1989.

LITERATUR: C. Bértolo, Rez. (in El País, 16. 4. 1989). – J. A. Masoliver Ródenas, *Crónica de un rey sin reino* (in La Vanguardia, Apr. 1989, S. 47). – D. Villanueva, Rez. (in Diario 16/Libros, 4. 5. 1989). – M. J. Obiol, *El dominio de la sensación* (in El País, 23. 7. 1989).

JUAN MARSÉ

* 8.1.1933 Barcelona

LITERATUR ZUM AUTOR:
J. Sinningen, *Narrativa e ideología*, Madrid 1982. – W. M. Sherzer, *J. M., entre la ironía y la dialéctica*, Madrid 1982. – S. Amell, *La narrativa de J. M., contador de aventis*, Madrid 1984. – J. Gilabert, *Barcelona en la obra de J. M.* (in Hispanic Journal, 6, 1985, S. 97–105).

SI TE DICEN QUE CAÍ

(span.; *Ü: Wenn man Dir sagt, ich sei gefallen*). Roman von Juan MARSÉ, erschienen 1973. – Der Roman, der mit *Un día volveré* (1982) und *Ronda del Guinardó* (1984) eine Trilogie bildet, behandelt die Spurensuche des Autors nach der eigenen Vergangenheit in Barcelonas Stadtviertel Gràcia zur Zeit des Francoregimes. Autobiographische Elemente aus der Kindheit des Autors in den vierziger Jahren, die Lokalhistorie von Barcelona und die politische Geschichte gehen dabei eine komplexe Verbindung ein. Ein Zentrum der Vergangenheitshandlung im Herbst 1949 ist die Lumpenhandlung Javas. Java erzählt dort *»aventis«*, das sind *»erlauschte Geschichten«*, die teils *»weder Hand noch Fuß«* haben, *»solche bei denen er sich anstrengen mußte, damit sie glaubhaft waren«*. Das Elend der vierziger Jahre wird in Javas Erzählungen poetisch überhöht: *»Tatsächlich nährten sich seine kuriosen aventis von einer viel phantastischeren Welt als der in ihnen erfundenen.«* Die Art seines Erzählens charakterisiert Java mit einer zentralen Werkmetapher, welche die formal komplexe Anlage als nur oberflächlich gesehene willkürliche Erzählweise des Romans zu erkennen gibt: *»Ein reißender Bach, die Erzählung wurde ungestüm, abrupt, flüchtig, hinterließ hier und da kleine Pfützen von Ungereimtheiten, unverbundene Fäden, die uns erst viel später aufgingen.«*
Eine zusammenhängende Geschichte läßt sich trotz des autobiographischen Bezugs nur mit Mühe rekonstruieren. An ihre Stelle tritt eine Folge von Szenen, die bestimmte Themen leitmotivisch variieren und im Verlauf des Werkes emphatisch herausarbeiten. Die Rudimente der erzählten Geschichte lassen sich zwei Zeitebenen zuordnen: Der Junge Sarnita arbeitet in der Leichenhalle eines Hospitals in Gràcia, wohin nach einem Autounfall die Leichen Javas und seiner Familie gebracht werden. Sarnitas Eindrücke an diesem einen Tag im Jahr 1970 bilden den Rahmen für die Ereignisse der zweiten, in sich nicht mehr konsistenten Zeitebene: Die Zeit des Bürgerkriegs und der franquistischen Restauration – bereits der Titel *Si te dicen que caí* ist ein Zitat aus einem Kampflied der Francoanhänger – werden ohne Rücksicht auf eine Hierarchie von offizieller Geschichte und banalen Alltagsereignissen verschränkt. Die zentrale Frage des Autors gilt dem Zusammenhang von Brutalität und Sexualität, wie er in der von erotischen Tabus dominierten totalitären Gesellschaft der Francozeit als Erbe des Inquisitionszeitalters latent vorhanden war.
In wiederkehrenden leidenschaftslos beschriebenen Szenen werden die Streifzüge einer Gruppe von Jugendlichen dargestellt, die auf der Suche nach der »roten« Prositutierten Fueguiña immer wieder Straßenmädchen quälen, wobei jedoch offenbleibt, ob diese Folterungen Produkt ihrer am Kino orientierten Phantasie, d. h. lediglich erzählerische *aventis*, oder Realität sind. Marsé adaptiert hier in avantgardistischer Manier literarische Techniken des Kriminalromans. Das Thema der Suche dominiert alle Erzählungen: *»Alle suchen jetzt jemanden, sagte Sarnita, denkt bloß an die vielen Nachrichten an Verschwundene, versteckte oder tote Familienangehörige. Überall seht ihr einen, der weint und jemanden sucht.«* Ähnlich wie in C. J. CELAS bedeutendem Großstadtroman *La colmena*, 1951 (*Der Bienenkorb*; vgl.) löst sich die Handlung in kurze Szenen und Geschichten auf, die weder zusammenhängend noch für sich allein einen »Sinn« ergeben. Oft erfinden die Geschichtenerzähler Parallelversionen ein und derselben Handlung. *»Das Konfuse im Roman entspricht dem der Epoche, die von Unsicherheit und Gerüchten geprägt war.«* (A. Rodríguez). Auch durch die stark assoziative Technik der Szenenmontage widersetzt sich Marsé hier bewußt dem Geschichtsbild der Francozeit. Unter der Oberfläche der offiziellen Heroisierung deckt der Autor die Bezüge zur Praxis der Inquisition auf. Francos Unterdrückungsmechanismen und die daraus resultierenden psychischen Defekte einer ganzen Gesellschaft werden in obsessionellen Szenen evident, deren Protagonisten Grausamkeit als parareligiöses Ritual ausüben, als Wissenschaft betreiben oder als Kunstwerk (Folter als Theateraufführung) inszenieren.
Wesentlicher als die Rudimente einer Handlung – Marsé greift dabei auf reale Geschehnisse wie die Ermordung einer Luxusprostituierten im Jahr 1949 zurück – ist jedoch die avantgardistische Präsentation der Geschichte. Innere Monologe verwischen die Grenzen von äußerer Handlung, Dialog

und Erinnerung. Der Autor sammelt Spuren einer im Bewußtsein seiner Protagonisten bereits aufgelösten Wirklichkeit: Ein Autounfall in der Nähe von Sitges wird in einer an filmischen Techniken orientierten Erzählweise in eine Serie von Details zergliedert. Die Epoche des Bürgerkriegs und der sich anschließenden Depressionszeit werden nur noch an ihren Wirkungen erfahrbar gemacht: *»Straßen ohne Asphalt, aufgeplatzte Bürgersteige, auf denen Gras wuchs, das war ihr Viertel.«* Leere Patronenhülsen, Ruinen, Schwarzmarkt, Korruption, Witwen und Waisen, Bunker, Triumphzüge und Ausschreitungen seitens der Falangisten, ausgebrannte Autos sind suggestive Details, die nicht mehr zum Gesamtbild eines Lebensgefühls gefügt werden können: Insofern erscheint der Protagonist und Erzähler Java bereits durch seinen Beruf des Lumpensammlers als symbolische Gestalt der Epoche und der in dem Roman vertretenen Weltsicht, der eine analoge Erzählweise – das Anhäufen der Geschichts- und Bewußtseinsfetzen der *aventis* – entspricht. Eine andere stetig wiederkehrende Metapher ist das Motiv der Autopsie, die zum einem auf der Handlungsebene (in der Leichenhalle und bei den Folterungen) praktiziert wird und zum anderen Marsés Erzählweise beschreibt, die konsequent die Wirklichkeitssicht zergliedert. Die eindringlichen Szenen, denen die an die äußersten Grenzen getriebene Ästhetik der Grausamkeit und des Häßlichen zugrunde liegt, sind vom Prinzip der *aventis* und der »Autopsie« der nicht mehr unmittelbar einsehbaren Wahrheit bestimmt: Schrille Laute, grelle Farben und stechende Gerüche zersetzen die traditionelle Wahrnehmung.

Um die Zensur zu umgehen, die dem Autor keine zureichenden Entfaltungsmöglichkeiten in seiner Heimat bot, und dennoch das Werk einer spanischsprachigen Leserschaft zu präsentieren, reichte Marsé seinen Roman zum »Premio Internacional de Novela« in Mexiko ein. Während der peruanische Schriftsteller M. VARGAS LLOSA und die Jury den Roman dort zur Veröffentlichung empfahlen, forderte die spanische Zensur die Streichung eines Drittels des Textes. Auch noch nach Francos Tod rief der in geringer Auflage veröffentlichte ungekürzte Text die Nachzensur auf den Plan: Nach der Beschlagnahmung der spanischen Erstauflage erschien der Roman 1976 erneut und wurde im Klima der gesellschaftlichen und politischen Erneuerung des Landes ein großer Erfolg. S.L.

AUSGABEN: Barcelona 1973. – Barcelona 1976. – Barcelona 1984. – Madrid 1985, Hg. W. Sherzer (Cátedra).

ÜBERSETZUNG: *Wenn man Dir sagt, ich sei gefallen*, A. Uppenkamp u. H. J. Hartstein, Baden-Baden 1986.

VERFILMUNG: Spanien 1989 (Regie: V. Aranda).

LITERATUR: L. G. Levine, *»Si te dicen que caí«* (in JSpS, 7, 1979, S. 309–327). – D. I. Garvey, *J. M.'s »Si te dicen que caí«* (in MLN, 95, 1980, S. 376–387). – G. Champeau, *A propos de »Si te dicen que caí«* (in BHi, 85, 1983, S. 359–378).

ÚLTIMAS TARDES CON TERESA

(span.; *Ü: Letzte Tage mit Teresa*). Roman von Juan MARSÉ, erschienen 1966. – Barcelona, Sommer 1956 bis Herbst 1957 bzw. 1959. Vor dem Hintergrund von Studentenunruhen und latenten sozialen Konflikten entwickelt sich eine Art Dreiecksverhältnis zwischen durchaus unterschiedlichen jungen Leuten. Der etwa 20jährige Manolo Reyes, genannt »el Pijoaparte«, ein mit allen physischen und charakterlichen Merkmalen des Südspaniers ausgestatteter Zuwanderer aus Andalusien (aus katalanischer Perspektive, despektierlich, ein »murciano«), verliebt sich auf einer Party in eine dunkelhäutige Schönheit namens Maruja, die er für ein Mitglied der Barceloneser Gesellschaft hält. Manolos Ziel ist nicht nur das amouröse Abenteuer, sondern vor allem das »Eindringen« in eine soziale Schicht, die ihm, der von zwielichtigen Gelegenheitsarbeiten, vom Motorraddiebstahl und Handtaschenraub lebt, materielle Sicherheit und sozialen Aufstieg verheißen könnte. In einer Liebesnacht in einem vornehmen Landhaus in Blanes muß Manolo allerdings erkennen, daß er sich in Maruja getäuscht hat: Diese entpuppt sich nicht etwa als höhere Tochter, sondern als andalusisches Hausmädchen der katalanischen Industriellenfamilie Serrat, freilich auch als fast ebenbürtige Freundin der Tochter des Hauses, ebender Titelfigur Teresa, einer blonden, blauäugigen, gefühlskalten Nordspanierin mit linksintellektuellen Ambitionen im Studentenmilieu. Manolos Abwendung von Maruja und Zuwendung zu Teresa werden begünstigt durch einen (reichlich unmotivierten, wohl »schicksalhaften«) Unfall Marujas: Sie stürzt in Begleitung von Teresa und deren Freund Luis Trías de Giralt bei einem Badeausflug, erleidet gravierende innere Verletzungen, die sie zu monatelangem Krankenlager zwingen und schließlich zum Tod führen.

Bei ihren wiederholten Krankenbesuchen kommen sich Manolo und Teresa näher. Sie durchstreifen gemeinsam mit Teresas eleganter »Floride« die Stadt Barcelona und deren Umgebung; jeder lernt das Umfeld des anderen kennen: Manolo das intellektuelle Milieu der Studentenkneipen mit unendlichen Diskussionen über Existentialismus, Anarchismus und Arbeiterbewegung sowie das auf die Pflege alles Katalanischen bedachte, in noblen Stadtvierteln residierende Großbürgertum; Teresa die Welt der Vorstädte mit ihren heruntergekommenen Bars, ihren alles versöhnenden Volksfesten, insbesondere das ghettoartige Leben am Monte Carmelo, wo man sich nur mit Hilfe krimineller Akte über Wasser halten kann. Genau diese unterschiedliche Prädisposition behindert die aufkommende Liebe zwischen Manolo und Teresa; für den ambitionierten Manolo bedeutet die »Besitzergreifung« Teresas Zugang zur höheren Gesellschaft, während Teresa ihren »sozialen Abstieg«, ihre Kontakte zur »revolutionären Arbeiterklasse« letztlich doch nur als temporäres Divertissement versteht. Ehe die Liebesbeziehung dennoch ihrer Kulmination – der von Teresa bisher verweigerten sexuellen Vereinigung – zustrebt, unterbindet die Familie Serrat im Gefolge von Marujas Tod die »Abenteuer« ihrer Tochter: Man isoliert Teresa im Landhaus von Blanes und verhindert so den Kontakt zu Manolo. Dieser will freilich den Kontakt erzwingen: Er stiehlt ein Motorrad, um nach Blanes zu fahren, wird von einer eifersüchtigen Mitbewohnerin des Monte Carmelo an die Polizei verraten und verhaftet. – Nach zwei Jahren Kerker entlassen, trifft er Teresas Freund Luis und erfährt, daß Teresa inzwischen ihr Studium abgeschlossen hat und ein ganz und gar (groß-)bürgerliches Leben führt.

Die Banalität dieser auf Oppositionen basierenden Geschichte, die zudem noch – bei aller Variabilität im Erzählrhythmus – im wesentlichen linear und im traditionellen Wechsel von auktorialer und personaler Perspektive erzählt wird, mag bei oberflächlicher Lektüre die Qualitäten des Romans verdecken. Die Figurencharakterisierung funktioniert – trotz aller Anklänge an die naturalistische *race-milieu-moment*-Theorie – nicht einfach im Sinne einer Vergabe von Prädikaten durch den Erzähler, sondern läßt die Figuren ihre Merkmale *in actu* entwickeln; gelegentlich werden den Figuren literarische Folien unterlegt: So trägt etwa Manolo signifikante Wesenszüge eines *pícaro*, und Teresa wird als moderne Madame Bovary stilisiert. Der sukzessiven Entfaltung der Merkmale der Hauptfiguren steht eine lakonisch-präzise Personenbeschreibung der Nebenfiguren (insbesondere des Hehlers Cardenal und seiner Tochter, der »Verräterin« Hortensia, oder Teresas Vater Oriol Serrat) gegenüber. Variantenreich sind auch die Verfahren der Ortsbeschreibung: neben konventioneller Suggestion von Milieueinheit in der Erzählerrede dominiert die Anbindung der *descriptio* an die Perspektive der Figuren, insbesondere Manolos. Nicht nur geschaute Objekte geraten mitunter in Bewegung, sondern auch der Betrachter selbst; so registriert der motorradfahrende Manolo lokale und personale Details, die filmartig zu beiden Seiten seiner Wegstrecke ablaufen. Eindrucksvoll auch die Zeitbehandlung; sporadische Vorgriffe und Rückblenden gipfeln in der mit Hilfe des inneren Monologs inszenierten Vermischung von Zeitebenen: Bei Manolos letzter Motorradfahrt in Richtung Blanes etwa wird die Erzählgegenwart um fragmentarisierte Rückerinnerungen und Zukunftsvisionen Manolos bereichert. Die Originalität des Romans beruht schließlich nicht zuletzt auf den Verfahren der Ironie und Parodie, eindeutigen Indizien für Marsés Schreibintention. Hauptangriffsfläche für Satire bieten die Verhaltensweisen der Hauptfiguren (Manolos quijoteske Verbohrtheit, sein *machismo*; Teresas »romantische« Illusionen) ebenso wie von Figurengruppen: Parodistisch verfremdet oder ironisch kommentiert werden vor allem die Aktivitäten der Studenten, der *»señoritos de mierda«*, und ihr hohles Gerede in der Bar Saint-Germain. Mit Hilfe all dieser Verfahren gelingt es Marsé, seinen Roman über das Niveau einer naiv-»realistischen« *novela social* der fünfziger Jahre hinaus in einen Text zu verwandeln, der nicht nur den Premio Biblioteca Breve (1965), sondern auch einen würdigen Platz in der Geschichte des spanischen Nachbürgerkriegsromans, zweifellos in der Nähe von Martín-Santos' *Tiempo de silencio*, 1962 *(Zeit der Ruhe)*, verdient hat. G.M.

Ausgaben: Barcelona 1966. – Barcelona 1976. – Barcelona 1988.

Übersetzung: *Letzte Tage mit Teresa*, A. Rössler, Baden-Baden 1988.

Literatur: M. Vargas Llosa, *Una explosión sarcástica en la novela española moderna* (in Insula, April 1966, Nr. 232). – E. Margery Peña, *»Últimas tardes con Teresa« de J.M.* (in CHA, 1973, Nr. 279, S. 483–513). – G. Cleary Nichols, *Dialectical Realism and Beyond. »Últimas tardes con Teresa«* (in JSpS, 3, 1975, S. 163–174). – M. C. Peñuelas, *Barreras sociales en »Últimas tardes con Teresa« de M.* (in *Aspetti e problemi delle letterature iberiche. Fs. F. Meregalli*, Hg. G. Bellini, Rom 1981, S. 287 bis 297). – J. Gilabert, *»Últimas tardes con Teresa«: una explosión sarcástica de denuncia social* (in Letras Deusto, 1984, Nr. 30, S. 133–142).

CARMEN MARTÍN GAITE

* 8.12.1925 Salamanca

EL BALNEARIO

(span.; *Der Badeort*). Novelle von Carmen Martín Gaite, erschienen 1955. – Thema dieses auf der Grenze zwischen Erzählung, Novelle und Roman angesiedelten Prosawerks ist die Frage nach der Wahrheit von Wirklichkeit und Traum. Zwei Erzählstränge, ein realistisch-banaler und ein imaginär-bedrohlicher, sind so miteinander verquickt, daß die Grenze zwischen beiden nachhaltig verwischt und Unsicherheit über die Geltung des einen oder des anderen geschaffen wird. Die Grenzerfahrung wirkt um so eindrücklicher, als sie aus einer Alltagssituation hervorgeht: Ein unscheinbares Ehepaar in mittleren Jahren erlebt die Ankunft in einem Badeort sehr unterschiedlich. Während die Protagonistin Matilde sich unsicher und beobachtet fühlt, unternimmt ihr Mann Carlos, ungehalten über die vermeintliche Paranoia, einen Ausflug zur nahe gelegenen, geheimnisvollen Mühle. Die beim Auspacken der Koffer zurückgelassene Frau gleitet über eine Phase von Müdigkeit und Aggression nach und nach in ein phantastisches Abenteuer. Sie verläßt das Hotel, verirrt sich in dem Ort, gelangt in eine urwaldartige Gegend und versinkt beinahe in deren sumpfigem Boden. Als fremde Menschen sich ihr mit Carlos' Leichnam nähern, ruft sie der Hotelboy und bittet sie zum Kartenspiel.

In psychoanalytischer Deutung entsteht das Wechselspiel von Realität und Alptraum aus unterdrückten Frustrationen, als deren gefahrlose Kompensation die Handlung der Traumsequenzen erscheint. Für die Autorin schließt sich als philosophisches und ästhetisches Problem an, daß *»niemand je wird entscheiden können, wer letztlich der Handelnde (oder der reale Erzähler) dieser Handlung ist«*. Die strukturellen Merkmale der Erzählform stehen im Dienst der genannten Grenzverwischung: Zwar gliedern zwei Teile und fünfzehn Fragmente den Text, doch verläuft der Übergang zwischen Wachen und Traum quer zu ihnen. Auch die beiden Erzählerstandpunkte (Matildes Innensicht, ein objektiver Erzähler) erlauben es erst am Ende, das Abenteuergeschehen als Alptraum zu deuten, wobei die Leserrolle zunächst darin besteht, eine Entzifferungsaufgabe mit ungewissem Ausgang zu lösen. Martín Gaite gelingt es, mit der Verbindung zwischen thematischer Komplexität und struktureller Ökonomie eine ästhetische Möglichkeit der Novelle beispielhaft intensiv zu nutzen. Die Kategorien von Raum und Zeit gestaltet sie in der für phantastische Literatur typischen Weise: Während die reale Zeit stehenbleibt und der Badeort zum statischen Fokus einer psychischen Erfahrung erstarrt, gewinnt die Traumhandlung an raumgreifender Schnelligkeit. Die Sprache ist geprägt von demselben Übergang zwischen *»Licht und Schatten, zwischen Leben und Tod«*.

Die zugleich medizinische, philosophische und literaturästhetische Fragestellung hatte Martín Gaite bereits in M. de UNAMUNOS 1914 erschienenem Roman *Niebla (Nebel)* kennengelernt. Die intensive Lektüre der Werke KAFKAS und der Kurzgeschichte *El Inquisidor*, 1950 *(Der Inquisitor)*, von F. de AYALA regten sie zu dieser Weiterentwicklung an, deren Besonderheit auch in der ansatzweise feministischen Perspektive liegt. Das Ergebnis weist mit seiner thematischen und strukturellen Intensität über den objektiven Realismus der Zeitgenossen weit hinaus. Erst die Prosa von Juan BENET, Juan GOYTISOLO und Juan GARCÍA HORTELANO wird in den siebziger Jahren ähnlich experimentelle Züge annehmen. Martín Gaite hat die in der frühen Novelle angelegte Problematik 1978 in dem Roman *El cuarto de atrás (Das Hinterzimmer)* mit gesteigerter Komplexität wiederaufgenommen.

T.M.S.

AUSGABEN: Madrid 1955. – Madrid 1968. – Barcelona 1977.

LITERATUR: R. de G(arciasol), Rez. (in Insula, Sept. 1955, Nr. 117, S. 6/7). – J. C. Domingo, Rez. (ebd., Febr. 1969, Nr. 267, S. 5). – R. L. Sheehan, *C. M. G.: »El balneario«* (in Hispania, 52, 1969, S. 968). – J. Lipman Brown, *»El balneario« by C. M. G.: Conceptual Aesthetics and ›l'étrange pur‹* (in JSpS: Twentieth Century, 6, 1978, S. 163 bis 174). – J. Palley, *Dreams in Two Novels of C. M. G.* (in *From Fiction to Metafiction: Essays in Honor of C. M. G.*, Hg. M. Servodidio u. a., Lincoln/Nebr. 1983, S. 107–116).

ENTRE VISILLOS

(span.; *Zwischen Vorhängen*). Roman von Carmen MARTÍN GAITE, erschienen 1958. – Der Titel des Romans hat eine gesellschaftskritische und eine poetologische Bedeutung. Wer die Welt betrachtet, als stünde er am Fenster zwischen halboffenen Vorhängen, kann ihr wahres Wesen erkennen und doch vor ihr in Sicherheit sein. Als metapoetische Allegorie deutet das Bild die Situation des Schreibenden, der nur aufgrund einer notwendig isolierten Tätigkeit die Welt erforschen und mit ihr kommunizieren kann.

Gegenstand des Romans ist das Leben Heranwachsender in einer spanischen Provinzstadt. Die jüngere Generation mit ihren familiären Problemen, ihren sozialen und intimen Bedrängnissen, ihrer Mittelschichtideologie und ihren Ausbruchsträumen erscheint als ein kollektiver Held, dessen Lebensraum die begrenzten Orte einer Kleinstadt-Existenz ausmachen (die Elternhäuser, Straße, Marktplatz und Flußufer, die Kirche, das Café, die Kinos). Beherrscht von den starren Kräften der Tradition und der Borniertheit des kleinbürgerlichen Provinzlebens, erscheinen die einzelnen Figuren als unreife und unsichere, zur ersehnten Selbstverwirklichung unfähige Individuen. Dem pessimistischen Gesellschaftsbild entsprechend fehlt eine zielgerichtete Handlung, an deren Stelle fragmentarische Episoden aus Einzelschicksalen treten. Typisch ist die 27jährige Julia, deren Selbstzweifel und Schuldgefühle davon herrühren, daß sie entgegen der Konvention noch unverheiratet ist, und die nach Madrid in die Arme des vermeintlichen Traummannes Miguel flüchtet. Die schwermütige Elvira versucht unbeholfen, eine befreite Frau aus sich zu machen, wird vom angebeteten Pablo abgewiesen und endet in einer faden Ehe. Auch der Außenseiter Pablo Klein, der auf der Suche nach einer Anstellung als Deutschlehrer in den Ort kam, scheitert mit seinen Bemühungen um eine liberale Erziehung und geht frustriert nach Madrid. Er und die Tagebuchschreiberin Natalia versuchen zumindest die Auflehnung, sie stehen den sozialen Bindungen am fernsten und stellen sie in ihren Aufzeichnungen bloß.

Zwar ist die detailgenaue Wirklichkeitsdarstellung an der Tradition des spanischen *costumbrismo* geschult, doch fehlt diesem Realismus das Vertrauen in die Möglichkeit einer kohärenten Welterfassung. Seine formale Entsprechung findet der Erkenntniszweifel in der Vervielfachung von Erzählperspektiven. Der objektive Erzähler einiger Kapitel ist *eine* Stimme, der sich zwei Ich-Erzähler gleichberechtigt zuordnen. Pablos autobiographische Aufzeichnungen und Natalias Tagebuch lassen oft dasselbe Ereignis als ein anderes, freilich in der Subjektivität der jeweiligen Perspektive nur so gültiges erscheinen. Das Tagebuch bedeutet einerseits Befreiung von väterlicher Redezensur und gesellschaftlichem Sprachtabu, leistet dies aber um den Preis der Heimlichkeit, also der von der eigentlichen Kommunikation abgeschnittenen Niederschrift. Nur in dieser Form kann Natalia die Begrenzungen ihrer Rolle als Schulmädchen, als Tochter und als Frau überwinden. Das Schreiben im Roman wird zur Chiffre für die Leistungen und Grenzen literarischer Tätigkeit. Zwar bedeutet letztere notwendig einen Rückzug von unmittelbar praktischem Handeln, doch damit entfaltet sie ihre emanzipatorische Wirkung: *»Wichtig ist, daß man das Leben nicht erschafft, um es zu leben, sondern um es zu erzählen. Wenn wir leben, geschehen uns die Dinge; wenn wir erzählen, dann machen wir, daß sie geschehen.«*

Die von der Kritik oft mit dem Stil Virginia Woolfs verglichene Schreibweise Martín Gaites entwickelt eine experimentelle und skeptische Spielart des kritischen Realismus. Sie läßt das Subjektive und Flüchtige als einzige Konsistenz erscheinen und löst die Einheit von »Handlung« oder »Charakter« in perspektivisch gebrochene Facetten auf. Die Modernität dieser Ästhetik liegt auch in der mit ihr geschaffenen Leserrolle: Angesichts der Spannung zwischen objektiver Aussage und mehreren subjektiven Bewertungen muß der Leser die aufgelöste Kohärenz selber rekonstruieren, wobei die zerstörte Einheit in ihm um so stärker das Bedürfnis nach einer solchen weckt. Damit bleibt das zur meta-literarischen Reflexion führende Formexperiment doch als Ergebnis eines sozialkritischen Blicks erkennbar. Erkenntniszweifel, Handlungsunfähigkeit und Frustration (besonders auch der weiblichen Figuren) sind Produkte des rückständigen, individualitätsfeindlichen Lebens im Spanien der Franco-Ära. T.M.S.

Ausgabe: Barcelona 1958.

Literatur: M. Seco, *La lengua coloquial: »Entre visillos« de C. M. G.* (in *El comentario de textos*, Madrid 1973, S. 361–379). – K. M. Glenn, *Communication in the Works of C. M. G.* (in RoNo, 19, 1979, S. 277–283). – J. Lipman Brown, *The Nonconformist Character as Social Critic in the Novels of C. M. G.* (in KRQ, 28, 1981, S. 165–176). – J. W. Kronik, *A Splice of Life: C. M. G.'s »Entre visillos«* (in *From Fiction to Metafiction: Essays in Honor of C. M. G.*, Hg. M. Servodidio u. a., Lincoln/Nebr. 1983, S. 49–60). – L. K. Talbot, *Female Archetypes in C. M. G.'s »Entre visillos«* (in Anales de la Literatura Española Contemporánea, 12, 1987).

LUIS MARTÍN-SANTOS

* 1924 Larache / Marokko
† 21.4.1964 bei Vitoria

TIEMPO DE SILENCIO

(span.; *Zeit der Ruhe*). Roman von Luis Martín-Santos, erschienen 1962. – Der einzige Roman des mit 40 Jahren bei einem Autounfall ums Leben gekommenen Autors (ein zweiter Roman, *Tiempo de destrucción – Zeit der Zerstörung*, blieb unvollendet und wurde postum 1975 veröffentlicht), wurde in den sechziger Jahren als sensationeller Neubeginn des spanischen Romans gewertet.

Madrid, Ende der vierziger Jahre. Pedro, ein junger Arzt noch ohne Approbation, experimentiert auf der Basis eines Forschungsstipendiums in einem Krebsforschungsinstitut mit Ratten. Er wohnt in einer bescheidenen Pension, die von einer kupplerischen Offizierswitwe geleitet wird, zu deren Enkelin Dorita Pedro schüchterne amouröse Beziehungen unterhält. Als nicht nur die Forschungsgelder knapp werden, sondern auch die Ratten ausgehen, nehmen Pedro und sein Gehilfe Amador Kontakt auf zu el Muecas, der in den Madrider Slums zusammen mit Frau Ricarda, Tochter Florita und deren Freund Cartucho von der Zucht von Versuchstieren lebt. Auf einer *tertulia* lernen Pedro und Amador Matías kennen, einen wohlhabenden Intellektuellen, dessen Mutter einen literarischen Salon unterhält. Gemeinsam besuchen die jungen Männer das Bordell der Doña Luisa. Pedro ist kaum in seine Pension zurückgekehrt, als ihn el Muecas an das Krankenbett seiner Tochter ruft: Eine Fehlgeburt, die sich später als Abtreibungsversuch herausstellen wird, hat Florita an den Rand des Todes gebracht. Pedro, obwohl kein niedergelassener Arzt, unternimmt Rettungsversuche, kann aber nicht verhindern, daß Florita stirbt. Nach polizeilichen Ermittlungen wird Pedro, der wenig zu seiner Verteidigung beiträgt, verhaftet. Doch bald stellt sich seine Unschuld heraus: Pedro ist weder – wie manche behauptet haben – Verursacher noch Unterbrecher der Schwangerschaft gewesen; seine Intervention wird als humanitäre Hilfe deklariert. Trotz sofortiger Freilassung verliert Pedro sein Stipendium und seine Anstellung im Forschungslabor. Er beschließt, seine begonnene Arbeit auf eigene Faust in einem entlegenen Provinzort fortzusetzen und seine Beziehungen zu Dorita durch Heirat zu legalisieren. Doch Pedros Glück währt nicht lange: nach einem Theaterbesuch begeben sich Pedro und Dorita zum Tanz auf eine *verbena*. Cartucho, der Pedro noch immer für Floritas Mörder hält und auf Rache sinnt, ersticht Dorita im Gewühl tanzender Menschen. Pedro hat erneut die Absurdität des Lebens kennengelernt und einen Rückfall in die Einsamkeit erfahren.

Der relativ knappe, auf 61 Kapitelfragmente unterschiedlicher Länge verteilte Text präsentiert sich auf den ersten Blick als konventioneller chronologischer Bericht eines allwissenden Erzählers mit breiter Orts- und Personenbeschreibung, als Gesamtschau einer in miserablen Verhältnissen lebenden Unterschicht der Madrider *chabolas* (Repräsentant: el Muecas), einer intellektuellen und bürgerlichen Mittelschicht in allgemeiner materieller Unsicherheit (Pedro) und einer in jeder Weise unabhängigen intellektuell-aristokratischen Oberschicht (Matías). Thematisiert werden zeittypische Probleme: Sexualität, Entfremdung *(enajenación)*, Tod. Darüber hinaus übt der Autor massive Spanienkritik im Sinne der Argumentation der *Generación del 98*. Die Präsentation dieser Gegenstände geht freilich beträchtlich über das Niveau jener platten realistischen Romane hinaus, die das Nachbürgerkriegsspanien unter dem Begriff *novela social* subsumiert hatte.

Mit Recht hat die Kritik die Originalität von *Tiempo de silencio* in den verschiedenartigen Verfahren der *alienación* (Verfremdung) gesucht. Durch Digressionen verschiedener Machart wird etwa die insgesamt banale Handlung um literarische (Cervantes-, Quevedo-, Valle-Inclán-Assoziationen), (existenz-)philosophische und naturwissenschaftlich-medizinische Dimensionen bereichert, werden mythologisch-symbolische Bezüge zwischen den Handlungselementen hergestellt. Zeitkritik und Gesellschaftskritik sind weitgehend mit Hilfe ironischer und parodistischer Verfahren aktualisiert. Die im Rahmen des zeitgenössischen spanischen Romans massivsten Innovationen finden sich generell im Bereich des Sprachlichen: nicht nur innenmonologische Reden von joycescher Intensität, sondern auch Wort- und Satzketten barocken Ausmaßes; Neologismen, Fach- und Milieujargon, gelegentlich sogar Preisgabe tradierter Rechtschreibung und Interpunktion.

Berücksichtigt man den Gegenstand und die zuvor aufgelisteten modernistischen Erzählverfahren, so kann man *Tiempo de silencio* als einen Text beschreiben, der einerseits mit den Musterautoren W. Faulkner, A. Camus und J. Joyce rivalisiert, andererseits als – sieht man von J. Goytisolos *Señas de identidad*, 1966 *(Identitätszeichen)*, ab – einziger spanischer Roman der sechziger Jahre an das Niveau des zeitgleichen lateinamerikanischen Romans heranreicht. G.M.

Ausgabe: Madrid 1962.

Literatur: H. Eoff u. J. Schraibman, *Dos novelas del absurdo: »L'étranger« y »Tiempo de silencio«* (in PSA, 1970, Nr. 56, S. 213–241). – J. Palley, *The Periplus of Don Pedro* (in BHS, 48, 1971, S. 239–254). – W. Holzinger, *»Tiempo de silencio«: An Analysis* (in Revista Hispánica Moderna, 37, 1973, S. 73–90). – V. Cabrera, *Elaboración temática técnica de »Tiempo de silencio« de L. M. S.* (in Sin Nombre, 4, 1973, S. 64–74). – M. García Vino, *»Tiempo de silencio« o el subjetivismo a ultranza* (in Arbor, 1974, Nr. 228, S. 233–237). – R. C. Spires, *Otro tú, yo* (in KRQ, 22, 1975, S. 91–110). – A. Villarino, *»Tiempo de silencio«, novela morosa* (in CHA, 1976, Nr. 308, S. 146–156). – C. Zulueta, *El monólogo interior de Pedro en »Tiempo de silencio«* (in HR, 45, 1977, S. 297–309). – A. Rey, *Construcción y sentido de »Tiempo de silencio«*, Madrid 1977. – J. Ortega, *»Luces de Bohemia« y »Tiempo de silencio«* (in CHA, 1978, Nr. 317, S. 303–321). – Ders., *La técnica del esperpento en »Tiempo de silencio« de M. S.* (in Nueva Estafeta, 7, 1979, S. 56–62). – D. J. Craige, *»Tiempo de silencio«* (in MLR, 74, 1979, S. 69–78). – R. K. Anderson, *Self-Estrangement in »Tiempo de silencio«* (in REH, 13, 1979, S. 299–317). – C. Talahite u. J. Téna, *L. M. S. »Tiempo de silencio«*, Montpellier 1980. – M. Ugarte, *»Tiempo de silencio« and the Language of Displacement* (in MLN, 56, 1981, S. 340–357). – G. Pérez Firmat, *Repetition and Excess in »Tiempo de silencio«* (in PMLA, 96, 1981, S. 194–209). – C. Feal, *En torno al casticismo de Pedro* (in RI, 1981, Nr. 116/117, S. 203–211). – J. Schraibman, *Tiempo de destrucción: novela estructural?* (ebd., S. 213–220). – J. L. Brown, *»Tiempo de silencio« and Ritmo lento* (in HR, 50, 1982, S. 61–73). – N. Luna, *Parallel Parody and Satire in »Tiempo de silencio«* (in REH, 18, 1984, S. 241–257). – J. Labanyi, *Ironía e historia en »Tiempo de silencio«*, Madrid 1985. – M. Sol T., *Don Quijote en »Tiempo de silencio«* (in CHA, 1986, Nr. 430, S. 73–83). – R. F. Rapin, *The Phantom Pages of L. M. S.'s »Tiempo de silencio«* (in Neoph, 71, 1987, S. 235–243).

ANA MARÍA MATUTE

* 26.7.1926 Barcelona

Literatur zur Autorin:
E. M. Weitzner, *The Novelistic World of A. M. M. A Pessimistic World of Life*, Diss. Univ. of Wisconsin 1962. – M. E. W. Jones, *The Literary World of A. M. M.*, Lexington 1970. – J. W. Díaz, *A. M. M.*, NY 1971 (TWAS). – J. E. Alvis, *La traición en la obra de A. M. M.*, Diss. Univ. of Oklahoma 1976 (vgl. Diss. Abstracts, 37, 1977, S. 7775A). – J. T. Shelby, *Alienation in the Novels of A. M. M.*, Diss. Washington Univ. 1976 (vgl. Diss. Abstracts, 37, 1976, S. 2226A). – R. G. Flores-Jenkins, *La mujer como individuo y como tipo en la novelística de A. M. M.*, Diss. Univ. of Connecticut 1980 (vgl. Diss. Abstracts, 41, 1980, S. 691A). – N. Pascal, *El niño y su circunstancia en las novelas de A. M. M.*, Guatemala 1980. – S. Truxa, *Die Frau im spanischen Roman nach dem Bürgerkrieg. C. J. Cela, C. Laforet, A. M. M., J. Goytisolo*, Ffm. 1982.

FIESTA AL NOROESTE

(span.; *Fest im Nordwesten*). Roman von Ana María Matute, erschienen 1953. – Schauplatz des Romans ist Artámila, ein fiktives Dorf in einem Nebental des Ebro; Zentralfigur ist Juan Midanao, der reichste und mächtigste Mann dieses Dorfes. Alle Laster und Leidenschaften scheinen in diesem Menschen und in dieser Ortschaft vereinigt zu sein: Gewissenlosigkeit, hemmungslose Begierde, Neid, Geiz und Haß führen zu Mord und Selbstmord, zu Inzest und Verrat. Bei dem Versuch, diese Abgründe in einem Buch von wenig mehr als hundert Seiten darzustellen, ist die Autorin der naheliegenden Gefahr, in grausige Kolportage abzugleiten, nicht erlegen. Sie erreicht in der suggestiven Schilderung von Stimmungen und der Aufdeckung verborgener menschlicher Motive eine Dichte, wie sie bis dahin in ihren eher zu Weitschweifigkeit neigenden Werken nicht zu finden war. Die greifbare, im Sinn des modernen Verismus gestaltete Wirklichkeit läßt sie bruchlos in die Atmosphäre des Alptraums einmünden.

Alle Figuren des Romans, so scharf umrissen sie als Einzelcharaktere sind, verkörpern zugleich menschliche Grundsituationen. Ebenso eignen dem Ort neben den grell hervorgehobenen typischen Merkmalen eines spanischen Dorfes die gleichnishaften einer Schicksalsgemeinschaft. Das eigentliche Thema des Buches ist der Verlust der Unschuld, der gedeutet wird als Verlust des Vertrauens zur Welt und zu den Mitmenschen, erlitten in der Zeit des Übergangs von der Kindheit zum Erwachsenendasein. Wie die Spinne ihr Netz, so baut der Mensch das Gewebe seines Ichs, das dem anderen zur Falle, ihm selbst zum Gefängnis wird. Auch Midanao hat den Augenblick der Unschuld erlebt, als er *»Gott bat, er möge ihm das Warten ersparen, das Wachstum und die Selbstwerdung, die zwischen ihm und den Dingen eine Leere schaffen würde«*. Um diese Leere, um die Abkapselung der Seele, die innere Verkümmerung, das Verfaulen in der Enge des Ichs, die Einkreisung des Menschen durch die erdrückende soziale Umwelt und die feindselige Erde geht es Ana María Matute in diesem Werk. Ihr Weltbild ist ein tragisches, ihr Menschenbild ein pessimistisches. – Während andere Werke der Autorin zeigen, daß sie nach dem Vorbild von Ramón María del Valle-Inclán und Gabriel Miró ihre Themen vor allem vom Sprachlichen her zu bewältigen suchte und auf diese Weise einen durch das Übermaß an Adjektiven und Metaphern rhetorisch wirkenden Stil entwickelte, läßt *Fiesta al Noroeste*, obwohl auch hier die Metaphorik dominierendes Stilmittel bleibt, eine Abkehr vom rhetorischen Pathos und eine Straffung des Erzählgangs erkennen. A.F.R.

Ausgabe: Barcelona 1953. – Barcelona 1958. – Barcelona 1971 (in *Obras completas*, 5 Bde., 1971–1976, 1). – Barcelona 1980. – Madrid 1986, Hg. u. Einl. J. Más (Cátedra). – Barcelona 1987.

Literatur: J. M. Castellet, *Cuatro novelas con problemas* (in Laye, 23, 1953). – E. García Luengo, *A. M. M. »Los Abel«, »Fiesta al Noroeste«* (in Índice de Artes y Letras, 67, 1953). – R. Gullón, *»Fiesta al Noroeste«* (in Ínsula, 91, 1953). – J. M. de Quinto, *El mundo de A. M. M.* (in Revista Española, 2, 1953). – A. de Hoyos, *Ocho escritores actuales*, Murcia 1954. – W. De Spens, *A. M. M.* (in NRF, 8, 1960). – R. M. Hornedo, *El mundo novelesco de A. M. M.* (in Razón y Fe, 162, 1960, S. 329–346). – Y. Berger, *L'Espagne de A. M. M.* (ebd., 9, 1961, S. 896–901). – E. G. de Nora, *La novela española contemporánea*, Bd. 3, Madrid 1962, S. 290–298. – C. Acutis, *Due romanzi spagnoli. »Mrs. Caldwell habla on su hijo« de C. J. Cela e »Fieste al Noroeste« de A. M. M.*, Turin 1971. – R. C. Spires, *Lenguaje-técnica-tema y la experiencia del lector en »Fiesta al noroeste«* (in PSA, 70, 1973, S. 17–36). – B. Savariego, *La correspondencia entre el personaje y la naturaleza en obras representativas de A. M. M.* (in Explicación de Textos Literarios, 13, 1984/85, S. 59–65).

HISTORIAS DE LA ARTÁMILA

(span.; *Geschichten aus Artámila*). Erzählungsband von Ana María Matute, erschienen 1961. – Die von der Kritik noch nicht hinreichend gewürdigte, zum Teil als Jugendliteratur mißverstandene Sammlung von 22 kurzen Erzählungen ist durch den Schauplatz (das Bergdorf Artámila in Altkastilien) und die Thematik eng mit dem Gesamtwerk der Autorin verbunden. Als prominente Vertreterin der »Generation von 1945«, deren Hauptgegenstand die vom Spanischen Bürgerkrieg geprägte Kindheit und Jugend ist, nimmt Matute autobiographische Reminiszenzen und intime Kenntnisse der sozialen Wirklichkeit zum Ausgangspunkt für melancholische Skizzen von Armut und geistiger Enge. Dabei weisen die Kontraste zwischen Phantasie und Wirklichkeit sowie Hoffnung und Enttäuschung über den realistischen Rahmen hinaus auf sozialpsychologische Grundsituationen. In der lakonischen, nur scheinbar schlichten Sprachform führen wenige, präzise Metaphern und als Symbole gesetzte Objekte zu überindividuellen Sinnzusammenhängen. Die Erbärmlichkeit des Dorflebens tritt um so stärker hervor, als sie mit Gegenbildern ihrer möglichen Überwindung konfrontiert wird. Einfache Menschen, Kinder und Außenseiter pflegt Matute in symbolische Repräsentanten der stets frustrierten Illusion von Unschuld, Mitmenschlichkeit und Glück zu verwandeln. Eine zentrale Rolle spielen dabei Wanderschauspieler, deren ungebundenes Leben Verlokkung und Bedrohung zugleich ist. So will der von einer Schauspielerin verführte Dorfbursche in *El incendio (Der Brand)* deren Abreise verhindern und legt Feuer an den Wagen. Im Schein der Flammen entdeckt er, daß die Verführerin alt und abstoßend ist. Solche Momente der schmerzhaften Erkenntnis sind ein häufiges Strukturmerkmal der Erzählungen, wobei der Konflikt zwischen Idealität und Realität vorzugsweise aus der Kinderperspektive erzählt wird. Kinder sind bei Matute die Träger ursprünglichster Empfindungen. Paradigmatisch ist das Geschwisterpaar in *Don Payasito*: Als die Kinder den alten Lucas tot auffinden, der ihnen einen Clown erscheinen lassen konnte, empfinden sie verhaltene Verwunderung; erst als sie mit dem Clownskostüm den realen Hintergrund des Zaubers entdecken, weinen sie hoffnungslos. Der Verlust ihrer Illusion bedeutet den Schritt ins Erwachsenenleben. Die Unmittelbarkeit kindlichen Fühlens durchzieht die Erzählungen als wiederkehrendes Motiv. Eine Phantasie, die sich real belangloser Dinge oder Erwartungen bemächtigt, gilt Matute als Zeichen eines über die Begrenzungen der Umwelt hinausstrebenden Lebenswillens, während die Enttäuschung der Erwartungen oder Zerstörung der Objekte Figurationen der Todesgegenwart sind. Die Welt der Heranwachsenden wird von nicht minder harten Illusionsverlusten geprägt. In *La fiesta (Das Fest)* enden sie in totaler Regression: Die junge Frau stirbt, nachdem sie das heißersehnte Dorffest verschlafen hat. In *Pecado de omisión (Auslassungssünde)* schlägt die Ernüchterung in Aggression um: Ein Jüngling tötet seinen Ziehvater, der ihn zum Berghirten gemacht hatte, anstatt ihn in der Stadt erziehen zu lassen.

Zahlreiche kurze Episoden zeichnen Facetten des kastilischen Landlebens mit seiner Feindseligkeit gegenüber allem Fremden wie in *Los alambradores (Die Kesselflicker)*, dem Neid auf das bescheidene Glück der anderen wie in *La chusma (Der Pöbel)* und der Unfähigkeit, Vorurteile zu überwinden. Das Schicksal des straffälligen Arbeiters in *El Mundelo (Mundelo)* ist typisch für diese unwissende Gnadenlosigkeit. Er hilft auf dem Weg ins Gefängnis seinen Mitmenschen aus Lebensgefahr. Als er nach Verbüßung der Strafe, auf Anerkennung für die gute Tat hoffend, zurückkehrt, wird er mit Steinwürfen vertrieben. Zur sozialen Kritik tritt hier wie stets bei Matute die psychologische Studie der prekären Balance zwischen positiven und negativen Bindungen.

Mit ihrem resignativ gezeichneten Beharren auf der Macht des Imaginativen und Naiven geht Matute über die neorealistische Haltung ihrer meisten Zeitgenossen hinaus und entwickelt einen – fest in der konkreten Welt verankerten – lyrischen Subjektivismus. Die Bedeutung der Erzählungen ergibt sich so auch aus der doppelten Neugestaltung eines ehrwürdigen Themas der spanischen Literatur: Der Zwiespalt von *engaño* (Illusion) und *desengaño* (Enttäuschung) wird zum einen als Produkt sozialer Depravation gesehen, zum anderen als allgemeine psychologische Disposition des Menschen.

T.M.S.

AUSGABEN: Barcelona 1961. – Stg. 1979.

ÜBERSETZUNG: *Don Payasito* (in *Narradores de la España contemporánea – Moderne Erzähler in Spanien*, Mchn. 1974).

LITERATUR: Ch. Nord, *Die verhinderte Entdeckung der A. M. M.* (in Lebende Sprachen, 25, 1980).

LOS MERCADERES

(span.; *Die Krämer*). Romantrilogie von Ana María MATUTE, erschienen: *Primera memoria*, 1960 *(Erste Erinnerung)*, *Los soldados lloran de noche*, 1965 *(Nachts weinen die Soldaten)*, und *La trampa*, 1969 *(Die Falle)*. – Der erste Band dieser Trilogie ist in der Ichform und ganz aus der Perspektive eines Kindes erzählt, dem die Welt der Erwachsenen rätselhaft und beängstigend erscheint. Die vierzehnjährige Matia *(»Was bin ich für ein Monstrum, da ich meine Kindheit bereits verloren habe und doch keineswegs eine Frau bin?«)* empfindet Furcht und Scheu vor dem Erwachsenendasein, das sie für verlogen und unrein hält, vor den Verstrikkungen des Eros, vor Krieg, Haß und Mitschuld. Eifersüchtig hütet sie die Fetische ihrer Kindheit. Doch die lieblose Strenge, mit der sie und ihr Vetter Borja von der Großmutter behandelt werden, und Matias aufkeimende Zuneigung zu dem verschlossenen, von den andern gemiedenen Manuel treiben sie unaufhaltsam dieser Welt zu. Diese Entwicklung spielt sich vor dem Hintergrund des Spanischen Bürgerkriegs ab. *»Unsere Ferien hatte ein gespenstischer Krieg überrascht: fern und nah zugleich, vielleicht um so gefürchteter, als er nicht zu sehen war.«* Tatsächlich wirkt sich der Bürgerkrieg auch auf der dem Festland vorgelagerten Insel aus, auf der die Großmutter lebt, in deren Obhut man das heranwachsende Mädchen gegeben hat. Die Ereignisse sind hier weniger durchschaubar, aber um so bedrohlicher, weil die unklaren politischen Verhältnisse die Inselbewohner zur Scheinheiligkeit verleiten und weil daraus Verrat und Verbrechen entstehen.

Auch im zweiten Roman *(Los soldados lloran de noche)* bleibt der Krieg nur im Hintergrund wirksam, als geschichtlicher Vorgang, der die Menschen zu extremen Entscheidungen aufruft, als aufs äußerste gesteigerter Zwang seitens der organisierten Macht, als ein Zustand allgemeiner Verderbtheit und Entartung des Menschen. Völlig unabhängig von der Handlung des ersten Romans entwickelt sich die des zweiten dennoch um eine der Hauptgestalten aus *Primera memoria*: Manuel, der Freund Matias, von Borja hintergangen und verraten, wird unschuldig in eine Besserungsanstalt geschickt. Als sich herausstellt, daß er der Sohn und Erbe des Großgrundbesitzers Jorge de Son Mayor ist, beginnt er sich vom passiv duldenden zum aktiv teilnehmenden Menschen zu wandeln und bekennt sich nicht zu den Besitzenden, sondern zu den Armen und Unterdrückten, zu denen auch sein von den Machthabern ermordeter Pflegevater gehörte. Er lernt Marta, die Witwe des hingerichteten Alejandro Zarco, genannt »Jeza«, kennen. Dieser ist die heimliche Hauptfigur des Romans, in seiner Gestalt laufen die sich vielfach überschneidenden Handlungsfäden zusammen. »Jeza« selbst tritt nie in Erscheinung, sondern sein Bild teilt sich dem Leser aus reportagehaften Passagen mit, die den drei Teilen des Romans – *Der Sand, Der Nebel, der Regen* – vorangestellt sind. Als Kundschafter auf »die Insel« geschickt, um über »die Partei« zu berichten, wird er im Februar 1937 festgenommen und im Oktober erschossen. Diese fast mythische Figur wird für Manuel und Marta zum Sinnbild vollkommener Menschlichkeit, das sie aus aller Ichbezogenheit und sozialen Bindung löst und in eine Traumwelt der reinen Ideen führt. Der Roman endet damit, daß die beiden hinüber aufs Festland fahren und dort von einer nächtlichen Patrouille, der sie sich bewußt entgegenstellen, erschossen werden. Kommentar eines Soldaten beim Anblick ihrer Leichen: *»Ein Mann und eine Frau! Müssen verrückt gewesen sein!«*

Im Unterschied zu den meisten erzählenden Werken über den Spanischen Bürgerkrieg enthält sich dieser Roman jeder Parteinahme. Sozialismus, Faschismus, Kommunismus, Republikaner, Falangisten, Nationalgardisten – solche Bezeichnungen sind ebensowenig zu finden wie die Namen der Schauplätze, an denen die Handlung spielt. »Hier« und »drüben«, »die Insel«, »das Festland«, »die einen«, »die andern«, »die Partei«, »die Machthaber«, »Vertreter gefährlicher Ideologien« – das sind die flüchtig orientierenden Zeichen, die das Geschehen nur soweit fixieren, wie es für das eigentliche Thema, die Grundbefindlichkeiten und Möglichkeiten des Menschen in einem modern philosophischen, existentialistischen Sinn, notwendig ist. – Die Faszinationskraft dieses Romanwerks beruht in erster Linie auf der Kunst der Darstellung. Matute bedient sich der Andeutung, Aussparung, chronologischen Verschiebung und Überschneidung und, in überraschend glücklicher Weise, der Parenthese. Kennzeichen dieser Autorin sind die gedankliche Reife, die souveräne Beherrschung der Gestaltungsmittel und eine Sparsamkeit des Wortes, die aus der Fülle kommt. A.F.R.-KLL

AUSGABE: Barcelona 1960 *(Primera memoria)*. – Barcelona 1964 *(Los soldados lloran de noche)*. – Barcelona 1969 *(La trampa)*. – Barcelona 1975 (in *Obras completas*, 5 Bde., 1971–1976, 4).

ÜBERSETZUNG: *Erste Erinnerung*, D. Deinhard, Stg. 1965; Bln./DDR 1967. – *Nachts weinen die Soldaten*, dies., Stg. 1965; ern. Bln./DDR 1968. – *Die Zeit verlieren*, dies., Stg. 1971 [auch u. d. T. *Die Falle*, dies., Bln./DDR 1973].

LITERATUR: J. L. Cano, Rez. (in Insula, 1960, Nr. 161). – V. Fuentes, *Notas sobre el mundo novelesco de A. M. M.* (in Revista Nacional de Cultura, 160, 1963, S. 83–88). – R. Bosch, Rez. (in RHM, 30, 1964, S. 309). – J. L. Cano, Rez. (in Insula, 1964, Nr. 214, S. 8/9). – C. Murciano, Rez. (in Gaceta Ilustrada, 13. 6. 1964). – L. Romero, Rez. (in Destino, 18. 7. 1964, S. 40/41). – A. Tovar, Rez. (in Gaceta Ilustrada, 13. 6. 1964). – J. Martínez Palacio, *Una trilogía novelística de A. M. M.* (in Insula, 1965, Nr. 219, S. 1; 6/7). – A. Burns, *The Anguish of A. M. M. in »Los mercaderes«* (in *Hispanic Studies in Honour of J. Manson*, Hg. D. M. Atkinson, Oxford 1972, S. 21–42). – J. Ortega, *La frustración femenina en »Los mercaderes« de A. M. M.* (in Hispano, 54, 1975, S. 21–38). – L. M. Zekulin, *The Narrative Art of A. M. M. in »Los mercaderes«*, Diss. Univ. of Toronto 1979 (vgl. Diss. Abstracts, 40, 1980, S. 4625A). – M. S. Doyle, *»Los mercaderes«: A Literary World by A. M. M.*, Diss. Univ. of Virginia (vgl. Diss. Abstracts, 42, 1982, S. 3623A). – Ders., *Tace-Reading the Story of Matia/M. in »Los mercaderes«* (in REH, 19, 1985, S. 57–70).

EDUARDO MENDOZA

* 1943 Barcelona

LA CIUDAD DE LOS PRODÍGIOS

(span.; *Ü: Die Stadt der Wunder*). – Roman von Eduardo MENDOZA, erschienen 1986. – Mit diesem überaus erfolgreichen Roman erreichte Mendoza einen vorläufigen Höhepunkt in seiner literarischen Produktion. In *La ciudad de los prodigios* erfindet der Autor die euphorische Epoche zwischen den beiden Weltausstellungen 1888 und 1929 in Barcelona aufs neue. Hauptfigur ist Onofre Bouvila, ein junger Mann aus einfachen Verhältnissen, der einen fulminanten sozialen Aufstieg erlebt und schließlich das Ziel erreicht, von dem er von Kindheit an besessen war: die Macht.

Der Held kommt zu einer Zeit nach Barcelona, als die Vorbereitungen für die erste Weltausstellung in vollem Gang sind und sich die Stadt *»im Zustand fieberhafter Erneuerung«* befindet. In einer schäbigen Pension nimmt er Quartier. Seine erste Geliebte, Delfina, die häßliche Tochter des Hoteliers, stattet ihn bald mit anarchistischen Flugblättern aus, die er unter den bei der Weltausstellung beschäftigten Arbeitern verteilt. Schnell begreift Onofre, wie gewinnbringend sich privater Unternehmergeist auswirken kann, und er beginnt, ein dubioses Haarwuchsmittel zu verkaufen, während er gleichzeitig die Lager der Weltausstellung plündert. Seine Erfolge bleiben nicht unbemerkt, und so arbeitet er bald für einen der wichtigsten Mafiosi von Barcelona, bis er 1889 dessen Bande übernimmt. Zum reichsten Mann Spaniens, wenn nicht Europas steigt Onofre jedoch erst auf, als zu Beginn des Ersten Weltkriegs Spanien neutral bleibt: *»Jetzt schmuggelte er Gewehrprototypen, Haubitzen, Handgranaten, Flammenwerfer und anderes nach Spanien, und seine Agenten trieben sich schon in den Kanzlerämtern ganz Europas herum.«* Onofres Gerissenheit und Zähigkeit machen ihn zu einem ungeschlagenen Sieger; er schafft es sogar, die Kinoindustrie anzukurbeln und der häßlichen Delfina zu einer Filmkarriere zu verhelfen. Onofre, den sogar seine Rivalen bewundern müssen, verkörpert den sprichwörtlichen katalanischen Ehrgeiz. Aber selbst als reicher und mächtiger Mann bleibt er aufgrund seiner einfachen Herkunft ein Mensch zweiter Klasse, auch als er die Tochter eines angesehenen Politikers und Geschäftsmanns zur Frau nimmt und sich fortan zu einem angesehenen Bürger wandelt. Sein spektakuläres Leben gipfelt in einer nicht weniger spektakulären aeronautischen Ausstellung, an deren Ende der unsterbliche Kapitalist Onofre Bouvila in einer grotesken Apotheose mit der schönen Maria Belltall in einem Fluggerät, das der Vater des Mädchens entworfen hat, für immer aufs Meer hinaus entschwebt.

La ciudad de los prodigios ist formal gesehen als lineare Erzählung angelegt, die von Mendoza als allwissendem Erzähler – seine Gegenwart ist bisweilen absolut – vermittelt wird. In manchen Fällen präsentieren sich die Geschehnisse als fiktive Chroniken oder hyperbolische Verzerrungen wahrer Begebenheiten, in anderen geben sie historisch belegbare Tatsachen wieder. In diesem Sinne kann *Die Stadt der Wunder* als Parodie auf den historischen Roman verstanden werden, dessen literarische Tradition Mendoza wiederaufnimmt und um seine erzählerische Projektion, um die Allgegenwart der Dialoge erweitert. *»Die Stadt ist nicht bloß der Ort, durch den der Roman seine Ordnung bekommt, und nicht bloß Stoff eines Erzählgarns, der das Ganze des Romans zusammenhält, sondern Mendoza breitet wie mit leichter Hand in einem furiosen Chronikalstil witzig, ironisch und parodistisch Zeit- und Weltgeschichte aus«* (H.-J. Schmitt). Dabei erreicht der Autor ein perfektes Gleichgewicht zwischen der realistischen Struktur einerseits und seiner sich keinen Regeln unterwerfenden Darstellungsweise andererseits. Es ist sein einziges Werk, in dem die Handlungsweise der zentralen Figur als psychologisch konfliktiv dargestellt wird. Eine wichtige Rolle bei dieser Kon- und Destruktion des Realismus spielt der beißende Humor, mit dem Elemente von beinahe magischer Qualität als historisch eingeführt werden. Das Wechselspiel zwischen der persönlichen Geschichte von Mendozas Figuren und den historischen Fakten erreicht hier seine höchste Perfektion; erzählerische Verfahrensweisen, mit denen der Autor bereits in vorangegangenen Werken erfolgreich experimentiert hatte, gewinnen hier ihre endgültige Gestalt. Dabei wird die Geradlinigkeit seines literarischen Weges offenbar, den Mendoza bis zum heutigen Tag kompromißlos eingehalten hat. F.P.C.

AUSGABE: Barcelona 1986.

ÜBERSETZUNG: *Die Stadt der Wunder*, P. Schwaar, Ffm. 1989.

LITERATUR: F.-R. Fries, Rez. (in FAZ, 1. 4. 1989). – H.-J. Schmitt, Rez. (in SZ, 31. 5. 1989).

LA VERDAD SOBRE EL CASO SAVOLTA

(span.; *Die Wahrheit über den Fall Savolta*). Roman von Eduardo MENDOZA, erschienen 1975. – Das im Jahr des Endes der Franco-Diktatur publizierte und mit dem »Premio de la Crítica« ausgezeichnete Erstlingswerk wurde wegen seiner spannenden und ungewöhnlichen Thematik, die erstaunlich gekonnt erzählerisch umgesetzt ist, mit großer Bewunderung aufgenommen. Javier Miranda, Beobachter und Protagonist in einer Person, erinnert sich an die Geschehnisse in Barcelona in den Jahren 1917 bis 1919, einer turbulenten Zeit, die geprägt war von sozialen Spannungen, Streiks, Bankrotten und ersten Attentaten der Anarchisten. Diese oft historisch nachweisbaren Vorfälle verbinden sich in dem Roman mit einer um verschiedene in der Erzählung des Protagonisten beschriebene Verbrechen und Intrigen kreisenden Handlung und mit einer feuilletonistischen Geschichte, die an die Romane des 19. Jh.s erinnert.

Lepprince, ein junger Franzose ungewisser Herkunft, gelangt nach der Ermordung des Industriellen Savolta und zweier seiner engsten Mitarbeiter und nach seiner Heirat mit Maria Rosa Savolta an die Spitze des Unternehmens. Mit allen Mitteln verfolgt er seine Ziele und bedient sich dazu Javier Mirandas, eines Büroangestellten, dem die Hintergründe nicht bekannt sind und der sich zu nichts verpflichtet, aber die Treue demjenigen hält, der ihm eine gesicherte Zukunft garantieren kann. Die »Unregelmäßigkeiten« im Unternehmen Savolta sind unübersehbar, unter den Arbeitern wächst nach einem ersten gescheiterten Streik die Unzufriedenheit: Der Bankrott scheint fast unvermeidlich. Die Flucht von María Cural, Gattin Mirandas und Geliebte des Franzosen, führt schließlich zum endgültigen Ruin des jungen Abenteurers: Die Fabrik brennt ab, Lepprince kommt ums Leben. Unfall? Mord? Selbstmord? »Die Wahrheit über den Fall Savolta« wird dem Protagonisten durch den Kommissar Alejandro Vázquez enthüllt, dem es gelingt, die bruchstückhafte Geschichte des Unternehmens Savolta und der mit ihm in Verbindung stehenden Personen zu rekonstruieren.

Im ersten, »experimentell« erscheinenden Teil bedient sich Mendoza der Techniken des zeitgenössischen Romans. Er führt die Erzählung in der ersten Person ein, wendet bei der Darstellung unterschiedlicher Standpunkte die Technik des Kontrapunkts an und plaziert dazwischen Material aus verschiedenen Quellen (Zeitungsartikel, Briefe etc.). Zusammen mit der scheinbaren chronologischen Unordnung erschweren diese Stilmittel die Lektüre, sie entführen den Leser in eine von Chaos bestimmte Welt. Im zweiten, für den Leser zunehmend aufschlußreichen Teil wird die Erzählweise linear und beschleunigt sich zu atemberaubendem Tempo, um schließlich zur Form des klassischen Romans eines CERVANTES oder P. BAROJA zurückzufinden. Die handelnden Personen erinnern an die Antihelden des pikaresken Romans, an die grotesken Figuren R. del VALLE-INCLÁNS oder an die

Gestalten des feuilletonistischen und des »empfindsamen« Romans. Das heterogene in den Roman integrierte Material und die verschiedenen Gattungen, die hier parodiert werden, sind Quelle einer enormen stilistischen und linguistischen Vielfalt. Mendoza nimmt die traditionelle Erzählkunst wieder auf, ohne in den übertriebenen Formalismus und die weitschweifige Sprache des emblematischen Romans zu verfallen. Mit seiner lässigen Kunstfertigkeit hat dieses Erstlingswerk, das Alltagssprache in einen dokumentarischen Apparat einbettet, der wiederum klassisch-ausgeglichen wirkt und auf Gemeinplätze verzichtet, Mendoza einen wichtigen Platz innerhalb der spanischen Erzählliteratur eingebracht. Für die gegenwärtige Literaturkritik ist *La verdad sobre el caso Savolta* in zweifacher Hinsicht von Bedeutung: Zum einen als generativer Text, als Fundus literarischer Möglichkeiten, als Voraussetzung für Mendozas weiteres Werk; zum anderen markiert das Buch als erster »Übergangsroman« *(novela de la transición)* die Anfänge der seit 1985 in Spanien vorherrschenden literarischen Tendenzen. F.P.C.

Ausgabe: Barcelona 1975.

Literatur: J. García Hortelano, Rez. (in El País, 4.4. 1976). – J.M. Alfaro, Rez. (in ABC, 18.6. 1976). – L. Cantero, Rez. (in Mundo Diario, 12.9. 1975). – S. Alonso, *La novela de la transición (1976–1981)*, Madrid 1983. – J.M. Saint Lu, *»La vérité sur le cas Savolta«* (in Revue de l'Université de Bruxelles, 1985, Nr. 314, S. 43–49).

Juan José Millás

* 1946 Valencia

EL DESORDEN DE TU NOMBRE

(span.; *Ü: Dein verwirrender Name*). Roman von Juan José Millás, erschienen 1988. – Steht sein früher Roman *Visión del ahogado*, 1977 *(Vision des Ertrunkenen)*, beispielhaft für die Hinwendung der jungen Generation nach der Franco-Zeit zu einem von politischem Druck befreiten Erzählen, setzt zehn Jahre später *El desorden de tu nombre* den von Millás selbst so benannten Ansatz *»einfacher Komplexität oder komplexer Einfachheit«* souverän um: Verborgen hinter dem scheinbar planen Abriß einer Dreiecksbeziehung, die in einem Verbrechen gipfelt, bildet eine überkreuzende und vertauschende Un-Ordnung – der *desorden* – das allgegenwärtige Prinzip einer Tiefenstruktur des Textes, die sich der Leser erschließen kann.

Der 42jährige Julio Orgaz begibt sich nach der Scheidung von seiner Frau und nach dem Tod seiner Geliebten Teresa bei einem Autounfall in psychoanalytische Behandlung. Nach den Sitzungen, die zweimal wöchentlich stattfinden, trifft er sich in einem nahe gelegenen Park mit Laura, in der er eine Reinkarnation seiner verunglückten Geliebten mit anderem Namen sieht. Zwischen den beiden entwickelt sich eine Liebesbeziehung. Laura erfährt schnell, daß Julios Psychoanalytiker niemand anderes als ihr Mann Carlos ist. Da Julio sie glauben läßt, er habe in seinen bisherigen Sitzungen nie ihren Namen erwähnt, täuscht Laura vor, mit einem Ingenieur verheiratet zu sein, und verlangt Julio das Versprechen ab, in seiner Behandlung von ihr nur als imaginiertem Wesen zu sprechen. Allerdings kommen Lauras Vorkehrungen zu spät, denn Carlos hat bereits von Julio ihren Namen erfahren. Doch statt seine Frau zur Rechenschaft zu ziehen, verschweigt er sein Wissen und verliebt sich über die Erzählungen seines ahnungslosen Patienten von neuem in Laura, die allerdings nichts von ihm wissen will.

Die beschriebene Dreiecksbeziehung erfährt ihren Reiz dadurch, daß Julio Orgaz zwar ein erfolgreicher Redakteur eines großen Verlages ist, sich aber im Grunde nichts sehnlicher wünscht, als ein genialer Schriftsteller zu sein. Angeregt durch die Lektüre der Erzählungen von Orlando Azcárate, über die er ein Gutachten abgeben soll und die er gegenüber Laura als seine eigenen ausgibt, maßt er sich an, über die erlebte ehebrecherische Liebe als *seinen Roman* verfügen zu können. Entscheidend ist, daß Julio zwar Laura für die Frau eines Ingenieurs hält, für seinen imaginierten Roman jedoch genau diejenige Konstellation als die reizvollere auswählt, die in Wirklichkeit zutrifft: Laura ist die Gattin seines Psychoanalytikers. Selbstverliebt in seinen Stoff, spielt er nicht nur gegenüber dem jungen Schriftsteller Orlando Azcárate in einem peinlichen Abendessen die Möglichkeiten durch, wie sich die Geschichte entwickeln könnte, sondern auch gegenüber seinem Psychoanalytiker. Dieser deckt keineswegs den Wirklichkeitsgehalt von Julios »Roman« auf, sondern weist ihn auf diejenige Anordnung hin, die der selbstherrliche Erzähler und Protagonist verworfen hat: *»Der Psychoanalytiker und seine Gattin wissen, was passiert; der Patient nicht.«* Es folgen weitere theoretische Äußerungen über das Verhältnis von Leben und Schreiben, die sich als ironischer Meta-Diskurs auf den Prozeß des Textes selbst beziehen: *»Man kann nicht zugleich schreiben und leben, man kann nicht zugleich Schriftsteller und Romanfigur sein.«*

Julios Überlegungen, welches verbrecherische Ende die Geschichte nehmen könnte, und sein Versuch, dies tatsächlich als Roman unter dem Titel *El desorden de tu nombre* zu Papier zu bringen, werden schließlich hinfällig. Laura hat bereits Carlos auf subtile Weise ermordet: Während eines Hitchcock-Films im Fernsehen mischte sie ihrem Gatten eine Überdosis Amphetamine in den Kaffee, die einen Herzanfall auslösen. Tage später bittet sie Julio in ihre Wohnung, der erst nach der Lektüre ihres Tagebuches begreift, daß der von ihm erdachte Roman von der Wirklichkeit überrollt wurde. Allerdings ist dies weder sein Werk, noch spielt er die Rolle des Protagonisten, sondern es ist dasjenige Lauras oder der Reinkarnation seiner verunglückten Geliebten Teresa: *El desorden de tu nombre* hat sich damit erfüllt, wobei Lauras Tagebuch auf der Ebene einzelner Wörter ebenso mit kreuzweisen Verschränkungen eine Un-Ordnung erzeugt, wie es im Roman auf der Ebene des Erzählten und des Erzählens geschieht.

Mit *El desorden de tu nombre* hat Millás den cervantesken Topos des »Lebens im Buch« auf erfrischende Weise neu inszeniert. Dabei gelingt es gerade durch die Multiperspektivität und die Kunst des Auslassens und Verschweigens, also der »Leerstellen«, eine spannende und aktive Lektüre auszulösen. Diese wird durch die Überkreuzungen von Erlebtem und Imaginiertem ebenso provoziert wie durch plötzliche Szenenwechsel, überraschende Wendungen und nicht zuletzt durch die zweifelhafte Moralität des Romanschlusses und hat den Roman zu einem Publikumserfolg gemacht. O.Gr.

AUSGABE: Madrid 1988.

ÜBERSETZUNG: *Dein verwirrender Name*, P. Schwaar, Ffm. 1990 (es).

LITERATUR: M. Navarro, *El orden de la novela* (in El Urogallo, Jan./Febr. 1988, S. 76 f.; m. Interview). – J. C. Suñén, Rez. (in El País, 13. 3. 1988, S. 15 f.). – M. García-Posada, Rez. (in ABC literario, 26. 3. 1988, S. IV). – F. Valls, *El orden del desorden* (in La Vanguardia, 14. 4. 1988).

ROSA MONTERO

* 1951 Madrid

AMADO AMO

(span.; *Ü: Geliebter Gebieter*). Roman von Rosa MONTERO, erschienen 1988. – Mit ihrem vierten Buch verläßt Rosa Montero die groteske Erzählwelt des vorangegangenen Romans *Te trataré como a una reina*, um erneut einen eher realistischen, sozialkritischen Blick auf die postfranquistische spanische Gesellschaft zu werfen. Anders als in ihrem Frühwerk stehen diesmal jedoch nicht frauenspezifische Probleme und das Geschlechterverhältnis im Mittelpunkt, sondern Herrschaftsstrukturen und Entfremdungsprozesse im spanischen Kapitalismus der achtziger Jahre.

Cesar, ein ehemals erfolgreicher Pop-Artist und Werbedesigner, arbeitet als Art-director in der Madrider Werbeagentur »Golden Line«, die einige Jahre nach ihrer Gründung in amerikanische Hände übergegangen ist. Die streng hierarchische Struktur der Firma und ein dichtes Netz subtiler, einem unerbittlichen Leistungsprinzip gehorchender Sanktionsmechanismen führen zu enormem Konkurrenzdruck und gegenseitigem Mißtrauen der Mitarbeiter. Bei Cesar löst dieses Arbeitsklima eine Identitätskrise aus, die seine Kreativität lähmt. Damit wird er zu einer Belastung für die Firma, die ihn deshalb der betrieblichen Insignien seiner beruflichen Position beraubt: Cesar wird der reservierte Parkplatz gestrichen, er muß eine frustrierte Sekretärin akzeptieren, und sein Büro wird verkleinert. Cesars gefährlichster Gegenspieler ist der baskische Aufsteiger Nacho, der, obwohl von Cesar selbst in die Agentur eingeführt, skrupellos dessen Demontage betreibt. Die Krise weitet sich bald auch auf Cesars Privatleben aus: Seine langjährige Lebensgefährtin Clara verläßt ihn, und auch die sie ersetzende Paula, eine demotivierte Mitarbeiterin der »Golden Line«, die als Frau bei Beförderungen stets übergangen wird, zieht sich schnell wieder von ihm zurück. Während Cesar mutmaßt, sie habe sich mit Nacho solidarisiert, plant Paula mit einem befreundeten Journalisten einen Racheakt: In einer madrilenischen Zeitschrift soll ein Artikel über ungesetzliche Praktiken der »Golden Line« erscheinen. Doch die Zeitschrift selbst warnt die Werbeagentur vor ihrer untreuen Mitarbeiterin und leitet die ihr zugespielten kompromittierenden Unterlagen an die Geschäftsleitung der Firma zurück. Cesar wird daraufhin gedrängt, Paula mit einer wahrheitswidrigen eidesstattlichen Erklärung zu belasten, mit der sie zur »freiwilligen« Kündigung gezwungen werden soll. Aus Angst um den eigenen Arbeitsplatz und aus Enttäuschung darüber, daß Paula ihn verlassen hat, leistet er die gewünschte Unterschrift.

Erzählt wird diese Geschichte eines beruflichen und moralischen Abstiegs konsequent aus Cesars Perspektive, wobei zahlreiche Passagen erlebter Rede immer wieder einen Blick in die Innenwelt des Protagonisten erlauben. Als reine Polemik gegen eine ausschließlich am Leistungsprinzip orientierte kapitalistische und zugleich patriarchale Gesellschaftsform wäre Rosa Monteros bislang erfolgreichster Roman daher mißverstanden. Er analysiert vor allem das Wesen der Macht und die Ich-Spaltung jener, die das Denken in Hierarchien zutiefst verinnerlicht haben: Im Spannungsfeld so konträrer Emotionen wie aggressiver Auflehnung und masochistischer Unterwürfigkeit entfremdet Cesar sich zusehends sich selbst. Dokumentiert der Roman diesen Prozeß psychologisch glaubwürdig und ironisch distanziert zugleich, bleibt demgegenüber die Darstellung der vom Kapitalismus geprägten Sozialstrukturen über weite Passagen klischee- und thesenhaft; überdeutlich lassen etwa die teils dem militärischen, teils dem klerikalen Bereich entnommenen Metaphern, mit denen das kapitalistische Verhältnis von Herr und Knecht beschrieben wird, das Bestreben der Autorin erkennen, den

Kapitalismus als zeitgenössische patriarchale Ersatzreligion zu charakterisieren. A.Rö.

AUSGABE: Madrid 1988.

ÜBERSETZUNG: *Geliebter Gebieter*, S. Ackermann, Wuppertal 1989.

LITERATUR: A. Hanke-Schaefer, *Rosa Monteros neuester Roman »Amado amo«* (in Tranvía, Sept. 1989, Nr. 10, S. 26–29).

TE TRATARÉ COMO A UNA REINA

(span.; *Ü: Ich werde dich behandeln wie eine Königin*). Roman von Rosa MONTERO, erschienen 1983. – Nach *Crónica del desamor* (1979) und *La función Delta* (1981), zwei Romanen, die weitgehend den Schreibmustern einer Literatur der Authentizität verpflichtet sind, entwirft Rosa Montero in ihrem dritten Buch ein groteskes, die Realität verfremdendes Melodrama. Inszeniert wird ein Panoptikum von Scheiternden, die schicksalhaft an unerfüllter Sehnsucht nach Liebe, grausamer Desillusionierung, Perspektivlosigkeit und Einsamkeit leiden. In die Handlung eingewoben sind die Texte kubanischer Boleros, die als ironischer Kommentar zum Erzählten zu lesen sind. Pointiert illustrieren sie die Diskrepanz zwischen der von romantischen Liebesmythen geprägten Traumwelt der Figuren und der jegliche Glückserfahrung verweigernden Realität. Der leitmotivisch verwendete Refrain des einzigen nicht dem kubanischen Volksliedgut entnommenen, sondern von der Autorin erfundenen Boleros gibt dem Roman seinen Titel.

Erzählt wird die Vorgeschichte einer Gewalttat: Bella, eine alternde Nachtclubsängerin, fristet ihr abwechslungsarmes Dasein in einem zwielichtigen Lokal, das zum Hauptschauplatz der Anfang der achtziger Jahre spielenden Handlung avanciert. Eines Tages taucht dort Poco auf, ein undurchsichtiger ehemaliger Fremdenlegionär, der von einer glanzvollen Zukunft als Bolerotexter in Kuba träumt. Bella verliebt sich in ihn und will ihm dorthin folgen. Doch Poco möchte lieber von Vanessa begleitet werden, einem naiven jungen Mädchen, das sich eine Karriere als Schauspielerin in Hollywood erträumt. Vanessa indes nimmt den Heiratsantrag des peniblen Beamten Antonio an, der in seiner Freizeit zwei Leidenschaften frönt: der Verführung einsamer Pilotengattinnen und der Kreation eines perfekten, die als unerträglich empfundene Dissoziation der Realität durch seinen Duft kompensierenden Parfums. Seine von ihm tyrannisierte, jungfräuliche Schwester Antonia beginnt ein Verhältnis mit dem um viele Jahre jüngeren Damián, wird jedoch von Antonio gezwungen, die Beziehung zu beenden. Diese Bevormundung alarmiert die inzwischen von Poco enttäuschte Bella, die sich – stellvertretend für die allesamt männlicher Gewalt ausgesetzten Frauenfiguren – an Antonio rächt, indem sie ihn aus dem Fenster seiner im vierten Stock gelegenen Wohnung wirft. Antonio überlebt zwar den Fenstersturz, verliert dabei aber den für seine Parfumkunst so wichtigen Geruchssinn. Poco hingegen schlägt Vanessa, die sich weigert, mit ihm nach Kuba zu gehen, brutal zusammen und begeht danach Selbstmord.

Bedeutsam ist die Eröffnung und dreimalige Unterbrechung dieses Erzählzusammenhangs durch fiktive Dokumente: Ein Artikel in einer kriminologischen Fachzeitschrift und die Protokolle der Befragungen des Opfers sowie zweier seiner Bekannten repräsentieren den öffentlichen, männlichen Blickwinkel, unter dem Bellas Verzweiflungstat als exzentrische Wahnsinnstat einer eifersüchtigen Matrone erscheint. Die beiden Textebenen – die fiktiven Dokumente, die nachträgliche Bewertungen des Geschehens wiedergeben, einerseits und die Erzählung der Vorgeschichte andererseits – symbolisieren so zwei konträre gesellschaftliche Diskurse. Der eine ist männlich und dominant – was dadurch zum Ausdruck kommt, daß seine Inhalte über die öffentlichen Medien als vermeintlich objektive Wahrheiten verbreitet werden können –, der andere ist weiblich und unter den herrschenden Diskursbedingungen nur im Medium einer fiktionalen Erzählung vermittelbar. Von daher ist das Zusammenleben der Romanfiguren nicht bloß von unaufhebbarer Einsamkeit und scheiternden Liebesbeziehungen geprägt, sondern primär von patriarchalischen Herrschaftsverhältnissen, die sich nicht nur auf die Alltags-, sondern auch auf die künstlerische Kommunikation erstrecken: Die Frauen fungieren allein als Rezipientinnen der von Männern produzierten Kunstobjekte (Bolerotexte, Gedichte, Parfums). Daß in Rosa Monteros Roman die Erzählhandlung als Korrektiv zur männlichen Sicht der Dinge zu lesen ist, deutet freilich an, daß die Autorin die aus weiblicher Perspektive verfaßte Literatur als Chance wertet, in einer patriarchalen Gesellschaft eine Gegenöffentlichkeit zu etablieren. A.Rö.

AUSGABE: Barcelona 1983.

ÜBERSETZUNG: *Ich werde dich behandeln wie eine Königin*, S. Ackermann, Wuppertal 1990.

LITERATUR: M. Hidalgo, Rez. (in Diario 16, 23. 11. 1983). – J. Calomarde, Rez. (in Pueblo, 6. 12. 1983). – R. Conte, Rez. (in El País, 25. 12. 1983). – K. M. Glenn, *Victimized by Misreading: R. M.'s »Te trataré como a una reina«* (in Anales de literatura española contemporánea, 12, 1987, S. 191–202). – E. Gascón Vera, *R. M. ante la escritura femenina* (ebd., S. 59–77).

ANTONIO MUÑOZ MOLINA

* 1956 Úbeda / Jaén

BEATUS ILLE

(span.; *Ü: Beatus Ille oder Tod und Leben eines Dichters*). Roman von Antonio MUÑOZ MOLINA, erschienen 1986. – An diesem Werk zeigt sich, daß ein gewisser zeitlicher Abstand der Qualität historischer Romane zugute kommt. Die beiden erzählten Zeiten und Orte (Madrid 1969 und ein andalusisches Dorf vor, während und nach dem Spanischen Bürgerkrieg) sind hinreichend weit voneinander entfernt, um – aus dem Abstand weiterer zwanzig Jahre – geschichtliche Unterschiede wie Gemeinsamkeiten zugleich deutlich werden zu lassen. Das vielfach gestaltete Thema des Bürgerkriegs wird hier von dem Angehörigen einer Generation aufgegriffen, die das Geschehen nur noch aus Erzählungen kennt. Das Ergebnis ist ein qualitativer Sprung in der Gattungsentwicklung.

Die Handlung entfaltet Geschichtserfahrung auf zwei Ebenen: Der Student Minaya, bedrängt von den Lebensumständen während der Franco-Diktatur, erfährt vom Schicksal des von der Falange ermordeten Schriftstellers Javier Solana, der ein Freund seines Onkels Manuel gewesen ist. Er begibt sich zu Nachforschungen – und auch, weil er aus Madrid fliehen will – in das Dorf des Onkels. Seine Erkenntnisse fügen sich zu einem facettenreichen Bild des Denkens und Verhaltens von Republikanern, Falangisten und Unpolitischen. Die Figuren sind von einer ins Symbolische reichenden Typik: Mariana, die von Manuel und Solana umworbene Frau, und ihr rätselhafter Tod, die geheimnisvolle junge Inés und Minayas Liebe zu ihr (Symbole des Weiblichen), Manuels alte Mutter Doña Elvira als Vertreterin des orthodox erstarrten Spanien. Letztere hat für Minayas Nachforschungen so wenig Verständnis wie einst für Solanas Schreiben. Sie wird zum Symbol der Verdrängung von Geschichte, wenn sie Minaya und Solana mit den Worten kritisiert: *»Als könnte man über Nichts etwas schreiben. Aber er war offenbar ein solcher Hochstapler, daß er noch nach dem Tode weiterlügt.«* Was wahr und was gelogen ist in der Geschichte, wird am Ende in der Schwebe gelassen. Solana selbst tritt überraschend als Figur auf (ein Teil des Erzählten stammt aus seinem Roman *Beatus Ille*, den er im Hause Manuels geschrieben hat bzw. schreiben wollte). Statt seiner wurde einst ein anderer ermordet. Der »Held« ist zu Unrecht und zufällig ein solcher geworden, das wirkliche Opfer namenlos und vergessen. Das Faktische an der Geschichte, so wird deutlich, hat kaum eine Bedeutung gegenüber dem Erzählten und Geglaubten. *»Es ist unwichtig, ob eine Geschichte wahr oder erfunden ist, wichtig ist, daß jemand sie erzählen kann.«*

Muñoz Molina setzt ehrwürdige Erzähltechniken neu ein. Das illusionsbrechende Verfahren (Geschichte in der Geschichte, Übertritt der erzählten Figur in die Realität des Erzählers), für das UNAMUNOS Roman *Niebla*, 1914 *(Nebel)*, unmittelbares Vorbild gewesen sein könnte, wird hier geschichtsphilosophisch genutzt. Der mit dem Willen zu Wahrheit und Objektivität einer vergangenen Epoche Nachforschende erfährt, daß er (wie seine Generation) ein Produkt dieser Vergangenheit ist, so wie letztere ohne ihn und seinen Erkenntniswillen nicht existieren würde. Eine besondere Leistung des in langen, objektivierend *und* ironisch wirkenden Sätzen erzählten Romans liegt darin, daß die Künstlichkeit der Konstruktion die geschichtliche Wahrhaftigkeit nicht beeinträchtigt. Er weckt Verständnis für alle, ethisch und moralisch noch so unterschiedlichen Beteiligten, ohne das Geschehen dadurch zu entpolitisieren. T.M.S.

AUSGABE: Barcelona 1986.

ÜBERSETZUNG: *Beatus Ille oder Tod und Leben eines Dichters*, H. Adler, Reinbek 1989.

LITERATUR: G. Morales Villena, Rez. (in Ínsula, Jan. 1986, 474, S. 14/15).

BLAS DE OTERO

* 15.3.1916 Bilbao
† 29.6.1979 Madrid

ANCIA

(span.; *Ancia*). Gedichtband von Blas de OTERO, erschienen 1958. – Der Titel, eine Kontraktion aus der ersten und letzten Silbe der Titel zweier früher erschienener Bände: *Angel fieramente humano*, 1950 *(Ungeheuerlich menschlicher Engel)*, und *Redoble de conciencia*, 1950 *(Verdoppelung des Bewußtseins)*, ist wohl eine Verstümmelung von *ansia* (Angst) – dem Hauptmotiv dieses Gedichtbandes, der sich aus den beiden erwähnten Bänden und weiteren 48 bisher unveröffentlichten Gedichten zusammensetzt. – Hauptthemen dieser Gedichte sind Beklemmung, Auflehnung gegen die Angst, die Suche nach Gott und dem Menschen. Die Auflehnung richtet sich zunächst gegen Gott als Urheber des Leids und Gegenstand einer bis zur Blasphemie gesteigerten Haßliebe. *»Du tust mir weh, Herr. Nimm deine Hand weg / über mir. ... Wenn ich dich töten könnte, / wie du es tust, ... ich möcht dir deine Hände abschneiden.«* Die Vorstellung der körperlichen Nähe Gottes zeigt den starken Einfluß der spanischen Mystik, besonders von

Juan de la Cruz *(»mich ertränkend stürze ich in dein Schweigen«)*, die expressive Sprache der Sonette die Nähe zum späten Quevedo. Die Verbindung der Zeilen – häufige *enjambements*, die auch die feste Strophenform verwischen – wird durch spröde, rauhe Einschnitte innerhalb der Verse zurückgenommen. Die durch zahlreiche Kommata, Bindestriche, Doppelpunkte bedingte Fragmentierung der Zeilen bewirkt einen harten, stakkatoartigen Satzrhythmus. Der Sonettform, die sich einer »offenen Form« annähert, wird durch dieses Vorgehen erstaunliche Aktualität abgewonnen.

Dem einsamen *»Kampf des Engels mit Gott«* (D. Alonso) und den Auseinandersetzungen um die Unsterblichkeit folgt die Erkenntnis der Solidarität mit einer *»entwurzelten Generation«*, mit einigen *»Männern ohne mehr Zukunft, als die Ruinen abzustützen«*. Im bewußten Gegensatz zu der *»minoría immensa«* eines Ramón Jiménez wendet sich Blas de Otero, der *»ungeheuerlich menschliche Engel«*, an die *»unendliche Mehrheit« (»mayoría immensa«): »Ich bin auf der Suche nach einem Vers, der einen Menschen auf den Straßen anhalten könnte.«* Die verzweifelte Suche nach Transzendenz wird unpersönlicher, allgemeiner, aber auch unbestimmter: *»Verzweifelt such' ich ein Etwas, was weiß ich, was ... genauso wie ihr.«* Die Suche aber nach dem Grund des Leidens wird eindringlicher, bleibt zunächst noch theoretisch die Suche nach dem *»Grund schlechthin des Leidens«* und gelangt dann, obwohl diese allgemeine Frage offenbleibt, zu einer Anklage unserer Zeit, die soviel Blutvergießen verursacht hat. Die Sprache, selten metaphorisch überhöht, nähert sich hier mehr der Umgangssprache, scheut selbst vor krassen Banalitäten nicht zurück, die disparat montiert werden: *»Als Sankt Augustin seinen* Gottesstaat *schrieb, ... und die deutschen Soldaten über die erst kürzlich bombardierten Kinder pißten ...«* Der Sarkasmus wandelt sich schließlich in mutige Verzweiflung, die sich gegen die Resignation zu behaupten trachtet. *»Ich resigniere nicht. Ich mach' weiter ... und wenn ich falle ... Wenn ihr mir folgen wollt, hier ist meine Hand und da der Weg.«*

B.v.B.

Ausgaben: Barcelona 1958 [Vorw. D. Alonso]. – Madrid 1984.

Literatur: D. Alonso, *Poetas españoles contemporáneos*, Madrid 1952. – E. Alarcos Llorach, *La poesía de B. de O.*, Oviedo 1955; ern. Madrid 1967. – E. Lorenz, *Der metaphorische Kosmos der modernen spanischen Lyrik 1936–1956*, Hbg. 1961. – J. van Praag-Chantraine, *Les poètes aux prises avec le réel, B. de O.* (in Synthèses, 1962, Nr. 194, S. 424–428). – G. R. Barrow, *The Primitive Rebel: Aspects of the Poetry of B. de O.*, Diss. Brown Univ. 1972 (vgl. Diss. Abstracts, 32, 1972, S. 5218A). – C. Blanco Aguinaga, *El mundo entre ceja y ceja: releyendo a B. de O.* (in PSA, 85, 1977, S. 147–196). – M. de Semprún Donahoue, *B. de O. en su poesía*, Chapel Hill 1977. – D. L. Stixrude, *La espontaneidad en las poemas de »Ancia«* (ebd., S. 273–295). – J. Galán, *Palabras para un pueblo: Tres vías de conocimiento*, Barcelona 1978. – *B. de O., Study of a Poet*, Hg. C. Mellizo u. C. Salstad, Laramie 1980. – M. A. Harris, *Some Elements of Structure in the Poetry of B. de O.*, Diss. Univ. of Oklahoma 1984 (vgl. Diss. Abstracts, 46, 1985, S. 163/164A).

RAFAEL SÁNCHEZ FERLOSIO

* 4.11.1927 Rom

EL JARAMA

(span.; *Ü: Am Jarama*). Roman von Rafael Sánchez Ferlosio, erschienen 1956. – Der Roman, der 1955 mit dem »Premio Nadal« und 1956 mit dem »Premio de la Crítica« ausgezeichnet wurde, ist nach *Industrias y andanzas de Alfanhuí*, 1952 *(Abenteuer und Wanderungen des Alfanhuí)*, der zweite und bisher letzte Roman Sánchez Ferlosios. Der Roman schildert einen Tag am Jarama, einem Fluß in der Nähe Madrids, an dem im Bürgerkrieg verlustreiche Kämpfe stattgefunden hatten. An einem Sonntagmorgen im August kommen elf junge Leute (Mechaniker, Verkäufer, Fabrikarbeiter, und ihre Mädchen) mit Fahrrädern und einem Motorrad aus Madrid am Jarama an, lassen ihre Räder in Mauricios Wirtshaus und gehen zum Fluß baden. Zu Mittag holen sie das zum Teil mitgebrachte Mittagessen, essen, reden und schmusen. Am späten Nachmittag gehen einige zum Tanzen ins Gasthaus, andere bleiben am Fluß. Bei einem nochmaligen abendlichen Baden ertrinkt das Mädchen Luci. Das Ritual der Aufnahme des Falles mit Polizei und Untersuchungsrichter rollt ab. Schockiert und betroffen kehren die jungen Leute in der Nacht nach Madrid zurück. – Die Handlung beginnt kurz vor neun Uhr morgens im Gasthaus und endet dort wieder um ein Uhr nachts. Schauplätze sind das Ufer des Jarama und die Gaststätte.

Der Roman gliedert sich in 56 einzelne überwiegend dialogische Szenen bei in der Regel alternierendem Schauplatz und gelegentlicher Simultaneität. Hervorstechendstes formales Merkmal ist die konsequent durchgehaltene Außenperspektive eines objektiven Erzählers: Neben den ausführlichen Dialogen kommt nur zur Darstellung, was von außen wahrnehmbar ist *(behaviorismo, conductismo)*; die Psyche der Personen erscheint entweder in ihren Gesten und eigenen Aussagen oder in Kommentaren übereinander. Diesem Merkmal verdankt der Roman seine Klassifizierung als Höhepunkt objektiver Erzählweise. Freilich erfährt diese doch gewisse Relativierungen durch die diskrete Lyrisierung der zwischen die Dialoge geschalteten Erzählerrede, durch den unübersehbaren Gebrauch von Symbolen, durch gelegentliche skurrile oder groteske Bilder im Dialog, und wohl auch durch die Darstellung der im Zusammenhang mit dem Unfalltod des Mädchens aktiv werdenden Justiz- und Verwaltungsmaschinerie, deren selbstsicher zur Schau getragener Objektivitätsanspruch bei offensichtlicher Hilflosigkeit bzw. Interesselosigkeit als implizite Selbstkritik des erzählerischen Objektivitätsanspruchs verstanden werden kann (A. Risco). Die Darstellung ist kontinuierlich und, bis auf den Tod des Mädchens, ohne nennenswerte Peripetien. Die Sprachform der Dialoge orientiert sich so perfekt an der gesprochenen Sprache, daß die frühe Kritik *El Jarama* als »Tonband-Roman« etikettierte. Festgestellt wurde auch die Übernahme filmischer Darstellungstechniken.

Im Rahmen des die spanischen fünfziger Jahre dominierenden »sozialen Romans« wurde *El Jarama* als Darstellung und Kritik des zeitgenössischen Spanien gelesen. Auf die Aktualität weist die Darstellung einer erwachenden bescheidenen Konsumfreudigkeit, die Nennung amerikanischer Produkte, aber auch die weitgehende Verdrängung der Bürgerkriegsvergangenheit und die Bezugslosigkeit der Jugend zu ihr hin. Die jungen Leute konnten als Kollektivprotagonist und Ausdruck einer ihrer proletarischen Ideologie und Bestimmung entfremdeten Masse gedeutet werden, die in der Trivialität ihrer Freizeit eine Scheinfreiheit von den Zwängen der Gesellschaft und der industriellen kapitalistischen Produktion findet. Eine ganzheitliche Lektüre des Romans, wie sie die neuere Kritik anstrebt (A. Risco; D. Villanueva), fördert, ausgehend von der Symbolik des Flusses (Name; Motto) eine symbolisch-magische Sinnebene zutage, in der neben der fließenden Zeit die wirkende Natur und eine auf den Tod des Mädchens vorbereitende Symbolik wesentliche Faktoren sind. Die Natur wird vom Menschen als Befreiung und Rückkehr zu den vitalen Ursprüngen empfunden, erweist sich aber auch als Todesbringerin. – Der Autor gibt keine Hinweise auf einen intendierten Sinn des Romans; ein solcher kann aber wohl auf existentieller Ebene im Eingebundensein des Menschen in die fließende Zeit und in der Evokation eines trotz scheinbarer Sicherheit und Verdrängung immer vom Tod umlauerten Daseins gesehen werden.

El Jarama galt lange als hervorragendstes Beispiel eines absolut objektiven und resolut modernen Erzählens in Spanien und schien so den innovatorischen Impuls von Celas *La Colmena* wiederaufzunehmen. Objektivismus wie vordergründige soziale Bezugnahme sind freilich nur Oberflächenstrukturen, unter denen sich, ähnlich ausgedehnt wie in den Romanen A. M. Matutes, doch weniger offensichtlich, mythische Inhalte um die Zentralmetapher des Flusses lagern. Erzähltechnisch sollte der Roman der sechziger und siebziger Jahre grundsätzlich andere Wege beschreiten. W. Kre.

Ausgaben: Barcelona 1956. – Barcelona 1967. – Barcelona 1973. – Barcelona 1982. – Madrid 1987. – Barcelona 1988.

Übersetzung: *Am Jarama*, H. Frielinghaus, Wiesbaden 1960.

Literatur: L. Jiménez Martos, *El tiempo y »El Jarama«* (in CHA, 28, 1956, S. 186–189). – J. M. Castellet, *Notas para una iniciación a la lectura de »El Jarama«* (in PSA, 1, 1956, S. 205–217). – C. E. Riley, *Sobre el arte de S. F.: aspectos de »El Jarama«* (in Filología, 9, 1963, S. 201–221; ern. in *Novelistas españoles de posguerra*, Bd. 1, Hg. R. Cardona, Madrid 1976, S. 123–141). – P. Carrero Eras, *Lo concreto y lo mágico en »El Jarama« de R. S. F.* (in *Homenaje universitario a Dámaso Alonso*, Madrid 1970, S. 265–272). – S. Bacarisse, *R. S. F.: literatura ›sub specie ludi‹* (in FMLS, 7, 1971, S. 52–59). – J. Schraibman u. W. T. Little, *La estructura simbólica de »El Jarama«* (in Philological Quarterly, 51, 1972, S. 329–342). – D. Villanueva, *»El Jarama« de S. F.: su estructura y significado*, Santiago de Compostela 1973. – A. Risco, *Una relectura de »El Jarama« de S. F.* (in CHA, 95/96, 1974, S. 700–711). – P. Gallagher, *Una nota sobre la temporalidad y acción en »El Jarama«* (ebd., S. 631–634). – H. Gullón, *Recapitulación de »El Jarama«* (in HR, 43, 1975, S. 1–23). – P. Carrero Eras, *»El Jarama« y su estructura* (in Insula, 30, 1975, Nr. 343, S. 1; 10). – G. Martín, *Juventud y vejez en »El Jarama«* (in PSA, 20, 1975, S. 9–33). – A. Gil u. H. Scherer, *Physis und Fiktion: Kommunikative Prozesse und ihr literarisches Abbild in »El Jarama« von R. S. F.*, Kassel 1984. – J. Canellada, *El habla de »El Jarama«* (in BRAE, 65, 1985, Nr. 234, S. 71–100).

JORGE SEMPRÚN

* 10.12.1923 Madrid

Literatur zum Autor:
C. Delory-Momberger u. T. König, *J. S.* (in KLFG, 9. Nlg, April 1986). – L. Küster, *Obsession der Erinnerung. Das literarische Werk S. s*, Ffm. 1988. – Ders., *S.* (in KLRG, 5, 1988).

AUTOBIOGRAFÍA DE FEDERICO SÁNCHEZ

(span.; *Ü: Federico Sánchez. Eine Autobiographie*). Politische Autobiographie von Jorge Semprún (Spanien/Frankreich), erschienen 1977. – Federico Sánchez ist einer der Decknamen, die Semprún während seiner illegalen Tätigkeit als Funktionär der Kommunistischen Partei Spaniens (PCE) dienten. Die autobiographischen Reflexionen setzen im Jahre 1964 ein, d. h. zu jenem Zeitpunkt, als auf Weisung Dolores Ibárruris, der langjährigen

Generalsekretärin und Vorsitzenden des PCE, die Existenz des Federico Sánchez durch Parteiausschluß beendet wurde. Der mit dem als Kränkung erfahrenen Verdikt des *»intellektuellen Wirrkopfs«*, dem der *»Revisionismus-Vorwurf«* gemacht und *»Fraktionsarbeit«* unterstellt wird, Ausgeschlossene bedarf fortan keines Decknamens mehr; die Erinnerungsarbeit kreist um die Erfahrungen des PCE-Mitglieds Federico Sánchez alias Semprún, dessen Identität untrennbar mit seinem politischen Engagement in der andauernden Illegalität und im Exil verknüpft ist. In einem auf literarischen Verfahrensweisen basierenden Zwiegespräch des sich erinnernden Ichs und des erinnerten Ichs wird der Versuch unternommen, das Verhältnis des Intellektuellen zur Partei und, in einem weiteren Sinn, zur Arbeiterbewegung zu reflektieren.

Bereits als 18jähriger schloß sich der junge Semprún im französischen Exil der Résistance an, wurde von der Gestapo verhaftet und 1943 in das KZ Buchenwald deportiert. Nach Frankreich zurückgekehrt, traf er erstmals mit Dolores Ibárruri, der »Pasionaria«, zusammen, deren Charisma ihn u. a. veranlaßte, politische Lyrik zu schreiben, die sich durch »verzückte Religiosität« und »lyrisch-stalinistische Offenherzigkeit« auszeichnet und zugleich seine damalige Einstellung zur »Partei« dokumentiert. 1953 kehrte er, als leitendes PCE-Mitglied, erstmals wieder illegal nach Spanien zurück, wo er sich an der Organisation des antifranquistischen Widerstandes beteiligte und ab 1957 in Madrid die Parteiarbeit im Untergrund koordinierte.

Neben dem dokumentarischen Gehalt und den Informationen über die Unterdrückung und die Todesurteile im Franco-Regime einerseits und andererseits über die Arbeit des PCE gegen die Franco-Diktatur, insbesondere in Form der Aktionen zur Vorbereitung von Streiks, formuliert diese politische Autobiographie eine schonungslose Kritik am Verhalten der hohen Funktionäre des PCE, denen Semprún Dogmatismus und eine stalinistisch geprägte Denkstruktur nachweist, die nicht nur jede parteiinterne Diskussion im Keim ersticke, sondern darüber hinaus dazu geführt habe, daß die im Exil, weitab von der spanischen Wirklichkeit residierenden Mitglieder des Parteivorstandes über die Wirksamkeit der Widerstandsaktionen gegen das Franco-Regime schwerwiegende Illusionen verbreiteten und einem Wunschdenken verhaftet blieben, das auf einer Fehleinschätzung der Wirklichkeit beruhte. Im Zentrum der Attacke steht Santiago Carrillo, Generalsekretär des PCE, der als »Verkörperung« des Parteigeistes der Lüge bezichtigt wird, insofern er als einer der Wortführer der spanischen KP durch Selbstüberschätzung und Opportunismus, Doppelzüngigkeit und Geschichtsklitterung eine grundlegende »Entstalinisierung« des Parteidenkens verhindert habe. Carrillo und der »Pasionaria« wird vorgeworfen, nach wie vor die Position vertreten zu haben: *»Es ist besser, sich mit der Partei zu irren, als außerhalb der Partei, gegen die Partei recht zu haben.«*

Die Frage, warum Federico Sánchez die retrospektiv bloßgestellten Machenschaften der Parteileitung erst kritisch wahrzunehmen vermag, nachdem er seiner Funktionen enthoben und aus der Partei ausgeschlossen wurde, zieht sich durch alle Kapitel. Die durch eine zeitliche und emotionale Distanznahme möglich gewordene erneute Lektüre ausführlich zitierter Dokumente, zum Teil vertrauliche, parteiinterne Schriften, Reden, persönliche Aufzeichnungen und Augenzeugenberichte, bietet die Voraussetzung für Selbstkritik. Ursachen für das jahrelange Schweigen, für das persönliche Unvermögen, sich der Parteidisziplin zu entziehen, um Kritik zu üben am Personenkult und am »geistigen Stalinisierungsprozeß«, sind u. a. *»fast religiöse Identifizierungssucht, geistige Trägheit, ein perverser Begriff von den Erscheinungsformen des Klassenkampfes, totale Verständnislosigkeit für die Vielschichtigkeit der nationalen Problematik«.*

Für den Intellektuellen Federico Sánchez alias Semprún entzündete sich der Konflikt mit dem »Parteigeist« letztlich am Problem der Sprache: Es galt zu wählen zwischen der ihrer Ideologie verhafteten und der sozialen Wirklichkeit immer weniger gerecht werdenden offiziellen Sprache der Partei und jener Sprache, die der sozialen Wirklichkeit auf die Spur kommen will. Inanspruchnahme des Rechts auf freie Meinungsäußerung sowie die Entscheidung gegen die Ideologisierung der Sprache führten letztlich dazu, daß Federico Sánchez aus der kommunistischen Partei ausgeschlossen wurde. Politisch heimatlos geworden, löst sich Federico Sánchez alias Jorge Semprún im Prozeß des Schreibens, den der Autor als befreiende Erfahrung bezeichnet, von der Orthodoxie der KP sowie von seiner eigenen politischen Vergangenheit und übernimmt fortan die Rolle des unermüdlichen Kritikers kommunistischer Politik. B.We.

Ausgaben: Barcelona 1977.

Übersetzung: *Federico Sánchez. Eine Autobiographie*, H. Mahler-Knirsch, Hbg. 1978. – Dass., dies., Ffm./Bln. 1981 (Ullst. Tb).

Literatur: T. Rodríguez Pujol, *›Yo era peligroso‹. J. S. cuenta su vida* (in Cuadernos para el diálogo, 1977, Nr. 206). – C. Mercadier, *Federico Sánchez et J. S.: une autobiographie en quête de romancier* (in *L'autobiographie dans le monde hispanique*, Paris 1980). – G. Schmigalle, *J. S.s Kritik des Kommunismus* (in Iberoamericana, 5, 1981, Nr. 12, S. 3–21).

LA DEUXIÈME MORT DE RAMÓN MERCADER

(frz.; *Ü: Der zweite Tod des Ramón Mercader*). Roman von Jorge Semprún (Spanien/Frankreich), erschienen 1969. – In einer Atmosphäre des Kalten Krieges treffen Agenten der CIA, des KGB und des DDR-Staatssicherheitsdienstes aufeinander und bringen den Mechanismus von Hinterhalten und Abwehrmanövern, von Zügen und Gegenzügen in

Gang, wobei dem Leser zunächst die Rolle des Detektivs zukommt, der die schwer durchschaubaren Figurenkonstellationen und labyrinthisch verzweigten Handlungsstränge entschlüsseln muß. Bereits der Name des Protagonisten verweist auf die komplex angelegte Handlungsführung: Ramón Mercader ist der Name des Trockij-Mörders und zugleich der eines spanischen Kindes, das während des Bürgerkrieges, nach der Ermordung seines Vaters durch die Falangisten, in die Sowjetunion gebracht wurde, dort aber bei einem Bombenangriff während des zweiten Weltkriegs ums Leben kam, so daß sein Name und seine Identität von einem anderen, dem Sowjetbürger Ginsburg, übernommen werden, der als Ramón Mercader im Rahmen der Repatriierung der »spanischen Kinder« 1956 nach Spanien kommt und dort ein Doppelleben führt, indem er als Handelsbevollmächtigter des spanischen Außenministeriums sowie als Agent für den KGB tätig wird, was der CIA nicht entgeht: Seine Geschäftsreise am Osterwochenende 1966 nach Amsterdam endet mit dem »zweiten Tod des Ramón Mercader«, d.h., Mercader alias Ginsburg verfängt sich in den Netzen der CIA und wird ermordet.

Um diese Geschichte von Agenten, falschen Identitäten, Lügen und ideologischen Verblendungen zu erzählen, entwirft Semprún neben den vielfach unterbrochenen Vorgeschichten der Protagonisten eine Vielzahl von Figuren, die jeweils ihre eigene Geschichte haben. Die ausgeklügelten Spionagetechniken haben ihre romanästhetische Entsprechung in der Textstruktur, die auf permanenten Perspektivenwechseln beruht, sich die Möglichkeiten der Montagetechnik zunutze macht und stellenweise an den *nouveau roman* erinnert. Die quereinschießenden narrativen Elemente, Abschweifungen, Querverbindungen, Verkürzungen in der Geschichte, tragen dazu bei, die Illusion einer geschlossenen, in sich stimmigen Romanwelt zu destruieren. Häufig interveniert der Erzähler und lenkt den Blick des Lesers auf Aspekte des historisch-politischen Zusammenhangs, in dem der Spionageroman angesiedelt ist: einerseits die Erinnerung an den Spanischen Bürgerkrieg, an den faschistischen bzw. nationalsozialistischen und an den stalinistischen Terror, andererseits die Verfallsgeschichte der kommunistischen Bewegung, deren historisches Ende im Immobilismus des real existierenden Staatssozialismus besiegelt wurde.

Als Mercader tot in seinem Hotelzimmer aufgefunden wird, gelingt es der CIA, den Mord als Selbstmord plausibel zu machen, so daß der KGB, der sich mit der Aufklärung des Falls Mercader befaßt, nur eine einzige Erklärung bereit hat: Verrat. Unter diesem Vorzeichen rekonstruieren die sowjetischen Agenten den Lebenslauf Mercaders, ohne die der Selbstmordthese widersprechenden Einwände von zuverlässigen Zeugen, die aus eigener Erfahrung die Schauprozesse gegen sogenannte Verräter kennen, zu berücksichtigen. Mercader alias Ginsburg erscheint den Funktionären plötzlich als suspekt: Man erinnert an seine Herkunft, die »verräterisch« ist, weil der Vater zwar Kommunist, aber Intellektueller war; und die Tatsache, daß Ginsburg vom Komsomol (Jugendorganisation der KPdSU) abgelehnt wurde, gilt jetzt als Verdachtsmoment. Anstatt auf die Idee zu kommen, daß die CIA-Agenten die Beweise für Mercaders vermeintlichen Verrat und Selbstmord eigens arrangiert haben, um eine falsche Spur zu legen, suchen die KGB-Leute den Feind in ihren eigenen Reihen und erklären ihren Mann nach altem Muster zum Verräter. Während der Trockij-Mörder und exemplarische Repräsentant der Stalin-Ära, Ramón Mercader, seinen Lebensabend unbehelligt in einer Datscha verbringt und zu seiner Tat schweigt, was ihn aus der Sicht des Romans zusätzlich zum Verbrecher macht, stirbt der falsche Mercader.

Der Roman wirft auch die Frage nach den Auswirkungen des Stalinismus auf das Denken der kommunistischen Funktionäre auf, wobei die KGB-Agenten, die sich im Netz der Spionage und Gegenspionage verstricken, bezeichnenderweise an die Stelle der Berufsrevolutionäre treten. Indem Semprún die zunehmende Undurchschaubarkeit des Agentendickichts auf die Struktur des Romantextes transponiert, verlangt er dem Leser Aufmerksamkeit und Luzidität ab – eine Grundhaltung, die es auch gegenüber den im Roman evozierten politischen Strukturen einzunehmen gilt, die Semprún für ähnlich labyrinthisch oder manipulierbar hält wie den auf das Niveau von Geheimdienstaktivitäten heruntergekommenen Kampf ehemals überzeugter Kommunisten, die durchaus um die Manipulation der politischen Wahrheit wissen, sich letztlich aber der desillusionierenden Erkenntnis verweigern, daß sich der traditionelle Kommunismus in einer Sackgasse befindet. B.We.

AUSGABE: Paris 1969.

ÜBERSETZUNG: *Der zweite Tod des Ramón Mercader*, G. Steinmetz, Ffm. 1974; ern. 1979 (st).

LITERATUR: J. Martín-Artajo, *»La segunda muerte de Ramón Mercader« de J. S.* (in PSA, 16, 1971, Nr. 184, S. 67–80). – M. A. García López, *El empleo del tiempo en »La segunda muerte de Ramón Mercader« de J. S.* (in Punto de partida, 5, 1972, Nr. 30, S. 3–5). – K. Kohut, *Die Problematik von Literatur, Revolution und Exil in J. S.s »La deuxième mort de Ramón Mercader«* (in RJb, 24, 1973/74, S. 141–162). – L. Baier, Rez. (in SZ, 3. 4. 1974). – J. Ortega, *Intriga, estructura y compromiso en »La segunda muerte de Ramón Mercader«* (in CHA, 1976, Nr. 310, S. 160–175). – B. Lenz, *Wirklichkeitsanspruch und Metakommunikation. S. »La deuxième mort de Ramón Mercader« (1969)* (in B. L., *Factifiction, Agentenspiele wie in der Realität. Wirklichkeitsanspruch und Wirklichkeitsgehalt des Agentenromans*, Heidelberg 1987, S. 95–98).

L'ALGARABIE

(frz.; *Ü: Algarabía oder Die neuen Geheimnisse von Paris*). Roman von Jorge SEMPRÚN (Spanien/Frankreich), erschienen 1981. – Semprún entwirft hier ein fiktives Universum, das er zeitlich und räumlich reduziert, und zwar auf einen einzigen Tag, den 31. Oktober 1975, in Paris, *»der Hauptstadt aus Traum und Schmerz«*, wo sich im Anschluß an die als erfolgreich gesetzte »Revolution« vom Mai 68 eine autonome *»Zone d'utopie populaire«* etabliert hat, d. h. eine Stadt in der Stadt, ein von einer Mauer umgebenes, von Machtkämpfen und sexuellen Ausschweifungen gezeichnetes negatives Paradies der Anarchisten, Maoisten, Autonomisten, ehemaligen Spanien-Kämpfer, Linksintellektuellen, Erotomanen, Kriminellen etc. Erzählt wird zugleich der letzte Tag im Leben des Protagonisten Artigas, ein im Exil lebender Schriftsteller, der sich frühmorgens aufmacht, um sich einen auf seinen richtigen Namen, den niemand mehr kennt, ausgestellten Paß zu besorgen, in der Absicht, unverzüglich nach Spanien zurückzukehren, wo am selben Tag Franco im Sterben liegt, gegen den er und seine ebenfalls in dieser zweiten Pariser Commune lebenden Freunde in der Illegalität kämpften, ohne das Ende des Franco-Regimes auch nur im geringsten beschleunigt zu haben. Mit dem Tod Francos endet für Artigas *»die schlaflose Nacht des Exils«*, doch er wird nicht in die *»unerreichbare Heimat«* zurückkehren; am Ziel seiner an abenteuerlichen Hindernissen reichen Tagesreise und am Ende des Romans angekommen, die wiedergefundene Identität in Form eines Reisepasses in Aussicht, wird er noch am selben Tag sterben.

Die zeitliche und räumliche Geschlossenheit dieser in die Vergangenheit projizierten Zukunftsvision erinnert einerseits an eine Utopie mit negativen Vorzeichen, und sie kontrastiert andererseits mit der erzählerischen Vielfalt der Figuren und Episoden, die nicht fortlaufend, sondern diskontinuierlich erzählt werden und bis ins Unermeßliche ineinander verschachtelt sind; sie kontrastiert mit der demonstrativen Mehrsprachigkeit und mit der Vielschichtigkeit der Zeitebenen. »Algarabía«, Titel- und Schlüsselwort, bezeichnet im Spanischen neben der arabischen Sprache bzw. der unverständlichen Sprache vor allem: verworrenes Gerede, Charivari, Getümmel, Durcheinander; auf die Struktur des Romans bezogen verweist »Algarabía« auf den Kunstgriff des Erzählers, den linearen, finalen Erzählvorgang durch Simultaneität, Vor-, Rück- und Überblendungen, nachgeholte Vorgeschichten, philosophische und politische Reflexionen aufzubrechen, um dadurch zu einer mehrfach perspektivierten – zunächst chaotisch anmutenden – Erzählstruktur zu gelangen. In ironischen Bemerkungen dialogisiert der Erzähler mit dem Leser, von dem erwartet wird, daß er mit den Gattungsregeln des Schelmenromans, der erotischen Erzählung, der im 19. Jh. herausgebildeten Gesellschafts-, Abenteuer- und Großstadtromane ebenso vertraut ist wie mit den Romanen von Gide, Proust, Joyce oder dem *nouveau roman*. Der fiktive Leser erscheint als Double des Erzählers, dessen »Zuverlässigkeit« immer wieder in Zweifel gezogen wird, denn es ist die Herausforderung an den Leser, die intertextuellen Bezüge dieses Panoptikums literarischer Figuren und historischer bzw. zeitgenössischer Personen herzustellen. Der ironische Pakt zwischen Erzähler und Leser verdoppelt sich auf der Ebene der Romanfiguren, die auch als Leser eingeführt werden und sich im wörtlichen und im übertragenen Sinn unablässig paaren. Artigas ist in Form des Carlos María Bustamente mit einem *alter ego* ausgestattet, dem er sein »Gedächtnis« vermacht und dem der Erzähler die Rolle des Miterzählers zuschreibt, welcher schließlich zusammen mit der letzten Geliebten Artigas', Anna-Lisa, einer deutschen Studentin, die Artigas' Lebensgeschichte, insbesondere seine Erinnerungen an die Kindheit in Spanien und im Exil, auf Tonband festhält, den Roman an Stelle von Artigas schreibt, so daß sich auch die Rolle des Erzählers vervielfacht. Artigas ist einer der Decknamen, deren sich Semprún während seiner illegalen Parteiarbeit in Spanien bediente, einer der zahlreichen Hinweise auf autobiographische Aspekte des Protagonisten.

Carlos fungiert u. a. als Raisonneur, der das Geschehen in der zweiten Pariser Commune kommentiert: *»Wir, die wir die Zukunft hätten sein können, wir sind nur noch die archaischen Überreste einer die Hoffnungen des 19. Jahrhunderts nachäffenden Commune, die sie als makabre Farce wiederholt.«* Auf der Schwundstufe dieser Commune wiederholen sich als grobe Farce revolutionäre Rituale, ideologische Grabenkämpfe und Geiselnahmen, während die libertinösen Szenerien ihre literarischen Vorbilder (z. B. die Romane des Marquis de SADE) parodieren. Jede Erinnerung an eine revolutionäre Situation fällt dem Spott des Erzählers anheim, der seine Enttäuschung über das Scheitern linker Politik in sarkastische Bilder transponiert. An die Stelle eines utopischen Gesellschaftsentwurfes tritt hier das ausschweifende Erzählen zum Teil recht kruder Geschichten, die sich wie die zufällig aneinandergereihten Bilder eines imaginären Museums der Literaturgeschichte lesen. Die in Libertinage, Verführung, Entführung und politische Diskussionen verstrickten Romanfiguren demonstrieren ihre Belesenheit, zitieren ausführlich – je nach Situation – die Klassiker der Erotika, oder sie spielen die Rollen der Helden aus den Trivialromanen, deren Prototyp, *Les mystères de Paris* von E. SUE, just an diesem 31. Oktober 1975 in der Commune verfilmt wird. Einsam wie der Held eines trivialen Wildwestfilms endet auch die literarische Existenz des Protagonisten Artigas, der von einer Gangsterbande in dem Augenblick erschossen wird, als er den Beschluß gefaßt hat, den Roman seines Lebens zu schreiben, welcher plötzlich in seiner Vorstellung Gestalt annahm, als ein kleines Mädchen die Romanze von der »Algarabía« sang und ihm somit den Schlüssel zu seiner eigenen Erzählung lieferte. Die Gesamtkomposition seines Romans vor Augen, der mit der wiedergefundenen Zeit der Kindheit beginnen könnte, kommt Artigas sterbend zu sich selbst und verschwindet zugleich als Autor seiner eigenen Geschichte. Rückblickend erschließt sich »Algarabía« als Bild für das phantastische, von der Lust am Fabulieren gekennzeichnete Protokoll der politischen Enttäuschung eines aus der Geschichte entlassenen Subjektes, für das es nicht mehr nur die eine Wahrheit gibt, sondern eine vielstimmige: die der Geschichten, die der Literatur. B.We.

AUSGABE: Paris 1981.

ÜBERSETZUNG: *Algarabía oder Die neuen Geheimnisse von Paris*, T. König u. C. Delory-Momberger, Ffm. 1985.

LITERATUR: G. Pudlowski, Rez. (in NL, 26. 11. 1981). – B. Poirot-Delpech, Rez. (in Le Monde, 4. 12. 1981). – G. Cortanze, Rez. (in Mag. litt, März 1982). – R. Conte, Rez. (in El País, 9. 5. 1982). – W. F. Schoeller, Rez. (in SZ, 9. 10. 1985). – H. J. Fröhlich, Rez. (in FAZ, 7. 12. 1985). – P. Stänner, Rez. (in Der Tagesspiegel, 15. 12. 1985). – R. Görling, Rez. (in FRs, 1. 2. 1986).

LE GRAND VOYAGE

(frz.; *Ü: Die große Reise*). Roman von Jorge SEMPRÚN (Spanien/Frankreich), erschienen 1963. – Das Werk, dessen Handlungskern die fünftägige Fahrt eines Gefangenentransports von Compiègne zum Konzentrationslager Buchenwald bildet, ist mehr als das Erinnerungsbuch eines KZ-Häftlings. Zwar geht der Autor von Selbsterlebtem aus – er, der gebürtige Spanier, mußte während des Bürgerkriegs ins französische Exil gehen, schloß sich später der Résistance an, wurde verhaftet und nach Buchenwald deportiert –, doch ist es ihm nicht um die Aufzeichnung rein persönlicher Erlebnisse zu tun: Aus der bewußt weiten Distanz von mehr als anderthalb Jahrzehnten überblickt er die Vergangenheit, ordnet und sichtet sie, stellt Bezüge her, zieht die Bilanz einer ganzen Epoche.

Der Roman beginnt mit dem vierten Tag der Fahrt, als der Zug das Moseltal entlangfährt. Gérard, der Ich-Erzähler, ist mit 119 anderen Häftlingen in einem Güterwagen zusammengepfercht. Er berichtet von diesem Transport, von den banalen und den grauenvollen Ereignissen der Fahrt, den langen Gesprächen mit seinem Nebenmann (dem *»Jungen aus Semur«*), von den gelegentlichen Blikken aus dem Waggonfenster auf die vorüberziehende Landschaft. Über dieses Geschehen schichtet sich eine Vielzahl von Gedanken, die in einem automatisch ablaufenden Prozeß freien Assoziierens und unwillkürlichen Erinnerns spontan aus dem Unterbewußtsein zutage treten. Auf diese Weise gewinnt alles das neue Konturen, was von der Zeit des Spanischen Bürgerkriegs bis zum Augenblick des Erzählens unauslöschliche Spuren in ihm hinterlassen hat. Die Fahrt selbst hat die Funktion einer Meßstrecke, einer feststehenden Größe also, zu der alle Einzelereignisse in Beziehung gesetzt werden. Die ungeordnete Masse der Erinnerungen an das, was vorher geschah – Bürgerkrieg, Schule und Universität, Arbeit in der Résistance, Verhaftung, Verhöre durch Gestapo und Feldgendarmerie –, und an das, was danach kam – Konzentrationslager, Befreiung, Rückkehr nach Frankreich, das weitere Leben dort bis zum Augenblick des Schreibens –, alles wird geordnet und zum Bild gefügt mit Hilfe dieser Fahrt, die, weil sie den Menschen aus Vergangenheit und Zukunft herauslöst, weil sie Distanz schafft zwischen ihm und seinen Erinnerungen, geeignet ist als Maßstab, geeignet, das Unwichtige vom Wichtigen zu trennen: *»Der Zug pfeift durch das Moseltal, und die leichten Erinnerungen flattern davon.«* Mit der Ankunft auf dem Lagerbahnhof endet Gérards Bericht. – Im kurzen Schlußteil beschreibt Semprún in der dritten Person, wie Gérard in das Konzentrationslager geführt wird. Der Anblick, der sich ihm bietet, ist entlarvend: eine monumentale Straße, *»die von hohen Steinpfeilern begrenzt ist, auf denen in brutaler Herrschgier die Hitleradler hocken«*.

Das Verfahren, unter bewußtem Verzicht auf zeitliche Abläufe die Ereignisse nach ihrer inneren Zusammengehörigkeit zu ordnen – eine Technik, die schon fast zur Routine des Romanschreibens gehört –, scheint sich dem Autor förmlich aufgezwungen zu haben. Auf diese Weise gelang es ihm, einen chaotischen Abschnitt europäischer Geschichte in den Rahmen eines eher knappen Romans zu bannen. In kurzen, klaren Sätzen in einer Sprache von nüchterner Kühle berichtet er die Geschehnisse der Kriegs- und Nachkriegszeit, ohne anzuklagen oder freizusprechen, und wenn er Gérard sagen läßt: *»Es ist völlig überflüssig, die SS-Leute verstehen zu wollen; sie auszurotten genügt«*, dann ist das kein von Haß diktiertes Urteil, sondern eine Diagnose. A.F.R.

AUSGABEN: Paris 1963. – Paris 1972.

ÜBERSETZUNG: *Die große Reise*, A. Christaller, Hbg. 1964. – Dass., dies., Bln./DDR 1966. – Dass., dies., Ffm. 1986 (st).

LITERATUR: H. Vormweg, Rez. (in WdL, 2. 6. 1964). – D. Droese, Rez. (in Die Weltwoche, 5. 6. 1964). – R. Held, Rez. (in FAZ, 20. 6. 1964). – H. Heißenbüttel, Rez. (in SZ, 14. 8. 1964). – F. Hagen, Rez. (in Stuttgarter Ztg., 24. 12. 1964). – A. Villelaur, *Entre deux voyages* (in Les Lettres françaises, 1. 6. 1967, S. 18). – J. H. King, *S.'s Long Journey* (in AJFS, 10, 1973, S. 223–235). – L. L. Lawrence, *The Long Voyage* (in L. L. L., *The Holocaust and the Literary Imagination*, New Haven/Conn. 1975, S. 284–296). – K. A. Johnson, *Narrative Revolutions/Narrative Resolutions. S.'s »Le grand voyage«* (in RomR, 80, 1989, S. 277–287).

LA MONTAGNE BLANCHE

(frz.; *Der Weiße Berg*). Roman von Jorge Semprún (Spanien/Frankreich), erschienen 1986. – An einem Aprilwochenende im Jahre 1982 treffen sich drei befreundete Künstler in einem Landhaus in der Normandie. In den einzelnen Kapiteln stehen abwechselnd der aus dem Baltikum stammende Maler Antoine de Stermaria, der Bühnenautor Juan Larrea in Begleitung seiner Freundin Nadine Feierabend und der exiltschechische Theaterregisseur Karel Kepela im Vordergrund. Sie teilen die Liebe zu derselben Frau, Franca Castellani, Ehefrau des Gastgebers Antoine, die Leidenschaft für Kunst und Philosophie sowie die politische Enttäuschung angesichts des gescheiterten europäischen Kommunismus. Obwohl ihre künstlerischen Erfolge und mondänen Abenteuer im Pariser Exil angesiedelt sind, konvergieren ihre Erinnerungen, die sie an diesem Wochenende austauschen, in der mitteleuropäischen Metropole: in Prag, der Stadt Kafkas, dessen Leben und Werk die drei Künstler beschäftigt, der Stadt des Inzests, der Hunde, der Selbstmorde, der verbotenen Leidenschaften; Prag figuriert als Kristallisationspunkt von Wahrheit und Ideologie, von Liebe und Perversion, welcher zum Alptraum einer Bourgeoisie wurde, der Antoines und Karels Familien angehörten. Der Titel des Romans, »Der Weiße Berg« (tschech.: *Bílá Hora*), bezeichnet eine Straßenbahnstation in Prag und eine Schlacht: Am Weißen Berg wurden die böhmischen Protestanten unter Führung Friedrichs V. 1620 von Ferdinand II., Führer der österreichischen Katholiken, der anschließend in Böhmen die Gegenreformation durchführte, geschlagen. Ohne im einzelnen Namen und Daten zu exemplifizieren, stellt der Autor dem Leser eine Fülle von Hinweisen auf Ereignisse der europäischen Geschichte zur Entzifferung anheim, wobei die Vorstellung von der Vernunft und der Dialektik der Geschichte in der Darstellung der Lebenserfahrung der drei Protagonisten (Spanischer Bürgerkrieg, Faschismus, Deportation und Konzentrationslager, Stalinismus, Exil) ad absurdum geführt wird.

Der Romananfang erinnert an eine mondäne Erzählung vom Wiedersehen auf dem Lande, wo in luxuriöser Zurückgezogenheit die Kunst der Konversation gepflegt wird und die Liebe zur Kunst, zu den Frauen und die alles übertreffende Freundschaft unter Männern im Mittelpunkt steht. Mit dem Eintreffen des leidenschaftlichen Geschichtenerzählers Karel Kepela beschleunigt der Autor das Erzähltempo und erweitert den kulturellen Horizont, indem er den Blick auf die Kultur der Metropolen in Mittel- und Osteuropa lenkt. Ähnlich wie die Liebe dieser drei Männer zu der einen Frau (aus dem Süden) treffen sie sich in ihren literarischen und philosophischen Vorlieben in der europäischen »Mitte«. Sie diskutieren über das Verhältnis von Kunst und Leben, entdecken Koinzidenzen und Wiederholungen von Ereigniskonstellationen, wobei der Eindruck entsteht, ihre abenteuerlichen Lebenswege schlössen sich zu einem Kreis, in dem das Wirkliche keinen Sinn mehr hat. Semprún gibt dem Roman eine zyklische Struktur: Nachdem die politischen Experimente gescheitert und die amourösen Eroberungen der drei Männer um die Sechzig nur noch Wiederholung des Immergleichen sind, begeben sie sich auf die Suche nach einem Ausweg. Während der Maler Antoine sich die Exploration der Farbe Blau zur Aufgabe macht und Karel dank des wiedergefundenen Gedächtnisses im Laufe der nächtlichen Unterhaltung im Freundeskreis eine »geniale Idee« für seine Bühnenproduktion mit dem Titel »Der Weiße Berg« gefunden hat, mithin sowohl der Maler als auch der Regisseur auf die Phantasie, die Kunst als Mittel der Wahrheitsfindung vertrauen, bleibt Juan, dem Schriftsteller, der dem Vorrang des Imaginären mißtraut und nicht auf den Realitätsgehalt seiner Texte verzichten will, nur ein einziger Ausweg: In den Mitternachtsnachrichten des Fernsehens erinnert die Nachrichtensprecherin an den 25. April, jenen Tag, an dem vor 40 Jahren (1942) die Juden und Antifaschisten von Frankreich aus in die Konzentrationslager deportiert wurden. Juan, der seine Erinnerung an die Zeit im KZ jahrzehntelang durch bewußtes Schweigen aus seinem Leben zu verbannen versucht hat, wird von der Todesvision ergriffen, die die Dokumentaraufnahmen im Fernsehen in ihm wachrufen. Jetzt erst hat er den Mut, sein Schweigen zu brechen und sich vom Druck des Gedächtnisses zu befreien, indem er zu seinen Freunden spricht. Der Roman endet mit Juans Selbstmord bei Sonnenaufgang. – Das Motiv des Selbstmords ist von Anfang an präsent und strukturiert auf unterschiedliche Weise die Biographien der drei Künstler, die jeweils, unterschiedlich ausgeprägt, autobiographische Züge tragen. In Gestalt des Schriftstellers Juan thematisiert Semprún noch einmal die Einsamkeit desjenigen, der trotz treuer Freundschaften und leidenschaftlicher Liebesbeziehungen mit der unsagbaren Erinnerung an das Konzentrationslager leben muß. Juan Larrea ist am deutlichsten autobiographisch gezeichnet: Sein Name entspricht einem der Decknamen, deren sich Semprún als PCE-Funktionär im Untergrund bediente. Juan verbrachte wie Semprún seine Kindheit in Spanien, beide verfügen über die Erfahrungen des Spanischen Bürgerkriegs, des Exils, der Résistance, des Verlusts der politischen Hoffnungen, und als Schriftsteller auf der Suche nach der historischen Wahrheit geht es ihnen auch immer wieder darum, den Verrat an den ursprünglichen Idealen kommunistischer Politik aufzuzeigen. Entscheidend ist in diesem Roman indes die Erinnerung an die Internierung im KZ Buchenwald, die Juan schließlich in den Tod treibt. Wie bereits in *Le grand voyage* und in *Quel beau dimanche* greift Semprún auch in *La montagne blanche* die Problematik des Vergessens, Erinnerns und Erzählens seiner Erfahrungen als Überlebender des Konzentrationslagers auf. Der Schluß des Romans wirft seinen Schatten auf die Gesamtheit des Textes und führt dem Leser die Ausweglosigkeit und die Absurdität des Lebens angesichts dessen vor Augen, was trotz Kunst und Philosophie in Europa historisch möglich geworden war. B.We.

AUSGABE: Paris 1986.

ÜBERSETZUNG: *Der Weiße Berg*, E. Moldenhauer, Ffm. 1987.

LITERATUR: B. Poirot-Delpech, Rez. (in Le Monde, 28. 2. 1986). – J. Savigneau, Rez. (ebd.). – Ll. Bassets, Rez. (in El País, 29. 1. 1987). – R. Conte, Rez. (ebd.). – R. Görling, Rez. (in FRs, 3. 10. 1987).

NETSCHAÏEW EST DE RETOUR

(frz.; *Ü: Netschajew kehrt zurück*). Roman von Jorge SEMPRÚN (Spanien/Frankreich), erschienen 1987. – Der Roman, eine Art Politthriller, der die Entwicklung eines 68ers zum Terroristen und seine versuchte Abkehr, seine Rückkehr in die französische Gesellschaft der achtziger Jahre zum Hauptthema hat, entstand in den Zeiten der heftigsten politischen Auseinandersetzung mit dem internationalen Terrorismus. Wie viele seiner Romane ist auch dieser eine spannungsgeladene Mischung aus Fakten, philosophierender Reflexion und Fiktion, aus präziser Gedächtnisarbeit und kriminalistischer Phantasie.

Ausgangspunkt des Romans ist ein Anschlag: Am 17. Dezember 1986 wird in Paris der Exganove Luis Zapata auf offener Straße erschossen – womit eine Serie von Attentaten auf einige Alt-68er, die es mittlerweile in der Gesellschaft zu einflußreichen Positionen gebracht haben, eingeläutet werden soll. Daniel Laurençon, bis vor kurzem selbst Terrorist, der sich aus Verehrung für den russischen Revolutionär der Jahrhundertwende »Netschajew« nennt, will seine Kampfgefährten nicht verraten, doch die Anschläge verhindern und wieder zurückkehren in die bürgerliche Gesellschaft, aus der er einst ausgestiegen war. Doch er erkennt: Will er seine Kampfgefährten nicht ausliefern an den Staat, dann muß er selbst sie eliminieren, anders sind sie von ihrem mörderischen Vorhaben nicht abzubringen, und auch er wird dabei umkommen, er wird die Rückkehr nicht überleben.

Auf der ersten Erzählebene folgt der Roman über einen Zeitraum von vierundzwanzig Stunden diesem Wettlauf zwischen Daniel Laurençon, dem Aussteiger, und seinen anarchistischen Bombenlegern. Involviert in den »Zweikampf«, den der Leser aus dem Blickwinkel verschiedener Personen verfolgt, sind neben Daniels Stiefvater, Roger Marroux, einem Polizisten, der Daniel seine Protektion anbietet, ebenjene Alt-68er, die nun auf der Liste der Attentate stehen und einstmals mit Daniel Laurençon eine linke Gruppierung gründeten: die »Avant-garde proletarienne«. Wie so viele hatten auch sie Anfang der siebziger Jahre aus der Enttäuschung über das Verschwinden der revolutionären Perspektive zur Waffe gegriffen, um durch die revolutionäre Tat die Massen aufzurütteln und »das System« zu entlarven. Doch während die anderen vier noch rechtzeitig den Absprung schafften – wobei sie für ihren gesellschaftlichen Erfolg *»ebensoviel Leidenschaft«* aufwandten *»wie vorher für ihren Willen zur Veränderung«* –, stritt Daniel Laurençon damals hartnäckig für die Militarisierung des bewaffneten Kampfes. Die Gruppe, die Angst bekam, daß er ernst machen könnte und sie mit hineingezogen würde, beschloß, sich seiner zu entledigen, bezichtigte Daniel der Denunziation und beauftragte Luis Zapata damit, ihn zu »neutralisieren«, sprich: umzubringen. Doch Daniel überlebt den inszenierten Selbstmord und taucht unter.

Unterbrochen wird der Wettlauf zwischen dem Abschwörenden und den Weiterbombern – die Wiederholung der Geschichte in der Geschichte – durch zahlreiche Rückblenden und innere Monologe. Eines der zentralen, ja handlungstragenden Motive dieses Romans ist der Vorwurf des Verrats. Verrat war der Vorwand, den der konsequenteste der vier rechtzeitig Ausgestiegenen, Marc Lilienthal, damals einsetzte, um Laurençon liquidieren zu lassen, weshalb er schließlich, am Ende des Romans, Daniel zur Finalaktion begleitet und mit dem Leben zahlt. Ein Verräter ist Daniel ebenso wie die der Wirklichkeit entstammenden Exterroristen Hans-Joachim Klein und Yoyes, deren Geschichten Semprún einfließen läßt, in den Augen der »Befreiungskämpfer«. Verräter sind zu guter Letzt in den Augen der Bombenleger die Alt-68er, die es zu einigem Ansehen gebracht haben, nachdem sie dem revolutionären Kampf einst Valet sagten. Diese Logik kennt kein Nebeneinander und keine Auseinandersetzung, sie ist tödlich. Wann fängt man an, so fragt Semprún, *»aus dem Bereich der Politik in den des Mordes«* abzugleiten?

In die Handlung eingewoben ist eine dem Essay verwandte Auseinandersetzung mit der Literatur zum Thema Verrat: mit DOSTOEVSKIJS Roman *Die Dämonen*, mit H. ARENDT, C. VALLEJO, W. FAULKNER und anderen, allen voran aber mit Paul NIZANS Roman *La conspiration*, 1938 *(Die Verschwörung)*, der damals, Ende der sechziger Jahre, der Identifikationsroman der Gruppe war und den Semprún in seiner Grundkonstellation nachstellt. *Netschajew kehrt zurück* ist wie alle Bücher Semprúns die Suche nach den Anfängen, nach dem Fortleben des Vergangenen im Gegenwärtigen, nach der Wiederkehr des Verdrängten, und so ist die Rückkehr Netschajews für die Alt-68er die Rückkehr der eigenen verdrängten Geschichte und ihrer eigenen revolutionären Parolen, denen andere Taten folgen ließen; Daniels Versuch der Heimkehr scheitert, ebenso wie der Versuch seines leiblichen Vaters, aus der Hölle der Nazis heimzukehren. Daniel kann sein Morden nicht ungeschehen machen, und er weiß, für ihn gibt es kein Entrinnen: *»Ich werde diese Geschichte alleine zu Ende bringen, weil sie böse enden wird und weil ich ein Gesetzloser bin ... Ich werde die Möglichkeit meiner Illegalität nutzen, um das Gesetz wiederherzustellen, gewissermaßen ...«* M.L.K.

AUSGABEN: Paris 1987. – Paris 1989 (Poche).

ÜBERSETZUNG: *Netschajew kehrt zurück*, E. Moldenhauer, Bln. 1989.

VERFILMUNG: Frankreich 1991 (Regie: J. Deray).

LITERATUR: Y. Plougastel, Rez. (in L'Évènement du jeudi, 5. 11. 1987). – B. Poirot-Delpech, Rez. (in Le Monde, 27. 11. 1987). – H.-J. Schmitt, Rez. (in FRs, 18. 3. 1989). – A. Widmann, Rez. (in Tageszeitung, 9. 5. 1989). – M.-L. Knott, Rez. (in Tranvia, Juni 1989). – W. F. Schoeller, Rez. (in SZ, 5. 10. 1989). – H. Wiesner, Rez. (in Die Zeit, 20. 4. 1990).

RAMÓN JOSÉ SENDER

* 3.2.1901 Chalamera de Cinca / Huesca
† 15.1.1982 San Diego / Calif.

LITERATUR ZUM AUTOR:
Bibliographien:
C. L. King, *S.: An Annotated Bibliography 1928–1974*, Metuchen 1974 [*Partial Addendum, 1975–1982*, in Hispania, 66, 1983, S. 209–216]. – E. Espadas, *Ensayo de una bibliografía sobre la obra de R. J. S.* (in PSA, 74, 1974, Nr. 220, S. 89–104; 74, 1974, Nr. 221/222, S. 231–262; 78, 1975, S. 247–259).
Gesamtdarstellungen und Studien:
J. Rivas, *El escritor y su senda: estudio crítico literaria sobre R. J. S.*, Mexiko ²1967. – F. Carrasquer, *›Imán‹ y la novela histórica de S.*, Ldn. 1970. – M. C. Peñuelas, *Conversaciones con R. J. S.*, Madrid 1970. – Ders., *La obra narrativa de R. J. S.*, Madrid 1971. – C. L. King, *R. J. S.*, Boston 1974 (TWAS). – P. Collard, *R. J. S. en los años 1930–1936*, Gent 1980. – F. Carrasquer, *La verdad de R. J. S.*, Leiden 1982. – Insula, 1982, Nr. 424 [Sondernr. *R. J. S.*]. – Hispania, 66, 1983 [Sondernr. *R. J. S.*]. – *R. J. S. in memoriam. Antología crítica*, Hg. J. C. Mainer, Saragossa 1983. – E. Weitzdörfer, *Die historischen Romane R. J. S.s*, Ffm. 1983. – J. L. Castillo Puche, *R. J. S. El distanciamiento del exilio*, Barcelona 1985. – A. M. Trippett, *Adjusting to Reality: Philosophical and Psychological Ideals in the Post-Civil-War Novels of R. J. S.*, Ldn. 1986. – *Homenaje a R. J. S.*, Hg. M. S. Vázquez, Newark 1987.

LAS CRIATURAS SATURNIANAS

(span.; *Die saturnianischen Kreaturen*). Roman von Ramón José SENDER, erschienen 1968. – Der 1965 im Pariser Exil abgeschlossene Roman gilt als Höhepunkt des »magischen Realismus« Senders. Ausgehend vom historischen Geschehen Ende des 18. Jh.s (1762 wird Zar Peter III. in Rußland ermordet, 1773 der Jesuitenorden aufgelöst, und 1789 bricht die Französische Revolution aus), wird die Suche nach existentiellen Werten in einer pessimistisch determinierten Welt unternommen: Die »saturnianischen Kreaturen«, das sind sowohl Opfer wie Vollstrecker des Bösen, erkennen das Dämonische als elementare Erfahrung, um Leben jenseits moralischer Kategorien zu erlangen. Auf der Grundlage von Grausamkeit entstehen Liebesbeziehungen gemäß dem »saturnianischen Buch« *Les liaisons dangereuses* (1782) von Choderlos de LACLOS.
So wird die 17jährige russische Prinzessin Lizaveta, die in Florenz lebt, unschuldiges Opfer einer von Katharina II. angezettelten und von ihrem Günstling Orlof ausgeführten Entführung. Sie übersteht Vergewaltigungen und lange Haft und bringt trotz Kälte, Hunger und dem Hochwasser der Newa ein Kind zur Welt, das die Ratten vor ihren Augen verzehren. Aus dem 12 Jahre währenden Erlebnis sinnlos erlittener Qual geht sie körperlich gealtert, aber seelisch ungebrochen hervor. Nach der Amnestie führt ihr Weg sie zunächst zu Orlof. Dieser bittet sie um Verzeihung, um wie der heilige Wladimir in den Himmel zu gelangen, und Lizaveta verliebt sich in ihren Peiniger. Danach trifft sie auf den Grafen Cagliostro, der um sie wirbt und ihr auf einer gemeinsamen Reise durch mehrere Länder Europas seine Biographie und die Lehre der von ihm selbst geschaffenen ägyptischen Freimaurersekte vorträgt. In Spanien angekommen, wohnen sie zusammen mit dem Nigromanten Spic (Spinac) einem Hexensabbath im baskischen Dorf Zugarramurdi bei. In diesen Szenen (einem 1958 erschienenen Text Senders mit dem baskischen Titel *Emen hetan – Hier sind wir* entnommen) wird eine kultische Massenhandlung entfaltet, in der sich Namen, Inhalte und Praktiken verschiedener Mythen zu einer universalen diabolischen Weltdeutung vermischen (Pan, Venus, Beelzebub, Satan, Lucifer). Die rauschhaften Tänze der Hexen um eine phallische Satansgestalt begleiten Kommentare über Magie (Cagliostro) und Satanismus (Spic), als dessen Urheimat Spanien definiert wird: Die gesamte spanische Kultur und Sprache wird auf sexuelle, skatologische und satanische Elemente zurückgeführt. Die Inquisition gilt als das Böse, das dem Satanismus – der perversen Umkehrung des Katholizismus – zu neuer Blüte verhilft. Die Riten gipfeln schließlich im saturnianischen Verzehren und Verbrennen des Erlöser-Kindes, dessen Vater Spic oder Cagliostro ist und in dem Lizaveta ihr eigenes wiedererkennt. Die Rivalität zwischen Cagliostros spiritistischer *»weißer Magie«* und Spics vitalistischer *»schwarzer Magie«* führt später auf der Gralsburg Torre Cerbera zu Streitgesprächen und zum Duell, das Cagliostro trotz Spics Manipulationen überlebt. Daraufhin verlassen Cagliostro und Lizaveta mit dem Gralskelch die Pyrenäenfestung, unbeschadet der Cholera, die ringsum herrscht. Die Höllenreise jen-

seits von Gut und Böse kehrt zu ihrem Ausgangspunkt zurück, nämlich zu dem von der Pest geplagten Italien, wo diese »Liaisons dangereuses« enden: Spic denunziert Cagliostro bei der Inquisition, und Lizaveta umsorgt den inhaftierten Cagliostro bis zu seinem Selbstmord.

Las crónicas saturianas vereint umgedeutete Texte, Biographien, Historien und Mythen in einem sprachlich barocken und teilweise kryptischen Diskurs (Nigromantik, Pseudo-Etymologien, Vielsprachigkeit), der zunehmend eine aktive Lektüre erfordert. Die Mischung aus Fiktion und Essay, sowie die Kombination verschiedenartiger Textblökke (insbesondere *Emen hetan*) wurde häufig von einer Kritik, die mehr realistische Handlung erwartete, als mißglückt angesehen, erscheint allerdings im Lichte moderner Erzählpoetik reizvoll. O.Gr.

AUSGABEN: Mexiko 1958 (*Emen hetan*; Tl. der späteren *Las criaturas saturnianas*). – Barcelona 1968. – Barcelona 1972. – Barcelona 1981 (in *Obra completa*, Bd. 3; m. *Antecedentes de Las criaturas saturnianas*).

LITERATUR: J. P. Ressot, *Más allá del bien y del mal: »Las criaturas saturnianas« de R. J. S.* (in *R. J. S. in memoriam*, Hg. J.C. Mainer, Saragossa 1983, S.465–472).

CRÓNICA DEL ALBA

(span.; *Chronik der Morgendämmerung*). Romanzyklus von Ramón José SENDER, erschienen 1942. – Die Erstausgabe, bestehend aus vier Teilen, wurde bis 1965/66 auf insgesamt neun sogenannte *»Hefte«* ausgeweitet, die der Autor in der Rolle eines fiktiven Herausgebers mit Titeln versieht, kommentiert und veröffentlicht. Ihr tatsächlicher Urheber sei sein Freund José Garcés, der 1939 im französischen Internierungslager von Argelès rückblickend sein Leben niedergeschrieben habe, bevor er mit 36 Jahren dort verstarb. Unschwer läßt sich diese Figur als jüngerer Doppelgänger des Autors Ramón José Sender selbst identifizieren. *Crónica del alba* ist somit eine literarische Autobiographie, die zugleich das Schicksal derjenigen Generation Spaniens nachzeichnet, die schließlich im Fanatismus des Bürgerkriegs aufgerieben wurde. Statt den Tod wählte Sender 1939 das mexikanische Exil, wo er die ersten vier Hefte des José Garcés veröffentlichte. Tragende Motive sind die Liebe zu Valentina, die für Pepe (José) immer unerreichbarer wird, ihn aber wie ein Schatten bis zum Ende begleitet, und die schwierige Vater-Sohn-Beziehung.

Im ersten Teil, der den gleichen Titel wie der gesamte Zyklus trägt, werden einfühlsam die Abenteuer des frühreifen Pepe in seinem aragonesischen Heimatdorf aus der Perspektive des Zehnjährigen beschrieben. Er »verliebt sich« in Valentina, die jüngere Tochter des Notars Don Arturo, der diese Freundschaft nicht toleriert. Pepe und seine »Braut« bauen sich im Verborgenen einen privaten Kosmos auf, indem sie Aufgeschnapptes aus der Welt der Erwachsenen unschuldig tabubrechend umdeuten. Mit naiver Selbstbehauptung *(»ich bin, der ich bin«)* fühlt sich Pepe zu gottgleichem Heldentum, Liebe und Wissen fähig. Er beginnt gar in einem Schulheft unter dem Titel »La Universiada« die Schöpfung neu zu besingen. Mit einem Geheimalphabet, Mutproben oder kultischen Handlungen (das Taubenopfer) vertieft sich die Kinderliebe zu einer Art selbstbezogener Religion: *»Ich bin Gott und du die verliebte Seele.«* Als prägendes Abenteuer bestärkt schließlich Pepe und Valentina eine nächtliche Reise durch die Gänge der alten Burg von Sancho Garcés Abarca in ihrer Liebe, während die entsetzten Erwachsenen beschließen, die beiden Kinder voneinander zu trennen. Der inzwischen zwölfjährige Pepe tritt im katalonischen Reus in ein Klosterinternat ein und verbringt dort ein Jahr, von dem das zweite Heft mit dem Titel *Hipogrifo violento (Stürmisches Flügelroß)* handelt. Der vom Herausgeber gewählte Titel zitiert den ersten Vers von CALDERÓNS berühmten Barockdrama *La vida es sueño*, das hier für eine Schulaufführung einstudiert wird. Pepe trifft dabei die Rolle des Fürsten Segismundo, der die Ungewißheit und Nichtigkeit irdischer Güter erfährt und für seine Hybris bestraft wird. Diese Rolle wird Pepe gewissermaßen zum zweiten Ich, wobei seine bisherige stolze Selbstentfaltung zerbricht. Für diesen Prozeß entscheidend sind die Gespräche mit einem Laienbruder, der Heiligenfiguren schnitzt und ihm eine demütige Haltung nahebringt. Während die draußen tobenden sozialen Unruhen (Generalstreik) auch im Kloster ihren Widerhall finden, verläßt Pepe – mit einem Marmorkopf beschenkt – das Internat. In Saragossa, wo jetzt seine Familie wohnt, bringt er diesen Kopf auf einer Säule über einem Teich des Parks *Quinta Julieta* an. Nach diesem paradiesischen Lustgarten ist auch das dritte Heft benannt. Pepe, mittlerweile dreizehn Jahre alt, lernt nun das Stadtleben an der Seite seiner älteren Schwester Concha, dem Kaufmannssohn Felipe Biescas und dessen Vetter Juan kennen. Letzterer arbeitet als Gärtner in der *Quinta Julieta* und ähnelt in seiner Verbundenheit mit der beseelten Natur dem Laienbruder. Andererseits ist er jedoch *»Feind der Mönche und vielleicht Brandstifter von Klöstern«*. Die Vielgestalt, Unbestimmtheit und Widersprüchlichkeit menschlicher Identität und Realität wird zum beherrschenden Thema. Der Kontakt zu Valentina gestaltet sich indessen immer schwieriger, da Pepes Liebesbriefe abgefangen werden. Einfallsreich benutzt das getrennte Paar Don Arturos Brieftauben. Als sie endlich zusammen ein paar Tage in Saragossa verbringen können, erwacht auch erstmals körperliches Begehren: Valentinas entblößter Oberschenkel wird zum Zentrum einer *»sich drehenden, glitzernden Galaxie«*, begleitet von dem bitteren Vorgefühl Pepes, auf Valentina verzichten zu müssen. Tatsächlich wird sie in ein geschlossenes Pensionat eingewiesen.

Das vierte Heft mit dem Titel *El mancebo y los héroes (Der Gehilfe und die Helden)* hat die Monate der

Jahre 1917/18 zum Inhalt, in denen Pepe als Apothekergehilfe arbeitet und gleichzeitig das Gymnasium besucht. Er bleibt in Saragossa, während der Vater, der die wohlhabende vielköpfige Familie vor allem durch den Kauf deutscher Kriegsanleihen in den Ruin gestürzt hat, nach Caspe übersiedelt. Die Existenz als »Bettelstudent« empfindet Pepe als romantisch, er wird unverhofft antiklerikal und lernt über den Gärtner Juan Kropotkins *Memoiren eines Revolutionärs* kennen. Entscheidend ist jedoch, daß er über den buckligen Zeitschriftenhändler Angel Checa mit derjenigen Gruppe von »Helden« in engen Kontakt tritt, die später als Rädelsführer eines revolutionären Aufstands und Streiks hingerichtet werden. Bis ins Innerste erschüttert, auf diese Weise plötzlich *»in die Geschichte eingetreten zu sein«*, wird Pepe von Panik erfaßt, in der er nur bei seiner idealisierten Liebe zu Valentina Halt findet. Mit hohem Fieber kehrt er in sein Heimatdorf zurück. Verzweifelt und in Gedanken an die so verschiedenen »Helden« Sancho Garcés Abarca und Angel Checa geht Pepe in die Winterlandschaft hinaus, in die er sich auflösen möchte. Mit diesem subtilen Selbstmord schließt die Erstausgabe von *Crónica del alba*. Im darauffolgenden fünften Heft lebt Pepe im Dorf seines Großvaters mütterlicherseits, den er als alten, Bolero tanzenden Gott in Erinnerung hat. Mittlerweile 95 Jahre alt, hat er noch 65jährig mit einer Nachbarin, der Barona, einen Bastard gezeugt. Der Titel dieses »Heftes«, *La onza de oro (Die Goldunze)*, bezieht sich auf eine zurückliegende Geschichte, die das scheinbar so paradiesische Dorf für Pepe zu einem satanischen Ort werden läßt und ihm die fundamentale Ambivalenz der Welt zwischen Ideal (Valentina) und Niedrigkeit vor Augen führt: Wegen einer gefundenen Goldunze vermutet die Barona, daß ihre Nachbarin Paula vermögend ist. Doch diese hat den goldenen Köder in der Absicht ausgelegt, ihre ältliche Tochter Prisca zu vermählen. Tatsächlich macht der erstgeborene Sohn der geldgierigen Barona dieser bald den Hof und veranstaltet zu Ehren der Braut ein großes Feuerwerk. Als dabei durch ein Unglück sein Gesicht entstellt wird, begeht er Selbstmord, und Prisca beschließt, fortan ledig zu bleiben. Doch der Zweitgeborene namens Benito möchte nun das vermeintliche Vermögen an sich reißen und zwingt in einer Karnevalsnacht hinter einer Maske vergeblich Mutter und Tochter zur Herausgabe. Er tötet sie und steckt das Haus in Brand, kehrt jedoch nach einer Weile ins Dorf zurück und gesteht nach langen Jahren, in denen sein Gesicht die grotesken Züge der Karnevalsmaske annimmt, sein Verbrechen, für das niemand mehr Sühne verlangt. Dieser Benito wird für José Garcés zur Vergleichsfigur, da er *»sich im wahrsten Sinne des Wortes ›entlebt‹ und in der Zeit ›zurück‹ verschwinden will, in dem Bewußtsein, daß alles Zukünftige nur schmerzvoll traurig ist«*. José Garcés »entlebt« sich im Lager von Argelès und geht mit dem Wiedererzählen des Lebens langsam in den Tod ein – ein Gedanke, der in den weiteren Heften beständig wiederkehrt. Am Ende von *La onza de oro* steht die Einsicht in die Komplexität der Existenz, die direkt auf den folgenden Teil, *Los niveles de existir (Die Ebenen der Existenz)*, vorverweist. Der fünfzehnjährige Pepe, der in der aragonesischen Kleinstadt Alcannit – wiederum als Apothekergehilfe – arbeitet und auf ein Klostergymnasium geht, wird durch Isabelita in die Sinnlichkeit eingeweiht. Dies ist mit Schuldgefühlen gegenüber dem *»weißen Engel«* Valentina verbunden, doch schließlich akzeptiert er die Schizophrenie des katholischen Spanien, in dem *»die Liebe eine Tugend und die Sexualität eine lasterhafte Fatalität ist«*. Die naiv-unerschrockene Isabelita läßt Pepe körperliche Liebe genießen, während ihm das gleichzeitige Totengeläut wie der Kampf Gottes mit dem Teufel erscheint. Isabelita redet ihm ein, daß ihr Stiefvater, der berüchtigte Messerheld Palmao, ihr nachstelle und ihn als Nebenbuhler erstechen wolle. So verbindet sich für Pepe Sexualität mit Todesangst. Doch tatsächlich sucht Palmao sein Vertrauen, da er ihn als Freund des füsilierten Angel Checa zur Mithilfe in der Untergrundorganisation gewinnen möchte. All diese Widersprüche verstärken Pepes tiefempfundene Selbstentfremdung, die sich mit der Hinrichtung Angel Checas auftat: Gespalten zwischen der immer verklärteren Liebe zu Valentina und seiner elenden und feigen Existenz, in der er sein Ideal verrät, sucht er schließlich den Ausweg im Selbstmord. Doch seine Versuche scheitern. Er erkennt, daß ihm der *»gute Tod als ernster Mensch«* verwehrt bleiben wird. Statt dessen erwartet ihn der *»unpersönliche Tod«* im Internierungslager, wo ihn der Gedanke lächeln läßt, daß mit seinem Tod das ganze Universum sterben werde. Sterbend ist José Garcés mit der Schöpfung eins geworden in der universalen Liebe zum Sein.

Mit diesem sechsten Heft scheint die *Crónica del alba* abgeschlossen. Doch der fiktive Herausgeber erhält über einen Freund drei weitere Hefte, die zu dem *»letzten Abenteuer«* hinführen, das zugleich dasjenige aller Spanier ist: der Bürgerkrieg. *Los términos del presagio (Die Grenzen der Vorsehung)*, der bei weitem umfangreichste Teil, deckt die Zeit zwischen 1919 und 1935 ab. Gleichzeitig löst sich die bisher lediglich gespaltene Identität des jungen José Garcés, der sich immer weiter in die Niedrigkeit der Existenz getrieben fühlt, in viele Gestalten und Phantasmen auf – ein dramatischer Prozeß des »Entlebens«, der jedoch komisch beschrieben wird. Pepe verbringt noch einige Zeit in Alcannit, wo ihn die Abtreibung Isabelitas tief bedrückt und das Leben der Olivenpflücker, die der Palmao zum Streik führt, fasziniert. Unterstützt durch das Erbe seines Großvaters mütterlicherseits, geht er nach Madrid, um Ingenieurwesen zu studieren. Dort trifft er auf einen etwas älteren Studenten und Schriftsteller namens Ramón, der ihm wie ein *Alter ego* erscheint. Doch diese Verdichtung literarischer Autobiographie wird zugleich spielerisch aufgelöst, indem eine ganze Reihe von Ramóns auftreten, die das Ich umkreisen, wie Schatten verfolgen oder Selbstmord begehen, was den Prozeß des »Entlebens« betont. Allerdings bleibt der erstgenannte

Ramón mit Nachnamen Urgel der wichtigste Doppelgänger. Mit Valentina gab es in den letzten beiden Heften nur noch selten Begegnungen, und die unabgeschickten Liebesbriefe werden so zu einem imaginären Dialog mit dem verlorenen idealen Selbst. Ein letztes Treffen findet in den Pyrenäen statt, wo Valentina kraft ihrer Liebe den Körper verläßt, um als Phantasma ihren Geliebten auf einem Spaziergang zu begleiten. Aus Liebe hat sie sich normaler geistiger Entwicklung versagt. Als Novizin wird sie schließlich für José Garcés körperlich völlig unerreichbar. Nach der Unterstützung revolutionärer Aktivitäten und zwei Monaten Haft gelangt er in ein Strafbataillon nach Marokko. Dort trifft er neben Ramón Urgel auf einen entfernten Verwandten namens Alfonso Madrigal, der ihm auf dem Krankenlager seine unglückliche Liebe erzählt und so nach Benito zu einer weiteren Spiegelfigur wird: Angesichts des Leidens des anderen begreift José Garcés die Glückseligkeit, die darin besteht, für die Liebe das Leben aufs Spiel zu setzen.

Die beiden letzten Hefte, *La orilla donde los locos sonríen (Das Ufer, wo die Verrückten lächeln)* und *La vida comienza ahora (Das Leben beginnt jetzt)*, haben schließlich den Bürgerkrieg zum Gegenstand. José Garcés wird vom Kriegsausbruch auf einer Madrider Geburtstagsparty überrascht, die sich in ein surreal-allegorisches Theaterstück der Apokalypse mit alttestamentarischen Reminiszenzen verwandelt. *»Die Menschen rennen zum Ufer, wo die Verrückten lächeln. Wenn das geschieht, ist es zu Ende.«* José Garcés nennt sich fortan Ramón Urgel und bewegt sich zwischen den beiden Fronten – der nationalistischen und der republikanischen. Der Wechsel des Namens und der Identität ist ein probates Mittel, um dem Tod zu entgehen – eine Grundfigur, die den gesamten Zyklus durchzieht, und jetzt im Zusammentreffen von José Garcés alias Ramón Urgel mit Ramón Sender, der sich seinerseits José Garcés nennt, zur Sprache kommt: *»Namensprobleme sind im Grunde Probleme der Tragikomödie.«* Und als solche Tragikomödie erscheint der Bürgerkrieg mit seiner *»Mode des Tötens«*, die Ramón Urgel bei Nationalisten und Republikanern vorfindet. Beide Seiten sind lebhaft an der lautlosen chemischen Pistole interessiert, die José/Ramón zwar erfunden, aber dann schnell vernichtet hat. Statt sich in diesem *»Fest des Blutes«* am Tod zu bereichern, möchte er unterschiedslos Leben retten und macht sich dadurch auf beiden Seiten suspekt. So arbeitet er bei den Nationalisten in der Festung Casalmunia bezeichnenderweise als Spezialist der *»Anthropometrie«*, um mittels Tonbandaufnahmen die wahren Identitäten der Inhaftierten herauszufinden. Tatsächlich verbirgt er sie jedoch, indem er belastendes Material vernichtet. Doch vergeblich versucht er den Syndikalisten Julio Bazán, der sich Guinart nennt, vor der Hinrichtung zu bewahren und muß schließlich selbst mit einem Flugzeug fliehen.

Auf republikanischer Seite wird er zum Generalstabschef an der Aragón-Front und setzt sich dort vehement für das Leben eines Dorfsekretärs ein, der hingerichtet werden soll. Während der Verteidigung beider Todeskandidaten ruft José/Ramón diejenige früheste Kindheit wach, die er bisher aus Scham verschwiegen hatte: Seit seiner Geburt hat der Vater ihn mit unerklärlicher Abneigung und Schlägen gedemütigt und schlechter behandelt als all seine zahlreichen Geschwister. Dem konnte der zehnjährige Pepe dann durch seine Liebe zu Valentina, mit der *Crónica del alba* begann, Kraft entgegensetzen. Der Dorfsekretär erscheint als Doppelung des Vaters, der ebenfalls als Sekretär arbeitete, und im Eintreten für dessen Leben beginnt er, seinen Vater zu lieben. So bildet der Zyklus als Autobiographie in bewußter Nachfolge von AUGUSTINUS' *Confessiones* eine Gesamtkomposition, in der sich zwar die anfangs selbstherrliche Identität in die Widersprüche menschlicher Existenz verliert und zersplittert, aber das Prinzip der Liebe den Tod überwindet. José/Ramón geht schließlich in das Niemandsland zwischen den Bürgerkriegsfronten ein und findet sich im Dialog mit den Toten auf einer Burg, die derjenigen von Sancho Garcés Abarca ähnelt. Hier bricht das neunte Heft unvermittelt ab.

Crónica del alba ist an die unerreichbare Valentina gerichtet, sozusagen als Klage des »im Morgengrauen« verlassenen Geliebten. Diese Dimensionen betonen lyrische Passagen zu Beginn und Ende jeden »Heftes«. Neben DANTES *Divina Commedia* ist CERVANTES' *Don Quijote* formal und inhaltlich wohl die wichtigste Vorgabe für dieses vielgestaltige Werk, in dem Sender nicht zuletzt das heimatliche Aragón mythisiert. *Crónica del alba* gehört zweifellos zu den großen Epen der spanischen Nachkriegsliteratur. O.Gr.

AUSGABEN: Mexiko 1942 [4 Tle.]. – NY 1946 [4 Tle.]. – NY 1963 [4 Tle.]. – Barcelona 1965/66, 3 Bde. [9 Tle.]. – Barcelona 1973, 3 Bde. [9 Tle.].

VERFILMUNG: *Valentina*, Spanien 1982 (Regie: A. J. Betancor; TV-Version 1984 u. d. T. *Crónica del alba*).

LITERATUR: R. Conte, *En torno a »Crónica del alba«* (in CHA, Jan. 1968, S. 119–124). – M. Ramón, *»Crónica del alba« ou l'autobiographie d'un exilé: R. S.* (in Marche Romane, 23, 1973/74, S. 177–190). – M. E. W. Jones, *Saints, Heroes and Poets: Social and Archetypical Considerations in »Crónica del alba«* (in HR, 45, 1977, S. 385–395). – M. S. Vásquez, *The Definition of the Individual in S.'s »Hipogrifo violento«* (in Hispanófila, 73, 1981, S. 43–67). – D. Pini Moro, *Scrittura autobiografica ed esilio in R. J. S.* (in Quaderni di retorica e poetica, 1, 1986, S. 207–217). – P. Collard, *La guerre civile dans l'œuvre de R. J. S.: de la littérature de propagande au récit ›exemplaire‹* (in Rbph, 65, 1987, S. 522–530).

MR. WITT EN EL CANTÓN

(span.; *Mr. Witt im Kanton*). Roman von Ramón José SENDER, erschienen 1936. – Dieses Buch, das 1935 mit dem Nationalpreis für Literatur ausgezeichnet wurde, steht am Beginn einer Reihe historischer Romane. Sender knüpft dabei an die Vorbilder B. PÉREZ GALDÓS *(Episodios nacionales)* und P. BAROJA *(Memorias de un hombre de acción)* an, schuf aber zugleich eine für Spanien innovative massen- und individualpsychologische Studie. In *Mr. Witt* geht es um die Autonomiebestrebungen des Kantons Cartagena gegen die Zentralregierung in Madrid während der Ersten Spanischen Republik 1873. Diese geschichtlichen Ereignisse werden aus der miterlebenden Perspektive eines britischen Ingenieurs beschrieben, der mit einer Spanierin namens Milagritos verheiratet ist.

In sieben Teilen, die sieben Monaten entsprechen, wird dieser gewaltige Versuch, Föderalismus und die Beteiligung des arbeitenden Volkes am Gemeinwesen durchzusetzen, plastisch vor Augen geführt: Die anfangs euphorischen Streiks und Demonstrationen der Arbeiter, Bauern und Seeleute unter den Anführern Manolo Cárceles und Paco de la Tadea entwickeln sich zum offenen Aufstand gegen die Regierung Serrano. In militärischen Expeditionen nach Hellín und einer zweiten, gescheiterten, nach Valencia versucht man, eine stärkere Basis zu gewinnen und sich mit anderen Föderalisten zu verbünden. Dabei werden die unterschiedlichen Motive und Zielsetzungen der beteiligten Gruppierungen deutlich. Im Gegenschlag drängt die Madrider Zentralgewalt die Aufständischen wieder zurück und belagert schließlich die Stadt Cartagena, bis Hungersnot, Meuterei und Zerstrittenheit die revolutionären Kräfte unter der Führung von Antonete Gálvez und Colau zur Aufgabe zwingen. Damit ergibt sich ein Gesamtverlauf, der aus republikanischer Sicht später auch auf den Spanischen Bürgerkrieg zutraf. Man hat daher *Mr. Witt* geradezu prophetischen Charakter zugesprochen, obgleich Sender nach eigener Aussage nur historische Grundkonstanten wiederaufnahm, die schon lange offen zutage getreten waren.

Mr. Witt selbst ist von den Ereignissen kaum berührt, die er meist mit einem Fernglas von der sicheren Höhe seines geordneten Arbeitszimmers aus kaltblütig beobachtet. An seine Passivität und Emotionslosigkeit knüpft sich eine zweite, individualpsychologische Ebene, die neben der historischen gleichberechtigt besteht. Den Verbindungspunkt beider Ebenen bildet Milagritos, einerseits die Frau des britischen Ingenieurs, andererseits am revolutionären Geschehen aktiv beteiligt und möglicherweise sogar Geliebte des Revolutionsführers Colau. Mr. Witt ist besessen von diesem Verdacht, der überdies in der Vergangenheit eine Entsprechung findet: Milagritos soll bereits zur Zeit der Septemberrevolution 1868 eine Beziehung zu dem revolutionären Dichter Froilán Carvajal gehabt haben, dessen Hinrichtung Mr. Witt nicht verhinderte, obgleich er dazu imstande gewesen wäre. Mr. Witts Geschichte stellt somit nicht einfach die Thematisierung von krankhafter Eifersucht dar, sondern beschreibt in detaillierten Bildern, die an C. G. JUNGS Archetypen erinnern, den Verfall eines impotenten, sexuell verklemmten Patriarchen, der seiner Frau Unfruchtbarkeit anlastet. Seine Taten sind Ersatzhandlungen, die symbolisch zu verstehen sind, wie das Zerbrechen der Urne, in der Milagritos die blutige Augenbinde Carvajals als Reliquie aufbewahrte. Da in Mr. Witts Augen Colau die Liebhaberrolle von Carvajal fortsetzt, sucht er auch diesen zu vernichten, indem er Colaus Schiff brandschatzen läßt, während er selbst das Feuer von seinem Balkon aus mit dem Fernglas beobachtet. Als Verantwortlicher entlarvt, verläßt Mr. Witt Cartagena. Allerdings begleitet ihn Milagritos, die sich in Madrid von ihrer Unfruchtbarkeit heilen lassen will, während die Niederlage der Aufständischen bevorsteht, ebenso wie das Ende der ersten spanischen Republik.

Mr. Witt, 1936 im Schicksalsjahr der zweiten spanischen Republik erschienen, wurde in den siebziger Jahren wiederentdeckt und erfuhr erst zu diesem Zeitpunkt die gebührende Rezeption, die zur Zeit des Spanischen Bürgerkriegs und in den ersten Jahrzehnten des Franco-Regimes nicht möglich war. O.Gr.

AUSGABEN: Madrid 1936. – Madrid 1968. – Madrid 1987, Hg. J.M. Jover (krit.; Castalia).

LITERATUR: J.P. Montaner, *Novela e historia en »Mr. Witt«* (in CHA, 1974, Nr. 285, S. 635–645).

REQUIEM POR UN CAMPESINO ESPAÑOL

(span.; *Ü: Requiem für einen spanischen Landmann*). Novelle von Ramón José SENDER, erschienen 1953 unter dem Titel *Mosén Millán*. – *»In seinem Armstuhl, den Kopf auf das Meßgewand fürs Seelenamt gebeugt«*, sitzt Mosén (Hochwürden) Millán, der Pfarrer eines kleinen aragonesischen Dorfs, und wartet auf die Gläubigen. Während er wartet, schweifen seine Gedanken in die Vergangenheit, zu seinem Freund Paco, el del Molino, zu dessen Gedächtnis die Totenmesse gelesen werden soll. Taufe, Kindheit, Schulzeit, Hochzeit des Freundes und die Ereignisse der Zeit, in der er lebte, ziehen vor seinem inneren Augen vorüber: die Armut der Landbewohner in einer auf jahrhundertealter Ausbeutung beruhenden Gesellschaftsordnung, in der nach Ausrufung der Republik (1931) die ersten Risse entstehen, die dann im Bürgerkrieg zusammenbricht, jedoch nach dem Sieg der nationalen Truppen mit grausamer Härte wiederhergestellt wird. In diese Zeit fällt der Tod Pacos, der sich als ehemaliger Kämpfer auf seiten der Republikaner zunächst versteckt hielt, sich nach der Entdeckung mit der Waffe verteidigte, sich aber schließlich, als Mosén Millán für seine faire Behandlung durch die falangistischen Verfolger bürgte, ergab. Doch das Ehrenwort, das der neue Bürgermeister dem Pfarrer gegeben hatte, wurde gebrochen. Mit dem furchtbaren Ruf: *»Er hat mich verraten! ... Mosén Millán, Mosén Millán!«* brach Paco nach einem letzten Gespräch mit dem als Beichtvater herbeigerufenen Pfarrer unter den Kugeln der Gegner zusammen. – Mosén Millán, ein Verräter in den Augen Pacos, in denen des Dorfs, ja, nach seiner eigenen Einsicht, wartet vergebens auf die Gemeinde: Als er endlich die Kirche betritt, ist sie leer. Nur die drei für den Tod verantwortlichen Dorfreichen, die, dem spezifisch spanischen Pflicht- und Ehrenkodex gehorchend, das Seelenamt bestellt haben, sind anwesend. Ein Judas vor diesen Judasgestalten, vollzieht der Pfarrer die sakrale Handlung zum Gedenken an den von Judas verratenen Heiland und liest die Totenmesse für den Freund.

Senders Kunst der knappen, suggestiven Charakterisierung, der atmosphärischen Stimmung, der Verbindung von Realismus und Poesie erreicht in dieser Novelle einen Höhepunkt. Durch die Verlagerung des Geschehens in die Rückerinnerung werden dramatische Effekte vermieden; statt dessen wird Pacos Geschichte ins Legendäre überhöht. Wesentlich tragen dazu die in die Erinnerung des Pfarrers hineinklingenden Strophen einer Volksballade vom Leiden und Sterben des armen Paco bei. Bedeutsam ist auch die Unterbrechung, die die Rückschau des Pfarrers erfährt, als Pacos Fohlen, das seit dem Tod seines Herrn suchend im Dorf umherstreift, sich in die Kirche verirrt. Man denkt an die symbolhaltigen, Leid und Tod kündenden Pferde bei GARCÍA LORCA und ist versucht, in Pacos Fohlen ein Sinnbild des Jammers zu sehen, in den die Gewalttätigkeit des Siegers das Dorf versenkt hat. A.F.R.

AUSGABEN: Mexiko 1953 (u. d. T. *Mosén Millán*). – Mexiko 1961. – Barcelona 1988.

ÜBERSETZUNG: *Requiem für einen spanischen Landmann*, W. Boehlich, Ffm. 1964; ern. 1980 (BS).

VERFILMUNG: Spanien 1985 (Regie: F. Beltrín).

LITERATUR: E. Godoy Gallardo, *Problemática y sentido de »Requiem por un campesino español«* (in LdD, 1, 1971, S. 63–74). – L. Bonet, *R. J. S. La neblina y el paisaje sangriento: Una lectura de »Mosén Millán«* (in Insula, 37, 1982, S. 1; 10/11). – A. Iglesias Ovejero, *Estructuras mítico-narrativas de »Requiem por un campesino español«* (in Anales de la Literatur Española Contemporánea, 7, 1982, S. 215–236). – A. Percival, *Sociedad, individuo y verdad en »Requiem por un campesino español«* (in Ottawa's Hispánica, 4, 1982, S. 71–84). – R. Skyrme, *On the Chronology of S.'s »Requiem por un campesino español«* (in RoNo, 24, 1983, S. 116–122). – R. G. Howard, *The Romance in S.'s »Requiem por un campesino español«* (in MLR, 79, 1984, S. 88–96). – T. Heydenreich, *»Requiem por un campesino español«* (in *Der spanische Roman*, Hg. V. Roloff u. H. Wentzlaff-Eggebert, Düsseldorf 1986, S. 350–364). – C. Serrano, *»Requiem por un campesino español« o el adíos a la historia de R. J. S.* (in RHM, 42, 1989, S. 137–150).

TÁNIT

(span.; *Tanit*). Roman von Ramón José SENDER, erschienen 1970. – Die verschiedenen Linien von Senders Schaffen gehen in diesem Spätwerk, das er in seinem Exil in Kalifornien schrieb, eine Synthese ein: *Tánit* bildet sowohl den Schlußpunkt seines historisch-magischen Realismus als auch eine Weiterentwicklung der Künstler- und Emigrantenthematik aus der Perspektive eines memorierenden Ich-Erzählers.

Hier ist es Enrique, ein 39jähriger spanischer Historiker, der bei dem New Yorker Verlag Brand & Philips ein Buch über Atlantis veröffentlichen will. Zugleich ist er potentieller Attentäter, der in Kürze in einer selbstmörderischen Aktion Sagitario, den Diktator eines (mittelamerikanischen) Inselstaates, beseitigen soll. Im Aufzug des Verlagsgebäudes, einem Hochhaus, begegnet er der jungen Lektorin Tánit. Sie verlieben sich und feiern drei Monate später in Gesellschaft von Verlegern und exzentrischen Künstlern die Hochzeit auf der Dachterrasse desselben Wolkenkratzers – bis Agustín, ein früherer Liebhaber Tánits, von dem sie schwanger ist, tot im Aufzug aufgefunden wird. Wenig später wird über die Medien bekannt, daß der Diktator Sagitario ermordet wurde und ein emigrierter Historiker der Tat verdächtigt wird.

Dieser Handlungsablauf stellt allerdings nur die vage in der Gegenwart situierte Oberfläche dar, sozusagen die Dachterrasse, die – dem zentralen Bild des »Aufzugs« analog – auf Urmythen und -situationen zurückgeführt wird. Im Mittelpunkt der archaischen Gegenwelt steht Atlantis als ursprüngliche, paradiesische Hochkultur, die durch den diabolischen Kometen Typhon zerstört wurde und von deren Existenz die angrenzenden Regionen späterer Kontinente künden: die Iberische Halbinsel, Nordafrika, Mittelamerika. Doch die so gedeutete Menschheitsgeschichte bleibt immer verbunden mit der existentiellen Schuld im Individuellen, einem obsessiven Motiv im Werk des Autors.

Die Initialbegegnung mit Tánit – der phönizischen Fruchtbarkeitsgöttin – ist für Enrique eine Wiederbegegnung: In seiner früheren Identität des Portugiesen Roberto empfand er bereits in Tunis eine Zuneigung zu dem damals unschuldigen Kind, als er dort mit ihrer skrupellosen Mutter zusammenlebte. Zentrum der Recherche individueller und mythisch-archaischer Vergangenheit ist der gemeinsame Besuch von Tánit und Enrique während der Hochzeitsparty im Labor von Mr. Lightning. Dort holt ihnen der deutsche Wissenschaftler Schulten jede gewünschte Szene auf den Bildschirm einer Zeitmaschine. Enrique läßt sich den Zusammenstoß von Typhon mit der Erde visualisieren, was er mit Zitaten antiker Texte über Atlantis sowie der von ihm entworfenen Ursprungstheorie von Gut und Böse begleitet. Tánit hingegen sieht ihr zentrales Kindheitserlebnis: Auf Geheiß ihrer Mutter läßt sie auf einer Bank der Champs-Elysées eine Hutschachtel liegen, die – wie sich später herausstellt – einen abgetriebenen Fötus enthält. Dieser stammt aus der Beziehung der Mutter zu Agustín – dem Nachkommen des Tuareg-Häuptlings Tubal und Sohn von Schulten. Da Agustín sowohl Liebhaber der Mutter wie später Tánits war, wird er zum Rivalen und zugleich zur schizoiden Spiegelfigur von Enrique.

Obgleich der gleichzeitige Tod von Agustín und Sagitario (Sternzeichen: Schütze) ohne Zutun Enriques geschieht, wird er der Tat beschuldigt. Daran ändert auch die Tatsache nichts, daß beide Morde der Kraft des arabischen *»Dichters und Mörders«* Tubal, dem direkten Nachfahren Typhons, zugeschrieben werden, denn dieser ist letztlich eine weitere Spiegelung Enriques. In diesem Zusammenhang gewinnt der Prolog des Romans über die Verwandtschaft von Schizophrenie und Poesie zentrale Bedeutung, da hier eine produktive Kombination von Wahnsinn und Nomadismus gegenüber der Normalität hochzivilisierter Gesellschaften propagiert wird. Die Gespräche auf der Hochzeitsparty zwischen Dichtern wie Carl Sandburg, Sir Herbert Read, Wallace Stevens und Juan Ramón Jiménez erweisen sich dabei als dialogisierte Poetik, die auf den gesamten Roman ausstrahlt. Zugleich wird mythomanisch mit Atlantis eine arabisch-hispanisch-amerikanische Ursprungskultur in die Zukunft projiziert. Sender weist nicht nur mit diesen Visionen in dieselbe Richtung wie zur gleichen Zeit Juan Goytisolo, sondern erreicht in diesem späten Werk auch eine vergleichbar kühne Collage verschiedenartigster Texte und Stimmen (Lyrik, Comic strip, Stilblüten, essayistische Exkurse) und Auflösung konventioneller Erzählprinzipien. O.Gr.

Ausgaben: Barcelona 1970. – Barcelona 1976. – Barcelona 1982.

Literatur: M.C. Peñuelas, *Una novela nueva: »Tánit« de S.* (in CA, 31, 1972, S. 219–224).

JAIME SILES

* 16.4.1951 Valencia

DAS LYRISCHE WERK (span.) von Jaime Siles.

Der mehrfach mit bedeutenden spanischen Literaturpreisen – darunter dem renommierten »Premio de la crítica« für seinen Sammelband *Música de agua*, 1983 *(Wassermusik)* – ausgezeichnete Lyriker, Essayist, Übersetzer, Altphilologe und Hispanist Jaime Siles zählt zu den jungen spanischen Lyrikern, die ganz bewußt an der poetischen Sprache und den Techniken der spanischen Lyrik der Moderne, d.h. den Modernisten und der Generation von 27, anknüpfen und diese weiterführen wollen. Ähnlich wie die großen Autoren dieser Generation, allen voran F. García Lorca, sieht auch Siles seine eigenen lyrischen Texte und mit ihnen auch die neueste spanische Lyrik im Zusammenhang mit der Literatur des Barockzeitalters. Ganz entsprechend hat die Kritik den Diskurs dieser neuen Lyriker mit dem simplifizierenden und auch abwertenden Schlagwort des »Neobarroquismo« belegt.

Bei aller Vorliebe für mediterrane Themen, wie sie sich in der Lyrik von Siles manifestiert – allgegenwärtig sind Themen wie Wasser und Licht und mit diesen konnotierte Motiv- und Bildbereiche –, ist das Verweisungssystem, dem die Texte zuzuordnen sind, nicht auf die spanische Literatur beschränkt. Als *poeta doctus* weiß Siles neben der spanischen Literatur auch die Lyrik des französischen Barocks sowie die griechische und lateinische Literatur – und dabei nicht nur den Fundus der antiken Mythologie – und nicht zuletzt auch die europäische Moderne als poetische Materialien zu nutzen. So zitiert er z.B. in dem 1976 geschriebenen Dialoggedicht *Parménides* aus der Sammlung *Alegoría* (1977), das schon von seinem Titel her auf den vorsokratischen Philosophen gleichen Namens und zugleich auf Platons Parmenides-Dialog verweist, als Motto Verse von Pindar, Góngora und Paul Celan. *Parménides* ist von seiner Anlage her nicht nur ein Beispiel für die Konstruktion eines Textes aus weitgespannten intertextuellen Verweisen, sondern zugleich auch ein Beispiel der lyrischen Transformation philosopisch-poetologischer Thematik. *Parménides* ist als allegorisches Lehrgedicht, als Wechselgespräch zwischen dem Sein *(Ser)*, Parmenides, dem *Coro I*, dem *Coro II* und der Identität *(Identidad)* angelegt und soll sich nach Siles' eigener Vorbemerkung verstehen als die *»Erfahrung eines unbestreitbaren Denkens, das sich aufhebt und nichtet im Gewirr jeder einzelnen seiner Stimmen ... Parménides' Sprache ist eine Sprache, die um ihre eigene Negierung weiß und die sich selber widerspricht ... Sie ist Akt des Zweifelns, der aus dem Schweigen spricht und dem Schatten Identität verleiht«*. Diese Art der antikisierenden »Gedankenlyrik« – sie thematisiert u.a. die Negation und das Schweigen – ist der wenn auch noch recht weitschweifige Versuch eines Nachsprechens von Motiven der Mallarméschen Poetik der Negation.

In den Texten aus den späteren Jahren, und hier vor allem in dem Band *Columnae* (1987), wird das Thema der Negation und des Schweigens immer häufiger. So heißt es z.B. in der *Hortus conclusus* überschriebenen Ode, die noch dazu einen Mallarmé-Vers ausdrücklich zitiert, überdeutlich in der fünften Strophe: *»Negación del lenguaje / que niega cuanto afirma toda vida / ... / pintura sin color en sí perdida«* (*»Verneinung der Sprache / die verneint, was*

das Leben bejaht / ... / farblose Bilder in sich verloren«). Die Texte aus den achtziger Jahren zeichnen sich insgesamt durch größere Konzentriertheit und eine Technik zumeist konziser Collagen sowie durch größeren Formenreichtum aus (neben Gedichten in freien Versen finden sich jetzt auch zahlreiche Sonette). Intertextuelle Bezüge werden mehr angedeutet als ausdrücklich markiert, präexistierende Materialien eher fragmentarisch aufgegriffen und in geradezu postmoderner Manier spielerisch und mitunter auch selbstironisch präsentiert. Gegenstand wird immer mehr die Literatur selbst, d. h. die Texte sind als Meta-Poesie angelegt und lassen sich auch in dieser Weise verstehen.
In dem nur zehn Zeilen in freien Versen umfassenden Gedicht *Música de agua* findet sich auf engstem Raum eine Vielzahl dieser Techniken. *Música de agua*, schon von seinem programmatischen Titel her ein Schlüsseltext aus dem gleichnamigen Sammelband, gestaltet und variiert, ähnlich wie alle anderen Gedichte aus diesem Band – es sind etwa 40 an der Zahl – das poetologische Grundthema des Barocks und der Moderne, das Thema der Metapoesie. *»El espacio / – debajo del espacio – / es la forma del agua / en Chantilly. // No tú, ni tu memoria. / Sólo el nombre / que tu lenguaje escribe / en tu silencio. // Un idioma de agua / más allá de los signos«* (*»Der Raum / unterhalb des Raums / ist die Form des Wassers / in Chantilly. // Nicht du, noch dein Gedächtnis. / Nur der Name / den deine Sprache / einschreibt in dein Schweigen. / Ein Idiom aus Wasser / jenseits der Zeichen«*; Ü: H. Hinterhäuser). Chantilly – darauf hat Hinterhäuser unter Berufung auf eine angebliche Selbstauslegung Siles' hingewiesen – bildet das erste noch markierte Glied in einer Kette von unmarkierten intertextuellen Verweisen, die alle auf ein manieristisch verhülltes Schwanenbild hinzielen, auf das der ganze Text letztlich pointiert ist. Chantilly verweist auf das französische Renaissanceschloß gleichen Namens und zugleich auf den französischen Barocklyriker Théophile de VIAU, der dort zeitweilig lebte, und damit auch auf die dritte Ode aus dessen angeblich dort verfaßtem Poem *La maison de Sylvie*, die um die Bildbereiche des Wassers und der Schwäne zentriert ist. Die Metaphorik des Wassers ist beiden Texten gemeinsam, aber anders als bei Théophile de Viau wird bei Siles das Schwanenbild nicht direkt verwandt, sondern nur in Form einer verdeckten Paronomasie angedeutet, die sich dem produktiven Leser nur durch die Interferenz von span. *signos* und frz. *signes* (beide in der Bedeutung »Zeichen«) sowie durch die assoziative Paronomasie von frz. *signes* und frz. *cygne* (Schwan) erschließt. Die den gesamten Text konstituierende meta-poetische Thematik erfährt damit eine Ausweitung hin zur Literatur des Barocks und der Moderne. Das Schwanenbild – der Schwan ist dem Gott Apollon heilig – ist seit der Antike eine poetologische Chiffre, die in der Barockliteratur, u. a. bei Góngora, und in der Moderne, u. a. bei BAUDELAIRE, MALLARMÉ und Rubén DARÍO, in dieser Funktion häufig verwandt wird. Siles stellt sich also ganz bewußt in einen weiten Traditionszusammenhang, aber nicht als Epigone, sondern als ein Lyriker, dem die Tradition nicht nur vertraut ist, sondern der mit Hilfe intertextueller Verweise und manieristischer Techniken mit ihr zu spielen weiß und ganz im Sinne manieristischer Poetik seine Leser durch kunstvoll angelegte *Concetti* zu verblüffen vermag. Der *poeta doctus* Siles ist letztlich ein Lyriker, der einem metahistorisch verstandenen Manierismus zuzuordnen wäre. E.Kle.

AUSGABEN: *Génesis de la luz*, Málaga 1969. – *Biografía sola*, Málaga 1971. – *Canon*, Barcelona 1973. – *Alegoría*, Barcelona 1977. – *Poesía (1969–1980)*, Madrid 1982. – *Música de agua*, Madrid 1983. – *Columnae*, Madrid 1987. – *Semáforos, semáforos*, Madrid 1990.

ÜBERSETZUNG: *Musik des Schweigens*, H. Hinterhäuser, Eisingen bei Würzburg 1986 [Ausw.].

LITERATUR: Litoral. Revista de la poesía y el pensamiento, 1986 [Sondernr. *J. S.*]. – H. Hinterhäuser, *J. S. »Música de agua* (in *Die spanische Lyrik der Moderne*, Hg. M. Tietz, Ffm. 1990, S. 433–439).

JAVIER TOMEO

* 1932 Huesca

EL CASTILLO DE LA CARTA CIFRADA

(span.; *Ü.: Der Marquis schreibt einen unerhörten Brief*). Roman von Javier TOMEO, erschienen 1979. – Wie in den vorangegangenen und folgenden Erzähltexten kreiert Tomeo auch in seinem sechsten Roman eine handlungsarme, surreal und kafkaesk anmutende Erzählwelt, in der sich psychisch und physisch deformierte Gestalten bewegen, deren Innenleben schonungslos offengelegt wird. In diesem Fall ist der Romantext nahezu identisch mit dem an seinen Diener gerichteten Monolog eines konservativen Aristokraten. Dieses Selbstgespräch ist freilich mehr als nur die Psychographie einer abnormen Persönlichkeit, eher ist es als eine Parabel über die seelische Verfassung und gesellschaftliche Position der Ultrarechten im postfranquistischen Spanien zu lesen. Darüber hinaus birgt der Text eine Reihe von Reflexionen über die Funktionsweise sprachlicher Kommunikation.
Nach zwanzigjähriger, selbstgewählter Isolation entschließt sich der Marquis von W., O. oder Q., was nicht eindeutig festgelegt wird, einen Brief an den benachbarten Grafen von X, Don Demetrio López de Costillar, zu schicken, den sein treuer Diener Bautista überbringen soll. Hauptgegenstand des sich über 107 Seiten erstreckenden und

von Bautista, dem eigentlichen Erzähler, wiedergegebenen Monologs des Marquis sind die detaillierten Anweisungen, die der Diener bei der Übergabe des Briefes zu befolgen hat. So soll er, um einer Vorliebe des Grafen zu entsprechen, ganz in Grün gekleidet sein und außerdem einen Frosch bei sich tragen, der im Fall einer Verärgerung Don Demetrios zu dessen Ablenkung dienen soll. Diese Verärgerung steht zu erwarten, da der Brief nicht entzifferbar ist, weil unleserliche Wörter ohne Zwischenräume aneinandergefügt sind und Konjunktionen fehlen. Überdies ist die erfolgreiche Überbringung des Briefes durch umherstreunende Banditen gefährdet, weshalb Bautista einen vermeintlich ungefährlichen Weg einschlagen soll. Die genaue Wegbeschreibung eröffnet und beschließt den Monolog, der somit eine Zirkelstruktur aufweist. Die alle Eventualitäten berücksichtigenden – und deshalb weitgehend im Modus des Konditional vorgetragenen – Handlungsanweisungen werden indes wiederholt von inkohärenten Digressionen des Marquis unterbrochen, die sich mal seinem einzigen Hobby, der Insektenkunde, mal den Beweggründen für seine innere Emigration widmen. Diese Abschweifungen legen denn auch den Parabelcharakter des Textes frei: Der einer patriarchalen, absolutistischen Ständeordnung nachtrauernde Marquis fühlt sich von der schleichenden Demokratisierung und dem vermeintlichen Sittenverfall der (post-)franquistischen Gesellschaft persönlich bedroht und flüchtet sich in die Welt der Insekten, die ihm positives Sinnbild ist für eine geschichtslose, statische und hierarchische Gesellschaftsstruktur. Der Brief, wenngleich unleserlich und damit seiner Darstellungsfunktion als sprachliches Zeichen beraubt, bewahrt jedoch seinen Appellcharakter: *»Dies und nichts anderes ist der Grund dieses Briefes, Freund Bautista. Zu wissen, daß an diesem Abend jemand an mich denken wird.«* Überhaupt weisen einige Reflexionen des Marquis darauf hin, daß ihm die Eindeutigkeit sprachlicher Zeichen fragwürdig geworden ist: Wörter eröffnen ein *»Universum an Interpretationen«* und appellieren nur mehr an die Imaginationskraft und Dialogbereitschaft des Rezipienten.

Das gilt auch für den Romantext als ganzen, der sich nicht auf eine Lesart festlegen läßt, ein Charakteristikum, das sich in seiner unterschiedlichen Rezeption in Spanien einerseits und Deutschland andererseits widerspiegelt. Während die spanischen Rezensenten die sprachkritischen Aspekte des Textes und seine grotesk-irrealen Züge hervorheben, betonen die deutschen Interpreten den Parabelcharakter und den konkreten gesellschaftskritischen Bezug des Monologs. Das in einer sehr einfachen Sprache verfaßte Buch ist indes beides zugleich: eine zur Dialogbereitschaft ermahnende politische Parabel, deren Erzählsituation zudem die gewandelten gesellschaftlichen Verhältnisse markiert – nicht der Herr, sondern der Diener hat das literarische Wort –, und eine die Irrealität der Literatur aufdeckende, groteske Rede im Konditional, die nichtsdestotrotz die Imaginationskraft des fiktionalen Wortes dokumentiert. A.Rö.

Ausgabe: Barcelona 1979.

Übersetzung: *Der Marquis schreibt einen unerhörten Brief*, E. Wehr, Berlin 1984.

Literatur: S. Horl Groenewold, *Die Stunde des Lesers. Zu J. T.s Roman »El castillo de la carta cifrada* (in IR, 27/28, 1988, S. 101–113). – H. Rien, *Drei Versuche zur spanischen Literatur der Gegenwart*, Bonn 1989, S. 63–78. – J. Heymann, *»El castillo de la carta cifrada«: Man ist, was man erzählt* (in *Die Literatur Spaniens seit 1975*, Hg. H. J. Neuschäfer u. D. Ingenschay, Bln. 1991).

EL CAZADOR DE LEONES

(span.; *Ü.: Der Löwenjäger*). Roman von Javier Tomeo, erschienen 1987. – Mit seinem achten Roman setzt Tomeo eine Literatur über sich selbst entfremdete Individuen im postfranquistischen Spanien fort, die er mal in monologischer Form, wie in *El castillo de la carta cifrada*, mal in dialogischer wie in *Diálogo en re mayor* (1976) und *Amado monstruo* (1985), von ihrer gesellschaftlich bedingten Einsamkeit, der Sehnsucht nach glückender Kommunikation und ihrer Realitätsflucht erzählen läßt.

Diesmal ergreift ein liebeshungriger vermeintlicher Löwenjäger das Wort, der in einem zum Selbstgespräch geratenden Telefonat mit einer zufällig angewählten Gesprächspartnerin einen Diskurs der Auflehnung gegen eine Welt der instrumentellen Vernunft, des realitätshörigen Pragmatismus und der Phantasielosigkeit führt, der so die zentralen Themen des unmittelbar vorangegangenen Romans *Amado monstruo* wieder aufnimmt. Im Zentrum des Textes jedoch steht die Abhängigkeit des monologisierenden Protagonisten von einem traditionellen, literarisch geprägten Liebesmythos und dem dazugehörigen Frauenbild, das durch die desillusionierenden Repliken der Gesprächspartnerin, auf die der Monolog indirekt schließen läßt, entmythologisiert wird.

An einem regnerischen Tag ruft ein sich als Armando Duvalier vorstellender Mann, von Beruf angeblich Löwenjäger in Afrika, eine ihm unbekannte Frau an, die er im Verlauf des Telefonats zum idealisierten Objekt seiner unerfüllten Liebessehnsucht stilisiert. In einer streckenweise an traditionelle, romantische Liebeslyrik erinnernden Sprache fordert er ihre Zuneigung und völlige Hingabe ein, glaubt er doch allein in der allumfassenden Liebe zu einer Frau seine Einsamkeit überwinden zu können. Die beabsichtigte Verführung per Telefon ist freilich von Anfang an zum Scheitern verurteilt, da die zwar ebenfalls einsame, aber illusions- und phantasielose Gesprächspartnerin nicht bereit ist, den imaginären Liebesdiskurs im harmonischen Wechselspiel mit zu führen. Während der Löwenjäger sie sich in blumigen Worten bald als wunderschöne, empfindsame und treue Lebensgefährtin, bald als geheimnisvolle und leidenschaftliche Bettgespielin imaginiert – mithin als Engel und Hure zugleich –, entpuppt sie sich im Verlauf des Telefonats als pragmatisch-prosaische und materialistische Persönlichkeit mit ausgeprägtem Realitätssinn. Je mehr sie sich indes weigert, dem Idealbild des wortgewandten Anrufers zu entsprechen, desto starrsinniger pocht dieser auf die Notwendigkeit, die desillusionierende Realität poetisch zu überformen und die Imaginationskraft des literarischen Wortes als einzig mögliche Form der Befreiung aus der als identitätsspaltend empfundenen Gesellschaftsform zu verstehen, in der beide zu leben gezwungen sind. Wesentliche Charakteristika dieser Gesellschaft, die die Angerufene repräsentiert, sind die Vorherrschaft der instrumentellen Vernunft, Phantasielosigkeit und das Fehlen von Mythen. Als der Anrufer schließlich einsehen muß, daß es ihm nicht gelingen wird, seine Zuhörerin zu verführen, gibt er sich als sechsfingriges Monstrum zu erkennen und entpuppt sich damit als literarischer Wiedergänger der Hauptfigur Juan D. aus Tomeos unmittelbar vorangegangenem Roman *Amado monstruo*.

Wie alle, im übrigen äußerst kurzen Romantexte Javier Tomeos, die eher als Erzählungen zu bezeichnen sind, handelt also auch *El cazador de leones* von der zunehmenden Vereinzelung und Verunsicherung der Individuen in der modernen Gesellschaft, von mißglückender Kommunikation und dem daraus folgenden extremen Redebedürfnis. Die Realitätsflucht des monologisierenden Protagonisten ist mithin Ausdruck des Protests gegen die gesellschaftlich bedingte Entfremdung, der erfolglos bleibt: Denn zum einen ist der Mythos von der allumfassenden Liebe im Kontext der Frauenemanzipation nicht mehr lebbar, zum anderen scheint in einer technologisierten und von kapitalistischen Strukturen geprägten Welt kein Raum zu bleiben für poetische Phantasie und das Tradieren identitätsstiftender Mythen. A.Rö.

AUSGABE: Barcelona 1987.

ÜBERSETZUNG: *Der Löwenjäger*, E. Wehr, Bln. 1988.

LITERATUR: S. Cramer, Rez. (in FRs, 26. 3. 1988). – V. Auffermann, Rez. (in SZ, 28.4. 1988). – G. Sütterlin, Rez. (in NZZ, 23. 8. 1988).

GONZALO TORRENTE BALLESTER

* 13.6.1910 El Ferrol / Galicien

LITERATUR ZUM AUTOR:
Homenaje a G. T. B., Salamanca 1981. – A. Giménez, *T. B.*, Barcelona 1981. – C. Becerra, *G. T. B.*, Madrid 1982. – J. Pérez, *G. T. B.*, Boston 1984 (TWAS). – F. H. Blackwell, *The Game of Literature: Demythification and Parody in Novels of G. T. B.*, Valencia 1985. – G. J. Pérez, *La novela como burla/juego: siete experimentos novelescos de G. T. B.*, Valencia 1989.

CRÓNICA DEL REY PASMADO. Scherzo en Re(y) mayor. Alegre, mas no demasiado

(span.; *Chronik vom entzückten König. Scherzo in D-Dur. Heiter, jedoch nicht allzu sehr*). Roman von Gonzalo TORRENTE BALLESTER, erschienen 1989. – Das Werk setzt mit der entsetzten Feststellung eines sternenkundigen Priesters ein, der aus vielerlei Vorzeichen schließt, daß der Teufel die Hölle verlassen hat, sich frei auf der Erde bewegt und das folgende Geschehen bestimmen wird. Den literarischen, spielerisch humorvollen Ausgangspunkt bildet ein – anfangs bruchstückhaft, zu Ende des Buches schließlich vollständig zitierter – Zehnzeiler *(décima)* von Luis de GÓNGORA (1561–1627) mit dem Titel: *»Auf einen Edelmann, der, einer Dame beiwohnend, seine Wünsche nicht zu befriedigen vermochte.«*

Marfisa, die Protagonistin dieses burlesken Gedichts, ist in Torrentes Roman eine junge, wunderschöne Kurtisane, die, im Madrid des Siglo de Oro lebend, den zwar bereits pflichtgemäß verheirateten, doch in der Liebe gänzlich unerfahrenen spanischen König während einer Nacht in die Geheimnisse der Erotik einführt. Arrangiert wurde diese Zusammenkunft – die sofort in der ganzen Stadt, darunter in der *décima*, ironisch kommentiert wurde – von dem galicischen Grafen De la Peña Andrada. Der erst zwanzigjährige König ist von der paradiesischen Schönheit des nackten Körpers der jungen Frau derart entzückt und fasziniert, daß er, ins Schloß zurückgekehrt, nur noch ein Ziel hat: auch seine Gemahlin, die aus Frankreich stammende Königin, in ihrer vollen natürlichen Schönheit zu sehen und zu genießen. Dieses Begehren spaltet den Hof, besonders aber den Klerus, in zwei hektisch agierende Parteien. Während der greise, lebenssatte Beichtvater des Königs voller Verständnis für die Sünden des Fleisches ist, versucht der machthungrige, dem Geist der Nächstenliebe völlig entfremdete und rabiat frauenfeindliche Kapuzinermönch Germán de Villaescusa mit allen nur erdenklichen Mitteln, den König daran zu hindern, ans Ziel seiner Wünsche zu gelangen. Ein rasch einberufenes und unter dem Vorsitz des skeptisch-agnostischen Großinquisitors tagendes Tribunal der Inquisition überprüft in grotesk scharfsinniger Weise die Frage, ob das Verhalten des Königs Sünde sei und ob das unmoralische Verhalten des Herrschers negative Auswirkungen auf die Geschicke des Staates haben könnte, insbesondere auf das spanische Kriegsglück in den Niederlanden und die Ankunft der Silberflotte aus Amerika, die allein den drohenden Staatsbankrott abzuwenden vermag. Ein überaus kluger portugiesischer Jesuit, der Pater Almeida, dem der Märtyrertod im protestantischen England bestimmt ist, spielt in diesen theologisch brillanten und zugleich grotesken Diskussionen die Rolle des – wie sich herausstellt tatsächlichen – *advocatus diaboli*. Kein Geringerer als der Großinquisitor selbst warnt Marfisa vor ihrer drohenden Verhaftung durch seine Schergen. Darauf sucht sie in einem Kloster Zuflucht. Ebendort aber ermöglicht sie zusammen mit dem galicischen Grafen dem seinen Bewachern entronnenen Königspaar die langersehnte Begegnung. Diese weitgehend realistische Schilderung enthält abschließend eine für Torrente typische, legendär-phantastische Dimension. Über die eine Nacht und einen Tag lang unverhohlen der Sinnlichkeit und Erotik hingegebene Stadt Madrid senkt sich plötzlich ein Nebel des Vergessens. Aus ihr fliehen vor dem Zugriff der Inquisition in Richtung Rom Marfisa, ihre Dienerin Lukretia, der Graf und der Jesuitenpater. Die beiden Männer verabreichen den Frauen einen einschläfernden Zaubertrank und setzen ihren Weg allein ins Ausland fort. Wieder erwacht, vermögen sich Marfisa und Lukretia ebensowenig an den Grafen und an den Jesuiten zu erinnern wie der Inquisitor und der Minister, der im übrigen den eifernden Kapuziner ins römische Exil schickt, um ihn dort mit den Freuden des Diesseits vertraut und bestechlich zu machen.

Viele Indizien erlauben es, den jungen König und seine Gemahlin als Philipp IV. (1621–1665) und Isabella von Frankreich zu identifizieren sowie die Handlung des Romans auf das Jahr 1625 im Umfeld der Schlacht von Breda zu datieren. Torrente wollte jedoch keinen realistisch-historischen Roman schreiben. Sein Ziel war es vielmehr, in der Linie seines Frühwerks *El golpe de estado de Guadalupe Limón* (1946) und der späteren *La saga/fuga de J. B.* (1972) mit den Mitteln der Ironie und in der Form des heiter distanzierten Scherzo einen Beitrag zur Entmythifizierung der Geschichte Spaniens zu leisten. Er läßt den Leser einen Blick hinter das von der antispanischen »schwarzen Legende« gezeichnete Bild werfen, nach der das Spanien des Siglo de Oro von düsteren Königen, von fanatischen, leibfeindlichen Mönchen und einer erbarmungslosen Inquisition beherrscht ist, ein Bild, in dem sich das traditionalistische Spanien letztlich wiedererkannte, obwohl das Siglo de Oro durchaus auch Lebensfreude, verzeihende Hilfe, Witz und einen zutiefst menschlichen Skeptizismus kannte. Entsprechend seiner u. a. auch im *Don Juan* (1963) zu Tage tretenden Überzeugung, daß Gott und Teufel in der Welt in gleichem Maße gegenwärtig sind, jener sich mit den Guten, dieser sich mit den Bösen unter den Menschen befaßt, hat er, seiner eigenen Mythologie folgend, den beiden eigentlichen Gegnern des düsteren Spanien, dem Grafen De la Peña Andrada und dem Jesuiten Almeida, die hervorragenden Züge Lucifers verliehen: Mit Erfindungsgabe, Scharfsinn und Eleganz werden Fanatismus und organisierte Repression parodistisch-spielerisch überwunden; die Spannung löst sich in einem befreienden Gelächter, das gegenüber allen Eiferern dem umfassenden Glücksstreben der Menschen zum Durchbruch verhilft. M.Ti.

AUSGABE: Barcelona 1989.

DON JUAN

(span.; *Don Juan*). Roman von Gonzalo TORRENTE BALLESTER, erschienen 1963. – Im spanischen Sujet par excellence erblickt Torrente Ballester einen *»im Verschwinden begriffenen Mythos«*, da die Gestalt des Verführers und Rufabschneiders *(burlador)* im 20. Jh. als Identifikationsfigur in Sachen Erotik, Aggressivität und Sünde nicht mehr in Frage komme. Vermochten TIRSO DE MOLINA (1630), A. de ZAMORA (1722) und J. ZORRILLA (1844) mit ihren – theologisch unvereinbaren – Antworten auf die Freiheit-Sünde-Thematik dem Typus eine zeitlich begrenzt gültige Deutung zu verleihen, so liegt Torrente Ballester eher am geistvoll-beziehungsreichen Spiel mit vorgegebenen Lösungsvorschlägen der literarischen Tradition. Hierbei distanziert er sich konsequent von Don Juan als einer Bühnenfigur. Eigene dramatische Versuche (1948) und die essayistische Kritik (*Teatro español contemporáneo*, 1957) an Don-Juan-Stükken der jüngeren Vergangenheit sind Stationen eines knapp zwei Jahrzehnte umfassenden Schaffensprozesses, dessen entscheidende Phase sich auf die Jahre zwischen *Donde da la vuelta el aire* (1960) und *La pascua triste* (1962) datieren läßt.

Die Rahmenhandlung des Textes, den der Autor nicht als »Roman«, sondern als *»historia«* klassifiziert sehen will, spielt im Paris der Gegenwart. Hier trifft der Ich-Erzähler – ein spanischer Journalist und Kritiker – auf ein befremdliches Individuum, das ihn glauben zu machen versucht, es sei Leporello und stehe in Diensten Don Juans. Obwohl der Erzähler sich ständig verspottet und hintergangen (burlado) fühlt, gerät er immer stärker in den Bann der ihm nachstellenden Dienergestalt, die ihm in Wort und Tat folgende »wahre« Version des berühmten Verführers suggeriert: Don Juan lebt – oder genauer: Er ist dazu verdammt, in alle Ewigkeit Don Juan zu sein. *»Die Hölle ist er selbst.«* Im Paris des Existentialismus freilich bringt er seine Opfer nicht mehr in Schimpf und Schande – wie zu Zeiten Tirso de Molinas –, sondern er ist, im Gegenteil, auf ihr Glück bedacht. Die von Don Juan nicht verführten, sondern lediglich *»zur Liebe erweckten«* Frauen werden auf das Leben an der Seite

eines anderen Mannes vorbereitet, den Leporello jeweils sorgfältig auszuwählen hat. Don Juans augenblickliche Geliebte ist eine hübsche Schwedin, die an der Sorbonne über den Don-Juan-Mythos promoviert hat. »Abgetreten« werden soll sie an den Erzähler, dem es mit einem Aufsatz über den Burlador gelungen ist, vor Don Juans Augen Gnade zu finden. Nun vollziehen sich zwar die »verführerischen Aktivitäten« gemeinhin ohne Wissen der Betroffenen – Don Juans Seele wandert kurzfristig in den Körper des ausgewählten Mannes hinüber, woraufhin dieser dank der ihm verliehenen Faszinationskraft die jeweilige Frau zu »erobern« vermag. In Jahrhunderte währender Routine ist jedoch bei Leporello und seinem Herrn das Gefühl für die eigene Identität so sehr geschwunden, daß sie von Zeit zu Zeit der Verlockung erliegen, sich ihren »Partnern« zu erkennen zu geben. Leporellos Bemühungen, den Erzähler von der Existenz eines »ewigen« Don Juan zu überzeugen oder ihn gar zur Kooperation zu bewegen, stoßen indes verständlicherweise auf Schwierigkeiten. Selbst als der »Herr« mehrere Seelenmigrationen praktiziert hat und der »Diener« es ebenfalls nicht an Beweisen übernatürlicher Fähigkeiten hat fehlen lassen, bleibt der spanische Intellektuelle skeptisch. Leporello sieht sich daher genötigt, mit mehreren Erzählungen, die vornehmlich von Don Juans Jugend im Spanien des 17. Jh.s handeln, den Nachweis seiner Identität zu führen.
Obwohl sich Torrente Ballester mit dem Kunstgriff der »Autothematisierung« einer Gestalt des Don-Juan-Mythos an Autoren wie E. T. A. Hoffmann, G. B. Shaw und M. Frisch anlehnt, geht er mit seiner »phantastischen Geschichte« (im Sinne T. Todorovs) erheblich über diese Vorgänger hinaus. Die Originalität seiner Version beruht vornehmlich auf einer parodistischen Ausgestaltung der Dienerrolle. Zu einer Zeit, da der transzendente Bezug über den Komtur als Werkzeug des *Himmels* kaum mehr gewahrt werden kann, vermag ihn die (postmoderne) Stoffparodie über Leporello als Abgesandten der *Hölle* herzustellen. Denn die »wahre« Geschichte Don Juans beginnt mit einer Wette im Jenseits: Zwischen der katholischen und der kalvinistischen Fraktion der Hölle ist es zu einem Streit über die Gnadenlehre gekommen, der am Beispiel eines jungen Adligen (Don Juan) entschieden werden soll. Der Teufel »Garbanzo Negro« (Schwarze Kichererbse) soll – in Gestalt des Menschen Leporello – das »Versuchskaninchen« Don Juan zeitlebens beobachten, um festzustellen, ob er zur Erlösung prädestiniert ist. Doch der Himmel kennt selbstverständlich keine Tricks: Don Juan wird verdammt, und seine ins Diesseits verlegte »Höllenpein« besteht darin, auf ewig die Rolle des Burlador zu spielen. Daß hierbei – die Parallele zu Hoffmanns gleichnamiger Erzählung (1813) ist offensichtlich – *Gott* der Gegenspieler Don Juans ist, wird in einer Reihe von Binnenerzählungen entwickelt, zu denen ein *»Poema del pecado de Adán y Eva«* und eine (als Theateraufführung dargebotene) Zorrilla-Parodie gehören, in der Leporello und Don Juan sich in einem Pariser Theater selbst spielen.
Nicht nur die phantasievoll verwickelte Handlung und ein ironisches Beziehungsgeflecht, das von mystischer Metaphorik zu existentialistischer Begrifflichkeit, von der *comedia religiosa* zum absurden Theater, von Baudelaire zu Pirandello reicht, sondern vor allem die komplexe, sich auf mehreren Ebenen entfaltende Erzähltechnik macht Torrente Ballesters *Don Juan* zu einem der bedeutendsten spanischen Romane der sechziger Jahre.

C.Ro.

Ausgaben: Barcelona 1963. – Barcelona 1975. – Barcelona 1983. – Madrid 1986.

Literatur: J. Rof Carballo, *Don Juan por los siglos de los siglos* (in Estafeta Literaria, 1963, Nr. 211, S. 19/20). – J. Winecoff, *The Theater and Novels of G. T. B.* (in Hispania, 48, 1965, S. 422–428). – M. García-Viñó, *El »Don Juan« de T. B.* (in M. G. V., *Novela española actual*, Madrid 1967, S. 129–140). – J. Medrano Chivite, *Notas para un análisis del »Don Juan« de G. T. B.* (in *Homenaje a G. T. B.*, Salamanca 1981, S. 163–179). – S. Miller, *Don Juan's New Trick. Plot, Verisimilitude, Epistemology, and Role Playing in Torrente's »Don Juan«* (in REH, 16, 1982, S. 163–180). – C. Rodiek, *»Don Juan« zwischen Parodie und Phantastik. T. B.s Stoffgestaltung in komparatistischer Sicht* (in Arcadia, 17, 1982, S. 274–289). – G. Torrente Ballester, *Don Juan (Conferencia)* (in G. T. B., *Ensayos críticos*, Barcelona 1982, S. 81–114). – Ders., *Don Juan, un mito que se extingue* (in G. T. B., *Cotufas en el golfo*, Barcelona 1986, S. 17–22).

FRAGMENTOS DE APOCALIPSIS

(span.; *Fragmente der Apokalypse*). Roman von Gonzalo Torrente Ballester, erschienen 1977. – Was sich in den früheren Werken Torrente Ballesters bereits als ein thematischer Schwerpunkt herauskristallisiert (so in *Don Juan*, 1963, und *La saga/fuga de J. B.*, 1972), avanciert in seinem neunten Roman zum Angelpunkt des literarischen Diskurses: die Frage nach dem Verhältnis zwischen Realität und Fiktion im allgemeinen und nach dem spezifischen ontologischen Status und dem Entstehungsprozeß eines Romanwerks im besonderen. Demzufolge gerät das Buch zu einem eminent metafiktionalen, selbstreflexiven Text, in dessen Zentrum das Tagebuch eines Schriftstellers (45 Textabschnitte) steht, das beides zugleich ist: erzählte Welt und facettenreiche Reflexion über das Erzählen. Diese Tagebuchfragmente werden sukzessiv bald von surrealistisch anmutenden Geschichten (sieben insgesamt), bald von den so betitelten *Prophetischen Sequenzen* (acht an der Zahl) unterbrochen, deren Abfassung an eine Randfigur des Diariums delegiert wird. Gleichsam als Prolog vorangestellt ist diesem Textkorpus eine kurze Selbstbeschreibung des Tagebuchverfassers, derzufolge er sich in einer tiefgreifenden Identitätskrise befindet. Überdies ist Torrentes Roman ein höchst parodistischer Text, der die unterschiedlichsten Erzählweisen konterkariert, besonders freilich den Objektiven Realismus.

Ort des abwechselnd in Vergangenheit, Gegenwart und Zukunft angesiedelten Geschehens ist die skurrile Phantasiestadt Villasanta, die in wesentlichen Punkten an das galicische Santiago de Compostela erinnert. Im Mittelpunkt der gemäß dem Romantitel häufig bloß episodisch-fragmentarischen Erzählsequenzen steht eine gigantische Kathedrale, unter der ein mittelalterliches Labyrinth vermutet wird. Dort soll seit tausend Jahren Esclaramunda begraben liegen, ein wunderschönes Mädchen, das der damalige Erzbischof begehrte und dadurch in den Tod trieb. Der derzeitige Bischof Procopio indes, ein liberaler und toleranter Kleriker, sieht sich permanent in durch seinen konservativen Gegenspieler verursachte Kirchenkämpfe verwickelt. Nichtsdestotrotz verbringt er seine Freizeit beim Kartenspiel mit einem Zirkel anarchistischer Arbeiter, zu denen auch Pablo Bernárdez gehört, der fest davon überzeugt ist, daß der Lauf der Geschichte zum Positiven hin hätte gewendet werden können, wäre Jean Paul Marat nicht ermordet worden. Ermuntert durch das Beispiel des Vaters seiner Geliebten Juanucha, der für einige Tage seinen Körper verläßt, um die Funktionsweise des Universums zu schauen, das sich als eine Aneinanderreihung immer wieder dieselbe Historie wiederholender Welten entpuppt, begibt er sich auf eine Zeitreise in das Frankreich der Französischen Revolution, wird jedoch von den Gegenspielern Marats gefangengenommen und zum Tode verurteilt.

Was sich in der Zusammenfassung wie eine scheinbar kohärente Handlung liest – die im übrigen noch weit mehr Handlungsstränge aufweist, als hier umrissen werden könnten –, wird freilich in den Tagebuchfragmenten vom Ich-Erzähler selbst unentwegt unterbrochen und mit einem Metadiskurs konfrontiert, der dem Rezipienten zuallererst die Fiktionalität des berichteten Geschehens in Erinnerung ruft und die Romanhandlung zudem als bloße Aneinanderreihung von Wörtern und Sätzen, als rein sprachliches Konstrukt mithin, entlarvt. Gleichzeitig dienen diese Digressionen der konsequenten »Entmythologisierung« des Erzählprozesses, insbesondere der Erzählerfigur, die als Gegenpol zum Typus des allwissenden Erzählers konzipiert ist. So behindert den Erzähler ein eingeschränktes Erinnerungsvermögen, Teile des Manuskripts meint er nicht selbst geschrieben zu haben, und schließlich stößt er auf die überraschende Autonomie der von ihm geschaffenen literarischen Figuren. Ferner ist ihm eine Erzählinstanz, *El Supremo* (der Höchste), übergeordnet, zwei weitere sind ihm gleichgestellt: seine russische Geliebte Lénutschka und der villasantinische Bibliothekar Justo Samaniego. Lénutschka, eine marxistisch-leninistisch geprägte Wissenschaftlerin, greift als Diskussionspartnerin des Ich-Erzählers korrigierend in den Erzählprozeß ein. Zugleich vertritt sie ein Romanideal, das dem sozialkritischen Objektivismus verpflichtet ist.

Der an einem Ödipuskomplex leidende Justo Samaniego steigt von einer Randfigur des Tagebuchtextes zum Ich-Erzähler der *Prophetischen Sequenzen* auf, die als Roman im Roman von der Zukunft Villasantas berichten. Diese kursiv gedruckten Textabschnitte schildern die tausend Jahre zuvor angekündigte Rückkehr des Wikingerkönigs Olaf, der als Sitting Bull verkleidet mit seinen Gefolgsleuten die Stadt einnimmt, um dort ein diktatorisches Regime zu errichten. Dessen zeitweilige Stabilität gründet sich sowohl auf das Aufstellen einer abschreckenden »Tötungsmaschine« als auch auf die Präsentation der »Erotischen Puppe«, der lebensgroßen Nachbildung einer in sexueller Hinsicht angeblich vollkommenen Frau. Sehr bald jedoch planen die anarchistischen Arbeiter um Pablo Bernárdez, die sich der Erzähler Justo Samaniego aus den Fragmenten des Tagebuchautors »ausleiht«, eine Revolution. Ihre Verschwörung wird aufgedeckt, und so werden sie gemeinsam mit Erzbischof Procopio in der »Tötungsmaschine« umgebracht. Samaniego ermordet den Diktator Olaf und befreit sich damit von seinem quälenden Ödipuskomplex. Als er es aber wagt, auch Lénutschka in seine Erzählung zu integrieren, entschließt sich der Tagebuchverfasser, sie nach Rußland zurückzuschicken, um sie vor einer schriftstellerischen Vereinnahmung durch Samaniego zu bewahren. Dies gelingt auch, bedeutet aber gleichzeitig das Ende des Romantextes. So bleibt dem Erzähler nur noch ein abschließender Besuch in der Zukunft Villasantas, das nach der Ermordung König Olafs einen unglaublichen Racheakt der Wikinger erlebt: das Läuten einer vor ihrem Rückzug aufgestellten riesigen Glocke verwandelt die Stadt in Schutt und Asche. Dieses apokalyptische Szenario verläßt der Erzähler schließlich mit folgenden Worten: *»Ich, meinerseits, begann an etwas anderes zu denken.«*

Solche Verweise über den eigentlichen Romantext hinaus sind häufig und vielschichtig: Es finden sich sowohl mannigfaltige intertextuelle Bezüge zu Cervantes, Unamuno und Borges als auch den autobiographischen, pornographischen, romantischen und sozialkritischen Roman parodierende Passagen; gleichzeitig ist Torrente darauf bedacht, die traditionelle Dualität von Fiktion und Realität aufzubrechen und damit die außersprachliche Wirklichkeit in den Roman einzuholen. So lassen sich zwei gegenläufige Tendenzen des Werks feststellen: zum einen die »Dekonstruktion« des Erzählvorgangs und -produktes, also die Bewußtmachung der nur sprachlichen Wirklichkeit des fiktionalen Textes, zum anderen die Nivellierung der Grenze zwischen Realität und Fiktion, also die Aufwertung der Literatur in den Status einer realitätsäquivalenten Erfahrung. Als Synthese wäre die Erkenntnis zu formulieren, daß die Imaginationskraft der Worte und Strukturen eines literarischen Textes so groß ist, daß sogar die Bloßlegung ihrer Funktionsmechanismen nicht der Etablierung einer fiktionalen Realität im Weg steht. Fiktion und Realität sind zwar in materieller Hinsicht nicht austauschbar, rufen aber äquivalente Erfahrungswerte im Bewußtsein der Rezipienten hervor. Was sich also zunächst wie die Ankündigung der Endzeit des Romans liest, erweist sich schließlich als ein Text, der auf die spezifische Imaginationskraft und Wortgewalt des Romans pocht und setzt. A.Rö.

AUSGABE: Barcelona 1977. – Barcelona 1982.

LITERATUR: A. Amorós, *El apocalipsis irónico de G. T. B.* (in CHA, 114, 1978, Nr. 340, S. 137 bis 148). – J. C. Lértora, *La estructura de la »Mise en abyme« en »Fragmentos de Apocalipsis«* (in Semiosis, 4, 1980, S. 83–95). – Ders., *»Fragmentos de Apocalipsis« y la novela polifónica* (in RCEH, 4, 1981, S. 199–205).

LA SAGA fuga de J. B.

(span.; *Die Saga/Fuge von J. B.*). Roman von Gonzalo TORRENTE BALLESTER, erschienen 1972. – Die 1964–1971 entstandene umfangreiche *Saga/Fuge* gilt als Torrentes Meisterwerk; sie bildet zusammen mit *Fragmentos de apocalipsis* (1977) und *La isla de los jacintos cortados* (1980) die *Trilogía fantástica*, mit der Torrente der endgültige literarische Durchbruch gelang, der sich auch in der Verleihung des angesehenen »Premio Cervantes« (1985) widerspiegelt. Die *Saga/Fuge* markiert in der spanischen Literatur die definitive Abkehr vom antifranquistischen, politisch engagierten, doch künstlerisch wenig ergiebigen Roman des *realismo social*. Sie ist das Bekenntnis zu einer intellektuellen, doch humorvollen, dem Prinzip der Intertextualität verpflichteten, phantastisch-parodistischen und spielerisch fabulierenden Literatur, die ihre Ursprünge weit mehr in der mündlichen Erzähltradition der galicischen Heimat Torrentes hat als im »magischen Realismus« eines G. GARCÍA MÁRQUEZ, mit dessen *Hundert Jahre Einsamkeit* die *Saga/Fuge* zu Unrecht häufig verglichen wurde. Dem Roman liegt keine auch nur annähernd lineare Handlung zugrunde. Mit der Wiederholung und Variation einer beschränkten Zahl von Themen und Motiven folgt das Werk durchaus dem Strukturprinzip der – im Titel genannten – musikalischen Fuge. Schauplatz der Handlung ist eine imaginäre fünfte Provinz Galiciens und eine ebensolche Stadt Castroforte del Baralla. Die Grenzen zwischen Realität und Phantasie werden so bereits eingangs aufgehoben; der Wechsel vom einen in den anderen Bereich ist häufig nicht markiert.

Die höchst verwirrend angelegte Handlung spielt zweifelsohne zur Zeit des Franquismus, von dessen Repräsentanten – den »Goten« der Nachbarstadt und der fernen zentralen Verwaltung – sich die Bewohner Castrofortes ständig bedroht und beherrscht fühlen. Als Opfer des Franquismus wird auch der Erzähler und Erfinder des Romans, José Bastida, dargestellt. Er ist einer der vielen in dem Werk auftretenden Personen, deren Namen mit J. B. beginnen und über deren jeweilige Identität sich der Leser Klarheit verschaffen muß. José Bastida ist ein ältlicher, unattraktiver, hungerleidender, aus dem Dienst entlassener Lehrer für spanische Sprache und Literatur. Auch Julia, seine Geliebte, wäre fast das Opfer eines Repräsentanten des Franquismus geworden, des fanatisch-sadistischen Priesters Don Acisclo, in dem Torrente in höchst ironischer Weise eine der groteskesten und demaskierendsten Priestergestalten der spanischen Literatur dargestellt hat. Castroforte ist jedoch nicht nur von dem nicht weiter konkretisierten Gefühl der Bedrohung, sondern auch von dem Gefühl der Hoffnung auf einen Erlöser erfüllt.

Der Roman ist in fünf sehr ungleiche Teile gegliedert: ein knappes »Incipit«, drei große mittlere Kapitel und eine abschließende, an eine Fuge erinnernde »Coda«. Das »Incipit« hebt an mit dem einzigen galicischen Satz des sonst ganz in spanischer Sprache verfaßten Romans: *»¡Veciños, veciños, roubaron o Corpo Santo!« (»Ihr Leute, hört, die Reliquie ist gestohlen worden!«)*. Es handelt sich um den lichtstrahlenden Körper einer Heiligen, die einst – ganz wie der spanische Apostel Santiago – in Castroforte an Land gebracht worden war und dessen Gegenwart den Einwohnern auch die materielle Existenz gesichert hat. Durch sein Verschwinden vom geistigen und materiellen Ruin bedroht, beginnen die Einwohner von Castroforte nun jenen rettenden Erlöser zu suchen, der, wie die Legende besagt, ohne um seine Funktion zu wissen, unter ihnen lebt und dessen Namen, so will es dieselbe Legende, mit J. B. beginnen soll. Die Wesenszüge dieses Erlösers hofft man durch eine genaue Prüfung der Merkmale jener vier J. B.s zu erkennen, die in der Vergangenheit der Stadt in kritischen Lagen von entscheidender Hilfe waren. Als mögliche Retter in der Gegenwart kommen drei Personen in Frage: der Seemann Jacinto Barallobre, ein Verräter, der aber durch seinen Tod aus der Liste ausscheidet; Jesualdo Bendaña, ein amerikanischer »full-professor«, der, ohne zu wissen, was er eigentlich tut, gerade im Begriff ist, ein Buch über die Mythen Castrofortes zu schreiben; schließlich José Bastida, der, obwohl nicht aus Castroforte stammend, seinen kläglichen Unterhalt als Chronist der Stadt verdient. Diese Suche in Gegenwart und Vergangenheit gibt Torrente Gelegenheit zum Entwurf einer phantastischen Gegenwelt, in die der höchst belesene Autor ebenso den mittelalterlichen Erlösungsmythos vom König Artus und seiner Tafelrunde einflicht und parodiert wie eine Satire auf den modernen Fortschrittsglauben, eine Verspottung des zeitgenössischen französischen Strukturalismus, die Demaskierung der Leibfeindlichkeit im spanischen Katholizismus sowie des Sexkultes der Moderne. Eine radikale Entmythifizierung, im übrigen auch des Realitätspostulats allen Erzählens, das humorvoll spottende Aufdecken aller Art frommen Selbst- und Fremdbetrugs, ist das vorrangige Ziel zahlloser Digressionen. Diese Kritik gilt auch der Sprache und ihrer ideologisierten Verwendung. In dem Bemühen um Aufrichtigkeit hat daher der Chronist José Bastida eine eigene Sprache erfunden, in der er zahlreiche Gedichte in seine Erzählung einstreut.

Auf die konsequente Entmythifizierung zielt bereits das erste Kapitel des Romans mit dem Titel: *Das Manuskript oder vielleicht der Monolog José Bastidas* ab. Aus ihm ergibt sich, daß die vier J. B.s der Vergangenheit keineswegs die vollkommenen, rechtgläubigen Retter ihrer Vaterstadt waren, wie es die Legende besagt: der Bischof Jerónimo Bermúdez war letztlich ein Ketzer, der Priester Jacobo Balseyro ein Zauberer, der gefeierte Held der Stadt und englische Admiral John Ballantyne kollaborierte mit dem Feind, und Joaquín María Barrantes war keineswegs der prophetische Dichter, als den ihn Castroforte verehrte. Im zweiten Kapitel mit der Überschrift *Hüte dich vor den Iden des März!* steigert sich José Bastida in die mythische Rolle des Erlösers. Da diesem Erlöser jedoch der baldige Tod prophezeit ist, kehrt Bastida recht bald aus der Phantasiewelt in seine ursprüngliche ärmliche Identität zurück. Das dritte Kapitel wird als *Scherzo und Fuge* bezeichnet, wobei hier, wie auch im Titel des Romans, mit der doppelten Bedeutung des spanischen Wortes »fuga« gespielt wird, das sowohl Fuge als auch Flucht bedeuten kann. In ihm wird geschildert, wie es Julia und José Bastida gelingt, sich endgültig aus der Umklammerung durch Castroforte zu befreien. Die beiden Liebenden fliehen an den Iden des März aus der Stadt und erreichen durch einen gewagten Sprung in letzter Minute festen Boden, während sich Castroforte nach dem Bericht der »Coda« wie einst die fliegenden Inseln Swifts in die Lüfte erhebt und, von den weiter mythenbildenden Gedanken seiner Einwohner getragen, aus der Realität entschwindet. Zumindest für seine Geliebte ist José Bastida so zu dem ersehnten Erlöser geworden.

In der *Saga/Fuge* hat Torrente eines seiner zentralen Themen wiederaufgenommen: die Vorstellungen besitzen in den Köpfen der Menschen die gleiche Macht und den gleichen Wirklichkeitsgrad wie die äußere Realität. Sie werden zu Lügen, Obsessionen und Gefängnissen des Geistes, wenn sie als feste Überzeugungen, Mythen und Ideologien erstarren. Nur durch Parodie und Gelächter können sie entmythifiziert werden. Torrente, der seinen Berufsweg als Historiker begann, sieht allenthalben in der Geschichte dergleichen Tabuisierungen, mit denen der einzelne politisch, religiös und moralisch manipuliert wird. Seine Aufgabe als Schriftsteller versteht er auch darin, derartige Fälschungen durchschaubar und eine Befreiung von ihren möglich zu machen.

In der Abwehr allzu festlegender Interpretationen bezeichnete Torrente die *Saga/Fuge* als *»disparate«* im Sinne Goyas, als ein wirklichkeitsverzerrendes Phantasieprodukt ohne tieferen Sinn. Es steht jedoch außer Zweifel, daß er in diesem Werk, einem psychologischen Ansatz folgend, auch seinerseits die im spanischen Roman der sechziger und siebziger Jahre häufig gestellte Frage der individuellen und der nationalen Identität aufgeworfen hat. Die Tatsache, daß in die *Saga/Fuge* Zitate aus den Werken Manuel Murguías (1833–1923), des Vorkämpfers einer galicischen Nationalität, eingearbeitet sind, läßt den Roman auch als politisch gemeinte Kritik an all jenen Mythen und fragwürdigen regionalen Identitäten erscheinen, die bisweilen die Einheit Spaniens in Frage stellen.

In den autobiographischen *Cuadernos de un vate vago* (1982) aus den Jahren 1961–1976 hat Torrente Ballester vieles über die Entstehung der *Saga/Fuge* berichtet, vor allem über die großen Kompositionsprobleme, die sich ihm bei der Redaktion des mehrfach umgeschriebenen Werks gestellt haben. M.Ti.

Ausgaben: Barcelona 1972. – Barcelona 1980; [4]1985.

Literatur: C. Urza, *Historia, mito y metáfora en »La saga/fuga de J. B.«*, Diss. Iowa 1981. – A. Estévez Molinero, *La fuga sagaz de G. T. B. Perspectivas de inmersión en »La saga/fuga«* (in *Homenaje a G. T. B.*, Salamanca 1981, S. 91–114). – F. Bel Ortega, *G. T. B.: »La saga/fuga de J. B.«. Análisis estructural y formal de la novela* (ebd., S. 1–18). – M. Tietz, *Umgangssprache und Sprachkritik in »La saga/fuga de J. B.« von G. T. B.* (in *Umgangssprache in der Iberoromania. Fs. H. Kröll*, Hg. G. Holtus u. E. Radtke, Tübingen 1984, S. 383–394). – Ders., *La búsqueda de la identidad española en la obra de Juan Goytisolo y G. T. B.* (in Iberoamericana, 25/26, 1985, S. 5–18). – J. Pérez, *The Fantastic in Two Recent Works of G. T. B.* (in *Aspects of Fantasy: Selected Essays from the Second International Conference on the Fantastic Literature and Film*, Hg. W. Coyle, Westport/Conn. 1986, S. 31–40). – G. Torrente Ballester, *Experiencia gallega en mi obra narrativa* (in *Einheit und Vielfalt der Iberoromania. Geschichte und Gegenwart*, Hg. Chr. Strosetzki u. M. Tietz, Hbg. 1987, S. 1–10).

Esther Tusquets

* 1936 Barcelona

EL MISMO MAR DE TODOS LOS VERANOS

(span.; *Ü: Aller Sommer Meer*). Roman von Esther Tusquets, erschienen 1978. – Die aus der Bourgeoisie der katalanischen Metropole stammende Ich-Erzählerin befindet sich einmal mehr in der ihr zunehmend unerträglicher werdenden Situation, von ihrem Ehemann betrogen, von Mutter und Tochter allein gelassen zu werden und sich inmitten ihres alltäglichen Luxus abgrundtief zu langweilen. Um sich ungestört ihrer Einsamkeit überlassen zu können, beschließt sie, in die dunklen, den beginnenden Sommer demonstrativ negierenden Räume ihrer Kindheit, d. h. zunächst in die verlassene Stadtwohnung ihrer Familie in Barcelona, zurückzukehren. Es stellt sich jedoch alsbald heraus, daß sie diese mit phantastischen Geschichten, Träumen von einer besseren Welt, Erinnerungen an einsame Spiele und vor allem an kindliche und jugendliche Lektüre gefüllten Räume nie wirklich verlassen, d. h. nie die Schwelle von der Kindheit ins Erwachsenenleben überschritten hat; es sei denn imaginär während ihrer ersten und einzigen Liebe zu Jorge, einem jungen Mann, der nicht aus ihrer Gesellschaftsschicht kam und der für die Dekadenz der katalanischen Bourgeoisie nur Spott und Hohn übrig hatte. Doch Jorge hat – wie wir durch die immer wieder unterbrochene, erst am Schluß des Romans Konturen gewinnende nachgeholte Vorgeschichte erfahren – seine verliebte Freundin verlassen: Er beging Selbstmord und bewirkte damit – aus der Sicht der Ich-Erzählerin –, daß diese in die Sphäre ihrer Familie, die sie verachtet, zurückgeworfen werden und vor allem unausweichlich in die höchst problematische Mutter-Tochter-Beziehung verstrickt bleiben sollte. — Esther Tusquets privilegiert in ihrem literarischen Werk immer wieder Mutter-Tochter-Konstellationen als Voraussetzung für die Entwicklung der ebenfalls in ihrem Werk zentralen weiblichen Figuren. *El mismo mar de todos los veranos* entwirft eine Mutter-Tochter-Beziehung im Zeichen des Mangels: Mangel an mütterlicher Liebe, Mangel an mütterlicher Anwesenheit, Mangel an gegenseitigem Verständnis. Während die Mutter, Repräsentantin der großstädtischen katalanischen Bourgeoisie (deren Mythen und Riten im Roman parodiert und der Lächerlichkeit preisgegeben werden), ihren Interessen und Vergnügungen nachgeht, verhindert die problematische Mutterbeziehung letztlich die Individualisierung der Tochter. Es gibt zwar auch die Großmutter und das Kindermädchen Sofía, ein liebenswerter Mutter-Ersatz bis zu dem Tag, an dem Sofía fristlos entlassen wird, weil der Vater eine Affäre mit ihr hat. Doch Großmutter und Kindermädchen erzählen dem kleinen Mädchen vor allem Geschichten und gehören somit in den Bereich der durch maßlose Lektüre von Märchen, Mythen, später dann dem Kanon der Weltliteratur strukturierten »Gegen-Welt« der Kindheit.

Der Rückzug in die imaginären Kindheitsträume einsamer Lektüre, fernab jeder gesellschaftlichen Wirklichkeit, wird jedoch aufgeschoben: Eine Freundin verführt die für jede Abwechslung dankbare Ich-Erzählerin zu einem »erotischen Abenteuer«, indem sie sie mit Clara, einer jungen Studentin aus Kolumbien, bekannt macht. Die nach verschiedenen literarischen Mustern inszenierte, einen Sommermonat lang dauernde Liebesgeschichte zwischen den beiden höchst unterschiedlichen Frauen (Clara könnte die Tochter der Erzählerin sein) stellt in diesem vielschichtigen Roman nur einen, erzähltechnisch gleichwohl experimentierfreudigen und hinsichtlich der erotischen Passagen bemerkenswert innovativen Aspekt dar. Da die Weltwahrnehmung der Ich-Erzählerin durch ihre Lektüre-Biographie konditioniert und in erster Linie eine ästhetische ist, schreibt sie in der Liebesgeschichte sowohl sich selbst als auch ihrer Freundin Rollen zu, die aus ihrem literarischen Kanon stammen: Ariadne, Angelica, la Belle *und* la Bête, die kleine Meerjungfrau bzw. diverse Varianten der »Wasserfrau« und vor allem Wendy aus *Peter Pan* von J. M. Barrie. Das macht aus *El mismo mar de todos los veranos* auch einen »Literatur-Roman«, in dem der oftmals ironisch zitierte literarische Kanon einer Revision aus weiblicher Sicht unterzogen wird: Die Ich-Erzählerin erweist sich als eine eigenwillige Leserin, die die kanonisierten literarischen Männer- und Frauenrollen anders liest, sie in mancherlei Hinsicht respektlos umformuliert. Der Respektlosigkeit der Frau als »unzuverlässiger Leserin« entspricht auf seiten der Erzählerin eine ironische, vor allem auch selbstironische Grundhaltung. Ironisch ist auch der Titel des zweiten Romans von Esther Tusquets *El amor es un juego solitario*, 1979 *(Die Liebe ein einsames Spiel)*, zu verstehen. Elia, müßige, von ökonomischen und sozialen Zwängen befreite »Tochter aus gutem Hause« weist Ähnlichkeiten mit der Ich-Erzählerin in *El mismo mar* auf; sie spielt die in Liebesdingen erfahrene Frau und ist Objekt der Begierde des männlichen Parts in diesem *menage à trois*: Ricardo, ein sexuell unerfahrener, aus dem Kleinbürgertum stammender junger Student; die dritte Position wird von Clara übernommen, auch sie eine junge Studentin aus dem Kleinbürgertum, die sich in Elia verliebt und versucht, der Mittelmäßigkeit ihrer Familie zu entkommen. Die drei Mitspieler drängen den anderen jeweils ihre eigenen Spielregeln auf, so daß sich nicht nur die Freiwilligkeit des Spiels als Täuschung herausstellt, sondern ihre Liebesgeschichte als perverse Inszenierung, die »Liebe« als Wiederholungszwang offenkundig wird; zwanghaft werden Rollen und Figurenkonstellationen aus dem jeweiligen Lektürekanon der drei Protagonisten wiederholt. So agiert Elia als Leserin trivialer Abenteuerromane, die »in der Wildnis« spielen; Ricardo entpuppt sich als heimlicher Porno- und de-Sade-Leser; Clara, das junge Mädchen, nimmt die Welt im Medium der Märchen und Feengeschichten wahr. Die wiederum höchst ironische, auktoriale Erzählerinstanz, die die Protagonisten in einem engen Raum-Zeit-Gefüge agieren läßt (Stundenhotel, Luxuswohnung, Cafés im sommerlichen Barcelona), läßt offen, ob dieses perverse Spiel, in dem es letztlich nur Verlierer gibt, dazu führt, daß die Spieler ihre Illusionen verlieren, d. h. die Differenz von Literatur und Leben zu realisieren vermögen.

Das Ende einer trügerischen Illusion kündigt sich an im dritten Roman von Esther Tusquets, *Varada tras el último naufragio*, 1980 *(Strandung nach dem letzten Schiffbruch)*, der die als lockere Trilogie konzipierte Romanreihe abschließt. Auch hier findet sich der in den beiden ersten Romanen präsente soziokulturelle Bezugsrahmen der zentralen Frauengestalt Elia: »Tochter aus gutem Hause«, aus der Großbourgeoisie der Stadt Barcelona, verheiratet mit Jorge, der indes die ihm von seiner Frau zugeschriebene Rolle als Retter in all ihren Nöten verweigert und sie verlassen hat. Auch in diesem Roman entwirft die Autorin das verführerische Ambiente eines Sommers am Strand im – später allerdings zerbrechenden – Kreis der Freunde, frei von ökonomischen und sozialen Zwängen. Während in *El mismo mar* und in *El amor es un juego solitario* eine zyklische Struktur vorherrscht und der weiblichen Hauptfigur keine Entwicklungsmöglichkeit zugeschrieben wird, bildet Elia in *Varada tras el último naufragio* die Fähigkeit heraus, ihre Illusionen als solche zu benennen und sich der Ungewißheit einer offenen Zukunft als Schriftstellerin zu stellen, indem sie sich von ihrem Mann trennt. Esther Tusquets Romane skizzieren auch die Bedingungen weiblicher Selbstbestimmung, indem sie die kulturell vermittelten Selbst- und Fremdbilder der Frau reflektieren. B.We.

Ausgabe: Barcelona 1978.

Übersetzung: *Aller Sommer Meer*, M. López, Reinbek 1981 (rororo).

Literatur: E. J. Ordoñez, *A Quest for Matrilineal Roots and Mythopoesis: E. T.'s »El mismo mar de todos los veranos«* (in Crítica Hispánica, 6, 1984, S. 37–46). – C. G. Bellver, *The Language of Erotism in the Novels of E. T.* (in Anales de la literatura española, 9, 1984, S. 13–27). – M. Servodidio, *Perverse Pairings and Corrupted Codes: »El amor es un juego solitario«* (ebd., 11, 1986, S. 237–254). – J. M. Perceval, *E. T. – ein Portrait* (in Tranvía. Revue der Iberischen Halbinsel, 1, 1986, S. 18–20). – J. N. Gold, *Reading the Love Myth: T. with the Help of Barthes* (in HR, 55, 1987, S. 337–346). – *Anales de la literatura española*, 12, 1987 [Beitr. von L. G. Levine, E. J. Ordoñez, M. Servodidio u. Ph. Zatlin]. – S. L. Dolgin, *Conversación con E. T.* (ebd., 13, 1988, S. 397–406).

Enrique Vila-Matas

* 31.3.1948 Barcelona

UNA CASA PARA SIEMPRE

(span.; *Ü: Ein Haus für immer*). Roman von Enrique Vila-Matas, erschienen 1988. – Dieser schmale Band bildet zusammen mit *Historia abreviada de la literatura portátil*, 1985 *(Verkürzte Geschichte der tragbaren Literatur)*, und den nachfolgenden *Suicidios ejemplares*, 1991 *(Exemplarische Selbstmorde)*, gewissermaßen eine Trilogie, in der auf jeweils unterschiedliche Weise die »Kunst des Verschwindens« betrieben wird. In *Historia abreviada* schlüpft der Autor in die Rolle eines Historikers, der einen »geschichtlichen Abriß« der Avantgarde in den zwanziger Jahren (Man Ray, Tristan Tzara u. a.) verfaßt. Doch zugleich fälscht dieser scheinbar penible Chronist Daten, Begebenheiten und vor allem Texte. Gerade dadurch werden die Prinzipien oder – besser gesagt – die unter vorgetäuschten Gesetzen verborgene Prinzipienlosigkeit dieser unverschämten Literatur wieder lebendig; *Historia abreviada* selbst bildet gleichsam das vorläufig letzte Glied der *»tragbaren Kunst«*, deren Emblem Marcel Duchamps *boîte-en-valise* ist. Man miniaturisiert künstlerisches Schaffen, versteckt es in *»Köfferchen«* und nimmt es mit sich auf Reisen fort, um den *»Schrankkoffern«*, jeder Festlegung und Archivierung, zu entgehen. Andererseits droht jedoch bei dieser »Kunst des Verschwindens« die vollständige Auflösung in Doppelgänger und fingierte Gestalten. Genau dieses Problem moderner Ästhetik beherrscht *Una casa para siempre. »Das Haus für immer«*, so enthüllt das letzte gleichnamige Kapitel, ist das *»Haus der Fiktion«*, in dem derjenige für immer eine Bleibe findet, der es versteht, eine Fiktion zu glauben, obwohl er weiß, daß es eine Fiktion ist.

Die zwölf vordergründig unverbundenen Kapitel dieses Romans fügen sich zu den bruchstückhaften Memoiren eines Bauchredners: Am Beginn seiner Karriere steht der Kampf gegen seinen ärgsten Feind, nämlich seine eigene Stimme, die keine weiteren neben sich duldet. Nach einer langen Verfolgung, die sich durch das Motiv abgeschnittener oder herausgerissener Zungen alptraumhaft steigert, gelingt es endlich, daß die eigene Stimme verschwindet. Befreit beginnen nun die Puppen *»den Reichtum ihres bisher aufgesparten Lebens auszukosten«*. Doch dieser Reichtum beschert dem Bauchredner nicht nur Freude und unablässige Erfolge in den Varietétheatern, denn die Stimmen und ihre dazugehörigen Identitäten entwickeln Eigenleben, das sich seiner Herrschaft entzieht. Es wird unentscheidbar, wer wessen Doppelgänger, wer Puppe und wer Bauchredner ist. So zerfallen auch die Memoiren in Geschichten, in denen immer neue und zugleich bekannte Gesichter vorüberziehen, die insgeheim – gleichsam an Marionettenschnüren – auf etwas Identisches, auf ein Leben zurückverweisen. Allerdings läßt sich nicht erkennen, wessen Hand letztlich dieses Universum an der Grenze zwischen Leben und Fiktion lenkt, durch das auch der Leser irrt. Ebenso wie der Bauchredner, so wird suggeriert, eignet sich der Leser durch fremde Geschichten erborgtes Leben an.

Diese ausgeklügelte Anlage von *Una casa para siempre* schlägt auch auf die Schreibweise durch: Alle Einzelkapitel sind von einer Unzahl fremder Stimmen durchdrungen, die sich wechselseitig

überlagern. So ertönen etwa seltsam verzerrt oder entstellt Zitate von Djuna BARNES, James JOYCE, Jean RHYS oder Vladimir NABOKOV, die sich bereits ihrerseits auf ähnliche Weise anderer Quellen bedienten. Der Bauchredner, der die Herrschaft über seine Puppen verloren hat, wird so auch zur Figuration des Diskurses. Statt die Stimmenvielfalt selbstherrlich auszukosten, gerät der Bauchredner immer mehr in Bedrängnis: Seine erfundene Geliebte wird ihm untreu, eine andere Lieblingspuppe verdirbt aus Eifersucht seine Auftritte, bis schließlich der einst gefeierte Stimmenimitator von der Bühne abtritt. Doch selbst diesen Abschied inszeniert er auf einer Bühne, die nicht zufällig in Lissabon liegt – der Wirkungsstätte des »vielstimmigen« Dichters Fernando PESSOA und des Bauchredners Chiado, der dem gleichnamigen Viertel den Namen gab. Bei diesem Abschied werden Rossinis Buffo-Oper *Il Barbiere di Siviglia* (1816) und die Bauchredner-Szene aus Thomas Cruzes frühem Tonfilm *The Great Gabbo* (1929) anzitiert, wobei eine Stimmung bitterer Komik und schwarzen Humors entsteht. Diese Stimmung beherrscht auch das vorletzte Kapitel, *»Die Flucht im Hemd«*: Hier eignet sich der ehemalige Bauchredner RIMBAUDS Verschwinden aus Europa und dessen Flucht nach Arabien an. Schließlich wird er zum Geschichtenerzähler auf dem Marktplatz von Marrakesch, wobei er die Kniffe aus seinem ehemaligen Beruf wieder hervorkramt. Zugleich sagt er jedoch auf immer der Schrift Lebewohl, *»die nur dazu dient, daß wir uns noch mehr verstecken«*. Dieser Abschied von der Literatur beschließt auch den nachfolgenden Band, die *Suicidios Ejemplares*, an dessen Ende sich Mário SÁ-CARNEIROS Abschiedsbrief an Fernando Pessoa findet: *»Machen wir keine Literatur mehr!«*
E. Vila-Matas spricht selbst von dem Anliegen, *»mich außerhalb meiner selbst zu befinden, mich also in ein Phantasma zu verwandeln«*. Seine Schreibweise nimmt Stile verschiedener Autoren und Echos unzähliger Texte auf und betreibt so das »Verschwinden« einer eigenen unverwechselbaren Stimme mit jedem Text aufs neue. Gerade in dieser Konsequenz beruht der Reiz von *Una casa para siempre* als autobiographischer Künstlerroman. Enrique Vila-Matas fühlt sich in seinem Schaffen mit der sprachexperimentierenden französischen Gruppe *Oulipo* (Georges PEREC) verwandt und zählt neben Javier MARÍAS und Javier TOMEO zu denjenigen spanischen Autoren, die am wagemutigsten mit den Möglichkeiten, die die moderne Erzählkunst bietet, experimentieren, ohne dabei das Lesevergnügen zu kurz kommen zu lassen. O.Gr.

AUSGABE: Barcelona 1988.

ÜBERSETZUNG: *Ein Haus für immer*, Mchn. 1989.

LITERATUR: M. Monmany, Rez. (in La Vanguardia, 14. 10. 1988). – X. Lloveras, Rez. (in Diario 16. Culturas, 12. 11. 1988). – S. Alonso, Rez. (in Insula, 1989, Nr. 508, S. 17). – *Die Flucht vor der eigenen Sprache. Interview* (in Tranvía. Revue der Iberischen Halbinsel, 14, 1989, S. 40/41). – Ch. Domínguez Michael, Rez. (in Vuelta, Mexiko, Dez. 1989, Nr. 157). – T. Hely, Rez. (in Falter, Wien, April 1990, Nr. 14).

JUAN ANTONIO DE ZUNZUNEGUI Y LOREDO

* 21.12.1900 Portugalete
† 31.5.1982 Madrid

LITERATUR ZUM AUTOR:
R. Held, *J. A. de Z. Ein gesellschaftskritischer spanischer Romanschriftsteller*, Diss. Mainz 1957. – D. Carbonell, *La novelística de J. A. de Z.*, Madrid 1965. – W. H. Biddle, *Novelistic Technique in Representative Works of J. A. de Z.*, Diss. Rutgers Univ. 1968 (vgl. Diss. Abstracts, 28, 1968, S. 4164). – D. Carbonell Basset, *Z.: Bibliografía* (in Duquesne Hispanic Review, 6, 1968, S. 37–41). – A. C. Isai Angulo, *Estructuras narrativas cerradas y pensamiento conservador en la novelística de J. A. de Z.*, Bonn 1971. – G. Torrente Ballester, *J. A. de Z. y L. (1900–1982)* (in BRAE, 64, 1984, S. 7–12). – P. García Madrazo, *La flota de Z. Datos para una bibliografía esencial* (in LdD, 19, 1989, S. 63–79).

LA VIDA COMO ES. Novela picaresca en muy paladina lengua española escrita en Madrid

(span.; *Das Leben, wie es ist*). Roman von Juan Antonio de ZUNZUNEGUI Y LOREDO, erschienen 1954. – In diesem seinem bekanntesten und besten Werk beschreibt Zunzunegui das Milieu der Gauner und Diebe, der Straßenmädchen und verbummelten Künstler, die am Rand der Madrider Gesellschaft nach eigenen Moral- und Berufsgesetzen leben. Schauplatz des Romans ist Lavapiés, das Armenviertel Madrids, dem schon Ramón de la CRUZ (1731–1794) und die Dramatiker des *género chico* (kleine Gattung) in einer das Leben des einfachen Volkes romantisch verklärenden Absicht besondere Aufmerksamkeit schenkten. Zunzunegui bezeichnet seinen Roman als Schelmenroman. An die klassischen Werke dieser Gattung erinnert sein Werk jedoch nur durch das darin beschriebene Milieu und die dargestellten Typen. Es fehlen die für den Schelmenroman charakteristische Zentralfigur und die Kontinuität der Handlung. Über hundert Personen treten bei Zunzunegui auf, deren Lebenswege sich kreuzen, ohne miteinander verflochten zu sein. In Benitos Kneipe treffen sie immer wieder zusammen, reden und streiten und lauschen den Worten des Don Epaminondas, eines Gossenphilosophen und Kneipen-Sokrates, der eine pessi-

mistische Weltanschauung vertritt und über Spanien und die spanische Gesellschaft in scharfen Reden Gericht hält. Seine aus Trivialität und Tiefsinn gemischte Gaunertheologie gipfelt in der Überzeugung, daß die Gesetze von der Polizei und keineswegs von einem »höchsten Wesen« gemacht sind, also vor Gott am Jüngsten Tag nicht gelten.
Äußerlich *»eine novelleske Enzyklopädie des Diebstahls und des Vagabundentums, fast eine technische Abhandlung über die Kunst, sich in den Besitz von Hab und Gut des Nächsten zu setzen«* (Entrambasaguas), ist das Werk bedeutsam als Versuch, das Daseinsgefühl und die Lebensauffassung der Unterwelt zu durchleuchten, deren wichtigster Vertreter in diesem Roman Cotufás ist, ein Künstler des sauberen und perfekten Einbruchs. Obgleich die Erzählung zuweilen ins Volkstümlich-Schwankhafte abgleitet, gelingt es Zunzunegui, in der Schilderung von Elend, Roheit und Verkommenheit die Verknüpfung zwischen sozialen Strukturen und psychischen Schäden sichtbar zu machen.

A.F.R.

Ausgaben: Barcelona 1954. – Barcelona [4]1960. – Barcelona 1969–1976 (in *Obras completas*, 9 Bde.).

Literatur: J. L. Cano, Rez. (in Insula, 100/101, 1954). – J. de Entrambasaguas, *Z., novelista de Madrid* (in Revista de Literatura, 5, 1954, S. 9/10; 346–351). – J. Winecoff, *The 20th-Century Picaresque Novel and Z.'s »La vida como es«* (in RoNo, 7, 1966, S. 108–112).

Die katalanische Literatur

von Tilbert Dídoc Stegmann

Wenn wir die 800 Jahre, aus denen uns katalanische literarische Texte überliefert sind, insgesamt überblicken, so stellen wir fest, daß in der katalanischen Literatur, wie in vielen anderen Literaturen, die Höhepunkte sehr ungleichmäßig verteilt sind. Nach den um 1200 anonym überlieferten Predigttexten *Homilies d'Organyà*, dem ältesten erhaltenen literarischen Zeugnis katalanischer Sprache, hat die Literatur Kataloniens das Glück, in ihrem Begründer Ramon LLULL (1232/33–1316?) zugleich einen großen Meister gefunden zu haben. Llull, der seine Erziehung bei Hofe und nicht in kirchlichen Institutionen genossen hatte, verwendete als schriftliches sprachliches Medium nicht vornehmlich Latein, sondern seine Muttersprache, die er zu einer präzisen, ausdrucksstarken und differenzierten Schriftsprache formte. Damit hob er die Volkssprache Katalanisch in den Rang einer Literatur- und Wissenschaftssprache. Bereits durch den katalanischen Königshof und die politische Expansion, die vom nördlich der Pyrenäen gelegenen Nordkatalonien am westlichen Mittelmeerrand entlang bis südlich des heutigen Landes València und auf die Balearen erfolgte, hatte das Katalanische als Kanzleisprache ein Prestige gewonnen, das den Katalanen das Vertrauen in die Gleichrangigkeit ihrer Muttersprache mit dem Lateinischen und dem Arabischen gab – wahrscheinlich auch positiv beeinflußt durch das sehr nah verwandte, für die Lyrik benutzte Okzitanische, in dem außer den okzitanischen auch 24 katalanische Trobadors seit dem 12. Jahrhundert ihre Dichtung verfaßten.

Ramon LLULL hat über 260 Werke hinterlassen, darunter *Bla(n)querna*, den ersten europäischen Roman, in dem nicht mehr ein Ritter, sondern ein Bürgerlicher Hauptperson ist, oder *Fèlix o Llibre de meravelles (Buch der Wunder)*. Die in ihnen erhaltenen literarischen Kostbarkeiten, insbesondere das *Llibre d'amic e amat (Buch vom Liebenden und Geliebten)* und das *Llibre de les bèsties (Buch der Tiere)*, gehören zu den Glanzpunkten katalanischer mystischer und erzählerischer Kunst. In ihnen zeigen sich Llulls Kenntnis der europäischen, insbesondere trobadoresken, und der arabischen Tradition und sein schöpferisches Genie. Zu den bedeutenden philosophisch-theologischen Werken Llulls zählt die frühe *Art d'atrobar veritat (Die Kunst, Wahrheit zu finden)* – ein Schlüssel zur genauen Ordnung allen Wissens, eine Wissenschaft der Wissenschaft sozusagen. In seinen späteren Werken entwickelt der Mallorquiner mit dem Ziel, alle Menschen noch so verschiedenen Glaubens zu einem gemeinsamen Denkgebäude und einem friedvollen Zusammenleben zu führen, eine neue Methode der Kombinatorik, die bis heute die Logiker fasziniert und Llull als Vorläufer für Computersprachen erscheinen läßt. Llull vertraut auf die Kraft der Sprache und der Vernunft. Sein fundamentales philosophisches Werk, die in immer wieder neuen Fassungen vorgelegte *Ars Magna (Die Große Kunst)*, beeinflußte Hunderte von Gelehrten, darunter so hervorragende Denker wie Giordano BRUNO, Nikolaus von KUES und LEIBNIZ. Im deutschsprachigen Raum war Llull lange der bekannteste Autor der Iberischen Halbinsel.

Die großen Chroniken

Das 13. und 14. Jahrhundert ist die Entstehungszeit der herausragenden Katalanischen Chroniken: eindrucksvolle Zeugnisse stilistisch bereits weit entwickelter Geschichtsschreibung in einer Volkssprache. Den Anfang macht der in erster Person verfaßte Bericht des Königs JAUME I. (1209 bis 1276); wenig später (bis 1288) schrieb der Chronist Bernat DESCLOT sein Geschichtswerk; Anfang des 14. Jahrhunderts verfaßte der Hofmann, Diplomat und militärische Führer Ramon MUNTANER (1265–1336) seine Chronik, und ab 1363 entstand der Bericht des katalanischen Königs PERE III. (1319–1387). Alle vier Texte führen uns nicht nur die großen Ereignisse, den Beginn der historischen Epoche Kataloniens als großer Mittelmeermacht, sondern auch viele Details über die Lebens- und Gesellschaftsformen der damaligen Menschen anschaulich vor Augen.

Bis auf den heutigen Tag spricht aus diesen Geschichtswerken die Stimme eines unabhängigen, selbständigen und blühenden Kataloniens zu uns, das sich in der Gesamtheit der katalanischsprachigen Länder als eine einzige, zusammengehörige Nation verstand.

Das Goldene Zeitalter des 15. Jahrhunderts

Zu den herausragenden literarischen Persönlichkeiten in der Nachfolge Llulls gehört Francesc EIXIMENIS (1327/33–1409), der als scharfer Beobachter, zum Beispiel in seinem *Llibre de les dones (Buch über die Frauen)*, über die sich anbahnenden sozialen Veränderungen der mittelalterlichen Gesellschaft reflektiert. Von großer Massenwirkung waren die Predigten von Vicent FERRER (1350–1419), der im ganzen romanischsprachigen Europa auf katalanisch predigte und offenbar von den Menschen besser verstanden wurde, als wenn er es in lateinischer Sprache getan hätte. Schreiber »stenographierten« seine Predigten mit. Ein weiterer außergewöhnlicher Katalane war Anselm TURMEDA (1352/55 – nach 1423), der zum Islam übertrat und sich Abd Allah al-Mayurqui (der Mallorquiner) nannte. Auch von Tunis aus schrieb er außer auf arabisch weiterhin Werke auf katalanisch, zum Beispiel das *Llibre de bons amonestaments (Buch der guten Ratschläge)*, das in den Schulen Kataloniens bis ins 19. Jahrhundert als Lehrwerk benutzt wurde, und das zeitkritische Werk *Disputa de l'ase (Das Steitgespräch des Esels)*. Der erste bedeutende Humanist der Iberischen Halbinsel Bernart METGE (1340/46–1413) führt mit seinem berühmten Werk *Lo somni* (*Der Traum*, 1399) den Dialog platonischer Prägung in die romanischen Literaturen ein.

Ein Höhepunkt der katalanischen Literatur des Goldenen Zeitalters ist das dichterische Werk von Ausiàs MARCH (wahrscheinlich 1397–1459), der die Tradition der Trobadors unter Einbezug der italienischen Dichtung des 14. Jahrhunderts weiterentwickelte. March entwirft in erschütternden Versen das Bild eines von Zweifel und Todesangst gequälten Menschen. Die spanische und die portugiesische Dichtung des 16. Jahrhunderts sind stark von ihm beeinflußt. Neben March sind im 15. Jahrhundert eine Reihe weiterer katalanischer Dichter hervorzuheben, besonders Jordi de SANT JORDI, der 1424 sehr jung starb, und Joan ROÍS DE CORELLA (1433/43–1497).

Von València (und Gandia südlich València) gingen im 15. Jahrhundert auch auf dem Gebiet der Prosa entscheidende literarische Impulse aus. Hier erschien 1490 der katalanische Ritterroman *Tirant lo Blanc*, dem CERVANTES später die Bewertung *»das beste Buch der Welt«* zukommen läßt. In der Tat gehört dieser im ganzen Mittelmeerraum spielende Roman, der auf Werken LLULLS und besonders auf MUNTANERS schon genannter Chronik der katalanischen Expeditionen nach Athen und Konstantinopel fußt, zum Besten, was an katalanischer Prosa nach Llull und bis zum 19. Jahrhundert erschienen ist. Das zur 500-Jahr-Feier der Erstausgabe ins Deutsche übersetzte Werk, über das der peruanische Schriftsteller Mario VARGAS LLOSA eigens eine »Verteidigungsschrift« verfaßte, dürfte der schönste Ritterroman aller mittelalterlichen Literaturen sein. Besonders unerwartet ist für den heutigen Leser die freizügige Schilderung erotischer Szenen, bei denen sich der Erzähler nicht scheut, die intimsten Körperteile und Aktivitäten direkt beim Namen zu nennen, was seinem Text eine unvergleichliche Frische und Modernität gibt. Autor des Romans ist der Schwager von Ausiàs MARCH, Joanot MARTORELL (1413/15–1468), der 1460 mit der Niederschrift begann. Nach seinem Tode führte Martí Joan de GALBA das Werk zu Ende, starb aber selbst fünf Monate vor der Publikation.

Ein weiterer interessanter katalanischer Ritterroman, der in die Mitte des 15. Jahrhunderts datiert wird, ist *Curial e Güelfa*, geschrieben von einem unbekannt gebliebenen Autor. Von scharfer Frauenfeindlichkeit gekennzeichnet ist das Buch *Espill (Der Spiegel)*, das der Arzt Jaume ROIG 1459/60 in erzählenden Versen schrieb.

Vom mittelalterlichen katalanischen Theater haben sich wesentlich mehr Texte als in den benachbarten iberischen Literaturen erhalten. Das *Misteri d'Elx (Das Mysterienspiel von Marias Auferstehung)* wird immer noch jeden 15. August im südlichsten katalanischen Sprachgebiet aufgeführt und gilt damit als einziges europäisches Theaterspiel, das sich seit dem Mittelalter bis heute erhalten hat.

Von der Renaissance zum Klassizismus

Vom 16. bis zum 18. Jahrhundert behinderten politische Zustände eine Entfaltung der katalanischen Literatur: Der Königshof wurde in das Zentrum der Iberischen Halbinsel verlagert, später wurde im Erbfolgekrieg Katalonien von Kastilien erobert, und es begann eine Epoche massiver Assimilationsversuche von spanischer Seite. Während die Bedeutung der katalanischen Sprache für das Volk und für populäre literarische Formen unangetastet blieb, schrieben nur noch wenige Autoren hohe Literatur auf katalanisch bzw. blieb vieles, was geschrieben wurde, im Manuskriptzustand. Immerhin sind auch in dieser Epoche einige wichtige Titel und Namen zu nennen: zunächst der asketisch-mystische allegorische Roman *Espill de la vida religiosa*, der 1515 in Barcelona erschien und in mehr als zehn Sprachen übersetzt wurde. Hervorzuheben ist ferner der Historiker und Schriftsteller Cristòfor DESPUIG (1510–1580), der 1557 in Dialogform *Los col·loquis de la insigne ciutat de Tortosa* verfaßte, das interessanteste katalanische Prosawerk des 16. Jahrhunderts. Ein recht umfangreiches dichterisches Werk, das stark von Ausiàs MARCH beeinflußt ist, hat Joan PUJOL (vor 1550 – nach 1603) hinterlassen.

Der berühmteste katalanische Barockdichter ist der als »Rector de Vallfogona« zu einer legendären Figur gewordene Francesc Vicent GARCIA

(1579/82–1623), dessen burleske und erotische Gedichte berüchtigt waren und eine Fülle von Nachahmern bis ins 19. Jahrhundert hinein fanden. Eine bedeutende Persönlichkeit des 17. Jahrhunderts ist Francesc FONTANELLA (1622 bis 1680/85), der als Jurist zusammen mit seinem Bruder bei den westfälischen Friedensverhandlungen in Münster 1644/45 die nationalen katalanischen Interessen vertrat. Fontanella ist (Sonett-)Dichter und insbesondere Autor zweier bemerkenswerter Theaterstücke: *Amor, firmesa i porfia* (1642/43), das noch ganz den Optimismus des Beginns des Katalanischen Unabhängigkeitskrieges (1640 bis 1652/59) widerspiegelt, und *Lo desengany* (*Die Ernüchterung*, 1651), das er nach dem Scheitern des Krieges schrieb.

Der Neoklassik gehört bereits der menorquinische Theaterautor und Molière-Übersetzer Joan RAMIS I RAMIS (1746–1819) an, dessen bestes Stück die 1769 entstandene, erstmals 1968 erschienene Tragödie *Lucrècia* ist. Als das bedeutendste Prosawerk des 18. Jahrhunderts gilt das 52bändige Tagebuch *Calaix de sastre (Sammelsurium)*, das Rafael d'AMAT I DE CORTADA, der Baron von Maldà, zwischen 1769 und 1816 schrieb – ein fast lückenloser Spiegel seiner Zeit.

Von der Romantik zum Modernisme

Für die Geschichte der katalanischen Literatur wird in der ersten Hälfte des 19. Jahrhunderts die europäische Romantik bedeutsam: Sie führt zur literarischen Bewegung der *Renaixença* (»Renaissance«), deren Beginn die Ode *La Pàtria* (*Das Vaterland*, 1833) von Bonaventura Carles ARIBAU markiert. Ab 1859 bekommt die katalanische Literaturproduktion eine feste öffentliche Plattform in dem jährlich im Mai abgehaltenen Dichtungswettbewerb und -festival der *Jocs Florals*. Der bedeutendste Autor dieser Zeit ist Jacint VERDAGUER (1845–1902), der neben seinen Gedichten mit den zwei Epen *Atlántida* (*Atlantis*, 1876) und *Canigó* (1885; es verarbeitet die mittelalterliche katalanische Geschichte) zum Nationaldichter erhoben wurde. Der bedeutendste Theaterautor (in einer Zeit reicher katalanischer Theaterproduktion) ist Àngel GUIMERÀ (1845–1924), der mit seinem realistischen Drama *Terra baixa* (1896) durch die darauf fußende deutsche Oper *Tiefland* (1903) von Eugen d'ALBERT international bekannt wurde. Neben Guimerà erreichte Frederic SOLER (1839–1895), v. a. mit den frühen gesellschaftskritischen Stücken, die größte Popularität.

Das seit 1862 wieder einsetzende katalanische Romanschaffen führte Narcís OLLER (1846–1930), dessen erster, 1882 publizierter Roman *La papallona (Der Schmetterling)* bald darauf mit einem Vorwort von ZOLA auf französisch erschien, zu einem ersten Höhepunkt. Weitere bedeutende Werke von ihm sind zwischen Realismus und Naturalismus anzusiedeln, wobei *La febre d'or* (*Das Goldfieber*, 1890–1892) Zeugnis vom fieberhaften Umbruch im industrialisierten Barcelona gibt. Unter den anderen Prosaautoren trat Emili VILANOVA (1840–1905) mit seinen Genreszenen aus Barcelona hervor.

In Mallorca entsteht besonders auf dem Gebiet der Lyrik bedeutende katalanische Literatur. Hervorzuheben sind dort die Dichter Miquel COSTA I LLOBERA (1854–1922), der mit dem Gedichtbuch *Horacianes* (1906) auf seine klassischen Vorbilder verweist, Joan ALCOVER (1854–1926), der mit außergewöhnlicher Musikalität das lyrische Bild der ihn umgebenden Natur formt (zum Beispiel in *Cap al tard*, 1909 – *Gegen Abend*) sowie Gabriel ALOMAR (1873–1941), Dichter und Essayist, der 1904 den Begriff *Futurisme* prägte, den dann MARINETTI für Italien übernahm.

Barcelona steht von 1884 bis 1911 ganz unter dem Zeichen des *Modernisme*, der zunächst – angeregt vom deutschen Jugendstil – die katalanische Kunst und später auch die Literatur erfaßt. Eine reiche, alle Gattungen betreffende literarische Produktion und Rezeption setzt ein, bei der deutsche, französische und englische Literatur, aber auch Kunst, Musik und Philosophie entscheidende Anregungen geben. Im *Modernisme* schlägt die wirtschaftliche und gesellschaftliche Aufbruchsstimmung Kataloniens durch, die die Katalanen zu einer dezidierten Öffnung nach Mitteleuropa führt.

Bedeutendster Autor des *Modernisme* ist der Dichter Joan MARAGALL (1860–1911), der viele Werke von GOETHE, NOVALIS, NIETZSCHE und Texte Richard WAGNERS ins Katalanische übersetzte. Für Maragall ist das dichterische Wort, das der Inspiration entspringt, ein Schlüssel zum Leben und zur Schöpfung. Größter Aktivist jener Jahre, insbesondere durch seine in Sitges veranstalteten happeningartigen »Festes Modernistes«, ist der Schriftsteller und Maler Santiago RUSIÑOL (1861–1931). Unter seinen zahlreichen Theaterstücken, Erzählungen und Romanen ragt *L'auca del Senyor Esteve* (1907 als Roman, 1917 als Theaterstück) hervor, die Geschichte eines Geschäfts über drei Generationen hinweg – ähnlich wie in den wenige Jahre zuvor geschriebenen *Buddenbrooks* von Thomas MANN –, mit der Rusiñol die literarische Verkörperung des »typischen« Katalanen (des Sr. Esteve) gelang. Berühmt wurde ferner sein Reisebuch über Mallorca, *L'illa de la calma* (*Die Insel der Ruhe*, 1922), das mit feiner Ironie das Leben der Insel vor unseren Augen entstehen läßt.

Die größte Romanschriftstellerin dieser Zeit ist Víctor CATALÀ (1869–1966). Sie stellt mit ihrem Werk *Solitud* (*Sankt Pons*, 1905) dem urbanen Milieu Narcís OLLERS oder RUSIÑOLS das in manchen Aspekten radikalere ländliche Milieu gegenüber. Weitere bedeutende Romanautoren des *Modernisme* sind Raimon CASELLAS (1855–1910) mit seinem naturalistischen Hauptwerk *Els sots fe-*

rèstecs (*Lazarus' Tod*, 1901), ferner Prudenci BERTRANA (1867–1941), dessen bekanntester Roman *Josafat* (1906) die Geschichte des Glöckners der Kathedrale von Girona und seiner blutig endenden Beziehung zu einer Dirne schildert, sowie Josep POUS I PAGÈS (1873–1952) mit dem Roman *La vida i mort d'en Jordi Fraginals* (1912). Joaquim RUYRA (1858–1939) zeigt in seinem Erzählband *Pinya de rosa* (*Tauknoten*, 1920) den ausgefeiltesten Stil katalanischer Prosa.

Noucentisme und Avantgarde

Mit dem Jahre 1906 setzte eine neue kulturelle und künstlerische Bewegung ein, die den »wilden« *Modernisme* allmählich verdrängte: der *Noucentisme*, der auf Klassisch-Mediterranes zurückgriff und zugleich die Konsolidierung und effektive Organisation eines katalanischen Nationalismus bewirkte, der sich als Alternative zum rückständigen Spanien sah. Mit seinen seit 1906 täglich erscheinenden Glossen, dem *Glosari*, schuf der Schriftsteller und Denker Eugeni d'ORS (1881–1954) die Basis des *Noucentisme*. Die Glossen erschienen 15 Jahre lang und wurden zum Teil als Buch zusammengefaßt erneut publiziert, zum Beispiel in *La Ben Plantada* (*Die Stattliche*, 1912), wo Ors das Bild einer modellhaften Katalanin entwirft. Im gleichen Jahr, in dem Ors mit seinem *Glosari* begann, publizierte Josep CARNER (1884–1970) seinen ersten, klassizistische Harmonie verkörpernden Gedichtband *Els fruits saborosos* (*Die köstlichen Früchte*, 1906). Carner und Carles RIBA (1893–1959) waren die bedeutendsten Dichter des *Noucentisme* und übten großen Einfluß auf die Nachfolgegenerationen aus. Riba war außerdem ein hervorragender Literaturwissenschaftler und klassischer Philologe sowie einer der besten Übersetzer griechischer und lateinischer Klassiker ins Katalanische.
Der *Noucentisme* verwirklichte ein Kulturprogramm, das über die literarischen Einzelleistungen der verschiedenen Autoren hinaus mit den Arbeiten des Philologen Pompeu FABRA (1868–1948) die einheitliche Normierung der katalanischen Sprache in die Wege leitete. Fabras *Diccionari general de la llengua catalana* (1932) wurde zum Standardlexikon des Katalanischen. Ab 1916 wurde der *Noucentisme* von der Avantgarde überlagert. Der futuristische Dichter Joan SALVAT-PAPASSEIT (1894–1924) publizierte 1919 *Poemes en ondes hertzianes (Gedichte auf hertzschen Wellen)* und 1923 die Liebesgedichte *El poema de la rosa als llavis (Gedicht von der Rose auf den Lippen)*. Berühmt wurden auch die surrealistischen Gedichte und Texte des Malers Salvador DALÍ (1904–1989). Als größter katalanischer Dichter der Avantgarde gilt J. V. FOIX (1893–1987) – der übrigens auch die Eröffnungsreden zu den ersten Ausstellungen von Joan MIRÓ und Salvador DALÍ hielt – mit seinen an Träume erinnernden Vers- und Prosagedichten in den Bänden *Gertrudis* (1927), KRTU (1932) oder *Sol, i de dol* (1947). Foix' Prosagedichte sind aus einem seit 1918 angelegten tagebuchartigen Werk, *Diari 1918*, entstanden und wurden erst 1981 gesammelt publiziert. Neben der Avantgarde bestimmte der *Noucentisme* jedoch weiterhin die kulturelle Entwicklung Kataloniens, die in der ersten Autonomie der dreißiger Jahre ihren vorläufigen Höhepunkt erlebte, ehe Francos Machtergreifung einen radikalen Einschnitt bildete.
Am Anfang des 20. Jahrhunderts spiegelte das katalanische Theater die großen europäischen Einflüsse wieder (IBSEN, MAETERLINCK, HAUPTMANN). Aus einer Fülle von Theaterautoren ragt neben dem schon genannten RUSIÑOL besonders die Figur des Autors, Regisseurs, Schauspielers, Theaterpädagogen und Malers Adrià GUAL (1872–1943) hervor. Joan PUIG I FERRETER (1882–1956) ist in seiner schriftstellerischen Frühphase ein bedeutender Theaterautor, bis er sich ab 1924 unter PROUSTS Einfluß dem Roman zuwendet. Hervorzuheben sind seine autobiographischen Werke *Camins de França* (*Wege nach Frankreich*, 1934) und der zwölfbändige Romanzyklus *El pelegrí apassionat* (*Der passionierte Pilger und Wanderer*, 1952–1977). Der wichtigste Theaterautor dieser Zeit, der sich allerdings weitgehend außerhalb der jeweils herrschenden Strömungen bewegte, war Josep Maria de SAGARRA (1894–1961); er schrieb nicht nur 50 Theaterstükke in Versen, sondern war auch ein hervorragender Lyriker, der darüber hinaus SHAKESPEARE und DANTE übersetzte.

Eine große Epoche der Lyrik

Salvador ESPRIU (1913–1985), von dem 1985 und 1986 auch auf deutsch zwei Gedichtbände erschienen sind *(Die Stierhaut; Ende des Labyrinths)*, hat in der düsteren Francozeit sein Werk (darunter auch Erzählungen und Theaterstücke) als Bekenntnis für die katalanische Sprache und Literatur geschrieben, als Meditation über die Vergänglichkeit und doch zugleich Beständigkeit dessen, was Menschen schaffen. Espriu ist von den klassischen griechischen, lateinischen und mehr noch biblischen und jüdischen Traditionen beeinflußt, die er in dem mythischen Ort Sinera (einem Anagramm des katalanischen Küstenstädtchens Arenys) zusammenfließen läßt.
Einen völlig anderen Dichtertyp repräsentiert Joan BROSSA (geb. 1919), der Meister der modernen Avantgarde. Über 80 Gedichtbände und 323 poetische Theaterstücke und Minidramen umfaßt sein Werk, das Brücken schlägt bis zur visuellen Poesie und zur Objektpoesie. Wie ein Zauberer mischt

Brossa – der übrigens ein Freund von Joan Miró und ein großer Anreger von Antoni Tàpies in dessen Frühphase gewesen ist – seine Texte aus Bruchstücken von Wirklichkeit und Illusion. Postavantgardistische Vollendung erreicht er in seinen Sonetten und Sestinen.
Weitere bedeutende katalanische Dichter des 20. Jahrhunderts sind Josep Sebastià PONS (1886–1963), der als größter Dichter aus dem Rosselló gilt; ferner der zur *poésie pure* zu rechnende Marià MANENT (1898–1988) und der meist satirisch dichtende Pere QUART (1899–1986), der auch Theaterstücke schrieb. Aus Mallorca stammt der jungverstorbene Bartomeu ROSSELLÓ-PÒRCEL (1913–1938), der unnachahmliche Gedichte von surrealistischem Charme hinterließ. Auf den Balearen gelten heute Marià VILLANGÓMEZ (geb. 1913) und Josep M. LLOMPART (1925–1993) als die bedeutendsten Lyriker. Auch das Land València hat seit dem »Goldenen Zeitalter« des 15. Jahrhunderts, in dem das lyrische Werk von Ausiàs MARCH entstanden war, wieder einen außergewöhnlichen und produktiven Dichter in katalanischer Sprache vorzuweisen: Vicent ANDRÉS I ESTELLÉS (1924–1993). Seine erotische freimütigen Gedichte haben ihn besonders seit den siebziger Jahren berühmt gemacht.
Aus der gleichen Region stammt der bedeutendste katalanische Essayist der Gegenwart, Joan FUSTER (geb. 1922), der in seinem Stil ironische Schärfe mit kauziger Lässigkeit verbindet. Sein ganzes Werk ist von skeptischem Humanismus getragen. Sein berühmtestes Werk, *Nosaltres els valencians* (*Wir, die Valencianer*, 1962), zeigt das katalanische Fundament und die katalanische Identität des Landes València auf.

Große katalanische Romanciers

Größte internationale Berühmtheit unter den katalanischen Romanciers erreichte Mercè RODOREDA (1908–1983), deren bekanntester Roman *Auf der Plaça del Diamant* (1979; mit einem Nachwort von Gabriel GARCÍA MÁRQUEZ) den Leidensweg einer jungen Frau aus Gràcia, einem Stadtteil Barcelonas, zur Zeit des Spanischen Bürgerkriegs beschreibt. Von großer evokativer Kraft sind ihre poetisch-surrealistischen Erzähltexte *Reise ins Land der verlorenen Mädchen* (1980) und das erzählerisch sehr interessant aufgebaute Familienepos *Der zerbrochene Spiegel* (1982). Der Mallorquiner Llorenç VILLALONGA (1897–1980) ist der größte Romancier der Balearen. Seine Romane – insbesondere *Mort de Dama* (*Tod einer Dame*, 1931) und *Bearn* (1961) – erzählen vom Niedergang der mallorquinischen Aristokratie und der traditionellen Inselgesellschaft aus zunächst mehr satirischer, später abgeklärt distanzierter Sicht: Sie sind großartige Detailgemälde einer zu Ende gehenden Zeit.
Das umfassendste katalanische Prosawerk überhaupt (46 Bände der Gesamtausgabe) hat der von der Costa Brava stammende Josep PLA (1897–1981) hinterlassen. Alle seine Werke – auch die romanhaft gestalteten – gehören im weitesten Sinne zur Gattung Tagebuch, Porträt oder Reisebericht (als Korrespondent verbrachte Pla viele Jahre in den verschiedendsten Ländern Europas). Eine großartige Beobachtungsgabe und stilistisches Feingefühl machen selbst unscheinbarste Vorkommnisse oder Details zu sinntragenden Elementen und lesenswerten Sujets. Ein weiterer äußerst fruchtbarer Autor, der über hundert experimentelle Romane geschrieben und nur einen Teil davon publiziert hat, ist Manuel de PEDROLO (1918–1990). Zum Bestseller der katalanischen Gegenwartsliteratur (etwa eine Million Auflage) wurde sein Science-fiction-Roman *Mecanoscrit del segon origen* (*Maschinenskript vom zweiten Ursprung*, 1974). Ein Zyklus balzacschen Umfangs ist *Temps obert (Offene Zeit)*. Pedrolo hat sich in einer frühen Phase auch auf dem Gebiet des Theaters des Absurden ausgezeichnet, so zum Beispiel mit *Homes i No* (*Menschen und Nein*, 1959).
Die Schriftstellerin Mercè RODOREDA hat international die Aufmerksamkeit auf die von katalanischen Frauen geschriebene Literatur gelenkt. Nach Rodoreda ist die bedeutendste der vielen katalanischen Autorinnen Maria Aurèlia CAPMANY (1918–1991). Neben ihrem essayistischen Werk, das sie besonders den Frauen und dem Feminismus widmete, und neben ihren Theaterstücken und ihrer Bühnentätigkeit ist sie von 1952 bis 1972 und dann wieder 1982 als Romanautorin hervorgetreten und hat vor ihrem Tode mehrere Memoirenbände veröffentlicht, in denen der ganze Charme ihres lebendigen Stils zum Tragen kommt. Die erfolgreichsten, zum Teil auch ins Deutsche übersetzten jüngeren Romanautorinnen sind Montserrat ROIG (1946–1991) und die beiden Mallorquinerinnen Maria Antònia OLIVER (geb. 1946) und Carme RIERA (geb. 1948).
Weitere bedeutende Prosaautoren sind Pere CALDERS (geb. 1912), in dessen Erzählungen und Romanen uns immer wieder das Phantastische, Ungewöhnliche, Unerwartete begegnet (*Cròniques de la veritat oculta*, 1955), sowie Avel·lí ARTÍS GENER (geb. 1912), der zum Beispiel in *Paraules d'Opoton el Vell* (*Worte Opotons des Alten*, 1968) eine Entdeckung Europas durch den Azteken Opoton beschreibt und damit unsere eurozentrische Kulturanschauung auf den Kopf stellt; ferner Joan PERUCHO (geb. 1920), zum Beispiel mit seinem Vampirroman *Les històries naturals* (*Der Nachtkauz*, 1960) und mit *Llibre de cavalleries* (*Ein Ritterroman*, 1957), sowie Jordi SARSANEDAS (geb. 1924) mit seinen mythischen Kurzerzählungen *Mites* (1954). Hervorragende Romanciers aus Mallorca sind – neben den beiden schon genannten Frauen – Miquel Àngel RIERA (geb. 1930), der in bisher sechs Romanen mit großer sprachlicher

Dichte und syntaktischer Komplexität ganze Erzählwelten entworfen hat; Baltasar PORCEL (geb. 1937), der um seinen Geburtsort Andratx einen umfangreichen erzählerischen Mythos schuf, und Gabriel JANER MANILA (geb. 1940), der faszinierende Romane zwischen der mallorquinischen Realität und den Landschaften der Phantasie ansiedelt. Terenci MOIX (geb. 1942) war das erste *enfant terrible* der neuen katalanischen Literatur, sowohl im Thematischen wie im Stilistischen, und Quim MONZÓ (geb. 1952), der erfolgreichste unter den jüngeren Erzählern, stellt neurotisch-erotische Situationen in postmodernem, umgangssprachlichen Stil vor.

Theater und Lyrik

Das reiche heutige Theaterleben Kataloniens greift sowohl auf katalanische – klassische wie aktuelle – Stücke zurück, als auch auf internationale, ins Katalanische übersetzte Klassiker. Josep Maria BENET I JORNET (geb. 1940) ist der bekannteste reine Theaterschriftsteller. Eine besondere Bedeutung haben ferner eine ganze Reihe von Theaterensembles, die ihre Stücke selbst schreiben; manche unter ihnen erlangen – dank der Unterordnung des Wortes unter die Gestik – mehr und mehr internationale Bekanntheit, so zum Beispiel Albert Boadellas Theatergruppe *Els Joglars*, auf dem Gebiet des Straßentheaters *Els Comediants* und in anderer Richtung etwa *La Fura dels Baus*.

Als Vorläufer der jüngsten Lyrikergeneration ist Gabriel FERRATER (1922–1972) anzusehen, der die Epoche der sozial engagierten Lyrik durch einen europäische (angelsächsische) Elemente aufnehmenden Stil ablöste. Miquel MARTÍ I POL (geb. 1929) ist der volkstümlichste und meistgelesene Dichter; Feliu FORMOSA (geb. 1934) ist neben seinem dichterischen Werk der große Vermittler von BRECHT und von deutscher Literatur nach Katalonien. Unter der großen Zahl von hervorragenden Dichtern der siebziger und achtziger Jahre sind beispielsweise zu nennen: Joan MARGARIT (geb. 1938), Narcis COMADIRA (geb. 1942), Francesc PARCERISAS (geb. 1944) und insbesondere Pere GIMFERRER (geb. 1945), einer der am höchsten eingeschätzten katalanischen Intellektuellen.

Abschließend muß man auch noch die Liedermacherbewegung der *Nova Cançó Catalana* (ab 1960) erwähnen, die eine große Zahl von Gedichten der genannten Autoren und viele weitere Texte der Liedermacher selbst einer großen Öffentlichkeit zugänglich gemacht haben.

Schon der summarische Überblick über die katalanische Literatur zeigt, daß diese bereits im Mittelalter so bedeutende Literatur auch im 19. und 20. Jahrhundert (und trotz der scharfen Repression alles Katalanischen vor allem zu Beginn der Francodiktatur) eine wiedererstarkte Vitalität aufweist, die für die Leser außerhalb des katalanischen Sprachbereichs noch manche Überraschung ersten Ranges bereithält und einen überaus interessanten Beitrag zur Vielfalt europäischer literarischer Kultur leistet.

Literaturhinweise

A. Anthologien

J. Hösle u. A. Pous (Hg.), *Katalanische Lyrik im zwanzigsten Jahrhundert. Eine Anthologie*, Mainz 1970.

J. Hösle (Hg.), *Katalanische Erzähler*, Zürich 1978.

Ich bin aller Echo. Schwerpunktheft Katalanische Literatur (in die horen, 35/2, 1990, Nr. 158).

T. D. Stegmann (Hg.), *Ein Spiel von Spiegeln. Katalanische Lyrik des 20. Jahrhunderts, mit 7 Farbzeichnungen und 3 Collagen von Antoni Tàpies*, Leipzig 1987; ern. 1991.

Ders. (Hg.), *Diguem no – Sagen wir nein! Lieder aus Katalonien*, Berlin 1979.

Und laß als Pfand, mein Liebling, Dir das Meer und vierzehn weitere Erzählungen aus dem Katalanischen, übersetzt von A. Maass, Frankfurt/Main 1988; ern. München 1991.

B. Studien

R. Hess, M. Frauenrath, G. Siebenmann u. T. D. Stegmann (Hg.), *Literaturwissenschaftliches Wörterbuch für Romanisten*, Tübingen 1989 (UTB; in 75 Artikeln Bemerkungen oder ausführlichere Beiträge zur katalanischen Literatur).

J. Hösle, *Die katalanische Literatur von der Renaixença bis zur Gegenwart*, Tübingen 1982.

M. de Riquer, A. Comas u. J. Molas: *Història de la literatura catalana*, 11 Bände, Barcelona 1984–1988.

T. u. I. Stegmann: *Katalonien und die Katalanischen Länder*, Stuttgart 1992 [Kapitel »Geschichte« und »Sprache«].

A. Terry, *Catalan Literature*, London 1972.

Zeitschrift für Katalanistik, Frankfurt/Main 1988 ff.

I. Mittelalter: Von den Anfängen bis zum Ende des 16. Jahrhunderts

BERNAT DESCLOT

13. Jh.

LLIBRE DEL REY EN PERE D'ARAGÓ E DELS SEUS ANTECESSORS PASSATS

(kat.; *Buch über den König Peter von Aragon und seine Vorgänger*). Chronik von Bernat DESCLOT, geschrieben 1283–1288. – Über den Verfasser dieser Chronik, die zu den vier klassischen mittelalterlichen Chroniken der katalanischen Sprache gehört, ist nichts außer seinem Namen bekannt. Nach M. COLL I ALENTORN handelt es sich vermutlich um Bernat ESCRIVÀ, der bis zu seinem Tod (1289) hohe Ämter am katalanischen Hof innehatte. Die Chronik setzt ein mit der Eheschließung zwischen Ramon Berenguer IV. von Katalonien und Petronilla von Aragon (1137), einer Verbindung, der das katalanisch-aragonesische Königreich seine Entstehung verdankt, und führt bis zum Tode Peters II., des Großen (reg. 1276–1285). Hatte Jaume I. (reg. 1213–1276) mit der Eroberung von Valencia, Murcia und Mallorca das Königreich vergrößert, so richtete sich der Expansionsdrang seines Sohnes Pere auf weitere Bereiche des Mittelmeers bis hin zur nordafrikanischen Küste. Nach seiner Heirat mit Konstanze von Sizilien, einer Tochter Manfreds, eroberte er Sizilien, einen Aufstand der Sizilianer gegen das Haus Anjou nutzend, geriet so in den Brennpunkt der damaligen Weltpolitik und zog sich die Feindschaft des Papstes und des französischen Königs zu. Mit der Provence schon seit der Gotenzeit verbunden, wurde Katalonien-Aragon nun zum mächtigsten Reich im Mittelmeergebiet.

Desclots Darstellung dieser Vorgänge ist vom Bewußtsein der Macht und Größe seines Landes und vor allem seines glorreichen Herrschers getragen. Peter II., *»ein zweiter Alexander seiner Ritterlichkeit und seiner Eroberungszüge wegen«*, wird durch diese Chronik zur legendären und symbolischen Figur, die auch in die Weltliteratur Eingang gefunden hat (bei DANTE, BOCCACCIO, SHAKESPEARE, SWINBURNE und MUSSET). Desclot behandelt im Gegensatz zu vielen Chronisten des Mittelalters, die lediglich Daten und Geschehnisse festhalten, den gegebenen Stoff kritisch; er sichtet die Dokumente, wertet die Materialien aus und ist zugleich bemüht, seinen Bericht über das Geschehen sinnvoll und künstlerisch zu gestalten. Seine Darstellung kennzeichnet nüchterne Sachlichkeit und sie ist andererseits so lebendig, dramatisch und anschaulich, daß sie wie ein Heldenepos in Prosa wirkt; tatsächlich sind Einflüsse der französischen *chansons de geste* überall spürbar. A.F.R.-T.D.S.

AUSGABEN: Barcelona 1616 (*Historia de Cataluña*, Hg. R. Cervera; kastil. Übers.). – Barcelona 1949–1951, Hg. M. Coll i Alentorn, 5 Bde. [m. Einl.]. – Barcelona 1982, Hg. ders.

LITERATUR: J. Rubió y Balaguer, *Consideraciones generales acerca de la historiografía catalana medieval y particular de la »Crònica de Desclot«*, Barcelona 1911 (vgl. ders. in Estudis Universitaris Catalans, 6, 1912, S. 1–12; 129–158). – L. N. d'Olwer, *L'expansió de Catalunya en la Mediterrània oriental*, Barcelona 1926. – M. Coll i Alentorn, *Notes per a l'estudi de la influència de les cançons de gesta franceses damunt la »Crònica de Bernat Deslot«* (in Estudis Universitaris Catalans, 12, 1927, S. 46–58). – F. Soldevila, *Les cançons de gesta i la »Crònica de Desclot«* (in Revista de Catalunya, 8, 1928). – J. Rubió, Rez. d. Ausg. von Coll (in Estudis Romànics, 5, 1955/56, S. 211–225). – F. Soldevila, *Les prosificacions en els primers capitols de la »Crònica de Desclot«*, Barcelona 1958. – M. de Montoliu, *Les quatre grans cròniques*, Barcelona 1959 [m. Bibliogr.]. – M. de Riquer, *Història de la literatura catalana*, Bd. 1, Barcelona ²1980, S. 429–448. – P. D. Rasico, *Estudi fonològic i complementari de la »Crònica de Bernat Desclot« (ms. 486 de la Biblioteca de Catalunya)* (in *Actes del tercer col·loqui d'estudis catalans a Nord-America*, Hg. P. Boehne u. a., Montserrat 1983, S. 32–52).

FRANCESC EIXIMENIS

* zwischen 1327 und 1332 Girona
† April 1409 Perpignan

LITERATUR ZUM AUTOR:
J. Massó y Torrents, *Les obres de Fra Francesch Eiximeniç* (in Anuari de l'Institut d'Estudis Catalans, 3, 1909/10, S. 588–692; Bibliogr.). – P. Martí de Barcelona, *Fra F. E.*, Barcelona 1929. – J. H. Probst, *Die ethischen u. sozialen Ideen des katalanischen Franziskaners Eiximeniç* (in Wissenschaft u. Weisheit, 15, 1938, S. 73–94; vgl. auch ders., in RH, 39, 1917, S. 1–82). – J. Carreras y Artau, *Fray Francisco E., su significación religiosa, filosófico-moral, política y social* (in Anales del Instituto de Estudios Gerundenses, 1, 1946, S. 270–293). – M. de Montoliu, *Les grans personalitats de la literatura catalana*, Bd. 4, Barcelona 1960, S. 9–59. – P. Nolasc del Molar, *F. E.*, Olot 1962. – M. de Riquer, *Història de la literatura catalana*, Bd. 2, Barcelona [2]1980, S. 133–196. – D. J. Vieira, *Bibliografia anotada de la vida i obra de F. E. (1340?–1409)*, Barcelona 1980. – C. J. Wittlin, *Qual maxime damnant ... [das] »Pastorale« des F. E.* (in Zeitschrift für Katalanistik, 2, 1989).

LIBRE DELS ÀNGELS

(kat.; *Buch über die Engel*). Theologisch-didaktische Abhandlung von Francesc EIXIMENIS, geschrieben 1392. – Das Engelbuch ist das erfolgreichste, in mehr als 60 Handschriften vorliegende Werk des Autors und hat viel zur Verbreitung der Engelverehrung in ganz Europa beigetragen. Es wurde schon bald nach Erscheinen mehrmals ins Spanische, Französische, einmal ins Lateinische und schließlich in andere Sprachen übertragen. Da zuvor zwar häufig, aber nur für Gelehrte und in lateinischer Sprache über diesen Gegenstand geschrieben worden war, füllte das Buch eine Lücke in der zeitgenössischen Literatur. Denn schon im Vorwort weist Eiximenis darauf hin, daß er nicht *»gewählt, subtil und kunstvoll«* schreiben und sich auch nicht *»an den großen Kleriker, sondern an das einfache, fromme Volk«* wenden wolle. Das Werk ist in fünf Traktate gegliedert, die von der Erhabenheit, Natur, Gruppierung, Hierarchie und Funktion der Engel handeln. Dabei übernimmt der Verfasser die hierarchische Ordnung von PSEUDO-DIONYSIOS; die Natur und das Wesen der Engel stellt er nach der scholastischen, durch THOMAS VON AQUIN und DUNS SCOTUS systematisierten Lehre dar. So werden die Engel als unkörperliche und unsterbliche Geister betrachtet, die unter Umständen einen materiellen Leib annehmen können. Während für die Scholastiker die Engel vorwiegend zu Objekten der Spekulation geworden waren, an denen sich komplizierte Probleme der Erkenntnistheorie, der Ontologie und der Christologie erörtern ließen, ist für Eiximenis diese Engelwelt eine lebendige Wirklichkeit. Besonders ausführlich beschreibt er die Tätigkeit der Engel, die den Thron Gottes umstehen, als dessen Boten das Weltall erfüllen und Königreichen, Städten und jedem einzelnen Menschen hilfreich zur Seite stehen. Eine andere Gruppe ist der Unterwelt zugeordnet, die im Anschluß an die Schriften des HERMES TRISMEGISTOS farbenreich beschrieben wird.

Die Angelologie als Anschauungs- und Andachtsgebiet, in der Elemente der Theologie und der phantastischen Literatur, Überbleibsel eines alten Götter-, Dämonen- und Geisterglaubens vereinigt sind, entsprach ganz der Mentalität von Eiximenis, dessen enorme Gelehrsamkeit ihn nicht hinderte, für alles Übernatürliche die harmloseste Leichtgläubigkeit zu zeigen, mochte es sich nun als Theologie oder okkulte Wissenschaft darbieten. Wundererzählungen, folkloristisches Brauchtum und apokryphes Schrifttum verarbeitet er ebenso wie die Berichte der *Bibel* und die Lehren der Kirchenväter und Theologen. Für manche seiner Zitate kann man die Quellen heute nicht mehr nachweisen, so daß es nicht sicher ist, ob darin Reste eines untergegangenen Schrifttums bewahrt sind oder ob es sich dabei um Erfindungen des phantasievollen Mönchs handelt. A.F.R.

AUSGABEN: Barcelona 1494. – Barcelona 1983 (*De sant Miquel arcàngel*; 5. Traktat).

LO CRESTIÀ

(kat.; *Der Christ*). Theologisch-didaktisches Werk von Francesc EIXIMENIS, entstanden um 1379/85. – Diese Sammlung von zusammenhängenden Traktaten (ein *»gigantisches Opus«* nannte sie König Pere III, ein Förderer des Verfassers) ist, hierin den *Etymologiae* des ISIDORUS aus Sevilla (um 570–636) vergleichbar, eine Art christliche Enzyklopädie. *»Dieses Werk«*, schreibt der Autor selbst, *»heißt ›Cristià‹, weil hier in summarischer Form die Grundlagen des Christentums dargelegt werden, und weil alles darin Enthaltene jeden angeht, der ein christliches Leben zu führen wünscht, und dieses Leben vervollkommnen und seine Erdentage christlich beenden will.«* Aber nicht nur Theologisches ist in diesem Werk enthalten, sondern auch viel weltliches Wissen: Politisches, Soziologisches, Wirtschaftliches und sogar Verwaltungstechnisches, denn Eiximenis war ein vielbegehrter Ratgeber der Stadträte von Valencia. Ursprünglich war das Werk in dreizehn Bänden geplant, von denen jedoch nur die ersten drei und der zwölfte geschrieben wurden. Gelegentlich sind die vorhandenen Bücher getrennt herausgegeben worden, und sie werden auch als selbständige Werke (was sie im Grunde auch sind) zitiert.

Das erste Buch, *Primer del Crestià* (entstanden 1379–1381), behandelt in 381 Kapiteln die

Grundlage der christlichen Religion, das Naturgesetz, das Gnadengesetz und die Offenbarung. Das zweite Buch, *Segon del Crestià* (entstanden 1382/83), handelt in 239 Kapiteln davon, *»wie der Mensch durch vielfache Arten der Versuchung die Würde des Christseins verlieren kann«*. Das dritte Buch, *Terç del Crestià*, das umfangreichste der vier veröffentlichten Bücher, wurde in der kurzen Zeitspanne von einem Jahr (1384) geschrieben. Es behandelt in 1050 Kapiteln die sieben Todsünden und steht in der didaktischen Tradition der mittelalterlichen Lasterkataloge *(Summae de vitiis)*, deren scholastischer Charakter jedoch hinter realistischfarbigen, oft humorvollen Aperçus über das sündige Leben der Zeitgenossen zurücktritt. Das als zwölfte Buch des Gesamtwerks vorgesehene *Dotzè del Crestià*, auch *Regiment de prínceps e de comunitats (Über die Regierung von Fürsten und Gemeinschaften)* betitelt, wurde 1385/86 verfaßt. Es besteht aus 907 Kapiteln, die in acht Teile untergliedert sind, und ist eine breitangelegte gesellschafts- und staatskundliche Abhandlung über Ursprung, Wesen und Zweck der Gemeinschaft, der Politik, des Rechts, der Wirtschaft, des Staates und der Stadt. Gerade über das städtische Gemeinwesen hat Eiximenis in einer bis dahin nie erreichten Tiefe geschrieben. Der dritte Teil dieses Buches, *Regiment de la cosa pública (Vom Gemeinwesen)*, der schon 1383 fertiggestellt worden war, umfaßt die Kapitel 357–395 und ist seiner fortschrittlichen Anschauungen wegen bedeutsam.

Die mittelalterlichen *Summae*, die Fürstenspiegel, das *Speculum historiale* des VINCENZ VON BEAUVAIS und *Il tesoro* von Brunetto LATINI sind Eiximenis' wichtigste Quellen. Viele der zitierten Autoren und Werke sind jedoch nicht identifizierbar und womöglich im Zuge einer Beglaubigungsstrategie des Autors erfunden worden. Eiximenis *»erklärt ... Prinzipien, Thesen und Wahrheiten mittels einer äußerst detaillierten und breitangelegten Argumentation, wobei er in langsamem Tempo und weitschweifender Art seine Lehren, unzählige Seiten und Kapitel anhäufend, mitteilt«* (M. de Riquer). Die wissenschaftliche Prosa des Autors nimmt einen herausragenden Platz in der Geschichte der katalanischen Sprache und Literatur ein, da Eiximenis eine individuell geprägte, erzählende Mitteilungsform benutzt, die oft den Leser direkt anspricht und sich in Anekdoten, Fabeln, kurzweiligen Erzählungen, Apologien und drolligen Geschichten, einschließlich Witzen und Sprüchen, konkretisiert. Dieses mit großer künstlerischer Gewandtheit und behäbigem Humor exemplifizierende Erzählmaterial hat M. OLIVAR als *Contes i faules (Erzählungen und Fabeln)* herausgegeben. Durch diese Art der kommunikativen Darstellung, die auch Vicent FERRER in seinen *Sermons* verwendet, und durch den ständigen Hinweis auf Sitten, Gebräuche und Begebenheiten der Zeit entsteht bei Eiximenis ein buntes Bild seiner Umwelt, insbesondere von Valencia. In seiner Einstellung zu den Problemen der Epoche, seien sie politischer, soziologischer oder religiöser Natur, zeigt Eiximenis eine aufgeschlossene, oft durchwegs klug ausgewogene Haltung zwischen Fortschritt und Beharren. So fordert Eiximenis eine Auflockerung der festgefügten mittelalterlichen Drei-Stände-Ordnung (Adel, Kleriker und Bauern) durch Erhebung der Kaufleute in einen Stand, *»der unter allen Menschen besonders geschützt und gefördert sein soll«*, und verlangt die Gleichstellung von Handel, Handwerkertum und industrieller Tätigkeit mit dem im Mittelalter ausschließlich anerkannten Erwerb aus Grundbesitz. Eiximenis stellt das bürgerlich-städtische Leistungsethos über die Ideale der klerikal und aristokratisch gestalteten Welt. Für ihn ist die Stadt die Wiege der Zivilisation, eine Erkenntnis, die er darauf gründet, daß gerade im Mittelmeerraum (ähnlich wie in Flandern, in Norditalien und im Hansegebiet) die städtische Kultur schon früh auf die Ablösung des ländlich-feudalen Gesellschaftssystems hingewirkt hat. Das Bürgertum, das sich dabei entwickelte, versteht Eiximenis bereits als eine vornehmlich auf Freiheit und Gleichheit gegründete Gesellschaftsform. A.F.R.

AUSGABEN: Valencia 1483 (Buch 1). – Valencia 1484 (Buch 12). – Valencia 1499 (*Regiment de la cosa pública*; Teil von Buch 12). – Barcelona 1925; ²1980 (*Contes i faules*, Hg. M. Olivar; m. Einl.). – Barcelona 1927; ²1980 (*Regiment de la cosa pública*, Hg. D. de Molins de Rei; m. Einl.; krit.). – Barcelona 1929–1932 (*Terç del Crestià*, Hg. Martí de Barcelona u. N. d'Ordal; m. Einl.). – Barcelona 1983 (*Lo Crestià*, Hg. u. Einl. A. Hauf; Ausw.). – Girona 1986 (*Dotzè llibre del Crestià* II/1).

LITERATUR: D. J. Vieira, *L'humor en les obres de F. E.* (in Boletín de la Acad. de Buenas Letras de Barcelona, 1983/84, S. 157–175).

VICENT FERRER

* 23.1.1350 Valencia
† 5.4.1419 Vannes / Bretagne

SERMONS

(kat.; *Predigten*). Kanzelpredigten des heiligen Vicent FERRER, entstanden 1399–1419. – Diese in der valenzianischen Form des Katalanischen verfaßten Predigten wurden nicht nur in Katalonien, sondern in den kastilisch sprechenden Teilen Spaniens, in der Schweiz, in Italien, in Frankreich und dort sogar in der Bretagne, vor der bretonisch sprechenden Bevölkerung gehalten – und verstanden –, so daß Ferrer in dem Rufe stand, er habe wie die Apostel die Gabe, »in Zungen zu reden«. Dieses erstaunliche Phänomen wird begreiflich, wenn man

außer der exaltierten religiösen Stimmung, die in jener Zeit die Volksmassen bei bestimmten Gelegenheiten mit großer Leichtigkeit ergriff, die damals übliche Art des Vortrags in Rechnung stellt, deren sich die Prediger befleißigten: Durch ausdrucksvolles Gebärdenspiel und ständige Modulation der Stimme unterstrichen sie den Sinn des Gesagten mimisch und akustisch so, daß er auch ohne eigentliche Sprachkenntnisse verstanden wurde. Hinzu kommt, daß sich Ferrer ganz auf das Bildungsniveau seiner Zuhörer einstellt. Er verschont sie mit theologischer Spekulation ebenso wie mit klassisch-humanistischer Philosophie und Gelehrsamkeit. *»Christus befahl den Aposteln, das Evangelium zu predigen; nicht ›Virgilium‹ oder ›Ovidium‹ sagte er, sondern ›Evangelium‹.«* Selbst einen so christlichen Dichter wie Dante lehnt Ferrer ab, ja überhaupt die Literatur: *»Virgil, der mitten in der Hölle sitzt, Ovid, Dante: Dichter!«* – ruft er aus – *»Die Worte der Dichter schmeicheln dem Ohr, doch dringen sie nicht ans Herz.«* Um die einfachen Inhalte seiner Predigten – Verdammung der Laster, Lob der Tugenden, praktische Unterweisung in christlicher Lebensführung – in die Köpfe und Herzen der Massen zu bringen, benutzt er mit Meisterschaft die wirkungsvollen Mittel volkstümlicher Redekunst, in der die Interjektion, die rhetorische Frage, die direkte, an jeden einzelnen sich wendende Anrede eine hervorragende Rolle spielen. Die Seelenkräfte des Menschen, Gedächtnis, Verstand und Wille, erklärt er z. B. so: *»Die Seele hat drei Eigenschaften, erstens das Gedächtnis (sage mir, weißt du, wo du gestern warst? – Na also!), zweitens den Verstand (sage mir, weißt du nicht, daß heute Sonntag ist? – Na also!), drittens den Willen (sage mir, willst du nicht nach der Predigt essen gehen? – Na also!).«*
Eine wichtige Rolle spielt ferner die ständige Erläuterung des Gesagten durch Beispiele und Vergleiche. Diese holt er sich aus der *Bibel*, dem Leben der Heiligen, manchmal auch aus der erzählenden Literatur. Viele sind Zeitanekdoten oder eigene Erlebnisse. Durch seine beispielhaften Geschichten steht Ferrer als didaktischer Erzähler auf einer mit Ramon Llull (vgl. *Fèlix de les meravelles...*) und Francesc Eiximenis (vgl. *Lo crestià*) vergleichbaren Höhe.
Inhaltlich sind die Predigten Ferrers ein wichtiges Dokument der Zeit. Sie geben Aufschluß über das Leben der verschiedenen sozialen Schichten, über Umgangsformen, Mode, Kosmetik, Belustigungen, sogar über Kinderspiele; sie offenbaren mit drastischer Deutlichkeit die Sittenverwilderung einer Epoche, in der sogar Kleriker *»am Tag der Priesterweihe mit Weibern tanzend die Straßen und Plätze durchzogen«*. Literarischen Wert besitzen diese Predigten, deren Aufzeichnung Berufsschreibern zu verdanken ist, die den Prediger auf seinen Reisen begleiteten, als ein unschätzbares Denkmal der katalanischen Sprache. Ferrer spricht die derbe, urwüchsige, bildhafte, an Redensarten und Sprüchen reiche, in der Syntax knorrige Sprache des Volkes zu einer Zeit, da das Katalanische unter dem Einfluß des Humanismus sich durch die Übernahme von Formen und Formeln der klassischen Rhetorik verfeinerte. A.F.R.

Ausgaben: Ulm 1475 [nur *Sermones de sanctis*]. – Basel 1488 (*Sermones de tempore et de sanctis*). – Venedig 1496 (*Sermones*, 3 Bde.). – Valencia 1693/94 (in *Opera omnia*, 5 Bde). – Barcelona 1927 (*Quaresma predicada a Valencia l'any 1413*, Hg. J. Sanchis Sivera; m. Einl.). – Barcelona 1932–1934 (*Sermons*, Hg. ders., 5 Bde.; m. Einl.; unvollst.; Nachdr. 1971–1984). – Valencia 1973 (*Sermons de Quaresma*, 2 Bde.; Einl. Sanchis Guarner).

Literatur: R. Chabás, *Estudio sobre los sermones valencianos de san V. F.* (in Revista de Archivos, Bibliotecas y Museos, 6/7, 1902; 8/8, 1903). – S. Brettle, *San V. F. u. sein literarischer Nachlaß*, Münster 1924. – M. M. Gorce, *Saint Vincent Ferrier*, Paris 1924. – H. Finke, *Die Quaresma-Predigten 1413* (in *Studien aus dem Gebiet von Kirche u. Kultur. Fs. G. Schürer*, Paderborn 1930, S. 24–38). – J. Fuster, *Notes per a un estudi de l'oratòria vicentina* (in Revista Valenciana de Filología, 4, 1954, S. 87–185). – *Biografía y escritos de san V. F.*, Hg. J. M. de Garganta u. V. Forcada, Madrid 1956. – M. de Riquer, *Història de la literatura catalana*, Bd. 2, Barcelona ²1980, S. 197–264.

FRENCESC VICENT GARCIA

* 1579/82 Tortosa
† 2.11.1623 Vallfogona de Rincorb

LA ARMONIA DEL PARNÀS més numerosa en las poesias vàrias de l'Atlant del cel poètic

(kat.; *Die Harmonie des Parnaß, vom Atlas des poetischen Himmels mit verschiedenen Gedichten ausgeschmückt*). Gedichtsammlung von Francesc Vicent Garcia, bekannt vor allem unter seinem Amtstitel »Rector de Vallfogona«, erschienen 1703. – Diese Ausgabe hatte großen Erfolg. Schon vorher zirkulierten seine Gedichte in Abschriften. – Berühmt und berüchtigt bis heute ist der »Rector de Vallfogona«, der von 1607 bis zu seinem Tode der Hauptpfarrer dieser Ortschaft 50 km nördlich von Tarragona war, für seine satirischen und burlesken und hier besonders seine erotischen und skatologischen Gedichte, die eindeutig Quevedos Einfluß erkennen lassen. 1782 verbot die Inquisition eine Ausgabe seiner Gedichte von 1770, aber dennoch sind im 19. Jh. zehn weitere Ausgaben erschienen, meist unvollständig und auf die burlesken Gedichte zentriert.
Eine Fülle von Anekdoten und Legenden rankt sich um Garcias Leben, und viele drastische Gedichte

wurden unter seinem Namen geschrieben: Diese Richtung poetischer Produktion bezeichnete man bald als »Vallfogonismus«. Der »Rector« ist so sehr in die populäre Mythologie Kataloniens inkorporiert worden, daß F. Soler Ende des 19. Jh.s ein Theaterstück über ihn verfaßt hat. Aber Garcia ist zugleich der bedeutendste katalanische Barockautor. Sein ausgedehntes dichterisches Werk umfaßt praktisch alle Gattungen der barocken Poesie. Der Autor bedient sich der damals in der spanischen Dichtung üblichen Formen: Sonette, Romanzen, Madrigale, Fünf- und Zehnzeiler usw. Auch in der Thematik ist er vielseitig; sein Werk umfaßt Liebesgedichte, Sittensatire, Epigrammatik, panegyrische, bukolische und mythologische Dichtung und Parodien. Nichts ist ihm zu hoch oder zu niedrig, um in Verse gefaßt zu werden, aber mit Vorliebe behandelt er das private und öffentliche Alltagsleben, das er pittoresk, pikant und manchmal mit zynischem Spott darstellt. Man kann bei ihm aber auch tiefempfundene religiöse Gedichte, wie den *Cant de l'autor en l'agonia (Sterbelied)*, finden und andere, die von ethischer Gesinnung getragen werden, wie *Desengany del món (Über die Falschheit der Welt)*. Mit der Verbitterung und Skepsis eines Quevedo verspottet er hier die Eitelkeiten und die Unzulänglichkeiten des Menschen. Man kann nicht umhin, seine wohlklingenden Verse, seine reiche Phantasie und seine lebendige Bildsprache, in der schöne Gedanken aufleuchten, zu bewundern. Garcia weiß Sonette mit großer Grazie und Eleganz zu konstruieren. Die Pastourellen und Romanzen seiner volkstümlichen Dichtung haben Natürlichkeit und spontanen Humor. Er huldigt allerdings auch dem zeitgenössischen Geschmack des »Kulteranismus«, und in seiner Metaphorisierung ahmt er manchmal Góngora nach oder übersetzt ihn sogar. Doch gleichzeitig geißelt Garcia in Satiren diese Mode, z. B. in *Refereix son amor, satiritzant als poetes (Er drückt seine Liebe aus, indem er die Dichter parodiert)* oder in *A la expressiva senzillesa de la llengua catalana (An die ausdrucksvolle Einfachheit der katalanischen Sprache)*, wo er offenbar Ernst und Ironie paart. A.F.R.-T.D.S.

Ausgaben: Barcelona 1703. – Barcelona 1770. – Barcelona 1820. – Barcelona 1840. – Barcelona 1979 (*Sonets*, Vorw. G. Grilli).

Literatur: J. Rubió i Ors, *Dr. F. V. G.*, Tortosa 1879. – V. Aragon, *Un poète catalan du 17e siècle, V. G., Rector de Vallfogona*, Montpellier 1880. – R. Corbella, *El rector de V. i els seus escrits*, Barcelona 1921; ern. 1977. – J. Rubió i Balaguer, *Literatura catalana* (in *Historia general de las literaturas hispánicas*, Bd. 4, Barcelona 1958). – E. Fort i Cogul, *El rector de Vallfogona*, Barcelona 1964. – J. Molas, *F. V. G. Rector de Vallfogona* (in Serra d'Or, Januar 1976, S. 34–39). – A. Mundo i Fuertes, *F. V. G., Rector de Vallfogona*, Santes Creus 1982. – M. de Riquer, *Història de la literatura catalana*, Bd. 3, Barcelona 1983, S. 624–648.

Guillem de cervera

auch Cerverí de Girona

2. Hälfte 13. Jh.

DAS LYRISCHE WERK (kat.) von Guillem de Cervera.

Wie M. de Riquer nachweisen konnte, ist der in der zweiten Hälfte des 13. Jh. dichtende Trobador Cerverí de Girona identisch mit dem Verfasser der *Proverbis*, der sich dort im zweiten Vers Guillem de Cervera nennt. Der Dichter hinterließ das umfangreichste poetische Werk der Trobadorlyrik: 114 Gedichte verschiedener Länge und Metrik, fünf größere Kompositionen sowie die bereits genannte Spruchsammlung *Proverbis* in 1197 Strophen. Über die Lebensumstände des Trobadors ist kaum etwas bekannt. Er stammt aus Cervera und hielt sowohl mit dem katalanischen Hof (König Pere II, der Große) als auch mit adeligen Kreisen Verbindung. In seinen zeitkritischen Gedichten erweist er sich als scharfer Beobachter des politischen Geschehens und menschlichen Verhaltens, der seine Meinung freimütig äußert und einen unabhängigen Standpunkt zu behaupten weiß. Im Jahre 1269 reiste er nach Toledo, wo sich am kastilischen Hof um Alfons X., den Gelehrten, ein Kreis von Dichtern aus Galicien und Südfrankreich versammelt hatte.

Dem König des Katalanischen Hofes ist die *Cançó de Madona Santa Maria* gewidmet, Cerverí kannte dessen *Cantigas de Santa Maria*. In der Tradition des *planctus* stehen die Klagen zum Tod seiner Gönner, des Grafen Ramon Folc de Cardona und des Königs Jaume I, des Eroberers (1276). Die Anrufung Kataloniens im ersten Klagelied spiegelt schon deutlich ein katalanisches Selbstbewußtsein. Ungefähr ein Drittel seiner Gedichte bezeichnete Cerverí als *vers*, sie behandeln verschiedene Themen und reichen von Späßen, Paradoxa und Rätseln (etwa *Cançó de les letres*) über Satiren (*La cançó del compte*, ein Spottgedicht auf gelehrte Frauen) bis hin zu didaktischen und religiösen Kompositionen. Cerverí versteht es meisterlich, seine Virtuosität sowohl im Ausdruck (gelegentlich sogar mehrsprachig) als auch in der Handhabung der Form (etwa einsilbige Verse, Binnenreime) geschickt auszuspielen. Als Moralist ist er von eher pessimistischer Grundstimmung. Er nimmt in erster Linie die Reichen und Geizigen aufs Korn, spricht aber auch gern von sich und der eigenen Befindlichkeit. Das Gedicht *Maldit benit* gibt der Frauenfeindlichkeit des Poeten Ausdruck. Liebeslieder finden sich bei ihm verhältnismäßig selten, sie entwickeln die geläufige Topik (Liebestod). Die religiösen Kompositionen sind unpersönliche Lehrgedichte, wie etwa *Lo vers de la Hostia*. Bemerkenswert sind jedoch die Paraphrase des *Confiteor* in 190 Versen

(Oració de tot dia) sowie eine metrisch abwechslungsreiche Reimpredigt *(Sermo)* in 203 Versen. Das um 1274 entstandene *Testament* in 17 Strophen zu je elf assonierenden Zwölfsilbern parodiert das Testamentsformular. Nach einer topischen Betrachtung über die Gewißheit des Todes und die Ungewißheit der Sterbestunde setzt der Dichter vier Gönner, darunter die Könige von Katalonien-Aragon und Kastilien, zu seinen Vermächtnisnehmern ein, obwohl er weiß, daß sie sich über die Vollstreckung seines Letzten Willens nicht einig werden. Etwa 90 hohen geistlichen und weltlichen Herrschaften hinterläßt der »arme Dichter« mit teils ironischen, teils schmeichelnden Anspielungen Gelder, Kleider, Pferde und andere Gegenstände: »*Und wenn ich in meinem Testament jemanden erwähne, der mir überhaupt nichts Gutes getan hat, so nicht, um mich darüber zu beklagen, sondern nur, damit mir niemand komme und sagt, ich hätte vergessen, ihn zu erwähnen.*« Für Demütigungen, Abfuhren und Undank rächt er sich mit spöttischer Zunge durch seine Hinterlassenschaft: »*Ich werde es allen Bischöfen zwischen Rom und Vic und von Vic bis Santiago heimzahlen.*« Der Text gehört zu den frühen Zeugnissen parodistischer Vermächtnisse, die nicht nur in der mittelalterlichen europäischen Dichtung, sondern auch in der volkstümlichen Überlieferung sehr beliebt waren. Das bekannteste Beispiel ist François Villons *Le grant testament.* Aus dem 15. Jh. sind in Katalonien das Jenseitsvision und Testament verbindende Spottgedicht *Testament d'En Bernat Serradell de Vic* (1427) und das *Testament d'En Buc* zu nennen.

Die um 1280 niedergeschriebenen *Proverbis* enthalten in 1197 Quartetten Lehren und Ratschläge für seine Kinder. Das Buch zählt zur umfangreichen mittelalterlichen Gattung der Weisheitssprüche, die zum Teil auf biblischer Tradition gründen, zum Teil aber auch mit Beispielen aus der Lebenserfahrung, Anekdoten und Erzählungen angereichert werden. Der Autor reflektiert auch über das Dichten. Seine anspruchsvolle Auffassung vom Geschäft des Dichters drückt sich in technischer Verfeinerung und sprachlicher Raffinesse aus, was ihn keineswegs hindert, auch die sonst verachteten volkstümlichen Formen und Wendungen aufzunehmen. – Cerverís vielseitiges Werk steht am Ende einer langen poetischen Entwicklung, deren stilistische und technische Errungenschaften er nicht ohne Verkünstelung zusammenfaßt zu derselben Zeit, da Ramon Llull die katalanische Prosa begründet. D.B.

Ausgaben: *Cançoner dels Comtes d'Urgell*, Hg. G. Llabrés, Barcelona 1907. – *Obras completas*, Hg. M. de Riquer, Barcelona 1947 [m. Komm.].

Literatur: M. de Riquer, *La personalidad del trovador Cerveri de Girona* (in Boletín de la Real Academia de Buenas Letras, Barcelona, 23, 1950, S. 91–107). – Ders., *Para la cronología del trovador Cerveri de Girona* (in *Estudios dedicados a Menéndez Pidal*, Bd. 3, Madrid 1952, S. 361–412). – P. García de Diego, *El testamento en la tradición* (in Revista de Dialectología y Tradiciones Populares, 9, 1953, S. 601–666; 10, 1954, S. 400–471). – M. de Riquer, *Guilhelm de Cervera, llamado también Cerverí de Gerona* (in Boletín de la Real Academia de Buenas Letras, Barcelona, 28, 1959/60, S. 257–263). – C. Alvar, *La poesía trovadoresca en España y Portugal*, Madrid 1977. – M. de Riquer, *Los trovadores*, Bd. 3, Barcelona 1983. – *Història de la literatura catalana*, Hg. ders. u. a., Bd. 1, Barcelona 1983. – Y. Beltrán Pepio, *La balada provenzal en la poesía gallego-portuguesa* (in *La lengua y la literatura en tiempos de Alfonso X.*, Hg. F. Carmona u. F. J. Flores, Murcia 1985, S. 79–89).

EL CONQUERIDOR JAUME I.

Jakob von Katalonien-Aragon, der Eroberer

* 1./2.2.1208 Montpellier
† 27.7.1276 Valencia

LLIBRE DELS FEITS DEL REI JAUME

(kat.; *Das Buch der Taten des Königs Jaume*). Geschichtschronik, gedruckt 1557 unter dem Titel *Chronica o comentari del gloriosissim e invictissim rey En Iacme.* – Zusammen mit der Chronik von Ramon Muntaner (1265–1336), der Chronik von Bernat Desclot und der Chronik des Königs Pere III., el Cerimoniós, gehört dieses Geschichtswerk zu den vier großen Chroniken der spätmittelalterlichen katalanischen Literatur. Es ist sowohl in einer lateinischen, von dem Dominikaner Petrus Marsilius 1313 aufgrund einer verlorenen katalanischen Urfassung bearbeiteten Version als auch in fünf Handschriften auf katalanisch erhalten, deren früheste auf 1343 zu datieren ist. In der katalanischen Fassung läßt sich zudem die Verwendung früherer, verlorener Spielmannsheldenlieder nachweisen.

Die Chronik ist als Memoirenwerk im *pluralis majestatis* gehalten. Man kann davon ausgehen, daß der König den größten Teil des Textes in verschiedenen Epochen seines Lebens seinen Kanzlisten selbst diktiert oder ihn zumindest überwacht hat. Besonders deutlich wird der autobiographische Charakter, wenn der Text »ich« verwendet, was an entscheidenden Stellen geschieht. Auch die wahrscheinlich gegen Ende seines Lebens diktierte und dem schon um 1244 verfaßten ersten Teil vorangestellte Einleitung bestätigt die Intention des Werks als rechtfertigende Selbstdarstellung, mit der der große König durch ständige Hinweise auf die göttliche Vorsehung seinen Führungsanspruch abzusichern sowie seine militärisch-politische Leistung in das gewünschte Licht zu setzen versucht; nicht umsonst wurde die Chronik später für die Prinzenerziehung herangezogen. Unter Auslassung weniger vorteilhaft erscheinender persönlicher oder historischer Gegebenheiten, jedoch ohne Verfälschung von Fakten, werden vor allem militärische Taktik und heroischer Patriotismus hervorgehoben. Die Wiedergabe von Reden in ihrer jeweiligen sprachlichen Färbung und die sachkundige Verwendung arabischer Fachwörter lassen nicht nur den Willen zu lebendiger Darstellung, sondern auch die sorgfältige Dokumentation erkennen. – Die Chronik berichtet zunächst distanziert über die Vorfahren und die Kindheit Jaumes I. sowie über die anarchischen Unruhen während der Regentschaft nach dem Tod von Jaumes Vater, Pere I. (in der Schlacht von Muret, 1213); der Zeitraum zwischen 1228 und 1240 ist tagebuchartig erfaßt (so die Darstellung der Eroberung von Mallorca, 1229, und des Landes Valencia, 1232 bis 1245). Der zweite Teil stellt komprimiert und wieder aus größerem zeitlichem Abstand die innenpolitischen Auseinandersetzungen Jaumes mit dem aragonesischen Adel und den eigenen Söhnen in Katalonien sowie die Einnahme von Murcia dar. D.B.-T.D.S.

AUSGABEN: Valencia 1557 *(Chronica o comentari del gloriosissim e invictissim rey En Iacme)*. – Barcelona 1873 *(Libre dels feyts ... del ... Rey en Jacme)*. – Barcelona 1926–1962 (*Crònica de Jaume I.*, Hg. J.M. de Casacuberta, 9 Bde.). – Barcelona 1971. – Barcelona 1972 [Faks. der Hs. von 1343; Einl. M. de Riquer]. – Valencia 1980. – Barcelona 1982 [Vorw. F. Soldevila].

LITERATUR: E. Nicolau d'Olwer, *La crònica del Conqueridor i els seus problemes* (in Estudis Universitaris Catalans, 11, 1926, S. 79–88). – F. Soldevila, *Vida de Jaume el Conqueridor*, Barcelona 1958. – M. de Montoliu, *Les quatre grans cròniques*, Barcelona 1959 [m. Bibliogr.]. – J. F. Cabestany, *Jaume I.*, Barcelona 1976. – M. de Riquer, *Història de la literatura catalana*, Bd. 1, Barcelona 1980, S. 394–429. – S. Sobrequés i Callico, *El Rei Jaume I i la Renaixença als paisos catalans*, Barcelona 1981. – *The Worlds of Alfonso the Learned and James the Conqueror*, Hg. R. J. Burns, Princeton/N.J. 1985.

RAMON LLULL

auch Raimundus Lullus

* 1232/33 Mallorca

† 1316 (?) Tunis oder Mallorca

LITERATUR ZUM AUTOR:

Biographien:

R. Brummer, *Bibliographia Lulliana: R. Ll.-Schrifttum 1870–1973*, Hildesheim 1976. – M. Salleras i Carolà, *Bibliografia lul·liana (1974–1985)* (in Randa, 19, 1986, S. 153–198).

Zeitschrift:

Estudios Lulianos, 1957 ff.

Biographie:

E. A. Peers, *R. Ll., A Biography*, Ldn./NY 1929.

Gesamtdarstellungen und Studien:

E. W. Platzeck, *R. Ll., sein Leben, seine Werke und die Grundlagen seines Denkens*, 2 Bde., Düsseldorf 1962–1964. – M. Cruz Hernández, *El pensamiento de R. Ll.*, Valencia 1977. – J. Gayà Estelrich, *R. Ll.*, Palma de Mallorca 1982. – M. de Riquer, *R. Ll.* (in *Història de la literatura catalana*, Hg. ders., A. Comas u. J. Molas, Bd. 1, Barcelona 1984, S. 197 bis 352). – J. Rubió i Balaguer, *R. Ll. i el Lul·lisme*, Barcelona 1985 [Vorw. L. Badia]. – *Lògica, ciència, mística i literatura en l'obra de R. Ll.*, Hg. L. Badia u. a., Barcelona 1986 (Randa, 19; Sondernr.). – A. Llinarès, *R. Ll.*, Barcelona [8]1987 [Vorw. J. Carreras i Artau]. – A. Bonner u. L. Badia, *R. Ll.: Vida, pensament i obra literària*, Barcelona 1988. – R. Brummer, *Les tres redaccions del »Libre de consolació d'ermità« – indicis del mètode literari de R. Ll.* (in Zeitschrift für Katalanistik, 1, 1988, S. 168–175).

ARS MAGNA ET ULTIMA

(mlat.; *Große und letzte* [höchste] *Kunst*). Unter den fast dreihundert Schriften des Ramon LLULL, die berühmteste und wirksamste: ein mittelalterlicher Auftakt zu Logik und Dichtung der Moderne; entstanden auf katalanisch vor 1277. – Der Katalane Llull hatte sein Leben der Bekämpfung islamischer Religion und arabischer Wissenschaft, besonders der averroistischen Philosophie, geweiht; dieser Aufgabe, für die er wiederholt nach Nordafrika als Missionar ging, galt ebenfalls die Erfindung und Ausbildung der *Ars generalis*, der bald so genannten »lullischen Kunst«. Sie hat der Dichter und Mystiker, der scholastische Theologe und Philosoph wieder und wieder dargestellt, zuletzt in der *Ars magna et ultima*. Die lullische Kunst *»ist das System der obersten, allgemeinsten, durch sich evidenten Prinzipien und Regeln, in denen die Prinzipien der anderen Wissenschaften enthalten sind, wie das Einzelne im Allgemeinen ... Die Ars ist somit die höchste aller menschlichen Wissenschaften. Sie steht noch über der Logik und Metaphysik.«* (Ueberweg-Geyer) – In ihr werden – in Gruppen zu je neun – Prinzipien des Seins vorausgesetzt: absolut-göttliche wie *bonitas* (Güte) oder *magnitudo* (Größe), relative wie *differentia* (Unterschied) oder *concordia* (Eintracht). Ihnen entsprechen symbolisch die neun Buchstaben von B bis K, so daß sie an deren Stelle treten können. Methodische Kombination dieser Prinzipien läßt alles Seiende und alle Wissenschaft vom Seienden aus ihnen ableiten. Die Kombinatorik der symbolischen Buchstaben aber, für die Lullus mechanische Hilfen wie drehbare Kreise, Dreiecke oder Kolumnen ersann, damit die Ableitungen – Urteile und Schlüsse – noch übersichtlicher und bequemer würden, macht gleichermaßen logischen wie »magischen« Eindruck; sie hieß daher schon im Mittelalter *Alphabetum divinum* und *Testament der Engel*.

Logik wie Magik der *Ars magna et ultima* haben auf Heinrich Cornelius AGRIPPA VON NETTESHEIM (1486–1532) und den großen Jesuiten Athanasius KIRCHER (1602–1680) gewirkt; Kircher wollte gar den göttlichen Weltgrund durch die Kombination von Wörtern und Zahlen erfassen. Jedoch erst LEIBNIZ, der Llull zweifellos gelesen hat, gewann daraus die Anregung zu einem *Alphabet der menschlichen Gedanken*: zu einer künstlichen Sprache, nämlich einer symbolischen Logik, deren Symbole für Begriffe und Sätze stehen und die Schlüsse erleichtern, wenn nicht erst ermöglichen. Der Triumph der Leibniz-Sprachen, die aus modernen Logik-Kalkülen nicht fortzudenken sind, hat auch das historische Urteil über die *Ars magna* als eine logische Kunst revidiert.

Den »magischen« Llull rehabilitierte auch die Forschung über den literarischen Manierismus. MALLARMÉ, ein weiterer Kenner und Adept *»dieses merkwürdigen und bedeutenden Mannes«* (Bocheński), hat als letzte Dichtung *Le Livre* konzipiert, ein Urbuch in mathematischer Sprache: *»Skizzen, erinnernd an geometrische und algebraische Aufzeichnungen eines Architekten, anscheinend sinnlose Wortgruppen, durch Striche, Kreuze und Klammern miteinander in Verbindung gebracht ... die Anwendung der sprachlichen ›Ars combinatoria‹ beim lyrischen Kalkül.«* (Hocke) J.Sch.

AUSGABEN: Venedig 1480. – Palma 1645. – Mainz 1721 (in *Opera omnia*, Bd. 1). – Barcelona 1917 (*El arte magna*, Hg. J. Casedesús Vila).

LITERATUR: Ueberweg, 2. – F. A. Yates, *The »Art« of R. Ll.* (in Journal of the Warburg and Courtauld Inst., 17, 1954, S. 115–173). – J.M. Bocheński, *Formale Logik*, Freiburg i. B./Mchn. 1956. – E. W. Platzeck, *R. Ll.s Auffassung v. d. Logik* (in Estudios Lulianos, 2, 1958). – R. Pring-Mill, *El número primitivo de las dignidades en el »Arte general«* (in Estudios Lulianos, 1, 1957; 2, 1958). – C.M. Díaz y Díaz, *Index scriptorum Latinorum medii aevi Hispanorum*, Salamanca 1959, Bd. 2, S. 348; Nr. 1739 u. 1833. – G.R. Hocke, *Manierismus in d. Lit.*, Hbg. 1959. – A. Bonner, *L'art de R. Ll. com a sistema lògic* (in Randa, 19, 1986, S. 35–56).

BLANQUERNA: qui tracta de sinch estaments de persones: de Matrimoni: de Religio: de Prelatura: de Apostolical Senyoria y del estat de vida Hermitana contemplativa

(kat.; *Blanqerna, worin von den fünf Ständen des Menschen gehandelt wird; von der Ehe, vom Mönchstum, von den Geistlichen, von der apostolischen Herrschaft und vom Stand des kontemplativen Einsiedlerlebens*). Utopischer Entwicklungs- und Erziehungsroman von Ramon LLULL, zwischen 1278 und 1289 geschrieben. – Das erste der fünf Bücher beschreibt das vorbildliche Eheleben von Evast und Aloma. Ihr Sohn Blanquerna, den die Mutter mit dem *»schönen und anmutigen Fräulein Natana«* verheiraten möchte, flüchtet aus der Welt, nachdem er die für ihn ausgewählte Braut dazu überredet hat, das gleiche zu tun. Auf seinen Wanderungen durch Wälder, Berge und Täler sucht er – anders als der höfische Ritter – nicht weltlichen Ruhm, sondern die Einsamkeit, um sich ganz der Betrachtung Gottes hingeben zu können. Er besteht Prüfungen, die ihn läutern, und Abenteuer, bei denen er nicht das Schwert, sondern die Macht des Wortes gebraucht, um die Menschen wieder auf den rechten Weg zu bringen, er tröstet Verzweifelte und widersteht allen Versuchungen des Fleisches. Sein Weg führt schließlich in ein Kloster; er wird zum Abt ernannt und beginnt eine Reform des religiösen Lebens. Seine Tugend und Weisheit verschaffen ihm einen solchen Ruf, daß er zum Bischof geweiht wird und die Klostereinsamkeit verlassen muß. Und auch in diesem Amt bewährt er sich so gut, daß die Kardinäle ihn zum Papst wählen (4. Buch). Wie Llull selbst, vermag er in seinem Missionseifer alle Irr- und Ungläubigen, Sarazenen und Juden zu bekehren. Im fünften Buch erscheint Blanquerna wieder als Einsiedler. Er hat auf das Pontifikat verzichtet und lebt in einem Berg unweit Roms ungestört der Betrachtung ewiger Dinge.

Anregungen zu seinem Prosaroman mag Llull von den in Frankreich, das er sehr gut kannte, beliebten *contes dévots* (geistliche Erzählungen) und von den Heiligenlegenden empfangen haben. Sicher kannte er auch den *roman courtois*, und er setzt dessen weltlicher Gesinnung das Streben eines Menschen entgegen, der sich vorgenommen hat, das Reich Gottes auf Erden zu gründen. Die äußerst einfache Handlung dient dem Autor vor allem dazu, seine Gedanken zur moralischen, sozialen, pädagogischen und religiösen Reform vorzutragen. Diesen traktatähnlichen belehrenden Teilen ist zwar eine große Selbständigkeit innerhalb des Ganzen zugestanden, sie sind jedoch geschickt mit der reformatorischen Lehrtätigkeit des Helden in Zusammenhang gebracht. Einige dieser religiösen Abhandlungen können als selbständige Werke betrachtet werden: das *Libre de Sancta Maria*, *L'art de contemplació* und die berühmte mystische Schrift *Libre d'amic e amat*. Die dramatische und lebensnahe Darstellung zahlreicher Episoden sowie der Versuch, die Gefühle zu analysieren, bedeuten einen erstaunlichen Fortschritt gegenüber der im 13. Jh. üblichen Erzähltechnik. Die einzelnen Stationen von Blanquernas Lebensweg (Weltflucht, Einsiedlertum, Wander- und Lehrjahre, Missionstätigkeit usw.) sind Gliederungselemente des Romans und entsprechen den Ereignissen in Llulls eigenem Leben. Seine ungezwungene Sprache besitzt die Frische und Natürlichkeit der volkstümlichen Umgangssprache und gewinnt durch kraftvolle Metaphern, Beispiele, Sprüche und Gleichnisse an anschaulicher Bildhaftigkeit. Der Held des Romans ist weder ein idealisierter Ritter noch eine Figur aus einer Legende, sondern ein Vertreter des bürgerlichen Mittelstandes. Die Gestalten des Romans bewegen sich nicht in einer phantastischen Landschaft, sondern in einem realistisch beschriebenen Raum, oft sogar auf den Straßen und Plätzen der Stadt. Das Leben des Helden ist reich an Episoden, die dem Autor Gelegenheit bieten, Menschen aller Gesellschaftsschichten und der verschiedensten Gesinnung zu zeichnen: Kaiser, Kardinäle, Bischöfe, Mönche und Einsiedler, Nonnen und Dirnen, Ritter und Strolche, Bauern, Handwerker, Kaufleute, Sünder und Heilige, Gläubige und Heiden. Die didaktische Absicht des Romans gewinnt ihre Impulse aus der utopischen Hoffnung, daß sich aus diesem Menschengemisch eine ideale Christenheit formen ließe, *»in der es nur eine Nation, nur eine Sprache und auch nur einen Papst«* geben soll. Sprachgeschichtlich kommt *Blanquerna* eine große Bedeutung zu, da Ramon Llull mit diesem Roman und seinen anderen Werken die katalanische Literatursprache geschaffen hat. A.F.R.

AUSGABEN: Paris 1505 lat.; (nur *Libellus Blaquerne de Amico et Amato*) (in *Primum volumen Contemplationum Remundi*). – Valencia 1521. – Palma de Mallorca 1914 (in *Obres*, Hg. A.M. Alcover, Bd. 9). – Barcelona 1935–1954, Hg. S. Galmés (Els nostres clàssics; krit., m. Anm. u. Bibliogr.). – Barcelona 1982 (*Llibre d'Evast e Blanquerna*, Hg. M. J. Gallofré).

ÜBERSETZUNGEN: *Blanquerna*, E. A. Peers, Ldn. 1926 [engl.]. – *Das Buch vom Liebenden u. Geliebten*, L. Klaiber, Olten 1948 [Teilübers.]. – *Das Buch vom Freunde und vom Geliebten*, E. Lorenz, Zürich/Mchn. 1988 [Teilübers.].

LITERATUR: F. Pierce, *»Blanquerna« and »The Pilgrim's Progress« Compared* (in Estudis Romànics, 3, 1951/52, S. 89–98). – R. Brummer, *Zur Datierung v. R. Ll.s »Libre de Blanquerna«* (in *Fs. V. Klemperer*, Halle 1958). – W. Schleicher, *R. Ll.s »Libre de Blanquerna«, eine Untersuchung über d. Einfluß d. franziskan.-dominikan. Predigt auf d. Prosawerke d. katalan. Dichters*, Genf/Paris 1958. – A. Oliver, *La fecha de la composición del »Libre de Blanquerna« de R. Ll.* (in Estudios Lulianos, 3, 1959, S. 325–330). – G. M. Bertini, *Aspectos ascéticos y místicos del »Blanquerna«* (ebd., 5, 1961, S. 145–162). – J. Zaragüeta, *La vida de Blanquerna culminante en la contemplación del amor divino* (ebd., 6, 1962, S. 51–70). – M. Zink, *Quelques remarques sur le »Livre d'Evast et de Blanquerne« de Raymond Lulle* (in Perspectives médiévales, 1, 1975). – M. Arbona Piza, *Los ›exemplis‹ en el »Llibre de Evast e Blanquerna«* (in Estudios Lulianos, 20, 1976, S. 53–70). – R. Brummer, *Sobre les fonts literàries del »Blanquerna« de R. Ll.* (in IR, 9, 1979,S. 1–11). – E.-W. Platzeck, *El final del »Blanquerna« de R. Ll.* (in Estudis Universitaris Catalans, 24, 1980, S. 447–465). – R. Brummer, *La importància de la novel·la »Blanquerna« de R. Ll. en les literatures europees de l'edat mitjana* (in Randa, 19, 1986, S. 137–141).

FÈLIX DE LES MERAVELLES DEL MÓN

(kat.; *Felix von den Wundern der Welt*). Erzählend-didaktische Schrift von Ramon LLULL, entstanden um 1289. – Das gattungsmäßig schwer einzuordnende Werk hat die Form eines Romans, der belehrende Inhalt drängt jedoch die erzählerischen Elemente in den Hintergrund. Die Rahmenerzählung dient dem Autor dazu, die Erkenntnisse seiner Zeit auf dem Gebiet der Theologie, der Philosophie und der Naturwissenschaften in unterhaltender Form zu vermitteln.

Fèlix, der Held der Geschichte, wird von seinem Vater auf Wanderschaft geschickt, damit er die Schönheiten der Schöpfung erkenne und sein Geist sich zum Lob des Schöpfers erhebe. Der gehorsame Sohn *»wandert durch Wälder, über Berge und Ebenen, durch Einöden und Städte, zu Fürsten, Rittern und Schlössern, und bestaunt überall die Wunder der Welt. Wenn er etwas nicht begreift, dann fragt er, und wenn er etwas weiß, dann erzählt er davon«*. Er trifft Menschen aller Stände. Unter den vielen Einsiedlern, denen er begegnet, ist es vor allem einer mit Namen Blanquerna (Titelheld eines anderen Werkes von Llull), der die Fragen des jungen Mannes in Form von Beispielen, Anekdoten, Apologen und Märchen beantwortet. So entsteht ein Kranz von 365 kleinen Geschichten, Llulls Vorliebe für Zahlenmystik entsprechend ebenso viele, wie das Jahr Tage hat. Das Werk ist in zehn Bücher unterteilt, die von Gott und Engeln, von Pflanzen, Elementen, Metallen, Tieren und Menschen, von Paradies und Hölle handeln – Themen, die Llull in seinen zahlreichen Schriften immer wieder mit unermüdlichem Eifer abgehandelt hat. Sein *Fèlix* ist eine Summe des Wissens, das er, nach Predigerart, dem Bildungsstand des einfachen Volkes entsprechend vorträgt. Die Gegenwart einer Hauptfigur gibt dem Werk eine gewisse Einheit, doch bleibt die Persönlichkeit als solche im Hintergrund: man erfährt nichts über Fèlix' Charakter und Lebensart, er ist nichts als der Fragende schlechthin.

Von literarischer Bedeutung ist vor allem das siebente Buch, das von den Tieren handelt, bereits um 1286 verfaßt und nachträglich dem *Fèlix* eingegliedert wurde. In der Form eines Tierepos – so jedenfalls hat es der deutsche Übersetzer HOFMANN genannt – hat Llull hier eine sozialpolitische Satire geschrieben, in der eine echte Handlung an die Stelle des Frage-und-Antwort-Spiels getreten ist: Dank den Bemühungen des Fuchses – der bei Llull »Frau Renart« heißt – wird der Löwe zum König gewählt. Ochse und Pferd, Wortführer der Opposition, werden von ihm geschlachtet. Später jedoch wird ein Komplott der Frau Renart, die nach und nach durch ihre Intrigen zur eigentlichen Herrscherin geworden ist, aufgedeckt: die Verräterin wird bestraft, und ins Tierreich kehrt wieder Frieden ein. Innerhalb dieser Rahmengeschichte werden andere Fabeln erzählt, deren Eigenart darin besteht, daß – in Umkehrung unserer Tierfabeln – die Tiere Begebenheiten aus der Welt der Menschen erzählen, um daraus Lehren zu ziehen.

Der Name »Renart« weist darauf hin, daß Llull den französischen *Roman de Renart* kannte, doch hat er den Stoff seines Buches über die Tiere nicht diesem Werk, sondern dem *Calila e Dimna* (anon., 13. Jh.) entnommen. Die treffende Charakterisierung der handelnden Figuren, die wirkungsvolle Erfindung dramatischer Situationen, die pittoresken Details, die lebendige Dialogführung und die gelungene Motivierung der Reaktionen weisen dieses Tierepos als Llulls größte epische Leistung aus. A.F.R.

Ausgaben: Mallorca 1750 (*Libro Felix, ó Maravillas del Mundo*; span. Übers.). – Barcelona 1879 (*Libro apelat Felix de les Maravelles del Mon*, 2 Bde.). – Palma de Mallorca 1903 (in *Obras*, Hg. J. Rosselló, 5 Bde., 1886–1903, 3). – Barcelona 1957 (in *Obres essencials*, 1957 ff., Bd 1). – Barcelona 1983 (*Fèlix o Llibre de meravelles*, Hg. M. Gustà). – Barcelona 1985 (*El llibre de les bèsties*; Teilausg.).

Übersetzung: *Ein katalanisches Tierepos*, K. Hofmann, Mchn. 1872 [Ausz.]. – *Felix or the Book of Wonders*, A. Bonner (in *Selected Works*, Bd. 2, Princeton 1985; engl.).

Literatur: E. A. Peers, *Lullian Studies, 4: »Felix, or The Book of Marvels«* (in Bull. of Spanish Studies, 3, 1925/26). – M. Menéndez y Pelayo, *Orígenes de la novela*, Bd. 1, Santander 1943, S. 116–138. – R. Brummer, *R. Ll. als Erzähler* (in WZ Rostock, 1951/52). – G. E. Sansone, *R. Ll., narratore* (in RFE, 43, 1960, S. 81–96). – J. Gayà, *Sobre algunes estructures literàries del »Libre de meravelles«* (in Randa, 10, 1986, S. 63–69).

L'ARBRE DE FILOSOFIA D'AMOR

(kat.; *Der Baum der Liebesphilosophie*). Theologisch-mystische Schrift von Ramon Llull, entstanden 1298. – Inhalt und Absicht sind aus der allegorischen Szene des Vorworts ersichtlich: Der Verfasser kommt an eine Wiese und sieht neben einer Quelle, im Schatten eines Baumes, eine schöne Frau, die sich darüber beklagt, daß ihre Schwester, die Erkenntnisphilosophie, viele Liebhaber habe, während sie selbst einsam und unbekannt leben müsse. Llull tröstet sie, erinnert sie daran, daß er schon eine *Art amativa* geschrieben hat, und verspricht ihr, nach dem Vorbild von *L'arbre de sciència* einen *Arbre de filosofia d'amor* zu verfassen, damit *»die Menschen in der Wissenschaft der Liebe und der Güte ebenso klug und weise werden wie die Liebhaber des Wissens und der Wahrheit«*. – Viele Themen und Motive dieser Liebesphilosophie decken sich mit denen des *Llibre d'amic e amat*, als dessen Fortsetzung die Schrift gedacht werden kann, von dem sie sich jedoch durch ihren systematischen Aufbau, dem das Gerüst der *Ars magna* zugrunde liegt, unterscheidet. Llull hat sein Werk als religiöses Liebesbrevier oder vielmehr als Handbuch der Liebeswissenschaft betrachtet, *»das dazu bestimmt ist, die große und wahre Liebe zu verherrlichen«*. Das Buch besteht aus sieben Teilen, die, dem Bild des »Baumes« folgend, die Bezeichnungen *Wurzeln, Stamm, Äste, Zweige, Blätter, Blüten* und *Früchte der Liebe* tragen. Wurzeln der Liebe sind *»die einfachen und zusammengesetzten Definitionen, die das Wesen, die Natur und die Geheimnisse der Liebe«* umschreiben, wie Güte, Wille, Tugend, Wahrheit; den Stamm bilden Form und Materie der Liebe, aber auch die Verbindung von beiden; die Äste *»sind zahlreich, aber sie können auf drei zurückgeführt werden: die Voraussetzungen, die Probleme und die Qualen der Liebe«*; Blätter veranschaulichen ihre Seufzer, ihr Weinen und ihre Ängste; als Blüten bezeichnet Llull die Verherrlichungen und Ehrungen des Geliebten; *»die Frucht der Liebe ist in drei Teile geteilt: ein Teil ist Gott, ein anderer sein Werk und wieder ein anderer die ewige Seligkeit«*. – Der *Baum der Liebesphilosophie* ist weitgehend als »Handlungsallegorie« aufgebaut, in der belehrende und erzählende Teile nebeneinander herlaufen. Es treten drei Personen auf: *»der Geliebte, den wir Gott nennen; der Freund, der Mensch, der Gott liebt und die Liebe«*. Diese erscheint unter verschiedenen Formen, einmal im Bewußtsein des Freundes, dann als Eigenschaft des Geliebten, schließlich als *»Band, mit dem der Freund an den Geliebten gebunden ist«*. Um allgemeinverständlich und anschaulich zu bleiben, stellt Llull Begriffe, wie Ruhm, Güte, personifiziert dar; es treten Figuren auf, die Eigenschaften und Formen der Liebe verkörpern (Liebeskrankheit, Liebestod, Liebesleben, die Liebesdame, Pagen und Arzt der Liebe usw.). Der Auflockerung und Veranschaulichung dienen Sprüche, Gleichnisse, Beispiele, Fragen und Antworten. An den fünften Teil schließt sich eine allegorische Novelle an, die von einem Liebeskranken handelt, der lieber sterben als die Qualen der Liebe ertragen möchte. Die Pagen der Liebe führen ihn durch verschiedene Länder und zeigen ihm Elend, Ungerechtigkeit und Laster einer Welt, die die wahre Liebe vergessen hat. In Palästina bricht sein Herz beim Betrachten der Leiden des Herrn, und er stirbt.

Die vielen Unterteilungen, Unterscheidungen und Begriffskombinationen zerlegen das Thema bis ins kleinste. So zählt Llull z. B. im dritten Teil nicht weniger als 154 Voraussetzungen der Liebe auf und ebenso viele Probleme und Martern. Immer wieder jedoch durchbricht Llulls Grunderlebnis die Fülle der Analysen – die liebende Vereinigung des Menschen mit Gott. Das kommt vor allem im siebten Abschnitt zum Ausdruck: *»Freund, wohin gehst du? Woher kommst du? Wo liegt dein Schatz? Wo ist dein Herz? – Ich bin in meinem Geliebten. Ich gehe zu meinem Geliebten. Ich komme von meinem Geliebten, und mein Schatz besteht darin, an ihn zu denken, ihn zu lieben, ihm zu dienen und ihn zu verstehen.«* – In *L'arbre de filosofia d'amor* lassen sich nicht nur Einflüsse der kasuistischen Minnelehre der Troubadours, sondern auch des *Roman de la rose* vermuten. Ähnlich wie dort der Liebende daran gehindert wird, die Rose zu pflücken, ist dem Freund bei Llull verwehrt, nach der Frucht des Liebesbaumes zu greifen. A.F.R.

AUSGABEN: Paris 1516. – Mainz 1737 (in *Opera*, Hg. I. Salzinger, Bd. 6, S. 1–66). – Palma 1935 (in *Obres*, Bd. 18, Hg. S. Galmés). – Barcelona 1980, Hg. G. Schib.

ÜBERSETZUNGEN: *The Tree of Love*, E. A. Peers, Ldn./NY 1926 [engl.]. – *L'arbre de philosophie d'amour*, L. Sala-Molins, Paris 1967 [frz.].

LITERATUR: L. Sala Molins, *La philosophie de l'amour chez Raymond Lulle*, Paris 1974. – J. Rubió i Balaguer, *Introducció a »L'arbre de filosofia d'amor* (in J. R. i B., *R. Ll. i el lul. lisme*, Barcelona 1985, S. 324–351).

L'ARBRE DE SCIÈNCIA

(kat.; *Der Baum der Wissenschaft*). Theologisch-philosophisches Werk von Ramon LLULL, entstanden um 1295/96, in lateinischer Übersetzung gedruckt 1482. – Wie Llull im Vorwort bemerkt, hat er dieses Werk auf Wunsch eines Mönches verfaßt, der ihn bat, er möge *»ein allgemeines Buch über alle Wissenschaften schreiben, das leicht zu verstehen sei und mit dessen Hilfe jeder die* art general, *die dem Allgemeinverständnis schwer zugänglich ist, erfassen könne«*. Um die gradualistische Lehre, nach der jedes Ding zwar auf Gott bezogen ist, die Welt jedoch als emporsteigender, in sich vollkommener Stufenbau erscheint, zu erläutern, bedient sich Llull der beliebten Baum-Metapher. Vierzehn Bäume repräsentieren die drei großen Seinsbereiche: die sinnliche oder materielle Welt, die geistige Welt und die ungeschaffene Welt des Göttlichen; jede dieser Welten ist wiederum in verschiedene Stufen unterteilt, die den Aufstieg zu Gott ermöglichen sollen. Die Bäume entsprechen in der Terminologie Llulls den einzelnen Stufen. Das organische System von Wurzel, Stamm, Ästen, Zweigen, Blüten und Früchten des Baums erlaubt dem Autor, die hierarchische Ordnung innerhalb jeder Wirklichkeitsstufe darzulegen. An unterster Stelle stehen *»die fünf ersten und natürlichen Bäume«*, nämlich: der elementare Baum (Elementenlehre, Physik, Kosmologie), der vegetale Baum (Botanik), der Tierbaum, der Baum der Einbildungskraft, der den Übergang von der sinnlichen zur rationalen Erkenntnis bildet, und der Baum des Menschen (Anthropologie, Psychologie). Der Mensch nimmt durch seine Körperhaftigkeit an der sinnlichen Welt, durch seine Seele an der geistigen Welt teil, die von dem Baum der Moral (Moraltheologie und Ethik), dem Herrschaftsbaum (Gesellschaftslehre und politische Philosophie) und dem apostolischen Baum (Organisation der Kirche) vertreten wird. Der neunte Baum behandelt die Astronomie und ihre praktische Anwendung, die Astrologie, deren Spekulationen Llull durchaus ernst nimmt und verbessern zu können glaubt. Die beiden nächsten »Bäume« sind dem Studium der reinen Geister und des zukünftigen Lebens gewidmet. Es folgen der maternale Baum (Matriologie) und der Baum Jesu Christi (Christologie); sie bereiten den Aufstieg zur Erkenntnis Gottes vor, die Gegenstand des vierzehnten und letzten Baumes ist. Zwischen den einzelnen Bäumen bestehen Analogien und Beziehungen aller Art; der Baum Jesu Christi vereinigt in sich alle drei Seinsbereiche. In zwei weiteren »Bäumen« werden dem Leser die schwierigen Lehren mit Hilfe von Anekdoten, eigenen Erlebnissen des Autors, kurzen Reimen, Lehrfabeln, Sprüchen, Fragen und Antworten in humorvoller und phantasiereicher Erzählkunst veranschaulicht.

Symmetrie und hierarchischer Aufbau kennzeichnen dieses Werk, das *»einfach ist durch die Einheit des tragenden Grundgedankens, harmonisch, beeindruckend wie ein gotischer Dom«* (Carreras i Artau). Seine geistesgeschichtliche Bedeutung liegt in dem Versuch, die Gesamterkenntnisse des Zeitalters nicht nur enzyklopädisch zusammenzufassen, sondern auch logisch und systematisch zu gliedern, wobei Llull dem Beispiel von PETRUS LOMBARDUS, THOMAS VON AQUIN und anderen Summisten folgt, wenn auch unter besonderer Berücksichtigung der Wissenschaften. Sein Unterfangen, in der Volkssprache das gesamte Wissen seiner Zeit darzustellen, ist ohne Vorbild in der damaligen europäischen Geistesgeschichte. Dank Llulls genialer sprachschöpferischer Begabung besaß die katalanische Sprache schon Jahrhunderte früher als andere Volkssprachen die Fähigkeit, komplizierte Gedankengänge prägnant und einleuchtend wiederzugeben. A.F.R.

AUSGABEN: Barcelona 1482 [lat.]. – Palma de Mallorca 1917–1926 (*Arbre de sciència*, Hg. S. Galmés in *Obres*, Bd. 11–13; nur kat. Text). – Barcelona 1957–1960 (in *Obres essencials*; m. Einl. u. Anm. v. J. u. T. Carreras i Artau).

LITERATUR: S. Garcias Palou, *La infalibilidad pontificia en »L'arbre de sciencia« del beato R. Ll.* (in Revista Española de Teologia, 4, 1944, S. 229–255). – P.-E. Knabe, *Der enzyklopädische Gedanke in R. Ll.s »Arbre de ciència«* (in RF, 84, 1972, S. 463–488). – R. Pring-Mill, *Els racontaments de l'Arbre exemplifical de R. Ll.: la transmutació de la ciència en literatura* (in *Actes del tercer col·loqui internacional de llengua i literatua catalanes (Cambridge 1973)*, Oxford 1976, S. 311–323).

LIBRE D'AMIC E AMAT

(kat.; *Buch vom Liebenden und Geliebten*). Mystisches Werk von Ramon LLULL, geschrieben um 1281 oder später; nach Abschluß des Reformromans *Blanquerna* in diesen als nahezu selbständiger Schlußteil eingegliedert. – Zurückgezogen von der Welt lebend, stellt Blanquerna jeden Tag des Jahres unter einen besonderen, jeweils in einem Aphorismus formulierten Leitgedanken über den Liebenden (Amic, d. h. den Menschen) und den Geliebten (Amat, d. h. Gott). Das wechselvolle Suchen und Finden des Geliebten, das sich auch in dem nicht systematischen Aufbau des Werks widerspiegelt, erstreckt sich vor allem auf die drei Bereiche Gott, Mitmensch und Welt. Sinn und Ziel dieser Suche ist die stetige Seelenläuterung, der mühevolle Weg zu Gott und die Liebesvereinigung, in der das Ich des Liebenden ganz in dem Du des Geliebten aufgeht. Im stetigen Gewinnen und Verlieren offenbart sich die Liebe in ihrem paradoxen Doppelcharakter: als Glück und Krankheit, als Sehnsucht, die das Leben erhält und verzehrt – *»das Maß der Leidensfähigkeit ist zugleich das Maß der Glücksempfänglichkeit«* (Klaiber). Die Betrachtung der göttlichen Attribute, in denen das Gottesbild konkret wird, bestimmt in der Verbindung von absoluten Prinzipien und relativen Erscheinungen das gesamte theologische, philosophische, ethische und kosmologische Denken Llulls: *»Der Liebende malte und bildete mit seiner Vorstellungskraft die Züge seines Geliebten in den körperlichen Dingen, und mit dem Verstande vervollkommnete er sie in den geistigen Dingen. Und mit dem Willen betete er das Geschaffene an«* (Aph. 332). Liebender und Geliebter sind für Llull jedoch nie in pantheistischer Union miteinander verbunden, sondern auch in der intensivsten Begegnung immer noch unterschieden.

Wie *Blanquerna* das bedeutendste literarische Denkmal der altkatalanischen Literatur ist, so ist der *Libre d'amic e amat* die Perle der Llullschen Mystik. Er steht franziskanischer Geistigkeit nahe, wobei jedoch die später so wichtige Kreuzesmystik nur sehr selten anklingt. Die stärkste Anregung zu diesem Buch erhielt der Autor durch die Spruchdichtung der mohammedanischen Sufis. Auch Einflüsse der Trobadorlyrik sind deutlich, so, wenn der Eremit vom Vogel als Boten der Liebe, von der Morgenröte als Symbol der Trennung, vom Verstand und Willen als schlafenden Wachhunden spricht. Diese Metaphern werden ihres weltlichen Charakters entkleidet, ohne *»in die Worterotik des Hohen Liedes zu geraten, mit dessen Geist unser Büchlein sonst eng verwandt ist«* (Klaiber). – In diesem kleinen Werk Llulls, der selber in Mallorca, also in einer Umwelt aufgewachsen war, in der die verschiedenartigsten Kulturströmungen seiner Zeit zusammenflossen, ist zum erstenmal und sogleich auf vollendete Weise die Verbindung zwischen orientalischer und okzidentaler Wissenschaft und Dichtung verwirklicht, die in der Folgezeit noch reiche Früchte getragen hat. Der große Gelehrte gibt seiner tiefen Frömmigkeit hier mit wunderbarer Leichtigkeit in neuer Form und Sprache Ausdruck, wodurch das *Buch vom Liebenden und Geliebten* der späteren spanischen mystischen Dichtung entscheidende Anregungen vermittelt hat. KLL

Ausgaben: Paris 1505 *(De amico et amato)*. – Valencia 1521 (in *Blanquerna*). – Palma de Mallorca 1914 (*Libre de Blanquerna*, Hg. A.M. Alcover, in *Obres*, 21 Bde., 1906–1950, 9). – Barcelona 1953/54 (in *Libre de Evast e Blanquerna*, Hg. S. Galmés). – Barcelona 1957 (in *Obres essencials*, 2 Bde., 1957–1960, 1; m. Einl.). – Barcelona 1966, Hg. A. Aramon i Serra [m. Anm.]. – Barcelona 1982, Hg. M. Peix. – Barcelona 1982 (in *Llibre d'Evast e Blanquerna*, Hg. M. J. Gallofré).

Übersetzungen: *Das Buch vom Liebenden und Geliebten*, L. Klaiber (in Wissenschaft und Weisheit, 7, 1940, S. 110–112; 136–148). – Dass., ders., Olten 1948. – *Das Buch vom Freunde und vom Geliebten*, E. Lorenz, Zürich/Mchn. 1988.

Literatur: J. H. Probst, *L'amour mystique dans l'»Amic e Amat« de R. Ll.* (in Arxius de l'Institut de Ciències, 4, 1917, S. 293–322). – J. S. Pons, *Réflexions sur le »Libre d'amic e amat«* (in BH, 55, 1933, 35, S. 23–31). – J. H. Probst, *R. Ll.s Mystik, ihre Grundlage, ihre Form* (in Wissenschaft und Weisheit, 2, 1935, S. 252–265). – G. Etchegoyen, *La mystique de R. Ll. d'après le »Livre de l'ami et de l'aimé* (in Études franciscaines, 46, 1934, S. 66–69). – A. Castro, *Spanien. Vision u. Wirklichkeit*, Köln/Bln. 1957, S. 308–312. – I. Behn, *Spanische Mystik*, Düsseldorf 1957, S. 19–43. – J. Sáiz Barberá, *R. Lulio, genio de la filosofía y mística española*, Madrid 1963. – B. M. Weischer, *Der islamische Einfluß in R. Ll.s »Buch vom Liebenden und Geliebten«* (in Kairos, 10, 1968, S. 19–29). – D. Urvoy, *Les emprunts mystiques entre Islam et Christianisme et la véritable portée du »Libre d'amic«* (in Estudios Lulianos, 23, 1979, S. 37–44). – M. Nicolau, *La mística de R. Ll. en el libro »Del amigo y del amado«* (ebd., 24, 1980, S. 129–163). – R. Pring-Mill, *Un versicle del »Llibre d'amich e amat«, de R. Ll.* (in *Anàlisis e comentaris de textos literaris catalans de Llull a Verdaguer*, Hg. N. Garolera i Carbonell, Barcelona 1982, S. 11–28). – F. Domínguez Reboiras, *El »Libre d'amic e amat«. Reflexions entorn de R. Ll. i la seva obra literària* (in Randa, 19, 1986, S. 111–135).

LIBRE DE CONTEMPLACIÓ EN DÉU

(kat.; *Buch der Betrachtungen in Gott*). Mystisch-theologisches Werk von Ramon Llull, in arabisch geschrieben und um 1272 vom Autor selbst ins Katalanische übertragen. – Unter den etwa 270 überlieferten Schriften Llulls nimmt diese umfangreichste Abhandlung ebenso eine Schlüsselposition ein wie innerhalb der gesamten katalanischen Literatur. Denn Llull hat hier, ohne auf namhafte Vorgänger zurückgreifen zu können, eine literarische und wissenschaftliche Prosasprache geschaffen, mit deren Wortschatz und Syntax auch die schwierigsten Gedanken klar ausgedrückt werden konnten. Das Werk ist in fünf Bücher gegliedert, die wiederum, der Zahl der Tage eines Jahrs entsprechend, insgesamt 366 Kapitel enthalten. Innerhalb der weiteren Unterteilung spielt die religiöse Zahlenmystik eine besondere Rolle.

Neben Auswirkungen zu täglichen Gebets- und Meditationsübungen stehen umfassendere theologische Reflexionen über Gott, die Schaffung der Welt, die Hierarchie der Wesenheiten, die christliche Lehre und die Sakramente. Daneben bezieht Llull auch die Mineralien, Pflanzen und Tiere in den Gesichtskreis des Werks ein; selbst die gesellschaftliche Struktur des 13. Jh.s wird durchleuchtet, und Mißstände werden einer Kritik unterworfen. Dadurch weitet sich das Werk aus zu einer enzyklopädischen Zusammenfassung der theologischen, philosophischen und naturwissenschaftlichen Anschauungen jener Zeit. Mit der Darstellung dieses Glaubens- und Weltbildes verbindet Llull eine autobiographische Beschreibung seines geistigen Werdegangs, was immer wieder zu Vergleichen mit den *Confessiones* des AUGUSTINUS geführt hat. Besonders charakteristisch für seine persönliche Haltung war die von ihm nachdrücklich vertretene Missionsidee. Er lehnt indes die Kreuzzüge und jeden mit Waffengewalt ausgetragenen Glaubenskampf ausdrücklich ab und setzt sich entschieden für friedliche Mittel der Glaubensverbreitung ein.

Stilistisch weicht der Verfasser von der damaligen trockenen didaktischen Darstellungsweise ab. Vor allem sucht er die Stoffe durch die Form des Selbstgesprächs, des Dialogs mit Gott oder dem Leser zu beleben. Kennzeichnend für die gesamte Betrachtungsweise des Autors ist in diesem Buch der immer wieder durchbrechende und sprachlich ungewöhnlich ausdrucksstark veranschaulichte Grundzug einer eigentümlichen Freude am Dasein Gottes, des Menschen und der Natur. A.F.R.

AUSGABEN: Mainz 1742 (in *Opera omnia*, Hg. I. Salzinger, 10 Bde., 1741/42, 9 u. 10). – Palma de Mallorca 1912–1914 (in *Obres*, 21 Bde., 1906 bis 1950, 2–8, Hg. M. Obrador y Bennassar). – Barcelona 1960 (in *Obres essencials*, 2 Bde., 1957–1960, 2; m. Einl.).

LITERATUR: F. Le Jau Frost, *The »Art de contemplació«* of R. Ll., Diss. Baltimore 1903. – J. H. Probst, *La mystique de R. Ll. et l'»Art de contemplació«*, Münster 1914. – J. de Guibert, *La méthode des trois puissances et l'»Art de contemplació« de R. Ll.* (in Revue d'Ascétique et de Mystique, 6, 1925, S. 366–378). – J. Rubió, *Interrogacions sobre una vella versió llatina del »Libre de contemplació«* (in Estudios Franciscans, 29, 1935, 47, S. 111–119). – T. Carreras Artau, *El llenguatge filosòfic de R. Ll.* (in *Homenatge a Rubió*, Bd. 1, Barcelona 1936). – J. Amer, *La mistica luliana en el »Llibre de comtemplació en Déu«* (in Manresa, 16, 1944, S. 312–319). – A. Llinarès, *Théorie et pratique de l'allégorie dans le »Libre de contemplació«* (in Estudios Lulianos, 15, 1971, S. 5–34). – S. Garcias Palou, *A propósito del séptimo centenário del »Libre de contemplació en Déu«* (ebd., 18, 1974, S. 192/193). – A. Llinarès, *Références et influences arabes dans le »Libre de contemplació«* (ebd., 24, 1980, S. 109–127). – Ders., *Les préliminaires de l'art lullilen dans le »Libre de contemplació«* (in Zeitschrift für Katalanistik, 1, 1988, S. 177–186).

LIBRE DE L'ORDE DE CAVALLERIA

(kat.; *Buch vom Ritterstand*). Didaktische Abhandlung von Ramon LLULL, geschrieben zwischen 1274 und 1276. – Das Werk, sagt der Autor in der Einleitung, sei von dem Bestreben geleitet, *»die Frömmigkeit, die Loyalität und die Gesittung, zu der der Ritter in seinem Stand verpflichtet ist, wiederherzustellen«*. Auf die erzählerisch sich reich entfaltende Einleitung folgen sieben stilistische Kapitel, eine, wie so häufig, durch die Llullsche Zahlenmystik bestimmte Gliederung (*»zu Ehren der sieben Planeten, der himmlischen Körper, die den irdischen Dingen vorstehen«)*. Hier beschreibt Llull das Entstehen eines stark idealisierten Ritterstandes und hebt dessen Unentbehrlichkeit für die Erhaltung des Friedens, der Gerechtigkeit und der Ordnung hervor (Kap. 1). Dessen Aufgaben und Pflichten übernimmt später CERVANTES in *Don Quijote* nahezu wörtlich von Llull: *»Aufgabe des Ritters ist es, Witwen, Waisen und schwachen Menschen beizustehen.«* Von seiner Burg aus hat der Ritter das Land und die Untertanern zu schützen und Verräter, Diebe, Räuber gefangenzunehmen (Kap. 2). Anschließend erläutert Llull den Sinn der Prüfungen vor der Aufnahme in den Ritterstand (Kap. 3), beschreibt den Ritterschlag als eine Art religiöser Weihe (Kap. 4) und gibt der Rüstung im Anschluß an BERNHARD VON CLAIRVAUX' *De laude novae militae* (verfaßt zwischen 1132 und 1136) und dem altfranzösischen *Lancelot*-Roman eine symbolische Bedeutung (Kap. 5). In das den herkömmlichen Sittenkodex des Rittertums wiedergebende Kapitel 6 ist eine breite Erörterung über die sieben Todsünden eingeflochten; mit einem kurzen Kapitel über die dem Ritter zu erweisende Ehre schließt die Abhandlung.

Das Werk gehört in die umfangreiche Reihe der Llullschen Erziehungsbücher, deren eindrucksvollstes Beispiel *Blanquerna* (zwischen 1278 und 1289) ist und durch die eine geistige Erneuerung der Gesellschaft in der Rückbeziehung allen menschlichen Denkens und Handelns auf das göttliche Sein angestrebt wird. – Das Ritterbuch Llulls wurde viel gelesen, in JUAN MANUELS *Libro del caballero y del escudero (Buch des Ritters und des Schildknappen,)* nachgeahmt und von J. MARTORELL in den ersten Teil von *Tirant lo Blanch* (erschienen 1490) eingearbeitet. Aus einer lateinischen Übersetzung wurde es ins Französische und Englische übertragen und hat auf diesem Weg u. a. auf SHAKESPEARE eingewirkt. A.F.R.

AUSGABEN: Barcelona 1879, Hg. M. Aguiló y Fuster. – Palma de Mallorca 1906, Hg. M. Obrador y Bennassar (in *Obres*, 21 Bde., 1906–1950, 1). – Barcelona 1957 (in *Obres essencials*, 2 Bde., 1957–1960, 1).

LITERATUR: R. Boorjstrom de Balmori, *R. Ll. El »Libre de orde de cavayleria«* (in Mediterranea, 1936, 1, S. 87–94). – M. Sanchis Guarner, *L'ideal cavalleresc definit par R. Ll.* (in Estudios Lulianos, 2,

1958, S. 37–62). – A. Olivar, *El »Libre del orde de cavallería« de R. Ll. y el »De laude novae militiae« de San Bernardo* (ebd., S. 175–186). – M. Ruffini, *Lo stile del Lullo nel »Libre del orde de cavayleria«* (ebd., 3, 1959, S. 37–52; 251–262). – G. Morey Mora, *Puntos de relación entre la »Historia del ingenioso hidalgo D. Quijote de la Mancha« y el »Libre del ordre de cavalleria« de R. Ll.* (ebd., 6, 1962, S. 117–126).

LIBRE DEL GENTIL E LOS TRES SAVIS

(kat.; *Buch vom Heiden und den drei Weisen*). Theologisch-didaktische Abhandlung von Ramon Llull, zuerst in arabisch geschrieben und vom Verfasser selbst um 1273 ins Katalanische übertragen. – Nach der allegorischen Erzählung führen drei Weise – ein Jude, ein Christ und ein Mohammedaner – in Gegenwart eines Heiden ein Gespräch über Probleme der Religion und versuchen, *»durch Vernunftgründe«* und *»unter Ausschluß von Autoritäten«* die Wahrheit zu finden. Nach den grundsätzlichen Ausführungen über die Existenz Gottes, die Auferstehung des Leibes und das zukünftige Leben (Buch 1) äußert der Heide unter dem Eindruck der Schönheit der dargelegten Lehren den Wunsch, sich zu bekehren; doch offenbaren ihm die Weisen, daß sie nicht denselben Glauben haben und daß ihm deshalb jeder seine Lehre erklären werde. Nacheinander stellen deshalb im zweiten, dritten und vierten Buch zuerst der Jude, dann der Christ und schließlich der Mohammedaner ihre Glaubensüberzeugungen dar. Im Epilog des Werks will der bekehrte Heide erklären, welche Wahl er getroffen habe. Doch die Weisen nehmen, ohne ihn anzuhören, Abschied; jeder der drei ist davon überzeugt, daß seine Religion gewählt wurde. Die Tatsache, daß die Frage in der Schwebe bleibt, gibt ihnen Anlaß zu weiteren Diskussionen, welche Religion *»nach der Kraft der Vernunft und der Natur des Verstandes«* vorzuziehen sei.

Die Anregungen zum Thema dieses Werks sind möglicherweise von Jehuda ha-Levis *Sefer ha-Kusari* oder einer arabischen Version des *Barlaam* ausgegangen. Auffallend ist vor allem der Schluß des Gesprächs, der keinesfalls als Ausdruck einer skeptischen Haltung – wie etwa in Lessings *Nathan der Weise* – zu deuten ist, wohl aber Llulls Ehrfurcht vor den anderen Religionen beweist. Die einzelnen Lehren der drei Bekenntnisse sind von ihm sachlich dargestellt, und niemals deutet er an, daß er das Christentum für die wahre und bessere Religion hält. Jeder Weise tritt mit Begeisterung und großer dialektischer Schärfe für die eigene Religion ein, und jeder löst zufriedenstellend die Fragen und Zweifel, die sich für den Heiden ergeben. Kreuzzugsgedanken und eine militante inquisitorische Gesinnung sind diesem vom Geist der Toleranz geprägten Werk fremd. Die Einheit des Glaubens betrachtet Llull zwar als das höchste Ideal, er ist jedoch, wie schon vor ihm Roger Bacon, aus dessen *Opus maius* (1266) viele Ideen und Motive entnommen sind, zugleich der Ansicht, daß der christliche Gottesstaat nicht durch Waffen, sondern mit Hilfe der Philosophie und in offenen Diskussionen errichtet werden müsse; denn der Krieg tötet, überzeugt jedoch nicht. Diese so modern anmutenden Anschauungen über das Religionsgespräch sind freilich im Fanatismus der nachfolgenden Jahrhunderte untergegangen. A.F.R.

Ausgaben: Palma de Mallorca 1901 (in *Obras*, 5 Bde., 1886–1903, 1, Hg. J. Rosselló; m. Einl. u. Anm.). – Barcelona 1957 (in *Obres essencials*, 2 Bde., 1957–1960, 1; m. Einl.).

Übersetzung: *Buch vom Heiden und den drei Weisen*, Freiburg i. B. 1986 [Teilübers.].

Literatur: E. A. Peers, *Lullian Studies II. The Book of the Gentile* (in Bull. of Spanish Studies, 1925, 7, S. 119–126).– B. Altaner, *Glaubenszwang u. Glaubensfreiheit in der Missionstheorie des Raymundus Lullus* (in HJbG, 48, 1928, S. 586–610). – H. Wieruszowski, *R. Ll. et l'idée de la cité de Dieu* (in Estudios Franciscans, 29, 1935, 47, S. 87–110). – M. de Montoliu, *R. Ll. i Arnau de Vilanova*, Barcelona 1958 [m. Bibliogr.]. – S. Garcías Palou, *El beato R. Ll. y las controversias teológicas en el oriente cristiano* (in Estudios Lulianos, 3, 1959, S. 161–180). – R. Sugranyes de Franch, *Le »Livre du gentil et des trois sages« de Raymond Lulle* (in *Juifs et judaïsme de Languedoc*, Toulouse 1977, S. 319–355). – A. Bonner, *La situación del »Libre del gentil« dentro de la enseñanza luliana de Miramar* (in Estudios Lulianos, 22, 1978, S. 49–55). – L. Badia, *Poesia i art al »Llibre del gentil« de R. Ll.* (in Reduccions, 25, 1984, S. 87–96). – R. Panikkar, *Religiöse Eintracht als Ziel* (in *Buch vom Heiden und den drei Weisen*, Freiburg i. B. 1986, S. 10–18). – Ch. Lohr, *R. Ll. und der Dialog zwischen den Religionen* (ebd., S. 20–25). – A. Bonner, *Der neue Weg R. Ll.s* (ebd., S. 26–31).

Ausiàs March

* um 1397 Gandia
† 3.3.1459 Valencia

CANTS

(kat.; *Gesänge*). Lyriksammlung von Ausiàs March. – Seit seiner ersten Edition durch Romaní (Valencia 1539) wird das Buch in vier Abschnitte eingeteilt: *Cants d'amor* (93 Liebesgesänge), *Cants de mort* (8 Klagelieder), *Cants morals* (14 moralische Gedichte) und *Cant espiritual* (ein geistliches Lied). Diese Einteilung ist rein thematisch bedingt; die ohnehin wenig bekannte Chronologie der Entstehung ist dabei außer acht gelassen.

Die *Cants d'amor* spiegeln die Liebe des Dichters zu Teresa Bou, die freilich nur einmal mit Namen genannt wird: Man darf annehmen, daß sich hinter ihr eine historische Person – nicht nur eine dichterische Fiktion – verbirgt. Sie spielt bei March dieselbe Rolle wie etwa Beatrice bei DANTE und Laura bei PETRARCA. Die *Cants de mort* – feierliche, von erhabener Schwermut bestimmte Totenlieder – beklagen das Hinscheiden der geliebten Frau. Der Tod erscheint als die Macht, die die Seele von der Last des Körpers befreit, die die Liebe läutert wie das Feuer das Gold. Die *Cants morals* sind vornehmlich ethisch-spekulativen Charakters und kreisen um das Thema des höchsten Gutes, des wahren Glücks und der Tugend. Mit ihnen setzt March eine Tradition der altokzitanischen Dichtung fort. Dort wo der Dichter die Laster seiner Zeit anprangert, spüren wir die zornige Ergriffenheit des okzitanischen *sirventès* (Rügelied). Der *Cant espiritual* ist ein psalmenartiges, hymnisches Gebet mit dem Thema Sünde, Reue und Gnade – wohl das schönste Lied des Dichters.

Die Sprache der Gedichte von March zeichnet sich durch einen Stil aus, der keine Konzessionen an formale Eleganz macht, doch volkstümliche Wendungen verleihen ihr Frische und Natürlichkeit. Man kann von einer schmucklosen Nüchternheit seiner Dichtung sprechen, die aber fasziniert durch die ausgewogene Verbindung von Abstraktion und Erfahrung, Spekulation und Selbstanalyse, von allgemeinen Gedanken und persönlichem Erlebnis. Auch die Versmaße Marchs sind einfach und klar. Er bevorzugt den traditionellen zehnsilbigen Vers in vierzeiligen Strophen mit Kreuzreim. Der *Cant espiritual* besteht aus sogenannten *estramps*, d. h. einer Strophe mit reimlosen Versen. Sprachgeschichtlich sind die *Cants* von besonderer Bedeutung, weil sie den ersten vollkommen gelungenen Versuch darstellen, Gedichte in einem reinen, von allen okzitanischen Beimischungen freien Katalanisch zu schreiben. Man hat March »den letzten Troubadour« und auch den »Petrarca der Troubadoure« genannt. In der Tat ist die Beziehung der *Cants d'amor* zu Liebesliedern der provenzalischen Dichtung, den *Cansós*, unverkennbar. Aber während dort das Wort bald leer und schal, die Liebe Tändelei, die Dichtung Kunstfertigkeit oder manieriertes Spiel geworden war, erfüllt March das Gedicht wieder mit persönlichem Erleben. Darin bestätigt sich auch sein neues dichterisches Bewußtsein, das den erniedrigten Beruf des Poeten wieder zur Würde des *poeta vates* (des »Seher-Dichters«) erhebt. – Vieles verdankt March Petrarca und Dante, vor allem in den *Gesängen der Liebe* und den *Gesängen des Todes*. Auch die in Katalonien früh einsetzende Renaissance und der Humanismus sind nicht ohne Wirkung auf ihn geblieben (spürbar vor allem in den *Cants morals*). Unvergleichbar stärker waren jedoch die Einflüsse der asketischen und weltflüchtigen Haltung des Mittelalters. Aus dem Kontrast zwischen ihr und seinen eigenen Lebenserfahrungen, insbesondere der Liebe, ergibt sich der Konflikt, der dem Schaffen des Dichters immer neue Impulse vermittelt. Die spekulativen Theorien des Mittelalters über den Dualismus von Sinnlichkeit und Vernunft, von Fleischeslust und Seelenreinheit, spiegeln sich in seiner Poesie als die Wirkung konkreter Erlebnisse und schaffen so eine für das ganze Werk charakteristische Stimmung von Trauer, Verzweiflung und Scheitern.

Die Dichtung Marchs ist des öfteren mit der Petrarcas verglichen worden. Aber während dieser mit leichtem und beredtem Wort die Wirkungen der Liebe preist, vertieft sich der schwermütige und zugleich tiefsinnigere March in die Betrachtung ihres Ursprungs und Wesens. Die Liebe offenbart sich ihm wie eine Naturgewalt (womit seine Vorliebe für Meeresbilder zusammenhängen mag), deren Macht den Menschen erhebt und erniedrigt, beseligt und verdammt. Aus dem Denken des Mittelalters übernimmt er das Ideal der reinen Liebe, aber er weiß zugleich um die Unmöglichkeit seiner Verwirklichung: daher die Unruhe und die Trauer, die seine *Cants d'amor* bewegen, daher die Sehnsucht nach dem Tod als der befreienden und läuternden Macht in den *Cants de mort*, daher die Flucht in ein asketisches Tugendideal in den *Cants morals* und das demütige Sündenbekenntnis vor dem reinen und heiligen Gott im *Cant espiritual*. A.F.R.

AUSGABEN: Valencia 1539 (in *Obras*; mit kastilischer Übers. von B. de Romaní). – Barcelona 1543 (in *Obres*). – Barcelona 1912–1914 (in *Obres*, Hg. A. Pagès; m. Einl.). – Barcelona 1952–1959 (in *Poesies*, Hg. P. Bohigas, 5 Bde.; m. Einl. u. Bibliogr.; ern. 1980). – Madrid 1979 (in *Obra poética completa*, Hg. R. Ferreres, 2 Bde., kat.-span.; Castalia; ern. 1983). – Barcelona 1979 (in *Poesies*, Hg. J. Ferraté). – Madrid 1981 (in *Poesías*, Hg. P. Gimferrer; kat.-span.). – Barcelona 1984; ern. 1988 (in *Poesia*).

LITERATUR: A. Pagès, *A. M. et ses prédécesseurs*, Paris 1912. – Ders., *Commentaire des poésies*, Paris 1925. – M. de Riquer, *Traducciones castellanas de A. M. en la edad de oro*, Barcelona 1946. – M. de Montoliu, *A. M.*, Barcelona 1959. – Revista Valenciana de Filología, 6, 1959–1962 [Sondernr.]. – P. Bohigas, *Entorn de les cançons VI i VII d'A. M.* (in *Mélanges Frappier*, Bd. 1, Paris 1970, S. 145–152). – W. L. Rolph, *Conflict and Choice. The Sea-Storm in the Poems of A. M.* (in HR, 35, 1971, S. 69–75). – G. Colon, *El nom de fonts del poeta A. M.* (in G. C., *La llengua catalana en el seus textos*, Barcelona 1978, Bd. 2, S. 53–110). – P. Ramírez, *La poesia espiritual tardana d'A. M.* (in IR, 9, 1979, S. 23–40). – M. de Riquer, *A. M.* (in *Història de la literatura catalana*, Hg. ders. u. A. Comas, Bd. 2, Barcelona 1980, S. 471–568). – S. Panunzio, *Una canço emblemàtica d'A. M.* (in Estudis de Llengua i Literatura Catalanes, 1, 1980, S. 217–240). – P. Ramírez i Molas, *Un manuscrit inédit d'A. M.* (ebd., 2, 1981, S. 217–240). – M.-C. Zimmermann, *A. M. i el »Cant espiritual«* (ebd., S. 241–269). – Dies., *Écrire et dire: Les processus ontologiques de la création chez A. M.* (in Ibérica, 3,

1981, S. 11–31). – K. McNerney, *The Influence of A. M. on Early Golden Age Castilian Poetry*, Amsterdam 1982. – R. Archer, *The Workings of Allegory in A. M.* (in MLN, 98, 1983, S. 169–188). – M.-C. Zimmermann, *A. M., une poétique hors du sujet* (in Ibérica, 4, 1983, S. 141–152). – A. C. Hauf, *El lèxic d'A. M.* (in Estudis de Llengua i Literatura Catalanes, 6, 1983, S. 121–224). – G. Colon, *Els vocabularis barcelonins d'A. M.* (ebd., S. 261–289). – J. Romeu i Figueras, *Situació del jo amorós en el cant XI d'A. M.* (ebd., 9, 1984, S. 119–137). – P. Ramírez i Molas, *El decasil·lab d'A. M. i la recepció de l'endecasílabo petrarquista* (in Versants, 7, 1984, S. 67–88). – R. Archer, *The Pervasive Image. The Role of Analogy in the Poetry of A. M.*, Philadelphia 1985. – M.-C. Zimmermann, *Els »Cants de mort« en l'obra d'A. M.* (in Estudis de Llengua i Literatura Catalanes, 14, 1987, S. 299–327).

JOANOT MARTORELL

* 1413/1415 Gandia
† 1468

TIRANT LO BLANC

(kat.; *Tirant der Weiße*). Ritterroman von Joanot Martorell, erschienen 1490. – Nur drei der vier Teile dieses Werks stammen von Joanot Martorell, der vierte wurde nach seinem Tod von Martí Joan de Galba (vor 1439–1490) vollendet, ohne daß man dessen Eigenleistung genau bestimmen kann. – Geographische und historische Angaben der Abenteuerhandlung entsprechen in groben Zügen der zeitgenössischen Wirklichkeit und lassen sich mit der katalanischen Ausbreitung in der Levante während des 13. und 14. Jh.s parallelisieren. Selbst für die Titelfigur läßt sich ein historisches Vorbild anführen: Roger de Flor (ca. 1268–1305), Sohn eines deutschen Falkners namens Blume und Anführer der »Katalanischen Kompanie«, kämpfte gegen die Türken in Griechenland; von seinen Taten berichtet Ramon Muntaner (1265–1336) in seiner *Crònica* (vgl. dort). Strukturell gesehen orientiert sich der Roman in großen Zügen an einem Typ der spätmittelalterlichen Ritterbiographie, wie sie z. B. in Jacques Lalaings *Livre des faits* vorliegt. Der erste Teil des Werks behandelt die Geschichte der letzten Lebensjahre des Ritters Guillem de Vàroic, des Helden einer Reihe von altfranzösischen und anglonormannischen *ancestral romances*, einer vor allem in Südengland im 13. und 14. Jh. verbreiteten Mischform aus *chanson de geste* und Abenteuerroman (vgl. den anonymen Roman *Gui de Warwick*). Guillem unternimmt eine Pilgerfahrt und kehrt während einer Maureninvasion nach England zurück, wo er sich unerkannt als Einsiedler nach Vàroic zurückzieht. Im Traum erscheint ihm ein Mädchen, das ihm ankündigt, er werde den Widerstand gegen die Invasoren organisieren. Gui gelingt es sodann, die Mauren zurückzuwerfen, worauf er in seine Einsiedelei zurückkehrt. Dorthin gelangt eines Tages der junge, noch unbekannte Ritter Tirant lo Blanc, den der alte Held in einer eindrucksvollen und bedeutsamen Szene in die Regeln des Rittertums einführt. Hier lehnt sich der Autor zum einen deutlich an die Einkehr Percevals beim Einsiedler an (vgl. Chrétien de Troyes, *Le conte du graal*), zum andern verweist die Episode unmittelbar auf Ramon Llulls *Llibre de l'orde de cavalleria (Buch vom Ritterstand)*. Dieser Handlungsabschnitt wird mit der Erzählung von Tirants Turniererfolgen in London und der Stiftung des Hosenbandordens abgeschlossen.

Die nächste größere Episodengruppe (eine Einteilung der 487 Kapitel in Bücher wurde erst von späterer Hand vorgenommen) zeigt Tirant und die Ritter Diafebus und Kirieleison de Muntalbá bei Ritterabenteuern in England und nach Bekanntwerden der Belagerung von Rhodos im östlichen Mittelmeer, wo sie von Prinz Philipp von Frankreich begleitet werden. Auf dem Weg nach Rhodos wird Philipp wegen seiner unhöfischen Sitten von der Prinzessin Ricomana abgewiesen, erwirbt aber später durch die Vermittlung Tirants dennoch ihre Hand. Nachdem Rhodos befreit ist, entspinnt sich eine Liebesbeziehung zwischen Tirant und der byzantinischen Kaiserstochter Carmesina sowie zwischen Diafebus und dem Hoffräulein Estefania. Durch Tirants Einsatz wird das byzantinische Heer vor einer Niederlage gegen die Türken bewahrt, was dem Helden den Neid des Herzogs von Makedonien einträgt. Bei der sich zögerlich entwickelnden Liebe zwischen Tirant und Carmesina greift in mehreren grotesk-komischen Szenen die Hofdame Plaerdemivida als Kupplerin ein, während sich das Edelfräulein Viuda Reposada in Tirant verliebt. Es kommt neben den erotischen Szenen, z. B. auf der Burg von Malveí, auch zu Rückschlägen für den verliebten Helden: Sein Status als höfischer Liebhaber wird durch komische Episoden, wie z. B. dem Sturz vom Fenster nach einem Stelldichein, wobei er sich das Bein bricht, immer wieder zeitweilig untergraben. (Solche komischen Episoden nehmen bereits die Entwertung des ritterlichen Helden vorweg, die im *Don Quijote* typisch wird.) Zudem versucht Viuda Reposada nach besten Kräften die Eifersucht zwischen Carmesina und Tirant zu schüren. Eine heimliche Ehe wird zwischen den beiden geschlossen, aber der Held danach sofort wieder in neue Taten verwickelt: Tirant strandet an der afrikanischen Küste. Hier besiegt er den äthiopischen König Escuriano, der zum christlichen Glauben bekehrt wird und Maragdina, eine der zahlreichen glücklosen Verehrerinnen Tirants, heiratet. Auch Plaerdemivida verheiratet Tirant später in ähnlicher Weise mit dem Ritter Agramunt, den er als Herrscher in einem der ihm zugefallenen heidnischen Königreiche einsetzt. Wieder nach Konstantinopel zurückgekehrt, wird die Ehe zwischen Tirant und Carmesina in offizieller Form geschlossen. Bei einem Fest in Konstantinopel begegnet der Held in einer denkwürdigen Episode Figuren aus dem Artusstoffkreis, der Fee Morgana und König Artus. Er verspricht daraufhin, erneut gewaltige Taten zu vollbringen, die ihn jedoch für immer von Carmesina trennen werden: In Adrianopel erkrankt Tirant und stirbt schließlich. Nachdem Carmesina aus Kummer über seinen Tod ebenfalls gestorben ist, wird Tirants Neffe, der französische Ritter Hipólit, Kaiser von Konstantinopel. Der Hinweis auf dessen ruhmreiche Nachkommenschaft beschließt das Werk.

Die Berühmtheit des *Tirant lo Blanc* hat kein Geringerer als CERVANTES begründet, indem er in der Szene der Säuberung von Quijotes Bibliothek diesen Roman zusammen mit G. RODRÍGUEZ DE MONTALVOS *Amadís de Gaula*, F. de MORAIS' *Palmeirim de Inglaterra* und ORDOÑEZ DE CALAHORRAS *Caballero Febo* vor der Verbrennung verschont: Der Dorfpfarrer (vgl. *Don Quijote*, I,6) nennt Martorells Ritterbuch einen *»Schatz des Vergnügens und eine Fundgrube des Zeitvertreibs«*. Seinem Stil nach sei es *»das beste Buch der Welt: hier essen die Ritter und schlafen und sterben in ihrem Bett und machen Testamente vor ihrem Tode, nebst anderen Dingen, deren alle übrigen Bücher dieser Sorte ermangeln«*. In der Tat behandelt Martorell das außergewöhnliche und abenteuerliche Heldenleben des »Weißen Ritters« in einer für das Spätmittelalter untypischen Realistik: Etwaige phantastische Szenen – wie die Erscheinung der Fee Morgana und des Königs Artus – werden durch didaktische Intentionen und einen allegorischen Rahmen plausibel gemacht. So spiegelt *Tirant lo Blanc* – wie die Werke Lalaings, JEAN DE BUEILS und Antoine de LA SALES – das *»Kommen der neuen Form«* (J. Burckhardt). Wie in der Novellistik der Renaissance sind die Helden Martorells nicht mehr Träger abstrakter Ideen, sondern sie handeln – teils auch in erstaunlich moderner Widersprüchlichkeit – geleitet durch individuelle Bedürfnisse und Leidenschaften. So muß Cervantes' Begeisterung für diesen »realistischen« Ritterroman vor dem Hintergrund der weiteren Entwicklung des Genres in Spanien gesehen werden: Noch vor Rodríguez de Montalvos *Amadís de Gaula* ist *Tirant lo Blanc* nicht nur der erste fiktionale Text, der in Spanien gedruckt wurde, sondern zugleich ein Werk, dessen Opposition gegen den romantischen Geist der mittelalterlichen Ritterromane in zahlreichen komisch gestalteten Szenen aufscheint. Bemerkenswert ist daneben der bewußte Umgang der Verfasser mit fremden Texten, die nicht als Quellenwerke herangezogen, sondern als Fragmente gewissermaßen collagenhaft in den neuen Roman eingebaut werden: Die Verarbeitungspraxis erstreckt sich von Anspielungen auf die meistgelesenen Texte des Spätmittelalters (die *Bibel*, die Werke DANTES, die Artusromane) bis zu kaum bearbeiteten Übernahmen aus fremden Texten (Llulls Werke, Guillem de TORROELLAS *La Faula*, dem anonymen Roman *Gui de Warwick* sowie BOCCACCIOS Novellen). Diese Montagetechnik verleiht dem Roman eine Brüchigkeit, die den an ritterliche Phantastik gewöhnten zeitgenössischen Leser zunächst eher befremdet hat. In Katalonien lassen sich nur zwei zeitgenössische Ausgaben nachweisen, und auch die kastilische Übersetzung (1511) zeitigte zunächst offenbar im literarischen Klima der *Amadís*- und *Palmerín*-Romane keine breite Wirkung. Immerhin wurde das Werk aufgrund der kastilischen Redaktion bereits 1538 ins Italienische übersetzt, wo es sich eines gewissen Ansehens beim Publikum erfreute, und später auch ins Französische (1737). Nachdem eine englische Übersetzung des Romans (1984) ein beträchtlicher Erfolg wurde, liegt mittlerweile auch eine deutsche Übersetzung von F. VOGELGSANG vor. Im Zuge der Aufwertung der katalanischen Literatur seit den achtziger Jahren ist gerade *Tirant lo Blanc* in das Interesse der katalanischen Literaturwissenschaft gerückt, die – nicht zuletzt angeregt durch das eingangs zitierte Lob durch Cervantes – gerade dieses Werk als einen wesentlichen Teil eines eigenständigen katalanischen Kulturerbes begreift. Dies schlägt sich neben den zahlreichen Neuauflagen nicht zuletzt in verschiedensten Bearbeitungsformen (TV-Version; Kinderbuch; Comic strip) nieder. G.Wil.

AUSGABEN: Valencia 1490 [Faks. NY 1904]. – Sant Feliu de Guixols 1920, Hg. J. Givanel i Mas, 2 Bde. – Barcelona 1924–1929, Hg. J. M. Capdevila [m. Einl.]. – Barcelona 1947, Hg. M. de Riquer (m. Einl.; ern. 1970 u. 1979). – Barcelona 1983, Hg. ders. u. J. Gallofré.

ÜBERSETZUNG: *Der Roman vom weißen Ritter Tirant lo Blanc*, F. Vogelgsang, 3 Bde., Ffm. 1990 ff. (Bd. 1: 1. u. 2. Buch, Ffm. 1990; Nachw. M. Vargas Llosa).

LITERATUR: L. Nicolau d'Olwer, *Sobre les fonts catalanes de »Tirant lo Blanc«* (in Revista de Bibliografía Catalana, 8, 1905, S. 5–37). – I. Bonsoms i Sicart, *La edición príncipe del »Tirant lo Blanc«*, Barcelona 1907. – J. A. Vaeth, *»Tirant lo Blanc«, a Study of Its Authorship, Principal Sources and Historical Setting*, NY 1918. – H. Thomas, *Spanish and Portuguese Romances of Chivalry*, Cambridge 1920. – J. Ruiz de Conde, *El amor y el matrimonio secreto de los libros de caballerías*, Madrid 1948. – S. Gili i Gaya, *Noves recerques sobre »Tirant lo Blanc«* (in Estudis Romànics, 1, 1947/48, S. 135–147). – H. Entwistle, *»Tirant lo Blanc« and the Social Order of the 15th Century* (ebd., 2, 1949/50). – S. Bosch, *Les fonts orientals del »Tirant lo Blanc«* (ebd., S. 1–50). – C. Marinescu, *Du nouveau sur »Tirant lo Blanc«* (ebd., 4, 1953/54, S. 137–203). – J. Corominas, *Sobre l'estil i manera de M. J. de Galba i el de J. M.* (in *Homenatge a Carles Riba*, Barcelona 1954, S. 168–184). – D. Alonso, *Primavera temprana de la literatura europea*, Madrid 1960. – L. Nicolau d'Olwer, *»Tirant lo Blanc«, examen de algunas cuestiones* (in NRFH, 15, 1961, S. 131–154). – F. Pierce, *The Role of Sex* *in the »Tirant lo Blanc«* (in Estudis Romànics, 10, 1962, S. 291–300). – R. Brummer, *Die Artusszene im »Tirant lo Blanc«* (ebd., S. 283–290). – H. Neuschäfer, *Der Sinn der Parodie im »Don Quijote«*, Heidelberg 1963, S. 24–35. – M. Vargas Llosa u. M. de Riquer, *El combate imaginario: Las cartas de batalla de J. M.*, Barcelona 1972. – H. Giménez, *Artificios y motivos en los libros de caballerías*, Diss. Florida State Univ. 1972. – A. Torres, *El realismo del »Tirant lo Blanc« y su influencia en el »Quijote«*, Barcelona 1979. – A. Yates, *»Tirant lo Blanc«, l'heroi ambigu* (in L'Espill, 6/7, 1980). – M. de Riquer, *J. M. i el »Tirant lo Blanc«* (in *Història de la literatura catalana*, Hg. ders. u. A. Comas, Bd. 2, Barcelona 1980, S. 632–721). – R. Beltran Llavador, *»Tirant lo Blanc«*, Valencia 1983. – K. McNerney, *»Tirant lo Blanc« Revisited. A Critical Study*, Detroit 1983. – E. T. Aylward, *M.'s »Tirant lo Blanc«*, Chapel Hill 1985. – G. Wild, *Die Geburt der neuen Texte aus dem Geist von Artus' Tod* (in *Der Artusroman in intertextueller Perspektive*, Hg. F. Wolfzettel, Gießen 1990).

BERNART METGE

* 1340/46 Barcelona
† März/Juni 1413

LITERATUR ZUM AUTOR:
M. de Montoliu, *Les grans personalitats de la literatura catalana*, Bd. 4, Barcelona 1959. – M. Oliver, *Noves precisions sobre la infantesa de B. M.* (in Estudis de Llengua i Literatura Catalanes, 6, 1983, S. 61–84). – M. de Riquer, *Història de la literatura catalana*, Bd. 3, Barcelona [4]1984, S. 31–106. – L. Badia, *›Siats de natura d'anguila en quan farets‹. La literatura segons B. M.* (in Crótalon, 1, 1984, S. 25–65). – Dies., *De B. M. a Joan Roís de Corella*, Barcelona 1988.

LO SOMNI

(kat.; *Der Traum*). Didaktischer Dialog von Bernart METGE, entstanden 1396/97. – Das Buch ist das Meisterwerk des katalonischen Dichters, der ein recht bewegtes Leben führte und als Sekretär in königlichen Diensten stand.

Metge berichtet davon, daß ihm im Traum König Johann I. erscheint, der 1396, offenbar bei einem Jagdunfall, plötzlich ums Leben gekommen war. Er befindet sich im Fegefeuer – und wird begleitet von zwei berühmten Gestalten des griechischen Mythos, dem göttlichen Sänger Orpheus und dem blinden Seher Tiresias aus Theben. In den vier Büchern, aus denen das Werk besteht, sind die Gespräche, die Metge mit diesen Personen geführt haben will, aufgezeichnet. Das erste handelt von der menschlichen Seele, von deren Freiheit und Unsterblichkeit der König den sich ungläubig gebenden Skeptiker Metge mit Vernunftgründen, Bibelzitaten und Zitaten aus heidnischen und christlichen Philosophen überzeugt. Im zweiten bekennt König Johann seine Sünden. Ihretwegen, vor allem wegen seiner Begünstigung des abendländischen Schismas, hatte er eigentlich die Höllenstrafe verdient, doch dank der Fürbitte der Mutter Gottes hat Gott ihn begnadigt. Im dritten Dialog erzählt zunächst Orpheus sein Leben und beschreibt die Hölle und ihre Qualen. Auf eine Bemerkung Metges ergreift Tiresias das Wort zu einer langen Diatribe gegen die Frauen, die Metge dann im vierten Dialog an Hand von Beispielen aus der Antike, der *Bibel* und der katalanischen Geschichte sehr eindrucksvoll verteidigt, wobei er den angeblichen Fehlern der Frauen die Laster der Männer entgegenhält. Trotzdem schließt das Werk mit dem Rat des blinden Sehers, sich des Umgangs mit den Frauen zu enthalten und nur Gott und der Wissenschaft zu dienen.

Metge hat seine Themen, Beispiele, Gedanken und Argumente aus vielen Quellen zusammengetragen, deren Fülle und Mannigfaltigkeit von umfassender humanistischer Bildung zeugen. Neben der *Bibel* und bestimmten von den Humanisten verehrten griechischen und lateinischen Autoren – jene kannte er nur aus zweiter Hand – steht Metge vor allem unter dem Einfluß der Italiener – BOCCACCIO, DANTE, PETRARCA, den er als erster ins Spanische übersetzte) – und seines Landsmanns, des katalanischen Mystikers, Philosophen und Dichters Ramon Llull (1232–1316). Originell und bewundernswert an *Lo somni* ist die Art, wie darin theologische und philosophische Fragen, Zeitgeschichtliches und Autobiographisches mit einer ausgedehnten Bücherweisheit zur Einheit verschmolzen sind. Trotz der wechselvollen Thematik verläuft der Dialog ohne forcierte Übergänge; Gelesenes, wörtlich Zitiertes und Übersetztes sowie persönliche Erfahrungen erscheinen in einem einheitlichen kunstvollen Aussagestil von höchster Vollendung. In Metges Darstellungsweise, viel mehr als in seinen Gedanken, kommen ein neues Daseinsgefühl und eine neue Haltung zum Ausdruck. Dies macht ihn zu einem frühen Vertreter der Renaissance in Katalonien.

In *Lo somni* geht es nicht allein darum, zu belehren und zu überzeugen, sondern wesentlich um die stilistisch glanzvolle, pointiert ironische Gestaltung des Gedankens, die durch sorgfältige, der jeweiligen Thematik angepaßte Wortwahl, zahlreiche Neologismen und eine am Lateinischen, vor allem an CICERO geschulte Syntax gekennzeichnet ist, in der die lange, rhythmisch fließende, figurenreiche, elegant und klar gebaute Periode vorherrscht. Als erster Katalane, der humanistische Werke in der Volkssprache verfaßte, ist Metge zugleich der beste katalanische Prosaschriftsteller der älteren Zeit nach Ramon Llull. A.F.R.

AUSGABEN: Paris 1889 (*Le songe*, Hg. J.-M. Guardia; m. Einl., Anm., Textvarianten u. frz. Übers.). – Barcelona 1891 (*Lo sompni*, Hg. A. Bulbena y Tossell). – Barcelona 1925, Hg. J. M. de Casacuberta [m. Einl. u. Anm.]. – Barcelona 1959 (in *Obras*, Hg. M. de Riquer; m. Einl. u. span. Übers.). – Barcelona 1975 (in *Obra completa*, Hg. L. Badia u. X. Lamuela). – Barcelona 1980, Hg. M. Jordà.

LITERATUR: A. Farinelli, *Note sulla fortuna del Corbaccio nella Spagna medievale* (in *Bausteine zur romanischen Philologie. Festgabe für A. Mussafia*, Halle 1905, S. 401–406; ern. in *Italia e Spagna*, Turin 1929, S. 331–352). – L. Nicolau d'Olwer, *Del classicisme a Catalunya. Notes al primer diálech den B. M.* (in Estudis Universitaris Catalans, 3, 1909, S. 429–444). – M. Casella, *»Il somni« d'en B. M., e i primi influssi italiani sulla letteratura catalana* (in Archivum Romanicum, 3, 1919, S. 145–205). – P. M. Bordoy-Torrents, *Les escoles dominicana i francescana en »Lo somni« de B. M.* (in Criterion, Barcelona, 1, 1925, S. 60–94). – M. de Riquer, *Influències del »Secretum« de Petrarca sobre B. M.* (in Criterion, 9, 1933, S. 243–248). – J. S. Pons, *Ramon de Perellós et B. M.* (in BHi, 39, 1937, S. 97–104). – A. Vilanova, *La génesis de »Lo somni« de B. M.* (in Boletín de la R. Academia de Buenas Letras, Barcelona, 27, 1957/58, S. 123–156). – *Boccaccio en la literatura catalana medieval* (in Filologia Moderna, 1975, Nr. 55, S. 451–471). – J. M. Corominas, *Estructura dialèctica de »Lo somni« de B. M.* (in Estudis de Llengua i Literatura Catalanes, 3, 1981, S. 107–118).

RAMON MUNTANER

* 1265 Peralada bei Figueres
† 1336 Insel Eivissa / Balearen

CRÒNICA

(kat.; *Chronik*). Geschichtswerk von Ramon MUNTANER, erschienen 1558. – Muntaner hat mit der Niederschrift seiner Chronik, die den Zeitraum von Jakob I. (reg. 1213–1276) bis zu Alfons IV. (reg. 1327–1336) umfaßt, 1325 begonnen.
Der erste Teil seines Berichts fällt noch mit den Chroniken *Libre dels feyts* und der *Crónica de Bernat Desclot* zusammen; im mittleren schildert er seine Teilnahme an der katalanischen Expedition in den Orient, die unter Führung von Roger de Flor, Sohn eines deutschen Falkners namens Blume am Hofe Kaiser Friedrichs II., dem von den Türken bedrohten Kaiser Michael Palaiologos zu Hilfe geeilt war. Während eines Jahrzehnts bestimmten die Katalanen das Geschehen im byzantinischen Raum, zogen durch Mazedonien und Anatolien und gründeten ein katalanisches Herzogtum in Athen, das bis zum Ende des 14. Jh.s mit Katalonien verbunden blieb. Muntaner war wie nur wenige geeignet, Chronist einer Zeit zu werden, in die der Höhepunkt der katalanischen mittelmeerischen Expansion fiel (Jakob II., reg. 1291–1327), verfügte er doch neben sicherer Urteilskraft und politischem Weitblick über persönliche Kenntnis der ausgedehnten Territorien dieses Reiches.
War DESCLOT vor allem bestrebt, das Zeitgeschehen kritisch und mit der sachlichen Nüchternheit des Geschichtsschreibers zu beleuchten, so war Muntaners subjektivere Darstellung bemüht, auch die politischen Zusammenhänge zu erfassen. Er charakterisierte übertreibend Peter III. als großmütig, tapfer, schön, begnadet, als *»den größten Menschen der Welt nach Christus«*. Auch trug seine Begeisterung für Katalonien und das katalanische Wesen viel dazu bei, das Nationalgefühl der Katalanen zu stärken. Ebenso wie in dem enzyklopädischen Werk *Lo crestià* von EIXIMENIS finden sich hier aufschlußreiche Hinweise auf sozialpolitische Zustände, so etwa, wenn Muntaner eine sich bis in die Gegenwart auswirkende Tatsache, nämlich die frühe Entfaltung des katalanischen Bürgertums, hervorhebt, das schon damals der europäischen Entwicklung näherstand als das mittelalterlich-feudalistisch orientierte Spanien.
Die Einflüsse Muntaners lassen sich sowohl bei MARTORELL, der die Figur des Roger de Flor zum Vorbild für seinen Helden in *Tirant lo Blanc* genommen hat, als auch in dem anonymen Ritterroman *Curial e Güelfa* nachweisen. A.F.R.

AUSGABEN: Valencia 1558 *(Chrònica o Descripció dels fets e hazanyes del inclyt rey Don Jaume Primer Rey daragó, de Mallorques et de Valencia, Compte de Barcelona et de Muntpesller e de molts de sos dependents)*. – Stg. 1884, Hg. K. Lanz. – Barcelona 1927–1952, Hg. E. Bagué, 9 Bde. [m. Einl.]. – Barcelona 1973, 2 Bde. [in mod. Kat. übers. v. J. F. Vidal-Jové]. – Barcelona 1979, Hg. M. Gustà, 2 Bde.; 21984.

ÜBERSETZUNG: *Chronik des Edlen En Ramon Muntaner*, K. Lanz, Stg. 1844.

LITERATUR: L. Nicolau d'Olwer, *L'expansió de Catalunya en la Mediterrania oriental*, Barcelona 1926. – N. Jorga, *Contributions catalanes à l'histoire byzantine*, Paris 1927. – A. Rubió i Lluch, *Pachymeres i M.*, Barcelona 1927. – L. Nicolau d'Olwer, *La Crònica de R. M.* (in *Homenatge a A. Rubió i Lluch*, Barcelona 1936, Bd. 1, S. 69–76). – F. Soldevila, *El concepte d'Espanya en la ›Crònica‹ de M.* (in Revista de Catalunya, 16, 1938, S. 171–180). – J. M. Jiménez Fayos, *R. M. y su »Crónica«*, Valencia 1944. – L. Nicolau d'Olwer, *L'esperit català de la Crònica d'En R. M.*, Barcelona 1948. – M. de Montoliu, *Les quatre grans cròniques*, Barcelona 1959 [m. Bibliogr.]. – N. Iorga, *R. M. i l'Imperi bizanti*, Barcelona 1961. – J. Fuster, *Viejas memorias de un hombre de suerte* (in RdO, 29, 1970, Nr. 86, S. 219–228). – R. Sablonier, *Krieg u. Kriegertum in der »Crònica« des R. M. Eine Studie zum spätmittelalterlichen Kriegswesen aufgrund katalanischer Quellen*, Bern/Ffm. 1971 [m. Bibliogr.]. – J. M. Sobré, *L'èpica de la realitat*, Barcelona 1978. – M. de Riquer, *Història de la literatura catalana*, Bd. 1, Barcelona 1982, S. 449–480. – G. Wild, *Ausgrenzung und Integration arthurischer Themen in der katalanischen Dichtung* (in Zeitschrift für Katalanistik, 3, 1990).

Pere III el Cerimoniós

König von Katalonien-Aragon
* 5.9.1319 Balaguer bei Lleida / Katalonien
† 5.1.1387 Barcelona

CRÒNICA DE PERE EL CERIMONIÓS. Llibre en què 's contenen tots los grans fets qui són entrevenguts en nostra Casa, dins lo temps de nostra vida, començant-los a nostra nativitat

(kat.; *Chronik König Peters des Förmlichen. Buch, in dem alle großen Geschehnisse enthalten sind, die sich in Unserem Hause im Laufe Unseres Lebens ereignet haben, angefangen mit Unserer Geburt*). Chronik von Pere III, el Cerimoniós, begonnen möglicherweise vor 1349, in den Jahren 1375–1383 in einem ersten Entwurf geschrieben und 1385 vollständig überarbeitet; gedruckt 1546/47. – Nach den Anweisungen und unter teilweise direktem Diktat des Königs wurde diese letzte der vier großen katalanischen Chroniken von den Hofschreibern Bernat Descoll und, in geringerem Maße, Arnau Torrelles, Ramon de Vilanova und Bernat Ramon Descavall redigiert. Der Text hält sich im *pluralis majestatis* und fußt vornehmlich auf Dokumenten und auf persönlichen Erinnerungen des Königs, der sich an einer Textstelle als beständiger Leser der Chronik seines Ururgroßvaters Jaume I zeigt: *»Aquest diumenge, a hora de prim so, nós encara no erem gitats e legíem lo libre o crònica del senyor rei En Jaume, tresavi nostre, e venc un correu ...« (»An diesem Sonntag, zur Stunde des ersten Schlafs, waren Wir noch nicht schlafen gegangen und lasen in dem Buch oder Chronik des Herrn Königs Jaume, Unseres Ururgroßvaters, als ein Bote kam ...«)*.
In dieser Tradition und in der der Chroniken von Bernat Desclot und Ramon Muntaner steht der Text von Pere III, der in sechs Bücher aufgeteilt ist: 1. Die Zeit von Alfons el Benigne (1327–1336), 2. die ersten Regierungsjahre des Cerimoniós (1336–1340), 3. (das ausführlichste Buch) der Kampf mit dem König von Mallorca, seinem Schwager Jaume III (bis 1345), 4. der Kampf gegen die aragonesische und valencianische Union und die Jahre bis 1350, 5. die Kriege gegen Genua, im Bund mit Venedig bis 1355, 6. der Konflikt mit Kastilien, bis 1366. In einem Appendix werden Ereignisse bis 1380 nachgeholt. Dem Werk ist ein Prolog vorangestellt, in dem der Charakter des Monarchen und die Absicht, die er mit der Chronik seiner Regierungszeit verfolgt, gut zum Ausdruck kommen. Seine Nachfolger als Könige sollen von den vielen Gefahren und Kriegen, die von seinen mächtigen nachbarlichen Feinden ausgingen, lesen und sich ein Beispiel nehmen, wie mit Festigkeit und Gottvertrauen Ehre und Sieg zu erringen ist. In der Chronik selbst finden sich eine Fülle ganz persönlich gehaltener Passagen, etwa wenn der König von seiner Geburt als Siebenmonatskind und seiner daraus resultierenden kleinen Statur spricht, die er zeit seines Lebens durch besonderen Pomp der Kleidung und zermoniöses Protokoll (daher auch sein Beiname) auszugleichen suchte. Die Chronik verzeichnet aber auch eine Fülle von Konflikten und Grausamkeiten und zeigt uns einen hart strafenden König, der in einem der von ihm erhaltenen Briefe deutlich sagt, daß die Chronik nicht nur die Ereignisse verzeichnen sollte, die ihn in angenehmem Licht zeigen. Die Chronik hat große literarische Qualität; der Wille zur Klarheit des Ausdrucks, zu Knappheit oder dramatischer Lebendigkeit sind besonders gut an den überarbeiteten Passagen von 1385 abzulesen. – Mit der Chronik Peres III schließt sich der Kreis der großartigen Beispiele mittelalterlicher katalanischer historiographischer Prosa. T.D.S.

Ausgaben: Barcelona 1546–47 (in *Chroniques*, Hg. P. M. Carbonell). – Barcelona 1850, Hg. A. de Bofarull. – Toulouse 1942, Hg. A. Pagès [m. Einl.]. – Barcelona 1961, Hg. A. J. Soberanas. – Barcelona 1982 (in *Les quatre grans cròniques*).

Literatur: A. Rubió i Lluch, *Estudi sobre la elaboració de la Crònica de Pere'l Ceremoniós* (in Anuari de l'Institut d'Estudis Catalans 3, 1909–10, S. 519–570). – A. Rubió i Lluch, *La cultura catalana en el regnat de Pere III* (in Estudis Universitaris Catalans 7, 1917, S. 219–247). – S. Gili Gaya, *Un manuscrit fragmentari de la Crònica de Pere el Cerimoniós* (in Estudis Universitaris Catalans, 12, 1927, S. 270–276). – J. M. Madurell Marimon, *Pere el Cerimoniós i les obres públiques* (in Analecta Sacra Tarraconensia, 11, 1935, S. 371–393). – R. Gubern i Domenech, *Notes sobre la redacció de la Crònica de Pere el Cerimoniós* (in Estudis Romànics, 2, 1949/50, S. 135–148). – R. Tasis i Marca, *La vida del Rei En Pere III*, Barcelona 1954. – M. de Montoliu, *Les quatre grans cròniques*, Barcelona 1959 [m. Bibliogr.]. – F. Soldevila, *Les quatre grans cròniques*, Barcelona 1971. – R. d'Abadal i de Vinyals, *Pere el Cerimoniós*, Barcelona 1972. – R. Tasis i Marca, *Pere III el Cerimoniós i els seus fills*, Barcelona 1980. – M. de Riquer, *Historia de la literatura catalana*, Bd. 1, Barcelona 1984, S. 480–501.

JOAN ROÍS DE CORELLA

* zwischen 1433 und 1443 Gandia / Land Valencia
† 6.10.1497 Valencia

PARLAMENT EN CASA DE BERENGUER MERCADER

(kat.; *Gespräche bei Berenguer Mercader*). Antike Sagen, nacherzählt von Joan Roís DE CORELLA, entstanden um 1470. – Im Hause des reichen Valencianers Berenguer Mercader († 1471) kommen bekannte Persönlichkeiten des literarischen Lebens der Stadt zusammen, um einander die Zeit mit der Erzählung tragischer Liebesgeschichten des Altertums nach den *Verwandlungen* (vgl. *Metamorphoseon libri*) und der *Liebeskunst* (vgl. *Ars amatoria*) des OVID zu vertreiben. Gestärkt durch ein üppiges Mahl, erzählt zunächst der Gastgeber selbst die Geschichte des Kephalos und der Prokris (*Metam.* VII). Dann *»rezitieren«* Joan Escrivá *»die leidvolle Fabel von dem großen Musiker Orpheus« (Metam.* X), Guillem Ramon de Vilarrasa *»die volkstümliche Mär«* von Skylla, der Tochter des Nisos (*Metam.* VIII), Lluís de Castellví die *»fabelhafte«* Geschichte der Pasiphaë, der Gemahlin des Königs Minos *(Ars amatoria*, I), und Joan de Próxita *»das Gedicht von Prokne und Philomela« (Metam.* VI). Ovids Ästhetizismus und kunstvolle Rhetorik, die Bild- und Ausdruckskraft dieses wortgewaltigsten Dichters der römischen Antike faszinierten die literarischen Kreise der für das neue, aus Italien herüberwehende humanistische Lebensgefühl aufgeschlossenen Stadt Valencia, wo zu dieser Zeit das literarische Leben reger als irgendwo sonst in den katalanischen Ländern oder überhaupt auf der Iberischen Halbinsel war. Allerdings ist das Verhältnis Roís de Corellas zu seinem Vorbild nicht unbefangen. Die Laszivität der antiken Geschichten sucht er dadurch abzuschwächen, daß er ihnen ganz in der Weise mittelalterlicher Interpretationsgepflogenheiten einen allegorischen Sinn unterlegt und sie moralisch deutet. Sorgfältig vermeidet er alles Obszöne, und die freudige Bejahung des Sinnlich-Erotischen, wie sie für den von ihm verehrten BOCCACCIO kennzeichnend ist, sucht man bei ihm vergebens. Stilistisch führt Roís de Corella die katalanische Syntax so nah wie möglich an sein Vorbild, das klassische Latein, heran. Die im *Parlament* vereinigten Sagen sind nicht das einzige Ergebnis der Sammler- und Übersetzertätigkeit von Roís de Corella. Das Buch gehört zu einer Gruppe von insgesamt acht Werken ähnlicher Art, in denen er Mythen, Sagen und Fabeln des Altertums nacherzählt oder frei überträgt. Als Ganzes gehören diese Nachschöpfungen, zusammen mit seinem ausgedehnten Werk religiöser Prosa, zu den wichtigsten Zeugnissen des Humanismus im katalanischen Sprachraum. Roís de Corella hat auch bedeutende lyrische Werke, besonders Liebeslyrik, geschaffen, in denen rhythmisch bereits der italienische *endecasillabo* anklingt, der als Zeichen der Modernität und der Ablösung von der mittelalterlichen Literaturepoche anzusehen ist. A.F.R.-KLL

AUSGABEN: Barcelona 1913 (in *Obres*, Hg. R. Miquel i Planas; m. Einl.). – Castelló de la Plana 1921, Hg. S. Guinot [m. Einl.]. – Valencia 1973 (in *Obra Completa*, Bd. 6). – Barcelona 1980 (in *Tragèdia de Caldesa i altres proses*; Vorw. F. Rico). – Valencia 1983 (in *Obra profana*; Vorw. J. Carbonell).

LITERATUR: L. d'Ontavilla (od. L. Ontaville), *Mossen Johan Roiç de C., ensaig crítich* (in Revista de Catalunya, 1, 1897, S. 113–118, 166–173, 193–204, 248–261). – J. Carbonell, *Les paraules en l'estil de J. R. de C.* (in *Homenatge a Carles Riba en complir seixanta anys*, Barcelona 1954, S. 140–142). – A. M. de Saavedra, *El humanismo catalán: Roiç de C.* (in Clavileño, 4, 1955, Nr. 35, S. 43–47). – J. Carbonell, *Sobre la correspondència literària entre R. de C. i el Príncep de Viana* (in Estudis Romànics, 5, 1955/56, S. 127–139). – M. de Montolíu, *Les grans personalitats de la literatura catalana*, Bd. 5, Barcelona 1964, S. 254–320. – C. Riba, *La Oració, de Roiç de C.* (in C. R., *Obres Completes*, Bd. 2, Barcelona 1967, S. 235–237). – J. Fuster, *Lectors i escriptors en la Valencia del segle XV* (in J. F., *Obres Completes*, Bd. 1, Barcelona 1968, S. 317–390). – M. de Riquer, *J. R. de C.* (in *Història de la literatura catalana*, Hg. ders., A. Comas u. J. Molas, Bd. 4, Barcelona 1985, S. 114–180).

JAUME ROIG

* 1400/1410 Valencia
† April 1478 Benimàmet bei Valencia

SPILL O LLIBRE DE LES DONES

(kat.; *Spiegel oder Buch der Frauen*). Versroman von Jaume ROIG, entstanden zwischen 1455 und 1461. – Dieses Werk, das auch unter dem Titel *Llibre de consells (Buch der Ratschläge)* bekannt ist, steht in der Tradition der frauenfeindlichen Literatur des Mittelalters, die um die Mitte des 14. Jh.s durch BOCCACCIO (vgl. *Il Corbaccio*) einen neuen, entscheidenden Anstoß erhielt. Im Vorwort zu seiner durch die Ichform als Selbstbiographie getarnten Erzählung bezeichnet Roig es als den Zweck seines Buches, *»unerfahrene Jünglinge und unverbesserliche Alte«* vor den Frauen zu warnen und sie zur *»Verehrung der Unbefleckten Empfängnis der allerheiligsten Jungfrau Maria«* anzuhalten, da außer der Gottesmutter und seiner eigenen Gemahlin die Frauen nur Verachtung verdienten. Danach schildert er im ersten Buch seine nach dem Tod des Vaters beginnenden angeblichen Erlebnisse im Dienst *»eines Strauchritters von altem Adel«* und, nach kurzem Besuch bei seiner wiederverheirateten Mutter, in Paris und im Heer des französischen Thronfolgers, des späteren Karl VII. von Frankreich (reg. 1422–1461). Durch Kriegsbeute reich geworden, kehrt er, nach einem lasterhaften Leben in Paris, in seine Heimatstadt Valencia zurück. Das zweite Buch enthält die Geschichte seines Lebens als Ehemann. Seine erste Frau entpuppt sich als Bigamistin, die zweite, eine heuchlerische Betschwester, als Kupplerin. Nach einer wenig erfreulichen Ehe mit einer Witwe heiratet er eine entlaufene Nonne, die in einem Weinbottich ertrinkt. Als er es trotz aller schlechten Erfahrungen zum fünften Mal mit der Ehe versuchen will, erscheint ihm im dritten Buch König Salomo. Gestützt auf seine ungewöhnlich große Erfahrung – 700 Ehefrauen und 300 Konkubinen, *»tausend Feindinnen insgesamt«* – rät er ab. Danach enthält das restliche dritte ebenso wie das folgende vierte Buch vor allem moralische Belehrungen, fromme Betrachtungen, theologische Haarspaltereien. Es sind dies die schwächsten Teile des Werks, das Roig mit einem Lob auf Isabel Pellisser, seine Gattin, beschließt.

Doch nicht durch seine frauenfeindliche Absicht, sondern als Sittenroman ist der *Spill* kulturgeschichtlich und literarisch bedeutsam, vor allem weil Roig entgegen den Gepflogenheiten seiner Zeit nicht die höfische Gesellschaft, sondern das Leben und Treiben des einfachen Volks in Kneipen und Herbergen, auf Landstraßen und Pilgerpfaden mit exakter Beobachtung und humorvoll karikierender Charakterzeichnung lebendig und geistreich beschreibt. Die autobiographische Form, das Wander- und Gaunerleben des Helden, die Neigung zur Milieuschilderung und zur ironisch verkleideten Gesellschaftskritik machen das Buch zu einem Vorläufer des Schelmenromans. Jaume Roig nimmt bereits einen Teil der Möglichkeiten vorweg, die dieser neue Typ des Erzählens entwickeln wird. Das Werk besteht aus paarweise reimenden Viersilbern *(noves rimades comediades)* und ist in das *Prefaci (Vorwort)* und die vier *Llibres (Bücher)* eingeteilt, die jedes wieder aus vier Teilen bestehen, so daß sich insgesamt 20 Teile ergeben. Die lakonische Kürze der Verse und die insistente Wirkung der dicht aufeinanderfolgenden Reime unterstreichen den satirischen Gehalt. A.F.R.-KLL

Ausgaben: Valencia 1531 [u. d. T. *Libre de Consells*]. – Barcelona 1561. – Valencia 1561 [u. d. T. *Llibre de les Dones, més verament dit de Consells*]. – Valencia 1735. – Barcelona 1865. – Barcelona 1905, Hg. R. Chabàs [u. d. T. *Spill o Libre de les dones*; m. Einl.]. – Barcelona 1928, Hg. F. Almela i Vives [m. Einl.]. – Barcelona 1929–1950, Hg. R. Miquel i Planas, 2 Bde. [u. d. T. *Spill o Libre de consells*; m. Einl.]. – Barcelona 1978, Hg. M. Gustà [u. d. T. *Espill o Llibre de les dones*; Vorw. J. Bergés]. – Valencia 1978. – Barcelona 1980 [Neuaufl., Hg. F. Almela i Vives]. – Valencia 1981 [u. d. T. *Espill*].

Literatur: R. Ferrer i Bigné, *Estudio histórico-crítico de los poetas valencianos de los siglos XIII, XIV y XV* (in Boletín de la Sociedad de Amigos del País, Valencia 1875). – J. Serrano Cañete, *Recuerdo apologético del maestro Jaime R.*, Valencia 1883. – A. Morel-Fatio, *Rapport sur une mission philologique à Valence, suivi d'une étude sur le »Livre des Femmes«, poème valencien du XVe siècle, du maître J. R.*, Paris 1885. – A. Chabret, *Jaime R. como médico en su libro »Spill o Llibre de les dones«* (in J. R., *Spill o Llibre de les dones per Mestre Jacme R.*, Hg. R. Chabàs, Madrid 1905, S. 393–409). – L. Nicolau d'Olwer, *Aclaració al »Spill«* (in Estudis Universitaris Catalans, 7, 1913, S. 179–181). – J. Ribelles Comín, *Bibliografía de la lengua valenciana*, Bd. 2, Madrid 1928, S. 546–572. – R. Miquel i Planas, *El espejo de J. R.*, Barcelona 1936–1942 [mit span. Prosaübers.]. – M. de Montoliu, *Un escorç en la poesia i en la novellística dels segles XIV i XV*, Barcelona 1961, S. 40–43. – J. Fuster, *J. R. i sor Isabel de Villena* (in *Obres completes*, Bd. 1, Barcelona 1968, S. 175 bis 210). – V. G. Agüera, *Un pícaro catalán del siglo XV (El »Spill« de J. R. y la tradición picaresca)*, Barcelona 1975. – M. de Riquer, *Jacme R.* (in *Història de la literatura catalana*, Hg. ders., A. Comas u. J. Molas, Bd. 4, Barcelona 1985, S. 73–104).

Jordi de Sant Jordi

* Ende 14. Jh. Königreich Valencia
† um 1424

DIE LIEDER (kat.) von Jordi de Sant Jordi. Das Werk von Jordi de Sant Jordi gilt als ein Höhepunkt katalanischer Trobadorlyrik vor Ausiàs March; sein katalanischer Stil steht noch zeitgemäß unter dem Einfluß der okzitanischen Trobadorsprache. Von seiner Wertschätzung als Ritter und Trobador zeugt der Marqués de Santillana in seinem *Proemio e carta al condestable de Portugal*; durch ihn wissen wir auch, daß der Trobador seine Werke selbst zu vertonen und zu singen pflegte. Die Melodien seiner Lieder sind nicht überliefert. – Jordi de Sant Jordi stand in der Gunst von Alfons V. (dem Großmütigen) von Katalonien-Aragon. 1416 wird er unmittelbar nach der Thronbesteigung von Alfons V. erstmals in einem Dokument als königlicher Kammerdiener erwähnt; mit großer Wahrscheinlichkeit stand er schon in Alfons' Diensten, als dieser noch Thronnachfolger war. 1420 nimmt er ebenso wie Andreu Febrer, Ausiàs March und einige andere Dichter am Sardinien- und Korsika-Feldzug seines Gönners teil, wird zum Ritter geschlagen und erhält ein kleines Lehen. Bis zum Ende seines Lebens behält er seine Hofstellung als Kammerdiener bei und unternimmt verschiedene diplomatische Missionen. Bereits seit Beginn des Jahres 1422 hält er sich in Neapel auf, wo er im Jahre 1423 in Gefangenschaft gerät, wovon sein später *Presoner (Gefangener)* genanntes topisches und trauriges Gedicht Zeugnis ablegt.

Die eigene Erfahrung der Kriegszüge, an denen er teilnahm, und höfische Liebesdichtung sind die beiden thematischen Grundpfeiler seines dichterischen Werkes. Beide werden spielerisch in dem Gedicht *Lo setge d'amor (Belagerung durch die Liebe)* miteinander verbunden: Der allegorische Liebesgott bestürmt das lyrische Ich des Dichters wie eine Festung; Augen und Herz verraten ihn, und er muß sich in seinem eigenen Zelt seiner Dame unter der Bedingung, daß sie ihm das Leben schenkt, ergeben. Die völlige Hingabe des Sprechers an die verehrte Dame wird oft auf eine übergroße, tatsächliche Liebe in Sant Jordis realem Leben bezogen. Zumindest in dem von seiner Gefangenschaft Zeugnis ablegenden Gedicht aber sehnt er sich ausschließlich nach Freiheit und Reichtum und keineswegs nach seiner Dame. Es besteht also durchaus auch die Möglichkeit, daß seine Liebesdichtung zu einem guten Teil als literarische Fiktion und höfisches Spiel aufzufassen ist. (Auch die zweimalige namentliche Nennung einer Ysabel sowie der mehrmalige Bezug auf eine hochstehende Dame, die mit Königin Margarida de Prades, deren Tod [1430] der Marqués de Santillana in einem Klagelied betrauert – bereits einige Jahre zuvor hatte er ebenfalls ein Gedicht zu Ehren des toten Jordi de Sant Jordi verfaßt –, identisch sein dürfte, beweist keineswegs, daß die Äußerungen des Dichters für bare Münze zu nehmen sind. Margarida de Prades wird auch von Oswald von Wolkenstein, der sie 1416 in Perpinyà kennenlernte und in einem seiner Gedichte sogar im katalanischen Wortlaut zitiert, als *»schön und zart«* gerühmt.) Jordi de Sant Jordis Gefangenschaft dauert nur kurz; noch im gleichen Jahr kommt er frei. Er stirbt irgendwann zwischen Juli 1423 und Januar 1425, möglicherweise noch in Italien; wahrscheinlich war er nicht verheiratet.

In seiner Liebeslyrik bedient sich Jordi de Sant Jordi gerne älterer Topen. Zweimal (in *Comiat – Abschied* und *Enyorament – Sehnsucht*) beschreibt er die Trennung von seiner Dame; es können durchaus zwei verschiedene Damen gemeint sein. Seine eher konventionelle Auffassung höfischer Liebe kommt vor allem in den Gedichten *L'estat d'onor e d'amor (Der Stand von Ehre und Liebe)*, *Ara hojats, dompnas, que ·us fau sauber (Jetzt hört, Damen, wie ich euch lehre)*, *En mal poders, enqueres en mal loch (In übler Gewalt, und sogar an üblem Ort)* und der dem französischen *Roman de la rose* mehr als Ovid verpflichteten *Passio amoris secundum Ovidium* zum Ausdruck. Eine gewisse ironische Distanz zu der Fiktion der Aufrichtigkeit älterer Liebeslyrik kommt unter anderem deutlich in der ersten Strophe des auch *Crida* genannten achten Gedichtes *Ara hojats* ... zum Ausdruck: *»Jetzt hört, Damen, wie ich euch lehre, / von welchem Stand oder Gesetz auch immer [ihr seid], / daß ihr mir nicht glaubt, wenn ich euch meine Liebe erkläre, / denn, ich schwöre bei Gott, daß ich es aus Falschheit tue. / So wenige Damen sind zur Liebe bereit, / daß ich jegliches Verlangen und Wünschen ablege; / aber damit ihr euch hierin gut auskennt, / unterrichte ich euch hiervon in meiner öffentlichen Bekanntmachung.«* In einem anderen Zusammenhang lobt das fünfte Gedicht *(Midons)* auch noch die Keuschheit als biblisch begründeten Wert.

Der Großteil seiner 18 überlieferten Gedichte ist gereimt; M. de Riquer vermutet, daß Jordi de Sant Jordi für seine Reimdichtungen das Reimlexikon des Jacme March benutzt haben dürfte. Der Zehnsilbler (mit Zäsur auf der vierten, betonten Silbe) findet mit aus jeweils acht Versen bestehenden Strophen wie in der übrigen katalanischen Trobadorlyrik eine bevorzugte Verwendung, daneben greift Jordi de Sant Jordi aber auch auf vier- und achtsilbige Versmaße zurück.

Seine vielleicht berühmteste, in ungereimten Zehnsilblern verfaßte Dichtung *Stramps* offenbart ein weiteres Mal den spielerischen, unverbindlichen Charakter seiner Liebeslyrik: Noch im Tode wird er in seinen Augen das Bild der Geliebten tragen und somit – nach dem Volksglauben, daß das Abbild des Mörders sich in die Augen des Toten einbrenne – Zeugnis davon ablegen, wessen Grausamkeit seinen durch unerfüllte Liebe erfolgten Tod verursachte. Auch hier läßt sich Intertextualität mit anderen, vorhergehenden Dichtern wie Sant Valentí de Pardo, Gilabert de Próxita, Arnaut Daniel, Peire Vidal, Folquet de Marselha u. a. nachweisen. Spielerisch greift er Motive und Gedanken seiner Vorgänger auf und verwebt sie zu einem neuen Ganzen, welches dem *trobar ric* des Arnaut Daniel besonders verpflichtet ist. Auch das lange, 171 Verse umfassende Gedicht *Enueg (Belästigung)* reiht sich in eine ältere Tradition ein und zählt alles auf, was den Dichter stört und beschwert. – Leichte Verachtung schwingt in dem Gedicht *Lo canviador (Der Geldwechsler)* mit, welches Szenen aus dem realen Leben beschreibt. – In der *Passio amoris secundum Ovidium* – bereits der Titel zeigt die distanzierte Anlehnung und Imitation literarischer Muster und Vorbilder – werden Allegorien des Rosenromanes aufgenommen. Durch die Tür der Freude betritt der Liebende Amors Schloß; »Freude« führt und »Wunsch« bewacht ihn. Bald schon bemächtigen sich »Neid« und »Üble Zunge« seiner Person und liefern ihn »Schmerz« aus. Dreizehn Verszitate aus anderen Werken belegen die literarische Versiertheit des Dichters; Jordi de Sant Jordi läßt vor allem eine starke Verbundenheit mit den Trobadors des 12. und 13. Jh.s erkennen. Der Marqués de Santillana lobt ihn hierfür ausdrücklich; die Zitate waren seinen Zeitgenossen nicht nur als solche bekannt, sondern erhöhten in ihren Augen noch den literarischen Wert seiner Gedichte. Es handelt sich bei der wörtlichen oder angedeuteten Übernahme um eine in der katalanischen Literatur seiner Zeit generell weit verbreitete Technik; ein berühmtes späteres Beispiel hierfür ist Joanot MARTORELLS Ritterroman *Tirant lo Blanc*. M. de Riquer weist zu Recht darauf hin, daß Jordi de Sant Jordi als einer der letzten Epigonen der Trobadors zu gelten hat, dem man keinesfalls mit dem modernen Kriterium der Originalität gerecht werden kann. Der Einfluß italienischer Dichtung auf sein Schaffen ist, wenn man von PETRARCA absieht (für die *Cançó d'oppòsits – Kanzone der Gegensätze* läßt sich als Vorbild neben GIRAUT DE BORNELH auch das Sonett *Pace non trovo* von Petrarca nachweisen), kaum spürbar.

A.Schö.

AUSGABEN: *Obres poètiques*, Hg. J. Massó i Torrents, Barcelona/Madrid 1902. – *J. de S. J.*, Hg. M. de Riquer, Barcelona 1935. – *J. de S. J., estudio y edición*, Hg. ders., Granada 1955. – *Obra lírica*, Hg. ders., Barcelona 1982 [zus. m. Gilabert de Próixita, Andreu Febrer u. Melcior de Gualbes]. – *Les poesies de J. de S. J., cavaller valencià del segle XV*, Hg. ders. u. L. Badia, Valencia 1984 [m. Studien u. Bibliogr.].

LITERATUR: M. de Riquer, *»Stramps« y »Midons« de J. de S. J.* (in Revista Valenciana de Filología, 1, 1951, S. 9–62). – Ders., *Reconstrucción de una poesía de J. de S. J.* (in Boletín de la Sociedad Castellonense de Cultura, 28, 1952, S. 207–212). – *Comentaris al canconer de J. de S. J.* (in Serra d'Or, März 1977, S. 153–156). – M. de Riquer, *La lírica entre els trobadors i Ausias March: J. de S. J.* (in *Història de la literatura catalana*, Hg. ders., A. Comas u. J. Molas, Bd. 2, Barcelona 1984, S. 154–176).

GUILLEM DE TORROELLA

* um 1348 Mallorca
† um 1400 Palma de Mallorca

LA FAULA

(kat.; *Erzählung*). Verserzählung von Guillem de TORROELLA, entstanden vor 1375. – In der Ichform schildert der Dichter Guillem in 1269 Versen ein visionsähnliches Erlebnis: Am Johannistag reitet er zum Hafen Santa Catarina im Tal von Sóller (Mallorca). Als er am Strand vom Pferd steigt, um sich auszuruhen, erblickt er einen Wal, der von einem Papagei begleitet wird. Der Dichter besteigt den Wal, der ihn durch die Meeresfluten davonträgt. Um Mitternacht setzt der Wal den verwirrten und verängstigten Dichter wieder an Land ab. In einem Baum entdeckt er eine Schlange, die einen wunderbaren Karfunkelstein auf der Stirn trägt. Die Schlange erklärt dem Dichter, er sei auf der Illa Encantada – jener verzauberten Insel Avallon, auf die laut Überlieferung die Fee Morgana König Artus nach der Schlacht gegen seinen Sohn Mordret entrückt hatte (vgl. den anonymen *Lancelot-Gral*-Zyklus). Darauf verfällt der Dichter in tiefen Schlaf, um erst wieder am anderen Morgen zu erwachen.

Er findet einen prächtig gearbeiteten Harnisch und ein Streitroß, das ihn zu einem Garten bringt, in dem sich ein prächtiger Palast befindet. Dort empfängt ihn die Fee Morgana, entgegen der arthurischen Überlieferung ein wunderschönes junges Mädchen. Sie führt den Dichter in den (in allen Einzelheiten beschriebenen) Palast des Königs Artus. Dort erblickt der Dichter Wandgemälde, die Szenen aus den Romanen der Tafelrunde darstellen. Mittels eines Zauberrings mit einem kostbaren Saphir verwandelt Morgana die Finsternis in dem Gebäude in strahlendes Licht, das vor den Augen des staunenden Dichters eine phantastische Szenerie erstehen läßt: Auf einem kostbaren Bett sitzt ein etwa dreißigjähriger Mann, der trotz hohen Alters jugendliche Artus, der sein berühmtes Schwert Escalibor in Händen hält. Zu seinen Füßen ruhen zwei Mädchen, allegorische Gestalten, die sich als seine nun verwaisten und verwitweten Schwestern Amor (Liebe) und Valor (Tapferkeit) herausstellen. Artus beklagt den Verlust der alten Rittertugenden, die in der Gegenwart keine Bedeutung mehr hätten. Eine Reihe von markanten Episoden aus der arthurischen Überlieferung – die zumeist dem *Lancelot-Gral*-Zyklus entstammen – beleuchten schlaglichtartig die Reflexionen von Artus, mit dessen Verschwinden die Ritterwelt selbst zugrunde gegangen ist: Die letzte Schlacht in der Ebene von Salisbury und der Nachen, in dem Morgana ihren tödlich verwundeten Bruder auf die Insel Avallon entrückt, selbst das (nur im *Lancelot* und im *Roman dou Gral* überlieferte) Artus-Grab (vgl. *La mort le roi Artu*) erinnern an den schicksalhaften Augenblick, da die Blüte der Ritterschaft untergegangen ist. – Auch das Überleben von Artus wird sodann aus der – freilich abgewandelten – Überlieferung der französischen Artusepik erklärt: Einmal im Jahr suche Artus den heiligen Gral auf, der ihm durch die göttliche Speise neue Lebenskraft für ein weiteres Jahr verleihe. Als der Dichter Artus nach dem Grund seiner Melancholie fragt, deutet dieser auf die Bilder, die in sein Schwert graviert sind: Eines stelle die schlechten Könige dar, die lediglich aus Gewinn- und Herrschsucht regierten, ein anderes bilde die gerechten Könige ab, die zwar Ritterschaft und Tapferkeit hochhielten, jedoch nicht mehr über die Kraft verfügten, das Gute auch in die Tat umzusetzen. Zu guter Letzt bittet Artus den Dichter, alles Gesehene der Welt zu überliefern. Mit einem Sperber auf der Hand (ein klassisches Motiv der höfischen Literatur) und begleitet von dem Papagei und einem Rudel Jagdhunden, verläßt der Dichter Morganas Reich. Am Strand erwartet ihn der Wal, der ihn nach Mallorca zurückbringen wird.

La faula steht in der arthurischen Überlieferung ebenso singulär wie in der katalanischen Literatur. Einerseits sind die Beziehungen zu Allegorien und Visionstexten offenkundig, die sich im 14. Jh. in Katalonien großer Beliebtheit erfreuten (vgl. Bernat de So, *La vesió*, Bernat METGE, *Lo somni*). Motive aus der biblischen Jonas-Erzählung weisen in dieselbe Richtung visionärer Literatur wie Hinweise auf den Johannistag, der im Volksglauben traditionell für Geistererscheinungen und übersinnliche Phänomene prädestiniert ist. Diese allegorisch-visionäre Präsentation erlaubt es dem Autor, die Artusdichtung, die als Inbegriff der Fiktion in Katalonien nicht heimisch werden konnte, in seinen Text in breitester Form zu integrieren: Neben dem *Lancelot*-Roman, dessen markanteste Episoden (Galahot-Episode, Gralsuche, Artus' Tod) erwähnt werden, finden sich zahlreiche Hinweise, die davon zeugen, daß der Autor nicht nur mit den Hauptwerken der altfranzösischen Literatur vertraut war, sondern auch mit der antiken Überlieferung durchaus bekannt war.

Als allegorisches Werk hat *La faula* deutlich didaktische Tendenzen, wie sie für die spätmittelalterliche Funktion des Artusstoffes charakteristisch sind: Nicht die Vermittlung eines unterhaltsamen, spannenden Stoffes, sondern die Reflexion über die Dekadenz des Feudaladels, dessen Inbegriff während zweier Jahrhunderte König Artus und die Ritter der Tafelrunde waren, ist das oberste Ziel der Erzählung. So singulär *La faula* auch innerhalb der altkatalanischen Literatur als Text um König Artus steht, hat man doch gelegentlich okzitanische, ja sogar sizilisch-normannische Vorlagen vermutet, was mittlerweile jedoch ernsthaft bezweifelt wird. Trotz ihrer einmaligen literaturgeschichtlichen Stellung ist die ansprechende Erzählung keineswegs unbekannt geblieben, wie nicht nur mehrere Handschriftenzeugnisse belegen, sondern vor allem die Übernahme der Artusfabel in das Hauptwerk der katalanischen Literatur, den Ritterroman *Tirant lo Blanc* von J. MARTORELL (vgl. dort), von dem aus die Begegnung des Dichters mit Morgane und den Gestalten des Artuskreises in die kastilische Romanliteratur (vgl. vor allem RODRÍGUEZ DE MONTALVOS *Las Sergas de Esplandián*) gelangte, um noch einen fernen Nachhall in der Montesinos-Episode des *Don Quijote* zu erfahren. G.Wil.

AUSGABEN: Barcelona 1906 (in *Cançoner dels comtes d'Urgell*, Hg. G. Llabrés). – Tarragona 1984, Hg. P. Bohigas u. S. Vidal Alcover.

LITERATUR: W. J. Entwistle, *The Arthurian Legend in the Literatures of the Spanish Peninsula*, Ldn. 1925. – J. Massó Torrents, *Repertori de l'antiga literatura catalana*, Bd. 1, Barcelona 1932, S. 501–511. – *Arthurian Literature in the Middle Ages – A Collaborative History*, Hg. R. S. Loomis, Oxford 1959. – J. de Caluwé, *Quelques réflexions sur la pénétration de la matière de Bretagne dans les littératures occitane et catalane médiévales* (in *Arthurian Tapestry*, Hg. K. Varty, Glasgow 1981, S. 349 bis 367). – M. de Riquer, *Historia de la literatura catalana*, Bd. 2, Barcelona 1984, S. 206–220. – G. Wild, *Die Geburt der neuen Texte aus dem Geist von Artus' Tod* (in *Artusroman und Intertextualität*, Hg. F. Wolfzettel, Gießen 1990, S. 215–234). – Ders., *Ausgrenzung und Integration katalanischer Themen im katalanischen Mittelalter* (in Zeitschrift für Katalanistik, 3, 1990, S. 67–89).

ANSELM TURMEDA

* zwischen 1352 und 1355 Palma de Mallorca
† nach 1423 Tunis

LA DISPUTA DE L'ASE CONTRA FRARE ANSELM

(kat.; *Das Streitgespräch des Esels gegen Bruder Anselm*). Fabelerzählung von Anselm TURMEDA, entstanden um 1417; veröffentlicht 1509. – Der Erstdruck wurde von der Inquisition wegen des antiklerikalen Inhalts restlos vernichtet, so daß das Werk nur durch die französische Übersetzung (Lyon 1544) bekannt wurde; aus dem katalanischen Original ist lediglich der Anhang, die *Prophezeiung des Esels*, erhalten geblieben. – Die einfache Fabel erzählt, wie Bruder Anselm sich auf der Flucht vor dem Lärm der Städte in einen Wald verirrt. Im Traum gerät er in eine Versammlung von Tieren, die gekommen sind, ihrem König, dem Löwen, zu huldigen. Bruder Anselm wird zu einem Streitgespräch vor dem Hof aufgefordert. Seine Gegner sind die Laus, der Floh und einige andere Kleintiere, vor allem aber ein krummbeiniger, schlauer alter Esel, der die Argumente des Bruders Anselm, welche die Überlegenheit der Menschen über die Tiere beweisen sollen, glänzend widerlegt und die Eitelkeit, Verblendung und Hinfälligkeit des menschlichen Geschlechtes aufdeckt.

Das Streitgespräch ist in den Einzelteilen sorgfältig komponiert und entfaltet sich in kunstvoller Steigerung; die Sprache ist dem Charakter der Redenden genau angepaßt. Neben vielen ironischen und humoristischen Szenen sind mehrere kleine Geschichten in das Werk eingeflochten, in denen der Esel die sieben Todsünden vorstellt. Dieser Stoff stammt aus italienischem Erzählgut (das vor Turmeda weder in Katalonien noch im damaligen Spanien benutzt worden ist); der frivole Ton und die boshafte Zweideutigkeit verweisen auf den Stil der französischen *fabliaux*. Alle diese eingestreuten Erzählungen sind antiklerikal; sie geißeln die Laster des Weltklerus und vor allem der Ordensleute. So wird in der ersten Erzählung geschildert, wie der Franziskanerpater Joan Juliot aus Tarragona die

Einfalt seines Beichtkindes Tecla ausnutzt: Unter dem Vorwand, sie habe den Kirchenzehnten zu zahlen, verführt er sie.
Die Grundzüge der Hauptfabel hat Turmeda einem arabischen, in der *Enzyklopädie der Brüder der Reinheit* (10. Jh.) enthaltenen Apolog entnommen, der wiederum auf eine frühe Version des *Physiologus* zurückgeht. *Das Streitgespräch des Esels* übertrifft jedoch die Vorlage durch die satirische Schärfe, die sozialkritischen Züge und durch die lebendige Charakterisierung der Tiere, besonders des Esels, der mit rhetorischer Eleganz und blendender Logik die Meinung des Autors vertritt. Souverän beherrscht er das Gespräch: »*Bruder Anselm! Bruder Anselm! Denken, ehe man redet, ist ein Zeichen von Weisheit. Ihr aber tut das Gegenteil: Ihr sprecht, ohne vorher gedacht zu haben, und das ist eine große und ungeheure Torheit.*« Geistesgeschichtlich betrachtet ist Turmedas Erzählung eine kritische Abrechnung mit dem dogmatischen, traditionsgebundenen Denken des Mittelalters aus dem aufklärerischen Geist des Averroismus und der skeptischen Gesinnung der Frührenaissance. A.F.R.

Ausgaben: Barcelona 1509 [kein Ex. erhalten]. – Lyon 1544 [frz. Übers.]. – Paris 1911 (in RH, 24, Hg. Foulché-Delbosc, frz.; m. einem Teil des kat. Orig., Hg. J. Rubió; auch in J. Rubió, *Un text català de la Profecia de l'Ase de fra A. T.*, in Estudis Universitaris Catalans, Nr. 6, Barcelona 1913, S. 9–24). – Barcelona 1928, Hg. M. Olivar (kat. Übers.; Els nostres Clàssics, 18; ern. 1980). – Madrid 1986 [kat.-span.].

Literatur: E. Aguiló, *Fray Anselmo T.* (in Museo Balear, 1, 1884–1885, S. 99–100). – J. Miret i Sans, *Vida de Fray Anselmo T.* (in RH, 24, 1911, S. 289–290). – A. Calvet, *Fray A. T., heterodoxo español*, Diss. Barcelona 1914. – M. Asín Palacios, *El original árabe de la »Disputa del asno« contra fray A. T.* (in Revista de Filología Española, 1, 1914, S. 1–51; auch in M. A. P., *Huellas del Islam*, Madrid 1941). – N. d'Olwer, *A. T.* (in N. d'O., *Paisatges de la nostra història*, Barcelona 1929). – E. Sans, *Fra A. T. en 1402* (in Estudis Universitaris Catalans, 3, Barcelona 1936, S. 405/406). – T. u. J. Carreras y Artau, *Historia de la filosofía española. Filosofía cristiana de los siglos XIII al XV*, Bd. 2, Madrid 1943, S. 84–87. – M. de Montoliu, *Les grans personalitats de la literatura catalana*, Bd. 4, Barcelona 1959, S. 78–82; 86–93. – M. de Epalza, *Nuevas aportaciones a la biografía de fray A. T. (Abdallah al-Turchuman)* (in Analecta Sacra Tarraconensia, Nr. 34, Barcelona 1965, S. 87–158). – L. Vidal, *Esbozo comparativo del pluralismo pedagógico en Ramón Llullo y A. T.* (in Perspectivas pedagógicas, Nr. 28, Barcelona 1971, S. 497–502). – F. Rico, *Pedro de Veragüe y fra A. T.* (in BHS, 50, 1973, S. 224–236). – J. Samsó, *Turmediana* (in Boletín de la Real Academia de Buenas Letras de Barcelona, Nr. 34, Barcelona 1975, S. 51–85). – A. Guy, *La pensée ambigüe de T. l'islamisé* (in *Philosophes ibériques et ibéro-américains en exil*, Toulouse 1977, S. 11–56). – M. de Epalza, *A. T.*, Palma de Mallorca 1983. – M. de Riquer, *»La disputa de l'ase«* (in *Història de la literatura catalana*, Hg. ders., A. Comas u. J. Molas, Bd. 2, Barcelona 1984, S. 466 bis 476).

ARNAU DE VILANOVA

* 1238/40 Valencia (?)
† 1311 Genua

Literatur zum Autor:
P. Diepgen, *Arnald von Villanova als Politiker und Laientheologe*, Bln./Lpzg. 1909. – Ders., *Studien zu Arnald von Villanova, I. Der Lebens- und Bildungsgang Arnalds v. V.* (in Archiv für Geschichte der Medizin, 3, Lpzg. 1909, S. 125–130). – J. M. Pou, *Visionarios, berguinos y fraticelos catalanes*, Vic 1930. – M. Menéndez y Pelayo, *Historia de los heterodoxos españoles*, Bd. 2, Madrid 1947, S. 247–292. – J. Carreras i Artau, Vorw. zu A. de V., *Obres catalanes*, Bd. 1, Barcelona 1947, S. 11–49. – R. Verrier, *Arnaud de Villeneuve*, Leiden 1947–1949. – Salvador de les Borges, *A. de V., moralista*, Barcelona 1957. – M. de Montoliu, *Ramon Llull i A. de V.* (in M. de M., *Les grans personalitats de la literatura catalana*, Bd. 2, Barcelona 1957–1962). – J. A. Paniagua, *Estudios y notas sobre A. de V.*, Madrid 1963. – M. de Riquer, *A. de V.* (in *Història de la literatura catalana*, Hg. M. de R., A. Comas u. J. Molas, Bd. 1, Barcelona 1984, S. 353–372). – P. Santonja, *A. de V. Les ciències ocultes i influències del pensament àrab i hebreu* (in Estudies de lengua i literatura catalanes, 11, 1985, S. 71–86). – F. Santi, *A. de V. L'obra espiritual*, Valencia 1987.

CONFESSIÓ DE BARCELONA

(kat.; *Bekenntnis von Barcelona*). Theologische Streitschrift von Arnau de Vilanova, entstanden 1305. – In dieser Niederschrift, einer am 11. 7. 1305 in Barcelona vor dem katalanischen König Jaume II und seinem Hof gehaltenen Verteidigungsrede, faßt Vilanova die Grundgedanken seines berühmten lateinischen Werkes *De adventu Antichristi* zusammen, das gegen die »*Dummköpfe, Unwissenden, Glaubensfeinde und Ketzer*« gerichtet ist, die zu behaupten wagen, die *Heilige Schrift* habe nichts über die Ankunft des Antichrist offenbart. Während dem Arzt Vilanova das Verdienst zukommt, sich in der Medizin auf den gesunden Menschenverstand und die Erfahrung gestützt zu haben, wirkt er in seinen pseudotheologischen Spekulationen exzentrisch. In der *Confessió* beruft er sich vor allem auf die *Bibel* und deren Dunkelheiten und Geheimnisse, in die er mit seinem scharfen Verstand logisch und systematisch einzudringen versucht. Von seinen mannigfaltigen Quellen sind die *Offenbarung des Johannes*, die *Paulus-Briefe* und die Angaben des Matthäus über den Antichrist zu nennen, vor allem aber die Schriften der mittelalterlichen Visionäre, die chiliastisch-eschatologischen Spekulationen des Abtes GIOACCHINO DA FIORE, die franziskanische Mystik der Spiritualen sowie die Kabbala und manichäisches Gedankengut verschiedener Herkunft. Mit dieser Schrift, die das prophetische Selbstbewußtsein einer starken Persönlichkeit verrät, folgt Vilanova den auf Reform der Kirche, der Gesellschaft und des Privatlebens zielenden Bestrebungen mittelalterlicher Sekten. Sprachlich ist das Werk, das Vilanova als einen im Lateinischen geschulten Schreiber ausweist, von besonderer Bedeutung, weil es theologische Gedankengänge in direkter und kraftvoller Volkssprache, auch mit Rückgriff auf populäre Ausdrükke, darstellt. A.F.R.-KLL

AUSGABE: Barcelona 1947 (in *Obres catalanes*, Hg. M. Batllori u. J. Carreras y Artau, 2 Bde., 1; m. Einl. u. Bibliogr.).

LITERATUR: R. d'Alós-Moner, *»Confessió de Barcelona«* (in Quaderns d' Estudi, 13, 1921). – J. Carreras y Artau, *La polémica gerundense sobre el Anticristo entre A. de V. y los domínicos* (in Anales del Instituto de Estudios Gerundenses, 5, 1950, S. 1–58). – F. Pelster, *Die Quaestio Heinrichs von Harclay über die zweite Ankunft Christi und die Erwartung des baldigen Weltendes zu Anfang des 14. Jh.s* (in Archivio Italiano per la Storia della Pietà, 1, 1951, S. 25–82).

RAONAMENT D'AVINYÓ

(kat.; *Die Rede von Avignon*). Geistlich-polemischer Traktat von Arnau de VILANOVA, entstanden 1310. – Zu Beginn seiner Schrift, der erweiterten Fassung einer im September 1309 vor Papst Klemens V. (reg. 1305–1314) und dem päpstlichen Hof in Avignon gehaltenen Rede, bezeichnet sich Vilanova als *»anafil del salvador«* (*»Trompeter des Heilands«*), verkündet das Ende der Welt und sagt die Ankunft des Antichrists im Jahre 1340 voraus. Dann unterzieht er Kirche und Gesellschaft einer scharfen Kritik. Bei den Geistlichen und Theologen sei die katholische Lehre zu einem System müßiger Spekulationen erstarrt, während sich die übrigen Menschen darauf beschränkten, daß sie *»als Kind die Taufe empfangen, sich mit den Lippen als Christen bekennen und den Gottesdiensten beiwohnen, bei denen Mörder, Ehebrecher, Räuber, Wucherer, Verräter und Missetäter aller Art zusammenkommen«*. Die Gesellschaft sei vor allem in den oberen Schichten in bedenklicher Verfassung: verblendet oder von schlechten Ratgebern verleitet die Fürsten, feige Schmeichler die kirchlichen Würdenträger, käuflich die Beamten und Richter, die Edlen und großen Herren ein Haufen von Wegelagerern und Plünderern. Schlimmer als die Tiere, auf denen sie reiten, sind sie alle, in deren Händen die Lenkung der Christenheit liegt. Und als Sophisten, die das christliche Volk mit scholastischen Wortklaubereien verwirren, bezeichnet Vilanova die Prediger, vor allem die Dominikaner und Franziskaner. Goliarden sind sie, leichtlebige Vaganten, die *»sich in den Kneipen die Kehle begießen«*. Die Schrift endet mit Angaben zur Person des Verfassers: Als einen »Mistkäfer«, einen Menschen ohne Stellung und Rang habe Gott ihn erweckt und ihn *»durch zahlreiche Orte der Christenheit wandern«*, ihn *»den Höchsten der Christenheit entgegentreten«* lassen. *»Mancher behauptet, ich sei ein Phantast, andere nennen mich Schwarzkünstler, Zauberer, Heuchler, Ketzer, Papst der Ketzer.«* Doch habe niemand auch nur ein Haar seines Schnauzbartes zu krümmen vermocht, weil Gott mit ihm sei.

Kritik am Klerus, am Mönchtum, an der Kurie, an den Königen und hohen Herren, an Papst und Kaiser war in dieser Vehemenz im ganzen Mittelalter geübt worden – von Menschen unterschiedlichster Kondition, nicht zuletzt auch von den Vaganten (vgl. *Carmina Burana*). Daß der Angriff hier von einem der berühmtesten Ärzte und Alchimisten ausgeht, den Papst und Könige umwarben, gibt der Polemik ein besonderes Gewicht. Im übrigen ist Vilanova ebensowenig ein Reformator des Glaubens oder der Gesellschaft wie die meisten Kritiker vor und nach ihm. Was er, der von der eschatologischen Zeitströmung ergriffen war, bewirken möchte, ist angesichts des bevorstehenden Jüngsten Gerichts die sittliche Umkehr der Menschen, wobei ihm ein im Geist des Evangeliums geläutertes Christentum vorschwebt, wie er es bei den Spiritualen und Begharden Okzitaniens kennengelernt hatte, das seit den Zeiten der Albigenser und Waldenser eine Heimstätte der sittlich-religiösen Erneuerung des Abendlandes war. A.F.R.

AUSGABE: Barcelona 1947 (in *Obres catalanes*, Hg. M. Batllori; Einl. J. Carreras i Artau, 2 Bde., 1).

LITERATUR: M. Batllori, *»Ço que ara s'és descubert en la provincia de Toscana«* (in Estudis Romànics 2, 1949/50, S. 165–170). – M. de Montoliu, *Roman Llull i A. de V.*, Barcelona 1958 [m. Bibliogr.]. – B. Töpfer, *Das kommende Reich des Friedens. Zur Entwicklung chiliastischer Zukunftshoffnungen im Hochmittelalter*, Bln. 1964. – M. de Riquer, *Història de la literatura catalana*, Bd. 1, Barcelona 1964, S. 369–372.

Anonyme Werke

Curial e güelfa

(kat.; *Curial und Güelfa*). Anonym überlieferter katalanischer Liebes- und Ritterroman, 1876 von Manuel Milà i Fontanals entdeckt; das einzige Manuskript wird in der Madrider Nationalbibliothek aufbewahrt, der erste Druck des ursprünglich titellosen Werkes – der moderne Titel geht auf den Entdecker zurück – erschien 1901. – Die Niederschrift dürfte im 15. Jh. – etwa zwischen den Jahren 1435 und 1462 – erfolgt sein; möglicherweise sind zwei Verfasser anzusetzen. Unwahrscheinlich scheint die 1991 von Jaume Riera Sans erstmals vertretene These, es handele sich um eine aus dem 19. Jh. stammende Fälschung des Entdeckers.
Das Werk ist in drei Bücher eingeteilt; unter Umständen gehen das erste Kapitel des ersten Buches, der Schlußteil des zweiten sowie das gesamte dritte Buch auf einen anderen Verfasser zurück als der überwiegende Teil des ersten und zweiten Buches. Das erste Kapitel nennt das Ziel des Werkes: am (warnenden) Beispiel einer leid- und mühevollen Liebesbeziehung, die erst nach vielen Schicksalsschlägen und langer Zeit zu einem glücklichen Ende findet, soll auf die Gefährlichkeit und Beschwerlichkeit von Liebesbeziehungen allgemein hingewiesen werden. Obwohl die Handlung größtenteils in Italien, Deutschland, Frankreich und Nordafrika spielt, liegt ein in der katalanischen Kultur und Mentalität verwurzeltes Werk vor, welches auch nachdrücklich und enkomiastisch den katalanisch-aragonesischen König Peter den Großen (Pere el Gran; reg. 1276–1287) lobt. Verschiedene Herrschergestalten und Personen aus verschiedenen Zeiten erscheinen als Zeitgenossen, auch der alte Streit zwischen Ghibellinen und Welfen (Guelfen) spiegelt sich in den zwei weiblichen Hauptfiguren Laquesis und Güelfa wider. Man erhält den Eindruck, daß in weiten Teilen das 13. Jh. – eine »große« Zeit für Katalonien – aus der Sicht des 15. Jh.s dargestellt wird.
Im ersten Buch werden die Hauptpersonen Curial und Güelfa vorgestellt. Güelfa ist eine junge, schöne und reiche Witwe, die am Hofe ihres Bruders, des Herzogs von Monferrat(o) (Italien) lebt; Curial, der aus einer armen – katalanischen, so ein späterer Zusatz (ursprünglich dürfte es sich um eine lombardische Herkunft gehandelt haben) – Familie stammt und von zu Hause geflohen ist, wird am Hofe des Herzogs in höfischer Tradition erzogen und reift zum Ritter heran. Güelfa verliebt sich in ihn und ergreift die Initiative zu einer wechselhaften, langwierigen Liebesbeziehung. Infolge übler Nachrede muß Curial den italienischen Hof verlassen und als fahrender Ritter durch das Heilige Römische Reich deutscher Nation sowie durch Frankreich ziehen, wobei er von Güelfa durch ihren Vertrauten Melchior de Pando unterstützt wird. In Österreich wird er vom deutschen Kaiser zum Ritter geschlagen, errettet eine Tochter des Herzogs von Bayern vor dem Tod auf dem Scheiterhaufen und bekommt zur Belohnung die Hand deren Schwester Laquesis angeboten. Die psychologische Entwicklung des Ritters, der sich zwischen beiden Frauen hin- und hergerissen fühlt und sich letztendlich nicht selbst zu einer Entscheidung durchringt, sondern jeweils durch die Umstände zu einer solchen veranlaßt sieht, wird feinfühlig und differenziert geschildert. Güelfa erhält Kunde von diesen Vorgängen und zeigt sich eifersüchtig; Curial kehrt vorübergehend nach Monferrat zurück und stellt ein weiteres Mal in einem Turnier sein ritterliches Können unter Beweis.
Das zweite Buch spielt zu einem großen Teil in Frankreich, wo Curial weitere ritterliche Heldentaten im Zweikampf und im Turnier vollbringt und Laquesis wiedertrift. Durch (allerdings zum Teil berechtigte) üble Nachrede verliert er Güelfas Gunst; deren Wiedererlangung wird an eine scheinbar unerfüllbare Bedingung geknüpft. Als er sich daraufhin entscheidet, sein Glück mit Laquesis zu versuchen, kommt er zu spät; die Bayerin, die ihn ursprünglich mehr liebte als er sie, hat inzwischen auf Drängen des französischen Königs einen anderen geheiratet.
Das dritte Buch, das anders als der größte Teil der ersten beiden Bücher voller mythologischer und literarischer Anspielungen ist und auf einen Kleriker als Verfasser zurückzugehen scheint, schildert Curials Reise ins Heilige Land – eine Schlüsselstelle ist sein Zusammentreffen mit dem einst von ihm in Frankreich in einem Kampf auf Leben und Tod besiegten, von ihm verschonten und zum Mönch gewordenen Sanglier de Vilahir auf dem Berg Sinai; dieser versucht vergeblich, Curial von der Nichtigkeit jeglicher Liebe und von der Sinnlosigkeit des Rittertums zu überzeugen – und nach Griechenland, einen Schiffbruch und sieben lange Jahre in der Sklaverei; unter anderem verliebt sich die Tochter seines arabischen Besitzers, Camar, in ihn und begeht Selbstmord, um eine andere, von ihr nicht erwünschte Ehe mit dem König von Tunis zu vermeiden. Nachdem Curial und einem katalanischen Mitgefangenen schließlich unter Mitführung eines Schatzes die Rückkehr ins christliche Europa geglückt ist und er erneut von Güelfa abgewiesen wurde, bewährt er sich – nach vorübergehenden Ausschweifungen in Gelagen und Liebesorgien – im Kampf gegen die Türken und mehrt seinen Reichtum. Es gelingt ihm, Güelfas scheinbar unerfüllbare Bedingung zur Erfüllung zu bringen und sie zu heiraten, wobei am Ende der Erzählung deutlich auf die Erfüllung des sexuellen Verlangens hingewiesen wird, das bereits zu Beginn als Ursache für vieles Leid dargestellt wurde.
Nach *Tirant lo Blanc(h)* darf *Curial e Güelfa* als zweiter großer bedeutender Ritterroman des ausgehenden katalanischen Mittelalters gelten. Dem

bemerkenswerten psychologischen Realismus, der auch verschiedene Träume und Traumdeutungen miteinschließt, der ersten beiden Bände stehen die zum Teil moralisierenden Allegorien und die vielfältigen Zitate des dritten Bandes gegenüber. Die vielen kleinen Episoden und Abenteuer, die Curial zu bestehen hat, bleiben an Bedeutung angesichts der Entwicklung und dem Verlauf seiner Liebe zu Güelfa (und zeitweise zu Laquesis) im Hintergrund. Der Einfluß des italienischen Frühhumanismus, des *Novellino*, der lateinischen, katalanischen, altfranzösischen und italienischen Literatur – insbesondere der »tre corone« Boccaccio, Dante und Petrarca, die häufig zitiert werden – ist im gesamten Werk manifest. A. Schö.

Ausgaben: Barcelona 1901, Hg. A. Rubió i Lluch [erster Druck nach dem einzigen überlieferten Ms.]. – Barcelona 1932 (*Curial e Guelfa*, Hg. R. Miguel i Planas). – Barcelona 1930–1933 (*Curial e Güelfa*, Hg. R. Aramon i Serra, 3 Bde.). – Barcelona 1979, Hg. M. Gustà [m. Vorw. v. G. E. Sansone].

Literatur: R. Aramon i Serra, *»Curial e Güelfa«* (in RFE, 21, 1934, S. 407–416). – Ders., *L'humorisme del »Curial e Güelfa«* (in *Homenatge a A. Rubió i Lluch*, Bd. 3, Barcelona 1936, S. 703–723). – R. Brummer, *Dante in der katalanischen Literatur bis zum Ausgang des 15. Jh.s* (in ZfrPh, 82, 1966, S. 78–88). – M. de Riquer, *»Curial e Güelfa«* (in *Història de la literatura catalana*, Hg. ders., A. Comas u. J. Molas, Bd. 3, Barcelona 1984, S. 276 bis 305). – A. Espadaler, *Una reina per a Curial*, Barcelona 1984. – P. J. Boehne, *The Renaissance Catalan Novel*, Boston 1989 (TWAS). – A. Schönberger, *»Tirant lo Blanc« (1490) und »Curial e Güelfa« (ca. 1450): Formen ritterlicher Liebe im späten katalanischen Mittelalter* (in Zeitschrift für Katalanistik, 4, 1991, S. 174–248).

II. Von der Renaixença bis zur jüngsten Gegenwart. 19. und 20. Jahrhundert

JOAN ALCOVER

* 3.5.1854 Palma de Mallorca
† 26.4.1926 Palma de Mallorca

LITERATUR ZUM AUTOR:
J. M. Llompart, *La literatura moderna a les Balears*, Palma de Mallorca 1964, S. 88–97. – Ders., *J. A. (La història d'un home)*, Palma de Mallorca 1964. – A. Comas, *J. A.: Aproximació a l'home, al seu procés i a la seva obra*, Barcelona 1973. – *J. A. en els seus millors escrits*, Hg. J. Vidal i Alcover, Barcelona 1976. – J. Fuster, *Literatura catalana contemporània*, Barcelona 1976. – M. de la Pau Janer Mulet, *L'escola mallorquina* (in Hispanorama, 40, Juni 1985, S. 107–109). – J. Castellanos, *J. A.* (in *Història de la literatura catalana*, Hg. M. de Riquer, A. Comas u. J. Molas, Bd. 8, Barcelona 1986, S. 357–368).

CAP AL TARD

(kat.; *Gegen Abend*). Gedichtsammlung von Joan ALCOVER, erschienen 1909. – Joan Alcover, neben Miguel COSTA I LLOBERA (1854–1922) herausragendster Vertreter der mallorquinischen Dichterschule, wurde durch die Trauer um seine erste Frau und viel zu früh verstorbenen Kinder zu seinen besten Dichtungen inspiriert. Nach ersten literarischen Versuchen in spanischer Sprache schrieb er von 1903 an den besten Teil seines Werks auf katalanisch. *Cap al tard*, sein bedeutendster Gedichtband, besteht aus vier Teilen: *Cançons de la serra (Berglieder)*, *Elegies (Elegien)*, *Endreces (Widmungsgedichte)* und *Juvenils (Jugendgedichte)*. Die *Cançons de la serra* und die *Elegies* enthalten seine wichtigsten Gedichte. – Die *Berglieder* beschwören in verschiedenen Ausprägungen ein bäuerliches Szenarium, Symbol für ein freies Leben, auf das der Dichter verzichten mußte. In dem Gedicht *La Balanguera* (eine Art dreieinige katalanische Schicksalsgöttin) werden verschiedene Aspekte des kollektiven Lebens seiner Heimat und die Vergänglichkeit menschlichen Seins angesprochen. In der Vertonung durch Amadeu Vives wurde *La Balanguera* – von der mallorquinischen Sängerin Maria del Mar Bonet interpretiert – zur inoffiziellen, doch eigentlichen »Hymne Mallorcas«. – Die *Elegies* bringen die schmerzliche Erfahrung und Resignation eines Mannes zum Ausdruck, der sich der Realität seines Lebens stellt und die Wechselfälle des Schicksals gefaßt erträgt. Die Gedichte, welche den Tod seiner ersten Frau und seiner Kinder Teresa und Pau betrauern, sind hierfür eindrucksvolle Zeugnisse.

Charakteristisch für *Cap al tard* ist die Beschreibung einer humanisierten, oft mit Figuren bevölkerten Landschaft: Mensch und Landschaft fügen sich harmonisch in ein großes Gesamtbild ein. Lediglich an einer Stelle – in *El vianant (Der Wanderer)* – zerstört die menschliche Gegenwart mit der Vision eines Richtplatzes inmitten einer vollkommenen Morgendämmerung in den letzten beiden Versen diese Harmonie und verweist auf die menschliche Fähigkeit, den natürlichen Lebensrhythmus zu unterbrechen. Ganz im Gegensatz hierzu enthält *L'ermità qui capta (Der Einsiedler, der um Almosen bittet)* Alcovers Kontemplationstheorie, die mit der Einstellung des Dichters zur Natur untrennbar verbunden ist; sie bewirkt eine Vertiefung der Menschenkenntnis, indem der Mensch sich auf ein intensives und bewußtes Zusammenleben mit seiner Umgebung, mit dem Objekt der Kontemplation einläßt. In den Augen des Dichters besitzt die Natur nicht selten die menschliche Fähigkeit, Schmerz und Leid zu empfinden (z. B. *Cançó dels pins*). Auch in den Gedichten *Ave Maria*, *El rei (Der König)* und *Notes de Deià (Bemerkungen aus Deià)* herrscht die ausgewogene, heitere Landschaftsbeschreibung vor, die in *La serra* durch die panoramaartige Darstellung einer bevölkerten Landschaft besondere Lebendigkeit gewinnt. Kollektive und alltägliche Aspekte des menschlichen Lebens treten in perfekter Anpassung an die Umgebung hervor. Gelegentlich wird das Landschaftsbild mit einem Anflug von Wehmut und Sehnsucht gesehen, z. B. in *La serra* und *La sirena*; letztere verkörpert in einer mythischen Frauengestalt das Sinnbild eines idyllischen Lebens. Während die menschlichen Lebensumstände, wie Alcover sie in *La serra* evoziert, als frei, patriarchalisch, ländlich und primitiv charakterisiert werden können, spricht er in *La sirena* eher von instinktiven, naturverbundenen Lebensformen. Die Landschaft wirkt hier fast immer irreal und idealisiert. Ein aus der mallorquinischen Dichtungstradition entnomme-

nes Schlüsselsymbol, das Alcover häufig verwendet, ist das des Baums. Gelegentlich symbolisiert dieser bestimmte individuelle Konzepte, wie das der Freiheit in *La cançó dels pins (Das Pinienlied)*, häufiger dient er aber der Versinnbildlichung von Dauer und Ewigkeit. Die Landschaft fungiert oft als feste visuelle Achse, von der aus eine menschliche Figur ihre Umgebung betrachten und in dieser ihre Seelenruhe finden kann. Natur wird in sich ruhend, als Sinnbild der Dauer und als Gegensatz zum kurzen, vergänglichen, unsicheren und unbeständigen Leben der Menschen verstanden.
Für das reife Werk Alcovers ist die Bindung an die katalanische Sprache und Tradition ebenso signifikant wie seine Auffassung einer sozialen Dimension jeglicher Kunst als zutiefst mit dem Leben verbundener Manifestation des Humanen. *Cap al tard* ist das beste Beispiel für seinen reifen katalanischen Humanismus. M.P.J.

Ausgaben: Barcelona 1909. – Barcelona 1951 (in *Obres completes*, Hg. M. Ferrà u. J. Pons i Marquès). – Barcelona 1981, Hg. C. Arnau.

Literatur: J. M. Llompart, *»Cap al tard« de J. A.* (in *Guia de la literatura catalana contemporània*, Hg. J. Castellanos, Barcelona 1973, S. 129–145). – J. Hösle, *Die katalanische Literatur von der Renaixença bis zur Gegenwart*, Tübingen 1982, S. 39/40.

Gabriel Alomar

* 7.10.1873 Palma de Mallorca
† 7.8.1941 Kairo

Literatur zum Autor:
J. M. Llompart, *La literatura moderna a les Balears*, Palma de Mallorca 1964. – J. A. Marfany, *G. A., oblidat* (in *Aspectes del modernisme*, Barcelona 1975, S. 253–265). – G. Mir, *G. A.: Nacionalisme i escola mallorquina* (in Randa, 6, 1977, S. 174–181). – J. Castellanos, *G. A.* (in *Història de la literatura catalana*, Hg. M. de Riquer, A. Comas u. J. Molas, Bd. 8, Barcelona 1986, S. 373–377).

EL FUTURISME

(kat.; *Der Futurismus*). Vortrag von Gabriel Alomar, erschienen 1905. – Der am 18. Juli 1904 in Barcelona gehaltene Vortrag des katalanischen Altphilologen und Schriftstellers bewertet den seit dem 19. Jh. für die sprachliche und nationale Selbstbestimmung des katalanischen Volkes eintretenden Katalanismus nicht nur als literarische Renaissance einer Sprache und Kultur, sondern auch als politisch relevantes Phänomen. Soweit bekannt, wurde in diesem Vortrag zum erstenmal der Terminus *futurisme* (Futurismus) benutzt.
El futurisme zählt zu Alomars erfolgreichsten Schriften. Als Grundbestandteile der Gesellschaft werden einerseits traditionalistische Mentalität und die Wirkungen der Vergangenheit auf die Gegenwart, andererseits Widerspruchsgeist und Traditionsbruch im jeweils individuellen Sozialisationsprozeß der Menschen gewertet. Dieser enthält sowohl ein negatives als auch ein positives Element, die Negation des Gegenwärtigen und die Affirmation der Zukunft. Die Geschichte stellt sich als ewiges Ringen zwischen Mensch und Natur dar; wie die Natur versucht, den Menschen durch Schmerz, Krankheit und Tod wieder in sich zu integrieren, so strebt der Mensch seit jeher danach, die Natur zu überwinden und ihre gewaltigen Kräfte für sich nutzbar zu machen. Die verstandesgemäße Erkenntnis ermöglicht ihm, die Natur zu humanisieren und seiner spezifischen Lebensgestaltung zu unterwerfen, ohne hierbei an ein ewiges Bestehen der Welt zu glauben. Aus dem Positivismus gewonnene Bildungswerte müssen in einer fruchtbaren Synthese in neu zu schaffende Lebensnormen eingebracht werden. Zwar ist Tradition als fundamentaler Bestandteil der Kultur und als gesellschaftliche Energiequelle generell von Wert, jedoch sind emanzipatorisch-aufklärerische von repressiven, wissenschaftsfeindlichen Traditionslinien zu unterscheiden. Erstere weisen den Futuristen in ihrem Glauben und Eintreten für eine bessere Menschheit den Weg; sie erkennen zukünftige Gesellschaften und Staaten intuitiv und gewinnen in Überwindung des Überkommenen an Persönlichkeit. Futuristen sind Schöpfer, »Poeten« in der altgriechischen Bedeutung des Wortes. Poesie als Synthese der menschlichen Besorgnisse um die Zukunft ist die höchste Stufe auf dem Weg der menschlichen Läuterung, der Poet erfüllt somit auch eine soziale Mission, er nimmt gleichsam ein Priesteramt wahr.
In der Anwendung dieses Futurismuskonzepts auf die katalanische Realität seiner Zeit spricht Alomar von der Notwendigkeit, die progressiven gesellschaftlichen Kräfte der Zeit zu unterstützen. Der lebendige Katalanismus wird nur in futuristischer Ausprägung dauerhaft Erfolg haben. Der reine Katalanismus hat sich in zwei Perioden, einer romantischen und einer aktiven, politischen, dem ersten Schritt zu seiner Liberalisierung, entwickelt. Katalonien will mit seinem Eintreten für die freie Selbstbestimmung der Völker und gegen den normierenden Zwang des spanischen Unitarismus durch seine Integration in eine neu zu schaffende föderative Union einen nationalen Bewußtseinswandel auslösen, zum Vorteil der Vitalität einer aus unversehrt erhaltenen Teilen bestehenden neuen Gemeinschaft. Die Zukunft wird generell optimistisch gesehen.
Fünf Jahre nach der Veröffentlichung dieser Rede benutzte der italienische Schriftsteller Filippo Tommaso Marinetti den Begriff *futurismo* zur

Kennzeichnung einer neuen Kunsttheorie. Direkte Beziehungen lassen sich aber ebensowenig feststellen wie inhaltliche Ähnlichkeiten. Im Gegensatz zu Marinettis *Futuristischem Manifest* handelt es sich bei Alomars Schrift um eine politisch-kulturelle »Predigt« im Stil des Fin de siècle. Die Auffassungen des Aufsatzes *El futurisme* sind in Alomars literarisches Werk – ein Gedichtband *La columna de foc (Die Feuersäule)* und einige Prosaerzählungen *Un poble que es mor (Ein Volk im Sterben)*, die zur Mallorquinischen Dichterschule gezählt werden – eingegangen. M.P.J.

AUSGABEN: Barcelona 1905. – Barcelona 1970 [Vorw. A. Ll. Ferrer].

LITERATUR: F. de Sales Aguiló, *G. A., el futurista*, Bogotá 1949. – G. E. Sansoni, *G. A. i el futurisme italià* (in *Actes del IV Col·loqui Internacional de Llengua i Literatura Catalana*, Montserrat 1977, S. 431–457).

VICENT ANDRÉS I ESTELLÉS

* 4.9.1924 Burjassot / Valencia
†27.3.1993 Valencia

DAS LYRISCHE WERK (kat.) von Vicent ANDRÉS I ESTELLÉS.

Das umfangreiche Werk dieses Autors, der vom Kulturhistoriker Joan FUSTER als der größte valenzianische Dichter seit Ausiàs MARCH (1397–1459) bezeichnet wurde, konnte, obwohl zum großen Teil bereits in den fünfziger Jahren geschrieben, weitgehend erst in einer 1972 begonnenen und 1988 mit dem 10. Band abgeschlossenen Gesamtausgabe veröffentlicht werden. Als erster Lyriker, der im Land Valencia katalanisch schreibend die Zensur passierte und auf Anhieb populär wurde, erregte Estellés vor allem durch eine erotische Freimütigkeit Aufsehen, wie sie in der spanischen Lyrik unter Franco nicht gewagt worden war.

In der Zeitschrift ›Garcilaso‹ veröffentlichte Estellés seine ersten Gedichte in spanischen Übersetzungen. Die von wirtschaftlicher und kultureller Verarmung geprägte Nachkriegszeit erlebte er *»schlimmer und dunkler als den Bürgerkrieg selbst«*, was in den meisten seiner Gedichte der fünfziger Jahre eine poetische Umsetzung erfährt. So ist der Tod als allegorische Figur, erwartet und frei von jeder Transzendenz, ständig präsent in dem Band *La nit*, 1956 (*Die Nacht*; entstanden 1953–1956), in dem der Dichter überdies unter dem Eindruck des Todes seiner kleinen Tochter steht. In *Llibre de meravelles*, 1971 (*Buch der Wunder*; entstanden 1956–1958), dessen Titel dem großen katalanischen Gelehrten des Mittelalters Ramon LLULL (1232/34–1316) entliehen ist, nimmt der Autor entschieden Stellung für das einfache Volk, dessen Sorgen und Leidenschaften abseits der offiziellen Parolen er aus der Haltung eines Zeugen, aber als *»einer unter vielen«* beschreibt. Was bei Salvador ESPRIU (1913–1985) immer wieder beschworen wird, die Rettung der katalanischen Sprache stellvertretend für die gesamte Kultur, und ihre Bewahrung für nachfolgende Generationen, äußert sich bei Estellés in einem fast lexikographischen, aufzählenden Stil, der selbst die einfachsten Begriffe des traditionellen und regionalen Sprachgebrauchs inventarisieren und in die zeitgenössische Lyrik aufnehmen will.

Seine Hauptthemen – Tod, Liebe und Heimat – werden in einer von Fuster als *»Erbrechen von Sprache« (»vòmit de llengua«)* bezeichneten Schreibweise stets auch in ihren konkreten Äquivalenten – Leichnam, Sexualität und Dorfbewohner – vermittelt. Abgeschnitten sowohl von seiner katalanischen Vorgängergeneration als auch von maßgebenden literarischen Ereignissen in Barcelona, gelingt Estellés in der Kombination literarischer Quellen mit surrealistischen Bildern und vulgärsprachlichen Ausdrücken eine Erneuerung der poetischen Sprache. So entlarven in *El primer llibre de les èglogues*, 1972 (*Erstes Buch der Eklogen*; entstanden 1953–1958) offene Stil- und Registerbrüche, wie die in Stenotypistinnen verwandelten Hirten des VERGIL und GARCILASO DE LA VEGA (1503 bis 1536) als Symbole der beklemmenden Nachkriegszeit, den archaisierenden und eskapistischen Charakter der vorherrschenden Lyrik. Aus den nostalgischen und monologartigen Worten der Figuren spricht ein Pessimismus, der entfremdete gesellschaftliche Strukturen für die Unfähigkeit zu Kommunikation und leidenschaftlicher Liebe verantwortlich macht.

In *La clau que obri tots els panys*, 1971 (*Der Schlüssel, der alle Schlösser öffnet*; entstanden 1954–1957), und hier besonders in der Gedichtreihe *Coral romput (Zerbrochener Choral)*, läßt Estellés, Realität und Phantasie wie auch verschiedene Zeitebenen vermischend, das Bewußtsein des historischen Moments hinter dem Versuch einer assoziativen Schreibweise mit einer intimen Darstellung persönlicher Themen zurücktreten. Diese Entwicklung wird sich später in *Hamburg* (1974) bestätigt finden, wo der im Mittelpunkt stehende Tod nicht mehr als Ausdruck einer kollektiven Tragödie, sondern in seiner existentiellen Tragweite für das Individuum behandelt wird. Trotz ihres meditativen Charakters erscheint auch diese Lyrik noch als sehr stark an die Biographie und Phantasiewelt des Autors gebunden; ein aphoristischer und häufig selbstironischer Ton erinnert in Verbindung mit dem von Estellés bevorzugten Alexandriner, mit Betonung auf der vierten Silbe, an Ausiàs March. – Estellés' Beschäftigung mit der klassischen Dichtung geht in *Horacianes* (1974; entstanden 1963–1970) weit über die beliebte Imitation der sprachlichen Schönheit hinaus (vgl. Miguel COSTA i Lloberas, *A Horaci*): Er identifiziert sich mit dem römischen Dichter und dessen Werk und Lebensweise so sehr, daß die Welten Estellés' und des Horaz verschwimmen. Sueton, der in seinen Biographien *De vita caesarum (Über das Leben der Cäsaren)*, auf denen die *Horacianes* beruhen, die erotischen Vorlieben des Horaz detailreich schildert, wird in klarer Anspielung auf eine im Jahre 1963 gegen Estellés entfachte antikatalanistische Hetzkampagne des Sensationalismus und der Verletzung der Intimsphäre angeklagt. Dagegen setzt Estellés eine raffinierte Darstellung des Banalen: *»Nichts liebe ich so / wie die gebratene Paprika, in Streifen geschnitten / mit rohem Öl zu beträufeln / ... / Ich schaue sie mir in der Luft an, / manchmal komme ich zur Ekstase, zum Orgasmus. / Ich schließe die Augen und schling' sie 'rein«*.

Aus 103 Sonetten mit grotesken Gestalten und Anekdoten setzt Estellés in *El gran foc dels garbons*, 1972 (*Das große Feuer der Reisigbündel*; entstanden 1958–1967) ein Sittenbild des ländlichen Valencia zusammen, das mit einer souveränen Verarbeitung der volkstümlichen Thematik durch eine klassische Form die Originalität seines Stils bestätigt. Das in einer späteren Ausgabe (1975) noch erheblich erweiterte Werk findet seine Fortsetzung in *Pedres de foc*, 1975 (*Steine aus Feuer*), wo die Figur der Prostituierten *La Cordovesa* wiederaufgenommen wird. Die große formale und sprachliche Strenge dieser Gedichte verhindert, daß die sehr direkten erotischen Szenen ins Vulgäre abgleiten; leidenschaftlich erlebte Sexualität steht metonymisch für die menschliche Existenz und wird, wie etwa in *Les acaballes de Catul*, 1977 (*Die letzten Tage des Catull*; entstanden 1968), als neuralgischer Punkt der Estellésschen Weltanschauung begreifbar.– Mit *Antibes*, 1976 (entstanden 1960–1971), entdeckt man einen neoimpressionistischen Estellés, der sich bereits in *Primera audició*, 1971 (*Erste Anhörung*; entstanden 1955–1970), von der Kindersprache zu einfachen und verspielten Versen hatte inspirieren lassen. Aus einer Natur mit menschlichen und erotischen Eigenschaften bezieht er wie in *Elegia*, 1980 (*Elegie*; entstanden 1977), Bilder von primitivem Zauber. – Das epische *Mural del País València (Wandbild des Landes Valencia)*, das Estellés am Todestag Francos 1975 zu schreiben begann und das bisher nur in Teilen veröffentlicht worden ist, zeugt vom politischen Engagement und von der Verwurzelung des Widerstands gegen Franco (*Lletra al pintor valencià Josep Renau – Brief an den valenzianischen Maler Josep Renau*, 1978; entstanden 1973–1976; *Document de Morella – Dokument über Morella*, 1979; entstanden 1975).

Durch konsequent angewandte formale Vielfalt, die vom Haiku bis zum Prosagedicht reicht, hat Estellés einen wesentlichen Einfluß auf die katalanische Dichtergeneration der siebziger Jahre ausgeübt. Möglicherweise ist dies auch darauf zurückzuführen, daß er sich nicht dem ausgegebenen programmatischen Konzept des *»historischen Realismus«* (*»realisme històric«*) unterordnete, sondern als *»poeta de realitats«* (Fuster) seine Beobachtungen aus einer öffentlich gemachten Intimität mitzuteilen verstand. F.F.M.

Ausgaben: *La nit*, Valencia 1956. – *Llibre de meravelles*, Valencia 1971. – *Primera audició*, Valencia 1971. – *La clau que obri tots els panys*, Valencia 1971. – *Hamburg*, Barcelona 1974. – *El gran foc dels garbons*, Valencia 1975. – *Antibes*, Barcelona 1976. – *Lletra al pintor valencià Josep Renau*, Valencia 1978. – *Document de Morella*, Tarragona 1979. – *Obra completa*, 10 Bde., Valencia 1972–1988 (Vorw. J. Fuster).

Übersetzungen: *Katalanische Lyrik*, Hg. J. Hösle u. A. Pous, Mainz 1970 [kat.-dt.; Ausw.]. – *Ein Spiel aus Spiegeln. Katalanische Lyrik des 20. Jh.s*, Hg. T. D. Stegmann, Lpzg./Mchn. 1987 (kat.-dt., Ausw., Nachw. D. Oller).

Vertonungen: O. Montllor, *Crònaca d'un temps*, 1973, *A Alcoy*, 1974, *De manars i garrotades*, 1977, *Bon vent i barca nova*, 1978; *Coral romput*, 1979; *04. 02. 42*, 1980. – M. del Mar Bonet, *Alenar*, 1977. – P. Muñoz, *P. M. canta V. A. E.*, 1986.

Literatur: F. Parcerisas, *Funcions i figures de V. A. E.* (in Els Marges, 5, 1975, S. 118–130). – V. Escrivà u. J. Pérez Montaner, *Una aproximació a V. A. E.*, Valencia 1981. – E. Bou, *V. A. E.* (in *Història de la literatura catalana*, Hg. M. Riquer u. a., Bd. 10, Barcelona 1987, S. 376–381).

Bonaventura Carles Aribau

* 4.11.1798 Sant Gervasi de Cassoles / Barcelona
† 17.9.1862 Barcelona

Literatur zum Autor:
J. Amade, *Origines et premières manifestations de la renaissance littéraire en Catalogne au 19e siècle*, Toulouse 1924. – M. de Montoliu, *A. i la Catalunya del seu temps*, Barcelona 1936 (Neuausg. u. d. T. *A. i el seu temps*, Barcelona 1962). – J. Fontana, J. Molas u. S. Beser, *B. C. A.* (in Serra d'Or, Aug.–Sept. 1962, S. 50–59). – J. Hösle, *Die katalanische Literatur von der Renaixença bis zur Gegenwart*, Tübingen 1982.

LA PÀTRIA

(kat.; *Das Vaterland*). Oft unter dem nicht originalen Titel *Oda a la pàtria (Ode an das Vaterland)* zitiertes Gedicht von Bonaventura Carles Aribau, entstanden 1832, erschienen am 24. 8. 1833 in der

Zeitung ›El Vapor‹ (Der Dampfer). – Es handelt sich um ein in Alexandrinern abgefaßtes Gedicht, das aus sogenannten *octaves d'art major* besteht, das sind Stanzen mit der Reimfolge *abba acca*. Es ist dem »Patron« des Dichters, dem Bankier Gaspar de Remisa, als Geburtstagsgabe zugeeignet und trägt im Autograph die Überschrift: *La pàtria. Trobes (Das Vaterland. Verse)*.

In Madrid, wo er seit 1826 aus beruflichen Gründen lebte, singt der Dichter darin das Lob seiner fernen katalanischen Heimat und preist die Vorzüge der katalanischen Sprache. Die *Oda* ist in ihrer formal perfekt geschlossenen Form und in den mit aller Sorgfalt vorbereiteten Klangeffekten ein außergewöhnliches Gedicht. In edlem, erhabenem Stil und in Bildern, die zum Teil dem 8. Kapitel der *Promessi sposi*, 1827 *(Die Verlobten)*, von Alessandro MANZONI entlehnt sind, evoziert es die Schönheiten Kataloniens, seine Berge, Flüsse und Täler, das Meer und die Landschaft, wo der Dichter seine Kindheit und Jugend verbrachte. Außer auf Manzoni geht Aribau auf dessen Quelle, nämlich SCHILLERS Prolog zur *Jungfrau von Orléans* (1801), in der Form zurück, in der Mme. de STAËL in ihrem Buch *De l'Allemagne*, 1810 *(Über Deutschland)*, Schillers Worte wiedergab. So wie Johanna ihre Heimat verläßt, so hat Aribau sein katalanisches Vaterland verlassen müssen. Die Ode beschwört die große Vergangenheit der Katalanen, die katalanischen Weisen, *»die mit der Satzung einst die Welt erfüllten«*, und Helden, die mit dem Schwert das Unrecht rächten. Dazwischen erklingt wieder und wieder das Lob der katalanischen Sprache, die der Dichter preist als die Sprache seiner Kindheit, seines Umgangs mit Gott und seiner Zwiesprache mit sich selbst, als *»eine Sprache, süßer als Honig meinem Sinn«* und geeignet, *»das heiligste Gefühl, das Himmelshand in Menschenherz geprägt hat«*, zu besingen. Aribau zeigt damit eine eindeutig romantisch beeinflußte Hinneigung zur Muttersprache, die er, wie er sagt, mit *»der süßen Milch der Mutterbrust«* eingesogen hat, – ein markanter Gegensatz zur Prädominanz der Universalsprachen im Zeitalter des Rationalismus.

Seit Ausiàs MARCH (1397?–1459, vgl. *Cants*) war in katalanischer Sprache kein Gedicht von ähnlicher Vollkommenheit wie die *Ode* Aribaus mehr entstanden. So erklärt sich der unvergleichliche Ruhm, den dieses einzige bedeutende unter den katalanisch geschriebenen Werken Aribaus erlangte: *La pàtria* wurde zum »literarischen Mythos« insofern, als das Erscheinungsjahr des Gedichts (1833) den Beginn der *Renaixença* bezeichnet; es war jener Zeitpunkt, an dem sich die Katalanen auf ihre eigene Alltagssprache als einer Kultursprache wiederbesannen, die zum Zentrum eines neuen nationalen Selbstbewußtseins werden sollte. Aribau war als Mitherausgeber der Zeitschrift ›El Europeo‹ von 1823/24 ein großer Vermittler der deutschen Romantik nach Katalonien und Spanien gewesen; einer Romantik, die den Wert der nationalen Vergangenheit verkündete und mit HERDER in den Sprachen den Ausdruck der Volksseele sah. Seine *Ode* gab der literarischen Erneuerungsbewegung entscheidende und wirksame Impulse für ihre Bemühungen, der katalanischen Sprache wieder den zentralen kulturellen (und später sogar politischen) Status in ihrem angestammten Sprachgebiet zu verschaffen. A.F.R.-T.D.S.

AUSGABEN: Barcelona 1833 (in El Vapor, 24. 8.). – Barcelona 1974 (in *Poesia catalana romàntica*, Hg. J. Molas, S. 19–20). – Barcelona 1986 (Faks. der Erstausg.; Vorw. J. Molas).

ÜBERSETZUNG: *An's Vaterland*, J. Fastenrath (in *Catalanische Troubadoure der Gegenwart*, Hg. ders., Lpzg. 1890, S. 6–8).

LITERATUR: C. Riba, *Entorn de les trobes d'A.* (in C. R., *Obres completes*, Bd. 2, Barcelona 1967, S. 433–454). – H. Hina, *Dialecto o lengua? Sobre el estatuto literario del catalan en el romanticismo* (in Estudis Universitaris Catalans, 23, 1979, S. 285 bis 295). – Ders., *A.s vaterländische Ode und der Beginn der neueren katalanischen Literatur* (in IR, 10, 1979, S. 30–46). – S. Mariner i Bigorra, *»De amicitia« VI, 20 als vv. 41/42 de »La pàtria« de B. C. A.* (in Estudis de Llengua i Literatura Catalanes, 1, 1980, S. 233–247). – J. Molas, *Notes per a un comentari de »La pàtria« de B. C. A.* (in *Anàlisis i comentaris de textos literaris catalans*, Hg. N. Garolera, Bd. 1., Barcelona 1982, S. 209–225). – *Commemoració de la Renaixença en ocasió del 150è aniversari de l'»Oda a la pàtria« d'A.*, Barcelona 1983. – A. Ll. Ferrer, *La patrie imaginaire – La projection de »La pàtria« de B. C. A. (1832) dans la mentalité catalane contemporaine*, 2 Bde., Aix-en-Provence 1987.

VÍCTOR BALAGUER

* 11.12.1824 Barcelona
† 14.1.1901 Madrid

ELS PIRINEUS

(kat.; *Die Pyrenäen*). Historisches Drama in drei Teilen von Víctor BALAGUER, geschrieben um 1890; Uraufführung als Musikdrama (Musik: Felip Pedrell): Barcelona, 4. 1. 1902, Teatre del Liceu. – Im Prolog zu dieser aus drei »Bildern« – 1. *Der Graf von Foix*, 2. *Raig de Lluna*, 3. *Die Schlacht von Panissars* – bestehenden historischen Tragödie besingt ein Barde das Schicksal Kataloniens und kündigt das Drama an, das im Stück gezeigt wird. Der erste Teil spielt im Jahre 1218 in der okzitanischen, noch zu Katalonien-Aragón haltenden Grafschaft Foix. Im Bund mit dem König von Frankreich schickt die Kirche sich an, die Albigenser in Okzitanien auszurotten und damit die eigenständige okzitanisch-katalanische Kultur des Languedoc zu vernichten. Legaten des Papstes und Vertreter der Inquisition sprechen über den ketzerischen Grafen von Foix den Kirchenbann und erklären seine Güter zum Besitz der französischen Krone. Der zweite Teil spielt im Jahre 1245. Die Albigenserkriege sind blutig zu Ende gegangen. Der Graf von Foix lebt, verkleidet als Mönch, in der Abtei von Balbona. Die Dichterin Raig de Lluna (»Mondstrahl«), aus maurischem Geschlecht, versucht, ihn von neuem zum Widerstand zu bewegen. Doch da kommt die Nachricht vom Fall des letzten Bollwerks der Albigenser, Montsegur. Der Graf gibt sich freiwillig in die Hände der Inquisition. Im Mittelpunkt des dritten, 1285 spielenden Teils steht die Schlacht von Panissars. Angefeuert von Raig de Lluna, leistet Peter II., der Große, von Katalonien-Aragón (reg. 1276–1285) Philipp dem Kühnen von Frankreich, der mit einer starken Heeresmacht auf dem »Kreuzzug« gegen ihn in Katalonien eingedrungen ist, heldenhaften Widerstand und treibt ihn über die Grenze zurück. Das Werk endet mit einem Siegeslied auf die Heldentaten der Katalanen.

Die historische Konstellation – das Streben der französischen Krone, ihre Herrschaft über die Provence und ganz Okzitanien bis an die Pyrenäen und darüber hinaus auszudehnen, die Machtpolitik der Kirche, deren Hauptziel die Ausrottung der Albigenser ist, und die Bemühungen des Königreichs Katalonien-Aragón, sich die ererbten Gebiete in Okzitanien zu erhalten – behandelt Balaguer als später Anhänger der Romantik und als liberaler, den Fanatismus der Inquisition leidenschaftlich bekämpfender Denker. Damit steht er Nikolaus Lenau (1802–1850) und dessen Versepos *Die Albigenser* (1842) nahe, ohne dessen Aggressivität und verbitterten Pessimismus zu teilen. Nicht immer gelingt Balaguer die dramatische Motivierung der Figuren, beispielsweise der reizvollen, doch nicht recht faßbaren Gestalt der Dichterin Raig de Lluna, die einmal in der Weise des griechischen Chors die Ereignisse deutet und kommentiert, dann wieder die Landschaft zu beiden Seiten der Pyrenäen und die okzitanisch-katalanische Kultur allegorisch verkörpert. Diese Kultur versucht Balaguer in vielen Szenen sichtbar zu machen, in denen gebildete Aristokraten, feinsinnige Minnesänger, elegante, der Dichtung und der Liebe ergebene Damen, tapfere Krieger und fromme Mönche auftreten.

Das Werk des Dichters wurde als Musikdrama uraufgeführt. In der Vertonung durch Felip Pedrell ist es das erste bedeutende Musikdrama Kataloniens und Spaniens überhaupt. Darin ist der Einfluß Wagners und der russischen Oper ebenso unverkennbar wie das Erwachen einer eigenen katalanischen Musiktradition. Die sehr komplexe, sehr sorgfältig ausgeführte Partitur enthält inmitten des zeitgemäßen, europäischen Opernstils lyrische, volkstümlich liedhafte Passagen, in denen der Komponist die Melodik, Harmonik und Rhythmik des katalanischen Volkslieds mit modernen Stilelementen verbindet. A.F.R.-T.D.S.

Ausgaben: Barcelona 1891 (in *Obras completas*, 37 Bde, 1882–1899, 29). – Barcelona 1911.

Übersetzung: *Die Pyrenäen. Trilogie*, J. Fastenrath, Lpzg. 1892.

Literatur: F. Pedrell, *Por nuestra música. Algunas observaciones motivadas por la Trilogía »Los Pyrineus«*, Barcelona 1891. – *La trilogía »Los Pyrineus« y la crítica*, Barcelona 1901. – F. Curet, *El arte dramático en el resurgir de Cataluña*, Barcelona o. J. – C. Capdevila, *V. B.* (in Revista de Catalunya, 1, 1924, S. 576–592). – J. Subirá, *La ópera en los teatros de Barcelona*, Barcelona 1946. – MGG, Bd. 10, Sp. 989–991 (F. Pedrell; m. Bibliogr.). – F. Curet, *Història del teatre català*, Barcelona 1967, S. 197/198. – X. Fabregas, *Aproximació a la història del teatre català modern*, Barcelona 1972, S. 95 bis 105. – O. Pi de Cabanyes, *Apunts d'història de la Renaixença*, Barcelona 1984, S. 151–210. – M. P. Queralt, *V. B. i. Cirera*, Barcelona 1984. – J. Molas, *Història de la literatura catalana*, Bd. 7, Barcelona 1986, S. 181–186.

PRUDENCI BERTRANA

* 19.1.1867 Tordera / Maresme
† 21.11.1941 Barcelona

Literatur zum Autor:
A. Bertrana, *P. B. i la seva obra*, Barcelona 1965 [Vorw. zu P. B., *Obres completes*]. – Dies., *Una vida*, Barcelona 1965 [Vorw. zu P. B., *Proses bàrbares*]. – D. Guansé, *P. B.* (in *Abans d'ara*, Barcelona 1966). – *P. B. per ell mateix*, Hg. J. Triadú, Barcelona 1967. – A. Bertrana u.a., *En el centenari de P. B.*, Barcelona 1968. – J. L. Marfany, *Els greuges de P. B.* (in *Aspectes del Modernisme*, Barcelona 1978). – *Història de la literatura catalana*, Hg. J. Molas, Bd. 8, Barcelona 1986.

JOSAFAT

(kat.; *Ü: Josaphat*). Roman von Prudenci Bertrana, erschienen 1906. – Bertrana nahm mit diesem Frühwerk an dem Wettbewerb um den Preis der *Festa de la Bellesa (Schönheitsfeier)* von Palafrugell teil und kam damit in die Endausscheidung. Den ersten Preis erhielt indes der Roman *L'home bo (Der gute Mann)* von Josep Pous i Pagès (1873–1952), da die Jury zwar den literarischen Wert von *Josafat* anerkannte, sich gleichwohl aus moralischen Grün-

den dazu entschloß, das Werk nicht zu prämieren. Dennoch fand Bertrana sofort einen Verleger, der das Buch veröffentlichte.
Josafat, ein einfacher Mann aus dem Volk, der nicht gebildet genug ist, um seinen Wunsch, Priester zu werden, zu verwirklichen, begnügt sich damit, als Glöckner weiter im Dienst der Kirche bleiben zu dürfen. Seines Berufs wegen wohnt er im Kirchturm selbst, der, wie der ortskundige Leser aufgrund der präzisen Schilderungen sofort erkennt, zur Kathedrale von Girona gehört. Josafat lebt auf seine Art glücklich und zufrieden, wenn er auch gegen zwei Leidenschaften, den Zorn und die Wollust, ankämpfen muß. Die eine versucht er in Gottes Dienst zu stellen, während er die andere mit rein gedanklichen Vorstellungen zu befriedigen sucht, wobei ihm die flüchtige Observation eines der Kathedrale benachbarten Bordells hilft. Seine erste und einzige Liebe war Pepona, eine Schweinehirtin aus seinem Heimatdorf, der er nie gewagt hatte, seine Gefühle zu gestehen, und die er nach dem mißglückten Besuch des Priesterseminars aus den Augen verloren hatte. Von einem ihrer entfernten Verwandten erfährt er nun, daß sie sich als Dienstmädchen in Girona aufhält. Als Pepona den Glöckner einige Tage in Begleitung ihrer Freundin Fineta aufsucht, stellt sich heraus, daß beide in dem benachbarten Bordell als Dirnen arbeiten. Trotzdem wird Josafats nie ganz erloschene Liebe zu Pepona neu erweckt. Als er sich ihr offenbaren will, stellt sich jedoch Fineta zwischen die beiden und verhindert eine Aussprache. Fineta, die sich mit Männern stets gelangweilt hat, erkennt in Josafat instinktiv den ursprünglichen, wilden Mann, nach dem sie sich immer gesehnt hat. Obwohl Josafat dem Werben Finetas zunächst gleichgültig begegnet, kann er auf Dauer seine Begierde nicht unterdrücken. Der Konflikt zwischen seiner echten, noch nicht offenbarten Liebe zu Pepona und dem sinnlichen, unwiderstehlichen und triebhaften Verlangen, mit dem er Fineta begehrt, steigert sich noch durch seine unüberwindliche Angst vor der göttlichen Strafe, die er erwartet, weil er durch seine sexuellen Beziehungen zu Fineta den heiligen Raum der Kirche entweiht hat. Gironas Kathedrale ist hier nicht bloße Kulisse, vielmehr wird sie zur Hauptdarstellerin des Romans: Geheimnisvoll und heilig wohnt sie den Orgien zwischen Fineta und Josafat bei. Die Hauptpersonen der Handlung und das Thema einer unersättlichen, beinahe tierischen Liebe dienen fast nur als Vorwand, um das teils romanische, teils gotische Bauwerk mit seinem strahlenden Frieden, seinem überirdischen Licht, seiner seligen Ruhe und seinem Duft nach Weihrauch zu vergegenwärtigen; über allem dominiert die mystische Atmosphäre des Jenseits. Das Gotteshaus wird bewundernd und bis ins Detail geschildert, jede Glocke mit ihrem Namen, ihrer Aufgabe und ihrem Klang vorgestellt. So nimmt es nicht wunder, daß der Glöckner sein Tun immer unerträglicher als kirchenschänderisch und gotteslästerlich empfindet, bis er schließlich Fineta brutal ermordet und nach einigen Tagen, die er mit der Leiche in dem ehrfurchtgebietenden Raum verbringen muß, den Verstand verliert.
Trotz des ununterbrochenen Erfolgs seit seinem Erscheinen blieb das Werk umstritten. Indessen ist *Josafat* wegen der genauen und naturgetreuen Darstellung der Kathedrale und der tiefen Schuldgefühle Josafats, die die Spannung zwischen der individuellen Leidenschaft und dem räumlichen Druck einer in sich geschlossenen überirdischen Welt sinnfällig macht, einer der repräsentativsten Romane des katalanischen Modernismus. L.M.S.

AUSGABEN: Palafrugell 1906. – Barcelona 1929. – Barcelona 1986.

ÜBERSETZUNG: *Josaphat*, E. Vogel, Mchn. 1918 [Autor auf d. Titelblatt fälschlicherweise J. Pons y Pagès].

LITERATUR: E. Sullà, *Pròleg a P. B., »Josafat«*, Barcelona 1972. – P. Farrès, *»Josafat« de P. B.*, Barcelona 1985. – M. L. Julia i Capdevila, *L'espai: principal element simbòlic a »Josafat«* (in Els marges, 34, 1986, S. 120–125).

BLAI BONET

* 10.12.1926 Santanyí / Mallorca

LITERATUR ZUM AUTOR:
J. M. Llompart, *La literatura moderna a les Balears*, Palma de Mallorca 1964. – B. Porcel, *B. B. en espectáculo* (in *Los encuentros*, Barcelona 1969). – L. Busquets i Grabulosa, *Plomes catalanes d'avui*, Barcelona 1982. – *Història de la literatura catalana*, Hg. J. Molas, Bd. 10, Barcelona 1987.

DAS LYRISCHE WERK (kat.) von Blai BONET. Die Gedichte des mallorquinischen Lyrikers und Romanciers Blai Bonet sind aus der Biographie des Autors zu verstehen, der ein Priesterstudium abbrach und sich später in verschiedenen Sanatorien aufhielt. Obwohl er selbst es bestreitet, gehört Bonet der Dichtergruppe Mallorcas an, die in der Nachkriegszeit zwar an die lyrische Tradition der Insel mit den Vertretern M. COSTA I LLOBERA (*1922) und J. ALCOVER (*1926) anknüpfte, gleichzeitig aber die für die ältere Generation bezeichnende Mäßigung und Zurückhaltung ausdrücklich ablehnte und eine dichterische Erneuerung anstrebte.
Schon in seinem ersten Gedichtband *Quatre poemes de Setmana Santa*, 1950 *(Vier Gedichte der Karwoche)*, deuten sich diese innovativen Tendenzen an, z. B. in den emphatischen Bildern des Gedichts *Pas-*

qua Nova (Neues Ostern): *»Blai, desperta! Blai, desperta! / Penja un ram de cascavells / i un crit immens de clavells / a la teva llaga oberta« (»Blai, wach auf! Blai, wach auf! / Hänge einen Strauß von Schellen / und ein großes Nelkengeschrei / an deine offene Wunde«)*. Diese ersten Gedichte machen bereits die durch originäre und eigenwillige, oft mit der mallorquinischen Landschaft verknüpfte Metaphern und Bildern geäußerte Thematik deutlich, um die Bonets gesamtes Werk kreisen wird: die ständige, beinahe frevlerische Auseinandersetzung und Verflechtung seines dichterischen Ichs mit der Religion, die er zu säkularisieren sucht. Der erste Band erreichte schnell Aufmerksamkeit, ebenso wie die folgende Sammlung *Entre el coral i l'espiga*, 1952 *(Zwischen Koralle und Ähre)*. Unter dem Einfluß der kastilischen Dichtergruppe der »Generation von 27«, besonders aber F. García Lorca (1898–1936), spielen hier wie auch in seinem späteren Werk die Farben eine große Rolle, so besonders in den Gedichten *Docilitat verda (Grüne Folgsamkeit), Parla Verde (Grüne Sprache), La verdor (Die Grünheit)* und *Crist d'olivera (Ölbaumchristus)*; in letzterem Gedicht spielt die Farbe der Oliven auf die Grün-Obsession des Dichters an: *»En el fons de la soca / tal volta qualque fibra s'aferrava, / ardenta i verda, al seu instint d'oliva« (»In der Tiefe des Baumstumpfes klammert sich vielleicht eine Faser, / glühend und grün, an ihren Oliveninstinkt«)*. In *Cant espiritual*, 1953 *(Geistlicher Gesang)*, stellt Bonet eine revoltierende Religiosität in der Krise vor; der Dichter wendet sich verzweifelt, fast unehrerbietig an einen *»Déu company« (»Genosse Gott«)*: *»Jo som el vostre ca que bava, / el meu clamor és una saliva amarga« (»Ich bin Euer Hund, der geifert; / mein Geschrei ist bitterer Speichel«)*. Der Gedichtband *Comèdia*, 1960 *(Komödie)*, ist in der Zeit entstanden, während Bonet sich im Sanatorium Caubet auf dem Montseny bei Barcelona aufhielt, was eine Entfernung von Mallorca und eine Annäherung an die katalanischen Dichterkreise bedeutete. Die Gedichte aus dieser Zeit verraten den Einfluß von C. Riba (1893–1959) sowie der spanischen Mystiker. In *Autoretrat (Selbstporträt)* offenbart der Dichter sein Innerstes: *»El suny dels meus trenta anys fou un noi de finestra / a Santanyí, carrer de Palma, 74« (»Das Stirnrunzeln meiner dreißiger Jahre war ein Junge am Fenster / in Santanyí, Palmastraße 74«)*. In seinem nächsten Gedichtband *Evangeli segons un de tants*, 1967 *(Evangelium nach einem von vielen)*, tritt wieder das Säkularisierungsbestreben Bonets in Verbindung mit seinem Interesse am Einzelmenschen in den Vordergrund. Im Vorwort grenzt er seine Position des Schriftstellers zu der eines Literaten ab: *»Der Literat ist ein Tourist des Wortes. Ich will ein Mann des Wortes sein. Mann des Wortes.«* Er plädiert für eine »nützliche Lyrik«, die er eher bei Filmregisseuren, Schauspielern, Malern und Sängern findet als in einem Gedichtband. In dem Poem *Inventari del món (Weltinventar)* stellt Bonet seine persönliche Weltanschauung vor: das Heranreifen seiner Empfindsamkeit beschreibt *Company d'habitació (Zimmergenosse)*; und das Thema seines moralischen Selbstporträts greifen *La declaració (Die Erklärung), Retrat (Porträt), Primavera pública (Öffentlicher Frühling), El diumenge (Sonntag)* auf. In *Els fets*, 1974 *(Die Taten)*, herrscht ein mahnender Ton vor: Bonet entfernt sich hier noch weiter als bisher von der überkommenen Metrik. In dem langen Gedicht *Has vist, Jordi Bonet, ca N'Amat a l'ombra*, 1976 *(Hast Du, Jordi Bonet, ca N'Amat im Schatten gesehen)*, geht es, angeregt durch die Verstümmelung eines Wandgemäldes von Jordi Bonet in Kanada, um die Ausdrucksfreiheit des Künstlers. In seinen letzten Gedichten *Cant de l'arc*, 1979 *(Das Bogenlied), El poder i la verdor*, 1981 *(Die Macht und die Grünheit)* und *Teatre del gran verd*, 1983 *(Theater des großen Grün)*, befaßt er sich ein weiteres Mal mit dem Thema »weltliche Religiosität und dichterisches Ich«; die Metaphorik ist voller Überraschungen, die Worte formen sich zu einem gewaltigen Protestschrei. Gott ist eine Obsession geworden: der Dichter sieht ihn teils mystisch erhöht, teils in frevelhafter Weise »säkularisiert« und sich selbst durch sündhafte Anwandlungen verwirrt. – Blai Bonets dichterisches Werk ist eher diskursiv als lyrisch; wegen der gewagten Bildlichkeit gilt er als einer der Hauptvertreter der Avantgarde und übt einen großen Einfluß auf die junge Dichtergeneration aus. L.M.S.

Ausgaben: *Quatre poemes de Setmana Santa*, o. O. 1950. – *Entre el coral i l'espiga*, Palma de Mallorca 1952. – *Cant espiritual*, Barcelona 1953 [Vorw. S. Espriu]. – *Comèdia*, Barcelona 1960. – *Evangeli segons un de tants*, Barcelona 1967. – *Els fets*, Barcelona 1974. – *Cant de l'arc*, Barcelona 1979. – *El poder i la verdor*, Campos 1981. – *Teatre del gran verd*, Campos 1982.

Literatur: *Els poetes insulars de postguerra*, Hg. M. Sanchis Guarner, Palma de Mallorca 1951. – J. M. Castellet u. J. Molas, *Poesia catalana del segle XX*, Barcelona 1963. – J. Albertí, *B. B., un poeta digerit* (in Reduccions, 14, 1981, S. 43–64). – J. Vidal i Alcover, *La poesia a Mallorca (1936–1960)* (in Randa, 13, 1982, S. 7–42). – J. Triadú, *La poesia catalana de postguerra*, Barcelona 1985.

Joan Brossa

* 19.1.1919 Barcelona

DAS LYRISCHE WERK (kat.) von Joan Brossa.

Der neben J. V. Foix (1894–1987) bedeutendste katalanische Avantgardedichter des 20. Jh.s hat bis heute mehr als 80 Gedichtbände publiziert. Die ersten dieser Sammlungen entstanden bereits 1941; wegen der Franco-Diktatur, die die katalanische Sprache und Kultur massiv unterdrückte, blieb Brossas Werk zunächst der Öffentlichkeit weitgehend verschlossen. Erst ab 1970 erschienen – wenn auch anfangs noch durch die Zensur behindert, deren amtlichen Jargon Brossa in dem Poem *Escamoteig franquista de cinq poemes (Frankistisches Verschwindenlassen von fünf Gedichten)* entlarvt – mit *Poesia rasa*, 1970 *(Essentialistische Prosa)*, *Poemes de seny i cabell*, 1977 *(Gedichte von Verstand und Haar)*, *Rua de llibres*, 1980 *(Reihe von Büchern)*, und *Ball de sang*, 1982 *(Tanz von Blut)*, vier Sammelbände, die 35 Gedichtbände aus den Jahren 1941–1970 zugänglich machten. Zusammen mit den Einzelausgaben steht damit ein dichterisches Œuvre vor uns, dessen Bedeutung über den katalanischen Sprachraum weit hinausgeht.

Brossas Lyrik wurzelt einerseits im katalanischen Surrealismus und Avantgardismus (besonders J. V. Foix und J. SALVAT-PAPASSEIT, 1894–1924, sowie der Maler Joan Miró), verdankt andererseits aber einen wesentlichen Teil ihrer Inspiration dem katalanischen Alltagsleben bzw. Elementen volkstümlicher Festkultur. Foix hatte Brossa, der aus einer Handwerkerfamilie stammte, sowohl mit Texten der europäischen Avantgarde als auch mit klassischen Formen bekannt gemacht. So verwandte Brossa in seiner ersten, surrealistischen Phase (bis 1949) schon das Sonett als lyrische Ausdrucksform. Brossas Freundschaft mit Antoni Tàpies und anderen katalanischen Malern führte 1948 zur Gründung der Gruppe »Dau al Set« (Würfel mit sieben Augen), der ersten künstlerisch-literarischen Avantgardebewegung, die sich im Frankismus hervorwagte. Der Einfluß aus dem Bereich populärer Bühnendarbietung auf Brossa läßt sich am Namen des italienischen Verwandlungskünstlers Leopoldo Frègoli (1867–1936) festmachen, der in den zwanziger Jahren das Publikum in Barcelona begeistert und eine bleibende Erinnerung hinterlassen hatte. Brossa faßt Dichten als einen Akt der Magie, der Verwandlung, der Manipulation (jede Benutzung von Sprache beinhaltet immer eine Verwandlung von Realität) und sogar des Zauberns und der Fingerfertigkeit auf: *»I arrenca un plor callat / tot tapant-se la cara amb les mans. / Era pastor?« (»Und bricht in stilles Weinen aus, / das Gesicht in den Händen verbergend. / War er Hirte?«)*. Verbale Bruchstücke aus dem Alltag werden zu dichterischen *Ready-mades*; Worte werden aus ihrer Dienerfunktion als Stellvertreter eines gemeinten Objekts erlöst zur Freiheit einer selbständigen Existenz: *Entreacte: »Els mots corren a canviar-se / de vestit. Baixen els telons ...« (Zwischenakt: »Die Worte beeilen sich, das Kostüm / zu wechseln. Die Vorhänge fallen ...«)*. Einzelzeilen eines Gedichts erwachen zu physischem Dasein als Objekt: *Poema amb fons negre: »A la dreta del poema, un sofà / marró. Al mig del poema, / Pierrot estirat damunt els versos« (Gedicht mit schwarzem Hintergrund: »Rechts vom Gedicht ein braunes / Sofa. In der Mitte des Gedichts / Pierrot ausgestreckt auf den Versen«)*. Ganze Poeme können als kunstvoll gefaltetes Blatt real fliegen: *Poema: »És cert / que no tinc diners / i és patent que la major part de / monedes són de xocolata; / però si agafeu aquest full, / el doblegeu pel llarg / en dos rectangles, / després en quatre, / feu llavors un plec / oblic amb els quatre / papers i el separeu / en dos gruixos, / obtindreu / un ocell que mourà / les ales« (Gedicht: »Es ist wahr, / daß ich kein Geld besitze, / und deutlich, daß die Mehrzahl der Münzen / aus Schokolade besteht; wenn ihr jedoch dieses Blatt nehmt / und es der Länge nach faltet / und auf ein halbes Rechteck zunächst / und dann auf ein viertel / und nun längs der Diagonale / die vier Papiere zusammenlegt / und sie, jeweils doppelt, / auseinanderzieht, / dann bekommt ihr / einen Vogel, / der seine Flügel bewegt«)*. Und Gedichte reflektieren sich selbst, denken über sich selbst nach: *Poema: »La boira ha tapat el sol. / Us proposo aquest / poema. Vós mateix / en sou el lliure i necessari / intèrpret« (Gedicht: »Der Nebel hat die Sonne verdeckt. / Ich schlage Ihnen dieses / Gedicht vor. Sie selbst / sind der freie und notwendige / Interpret«)*.

Nicht nur Verwandlungskunst und Magie, auch Spielanweisungen und Spiele, Zirkus und Theater, Collage und Reklame nimmt Brossa in die Gattung Gedicht mit hinein, und es erscheint ganz folgerichtig, daß ein gerader Weg von Brossas Dichtung zum *poema visual*, dem visuellen Gedicht, und schließlich zum *poema objecte*, d. h. dem (nicht mehr verbal vermittelten) Objektgedicht führt. Brossas Dichtung mündet in die bildende Kunst und folgt damit einer Maxime seiner dichterischen Aktivität: der Einschmelzung und Einebnung von Gattungsgrenzen. Brossa hat sich in alle Bereiche der Dichtung begeben und alle Wege ausgeschritten, um das bisher Erreichte zu transzendieren; auch in den traditionellen Formen: Das Sonett hat er bis zu den virtuosesten Experimenten geführt; auch mehrere Odenbücher stammen aus seiner Feder. Im letzten Jahrzehnt hat er besonders Arnaut DANIELS altprovenzalische Form der Sextine gepflegt und ist bis zur Computer-Sextine vorgestoßen. Brossas berühmteste Sextine ist die auf dem Mount Everest 1985 von katalanischen Bergsteigern niedergelegte, eigens hierfür geschriebene Komposition. In das Konzept, alle Kunst als Dichtung zu begreifen, ordnet sich nicht zuletzt des Dichters eigenes Leben ein. Brossa hat nie einen anderen Beruf gehabt als den des Dichters. Er betätigt sich auch nicht als Essayist oder als Intellektueller. So wie Picasso in der Konzentration auf ein Metier, so hat auch Brossa in einer einzigen Berufung seinen ganzen Reichtum an Kreativität entfaltet. Brossa hat sich, als katalanischer Dichter, notwendigerweise auch immer als politischer Dichter betrachtet. Doch ist er nie der Meinung gewesen, daß politische Dichtung notwendigerweise den Verzicht auf avantgardistische Form bedeutet und »realistisch« sein müßte, so zum Beispiel im *Sonet a Jordi Carbonell, torturat recentment per exigir el dret a parlar català (Sonett für Jordi Carbonell, der kürzlich gefoltert wurde, weil er auf dem Recht, katalanisch zu sprechen, bestand)*: *»Jordi i capalt, tot sol davant la fera, / des del seu cau li escups a la guerrera; / el sol, que es fa pomera, no s'allu-*

nya / i a l'alba entra al senyal de Catalunya. / La teva estrella nostra presonera / estén al bat de l'aire la bandera« (*»Erhobenen Hauptes, vor der Bestie ganz allein, / bespeist du ihre Uniformen in der Gruft; / die Sonne wird ein Apfelbaum und bleibt bei dir, / im Morgengraun tritt sie ins Zeichen Kataloniens ein. / Sie halten deinen, unseren Stern gefangen hier, / frei flattert seine Fahne in der Luft«*). 1979 erschien seine *Antologia de poemes de revolta 1943–1978* (*Antologie der Gedichte der Revolte*).
Seit Ende der siebziger Jahre genießt Brossa in seiner Heimat ein außergewöhnliches Prestige, auch und gerade wegen seiner nach allen Seiten hin unabhängigen und individualistischen Haltung. 1988 erhielt er, zusammen mit Octavio Paz und Rafael Alberti, von der Unesco den Picasso-Preis.

T.D.S.

Ausgaben: *Em va fer Joan Brossa*, Barcelona 1951 [Einl. J. Cabral de Melo]. – *El pa a la barca*, Barcelona 1963 [Ill. A. Tàpies]. – *Novel·la*, Barcelona 1965 [Ill. A. Tàpies]. – *Nocturn matinal*, Barcelona 1970 [Ill. A. Tàpies]. – *Poesia rasa*, Barcelona 1970 [Einl. M. Sacristan]. – *Càntir de càntics*, Barcelona 1972. – *Poems from the Catalan [by J. B.]*, Barcelona 1973 [Einf. A. Terry]. – *La barba del cranc*, Barcelona 1974. – *Cappare*, Barcelona 1977. – *Poemes de seny i cabell*, Barcelona 1977 [Vorw. A. Terry]. – *Antologia de poemes de revolta (1943–1978)*, Barcelona 1979. – *Rua de llibres*, Barcelona 1980. – *Antologia poètica (1941–1978)*, Barcelona 1980 [Einl. P. Gimferrer]. – *Vint-i-set sextines i un sonet*, Barcelona 1981 [Nachw. J. Romeu i Figueras]. – *Ball de sang*, Barcelona 1982. – *Askatasuna*, Barcelona 1983 [Einl. X. Rubert de Ventós]. – *Viatge per la sextina (1976–1986)*, Barcelona 1987.

Übersetzungen: In *Katalanische Lyrik im zwanzigsten Jahrhundert*, Mainz 1970. – *Ich will deutlich sprechen. Gedichte aus Katalonien* (in Akzente, 21, 1974). – *Katalanische Lyrik des 20. Jahrhunderts* (in Park, 7, 1978). – *Ein Schiff aus Wasser*, Köln 1981. – In *Ein Spiel von Spiegeln. Katalanische Lyrik des 20. Jahrhunderts*, Lpzg./Mchn. 1987 [m. 10 Zeichnungen von A. Tàpies].

Literatur: P. Gimferrer, *Introducción a J. B.* (in Insula, 254, 1968, S. 4 f.). – Ders., *»Poesia rasa« de J. B.* (in *Guia de literatura catalana contemporània*, Barcelona 1973, S. 433–440). – J. Marco, *La poesia de J. B.* (in *Nueva literatura en Espana y América*, Barcelona 1972, S. 236–243). – M. Ll. Borràs, *J. B., el món de primera mà* (in *J. B. o les paraules son les coses*, Barcelona 1986, S. 21–26). – E. Bou, *J. B.* (in *Història de la literatura catalana*, Hg. M. de Riquer, J. Molas u. A. Comas, Barcelona 1987, Bd. 10, S. 348–360). – G. Bordons, *Introduccio a la poesia de J. B.*, Barcelona 1988. – *J. B. 1951–1988*, Mchn. 1988 [Ausst.-Kat.; Vorw. T. D. Stegmann].

POESIA ESCÈNICA

(kat.; *Szenische Poesie*). Gesamtausgabe der dramatischen Werke von Joan Brossa aus den Jahren 1945 bis 1978, erschienen in sechs Bänden 1973 bis 1983. – 323 Theaterstücke, Minidramen und selbständige Szenen des bedeutendsten katalanischen Dramatikers der Gegenwart sind zum größten Teil erstmalig in dieser sechsbändigen Ausgabe erschienen. Die Mehrzahl von ihnen ist noch nie aufgeführt worden, da bis zum Tode des spanischen Diktators Franco (1975) kaum eine Möglichkeit öffentlicher Entfaltung für ein katalanisches Theater bestand. Zu den umfangreichsten von Brossas dramatischen Werken oder Werkgruppen gehören: *Muntanya humana*, 1952 (*Menschlicher Berg*; sozialkritisches Werk), *Normes de mascarada*, 1948–1954 (*Normen für eine Maskerade*; 49 Ballette), *Or i sal*, 1959 (*Gold und Salz*; Sozialkritik), *Postteatre. Accions espectacle*, 1946–1962 (*Posttheater. Dramatische Aktionen*; 68 Mitspielstücke), *El gran fracaroli*, 1944–1964 (*Der große Fracaroli*; Zaubervorstellung zusammen mit Clowns, Bauchredner, chinesischem Schattenspiel, Verwandlungsshow usw.), *Troupe*, 1964 (*Truppe*; 19 Ballette), *Frègolisme o monòlegs de transformació*, 1965/66 (*Frègolismus oder Verwandlungsmonologe*; 30 kürzere Theaterstücke für einen einzigen Schauspieler, der mehrere Rollen zu spielen hat), *Strip-tease i teatre irregular*, 1966/67 (*Striptease und irreguläres Theater*; 72 Szenenfolgen oder Szenen, in denen der Striptease verfremdet oder ganz von ähnlich strukturiertem Bühnengeschehen überlagert wird) und *Accions musicals*, 1962–1978 (*Musikalische Aktionen*; 6 dramatische Aktionen als Verfremdung der Gattung Konzert).
Ähnlich wie in seiner dichterischen Produktion hat Brossa in seinen dramatischen Werken (die er als Fortsetzung des lyrischen Dichtens mit anderen Mitteln ansieht und deshalb *»szenische Poesie«* nennt) alle Möglichkeiten der Gattung ausgelotet und sie entschieden zu anderen (besonders nichtliterarischen) Gattungen hin geöffnet: zum Spiel und Gesellschaftsspiel, zur Zeremonie, zum Worträtsel, zur Pantomime, zum Ballett, zum Konzert, zur musikalischen Aktion, zum Zirkus, zur Zaubervorstellung, zum Verwandlungsspektakel im Sinne Frègolis, zum Striptease, aber auch zum Minidrama als konkreter Poesie oder zu Mitspielstükken für das Publikum. Vom abendfüllenden Theaterstück bis zur letzten Reduktion auf das einzeilige, wort- und schauspielerlose Theaterstück *Sordmut*, 1947 (*Taubstumm*), hat Brossa alle auf die Bühne projizierbaren Experimente durchdacht und kann damit als einer der kreativsten Theaterautoren der Gegenwart angesehen werden. Frühe, in eine realistische oder melodramatische Tradition kritisch integrierte Stücke, stehen zunehmend Experimenten gegenüber, die den Bereich des Theaters auf alle denkbaren Spielformen ausweiten. Einige Beispiele mögen Brossas Stücke charakterisieren: *»Die Bühne – dunkel. Ein Scheinwerfer erleuchtet langsam von rechts nach links eine Reihe von sechs un-*

beweglichen Frauen, die so aussehen, als wäre es immer wieder dieselbe, jedoch mit einem Kleidungsstück weniger. Wenn der Scheinwerfer bei der letzten ankommt, gehen die Lichter der Bühne an. Roter Hintergrund. Die Frauen gehen im Gänsemarsch nach links ab. Die dritte ist eine Wachsfigur. Es tritt ein Diener von rechts auf die Bühne und geht wieder, mit der Puppe auf der Schulter. Vorhang« (Ein Striptease). – »Essen in einem Restaurant. Zwei als Kellner gekleidete Jungen bringen die Vorspeise. – Pause – Zwei jüngere Kellner bringen den ersten Gang. – Pause – Zwei ältere Kellner bringen den zweiten Gang. – Pause – Zwei alte Kellner bringen den Nachtisch und den Kaffee« (Sechzehnte dramatische Aktion).

Die Quellen von Brossas dramatischem Universum sind der katalanische, speziell barceloninische Arbeiter- und Handwerkeralltag und zugleich die Kritik an Kirche, Militär und Bourgeoisie. Der Autor schöpft aus den populären Festen, Riten und Traditionen bis hin zur Welt der Märchen, des Aberglaubens und der kollektiven Ängste. Volkstheater und Zirkus sind immer wieder Referenzpunkte; für Brossa ist das Leben nichts Narratives, sondern etwas Dramatisches: *»La vida és un circ, no una novel·la« (»Das Leben ist ein Zirkus, nicht ein Roman«)* läßt er den Alten in *El rellotger (Der Uhrmacher)* sagen. Und dieser Lebenszirkus ist Poesie: *poesia escènica.* T.D.S.

AUSGABEN: *La jugada, El bell lloc* (in *Homenaje a J.B., Esc. Art Dramàtic Adrià Gual*, Barcelona 1962). – *Calç i rajoles*, Barcelona 1962. – *Or i sal*, Barcelona 1963 [Vorw. A. Puig]. – *Teatre de J. B. – Gran guinyol, Aqui al bosc – La xarxa ...*, Barcelona [ca. 1963–1980]. – *El gran Fracaroli, Sord-mut, Ahmosis I, Amenofis IV, Tutenkhamon* (in Estudios escénicos, 16, 1973). – *Accions musicals*, Barcelona 1975. – *Teatre [Teatre de carrer, Or i sal]*, Barcelona 1981. – *Teatre complet I–VI. Poesia escènica 1945–1978*, 6 Bde., Barcelona 1973–1983 [Vorw. X. Fàbregas; m. Bibliogr. der dram. Werke].

ÜBERSETZUNGEN: *Der wilde Kopf*, Köln 1975 [Bühnenms.]. – *Postteatre* (in Theater heute, 2, 1979, S. 2 f.).

LITERATUR: J. Coca, *J. B. o el pedestal son les sabates*, Barcelona 1971. – Ders., *Sis notes* (in Estudios escénicos, 16, 1973, S. 49–57). – J. Fuster, *L'aportació cinematogràfica de J. B.* (ebd., S. 70–76). – S. Gasch, *Frègoli, B. i el music-hall* (ebd., S. 38–47). – *Zum 60. Geburtstag des katalanischen Dramatikers J. B.* (in Theater heute, 2, 1979, S. 1–3). – *J. B. Strip-tease i teatre irregular* (in Pipirijaina, 12, 1980, S. 1–19).

JOSEP CARNER

* 9.2.1884 Barcelona
† 4.6.1970 Brüssel

NABÍ

(kat.; *Der Prophet*). Episches Gedicht von Josep CARNER, erschienen 1938. – In zehn Gesängen erzählt Carner die Geschichte des biblischen Propheten Jona (*Buch Jona*, 1–4), dem von Gott aufgegeben wird, in die Stadt Ninive zu gehen und dort zu predigen, der sich diesem Auftrag zu entziehen versucht, von einem großen Fisch verschlungen und wieder ausgespien wird, durch seine Predigt die Stadt Ninive zur Buße bekehrt und dann mit Gott hadert, weil dieser die reumütige Stadt nicht zerstört. Carners Gedicht ist – ein merkwürdiges Zusammentreffen – fast gleichzeitig mit dem des Ungarn BABITS Mihály (1883–1941) über denselben Stoff entstanden (vgl. *Jonás könyve*, 1940). Die beiden Dichtungen, die sich eng an die alttestamentliche Vorlage anlehnen, unterscheiden sich in der Deutung der biblischen Erzählung. Während es Babits darum geht, *»Situation und Aufgabe des Intellektuellen in einer gefährdeten Zeit aufzuzeigen«*, wird bei Carner der Prophet zum Sinnbild des Dichters, dessen Auftrag es ist, im Bewußtsein der eigenen Ohnmacht und von Zweifeln heimgesucht, den Menschen die Botschaft der Hoffnung zu verkünden.

Geschrieben im Exil während des Spanischen Bürgerkriegs (1936–1939), bilden das Erlebnis der Heimatlosigkeit, die Erkenntnis vom Zusammenbruch aller Werte, die Erfahrung des Daseins als Unheil und Verlorenheit die Grundstimmung des Gedichts: *»Alles ist Torheit, / Gehen und Stehen, Wachen und Schlaf; / Alles ist Trug und das Leben Verdammnis«* – das ist die Situation, aus der sich der Ruf des Dichters erhebt zur messianischen Verkündigung eines Gottesreichs. Im Unterschied zu Babits hat Carner den knappen, bruchstückhaft wirkenden Bericht der *Bibel* durch erläuternde Betrachtungen in der Form des Kommentars und der Glosse und durch analogische oder allegorische Auslegung erweitert, er hat Landschaftsschilderungen, eine Beschreibung der Stadt Ninive, kulturelle Bilder aus der altorientalischen Welt sowie Szenen aus dem Alltagsleben, ferner Gebete, Psalmen und Hymnen, Monologe des Jona und seine Zwiegespräche mit Gott eingefügt. So ist eine umfangreiche Dichtung entstanden, die formal dadurch gekennzeichnet ist, daß Versform, Rhythmus und strophische Gliederung sich dem Wechsel der Begebenheiten, Situationen und Stimmungen anpassen. Im vierten Gesang ist beispielsweise die schwermütige Meditation des Jona im Bauch des Fisches in symmetrischen Strophen und Versen von festem, ruhig-gemessenem Rhythmus gestal-

tet, während die springende Bewegung der kurzen Verse in den ersten Strophen des fünften Gesangs die jubelnde Erregung des Propheten widerspiegelt, der beim Anblick des Tageslichts sich selbst und die Welt wie neugeboren empfindet: *»Alles war in der Welt Anfang und Jugend.«*
Diese kunstvolle Behandlung des Metrums, die Ausschöpfung der Musikalität des Katalanischen, das durch seinen Reichtum an einsilbigen Wörtern eine nur dem Englischen vergleichbare Klangfülle besitzt, und die Bildhaftigkeit des Ausdrucks, die an alttestamentliche Denk- und Anschauungsformen anknüpft, sind im Formalen die besonderen Merkmale dieses Werks, das keine neue Botschaft verkündet, keine »dunkle Metaphysik« enthält, sondern in den Meditationen über Mensch und Gott, Gut und Böse, Sünde und Gnade durchaus im Rahmen des christlichen Weltbildes bleibt. Josep Carner ist kein Künder verborgener Wahrheit und unternimmt auch keine neue Sinngebung des Daseins. Der Reiz seiner Dichtung besteht darin, Theologeme und Dogmen, ein tief religiöses Daseinsgefühl und christliche Gotteserfahrung dichterisch glaubhaft zu machen. A.F.R.

Ausgaben: Barcelona 1938. – Buenos Aires 1941. – Barcelona 1957 (in *Obres completes*, Bd. 1). – Barcelona 1968 (in *Obres completes*).

Literatur: J. Ferrater, *C. y la poesía catalana* (in Insula, 95, 1953). – *L'obra de J. C.*, Barcelona 1958. – O. Cardona, *De Verdaguer a C.*, Barcelona 1960. – J. M. Castellet u. J. Molas, *Poesia catalana del segle XX*, Barcelona 1963. – P. Calders, *J. C.*, Barcelona 1964. – A. Manent, *J. C. i el Noucentisme*, Barcelona 1969. – Ders., *Literatura catalana en debat*, Barcelona 1969, S. 21–47. – L. Busquets, *Aportació lèxica de J. C. a la llengua literària catalana*, Barcelona 1977. – J. Hösle, *Die katalanische Literatur von der Renaixença bis zur Gegenwart*, Tübingen 1982. – M. Gustà, *J. C.* (in *Història de la literatura catalana*, Hg. M. de Riquer, A. Comas u. J. Molas, Bd. 9, Barcelona 1986, S. 153–212).

MIQUEL COSTA I LLOBERA

* 4.2.1854 Pollença / Mallorca
† 16.10.1922 Palma de Mallorca

DAS LYRISCHE WERK (kat.) von Miquel Costa i Llobera.
Das dichterische Werk von Miquel Costa i Llobera ist zwischen 1875 und 1906 entstanden. Zusammen mit J. Alcover (1854–1926) begründete Costa i Llobera eine bis heute andauernde Traditionslinie, die üblicherweise als »Mallorquinische Dichterschule« bezeichnet wird. Der Autor, von Beruf Pfarrer, bereicherte die katalanische Sprache durch die Wiedereinführung lateinischer und griechischer Vers- und Strophenformen; seine Bewunderung für die Antike ist in ein zutiefst christliches Weltbild integriert, wobei der Gebrauch antiker Redewendungen und Metaphern, eine klare, strenge Syntax und der sparsame Gebrauch des Artikels eine von den Zeitgenossen mit Enthusiasmus aufgenommene, qualitativ neue poetische Ausdrucksebene des Katalanischen schufen.
1885 erschien seine erste Gedichtsammlung, *Poesies*, die der *Renaixença* zuzuordnen ist, einer Bewegung der kulturellen und literarischen Erneuerung Kataloniens im 19. Jh. In diesen romantisch geprägten Gedichten verbinden sich moralisch-religiöse Reflexionen mit der malerischen Beschreibung ruhiger und einsamer Landschaften, welche das innere Gleichgewicht und die Selbstfindung des Dichters in der Meditation begünstigen. Durch diese emotionale Identifikation erfährt das konkrete Element der Landschaft eine exemplarische, bisweilen ins Metaphysische gehende Deutung. In einem der berühmtesten Gedichte von Costa i Llobera, *El pi de Formentor (Die Pinie von Formentor)* – die mallorquinische Sängerin Maria del Mar Bonet hat die Liedfassung dieses Gedichts international bekannt gemacht –, treten diese Elemente besonders deutlich zutage. In der beschreibenden Anrufung wird eine Pinie am Strand von Pollença zum Symbol der Zuversicht, der Dauerhaftigkeit und des Sieges; Zeit und Naturkräfte nagen an dem kraftvoll verwurzelten Baum, ohne ihm etwas anhaben zu können. Die Pinie steht für das Ideal des asketischen Lebens, symbolisiert das menschliche *ingenium*, das voller Lebenswillen gegen die Feindlichkeit der Elemente kämpft: *»Mon cor estima un arbre! Més vell que l'olivera, / més poderós que el roure, més verd que el taronger, / conserva de ses fulles l'eterna primavera, / i lluita amb les ventades que atupen la ribera / com un gegant guerrer« (»Mein Herz liebt einen Baum! Älter als der Olivenbaum, / kraftvoller als die Eiche, grüner als der Orangenbaum, / bewahrt er in seinen Blättern den ewigen Frühling / und kämpft mit den Winden, die die Küste umtosen, / wie ein riesenhafter Krieger«)*.
Die Bewunderung des Autors für die Oden des römischen Dichters Horaz spricht aus der Sammlung *Horacianes*, 1906 *(Horazische Gedichte)*, die in der Verbindung von perfekter Form mit zugleich gefühlvoller wie rational durchdachter Dichtung Costas klassische Phase definiert. Es handelt sich um ein formales Experiment, das die Übertragung des antiken quantitierenden Versprinzips (d. h. der geregelten Abfolge langer und kurzer Silben) in qualitative Entsprechungen einer romanischen Sprache versucht. Alkäische, sapphische und asklepiadeische Strophenformen halten ihren späten Einzug in die katalanische Literatur. Nicht nur im Vorwort, sondern auch in den ersten beiden sapphischen Strophen des ersten Gedichts *(A Horaci – Für Horaz)* wird dieser Sachverhalt angesprochen: *»Príncep afable de la docta lira, / mestre i custodi de la*

forma bella: / tu qui cenyires de llorer i murta / doble corona, // ara tolera que una mà atrevida / passi a mon poble la que amb tal fortuna / tu transportares al solar de Roma / cítara grega« (»Du, edler Fürst der gelehrten Lyra / Meister und Wächter der schönen Form: / Du der Du trägst die aus Lorbeer und Myrte / gewundene zweifache Krone, // dulde nun daß eine verwegene Hand / zu meinem Volk entführt die griechische Kithara / die mit solchem Erfolg / Du nach Rom brachtest«). Der massive Epikureismus des antiken Dichters bleibt Costa i Llobera jedoch weitgehend unverständlich, die Nachahmung des horazischen Hedonismus im christlichen Kontext wirkt aus diesem Grund nicht überzeugend. – Narrative Dichtung findet sich in dem langen epischen Gedicht *La deixa del geni grec (Das Vermächtnis Homers)*. Heidnische Primitivität und Barbarität der mallorquinischen Ureinwohner und griechische Zivilisation stoßen im Kampf aufeinander; die selbstlose Liebe der heidnischen Priesterin und zukunftsdeutenden Sibylle Nuredduna rettet den einzigen Überlebenden, den jungen Homer (Melessigeni), vor der Opferung; Nuredduna aber wird von ihrem eigenen Volk gesteinigt. Homers Leier und dichterisches Vermächtnis bleibt in den Grotten von Artà zurück. Eine Vision der späteren christlichen Heilslehre weist auf die Vollendung der griechischen Welt in der Wahrheit der neuen Religion, deren Dreifaltigkeit in den drei Gesängen des Gedichts ausgedrückt ist. – Weitere narrative Prosa enthält die Sammlung *Tradicions i fantasies*, 1903 *(Traditionen und Phantasien)*. – Mit J. Alcover kommt Costa i Llobera in der katalanischen Dichtung Mallorcas eine herausragende Stellung zu. M.P.J.

AUSGABEN: *Poesies*, Barcelona 1885; ern. 1907. – *Tradicions i fantasies*, Barcelona 1903. – *Horacianes*, Barcelona 1906. – *Obres completes*, 4 Bde., Barcelona 1923; ern. 1947. – *Horacianes i altres poemes*, Hg. J. M. Llompart, Barcelona 1982.

LITERATUR: M. Batllori, *La trajectòria estètica de M. C. i Ll.*, Barcelona 1955. – M. Gayà, *Contribució a l'epistolari de M. C. i Ll.*, Barcelona 1956. – G. Llompart, *›A un claper de gegants‹ de M. C. i Ll. y su encuadre histórico-arqueológico* (in Regnum Dei; Collectanea Theatina, 15, 1959, S. 215–228). – J. M. Llompart, *La Literatura moderna a les Balears*, Mallorca 1964, S. 77–87. – B. Torres Gost, *M. C. i Ll. (1854–1922): Itinerario espiritual de un poeta*, Barcelona 1971. – M. de Montoliu, *›Horacianes‹ de M. C. i Ll.* (in *Guia de literatura catalana contemporània*, Barcelona 1973, S. 91–99). – J. Pons i Marquès, *Crítica literària 1*, Mallorca 1975, S. 77–132. – J. Massot i Muntaner, *Església i societat a la Mallorca del segle XIX*, Barcelona 1977. – J. Hösle, *Die katalanische Literaturgeschichte von der Renaixença bis zur Gegenwart*, Tübingen 1982, S. 36 ff. – J. Fuster, *Literatura catalana contemporània*, Barcelona 1985, S. 60–64. – J. Castellanos, *L'escola mallorquina: M. C. i Ll.* (in *Història de la literatura catalana*, Hg. M. de Riquer, A. Comas u. J. Molas, Bd. 8, Barcelona 1986, S. 330–356).

SALVADOR ESPRIU

* 10.7.1913 Santa Coloma de Farners
† 22.2.1985 Barcelona

DAS LYRISCHE WERK (kat.) von Salvador ESPRIU.

Obwohl Espriu in der ersten Phase seiner Schriftstellertätigkeit, in den dreißiger Jahren, fast nur Prosatexte geschrieben hat, ist er hauptsächlich als Dichter bekannt. Sein lyrisches Werk, das nach dem Spanischen Bürgerkrieg entstand, gehört seiner Thematik wegen zu den einflußreichsten Werken der fünfziger und sechziger Jahre in katalanischer Sprache. Nach einem Studium der klassischen Philologie ist Espriu praktisch sein ganzes Leben einer Verwaltungstätigkeit in der Firma seines Bruders nachgegangen. In der Abgeschiedenheit seines Lebens ist sein dichterisches Werk entstanden. Als Inspirationsquelle sind die Jahre von großer Bedeutung, die er in seiner Kindheit mit seiner Familie in Arenys de Mar verbrachte. Dieser Ort erscheint in mehreren Werken unter dem Namen »Sinera« (Anagramm von Arenys).

Die lyrische Produktion Esprius erstreckt sich über mehrere Jahrzehnte, trotzdem kann man schwerlich von Entwicklungsphasen sprechen. Die Hinwendung von der Prosa zum Gedicht vollzieht sich mit dem Ende des Spanischen Bürgerkriegs, so daß man annehmen kann, daß die tiefen Spuren, die dieses Ereignis in Espriu hinterlassen hat, dessen Wandel mitbedingt haben. Das Ende des Bürgerkriegs bedeutete eine fast völlige Zerstörung der katalanischen Kultur, so daß viele Schriftsteller nur den Weg ins Exil sahen. Die zutiefst empfundene Verpflichtung zur Rettung seiner Sprache bewog Espriu dazu, Katalonien nicht den Rücken zu kehren: *»Però hem viscut per salvar-vos els mots, per retornar-vos el nom de cada cosa, perquè seguíssiu el recte camí d'accés al ple domini de cada cosa« (»Aber wir haben gelebt, um für euch die Worte zu retten, um euch den Namen einer jeden Sache zurückzugeben, damit ihr dem richtigen Weg folgt, der euch zum vollen Besitz der Erde führt«)*. Das zentrale Anliegen seiner Dichtung ist die Beschäftigung mit den wichtigsten Fragen des menschlichen Daseins: Es sind dies der Tod und seine Sinnlosigkeit, die mühsame Suche nach der Überwindung dieser Sinnlosigkeit, der Wert der Erinnerung als Rettung vor dem Verschwinden im Nichts, die Beziehung des Menschen zu Gott sowie die Frage der moralischen Verantwortung gegenüber den Mitmenschen.

Dabei kann man die verschiedenen Werke in zwei Gruppen einteilen. Während sich Gedichtsammlungen wie *La pell de brau*, 1960 *(Die Stierhaut)*, mehr mit der nationalen Thematik beschäftigen, konzentrieren sich Werke wie *El cementiri de Sinera*, 1946 *(Der Friedhof von Sinera)*, *Les hores*, 1952 *(Die Stunden)*, *Mrs. Death* (1952), *El caminant i el mur*, 1954 *(Der Wanderer und die Mauer)*, und *Final del laberint*, 1955 *(Ende des Labyrinths)*, stärker auf die Todesproblematik. All diese Sammlungen zeichnen sich durch einen geschlossenen Charakter und jeweils einen starken Bezug zueinander aus. Daneben stehen Werke wie *Les cançons d'Ariadna*, 1949 *(Die Lieder von Ariadne)*, mit Gedichten ganz unterschiedlicher Thematik, und später *Llibre de Sinera*, 1963 *(Buch von Sinera)*, das beide Elemente verbindet, sowie *Setmana santa*, 1971 *(Karwoche)*, das wieder das Todesthema behandelt.

Die Dichtung Esprius versteht sich in der Kontinuität einer großen literarischen Tradition. So werden klassische und biblische Quellen in seine Bilderwelt nicht als bereichernde Zier eingebaut, sondern sind wesentliche Bestandteile der Fragen des Dichters. Der Mythos von Ariadne und dem Labyrinth steht als Bild für eine Welt, in der sich der Mensch nur schwer zurechtfindet. Oidipus und Teiresias sind die sehenden Blinden, die ihm helfen, inmitten der Dunkelheit den Sinn zu finden. Aus der biblischen Welt ist für den Autor die Gegenwart Hiobs mit seiner zwiespältigen Beziehung zu Gott sehr wichtig. Nicht unbedeutend sind auch Einflüsse aus der ägyptischen Todesmythologie und aus der jüdischen Mystik. Esprius von Skepsis und Pessimismus geprägtes Weltbild sowie der Ernst seiner moralischen Verpflichtung, der für seine Generation richtunggebend wirkte, bedeutete notwendigerweise eine Abkehr von der stilistischen Tradition des *noucentisme*, der in den dreißiger Jahren in Katalonien noch großen Einfluß ausübte.

In der chronologischen Folge seiner Gedichtbände steht *Les cançons d'Ariadna* eigentlich erst an zweiter Stelle, doch lassen es der Stil und die Thematik der einzelnen Gedichte als Übergangswerk zwischen seinem Prosaband *Ariadna en el laberint grotesc*, 1935 *(Ariadne im grotesken Labyrinth)*, und den fünf Gedichtbänden mit der Todesthematik erscheinen. In der ersten Ausgabe (1949) enthielt die Sammlung nur 33 Gedichte, aber in den nachfolgenden Ausgaben wurden immer wieder neue hinzugefügt, so daß die letzte und endgültige Edition nunmehr aus 100 Gedichten besteht. Seine Übergangsstellung macht das Buch einerseits zu einer Art Einführung in die späteren Werke, andererseits wird die Sammlung, da sie durch immer neue Gedichte bereichert wurde, zu einer Art Synthese von Esprius dichterischer Welt. Die Anordnung dieser unterschiedlichen Gedichte folgt keinem thematischen Plan. Groteske Elemente, die charakteristisch für das Prosawerk des Autors sind, und typische »lyrische« Elemente seiner späteren Gedichtbände wechseln sich ständig ab. Der Dichter warnt den Leser vor dem falschen Eindruck einer *»billigen Schau auf einem Kirchweihfest« (»espectacle de barata fira de festa major«)* und setzt im gleichen Gedicht die richtige Perspektive in Szene: *»Sóc malson desvetllat dins la foscor« (»Ich bin ein aufgewachter Alptraum in der Dunkelheit«)*. Wie auf einem Karussell defilieren vertraute Bilder, Gestalten aus seiner Welt der Kindheit, die schöne Welt Sineras, aber dann immer wieder die Nacht, die Finsternis, der Traum, der die Wirklichkeit verdrängt, an uns vorbei. Die persönlichen Erfahrungen summieren sich zu der schmerzvollen Erfahrung eines unterdrückten Volks: *»Bevíem a glops/aspres vins de burla/el meu poble i jo./Escoltàvem forts arguments/del sabre/el meu poble i jo« (»Wir haben die herben Weine des Gespötts geschluckt, mein Volk und ich. Wir haben den strengen Lektionen des Säbels zugehört, mein Volk und ich«)*.

Cementeri de Sinera, 1946 *(Friedhof von Sinera)*, ist der erste Band, der von Espriu als geschlossene Sammlung konzipiert wurde. Er besteht aus 30 durchnumerierten Gedichten, die miteinander verkettet sind, da das Bild, mit dem ein Gedicht endet, als Anfang des nächsten genommen wird; ein Verfahren, das auch in *Final del laberint, La pell de brau* und in *Llibre de Sinera* angewandt wird. Die kurzen Gedichte des Bandes enthalten nur fünf bis maximal 25 Zeilen und sind alle in der ersten Person geschrieben. »Sinera« (Arenys), der Ort seiner Kindheit, wird hier in einer melancholischen Erinnerung an die verflossene Zeit evoziert: *»Pels portals de Sinera/passo captant engrunes/de vells records ... m'esperen/tan sols per fer-me almoina,/fidels xiprers verdíssims« (»Durch die Haustore von Sinera laufe ich und sammle Krümel alter Erinnerungen ... auf mich warten nur, um mir Almosen zu geben, treue, sehr grüne Zypressen«)*. Der Friedhof, der im realen Arenys auf einem Hügel liegt und bei Espriu sinnbildhaft das gesamte Dorf beherrscht, ist auch der abschließende Betrachtungspunkt, von dem aus dieser Gang durch die entschwundene Welt betrachtet wird. In dem späteren Werk *Llibre de Sinera* wird die Welt von Arenys wiederaufgenommen, werden die Elemente der Landschaft zu allgemeinen Kategorien, mit denen der Dichter seinen Kampf gegen die Bedrohung des Todes beschreibt. Die Schwierigkeiten, für sich und für Katalonien einen Halt zu finden, finden in den Bildern Sineras einen neuen Ausdruck. Es ist nicht mehr nur der schöne Ort der Kindheit, jetzt tauchen die Bettler der Nacht als etwas Bedrohliches auf, und der Blinde wird gefragt, ob es für das katalanische Volk eine Zukunft gebe: *»I la boca sense llavis començà la riota que no para mai« (»Und der Mund ohne Lippen brach in ein Lachen aus, ein Lachen, das nicht mehr aufhört«)*.

Les hores, ein Gedichtband, der ursprünglich aus zwei Teilen bestand, dem Dichterfreund B. Rosselló-Porcel (1913–1938) und der verstorbenen Mutter gewidmet, wurde in einer späteren Ausgabe um einen dritten Teil erweitert, der die Widmung trägt: *»Recordant allunyadament Salom 18-VII-36«*. In Esprius früheren Prosawerken hatte »Salom« das kritische Ich des Dichters mit einer positiven Haltung zum Leben und zur Zukunft verkörpert. Das Verschwinden seiner Jugend und die private Erfahrung des Todes werden hier in sehr lyrischen Bildern zur Sprache gebracht. – Die Erfahrungen des Bürgerkriegs, verschärft durch die des Zweiten Weltkriegs, verdichten sich in dem Buch *Mrs. Death*. In 40 Gedichten wird die Welt als die Aufführung eines Marionettentheaters gezeigt. Die Figuren sind müde von den grotesken Situationen ihres Auftritts und sehnen sich nach Ruhe. Die Langeweile des Alltags wird nur durch den Tod beendet, der wiederum neue sinnlose Auftritte durch neue Figuren ermöglicht: *»A l'atzucac de l'obra mancada, tan inútil, Déu, l'entristit, escolta mil clamors de granotes« (»In der Sackgasse eines verfehlten, sinnlosen Werkes lauscht Gott, der traurige, dem unzähligen Geschrei der Kröten«)*. Aber so beherrschend diese Erfahrungen auch sind, sie werden doch nicht ohne einen Versuch der Überwindung angenommen. – *El caminant i el mur* besteht aus 54 Gedichten in drei Teilen. Das tragende Symbol ist das Labyrinth des Lebens, an dessen Ende der Tod steht, doch wird die Erinnerung als rettende Instanz aufgebaut: *»Sé com encara/en el record, intacte,/és el somriure./Però les mans, ja cendra/o llum, on retrobar-les«* (*»Noch im Erinnern,/lebt, unversehrt, das Lächeln,/doch die Hände,/nun Asche oder Licht/ wo nur sie wiederfinden?«* – Übers. R. Erb). Im dritten Teil finden sich deutliche Anspielungen an die Psalmen, an das erniedrigte Volk Israel; der Dichter klagt über einen Gott, der sich den Menschen verweigert. Die Reflexion des Todes steigert sich in *Final del laberint* zu einer mystischen Meditation. Am Anfang stehen zwei lange Zitate von Meister ECKHART und NIKOLAUS VON KUES, die den gedanklichen Unterbau der Gedichte deutlich machen. Der Dichter wird in eine Welt der absoluten Finsternis gebracht, aber eine aufkeimende Hoffnung ermöglicht es ihm, sich auf ein mystisches Abenteuer einzulassen. Der Weg führt am Ende ins Nichts. Aber in ein Nichts, das nicht Bedrohung oder Sinnlosigkeit beinhaltet, sondern Erfüllung und Befreiung: *»Enllà de contraris/veig identitat./ Sol, sense missatge,/deslliurat del pes/del temps, d'esperances,/dels morts,/dels records,/dic en el silenci/el nom del no-res«* (*»Jenseits von Gegensätzen/seh ich das eine Wesen./Allein, ohne Botschaft,/ledig des Gewichts/ der Zeit, der Hoffnungen,/der Toten,/der Erinnerungsknoten,/sage ich im Schweigen/den Namen des Nichts«* – Übers. F. Vogelgsang). Die außerordentliche Schlichtheit der Sprache und der Bilder begünstigt den Zugang zur Meditation. Die ganze Sammlung hat einen stark hermetischen Charakter und entzieht sich dem unmittelbaren Verständnis.

Der Band *La pell del brau* dagegen konzentriert sich vorwiegend auf das Schicksal des katalanischen Volks und die Folgen des Bürgerkriegs. Deswegen kann man, im Gegensatz zu den früheren Werken, von einem Wechsel in der Thematik sprechen. Aber eine ganze Reihe von Motiven findet sich schon in früheren Werken, so daß auch diese Gedichte strenggenommen keine Wende bedeuten. Die Bezeichnung »Stierhaut« beschreibt die Form der Iberischen Halbinsel auf einer Landkarte: *»Ets estesa pell de brau,/vella Sepharad./El sol no pot assecar,/pell de brau,/la sang que tots hem vessat,/la que vessarem demà«* (*»Eine ausgebreitete Stierhaut bist du,/altes Sepharad./Die Sonne ist nicht fähig,/Stierhaut,/das Blut zu trocknen, das wir alle vergossen haben,/das wir morgen vergießen werden«* – Übers. F. Vogelgsang). Das aus 54 Gedichten bestehende Buch kann als dichterische Reflexion über den Spanischen Bürgerkrieg und seine Folgen charakterisiert werden. Es sieht die Ereignisse aus der Perspektive des ganzes Landes, nicht nur aus der Sichtweise Kataloniens. Spanien wird hier mit dem hebräischen Wort »Sepharad« benannt, die gesamte Sammlung ist mit Bildern aus der Geschichte der Juden und ihrer Verfolgungen durchdrungen. *La pell del brau* hat eine ausdrücklich moralische Intention. Der sinnlose Haß muß überwunden werden, der einen Krieg unter die Brudervölker Spaniens gebracht und das Land mit Blut bedeckt hat. Die Menschen müssen wieder Hoffnung schöpfen und zu ihren grundsätzlichen Tugenden Gerechtigkeit, Ehrlichkeit, Fleiß zurückfinden: *»Fes que siguin segurs els ponts del diàleg/i mira de comprendre i estimar/les raons i les parles diverses dels teus fills. /Que la pluja caigui a poc a poc en els sembrats/i l'aire passi com una estesa mà/suau i molt benigna damunt els amples camps./Que Sepharad visqui eternament/en l'ordre i en la pau, en el treball,/en la difícil i merescuda/llibertat«* (*»Sorge, daß fest gebaut sind die Brücken des Gesprächs,/und trachte zu begreifen und zu lieben/die verschiedenen Denkweisen und Sprachen deiner Kinder./Damit der Regen langsam, linde auf die Saat falle/und die Luft gleich einer ausgestreckten Hand/ sanft und voll Güte über die weiten Felder streiche./ Damit Sepharad ewig lebe/in der Ordnung, im Frieden, in der Arbeit,/in der schwierigen und verdienten/ Freizeit«* – Übers. F. Vogelgsang). Oftmals wechselt hier die Perspektive, von der allgemeinen moralischen Betrachtung hin zu ganz konkrekten Beschreibungen, wie z. B. der des Todes als Besitzerin eines kleines Ladens in einer obskuren Gasse Venedigs oder der Schilderung des Selbstmords eines kleinen Schneiders mit Namen Jehudi: *»Ens mostra a tots la llengua/blanca de tant/de tip de pols que es feia/quan caminà/al costat de nosaltres/homes de pau,/que procurem d'entendre/el cant d'orat/del cec de la guitarra,/potser germà/de Iehudi, vell sastre/de Sepharad«* (*»Uns allen streckt er jetzt/die Zunge raus,/Weiß von dem allzuvielen/Staub, den er schluckte,/als er ging neben uns,/friedlichen Menschen,/die zu verstehen suchten/das Narrenlied/des blinden Gitarristen, Bruder Jehudis/vielleicht, des alten Schneiders/ von Sepharad«* – Übers. F. Vogelgsang). Die Inhalte der Sammlung sind nicht auf die Formulierung kollektiver Aufgaben zu reduzieren. Die persönliche Bedrohung durch den Tod und die Überwindung dieser Bedrohung werden als Motive ebenfalls wiederholt angesprochen.

In den späteren Jahren sind neben *Llibre de Sinera* als geschlossene Sammlung *Setmana santa* und *Formes i paraules*, 1974 *(Formen und Worte)*, erschienen. Einige verstreute Gedichte Esprius, der mit seinem poetischen Werk zu den bedeutendsten Lyrikern Spaniens zählt, wurden unter dem Titel *Fragments* (1968) zusammengefaßt. J.G.V.

AUSGABEN: *Cementeri de Sinera*, Barcelona 1946. – *Les cançons d'Ariadna*, Barcelona 1949. – *Les Hores*, Barcelona 1952. – *Mrs. Death*, Barcelona 1952. –

El caminant i el mur, Barcelona 1954. – *Final de laberint*, Barcelona 1955. – *La pell de brau*, Barcelona 1960. – *Llibre de Sinera*, Barcelona 1963. – *Fragments. Versots. Intencions. Matisos*, Barcelona 1968. – *Setmana santa*, Barcelona 1970. – *Formes i paraules*, Barcelona 1975. – *Antología lírica*, Hg. J. Batlló, Madrid 1977 (kat.-span.; Cátedra). – *Antologia poètica*, Barcelona 1978. – *Obres completes I – Poesia*, Barcelona 1985.

Übersetzungen: *Die Stierhaut*, F. Vogelgsang, Ffm. 1985 [m. Nachw.; kat.-dt.]. – *Ende des Labyrinths*, ders., Ffm. 1986 [enth. auch *El caminant i el mur*; m. Nachw.; kat.-dt.]. – In *Ein Spiel von Spiegeln. Katalanische Lyrik des 20. Jh.s*, Hg. T. D. Stegmann, Lpzg./Mchn. 1987 [Ausw.; Nachdichtungen von R. Erb; kat.-dt.].

Literatur: J. M. Castellet, *Iniciació a la poesia de S. E.*, Barcelona 1971; ³1984. – Ders., *»El caminant i el mur« de S. E.* (in *Guia de literatura catalana contemporània*, Hg. J. Castellanos, Barcelona 1973, S. 345–351). – J. Teixidor, *»Cementeri de Sinera« de S. E.* (ebd., S. 303–315). – P. Robin, *La poésie de S. E.* (in Critique, 27, 1971, Nr. 286, S. 229–240). – K. Süß, *Untersuchungen zum Gedichtwerk S. E.s*, Nürnberg 1978. – A. Terry, *The Public Poetry of E. A Reading of »La pell de brau«* (in IR, 9, 1979, S. 76–97). – G. Lanciani, *S. E. »Les cançons d'Ariadna« a »Setmana Santa«* (in *Fs. R. Aramon i Serra 1*, Barcelona 1979, S. 301–372). – D. Boyer, *Lecture d'un poème d'E.* (in Ibérica, 1, 1977, S. 57–78). – Ders., *La figure de Salom dans l'œuvre de S. E.* (ebd., 3, 1981, S. 33–45). – H. Bihler, *Zur Bibel als Inspirationsquelle der katalanischen Gegenwartslyrik. Das Markus-Evangelium in »Setmana Santa« von S. E.* (in IR, 15, 1982, S. 70–86). – A. Espriu i Magaleda u. a., *Aproximació històrica al mite de Sinera*, Barcelona 1983. – A. Batista, *S. E.: itinerari personal*, Barcelona 1985. – J. M. Castellet, *Die Dichtung S. E.s* (in Iberoamericana, 9, 1985, S. 12–23). – R. M. Delor i Mons, *»Mrs. Death« o el llibre de la generació maleida* (in Els Marges, 34, 1986, S. 37–60). – C. Miralles, *S. E.* (in *Història de la literatura catalana*, Hg. M. de Riquer, J. Molas u. A. Comas, Bd. 10, Barcelona 1987).

ARIADNA EN EL LABERINT GROTESC

(kat.; *Ariadne im grotesken Labyrinth*). Prosawerk von Salvador Espriu, erschienen 1935. Das Werk wurde in späteren Ausgaben mehrere Male verändert und erhielt erst 1974 seine endgültige Fassung. – Esprius wichtigstes Prosawerk – er schrieb auch Romane wie *Laia* (1932), *Aspectes* (1934), *Miratge a Citerea* (1935) und *Letizia i altres proses* (1937) – vollzieht einen radikalen Bruch mit den literarischen Werken des katalanischen *noucentisme*, der zu seiner Zeit vorherrschend war. Die 32 kurzen Erzählungen des Buches sind in der modernen katalanischen Literatur unübertroffene Meisterstücke der Ironie.

»Alles, was in diesem Buch vorkommt, ist nicht erfunden. Alles, was darin beschrieben ist, ist tatsächlich geschehen oder es wurde mir auf die eine oder andere Weise erzählt«, schreibt Espriu in der Einleitung von 1974. Die Erzählungen, die jede für sich einen eigenständigen Charakter aufweisen, wurden als Einheit konzipiert, wobei die späteren Veränderungen dieses einheitliche Konzept noch verstärken. Schauplätze der Handlungen sind die Orte, in denen Espriu sein Leben verbracht hat, vor allem »Sinera« (Arenys) und Barcelona; die Figuren verkörpern allgemeine menschliche Verhaltensweisen, wobei der Autor vor allem groteske Elemente betont, um seine moralische Position zu verdeutlichen und Kritik anzubringen.

Die erste Erzählung trägt den Titel *Tereseta-que-baixava-les-escales (Teresa-die-die-Treppe-hinunterlief)* und verarbeitet Kindheitserinnerungen des Autors. In fünf »Tableaux« werden relevante Phasen im Leben von Teresa durchlaufen: von den Kinderspielen vor der Dorfkirche bis zu ihrem Begräbnis. Die Erzählung wird, wie alle anderen, von den Dialogen der in der Handlung anwesenden Zuschauer getragen, die kein Mitgefühl zeigen: *»Quietud, ja la baixen. Ha de pesar, i aquestes escales són estretes, que no rellisquin. La fusta és cara, no en pots dubtar, és cara, ja t'ho deia. Els del baiard suen, fan angunia, mira com suen. Vejam si l'esberlaran daltabaix de les escales« (»Sei still, man trägt sie schon hinunter, sie ist sicher sehr schwer und die Treppe ist sehr eng. Das Holz des Sarges ist teuer, keine Frage, es ist sehr teuer, ich habe es dir schon gesagt. Die Sargträger schwitzen, ekelhaft!, schau, wie sie schwitzen, ob der Sarg vielleicht doch die Treppe hinunterfällt und zerbricht«).*

Die Menschen dieser oft an Valle-Incláns *esperpentos* erinnernden Erzählungen, oft Randfiguren der Gesellschaft wie Bettler oder Betrunkene, die aus ihrer Außenseiterperspektive die Verfallserscheinungen des menschlichen Verhaltens in Szene setzen, agieren wie Marionettenfiguren, die sich des grotesken Charakters ihres Tuns nicht ganz bewußt sind. Für Espriu stellt sich diese Welt wie eine Ansammlung von Figuren dar, die *»in der Schachtel von Saloms Alpträumen ruhen« (»dintre la capsa del malson de Salmon«)*. Das vorletzte Kapitel, mit dem Titel *Sembobitis*, zeigt »Salom« (das kritische Ich des Dichters) am Rande der Straße, die nach Sinera führt. Ein bekannter Lumpensammler des Dorfes kommt vorbei und wird von Salom mit dem Namen eines Magiers angesprochen, mit dem er in seiner Kindheit gespielt hat. Der Lumpensammler versteht Salom nicht, der glaubt, daß der Magier sich als Lumpensammler verstecken will. Saloms magische Welt hat sich in einen Lumpensammler verwandelt. Beide gehen auseinander, ohne zu verstehen, was geschehen ist. Die skeptische Sicht Esprius über den Zustand Spaniens illustriert das letzte Kapitel in Form eines Dialogs. Ein Journalist stößt auf eine Figur, die Personifizierung seines Landes, die gerade dabei ist, sich ins Wasser zu werfen, weil ihr die Lust am Leben vergangen ist.

J.G.V.

Ausgaben: Barcelona 1935. – Barcelona 1980. – Barcelona 1983. – Barcelona 1985 [kat.-span.].

Literatur: A. Vilanova, *»Ariadna al laberint grotesc* (in *Guia de la literatura catalana contemporània*, Hg. J. Castellanos, Barcelona 1973, S. 257–260). – J. M. Benet i Jornet, *Visita al laberint grotesc de S. E.* (in Els Marges, 7, 1976, S. 115–121).

Gabriel Ferrater

* 20.5.1922 Reus
† 27.4.1972 Barcelona

LES DONES I ELS DIES

(kat.; *Die Frauen und die Tage*). Gedichtsammlung von Gabriel Ferrater, erschienen 1968. – Der Band besteht aus den drei kleinen, aber sehr bedeutenden Gedichtsammlungen *Da nucis pueris* (1960), *Menja't una cama*, 1962 *(Iß ein Bein)*, und *Teoria dels cossos*, 1966 *(Theorie über die Körper)*, die bereits einzeln erschienen waren und von Ferrater selbst, mit geringen Veränderungen, unter diesem Titel zusammengefaßt wurden. Die Dichtung des in Barcelona zu einem engeren Kreis bedeutender Schriftsteller zählenden Autors, die in einer relativ kurzen Phase seines Lebens entstand und zunächst durch Ferraters umfassende Lektüre der französischen Dichter während seines durch den Spanischen Bürgerkrieg bedingten Aufenthalts in Frankreich, später von den englischen Symbolisten beeinflußt wurde, bricht mit der zu dieser Zeit vorherrschenden literarischen Tradition in Katalonien. Die Radikalität, mit der Ferrater auf die Konkretheit des Lebens eingeht und gegen die herrschende Moral den Wert der individuellen Erfahrung setzt, bedingt auch einen neuen poetischen Stil. Aus den in seinen Gedichten thematisierten Zufälligkeiten des Alltags mit seinen menschlichen Begegnungen, die in einer ersten Lektüre den Anschein des Unverbindlichen erwecken, wird eine moralische Haltung gewonnen, die zu einer tieferen Einsicht führt: *»Pujo l'escala del metro / de pressa, que se m'ha fet tard. / Ja fa mitja hora que tenia una altra escala per pujar. / Em sobta i m'atura la vora / del buit, a l'esglaó darrer. / Marco el pla de cames que passen, / amb els ulls, com amb un nivell«* *(»Ich steige die U-Bahntreppe hinauf / schnell, ich habe es eilig. / Schon seit einer halben Stunde / wartet auf mich eine andere Treppe. / Es überrascht mich und hält mich an / der Rand der Leere an der letzten Treppenstufe. / Die Ebene, die die vorbeilaufenden Beine bilden / grenze ich mit den Augen ein, wie mit einem Lineal«)*. Dann in der letzten Zeile die bergende Sicherheit: *»Jo sé on és el teu cos«* *(»Ich weiß, wo dein Körper ist«)*.

Ungewohnte Perspektiven der Ereignisse entstehen auch in den wenigen auf soziale oder historische Themen eingehenden Gedichten Ferraters. *In memoriam*, das erste Gedicht des Bandes und eines der schönsten, schildert den Bürgerkrieg aus der Sicht eines Jungen von 14 Jahren: *»Ajagut / dins d'un avellaner, al cor d'una rosa / de fulles moixes i molt verdes, com / pells d'éruga escorxada, allí, ajaçat / a l'entrecuix del món, m'espesseïa / de revolta feliç, mentre el país / espetegava de revolta i contrarevolta«* *(»Unter / einem Haselnußbaum liegend, im Herzen einer Rose / mit weichen und sehr grünen Blättern, wie / verlassene Häute einer Raupe, dort ausgebreitet / auf dem Schoß der Welt füllte ich mich / mit der Revolte des Glücks und in meinem Land / krachte es von Revolten und Gegenrevolten«)*. In einer Zeit, in der diese Ereignisse fast nur von den gesamthistorischen Folgen aus gesehen wurden, mußte die private, gewohnte politische Deutungen in Frage stellende Sehweise Ferraters seine Leser irritieren. In dieser Dichtung des persönlich erlebten Glücks werden die menschlichen Erfahrungen, auch die des Todes, aus einer alltäglichen Perspektive gesehen, so daß kein Platz für Heldentum bleibt, wie z. B. in der Schilderung der Hinrichtung eines Turnlehrers des Jungen: *»El van matar al racó de la placeta / d'Hèrcules, al costat de l'Institut / que és on sortíem entre dues classes, / i no recordo que el lloc ens semblés / marcat de cap manera, ni volguéssim / trobar en un tronc d'un plàtan una bala / ni cap altra senyal. Quant a la sang, / no cal dir potser el dia mateix / el vent se la va endur. Va fer la pols / potser una mica més pesada, res.«* *(»Man hat ihn an einer Ecke des Herkulesplatzes / getötet, neben dem Gymnasium / dort, wo wir immer zwischen zwei Unterrichtsstunden spielten, / und ich kann mich nicht erinnern, daß der Ort / uns anders erschien oder daß wir versucht hätten, / eine Kugel im Stamm eines Ahornbaumes zu finden / oder irgendeine andere Spur. Was das Blut betrifft / braucht man nicht zu sagen, daß es vielleicht am gleichen Tag / vom Wind verweht wurde. Der Staub / wurde vielleicht dadurch etwas schwerer, sonst nichts«)*.

Obwohl die Gedichte Ferraters eine Vielzahl von Situationen beschreiben, weisen sie doch einige tragende Grundgedanken auf. Schon der Titel *Les dones i els dies* bringt zum Ausdruck, daß das Problem der Beziehungen zwischen Mann und Frau und die Veränderungen, die die Zeit mit sich bringt, als wichtigste Motive seiner Sammlung angesehen werden können. Zahlreich sind die Anspielungen des belesenen Autors auf andere Gedichte, und einen bedeutenden Raum nehmen Mythen der Weltliteratur ein, wie z. B. in den Gedichten *Theseus* oder *Lorelei*. Die verarbeiteten persönlichen Erfahrungen Ferraters zeigen keinen ausgesprochenen Bekenntnischarakter, der Dichter versucht vielmehr aus einer Distanz zu sprechen, die es ihm erlaubt, seine moralische Haltung genau zu präzisieren *(»definir ben be la meva actitud moral«)*. Ferraters schlichte Sprache vermeidet glanzvolle Metaphern und avantgardistische Experimente. Oft reflektiert der Dichter über die Auswirkungen der Zeit auf menschliche Beziehungen: *»Puc repetir*

la frase que s'ha endut / el teu record. No sé res més de tu. / Aquesta insistent aigua de paraules, / sempre creixent, va ensulsiant els marges / de la vida que vaig creure real...« (*»Ich kann den Satz wiederholen, der deine Erinnerung weggenommen hat. Ich weiß von dir nichts mehr. / Dieser unaufhörliche Fluß von Worten, / der immer weiter wächst / überflutet die Ufer des Lebens, das ich immer für wirklich hielt«*).
Eine ganz besondere Stellung nimmt das außergewöhnlich lange Gedicht *Poema inacabat (Unfertiges Gedicht)* mit seiner an Chrétien de Troyes angelehnten, kolloquialen Erzählweise ein: *»Vull contar un conte impertinent, / però el deixaré per després / i aniré allargant el meu pròleg. / L'ompliré de gents i de coses / i d'afectes. Diré que sóc / a Cadaqués, en ple melós / i endormiscat mes de setembre (quan les hiperbòries fembres van mancant) del seixanta-u, / amb vent de mar sense recurs...«* (*»Ich will eine unpassende Geschichte erzählen, aber ich lasse sie für später, und jetzt mache ich weiter mit meinem Anfang, / Ihn werde ich mit Leuten und Sachen ausfüllen. Ich sage, ich bin / in Cadaqués mitten im süßlichen und verschlafenen September (wenn die Weiber aus dem Norden nach und nach gehen) im Jahre einundsechzig / und der Wind im Meer ist faul«*). In diesem Plauderton wird die Entstehung einer Geschichte ständig durch Abschweifungen über die verschiedensten Themen vereitelt, trägt der Dichter in einer kunstvollen, scheinbar willkürlichen Verkettung eine Reihe interessanter Äußerungen über seine Dichterfreunde, seinen eigenen Stil, die Situation in Spanien nach den Bürgerkriegsjahren und belanglose Dinge vor. Wie in einem sich unaufhörlich drehenden Karussell, bei dem die Bewegungsrichtung nicht von menschlicher Hand bestimmt wird, defilieren Menschen und Tage vorbei: *»No era pas nou d'aquell temps / ni ho canvien els de després, que l'orient del viure ens rodi amb la plataforma giratòria dels casos: alles was Fall / ist, és el món, diu Wittgenstein«* (*»Es war nicht neu in jener Zeit, / und die nächsten Zeiten werden es auch nicht ändern, daß die Zielrichtung des Lebens mit der Drehscheibe des Lebens mitdreht: alles, was Fall / ist, ist die Welt, sagt Wittgenstein«*). J.G.V.

Ausgaben: Barcelona 1960 *(Da nucis pueris)*. – Barcelona 1962 *(Menja't una cama)*. – Barcelona 1966 *(Teoria dels cossos)*. – Barcelona 1968; ern. 1978 *(Les dones i els dies)*.

Literatur: *Papers, Cartes, Paraules*, Hg. J. Ferraté, Barcelona 1966. – A. Terron Homar, *Aproximación a G.F.* (in CHA, 107, 1977, Nr. 319, S. 103–110). – G. Grilli, *G.F.* (in Belfagor, 30, 1979, S. 177–200). – L. Capecchi, *El diálogo humano de G.F.* (in Insula, 35, 1980, Nr. 404/405, S. 28/29). – J. Marco, *El mestratge de G.F.*, Barcelona 1980. – L. Bonet, *G.F.*, Barcelona 1983. – X. Macià u. Nuria Perpinyà, *La poesia de G.F.*, Barcelona 1986.

Josep Vicenç Foix

* 31.1.1893 Sarrià / Barcelona
† 29.1.1987 Barcelona

Literatur zum Autor:
G. Gimferrer, *La poesia de J. V. F.*, Barcelona ²1974. – P. J. Boehne, *J. V. F.*, Boston 1980 (TWAS). – *Homage to J. V. F.*, Barcelona 1986 (Catalan Review. International Journal of Catalan Culture, 1). – M. Tricàs i Preckler, *J. V. F. i el surrealisme*, Barcelona 1986. – J. Ferrán, *J. V. F.*, Madrid 1987. – M. Carbonell, *J. V. F.* (in *Història de la literatura catalana*, Hg. M. de Riquer, A. Comas u. J. Molas, Barcelona 1987, Bd. 9, S. 377–412).

DIARI 1918

(kat.; *Journal 1918*). Lyrisches Tagebuch von Josep Vicenç Foix. Der Titel bezeichnet zunächst einen zwischen 1911 und 1920 entstandenen, in dieser Form nie veröffentlichten Fundus von 365 Skizzen lyrischer Prosa, von denen der Autor 208 Texte im Lauf der Zeit überarbeitete und in endgültiger Gestalt – zum Teil um spätere Texte erweitert – in Einzelbänden publizierte: *Gertrudis* (1927), *KRTU* (1932), *Del »Diari 1918«* (1956), *L'estrella d'En Perris* (1963), *Darrer comunicat* (1970) und *Tocant a mà* (1972). Erst 1981 erschien ein Band, der alle auf das frühe Tagebuch zurückgehende Prosastücke in der inzwischen veröffentlichten Version zusammenhängend und unter dem ursprünglichen Titel zugänglich macht.
Das Werk gilt als bedeutendster katalanischer Beitrag zur Literatur des Surrealismus, wobei es teils von der französischen Schule beeinflußt, teils aber in unabhängiger Parallele und überdies mit eigenständigen Akzenten entwickelt worden ist. Viele Texte gestalten Traumvisionen, in denen Imagination die Alltagslogik außer Kraft setzt. Grenzen fallen sowohl zwischen Vernunft und Wahn als auch zwischen Natur und Zivilisation; Algen können durch plötzliches Wachstum den Weg versperren, Pferde das Stadtkommando übernehmen; umgekehrt gewinnen Autoreifen, Ölkanister und andere industriell gefertigte Gegenstände eigentümliche Magie: *»Per un filferro llançat per damunt el més absurd dels abismes, llisca, com perla de rosada, l'espectre dels teus guants«* (*»Über einen Draht, der über den absurdesten aller Abgründe geworfen ist, gleitet, einer Tauperle gleich, das Gespenst deiner Handschuhe hin«*). Surrealistischem Verständnis entsprechend erfüllt die Collage von Gegenständen, die aus dem gewohnten Zusammenhang gerissen und dadurch mit geheimnisvoller Bedeutung aufgeladen sind, eine zweifache Funktion. Sie offenbart eine sich ins Wunderbare steigernde Wirklichkeit und eröffnet zugleich einen Raum, in dem das Unbewußte agie-

ren kann und das Subjekt seine Phantasmen, Ängste und erotischen Spannungen zu erkunden Gelegenheit findet. Im Unterschied zur *écriture automatique* BRETONS löst sich das Prinzip der alogischen Verkettung der einzelnen Elemente bei Foix jedoch nie von der bewußten dichterischen Gestaltung völlig ab. Seine Texte bleiben jeweils an bestimmte Szenerien und Rahmen gebunden, wodurch sie einen hohen Grad visueller Verdichtung erreichen. Ein immer wiederkehrendes Thema ist die Frage nach personaler Identität. Sie entsteht zum einen im Zusammenhang von Kindheits- und Jugenderlebnissen, in denen erste Liebe und Eifersucht sich bildende Ich-Identität auf die Probe stellen. Zum andern läßt sich eine allgemeine Faszination an der Auflösung von Identität feststellen, die zur Gestaltung räumlicher Allgegenwart oder, auf der zeitlichen Ebene, permanenter Metamorphosen führt. – In den zuletzt veröffentlichten Teilsammlungen *(Darrer comunicat, Tocant a mà)* taucht ein früher nicht enthaltenes Moment auf. Während die Texte bislang meist durch die Verschiebung des Akzents vom Sinn auf das Spiel mit Sinn bestimmt waren und Sprache als Vorgang psychisch regulierter Artikulation entdeckt hatten, erheben einige Stücke nun eher Wahrheitsanspruch und nehmen den Charakter von Parabeln an. Dabei wird vor allem die Frage nach dem Zusammenhang von Besonderem und Allgemeinem bzw. nach der Einheit der Erscheinungen thematisiert sowie die Notwendigkeit der Freiheit von Kunst gegenüber ideologischer Bevormundung betont.

Im Blick insbesondere auf seine lyrische Prosa ist Foix verschiedentlich mit Joan Miró verglichen worden. Was den Dichter mit dem ihm befreundeten Maler verbindet, ist die (bei Miró vor allem in seiner Frühzeit deutliche) Verwurzelung des Prozesses surrealer Entgrenzung in der katalanischen Landschaft sowie die Auffassung von Avantgarde-Kunst als einer Anstrengung, die der Rettung einer immer wieder als bedroht erfahrenen Elementarheit und Ursprünglichkeit gilt: *»Si dellà la paraula teniu encara un mot per dir, pur com la brisa matinera, clar com l'estel de l'alba, fort com el vi de les terres costeres, net i novell com la sentor de les gleves girades, no proveu pas de dir-ho: us escurçaran la llengua« (»Wenn Sie jenseits des Worts noch etwas zu sagen haben, was rein wie die Brise der Frühe, hell wie der Morgenstern, stark wie der Wein der Küstenstriche, frisch wie der Geruch gewendeter Erdschollen ist – versuchen Sie nicht, es auszusprechen; man wird Ihnen die Zunge abschneiden«).* E.Ge.

AUSGABEN: Barcelona 1927 *(Gertrudis)*. – Barcelona 1932 *(KRTU)*. – Barcelona 1956 *(Del »Diari 1918«)*. – Barcelona 1963 *(L'estrella d'En Perris)*. – Barcelona 1970 *(Darrer comunicat)*. – Barcelona 1972 *(Tocant a mà)*. – Barcelona 1979 (*Obres completes*, Bd. 2; enth. größten Teil der Prosatexte). – Barcelona 1981.

ÜBERSETZUNG: *KRTU und andere Prosadichtungen*, E. Geisler, Ffm. 1988 [Ausw.; m. Nachw.].

SOL, I DE DOL

(kat.; *Einsam und in Trauer*). Gedichtsammlung von Josep Vicenç FOIX, erschienen 1947. – Die aus 70 Sonetten bestehende Sammlung versteht sich als komplexer Weltentwurf, der Wirklichkeit als Spannungsfeld gegensätzlicher Konzeptionen und Erscheinungen beschreibt und gleichwohl an der Möglichkeit einer *coincidentia oppositorum* festhält. Ein wichtiger Impuls, das Heterogene als Einheit zu denken, leitet sich dabei zweifellos von dem zur Zeit von Foix' Jugend intensiv und auf vielen Ebenen betriebenen und vom ihm selbst engagiert vertretenen Projekt der katalanischen Gesellschaft her, einerseits geistig und wirtschaftlich an das moderne Europa anzuschließen, andererseits an die jahrhundertelang unterdrückte bzw. verdrängte eigene Sprache und Kultur anzuknüpfen, die ihre Blüte während des Mittelalters und der Renaissance erlebt hatten. So bemühen sich diese zum Teil in archaisch wirkender Sprache abgefaßten Sonette ständig um ein klassisches Gleichgewicht: Einerseits enthalten sie Bekenntnisse zu den spezifischen Erkenntnismitteln des Surrealismus oder zur futuristischen Lust an Technik und Geschwindigkeit, andererseits wird die Notwendigkeit ideengeleiteter Vernunft betont und – im Unterschied zur revolutionären politischen Haltung etwa Bretons – eine soziale Verantwortung gefordert, die ausdrücklich auf den Aufbau einer bürgerlichen katalanischen Nation bezogen ist.

Die Sonette sind in sechs Abschnitte unregelmäßiger Länge gegliedert, denen jeweils Motti aus der provenzalischen, mittelalterlich katalanischen oder italienischen Dichtung (DANTE, BOCCACCIO) vorangestellt sind. Der erste Abschnitt setzt mit der Beschreibung des in seiner Einsamkeit reflektierenden Dichters ein, der sich vor allem mit dem Konflikt zwischen Ratio und Sinnlichkeit beschäftigt: *»... assaig un compromís/Entre el Seny, clar, i el deler de mes fibres« (»Ich versuche einen Kompromiß/Aus hellem Verstand und der Glut meiner Fibern...«).* Dazu treten andere Gegensatzpaare wie Realität und Irrealität, Vergangenheit und Gegenwart, Reflexion und Handeln. Eine Synthese dieser Momente und ein Erreichen des Absoluten scheint dabei möglich, wenn auch nur in der Flüchtigkeit von Augenblickserfahrung. Während der zweite Abschnitt im wesentlichen eine Variation des ersten darstellt, bildet der dritte Teil die geheime Achse des Buchs. Er entfaltet das platonische Liebesideal und liefert damit das hier bestimmende Modell der Einheit von Sinnlichkeit und Idee. Als Gegengewicht zur ersten Sonettgruppe, die trotz der beabsichtigten Synthese die entscheidende Leistung der Ratio zuweist – *»És per la Ment que se m'obre Natura...« (»Es ist Verstand, der Natur mir eröffnet...«)* –, schildert der vierte Abschnitt Liebeserfahrungen unter Betonung des körperlich-erotischen Moments. Der fünfte Teil hält die von Lebenslust überschäumenden Erinnerungen einer Gruppe junger Leute fest, deren Jugend wie die des Autors mit dem zweiten Jahrzehnt dieses Jahrhunderts und seinen Umwälzungen zusammenfällt. Ein Sonett, das eine übermütige Autofahrt in einen Badeort beschreibt, endet mit den Versen: *»Ens banyarem de frac: som a l'introit / D'aquest diví migdia, i a cad'u/li cal esquif i un braç llarg i segur. // Del son, grosser, ja en parla Sigmund Freud; / Tots som el pacient número u / I un llavi destenyit no és tabú« (»Wir baden dort im Frack: Dieses göttlichen / Mittags Messe hebt an, und jeder / Braucht jetzt ein Boot und einen ausdauernden Arm. // Vom Traum, dem Rohling, sprach schon Freud; / Jeder von uns ist Patient Nr. 1 / Und eine halbgeschminkte Lippe nicht tabu«).*

Der letzte Abschnitt enthält religiöse Gedichte. Hierbei geht es allerdings weniger um den Ausdruck christlicher Gewißheit als umgekehrt um die Darstellung einer Verzweiflung. Der Dichter skizziert eine von Finsternis bestimmte Situation, in der sich die eigene Lebensführung von Gott entfernt hat, er zugleich aber auch vergeblich nach Zeichen göttlicher Offenbarung sucht. Der Gewährung solchen Beistands gilt seine Bitte. Da diese letzten Sonette zum einen kaum noch mit dem Motivgeflecht der übrigen Texte verwoben sind und sich zum anderen in die allgemein als geistige Krise erfahrene Zeit am Ende des Zweiten Weltkriegs einfügen, ist die Vermutung geäußert worden, der Autor habe diesen Teil erst nachträglich in die ursprüngliche Konzeption eingearbeitet. Foix hatte zwar bereits 1936 ein Manuskript in die Druckerei gegeben – dieses Jahr erscheint auch im Impressum des Bandes –, zum tatsächlichen Druck war es aber erst 1947 gekommen.

Foix hat im Anschluß noch weitere Gedichtbände veröffentlicht, so vor allem das in freiem Vers und großer Nähe zur surrealen Bildlichkeit abgefaßte Werk *Les irreals omegues*, 1948 *(Die unwirklichen Omegas)*. *Sol, i de dol* nimmt durch die Dichtheit, zu der hier die Spannungen eines bestimmten historischen Augenblicks mit Persönlichem und abstrakter Reflexion verschmelzen, in seiner Lyrik jedoch einen Sonderplatz ein. Das Buch ist in seiner hochartifiziellen Klassizität und insbesondere seiner verschiedene Epochen verbindenden Sprachlust ein bleibendes Faszinosum. E.Ge.

Ausgaben: Barcelona 1947. – Barcelona 1985 (*Obra poètica*. Hg. Jaume Vallcorba Plana, Bd. 3).

Übersetzung: In *Katalanische Lyrik im Zwanzigsten Jahrhundert*, Hg. J. Hösle und A. Pous, Mainz 1970 [Ausw.]. – In *Ein Spiel von Spiegeln. Katalanische Lyrik im Zwanzigsten Jahrhundert*, Hg. T. D. Stegmann, Lpzg./Mchn. 1987 [Ausw.].

Literatur: G. Ferrater, *Nou sonets de F. comentats* (in Quaderns Crema, 1979, S. 43–52). – M. Carbonell, *J. V. F. Divuit sonets de »Sol, i de dol«*, Barcelona 1985. – J. Romeu i Figueres, *»Sol, i de dol« de J. V. F.*, Barcelona 1985.

PERE GIMFERRER

* 22.6.1945 Barcelona

DAS LYRISCHE WERK (span./kat.) von Pere Gimferrer.

Gehörte dieser Autor als »novísimo« zu den großen Hoffnungen der spanischen Lyrik der sechziger Jahre, wird er heute bereits als zukünftiger Klassiker der katalanischen Literatur dieses Jahrhunderts gepriesen. Gimferrer ist aber nicht nur als Lyriker hervorgetreten, sondern auch als Kunst- (Tapiès, Miró, M. Ernst) und Literaturkritiker (Foix, Paz) sowie als Übersetzer katalanischer (R. Llull, A. March, J. Brossa, G. Ferrater) und französischer (Sade, S. Beckett) Literatur ins Spanische. Einen wesentlichen Teil seiner publizistischen Arbeit (u. a. in ›Serra d'Or‹ und ›El País‹) hat Gimferrer der Filmkritik gewidmet.

In seiner bis 1969 auf spanisch verfaßten Lyrik – *Mensaje del Tetrarca*, 1963 *(Botschaft des Tetrarchen)*; *Arde el mar*, 1966 *(Das Meer brennt)*; *Muerte en Beverly Hills*, 1968 *(Tod in Beverly Hills)* – wendet sich Gimferrer entschieden sowohl gegen den vom Franco-Regime propagierten Akademismus als auch gegen die (ideologisch oppositionelle) *poesía social* und deren »naives« Realismus-Gebot. Diese Dichtung stellt auch den Versuch dar, einen poetischen Diskurs jenseits des logischen Schematismus zu artikulieren, wobei Gimferrer sich u. a. formaler Konstruktionen bedient, die aus der Filmsprache stammen. Als Intellektueller von breiter, kosmopolitischer Bildung zeigt sich Gimferrer als Träger und Gestalter eines heterodoxen Zeitgeistes, dessen provokativer Eklektizismus bereits postmoderne Züge aufweist. Er selbst stellte 1970 fest: *»Mir hat immer die modernistische Lyrik gefallen, der erotische Roman aus der Zeit um 1900, der Feuilletonroman usw.; d. h., ich war wie viele andere auch ein Anhänger der ›camp‹-Mode ›avant la lettre‹. Meine Lieblingslyriker in Spanien waren die der Generation von 1927, denen ich viel verdanke; außerhalb Spaniens waren es auch Perse, Eliot und vor allem Pound. Später erst entdeckte ich das spanische 17. Jh. und die lateinischen Elegiker. In der Prosa (im Grunde bin ich stets eher ein Leser von Romanen als von Lyrik gewesen) schätze ich vor allem Faulkner, Proust und H. James. Außerdem habe ich mich immer dem Surrealismus verpflichtet gefühlt.«* Entstanden ist – in der ersten, d. h. spanischsprachigen Periode seines Schaffens – eine stark von Bildungselementen getragene, streckenweise hermetische Lyrik, die zahlreiche intertextuelle Anspielungen aufweist. Als eine *»Verbindung zwischen dem mediterranen avantgardistischen Formalismus und dem nordischen Imagismus«* (D. Ollers) führt sie die Traditionen des expressionistischen Symbolismus fort. Die dichterische Arbeit setzt nach Gimferrer zwar eine moralische und soziale Position voraus, die dichterische Auseinandersetzung mit der Wirklichkeit *(»el planteamiento poético de la realidad«)* befaßt sich jedoch vorrangig mit dem Verhältnis von Objektwelt und sprachlichen Zeichen. Hierfür verwendet Gimferrer alle Mittel, die ihm die verschiedenartigsten poetischen Traditionen anbieten: von der Bildersprache des Barock über die vom *modernismo* propagierte Neologismus-Philosphie, bis hin zu Formen der *écriture automatique* in der Nachfolge des Surrealismus. Angestrebt wird die Vermittlung von poetischer Erfahrung, wobei Gimferrer sich hier erneut von den Postulaten der *poesía social* distanziert. Seine ideelle Zielgruppe fällt nicht mehr mit jener *»inmensa mayoría«* der vom Franquismus auch kulturell Entmündigten zusammen, wie sie Blas de OTERO, der Nestor der *poesía social*, als einziges ethisch vertretbares Publikum einer sozial engagierten Dichtung definiert hatte. Gimferrers Leser sind jene echten Liebhaber der spanischen Lyrik, die M. VÁZQUEZ-MONTALVÁN ironisch-resignativ auf 2000 schätzt. Es ist dies ebenjene bereits von J. R. JIMÉNEZ elitär gepriesene *»inmensa minoría«* von Literaturkennern.

Diese erste Phase seines Schaffens hat der Autor selbst als *»Ausgangspunkt meines gesamten Werks«* bezeichnet. So stellt auch sein erster auf katalanisch verfaßter Lyrik-Band *Els miralls*, 1970 *(Die Spiegel)*, keinen Bruch mit seinem Frühwerk dar. Vielmehr erfolgt eine poetologische Vertiefung, denn der Prozeß des Dichtens und seine Voraussetzungen bleiben der eigentliche Gegenstand seiner Lyrik. Gimferrer wendet sich auch hier gegen eine logische Strukturierung des Diskurses. So sind unverbundene Syntax, Wiederholungen und gebrochene Textkonstitution grundsätzliche Merkmale dieses Zyklus. Die Annäherung an die Wirklichkeit erfolgt im Zeichen eines erkenntnistheoretischen Pessimismus. Die Dichtung wird (in der Nachfolge von J. BROSSA) als ein »System« definiert, *»das aus Spiegeln besteht, die sich drehen, die gleichmäßig gleiten und Lichter und Schatten in der Garderobe umherstreuen« (»La poesia és/un sistema de miralls/giratoris, lliscant amb harmonia,/ desplaçant llums i ombres a l'emprovador«)*. Als solche ist sie nicht in der Lage, in den Kern einer Realität einzudringen, die in selbstgenügsame Monaden zerstückelt ist. So kann Gimferrer nur die Widersprüchlichkeit der Welt feststellen, wie dies auch das Barock getan hat, das sie allerdings in der Religion aufzuheben versuchte, eine Lösung, die sich der Autor jedoch versagt. *Els miralls* wird von einer doppelten poetologischen Spannung getragen. Zum einen bedeutet für Gimferrer der erstmalige lyrische Gebrauch des Katalanischen, seiner Muttersprache, die Notwendigkeit, die Distanz zwischen »lyrischem« und »biographischem« Ich aufzuheben. Anders als in seinem spanisch verfaßten Frühwerk *(»dort konnte ich eine poetische Figur sprechen lassen, die nicht unbedingt Ich war«)*, muß Gimferrer nunmehr seine Dichtung den »Gefahren« einer – poetologisch noch nicht bewältigten – Authentizität aussetzen. Zum anderen sucht er in diesem Band eine Antwort auf die Frage, ob die Vernichtung und die Errichtung der Kunst ein und derselbe Weg sind *(»La destrucció de l'Art/La construcció de l'Art són el mateix camí?«)*.

Um diese Widersprüchlichkeit sprachlich darzustellen, greift er in *Hora foscant* 1972 *(Stunde der Dämmerung)*, in noch systematischerer Weise als in früheren Werken auf Denk- und Stilmittel des Barock zurück, vom obsessiven Gebrauch des Oxymoron – *»llamps oscurs« (»dunkle Blitze«)* – bis hin zur Metapher von der Welt als Theater. Auf diese Weise erweckt er den Eindruck, ein »katalanisches Barock« zu zitieren, das sich aufgrund der kastilischen Dominanz im 17. Jh. nur vereinzelt und bruchstückhaft hatte entfalten können. Das Ergebnis ist jedoch keine historisierende Dichtung, denn diese »wiederhergestellte« barocke Tradition wird von Gimferrer mit dem poetischen Diskurs der Moderne (von LAUTRÉAMONT bis POUND oder J. Brossa) bereichert bzw. überwunden. Die lyrische Stimme, die sich jetzt mit dem biographischen Ich identifiziert, bringt eine *»tragische Vision«* (J. M. Castellet) zum Ausdruck, für die die *»Niederlage des Menschen«* unabwendbar erscheint.

Foc cec, 1973 *(Blindes Feuer)*, bedeutet seine Rückkehr zur bewußten Impersonalität. Dennoch verfestigt sich in diesem Band eine schon früher bei Gimferrer zu findende Liebesauffassung, die die körperliche Liebe – gleichsam Metapher und Synonym des Schreibens – als Möglichkeit deutet, die metaphysisch-existentielle Tragik des Daseins wenigstens punktuell zu überwinden bzw. zu überlisten. *Tres poemes*, 1976 *(Drei Gedichte)*, vertiefen diese Liebesideologie. Der im Liebesakt »erkannte« andere kann – zumindest sprachlich – der Vergänglichkeit entzogen werden, wenn auch nur als *»Spur einer ausgeglühten Sonne« (»emprenta d'un sol carbonitzat«)*. – *L'espai desert*, 1977 *(Der verlassene Raum)*, stellt das bisher ehrgeizigste Projekt Gimferrers dar. Das in zehn Sektionen gegliederte, lange Gedicht verzichtet weitgehend auf Zitate und intertextuelle Anspielungen. Es geht über die bisher vorhandene ästhetische und philosophische Reflexion hinaus: Zeitkritisches, Poetologisches, autobiographische und narrative Segmente verbinden sich in *»einem der grundlegenden Werke der zeitgenössischen katalanischen Lyrik«* (J.M. Castellet). *L'espai desert* ordnet und gewichtet neu das Themen-Inventar seiner früheren Dichtung: Zeit, Identität, Faßbarkeit des anderen und der Welt, erkenntnistheoretischer Status der lyrischen Sprache. So entsteht ein eklektisches Weltbild, das – auch sprachlich – an den »tellurischen Materialismus« eines E. GUILLEVIC *(»Die Zeit des Menschen/ und die Zeit des Tieres und der Pflanze/ und die Zeit des Felsens, sind eins«)* erinnert und auf Denkweisen der Mystik zurückgreift *(»Raum, in dem kein Raum ist ... der Raum, der ganz Raum ist«)*.

Auch in seinen bisher letzten lyrischen Werken – *Dos homenatges*, 1980 (*Zwei Huldigungen*, und zwar an V. ALEIXANDRE u. A. Tapiès); *Aparicions*, 1980 *(Erscheinungen)*; *Com un epíleg*, 1981 *(Wie ein Epilog)* – ist Gimferrer seinen Obsessionen treu geblieben, deren Darstellung er – weder formal noch thematisch – wesentlich neue Elemente hinzufügt. In den achtziger Jahren hat sich Gimferrer mehr von der Lyrik abgewandt und seine publizistische sowie essayistische Arbeit intensiviert. 1983 veröffentlichte er seinen ersten Roman: *Fortuny*. Es ist der Versuch, den kosmopolitisch-dekadenten Roman des Fin de siècle mit den Mitteln des *nouveau roman* neu zu beleben. Im Zentrum des handlungsarmen und dialoglosen Romans, der seine Nähe zum Prosagedicht nicht verleugnen kann, steht die Künstlerfamilie Fortuny. Ihre Reisen und ästhetische Erfahrungen führen den Leser an die großen Kunst- und Kultstätten der letzten zwei Jahrhunderte. P.J.T.

Ausgaben: *Els miralls*, Barcelona 1970. – *Hora foscant*, Barcelona 1972. – *Foc cec*, Barcelona 1973. – *Tres poemes*, Barcelona 1976. – *L'espai desert*, Barcelona 1977. – *Poesía (1970–1977)*, Madrid 1978 [kat.-span.; Vorw. J.M. Castellet]. – *Poemas (1963–1969)*, Madrid 1979. – *Mirall, espai, aparicions*, Barcelona 1981 [Vorw. A. Thierry].

Übersetzungen: In *Spanische Lyrik des 20. Jh.s.*, Hg. G. Siebenmann u. J.M. López, Stg. 1985 [span.-dt.; Ausw.]. – In *Ein Spiel aus Spiegeln. Katalanische Lyrik des 20. Jh.s*, Hg. T.D. Stegmann, Lpzg./Mchn. 1987 [kat.-dt.; Ausw.].

Literatur: J. Marco u. J. Pont, *La nova poesia catalana*, Barcelona 1980, S. 96–98. – O. Jaume Pont, *La poesia de P. G. (1970–1980)* (in Els Marges, 20, 1981, S. 110–121). – E. Bou, *P. G.* (in *Història de la literatura catalana*, Hg. M. de Riquer, A. Comas u. J. Molas, Bd. 11, Barcelona 1988, S. 385–394). – P. Provencio, *Poéticas españolas contemporáneas. La generación del 70*, Madrid 1988, S. 113–125.

Adrià Gual

* 8.12.1872 Barcelona
† 20.12.1943 Barcelona

SILENCI

(kat.; *Schweigen*). Schauspiel von Adrià Gual, Uraufführung: Barcelona, 15. 1. 1898, Teatre Íntim. – Dieses Stück, das seine dramatische Konzeption dem Vorbild Maeterlincks (1862–1949) verdankt, ist als ein Dokument des katalanischen *modernisme* zu werten, als dessen geistiger Führer neben Santiago Rusiñol (vgl. *Oracions*) der Maler, Komponist und Dichter Gual gelten darf. Aufgeschlossen für alle Anregungen aus dem »nebligen Norden«, schwärmten die katalanischen Modernisten für Wagner, die Wortkunst der Parnassiens, die Metaphorik der Symbolisten, verbanden wie die Präraffaeliten Romantik und Klassizismus, mittelalterliche Religiosität und modernen Sozialismus, schwärmten für Ruskins (1819–1900) philanthropische Soziologie, für Ibsen und Maeterlinck, für Neugotik und gnostische Mystik, für Nihilismus und deutschen Transzendentalismus. Um alle diese Werte und Richtungen auf dramatischem Gebiet zusammenzubringen, gründete Gual 1898 in Barcelona sein »Teatre Íntim«, das mit der Uraufführung seines Stücks *Silenci* eingeweiht wurde.

Hauptperson sind Ramon und der Priester Oriol, beide hochgesinnt, eng befreundet, einander in wahrhaft brüderlicher Liebe zugetan. Doch als nach dem Tod Elisetas, der Gattin Ramons, Oriol den Freund zu trösten sucht, trifft er auf Widerstand. Ramon wehrt sich gegen jede Erinnerung an Eliseta. Denn sie, die er über alles verehrte, war nur äußerlich seine Frau. In Wahrheit empfand sie eine hoffnungslose Liebe zu einem Mann, dessen Namen Ramon nicht kennt und der als ein düsterer Schatten auf seiner Ehe lastete. Durch dieses Gespräch wird im Herzen Oriols, der selbst dieser Unbekannte ist, aber geglaubt hatte, Eliseta habe ebenso wie er ihre einstige Liebe überwunden, die Vergangenheit wieder lebendig und zieht ihn in einen Abgrund der Trauer hinab. Was in dem handlungsarmen Stück nun noch folgt, ist ein zartes Gespinst schwermütiger Gespräche über Freundschaft, Liebe und Tod, Resignation, Verzeihen und Verzicht. Von der Begeisterung der Zeitgenossen zeugt das Urteil Azoríns: *»Guals Kunst ist die Kunst Georges Rodenbachs; ihr sind die Nuance, die zarten Töne, das Zwischenlicht eigen ... Gual ist ein tiefsinniger Beobachter: dieses Schweigen, diese Menschen, die nichts tun, nicht töten, keine Ehebrüche begehen und nicht schreien, sind ein lebendiges Fragment der Gegenwart. ›Silenci‹ ist ein Meisterwerk, es gibt in Spanien nichts, was sich damit vergleichen ließe.«* A.F.R.

Ausgabe: Barcelona 1898.

Literatur: Azorín, Rez. (in Madrid Cómico, 20. 1. 1898). – Gregersen, *Ibsen and Spain*, Harvard Univ. 1936. – S. Uzcátegui, *Historia crítica del modernismo*, Barcelona 1925. – A. Artis, *A. G. i la seva obra*, Mexiko 1946. – A. Cirici Pellicer, *El arte modernista catalán*, Barcelona 1951. – *Enciclopedia dello spettacolo*, Bd. 5, Rom 1958, Sp. 1928 f. – A. Gual, *Mitja vida de teatre: memòries*, Barcelona 1960. – F. Curet, *Història del teatre català*, Barcelona 1967, S. 357–369. – X. Fàbregas, *Aproximació a la història del teatre català modern*, Barcelona 1972, S. 184–196. – H. Bonnín, *A. G. i l'Escola Catalana d'Art Dramàtic (1913–1923, 1923–1934)*, Barcelona 1974–1976. – *Teatre modernista*, Hg. X. Fàbregas, Barcelona 1982. – E. Gallèn (in *Història de la literatura catalana*, Hg. M. Riquer u. a., Bd. 8, Barcelona 1986, S. 433–439).

Guerau de liost

d.i. Jaume Bofill i Mates
* 31.8.1878 Olot
† 2.4.1933 Barcelona

DAS LYRISCHE WERK (kat.) von Guerau de Liost.

Für seine lyrische Produktion wählte der katalanische Schriftsteller Bofill i Mates aus Begeisterung für das Mittelalter das *»gotische und altkatalanische«* Pseudonym Guerau de Liost. Seinen eigentlichen Namen behielt er nur in den Essays und seinem umfangreichen politischen Schrifttum bei. Zusammen mit Josep Carner (1884–1970) beherrschte der Autor die lyrische Produktion des *Noucentisme*, des katalanischen Neoklassizismus.

Sein erstes Werk, *La muntanya d'Ametistes*, 1908 *(Der Amethystenberg)*, – gemeint ist der Montseny, ein Bergmassiv unweit der Stadt Vic in Zentralkatalonien – enthält ein manifestartiges Vorwort des Haupttheoretikers des *Noucentisme*, Eugeni d'Ors i Rovira (1882–1954), und es war der bewußte Versuch, die Theorie dieser literarischen Strömung in die lyrische Praxis umzusetzen. Gemäß den Prinzipien dieser Bewegung wurde die Natur aus einer urbanen Perspektive beschrieben, die Wirklichkeit stark stilisiert. In den Metaphern und Bildern versuchte der Dichter Natur, Religion und Kultur eins werden zu lassen: So wird zum Beispiel die für den Montseny typische Mischung von Tannen- und Buchenwäldern als Sinnbild der Früh- und Spätgotik gedeutet. Die Sprache des Dichters zeigt eine Vorliebe für das bewußt gekünstelte, ja ausgefallene Wort, auch in der Syntax, mit einer besonderen Neigung zum Hyperbaton. – In der zweiten Ausgabe des Gedichtbandes 1933 distanzierte sich der Autor merklich von seiner programmatischen Haltung: Die Wortwahl wird einfacher, die Syntax erscheint weniger gekünstelt. *La muntanya d'Ametistes* war das Buch der Natur, dem das Buch der Stadt und das Buch des Geistes folgen sollten; alle drei sollten nach den Prinzipien des *Noucentisme* eine Kosmogonie darstellen. Das Projekt blieb aber Fragment. Erst 1918 erschien *La ciutat d'ivori (Die Elfenbeinstadt)*, in der neben Liebesgedichten auch das Thema der Religiosität im Sinne einer *humilitas franciscana*, das die späteren Werke des Dichters beherrschen sollte, zum erstenmal auftauchte. Der dritte Band der Trilogie wurde nie verfaßt.

Noch unter dem Einfluß des *Noucentisme* veröffentlichte Guerau de Liost 1913 den Gedichtband *Somnis (Träume)*, in dem bereits eine gewisse Distanzierung von dieser Bewegung erfolgt. Hier nimmt der Humor einen größeren Raum ein. Der Band selbst stellt sich als fiktive Biographie des Ritters Guerau de Liost in mittelalterlicher Manier dar, und es ist typisch für die ästhetischen Zweifel, die der *Noucentisme* mit seinen Idealen der Urbanität, der Ordnung und Harmonie in sich selbst trug. – In *Selvatana amor*, 1920 *(Waldesliebe)*, verliert die Sprache den stark rhetorischen Gestus, der Ton wird ehrlicher, suggestiver, die Intimität überwiegt. Thematisch beherrscht die Natur – wiederum der heimatliche Montseny und das Bergdorf Viladrau – die Gedichte: eine Natur franziskanischer Prägung. – 1926 erschien *Ofrena rural (Ländliche Opfergabe)*, das inhaltlich *Selvatana amor* fortsetzt: der Montseny als Zufluchtsort, als verlorenes Kindheitsparadies. Metrisch aber versucht der Dichter neue Techniken einzuführen: Die vertrauten Formen – Sonett, Romanze, der Zehnsilber, der Alexandriner – werden zugunsten von Verskombinationen aufgegeben, deren Rhythmik nicht so sehr im Wiederkehren als vielmehr in der Mischung bestimmter Betonungsschemata besteht. – 1927 erschienen die *Sàtires (Satiren)*, die ein Zurück in die humoristischen, ironischen Kompositionen von *Somnis* bedeuten. Der Dichter nimmt sich vor, eine kritische Vision der katalanischen Gesellschaft seiner Zeit wiederzugeben. – Postum wurden 1983 *La tardor a muntanya i altres poemes (Der Herbst im Bergland und andere Gedichte)* veröffentlicht. Im ersten Teil beschwört der Dichter die Erscheinungswelt als Spiegel bestimmter seelischer Zustände. Im zweiten beschreibt er die eigene Liebesgeschichte, die parallel zum *Ofrena rural* gelesen werden kann, oder meditiert über Alter und Tod.

Guerau de Liost, wie alle *Noucentistes* überhaupt, sah sich als Interpret der Spracherneuerung Pompeu Fabras. Sein lyrisches Werk sollte zur Schaffung einer Literatursprache dienen, die nicht mehr der Willkür der einzelnen überlassen war, sondern Modellcharakter besaß, was ihm auch gelang. 1927 definierte Guerau de Liost seine Stellung zu Fabra wie folgt: *»Zur Zeit müssen wir, folgsam, die meisterliche Führung Fabras annehmen. In den wenigen Fällen, in denen ich einen seiner Vorschläge nicht nachempfinden kann, vermeide ich, ihn zu benutzen, handele ihm jedoch nicht entgegen.«* A.Q.

Ausgaben: *La montanya d'Amethystes*, Barcelona 1908; ern. 1933 [definitive Fssg.]. – *Somnis*, Barcelona 1913. – *La ciutat d'ivori*, Barcelona 1918. – *Selvatana amor*, Barcelona 1920. – *Ofrena rural*, Barcelona 1926. – *Sàtires*, Barcelona 1927. – *Obra poètica completa*, Barcelona 1983.

Übersetzungen: In *Katalanische Lyrik der Gegenwart*, Hg. R. Grossmann, Hbg. 1923 [Ausw.]. – In *Katalanische Lyrik*, Hg. J. Hösle u. A. Pous, Mainz 1970 [kat.-dt.; Ausw.].

Literatur: J. Bofill i Ferro, *G. de L.* (in J. B. i F., *Vint-i-cinc anys de crítica*, Barcelona 1959, S. 161–194). – A. Comas, *Les sàtires clericals de G. de L.* (in A. C., *Assaigs sobre literatura catalana*, Barcelona 1968, S. 205–222). – J. Teixidor, *G. de L.* (in J. T., *Cinc poetes*, Barcelona 1969, S. 27–47). – A. Manent, *Jaume Bofill i Mates, G. de L.: l'home, el poeta i el polític*, Barcelona 1979. – J. Casassas, *Jaume Bofill i Mates (1878–1933). L'adscripció social i l'evolució política*, Barcelona 1980.

ÀNGEL GUIMERÀ

* 6.5.1845 Santa Cruz de Tenerife
† 18.7.1924 Barcelona

LITERATUR ZUM AUTOR:
C. Capdevila, *Les grans figures del Renaixement de Catalunya: À. G.* (in Revista de Catalunya, 1, 1924, S. 47–60). –J. Ors, *El geni dramàtic d'À. G.*, Barcelona 1924. – J. Miracle, *G.*, Barcelona 1958. – X. Fàbregas, *À. G., les dimensions d'un mite*, Barcelona 1971. – Ders., *À. G. (1845–1924)*, Barcelona 1974. – Ders., *Presència d'À. G.* (in Serra d'Or, 16, 1974, Nr. 180, S. 568–583). – J. Yxart, *À. G.*, Barcelona 1974. – Ders., *Entorn de la literatura catalana de la Restauració*, Barcelona 1980. – X. Fàbregas, *À. G.* (in *Història de la literatura catalana*, Hg. M. de Riquer, A. Comas u. J. Molas, Bd. 7, Barcelona 1986, S. 543–604).

MAR I CEL

(kat.; *Meer und Himmel*). Tragödie in drei Akten von Àngel GUIMERÀ, Uraufführung: Barcelona, 7. 2. 1888, Teatre Català. – Auf die kulturgeschichtliche Bedeutung dieses Stücks, das als das wichtigste Versdrama Guimeràs gilt, hat der katalanische Dichter und Erneuerer des katalanischen Schrifttums, Juan MARAGALL, hingewiesen, der in seiner Jugend die Uraufführung von *Mar i cel* erlebte. Sie fiel in die Zeit der großen Weltausstellung von Barcelona und wirkte gleichsam als Protest gegen den Geist des Handels und der Technik, des Reichtums und des Luxus, der sich in dieser Ausstellung manifestierte, die Romantik und deren Pathos belächelte und sich dem Naturalismus französischer Provenienz zuzuwenden begann. Gegen diesen materialistischen Ungeist wendet sich Guimerà, indem er noch einmal das Vermächtnis Victor HUGOS, dessen Begeisterung für die Idee und die große rhetorische Phrase beschwört und einen Stoff auf die Bühne bringt, bei dem es einzig um Fragen des Gemüts und der Seele geht.
An Bord eines Schiffs hält der türkische Pirat Said, hingerissen von der Schönheit und edlen Zurückhaltung des christlichen Mädchens, Blanca und ihren Vater gefangen. Widerstreitende Gefühle bewegen die im Kloster erzogene und für das Kloster bestimmte Jungfrau: Said, der Ungläubige und verabscheuenswerte Vertreter einer Macht, von der dem christlichen Abendland der Untergang droht, übt durch sein offenes Wesen, seinen Freiheitssinn und männlichen Stolz eine unwiderstehliche Anziehung auf sie aus, die sich allmählich in Liebe verwandelt. Blancas Widerstand schmilzt vollends dahin, als sie die leidvolle Kindheits- und Jugendgeschichte des Piraten erfährt. Nachdem ihr Stolz sich ein letztes Mal aufgebäumt und sie versucht hat, Said zu töten, gibt sie nach. Der Vater aber, der, um Blancas Ehre zu retten, den Dolch gegen Said erhebt, trifft die eigene Tochter, die sich schützend über den Geliebten wirft. Die verwundete Blanca auf den Armen, stürzt sich Said ins Meer: *»Es ist alles zu Ende! Bist du der Himmel? Bin ich das Wasser? ... Ins Meer! ... In den Himmel!«*
Eine Seelen- und Schicksalstragödie in exaltiert romantischem Stil! Romantisch ist insbesondere die Figur des edlen Piraten, die Guimerà bei BYRON und ESPRONCEDA vorgezeichnet fand: der kühne Held, unerschrocken und hart, doch von feinem Anstand und Zartgefühl, beseelt von einem Freiheitsdrang, dessen Sinnbild das Meer ist. A.F.R.

AUSGABEN: Barcelona 1888. – Barcelona 1948 (in *Obres selectes*). – Barcelona 1960 (in *Obres completes*). – Barcelona 1973. – Barcelona 1975/76 (in *Obres completes*, Bd. 1). – Barcelona 1979. – Barcelona 1986.

TERRA BAIXA

(kat.; *Tiefland*). Drama in drei Akten von Àngel GUIMERÀ, Uraufführung (in span. Sprache): Madrid, 30. 11. 1896, Teatro de la Princesa; (in katalan. Sprache): Tortosa, 8. 2. 1897, Teatre Principal. – Wie in dem zehn Jahre zuvor erschienenen Pyrenäen-Epos seines Landsmannes Jacint VERDAGUER (vgl. *Canigó*) sind in diesem Drama Guimeràs die Pyrenäen, welche den Hintergrund und teilweise den Schauplatz der Handlung bilden, in ihrer erhabenen Majestät und unberührten Schönheit ein Sinnbild des Ursprünglichen und Reinen. Aus den Pyrenäen, wo er, ein echtes Kind der Berge, als Hirte lebt, wird Manelic von seinem Herrn Sebastià ins Tiefland herabgeholt, um dort den vorgeschobenen Ehemann für des Großgrundbesitzers Geliebte, Marta, abzugeben. Und in das Bergland der Pyrenäen fliehen er und Marta zurück, nachdem sie im Tiefland die Bosheit der Menschen und alle Abgründe seelischen Leidens erfahren haben. Die Verheiratung Martas betreibt Sebastià, weil er eine reiche Erbin aus der Nachbarschaft zu ehelichen gedenkt und deshalb das Mädchen los sein möchte. Doch soll Marta ihm auch in Zukunft willfährig sein. Nach der von Sebastià besorgten Hochzeit beginnt ihre Ehe mit Manelic in einer bedrükkenden Atmosphäre des Mißtrauens, der Niedergeschlagenheit und Angst. Manelic erleidet alle Qualen der Eifersucht und Verzweiflung, als er gerüchtweise erfährt, welch böses Spiel man mit ihm getrieben hat. Marta, die für ihren Mann, in der Annahme, er habe um den schändlichen Handel gewußt, zunächst nur Verachtung empfindet, ent-

brennt in Liebe, als sie seine Arglosigkeit und Unschuld erkennt. Eine Aussprache zwischen beiden führt zur Versöhnung und zu dem Entschluß, in die Berge zu fliehen und dort fern von den Menschen in gegenseitiger Liebe ein gemeinsames Leben aufzubauen. Doch bevor dieser Vorsatz ausgeführt werden kann, erscheint Sebastià, dessen Heiratspläne sich zerschlagen haben, um Marta wieder zu sich zu holen. Manelic setzt sich zur Wehr, erwürgt seinen schurkischen Herrn, nimmt Marta in seine Arme und bahnt sich durch die schweigende Menge, die herbeigeeilt ist, einen Weg: *»Fort aus dem Tiefland!«* ruft er. *»Hinweg ihr alle, macht Platz! Ich habe den Wolf getötet!«*
Guimeràs Dramen zeigen eher soziale als sozialistische Tendenzen: Der Dramatiker beabsichtigte in erster Linie, die Möglichkeiten des Theaters zu nutzen, um Katalonien bekannter zu machen. Zu seiner Zeit wurden Guimeràs Dramen durch die Theatergruppe von María Guerrero in Europa und Amerika aufgeführt. Die meisten spanischen Übersetzungen – darunter auch *Terra baixa* – stammen von José ECHEGARAY. – Durch die Vertonung von Eugen d'Albert (1864–1932) nach einem Libretto (1904) von Rudolf LOTHAR (1865–nach 1933) ist *Tiefland* das berühmteste Drama der katalanischen Literatur geworden. Romantische und von G. HAUPTMANN und H. SUDERMANN herkommende realistisch-naturalistische Züge sind darin eine reizvolle, theaterwirksame Verbindung eingegangen. A.F.R.

AUSGABEN: Barcelona 1897. – Barcelona 1947 (in *Teatre selecte*). – Barcelona 1948 (in *Obres selectes*). Barcelona 1960 (in *Obres completes*). – Barcelona 1975/76 (in *Obres completes*, Bd. 1). – Barcelona 1983. – Barcelona 1985. – Barcelona 1986.

VERTONUNGEN: E. d'Albert, *Tiefland* (Oper; Text: R. Lothar; Urauff. Prag 1903). – F. Le Borne, *La catalane* (Oper; Text: P. Férrier u. L. Tiercelin; Urauff.: Paris 1907).

VERFILMUNGEN: *Tiefland*, Deutschland 1922 (Regie: A. E. Licho). – Dass., Deutschland/Österreich 1940–1953 (Regie: L. Riefenstahl).

LITERATUR: J. Miracle, *G.*, Barcelona 1958. – J. M. Benet i Jornet, *»Terra baixa«, un discurs sobre la propietat* (in Serra d'Or, 16, 1974, Nr. 180, S. 569–572). – M. L. Möller-Soler, *Caciquisme i color local a »Terra baixa« d'À. G. i a »Tiefland« de Rudolph Lothar i d'Eugen d'Albert* (in Zs. für Katalanistik, 1, 1988, S. 132–149).

GABRIEL JANER MANILA

* 1.11.1940 Algaida / Mallorca

LITERATUR ZUM AUTOR:
O. Pi de Cabanyes u. G.-J. Graells, *La generació literària dels 70*, Barcelona 1971, S. 63–70. – G.-J. Graells, *La narrativa de G. J. entre la rebel·lió i la impotència* (in Serra d'Or, 14, 1972, S. 679–681). – R. Saladrigas, *La narrativa de G. J. M.* (in Mundo, Mai 1974, Nr. 4, S. 47/48). – J. Hösle, *Zur Literatur Mallorcas* (in IR, 9, 1979, S. 122–135).

LA DAMA DE LES BOIRES

(kat.; *Die Nebeldame*). Roman von Gabriel JANER MANILA, erschienen 1987. – Im Zentrum des Romans steht die Liebe zwischen Erzherzog Ludwig Salvator von Österreich und der Mallorquinerin Catalina Homar zur Zeit der Jahrhundertwende. Ein Mönch fungiert als Ich-Erzähler und gibt in 27 vom 11. 4. 1905 bis zum 4. 4. 1906 datierten, chronologisch fortlaufenden tagebuchartigen Eintragungen in überblickender Rückschau ein allmählich sich aus vielen bunten Fragmenten zusammensetzendes Bild des Geschehens. Die Erzählstruktur spielt mit drei verschiedenen Zeitebenen der Erzählvergangenheit, die einander ständig abwechseln und größtenteils unchronologisch auf der Basis von Assoziationen oder ausgreifenden Erzählkreisen aneinandergereiht sind.
Am Tage nach dem Tod der von dem Erzherzog infolge einer mysteriösen Krankheit verlassenen Mallorquinerin beginnt der erste Eintrag, mit der Information über die todbringende Erkrankung des Ich-Erzählers bricht die Erzählung ab. Der Tod und vielfältige Spielarten der Liebe stehen im Mittelpunkt des Romans. Verschiedene Haupt- und Nebenpersonen werden zu gegebener Zeit kurz eingeführt, in ihrem Liebesverhalten charakterisiert, zum Teil mit einer sparsamen, über mehrere Kapitel verteilten und sich ständig verdichtenden Informationsvergabe. Alle finden schließlich auf unterschiedliche Weisen den Tod. Verschiedene Zeitumstände und vor allem historische Persönlichkeiten werden dabei aus einer eigenwilligen psychologisierenden Sicht neu interpretiert. Der aufopfernden Liebe der Mallorquinerin Catarina stehen dabei die sexuellen Ausschweifungen des ungeniert seinen Lüsten frönenden Erzherzogs gegenüber. Anklänge an Llorenç VILLALONGAS berühmten Roman *Mort de dama* (1931) sind offensichtlich. Die politischen Betrachtungen über das allmählich auseinanderbrechende Vielvölkerreich der österreichischen Habsburger scheinen untergründig auf den modernen spanischen Staat bezogen zu sein und einer Loslösung der Katalanen von Spanien das Wort zu reden. Im Vergleich zu frühe-

ren Werken des Autors wird ein sparsamerer Gebrauch von leitmotivischen Symbolen gemacht; neu ist der spielerische Umgang mit ausgefeilten erzählerischen Kunstmitteln unter Kenntnis der modernen Erzähltheorie. Mit *La dama de les boires* hat der mallorquinische Universitätsprofessor Janer Manila unter Beweis gestellt, daß er zu Recht als einer der bedeutendsten zeitgenössischen Schriftsteller katalanischer Sprache gilt. A.Schö.

AUSGABE: Barcelona 1987.

LITERATUR: A. Schönberger, *Zeitebenen und Informationsvergabe in G. J. M.s neuestem Roman: »La dama de les boires«* (in Zeitschrift für Katalanistik, 1, 1988, S. 80–92).

JOAN MARAGALL

eig. Joan Maragall i Gorina
* 10.10.1860 Barcelona
† 20.12.1911 Barcelona

LITERATUR ZUM AUTOR:
M. dels Sants Oliver, *En J. M. i la seva obra*, Barcelona 1948. – J. M. Corredor, *J. M.*, Barcelona 1960. – *M.*, Barcelona 1960 ff. (Sondernrn. der Zs. Criterion). – M. Arimany, *M.*, Barcelona 1963. – A. Terry, *La poesia de J. M.*, Barcelona 1963. – M. Serrahima, *J. M.*, Barcelona 1966. – J. Manent, *Dos clàssics moderns* (in M. M., *Poesia, llenguatge, forma*, Barcelona 1973, S. 13–50). – J. Tur, *M. i Goethe*, Barcelona 1974. – J. Fuster, *Literatura catalana contemporanea*, Madrid 1975, S. 37–48 [Bibl. S. 415–419]. – J. L. Marfany, *Aspectes del modernisme*, Barcelona 1975, S. 99–185. – G. Allegra, *Il regno interiore. Premesse e sembianti del modernismo in Spagna*, Mailand 1982. – J. Hösle, *Die katalanische Literatur von der Renaixença bis zur Gegenwart*, Tübingen 1982, S. 25–28. – J.-Ll. Marfany, *J. M.* (in *Història de la literatura catalana*, Hg. M. de Riquer, A. Comas u. J. Molas, Barcelona 1986, Bd. 8, S. 187–246).

EL COMTE ARNAU

(kat.; *Der Graf Arnau*). Erzählendes Gedicht von Joan MARAGALL, erschienen 1900–1911. – Im Mittelpunkt dieses Gedichts (es besteht aus drei insgesamt neunzehn kurze Gesänge umfassenden Teilen, die in verschiedenen Gedichtsammlungen des Autors erschienen) steht das wilde Leben des Grafen Arnau, einer legendären Gestalt aus dem Mittelalter. In der anonymen Ballade *Cançó del comte Arnau*, die im 18. Jh. entstand und zu den kostbarsten Zeugnissen katalanischer Volksdichtung gehört, erscheint der tote Graf, auf einem Pferd reitend, seiner Frau und berichtet ihr, daß er wegen Verführung unschuldiger Mädchen und anderer Missetaten zur Hölle verdammt worden sei. Maragall hat das alte Thema des unter mysteriösen Umständen wiederkehrenden Toten durch romantische Motive erweitert und neu gestaltet. Im ersten Teil seiner Dichtung (*El comte Arnau*, 1900) tritt der Graf als Frevler auf, der weder Gott noch Gesetz kennt. Nach einer wüsten Orgie erscheint er eines Nachts im Kloster von Sant Joan de les Abadeses und versucht, die junge, schöne Äbtissin Adalaisa zu verführen. Er wird abgewiesen, kehrt aber noch einmal zurück und entführt die Nonne, die sich nun seinen gotteslästerlichen Wünschen fügen muß. Der zweite Teil (*L'ànima*, 1906) spielt in einem geheimnisvollen Jenseits. Der Graf ist dazu verurteilt worden, mit seinem Pferd ewig über die Erde zu reiten. *»Wie ein Traum, wie ein Schatten / wie ein Wachender zwischen Schlafenden«* geistert er durch die Gegend, die einst Schauplatz seines sündhaften Lebens war. Er ist auf der Suche nach sich selbst, nach seiner verlorenen Seele. Im dritten Teil (*La fi del comte Arnau*, 1911) wird der Held von seinem *»unendlichen, irdischen Weg«* durch die Stimme eines unschuldig verliebten Hirtenmädchens erlöst, das am Fuß von Adalaisas Kloster die Ballade vom Grafen Arnau singt. Die Rolle, die Maragall hier der erlösenden Macht der Musik zuschreibt, zeigt, wie sehr er der deutschen Romantik verpflichtet war.

Die Ballade hat viele katalanische Dichter angeregt, doch niemand hat eine ähnlich hintergründige Stimmung und traumhaft-phantastische Atmosphäre zu schaffen vermocht wie Maragall. Der Graf Arnau ist bei ihm zum Menschheitssymbol geworden, das Züge von Don Juan, Faust und dem Übermenschen NIETZSCHES in sich vereint. *»Die Erde ist mein Himmel«*, sagt der Graf, als beim ersten Verführungsversuch Adalaisa ihm von der Schönheit des Himmels spricht. Es ist der Geist der Erde, der in der Verführung der gottgeweihten Äbtissin über die weltflüchtige Askese siegt. Doch die *»Stimmen der Erde«* sind auch des Grafen Verdammnis, da durch sie seine Seele ihre Unsterblichkeit verliert. Daß es Maragall gelingt, der legendären Gestalt des Grafen universelle Bedeutung zu verleihen (*»Wer sein Leben gewinnen will, der wird es verlieren«*), darf als schöpferische Leistung ersten Ranges gelten. In diesem Werk hat er die Hauptmotive seiner Dichtung zusammengefaßt: romantische Unruhe, Glaube an die erlösende Macht der Schönheit (Kunst), dionysische Hingabe des Menschen an die Erde und das Streben nach apollinischer Geistigkeit. Hier kommen auch die Einflüsse, die sein Schaffen entscheidend bestimmt haben, zum Ausdruck: die Volksdichtung, DANTES *Divina Commedia*, die deutsche Romantik, ihre Musik und ihre Philosophie. A.F.R.

AUSGABEN: Barcelona 1900 (in *Visions i Cants*; 1. Tl.). – Barcelona 1906 (in *Enllà. Poesies*; 2. Tl.). – Barcelona 1911 (in *Seqüències*; 3. Tl.). – Barcelona

1929 (in *Obres completes*, 24 Bde., 1929–1939, 1). – Barcelona 1960 (in *Obres completes*, 2 Bde., 1960/61, 1; ²1981). – Madrid 1984 (in *Obra poética*, Hg. A. Comas u. J. F. Vidal Joué; kat.-span.; Castalia). – Barcelona 1986 (in *Poesia completa*, Hg. E. Bou).

VERTONUNG: F. Pedrell, *El Comte Arnau. Volkstüml. lyr. Festspiel in 2 Teilen*, o. O. u. J.

LITERATUR: J. Fornell, *El »Comte Arnau« d'En M.*, Barcelona 1917. – R. Serra i Pagès, *L'ànima errant del »Comte Arnau«* (in Boletín de la R. Academia de Buenas Letras de Barcelona, 12, 1925/26, S. 6–28). – A. Esclasans, *El »Comte Arnau« de J. M.* (in Revista de Catalunya, 18, 1938, S. 503–508). – J. Romeu Figueras, *El mito de »El comte Arnau« en la canción popular, la tradición legendaria y la literatura*, Barcelona 1948.

ELOGIS

(kat.; *Lobpreisungen*). Vorträge und Essays von Joan MARAGALL, erschienen 1903–1909. – Obwohl die Entstehungsdaten der kurzen Abhandlungen weit auseinanderliegen und die Arbeiten nicht alle dem gleichen Thema gewidmet sind, stehen sie insofern in einem inhaltlichen Zusammenhang, als der Autor darin seine kunstkritischen und ästhetischen Anschauungen darlegt. Im Vordergrund stehen das Verständnis des Wesens der Kunst, vornehmlich der Dichtung, und die Bestimmung der Aufgabe des Dichters. Es handelt sich also um eine Art von Poetik, bei der jedoch die theoretische Begründung und Vertiefung hinter der Darstellung des persönlichen Verhältnisses des Autors zum Wortkunstwerk zurücktritt.

Maragalls Ausführungen kreisen um einige grundlegende Begriffspaare, wie Gott und Schöpfung, Natur und Schönheit, Liebe und Erlebnis, Wort und Dichtung, Volk und Volkslied. Er definiert den Menschen als *»einen göttlichen, in der Schöpfung verwirklichten Bewußtseinszustand«*. Der Mensch ist Mittler zwischen Gott und der Schöpfung, weil in ihm *»die Wirklichkeit sich selbst auf dem Rückweg zu Gott erfährt«*. Diese Aufgabe des Menschen erfüllt sich spontan im Kunstschaffen, vor allem in der Dichtung, die ursprünglich lyrisches »Nennen« mittels symbolisch bedeutsamer Worte ist. Mit seiner Theorie über den Ursprung der Sprache steht Maragall den deutschen Romantikern und seinen Zeitgenossen Benedetto CROCE und Karl VOSSLER nahe. Für ihn ist die Sprache nicht *»um der Dinge oder der Notwendigkeit willen«* entstanden, sie ist vielmehr dichterisches Schaffen, *»die erste große Dichtung der Menschheit ... ein wunderbares und fruchtbares Mysterium ... und eine in sich selbst abgeschlossene Welt«*. Maragall vergleicht das Sprechen mit dem schöpferischen Wirken Gottes; das Wort ist für ihn ein *»Wunder«*, ein *»Gefäß der Ewigkeit«*, es *»offenbart das Seiende«* und *»leuchtet«* wie ein Licht über die Welt. Das Geheimnis des *»lebendigen«* oder *»absoluten«* Wortes besitzen seiner Überzeugung nach nur noch die unverbildeten, naturverbundenen Menschen, das *»einfache Volk«*. Daraus erklärt sich auch seine hohe Einschätzung des Volkslieds, das er als die reinste Form der Dichtung überhaupt betrachtet: *»Das kollektive, anonyme volkstümlich Lied kommt dem am nächsten, was echte Dichtung sein muß: Rhythmus der Schöpfung, in dem die Erde schwingt und der im menschlichen Wort Gestalt annimmt.«* A.F.R.

AUSGABEN: Barcelona 1903 *(Elogi de la paraula)*. – Barcelona 1909 *(Elogi de la poesia)*. – Barcelona 1912 (in *Obras completas. Escrits en prosa*, Bd. 2). – Barcelona 1929–1939 (in *Obres completes*, Bd. 3 u. 19; m. Einl.). – Barcelona 1960 (in *Obres completes*, 2 Bde., 1960/61, 1; ²1981). – Barcelona 1978 (*Elogi de la paraula i altres assaigs*, Hg. F. Vallverdá).

LITERATUR: C. Reig, *El mundo poético de M.* (in Mediterráneo, 1944, S. 221–227). – E. d'Ors, *Estilos de pensar*, Madrid 1945. – M. Querol Gavaldá, *La estética de M.* (in Revista de Ideas Estéticas, 11, 1953, S. 137–172). – S. Baraldi de Marsal, *Amor, palabra y vida en M.* (in Universidad, Santa Fe, 1962, Nr. 52, S. 73–89).

NAUSICA

(kat.; *Nausikaa*). Versdrama in drei Akten von Joan MARAGALL, Uraufführung: Barcelona, 4. 4. 1912. – Die Anregung, einen Stoff, der von jeher die Dichter angezogen und zu weiterer Ausgestaltung verlockt hat, zum Gegenstand einer dramatischen Dichtung zu machen, will Maragall, wie er im Prolog bekennt, aus GOETHES *Italienischer Reise* empfangen haben. Unter dem 8. Mai 1787 notiert Goethe, er habe bei der Lektüre der *Odyssee* am Strand von Taormina in Sizilien *»den Gedanken (ergriffen), den Gegenstand der Nausikaa als Tragödie zu behandeln«*.

In drei Akten hat Maragall die Erzählung HOMERS zum Schauspiel gestaltet, und zwar in der Art eines Triptychons, in dessen drei Tafeln dieselben Gestalten in verschiedenen Situationen und Ansichten gezeigt werden. Der erste Akt schildert die Begegnung des schiffbrüchigen Odysseus mit Nausikaa am Ufer des Flusses. Von dem geheimnisvollen Fremden, in dem sie eine hochgestellte, außergewöhnliche Persönlichkeit ahnt, unwiderstehlich angezogen, versieht Nausikaa Odysseus mit Kleidern und heißt ihn, zu König Alkinoos, ihrem Vater, gehen. Im zweiten Akt offenbart sich Odysseus dem König und dem gesamten Hof, der im Palast zum Preise der Götter beim Gastmahl versammelt ist, und erzählt seine Geschichte. Der letzte Akt zeigt den Abschied im Hafen. Im Gespräch mit dem blinden Seher und Dichter Daimó erfährt Nausikaa die ganze Tiefe und gleichzeitig die Aussichtslosigkeit ihrer Liebe zu dem Fremden, doch tröstend deutet Daimó ihr den Sinn ihrer Begegnung mit ihm. Auch erklärt er ihr die Bedeutung heldischer Dichtung für die Menschheit. Mit den Anfangsversen der Homerschen Dichtung endet das Stück.

Der Einfluß Goethes veranlaßte Maragall, sein Schauspiel eine Tragödie zu nennen. Indessen fehlt dem Werk nicht nur jede tragische Note, es ist eigentlich auch kein dramatisches Werk. Der erste Akt hat lyrisch-bukolischen, der zweite rein epischen Charakter, und lediglich der dritte ist dramatisch bewegt. Verleitet durch die Treue zu Homers epischer Darstellung und bestimmt von seinem eigenen vorwiegend lyrischen Temperament, hat Maragall den »Hauptsinn« des Konflikts nur zaghaft durchgeführt, den Goethe darin sah, *»in der Nausikaa eine treffliche, von vielen umworbene Jungfrau darzustellen, die, sich keiner Neigung bewußt... durch einen seltsamen Fremdling aber gerührt, aus ihrem Zustand heraustritt und durch eine voreilige Äußerung ihrer Neigung sich compromittirt, was die Situation vollkommen tragisch macht«*. Im Gegensatz zu Goethes Entwurf sucht Maragalls Nausikaa nicht den Tod. Die Vorzüge seines Stücks, das als ein Meisterwerk der katalanischen Literatur angesehen wird, liegen außerhalb des dramatischen Bereichs in der lyrisch gestimmten Sprache, in der Vergegenwärtigung der antiken Geisteswelt und in der Gestaltung einer Nausikaa, die, griechisch gewandet, romantisch fühlt und denkt. Dargestellt im Augenblick des ersten, zarten Erwachens der Liebe, in einer träumerischen Stimmung der Sehnsucht und Ungewißheit und unbewußten Sinnlichkeit, ist die Gestalt die Verkörperung eines in manchen Werken Maragalls sichtbar werdenden Bildes idealer Weiblichkeit. A.F.R.

Ausgaben: Barcelona 1913. – Barcelona 1960 (in *Obres completes*, 2 Bde., 1960/61, 1; ²1981).

Literatur: C. Riba, *Més els poemes*, Barcelona 1957. – Ders., *»Nausicaa« de J. M.* (in *Guia de literatura catalana contemporània*, Hg. J. Castellanos, Barcelona 1973, S. 269–278).

VISIONS I CANTS

(kat.; *Visionen und Lieder*). Gedichtsammlung von Joan Maragall, erschienen 1900. – *Visions i cants* umfaßt Maragalls zwischen 1895 und 1900 entstandene Gedichte. Der vom zeitgenössischen, katalanistisch orientierten Modernismus stark beeinflußte Autor versuchte in diesen Jahren, die katalanische Identität durch die Rückbesinnung auf die überlieferte Mythentradition in Gedichten herauszuarbeiten. Unter dem Einfluß von Nietzsche, Wagner und Ibsen entwarf er ein eindrucksvolles Bild von dem nach Freiheit und Individualismus strebenden katalanischen Nationalcharakter. Mag Maragall auch gemeinhin zu Recht als gläubiger Christ gelten, so triumphiert doch der Graf Arnau in dem gleichnamigen Gedicht *(El comte Arnau)* über die christliche Religion, indem er gegen das göttliche Recht die Äbtissin Adalaisa entführt, schwängert und ihren Tod verursacht, ganz ein rücksichtsloser, bis zum letzten individualistischer Übermensch im Sinne Nietzsches. Die Beichte des zum Tode verurteilten, lebensstrotzenden Rebellen Serrallonga in *La fi d'en Serrallonga (Der Tod des Serrallonga)* soll exemplarisch die *»nahezu anarchistische Geisteshaltung«* vieler Katalanen im Gegensatz zur *»spanischen Unterwürfigkeit und Obrigkeitshörigkeit«* verdeutlichen. Der zweite Teil der *Visionen* trägt den Untertitel *Intermezzo* und enthält u. a. eine Huldigung der Muttergottes zu Montserrat, Landschafts-, religiöse und Liebesgedichte.

Die Verbindung von Modernismus und katalanischem Nationalismus tritt in den *Cants* völlig offen zutage. Bereits das erste Gedicht preist die Sardana, den populären katalanischen Nationaltanz, als den schönsten aller Tänze, das zweite besingt – im Geiste der Zeit – die katalanische Fahne. Lichtmetaphern bringen den Anbruch einer neuen Epoche in der katalanischen Geschichte zum Ausdruck. Die drei letzten Lieder heißen explizit »Kriegslieder«, und sie sind in der Tat eine deutliche Kriegserklärung an die als Kolonialherren empfundenen Spanier, eine selbstbewußte Affirmation des neuen katalanischen Nationalbewußtseins. *»Höre, Spanien, die Stimme eines Sohnes, der mit dir eine Sprache spricht, die nicht spanisch ist; ich spreche zu dir in der Sprache, die mir das rauhe Land gegeben hat: wenige haben in dieser Sprache zu dir gesprochen, in der anderen allzu viele ... Ganz anders will ich zu dir reden. Wozu das Blut unnütz vergießen? In den Adern lebt das Blut, es bedeutet Leben für die Menschen von heute und für die, die kommen; vergossen ist es tot... Wo bist du, Spanien? Nirgends sehe ich dich. Hörst du meine Donnerstimme nicht? Verstehst du diese Sprache nicht, die unter Gefahren dich anspricht? Hast du verlernt, deine Kinder zu verstehen? Spanien, lebe wohl!« (Oda a Espanya)*. Drei Monate später schrieb Maragall an seinen Freund J. Freixas, was bis heute Überzeugung vieler Katalanisten ist: *»Der entscheidende Punkt für Katalonien ist die Europäisierung, in deren Zuge mehr oder weniger schnell die Verbindung zu dem Toten* [gemeint ist Spanien] *abgeschnitten werden muß.«* Vor allem einige Gedichte der thematisch homogenen acht *Lieder* wurden von Katalanisten der Jahrhundertwende vertont und zu populären Liedern. Maragalls Nationalismus ist im Rückblick als legitime Auseinandersetzung mit dem übermächtigen spanischen Imperialismus und Nationalismus der Zeit des Kuba-Krieges zu verstehen, als überzeugender, progressiver Versuch, der einseitigen herrschenden Ideologie ein ebenso in der autochthonen katalanischen Tradition wurzelndes wie mit der europäischen Kultur – von der das Spanien jener Jahre weit entfernt war – verbundenes Gegenbild vorzuhalten. Die Ablehnung der spanischen *generación del 98* ist hierin eingeschlossen. A.Schö.

Ausgaben: Barcelona 1900. – Barcelona 1929 (in *Obres completes*, 24 Bde., 1929–1939, 1). – Barcelona 1960 (in *Obres completes*, 2 Bde., 1960/61, 1; ²1981). – Madrid 1984 (in *Obra poètica*, Hg. A. Comas u. J. F. Vidal Joué, 2 Bde.; kat.-span.; Castalia). – Barcelona 1986 (in *Poesia completa*, Hg. E. Bou).

ÜBERSETZUNG: In *Katalanische Lyrik im 20. Jh.*, Hg. J. Hösle u. A. Pous, Mainz 1970 [Übers. des Gedichts *Oda a Espanya*].

LITERATUR: J. M. Capdevila, *»Visions i cants« de J. M.* (in *Guia de literatura catalana contemporània*, Hg. J. Castellanos, Barcelona 1973, S. 47–62). – G. Haensch, *Die Sardana »L'empordà«* (in *Romania Cantat, Fs. G. Rohlfs*, Tübingen 1980, Bd. 2, S. 329–334). – M. A. Vidal Cotell, *Le lexique de la joie dans la poésie de M.* (in RLaR, 85, 1981, S. 135–146). – H. Bihler, *Zur Darstellung und Bedeutung der Themenkreise Katalonien und Spanien in der katalanischen Lyrik des 20. Jh.s unter besonderer Berücksichtigung von Gedichten M.s, Carners und Esprius* (in *Romanische Literaturbeziehungen im 19. u. 20. Jh. Fs. F. Rauhut*, Hg. A. San Miguel u. a., Tübingen 1985, S. 41–56).

MIQUEL MARTÍ I POL

* 19.3.1929 Roda de Ter / Barcelona

DAS LYRISCHE WERK (kat.) von Miquel MARTÍ I POL.

Der Autodidakt Martí i Pol – in einer Fabrik zunächst als Arbeiter, später als Angestellter tätig – erhielt 1954 den Lyrikpreis Ossa Menor (Kleiner Bär) für sein Erstlingswerk *Paraules al vent*, 1955 *(Worte im Wind)*. Im Mittelpunkt dieses Gedichtzyklus steht vorwiegend religiös bestimmte Selbstreflexion, während sich der Dichter in den folgenden Jahren einer sozial und politisch engagierten Thematik zuwandte. Eine erste Fassung des Zyklus *La fàbrica (Die Fabrik)* erschien 1959, und mehrere Gedichte des 1966 veröffentlichten Bändchens *El poble (Das Dorf)* wurden in maschinenschriftlichen Fassungen bereits vorher bekannt. Außerdem trug Martí i Pol im stagnierenden und repressiven Klima der Franco-Diktatur vor Freunden und Gesinnungsgenossen seine Gedichtzyklen zur Gitarre vor. Verschiedene Vertreter der *nova cançó catalana* vertonten Gedichte des Autors und förderten dadurch die außergewöhnliche Verbreitung seines Werks. Die nicht unbedingt für den Druck bestimmte Gattung Lyrik war dabei besonders geeignet, Zensurbestimmungen zu umgehen.

Um 1970 erlebte der Dichter als Folge einer schweren Erkrankung eine Identitätskrise. Bereits die Texte des *Llibre sense títol*, 1970 *(Buch ohne Titel)*, und der *Vint-i-set-poemes en tres temps*, 1971 *(Siebenundzwanzig Gedichte)*, zeigten aber, daß sich Martí i Pol nicht in endloser Klage über seine Krankheit ergehen würde. Wenn der Titel des *Llibre sense títol* noch Mutmaßungen über den durch die Krankheit verursachten Bruch und die daraus resultierende Phase der Ratlosigkeit erlaubte, so machten die *Vint-i-set-poemes* den Willen zu einer rigorosen Durchstrukturierung und Artikulierung der neuen Existenzbedingungen deutlich. Grundlage der Gedichtsammlung ist ein unüberhörbarer Selbstbehauptungswille des Autors. Das entscheidende Thema ist nicht Selbstbemitleidung, sondern Selbstanalyse. Es handelt sich bei diesen Gedichten eines Kranken um die Inventur nach einer Katastrophe. Der Monolog *No demano gran cosa (Viel ist es nicht, was ich verlange)* etwa hat Rondeaucharakter. Das Gedicht dreht sich im Kreis, in einem Teufelskreis, aus dem der Ausbruch auch dann nicht gelingt, wenn die einzelnen Krankheitssymptome gegeneinander ausgetauscht werden.

Die allmähliche und ständige Reduzierung der motorischen Möglichkeiten machte Martí i Pol zum Gefangenen seiner selbst. Seine Situation ist der von S. BECKETTS Antihelden im Endstadium nicht unähnlich. Bei Martí i Pol findet sich freilich keine Spur von Becketts radikalem Nihilismus. Auch jetzt noch sieht der Dichter eine Möglichkeit zur Kommunikation, durch seine Rückkoppelung an die Vorfahren und durch die Solidarität mit seinen Freunden und Gesinnungsgenossen. Schon in *Vint-i-set poemes* war der Wille zur Strukturierung eines durch die Krankheit zur Monotonie verurteilten Lebens erkennbar. Er wird in *La pell del violí (Die Geigenhaut)* noch deutlicher, wo Protest und Klage vor dem Verfließen bewahrt werden. Der rigorose Aufbau dieses Zyklus ist das Ergebnis des eigensinnigen Willens zur täglichen Bewältigung einer unausweichlichen Situation.

Die Veröffentlichung der *Cinq esgrafiats a la mateixa paret (Fünf Graffiti an der nämlichen Wand)*, die als Band VIII *(La Justice)* der vom Grup Tarot herausgegebenen Reihe erschien, erfolgte mit Hilfe eines für das Verständnis dieser fünf Gedichte wichtigen *signifiant*. Das von befreundeten Künstlern illustrierte Buch war in Glaspapier eingebunden. Bereits der erste Kontakt mit den *Cinq esgrafiats* vermittelt daher das Gefühl des Rauhen und stellt eine unmißverständliche Absage an alle Literatur dar, die sich als glatter Formalismus versteht. Die Gedichte des *Llibre dels sis sentits* sind eine Wiederaufnahme und Weiterentwicklung der in den *Cinc esgrafiats* angeschlagenen Thematik. Dort beschränkte sich die Bewegung des Dichters noch auf ein unruhiges Hin und Her inmitten von unverrückbaren Gitterstäben und Wänden, hinter denen der Tod lauert. Für Martí i Pol, den Gefangenen seiner Krankheit, wird die Sprache wie für Ramon LLULL zur Ergänzung und Krönung der fünf Sinne. Schon das dem Gesicht gewidmete Gedicht I zeigt, daß dem Autor die Ambivalenz der Sinne nicht entgangen ist. Dazu gehört auch die am Evangelium orientierte Aufforderung, die Sinne

nicht verkümmern zu lassen und nicht dem Sinnentrug zu verfallen: »*Qui habet aures audiendi, audiat.*«
Einige Titel der letzten Gedichtbände, *Les clares paraules (Die klaren Worte)* und *Per preservar la veu (Um die Stimme zu bewahren)* sind Ausdruck für das Bemühen des in seiner vokalen Artikulation beeinträchtigten Dichters, wenigstens über das geschriebene Wort den Kontakt mit seiner Umgebung aufrechtzuerhalten. Sarkasmus und Ironie, die seine soziale Lyrik kennzeichnen, transponiert Miquel Martí i Pol nun auch auf die private Ebene, wenn er z. B. in *Set poemes d'aniversari (Sieben Gedichte zum Jahrestag)* seine Krankheit in den Mittelpunkt stellt. J.Hö.

Ausgaben: *Paraules al vent*, Barcelona 1954. – *Quinze poemes*, Palma de Mallorca 1957. – *El poble*, Palma de Mallorca 1966. – *La fàbrica*, Barcelona 1972. – *L'arrel i l'escorça*, Barcelona 1975 (Vorw. Ll. Solà i Sala; *Obra poètica 1*). – *El llarg viatge*, Barcelona 1976 (Vorw. M. Desclot u. J. Medina; *Obra poètica 2*). – *Amb vidres a la sang*, Barcelona 1977 (Vorw. J. Hösle; *Obra poètica 3*). – *Les clares paraules*, Barcelona 1980 (Vorw. J. Triadú; *Obra poètica 4*). – *Antologia poètica*, Barcelona 1983 [Vorw. P. Farrés]. – *Per preservar la veu*, Barcelona 1985 (Vorw. F. Parcerisas; *Obra poètica 5*).

Übersetzungen: *Katalanische Lyrik im 20. Jh.*, Hg. J. Hösle u. A. Pous, Mainz 1970 [kat.-dt.; Ausw.]. – *Ich will deutlich sprechen*, Hg. dies. (in Akzente, 21, Aug. 1974; Ausw.). – *Poemes-Gedichte*, Hg. J. Hösle, Mchn. 1976 [kat.-dt.; Ausw.]. – In *Diguem no – Sagen wir nein. Lieder aus Katalonien*, Hg. T. D. Stegmann, Bln. 1979 [kat.-dt.; Ausw.]. – *Ein Spiel von Spiegeln. Katalanische Lyrik des 20. Jh.*, Hg. T. D. Stegmann, Lpzg./Mchn. 1987 [kat.-dt.; Nachdichtung von 3 Gedichten von U. Grüning].

Vertonungen: von L. Llach, M. del Mar Bonet, P. Muñoz, R. Muntaner, B. Pecanins, T. Rebull, R. Subirachs u. a.

Literatur: J. Hösle, *Die politische Funktion der katalanischen Lyrik nach dem Spanischen Bürgerkrieg* (in *Sprachen der Lyrik. Fs. H. Friedrich*, Ffm. 1975, S. 394–404). – P. Farrés, *El llarg viatge poètic de M. M. i P.* (in Els Marges, Juni 1976, Nr. 7, S. 121–128).

MANUEL MILÀ I FONTANALS

* 4.5.1818 Vilafranca del Penedès
† 16.7.1884 Barcelona

LA CANÇÓ DEL PROS BERNART FILL DE RAMON

(kat.; *Das Lied vom Helden Bernart, Ramons Sohn*). Epische Legende von Manuel Milà i Fontanals, erschienen 1867. – In diesem kurzen Heldenepos schildert der Verfasser das Leben und die Heldentaten Bernarts, einer teils historischen, teils legendären Gestalt aus der ersten Zeit der katalanisch-aragonesischen Reconquista (8./9. Jh.). Den kurzen Angaben der Chronisten zufolge war Bernart der Sohn eines gewissen Raimund, der vermutlich karolingischer Herkunft war, und Schwiegersohn Galindos, eines der ersten Grafen der Stadt Jaca am Südrand der Pyrenäen. Milà berichtet, wie Bernart das Opfer von Verrätern und Schmeichlern wird und in die Verbannung gehen muß; er schildert seine Ankunft in der Einsiedelei des guten Vicmar, seine Kämpfe mit den Arabern, den Tod und die Beisetzung seines treuen Schildknappen Bertran, den furchtbaren Zweikampf mit dem Neger Acmet vor den Toren Jacas, die Wiedereroberung von Ribagorça und Pallars – die ihn zu ihrem Grafen machen – und die Gründung des Klosters von Ovarra. Sehr eindrucksvoll ist auch die Episode vom Heldentod Galindos, der sterbend alle großen Gestalten der Reconquista als Schatten um sich versammelt sieht.
Milà, der sich als Gelehrter vornehmlich der Erforschung der mittelalterlichen Epik gewidmet hat, gestaltet in diesem Werk die Ergebnisse seiner Studien mit einer reichen und blühenden Phantasie. Sachkundig und farbenreich schildert er die ersten Kämpfe der kleinen Schar unbeugsamer christlicher Ritter gegen die Übermacht der arabischen Eroberer und zeichnet ein einprägsames Bild der patriarchalisch-feudalistischen Gesellschaftsformen, der tiefen Gläubigkeit und der rauhen Sitten ihres Standes. Mit erstaunlicher Sicherheit hat der Autor den urtümlichen Ton des mittelalterlichen Heldenepos getroffen: Das langsame Fortschreiten der Handlung, das Verweilen bei den dramatischen Episoden, der einfache Plan der Komposition, der schmucklose Ausdruck, die kühle Sachlichkeit in Bericht und Beschreibung – all dies vervollkommnet den Eindruck des Archaischen.
Ein besonderes Problem stellte für Milà die Metrik dar. Da sich in der katalanischen Literatur keine schriftlich überlieferte epische Dichtung erhalten hat, entschloß er sich, aus dem der katalanischen Sprache nahe verwandten Okzitanischen den in zwei ungleiche Hemistichen (6 und 4 Silben) geteilten Zehnsilber zu übernehmen, in dem unter anderem auch der *Girart de Rossilho* abgefaßt ist.

Nach dem Vorbild der alten Heldendichtung faßt Milà die Verse zu langen assonierenden Laissen zusammen, was die Wirkung altepischer Einfachheit und Nüchternheit noch verstärkt. Diese Neuerung ist für den ganzen katalanischen Sprachraum bedeutsam geworden; so hat zum Beispiel auch VERDAGUER die rein epischen Gesänge seines *Canigó* (5 und 8) in dem von Milà eingeführten Versmaß gehalten. A.F.R.

AUSGABEN: Barcelona 1847. – Barcelona 1869 (in *Calendari Català*). – Barcelona 1886 (*Branqueta del Pros Bernart*, in Ilustració Catalana, zus. m. *La mort de Galind*). – Barcelona 1888–1896 (in *Obras completas*, Hg. M. Menéndez y Pelayo, Bd. 6, S. 429–440). – Barcelona 1908 (in *Obres catalanes*). – Vich 1947, Hg. R. d'Abadal i de Vinyals.

LITERATUR: J. Rubió i Ors, *Noticia de la vida y escritos de M. M. i F.*, Barcelona 1887. – C. Mas Jornet, *Notes sobre el moviment intellectual i artístic de Vilafranca del Penedès durant el segle XIX*, Vilafranca 1902. – A. Rubió i Lluch, *M. M. i F., notes biogràfiques i critiques*, Barcelona 1918. – A. Farinelli, *Poesía del Montserrat y otros ensayos*, Barcelona 1940, S. 9–57. – M. Menéndez y Pelayo, *Estudios y discursos de crítica histórica y literaria*, Bd. 5, Santander 1942, S. 133–175. – M. Jorba, *M. M. i F. en la seva època*, Barcelona 1984. – J. Molas, *Milà i la Renaixença* (in *Celebració del centenari de M. M. i F., Universitat de Barcelona, Acte inaugural del curs*, Barcelona 1985).

TERENCI MOIX

eig. Ramon-Terenci Moix

* 5.1.1943 Barcelona

EL DIA QUE VA MORIR MARILYN

(kat.; *Der Tag, an dem Marilyn starb*). Roman von Terenci MOIX, erschienen 1969. – Dieses Erstlingswerk konnte der Autor erst nach zwei weiteren (themenverwandten) Romanen, dem Gewinn des Premi Víctor Català und mehreren Überarbeitungen veröffentlichen. Es besteht aus einem Prolog und fünf »Büchern« *(Llibres)*, in denen die Hauptfiguren in Monologen mit ihrer Lebensgeschichte zugleich eine Chronik ihrer Familien und Barcelonas im 20. Jh., insbesondere seit dem Bürgerkrieg (1936–1939), erzählen. Der Titel steht im Zusammenhang mit der Bedeutung des Hollywood-Kinos für alle Beteiligten bzw. für Moix' Generation, der er den Roman auch widmet: *»Allen, die ungefähr zwanzig Jahre alt waren an dem Tag, als Marilyn starb.«* Das Buch fällt in eine Zeit, in der die Lockerungen der Franco-Diktatur ein Wiedererwachen der katalanischen Literatur ermöglichten. Es steht daher im Zeichen der Suche nach einer katalanischen Literatursprache und nach narrativen Vorbildern. Sein Inhalt ist geprägt von der teilweise schonungslosen und für die Zeit schockierenden Auseinandersetzung mit Staat, Gesellschaft und verlogenen Wertmaßstäben der Franco-Ära.

Im Mittelpunkt des Romans steht Bruno Quadreny, typisches Kind aus einer nach dem Krieg zu Wohlstand gelangten Bürgerfamilie aus Barcelona: An ihn sind die Erzählungen der übrigen Hauptfiguren überwiegend gerichtet. Zunächst erzählt ihm seine Mutter Amèlia im *Llibre Primer (1934–1947) L'Amèlia*, wie sie bei ihrer Tante in der Bäckerei einer typischen Altstadtstraße aufwuchs, den Sohn aus einem benachbarten Geschäftshaus, Joaquim (Xim) Quadreny, heiratete und nach Krieg und Entbehrungen durch eiserne Energie zum Aufstieg der Familie beitrug, der sich u. a. im Umzug in eine bessere Wohnung jenseits der Barcelona durchquerenden Hauptverkehrsstraße »Diagonal« manifestierte. Ihr Leben ist das Schicksal einer Frau des katalanischen katholischen Bürgertums: Kindheit, Erziehung, Jugend und erste Ehejahre sind geprägt durch die Rollenklischees der religiösen, zurückhaltenden Frau, die sexuelle Wünsche und Untreue ihres Mannes ergeben hinzunehmen hat. Trotz ihrer teilweisen Emanzipation, die sich u. a. darin äußert, daß Amèlia ihren Mann ihrerseits betrügt, bleibt sie gerade im Generationenkonflikt mit Bruno und seinem behinderten Bruder Carlitus kleinbürgerlich konservativ. Ebenso wie sein bester Jugendfreund, der Homosexuelle Jordi Llovet, Sohn eines skrupellos geschäftstüchtigen Verlegers, im *Llibre Tercer (1961) Jordi* rechnet Bruno im *Llibre Segon (1947–1953) Bruno* und im *Llibre Cinquè (1962) Els Cadells* schonungslos mit der korrupten Gesellschaft ab. Mit den generationstypischen Erfahrungen der beiden privilegierten Jünglinge – Sommerfrischen, Kino, repressive Erziehung in einer von Mönchen geführten Schule, erste sexuelle Erlebnisse, verbunden mit der förmlich mythischen Figur der Marilyn Monroe – wird der in deren und Carlitus' Todesjahr 1962 gefaßte Entschluß zum Bruch mit der Gesellschaft und zur Flucht nach Paris begründet. Zugleich hat deren Zusammenfallen mit den Jahrhundertschneefällen eine *»ausgesprochen symbolische Bedeutung, denn mit der Verwirklichung des alten, durch die Weihnachtsszenerie der Filme Capras genährten Kindheitstraumes war der Augenblick seiner endgültigen Zerstörung gekommen«* (E. Bou), wie überhaupt für diese beiden Natur und Wetter von größerer Bedeutung sind als für die anderen Ich-Erzähler. Brunos Vater erweist sich im *Llibre Quart (1928–1962) El Xim* als typisches Beispiel des kämpferischen Emporkömmlings, der in den vierziger Jahren wie seine Brüder durch Schmuggel und Schwarzhandel zu Reichtum gekommen ist, als Mann jedoch scheitert: Nachdem er vor seinen Söhnen versucht hat, seine zahlreichen Seitensprünge männlich rollentypisch zu rechtfertigen,

gesteht er ihnen, wie sehr er unter Amèlias sexueller Verweigerung aus Rache leidet. Diese Einzelschicksale werden vor dem Hintergrund von Republik, Bürgerkrieg, Diktatur, Zerstörung und Wiederaufbau, Wachstum, Familien-, Kirchen- und Volksfesten in Barcelona ausgebreitet, wodurch der Eindruck einer Chronik der Stadt im 20. Jh. entsteht.
Bezeichnend für die Suche nach einer neuen katalanischen Narrativik ist die formale Strenge. Es herrscht die berichtend reflektierende, oft assoziative und stark wertende Wiedergabe von Erinnerungen vor. Vor allem Bruno reflektiert immer wieder über den Erzählvorgang selbst, während Moix die Verlogenheit der Grundprinzipien – Einheit der Familie, sexuelle Tabus u. ä. – der bürgerlichen Gesellschaft entlarvt und ihnen eine Welt der »Verderbtheit« – Ehebruch, Bordellbesuche, Homosexualität, Sadomasochismus – in vertrauter Umgebung gegenüberstellt. Daneben spielt die Zeit, ein weiteres Kernthema in Moix' Werk, eine zentrale Rolle, wozu auch die Einbeziehung jeweils aktueller Kinofilme als Marksteine der geschilderten Lebenswege beiträgt. Der Roman, nach dem Urteil der Kritik nicht nur Moix' bester, sondern auch einer der besten der Wiederaufstiegsphase der katalanischen Erzählprosa, wurde, vielleicht gerade wegen seines teilweise abstoßenden Inhalts, zu einem Publikumserfolg und brachte Moix den endgültigen Durchbruch als Schriftsteller. V.G.

Ausgaben: Barcelona 1969. – Barcelona 1976. – Barcelona 1981.

Literatur: M. Arimany, *T. M., Creu* (in El Pont, Febr. 1970, Nr. 40, S. 11–24). – J. M. Carandell, *Paisatge, art i temps en l'obra de T. M.* (ebd., S. 6–11). – J. Marco, *Tras los pasos de T. M.* (in J. M., *Nueva literatura en España y América*, Barcelona 1972, S. 244–264). – F. Lucio, *Aproximación a la narrativa de T. M.* (in CHA, 88, 1972, Nr. 263/264, S. 461–475). – J. Molas, *La novel·la oberta de T. M.* (in J. M., *Lectures crítiques*, Barcelona 1975, S. 214–218). – G. S. Forest, *El mundo antagónico de T. M.* (in Hispania, 60, 1977, S. 927–935). – J. Port, *T. M.: Escritura y experiencia obsesiva* (in Insula, 37, 1977, Nr. 370, S. 1 u. 15). – E. Bou, *T. M.* (in *Historia de la literatura catalana*, Hg. M. de Riquer, A. Comas u. J. Molas, Bd. 11, Barcelona 1987, S. 398–404).

NARCÍS OLLER

eig. Narcís Oller i Moragas
* 10.8.1846 Valls bei Tarragona
† 26.7.1930 Barcelona

Literatur zum Autor: J. Triadú, *N. O. Resum biogràfic*, Barcelona 1955. – N. Ollier, *Memòries literàries*, Barcelona 1962. – M. Serrahima, *Dotze mestres*, Barcelona 1972. – S. Beser, *Les limitacions narratives de N. O.* (in *Actes del Quart Colloqui Internacional de Llengua i Literatura Catalanes*, Montserrat 1977, S. 333–347). – J. Gilabert, *N. O. y su tiempo*, Barcelona 1977. – L. Bonet, *Literatura, regionalismos y lucha de clases (Galdós, Pereda, N. O. y Ramon D. Perés)*, Barcelona 1982.

L'ESCANYAPOBRES. Estudi d'una passió

(kat.; *Ü: Der Vampyr*). Novelle von Narcís Oller, erschienen 1884. – Innerhalb von 14 Tagen, in einer Periode fieberhaften Schaffens, schrieb Oller diese seine beste Novelle und gewann mit ihr den Prosapreis der Blumenspiele des Jahres 1884. Ausgehend von einer Darstellung des Geizes – daher der Untertitel, ganz im Sinne des Psychologismus und Wissenschaftlichkeitsstrebens der zeitgenössischen Narrativik – gelang es dem Autor in dieser Novelle, die großen Linien der sozialen und wirtschaftlichen Umwälzungen in der katalanischen Gesellschaft der Gründerjahre nachzuzeichnen. Das Werk ist eine Synthese dessen, was Oller später in *La febre d'or*, seiner Hauptschöpfung, mit größerem Detail erzählen sollte.
Die Handlung ist in Pratbell, einem fiktiven Dorf im Penedès, südwestlich von Barcelona, kurz vor der Septemberrevolution von 1868 situiert. Oleguer, der Hauptheld, ein ehemaliger Kleinbauer und Fuhrmann, besitzt dort ein Getreidelager. Durch obskure Geschäfte, vor allem wohl durch Wucher, ist er zu Geld gekommen und wird seitdem von der Leidenschaft besessen, Geld zu besitzen und es aufzubewahren. Er fürchtet, dieses gehortete Geld, mit dem er nichts anzufangen wagt, zu verlieren, vor allem seit seine Mitbürger ihn einen Wucherer und Halsabschneider *(escanyapobres)* schimpfen. In seinem Geizwahn heiratet er eine reiche, wesentlich ältere Witwe mit Namen Tuies, genauso geizig wie er, in der Hoffnung, sie zu beerben. Da beide stets befürchten, bestohlen zu werden, ziehen sie sich in eine alte, heruntergewirtschaftete Burg zurück, um sich hinter deren Mauern vor der Gesellschaft zu verbarrikadieren. Dort beschwört Oleguer seine Frau, kein Lösegeld zu leisten, falls er entführt werden sollte. Dies wird ihm zum Verhängnis, denn als er später tatsächlich entführt wird, verweigert die Frau, die froh ist, ih-

ren Mann beerben zu können, jegliche Zahlungen, und Oleguer stirbt den Hungertod in einem verlassenen Bergwerk. In die Erzählung eingebettet ist das Ende der von der alten Burg symbolisierten überholten Gesellschaftsordnung. Daneben spiegelt der Bau einer durch Pratbell führenden Eisenbahnlinie die durch die industrielle Revolution bewirkte tiefe Krise der Landwirtschaft. In diesem Prozeß, der von Oller keineswegs rückwärtsgewandt – im Sinne der zeitgenössischen Dorfliteratur –, sondern als Fortschritt gesehen wird, steht Oleguer als Opfer da, seiner ehemaligen Bauernwelt entwurzelt und unfähig, sich den neuen Gegebenheiten anzupassen. Sein Geiz ist ethischer Fehler und soziales Übel zugleich, denn er hindert den Kapitalfluß und somit den Fortschritt. Darüber hinaus übt der Autor mit der Beschreibung von Oleguers Laster Kritik an der neuen Gesellschaft, die alle menschlichen Beziehungen nur am Gelde mißt.

In der Sprache hat Oller die Reste des Rhetorizismus, der *La papallona* anhaftete, überwunden. Hier beherrscht die Ironie und die zum Teil bis zur Karikatur gesteigerte Parodie – deutlich z. B. in der Verwendung der romantischen Liebessprache in den Geizorgien Oleguers und Tuies – das distanzierte Erzählen. É. ZOLAS negatives Urteil *(»Oller läßt sich von seinem Erzählen ergreifen und kostet bis zum letzten seine eigene Rührung aus«)* ist für diese Novelle sicher verfehlt. A.Q.

AUSGABEN: Barcelona 1884. – Barcelona 1930 (in *Obres completes*). – Barcelona 1948 (in *Obres completes*). – Barcelona 1980.

ÜBERSETZUNG: *Der Vampyr*, O. Hauser, Weimar 1920 (Aus fremden Gärten, H. 91/92). – Dass., H. Baltzer (in *Cervantes: Der eifersüchtige Estremadurer. – Bécquer: Legenden. – O.: Der Vampyr*, Mchn. 1954).

LITERATUR: A. Yates, *»L'escanyapobres« de N. O.* (in *Miscel·lània Aramon i Serra*, Bd. 1, Barcelona 1979, S. 605–623). – Ders., *Un usurer: »L'escanyapobres« de N. O.* (in Estudis de llengua i literatura catalanes, 11, 1985, S. 225–234).

LA FEBRE D'OR

(kat.; *Goldfieber*). Roman von Narcís OLLER. Ausgehend vom Börsenfieber der Jahre 1880/81 und vom Crash des Jahres 1882, begann Oller sich Notizen für einen Börsenroman zu machen, dessen ersten Teil er 1889 zu schreiben begann und 1890 veröffentlichte. Der zweite Teil folgte 1892 in zwei Bänden. – Der erste, mit *Der Aufstieg* überschriebene Teil spielt in den achtziger Jahren des 19. Jh.s und schildert die durch Börsenspekulation ermöglichte steile Karriere des Handwerkers Gil Foix, der sogar in die Kreise der Hochbourgeoisie Barcelonas Eingang findet. Der zweite Teil, *Der Absturz*, behandelt Foix' ebenso jähen späteren Ruin und Rückfall in den Handwerkerstand. Für seine Arbeit, den Prinzipien des Naturalismus getreu, studierte Oller eingehend die Börsenwelt Barcelonas, er besuchte die Börse und ihre Archive, nahm bisweilen aktiv am Börsengeschehen teil und lernte die Geldkapitäne der Zeit kennen. Neben der reinen Lust am Fabulieren sollte das Werk nach Ollers Auffassung, die mit den Tendenzen des Romanschreibens seiner Zeit übereinstimmte, auch als historisches Dokument für zukünftige Generationen wirken; er betonte daher, nur von der Wirklichkeit abgelesen zu haben.

Zwei gesellschaftliche Gruppen stehen sich in diesem Roman gegenüber: auf der einen Seite die Börsenspekulanten Foix, Eladi, Rodon und Llassada, denen der Erzähler jegliche Sympathie verweigert, auf der anderen Seite die Mitglieder der freien Berufe, die Künstler (Francesc, der Schwager Foix', der ihn später vor dem totalen Ruin bewahrt) und die Forscher und Erfinder (Bernat, Monfar), die von ihrer Arbeit leben und die Oller als Idealtypen des Bourgeois empfindet. Doch räumt Oller letzten Endes durchaus ein, daß die industrielle Revolution ohne mutige Geschäftsleute, zu denen sich letzten Endes auch Gil Foix zählen darf, nicht vorangetrieben werden könne. Zwar bleibt Foix der persönliche Erfolg versagt, nicht aber seiner Klasse, die ihn beerbt und die Stadt Barcelona zur großen Industrie- und Handelsstadt zu verändern versteht. Im Gegensatz zu *L'escanyapobres* ergreift der Erzähler hier nicht nur durch den Handlungsverlauf – Foix, der Börsenspekulant, verliert am Ende sein ganzes Geld – Partei, sondern wertet direkt moralisierend die Aktionen seiner Gestalten, verzichtet dafür jedoch weitgehend auf die in *L'escanyapobres* allgegenwärtige Ironie. A.Q.

AUSGABEN: Barcelona 1890–1892. – Barcelona 1930 (in *Obres completes*). – Barcelona 1948 (in *Obres completes*). – Barcelona 1980.

LITERATUR: A. Yates, *The Creation of N. O.'s »La febre d'or«* (in BHS, 52, 1975, S. 55–77). – J. Gilabert, *»La febre d'or« de N. O. i »Miau« de Galdós, dues visions de la realitat social a l'Espanya del segle XIX* (in Estudis de llengua i literatura catalanes, 1979, S. 240–254).

EUGENI D' ORS

eig. Eugeni d'Ors i Rovira
Pseud. Xènius

* 28.9.1881 Barcelona
† 25.9.1954 Vilanova i la Geltrú

LITERATUR ZUM AUTOR:
J.L. Aranguren, *La filosofía de E.d'O.*, Madrid 1945. – J. Iriarte, *E. d'O. o la claridad mediterránea* (in Razón y Fe, 1954, Nr. 150, S. 432–445). – E. Jardí, *E. d'O.*, Barcelona 1967. – G. Díaz-Plaja, *La defenestració de Xènius*, Andorra 1967. – J. Pla, *E. d'O.* (in *Homenots; Primera sèrie*, Barcelona 1969). – J. F. Mora, *E. d'O. Sentit d'una filosofia* (in J. F. M., *Les formes de la vida catalana*, Barcelona 1972, S. 175–185). – J. Fuster, *La deserció d'E. d'O.* (in J. F., *Obres Completes, IV, Assaigs, 1*, Barcelona 1975, S. 283–321). – G. Díaz-Plaja, *El combate por la luz (La hazaña intelectual de E. d'O.)*, Madrid 1981. – J. Castellanos, *Noucentisme i censura (a propòsit de les cartes d'E. d'O. a Raimon Casellas)* (in Els Marges, 22/23, Barcelona 1981, S. 73–95). – V. J. Roura, *La etapa barcelonesa de E. d'O.* (in *Actas del III Seminario de Historia de la Filosofía Española*, Salamanca 1983, S. 355–364). – J. Murgades, *E. d'O.* (in *Història de la literatura catalana*, Hg. M. de Riquer, A. Comas u. S. Molas, Barcelona 1987, Bd. 9, S. 73–98).

LA BEN PLANTADA

(kat.; *Die Stattliche*). Essay von Eugeni d'ORS, unter dem Pseudonym Xènius erschienen 1911. – In einem katalanischen Küstendorf treffen sich jedes Jahr die gleichen Menschen, Angehörige der Bourgeoisie, um dort den Sommer zu verbringen. Ihre Aufenthalte sind bestimmt von Gleichförmigkeit und Routine. Plötzlich aber taucht eine Frau auf, die Ben Plantada, die »Stattliche« oder auch die »Gut Verwurzelte«, die in den folgenden Kapiteln ausführlich beschrieben wird. Durch ihre bloße Anwesenheit, durch die Achtung und Bewunderung, die sie von den Dorfbewohnern erfährt, stiftet sie Frieden und Harmonie, denn sie verkörpert mit ihrer physischen Erscheinung, ihren Handlungen und ihrem Charakter das ideale Maß und die Ausgeglichenheit. Anhand dieser Figur werden die positiven, der Gemeinschaft förderlichen Aspekte herausgearbeitet, die nach damaligem Verständnis die Frau umgaben und die in Verbindung mit dem bürgerlichen Reformismus die Sublimation der noucentistischen Ethik darstellten. Der Erzähler entwirft mit dieser Frauenfigur einen Idealtypus moralischer Vollkommenheit und katalanischer »Rasse« – wobei Ors in einem Vorwort von 1937 betont, diesen Begriff nicht in dem Sinne gebraucht zu haben, in dem ihn *»die sogenannten Ethnographen«* im Deutschland der dreißiger Jahre verwendeten –, dessen Wurzeln er in der katalanischen Tradition bis zu den Frauengestalten im Werk von Ausiàs MARCH (ca. 1397 – 1459), mit Bezug auf dessen berühmtes 23. Gedicht, zurückverfolgt und in dem auch Dantes Beatrice durchscheint. Das Sinnbild der Ben Plantada ist der Baum, der nicht nur in der Erde, sondern mit seinen Ästen auch im Himmel und der Luft verwurzelt ist und so einerseits einen Bezug zu Vergangenheit und Tradition verkörpert, andererseits aber auch immer neue Knospen hervorbringt und damit der Zukunft entgegenstrebt.

Die eigentliche Bestimmung der Ben Plantada ist laut Ors die Mutterschaft. So taucht schließlich ihr Verlobter auf, ein Barceloniner, mit dem sie das Dorf verläßt. Nach dem Weggang dieser Repräsentantin katalanischer Tradition verfallen die Dorfbewohner wieder ihren Leidenschaften, es herrschen Zwietracht und Streit. Im Schlußkapitel jedoch, in dem sie dem Erzähler im Traum erscheint, weckt die Ben Plantada neue Hoffnungen: Sie prophezeit der katalanischen Nation nach der »jahrhundertelangen Demütigung« eine glänzende Zukunft. Damit erhebt Ors die anekdotische Figur der Ben Plantada zur klassischen Gestalt der Schriftstellergeneration des katalanischen *noucentisme*.

Die Gewichtigkeit dieses Werkes, das der Autor als einen *»theoretischen Essay über die Philosophie des katalanischen Wesens«* bezeichnet (E. JARDÍ nennt es einen *»roman philosophique«*), liegt weniger in seiner auf elementare Vorgänge reduzierten Handlung, als vielmehr in der Darstellung der noucentistischen Ethik, die statt der Ausschweifung des Jugendstils das Maßhalten propagiert und als deren Grundzüge Klassizismus, Rationalismus, Objektivismus sowie die Hinwendung zu einer modernen nationalen katalanischen Kultur gelten. – Das Werk erschien erstmals 1911 in täglichen Fortsetzungen in der Zeitung ›La Veu de Catalunya‹ im Rahmen von Ors' berühmten *Glosaris*, die er mit dem Pseudonym Xènius signierte. Zunächst konzipiert als bloße Aneinanderreihung von »Tagesglossen« mit eher anekdotischem als analysierend-interpretativem Charakter, wurde diesen Texten jedoch sofort eine so große Aufmerksamkeit zuteil, daß noch im gleichen Jahr die erste Buchfassung veröffentlicht wurde.

Obwohl von Ors als Essay definiert, entzieht sich *La Ben Plantada* einer eindeutigen gattungsmäßigen Bestimmung. Die Aufteilung des Haupterzählstranges in drei Teile begründet der Autor mit dem Hinweis auf die Struktur *»jedes anständigen Dramas«*. In der Buchfassung fügt er zwischen den einzelnen Teilen jeweils ein *»Pause«* ein, die er mit verschiedenen zum Teil wesentlich früher entstandenen Glossen füllt, die als kontrastive Elemente zur Haupthandlung stehen, und fügt einen Epilog hinzu. – Die Thematik der Frau als friedensstiftendes, die Gemeinschaft förderndes Wesen greift Ors in dem 1915 verfaßten Werk *Gualba, la de mil veus* ein weiteres Mal auf. U.He.

AUSGABEN: Barcelona 1911. – Barcelona 1936. – Barcelona 1958. – Barcelona 1980.

LITERATUR: A. Comas, *Maragall i »La Ben Plantada«* (in *Assaig sobre la literatura catalana*, Barcelona 1968). – L. Martín Marty, *Aproximació a la imatge literària de la dona al Noucentisme català*, Barcelona 1984. – L. Badia, *Teresa la Ben Plantada: una »midons« del Noucents* (in Patio de Letras / la rosa als llavis, 7, Barcelona 1984, S. 57–67; ern. in L. B., *De Bernart Metge a Joan Roís*, Barcelona 1988). – J. Murgades, *E. d'O.: verbalitzador del Noucentisme* (in *El Noucentisme*, Barcelona 1987, S. 59–77).

GLOSARI

(kat.; *Glossen*). Zeitgeschichtliche Betrachtungen von Eugeni d'ORS, entstanden in den Jahren 1906–1921. Ors schrieb praktisch täglich seine Glossen auf katalanisch unter dem Pseudonym Xènius für die Zeitung ›La Veu de Catalunya‹ in Barcelona, in den Jahren 1920 und 1921 für ›El Día Gráfico‹. Später (bis 1950) verfaßte er sie in spanisch für Madrider Zeitungen. In unregelmäßigen Abständen veröffentlichte er Auswahlbände, den ersten schon 1906. Einzelne dieser Bände bekamen eigene Titel (z. B. *Gloses de Quaresma*, 1911) oder wurden zu eigenständigen Büchern umgestaltet (*La Ben Plantada*, 1912; *Tina i la Guerra Gran*, von 1914, erschienen 1935; *Gualba, la de mil veus*, 1915; *Oceanografia del tedi*, 1916; *La vall de Josafat*, 1918; *Les gloses de la vaga*, 1919).

Meist um einen epigrammatischen oder aphoristischen Kern kristallisiert, enthalten diese in virtuos geschliffener Sprache dargebotenen Kommentare zur Zeitgeschichte einen wesentlichen Teil des Werks von Ors, der im Einzelnen das Allgemeine, im Zeitlichen das Ewige und in der Vielfalt die Einheit einer verborgenen Formkraft entdeckt. Stilistisch immer wieder von rationaler Kritik zu metaphorischer Poesie wechselnd, beleuchtet er in seinen *Glossen* – kleinen und kleinsten Essays – die wichtigsten Probleme, Strömungen und Erkenntnisse des Geisteslebens seiner Zeit, um in *»sokratischer Gesinnung«* (E. Vogel) die Weisheit auf Straßen und Marktplätze zu bringen, sie dem Leser gleichsam in kleinen Dosen einzuflößen. Eigenwillig polemisiert er gegen alle Auswüchse des Modernismus, gegen Ekstatisches, Extravagantes und Chaotisches, denen er den Geist der Klassik gegenüberstellt. Die Freude der Griechen an Linie, Kreis und klarer plastischer Form, den Sinn der Römer für monumentale Größe, Ordnung und Tatkraft preist er als *»die apollinische Konstante der Kultur«*, die dem *»mediterranen Geist«* eigen sei. Ihr Gegenteil, die Bewegung, das Fließend-Verschwommene (für ihn gleichbedeutend mit Unkultur), nennt er *»romantisch«* und ordnet es dem *»dionysischen«* Element zu, das sich für ihn im *»nordisch-germanischen Geist«* manifestiert.

Ors strebte in seinen *Glossen* nicht so sehr nach einer metaphysischen Deutung der Welt, sondern wollte vor allem als Erzieher auf seine Leser einwirken. Er plädierte für einen bewußten Bildungsprozeß, der sich an der Gediegenheit handwerklicher Arbeit zu orientieren habe, und in dem der Mensch sich selbst, wie der Bildhauer eine Statue, aus dem rohen Stoff formen müsse. Die Leitbilder dazu könne nur die Tradition liefern, denn: *»Die Anstrengungen einer einzigen Generation führen zu nichts. Sie haben niemals genügt – nicht, um eine Nation, und auch nicht, um eine Kultur aufzubauen, ja, nicht einmal, um eine Porzellantasse zu schaffen, die vollkommen ... gewesen wäre.«* A.F.R.-T.D.S.

AUSGABEN: Barcelona 1. 1. 1906 – 8. 1. 1920 (in La Veu de Catalunya) und 20. 4. 1920 – 3. 7. 1921 (in El Día Gráfico). – Barcelona 1907 (in *Quaderns d'estudi*). – Barcelona 1914 (ebd., enth. Bd. 2/3). – Barcelona 1915 (ebd., enth. Bd. 3). – Barcelona 1916. – Barcelona 1935 (*Tina i la Guerra Gran*). – Madrid 1946 (*Novísimo glosario*, 1944–1945; span.). – Madrid 1947–1949 (*Nuevo Glosario*, 3 Bde.; span.). – Barcelona 1950 (in *Obra catalana completa, Glosari 1906–1910*). – Barcelona 1980 (*La Ben Plantada u. Gualba, la de mil veus*). – Barcelona 1982 [Ausw. 1906–1921]. – Barcelona 1987 (*Tina i la Guerra Gran*). – Barcelona 1988 (*Oceanografia del tedi*).

LITERATUR: J. Folguera, *Les valors de la poesia catalana*, Barcelona 1919. – A. M. Schneeberg, *E. d'O., le philosophe et l'artiste*, Paris 1920. – G. Savelli, *Categoria ed anecdota nell'arte di E. d'O.*, Genua 1948. – J. M. Capdevila, *E. d'O. Etapa barcelonina (1906–1920)*, Barcelona 1965. – G. Diaz-Plaja, *Lo social en E. d'O.*, Barcelona 1982.

JOSEP PALAU I FABRE

* 21.4.1917 Barcelona

DAS LYRISCHE WERK (kat.) von Josep PALAU I FABRE.

Josep Palau i Fabre gilt als eine der führenden Figuren im Prozeß der Selbstbehauptung der katalanischen Literatur und Kultur nach dem Spanischen Bürgerkrieg. Er leitete den Verlag La sirena und mehrere Zeitschriften (›Poesia‹, ›Ariel‹ und andere) und hatte bedeutenden Anteil an der Organisation des kulturellen Lebens Kataloniens in der *clandestinitat*, der inneren Emigration während der Franco-Diktatur. Als Schriftsteller befaßte er sich essayistisch insbesondere mit den bildenden Künsten (mehrere Picasso-Biographien) und veröffentlichte eine Sammlung von Erzählungen *Contes despullats*, 1983 (*Entkleidete Erzählungen*); als Dramatiker verfaßte er u. a. einen Don Juan-Zyklus. Seine größte Bedeutung erlangte Palau i Fabre jedoch als Lyriker. Seine ersten Gedichtsammlungen *Les balades amargues*, 1941 *(Die bitteren Balladen)*, und *L'aprenent de poeta*, 1943 *(Der Lehrling der Dichtkunst)*, beide im Untergrund und auf eigene Kosten in sehr kleiner Auflage gedruckt, weisen ihn als rebellischen Nonkonformisten auf der poetischen Linie von Baudelaire, Rimbaud und Artaud aus. Bereits diese ersten Publikationen sind reife literarische Schöpfungen, in denen der Autor seine perfekte formale Beherrschung der unterschiedlichsten poetischen Formen unter Beweis stellt.

Mit dem in einer Auflage von 100 Exemplaren veröffentlichten Gedichtband *Imitació de Rosselló Pòrcel*, 1945 *(Nachahmung Rosselló Pòrcels)*, präsentierte Palau i Fabre das Resultat eines ästhetischen Experiments: der jung verstorbene mallorquinische Dichter Bartomeu Rosselló Pòrcel (1913–1938) hinterließ bei seinem Tod die Titel zu neunzehn Gedichten, die zu schreiben er keine Zeit mehr gefunden hatte. Palau i Fabre unternimmt hier den Versuch, sich völlig in die poetische Welt des anderen hineinzuversetzen, und schreibt zu jedem der neunzehn Titel ein eigenes Gedicht, so wie Rosselló Pòrcel es hätte schreiben können. Diese neunzehn Gedichte verteilen sich auf drei Einheiten, deren Titel *Fira encesa, Rosa secreta* und *Arbre de flames (Entzündeter Jahrmarkt, Heimliche Rose* und *Flammenbaum)* identisch sind mit den Kapitelüberschriften in Rosselló Pòrcels bedeutendstem Buch *Imitació del foc*, postum 1938 *(Nachahmung des Feuers)*, auf das auch der Titel anspielt. Dieser Versuch, die Entpersonalisierung des dichterischen Ichs auf die Spitze zu treiben, ist eine eigenständige Parallele zu Fernando Pessoas Technik der Heteronyme. 1945 geht Palau i Fabre nach Paris ins Exil, wo er bis 1961 bleiben wird. Dort publiziert er, wieder privat und in Kleinstauflage, *Càncer*, 1946 *(Krebs)*, was ihm einiger unverschleierter erotischer Elemente wegen (z. B. Gedichttitel wie *Sonet intrauterí. – Intrauterinsonett*, oder *Coit – Koitus*) den Ruf eines *poète maudit* einbringt. 1952 erscheint in Paris der Band *Poemes de l'alquimista (Gedichte des Alchimisten)*, de facto eine Anthologie, die alle bis dahin erschienenen Bücher in sich vereinigt und um die beiden neuen Bücher *Laberint (Labyrinth)* und *Atzucac (Sackgasse)* vermehrt. Damit liegt Palau i Fabres lyrisches Lebenswerk im wesentlichen vor. Erst 1972 ergibt sich eine Gelegenheit, in Katalonien eine legale – wenn auch noch geringfügig zensierte – Neuauflage von *Poemes de l'alquimista* zu publizieren und damit erstmals einem größeren Publikum zugänglich zu machen. Auf die erste nicht zensierte Ausgabe mußte der Autor sogar bis 1977 warten.

Die Lyrik Palau i Fabres ist formal eher traditionellen Versformen verpflichtet, die er brillant beherrscht; in diese kleidet er oft schockierende Inhalte. Charakteristisch ist für ihn der Gestus der nonkonformistischen Auflehnung, die metaphysische Unruhe. Seine Abhängigkeit von den Surrealisten äußert sich vor allem in der gemeinsamen Forderung nach dem Primat des Unbwußten gegenüber der traditionellen, von der Vernunft dominierten, okzidentalen Weltsicht. Seine Revolte ist weniger ein kämpferischer Akt als vielmehr eine Flucht: »*Der Traum... ist die einzige offene Tür, die ich vor mir habe.*« H.-I.R.

Ausgaben: *Les balades amarges*, Barcelona 1941 [im Untergrund]. – *L'aprenent de poeta*, Barcelona 1943 [im Untergrund]. – *Imitació de Roselló Pòrcel*, Barcelona 1945 [Privatdruck]. – *Càncer*, Paris 1945 [Privatdruck]. – *Poemes de l'alquimista*, Paris 1952. – *Poemes de l'alquimista*, Barcelona 1972 [leicht zensiert]. – *Poemes de l'alquimista*, Barcelona 1977.

Übersetzung: In *Ein Spiel von Spiegeln. Katalanische Lyrik des 20. Jh.s*, Hg. T. D. Stegmann, Lpzg./Mchn. 1987 [kat.-dt.; Übers. von 3 Ged.].

Literatur: J. Fuster, *P. i. F., el darrer dels alquimistes* (in Serra d'Or, 1974, S. 313–316). – J. Coca, *J. P. i F., pulcrament endimoniat* (ebd., 1979, S. 757–763). – L. Busquets, *J. P. i F.* (in *Plomes catalanes contemporànies*, Barcelona 1980, S. 95 bis 104). – E. Bou, *J. P. i F.* (in *Història de la literatura catalana*, Hg. M. de Riquer, A. Comas u. J. Molas, Bd. 10, Barcelona 1987, S. 337–342).

Manuel de Pedrolo

eig. Manuel de Pedrolo i Molina

* 1.4.1918 L'Aranyó bei Cervera

† 26.6.1990 Barcelona

Literatur zum Autor:

R. Tasis, *L'obra narrativa de M. de P.* (in Quart Creixent, 3, 1957, S. 10–17). – J. Coca, *P. perrillós?*, Barcelona 1973. – E. Torres, *M. de P.* (in E. T., *Els escriptors catalans parlen*, Barcelona 1973, S. 85–116). – J. Fuster, *M. de P.* (in J. F., *Literatura catalana contemporánea*, Madrid 1975, S. 343 bis 347). – J. Martí-Olivella, *Paral·lels evolutius a l'obra de Sartre, Camus i. P.* (in *Estudis de llengua, literatura i cultura catalanes. Actes del Primer Col·loqui d'Estudis Catalans a Nord-América/Urbana 30. 3.–1. 4. 1978*, Abadia de Montserrat 1979, S. 267–280). – M. A. Capmany u. a., *M. de P., radicalment la llibertat* (in Taula de canvi, 16, Juli/Aug. 1979, S. 52–103). – J. Arbonès, *P. contra els límits*, Barcelona 1980. – M. Campillo u. J. Castellanos, *M. de P.* (in *Història de la literatura catalana*, Hg. M. de Riquer, A. Comas u. J. Molas, Bd. 11, Barcelona 1988).

HOMES I NO. Investigació en dos actes

(kat.; *Menschen und No. Untersuchung in zwei Akten*). Schauspiel in zwei Akten von Manuel de PEDROLO, Uraufführung: Barcelona, 19.12.1958. – Gegenstand des Stücks, wie M. ESSLIN hervorhebt, ist das Problem der menschlichen Freiheit. Das Bühnenbild legt die Grundsituation fest: Zwei Eisengitter teilen die Bühne in drei Räume; in den beiden äußeren befinden sich zwei Menschenpaare als Gefangene, auf der einen Seite Fabi und Selena, auf der anderen Bret und Eliana. Im Mittelraum sitzt No, der Gefängniswärter, ein merkwürdiges, nichtmenschliches Wesen.

Im ersten Akt unternehmen die Gefangenen den Versuch, den schlafenden No zu überwältigen und sich zu befreien, doch No erwacht, und der Versuch scheitert. Immerhin wissen die Gefangenen nun, daß man etwas tun kann; vielleicht wird es ihnen doch einmal gelingen, zu fliehen. Im zweiten Akt hat jedes Paar ein Kind bekommen, der Junge Feda und das Mädchen Sorne lieben einander und wollen alles tun, was in ihrer Macht steht, um in die Freiheit und zueinander zu gelangen. Sie richten ihre Aufmerksamkeit zunächst auf die dem Gitter gegenüberliegenden Seiten der Zellen, die die Eltern nicht beachtet hatten. Doch die Zellen grenzen an einen unüberschreitbaren Abgrund; auf dieser Seite gibt es keine Fluchtmöglichkeit. Nun untersuchen sie die Rückwand und stellen fest, daß sie gar nicht so massiv ist, wie sie aussieht; sie besteht offenbar nur aus einem Vorhang. Jetzt gerät No in höchste Aufregung. Er bittet, ja beschwört die beiden jungen Leute, den Vorhang nicht anzurühren, und warnt sie vor Gefahren, schlimmer als der Tod. Feda reißt entschlossen den Vorhang herunter. Dahinter zeigt sich ein neues Gitter, das nicht nur ihre Zellen, sondern auch den Raum Nos absperrt. Jenseits des Gitters sitzen drei neue Gefängniswärter, schwarz gekleidet, stumm und reglos. Auch No ist nur ein Gefangener. – *Homes i No*, Pedrolos zweites Stück nach *Cruma*, enthält nichts von den Grotesken und Paradoxien, die vielfach das »absurde Theater« charakterisieren. Zwar ist die Ausgangssituation irreal, aber die Handlung ist klar durchschaubar und logisch aufgebaut. Die alte Metapher vom menschlichen Leben als Gefangenschaft wird hier auf ihre Grundelemente reduziert. Der Gefangene versucht auszubrechen, aber hinter jedem Hindernis, das er überwindet, erhebt sich ein neues. Dennoch versucht er es weiter, muß er es weiter versuchen. Es liegt nahe, das Bild des Gefängnisses auszudeuten – die Gitter könnten für Gesetze, Konventionen, Normen schlechthin stehen, der Wächter No für die Angst, den Aberglauben oder die Überlieferung, der Abgrund für das, was sich der Erfahrung entzieht, und der Vorhang schließlich könnte die Relativität aller menschlichen Erkenntnis versinnbildlichen. Auch ohne diese Deutungen bietet sich jedoch eine Interpretation an: Das Problem der Freiheit stellt sich jedem Menschen, und jeder wird seinen eigenen Versuch unternehmen müssen, es zu lösen. A.F.R.-KLL

AUSGABEN: Barcelona 1960. – Barcelona 1966 (*Hombres y No*, Vorw. J. Monléon).

LITERATUR: M. Esslin, *Das Theater des Absurden*, Reinbek 1965, ern. 1985, S. 202–206. – G. E. Wellworth, *Spanish Underground Drama*, Madrid 1972. – A. Bartomeus, *Els autors de teatre català testimonis d'una marginació*, Barcelona 1976. – X. Fàbregas, *Aproximació al teatre català modern*, Barcelona 1977, S. 278–295. – E. Gallén, *M. de P.: Un teatre en llibertat* (in *Història de la literatura catalana*, Hg. M. de Riquer u. a., Bd. 11, Barcelona 1988, S. 214–219).

TOTES LES BÈSTIES DE CÀRREGA

(kat.; *Alle Bürdenträger*). Roman von Manuel de PEDROLO, erschienen 1967. – Die Kritik ordnet diesen Roman Pedrolos zweiter, kämpferisch geprägter Phase (1957–1971) zu und wertet ihn als einen seiner besten. Tatsächlich wirkt er wie eine praktische Umsetzung von Pedrolos aus dem Existentialismus erwachsenem Konzept von literarischem Engagement. In einer – an Aldous HUXLEYS *Brave New World*, 1932 *(Schöne Neue Welt)*, oder George ORWELLS *1984* (1949) erinnernden – utopischen Situation wird die Unterdrückung eines Volkes durch eine Besatzungsmacht geschildert. Es leidet vor allem unter einer in ihrer Unmenschlichkeit und Absurdität kafkaesk anmutenden Bürokratie und lehnt sich mit unerschütterlichem Überlebenswillen dagegen auf. Dies verleiht dem Roman bei dem durchscheinenden pessimistischen und düsteren Grundtenor letztlich eine zuversichtliche Note.

Es beginnt mit einer zunächst scheinbar »normalen« Operationsszene, in deren Verlauf durch das gleichzeitige Mit- und Gegeneinanderwirken eines Gehirnchirurgen, eines Kardiologen und eines Gynäkologen am mehrfach geöffneten Körper der Patientin, die katastrophal unhygienischen Verhältnisse, die Anwesenheit von plaudernden und rauchenden offiziellen Überwachern eine grotesk-absurde Situation deutlich wird. Zwangsläufig stirbt die Patientin. Am Ende dieses Kapitels *»O (12)«* (alle Kapitel sind doppelt numeriert und verweisen damit auf das jeweils folgende) stürzt sich der »Held« – wie alle Figuren des Romans ist er namenlos, er wird stets nur als *»l'home« (»der Mann / der Mensch«)* oder *»ell« (»er«)* bezeichnet –, *»La mare ...« (»Die Mutter ...«)* und *»Assassins!« (»Ihr Mörder!«)* schreiend, auf die Ärzte und wird hinausgeschafft. Verfremdend wirkt der Anfang des Kapitels *1 (11)*, in dem erst nach und nach klar wird, daß es erneut *l'home* ist, der hier inhaftiert ist und verhört wird. Wie das »Dachbodengericht« in Franz KAFKAS *Der Prozeß* (1925) ist das Verhör weder rational noch juristisch faßbar. Es findet in einem stinkenden Abort statt, in dessen Hintergrund sich zahlreiche Akten stapeln, die protokollführende Sekretärin ist vorschriftsmäßig nackt und *»verpflichtend freiwillig«* schwanger, die drei Männer, die das Verhör führen – es bleibt lange unklar, ob sie ermitteln oder richten –, zeichnen sich durch unterschiedliche Marotten aus. Sie werfen dem Angeklagten vor, durch Widerstand gegen einen *»Eingriff«* an *la mare* deren Tod beabsichtigt zu haben; aber es geht nicht um das Sammeln von Fakten, sondern um die Erteilung von Plus- und Minuspunkten nach überwiegend geheimen Bestimmungen und Gesetzen für Wohl- oder Fehlverhalten und Aussagen des Angeklagten; stimmt die Summe mit einer in verschlossenem Umschlag vorliegenden Zahl überein, wird er freigelassen. Als durch einen Defekt in der Kanalisation der Raum mit Fäkalien überschwemmt wird, nennt einer der »Richter« wahllos eine Zahl, der Umschlag enthält die gleiche, und *l'home* kommt frei.

Nachdem der Leser so in die beklemmend trostlose Situation eingeführt ist, beginnt *l'homes* Suche nach *la mare*, die doch noch leben soll. Sie führt ihn in die ehemalige Wohnung, wo er nur knapp einer Razzia entkommt, zu einem Friedhof, wo die Wärter Einzelknochen peinlich genau numerieren und katalogisieren und dann auf einen Haufen werfen, in eine Vortragsveranstaltung, in der drei Redner gleichzeitig über verschiedene Themen reden, und in eine gerade fertiggestellte Satellitenstadt voller Baumängel, die offiziell nach genauen statistischen Vorschriften, tatsächlich aber in einem durch einen Pistolenschuß des Verwalters ausgelösten Run belegt wird. Im Laufe des Geschehens wird deutlich, daß *la mare* nicht einfach die biologische Mutter des »Helden« ist, sondern die gleichsam mythische »Mutter« aller *»tu«* (die Unterdrückten duzen sich, während die Vertreter der Obrigkeit das *»vós« [»Sie«]* pflegen); alle kennen sie und sind bei der Suche behilflich. Nachdem *l'home* in der Satellitenstadt zwangsrekrutiert worden ist, in der unterirdischen Kaserne eine Nummer – einziges offizielles äußeres »Individualitätsmoment« in der ganzen Geschichte – erhalten hat und desertiert ist, gelangt er über einen Flohmarkt, wo er *la mare* wieder nicht, dafür aber einen seiner »Richter« als Händler findet, in ein Bordell. Dort kann er sich bei einer absurd perfektionistischen Volkszählung nicht ausweisen und wird von den Beamten mitgenommen. Sein Antrag auf einen neuen Ausweis löst in der Behörde eine fieberhafte Suche aus, die sich in einer planlosen Umschichtung zimmerhoch aufgetürmter Akten erschöpft, bis man ihn zum *»propòsit« (»Vorsteher«)* seines Distrikts schickt. Dort eröffnet ihm eine zur Unterhaltung der Wartenden eingesetzte Prostituierte, daß die *»tu«* keine Ausweise mehr bekommen sollen und deswegen ihre Akten verbrannt werden, um sie noch stärker der obrigkeitlichen Willkür auszusetzen. Über seinen ehemaligen Zellengenossen gelangt er zu einer Widerstandsgruppe, die einen Teil der *»tu«*-Akten vor der Verbrennung gerettet hat. Bevor seine neuen Papiere fertig sind, wird die Gruppe aufgerieben, und auf seiner Flucht gelangt er in die ehemalige Wohnung der *mare*, wo noch immer ein Junge mit abgeschnittener Zunge verbotene Lieder abschreibt. Dort trifft er auch das Mädchen wieder, das bei seinem ersten Besuch schon von ihm hatte geschwängert werden wollen, bevor sie zwangssterilisiert würde. Diesmal haben sie Verkehr, und anschließend wird er abgeholt, um erneut zwangsweise einer Operation beizuwohnen. Als er mit seinen Bewachern den Operationssaal betritt, strömt ein Gas ein, und alle Anwesenden ersticken.

Die Situation der sechziger Jahre, in der der Roman geschrieben wurde, legt den Schluß nahe, daß auf die Unterdrückung Kataloniens durch Franco-Spanien angespielt wird. Darüber hinaus geißelt der Roman indessen ganz allgemein, in einer kafkaesken Stimmung, Bürokratie, Überwachung und Unrecht als Grundelemente autoritärer sozialer Organisation. Dazu trägt auch die Namenlosigkeit von Personen und Orten sowie das Fehlen eines zeitlichen Rahmens bei. Daß solche Strukturen immer und überall wieder auftauchen, wird auch dadurch deutlich, daß die Kapitel doppelt numeriert sind, von 0–12 und in Klammern von 12–0, so daß nach dem letzten eigentlich wieder das erste Kapitel und damit die Geschichte von vorn beginnt. Allerdings nicht nur die der Unterdrückung, sondern auch die des Widerstandes: Schließlich bleibt die Hoffnung, daß *l'home* kurz vor seinem Tod noch ein Kind gezeugt hat. V.G.

Ausgaben: Barcelona 1967. – Barcelona 1968. – Barcelona 1972 [stark zensiert]. – Barcelona 1974. – Barcelona 1977. – Barcelona 1980 [vom Autor auf der Grundlage der Ausg. v. 1967 leicht korr.].

Literatur: F. M. Lorda i Alaiz, *Els corrents crítics de l'autonomia de l'obra literària i el problema de la interpretació última (a propòsit de »Totes les bèsties de càrrega«, novel·la de M. de P.)* (in *Actes del Tercer Col·loqui Internacional de Llengua i Literatura Catalanes, celebrat a Cambridge del 9 al 14 d'abril de 1973*, Hg. R. B. Tate u. A. Yates, Oxford 1976, S. 235–255).

Joan Perucho

* 1920 Barcelona

LES HISTÒRIES NATURALS

(kat.; *Ü: Der Nachtkauz*). Vampirroman von Joan Perucho, erschienen 1960. – In den dreißiger Jahren des 19. Jh.s wurde Spanien von den Karlistenkriegen erschüttert, jenem Bürgerkrieg, der 1833 im Erbstreit zwischen den liberalen Anhängern Isabellas von Bourbon und ihrem am Absolutismus festhaltenden Onkel Carlos ausgetragen wurde. Dieser Konflikt bildet den historischen Rahmen für Peruchos phantastischen Roman um den kata-

lanischen Naturforscher Antoni de Montpalau. Dieser Aristokrat geht in Barcelona seinen naturkundlichen Studien nach – es ist die Zeit der bedeutenden Leistungen der Naturkunde, der Entdekkung und Kategorisierung des Artenreichtums durch HUMBOLDT und DARWIN, mit deren Berichten Europa auch die erste Kunde von blutsaugenden Fledermäusen aus Südamerika erreichte. Diese Vampirgeschichten bilden das zentrale Thema von Peruchos Werk.
Montpalau verkörpert den Typus des aufgeklärten Forschers, der, allein von Faktenkenntnis geleitet, geneigt ist, alle Behauptungen *»anzuzweifeln, wenn sie nicht vorher experimentell überprüft wurden«*. Ausgerechnet dieser Rationalist wird indes mit einem Phänomen purer Phantastik konfrontiert, dem Dip, einem vampirartigen Wesen. Montpalau, der daran gewöhnt ist, derartige Kuriositäten in seinem Naturalienkabinett zu inventarisieren, auszustopfen oder zu züchten, begibt sich gemeinsam mit seinem Vetter Isidre de Novau und seinem Diener Amadeu auf Vampirjagd, als ihm von dem befreundeten Marquis de la Gralla, der wie er Mitglied der Akademie der Wissenschaften von Barcelona ist, von sonderbaren Vorfällen in der Ortschaft Pratdip bei Tarragona berichtet wird: Alle Anzeichen deuten darauf hin, daß in Pratdip ein Vampir sein Unwesen treibt. Bei den Nachforschungen muß sich Montpalau immer wieder gegen allerlei Anschläge zur Wehr setzen, sei es durch karlistische Freischärler und Wegelagerer oder auch durch exotische Lebewesen wie Riesenflöhe, die sich in der Sierra auf die Forscher stürzen.
In Pratdip organisiert Montpalau in klassischer Manier die Verteidigung gegen den Dip, indem er – dies eine der zahlreichen ironisch gebrochenen Anleihen aus der Vampirliteratur – Portulak- und Knoblauchpflanzen an alle Fenster und Türen hängen läßt. Auch tut er sich mit dem Dorfkanonikus Jaume Villanueva zusammen, der aus seinen alten Büchern alles Erfahrenswerte über den geheimnisvollen Dip zusammenträgt: Onofre de Dip, Edelmann mozarabischer Abstammung, lebte zur Zeit von Jaume I. auf der Burg Prat. Als sich Jaume mit der ungarischen Prinzessin Yolante verheiraten will, wird Onofre als Sonderbotschafter in die Karpaten entsandt, wo er sich in die Herzogin Meczyr verliebt, ohne zu ahnen, daß es sich bei ihr um einen Vampir handelt. So sei Onofre schließlich aus dem Gefolge des katalanischen Herrschers entfernt worden, man habe seitdem nichts mehr von ihm gehört. Sein Besitz ging in die Hände seiner Verwandten, der Familie Urpí über, den Verwandten des Marquis de la Gralla, bei denen sich Montpalau zu seinen Vampirstudien aufhält.
Da es nach Montpalaus Ansicht nicht genügt, den Vampir lediglich durch Knoblauchgeruch fernzuhalten, ersinnt er eine Dip-Falle, für die sich die schöne Agnès d'Urpí als Lockvogel zur Verfügung stellt. Zwar gelingt es so, den Vampir in ihr Schlafgemach zu locken, doch kann sich dieser vor Montpalau in Sicherheit bringen. Da bei dieser nächtlichen Aktion das Grab des Dip entdeckt wird, in das dieser nun nicht mehr zurückkehren kann, ist Pratdip künftig vor dem Ungeheuer sicher. Montpalau verliebt sich in Agnès, nimmt jedoch sogleich die Verfolgung des Dip auf, der sich in den Norden Kataloniens zurückzieht, wo er die karlistischen Truppen unterstützt, indem er vorzugsweise Anhänger der Liberalen als Opfer wählt und so als El Mussol (»Der Nachtkauz«) bekannt wird. Auf der Jagd nach dem Dip geraten Montpalau und seine Freunde in die Gewalt des karlistischen Generals Ramon Cabrera, der sie für Spione der Liberalen hält, die im Begriff sind, eine Offensive gegen die Karlisten zu unternehmen. Montpalau jedoch erkennt in Cabrera ein weiteres Opfer des Dip, das er mit Knoblauchsud und allen Mitteln der Wissenschaft zu retten versucht. In die Enge getrieben, gibt der müde gewordene sechshundertjährige Vampir Onofre de Dip schließlich auf und findet durch Montpalaus Unterstützung schließlich seinen Frieden, während unweit davon mit dem Städtchen Berga die wichtigste Bastion der Karlisten fällt. So kann Montpalau nach Barcelona zurückkehren, wo er den Mitgliedern der Akademie Bericht erstattet und seine Agnès endlich heiraten kann.
Der Phantastik des Geschehens antwortet Perucho mit einer Phantastik der literarischen Technik, die immer wieder mit frappierenden Verfremdungen aufwarten kann: So wird etwa Montpalaus naturkundliche Sammlung, deren Objekte an sich bereits der Inbegriff phantastischer Zoologie sind, in virtuoser Manier durch das Facettenauge eines monströsen Insekts beschrieben. Mit dem Originaltitel *Històries naturals (Naturgeschichte)* erweist Perucho der Tradition der Naturkunde seine freilich ironische Reverenz, die sich in zahlreichen gelehrten Anspielungen äußert: Von PLINIUS über die mittelalterlichen Enzyklopädisten bis zu LAMARCK, LAVOISIER und BUFFON reichen die Zitate. So führt dieser berühmteste Roman Peruchos, der in der Nachfolge der deutschen Romantik – vor allem E. T. A. HOFFMANNS – steht, ein Gespräch mit den Werken der Naturkunde, deren Erkenntnisanspruch in gefälliger Form in Frage gestellt wird; Naturwissenschaft wird so zu einer speziellen Form des Gesprächs über eine Wirklichkeit, die der Literatur nahesteht, indem sie sich aus Peruchos Sicht als Geschichte der wissenschaftlichen Begründung phantastischer Zoologien bildet. S.L.

AUSGABEN: Barcelona 1960. – Barcelona 1968 [Einl. A. Comas]. – Barcelona 1982. – Barcelona 1985 (in *Obres completes*, Einl. J. Guillamon).

ÜBERSETZUNG: *Der Nachtkauz*, S. Ehrhardt, Mchn. 1990.

LITERATUR: M. Fernández Almagro, Rez. (in La Vanguardia, 5.4. 1961). – E. Molist de Pol, Rez. (in Diario de Barcelona, 3.2. 1961). – A. Comas, *J. P. Miralls i vampirs* (in A. C., *Assaigs sobre literatura catalana*, Barcelona 1968). – A. Cunqueiro, *El erudito J. P.* (in A. C., *El envés*, Barcelona 1969). –

M. Fernández-Brasso, *J. P. boom de la lengua castellana* (in *De scritor a escritor*, Barcelona 1970). – J. Marco, *J. P. o las delicias de la imaginación* (in J. M., *Ecercicios literarios*, Barcelona 1969). – P. Gimferrer, *Les fabulacions de J. P.* (in Destino, 6. 4. 1974). – B. Porcel, *J. P. entre magías, erotismos y gastronomías* (in *Los encuentros*, 2. Serie, Barcelona 1981). – J. M. Monjo, *Introducció a J. P.* (in J. M. M., *Petit museu de monstres marins*, Barcelona 1981). – M. Montmany, *J. P., el secreto de las sombras apócrifas* (in Camp de l'arpa, Barcelona, Juni 1982). – R. Bucley, *La matèria de Catalunya en l'obra de J. P. i Epílogo bizantino* (in R. B., *Raíces tradicionales de la novela contemporanea en España*, Barcelona 1982). – L. Busquets i Grabulosa, *J. P. entre culte i meravellós* (in L. B. i G., *Plomes catalanes d'avui*, Barcelona 1982). – J. Triadú, *La segona novel·la de P.* (in *La novel·la catalana de postguerra*, Barcelona 1982). – Pasajes, Pamplona 1986 [Sondernr. *J. P.*]. – C. Pujol, *J. P. el mágico prodigioso*, Barcelona 1986. – J. Guillamon, *J. P. i la literatura fantàstica*, Barcelona 1989 [m. Bibliogr.]. – R. Görling, Rez. (in FRs, 21. 4. 1990).

JOSEP PLA

eig. Josep Pla i Casadevall

* 8.3.1897 Palafrugell / Costa Brava
† 23.4.1981 Llofriu bei Palafrugell

Literatur zum Autor:
A. Vilanova, *Imagen de J. P.* (in PSA, Juni 1957, Nr. 15, S. 289–298). – B. Porcel, *L'homenot J. P.* (in Serra d'Or, Aug. 1965, Nr. 7, S. 611–617). – J. Fuster, *Notes per a una introducció a l'estudi de J. P.* (in J. P., *Obres completes*, Barcelona 1966, S. 11–79). – A. Manent, *Aproximación cronológica a la obra de J. P.* (in CHA, Jan. 1968, Nr. 217, S. 79–103). – J. M. Castellet, *J. P. o la raó narrativa*, Barcelona 1978. – *P. i català* (in Quaderns Crema, Mai 1980, Nr. 3; Sondernr.). – J. M. Cassius, *Lliçons de periodisme de J. P.*, Barcelona 1986. – M. Gustà, *J. P.* (in *Història de la literatura catalana*, Hg. M. de Riquer, A. Comas u. J. Molas, Bd. 10, S. 129–189).

EL CARRER ESTRET

(kat.; *Die enge Gasse*). Roman von Josep Pla, erschienen 1951. – *El carrer Estret*, für den Pla mit dem Premi Joanot Martorell ausgezeichnet wurde, stellt den ersten Versuch Plas in einem Genre dar, das er stets als zu fiktional und zu realitätsfern abgelehnt hatte und über das sich sein »alter ego«, der Ich-Erzähler am Ende des Romans, kritisch äußert: *»Romane gibt es nur in der Phantasie des Romanciers, ihre Figuren sind reine Illusionen ihres Geistes.«* Aber er bleibt seiner streng realistischen Grundhaltung treu, indem er, so das Vorwort, in Anlehnung an sein Vorbild Stendhal *»einen Spiegel ... durch eine kleine Ortschaft ... namens Torrelles führte ... Der Spiegel zeigte die in diesem Buch enthaltenen Bilder, die ich beschrieben habe, so gut ich konnte, und entsprechend meinen Vorlieben: das heißt, indem ich versucht habe, höchstes Interesse auf die Details zu verwenden.«* Er verzichtet auf eine zusammenhängende Handlung und läßt den Tierarzt als Ich-Erzähler und Figur der Rahmenhandlung Anekdoten, Porträts und Stimmungen des dörflichen Alltags in Torrelles schildern.

Der Roman beginnt mit der beschwerlichen Reise des gerade examinierten Tierarztes von Barcelona an seine erste Wirkungsstätte: Torrelles im Empordà, dessen Entwicklung von einem 650-Seelen-Bauerndorf zu einer fünfmal so großen Gemeinde mit Landwirtschaft, Gewerbe und Textilindustrie u. a. die Bildung eines Proletariats mit sich gebracht hat. Mit Hilfe der Witwe seines Vorgängers findet er eine Wohnung im carrer Estret und eine Haushälterin: die im Dienste zahlreicher Herrschaften alt gewordene Francisqueta, eine Figur, die in vielem der Françoise in M. Prousts Romanzyklus *À la recherche du temps perdu (Auf der Suche nach der verlorenen Zeit)* ähnelt. Seinem eigentlichen Anliegen getreu will der Erzähler nunmehr *»von den Leuten erzählen, die meine Nachbarn im carrer Estret waren, und ihre Figuren werden in diesem Buch in der Reihenfolge auftreten, in der ich sie kennengelernt habe«.* Folgerichtig beginnt er mit seinen Nachbarn im selben Haus, dem jungen Ehepaar Grau, bei dem die unterschiedlichen Sonntagsinteressen zu einem handfesten Streit führen. Es folgt die Geschichte des theaterbesessenen Uhrmachers Massaguer von gegenüber, der nach jedem Gastspiel Szenen aus den Stücken in seinem Geschäft nachspielt. Zu diesem Themenkreis der Skurrilitäten in Ehe und Partnerschaft kann auch die über mehrere Kapitel verteilte Geschichte der mit ihrer Tante in ärmlichen Verhältnissen lebenden Montserrateta gezählt werden, die anfangs mit dem angehenden Fahrradmechaniker Miquelet, dann mit dem Waldarbeiter Ramon und schließlich mit dem zehn Jahre älteren Apothekergehilfen Enriquet ausgeht. Als sie *»Ostern vor Palmsonntag feiert«* und daraufhin prompt schwanger wird, erklären sich alle drei zur sofortigen Heirat bereit. Ihre Tante läßt den Gemeindepfarrer entscheiden, der Ramon den Zuschlag gibt. Über die Entscheidungsgründe werden tagelang Vermutungen angestellt, auch an den Stammtischen im Ateneu Recreatiu, bei denen der namenlose Erzähler es vorzieht, unbeteiligt – wie auch sonst – im Hintergrund zu bleiben und das Geschehene ironisch zu kommentieren. Diese Rolle teilt er sich mit Francisqueta, die ihm immer wieder über den aktuellen Tratsch bzw. die Affären, an denen sie teilhat, berichtet. Das Augenmerk des Erzählers gilt den kleinen Dingen, allerdings mit einer ironischen Note: So ist in der Episode mit dem Eselchen Baldiri, zu

dem der Besitzer ein besonders herzliches Verhältnis hat, eine parodistische Anspielung auf den Eselsroman *Platero y yo (Platero und ich)* von J. R. JIMÉNEZ (1881–1958) unverkennbar.
Ungeachtet des fiktionalen Ansatzes fällt *El carrer Estret* nicht aus dem Rahmen der persönlichen Poetik Plas, sondern stellt formal wie inhaltlich ein Glied in seinem 30000 Seiten umfassenden Gesamtwerk dar, das sich wie das Tagebuch eines langen Journalisten- und Schriftstellerlebens liest: Wie der Autor ist der Ich-Erzähler von *»Neugierde, Skepsis, falscher Bescheidenheit des unparteiischen Beobachters«* geprägt und gibt lediglich im Laufe der Jahre Erlebtes und Erfahrenes wieder: *»Den grauen, düsteren, gewöhnlichen Leuten, die die Oberfläche der Erde bevölkern, widerfährt nichts Bedeutendes. Das Leben fängt an, das Leben geht weiter, das Leben geht zu Ende, und das unter mehr oder minder ähnlichen Umständen, man verfügt über mehr oder weniger Geld, ist mit mehr oder weniger Sensibilität, mehr oder weniger Helle ausgestattet. In Wahrheit passiert nichts weiter.«* Somit sind der *carrer Estret* und seine Bewohner ein Mikrokosmos, in dem sich das alltägliche Schicksal repräsentativ darstellt. V.G.

AUSGABEN: Barcelona 1951. – Barcelona 1968 (in *Obres completes*, Bd. 8: *Els Pagesos*).

LITERATUR: J. Ferraté, *»El carrer Estret«, novela* (in Laye, Febr. 1952, Nr. 7, S. 41–48). – V. A. Vilanova, *»El carrer Estret« de J. P., premio Joanot Martorell 1951* (in Destino, März 1952, Nr. 764, S. 15/16).

HOMENOTS

(kat.; *Bedeutende Männer*). Biographisch-essayistische Porträts von Josep PLA, in einer ersten Version in neun Bänden erschienen 1958–1962, in definitiver Version unter den Titeln *Primera, Segona, Tercera* und *Quarta sèrie* 1969–1975. – Die in ihrem Charakter sehr unterschiedlichen biographischen Texte Plas machen rund ein Viertel seines Gesamtwerks aus. Die Porträts der *Homenots* nehmen in ihrem Umfang hinsichtlich der Kurzporträts der *Retrats de passaport (Reisepaß-Porträts)* einerseits und der Monographie über den Politiker Francesc Cambó andererseits eine Mittelstellung ein. Mit *Homenots – homenot* ist eine augmentative Form von *home (Mann)*, versehen mit einer affektiven, unter Umständen auch ironischen Konnotation – bezeichnet Pla *»Persönlichkeiten, die dem Land ein positives Werk hinterlassen haben«*. Die insgesamt 60 biographischen Porträts bedeutender Persönlichkeiten der katalanischen Kultur des 20. Jh.s beziehen ihren Stellenwert im Gesamtwerk aus Plas Auffassung von Literatur, die er immer wieder in unterschiedlichen Variationen formuliert: *»Die Literatur ist nichts anderes als eine Anstrengung gegen das Vergessen.« »Das zentrale Problem für einen Schriftsteller, der in einem Land verwurzelt ist, heißt mitzuwirken im Kampf gegen das Vergessen.«* Dabei geht es vor allem um die Bewahrung des kollektiven Gedächtnisses einer Kultur, die sich gegen die Vereinnahmung durch die beiden großen Nachbarn Frankreich und Spanien zur Wehr setzen mußte und es immer noch muß. Insbesondere nach den verschiedenen militärischen Eroberungen – 1714 durch die bourbonischen Truppen, zuletzt durch die Truppen des Diktators Franco – und der gewaltsamen Eingliederung in den spanischen Staat war Katalonien nach der politischen auch einer kulturellen Assimilierung ausgesetzt. Die Katalanen sollten ihre eigene Kultur allmählich vergessen. *»Das einzige Mittel, gegen die furchtbare Invasion des Vergessens anzukämpfen, ein kollektives Gedächtnis zu schaffen, ist unermüdlich zu erinnern, was einige Menschen – also das Volk – ein wenig über die partikulären, unmittelbaren und kleinen Interessen hinaus geleistet haben«*, schreibt Pla programmatisch im Vorwort zur *Segona sèrie*. Den Beitrag einzelner Persönlichkeiten und ihrer Werke zur Kontinuität der katalanischen Kultur aufzuzeigen ist das Grundanliegen der *Homenots*.
Die Persönlichkeiten, denen in den *Homenots* ein »Denkmal« gesetzt wird, haben in den unterschiedlichsten kulturellen Bereichen gewirkt: der Literatur (u. a. Joan ALCOVER, Josep CARNER, Salvador ESPRIU, Eugeni d'ORS, Josep Sebastià PONS, Carles RIBA, Josep Maria de SAGARRA, Joan SALVAT-PAPASSEIT), der bildenden Kunst (u. a. Salvador Dalí, Arístides Maillol), der Architektur (u. a. Antoni Gaudí), der Musik (u. a. Pau Casals), der Essayistik (u. a. Joan FUSTER), der Philosophie (Josep FERRATER MORA), der Sprachwissenschaft (Pompeu FABRA, Francesc de B. MOLL, Joan COROMINES), der historischen Forschung, der Anthropologie und der Politik.
So wie die Reflexion über die Sprache Plas gesamtes Werk durchzieht, stellt sie auch in den *Homenots* einen thematischen Mittelpunkt dar. Der Philosoph Josep Ferrater Mora, dem Pla ein Porträt widmet, charakterisiert die kulturelle Identität folgendermaßen: *»... die katalanische Persönlichkeit kann nur in ihrer Sprache ganz in Erscheinung treten. Wenn die Sprache zurückgeht, ... schwindet auch die Katalonien eigene Existenzweise. Der Katalane hört auf, Katalane zu sein.«* Bezeichnenderweise befinden sich unter den Porträts der *Homenots* auch die drei großen Sprachwissenschaftler, die in entscheidender Weise zur lexikographischen Bestandsaufnahme und zur Standardisierung des Katalanischen beigetragen haben. Unter den Schriftstellern, die Pla porträtiert, ist es in besonderem Maße Salvador Espriu (1913–1985), dessen Werk die letzte große Katastrophe für die katalanische Sprache und Kultur reflektiert: den Bürgerkrieg und die Beseitigung der Republik, für die Katalonien gekämpft hatte, durch die Franco-Diktatur. Die darauf folgende Repression durch die franquistische Staatsgewalt und das über die katalanische Sprache verhängte Todesurteil ließ bei Espriu die tragische Vision eines definitiven Endes der katalanischen Kultur entstehen: *»Es kam ein Zeitpunkt, da er [S. Espriu] zu der Auffassung gelangte, einer zukunftslosen, toten, zerstörten Generation anzugehö-*

ren, daß sein Leben keinen Sinn mehr habe, daß nichts mehr zu ändern sei. Und wer hätte so verrückt sein können, nicht dasselbe anzunehmen?« Und doch ließ Espriu nicht ab von der schöpferischen Rettung dieser Sprache durch sein Werk.

Die Sprache der *Homenots* steht im Dienste ihrer Objekte und deren differenzierter Darstellung – deren Repräsentation. Die Stilebenen und sprachlichen Register variieren stark, von einem biographischen Essay zum anderen oder auch innerhalb ein und desselben Einzeltextes – je nach dem Objektbereich, den das »Sprachnetz« jeweils einholen soll. Die Extreme reichen von dem sehr häufig verwendeten umgangssprachlichen Register bis zum stringent geknüpften abstrakten Reflexionsduktus. Die Anstrengung und kreative Leistung der *Homenots* besteht nicht zuletzt auch im Zusammenstellen – der Zusammenschau – von Phänomenen, deren wechselseitiger Zusammenhang der Interpretation bedarf. Die sprachliche Modellierung beschränkt sich nicht auf die einzelnen Objekte, sondern versucht das Kontinuum zu rekonstruieren, das zwischen Persönlichkeit und Werk einerseits und zwischen diesen und dem kulturellen Kontext andererseits besteht. Auch die literarischen und künstlerischen Werke werden in den biographischen bzw. kulturellen Zusammenhang gestellt.

Die Grundlage, auf die Pla seine Interpretation der katalanischen Lebenswelt bzw. Kultur stellt, ist die eigene Erfahrung. Dem objektiven Faktor – der mimetischen Orientierung am *objectum* – steht ein subjektiver Faktor gegenüber, der mit jenem eine individualisierte Synthese eingeht. In diesem Sinne kann Pla von seinem gesamten Werk als einer großen »Autobiographie« sprechen. W.Hm.

Ausgaben: Barcelona 1969–1975 (in *Obra completa*, Bd. 11, 16, 21, 29; ²1982). – Barcelona 1984 *(Uns homenots: Prat de la Riba, Pompeu Fabra, Joaquim Ruyra, Ramon Turró)*.

Literatur: A. Vilanova, *»Homenots« de J. P.* (in Destino, 1958, Nr. 1084, S. 37–38). – Ders., *Los retratos de J. P.* (ebd., 1959, Nr. 1147, S. 24). – Ders., *»Homenots« de J. P.* (ebd., 1959, Nr. 1148, S. 22). – J. M. Castellet, *Sobre J. P.* (in J. M. C., *Qüestions de literatura, política i societat*, Barcelona 1975, S. 117–127). – G. Casals, *Sobre les biografies de J. P.* (in Els Marges, 1986, Nr. 33, S. 120–130).

EL QUADERN GRIS. Un dietari

(kat.; *Das graue Tagebuch*). Literarisches Tagebuch von Josep Pla, erschienen 1966 als erster Band der 1990 bereits 45 Bände umfassenden Gesamtausgabe *Obres completes* im Verlag Destino, die aus verschiedenen Gründen, vor allem im Vergleich zu den 1956–1962 bei Editorial Selecta erschienenen und mit Band 29 abgebrochenen »ersten« *Obres completes* und den Erstausgaben der jeweiligen Werke, als »Ausgabe letzter Hand« angesehen werden müssen. – Das Buch geht offenbar auf tatsächliche Tagebuchaufzeichnungen zurück, die Pla in den Jahren 1918 und 1919, wahrscheinlich in einem Heft mit grauem Einband, gemacht hat. Inhalt, Stil und Struktur weisen es jedoch als Schöpfung der späten Jahre des Autors aus; u. a. wird der durch die Tagebuchform hervorgerufene Eindruck der zeitlichen Fixierung wiederholt durch eine Reihe von Anachronismen und Vorwegnahmen späterer Ereignisse durchbrochen. Pla beschreibt darin die ländlich-familiären, politischen Wurzeln seiner Persönlichkeit und Weltsicht, seine journalistischen und literarischen Lehrjahre. Am 8. 3. 1918, seinem einundzwanzigsten Geburtstag, beginnt Josep Pla unter dem Eindruck, *»daß die Bilanz der ersten Jahre absolut negativ, offen gesagt mager ist«*, damit, *»nur so zum Zeitvertreib, aufs Geratewohl«* in sein Tagebuch hineinzuschreiben, was ihm so begegnet. Barcelona bedeutet für den *»ländlichen Besitzbürger«* (J. Fuster) Fremde, unangenehme Pflicht des ungeliebten Jurastudiums, das Dorf dagegen ist vertraute Umgebung und beschauliche Muße, ja Müßiggang. So nehmen auch Beschreibungen der Landschaft, der Witterung, des Alltagslebens in Dorf und Familie, von dörflichen Originalen und Stammtischfreunden besonders breiten Raum in den Eintragungen von 1918 ein. Sie sind jedoch weder plattes Abbild noch romantisierende Verklärung im Stile des *noucentisme*, den Pla nach anfänglicher Anlehnung an Eugeni d'Ors (1881–1954) ausdrücklich ablehnt, sondern scharfsinnige Beobachtung, die Stimmungen und Charaktere einfängt.

Angefangen mit der Ahnengeschichte in der zweiten Eintragung fügen sich Typen und Anekdoten aus der Familie, der Nachbarschaft, dem Dorf und seiner Umgebung, Volksfeste, Gespräche über lokale und weltgeschichtliche Ereignisse und Entwicklungen (Erster Weltkrieg) zu einem lebendigen Panorama, in dem auch das scheinbar Banalste Platz und Sinn findet. *»Er läßt uns die Realität hautnah spüren und banalisiert sie dabei, denn schließlich vermittelt er uns den Eindruck, daß alles alles braucht, um gesagt zu werden: die Menschen die Dinge, und die Dinge die Menschen«*, so beschreibt sein Dichterfreund und Lehrmeister Carles Riba (1893–1959) Plas Realismus und Weltsicht. Dabei verleiht Pla der Banalität immer wieder auch eine ironische Wendung – etwa wenn er »erfreut« feststellt, daß dank einer Grippeepidemie in ganz Katalonien Einmütigkeit herrscht –, die bis zur Selbstironie reicht – so in dem elfseitigen Selbstporträt, in dem er sein Äußeres im Zusammenhang mit Innenleben und Geisteshaltung nicht nur beschreibt, sondern auch seinem Wunschbild von sich selbst gegenüberstellt. Die Auseinandersetzung mit der eigenen Person kommt auch in den Kommentaren zum Schreibakt oder zum Schriftstellerberuf zum Tragen: *»Ich schreibe von Kindheit an, aber das Schreiben ist an mir eine künstliche und aufgesetzte Aktivität. (...) wenn ich auch, von Natur aus, ein schwaches und armseliges Wesen bin, so werde ich, wenn ich eine Feder in der Hand halte, dionysisch und offensiv«*.

Eine zentrale Rolle spielt, neben dem – offenbar mehrmals gelesenen – *Ulysses* von James Joyce, Marcel Proust, und gleichsam programmatisch für das eigene hält Pla *À la recherche du temps perdu (Auf der Suche nach der verlorenen Zeit)* für *»ein Werk über das undurchdringliche und riesige Durcheinander – genauso wie das Leben ist. Auf dieses Durcheinander wirft der Autor das Licht seiner Erinnerung.«* Darüber hinaus wirkt der persönliche Kontakt mit den Hauptvertretern der seit der *renaixença* wieder aufblühenden katalanischen Literatur nachhaltig auf den jungen Pla, der in seinem Tagebuch auch immer wieder, neben Anekdoten und Erinnerungen aus Kindheit, Jugend, Schul- und Studentenzeit, eingeschobene Erzählungen als erste literarische Gehversuche einstreut. Nach Beendigung des Jurastudiums findet er sofort eine Anstellung bei der Zeitung ›La Publicitat‹, die ihn als Korrespondenten nach Paris schickt; der Schritt in den Doppelberuf des Journalisten und Schriftstellers ist vollzogen. Die Eintragungen enden unter dem Datum des 15. November 1919 mit dem Satz: *»Die Reise nach Paris wird übermorgen stattfinden.«*

El quadern gris zeichnet nicht nur die Geschichte einer Berufung und einer Lehrzeit, sondern stellt darüber hinaus geradezu eine Synthese von Plas gesamtem Schaffen, seinem Begriff von Realität, Realismus, Literatur, seiner Weltsicht dar. Entsprechend breit ist auch die Palette der Gattungen: Aphorismen, Essays, Stimmungsbilder, Erzählungen, Porträts, lyrische Prosa. Vielfach finden sich auch Elemente und ganze Passagen aus Plas früheren Veröffentlichungen, was neben stilistischen Aspekten J. Molas zu dem Urteil veranlaßte, daß *El quadern gris* ein Werk des reifen Pla und die Tagebuchform letztlich als fiktionaler Kunstgriff anzusehen ist. V.G.

Ausgaben: Barcelona 1966 (in *Obres completes*, Bd. 1; Vorw. J. Fuster; zul. 1984).

Literatur: J. Molas, *Notes sobre »El quadern gris« de J. P.* (in *Miscel·lània Sanchis Guarner*, Valencia 1984, Bd. 1, S. 259–269). – Ll. Bonada, *»El quadern gris« de J. P.*, Barcelona 1985.

JOSEP SEBASTIÀ PONS

* 5.11.1886 Illa del Riberal / Rosselló
† 25.1.1962 Illa del Riberal

DAS LYRISCHE WERK (kat.) von Josep Sebastià Pons.

Mit Josep Carner (1884–1970) und Guerau de Liost (1878–1933) zählt Pons zu den wichtigsten Vertretern des *noucentisme*, des katalanischen Neoklassizismus. Pons stammte aus einer bürgerlichen Familie, die stark im ländlichen Milieu des Rosselló (frz. Roussillon) verwurzelt war. Von den Eltern in französischer Sprache erzogen, lernte er Katalanisch auf der Straße und von alten, des Französischen nicht mächtigen Verwandten. Zu einem Schlüsselerlebnis wurde seine erste Begegnung mit dem geschriebenen katalanischen Wort im Alter von 14 Jahren, als eine Nachbarin ihm das *Llibre de Nostra Senyora de Núria (Buch Unserer lieben Frau von Núria)* von Francesc Marés aus dem Jahre 1666 lieh. Das Katalanische trat ihm darin in einer ursprünglichen, ja naiven Thematik und Form entgegen, die für ihn richtungweisend werden sollte. In seinem eigenen Schaffen war Pons stets bemüht, eine Synthese zwischen der Ursprünglichkeit des gesprochenen ruralen Katalanischen im Rosselló und dem von der französischen Schule vermittelten Stil zu erreichen.

Nach ersten Veröffentlichungen in der ›Revue Catalane‹ erschien 1911 der Gedichtband *Roses i xiprers (Rosen und Zypressen)* und 1919, wenn auch bereits 1914 geschrieben, *El bon pedrís (Die gute Steinbank)*. Stark unter dem Einfluß von J. Verdaguers *Canigó*, beschwor Pons von den vielen fremden Orten aus, wohin ihn seine Tätigkeit als Studienrat verschlug, das heimatliche Rosselló: das Dorfleben, die Natur, die Legenden, die magisch weibliche Welt der Feen. In diesen Erstlingswerken, die zugleich ein Versenken in die Tradition und ein Kampf gegen das Vergessen waren, schlug Pons auch patriotische pankatalanische Töne an, die sämtlich aus den späteren Auflagen getilgt werden sollten. 1921 erschien *L'estel de l'escamot (Der Stern der Patrouille)*. Hier, in den sog. Kurland-Sonetten, drückte Pons seine Kriegs- und Gefangenschaftserlebnisse aus. Der Schmerz über den Krieg und das eigene Elend – eine Tochter starb während seiner Kriegsgefangenschaft in Deutschland – kündigt sich hier schon an.

1925 erschien *Canta perdiu (Rebhuhngesang)* und 1930 *L'aire i la fulla (Die Luft und das Blatt)*. Beide Bücher setzen die Thematik der drei Jugendwerke fort: das Zeichnen eines Territoriums, hier der Aspres, einer kleinen Landschaft im Südwesten des Rosselló, wo Pons seine Kindheit verbrachte und die im Laufe der Jahre so gut wie menschenleer werden sollte. Das von Menschen verlassene Territorium wird zum Paradigma der Vergänglichkeit, aber auch konkret des Untergangs der eigenen Sprache – das Katalanische verschwindet zu Lebzeiten des Dichters immer mehr als gesprochene Sprache im Rosselló. Lyrik wird für Pons ein Instrument, um die Vergangenheit zu retten. Immer wieder greift er auf die Symbole des Wassers und der Jahreszeiten als immerwährende und zugleich sich stets verändernde Zeichen des Lebens zurück. Auf halbem Weg zwischen Religion und Volkskunde – Pons war Agnostiker – entwickelt er in diesen und auch späteren Werken einen Pantheismus franziskanischer Prägung, mit dem er die Tierwelt, die bäuerlichen Bildstöcke und Kapellen der Aspres oder das Kloster Serrabona beschreibt. Metrisch kündigt sich hier schon der Verzicht auf das als französisch empfundene Sonett zugunsten volkstümlicher Versmaße wie der Romanze und der Corranda an.

In *Cantilena*, 1937 *(Kantilene)*, dem bedeutendsten Werk des Autors, wird die Natur nicht mehr spontan, farbenfroh und detailreich wie in den früheren Werken beschrieben, alles wirkt gedämpfter, nur angedeutet. Im sprachlichen Streben nach Ruhe, Harmonie und Plastizität trifft sich Pons mit dem mediterranen Klassikgefühl seines Freundes und Landsmanns, des Bildhauers Arístides Maillol. Unter dem Eindruck des frühen Todes seiner Frau setzt sich hier der elegische Ton immer stärker durch, aber auch Gefaßtheit, ja Einwilligung – *»el pur consentiment«* – in die Vergänglichkeit und den Tod: *»Tot és igual. La vida és satisfeta«* *(»Alles ist gleich. Das Leben ist erfüllt«)*.

Conversa, 1950 *(Gespräch)*, und *Contrapunt (Kontrapunkt)*, ein selbständiger Band, der der zweiten Auflage von *Canta perdiu* 1960 hinzugefügt wurde, und das postum veröffentlichte *Cambra d'hivern (Winterstube)* bilden Pons' Spätwerk. Bei gleichbleibender Thematik durchzieht ein *memento mori* diese Bücher, am stärksten in *Faula d'Orfeu (Orpheusfabel)*, 1950 in der Zeitschrift ›Oc‹ erschienen, später in *Cambra d'hivern* aufgenommen, in der er den nie verwundenen Tod seiner Frau in selbstbeherrschtem Schmerz besingt.

Von den Franzosen gern vergessen – er schrieb ja im verachteten *patois* –, gelang es Pons nicht, trotz der ermutigenden Kritik von C. Riba zu *Cantilena* *(»das Reinste, was es in der modernen katalanischen Lyrik gibt«)* im katalanischen Literaturbetrieb, vor allem Barcelonas, voll akzeptiert zu werden. Er blieb *»unser Dichter im Rosselló«*. Erst in jüngerer Zeit wird seine individuelle Bedeutung stärker wahrgenommen. Groß war und ist der Einfluß Pons' auf die neueren okzitanischen Lyriker, mit denen ihn die gleiche soziolinguistische Lage verbindet und die in ihm den Meister sehen, der ihnen zum Durchbruch in die Moderne verhalf. A.Q.

Ausgaben: *Roses i xiprers*, Perpignan 1911. – *El bon pedrís*, Perpignan 1919. – *L'estel de l'escamot*, Barcelona 1921. – *Canta perdiu*, Paris 1925; ern. 1960. – *L'aire i la fulla*, Barcelona 1930. – *Cantilena*, Toulouse 1937. – *Conversa*, Toulouse 1950. – *Cambra d'hivern*, Barcelona 1966. – *Obra poètica*, Barcelona 1976 [Vorw. T. Garcés]. – *Poesia completa*, Barcelona 1988.

Übersetzungen: In *Katalanische Lyrik der Gegenwart*, Hg. R. Grossmann, Hbg. 1923 [Ausw.]. – In *Ein Spiel von Spiegeln. Katalanische Lyrik des 20. Jh.s*, Hg. T. Stegmann, Lpzg./Mchn. 1987 [kat.-dt.; Ausw.].

Literatur: F. Parcerisas, *Soledat i consol, tot llegint l'»Obra poética« de J. S. P.* (in Els Marges, 10, 1977, S. 107–116). – C. Camps, *Deux écrivains catalans: Jean Amade 1878–1949, J. S. P. 1886–1962*, Castelnau-le-Lez 1986. – *L'univers de J. S. P.*, Hg. M. Valls u. J. L. Valls, Perpignan 1986. – J. S. Pons, *L'oiseau tranquille*, Marcevol 1987. – *Actes du colloque international J. S. P.*, Hg. C. Camps u. J. M. Petit, Nîmes 1988.

Josep Pous i Pagès

* 1.2.1873 Figueres
† 5.2.1952 Barcelona

LA VIDA I LA MORT D'EN JORDI FRAGINALS

(kat.; *Leben und Tod des Jordi Fraginals*). Roman von Josep Pous i Pagès, erschienen 1912. – Dieser Bildungsroman schildert einen Lebenslauf, der vom Anfang bis zum Ende als Kampf um ein selbstbestimmtes Schicksal dargestellt ist, den der Protagonist gegen die gesellschaftlichen Zwänge und gegen den vorgeblichen Determinismus der Natur auszufechten hat. Jordi Fraginals' Lebensweg scheint schon im Moment seiner Geburt festgelegt zu sein: Als Zweitgeborenen erwartet ihn nach ungeschriebener Familientradition die geistliche Laufbahn. Dieser aufgezwungene Lebensweg belastet ihn, erdrückt ihn, doch er schickt sich zunächst resigniert in das Unabänderliche und begibt sich ins Priesterseminar. Doch die Liebe zu einer Frau weckt in ihm die Gefühle und mit ihnen das Bewußtsein seiner Situation, das ihn in ein Dilemma zwischen Revolte und Freitod stürzt. Dieses Dilemma mündet in den ersten Akt der Auflehnung: Gegen den Willen des Vaters und gegen das ihm zugewiesene Schicksal verläßt er das Seminar und heiratet die Geliebte. Das Leben als Bauer und Familienvater mit zwei Söhnen wird durch unterschiedlichste Widrigkeiten zu einem ständigen Kampf, ein Kampf besonders um die uneingeschränkte Kontrolle über das eigene Leben und Schicksal, die er unter Mühen und Schmerzen stets zu wahren weiß. Gegen Ende des Romans findet dieses Thema seine letzte Zuspitzung. Jordi Fraginals erkrankt an einem unheilbaren Leiden, das er zunächst lange vor seiner Familie verheimlicht. Als sein Zustand immer unerträglicher wird, verabschiedet er sich schließlich von seinen Söhnen und von seiner Frau und setzt seinem Leben selbst ein Ende. Dieser letzte Willensakt fügt sich ein in seinen gesamten, konsequent verfolgten Lebensweg und verleiht ihm Sinn, und zwar nicht einen jenseitigen Sinn, mit dem er nie etwas hatte anfangen können, sondern einen Sinn innerhalb der diesseitigen Welt, den er durch sein Vorbild auf seine Söhne überträgt.

Leben und Tod des Jordi Fraginals ist das Hauptwerk von Pous i Pagès, in dem der Autor alle Themen seines vorherigen literarischen Schaffens noch einmal aufgreift, zueinander in Beziehung setzt und zu neuer Intensität steigert. Pous i Pagès verfolgt mit seinem Roman ein klares didaktisches Ziel, dessen Grundlagen von H. IBSEN und der Philosophie F. NIETZSCHES beeinflußt sind, besonders durch dessen Idee des »Übermenschen«, der der Welt seinen Willen aufzwingt. *Leben und Tod des Jordi Fraginals* gilt als der letzte »modernistische« Roman. Das Werk steht in der literarischen Tradition von Victor CATALÀ, mit deren Roman *Solitud*, 1904 *(Einsamkeit)*, es das ländliche Sujet teilt. Der *modernisme* als spezifisch katalanische Entsprechung des Jugendstils ist damit, in seiner Ausprägung als »ruralisme«, die künstlerische Reaktion auf den Schock der industriellen Revolution und stellt das Landleben dem entfremdeten Leben der großen Städte entgegen. Dabei wird die »Ländlichkeit« nicht unbedingt immer idyllisch dargestellt, doch bei aller Härte steht das Landleben für eine ursprüngliche Lebensform, die die Beziehung zur Erde und zur Natur noch nicht verloren hat und so zu einem Gegenentwurf zur Entfremdung wird.

H.I.R.

AUSGABEN: Barcelona 1912. – Barcelona 1927. – Barcelona 1938. – Barcelona 1947. – Barcelona 1979. – Barcelona 1985.

LITERATUR: A. Yates, *Una generació sense novel·la?*, Barcelona 1961, S. 104–108. – J. Triadú, *»La vida i la mort d'en Jordi Fraginals« o la novel·la rural del noucentisme* (in Serra d'or, 5, Juni 1963, Nr. 6, S. 33). – C. Riba, *J. P. i P. (1873–1952)* (in C. R., *Obres completes, II: Assaigs crítics*, Barcelona 1967, S. 799–802). – J. Castellanos, *La novel·la simbòlica* (in *Història de la literatura catalana*, Hg. M. de Riquer, A. Comas u. J. Molas, Barcelona 1987, Bd. 8, S. 500–503).

JOAN PUIG I FERRETER

* 1882 La Selva del Camp
† 1956 Paris

CAMINS DE FRANÇA

(kat.; *Wege durch Frankreich*). Memoiren in Romanform von Joan PUIG I FERRETER, erschienen 1934. – Nach einer erfolgreichen Karriere als Dramatiker wandte sich Puig ab 1924 ganz dem Roman zu, der ihm als bessere Form der Verwirklichung seiner ästhetischen Ideale erschien und in dem er eine hervorragende Stellung in der Literatur Kataloniens vor dem Spanischen Bürgerkrieg einnehmen sollte. 1903–1904, zweiundzwanzigjährig, war Puig mittellos, sich hier und dort verdingend, manchmal auch bettelnd, durch Ostfrankreich von der Provence bis nach Burgund gezogen. Der Zweck dieser Reise war es gewesen, wie der Autor rückwirkend erklärte, sich der Wirklichkeit zu bedienen, um sie dann in Kunst zu verwandeln: *»M'he servit de la realitat per canviar-la en art.«* Ein Teil dieser Erlebnisse, vor allem aus der Zeit in Burgund, fand 1908 Ausdruck in seinem Drama *La dama enamorada (Die verliebte Dame)*. Bereits 1921–1924, während Puigs Tätigkeit als Journalist in den Barceloneser Zeitungen ›El día gráfico‹ und ›La tribuna‹, waren von ihm einzelne Prosabeiträge erschienen, die lose zur Thematik seiner Frankreichreise Bezug nahmen. 1926–1928 veröffentlichte Puig seine Frankreicherfahrungen in elf Fortsetzungen in der ›Revista de Catalunya‹ und ließ sie 1934, wesentlich erweitert und gründlich umgearbeitet, in Buchform erscheinen.

Der erste Teil des Werks beschreibt Puigs schwierige Kindheit als uneheliches Kind in einer dörflichen Gemeinschaft um die Jahrhundertwende. Hier erscheint auch das von Puig beliebte Motiv des Buches im Buche – ein Verleumdungspamphlet von Puigs Vater gegen die Mutter –, das im Spätwerk des Autors eine große Rolle spielen sollte. Beschrieben wird aber vor allem auch der beschwerliche Weg des jungen Puig in die Kunst- und Literaturwelt: Kontakte mit den Modernisten um die Gebrüder Vidal in Reus, Bohemeleben in Barcelona. Im zweiten Teil, den eigentlichen *Camins de França*, wird die Begeisterung Puigs für das Leben auf den Landstraßen beschrieben, verstanden als Schule der Freiheit, trotz Hunger, Kälte und Angst vor Polizeikontrollen. Vorausahnend ist hier vieles vorhanden, was später in dem großen Vagabundieren der europäischen und amerikanischen Jugend seit den sechziger Jahren zum Ausdruck kommen sollte. Sehr bedeutend ist die Gestalt des Vagabunden Josep, Puigs Wanderfreund, der gegen Ende des Werks eine fast so große Rolle wie der Autor selbst spielt. Diese Gestalt, sicherlich eine der wichtigsten in Puigs Romanschaffen, war bereits in *La dama enamorada* unter dem Beinamen »Llarg de camins« (»Dauernd unterwegs«) aufgetreten und sollte in *El pelegrí apassionat* weiterentwickelt werden.

Im Vorwort beteuert der Autor, sich streng an die Wahrheit gehalten zu haben, sogar ohne jede Scham *(impúdic)*, muß aber bekennen, daß der Romancier oft über den Biographen gesiegt hat: *»Was ist mein Buch, wenn nicht ein poetisiertes Fragment meines Lebens.«* Puigs Quellen sind eindeutig GOETHES *Wilhelm Meister* und die *Confessions* ROUSSEAUS. Dazu kommen die großen russischen Erzähler – DOSTOEVSKIJ, TOLSTOI, GOR'KIJ – sicher auch NIETZSCHE und vor allem CERVANTES: Josep und Puig tragen eindeutige Züge von Sancho Panza und Don Quijote. Eine am Schluß des Buches angekündigte dritte Folge wurde zwar nie geschrieben, ein Teil der dafür gesammelten Skizzen und

Materialien fand jedoch Eingang in *El pelegrí apassionat.* A.Q.

Ausgaben: Barcelona 1934. – Barcelona 1976. – Barcelona 1982 [Vorw. G.-J. Graells].

EL PELEGRÍ APASSIONAT

(kat.; *Der leidenschaftliche Wanderer*). Romanzyklus in zwölf Bänden von Josep Puig i Ferreter, teilweise postum erschienen 1952–1977. – Bereits Ende der zwanziger Jahre hatte Puig an die Schaffung eines großen Romanzyklus gedacht, einer *»Chronik von dreißig Jahren Barceloneser Lebens, auf der Grundlage von Memoiren und Bekenntnissen, in der hinter einer imaginären Gestalt mein ganzes Ich sein würde«*, die den Titel *Entre dos segles (Zwischen zwei Jahrhunderten)* tragen sollte. In den dreißiger Jahren hinderten ihn seine politischen Aktivitäten sowie der Spanische Bürgerkrieg daran, diesen Plan zu verwirklichen. Erst im französischen Exil konnte er sich, wenn auch unter einer anderen Einstellung, dieser Arbeit widmen. Auch äußere Umstände drängten ihn dazu, dieses Projekt zu verwirklichen: Durch seine politische Tätigkeit ins Zwielicht geraten, meinte sich Puig vor der Öffentlichkeit rechtfertigen zu müssen. 1938 begann der Autor die Arbeit, und 1952, nach wiederholtem Umschreiben mancher Bände, war das Werk abgeschlossen. An einigen Einzelheiten arbeitete Puig aber bis kurz vor seinem Tod im Jahre 1956.

Das Werk besteht aus drei Teilen, die in mehrere Bände gegliedert sind. Der erste Teil, *L'aventura (Das Abenteuer)*, umfaßt *Janet vol ser un heroi*, 1952 *(Janet will ein Held sein)*, *Homes i camins*, 1952 *(Menschen und Wege)*, *Janet imita el seu autor*, 1954 *(Janet ahmt seinen Autor nach)*, *Vells i nous camins de França*, 1956 *(Alte und neue Wege durch Frankreich)*; der zweite Teil, *Els drames (Die Dramen)*, umfaßt die Bände *Els emotius*, 1956 *(Die Erregten)*, *Demà*, 1957 *(Morgen)*, *Les profanacions*, 1958 *(Die Schändungen)*, *Els amants enemics*, 1959 *(Die feindlichen Liebhaber)*, *La traició de Llavaneres*, 1959 *(Llavaneres' Verrat)*; der letzte Teil, *Els greuges (Die Anklagen)*, umfaßt *El penitent*, 1962 *(Der Büßer)*, *Pel camí dels desgreuges*, 1962 *(Auf dem Weg zur Versöhnung)*, und *L'ascensió*, 1977 *(Die Auferstehung)*. Im Gegensatz zu anderen Zyklen – etwa denen Zolas oder Pérez galdós' – lassen sich die einzelnen Romane des *Pelegrí apassionat* nicht isoliert lesen. Mehr noch: sie setzen darüber hinaus die Kenntnis von zwei weiteren Erzählwerken Puigs voraus – *Camins de França* (1934) und *El cercle màgic*, 1929 *(Der magische Kreis)* – sowie einige seiner Dramen – *La dama enamorada*, 1908 *(Die verliebte Dame)*, *La dolça Agnès*, 1914 *(Die süße Agnès)*, und *Anna darrera la cortina*, 1936 *(Anna hinter der Gardine)* –, auf die der Zyklus, nach dem bei Puig so beliebten Motiv des Buches im Buche, laufend Bezug nimmt.

Beschrieben wird das Leben des Janet Masdeus, ein *alter ego* Puigs, mit Ausnahme seiner Kindheit, die bereits in *El cercle màgic* dargestellt worden war. Die Biographie Janets deckt sich weitgehend mit der des Autors: Kindheit und Jugend auf dem Lande, frühe Kontakte zu Künstler- und Literatenkreisen in Reus und Barcelona, Wanderjahre durch Frankreich, Rückkehr nach Katalonien und Universitätsstudium dort, politische Karriere, Exil in Frankreich: nicht aber die Rückkehr in die Heimat, wo Janet als politischer Gefangener in Salou, bei Tarragona, erschossen wird.

Der ebenfalls ausführlich beschriebene Protagonist Josep ist eine der am besten gelungenen Gestalten des Autors. Sein Materialismus, seine Spontaneität und sein Wirklichkeitssinn stehen im Gegensatz zu Janets nicht selten maßlosem Idealismus und tragen dazu bei, den wirklichen Puig darzustellen. Zum Teil benutzte der Autor hier Materialien und Skizzen aus dem angekündigten, aber nie geschriebenen dritten Teil der *Camins de França*. Neben diesen Hauptgestalten stellt Puig etwa noch 200 weitere Personen dar, die sich zu einem beträchtlichen Teil als historische Figuren des politischen und kulturellen Lebens Kataloniens entschlüsseln lassen.

Nach cervantinischer Manier gibt der Autor vor, von Andreu Patra, einem fiktiven, im französischen Exil lebenden katalanischen Schriftsteller geschriebene Teile des Zyklus sowie auch von Janet Masdeu selbst redigierte Materialien für die Veröffentlichung nur leicht ausgestaltet zu haben. Wie alle früheren Erzählwerke Puigs steht auch *El pelegrí apassionat* stark unter dem Einfluß Cervantes' und der großen russischen Romanciers, besonders Dostoevskijs. Neu ist aber, vor allem in stilistischer Hinsicht, der Einfluß Prousts, den Puig zunächst abgelehnt hatte, um sich später für ihn zu begeistern. – Trotz seiner Bedeutung verhinderte die ungünstige Erscheinungszeit im französischen Exil – die Bücher durften jahrelang nicht nach Spanien eingeführt werden – sowie die schwierige Lage des katalanischen Literaturbetriebs nach dem Spanischen Bürgerkrieg lange die Rezeption von *El pelegrí apassionat* durch das breite Publikum. A.Q.

Ausgaben: Perpignan/Barcelona 1954–1977, 12 Bde. [Nachw. im 12. Bd. G.-J. Graells].

Literatur: J. M. Benet i Jornet, *Divagació informativa sobre Puig i Ferreter i la seva obra, amb especial atenció a »El pelegrí apassionat«* (in Estudis Escènics, 14, 1972, S. 63–70). – J. Fuster, *Les noves aventures de Janet Masdeu* (in Pont Blau, 15, 1954). – J. Triadú, *La vasta novel·la de postguerra* (in *La novel·la catalana de postguerra*, Barcelona 1982).

PERE QUART

d.i. Joan Oliver

* 29.11.1899 Sabadell
† 19.6.1986 Barcelona

DAS LYRISCHE WERK (kat.) von Pere QUART.

Pere Quart (»Peter IV.«) ist das literarische Pseudonym des Katalanen Joan Oliver, mit dem dieser Autor seine in Katalonien sehr populären Gedichte zeichnete und über den er selbst mehrere Studien wie über eine dritte Person verfaßte. Joan Oliver entstammte einer bürgerlichen Industriellenfamilie, studierte in seiner Jugend Recht und bereiste Europa. 1928 veröffentlichte er einen ersten Erzählband *(Una tragèdia a Lil·liput – Eine Tragödie auf Liliput)*, 1934 seine ersten Gedichte unter dem Titel *Les decapitacions (Die Hinrichtungen)*. Traditionelle Versmaße und Reime verbinden sich in 25 Gedichten mit dem Thema des gewaltsamen Todes; der von schwarzem Humor gezeichnete satirische Stil ist ein geeignetes Instrument zur Betroffenheit erzeugenden Beschreibung der Variationen über den Tod. Die literarische Versiertheit des Dichters zeigt sich in den verschiedenen lateinischen, italienischen, französischen, spanischen und englischen Zitaten, die – mit einer Ausnahme (XIII) – den einzelnen Gedichten vorangestellt sind. Biblische und religiöse Motive und Figuren wie z. B. Judith und Holofernes (XV), weltliche Ereignisse und Dinge wie die Guillotine (XX), auch zeitgenössische Geschehnisse stellen den Stoff für die verschiedenen Betrachtungen über das ungewollte Sterben. Überraschend früh (1934!) klagt ein Gedicht Hitler als Mörder an (XVII); das beigegebene spanische Zitat lautet: *»Grausame Hunde, ich bereue nichts / ich nenne euch Hunde in menschlicher Gestalt« (Retabel des Lebens Christi)*. Die letzten beiden Strophen lauten: *»Um Rosen zu schneiden, braucht Ihr ein Beil, / Adolf, dreckiger Lump? // Es flog der Kopf meiner Begleiterin / durch den Himmel über Deutschlands Krematorien.«*

In den folgenden Jahren entfaltet Joan Oliver weitreichende literarische Aktivitäten nicht nur als Lyriker, sondern auch als Dramatiker, Prosaschriftsteller, Übersetzer und Journalist. 1936 erschien seine *Oda a Barcelona (Ode an Barcelona)*. Angesichts der Notwendigkeit des antifaschistischen Kampfes schreibt Joan Oliver realistische, engagierte Literatur, solidarisiert sich mit der werktätigen Bevölkerung, greift seine eigene Klasse an. Er sieht die faschistischen Schrecken nur zu deutlich über Barcelona und den anderen Teilen des Kontinents heraufziehen, beschließt aber die anfangs kontroverse, das Leid der Bevölkerung schildernde Ode mit einer optimistischen Zukunftssicht, einem lyrischen Manifest des katalanischen Nationalismus: *»Nach langen Jahren / wird das Echo zu dir kommen: / Ausbrüche, Seufzer, Klagen, Flüche! / Und schon wirst du das Lied des Siegs besitzen / unter der Fahne der vierfachen Flamme. // Barcelona: / Vaterstadt für Katalonien, / Valencia und die Inseln. / ... // Barcelona, / wenn du es willst, wirst du das stolze Haupt / von einem neuen Vaterland aus alten Wurzeln, / fast glücklich, in Schmerzen fruchtbar. / Unbeschränkte Herrin / allein, in deinem abgegrenzten Reich wie eine Rose / der Winde, dem Wind des Meeres, des Landes geöffnet. // Barcelona, sieh dich an, / Barcelona, du sollst nicht singen. / Hör auf dein Herz, das mühsam weiterschlägt, / verliere keine Zeit. Weine jeden Tag ein bißchen, / Wenn die Erde in eine neue Wende tritt, / schließ deine Augen. / Gönne Dir Zeit, laß dich nicht zerstreuen / mit Blättern, die der Wind von Bäumen reißt, / nicht mit dem Zeichen neuer Flügel. // Arbeite, schweige. // Mißtraue der Geschichte. / Erträume sie und schaff sie neu. // Bewach das Meer, bewach die Berge. / Denk an das Kind, das du im Leibe trägst.«*
Diese deutliche, anklagende und visionäre Dichtung Joan Olivers gewann seit den sechziger Jahren für eine ganze Generation katalanischer Intellektueller Vorbildcharakter.

46 kurze Tiergedichte *(Bestiari – Bestiarum)* thematisieren aus der Perspektive jeweils verschiedener Tiere und – im letzten Gedicht – des Autors mit sichtlichem Spaß am spielerischen Gebrauch der katalanischen Sprache Aspekte ihrer Existenz; es ist für Joan Oliver ungewöhnlich, daß der Bezug zur sozialen Realität seiner Zeit völlig fehlt. Man hat den Eindruck, daß die einzelnen Gedichte vor der *Ode an Barcelona* entstanden sind; die Werkausgabe ordnet sie auch gegen die Chronologie ihrer Veröffentlichung vor dieser sein.

Der Sieg der Franco-Anhänger im spanischen Bürgerkrieg (1939) zwingt Joan Oliver, erst nach Frankreich und dann nach Südamerika (Argentinien und Chile) ins Exil zu gehen, wo seine Frau stirbt. Von 1947 datiert sein nächster Gedichtband *Saló de tardor (Herbstsalon)*. Auf ihn trifft besonders zu, was der Autor selbst über sein Gesamtwerk bereits 1949 aussagte: Es handele sich um eine *»keimfreie«*, *»gesund aussehende«* Dichtung *»ohne pathogene Elemente«*, die kurz, knapp und konkret sei. Die tradierten Vers-, Reim- und Strophenformen werden meisterhaft verwandt, ein untergründiger Humor treibt bisweilen auch sein Spiel mit dem Leser (z. B. in *Cançó explícita)*. 1948 kehrt Joan Oliver nach Barcelona zurück – der *Brief von Hoher See (Epístola d'alta mar)* von 1948 beschreibt seine Heimkehr nach Katalonien – und muß für »nur« zweieinhalb Monate ins Gefängnis. Seine Dichtung der folgenden Jahre spiegelt die innere Bitternis, Verzweiflung und den Schmerz über das persönliche wie das kollektive Schicksal. Es folgt der von einer pessimistischen Grundstimmung getragene Gedichtband *Terra de naufragis (Land der Schiffbrüche)*, dessen Tenor an einer zentralen Stelle mit einem bei NOVALIS entlehnten, existenzkritischen Motto charakterisiert wird. In der letzten Elegie der Sammlung wird bei allem Pessimismus dem erdrückenden Bild einer massiven, unendli-

chen, alles unter sich begrabenden Säule, welche die Diktatur Francos symbolisieren soll, aber auch die Hoffnung auf einen befreienden Blitz gegenübergestellt. Weitere bedeutende Gedichtsammlungen sind *Vacances pagades*, 1960 *(Bezahlte Ferien)*, und *Circumstàncies*, 1968 *(Umstände)*. Obwohl der Titel *Umstände* eine konkrete Dichtung anzukündigen scheint, findet hier auch eine allerdings oberflächliche Auseinandersetzung mit verschiedenen Fragen der Metaphysik und des katholischen Glaubens statt. In *Poesia empírica*, 1981 *(Empirische Dichtung)*, kehrt Joan Oliver wieder ganz zu seinem alten konkreten Programm zurück; bezeichnend sind die Forderungen an den Dichter, die er in dem Gedicht *Für endlich freie, zeitgemäße Blumenspiele! (Per uns Jocs Florals finalment lliures i del nostre temps!)* stellt: *»Genug dunkle oder falsche Reime, / es ist zu Ende mit dem »trobar clus«! / ... / Vergeßt Ihr, daß die Kultur / sein muß wie die Natur, / ohne Moral, offen und pur, / immer frei von Hindernissen?«*
Joan Oliver hat immer gegen den katalanischen Klassizismus und für den *noucentisme* eines Eugeni d'Ors Stellung bezogen; den Stellenwert seiner Lyrik für die Katalanen definiert treffend Johannes Hösle: *»Ihre Bedeutung erhält seine von subjektiver zu kollektiver Aussage sich entwickelnde Lyrik vor allem durch die Art ihrer Rezeption.«* Auch sein vielfältiges Theaterwerk fand in Katalonien über viele Jahre hinweg große Beachtung. A.Schö.

Ausgaben: *Obra poètica* (in *Obres completes*, Bd. 4, Barcelona 1975; einführende Studien von J. Ferrater i Mora, S. Beser, L. Izquierdo, J. M. Castellet). – *Poemes escollits*, Hg. J.-Ll. Marfany, Barcelona 1983.

Übersetzungen: In *Katalanische Lyrik im zwanzigsten Jh.: eine Anthologie*, Hg. J. Hösle u. A. Pous, Mainz 1970; Ausw. – In *Ein Spiel von Spiegeln: Katalanische Lyrik des 20. Jh.s*, Hg. T. D. Stegmann, Lpzg./Mchn. 1987; Ausw.

Literatur: J. Hösle, *Die Lyrik von P. Q.* (in J. H., *Die katalanische Literatur von der Renaixença bis zur Gegenwart*, Tübingen 1982, S. 70/71). – A. Turull, *La lírica aforística en el procés poètic de P. Q.* (in Estudis de Llengua i Literatura Catalanes, 9, 1984).

Carles Riba

eig. Carles Riba Bracons

* 23.9.1893 Barcelona
† 12.7.1959 Barcelona

Literatur zum Autor:
J. Triadú, *La poesia segons C. R.*, Barcelona 1954. – *Homenatge a C. R. en complir els seixanta anys*, Barcelona 1954. – J. Ferraté, *C. R. avui*, Barcelona 1955. – J. M. Llompart, *La obra poètica de C. R.* (in PSA, 4, 1957, S. 81–94). – A. Manent, *C. R.*, Barcelona 1963. – J. Pla, *C. R.* (in J. P., *Obres completes*, Bd. 11: *Homenots Primera sèrie*, Barcelona 1969, S. 353–398). – *In memoriam C. R.*, Barcelona 1973. – M. Boixareu, *El jo poètic de C. R. i Paul Valéry*, Barcelona 1978. – G. Ferrater, *La poesia de C. R., 5 conferències*, Barcelona 1979. – B. Friese, *C. R. als Übersetzer aus dem Deutschen*, Ffm./Bern 1985. – *Actes del simposi, C. R.*, Hg. J. Medina u. E. Sullà, Barcelona 1986. – E. Sullà, *C. R.* (in *Història de la literatura catalana*, Hg. M. de Riquer, A. Comas u. S. Molas, Barcelona 1987, Bd. 9, S. 271–327).

ELEGIES DE BIERVILLE

(kat.; *Bierviller Elegien*). Gedichtsammlung von Carles Riba, erschienen 1942. – Riba begann die Arbeit an den *Elegies de Bierville* 1939 in dem kleinen nordfranzösischen Ort Bierville bei Rouen. Dort fanden er und seine Frau den ersten Ruhepunkt ihres mehrjährigen Exils, zu dem der Einmarsch der franquistischen Truppen in Katalonien sie gezwungen hatte. Ohne daß Riba von Anfang an den Plan für einen zusammenhängenden Zyklus entworfen hätte, entstanden dort in der Ruhe ländlicher Abgeschiedenheit die ersten sieben der insgesamt zwölf Elegien; die restlichen folgten kurz darauf. Noch 1942, im Jahre seiner Rückkehr nach Katalonien, veranstaltete er die erste, im Untergrund erschienene Edition, die zur Täuschung der Zensur als Publikationsort Buenos Aires angab.
Der Zyklus besteht aus zwölf Elegien von sehr unterschiedlicher Länge (zwischen acht und 78 Versen), die sich in ihrer Form eng an antike Vorbilder anlehnen. Anders als in Rilkes *Duineser Elegien* (die er kannte), verwendet der studierte Altphilologe Riba in seinen Elegien das klassische elegische Maß, das heißt Distichen, bestehend aus je einem Hexameter und einem sogenannten Pentameter. Dabei entfernt er sich allerdings mit seinen recht häufigen Enjambements etwas von den antiken Vorbildern, indem er sie selbst über die starke Zäsur nach der letzten Hebung des Pentameters hinweg zuläßt: *»... / cant absolut, per damunt l'alba que et trenca – era tan / pàl·lid...«* (*»[die Liebe,] ... / du absoluter Gesang über der Dämmerung, die dich zer-*

bricht, sie war so / bleich...«). Vorbild für seine Adaptation des klassischen Maßes an die Gegebenheiten des modernen Katalanischen (Betonungs- und Silbenzählung statt der antiken Quantitäten) waren sicher GOETHES *Römische Elegien* (die er in einer Anmerkung zur Metrik selbst erwähnt) und nicht zuletzt HÖLDERLINS Elegien, die er ins Katalanische übertragen hatte.

Auch inhaltlich knüpfen die *Elegies de Bierville* mit ihrem Grundgestus des verinnerlichten, melancholischen Rückblicks direkt an Hölderlin beziehungsweise an die gemeinsamen klassischen Vorbilder an. Ausgangspunkt ist die Erfahrung der existentiellen Unsicherheit des Exils als persönliche Katastrophe, die aber in ihrer poetischen Reduktion auf ihre elementarsten Bestandteile über das Individuelle hinausgeht und so gleichzeitig auch die Katastrophe seines ganzen Volkes mit umfaßt. Riba entwickelt das Thema des Exils als eine Reinigung, als Zwang, sich von allem überflüssigen Ballast befreit neu auf sich selbst zu besinnen, wodurch die Rückkehr aus dem Exil zum erfahrungsgeläuterten Neubeginn wird. Das Gegensatzpaar Exil/Rückkehr als poetische Keimzelle des gesamten Werkes erfährt im Verlauf der lyrischen Reise des Dichters ins eigene Ich vielschichtige Umdeutungen und erscheint so gleichzeitig auch als der Weg vom Tod zur christlichen Wiedergeburt bzw. von einer zeitweiligen Trennung von Gott zu einer erneuten Vereinigung mit ihm. So entwickelt sich parallel zu dem humanistischen Thema der verlorenen (geistigen) Heimat das religiöse Problem des verlorenen Gottes.

In der ersten Elegie wird das Erlebnis der Parklandschaft bei Bierville zum Ausgangspunkt der elegischen Reise. Elegie II, vielleicht die bekannteste des ganzen Zyklus, evoziert den Tempel von Sunion: *»Es war dieser einzigartige Ort, Synthese und Symbol vieler reiner Dinge, der mir in meinem Exil in Erinnerung kam, so als erschiene er mir zwischen den dunklen Bäumen des Tals von Bierville...«* Auch der dritten Elegie liegt eine reale Reise zugrunde, die Riba mit seiner Frau nach Großbritannien und Irland unternommen hatte. Die vierte Elegie bezeichnet Riba als *»den lyrischen Kommentar zu etwas Beobachtetem«*: Eine junge Frau entblößt sich, springt ins Wasser und schwimmt. Das Thema ist hier das Verhältnis Mensch-Natur, wobei der jugendliche Körper der Frau und ihre kraftvoll-eleganten Bewegungen das natürliche Element repräsentieren: *»... i ella neda, oh ritme! / cap a l'estiu excessiu – ella i els déus i els meus ulls!« (»... und sie schwimmt, oh Rhythmus! / auf den übervollen Sommer zu – sie und die Götter und meine Augen!«).* Die Elegie Nummer V kreist um das Symbol des Schiffbrüchigen, der am Strand einer Insel landet, die er als seine eigene Heimat wiedererkennt. Die Suche nach der ursprünglichen Unschuld ist das Thema der sechsten Elegie. Riba findet sie in dem an Rilke gemahnenden Bild der Liebenden, doch anders als in Rilkes *Duineser Elegien (»Ach, sie verdecken sich nur miteinander ihr Los«*; I, 22) sind Ribas Liebende dem Wissen wirklich am nächsten. Im Traum nach dem Liebesakt *(»... amb ulls gloriosos / i satisfeta set...« – »... mit verzückten Augen / und gestilltem Durst...«)* finden die Liebenden unbewußt zur reinen Unschuld der frühesten Kindheit zurück: *»... cloeu / tendrament els ulls i seguiu acreixent-vos en l'alta / visió que heu creat« (»... schließt / zärtlich die Augen und wachst weiter in der hohen / Vision, die ihr selbst erschuft.«).*

Die siebente Elegie markiert einen Wechsel in der Einstellung des Dichters zu seinem Exil, da Riba zum Zeitpunkt der Niederschrift bereits definitiv beschlossen hatte, alle Angebote zu einer Emigration nach Mexiko auszuschlagen und sobald wie möglich nach Katalonien zurückzukehren. Thema der siebten Elegie ist daher die Heimkehr, die er assoziativ mit der Heimkehr des Odysseus nach Ithaka in Verbindung bringt. Wie Odysseus, so bringt auch der Dichter einen Schatz mit nach Hause, nämlich: *»... tot que en el freu he comprès« (»... all das, was ich beim Passieren der Enge verstanden habe«).* Zudem kündigt sich nun, parallel zur physischen Rückkehr, auch eine Wiedervereinigung mit Gott an, der allerdings, im homerischen Bild bleibend, eher noch als persönliche Schutzgottheit denn als christlicher Gott erscheint. Das Thema der achten Elegie ist die Poesie selbst, wobei die Szenerie zurückgeht auf einen realen Besuch in Delphi. Der Trunk aus der den Musen heiligen kastalischen Quelle versichert den Dichter seiner poetischen Berufung. Elegie IX ist die einzige mit klaren politischen Anklängen, die leicht aus den Anspielungen auf Ereignisse der griechischen Geschichte herauszulesen sind; ein Appell an Ribas besiegten und unterdrückten Landsleute, die Hoffnung nicht aufzugeben: *»... sé que no fórem fets per a un destí bestial« (»... ich weiß, daß wir nicht für ein menschenunwürdiges Schicksal erschaffen worden sind«).*

Die Elegien X und XI schließlich bilden den eigentlichen Kern des gesamten Zyklus; sie sind poetisch dichter als die anderen und entziehen sich dadurch weitgehend der thematischen Charakterisierung. Den äußeren Rahmen der zehnten Elegie bildet die Fahrt eines orphischen Adepten in den Hades. Riba selbst hat über sie geschrieben: *»Die gesamte Elegie ist strenggenommen eine christliche Bekräftigung der persönlichen Unsterblichkeit der Seele ... Der Ophismus fungiert lediglich als Ausgangspunkt...«* Die elfte Elegie thematisiert das Wiederfinden des persönlichen und erlösenden christlichen Gottes nach der Erfahrung einer reinigenden Entfremdung. Der Zyklus schließt mit einer kurzen *Zueignung (Endreça)*, die selbst nicht im eigentlichen Sinne als Elegie bezeichnet werden kann und die der Dichter seinen Elegien mit auf den Weg in die Heimat gibt. Die *Elegies de Bierville* gelten allgemein als eines der bedeutendsten lyrischen Werke der katalanischen Literatur des 20. Jahrhunderts.

H.I.R.

AUSGABEN: Barcelona 1942. – Barcelona 1951. – Barcelona 1965 (in *Obres Completes*, Hg. J. Ll. Marfany). – Barcelona 1984 (in *Obres Completes*, Hg. J. Medina u. E. Sullà).

ÜBERSETZUNGEN: *Elegie IX* (in *Katalanische Lyrik im zwanzigsten Jahrhundert. Eine Anthologie*, Hg. J. Hösle u. A. Pous), Mainz 1970 [kat.-dt.].

LITERATUR: D. Guansé, *»Elegies de Bierville«* (in *Homenatge a C. R.*, Barcelona 1954, S. 228–241). – J. Ferraté, *Les »Elegies de Bierville«*, (in *C. R. avui*, Barcelona 1955, S. 17–29). – M. Sugranyes, *Significacions i funcions de la natura en les »Elegies de Bierville« de C. R.* (in *Miscelánea de Estudios Hispánicos*, Montserrat 1972, S. 309–324). – C. Boyé, *Les »Elegies de Bierville« i el mite d'Orfeu* (in *In memoriam C. R.*, Barcelona 1973, S. 95–101). – A. Piqué, *»Elegies de Bierville« de metàfora al mite* (ebd., S. 309–324). – G. Sansone, *Introduzione a C. R.. »Elegie di Bierville«*, Turin 1979, S. V–XXIII. – C. Miralles, *Lectura de les »Elegies de Bierville« de C. R.*: Barcelona 1979. – M. Boixareu, *L'aigua i la terra a les »Elegies de Bierville« de C. R. (Reflexions per a una lectura simbòlica)* (in Faig, 12, 1980, S. 23–32). – M. Boixareu, *Forma i significat a les »Elegies de Bierville«* (in *Actes del simposi C. R.*, Hg. J. Medina u. E. Sullà, Barcelona 1986). – H. R. Picard, *»Exil« und »Heimat« in den »Elegies de Bierville« von C. R.* (in *Einheit und Vielfalt der Iberoromania, Akten des deutschen Hispanistentages Passau, 26. 2.–1. 3. 1987*, Hg. C. Strosetzki u. M. Tietz, Norderstedt 1989, S. 255–270).

ESTANCES

(kat.; *Stanzen*). Gedichte von Carles RIBA in zwei Büchern, *Primer llibre d'Estances* (1913–1919) und *Segon llibre d'Estances* (1920–1928), erschienen 1930. – In dem *Ersten Buch der Stanzen* (42 Gedichte) besingt der Dichter das Hereinbrechen der Freude *(Joia)* in die Dürre des Geistes *(ment)*. Ihr Weg geht über die Sinne *(sentits)* und ihre konkrete Erscheinung ist die Liebe *(Amor)*. Riba allegorisiert die zentralen Gefühlssyndrome und Begriffe wie *Joia, Amor, Temps, Mort* durch Großschreibung und setzt sie von Gedicht zu Gedicht in immer neue Verhältnisse des jeweiligen Obsiegens oder Verlierens. Die Gedichte sind in einer gewissen Dramatik angeordnet. Wenn auch die Liebe zu einer Frau Medium des psychisch-geistigen Impulses der Lebensfreude ist, hat dies nichts mit Erlebnislyrik zu tun, sondern ist ein abstrakter Vorgang der *poesia pura*, der mit zahlreichen Metaphern die Erfahrung von Seinsbejahung und daraus sich ergebender geistiger Kraft evoziert. Die wirkende Kraft, *Amor*, steht als Stern über dem Dunkel der Welt gegen die Zeit, das Kind des Todes. Die Identitätserfahrung und die Selbsterkenntnis des Dichters im kosmischen Bezug werden dichterisches Wort. Indem die Dichtung von dieser Erfahrung Zeugnis ablegt, geht in diese Gedichte auch das poetologische Thema ein: Die Worte sind getragen von jener Kraft, doch zugleich auch immer nur noch Erinnerung an diese. Wie der Heerführer geflügelten Schrittes seine schlafenden Soldaten weckt, so weckt die *Joia* die Worte der Dichtung (Gedicht 35). Doch endet das erste Buch mit einer gewissen Lähmung des Dichters, der die Rückkehr des glühenden Gesanges abwarten muß.

Das Bewußtsein von Sein wird in dem *Zweiten Buch der Stanzen* als Versöhnung mit dem Schicksal wiederaufgenommen, jetzt aber in noch intensiveren Bildern und mit einer stärker symbolistischen, an MALLARMÉ und VALÉRY geschulten Sprache. Jetzt ist die Dialektik zwischen Gelingen und Versagen, zwischen Gewißheit und Zweifel nicht mehr sukzessiv dramatisiert, sondern findet ihren Ausdruck in alternativen Fragesätzen: Zeichnete eine leidenschaftliche Göttin die Stirn des Dichters bei der Geburt, oder spiegelt sich das eigene Leben nur im Nichts wie der Himmel im Brunnen? (Gedicht 8). Welche menschliche Bewegung könnte die Verzauberung noch zunichte machen, die in das dichterische Wort eingeht? (Gedicht 5). Oder sollte das Schicksal des Dichters das des Adlers sein, der in den Fluß stürzt und klaglos von diesem davongetragen wird? (Gedicht 8). Die rätselhafte metaphysische Lage, in der das Sein sowohl als überwältigend anwesend wie auch als stets flüchtig erfahren wird, evoziert Riba in immer neuen metaphorischen Einbettungen der Motive des Schweigens, Traumes, Schlafes, der Nacht, Meerfahrt, Einsamkeit, des nach der Liebe ruhenden weiblichen Körpers, der versunkenen Stadt und der Rose, in der ruhig die Welt endet. Er bereichert diese Metaphorik, indem er auf Dichter Bezug nimmt, die ihm geholfen haben, über die poetischen Mittel verfügen zu lernen, mit denen sich die komplexe Seinserfahrung sprachlich manifestieren (u. a. HÖLDERLIN mit *Mnemosyne*) (Gedicht 6) und – entsprechend der Allgemeinheit des Themas – sich vom Einzelnen zum Generellen der *poésie pure* erheben kann (Valéry mit *L'éventail*; Gedicht 7). Die poetische Reflexion – Grund und zugleich Gegenstand des Dichtens – ist schließlich in *Art poètica* (Gedicht 37) konzentriert als ein *»langsames Abenteuer«* gefaßt, zu dem der Dichter fern und doch nah dem hellen *»Mittelpunkt der mühsamen Kenntnisse«* von einem Engel angetrieben wird. H.R.P.

AUSGABEN: Barcelona 1919 *(Primer llibre d'Estances)*. – Barcelona 1920 *(Estances. Llibre segon)*. – Barcelona 1965 (in *Obres completes*, Hg. J. Ll. Marfany). – Barcelona 1981. – Barcelona 1984 (in *Obres completes*, Hg. J. Medina u. E. Sullà).

LITERATUR: G. Diaz-Plaja, *Notes a un llibre de C. R.* und *Més notes sobre les »Estances«* (in G. D.-P., *L'aventguardisme a Catalunya i altres notes de crítica*, Barcelona 1932, S. 88–92 u. S. 92–94). – T. Garcés, *Temes de C. R.* (in *Notes sobre poesia*, Barcelona 1933, S. 49–53). – J. Triadú, *Epíleg a C. R. »Estances«*, Barcelona 1947, S. 185–200. – M. Manent, *Pròleg* (in J. Triadú, *Epileg a C. R.: »Estances«*, Barcelona 1947, S. 9–16). – J. Bofill i Ferro, *Les noves tendències líriques: C. R. (1930)* (in *Vint i cinc anys de crítica*, Barcelona 1959, S. 73–84). – J. Teixidor, *Les »Estances« de C. R.* (in PSA, 68, 1961, S. 178–184). – E. Barjau, *La consciència de la parau-*

la a les »Estances« de C.R. (in Convivium, 17/18, 1964, S. 241–251). – Ders., *La poesía como potenciación del lenguaje* (ebd., 27, 1968, S. 39–53). – Ders., *La doctrina poética de C.R.*, Barcelona 1978. – J. Medina, *Unes notes al poema 7 del segon llibre d'Estances des C.R.* (in Els Marges, 33, 1986, S. 118/119).

SALVATGE COR

(kat.; *Wildes Herz*). Sonette von Carles RIBA, erschienen 1952. – Mit den 27, zwischen 1947 und 1952 entstandenen Sonetten dieses Zyklus erreicht die Bewegung der *poesia pura* in Katalonien ihren Gipfel. Ribas Gedichten fehlen alle zeitgeschichtlichen, anekdotischen oder gegenständlichen Bezüge. Sie haben keinen äußeren Anlaß, keinerlei Bindung an konkrete Situationen, in ihnen führt das Dichten ein eigenständiges Dasein als ein Vorgang, der sich auf nichts außerhalb seiner selbst bezieht. Bezeichnend dafür ist die Neigung zu Abstraktion und Verdichtung, zur bloßen Anspielung, zur Verknappung, der die streng begrenzte Form des Sonetts mit ihrer Eignung zu aphoristischer, sentenzenhaft pointierter Aussage entgegenkommt. Ein weiterer Stilzug entspricht der bei den meisten Dichtern der Moderne vorherrschenden Tendenz zu dunkler Vieldeutigkeit, zur Verschlüsselung, zur Esoterik, die in einer hermetischen, intellektuellen Symbolik zum Ausdruck kommt und in der Neigung, das Dichten selbst und das Wesen des Dichters immer wieder zum Gegenstand der Dichtung zu machen.

Obgleich vom »Inhalt« der Ribaschen Sonette nicht gut gesprochen werden kann, lassen sich doch drei Themen erkennen: die Liebe als geistig-seelischer Zustand und als Ereignis; die Beziehung der Seele zu Gott; die Hinwendung zu sich selbst. Schon in den *Elegíes de Bierville*, 1942 *(Bierviller Elegien)*, hatte Riba die Introspektion als wesentlichen dichterischen Vorgang bestimmt. Diese *»Rückkehr auf die Realität meines Selbst«* führt in *Salvatge cor* zu einer radikalen Loslösung von der Welt, für die das Schlüsselwort »Entäußerung« heißt. In diesem »Innenraum« ereignet sich das Dichten als freier Selbstgenuß des Ich, nach den Worten des Baums im fünften Sonett, *Arbre (Der Baum)*: *»Aber der Mensch! Mein Abbild! / irrt umher mit vielfältigem Schritt und wechselnder Liebe, / wachsend immer und sich selbst genießend / ohn' Unterlaß.«*

Man hat in den schwer zu deutenden Metaphern, den oft rätselhaften Anspielungen und Gedanken dieser Sonette eine persönliche metaphysische Weltsicht des Dichters gesucht. Aber dem spekulativen Gehalt der Gedichte liegen im wesentlichen platonische Anschauungen, insbesondere aber christliches Glaubensgut zugrunde. *»Alles ist einfach«*, heißt es, *»wenn in der Gefahr der rettende Held du bist, / Christus«.* So ist Ribas Werk eine Synthese abendländischer Geistigkeit, tief im europäischen Humanismus verwurzelt, als dessen großer Vertreter im Katalonien des 20. Jh.s dieser Dichter, der gleichzeitig Philologe, Literaturhistoriker und Übersetzer der griechischen Klassiker war, anzusehen ist.

Unter seinen geistigen Ahnen finden sich aber auch die großen modernen Dichter, MALLARMÉ, VALÉRY, Jorge GUILLÉN und andere, vor allem jedoch RILKE, mit dem ihn viele formale Aspekte verbinden: der Wechsel der Zeilenlänge von Sonett zu Sonett, die Häufigkeit des Enjambements, oft über die Stropheneinteilung hinweg, Sprachduktus und Bildkomposition, die Art der Paraphrasierung, die parabolische Absicht vieler Vergleiche, die Plötzlichkeit der Übergänge. Sehr eng ist auch Ribas Verhältnis zu den großen Dichtern der katalanischen Vergangenheit, an ihrer Spitze Ausiàs MARCH (1397?–1459), der große Repräsentant des *trobar clus* (verschlossene Dichtkunst). Von diesem stammt auch die Metapher im Titel des Werks, *salvatge cor*, deren Sinn eine Strophe des 26. Sonetts folgendermaßen erläutert: *»Alles wird geboren, – und alles kann noch geboren werden / aus einer Inbrunst, die zu warten weiß, / zäh wie das Blut und vorherig / wie der nächtliche Kern des seltsamen / Lichtes der Freude.«* A.F.R.

AUSGABEN: Barcelona 1952. – Barcelona 1965 (in *Obres completes*, Bd. 1, Hg. J. Ll. Marfany; Einl. A. Terry). – Barcelona 1984 (in *Obres completes*, Hg. J. Medina u. E. Sullà).

LITERATUR: J. Ferraté, *»Salvatge cor« und Sobre la poesia i el simbol, a propòsit de »Salvatge cor«* (in *C. R. avui*, Barcelona 1955, S. 35–38 u. S. 43–77). – M.A. Capmany, *Poema i vers o el cor salvatge de C.R.* (in *In memoriam C.R.*, Barcelona 1973, S. 103–107). – J. Pinell, *Cor salvatge«, dels trobadors a Ausiàs March, d'Ausiàs March a C.R.* (in *Miscel·lania Pere Bohigas*, Bd. 3, Barcelona 1983, S. 225–259). – A. Terry, *Alguns sonets de C.R.* (in *Sobre poesia catalana contemporània*, Barcelona 1985, S. 79–93).

MIQUEL ÀNGEL RIERA

* 29.4.1930 Manacor / Mallorca

L'ENDEMÀ DE MAI

(kat.; *Am Tag nach dem Nie*). Roman von Miquel Àngel RIERA, erschienen 1978. – Der mallorquinische Romancier und Dichter, von Beruf Rechtsanwalt, gilt als einer der wichtigsten katalanischen Gegenwartsautoren. Sein umfangreiches literarisches Werk umfaßt mehrere Gedichtbände, Kurzgeschichten und Romane. *L'endemà de mai* ist eine der gelungensten literarischen Abrechnungen der gesamten iberischen Literatur mit dem Spanischen Bürgerkrieg. Grausamkeit und Unerbittlichkeit der brutalen Sieger des Bürgerkriegs werden mit verschiedenen Seitenhieben auf die Rolle der Kirche durch die beklemmende Sichtweise des Protagonisten und Franco-Anhängers En Cosme anklagend hervorgehoben; indirekt wird der Leser zur Verurteilung der begangenen Untaten angehalten.

L'endemà de mai ist aber nicht nur als eine Anprangerung der Sinnlosigkeit von Mordtaten und Kriegen zu verstehen, sondern vermittelt vor allem die psychologische Innensicht eines sich entwickelnden, außerhalb der tradierten Moralvorstellungen stehenden Menschen, dessen Innenleben aus einer auktorialen Erzählperspektive in den feinen Konturen seiner allmählichen, schmerzvollen Entwicklung und Selbsterkenntnis gezeichnet wird. En Cosme ist zunächst nicht in der Lage, den Selbstmord seines Sohnes, in dessen unmittelbarer Folge der Roman beginnt, zu verstehen; er gibt anderen die Schuld, seine Gattin distanziert sich von ihm, er flieht in sexuelle Abenteuer und versteckt sich hinter der zynischen Brutalität und dem grausamen Verhalten, das er anderen Menschen und auch Tieren gegenüber an den Tag legt. Die Erschießung dreier Männer, die grausame »Hinrichtung« eines Mannes, dessen einziger Fehler darin bestand, viel und ausgiebig zu lesen – er wird auf ein Eisenbahngleis gebunden und von einem fahrenden Zug enthauptet –, sind Stationen seines verzweifelten Versuchs, Macht zu gewinnen und sich selbst über die Sinnlosigkeit und Verworfenheit seines Handelns hinwegzutäuschen. En Cosme achtet auf Sauberkeit und Ordnung, seine Taten begeht er vornehmlich im Schutz der Nacht. Sein anfänglich intaktes Weltbild gerät dabei ebenso wie sein Selbstverständnis zusehends ins Wanken. Als er spät – zu spät für seine Familie und ihn – im Traum erkennt, daß er selbst Verantwortung für den Tod seines Sohnes trägt, bleibt ihm nur noch die gelassene Erwartung der *»vollkommenen Ruhe, des Tages nach dem Nie«*. Er bestraft sich selbst mit der Überlassung seines Besitzes an einen unehelichen Sohn und »erniedrigt« sich und seine Frau mit einem einfachen Leben an einem unwirtlichen Ort; nach ihrem Hinscheiden (sie konnte den Verlust ihres Sohnes nicht verwinden) wartet auch er auf den »befreienden« Tod, den er zuvor für sich und die Seinen aus dem Leben zu verdrängen und zu negieren suchte.

L'endemà de mai knüpft an Rieras zweiten Roman *Morir quan cal* (1974) an; der geschaffene Erzählkosmos wird in dem vierten Roman *Panorama amb dona* (1983) erneut unter verstärkter Berücksichtigung psychologischer Gegebenheiten erweitert. Dem anspruchsvollen Stil entspricht ein reichhaltiger, breit variierender Wortschatz, der weit über das durchschnittlichen katalanischen Romanen zugrundeliegende Vokabular hinausgeht. A.Schö.

Ausgabe: Barcelona 1978.

Literatur: J. Pinell, *Una novel·la amb la mort per fita* (in Serra d'Or, 22, Febr. 1980, Nr. 245, S. 38/39). – P. Rosselló Bover, *L'escriptor de l'home: introducció a l'obra literària de M. À. R.*, Palma de Mallorca 1982, S. 1–19; 193–233. – Ders., *El punt de vista en la novel·lística de M. À. R.* (in Zeitschrift für Katalanistik, 2, 1989, S. 159–166). – A. Schönberger, *Mallorquinische Schriftsteller der Gegenwart: Eine kommentierte Textauswahl; C: M. À. R.* (in Hispanorama, 40, Juni 1985, S. 119–121; 126).

Mercè Rodoreda

* 10.10.1908 Barcelona
† 13.4.1983 Girona / Katalonien

Literatur zur Autorin:
J. Molas, *Pròleg* (in M. Rodoreda, *La meva Cristina i altres contes*, Barcelona 1967, S. 5–13). – C. Arnau, *Introducció a la narrativa de M. R.* (in M. Rodoreda, *Obres Completes*, Bd. 1, Barcelona 1976, S. 5 bis 45). – C. Arnau, *Introducció a l'obra de M. R. o El mite de la infantesa*, Barcelona 1979. – J. Triadú, *La novel·la catalana de postguerra*, Barcelona 1982. – C. Arnau, *M. R.* (in *Història de la literatura catalana*, Hg. M. de Riquer u. a., Bd. 11, Barcelona 1988, S. 157–190). – M.-L. Soler i Marcet, *M. R.: Eine Schriftstellerin im Exil* (in die horen, 1990, Nr. 158, S. 157–161).

ALOMA

(kat.; *Ü: Aloma*). Roman von Mercè Rodoreda, erschienen 1938, in einer überarbeiteten Fassung 1969. – Die erste Fassung, 1937 mit dem »Premi Crexells« ausgezeichnet, markiert Gipfel- und Endpunkt von Rodoredas literarischer »Lehrzeit« und weist bereits wichtige Elemente ihrer Poetik auf, vor allem in der Entwicklung der weiblichen Hauptfigur. Erzählt wird die stark mit psychologisierenden und symbolischen Elementen durchsetzte Geschichte einer Halbwüchsigen, die mit der Familie ihres Bruders Joan im Elternhaus wohnt und eine Affäre mit dem aus Argentinien zu Besuch angereisten Bruder ihrer Schwägerin hat, der sie schwängert und sitzenläßt. Parallel dazu vollzieht sich der Verfall des Familienvermögens, weil Joan eine Hypothek nicht zurückzahlen kann.

Am Ende eines tristen Winters bereitet man sich in dem Haus in Sant Gervasi, das Aloma – den an Ramon Llull (1232/33–1316?) inspirierten (Kose-)Namen trägt sie dank der Hartnäckigkeit eines etwas schrulligen Onkels – und ihr Bruder von den früh verstorbenen Eltern geerbt haben (ein weiterer, offenbar künstlerisch tätiger Bruder, der Selbstmord begangen hat, wird an signifikanten Stellen in Alomas Leben und Erleben erwähnt), auf die Ankunft des Gastes aus Argentinien vor. Bereits im ersten der zwanzig Kapitel erleben wir eine Aloma, die, noch Kind und doch auch schon Frau, den Kauf eines Vorhangstoffes an den Rambles zu einem heimlichen Buchkauf nutzt – bezeichnenderweise ein authentisches Werk von C. A. JORDANA, das sich in die Tradition der erotischen Literatur einreihen will. Dem Besuch Roberts sieht Aloma mit zwiespältigen Empfindungen der Sehnsucht und Abneigung entgegen, und noch als sie ihm sein Zimmer zeigt, das dicht bei ihrem liegt, ist sie hin und her gerissen zwischen Hoffnung auf und Angst vor möglichen Annäherungsversuchen. Im Laufe der Zeit – der Besuch zieht sich fast bis zum nächsten Winter hin – entwickelt sich eine zunächst zarte, dann zunehmend stürmische Beziehung zwischen Aloma und Robert. Dazu hat vor allem die Krankheit ihres kleinen Neffen Dani beigetragen, an dessen Bett sich die beiden in der Nachtwache ablösen. Um die Genesung zu festigen, wird Dani vom Arzt aufs Land geschickt, und Aloma bleibt zurück, um Joan und Robert zu versorgen. In der symbolträchtigen Johannisnacht kommt es zur ersten leidenschaftlichen Begegnung der beiden, und von nun an wird Robert fast jede Nacht zu Aloma ins Bett kommen. Ihre Gefühle für ihn bleiben indessen höchst ambivalent. Kurz nach seiner Rückkehr stirbt Dani, und nach und nach offenbart sich Aloma die Leere in der Beziehung zwischen Joan und seiner Frau Anna. Endgültig bestätigt wird ihr dies in einem Gespräch, in dem Joan ihr seine unglückliche Liebesbeziehung zu einer kapriziösen Freundin, Coral, gesteht und ihr eröffnet, daß die Hypothek, die er zur Begleichung von Danis Behandlungskosten und zum Kauf wertvoller Geschenke für die Geliebte auf das Haus aufgenommen hat, demnächst fällig wird. Inzwischen hat Robert sich entschlossen, zu seiner Freundin nach Argentinien zurückzukehren, und Aloma verschweigt ihm ihre Schwangerschaft. Nach seiner Abreise und dem Verkauf des Hauses ziehen Aloma, Joan und Anna in eine Mietwohnung: Diese drei Ereignisse – Verlassenwerden, Schwangerschaft und Umzug – bedeuten den endgültigen Abschied von Kindheit und Jugend und den Eintritt ins Erwachsenenleben.

In mancherlei Hinsicht ist die Figur der Aloma vergleichbar mit FONTANES (1819–1898) Effi Briest oder FLAUBERTS (1821–1880) Madame Bovary; sie wirkt ebenso unbedarft, und ihr Verhältnis zu Liebe, Partnerschaft und Sexualität ist ebenso ambivalent: *»L'amor em fa fàstic!« (»Die Liebe ekelt mich an!«)* Zudem trägt sie zahlreiche autobiographische Züge der Autorin. Interessant ist auch der Vergleich der Aloma bei Rodoreda mit der bei Ramon Llull. Dort hatte sie sich als Mutter des Blanquerna gerade durch Ehe und Mutterschaft selbst verwirklicht, während in der Gesellschaft, in der Rodoredas Roman spielt, die uneheliche Mutterschaft unweigerlich zur Ächtung der jungen Frau führen wird. Eindeutig gehören die Sympathien der Autorin und des auktorialen Erzählers der Hauptfigur, die übrigen Figuren werden, mit Ausnahme des kleinen Dani, eher negativ gezeichnet. In dieser Hinsicht weist *Aloma* einige wesentliche Züge der weiblichen Hauptfiguren in Rodoredas späteren Romanen, vor allem der Colometa in *La plaça del Diamant* (1962) und der Ce in *El carrer de les Camèlies* (1966) auf. Nicht zuletzt hierin dürfte der Grund für die 1968 im Genfer Exil vorgenommene Neubearbeitung des Romans zu suchen sein. Dieses Exil hatte nach dem Sieg Francos im Spanischen Bürgerkrieg (1936–1939) begonnen und endete erst nach dem Tod des Diktators. In dieser Zeit hatte Mercè Rodoreda hauptsächlich kürzere Formen – Erzählungen und Kurzgeschichten, Lyrik – gepflegt. V.G.

AUSGABEN: Barcelona 1938. – Barcelona 1969 [Neufassg.]. – Barcelona (in *Obres completes*, 3 Bde., 1976–1984, 1; Neufassg.). – Barcelona 1977; [30]1986.

ÜBERSETZUNG: *Aloma*, A. Surreda i Carrión, Madrid 1982 [span.]. – Dass., A. Maass, Ffm. 1991.

LITERATUR: C. Pi. Sunyer, *Crítica d'un llibre inèdit* (in Meridià, 21. 1. 1938). – F. Trabal, *Salut, Aloma!* (ebd., 5. 6. 1938). – C. Arnau, *Introducció a l'obra de M. R. o El mite de la infantesa*, Barcelona 1979.

MIRALL TRENCAT

(kat.; *Ü: Der zerbrochene Spiegel*). Roman von Mercè RODOREDA, erschienen 1974. – Der letzte bedeutende Roman der größten katalanischen Romanschriftstellerin der Gegenwart erzählt Auf- und Abstieg einer großbürgerlichen Familie, der Valldaura-Farriols, über einen Zeitraum von drei Generationen. Es handelt sich um eine Art Familiensaga, die hauptsächlich – wie schon der andere berühmte Roman Rodoredas, *La plaça del Diamant* (1962) – in Barcelona (hier: im Stadtteil Sant Gervasi, wo die Autorin geboren wurde) bis zur Zeit des Bürgerkriegs spielt.

Der erste Teil des insgesamt dreiteiligen Werks führt bereits in sämtliche Figuren sowie den Hauptschauplatz des Geschehens ein: da sind zu Beginn die junge Witwe Teresa Goday – eine der beiden Heldinnen des Romans – und der Diplomat Salvador Valldaura, die die Familie begründen. Mit einer ganzen Schar Bediensteter richten sie sich in einer Villa in Sant Gervasi ein und bekommen eine Tochter, Sofia. Sofia heiratet später den kaufmännischen Angestellten Eladi Farriols, der bereits eine (uneheliche) Tochter hat: Maria – die zweite Heldin des Romans. Gemeinsam mit Ramon und Jaume, den beiden hinzukommenden Söhnen Sofias und Eladis, bildet sie die dritte Generation, um die sich gewissermaßen die Dramatik des folgenden zweiten Teils des Romans entwickelt: erstens töten Ramon und Maria – ohne Absicht – ihren jüngsten Bruder Jaume; zweitens begeht Maria Selbstmord, als sie entdeckt, daß Ramon ihr (Halb-)Bruder und so eine Liebesbeziehung zwischen ihnen nicht möglich ist. Der Tod Marias markiert wohl den gewichtigsten Wendepunkt im Geschehen des Romans: mit ihm beginnt der Abstieg (in der Folge bringt sich auch Eladi um) bis hin zum völligen Auseinanderbrechen der Familie im dritten und letzten Teil. Teresa stirbt, und mit dem Ausbruch des Bürgerkriegs wird auch das letzte Symbol der glanzvollen Zeit der Valldaura-Farriols, die Villa, zerstört.

Die Besonderheit dieses Erzählwerks liegt in der Darstellungsweise: Es handelt sich um einen Roman der personalen Erzählsituation mittels Reflektorfigur. Wir haben nicht mehr – als klassische Alternative zum Ich-Erzähler – einen (auktorialen) Erzähler (d. h. eine mehr oder weniger außerhalb der Fiktion stehende Figur) vor uns, sondern lediglich Romanfiguren, die nicht mehr ausschließlich als Handlungsträger, sondern auch als Substituenten eines Erzählers fungieren – nur nicht in erzählender, sondern in reflektierender Weise. Der Leser erhält, gespiegelt durch das Bewußtsein der Figuren, Kenntnis von den Vorgängen. Ein Höhepunkt dieser Darstellungsweise ist das letzte Kapitel *(La rata)*, in dem sich die Erzählperspektive ausschließlich an der Ratte, der Allegorie für Verfall, ausrichtet.

Mercè Rodoreda hat ihrem Roman ein berühmtes – im allgemeinen Stendhal zugeschriebenes – Motto vorangestellt: *»Un roman: c'est un miroir qu'on promène le long du chemin«*, das ihr offenbar auch den Titel für ihren Roman inspirierte, denn im Vorwort sagt sie: *»Però si la novel·la... és un mirall que l'autor passeja al llarg d'un camí, aquest mirall reflecteix la vida. Jo, en tot el que tenia escrit de la novel·la d'una família, només en reflectia trossos. El meu mirall al llarg del camí era, doncs, un mirall trencat« (»Doch wenn der Roman ... ein Spiegel ist, den der Autor einen Weg entlangträgt, so reflektiert dieser Spiegel das Leben. Ich aber reflektierte in allem, was ich von dem Roman einer Familie bereits geschrieben hatte, nur Stücke. Mein Spiegel entlang dem Weg war also ein zerbrochener Spiegel.«)* Dieser Eindruck der Autorin, nur »Stücke des Lebens« erzählt zu haben, erhellt sich erst vollends im Roman (3. Tl., 5. Kap.): *»El mirall s'havia trencat... Les miques de mirall, desnivellades, ¿reflectien les coses tal com eren?« (»Der Spiegel war zerbrochen ... Reflektierten die Spiegelsplitter, aus der Waagrechten gebracht, die Dinge so, wie sie waren?«)* Entscheidend ist hier das Epitheton zu *»miques«*, nämlich *»desnivellades«*: die Scherben des Spiegels liegen nicht in planen Stükken vor uns, sondern schräg, gegeneinander verkantet. Dies ist eine außerordentlich anschauliche Kennzeichnung der Erzähltechnik in *Mirall trencat*: Ein solcher Spiegel-Roman birgt nämlich die Möglichkeit einer zwei-, mehr- oder sogar vielfachen Spiegelung desselben Geschehens aus unterschiedlicher Perspektive. Am frappantesten tritt dieses Phänomen in den Kapiteln 11 und 12 des zweiten Teils hervor: Bei der Lektüre des 12. Kapitels erkennt der Leser ganz allmählich, daß es sich hier um dasselbe Geschehen wie im vorherigen Kapitel handelt, nur unter völlig anderem Blickwinkel dargestellt. Haben wir im 11. Kapitel Ramons Ansicht der Dinge erfahren, so ist es im 12. Kapitel die Ansicht Marias. Rodoreda hat auf diese Art die Perspektive – bis zu dieser Stelle als technisches Mittel zur Darstellung von fiktiver Welt gehandhabt – zum Zweck selbst erhoben. Ihre Erzählabsicht liegt nicht mehr in der Darstellung durch, sondern von Perspektive, anders ausgedrückt: Ihr Ziel ist die Perspektive schlechthin.

In der erzähltechnisch modernen Abwandlung und Weiterentwicklung der Stendhalschen Spiegel-Roman-Metapher eröffnete sich Mercè Rodoreda neue Perspektiven im buchstäblichen Sinne des Wortes. Ihrer charakteristischen Art der Darstellung von Welt ist es zu verdanken, daß *Mirall trencat* seinen Platz unter den großen Erzählwerken des 20. Jh.s einnimmt. I.Me.

Ausgaben: Barcelona 1974; [8]1988. – Barcelona 1983 (in *Les millors obres de la literatura catalana*). – Barcelona 1984 (in *Obres completes*, 3 Bde., 1976–1984, 3).

Übersetzung: *Der zerbrochene Spiegel*, A. Maass, Ffm. 1982. – Dass., dies., Ffm. 1987 (st).

Literatur: A. Botond, Rez. (in FAZ, 7. 12. 1982). – W. Boehlich, Rez. (in SZ, 8. 1. 1983). – F. Pohle, Rez. (in FRs, 5. 2. 1983). – Rez. (in NZZ, 19. 2. 1983). – M. Campillo u. M. Gustà, *»Mirall trencat« de M. R.*, Barcelona 1985. – I. Mees u. U. Windsheimer, *»Un roman: c'est un miroir qu'on promène le long du chemin« – Rodoredas Mirall trencat u. die »gebrochene Spiegel«-Perspektive* (in Zs. für Katalanistik, 1, 1988, S. 62–72).

LA PLAÇA DEL DIAMANT

(kat.; *Ü: Auf der Plaça del Diamant*). Roman von Mercè Rodoreda, erschienen 1962. – *La plaça del diamant*, eines der Hauptwerke der modernen katalanischen Literatur, verhalf der Autorin zur Weltgeltung. Entstanden 1960, nach einem mehr als zwanzig Jahre währenden Schweigen im Schweizer Exil, verarbeitet der Roman Erinnerungen Mercè Rodoredas an das Leben im Katalonien der dreißiger Jahre, deren Stimmung in eindringlicher Weise eingefangen wird.

La plaça del diamant ist der Lebensbericht einer jungen Frau aus dem Stadtteil Gràcia in Barcelona, dessen Topographie die erzählte Welt bestimmt. Hauptfigur ist die junge Natàlia, die ihren Lebensunterhalt als Aushilfe in einer Konditorei verdient. Natàlia hat sich zu einem Volksfest auf der Plaça del Diamant herausgeputzt, wo sie bei einer Tombola eine als Preis ausgesetzte Kaffeekanne gewinnen möchte. Statt dessen wird sie von Quimet zum Tanz aufgefordert, einem sehr dominanten jungen

Mann, in den sie sich trotz seines merkwürdigen, gelegentlich fast unverschämten Benehmens verliebt und der fortan mit egozentrischer Arroganz einen Platz in Natàlias Leben beansprucht. Die Fremdbestimmung durch Quimet, eines der zentralen Themen des Romans, beginnt bereits beim ersten Zusammentreffen der beiden: Quimet spricht Natàlia mit dem beziehungsreichen Namen Colometa (»Täubchen«) an, eine Anrede, gegen die Natàlia zunächst protestiert, die sie aber im weiteren Verlauf der Geschichte beinahe verinnerlicht. Auch in allen Fragen der Lebensführung beginnt Quimet ihr mit brutaler Vehemenz Vorschriften zu machen: Er verlangt von ihr, mit ihrem bisherigen Verlobten, dem gutmütigen und fleißigen Hotelkoch Pere, zu brechen, und nötigt sie darüber hinaus allein aufgrund seiner eigenen Eifersucht, ihre Stelle in der Konditorei aufzugeben. Natàlia lernt im Laufe ihrer immer engeren Beziehung zu Quimet dessen Freunde Cintet und Mateu kennen, die wie er selbst zur Bevölkerungsschicht der Handwerker in Barcelona zählen. Gemeinsam restaurieren die Freunde mit Natàlia eine reichlich heruntergekommene Wohnung in der Carrer Montseny, wobei sich der zukünftige Ehemann Quimet bereits durch besondere Wichtigtuerei und Unzuverlässigkeit hervortut. Alle verhaltenen Ansätze Natàlias, ihn zu kritisieren, quittiert er mit obskuren Andeutungen auf eine angebliche Freundin, Maria, die er wegen Natàlia sitzengelassen habe und die er immer wieder als verbales Druckmittel gegen Natàlias Proteste oder bescheidenste Emanzipationsversuche benutzt. (Erst viel später erfährt sie im Gespräch mit einem seiner Freunde, daß es in Quimets Leben niemals eine solche Frau gegeben hat.)

Der einzige Mensch, der auf den eigensinnigen Quimet, der als einziger Sohn von seiner Mutter verzogen wurde, einen gewissen Einfluß ausübt, ist sein ehemaliger Kaplan Joan, der das Paar in einer unvergeßlich prächtigen Zeremonie traut. Bald ergreift der Ehealltag mit zahlreichen Enttäuschungen von Natàlia Besitz, die unter Quimets Besserwisserei ebenso zu leiden hat wie unter seinen Schrullen: Neben der Schreinerei, die gerade genug zum Leben abwirft, interessiert er sich in erster Linie für sein Motorrad und vor allem für eine Taubenzüchterei, die er zu Natàlias Leidwesen in der gemeinsamen Stadtwohnung aufgebaut hat und die das Leben der beiden in tyrannischer Weise vereinnahmt. Zu einer weiteren Belastung werden die beiden Kinder, Antoni und Rita. Moralischen Zuspruch erfährt Natàlia vor allem von ihrer Nachbarin Senyora Enriqueta, deren Ratschläge gelegentlich eine Verbesserung der Situation bewirken.

Als die wirtschaftlichen Verhältnisse in Barcelona Mitte der dreißiger Jahre schwieriger werden und Quimets Arbeit nicht mehr den Lebensunterhalt der Familie gewährleisten kann, verdient sich Natàlia ein Zubrot als Zugehfrau bei einer reichen Hausbesitzerfamilie. Quimet, der dies nicht für notwendig hält, und seine Freunde diskutieren verstärkt über die kritischer werdende politische Lage. Als der Bürgerkrieg ausbricht, schließen sich die drei der Miliz der Frente Popular im Kampf gegen Franco an. Breiten Raum nimmt fortan die Schilderung des namenlosen Elends ein, welches vor allem die kleinen Leute in der Großstadt zu ertragen haben. Greuel der Milizsoldaten, Hunger und die beständige Furcht der Zivilbevölkerung werden in Natàlias Bericht in einer schnellen Szenenfolge schlaglichtartig und ohne Parteinahme vorgeführt. Schließlich verliert Natàlia ihre Stelle, da die Familie ihres Dienstherrn nichts mit der Frau eines Volksfrontanhängers zu tun haben will. Quimet, Cintet und Mateu lassen sich immer seltener zu Hause blicken, bis man Natàlia schließlich die Nachricht von Quimets Tod überbringt.

Nach dem Ende des Bürgerkriegs versucht Natàlia vergeblich, Arbeit als Putzfrau oder Dienstmagd zu finden. Zeitweise gibt sie ihren Sohn in eine Kinderkolonie aufs Land, aus der er völlig verändert und apathisch zurückkehrt. Als sie nicht mehr weiß, wie sie den Lebensunterhalt für sich und die Kinder bestreiten soll, beschließt sie, zunächst ihre Kinder zu töten und dann Selbstmord zu begehen. Aus dem Laden, wo sie einst immer das Futter für Quimets Taubenzucht kaufte, nimmt sie auf Pump eine Flasche Salzsäure mit. Doch der Ladeninhaber, der – wie er später bekennt – ihre Katastrophenstimmung spürt, versucht ihr eine Freude zu machen, indem er ihr eine Beschäftigung als Putzfrau anbietet. So beginnt sich Natàlias Leben zum Bessern zu wenden. Der Händler versorgt sie und ihre Kinder fortan mit allerlei Lebensmitteln; schließlich macht er, der im Bürgerkrieg zum impotenten Invaliden geschossen worden ist und wie Natàlias Sohn Antony heißt, ihr einen Heiratsantrag, da er so eine eigene Familie gründen möchte. Nach dieser Heirat wird Natàlia selbst eine »Senyora«, die sich sogar eine eigene Putzfrau leisten kann. Doch noch lange Zeit wird Natàlia durch alptraumartige Einbrüche der Erinnerung an ihre frühere Existenz als »Colometa« gemahnt. Antony sorgt sich in väterlicher Weise um das Schicksal der beiden Kinder, deren hoffnungverheißendes Schicksal die Autorin nur noch andeutet: Natàlias Sohn wird nach seinem eigenen Willen den väterlichen Laden übernehmen, während Rita nach einem regelrecht komödienhaften »Liebeskrieg« ihren Traummann, den erfolgreichen und tüchtigen Barbesitzer Vincenç, in einer prächtigen Feier am Hochzeitstag von Natàlia und Antony heiratet.

Rodoreda hat dieses Tableau über das Leben der kleinen Leute, in dem die patriarchalische Struktur der spanischen Gesellschaft angegriffen wird, durchwegs aus der Perspektive Natàlias geschildert. Dabei sind ihr mitunter Passagen von großer poetischer Kraft gelungen, deren Ursache einerseits in der beschränkten und zugleich minutiösen Wahrnehmung der Hauptfigur zu sehen ist. Besondere Beachtung verdienen in diesem Zusammenhang die Vergleiche, mit denen Natàlia ihre Umgebung zu erfassen versucht. Diese metaphorischen Gebilde sind einfach und kühn zugleich und vermögen den Leser auf vermeintlich Belangloses hinzuführen, auf Gegenstände des alltäglichen Lebens etwa, die so ihre Belanglosigkeit verlieren und auf die zentrale Bedeutung des Erzählvorganges selbst zurückweisen. Als besonders modern ist an *La plaça del diamant* die Erzähltechnik hervorzuheben, die den Roman zu einer Art endlosen inneren Monolog der Heldin gestaltet, in den alle Elemente der Erzählung – Beschreibungen, Reflexionen und Dialoge – integriert sind. So entsteht gelegentlich der Eindruck einer vom Film beeinflußten Erzählweise. Daneben ragen die Beschreibungen der vier Feste heraus, welche die über zwei Jahrzehnte sich erstreckende Handlung gleichsam gliedern. Eine Reihe von visionsartigen Traumberichten bereichern die stilistische Palette des Werkes zusätzlich. Der Roman hat mittlerweile über dreißig Auflagen in Katalonien erreicht und wurde in zahlreiche Sprachen übersetzt. Nicht nur für die Anerkennung bei einer breiten Leserschaft, sondern auch für seine Aufnahme im »offiziellen« Spanien mag es sprechen, daß die Verfilmung durch Francesc Betriu als vierteilige Serie im spanischen Fernsehen gesendet worden ist. G.Wil.

AUSGABEN: Barcelona 1962; [25]1982. – Barcelona 1978 (in *Obres completes*, 3 Bde., 1976–1984, 2; [2]1984). – Barcelona 1982; [2]1984.

ÜBERSETZUNGEN: *La plaza del diamante*, E. Sordo, Madrid 1976 [span.; [9]1989]. – *Auf der Plaça del Diamant*, H. Weiss, Ffm. 1979. – Dass., ders., Ffm. 1984 (Nachw. G. García Márquez; ern. 1987).

VERFILMUNG: Spanien 1982 (TV; Regie: F. Betriu).

LITERATUR: J. Triadú, *Una novel·la excepcional: »La plaça del Diamant« de M. R.* (in *Guia de literatura catalana contemporània*, Barcelona 1973, S. 402–407). – J. M. Sobré, *»La plaça del Diamant«* (in *In memoriam Carles Riba*, Esplugues de Llobregat 1973). – H. Brode, Rez. (in FAZ, 22. 2. 1980). – J. Hösle, Rez. (in SZ, 29. 3. 1980). – G. Lüdi, Rez. (in NZZ, 7. 8. 1980).

TOTS ELS CONTES

(kat.; *Sämtliche Erzählungen*). Das erzählerische Werk von Mercè RODOREDA. – Mercè Rodoreda hat im Laufe ihres Lebens an die fünfzig Erzählungen geschaffen, die als Vorstudien und Seitenstükke der bedeutenden Romane ihres Spätwerks (von den in den dreißiger Jahren entstandenen Romanen hat sie sich, von *Aloma* abgesehen, distanziert) anzusehen sind. Es handelt sich um die von späteren Herausgebern unter dem Titel *Tots els contes* zusammengefaßten Sammlungen der *Vint-i-dos contes*, 1958 *(Zweiundzwanzig Erzählungen)*, *La meva Cristina i altres contes*, 1967 (*Meine Christina und andere Erzählungen*; 16 Erzählungen), *Semblava de seda i altres contes*, 1978 (*Wie Seide und andere Erzählungen*; elf Erzählungen). In Verbindung damit sollten auch die der Gattung des Prosagedichtes zugehörigen Texte der *Viatges i flors (Reise ins Land der verlorenen Mädchen)* genannt werden; weniger ereignishaft als die Erzählungen im engeren Sinn, weisen diese doch dieselbe Tendenz zur Lyrisierung der Sprache auf, die einige der *contes* zu bedeutenden Werken moderner Prosa macht.

Die Protagonisten von Rodoredas Werk entstammen ausschließlich den unteren Bevölkerungsschichten. Es sind die Bauern, Handwerker und Angestellten in den katalanischen Kleinstädten, die zumeist selbst zu Wort kommen. Rodoreda bedient sich dabei immer wieder fingierter mündlicher Erzählungen und Dialoge, die erzähltechnisch experimentellen Charakter erhalten: Durch die fast völlige Ausblendung des Dialogpartners nähern sich diese Texte mit einem bewußten Hang zur Künstlichkeit Präsentationsformen wie dem inneren Monolog an: Fingiertes mündliches Erzählen löst sich in das scheinbar unstrukturierte Kontinuum eines Bewußtseinsstromes auf, der nur noch gelegentlich durch die in Erinnerung gerufene Präsenz eines Dialogpartners unterbrochen wird.

Mit besonderer Vorliebe wird die Autorin so – wie in ihrem großen Roman *La plaça del diamant* – zum Sprachrohr nicht nur der unteren Bevölkerungsschicht, sondern sie verschafft in einmaliger Weise der weiblichen Sprache Gehör. Bis aufs äußerste wird dieser mimetische Umgang mit dem weiblichen Diskurs in der Ich-Erzählung *Zerafina* ausgereizt, in der die lispelnde Dienstbotin, die sich um eine neue Stellung bewirbt, ihrer künftigen Herrschaft über ihre bisherigen Anstellungen, ihre Freunde und ihre Hoffnungen berichtet. – In ähnlicher Weise wird in *Lo sang (Das Blut)* der Leidensweg einer Ehefrau aus ihrer Sicht und ihrem Munde geschildert: Gegen den Willen ihres Vaters hatte sie ihren Mann aus Liebe geheiratet, ohne sich jedoch der Macht ihres Vaters über ihre Psyche entziehen zu können. So führt sie die nach kurzem anfänglichem Eheglück fortschreitende Entfremdung von ihrem Mann auf sich selbst zurück, um erst zu spät zu erkennen, daß er sich längst einer anderen jüngeren Frau aus der Nachbarschaft zugewendet hat.

Oft erhalten scheinbar belanglose Einzelheiten der Lebenswelt von Rodoredas Heldinnen erstaunliche Bedeutung im Bewußtsein der Individuen: In der Erzählung *Aquella paret, aquella mimosa (Diese Mauer, diese Mimose)* sind es eine Mauer und die sich daran rankenden Mimosen, deren Blütenstaub bei der Heldin der Geschichte allergische Reaktionen auslöst. Doch kann sie sich nicht von der Mauer und den Mimosen fernhalten, ist dies doch der Platz, an dem sie sich mit ihrem Geliebten trifft. – In anderen Texten wie *La mainadera (Das Kindermädchen)*, ist es der Autorin um sprachliche Detailbeobachtungen zu tun: Die alberne Rede eines Kindermädchens mit dem Kleinkind macht evident, wie die ›Welt des Kindes‹ selbst lediglich ein Produkt der Sprache, des Erwachsenendiskurses über Kinder und damit der Sicht der Erwachsenenwelt auf das Kind ist. – In *Amor (Liebe)* versucht ein Bauarbeiter seiner langjährigen Ehefrau zum

Hochzeitstag in einem Kurzwarengeschäft ein Geschenk zu kaufen: Doch erweist sich, daß die Spitzenunterwäsche, die er dafür ausgewählt hat, nicht mehr für den Leibesumfang seiner Frau paßt. Zugleich handelt es sich bei dieser Liebesgeschichte indes auch um den Versuch darzustellen, wie schwierig es dem Protagonisten fällt, sich in der Öffentlichkeit gerade über seine Gefühlswelt zu artikulieren.

Einer der wenigen Texte, die durch einen auktorialen Erzähler wiedergegeben werden, ist die Erzählung *Gallines de Guinea (Die Perlhühner)*, die in der frühesten Sammlung der *Vint-i-dos contes* enthalten ist: Es ist die Beschreibung einer traumatischen Kindheitserfahrung eines kleinen Jungen, der in schockierender Weise mit dem Tod konfrontiert wird, als er nach dem Umzug seiner Eltern in eine andere Wohnung sein neues Stadtviertel durchstreift und vor dem Fleischerladen Zeuge wird, wie zum Verkauf bestimmte Perlhühner in brutaler und qualvoller Weise getötet werden. – Ein schönes Beispiel für die virtuose Handhabung der Technik der erlebten Rede ist die Geschichte *L'elefant*: Der Wächter in einem Zoo unterhält sich mit Besuchern, denen er das Prachtstück »seines« Tierparks, den Elefanten, zeigen möchte. Unreflektiert durchmischt er seine Erzählung über das bewunderte Tier mit Bücherwissen und allerlei Erinnerungen, um schließlich beiläufig offenzulegen, warum das Tier eine so zentrale Rolle in seinem Bewußtsein spielt: Er war das Lieblingstier seiner im Kindesalter verstorbenen Tochter. – Häufig werden die Themen der Natur, der Kindheitserinnerung und der Liebe in ein und derselben Erzählung in einer Weise miteinander kombiniert, die Rodoredas Texte in die Nähe phantastischer Erzählungen rückt: In der Geschichte *El riu i la barca (Der Fluß und das Boot)* beschreibt die Autorin das Aufgehen in die Natur in einer an KAFKA gemahnenden totalen Metamorphose: Am Ende der Geschichte wandelt sich der Erzähler, der in der Dämmerung eine Bootspartie machen wollte, »bis zur nächsten Verwandlung viele Jahr danach« in einen Fisch. Erzählerische Techniken dienen bei diesen Prosaminiaturen dem Interesse Rodoredas am Bewußtsein der Gestalten ihrer katalanischen Heimat. Gegenstände, Tiere, Pflanzen lösen dabei häufig jenes assoziative Dahinströmen von Erinnerungen aus, die fast immer traumatisches Geschehen preisgeben. Insofern handelt es sich bei Rodoredas Erzählungen trotz ihres eher statischen Charakters um Werke, in denen sich die spezifische Erlebniswelt der Hauptfiguren über scheinbar belanglose Details der Umgebung konkretisiert, die individualpsychologische Bedeutung erlangen. G.Wil.

AUSGABEN: *Vint-i-dos contes*: Barcelona 1958; ern. 1984. – Barcelona 1976 (in *Obres completes*, Bd. 1). – *La meva Cristina i altres contes*: Barcelona 1967. – Barcelona 1969 [kat.-span.]. – Barcelona 1978 (in *Obres completes*, Bd. 2). – *Semblava de seda e altres contes* (in *Obres completes*, 1976–1984, 3 Bde.). – *Semblava de seda e altres narracions*: Barcelona 1979. – Barcelona 1982. – *Tots els contes*: Barcelona 1979; [5]1988.

ÜBERSETZUNG: *Der Fluß und das Boot*, A. Maass, Ffm. 1986 (m. Nachw.; BS).

LITERATUR: C. Arnau, *Introducció a la narrativa de M. R.* (in M. Rodoreda, *Obres completes*, Bd. 1, Barcelona 1976, S. 31–35). – H. Brode, Rez. (in FAZ, 28. 8. 1986). – Ch. Jenny-Ebeling, Rez. (in NZZ, 13. 3. 1987).

VIATGES I FLORS

(kat.; *Ü: Reise ins Land der verlorenen Mädchen*). Sammlung kurzer poetischer Prosatexte von Mercè RODOREDA, erschienen 1980. – Das Buch entstand nach Vollendung des Romans *Mirall trencat* (1974) und markiert einen Wechsel vom mystischrealistischen Stil des vorangegangenen Werks zu einem mystisch-symbolischen Spätstil, der auch für die beiden letzten Romane der Autorin, *Quanta, quanta guerra ...*, 1980 *(Soviel, soviel Krieg ...)*, und *La mort i la primavera*, 1986 *(Der Tod und der Frühling)*, charakteristisch ist. *Viatges i flors* besteht aus zwei Teilen mit den Titeln *Viatges a uns quants pobles (Reisen zu einigen Dörfern)* und *Flors de debò (Echte Blumen)*. Der erste Teil entstand innerhalb kürzester Zeit, zu einem Zeitpunkt, als Rodoreda nach langjährigem Exil schließlich wieder in ihre Heimat Katalonien zurückgekehrt war. Dagegen geht der zweite Teil, *Flors de debò*, noch auf die Zeit ihres Aufenthalts in Genf zurück, und benötigte, wie sie selbst meinte, zu seiner Vollendung *»eine Ewigkeit«*.

Trotz ihrer unterschiedlichen Entstehungsgeschichte bilden beide Teile eine homogene Einheit. Beiden gemeinsam ist das völlige Fehlen menschlicher Protagonisten, vielmehr werden im ersten Teil die beschriebenen Dörfer und im zweiten Teil die phantastische Flora und Fauna selbst zu Protagonisten. Erzählerische Ausgangssituation ist das offenbar ziellose Reisen des Ich-Erzählers, über den der Leser sonst nichts weiter erfährt als das, was er in *Viatge al poble dels penjats (Reise zum Dorf der Erhängten)* über sich selbst sagt: *»Ich erzählte ihr, daß ich mich zu Hause gelangweilt hätte, weil die Leute durch die Straßen liefen, hierhin und dorthin und unaufhörlich »Freiheit! Freiheit!« schreiend, und daß ich fortgegangen war, mich in der Welt umzusehen, daß ich also im Augenblick ein Mann ohne Dorf sei.«* In insgesamt neunzehn Texten werden so die verschiedensten und bizarrsten imaginären Dörfer vorgestellt, so beispielsweise ein *Dorf der verlassenen Frauen (Viatge al poble de les dones abandonades)*, in dem in Kokons eingesponnene Frauen, deren Männer im Krieg geblieben waren, von ihren 30- und 50jährigen Säuglingen ernährt werden, die ihnen mit einem an einer Schnur befestigten Stein Blätter als Nahrung von den Bäumen pflücken; oder das *Dorf der verirrten Mädchen (Viatge al poble de les nenes perdudes)*, in dem, in einer Traumwelt aus Blumen und Pflanzen, gleichgekleidete kleine Mädchen zusammenleben, die sich beim Blumenpflücken im Wald verirrt und nicht wieder nach Hause gefunden haben; oder das *Dorf der wohlerzogenen Ratten (Viatge al poble de les rates ben criades)*, dessen Bewohner mit ihren angenagten Ohren und Hosenbeinen machtlos zusehen müssen, wie all ihr Besitz einschließlich der Häuser von unübersehbaren Scharen kaninchengroßer Ratten zernagt wird, die zudem vorher in aller Höflichkeit, wenn auch mit latenter Drohung, dafür um Erlaubnis bitten. Die Bewohner dieser Dörfer werden stets als Typen, wie *»eine Frau«* oder *»ein Kind«*, völlig ohne individuelle Merkmale geschildert und fungieren lediglich als austauschbare Vertreter der jeweiligen Dorfbevölkerung, die stets einem geheimnisvollen Herdentrieb zu folgen scheinen. Dieser Teil des Buches steht Italo Calvinos Roman *Le città invisibili*, 1972 *(Die unsichtbaren Städte)*, mit seinen Beschreibungen phantastischer Städte thematisch sehr nahe.

Der zweite Teil *(Flors de debò)* ist eine phantastische Galerie fiktiver und oft anthropomorpher Blumen mit Namen wie *Flor Ballarina (Tänzerin-Blume), Flor Caminaire (Wanderblume)* oder *Flor Malalta (Kranke Blume)*. In achtunddreißig kurzen Texten mit Umfängen zwischen drei Zeilen und einer Seite, werden diese Blumen mit großer pseudobotanischer Präzision beschrieben. Bevölkert wird diese Traumflora von einer nicht minder phantastischen Fauna. So heißt es beispielsweise von der *Flor Desesperada (Verzweifelte Blume)*: *»Amb l'arrel al llot ... es badaria gentil si no existís el centpeus Xuribinga-Palangriu, que neix sota el calze de la flor. Negre, amb les potes de color de mandarina, viu esglaiat. Sempre amb la por que es presenti el salamandrill« (»Mit der Wurzel im Schlamm ... täte sie sich freundlich auf, gäbe es nicht den Tausendfüßler Schuribinga Angelrich, der unter dem Kelch der Blume zur Welt kommt. Schwarz, mit mandarinenfarbenen Beinen, lebt er in Schrecken. Immer in der Angst, der Salamandrill möge auftauchen.«)* Es handelt sich bei diesen surrealistischen, poetischen Miniaturen um diejenigen Texte im Werk von Mercè Rodoreda, die sich am meisten der Lyrik annähern; es sind rein kontemplative Texte, ohne Handlung. Die Blumen, die nicht nur im Leben, sondern auch im literarischen Werk der Autorin stets eine wichtige Rolle gespielt haben, sind hier nicht mehr nur symbolträchtige literarische Elemente, sondern eigentlicher Gegenstand der Literatur. H.I.R.

Ausgaben: Barcelona 1980; [3]1982. – Barcelona 1984 (in *Obres completes*, 3 Bde., 1976–1984, 3).

Übersetzung: *Reise ins Land der verlorenen Mädchen*, A. Maass, Ffm. 1981 (Ausw.; kat.-dt.; Nachw. C. Arnau; BS).

BARTOMEU ROSSELLÓ-PÒRCEL

* 3.10.1913 Palma de Mallorca
† 5.1.1938 El Brull / Montseny

DAS LYRISCHE WERK (kat.) von Bartomeu Rosselló-Pòrcel.

Der jung verstorbene mallorquinische Dichter Bartomeu Rosselló-Pòrcel begann bereits als Gymnasiast mit poetischen Versuchen, die, obwohl sie noch stark unter dem Einfluß der sogenannten »mallorquinischen Schule« stehen, bereits den späteren Meister ankündigen. Nach dem Abitur ging Rosselló-Pòrcel 1930 nach Barcelona, um dort das Studium der romanischen Philologie zu beginnen. Dort knüpfte er zwei wichtige Künstlerfreundschaften, die bis zu seinem Tod Bestand haben sollten: einmal zu seinem Dozenten, dem Lyriker Carles Riba (1893–1959), und zum anderen zu seinem Kommilitonen Salvador Espriu (1913–1985). Im gleichen Jahr zeigte er mit der Veröffentlichung einer Anthologie mallorquinischer Dichter in spanischen Übersetzungen bei einem Madrider Verlag seine Vertrautheit mit der poetischen Produktion seiner Heimat. Während seines Studiums befaßte er sich intensiv mit der spanischsprachigen Poesie seiner Zeit und veröffentlichte in Zeitschriften erste eigene Gedichte. Das Jahr 1933 bedeutete einen wichtigen Einschnitt im Leben des Dichters; er unternahm mit Freunden eine Mittelmeerkreuzfahrt, die auch in seinem Werk Widerhall finden sollte, und er veröffentlichte seinen ersten Gedichtband *Nou poemes*, 1933 *(Neun Gedichte)*. 1934 erschien sein zweites Buch, *Quadern de sonets (Sammlung von Sonetten)*, wie das erste in einer Auflage von nur hundert Exemplaren. 1936 wurde er in Madrid vom Bürgerkrieg überrascht. Er meldete sich zur Armee, erkrankte aber bald. An der viel zu spät als Tuberkulose diagnostizierten Krankheit starb Rosselló-Pòrcel Anfang 1938. Die Publikation seines bedeutendsten Werkes, *Imitació del foc*, 1938 *(Nachahmung des Feuers)*, erlebte er nicht mehr.

In *Imitació del foc* ist es Rosselló-Pòrcel gelungen, eine breite Palette verschiedenster – teilweise widerstreitender – Einflüsse in künstlerisch überzeugender Weise mit ureigenen Schöpfungen zu synthetisieren. Ungewöhnlich für die katalanische Dichtung ist es, daß Rosselló-Pòrcels Einflüsse zu einem großen Teil von außerhalb kommen, so besonders von den Spaniern Jorge Guillén, Pedro Salinas und Federico García Lorca aus der sogenannten *generación del 27*, beispielsweise in Zeilen wie *»Des del balcó de la torre, / cantonades amb banderes« (»Vom Balkon aus des Turmes, / Straßenecken mit Fahnen«)*, die an García Lorca erinnern. Doch finden sich auch Elemente katalanischer Barocklyrik *(A una dama que es pentinava darrera una reixa en temps de Vicenç Garcia – An eine Dame, die sich hinter einem Gitter kämmte, zur Zeit Vicenç Garci-*

as), französischen Symbolismus *(El captiu – Der Gefangene)* oder mallorquinischer Volkskultur, so z. B. in der *Oració per quan les donzelles tenen mal de cap (Gebet für die Mädchen, wenn sie Kopfschmerzen haben)*. All diese Elemente werden zusammengehalten von Rosselló-Pòrcels visionärer Metaphorik, besonders aber vom allgegenwärtigen Bild des Feuers, das auch in den Titeln der drei Unterabschnitte *Fira encesa (Entzündeter Jahrmarkt)*, *Rosa secreta (Heimliche Rose)* und *Arbre de flames (Flammenbaum)* auftaucht.

Rosselló-Pòrcel begründete die letzte bedeutende poetische Schule der katalanischen Literatur vor Beginn der sogenannten realistischen Strömung. Zusammen mit Salvador Espriu übte er einen prägenden Einfluß auf die erste katalanische Dichtergeneration nach dem Spanischen Bürgerkrieg aus (vgl. z. B. J. Palau i Fabre, der sogar einen Gedichtband mit dem Titel *Imitació de Rosselló-Pòrcel [Nachahmung Rosselló-Pòrcels]* veröffentlichte), ein Einfluß, der allerdings wegen des frühen Todes des Dichters auf diese Generation beschränkt blieb. Für die mallorquinische Literatur bedeutete Rosselló-Pòrcel die endgültige Überwindung des anachronistisch gewordenen Folklorismus der Epigonen der sogenannten »mallorquinischen Schule« (vgl. Joan Alcover, Miquel Costa i Llobera) und damit einen Wiederanschluß an die literarischen Strömungen außerhalb Mallorcas.

H.I.R.

Ausgaben: *Nou poemes*, Barcelona 1933. – *Quadern de sonets*, Barcelona 1934. – *Imitació del foc*, Barcelona 1938. – *Obra poètica*, Hg. S. Espriu, Palma de Mallorca 1949. – *Imitació del foc*, Barcelona 1982 (in *Poesia*; zus. m. J. Salvat-Papasseit u. M. Torres).

Übersetzungen: In *Ein Spiel von Spiegeln. Katalanische Lyrik des 20. Jh.s*, Hg. T. D. Stegmann, Lpzg./Mchn. 1987 (kat.-dt.; Nachw. D. Oller).

Literatur: J. Molas, *B. R.-P.* (in *Història de la literatura catalana*, Hg. M. de Riquer, A. Comas u. J. Molas, Bd. 10, Barcelona 1987, S. 301–309).

SANTIAGO RUSIÑOL

eig. Santiago Rusiñol i Prats

* 25.2.1861 Barcelona
† 13.6.1931 Aranjuez

Literatur zum Autor:

J. L. Pagano, *S. R.* (in *Attraverso la Spagna letteraria (I catalani)*, Rom 1902, S. 205–236). – L. Daudet, *Un lumineux génie: S. R.* (in *L'entre-deux guerres*, Paris 1915, S. 109–127). – J. Passarell u. A. Escó, *S. R.: Vida, obra i anècdotes*, Barcelona 1931. – A. Carrion, *S. R.: La vida, l'obra, l'anècdota i la mort*, Barcelona o. J. – J. Alcover, *R. i el Modernisme a Espanya* (in J. A., *Obres Completes*, Barcelona 1948, S. 212–216). – M. Rusiñol, *S. R. vist per la seva filla*, Barcelona 1950, ern. 1968. – J. Pla, *S. R. i el seu temps*, Barcelona 1955; ern. 1981. – J. Estarelles, *Vida i miracles d'en S. R.*, Barcelona 1957. – J. Maragall, *La obra de S. R.* (in J. M., *Obres Completes*, Bd. 2, Barcelona 1961, S. 130–131). – P. Bertrana, *El Russinyol que jo he tractat* (in P. B., *Obres Completes*, Barcelona 1965, S. 1385–1396). – J. M. Capdevila, *S. R.* (in J. M. C., *Estudis i Lectures*, Barcelona 1965, S. 130–137). – J. M. Poblet, *Vida i obra literària de S. R.*, Barcelona 1966. – F. Curet, *S. Russinyol: Del Cau Ferrat al Teatre* (in F. C., *Història del teatre català*, Barcelona 1967, S. 371–386). – R. Planes, *El modernisme a Sitges*, Barcelona 1969. – Ders., *S. R. per ell mateix*, Barcelona 1971. – X. Fàbregas, *S. Russinyol i la iconografia teatral del Modernisme* (in *Aproximació al teatre català modern*, Barcelona 1972, S. 149–160). – C. Soldevila, *Pròleg* (in S. R., *Obres Completes*, 2 Bde., Barcelona 1973, Bd. 1, S. XV–XXXII). – E. Valentí, *S. R. (1861–1931)* (in *El primer modernismo literario catalán y sus fundamentos ideológicos*, Barcelona 1973, S. 302–316). – R. Planes, *S. R. i el Cau Ferrat*, Barcelona 1974. – J.-L. Marfany, *R., pròfug del modernisme* (in *Aspectes del Modernisme*, Barcelona 1975, S. 211–227). – A. Yates, *Una generació sense novel·la?*, Barcelona 1975, S. 51–59. – J. Socias i Palau, *R.*, Barcelona 1980. – M. Cerdà, *Dos artistes-poetes: El simbolisme a l'escena* (in *El pre-rafaelisme a Catalunya*, Barcelona 1981, S. 312–339). – M. D. Mirabent Muntané, *Exposició bibliogràfica i documental sobre S. R.: Biblioteca Popular S. R.*, Barcelona 1981. – E. Raillard, *De la marginalité a l'intégration. Le conflit intellectuels– bourgeoisie dans l'œuvre littéraire de S. R.* (in *Mélanges de la Casa de Velázquez*, 1981, Bd. 17, S. 347–367). – *S. R. Exposició antològica commemorativa del cinquantenari de la seva mort*, Barcelona 1981 [mit Bibliogr.]. – H. J. Roch, *S. R. (1861–1931). Ein Beitrag zur Kunst des ausgehenden 19. Jh.s in Katalonien*, Ffm. u. a. 1983. – J. Socias i Palau, *S. R. i Prats* (in *Biografies Catalanes*, Bd. 2, Barcelona 1985). – E. Gallén, *S. R.* (in *Història de la literatura catalana*, Hg. M. de Riquer, A. Comas u. J. Molas, Bd. 8, Barcelona 1986, S. 449–480).

L'ALEGRIA QUE PASSA

(kat.; *Die Freude geht vorbei*). Lyrisch-dramatischer Einakter von Santiago Rusiñol, Uraufführung: Barcelona, 8. 1. 1901, Teatre Tivoli (mit der Musik von Enric Morera). – Die Handlung spielt in einem *»monotonen, verschlafenen Dorf«*, dessen typischer Vertreter ein Bürgermeister ist, der nur dem Nützlichen im Leben Wert und Interesse beimißt. Joanet, der Sohn des Bürgermeisters, leidet unter diesem an Idealen armen Dasein. Da tritt ein Ereignis ein, das für kurze Zeit seine Träume zu verwirklichen scheint. Ein kleiner Zirkus mit der Sängerin und Tänzerin Zaira besucht das Städtchen. Plötzlich glaubt der wirklichkeitsfremde Joanet eine Welt der Schönheit, Freiheit und Freude zu entdekken. Er verliebt sich in Zaira, die sich gerade nach dem bürgerlichen, ruhigen Leben sehnt, das er so haßt. Die Zirkusvorstellung beginnt, und Cop-de-Puny, der Impresario, gibt einige Kunststücke zum besten, die die Zuschauer zu Begeisterungsstürmen hinreißen. Doch enttäuscht sie die zarte Melancholie, die Zaira in ihrem Lied ausdrückt. Am Schluß der Vorstellung gehen die Komödianten herum, um Geld einzusammeln. Zaira, die vor Joanet verwirrt stehenbleibt, lehnt seine Peseta brüsk ab. Voller Wut schlägt der Impresario das Mädchen, Joanet verteidigt sie, das Publikum, aufgebracht über die undankbare Sängerin, teilt die in den Worten des Bürgermeisters ausgedrückte Gesinnung: *»Wer das Geld verachtet, kann nicht in diesem Land bleiben, denn Geld ist das Heiligste auf dieser Welt.«* Nachdem der Clown das Geld zurück ins Publikum geworfen hat, begibt sich der Zirkus wieder auf Wanderschaft, und in das Städtchen kehrt die frühere Monotonie, das normale Leben zurück.

Auch dieses Stück Rusiñols ist getragen von der schwebenden Poesie seiner impressionistischen Bilder. Die wenig dramatischen, unscharf gezeichneten Figuren bewegen sich in einer Atmosphäre von Traum und Märchen. Joanet trägt manche autobiographischen Züge des Verfassers, der als Sohn eines reichen Industriellen das väterliche Haus verließ, um allein Maler und Dichter zu sein. Dem pragmatischen Fortschrittsglauben der katalanischen Bourgeoisie, verkörpert im Bürgermeister, stellt Rusiñol einen ästhetischen Idealismus, die Hoffnung auf eine neue, bessere Gesellschaftsordnung gegenüber. A.F.R.

Ausgaben: Barcelona 1898. – Barcelona 1935. – Barcelona 1947 (in *Obres completes*; ern. 1956 u. 1973). – Barcelona 1981 (in *Teatre*).

Literatur: G. Desdevises du Dézert, *Le théâtre catalan de S. R.* (in Revue des Pyrénées, 18, 1906). – F. Curet, *El arte dramático en el resurgir de Cataluña*, Barcelona 1926. – La Escena catalana, 196, 1926 [Sondernr.]. – J.-L. Marfany, *La nostra religió* (in *Cultura i societat: Els inicis del Modernisme a Catalunya*, Diss. Barcelona 1982).

L'AUCA DEL SENYOR ESTEVE

(kat.; *Der Bilderbogen des Herrn Esteve*). Roman von Santiago Rusiñol, erschienen 1907. – Der große katalanische Schriftsteller (und Maler) des *modernisme* (Jugendstil) Santiago Rusiñol schuf mit der Titelfigur dieses Romans eine der berühmtesten Figuren der katalanischen Literatur des 20. Jh.s. Der Roman, der den Konflikt zwischen Kunst und bürgerlicher Gesellschaft zum Thema hat, kann in struktureller Hinsicht als das Resultat einer Fusion zweier Erzählgattungen gelten: des in Katalonien im 18. Jh. entstandenen *quadre de costums* – der typisierten Beschreibung von Mensch und Milieu – und der auf das 17. Jh. zurückgehenden populären *auca*, eines Bilderbogens, der in meist 48 Bildern mit je einem gereimten Verspaar *(rodolí)* eine Geschichte erzählt (eine Art Vorläufer des modernen Comic). So ist auch ein jedes der insgesamt 27 Kapitel der *Auca del senyor Esteve* mit einer Zeichnung des bedeutenden Malerkollegen Rusiñols, Ramon Casas, und einem *rodolí* des mallorquinischen Dichters Gabriel Alomar (1873 bis 1941) versehen.

Ort und Zeit der Romanhandlung, die sich in drei Teile untergliedert, ist das Stadtviertel Ribera in Barcelona von 1830 bis zur Gegenwart des Autors, also 1907. Erzählt wird – im typischen Katalanisch Barcelonas zu Anfang des Jahrhunderts – die Geschichte einer Familie über vier Generationen, oder präziser: ihr sozioökonomischer Aufstieg, der mit der Gründung einer Kurzwarenhandlung (»La Puntual« – »Die Pünktliche«) 1830 seinen Anfang nimmt, und sein Ende – eine Geschichte, deren Vergleich mit den wenige Jahre zuvor (1901) entstandenen *Buddenbrooks* von Thomas Mann sich anbietet. Was die erste Generation anbelangt, so spielt vor allem der Großvater, der Senyor Esteve *(Avi)*, eine herausragende Rolle: Nicht nur ist er der Gründer der »Puntual«, sondern gleichsam auch die Verkörperung des »praktischen (Geschäfts-)Geistes«. Obwohl er bereits aus dem aktiven Geschäftsleben ausgeschieden ist, übt er noch immer entscheidenden Einfluß auf seine Familie aus. Insbesondere liegt ihm die Erziehung seines Enkels am Herzen – der Titel- und Hauptfigur des Romans, die im ersten Teil (zwölf Kapitel) noch »L'Estevet« (Der kleine Esteve) heißt, im zweiten Teil (acht Kapitel) bereits »L'Esteve« und im dritten und letzten Teil (sieben Kapitel) schließlich »El senyor Esteve« genannt wird. So wie also bereits eine namentliche Identität vorliegt, so schwebt dem Großvater auch eine größtmögliche Charakteridentität vor. Estevet soll später einmal genauso sein wie er selbst: *»Sèrio, moderat, prudent, bon pagador i bon cobrador, i pràctic; sobretot ben pràctic« (»Ernst, bescheiden, vorsichtig, gut im Geben wie im Nehmen und praktisch, vor allem praktisch«)*. Was die zweite Generation betrifft, so hat sie vor allem die Funktion der Festigung und des Ausbaus des Geschäfts, eine Funktion, die die dritte Generation, der jetzige Senyor Esteve und seine Frau Tomasa, weiterführen, indem sie den kleinen Familienbetrieb in ein großes Geschäft mit Buchhalter, Handelsreisendem und weiteren Angestellten verwandeln. Als Haupt- und Titelfigur des Romans ist der Senyor Esteve die charakterlich am schärfsten konturierte, ja zuweilen karikierte Figur – eine ironisch-kritische Zeichnung des kleinen katalanischen Geschäftsmanns, dessen hervorstechendste Charaktereigenschaft – bezeichnenderweise – gerade in seiner Charakterlosigkeit liegt: *»Era l'home neutre, el senyor Esteve, el símbol de la classe neutre, la*

Classe. Conservador per instints, per educació (...), era l'home de l'ordre en tot i per tot: ordre en el riure, ordre en el menjar, ordre en estimar els fills i la dona, ordre en el viure, en el morir, i fins ordre en l'altra vida (...); era l'home de la mida: goig amb mida, plors amb mida, amistat amb mida, fe amb mida, caritat amb mida, tot amb mida i amb mitja cana; amb la maleïda mitja cana que ha dignificat l'egoisme des de que l'egoisme pren mides« (»Er war der neutrale Mensch, der Herr Esteve, das Symbol der neutralen Klasse, der ›Klasse‹. Konservativ aus Instinkt, aus Erziehung (...), er war der Mensch der Ordnung in allem und für alles: Ordnung im Lachen, Ordnung im Essen, Ordnung in der Liebe zu Kindern und Frau, Ordnung im Leben, Ordnung im Tod, ja sogar Ordnung im anderen Leben (...); er war der Mensch des Maßhaltens: Freude in Maßen, Tränen in Maßen, Freundschaft in Maßen, Glaube in Maßen, Barmherzigkeit in Maßen, alles in Maßen und nach Maß der halben Elle; der verfluchten halben Elle, die den Egoismus zu Ansehen gebracht hat, seit der Egoismus Maß nimmt«). Der Sohn des Herrn Esteve, Ramonet, repräsentiert die vierte Generation. Schon von klein auf ist er in jeder Hinsicht das genaue Gegenteil seines Vaters und dessen, was er verkörpert: Mit (Geld-)Geschäften hat Ramonet nichts im Sinn, er will Künstler werden. Der latent, aber unaufhaltsam sich immer weiter zuspitzende Konflikt zwischen Vater und Sohn – und das heißt: zwischen zwei diametral entgegengesetzten Lebens- und Weltanschauungen – eskaliert nach dem gemeinsamen Besuch einer Theatervorstellung, die den eigenen Konflikt – *mise-en-abyme*-artig – widerspiegelt. Dieses Stück, mit dem Titel *La bona gent (Die guten Leute)*, gibt es nicht nur tatsächlich, sondern es wurde zudem ein Jahr vor dem Erscheinen der *Auca* in Barcelona uraufgeführt: ein Stück – wie könnte es anders sein – von Santiago Rusiñol selbst. Doch: Ende gut, alles gut – das Ende des Romans bringt die Aussöhnung, in der auch die Botschaft Rusiñols liegt, die – auf eine Kurzformel gebracht – »gegenseitiges Anerkennen« heißen könnte. Auf der einen Seite erkennt der Senyor Esteve (auf dem Sterbebett), daß seinem Leben etwas fehlte, etwas, das nicht durch materielle Interessen vorbestimmt gewesen wäre: *»Ara que me'n vaig et puc dir que no he viscut, que no sé lo que és viure. He passat. Només he passat. Jo no he estat jove, no he estat home, no he sigut res a la vida« (»Jetzt, wo ich fortgehe, kann ich dir sagen, daß ich nicht gelebt habe, daß ich nicht weiß, was leben ist. Das Leben ist an mir vorbeigegangen. Ich bin nie jung gewesen, ich bin kein Mann gewesen, ich bin nichts im Leben gewesen«)*.
Auf der anderen Seite erkennt Ramonet, daß ohne die ökonomische Basis, die nicht zuletzt sein Vater gelegt hat, gar nicht an einen Bildhauerberuf zu denken wäre: *»En faré [d'estàtutes] perquè ell [el pare] paga el marbre« (»Ich werde Statuen bauen, weil er [der Vater] den Marmor zahlt«)*.
In der Figur des Ramonet wurde oft die Spiegelfigur zu Rusiñol selbst gesehen, so wie in den beiden Herrn Esteves die Spiegelfigur zu Rusiñols Großvater, der Textilfabrikant war. Die historische Bedeutung dieses Romans – von dem Rusiñol einige Jahre später eine Theaterfassung schrieb (1917 uraufgeführt), die den Hauptkonflikt allerdings nur abgeschwächt wiedergibt – liegt jedoch sicherlich nicht in seinen mehr oder weniger starken autobiographischen Zügen, sondern in der Tatsache, daß Rusiñol es verstanden hat, die historische Funktion einer sozialen Klasse, der Bourgeoisie, typisiert in ihrem Endstadium herauszustellen. I.Me.

AUSGABEN: Barcelona 1907 [Romanfassg.]. – Barcelona 1917 [Theaterfassg.]. – Barcelona 1947 (in *Obres completes*, Hg. C. Soldevila; ern. 1956 u. 1973; beide Fassg.). – Barcelona 1982 (Theaterfassg.). – Barcelona 1983 [Romanfassg.].

LITERATUR: F. Formosa, *»L'Auca del Senyor Esteve«* (in *Guia de literatura catalana contemporània*, Barcelona 1973, S. 177–183). – R. Edmond, *S. R., víctima del Senyor Esteve* (in El Eco de Sitges, 4648, 13. 6. 1981). – T. Stegmann, *Consciència autònoma catalana en la novel·la »L'Auca del Senyor Esteve« de S. R.* (in *Actas del Séptimo Congreso de la Asociación Internacional de Hispanistas (Venedig 1980)*, Bd. II, Rom 1982, S. 1007–1014). – E. Gallén, *»L'auca del senyor Esteve«* (in *Història de la literatura catalana*, Hg. M. de Riquer, A. Comas u. J. Molas, Bd. 8, Barcelona 1986, S. 471–476). – T. Stegmann, *Auca* (in *Literaturwissenschaftliches Wörterbuch für Romanisten*, Tübingen 1989, S. 13).

ORACIONS

(kat.; *Gebete*). Gedichte in Prosa von Santiago RUSIÑOL, erschienen 1897. – Dies ist der erste auf der Iberischen Halbinsel publizierte Band von *poèmes en prose*. Er erschien mit Illustrationen von Miquel Utrillo und druckte auch Vertonungen ab, die Enric Morera komponiert hatte. Diese Betrachtungen und Reflexionen bestehen aus Prosastücken mit eigenen Untertiteln wie *An die untergehende Sonne, An den Regenbogen, An die gotischen Kathedralen, An den Tod, An die Liebe, An die Geräusche der Nacht.* Inhaltlich und sprachlich sind sie Ausdruck des *modernisme*, dessen Begründer in der katalanischen Literatur Rusiñol gewesen ist. Als Vorbild eines Schöpfertums, das *»in dem Bekenntnis zu einer Religion der Kunst, der Schönheit und der Wahrheit gipfelt«*, pries ihn der Begründer des spanischen *modernismo*, Rubén DARÍO (Nikaragua, 1867–1916), der kurz nach Erscheinen der *Oracions* zum zweiten Mal in Spanien weilte.
Tatsächlich herrscht eine religiöse, unbestimmt pantheistische Stimmung in diesem Werk. Wie bei MAETERLINCK (1862–1949), dessen Einfluß in den modernistischen Kreisen Kataloniens groß war, findet sich darin neben schwermütiger Selbstversunkenheit die gleiche Auffassung von der Wirklichkeit als Chiffre einer Transzendenz, die sich nur in Verschlüsselungen zu erkennen gibt. Mannigfaltige Einflüsse aus der französischen Dichtung der Décadence, der Parnassiens und des

Symbolismus treffen in den *Oracions* zusammen, am stärksten ist jedoch die Nachwirkung der Romantik, der die katalanische Sprache und Literatur im 19. Jh. ihre neue Blüte verdankte. Kennzeichnend für den schwärmerisch impressionistischen, romantischen Sprachstil Rusiñols sind die traumhaft schweifenden Assoziationen in *A la boira (An den Nebel)*: *»Aus jenem Nebel stammten die blauen, in der Farbe des Monds unbestimmt schimmernden Augen, die von seltsamen Gedanken und dem perlenden Nebel trauriger Sehnsucht umschatteten Blicke, die Dichtung der Schwermütigen, die aus weißer Wolkenwüste gefallenen Strophen, das Weh der Dämmerung und die Sehnsucht nach Licht, das Lied ohne Worte, die Malerei ohne Linien«*, aus dem *»um den Fuß der Jahrhunderte brauenden Nebel«* stammt auch *»die Sage, die im Glanz der Ferne besser als die Geschichte die Wahrheit dessen, was gewesen ist, offenbart«*. Und wie die Sage die Wahrheit des Vergangenen, so offenbart die Dichtung das Wesen der Wirklichkeit. Im Unterschied zum Realismus und zu dem naturwissenschaftlich orientierten Naturalismus sieht Rusiñol in den Erscheinungen der gegenständlichen Welt Symbole und Zeichen unsichtbarer, dem Verstand verborgener Kräfte und Wesenselemente des Universums, die dem inneren Sinn offenbar, der Seele geheimnisvoll verwandt sind und die der Dichter durch die Kunst der Sprache zu geistiger »Überweltlichkeit« gestaltet.

A.F.R.-T.D.S.

Ausgaben: Barcelona 1897. – Barcelona 1947 (in *Obres completes*, Hg. C. Soldevila; ern. 1956 u. 1973). – Barcelona 1949.

Literatur: C. Capdevila, *S. R.* (in Revista de Catalunya, 13, 1931). – P. Crehuet, *S. R. o poesia i prosa* (in La Revista, 17, 1931). – M. de Unamuno, *»Oracions« por S. R.* (in M. de U., *De esto y aquello*, Buenos Aires 1950, S. 468–478). – A. Cirici, *El arte modernista catalán*, Barcelona 1951.

JOAQUIM RUYRA

* 27.9.1858 Girona
† 15.5.1939 Barcelona

Literatur zum Autor:
J. M. Capdevila, *J. R.* (in *Poetes i crítics*, Barcelona 1925, S. 121–135). – T. Garcès, *Conversa amb J. R.* (in Revista de Catalunya, 4, 1926, Nr. 1–5, S. 253–367). – V. Coma i Soley, *Enquesta al mestre R.* (in Esplai, 22. 4. 1934, Nr. 125, S. 186–188). – M. de Montoliu, *La vida i l'obra de J. R.* (in J. R., *Obres completes*, Barcelona 1964, S. 11–125). – L. Amigó, *J. R.*, Moià 1960. – O. Cardona, *J. R.: Resum biogràfic*, Barcelona 1966. – C. Riba, *Memòria de J. R.* (in C. R., *Obres completes*, Bd. 2, Barcelona 1967, S. 696–701). – M. Serrahima, *J. R. (1858–1939)* (in *Dotze Mestres*, Barcelona 1972, S. 145–172). – J. Pla, *J. R.* (in J. P., *Obra completa*, Bd. 11, Barcelona 1984, S. 99–136). – J. Castellanos, *J. R.* (in *Història de la literatura catalana*, Hg. M. de Riquer, A. Comas u. J. Molas, Bd. 8, Barcelona 1986, S. 560–578).

LA PARADA

(kat.; *Der Vogelfang*). Erzählungen von Joaquim Ruyra, erschienen 1919. – Der transzendentale Blick des Mystikers, die Sorge des Moralisten und die Kunst eines raffinierten Ästheten wirken in diesen acht Erzählungen zusammen.

Thema der Titelgeschichte ist die innere Roheit des Menschen, der aus gedankenloser Neugier und falscher Erziehung zum Zerstörer der Natur und des Lebens wird. Unter der Führung Xenetas, eines Jungen aus niedrigem sozialem Milieu, ziehen vier Kinder in der Morgenfrühe zur Vogeljagd aus. Mit der grausigen Szene der Tötung der gefangenen Opfer kontrastiert die überwältigende Schönheit des mit impressionistischer Technik beschriebenen Morgens, die von den Kindern nicht wahrgenommen wird. – Die zweite Geschichte, *El vals final (Der letzte Tanz)*, nimmt ein altes religiöses Motiv auf: daß des Menschen Taten ihm in die Ewigkeit folgen. Der junge, reiche Rivelles hatte immer nur Tanz und Vergnügungen im Sinn. Jetzt, da er auf dem Sterbebett liegt, überfällt ihn die Vision, er tanze mit einem dürren, häßlichen Weib, gehetzt von einer aufreizend monotonen Musik. Es ist der Tod, der ihn vor Gottes Angesicht bringen wird. – In *D'una olor (Ein Duft)* nimmt der Erzähler, als er an einem Garten vorbeikommt, einen berückenden Duft wahr, der ihm die Sinne verwirrt. Er hört eine wundersame Musik und erblickt in einer herrlichen Landschaft ein schönes Mädchen. Es ist der falsche Jasmin, dessen Duft diesen Wachtraum verursacht, aus dem der Student die Erkenntnis zieht, *»daß der Mensch in seiner Seele eine Welt vergangener Existenzen trägt«*. In *El primer llustre d'amor (Der erste Liebesstrahl)* berichtet ein Gymnasiast von der ersten schmerzlichen Offenbarung des Geheimnisses der Liebe und weiblichen Schönheit, die ihm zuteil wird, als er einen winzigen Augenblick lang den Blick eines fremden Mädchens erwidert. – In *La fi del món a Girona (Das Ende der Welt in Girona)* verbinden sich Phantastik und Realismus zu einem bezaubernden Stück erzählender Prosa. Der Erzähler berichtet von einem Erlebnis aus seiner Kindheit. Durch die düsteren Prophezeiungen einer frommen Geisterseherin in panische Angst versetzt, ist Girona von wilden Gerüchten in Erwartung des Weltuntergangs erfüllt. Davon angesteckt, voll Todesgrauen und Gottesfurcht, erlebt das Kind des Nachts in einer apokalyptischen Traumvision den Untergang der Stadt. – Die Erzählung *El malcontent (Der Unzufriedene)* ist eine *rondalla*, die im Katalanischen beliebte Gattung der Märchenerzählung. Der von einem Händler betrogene Bauer Jeroni Baltrons hadert mit Gott, weil der Mensch nicht die Gabe besitzt, seinem Nächsten ins Herz zu sehen. Da verleiht ihm Gott diese Fähigkeit. Doch der Anblick des Bösen in den Herzen der Menschen bringt den Bauern zur Verzweiflung. Als er sich das Leben nehmen will, befreit Gott ihn wieder von der unheimlichen Gabe. Doch muß Jeroni versprechen, seinen Mitmenschen künftig mit Glaube, Vertrauen und Liebe zu begegnen.

»Wie kein anderer katalanischer Schriftsteller hat [Ruyra] über die Art seiner Tätigkeit und die Ausdrucksmittel seiner Kunst nachgedacht« (C. Riba). In dieser Kunst treffen mancherlei inhaltliche und formale Elemente zusammen: Antikes und Christliches, Romantik und Naturalismus, Tradition und Moderne. Diese heterogenen Elemente werden von Ruyra zur Einheit des Kunstwerks schöpferisch integriert. Auf Schritt und Tritt spürt man seine »homerische« Freude am Erzählen um seiner selbst willen, die einem erotischen Verhältnis zur Wirklichkeit im Sinne PLATONS entspringt. A.F.R.

AUSGABEN: Barcelona 1919. – Barcelona 1931. – Barcelona 1947. – Barcelona 1961. – Barcelona 1964 (in *Obres completes*, Hg. M. de Montoliu; m. Einl.). – Barcelona 1979.

LITERATUR: R. Tasis i Marca, *Una visió de conjunt de la novel·la catalana*, Barcelona 1935. – J. M. Capdevila, *Estudis i lectures*, Barcelona 1965, S. 138–195. – J. Castellanos, *»La parada«* (in *Història de la literatura catalana*, Hg. M. de Riquer, A. Comas u. J. Molas, Bd. 8, Barcelona 1986, S. 574–576).

PINYA DE ROSA

(kat.; *Seemannsknoten*). Erzählungen von Joaquim RUYRA, erschienen 1920. – Diese zweite, um einige Geschichten vermehrte Fassung der bereits 1903 unter dem Titel *Marines i boscatges (See- und Waldgeschichten)* erschienenen Sammlung enthält, in vier Bücher gegliedert, sechzehn Erzählungen, von denen ein Teil zu den besten in katalanischer Sprache gehört. Sie stehen am Beginn einer neuen, modernistischen Prosa. Nie zuvor hatte es im Katalanischen Erzählungen von solcher formalen Vollendung gegeben. Diesem Avantgardismus in der Form steht inhaltlich eine konservative Haltung gegenüber. In einer Zeit, da intellektuelle Skepsis, moralische Anarchie und weltanschaulicher Subjektivismus ihren Einzug in die Literatur halten, spricht aus den Erzählungen dieses Dichters ein unaufdringlicher Moralismus; sie veranschaulichen in parabolischer Weise sittliche Grundsätze, religiöse Glaubensvorstellungen und philosophische Lebensanschauungen. Aus der Zerrissenheit der modernen Welt zieht Ruyra sich zurück in eine mittelalterliche Glaubenswelt, aus der Großstadt auf das Land als Hort der Überlieferung und der Sitte, von den aufgeklärten Menschen der Stadt zu den Bauern und Seeleuten, in denen er, wie in den Kindern, das ursprüngliche Bild des Menschen als Geschöpf Gottes und der Natur lebendig glaubt. Dabei bewahrte ihn sein Schönheitssinn und hoher Kunstverstand vor dem Absinken in bloße Erbauungsliteratur. Vielmehr gestaltet Ruyra eine gleichnishafte Welt, in der der Mensch, aus dem Paradies vertrieben und einst dem Jüngsten Gericht überantwortet, mit seiner eigenen fragwürdigen Existenz konfrontiert ist. In dieser komplexen Welt begegnen sich altes Legendengut, katholischer Glaube und christliches Sündenbewußtsein ebenso wie Erkenntnisse der modernen Psychologie und Naturwissenschaft auf der einen, das mythische Weltverständnis der Primitiven und ein an die griechischen Tragiker und an SHAKESPEARE erinnerndes Lebensgefühl auf der anderen Seite. Kennzeichnend dafür ist vor allem die bekannteste Erzählung Ruyras, *Jacobé*, worin der Dichter die Verschränkung der religiösen Grundphänomene des Bösen und der Sünde mit der Unentrinnbarkeit der von der Wissenschaft festgestellten Erbgesetze am Schicksal eines reinen, unschuldigen Mädchens darstellt. Diese Tochter eines Trinkers leidet an ihrer erblichen Belastung so sehr, daß sie in geistige Umnachtung fällt und sich vom Felsen ins Meer stürzt. Vor allem das Meer als rätselhafte, zugleich freundliche und feindliche Macht zieht den Dichter immer von neuem in seinen Bann.

Wie diese, so handeln die meisten seiner Erzählungen vom Meer, das ihm ein unerschöpflicher Quell poetischer Inspiration ist. Die Gefühle des Staunens, der Furcht und Ehrfurcht, die es erweckt, konkretisieren sich in Erzählungen, die, in modernem Gewand, an Begebenheiten des gegenwärtigen Alltags uralte Mythen lebendig werden lassen. *La Fineta*, die feinsinnigste Erzählung der Sammlung, ist eine neue Version des Mythos von der schönen Galatea und dem Kyklopen Polyphem. In *Les senyoretes del mar (Die Meerfräulein)* sind die *senyoretes del mar* die moderne Verkörperung der Nereiden. Der alte Sirenen-Mythos schließlich lebt in neuer, überraschender Gestalt in der Erzählung *La xucladora (Der Strudel)* wieder auf. Die Besonderheit dieser Sammlung gegenüber anderen Erzählwerken des Autors (vgl. *La parada*) liegt darin, daß die hier vereinigten Erzählungen als Fragmente eines großen Epos des Meeres gelten können, eines Heldengedichts über das Leben, die Arbeit, Gefahren, Freuden und Leiden, den Glauben und Aberglauben der Fischer an der Costa Brava, der »Wilden Küste« des Mittelmeers. A.F.R.

AUSGABEN: Barcelona 1903 (u. d. T. *Marines i boscatges*). – Barcelona 1920. – Barcelona 1947. – Barcelona 1964 (in *Obres completes*, Hg. M. de Montoliu; m. Einl.). – Barcelona 1979 (u. d. T. *Jacobé i altras narracions*; Ausw.). – Barcelona 1985.

LITERATUR: R. Tasis i Marca, *Una visió de conjunt de la novel·la catalana*, Barcelona 1935. – J. M. Capdevila, *Estudis i lectures*, Barcelona 1965, S. 138 bis

195. – J. Castellanos, *»Pinya de rosa«: »Marines i boscatges«* (in *Història de la literatura catalana*, Hg. M. de Riquer, A. Comas u. J. Molas, Bd. 8, Barcelona 1986, S. 569–572).

JOSEP MARIA DE SAGARRA

* 5.3.1894 Barcelona
† 27.9.1961 Barcelona

LITERATUR ZUM AUTOR:
J. M. Espinàs, *J. M. de S.*, Barcelona 1962. – D. Guansé, *J. M. de S.* (in *Abans d'ara*, Barcelona 1966, S. 168–178). – A. Comas, *J. M. de S., actualitat literària* (in *Assaigs sobre literatura catalana*, Barcelona 1968, S. 243–248). – X. Fàbregas, *J. M. de S., al marge del Noucentisme* (in *Aproximació al teatre català modern*, Barcelona 1972, S. 224–238). – A. Badia, *J. M. de S., home de teatre* (in Serra d'Or, März 1981, S. 147–151). – Ll. Permanyer, *S. vist pels seus íntims*, Barcelona 1982. – J. Miracle, *J. M. de S.* (in *Mestres i amics*, Barcelona 1985, S. 229–238). – E. Gallén, *El cas de J. M. de S.* (in *El teatre a la ciutat de Barcelona durant el règim franquista (1939–1954)*, Barcelona 1985, S. 138–152). – J. Coca, *J. M. de S.* (in *Qüestions de teatre*, Barcelona 1985, S. 117–126). – J. Palau i Fabre, *Les tres edats de l'obra de J. M. de S.* (in Ateneu, 8, 1986, S. 109–116). – E. Gallén u. M. Gustà, *J. M. de S.* (in *Història de la literatura catalana*, Hg. M. de Riquer, A. Comas u. J. Molas, Bd. 9, Barcelona 1987, S. 463–496).

DAS LYRISCHE WERK (kat.) von Josep Maria de SAGARRA.
Sagarra wuchs in einer kleinadeligen Gelehrtenfamilie Barcelonas mit noch starken Bindungen an die bäuerliche Umwelt Kataloniens auf. Von Kindheit an mit Dichtung, Naturbeobachtung und Gelehrsamkeit konfrontiert, fing er sehr früh an zu dichten, fast aus einem natürlichen Zwang heraus, wie er später erklärte. Im Alter von zwanzig Jahren traf Sagarra eine Auswahl der bis dahin geschriebenen Gedichte und veröffentlichte das *Primer llibre de poemes*, 1914 *(Erstes Gedichtbuch)*, das sofort Anerkennung fand. Schon hier zeichnen sich die wichtigsten Richtlinien seiner gesamten Dichtung ab: die epische, die er aus der Tradition *(L'hereu Riera – Riera der Erbe)* übernimmt oder selbst erfindet *(Joan de l'Os)*, und die betont lyrische, worin der Dichter seine Gefühle und Eindrücke wiedergibt *(L'home que llaura – Der Pflüger; Eros)*. Das Landleben und die pantheistische Naturbeschreibung mit eindeutig klassischem Einfluß überwiegen in den Gedichtbänden Sagarras bis in die dreißiger Jahre, wobei Lebensfreude sich mit einem leichten melancholischen, später auch verzweifelten oder gar zynischen Unterton mischt.
Mit seiner Lyrik stand der Dichter über der damals in Katalonien tobenden Auseinandersetzung zwischen den Anhängern des *modernisme* (Jugendstil), deren von Maragall postulierter Theorie des »lebendigen Wortes« *(paraula viva)* Sagarras geduldige Korrekturarbeit widersprach, und des *noucentisme* (Neoklassizismus), dem er sich zwar durch seine Pflege der Form, nicht aber durch seine Neigung zum Epischen, zur ruralen Thematik und zur bewußt überladenen Sprache seiner Verse näherte. Die erzählerische Richtung seiner Dichtung entwickelte Sagarra weiter in *El mal caçador*, 1915 *(Der schlechte Jäger)*, und vor allem in dem Epos *El comte Arnau*, 1928 *(Der Graf Arnau)*, später auch in *El poema de Nadal*, 1930 *(Das Weihnachtsgedicht)*, und in *El poema de Montserrat*, 1950 *(Das Gedicht von Montserrat)*. Die imaginäre, aus der Volksdichtung entnommene Gestalt Arnaus, des sich über alle Grenzen hinwegsetzenden, das Leben voll ausschöpfenden Grafen, fesselte Sagarra schon früh. Bereits *El mal caçador* war, wenn auch unter anderem Namen, eine frühe Auseinandersetzung mit dem Arnau-Mythos, ein Mythos, der wiederholt in der katalanischen Literatur seit der *renaixença* – J. VERDAGUER, A. GUIMERÀ, Maragall – aufgegriffen worden war, und zu dessen Bearbeitung und Weitergestaltung nach Meinung Sagarras jede Dichtergeneration beitragen sollte. Im Gegensatz zu Maragall, der aus Arnau einen Übermenschen nietzscheischer Prägung macht, einen Herausforderer Gottes, mit Unterstreichung des Wunderbaren und Geheimnisvollen, betont Sagarra stets die menschliche Größe des Grafen, trotz seiner Verruchtheit und Maßlosigkeit.
In *Cançons d'abril i de novembre*, 1918 *(Lieder aus April und November)*, sowie in *Cançons de taverna i oblit*, 1922 *(Lieder der Taverne und des Vergessens)*, steht das lyrische mit einer eindeutigen Vorliebe für das bunt-malerische Leben der niederen sozialen Schichten, die Sagarra auf recht eigentümliche Art zu verstehen weiß, wieder im Vordergrund. *Cançons de rem i de vela*, 1923 *(Ruder und Segellieder)*, sind die Antwort auf das starke Erlebnis Sagarras beim Entdecken der Küste und der Menschen des Cap de Creus: *»Ich bin ins Meer gegangen, ich habe mich dem Meer gegeben, meine Seele ist mir blau geworden.«* Die Sammlung enthält einige seiner besten Gedichte *(Balada de Luard el mariner – Ballade von Luard, dem Fischer; Balada del clavell morenet – Ballade von der braunen Nelke)* – in denen Sagarra den Kontrast zwischen der wilden Schönheit der äußeren Welt und dem Elend der Menschen in poetische Bilder umsetzt. Mit *Rosa de cristall*, 1933 *(Rose aus Kristall)*, vollzieht sich ein Wechsel im lyrischen Schaffen Sagarras. Der Ton wird intimer, das rein Beschreibende, Erzählerische geht zurück. Das Bauern- und Fischermilieu wird sowohl in der Thematik als auch in der Metaphorik durch das Urbane erweitert oder ersetzt, mit einer Vorliebe für Termini aus dem modernen Leben

und der Technik *(»das brutale Rot eines Busses«, »das Tippen der Rechenmaschinen«, »flexibler Perlmuttstrand«, »das zernagende Delirium des Sports«)*. Der Band *Ancores i estrelles*, 1935 *(Anker und Sterne)*, setzt diese Änderungen fort, wenn er auch in der Thematik an *Cançons de rem i de vela* anknüpft. Metrisch benutzt Sagarra hier wiederholt den freien Vers, im Gegensatz zu seiner sonstigen Vorliebe für den vollen Reim.

Im Jahr 1937 unternahm Sagarra eine Reise in die Südsee, die ihn zu der Sammlung *Entre l'Equador i els Trópics (Zwischen dem Äquator und den Tropen)* anregte. Der Band war bereits 1937 fertiggestellt, konnte aber wegen des Spanischen Bürgerkriegs und der Unterdrückung der katalanischen Sprache und Kultur nach dem Sieg Francos erst 1945 veröffentlicht werden. Der erste Teil ist überwiegend beschreibend, der zweite besteht aus dem langen *Poema de Poroi (Gedicht des Poroi)*, in dem der Autor im Gespräch mit dem Tahitianer Poroi versucht, die Kulturgrenzen zu überwinden. – In den zwanziger und dreißiger Jahren schrieb Sagarra zahlreiche Gelegenheitsgedichte politisch-satirischen Inhalts, die in der Presse Barcelonas, vor allem in der Zeitschrift ›El be negre‹ veröffentlicht wurden und erst 1989 in einem Sammelband erschienen sind.

Sagarras Welt wurde durch den Spanischen Bürgerkrieg zerstört. Danach widmete er sich in der Lyrik fast ausschließlich der Übersetzung: Bedeutend ist seine Versübertragung von DANTES *Divina Commedia*. Das 1950 erschienene *Poema de Montserrat* ist eher als Broterwerb denn als ästhetisches Vorhaben zu sehen. Durch die Kraft und den Reichtum seiner Sprache, durch die Vielfalt der Thematik, vor allem aber auch durch seinen unkonventionellen freien Ton bleibt Sagarra, neben J. CARNER, eine der Hauptgestalten der katalanischen Lyrik des frühen 20. Jh.s. A.Q.

AUSGABEN: *Primer poemes*, Barcelona 1914. – *El mal caçador*, Barcelona 1915. – *Cançons d'abril i de novembre*, Barcelona 1918. – *Cançons de taverna i oblit*, Barcelona 1922. – *Cançons de rem i de vela*, Barcelona 1923. – *El comte Arnau*, Barcelona 1928. – *El poema de Nadal*, Barcelona 1930. – *Rosa de cristall*, Barcelona 1933. – *Ancores i estrelles*, Barcelona 1935. – *Entre l'Equador i els trópics*, Barcelona 1945. – *El poema de Montserrat*, Barcelona 1950. – *Obra poètica completa (1912–1937)*, Barcelona 1947. – *Obres completes. Poesia*, Barcelona 1962 [Vorw. O. Saltor]. – *Antologia poètica*, Barcelona 1983 [Vorw. J. Palau i Fabre]. – *Poemes satírics*, Barcelona 1989.

ÜBERSETZUNGEN: In *Katalanische Lyrik der Gegenwart*, Hg. R. Großmann, Hbg. 1923 [Ausw.]. – In *Ein Spiel von Spiegeln*, Hg. T. D. Stegmann, Lpzg./Mchn. 1987 [kat.-dt.; Ausw.].

LITERATUR: C. Riba, *»El mal caçador«* (in La Revista, Barcelona, 17. 6. 1916). –J. Folguera, *Primer llibre de poemes de J. M. S.* (in *Guia de literatura catalana*, Barcelona 1973, S. 173–175).

L'HOSTAL DE LA GLÒRIA

(kat.; *Glòrias Gasthaus*). Versdrama in drei Akten von Josep Maria de SAGARRA, Uraufführung: Barcelona, 8. 10. 1931. – Das Stück behandelt das alte Thema: ein Mann zwischen zwei Frauen. Die junge, schöne Glòria führt mit ihrem Mann Andreu ein Gasthaus; bei ihnen lebt Glòrias Schwester Roser, für die Andreu eine unbezwingliche Leidenschaft empfindet. Glòria ist entschlossen, ihre Ehe und ihr Glück mit allen Mitteln zu verteidigen, und versucht, die Schwester mit dem ältlichen, nicht allzu gebildeten, aber wohlhabenden Rorello zu verheiraten. Roser sträubt sich nach Kräften gegen diesen Plan und überredet ihren schwachen und unentschlossenen Liebhaber, mit ihr nach Frankreich zu fliehen. Alles ist bereit, eine letzte dramatische Auseinandersetzung zwischen den beiden Schwestern bleibt ergebnislos – da greift Glòria zu einer List. Der Stadtrichter Forcadell, der sie schon lange mit Anträgen verfolgt, erscheint zufällig und bittet um Quartier. Lachend und in gespielter Vertraulichkeit verschwindet sie mit ihm in dem Zimmer, das er bewohnen soll. Und nun, da Andreu seine Frau an einen andern zu verlieren glaubt, erkennt er, daß er immer nur sie geliebt hat. Der Versöhnung steht nichts mehr im Wege.

Konventionell in Thema und Durchführung, entspricht das Stück voll und ganz der Absicht Sagarras, gutes Unterhaltungstheater zu machen. Alle Personen, auch die Nebenfiguren, sind sorgfältig und genau gezeichnet, sie verkörpern scharf beobachtete menschliche Verhaltensweisen. Die vitale, warmherzige Glòria ist eine der reizvollsten und überzeugendsten Frauengestalten des katalanischen Theaters. In technischer Hinsicht gehört *L'hostal de la Glòria* zu den besten Bühnenwerken Sagarras. Die überschaubare Handlung wird durch teilweise humorvolle Episoden aufgelockert; die Spannung wird durch sicher gesetzte dramatische Akzente bis zum Schluß gesteigert. A.F.R.

AUSGABEN: Barcelona 1932; ern. 1947. – Barcelona 1948/49 (in *Obres completes. Teatre*). – Barcelona 1979 *(Obres completes. Teatre)*. – Barcelona 1979 (in *Teatre*, Norw. C. Arnau).

JOAN SALVAT-PAPASSEIT

* 16.5.1894 Barcelona
† 7.8.1924 Barcelona

DAS LYRISCHE WERK (kat.) von Joan SALVAT-PAPASSEIT.

Der jung an Tuberkulose gestorbene Lyriker Joan Salvat-Papasseit ist wegen seiner Herkunft aus der

Arbeiterklasse und als Nichtakademiker eine Ausnahmeerscheinung innerhalb der katalanischen Literatur seiner Zeit. Als Halbwaise in großer Armut und in verschiedenen Heimen aufgewachsen, erhielt er nur das Nötigste an Schulbildung und begann bereits mit elf Jahren zu arbeiten, ohne es allerdings bei irgendeiner Arbeit lange auszuhalten. Er kam in Kontakt mit avantgardistischen Bohemekreisen und begann, noch in spanischer Sprache, unter dem Pseudonym »Gorkiano« Manifeste und sozial engagierte Artikel für progressive Zeitungen zu schreiben. Er verkehrte in konspirativen Zirkeln und wurde für kurze Zeit Mitglied der Sozialistischen Partei. 1917 gründete er, nun bereits auf katalanisch, die Zeitschrift ›Un Enemic del Poble‹ (Ein Volksfeind), laut Untertitel ein *»Blatt der geistigen Subversion«*. Immer weiter entfernt vom Sozialismus, nahm er die Position eines von Nietzsche inspirierten Individualismus mit leicht anarchistischem Gepräge an. Sein ursprüngliches idealistisches soziales Engagement machte einem agnostischen Aktivismus Platz, der ihn nach anderen Ausdrucksformen suchen ließ. Unter dem Einfluß der futuristischen Ideen Marinettis, die ihm ein befreundeter Maler nahebrachte, begann er avantgardistisch-experimentelle Gedichte zu schreiben, die vorerst nur in seiner Zeitschrift erschienen, so z. B. das Gedicht *Columna vertebral (Wirbelsäule)*, in dem es am Schluß heißt: *»Amunt! Amunt! Encara més .../ A on anem? No és bo preocupar-se'n«. (»Hinauf! Hinauf! Noch mehr .../ Wohin es geht? Es ist nicht gut, sich darum Sorgen zu machen.«)* Salvat-Papasseit experimentiert darin mit drucktechnischen und graphischen Effekten; der Inhalt verbindet freie Assoziationsketten mit manifestartigen Elementen und einem Gestus der Auflehnung, der allerdings nicht konkret politisch, sondern eher ästhetisch motiviert ist. Der Dichter erscheint als moralischer Führer der Massen.

Bald darauf brach mit einem plötzlichen Blutsturz erstmals die Krankheit aus, an der er wenige Jahre später sterben sollte. 1919 erschien Salvat-Papasseits erster Gedichtband, die *Poemes en ondes hertzianes (Gedichte auf Hertz'schen Wellen)*. 1920 verfaßte er das erste katalanische futuristische Manifest. In seinem zweiten Gedichtband *L'irradiador del port, i les gavines*, 1921 *(Das Hafenleuchtfeuer, und die Möwen)*, findet sich zwar immer noch das futuristische und das manifestartige, programmatische Element der *Poemes en ondes hertzianes*, doch treten ihnen nun andere Aspekte zur Seite. Unter dem Eindruck seiner Krankheit fand Salvat-Papasseit zu einem humanistischen Realismus, einer minutiös beobachtenden künstlerischen Verherrlichung des Alltäglichen, so z. B. in dem berühmten Gedicht *Tot l'enyor de demà (All die Sehnsucht nach Morgen)*, in dem der Dichter von seinem Krankenbett aus einen Bilderbogen idyllischer Alltagsszenen evoziert.

Einer der zahlreichen Sanatoriumsaufenthalte seiner letzten Lebensjahre führte Salvat-Papasseit nach Fuenfría in Kastilien, wo *Les conspiracions*, 1922 *(Verschwörungen)*, entstanden, eine Reihe katalanisch-nationalistisch inspirierter Gedichte, in denen er Kastilien mit Katalonien kontrastieren läßt *(»Weitläufig ist Kastilien, ...,/ es hat die Taubheit dessen, der zu oft sich selber zuhört./ Die Stimme der Iberer ist rauh vor Erschöpfung/ doch es hört sie nicht«)*. Formal fehlt diesen Gedichten alles Experimentelle – die meisten sind in Strophenform geschrieben und zeigen Assonanz- oder Vollreim.

Es folgte 1922 der Band *La gesta dels estels (Sage von den Sternen)*, mit futuristischen Elementen wie beispielsweise in *Crítica (Kritik/Kritikerin): »Ich sah nicht das Nitrat/ doch sah ich ihre Augen ... Es glänzten ihr die Zähne/ ganz von Quecksilber// doch ich biß ihre Lippe aus Fleisch.« El poema de la rosa als llavis*, 1923 *(Das Gedicht von der Rose zwischen den Lippen)*, enthält eine Reihe von graphischen Gedichten *(Cal·ligrames)* und einen Zyklus überschwenglicher erotischer Liebesgedichte, in denen die Liebe als apotheotische Essenz eines rauschhaft intensiven Lebensgefühls erscheint. Nach seinem Tod fand man unter dem Kopfkissen das Manuskript zu *Óssa menor*, 1925 *(Ossa Minor/Der kleine Bär)*, mit dem berühmten *Nocturn per a acordió (Notturno für Akkordeon)*, in dem der Dichter seine Erfahrung als Wachmann am Hafen Barcelonas verarbeitete.

Ricard Salvat hat das Leben des Dichters in dem Theaterstück *Salvat Papasseit i la seva època (S.-P. und seine Epoche)* dramatisiert. Während der Protestliedbewegung der *Nova Cançó Catalana* in den siebziger Jahren war Salvat-Papasseit, noch vor Salvador Espriu, jener Lyriker, dessen Texte am häufigsten von den katalanischen Liedermachern vertont wurden; Joan Manuel Serrat und Ovidi Montllor widmeten ihm sogar jeweils eine ganze Schallplatte, wodurch sein Werk auch außerhalb des eigentlichen Literaturbetriebs ein breites Publikum erreichte. Salvat-Papasseit nimmt – jenseits aller literarischen Moden – einen bedeutenden Platz in der katalanischen Literatur ein. H.I.R.

Ausgaben: *Poemes en ondes hertzianes*, Barcelona 1919. – *L'irradiador del port, i les gavines*, Barcelona 1921. – *Les conspiracions*, Barcelona 1922. – *La gesta dels estels*, Barcelona 1922. – *El poema de la rosa als llavis*, Barcelona 1923. – *Óssa menor*, Barcelona 1925. – *Poesies completes*, Hg. J. Molas, Barcelona 1978. – *Poesia* [zus. mit B. Rosselló-Pòrcel und M. Torres], Barcelona 1982.

Übersetzungen: In *Ein Spiel von Spiegeln. Katalanische Lyrik des 20. Jh.s*, Hg. T. D. Stegmann, Lpzg./Mchn. 1987 [kat.-dt., Ausw.; Nachw. D. Oller].

Vertonungen: Lluís Llach, *Si canto trist*, 1973; O. Montllor, *Salvat-Papasseit per ...*, 1976, *De manars i garrotades*, 1977; X. Ribalta, *Top l'enyor de demà*, 1972, *Onze cançons amb esperança*, 1972, *X. R. a l'Olympia*, 1975, *Altes parets de somni*, 1977; J. M. Serrat, *Res no és mesquí*, 1977; u. a.

Literatur: T. Garcés, *Sobre S.-P. i altres escrits*, Barcelona 1972. – J. Salvat-Papasseit, *Mots-propis i altres proses*, Hg. J.M. Sobré, Barcelona 1975. – R. Salvat, *S.-P. i la seva època*, Barcelona 1981. – J. Molas, *Els moviments d'avantguarda: J. S.-P.* (in *Història de la literatura catalana*, M. de Riquer, A. Comas u. J. Molas, Bd. 9, Barcelona 1987, S. 328–360). – H. I. Radatz, *J. S.-P.: der Mythos des Alltäglichen* (in Zs. für Katalanistik, 4, 1990, S. 249–262).

FREDERIC SOLER

Pseudonym Serafí Pitarra

* 9.10.1839 Barcelona
† 4.7.1895 Barcelona

LES JOIES DE LA ROSER

(kat.; *Der Schmuck der Roser*). Versdrama in drei Akten von Frederic SOLER, Uraufführung: Barcelona, 6. 4. 1866, Teatre Odeon. – Die Bedeutung dieses Stückes für die katalanische Kultur der Moderne ist in dreifacher Hinsicht hervorzuheben: in sprachlicher, literarischer und gattungsgeschichtlicher. In der damals akuten Diskussion für und wider eine eher umgangssprachliche bzw. eine an den großen Dichtern des Mittelalters orientierte Literaturnorm, gelingt F. Soler die Synthese: mit *Les joies de la Roser* und späteren Stücken erstellt er ein gültiges Sprachmodell für das literarische katalanische Theater der Neuzeit. *Les joies de la Roser* ist, nach einer längeren Epoche, in der es nur katalanisches Volkstheater gab, das erste Stück von literarischem Rang und Anspruch; auch von Soler selbst waren auf katalanisch zunächst nur – allerdings brillante und überaus populäre – Stücke bescheidenerer Gattungen erschienen: Parodien, volkstümliche Einakter *(sainets)* usw. Wenn auch *Les joies de la Roser* den verspäteten Einzug des romantischen Dramas in die katalanische Bühnenliteratur darstellt – in spanischer Sprache hatten Francisco MARTÍNEZ DE LA ROSA (1787–1862) und Mariano José LARRA (1809–1837) schon dreißig Jahre früher dem triumphalen Durchbruch des romantischen Dramas auf der spanischen Bühne den Weg bereitet –, ahmt Soler – im Unterschied zu anderen Zeitgenossen – nicht spanische oder französische Vorbilder nach, sondern schafft gleichsam eine eigene Gattung: Sein »katalanisches Sittendrama«, dessen Handlung schicksalsbestimmt immer in ländlicher Umgebung spielt, macht Schule; das darin dargestellte Modell katalanischer Identität wird oft nachgeahmt und erst später zu Recht als allzu unpolitisch und folkloristisch empfunden.

Die junge Roser hat als Kind bei einer Brandkatastrophe Eltern und Erbe verloren und lebt zusammen mit dem uralten treuen Knecht Bernat bei dem Bauern Mateu, der sie in jener Schicksalsnacht aus den Flammen rettete. Mateu hat seiner Frau an deren Sterbebett versprochen, den gemeinsamen Sohn Melcior mit der verwaisten Roser zu verheiraten, womit die beiden, die sich wie Geschwister lieben, einverstanden sind. Aber der im Hause lebende reiche Wucherer Miquel, der Roser schon lange bedrängt, sieht seine Stunde gekommen, als ein anderer Sohn Mateus in die Hände der Karlisten fällt und nur gegen ein hohes Lösegeld freigelassen werden soll. Er verweigert dem aufgrund der Kriegswirren völlig verarmten und verschuldeten Mateu jede Hilfe, bietet Roser jedoch das Lösegeld gegen ihr Versprechen, ihn anstelle des armen Bauernsohnes zu heiraten. In dem Augenblick jedoch, in dem Roser bereit ist, ihr Lebensglück zu opfern und den ungeliebten Miquel zum Mann zu nehmen, rettet Bernat die Lage: In dieser zweiten Schicksalsnacht findet er endlich den reichen Erbschatz der Roser, nach dem er seit dem Brand von deren Elternhaus Nacht für Nacht gesucht hatte. Im allerletzten Bild fallen sich Roser und Bernat in die Arme, während Mateu und Melcior dem geretteten Sohn bzw. Bruder entgegenlaufen.

Dieser Schluß ist bezeichnend: Nicht Melcior und Roser umarmen sich, die Liebesgeschichte ist sekundär, Melcior selber nur eine Nebenfigur. Wesentlich ist die Rettung des Familienschatzes und mit dessen Hilfe die Rettung des Bruders; also die Erhaltung der familiären Gemeinschaft und der dazu notwendigen materiellen Grundlage. Wie auch in späteren Stücken des Dichters ist das individuelle Glück – auch die Liebe – dem Wohlergehen der Sippe untergeordnet. Die selbstlose Entscheidung Rosers – und diese Uneigennützigkeit ist der »Schmuck der Roser« im übertragenen Sinne – macht sie in gleichem Maße zur würdigen Ehefrau für Melcior wie ihr Erbschmuck. Als erfahrener Bühnenpraktiker und Amateurschauspieler weiß Soler die Handlung mit viel szenischem Geschick dramatisch so hochwirksam zu gestalten, daß *Les joies de la Roser* zu dem von ihm beabsichtigten großartigen Bühnenerfolg wird; auch in der Buchausgabe erweist sich das Stück als ein wahrer Bestseller. Damit zahlt sich Solers Erfolgsorientiertheit aus: Sein konservatives Melodram spricht das breite kleinbürgerliche Publikum an, das sich etwa mit der hochtrabenden Lyrik der archaisierenden »Blumenspiele« nicht identifizieren konnte. Es ist Solers Verdienst, das Drama in katalanischer Sprache mit einem würdigen Text wieder als ernstzunehmende literarische Gattung instituiert zu haben und gleichzeitig durch den außerordentlichen Publikumserfolg dieses und späterer Stücke die Ziele der *Renaixença*, der kraftvollen Wiedergeburt der katalanischen Schriftkultur, aus einem Intellektuellenkreis heraus in breitere Bevölkerungsschichten getragen zu haben. S.Kop.

AUSGABEN: Barcelona 1866. – Barcelona 1967.

LITERATUR: J.M. Poblet Guarro, *F. S. (Serafí Pitarra)*, Barcelona 1967. – X. Fàbregas i Surroca,

F. S. i el teatre del seu temps (in *Història de la literatura catalana*, Hg. M. de Riquer, A. Comas u. J. Molas, Barcelona 1986, Bd. 7, S. 291–363, bes. 306–351).

JACINT VERDAGUER

* 17.5.1845 Folgueroles bei Vic
† 10.6.1902 Vallvidrera bei Barcelona

LITERATUR ZUM AUTOR:
V. Serra i Boldú, *Biografia de mossèn J. V.*, Barcelona 1924. – G. Díaz-Plaja, *La geografía poética de V.* (in BRAE, 24, 1945, S. 387–392). – L. Riber, *J. V.* (ebd., S. 353–368). – S. Juan Arbó, *V., el poeta, el sacerdot i el món*, Barcelona 1951. – J. Miracle, *V., amb la lira i el colze*, Barcelona 1952. – M. de Montoliu, *La Renaixença i els Jocs Florals. V.*, Barcelona 1962. – J. M. de Sagarra, *V., poeta de Catalunya*, Barcelona 1968. – S. Juan Arbó, *V. (1845–1902)*, Barcelona [2]1970. – R. Xuriguera, *J. V., l'homme i l'obra*, Barcelona 1971. – J. Torrent i Fàbregas, *J. V. Resum biogràfic*, Barcelona [2]1977. – J. Torrents, *V.: un poeta per a un poble*, Barcelona 1980. – J. M. de Casacuberta, *Estudis sobre V.*, Vic/Barcelona 1986. – I. Cònsul, *J. V. Història, crítica i poesia*, Sant Boi de Llobregat 1986. – J. Molas, *J. V.* (in *Història de la literatura catalana*, Hg. M. de Riquer, A. Comas u. J. Molas, Bd. 7, Barcelona 1986, S. 223–289).

L'ATLÀNTIDA

(kat.; *Atlantis*). Episches Gedicht (zehn Gesänge, Einleitung und Schlußteil) von Jacint VERDAGUER, erschienen 1877. – Kolumbus trifft einen alten Mann, der von den Gewässern südöstlich Hispaniens erzählt und dann im Hauptteil vom Untergang des sagenhaften Atlantis berichtet, den Verdaguer in christlichem Geist als Strafe Gottes für die Sünden der Menschen deutet, in Anlehnung an den Bibelbericht über die Sintflut (5., 6., 7. und 9. Gesang). – Vor dem Hintergrund dieser gewaltigen Naturkatastrophe spielt die Handlung zuerst in Hispanien und dann in Atlantis. Der Held, ein christlich umgedeuteter Herkules, trennt auf Geheiß des Racheengels dieses Reich von Europa, da Gott seine Bestrafung beschlossen hat (4. Gesang). Nur Hesperis, die sanfte Königin von Atlantis, wird von Herkules gerettet, und aus der Verbindung dieser beiden entsteht in Spanien das neue, von Gott für die Entdeckung der Neuen Welt auserwählte Volk (10. Gesang). Das Werk schließt mit einem Ausblick auf die Entdeckung der Neuen Welt, des neuen Atlantis. – Verdaguer hat in seiner Dichtung verschiedenartige, einander oft widerstreitende Elemente vereinigt. So sind Legenden über die Ureinwohner der Iberischen Halbinsel, zahlreiche Motive aus der literarischen und mythologischen Tradition Griechenlands (Platon, die *Odyssee*, besonders der Sagenkreis um Herkules), biblische Erzählungen (Sintflut, Turmbau zu Babel, Bestrafung Sodoms und Gomorrhas) und ein lyrischer Exkurs über die Entstehung der griechischen Inseln in die Handlung eingeschoben. Die Darstellung der entfesselten Naturkräfte, die noch etwas von den Urgewalten der Schöpfungstage haben, läßt die Handlung in diesem mehr beschreibenden, kosmisch-tellurischen Epos stark zurücktreten. Dichtung verwirklicht sich hier als Weltschöpfung der Phantasie und der Sprache.
Die *Atlàntida* ist auch außerhalb des katalanischen Sprachraums bekannt geworden; zwar hatte die Renaissance der katalanischen Kultur schon lange vorher eingesetzt, aber erst dieses Epos nützte, ähnlich wie MISTRALS *Mirèio* für das Okzitanische, die großen dichterischen Möglichkeiten einer Sprache aus, die auf die mittelalterliche literarische Hochform zurückgreifen konnte. Es gelang dem Dichter, Altes und Neues, gelehrte Schrifttradition und Volksliteratur sicher zu verbinden und die Urkräfte der Natur in die Sprache zu bannen. A.F.R.

AUSGABEN: Barcelona 1877. – Buenos Aires 1877. – Barcelona 1886. – Barcelona 1906 (in *Obres completes*, Bd. 4). – Barcelona 1928. – Barcelona 1943. – Mexiko 1945. – Barcelona 1949 (in *Obres completes*; m. Einl. u. Bibliogr.; ern. 1964). – Barcelona 1979.

ÜBERSETZUNG: *Atlantis*, C. Commer, Freiburg i. B. 1897.

LITERATUR: J. Toldra de Bordas, *»L'Atlàntida« de J. V. Une epopée catalane au 19e siècle*, Paris 1881. – J. Fornell, *Ensaig sobre »L'Atlàntida«*, Barcelona 1912. – Zs. Mediterráneo (Sonderheft), Valencia 1945. – J. M. Casacuberta, *Sobre la gènesi de l'»Atlàntida« de J. V.* (in Estudis Romànics, 3, 1951/52, S. 1–56). – *J. V.: En el centenari de l'Atlàntida*, Hg. Fundació Carulla-Font, Barcelona 1977. – M. Condeminas, *La gènesi de »L'Atlàntida«*, Barcelona 1978. – P. Bohigas, *Notes sobre la composició i estructura de »L'Atlàntida«* (in *Aportació a l'estudi de la literatura catalana*, Barcelona 1982, S. 352–391). – J. Molas, *»L'Atlàntida«* (in *Història de la literatura catalana*, Hg. M. de Riquer, A. Comas u. ders., Bd. 7, Barcelona 1986, S. 237–250).

CANIGÓ

(kat.; *Canigó*). Epos in zwölf Gesängen von Jacint VERDAGUER, erschienen 1886. – Die Handlung spielt zu Anfang des 11. Jh.s am Canigó und in den benachbarten Bergen und Tälern der Pyrenäen. Die Brüder Guifré, Graf der Cerdanya, und Tallaferro, Graf des Rosselló, sowie dessen junger Sohn Gentil nehmen an einem Fest in einer Wallfahrtskirche am

Fuße des Canigó teil, als plötzlich ein Angriff der Mauren gemeldet wird (1. Gesang). Gentil, von der Schönheit des Canigó magisch angezogen, will, ehe er in den Kampf zieht, dessen Gipfel ersteigen; dabei gelangt er in das Reich der Flordeneu (Schneeblume), der Königin der Bergfeen, die ihm ihren gewaltigen Besitz zeigt (2.–4. Gesang). Im 5. und 8. Gesang werden die Heldentaten der Grafen geschildert. Dazwischen werden die Erlebnisse Gentils fortgeführt: man bereitet die Hochzeit des verzauberten Gentil mit Flordeneu vor; Guifré findet seinen Neffen nach langem Suchen, die Laute spielend und mit Blumen geschmückt, und erzürnt über dessen Verrat an den Ritteridealen, stürzt er ihn in einen Abgrund (6. und 7. Gesang). Im 8. Gesang begegnen sich Tallaferro und Guifré an der Unglücksstelle; Guifré bekennt seine Tat und schwört voll Reue, er wolle als Mönch in einem Kloster leben, das er über dem Grab des Toten errichten will. Doch nicht einmal dort findet sein Gewissen Ruhe. Nachdem auch sein Bruder verunglückt ist, stirbt er (9.–11. Gesang). Der 12. Gesang ist ein lyrischer Dialog zwischen den Bergfeen und den Mönchen. Die Mönche richten auf der Höhe des Canigó das Kreuz auf und vertreiben damit die Feen endgültig.

Dem *Canigó* liegen einige geschichtliche Ereignisse zugrunde, die Verdaguer mit lokalen Legenden aller Art und zahlreichen phantastischen Motiven ausgeschmückt hat. Das Werk stellt den katalanischen Heldenkampf gegen die Araber und den Sieg des Christentums über die heidnische Welt dar. Die lyrischen Beschreibungen sind weit zahlreicher als die dramatischen und erzählenden Partien (besonders im 2.–4. sowie im 6., 7., 10. und 12. Gesang). Wie die *Atlàntida* ist auch der *Canigó* als ein Naturepos zu bezeichnen: wird dort die ungeheure Gewalt der schaffenden und zerstörenden Natur beschrieben, so hier ihre majestätisch-beklemmende Größe und ihre berückende Schönheit. Auch sprachlich ist der *Canigó* das Gegenstück zu *Atlàntida*: während das Katalanische in dieser vor allem seine Fähigkeit beweist, die Kraft und die Macht der Natur zu evozieren, entfaltet es im *Canigó* seine lyrischen Seiten, seine anmutig-zarte Melodiösität. In beiden Fällen tritt das Menschliche – in den Gestalten wie im Geschehen – auffällig hinter der Natur zurück, ja erscheint geradezu überschattet und verkleinert von der Großartigkeit des Schauplatzes. So ist es Verdaguer gelungen, eine ganz eigene katalanisch-pyrenäische Mythologie zu formen. Es gibt im *Canigó* Abschnitte, die sich mit den vollendetsten Passagen der *chansons de geste* messen können. A.F.R.

AUSGABEN: Barcelona 1886. – Barcelona 1906 (in *Obres completes*, Bd. 4). – Barcelona 1930. – Barcelona 1943. – Vic 1945. – Barcelona 1949 (in *Obres completes*; mit Einl. u. Bibliogr.; ern. 1964). – Barcelona 1981.

DRAMATISIERUNG: J. Carner, *Canigó*, Barcelona 1910.

LITERATUR: J. Pepratx, *»Canigó«, étude bibliographique du nouveau poème catalan de V.*, Montpellier 1887. – E. Leguiel, *Essai sur »L'Atlantide« et le »Canigó« de J. V.*, Barcelona 1904. – V. Todesco, *Il »Canigó« di Giacinto V.*, Padua 1935. – J. M. Castro i Calvo, *V., poeta pirinaico* (in Pirineos, 1, 1945, S. 29–61). – G. H. Hauf, *La seducción de Gentil en el »Canigó« de V. y el romance de »El infante Arnaldos«* (in Revista de Dialectología y Tradiciones Populares, 28, 1972, S. 76/77). – C. Bastons, *El »Canigó« de J. V., lliçó d'història natural* (in *Homenaje a María de los Angeles Ferrer Sensat*, Barcelona 1974, S. 139–157). – P. Bohigas, *Manuscrits de »Canigó« de V.* (in *Homenatge a Josep M. de Casacuberta*, Bd. 2, Barcelona 1981, S. 358–366). – J. Molas, *»Canigó«* (in *Història de la literatura catalana*, Hg. M. de Riquer, A. Comas u. J. Molas, Bd. 7, Barcelona 1986, S. 270–279).

LLORENÇ VILLALONGA

* 1.3.1897 Palma de Mallorca
† 27.1.1980 Palma de Mallorca

LITERATUR ZUM AUTOR:
J. Molas, *El mite de Bearn en l'obra de V.* (in Ll. V., *Obres Completes*, Barcelona 1966, S. 7–29). – Ll. V., *Falses memòries*, Barcelona 1967. – D. Ferrà-Ponç, *Ll. V. entre tres cultures* (in Ll. V., *Narracions*, Barcelona 1974, S. 9–27). – D. Ferrà-Ponç, *Notícia de Ll. V.* (in Ll. V., *Flo la Vigne*, Barcelona 1974, S. 11–45). – J. Hösle, *Zur Literatur Mallorcas* (in IR, 9, 1979, S. 122–135). – J. Vidal Alcover, *Ll. V. i la seva obra*, Barcelona 1980. – J. Hösle, *Die Literatur Mallorcas* (in *Die katalanische Literatur von der Renaixença bis zur Gegenwart*, Tübingen 1982, S. 83–85). – Ll. V., *Notes autobiogràfiques* (in Randa, 15, 1983, S. 131–168). – J. Pomar, *Ll. V.*, Palma de Mallorca 1984. – J. Vidal Alcover, *Ll. V. (o la imaginació raonable)*, Palma de Mallorca 1984. – B. Porcel, *Els meus inèdits de Ll. V.*, Barcelona 1987. – M. Gustà, *Ll. V.* (in *Història de la literatura catalana*, Hg. M. de Riquer, A. Comas u. J. Molas, Bd. 11, Barcelona 1988, S. 119–156). – M.-L. Soler i Marcet, *Ll. V.: Ein mallorquinischer Aristokrat des Geistes* (in Die Horen, 158, 1990, S. 163–164).

BEARN O LA SALA DE LES NINES

(kat.; *Bearn oder der Saal der Puppen*). Roman von Llorenç VILLALONGA, erschienen zuerst 1956 in einer spanischen Fassung; 1961 dann auch auf katalanisch – ohne den wichtigen Epilog. Erst 1966 erschien er, stilistisch überarbeitet und unter Einschluß des Epilogs, in der heute verbindlichen katalanischen Ausgabe. Das Werk stellt das Kernstück eines Romanzyklus dar, der unter dem Titel *Der Mythos von Bearn*, beginnend mit dem Erstlingswerk *Tod einer Dame*, einen teils satirischen, teils elegischen Abgesang auf die untergehende adelige Kultur Mallorcas darstellt.

Wichtigster Schauplatz des Romans ist das titelgebende Landgut Bearn im gebirgigen Inneren Mallorcas. Das Buch deklariert sich als brieflicher Bericht Joan Mayols, des Hauskaplans der Familie Bearn, über die Entstehungsgeschichte der Memoiren Don Tonis sowie über die Ereignisse, die zum Tod desselben und seiner Frau Maria Antònia geführt haben. Die dem Leser nahegelegte Vermutung, daß der Briefschreiber und Ich-Erzähler Joan ein natürlicher Sohn Don Tonis sei, prägt die Erzählperspektive des Romans, der ganz von Ambivalenzen durchdrungen ist: Vom Standpunkt der katholischen Orthodoxie eines Landgeistlichen und im Gefühl kindlicher Vereherung für den Vater wird das Leben eines Skeptikers und unruhigen Geists erzählt.

Der erste Teil trägt den Titel *Unter Fausts Einfluß* und entwickelt den »faustischen« Charakter Don Tonis. Dieser ist als erklärter Schüler Voltaires einerseits vom französischen Rationalismus und Skeptizismus geprägt und betreibt philosophische, naturwissenschaftliche und technische Studien, andererseits teilt er mit seiner Frau Maria Antònia das schon beinahe anachronistische Leben des katholischen Landadels. Maria Antònia, die dieser Lebensform ungebrochen und mit Eleganz verpflichtet ist, kann die Augen vor den Seitensprüngen ihres Mannes nicht länger verschließen, als dieser mit beider Nichte Xima, einem verführerischen jungen Mädchen, nach Paris abreist. Der Vorwand für diese Reise ist die Uraufführung von Gounods *Faust* (1859), und faustisch ist das Paris, das die beiden Mallorca-Flüchtlinge erleben, ein Paris der fieberhaften urbanistischen Entwicklungen. Freilich findet Xima bald andere Liebhaber, und Don Toni kehrt nach Bearn zurück.

Der zweite Teil des Romans heißt *Frieden herrscht in Bearn*. Ein Jahrzehnt ist vergangen, die beiden Gatten haben sich versöhnt und leben mit Joan viele Jahre in einem Zustand paradiesischer Eintracht und Zeitlosigkeit, inmitten einer wohlwollenden mediterranen Natur und unbeeindruckt von dem wachsenden Schuldenberg, der auf dem Besitz lastet. Aus dem Rückblick formuliert Joan: *»Bearn vermochte 22 Jahre lang zu lächeln: eine Ewigkeit. Erst heute, wo ich von außen daran zurückdenke, verstehe ich, daß es ein Paradies war, denn auf dieser Welt gibt es nur verlorene Paradiese.«* Einzig eine Reise, die die drei nach Paris und dann nach Rom zu einer Privataudienz bei Leo XIII. führt, unterbricht die paradiesische Gleichförmigkeit der Tage. In Paris unternimmt Don Toni eine Ballonfahrt, während der arglose Joan als neuer Candide in manche Netze der Großstadt gerät. Die Papstaudienz ermöglicht eine Gegenüberstellung des Skeptikers Don Toni mit dem »aufgeklärten« Leo XIII., woraus für Joan neue Beunruhigung entsteht.

Das Ende ist – je nach Lesart – eine Katastrophe oder der klassische Ausgang der Geschichte von Philemon und Baukis. Ein letzter Besuch der bereits gealterten Xima bringt den Stein ins Rollen. Villalonga läßt sie drei vergiftete Bonbons mit sich führen. Maria Antònia, die versehentlich eins zu sich nimmt, stirbt mit der ihr gemäßen heiteren Frömmigkeit, und Don Toni schließt sich ihr, sehr zum Entsetzen Joans, im Freitod an.

Innerhalb des Bearn-Zyklus neigt dieser Roman mehr als die anderen zur idyllisch-elegischen Beschwörung einer versinkenden Lebensform. Villalongas Talent zum *esperpento* in der Nachfolge R. del Valle-Incláns erweist sich jedoch einmal mehr im Epilog, in dem es um das geheime Familienarchiv geht, das im »Saal der Puppen« *(Sala de les nines)* verschlossen ist. Für diese Dokumente bzw. für die Lebensspuren eines Don Felip de Bearn, seine seltsamen sexuellen Neigungen und Manien, interessieren sich zwei Abgesandte eines *»kaiserlich-preußischen Zentrums für freimaurerische und theosophische Forschungen«*. Joan, treuer Nachlaßverwalter seines Vaters und Gönners, entzieht ihnen die gewünschten Auskünfte durch eine nächtliche Brandstiftung im »Saal der Puppen«. Dadurch werden freilich auch dem Leser Informationen vorenthalten, auf die ein Netz von Anspielungen hinzulaufen schien, und die Geschichte der Bearns und ihrer Ausstrahlung bleibt von Zweifeln umhüllt.

Mit den Mitteln der Ironie, der durchgehenden Ambivalenzen und weise gewählter Leerstellen gelingt es Villalonga, einen höchst reizvollen Roman zu gestalten, der zu Recht als sein Hauptwerk gilt, als ein klassischer moderner Roman, der in seiner Erzählkunst mehr französischen als katalanischen oder spanischen Vorbildern verpflichtet ist. Villalongas Bewunderung für Proust schlägt sich in der Thematisierung der Zeit bzw. der Erinnerung nieder: Don Tonis Memoiren, von denen der Leser nur ein durch die Figurenperspektive Joans gebrochenes Bild erhält, sind einerseits ein Hohelied auf die Ehefrau, andererseits eine Suche nach der verlorenen Zeit, die sich nur im Akt des Schreibens festhalten läßt. Somit sind diese Memoiren ein Abbild der Tätigkeit des Autors selbst, der – wie immer auch ironisch gebrochen – die verlorene Zeit seiner eigenen Lebenserfahrung, ein höchst subjektives und zugleich faszinierendes Bild von Mallorca, im Schreiben festhalten will. Die zum Teil überraschenden thematischen Parallelen zu dem 1958 erschienen Roman *Il gattopardo (Der Leopard)* von Giuseppe Tomasi di Lampedusa – der Niedergang einer Adelsfamilie einer mediterranen Insel im Wandel – haben Villalonga dazu bewogen, den Roman des Sizilianers ins Katalanische zu übersetzen. B.Wa.

Ausgaben: Barcelona 1956 [span. Übers.]. – Barcelona 1961. – Barcelona 1966 (in *Obres Completes*, Bd. 1). – Barcelona 1980 (in *Les novelles del mite de Bearn*). – Barcelona 1980.

VERFILMUNG: Spanien 1983 (Regie: J. Chávarri).

LITERATUR: A. Vilanova, *»Bearn« de Lorenzo Villalonga* (in Destino, Juli 1957, Nr. 1042, S. 22). – J. Pomar, *Lorenzo Villalonga o la crisis de un mundo* (in Ll. V., *Bearn o la sala de las muñecas*, Barcelona 1969, S. 7–24). – J. M. Benet i Jornet, *Per a una lectura de »Bearn o la sala des les nines«* (in Els Marges, 1975, Nr. 4, S. 116–122). – F. Parcerisas, *Dues imatges de Ll. V.* (in Saber, 1980, Nr. 2, S. 25–27). – F. Vallverdú, *Estàndard i llenguatge literari de les dues edicions de »Bearn«* (in Randa, 1980, Nr. 11, S. 171–178). – M. A. Manresa, *Aspectes sociològics de »Bearn«* (in Affar, 1982, Nr. 2, S. 139–146). – B. Porcel, *Els meus inèdits de L. V.*, Barcelona 1987, S. 233–243. – B. Wagner, *Mallorca und die Universalität der Lumières* (in Zeitschrift für Katalanistik 1, 1988, S. 52–61).

MORT DE DAMA

(kat.; *Tod einer Dame*). Roman von Llorenç VILLALONGA, erschienen 1931 unter dem Pseudonym »Dhey«. – Villalongas literarisches Debüt gilt als erster moderner mallorquinischer Roman. Sein erstes – ausschließlich mallorquinisches – Publikum empfand ihn als skandalöse Provokation, denn die Wahl seiner Muttersprache als Literatursprache hinderte Villalonga nicht, die mallorquinischen Regionalisten ebenso wie die nach Kastilien blikkenden Zentralisten der Insel mit den Mitteln der Satire empfindlich zu treffen.

Der in späteren Ausgaben um mehrere Kapitel erweiterte Roman erzählt den als öffentliches Schauspiel inszenierten Tod einer alten und reichen Aristokratin, Dona Obdúlia de Montcada, sowie die Machenschaften ihrer potentiellen Erbinnen. Um die Gunst der eigenwilligen Kranken bemühen sich die Nichte Maria Antònia de Bearn, eine verarmte Adelige von legendär tadelloser Haltung und Eleganz, Remei Huguet, die bigotte Gesellschafterin der alten Dame und eine typische Schmarotzerfigur, sowie andere Damen der aristokratischen und gutbürgerlichen Gesellschaft. Die zur Schau getragene Ehrbarkeit und Moralität dieser Frauenfiguren enthüllt Villalonga mit den sprachlichen Mitteln der Satire, aber auch mit Hilfe psychoanalytischer Einsichten als Gesellschafts- und Charaktermasken. – Parallel zur Haupthandlung verfolgt der Roman Aufstieg und Fall der Heimatdichterin Aina Cohen, die ihre jüdische Herkunft – ein schwerer Mangel in den Augen ihrer Umwelt – durch angestrengte Anpassung an die reaktionären Verhaltens- und Schreibnormen der mallorquinischen Gesellschaft vergessen zu machen sucht. Die feinen Mechanismen dieser Zwänge, die Aina Cohen in ihrem prekären Aufsteigerstatus einengen und ihr lyrisches Werk auf eine idyllisch-bukolische Thematik festlegen, führen schließlich zum Wahnsinn dieser Figur, die Villalonga mit ebensoviel psychologischer Einsicht wie scharfzüngiger literarischer Satire gestaltet hat (im Anhang »veröffentlicht« er eine Blütenlese aus der literarischen Produktion der »hervorragenden Dichterin«, die eine Parodie auf die »Mallorquinische Dichterschule« darstellt).

Obwohl der Roman mit der Beschreibung des letzten Lebensabschnitts Dona Obdúlias über einen leitenden Handlungsstrang verfügt, folgt er insgesamt mehr einer der satirischen Absicht entsprechenden Cabaret-Ästhetik als einer durchkomponierten Struktur: der Autor reiht Bild an Bild und erlaubt sich willkürliche chronologische Sprünge, die von einem auktorialen Erzähler kommentiert werden. So kann er verschiedene pittoreske Figuren der mallorquinischen Gesellschaft vorführen wie den Marquis de Collera, das Haupt der konservativen Zentralisten, der das Pech hat, in den Armen einer käuflichen Geliebten aus dem Leben zu scheiden, oder den Erzherzog Ludwig Salvator aus dem Hause Habsburg, einen sich der Inselaristokratie verweigernden Bewunderer der Insel. Die ersten internationalen Touristen, die in den zwanziger Jahren auf Mallorca auftauchen und mit ihrem Lebensstil die Mallorquiner schockieren, treten auf Villalongas Bühne ebenso auf wie die Redakteure der beiden führenden Zeitungen, der kastilischen und der katalanischen, unter deren Titel *Bé hem dinat* sich die Gruppe »La Nostra Terra« verbirgt, mit der Villalonga sich überworfen hatte.

Der Roman schließt mit einer Pointe: Alleinerbin Dona Obdúlias wird ihre zweite Nichte Violeta de Palma, eine Music-Hall-Sängerin, die in Barcelona ein wenig standesgemäßes Leben führt und deren Wahl ein letztes Aufbäumen des Lebenswillens der alten Dame bedeutet. Dona Obdúlia selbst ist letzten Endes eine groteske Figur, und Villalongas Satire verdankt viel der »Esperpento«-Ästhetik R. del VALLE-INCLÁNS. Das schließt aber nicht aus, daß er in seinem Roman nicht auch ein positives Bild von Mallorca zeichnet: in der Figur Maria Antònias, in deren diskretem Charme und deren Sinn für Maß und Eleganz er die lateinisch-mediterranen Qualitäten seiner Heimatinsel erkennt.

Villalongas späterer Erfolg als Erzähler, vor allem als Autor des Romans *Bearn o la sala de les nines*, brachte seinem Erstlingswerk Erfolg und Anerkennung auf dem katalanischen Festland sowie in spanischer Übersetzung. Mittlerweile ist es zu einem Klassiker der modernen katalanischen Literatur avanciert. B.Wa.

AUSGABEN: Palma de Mallorca 1931. – Barcelona 1954; ern. 1965 [Vorw. S. Espriu]. – Barcelona 1966 (in *Obres completes*; Vorw. J. Molas; Bd. 1). – Barcelona 1980 (in *Les novel·les del mite de Bearn*). – Barcelona 1981. – Barcelona 1986.

LITERATUR: W. Schulz, *»Muerte de Dama«. Prólogo de la versión castellana* (in Brisas, 18, 1935, S. 11). – J. M. Llompart, *La literatura moderna a les Balears*, Mallorca 1964, S. 159–164. – Ders., *»Mort de Dama« de Ll. V.* (in *Guia de la literatura catalana contemporània*, Hg. J. Castellanos, Barcelona 1973).

Die galicische Literatur seit dem »Rexurdimento«

von Orlando Grossegesse

Die große Blütezeit der galicischen Literatur fällt eigentlich in das Hochmittelalter, als die galicisch-portugiesische Lyrik weit über die Sprachgrenzen im Nordwesten der Iberischen Halbinsel hinaus auch an kastilischen und okzitanischen Höfen rezipiert wurde (vgl. den Essay »Die portugiesische Literatur«). Als die Katholischen Könige Ende des 15. Jahrhunderts jedoch im Zuge der Kastilisierungsbestrebungen den Gebrauch des Galicischen als Amtssprache untersagten, war der Verfall der galicischen Literatur, der Jahrhunderte dauern sollte, nicht mehr aufzuhalten. Erst seit dem Beginn des 19. Jahrhunderts erlebt die Literatur in galicischer Sprache eine Renaissance *(Rexurdimento)*. Sie knüpft dabei allerdings keineswegs an die große Lyrik des Mittelalters an, deren Liederhandschriften erst um die Jahrhundertwende philologisch erschlossen wurden und deren Existenz noch lange danach in Galicien nur wenigen bekannt war. Das Wiederaufleben der Literatur in galicischer Sprache, mehr als 500 Jahre nach der letzten Blütezeit der *Cancioneiro*-Lyrik, ging vielmehr ausschließlich von der mündlichen Tradition und Folklore (Tanz *muñeira*, gesungene *cantigas*, Weihnachtslieder, Volkstheater usw.) aus. Für öffentliche Belange wurde weitgehend das Kastilische benutzt, das die dünne Oberschicht bereitwillig assimilierte, da sie kein Autonomiebewußtsein besaß. Das Galicische war somit eine zum Dialekt abgesunkene Sprache der Bauern und Seeleute mit geringem sozialem Prestige, eine Sprache, die in der Privatsphäre herrscht, während das öffentliche Leben dem mächtigen Druck des Kastilischen ausgesetzt war und ist.

Erste Schritte

Im Unabhängigkeitskrieg gegen die napoleonische Besetzung wurden erstmals diese Verhältnisse durchbrochen, als sich Autoren mit politischer und patriotischer Propaganda (Flugblätter, Dialog-Literatur) an das gewöhnliche Volk richteten, zum Beispiel Xosé FERNANDEZ NEIRA, mit *Proezas de Galicia*, 1810 *(Heldentaten Galiciens)*. In der Tradition neoklassizistischer Aufklärungsliteratur steht das anonym publizierte Buch *Os rogos de un gallego*, 1813 *(Die Bitten eins Galiciers)*, von Manuel PARDO DE ANDRADE, das gegen die Inquisition und für die liberale Verfassung von Cádiz eintritt. Nicomedes PASTOR DÍAZ schreibt 1828 die ersten galicischen Verse von künstlerischem Rang im Geist des Neoklassizismus: *Égloga, Belmiro e Benigno (Ekloge, Belmiro und Benigno); A Alborada (Die Morgendämmerung)*. Weitere verspätete Neoklassizisten oder Frühromantiker mit folkloristischen Zügen treten auf und versammeln sich 1861 zu den ersten, wenig rühmlichen Blumenspielen *(Xogos frorás)* in La Coruña, zwei Jahre nach den ersten katalanischen *Jocs florals* in Barcelona. Aber der Grundstein für ein Wiederaufleben der galicischen Literatur war gelegt, wobei dank einer nie unterbrochenen Tradition der Volkslyrik eindeutig der poetische Diskurs vorherrschte. Pionierarbeit im Bereich der Prosa leistete Xoán Manuel PINTOS mit *A gaita gallega (Der galicische Dudelsack)*, einer Mischung aus populärer Erzählung und Gedichten, die 1853 mit Fortsetzungen erschien. Der erste Roman auf galicisch wurde erst 1880 *(Maxina, ou a filla espúrea – Maxina oder die illegitime Tochter)* veröffentlicht, wobei sein Autor Marcial VALLADARES NÚÑEZ eine gewaltige Spracharbeit unternehmen mußte, da das gesprochene Galicisch zu diesem Zeitpunkt einer solch komplexen Aufgabe noch kaum gewachsen war.

Lyrische Höhepunkte

Die wenig innovative Blüte folkloristisch-sentimentaler Dichtungen in den folgenden Jahrzehnten bis zur Jahrhundertwende hätte trotz aller braven Anstrengungen gelehrter Pfarrer und Lehrer kaum ausgereicht, um ein dauerhaftes *Rexurdimento* zu sichern. Dieses ist nämlich im wesentlichen drei überragenden Persönlichkeiten zu verdanken: Rosalía de CASTRO (1837–1885), Eduardo PONDAL (1835–1917) und Manuel CURROS ENRÍQUEZ (1851–1908). Waren letztere eher dogmatisch orientiert und bemühten sich um eine Mission der galicischen Kultur und Sprache, kümmerte sich Rosalía de Castro nicht um ideologische Aspekte. Nach der Lektüre kastilischer Romantiker und unter dem Einfluß ihres Mannes, Manuel MURGUÍA (1833–1923), der tatkräftig das literarische Leben Galiciens organisierte *(A cova céltica – Die keltische Höhle)*, schrieb Rosalía de Castro Poesie in der Sprache des Volkes. So entstanden nach dem Vorbild von Antonio de TRUEBAS *Libro de los cantares (Buch der Gesänge)* ihre *Cantares gallegos*, 1863 *(Galicische Gesänge)*. Überwiegen in diesem Band noch ländliche Sittenbilder im Wechsel mit romantischer Erlebnislyrik, so gewinnen in den folgenden, 1870/71 geschriebenen *Follas novas*, 1880 *(Neue Blätter)*, Gedichte mit einem ausgesprochenen sozialen Inhalt größeres Gewicht. Nicht nur für Rosalía de Castro, sondern auch für die Mehrzahl der Dichter bis zum Beginn des 20. Jahrhunderts waren die geistige Verarmung Galiciens, die materielle Not, der Aderlaß der Emigration entscheidend für den elegischen Grundton. Dieser ist eng verknüpft mit dem Motiv der *saudade*, das die gesamte galicische Lyrik prägt. Bei Rosalía de Castro vereint sich *saudade* mit romantischem Weltschmerz und Pessimismus und erreicht eine ontologische Dimension, die die Grenzen sentimentaler Regionalpoesie weit hinter sich läßt und damit entscheidend dazu beiträgt, das Galicische als Literatursprache neu zu etablieren.

Unter dem Eindruck dieser Leistung begannen zahlreiche Autoren Galiciens in ihrer Muttersprache zu schreiben. Zu ihnen zählt Eduardo PONDAL (1835–1917), der den Ossianismus James MACPHERSONS und die spärlichen Bezüge aus dem keltischen Sagenkreis auf Galicien ernst nimmt *(celtismo)*. In heroischen Hymnen läßt er – aus Mangel an überlieferten Stoffen – ein erfundenes archaisches Galicien (das Land von Breogán) wiederaufleben und findet zu einer eigenen Form bardischer Poesie (*Queixumes dos pinos*, 1886 – *Klagen der Kiefern*). Pondal, in der Rolle des verkannten Dichters und Propheten, der dem galicischen Volk eine seiner glorreichen Vergangenheit angemessene Zukunft verheißt, bezieht auch Portugal in seinen Wunschtraum des »Imperiums der hispanischen Völker« unter Galiciens Initiative ein. Dieser *galeguismo* mit einer »lusistischen« Tendenz entwickelte sich bis in die zwanziger Jahre (Vicente RISCO) fort. Pondals Dichtungen sind archaisierend-bukolisch, vom Philhellenismus beeinflußt, und holen gleichsam aus pedantisch-patriotischer Gelehrsamkeit den Klassizismus für die galicische Sprache nach (vgl. das unvollendete Epos *Os Eoas* in Nachfolge von CAMÕES).

Besaß Pondal aristokratische Vorstellungen, war Manuel CORROS ENRÍQUEZ (1851–1908) Republikaner, der als Romantiker einen Fortschrittshumanismus in der Art von Victor HUGO und A. M. da Guerra JUNQUEIRO vertrat. Seine bekanntesten Werke sind der Gedichtband *Aires da miña terra*, 1880 *(Weisen aus meinem Land)*, und das parodistische Epos *O divino sainete*, 1888 *(Der göttliche Schwank)*.

Neues Sprachbewußtsein

Den »Klassikern« der galicischen Literatur, Rosalía de CASTRO, PONDAL und CURROS ENRÍQUEZ, folgte eine Welle epigonaler Texte, die nur wenig Neues zur Entwicklung beitrugen und im Bereich der Prosa und des Theaters dem Ländlichen, Kostumbristischen und Historisierenden verhaftet blieben (Antonio LÓPEZ FERREIRO, Galo SALINAS, Manuel LUGRÍS FREIRE). Es gibt nur eine verspätete und schwache Ausprägung des Realismus. Symbolistische Dichter fehlen. Noriega VARELA (1869–1947) sorgte zu Beginn des 20. Jahrhunderts maßgeblich für die Erneuerung der galicischen Lyrik und betonte die Orientierung nach Portugal (Eugénio de CASTRO, Joaquim Teixeira de PASCOAES). Die Autoren spalteten sich bald in eine konservativ-traditionelle Richtung *(literatura rexionalista)* und in eine moderne Weiterentwicklung des *galeguismo* auf. So betrieben die 1916 gegründeten *Irmandades da Fala (Bruderschaften der Sprache)* eine aktive kulturelle Regeneration des Landes gegenüber der fortschreitenden Kastilisierung. Ihr publizistisches Organ war ›A nosa terra‹, und ihre herausragende Persönlichkeit, Ramón CABANILLAS (1876–1959), pflegte eine narrative Poesie, die an die Artusepik anschloß. In La Coruña entstand ein Zentrum dramaturgischer Kunst. Erst jetzt wurden die mittelalterlichen Cancioneiros in ihrer Bedeutung für die Erneuerung des Galicischen erkannt. Das *Seminario de Estudos Galegos* (1923–1936) »schöpfte« durch Ableitungen gemäß den Geestzen der historischen Phonetik die Sprache »wieder«, um dem Kastilischen einen genuin galicischen Sprachschatz entgegenzusetzen (Armando COTARELO VALLEDOR). Gleichzeitig erwachte eine neue Sensibilität des *meievalismo* und *xograrismo*, die eine romantisch-überhöhende Verzerrung des Kulturerbes vermied und statt dessen »rational« ins Mittelalter vordringen wollte, um es gleichsam gewaltsam in die Gegenwart zu holen und mit neuer Bedeutung zu versehen.

Aktuelle Tendenzen

Das *Seminario de Estudos Galegos* war eng verknüpft mit der Gruppe um die Zeitschrift ›Nós‹, der sich diejenigen Autoren anschlossen, die den engen Regionalismus aufsprengen wollten, für die aktive Integration der galicischen Kultur in die europäische kämpften und dabei eine für die Zeit erstaunliche Vermittlungsarbeit moderner Literatur in Galicien leisteten. Zu den wichtigsten Autoren gehören Rafael DIESTE, Ramón OTERO PEDRAYO, Celso Emilio FERREIRO, Eduardo BLANCO-AMOR und der wohl bedeutendste Autor Galiciens im 20. Jahrhundert, Alvaro CUNQUEIRO (1911–1981), der sich später zum Meister der modernen galicischen Erzählkunst entwickelt. In seinen Romanen werden fabulöse und mythische Stoffe neu erzählt *(realismo máxico)*, wobei metanarrative und intertextuelle Kunstgriffe zum Einsatz kommen: *Merlín e familia*, 1955 *(Merlin und seine Familie)*, *As crónicas do sochantre*, 1956 *(Die Chroniken des Kantors)*, *Si o vello Simbad volvese ás illas*, 1961 *(Wenn der alte Sindbad zu den Inseln zurückkehrte)*. Neben Cunqueiro setzten Antón AVILÉS DE TARAMANCOS und Ricardo CARBALLO CALERO entscheidende Impulse für das Fortleben der galicischen Literatur nach dem Bürgerkrieg und während der Francozeit, die die kulturellen Bewegungen der zwanziger und dreißiger Jahre um ihre Früchte brachte. Die Dominanz des Kastilischen hat weiter zugenommen, und die Literatur in galicischer Sprache beschränkt sich heute hauptsächlich auf einen (Pseudo-)Lyrismus, Historizismus (Víctor F. FREIXANES, Alfredo CONDE) und Essayismus (Manuel RIVAS), wobei sich Vigo als Zentrum moderner galicischer Literatur im Zusammenhang mit der Musikbewegung (Antón REIXA) etabliert hat. Die meisten Autoren haben mit Lyrik begonnen und sich dann erzählerischen Formen, meist der Kurzprosa, zugewandt (Xosé Luis MÉNDEZ FERRIM, Ramiro FONTE, Román RANHA LAMA, Manuel FORCADELA). Unter den zahlreichen Lyrikern (Anthologie *De amor e desamor*, 1984/85) sind insbesondere Xosé Maria ALVAREZ CÁCCAMO und Xavier RODRÍGUEZ BAIXERAS hervorgetreten, sowie Miguel Anxo FERNÁN-VELLO, der auch Theater schreibt. Die weibliche Stimme in der modernen galicischen Literatur ist vor allem durch Maria Xosé QUEIZÁM und Pilar PALLARÉS vertreten.

Literaturhinweise

C. Barja, *En torno al lirismo gallego del siglo XIX*, Northampton/Mass. 1926.

R. Carballo Calero, *Historia da literatura galega contemporánea*, Vigo ²1975.

Ders., *Libros e autores galegos secolo XX*, La Coruña 1982.

U. Herrmann u. A. Schönberger (Hg.), *Studien zu Sprache und Literatur Galiciens*, Frankfurt/Main 1991 [Kongreßakten].

D. Kremer u. R. Lorenzo (Hg.), *Tradición, actualidade e futuro do galego*, Santiago de Compostela 1982 [Kongreßakten].

F. Nodar Manso, *La narratividad de la poesia lírica galaico-portuguesa*, 2 Bde., Kassel 1985.

J. do Prado Coelho, *Dicionário de literatura. Literatura portuguesa, literatura brasileira e galega, estilística literária*, 5 Bde., Porto 1978.

J. Varela, *Poesia y restauración cultural de Galicia en el siglo XIX*, Madrid 1958.

Die portugiesische Literatur in Europa und Afrika

Die portugiesische Literatur

von Harri Meier
fortgeführt von Ray-Güde Mertin

Die Aufnahme der portugiesischen Literatur in Deutschland hat – ähnlich wie in England, Frankreich, Italien – ihre deutlich markierten Gezeiten. Wer ihrer Geschichte nachgeht, wird beobachten, daß nach einer langen Zeit geringen Interesses wie mit einem Schlag um 1760, das heißt, kurz nachdem das große Lissabonner Erdbeben von 1755 die Aufmerksamkeit der Welt auf Portugal gelenkt hatte, vielfältige Bestrebungen einsetzen, das deutsche Publikum mit dem portugiesischen Schrifttum bekannt zu machen. *»Das eigentümliche Genie und die beträchtliche Anzahl der portugiesischen Dichter, die Vortrefflichkeit der meisten von ihren Werken ... machen dieselben ... interessant und wichtig«*, schreibt 1769 Johann Andreas Dieze, einer der Bahnbrecher dieser Bewegung. Die erste – von Dieze geplante – Darstellung der portugiesischen Literaturgeschichte hat dreieinhalb Jahrzehnte später, auf die reichen Bestände der Göttinger Bibliothek gestützt, Friedrich Bouterwek geschrieben. In den Bereichen der Weltliteratur, die unsere klassischen und romantischen Autoren neu erschlossen haben, nahm Portugal während mehrerer Generationen einen wichtigen Platz ein, bevor diese Bewegung auch bei uns wieder verebbte. Seit der Revolution von 1974 erfreut sich jedoch vor allem der moderne portugiesische Roman wachsenden internationalen Interesses.

Land, Sprache, geschichtliche Voraussetzungen

Wer immer einmal die eine Stunde Flugstrecke von Madrid nach Lissabon zurücklegt, wird eines merkwürdigen Kontrastes gewahr. Zunächst ziehen die erdbraunen Felder und Flächen der kastilischen Hochebene und die kahlen Gebirgszüge der spanischen Sierras vorüber; verlorene Dörfer heben sich mit ihren lehmfarbenen Häusern kaum von der Landschaft ab. Plötzlich verändert und belebt sich das Bild: hügeliges Gelände, Wasserläufe, Grünflächen und Wäldchen, weiß oder in Pastellfarben gekalkte Häuser – und kurz darauf die silberne Wasserfläche des Tejobeckens und des Atlantik. Verfolgt man auf der Karte die Route, so wird man feststellen, daß der Wechsel des Landschafts- und Kulturbildes mit der Grenze der beiden Nationen zusammenfällt.

Der Eindruck des Kontrastes wird durch die Sprache bestätigt. So groß die Ähnlichkeit der beiden romanischen Schwestersprachen, des Spanischen und Portugiesischen, in ihrem Schriftbild ist, so sehr muß ihre Verschiedenheit in der gesprochenen Rede zunächst überraschen. Das verwandte lateinische Wortmaterial wird hier auf einem völlig anderen Instrument in Klang umgesetzt: der klaren, mit wenigen Vokalen auskommenden spanischen Aussprache steht im Portugiesischen eine kaum auszumessende Skala von vollen und verhauchten Lauten, von Nasalen und Diphthongen gegenüber, die teilweise schwer zu unterscheiden sind. Heute wird diese Sprache in Portugal und den ehemaligen Kolonialbesitzen in Afrika (Angola, Moçambique, Cabo Verde, Guinea Bissau) und Asien (Macau, Goa, Osttimor), in Brasilien und – in Varianten – im spanischen Galicien von über achtzig Millionen Menschen gesprochen und ist somit nach dem Spanischen das meistgesprochene romanische Idiom.

Während im Zentrum und Osten der Pyrenäenhalbinsel die Bevölkerung vorwiegend iberischer Herkunft ist, scheinen im Westen die Nasalität der portugiesischen Aussprache und andere Erscheinungen, die innerhalb der romanischen Sprachen zum Teil im Französischen eine Parallele haben, auf den stärkeren keltischen Einschlag zu deuten. Die Römer trugen diesen ethnischen Unterschieden Rechnung, indem sie bei der administrativen Aufteilung der Hispania den Westen schon früh zu einer eigenen Provinz, der Lusitania, machten. »Lusisch« oder »lusitanisch« ist eine von den Humanisten der Renaissance erneuerte Bezeichnung für »portugiesisch«, die noch heute in Geltung ist. Das Portugiesische aber hat sich auf dem Gebiet der späteren römischen Provinz Gallaecia, Galicien, herausgebildet, die den Nordwesten der Halbinsel bis zum Douro (span. Duero) südlich umfaßte. Hier löste während der Völkerwanderungszeit das Suevenreich die römische Herrschaft ab. Im Kerngebiet des späteren Portugal, in den Städten Braga und Portu(s) Cale (dem heutigen Oporto, dessen alter Name der Name des Landes wurde) haben die Sueven den Westgoten am heftigsten widerstanden – ein frühes Zeichen für den Selbständigkeitsdrang dieser Region.

Die Rolle Portugals als geschichtliche Person beginnt aber erst im 9. Jahrhundert, das heißt erst, als die von den Arabern nordwärts zurückgedrängten

Völker zur Rückeroberung, zur Reconquista, aufgebrochen waren. Im Jahre 1094 verleiht Alfons VI. von León und Kastilien seinem burgundischen Schwiegersohn Heinrich die Grafschaft Portugal, den Norden des heutigen Landes, als erbliches Lehen. Schon dessen Sohn Alfons Henriques, der den Mauren Lissabon entreißt, läßt sich 1140 zum König ausrufen, und ein weiteres Jahrhundert später findet sich das junge Staatswesen innerhalb der Grenzen konstituiert, die es (von späteren kleinen Retuschen abgesehen) noch heute von Spanien trennen und die wohl die ältesten fortlaufenden Landesgrenzen der Gegenwart darstellen. Die längere Nordsüdgrenze bildet auch eine sprachliche Scheide zwischen dem Portugiesischen und dem Spanischen, die westöstlich verlaufende Grenze im Norden Portugals dagegen zerschneidet politisch seit nun 800 Jahren zwei sprachlich verwandte Gebiete: Portugal und Galicien.

Von den christlichen Reconquista-Staaten haben sich León-Galicien, Kastilien, Navarra und Aragón-Katalonien im Laufe der Zeit in dem ersten großen Nationalstaat der neueren Geschichte, Spanien, vereinigt. Daß Portugal diesem Einheitsgedanken immer fernstand, hat Ramón MENÉNDEZ PIDAL in der lichtvollen Untersuchung, die er der Vorgeschichte der spanischen Einheit widmete, nachdrücklich betont. Allein die Zeit der Personalunion unter den spanischen Habsburgern (1580–1640) bildet eine Zäsur in der Geschichte der portugiesischen Unabhängigkeit.

Aber bekanntlich ist die Sprache der Literatur nicht an Sprachgrenzen gebunden. Vom 13. bis in das 17. Jahrhundert war Literatursprache zunächst in Spanien auch das Galicisch-Portugiesische, später in Portugal das Spanische. Nicht ohne weiteres läßt sich also die literarische »Gütergemeinschaft« in »hier spanisch und dort portugiesisch« auflösen.

Die galicisch-portugiesische Lyrik

Als der okzitanische Trobadur RAIMBAUT DE VAQUEIRAS um 1200 in seinem berühmten fünfsprachigen *Descort* die Dichtungssprachen seiner Zeit vereint, schließt er neben dem Provenzalischen, Italienischen, Französischen und Gascognischen das Galicisch-Portugiesische mit einer Strophe in ihren Kreis ein. Das ist ein wichtiges Zeugnis nicht nur für die frühe Existenz einer hohen Dichtung, verfaßt in dem im Westen der Iberischen Halbinsel gesprochenen Idiom, sondern auch für die Resonanz, deren sie sich schon zu dieser Zeit in fernen Landen erfreute. Erst das 19. Jahrhundert hat uns diese Dichtung wieder direkt zugänglich gemacht. In drei während dieser Zeit entdeckten Liederhandschriften ist im wesentlichen enthalten, was wir heute an Texten kennen: Einige zweihundert verschiedene Dichter mit etwa zweitausend Liedern finden sich im *Cancioneiro da Ajuda* (in der Bibliothek des Palácio da Ajuda bei Lissabon), dem *Cancioneiro da Vaticana* und dem *Cancioneiro Nacional*, auch *Cancioneiro Colocci Brancuti* (jetzt in der Lissaboner Biblioteca Nacional) vereint, »eine ganze, neue Literatur«, an deren Edition (Halle 1875–1904) und Erschließung neben Ernesto Monaci die deutsch-portugiesische Romanistin Carolina Michaëlis de Vasconcelos maßgeblich beteiligt war.

Daß die okzitanische Trobadordichtung auf iberischem Boden Anstoß und Anregung zu so früher lyrischer Entfaltung gegeben hat, steht außer Frage. Dank der Bemühungen einer emsigen Forschung wissen wir heute auch, welches die Umstände waren, die den Höfen und den Städten Galiciens und Portugals eine Bekanntschaft mit den okzitanischen Liedern und Sängern vermittelten: die Pilgerfahrten der europäischen Christenheit nach dem galicischen Santiago de Compostela; die Teilnahme französischer Ritter an den Kämpfen der Rückeroberung; der Anteil dieser Ritter und der französischen Mönchsorden an der Neubesiedlung der den Arabern entrissenen Gebiete; die engen dynastischen Beziehungen Galicien-Portugals zu Frankreich und zu den der okzitanischen Sangeskunst und den okzitanischen Trobadurs geöffneten Höfen von Kastilien-León und Katalonien-Aragón.

Von den drei großen Gruppen der *Cancioneiro*-Dichtung schließen denn auch zwei eng an das okzitanische Vorbild an. In den *cantigas de amor* (Liebesliedern) wirbt der Dichter im Geiste des höfischen Minnedienstes um hohe Frauenliebe. Das Ideal der *mesura*, das Gebot der Verschwiegenheit, das Motiv der tödlichen Liebeskrankheit und andere bekannte Züge der Minnedichtung beherrschen auch die *cantiga de amor:*

»Edle Herrin, um unseres Herrgotts
Und um des Maßes willen, und weil in mir
Nur der Tod lebt (der mich bald dahinraffen wird),
Und weil ich nur Euer Diener bin,
Und um meiner reinen Liebe zu Euch willen,
Ach, mein Licht, habt Erbarmen mit mir!«

Pai Gomoes CHARINHO

Gleichwohl ist der Themen- und Formenreichtum der okzitanischen Kanzone und deren reflektierter Charakter hier vereinfacht, wie auch ihre Tendenz zur Formelhaftigkeit (etwa in der stereotypen Anrede der Herrin zu Beginn des Liedes) stärker zur Geltung kommt. – Die zahlreich vertretenen *cantigas de escárnio e maldizer* (Spott- und Rügelieder) wiederum sind dem provenzalischen *sirventés* verpflichtet, ohne dessen stärksten Schöpfungen gleichzukommen: eine burlesk-satirische Wiedergabe persönlicher oder politischer Auseinandersetzungen, die – oft im Munde desselben Dichters – die Kehrseite zum idealisierten Minnekult bildet.

Verständlicherweise hat sich die Aufmerksamkeit vor allem der dritten Gattung der alten *Cancioneiro*-Lyrik zugewendet, die an Reichtum und Eigen-

art in der mittelalterlichen europäischen Dichtung nicht ihresgleichen hat: den *cantigas de amigo* (Freundeslieder), in denen ein Mädchen der Sehnsucht nach dem fernen oder treulosen Geliebten Ausdruck gibt. Beispiele werden ihre Kunst am besten charakterisieren.
Der zweite König Portugals, SANCHO I., den die Befestigung des nahe der spanischen Grenze gelegenen Guarda oft zur Abwesenheit vom Hofe zwang, soll – nach der wohl mit Recht bestrittenen Deutung Carolina Michaëlis' – das folgende Lied seiner schönen Geliebten Maria Pais, der Ribeirinha, gleichsam in den Mund gelegt haben:

»Ach, ich Arme!
In Sorge weint
Das Herz um meinen liebsten Freund,
Der fern von hier
Zu lang schon blieb
In Guarda mir der Freund so lieb!

Ich Arme!
Dem Herzen Sehnsucht frommt
Nach meinem liebsten Freund,
Der zaudert und nicht kommt.
Zu lang schon blieb
In Guarda mir der Freund so lieb!«

Weil uns nur sein Vorname überliefert ist, dürfen wir in dem Dichter MENDINHO einen berufsmäßigen Spielmann, wahrscheinlich einen Galicier aus der Gegend von Vigo, vermuten.

»Ich war zu Sankt Simeon in der Kapelle,
Da hob rings im Sturm sich Welle auf Welle.
Ich warte nur: wann kommt mein Freund?

Ich knie am Altar in der Einsiedelei,
Rings rauschen die großen Wellen herbei.
Ich warte nur: wann kommt mein Freund?

Und rings die Wellen vom Meer sich erheben,
Und hab' keinen Schiffer, der rettet mein Leben.
Ich warte nur: wann kommt mein Freund?

Und rings die Wellen vom hohen Meer,
Und hab' keinen Schiffsmann, und rudern ist schwer.
Ich warte nur: wann kommt mein Freund?

Und hab' keinen Schiffer, der rettet mein Leben,
So muß ich sterben in Meeres Beben.
Ich warte nur: wann kommt mein Freund?

Und hab' keinen Schiffsmann, und rudern ist schwer,
Und jung muß ich sterben im tiefen Meer.
Ich warte nur: wann kommt mein Freund?«

Auch in den Übersetzungen (nach Margarete Kühne und Karl Vossler, mit Abänderungen) lassen sich die Wesenszüge der *cantigas de amigo* noch erkennen: Weisen die Verwendung des Refrains und die parallelistische Variation der Strophen mit ihrer lyrischen Eindringlichkeit auf eine Verwandtschaft mit volkstümlicher Dichtung und Tanzlied, so gehört die zarte Sentimentalität und stilisierte Verfeinerung in den Bereich der hohen Kunst.
Über die Vorgeschichte dieser Gattung ist ein schon seit Jahrzehnten währender Kampf entbrannt. Heimische Forscher haben in den *cantigas de amigo* überwiegend die Nachfahren einer alten, bodenständigen, mit den Frauenliedern der verschiedensten Volksliteraturen verwandten Dichtung gesehen, die von der höfischen Dichtung aufgenommen und veredelt wurde. Die aufsehenerregende Entdeckung von Frauenstrophen in den romanischen Schlußversen *(jarchas)* älterer arabischer und hebräischer Strophengedichte der Halbinsel scheint ihnen recht zu geben. Umgekehrt plädiert die Gegenpartei für eine relativ späte Entstehung der Gattung, bei der die okzitanisch-französische Pastourelle Pate gestanden haben könnte; was die südspanischen *jarchas* betreffe, so schienen sich diese von der zarten und keuschen Liebesklage der *cantigas de amigo* gerade zu unterscheiden. Welcher Auffassung man auch zuneigen mag: die über fünfhundert erhaltenen galicisch-portugiesischen Freundeslieder stellen in Sprache und Geist eine Gattung eigener Prägung dar, einen poetischen Schatz, der noch der deutschen Übersetzer harrt.
Die *Cancioneiro*-Lyrik des 13. bis 14. Jahrhunderts gehört einer Zeit an, in der die Literatursprachen nicht nur Kennzeichen einer bestimmten Nationalität, sondern zudem übernationaler Ausdruck der besonderen, nur in ihnen verwirklichten Formgattungen waren. Sprache der Lyrik ist in dieser Zeit, auch in Kastilien-León, das Galicisch-Portugiesische. Seiner bedient sich König ALFONS X., DER WEISE (reg. 1252–1284), der große Förderer der kastilischen Prosa, sowohl in seinen spärlich erhaltenen weltlichen Liedern wie in seinen *Cantigas de Santa María*, Hymnen zum Preise der Mutter Gottes und dichterischen Beschreibungen von Marienwundern, von denen in vier verschiedenen Handschriften mehr als vierhundert Lieder aufbewahrt sind. Sein portugiesischer Enkel, König DINIS (1261–1325), führt die alte *Cancioneiro*-Dichtung noch einmal zur Blüte. Daß sie bis an die Schwelle der Renaissance noch nicht vergessen ist, läßt sich an den Entstehungszeiten der uns bekannten Sammelhandschriften erkennen.
Erst im 15. Jahrhundert regt sich in Spanien eine Lyrik auch in eigener Sprache, die nun ihrerseits in Portugal und Galicien Eingang findet. Als Garcia de RESENDE (um 1470–1536) in einem *Allgemeinen Liederbuch*, dem sogenannten *Cancioneiro geral*, die künstlichen lyrischen Produkte seiner Generation sammelt, rechnet er auch die kastilischen Verse der zweisprachigen portugiesischen Poeten mit darunter.

Das Zeitalter der Entdeckungen

Nationale Ziele und Kreuzzugsidee waren in der Reconquista unlöslich miteinander verknüpft. Vom Geiste dieser Rückeroberung zeugen noch heute die romanischen Kathedralen von Coimbra und Lissabon, die sich als Zentren des nach Süden zu sich erweiternden Landes ablösten. Leicht überwölbte Bogen und dekorative Friese lassen erkennen, daß auch arabische Einflüsse in die europäische Tradition eingeschmolzen wurden; und Spuren einer solchen arabischen Nachwirkung lassen sich noch auf anderen Gebieten, wie dem der Sprache, wahrnehmen: auch dies eine Bestätigung dafür, daß Portugal, wie Spanien, im Mittelalter von der Geschichte zum Mittler zwischen zwei großen Kulturen verschiedenen Glaubens bestimmt war. Kaum war jedoch der kontinentale Besitz konsolidiert – einen an den Rand des Ozeans gepflanzten Garten hat ein Dichter Portugal genannt –, da sammelte sich die im Kampf gegen den Islam bewährte Kraft der Nation zur Bezwingung des *mar tenebroso*, des düsteren Meeres, einer der folgenreichsten Unternehmungen der Geschichte: 1419/20 entdeckten Piloten, die im Dienst des Infanten Heinrichs des Seefahrers stehen, Madeira, die »Holzinsel«, 1427 andere die »Habichtsinseln«, die Azoren. Neun Jahre später segeln die portugiesischen Barken an der afrikanischen Westküste südwärts nach Guinea, stoßen 1460 auf das »Grüne Kap«, die Kapverden, wenig später auf die Inseln Principe und São José. Ihre Krönung erfahren diese systematisch vorangetriebenen Expeditionen mit der Entdeckung des Seewegs nach Indien durch Vasco da Gama, der Entdeckung Brasiliens im Jahre 1500 durch Pedro Álvares Cabral, schließlich mit den portugiesischen Fahrten in die Südsee, nach China und Japan (16. Jahrhundert). Portugal wird nun zum zweitenmal ein wichtiger Mittler zwischen Europa und den exotischen Welten. In allen Kultursprachen zeugt noch heute eine Unzahl portugiesischer oder über das Portugiesische importierter Wörter von dieser Rolle: Der Name der Kobraschlange geht auf das portugiesische, aus dem lateinischen *coluber* abgeleitete Wort *cobra*, Schlange, zurück, das zum erstenmal in Indien die den Europäern fremden Reptilien bezeichnete; das Zebra hat in Afrika von den Portugiesen seinen Namen erhalten, wiederum ein altes, aus dem lateinischen *equifera*, »pferdartiges Tier«, entwickeltes Wort; die Ananas ist eine brasilianische Frucht, die die Portugiesen mitsamt ihrem indianischen Namen auf die Azoren verpflanzten und nach Europa brachten, u. a. m.

Wenn in dieser Zeit einzigartiger Entfaltung Portugals Physiognomie einen individuelleren Ausdruck gewinnt, so haben daran entscheidenden Anteil auch seine produktiven Äußerungen auf dem Gebiet der Künste und Wissenschaften. An der Stelle des Tejoufers bei Lissabon, von der Vasco da Gama nach Indien aufgebrochen war, läßt König Emanuel der Glückhafte kurz darauf das Hieronymitenkloster von Belém (Bethlehem) errichten, in dem zum erstenmal eine um orientalische Pflanzenmotive, um Schiffstau- und Schiffskettengirlanden bereicherte, von Lebensfülle und Sinnlichkeit zeugende Ornamentik in Erscheinung tritt, der Varnhagen vor hundert Jahren den heute gebräuchlichen Namen »Manuelinischer Stil« gegeben hat.

In der Prosaliteratur tritt Portugal in dieser Epoche mit Werken hervor, die lange Zeit hindurch internationale Geltung genießen. Seine mittelalterliche Geschichte hatte schon früher beachtenswerte Historiker und in Fernão LOPES, dem vielleicht bedeutendsten Geschichtsschreiber des 15. Jahrhunderts, ihren großen Darsteller gefunden. Jetzt rufen die alle Länder bewegenden Ereignisse der Entdeckungen eine an der antiken Historiographie orientierte Chronikliteratur auf den Plan, von deren Autoren João de BARROS (1496?–1570) und Lopes de CASTANHEDA (1500–1559), Damião de GÓIS (1502–1574) und Diogo do COUTO (1542–1616) die namhaftesten sind und die, auch in Übersetzungen verbreitet, als erste moderne volkssprachliche Chronistik europäischer Gemeinbesitz wurde.

Ihr gesellen sich bald so unvergleichliche Werke zu wie die *Peregrinaçam* eines Fernão Mendes PINTO (um 1510–1583), halb Schelmen- und Abenteuerroman, halb Reise- und Erlebnisbericht aus dem Fernen Osten, oder die dramatischen Beschreibungen des Untergangs portugiesischer Expeditionsschiffe auf den Weltmeeren, die im 18. Jahrhundert unter dem Titel *História trágico-marítima* gesammelt erscheinen.

Camões und die Lusiaden

Sie alle überstrahlt das Werk, das jedem zuerst in den Sinn kommt, der überhaupt mit der portugiesischen Literatur eine konkrete Vorstellung verbindet: die *Lusiaden* des Luís Vaz de CAMÕES (1524/25–1580). Portugiesisch, das ist für viele infolgedessen *a língua de Camões*, die Sprache des Camões, so wie das Spanische eben die *lengua de Cervantes* ist.

Die vornehmste der literarischen Gattungen, das klassische Epos, wieder zu erneuern, war seit BOIARDO und ARIOST der höchste Ehrgeiz aller volkssprachlichen Literaturen. Die Frage nach der epischen Würde des *Orlando furioso* bildet in der Mitte des 16. Jahrhunderts den Gegenstand einer leidenschaftlichen Diskussion; als legitimer Nachfolger HOMERS und VERGILS durfte bei aller Größte der Dichter der Ritterchimären schwerlich gelten. In Frankreich erhofft sich der Dichterkreis der Plejade von RONSARD (1524–1585) die Erfüllung des epischen Traums, bis diese Hoffnung mit der

Veröffentlichung der Gesänge der *Franciade* zerrinnt. Es waren die im gleichen Jahr 1572 erschienenen *Lusiaden* des Camões, mit denen Portugal im Wettstreit der Nationen um Erneuerung des alten Heldenepos den Siegespreis davontrug.

Os Lusíadas, die Söhne des portugiesischen Stammvaters Lusus (*Die Lusitanier* oder *Die Portugiesen* also), lautet der Titel dieser Epopöe, und so umschreibt ihn der Dichter in der ersten Stanze: *»Ich besinge die Waffen und die mutvollen Männer, die vom westlichen Strand Lusitaniens über Meere getragen, die noch kein Bug durchfurcht, hinaus bis über Taprobaniens [Ceylons] Gestade drangen und gestählt in Gefahren und in Schlachten mehr als Menschentaten nur vollbrachten und in fernen Gegenden ruhmvoll ein neues Reich begründeten.«* Nur die größte Tat der jüngeren portugiesischen Vergangenheit war dem hohen dichterischen Ziel angemessen: In den zehn Gesängen schildert das Epos die Fahrt des jungen Vasco da Gama nach Indien, den Abschied seiner Mannen vom Strand des Tejo, die tosenden Stürme auf dem Meer, die Gefahren, die den Seefahrern an Afrikas Küsten von seiten heimtückischer heidnischer Volksstämme drohen, den Empfang der drei Karavellen am heißersehnten Ziel, neue Stürme und Gefahren und die glückliche Heimkunft. In diese Handlung ist die gesamte portugiesische Geschichte eingebettet, deren Verlauf Vasco nach dem Beispiel des Odysseus seinem indischen Gastgeber schildert. Aber über den Menschen, die so Großes vollbringen, thronen und entscheiden in diesem wie im antiken Epos die olympischen Götter: Bacchus ist der unerbittliche, ränkeschmiedende Feind der portugiesischen Flotte, weil er befürchtet, daß durch ihre Entdeckungen seine eigenen Taten in Indien in den Schatten gestellt werden könnten; und es stünde schlecht um Auftrag und Ziel Vasco da Gamas, würden nicht die gütige Venus, die bei den Portugiesen die alte römische Tapferkeit wiederfindet, und an ihrer Seite Mars die Ränke des Bacchus immer wieder durchkreuzen und alles zum Guten wenden.

Es ist ein Ruhmesblatt der deutschen Literaturbetrachtung von Johann Gottfried HERDER und Friedrich von SCHLEGEL bis HEGEL, dieses Werk wieder vom Staub der dogmatischen und aufklärerischen Kritik des 17. und 18. Jahrhunderts befreit und dem modernen Leser neu erschlossen zu haben. Aus der romantischen Perspektive heraus sind damals bei uns die Vollendung der Sprache der *Lusiaden*, die aus der Lebenserfahrung des Dichters geschöpften Beschreibungen des Meeres und der orientalischen Welt, die Bedeutung des gleichzeitig nationalen und welthistorischen Themas für die Gattung des hohen Epos, die so oft und so lange kritisch angefochtene Verbindung von antiker Mythologie und Christentum auf faszinierende Weise gewürdigt worden.

Der poetischen Wiederentdeckung folgen die poetischen Übersetzungen von August Wilhelm von SCHLEGEL, Johann Gottlieb FICHTE, dem Grafen von PLATEN, in den Jahren 1806 und 1807 die ersten vollständigen Übertragungen. Zur Zeit der Napoleonischen Kriege gelten die *Lusiaden* nicht nur als eine einzigartige Dichtung, sondern auch als Zeugnis des abendländischen Ethos, als Vorbild einer Nation mit *»Heldenmuth und Heldensinn«* (F. v. Schlegel). Zwischen der italienischen Renaissance-Epik BOIARDOS und ARIOSTS *(»von denen Camões sehr vieles lernen konnte, nur nicht den Geist und Styl eines ernsthaften Nationalheldengedichts«)* und den christlichen Epen TASSOS, MILTONS und KLOPSTOCKS behaupten sie sich als das einzige eigentliche Nationalepos der neueren Literatur.

Das Goldene Zeitalter

Wir sind der Chronologie vorausgeeilt, um zunächst den historischen Hintergrund und die Gattungen und Werke zu beleuchten, mit denen Portugal im Zeitalter der Entdeckungen am sichtbarsten in Erscheinung getreten ist. Es gilt nun, wenigstens andeutend, zu nuancieren.

Man hat die ersten acht Jahrzehnte des 16. Jahrhunderts das »Goldene Zeitalter« der portugiesischen Literatur genannt, als das sie nach Umfang und Bedeutung, wenn auch nicht nach dem Maße ihrer Einheitlichkeit, zu gelten haben. Denn innerhalb dieses Zeitraums zeichnen sich drei verschiedene Phasen ab: Altes und Neues, Heimisches und Fremdes verbinden sich in dem erlebnisfreudigen Regnum König Emanuels (reg. 1495–1521), der Epoche des Aufbruchs in eine neue Welt; in den dreißiger Jahren, unter Johann III., verwandeln Humanismus und Renaissance die geistige Landschaft der Nation; und bald darauf setzt die gegenreformatorische Bewegung ein, die mit dem Anschluß an Spanien zum Durchbruch kommt.

Die »Manuelinische« Zeit findet in dem dramatischen Werk des Gil VICENTE (ca. 1465–1536) einen ebenso charakteristischen wie originellen Ausdruck. Seine religiösen *autos* – darunter die berühmte Dramatisierung der Totentänze in den drei Barken der Hölle, des Purgatoriums und der Glückseligkeit –, weltlichen Farcen, Hirtenspiele, novellesken Komödien und allegorischen Tragikomödien, meist für den königlichen Hof geschrieben und inszeniert: Alles spiegelt auf dichterische Weise eine allen Anregungen offene, in Gärung befindliche Gesellschaft. Wenn auch sein Werk den ästhetischen Idealen der folgenden Generation nicht mehr entsprach, so haben doch die Ursprünglichkeit seiner Kunst und sein unbefangener Blick für die sozialen Realitäten auch dort ihre Wirkung nicht verfehlt. Seit der romantischen Kritik des 19. Jahrhunderts zählt Gil Vicente wieder zu den großen Repräsentanten der portugiesischen Literatur. Almeida Garrett widmete ihm das Prosastück *Um auto de Gil Vicente* (1838).

Als der unermüdliche Komödiant von der Bühne abtrat, war die neue Dichtung schon eingezogen. In Italien hatte der fünfzehn Jahre jüngere Francisco de Sá de MIRANDA (1481/85–1558), vorher noch einer der Dichter des *Cancioneiro geral*, sich mit den Versmaßen, Strophenformen, lyrischen Gattungen der Renaissance vertraut gemacht. ARIOST, SANNAZARO, BEMBO nachzueifern, denen er persönlich begegnet war: Das war die Aufgabe, die bei seiner Heimkehr nach Portugal er selbst und die später um ihn sich scharende Schule sich stellten. Dabei konnte es sich in dem ganz anders gearteten heimischen Milieu kaum nur um Nachahmung handeln. Sá de MIRANDA hatte aus den geistigen Quellen Italiens geschöpft, nicht ohne an der geistig-moralischen Atmosphäre des Landes und der Enge seines politischen Horizonts Anstoß zu nehmen. In Portugal mußt die Wiederbelebung der Antike, der Gedanke einer Nachfolge Roms einen eigenen, imperialen Akzent erhalten: Hier sollten die italienischen Vorbilder nicht übernommen, sondern übertroffen werden. Eine ähnliche Reaktion hatte sich zu gleicher Zeit in Spanien geltend gemacht, und spanischer Einfluß war auch in der Wende, die von Sá de Miranda in der Literatur Portugals herbeigeführt wurde, mit am Werke: Bis zu welchem Grade, läßt sich an dem Anteil ermessen, der seinen in spanischer Sprache geschriebenen Gedichten gerade bei der Verwendung der neuen Gattungen – des Sonetts, der Ekloge, der Elegie – zufällt.

Wie der Meister der Schule selbst, so hätten auch António FERREIRA und CAMÕES ihren Ruhm aus ihrer Lyrik bestreiten können, hätten bei ihnen nicht bedeutende Werke in den anspruchsvolleren literarischen Gattungen den Blick des Betrachtes auf sich gelenkt. In den Gedichten des Camões, so urteilt Friedrich von SCHLEGEL, *»finden sich alle Vorzüge, die ich bisher an der portugiesischen Sprache und Dichtkunst überhaupt gepriesen habe; Anmuth und tiefes Gefühl, das Kindliche, Zarte, alle Süßigkeit des Genusses und die hinreißendste Schwermuth; alles in einer Reinheit und Klarheit des einfachen Ausdrucks, dessen Schönheit nicht vollendeter, dessen Blüte nicht blühender seyn könnte ...«*.

Es ist üblich, den Portugiesen und ihrer Sprache eine besondere Begabung und Empfänglichkeit für das Lyrische zuzuschreiben. Die wehmutsvolle Sehnsucht, die portugiesische *saudade*, die schon im *Cancioneiro geral* eine Dominante bildet und seither vor allem in der elegischen und bukolischen Poesie wiederkehrt, wird als so typisch empfunden – wie etwa das deutsche »Gemüt«.

»Eifersucht, Sehnsucht,
zu Unrecht, zu Recht,
ihr sollt nimmer vergehn,
ob selbst ich vergeh'.
Aus erstarrter Brust,
mit erfrorner Zung'
noch klag' ich eu'r Weh.«

Francisco de Sá de MIRANDA
(übersetzt von Karl Vossler)

Bleibt man sich ihrer Grenzen bewußt, so wird man eine solche nationalcharakterologische Verallgemeinerung gelten lassen können. Sie scheint etwa auch dadurch gerechtfertigt, daß die melancholieerfüllte poetische Prosa der *Arcadia* von SANNAZARO (ca. 1456–1530) in Portugal ein besonderes Echo gefunden hat. *Saudades* oder, nach dem Anfang des Romans, *Menina e moça (Als kleines Mädchen ...)* heißt ein Roman von Bernardim RIBEIRO, in dem ein Mädchen, in der Einsamkeit der Landschaft, ihrer Trauer um den Geliebten und den Visionen von unglücklichen Liebespaaren aus der ritterlichen Welt Ausdruck verleiht, *»ohne Ordnung und Regel, so wie die Trauer selbst uns ankommt«*. Die delikate Sentimentalität, die feine Zeichnung der Szenerie und die kontrastierende Verwebung verschiedener Liebeshandlungen und -auffassungen machen diesen Roman zu einem reizvollen Rätsel für Leser und Interpreten. Wenn der Dichter hier eine jüngere Schwester der Mädchen der *cantigas de amigo* zur Hauptfigur erwählt hat, so bezeugt sich selbst in dieser Zeit fremder Einflüsse noch immer die Lebenskraft der heimischen Tradition. Den Hirtenroman, der bald Europa erobern sollte, hat wenige Jahre nach Ribeiro ebenfalls ein Portugiese – aber in spanischer Sprache – geschrieben; von der *Diana* des Jorge de MONTEMAYOR (portugiesisch Montemor, 1520/24–1561) haben wir also hier nicht zu berichten.

Alt und umstritten ist der Anspruch Portugals, auch die Heimat des *Amadis* und damit des Ritterromans zu sein, der im 16. Jahrhundert die Runde durch die von der ritterlichen Restauration ergriffenen Länder Europas macht, unumstritten aber der Anteil, der dem *Palmeirim de Inglaterra* des Francisco de MORAIS (ca. 1500–1572) – schon vor dem Erscheinen des portugiesischen Originals in spanischer, bald nachher in französischer und italienischer Übersetzung veröffentlicht – an der Mode der Ritterromane zukommt.

Auf dem Theater stellt sich der Tradition der volkstümlichen *autos* die antikisierende Komödie gegenüber. Wieder zeichnen Francisco de Sá de MIRANDA, António FERREIRA (1528–1569), CAMÕES als die bedeutendsten Verfasser. Ein Werk besonderer Art, die *Eufrósina* des Jorge Ferreira de VASCONCELOS (ca. 1515–1585), einst bis in die Zeit Lope de VEGAS (1562–1635) und QUEVEDOS (1580–1645) hinein berühmt, ist erst in unseren Tagen wieder der Vergessenheit entrissen worden. Karl Vossler hat mit literarischem Spürsinn diesem *»ersten wirklich modernen Konversationsstück, diesem ersten Spiel der Schönen sprechenden Gefühle«* eine feinsinnige Studie gewidmet. In seiner geistesgeschichtlichen Bedeutung ist es am besten als Replik auf die spanische *Celestina* zu verstehen: Der uralte Konflikt zwischen hoher Liebe und der niedrigen Welt der Triebe wird in der *Eufrósina* glücklich gelöst, und der komödienhafte Ausgang entspricht der Überzeugung des Autors, daß unter allen Nationen Europas allein der Portugiese der wahren Liebe, des *puro amor*, fähig ist.

»... *wie uns König Pedro zeigt*«, so läßt er den Liebhaber in der *Eufrósina* eine vergleichende Betrachtung über Art und Arten des Liebens beweiskräftig abschließen – ein Hinweis auf die tragische Liebe des Königs Pedro und der Inês de Castro, das weitestverbreitete portugiesische Motiv der Weltliteratur, das, heute dem Theaterbesucher vor allem aus MONTHERLANTS *La reine morte* vertraut, ursprünglich in Chronikliteratur und Lyrik abgehandelt, dann erstmals von António FERREIRA in dem großartigen Versuch einer klassischen Tragödie, der *Tragédia mui sentida e elegante de Dona Inês de Castro*, auf die Bühne gebracht wurde. Auch dieses Stück war einst in Deutschland durch die Übersetzung in Bertuchs *Magazin der spanischen und portugiesischen Literatur* wohlbekannt. Lebendig geblieben ist es vor allem dank späterer Bearbeitungen – wie VÉLEZ DE GUEVARAS (1579–1644) *Reinar después de morir* – und in den berühmten Stanzen der *Lusiaden*, die durch Ferreiras Tragödie inspiriert wurden.

Gegenreformation und Barock

Die Beschränkungen, die Gegenreformation und Inquisition auch der schönen Literatur auferlegten – *Menina e moça*, *Eufrósina* und *Diana* figurierten auf dem portugiesischen Index von 1581 –, und weiterhin der politische Anschluß an Spanien bewirkten eine deutliche Zäsur. Im letzten Drittel des 16. Jahrhunderts tritt die religiöse Prosa in einer bis dahin ungewöhnlichen Weise in den Vordergrund. Sowohl das Werk des Frei Heitor PINTO (1528?–1584?), die Dialoge der *Imagem da vida cristã (Bild des christlichen Lebens)* und der folgende zweite Teil der Dialoge als auch die *Trabalhos de Iesu*, die Frei TOMÉ DE JESUS (1529 – ca. 1582) nach der Niederlage des unglücklichen Königs Sebastian in maurischer Gefangenschaft schrieb, wurden in zahlreichen Übersetzungen bald zum Besitz der europäischen Andachtsliteratur. Mehr der Unterweisung der eigenen Landsleute zugedacht sind die schon in die Zeit der Personalunion gehörigen Dialoge des Frei Amador ARRAIS (ca. 1530–1600); als gemeinsame Aufgabe der unter Philipp II. geeinten Portugiesen und Spanier erscheint hier die *»vollständige Bekehrung aller Heiden in Orient und Okzident«*.

Die Verfasser der genannten Schriften sind zwar nur wenige Jahre jünger als CAMÕES, doch bereits Vertreter einer anderen Generation. Deren Vorliebe für die in reicher Zahl geschaffenen historischen Epen erklärt sich aus dem Erfolg der *Lusiaden*, daneben aber nicht weniger aus der Wirkung der religiösen *Jerusalem*-Dichtungen Torquato TASSOS (1544–1595), zumal da Camões' Verwendung der antiken Mythologie in dem veränderten geistigen Klima der Zeit nun anfechtbar erscheint.

Auch in der religiösen und weltlichen Lyrik – den *divinos e humanos versos*, um im Stil der Zeit zu sprechen – kehren Themen und Gattungen der voraufgehenden Epoche in veränderter Gestalt wieder. Frei AGOSTINHO DA CRUZ (1540–1619), der sein Leben als Eremit in der Serra da Arrábida beschließt, ist der erste Vertreter einer durch das 17. Jahrhundert hindurch blühenden Posie dichtender Mönche und Nonnen, die, bei Frei Agostinho noch von der petrarkisierenden Tradition bestimmt, sich mehr und mehr an der subtilen Sprachkunst des Gongorismus orientiert.

Es sind zwei Einzelpersönlichkeiten, durch deren Auftreten Anfang und Ende der »spanischen« Epoche in der profanen Poesie und Prosa Portugals gekennzeichnet werden. Nach jugendlichen Ausflügen in die Gefilde der spanischen Kunstromanze und des Hirtenromans erreicht der fünfundzwanzigjährige Francisco Rodrigues LOBO (ca. 1580–1622) mit seinen *Églogas* einen Höhepunkt seines vielseitigen Schaffens; sie schließen noch eng an die Bukolik der Renaissancegeneration an, tragen aber mit ihrem moralistischen Akzent und ihrer »gelehrten« (kulteranistischen) Stilfärbung bereits den Stempel des neuen Geschmacks. Der für das Frühbarock so charakteristischen Wiederaufnahme der Diskussion über den vollkommenen Hofmann verdankt Portugal in den Dialogen seiner *Corte na aldeia (Hofleben auf dem Dorf)* ein nach GRACIÁN *»unsterbliches Buch«*. Längst ist der barocke Stil des »Kulteranismus« und »Konzeptismus«, der Stil des GÓNGORA und seiner Schule, zu voller Blüte gelangt, als einige Jahrzehnte später der einer spanisch-portugiesischen Mischehe entsprossene Francisco Manuel de MELO (1608–1666) zur Feder greift. Mit seinem lyrischen Werk – *As segundas três musas (Die zweiten drei Musen)* vereinen seine Gedichte in portugiesischer Sprache – und seiner historiographischen und moralistischen Prosa gehört der Bewunderer GÓNGORAS und Freund QUEVEDOS in die Reihe der großen Barockautoren beider iberischen Nationalliteraturen. Der vierte seiner *Apólogos dialogaes*, das *Hospital das letras (Sanatorium der Literatur)*, ein Gespräch zwischen dem Verfasser, Quevedo, Boccalini und Lipsius, ist neben GRACIÁNS *Agudeza* ein wichtiger Schlüssel zur Literaturästhetik dieses Zeitraums, die nach einer langen Periode der Verdammung in unserer barockfreudigen Gegenwart wieder erhöhtes Interesse findet.

Das Verhältnis der portugiesischen zur spanischen Literatur darf jedoch in diesem »spanischen« Jahrhundert nicht nur unter dem Aspekt des politischen Zusammenschlusses und der Abhängigkeit Portugals von Spanien gesehen werden. Auch das übrige Europa steht in dieser Zeit unter dem fruchtbaren Einfluß des spanischen *siglo de oro*, und gerade für die beiden Literaturen der Iberischen Halbinsel ist es eine Zeit lebhaften Austauschs im Geben und Nehmen. Ein Beispiel möge das illustrieren: Das durch PETRARCAS fünfzehnte Kanzone angeregte Sonett des CAMÕES *Sieben*

Jahre diente Jakob als Hirte dem Laban wurde von Lope de VEGA nachgeahmt, später von QUEVEDO ins Spanische übersetzt und zuletzt, ins Gewand des spanischen Barock gehüllt, von Francisco Manuel de MELO in portugiesischer Sprache noch einmal umgedichtet. Daß die portugiesische Literatur Spanien geistig nähergerückt wurde, ist für ihre europäische Geltung nicht ohne Bedeutung gewesen; durch die spanischen Übersetzungen gewinnen die *Lusiaden*, durch das spanische Drama portugiesische Themen jenseits der Pyrenäen verstärkte Resonanz.

Die kriegerischen Auseinandersetzungen mit Spanien, die der portugiesischen Erhebung und Emanzipation folgten, bilden den Hintergrund einer Veröffentlichung, die schon das Frankreich Ludwigs XIV. bewegt hat und bei uns noch heute in RILKES Übertragung zu den Herzen der Leser spricht: die *Lettres portugaises*, Briefe einer portugiesischen Nonne, von manchen als persönliches Bekenntnis ihrer vermeintlichen Verfasserin, der Soror Mariana ALCOFORADO, und damit als Zeugnis »typisch portugiesischer« Liebesglut und -schwärmerei betrachtet, von anderen aber, sicher mit mehr Recht, als »Kunstprodukt«, der klassischen französischen Briefliteratur und Liebespsychologie gewürdigt.

Den Ausklang der Epoche repräsentiert noch einmal ein Autor der religiösen Prosa, der Oratorianerpater Manuel BERNARDES; sein den Zwecken religiöser Verinnerlichung dienendes Werk, von den *Exercícios espirituais e meditações* über die *Últimos fins do homem* bis zur *Nova floresta*, löst sich bereits aus der barocken Tradition und hat gerade dadurch seine Wirkung in Portugal und Brasilien noch lange bewahrt.

Das 18. Jahrhundert

Als BERNARDES 1710 stirbt, hält Portugal den Blick nicht mehr nach Spanien, sondern nach Frankreich gerichtet. Der kunst- und prunkliebende Johann V. hält Hof im Stile von Versailles, wozu die Gewinne aus den neuentdeckten Goldminen und Diamantfeldern Brasiliens die Mittel hergeben. Die Inventarien von Kirchen und Adelspalästen in dem bis heute bei Silberschmieden und Möbeltischlern beliebten »Johann-V.-Stil« künden vom Wohlstand einer repräsentationsfreudigen Generation, die Wiederbelebung und Neugründung von Dichter- und Kunstakademien vom geselligen Charakter ihres kulturellen Lebens, ohne daß neue künstlerische Impulse von Bedeutung bei ihr sichtbar würden. Was aus dieser Zeit an literarischen Zeugnissen fortdauert, sind am ehesten monumentale, gelehrte Bestandsaufnahmen wie das zehnbändige portugiesische Wörterbuch des Theatiners Rafael BLUTEAU, die *Biblioteca lusitana* des P. Diogo Barbosa MACHADO oder der schon in die Zukunft weisende Entwurf einer grundlegenden Bildungsreform im *Verdadeiro método de estudar (Wahre Methode des Studiums)* des P. Luis António VERNEY (1713–1792).

Es ist vor allem den Einflüssen aus Italien, England und dem aufklärerischen Frankreich zuzuschreiben, daß im Laufe des Jahrhunderts auch in Portugal die Kritik gegen die scholastische Tradition auf wissenschaftlichem und religiösem, gegen Kulteranismus und Konzeptismus auf ästhetischem Gebiet an Boden gewinnt. Die Tatsache der Ausweisung der Jesuiten, die hier früher als in anderen romanischen Ländern erfolgte, läßt erkennen, mit welcher Schärfe die geistigen und politischen Gegensätze jetzt ausgetragen wurden. Im Bereich der schönen Literatur lösten die nach italienischem Muster begründeten arkadischen Gesellschaften – die Arcádia Lusitana und die Nova Arcádia – die alten Akademien ab. Damit beherrschten in der literarischen Welt Portugals für einige Zeit die klassizistische Dichtung und die aufklärerische Parodie und Satire das Feld. Daß ihrem Parnaß neben PINDAR und HORAZ, neben BOILEAU, POPE und VOLTAIRE auch die heimischen Dichter der Renaissance zugezählt wurden, war ein Umstand, der später für die Eigenart der portugiesischen Romantik erneute Bedeutung gewinnen sollte.

Die Romantik

Am Durchbruch der Romantik haben in Portugal wie in Frankreich und Spanien nicht geringen Anteil Autoren, die aus dem englischen oder deutschen Exil zurückgekehrt waren. Von dort brachten sie die Begeisterung für die alte Volksdichtung und für die großen Gestalten und Monumente der heimischen Vergangenheit mit.

Den Auftakt bilden zwei Epen des noch in der klassizistischen Tradition aufgewachsenen Almeida GARRETT (1799–1854): *Camões* (1825), die poetische Verklärung des heroischen Dichterlebens (wir erinnern uns an TIECKS *Der Tod des Dichters*) und der Blütezeit Portugals, und *Dona Branca*, die Geschichte einer tragischen Liebe inmitten der Reconquistakämpfe, mit der Garrett ein Thema der alten Romanzen wiederaufnimmt. Sein später erschienener dreibändiger *Romanceiro* ist ein wichtiger Markstein in der Geschichte der von HERDER ausgehenden Erneuerung der spanisch-portugiesischen Romanzendichtung. Geschichtliche Stoffe, die Problematik des Dichtertums und Konflikte des Herzens liegen auch den Dramen wie *Um auto de Gil Vicente* oder *O alfageme de Santarém* zugrunde, mit denen Garrett das nationale Theater zu reformieren sucht. Den Gipfel seines und des romantischen Schaffens bezeich-

nen aber die persönlicheren, intimeren Werke seines letzten Lebensjahrzehnts: die *Viagens na minha terra* – Beginn der modernen poetisch-essayistischen Prosa in portugiesischer Sprache –, die Gedichtsammlung *Folhas caídas (Gefallene Blätter)* und das Schicksalsdrama *Frei Luís de Sousa*, dessen Bedeutung Wolfgang KAYSER auch dem deutschen Leser durch die Analyse in seinem *Sprachlichen Kunstwerk* vor Augen gerückt hat.
Neben dem romantisch-zerrissenen Garrett ist die stärkste Persönlichkeit dieser Zeit der strengere Alexandre HERCULANO (1810–1877). Von der Gedankenlyrik seiner *Harpa do crente (Harfe des Gläubigen)* über die *Lendas e narrativas (Sagen und Erzählungen)* und Romane *(Eurico, O monge de Cister)* bis zur wissenschaftlichen Darstellung der (mittelalterlichen) *História de Portugal (Geschichte Portugals)* und der Herausgabe der *Monumenta Portugaliae historica* hat er Anregungen aus Deutschland verwertet, die von BÜRGERS *Lenore* bis zu den Werken der historischen Schule reichen. Von bescheidenerem Format, aber von beträchtlicher Breitenwirkung waren später die volltönenden Verse des António Feliciano de CASTILHO (1800–1875) und das Romanwerk von Camilo CASTELO BRANCO (1825–1890), darunter sein *Amor de perdição* und spätere Provinzromane, die neben denen des Júlio DINIS (1839–1871), etwa den *Serões de provincia*, auch heute noch viele Leser finden.

Realismus und Naturalismus

Die »Generation von Coimbra«, die sich in Portugal gegen die spätromantische Schule erhob, war in der glücklichen Lage, ihr Künstler hohen Grades entgegenstellen zu können. Das Haupt der Gruppe, der von den Azoren gebürtige Antero de QUENTAL (1842–1891), hat in seinen kämpferischen *Odes modernas* und in den *Sonetos* Strenge der Form und die philosophische Durchdringung seiner politischen Überzeugungen und seiner religiösen Zweifel bis zum äußersten gesteigert. Vergleiche – als solche wie immer unzulänglich – mit LEOPARDI und BAUDELAIRE drängen sich auf. In José Maria Eça de QUEIRÓS (1845–1900) begegnen wir dem neben Camões und PESSOA im Ausland wohl bekanntesten Autor der portugiesischen Literatur – zu seinem Erfolg mag nicht wenig die Zugänglichkeit (und Übertragbarkeit) der Romanform beigetragen haben. Subtile psychologische Analysen und die Errungenschaften des impressionistischen Stils finden mit ihm Eingang in die portugiesische Prosa, beides zunächst auf französische, dann vor allem auf englische Anregungen zurückgehend.
Gibt Eça in seinen Romanen eine Analyse der Menschen und der Gesellschaft seiner Zeit, so sucht Oliveira MARTINS (1845–1894) das Wesen Portugals aus einer Betrachtung der Geschichte zu ermitteln. Die philosophischen und politisch-sozialen Ideen seiner Generation haben in Werken wie der *História da civilizaçao ibérica* oder den *Filhos de D. João I* ihren auch künstlerisch bedeutenden Ausdruck gefunden. Einen geradlinigen Positivismus verfolgt demgegenüber in seinem kultur- und literarhistorischen Opus Teófilo BRAGA (1834–1924), von den Azoren stammend wie Antero, der erste Präsident der 1910 begründeten Republik. Seine Leistung ist hier mehr von symptomatischem Interesse, weil in der geistigen Physiognomie Portugals positivistische Züge noch lange unverkennbar geblieben sind.

Symbolismus und Erster Modernismus

Sollen die Proportionen gewahrt bleiben, so können wir auch beim Rückblick auf die erste Hälfte unseres Jahrhunderts nur einige Hauptlinien festzuhalten versuchen.
Symbolismus und *Fin de siècle*-Dichtung wurden in Portugal durch das raffinierte Formtalent des Eugénio de CASTRO (1869–1944), *Oaristos*, sowie die Ich-Lyrik von António NOBRE (1867–1903), *Só (Einsam)*, und den im Fernen Osten, im portugiesischen Macao, wirkenden Camilo PESSANHA (1867–1926), *Clépsidra*, heimisch gemacht. In der Folgezeit markieren drei literarische Zeitschriften das Einsetzen neuer Strömungen: Die im Geburtsjahr der Republik begründete ›Águia‹ (Adler) und ihr Initiator Joaquim Teixeira de PASCOAES (1877–1952) leiten eine Bewegung ein, der es um die Wesensergründung und -bestimmung der Nation und eine dieser eigentümlichen, von Pascoaes als *saudosismo* definierten Dichtung geht; aus dem Kreis um die kurzlebige Zeitschrift ›Orpheu‹ (1915) ging der früh aus dem Leben geschiedene Mário de SÁ-CARNEIRO (1890–1916) hervor, der die von den Symbolisten begonnene Lockerung der poetischen Form und die Verinnerlichung der dichterischen Selbstaussage zu letzter Konsequenz trieb; er und der genialische, auf vielen Instrumenten und jeweils unter anderem Namen spielende Fernando PESSOA (1888–1935), dessen Werke weitgehend erst postum erschienen und der heute nach CAMÕES als bedeutendster Dichter seines Landes gilt, sind die Wortführer der dem ersten Jahrzehnt unseres Jahrhunderts entstammenden Generation des sogenannten Ersten Modernismus geworden.

Vom Zweiten Modernismus bis zur Gegenwart

Mário de SÁ-CARNEIRO, PESSOA und dazu José de ALMADA-NEGREIROS (1893–1970) gehörten zu den Vorbildern auch des Zweiten Modernismus, der sich um die Zeitschrift ›Presença‹ gruppierte. Die erste Nummer dieser Zeitschrift mit dem Untertitel *Folha de Arte e Crítica* erschien 1927 in Coimbra und sollte unter der Mitarbeit zahlreicher Autoren ein wichtiges Diskussionsforum in der portugiesischen Literatur werden. Als Vorbild diente den Herausgebern auch die ›Nouvelle Revue Française‹. Literatur sollte ihrer Auffassung nach nicht im Dienst einer unmittelbaren gesellschaftlichen Realität, sondern über der Wirklichkeit stehen, losgelöst von Raum und Zeit das Individuelle über die Gemeinschaft stellen. *»In der Kunst ist lebendig, was originell ist. Originell ist alles, was aus dem reinsten, wahrhaftigsten, innersten Bereich einer künstlerischen Persönlichkeit kommt«*, heißt es in einem der ersten von zahlreichen programmatischen Aufsätzen der Zeitschrift. Ihre bedeutendsten Vertreter waren der Lyriker, Romancier, Novellist und Dramenautor José RÉGIO (1901–1969), der seit 1954 in Brasilien lebende Adolfo Casais MONTEIRO (1908–1972), der außer einem Roman und unzähligen literaturkritischen Arbeiten ein umfangreiches lyrisches Werk vorlegte, sowie João Gaspar SIMÕES (1903 bis 1987), der als Autor von Romanen, vor allem jedoch als Mitarbeiter von Zeitungen und Zeitschriften eine Fülle von Beiträgen zu Literaturtheorie und -kritik schrieb. Zum weiteren Mitarbeiterkreis der Zeitschrift ›Presença‹, die bis 1940 erschien und neben einigen vom Surrealismus beeinflußten Dichtern wie Aleixandre O'NEILL (1924–1986), Mário Henrique LEIRIA (1923 bis 1980), Raul de CARVALHO (1920–1984) oder Mário Cesariny de VASCONCELOS (geb. 1923) bis in die achtziger Jahre hinein nachwirkte, gehörten auch Autoren wie Miguel TORGA (1907–1995), dessen berühmteste Werke – die Sammlung *Novos contos da montanha*, 1944 *(Neue Erzählungen aus dem Gebirge)*, und der sechsteilige autobiographische Roman *A criação do mundo*, 1937–1981 *(Die Erschaffung der Welt)* – erst seit den neunziger Jahren ins Deutsche übersetzt werden, sowie Vitorino NEMÉSIO (1901–1978).

Neorealismus

Bereits Mitte der dreißiger Jahre war eine Reaktion auf das ästhetische Konzept der ›Presença‹ zu erkennen, die wenig später mit dem Begriff »Neorealismus« bezeichnet wurde. Vor allem unter dem Einfluß des sozial engagierten brasilianischen Nordostromans der dreißiger und vierziger Jahre von Autoren wie Raquel de QUEIROZ, José Lins do REGO, Jorge AMADO oder Graciliano RAMOS sowie nordamerikanischer Erzähler wie John STEINBECK, John DOS PASSOS oder Ernest HEMINGWAY sollte im literarischen Werk nun das Gesellschaftliche über dem Individuellen stehen, die sozioökonomische Bedingtheit reflektiert und der Kampf der Menschen um soziale Veränderungen geschildert werden. Die Neorealisten – Lyriker, Dramatiker und Erzähler – diskutierten ihre Auffassungen in mehreren, zum Teil von der Zensur dann verbotenen Zeitschriften in verschiedenen Phasen ihrer Auseinandersetzungen. Es handelte sich nicht um eine homogene Gruppierung, da im Verlauf der vierziger und fünfziger Jahre verschiedene Einflüsse aufgenommen und auf unterschiedliche Weise verarbeitet wurden. Der Roman *Gaibéus* (1939) von Alves REDOL (1911–1969) gilt als eines der ersten Werke dieser Richtung. Redol veröffentlichte in dichter Aufeinanderfolge Romane über das Leben von Landarbeitern und Fischern oder das Milieu der Arbeiter in Lissabon, in denen er ihren Dialekt und ihre volkstümliche Redeweise verarbeitete. In seinem gesamten Werk stellte er immer wieder den Kampf der Entrechteten, Minderprivilegierten dar, die in der Hoffnung auf gesellschaftliche Veränderungen leben. Am bekanntesten ist sein Roman *O barranco dos cegos* von 1962. Einige Autoren wie Manuel da FONSECA (1911–1993) mit *Seara de vento*, 1958 *(Saat des Windes)*, Urbano Tavares RODRIGUES (geb. 1923) mit *Bastardos do sol*, 1959 *(Bastarde der Sonne)*, oder José Cardoso PIRES (geb. 1925) mit der Satire auf den Diktator Salazar *Dinossauro Excelentíssimo*, 1972 *(Seine Exzellenz der Dinosaurus)*, wurden zunächst von Verlagen der DDR übersetzt, erst nach und nach erscheinen auch in anderen deutschsprachigen Verlagen ihre Werke, so die Romane der Neorealisten Carlos de OLIVEIRA (1921–1981) oder Fernando NAMORA (geb. 1919). Auch aus dem umfangreichen Werk von Vergílio FERREIRA (geb. 1916), der, beeinflußt vom französischen Existentialismus, in den vierziger Jahren zu veröffentlichen begann, ist bisher erst der Roman *Até ao fim (Bis zum Ende)* in deutscher Übersetzung erschienen. Noch nicht auf deutsch publiziert ist der wichtige phantastische Roman *A torre da Barbela*, 1964 *(Der Turm von Barbela)*, mit dem Ruben A. (1920–1975) seinen literarischen Durchbruch erzielte.

Die Literatur nach 1974

Die tiefgreifenden politischen und sozialen Veränderungen im Portugal der siebziger Jahre finden ihren Niederschlag in einer Reihe von Werken älterer und jüngerer Autorinnen und Autoren. Die anfangs erwarteten Werke »aus der Schublade« tauchten hier allerdings ebensowenig wie in Spanien auf. Nach der Revolution von 1974 sind es vor allem Romane, mit denen die neuere portugiesische Literatur sich auch im Ausland nachdrücklicher bekannt macht. Daß es hier vieles nachzuholen gilt, zeigt ein Vergleich mit der in den vergangenen Jahrzehnten übersetzten brasilianischen Literatur. Nicht unwesentlich mag zum verstärkten Interesse an portugiesischer Literatur der Gegenwart die verspätete Übersetzung des Werkes von Fernando PESSOA beigetragen haben, das besonders im deutschsprachigen Raum mit großer Aufmerksamkeit rezipiert wurde. Andererseits ist Portugals außerordentlich reiche Lyrikproduktion, wie zum Beispiel das Werk von Eugénio de ANDRADE (geb. 1923), António Ramos ROSA (geb. 1924), Sophia de Mello Breyner ANDRESEN (geb. 1919) oder Herberto HELDER (geb. 1930) im Ausland noch viel zu wenig bekannt, wie auch die Gruppe um Fiama Hasse Pais BRANDÃO (geb. 1938), Casimiro de BRITO (geb. 1938) und Maria Teresa HORTA (geb. 1937), die gesellschaftskritische mit streng formalen Kriterien verbinden. Gleiches gilt für das bereits in der Salazarzeit entstandene Theater von Bernardo SANTARENO (1924–1980) und Luís de Sttau MONTEIRO (geb. 1926), deren für das portugiesische Theaterschaffen außerordentlich bedeutsame Dramen erst nach der Revolution 1974 aufgeführt werden konnten.

Neue Themen und Erzähltechniken hatten sich bereits in den sechziger Jahren abgezeichnet. So machte Almeida FARIA (geb. 1943) 1962 bzw. 1965 mit seinen Romanen *Rumor branco (Weißes Gerücht)* und *Paixão (Passionstag)* auf sich aufmerksam, Nuno de BRAGANÇA (geb. 1927) im Jahr 1969 mit *A noite e o riso*, 1969 *(Die Nacht und das Lachen)*, ein Roman, der Umgangssprache verwandte, die Zwiespältigkeit, Sehnsüchte und Widersprüche der unmittelbaren Gegenwart darstellte, wie sie das Land durchlebte, und für manchen jüngeren Autor wichtige Signale setzte. Hier sei auch an den ungeheuren Erfolg erinnert, den Dinis MACHADO 1977 mit dem bis heute vielfach aufgelegten geistreichen kleinen Buch *O que diz Molero (Molero und die verrückte Welt)* erlebte, und stellvertretend für viele andere Armando Silva CARVALHO mit dem Roman *Portuguex* (1977).

Während Agustina Bessa LUÍS (geb. 1922), die mit ihrem 1954 veröffentlichten Roman *A sibila (Die Sibylle)* berühmt geworden war, bereits eine beachtliche Zahl von Romanen geschrieben hatte, neben der Verarbeitung von Ereignissen aus der jüngsten Vergangenheit wie in ihrem Roman *Os meninos de ouro*, 1963 *(Die Goldkinder)*, auf historische Themen zurückgreift, sind eine ganze Reihe jüngerer Autorinnen inzwischen im In- und Ausland bekannt geworden. Mit den *Novas cartas portuguesas (Neue portugiesische Briefe)* hatten 1972 Maria Isabel BARRENO, Maria Velho da COSTA und Maria Teresa HORTA für einen literarischen Skandal gesorgt. Sie wurden wegen Mißbrauchs der Meinungsfreiheit angeklagt, ihr Buch als Angriff auf die öffentliche Moral gebrandmarkt. In monatelangen Verhandlungen, in denen als Zeugen der Verteidigung fast alle namhaften Kollegen der schreibenden Zunft als Fürsprecher auftraten, mußten die »Drei Marias« sich gegen den Vorwurf der Unmoral und Pornographie wehren. Solidaritätsbekundungen aus dem Ausland unterstützten die drei Frauen, die eine Fortschreibung der berühmten Briefe der portugiesischen Nonne Mariana ALCOFORADO aus dem 17. Jahrhundert gewagt, schonungslos die Situation der Frau im Portugal ihrer Zeit aufgedeckt und damit ein neues Selbstverständnis bewiesen hatten. Das Gericht mußte sie freisprechen, die Briefe wurden in mehrere Sprachen übersetzt, 1975 sogar in einer Bearbeitung in New York auf die Bühne gebracht. Von den »drei Marias« der *Neuen portugiesischen Briefe* haben inzwischen Maria Isabel Barreno und Maria Velho da Costa eine Reihe weiterer Werke veröffentlicht, ebenso eine beachtliche Zahl anderer Autorinnen wie Hélia CORREIA, Fernanda BOTELHO, Maria Ondina BRAGA, Maria Gabriela LLANSOL, die vielseitige Natália CORREIA, Teolinda GERSÃO oder Luisa Costa GOMES, um nur einige zu nennen.

In der Auseinandersetzung mit der eigenen Vergangenheit ist auch die Erfahrung des Kolonialkrieges ein Thema der neueren portugiesischen Literatur. Ihm widmete Lídia JORGE (geb. 1946) ihren vierten Roman, *A costa dos murmúrios*, 1988 *(Die Küste der ersterbenden Stimmen)*. Wie für viele Angehörige ihrer Generation war das Erlebnis des Krieges in Afrika eine nachhaltige Erfahrung. Die Geschichte dieses Krieges müsse erst noch geschrieben werden, hatte sie vor der Veröffentlichung ihres Romans gesagt. *A costa dos murmúrios* ist der Versuch, aus der Sicht einer Frau, die einen kriegsbegeisterten Offizier nach Moçambique begleitet, rückblickend die Geschehnisse in Afrika zu verarbeiten. Eines der ersten Bücher zu diesem Thema hatte João de MELO mit seinem autobiographischen Bericht *A memória de ver matar e morrer*, 1977 *(Die Erinnerung an das Töten und Sterben)*, geschrieben, 1984 in überarbeiteter Fassung herausgegeben unter dem Titel *Autópsia de um mar em ruínas (Autopsie eines Meeres in Ruinen)*. In seinem 1989 mit dem Großen Romanpreis ausgezeichneten Werk *Gente feliz com lágrimas (Glückliche Leute mit Tränen)* beschreibt er das Leben einer Familie von den Azoren, deren Mitglieder sich in Lissabon niederlassen oder, wie Hunderttausende von den Inseln, nach Amerika, in diesem Fall nach Kanada, auswandern. Das Schicksal der Emigranten, die im Ausland Arbeit suchen und später wieder an ihren Heimatort zurückkehren, ist auch Thema anderer Werke, wie zum Beispiel von Lídia Jorge oder Olga GONÇALVES. Die erschreckende, sinnlose Wirklichkeit des Kolonialkrieges schildert am eindringlichsten, in einer ungewöhnlichen Bildersprache, António Lobo ANTUNES (geb. 1942) in *Os cus de Judas*, 1979 *(Der Judaskuß)*. Geradezu besessen von den grauenhaften Jahren des Kolonialkrieges in Angola entwirft er ein düsteres, oft zynisches Bild von Portugal und seiner Gesellschaft – eines kleinen Landes, dessen große Vergangenheit auf groteske Weise in erstarrten Äußerlichkeiten verharrt und vom Autor sarkastisch bloßgestellt wird, *»ein Universum mit Erbsünde ohne Erlösung«*, wie der Kritiker António QUADROS die Welt in Lobo Antunes' Romanen beschrieb. Wollte man zwei einander entgegengesetzte Pole portugiesischen Erzählens nennen, dann wäre dies auf der einen Seite die kompromißlose, oft bis an die Grenzen des Nachvollziehbaren geltende assoziative Schreibweise eines Lobo Antunes und auf der anderen der ausladende, breit dahinfließende auktoriale Erzählstil eines José SARAMAGO (geb. 1922), der wie kaum ein anderer portugiesischer Autor zu spätem Ruhm weit über die Grenzen seines Landes hinaus gelangte, als einer der wenigen Autoren seines Landes mühelos zwischen Spanien und Portugal verkehrt, der Iberischen Halbinsel 1986 ein ironisch-liebevolles Denkmal setzte in dem Roman *A jangada de pedra (Das steinerne Floß)* und einer der wenigen Autoren ist, die auch in Brasilien wahrgenommen werden. Mit seinem im November 1991 erschienenen Roman *O evangelho segundo Jesus Cristo* erregte er in Portugal und Brasilien ungeheures Aufsehen und löste heftigste Diskussionen über die Rolle der Religion und der Institution der Kirche aus, ein Beispiel dafür, wie aktuell der Rückgriff auf vergangene Zeiten sein kann.

Mit dem Eintritt Portugals in die Europäische Gemeinschaft ist das Interesse an der jahrhundertealten Kultur dieses Landes deutlich gestiegen. Es bleibt allerdings für die meisten Mitteleuropäer noch zu entdecken, daß *»eine Kultur der Peripherie keine periphere Kultur ist«*, wie José SARAMAGO dies in einer der unzähligen Diskussionen zum Thema Europa einmal formulierte.

Literaturhinweise

A. Bibliographien und Nachschlagewerke

J. J. Cochofel (Hg.), *Grande dicionário da literatura portuguesa e de teoria literária*, Lissabon 1978 ff.

M. Moisés, *Bibliografia da literatura portuguesa*, São Paulo 1968.

Ders. (Hg.), *Pequeno dicionário de literatura portuguesa*, São Paulo 1981.

J. do Prado Coelho (Hg.), *Dicionário de literatura (Literatura portuguesa. Literatura brasileira. Literatura galega)*, 5 Bde., Porto ³1978; ern. 1984.

J. Serrão (Hg.), *Dicionário de história de Portugal*, 4 Bde., Lissabon 1971 [m. biogr. Hinweisen].

B. Literatur- und Kulturgeschichte

A. F. Bell, *Portuguese Literature*, Oxford 1922; ern. 1970 [mit Bibliographie].

A. J. da Costa Pimpão, *História da literatura portuguesa. Idade média*, Coimbra 1959.

J.-A. França, *Le romantisme en Portugal*, Paris 1975 (portug.: *O romantismo em Portugal*, 2 Bde., Lissabon 1976).

J. Mendes, *Literatura portuguesa*, 4 Bde., Lissabon ²1981–1983.

X. R. Pena, *Literatura galega medieval*, 2 Bde., Barcelona 1986.

A. C. Rocha, *A epistolografia em Portugal*, Lissabon ²1984.

A. J. Saraiva, *A cultura em Portugal*, Lissabon 1982 ff.

Ders. u. Ó. Lopes, *História da literatura portuguesa*, Porto ¹⁵1989.

J. V. Serrão, *Historiografia portuguesa*, 2 Bde., Lissabon 1972/73.

H. Siepmann, *Portugiesische Literatur des 19. und 20. Jahrhunderts*, Darmstadt 1987 [mit kommentierter Bibliographie].

C. Studien

V. M. P. de Aguiar e Silva, *Maneirismo e barroco na poesia lírica portuguesa*, Coimbra 1971 [m. Bib.].

H. Cidade, *A literatura portuguesa e a expansão ultramarina*, 2 Bde., Coimbra 1963/64.

Ders., *Lições de cultura e literatura portuguesas*, Coimbra ⁷1984 [korrigiert u. erweitert].

F. de Figueiredo, *A épica portuguesa no século XVI*, São Paulo 1950.

R. Hess, *Die Anfänge der modernen Lyrik in Portugal (1865–1890)*, München 1978.

Ders. (Hg.), *Portugiesische Romane der Gegenwart: Interpretationen*, Frankfurt/Main 1992.

W. Kreutzer, *Stile der portugiesischen Lyrik im 20. Jahrhundert*, Münster 1980.

M. R. Lapa, *Lições de literatura portuguesa – época medieval*, Coimbra 1964; ¹⁰1984 [revidiert u. erweitert; mit Bibliographie].

M. Martins, *Estudos da literatura medieval*, 2 Bde., Lissabon 1969–1972.

Ó. Lopes, *Entre Fialho e Nemésio. Estudos de literatura portuguesa contemporânea*, 2 Bde., Lissabon 1987.

A. Quadros, *Crítica e verdade – introdução à actual literatura portuguesa*, Lissabon 1964.

Ders., *A idéia de Portugal na literatura portuguesa dos últimos 100 anos*, Lissabon 1989.

L. F. Rebelo, *História do teatro português*, Porto ²1980 (frz.: *Histoire du théâtre portugais*, Löwen 1985).

J. de Sena, *Estudos de literatura portuguesa*, 3 Bde., Lissabon 1982–1988.

J. G. Simões, *Perspectiva histórica da poesia portuguesa*, Porto 1976 [umgearbeiteter u. aktualisierter 3. Band seiner *História da poesia portuguesa das origens à actualidade*, 3 Bde., Lissabon 1955–1959].

L. Stegagno Picchio, *Storia del teatro portoghese*, Rom 1964 (portug.: *História do teatro português*, Lissabon 1969; mit Bibliographie).

Die portugiesischsprachige Literatur Afrikas

von Ilse Pollack

Obwohl die erst seit 1975 unabhängigen Staaten Angola, Moçambique, São Tomé e Príncipe, Cabo Verde (Kapverdische Inseln) und Guiné-Bissau fast 500 Jahre lang von derselben Kolonialmacht, Portugal, beherrscht wurden, vollzog sich in ihnen der Übergang von der oralen afrikanischen zur verschrifteten Kultur doch unter jeweils anderen Bedingungen. Auf den Inselstaaten S. Tomé und Cabo Verde, deren Besiedelung durch weiße *colonos* und aus Westafrika herbeigeschaffte Sklaven erfolgte, bildeten sich schon früh gemischte Kulturformen in jeweils eigenen Sprachen heraus.
Wenn wir von einer sakralen Dichtung, die es auf Cabo Verde bereits im 17. Jahrhundert gab, absehen, so können wir die Voraussetzungen für die Entstehung einer Schriftkultur mit Beginn der zweiten Hälfte des 19. Jahrhunderts ansetzen. Ausschlaggebend hierfür waren die politischen Veränderungen in Portugal. Das Verbot des Sklavenhandels – *conditio sine qua non* für die Entwicklung eines literarischen Schaffens in diesen Ländern – erfolgte 1836 per Dekret; die Praxis der Sklaverei hielt sich freilich noch über Jahrzehnte und dauerte als Zwangsarbeit, die 1899 gesetzlich verankert wurde, sogar bis in die Mitte des 20. Jahrhunderts (mit Ausnahme von Cabo Verde) an. Als weitere Voraussetzungen sind die Einführung von Druckereien ab 1850, das Dekret von 1855 über die Pressefreiheit in den Kolonien sowie die 1845 beschlossene Errichtung von Grundschulen anzusehen.
In der Einführung eines allgemeinen Schulsystems, die sich insgesamt äußerst schleppend vollzog, weisen die einzelnen Länder große Unterschiede auf: Die erste staatliche Grundschule Moçambiques wurde erst 1907 errichtet, und auch die mittleren Schulen ließen lange auf sich warten, mit Ausnahme von Cabo Verde, wo es bereits seit 1866 auf der Insel S. Nicolau ein von der katholischen Kirche betriebenes Lyzeum gab, in dem bis zu seiner Schließung 1911 mehrere Generationen kapverdischer Intellektueller ausgebildet wurden. Das erste Gymnasium in Angola wurde 1919 errichtet, Moçambique folgte 1920, S. Tomé 1952, Guiné-Bissau 1958. Damit die Autochthonen als *assimilados* galten – und erst als solche kamen sie in Angola, Moçambique und Guiné-Bissau in den Genuß der bürgerlichen Rechte –, verlangte die Kolonialmacht einerseits die Kenntnis des Lesens und Schreibens, andererseits verzögerte bzw. behinderte sie sogar die Voraussetzungen für den Erwerb dieser Kenntnisse.

Erste Entwicklungsschritte

In den städtischen Zentren Luanda und Benguela (Angola) bildete sich früh eine einheimische afrikanische Bourgeoisie (Mulatten und Schwarze) heraus, deren Kontakte mit den *colonos* sie zu einer kulturell stark unterschiedenen Gesellschaftsschicht werden ließen. Aus dieser Schicht stammen José da Silva Maria Fereira (geb. 1829) und Joaquim Dias Cordeiro da Matta (1857–1894), deren Verse den Beginn einer angolanischen Literatur markieren. Die *Filhos da Terra* gründeten 1881 bereits ihre erste eigene Zeitung, der eine Reihe von Publikationen in Portugiesisch und Kimbundo (Bantusprache von Angola) folgten und in denen sie ihre Kritik an der Kolonialverwaltung formulierten (*Voz de Angola clamando no deserto*, 1911). Als wichtigstes Zeugnis der goldenen Zeit einer afrikanischen Bourgeoisie der Jahrhundertwende in Angola gilt der 1929 erschienene Roman *O segredo da morta* von António Assis Junior (1877–1960).
In Moçambique, das erst Ende des 19. Jahrhunderts vollständig »befriedet«, das heißt kolonisiert wurde, verlief diese Entwicklung später ähnlich. Als Höhepunkt des einheimischen Journalismus gelten die Zeitschrift ›O Africano‹ der Brüder Albasini und der 1918 gegründete ›Brado Africano‹. Für die Herausbildung eines spezifischen afrikanischen Bewußtseins soll auch die Dichtung der *independistas* nicht unerwähnt bleiben, die von Afrikanern in Portugal publiziert wurde. Unter dem Einfluß der angelsächsischen panafrikanischen Bewegungen entwickelten sich in der »Metropole« selbst die ersten afrikanischen Vereinigungen und mit ihnen eine afrikanische Presse, deren erstes Organ (1911) sich bezeichnenderweise ›O Negro‹ nannte. Als Hauptvertreter dieser Poesie gelten Pedro Monteiro Cardoso (1890–1942) von den Kapverdischen Inseln und Marcelo Veiga (1892 bis 1977) aus S. Tomé.
Mit der Ankunft des republikanischen Gouver-

neurs Norton de Matos in Angola (1920) und einem neuen Strom portugiesischer Siedler verschlechterte sich die Lage für die Einheimischen. Die »Friedhofsruhe«, welche fortan bis in die Mitte der vierziger Jahre in den Kolonien herrschte, brachte auch eine Lähmung des kulturellen Schaffens (Ausnahme: Cabo Verde). Im Gegensatz dazu entwickelt sich eine reichhaltige, aus portugiesischer Sicht verfaßte Kolonialliteratur. Nur ein einziger Autor, Castro SOROMENHO (1917–1968), vermag in der zweiten Phase seines Werkes die eurozentristische Sicht zu durchbrechen und wird heute zu den Vorläufern einer spezifisch angolanischen Prosa gezählt.

Angola

Als Wiege einer nationalen angolanischen Literatur wird allgemein die 1848 gegründete Bewegung *Vamos descobrir Angola!* bezeichnet, in der sich engagierte Schwarze wie António Agostinho NETO (1922–1979), Mulatten wie Viriato da CRUZ (1924–1963) und Mário ANTÓNIO (1934–1990) sowie Weiße wie António JACINTO (1924–1991) zusammenfanden. Sie entwarfen ein dichterisches Programm, das inhaltlich die Probleme der angolanischen Bevölkerung aufgreift und die portugiesische Sprache phonetisch, syntaktisch und semantisch verändert. In Lissabon treffen sich ab 1953 Studenten aus allen afrikanischen Kolonien in der *Casa dos Estudantes do Império*, deren Verlag bis 1965 für viele von ihnen die einzige Publikationsmöglichkeit bietet. Als 1961 der Kolonialkrieg in Angola ausbricht, hat bereits eine ganze Reihe dieser Autoren die Feder mit der Waffe vertauscht (soweit sie nicht im Gefängnis oder im Exil sind) und sich der Freiheitsbewegung MPLA angeschlossen. Erst mit der Unabhängigkeit 1975 und der noch im gleichen Jahr gegründeten *União dos Escritores Angolanos* können die Werke dieser und einer nachfolgenden Generation, deren Texte meist im Untergrund zirkulierten bzw. im Ausland erschienen, in Angola (und Portugal) veröffentlicht werden.

Als wichtigstes Werk über den Befreiungskampf gegen die Portugiesen gilt *Mayombe* (1980) von PEPETELA (geb. 1941); ausgezeichnet mit dem ersten angolanischen Nationalpreis für Literatur, ist dieser Roman dennoch kein Heldenepos, sondern setzt sich mit dem bis heute aktuellen Problem des Tribalismus auseinander. Die Auswirkungen des erst 1991 beendeten Bürgerkriegs zwischen MPLA und Unita auf die Bevölkerung von Südangola beschreibt im Stil eines phantastischen Realismus Katchikatatcha MBALONDU in *Chipembwa*; der in England zum Journalisten ausgebildete Angolaner Sousa JAMBA (geb. 1966) erzählt in *Patriots* (1990, englisch im Original) die Geschichte des Knaben Hosi, der als ein Opfer dieses Krieges nach Sambia flüchtet und später nach Angola zurückkehrt, um sich der Unita anzuschließen.

Als wichtigstes Thema einer Fülle von Erzählungen und einiger Romane erweist sich die Aufarbeitung der kolonialen Vergangenheit, wobei das in den Jahren 1961–1973 im Gefängnis entstandene Werk von Luandino VIEIRA (geb. 1936) eine Sonderstellung einnimmt. Luandino, der als Kind armer portugiesischer Einwanderer nach Luanda kam, beschreibt in zahlreichen Erzählungen eine Kindheit ohne Rassenschranken und das Leben in den *musseques*, den Elendsvierteln der Hauptstadt. In der längeren Erzählung *A Vida verdadeira de Domingos Xavier* (1974) wird exemplarisch aufgezeigt, wie Unterdrückung und Armut der schwarzen Angolaner schließlich zum Widerstand führen. Luandinos Bedeutung als Schöpfer einer eigenen Sprache, in der portugiesische und kimbundische Elemente kunstvoll miteinander verflochten sind, hat ihm oft den Vergleich mit dem brasilianischen Autor Guimarães ROSA eingebracht. Ein *logoteta* ganz anderer Art ist der als Sohn schwarzer Eltern geborene Agostinho Mendes CARVALHO (Uanhenga Xito, geb. 1924), der vor allem in dem bereits zur nationalen Figur gewordenen »Mestre Tamoda« den *assimilado* aufs Korn nimmt, der übereifrig versuchte, sich der Herrenkultur anzupassen, und sich dadurch von seinen Wurzeln entfernte. Die sozialen und psychischen Folgen der portugiesischen Assimilationspolitik beschreibt u. a. Óscar RIBAS (geb. 1909) in seinem umfangreichen autobiographischen Roman *Tudo isto aconteceu* (1975), während PEPETELA in der Kolonialsaga *Yaka* (1985) abwechselnd aus der rationalen Sicht der weißen Siedlerfamilie Semedo und der mythologisch gebrochenen Weltsicht der Yaka ebenfalls fast ein Jahrhundert angolanischer Geschichte erzählt. Mit wenigen Ausnahmen, wie zum Beispiel der Sammlung *Silêncio em chamas* (1979) von José de FREITAS (geb. 1950), welche den Widerstand einer bäuerlichen Bevölkerung schildert (vgl. auch *Estórias de contratados* des 1936 geborenen Erzählers Costa ANDRADE), sind diese Romane und Erzählungen in den Städten angesiedelt, und ihre Autoren heißen Arnaldo SANTOS (geb. 1936), Antonio CARDOSO (geb. 1933), Manuel RUI (geb. 1941) oder Jofre ROCHA (geb. 1941).

Die Jahre nach der Unabhängigkeit, in zunehmendem Maß gekennzeichnet durch das Auseinanderfallen von revolutionärem ideologischem Anspruch und einer Wirklichkeit, in der Korruption, bürokratische Unfähigkeit und eine katastrophale wirtschaftliche Lage zur Norm geworden sind, haben ironisch in PEPETELAS *O cão e os caluandas* (1985) bzw. zunehmend sarkastisch in Manuel Ruis *Quem me dera ser onda* (1982) und *Cronica de um Mujimbo* (1990) Eingang gefunden. Eine Abrechnung mit der »Generation der Utopie« nimmt Pepetela in seinem gleichnamigen Roman (1982) vor, während Manuel dos Santos LIMA (geb. 1935), dessen 1965 in Brasilien erschienenes Werk *As sementes de liberdade* als epische Ouvertüre zum

Befreiungskampf bezeichnet werden kann, in *Os anões e os mendigos* (1985) eine beißende persönliche Polemik gegen einzelne bereits historisch gewordene Gestalten desselben führt. Eine Hinwendung zur angolanischen Geschichte stellen Manuel PACAVIRAS Roman *Nzinga Mbandi* (1979) über die Königin Nzinga dar, die sich im 17. Jahrhundert der portugiesischen Kolonialisierung heftig widersetzte, sowie Pepetelas Roman *Lueji* (1990), eine sehr persönliche Version der sagenhafen Lunda-Königin, die vor der Ankunft der Portugiesen gelebt hat.

Während die Prosa in Angola sich bisher ausschließlich als Domäne männlicher Autoren erweist, haben in den letzten Jahren Ana Paula TAVARES und Ana de SANTANA, welche in erster Linie persönliche Themen in die Lyrik zurückholten, aufhorchen lassen.

Moçambique

Im Unterschied zu Angola, wo sich unter dem Begriff der *angolanidade* schon früh die gemeinsamen Anstrengungen von Autoren verschiedener Hautfarbe zur Ausarbeitung einer nationalen angolanischen Literatur sammelten, lag das literarische Schaffen in Moçambique vor der Unabhängigkeit zum Großteil in den Händen von Weißen, die ausschließlich nach europäischen Mustern schrieben. Die Anfänge eines spezifischen mosambikanischen Bewußtseins prägte auch hier die (aufgrund der härteren und rigoroseren Kolonialisierung noch schmälere) Schicht von *assimilados*, wie der Mestize Rui de NORONHA (1909–1934), der in seinen postum 1943 erschienenen »Sonetos« zum erstenmal Afrika hinterfragt. Als genuine, aber vereinzelte lyrische Stimmen galten schon vor der Unabhängigkeit Noémia de SOUSA (geb. 1926), Rui NOGAR (geb. 1932) und vor allem José CRAVEIRINHA (geb. 1922). Vertritt dieser Sohn eines Portugiesen und einer schwarzen Mosambikanerin in seinem Gedichtband *Xigubu* (1964) noch die Ideale der *négritude*, so bringt er in späteren Sammlungen die Hoffnung zum Ausdruck, daß in einer postkolonialen Gesellschaft alle Rassen friedlich nebeneinander leben. Craveirinhas Bedeutung liegt auch in der »Mosambikanisierung« der portugiesischen Sprache, in die er Elemente der Bantusprache Ronga einfügt (*Karingana ua Karingana*, 1975). Der Befreiungskampf der Frelimo gegen die Portugiesen hat auch in Moçambique eine beträchtliche Anzahl von Autoren zu politischer Lyrik motiviert (*Poesia de combate*, 1977). Am Beginn einer eigenständigen mosambikanischen Prosa, wie sie erst seit den achtziger Jahren kontinuierlich veröffentlicht wird, stehen die postum 1952 erschienene Geschichtensammlung *Godido e outros contos* von João Grabato DIAS (1926–1949), der Erzählband *Nos matámos o cão tinhoso* (1964) von Luis Bernardo HONWANA (geb. 1942), sowie der Roman *Portagem* (1965) von Orlando MENDES (1916–1990), der die spezifische Problematik des Mulatten in einer Welt von Schwarzen und Weißen schildert.

Nachdem es in Moçambique erst 1982 zur Gründung der *Associação dos Escritores Moçambicanos* gekommen war, welche auch die verlegerischen Tätigkeiten intensivierte, hat sich in den letzten Jahren eine ganze Reihe junger Prosaautoren profiliert, deren Texte zuvor fast ausschließlich in einigen wenigen Zeitschriften veröffentlicht werden konnten. Mia COUTOS (geb. 1955) knappe, konzise Prosa (*Vozes anoitecidas*, 1986, *Cronicando*, 1988, *Cada homem è uma raça*, 1989) kennzeichnet vor allem der äußerst freie Umgang mit der portugiesischen Sprache. Dieser Autor wurde ebenso mit dem ersten mosambikanischen Nationalpreis für Prosa ausgezeichnet wie Ungulani Ba Ka KHÔSA (1957), der in *Ualalapi* (1987) der Gestalt des Ngungunhana, des letzten Herrschers im südlichen Moçambique und erbittertem Gegner der Kolonialmacht Portugal, ein Denkmal setzt. Die bewegte vielschichtige Realität des Landes, wo durch die katastrophale wirtschaftliche Lage und den anhaltenden Terror der Renamo viele Hoffnungen der Aufbruchsjahre zerstört worden sind, schildern unter anderem Autoren wie Suleiman CASSANO (geb. 1962), Pedro CHISSANO (geb. 1956), Albino MAGAIA (geb. 1947), Aldino MUIANGANA (geb. 1950), Helder MUTEIA (geb. 1960), Calane da SILVA (geb. 1945) und Tomas VIEIRA (geb. 1959). Ironisch setzt sich Paulina CHIZIANE (geb. 1955), bislang eine der wenigen weiblichen Stimmen in einem auch hier fast ausschließlich männlich dominierten Chor, mit der Rolle der Frau in einer traditionell patriarchalischen Gesellschaft auseinander. Im Unterschied zu Angola, wo bisher noch kein literarisches Schaffen in einer der Nationalsprachen zu verzeichnen ist, hat zumindest *ein* mosambikanischer Autor, Bento SITOE, Romane in Ronga verfaßt.

São Tomé

Als in S. Tomé in der zweiten Hälfte des 19. Jahrhunderts die großen *roças* (Kaffee- und Kakaoplantagen) errichtet wurden, bedeutete dies den Niedergang der einheimischen Kreolenfamilien und die Bildung einer stark ausgeprägten Rassengesellschaft. Der S. Tomenser Caetano Costa ALEGRE (1864–1890) ist der erste afrikanische Dichter, welcher die Entfremdung des Schwarzen in einer weißen Gesellschaft zum Ausdruck bringt. Sein Landsmann Francisco José TENREIRO (1921–1963) führte 1942 mit dem Gedichtband *Ilha de nome santo* die Ideale der *négritude* in die Literatur des lusophonen Afrikas ein. Auch der erste große Roman, der das Drama einer »lusotropikalen« Rassenmischung zum Thema hat: *O menino entre gigantes* (1960), ist dem S. Tomenser Mário DOMINGUES (1899–1978) zu verdanken. Ihr lyrisches Werk publizierten schon vor der Unabhängigkeit Alda do ESPIRITO SANTO (geb. 1926) und Manuela MARGARIDO (geb. 1925), während Francisco STOCKLER (gest. 1884) als Vorläufer einer bis heute wenig in Erscheinung getretenen Literatur in der Kreolsprache *forro* zu nennen ist. Die 1986 gegründete *União dos Escritores e Artistas* bemüht sich trotz extremer materieller Schwierigkeiten um Publikationsmöglichkeiten für junge Autoren: Albertino BRAGANÇA, Federico Gustavo dos ANJOS seien hier beispielhaft genannt.

Cabo Verde

Cabo Verde, frühester Schmelztiegel einer europäisch-afrikanischen Rassenmischung, nimmt eine literarische Sonderstellung innerhalb des lusophonen Afrika ein. Bezogen auf die Kleinheit des Raumes, der sich auf verschiedene, voneinander getrennte Inseln verteilt, hat Cabo Verde eine reichhaltige Literatur hervorgebracht, die seit Ende des 19. Jahrhunderts in Portugiesisch und *Crioulo* geschrieben wird. Unter den ehemaligen portugiesischen Kolonien war sie die erste, welche sich vom literarischen Einfluß der »Metropole« befreite und eine eigenständige Literatur hervorbrachte. Ein literarisches Denkmal über die kapverdische Gesellschaft der ersten Hälfte des 19. Jahrhunderts ist der Roman *O escravo* (1856) von José Evaristo d'ALMEIDA, der von afrikanischen Sklavenbesitzern, Mulatten, erzählt. Ende des 19. Jahrhunderts war das *crioulo* – hervorgegangen aus einem Pidgin zur Verständigung zwischen den portugiesischen Kolonisatoren und den Afrikanern unterschiedlicher sprachlicher Herkunft – schriftlich fixiert. Nachhaltigen Einfluß wirkte im Gefolge die *crioulo*-Dichtung des schon genannten Pedro Monteiro CARDOSO und vor allem des Dichters unvergeßlicher *mornas*, Eugénio TAVARES, aus. Die Hinwendung zu einer typischen kapverdischen Literatur in portugiesischer Sprache erfolgte unter dem Einfluß der brasilianischen Literatur in den dreißiger Jahren durch die Autoren Baltasar LOPES (1907–1989), Jorge BARBOSA (1902–1971), Manuel LOPES (geb. 1907) und Pedro Corsino de AZEVEDO (1905–1942). In Gedichten (*Archipélago*, 1935, von Jorge Barbosa), Romanen (*Chiquinho*, 1945, von B. Lopes, *Chuva braba*, 1956, und *Os flagelados do vento leste*, 1960, von M. Lopes) wenden sich diese Autoren den Problemen der Inseln wie Trockenheit, Hunger, Isolation durch das Meer und Emigration zu und schaffen durch Einbeziehung lexikaler und syntaktischer Elemente des *crioulo* ein *»português literário de Cabo Verde«*.

Die nachfolgende Generation mit Ovídio MARTINS (geb. 1928), Gabriel MARIANO (geb. 1928), Onésimo SILVEIRA (geb. 1935), Terence ANAHORY (geb. 1932) bringt in die kapverdische Literatur den Protest gegen die Kolonialherrschaft ein, der sich mit der Emigration vieler Kapverder nach S. Tomé noch verschärft. Während des nationalen Befreiungskampfes der PAIGCV in Guiné-Bissau und Cabo Verde wird das *crioulo* zum Medium der Dichtung schlechthin, die damit auch in eine betont militante Phase eintritt. (Kaoberdiano DAMBARÁ, T. T. TIOFE). Nach der Unabhängigkeit blieb die literarische Produktion auf diverse, meist untereinander konkurrierende Zeitschriften der verschiedenen Inseln beschränkt. Als Prosaautor ist insbesondere der in Portugal lebende Arzt Teixeira de SOUSA hervorgetreten (*Ilhéu de contenda*, 1978; *Xaguate*, 1987), sowie (wieder) Onésimo SILVEIRA (*Na ribeira de Deus*, 1992). Während Orlanda AMARILIS in ihren Erzählungen (*Cais-do-Sodré té Salamanca*, 1974) das Thema der über die ganze Welt verstreuten Kapverder behandelt, bringt Germano ALMEIDA (*O testamento do Sr. Napumoceno da Silva Araujo*, 1991) zum erstenmal einen humorvollen Ton ein. Abgesehen von der 1972 erschienenen zweisprachigen Sammlung *Negrume* von Luis ROMANO wurde bis jetzt erst ein größeres Prosawerk in *Crioulo* veröffentlicht: *Oju d'Agu* (1987) von Manuel VEIGA. Zumindest erwähnt sei an dieser Stelle die literarische Produktion in englischer Sprache der (seit Ende des 17. Jahrhunderts) in Nordamerika lebenden Emigranten.

Guiné-Bissau

Guiné-Bissau wurde seit 1876 von Cabo Verde aus verwaltet und war auch in seiner Schriftkultur mit diesem verbunden. Es ist zudem die einzige der ehemaligen portugiesischen Kolonien, wo der Islam eine gewisse Rolle spielt(e). Als guinensischer Roman aus den dreißiger Jahren gilt *Aua* von Fausto DUARTE, nach dem Vorbild von René MARANS *Batouala* – doch ist dieser Autor eher dem Genre Kolonialliteratur zuzuordnen. 1973 erschien in Bissau die erste eigenständige Zeitschrift ›Pilão‹ (nach dem magischen Baum der Guineenser benannt). Der von Guiné-Bissau und Cabo Verde gemeinsam ausgetragene Befreiungskampf hat auch hier eine militante Lyrik entstehen lassen (*Mantenhas para quem luta!* 1977); als wichtigster Autor der neuen Literatur von Guiné-Bissau hat sich Helder PROENÇA (*Não posso adiar a palavra*, 1982, und *Alem da dor*) etabliert.

Literaturhinweise

F. Brummel, *Die portugiesischsprachige afrikanische Literatur* (in KLFG, 19. Nlg.).

D. Burness (Hg.), *Fire. Six Writers from Angola, Mozambique, and Cape Verde*, Washington D.C. 1977.

Ders., *Critical Perspectives on Lusophone African Literature*, Washington D.C. 1981.

Ders. (Hg.), *A Horse of White Clowns: Poems from Lusophone Africa*, Athens/Oh. 1989.

M. Ferreira (Hg.), *No reino de Caliban. Antologia panorâmica de expressão portuguesa*, 3 Bde., Lissabon 1975–1985.

Ders., *Literaturas africanas de expressão portuguesa*, 2 Bde., Lissabon 1977.

W. Glinga, *Der Unabhängigkeitskampf im afrikanischen Gegenwartsroman französischer Sprache. Mit einem Ausblick auf den afrikanischen Gegenwartsroman englischer und portugiesischer Sprache*, Bonn 1979.

R. G. Hamilton, *Voices from an Empire. A History of Afro-portuguese Literature*, Minneapolis 1975.

Ders., *Literatura africana, Literatura necessária: Angola, Moçambique, Cabo Verde, Guiné-Bissau, São Tomé e Príncipe*, 2 Bde., Lissabon 1981 bis 1984.

M. L. Lepecki, *Sobre impressão e estudos de literatura portuguesa e africana*, Lissabon 1988.

Les littératures africaines de langue portugaise. Actes du colloque..., Paris 1985.

A. Margarido, *Estudos sobre literatura das nações africanas de língua portuguesa*, Lissabon 1980.

D. Mestre, *A poesia angolana nos últimos dez anos* (in Colóquio/Letras, 1986, Nr. 89, S. 67–70).

G. Moser, *Essays in Portuguese-African Literature*, University Park/Pa. 1969.

G. Moser u. M. Ferreira, *Bibliografia das literaturas africanas de expressão portuguesa*, Lissabon 1984.

Poesia Negra. Schwarze Dichter portugiesischer Sprache, München 1962.

A. F. Soares, *Literatura angolana de expressão portuguesa*, Porto Alegre 1983.

S. Trigo, *Introdução à literatura angolana de expressão portuguesa*, Porto 1977.

Ders., *Ensayos de literatura comparada afro-lusobrasileira*, Lissabon o. J. [1986].

I. Vom Mittelalter bis zur Romantik (1820)

FREI AMADOR ARRAIS

* um 1530 Beja
† 1.8.1600 Coimbra

DIÁLOGOS

(portug.; *Dialoge*). Gespräche von Frei Amador ARRAIS, erschienen 1589. – Die Dialoge sind in die Form von Gesprächen eines Kranken, Antíoco, mit seinen Besuchern gekleidet: Er empfängt u.a. einen Arzt, einen Geistlichen, einen Hidalgo, einen Juristen und diskutiert mit ihnen kultur- und religionshistorische Themen. Aufschlußreich ist die Schilderung der Zeitumstände. So richtet sich der dritte Dialog gegen den Wucher der Juden; der vierte verherrlicht die Entdeckertaten der Portugiesen, weil sie den Glauben durch das Schwert verbreiten. Außer der Habsucht der Juden, die sogar an der Niederlage König Sebastians bei Ksar el-Kebir (1578) schuld sein sollen, macht der Autor noch den Sklavenüberfluß in Lissabon für den allmählichen Verfall des Reiches verantwortlich. Wieder andere Dialoge setzen sich mit dem Wesen des Schmerzes, besonders dem der Agonie, und mit der Bedeutung der Träume auseinander.

Frei Amador Arrais, der dem Karmeliterorden angehörte und wichtige kirchliche Ämter bekleidete, stellt seine moralisierend-didaktische Kritik an der Sittenverderbnis seiner Zeit und die vielfachen Hinweise auf apokalyptische Folgen ganz in den Dienst der Gegenreformation. Formal setzt der Autor mit diesem Werk die Reihe der Humanistentraktate fort; er beweist seine Gelehrsamkeit, indem er seine Ansichten mit vielen Belegen, Beispielen und Anekdoten aus der Antike stützt. Arrais legte höchsten Wert auf eine allgemeinverständliche, schlichte Prosa, weil er ein möglichst großes Lesepublikum ansprechen wollte. Die Schwierigkeit bestand darin, den am Lateinischen und an der Rhetorik geschulten Stil mit den Erfordernissen der Umgangssprache in Einklang zu bringen. Die gelungene Synthese macht Arrais zum bedeutendsten religiösen Schriftsteller des 16. Jh.s in Portugal. M.Fr.

AUSGABEN: Coimbra 1589. – Coimbra 1604 [erw.]. – Lissabon 1846. – Lissabon 1944, Hg. F. de Figueiredo [Ausw. m. Einf.]; ²1981. – Porto 1974 [Vorw. M. L. de Almeida].

LITERATUR: A. Soares u. F. Campos, *Prosadores religiosos do século XVI*, Coimbra 1950 [Ausw. m. Einf.]. – J. S. da Silva Dias, *Correntes de sentimento religioso em Portugal nos séculos XVI a XVIII*, Bd. 1, Coimbra 1960 [m. Bibliogr.]. – P. Maciel, *Estudos universitários sobre os »Diálogos de Dom F. A. A.«*, Recife 1977. – G. de Paiva Domingues, *Hino de A. A. em louvor de Coimbra* (in Humanitas, Coimbra 1979/80, Nr. 31/32, S. 229–234).

JOÃO DE BARROS

* 1496 (?) Viseu (?)
† 20./21.10.1570 Pombal

LITERATUR ZUM AUTOR:
Biographien:
A. de Campos, *Vida e obra de J. de B.*, Lissabon 1921. – I. S. Révah, *J. de B.* (in Revista do Livro, Rio 1958, Nr. 9, S. 61–73). – M. S. de Faria, *Vida de J. de B.* (in *Da Ásia de J. de B. e de Diogo do Couto*, 24 Bde., Lissabon 1973–1975, 9). – C. R. Boxer, *J. de B., Portuguese Humanist and Historian of Asia*, Neu Delhi 1981 [m. Bibliogr.].
Gesamtdarstellungen und Studien:
J. de Carvalho, *Estudos sobre a cultura portuguesa do século XVI*, Coimbra 1947/48. – G. R. Hernandez, *J. de B.: First Great Portuguese Prose Writer*, Diss. Chapel Hill 1952. – J. V. de Pina Martins, *Humanismo e erasmismo na cultura portuguesa do século XVI*, Paris 1973, S. 49–61. – J. A. Osório, *Contribuição para o estudo do humanismo de J. de B.*, Diss. Porto 1979. – Saraiva/Lopes, S. 283–292; 298–301.

ÁSIA. Dos feitos que os Portugueses fizeram no descobrimento e conquista dos mares e terras do Oriente

(portug.; *Asien. Die Taten der Portugiesen bei der Entdeckung und Eroberung der Länder und Meere *des Orients*) von João de Barros. Die vier »Dekaden« *(Décadas)* erschienen einzeln 1552, 1553, 1563, die letzte unvollendet 1615. – Von dem enzyklopädischen Werk einer vierteiligen Darstellung der portugiesischen Kriegstaten in Europa, Afrika, Asien und Brasilien, einer Weltbeschreibung *(Geografia)* und einer Abhandlung über den Welthandel *(Comércio)*, das Barros plante und zum großen Teil ausführte, sind nur diese vier Dekaden erhalten. Sie umfassen den Zeitraum von 1415 bis 1539, von den Unternehmungen Heinrichs des Seefahrers, den Entdeckungen in Guinea, über die Fahrt Vasco da Gamas nach Ostindien bis zum Tod des Nuno da Cunha.

Barros hebt im Gegensatz zu früheren Chronisten weniger die Handlungen der Herrscher als vielmehr die Taten der Seefahrer und Eroberer als besondere nationale Leistungen hervor. Er erweitert das an sich riesige Stoffgebiet und verwertet sogar arabische und chinesische Texte zu seiner Schilderung exotischer Landschaften und fremder Bräuche. Die Geschehnisse sind in universalhistorische Zusammenhänge eingeordnet: Aus christlichem Missionsbewußtsein werden die Taten der Portugiesen als die eines auserwählten Volkes gerühmt, das gesandt ist, die Ungläubigen zu bekehren. In der Schilderung des heroischen Kampfes mit den entfesselten Elementen und den Unbilden des Klimas, die Opfer an Gut und Leben fordern, will Barros die vorbildlichen Taten und die Gesinnung der Entdecker besonders herausstellen. Diese Verherrlichung verleitet ihn aber nicht dazu, Untaten zu verschweigen oder zu beschönigen. Er verurteilt sie als Verstöße gegen die sittliche Weltordnung und sieht im Schicksal der Übeltäter eine verdiente Strafe. Sein Gerechtigkeitssinn wendet sich auch gegen das Unrecht, das von Portugiesen an den Bewohnern der neueroberten Gebiete verübt wurde. Seine humanistische Anschauung fordert Achtung auch vor der Menschenwürde der Ungläubigen. Ausführlich beschreibt Barros die rechtlichen Verhältnisse, auf denen die imperialen Titel der portugiesischen Könige gründen. Er ist darauf bedacht, Tatsachen wahrheitsgetreu und möglichst objektiv zu berichten, sich dabei aber, auswählend und stilisierend, durch eine gewisse Würde der Darstellung der Größe des Gegenstandes anzupassen.

Vorbild für den kunstvollen, rhetorischen, figurenreichen Stil wie für die Einteilung in Dekaden ist das Werk des Titus Livius. Das Streben nach einer überlegenen, wohlausgewogenen Darstellung bestimmt die Architektur des Werks, über die er in den Vorreden spricht. Dieser erhabene Stil ist – im Gegensatz zu früheren Chroniken – bis in den Bau der Sätze hinein spürbar, deren Glieder und Perioden kunstvoll aufeinander abgestimmt sind. Die glorifizierende Prosaepopöe über die Entdeckungsfahrten und nationalen Heldentaten der Portugiesen diente teilweise dem Versepos *Os Lusíadas* von Camões als Vorlage. A.E.B.

Ausgaben: Lissabon 1552 [1. Dek.]. – Lissabon 1553 [2. Dek.]. – Lissabon 1563 [3. Dek.]. – Madrid 1615 [4. Dek.]. – Lissabon 1945/46. Hg. H. Cidade u. M. Múrias. – Lissabon 1973/74 (in *Da Ásia de J. de B. e de Diogo do Couto*, 24 Bde., 1973–75, 2–8; Neudr. d. Ausg. Lissabon 1778). – Lissabon 1983, 4 Bde.

Übersetzungen: *Gesch. d. Entdeckungen u. Eroberungen der Portugiesen im Orient*, D. W. Soltau, Braunschweig 1821. – *Die Asia*, E. Feust, Nürnberg 1844.

Literatur: A. Baião, *Documentos inéditos sobre J. de B. ... e sobre os continuadores das suas Décadas* (in Boletim da segunda classe da Academia das Sciências, Lissabon, 2, 1910, S. 202–355). – M. G. Viana, *J. de B., »Décadas da Ásia«*, Porto 1944. – H. Cidade, *A literatura portuguesa e a expansão ultramarina*, Coimbra 1963. – A. A. R. Martins, *Subsídios para uma edição crítica da »Asia« de J. de B.*, Braga 1963. – H. Cidade, *J. de B. geógrafo* (in Boletim da Academia Internacional de Cultura Portuguesa, Lissabon 1966, Nr. 1, S. 33–48). – Ders., *Portugal histórico-cultural*, Lissabon 1979.

MANUEL MARIA BARBOSA DU BOCAGE

* 15.9.1765 Setúbal
† 21.12.1805 Lissabon

DAS LYRISCHE WERK (portug.) von Manuel Maria Barbosa du Bocage.

In Bocages Werk spiegelt sich der Umbruch von klassizistischer Dichtung zu den ersten Ansätzen romantischer Lyrik in Portugal besonders deutlich. Was die Zeitgenossen als übermäßige Ich-Bezogenheit tadelten (insbes. sein Gegenspieler José Agostinho de Macedo, 1761–1831), das machte den Dichter in den Augen des portugiesischen *Romantismo* (Alexandre Herculano, 1810–1877) zum Vorläufer romantischer Sensibilität. Diese Auffassung führt bis heute zu einer verengten Wahrnehmung seines Gesamtwerkes, das alle klassischen Formen durchspielt, auf die Momente, die sich als Gefühlsausdruck eines lyrischen Ichs deuten lassen.

Bocages wechselvolles Leben – Lissaboner Boheme, Indienfahrt, unglückliche Liebe, Kerkerhaft – legte es nahe, in seinen Versen vorrangig den Erlebnisgehalt zu suchen. Doch besaß er keineswegs ein romantisches Selbstverständnis, auch wenn er sein Leben nach Luís de Camões stilisierte, der 1825 bei Almeida Garrett (1799–1854) zum Modell des verkannten Dichter-Propheten werden sollte. Die Dichtungspraxis während der Endphase absolutistischer Herrschaft in Portugal folgte vielmehr der regelhaften, klassizistischen Ästhetik und wurde von der offiziell unterdrückten, aber unaufhaltsamen französischen Aufklärung (VOLTAIRE) beeinflußt. Dabei erwiesen sich die *botequins* (Schenken) in Lissabon als konspirative Nischen dichterischer und revolutionärer Aktivität, wo Bocage bereits mit 16 Jahren seine Verse deklamierte. Die Motivation des Dichtens war die Vermittlung aufklärerischen Gedankenguts in Lehr- oder Streitgedichten (Epistel) und der stilistische Wettstreit in verschiedenen »arkadischen Gesellschaften«: Bocage trat 1790 der *Nova Arcádia* bei und entwikkelte einen Stil formaler Schönheit und verbaler Musikalität, der mit der in Wortwahl und Satzbau artifizielleren Dichtungsweise Filinto ELÍSIOS (1734–1819) konkurrierte. Einen nicht geringen Raum nehmen schließlich Dank- und Auftragsarbeiten (Lob- und Gelegenheitsgedichte) in Bocages Gesamtwerk ein, da er sich zeitweise von der Verskunst ernähren mußte. Diese Arbeitsbedingungen empfand Bocage selbst als *»morte do estro« (»Tod der künstlerischen Kraft«)* und stützt damit seine Stilisierung zum armen, unglücklichen Dichter, die er in zahlreichen klagenden Selbstanreden oder verkleidet hinter arkadischen Namen (insbes. unter dem Pseudonym Elmano Sadino) kultivierte. So pflegt Bocage zwar nebeneinander die Vielfalt klassischer Themen und Motive (Idyll, Elegie, Kantate, Ode, Epicédium, Epigramm) und aufklärerische Moralistik (z. B. Lehrfabeln nach LA FONTAINE), doch macht sich eine Bewußtseinshaltung bemerkbar, die nach authentischem Ausdruck des Ichs jenseits der weitgehend unpersönlichen Gebrauchsdichtung strebt.

Bruchlos gehen diese einander widersprechenden Dichtungskonzeptionen in das Kernstück von Bocages lyrischem Werk ein: In den über 300 Sonetten ist es häufig unentscheidbar, wann die Umsetzung von Liebes- und Todesmotiven sowie die Überhöhung künstlerischer Inspiration *(»o estro«)* lediglich klassische Topoi neu bearbeitet – in erklärter Nachfolge von Luís de Camões – und wann sich subjektives Erleben ankündigt. Bocage verlagert in den formvollendeten Liebessonetten die Konflikte zunehmend von äußeren Hindernissen wie die Abwesenheit der Geliebten in die Seele des *»escravo de Amor« (»Diener der Liebe«)*. Doch statt bereits die romantische Entsprechung von Ich und Tiefenlandschaft im Stimmungsbild zu entwerfen, entwickelt er die Topik des *locus amoenus* und vor allem des *locus horrendus* weiter zu einer ausufernden personifizierenden Allegorisierung von einerseits Liebe, Glück, Frieden und andererseits Eifersucht, Nacht, Tod. Im Sinne klassischer Bildführung wird das konkrete Erlebnis im Abstraktum verallgemeinert und in gewählter Sprache überhöht, etwa in dem berühmten Sonett *Se é doce, no recente, ameno estio, / ver toucar-se a manhã de etéreas flores (Wenn es süß ist, im frischen, lieblichen Sommer / zu sehen, wie sich der Morgen mit ätherischen Blumen schmückt)*.

Daneben gibt es jedoch eine Reihe von Gedichten, die über ihre ungekünstelte Sprechweise des Affekts (Ausrufe, Auslassungen, Anaphern) direkte Emotionalität vermitteln: *»Ah! que fazes Elmano? Ah! não te ausentes...« (»Ah! was machst du, Elmano? Ah! geh' nicht...«)*. Zusammen mit der bevorzugten Ausgestaltung von seelischem Schmerz, verderblicher Liebe und Todessehnsucht steht dies für Bocages *»romantisches Temperament«* trotz *»klassischer Bildung«* (H. Cidade). Ebenso zeigt sich in den Gelegenheitsgedichten neben dem Eintreten für die Ideale Menschlichkeit und Freiheit *(»Liberdade, onde estás?« – »Freiheit, wo bist du?«)* eine Vorliebe für Schauerszenen (Vatermord, Hinrichtung), die auf die schwarze Romantik vorverweisen. Am eindeutigsten klingt präromantische Subjektivität dort an, wo Bocage seinen leidvollen Zustand verbunden mit der Dichterrolle zum Thema macht. Dies geschieht verstärkt nach seiner Gefangennahme und Verurteilung auf Betreiben der Inquisition 1797, die insbesondere aufgrund des aufklärerischen Streitgedichts *A pavorosa ilusão da eternidade (Die schreckliche Illusion der Ewigkeit)* erfolgte. Aus der Erfahrung der Kerkerhaft entstanden neben Sonetten, die das eigene Leid beklagen, das narrative Poem *Trabalhos da vida humana (Mühsale des menschlichen Lebens)*: Hier wird bereits zu Beginn programmatisch an die Stelle dichterischen Gesangs das Weinen des verstoßenen Dichter-Ichs gesetzt, wobei sich der Text so deutlich wie nie zuvor natürlichem affektivem Sprechen annähert. Diese Haltung gipfelt im letzten Sonett, das Bocage auf dem Totenlager diktierte, in einem Einklang von lyrischem Ausdruck und stilisiertem Leben: *»Já Bocage não sou!... À cova escura / meu estro vai parar desfeito em vento...« (»Ich bin Bocage nicht mehr! ... In der dunklen Höhle / wird meine schöpferische Kraft vergehen, im Wind zerstäubt«)*. Von diesem Sonett ausgehend, verdeckt im 19. und frühen 20. Jh. das biographisch begründete Modell des bereits »romantischen« Bocage, der von den Zeitgenossen verkannt wurde, den aufklärerischen und formalen Anspruch eines klassizistisch geschulten Dichters. Übergangen werden bis heute die satirischen und burlesk-erotischen Dichtungen, die im 19. Jh. zur Nachtschrank-Lektüre wurden (so z. B. für den Conselheiro Acácio in Eça de QUEIRÓS' Roman *O Primo Basílio – Vetter Basílio*). Abweichend vom traditionellen Bocage-Bild entwerfen diese Texte einen *»obszönen Poeten«* (J. G. Melquior). O.Gr.

AUSGABEN: *Rimas*, Lissabon 1791 [Bd. 1]. – *Rimas*, Lissabon 1799 [Bd. 2]. – *Rimas*, Lissabon 1804 [Bd. 3]. – *Obras poéticas*, Lissabon 1812 [Bd. 4]. – *Obras poéticas*, Lissabon 1813 [Bd. 5]. – *A pavorosa ilusão da eternidade*, Ldn. 1840–1850. – *Poesias*, Lissabon 1853, 6 Bde. – *Poesias eróticas, burlescas e satíricas*, Brüssel 1854. – *Obras poéticas*, Porto 1875, 8 Bde.; ern. Lissabon 1910, 3 Bde. – *Sonetos*, Lissabon 1915; ern. 1960, Hg. H. Cidade. – *Obras*, Hg. T. Braga, Porto 1968. – *Opera omnia*, Hg. H. Cidade, Lissabon 1969–1973, 6 Bde. – *Sonetos*, Lissabon 1978 [Ausw. V. Nemésio].

LITERATUR: T. Braga, *B.*, Porto 1902. – H. Cidade, *B.*, Porto 1936; ern. Lissabon 1965 [erw.]. – J. do Prado Coelho, *O pecado e a graça na poesia amorosa de B.* (in J. do P. C., *Problemática da história literária*, Lissabon 1961). – J. G. Melquior, *Razão do poema*, Rio 1965. – J. Mendes, *B., o pré-romântico* (in Brotéria, 81, 1965, S. 500–508). – M. de Andrade, *O poeta M. M. B. du B.* (in Ocidente, 70, 1966, S. 226–239). – E. Maia Costa, *B., poeta iluminista* (in Vértice, 26, 1966, S. 241–253). – D. Rebelo, *B. e a sua época* (ebd., S. 288–297). – M. Aparecida Santilli, *Em torno do soneto de B.* (in RLA, 8/9, 1966, S. 214–232). – M. H. da Rocha Pereira, *B. e o legado clássico* (in Humanitas, 19/20, Coimbra 1967/68, S. 267–302). – R. M. Rosado Fernandes, *Três poetas blasfemos (B., Junqueiro, Pessoa)* (in LBR, 5, 1968, S. 35–62). – A. Coimbra Martins, *Outro Aretino fui...* (in BEP, 32, 1971, S. 29–40). – J. do Prado Coelho, *A letra e o leitor*, Lissabon ²1977, S. 37–55. – A. M. Machado, *B. ou o pré-romantismo alegórico* (in A. M. M., *As origens do romantismo em Portugal*, Lissabon 1979).

LUÍS VAZ DE CAMÕES

* 23.1.1524/25 Lissabon / Coimbra
† 10.6.1580 Lissabon

LITERATUR ZUM AUTOR:
Bibliographien:
T. Braga, *Bibliografia camoneana*, Lissabon 1880. – G. Manupella, *Camoniana itálica*, Coimbra 1972. – E. R. de Mesquita, *Camoniana*, Rio 1972. – J. F. Valverde, *Bibliografia do IV centenário camoniano* (in Colóquio/Letras, 1974, Nr. 20, S. 74–78). – *L. de C. Exposição bibliográfica comemorativo do IV centenário da sua morte, I: Bibliografia activa*, Porto 1980.
Forschungsberichte:
Actas da Reunião Internacional de Camonistas, I – Lissabon 1973; II – Ponta Delgada 1983.
Zeitschriften:
Círculo Camoniano, Hg. L. de Araújo, Porto 1889–1892, Nr. 1–20. – Revista Camoniana, São Paulo 1969–1971; 1978–1983 ff. – [Sondernummern:] Garcia de Orta, Lissabon 1972. – Ocidente, 83, Nov. 1972. – Brotéria, 111, 1980, Nr. 1–3; 5. – Colóquio/Letras, 55, 1980. – Quaderni portoghesi, 6, 1980. – Vértice, 40, 1980, Nr. 436–439. – ArCCP, 16, 1981.
Biographien:
T. Braga, *Vida de L. de C.*, Porto 1873; ern. 1907 u. d. T. *C., época e vida*. – J. M. Latino Coelho, *L. de C.*, Lissabon 1880; Porto ²1985. – W. Storck, *L. de C.' Leben*, Paderborn 1890. – R. Schneider, *Das Leiden des C.*, Köln/Olten 1930; ern. Ffm. 1977. – J. Auzanet, *La vie de C.*, Paris 1942. – C. Malpique, *L. de C., humanista, humano e humanitário* (in Boletim da Bibl. Pública Municipal, Matosinhos 1973, Nr. 20, S. 3–54). – J. G. Borges, *A família flaviense de C.* (in Arqueologia e História, 5, Lissabon 1974, S. 165–234). – J. H. Saraiva, *Vida ignorada de C.*, Lissabon 1978 [2. Aufl. um 1983; rev. u. erw.]. – L. Stegagno Picchio, *Biografia e autobiografia: due studi in margine alle biografie camoniane* (in Quaderni portoghesi, 7/8, 1980, S. 21–110). – *Vida de C.*, Lissabon 1980 [Komm. M. Correia nach der Ausg. von 1616]. – R. Monteiro, *C.: controvérsias biográficas*, Rio 1982.
Gesamtdarstellungen und Studien:
T. Braga, *C.: a obra lyrica e épica*, Porto 1911. – J. M. Rodrigues, *Introdução aos autos de C.* (in Boletim da Acad. das Sciências de Lisboa, 2, Coimbra 1930). – A. Peixoto, *Ensaios camonianos*, Coimbra 1932; São Paulo ⁵1981 [rev.]. – A. Ribeiro, *L. de C., fabuloso e verdadeiro*, Lissabon 1950, 2 Bde. – H. Vieira, *Le théâtre de C. dans l'histoire du théâtre portugais* (in Bull. d'Histoire du Théâtre Portugais, 1, 1950, S. 250–266). – G. LeGentil, *C.*, Paris 1954; Lissabon 1969. – H. Cidade, *L. de C., os autos e as cartas*, Lissabon 1956; ³1967 [rev.]. – Ders., *L. de C., a obra e o homem*, Lissabon 1960; ⁴1980 [rev. u. erw.]. – A. J. Saraiva, *L. de C.*, Lissabon 1963; ²1972 [rev.]. – J. Régio, *Ensaios de interpretaçao crítica*, Lissabon 1964, S. 7–70. – R. Brasil, *C. e o platonismo* (in Estudos de Castelo Branco, 1968, Nr. 26, S. 5–64; Nr. 27, S. 50–83; Nr. 28, S. 52–89). – E. Naique Dessai, *Die Sonette L. de C.'. Untersuchungen zum Echtheitsproblem* (in APK, 7, 1969, S. 52–125). – J. de Sena, *Os sonetos de C. e o soneto quinhentista peninsular*, Lissabon 1969; ²1980. – A. de Azevedo Pires, *A teologia em C.*, Lissabon 1970. – M. J. F. da Cruz, *Novos subsídios para uma edição crítica da lírica de C.*, Porto 1971. – L. da Câmara Cascuda, *Folclore nos autos camonianos* (in Revista de etnografia, 16, Porto 1972, Nr. 31, S. 17–29). – *Visages de L. de C.*, Hg. A. J. da Costa Pimpão, Paris 1972. – C. Berardinelli, *Estudos camonianos*, Rio 1973. – E. Lourenço, *C. e a visão neoplatónica do mundo*, Lissabon 1973. – A. da Costa Ramalho, *Estudos camonianos*, Coimbra 1975; Lissabon ²1980. – E. Namorado u. a., *C. e o pensamento filosófico do seu tempo*, Lissabon 1979. – *Camoniana California*, Hg. M. de Lourdes Belchior u. E. Martínez-Lopez, Santa Barbara 1980. – A. Castro, *C. e a sociedade do seu tempo*, Lissabon 1980. – A. P. de Castro, *C. e a língua portuguesa*, Lissabon 1980. – *Homenaje a C.*, Granada 1980. – L. F. Rebelo, *Variações sobre o teatro de C.*, Lissabon 1980. – *Estudos sobre C.*, Lissabon 1981 [Ed. Diário de Notícias]. – M. V. L. de Matos, *O canto na poesia épica e lírica de C.*, Paris 1981. – J. S. da Silva Dias, *C. no Portugal de quinhentos*, Lissabon 1981 (BB). – A. Zamora Vicente, *Cuatro lecciones sobre C.*, Madrid 1981. – D. J. Cruz, *Hibridismo cultural no teatro de C.* (in *Leituras de C.*, São Paulo 1982, S. 15–32). – J. F. Barreto, *Micrologia camoniana*, Hg. L. F. de Carvalho u. F. F. Portugal, Lissabon 1982 [Erstdruck des Ms. aus dem 17. Jh.]. –

M. L. G. Pires, *A crítica camoniana no século XVII*, Lissabon 1982 (BB). – N. Sáfady, *C. e o teatro* (in *Estudos camonianos*, Hg. L. P. Duarte, Belo Horizonte 1983, S. 95–117). – *C. à la Renaissance*, Brüssel 1984 [Einl. H. Plard]. – *Empire in Transition: The Portuguese World in the Time of C.*, Hg. A. Hower u. R. A. Preto-Rodas, Gainesville 1985. – J. M. Coelho, *L. de C.*, Porto 1985.

DAS LYRISCHE WERK (portug.) von Luís Vaz de CAMÕES.

Camões war, neben SÁ DE MIRANDA und António FERREIRA, der größte Dichter Portugals im 16. Jh. Sein lyrisches Werk vereinigt zu nahezu gleichen Teilen die mittelalterliche iberische Dichtungstradition mit der italienischen Renaissancelyrik, die Camões ansatzweise manieristisch weiterentwikkelte. Für die beiden Traditionen repräsentativ sind einerseits die Redondilhas (Trovas, Voltas, Motes und Glosas) und andererseits die Sonette, die das Herzstück des Gesamtwerks bilden: Hier entfaltet sich Camões' Petrarkismus, der außer auf PETRARCA selbst vor allem auf P. BEMBO und die Spanier J. BOSCÁN und GARCILASO DE LA VEGA Bezug nimmt. Andere Gedichtformen wie Kanzone, Sextine, Ode, Elegie, Ekloge und Epigramm runden die Palette humanistischen Dichtens ab.

Von Camões' Lyrik gibt es keinen definitiven Kanon, denn die ursprünglichen Handschriften (Autographen) sind verlorengegangen, und zu Lebzeiten wurden nur drei Gedichte von Camões gedruckt. Die Hypothese des Historiographen Diogo do COUTO (1542–1616), daß dem Dichter sein »Parnaß« geraubt worden sei, steht am Beginn einer an Spekulationen reichen Editionsgeschichte: Seit den postumen Erstausgaben von 1595 und 1598, für die – unsystematisch und fehlerhaft – aus *Cancioneiros* kopiert wurde, ließen Sammeleifer und wohlmeinende philologische Bemühungen das lyrische Werk des Dichters stetig anwachsen. Der große Camões-Forscher des 17. Jh.s, M. de FARIA E SOUSA, ging dabei so weit, Gedichte von Diogo BERNARDES (1530–1594/95) *»seinem Poeten zurückzugeben«*. Im 19. Jh. waren schließlich die 175 Gedichte der Erstausgabe bis auf 618 angestiegen. Nach kritischen Studien von W. STORCK und C. MICHAËLIS DE VASCONCELOS ging man im Laufe des 20. Jh.s daran, den Kanon zu bereinigen. Allerdings ist eine unstrittige Gedichtsammlung letztlich nicht rekonstruierbar. Vielmehr stellt sich die Alternative zwischen einem *Cânone Máximo*, der alle Texte beinhaltet, die von Camões stammen könnten (Ausg. von M. de Lurdes SARAIVA) und einem *Cânone Mínimo*, der nur Texte mit gesicherter Autorschaft aufnimmt (Ausg. von L. A. de AZEVEDO Filho). Durch neu aufgefundene *Cancioneiros* aus dem 16. Jh. kommt es gelegentlich zu Korrekturen und Neubewertungen.

Camões' Lyrik wurde lange Zeit fast ausschließlich auf seine wechselvolle und vielfach ungeklärte Biographie bezogen. Insbesondere aus den Frauenporträts und namentlich Angesprochenen (Natercia, Bárbara, Dinamene u. a.) las man unglückliche Liebesbeziehungen des Dichters zu historischen Gestalten heraus. Diese Bemühungen sind nicht nur äußerst spekulativ, da es keine Entstehungsgeschichte des lyrischen Werks gibt, sondern sie unterlegen Camões auch ein »romantisches« Selbstverständnis. Tatsächlich entspringt sein Dichten dem von ihm selbst thematisierten Zusammenspiel von (humanistischem) Wissen, Begabung und Kunstfertigkeit *(»saber, engenho e arte«)*. Auf dieser Grundlage ahmt er antike Vorbilder und italienische Renaissancepoeten nach, tritt mit den Vorlagen in Wettstreit und sucht sie zu überbieten. In diesem Sinne sind besonders die Sonette, in denen ein Dichter seine Liebe zu einer hohen Dame besingt, primär in ihrem innerliterarischen Bezug zum Petrarkismus zu sehen, auch wenn sie biographisch relevant sein könnten (K. Dirscherl). Camões folgt mit der variationsreichen Darstellung der vergötterten, unnahbaren Dame und der »Schmerzliebe« von den Stadien der Hoffnung und Huldigung bis zu Schwermut und Weltabkehr der Spannweite des petrarkistischen Konzeptes. In programmatischen Gedichten deutet sich sogar der Rahmen zu einem *Canzoniere* nach dem Vorbild Petrarcas an. Doch bleibt ungeklärt, inwieweit Camões einen solchen Zyklus durchkomponierte. Im angenommenen Einleitungsgedicht *Enquanto quis Fortuna (Solange Fortuna wollte)* beschreibt der Dichter rückblickend den jähen Wandel von erhofftem Glück, das er staunend besang, zu tiefem Leid und bietet aus der Position der Abgeklärtheit dem Leser seine Niederschrift *»so verschiedener Fälle«* zu Lehre und Trost dar. Weitere programmatische Gedichte sind das berühmte *Eu cantarei de amor tão docemente (Ich werde so süß von Liebe singen)*, das Petrarcas *Io cantarei d'Amor sì novamente* zitiert, und ein Sonett, das zusammen mit Trennungsgedichten einen Zyklus beschließen könnte: *Eu cantei já, e agora vou chorando / o tempo que cantei tão confiado (Ich sang schon, und nun beweine ich die Zeit, in der ich so vertrauensselig sang)*. Über diese Andeutungen hinaus gibt es keine weitergehende Zyklus-Anlage im Sinne einer kontinuierlich durch Einzelgedichte abgedeckten Verlaufsstruktur. Ebenso ist keine Entwicklung von der irrenden irdischen zur geläuterten himmlischen Liebe (Marienverehrung) erkennbar. Vielmehr nehmen die einzelnen Sonette als Frauenlob und als Liebesklage lustvollen Schmerzes *(voluptas dolendi)* beliebig und kombinatorisch auf petrarkistische Vorlagen Bezug, die auch in (italienischen) Einzelversen anzitiert werden.

Der Lobpreis der Dame, bei der – nach dem Konzept des Platonismus – die äußere Schönheit Zeichen einer inneren ist, kommt in *Dizei, Senhora, da Beleza ideia (Sprecht Dame, Idee der Schönheit)* musterhaft zum Ausdruck. Nach Petrarcas *Onde tolse Amor l'oro, e di qual vena* werden Einzelelemente (Haar, Augen, Zähne) in topischen Bildern (Gold, Sonne, Perlen) überhöht. Aus den Klagegedichten an die abwesende (verstorbene) Geliebte ist *Alma minha gentil, que te partiste / tão cedo desta vida (Mei-*

ne liebe Seele, die du dich so schnell von diesem Leben trenntest) am bekanntesten geworden. Es zitiert Petrarcas *Anima bella, da qual nodo sciolta*, faßt aber den Trennungsschmerz in schlichtere Formulierungen menschlicher Empfindung, ohne hier auf die Konzepte des Petrarkismus und Platonismus zu verweisen.

Von derartigen Beobachtungen – auch bei anderen Sonetten – kann jedoch kaum ein gezieltes Verlassen petrarkistischer Dichtung abgeleitet werden. Vielmehr rühren Abweichungen von verschiedenen Einflüssen her: Einmal integriert Camões in sein Werk Elemente römischer Liebeslyrik (Catull, Ovid), die die Körperhaftigkeit der Frau und die irdische Liebe bejaht oder zumindest zuläßt. Zum zweiten ist bei ihm der Bezug zur mittelalterlichen Dichtungstradition lebendig, die die topische Kunsthaftigkeit zugunsten von Bildern und Ausdrücken des alltäglich-ländlichen Lebens reduziert: Dabei kann diese »Unterbietung« auch innerhalb des stilistischen Wettstreits mit der Vorlage stehen. Dies zeigt sich in dem wohl berühmtesten Sonett, *Um mover d'olhos, brando e piadoso (Ein Bewegen der Augen, sanft und fromm)*, das sich auf Petrarcas *Grazie ch'a pochi il ciel largo destina* bezieht. Schließlich übersteigert Camões den formenstrengen Petrarca-Stil manieristisch in ausgefallenen mythologischen Bezügen, kompliziertem Satzbau und der starken Anhäufung von Stellungs- und Klangfiguren. Chiasmen und Alliterationen treten insbesondere in artistischen Schlußpointen auf, etwa in folgender Wendung an die vergötterte Dame: *»Vigiai-vos de vós, não vos vejais: / fugi das fontes: lembre-vos Narciso« (»Habt acht vor euch! schaut euch nicht an! Flieht den Wassern: erinnert euch an Narziß!«)*. Aus gutem Grund ist Camões in B. Graciáns Schrift über die Stilkunst *Agudeza y arte de ingenio* (1642) mit zwölf Sonetten vertreten.

Daß Camões sich auch gedanklich mit dem Petrarkismus auseinandersetzte, zeigt das Sonett *Transforma-se o amador na cousa amada (Es verwandelt sich der Liebende in das Geliebte)* sowie das Definitionsgedicht *Amor é um fogo que arde sem se ver (Liebe ist ein Feuer, das brennt, ohne daß man's sieht)*. Beide gehen zurück auf Petrarcas *Triumphus Cupidinis* und erörtern die platonische Argumentation zugunsten der Ideal-Liebe, der die körperliche entgegengesetzt wird. Doch steht diese Gedankenlyrik eher in der Tradition gelehrter Traktatdichtung ohne direkten Einfluß auf Camões' Dichtungspraxis. Dort werden mittelalterliche *cantigas* und die petrarkistische Liebeslyrik nebeneinander weiterentwickelt.

In der Tradition der *cantigas* pflegt Camões insbesondere das Glossieren von Motti. Dabei wird die absolute Idealisierung der Dame spielerisch negiert, etwa in dem bekannten *Sois formosa e tudo tendes / senão que tendes os olhos verdes (Ihr seid schön und habt alles / außer daß ihr grüne Augen habt)*. Diese Art der Dichtung, die Lautharmonien und antithetische Wortspiele bevorzugt, erinnert mit dem Entwurf ländlicher Szenen an die zeitgenössische Schäferdichtung (Bernardim Ribeiro), etwa in der Brunnenszene von *Descalça vai pera a fonte / Lianor pela verdura (Barfüßig geht sie zum Brunnen, Lianore, durch das Gras)*.

Von Camões selbst stammen mindestens acht Eklogen, die an Sannazaro und Garcilaso de la Vega anknüpfen. Die *Égloga dos Faunos (Ekloge der Faune)* verdient am meisten Interesse: Hier verführen zwei Satyrgestalten – anstelle von Hirten oder Fischern – die Nymphen mit Beispielen aus Ovids *Metamorphosen* zur irdischen Liebe. Von hier läßt sich eine Verbindung zur »Liebesinsel« im IX. Gesang der *Lusiaden* ziehen, wo das Motiv der Liebesjagd das Nebeneinander von Petrarca-Bezug (italienisch zitiert), römischer Liebeslyrik und bukolischer Dichtung unter Beweis stellt.

Als zentraler Text für die Bestimmung von Camões' Weltbild gilt jedoch das vierzig Redondilha-Strophen umfassende Gedicht *Sôbolos rios (An den Flüssen, die durch Babylonien ziehen)*, das von Psalm 136 (Die Gefangenschaft der Juden in Babylonien) ausgeht. Dabei folgen der »barocke« Gedanke der Unbeständigkeit irdischen Lebens und die Vorstellung eines Erkenntnisweges von irdischer zu absoluter Schönheit aufeinander: In der Mitte des Textes werden Orte und Zeit entsprechend umgedeutet. Das Thema des Wechsels, der »Wirrnis der Welt«, kommt in dem Sonett *Mudam-se os tempos, mudam-se as vontades (Es ändern sich die Zeiten, es ändern sich die Willen)* pointiert zur Sprache.

Camões' formvollendete Lyrik übte eine beherrschende Wirkung auf die portugiesische Dichtung des 17. und 18. Jh.s aus – insbesondere über die philologisch kommentierte Ausgabe von M. de Faria e Sousa. Bei Bocage und Almeida Garrett prägte sich zunehmend ein romantisches Dichterbild aus, das auch die erste Rezeption in Deutschland bestimmte. So lobte A. W. Schlegel 1804 die *»Einfachheit«* und das *»schmelzende Gefühl«* der portugiesischen Renaissance-Lyrik gegenüber der italienischen Kunsthaftigkeit. O.Gr.

Ausgaben: *Rhythmas*, Lissabon 1595. – *Rimas*, Lissabon 1598; 1616; Hg. A. da Cunha, Lissabon 1668. – *Rimas Várias*, 5 Bde., Hg. M. de Faria e Sousa, Lissabon 1685–1689 (Faks.; 2 Bde., Lissabon 1972). – *Obras*, Hg. Visconde de Juromenha, Lissabon 1860–1869. – *Lírica*, Hg. J. M. Rodrigues u. A. L. Vieira, Coimbra 1932. – *Obras Completas*, Bd. 1, Hg. H. Cidade, Lissabon 1971. – *Rimas*, Hg. A. J. da Costa Pimpão, Coimbra 1973. – *As Rimas de C.*, Hg. E. Pereira Filho, Rio 1974. – *Sonetos de C.*, Hg. C. Berardinelli, Rio/Paris 1980. – *Lírica Completa*, 3 Bde., Hg. M. de Lurdes Saraiva, Lissabon 1980/81. – L. A. de Azevedo Filho, *Lírica de C. I.: História, metodologia, corpus*, Lissabon 1985 [m. Bibliogr.].

Übersetzungen: *Sämtliche Gedichte*, W. Storck, 6 Bde., Paderborn 1880–1885. – *Sonette*, O. Frhr. v. Taube, Wiesbaden 1959 [Ausw.].

Literatur: H. Cidade, *L. de C., o lírico*, Lissabon 1936; [3]1967 (rev. und veränd.; ern. 1984). –

H. Hatzfeld, *Manuelinischer Stil in den Sonetten des C.* (in APK, 1, 1960, S. 94–125). – W. Kellermann, *MA und Renaissance in den Redondilhas von C.* (ebd., 3, 1963, S. 110–130). – E. Naique Dessai, *Die Sonette L. de C.'. Untersuchungen zum Echtheitsproblem* (ebd., 7, 1969, S. 52–125). – J. de Sena, *Os sonetos de C. e o soneto quinhentista peninsular*, Lissabon 1969; ²1980. – R. Bismut, *La lyrique de C.*, Paris 1970. – M. J. F. da Cruz, *Novos subsídios para uma edição crítica da lírica de C.*, Porto 1971. – C. Berardinelli, *Estudos camonianos*, Rio 1973. – Th. R. Hart, *C.' Égloga dos Faunos* (in BHS, 53, 1976, S. 225–231). – M. V. Leal de Matos, *Introdução à poesia de L. d. C.*, Lissabon 1980. – C. Martins, *C., temas e motivos da obra lírica*, Belo Horizonte 1981. – K. Dirscherl, *Um mover d'olhos, brando e piadoso – L. d. C.' Auseinandersetzung mit der Tradition des petrarkistischen Frauenlobs* (in *Fs. f. A. Noyer-Weidner*, Wiesbaden 1983, S. 217–235). – P. B. Dixon, *The Poetics of Insecurity in C.' »Discalça vai pera a fonte«* (in REH, 17, 1983, Nr. 3, S. 419–427) – L. A. de Azevedo Filho, *Sobre o cânone lírico de C.* (in Colóquio/Letras, 99, 1987, S. 10–17).

ALMA MINHA GENTIL

(portug.; *Meine liebe Seele*). Sonett von Luís Vaz de Camões, erschienen 1595. – Dieses berühmte Sonett gilt als vollkommenster Ausdruck der *saudade*, jenes sehnsuchtsvollen Sicherinnerns, das für die portugiesische Geisteshaltung charakteristisch ist. Es gehört zu den sogenannten *Dinamene*-Gedichten, die von der Liebe zu einer jungen Chinesin inspiriert sein sollen, die 1560 bei einem Schiffbruch ertrank, aus dem Camões gerettet wurde. Als Vorbild diente Petrarcas Sonett (37): *»Anima bella, da qual nodo sciolta / Che più bel mai non seppe ordir Natura ...«* Beide Gedichte sind an eine verstorbene Geliebte gerichtet; der Ausdruck des Schmerzes um die Verlorene ist bei Petrarca ganz auf die eigene Verlassenheit bezogen, bei Camões aber verhaltener und schließlich aufgehoben in der Sehnsucht nach einer Wiedervereinigung im Tode. Petrarcas Sonett ist Klage, das von Camões ist Gebet. Die Eingangsworte – *Alma minha gentil* – drücken im Possessivpronomen die innigste Beziehung und zugleich im Substantiv die Sublimierung der Liebe aus: die Geliebte ist dem Dichter zum wesentlichen Teil seiner selbst geworden. Der Dichter vertraut sich der Fürbitte der Abgeschiedenen an; sie soll, eingedenk seiner reinen und glühenden Liebe und gerührt von seinem unstillbaren Schmerz über den Verlust, Gott dazu bewegen, ihn bald von seinem irdischen Dasein zu erlösen und ihn mit ihr zu vereinen. Verhaltenheit und Verinnerlichung kennzeichnen auch die sprachliche Gestalt des Sonetts. In den gleitenden Elfsilbern der Quartette dämpfen die verhüllenden Nasalverbindungen und die weiblichen, zum großen Teil »rührenden Reime« auf konsonantisch gedeckte und abgeschwächte *i-u* und *e-e* den Ausdruck des Schmerzes. Im Gegensatz dazu geben die vollklingenden Reime auf *o-a* und *u-a* den Reimworten bei Petrarca stärkeres Gewicht und steigern so den Ausdruck. Der lebhaftere Rhythmus der Terzette mit ihren kürzeren vokalreicheren Wörtern, ihren *é-* und männlichen *ou*-Reimen und ihren Zäsuren intensiviert die innere Bewegung, die die Sehnsucht nach Wiedervereinigung ausdrückt. A.E.B.

Lissabon 1595 (in Rhythmas; ²1968, Faks.; Rio ³1980, Faks.). – Coimbra 1932, Hg. J. M. Rodrigues u. A. L. Vieira (in *Lírica de C.*). – Mem Martins 1975, Hg. M. de Lurdes Saraiva (in *Sonetos*, LB-EA). – Lissabon 1980/81, Hg. M. de Lurdes Saraiva (in *Lírica completa*). – Rio/Paris 1980, Hg. C. Berardinelli (in *Sonetos de C.*; mit Studie u. Anm.).

Übersetzung: *Ein frühes Grab*, W. Storck (in L. de C., *Sämtliche Gedichte*, Bd. 2, Paderborn 1880).

Literatur: A. de Campos, *»Alma minha gentil«* (in *Camões Lírico IV. Antologia portuguesa*, Lissabon o. J., S. 166–171). – M. de Jong, *»Alma minha gentil«* (in Ocidente, 52, 1957, S. 287–290). – Reis Brasil, *O amor em C.*, Fundão 1957. – S. R. Cerqueira (in RLA, 2, 1961, S. 109–122). – M. Ribeiro, *»Alma minha gentil«* (in Revista de Portugal, 33, Lissabon 1968, Nr. 268, S. 394–398). – E. Pereira Filho, *Uma forma provençalesca na lírica de C.*, Rio 1974. – M. C. B. de Mello, *»Alma minha gentil«: soneto polémica?* (in Jornal de Letras, 349, Rio 1980, Nr. 2, S. 7). – J. de Sena, *»Alma minha gentil«* (in J. de S., *Trinta anos de C., 1948–1978*, Bd. 2, Lissabon 1980, S. 9–151). – K. Dirscherl, *C. e a tradição do elogio feminino petrarquista* (in Cadernos de literatura, 11, 1982, S. 37–50). – A. Huerta, *Aristotle and Portugal, with an Emphasis on C. in the Sixteenth Century, and Selected Love Sonnets*, Diss. Santa Barbara 1982 (vgl. Diss. Abstracts, 43, 1982, S. 1990A).

ANFITRIÕES

(portug.; *Die Amphitryone*). Komödie von Luís Vaz de Camões, erschienen 1587. – Das Stück ist eine freie Bearbeitung des *Amphitruo* von Plautus, in den gereimten Kurzversen der *redondilha maior* verfaßt. Es ist möglicherweise während der Studienzeit des Dichters in Coimbra entstanden, wo das Studium und die Aufführung lateinischer Komödien gepflegt wurden. Die Einteilung in fünf Akte stammt vom Herausgeber Juromenha. – Die äußeren Situationen mit ihren szenischen Effekten waren durch die Vorlage gegeben. Camões differenziert die komische Wirkung der Begegnungen Amphitryons und Sosias' mit Jupiter und Merkur in der Gestalt des Feldherrn und seines Dieners besonders, wenn er Merkur in der Rolle des Sosias kastilisch sprechen läßt. Die Darstellung der Gemütsbewegungen unterbricht die Komödienhandlung mit den typischen Verwechslungs- und Verkleidungsszenen und verdichtet sich zu ausdrucksstarken lyrischen Szenen: Alkmenes Sehnsucht, Enttäuschung und Verwirrung, Jupiters Verliebtheit, Amphitryons Verwunderung, Mißtrauen und Zorn. A.E.B.

Ausgaben: Lissabon 1587 (in Antonio Prestes, L. de C. u. a., *Primeira parte des autos e comedias portuguezas* ...); ern. 1975. – Lissabon 1946/47 (in *Obras completas*, Bd. 3). – Braga 1980. – Lissabon 1981, Hg. C. Rocha [m. Anm.; krit.].

Übersetzung: *Die Amphitryone*, W. Storck (in *Sämtliche Gedichte*, 6, Paderborn 1885; m. Anm.).

Literatur: C. v. Reinhardstoettner, *Die plautin. Lustspiele in späteren Bearb.*, Lpzg. 1880. – Ders., *Die klass. Schriftsteller d. Altertums u. ihr Einfluß auf spätere Literaturen*, Lpzg. 1886, Bd. 1. – R. L. Grismer, *The Influence of Plautus in Spain before Lope de Vega*, NY 1944. – R. M. R. Fernandes, *O tema de Anfitrião em C.* (in Ocidente, 54, 1958, S. 62–72). – A. Crabbé Rocha, *As aventuras de Anfitrião e outros estudos do teatro*, Coimbra 1969. – A. Cirurgião, *Uma leitura alegórica do »Auto dos Anfitriões« de C.*, Braga 1980. – F. C. Gomes, *As enfigurações em »O auto d'Os Enfatriões«* (in RBLL, 2, Rio 1980, Nr. 6, S. 16–19). – R. Concepción, *The Theme of Amphitryon in L. de C. and Hernán Pérez de Oliva* (in *Empire in Transition*, Hg. A. Hower u. R. A. Preto-Rodas, Gainesville 1985, S. 177–193).

EL-REI SELEUCO

(portug.; *König Seleukos*). Schauspiel von Luís Vaz de Camões, erschienen 1645. – Antiochos, der Sohn des Königs Seleukos von Syrien, liebt seine Stiefmutter. Unter der Gewalt seiner Leidenschaft, der er nicht nachgeben und die er nicht gestehen darf, verzehrt sich sein Körper. Sein sichtlicher Verfall veranlaßt den König, ihn einem Arzt anzuvertrauen, der die wahre Ursache seines Leidens entdeckt und dem König enthüllt. Daraufhin verzichtet der alternde Seleukos zugunsten des Thronerben auf die Gattin.

In die Handlung sind schwankhafte Episoden eingeschaltet, in denen die Situation des liebeskranken Jünglings parodiert wird. Als Quelle diente dem Dichter der in spanischer Sprache verfaßte Kommentar des Bernardo Illicino zum zweiten Teil des ersten *Trionfo* Petrarcas. Das Stück selbst setzt in Portugal von Gil Vincente ins Leben gerufene Tradition lyrisch-szenischer Spiele in den gereimten Kurzversen der *arte maior* fort. Dagegen deuten das komische Prosavorspiel und der Epilog, die nicht mit der eigentlichen Handlung, sondern nur mit der Aufführung des Stückes in Zusammenhang stehen, auf italienische Vorbilder. Die Einzelheiten der Vorbereitung der Aufführung im Hof eines Lissabonner Privathauses und die Bemerkungen über die zu erwartenden Zuschauer und die voraussichtliche Wirkung des zu spielenden Stükkes sind überdies kulturgeschichtlich aufschlußreich. A.E.B.

Ausgaben: Lissabon 1645 (in *Rimas*). – Porto 1941, Hg. A. C. Pires de Lima [m. Einl.]. – Lissabon 1946 (in *Obras completas*, Hg. H. Cidade, 5 Bde., 1946/47, 3; ern. 1956).

Übersetzung: *König Seleukus*, W. Storck (in *Sämtliche Gedichte*, Paderborn 1885, Bd. 6; m. Anm. u. Einl.).

Literatur: J. M. Rodrigues, *O auto de »El-Rei Seleuco«* (in Boletim da Academia das Sciencias de Lisboa, 1, 1929, S. 45–53). – E. Asensio, *Sobre »El Rei Seleuco« de C.* (in BF, 11, 1950, S. 304–319). – F. P. Casa, *Petrarch and C.' »El-Rei Seleuco«* (in RF, 76, 1964, S. 430–436). – F. C. Gomes, *O auto camoniano de »El'Rei Seleuco«* (in Colóquio/Letras, 48, 1979, S. 64–67). – Ders., *O auto camoniano de »El'Rei Seleuco«: as poéticas do auto-capítulo de um estudo inédito sobre o teatro camoniano* (in Revista Letras, 29, Curitiba 1980, S. 59–73). – F. H. Pais Brandão, *Preâmbulo a uma leitura de »El-Rei Seleuco«* (in Brotéria, 111, 1980, S. 137–147). – G. Lanciani, *»O Seleuco« de C.: desagregação e paródia de uma lenda de amor* (ebd., S. 148–159). – M. I. R. Rodrigues, *O teatro no teatro: a propósito de »El-Rei Seleuco« de outros autos quinhentistas* (in ArCCP, 16, 1981, S. 469–485).

FILODEMO

(portug.; *Filodemo*). Komödie von Luís Vaz de Camões, aufgeführt wahrscheinlich 1555 in Goa vor dem Gouverneur Francisco de Barreto; erschienen 1587. – Die Zwillinge Filodemo und Florimena sind die Kinder eines portugiesischen Edelmanns und einer dänischen Prinzessin. Ihr Vater ist bei einem Schiffbruch an der spanischen Küste umgekommen, ihre Mutter bei der Geburt der Kinder gestorben. Die Geschwister wachsen in der Obhut eines spanischen Hirten auf. Filodemo zieht in die Stadt, tritt in die Dienste des Adligen Lusidardo und verliebt sich in dessen Tochter Dionisa, die seine Neigung erwidert. Ihr Bruder Venadoro wiederum wirbt um Florimena und beschließt, ihr zuliebe dem Stadtleben zu entfliehen und mit ihr die Abgeschiedenheit des Hirtendaseins zu teilen. Die Enthüllung der vornehmen Abkunft der Zwillinge und ihrer Verwandtschaft mit Lusidardo, der sich als Bruder ihres Vaters entpuppt, beseitigt alle Hindernisse, die der Standesunterschied der Verbindung der Liebenden entgegengesetzt hat.

Die beiden Handlungen, die sich aus dieser Doppelliebe ergeben, spielen in unterschiedlichen Bereichen: die Filodemo-Dionisa-Handlung in der durch Nebengestalten und Intrigen belebten städtischen Atmosphäre, die Venadoro-Florimena-Handlung dagegen in der ruhigen, unberührten und von niemand gestörten Welt der Hirten. Die

Neigung Filodemos und Dionisas wird vor allem durch die Zofe Solina gefördert, die dem Vorbild der berühmten Celestina aus Fernando de ROJAS' *Comedia de Calisto y Melibea* nachgebildet ist. Sie selbst erhofft sich von Filodemo, daß er ihr seinen Freund Duriano geneigt mache, der sich Filodemo zu Gefallen auch darauf einläßt, den Verliebten zu spielen. Dafür muß freilich Filodemo, der Dionisa im Stil der Liebesdichtung PETRARCAS anbetet, den Spott des nüchtern und prosaisch denkenden und handelnden Duriano hinnehmen. Das Schmachten Filodemos wird überdies parodiert durch des Dieners Vilardo burleskes Werben um Solina. – In der Venadoro-Florimena-Handlung herrscht die bukolische Stimmung vor. Zwar kontrastiert hier mit dem heiteren Ernst der Begegnung und Vereinigung der Liebenden die Narrheit des Hirtenjungen, mit dessen Kleid Venadoro sein städtisches Gewand vertauscht, aber dies ist nicht als Parodie der Haltung des jungen Edelmanns zu verstehen, da ja der Narr sich gerade mit jenen Äußerlichkeiten spreizt, die Venadoro abgelegt hat.
Die Quellen der Komödie sind unbekannt. Von den beiden anderen Komödien des Dichters, *Anfitriões* und *El-Rei Seleuco*, unterscheidet sie sich durch die Doppelhandlung, die in einer lockeren und bunten Szenenfolge entwickelt wird, durch das Spiel mit Differenzierungen und Kontrasten, das sich aus der dem jeweiligen sozialen Stand der Personen entsprechende Abwandlung des Motivs der Verliebtheit ergibt, durch den absichtsvollen Wechsel zwischen Versszenen (in Strophen der *redondilha maior* in jambisch-anapästischen Metren) und Prosadialogen. Seine Thematik, Motivvariation und -verschlingung und Stilmischung stellen den *Filodemo* in die Entwicklungslinie, die von Gil VICENTE und der frühen spanischen Dramatik zu den Komödien SHAKESPEARES führt. A.E.B.

AUSGABEN: Lissabon 1587 (in *Primeira parte dos autos e comédias portuguesas por António Prestes e por L. de C. e por outros autores portugueses*); ern. 1975. – Lissabon 1946 (in *Obras completas*, Hg. H. Cidade, 5 Bde., 1946/47, 3; ern. 1956). – Porto 1970 (in *Obras*).

ÜBERSETZUNG: *Filodemo*, W. Storck (in *Sämtliche Gedichte*, Bd. 6, Paderborn 1885; m. Einl. u. Anm.).

LITERATUR: W. Creizenach, *Geschichte des neueren Dramas*, Halle ²1923, Bd. 3, S. 129–131. – H. Cidade, *Gil Vicente: repercursão no teatro de C.* (in Dionysos, 10, 1965, S. 29–39). – M. J. G. Marques, *Sobre a linguagem de C. no »Filodemo«* (in Boletim da Sociedade de Língua Portuguesa, Jg. 23, N.S. 3, 1972, Nr. 16, S. 152–163). – N. Miller, *O elemento pastoril no »Auto de Filodemo« de L. de C.* (in Arquivos, 1, 1972, Nr. 6, S. 48–58). – F. H. Pais Brandão, *Em torno do Infante D. Luís e de L. de C.* (in Arquipélago, 3, 1981, S. 157–166). – T. R. Hart, *C.'s »Auto de Filodemo«* (in *Iberia*, Hg. R. O. W. Goertz, Calgary 1985, S. 41–48).

OS LUSÍADAS

(portug.; *Die Lusiaden*). Epos in zehn Gesängen von Luís Vaz de CAMÕES, erschienen 1572. – Das bedeutendste und berühmteste Werk der portugiesischen Dichtung entstand größtenteils, wenn nicht ganz, zwischen 1553 und 1570 in Asien (Macao und Goa). Nach Absicht des Verfassers und allgemeiner Auffassung die große nationale Dichtung der Portugiesen, erfüllt dieses Werk ein literarisches Desideratum des Zeitalters der Renaissance. In dem Bestreben, es den Dichtern der Antike gleichzutun, und in der Überzeugung, daß das Epos die vornehmste Gattung sei, suchten die Humanisten nach Stoffen, die sich für die epische Behandlung durch einen neuen HOMER oder VERGIL eignen könnten. Schon 1491 sah der Italiener POLIZIANO, einige Zeit später auch der Spanier Juan Luis VIVES in den weltverändernden Entdekkungsfahrten der Portugiesen den geeigneten Vorwurf für ein großes Heldengedicht, das den epischen Schöpfungen der Antike die Waage halten würde. Die portugiesischen Humanisten machten sich diese Anregung als nationale Aufgabe zu eigen. João de BARROS (1496?–1570), der offizielle Chronist der portugiesischen Krone, begreift sie im Sinn der Ideologie, die seinem großen Geschichtswerk *Ásia* zugrunde liegt: Das Epos der portugiesischen Expansion in Übersee sei zu schreiben als Epos der Ausbreitung des christlichen Glaubens in aller Welt durch die Portugiesen. Für António FERREIRA (1528–1569), den Lehrmeister einer rein portugiesischen, lediglich am Lateinischen orientierten Dichtung, wäre ein solches Werk wie kein anderes geeignet, Adel und Würde der portugiesischen Sprache unter Beweis zu stellen. Im Sinne dieser Anregungen, als weltverändernde Tat der Portugiesen, durch welche der Mensch die ihm scheinbar gesetzten Grenzen überschreitet und Welt und Natur sich untertan macht, und als universale Mission der Verbreitung des heiligen Glaubens konzipiert Camões sein Epos mit dem Anspruch, die Werke der Alten, die *Ilias*, die *Odyssee* und die *Aeneis* in den Schatten zu stellen, d. h., er erfüllt die Forderung seiner Zeit als humanistischer Patriot.
Charakteristisch für diese patriotische Absicht, die der Dichter in immer neuen Wendungen ausspricht, ist bereits der Anfang des Gedichts: Er ist dem der *Aeneis* nachgebildet, die bis in die Gemeinsamkeit stofflicher Motive und wörtlicher Anklänge hinein das unmittelbare Vorbild der *Lusiaden* ist, zeigt aber einen bedeutsamen Unterschied: Nicht *»die Waffentaten eines einzelnen Helden«* – *»arma virumque«* –, sondern *»die vieler«* – *»as armas e os barões assinalados«* –, d. h. das Heldentum eines ganzen Volkes will der Dichter besingen. Dabei geht er über die ursprüngliche Absicht hinaus: Nicht allein die Entdeckung und Eroberung des Seewegs nach Indien – nur etwa ein Drittel des Gedichts bezieht sich darauf – will er schildern, sondern überhaupt die Taten der Portugiesen (nach ihrem Stammvater Lusus »Lusiaden« genannt), von

den legendären Anfängen der nationalen Geschichte bis in seine eigene Gegenwart. Die Schwierigkeiten, die aus solchem Vorwurf und solchem Anspruch erwachsen, werden noch dadurch kompliziert, daß sich der Humanist Camões durchaus den Wert- und Moralvorstellungen einer feudalistischen Gesellschaftsordnung verhaftet zeigt, die gerade der Humanismus in Frage gestellt und in ihren Grundlagen erschüttert hatte. Diese Schwierigkeiten erklären die an manchen Stellen hervortretende Widersprüchlichkeit des Werks, soweit diese nicht zeitgeschichtlich bedingt ist: Verdammung der Entdeckungsfahrten, deren Verherrlichung doch Hauptgegenstand des Epos ist, und statt dessen Propagierung des Krieges gegen die Ungläubigen in Nordafrika; Verdammung des Krieges, aber Glorifizierung der Portugiesen ausschließlich wegen ihrer kriegerischen Taten; Würdigung des portugiesischen Volkes lediglich in seinen Königen, Fürsten und höchsten Würdenträgern, während das Volk selbst, das doch bereits bei Fernão Lopes (um 1380?–1459?) als Handlungsträger aufgetreten war (vgl. *Chronica del Rei D. Joam I...*), nicht vorkommt. Doch in erster Linie waren die Schwierigkeiten, die Camões zu bewältigen hatte, formaler Natur: Wie war ein so gigantischer Stoff – die ganze portugiesische Geschichte und ihre Einordnung in die Geographie und Geschichte der Welt und den Bau des Universums – zu bewältigen, wenn kein zentrales Ereignis und keine Zentralfigur ihn zusammenhielt? Dieses Problem löste Camões als humanistischer Dichter: In Anlehnung an die großen epischen Dichtungen der Antike macht er die Indienfahrt der Portugiesen, *»die Taten und die hochberühmten Helden«*, die er besingt, zu einer Streitfrage unter den Göttern und schafft damit einen Konflikt, der das ganze Gedicht durchzieht und die Grundlage seiner kunstvollen Gliederung bildet.

Nach Anrufung der Musen, einer Huldigung, die König Sebastian (reg. 1568–1578) gilt und ankündigt, was das Gedicht enthält – von echter Heimatliebe, Tatenruhm, *»wirklichen Heldentaten, nicht von phantastischen, erfundenen, lügenhaften«* werde man hören –, beginnt das Werk mit einer Versammlung der Götter auf dem Olymp, die nach dem Willen Jupiters Hilfsmaßnahmen für die Portugiesen, die künftigen Beherrscher Indiens, beschließen soll, deren Flotte sich, nach Umschiffung der Südspitze Afrikas, in Unkenntnis des weiteren Kurses auf offener See befindet. Bei dieser Versammlung kommt es zum Streit zwischen Bacchus, der die Verdunklung seines Ruhms als Eroberer Indiens durch die Portugiesen befürchtet, und Venus, die sich zu deren Beschützerin aufwirft, *»weil sie in ihnen die Tugenden / des alten, ach so geliebten Römervolks erkannte«*, und dieser Streit, in dem sich Mars auf die Seite der Venus schlägt, bestimmt fortan den Gang der Handlung, soweit von Handlung überhaupt die Rede sein kann. Zunächst gelingt es Venus mit Hilfe der ihr dienstbaren Nereïden gegen die Machenschaften des Bacchus die Portugiesen nach Melinde zu führen, wo man sie freundlich aufnimmt (Gesang 1, 2). Auf die wohlwollende Frage des dortigen Herrschers nach Herkunft und Schicksal berichtet Vasco da Gama von Europa, der Iberischen Halbinsel und Portugal, erzählt die portugiesische Königsgeschichte bis zu seiner eigenen Abreise von Lissabon (Gesang 3, 4) und schildert die Fahrt seiner Flotte die afrikanische Küste entlang, ums Kap der Guten Hoffnung bis nach Melinde (Gesang 5). Der Fortgang der Reise (Gesang 6) ist dann wiederum durch das Eingreifen des Bacchus, der auf einer Versammlung in den Unterwasserpalästen Neptuns die Wassergötter aufwiegelt, und durch eine erfolgreiche Gegenaktion der Venus bestimmt. Bei ihrer Ankunft in Kalikut von dem dortigen »Samorim« zunächst freundlich aufgenommen, berichtet Paulo da Gama, der Bruder Vascos, dem *catual* (Minister), der die Flotte besucht, von den kriegerischen Heldentaten einzelner Portugiesen, angefangen von Luso, dem sagenhaften Gründer Lusitaniens, bis hin zu den großen Männern der jüngsten Vergangenheit (Gesang 7). Wieder führt Bacchus einen Stimmungsumschwung herbei: Vasco da Gama wird sogar vorübergehend gefangengesetzt (Gesang 7). Angesichts dieser feindlichen Haltung verlassen die Portugiesen Kalikut in dem stolzen Bewußtsein, das Ursprungsland des Pfeffers gesehen zu haben und davon sichere Kunde nach Portugal zu bringen, während Venus beschließt, ihnen die verdiente Belohnung zuteil werden zu lassen. Auf einer paradiesischen Insel, die sie im Indischen Ozean entstehen läßt, erwartet sie in der Gestalt der Thetis inmitten ihrer Nereïden die Helden und schenkt ihnen süßen Liebeslohn (Gesang 9). Während eines Liebesmahls besingt eine der Nymphen den künftigen Ruhm der Portugiesen in Indien. Den Abschluß dieser Verkündigung bildet die Vision des Planetensystems, die Thetis von einem hohen Berg herab Vasco da Gama vergönnt, und eine Beschreibung der Erde in der Gestalt, in der sie der europäischen Menschheit durch die Entdeckungsreisen der Portugiesen bekannt und zugänglich gemacht werden sollte.

Die Vermengung historischer und mythologischer Elemente, mit deren Hilfe der Dichter seinen Stoff bewältigt, insbesondere die Vermischung christlicher und heidnischer Vorstellungen, hat von Anfang an Anstoß erregt. Noch Voltaire spottet über den »absurden« Gedanken, der Erfolg der portugiesischen Unternehmungen zur Ausbreitung des christlichen Glaubens sei durch Venus herbeigeführt worden. Camões selbst will die heidnisch-mythologischen Teile seines Gedichts allegorisch verstanden wissen, beispielsweise die Ereignisse auf der Liebesinsel als Allegorie des Ruhms und der Unsterblichkeit. Tatsächlich sind aber diese Teile die lebendigsten und eindrucksvollsten des Werks. Wenn irgendwo, so zeigt sich Camões in ihnen als ein Dichter von großer Kraft der Erzählung und Schilderung. Er selbst rühmt sich zwar – darin freilich auch nur einem Topos erzählender Dichtung folgend –, in seinem Heldenlied nicht Erdichtetes, sondern nur wirklich Geschehenes, *»die reine,*

nackte Wahrheit«, zu berichten, und bis heute hebt die Kritik den geschichtlichen Wirklichkeitsgehalt und die Wirklichkeitsnähe der Darstellung als unvergleichliche Vorzüge des Werks hervor. Aber in der langen Reihe der Könige und Helden, von denen Vasco und Paulo da Gama, Jupiter selbst, die Nymphe und Thetis berichten, wird außer der ergreifenden Gestalt der Inês de Castro, der Geliebten König Peters I., kein Gesicht, kein Charakter, kein Ereignis wirklich anschaulich und lebendig. Zwar schildert Camões als erster bestimmte Grunderfahrungen der Seefahrt (Wasserhose, Elmsfeuer, das Krankheitsbild der Skorbut), weshalb Alexander von HUMBOLDT *»die Größe und Wahrheit der Naturbilder«* und Camões als *»großen Seemaler«* rühmt. Aber selbst im Bereich der Naturschilderung verläßt sich der Dichter weniger auf die eigene Erfahrung als auf seine klassischen Vorbilder; die Beschreibung des Sturms im sechsten Gesang ist Vergil nachgebildet. Und das Erlebnis Afrikas und des Orients, afrikanische und asiatische Eindrücke suchen wir bis auf wenige flüchtige Andeutungen in den *Lusiaden* vergebens. Nicht einmal Vasco da Gama, geschweige denn seine Gefährten, treten dem Leser als lebendige Wesen entgegen, sondern bleiben unpersönlich, abstrakt.
Tatsächlich behandelt Camões die portugiesische Geschichte und die Indienfahrt Vasco da Gamas nicht eigentlich episch, sondern rhetorisch. Er stellt sie nicht wirklich dar, sondern als Künder, Deuter und Mahner ruft er sie lediglich auf, dies allerdings in höchst eindrucksvoller Weise. Nur in den mythologischen Teilen wird Camões zum Erzähler. Hier ist Handlung, Spannung, Dramatik, liebevolle Schilderung des Details, hier treten uns Individuen, lebendige Charaktere entgegen: Venus in der Darstellung des Camões, die von ihm erfundene Gestalt des verliebten Riesen Adamastor, den Thetis in ein Vorgebirge verwandelte und an die Südspitze Afrikas verbannte, sind einzigartige Gestalten der Weltliteratur.
Entsprechend dem Gesamthabitus des Werks ist die Sprache in erster Linie rhetorisch, sie handhabt mühelos alle traditionellen rhetorischen Mittel. Dabei reichen ihre Ausdrucksmöglichkeiten von gedrängter Kürze bis zu oratorischem Schwung. Zahlreiche Formulierungen sind als »geflügelte Worte«, stehende Redensarten und Sprichwörter in den portugiesischen Sprachschatz eingegangen. Dem *Orlando furioso* des ARIOST entnahm Camões die metrische Gestalt seines Epos, die *ottava rima*, die er mit großer Leichtigkeit, manchmal mit einer gewissen Sorglosigkeit handhabt. Hervorzuheben ist die Musikalität und Schmiegsamkeit des Camonianischen Verses, die Einfachheit, ja Anspruchslosigkeit seines Reims, vor allem die außergewöhnliche Modulationsfähigkeit des sprachlichen Ausdrucks, die in Klangbild, Wortwahl, Syntax und Rhythmus sich dem jeweiligen Inhalt der Aussage anpaßt.
An Quellen standen Camões die Chroniken von João de Barros, Fernão LOPES DE CASTANHEDA († 1559) und Gaspar CORREIA (1495–1565?), die Dichtungen der Zeitgenossen, insbesondere SÁ DE MIRANDAS und António Ferreiras, die Werke der Italiener, vor allem aber die Vorbilder aus der Antike und das ganze Arsenal humanistischer Gelehrsamkeit und Bildung seiner Zeit zur Verfügung, dazu die Erfahrungen und Erlebnisse seiner afrikanischen Jahre und eines siebzehnjährigen Aufenthalts in Asien. Der Dichter selbst verkörpert verhalten das wiederholt anklingende Ideal von Soldat und Dichter *(»In einer Hand immer das Schwert, in der anderen die Feder«)*. Seine Präsenz im Epos gipfelt in der von Thetis erzählten Episode, wie er das Manuskript der *Lusiaden* aus den Wellen des Mekong rettet, eine Szene, die sich im 19. Jh. großer Beliebtheit erfreute und zahlreiche bildliche Darstellungen und Nachdichtungen erfuhr.
Das Interesse für die Rolle des Dichters, der in einer Phase der Dekadenz die Leistungen des portugiesischen Volkes besingt, signalisiert eine romantische Deutung der *Lusiaden* als das Werk des verkannten Dichter-Propheten. Als Epos eines nationalen Kollektivbewußtseins, dem der Dichter seine Stimme verleiht, übten die *Lusiaden* in ganz Europa Faszination aus. In Deutschland entstanden zu Beginn des 19. Jh.s gleich mehrere Übersetzungen; die Brüder SCHLEGEL und Alexander v. HUMBOLDT widmeten dem Epos Studien. In Portugal leitete A. GARETTS Dichtung *Camões*, in zehn Gesängen und mit Motti aus den *Lusiaden*, 1824 den portugiesischen »Romantismo« ein. Dabei wird der Untergang des Königs D. Sebastião in Marokko (1578) und der Tod des verkannten Dichters Camões ineins gesetzt als der Tiefpunkt nationaler Dekadenz, zu dessen Überwindung im Namen der *Lusiaden* aufgerufen wird.
In allen nationalen Krisensituationen von 1640 bis ins 19. Jh. bildeten die *Lusiaden* das geistige Fundament eines portugiesischen *»Nationalgefühls«* (T. Braga). Unter der Diktatur von Salazar wurde das Werk als Steinbruch eines nationalistischen und kolonialistischen Diskurses ausgebeutet. In dieser Form wirkt Camões' Epos bis heute als grundlegendes Bildungserlebnis (wobei Gesang 9 über die Liebesinsel lange Zeit zensiert wurde), mit dem sich auch die Autoren der portugiesischen Gegenwartsliteratur wie z. B. J. SARAMAGO (* 1922) und A. Lobo ANTUNES (* 1942) auseinandergesetzt haben. A.E.B.-KLL

AUSGABEN: Lissabon 1572. – Lissabon 1584 [Faks. d. Ausg. v. 1572; [8]1983]. – Madrid 1639 [komm. Ausg. von M. de Faria e Sousa]. – Paris 1817, Hg. Morgado de Mateus. – Lissabon 1947 (in *Obras completas*, Hg., Einl. u. Anm. H. Cidade, 5 Bde., 1945–1947, 4/5). – Porto 1963, Hg., Einl. u. Anm. H. Guedes de Oliveira. – Lissabon 1972 [Einl. J. de Sena; Faks. d. Ausg. v. 1639]. – Lissabon 1972, Hg. A. J. da Costa Pimpão. – Porto 1978, Hg. A. J. Saraiva; ern. 1982. – Porto o. J., Hg. E. P. Ramos [komm. Schulausg.].

ÜBERSETZUNGEN: *Die Lusiaden*, C. C. Heise, Hbg. 1806. – Dass., R. v. Belzig, 1807 [Cotta-Bibl.]. –

Dass., J. J. C. Donner, Sigmaringen 1833; ern. 1854; Lissabon 1972 [Einl. O. v. Leixner; portug.-dt.]. – Dass., K. Eitner, Hildburghausen 1869. – Dass., W. Storck (in SW, 6 Bde., 5, Paderborn 1883; m. Einl. u. Anm.). – Dass., O. Frhr. v. Taube, Freiburg i. B. 1949 [Ausw. m. Einl.; portug.-dt., Nachdr. Darmstadt 1979].

Literatur: T. Braga, *C. e o sentimento nacional*, Porto 1891 [Neuveröff. Lissabon 1984]. – J. M. Rodrigues, *Fontes dos »Lusíadas«* (in O Instituto, 51, 1904; 66, 1913, Lissabon ²1979). – J. Brito de Paiva e Sousa, *Rimário de »Os Lusíadas«*, Rio 1948; ²1983. – C. M. Bowra, *C. and the Epic of Portugal* (in C. M. B., *From Virgil to Milton*, Ldn. 1948). – H. Cidade, *L. d. C., O Épico*, Lissabon 1950; ⁴1975 [korr. u. aktual.; ern. 1985]. – J. Nogueira, *Dicionário e gramática de »Os Lusíadas«*, Rio 1960. – Reis Brasil, *»Os Lusíadas«, comentário e estudio crítico*, 9 Bde., Lissabon 1960–1973. – K. Reichenberger, *Vergleich und Überbietung. Strukturprinzipien im Epos des C.* (in APK, 1, 1960, S. 67–86). – Ders., *Epische Größe und manuelinischer Stil* (ebd., 2, 1961, S. 79–98). – Th. R. Hart, *L. de C. and the Epic of the »Lusiads«*, Norman 1962. – A. G. da Cunha, *Índice analítico do vocabulário de »Os Lusíadas«*, Rio 1966; ²1980. – F. Schürr, *Romantische Ironie und ›saudade‹ in den »Lusiaden«* (in F. S., *Erlebnis, Sinnbild, Mythos*, Bern/Mchn. 1968, S. 161–167). – J. de Sena, *A estrutura de »Os Lusíadas«*, Lissabon 1970; ²1980. – F. F. Machado, *Ensaio psico-sociológico sobre »Os Lusíadas«* (in Ocidente, 80, 1971). – J. H. Mouta, *Espiritualidade e valores humanos em L. de C.* (in Revista da Univ. de Coimbra, 21, 1971, S. 165–313). – M. dos Santos Alves, *Dicionário de »Os Lusíadas«*, Lissabon 1971. – A. Lins, *Ensàio sobre C. e a epopéia como romance histórico*, Porto 1972. – M. G. da Silva, *»Os Lusíadas« e o poder político*, Lissabon 1973. – G. da Fonseca, *C. e »Os Lusíadas«*, Rio 1973. – C. Malpique, *A ressonância dos »Lusíadas« durante o domínio filipino* (in Ocidente, 84, 1973, Nr. 420, S. 251–270). – E. Müller-Bochat, *Die »Lusiaden« von C. und die Geschichte des Epos* (in RF, 85, 1973, H. 1/2, S. 1–15). – F. Rauhut, *Sind die »Lusíadas« in ihrer Widersprüchlichkeit ein Nationalepos?* (in *Studia Iberica*, Fs. für H. Flasche, Bern/Mchn. 1973, S. 481–494). – M. H. de Almeida Esteves, *O sistema alegórico de »Os Lusíadas«*, Porto 1975 (vgl. AION, 15, 1973, Nr. 2, S. 153–212). – R. Roncaglia, *»Os Lusíadas« de C. – ut pictura poësis* (in ArCCP, 8, 1974, S. 553–566). – R. Bismut, *Les Lusiades« de C.*, Paris 1974. – Ders., *Encore le problème de l'édition ›princeps‹ de »Os Lusíadas«* (in ArCCP, 13, 1978, S. 435–521). – J. B. de Macedo, *»Os Lusíadas« e a história*, Lissabon 1979. – L. de Paiva, *Do antigo e do moderno da épica camoniana*, Brasília 1980. – *A viagem de »Os Lusíadas«: símbolo e mito*, Hg. Y. K. Centeno u. S. Reckert, Lissabon 1981. – T. dos Santos Verdelho, *Índice reverso de »Os Lusíadas«*, Coimbra 1981. – J. de Sena, *Estudos sobre o vocabulário de »Os Lusíadas«*, Lissabon 1982. – C.-H. Frèches, *»Les Lusiades«: une dynamique des mythes* (in *L'Humanisme Portugais et l'Europe*, Paris 1984, S. 599–620). – G. Lanciani, *Mito ed esperienza nella nomenclatura geografica dei »Lusiadi«*, Mailand 1984. – A. J. Saraiva, *Função et significado do maravilhoso n'»Os Lusíadas«* (in Colóquio/Letras, 99, 1987, S. 42–50).

Diogo do Couto

* 1542 Lissabon
† 10.12.1616 Goa

Literatur zum Autor:
A. F. G. Bell, *D. do C.*, Ldn. 1924. – H. Cidade, *A literatura portuguesa e a expansão ultramarina*, Lissabon 1943; Coimbra ²1963. – C. R. Boxer, *Three historians of Portuguese Asia, Barros, C. and Bocarro*, Macau 1948. – Ders., *Camões e D. do C.* (in Ocidente 35, 1972, S. 25–37). – J. V. Serrão, *A historiografia portuguesa*, Bd. 1, Lissabon 1972, S. 244–263. – A. Coimbra Martins, *Sobre a génese da obra de D. do C.* (in ArCCP, 8, 1974, S. 131–174). – J. Fisch, *Der Niedergang des Abendlandes im Morgenland* (in *Niedergang: Studien zu einem geschichtlichen Thema*, Hg. R. Kosellek u. P. Widmer, Bd. 2, Stg. 1980, S. 148–171). – A. M. Machado, *O mito do Oriente na literatura portuguesa*, Lissabon 1983, S. 34–44 (BB, 72). – C. R. Boxer, *D. do C. (1543–1616), controversial chronicler of Portuguese Asia* (in *Iberia*, Hg. R. O. W. Goertz, Calgary 1985, S. 57–66).

O SOLDADO PRÁTICO, que trata dos enganos e desenganos da India

(portug.; *Der erfahrene Soldat, der von den Täuschungen und Enttäuschungen in Indien handelt*). Kritik der Zustände in Indien von Diogo do Couto, erschienen 1790. – Grundmotiv dieser Betrachtungen in Dialogform ist der bedrückende Gegensatz zwischen dem glanzvollen Schein und der erbärmlichen Wirklichkeit der portugiesischen Herrschaft in Indien. Ein alter Soldat und Indienkämpfer, durch dessen Mund der Verfasser offensichtlich seine eigenen Erfahrungen mitteilt, berichtet einem königlichen Sekretär in Lissabon, dem er sein Versorgungsgesuch unterbreitet, und einem Edelmann, der als Gouverneur in Indien gedient hat, von den Mißständen der portugiesischen Verwaltung in Asien. Die alten Tugenden des Wagemuts, der Treue und Selbstlosigkeit sind längst verschwunden. An ihre Stelle sind Habgier und Neid, Verleumdung, Intrige, Niedertracht und Verrat getreten und haben zu einem Zustand von Ungerechtigkeit und Willkür, Amtsmißbrauch und Erpressung, Bestechung und Günstlingswirtschaft, Unterschlagung und schamloser Ausbeutung geführt. Dieses düstere Bild des Niedergangs und Verfalls findet seine Entsprechung in den Zuständen im Mutterland selbst. Zurückgekehrt, um sich in der Heimat das Recht zu holen, das ihm in Indien verweigert wurde, muß der Soldat erkennen, daß hier die gleichen Mißstände herrschen wie dort.

Wenn Couto durch den Mund des Veteranen für diese ganze Lage die Ratgeber des Königs, vor allem aber diesen selbst verantwortlich macht, so trifft er damit die spanische Krone – Philipp II. (reg. 1556–1598) und Philipp III. (reg. 1598 bis 1621) –, die seit 1580 durch Personalunion auch über Portugal herrschte und in deren Dienst als Reichschronist Couto die von João de BARROS (um 1496?–1570) begonnene Chronik der portugiesischen Entdeckungen (vgl. *Ásia*) zu Ende führte (vgl. *Décadas da Ásia*). Die Unmittelbarkeit seines Angriffs wird dadurch kaum verschleiert, daß Couto den Bericht des *Soldado prático* in die Zeit König Sebastians (reg. 1568–1578) verlegt. So erklärt es sich, daß die Schrift erst sehr viel später gedruckt wurde. Die erste, schon vor 1580 geschriebene Fassung war Couto entwendet und heimlich in Abschriften verbreitet worden. Sie wurde nach der später wiederaufgefundenen Handschrift im Jahre 1790, demselben Jahr wie die zweite Fassung, gedruckt. Diese nach 1610 entstandene zweite Version unterscheidet sich nach Umfang, Aufbau und Stil erheblich von der ersten, die nur zwei Gesprächspartner, den heimgekehrten Soldaten und den vor der Abreise nach Goa stehenden Vizekönig von Indien, kennt und in einfacher, bildhafter, von volkstümlichen Redensarten und Sprichwörtern durchsetzter Sprache abgefaßt ist. Demgegenüber ist die zweite Fassung außer durch die Zahl und Identität der Gesprächspartner durch die Menge der darin enthaltenen humanistischen Bildungselemente gekennzeichnet – Aussprüche und Exempel, die Schriftstellern, Geschichtsschreibern und Philosophen der Antike entnommen sind – sowie durch eine größere Fülle persönlicher Erfahrungen und Erlebnisse und von Tatsachen aus erster Hand.

In seiner schonungslosen Enthüllung der portugiesischen Mißwirtschaft in Indien ist das Werk Coutos den *Lendas da India* von Gaspar CORREIA vergleichbar. Doch unterscheidet sich der *Soldado prático* von der leidenschaftslosen, nüchternen Darstellungsweise Correias durch das stärkere persönliche Engagement des Verfassers. Die Unerbittlichkeit der Kritik und Unbestechlichkeit des Urteils machen die Schrift zu einem historischen Zeugnis ersten Ranges, einem düsteren Gegenstück zu dem die Heldentaten der Portugiesen in Asien glorifizierenden Geschichtswerk *Ásia* von João de Barros, das dem berühmten Versepos von Luís vaz de CAMÕES' (vgl. *Os Lusíadas*) als Vorlage diente. A.E.B.

AUSGABEN: Lissabon 1790, Hg. A. C. do Amaral. – Lissabon 1937, Hg. M. Rodrigues Lapa [m. Einl. u. Anm.]; ern. 1954; ern. 1980.

LITERATUR: A. Águedo de Oliveira, *O libelo de D. do C. contra os »Contos de Goa«*, Lissabon 1960. – P. A. Fothergill-Payne, *Attitudes to Empire* (in Proceedings: Pacific Northwest Conference on Foreign Languages, Bd. 20, 1969, S. 129–137). – A. F. de Carvalho, *D. do C., »O soldado prático« e a India*, Lissabon 1979. – M. V. L. de Matos, *Camões lido por D. do C.* (in *Actas da IVª Reunião Internacional de Camonistas*, Ponta Delgada 1983, S. 359–372). – *Empire in transition*, Hg. A. Hower u. R. A. Preto-Rodas, Gainesville 1985.

DOM DUARTE

* 31.10.1391 Viseu
† 9. oder 13.9.1438 Tomar

LITERATUR ZUM AUTOR:
M. Rodrigues Lapa, *D. D. e a prosa didáctica* (in M. R. L., *Lições de literatura portuguesa, época medieval*, Lissabon 1934; Coimbra [5]1964, S. 313 bis 344). – C. Malpique, *Alguns traços do perfil moral e psicológico de el-rei D. D.*, Tomar 1969.

LEAL CONSELHEIRO

(portug.; *Treuer Ratgeber*). Aristokratisch-höfisches Erziehungsbuch von Dom DUARTE. – Während der Autor mit seinem *Livro da ensinança de bem cavalgar toda sela*, seiner Unterweisung in der Reitkunst, vornehmlich die körperliche Ertüchtigung und die Stärkung der Willenskraft seiner aristokratischen und höfischen Leser im Auge hatte, schrieb er den *Leal conselheiro* zu deren geistig-sittlicher Erziehung. Er stellte das Werk, das er seiner Gemahlin, der Königin Leonor de Aragão, widmete, in seinem letzten Lebensjahr zusammen. Allerdings wurde das Manuskript erst im Jahr 1820 zusammen mit dem des *Livro da ensinança de bem cavalgar toda sela* von Cândido José XAVIER in der Pariser Nationalbibliothek entdeckt.

Der *Leal conselheiro* enthält außer dem in 103 Kapitel gegliederten Hauptteil ein Vorwort, in dem der Autor die Abfassung des Werks begründet, dessen Zielsetzung und Beschaffenheit erläutert und seine Leser zum richtigen Lesen anleitet. Das Buch ist kein systematisch aufgebauter Traktat – es fehlt die zeitliche und gedankliche Einheit –, sondern trägt enzyklopädischen Charakter. Es ist eine Kompilation der mannigfachen auf persönlicher Beobachtung und Erkenntnis beruhenden Schriften und sporadischen Aufzeichnungen, die der König in vielen Jahren angesammelt hatte. Eine thematische Gliederung der Aufzeichnungen ergibt im wesentlichen folgende Punkte: psychologische Analyse der Verstandeskraft und des Wunschlebens; Phänomenologie der Sünden, Tugenden, Leidenschaften und Gefühle (hier wird zum erstenmal innerhalb der portugiesischen Literatur der Versuch einer charakterologischen Darstellung unternommen; gleichzeitig ist Dom Duarte der erste, der das portugiesische Nationalgefühl der *saudade*, einer besonderen Art der Sehnsucht, analysiert und die Unübersetzbarkeit dieses Begriffs in andere Sprachen betont); Ratschläge praktischer und sittlicher Art.

In seinem Werk beruft sich König Duarte auf die verschiedensten literarischen Quellen: auf lateinische und griechische Vorlagen, wie Cicero, Seneca, Platon und Aristoteles, auf die *Bibel*, Kirchenväter und mittelalterliche Autoren wie Boethius, Thomas von Aquin und Raimundus Lullus; er übernimmt deren Meinung jedoch nicht etwa kritiklos, sondern korrigiert sie häufig und bereichert sie stets durch seine eigene Erfahrung; oft zitiert er auch nur, um zu widerlegen. – Dom Duartes Sprache ist durch zwei einander entgegengesetzte Merkmale charakterisiert: eine bemerkenswerte Klarheit der Terminologie (feine Unterscheidung zwischen scheinbar synonymen Begriffen als Folge seiner Vorliebe für die psychologische Analyse, wobei er sich nicht selten zu gelehrten Neubildungen genötigt sieht, die auch in der portugiesischen Gegenwartssprache noch weiterleben) und einen komplizierten, von der lateinischen Syntax beeinflußten Satzbau, in dem die Endstellung der Verbformen und der Gebrauch von Infinitiv- statt Konjunktionalsätzen nach einem Aussageverb häufig sind. K.H.D.

Ausgaben: Paris 1842. – Lissabon 1942, Hg. J. M. Piel [krit.]. – Coimbra 1965, Hg. F. Costa Marques [m. Einl. u. Anm.; Ausw.]. – Chapel Hill 1975, Hg. C. O. Penny [krit. Ausg. der Kap. 1–46; zugl. Diss. North Carolina 1975; vgl. Diss. Abstracts, 36, 1975, S. 3754A]. – Lissabon 1982, Hg. J. M. Barbosa [m. Einl. u. Anm.].

Literatur: K. S. Roberts, *Orthography, Phonology, and Word Study of the »Leal conselheiro«*, Diss. Philadelphia 1942. – H. J. Russo, *Morphology and Syntax of the »Leal conselheiro«*, Diss. Philadelphia 1943. – R. Ricard, *Le »Leal conselheiro« du roi D. D. de Portugal* (in Revue du Moyen-Âge Latin, 4, 1948, S. 367–390; ern. in R. R., *Études sur l'histoire morale et religieuse du Portugal*, Paris 1970). – E. Nunes, *»Leal conselheiros«: data da composição e projecto de tradução latina* (in Do tempo e da história, 1, 1965). – M. Martins, *Alegorias, símbolos e exemplos morais da literatura portuguesa medieval*, Lissabon 1975, S. 231–238. – R. Fernandes, *D. D. e a educação senhorial* (in Vértice, 37, 1977, Nr. 396, S. 347–388). – L. Bourdon, *Question de priorité de la découverte du manuscrit du »Leal conselheiro«* (in ArCCP, 14, 1979, S. 3–26). – M. Martins, *A Bíblia na literatura medieval portuguesa*, Lissabon 1979, S. 65–69. – Y. David-Peyre, *Neurasthénie et croyance chez D. D. de Portugal* (in ArCCP, 15, 1980, S. 521–540).

LIVRO DA ENSINANÇA DE BEM CAVALGAR TODA SELA

(portug.; *Buch der Unterweisung im sattelgerechten Reiten*). Reitlehre von Dom Duarte, erstmals erschienen 1842. – Dieses Lehrbuch der Reitkunst aus der Feder des portugiesischen Königs Eduard, des »Beredten« (reg. 1433–1438), das erst im 19. Jh. entdeckt und veröffentlicht wurde, legt die wissenschaftlichen Grundlagen für eine Sportart, die hundert Jahre später in Neapel ihren ersten bedeutenden Höhepunkt in Europa erreichen sollte. Ein Vorläufer der berühmten *Ordini di cavalcare* (1550) von Frederico Grisone, ist das Buch König Eduards ohne literarisches Vorbild, schlechthin das erste bekannte Reitbuch im europäischen Schrifttum. In diesem Sinn erklärt der Verfasser selbst: *»Da ich niemand andern kenne, der darüber geschrieben hätte, will ich als erster diese Wissenschaft zu Papier bringen.«* Und: *»Ich beschreibe nicht, was ich gehört, sondern was ich in langer Erfahrung gelernt habe.«* Als Ergebnis unmittelbarer Erfahrung und eigenen Nachdenkens gibt das Buch nicht allein technische Unterweisung, sondern dient ebensosehr der ethischen Erziehung des Reiters. Neben Ausführungen über die verschiedenen Reitarten und -stile, die Kunst, sich selbst und das Pferd zu beherrschen, über Körperhaltung, Funktion und Handhabung des Reitzeugs usw. enthält dieses leider vorzeitig abgeschlossene Werk – von den sechzehn geplanten Teilen sind nur sieben ausgearbeitet – moralphilosophische Darlegungen, durch die das Reiten als Kunst zu einem Bestandteil ritterlicher Lebensart und Gesinnung erhoben wird. Zwar hat, so schreibt der König, das Reiten *»für sich allein«* keinen besonderen Wert, ebensowenig wie Tanzen, Lanzenbrechen und ähnliche Künste. An sich wertvoll sind Treue und Rechtschaffenheit gegenüber Gott und den Menschen, Körperkraft und Seelenstärke, Erfahrung, Kenntnis und Wissen in allem, was Stand, Beruf und Pflicht erheischen. Aber diesen Haupttugenden helfen jene minderen Künste. So fördert die Reitkunst neben der Körperkraft Seelenstärke und Mut.

Der ganze zweite Teil handelt in zehn Kapiteln vom Ursprung, den verschiedenen Formen und der Überwindung der Furcht, Kapitel 8 und 9 des fünften Teils von den verschiedenen Arten des Wollens, von denen nur eine die rechte Art sei, nämlich das Wollen aus vernünftiger Einsicht. Die Tatsache, daß diese beiden Kapitel fast wörtlich aus dem Hauptwerk König Eduards, dem *Leal conselheiro (Treuer Ratgeber)*, übernommen sind, zeigt deutlich die Absicht des Reitbuchs: die Reitkunst als ein Mittel der Erziehung zum christlichen Ritter und als integrierenden Bestandteil ritterlicher Gesittung zu lehren. Und wenn der Verfasser darüber

klagt (Teil 5, Kap. 15), daß unter den jungen Adligen seiner Umgebung die Reitkunst vernachlässigt werde, so deshalb, weil ihm dadurch wesentliche Eigenschaften des vollkommenen Ritters, wie Unerschrockenheit, Selbstsicherheit, Gelassenheit, Gewandtheit und Heiterkeit, gefährdet erscheinen. Zwar bescheinigt er den Zeitgenossen tugendhaften Lebenswandel und lobt sie deswegen. *»Aber die Ausübung der Tugenden darf die Übung in den rechten körperlichen Künsten – insbesondere Reiten und Kämpfen – nicht beschneiden, die von jeher von den Herren und Großen geschätzt und gelobt worden sind.«*
Sprachlich hatte König Eduard bei der Abfassung dieses Werks mit ähnlichen Schwierigkeiten zu kämpfen wie bei der des *Leal conselheiro*. In dieser Hinsicht sind Vorzüge und Mängel in beiden Werken die gleichen. A.E.B.-KLL

AUSGABEN: Paris 1842, Hg. J. J. Roquette. – Lissabon 1843. – Lissabon 1944, Hg. J.M. Piel [m. Einl., Anm. u. Glossar]. – Coimbra 1965, Hg. F. Costa Marques; [2]1973.

ANTÓNIO FERREIRA

* 1528 Lissabon
† 1569 Lissabon

LITERATUR ZUM AUTOR:
J. de Castilho, *A. F.*, Rio 1875. – A. Roig, *A. F.*, Paris 1970 [m. Bibliogr.]. – Saraiva/Lopes, S. 265 bis 282.

POEMAS LUSITANOS

(portug.; *Lusitanische Gedichte*). Dichtungen von António FERREIRA, erschienen 1598. – Außer Sonetten, Oden, Elegien, Eklogen, Hochzeits- und Grabgedichten, Episteln und Epigrammen enthält diese vom Dichter selbst vorbereitete und von seinem Sohn, Miguel LEITE FERREIRA, postum herausgegebene Sammlung die *Tragedia muy sentida ... de Dona Ignez de Castro*, ein Trauerspiel im klassischen Geschmack über ein in der portugiesischen und spanischen Literatur gleichermaßen beliebtes Thema; die unglückselige Geschichte der Geliebten Peters I. von Portugal (reg. 1357–1367), Inês de Castro.
Der Titel des Sammelbandes ist symptomatisch für einen Dichter, der im Unterschied zu seinen berühmten Zeitgenossen, Gil VICENTE, Francisco SÁ DE MIRANDA und Luís Vaz de CAMÕES, ausschließlich in portugiesischer Sprache (und nicht auch in spanischer) dichtete. Darin kommt das spezifische, humanistisch begründete Nationalbewußtsein Ferreiras zum Ausdruck, das wohl auch bei den Zeitgenossen zu beobachten ist, sich bei ihm aber nur in bewußter Anknüpfung an die Antike und im Wettstreit mit ihr zu rechtfertigen sucht. Ausdrücklich distanziert sich Ferreira von der literarischen Tradition Portugals und Spaniens und erlaubt lediglich eine an klassischen Formen und Inhalten und an der lateinischen Sprache orientierte Dichtung. In dieser Gesinnung greift er – wie andere humanistische Gelehrte und Dichter seiner Zeit – auf die römische Bezeichnung für das Volkstum im Westen der Iberischen Halbinsel zurück, fühlt sich als Nachfahre der Lusitanier, die PLINIUS dem Jüngeren zufolge von Luso, dem Sohn des Bacchus, abstammen. Ferreiras humanistisch-patriotischer Eifer für die Würde und Ehre der portugiesischen Sprache und Dichtung bestimmt seine Stellung in der portugiesischen Literatur- und Geistesgeschichte: Er ist im 16. Jh. für Portugal etwa das, was BOILEAU im 17. Jh. für Frankreich werden sollte, der Lehrmeister einer neuen literarischen Schule. In seinen Gedichten folgt er dem Vorbild der italienischen Dichter und der durch sie vermittelten lateinischen Klassik: in den Sonetten PETRARCA, in den Eklogen VERGIL und SANNAZARO, in den Oden, Elegien und Episteln aber HORAZ, den er überhaupt am häufigsten nachahmt. Obgleich Ferreira dabei eine Flexibilität und Beweglichkeit der Sprache und des Verses erreicht, die erst von Camões übertroffen werden sollte, sind seine Gedichte von sehr unterschiedlichem Rang. Die eindrucksvollsten Sonette schrieb er aus Anlaß des Todes seiner ersten Gattin. Die übrigen bewegen sich in den von Petrarca vorgezeichneten Bahnen. Ähnliches gilt von den Eklogen und Elegien. Von höchster Bedeutung sind dagegen die Oden und ganz besonders die Episteln, die Ferreira an andere Dichter, an hochgestellte Persönlichkeiten, an den Kardinal Dom Henrique, den Onkel des Königs Sebastian (reg. 1568–1578), und an diesen selbst gerichtet hat. In ihnen tritt der Dichter, im Bewußtsein seiner Würde und Sendung, den Zeitgenossen mit Ermahnungen, Ermunterungen und Kritik entgegen und verkündet seine weltanschaulichen und ethischen Überzeugungen, in denen stoisches Denken und christliche Glaubenslehre eine innige Verbindung eingegangen sind. Er predigt den Vorrang der *vita contemplativa* vor der *vita activa*, die Überlegenheit der Vernunft über den rohen Mut und den Segen friedlicher Tätigkeit gegenüber Abenteuer und Krieg. Den König erinnert er an die Grenzen und gesetzlichen Bindungen seiner Macht: *»Absolute Gewalt gibt's nicht auf Erden, / Sie wäre Ungerechtigkeit und Barbarei.«* Und: *»Gleich sind wir, Herr, geboren von Natur: / So gehn ins Leben wir hinein und so verlassen wir's.«* Auf der Grundlage dieser moralisierenden Denk- und Anschauungsweise entwickelt Ferreira, vor allem in den Episteln, so in dem *Brief an Simão da Silveira*, seine klassizistische Kunstauffassung, deren Postulate er in seinen eigenen Dichtungen zu erfüllen sucht. Wenngleich man Ferreira mitunter eine allzu

große Neigung zu sentenzenhafter Zuspitzung und Kürze, einen Mangel an Wohlklang und Glätte vorgeworfen hat, so ist demgegenüber doch zu bedenken, daß es diesem Dichter weniger darauf ankam, zu bewegen oder gar zu rühren, als darauf, zu zeigen, zu verdeutlichen, zu unterweisen.

A.E.B.-KLL

AUSGABEN: Lissabon 1598, Hg. M. Leite Ferreira. – Lissabon 1939/40, Hg. Marques Braga, 2 Bde.; 31971. – Coimbra, 1961, Hg. F. Costa Marques [Ausw.; m. Einl.; 21973, rev. u. erw.].

LITERATUR: J. Fucilla, *Vergil and A. F.* (in StPh, 40, 1943, S. 14–24). – Ders., *The Petrarchism of A. F.* (in HR, 17, 1949, S. 233–243). – Ders., *Studies and Notes*, Neapel 1953. – M. D. Trivedi, *A Classical Source for Sonnet I, 1 of F.'s »Poemas lusitanos«* (in RoNo, 3, 1961, S. 44–48). – J. M. Busnardo Neto, *The Eclogue in sixteenth-century Portugal*, Diss. Univ. of Michigan 1974. – J. de Silva Terra, *A. F. et António de Sá de Meneses, quelques notes d'histoire littéraire* (in BEP, 35/36, 1974/75, S. 13–61). – A. Roig, *Deux sonnets dans la langue des troubadours* (in *Mélanges de Philologie Romane offerts à C. Cambroux*, Tl. 1, Montpellier 1978, S. 195–216). – Ders., *A. F. et l'aventure lusitane d'outremer* (in ArCCP, 15, 1980, S. 577–607).

TRAGEDIA MUY SENTIDA E ELEGANTE DE DONA IGNEZ DE CASTRO

(portug.; *Die sehr schmerzliche und erhabene Tragödie von Dona Ignez de Castro*) von António FERREIRA. – Die um 1558 geschriebene und in Coimbra aufgeführte Tragödie in fünf Akten ist die früheste Bühnenbearbeitung des mit seinen vielfältigen dramatischen Möglichkeiten in der Folge immer wieder aufgegriffenen Inês-de-Castro-Stoffes (vgl. *Trovas a morte de Dona Ynes de Castro* von Garcia de RESENDE). Sowohl in Aufbau und Technik als auch in den Stilmitteln unter dem Eindruck des in Coimbra dank George BUCHANAN sowie Ferreiras Freund und Lehrer Diogo de TEIVE zur Blüte gelangten humanistischen Schultheaters in lateinischer Sprache und nach dem Muster der im italienischen Cinquecento gemachten Versuche einer Neugestaltung der volkssprachlichen Tragödie im antiken Sinn (vgl. *Orbecche* von Giovanni Battista GIRALDI CINTIO, 1541) schuf der auch als italianisierender Dichter hervorragende Jurist das Meisterwerk des an tragischen Werken nicht eben reichen portugiesischen Dramas. Er folgt dem in Chroniken und bei Resende vorgezeichneten Handlungsrahmen, wobei die Wahl eines nationalgeschichtlichen und nicht klassischen Vorwurfs für jene Zeit und im Vergleich etwa auch mit Frankreich (vgl. *Cléopâtre captive* von Étienne JODELLE, 1552/53) bemerkenswert ist.

Der erste und längste Akt des die Aristotelischen Regeln zumeist wahrenden Stückes führt die in Coimbra glücklich mit ihren Kindern lebende Inês vor. Während deren Amme davor warnt, durch allzu offene Bekundung glücklicher Zufriedenheit die Mißgunst des Schicksals herauszufordern, widerspricht der Infant Dom Pedro heftig dem Rat seines Sekretärs, Inês zu verlassen. Der Doppelchor besingt die Freuden der Liebe und beklagt die Unerbittlichkeit des Himmels in zahlreichen Fällen unglücklicher Liebe. Im zweiten Akt tritt König Alfons IV. von Portugal auf, des Regierens müde und vom Wunsch beseelt, seine Regierungszeit friedlich zu beschließen. Seine Gespräche mit den Ratgebern Pero Coelho und Diogo Lopez Pacheco spiegeln die zeitgenössischen Erörterungen über die politische Pflichtenlehre des Fürsten, insbesondere über *clementia* und *justitia*, sowie das Verhältnis des einzelnen zum Staat. Pacheco, der aus patriotischen Erwägungen der Staatsräson heraus den Tod von Inês fordert, entgegnet der König, daß er gegen die Unschuldige nicht grundlos grausam vorgehen wolle. Angesichts der Hartnäckigkeit des Kronrats beugt sich der Vater Dom Pedros schließlich der Forderung, lehnt jedoch die Verantwortung für den Tod der Inês ab. Der Chor preist die goldene Mitte als Maß der Dinge und mahnt den König. Nachdem der tragische Knoten geschürzt ist, eröffnet eine unheilvolle Traumerzählung der Inês vor ihrer Amme den dritten Akt. Der Chor der Mädchen von Coimbra überbringt im Wechselgespräch mit Inês die traurige Kunde vom nahen Ende – sie denkt zunächst an Pedros Tod –, tadelt den König ob seiner Grausamkeit und klagt in düsteren Andeutungen über die Vergänglichkeit des Lebens wie der Liebe und die Blindheit der Menschen. Im vierten Akt kommt es zur einzigen Begegnung zwischen den beiden Hauptpersonen. Inês empfängt den König in Begleitung seiner Ratgeber. Unter Hinweis auf die Kinder und ihre Liebe fleht sie um das Leben. Der König verspricht ihr Gnade, läßt sich aber nach Vorhaltungen seiner Begleiter ein zweites Mal umstimmen. Zwischen väterlichen Gefühlen und politisch rechnendem Verstand schwankend, kann er sich weder den einseitig das Wohl des Staates berücksichtigenden Argumenten des Rats anschließen noch das allein der Leidenschaft gehorchende Verhalten der Liebenden billigen. Der Chor, der mehrmals zur Gerechtigkeit mahnend in die Auseinandersetzung eingreift, beklagt den Opfertod der tapferen Frau. Der Bericht eines Boten an den Infanten von der Ermordung beschließt den fünften Akt mit heftigen Klagen ohne Chorlied.

Während die erste bekannte Ausgabe von 1587 vielleicht eine ursprüngliche oder längere Zeit in Abschriften zirkulierende Fassung wiedergibt, dürfte der 1598 von Ferreiras Sohn veröffentlichte Text die authentische Gestalt bieten. Die früher vertretene Priorität der beiden 1577 gedruckten *Nise*-Dramen (Anagramm für Inês) des galicischen Mönches Jerónimo BERMÚDEZ widerlegt der das Plagiat streifende enge Anschluß seiner *Nise lastimosa* an Ferreira. Die *Nise laureada* bringt erstmals die Krönung des Leichnams mit der Rache Dom

Pedros auf die Bühne. Die mit gefühlvoller Anteilnahme für Inês geführte Handlung, die allerdings darauf verzichtet, Pedro seiner Geliebten persönlich gegenüberzustellen, wird vom Dichter in reimlosen Versen (meist Elfsilbern und einer Nachahmung der sapphischen Ode im Chor) mit lyrisch-musikalischer Sprache dargestellt. Dialog und moralisierende Einlagen drängen wie in vielen von SENECA geprägten Renaissancetragödien die eigentliche Aktion zurück, ohne daß sie deren rhetorischen Überschwang und die schreckenerregenden Details übernähmen. Die tragische Schicksalhaftigkeit wird aus den Charakteren der Hauptgestalten eindrucksvoll entwickelt. D.B.

AUSGABEN: o.O. 1587. – Lissabon 1598 (in *Poemas Lusitanos*, Hg. M. Leite Ferreira). – Coimbra 1917, Hg. J. Mendes dos Remédios [m. Einl.]. – Lissabon 1953 (in *Poemas lusitanos*, Bd. 2, Hg. Marques Braga). – Coimbra 1967, Hg. F. Costa Marques; ⁴1974]. – Paris 1971, Hg. A. Roig.

ÜBERSETZUNG: In *Magazin der spanischen und portugiesischen Litteratur*, Hg. F. J. Bertuch, Bd. 3, Weimar 1782.

LITERATUR: A. A. Coimbra Martins, *La fatalité dans la »Castro« de F.* (in Bulletin d'Histoire du Théâtre Portugais, 3, 1952, S. 169–195). – J. Horrent, *La tragédie »Castro« d'A. F.* (in Revue des Langues Vivantes, 27, 1961, S. 377–403). – C. H. Frèches, *Le théâtre néo-latin au Portugal, 1550–1745*, Paris 1964, S. 69–80. – A. Roig, *Recherches sur la »Castro« d'A. F.* (in BEP, 28/29, 1967/68, S. 85–120). – R. Bismut, *La »Castro« d'A. F. est-elle d'A. F.?* (in LR, 29, 1975, S. 320–355; 30, 1976, S. 129–151). – A. P. de Castro, *A. F., autor da »Castro«. Algumas considerações sobre dois artigos do Prof. R. Bismut* (in ArCCP, 10, 1976, S. 627–728). – R. Bismut, *Un exemple d'usurpation littéraire* (in LR, 31, 1977).

DAMIÃO DE GÓIS

* Februar 1502 Alenquer
† 30.1.1574 Alenquer

LITERATUR ZUM AUTOR:
Bibliographien:
J. de Vasconcelos, *Goesiana: b) Bibliographia* (in Archeologia Artistica, Bd. 2, fasc. 8, Porto 1879; erw. v. G. J. C. Henriques, Lissabon 1911). – F. L. de Faria, *Estudos bibliográficos sobre D. de G. e a sua época*, Lissabon 1977.
Biographie:
E. Feist Hirsch, *D. de G.: The Life and Thought of a Portuguese Humanist (1502–1574)*, Den Haag 1967.
Gesamtdarstellungen und Studien:
A. F. G. Bell, *D. de G., um humanista português*, Lissabon 1942. – M. Bataillon, *O cosmopolitismo de D. de G.* (in M. B., *Études sur le Portugal au temps de l'humanisme*, Coimbra 1952; Paris ²1974, S. 121–154). – J. V. Serrão, *D. de G., historiador*, Lissabon 1976. – G. A. Rodrigues, *D. de G. face à ideologia e ao poder vigentes* (in ArCCP, 11, 1977, S. 107–131). – M. Bataillon u. a., *D. de G., humaniste européen*, Paris 1982. – A. Torres, *Noese e crise na epistolografia latina goisiana*, 2 Bde., Paris 1982 [Einl.]. – M. de Ferdinandy, *Die hispanischen Königsgesta*, Ffm. 1984, S. 52–64.

CHRONICA DO FELICISSIMO REI DOM EMANUEL

(portug.; *Chronik König Manuels des Glücklichen*) von Damião de Góis, erschienen 1566/67. – Góis schrieb diese Chronik zwischen 1558 und 1567 als Leiter des Staatsarchivs (Torre do Tombo) und Reichshistoriograph im Auftrag des Kardinal-Infanten Heinrich. Er richtete dabei sein Augenmerk weniger auf die Handlungen und Entscheidungen des Königs oder die kontinental-portugiesischen Ereignisse als vielmehr auf die Entfaltung der portugiesischen Macht in Übersee. Als Hauptgestalten erscheinen Vasco da Gama, Pedro Álvares Cabral, Afonso de Albuquerque und Tristão da Cunha. Im Gegensatz zu João de BARROS (*Ásia*, 1552–1563) leitet Góis dabei nicht der Nationalstolz, dem er in polemischen und apologetischen lateinischen Schriften gehuldigt hatte; er verherrlicht nicht, sondern begnügt sich mit reiner Tatsachenübermittlung und verzichtet dabei auf alle rhetorische Ausschmückung und Überhöhung. Beispielhaft dafür ist seine abschließende Würdigung des Königs Manuel (4,74): anstatt dem Herrscher konventionelles Lob zu zollen, entwirft er ein Bild seiner Persönlichkeit im Rahmen einer eingehenden Schilderung seiner Lebensgewohnheiten und des Hoflebens, das von seinem Kunstsinn, seiner Liebe zur Musik und seiner Freude an festlichen Aufzügen geprägt war. Auch wenn Góis als Augenzeuge vom Sterben Manuels (4,73) berichtet, bleibt er innerlich unbeteiligt, während er die Grausamkeiten, unter denen die erbarmungslos verfolgten Juden und Judenchristen zu leiden hatten (1,102), oder die Missetaten, die von den portugiesischen Eroberern an Eingeborenen verübt wurden (2,40), mit echter Anteilnahme darstellt. Seine humanistische Gesinnung forderte Toleranz gegenüber Andersgläubigen und fremden Völkern. So kann es nicht verwundern, daß sein kritisches Urteil und seine Wahrheitsliebe auf heftigen Widerspruch und Tadel bei den Angehörigen des Königshauses und des Adels stießen. Es wurde ihm vorgeworfen, daß er Ungünstiges nicht verschweigen,

die persönlichen Verdienste aber zu wenig hervorgehoben habe. Überdies nahm die Kirche an der toleranten Schilderung der Sitten exotischer Völker Anstoß mit der Begründung, diese stünden mit der orthodoxen Glaubenslehre und Moralauffassung nicht im Einklang. Zum Wortführer der Kritiker machte sich Graf Tentúgal. Góis ließ sich mit ihm in eine ausgedehnte Polemik ein. Die Folge waren einschneidende Änderungen der meisten beanstandeten Stellen im ersten Teil und der Kapitel 23 und 27 im dritten Teil des Werkes. Wie stark der Druck war, der auf den Chronisten ausgeübt wurde, geht deutlich daraus hervor, daß er eine kritische Bemerkung über die Wohltätigkeit des Kardinal-Infanten strich, dafür aber ein Kapitel, das die Einführung der Inquisition lobt, von der er selbst verfolgt wurde, hinzufügte.
Damião de Góis besticht kaum durch lebendige Erzählweise, seine Prosa ist eher sachlich und farblos; seine Kritik ist diskret-ironisch und vielleicht gerade deshalb von besonderer Wirksamkeit. Wenn diese Chronik auch keinen Fortschritt in der Kunstprosa bedeutet, so darf sie doch als Beispiel für die Entwicklung der kritischen Geschichtsschreibung und der Sachprosa gelten. Die Geschichte des Werkes selbst, die sich aus der Polemik des Chronisten mit seinem Kritiker und dem Vergleich der ersten mit der zweiten Fassung ablesen läßt, macht die Chronik zu einem der wichtigsten Dokumente der portugiesischen Geistesgeschichte des 16. Jh.s. A.E.B.

AUSGABEN: Lissabon 1566/67 [4 Tle.]. – Lissabon 1567 [Tl. 1; überarbeitet]. – Coimbra 1926, Hg. J. M. Carvalho u. D. Lopes [m. Einl.; 4 Tle.]. – Coimbra 1949–1955, Hg. D. Lopes [m. Einl.].

LITERATUR: *Elencho das variantes e differenças notaveis que se encontram na primeira parte da Chronica del rei D. Manoel escripta por D. de G.*, Hg. Visconde de Azevedo, Porto 1866; Nachdr. 1912. – E. Prestage, *Crítica contemporânea à Chronica de D. Manuel de D. de G.* (in Archivo Histórico Português, 9, 1914, S. 345–378). – M. de Lemos, *D. de G., la corte de D. Manuel* (in Revista de História, 9, 1920, S. 5–19). – R. Ricard, *Les portugais au Maroc de 1495 à 1521. Extraits de la »Chronique du roi D. Manuel de Portugal*, Rabat 1937 [frz. Übers. m. Einl. u. Komm.]. – P. Queiroz, *As cronistas de D. Manuel* (in Panorama, 4.ª série, Lissabon 1969, Nr. 32, S. 53–57). – J. da Silva Terra, *Breve comentário sobre um capitulo da »Crónica de D. Manuel« de D. de G. e uma carta do Conde de Alcoutim* (in ArCCP, 17, 1982, S. 403–410).

FREI TOMÉ DE JESUS

d.i. Tomás de Andrade

* 1529 Lissabon
† 17.4.1582 Marokko

TRABALHOS DE IESU

(portug.; *Die Leiden Jesu*). Asketische Betrachtungen von Frei Tomé de JESUS, erschienen 1602–1609. – Aus dem in Portugal seit Beginn des 16. Jh.s aufblühenden religiösen Schrifttum haben diese Betrachtungen des adligen Augustinereremiten über die Passion Christi nicht zuletzt durch Übersetzungen ins Lateinische, Spanische, Französische, Englische, Italienische und Deutsche europäische Bedeutung für die barocke Frömmigkeitsgeschichte erlangt. Das in zwei Teilen postum veröffentlichte Werk entstand »auf göttliche Eingebung« während der marokkanischen Gefangenschaft des Mönchs nach der Niederlage von König Sebastian in der Schlacht bei Ksar el-Kebir (1578) und ist den Mitgefangenen sowie dem *»allerchristlichsten und von schwerstem Leid geprüften portugiesischen Volk«* gewidmet.
Die Meditationen des tieffrommen Zeitgenossen der Heiligen JOHANNES VOM KREUZ und TERESA VON ÁVILA üben, geläutert durch die persönliche Erfahrung der Not, mit fünfzig Bildern aus dem Leben Jesu die Askese auf der Stufe der *via purgativa* ein. Wenngleich die jeweils in eine geistliche Anmutung oder ein Gebet mündenden Betrachtungen ohne theologische und sonstige Hilfsmittel und ohne eigentlichen Plan niederschrieben wurden, verrät die Spiritualität des reformeifrigen Augustiners eine gründliche Vertrautheit sowohl mit dem Werk des AUGUSTINUS als auch mit der von den Niederlanden (Devotio moderna) und Italien (franziskanische Frömmigkeit) geprägten asketisch-mystischen Literatur des 14. und 15. Jh.s. Einige Werke BONAVENTURAS, die ihm zugeschriebenen *Meditationes vitae Christi*, die *Vita Christi* des Kartäusers LUDOLPH VON SACHSEN, die *Imitatio Christi* – Bücher, die längst durch zahlreiche Ausgaben und Übersetzungen in Portugal verbreitet waren – und eine Fülle meist volkssprachlicher Andachtsbüchlein aus der ersten Hälfte des 16. Jh.s in ihrem Gefolge versuchen wie Frei Tomé, die liebende Vereinigung des Gläubigen mit dem Gekreuzigten weniger spekulativ als vielmehr unmittelbar in einer gefühlsmäßigen Betrachtungsweise des Leidens Jesu zu zeigen, die wiederum mit jenem seit BERNHARD VON CLAIRVAUX gepflegten Frömmigkeitsideal zusammenhängt, das die Verehrung der menschlichen Natur Christi und die Andacht zur Passion in den Vordergrund des geistlichen Lebens grückt hatte. Dem entspricht, freilich noch durch die tragischen Entstehungsumstände verstärkt, die realistische Ausmalung der Qualen

und des Schmerzes sowie der Nachdruck auf der »reinen Liebe« bei der Nachfolge des Erlösers in Gehorsam und Demut. Gegenüber der ekstatischen Religiosität gewisser Kreise von »Erleuchteten« betont der als Novizenmeister erfahrene Seelenkenner eine erasmianische Verinnerlichung der Frömmigkeit und die enge Verflechtung von Gebet, Abtötung und Tugendübung.
Das von den kirchlichen Stellen für die späte Drucklegung vielleicht stellenweise veränderte Werk ist in seinem theologischen Lehrgehalt weder mit den mystischen Schriften eines Johannes vom Kreuz noch in der geistigen Zucht der Betrachtung mit den *Exercitia spiritualia* eines IGNATIUS VON LOYOLA vergleichbar. Seine Bedeutung liegt vielmehr neben der eigentümlichen Verquickung religiöser und nationaler Motive im Widmungsbrief in einer die Denkart der Portugiesen zutiefst ansprechenden Mystik des Schmerzes und in dem aufrichtigen, die innersten Gefühle und Seelenregungen ungebrochen und kühn ausdrückenden Sprachstil, der die Volksfrömmigkeit auch ohne besondere Bildhaftigkeit in der Folge unmittelbar zu bewegen vermochte. D.B.

AUSGABEN: Lissabon 1602 [Tl. 1]. – Lissabon 1609 [Tl. 2]. – Köln 1684 (in *Opera omnia*). – Lissabon [5]1865 [korr.; m. Biogr.]. – Porto [6]1951, 2 Bde.

ÜBERSETZUNGEN: *Aerumna Domini Nostri Jesu Christi*, W. Eder, Mchn. 1678. – *Das Leiden unseres Herrn und Heilands Jesu Christi, von seiner Menschwerdung an bis zum Kreuzestod, in fünfzig Betrachtungen*, J. Stark, Augsburg 1790. – *Das bittere Leiden unseres Herrn Jesu Christi*, A. Fecke, Münster 1900.

LITERATUR: E. Prestage, *Os »Trabalhos de Jesu« de Frei T. de J.* (in Boletim da Segunda Classe da Academia das Ciências, Lissabon 1911, fasc. 1, S. 13–21). – M. Martins, *O pseudo Taulero e Frei T. de J.* (in Brotéria, 42, 1946, S. 24–29). – *Prosadores religiosos do século XVI*, Coimbra 1950 [Vorw. u. Anm. A. Soares u. F. Campos]. – J. S. Da Silva Dias, *Correntes de sentimento religioso em Portugal (séc. XVI a XVIII)*, Bd. 1, Coimbra 1960, S. 124–129; 330–342. – R. Ricard, *Notes luso-marocaines: Frei T. de J. et Guillaume Bérard – Le colonel Cristóvão Leitão au Maroc (1508–1520)* (in BEP, 23, 1961, S. 113–117).

DOM JOÃO I

* 11.4.1357 Lissabon
† 14.8.1433 Lissabon

LIVRO DA MONTARIA

(portug.; *Buch von der hohen Jagd*). Jagdbrevier von Dom JOÃO I, verfaßt nach 1415. – Dieses nach Angaben des portugiesischen Königs Johann I. (reg. 1385–1433) durch Zusammenarbeit mehrerer Sachkenner entstandene Buch steht in der mittelalterlich-höfischen Tradition einer reichen lateinischen und volkssprachlichen Fachliteratur über die Jagd, in Portugal bereits seit dem 14. Jh. vertreten durch die beiden Bücher des Falkners König Ferdinands I. (reg. 1367–1383), Pero MENINO, *Livro da cetraria (Buch von der Beize)*, ein Buch über die Falkenjagd, und *Livro da falcoaria (Buch von der Falknerei)*, das vor allem die Krankheiten der Falken behandelt. In dem Buch König Johannes I., *»dem eingehendsten und vollständigsten Buch, das man über die Wildschweinjagd kennt«* (G. Rossi), wird die Jagd als königlicher Zeitvertreib über alle anderen Spiele gestellt, die der Entwicklung der Körper- und Geisteskräfte oder lediglich der Entspannung dienen. Als typisch höfisches Werk hat das Buch *»keine andere Absicht, als die Höflingsgesellschaft mit kräftigen Jagdabenteuern zu unterhalten und den Liebhabern der Jagd die Erfahrungen des Autors zu vermitteln«* (Saraiva/Lopes). So ist das *Livro da montaria* gleichzeitig ein Jagd- und Jägerbuch, das ohne literarische Prätentionen einerseits technische Ratschläge erteilt, andererseits von den Erlebnissen und Beobachtungen eines passionierten Jägers berichtet, dem der Lärm der Jagd mehr bedeutet als die Musik eines Guillaume Machaut und den der Anblick des Wildes in eine Verzückung versetzt, die er religiöser Ekstase vergleicht. Die Sprache, reich an Wörtern und Bildern aus dem Jägerjargon, besitzt die Frische und Unmittelbarkeit des mündlichen Ausdrucks. Darunter leidet allerdings die Klarheit und Eleganz des Satzbaus, der häufig langatmig, verworren und holprig ist. Lediglich die ersten acht Kapitel sind mit parallelistischen Konstruktionen, rhetorischen Fragen, Vergleichen, Metaphern und mit Verweisen auf Kirchenväter und Scholastiker stilistisch durchgearbeitet, allerdings ohne großen Erfolg. Der Wert des Buches liegt in der Fülle unmittelbarer Anschauung und Erfahrung, die auch in den eingestreuten Naturschilderungen Niederschlag gefunden hat.
A.E.B.-KLL

AUSGABE: Coimbra 1918, Hg. M. Esteves Pereira [m. Einl.].

LITERATUR: M. Martins, *Estudos de literatura medieval*, Braga 1956, S. 453–466. – M. Rodrigues

Lapa, *Lições de literatura portuguesa, época medieval*, Coimbra [4]1956, S. 313–316; [10]1984. – M. Martins, *Experiência e conhecimento da natureza no »Livro da montaria«* (in Revista Portuguesa de Filosofia, 13, 1957, S. 52–65). – Ders., *Cinopedia medieval* (in Brotéria, 69, 1959, S. 41–50). – Ders., *A espiritualidade do »Livro da montaria«* (in Itinerarium, 7, 1961, S. 163–170). – Ders., *Estudos de cultura medieval*, Bd. 3, Lissabon 1983, S. 119–131.

FRANCISCO RODRIGUES LOBO

* 1573/74 Leiria
† November 1621 im Tejo
zwischen Lissabon und Santarém

LITERATUR ZUM AUTOR:
R. Jorge, *F. R. L. Estudo biográfico e crítico*, Coimbra 1920. – C. A. Ferreira, *F. R. L.: fontes inéditas para o estudo da sua vida e obra* (in Biblos, 19, 1943, S. 229–318). – M. de Lourdes Belchior, *Itinerário poético de R. L.*, Lissabon 1959; ern. 1985. – S. Pousão-Smith, *The Judaism of F. R. L.* (in MLR, 78, 1983, S. 228–239). – Saraiva/Lopes, [15]1989, S. 422–432.

AS EGLOGAS

(portug.; *Die Eklogen*). Hirtengespräche von Francisco Rodrigues LOBO, erschienen 1605. – Zehn Gespräche über die Verächter der schönen Künste, über Haß und Neid, Begehrlichkeit und Verfolgung, Vergänglichkeit und Tod, üble Nachrede, Unbeständigkeit des Irdischen und die idyllische Reinheit und Einfachheit des Hirtendaseins, zum größten Teil mit kommentierenden Widmungsgedichten an Freunde des Dichters. In diesen Eklogen verschmilzt die Neigung Francisco de Sá de MIRANDAS, zu mahnen und zu lehren, mit der Schwermut Bernardim RIBEIROS und dem farbigen Realismus Gil VICENTES. In die allgemeineren Erörterungen spielen mehr oder weniger deutlich eigene Erfahrungen hinein, so z. B. die Verfolgung durch die Inquisition (wegen jüdischer Abstammung), der Tod von Freunden, oder Zeitereignisse, wie die Pestepidemien um die Jahrhundertwende, der Verlust der portugiesischen Unabhängigkeit im Jahr 1580 und der innere und äußere Untergang der Nation. Der Ausdruck wechselt zwischen liedähnlichem und spruchhaftem Ton, im Vers- und Strophenmaß folgen einander in buntem Wechsel vier- bis achtzeilige Strophen in den Kurzversen der alten portugiesischen Liederdichtung und Terzinen und Sonette nach italienischem Muster. Die bedeutendste Ekloge ist die fünfte, deren Schluß im Bild des Untergangs von Troja das Ende der portugiesischen Nation und seine Ursachen eindringlich veranschaulicht und deutet.
Den Dichtungen ist ein *Discurso sobre a vida e o estilo dos pastores (Rede über Leben und Stil der Hirten)* vorangestellt. Hier ist das Bild eines Goldenen Zeitalters entworfen, das in der letzten Ekloge ausgeführt wird: das Bild eines einfachen, friedlichen Lebens ohne Falsch und List, das fern der Verderbtheit und dem Trug des Hof- und Stadtlebens bei den friedfertigen, genügsamen Hirten Erfüllung findet. A.E.B.

AUSGABEN: Lissabon 1605. – Lissabon 1723 (in *Obras politicas, moraes e metricas*). – Lissabon 1774 (in *Obras politicas e pastoris*, 4 Bde., 4). – Lissabon 1928, Hg. J. A. Pereira Tavares [nach d. Ed. princeps; m. Einl. u. Anm.; ern. 1964]. – Lissabon 1956 (in *Poesias*, Hg. J. de Almeida Lucas). – Lissabon 1985 (in *Poesia*, Hg. L. M. Nava; m. Anm.; Ausw.).

CORTE NA ALDEA, E NOITES DE INVERNO

(portug.; *Hofleben auf dem Dorf und Winterabende*). Sechzehn Dialoge von Francisco Rodrigues LOBO, erschienen 1619. – Mit Gesprächen, die auf einem Landgut in der Nähe von Lissabon (wahrscheinlich Sintra) geführt werden, vertreiben sich der Hausherr und seine Gäste – darunter ein gelehrter und literarisch gebildeter Richter, ein Edelmann, ein dichtender Student, ein welterfahrener alter Hofmann – die langen Winterabende. Gegenstand ihrer Unterhaltung ist die vollkommene gesellschaftliche Bildung. Ihre Normen werden von der höfischen Gesellschaft bestimmt; sie setzt sich sowohl aus Angehörigen des Geburtsadels wie aus gebildeten Bürgerlichen zusammen, die in die Kreise des Beamten- und Militäradels aufgestiegen sind. Erörtert werden Fragen des höfischen Lebensstils, der Etikette und der Umgangsformen, der Ethik, der literarischen Bildung, der Pflege der Sprache und des mündlichen und schriftlichen Ausdrucks. Praktische Beispiele aus geschichtlicher Überlieferung und persönlicher Erfahrung erläutern die vorgetragenen Lehren, die darauf abzielen, einen Amtsadel heranzubilden, der an höfischer Gesittung dem Geburtsadel nicht nachsteht.
Das Vorbild lieferte *Il cortegiano*, 1528 *(Der Hofmann)*, von Baldassare CASTIGLIONE, der seit 1534 in der spanischen Übersetzung von BOSCÁN bekannt war, von dem Lobos Dialoge sich jedoch durch ihre vaterländische Gesinnung unterscheiden. Zwar werden politische Fragen ebensowenig angeschnitten wie religiöse, aber in der Widmung an Dom Duarte aus dem Haus Braganza, einen Angehörigen der früheren portugiesischen Dynastie, wird auf das Fehlen eines portugiesischen Hofes seit der Personalunion mit Spanien 1580 angespielt, und in der Erinnerung an die Vergangenheit schwingt die Sehnsucht nach der Wiederherstel-

lung der nationalen Unabhängigkeit mit. Am eindringlichsten äußert sich der Patriotismus jedoch im Lob der portugiesischen Sprache, in der Lobo lateinischen Klang, kastilische Ungezwungenheit, französische Schmiegsamkeit und italienische Eleganz vereint sieht (1. Dialog). In ihrer Kraft und Modulationsfähigkeit sei sie gleichermaßen geeignet, zu erheben, zu erbauen und zu ergreifen, sachlich zu unterrichten und durch lebhafte Erzählung zu bewegen und zu unterhalten. Im Zusammenhang mit der Verteidigung des Portugiesischen und seiner mannigfachen Ausdruckswerte wird in den Dialogen 3, 5, 9 und 11 eine Sprachästhetik entwickelt. Als erstrebenswert gilt eine natürliche, gefällige Sprache, die sich treffsicher und klar ausdrückt, einprägsam und gemeinverständlich ist und veralteten oder ausgefallenen Wendungen die geläufigen vorzieht. Die Sprache dieser Dialoge ist selbst ein Beweis für die Vielfalt der Ausdrucksmöglichkeiten, die Lobo am Portugiesischen rühmt, und sie entspricht ganz dem von ihm entworfenen Stilideal. Volkstümliche und pittoreske Elemente, auf die er zurückgreift, lockern und beleben seine Prosa. Die Prägnanz der geschliffenen Sentenzen, in denen sich sein Scharfsinn gefällt, wurde für GRACIÁN vorbildlich, der den Dialogen *»Ewigkeitswert«* zusprach (*El criticón*, 3, crisi 12).

A.E.B.

AUSGABEN: Lissabon 1619. – Lissabon 1723 (in *Obras politicas, moraes e metricas*). – Lissabon 1774 (in *Obras politicas e pastoris*, 4 Bde., 1). – Lissabon 1945, Hg. A. Lopes Vieira [m. Einl.; ³1972]. – Porto 1972. – Lissabon 1981.

LITERATUR: W. J. Schnerr, *Two Courtiers, Castiglione and R. L.* (in CL, 13, 1961, S. 138–153). – R. A. Preto-Rodas, *F. R. L. – Dialogue and Courtly Love in Renaissance Portugal*, Chapel Hill/N.C. 1971. – J. A. de Carvalho, *Contribuição para o estudo das fontes da »Corte na aldeia« de F. R. L.*, Diss. Porto 1978.

A PRIMAVERA

(portug.; *Der Frühling*). Schäferroman in drei Teilen von Francisco Rodrigues LOBO, erschienen 1601–1614. – Der Autor hat einmal von Büchern gesprochen, die so lang seien *»wie eine spanische Meile im Alentejo«*. Sein Roman *A Primavera*, dessen zweiter und dritter Teil unter eigenen Titeln – *O pastor peregrino*, 1608 *(Der pilgernde Hirte)*, und *O desenganado*, 1614 *(Der Enttäuschte)* – erschienen, ist selbst ein Beispiel für solche Ausdehnung. Wo man diese Bücher auch aufschlägt, trifft man alsbald auf *»schöne Beschreibungen voll tiefer Liebe zur Natur, auf köstliche Stücke in Vers und Prosa«*, aber der Leser, der den Roman ganz lesen wollte, würde schnell von unüberwindlicher Langeweile ergriffen (A. F. G. Bell). Die endlosen Pilgerfahrten des Hirten Lereno, der die Ufer des Lis verläßt, nach Coimbra und Lissabon und von dort in ferne Länder reist, bei der Rückkehr in der Mündung des heimatlichen Flusses Schiffbruch erleidet und zu Hause die schöne, über alles geliebte Lisea in den Armen eines anderen findet, interessieren den heutigen Leser ebensowenig wie die zahllosen eingestreuten Episoden, Nebenfiguren und Gespräche über Liebe und Eifersucht, Grausamkeit und Milde, Treue und Unbeständigkeit. Gleichwohl hatte der Roman mit mindestens sechs Auflagen im 17. Jh. beträchtlichen Erfolg, und er ist literarhistorisch bedeutsam, zum einen, weil Lobo darin die Ausdrucksmöglichkeiten der portugiesischen Sprache, die er erst später theoretisch erörtern sollte (vgl. *Corte na aldea*...), selbst demonstriert, zum andern aber wegen der eingestreuten Gedichte.

Unter diesen, die in jüngerer Zeit gesondert in dem Sammelband *Poesias*, 1940 *(Gedichte)*, veröffentlicht wurden, sind die *serranilhas* und *endechas* (Hirten- und Klagelieder) hervorzuheben, in denen Lobo das von CAMÕES (vgl. *Rimas*) mit großer Vorliebe meisterhaft verwendete einheimische Versmaß der *redondilha* (Fünf- oder Siebensilber) in höchster formaler Vollkommenheit gebraucht. Während er in diesen Gedichten als einziger das Camonianische Erbe in ebenbürtiger Weise verwaltet und fortsetzt, unterscheidet er sich in seinen Sonetten wesentlich von seinem Vorbild. Es sind Analysen des zwiespältigen Zustands, in den sich der Liebende versetzt sieht, des Widerstreits zwischen Vernunft und Gefühl, Gedanke und Empfindung, Verlangen und Entbehrung, Hoffnung und Verzicht. Nicht in der Thematik, sondern im analytischen Charakter dieser Sonette liegt der Unterschied zu Camões, von dem sich Lobo auch in formaler Hinsicht unterscheidet. Er gebraucht die Kunstmittel des Barock, zu denen rhetorische Frage, Hyperbaton und Antithese ebenso gehören wie die Häufung von Verben und Attributen, die wiederholende Abwandlung des gleichen Worts und die Aneinanderreihung von Wörtern, Vergleichen und Bildern zum Ausdruck des gleichen Gedankens. Die Tendenz zum hyperbolischen Stil, die darin liegt, vermag in diesen Sonetten die innere Bewegung der sich selbst reflektierenden Leidenschaft wiederzugeben und rechtfertigt sich aus der bezwingenden und verwandelnden Macht der Liebe. In die idyllische Stimmung des Schäferromans mit seiner *brandura sem fim* (unendliche Milde) fügen sich die Sonette noch weniger ein als die übrigen Gedichte, die meist ebenfalls keine Verbindung zur Romanhandlung haben. Dieser Umstand erlaubte es, sie alle herauszulösen und gesondert herauszugeben.

A.E.B.-KLL

AUSGABEN: Lissabon 1601–1614, 3 Bde. – Lissabon 1723 (in *Obras politicas, moraes e metricas*). – Lissabon 1774 (in *Obras politicas e pastoris*, 4 Bde., 2–4). – Lissabon 1888 *(O pastor peregrino)*.

FERNÃO LOPES

* 1380 (?) Lissabon (?)
† nach 3.7.1459 Lissabon (?)

LITERATUR ZUM AUTOR:

A. F. G. Bell, *F. L.*, Oxford 1921. – E. Prestage, *The Chronicles of F. L. and Gomes Eannes de Zurara*, Watford 1928. – A. E. Beau, *F. L. und die Anfänge der portugiesischen Geschichtsschreibung* (in *Portugal.-Fs. der Univ. Köln*, Köln 1940, S. 26–52). – P. E. Russell, *As fontes de F. L.*, Coimbra 1941. – G. Macchi, *Bibliografia di F. L.* (in Cultura Neolatina, 24, 1964, S. 210–287). – A. J. Saraiva, *F. L.*, Lissabon ²1965 [erw.]. – J. Mendes, *F. L., reposteiro - mor do passado* (in Brotéria, 90, 1970, S. 174–185; 446–466; 91, 1971, S. 43–57). – J. V. Serrão, *A historiografia portuguesa*, Bd. 1, Lissabon 1972, S. 40–64. – M. R. Lapa, *Liçoes de literatura portuguesa*, Coimbra ¹⁰1981, Kap. 10. – F. de Sousa Rebelo, *A concepção do poder em F. L.*, Lissabon 1983. – M. Ferdinandy, *Die hispanischen Königsgesta*, Ffm./Bern 1984, S. 22–39. – J. G. Monteiro, *F. L. Texto e contexto*, Coimbra 1988. – A. J. Saraiva, *O crepúsculo da idade média em Portugal*, Lissabon 1988, S. 166–205. – Saraiva/Lopes, ¹⁵1989, S. 119–136.

CHRONICA DEL REI D. JOAM I DE BOA MEMORIA E DOS REYS DE PORTUGAL O DECIMO

(portug.; *Chronik König Johanns I. guten Angedenkens, des zehnten Königs von Portugal*) von Fernão LOPES, erschienen 1644. – Das Hauptwerk des Chronisten stellt die letzte und umfangreichste der von ihm verfaßten Königsgeschichten dar, die jedoch unvollendet geblieben ist. Sein Nachfolger Gomes Eanes de ZURARA (um 1404–1473/74) schrieb eine Ergänzung unter dem gleichen Titel, mit dem Zusatz *Terceira parte, em que se contem a toma de Ceuta (Dritter Teil, in dem von der Eroberung von Ceuta berichtet wird)*. Johann I. regierte von 1385–1433. Die Chronik ist in zwei fast gleich lange Teile gegliedert. Der erste handelt – nach einem kurzen Vorwort über Aufgaben und Absichten des Chronisten – von der Aktion Johanns als Ordensmeister von Avis, der in den Wirren nach dem Tod Ferdinands I. die allgemeine Unzufriedenheit gegen die verhaßte Regentschaft der Königin Leonor Teles ausnützt, um sich vom Volk zum Reichsverweser und schließlich zum König ausrufen zu lassen. Der zweite Teil setzt wie die übrigen Königschroniken mit einem Herrscherlob ein und erzählt dann die Geschichte des Regenten von seiner Thronbesteigung bis zum Friedensschluß nach dem Kampf um die Unabhängigkeit; in diesem Kampf waren Expansionspläne des spanischen Königs, der als Schwiegersohn der Regentin Leonor Teles den portugiesischen Thron beanspruchte, endgültig gescheitert. Im Unterschied zu den Chroniken König Peters I. *(Chronica del rey D. Pedro I)* und Ferdinands I. *(Chronica do Senhor Rei D. Fernando)* ist diese weniger Königs- als Nationalgeschichte; in noch weit stärkerem Maß als in der *Chronik König Ferdinands* greift das Volk, das sich seiner Macht wohl bewußt ist, entscheidend in das Geschehen ein. Vor allem im ersten Teil, dem eigentlichen Epos des Volksaufstandes gegen die drohende Fremdherrschaft, wird deutlich, daß Johann nur als einer unter vielen an der Erhebung mitwirkt. Zwar erscheint er nicht als bloßes Werkzeug der Menge, aber bei all seinem eigenen Ehrgeiz ist er doch mehr Vollstrecker des nationalen Freiheitswillens als dessen Initiator. Einzig diesem Willen, der sich über alle Rechtsansprüche anderer Thronanwärter hinwegsetzt, verdankt er seine Wahl zum König. Fernão Lopes' eingehende Beschäftigung mit seinen Quellen, die er kritisch sichtet, schlägt sich in der unparteiischen Wiedergabe der Fakten nieder. Er verschweigt nicht die weniger edlen Züge der nationalen Helden (Johanns Wankelmut, Willkür und Grausamkeit, oder Ehrgeiz und Eitelkeit des Kronfeldherrn Nuno Álvares Pereira) und läßt andererseits die Gegner in einem Licht erscheinen, in dem ihre Vorzüge zur Geltung kommen (das politische Geschick, die überlegene Würde und Selbstbeherrschung der Leonor Teles, die männliche Haltung des geschlagenen Königs Johann I. von Kastilien).

In diesem Werk hat Lopes' Kunst der Geschichtsschreibung ihren Höhepunkt erreicht; hier hat er seinen charakteristischen Stil entwickelt. Er erweist sich als ursprünglicher Erzähler, der mehr szenisch darstellt als beschreibt. Dabei wendet er sich ständig an den Leser, den er als Zuhörer anspricht, während er selbst als Zuschauer des erzählten Geschehens auftritt, das er – eine besondere Stileigenheit des Autors – in Vorgang, Bewegung, Handlung umsetzt. Die chronologische Folge wird immer wieder durch rasche Wechsel der Schauplätze unterbrochen; dadurch wird die Spannung erhöht und der innere Zusammenhang der Erzählung, die selbst weit Auseinanderliegendes miteinander verknüpft, dennoch nicht beeinträchtigt. Lopes macht kaum Angaben über Umgebung oder Landschaft, sondern konzentriert sich auf die Beobachtung von Gebärden und Worten der Handelnden. Der Dialog, den auch schon frühere Chronisten zur Belebung des Berichts ausgenutzt haben, dient ihm dazu, das Geschehen zu erregender Dramatik zu steigern, die sich durch die oft sehr enge Verflechtung von Rede und Gegenrede noch erhöht.

Am eindrucksvollsten entfaltet sich die Kunst des Chronisten, wenn er nicht von Einzelschicksalen, sondern von Taten und Leiden des Volkes mit innerer Anteilnahme erzählt: so in den Szenen der Verfolgung und Ermordung des als Verräter verdächtigten Bischofs (1, Kap. 12), der Wassernot in Almada (1, Kap. 136), der Hungersnot in Lissabon (1, Kap. 148). Dabei vermeidet er bewußt alle rhetorischen Elemente, die zum erhabenen Stil gehören, und verwendet diejenigen, die, wie in epischen Liedern und Heiligenlegenden, der Lebendigkeit und Anschaulichkeit der Erzählung zugute kommen. Dadurch unterscheidet sich seine Darstellung von der kühleren und gedrängteren *Crónica de los reyes de Castilla* des Kanzlers Pero López de Ayala, die ihm als Vorlage diente. Vergleicht man ihn mit Froissart, der vor ihm den portugiesischen Unabhängigkeitskrieg geschildert hat, so wird deutlich, daß Fernão Lopes nicht der Chronist ritterlicher Ruhmestaten, sondern der Chronist seiner Nation ist. A.E.B.

Ausgaben: Lissabon 1644. – Lissabon 1897/98, Hg. L. Cordeiro. – Lissabon 1915, Hg. A. Braamcamp Freire [Tl. 1; dipl.; Faks. 1972; Einl. L. Lindlay Cintra]. – Porto 1945–1949, Hg. A. Sérgio, 2 Bde. – Lissabon 1968, Hg. W. J. Entwistle [Tl. 2; dipl.]. – Lissabon 1977, Hg. H. Saraiva. – Mem Martins 1977 (Tl. 1; Einl. ders.; LB-EA). – Lissabon 1988.

Literatur: M. R. Lapa, *Froissart e F. L.*, Lissabon 1930. – M. A. G. Arala Chaves, *Representação da paisagem e formas do pensamento em Portugal no século XV*, Lissabon 1970. – M. L. P. de Faro Passos, *O herói na »Crónica de D. João I«, de F. L.*, Lissabon 1974. – T. Amado, *»Crónica de D. João de F. L.*, Lissabon 1980.

FRANCISCO MANUEL DE MELO

* 23.11.1608 Lissabon
† 13.10.1666 Alcântara

Literatur zum Autor:
E. Prestage, *D. F. M. de M.*, Manchester 1905 [portug.: Coimbra 1914; ern. 1933; rev. u. erw.]. – B. N. Teensma, *D. F. M. de M., 1606–1666, vária bio-bibliográfica* (in Ocidente, 61, 1961, S. 149–159; 218–228; 245–256; 63, 1963, S. 94–99). – J. Colomès, *D. F. M. de M. et la littérature française* (in *Actas. 5. colóquio international de estudos luso-brasileiros*, Bd. 3, Coimbra 1966, S. 491–511). – B. N. Teensma, *D. F. M. de M., 1608–1666: inventário general de sus ideas*, Groningen 1968 [zugl. Diss. Amsterdam 1966]. – J. Colomès, *La critique et la satire de D. F. M. de M.*, Paris 1969 [m. Bibliogr.]. – J. V. Serrão, *A historiografia portuguesa*, Bd. 2, Lissabon 1973, S. 168–181. – J. Serrão, *Aproximação da mentalidade de D. F. M. de M.* (in Colóquio/Letras, 1976, Nr. 33, S. 51–61). – J. G. Herculano de Carvalho, *Três notas filológicas a D. F. M. de M.*, Coimbra 1988. – Saraiva/Lopes, [15]1989, S. 483–504.

APÓLOGOS DIALOGAES

(portug.; *Erdachte Gespräche*) von Francisco Manuel de Melo, postum erschienen 1721. – In den *Relógios falantes (Sprechende Uhren)* unterhalten sich eine Dorfuhr und eine Stadtuhr, die sich gerade in Reparatur befinden, über die sonderbaren Beobachtungen und Erfahrungen, die sie mit den Menschen ihrer Umgebung gemacht haben. Im *Escritório do avarento (Kontor des Geizhalses)* erzählen vier Münzen verschiedener Herkunft und verschiedenen Wertes, die in der Lade eines Wucherers eingeschlossen sind, einander ihre Schicksale, die ihnen in den Händen von Verschwendern und Geizhälsen, Lasterhaften, Bedürftigen und Mildtätigen zustießen. Nach diesen Unterhaltungen diskutieren sie über Nutzen und Verhängnis des Geldes im menschlichen Zusammenleben. In *A visita das fontes (Besuch der Brunnen)* lassen sich zwei Lissabonner Brunnen, eine Apollo-Statue und ein Wachsoldat über die Vorübergehenden aus. Sie belächeln diesen modisch-affektierten Jahrmarkt der Eitelkeit in der selbstgefälligen Lissabonner Gesellschaft. Das verlogene, ehrgeizige, rücksichtslose Treiben am Hof und in der Stadt wird demaskiert. In *Hospital das letras (Siechenhaus der Literatur)* findet eine Diskussion über die zeitgenössische spanische und portugiesische Literatur statt. In einer Lissabonner Bücherstube, dem »literarischen Siechenhaus«, treffen der flämische Humanist J. Lipsius, der italienische Kritiker T. Boccalini, der spanische Satiriker Quevedo mit dem Verfasser zu eingehenden literar-ästhetischen Gesprächen zusammen. Entschlossen lösen sie sich von der strengen Autorität der Antike und betonen den Eigenwert der neueren Dichtung, der hier drei Jahrzehnte vor der »Querelle des anciens et des modernes« in Frankreich proklamiert wird.
Die Gespräche, bald scharfe, bald scherzhafte Kritik an der Gesellschaft und an ihrem Geschmack, zeichnen sich durch genaue Beobachtung, Treffsicherheit des Urteils und witzige Lebhaftigkeit des Dialogs aus. In einer ungekünstelten, mit volkstümlichen Sprichwörtern und geistreichen Pointen durchsetzten Sprache werden die einzelnen Gedanken dargelegt. Literarische Vorbilder finden sich im *Coloquio de los perros (Unterhaltung der Hunde)* von Cervantes und in den *Sueños (Träumen)* von Quevedo. *Agudeza y arte de ingenio (Scharfsinn und Kunst der Erfindung)* und *El criticón* von Gracián dürften das letzte Gespräch beeinflußt haben. A.E.B.

Ausgaben: Lissabon 1721. – Lissabon 1900, 3 Bde. [m. Studie v. A. Herculano]. – Rio 1920, Hg. F. Nery [dipl.]. – Lissabon 1959, Hg. J. Pereira Tavares [m. Einl.]. – Coimbra 1962 (*A visita das fontes*, Hg. u. Komm. G. Manupella; Faks.; krit.). – Coimbra 1962 (*Os apólogos dialogais primeiro e segundo*, Hg. u. Einl. M. J. Fernandes de Miranda, in Revista da Univ. de Coimbra, 20). – Paris 1970 (*Hospital das letras*, Hg. u. Einl. J. Colomès; krit.).

LITERATUR: J. Costa, *El sentido moral de la obra de Dom F.M. de M.* (in Ocidente, 13, 1941, S. 178–191). – G. Manupella, *Acerca do cosmopolitismo intelectual de D. F. M. de M.*, Coimbra 1960. – Ders., *Uma sinfonia crítica incompleta: o »Hospital das letras« de D. F. M. de M.* (in *As grandes polémicas portuguesas I*, Lissabon 1964, S. 229–277). – C. Cutler, *M. and Quevedo's Views of Each Other's Writings in the »Hospital das letras«* (in AION, 16, 1974, S. 5–20).

AS SEGUNDAS TRÊS MUSAS

(portug.; *Die zweiten drei Musen*). Gedichte von Francisco Manuel de MELO, erschienen 1665. – Nach dem Vorbild Francisco de QUEVEDOS (1580–1645), dessen gesammelte Lyrik in neun Abteilungen oder »Musen« geordnet herausgegeben wurde (vgl. *El parnaso español* und *Las tres musas últimas castellanas*), ließ auch Francisco Manuel de Melo seine *Obras métricas (Metrische Werke)* in neun Teilen erscheinen, deren jeder einer der neun Musen gewidmet ist. Die zweite Gruppe dieser dreimal drei »Musen« enthält die portugiesischen Gedichte dieses Dichters, während die beiden anderen Dichtungen in spanischer Sprache enthalten. In den *Segundas três musas* umfaßt der erste Teil – *Tuba de Calíope (Die Posaune der Kalliope)* – hundert Sonette, der zweite – *Sanfonha de Euterpe (Die Leier der Euterpe)* – Eklogen und Episteln, der dritte – *Viola de Talia (Die Geige der Thalia)* – Oktaven, Terzinen, Fünf- und Zehnzeiler, Oden, Glossen und Madrigale, *voltas, coplas* und *silvas*, Romanzen, Epigramme, Gelegenheitsgedichte aller Art und schließlich das *Spiel vom Edelmann als Lehrling (Auto do fidalgo aprendiz)*, das MOLIÈRE zu seinem *Bürger als Edelmann* (vgl. *Le bourgeois gentilhomme*) angeregt haben soll (Afrânio Peixoto). Wie Sá de MIRANDA und CAMÕES, die großen Vorbilder der klassischen Zeit, pflegt Melo neben den neuen aus Italien und Spanien übernommenen Formen die alten lyrischen Gattungen der heimischen Tradition, die zum Teil bis ins Mittelalter zurückreichen. Die Themen sind die konventionellen, seit jeher bekannten: Liebe und Freundschaft, die Unbeständigkeit der Fortuna, die Vergänglichkeit der Welt, Enttäuschung und Todesgewißheit, daneben auch persönlich Erlebtes und Beobachtetes, ferner Gelegenheitsdichtung aus geselligem Anlaß wie in dem Liederbuch von Garcia de RESENDE (vgl. *Cancioneiro geral*).

Die idealisierende, »platonische« Auffassung von der Liebe, die Stimmung der Weltflucht und Melancholie angesichts der Mißstände einer unerfreulichen Gegenwart sind die gleichen wie bei Sá de Miranda und Camões. Jedoch von ihnen unterscheidet sich Melo durch seinen Stil. Wenn schon die Camonianische Lyrik durch gewisse Stilelemente über den Klassizismus der Renaissance hinaus die Barockdichtung ankündigt, so gelangen diese Elemente bei Melo zu voller Entfaltung. Das Spiel mit Worten, Klängen, Metaphern, Bedeutungen und Begriffen, Chiasmen und Antithesen reizt ihn, vor allem in den Sonetten, während er in den Eklogen und Episteln, deren moralphilosophisch-lehrhafter Charakter eine einfachere, ungekünstelte Sprache verlangt, durch häufige Verwendung von Allegorie und Emblem dem zeitgenössischen Kunstgeschmack huldigt. Die Eklogen Melos haben mit den üblichen Gedichten dieser Gattung nur die Dialogform, nicht aber auch die Hirtenthematik gemein. Von den Episteln sind einige während der elfjährigen Gefängnishaft entstanden, die er aus ungeklärten Gründen erdulden mußte, und die Vermutung liegt nahe, daß in den darin enthaltenen Betrachtungen persönliche Gefühle mitschwingen, daß die in ihnen verwandten Sinnbilder und Allegorien reale Bedeutung haben. Von der äußersten Einfachheit und Leichtigkeit bis zu komplizierten Verschlingungen und Verschlüsselungen des Ausdrucks reichen die Kunstmittel, über die Melo verfügt und die er vor allem in der dritten seiner *Segundas três musas* ausbreitet. Diese stellen als Ganzes das umfangreichste und mannigfaltigste Werk der portugiesischen Barocklyrik dar. A.E.B.

AUSGABEN: Lyon 1665 (in *Obras métricas*). – Lissabon [2]1966, Hg. A. Corrêa de A. e Oliveira [Ausw.; m. Einl.]. – Lissabon 1969 (Ausw., in *Poesias escolhidas*; Vorw., Anm., Konkordanz u. Glossar J. V. de Pina Martins). – São Paulo 1988 (*A tuba de Calíope*; Einl., Anm. u. Glossar S. Spina).

LITERATUR: H. Cidade, *O conceito da poesia no século XVII* (in Boletim de Filologia, 1, 1933, S. 235–248). – J. A. de Carvalho, *Aspectos do desengano e da aceitação da vida em Dom F. M. de M.* (in Brotéria, 78, 1964, S. 277–291; 423–438). – J. V. de Pina Martins, *A poesia de D. F. M. de M.*, 2 Tle., Lissabon 1967. – C. M. Cutler Jr., *Don F. M. de M. and Francisco de Quevedo: A Study in Literary Affinity*, Diss. Michigan Univ. 1971 (vgl. Diss. Abstracts, 33, 1971, S. 2320A). – J. A. de Carvalho, *A poesia sacra de D. F. M. de M.* (in ArCCP, 8, 1974, S. 295–404).

AUTO DO FIDALGO APRENDIZ

(portug.; *Spiel vom Ritterlehrling*). Farce in drei Akten von Francisco Manuel de MELO, entstanden vor 1646; erschienen 1665. – Das Werk handelt von dem großtuerischen, aber mittellosen Landedelmann Dom Gil, der es seinen Standesgenossen in der Stadt an feiner Bildung und vornehmem Auftreten gleichtun möchte. Deswegen läßt er sich auch im Fechten, Tanzen und Dichten unterweisen. Bei einem galanten Abenteuer macht er sich auf Schritt und Tritt durch seine Tölpelhaftigkeit lächerlich. Seine Angebetete, ihre habgierige Mutter und sogar sein Freund und der eigene Diener narren ihn und nutzen ihn aus. – Die Darstellung des eingebildeten Edelmanns, des von Liebe träumenden Mädchens, der skrupellosen Mutter, des schlecht bezahlten und spöttischen Dieners trägt

Züge einer Charakterkomödie. Ihre Komik entwickelt sich aus Situationen und Worten. In den gereimten Kurzversen der *redondilha maior* wird das Lyrische parodistisch behandelt. Der erste Akt, der den großsprecherischen Edelmann als ungelenken Schüler beim Unterricht in der Kunst des Fechtens, Tanzens und Dichtens zeigt, nimmt einen Einfall vorweg, der durch den 1670 aufgeführten *Bourgeois gentilhomme (Bürger als Edelmann)* von MOLIÈRE Berühmtheit erlangt hat. A.E.B.

AUSGABEN: Lyon 1665 (in *Obras métricas*). – Lissabon 1676. – Porto 1921. – Lissabon 1963, Hg. A. Corrêa de A. e Oliveira [m. Anm. u. Einl.; [6]1975]. – Lissabon 1966, Hg. u. Einl. J. V. de Pina Martins [Faks. d. Ausg. v. 1676]. – Porto 1971. – Lissabon 1979, Hg. A. Corrêa de A. e Oliveira.

LITERATUR: A. Corrêa de A. e Oliveira, *»O Fidalgo aprendiz«, o »Bourgeois gentilhomme« e »La Cortigiana« e o tema do »Bourgeois gentilhomme« no teatro antigo e no teatro moderno* (in Ocidente, 1939). – A. Peixoto, *Le »Bourgeois gentilhomme« et le »Gentilhomme apprenti«* (in *Hommage à E. Martinenche*, Paris 1939, S. 175–182). – J. Dantas, *»O fidalgo aprendiz« e o »Bourgeois gentilhomme«* (in Revista da Faculdade de Letras, 7, 1940/41). – A. Cruz, *A génese do »Fidalgo aprendiz«*, Porto 1953. – J. A. de Carvalho, *Aspectos do desengano e da aceitação da vida em D. F. M. de M.* (in Broteria, 78, 1964, S. 277–291; 423–438). – L. Stegagno Picchio, *Um exemplo de contaminação estilística: o »Fidalgo aprendiz« de D. F. M. de M.* (in Estudos italianos em Portugal, 1, 1967, Nr. 28, S. 86–103; ern. in L. S. P., *La méthode philologique*, Bd. 2, Paris 1982, S. 219–238). – R. Bismut, *Molière et D. F. M. de M.* (in ArCCP, 7, 1973, S. 203–224).

FRANCISCO DE SÁ DE MIRANDA

* zwischen 1481 und 1485 Coimbra
† nach Mai 1558

LITERATUR ZUM AUTOR:
Bibliographie:
J. V. de Pina Martins, *Sá de M. e a cultura do renascimento, I: Bibliografia*, Lissabon 1972.
Biographien:
T. Braga, *História dos quinhentistas. Vida de Sá de M. e sua escola*, Porto 1871. – J. V. de Pina Martins, *Sá de M. (1481–1558), poeta e inovador* (in J. V. de P. M., *Cultura portuguesa*, Lissabon 1974, S. 67–80).
Gesamtdarstellungen und Studien:
T. Braga, *Sá de M. e a escola italiana*, Porto 1896. – C. Michaëlis de Vasconcelos, *Novos estudos sobre Sá de M.* (in Boletim da segunda classe, Academia das Sciencias de Lisboa, 5, 1912, S. 9–230). – A. Pellizzari, *Portogallo e Italia nel secolo XVI*, Neapel 1914. – A. J. Saraiva, *História da cultura em Portugal*, Bd. 2, Lissabon 1953, S. 603–631. – Estrada larga, 3, Porto o. J. [um 1960]. – D. Mourão-Ferreira, *Sá de M.: Inovacão e polemismo* (in *As grandes polémicas portugueses*, Bd. 1, Lissabon 1964, S. 169–185; ern. in D. M.-F., *Hospital das letras*, Lissabon 1966, S. 23–44). – Ó. Lopes, *Sá de M.: Permanência da sua crítica* (in Ó. L., *Ler e depois*, Porto 1969). – J. Correia, *Sá de M.: poeta a maneira antiga* (in Revista da Univ. de Aveiro, Letras, 1984, Nr. 1, S. 143–165). – A. Rocha, *Raíz e utopia em Sá de M.* (in A. R., *Temas de literatura portuguesa*, Coimbra 1986, S. 17–27). – Saraiva/Lopes, [15]1989, S. 253 bis 264.

ALEXO

(span.; *Alexo*). Ekloge von Francisco de Sá de MIRANDA, entstanden um 1530; erschienen 1595. – Die Monologe und Dialoge des Hirtengedichts kreisen in Antithesen um das Thema der verwirrenden Macht der Liebe. Der Dichtung ist ein – allerdings erst um 1554 – verfaßter Widmungsbrief in Oktaven an den Freund António PEREIRA *(Epistola a António Pereira, Senhor do Basto)* vorangestellt. Darin nennt der portugiesische Dichter die Ekloge einen seiner ersten Versuche in der »neuen Dichtkunst« *(stil nuovo)*, die er in Italien, unter dem Einfluß PETRARCAS und im Umgang mit SANNAZZARO, ARIOST, Vittoria COLONNA, RUCELLAI, kennengelernt hatte. Von dort übernahm er das Versmaß des Zehnsilbers und die Strophenform der Oktave mit dem Reimschema *abababcc*, deren er sich neben den in der portugiesischen und spanischen Lyrik gebräuchlichen acht- und neunzeiligen Strophen in Kurzversen bediente. Verwendet Sá de Miranda die Strophen in Zehnsilbern, so erinnert er damit ausdrücklich an seinen Freund Bernardim RIBEIRO, den gefühlvollen Verfasser von Eklogen in italienischem Stil, der den Dichter in Italien begleitet hatte. Seine Anspielungen auf Intrigen am portugiesischen Hof, deren Opfer Bernardim Ribeiro gewesen zu sein scheint, haben die Höflinge gegen Sá de Miranda eingenommen. Daß der Autor in dieser Ekloge die kastilische Sprache bevorzugt, dürfte vorwiegend ästhetische Gründe haben: GARCILASO DE LA VEGA und BOSCÁN, denen er ebenfalls nahestand, hatten sich die neueren italienischen Dichtungsformen bereits geschickt angeeignet, was vor allem der Geschmeidigkeit des Kastilischen zugute gekommen war – ein Vorzug, der für den stets auf Wohlklang seiner Verse bedachten Dichter entscheidend war. A.E.B.

AUSGABEN: Lissabon 1595 (in *Poesias*, Hg. D. Jerónimo de Castro). – Halle 1885 (in *Poesias*, Hg. C. Michaëlis de Vasconcelos; m. Einl. u. Komm.; krit.; Faks. Lissabon 1989). – Lissabon 1942 (in *Obras completas*, Hg. M. Rodrigues Lapa, 2 Bde.,

1942/43, 1; m. Einl.; 41976; rev.). – Lissabon 1962 (in *Poesias*, Hg. ders.). – Lissabon 1969 (in *Poesias escolhidas*, Hg. J. V. de Pina Martins). – Lissabon 1989 (in *Poesia e teatro*; Einl. u. Anm. S. A. Benedito; Ausw.).

Literatur: C. A. de Carvalho, *Glossário das poesias de Sá de M.*, Lissabon 1953. – J. M. Busnardo-Neto, *The Eclogue in the 16th Century Portugal*, Diss. Univ. of Michigan 1974. – T. F. Earle, *Theme and Image in the Poetry of Sá de M.*, Oxford 1980 [m. Bibliogr.; portug.: *Tema e imagem na poesia de Sá de M.*, Lissabon 1985].

BASTO

(portug.; *Basto*). Ekloge von Francisco de Sá de Miranda, entstanden kurz nach 1530; erschienen 1595. – Das Gespräch zwischen den von Basto eingeführten Hirten Bieito und Gil gehört zu den zeitkritischen und moralphilosophischen Eklogen des Dichters. Im Widmungsbrief an den Freund Nuno Álvares Pereira singt er das Lob der inneren und äußeren Freiheit, wie es auch der Hirt Gil bekundet. Der Dichter preist die Ruhe, Reinheit und Friedfertigkeit des Landlebens, das eingefügt ist in die harmonische Ordnung der Natur und das Gleichmaß des Wechsels der Tages- und Jahreszeiten. Damit verbindet sich die Absage an das laute Treiben am Hof und in der Stadt, an Intrigen, Selbstsucht, Mißtrauen und Neid. Diese Haltung bestimmte auch Sá de Miranda, als er 1530 den portugiesischen Hof verließ, um als Gutsherr und Dichter auf seinen Besitzungen im Norden Portugals zu leben. Das christlich-humanistische Lebensgefühl, dem er in dieser Ekloge Ausdruck gibt, äußert sich mannigfach in Sprichwörtern und Bauernregeln, in Fabeln und Gleichnissen. Von der Bedeutung, die der Dichter diesem Werk beimaß, und der Sorgfalt, die er auf die künstlerische Ausformung seiner Gedanken verwandte, zeugen die 14 verschiedenen Fassungen der Ekloge. A.E.B.

Ausgaben: Lissabon 1595 (in *Poesias*, Hg. D. Jerónimo de Castro). – Lissabon 1626 (in *Satyras*, Hg. I. Rodriguez; Faks. 1958). – Halle 1885 (in *Poesias*, Hg. C. Michaëlis de Vasconcelos; m. Einl. u. Komm.; krit.; Faks. Lissabon 1989). – Lissabon 1942 (in *Obras completas*, Hg. M. Rodrigues Lapa, 2 Bde., 1942/43, 1; m. Einl.; 41976; rev.). – Lissabon 1962 (in *Poesias*, Hg. ders.). – Lissabon 1969 (in *Poesias escolhidas*, Hg. J. V. de Pina Martins). – Lissabon 1989 (in *Poesia e teatro*; Einl. u. Anm. S. A. Benedito; Ausw.).

Literatur: K. Vossler, *Poesie der Einsamkeit in Spanien*, Bd. 1, Mchn. 1935, S. 58–70. – F. Ramos, *Sá de M. e a filosofia da vida simples* (in F. R. *História e crítica. Estudos de literatura*, Braga 1962, S. 1–18). – J. A. de Carvalho, *Sá de M. entre a poesia e a Bíblia* (in ArCCP, 10, 1976, S. 45–63). – J. V. de Pina Martins, *Sá de M. e a Bíblia* (ebd., S. 64–85).

VILHALPANDOS

(portug.; *Vilhalpandos*). Komödie in fünf Akten von Francisco de Sá de Miranda, erschienen 1560. – Diese Komödie des Renaissancedichters steht zusammen mit seiner Komödie *Os estrangeiros* am Beginn des klassischen Theaters in Portugal. Die Handlung spielt in Rom (was der Autor zur antiklerikalen Satire ausnutzt). Die Eltern des jungen Cesarião versuchen auf verschiedene Weise, ihn von der Liebe zu einer Kurtisane abzubringen. Der Vater beruft sich auf Vernunft und Autorität, die Mutter bedient sich des Gebets und des Aberglaubens. Die Handlung verwickelt durch das Eingreifen von Kupplern, Dienern, eines Mönchs, der Mutter der Kurtisane und zweier Soldaten, spanischer Maulhelden, der »Vilhalpandos«, die sich die Gesellschaft Aurélias, der Kurtisane, streitig machen. Beide waren durch den Kuppler Mildo in Verbindung zu ihr gekommen. Aurélia glaubte, in einem der Vilhalpandos einen reichen Edelmann gefunden zu haben, der bereit wäre, sie zu heiraten, und sieht sich betrogen. Ihre kupplerische Mutter Guiscarda wird auch von der Tochter des Kupplers betrogen, die sich als Page verkleidet und sie im Namen ihrer Tochter um Geld bittet. Cesarião fühlt sich gerächt für die Abwendung Aurélias von ihm und die Abweisung durch die Mutter, denn beide hatten ihn vor der Tür stehen lassen, nachdem er ihnen kein Geld mehr geben konnte.

Das Stück zeigt den Einfluß von Plautus und Terenz und den der italienischen Renaissance (Ariost, Bibbiena, Machiavelli). Wie diese Dichter läßt Sá de Miranda das Stück in Italien spielen und erfindet eine außerordentlich komplizierte Handlung, indem er sich der gleichen Diener- und Kupplerfiguren bedient. Das Stück wird von keinem echten dramatischen Konflikt getragen. Sein eigentlicher Wert liegt im sprachgeschichtlichen Bereich, weil es eine Fülle umgangssprachlicher Ausdrücke der portugiesischen Sprache des 16. Jh.s überliefert. C.Pl.

Ausgaben: Coimbra 1560. – Coimbra 1930, Hg. A. J. Lopes da Silva. – Lissabon 1943 (in *Obras completas*, Hg. M. Rodrigues Lapa, 2 Bde., 1942/43, 2; 31977; rev.). – Lissabon 1989 (in *Poesia e teatro*; Einl. u. Anm. S. A. Benedito; Ausz.).

Literatur: E. Pereira Filho, *As satyras de F. de Sá de M.* (in Ibérida, 1, Rio 1959, Nr. 1, S. 115–163). – G. Tavani, *I caratteri nazionali delle commedie di Sá de M.* (in Ocidente, 57, 1959, S. 301–315; portug. in G. T., *Ensaios portugueses*, Lissabon 1988, S. 413–428). – A. Crabbé Rocha, *O teatro de Sá de M.* (in A. C. R., *As aventuras de Anfitrião e outros estudos de teatro*, Coimbra 1969, S. 55–77). – J. B. Pinto, *Teatro popular mirandês* (in Vértice, 38, 1978, S. 90–126; 362–380). – A. Roig, *O teatro clássico em Portugal no século XVI*, Lissabon 1983 (BB).

JORGE DE MONTEMAYOR

* um 1520 Montemor-o-Velho / Coimbra
† 16.1.1561 Turin

LOS SIETE LIBROS DE LA DIANA

(span.; *Die sieben Bücher der Diana*). Schäferroman von Jorge de MONTEMAYOR, erschienen 1559. – Dieses spanisch geschriebene Buch eines Portugiesen ist auf der Iberischen Halbinsel das erste Werk einer neuen Gattung, die Iacopo SANNAZARO (vgl. *Arcadia*, 1504) in Anknüpfung an den Hirtenroman *Daphnis und Chloe* des spätgriechischen Schriftstellers LONGOS (2./3. Jg.; vgl. *Poimenika*...) in die europäische Literatur wiedereingeführt hatte und die weite Verbreitung in ganz Europa finden sollte. Dem heutigen Leser sind die Schäfer und Schäferinnen des glücklichen Landes Arkadien, das bereits von VERGIL zum Schauplatz idyllischen Hirtenlebens gemacht worden war, ebenso fremd geworden wie ihre den *Dialoghi d'amore*, 1535 *(Dialoge über die Liebe)*, von LEONE EBREO entstammende platonisch gefärbte Liebeskasuistik, die sie in endlosen, humanistisch beeinflußten Gesprächen an immer neuen, jeweils anders gelagerten Fällen im Wechsel von Vers und Prosa entwickeln.

In der *Diana* des Montemayor liebt Sireno die überaus schöne Titelheldin, muß jedoch nach längerer Abwesenheit erfahren, daß sie inzwischen Delio geheiratet hat. Nun tut er sich mit andern enttäuschten Hirten und Hirtinnen, vor allem mit Selvática und Felismena, zusammen, sie erzählen einander ihre Geschichten, philosophieren über die Liebe und wenden sich schließlich mit der Bitte um Rat und Hilfe an die Zauberin Felicia. Diese verabreicht ihnen in ihrem prunkvollen Palast einen Zaubertrank, der alle Schwierigkeiten löst und alle Wunden heilt: Mit Felismena verbindet sich Félix, mit Selvática Silvano, während Sireno für die Untreue Dianas nur noch Gleichgültigkeit empfindet. In diese wenig wechselvolle Handlung sind außer Liebesgesprächen und Gesprächen über die Liebe Beschreibungen einer stilisierten Landschaft und Natur, vor allem aber lyrische Herzensergießungen eingeflochten, in denen sich eine nuancenreiche Skala der Empfindungen entfaltet.

Der Erfolg des Werkes war ohne Beispiel. Es erlebte an die 25 Ausgaben in vierzig Jahren und mehrere Fortsetzungen: die *Segunda parte de la Diana*, 1564 *(Der Diana zweiter Teil)*, von Alonso PÉREZ, die *Diana enamorada*, 1564 *(Verliebte Diana)*, von GIL POLO (1585), die ungedruckte, heute verlorene *Tercera parte de la Diana*, 1582 *(Der Diana dritter Teil)*, von Gabriel HERNÁNDEZ, die *Clara Diana a lo divino*, 1582 *(Göttliche heitere Diana)*, des Zisterziensers Bartolomé PONCE und ein Plagiat der *Diana enamorada* von Jerónimo de TEXEDA (1627). Das Werk löste in Spanien eine literarische Modeströmung aus, der sich weder CERVANTES (vgl. *La primera parte de la Galatea*) noch Lope de VEGA (vgl. *Arcadia*) entziehen konnte. Es wurde mehrmals ins Französische, 1585 ins Englische, 1619 ins Deutsche übersetzt. Unter dem Einfluß der *Diana* des Montemayor entstanden sowohl die *Arcadia* (1590) des Engländers Philip SIDNEY, die ihrerseits in Deutschland von Martin OPITZ bearbeitet wurde, als auch die *Astrée* (1610) des Franzosen Honoré d'URFÉ. KLL

AUSGABEN: Valencia o. J. [1559]. – Saragossa 1560. – Madrid 1946, Hg. u. Einl. F. López Estrada (ern. 1970; Clás. Cast). – Madrid 1981, Hg. u. Einl. E. Moreno Baez.

ÜBERSETZUNGEN: *Erster und anderer Theil der neven verteutschten Schäfferey von der schönen verliebten Diana und dem vergessenen Syreno*..., H. L. v. Kufstein, Nürnberg 1619 [unvollst.]. – *Diana*, ders., bearb. G. Ph. Harsdörffer, Nürnberg 1646 [m. d. Übers. v. Gil Polos Fortsetzung; Nachdr. Darmstadt 1970].

LITERATUR: G. Schönherr, *J. de M., sein Leben u. sein Schäferroman, die »Siete Libros de la Diana«*, Halle 1886. – B. W. Wardropper, *The Diana of M., Revaluation and Interpretation* (in StPh, 48, 1951, S. 126–144). – J. B. Avalle-Arce, *The Diana of M., Tradition and Innovation* (in PMLA, 74, 1959, S. 1–6). – Ders., *La novela pastoril en el renacimiento español*, Madrid 1959, S. 55–82. – M. Ricciardelli, *Gil Polo, M. e Sannazaro*, Montevideo 1966. – R. Blonberg, *Three Pastoral Novels: A Study of »Arcadia«, »Diana« and »Menina e Moça«*, Brooklyn 1970. – G. Hoffmeister, *Die spanische Diana in Deutschland: Vergleichende Untersuchungen zu Stilwandel und Weltbild des Schäferromans im 17. Jh.*, Bln. 1972. – J. Siles Artés, *El arte de la novela pastoril*, Valencia 1972. – M. Chevalier, *La Diana de M. y su público en la España del siglo XIX* (in *Creación y público en la literatura española*, Hg. J.-F. Botrel u. S. Salaún, Madrid 1974, S. 40–55). – B. L. Creel, *The Religious Poetry of J. de M.*, Ldn. 1982. – B. Damiani, *La »Diana« of M. as Social and Religious Teaching*, Lexington 1983. – Ders., *J. de M.*, Rom 1984. – Chr. Wentzlaff-Eggebert, *J. de M.: »Los siete libros de la Diana«* (in *Der spanische Roman vom Mittelalter bis zur Gegenwart*, Hg. V. Roloff u. Chr. Wentzlaff-Eggebert, Düsseldorf 1986, S. 48–61).

FRANCISCO DE MORAIS

* um 1500 Évora
† 1572 Évora

CRONICA DO FAMOSO E MUITO ESFORÇADO CAUALLEIRO PALMEIRIM DINGLATERRA

(portug.; *Chronik des hochberühmten und tapferen Ritters Palmerin von England*). Ritterroman von Francisco de MORAIS, entstanden 1543/44 in Portugal, in spanischer Übersetzung unter dem Titel *Libro del muy esforçado cavallero Palmerin de Inglaterra* erschienen 1547/48. Eine frühere portugiesische Erstausgabe gilt als verschollen. Wie die meisten Ritterbücher behandelt der Roman die Schicksale mehrerer Helden gleichzeitig und folgt darin der Struktur des spätmittelalterlichen Prosaritterromans (vgl. *Lancelot en prose*) nach. Noch deutlicher als der *Amadís*-Roman lehnt sich Morais an das Märchenschema der getrennten Familie (vgl. CHRÉTIEN DE TROYES, *Guillaume d'Angleterre*) an.

Der Riese Dramusiando verschleppt den Prinzen Duardos von England auf der Jagd, um sich an dessen Familie zu rächen (diese Vorgeschichte geht auf den 1510 erschienenen Ritterroman *Palmerín de Olivia* zurück). Währenddessen bringt Duardos' Frau Flérida in einem Wald die künftigen Helden zur Welt. Diese Zwillinge Palmeirim und Floriano do Deserto werden jedoch von einem Waldmenschen geraubt und später getrennt. Eine Reihe von Rittern brechen zur Suche nach Duardos auf, gelangen auch an den Hof von Konstantinopel, wo Kaiser Primaleão, Fléridas Bruder, und Gridonia die Geburt ihrer Tochter Polinarda, Palmeirims späterer Geliebten, feiern können. Durch eine glückliche Fügung gelangt Floriano mit zehn Jahren an den englischen Hof, wo Flérida ihren Sohn aufzieht, ohne um seine Identität zu wissen. Der ebenfalls befreite Palmeirim gelangt dagegen an den Hof von Konstantinopel, wo er in Polinardas Dienst tritt, sich in sie verliebt, jedoch schroff zurückgewiesen wird und verzweifelt als *Glücksritter* mit dem Rad der Fortuna auf dem Wappenschild den Hof verläßt. Nach einer Reihe von Abenteuern wie dem Sieg über den berühmten Ritter Florimão und den *Ritter der Wildnis* gelangt der *Glücksritter* nach England, wo auf mysteriöse Weise immer mehr Ritter, zumeist Verwandte von Duardos, die in die Gewalt Dramusiandos gerieten, verschollen sind. Palmeirims Sieg über den Riesen bringt nicht nur die Befreiung aller Verschollenen, sondern führt Vater und Sohn erstmals zusammen, während der Heide Dramusiando, beeindruckt durch die ihm von Duardos und Palmeirim erwiesene Milde, zum Christentum konvertiert.

Mit dem Abschluß dieser Familiensuche rückt der Konflikt um Konstantinopel, das von den Türken bedroht wird, in den Mittelpunkt der vielsträngigen Handlung, deren unnachahmlicher Episodenreichtum hier nur skizziert werden kann. – Ein Sturm führt den Ritter Florendos, Polinardas Bruder, nach Portugal, der auf der Suche nach dem *Tal der Verlorenen* ist und den Riesen Almoural auf der gleichnamigen Insel im Tejo besiegt. Es folgen Abenteuer um Palmeirim, der den Zauber um die *Gefährliche Insel* löst und Kunde von einem *Traurigen Ritter*, Florendos, erhält, der im Schloß Almoural auf Befehl der Dame Miraguarda gegen fahrende Ritter kämpft. Ein Kampf zwischen Florendos und Palmeirim endet unentschieden, worauf Miraguarda ihrem Ritter Florendos für ein Jahr verbietet, Waffen zu tragen. Die sich anschließende Episode, in der der Melancholiker Florendos vorübergehend Schäfer wird, hat CERVANTES im Schlußteil des *Don Quijote* parodiert. – Dramusiando begibt sich auf die Suche nach Palmeirim, verliebt sich jedoch in Miraguarda und muß nach dem Sieg über Almoural wie zuvor Florendos das Schloß bewachen, während der von seinen Verwundungen genesene Palmeirim eine Reihe von Abenteuern in Navarra besteht. – Der Sultanssohn Albaizar zieht aus Liebe zu Targiana, der Tochter des Großtürken, durch die Lande, um den berühmten Schild mit Miraguardas Bild, um den sich eine Reihe von Episoden des Werkes ranken, zu gewinnen; auch er kämpft gegen Dramusiando. Um diesem zu helfen, geben Florendos und Florimão ihr Schäferdasein wieder auf. Doch Albaizar trägt den Sieg davon. Es gelingt ihm sogar, den Ritter Floriano an den Hof des Großtürken zu verschleppen, wo sich zu seinem Leidwesen ausgerechnet Targiana in den fremden Ritter verliebt, der diese kurz darauf nach Konstantinopel entführt. Ein Krieg zwischen Konstantinopel und dem Großtürken kann jedoch durch die Herausgabe Targianas vermieden werden. – Weitere Abenteuer führen Floriano in das Schloß Arlanças, wo er gegen Riesen kämpft und durch einen magischen Ring in todesähnlichen Schlaf versinkt. Von Palmeirim befreit, gerät er auf der Rückreise in einen Seesturm, der ihn nach Spanien verschlägt. Nach dem Muster des hellenistischen Trennungs- und Liebesromans folgt eine Reihe von zwölf Hochzeiten (Palmeirim und Polinarda; Florendos und Miraguarda; Floriano und die thrakische Prinzessin Leonarda u.a.). Danach ziehen die Helden erneut gegen die Ungläubigen, um endgültig Konstantinopel von der drohenden Gefahr zu befreien.

»Diese englische Palme soll man aufbewahren und als einzigartige Sache achten; man soll ein Kästchen fertigen, ähnlich jenem, das Alexander unter den Beutestücken des Darius fand und von dem er bestimmte, daß die Werke Homers darin aufgehoben würden« (Cervantes). Das im *Don Quijote* so überschwenglich gerühmte Ritterbuch wird von der Verbrennung von Quijotes Bibliothek ausgenommen, da es *»an sich sehr gut«* ist und viele Abenteuer *»vortrefflich und überaus kunstvoll erdacht«* sind; Cervantes hat sich im *Quijote* von zahlreichen Episoden des

Palmeirim in der Tat deutlich inspirieren lassen. Dabei setzt sich der Roman von der Serienproduktion der Ritterbücher durch zahlreiche originelle Wendungen ab, die das Werk in die Nähe des ebenfalls hochgeschätzten *Tirant lo Blanc* von Joanot MARTORELL rücken. So wird die im Spätmittelalter auch in Portugal geläufige höfische Liebe bereits in einer differenzierten, kritische Aspekte implizierenden Weise rezipiert. Zumal die verehrten Damen Polinarda und Miraguarda erscheinen als Inbegriff kapriziösen Verhaltens. Florendo wird so zu einem tragikomischen Opfer des Minneideals, während sich sein Halbbruder Floriano bereits als leichtlebiger Schürzenjäger benimmt. Diesem realistischeren Umgang mit dem Thema entspricht denn auch die Figur des Ritters Florimão, der als eine Art Vorläufer Quijotes seiner Melancholie lebt und, indem er die Damenwelt seit dem Tod seiner Geliebten verachtet, eine weitere Spielart der Minnekritik vorführt, die wohl auch auf negative persönliche Liebeserfahrungen von Morais während seiner Zeit als Botschafter am französischen Hof zurückgeht. Schauplätze wie das berühmte Wasserschloß Almoural, heute noch auf einer Insel im Tejo gelegen, verleihen dem Werk eine größere Wirklichkeitsnähe.

Die früheste erhaltene Ausgabe des Werks erschien 1547/48 in Toledo in der Übersetzung des spanischen Autors Luis HURTADO DE TOLEDO (um 1523–1590), dem das Werk lange Zeit irrtümlich zugeschrieben wurde, während Cervantes die Autorschaft wohl durch eine Verwechslung mit der Urfassung des *Amadís de Gaula* (vgl. G. RODRIGUEZ DE MONTALVO) *»einem portugiesischen König«* zuweist. Nach João de BARROS' Jugendwerk *Clarimundo* (1522) ist Morais der erste Autor, der die seit Beginn des 16. Jh.s in Kastilien in Hochblüte stehende Gattung des Ritterromans im Portugal der Entdeckungsfahrten mit seiner Affinität zur Welt der Kreuzzüge und der Ritterlichkeit heimisch macht und eine eigene Gattungsentwicklung in die Wege leitet, die sich gegenüber den kastilischen Werken durch zahlreiche Sonderformen (so auch in Jorge Ferreira de VASCONCELOS' *Memorial das proezas da segunda Távola redonda*, 1567) abhebt. So erlangt Morais Bedeutung als Begründer der portugiesischen Linie des *Palmerín*-Zyklus, der in der ersten Hälfte des 16. Jh.s in Kastilien entstand (vgl. Francisco VÁSQUEZ, *Palmerín de Olivia*): Diogo FERNANDES veröffentlichte 1587 die *Terceira e quarta parte de Palmeirim de Inglaterra*; diese Fortsetzungen behandeln die Abenteuer von Duardos dem Jüngeren, einem Sohn von Polinarda und Palmeirim. Wie schon früher bei dem Kastilier Feliciano de SILVA (vgl. *Lisuarte de Grecia*, 1514; *Amadís de Grecia*, 1530) tritt hier auch ein pastorales Element hervor. Zwei weitere Teile, *Quinta e sexta parte* (Lissabon 1602) stammen von Baltasar Gonçalves LOBATO und handeln von Dom Clarisol de Bretanha, Duardos' Sohn, der nacheinander mit den berühmtesten Helden und mythischen Wesen der Antike kämpft. Beiden Fortsetzungen fehlt das Konzept einer klaren Haupthandlung, der sich die bunte Fülle von Episoden unterordnet. Doch sind diese umfangreichen Texte reich an humanistischem Bildungswissen. Nach der nationalen Katastrophe von 1580 (Beginn der Personalunion mit Spanien) kann man deutlich evasive Züge in diesen bisher nicht hinlänglich erforschten Romanen feststellen, deren phantastische Abenteuerideologie als erstes Beispiel einer nicht mehr politisch funktionalisierten Fiktion zu deuten ist. So löst sich mit den *Palmeirim*-Romanen und ihren zahlreichen Nachfolgern die portugiesischen Narrativik aus der nationalen Zweckbestimmung, die durch Barros, CAMÕES und Ferreira de Vasconcelos vorgegeben war. Wie die erfolgreiche *Amadís*-Serie wurden auch Teile des *Palmerín*-Zyklus über Portugal hinaus bekannt. Neben italienischen und französischen Ausgaben, die noch auf Mme. de SCUDÉRY gewirkt haben, spielt vor allem die Übersetzung (1596) durch Anthony MUNDAY eine bedeutende Rolle für die englische Erzählliteratur des Elisabethanischen Zeitalters. G.Wil.

AUSGABEN: Toledo 1547/48, 2 Bde. *(Libro del muy esforçado cavallero Palmerín de Inglaterra*; Buch 1 u. 2; span.). – Évora 1564–1567, 2 Bde. *(Chronica de Palmeirim de Inglaterra. Primeira e segunda parte)*. – Lissabon 1592, 2 Bde. [dass.]. – Lissabon 1786, 3 Bde. [dass.]. – Lissabon 1852 (*Palmeirim de Inglaterra*, 3 Bde.). – Madrid 1908 (*Libro del muy esforçado cavallero Palmerín de Inglaterra*, Hg. A. Bonilla y San Martín; Buch 1 u. 2; span.; BAE, 11; ern. 1982, 2 Bde.; Nachw. L. A. Cuenca). – Lissabon 1941, Hg. M. R. Lapa [Ausw. m. Einl. u. Komm.; ern. 1960]. – São Paulo 1946 (*Crónica de Palmeirim de Inglaterra*, in *Obras completas*, Bd. 1–3; Hg., Anm. u. Glossar G. de Ulloa Cintra).

ÜBERSETZUNGEN: *Le premier (second) liure du preux, vaillant et tresuictorieux cheualier Palmerin d'Angleterre*, J. Vincent, 2 Bde., Paris 1552/53 [frz.]. – *The [First-] Seconde Part, of the ... Historie, of the ... Princes Palmerin of England*, A. Munday, 2 Bde., Ldn. 1596 [nach d. frz. Übers.; engl.]. – *Palmerin of England*, ders., 4 Bde., Ldn. 1807 [gek. u. nach dem portug. Original korr. v. R. Southey; zuerst Ende 17. Jh.; engl.].

LITERATUR: N. Díaz de Benjumea, *Discurso sobre el Palmerín y su verdadero autor*, Lissabon 1876. – T. Braga, *Reivindicação do Palmeirim de Inglaterra* (in T. B., *Questões de litteratura e arte portuguesa*, Lissabon 1881, S. 248–258). – C. Michaëlis de Vasconcelos, *Versuch über den Ritterroman Palmeirim de Inglaterra*, Halle 1883. – W. E. Purser, *Palmerín of England*, Dublin 1904. – M. Menéndez y Pelayo, *Orígenes de la novela*, Bd. 1, Madrid 1905. – H. Thomas, *Spanish and Portuguese Romances of Chivalry*, Cambridge 1920, S. 84–118. – M. Patchell, *The Palmerín Romances in Elizabethan Prose Fiction*, NY 1966. – W. Goertz, *Strukturelle u. thematische Untersuchungen zum »Palmeirim de Inglaterra«*, Lissabon 1969. – E. Asensio, *El Palmeirim de Inglaterra* (in Garcia de Orta, 1972, S. 127–133;

Sondernr. zu *Os Lusíadas*). – E. Finazzi-Agrò, *A novelística portuguesa do século XVI*, Lissabon 1978, S. 34–46; 56–65 (BB).

JOSÉ ÂNGELO DE MORAIS

18. Jh.

ECCOS QUE O CLARIM DA FAMA DÁ. Postilhão de Apollo, montado no Pegazo, girando o universo, para divulgar ao Orbe literario as peregrinas flores da Poezia Portugueza, com que vistosamente se esmaltão os jardins das Musas do Parnazo. Academia Universal. Em a qual se recolhem os crystaes mais puros, que os famigerados Engenhos Lusitanos beberão nas fontes de Hipocrene, Helicona, e Aganipe

(portug.; *Widerhall, den die Trompete des Ruhmes gibt. Postillion des Apoll, auf den Pegasus gestiegen, das Universum umkreisend, um in der literarischen Welt die fremden Blüten der portugiesischen Dichtung zu verbreiten, mit der sich prächtig die Gärten der Musen des Parnaß schmücken. Universalakademie, in der man die reinsten Kristalle sammelt, welche die berühmten lusitanischen Köpfe an den Quellen der Hippokrene, auf dem Helikon und an der Aganippe tranken*). Lyrikanthologie in zwei Bänden von José Ângelo de MORAIS (unter dem Anagramm José Maregelo de Osan) zusammengestellt, erschienen 1761/62.

Der Titel umschreibt in barocker Weitschweifigkeit Inhalt und Zweck dieses Sammelwerkes. Neben dem *Fénix renascida*, 1716–1728 *(Wiedererstandener Phönix)*, aus dem eine Reihe von Gedichten und die Einleitung übernommen wurden, ist die unter dem Titel *Postilhão de Apollo* bekannte Anthologie die andere bedeutende Quelle für portugiesische Lyrik des 17. und beginnenden 18. Jh.s. Beide Werke sind, wie schon in der Widmung an König Joseph I. (reg. 1750–1777) zum Ausdruck kommt, im Zusammenhang zu sehen mit den Bemühungen der »Época Joanina« (Johann V., reg. 1706–1750), die bisherigen Leistungen der portugiesischen Kultur auf allen Gebieten zu sammeln und zu inventarisieren (z. B. Gründung der Academia Real da História, 1720). Die portugiesische Barocklyrik ist durch die reizvolle Mischung aus ernster, moralischer Emphase, burlesker Behandlung alltäglicher oder mythologischer Themen, minuziös-realistischer Kleinkunst und Genremalerei charakterisiert. Ein großer Teil der in die Sammlung aufgenommenen Gelegenheitsgedichte von Poeten wie Eusébio de MATOS, Bernardo VIEIRA, António da Fonseca SOARES (Frei António das Chagas), Francisco Xavier de MENESES u. a. entstand im munteren Wettstreit in Zirkeln und Akademien (»Academia dos Singulares«, 1663–1665, und »Academia dos Generosos«, 1647–1717 mit Unterbrechungen). So erklären sich Titel wie *An Chloris, die durch ihr Zitherspiel einen Schwan sterben ließ*, *An einen verwundeten Mund* oder *Auf einen Stieglitz, der von der Katze gefressen wurde*, sowie ein »Ohnmachts-Sonett‹, zu dem ein Aderlaß angeregt hatte. Neben dieser Gruppe heute bedeutungsloser Tagesverse stehen Gedichte, die zu den großen Themenkreisen der Phantasie (stilistisch-inhaltliche Anlehnung an den *culteranismo* GÓNGORAS) und des *desengano* (Desillusionierung, Enttäuschung) gehören. In der fast nihilistischen Einstellung zur Religion und zur Liebe läßt sich manche Parallele zum Fin de siècle entdecken. Die Überwindung dieser Haltung deutet sich in den satirischen und ironischen Gedichten an, die bereits zu der im Aufklärungszeitalter bevorzugten Gattung überleiten. Ein Meisterstück dieser Art bewahrt die Anthologie in dem autobiographischen Verstraktat *Vida de um estudante pobre (Leben eines armen Studenten)*, in dem der Autor, der beim Militär Karriere gemacht hat, sich in pikareskem Ton seines früheren Hungerlebens erinnert.

Gerade in seiner thematischen Vielfalt und Inkongruenz gibt der *Postilhão de Apollo* ein getreues Abbild der Literatur Portugals in jener Periode, in der das Land nach dem Ende der politischen Personalunion mit Spanien (1640) auch kulturell eine »Restauration« erfuhr und in zahlreichen literarischen Experimenten um Anerkennung rang. M.Fr.

AUSGABE: Lissabon 1761/62, Hg. J. Maregelo de Osan, 2 Bde.

LITERATUR: J. G. Simões, *História da poesia portuguesa*, Bd. 1, Lissabon 1955. – J. Ares Montes, *Góngora y la poesía portuguesa del siglo 17*, Madrid 1956 [m. Bibliogr.]. – H. Cidade, *O conceito da poesia como expressão de cultura*, Coimbra 1957. – *Dicionário das literaturas portuguesa, galega e brasileira*, Hg. J. do Prado Coelho, Porto ³1978, S. 864–866.

HENRIQUE (ANRIQUE) DA MOTA

* zwischen 1470 und 1480 Bombarral (?)
† nach 1545

TROUVAS A UM ALFAIATE DE D. DIOGO

(portug.; *Gedicht auf einen Schneider des Dom Diogo*). Farce von Henrique da MOTA, erschienen 1516. – Ebenso wie der *Cancionero de Baena* und vor allem der *Cancionero general* des Hernando del

CASTILLO (1511) eine Reihe von dramatischen Dialogen, Prozessen und Streitgesprächen enthalten (etwa Rodrigo de COTAS *Diálogo entre el Amor y un viejo*), die ihre Tradition in der mittelalterlichen Literatur besitzen, so nimmt auch Garcia de RESENDE, ihrem Vorbild nacheifernd, als Herausgeber des *Cancioneiro geral* (1516) darin mehrere dramatisch-dialogische Kompositionen auf. Zu den gelungensten zählen die zwischen Satire und Theater stehenden fünf Stücke des Magistratsrichters Mota aus Obidos. Der szenisch-dramatische Charakter dieser schlechthin als *trovas* (Gedichte) bezeichneten Werke ist lange Zeit verkannt worden. Resende selbst berichtet in seiner Chronik König Johanns II. über die Aufführung von »momos«. Ob auch die Stücke Motas gespielt oder öffentlich gelesen wurden, bleibt bis heute unbekannt.

Das beste dieser wichtigen Zeugnisse aus der Frühzeit des portugiesischen Theaters ist trotz der noch beschränkten gestalterischen Mittel die zwischen 1496 und 1506 entstandene Farce vom Schneider Manuel. Der Neuchrist Manuel hat einen Kreuzer, den Verdienst eines halben Jahres, verloren. In einem Monolog wünscht der verzweifelte Mann vom Schicksal das Ende seines Leidens herbei und meint, der Verlust – oder Diebstahl – sei die Strafe für seinen Glaubenswechsel. Da tritt Dom João de Noronha, der Bruder seines Gönners Dom Diogo, herein und rät, den Heiligen Geist anzurufen. Als auch das Gebet nichts gefruchtet hat, führt der dritte Auftritt den bauernschlauen, geschwätzigen João de Belas vor. Manuel holt zur vierten Szene den Richter Gonçalo da Mota herbei, und beide schildern ihm nun umständlich-lächerlich den vermeintlichen Dieb, den niemand gesehen hat. Ungeduldig urteilt schließlich der Richter, daß Manuel den ohnehin nicht ehrlich verdienten Kreuzer zu Recht selbst verloren habe.

Als kritischer Beobachter des alltäglichen Lebens versteht es Mota, aus kleinen Begebenheiten lebendige Auftritte mit Wechselgesprächen zu gestalten, die den Bestand gewisser farcenhafter, sprachlich differenzierter Typen und Formen zur Zeit Gil Vicentes (vgl. etwa die Richtergestalt in dessen *Juiz da Beira* und seinen *Pranto de Maria Parda* mit Motas Klage des Klerikers) belegen. D.B.

AUSGABEN: Lissabon 1516 (in *Cancioneiro geral*, Hg. Garcia de Resende; Faks. NY 1904). – Stg. 1846–1852 (in *Cancioneiro geral*, Hg. E. H. von Kaussler, Bd. 3, S. 616–622). – Coimbra 1910–1917 (in *Cancioneiro geral*, Hg. A. J. Gonçalves Guimarães, Bd. 5, S. 202–211). – Lissabon 1924, Hg. J. Leite de Vasconcelos [m. Einl.]. – Lissabon 1982 (in *Obras de H. de M. As origens do teatro ibérico*).

LITERATUR: J. Ruggieri, *Il Canzoniere di Resende*, Genf 1931. – P. Le Gentil, *La poésie lyrique espagnole et portugaise à la fin du moyen âge*, Rennes 1949–1953. – A. Crabbé Rocha, *Ebauches dramatiques dans le »Cancioneiro geral«* (in Bulletin d'Histoire du Théâtre Portugais, 2, 1951, S. 113–150). – L. Stegagno Picchio, *Storia del teatro portoghese*, Rom 1964.

FERNÃO ÁLVARES DO ORIENTE

* um 1540 Goa
† um 1595 (oder zwischen 1600 und 1607) Lissabon

LUSITÂNIA TRANSFORMADA

(portug.; *Verwandeltes Lusitanien*). Schäferroman von Fernão Álvares do ORIENTE, erschienen 1607. – Der erste Schäferroman in portugiesischer Sprache, inhaltlich und formal dem berühmten lateinischen Hirtengedicht *Arcadia* von Iacopo SANNAZARO (um 1456–1530) mit seinem Wechsel von Vers und Prosa nachgebildet, jedoch mit dem Unterschied, daß der Schauplatz idyllischen Hirtenlebens nach Portugal, und zwar in die Hügellandschaft von Tomar, verlegt und Arkadien als »verwandeltes Lusitanien« vorgestellt wird. Inhaltlich verdient das Werk, in dem Hirten in Prosastücken und lyrische Dichtungen – Terzinen, Stanzen, Eklogen, Sonetten – von Liebesschicksalen berichten, auch heute noch Interesse: einmal wegen der Anspielungen auf zeitgenössische Dichter, vor allem aber wegen der lebendigen, auf eigener Anschauung beruhenden asiatischen Erfahrungen, mit denen der in Goa geborene Verfasser, der den größten Teil seines Lebens in Mittel- und Ostasien verbrachte, die konventionelle Gefühls- und Erlebniswelt des Schäferromans bereichert. Der Orient, *»unser Orient«*, wie Fernão Álvares ihn voller Nationalstolz nennt, tritt dem Leser (vor allem im 3. Buch) in der Schilderung indischer Flora, chinesischer und japanischer Gebräuche entgegen. Angesichts der Mißstände in Goa, der dort herrschenden Gewinnsucht und Korruption, wird aber auch die Trauer um den Niedergang der portugiesischen Macht vernehmbar. Sie findet in der enttäuschten, niedergedrückten Stimmung einzelner Prosastücke und Gedichte (vor allem des 2. Buchs) ihren Ausdruck.

In sprachlicher und formaler Hinsicht steht Fernão Álvares durchaus in der Nachfolge PETRARCAS und Sannazaros, vor allem aber in der des CAMÕES, des *»Dichterfürsten unserer Zeit«*, wie er ihn nennt. Obwohl konventionell und voller Gemeinplätze in der Phraseologie und im Gebrauch des Adjektivs (»kristallklar« oder »rein« sind Seen und Quellen, »frisch« oder »grün« Wäldchen und Wiesen, »geizig« oder »grausam« Fortuna), ist die *Lusitânia transformada* dank syntaktischer Korrektheit und Klarheit des Ausdrucks sprachgeschichtlich dennoch ein Fortschritt. In den lyrischen Teilen des Werks fällt eine Neigung zur Künstlichkeit auf: Begriffs- und Wortspiele, Antithesen, mehrsprachige Gedichte, komplizierte Reimfolge und Strophenform, Vorliebe für den reichen, auf der drittletzten Silbe betonten Reim sind Requisiten eines barokken Stils, die im 17. Jh. zu beherrschenden Merkmalen einer weitgehend formalisierten Dichtung werden sollten. A.E.B.-KLL

Ausgaben: Lissabon 1607. – Lissabon 1781. – Lissabon 1985, Hg. u. Einl. A. Cirurgião.

Literatur: J. M. da Costa e Silva, *Ensaio biographico-critico sobre os melhores poetas portuguezes*, Bd. 4, Lissabon 1850–1855, S. 193–247. – T. Torraca, *Gli imitatori stranieri di I. Sannazaro*, Rom 1882. – G. C. Rossi, *Il Sannazaro in Portugallo* (in Romana, 7, 1943, S. 154–163). – A. Cirurgião, *A ›Lusitánia transformada‹ e a poesia* (in Hispania, 56, 1973, S. 43–50). – Ders., *Será Camões a personagem urbano da »Lusitânia transformada«?* (in LBR, 10, 1973, Nr. 1, S. 19–34). – Ders., *F. A. do O. O homem e a obra*, Paris 1976. – M. L. G. Pires, *Da Ilha dos Amores à Ilha de Santa Helena. Um percurso histórico-cultural* (in *Afecto às letras. Homenagem da literatura portuguesa contemporânea a Jacinto do Prado Coelho*, Lissabon 1984, S. 514–519).

DOM PEDRO

Condestável de Portugal
* 1429
† 29.6.1466 Granollers / Katalonien

Literatur zum Autor:
J. E. Martínez Ferrando, *Tragedia del insigne Condestable Don P. de P.*, Madrid 1942. – E. Gascón Vera, *Una nota sobre la fortuna en la vida y en las obras de Don P. Condestable de Portugal* (in RABM, 80, 1977, S. 531–544).

COPLAS DEL MENOSPRECIO E CONTEMPTO DE LAS COSAS FERMOSAS DEL MUNDO

(span.; *Strophen über die Geringschätzung und Verachtung der schönen Dinge der Welt*). Moralphilosophisches Gedicht des Condestável Dom Pedro (Portugal), erschienen ca. 1490. – Dieses schon 1455 im spanischen Exil entstandene Gedicht des Condestabre Dom Pedro wurde von Garcia de Resende irrtümlich dessen Vater, dem Prinzregenten Dom Pedro (1392–1449), zugeschrieben. Gewidmet ist das Werk dem Schwager des Autors, König Alfons V. Dom Pedro ist der erste portugiesische Dichter, der sich des Kastilischen bedient: bisher hatten selbst spanische Lyriker allgemein in portugiesisch-galicischer Sprache gedichtet. Auch in Thema, Verskunst und Stil weisen die *Coplas* auf spanische Vorbilder, besonders auf Juan de Mena (1411–1456), hin.

Das Gedicht, das aus 125 Oktaven besteht, ist in Versen der *arte mayor* mit Zäsur nach der fünften oder sechsten Silbe nach dem Reimschema *ababbcbc* abgefaßt. Es ist in zwei Teile gegliedert. Der erste, der mit einer Anrufung Minervas anhebt, handelt in 58 Strophen von der Hinfälligkeit der irdischen Güter: Reichtum, Ruhm, Macht, Ehre, Fürstengunst und hohe Abkunft, Schönheit und Kindersegen, Volksgunst, Jugend, Körperkraft, Langlebigkeit und Freundschaft – all das ist dem trügerischen und blinden Walten Fortunas unterworfen. Nach einer vierstrophigen Überleitung beginnt der zweite Teil (63 Strophen) mit der Anrufung der »heiligen Muse« und der Abkehr von der »unwürdigen« heidnischen Muse; sein Thema ist die Ermahnung zu den christlichen Tugenden: Glaube, Liebe, Hoffnung, Tapferkeit, Mäßigung, Gerechtigkeit und Weisheit.

Die Lehrhaftigkeit des ganzen Gedichts wird durch den Spruchcharakter der meisten Strophen unterstrichen; auch die Zäsur wirkt häufig in diesem Sinne, vor allem, wenn die Gedanken in Form von Steigerungen und Gegensätzen vorgetragen werden. Der Gefahr rhythmischer Eintönigkeit weiß der Dichter durch die Verwendung von Stilmitteln wie der *annominatio*, der Antithese, der Inversion oder durch Ausrufe und Fragen zu begegnen. Die Thesen von der Wertlosigkeit alles Irdischen, das Verdammungsurteil über die Laster und der Lobpreis der Tugenden werden jeweils reich illustriert durch Beispiele aus antiker Mythologie und Sage (Saturn, Hekate, Venus, Diana, Priamos, Hektor, Achill, Agamemnon, Helena, Theseus, Midas, Dido), aus der griechisch-römischen Geschichte (Alexander, Alkibiades, Polykrates, Diogenes, Sokrates, die Scipionen, Cato, Coriolan, Sulla, Caesar, Pompejus, Titus, Trajan, Nero, Seneca), aus der Bibel (Hiob, Simson, Saul, David) und aus christlichen Legenden (Maria Aegyptiaca, die Heiligen Franziskus und Antonius). Dieses beflissene Ausbreiten überlieferten Bildungsgutes im Gedicht ist neu in der portugiesischen Lyrik, der man die *Coplas* trotz ihrer kastilischen Sprache zurechnen muß. A.E.B.

Ausgaben: Saragossa ca. 1490 [m. Glossen v. A. Urrea]. – Lissabon 1516 (in *Cancioneiro geral*, Hg. Garcia de Resende). – Stg. 1846–1852 (*Cancioneiro geral de Garcia de Resende*, Hg. E. H. v. Kaussler, Bd. 2, S. 73–108). – Coimbra 1913 bis 1917 (in *Cancioneiro geral de Garcia de Resende*, Hg. A. J. Gonçalves Guimarães). – Santander 1944 (in M. Menéndez y Pelayo, *Antología de poetas líricos castellanos*, Bd. 4, S. 383–406). – Lissabon 1975 (in *Obras completas*, Hg. u. Einl. L. A. de Fonseca). – Coimbra 1976, Hg. u. Einl. A. F. Días.

LITERATUR: J. Ruggieri, *Il »Canzoniere« di Resende*, Genf 1931. – P. Le Gentil, *La poésie lyrique espagnole et portugaise à la fin du moyen âge*, 2 Bde., Rennes 1949–1952.

TRAGEDIA DE LA INSIGNE REINA DOÑA ISABEL

(span.; *Tragödie der erlauchten Königin Doña Isabel*). Moralphilosophischer Traktat in Versen und Prosa des Condestável Dom PEDRO (Portugal). – Der aus dem dichterisch begabten Haus Avis stammende Autor, Sohn des Infanten Dom Pedro, Herzogs von Coimbra (1392–1449), und Enkel des Königs João (reg. 1385–1433), ist der erste zweisprachige portugiesische Dichter, der sich in seinen Werken des Kastilischen bediente, und steht somit am Beginn der langen, bis zum Anfang des 18. Jh.s reichenden Periode des Bilinguismus, d. i. des literarischen Gebrauchs der spanischen Sprache durch zahlreiche portugiesische Schriftsteller, von denen Garcia de RESENDE, Gil VICENTE, SÁ DE MIRANDA, Luís de CAMÕES, Diogo BERNARDES und Francisco Manuel de MELO erwähnt seien.

Die Titelbezeichnung »Tragödie« läßt sich nicht von der Struktur des Werkes herleiten, sondern entspricht nach Carolina Michaëlis de VASCONCELOS der Definition, wie sie etwa der Marqués de SANTILLANA (1398–1454), der Lehrmeister des Dom Pedro, gegeben hat und wonach unter »Tragödie« das Unglück und der Fall großer Könige und Prinzen zu verstehen ist. So liegt dem Werk das persönliche Mißgeschick des Autors zugrunde, der sieben Jahre lang in spanischer Verbannung leben mußte, sowie das diese Verbannung auslösende unheilvolle Ende seines Vaters, der während der Minderjährigkeit des Königs Alfons V. die Regentschaft ausübte und am 20. Mai 1449 in der ruhmlosen Schlacht von Alfarrobeira (nahe Lissabon) gegen ebendiesen König, seinen Neffen, den Tod fand; und vor allem ist das Werk Ausdruck des Schmerzes über den frühen Tod der Königin Doña Isabel (1432–1455), der Schwester des Dichters. Im Gegensatz zur echten Tragödie aber endet dieser poetische Traktat nicht mit der Katastrophe, sondern versöhnlich mit einer ethischen, an dem *Buch Hiob*, BOETHIUS' *De consolatione philosophiae*, SENECAS Moraltraktaten und BOCCACCIOS *De casibus virorum illustrium* und *De praeclaris mulieribus* inspirierten Resignation. Am ehesten noch wird die Bezeichnung »innere Autobiographie« dem Charakter des Werks gerecht, denn es handelt sich um »*die Darstellung der schmerzhaften Eindrücke, die die Nachricht vom Tode der Königin D. Isabel in dem Verbannten hervorrief, sowie des stoischen Prozesses, durch den er sich von seinem persönlichen Jammer befreite*« (C. M. de Vasconcelos).

In alternierenden, dialogähnlichen Vers- und Prosastücken (der Dichter spricht sich in Versen aus, die Gesprächspartner in Prosa) erfährt der Leser aufeinanderfolgend von früheren Traumvisionen des Dichters und von klaren Anzeichen des Unheils, das ihn bedrohte; von dem Erscheinen des ersten Unglücksboten (und ersten Gesprächspartners), der ihn auf neue Schicksalsschläge vorbereitet, an das Los seines Vaters erinnert und ihm den Tod der Königin mitteilt, an den der Dichter nicht glauben will; von dem Auftreten eines zweiten Boten (des zweiten Gesprächspartners), der die Nachricht vom Tod der Königin bestätigt, worauf der Dichter zunächst in Bewußtlosigkeit, dann in tiefste Verzweiflung fällt, sich das Haar zerrauft, das Gewand zerreißt und die Welt verflucht. Auf dem Höhepunkt seiner Verzweiflung jedoch setzt mit der Ankunft des dritten und letzten Gesprächspartners, des alten Kronos (Sinnbild der Trost und Versöhnung spendenden Zeit), die Wende ein: der innere Tröstungsprozeß des Dichters. In langen Darlegungen und unter Berufung auf Beispiele aus der Menschheitsgeschichte und auf klassische sowie biblische Aussprüche, die von der Gelehrsamkeit es Autors zeugen, den Erzählfluß aber kaum belasten, führt der Alte dem Dichter die Vergänglichkeit alles Irdischen vor Augen. Fünfmal wird seine zur Unterordnung unter den Willen Gottes mahnende Rede von seinem Zuhörer unterbrochen, der nach anfänglichen Einwänden nach und nach die Ratschläge und Tröstungen der »Zeit« annimmt und sich mit seinem Schicksal abzufinden vermag.

Obwohl die hier ausgedrückten Ideen ethische Gemeinplätze des 15. Jh.s und der gesamten christlich-mittelalterlichen Tradition sind, überzeugt dieses Werk durch die Lebendigkeit und den Realismus, mit denen der Dichter seine Gefühle zum Ausdruck bringt. Insofern ist es den übrigen aus der Linie Avis hervorgegangenen Werken an künstlerischem und menschlichem Gehalt überlegen. K.H.D.

AUSGABEN: Madrid 1899, Hg. C. Michaëlis de Vasconcelos (in *Homenaje a Menéndez y Pelayo*, Bd. 1). – Coimbra ²1922 [Einl. C. Michaëlis de Vasconcelos]. – Lissabon 1975 (in *Obras completas*, Hg. u. Einl. L. A. de Fonseca).

DOM PEDRO

* 9.12.1392 Lissabon
† 20.5.1449 Alfarrobeira

LIVRO DA VIRTUOSA BEMFEITORIA

(portug.; *Buch von der rechten Wohltätigkeit*). Fürstenspiegel des Infanten Dom PEDRO, abgeschlossen 1418 unter dem Titel *Dos beneficios (Von den Wohltaten)*, danach von dem Beichtvater des Prinzen, Frei João de VERBA, überarbeitet und ergänzt, zwischen 1430 und 1433 dem Bruder und Thronfolger Dom DUARTE (1391–1438) zugeeignet. – Diese Schrift basiert auf SENECAS Traktat *De beneficiis* und folgt dem Vorbild des Fürstenspiegels von AEGIDIUS ROMANUS (um 1245–1316), *De regimine principum*. Unter Berufung auf die *Bibel*, auf ARISTOTELES, CICERO, AUGUSTINUS und THOMAS VON AQUIN wird in ihr die Lehre Senecas von den Wohltaten auf die Feudalordnung übertragen, die zu Beginn des 15. Jh.s bereits überall in Europa erschüttert war, in Portugal jedoch nach 1385 eine vorübergehende Stärkung dadurch erfahren hatte, daß bei dem damals eingetretenen Wechsel der Dynastie die Krone ihre Vormachtstellung gegenüber Adel und Bürgertum neu zu festigen vermochte. Die theologische, juristische und moralische Begründung dieses Zustandes ist das eigentliche Anliegen der Schrift, in der die Weltordnung als eine Stufenpyramide vorgestellt wird, deren Spitze Gott, deren Basis das Tierreich bildet und in welcher der König, als Inhaber der höchsten weltlichen Macht an der Spitze der menschlichen Gesellschaftsordnung stehend, seine Gewalt unmittelbar durch den Willen Gottes besitzt. Die Wohltaten, die der Herr dem Vasallen, der Höherstehende dem Untergeordneten erweist, bilden das Band, durch das die Stufen der sozialen Hierarchie miteinander verknüpft sind.

Literarhistorisch verdient das Werk Beachtung als erste Bemühung, *»die typischen Formen der scholastischen Literatur in die portugiesische Sprache überzuführen«* (Saraiva-Lopes). Es gehört damit, ebenso wie der *Leal conselheiro* König Eduards, mit dem es nach Geist und Inhalt aufs engste verwandt ist, zu den frühesten Versuchen, eine portugiesische Sach- und Buchprosa zu schaffen, die nicht mehr, wie dies bei der erzählenden Prosa jener Zeit noch durchaus der Fall war, für den mündlichen Vortrag vor Zuhörern, sondern für die stille Lektüre durch einzelne Leser bestimmt ist. In seiner Unterscheidung von *pausas curtas*, kurzen, prägnanten Sätzen, die schwer zu formulieren, aber den *»geistvollen«*, *»scharfsinnigen«* Leuten die liebsten seien, und *pausas compridas*, langen Perioden, die eine *»weniger kunstvolle Art der Rede«* darstellen, zeigt sich Dom Pedro des Unterschieds zwischen Schreibstil und Sprechstil bewußt. Der Wechsel von *pausas curtas* und *pausas compridas*, dessen er sich in seiner Schrift befleißigt, ist eine Konzession an jene Leser, die in der Aufnahme des geschriebenen Worts noch ungeübt waren. A.E.B.-KLL

AUSGABEN: Porto 1910, Hg. J. P. de Sampaio Bruno. – Porto 1940, Hg. J. Costa. – Lissabon 1975, Hg. L. A. da Fonseca [diplomatische Ausg.].

LITERATUR: P. Merêa, *Estudos de história do direito*, Coimbra 1923, S. 183–227. – J. S. Martins de Carvalho, *O »Livro da virtuosa bemfeitoria«: Esboço de estudo*, Coimbra 1925. – F. E. Tejada, *Ideologia e utopia no »Livro da virtuosa benfeitoria«* (in Revista portuguesa de filosofia, 3, 1947, S. 5–19). – A. da Costa Ramalho, *Um manuscrito desconhecido de »O livro da virtuosa bemfeitoria«* (in Bol. de Filologia, 9, 1948, S. 278–284). – L. Alfonso Ferreira, *Algumas considerações à volta dos manuscritos do »Livro da virtuosa bemfeitoria«* (in Biblos, 26, 1949, S. 488 bis 508). – R. Ricard, *L'Infant Dom P. de Portugal et »O Livro da virtuosa bemfeitoria«* (in BEP, 17, 1953, S. 1–65; ern. in R. R., *Études sur l'histoire morale et religieuse du Portugal*, Paris 1970, S. 87–136; m. Bibliogr.). – D. Martins, *O sistema moral da »Virtuosa bemfeitoria«* (in Revista portuguesa de filosofia, 21, 1965, S. 235–254). – Ders., *O »De beneficiis« de Séneca e a »Virtuosa bemfeitoria do Infante Dom P.«* (ebd., S. 255–321). – M. Martins, *Alegorias, símbolos e exemplos morais da literatura medieval portuguesa*, Lissabon 1975. – M. A. da Rocha Pereira, *Helenismos no »Livro da virtuosa benfeitoria«* (in Biblos, 57, 1981, S. 313–358; ern. in M. A. da R. P., *Novos ensaios sobre temas clássicos na poesia portuguesa*, Lissabon 1988, S. 375–418).

FERNÃO MENDES PINTO

* um 1510 Montemor-o-Velho
† 8.7.1583 Pragal bei Almada

PEREGRINAÇAM em qve da conta de mvytas e mvyto estranhas cousas que vio & ouuio no reyno da China, no da Tartana, no do Sornau, que vulgarmente se chama Sião, no do Calaminhan, no de Pegù, no de Martauão, & em outros muytos reynos & senhorios das partes Orientais, de que nestas nossas do Occidente ha muyto pouca ou nenhũa noticia

(portug.; *Wunderliche und Merckwürdige Reisen Ferdinandi Mendez Pinto, welche er iñerhalb ein und zwantzig jahren durch Europa, Asia, und Africa, und deren Königreiche und Laender; als Abyssina, China, Japon, Tartarey, Siam, Calaminham, Pegu, Martabane, Bengale, Brama, Ormus, Batas, Queda, Aru, Pan, Ainan, Calempluy, Canchenchina, und andere Oerter verrichtet* …). Reisebericht von Fernão Mendes PINTO, erschienen 1614. – Als wichtigstes Zeugnis der portugiesischen Reiseliteratur im Zeitalter der Entdeckungen ist diese Schrift zugleich eines der bedeutendsten und bekanntesten Werke der portugiesischen Literatur überhaupt. Darin schildert, bereits in vorgerücktem Alter, der Verfasser *»seinen Kindern zur Unterhaltung«* seine Reisen und Abenteuer im Fernen Osten, wo er mehr als zwanzig Jahre seines Lebens verbrachte, *»dreizehnmal in Gefangenschaft geriet und siebzehnmal als Sklave verkauft wurde«*.

Seine »Pilgerfahrt« *(peregrinação)* beginnt im Jahre 1521, als der Knabe sein armes Elternhaus in Montemor-o-Velho verläßt, um sich allein durchs Leben zu schlagen. Als Diener einer adligen Dame in Lissabon hält er es nicht lange aus, versucht, zu Schiff nach Setúbal zu kommen, und fällt französischen Korsaren in die Hände, die ihn nackt und bloß wieder an Land setzen. Jahrelang versucht er sein Glück im Dienst hoher Herren, doch ohne sonderlichen Erfolg. So beschließt er im Jahre 1537, wie Tausende seiner Landsleute vom Reiz der Ferne gelockt, nach Indien zu reisen. Dort kämpft er im Dienst des portugiesischen Königs gegen die Türken und lebt eine Zeitlang zwischen Goa und dem Roten Meer von der Freibeuterei, gerät in Gefangenschaft und wird als Sklave verkauft. Wieder in Freiheit, tritt er in Goa in den Dienst des Herrn Pero de Faria, der als Stadtkommandant nach Malakka geht. Von dort aus bereist Mendes Pinto in Geschäften seines Herrn die Küstenstädte Malayas und Sumatras, begegnet dabei dem Kapitän António de Faria, einem Verwandten des Herrn Pero, der als Korsar die Meere unsicher macht, und schließt sich ihm an. In der Bucht von Nanking, wohin sie nach langer Kreuzfahrt und vielen Abenteuern gelangen, mißlingt der Versuch, die von Priestern gehüteten Schätze der dortigen chinesischen Kaisergräber zu rauben. Nach seinem Schiffbruch an der chinesischen Küste wird Mendes Pinto mit acht weiteren Überlebenden gefangen und zur Zwangsarbeit an der Großen Mauer verurteilt. Durch den Tatareneinfall kommt er als Soldat in den Dienst eines tatarischen Generals und erlangt schließlich die Freiheit. Von neuem gerät er unter die Freibeuter, erleidet Schiffbruch und bleibt längere Zeit in Japan, dessen Zivilisation ihn beeindruckt. Endlich wieder in Malakka, unternimmt er im Auftrag seines früheren Herrn neue Reisen, die ihn über den Golf von Bengalen nach Burma, dann nach Java und Siam führen und auf denen er die sonderbarsten Abenteuer besteht, die seltsamsten Sitten, die gewaltigsten Kriegsmaschinen, riesige Söldnerheere und andere Merkwürdigkeiten kennenlernt. Den Höhepunkt seines Wirkens als Kaufmann bilden erfolgreiche Geschäftsreisen nach Japan. Er lernt den berühmten Missionar Asiens, den heiligen Franz Xaver, kennen, wird dessen Mitarbeiter und Jesuit, verläßt aber nach dem Scheitern der Missionierung Japans den Orden wieder. Nach diplomatischen Missionen im Auftrag des Vizekönigs von Indien, D. Afonso de Noronha, die unter anderm zu dem ersten Freundschaftsvertrag zwischen Japan und Portugal führen, kehrt Mendes Pinto im Jahre 1558 nach einundzwanzigjähriger Abwesenheit endlich in die Heimat zurück.

Zwei Aspekte dieses umfangreichen, an abenteuerlichen und erstaunlichen Einzelheiten schier unerschöpflichen Werks mußten die Zeitgenossen Fernão Pintos in besonderem Maße beeindrucken: einmal die phantastisch anmutende Beschreibung der ostasiatischen Länder, ihrer exotischen Pflanzen- und Tierwelt, der Großartigkeit ihrer Tempel und Paläste, der verschwenderischen Pracht ihrer Empfänge, der gewaltigen Ausmaße ihrer kriegerischen Machtentfaltung, der Fremdartigkeit ihrer moralischen Anschauungen und religiösen Gebräuche; und zweitens die realistische Schilderung der Seefahrt und ihrer Gefahren, wie sie in ähnlicher Weise durch die von Gomes de BRITO (1688 bis nach 1759) herausgegebenen Berichte über Schiffbrüche portugiesischer Seefahrer (vgl. *História trágicomarítima*) vermittelt wird. Hinzu kommt als dritter Aspekt ein politisch-moralischer. Schon durch die Art der Darstellung, doch oft auch ausdrücklich fordert das Werk Fernão Pintos zum Vergleich der fernöstlich-heidnischen Zivilisationen, Glaubensvorstellungen und sittlichen Anschauungen mit denen der christlichen Welt auf, wobei diese meistens in zweifelhaftem Licht erscheinen. Diese zeitkritische Absicht zeigt sich vor allem in der Darstellung der portugiesischen Glücksritter jener Epoche, die auszogen, um in fernen Ländern zu Reichtum und Macht zu gelangen. Sie sind zugleich Träger und Totengräber der portugiesischen Expansion. Tollkühn, aber skrupellos, handeln sie aus bloßer Gewinnsucht, kindlich-abergläubisch nur die äußeren Erscheinungsformen der christlichen Religion anbetend. Glänzend ist dieser Typ in der Gestalt des António de Faria verkörpert, des gerissenen Kaufmanns und unerschrockenen Piraten, der in seiner Beutegier vor keiner Grausamkeit und keiner Freveltat zurückschreckt. Durch diese rückhaltlose Darstellung seiner Landsleute steht Mendes Pinto in offenem Gegensatz zu Autoren wie João de BARROS (vgl. *Ásia*, 1552–1563) und Luís de CAMÕES (vgl. *Os Lusíadas*, 1572), in deren Werken die Portugiesen in Asien als Träger der Zivilisation und Verbreiter des wahren Glaubens erscheinen.

Als literarisches Werk ist der Reisebericht des Fernão Mendes Pinto, wie António José SARAIVA überzeugend nachgewiesen hat, dem spanischen Schelmenroman eng verwandt, dessen Topoi er zum großen Teil vereinigt: die autobiographische Form, den Charakter der Hauptfigur, die kein Held, sondern eher ein Antiheld ist, ein *pícaro* (Schelm), ein Opfer der Lebensumstände und *pobre diabo* (armer Teufel); den dauernden Wechsel seiner Berufstätigkeiten und Lebensumstände, deren Darstellung Gelegenheit zu gesellschaftskritischen Streiflichtern bietet; die Verspottung der bestehenden Herrschaftsordnung und Gesellschaftsideologie.

Daß der Reisebericht des Portugiesen sich auch außerhalb Portugals großer Beliebtheit erfreute, beweisen die zahlreichen Übersetzungen, die bald nach seiner Veröffentlichung, etwa dreißig Jahre nachdem Mendes Pinto gestorben war, in mehreren Ländern erschienen: 1620 die erste spanische, 1625 eine englische, 1628 eine französische Übersetzung. Danach lassen sich für das 17. Jh. noch fünf spanische, vier französische, drei englische und vier holländische Versionen nachweisen. 1671 erschien in Amsterdam eine (vielleicht nach der französischen Fassung angefertigte) deutsche Übersetzung, doch erst um die Mitte des 18. Jh.s wurde das Werk auch in Deutschland bekannt, nachdem SCHWABE sie in seine Reihe *Allgemeine*

Reisen zu Wasser und zu Lande aufgenommen hatte. K.H.D.

Ausgaben: Lissabon 1614. – Lissabon 1711 [korr. u. erw.]. – Lissabon 1829, Hg. J. A. Ferreira de Sousa, 4 Bde. [nach d. Ausg. v. 1614; Rollandiana]. – Lissabon 1908, Hg. u. Einl. J. I. de Brito Rebelo, 4 Bde. – Porto 1930/31, 2 Bde. [Vorw. J. de Freitas; nach d. Ausg. v. 1614]. – Porto 1944/45, Hg. A. J. da Costa Pimpão u. C. Pegado, 7 Bde. [nach d. Ausg. 1614; Nachdr. 1962]. – Lissabon/Rio 1952/53, Hg. A. Casais Monteiro, 2 Bde. [Text d. Ausg. v. 1614 u. aktual. Text]. – Lissabon 1971, Hg. M. A. Meneres [in mod. Portug.; m. Studien]. – Lissabon 1979, Hg. J. D. Pinto Correia [Ausw.; m. Studien u. Glossar; 21983]. – Lissabon 1983 [m. Transkription des Textes v. 1614 durch A. Casais Monteiro]. – Porto 1984, Hg. A. Pinto de Castro.

Übersetzungen: *História oriental de las peregrinaciones...*, F. de Herrera Maldonado, Madrid 1620 [span.]. – *Observation of China, Tartaria, and Other Easterne Parts of the World Taken Out of Fernán Mendez Pinto His Peregrination* (in S. Purchas, *Purchas His Pilgrimes*, Bd. 3, Ldn. 1625, S. 252–281; engl.). – *Les voyages advantvrex de Fernand Mendez Pinto*, B. Figuier, Paris 1628 [frz.]. – *Wunderliche und Merckwürdige Reisen Ferdinandi Mendez Pinto...*, anon., Amsterdam 1671. – *Reisen des Ferdinand Mendez Pinto*, anon. (in *Allgemeine Reisen zu Wasser und zu Lande*, Bd. 10, Jena 1752, S. 356–505; m. Ill.). – *Die Reisenden der Vorzeit: M. F. Pinto, Abentheuerliche Reise*, anon., 2 Bde., Jena 1808. – *Fernán Mendez Pinto's abenteurliche Reise durch China, die Tartarei, Siam, Pegu und andere Länder des östlichen Asiens*, neu bearb. v. Ph. H. Külb, Jena 1868; ern. Gera 1874. – *Peregrinaçam oder Die seltsamen Reisen des Fernão Mendes Pinto*, frei bearb. v. W. G. Armando, Hbg. 1960 [gek.]. – *Peregrinazione 1537–58*, E. Melillo Reali, Mailand 1970 [ital.]. – *Wunderliche und merkwürdige Reisen des Fernao Mendez Pinto*, nach der Übersetzung von 1671 bearbeitet von H. L. Teweleit, Bln./DDR 1976 [m. Nachw. u. Ill.]. – *Merkwürdige Reisen im fernsten Asien 1537–1558*, nach d. bearb. Übers. v. 1868, Stg. 1987 [Red. u. Vorw. R. Kroboth].

Literatur: G. Schurhammer, *F. M. P. und seine »Peregrinação«*, Lpzg. 1926. – G. le Gentil, *F. M. P. Un précurseur de L'exotisme au XVIe siècle*, Paris 1947. – A. J. Saraiva, *F. M. P.*, Lissabon 1958; 21971. – Ders., *F. M. P. ou A sátira picaresca da ideologia senhorial*, Lissabon 1961. – J. Falcato, *A »Peregrinação« de F. M. P.*, Lissabon 1966. – A. Margarido, *La multiplicité des sens dans l'écriture de F. M. P. et quelques problèmes de la littérature de voyages au XVIe siècle* (in ArCCP, 11, 1971, S. 159–199). – G. C. Rossi, *Ancora su F. M. P.* (in AION, 15, 1973, S. 235–268). – R. Catz, *Iconoclasm as Literary Technique: A Study of the Satiric Devices Used in the »Peregrinação« de F. M. P.*, Diss. Univ. of California, Los Angeles 1972 (portug.: *A sátira social de F. M. P.: análise crítica da »Peregrinação«*, Lissabon 1978). – E. Melillo Reali, *Una »Peregrinação« inconclusa* (in Quaderni portoghesi, 1978, Nr. 4, S. 101–133). – R. Catz, *F. M. P.: Sátira e anti-cruzada na »Peregrinação«*, Lissabon 1981 (BB). – A. Flores u. a., *F. M. P. – Subsídios para a sua bio-bibliografia*, Almada 1983. – J. D. Pinto Correia, *Para um nova leitura da »Peregrinação«...* (in Bol. da Sociedade de Geografia de Lisboa, Sér. 101, 1983, Nr. 7–12). – R. Loureiro, *Possibilidades e limitações na interpretação da »Peregrinação« de F. M. P.* (in Studia romanica et anglica Zagrabiensia, 29/30, 1984/85, S. 229–250). – R. Nagel, *Der unbekannte F. M. P.* (in Portug. Forschungen d. Görres-Ges., 19, 1984–1987, S. 86–94). – H. Livermore, *F. M. and His Orient* (in ArCCP, 21, 1985, S. 313–361). – I. das D. Figueiredo Martins, *Bibliografia do humanismo em Portugal no século XVI*, Coimbra 1986, S. 214–216. – L. F. Barreto, *Introdução à »Peregrinação« de F. M. P.* (in *A abertura do mundo. Estudos da historia dos descobrimentos europeus*, Hg. ders. u. F. Contente Domingues, Bd. 1, Lissabon 1987, S. 101–117). – Saraiva/Lopes, 151989, S. 311–315.

Garcia de Resende

* um 1470 Évora
† 1536 Évora

Literatur zum Autor:
A. Braamcamp Freire, *Crítica e história*, Bd. 1, Lissabon 1910, S. 29–65. – J. do Castro Osório, *Estudos sobre o Renascimento português. o testemunho de G. de R.*, Lissabon 1963. – J. C. Baptista, *G. de R.* (in A Cidade de Évora, Évora 1970/71, Nr. 53/54, S. 5–14). – Saraiva/Lopes, 151989, S. 157–166.

CANCIONEIRO GERAL

(portug.; *Allgemeines Liederbuch*). Sammlung von 760 teils portugiesisch, teils kastilisch geschriebenen Gedichten aus der zweiten Hälfte des 15. und dem Anfang des 16. Jh.s, 1516 herausgegeben von dem Hofmann, Dichter und Geschichtsschreiber Garcia de Resende, nach dem Vorbild des von Hernando del Castillo edierten *Cancionero general de muchas y diversas obras...* (Valencia 1511). Die 286 Autoren der Gedichte, vielfach dürftige Verseschmiede, gehörten zum Hofstaat der portugiesischen Könige Alfons V. (reg. 1438–1481), Johann II. (reg. 1481–1495) und Manuel I. (reg. 1495–1521).
Was Resende zur Herausgabe dieser Sammlung bewog, führt er in der Widmung an König Manuel aus: patriotische Gesinnung, Nationalstolz und der

Wunsch, den Thronfolger – den späteren König Johann III. – zu unterhalten und zu belehren. Bei der Auswahl der Lieder ging Garcia de Resende recht unsystematisch und großzügig vor, ohne sonderlich auf die Qualität der Texte zu achten. Geordnet sind die Gedichte nach Autorennamen, gelegentlich auch nach inhaltlichen Gesichtspunkten. Der um das Thema der Liebe kreisende Dichterwettstreit zu Beginn der Sammlung folgt dem provenzalischen Vorbild der *tenzone* und kennzeichnet so schon am Anfang, daß der *cancioneiro* an die Tradition der Troubadours anknüpft. Sie wirkt vor allem in der Liebeskasuistik und in dem Kult nach, der mit der poetischen Form getrieben wird: die Dichtung wird als geistreiches Spiel betrachtet, dem technischen Können des Dichters, nicht seinem subjektiven Empfinden verpflichtet. Die Thematik der Gedichte ist vielfältig, das Amouröse überwiegt, daneben sind Satire, Epigramm, Panegyrikus und die misogyne Poesie vertreten, die nach dem Vorbild der provenzalischen Rügelieder *(sirventès)* die Spröde oder die Untreue einer Dame verspottet: das meiste ist höfische Gelegenheitsdichtung, nicht selten frivolen Charakters.

MENÉNDEZ Y PELAYO hat den *Cancioneiro* mit einer Wüste verglichen, in welcher der nach Schönheit Dürstende vergebens nach einem labenden Tropfen suchen wird. Doch es gibt in diesem riesigen Lyrikalmanach auch kostbare Stücke voll echter Poesie, etwa die Gedichte von Bernardim RIBEIRO, Gil VICENTE, Francisco de Sá de MIRANDA. Einschmeichelnde melancholisch-sehnsüchtige Liebesstimmung – typisch für die portugiesische Liebesdichtung – findet man in einigen Liebesliedern *(cantigas)* von Diogo Lopes D'AZEVEDO, João Roiz de CASTEL(O) BRANCO und Duarte de RESENDE.

Im ganzen ist der *Cancioneiro* ein Zeugnis für den Übergang vom Mittelalter zur Renaissance: die mittelalterliche Welt mit ihrer strengen Lebensauffassung, ihrer weltabgekehrten Askese und ihren ritterlichen Idealen wird durch eine Lebensform verdrängt, die sich durch ungehemmte Lebensfreude und weltoffenes Bildungsstreben auszeichnet. Diese Lebenshaltung veranlaßte einige Dichter der Sammlung zu pessimistischen Zeitbetrachtungen, so den Condestabre Dom PEDRO (1429–1466) in dem Gedicht *Verachtung der Welt* oder Francisco Mendes de VASCONCELOS, der die *»tugendhafte Einsamkeit«* verherrlicht. Beide schlagen Töne an, die an den stoisch-christlichen Pessimismus der *Coplas por la muerte de su padre* von Jorge MANRIQUE erinnern. Satirischer Zeitkritik begegnet man auch bei Álvaro de Brito PESTANA, Luis da SILVEIRA, dem Herausgeber Garcia de Resende und vor allem bei Duarte da GAMA, dessen *Strophen über die jetzt in Portugal herrschenden Mißstände* zu den besten Beispielen gesellschaftskritischer Dichtung in portugiesischer Sprache zählen. Diogo de MELO, Nuno PEREIRA und João Roiz de Castel(o) Branco preisen das einfache Landleben im Gegensatz zum eleganten Hofleben.

Der Einfluß des frühen Humanismus zeigt sich in der paraphrasierenden Übersetzung der *Heroides* von OVID durch João Sá de MENESES und João Roiz de LUCENA. Durch die Vermittlung spanischer Dichter (namentlich Juan de MENA und SANTILLANA) dringen auch die neuen, von PETRARCA und DANTE ausgehenden dichterischen Impulse zu den Poeten der portugiesischen Sammlung: so wird der *Infierno de enamorados* von Santillana zum Vorbild für Garcia de Resendes *Trovas à morte de D. Inês de Castro*. Petrarkisierende Liebesdichtung schreiben Duarte de BRITO, João MANUEL und Diogo BRANDÃO. Erwähnung verdienen schließlich die Burlesken und Parodien des Henrique da MOTA, in denen man Vorläufer der *Farsas* von Gil Vicente sehen kann.

Rund hundert Jahre trennen den *Cancioneiro* in der Überlieferung der portugiesischen Lyrik von der vorangehenden Epoche: So sind die Gedichte dieser Sammlung literargeschichtlich bedeutsam als Vermittler zwischen der früheren und der späteren Poesie Portugals. Von der mittelalterlichen portugiesisch-galicischen Dichtung unterscheiden sie sich durch formale Neuerungen und eine erweiterte Thematik. Die Kunstfertigkeit der Dichter entfaltet sich vorwiegend im Spiel mit dem Wort: Pleonasmen, Alliterationen, Inversionen, Umschreibung und gewollte Dunkelheit sind gängige Stilmittel. Parallelistisch gebaute Gedichte fehlen. Dafür nehmen die Variationen und Ausdeutungen bestimmter Themen – zum Teil von verschiedenen Verfassern – einen breiten Raum ein. Die Mehrzahl der Stücke ist in achtsilbigen Kurzzeilen abgefaßt. Einige in Dialogform gehaltene Gedichte sind bemerkenswert als erste Ansätze zu einer dramatischen Dichtung. A.F.R.

AUSGABEN: Lissabon 1516; Faks. NY 1904; ern. 1967. – Stg. 1846–1852, Hg. E. H. v. Kaussler, 3 Bde.; Nachdr. 1969. – Coimbra 1910–1917, Hg. A. J. G. Guimarães, 5 Bde. – Porto 1957, Hg. V. Pereira u. R. Bonito. – Lissabon 1973, Hg. A. Crabbé Rocha, 5 Bde. – Coimbra 1973/74, Hg. A. da Costa Pimpão u. A. F. Dias, 2 Bde.

LITERATUR: J. Ruggieri, *Il Canzoniere di R.*, Genf 1931. – P. Le Gentil, *La poésie lyrique espagnole et portugaise à la fin du moyen âge*, 2 Bde., Rennes 1949–1952; Nachdr. Genf 1981. – M. R. Lapa, *Lições de literatura portuguesa, época medieval*, Coimbra 1964, S. 403–432; [10]1981 [rev. u. erw.; m. Bibliogr.]. – J. D. L. Baptista, *Objectos do mundo físico em imagens e metáforas no »Cancioneiro geral« de G. de R.* (in Revista de Portugal, 23, 1958, S. 279–296). – M. E. Lobo, *Contribuição para o estudo da métrica e da rima do »Cancioneiro geral« de G. de R.* (in Ocidente, 33, 1971, S. 222–244). – P. Caruso, *O »Cancioneiro geral« de G. de R.* (in RLA, 19, 1977, S. 141–155). – H. M. Dias u. J. Castro, *A edição de 1516 do »Cancioneiro geral« de G. de R.*, Lissabon 1977 [Separatdr. aus Revista da Faculdade de Letras, 4º sér., Nr. 1]. – A. F. Dias, *O »Cancioneiro geral« e a poesia peninsular de Quatrocentos*, Coimbra 1978. – A. Crabbé Rocha, *G. de R.*

e o »Cancioneiro geral«, Lissabon 1979 (BB). – C. Crabbé Rocha, *A tentativa proto-épica no »Cancioneiro geral«* (in *Homenaje a Camoens. Estudios y ensayos hispano-portugueses*, Hg. N. Extremera Tapia u. a., Granada 1980, S. 101–111). – A. F. Dias, *Sentimento heróico e poesia elegíaca no »Cancioneiro geral«* (in Biblos, 58, 1982, S. 268–299).

TROVAS A MORTE DE DONA YNES DE CASTRO

(portug.; *Gedicht auf den Tod der Hofdame Inês de Castro*). Versepos von Garcia de Resende, erschienen 1516. – Die früheste greifbare dichterische Gestaltung des vor allem in den romanischen Literaturen in Drama und Dichtung, später auch in Oper und Roman oft behandelten Stoffes der Liebe zwischen der Spanierin Inês de Castro (hingerichtet 1355) und dem portugiesischen Infanten Dom Pedro (als König von Portugal, 1357–1367, auch der Grausame genannt) findet sich in der von Resende herausgegebenen Sammlung des *Cancioneiro geral* (1516). Im wesentlichen auf den von Chronisten wie Fernão Lopes *(Chronica del Rey D. Pedro I)* und Rui de Pina *(Chronica del Rey Don Afonso o quarto do nome)* überlieferten geschichtlichen Tatsachen fußend, arrangiert der Dichter die Situation so, daß Inês aus dem Jenseits die Geschichte ihrer Verbindung mit Dom Pedro zur Warnung der Hofdamen vor den Gefahren der Liebe erzählt. Das Vorbild der Begegnung Dantes mit Francesca da Rimini im Inferno (*Divina Commedia*, Ges. V.) hatte in der allegorischen Liebesdichtung der Kastilier und Portugiesen im 15. Jh. eine Reihe ähnlicher Visionen der »Liebeshölle« angeregt, etwa *El infierno de los enamorados* des Iñigo López de Mendoza, Marqués de Santillana, Garcí Sánchez de Badajoz, Duarte de Brito. Der mit Constanza von Kastilien vermählte Dom Pedro liebt leidenschaftlich deren Hofdame Inês, die ihm ganz ergeben ist, ohne sie jedoch – auch nicht nach dem Tod der rechtmäßigen Gattin – zu ehelichen. Resende bezweifelt die Vermählung, von der Dom Pedro 1360 behauptete, er habe sie längst heimlich vollzogen. Der Vater des Infanten, König Alfons IV., will Inês auf den Rat von Höflingen hin töten lassen. Mit ihren Kindern zieht sie ihm entgegen, und es gelingt ihr, das Mitleid des Herrschers für sich und die Enkel zu wecken, ihn davon zu überzeugen, daß sie ihn weder verraten habe noch beleidigen wolle. Ein Ritter jedoch reizt den König mit dem Hinweis auf dessen schwächliches Nachgeben, das nationale Prestige, die Staatsräson und die Wahrung der sittlichen Ordnung. Der König läßt sich erneut umstimmen, obwohl er von der Unschuld der Inês überzeugt bleibt. Die Verantwortung für deren weiteres Schicksal schiebt er den Ratgebern zu; daraufhin ermorden zwei Ritter die wehrlose Frau. In Wirklichkeit ließ der König aus Sorge um die Thronfolge, und um den spanischen Einfluß in seinem Lande einzudämmen, Inês enthaupten. Dom Pedro rebellierte zunächst, rächte sich aber erst nach des Vaters Tod für Inês, indem er die an ihrem Tod Schuldigen, die nach Kastilien geflüchtet waren, im Austausch gegen Kastilier, denen Portugal Zuflucht gewährt hatte, zurückholte und sie nach grausamer Folterung umbringen ließ. Inês' sterbliche Hülle wurde in die königliche Gruft nach Alcobaça überführt. Auf den dort heute noch erhaltenen Grabdenkmälern, die auch Resende vor Augen hatte, ließ Dom Pedro zu seiner Rechtfertigung die Geschichte der Liebe zu Inês in Stein hauen. Bei Resende fehlt die (historische) makaber-dramatische Szene der Krönung der Königin und der Huldigung *post mortem*.

Das etwa 200 Verse umfassende, regelmäßig gebaute Gedicht ragt mit seiner schlichten und gefühlvollen kleinepischen Darstellung aus der gekünstelten Liebesdichtung der portugiesischen Renaissance hervor. Die Behandlung der tragischen Liebesgeschichte in Camões' *Lusíadas* (III, 118–135) machte sie zum portugiesischen Nationalstoff. Die früheste dramatische Bearbeitung lieferte António Ferreira *(Tragedia muy sentida e elegante de Dona Ignez de Castro)*, deren Vorbild auch in den beiden Dramen von Jerónimo Bermúdez – *Nise lastimosa* und *Nise laureada* – deutlich hervortritt. Unter den späteren Bearbeitungen ragen Luis Vélez de Guevaras *Reynar después de morir* sowie Henry de Montherlants *La reine morte* hervor. D.B.

Ausgaben: Lissabon 1516 (in *Cancioneiro geral*; Faks. NY 1904; ern. 1967). – Stg. 1846–1852 (in *Cancioneiro geral*, Hg. E. H. v. Kaussler, Bd. 3; Nachdr. 1969). – Coimbra 1910–1917 (in *Cancioneiro geral*, Hg. A. J. G. Guimarães, Bd. 5). – Lissabon 1960 (in *Florilégio do Cancioneiro geral*, Hg. M. R. Lapa; m. Einl.). – Lissabon 1973 (in *Cancioneiro geral*, Hg. A. Crabbé Rocha, 5 Bde.). – Lissabon 1973/74 (in *Cancioneiro geral*, Hg. A. da Costa Pimpão u. A. F. Dias, 2 Bde.).

Literatur: F. de Figueiredo, *Crítica do exilio*, Lissabon 1930, S. 77–154. – E. Asensio, *Inés de Castro de la crónica al mito* (in BF, 21, 1962/63, S. 337–358; ern. in E. A., *Estudios portugueses*, Paris 1974). – J. de Sena, *Estudos de história e de cultura, Inês de Castro* (in Ocidente, Suppl. 1963–1965). – R. Bismut, *Sur l'influence des »Trovas à morte de D. Inês de Castro« de R. dans la »Castro« des Ferreira* (in ArCCP, 27, 1986, S. 471–482). – A. Roig, *Inesiana ou bibliografia geral sobre Inês de Castro*, Coimbra 1986. – M. L. Machado de Sousa, *Inês de Castro – um tema português na Europa*, Lissabon 1987. – Dies., *Inês de Castro na literatura portuguesa*, Lissabon 1987 (BB).

BERNARDIM RIBEIRO

* 1482 (?)
† 1552 (?)

LITERATUR ZUM AUTOR:
D. Guimarães, *B. R.*, Lissabon 1908. – M. Marins, *Os antecedentes literários do rouxinol de B. R.* (in Colóquio/Letras, 1975, Nr. 27, S. 20–31). – Saraiva/Lopes, [15]1989, S. 233–251. – A. J. Saraiva, *Poesia e drama. B. R., Gil Vicente e Cantigas de Amigo*, Lissabon 1990.

ECLOGAS

(portug.; *Eklogen*). Bukolische Dichtungen von Bernardim RIBEIRO, erschienen 1554. – Die ersten vier Eklogen entstanden nach Carolina Michaëlis de VASCONCELOS noch in Italien (wo sich Ribeiro zwischen 1522 und 1524 aufgehalten haben soll) oder bald nach seiner Rückkehr an den portugiesischen Hof, also zwischen 1524 und 1530; die letzte soll erst später in ländlicher Einsamkeit entstanden sein. Der italienische Einfluß bei diesen ersten portugiesischen Dichtungen im bukolischen Genre liegt auf der Hand, auch wenn man dieser Datierung angesichts von Ribeiros unsicherer Biographie mit Skepsis begegnen mag. Eine direkte Vermittlung über VERGIL wäre ebenso unwahrscheinlich wie eine Verbindung zur dramatischen Ekloge Juan del ENCINAS in Spanien, wo die Hirten auch wesentlich volkstümlicher auftreten. Bei Bernardim Ribeiro hingegen haben wir es durchaus mit nach petrarkistischem Vorbild leidenden Liebenden zu tun, wie sie SANNAZARO in seiner *Arcadia* vorgeführt und in ganz Europa heimisch gemacht hatte.

Ist die erste Ekloge noch wenigstens ansatzweise eine Auseinandersetzung (der Autor führt in eine bukolische Szenerie ein, in der der Vertreter der Vernunft, Fauno, ein Streitgespräch mit dem verzweifelten Persio führt, dem seine Geliebte untreu geworden ist), so führen Ekloge zwei und drei quasi ein Wett-Klagen zwischen jeweils zwei Hirten vor, hinter denen sich der Autor selbst und sein Freund Francisco de Sá de MIRANDA verbergen, der selbst später zum Begründer des portugiesischen Petrarkismus wurde und mehrere Eklogen, zum Großteil freilich in spanischer Sprache, verfaßte. Die zweite Ekloge beginnt mit einer vom Autor vorgetragenen bukolischen Vorgeschichte (die schöne Joana hat sich selbst im Fluß Tejo bewundert, ist dabei von Jano überrascht worden und unter Zurücklassung eines Schuhs geflohen; er aber ist dadurch vom Pfeil Amors getroffen worden), bringt aber auch realistische Elemente ins Spiel (so hat Jano sein Vieh eben auf der Flucht vor der Dürre und Hungersnot im Alentejo an das Ufer des Tejo getrieben). Die dritte Ekloge hingegen beschränkt sich ausschließlich auf das Wetteifern in der Liebesklage zwischen Amador (Bernardim) und Silvestre (Sá de Miranda), erreicht aber eine höhere, dem Petrarkismus nähere Stillage als die ersten beiden und schlägt auch schon das später für das Barock so typische *desengano*-Thema an, die Dialektik zwischen Schein und Sein. Die vierte, monologische Ekloge stellt den klagenden, »verbannten« Jano vor und mündet nach tiefster Verzweiflung in einen Todeswunsch, der den (in vielen italienischen Dichtungen konventionellen) Selbstmord ahnen läßt. Die letzte Ekloge schließlich bringt nicht nur einen Höhepunkt in der Verwendung petrarkistischer Figuren, sondern bereichert den Wettstreit des Klagens zwischen den Schäfern Ribeiro und Agrestes (Sá de Miranda) auch um eine Facette, die später im Schäferroman der Iberischen Halbinsel oft aufgegriffen wurde; es wird nämlich nun darum gestritten, welche *Art* von Liebesleid prinzipiell schlimmer ist: Leiden wegen der Trennung von der Geliebten (die zu dem wehmütigen Sehnsuchtsgefühl der *saudade* führt) oder Leiden aus Eifersucht, wegen eines glücklicheren Nebenbuhlers.

Ribeiros Eklogen sind durchweg in zehnzeiligen Strophen aus lyrischen Kurzversen gehalten, was ihnen im Unterschied zu GARCILASO DE LA VEGAS oder Sá de Mirandas (spanischen) Eklogen, die wenig später entstanden sind, ein archaischeres und wohl auch volkstümlicheres Gepräge gibt. Auch die vor allem am Schluß eingelegten *Cantigas* bzw. Bruchstücke derselben (die auf mittelalterliche Formen zurückgreifen) unterstreichen diesen Eindruck noch. Durch seine Verbindung dieser mittelalterlich-volkstümlichen Formen mit dem modischen Renaissance-Petrarkismus, bei der auch ein Rest von realer Schäferwelt nicht ausgespart bleibt, ist Bernardim Ribeiro auch mit seiner Lyrik ein wichtiger Vorläufer der Schäferromane geworden, die ja sowohl in Spanien (der Portugiese Jorge de MONTEMAYOR und seine Nachahmer) als auch in Portugal (Francisco Rodrigues LOBO) einen hohen Anteil eingelegter Gedichte aufweisen, von denen viele an Bernardim erinnern. M.R.

AUSGABEN: Ferrara 1554 [zus. m. *Hystoria de Menina e Moça*]. – Coimbra 1923 (in *Obras de B. R. e C. Falcão*, Hg. A. Braamcamp Freire u. C. Michaëlis de Vasconcelos, Bd. 2). – Lissabon 1930 (in *Obras poéticas*, Hg. D. Guimarães). – Lissabon 1939, Hg. Marques Braga. – Lissabon o. J. (in *Obras completas*, Hg. A. Ribeiro u. Marques Braga, 2 Bde., 2; m. Vorw. u. Anm.; [4]1982).

LITERATUR: T. Braga, *B. R. e o bucolismo*, Porto 1897. – M. da Silva Gaio, *Bucolismo*, Bd. 1, Coimbra 1932. – A. J. Saraiva, *Ensaio sobre a poesia de B. R.* (in Revista da Faculdade de Letras, 7, Lissabon, 1938, S. 13–120). – J. G. Herculano de Carvalho, *A influência italiana em B. R.* (ebd., 3. Ser., 1, 1957, S. 121–133). – C. Cunha, *A linguagem poética portuguesa na primeira metade do século XVI:*

hiato, sinalefa, e elisão nas églogas de B. R. e no »Crisfal« (in BF, 19, 1960, S. 113–129). – C. Poullain, *Eglogue ancienne et eglogue nouvelle dans la littérature portugaise de la Renaissance* (in ArCCP, 15, 1980, S. 551–568).

HYSTORIA DE MENINA E MOÇA

(portug.; *Geschichte vom kleinen, jungen Mädchen*). Fragment von Bernardim RIBEIRO, erschienen 1554. – Der Sprach- und Literaturwissenschaftler J. G. HERCULANO DE CARVALHO nimmt an, das Werk sei zwischen 1530 und 1536 entstanden; es zirkulierte zunächst nur in handschriftlichen Kopien, wurde dann aber innerhalb von fünf Jahren dreimal veröffentlicht: in Ferrara, Évora und Köln. Während die Kölner Ausgabe im wesentlichen ein Nachdruck des Ferrara-Texts ist, enthält die in Évora veröffentlichte Version eine Reihe von Varianten und reicht erheblich weiter als der Ferrara-Text und die aus dem 16. Jh. erhaltenen Manuskripte. Um die Echtheit dieser Fortsetzung entstand ein Gelehrtenstreit, der bis heute andauert; nach dem gegenwärtigen Stand der Forschung kann nur der durch die Ferrara-Ausgabe und die Manuskripte vermittelte Text als authentisch gelten. Der Titel der Erstausgabe ist aus den ersten Worten des Texts gebildet; Ribeiro selbst hatte dem Fragment keinen Titel gegeben. Die Edition von Évora ist als *As saudades* bekannt, geläufig ist aber auch die Version *Menina e Moça*.

»Als kleines, junges Mädchen brachte man mich aus dem Hause meiner Mutter fort, weit fort...«, beginnt die Klage der Erzählerin. Das ganze Buch ist aus der Perspektive einer Frau geschrieben und von weiblichem Empfinden durchdrungen. Die fiktive Verfasserin betrauert ihr Schicksal, das sie von ihrem Freund getrennt hat, und berichtet dann von dem Zusammentreffen mit einer ihr unbekannten älteren Leidensgenossin in der Waldeinsamkeit, in die sie sich geflüchtet hat. Die beiden Frauen beschließen, einander Geschichten zu erzählen, die sich am Ort ihrer zufälligen Begegnung zugetragen haben. Die Unbekannte beginnt mit der *Geschichte der zwei Freunde*. Sie schildert die unglückliche Liebe zwischen Binmarder und Aónia, die damit endet, daß das Mädchen zur Ehe mit einem andern gezwungen wird. Daran schließt die Geschichte des Ritters Avalor und seiner Liebe zu Arima an, in der sich gleichfalls ein tragisches Ende anbahnt. Dann bricht das Werk jedoch unvermittelt ab.

Der Literarhistoriker A. SALGADO JÚNIOR (dessen Forschungen zur Person Ribeiros die Lebensdaten des Dichters als ungesichert erscheinen lassen) hat als erster die Ansicht vertreten, daß dies Fragment Teil eines geplanten größeren Werks in der Art des *Decamerone* von BOCCACCIO sei. Das Zusammentreffen der Erzählerin mit ihrer Leidensgenossin wäre nach dieser nicht unwahrscheinlich klingenden Hypothese die Präambel für eine Reihe von Erzählungen, von denen nicht einmal die erste vollendet wurde. Das Werk ist das einzige portugiesische Beispiel einer Literaturgattung, die um die Wende vom 15. zum 16. Jh. in Spanien verbreitet war und bei der die menschlichen Gefühle – besonders die Liebe – und deren Analyse im Mittelpunkt der Darstellung standen, während die Handlung nur noch sekundäre Bedeutung hatte: der *novela sentimental*, des empfindsamen Romans, der sich hauptsächlich von der *Fiammetta* Boccaccios und der Novelle *De Eurialo et Lucretia* des Humanisten Enea Silvio de' PICCOLOMINI (des späteren Papstes Pius II.) herleitet. Im Gegensatz zu der exaltierten Atmosphäre der meisten spanischen Beispiele des Genres ist die Grundstimmung dieser Erzählung einer unerfüllt-unerfüllbaren Liebe zarte Schwermut. Die Gestalten sind bei aller Natürlichkeit mit erstaunlicher Subtilität charakterisiert. Der Satzbau zeigt häufig Unregelmäßigkeiten, wie Anakoluthe und Syllepsen; sie resultieren, wie Herculano de Carvalho hervorhebt, aus dem Bestreben Ribeiros, dem als irrational verstandenen Element des Weiblichen auch im sprachlichen Ausdruck Rechnung zu tragen. K.H.D.

AUSGABEN: Ferrara 1554. – Évora 1557/58 *(As saudades)*. – Köln 1559. – Porto 1910 (*Livro das Saudades: História de menina e moça e declaração das Saudades*, Hg. u. Studie T. Braga; nach d. Ausg. 1557; ern. o. J. [um 1960]). – Lissabon 1947 (*História de Menina e moça*; Einl., Anm., Glossar u. Varianten D. E. Grokenberger; krit.). – Lissabon 1960, Hg. J. G. Herculano de Carvalho [Ausw. m. Einl.]. – Lissabon o. J. (*Menina e moça*, in *Obras completas*, Hg. A. Ribeiro u. Marques Braga, 2 Bde., 1; m. Vorw. u. Anm.; [4]1982). – Lissabon 1975, Hg. M. de Lourdes Saraiva [aktualisiert; m. Komm.]. – Mem Martins 1975 (*Menina e moça*; LB-EA). – Lissabon 1984, Hg. T. Amado [Ausw.; m. Anm.]. – Lissabon 1985 *(Saudades, História de menina e moça)*. – Lissabon 1990 (*Menina e moça*, Hg. u. Einl. H. Cidade Moura).

ÜBERSETZUNG: *The Young Girl's Story; Or, The Book of Longing: A Translation of the Prologue of »Menina e moça ou Saudades« de B. R.*, S. Macedo (in Portuguese Studies, 1, 1985, S. 58–67; engl.).

LITERATUR: A. Salgado Júnior, *A »Menina e moça« e o romance sentimental no renascimento*, Aveiro 1940. – A. Gallego Morell, *B. R. y su novela »Menina e moça«*, Madrid 1960 [m. Bibliogr.]. – M. Ricciardelli, *Relazione tra »Menina e moça« di B. R.* (in Italica, 42, 1965, S. 370–377). – J. Malaca Casteleiro, *A influência da »Fiammetta« de Boccaccio na »Menina e moça« de B. R.* (in Ocidente, 74, 1968, S. 145–168). – C.-H. Frèches, *Tradition et nouveauté dans les »Saudades« de B. R.* (in AION, 17, 1971, S. 87–97). – H. Macedo, *Do significado oculto da »Menina e moça«*, Lissabon 1977 [m. Bibliogr.]. – E. Asensio, *B. R. y los problemas de »Menina e moça«* (in ArCCP, 13, 1978, S. 41–62). – H. Macedo, *»Menina e moça«: o texto e o contexto* (in ArCCP, 14, 1979, S. 143–161). – A. Deyermond, *The Female Narrator in Sentimental Fiction: »Menina e moça«*

and »Clareo y Florisa« (in Portuguese Studies, 1, 1985, S. 47–57). – B. L. Creel, *B. R. and the Tradition of Renaissance Pastoral* (in *Renaissance and Golden Age. Essays in Honor of D. W. McPheeters*, Hg. B. M. Damiani, Potomac/Md. 1986, S. 27–48). – A.-M. Quint-Abrial, *Réflexions sur quelques ambiguïtés de la »Menina e moça« de B. R.* (in ArCCP, 23, 1987, S. 487–506).

ANTÓNIO DINIS DA CRUZ E SILVA

* 4.7.1731 Lissabon
† 5.10.1799 Rio de Janeiro

O HYSSOPE

(portug.; *Der Weihwedel*). Klassizistisches komisches Heldenepos von António Dinis da Cruz e Silva, erschienen 1802. – Ein lächerlicher lokaler Vorrangstreit zwischen Klerikern dient dem Autor als Grundlage für eine weitgreifende Satire auf die verfallende Feudalwelt seiner Zeit. Um seinem Bischof zu huldigen, hat der Dechant der Kathedrale von Elvas sich einfallen lassen, ihm jedesmal zum Empfang am Eingang des Domkapitels den Weihwedel zu reichen. Eines Tages nun bleibt diese Ehrenbezeugung unerwartet aus, worauf der Bischof, in seiner Eitelkeit gekränkt, von den Domherren den Entscheid erlangt, daß der »schimpflich« verletzte Brauch aufrechtzuerhalten sei, andernfalls habe der Dechant mit einer Bestrafung zu rechnen. Dieser ist gegen den Spruch machtlos. Erst das Eingreifen der Krone verhilft seinem Nachfolger im Dekanat zum Sieg über den Bischof und das Domkapitel; dieser Sieg wird im Verlauf des Epos von einem Zauberer geweissagt.

Das von Boileaus *Le lutrin* inspirierte Werk ist das bedeutendste Beispiel dieser literarischen Gattung in Portugal und zugleich das wichtigste dichterische Erzeugnis der von Cruz e Silva begründeten portugiesischen Akademie »Arcádia Lusitana« (1757–1774), die eine Erneuerung der portugiesischen Dichtung durch – allerdings begrenzte – Nachahmung griechisch-lateinischer sowie bestimmter französischer und portugiesischer Vorbilder anstrebte und ihre Ziele im wesentlichen durch die Befreiung der portugiesischen Literatur vom Gongorismus, durch die Aufstellung von Literaturtheorien und die Schaffung einer neuen dichterischen Sprache und Thematik verwirklichen konnte. *O hyssope* besteht aus acht Gesängen und ist in zehnsilbigen Blankversen geschrieben, ganz der Konzeption der »Arcádia Lusitana« entsprechend, wonach der Reim sich dem ungehinderten Gedankenausdruck widersetzt und daher ausgemerzt werden muß.

Dem Beispiel des *Lutrin* folgend, bedient sich der Autor der Allegorie, um die Gesellschaft, die er kritisieren will, insbesondere den hohen Klerus, der Lächerlichkeit preiszugeben. In dieser Welt einer Mythologie *ad hoc* erscheinen personifiziert die »Schmeichelei«, die »großen Verbeugungen« und »Komplimente«, der »Vorrang«, die »Zeremonien«, das »Whistspiel«, die miteinander rivalisierenden Anredeformen »Exzellenz« und »Euer Gnaden« – sie alle sind Bürger eines Reiches, das vom »Genius der Bagatellen« regiert wird. Die satirisch-aufklärerische Attacke richtet sich aber auch gegen die Mode und die zeitgenössische Manie der Gallizismen, gegen die scholastische Philosophie und das unzulängliche Kirchenrecht, den Barockstil, den Aberglauben und seine Ausnutzung durch die Geistlichkeit. An einigen Stellen stößt der Leser auf eine unverhohlene Sozialkritik.

Die Komik des Werks liegt vor allem in dem Gegensatz zwischen der Geringfügigkeit des Themas und dem erhabenen epischen Sprachstil, der in der Nachfolge Vergils steht, sich aber besonders eng an Camões' *Lusíadas* (1572) anlehnt. Besonderheiten dieses Stils sind die Voranstellung des Genitivs, die Nachstellung der konjugierten Verbform nach dem Partizip Perfekt bzw. dem Infinitiv, die Nachstellung des Partizips Präsens und des Infinitivs nach dem zugehörigen Objekt sowie epische Bilder und Vergleiche, Epitheta und Hyperbeln. Außer zahlreichen direkten Anklängen an Boileau, Vergil und Camões finden sich auch solche an Homer, Horaz und Ariost. – Cruz e Silva begann mit der Abfassung des Werks um 1768 und arbeitete es später um. Verschiedene Passagen deuten darauf hin, daß es von fremder Hand ergänzt wurde. Die seit 1802 erschienenen Ausgaben sind von schlechter bis mittelmäßiger Textqualität und weisen zum Teil erhebliche Unterschiede auf. Eine kritische, auf den Vergleich der einzelnen Manuskripte sich stützende Ausgabe liegt noch nicht vor. K.H.D.

Ausgaben: Ldn. [recte Paris] 1802. – Lissabon 1808 [nach d. Ausg. v. 1802]. – Paris 1821, Hg. T. L. Verdier [Neuausg. m. Korr. u. erw. Anm.]. – Lissabon 1879, Hg. J. Ramos Coelho [m. Einl.]. – Coimbra 1911. – Lissabon 1950, Hg. J. Pereira Tavares. – Lissabon 1969, Hg. J. Cerqueira Moreirinhas (bisher unveröff. Kopie eines Ms.; Separatdr. aus Ocidente, 76). – Porto 1986.

Übersetzung (frz.): *Le goupillon, poème heroïcomique*, J. F. Boissonade, Paris 1828; [2]1867 [rev.; Vorw. I. Denis]; ern. 1876 [Einl. P. Guitton].

Literatur: C. v. Reinhardstöttner, *Der »Hyssope« des A. Diniz in seinem Verhältnis zu Boileaus »Lutrin«* (in C. v. R., *Aufsätze u. Abhandlungen vornehmlich zur Literaturgeschichte*, Bln. 1887, S. 200–250). – A. Pimentel, *Poemas herói-cómicos portugueses*, Porto 1922. – M. Ruggero Ruggieri, *A. D. da C. e S. e l'»Hissope«* (in *Relazioni storiche fra l'Italia e il Portogallo*, Rom 1940). – A. Belli, *L'»Hissope« di A. D. da C. e S.*, Diss. Rom 1962. –

J. Cerqueira Moreirinhas u. J. E. Moreirinhas Pinheiro, *Notas ao »Hissope«* (in Occidente, 62, 1962). – H. Hatzfeld, *Humor der getarnten Aufklärung in »O Hissope« und »Fray Gerundio«* (in Portug. Forschungen der Görres-Ges., 12, 1972/73, S. 55–69). – Saraiva/Lopes, [15]1989, S. 655–660.

ANTÓNIO JOSÉ DA SILVA

genannt O Judeu

* 8.5.1705 Rio de Janeiro
† 18.10.1739 Lissabon

GUERRAS DO ALECRIM E DA MANGERONA

(portug.; *Kriege zwischen Rosmarin und Majoran*). Prosakomödie von António José da SILVA, Uraufführung: Lissabon 1737, Teatro do Bairro Alto. – Silvas gesellschaftskritische Komödie gehört zu einer im 18. Jh. besonders beliebten Art von Marionettenspielen, die wegen der in ihnen enthaltenen Musikstücke in Portugal als »óperas de bonecos« bezeichnet wurden und deren Ursprung im volkstümlichen Marionettentheater und in heiteren Nachahmungen der italienischen Oper zu suchen ist. – Dom Gilvaz und Dom Fuas, zwei verarmte Edelleute, werben um Dona Clóris und Dona Nise, Nichten des reichen, aber geizigen Dom Lancerote. Die beiden Mädchen huldigen einer im damaligen Lissabon verbreiteten Narrheit: Sie sind Mitglieder zweier feindlicher *ranchos*, gesellschaftlicher »Parteien«, die je eine bestimmte Pflanze zu ihrem Emblem erkoren haben und einander hitzig befehden. Dona Clóris vertritt die Partei des Rosmarin, Dona Nise die des Majoran. Dom Lancerote bildet für die Heiratsabsichten der beiden Liebhaber ein zunächst unüberwindbares Hindernis, denn er will eine seiner Nichten mit seinem reichen, bäuerlich-tölpelhaften Neffen Dom Tibúrcio verheiraten, während er die andere fürs Kloster bestimmt hat. Dom Tibúrcio seinerseits findet mehr Gefallen an Dom Lancerotes jungem Dienstmädchen Sevadilha. Eigentlicher Handlungsmittelpunkt und *Deus ex machina* ist der einfallsreiche Schelm Semicúpio, der Diener von Dom Gilvaz. Geschickt weiß er den närrischen »Krieg der Pflanzen« zu seinen und seines Herrn Gunsten zu nutzen. Nach verschiedenen kupplerischen Interventionen einer alten Bedienten Dom Lancerotes und manchen Verwechslungs- und Eifersuchtsszenen zwischen den beiden Liebhabern gelingt es ihm, den mißtrauischen Dom Lancerote zu überlisten, dessen Neffen auszuspielen und die Verliebten zusammenzuführen, während er selbst Sevadilha heiratet.

Die von Lope de VEGA und MOLIÈRE beeinflußte Komödie ist eine geistreiche Satire auf die portugiesische Gesellschaft zur Zeit Johanns V. (reg. 1706–1750). Die einzelnen Typen dieser Gesellschaft werden karikiert und in ihrer Lächerlichkeit entlarvt: die verarmten, aber eitlen Edelleute und Galane, die sich durch eine reiche Heirat aus ihrer ruinösen Lage retten wollen, die pedantischen Damen, die kupplerische Alte, der reiche Geizkragen, der stümperhafte, schwindlerische, Küchenlatein redende Arzt oder Richter. Die Komik des Stückes liegt in den Situationen, aber auch in der Namenswahl und der übertriebenen Verwendung der kultistischen und konzeptistischen Redeweise (Schwelgen in Wortspielereien, Sinnvertauschungen, Bilder), wodurch gleichzeitig Kritik am ungemäßen Gebrauch der gongoristischen Sprache geübt wird. Dramatisch wirksam sind die schnelle, geschickte Handlungsführung und der oft lebendige, bewegte Dialog.

Die Musik dieser »Oper« stammt, wie der Komponist und Musikforscher Luís de FREITAS BRANCO 1947 herausgefunden hat, von António Teixeira. Kurz darauf entdeckte João de FIGUEIREDO Teile der verloren geglaubten Partitur, Jahre später fand Filipe de SOUSA noch weitere Partien. Mit diesen Teilen wurde die Oper rekonstruiert und am 28. 1. 1972 in Lissabon im Teatro São Carlos aufgeführt. Die Forschungsarbeit de Sousas ergab, daß António Teixeira noch andere Texte des »Judeu« als Libretto verwendete *(As variedades do Proteu; O labirinto de Creta; Encantos de Medeia)*. – Das leidvolle Leben da Silvas, das die Inquisition durch ein Autodafé beendete, wurde von Camilo CASTELO BRANCO in dem biographischen Roman *O Judeu* (1866) romantisiert, von Bernardo SANTARENO in einem gleichnamigen Theaterstück 1966 kritisch dargestellt und die Schikanen der Inquisitionsgerichte parabelhaft mit der damals herrschenden Diktatur unter Salazar in Beziehung gesetzt.

K.H.D.-KLL

AUSGABEN: Lissabon 1737. – Lissabon 1744 (in *Theatro comico portuguez*, Hg. F. L. Ameno, 4 Bde., 1744–1746, 2). – Coimbra 1905, Hg. J. Mendes dos Remédios. – Rio 1957 (in *Duas comédias*, Hg. R. Magalhães; m. Einl.). – Lissabon 1958 (in *Obras completas*, Hg. J. Pereira Tavares, 4 Bde., 1957/58, 3; m. Einl.). – Lissabon 1980, Hg. M. de L. Ferraz [m. Anm. u. Glossar]. – Porto [2]1985.

LITERATUR: L. de Freitas Branco, *A música teatral portuguesa* (in *A evolução e o espirito do teatro em Portugal*, Bd. 2, Lissabon 1948, S. 101–124). – C.-H. Frèches, *Introduction au théâtre du Judeu* (in Bull. d'Histoire du Théâtre Portugais, 1, 1950, 1, S. 33–61; 2, 1951, 1, S. 73–79; 4, 1953, 1, S. 121–125; 5, 1954, 2, S. 325–344). – P. Furter, *La structure de l'univers dramatique d'A. da S., o Judeu* (in BEP, 25, 1964, S. 51–73). – L. Stegagno Picchio, *Storia del teatro portoghese*, Rom 1964, S. 134–140. – A. A. Cirurgião, *Terá A. J. da S. imitado Pichou?* (in Ocidente, 74, 1968, S. 33–60). – J. Oliveira Barata, *Notas bibliográficas á obra de A. J.*

da S. (O Judeu) (in Revista de história literária de Portugal, 3, 1968–1972, S. 321–334). – M. de Lourdes Ferraz, *›Ser‹ e ›parecer‹ na obra do Judeu: introdução ao seu estudo* (in Brotéria, 102, 1976, S. 552–566). – Carpeaux, S. 57–59. – M. de Oliveira Lima, *Aspectos da literatura colonial brasileira*, Rio/Brasília 1984, S. 138–153. – P. Pereira, *O gracioso e a sua função nas óperas do Judeu* (in Colóquio/Letras, 1985, Nr. 84, S. 28–35). – F. de Sousa (in Diário de Notícias, Supl. Cultura, 12. 1. 1986). – R. Bismut, *Sur quelques variations molièresques dans »Guerras do alecrim e manjerona«* (in ArCCP, 23, 1987, S. 635–650). – Saraiva/Lopes, 15 1989, S. 529–533.

FREI LUÍS DE SOUSA

eig. Manuel de Sousa Coutinho

* um 1555 Santarém
† Mai 1632 Benfica

LITERATUR ZUM AUTOR:
J. C. de Mesquita e Quadros, *Vida do Padre Frei L. de S. e juizo sobre os seus escritos* (in L. de Sousa, *Obras*, Bd. 1, Lissabon 1794). – F. M. Alves, *O clássico Frei L. de S.* (in Portucale, 5/6, 1932/33; auch als Sonderh. 1933). – J. Cortesão, *Frei L. de S., estudo sobre a sua vida e estilo* (in A Águia, 7, 1915, Nr. 42, S. 217–226). – M. de Lourdes Belchior, *Um prosador da Idade Barroca: Frei L. de S.* (in Graal, 3, 1956, S. 221–231; ern. in M. de L. B., *Os homens e os livros I*, Lissabon 1971). – S. Jordão Emerenciano, *Apontamentos para o estudo da vida de Frei L. de S.* (in *V Colóquio Internacional de Estudos Luso-Brasileiros. Actas*, Bd. 3, Coimbra 1966, S. 529–545). – J. V. Serrão, *A historiografia portuguesa*, Bd. 2, Lissabon 1973, S. 219–228. – M. de Ferdinandy, *Die hispanischen Königsgesta*, Ffm. u. a. 1984, S. 72–75. – Saraiva/Lopes, 15 1989, S. 459–462.

VIDA DE DOM FREI BARTOLOMEU DOS MÁRTIRES

(portug.; *Das Leben des Dom Frei Bartolomeu dos Mártires*). Biographie von Frei Luís de SOUSA, erschienen 1619. – In dieser Lebensbeschreibung des Erzbischofs von Braga wird der Rahmen der üblichen Hagiographien des 16. Jh.s überschritten. Frei Luís de Sousa will, das ist neu, dem Leser die menschliche Erscheinungsweise seines Heiligen nahebringen, ihn auch in seiner irdischen Umgebung realistisch charakterisieren: die äußere Gestalt des Erzbischofs (er war groß und von nicht geringer Körperfülle), seine Kleidung, sein Schielen, Dinge des persönlichen Gebrauchs (der Autor, selbst Dominikaner, bezeichnet sie mit den Namen, die sie in der Umgangssprache der Dominikaner tragen), die Landschaft der Provinzen Minho und Trás-os-Montes, die er auf seinen bischöflichen Reisen besuchte. Häufig werden Dialoge zwischen dem Erzbischof und den Armen eingeflochten, die, angezogen von seinem Ruhm, zu ihm drängen. Zum Beispiel bittet ihn eine arme Frau um eine Gabe für ihre Tochter, die keine Aussteuer besitzt, und der Erzbischof gibt ihr heimlich die Matratze seines eigenen Bettes und läßt in der folgenden Zeit niemanden in seine Zelle, die er stets vorsichtig hinter sich verschließt. Ähnliche Szenen wiederholen sich. Der Erzbischof ist eine lebendig dargestellte Gestalt in einer vertrauten Umgebung. Frei Luís de Sousa betont vor allem die Nächstenliebe des Bischofs, seine Selbstlosigkeit, den Mut, den er während des tridentinischen Konzils bewies, wo er gegen den übertriebenen Luxus der Kirchenfürsten protestierte und sagte, daß die illustren und hochwürdigen Herren Kardinäle einer »illustren und hochwürdigen Reform« bedürften: *»Illustrissimi et Reverendissimi Cardinales indigent illustrissima et reverendissima reformatione.«* Am Ende der Lebensbeschreibung wird von den Wundern zu Lebzeiten des Erzbischofs und nach seinem Tod berichtet. – Trotz dieser realistischen Züge hat die hagiographische Tradition doch dazu geführt, daß die Gestalt des Erzbischofs in einem verklärten Licht erscheint, dessen Intensität einen Teil der menschlichen Wirklichkeit des Dom Frei Bartolomeu ganz im dunkeln läßt.

Das Leben des Dom Frei Bartolomeu ist nichtsdestoweniger eines der bedeutendsten Prosawerke der klassischen portugiesischen Literatur. Frei Luís de Sousa ist ein Meister der Sprache. Nicht ein einziges Mal läßt er sich von der Mode des Gongorismus verführen und schreibt eine einfache und hochelegante Prosa. C.Pl.

AUSGABEN: Viana 1619. – Lissabon/Paris 1921, Hg. A. de Campos [m. Einl.]. – Lissabon 1946 bis 1948, Hg., Einl. u. Anm. A. Reis Machado, 3 Bde. – Lissabon 1984.

LITERATUR: A. de Campos, *Introdução de Frei L. de S.* (in *Antologia Portuguesa*, Lissabon 1920). – R. Ricard, *Barthélemy des Martyrs d'après L. de S. Essai d'interprétation* (in BHi, 50, 1948, S. 407–420; ern. in R. R., *Études sur l'histoire moral et religieuse du Portugal*, Paris 1970, S. 152–184). – Ders., *Le bienheureux Claude de la Colombère et la vie de Dom Barthélemy des Martyrs* (in BEP, 24, 1963, S. 77–87).

SAMUEL USQUE

16.Jh.

CONSOLAÇAM AS TRIBULAÇOENS DE ISRAEL

(portug.; *Trost für die Leiden des Volkes Israel*). Trostschrift von Samuel USQUE, erschienen 1553. – Das Werk besteht aus drei Dialogen, in denen die Hirten Ycabo, Numeo und Zicareo (die für den Patriarchen Jakob und die Propheten Nachum und Zacharias stehen) bewegte Klage über die Leiden des Volkes Israel führen. Auf die Klagen Ycabos finden Numeo und Zicareo immer wieder einen Trost für alle Heimsuchungen in dem Unglück, das Gott zur Strafe über die Peiniger und Verderber des auserwählten Volkes verhängt hat. Sie verweisen auf die Verheißungen der Propheten, die Verkündigung des Messias und die Heimkehr ins Heilige Land, die aller Drangsal ein Ende setzen wird. Das erste Zwiegespräch behandelt die biblische Geschichte, das zweite die Zerstörung des zweiten Tempels von Jerusalem, während das dritte dem wechselvollen Schicksal der Juden im Mittelalter folgt und damit eine wertvolle Quelle für die Kulturgeschichte des Judentums darstellt.

Der Kunstgriff Usques besteht darin, daß er sich von den pro- und antijüdischen Kontroversen des Zeitalters nicht beeinflussen ließ, wozu auch die bukolische Einkleidung der Schrift beiträgt, die eine Distanz zum unmittelbaren Geschehen bewirkt. Es geht dem Verfasser nicht um Augenblicksschilderungen, sondern er nimmt die Vertreibung der Juden von der Iberischen Halbinsel zum Ausgangspunkt für einen umfassenden Rückblick auf die vorangegangenen Jahrhunderte und auf Ereignisse in den verschiedensten Ländern. Die sachlich argumentierende Schrift verfolgt den doppelten Zweck, den Portugiesen die Auswirkungen des Judenhasses zu zeigen (Denunziation, Exil, Gefängnis und Mord) und das Schicksal Israels als eine Geschichte von eigener Schuld und Sühne und von der göttlichen Rache an den Widersachern zu schildern. Ein prophetischer Ausblick auf die Gnade des Messias bezieht auch die Zukunft mit ein. Gegenüber der üblichen Hirtendichtung der Zeit, die sich an THEOKRIT und VERGIL anlehnt, trägt hier die bukolische Szenerie eher biblischen Charakter; das gleiche gilt für die bildhafte Sprache, besonders im ersten Dialog. – Aus dieser Consolatio und Verteidigungsschrift spricht eigenes Erleben und Leiden. Die jüdische Familie Usque, die so berühmte Mitglieder wie den Buchdrucker Abraham Usque und den Petrarca-Übersetzer Salomon Usque hervorbrachte, wurde 1492 von den Katholischen Königen Ferdinand und Isabella gezwungen, von Spanien nach Portugal zu emigrieren, von wo sie während der Glaubensverfolgungen unter König Manuel (1506, 1531) erneut ins Exil nach Italien (Ferrara, Pesaro) fliehen mußte. Dort wurde auch diese berühmte Programmschrift gedruckt, die seit ihrem Erscheinen indiziert war (so daß lange Zeit der Amsterdamer Nachdruck von 1599 als sog. *»edição de Ferrara«* für die Erstausgabe gehalten wurde), jedoch im Manuskript sofort in England verbreitet wurde. M.Fr.

AUSGABEN: Ferrara 1553. – Coimbra 1906, Hg. J. Mendes dos Remédios [m. Einl. u. Anm.; ern. 1908].

ÜBERSETZUNG: *Consolation for the Tribulations of Israel*, M. A. Cohen, Philadelphia 1965 [engl.; ²1977; m. Indices u. Bibliogr.].

LITERATUR: M. Kayserling, *Sephardim*, Lpzg. 1859. – Ders., *Geschichte der Juden in Portugal*, Bln. 1867. – J. Steinschneider, *Zur Geschichte der jüdischen Märtyrologien. Einiges über S. U.s »Trost Israels in seinen Trübsalen«* (in *Fs. zum 10. Stiftungsfest des akadem. Vereins für jüd. Geschichte u. Literatur*, Bln. 1893). – J. Mendes dos Remédios, *Os Judeus em Portugal*, Coimbra 1895. – D. S. Blondheim, *les parlers judéo-romans et la »Vetus latina«*, Paris 1925. – *Livros antigos portuguezes 1489–1600 da Biblioteca de Sua Majestade Fidelissima*, Bd. 2, Ldn. 1932, S. 302–379. – Silva Bastos, *Um escritor do século XVI ressuscitado no século XX* (in Portucale, 10, 1937). – C. Roth, *Salusque Lusitano* (in Jewish Quarterly Review, N. S. 34, 1943, S. 65–85). – A. A. Neumann, *S. U., Marrano Historian of the 16th Century* (in *Essays in Honor of A. S. W. Rosenbach*, Philadelphia 1946, S. 180–203). – J. S. da Silva Dias, *Correntes de sentimento religioso em Portugal*, Coimbra 1960. – G. J. Gelbart, *S. U., A Consolation for the Tribulations of Israel, 3rd Dialogue*, Diss. Dropsie College 1961 [engl. Übers. m. Anm.]. – B. Maler, *A Bíblia na »Consolaçãm« de S. U. (1553)*, Stockholm 1974. – C.-H. Frèches, *L'auteur de »Consolação às tribulações de Israel« devant la persécution* (in ArCCP, 22, 1986, S. 457–470).

JORGE FERREIRA DE VASCONCELOS

* um 1515 (?)
† 1584/85

EUFRÓSINA

(portug.; *Euphrosyne*). Komödie in fünf Akten von Jorge Ferreira de VASCONCELOS, verfaßt um 1542, erschienen 1555, in veränderten Fassungen in der zweiten (1560) und dritten (1561) Ausgabe. – Der junge Hofmann Zelótipo verliebt sich in die zurückhaltende Eufrósina, die ihm als Tochter des wohlhabenden Dom Carlos versagt ist. Mit Hilfe seines Vertrauten Carióilo und seiner Base Sílvia, der Vertrauten Eufrósinas, gelingt es ihm, sich der Geliebten in Abwesenheit ihres Vaters zu nähern, ihre Liebe zu gewinnen und sie zu heiraten. Vor die vollendete Tatsache gestellt, versucht Dom Carlos, der andere Heiratspläne für seine Tochter verfolgt, mit dem Beistand des Rechtsgelehrten Dr. Carrasco die Ehe zu lösen, findet sich aber schließlich auf Rat seines Freundes Philotimo mit der Lage ab. – Diese Handlung, die sich durch fünf lange, an retardierenden Momenten reiche Akte windet, wird umrankt und überwuchert von einer Vielfalt bunter Episoden, die das Hauptthema, die Allmacht der Liebe, unermüdlich abwandeln. Mit der schwärmerisch-hochsinnigen Liebe des im Überschwang seines Gefühls gehemmten und leicht verzagenden Zelótipo kontrastieren die Verführungskünste des flatterhaften Carióilo. Die mannigfachen Spielarten der hohen und der niederen Minne werden exemplifiziert an sechzehn typischen Gestalten aus dem zeitgenössischen Coimbra: verliebten Studenten, pedantischen Gelehrten, vornehmen Städtern und belächelten Kleinbürgern, schlagfertigen Dienern, lebenslustigen Mägden und geschäftigen Kupplerinnen. Das Sittenbild weitet sich durch manche Hinweise auf Gestalten und Vorgänge am portugiesischen Hof, in der Hauptstadt und im eroberten Indien zum Zeitbild einer Krise, in der der Geist abenteuerlich-ritterlichen Heldentums den Praktiken eines gewinnsüchtigen Händlerwesens schließlich unterliegen.

Der Reiz der wortreichen Selbstgespräche und Dialoge lag für die zeitgenössischen Leser wohl in der Fülle und dem Witz der Anspielungen, aber auch in der Beweglichkeit und Modulationsfähigkeit des sprachlichen Ausdrucks. Je nach der gesellschaftlichen Stellung und der inneren Situation der Sprechenden wählt der Autor den gehobenen, mittleren oder niederen Stil. So sind die großen ernsten Monologe Zelótipos, Eufrósinas und Dom Carlos' reich an symmetrisch gebauten und rhythmisch gegliederten Sätzen, Wortwiederholungen und Sinnabwandlungen sowie an Beispielen aus Mythologie und Geschichte. Die Sprache, in der Leute von Stand und Bildung miteinander verkehren, ist bildhaft, geistreich-ironisch, sentenziös, durchsetzt mit Sinnsprüchen und Sprichwörtern. Das Volk dagegen redet in der unverblümten, schlagfertigen, gepfefferten und zänkischen Alltags- und Gassensprache. – Vorlage für die Thematik und die novellenartige Struktur dieser Komödie war die *Comedia de Calisto y Melibea* (1499); das Paar Zelótipo-Carióilo hatte ein unmittelbares Vorbild im *Philodoxeos* von Leon Battista ALBERTI (entstanden um 1426); für die Sprache mögen die Komödien *Os Vilhalpandos* und *Os estrangeiros* von Francisco de Sá de MIRANDA beispielhaft gewesen sein. Im Prolog zu seiner späteren Komödie *Ulysippo* erklärt Ferreira de Vasconcelos selbst, er habe die attische Komödie MENANDERS erneuern wollen. Darauf lassen die gräzisierenden Namen schließen, die überdies ihre Träger als Typen mit ihren bestimmten Eigenschaften (Liebesglut, Freude und Heiterkeit, Schürzenjägerei, Rechtschaffenheit) charakterisieren. Ihrerseits wiederum hat *Eufrósina* auf die *Dorotea* (1632) von Lope de VEGA eingewirkt, die spanische Übersetzung von Fernando BALLESTEROS Y SAAVEDRA war ein Jahr zuvor erschienen. Über eine Aufführung der Komödie ist nichts bekannt, ihre literarische Verbreitung war hingegen groß (bis 1566 vier Auflagen). Das Werk erschien 1581 auf dem portugiesischen Index verbotener Bücher, wohl aufgrund des Einflusses der *Colloquia* des ERASMUS. A.E.B.

AUSGABEN: Coimbra 1555. – Évora 1566. – Lissabon 1616, Hg. F. Rodrigues Lobo [zensierte Fassg.; Nachdr. 1786]. – Lissabon 1918, Hg. A. F. G. Bell [2. Fassg.; m. Einl.]. – Madrid 1951, Hg. E. Asensio [1. Fassg.; m. Einl. u. Lesarten].

LITERATUR: K. Vossler, *»Eufrósina«* (in Corona, 8, 1938, S. 514–533; auch in K. V., *Südliche Romania*, Lpzg. [2]1950, S. 228–242). – M. Menéndez y Pelayo, *Orígenes de la novela*, Bd. 4, Santander 1943, S. 105–127. – G. C. Rossi, *A comédia »Eufrósina« nas páginas de D. C. Michaëlis de Vasconcelos e de D. M. Menéndez y Pelayo* (in Biblos, 23, 1948, S. 550–560). – A. C. Piper, *The Portuguese Court of the 16th Century as Reflected in the Dramatic Novels of J. F. de V.*, Diss. Univ. of Wisconsin 1954. – J. P. Louveiro, *O teatro em Coimbra. Elementos para a historia 1526–1910*, Coimbra 1964. – R. Brasil, *Exemplaridade e proverbialidade da linguagem da »Comédia Eufrósina«* (in Bol. da Sociedade de língua portuguesa, 19, 1968, Nr. 3, S. 108–117). – J. Subirats, *Les comédies et l'èpître de J. F. de V. Contribution à l'étude socio-littéraire du XVIe siècle portugais*, 2 Bde., Lille 1976 [m. Bibliogr.]. – Ders., *J. F. de V., Visages de son œuvre et de son temps*, 2 Bde., Coimbra 1982. – A. M. B. Gomes, *O realismo documental da »Comédia Eufrósina«* (in *Iberia*, Hg. R. O. W. Goertz, Calgary 1985). – E. Asensio, *Critique textuelle portugaise*, Paris 1986, S. 179–184. – Saraiva/Lopes, [15]1989, S. 411–422.

LUÍS ANTÓNIO VERNEY

* 23.7.1713 Lissabon
† 20.3.1792 Rom

VERDADEIRO METODO DE ESTUDAR, PARA SER UTIL À REPUBLICA E À IGREJA: PROPORCIONADO AO ESTILO, E NECESIDADE DE PORTUGAL. Exposto em varias cartas, escritas pelo R.P. * Barbadinho da Congregasam de Italia, ao R.P. *** Doutor na Universidade de Coimbra**

(portug.; *Wahrer Weg des Studiums zum Nutzen für Staat und Kirche, angemessen der Eigenart und den Bedürfnissen Portugals, in verschiedenen Briefen dargestellt*). Kulturkritische Abhandlung in sechzehn Briefen von Luís António VERNEY, in zwei Bänden in Neapel erschienen 1746 und sofort von der Inquisition beschlagnahmt; in Lissabon mit fingierten Angaben veröffentlicht 1751.

Die Kritik an den überkommenen Bildungsinhalten und -einrichtungen, die der 1736 nach Rom übergesiedelte Erzdiakon der Kathedrale von Évora in diesem fingierten Briefwechsel mit einem geistlichen Doktor der Universität Coimbra übt, führte um die Mitte des 18. Jh.s zu heftigen reaktionären Auseinandersetzungen vor allem mit jesuitischen Schulmännern und den Universitätsprofessoren. Auf die zahlreichen gegen ihn gerichteten Streitschriften antwortete Verney selbst mit vier polemischen Broschüren. Seiner zuerst von König Johann V. wohlwollend geförderten, dann aber von persönlichen Intrigen, Verdächtigungen der Inquisition und Widerständen seitens der öffentlichen Verwaltung immer wieder behinderten Bildungsreform stellte er Lehrbücher, u. a. für Logik, Metaphysik und Fundamentaltheologie, im Geist der von ihm vertretenen aufklärerischen Didaktik zur Seite.

Die offene Briefform gestattete dem mit Lodovico Antonio MURATORI (1672–1750) korrespondierenden und vom Gedankengut des Antonio GENOVESI (1713–1749) beeindruckten Portugiesen französischer Abkunft eine lebendige Darstellung der Polemik in den verschiedenen Wissensgebieten im Hinblick auf den »Nutzen« der Wissenschaft sowie die gesellschaftliche Wirksamkeit der Studien für Staat und Kirche. Die ersten beiden Schreiben behandeln die portugiesische Sprache und lateinische Grammatik, die Klasse Grammatik im damaligen Aufbau des höheren Schulwesens. Verney empfiehlt u. a. die Vereinfachung der portugiesischen Rechtschreibung und des Lateinunterrichts. Charles ROLLIN (*Traité des études*, 1726) folgend, empfiehlt er die Verwendung der Muttersprache im Unterricht, das Studium der neueren Sprachen, Geschichte und Erdkunde. Brief 3 und 4 erörtern Fragen des Unterrichts in der Lateinklasse (mit Griechisch und Hebräisch). Die Briefe 5–7 beschäftigen sich mit Rhetorik und Poesie; sie fußen zum Teil auf den berühmten Traktaten von Bernhard LAMY und René RAPIN. Verneys literarische Kritik, etwa an CAMÕES' Sonetten oder António VIEIRAS barockem Konzeptismus, ja sein Unverständnis für die Dichtung, spiegelt gewisse klassizistisch-rationalistische Geschmacksrichtungen der Zeit. Seine Angriffe richten sich gegen die nicht mit Vernunftgründen überzeugende, sondern als routiniertes Spiel um ihrer selbst willen betriebene Rhetorik.

Die Fächer der Philosophie (Logik, Metaphysik, Physik und Ethik), die Verney aus den aristotelisch-scholastischen Denkbahnen herauszulösen und zugleich von den experimentellen Naturwissenschaften zu trennen versucht, behandeln die Briefe 8–11. Philosophie ist für ihn die aus Beobachtung und Versuch gewonnene Einsicht in die Gründe der Dinge. Hier ist Verney sowohl vom Realitätsbegriff und der Erkenntnislehre John LOCKES als auch durch die von Galileo GALILEI und Isaac NEWTON revolutionierten Methoden der Naturwissenschaften, von René DESCARTES und Francis BACON beeinflußt. In enzyklopädischer Gelehrsamkeit und pädagogischem Reformeifer Giambattista VICO (1668–1744) kaum nachstehend, behandeln die Briefe 12–15 Medizin (mit dem eindringlichen Aufruf, Spekulation und antike Lehrautorität durch die aus Beobachtung gewonnene unmittelbare Erkenntnis zu ersetzen), weltliches Recht, Theologie (für die auch Philologie und Geschichte unerläßlich sind) sowie Kirchenrecht. Dem Natur- und Völkerrecht wird neben der Fundamentaltheologie eine besondere Bedeutung beigemessen. Der Schlußbrief entwirft eine allgemeine Studienordnung.

Verneys Gedanken sind zwar keineswegs originell, aber das Bemühen um ausgewogene, klare und kritische Darstellung, um eine wissenschaftssystematisch gesicherte Didaktik stehen trotz einiger anderer Ansätze bei António Nunes Ribeiro SANCHES (1699–1782), Francisco Xavier de OLIVEIRA (1702–1782; vgl. *Cartas familiares*) und Matias Aires da Silva de EÇA (1705–1763) in Portugal einzig da und bereiteten den Reformen eines POMBAL, der geistig-literarischen Neuorientierung (z. B. durch die Arcádia Lusitana, die Gründung der Akademien für Geschichte und Wissenschaften, die Universitätsreform) entscheidend den Weg. Verneys Werk wirkte mit der 1757–1760 erschienenen Übersetzung auch nach Spanien hinüber, wo der Benediktiner FEIJOO (1676–1764) mit den *Cartas* und dem *Teatro crítico universal* eine ähnliche Bewegung im geistigen Leben verursachte. In seinem kämpferischen Impuls und aufklärerischen Vertrauen in die Vernunft meinte Verney, gleiche Bildungschancen für alle, auch für Frauen, Schwarze und Mischlinge verteidigend, durch die Reform der wissenschaftlichen Methoden auch die geistigen Probleme der Zeit im Sinne des kulturellen Fortschritts und der notwendigen Öffnung zu Europa hin meistern zu können, ohne seine kirchliche

Bindung gegenüber den Ansprüchen des modernen philosophischen und wissenschaftlichen Denkens aufzugeben. Er kritisierte nicht nur die bestehenden, veralteten Verhältnisse, sondern gab zugleich eine Fülle praktischer Anregungen für das Bildungswesen, dessen Umbruch damals wie heute so bedrängend offenbar wurde und für den Verney als erster den Weckruf in Portugal formulierte.

D.B.

AUSGABEN: Neapel 1746, 2 Bde. – Valencia 1746 [recte Neapel 1747–1749], 2 Bde. – Valencia 1747 [recte Lissabon 1751]. – Lissabon 1949–1952, Hg. A. Salgado Júnior, 5 Bde. [krit.; m. Einl. u. Anm.]. – Porto ³1984 [Ausz.].

LITERATUR: L. Cabral de Moncada, *Um iluminista português de século XVIII, L. A. V.*, Coimbra 1941. – A. A. de Andrade, *V. e a filosofia portuguesa*, Braga 1947. – J. S. da Silva Dias, *Portugal e a cultura europeia* (in Biblos, 28, 1952, S. 203–498). – R. Ricard, *Problèmes autour de V.* (in Revista da Faculdade de Letras da Univ. de Lisboa, 3, 1957, Nr. 1, S. 347–353). – H. Cidade, *Lições de cultura e literatura portuguesas*, Bd. 2, Coimbra ⁴1959, S. 89–147. – A. A. de Andrade, *Edições clandestinas de »Verdadeiro metodo de estudar« e folhetos da polémica* (in Filosofia, 8, Lissabon 1961, S. 132–141). – J. V. de Pina Martins, *Novos documentos para o estudo da personalidade de V.* (in APK, 4, 1964, S. 64–95). – A. A. de Andrade, *V. e a cultura do seu tempo*, Coimbra 1966 [m. Bibliogr.]. – J. V. de Pina Martins, *L. A. V. contra a escolástica entre 1745 e 1750* (in ArCCP, 15, 1980, S. 609–622. – L. A. Oliveira Ramos, *Sob o signo das Luzes*, Porto 1988. – Saraiva/Lopes, ¹⁵1989, S. 615–624.

GIL VICENTE

* um 1465 Guimarães (?)
† zwischen 1536 und 1540 Lissabon

LITERATUR ZUM AUTOR:
Bibliographien:
Lisboa, Biblioteca Nacional: Bibliografia Vicentina, Lissabon 1942 [z. Tl. annot.]. – C. C. Strathatos, *A G. V. Bibliography (1940–1975)*, Ldn. 1980 [Suppl. in Segismundo, 16, 1982, Nr. 35/36, S. 2–25].
Gesamtdarstellungen und Studien:
Ó. de Pratt, *G. V. Notas e commentários*, Lissabon 1931; ²1970. – A. Bell, *Estudos vicentinos*, Lissabon 1940. – A. J. Saraiva, *G. V. e o fim do teatro medieval*, Lissabon 1942; ⁴1981. – A. Braamcamp Freire, *Vida e obras de G. V. »Trovador, mestre da balança«*, Lissabon ²1944 [m. Bibliogr.]. – C. Michaëlis de Vasconcelos, *Notas vicentinas*, Lissabon ²1949. – I. S. Révah, *G. V. a-t-il été le fondateur du théâtre portugais?* (in Bull. d'histoire du théâtre portugaise, 1, 1950, Nr. 2, S. 153–185). – P. Teyssier, *La langue de G. V.*, Paris 1959 [m. Bibliogr.]. – L. Keates, *The Court Theatre of G. V.*, Lissabon 1962. – C. Láfer, *O judeu em G. V.*, São Paulo 1963. – R. Hess, *Die Naturauffassung G. V.s* (in APK, 5, 1965, S. 1–64). – R. Brasil, *G. V. e o teatro moderno: tentativa de esquematização da obra vicentina*, Lissabon 1965. – L. Sletsjøe, *O elemento cénico em G. V.*, Lissabon 1965. – A. M. Janeiro, *O teatro de G. V. e o teatro clássico japonês*, Lissabon 1967. – J. H. Parker, *G. V.*, NY 1967 (TWAS). – R. Brasil, *G. V. e a cidade de Lisboa*, Lissabon 1968. – R. Köhler, *Der Einfluß G. V.s auf das spanische Theater des Goldenen Zeitalters*, Diss. Göttingen 1968. – Ó. Lopes, *Ler e depois*, Porto ²1969, S. 79–112. – G. M. Moser, *An Index to the Characters in the Dramatic Works of G. V.* (in Theatre Documentation, Bd. 2, NY 1969/70, S. 19–47). – N. Miller, *O elemento pastoril no teatro de G. V.*, Porto 1970. – T. R. Hart, *G. V. Farces and Festival Plays*, Eugene/Oreg. 1972. – H. Post, *As obras de G. V. como elo de transição entre o drama medieval e o teatro do renascimento* (in ArCCP, 9, 1975, S. 101–121). – J. H. Saraiva, *Testemunho social e condenação de G. V.*, Lissabon 1976. – A. E. Beau, *Duas conferências inéditas sobre teatro… G. V., teatro espectáculo, teatro lírico, teatro ideológico*, Coimbra 1977. – S. Reckert, *G. V.: espíritu y letra, I: Estudios*, Madrid 1977 (portug.: *Espírito e letra de G. V.*, Lissabon 1983). – Quaderni Portoghesi, 9/10, 1981 [Sondernr. *G. V.*]. – S. Zimic, *Estudios sobre el teatro de G. V. (obras de tema amoroso)* (in Bol. de la Bibl. de Menéndez Pelayo, 57, 1981, S. 45–103; 58, 1982, S. 5–66; 59, 1983, S. 11–78). – P. Teyssier, *G. V. O autor e a obra*, Lissabon 1982 (BB). – L. Stegagno Picchio, *La méthode philologique. Écrits sur la littérature portugaise*, Bd. 2, Paris 1982, S. 103–116; 137–175. – M. J. Teles u. a., *O discurso carnevalesco em G. V.*, Lissabon 1984 [m. Bibliogr.]. – C. Berardinelli, *De literatura portuguesa*, Lissabon 1985, S. 27–76. – S. Zimic, *Estudios sobre el teatro de G. V.: obras de crítica social y religiosa* (in Acta Neophilologica, 8, 1985, S. 11–47). – D. Becker, *De la musique dans le théâtre religieux de G. V.* (in ArCCP, 23, 1987, S. 461–486). – R. P. Garay, *G. V. and the Development of the comedia*, Chapel Hill/N.C. 1988. – Saraiva/Lopes, ¹⁵1989, S. 189–217.

AUTO DA ALMA

(portug.; *Spiel von der Seele*). Allegorisches geistliches Spiel von Gil VICENTE, Aufführung: Karfreitag 1508 oder 1518 in Lissabon im Ribeira-Palast vor König Manuel. – Das in durch Halbverse akzentuierten Kurzversen *(redondilha maior* mit *cola)* abgefaßte Drama zeigt nach einem kurzen Prolog des heiligen Augustinus, der mit den anderen drei *doctores ecclesiae* schließlich für den guten Ausgang sorgen wird, den Lebensweg der menschlichen

Seele, die immer abwechselnd von ihrem Schutzengel geleitet und zum Guten ermahnt und vom Teufel wieder mit den Verlockungen von Reichtum und Macht zur Sünde verführt wird. Als zum Schluß der Teufel schon fast sicher ist, die Seele gewonnen zu haben, der die Kräfte für den beschwerlichen Weg zu schwinden beginnen, laden die *doctores ecclesiae* sie in die Herberge der Heiligen Mutter Kirche ein. Unterdessen ärgern sich in einem komischen Zwischenspiel mittelalterlicher Prägung die Teufelchen über die entgangene Beute. Die Seele bekommt nun ein eigentümliches Mahl aufgetischt: zunächst als Tischtuch das Schweißtuch der Veronika, dann in vier Töpfen Geißel, Dornenkrone, Nägel des Kreuzes und schließlich ein Kruzifix, so daß das Stück in einer allgemeinen Anbetung des Gekreuzigten endet.

Handlung und Ausgang des Stückes weisen deutlich auf das spätere *auto sacramental* der Calderón-Zeit voraus: wie dort wird der Kampf zwischen Gut und Böse um die Seele allegorisch dargestellt, wie dort wird die Seele durch die Stärkung der Religion gerettet. Zwar wurde das, auf Wunsch von Königin Leonor, der Schwester des Königs, geschriebene *Auto da alma* nicht zu Fronleichnam, sondern am Gründonnerstag aufgeführt – freilich damit eben an jenem Tag der Einsetzung der Eucharistie, dem das später geschaffene Fronleichnamsfest sozusagen »zur Seite gestellt wurde« –, und die erwähnten Teufelsszenen verraten deutlich den Einfluß des mittelalterlichen (vor allem französischen) Theaters. Dennoch steht es im Geiste wie in der Struktur dem barocken Fronleichnamsspiel bereits erstaunlich nahe. M.R.

Ausgaben: Lissabon 1562 (in *Copilaçam de todalas obras*; Faks. 1928). – Lissabon 1951 (in *Obras completas*, Hg. Marques Braga, 6 Bde., 1951–1954, 2; m. Anm.; [4]1968). – Porto [2]1962 (in *Obras completas*, Hg. A. J. da Costa Pimpão; rev.). – Rio [3]1973 (in *Dois autos de G. V.*, Hg. S. da Silveira; Faks.). – Lissabon 1984 (in *Obras completas*, Hg. u. Einl. M. L. Carvalhão Buescu, 2 Bde.,; modernisierter Text d. *Copilaçam*). – Lissabon 1988 (in *Teatro de G. V.*).

Übersetzung: *Das Spiel von der Seele*, M. Kühne (in *Geistliche Spiele*, Coimbra 1940). – Dass., dies., Coimbra 1952 [zus. m. *Inês Pereira. Eine Posse*].

Literatur: I. S. Révah, *La source de la »Obra de geração humana« e do »Auto da alma«* (in Bull. d'histoire du théâtre portugais, 1, 1950, S. 1–32). – S. Corbin, *Les textes musicaux de l'»Auto da alma«* (in *Mélanges Halphen*, Paris 1951, S. 137–143). – *G. V. e »Auto da alma«. Estética e encenação*, Hg. J. de Oliveira, Lissabon 1952 [m. Text]. – F. de Mello Moser, *Liturgia e iconografia na interpretação do »Auto da alma«* (in Revista da Faculdade de Letras de Lisboa, 3. ser., 1962, Nr. 6, S. 86–112). – M. S. Lourenço, *O homem como planta no »Auto da alma« de G. V.*, Lissabon o. J. [1977]. – M. I. R. Rodrigues, *»Auto da alma« de G. V.*, Lissabon 1980 [m. Text]. – S. Reckert, *Espírito e letra de G. V.*, Lissabon 1983, S. 105–134. – E. Vonk Matias, *›Modernidade‹ do »Auto da alma« de G. V.* (in Brotéria, 119, 1984, S. 521–529). – B. Darbord, *»Auto de alma« de G. V.: sur les deux composantes de l'allégorie* (in ArCCP, 23, 1987, S. 417–425). – L. Keates, *G. V.'s »Auto da alma«: A Triptych* (in *Catholic Tastes and Times*, Hg. M. A. Rees, Leeds 1987, S. 233–246). – J. E. Carter, *From Sign to Symbol: The Structure of a Portuguese Allegory* (in Portuguese Studies, 4, 1988, S. 1–15).

AUTO DA ÍNDIA

(portug.; *Spiel von Indien*). Verskomödie von Gil Vicente, Uraufführung 1509. – Dieser Text stellt einen der ersten Schritte zur Komödie auf der Iberischen Halbinsel dar. Gil Vicente, der mit Eklogen im Stil Juan del Encinas begonnen hatte, führt hier, aufbauend auf den Traditionen des Mittelalters, ein Mittelding zwischen frauenfeindlicher Farce und sittenkritischer Komödie auf. Zu Beginn des Stückes klagt die Hauptfigur Constança nach der Verabschiedung ihres Mannes, der zu einer Entdeckungsfahrt nach Indien aufbricht, in der Tradition des mittelalterlichen Spinnrocken- oder Kreuzzugsliedes *(chanson de toile)*, aber nicht um den abwesenden Ehemann, sondern über das Gerücht, er wäre gar nicht abgefahren. Kaum ist seine Abreise gewiß, hat sie in den folgenden, im Stück auf wenige Minuten zusammengedrängten Jahren nichts anderes im Sinn, als ihre beiden Liebhaber, einen großsprecherischen Kastilier und einen liebesschmachtenden Portugiesen neben- und nacheinander zu sich kommen und sich von ihnen aushalten zu lassen. Als der Ehemann am Schluß zurückkehrt, spielt sie nicht sehr überzeugend die allzeit Getreue. Der Heimgekehrte stellt nun freilich auch nicht, wie man erwarten könnte, das moralische Gegenbild dar, also den Kämpfer für die Glorie Portugals und gegen die Heiden, sondern berichtet in sehr realistischer Manier, daß die ganze, noch heute unter dem Namen »Entdeckung und Eroberung« laufende Unternehmung ein einziges Plündern war, bei dem nur leider die Offiziere mehr zum Zuge kamen als er. Mit einem zynisch-heuchlerischen bürgerlichen Familienidyll schließt das Stück, in dem einzig die Dienerin so etwas wie die Stimme des moralischen Volksempfindens darstellt.

In gereimten Kurzversen *(redondilha maior)* verfaßt, nimmt der Text zahlreiche konventionelle Formen und Themen der mittelalterlichen Lyrik auf und läßt von der Grundsituation her, wie erwähnt, auch an die mittelalterliche, besonders an die französische Farce denken. In der Gestaltung der Charaktertypen, vor allem der Liebhaber, aber auch Constanças und der Dienerin, geht Vicente aber weit über die grobe Personenzeichnung dieses Genres hinaus. Auch die nahezu »post-moderne« Zitierlust und das parodistisch-humoristische Spiel mit der mittelalterlichen Lyrik zeigt, wie weit der Autor sich bereits vom Mittelalter gelöst hatte. Schließlich ist die beinahe »ideologiekritische«, gegen die Selbstdarstellung der portugiesischen Expansion gerichtete Darstellung der »Eroberer« zu unterstreichen. Sie wird nur dadurch etwas gemildert, daß die dargestellten Personen dem einfachen Bürgertum angehören und als lächerliche Figuren wohl nicht zu ernst genommen werden konnten.

M.R.

AUSGABEN: Lissabon 1562 (in *Copilaçam de todalas obras*; Faks. 1928). – Lissabon 1953 (in *Obras completas*, Hg. Marques Braga, 6 Bde., 1951–1954, 5; m. Anm.; [5]1978). – Porto [2]1962 (in *Obras completas*, Hg. A. J. da Costa Pimpão; rev.). – Lissabon 1975 (in *Satiras sociais*, Hg. M. de Lourdes Saraiva; LB-EA). – Lissabon 1977 [Einl., Komm. u. Glossar M. dos Santos Alves]. – Lissabon 1984 (in *Obras completas*, Hg. u. Einl. M. L. Carvalhão Buescu, 2 Bde.; modernisierter Text d. *Copilaçam*). – Lissabon 1988 (in *Teatro de G. V.*).

ÜBERSETZUNG: *Der Indienfahrer. Eine Posse*, M. Rapp (in *Spanisches Theater*, Hg. ders., Bd. 1, Hildburghausen 1868).

LITERATUR: J. Mendes dos Remédios, *O sentimento religioso, o sentimento patriótico e o espírito da raça nos autos de G. V.*, Coimbra 1923. – L. Chaves, *A epopeia de Além-Mar em G. V.* (in Gil Vicente, 12, 1936, S. 198–209). – G. C. Rossi, *Due composizioni bilingui di G. V.*, Neapel 1953. – D. McGrady, *The Italian Sources of G. V.'s »Auto da Índia«* (in RPh, 30, 1976/77, S. 321–330). – O. Mateus, *»Auto da Índia« de G. V.*, Lissabon [2]1979 [m. Text]. – J. E. Tomlins, *G. V.'s Vision of India and Its Ironic Echo in Camões' »Velho do Restelo«* (in *Empire and Transition. The Portuguese World in the Time of Camões*, Hg. A. Hower u. R. A. Preto-Rodas, Gainesville/Fla. 1985, S. 155–163). – P. Teyssier, *L'envers de l'épopée* (in Critique, 1988, Nr. 495/496).

AUTO DA LUSITANIA

(portug.; *Spiel von Lusitania*). Farce in den gereimten Kurzversen der *redondilha maior* von Gil VICENTE, Aufführung: 1532 vor König Johann III. von Portugal anläßlich der Geburt des Prinzen Manuel. – Das Stück besteht aus verschiedenen in sich geschlossenen Teilen, die nur locker miteinander verbunden sind. Das Vorspiel stellt eine Szene aus dem Alltag einer jüdischen Schneiderfamilie dar. Die Tochter Lediça wird von einem Hofmann umworben, mit dem sie ihren Spott treibt; natürlich muß sie darüber zum Verdruß ihrer Eltern die häusliche Arbeit vernachlässigen. Die Nachricht von der Geburt des Prinzen leitet zu dem eigentlichen Festspiel der Geburtsfeier für Manuel über. Doch zuvor erzählt im Prolog ein Sprecher in burlesken Versen den angeblichen Lebenslauf des Dichters. Seine Ironie zielt auf die eingebildeten Höflinge, die auf Gil Vicente herabsehen. Dann folgt in Prosa die Inhaltserklärung des eigentlichen Festspiels, der Fabel von Lusitania, der Göttin und Herrin des nach ihr benannten Landes Portugal: Der Prinz von Portugal begehrt sie, die Tochter der Nymphe Lisibea und des Sonnengottes Sol, und weckt dadurch die Eifersucht ihrer Mutter. Nun verkündet ihr ein Bote des Sonnengottes, Merkur, der Gott des Handels, sei ihr vom Vater zum Gatten bestimmt. Fruchtbarkeitsgöttinnen begleiten Merkur. Eingeschaltet ist hier als neues Zwischenspiel die Episode vom reichen »Jedermann« und armen »Niemand«, zu der Dinato und Beelzebub als »Kaplane« der heidnischen Gottheiten mit einer Parodie auf die Seligpreisungen überleiten. Lusitania folgt nur widerwillig dem Wunsch ihres Vaters. Zum Glück sträubt sich auch Merkur gegen eine Ehebindung, so daß der Heirat mit dem Prinzen von Portugal nichts mehr im Weg steht.

Der Verschiedenheit der Szenen entspricht das Nebeneinander von Portugiesisch, Spanisch und Zigeuner-Andalusisch und der ständige Wechsel der Stilebenen. So hebt sich das realistische und komische Vorspiel von der Prologsatire ab, während der schlagfertige Dialog des Zwischenspiels sich antithetisch zuspitzt.

A.E.B.

AUSGABEN: Lissabon 1562 (in *Copilaçam de todalas obras*; Faks. 1928). – Lissabon 1954 (in *Obras completas*, Hg. Marques Braga, 6 Bde., 1951–1954, 6; m. Anm.; [4]1978). – Porto [2]1962 (in *Obras completas*, Hg. A. J. da Costa Pimpão; rev.). – Lissabon 1984 (in *Obras completas*, Hg. u. Einl. M. L. Carvalhão Buescu, 2 Bde.; modernisierter Text der *Copilaçam*). – Lissabon 1988 (in *Teatro de G. V.*).

ÜBERSETZUNGEN: Vorspiel zu dem Auto: *Lusitania*, M. Rapp (in *Spanisches Theater*, Hg. ders., Bd. 1, Hildburghausen 1868). – *Jedermann und Niemand*, M. Kühne (in *Geistliche Spiele*, Coimbra 1940).

LITERATUR: R. E. Surtz, *Poetry and History in G. V.'s »Auto da Lusitânia«* (in *Creation and Re-Creation ... Studies in Honor of S. Gilman*, Hg. ders. u. N. Weinerth, Newark/Del. 1983, S. 41–48). – J. N. Alçada, *Para um novo significado da presença de ›todo o mundo‹ e ›ninguém‹ no »Auto da Lusitânia«* (in ArCCP, 21, 1985, S. 199–271).

AUTO DA SIBILA CASANDRA

(span.; *Spiel von der Sibylle Cassandra*). Weihnachtsspiel von Gil VICENTE, Aufführung: Weihnachten 1513 im Kloster Ensobrigas vor der Königinwitwe D. Leonor. – Das Stück ist in achtsilbigen Kurzversen verfaßt, die durch zahlreiche Halbverse rhythmisch aufgelockert und in elfzeiligen Strophen gegliedert werden. Die trojanische Cassandra, vom Autor mit den alttestamentarischen Sibyllen verquickt, aktualisiert als Hauptfigur den bukolischen Topos von der spröden, liebes- und heiratsunwilligen Schönen, was sie besonders in ihrem

volkstümlich klingenden Liedchen *»Dicen que me case yo / no quiero marido, no«* (*»Sie sagen, ich würde heiraten, aber ich will keinen Mann, nein!«*) ausdrückt. Sie hat allerdings einen besonderen Grund, den Aufforderungen ihrer Freundinnen und auch König Salomos gegenüber standhaft zu bleiben. Als Hellseherin hat sie von der jungfräulichen Geburt des Gottesmenschen Christus Kunde und meint, selbst die auserwählte Jungfrau zu sein. Salomon holt nun als Unterstützung Abraham, Moses und Jesaja, die mit ihm im Chor das Volkslied *»Wie zornig ist das Mädchen! Ach Gott, wer wollte mit ihr sprechen!«* singen. Nun versuchen sie alle, Argumente für die Ehe zu finden: Moses erzählt das Buch Genesis und die Schöpfung von Mann und Frau, mit der Gott die Ehe gestiftet habe. Cassandra klagt dagegen über die Ehemänner, die immer ihre Frauen unterdrücken und, kaum verheiratet, böse und zänkisch werden. Schließlich erzählt sie aber auch ihren Traum von der jungfräulichen Geburt. Daraufhin entgegnet Jesaja als Prophet mit den unterschiedlichen Eigenschaften, die von der Gottesgebärerin gefordert würden und die sich unter den gemeinsamen Nenner des Gegensatzes »demütig« (Maria) und »geltungssüchtig« (Cassandra) bringen lassen.
An dieser Stelle schließlich öffnet sich ein Zwischenvorhang, es erscheint die Krippe, und es wird ein Weihnachts-Wiegenlied gesungen. In die Verehrung des Kindes ist auch ein Marienhymnus eingebettet, während den Schluß des Stückes – recht unpassend, aber wohl aktualitätsbedingt – ein Villancico mit der Aufforderung zum Krieg gegen die Mauren in Afrika bildet.
Die *Sibila Casandra* ist eines der vielen Beispiele für die Variationsmöglichkeiten des Weihnachtsspiels bei Gil Vicente; besonders reizvoll erscheint dabei die geglückte Verbindung von Elementen der bukolischen Thematik und des Alten Testaments mit der traditionellen Thematik. Die Figur der Cassandra erhält so ein viel komplexeres und psychologisch interessanteres Profil, als man es gewöhnlich in den Weihnachtsspielen dieser Art antrifft. M.R.

Ausgaben: Lissabon 1562 (in *Copilaçam de todalas obras*; Faks. 1928). – Lissabon 1951 (in *Obras completas*, Hg. Marques Braga, 6 Bde., 1951–1954, 1; m. Anm.; 61974). – Porto 21962 (in *Obras completas*, Hg. A. J. da Costa Pimpão; rev.). – Lissabon 1984 (in *Obras completas*, Hg. u. Einl. M. L. Carvalhão Buescu, 2 Bde.; modernisierter Text d. *Copilaçam*). – Lissabon 1988 (in *Teatro de G. V.*).

Übersetzungen: *La sibilla Cassandra*, C. Bo (in *Teatro spagnolo*, Hg. E. Vittorini, Mailand 1944; ital. Prosaübers.). – *Cassandra the Sibyl*, R. Benson (in *Early Spanish Plays*, Bd. 1, Hg. R. O'Brien, NY 1964; engl.).

Literatur: M. R. L. de Malkiel, *Para la génesis del »Auto de la Sibila Cassandra«* (in *Estudios de literatura española y comparada*, Buenos Aires 1966). – M. McKendrick, *Woman and Society in the Spanish Drama of the Golden Age: A Study of the »mujer varonil«*, Ldn. 1974, S. 45–51. – T. R. Hart, *»Casandra« and »Don Duardos«*, Ldn. 1981 (Critical Guides to Spanish Texts, 29). – M. L. Tobar, *Due diversi livelli di comicità in G. V.: la »Comedia do viúvo« e »Don Duardos«* (in Quaderni Portoghesi, 9/10, 1981, S. 265–299). – P. Ferré, *El romance »El regüñir, yo regañar«, en el »Auto de la Sibila Casandra« de G. V.* (in Revista Lusitana, N. S. 3/4, 1982/83, S. 55–67). – C. F. McGinniss, *The Dance, a Metaphoric Symbol in G. V.'s »Auto de la sibila Casandra«* (in HR, 52, 1984, S. 163–168).

AUTO DE INÊS PEREIRA

(portug.; *Spiel von Inês Pereira*). Farce von Gil Vicente, Aufführung: 1523 im Kloster Tomar vor dem portugiesischen Hof. – Nach Angabe des Autors stellt das Stück ein dramatisches Exemplum dar, das den Satz *»Lieber einen Esel, der mich trägt, als ein Pferd, das mich abwirft«* verdeutlichen soll. Auch dieses Stück beginnt mit einer *Chanson de toile* in der Tradition der mittelalterlichen Frauenlieder: Inês Pereira, der Zucht der Mutter und der Hausarbeit überdrüssig, will heiraten und träumt von einem feinen, höfisch gebildeten Ehemann. Als ihr die Mutter mit einer Kupplerin den reichen, aber naiv-einfältigen Bauern Pero Marques als Freier vorstellt, lehnt sie daher entrüstet ab. Nun bieten ihr zwei in antisemitisch-karikaturaler Weise verzerrte »Heiratsjuden« statt dessen den heruntergekommenen Edelmann Brás an, der nur auf ihre Mitgift aus ist. Kaum hat sie ja gesagt, sperrt er sie ein und tyrannisiert sie. Als er später in Afrika ums Leben kommt, heiratet sie doch noch Pero Marques, der nun im Gegenteil ihren Launen zu folgen hat und sie schließlich als wahrer »Esel« auf dem Rücken zu der Klause eines falschen, kastilischen Eremiten trägt, mit dem sie ihn betrügen wird.
Wie im *Auto da Índia* liegt auch hier die mittelalterliche Tradition der frauenfeindlichen Farce zugrunde, aber Inês ist noch mehr als Constança charakterlich individualisiert, ihre Wandlung von der kapriziösen Träumerin zur pragmatisch denkenden ungetreuen Ehefrau geht weit über die früher übliche Zeichnung dieses Typus hinaus. Auch Pero Marques, die Mutter, die Kupplerin, sowie der großsprecherische erste Ehemann sind mit psychologischem Geschick gezeichnet; nur die Juden bleiben derb-negative Karikatur. M.R.

Ausgaben: Lissabon 1562 (in *Copilaçam de todalas obras*; Faks. 1928). – Lissabon 1953 (in *Obras completas*, Hg. Marques Braga, 6 Bde., 1951–1954, 5; m. Anm.; 41971). – Lissabon 1955 (in *Recherches sur les œuvres de G. V. II: Édition critique de l'»Auto de Inês Pereira«*, Hg. I. S. Révah; zuerst in Bull. d'histoire du théâtre portugais, 3–5, 1952–1954). – Porto 21962 (in *Obras completas*, Hg. A. J. da Costa Pimpão; rev.). – Lissabon 1974 (*Farsa de Inês Pereira*; Einl., Komm. u. Glossar M. de Santos Alves). – Lissabon 1975 (in *Satiras sociais*, Hg. M. de

Lourdes Saraiva; LB-EA). – Lissabon 1984 (in *Obras completas*, Hg. u. Einl. M. L. Carvalhão Buescu, 2 Bde.; modernisierter Text d. *Copilaçam*). – Lissabon 1988 (in *Teatro de G. V.*).

ÜBERSETZUNG: *Inês Pereira. Eine Posse*, M. Rapp (in *Spanisches Theater*, Hg. ders., Bd. 1, Hildburghausen 1868). – Dass., ders., Coimbra 1952 [zus. m. *Das Spiel von der Seele*].

LITERATUR: A. M. Soares, *»Farsa de Inês Pereira«*, Porto 1974. – R. Bismut, *Note vicentine. Sur l'épisode final de l'»Auto de Inês Pereira«* (in BEP, 35/36, 1974/75, S. 247–258). – H. Hamilton-Faria, *The Farces of G. V.: A Study in the Stylistics of Satire*, Madrid 1976. – I. V. de Carvalho, *A linguagem sólida de »Inês Pereira«* (in Quaderni Portoghesi, 9/10, 1981, S. 109–143). – M. Viegas Guerreiro, *G. V. e os motivos populares: um conto na »Farsa de Inês Pereira«* (in Revista Lusitana, N. S. 1/2, 1981). – I. V. de Carvalho, *Estrutura e ›mensagem‹ de »Inês Pereira«*, Diss. Univ. of California, Santa Barbara 1981 (vgl. Diss. Abstracts, 43, 1982).

AUTO DE MOFINA MENDES

(portug.; *Spiel von Mofina Mendes*). Weihnachtsspiel von Gil VICENTE, Aufführung: 24. 12. 1534 in Évora vor König Johann III. – Das in siebensilbigen, meist in fünfzeilige Strophen gegliederten Kurzversen gehaltene Drama besteht aus vier recht heterogenen Teilen: einer Predigtparodie in der Art des spätmittelalterlichen französischen *sermon joyeux*, die in Art eines Prologs zu dem folgenden Stück überleitet; die Vorstellung der heiligen Maria als Königin mit den vier Hofdamen Vorsicht, Armut, Demut und Glaube, auf die eine Verkündigungsszene folgt. Danach fällt kurz der Vorhang, und es beginnt ein Hirtenspiel in Art eines *Exemplums* aus der Tradition der europäischen Volkserzählung: Die schlechte Hirtin Mofina Mendes, die das ihr anvertraute Vieh verloren hat und in einer aktuellen politischen Anspielung mit der Plünderung Roms durch spanische Truppen (1527) in Verbindung gebracht wird, erhält als Lohn für ihre Dienste einen Topf Öl. Den will sie nun auf dem Markt verkaufen und dafür Enteneier einhandeln, die aus diesen schlüpfenden Enten dann teuer verkaufen und damit die Mitgift für ihre Hochzeit zusammenstellen. Aus Vorfreude auf das Hochzeitsfest beginnt sie zu tanzen, bis der Topf ihr vom Kopf fällt und zerbricht. Die zusehenden Hirten bringen diesen Ablauf allegorisch mit dem Verhaftetsein des Menschen im Diesseits in Zusammenhang, dessen Versprechungen sich letztlich als genauso eitel und zerbrechlich erweisen würden. Danach legen sie sich schlafen und werden dann im vierten Teil vom Engel geweckt, der ihnen die Geburt Christi verkündet, worauf sie alle zu der Krippe ziehen, um das Kind anzubeten.

Durch die Mofina-Mendes-Episode bekannt geworden, stellt dieses Drama in erster Linie den Versuch dar, das übliche Hirten-Weihnachtsspiel durch die nicht immer sehr geglückte Verbindung mit anderen Elementen (komisches Zwischenspiel; Predigtparodie; allegorisches Spiel) ein wenig origineller zu gestalten. Vor allem bei den Hirtenfiguren gelingt dem Autor auch eine etwas ausgeprägtere Charakterisierung. M.R.

AUSGABEN: Lissabon 1562 (in *Copilaçam de todalas obras*; Faks. 1928). – Lissabon 1951 (in *Obras completas*, Hg. Marques Braga, 6 Bde., 1951–1954, 1; m. Anm.; [6]1974). – Porto [2]1962 (in *Obras completas*, Hg. A. J. da Costa Pimpão; rev.). – Rio [3]1973 (in *Dois autos de G. V.*, Hg. S. da Silveira; Faks.). – Lissabon 1984 (in *Obras completas*, Hg. u. Einl. M. L. Carvalhão Buescu, 2 Bde.; modernisierter Text d. *Copilaçam*). – Lissabon 1988 (in *Teatro de G. V.*).

LITERATUR: G. Le Gentil, *Les thèmes de G. V. dans les moralités, soties et farces françaises* (in *Hommage à E. Martinenche*, Paris 1939, S. 156–174). – J. de Carvalho, *Sobre as fontes do »Auto de Mofina Mendes«* (in J. de C., *Estudos sobre a cultura portuguesa do século XVI, II*, Coimbra 1948, S. 345–350). – I. S. Révah, *Les sermons de G. V.*, Lissabon 1949. – Ders., *Un tema de Torres Naharro y de G. V.* (in Nueva Revista de filogía Hispánica, 7, 1953, S. 417–425). – D. Reyre, *La mystérieuse identité d'un personnage de G. V.: Mofina Mendes* (in BEP, 39/40, 1978/79, S. 13–18). – T. R. Hart, *The Unity of G. V.'s »Auto da Mofina Mendes«* (in *Studies in Honor of Bruce W. Wardropper*, Hg. D. Fox u. a., Newark/Del. 1989, S. 135–146).

AUTOS DAS BARCAS

(portug./span.; *Spiel von den Barken*). Dramatische Trilogie von Gil VICENTE, bestehend aus dem in portugiesischer Sprache abgefaßten *Auto da barca do inferno (Spiel von der Höllenbarke)* und dem *Auto da barca da purgatório (Spiel von der Barke des Fegefeuers)*, aufgeführt am 24. 12. 1516 in Lissabon im Ribeira-Palast bzw. am 24. 12. 1518 in Lissabon im Hospital de Todos os Santos vor der Königinwitwe D. Leonor, sowie dem in Spanisch gehaltenen *Auto da barca da glória (Spiel von der Barke der Seligkeit)*, aufgeführt am 22. 4. 1519 in Almeirim vor König Manuel. – Gemeinsam ist diesen drei jeweils in derselben Dekoration gespielten Dramen die Nähe zum mittelalterlichen spanischen Totentanz, aus der sich die reihenförmige Abfolge gleich gebauter Szenen ergibt, und das Grundthema des Jüngsten Gerichts.

Die zuerst verfaßte *Höllenbarke* führt fast ausschließlich Vertreter unterer Stände vor, die als komische Figuren wirken, wenn sie nach ihrem Tod zum Meeresufer kommen und dort zunächst, von dem marktschreierischen Teufel angelockt, kurz bei seinem Boot verharren, dann erschreckt eilig auf das Boot der Engel zu flüchten versuchen, um schließlich nach ihrer Abweisung resigniert doch zum Teufelsschiff zurückzukehren. Freilich handelt es sich durchwegs um Stadtbürger, der erste Höllenkandidat ist sogar ein »Fidalgo«, ein niederer Adeliger. Als Vertreter unterer Stände sind sie auch durch ihr derbes Schimpfen gegenüber dem Teufel gekennzeichnet, was natürlich ebenfalls komische Wirkungen auslöst. Neben zahlreichen Handwerkern und einem mit seiner Freundin im Arm erscheinenden Mönch müssen auch eine wortgewandte Kupplerin und zwei Juristen mit einem Gehenkten sich auf das Höllenschiff begeben. Am schlechtesten kommt freilich der Jude weg, den nicht einmal der Teufel haben will und der letztlich auf den schlechtesten Platz verbannt wird. Die Beschimpfung des Juden bzw. der Vortrag seines Sündenregisters (das vor allem die konventionellen Anschuldigungen wie Hostienschändung und dergleichen mehr enthält) wird daher auch dem schwachsinnigen Narren Parvo übertragen, der als einziger auf das Engelsschiff darf, weil *»seine Einfalt ihm das Recht auf die himmlischen Freuden gibt«*. Außer ihm werden nur noch in einer Art »Schlußpointe« vier Ritter vor dem Zugriff des Teufels bewahrt, die eben auf einem »Kreuzzug« gegen die Mauren gefallen sind und daher unbeschadet möglicher Sünden das Anrecht auf das Paradies erworben haben.

Das in Kurzversen geschriebene Spiel ist, wie erwähnt, trotz des ernsten Themas reich an komischen Effekten, für die neben dem Teufel und den oft verschmitzt-tolpatschigen Sündern vor allem der Narr mit seinen Unsinnsreden sorgt, die auch reich an Fäkalienkomik sind und an die mittelalterliche französische Gattung der *Sottie* erinnern; ihre Verbindung mit dem Totentanz ist jedoch originelle Schöpfung Vicentes, ebenso wie die Charakterzeichnung der Sünder, die bisweilen, etwa bei der Kupplerin Brízida Vaz oder dem Mönch, durchaus über die von Standestypen hinausgeht und den Figuren ein individuelles Profil verleiht.

Im *Auto da barca do purgatório* liegen dieselben beiden Schiffe vor Anker: Zu Beginn preisen die Engel die Mutter Maria, die den Sündern trotz aller Verfehlungen den Weg in den Himmel eröffnet, während der Teufel über die Flaute klagt, die sein Boot hier festhält. Die hier auftretenden Verstorbenen gehören durchwegs der Landbevölkerung an und sind daher als naive Sünder gezeichnet, deren Glaube ihnen letztlich die Möglichkeit eröffnet, wenigstens auf dem (dem Fegefeuer entsprechenden) Ufer zu warten und einen Läuterungsprozeß durchzumachen, um dann das Engelsschiff besteigen zu dürfen. Nach einem Ackermann und einem Hökerweib sowie einem Hirten und einer Hirtin, die jeweils auf diesen »Bewährungsweg« verwiesen werden, tritt ein mit erfrischendem Realismus gezeichnetes kleines Kind auf, das sich vor dem »Krampus«-Teufel fürchtet und sofort auf das Himmelsschiff darf, weil es gestorben ist, ehe es noch sündenfähig wurde. Den Abschluß macht ein Spieler, der im Gegensatz dazu sofort auf das Teufelsschiff geschickt wird, weil es *»für Spieler keine Rettung gibt«*.

Das dritte Drama, das *Auto da barca da glória*, ist, wohl auch wegen des hohen Ranges der Mitspieler, in der offenbar sozial höher geachteten spanischen Sprache abgefaßt. In symmetrischer Form treten hier die höchsten weltlichen (ein Graf, ein Herzog, ein König und der Kaiser), hierauf die höchsten geistlichen Würdenträger (ein Bischof, ein Erzbischof, ein Kardinal, der Papst), geleitet vom Tod, vor den Teufel. Dessen Selbstdarstellung treten sie gefaßt gegenüber, sprechen jeweils ein Totengebet bzw. einen Psalm und rufen schließlich die heilige Maria an. Dennoch können die Engel, die sich, vor allem bei den höchsten Rängen, interessiert zeigen, nur Mitleid spenden, die Seelen aber nicht auf ihrem Schiff aufnehmen. Sie ziehen aber die Hülle vom Kruzifix, und in einem Schlußgebet gelingt es den acht Verstorbenen doch noch, Christus zur Milde zu bewegen: er erscheint persönlich, von ihrer tiefen Reue gerührt, und führt sie in den Himmel. Bei diesem Drama ist die Verbindung zur Liturgie der Totenmesse besonders eng: Man kann darin eine Parallele zu der Verschränkung von Gottesdienst und Theater bei den Weihnachts- und Osterspielen von Juan del Encina, Lucas Fernández, aber auch von Vicente selbst sehen. Die Sprache ist wesentlich getragener als in den anderen beiden Stücken, wie es der Würde der Figuren entspricht; Tod und Teufel passen sich an.

In der Gesamtkonzeption stellen die drei *Barcas* daher so etwas wie ein Triptychon der menschlichen Welt im ausgehenden Mittelalter (Stadtbürger – Landleute und Hirten – weltliche und kirchliche Fürsten und Herrscher) dar; darüber hinaus ist in der Dreiteilung natürlich auch eine Bezugnahme auf Dantes *Divina Commedia* zu sehen. Vor allem in den burlesken Teilen der ersten beiden Stücke sind aber auch Reste der mittelalterlichen Moralitäten und Farcen Frankreichs zu spüren, zugleich werden jedoch schon individualisierte Komödiencharaktere geprägt, die auf die spätere Entwicklung der iberischen Komödie verweisen. M.R.

Ausgaben: Lissabon 1562 (in *Copilaçam de todalas obras*; Faks. 1928). – Lissabon 1951 (in *Obras completas*, Hg. Marques Braga, 6 Bde., 1951–1954, 2; m. Anm.; 4 1968). – Lissabon 1951 (in *Recherches sur les œuvres de G. V. I: Édition critique du premier Auto das Barcas*, Hg. I. S. Révah). – Porto 2 1962 (in *Obras completas*, Hg. A. J. da Costa Pimpão; rev.). – Mem Martins 3 1977, Hg. L. F. Rebello (m. Einl. u. Anm.; LB-EA). – Lissabon 1982 (*Auto da barca do inferno*, Hg. M. I. R. Rodrigues; krit.; m. M. L. Carvalhão Buescu, 2 Bde.; modernisierter Text d. *Copilaçam*). – Lissabon 1988 (in *Teatro de G. V.*).

Übersetzung: *Das Spiel von den Barken: Die Erlösung. Das Fegefeuer. Die Fahrt zur Hölle*, M. Kühne (in *Geistliche Spiele*, Coimbra 1940).

Literatur: W. S. Hendrix, *The »Auto de Moralidade da embarcação do inferno« and the Spanish »Tragicomedia alegórica del Parayso y del Infierno«* (in MPh, 13, 1915/16, S. 669–680). – P. Quintela,

Motivgeschichtliche Betrachtungen zu den »Barcas« des G. V. (in RF, 56, 1942, S. 345–358). – P. David, *Notes sur deux motifs introduits par G. V. dans l'»Auto da embarcação da glória«* (in BEP, 10, 1945). – E. Asensio, *Las fuentes de las »Barcas«* (in Bull. d'histoire du théâtre portugais, 4, 1953, S. 207 bis 237; ern. in E. A., *Estudios portugueses*, Paris 1974, S. 59–77). – A. E. Beau, *Die »Barcas« des G. V.* (in RF, 53, 1939, S. 300–355; portug. in A. E. B., *Estudos*, Bd. 1, Coimbra 1959, S. 159–218). – L. Stegagno Picchio, *Diavolo e inferno nel teatro di G. V.* (in AION, 1, 1959, S. 31–59; ern. in L. S. P., *Ricerche sul teatro portoghese*, Rom 1969, S. 115–155). – P. Teyssier, *›Glória‹ dans G. V. e Camões* (in Ibérica, 1, 1977, S. 295–311). – S. Reckert, *Forma interior do drama vicentino: as »Barcas«* (in S. R., *Espírito e letra de G. V.*, Lissabon 1983, S. 61–104). – C. Cunha, *Regularidade e irregularidade na versificação do primeiro auto das »Barcas« de G. V.* (in C. C., *Lingua e verso*, Lissabon ³1984, S. 49–76; rev.; zuerst 1960). – E. G. Ramsay, *A Computer-Assisted Literary Analysis of the »Barcas« of G. V.*, Diss. Catholic Univ. of America 1984 (vgl. Diss. Abstracts, 45, 1985, S. 3655A). – J. A. O. Mateus, *La censura de los impresos y el teatro de G. V.* (in *Le théâtre sous la contrainte. Actes du colloque*…, Aix-en-Provence 1988, S. 19–30).

DON DUARDOS

(span.; *Don Duardos*). Ritterdrama von Gil VICENTE, entstanden 1522. – Vicente hat hier eine Episode des beliebten Ritterromans *Primaleón* (1516), eine Fortsetzung des *Palmerín de Olivia*, von Francisco VÁZQUEZ, dramatisiert. Im einleitenden Teil am Kaiserhof des Palmerín in Konstantinopel will Prinz Duardos von England ein Duell mit Primaleón ausfechten, um die Ehre einer Dame zu retten. Dabei wird er jedoch von heftiger Liebe zu Flérida, der Tochter des Kaisers, ergriffen, die den Streit zu schlichten versucht. Schwermütig verläßt er den Hof, während nun der *»wilde Ritter«* Camilote vortritt und alle zum Kampf herausfordert, die nicht bereit sind, in seiner grotesk häßlichen Dame Maimonda den Höhepunkt der Schönheit anzuerkennen. Da ihm keiner gewachsen ist, tötet er viele Ritter im Zweikampf. Unterdessen verdingt sich Duardos auf den Rat der Zauberin Olimba bei Flérida als Gärtnersbursche, wobei das einander in idyllischer Liebe zugetane alte Gärtnersehepaar Julián und Constanza beschließt, den jungen Mann, der einen »Schatz« zu suchen vorgibt, als ihren Sohn auszugeben. Es gelingt ihm, Flérida den Liebestrank der Olimba zu reichen. Nur mit Mühe kann er eine seinem neuen Stand entsprechende Heirat, die Julián vermitteln will, vermeiden und besingt statt dessen in scheinbar »unmöglicher Liebe« die kaiserliche Prinzessin. In drei symbolischen, durch lyrische Monologe ausgefüllten Nachtwachen, »verdient« er sich Flérida, die in dem galant um sie werbenden Gärtner zwar mehr vermutet, dennoch aber nicht weiß, wie sie sich angesichts des Standesunterschiedes verhalten soll. Duardos aber bleibt hart: Er will sein Inkognito nicht lüften, sondern »um seiner selbst willen« geliebt werden. Nach einem durch einen Erzähler berichteten Intermezzo, in dem er als Duardos den wütenden Camilote tötet, willigt Flérida schließlich ein, mit ihm zu fliehen. Erst in der bereits auf dem Schiff gesungenen Schlußromanze *En el mes era del abril* offenbart ihr Duardos seine wahre Identität und das Ziel der Reise.

Dieses lyrische Drama, das in späterer Zeit wohl wegen des hohen Personals als »Tragikomödie« eingestuft worden wäre, zeichnet sich durch eine ungewöhnliche lyrische Dichte und durch das zentrale Thema der Liebe aus, das in mehreren Varianten vorgeführt wird: der zauber- und märchenhaften Liebe zwischen Duardos und Flérida, der Philemon-und-Baucis-Liebe zwischen Julián und Constanza, der grotesken, blinden Liebe zwischen Camilote und Maimonda. Für alle Varianten scheint zu gelten, was die Cantiga von Fléridas Dienerin Artada zusammenfaßt: gegen Amor und Fortuna gibt es kein Mittel. Diese schicksalshafte, leidenschaftliche Liebe überwindet hier Standesschranken und Äußerlichkeiten und bestätigt so wieder den VERGIL-Satz aus den *Bucolica*, der auch in der Ritterwelt Gültigkeit zu besitzen scheint: *»Omnia vincit amor, et nos cedamus amori.«* M.R.

AUSGABEN: Lissabon 1562 (in *Copilaçam de todalas obras*; Faks. 1928). – Lissabon 1951 (in *Obras completas*, Hg. Marques Braga, 6 Bde., 1951–1954, 2; m. Anm.; ⁴1968). – Porto ²1962 (in *Obras completas*, Hg. A. J. da Costa Pimpão; rev.). – Lissabon 1984 (in *Obras completas*, Hg. u. Einl. M. L. Carvalhão Buescu, 2 Bde.; modernisierter Text d. *Copilaçam*). – Lissabon 1988 (in *Teatro de G. V.*).

ÜBERSETZUNG: *Don Duardos. Ein Schauspiel*, M. Rapp (in *Spanisches Theater*, Hg. ders., Bd. 1, Hildburghausen 1868).

VERTONUNG: F. Lopes-Graça, *Don Duardos e Flérida* (Melodramkantate; Urauff.: Lissabon 1970, Teatro de São Carlos).

LITERATUR: E. L. Rivers, *The Unity of »Don Duardos«* (in MLN, 76, 1961, S. 759–766). – M. da C Fontes, *»Don Duardos« in the Portuguese Oral Tradition* (in RPh, 30, 1977, Nr. 4, S. 589–608). – M. Romanos, *La estructura simbólica de la »Tragicomedia de Don Duardos« de G. V.* (in Logos, 16, 1980/81, S. 109–124). – T. R. Hart, *»Casandra« and »Don Duardos«*, Ldn. 1981 (Critical Guides to Spanish Texts, 29). – M. V. de Carvalho, *Do teatro de G. V. ao teatro de Wagner (Uma leitura do libreto de »D. Duardos e Flérida« de F. Lopes-Graça)* (in Vértice, 43, 1983, Nr. 454, S. 29–39). – R. Hess, *G. V., »Tragicomedia de Don Duardos«* (in *Das spanische Theater vom MA bis zur Gegenwart*, Hg. V. Roloff u. H. Wentzlaff-Eggebert, Düsseldorf 1988, S. 36–52).

Gomes Eanes de Zurara

* um 1404 Azurara
† vor 2.4.1474 Santarém (?)

Literatur zum Autor:
E. Prestage, *The Chronicles of Fernão Lopes and G. E. de Zurara*, Watford 1928. – J. de Carvalho, *Sobre a erudição de G.E. de Z.* (in Biblos, 25, 1949, S. 1–160; auch in J. C., *Estudos sobre a cultura portuguesa do século XV*, Bd. 1, Coimbra 1949, S. 1–197). – A. J. Dias Dinis, *Em torno da naturalidade e filiação do cronista Z.* (in Itinerarium, 4, 1958, S. 169–205). – W. Cardoso (in Kriterion, 13, Belo Horizonte 1960, S. 519–529, Bibliogr.). – L. D. King, *In the Shadow of the Master: The Present State of Z. Research*, Diss. Indiana Univ. 1976 (portug.: Lissabon 1978). – L. F. Barreto, *G. E. de Z. e o nascimento do discurso historiográfica de transição* (in *Descobrimentos e Renascimento. Formas de ser e pensar nos séculos XV e XVI*, Lissabon 1983, S. 63–126). A. de Silva, *Expansão portuguesa e mentalidade religiosa (Relendo G. de Z.)* (in Brotéria, 125, 1987, S. 537–555). – Saraiva/Lopes, [15]1989, S. 137–140.

CHRONICA DEL REI D. JOAM I DE BOA MEMORIA E DOS REYS DE PORTUGAL O DECIMO. TERCEIRA PARTE, EM QUE SE CONTEM A TOMADA DE CEUTA

(portug.; *Chronik König Johanns I. guten Angedenkens, des zehnten Königs von Portugal. Dritter Teil, in dem die Eroberung Ceutas erzählt wird*). Zeitchronik von Gomes Eanes de Zurara, beendet 1450. – Fortsetzung der Chronik von Fernão Lopes über Johann I., der 1385 bei Aljubarrota den entscheidenden Sieg über die Spanier errungen hatte. Die Eroberung Ceutas (1415), der Frieden von Castela und der Tod des Monarchen sind die wichtigsten Ereignisse dieser Cronik, die die erste portugiesische Kriegstat in Übersee verherrlicht und damit die »Literatur der portugiesischen Expansion« einleitet. Ihr Verfasser gibt wahrheitsgetreu den Sachverhalt wieder, weil er sich nicht wie mancher andere auf mündliche Überlieferung sützt, sondern kritisch ältere Dokumente und Chroniken als Quellenmaterial verwendet.

Im Gegensatz zu Fernão Lopes, der sich vor allem zur Aufgabe machte, die Umstände aufzudecken, die eine Handlung des jeweiligen Helden vorbereiteten, stellt Zurara dessen lebendige Individualität in den Mittelpunkt. Dabei beschränkt er sich jedoch einseitig auf die Schilderung der vom Volk abgesondert lebenden Adelskreise. Auch wird man bei dem Autor ein Eingehen auf das Ineinandergreifen von wirtschaftlichen und politischen Faktoren vermissen. Sein Stil hat das Pathos antiker Vorbilder und ist überladen mit rhetorischen Figuren, Zitaten (die als Beleg für Tradition und Legitimität des Dargestellten dienen) und mythologischen Anspielungen. Während ein Hauptmerkmal des schlichten Stils von Fernão Lopes die aneinanderreihende Koordination war, ordnet Zurara seine langen Satzperioden durch Konjunktionen einander unter. Bei aller Verschiedenheit ist den beiden Geschichtsschreibern die zuverlässige Wiedergabe der Fakten gemeinsam. F. M. Esteves Pereira stützte sich bei seiner 1915 besorgten dipolomatischen Ausgabe auf zwei Kodizes des Torro do Tombo, die durch eine in den siebziger Jahren aufgefundene Handschrift (jetzt im Besitz der Houghthon Library in Harvard) ergänzt werden. Eine kritische Edition befindet sich in der Vorbereitung.

M.Mi.

Ausgaben: Lissabon 1644. – Lissabon 1915, Hg. F.M. Esteves Pereira [dipl.; m. Einl.]. Lissabon [2]1965 (*Crónica da tomada de Ceuta*; Einl.; Ausw. u. Anm. A. Pimenta).

Literatur: J. H. Blackmore, *A New Manuscript of the »Crónica da tomada de Ceuta«* (in BF, 30, 1985, S. 47–54). – H. B. Moreno, *O valor da crónica de Z. sobre a conquista de Ceuta* (in *A abertura do mundo. Estudos de história dos descobrimentos europeus*, Bd. 2, Hg. F. Contente u. L. F. Barreto, Lissabon 1988, S. 191–203).

CHRONICA DO DESCUBRIMENTO E CONQUISTA DE GUINÉ

(portug.; *Chronik der Entdeckung und Eroberung von Guinea*) von Gomes Eanes de Zurara, geschrieben um 1460. – Die Chronik bildet als dritter Teil die Fortsetzung der von Fernão Lopes angefangenen *res gestae* König Johanns I. Sie behandelt die Entdeckung und Eroberung Guineas und die darauf folgende Erschließung Afrikas unter Heinrich dem Seefahrer (1394–1460). – Die Erkundung der afrikanischen Küste bis zur Sierra Leone bildete dann die Voraussetzung für die Umsegelung des Kaps der Guten Hoffnung und die Entdeckung des Seewegs nach Indien durch Vasco da Gama vier Jahrzehnte später.

Wieviel Zurara seiner Quelle, Afonso Cerveira, verdankt, ist nicht mehr festzustellen, da die schriftliche Überlieferung fehlt. Das einzige, wertvolle, illuminierte Manuskript der Chronik, das 1837 in der Bibliothèque Nationale in Paris entdeckt wurde, weist eine deutliche Zweiteilung auf: einen vor dem Tod des Infanten Heinrich verfaßten ersten Teil, ursprünglich als *Livro dos feitos do Infante* bezeichnet, der die ruhmreichen Taten des Infanten besingt, und einen zweiten, der nach dem Tod Heinrichs des Seefahrers geschrieben ist. Dieser wichtige Kodex, 1553 datiert, geht vielleicht auf Originalmanuskripte zurück. Der Verfasser hat, im Gegensatz zu seiner *Chronik über die Eroberung von Ceuta* den Fluß der Erzählung durch eingeschobene, lebendige Volksszenen stilistisch aufgelockert. Bemerkenswert ist die Versteigerung der Negersklaven am Strand von Lagos. Diese erste breitere Darstellung der Menschen Schwarzafrikas ist besonders aufschlußreich für das Verständnis der Beziehungen des Portugiesen zu Menschen anderer Hautfarbe und gleichzeitig ein frühes Dokument über den Beginn des Sklavenhandels der Neuzeit.

M.Mi.

AUSGABEN: Paris 1841. – Porto 1937, Hg. J. de Bragança [m. Einl., Anm., Glossar]. – Lissabon 1937. – Lissabon 1949, Hg. J. Dias Dinis, 2 Bde. [Bd. 1: Einl. u. Biogr.; Bd. 2: Text]. – Lissabon 1973, Hg. J. de Bragança [nach dem Pariser Ms.; modernisierte Fassg.]. – Lissabon 1978 (*Crónica dos feitos notáveis que se passaram na conquista da Guiné par mandado do Infante D. Henrique*, 2 Bde.; Modernisierung des Textes, Einl. u. Anm. T. de Sousa Soares). – Lissabon 1981 (*Crónica dos feitos notáveis que se passaram na conquista de Guiné*).

ÜBERSETZUNGEN: *Chronique de Guinée*, L. Bourdon, Dakar 1960 [frz.; m. Einl.]. – *Chronik der bemerkenswerten Taten, welche sich bei der Eroberung von Guinea, die auf Befehl des Infanten D. Henrique durchgeführt wurde, ereigneten*, G. Pögl (in *Heinrich der Seefahrer oder Die Suche nach Indien*, Hg. dies. u. R. Kroboth, Stg. 1989; unvollst.; Bd. 2 d. Ausg. Lissabon 1981).

LITERATUR: D. Leite, *Acêrca da »Crónica dos feitos de Guiné«*, Lissabon 1940. – A. J. da Costa Pimpão, *»Crónica dos feitos de Guiné»*, (in Biblos, 17, 1941, S. 665–696). – M. Barrada de Carvalho, *L'idéologie religieuse dans la »Crónica de Guiné«* (in BEP, 19, 1955/56, S. 34–63). – Ders., *As edições e traduções da »Crónica dos feitos de Guiné«* (in Revista de história, 30, São Paulo 1965, Nr. 61). – T. de Sousa Soares, *Acerca da chamada »Crónica dos feitos da Guiné« de G. E. de Z.* (in Revista portuguesa de história, 9, 1960, S. 287–302).

Anonyme Werke

Cancioneiro da Ajuda

(portug.; *Liederbuch von Ajuda*). Die älteste portugiesisch-galicische Liedersammlung. – Die Handschrift – 88 Pergamentblätter (Folioformat) in gotischer Schrift, mit zahlreichen kostbaren Miniaturen und Initialverzierungen – ist das Werk eines einzigen Schreibers, Ende des 13. oder Anfang des 14. Jh.s wohl am portugiesischen Hof angefertigt, aber unvollendet hinterlassen. Zwar bewahrt der *Cancioneiro da Ajuda* nur einen geringen Teil des mittelalterlichen portugiesisch-galicischen Liedschatzes; dafür sind aber die Lieder vermutlich originalgetreuer als die Texte der umfangreicheren Sammlungen des *Cancioneiro da Biblioteca Nacional* und des *Cancioneiro da Vaticana*: Die 310 Gedichte der Handschrift gehören ausnahmslos dem 12. und 13. Jh. an, ihre Verfasser sind also meist noch Zeitgenossen des Sammlers.

Zum überwiegenden Teil enthält die Sammlung Minnelieder *(Cantigas de amor)*, daneben noch einige wenige Mädchenlieder (*Cantigas de amigo*); beides hauptsächlich Liebesklagen, gekennzeichnet durch ihre streng parallelistische Kompositionsform. Sie stehen der provenzalischen Lyrik nahe, sind aber weniger »kunstvoll« und klingen daher einfacher und »natürlicher«. Schmäh- und Spottgedichte *(Cantigas de mal-dizer, Cantigas de escárnio)*, die in den anderen beiden Handschriften breiten Raum einnehmen, fehlen hier ganz. – Die Namen der Dichter sind nicht angegeben. Doch lassen sich aufgrund der Handschriften der übrigen Liederbücher und des Dichterkatalogs, den Angelo Colocci (1474–1549) nach einer verschollenen Gedichtsammlung zusammengestellt hat, 246 Stücke teils mit Sicherheit, teils mit Wahrscheinlichkeit 32 bekannten Dichtern zuweisen (die restlichen 64 Gedichte sind in den anderen Handschriften nicht enthalten). – Die Handschrift wurde 1779 bei der Aufhebung des Jesuitenordens in Lissabon entdeckt und zunächst in das Colégio dos Nobres gebracht; seit 1832 wird sie in der Schloßbibliothek zu Ajuda aufbewahrt. Eine erste, aber unvollständige Ausgabe – in 25 Exemplaren eines Privatdrucks – veranstaltete 1823 der englische Botschafter in Portugal, Charles Lord Stuart. Dennoch blieb die Anthologie bis zum Erscheinen der kritischen Ausgabe von Carolina Michaëlis de Vasconcelos (die den Bestand nach italienischen Abschriften um 157 Gedichte von 98 bekannten und 7 unbekannten Verfassern ergänzte) fast unbekannt. A.E.B.

Ausgaben: Paris 1823 [Frgm.]. – Halle/Saale 1904, Hg. C. Michaëlis de Vasconcelos, 2 Bde. [m. Komm., Anm. u. dt. Übers.; dazu *Glossário do »Cancioneiro da Ajuda«*, in Revista Lusitana, 23, 1920]. – NY 1941, Hg. H. H. Carter [dipl.; Nachdr. Millwood/N.Y. 1975]. – Lissabon 1982 (in *Cancioneiro da Biblioteca Nacional*, Hg. L. F. Lindley Cintra; Faks.).

Literatur: O. Nobiling, *Zu Text u. Interpretation des »Cancioneiro da Ajuda«* (in RF, 23, 1906, S. 339–385). – H. R. Lang, *Zum »Cancioneiro da Ajuda«* (in ZfrPh, 32, 1908, S. 129–160; S. 290–311; S. 385–399). – A. de Campos, *Sobre o valor literário do »Cancioneiro da Ajuda«* (in Revista da Univ. de Coimbra, 11, 1933, S. 864–876). – S. Pellegrini, *Repertorio bibliografico della prima lirica portoghese*, Modena 1939. – E. Asensio, *Poética y realidad en el Cancionero peninsular de la edad media*, Madrid 1957. – S. Pellegrini, *Studi su trove e trovatori della prima lirica ispano-portoghese*, Bari 1959. – M. Rodrigues Lapa, *Lições de literatura portuguesa, época medieval*, Coimbra 1964 [m. Bibliogr.; [10]1981; rev.]. – S. Pellegrini, *Varietà romanze*, Bari 1977. – F. Jensen, *The Earliest Portuguese Lyrics*, Oslo 1978. – M. A. Ramos, *Novas observações sobre o sistema de numeração do »Cancioneiro da Ajuda«* (in BF, 30, 1985, S. 33–46). – Dies., *L'éloquence des blancs dans le chansonnier d'Ajuda* (in *Stylistique, rhéthorique et poétique dans les langues romanes*, Hg. J.-C. Bouvier, Provence 1986, S. 215–224). – Dies., *Um Provençalismo no »Cancioneiro da Ajuda«: Senner* (in *Homenagem a Joseph M. Piel*, Hg. D. Kremer, Tübingen 1988, S. 621–637; Ms.-Studie).

Cancioneiro da Biblioteca Nacional

(portug.; *Liederbuch der Nationalbibliothek*). Mit 1567 Gedichten die umfangreichste Sammlung der portugiesisch-galicischen Lyrik des 13. und 14. Jh.s. Das Liederbuch war ursprünglich in Besitz des italienischen Humanisten Angelo Colocci (1474–1549); im 19. Jh. befand es sich in der Bibliothek des Grafen Brancuti di Cagli (daher die frühere Bezeichnung *Cancioneiro Colocci-Brancuti*); seit 1924 gehört die Handschrift zum Bestand der Lissabonner Nationalbibliothek. Sie wurde im 16. Jh. angelegt und dürfte auf portugiesischen Vorlagen (vermutlich des 14. Jh.s) beruhen, die durch Nachträge und einen Dichterkatalog ergänzt wurden.

Die Verfasser dieser Lieder sind nicht nur Dichter portugiesischer oder galicischer Herkunft, sondern stammen auch aus anderen Regionen der Pyrenäenhalbinsel – etwa León oder Kastilien. Sie bedienten sich jedoch alle der portugiesisch-galicischen

Dichtersprache. Zentrum ihres Wirkens war zum einen der portugiesische Hof, zum andern die Umgebung König Alfons' X. (des Weisen) von Kastilien (reg. 1252–1284). Wie im *Cancioneiro da Vaticana* sind – im Gegensatz zum *Cancioneiro da Ajuda* – in dieser Sammlung sämtliche Gattungen der portugiesisch-galicischen Lyrik des Mittelalters vertreten: Neben den Minneliedern *(Cantigas de amor)* findet man auch die Mädchenlieder *(Cantigas de amigo)* sowie die Schmäh- und Spottgedichte *(Cantigas de mal-dizer, Cantigas de escárnio)*. Der Sammlung ist eine kurze, leider fragmentarische Poetik aus dem 14. Jh. *(Tratado de poética)* vorangestellt. Die Gedichte aller drei Gattungen sind durchweg parallelistischer Struktur. Am wirksamsten und einfallsreichsten entfaltet sich dieses Kompositionsprinzip in den Mädchenliedern, die überhaupt die eigentümlichsten und bedeutendsten Schöpfungen dieser Liedkultur darstellen. Der Parallelismus besteht darin, daß je zwei Strophen gleichen Inhalts mit wechselnden Reimworten und jeweils einem Kehrreim zu einer rhythmischen Einheit verbunden sind. Das Grundschema kann vielfach abgewandelt werden, wobei sich der Parallelismus gelegentlich bis in Satzbau und Wortsinn hinein erstreckt.

Eines der ältesten bekannten portugiesischen Lieder, *Ay eu coitada (Weh, ich Unglückliche)*, möge als Beispiel für die ganze Gattung stehen. Die Verse werden König SANCHO I. von Portugal (1154 bis 1211) zugeschrieben; nach S. PELLEGRINI gilt jedoch ALFONS DER WEISE als Verfasser. Das Lied ist die Klage eines Mädchens über die Trennung von dem Geliebten, dessen Rückkehr sich verzögert. Es ist zweistrophig und kann entweder so gelesen werden, daß je zwei aufeinander reimende Langzeilen mit dem zweizeiligen Kehrreim zu einer Strophe verbunden werden oder daß je vier Kurzzeilen, von denen nur die zweite und vierte aufeinander reimen, mit dem zweizeiligen Kehrreim eine Strophe bilden. Dabei wird das Reimwort der ersten Strophe *»cuidado« (»Sorge«)* in der zweiten ersetzt durch das parallele Synonym *»desejo« (»Verlangen«)*, und entsprechend *»que ei alongado« (»den ich entfernt habe«)* in der ersten Strophe durch *»que tarda e non vejo« (»der ausbleibt und den ich nicht sehe«)* in der zweiten.

In den Liebesgedichten ist der Einfluß provenzalisch-okzitanischer Minnedichtung allenthalben – selbst noch in den sprachlichen Formulierungen – spürbar; freilich sind die ursprünglichen Elemente weithin abgeschwächt, und der künstlerische Ausdruck erscheint gelockert und vereinfacht. Die Schmäh- und Spottgedichte, die frühesten Beispiele satirischer Dichtung in portugiesischer Sprache, sind kultur- und sittengeschichtlich aufschlußreich; ihr literarischer Wert ist dagegen geringer zu veranschlagen: es mangelt ihnen an dem Schwung, der Treffsicherheit und der Ausdruckskraft ihrer provenzalischen Vorbilder. Demgegenüber zeichnen sich die Mädchenlieder sowohl durch die Mannigfaltigkeit ihrer Formen als durch die Vielfalt ihrer Thematik und ihrer Szenerie aus. In den monologischen und dialogischen Chor- und Tanzliedern, in den Tageliedern, den Barkarolen und Wallfahrtsliedern werden die mannigfachsten Motive lebendig: Abschied, Trennung, Erwartung und Heimkehr, Trauer und Freude, Erinnerung und Hoffnung, Sorge und Fröhlichkeit, Ernst und Leichtsinn, Trotz und List. Die Daseinsbereiche, die sich in den Liedern spiegeln, umfassen alle soziologischen Schichten, ländliches, häuslich-bürgerliches und höfisches Leben (letzteres tritt vor allem auch in den *Cantigas de amor* hervor). Jedoch unterscheiden sich die Gedichte nach der Herkunft, der sozialen Stellung oder dem Stilideal ihrer Dichter nicht voneinander, wie es denn auch nicht an Berührungen und Überschneidungen der einzelnen Bereiche fehlt. Der Ursprung der Mädchenlieder liegt noch im Dunkel und ist auch durch die Entdeckung gleichartiger oder verwandter Elemente in den mozarabischen *harjas* des 11. bis 13. Jh.s nicht geklärt worden. Doch ist auf jeden Fall anzunehmen, daß die Gattung älter ist, als ihre schriftliche Überlieferung bezeugt. A.E.B.

AUSGABEN: Halle/Saale 1880, Hg. E. Molteni [teilw. dipl.]. – Lissabon 1947–1964, Hg. E. P. u. J. P. Machado, 8 Bde. [m. Anm. u. Glossar; dazu G. E. Sansone in Filologia Romanza, 1, 1954, S. 89–101]. – Lissabon 1982, Hg. L. F. Lindley Cintra [Faks.].

ÜBERSETZUNG: C. F. Bellermann, *Die alten Liederbücher der Portugiesen*, Berlin 1840 [einige Gedichte].

LITERATUR: E. Monaci, *Il trattato di poetica portoghese esistente nel Canzoniere C.-B.* (in *Miscellanea di filologia e linguistica... N. Caix, U. A. Canello*, Florenz 1886, S. 417–423). – J. Ruggieri, *Le varianti del canzoniere portoghese C.-B. nelle parti communi al codice Vaticano 4803* (in Archivum Romanicum, 11, 1927, S. 459-510). – E. Asensio, *Poética y realidad en el Cancionero peninsular de la edad media*, Madrid 1957. – S. Pellegrini, *Studi su trove e trovatori della prima lirica ispano-portoghese*, Bari 1959. – Reis Brasil, *A cantiga de amore e a evolução do lirismo português*, Lissabon 1960. – M. Rodrigues Lapa, *Lições de literatura portuguesa, época medieval*, Coimbra 1964 [m. Bibliogr.; [10]1981; rev.]. – S. Pellegrini, *Varietà romanze*, Bari 1977. – F. Jensen, *The Earliest Portuguese Lyrics*, Odense 1978. – D. C. Clarke, *Line Formation in the Galician-Portuguese Poetry of the »Canconeiro Colocci-Brancuti«* (in RPh, 35, 1981, S. 193–203). – J. M. D'Heur, *Sur la généalogie des chansonniers Portugais d'Ange Colocci* (in BF, 29, 1984, S. 23–34).

Cancioneiro da vaticana

(portug.; *Liederbuch der Vatikan-Bibliothek*). Sammlung von 1205 portugiesisch-galicischen Liedern, meist anonymer Herkunft, entstanden im 12.–14. Jh. – Diese italienische Handschrift (15./16. Jh.), die vielleicht auf Anregung des Humanisten Angelo Colocci (1474–1549) nach einer verlorengegangenen Vorlage angefertigt wurde, bietet neben dem *Cancioneiro da Biblioteca Nacional* die reichhaltigste Anthologie altportugiesischer Lyrik. Das Manuskript wurde Mitte des 19. Jh.s in der Vatikanischen Bibliothek aufgefunden; 1847 gab C. Lopes de Moura als Auszug daraus den *Cancioneiro de Dom Dinis (Liederbuch des Königs Dinis)* heraus; nach der Entdeckung einer weiteren Handschrift in Madrid veranstaltete F. A. Varnhagen unter dem Titel *Cancioneiro de trovas antigas* noch eine Auswahlausgabe.

Wie im *Cancioneiro da Biblioteca Nacional* gliedern sich die Lieder thematisch in drei Gruppen: *Cantigas de amigo (Lieder an den Geliebten*, auch *Mädchenlieder* genannt), *Cantigas de amor (Liebeslieder* [des Mannes]), *Cantigas de escárnio e mal-dizer (Schimpf- und Spottlieder)*. Von zwei Quellen wird diese früheste iberische Poesie gespeist: der Folklore des galicischen Nordwestens der Halbinsel und der nicht unwesentlich von gelehrten Vorbildern geprägten Verskunst der höfischen Poesie. Die Verbindung zwischen Hof- und Volksdichtung schufen die Troubadours und Spielleute, die bei Pilgerfahrten und Festen ihre Lieder in den Kneipen wie auf den Herrensitzen und am Hof vortrugen. In den *Cantigas de amigo* des *Cancioneiro* hat sich besonders markant die höfische Dichtung niedergeschlagen. Die Volksdichtung nahm späterhin ihre eigene Entwicklung, die der hohen Poesie in den folgenden Jahrhunderten immer wieder kräftige Impulse gab; noch im 16. Jahrhundert verarbeitete der Dramatiker Gil Vicente *Cantigas*, die bis zu seiner Zeit im Volk lebendig geblieben waren.

M.Fr.

Ausgaben: Paris 1847. – Halle/Saale 1875, Hg. E. Monaci [dipl., unvollst.]. – Lissabon 1878, Hg. T. Braga [krit. Ausg. des Frgm.]. – Coimbra 1928 (*Cantigas d'amigo dos trovadores galego-portugueses*, Hg. J. J. Nunes; m. Einl. u. Komm.). – Coimbra 1965 (*Cantigas d'escarnho e de mal dizer*, Hg. M. Rodrigues Lapa). – Lissabon 1983 (*Cancioneiros portugueses da Biblioteca Vaticana*; Faks.).

Literatur: S. Pellegrini, *Repertorio bibliografico della prima lirica portoghese*, Modena 1939. – J. Figueira Valverde, *Lírica medieval gallega y portuguesa* (in *Historia general de las literaturas hispanicas*, Bd. 1, Barcelona 1949). – M. Rodrigues Lapa, *Lições de literatura portuguesa, época medieval*, Coimbra 1964 [[10]1981; rev.]. – E. Asensio, *Poética y realidad en el Cancionero peninsular de la edad media*, Madrid 1957. – S. Pellegrini, *Studi su trove e trovatori della prima lirica ispano-portoghese*, Bari 1959. – Ders., *Varietà romanze*, Bari 1977. – F. Jensen, *The Earliest Portuguese Lyrics*, Odense 1978.

Cantigas de santa maría

(portug.; *Marienlieder*). Sammlung von Marienliedern, die unter dem Namen des Königs Alfons X., des Weisen von Kastilien (reg. 1252 bis 1284) überliefert und zumindest zum Teil von ihm selbst, vielleicht unter Mitwirkung von Hofdichtern seiner Umgebung, verfaßt wurden (vor 1257 bis nach 1279); einige Stücke mag der König selbst vertont haben, aber an der Komposition waren mit Sicherheit verschiedene Urheber beteiligt, außerdem wurden viele Texte bekannten Melodien unterlegt.

Vermutlich vor seiner Thronbesteigung hatte Alfons einige wenige Liebeslieder und über 30 satirische Gedichte in Galegoportugiesisch, der Sprache der frühen Lyrik auf der ganzen Pyrenäenhalbinsel, verfaßt; im Prolog der *Cantigas de Santa María* erklärt er, er wolle in Zukunft der *trobador* der Gottesmutter sein, d. h., er wendet sich von der weltlichen Liebe hin zum Marienkult. Obwohl 356 der 427 *Cantigas* erzählenden Charakter haben, handelt es sich um lyrische Dichtung, die sich deshalb auch des Galegoportugiesischen bedient: Der Erzählfluß wird meist durch den Refrain unterbrochen, der das Gedicht einleitet und nach jeder Strophe wiederholt wird (diese Gedichtform entstand möglicherweise unter arabischem Einfluß); die Mirakelerzählungen sind zudem außergewöhnlich kurz gehalten. Die Vers- und Strophenformen sind vielfältig. – Jedes zehnte Lied ist ein Hymnus auf die Jungfrau. Den Abschluß bilden fünf Lieder über die Schöpfung, die Heiligen Drei Könige, die Auferstehung, die Himmelfahrt und die Ausgießung des Heiligen Geistes, die für die christlichen Hauptfeste gedacht sind, und zehn Lieder für die Marientage – außer zwei Lobgesängen Lieder über die Geburt Marias, ihre Jungfräulichkeit, die Dreieinigkeit, den Englischen Gruß, die Darstellung im Tempel und Mariä Himmelfahrt.

Nach einem mit Sicherheit von Alfons X. selbst festgelegten Plan wurde die Sammlung der *Cantigas* als Gesamtkunstwerk aus Wort, Ton und Bild konzipiert: Die vier erhaltenen Handschriften repräsentieren verschiedene Stadien der Entstehung; zwei davon (Madrid, Escorial; Florenz, Nationalbibliothek) fügen sich zu einer großen Sammlung zusammen, in der jede *cantiga* von einer in sechs Felder mit Einzelszenen aufgeteilten Bildseite illustriert wird (die Bilder in der Florentiner Handschrift sind großenteils unvollendet). Die illustrierte Handschrift dürfte als Ersatz oder Ergänzung zu

Aufführungen von *cantigas* in der Hofkapelle konzipiert sein.
Der König und seine Mitarbeiter sammelten offenbar über längere Zeit alle erreichbaren Marienmirakel, beginnend mit weitverbreiteten Sammlungen in lateinischer, aber auch französischer Sprache: Von König Ludwig IX. von Frankreich erhielt Alfons das *Speculum historiale* des VINCENZ VON BEAUVAIS als Geschenk, daneben kannte er den *Dialogus miraculorum* des CAESARIUS VON HEISTERBACH, die *Miracles de la Sainte Vierge* von GAUTIER DE COINCI u. a. Die ersten hundert *Cantigas* enthalten daher zahlreiche weitverbreitete Wundererzählungen, so etwa die von der Belohnung des frommen Bischofs Hildefonsus durch Maria (Nr. 2), vom Teufelsbündner Theophilus (Nr. 3), von der aus dem Kloster entflohenen Nonne, deren jahrelange Abwesenheit nicht bemerkt wird, weil Maria ihren Platz einnimmt (Nr. 94). Der für die Mirakelliteratur typische Judenhaß, der in Gegensatz zur Toleranz des arabische Gelehrsamkeit schätzenden Alfons steht, wird aus den Quellen unverändert übernommen.
In den späteren Teilen der Sammlung finden sich vor allem Erzählungen, die mit spanischen Wallfahrtskirchen in Verbindung gebracht werden, und auch Wunder, deren Nutznießer Alfons selbst und Personen seiner näheren Umgebung waren (Heilung von Krankheiten usw.); diese Erzählungen sind teils in der dritten, teils in der ersten Person abgefaßt, diese letzten können nur vom König selbst stammen.
Da die Nutznießer der Wunder, die sich im Spanien Alfons' ereignet haben sollen, aus allen Gesellschaftsschichten stammen, vermitteln sie vielfältige Einblicke in das Alltagsleben der Epoche, vom Stierkampf (Nr. 144) bis zu Seidenraupenzucht (Nr. 18). In Verbindung mit den Illustrationen werden die *Cantigas de Santa María* so zu einer unschätzbaren kulturgeschichtlichen Quelle jenes Zeitalters. A.Gi.

AUSGABEN: Madrid 1889, Hg. L. A. Cueto [m. Essay]. – Coimbra 1959–1972, Hg. W. Mettmann, 4 Bde. [m. Glossarbd.; Nachdr. Vigo 1981, 2 Bde.; Vorw. R. Lorenzo]. – Barcelona 1964, Hg. H. Anglès [Faks. der Hs. j.b.2 de El Escorial]. – Madrid 1979, 2 Bde. [Faks. der Hs. T.I. 1. der Bibl. von San Lorenzo el Real de El Escorial]. – Madrid 1986–1989, Hg. W. Mettmann, 3 Bde. (m. Einl. u. Anm.; Clás. Cast).

ÜBERSETZUNG: *Cantigas da Santa María*, J. Filgueira Valverde, Madrid 1985 [m. Einl. u. Komm.; span.].

LITERATUR zu Alfons X.:
Bibliographien und Forschungsberichte: W. Mettmann, *Stand u. Aufgabe der alfonsinischen Forschung* (in RJb, 14, 1963, S. 269–293). – J. Snow, *The Poetry of A. X, el Sabio: A Critical Bibliography*, Ldn. 1977. – Noticiero Alfonsí, Hg. A. J. Cárdenas, Wichita/Kans. 1982 ff., Nr. 1 ff. – Ders., *A Survey of Scholarship on the Scientific Treatises of A. X, el Sabio* (in Corónica, 11, 1983, S. 231–247). – D. Eisenberg, *Alfonsine Prose: Ten Years of Research* (ebd., S. 220–230). – C. B. Faulhaber u. a., *Bibliography of Old Spanish Texts*, Madison/Wis. ³1984.

Allgemein: J. Ríos Sarmiento, *La vida y los libros de Alfonso el Sabio*, Barcelona 1943. – E. S. Procter, *Alfonso X of Castile, Patron of Literature and Learning*, Oxford 1951. – A. Ballestreros Beretta, *Alfonso el Sabio*, Madrid 1963. – J. E. Keller, *Alfonso X, el Sabio*, NY 1967 (TWAS). – G. Bossong, *Probleme der Übersetzung wiss. Werke aus dem Arabischen in das Altspanische zur Zeit A.' des Weisen*, Tübingen 1978. – J. Montoya, *El concepto de »autor« en Alfonso X* (in *Estudios sobre literatura y arte dedicadas al prof. Emilio Orozco Díaz*, Bd. 2, Granada 1979, S. 455–462). – D. G. Pattison, *From Legend to Chronicle. The Treatment of Epic Material in Alphonsine Historiography*, Oxford 1983. – *Estudios alfonsíes. Lexicografía, lírica, estética y política de Alfonso el Sabio*, Hg. J. Mondéjar u. J. Montoya Martínez, Granada 1985. – RCEH, 9, 1985 [Sondernr.: *Homenaje a Alfonso el Sabio (1221–1284)*]. – *The World of Alfonso the Learned and James the Conqueror: Intellect & Force in the Middle Ages*, Hg. R. I. Burns, Princeton/N.J. 1985. – *La lengua y la literatura en tiempos de Alfonso X*, Hg. F. Carmona u. F. Flores, Murcia 1985. – KRQ, 33, 1986 [Sondernr.: *Alfonsine Essays*, Hg. J. E. Keller]. – M. Amasuna, *La materia médica de Dioscórides en el Lapidario de Alfonso el Sabio. Literatura y ciencia en la Castilla del siglo XIII*, Madrid 1987. – *Emperor of Culture. Alfonso X, the Learned of Castile and His 13th-Century Renaissance*, Hg. R. I. Burns, Philadelphia 1990.

Spezielle Literatur: Marqués de Valmar, *Estudio histórico, critico y filológico sobre las »Cantigas« del Rey Alfonso el Sabio*, Madrid 1897. – R. Rübecamp, *A linguagem das »Cantigas de Santa Maria« de Alfonso X o Sábio* (in BF, 1, 1932/33, S. 273–356; 2, 1933/34, S. 141–152). – H. Anglès, *La música de las »Cantigas de Santa María« del Rey Alfonso el Sabio*, 3 Bde., Barcelona 1943–1959. – J. Guerrero Lovillo, *»Las cantigas«. Estudio arqueológico de sus miniaturas*, Madrid 1949. – A. I. Bagby Jr., *The Moor and the Jew in the »Cantigas« of Alfonso X., el Sabio*, Diss. Kentucky Univ. 1968. – H.-J. Niederehe, *Die Sprachauffassung Alfons' des Weisen*, Tübingen 1975. – M. Martins, *»Cantigas de Santa Maria« e cancioneiros galaico-portugueses* (in M. M., *Alegorias, símbolos e exemplos morais da literatura medieval portuguesa*, Lissabon 1975, S. 15–23). – J. Snow, *The Poetry of Alfonso X., el Sabio*, Ldn. 1977 [Bibliogr.]. – F. Jensen, *The Earliest Portuguese Lyrics*, Oslo 1978. – L. Rossi, *A literatura novelística na Idade Média portuguesa*, Lissabon 1979, S. 27–38 (BB). – W. Mettmann, *Zum Stil der »Cantigas de Santa Maria« (I)* (in *Fs. Kurt Baldinger*, Bd. 1, Hg. M. Hoefler u. a., Tübingen 1979, S. 304–313). – Ders., *Zum Stil der »Cantigas de*

Santa Maria« (II) (in *Romanica Europaea et Americana. Fs. f. Harri Meier*, Hg. H. D. Bork u. a., Bonn 1980, S. 379–385). – R. D. Tinnell, *Authorship and Composition: Music and Poetry in »Las cantigas de Santa Maria« of Alfonso X., el Sabio* (in KRQ, 28, 1981, S. 189–198). – G. Huseby, *Musical Analysis and Poetical Structure in the »Cantigas de Santa Maria«* (in *Florilegium Hispanicum*, Hg. J. S. Geary u. a., Madison/Wis. 1983, S. 81–101). – J. F. Chatham, *Escorial MS T.I. 1 of the »Cantigas de Santa Maria« and Two MSS of »El Conde Lucanor«* (in REH, 18, 1984, S. 441–451). – V. Bertolucci Pizzorusso, *Libri i canzionieri d'autore nel medioevo: prospettive di ricerca* (in Studi mediolatini i volgari, 30, 1984, S. 91–116). – J. E. Keller u. R. P. Kinkade, *Iconography in Medieval Spanish Literature*, Lexington/Ky. 1984. – J. Raimond, *Grammaire textuelle des »Cantigas de Santa Maria«* (in Revue des langues romanes, 88, 1984, S. 81–97). – R. D. Tinnell, *On the Discography of the Cantigas* (in Romance Quarterly, 33, 1984, S. 373–376). – J. T. Snow, *Alfonso X y/en sus Cantigas* (in *Estudios alfonsíes: lexicografía, lírica, estética y política de Alfonso el Sabio*, Hg. J. Montoya Martínez u. a., Granada 1985, S. 71–90). – V. Bertolucci Pizzorusso, *Alcuni sondaggi per l'integrazione del discorso critico su Alfonso X poeta* (ebd., S. 91–117). – I. Fernández de la Cuesta, *Alfonso X el Sabio y la música de las »Cantigas«* (ebd., S. 119–125). – A. Gier u. J. E. Keller, *Alfonso el Sabio. As »Cantigas de Santa Maria«* (in GRLMA, 5, 1/2, fasc. 2, 1985, S. 73–95; m. Bibliogr.). – *La lengua y la literatura en tiempos de Alfonso X. Actas del Congreso Internacional Murcia, 5–10 marzo 1984*, Hg. F. Carmona u. F. J. Flores, 2 Bde., Murcia 1985. – J. Montoya Martínez, *El códice de Florencia: una nueva hipótesis de trabajo* (in Romance Quarterly, 33, 1986, S. 323–329). – Bull. of the Cantigueiros of Santa Maria, Lexington/Ky. 1987 ff. – *Studies of the »Cantigas de Santa Maria«: Art, Music, and Poetry*, Hg. I. J. Katz u. J. E. Keller, Madison/Wis. 1987. – S. Parkinson, *False Refrains in the »Cantigas de Santa Maria«* (in Portuguese Studies, 3, 1987, S. 21–55). – F. Mundi u. A. Saíz, *Las prosificaciones de las »Cantigas« de Alfonso X el Sabio*, Madrid 1987.

CORONICA DO CONDESTABRE DE PURTUGALL DOM NUNO ALVAREZ PEREYRA

(portug.; *Chronik des Konnetabels von Portugal Dom Nuno Álvares Pereira*). Anonyme Chronik, entstanden nach 1431. – Das Werk schildert das Leben des Nuno Álvares Pereira und wurde wahrscheinlich kurz nach dessen Tod (1431) verfaßt. Der Autor entwirft vor dem Hintergrund des Zeitgeschehens ein genaues Bild der Heldentaten des Konnetabels. Der Tradition der Antike entsprechend geht er dabei auch auf das Privatleben ein und bringt kulturhistorisch wertvolle Angaben, beispielsweise über Heiratsbräuche und Krankheiten. Sein Stil ist schlicht und prägnant, der Erzählfluß wird nur manchmal durch einen eingeschobenen Dialog oder eine rhetorisch sorgfältig ausgearbeitete Rede unterbrochen. Auffallend ist das Fehlen stilistischer Kunstgriffe, wie sie z. B. für den Chronikstil des Fernão Lopes charakteristisch sind: angekündigte Unterbrechung der Erzählung, um Hinweise auf Zeiterscheinungen einzufügen, Ausrufe und Metaphern. Die Chronik des Konnetabels war eine der Hauptquellen für Fernão Lopes, der für die Viten des Dom João I. (König Johann I.) und des Dom Fernando (König Ferdinand) Teile daraus übernahm, sie dann allerdings selbständig und kritisch prüfte und zum Teil verwarf. Man kann die *Crónica do Condestabre de Portugal* dank ihrem ungekünstelten Realismus und der detaillierten Charakterzeichnung des Helden als eines der besten literarhistorischen Zeugnisse der portugiesischen Chroniktradition bezeichnen. – Eine u. a. von H. Cidade diskutierte Autorschaft Lopes' scheint inzwischen ausgeschlossen; William J. Entwistle schreibt die *Crónica* Álvares' Schreiber Gil Aires zu. M.Mi.

Ausgaben: Lissabon 1526. – Lissabon 1554. – Lissabon 1623. – Porto 1848. – Coimbra 1911 (*Chronica do condestabre de Portugal Dom Nuno Alvares Pereira*, Hg. J. Mendes dos Remédios; m. Einl. u. Glossar). – Lissabon 1972 (*Crónica do Condestabre de Portugal*, Hg. u. Einl. A. Machado; Text nach d. Ausg. v. 1526 m. den Varianten d. Ausg. v. 1554).

Literatur: H. Cidade, *Lições de cultura e literatura portuguesa*, Bd. 1, Coimbra [4]1959, S. 49–69. – E. M. Cardoso, *A bibliografia condestabriana* (in Lusitania Sacra, 2, 1957, S. 221–265). – A. J. da Costa Pimpão, *História da literatura portuguesa. Idade média*, Coimbra [2]1959, S. 288–291. – M. M. Wermers, *Nuno Alvarez Pereyra* (in Lusitania Sacra, 5, 1960/61, S. 7–99). – H. Cidade, *Lições de literatura e cultura portuguesa*, Bd. 1, Coimbra [5]1968 [rev.]. – M. Martins, *Alegorias, símbolos e exemplos morais da literatura portuguesa medieval*, Lissabon 1975.

CORONIQUA DE COMO DOM PAYO CORREA MESTRE DE SANTIAGO DE CASTELLA TOMOU ESTE REINO DO ALGARVE AOS MOUROS

(portug.; *Bericht, wie der edle Dom Payo Correa, Großmeister des Ordens von Santiago, das Königreich Algarve von den Mauren zurückeroberte*). Anonymes Werk, geschrieben etwa 1419. – Diese Chronik enthält eine Schilderung der Herrschaft König Alfons' III., des Bolognesers (reg. 1245–1279), die ein Kapitelauszug (Epitome) aus der *Crónica de Portugal de 1419* ist. In der Reihe der portugiesischen Könige aus dem Haus Dinis hatte Alfons III. neben dem Reichsgründer Afonso Henriques (reg. 1128–1185) größte Bedeutung.

Im Mittelpunkt der Schilderung steht die Eroberung der Algarve (Südportugal), die der Meister des Santiagoordens Paio Correia für die portugiesische Krone glücklich zu Ende führte. Erst dann erhielt Portugal – fast drei Jahrhunderte nach seiner Gründung – seine heutige Ausdehnung. Andere wichtige Ereignisse, wie die Heirat König Alfons' III. mit Doña Matilda, der Gräfin von Barcelona, die endgültige Vertreibung der Mauren im Jahre 1253 (mehr als zwei Jahrhunderte vor dem Fall Granadas) und die Erklärung Lissabons zur Residenz (1260), fehlen dagegen. Die Geschichte des 13. Jh.s wurde hauptsächlich in der *Crónica de Portugal de 1419* behandelt. Darum wurde die *Eroberung der Algarve*, in der nur dies eine Kapitel über die Eroberung enthalten ist, bis heute erst zweimal gesondert publiziert. Die Forschung nimmt eine mündliche Quelle, vielleicht den Bericht eines Expeditionsteilnehmers an. Tatsächlich fällt im Gegensatz zum überladenen Hofchronistenstil eines ZURARA die lebendige, sprachschöpferische Erzählweise auf. Wenn auch die kritische Übersicht der Beweggründe der handelnden Personen und Zeitumstände wie bei Fernão LOPES fehlt, steht diese Chronik zumindest stilistisch diesem »Vater der portugiesischen Geschichtsschreibung« nahe. M.Fr.

AUSGABEN: Lissabon 1792, Hg. J. de Santo Agostinho (*Memórias de literatura da Acadêmia de Ciências*, Bd. 1, S. 74–97). – Lissabon 1856 (in *Portugaliae Monumenta Historica. Scriptores*, Bd. 1). – Lissabon 1952/53 (in *Crónicas dos sete primeiros reis de Portugal*, Hg. C. da Silva Tarouca, 3 Bde.; m. Einl. u. Glossar).

LITERATUR: A. de Magalhães Basto, *Estudos. Cronistas e crónicas antigas*, Coimbra 1960. – F. V. Peixoto da Fonseca, *Les chroniques portugaises des »Portugaliae Monumenta Historica«* (in RLaR, 77 [recte 78], 1967, S. 55–84).

CRISFAL

(portug.; *Crisfal*). Novellistische Ekloge in Dezimen, als anonymes Flugblatt vermutlich zwischen 1543 und 1547 erschienen. – Die Ekloge wurde 1554 in die Ausgabe der Werke von Bernardim RIBEIRO (1482?–1552?) aufgenommen, mit dem Zusatz, sie stamme von Cristóvão FALCÃO (um 1513–1588); der Name des Hirten Crisfal ist aus den Anfangssilben von dessen Vor- und Nachnamen gebildet. Trotz eingehender Forschungen kann bis heute nicht ausgeschlossen werden, daß es Ribeiro war, der die Geschichte des unglücklichen Liebespaares Cristóvão Falcão und Maria Brandão niederschrieb, dessen heimliche Ehe durch die Gefangensetzung Cristóvãos und die Verbannung Marias ins Kloster Lorvão gewaltsam getrennt wurde. Im Gefängnis schrieb Falcão den dem Gedicht folgenden poetischen *Brief (Carta)*, der der Ausgabe 1554 beigegeben ist. – Die Dichtung – 102 Strophen mit dem Reimschema *ababacddcd* und zwei Liedeinlagen – zerfällt in drei Teile. Im Präludium der ersten neun Strophen erzählt der Dichter kurz die Geschichte der Liebenden bis zu ihrer Trennung und läßt dann die Liebesklage des vereinsamten Crisfal folgen. Der Hauptteil dieser Klage besteht aus der Traumerzählung des Hirten von seiner Begegnung mit Maria Brandão und der Beschreibung seiner grenzenlosen Trauer, als er sich nach dem Erwachen der endgültigen Trennung bewußt wird. Die in den Text verwobenen Episoden, die von dem liebeskranken Hirten Natónio und der zu einer unglücklichen Ehe gezwungenen Helena berichten, sind Spiegelungen der Schicksale Crisfals und Marias. In den Schlußstrophen kommt der »Autor« selbst wieder zu Wort: Er erzählt, daß er Crisfals Klagen nach den Aufzeichnungen wiedergegeben habe, die eine lauschende Nymphe in eine Ulmenrinde eingeritzt hatte. Das weitere Geschick des unglücklichen Hirten läßt er offen.

Der Kunstgriff der Traumerzählung erlaubt es dem Dichter, Einzelheiten der Szenerie und der Begegnung der Liebenden zu veranschaulichen, sie aber gleichzeitig der Gegenständlichkeit zu entkleiden. Damit verleiht er seinem Gedicht eine gleitende und schwebende Bewegung, der auch das Ineinanderfließen epischer und lyrischer Elemente und das Spiel mit verknüpfenden Wiederholungen, gekreuzten Antithesen, Alliterationen und mit Binnenreimen zugute kommen. – Mögliche literarische Einflüsse, etwa Beziehungen zu den *Églogas* von GARCILASO DE LA VEGA, sind noch nicht geklärt. Von der üblichen Hirtendichtung unterscheidet sich diese Ekloge vor allem durch ihre Gefühlstiefe. Die Wehmut der *Saudade*-Stimmung hüllt die bukolische Landschaft ein und überdeckt ihre konventionellen Züge. Die Kunstmittel, deren der Dichter sich bedient, wurden bereits – wenn auch bei weitem nicht so wirkungsvoll – im *Allge-*

meinen Liederbuch (*Cancioneiro geral*, 1516) von Garcia de RESENDE angewandt. A.E.B.

AUSGABEN: o. O. u. J. [zw. 1543 u. 1547; anon.]. – Ferrara 1554 (in B. Ribeiro, *Historia de Menina e Moça*; m. *Carta*). – Lissabon 1923 (in *Obras de Bernardim Ribeiro e Cristóvão Falcão*, Hg. A. Braamcamp Freire u. C. Michaëlis de Vasconcelos; m. Einl.). – Lissabon 1939, Hg. A. J. Saraiva. – Lissabon 1943, Hg. M. R. Lapa. – Lissabon 1960, Hg. J. Régio. – Lissabon 1965 (*Trovas Crisfal*, Hg. G. G. de Oliveira Santos; m. *Carta*; m. Anm. u. Varianten). – Lissabon 1978, Hg. M. R. Lapa. – Lissabon 1984, Hg. T. Amado [m. Anm.].

LITERATUR: D. Guimarães, *Bernardim Ribeiro*, Lissabon 1908. – R. Soares, *O poeta Crisfal*, Campinas 1909. – M. da Silva Gaio, *Bucolismo*, Bd. 2, Coimbra 1933. – J. A. Saraiva, *Ensaio sobre a poesia de Bernardim Ribeiro* (in Revista da Faculdade de Letras, 7, Lissabon 1938, S. 13–120). – Ders., *Para uma futura edição da écloga »Crisfal«* (in BF, 7, 1940–1942). – J. P. Machado (in BF, 6, 1940, S. 469–474). – F. Crespo, *O problema literário da écloga »Crisfal«* (in BHS, 37, 1960, S. 31–33). – C. Cunha, *A linguagem poética portuguesa na primeira metade do século XVI* (in BF, 19, 1960, S. 113–129). – Ders., *Estudos de versificação portuguesa*, Lissabon 1982.

CRÓNICAS DOS SETE PRIMEIROS REIS DE PORTUGAL

(portug.; *Chroniken der ersten sieben Könige von Portugal*), verfaßt 1419. – Die Entdeckung zweier neuer Handschriften (Porto, Stadtbibliothek, Cod. 886; Bibliothek Cadaval) in den Jahren 1942 und 1947 hat die Kenntnis der mittelalterlichen portugiesischen Geschichtsschreibung bedeutend erweitert. Die erste Handschrift enthält die Chroniken der Könige Alfons I. (reg. 1128–1185), Sancho I. (reg. 1185–1211), Alfons II. (reg. 1211 bis 1223), Sancho II. (reg. 1223–1248) und Alfons III. (reg. 1248–1279). Die zweite Handschrift führt diese in die Regierungszeit von König Dionysius (reg. 1279–1325) und Alfons IV. (reg. 1325–1357) weiter. Die bereits 1788 aufgefundene *Crónica da conquista do Algarve* galt lange als selbständiges Werk. An Hand der neuen Funde konnte jedoch geklärt werden, daß sie nur einen Teil der *Chroniken der ersten sieben Könige von Portugal* darstellt.

Die Verfasserschaft ist nicht eindeutig geklärt. Möglicherweise gehört das Werk, das auch als *Crónica de Portugal de 1419 (Chronik Portugals von 1419)* bekannt ist, dem verlorenen Band der Geschichtsbücher von Fernão LOPES (1380? bis 1459?) an, in dem die portugiesischen Herrscher bis auf das Haus Avis behandelt werden sollten. Seit 1418 hatte Fernão Lopes eine wichtige Vertrauensstellung im Staatsarchiv (Torre do Tombo, Lissabon) inne, aber erst 1434 bekam er von König Duarte (reg. 1433–1438) den offiziellen Auftrag, die Geschichte der Könige von Portugal zu schreiben. Lindley CINTRA hält die *Chronik von 1419* für einen Entwurf oder eine Materialsammlung zu jenem ersten Teil seiner Werke, den Fernão Lopes mehrfach erwähnt. Die beiden wiederentdeckten Handschriften sind sprachlich überarbeitete Kopien einer verschollenen Vorlage aus dem 16. und 17. Jh. Außer der Abfassungszeit 1419 nennt die Chronik als Verfasser den »Infanten«, mit dem wahrscheinlich der spätere König Duarte gemeint ist. Trotz einiger lebendiger Szenen erreicht ihre stilistische Qualität und Erzählkunst nicht annähernd die Höhe der großen geschichtlichen Darstellungen von Fernão Lopes über Ferdinand I., Peter I. und Johann I. Gegenüber der rein annalistischen Aufzählung der *Crónica breve do Arquivo Nacional* oder den Familienregistern in den *Livros de Linhagem (Geschlechterbüchern)* nimmt die *Chronik von 1419* häufig auf frühere Darstellungen Bezug und führt zuweilen umfangreiche Quellenbelege an (Briefe, Inschriften, Gesetze, Verträge, diplomatische Verhandlungsprotokolle). Diese Zitate bekannter und unbekannter Quellen besitzen dokumentarischen Wert. Spätere Geschichtsschreiber, wie Duarte GALVÃO (1445–1517) und Rui de PINA (um 1440–1522), dessen *Crónica de Alfonso IV* zur Ergänzung der in der Hs. Cadaval nur bruchstückhaft enthaltenen gleichnamigen Chronik heranzuziehen ist, greifen beständig auf sie zurück.

Die *Chronik von 1419* setzt ein mit dem Beginn der nationalen Geschichte Portugals nach der Loslösung von Kastilien (bereits 1140 hatte Graf Afonso Henriques [als Alfons I.] den Titel König von Portugal angenommen). Sie schildert die Ausweitung des Landes nach Süden über den Tejo hinaus (Eroberung von Lissabon 1147) und das agrarpolitische Werk des Königs Dionysius sowie die ersten Unternehmungen zur See (Entdeckung der Azoren und Erforschung der Kanarischen Inseln). Die Geschichte der einzelnen Könige, die, mit Ausnahme von Alfons I. und Dionysius, zwar keine überragenden Gestalten, aber geschickte Politiker waren, ist zugleich die Geschichte des Landes selbst. Die Darstellung endet noch vor jenem bewegteren und wichtigeren Abschnitt der spätmittelalterlichen portugiesischen Geschichte, den Peter I. und Johann I. eingeleitet haben. D.B.

AUSGABEN: Porto 1945 (*Crónica de cinco reis de Portugal*, Hg. A. de Magalhães Basto; m. Einl. u. Anm.). – Coimbra 1947 (*Crónica de D. Dinis*, Hg. C. da Silva Tarouca). – Lissabon 1952/53 (*Crónicas dos sete primeiros reis de Portugal*, Hg. ders., 3 Bde.; m. Einl. u. Glossar).

LITERATUR: C. da Silva Tarouca, *Terão aparecido as Crónicas perdidas de Fernão Lopes?* (in Brotéria, 52, 1951, S. 39–59). – A. J. da Costa Pimpão (in Biblos, 27, 1951, S. 27–41). – L. F. Lindley Cintra, *A tese de Damião de Góis* (in Revista da Faculdade de Letras de Lisboa, 17, 1951, S. 253–264). – A. de Magalhães Basto, *A tese de Damião de Góis em favor de Fernão Lopes. A posição da Crónica de cinco reis em face desta tese*, Porto 1951. – Ders., *A Crónica de 1419 e a historiografia medieval peninsular*, Porto 1957. – Ders., *Estudos. Cronistas e crónicas antigas*, Coimbra 1960. – J. Veríssimo Serrão, *História breve da historiografia portuguesa*, Lissabon 1962. – Vgl. auch Literatur bei Fernão Lopes.

A FÉNIX RENASCIDA

(portug.; *Der wiedererstandene Phönix*). Gedichtsammlung, herausgegeben von Matias Pereira da SILVA (17./18. Jh.), unter dem Titel *A Fenis renascida ou Obras poeticas dos melhores engenhos portuguezes (Der wiedererstandene Phönix oder Dichterische Werke der bedeutendsten Geister Portugals)*, erschienen 1716 bis 1728. – Dieses fünfbändige Werk bietet die – neben dem *Postilhão de Apolo*, 1761/62 *(Postillion des Apollo)* – umfangreichste Sammlung portugiesischer, zum Teil spanisch geschriebener Lyrik des 17. und beginnenden 18. Jh.s. Obwohl ein bestimmtes Auswahlprinzip nicht erkennbar ist (der Herausgeber erklärt nur, er habe viele Manuskripte in mühsamer Arbeit zusammengetragen), ist der *Fénix renascida* für die gesamte zeitgenössische Lyrik Portugals charakteristisch.

In Form und Gehalt folgen die Gedichte zumeist spanischen (GÓNGORA) und italienischen (MARINO) Vorbildern. Eines der Hauptthemen ist die klassische Mythologie; so gestaltet etwa der Benediktinermönch Jerónimo BAÍA († 1688) die Sagen von Polyphem und Galatea. Jupiter und Leda, Apoll und Daphne nach. Daneben zeugen mehrere Glossen zu Gedichten von Luís Vaz de CAMÕES (1524/25–1580) von dem nachhaltigen Einfluß des Dichters; von literarhistorischem Eigenwert sind die Glossen António Barbosa BACELARS (1610–1663) zu den berühmten Sonetten *Sete anos de pastor Jacob servia (Jakob diente als Hirte sieben Jahre)* und *Alma minha gentil (Meine liebe Seele)*.

Kennzeichnend ist – ähnlich wie im *Postilhão de Apolo* – die Fülle an belanglosen Tagesthemen, die in bizarren Bildern, gesuchten Wort- und Begriffsspielen und kühnen syntaktischen Konstruktionen übersteigert werden.

In dieser artifiziellen Lyrik, die sich der Mittel des *cultismo* – des Spiels mit der Sprache, mit gewählten, prunkvollen Metaphern, mit Neologismen, Hyperbeln und mythologischen Anspielungen – oder des *conceptismo* – des Spiels mit Begriffen, mit geistreichen Ideenassoziationen, Antithesen, Paradoxien und Parallelismen – bedient, spiegelt sich das vorwiegend auf die Form bezogene Kunstempfinden des Barock. Die Übersteigerung dieser Stilmerkmale führt allerdings bei der Mehrzahl der Gedichte zu einem wenig originellen Formalismus, der den Wert dieser Sammlung beträchtlich mindert und der von Diogo CAMACHO (auch de Sousa genannt) in seiner *Reise zum Parnaß* (*Fénix*, 5) kräftig karikiert wird.

Echte lyrische Empfindung findet sich vor allem in den Werken dreier Frauen, der Nonnen Violante do CÉU (1602–1693), Maria do CÉU (1658–1753) und Madalena da GLÓRIA (1672–1760). Sie befassen sich mit ernsten Themen wie Vergänglichkeit des Irdischen und Jüngstes Gericht, doch wird bei der Letztgenannten auch eine starke Sehnsucht nach weltlichem Glück spürbar. M.Fr.

AUSGABEN: Lisabon 1716–1728, 5 Bde. – Lissabon 1746, 5 Bde. [erw.]. – Lissabon 1938 (*A poesia lírica cultista e conceptista*, Hg. H. Cidade; m. Einl.; Ausw.).

LITERATUR: J. G. Simões, *História da poesia portuguesa*, Bd. 1, Lissabon 1955. – J. Ares Montes, *Góngora y la poesía portuguesa del siglo XVII*, Madrid 1956 [m. Bibliogr.]. – H. Cidade, *Lições de cultura e literatura portuguesas*, Bd. 1, Coimbra 1959, S. 392–408; [7]1984. – S. Spina, *Uma introdução à poesia da »Fénix renascida«* (in *V Colóquio Internacional de Estudos Luso-Brasileiros. Coimbra 1963. Actas*, Bd. 3, Coimbra 1966, S. 271–321). – *Apresentação da poesia barroca portuguesa*, Hg. M. A. Santilli, Assis 1967 [Einl. S. Spina]. – A. Hatherly, *A experiência do prodígio – bases teóricas e antologia textos-visuais portugueses dos séculos XVII e XVIII*, Lissabon 1983. – I. Morujão u. R. M. Martelo, *Subsídios para uma reedição de »Rimas várias« de Sóror Violante do Céu* (in Revista da Faculdade de Letras, 4, Porto 1987, S. 351–366).

HISTÓRIA TRÁGICO-MARÍTIMA

(portug.; *Tragische Geschichte der Seefahrt*). Sammlung von Berichten über Schiffbrüche portugiesischer Seefahrer aus der zweiten Hälfte des 16. und dem Anfang des 17. Jh.s, 1735/36 herausgegeben von Bernardo Gomes de BRITO (1688 – nach 1759). – Die in dieser *História trágico-marítima, em que de escrevem chronologicamente os naufragios que tiveraõ as naos de Portugal, depois que se poz em exercicio a navegacaõ da India* – so der vollständige Titel der Erstausgabe – enthaltenen zwölf Texte sind Beispiele für eine typisch portugiesische Literaturgattung, die um die Mitte des 16. Jh.s entstand und in der Folgezeit immer mehr an Beliebtheit gewann. Ihr Gegenstand sind die mit dem zunehmenden Handelsverkehr (Gewürzhandel) zwischen Indien und Portugal zahlreicher werdenden Verluste portugiesischer Kaufmannsschiffe (insbesondere vor der südafrikanischen Küste). Die *relações* (Berichte) von diesen Schiffskatastrophen und anschließenden qualvollen Fußwanderungen der Überlebenden durch das Landesinnere – denn nicht immer versanken die Schiffe auf offener See; oft wurden sie gegen die Küste geworfen, so daß sich ein großer Teil der Besatzung retten konnte – zirkulierten im Mutterland in Form von Flugblättern und übten die Wirkung heutiger Sensationsberichte aus. Gleichzeitig verfolgten sie aber einen praktischen Zweck: durch die Enthüllung der zum Schiffbruch führenden Ursachen sollten sie weitere Katastrophen verhüten. Als häufigste dieser Ursachen werden von den Verfassern Fahrlässigkeit, mangelhafte Schiffsreparaturen und Überladung der Schiffe aus Gewinnsucht genannt. Hinzu kommen der Ehrgeiz der Schiffsoffiziere, den Seeweg in möglichst kurzer Zeit zurückzulegen, die Unerfahrenheit vieler Steuerleute, ungenügende Ersatzteil- und Werkzeugausstattung und schließlich Überfälle französischer, englischer, holländischer oder türkischer Seeräuber, die sich die Schwächen der Portugiesen zunutze machten.

Diese *relações* sind teils Augenzeugenberichte, die sich durch besondere Lebendigkeit und Spontaneität auszeichnen, teils sind es Schilderungen aus zweiter Hand. Der erste dieser Texte *(História da muy nótavel perda do Galeão grande sam João)*, die der Kompilator stilistisch überarbeitet hat, beschreibt z. B. den Untergang der großen Galeone »São João« im Jahre 1552 vor der Küste von Natal, die Strapazen ihrer Besatzung auf der anschließenden Wanderung durch das Innere Südafrikas und insbesondere den Tod ihres Kapitäns Manuel de Sousa Sepúlveda und seiner Familie, der auch von Jerónimo Corte-Real in seinem *Naufrágio e lastimoso sucesso da perdição de Manuel de Sepúlveda* (Gedicht in 17 Gesängen, postum erschienen 1594) und von Luis de Camões in zwei Strophen der *Lusíadas* (1572) besungen wird. K.H.D.

Ausgaben: Lissabon 1735/36, Hg. B. G. de Brito, 2 Bde. – Lissabon 1904–1909 (in *Historia tragicomaritima, compilada or Bernardo Gomes de Brito, com outras noticias de naufragios...*, Hg. G. Pereira, 12 Bde., 1–7). – Lissabon 1944, Hg. M. Rodrigues Lapa [m. Einl.; enth. nur 6 Berichte; [5]1972]. – Lissabon 1956/57, Hg. A. Sérgio, 3 Bde. [m. Einl. u. Anm.]. – Lissabon 1971/72, Hg. N. Águas, 2 Bde. [m. Glossar, Anm. u. Komm.].

Übersetzungen: *The Tragic History of the Sea, 1589–1622*, C. R. Boxer, Ldn. 1959 [engl.; Nachdr. 1986]. – *Further Selections from the Tragic History of the Sea, 1559–1565*, ders., Ldn. 1968 [engl.]. – *História trágico-marítima: Berichte aus der großen Zeit der portugiesischen Seefahrt 1552–1602*, J. Pögl, Stg. 1983; ern. Nördlingen 1987 [Tb.]. – *Portugiesische Schiffbrüchigen-Berichte. 1552–1602*, A. Klotsch, Lpzg./Weimar 1985 [m. Anm. u. Nachw.].

Literatur: F. Carletti, *Nota all'»História trágico-marítima«* (in Estudos italianos em Portugal, 14/15, 1955/56, S. 169–177). – C. R. Boxer, *An Introduction to the »Historia trágico-marítima«* (in Revista da Faculdade de Letras, Ser. 3, 1, 1957, S. 48–99; dazu ders., ... *Some Corrections and Classifications*, in Quaderni portoghesi, 1979, Nr. 5, S. 99–112). – R. Barchiesi, *Un tema portoghese: il naufragio di Sepúlveda e la sua diffusione* (in AION, 18, 1976, S. 193–231). – A. Sérgio, *Em torno da »História trágico-marítima«* (in A. S., *Ensaios*, Bd. 8, Lissabon 1974, S. 75–174). – G. Lanciani, *Os relatos de naufrágios na literatura portuguesa dos séculos XVI e XVII*, Lissabon 1979 (m. Bibliogr.; BB). – A. Tabucchi, *Interpretazioni della »História trágico-marítima« nella licenze per il suo »imprimatur«* (in Quaderni portoghesi, 1979, Nr. 5, S. 19–43). – F. Toriello, *Il naufragio della nave »S. Tomé«: l'invenzione di un eroe* (ebd., S. 113–125). – *Naufrágios, viagens, fantasias e batalhas*, Hg. J. Palma-Ferreira, Lissabon 1980 [Einl.]. – A. Margarido, *Une incursion sociologique dans le domaine de la critique textuelle. A propos de l'»História trágico-marítima«* (in *Critique textuelle portugaise*, Hg. E. Asensio, Paris 1986, S. 243–257).

Livros de linhagens

(portug.; *Abstammungsbücher*). Verzeichnisse von Adelsgenealogien, entstanden zwischen 1270 und 1340. – Drei dieser Bücher sind uns überliefert, das dritte in zwei z. T. stark voneinander abweichenden Fassungen. Die Verzeichnisse dienten hauptsächlich der Sicherung von Erb- und Patronatsrechten, sollten aber auch der Eheschließung von zu engen Verwandtschaftsgraden vorbeugen. Während der älteste dieser Texte, das *Primeiro Livro das Linhagens* (ca. 1282–1290), und das um 1340 entstandene *Livro velho*, auch *Livro do Deão*, sich fast ausschließlich auf genealogische Angaben beschränken – lediglich im ersten Buch finden sich auch Teile von literarischem Interesse, wie etwa die *Lenda de Gaia (Legende von Gaia)* –, geht das dritte und umfangreichste Buch, das auch als *Nobiliário do Conde D. Pedro* bekannt ist, weit über den rein genealogischen Aspekt hinaus. Es entstand, gleichfalls um 1340, unter der Anleitung des Conde D. Pedro de Barcelos (1289–1354), eines unehelichen Sohns des Königs Dinis (reg. 1279–1325), und verfolgte, wie im Prolog zu lesen ist, über die genannten Grundaufgaben der *Abstammungsbücher* hinaus vorwiegend das Ziel, die Freundschaft innerhalb des durch gleiche Abstammung verbundenen hispanischen Adels zu fördern und die Adligen durch den Hinweis auf die ruhmreichen Taten der Vorfahren zum Kampf gegen die Feinde des Glaubens anzuspornen.

Die besondere Bedeutung des Buches liegt – neben den historisch wertvollen genealogischen Angaben – darin, daß hier zum erstenmal in der portugiesischen Literatur der Versuch unternommen wird, eine kurze Darstellung der Weltgeschichte zu geben, und daß der Text zum andern eine große Anzahl historischer und legendärer Episoden enthält, wie einen Bericht über die Schlacht von Salado oder die *Lenda da Dama Pé de Cabra (Dame Ziegenfuß)*, die Alexandre HERCULANO in seinen *Lendas e narrativas* bearbeitet hat. K.H.D.

AUSGABEN: Lissabon 1739 (in A. Caetano de Sousa, *Provas da história genealógica da Casa Real Portuguesa*, Bd. 1; ern. Coimbra 1946). – Lissabon 1856, Hg. A. Herculano (in *Portugaliae Monumenta Historica. Scriptores*, Bd. 1). – Lissabon 1937 (*Livro velho I e II*). Lissabon 1961–1964 (*Livro velho 1, 2, 3*, 3 Bde.; Einl. u. Anm. L. S. Monteiro Bandeira). – Lissabon 1980, Hg. u. Einl. J. Mattoso (krit., in *Portugaliae Monumenta Historica*, N. S., Bd. 1 u. 2). – Lissabon 1983 (*Narrativas dos Livros de linhagem*, Hg., Einl. u. Komm. ders.; Ausw.).

LITERATUR: A. B. da Costa Veiga, *Os nossos nobiliários medievais*, Lissabon 1943. – A. J. Saraiva, *História da cultura em Portugal*, Bd. 1, Lissabon 1950, Kap. 4; erw. Neuausg. u. d. T. *A cultura em Portugal*, 1982. – L. F. Lindley Cintra, *O »Liber regum« e outras fontes do »Livro das linhagens« do Conde D. Pedro* (in BF, 11, 1950, S. 224–251). – A. J. Costa Pimpão, *História da literatura portuguesa. Idade média*, Coimbra [2]1959, S. 228–232. – M. Rodrigues Lapa, *Lições de literatura. Época medieval*, Coimbra [5]1964, S. 271–289 [m. Bibliogr.; [9]1977; rev.]. – A. J. Saraiva, *O autor da Narrativa da batalho do Salado e a refundição do Livro do Conde D. Pedro* (in BF, 22, 1971, S. 1–16). – L. Rossi, *A literatura novelistica na Idade média portuguesa*, Lissabon 1979, S. 19–27 (BB). – J. Mattoso, *A nobreza medieval portuguesa*, Lissabon 1981, S. 35–100. – A. J. Saraiva, *O crepúsculo da Idade média em Portugal*, Gradiva 1988. – Saraiva/Lopes [15]1989, S. 82–85.

MONARQUIA LUSITANA

(portug.; *Königreich Lusitanien*). Geschichtswerk in acht Teilen: Teil 1–2 von Frei Bernardo de BRITO (1569–1617), erschienen 1597–1609; Teil 3–4 von Frei António BRANDÃO (1584–1637), erschienen 1632; Teil 5–6 von Frei Francisco BRANDÃO (1601–1680), erschienen 1650–1672; Teil 7 von Frei Rafael de JESUS (1614–1693), erschienen 1683; Teil 8 von Frei Manuel dos SANTOS (1672–1740), erschienen 1727. – Dieses monumentale Geschichtswerk ist der Versuch, die in einer stattlichen Zahl von Königschroniken vorliegende *Crónica geral do reino (Allgemeine Reichschronik)* durch eine allgemeine Geschichte Portugals zu ersetzen, für die nicht mehr allein der königlich-dynastische Gesichtspunkt, sondern ein nationalpatriotischer maßgebend sein sollte. Zwar waren die Verfasser Kronchronisten wie die der *Crónica geral*, aber als Angehörige und Chronisten ihres Ordens (mit Ausnahme des Benediktiners Rafael de Jesus gehörten sie alle der bedeutenden, an historischen Urkunden reichen Zisterzienserabtei von Alcobaça an) sahen sie die Dinge weniger ausschließlich vom Standpunkt der königlichen Macht. In einer Zeit der politischen Abhängigkeit – die ersten vier Teile erschienen während der Personalunion Portugals mit Spanien (1580–1640) – vertraten sie die Eigenständigkeit Portugals als Volk und Nation. Die apologetische Absicht ihres Unternehmens geriet allerdings in Konflikt mit den humanistischen Forderungen nach einer neuen dokumentarischen, mit vergleichender, chronologischer, diplomatischer und paläographischer Methode arbeitenden Geschichtsschreibung. Nun hatte diese Forderung bei den humanistischen Latinisten zu einer Pseudo-Archäologie geführt: In Ermangelung echter Zeugnisse und Dokumente rekonstruierten sie die Vor- und Frühgeschichte der Völker durch phantasievolle Auslegung der *Bibel*, der Kirchenväter, der griechisch-römischen Dichter, Geschichtsschreiber und Mythologen und stützten sich dabei auf eine philologisch wenig exakte Personen- und Ortsnamenetymologie. Ein Beispiel für diese pseudowissenschaftliche Altertumskunde ist in Portugal das Werk des Latinisten Lúcio André de RESENDE (1500?–1573), *De antiquitatibus Lusitaniae* (1593). Gestützt auf Schriften dieser Art, in erster Linie auf die *Commentaria* (1498) des italienischen Humanisten ANNIO DI VITERBO, der bereits eine aus mythischer Vorzeit stammende lusitanische Dynastie erfunden hatte, verfaßt Bernardo de Brito die ersten beiden Teile der *Monarquia Lusitana*, die von der Erschaffung des Lichts bis zu den Anfängen des portugiesischen Staatswesens im 12. Jh. reichen. Dabei beruft er sich auf – teilweise von ihm selbst erfundene – antike und neuere Autoren, Schriften, Dokumente, Briefe und andere Zeugnisse und erzählt portugiesische Vor- und Frühgeschichte im Stil eines spätmittelalterlichen, von den unglaublichsten und wunderbarsten Taten, Zufällen und Ereignissen erfüllten Ritterromans. Er weiß das Datum der Erschaffung des Lebens, den genauen Ort, an dem Adam begraben liegt, kurz, die erstaunlichsten Dinge, und versäumt auch nicht, dies und jenes mit erbaulichen Betrachtungen und moralischen Lehren zu versehen – wobei der Verfasser sich durchweg einer klaren, einfachen Sprache bedient.

Der Nachfolger, António Brandão, ist kritischer. Er lehnt den dritten Teil, so wie sein Vorgänger ihn hinterlassen hat, ab und schreibt ihn neu. Er erör-

tert den Wert und die Echtheit bestimmter Quellen, bringt manche Texte nur mit Vorbehalt und diskutiert einander widersprechende Darstellungen der gleichen Sache. Vor allem führt er eine Menge kontrollierbarer Dokumente an, die er nach eigener Angabe aus Archiven und Kanzleien des Landes zusammengetragen hatte. Für diese Vorarbeit, vor allem für den dokumentarischen Anhang seines Werks, zollte ihm zwei Jahrhunderte später Alexandre HERCULANO hohe Anerkennung, dessen *História de Portugal* (1846–1853) etwa den gleichen Zeitraum wie der von Brandão bearbeitete dritte und vierte Teil der *Monarquia* behandelt: von den Anfängen bis zum Ende der Regierung Alfons' III. († 1279).
Schließt die quellenkritische Einstellung bei António Brandão eine wundergläubige Auslegung der Quellen und eine übernatürliche Deutung der Fakten keineswegs aus, so trifft dies auf seinen Neffen und Nachfolger, der im fünften und sechsten Teil die Regierungszeit des Königs Dionysius (1279 bis 1325) beschreibt, noch stärker zu. Der wundersamen Ereignisse weiß er viele zu berichten, wenn auch der Gegenstand im ganzen eine romanhafte Behandlung im Stil Britos nicht erlaubte. Doch kann von Quellenkritik bei diesem Autor ebensowenig die Rede sein wie bei den folgenden. Während Rafael de Jesus im siebten Teil die Regierungszeit Alfons' IV. (1325–1357) nach den Darstellungen früherer Chronisten, insbesondere Rui de PINAS, im barocken Geschmack literarisch auffrisierte, hielt sich Manuel dos Santos bei der Schilderung der Regierungen Ferdinands I. (1367 bis 1383) und Johanns I. (1385–1433) im achten Teil fast ausschließlich an die Darstellung des Chronisten Fernão LOPES in dessen *Chronicas*, wobei ihm ein Musterbeispiel der portugiesischen Prosa des 18. Jh.s gelang. Auch er hebt die wundersamen Ereignisse, in denen man das Walten der Vorsehung zu erkennen glaubte, hervor und betont außerdem die verdienstvolle Rolle der Abtei Alcobaça im Kampf Portugals um seine Unabhängigkeit (1383–1385), der in der siegreichen Schlacht von Aljubarrota am 14. 8. 1385 seinen Höhepunkt fand.
A.E.B.

AUSGABEN: Alcobaça 1597 (Bernardo de Brito [Baltasar de Brito e Andrade], *Parte primera que contem as historias de Portugal desde a criação do mundo até o nacimento do nosso Senhor Jesu Christo*). – Lissabon 1609 (Bernardo de Brito, *Segunda parte em que se continuam as Historias de Portugal desde o nacimento do nosso Sealvador Jesu Christo até ser dado em dote ao Conde D. Henrique*). – Lissabon 1632 (António Brandão, *Terceira parte da Monarquia Lusitana, que contem a Historia de Portugal desd'o Conde D. Henrique até todo o reinado d'Elrei D. Affonso Henriques*). – Lissabon 1632 (ders., *Quarta parte da Monarquia Lusitana, que contem a Historia de Portugal desd'o tempo d'Elrei D. Sancho I até todo o reinado d'Elrei D. Affonso III*). – Lissabon 1650 bis 1672 (Francisco Brandão; Tl. 5 u. 6). – Lissabon 1683 (Rafael de Jesus; Tl. 7). – Lissabon 1727 (Manuel dos Santos; Tl. 8). – Porto 1944–1946, Hg. A. de Magalhães Basto [Ausw.]. – Lissabon 1973–1985, 7 Bde. [Faks.; Einl. A. da Silva Rego; Anm. A. B. de Andrade, M. dos Santos Alves u. A. Dias Farinha; Tl. 1–7].

LITERATUR: J. M. da Costa e Silva, *Ensaio bibliographico-critico sobre os melhores poetas portuguezes*, Lissabon 1850–1855, Bd. 5, S. 182–207 (Brito). – F. de Figueiredo, *Historia da litteratura classica*, Bd. 2, Lissabon 1922, S. 197–218. – H. Cidade, *A literatura autonomista sob os Filipes*, Lissabon 1948. – Ders., *Lições de cultura e literatura portuguesas*, Bd. 1, Coimbra 1959, S. 355–364; [6]1975 [korr. u. erw.]. – *Dicionário das literaturas portuguesa, galega e brasileira*, Hg. J. do Prado Coelho, Porto 1960; [3]1978, S. 660 f. – *Dicionário de história de Portugal*, Hg. J. Serrão, Bd. 1, Lissabon o. J. – J. V. Serrão, *A historiografia portuguesa*, Bd. 2, Lissabon 1973, S. 43–53.

II. Von der Romantik (1820) bis zum Modernismus (1920)

JOSÉ VALENTIM FIALHO DE ALMEIDA

* 7.5.1857 Vila de Frades
† 4.3.1911 Cuba / Alentejo

LITERATUR ZUM AUTOR:
In Memoriam F. de A., Porto 1917. – R. Brandão, *Memórias*, Bd. 1, Porto [2]1919, S. 61–78. – C. Basto, *A linguagem de F.*, Porto [2]1940. – A. J. da Costa Pimpão, *F.*, Coimbra 1944 [m. Bibliogr.]. – A. Coimbra Martins, *Portrait de F.* (in BEP, 1954; Separatdr.). – L. de Oliveira, *O espiríto e a graça de F.*, Lissabon 1957. – J. do Prado Coelho, *A situação de F. na literatura portuguesa* (in AION, 1, 1959, S. 49–63). – U. Araújo, *De F. e da sua obra* (in Arquivo Coimbrão, 18, 1963, S. 105–138). – K. H. Trost, *Kulturkritische Ideen bei F. de A.*, Diss. Mainz 1966. – C. T. de Oliveira Zokner, *A influencia de França na obra de F. de A.*, Curitiba 1974. – Saraiva/Lopes, S. 958–963. – O. Lopes, *Entre F. e Nemésio*, Bd. 1, Lissabon 1987, S. 173–196.

OS GATOS

(portug.; *Die Katzen*). 57 Artikel von José Valentim Fialho de ALMEIDA, erschienen zunächst als Monatshefte mit dem Untertitel *Monatsheft zur Untersuchung des portugiesischen Lebens*, dann in unregelmäßiger Folge zwischen 1889 und 1894. – Diese Artikel oder Pamphlete weisen die gleiche Thematik wie *As farpas* (1871–1882) von Ramalho ORTIGÃO auf, d. h., auch sie wollen die politischen, sozialen, pädagogischen, künstlerischen und religiösen Aspekte des portugiesischen Lebens beschreiben. Im ersten Artikel vergleicht Fialho de Almeida die Figur des Kritikers mit einer Katze, der dieser in ihrer Nervosität, Agilität, ihrem Humor und ihrer Phantasie gleicht: *»Gott schuf den Menschen nach seinem Bild und Gleichnis und schuf den Kritiker nach dem Gleichnis der Katze.«* In den thematisch sehr verschiedenartigen Glossen läßt sich der Autor von seiner Phantasie und seinem bissigen Humor treiben, der sich bis zum Sarkasmus, sogar bis zur ungerechten Behandlung von Zeitgenossen steigert. *Os gatos* weisen keine gedankliche Leitlinie auf. Rein zufällig werden Tagesereignisse des politischen oder künstlerischen Lebens aufgegriffen, wie das Begräbnis des Königs, die Situation des portugiesischen Theaters, das wachsende Elend der Hauptstadt Lissabon. Der Blick des Impressionisten inspiriert Almeidas bildhafte Sprache; wir begegnen Synästhesien und Details visionären Charakters, die ihn in die Nähe des Symbolismus, in der verzerrten Wiedergabe von Wirklichkeit teilweise sogar des Expressionismus rücken. Almeidas journalistische Prosa, aber vor allem seine Erzählungen stehen im Zusammenhang der damaligen literarischen Décadence, zugleich aber spiegelt sich in ihnen die Vielfalt der literarischen Strömungen, wobei Almeidas eigene Entwicklung in einem der späteren Artikel dokumentiert ist, der mit dem wissenschaftlichen Naturalismus, dem der Autor früher zugeneigt war, scharf ins Gericht geht. Die Bitterkeit seines Lebensweges, sein erfolgloser Versuch, einen Roman zu schreiben, seine unstete Art, dies und jenes zu beginnen, sind in jeder der bitterbösen Glossen zu spüren und verweisen zugleich auf seine eigene Generation, die nicht mehr vom humanitären Credo der hohen Ideale eines Antero de QUENTAL (1842–1893), sondern von Pessimismus und Nihilismus geprägt ist.

Die politische Krise zwischen Portugal und England – im Zeichen der kolonialen Aufteilung Afrikas (1890) – markiert einen Einschnitt in *Os gatos*. Während der Verfasser sich bis dahin fast ausschließlich künstlerischen und ästhetischen Problemen widmete, griff er nun zunehmend politische Themen auf. Mit aggressiver Wut und beißender Ironie kämpfte er gegen die Monarchie und trug damit wesentlich zu jenem kollektiven Gemütszustand bei, der später dann zur Ausrufung der Republik führte.

In Almeidas sehr launenhaften Doktrinen finden sich zahlreiche konstruktive und zukunftsweisende Gesichtspunkte, wenn er beispielsweise an die Gesellschaft appelliert, der Staat solle die Künste schützen und das Theater erneuern, die Pädagogik müsse dringend modernisiert werden. Am heftigsten klagt er das mittelmäßige Niveau der nationalen Bräuche, der Kunst und Literatur an. Als Ganzes bleibt *Os gatos* ein Zeitdokument jener portugiesischen Gesellschaft und ihrer aus Agonie und Aufruhr gemischten Stimmung im letzten Jahrzehnt des 19. Jh.s, und zugleich ist die Sammlung das Abbild eines hochsensiblen, widersprüchlichen Geistes. L.C.H.

Ausgaben: Lissabon 1. 8. 1889–25. 1. 1894. – Lissabon 1945–1952, 6 Bde. [Vorw. A. J. da Costa Pimpão].

Literatur: J. Pontes, *Jornalismo em »Os gatos«* (in Ocidente, 82, 1972, Nr. 405, S. 34–48). – J. C. Seabra Pereira, *Decadentismo e simbolismo na poesia portuguesa*, Coimbra 1975. – V. M. de Aguiar e Silva, *F. de A. e o problema sociocultural do Francesismo* (in *Les rapports culturels et littéraires entre le Portugal et la France, Actes du Colloque*, Paris 1983, S. 411–422).

O PAÍZ DAS UVAS

(portug.; *Das Land der Trauben*). Erzählungen von José Valentim Fialho de Almeida, erschienen 1893. – Die hier vereinigten zwanzig Erzählungen stellen zusammen mit den Sammlungen *Contos*, 1881 *(Erzählungen)*, *A cidade do vício*, 1882 *(Die Stadt des Lasters)*, und *Lisboa galante*, 1890 *(Galantes Lissabon)*, *»bei aller Begrenztheit, Unausgeglichenheit und Widersprüchlichkeit als Gesamtleistung das Beste«* dar (Saraiva-Lopes), was die portugiesische Literatur auf diesem Gebiet der erzählenden Gattung hervorgebracht hat.

In seiner eigentümlichen Mischung von Romantik und Naturalismus, Phantastik und Wirklichkeitssinn, Positivismus und Pantheismus die Herkunft von Eça de Queirós (1845–1900) nicht verleugnend, gelingt Fialho de Almeida eine einzigartige, höchst persönliche Verschmelzung dieser Gegensätze in einem Stil, der dem literarischen Impressionismus ebenso nahesteht wie dem in der Lyrik von ihm verlachten Symbolismus eines Eugénio de Castro (1869–1944; vgl. *Oaristos*). Durch die bewußte Hereinnahme von Gallizismen und Anglizismen in die portugiesische Sprache, die Verwendung landschaftsgebundener, volkssprachlicher, ja vulgärsprachlicher Elemente, den Gebrauch von Archaismen auf der einen Seite, von eigenwilligen Neubildungen, gelehrten Wörtern und medizinischen Fachausdrücken auf der anderen, nicht zuletzt auch durch die Freiheit und Selbständigkeit seiner Syntax und einen ausgeprägten Sinn für Rhythmus und Klang nimmt er Praktiken vorweg, die sich erst in späterer Zeit allgemein durchsetzen sollten. So schafft er eine Ausdrucksform von großer Beweglichkeit und Präzision, geeignet, Menschen, Dinge, Landschaften und Begebenheiten präzis zu charakterisieren und zugleich in ihrer Bedeutsamkeit transparent zu machen. Dem Walten der geheimnisvollen Kräfte des Lebens, der Erde, der Vererbung und des Geschlechts ist Fialho de Almeida in seinen Erzählungen auf der Spur. Der Mensch erscheint in ihnen als Opfer einer blind waltenden Macht, und andererseits ist die Natur – die Landschaft, die Tier- und Pflanzenwelt – vermenschlicht gesehen; das Wunderbare und Märchenhafte ist ebenso verständlich gegenwärtig wie das Grauenerregende, Fremdartige und Abnorme. Dabei verfällt Fialho, der vom Journalismus herkam – fast sechs Jahre lang gab er selbst eine literarische Zeitschrift, ›Os Gatos‹ (1889–1894), heraus –, manchmal ins Anekdotische – z. B. in *O antiquário (Der Antiquar)* und *O menino Jesus do Paraíso (Das Jesuskind aus dem Paradies)* – oder betreibt Effekthascherei, die – beispielsweise in *O cancro (Das Krebsgeschwür)* – ans Melodramatische grenzt.

Überhaupt übt das Grauenhafte, Ekelerregende und Schockierende, wie die Erzählungen *Os pobres (Die Armen)*, *Conto do Natal (Weihnachtsgeschichte)* und *Três cadávres (Drei Leichen)* beweisen, eine magische Anziehungskraft auf diesen Dichter aus, der in manchen Erzählungen – z. B. in *O filho (Der Sohn)* – *»den Pulsschlag des Menschlichen selbst und den ureigensten Rhythmus der Dinge«* (Saraiva-Lopes) zu vermitteln weiß. Zu den reizvollsten, ästhetisch kostbarsten Gebilden gehören indessen die Erzählungen, in denen Almeida Märchenstoffe gestaltet und dabei uralte Motive selbständig weiterführt oder völlig neu erschafft, so das der bekannten Goethe-Ballade in *A taça do rei de Tule (Der Becher des Königs von Thule)*, das Undine-Motiv in *A princesinha das rosas (Das Rosenprinzeßchen)*, die Vorstellung vom Teufel als Tugendwächter der Frau in *Conto do almocreve e do diabo (Erzählung vom Maultiertreiber und dem Teufel)* und – in *O anão (Der Zwerg)* – die Geschichte vom Zwerg, den die Bauern für den Teufel hielten, der aber gar nicht der Teufel war, sondern nur eine wachsende Ähnlichkeit mit den Schafen und Ziegen zeigte, bei denen er hausen mußte. Besonders in dieser Geschichte sind, mehr noch als in den übrigen, realistisch Beobachtetes und ungreifbar Bedeutsames zu dichterischer Einheit verschmolzen.

Die ersten drei Stücke der Sammlung sind keine Erzählungen im eigentlichen Sinn, sondern Betrachtungen und Evokationen. In *Pelos campos (Auf den Feldern)* und *As vindimas (Weinlesen)* kommt das Lebensgefühl dieses Dichters zum Ausdruck, der von sich sagt: *»Ach, wär' es mir doch gegeben, ein Bauer zu sein, ein Ausfluß gleichsam der Landschaft, die mein Blick umfängt …«* Die Landschaft, die hier gemeint ist, »das Land der Trauben«, das der Titel der Sammlung nennt, ist die des Alentejo im Süden Portugals, der Heimat des Dichters. Sie wird mit den Häusern, Straßen und Menschen von Vila de Frades, dem Geburtsort Almeidas, unter dem Titel *Ao sol (In der Sonne)* thematisch und bildet in einigen Erzählungen der Sammlung – *Os pobres, Conto do Natal* und *Triste idílio (Trauriges Idyll)* – den Hintergrund des Geschehens. Sie ist auch in anderen Werken des Autors, in seinen Chroniken und Briefen oft gegenwärtig. Es wäre jedoch verfehlt, ihn deshalb einen Heimatdichter zu nennen. Die Erzählungen *O filho* und *A velha (Die Alte)* spielen in der mittelportugiesischen Provinz Beira Litoral, die übrigen sind keiner bestimmten Landschaft zugeordnet. Das Naturgefühl dieses Dichters besitzt über den örtlichen Anlaß hinaus allgemeinmenschliche Dimension; ebenhierin liegt seine Wahrheit.

F.I.

AUSGABE: Lissabon 1893. – Lissabon 1971 [Vorw. A. da Costa Pimpão]. – Mem Martins 1980 (LB-EA).

LITERATUR: A. J. da Costa Pimpão, *F.* (in Revista da Universidade de Coimbra, 15, 1945, S. 347–503). – J. Décio, *Introdução ao estudo do conto de F. de A.*, Coimbra 1969.

GUILHERME DE AZEVEDO

eig. Guilherme Avelino de Azevedo Chaves

* 30.11.1839/40 Santarém

† 6.4.1882 Paris

A ALMA NOVA

(portug.; *Die neue Seele*). Lyriksammlung aus 47 Gedichten, darunter 12 Sonetten, von Guilherme de AZEVEDO, erschienen 1874. – Blieb der Autor in seiner ersten Lyrikveröffentlichung noch der Romantik verhaftet, so distanzierte er sich von dieser literarischen Strömung schon mit *Radiações da noite*, 1871 *(Strahlungen der Nacht)*, besonders aber mit *A alma nova*. Zusammen mit Guerra JUNQUEIRO (1850–1923) und Gomes LEAL (1848 bis 1921) repräsentiert Azevedo die sozialrevolutionäre Dichtung des zu Ende gehenden Jahrhunderts. Seine Lyrik sollte soziale Mißstände aufdekken, zur Veränderung der Gesellschaft beitragen und die Botschaft des Aufbruchs zu einer neuen Zeit, einer *»neuen Seele«* formulieren. Der Titel dieser Lyriksammlung ist einer revolutionären Ode von Azevedos Freund Antero de QUENTAL (1842–1893) entlehnt, dem *A alma nova* auch gewidmet ist.

Teilweise geht jedoch die Auseinandersetzung mit aktuellen Fragen, oft in etwas langatmigen Gedichten, nicht über die Nachahmung französischer Vorbilder hinaus. Über die Gruppe von Coimbra, der sogenannten »Generation der siebziger Jahre«, hatte Azevedo BAUDELAIRE und die französische Parnaßlyrik, sowie die Theorien des literarischen Realismus und die humanitäre Philosophie PROUDHONS kennengelernt. So gehen in Azevedos Gedichten der Satanismus oder die Figur der perversen kalten Schönheit Baudelaires Hand in Hand mit dem Kampf für die neuen Ideale, mit dem Schrei nach Gerechtigkeit und Humanität, Ziele, denen er sich auch in seiner journalistischen Laufbahn verschrieben hatte. Seine Verse verraten Lebensüberdruß und Kulturpessimismus der Epoche, zeugen aber auch vom Wissenschafts- und Fortschrittsglauben des Dichters. Das bis dahin gültige christliche Menschenbild wird entmythisiert; der Mensch selbst wird zum Schöpfer. Auch romantische Figuren wie Don Juan und Romeo, sowie die vielbeschworene Idylle des Landlebens werden ihres mythischen Gehalts entkleidet. Azevedos Lyrik spricht von modernen Themen: der Unterschied Stadt–Land, das Verhältnis Wissenschaft–Christentum, das Elend der vielen Proletarier, die Welt des Zirkus und der Bühne. Bergleute, Kranke, Alte, hungernde Kinder, leidende Mütter, schwindsüchtige Mädchen ziehen an dem vom Leben enttäuschten Dichter vorbei, der die Verdorbenheit der Stadt und ihrer Bewohner anprangert, und sich doch von ihnen fasziniert zeigt. So schweben im Gedicht *Astro da rua (Stern der Straße)* die Dirnen wie Erzengel an ihm vorbei. Dem Dichter gelingen auch originelle Bilder, wie beispielsweise in dem von umgangssprachlichem Tonfall geprägten Gedicht *Fala a ordem (Die Ordnung spricht)*: Die Ordnung spricht einen Jungen an, verdächtigt ihn der Agitation; es stellt sich heraus, daß er in der Hand eine Lesefibel hält.

Der literarische Wert der Lyriksammlung Azevedos bleibt umstritten: *»Ihr politisches Engagement, das sich mehr ausländischer Probleme annimmt als spezifisch landesinnerer, gerät unversehens zur gesellschaftlichen Unverbindlichkeit, die soziale Anklage wird zur literarischen Attitüde«* (R. Hess). Dennoch nimmt Azevedos Lyrik, deren kämpferischer Charakter den zeitgenössischen revolutionären Geist spiegelt, einen wichtigen Platz in der Literatur des ausgehenden 19.Jh.s ein. *A alma nova* war im damaligen literarischen Milieu ein Erfolg und eröffnete somit Wege zu einer neuen Form von Literatur mit veränderter Weltsicht.

L.C.H.

AUSGABEN: Lissabon 1874. – Coimbra 1923 [Vorw. T. da Fonseca]. – Lissabon 1981 [Vorw. M. Simões].

LITERATUR: R. Ortigão, *G. de A.* (in Jornal do Comércio, Lissabon 17. 5. 1882). – M. Dionísio, *G. de A.* (in *Perspectiva da literatura portuguesa do século XIX*, Hg. J. G. Simões, Bd. 1, Lissabon 1947). – J. C. Seabra Pereira, *Decadentismo e simbolismo na poesia portuguesa*, Coimbra 1975. – R. Hess, *Die Anfänge der modernen Lyrik in Portugal (1865–1890)*, Mchn. 1978. – A. Cirurgião, *O carácter combativo em »A alma nova«, de G. de A.*, Lissabon 1979. – M. das Graças Moreira de Sá, *G. de A. na geração de 70*, Lissabon 1986.

CAMILO CASTELO BRANCO

* 16.3.1825 Lissabon
† 1.6.1890 São Miguel de Seide / Minho

LITERATUR ZUM AUTOR:
Bibliographien:
H. Marques, *Bibliografia camiliana*, Lissabon 1894. – *Revista Bibliográfica Camiliana*, Hg. M. dos Santos, Lissabon 1917–1923. – H. Lacape, *Contribution à une bibliographie de C. C. B.*, Paris 1941. – *Catálogo de uma importíssima e completa camiliana*, Hg. M. Ferreira, Lissabon 1968. – A. Felgueiras, *Camiliana I: Catálogo das obras originais de C. C. B. (1845–1971)*, Porto 1972.
Biographien:
A. Pimentel, *O romance do romancista*, Lissabon 1890; 21974. – P. Osório, *C., a sua vida, o seu génio, a sua obra*, Porto 1908; 21920 [erw.]. – A. Ribeiro, *O romance de C.*, 3 Bde., Lissabon 1957; ern. 1974. – B. Gracias, *C., suícida. Ensaio biobibliográfico*, Lissabon 1965. – C. Malpique, *C. Aspectos do seu retrato moral e psicológico* (in Boletim Cultural, 33, Porto 1970, fasc. 1/2, S. 20–77). – A. Cabral, *C. C. B.: roteiro dramático dum professional das letras*, Lissabon 1980.
Gesamtdarstellungen und Studien:
In memoriam de C., Lissabon 1925. – C. Basto, *A linguagem de C.*, Porto 1927. – H. Lacape, *C. C. B.*, Paris 1941. – J. do Prado Coelho, *Introdução ao estudo da novela camiliana*, Coimbra 1946; 21982/83, 2 Bde. [rev. u. erw.]. – A. Ribeiro, *Camões, C., Eça e alguns mais*, Lissabon 1958, S. 85–180; ern. 1975. – T. R. Ferro, *Tradição e modernidade em C.*, Lissabon 1966. – M. L. Torres Lepecki, *Sentimentalismo. Contribuição para o estudo da técnica romanesca de C.*, Belo Horizonte 1967. – J. R. D. Maia, *Traços impressionistas de C.*, Diss. Lissabon 1970. – A. P. de Castro, *Narrador, tempo e leitor na novela camiliana*, Famalição 1976 [m. Bibliogr.]. – A. Cabral, *Estudos camilianos*, I, Porto 1978. – J. B. Chorão, *C.*, Lissabon 1979.

AMOR DE PERDIÇÃO

(portug.; *Das Verhängnis der Liebe*). Roman von Camilo CASTELO BRANCO, erschienen 1862. – Dieser erfolgreichste Roman Castelo Brancos handelt von der Liebe zwischen dem Studenten Simão Botelho und Teresa de Albuquerque, der ihre benachbarten, aber feindlichen Familien Widerstand entgegensetzen. Teresa weigert sich, dem Wunsch ihres Vaters zu folgen und ihren Vetter zu heiraten, der sich für ihre Zurückweisung rächt, indem er den alten Albuquerque dazu überredet, seine widerspenstige Tochter in ein Kloster zu stecken. Bei ihrer Abreise aus Viseu kommt es zu einem Zusammenstoß zwischen den beiden Rivalen. Simão tötet den Vetter, wird deswegen festgenommen und zum Tod durch den Strang verurteilt, dank des Einflusses seiner Angehörigen jedoch zur Deportation nach Goa begnadigt. Im Gefängnis in Porto wartet er auf die Einschiffung. Inzwischen geht Teresa, mit der er immer noch heimlich in Verbindung steht, an ihrer Verzweiflung zugrunde. Sie bricht tot zusammen, als sie vom Klosterturm aus ihren Geliebten an Bord gehen sieht, und auch er stirbt auf der Überfahrt am Schmerz der Trennung. Mariana, Simãos selbstlose Begleiterin, deren Vater ihn früher eine Zeitlang in seinem Haus verborgen gehalten hatte, will das Schicksal mit dem Jüngling, den auch sie liebt, teilen: als sein Leichnam ins Meer versenkt wird, stürzt sie sich ihm nach.

Der Roman wurde 1861 in vierzehn Tagen niedergeschrieben, als der Verfasser, selbst des Ehebruchs angeklagt, sich in Porto in Haft befand. Er schildert zum Teil Vorgänge, die sich in seiner Familie abgespielt haben: ein Onkel Castelo Brancos wurde wegen Körperverletzung zu Gefängnis und Deportation verurteilt. Auch die Berichte über seine Angehörigen gehen auf Familienüberlieferungen zurück. Die Gestalt der Heldin scheint allerdings frei erfunden zu sein. Die eingestreuten Briefe und Gespräche der Liebenden sind leidenschaftlich und innig empfunden und drücken wohl Castelo Brancos eigenes Erleben aus.

Der den zeitgenössischen Erfolg überdauernde literarische Wert des Romans beruht jedoch auf der Gabe des Verfassers, Spannung zu erregen (Simãos Verfolgung durch die Knechte seines Nebenbuhlers, das Duell mit Baltasar, Marianas Selbstmord) und Gestalten verschiedenster Herkunft und Gesinnung in Sprache und Handlung zu vergegenwärtigen: den heftigen, entschlossenen Simão, der keine Hilfe zur Milderung seines Schicksals annehmen will, den trockenen und hartherzigen Richter Botelho, seine hochmütige, ahnenstolze und lieblose Frau und ihre Gesellschaftsschicht, den anmaßenden, rachsüchtigen und heimtückischen Baltasar, den Schmied João da Cruz und seine Tochter Mariana als rechtschaffene und hilfsbereite Vertreter des einfachen Volks, die lasterhaften und zänkischen, hämischen Nonnen des Klosters bei Viseu und die wahrhaft karitativ gesinnten Schwestern im Kloster Monchique.

Nicht zuletzt zeichnet sich dieses Werk aus durch seine flüssige Sprache und den bei aller Empfindsamkeit des Ausdrucks gewahrten ironisch-distanzierten Ton der Erzählung, der Castelo Branco nicht nur erlaubt, an engstirnigen Vorurteilen, herzlos-heuchlerischem Getue, ruchlosen Machenschaften und Intriganten seinen Spott auszulassen, sondern zu den dargestellten Leidenschaften selbst Abstand zu gewinnen. A.E.B.

AUSGABEN: Porto 1862. – Porto 1941, Hg. A. C. Pires de Lima; ern. 1977 [rev.]. – Mem Martins 1980 (LB-EA). – Lissabon 1983, Hg. J. M. Rocheta. – Porto 1984, Hg. J. M. de Almeida (in *Obras*, Bd. 3).

ÜBERSETZUNG: *Das Verhängnis der Liebe*, C. Meyer-Clason, Freiburg i. B. 1988.

LITERATUR: A. Pimentel, *Notas sobre o »Amor de perdição«*, Lissabon 1915. – G. d'Avila Pérez, *As traduções do »Amor de perdição«*, Lissabon 1964. – R. A. Lawton, *Technique et signification dans l'»Amor de perdição«* (in BEP, N. S., 25, 1964, S. 78–135). – J. do Prado Coelho, *O »Amor de perdição«, romance do pundonor?* (in J. do P. C., *A letra e o leitor*, Lissabon 1969, S. 138–143). – M. da Glória Martins Rabelo, *C.: realismo e contradição* (in Brotéria, 104, 1977, Nr. 5/6, S. 493–509). – P. Calheiros, *Estudo comparado de »O Amor de perdição« de C. C. B. e de João Martins de Athayde* (in Vértice, 39, 1979, Nr. 426/427, S. 505–522). – M. Metzeltin, *Topologia tensional no »Amor de perdição« de C. C. B.* (in APK, 18, 1983, S. 70–82).

NOVELAS DO MINHO

(portug.; *Novellen aus dem Minho*). Acht Erzählungen von Camilo CASTELO BRANCO, erschienen 1875/76. – Das *»realistische Bild des Lebens auf dem Lande mit seinen Instinkten und seinen Missetaten«*, das Castelo Branco in diesen »Novellen« entwirft, stellt die Kehrseite des Landlebens dar, wie Júlio DINIS (vgl. *A morgadinha dos Canaviais*, 1868) es gesehen und dargestellt hat (G. C. Rossi). Angeregt durch den Erfolg der sogenannten »realistischen Schule«, versucht der bedeutendste Vertreter des spätromantischen »passionellen Romans« (vgl. *Amor de perdição*) sich hier in der neuen, durch Eça de QUEIRÓS (vgl. *O crime do padre Amaro*, 1875) in die portugiesische Literatur eingeführten naturalistischen Erzählweise.

Seine Absicht ist, am Beispiel von Einzelschicksalen die gesellschaftlichen Verhältnisse und sittlichen Zustände im Minho-Raum, den Niedergang der alten patriarchalischen Ordnung und den Aufstieg einer Schicht von Erfolgsmenschen darzustellen, die es, meist in Brasilien, zu Reichtum gebracht und sich dann im Minho als neue besitzende Klasse niedergelassen haben. Dabei bildet den Schauplatz der Erzählungen nicht immer der Minho selbst; vielfach ist dieser fruchtbare, dichtbevölkerte Landstrich im Nordwesten Portugals nur Ausgangspunkt oder Endpunkt der Handlung. Damit werden die »Novellen« zu Sittenbildern der Zeit, die für ganz Portugal gelten können, zu Bildern der portugiesischen Gesellschaft, die, durch den »Fortschritt« in Verwirrung geraten, ihre moralische Wertordnung verloren hat. Fragwürdig sind manche der Gestalten, die in dieser Gesellschaft Ansehen genießen. Hinter der Maske äußerer Selbstsicherheit und Wohlanständigkeit verbergen sie eine dunkle Herkunft und Vergangenheit *(A morgada de Romariz – Die Herrin auf Romariz)*, das Verbrechen der Anstiftung zum Mord *(Gracejos que matam – Todbringende Scherze)*, Raub, Betrug und Denunziation aus Gewinnsucht *(O cego de Landim – Der Blinde von Landim)*. Vielfach sind es »Illegitime«, die sich ihren Platz in der Gesellschaft erobern, Findelkinder *(O Comendador – Der Kontur, O filho natural – Der natürliche Sohn, Maria Moisés – Maria Moses* und *O degredado – Der Sträfling)* oder politisch Verfolgte *(A viúva do enforcado – Die Witwe des Gehenkten)*.

Strukturell, d. h. im Aufbau und in der Darstellungsweise, sind diese »Novellen« keineswegs einheitlich. Manche sind bündig und straff, andere langatmig, sich in Einzelheiten verlierend. Einige, deren Handlung sich über längere Zeiträume erstreckt und in denen die Fülle der eingestreuten Episoden den novellistischen Rahmen sprengt, wären zutreffender als Kurzromane zu bezeichnen. Bei aller Realistik der Themen und der Darstellungsweise fehlen in den *Novelas do Minho* nicht die Elemente, denen Castelo Branco seine früheren Erfolge verdankte: Rührseligkeit und Schwarzweißmalerei in der Darstellung der Gefühle und Charaktere, ironischer Kommentar und Bemerkungen an den Leser, Sarkasmus und satirische Verzerrung in der Schilderung gesellschaftlicher Zustände und menschlicher Verhaltensweisen. A.E.B.

AUSGABEN: Lissabon 1875/76. – Lissabon 1961, Hg. M. H. Mira Mateus [m. Einl.; krit.]; 71973. – Porto 1981. – Mem Martins 1980/83, 2 Bde. (LB-EA).

LITERATUR: V. Ramos, *As »Novelas do Minho« de C. e a integração rural no romance português do século XIX* (in V. R., *Estudos em três planos*, São Paulo 1966, S. 85–122). – J. do Prado Coelho, *Duas »Novelas do Minho«* (in J. do P. C., *A letra e o leitor*, Lissabon 1969, S. 162–170). – I. Versiani, *Amor e casamento nas »Novelas do Minho«* (in LBR, 10, 1973, Nr. 1, S. 102–112). – J. Décio, *Uma revisitação das »Novelas do Minho« de C. C. B.* (in Arquivos, 3, 1981, Nr. 6, S. 43–48).

EUGÉNIO DE CASTRO

eig. Eugénio de Castro e Almeida

* 4.3.1869 Coimbra
† 17.8.1944 Coimbra

LITERATUR ZUM AUTOR:
Biographien:
A. F. de Sampaio, *E. de C. A. sua vida e a sua obra*, Lissabon 1924. – C. Malpique, *E. de C., poeta pagão* (in Boletim da Bibl. Pública Municipal, Matosinhos 1969, Nr. 16, S. 3–81).
Gesamtdarstellungen und Studien:
F. Ramos, *E. de C. e a nova poesia*, Lissabon 1943. – A. Pimenta, *E. de C. na poesia portuguesa*, Famalição 1944. – A. J. da Costa Pimpão, *E. de C.* (in Bib-

los, 22, 1946; ern. in A. J. da C. P., *Gente grada*, Coimbra 1952, S. 163–184). – O Instituto, 109, Coimbra 1947 [Sondernr.]. – F. Olivero, *Sull'opera poetica di E. de C.*, Turin 1950. – M. E. de Jesus Gonçalves, *O simbolismo de E. de C.*, Diss. Coimbra 1954. – J. G. Simões, *História da poesia portuguesa do século XX*, Lissabon 1959, S. 169–194. – A. P. de Castro, *Tradição e renovação na poesia de E. de C.* (in Arquivo Coimbrão, 24, 1969, S. 154–181). – L. F. Trigueiros, *No centenário de E. de C. Uma perspectiva histórico-literária* (in Memórias da Acad. das Ciências, Classe de Letras, 12, Lissabon 1969, S. 15–24). – A. Cabral, *Notas oitocentistas*, Bd. 1, Lissabon 1973. – J. C. Seabra Pereira, *Decadentismo e simbolismo na poesia portuguesa*, Coimbra 1975.

BELKISS, Rainha de Sabá, d'Axum e do Hymiar

(portug.; *Belkiss, Königin von Saba, Axum und Himjar*). Prosastück in dreizehn Bildern mit Vor- und Nachspiel von Eugénio de Castro, erschienen 1894. – *Belkiss* ist eines der Hauptwerke des portugiesischen Symbolismus. Der Komponist Ruy Coelho legte den Text seiner gleichnamigen Oper zugrunde. Der zentrale Gedanke des Stückes ist die Unvereinbarkeit von Traum und Wirklichkeit, von Verlangen und Erfüllung. – Belkiss, die Königin von Saba, ist besessen von der Sehnsucht, sich König Salomo hinzugeben. Ihr Ratgeber, der greise Zophesamin, bemüht sich vergeblich zu verhindern, daß die Traumwelt, in der seine Gebieterin lebt, an der Wirklichkeit zerbricht. Die Erfüllung verwandelt Belkiss' Begehren in schalen Überdruß; der Vereinigung mit dem Geliebten folgen Vereinsamung, Verzweiflung und Tod. – Das Geschehen vollzieht sich in der exotisch-üppigen Atmosphäre orientalischer Prunkgemächer, in einer Welt erlesener Stoffe, kostbarer Schmuckgeräte und funkelnder Edelsteine, die im geheimnisvollen Dämmerschein der Tagesneige, im düsteren Zwielicht dumpfer Vorahnungen erglänzen. Diese Prachtentfaltung erreicht ihren Höhepunkt in der Szene, die in Form einer Pantomime den festlichen Einzug der Königin in Jerusalem darstellt. Die Sprache des Werks ist von erlesener Poesie, nuanciert und anschaulich im Ausdruck der sinnlichen Qualen, die Belkiss erleidet, der Traumbilder, die sie bedrängen und locken, voll schwebender Musikalität in der Darstellung ihrer Sehnsucht, Trauer und Schwermut. A.E.B.

Ausgaben: Coimbra 1894. – Lissabon 1927–1940 (in *Obras completas*, Bd. 2). – Lissabon 1968 (in *Obras poéticas*, Bd. 2).

Literatur: V. Pica (in *Belkiss regina di Saba, di Axum e di Himiar*, Mailand 1896; ital. Übers.). – F. Olivero, *»Belkiss« di E. de C. e Flaubert* (in Quaderni Ibero-Americani, 2, 1950). – D. Mourão-Ferreira, *A »Belkiss« no teatro de E. de C.* (in Autores, 1971, Nr. 56, S. 21/22). – L. F. Rebelo, *O teatro simbolista e modernista (1890–1939)*, Lissabon 1979 (BB).

CONSTANÇA

(portug.; *Ü: Konstanze*). Verserzählung in sieben Gesängen in reimlosen Zehnsilbern von Eugénio de Castro, erschienen 1900. – Aus einer völlig neuen Perspektive betrachtet der Autor das Schicksal der Hofdame Inês de Castro, deren ehebrecherische Verbindung mit dem Infanten Dom Pedro Anlaß zu zahlreichen literarischen Darstellungen gegeben hat, die aber alle den Tod der Geliebten behandelten und nicht auf das Schicksal der verschmähten Gattin, Konstanze von Kastilien, eingingen: so die *Trovas à morte de Inês de Castro* von Garcia de Resende (1470–1536), der berühmte dritte Gesang der *Lusiaden (Os Lusíadas)* von Camões (1524/25–1580) und die Tragödien *A Castro* von António Ferreira (1528–1569) und Domingos dos Reis Quita (1728–1770). Indem de Castro nun die Gattin in den Mittelpunkt seiner Dichtung rückt, verlagert er auch den Schwerpunkt von der Darstellung heftiger und tragisch endender Leidenschaft auf die Darstellung von Schmerz und Verzicht. Hegt Constança anfangs berechtigte Haß- und Eifersuchtsgefühle, so ringt sie sich schließlich dazu durch (4. Gesang, der Höhepunkt des Gedichts), im Schmerz zu entsagen. Ihr Verzicht geht so weit, daß sie im Sterben der Nebenbuhlerin das größere Anrecht auf Pedros Liebe zugesteht.

Diese Verserzählung, das beste Werk de Castros, verdankt ihre Beliebtheit zum Teil dem Umstand, daß der Dichter hier einen der wirkungsvollsten Stoffe nationaler Geschichte aufgegriffen und in neuer Beleuchtung mit den verfeinerten und durch den Symbolismus bereicherten Stilmitteln gestaltet hat. Thematisch führt sie die mit der frühen portugiesischen Lyrik der Mädchenlieder *(cantigas de amigo)* einsetzende Tradition fort, die den Schmerz um verschmähte Liebe oder um den Verlust des Geliebten besingt. Stilistisch wendet sie sich von der esoterischen Wortkunst und Bilderpracht früherer Werke ab und einem einfacheren, gelösteren Ausdruck zu, ohne jedoch die Erlesenheit der Worte und Bilder, die klanglich-rhythmischen Reize zu verlieren. Eine vorwiegend rhythmische Funktion tragen auch die motivischen Wiederholungen innerhalb eines Gesanges und ihre Wiederaufnahme und Fortführung im nächsten (*Ser linda como Inês ..., Schön sein wie Inês* – im 1., 2. und 3. Gesang; *Constança vai morrer ..., Konstanze stirbt* – im 7. Gesang). A.E.B.

Ausgaben: Coimbra 1900. – Lissabon 1930 (in *Obras poéticas*, Bd. 5; Einl. M. de Unamuno). – Lissabon 1971 (in *Obras poéticas*, Bd. 5).

Übersetzung: *Konstanze*, M. Kühne, Coimbra 1935.

LITERATUR: N. de Azevedo, *Fontes do poema C., a obra-prima de E. de C.* (in Prometeu, 1, 1947). – S. Cornil, *Inês de Castro, contribution à l'étude du développement littéraire du thème dans les littératures romanes*, Brüssel 1952.

OARISTOS

(portug.; *Liebesgeständnisse*). Gedichte von Eugénio de CASTRO, erschienen 1890. – Die Veröffentlichung dieser Sammlung gilt als Beginn des von Castro mit dem Begriff *nefelibatismo* (Bewegung der Wolkenwandler) umschriebenen portugiesischen Symbolismus. Die neunzehn, größtenteils 1889 in Frankreich entstandenen, titellosen Gedichte sind an eine Schöne gerichtet, deren Kühle das – erfolglos bleibende – Werben des Dichters zu immer kühneren, immer erleseneren Bildern steigert. Freilich spielt der Gefühlsgehalt überhaupt keine Rolle; die äußere erotische Situation ist lediglich ein Anlaß für die Entfaltung neuer dichterischer Ausdrucksmöglichkeiten. In einem der Sammlung vorangestellten programmatischen Vorwort unterzieht der Dichter die zeitgenössische portugiesische Lyrik schärfster Kritik und tadelt ihre Kunstlosigkeit und Trivialität, ihre Armut und Eintönigkeit. Unter Berufung auf Francis VIELÉ-GRIFFIN, Jean MORÉAS, Charles BAUDELAIRE, Théophile GAUTIER und vor allem Paul VERLAINE, dem er die Anregung zum Titel seines Gedichtbandes verdankt, entwickelt er das formalästhetisch begründete Programm einer künstlerischen Erneuerung der portugiesischen Lyrik, das er selbst in den *Oaristos* beispielhaft erfüllt zu haben behauptet. Castro fordert darin prosodische Neuerungen, wie die freie Behandlung der Zäsur im Alexandriner (das Versmaß der meisten Gedichte der Sammlung), die Einführung des Kreuzreims am Schluß solcher Gedichte, die Übernahme des *rondeau* aus der französischen Dichtung, die Verwendung der Alliteration zur Erzielung besonderer Klangeffekte, vor allem in Verbindung mit Binnenreimen und mit einem durch häufigen Wechsel der Betonung lebhaft bewegten Rhythmus (so z. B. im zwölften Gedicht), die Wahl ungewöhnlicher, »funkelnder«, möglichst seltener Reime. Größte Bedeutung wird ferner dem Vokabular beigemessen, das klangvoll, nuancenreich und ungewöhnlich sein soll. Eine über die Synästhesie des Metaphorischen weit hinausgehende Verschmelzung heterogenster Elemente ist das augenfälligste Kennzeichen dieser Lyrik, deren Bildwelt in höchst differenzierte Farb- und Stimmungswerte eingebettet ist und dadurch alle Plastizität und jede Kontur verliert. So erschöpft sich dieser erste symbolistische Versuch innerhalb der portugiesischen Literatur in artifizieller Anstrengung, ohne daß es Castro gelungen wäre, die neuen Formen als den Ausdruck eines neuen geistigen Gehalts glaubhaft zu machen.

A.E.B.-KLL

AUSGABEN: Coimbra 1890; ern. 1900. – Coimbra 1927 (in *Obras poéticas*, Bd. 1). – Lissabon 1968 (in *Obras poéticas*, Bd. 1).

LITERATUR: H. Cidade, *Tendências do lirismo contemporâneo. Do »Oaristos« às »Encruzilhadas de Deus«*, Lissabon 1938. – F. Martins, *O classicismo do »Oaristos« de E. de C.* (in Humanitas, 2, Coimbra 1948/49, S. 211–240). – M. da Conceição Serafim Guerra, *A visão da realidade nos »Oaristos« e nas »Horas« de E. de C. Estudo estilístico*, Diss. Coimbra 1970.

SALOMÉ

(portug.; *Ü: Salome*). Epische Dichtung von Eugénio de CASTRO, erschienen 1896. – In vier Gesängen schildert der Dichter die fremdartig-hoheitsvolle, betörende Schönheit Salomes, deren amoralisches, naturhaft-sinnliches Wesen im Tanz höchste Erfüllung und greifbarsten Ausdruck findet. Die symbolistischen Kunstmittel, die er im Vorwort zu seiner Gedichtsammlung *Oaristos* (1890) verkündet hatte, werden hier zum erstenmal in einem längeren erzählenden Gedicht angewandt. Wortwahl, Metaphern, Klang und Rhythmus, Verslänge, Reimstellung, strophische Gliederung im Wechsel mit ununterbrochener Versfolge, dies alles steht im Dienst der künstlerischen Absicht, den verführerischen Zauber der Erscheinung Salomes sinnfällig zu machen. In den aus Natur und Kunst gemischten Details ihrer Umgebung, in den Gewändern und Kostbarkeiten, die Salome trägt, bekundet sich die Atmosphäre, die sie ausstrahlt: Weiden und Myrten, Lilien und Rosen, Fische, Falter und Vögel, Purpur, Rubine, Goldglanz und Sonnenglut, bleiches Mondlicht und die betäubende Schwüle orientalischer Pracht. Auch der Aufbau des Gedichts, die kontrapunktische Anordnung der Motive, stehen im Dienst dieser Zeichenhaftigkeit. So entspricht die Unterwürfigkeit der Löwen und die Liebe Salomes zu dem stolzesten und zugleich anschmiegsamsten dieser Tiere im ersten Gesang Salomes Liebe zu dem eingekerkerten, wild aufbegehrenden Täufer und die Besänftigung, die er erfährt, im dritten Gesang. Wie der nächtliche Tanz und die Erinnerung an die blutschänderische Umarmung, zu der sie den Stiefvater verlockte, im zweiten Gesang unterbrochen wird durch die Kunde vom Tod des Lieblingslöwen, so endet der Tanz der Salome vor Herodes im vierten Gesang mit dem Verlangen nach dem Haupt des Täufers, das Herodes willenlos erfüllt. – Mit diesem Werk erreicht die dichterische Gestaltung des ästhetischen Reizes ungehemmter, ekstatischer Schönheit und Grausamkeit in Castros Dichtung ihren Höhepunkt.

A.E.B.

AUSGABEN: Coimbra 1896. – Coimbra 1927–1944 (in *Obras poéticas*, Bd. 4). – Lissabon 1969 (in *Obras poéticas*, Bd. 4).

ÜBERSETZUNG: *Salome*, M. Kühne, Coimbra 1934.

JÚLIO DINIS

d.i. Joaquim Guilherme Gomes Coelho
* 14.11.1839 Porto
† 12.9.1871 Porto

LITERATUR ZUM AUTOR:
Bibliographie:
L. Cruz, *J. D. Análise bio-bibliográfico, 1839–1871* (in ArCCP, 5, 1972, S. 672–701; rev.).
Biographien:
M. J. de Oliveira Monteiro, *J. D. e o enigma da sua vida*, Porto 1958. – C. Malpique, *Alguns aspectos do perfil de J. D.* (in O Tripeiro, 11, Porto 1971, S. 289–298; vgl. Museu, Porto 1971, Nr. 14, S. 29–38). – A. Pimentel, *J. D., esboço biográfico*, Porto 1972.
Gesamtdarstellungen und Studien:
E. Moniz, *J. D. e a sua obra*, 2 Bde., Lissabon 1924; [6]1946. – H. Woischnik, *J. D. als Romandichter und Liebespsychologe*, Köln 1940. – M. J. da Costa Ferreira, *Do romantismo ao realismo, J. D. e sua obra*, Figueira da Foz 1956. – J. G. Simões, *J. D.*, Lissabon 1963. – L. Cruz, *J. D. e o sentido social da sua obra* (in Colóquio/Letras, 1972, Nr. 7, S. 31–39). – I. Stern, *J. D. e o romance português (1860–1870)*, Porto 1972 [m. Bibliogr.; zugl. Diss. NY 1972; vgl. Diss. Abstracts 32, 1972, S. 7007A]. – J. do Prado Coelho, *O monólogo inteiro em J. D.* (in J. do P. C., *A letra e o leitor*, Lissabon [2]1977, S. 125–137). – M. A. Santilli, *J. D. romancista social*, São Paulo 1979. – M. L. D. de Araújo Marchon, *A arte de contar em J. D.*, Coimbra 1980. – A. Pagliaro Micieli, *Per un'analisi delle novelle di J. D.* (in AION, 27, 1985, Nr. 1). – Saraiva/Lopes, S. 833 ff.

A MORGADINHA DOS CANAVIAIS. Crónica de aldeia

(portug.; *Das Fräulein dos Canaviais. Eine Dorfchronik*). Roman von Júlio DINIS, erschienen 1868. – Dem jungen Herrn von Souselas, Henrique, rät ein vernünftiger Arzt, dem Müßiggang und der Langeweile seines Lebens in Lissabon zu entfliehen und eine Zeitlang aufs Land zu gehen, um seine Schwermut und Hypochondrie loszuwerden. Bei seiner Tante auf dem Dorf vergißt Henrique alsbald seine eingebildeten Leiden und fühlt sich inmitten der Landbevölkerung, deren Leben und Tätigkeit ihn fesseln, und im Umgang mit der Familie des Majoratsherrn, Hofrat Manuel Bernardo dos Canaviais, eines politisch einflußreichen, fortschrittlich denkenden Mannes, wohler als je zuvor. Er verliebt sich in Madalena, die Tochter des Hofrats, bekommt jedoch einen Korb und muß feststellen, daß dem Fräulein der Dorfschullehrer Augusto, ein armer, schüchterner, doch intelligenter und strebsamer junger Mann, keineswegs gleichgültig ist. Beide, Augusto und Henrique, werden in die politischen Unruhen hineingezogen, die, ausgelöst durch gewisse Neuerungen und Verbesserungen, die der Hofrat durchzuführen gedenkt und gegen die das vom Klerus aufgewiegelte Volk revoltiert, den Frieden des Dorfes erschüttern. Als Henrique dabei schwer verletzt wird, pflegt ihn Cristina, die arme Kusine Madalenas. Die Standesunterschiede und die ungleichen Vermögensverhältnisse außer acht lassend, heiraten am Schluß der Dorfschullehrer und die Erbin des Majorats, die arme Waise und der reiche Neffe.
Überwindung des Klassensystems, Sieg der Vernunft und des Guten im Menschen, Liberalisierung der Kirche, Fortschritt durch Verbesserung der Verkehrswege, Ausbau des Unterrichtswesens, neue Methoden der Bodenbewirtschaftung usw.: Diese Postulate eines naiven Liberalismus verleihen dem Buch jenen heiter-optimistischen Ton, der für Júlio Dinis kennzeichnend ist und auf dem der große, bis heute fortwirkende Erfolg dieses Autors in weiten Kreisen des mittleren Bürgertums beruht. Hinzu kommen in diesem Roman wie in *As pupilas do Sr. Reitor*, 1866 *(Die Mündel des Herrn Rektors)*, die Idealisierung des Landlebens, das Júlio Dinis aus eigener Anschauung von langen Kuraufenthalten her kannte, und dessen sittenverbessernder Einfluß, dessen heilsame Wirkung auf Leib und Seele er in romantischer Schönfärberei ebenso *»penetrant lyrisch«* beschreibt wie den Ablauf des Tages, die häuslichen Abende, die jährlichen Feste auf dem Dorf. Dieser heute unglaubwürdig anmutende, treuherzige Idealismus mindert jedoch nicht die Verdienste des *»ersten modernen Romanschriftstellers der portugiesischen Literatur«* (Saraiva-Lopes): seine Kunst der Beobachtung und Beschreibung, der Charakterzeichnung und vor allem des Dialogs, den er unter geschickter Verwendung volkssprachlicher Elemente außergewöhnlich frisch und lebendig gestaltet. K.H.D.

AUSGABEN: Porto 1868. – Porto 1961 (in *Obras*). – Porto 1964; [5]1980. – Mem Martins 1973 (LBEA).

VERFILMUNG: Portugal 1949 (Regie: C. Bonucchi).

LITERATUR: I. Stern, *Jane Austen and J. D.* (in Colóquio/Letras, 1976, Nr. 30, S. 61–68).

SERÕES DE PROVÍNCIA

(portug.; *Abendunterhaltungen in der Provinz*). Vier Erzählungen von Júlio DINIS, erschienen 1870. – Diese noch aus der Studentenzeit des *»ersten modernen Romanschriftstellers der portugiesischen Literatur«* (vgl. *A morgadinha dos Canaviais*) stammenden und zunächst im Feuilleton des ›Journal do Porto‹ veröffentlichten Erzählungen gehören zu den wenigen Zeugnissen der portugiesischen Novellistik im 19. Jh. Sie handeln von unge-

wöhnlichen, doch keineswegs sonderbaren Begebenheiten, bei denen ein rätselhaft erscheinender Vorgang zum Schluß seine natürliche Erklärung, eine kritische Situation – mit einer Ausnahme – ihre versöhnliche Lösung findet.
In *Apreensões de uma mãe (Besorgnisse einer Mutter)* verbietet die Mutter ihrem Sohn trotz großer Bedenken nicht die Liebe zu einem Mädchen niederen Standes, besteht aber darauf, daß die Liebenden sich trennen, bis der Jüngling großjährig ist und sein Studium beendet hat. In dieser Zeit sorgt sie für die Erziehung und Bildung des Mädchens, damit in der künftigen Ehe keine Schwierigkeiten aus den Unterschieden des Geschmacks, der geistigen Fähigkeiten und Interessen der Eheleute erwachsen. Dank dieser klugen Vorsorge der Mutter wird die Krise, die in der jungen Ehe tatsächlich eintritt, dann rasch überwunden. – In *O espólio do senhor Cipriano (Der Nachlaß des Herrn Cipriano)* hat der Verstorbene, der aus Geiz sehr ärmlich gelebt hat, entgegen der allgemeinen Erwartung anscheinend doch kein beträchtliches Vermögen hinterlassen. Aber der Sohn, der verarmt aus Brasilien zurückkommt, überrascht seine Tante, die Schwester des Herrn Cipriano, dabei, wie sie mit Papiergeldscheinen das Feuer anzündet. Es sind Banknoten aus dem Nachlaß des Toten, die sie für bloßes Papier gehalten hat und aus Sparsamkeit zum Feuermachen benutzt. Gott sei Dank sind noch genug davon übrig, um Neffen und Tante ein sorgloses Leben zu sichern. – Die Geschichte *Os novelos da tia Filomena (Die Wollknäuel Tante Filomenas)* handelt von einer Witwe, die kummervoll und verzweifelt einsam im Walde lebt, weil ihre Tochter die Geliebte eines Mannes ist, der sie aus Standesrücksichten nicht heiraten darf. Unerbittlich weist sie alle Versuche der Tochter zurück, sich mit ihr zu versöhnen und ihre Not durch heimliche Zuwendung zu lindern. Bei den Bauern in der Nachbarschaft gilt sie als Hexe. Diese Meinung wird durch das Gerücht von rätselhaften Wollknäueln genährt, die man ihr insgeheim bringt und die sich unangetastet bei ihr stapeln. Erst nach ihrem Tod klärt der Pfarrer, dem sie sich anvertraut hat, das Geheimnis auf. – Die Novelle *Uma flor d'entre o gelo (Eine Blume im Eis)* erzählt die Tragikomödie eines alternden Arztes, der sich in eine junge Patientin verliebt. Durch ihr Mitleid ebenso gedemütigt wie durch ihren Spott, verfällt er in Wahnsinn.
In diesen frühen Erzählungen sind die besonderen Vorzüge bereits deutlich sichtbar, die den Verfasser von *As pupilas do Sr. Reitor*, 1867 *(Die Mündel des Herrn Rektors)*, mit einem Schlag berühmt machen sollten: die einfache, natürliche Sprache, die Eindringlichkeit der psychologischen Charakterisierung, der an Fielding und Dickens gemahnende Humor (vgl. *Uma família inglesa*), der frei von satirischer Schärfe die Spannung der Darstellung lockert und gut zu den Tugenden des Verstehens, der Herzensgüte und des Verzeihens paßt, mit denen Júlio Dinis seine Gestalten gern ausstattet. A.E.B.

Ausgaben: Porto 1870; [3]1879 [erw.]. – Porto 1968; ern. 1978. – Mem Martins 1971 (LB-EA).

Literatur: C. Meireles, *Presença feminina na obra de J. D.* (in Ocidente, 9, 1940, S. 32–45). – L. Cruz, *Os romancezinhos de J. D.* (in Sillages, 1974, Nr. 4, S. 43–56).

JOÃO BAPTISTA DA SILVA LEITÃO DE ALMEIDA GARRETT

* 4.2.1799 Porto
† 9.12.1854 Lissabon

Literatur zum Autor:
Bibliographien:
T. Braga, *Bibliographia Garrettiana* (in T. B., *G. e os dramas românticos*, Porto 1905, S. 695–777). – *Garrettiana*, Porto 1954.
Biographien:
G. de Amorim, *G., memórias biográficas*, 3 Bde., Lissabon 1881–1883. – C. Malpique, *História de um elegante do romantismo*, Porto 1954. – J. G. Simões, *A. G.*, Lissabon 1964. – O. M. C. Paiva Monteiro, *A formação de A. G.: Experiência e criação*, 2 Bde., Coimbra 1971.
Gesamtdarstellungen und Studien:
T. Braga, *G. e o romantismo*, Porto 1903. – Ders., *G. e a sua obra*, Porto 1904; Lissabon [2]1963. – O. Antscherl, *J. B. de A. G. und seine Beziehungen zur Romantik*, Heidelberg 1927. – G. Le Gentil, *A. G., un grand romantique portugais*, Paris 1927. – A. Crabbé Rocha, *O teatro de G.*, Coimbra 1944; [2]1954. – H. de C. F. Lima, *Inventário do espólio literário de G.*, Coimbra 1948. – A. Crabbé Rocha, *G., homme de théâtre* (in Bulletin d'Histoire du Théâtre Portugais, 5, 1954, S. 1–23). – R. A. Lawton, *L'intime contrainte*, Paris 1966. – F. Figueiredo, *Shakespeare e G.*, São Paulo 1970. – H. Cidade, *Portugal histórico-cultural*, Lissabon 1974, S. 250–265. – J. do Prado Coelho, *A letra e o leitor*, Lissabon [2]1977, S. 57–76. – Saraiva/Lopes, S. 729–761. – L. N. R. Correia Raitt, *G. and the English Muse*, Ldn. 1983.

CAMÕES

(portug.; *Camões*). Verserzählung in zehn Gesängen in reimlosen Zehnsilbern von João Baptista da Silva Leitão de Almeida Garrett, begonnen 1824 im französischen Exil, erschienen 1825. – Das Werk ist die erste portugiesische Dichtung im Stil Byrons und Walter Scotts, deren Einfluß Garrett in einem Brief vom 27.7.1824 an D. Lessa zwar zugibt, dann aber im Vorwort zur Erstausgabe bestreitet. – Das Gedicht erzählt, wie Camões

(1524/25–1580) im Jahr 1569 nach sechzehnjähriger Abwesenheit aus dem Orient wieder nach Lissabon zurückkehrt; es berichtet von seinem wechselvollen Leben bis zu seinem Tod 1580. Der Ruhm seines Epos *Os Lusíadas (Die Lusiaden)* trägt ihm die Mißgunst der Höflinge ein; sie fühlen sich durch seine Verherrlichung nationaler Heldentaten von den Anfängen der Geschichte Portugals bis zur Begründung seiner Weltmacht beschämt und herabgesetzt und lassen in ihrem Intrigenspiel nicht eher locker, bis der junge König Sebastian unter ihrem Einfluß dem Dichter, dessen Werk ihn anfangs begeistert hatte, seine Gunst entzieht. Daß Camões seine waghalsigen Eroberungspläne mißbilligt, erregt überdies des Königs Zorn. Verstoßen, vereinsamt und verarmt stirbt der Dichter, als er von der vernichtenden Niederlage hört, die das portugiesische Heer in Marokko erlitten hat, mit den Worten: *»Pátria, ao menos/Junto morremos…«* *(»Vaterland, so sterben wir wenigstens gemeinsam…«)*
Im Mittelpunkt der Erzählung stehen Camões' *Lusiaden*, die im siebten und achten Gesang paraphrasiert und zusammengefaßt werden. Die übrigen Szenen sind mit teils erfundenen, teils überlieferten Episoden aus dem Leben des Camões ausgefüllt. Romantisch mutet das Werk nach Thematik und Stimmung an: Es besingt keinen Helden, sondern einen Dichter, und es erzählt keine Taten, sondern beschwört Erlebnisse und Erinnerungen. Romantisch ist die Darstellung Camões' als eines von leidenschaftlicher Sehnsucht und glühender Vaterlandsliebe erfüllten Dichters. In der Heimatferne und Heimattreue und in dem Freiheitssinn des Verbannten, den die Gesellschaft mißachtete und verfolgte, sieht Garrett sein eigenes Schicksal gespiegelt. In der *Saudade*-Stimmung, im Pathos der Sprache schwingt der Gefühlsgehalt der Lyrik von Camões nach, mit dessen Schicksal Garrett sich identifiziert. Diese Verklärung und Aneignung des großen Dichters steht in Zusammenhang mit einer Camões-Renaissance unter den Exilportugiesen, bei der Patriotismus und Heimweh gleichfalls die treibenden Kräfte waren. (Luxus-Ausgabe der *Lusiaden* durch J.M. de Sousa Botelho, Paris 1817, Ausstellung des Bildes *A morte de Camões* von D. de Sequeira im »Salon« in Paris, Komposition einer Camões gewidmeten *Missa de Requiem* von D. Bontempo.) A.E.B.

AUSGABEN: Paris 1825. – Lissabon 1904–1914 (in *Obras completas*, Hg. T. Braga, 30 Bde., 4). – Lissabon 1973, Hg. J.-A. França [m. Einl.].

ÜBERSETZUNG: *Camoens*, A.F. v. Schack, Stg. 1890.

LITERATUR: A.J. Saraiva, *Introdução a »Camões« e »Dona Branca« e a »Folhas caídas« e outros poemas*, Lissabon 1943 [m. Textausw.]. – Rodrigues Cavalheiro, *A margem do »Camões« de G.* (in Ocidente, 46, 1954, S. 300–303). – I.H. Parker, *A. G. and »Camões«* (in Hispania, 38, 1955, S. 18–22).

FREI LUÍS DE SOUSA

(portug.; *Bruder Luís de Sousa*). Schicksalstragödie in drei Akten von João Baptista da Silva Leitão de Almeida GARRETT, Uraufführung: Sete Rios, 4.7. 1843, Privattheater von Duarte de Sá auf dessen Landgut Quinta do Pinheiro. – Graf João de Portugal ist mit dem König Sebastian in der Schlacht von Alcácer-Quibir (Kasr el-Kebir, 1578) verschollen. Seine Frau Madalena hat nach Jahren vergeblicher Nachforschungen Manuel de Sousa Coutinho geheiratet und ihm eine Tochter geschenkt, die übersensible Maria. Nur der alte Diener Telmo glaubt noch daran, daß der Graf eines Tages zurückkehren wird; seine seltsame Sicherheit legt sich wie ein Alptraum auf das Leben der Familie. Jahre später, an einem Freitag, dem schicksalhaften Tag in Madalenas Dasein (an einem Freitag hat sie João geheiratet, an einem Freitag ist er in der Schlacht verschollen, und wiederum an einem Freitag ist Manuel ihr zum erstenmal begegnet), bringt ein Pilger die Nachricht, Graf João sei noch am Leben. Telmo erkennt den Pilger: Es ist der Graf selbst. Seine Rückkehr zerstört die Familie; unter der Last einer unwissentlich begangenen Todsünde entschließen sich Madalena und Manuel, ins Kloster zu gehen. Maria stirbt vor Schmerz und Scham, als ihre Eltern die Ordensgewänder anlegen.
Der Stoff dieser Tragödie, die als das bedeutendste Werk der portugiesischen Dramatik und als eines der hervorragenden Dramen der europäischen Romantik gilt, ist zum Teil historisch: Manuel de Sousa Coutinho (um 1555–1632), der später unter dem Namen Frei Luís de SOUSA als Schriftsteller berühmt wurde, heiratete 1583 Madalena de Vilhena, die Witwe des bei Kasr el-Kebir verschollenen João de Portugal. Nach dem Tod ihrer Tochter traten beide 1613 in den Dominikanerorden ein. Die angebliche Rückkehr des Totgeglaubten, von der der erste Biograph Sousas berichtet, ist allerdings wenig wahrscheinlich.
So unbestritten die Stellung dieses Werkes innerhalb der europäischen Literatur ist, so vielfältig und widersprüchlich waren die Versuche, es zu deuten. Die Interpreten gingen dabei vorwiegend vom Inhalt des Stücks aus. Dabei glaubten einige, darin die Sorge des Dichters um seine uneheliche Tochter zu erkennen, andere betrachteten es als Ausdruck der Sehnsucht nach einem Retter für das bedrängte Vaterland, die in dem Volksglauben an die Wiederkehr des verschollenen Königs Sebastião *(sebastianismo)* ihren Niederschlag gefunden hatte. Wieder andere schließlich sahen in Telmos Konflikt zwischen der Treue zu seinem alten Herrn und der tiefen Zuneigung zu Maria die Darstellung der Widersprüche in Garretts eigenem Wesen.
Der Dichter selbt legte dagegen in einem *Bericht an das königliche Konservatorium (Ao conservatório real)*, den er 1848 vortrug, eine Deutung von formalen Gesichtspunkten her nahe. Er habe eine Tragödie von der Schlichtheit und Dichte der antiken Vorbilder schreiben wollen, um seine ästhetischen Theorien in die Praxis umzusetzen. Konzentration

ist denn auch ein wesentliches Kennzeichen des Stücks. Zeit und Raum haben darin eine ganz bestimmte Funktion: sie sind Omina des kommenden Unheils (W. Kayser). Die Personen bilden eine enggeschlossene Einheit: die Familie, zu der auch der Diener Telmo gehört; gleichzeitig aber wird bereits aus der Anlage jeder einzelnen Gestalt deutlich, daß sie ganz persönlich für den Untergang vorbestimmt ist. Dieser vollzieht sich folgerichtig und unerbittlich; auch selbständiges Handeln (Manuel zündet seinen eigenen Palast an, um ihn nicht den spanischen Usurpatoren überlassen zu müssen) führt weiter auf die Katastrophe zu: Die Familie bezieht den Palast Joãos, der zum Schauplatz der eigentlichen Tragödie wird.
Bemerkenswert ist die Überlegung, die W. KAYSER an den Titel des Werkes knüpft: Frei Luís de Sousa, der Mönch, der Schriftsteller, als der Manuel de Sousa Coutinho dem portugiesischen Publikum vertraut ist, existiert im Stück noch nicht. Indem Garrett aber diesen Namen zum Titel des Dramas macht, weist er über die Tragödie, über den Untergang der Familie, an dem Manuel teilhat (einen *»doppelten Selbstmord«* nennt Garrett den Eintritt des Paares ins Kloster), hinaus und bereitet damit das Weiterleben dieser Gestalt vor. KLL

AUSGABEN: Lissabon 1844. – Lissabon 1904 bis 1914 (in *Obras completas*, Hg. T. Braga, 30 Bde., 14). – Lissabon 1941, Hg. M. Rodrigues Lapa; 71964. – Lissabon 1960, Hg. F. Franco. – Lissabon 31967 [Studie, Komm. u. Anm. R. Brasil]. – Mem Martins 1971; zul. 1985 (LB-EA). – Lissabon 1982. – Lissabon 1987.

ÜBERSETZUNG: *Manuel de Sousa*, G. Winkler, Wien 1899.

LITERATUR: A. J. da Costa Pimpão, *O »Frei Luís de Sousa« de S. de A. G.* (in Biblos, 16, 1940, S. 189–207). – W. Kayser, *Strukturanalyse des »Frei Luís de Sousa« von A. G.* (in RF, 61, 1948, S. 89–106; vgl. W. K., *Das sprachliche Kunstwerk*, Bern/Mchn. 1964, S. 373–381). – G. Saviotti, *G. O conservatório e um teatro normal* (in A. J. Saraiva, *A evolução e o espirito do teatro em Portugal*, Bd. 2, Lissabon 1948, S. 9–36). – F. González Ollé, *Frei Luís de Sousa« y la literatura española* (in Revista de Literatura, 4, 1953, S. 413–423). – M. Antunes, *Sobre o »Frei Luís de Sousa«* (in Brotéria, 59, 1954, S. 324–327). – A. Salgado Jr., *Uma interpretação de »Frei Luís de Sousa«* (in Labor, 24, 1960, S. 520–525). – J. de Oliveira Santos, *Frei Luís de Sousa« de A. G.* (in Anhembi, 10, 1960, S. 625–631). – L. Stegagno Picchio, *Storia del teatro portoghese*, Rom 1964, S. 176–188. – Dies., *O »Frei Luís de Sousa« de G.* (in Estudos italianos em Portugal, 1, 1967, Nr. 28, S. 104–118). – E. Melillo Reali, *G. e i miti del sebastianismo* (in AION, 12, 1970, S. 127–146). – E. Lourenço, *Romantismo e tempo e o tempo do nosso romantismo à propósito do »Frei Luís de Sousa«* (in *Estética do romantismo em Portugal*, Lissabon 1974, S. 105–111). – J. A. Paivão, *Frei Luís de Sousa«: O trágico e uma intromissão do cómico* (in Arquipélago, 2, 1980, S. 189–199). – V. G. Moura, *Os jogos da memória e do destino* (in Colóquio/Letras, 1981, Nr. 60, S. 7–14). – J. J. Macklin, *Passion and Perception: The Possibilities of Tragedy in A. G.'s »Frei Luís de Sousa«* (in RCEH, 9, 1985, S. 165–180).

ROMANCEIRO

(portug.; *Romanzen*). Romanzensammlung von João Baptista da Silva Leitão de Almeida GARRETT, erschienen in drei Bänden 1843–1851. – Während seines ersten Aufenthalts in England von 1823 bis 1826 lernte Garrett eine literarische Strömung kennen, die von Thomas PERCYS *Reliques of Ancient English Poetry*, 1765 *(Zeugnisse altenglischer Dichtung)*, ausgegangen war und in *The Minstrelsy of the Scottish Border*, 1802/03 *(Spielmannsdichtung von der schottischen Grenze)*, der berühmten Balladensammlung Sir Walter SCOTTS, der auch Balladen von Gottfried August BÜRGER (1747–1794) übersetzte, ihren Höhepunkt erreicht hatte. Aus dieser romantischen Bewegung, die sich der Sammlung, Wiederherstellung und Nachahmung alter Volksdichtung widmete und in der Gestaltung volkstümlicher Märchen- und Sagenmotive neue dichterische Möglichkeiten entdeckt hatte, empfing Garrett die Anregungen zu zwei Romanzen, *Adozinda* und *Bernal-francês* (1828), die auf überlieferten Volksdichtungen beruhen, doch in der Gestalt, die er ihnen gegeben hat, echte Nachdichtungen darstellen. Aber Garretts Eingriffe, das Element des Wunderbaren, das er neu einführt, sollen nur die Natürlichkeit und Ursprünglichkeit des Volkstons bewahren helfen. Dieser Absicht dient auch die Änderung des überlieferten Namens *(Silvaninha)* der ersten Romanze. *Adozinda*, so erklärt Garrett, klinge echter und älter. In die gleiche Richtung gehen seine Bemühungen um die Form. Er sucht ein der portugiesischen Sprache angemessenen Versmaß, das volkstümlicher Singweise entspricht, und findet es in der strophenlosen Folge von Achtsilbern, die er durch Reim oder Assonanz zu Verspaaren bindet.
Die beiden Romanzen bilden den Grundstock des fünfzehn Jahre später veröffentlichten ersten Bandes des *Romanceiro*, der darüber hinaus sechs weitere enthält. Von diesen sind zwei, *Noite de São João (Johannisnacht)* und *As pegas de Sintra (Die Elstern von Sintra)* eigene Schöpfungen Garretts auf der Grundlage portugiesischen Brauchtums und Sagengutes. In den zweiten und dritten Band nahm der Dichter die eigentlichen alten Volksdichtungen auf, darunter auch *Silvaninha* und *Bernal-francês*, nicht in textkritisch gesicherter, sondern in leicht überarbeiteter Gestalt, jedoch unter Beifügung regionaler Varianten und der vollständigen spanischen Versionen. Nur zwei der 32 abgedruckten Romanzen sind rein portugiesischen Ursprungs: *Santa Iria (Hl. Irene)*, die von einer portugiesischen Heiligen († 653) handelt, und *A nau Catri-*

neta (Das Schiff Catrineta), die Romanze vom Kampf des Schiffskapitäns mit dem Teufel, in der sich auch Anklänge an die Sage vom *Fliegenden Holländer* finden. Die übrigen, wie *Conde Alarcos (Graf Alarcos), Bela Infanta (Die schöne Infantin), Conde d'Alemanha (Graf Alemann), Dom Varão (Don Varão)*, gehören dem gemeineuropäischen Sagen- und Märchenschatz an, einige – *Gerinaldo, Dom Gaiferos, Conde Claros* – entstammen dem karolingischen Sagenkreis, andere – *Dona Ausenda, Conde Nilo* – dem bretonischen, wieder andere dem Stoffbereich der spanischen Geschichte und Sage: *Rei Rodrigo (König Roderich), Conde Julião (Graf Julian), Rainha e cativa (Königin und Gefangene)*. Auch fünf Romanzen bekannter portugiesischer Dichter – Gil Vicente (um 1465 – nach 1536), Bernardim Ribeiro (1482?–1552?), Francisco Rodrigues Lobo (um 1580?–1621) – sind abgedruckt, allerdings in anderer als in der überlieferten Fassung. Außer den Romanzen selbst, ihren verschiedenen Lesarten und Fassungen und außer Übersetzungen, vorwiegend ins Englische, enthält der *Romanceiro* Vorbemerkungen Garretts über mutmaßliche Herkunft, Entstehungszeit und Verbreitung der Gedichte. In den Einleitungen zum ersten und zweiten Band erläutert Garrett überdies das Wesen der Romanze als volkstümliche Gattung, sein Verhältnis zu den Quellen, die Kriterien, nach denen er die Texte zusammengestellt und bearbeitet hat, und die Ziele, die er mit der Veröffentlichung seines Sammelwerks verfolgte. Nicht ein Werk kritisch-philologischer Gelehrsamkeit, sondern ein Volksbuch wollte er schaffen, um in weiten Kreisen das Interesse für die frühe portugiesische Dichtung und Volkspoesie zu wecken und ihr Verständnis zu erleichtern. Dies stand in engem Zusammenhang mit seinem Wunsch, die portugiesische Literatur seiner Zeit aus der klassizistischen Manier nach fremden Mustern zu befreien und aus der eigenen nationalen Substanz heraus zu erneuern.

Tatsächlich hat der *Romanceiro* einen entscheidenden Anstoß gegeben für die Erforschung der Volksdichtung sowie der älteren portugiesischen Literatur überhaupt. Durch Form und Inhalt der Romanzen hat er darüber hinaus der zeitgenössischen Dichtung neue Stoffe und Stimmungsbereiche erschlossen und sie ermutigt, die erstarrten klassizistischen Formen zu lockern und nach neuen Ausdrucksmöglichkeiten zu suchen. Deshalb gehört dieses Werk eines Sammlers, der selbst ein großer Dichter und Erneuerer war, zu den grundlegenden Leistungen der portugiesischen Romantik. A.E.B.

Ausgaben: Lissabon 1843–1851 (in *Obras*, 24 Bde., 1841–1877, Bde. 4, 14/15). – Lissabon 1904–1914 (in *Obras completas*, Hg. T. Braga, 30 Bde., 6–8). – Lissabon 1963, Hg. F. de Castro Pires de Lima [m. Einl. u. Anm.]. – Porto ³1971, 3 Bde. – Lissabon 1983 (in *Obras completas*, Bd. 1–3).

Literatur: A. Simões Ferreira, *Ensaio de uma análise ao »Romanceiro« de G.* (in Gil Vicente, 24, 1948, Nr. 9–12). – F. de Castro Pires de Lima, *O »Romanceiro« de A. G.* (in Revista de Etnografia, 5, 1965, S. 113–127). – L. F. Lindley Cintra, *O »Romanceiro« de A. G.* (in Bol. Internacional de Bibliogr. Luso-Brasileira, 8, 1967, S. 105–135). – L. A. Dias, *Novas notas à margem do »Romanceiro« de A. G.* (in JL, 3. 8. 1982, S. 6/7).

UM AUTO DE GIL VICENTE

(portug.; *Ein Spiel von Gil Vicente*). Prosastück in drei Akten von João Baptista da Silva Leitão de Almeida Garrett, Uraufführung: Lissabon, 15. 8. 1838, Teatro da Rua dos Condes. – Das Werk entstand im Zusammenhang mit Garretts Bemühungen um die Erneuerung des portugiesischen Theaters, seiner Gründung eines Nationaltheaters, das insbesondere portugiesische Themen und Gestalten auf die Bühne bringen sollte. Der historische Stoff des Stückes ist der Glanzzeit Portugals unter König Manuel I. (reg. 1495–1521) entnommen. Eine der Hauptfiguren ist Gil Vicente, der erste große portugiesische Dramatiker (um 1465 bis nach 1536), der lange Zeit an Manuels Hof lebte. (Vicentes Werke wurden durch die Hamburger Ausgabe von 1834 der Vergessenheit entrissen; Garrett war befreundet mit Barreto Feio, der zusammen mit Gomes Monteiro als Herausgeber zeichnete.) Neben ihm, dem selbstbewußten Naturgenie, dem Mann aus dem Volk, der sich selbst in der Hofwelt seine innere Unabhängigkeit zu bewahren weiß (ohne sich insgeheim aufzulehnen wie seine Tochter Paula als Hofdame der Infantin), steht Bernardim Ribeiro (1482?–1552?), der empfindsame Poet und leicht verletzliche Edelmann und Höfling, der Autor des Romans *Saudades (Sehnsucht)*.

Die unglückliche, völlig hoffnungslose Liebe Ribeiros zur Infantin Beatriz bildet den dramatischen Konflikt, kontrapunktiert durch die ebenso heimliche, unerwiderte Liebe Paula Vicentes, der Vertrauten des Paares, zu Ribeiro. Im Mittelpunkt des Dramas steht als Spiel im Spiel die historisch beglaubigte Aufführung des Festspiels *As cortes de Júpiter*, 1519 *(Der Hoftag Jupiters)*, am portugiesischen Hof, anläßlich der Abreise der Infantin zu ihrer Vermählung mit dem Herzog von Savoyen. In der Maske einer Mohrin, die der scheidenden Prinzessin am Schluß des Festspiels Ring und Degen als Glücksbringer überreichen soll, nähert sich Ribeiro der Geliebten. In eigenen melancholischen Versen gibt er seinem Schmerz Ausdruck und überreicht ihr jenen Ring, den er einst von ihr empfangen hat. Das Drama schließt mit einer heimlichen Zusammenkunft der Liebenden an Bord der »Santa-Catarina«, die durch das Erscheinen König Manuels gestört wird. Das Schicksal Bernardims, der sich kurz darauf aus Verzweiflung in den Fluß stürzt, und der Prinzessin, die das Bewußtsein verliert, bleibt, nach den Worten des Dichters, ungewiß.

Das nationale Selbstbewußtsein zeigt sich besonders in der stolzen Hervorhebung der weltgeschichtlichen Leistungen Portugals, seiner Entdekkungsfahrten und Eroberungen sowie in dem Bemühen, den portugiesischen Hofstaat unter Manuel I. nicht nur als politisches, sondern auch als kulturelles Zentrum der damaligen Zeit zu vergegenwärtigen. Das Stück verdankt seinen Erfolg neben der glücklichen Stoffwahl seinen dramaturgischen Qualitäten, die des Autors Sinn für spannende Bühneneffekte und dramatische Kontrastwirkungen bezeugen. Am deutlichsten geschieht dies im zweiten Akt bei der brüsk abgebrochenen Festspielaufführung, wo in einem kunstvollen dramatischen Geflecht der äußeren und inneren Spannungselemente gleichzeitig die gehobene Stimmung der Zuschauer, Gil Vicentes Bangen um das Gelingen seiner Aufführung, Ribeiros Liebesschmerz, der Infantin Entsetzen und die Verstimmung des Königs zum Ausdruck kommen. A.E.B.

AUSGABEN: Lissabon 1838. – Lissabon 1904 bis 1914 (in *Obras completas*, Hg. T. Braga, 30 Bde., 11). – Turin 1957 (in *Teatro e narrativa*; ital. Übers. m. Einl.). – Lissabon 1973.

LITERATUR: V. Roloff, *Torquato Tasso, Chatterton, »Um auto de Gil Vicente«. Überlegungen zum romantischen Schriftstellerdrama* (in Arcadia, 19, 1984, S. 34–51).

VIAGENS NA MINHA TERRA

(portug.; *Reisen in meiner Heimat*). Reiseschilderung von João Baptista da Silva Leitão de Almeida GARRETT, erschienen 1846. – Nach dem Vorbild der *Sentimental Journey* von Laurence STERNE und der *Voyage autour de ma chambre* von Xavier de MAISTRE beschreibt Almeida Garrett die Erlebnisse während einer Reise nach Santarém sowie die Gedanken und Betrachtungen anläßlich der verschiedensten Situationen.

Das zehnte Kapitel enthält eine sehr schöne Beschreibung des Tals von Santarém. Dort verliebt sich der Dichter in ein Fenster, das er zwischen Bäumen erblickt, und damit beginnt die Novelle im romantischen Geschmack, die in das Werk eingeführt ist: die Geschichte von Joaninha mit den grünen Augen, die von diesem Fenster aus dem Gesang der Nachtigallen zuhörte. Die Hauptgestalten der Novelle sind Frei Dinis und Carlos. Dinis de Ataíde hat, ohne es zu wissen, den Ehemann seiner Geliebten getötet, die die Mutter von Carlos war. Diese starb unter großen Gewissensqualen. Dinis de Ataíde tritt in ein Franziskanerkloster ein und nennt sich jetzt Frei Dinis. Carlos wird von der Großmutter, zusammen mit der jüngeren Kusine, der liebenswürdigen Joaninha, aufgezogen, aber, da er sich der liberalen Partei angeschlossen hat (die Handlung spielt in der Zeit der Kämpfe zwischen den Parteigängern D. Miguels und D. Pedros), muß er nach England fliehen. Als er zwei Jahre später zurückkehrt, findet er Joaninha erwachsen vor und wird von heftiger Liebe zu ihr ergriffen. Aber er liebt auch die schöne und sanfte Engländerin Georgina und empfindet sich deshalb als »Ungeheuer«. Nach einer dramatischen Szene, in der Frei Dinis sich ihm als sein Vater zu erkennen gibt und ihn um Vergebung bittet, flieht Carlos. Georgina geht ins Kloster, Joaninha verfällt dem Wahnsinn und stirbt. Carlos wird Politiker, gelangt zu Ehren und wird geadelt.

Die Gestalt des Carlos trägt autobiographische Züge Almeida Garretts, der unbeständig in der Liebe war, in die Politik ging und es verstand, für sich daraus Vorteile zu ziehen. Carlos kann aber auch als Symbol für das neue Portugal gelten, das für die liberale Sache kämpft, und sein Adelstitel ist Ausdruck des bürgerlichen Siegs. Frei Dinis, der gelehrte und düstere Mönch, soll das alte Portugal und seine untergehenden traditionellen Werte darstellen.

Mit den *Viagens na minha terra*, dessen leichter, eleganter Stil es mit *Frei Luís de Sousa* (1843) zu den gelungensten Werken des Dichters macht, erweist sich Almeida Garrett als der Schöpfer der modernen literarischen Prosa in Portugal. C.Pl.

AUSGABEN: Lissabon 1846; Nachdr. 1963 [Einl. u. Anm. A. da Costa Dias]. – Lissabon 1904–1914 (in *Obras completas*, Hg. T. Braga, 30 Bde., 18/19). – Porto 1946 [Einl. V. Nemésio]. – Lissabon 1966; ³1974, Hg. u. Anm. J. Pereira Tavares. – Mem Martins 1972; ⁴1985 (LB-EA). – Lissabon 1983 (in *Obras completas*, 4). – Lissabon 1986.

LITERATUR: A. J. da Costa Pimpão, *O romantismo das »Viagens« de A. G.* (in A. J. da C. P., *Gente Grada*, Coimbra 1952, S. 1–26). – J. do Prado Coelho, *A novela da Menina das Rouxinóis* (in Estrada Larga, Porto o. J.). – L. de Pina, *Panorama psicológico des »Viagens na minha terra« de A. G.* (in Studium Generale, 8, Porto 1961, S. 278–325). – O. M. C. Paiva Monteiro, *Viajando com G. pelo Vale de Santarém* (in *V Colóquio Internacional de Estudos Luso-Brasileiros, Actas*, Bd. 4, Coimbra 1966, S. 163 bis 192). – T. A. Westphalen, *Contribuições para o estudo das influências inglesas e francesas na obra »Viagens na minha terra«* (in Arquivos, 1, [Brasilien] 1972, Nr. 5, S. 20–33). – H. Macedo, *As »Viagens na minha terra« e a Menina dos Rouxinóis* (in Colóquio/Letras, 1979, Nr. 51, S. 15–24). – C. Reis, *Intertextualidade e ideologia: Camões nas »Viagens na minha terra«* (in Cadernos de literatura, Coimbra 1980, Nr. 6, S. 38–58). – J. Correia, *O sentimento de crise nacional num autor do liberalismo* (in Vértice, 44, 1984, Nr. 460, S. 17–29). – L. Ledford-Miller, *Voyage to the Land of the Novel: Narrative Voices in »Viagens na minha terra«* (in LBR, 21, 1984, Nr. 2, S. 1–8). – J. de Almeida Moura, *Paidêntica e expressão literária nas »Viagens« de G.* (in Vértice, 1985, Nr. 464/465). – C. Reis, *Introdução à leitura das »Viagens na minha terra«*, Coimbra 1987. – A. Carvalho, *»Viagens na munha terra«*, Lissabon ³1987.

ALEXANDRE HERCULANO

eig. Alexandre Herculano de Carvalho e Araújo

* 28.3.1810 Lissabon
† 13.9.1877 Vale de Lobos

LITERATUR ZUM AUTOR:
Bibliographien:
J. J. Gomes de Brito, *A. H.* (in *Dicionário bibliográfico português*, Hg. I. F. da Silva, Bd. 21, Lissabon 1914, S. 345–700). – J. B. de Carvalho, *Para uma bibliografia crítica de A. H.* (in Revista de História, 34, São Paulo, Nr. 69, S. 231–246).
Biographien:
V. Nemésio, *A mocidade de H. até à volta do exílio (1810–1832)*, 2 Bde., Lissabon 1934; ²1978. – C. Portugal Ribeiro, *A. H., a sua vida e a sua obra*, 2 Bde., Lissabon 1933/34. – A. B. Coelho, *A. H.*, Lissabon 1965. – H. Bernstein, *A. H.: Portugal's Prime Historian and Historical Novelist*, Paris 1983. – A. dos S. Pereira, *A perspectiva liberal de A. H.* (in Arquipélago, 5, 1983, S. 25–63).
Gesamtdarstellungen und Studien:
T. Braga, *História do romantismo em Portugal*, Lissabon 1880. – M. Gonçalves Viana, *A. H.*, Lissabon 1937. – J. B. de Carvalho, *As ideias políticas e sociais de A. H.*, Lissabon 1949; ²1971 [korr. u. erw.]. – A. J. Saraiva, *H. e o liberalismo em Portugal*, Lissabon 1949; ²1977. – A. E. Beau, *Os motivos da historiografia de A. H.* (in A. E. B., *Estudos*, Bd. 2, Coimbra 1964, S. 137–224). – H. Cidade, *Portugal histórico-cultural*, Lissabon 1974, S. 266–284. – *A. H. à luz do nosso tempo. Conferências*, Lissabon 1977. – C. Beirante, *A ideologia de H.*, Santarém 1977. – J. Medina, *H. e a geração de 70*, Lissabon 1977. – J. V. Serrão, *H. e a consciência do liberalismo em Portugal*, Lissabon 1977. – *H. e a sua obra*, Hg. Instituto Cultural do Porto, Porto 1979. – J. A. Durigan, *A. H.*, São Paulo 1983.

HISTÓRIA DA ORIGEM E DO ESTABELECIMENTO DA INQUISIÇÃO EM PORTUGAL

(portug.; *Geschichte der Entstehung und Einführung der Inquisition in Portugal*). Historisches Werk in drei Bänden von Alexandre HERCULANO, erschienen 1854–1859. – Das Werk schildert in zehn Büchern die Umstände, unter denen die Inquisition 1547 in Portugal eingeführt wurde und ihre Tätigkeit entfaltete, die von mannigfachen Intrigen begleiteten, geförderten und durchkreuzten Verhandlungen zwischen dem portugiesischen Hof, von dem die Initiative ausging, und der Kurie, die zögerte, dem Drängen König Johanns III. nachzugeben, ferner die soziale, wirtschaftliche und religiöse Lage der »Neuchristen«, d. h. der kürzlich getauften Juden, ihre Verfolgung und die Versuche, sich ihr zu entziehen oder die Bedrohung überhaupt abzuwenden. Die Darstellung gründet sich auf das eingehende Studium der Prozeßakten, der Korrespondenz des Königs mit der Kurie, der Instruktionen und Berichte der königlichen Diplomaten und päpstlichen Legaten sowie der Geheimagenten. Dabei macht Herculano deutlich, wie im Verlauf dieser Vorgänge die ursprüngliche und nach seiner Überzeugung gerechtfertigte Absicht, über der Reinheit des Glaubens zu wachen, in das Spiel der bösen Mächte des Fanatismus und der Heuchelei, der Grausamkeit, Habgier und Bestechlichkeit verstrickt und zum Werkzeug der Gewalt und Ausbeutung verfälscht und erniedrigt wird. Johann III. setzt schließlich gegen alle Widerstände seinen Willen durch, weil er Papst Paul III. mehr zu bieten hat als die Gegner der Inquisition.
In dem Bild allgemeiner Verderbtheit, das der Autor hier entwickelt, wendet er im Unterschied zu seinem Verfahren in der *História de Portugal*, 1846–1853 *(Geschichte Portugals)*, den handelnden Persönlichkeiten, ihrer Mentalität und ihren Machenschaften größere Aufmerksamkeit zu: den umstrittenen Gestalten Johanns III. und der Päpste Clemens VII. und Paul III., der Gesinnungstreue und Gesinnungslosigkeit ihrer Abgesandten, Ratgeber und Agenten, der Inquisitoren und der Sachwalter der Juden. Noch lebhafter als in der *História de Portugal* kommen hier auch die Eigenschaften des Erzählers Herculano zur Geltung, seine Neigung, Kontraste wirksam herauszuarbeiten und Vorgänge in ihrer dramatischen Zuspitzung zu schildern (beispielhaft dafür sind die Massenszenen der Judenpogrome von 1506 in Buch 2 und die Zusammenstöße zwischen Paul III. und dem portugiesischen Gesandten in Buch 6). Die Sprache ist bildhafter, die Urteile des Historikers, vor allem die moralischen, sind schärfer formuliert. – An manchen Stellen, besonders wenn von der Gewissenlosigkeit und sittlichen Verderbtheit die Rede ist, steigert sich Herculanos Sprache zu erregendem Pathos. Das hängt nicht nur mit dem Gegenstand zusammen, sondern auch mit den Motiven, die den Autor zur Niederschrift dieses Werks veranlaßten. Es ging ihm darum, der drohenden Gefahr eines neuen Klerikalismus und Absolutismus im 19. Jh. dadurch zu begegnen, daß er den Zeitgenossen so eindringlich wie möglich das Bild der Schreckensherrschaft vorstellte, die dieselben Mächte im 16. Jh. ausgeübt hatten. A.E.B.

AUSGABEN: Lissabon 1854–1859, 3 Bde. – Lissabon 1907. – Lissabon 1975/76, 3 Bde. [Einl. B. Macedo]. – Lissabon 1976–1981, 3 Bde. – Mem Martins 1982/83, 3 Bde. (LB-EA).

ÜBERSETZUNG: *History of the Origin and Establishment of the Inquisition in Portugal*, J. C. Branner, Stanford 1926; zul. NY 1972 [engl.].

LITERATUR: A. J. Saraiva, *A Inquisicão portuguesa*, Lissabon 1956. – T. L. Feirrera, *A. H. o historiógra-*

fo solitário (in Revista do Instituto Histórico e Geográfico de São Paulo, 59, 1961, S. 71–91).

HISTÓRIA DE PORTUGAL DESDE O COMEÇO DA MONARQUIA ATÉ O FIM DO REINADO DE AFONSO III

(portug.; *Geschichte Portugals vom Beginn der Monarchie bis zum Ende der Regierung Alfons' III.*). Historisches Werk von Alexandre HERCULANO, erschienen 1846–1853. – Die ursprünglich großangelegte Geschichte Portugals, die bis zum Zeitalter der Renaissance reichen sollte, ist unvollendet geblieben. Der veröffentlichte Teil (4 Bände) umfaßt einen Zeitraum von wenig mehr als 150 Jahren, und zwar von der Vorgeschichte und dem Vollzug der portugiesischen Staatsgründung durch Lösung des Lehnsverhältnisses zu León und durch Rückeroberung aller von den Mauren besetzten Gebiete im 12. Jh. bis zum Jahr 1275. Das Manuskript des fünften Bandes, in der Universitätsbibliothek von Coimbra aufbewahrt, harrt noch der Veröffentlichung. Doch hat die in den publizierten Teilen vorliegende Leistung genügt, Herculano als den bedeutendsten Historiker seines Landes auszuweisen und ihn den großen zeitgenössischen Historikern des übrigen Europas an die Seite zu stellen. Er hat es als erster in Portugal unternommen, die Geschichtsschreibung auf streng kritische Erforschung der urkundlichen Quellen zu gründen, und dabei Behauptungen entkräftet und Legenden zerstört, die von der unkritischen und verherrlichenden Historiographie humanistischer und geistlicher Autoren verbreitet worden waren – so z. B. die Behauptung, daß Portugal dem alten Lusitanien entspreche und die Portugiesen die Nachfahren der Lusitanier seien, oder die Legende von der Erscheinung Christi vor dem Sieg bei Ourique (1139), der zur Proklamation des portugiesischen Königtums führte.

Im ersten Drittel seiner ausführlichen Einleitung setzt sich der Verfasser eingehend mit der früheren Historiographie auseinander; er umreißt dabei die Grundlagen seines eigenen Versuchs einer kritischen Geschichte Portugals und weist in der *Advertência* auf die Anregungen hin, die er der zeitgenössischen deutschen Geschichtsschreibung verdankt. Nach dem Vorbild von Augustin THIERRY und Guillaume GUIZOT widmet er sich neben der Erforschung und Darstellung der handelnden Persönlichkeiten und der äußeren politischen Ereignisse auch der Untersuchung der sozialen Struktur, ihrer Problematik und ihrer Wandlung. NIEBUHR und SAVIGNY folgend, beschäftigt er sich besonders mit dem Werden der Gesetze, Bräuche und Institutionen, vornehmlich mit den Stadtverfassungen und ihrer Entwicklung. Ausschließlich davon handeln die letzten beiden Bücher, die an Umfang mehr als ein Drittel des ganzen Werks ausmachen. Band 4 schließt mit der Anerkennung des Anspruchs der Städte auf ständische Vertretung durch Alfons III. – Als Historiker verbindet Herculano die Strenge kritischer Quellenforschung und die Fähigkeit zu genauer Beschreibung von Verhältnissen und Einrichtungen sowie eingehender Analyse von Motiven und Problemen mit der Gabe lebendiger Darstellung historischer Vorgänge, die seinen Ruhm als Erzähler begründet hat. Ihn leitete nicht allein die Absicht, die Vergangenheit um ihrer selbst willen zu erforschen und objektiv zu schildern. Abhold aller nationalen Selbstverherrlichung, betrachtete er sein Werk doch als Zeugnis vaterländischer Gesinnung, die Vergangenheit als Quelle der Erkenntnis und der Bildung und ihre Erschließung als nützlich zur Lösung politischer und sozialer Gegenwartsfragen. Besonders im Stadtrecht und in der Städteordnung des Mittelalters sah Herculano fruchtbare Keime für die Neuordnung des portugiesischen Staatswesens nach den revolutionären Wirren der ersten Hälfte des 19. Jahrhunderts. A.E.B.

AUSGABEN: Lissabon 1846–1853, 4 Bde. – Lissabon 1876 [Bd. 1; veränd.]. – Lissabon 1915/16, Hg. D. Lopes u. P. de Azevedo, 8 Bde. – Lissabon 1980/81, Hg. J. Mattoso, 4 Bde. – Lissabon 1980–1983, 4 Bde. (in *Obras completas*, Hg. u. Anm. ders.; Textred. A. Monteiro; Bd. 1 nach d. Ausg. 1876).

LITERATUR: A. Botelho da Costa Veiga, *Análise da influência do arabista Conde sobre H. na primeira edição da »História de Portugal«* (in História, Lissabon, A, 2, 1937, S. 173–182). J. B. de Carvalho, *A explicação de Portugal de A. H.* (in Revista de História, 48, São Paulo 1974, Nr. 97, S. 201–229). – Ders., *Le Portugal, l'Europe et l'Atlantique dans l'œuvre d'A. H.* (in BEP, 33/34, 1974/75, S. 215–243).

LENDAS E NARRATIVAS

(portug.; *Sagen und Erzählungen*). Neun Erzählungen von Alexandre HERCULANO, erschienen 1839–1844. – Auf die literarische Qualität und den literaturgeschichtlichen Standort dieser Erzählungen weist der Autor selbst im Vorwort zur ersten Buchausgabe (1851) hin: Sie sind die ersten, noch unvollkommenen Schöpfungen einer neuen, bis dahin in Portugal unbekannten Gattung, *»die ersten Versuche des historischen Romans in portugiesischer Sprache«*, für welche *»einheimische Vorbilder ganz und gar fehlten«*. Herculano, der inzwischen die großen historischen Romane *O bobo* (1843), *Eurico* (1844) und *O monge de Cistér* (1841) veröffentlicht hatte, gibt unumwunden die Schwächen der hier vereinigten Erzählungen zu: Erfindungsarmut, unscharfe Charakterzeichnung und mangelhafte Dialogführung. *»Ihr einziges Verdienst«*, nämlich *»Denkmäler der Bemühungen des Autors, eine in allen Ländern Europas bereits gepflegte Gattung in die portugiesische Literatur einzuführen«* und deshalb *»Marksteine«*, *»Wegezeichen«* und ein *»Samenkorn«* zu sein, *»aus dem ein Wald erwuchs«*,

rechtfertigt jedoch in seinen Augen ihre Veröffentlichung in Buchform.
Die *»kurzen Romane und Erzählungen«* behandeln Stoffe aus der Vor- und Frühgeschichte Portugals, die Herculano bei den Vorarbeiten zu seiner großen *História de Portugal* in den *Livros de Linhagens*, den *Portugaliae monumenta historicae* sowie den Chroniken von Fernão Lopes (1380?–1459?), Rui de Pina (1450/60–1522), Duarte Galvão (1445–1517) u. a. gefunden hatte. Die erste Erzählung, *O alcaide de Santarém (Der Burgvogt von Santarém)*, führt ins 10. Jh., die Zeit der Araberherrschaft, als es Portugal noch nicht gab, und berichtet von unauslöschlichem Haß und teuflischer Rache. Gegenstand der in den Jahren 1371/72 spielenden Erzählung *Arras por foro de Espanha (Brautgeld zugunsten Spaniens)* ist die Auseinandersetzung König Ferdinands I. (reg. 1367–1383) mit der Bürgerschaft von Lissabon wegen seiner Ehe mit Leonor Teles, der Gattin eines Vasallen. *A dama pé-de-cabra (Die Dame Ziegenfuß)* beschwört ironisierend den mittelalterlichen Geister- und Hexenglauben. Themen anderer Erzählungen sind: der Zusammenstoß des ersten portugiesischen Königs, Dom Afonso Henriques (1111–1185) mit dem päpstlichen Legaten wegen der Besetzung des Bischofstuhls von Coimbra *(O bispo negro – Der schwarze Bischof)*, Mut und Vaterlandstreue eines Burgvogts im Krieg Portugals mit Kastilien im Jahr 1373 *(O castelo de Faria – Die Burg von Faria)*, der Heldentod des fünfundneunzigjährigen Gonçalo Mendes da Maia im Kampf gegen die Mauren im Jahr 1170 *(A morte do lidador – Der Tod des Kämpen)*, die Geschichte des erblindeten Mestre Afonso Domingues, von 1386–1402 erster Baumeister der zum Gedächtnis an die Schlacht von Aljubarrota (1375) von Johann I. (reg. 1385–1433) gestifteten Kirche Santa Maria da Vitória *(A abóbada – Das Gewölbe)*. Die letzten beiden Erzählungen des zweiten Bandes gehören nicht der durch die übrigen vertretenen Gattung an. Im Mittelpunkt der einen, *O pároco da aldeia (Der Dorfpfarrer)*, steht die verehrungswürdige Gestalt eines Geistlichen aus Herculanos Kindheit, die andere, *De Jersey a Granville (Von Jersey nach Granville)*, schildert eine Schiffsreise des Verfassers in Begleitung dreier Engländer und ist eine Satire auf die englische Sprache, auf englische Sitten und Verhaltensweisen.
Trotz der erwähnten Mängel ist in dem würdevoll archaisierenden, zu oratorischem Schwung sich steigernden, bald nachdenklich verweilenden, bald sarkastisch sich zuspitzenden oder mit ironischen Bemerkungen über die zeitgenössische Gegenwart aufgelockerten Stil dieser Erzählungen bereits »die Pranke des Löwen« spürbar. F.I.

Ausgaben: Lissabon 1839–1844 (in Panorama). – Lissabon 1851, 2 Bde. – Lissabon 1958, Hg. D. Lopes. – Lissabon 1974, Hg. V. Nemésio. – Mem Martins 1979/80, 2 Bde.; 21985 (LB-EA). – Lissabon 1980/81, 2 Bde. (in *Obras completas*; Vorw. u. Textrev. V. Nemésio; Anm. u. Textred. A. C. Lucas).

Literatur: G. C. Rossi, *O estilo de A. H. nas páginas de »De Jersey a Granville«* (in *Actas do IX congresso internacional de lingüística românica*, Bd. 2, Lissabon 1961; auch in BF, 19, 1960, S. 187–198). – T. F. Earle, *A. H. and Fernão Lopes* (in Portuguese Studies, 1985, Nr. 1, S. 68–81).

ABÍLIO MANUEL DA GUERRA JUNQUEIRO

* 15.9.1850 Freixo de Espada à Cinta
† 7.7.1923 Lissabon

PÁTRIA

(portug.; *Vaterland*). Dramatisches Gedicht von Abílio Manuel da Guerra Junqueiro, erschienen 1896. – Nach den bereits 1891 erschienenen Gedichten *Finis patriae (Das Ende des Vaterlandes)* und *Canção do ódio (Haßgesang)* bringt der Dichter in diesem Werk noch einmal seine und seiner Gesinnungsgenossen Empörung über die politische und moralische Lethargie zum Ausdruck, in der Portugal 1890 das englische Ultimatum hingenommen hatte, durch das es zum Verzicht auf bestimmte ostafrikanische Gebiete gezwungen wurde. Die Empörung richtete sich naturgemäß gegen England, dessen Vorgehen der Dichter als heimtückisch und demütigend empfand, aber ebensosehr gegen die würdelose Haltung Portugals, für die er in erster Linie das Königshaus und den Klüngel von Höflingen und Ratgebern verantwortlich machte. Junqueiros Gedicht, diese *»finstere Vision eines zerstörten Vaterlandes«*, schildert eine dramatische Situation in einer stürmischen Gewitternacht. Das Ultimatum ist eingetroffen, und der König, Karl I. aus dem Hause Bragança (reg. 1889–1908), sieht sich von seinen Ratgebern, in denen sich Ehrgeiz, Habgier, Betrug, Schmeichelei, Intrige, Verrat und Verleumdung verkörpern, zur Unterschrift gedrängt. Da taucht ein Wahnsinniger vor ihm auf, das Gespenst des von den Herrschern und Machthabern geschundenen und ausgesogenen, um den Verstand gebrachten Portugals. In der Verwirrung, die diese Erscheinung in dem König auslöst, ziehen die Schatten seiner Vorfahren – mit beißendem Hohn in ihrer Bedeutungslosigkeit, Lächerlichkeit und Entartung schonungslos charakterisiert – an ihm vorüber und raten ihm teils achselzuckend, teils zynisch, das Dokument zu unterzeichnen. Im Augenblick, da er die Unterschrift vollzieht, geht der Palast mit allen Insassen in Flammen auf; nur die beiden Hunde Jago und Judas, zwei Inkarnationen des Verrats, und der Wahnsinnige entrinnen dem Verderben. Mit dem Martyrium des Wahnsinnigen, auf den die Hunde

die Menge hetzen, seinem Tod und seiner Verklärung endet das Gedicht.
Inhaltlich – als polemisches Zeitgedicht – und formal – in Sprache und Vers, der strömenden Bilderfolge, dem sentenziösen Pathos der Rede – erinnert das Werk an die politischen Dichtungen Victor HUGOS, mit allen Vorzügen, die ihre mitreißende Wirkung bedingen, und allen künstlerischen Unzulänglichkeiten, die ihnen anhaften. Überspannt in seinen Ausbrüchen des Hasses, maßlos in seinen Anklagen und Verwünschungen, enthält das Drama *»die überschwenglichste Mannigfaltigkeit poetischer Bilder, die die portugiesische Dichtung je hervorgebracht hat«* (Fidelino de Figueiredo). – Unter dem Titel *Anotações (Anmerkungen)* ist dem Gedicht ein Anhang beigegeben. Die unerbittliche Abrechnung mit der eigenen Nation, die er enthält, mit dem apathisch in sein Schicksal ergebenen Volk, mit dem Klerus, dem Bürgertum, den staatlichen Institutionen und politischen Parteien, dem Wirtschafts- und Geistesleben, vor allem mit Karl I. unterstreicht den pamphletistischen Charakter der Dichtung. A.E.B.

AUSGABEN: Porto 1896. – Porto 1927. – Porto 1972 (in *Obras*, Hg. A. de Carvalho). – Mem Martins o. J. [um 1978] (LB-EA; ern. 1984). – Lissabon 1981 (in *Poesias*, Hg. N. Júdice).

LITERATUR: L. Coimbra, *G. J.*, Porto 1923. – P. Hourcade, *G. J. et le problème des influences françaises dans son œuvre*, Paris 1932. – Amorim de Carvalho, *G. J. e a sua obra poética*, Porto 1945. – J. G. Simões, *História da poesia portuguesa*, Lissabon, Bd. 2, 1955/56. – Lopes de Oliveira, *G. J., a sua vida e a sua obra*, Bd. 2, Lissabon 1956. – L. de Oliveira Guimarães, *O espírito e a graca de G. J.*, Lissabon 1968. – J. Mendes, *G. J. Um profeta-criança* (in Brotéria, 92, 1971, S. 608–618; vgl. ebd., S. 754–766 u. 93, 1971, S. 12–27). – M. de Azevedo, *G. J. A obra e o homem*, Lissabon 1981.

ANTÓNIO DUARTE GOMES LEAL

* 6.6.1848 Lissabon
† 29.1.1921 Lissabon

O ANTI-CRISTO

(portug.; *Der Antichrist*). Dramatisches Gedicht, vorwiegend in Alexandrinern, von António Duarte Gomes LEAL, 1. Fassung erschienen 1884 (vom Verlag erst 1886 ausgeliefert), die 2. Fassung, vermehrt um die eingeschobenen *Teses selvagens (Wilde Thesen)*, erschienen 1907. – Dieses, Eduard von HARTMANN und seiner Abhandlung *Die Philosophie des Unbewußten* (1868) gewidmete Gedicht spiegelt repräsentativ die auch im übrigen Werk Leals thematisierte Spannung zwischen kindlich-religiösem Glauben *(História de Jesus*, 1883 – *Geschichte Jesu)*, zynischem Nihilismus (etwa in *Fim do mundo*, 1900 – *Ende der Welt*) und mystizierendem Okkultismus (etwa in *A mulher de luto*, 1902 – *Die Frau in Trauer*). In apokalyptischen Visionen verdammt Leal leidenschaftlich die von Vernunft und Wissenschaft bestimmte materialistische Zivilisation. Der Antichrist erscheint als moderner Faust der Endzeit, als Symbol einer vom Wissensdrang beherrschten und zersetzten Welt. Besessen von satanischer Bosheit, versucht er mit allen zu Gebote stehenden Mitteln des Bösen, der Wissenschaft und Technik die Elemente und ihre Kräfte zu beherrschen und Gott zu entthronen. Dem Wissen stellt der Dichter das Gewissen gegenüber, dem dogmatisch erstarrten und doktrinär verzerrten Christentum der Zeit, das auch den wiederkehrenden Christus verurteilen würde, die Gemeinschaft der Gläubigen. Nur das sittliche Bewußtsein und die Achtung vor dem *»schweigenden Unbewußten«* kann der Entgöttlichung der Welt durch die Wissenschaft, die das Absolute (Gott) und die Mittlerschaft (Christus) leugnet, entgegenwirken. Die Anmaßung einer Wissenschaft, die ihrer Geltungssucht und ihrem Dogmatismus die Wahrheit opfert, wird durch die reine Liebe, die sich selbst zum Opfer bringt, überwunden.
Der Weltuntergang vollzieht sich in sieben Phasen *(épocas)*, die dem Siebentagewerk der Schöpfung entsprechen. Die Vernichtung beginnt mit einem ersten Ansturm des wissenschaftlichen und vulgären Materialismus gegen das Evangelium Christi. Der Unglauben nimmt in der heutigen Zivilisation überhand; die technischen Erfindungen ziehen zahllose Katastrophen und namenloses Elend nach sich. Auch die Wissenschaft kann die Zerstörung aller Zivilisation auf dem Erdball nicht aufhalten. Nach verzweifeltem Lebenskampf kehren die letzten Überlebenden in den Zustand ursprünglicher Barbarei zurück. Nach einer neuen Sintflut, die die Erde, auf der alles Leben erstorben ist, überschwemmt, folgt der Sabbat der großen Ruhe und des Friedens. – In Begegnungen des Antichrist mit geschichtlichen und legendären Gestalten, mit Propheten, Märtyrern, Forschern, Gottesgelehrten, Gläubigen und Zweiflern, entfaltet der Dichter sein Weltbild. Menschen des Alltags mit ihren Gebrechen, allegorische Figuren der Wissenschaft, der Hoffnung, der Enttäuschung, des Gewissens, aber auch Engel sollen wie in den Mysterienspielen die Gesamtheit der Welt versinnbildlichen. Dabei versucht er, die ästhetischen Ausdrucksmittel des Naturalismus als *»aufrichtigste und menschlichste«* und die des Symbolismus als vergeistigtste Kunstform miteinander zu verbinden, und sieht selbst die Originalität des Werks darin, daß er die Tätigkeit der Einbildungskraft und des Gehirns in die dramatische Darstellung einbezogen und damit der Dichtung neue Bereiche erschlossen habe (vgl. Leals Nachwort *Do naturalismo na poesia*).

In den als Prolog und Zwischenstücke dem Werk eingegliederten *Teses selvagens* verschärft sich die Kritik zu herausforderndem Sarkasmus. In den als Anhang beigefügten *Notas explicativas (Erläuterungen)* interpretiert der Dichter den weltanschaulichen Gehalt, geschichtsphilosophischen Sinn und die ästhetische Eigenart seines Werks, dessen Sprache der Gewalt seiner erschreckend hellsichtigen Visionen nicht immer gewachsen ist. A.E.B.-KLL

Ausgaben: Lissabon 1884 [m. Nachw.]. – Lissabon 1907 [erw.].

Literatur: A. Neves u. H. Marques, *G. L., sua vida e sua obra*, Lissabon 1948. – V. Nemésio, *Destino de G. L.*, Lissabon 1953. – J. G. Simões, *História da poesia portuguesa*, Lissabon 1954–1956. – A. Coimbra Martins, *Os três Anti-Cristos* (in BEP, 33/34, 1972/73, S. 317–352). – C. F. Mõisés, *Poesia e realidade*, São Paulo 1977, S. 90–97. – R. Hess, *Die Anfänge der modernen Lyrik in Portugal (1865–1890)*, Mchn. 1978. – J. de Sena, *Estudos de literatura portuguesa II*, Lissabon 1988, S. 171 bis 178.

JOAQUIM PEDRO DE OLIVEIRA MARTINS

* 30.4.1845 Lissabon
† 24.8.1894 Lissabon

Literatur zum Autor:
Biographien:
G. de Oliveira Martins, *Esboço biográfico* (in J. P. de O. Martins, *Cartas peninsulares*, Lissabon 1895). – M. Mendes, *O. M., o homem e a vida*, Lissabon 1947. – G. d'Oliveira Martins, *O. M. Uma biografia*, Lissabon 1987 [Vorw. E. Lourenço].
Gesamtdarstellungen und Studien:
F. de Figueiredo, *História d'um »Vencido da vida«*, Lissabon 1930 [m. Bibliogr.]. – G. Le Gentil, *O. M. – algumas fontes da sua obra*, Lissabon 1935. – R. Leal, *Sociologia de O. M.*, Porto 1945 [m. Bibliogr.]. – Ocidente, 24, April 1945 [Sondernr. *O. M.*]. – M. Múrias, *A interpretação da história na obra de O. M.* (in M. M., *Vencidos da vida*, Lissabon 1946, S. 95–116). – E. Hallensleben, *J. P. de O. M. und der Sozialismus in der »Generation von 1865«*, Diss. Köln 1959. – F. A. de O. Martins, *O. M. e os seus contemporâneos*, Lissabon 1960. – M. Mendes, *A geração de 1870*, Lissabon 1960. – J. A. Saraiva, *Para a história da cultura em Portugal*, Bd. 1, Lissabon 1960, S. 173–257. – A. Silbert, *O. M. et l'histoire*, Paris 1971. – J. Serrão, *Portugueses somos*, Lissabon o. J. [ca. 1975], S. 37–56. – A. Herculano, *O. M.*, Lissabon o. J. [Einl. u. Anm. J. Serrão]. – A. S. Silva, *O. M. e o socialismo*, Lissabon 1979. – Saraiva/Lopes [15]1989, S. 913–926.

HISTÓRIA DE PORTUGAL

(portug.; *Geschichte Portugals*). Historisches Werk von Joaquim Pedro de Oliveira Martins, erschienen 1879. – Dieser Gesamtdarstellung der portugiesischen Geschichte von den Anfängen bis in das erste Drittel des 19. Jh.s vorausgegangen war eine *História da civilização ibérica*, 1879 *(Geschichte der iberischen Kultur)*; ergänzt wurde das Hauptwerk durch die *História do Portugal contemporâneo*, 1881 *(Geschichte des zeitgenössischen Portugal)*.
Nach Auffassung des Autors ist Portugal – geographisch und kulturell integrierender Bestandteil der Iberischen Halbinsel – als Staatswesen eine lediglich politische Schöpfung ohne andere Rechtfertigung als die des Willens zur nationalen Unabhängigkeit. Diese Unabhängigkeit wurde durch das Haus Burgund geschaffen und erreichte ihren geschichtlichen Höhepunkt während der Regierung der Herrscher aus dem Haus Aviz. Für den Verlust der Selbständigkeit (1580) macht Oliveira Martins das starke Engagement Portugals im Orient und das Treiben der Jesuiten verantwortlich. Die Restauration von 1640 ist aus seiner Sicht keine Wiederherstellung des früheren Zustands aus eigener Kraft, sondern eine Folge des Zusammenspiels internationaler antihabsburgischer Interessen und jesuitischer Intrigen. Aus der Personalunion mit Spanien befreit, wird das Land trotz seiner immer noch sehr umfangreichen überseeischen Besitzungen (namentlich Brasilien) wirtschaftlich und politisch von England abhängig. Daran scheitert auch das energische und gründliche Reformwerk des Marquês de Pombal im 18. Jh., das geeignet gewesen wäre, die portugiesische Unabhängigkeit wirklich zurückzugewinnen. Mit dem Abfall Brasiliens (1825) gerät das Land in eine neue Krise. Die verzweifelten Versuche des Liberalismus, ihrer Herr zu werden, gelten dem Historiker nur als weitere Beweise für die politische Ohnmacht des Landes.
Diese *Geschichte Portugals* ist weder objektive Darstellung noch patriotische Glorifizierung der Vergangenheit, sie versucht vielmehr, diese Vergangenheit dem Verständnis der Gegenwart näherzubringen. Oliveira Martins selbst bezeichnet das Geschichtswerk in der Vorbemerkung als *»eine Bilderfolge, in der die Charaktere der Menschen, ihre Handlungen, die unmittelbaren Motive ... die Umstände und die Art ihrer Durchführung in den meisten Fällen eher unsere Mißbilligung als unseren Beifall verdienen«*.
Es ist im ganzen ein düsteres Bild, das er von der portugiesischen Vergangenheit entwirft und das einen tiefgehenden Einfluß auf das pessimistische Geschichtsbewußtsein der Portugiesen ausgeübt hat. Der Erfolg des Werks beruht nicht zuletzt auf seinem literarischen Rang. Doch die bislang vorherrschende Meinung, Oliveira Martins sei ein Historiker, der das genuine historische Quellenmate-

rial – Urkunden und Akten – zugunsten von Chroniken und Berichten und einer stilistisch bestechenden Kunstprosa vernachlässige, wird von Isabel de FARIA E ALBUQUERQUE in der Einleitung zur kritischen Ausgabe einer strengen Revision unterzogen. Beeinflußt von Jules MICHELET und dessen universal angelegter Geschichtsschreibung, habe er die portugiesische Historiographie modernisiert, ohne die dokumentarischen Aussagen – wenn auch neu angeordnet, erweitert oder vereinfacht und somit auch interpretiert – außer acht zu lassen. Mit feinem Einfühlungs- und Vorstellungsvermögen gestaltet er den geschichtlichen Stoff zu einprägsamen Bildern, psychologischen Porträts und dramatisch bewegten Szenen um. A.E.B.-KLL

AUSGABEN: Porto 1879. – Lissabon 1964 (in *Obras completas*; m. Vorw. u. Anm.). – Lissabon [16]1972. – Mem Martins o. J., 2 Bde. (LB-EA). – Porto [19]1987. – Lissabon 1990, Hg. I. de Faria e Albuquerque u. M. de Albuquerque [m. Einl.; krit.].

LITERATUR: E. Castelar, *A »História de Portugal« de O. M.*, Porto 1884. – T. Braga, *As modernas ideias na literatura portuguesa*, Bd. 2, Porto 1892, S. 346–390. – A. Sérgio, *O. M. Impressões sobre o significado político da sua obra* (in A. S., *Ensaios*, Bd. 5, Lissabon 1936; [2]1955). – O. Ribeiro, *Introduções geográficas à história de Portugal*, Lissabon 1977, S. 23–53. – M. Viegas Gueirreiro, *Temas de antropologia em O. M.*, Lissabon 1986 (BB).

VIDA DE NUN' ÁLVARES. Historia de estabelecimento da dynastia de Aviz

(portug.; *Leben des Nuno Álvares. Geschichte der Begründung der Dynastie Avis*). Biographie von Joaquim Pedro de Oliveira MARTINS, erschienen 1893. – Dieses Werk ist eine Beschreibung des Lebens von Nuno Álvares Pereira unter Einbeziehung einer Darstellung der politisch-sozialen Gegebenheiten seiner Zeit. Die Außenpolitik des Königs Fernando, der Einfluß der Königin auf den Hof, der Tod des Königs, die politische Krise von 1830, der Tod des Grafen Andeiro, des Liebhabers der Königin, die demagogische Art, die Aufmerksamkeit des Volkes auf den Prinzen João, Meister des Ordens von Avis und Bruder des verstorbenen Königs, zu lenken, das Zögern des Prinzen, das Drängen des Volkes, er möge das Amt des »Regenten und Verteidigers des Königreichs« annehmen, die Belagerung Lissabons durch den König von Kastilien, der verheiratet ist mit der einzigen Tochter des verstorbenen Königs – all dies bildet den politischen Hintergrund, vor dem die Gestalt des Nuno Álvares erscheint, eines idealistischen Jünglings, der seit seiner Kindheit von den ritterlichen Idealen fasziniert ist. Nuno Álvares ergreift Partei für den Meister des Ordens von Avis, sammelt Leute um sich, denen er seine Begeisterung mitteilt, und führt mit ihnen Überfälle aus. Oliveira Martins betont ständig die ausgeprägte Persönlichkeit von Nuno Álvares, der gegen Feinde von außen (Kastilien und seine Anhänger) und Feinde im Inneren (seine eigenen Leute, die oft während der Nacht desertieren) zu kämpfen hat. Er muß immer wieder von neuem beginnen und gewinnt den Krieg gegen Kastilien nur dank seiner klugen Kampftaktik (z. B. Partisanenüberfall oder Erwarten des feindlichen Angriffs an einem strategisch günstigen Ort bei quadratischer Aufstellung des Heeres; so bei der für die Unabhängigkeit Portugals entscheidenden Schlacht von Aljubarrota, die in dem Buch großartig geschildert wird).

Die Existenz einer unabhängigen portugiesischen Nation, im Gegensatz zum kastilischen Traum von einer iberischen Einheit, wird von Oliveira Martins als das Ergebnis eines allgemeinen Volkswillens dargestellt – eines Willens, der sich, dank einer Reihe von günstigen Umständen, durchzusetzen vermag. Im Rahmen dieser Geschichtsinterpretation kommt dem Helden Nuno Álvares eine entscheidende Rolle im Fortgang der Ereignisse zu. Der Meister des Ordens von Avis wird König von Portugal. Vor den Cortes, der Ständeversammlung von Coimbra, rechtfertigt der Jurist Dr. João das Regras die Begründung der neuen Dynastie. Oliveira Martins untersucht in diesem Zusammenhang die Grundlagen der neuen Monarchie, die vom modernen juristischen Denken bestimmt ist und in der der König sozusagen *primus inter pares* und Repräsentant einer abstrakten Staatsidee ist. Nuno Álvares hingegen ist noch der mittelalterlichen Auffassung des Königstums verpflichtet. Er verteilt Land und damit verbundene Lehnsrechte – entgegen den Prinzipien des neuen Rechtsdenkens. Er versteht den neuen Geist nicht. Seine politische Mission ist beendet. Er gründet das Karmeliterkloster in Lissabon und tritt dort als Laienbruder ein. Oliveira Martins versucht das ganze Buch hindurch die Gestalt des Nuno Álvares zu verstehen und psychologisch zu erklären. Er lenkt die Aufmerksamkeit des Lesers auf die Lektüre von Ritterromanen, die in Nuno Álvares ein religiös bestimmtes Ritterideal weckten, auf die körperliche Schwächung durch ein Nervenleiden, auf die tiefe und zärtliche Liebe zu seiner Tochter, an deren Grab er sich endgültig entschied, ins Kloster zu gehen, und auf die gleich starke Liebe zu seiner Enkelin, die er in seinen Briefen als *minha linda* anredet.

Die dem Tod von Nuno Álvares gewidmeten Seiten gehören zu den schönsten und tiefsten, die Oliveira Martins schrieb. Das Werk endet mit einer Darstellung der Volksverehrung am Grab des schon für heilig erachteten Helden und einer Beschreibung der angeblich von ihm gewirkten Wunder. C.Pl.

AUSGABEN: Lissabon 1893. – Lissabon 1958. – Lissabon o. J. (in *Obras completas*; m. Vorw. u. Anm.). – Lissabon 1984.

LITERATUR: G. M. Barreto, *O. M. estudo de psicologia*, Lissabon 1887 (ern. in G. M. B., *Ensaios de crítica*, Lissabon 1944).

MARCELINO MESQUITA

eig. Marcelino António da Silva Mesquita
* 1.9.1856 Cartaxo
† 7.7.1919 Lissabon

LITERATUR ZUM AUTOR:
F. de Figueiredo, *M. M.* (in Revista de História, 8, 1919, S. 161–171; auch in F. de F., *Estudos de literatura*, Bd. 3, Lissabon 1921, S. 81–100). – L. F. Rebello, *Teatro português do romantismo aos nossos dias*, Lissabon 1959. – L. Stegagno Picchio, *História do teatro português*, Lissabon 1969. – Ó. Lopes, *Entre Fialho e Nemésio*, Bd. 1, Lissabon 1987, S. 24–26. – L. F. Rebello, *O teatro naturalista e neo-romântico (1870–1910)*, Lissabon 1987 (BB).

LEONOR TELES

(portug.; *Leonor Teles*). Historisches Drama in fünf Akten von Marcelino MESQUITA, Uraufführung: Lissabon, 3. 10. 1889, Teatro D. Maria II. – Nach seinem ersten Theaterstück *A pérola*, 1885 *(Die Perle)*, einer *»Episode aus dem akademischen Leben«*, das aus moralischen Gründen zunächst verboten wurde, gelang diesem äußerst produktiven und zu seiner Zeit hochgeschätzten Dramatiker mit *Leonor Teles* der erste große Erfolg.

Gegenstand dieses in paarweise reimenden Alexandrinern geschriebenen Jugendwerks Mesquitas ist die unselige Liebe König Ferdinands I. von Portugal (reg. 1367–1383) zu Leonor Teles, der Gattin des Landedelmanns João Lourenço da Cunha. Zu ihr entbrennt der Monarch in so heftiger Leidenschaft, daß er von dem Ehevertrag mit der Infantin Leonor von Kastilien zurücktritt, vom Papst die Auflösung der Ehe Leonor Teles' erwirkt und diese gegen den Widerstand der Bürgerschaft von Lissabon heiratet und zur Königin macht. Die Handlung, die sich über einen Zeitraum von zwölf Jahren erstreckt, entspricht im wesentlichen der Darstellung des berühmten Chronisten Fernão LOPES (1380?–1459) in seiner *Chronica do senhor rei D. Fernando*, die auch Alexandre HERCULANO (1810–1877) als Vorlage für seine Erzählung *Arras por foro de Espanha* (in *Lendas e narrativas*) benutzte.

Das Stück beginnt mit dem Aufstand der Zünfte von Lissabon und dem Auftritt des zum Sprecher gewählten Schneidermeisters Fernão Vasques, zeigt die Eheschließung Ferdinands mit Leonor Teles, die Krönung Leonors und die Huldigung der Stände, bei der allein der Infant Dom Dinis ihr den symbolischen Handkuß versagt, die Rache der Königin an ihren Widersachern, ihre Intrigen, ihr ehebrecherisches Verhältnis mit dem galicischen Grafen Andeiro und endet, nach dem Tod Ferdinands, mit der Ermordung Andeiros durch den Infanten Dom João, den Ordensmeister von Aviz und späteren König Johann I. (reg. 1385–1433). Um der dramatischen Wirkung willen erdichtete Zutaten sind der mutige Auftritt des Gatten João Lourenço, der die Gemahlin vom König zurückfordert, und die Liebe des Infanten Dom João zu Helena, der Tochter Andeiros. Der Zwiespalt der Gefühle, in den Dom João durch diese Liebe gerät, da er den Vater der Geliebten töten soll, macht ihn zum wahren Gegenspieler König Ferdinands, der in dem Kampf zwischen Staatsräson und haltloser Liebesleidenschaft unterliegt, und verdeutlicht den Konflikt, um dem es in diesem wie in anderen Stükken Mesquitas vor allem geht, den Konflikt zwischen schicksalhafter Liebe und Pflicht, zwischen Ehre und Leidenschaft. Die Jugend des Autors, der das (für die Aufführung im Nationaltheater überarbeitete) Stück als Zwanzigjähriger für eine Studentenaufführung (1876) schrieb, erklärt die Mängel in Aufbau, Stil und Charakterzeichnung, verleiht dem Werk aber auch große Spontaneität und Leidenschaftlichkeit, die allerdings durch die Monotonie des Versmaßes und Reimschemas beeinträchtigt werden. Der große Bühnenerfolg verführte den Autor dazu, einen dreibändigen, heute vergessenen Roman (1903/04) über das gleiche Thema zu schreiben. K.H.D.-KLL

AUSGABEN: Lissabon 1893 u. ö. – Porto 1983.

PERALTAS E SÉCIAS

(portug.; *Gecken und Zierpuppen*). Komödie in drei Akten von Marcelino MESQUITA, Uraufführung: Lissabon, 11. 2. 1899, Teatro de D. Maria II. – Neben historischen Dramen (*Leonor Teles*, 1889; *O regente*, 1897 – *Der Regent*) und naturalistischen Problemstücken (*Dor suprema*, 1895 – *Höchster Schmerz; Almas doentes*, 1905 – *Kranke Seelen; Na voragem*, 1917 – *Im Schlund*) schrieb Mesquita auch diese geistvolle historische Gesellschaftskomödie, *»die erste dieser Art in Portugal«* (Rossi). Das Stück spielt Ende des 18. Jh.s in Lissabon, im Salon des Marquis de Sande. Guilherme de Meneses, der Verlobte Carlotas, der Tochter des Marquis, ist soeben aus dem revolutionären Paris zurückgekehrt und steht im Verdacht, heimlich ein Freimaurer und ein Jakobiner zu sein. Frei Tomás, ein Kirchenmann und Befürworter der Inquisition, und der Polizeipräsident, ein Onkel Carlotas, warnen vor der Verbindung mit einem so gefährlichen Menschen und erreichen tatsächlich, daß die Verlobung gelöst wird. Dem jungen Mann droht gar die Verhaftung, als man ihn beschuldigt, an einer Degenstecherei beteiligt gewesen zu sein. Doch da klärt ein hochdiplomatisches Schreiben an den Staatsminister Pinto die Beteiligten darüber auf, daß der als Ketzer und Revolutionär Verdächtigte in Wahrheit königlicher Gesandter in geheimer Mission ist. Nun ist seine Verbindung mit Carlota natürlich wieder dringend erwünscht, wozu sich Guilherme denn auch herbeiläßt.

Diese recht einfache, wenig aufregende Handlung ist für den Autor im Grunde nur der Anlaß, ein ironisches Bild der Lissabonner Gesellschaft des portugiesischen Ancien Régime zu entwerfen, die, während Europa bereits in Flammen steht, die Zeit mit Nichtigkeiten, mit leerer Konversation und der Rezitation von Gedichten zubringt. Es ist eine Gesellschaft von »Gecken und Zierpuppen«, geistlos und aufgeblasen, aber angstvoll vor den neuen Ideen zitternd, durch die sie ihre Existenz gefährdet sieht. Daß Mesquita der Lissabonner Gesellschaft seiner Zeit zehn Jahre vor Ausbruch der republikanischen Revolution diese Komödie präsentierte, geschah sicherlich nicht ohne kritisch besorgte Hintergedanken. Seine Bühnenwirksamkeit verdankt das Stück dem äußerst gewandten, spritzigen Dialog und der Leichtigkeit, mit der Mesquita die Salonszenen hinzuzaubern weiß. K.H.D.

AUSGABE: Lissabon 1899 u. ö.

WENCESLAU DE MORAES

eig. Wenceslau José de Sousa Moraes
* 30.5.1854 Lissabon
† 1.7.1929 Tokushima / Japan

DAI-NIPPON

(portug.; *Das große Japan*). Aufzeichnungen über das Leben in Japan von Wenceslau de MORAES, erschienen 1897. – Der Autor, der das Land seiner Träume während zweier Reisen 1889 und 1892 kennengelernt hatte, schrieb sein erstes Buch über Japan noch in Macao, bevor er 1898 endgültig nach »Dai-Nippon« übersiedelte. Dort wirkte er zunächst in Kobe als portugiesischer Konsul, bevor er sich, nach dem Tod seiner vielgeliebten japanischen Ehefrau, aus dem diplomatischen Dienst zurückzog und in dem kleinen Städtchen Tokoshima auf der Insel Shikoko 15 Jahre bis zu seinem Tod in bescheidensten Verhältnissen als einziger Europäer mitten unter einfachen japanischen Menschen lebte. Dort entstand das Meditationsbuch *O Bon Odori em Tokoshima*, 1926 *(Das Totenfest in Tokoshima)*, das Moraes' japanisches Leben schildert und Sitten und Gebräuche in Tokoshima festhält.

Dai-Nippon beginnt mit einem kurzen Überblick über die japanische Geschichte von den mythischen Anfängen bis zum ausgehenden 19. Jh., als der Feudalstaat sich in einen Verfassungsstaat wandelte. Unter dem Einfluß der westlichen, besonders aber der amerikanischen Zivilisation, im Zeichen des technischen Fortschritts und imperialistischen Expansionsdrangs verliert das Land immer mehr den Zauber seiner Eigenart. Im zweiten Kapitel behandelt der Autor mit außergewöhnlichem Einfühlungsvermögen die japanische Kunst (Malerei, Keramik, Bronzeplastik, Schmiede- und Baukunst), ihre charakteristische Symbolik und ihre nuancenreichen Farben und Formen. Auch hier sieht er die ursprünglichen Werte verdrängt von den Erzeugnissen europäisch-amerikanischer Gebrauchskunst. Im dritten und vierten Kapitel werden im Spiegel zahlreicher Episoden und persönlicher Erlebnisse die eigentümlichen Lebensverhältnisse des Landes farbig skizziert und aus der Mentalität und dem Lebensgefühl der Japaner gedeutet. Die Anziehungskraft, die japanisches Wesen in seiner schillernden Fremdartigkeit auf Morais ausübt, entspricht seiner Abneigung gegen die westliche Zivilisation und ihre Lebensformen, und der Lobpreis der alten japanischen Kultur ist immer zugleich Kritik an Europa und Amerika. Die Grundstimmung seiner Schilderungen ist Melancholie angesichts der Entzauberung einer Welt, deren Ursprünglichkeit und deren Traditionen er nachtrauert. Die persönlichen Eindrücke des Autors werden in impressionistischem Stil widergegeben, scheinen locker aneinandergereiht, sind jedoch durch kulturgeschichtliche Ausblicke, thematisch Bezüge und leitmotivische Wiederholungen aufeinander abgestimmt.

Dai-Nippon ist eines der Hauptwerke des portugiesischen Impressionismus. Literarische Vorbilder sah Moraes in der 1614 veröffentlichten *Peregrinação (Wunderliche Reise)* des Fernão Mendes PINTO (1510?–1583), dessen Andenken das Buch gewidmet ist, und, unter seinen Zeitgenossen, in Pierre LOTI und Lafcadio HEARN, deren Japanauffassung jedoch europäisch geprägt blieb. A.E.B.-KLL

AUSGABEN: Lissabon 1897. – Lissabon 1972 (in *Obras completas*, Bd. 2). – Porto 1983.

LITERATUR: W. de Moraes, *Páginas africanas*, Hg. Petrus, o. O. 1954 [m. Studien bis 1953]. – A. Martins Janeira, *O jardim encantado perdido*, Porto o. J. [1956]. – Ders., *Um intérprete português do Japão: W. de M.*, Macau 1969. – Ocidente, 77, 1969, Nr. 375 [Sondernr. *W. de M.*]. – W. Th. Elwert, *Ein Japanverehrer: W. de M.* (in *Fs. für P. W. Meister*, Hg. A. Ohm u. H. Reber, Hbg. 1975, S. 312–318). – A. Martins Janeira, *Um rebelde a civilização ocidental: W. de M.* (in ArCCP, 14, 1979, S. 357–375). – H. Feldmann, *W. de M. (1854–1929) und Japan*, Münster 1987 [m. Bibliogr.]. – G. Siary, *La représentation littéraire du Japon chez W. de M. dans »Traços do extremo oriente« (1895) e »Dai Nippon« (1897)* (in Quadrant, 1987, S. 37–60). – *Portugal e o Japão*, Hg. Instituto Cultural / Biblioteca Nacional de Macau, Macau 1989 [Ausst. zum 60. Todestag von W. de M.; Kat. m. ausführl. Bibliogr.]. – P. Franchetti, *W. de M. e o haikai* (in Colóquio/Letras, 1989, Nr. 110/111, S. 50–65).

José Duarte Ramalho Ortigão

* 24.11.1836 Porto
† 27.9.1915 Lissabon

AS FARPAS

(portug.; *Die Widerhaken*). Kritische Glossen zur Zeitgeschichte von José Duarte Ramalho Ortigão, veröffentlicht 1871 bis 1882. – Die ›Farpas‹ erschienen in den ersten beiden Jahren als Monatshefte, von Ramalho Ortigão und Eça de Queirós gemeinsam herausgegeben, nach 1872 dann in unregelmäßiger Folge mit Ortigão als alleinigem Herausgeber. Die Beiträge von Eça de Queirós sind später unter dem Titel *Uma campanha alegre*, 180 *(Eine heitere Kampagne)*, gesammelt worden. Ramalho Ortigão gab seinen Anteil von 1887 bis 1890 in elf Bänden, nach Sachgruppen geordnet, als *»heitere Geschichte des bürgerlichen Lebens«* der jüngsten Vergangenheit neu heraus.

In Artikeln, offenen Briefen und Essays werden hier Erscheinungen und Vorkommnisse des öffentlichen Lebens in Stadt und Land, Politik, Verwaltung und Gewerbe, im Erziehungswesen und im kirchlichen Leben, in Kunst und Literatur, Sitten und Bräuche, vor allem aber Mißstände, Unsitten und Mißbräuche unter die Lupe genommen und in einer Weise glossiert, die – entsprechend dem Titel *Farpas* und der Funktion der Widerhaken im Stierkampf (ähnlich den spanischen Banderillas) – zwar treffen, »sitzen« und reizen, aber nicht verletzten soll. Diese Kritik verrät mehr Humor als moralische Entrüstung und äußert sich eher in gutmütigem Spott als in streitbarer Angriffslust. Sie richtet sich vor allem gegen Gemeinplätze und Vorurteile, gegen Engstirnigkeit und Selbstgerechtigkeit, Verbohrtheit, Heuchelei und Lobhudelei, die alle Einsicht in die Realität und in die Notwendigkeit verstellen, einer neuen Zeit und der sich wandelnden Welt des 19. Jh.s Rechnung zu tragen. Gerade auf diese Notwendigkeit weisen die *Farpas* eindringlich hin. Ramalho Ortigão ist ein unabhängiger, aufgeschlossener und undoktrinärer Geist, fortschrittlich, aber nicht umstürzlerisch gesinnt, konservativ, aber nicht reaktionär, wendig, aber nicht opportunistisch. Seine wache Intelligenz und sein Realismus, sein Sinn für das Besondere und Charakteristisiche, dazu ein vielseitiges, aus Lektüre und Anschauung gewonnenes Wissen und schließlich die Fähigkeit, sich prägnant und allgemeinverständlich auszudrücken, zu erheitern und zu belehren, zu unterhalten und zu informieren, haben Gehalt, Form und Wirkung der *Farpas* bestimmt. Diese haben die Anlässe, denen sie ihre Entstehung verdanken, überdauert und behaupten ihren Rang als Dokument der portugiesischen Kultur- und Geistesgeschichte im letzten Drittel des 19. Jh.s. A.E.B.

Ausgaben: Lissabon 1871–1882 *(As farpas. Chronica mensal da politica, das letras e dos costumes)*. – Porto 1887–1890 *(As farpas. O país e a sociedade portuguesa)*. – Lissabon 1944–1956, Hg. A. de Castro, 15 Bde. – Lissabon 1946 (*Farpas esquecidas*, 2 Bde.). – Lissabon 1963, 3 Bde. [in Bd. 1: A. de Castro, *R. O., sen exemplo e sua obra*]. – Lissabon 1986–1988 (*As farpas. O país e a sociedade*, 3 Bde.).

Literatur: E. Burney, *R. O.*, Lissabon 1916. – J. d'Oliveira, *R. O. e Eça de Queiroz. Rememoração e esclarecimento de factos da ordem literária e jornalística*, Porto 1945. – A. R. Cavalheiro, *R. O. e as »Ultimas farpas«* (in Rumo, Nr. 3/4, 1946, S. 399–425). – R. Jorge, *R. O.*, Lissabon 1955. – C. Malpique, *R. O.*, Porto 1959. – *Dicionário das literaturas portuguesa, galega e brasileira*, Hg. J. do Prado Coelho, Porto 1960, S. 256/257; 572–574. – F. Ramos, *História e critica, estudos da literatura*, Braga 1962. – A. R. Cavalheiro, *A evolução espiritual de R.*, Lissabon 1962. – N. N. Coelho, *R. O., o homen e o escritor* (in Revista de Letras, 5, 1964, S. 166–194). – C. Jucá, *R. O. e a sua técnica* (in Revista de Portugal, 32, 1967, S. 13–27). – V. Pulido Valente, *R. O. e a crise do estado em Portugal* (in O Tempo e o modo, 1967, Nr. 47/48, S. 296–322). – F. L. de Carvalho, *A atualidade do pensamento de R. O.*, Lissabon 1971. – G. C. Rossi, La Spagna di R. O. (in AION, 22, 1980, S. 419–440).

Joaquim Teixeira de Pascoaes

eig. Joaquim Pereira Teixeira de Vasconcelos
* 2.11.1877 Gatão/Amarante
† 14.12.1952 Gatão

Literatur zum Autor:
J. do Prado Coelho, *A poesia de T. de P.*, Coimbra 1945. – S. Dionísio, *O poeta, essa ave metafísica*, Lissabon 1953. – A. A. de Pina, *A filosofia de saudade de T. de P.*, Lissabon 1958. – A. Margarido, *T. de P. A obra e o homem*, Lissabon 1961. – J. do Prado Coelho, Einl. (in J. T. de Pascoaes, *Obras completas*, Hg. ders., Bd. 1, Lissabon 1965). – J. de Sena, Einl. (in J. T. de Pascoaes, *Poesia*, Rio 1965; Ausw. m. Anm.; Porto ³1982; rev. u. erw.). – M. da G. Teixeira de Vasconcelos, *Olhando para trás, vejo P.*, Lissabon 1971. – J. de Carvalho, *Reflexões sobre T. de P.* (in ArCCP, 9, 1975, S. 639–655). – M. Garcia, *T. de P. Contribuição para o estudo da sua personalidade e para a leitura crítica da sua obra*, Braga 1976 [m. Bibliogr.]. – *T. de P. Catálogo da exposição bibliográfica*, Lissabon 1977. – J. do Prado Coelho, *Fernando Pessoa e T. de P.* (in J. do P. C., *A letra e o leitor*, Lissabon ²1977, S. 175–198). – F. C. Fagundes, *Caeiro versus T. de P. A origem paródica*

de um sério »esquema« poético (in BHS, 56, 1979, S. 225–232). – M. Martins, *No centenário de T. de P.*, Lissabon 1978. – *P.: Comemorando em 1979 o 1. centenário do nascimento do poeta*, Lissabon 1980. – A. S. Silva u. I. M. Duarte, *P.: Temas para uma leitura actual*, Porto 1980. – F. Guimarães, *Poética do saudosismo*, Lissabon 1988. – O. Caeiro, *A. V. Thelen. O solar de P.*, Porto 1990.

ARTE DE SER PORTUGUÊS

(portug.; *Portugiesische Wesensart*). Theoretische Schrift von Joaquim Teixeira de PASCOAES, erschienen 1915. – Dieses Werk ist der Versuch einer Wesensbestimmung des »wahren Portugiesentums«, einer spezifisch portugiesischen Weltansicht; sein Ziel ist, durch Besinnung auf die ursprünglichen, natürlichen und schöpferischen Kräfte des Landes, auf seine geschichtliche und kulturelle Überlieferung, sein Glauben, Denken und Fühlen ein eigenes portugiesisches Kultur- und Nationalbewußtsein zu begründen und damit dem drohenden politischen, geistigen und moralischen Verfall entgegenzuwirken. Den sinnfälligsten Ausdruck der portugiesischen Geistesart sieht Pascoaes in der *saudade*, der unstillbaren Sehnsucht, die er als sinnliches Begehren und wehmütige Erinnerung deutet. Im Welt- und Lebensgefühl des *saudosismo* begegnen sich gemäß seiner Deutung *»arisch-heidnischer Natursinn«* und *»semitisch-christliche Geistigkeit«*. Im Sinn dieses zum Programm erhobenen *saudosismo* soll – im Einklang mit der portugiesischen Tradition und Wesensart – das nationale Leben erneuert, sollen im sozialen und politischen Bereich Individuum und Gemeinschaft, Tradition und Revolution, im Geistesleben Sensualismus und Spiritualismus, im religiösen Leben Heidentum und Christentum miteinander versöhnt werden. Die hier entwickelten Gedanken haben zur Selbstbesinnung und Erneuerung des portugiesischen Kulturlebens im 20. Jh. wesentlich beigetragen. A.E.B.

AUSGABEN: Porto 1915. – Lissabon o. J. [ca. 1950]. – Lissabon 1970 (in *Obras completas*, Hg. J. do Prado Coelho, 11 Bde., 1965–1975, 5; m. Einl. u. krit. Apparat). – Lissabon 1978.

LITERATUR: A. Botelho, *Saudosismo como movimento* (in Revista Portuguesa de Filosofia, 16, 1960, S. 218–230). – M. Garcia, *A »Arte de ser português« de T. de P.* (in Brotéria, 119, 1984, S. 164–179).

REGRESSO AO PARAÍSO

(portug.; *Rückkehr ins Paradies*). Erzählende Dichtung von Joaquim Teixeira de PASCOAES, erschienen 1912. – Mit diesem Werk – 22 Gesänge aus ungereimten, zuweilen mit sechssilbigen Versen abwechselnden Zehnsilbern – vervollständigt sich das lyrische Weltbild eines mystisch-pantheistischen Dichters, der in der *saudade*, jenem unbestimmbaren, ins Unendliche schweifenden Sehnen, das der portugiesische Mensch gern für eine Besonderheit seines Wesens hält, die alles durchwirkende Macht, das Agens des ewigen Werdens sieht (vgl. *Marânus*). *Saudade* bewirkt in diesem Gedicht die Heimkehr Adams und Evas ins verlorene Paradies. Nach dem Sündenfall und der Vertreibung von Satan freundlich aufgenommen und zu Sendboten der Hölle ernannt, erfahren Adam und Eva auf Erden die Gewalt der *saudade* und entsagen der Hölle. Adam beschließt, die Menschenseelen entgegen seinem Auftrag nicht der Verdammnis, sondern der Erlösung zuzuführen, und findet, gemeinsam mit Eva, zurück zum Paradies. Es erschließt sich ihnen durch die Versenkung in die eigene Kindheit, aus der sich das Leben immer wieder erneuert und endlich die Dimension des Ewigen gewinnt. Das Wirken der *saudade* als befreiende und erlösende Macht vollzieht sich im Zeichen des *»Deus infante«*, des *»Sohngottes«*, der an die Stelle Jehovahs, des Vatergottes, getreten ist, und eine neue Ordnung stiftet. Er verwirft *»das falsche Leben«*, verdammt alles Erstarrte und Versteinerte, nimmt alles – Gut und Böse, Glauben und Unglauben, Glück und Unglück – in sich auf und verheißt und bewirkt eben dadurch das Leben in seiner Widersprüchlichkeit und Ganzheit. Wie in andern Dichtungen dieses Autors durchdringen sich auch hier christliche und heidnische Elemente: Christus erscheint als göttlicher Bruder des Apoll und des Orpheus. In den Visionen seines von der *saudade* durchwalteten Weltbildes, in die auch Szenen, Ereignisse und Gestalten der portugiesischen Geschichte und Dichtung eingewoben werden, sind Anlehnungen an DANTE und vor allem an MILTON und dessen *Paradise Lost*, 1667 *(Das verlorene Paradies)*, und *Paradise Regained*, 1671 *(Das wiedergewonnene Paradies)*, unverkennbar, wenngleich das Werk Teixeiras keinesfalls damit verglichen werden kann. A.E.B.

AUSGABEN: Porto 1912. – Porto 1923 [Vorw. L. Coimbra]. – Lissabon o. J. [ca. 1950]. – Lissabon 1968 (in *Obras completas*, Hg. J. do Prado Coelho, 11 Bde., 1965–1975, 4; m. Einl. u. krit. Apparat). – Lissabon 1986 (in *Obras completas*, Bd. 4).

LITERATUR: G. Battelli, *T. de P.*, Coimbra 1953. – L. Gilson Ribeiro, *Die Saudade als Form des Pantheismus, veranschaulicht am Werk von T. de P.*, Diss. Hbg. 1958.

José Maria Eça de Queirós

* 25.11.1845 Póvoa de Varzim
† 16.8.1900 Neuilly bei Paris

Literatur zum Autor:
Bibliographien:
V. de Sá, *Bibliografia queirosiana*, Braga 1945. – E. Guerra da Cal, *Bibliografia gueirociana sistemática y anotada e iconografía del hombre y la obra*, 5 Bde., Coimbra 1975–1984 [vgl. Rez. v. C. Reis, in Colóquio/Letras, 1985, Nr. 87, S. 69–71].
Biographien:
E. Segura, *Vida de E. de Q.*, Madrid 1945. – J. G. Simões, *Vida e obra de E. de Q.*, Lissabon 1945; ³1980 [gek. u. d. T. *E. de Q. A obra e o homem*, Lissabon 1961; ³1978]. – A. Lebre, *E. em Verdemilho e a sua vida*, Aveiro 1962. – J. Lopes d'Oliveira, *E. de Q. vistos sob nôvo aspecto. Uma biografia pioneira*, Rio 1970. – F. Ayres, *E. de Q. Vida e gloria*, Rio 1983. – L. Viana Filho, *A vida de E. de Q.*, Porto 1983.
Lexika:
A. Pereira Carton, *Dicionário biográfico dos seus personagens*, Rio o. J. [um 1969]. – *Dicionário de E. de Q.*, Hg. A. Campos Matos, Lissabon 1988.
Gesamtdarstellungen und Studien:
C. Branco Chaves, *Estudos críticos*, Coimbra 1932. – C. Viana Moog, *E. de Q. e o século XIX*, Porto Alegre 1938; zul. Rio 1981. – Á. Lins, *História literária de E. de Q.*, Rio 1939; Lissabon ⁶1966. – Á J. da Costa Pimpão, *A expressão do cómico na obra de E. de Q.* (in Á. J. da C. P., *Escritos diversos*, Coimbra 1942; ²1972). – A. Cabral, *E. de Q.*, Lissabon ³1945 [verb.]. – *Livro do centenário de E. de Q.*, Hg. L. M. Pereira u. Cámara Reis, Lissabon/Rio 1945. – F. Ramos, *E. de Q. e os seus últimos valores*, Lissabon 1945. – M. Sacramento, *E. de Q. Uma estética da ironia*, Coimbra 1945. – A. J. Saraiva, *As ideias de E. de Q. Ensaio*, Lissabon 1946; ern. Amadora 1982. – A. Sérgio, *Notas sobre a imaginação, a fantasia e o problema psicológico-moral na obra novelística de E. de Q.* (in A. S., *Ensaios VI*, Lissabon 1947; ern. 1982). – *E. de Q. in memoriam*, Hg. E. do Amaral u. M. Cardoso Martha, Coimbra ²1947 [erw.]. – J. Cortesão, *E. de Q. e a questão social*, Lissabon 1949; ern. 1970. – D. Menezes, *Crítica social de E. de Q.*, Fortaleza 1950; ²1962. – E. Guerra da Cal, *Lengua y estilo de E. de Q.*, Coimbra 1954 [span. Fassg. zugl. Diss. Columbia Univ. NY; portug.: *Linguagem e estilo de E. de Q.*, Lissabon 1966; rev. u. d. T. *Língua e estilo de E. de Q.* [Endfassg. E. A. da Cal], Rio 1969; ern. Coimbra 1981]. – E. M. Hill, *Irony in the Novels of E. de Q.*, Diss. Univ. of Wisconsin 1954. – P. Cavalcanti, *E. de Q., agitador no Brasil*, São Paulo 1959; ³1983 [rev. u. erw.]. – A. Machado da Rosa, *E. de Q. Discípulo de Machado*, Rio 1963; Lissabon ²1964 [rev.; ³1979]. – A. Coimbra Martins, *Ensaios queirosianos*, Lissabon 1967. – J. Medina, *E. de Q. e o seu tempo*, Lissabon 1972. – Ders., *E. político*, Lissabon 1974. – C. Reis, *Estatuto e perspectiva do narrador na ficção de E. de Q.*, Coimbra 1975; ²1980 [rev.; ³1984]. – P. Seid, *Zum Thema der Langeweile bei E. de Q.*, Diss. Zürich 1978. – C. Paleólogo, *E. de Q. e Machado de Assis*, Rio 1979 [m. Einl. u. Anm. v. E. de Moraes Filho]. – A. Coleman, *E. de Q. and European Realism*, NY 1980 [m. Bibliogr.]. – J. Medina, *E. de Q. e a geração de setenta*, Lissabon 1980. – C. Reis, *Teoria literária de E. de Q.* (in C. R., *Construção de leitura*, Coimbra 1982, S. 137–150). – B. Berrini, *Portugal de E. de Q.*, Lissabon 1984. – I. P. de Lima, *O complexo ideológico da »miséria portuguesa« em E.*, Porto 1984. – A. Campos Matos, *Imagens do Portugal Queirosiano*, Lissabon 1987. – L. Petit, *Le champ du signe dans le roman queirosien*, Paris 1987. – *E. de Q. et la culture de son temps. Actes du colloque...*, Hg. E. Guerra da Cal, Paris 1988. – Saraiva/Lopes, ¹⁵1989, S. 927–953. – C. Reis u. M. do Rosário Milheiro, *A construção da narrativa queirosiana. O espólio de E. de Q.*, Lissabon 1989. – O. Grossegesse, *Konversation u. Roman. Untersuchungen zum Werk von E. de Q.*, Stg. 1990 [zugl. Diss. Mchn. 1989].

A CIDADE E AS SERRAS

(portug.; *Stadt und Gebirg*). Roman von José Maria Eça de Queirós, postum erschienen 1901. – Der Titel dieses Romans bezeichnet die Opposition von Stadt und Land, die die Handlung bestimmt: Der reiche und hochgebildete Jacinto kehrt aus dem modernen und mondänen Paris zum portugiesischen Landleben zurück. In der traditionellen Kritik bezieht man diese Geschichte auf Eça selbst. Habe er früher ein negatives Bild der portugiesischen Gesellschaft gezeichnet (vgl. *O crime do Padre Amaro*), so entdecke er jetzt die Werte der Heimat. Doch dabei wird meist unterschlagen, daß Jacintos Wandlung durch seinen Freund Zé Fernandes nicht nur bewirkt, sondern auch erzählt wird. Beides geschieht auf eine wenig überzeugende Weise, so daß die auffällige antithetische Komposition von einer subtilen Ironie und Ambivalenz unterwandert wird, die den aufmerksamen Leser verunsichern.

Jacinto kommt in einem Palast an den Champs-Elysées zur Welt, den sein Großvater D. Galeão erwarb, als er aus politischen Gründen Portugal und das Familiengut im ländlichen Tormes verließ. Jacinto ist zwar Halbwaise, doch steht seine Geburt unter einem guten Stern. Er ist gesund, intelligent und in jeder Hinsicht mit Glück gesegnet. Bereits erwachsen, glaubt er an die glücksbringende Kraft des Fortschritts und aller Wissenschaft, die auf positivistischer Erkenntnis basiert. So füllt sich sein Palast mit den aktuellsten Erfindungen, und in seiner Bibliothek stapeln sich Neuerscheinungen und Zeitschriften. Sein Freund Zé Fernandes, der aus dem portugiesischen Bergland zu ihm gekommen ist, bestaunt diese kosmopolitische Vielfalt und Extravaganz und versucht, sich ihr anzupassen, wobei er scheinbar naiv ihre Widernatürlichkeit entlarvt. Dies geschieht besonders während der Feste dekadenter eklektizistischer Ästhetik, die Jacinto in seinem Haus im Stile von Heliogabal oder J.-K. Huysmans veranstaltet, um seine Langeweile zu vertreiben. Diese Langeweile, die sich mit der Lektüre von Salomo und Schopenhauer zu einem dunklen Pessimismus vertieft, überschattet schließlich Jacintos Existenz so sehr, daß er auch körperlich verfällt, während die modernen Apparaturen ihre Unvollkommenheit zeigen: Heißwasserleitungen platzen, der Strom fällt aus, ein klimatisierter Speisenaufzug bleibt stecken. Unterdessen versucht Zé Fernandes, ihn zum heilsamen Landleben zu bekehren. Als ihm der Verwalter seines Gutes im fernen Tormes mittelt, daß das Grab des Großvaters D. Galeão durch einen Erdrutsch zerstört wurde, nimmt Jacinto die feierliche Wiederbestattung zum Anlaß, sich überraschend zu einer Reise nach Portugal zu entschließen, allerdings nur im Salonwagen in Begleitung seiner Maschinen und Bücher. Dieses Gepäck geht jedoch in einer stürmischen Gewitternacht verloren, als Jacinto und Zé Fernandes in Spanien den Zug wechseln müssen. Ohne jegliche Habe langen sie wie Schiffbrüchige einer Odyssee in Tormes an. Doch Jacinto erfährt indessen, frei vom Ballast der urbanen Zivilisation, eine Wiederauferstehung, die Zé Fernandes euphorisch mit derjenigen eines Lazarus vergleicht. Allerdings tritt Jacinto keineswegs in eine harmonische Verschmelzung mit der ländlichen Natur, vielmehr verfolgt ihn auch hierher das Chaos unterschiedlicher Vorstellungsbilder von Vergil bis Rousseau und den patriarchalischen Sozialutopisten. Er möchte sich die Natur enzyklopädisch aneignen. Davon wird der Büchernarr Jacinto paradoxerweise durch die Lektüre erlöst. Denn die Natur, die ihn aus dem lebenstötenden Pessimismus befreit hat, ruft ihm nicht nur *»Stehe auf und wandle«* zu, sondern auch *»Lies!«*. *A cidade e as serras* enthält eine Therapie des Lesens, die den Leser dieses Romans selbst mit einbezieht: Statt rastlos auf der Suche nach der absoluten »Wahrheit« die vielfältigen Interpretationen der Welt durchzublättern, erlangt Jacinto vor allem durch die Lektüre des *Don Quijote* die Gabe des Lachens zurück. Im Dialog mit seinem »Sancho Pansa« Zé Fenandes, dessen scheinbare Naivität seine tiefsinnigen Grübeleien unterlaufen, begreift er das Unvollkommene und Unsichere, die ungeordnete Vermischung des Gegensätzlichen als die Quelle heiterer Lebensfreude. Jacinto erlangt auf seinem Gut in Tormes eine Synthese von ländlicher und urbaner Zivilisation, die alles andere als vollkommen ist.

A cidade e as serras zielt auf eine Therapie des Lesens und Lachens angesichts der Endzeitstimmung und Zivilisationsmüdigkeit im Fin de siècle, deren tiefen Pessimismus Eça de Queirós schmerzhaft erfuhr: 1892 beging sein Freund Antero de QUENTAL, den er einen »portugiesischen Schopenhauer« nannte, Selbstmord. Mehrere kurze Prosatexte (vor allem die Erzählung *Civilização*) und Essays *(A decadência do riso – Die Dekadenz des Lachens)* zeigen, wie sehr sich der Autor mit diesem Problem auseinandersetzte, das dann in *A cidade e as serras* meisterhaft erzählerisch behandelt wurde. Die Verwobenheit von Textvorlagen und erfahrener Wirklichkeit (vgl. *O mandarim* und *A relíquia*) erreicht hier nicht nur höchste Raffinesse, sondern auch die umfassendste Aufgabe einer produktiven Lektüre. Leider blieb der Roman unvollendet und konnte vom Autor vor seinem Tod nur teilweise für den Druck redigiert werden. Sein überragender Stellenwert im Gesamtwerk und seine erzählerische Modernität wurden erst in den letzten Jahren erkannt. O.Gr.

AUSGABEN: Porto 1901. – Porto o.J. [um 1958] (in *Obras*, 3 Bde., 1). – Lissabon o.J. [Einl. C. Reis]. – Mem Martins 1979 (LB-EA). – Lissabon o.J. [1980/81] (in *Obras*, Hg. u. Anm. H. Cidade Moura; Text nach d. Mss. u. d. Erstausg.). – Lissabon ²1984.

ÜBERSETZUNGEN: *Stadt und Gebirg*, L. Ey, Stg. 1903 (Aus fremden Zungen, 1). – Dass., C. Meyer-Clason, Zürich 1963 [m. Nachw.; ²1988].

LITERATUR: E. Gómez de Baquero (in La España Moderna, 179, 1903, S. 159–167). – A. Cândido, *E. de Q. entre o campo e a cidade* (in *Livro do Centenário*, Lissabon/Rio 1945, S. 137–155). – R. Ibáñez, *»La ciudad y las sierras«* (ebd., S. 303–363). – J. de Entrambasaguas, *Sobre el tema de »A cidade e as serras« de E. de Q.* (in Cuadernos de literatura, 1, 1947, S. 185–209). – A. Sérgio, *Notas sobre a imaginação, a fantasia e o problema psicológico-moral na obra novelística de Q.* (in A. S., *Ensaios VI*, Lissabon 1947; ern. 1982). – J. do Prado Coelho, *A tese de »A cidade e as serras«* (in J. do P. C., *A letra e o leitor*, Lissabon 1969, S. 231–238). – M. L. Lepecki, *O sentido de »A cidade e as serras«* (in M. L. L., *E. na ambiguidade*, Fundão 1974, S. 79–133). – J. Medina, *D. Jacinto em Ítaca* (in Seara Nova, 1974, Nr. 1523, S. 24–31; Nr. 1524, S. 17–27). – F. Wolfzettel, *»Beatus ille...«: Zum Stadt-Land-Konflikt von Pereda und E. de Q.* (in AION, 16, 1974, S. 203–244). – J. do Prado Coelho, *E. escritor ambíguo* (in J. do P. C., *Ao contrário de Penélope*, Lissabon 1976, S. 189–193). – A. P. Torres, *Os falsos códigos edénicos de »A cidade e as serras«* (in Colóquio/Letras, 1976, Nr. 31, S. 14–29). – C. Reis, *Mode et transgression: E. de Q. et les ›modes parisiennes‹* (in Études françaises, 20, 1984, S. 87–102). – V. Roloff, *Von der Leserpsychologie des Fin de siècle zum Lektüreroman...* (in LiLi, 57/58, 1985, S. 87–102). – D.-H. Pageaux, *Autour de »A cidade e as serras« de E. de Q. Les oppositions ville/campagne & France/Portugal* (in Portug. Forschungen der Görres-Ges., 19, 1984–1987, S. 116–126). – B. Berrini, *Jacinto, aristocrata rural* (in Colóquio/Letras, 1987, Nr. 97, S. 26–36). – M.-H. Piwnik, *Un pamphlet contre le symbolo-décadentisme: »A cidade e as serras«* (in ArCCP, 23, 1987, S. 737–751). – *Aesthetes in the Countryside: E. de Q. and J.-K. Huysmans* (in Hispanófila, 97, 1989, S. 33–40).

A CORRESPONDÊNCIA DE FRADIQUE MENDES

(portug.; *Die Korrespondenz des Fradique Mendes*). Briefroman von José Maria Eça de QUEIRÓS, als Buch erschienen 1900. – Im gleichen Jahr 1888, in dem sein großer Roman *Os Maias* erschien, ließ Eça de Queirós die Gestalt des Carlos Fradique Mendes wiederaufleben. Doch ist diese Schöpfung nun nicht mehr nur ein provokantes Verwirrspiel wie um 1869. Damals hatte er – gemeinsam mit Antero de QUENTAL und J. Batalha REIS – der staunenden Öffentlichkeit den »satanischen« Dichter Fradique Mendes so präsentiert, als ob er tatsächlich existiere. Jetzt hat sich diese Kunstfigur zu einem vielgereisten, kosmopolitischen Dandy und Schriftsteller gewandelt, in dem sich die Illusionen und Ideale von Eça und seinen Kameraden widerspiegeln, die sich teilweise seit ihrer Studentenzeit in Coimbra kennen und sich nun resigniert zu dem Zirkel der *Vencidos da vida* (»Die vom Leben Besiegten«) zusammenfinden. Bezeichnenderweise wird jetzt vorgegeben, daß der unvergleichliche Fradique Mendes inzwischen verstorben sei.

Die *Correspondência* besteht aus zwei Teilen, die der Autor gegenüber der ersten Feuilletonveröffentlichung (gleichzeitig in Rio de Janeiro und Lissabon) beständig revidierte und erweiterte. In der wiederholt angekündigten Buchausgabe, die schließlich in seinem Todesjahr erschien, findet sich zunächst unter dem Titel *Memórias e notas (Erinnerungen und Anmerkungen)* eine einleitende Studie, die gleichzeitig die kollektive Biographie einer Generation (angelehnt an die *Geração Coimbrã*) bildet. Ein ungenannter Ich-Erzähler, der meist mit Eça gleichgesetzt wurde, erzählt rückblikkend von seiner Freundschaft mit Fradique Mendes, den er 1867 als Autor satanischer Verse kennenlernte. Im folgenden entsteht das bruchstückhafte Porträt eines idealen Dandys, der in Leben und Werk zu einer umfassenden Welterfahrung fähig gewesen sei, ohne sich in Melancholie oder Dilettantismus zu verlieren. Diese Überhöhung wird unterstützt durch akribisch zusammengetragene Urteile bekannter Zeitgenossen, insbesondere der Mitglieder der *Vencidos da vida* (Guerra JUNQUEIRO, Ramalho ORTIGÃO, Oliveira MARTINS u.a.). Auch die Briefe Fradiques, die den zweiten Teil bilden, sind zum Teil an diese Personen gerichtet. In ihnen werden meist zwanglos aktuelle Fragen der Kunst, Politik, Geschichte und Literatur erörtert. Unter Eças nachgelassenen Papieren befinden sich noch weitere derartige Texte, die offenbar für einen zweiten Band der *Corrspondência* vorgesehen waren. Es handelt sich also um ein *work in progress*, das das Denken und Schaffen des Autors in den letzten zwölf Lebensjahren begleitete. Fradiques Briefe gerieten zu einer Art literarischer Autobiographie und sind daher im Zusammenhang mit Eças eigener umfangreichen Korrespondenz zu sehen, die ebenfalls teilweise mit Blick auf eine spätere Veröffentlichung verfaßt wurde. Die *Correspondência* ist somit kein bloßer Briefroman, in dem ein Herausgeber fiktiv aufgefundene Manuskripte organisiert und kommentiert. Zudem erscheint bemerkenswert, daß Fradique Mendes bereits verstorben ist, als der Ich-Erzähler die einleitende Studie schreibt, die somit einem Nekrolog gleichkommt, und dessen Korrespondenz veröffentlicht. Dies ist deshalb so bedeutsam, weil Fradique zeit seines Lebens die literarische Schrift und vor allem ihre Publikation verweigerte. So ließ er all seine Manuskripte in einer Truhe verschwinden, der er den bezeichnenden Namen *»Massengrab«* verlieh. Der Ich-Erzähler unternimmt nun alles, um die postume Veröffentlichung der Korrespondenz mit diesem rigorosen Verzicht in Einklang zu bringen. Briefe erscheinen schließlich als *»geschriebene Plaudereien«*, die ideale Form einer Schrift, die sich einerseits negiert und andererseits darbietet als reiner Ausdruck menschlicher Individualität.

Vor dem Hintergrund des Fin-de-siècle-Bewußtseins von Dekadenz, Werteverfall und Sprachkrise thematisiert die *Correspondência* so auf geschickte Weise die Suche nach einer neuen, unmittelbaren Sprache. Die Flucht aus der Herrschaft der Worthülsen und Gemeinplätze in der europäischen Zivilisation hin zu den primitiven Kulturen, in denen noch eine direkte Kommunikation mit dem Universum herrsche, kommt auch wiederholt in den Briefen zum Ausdruck. Fradique bleibt jedoch trotz Afrikareise als Dandy ebenso wie als Schriftsteller der bürgerlichen Gesellschaft unterworfen, in der alle Einzigartigkeit in indifferenter Uniformität versinkt. Bezeichnenderweise geht Fradique daran auch physisch zugrunde: Beim Verlassen eines Festes in Paris findet er an der Garderobe statt seinem Mantel einen gleich aussehenden, der einem General gehört. Er weigert sich, diesen anzuziehen, und geht ohne Mantel nach Hause. Dabei zieht er sich eine seltene Rippenfellentzündung zu, an der er drei Tage später stirbt.

Die *Correspondência* enthüllt die andere Seite von Eça de Queirós, der traditionell meist als gesellschaftskritischer Romancier gesehen wurde. In ihr setzten sich einerseits die spätromantischen Verfahren verdeckter Autorschaft fort, verbunden mit der Vita des am Materialismus zerbrechenden Künstlers (vgl. *Prosas bárbaras*); andererseits wird ein komplexer Dialog zwischen dem Schriftsteller und seinem Alter ego erreicht, der auf Valery LARBAUDS *A. O. Barnabooth* und Fernando PESSOAS *Heteronyme* vorausweist. O.Gr.

AUSGABEN: Lissabon 1888 (in Repórter, Aug.–Okt.; unvollst.). – Rio 1888 (in Gazeta de Notícias; unvollst.). – Lissabon 1889 (in Revista de Portugal; unvollst.). – Porto 1900. – Porto o.J. [um 1958] (in *Obras*, 3 Bde., 3). – Mem Martins 1980 (LB-EA). – Lissabon o.J. [um 1980/81] (in *Obras*, Hg. u. Anm. H. Cidade Moura; Text nach der Ausg. v. 1900).

ÜBERSETZUNG: *Briefwissling von Fradique Mendes*, M. J. Kollewijn, Amsterdam 1906 [ndl.].

Literatur: M. de Jong, *Carlos Fradique Mendes. Contribution à l'étude du personnage d'E. de Q.*, Coimbra 1935 (s. a. BEP, 2, 1935, Nr. 3). – S. M. Correia, *Curiosidades da linguagem de E. de Q. na »Correspondência«* (in Ocidente, 27, 1945, S. 175–179). – V. de Almeida, *O significado estético e histórico da Geração de Coimbra, o seu espírito internacionalista e o seu nacionalismo* (in *Vencidos da vida*, Lissabon 1946). – J. Costa, *E. de Q., criador de realidades e inventor de fantasias*, Porto 1946. – E. Segura, *La Revista de Portugal y los Vencidos de la vida* (in Revista de Literatura, 5, 1949, S. 239–250). – M. de Andrade, *E. de Q. e a Revista de Portugal*, Lissabon 1953. – M. de Jong, *Carlos Fradique Mendes, filósofo ou fantoche?* (in *Homenaje. Estudios de filología e historia literaria lusohispanas e iberoamericanas*..., Den Haag 1966, S. 275–386). – E. Lourenço, *Da literatura como interpretação de Portugal* (in E. L., *O labirinto da saudade*, Lissabon 1978). – C. Reis, *Fradique Mendes: Origem e modernidade de um projecto heteromímico* (in Cadernos de literatura, 1984, Nr. 18, S. 45–60). – J. Serrão, *O primeiro Fradique Mendes*, Lissabon 1985.

O CRIME DO PADRE AMARO

(portug.; *Das Verbrechen des Paters Amaro*). Sozialkritischer Roman von José Maria Eça de Queirós, vorabgedruckt in der ›Revista Ocidental‹ 1875, in Buchform erschienen in einer zweiten Fassung 1876, in einer dritten 1880. – Den verschiedenen Fassungen des Romans ist im Grunde nur das Sujet der Liebesbeziehung eines jungen Priesters zu einem naiv-frömmlerischen Mädchen gemeinsam. Zudem treten dieselben Figuren auf, zu denen insbesondere in der dritten, erheblich erweiterten Version noch weitere hinzukommen. Es ist somit kaum übertrieben, wenn man von drei verschiedenen Romanen unter demselben Titel spricht (M. L. Nunes), denn Eça de Queirós hat unter anderem auch das titelgebende »Verbrechen des Paters Amaro« entschieden verändert.

Nach seiner Priesterweihe erhält Pater Amaro durch Vermittlung seines einflußreichen Vormunds eine freigewordene Pfarrstelle in Leiria, einer altehrwürdigen Provinzstadt. Der Domherr Dias, sein ehemaliger Seminarlehrer, besorgt ihm eine Wohnung bei seiner Freundin Dona Joaneira und ihrer dreiundzwanzigjährigen Tochter Amélia. Während der allwöchentlichen geselligen Abende im Hause Joaneiras, an denen der Klerus der Stadt, einige ältliche Betschwestern und Amélias Verlobter, der Schreiber João Eduardo, teilnehmen, entwickelt sich zwischen dem schönen Mädchen und Pater Amaro eine heftige Leidenschaft. Aufgrund eines anonymen Schmähartikels gegen den Klerus gibt Amaro seine Wohnung bei Joaneira auf, trifft sich jedoch weiterhin heimlich mit Amélia im Glöcknerhaus. Amélia wird schwanger und verläßt auf Betreiben des Paters die Stadt, um im verborgenen das Kind zur Welt zu bringen. Aus Angst vor der skandalösen Enthüllung priesterlicher Unmoral tötet Amaro seinen Sohn, *»diktiert von einem animalischen und instinktiven Schrecken«*. Diese Version des Verbrechens wird in der Endfassung abgeschwächt. Dort übergibt der Pater das Kind einer Engelmacherin, die es sterben lassen soll. Doch er wird von Gewissensbissen geplagt und möchte – zu spät – seine Entscheidung rückgängig machen, insbesondere als Amélia kurz nach der Geburt in Fieber verfällt und stirbt. Pater Amaro kehrt daraufhin Leiria den Rücken und scheint schon nach kurzer Zeit seinen Kummer in Lissabon zu vergessen.

Der Roman, zu dem Eça de Queirós während seiner zweijährigen Tätigkeit als Redakteur in Leiria angeregt wurde, fand Februar 1875 gegen seinen Willen einen Vorabdruck in der ›Revista Ocidental‹, obgleich der Text nicht über das Stadium eines »Entwurfes« hinausging. Die ausgearbeitete Buchfassung erfuhr dann 1876 nur ein geringes Echo und wurde von der Kritik geradezu totgeschwiegen: Der erste bedeutende realistische Roman Portugals stieß auf Ablehnung. Zu skandalös war die Beschreibung der verlogenen Provinzgesellschaft, zu schockierend die blasphemische Vermischung religiöser und sinnlicher Elemente, die seit den Feuilletons von 1866/67 *(Prosas bárbaras)* in Eças Stil präsent ist. Mit der dritten Fassung wird *O crime do Padre Amaro* schließlich zu einem dezidiert realistisch-naturalistischen Roman ausgearbeitet und mit dem Untertitel *Cenas da vida devota* versehen. Dies hat nichts mit einer genaueren Beobachtung des zu beschreibenden Milieus zu tun, zu der der Autor durch seine fast ständigen Auslandsaufenthalte sowieso nicht gekommen wäre. Vielmehr geht es darum, daß das Sein und Handeln der Figuren durch Erziehung und Milieu weitgehend determiniert sei. Ihre Gefühle und (sexuellen) Begierden werden innerhalb von physiologischen Fallstudien als Naturkräfte erklärt, gegen die die Vorschrift des Zölibats oder bürgerliche Moral machtlos wären. So verwundert es auch nicht, daß an den zentralen Stellen des Romans die Figur des Dr. Gouveia auftritt und das Geschehen als exemplarisches beurteilt: Die weltfremde Priestererziehung sei sowohl gegen die Natur als auch gegen die Vernunft und führe zur Heuchelei. Der Klerus habe somit die Religion zu einem Deckmantel für das Laster gemacht. Daß der Verfasser sich trotzdem vor der Schwarzweißmalerei hütet, beweist die positiv gezeichnete Gestalt des Paters Ferrão, unter dessen Obhut Amélia am Ende wieder auf den rechten Weg findet.

Die dritte Fassung von *O crime do Padre Amaro* ist der einzige Roman, den Eça de Queirós musterhaft als realistisch-naturalistischen durchführte. Seit 1880 mußte er sich indessen vehement gegen den Vorwurf wehren, er habe Zolas *La faute de l'Abbé Mouret* (1875) kopiert. Von dem meisten Studien wird ein Einfluß ab der zweiten Fassung für wahrscheinlich gehalten. *O crime do Padre Amaro* hat seinerseits wiederum Clarín bei seinem großen Roman *La Regenta* (1884/85) beeinflußt.

M.Mi.-O.Gr.

AUSGABEN: Lissabon 1875 (in Revista Ocidental, 15.2.–15.5.). – Lissabon 1876. – Porto ²1880 (AIH; Neubearb.). – Porto o. J. [um 1958] (in *Obras*, 3 Bde., 1). – Porto 1964, Hg. u. Einl. H. Cidade Moura, 2 Bde. [krit.]. – Lissabon 1965 (in *Prosas esquecidas*; Erstfassg.). – Lissabon [um 1980/81] (in *Obras*, Hg. u. Anm. H. Cidade Moura; Text nach d. Ausg. 1880). – Mem Martins 1980 (LB-EA). – Lissabon ²1984.

ÜBERSETZUNGEN: *Das Verbrechen des Paters Amaro*, Bln. 1930 [Einl. G. Pohl]. – Dass., W. Schönfelder, Bln./DDR 1954 (*A W in Einzelausg.*, Bd. 1). – Dass., ders., Bln./Weimar ³1979 [Nachw. A. Antkowiak]. – *Le crime du Padre Amaro*, J. Girondon, Paris 1985 [m. Anm.; frz.].

DRAMATISIERUNGEN: A. Fábregas, *O crime do Padre Amaro*, Rio 1884 [Auff. verboten]. – A. Portela Filho u. M. Mendes de Almeida, *O crime do Padre Amaro* (Schauspiel; Urauff.: Lissabon, Februar 1978, Teatro Maria Matos).

LITERATUR: D. Ivens, *Dorian Gray e o Padre Amaro* (in Ocidente, 31, 1947, S. 73–84). – H. Cidade Moura; *Tres versões do »Crime do Padre Amaro«* (ebd., 61, 1961, S. 271–283). – J. Roche, *Introduction à l'étude quantitative du style de E. de Q. dans »O crime do Padre Amaro«* (in ArCCP, 1, 1969, S. 387–410). – M. L. Nunes, *Techniques and Functions of Character Drawing in the Three Versions of »O crime do Padre Amaro«*, Ann Arbor/Mich. 1972 [zugl. Diss. City Univ. of New York; portug.; *As técnicas e a função das desenho de personagens nas trés versões de »O crime do Padre Amaro«*, Porto 1976]. – J. G. Simões, *O único romance que E. trouxe no ventre* (in J. G. S., *E. de Q.*, Lissabon ³1979, S. 352–383; rev.). – P. Luzes, *Sob o manto diàfano do realismo. A propósito de »O crime do Padre Amaro«* (in Colóquio/Letras, 1987, Nr. 97, S. 19–25).

O MANDARIM

(portug.; *Der Mandarin*). Erzählungen von José Maria Eça de QUEIRÓS, vorabgedruckt im ›Diário de Portugal‹ 1880, im selben Jahr erweitert als Buchausgabe erschienen. – Dieses schmale Prosawerk stellt unter Beweis, daß Eça de Queirós auch nach seiner Hinwendung zum realistischen Erzählen dem ironisch-provokanten Spiel mit dem Leser und bürgerlichen Lesegewohnheiten treu bleibt, das er seit den Feuilletons von 1866/67 *(Prosas bárbaras)* pflegte. Im französischen Brief-Vorwort von 1884 betont der Autor selbst, daß er mit *O mandarim* von der *»modernen Strömung der analytischen und experimentellen Literatur«* zum Phantastischen abweiche. In dieser Erzählung entwickelt Eça auf seine Weise ein Thema, das in der französischen Literatur des 19. Jh.s – von BALZAC *(Le père Goriot)* und DUMAS Père, von Auguste VITU *(Un mandarin)* und Urbain DIDIER *(L'héritier du mandarin)* – mehrfach behandelt worden ist und in der französischen Umgangssprache zu der Wendung *tuer le mandarin* (den Mandarin töten) geführt hat, die etwa bedeutet: sich skrupellos durch Schädigung eines andern bereichern. Bei Eça ist es Teodoro, ein kleiner Lissabonner Beamter, der »den Mandarin tötet«. Er stößt eines Abends beim Blättern in einem alten Folianten auf den Hinweis, er brauche nur die Glocke, die neben ihm auf dem Tisch stehe, zu läuten: im gleichen Augenblick werde ein unermeßlich reicher Mandarin im Innern Chinas sterben. *»Du aber wirst mehr Gold zu deinen Füßen sehen, als ein Geizhals in seiner Habgier sich vorzustellen vermag.«* Während Teodoro schaudernd auf die Glocke blickt, die tatsächlich neben ihm steht, spricht ihn ein dicker schwarzgekleideter Herr im Zylinder an, der ihm plötzlich gegenübersitzt: der Teufel, der aber *»Nichts Phantastisches hatte«*, vielmehr *»so normal, so kleinbürgerlich aussah, als ob er aus meiner Amtsstube käme«*. Der Teufel überredet Teodoro, die Glocke zu läuten. Und wirklich, nach etwa einem Monat ist der kleine Beamte unendlich reich, alle Freuden des Lebens stehen ihm offen, alle Welt sucht seine Freundschaft, die Zeitungen und Illustrierten, die internationalen Nachrichtenagenturen berichten über ihn. Doch seine Seele befällt Melancholie, und das schlechte Gewissen, mit dessen Stimme er in Dialog tritt, plagt ihn. Was er auch unternimmt, immer wieder sieht er den alten Mandarin, den er umgebracht hat, vor sich. Erst als er sich entschließt, nach China zu reisen, um dort die Familie des Verstorbenen ausfindig zu machen und ihr zu helfen, falls sie in Not sein sollte, läßt ihn die Erscheinung in Frieden. Doch sobald er sich nach vielen gefahrvollen, aber vergeblichen Bemühungen zur Rückkehr einschifft, ist sie wieder da und beunruhigt ihn unaufhörlich. Als ihm auch der Herr in Schwarz, dem er unverhofft auf der Straße begegnet, nicht hilft, verzagt Teodoro. Dem Tod nahe, vermacht er seinen ganzen Reichtum dem Teufel; den Menschen aber hinterläßt er den Rat: *»Gut schmeckt nur das Brot, das wir Tag für Tag mit unseren Händen verdienen: töte niemals den Mandarin!«*

Diese Moral wird allerdings nicht nur durch den Plauderton des Ich-Erzählers Teodoro unterhöhlt, der an die Pikareske erinnert (vgl. später *A relíquia*), sondern auch durch den Prolog, der angeblich einer unveröffentlichten Komödie entstamme: Hier beschließen zwei Freunde bei einem Glas Kognak auf einer schattigen Veranda, eine Pause im *»rauhen Studium der menschlichen Realität«* einzulegen und Phantasie zu treiben. Doch solle dabei eine *»diskrete Moral«* nicht fehlen. *O mandarim* endet allerdings keineswegs moralisch, sondern Teodoro tröstet sich im Sterben mit dem Gedanken, daß der Leser ebenso leicht wie er selbst den Mandarin töten könnte, und so in China *»kein einziger Mandarin am Leben bleibt«*. Denn der Leser sei von ebensolcher egoistischer Schwachheit wie er selbst, wobei BAUDELAIRES Ansprache an den Leser aus *Les fleurs du mal* den Schlußpunkt bildet *(hypocrite lecteur – mon semblable – mon frère)*.

O mandarim ist eine Satire auf die Verführungskraft der Literatur, die dem Kleinbürger Erträumtes als Wirklichkeit vorgaukelt (etwa das exotische China nach der Lektüre von Jules VERNE). Diese *»tragikomische Erzählung von dem Menschen auf der Suche nach der verlorenen Wirklichkeit«* (J. Jessen) führt somit die Kritik an der portugiesischen Gesellschaft auf trickreichere Weise fort, als dies in Eças realistischen Romanen geschieht.

K.H.D.-KLL

AUSGABEN: Lissabon 1880 (in Diário de Portugal, 7.–18. 7. 1880). – Porto 1880. – Porto [5]1907 [m. frz. Vorw. des Autors; vorabgedruckt in Revue universelle internationale, 1884]. – Porto o. J. [um 1958] (in *Obras*, 3 Bde., 1). – Lx. o. J. [um 1980/81] (in *Obras*, Hg. u. Anm. H. Cidade Moura, Bd. 15; Text nach d. Erstausg. u. d. Ausg. im Diário de Portugal, 1880). – Lissabon [2]1984.

ÜBERSETZUNGEN: *Der Mandarin*, O. Hauser, Weimar 1919. – Dass., W. Schönfelder, Bln./DDR 1954 (ern. 1958; *AW in Einzelausg.*, Bd. 4). – Dass., H. Baltzer (in *Der Mandarin. Der Gehenkte*, Mchn. 1954). – Dass., W. Schönfelder, Lpzg. 1956 (RUB). – Dass., H. Schulz, Bln./DDR 1981. – *Le mandarin*, M. Giudicelli, Paris 1984 [m. Einl. *E. de Q. et la littérature du Mandarin* v. A. Coimbra Martins u. Anm.; frz.]. – *Der Mandarin*, W. Schönfelder, Ffm. 1987 (BS).

LITERATUR: G. Moniz Barreto, *Ensaios de crítica*, Lissabon 1944, S. 225–235. – J. Régio, *Sobre o prefácio d'»O mandarim«* (in O Primeiro de Janeiro, 26. 9. 1945). – H. Sten, *Tuer le mandarin, le problème du ›mandarin‹ chez E. de Q. et chez A. Bennett* (in OL, 8, 1950/52, S. 363–377). – A. Coimbra Martins, *O mandarim assassinado, história crítica de uma fórmula* (in A. C. M., *Ensaios queirosianos*, Lissabon 1967, S. 11–266; erw.). – J. I. Suarez, *Cubay »El mandarín« de E. de Q.* (in Círculo, 12, 1983, S. 51–57). – A. Brakel, *E. de Q.'›Divine Comedy‹* (in RCEH, 9, 1984, S. 1–16). – J. Jessen, *Satire auf das Chinaporzellan* (in FAZ, 8. 12. 1987).

OS MAIAS. Episódios da vida romântica

(portug.; *Die Maias. Episoden aus dem romantischen Leben*). Roman von José Maria Eça de QUEIRÓS, in zwei Bänden erschienen 1888. – In einem Brief an seinen Freund Ramalho ORTIGÃO sprach Eça de Queirós von einem Roman, *»in den ich alles hineinpacke, was ich zu bieten habe«*. Erst sieben Jahre später stellte der Autor dieses Werk fertig. Anfangs als schmaler Feuilletonroman gedacht, sollte es schließlich zum komplexen Schnittpunkt seiner literarischen Interessen werden. – In *Os Maias* ist das Lissabonner Salonleben zwischen 1875 und 1877 realistisch dargestellt, was an den zwischen 1875 und 1880 geplanten, aber nicht ausgeführten Zyklus *Cenas da vida portuguesa (Bilder aus dem portugiesischen Leben)* erinnert. Bereits geschriebene Bände wie *A capital (Die Hauptstadt)* und *A tragédia da Rua das Flores (Die Tragödie in der Rua das Flores)* blieben unveröffentlicht, tragen aber als Vorstudien zu dem Roman *Os Maias* bei. Diese *»riesige Maschinerie«* (Eça de Queirós) behandelt jedoch keineswegs nur einen Ausschnitt zeitgenössischer Gesellschaft, sondern vereint die verschiedenen Erzählmuster des 19. Jh.s auf sich, um auf vielschichtige Weise die Dekadenz Portugals und die Möglichkeiten literarischer Schrift aufeinander zu beziehen.

Im Sinne eines Familienromans über die Maias, einem alten Adelsgeschlecht aus der Beira, wird zu Beginn in einem ausgreifenden Rückblick über drei Generationen hinweg der gesellschaftliche Niedergang seit 1820 beschreiben: Afonso da Maia resigniert nach jugendlichen Illusionen des Liberalismus und überläßt die Erziehung des Sohnes Pedro seiner bigotten Gattin. Jener, ein zarter, zur Schwermut neigender Mann, heiratet nach dem Tod der Mutter in kopfloser Leidenschaft Maria, die vergötterte Tochter des früheren Sklavenhändlers Monforte, und begeht Selbstmord, als diese ihn nach wenigen Jahren betrügt und verläßt, wobei sie ihr zweites Kind, ein Mädchen, mit sich nimmt. Der kleine Carlos Eduardo dagegen bleibt in der Obhut des Großvaters Afonso, der nun das Versäumte bei seinem Enkel nachholen will: Durch natürliche Erziehung (J.-J. Rousseau) soll er zu einem tatkräftigen Mann heranwachsen, der die Familie (und die Gesellschaft) zu einer »Renaissance« führe. Carlos studiert zwar Medizin in Coimbra und eröffnet danach eine Arztpraxis in Lissabon, doch dieser äußere Schein kann nur den beglückten Großvater beeindrucken. Tatsächlich ist Carlos zusammen mit seinem Freund Ega, der sich gern als satanischer *»Mephisto«* verkleidet, dem Dandytum und dem Dilettantismus der Salonwelt Lissabons verfallen, in der sie ironisch-provokant Konversation treiben, witzig über den nationalen Niedergang klagen und sich Ehebruchsaffären hingeben, um die überall drohende Langeweile durch aufreizende Sensationen zu übertünchen. Erst Carlos' romantische Passion zu einer Unbekannten, die er flüchtig erblickt, reißt ihn aus dieser Indifferenz und läßt ihn daran denken, wieder Tatkraft zu entwickeln. Doch die vergötterte Unbekannte entpuppt sich als *cocotte* und schließlich als seine leibliche Schwester Maria Eduarda, die bei ihrer Mutter in Paris in einem leichtsinnig-lebenslustigen Milieu aufgewachsen war und jetzt in Begleitung eines reichen *brasileiro* nach Lissabon gekommen ist. In geradezu grotesk-absurden Szenen wird dargestellt, wie schwierig es ist, das Ungeheuerliche des Inzests in einer an Sensationen und Desillusionen übersättigten Salonwelt »Wirklichkeit« werden zu lassen. So setzt Carlos die inzestuöse Beziehung zu seiner Schwester wissentlich fort und trennt sich erst von ihr, als sein Großvater Afonso aus Gram über diesen Gipfelpunkt der Dekadenz stirbt. Maria Eduarda erscheint – zusammen mit ihrer Mutter – als personifiziertes Fatum der tragischen Familiengeschichte, doch weist weder die Handlung noch der

Romanschluß dramatische Schwere auf. Statt dessen wird der Inzest zum trivialen Mißverständnis bagatellisiert: Maria Eduarda reist im Salonwagen nach Frankreich ab und heiratet einen Aristokraten, Carlos gibt sich in Paris einem Leben des Müßiggangs hin.
Das Schlußkapitel, in dem die beiden Freunde Carlos und Ega zehn Jahre nach diesen Ereignissen erneut durch Lissabon flanieren, verdeutlicht abschließend, wie nahe *Os Maias* als »negativer Bildungsroman« FLAUBERTS *L'éducation sentimentale* steht. Die zwei im Roman privilegierten Figuren ändern nicht ihr bisher geführtes Leben, sondern gefallen sich in der heroischen Pose der *»im Leben Gescheiterten«*. Andererseits suchen sie rückwärtsgewandt nach etwas »Echtem«, nach etwas, das den Glauben an Werte und Gefühl vermitteln könne, gegenüber der leeren Phrasenhaftigkeit der Politik (Graf Gouvarinho, Sousa Neto), der Diplomatie (Steinbroken) und des mondänen Lebens (der Snob Dâmaso). Dabei verfallen Carlos und Ega auf die *»göttliche Sprache«* des greisen romantischen Dichters Alencar, über den sie sich früher auf Banketten und Soirees ebenso lustig gemacht hatten wie über die anderen selbstgefälligen »Größen« Lissabons. Laut Ega seien sie im Grunde zeit ihres Lebens unverbesserliche Romantiker geblieben, was den Untertitel *Episoden aus dem romantischen Leben* in Erinnerung ruft. Doch mit dieser Feststellung löst sich nicht die Ausweglosigkeit des Handelns und Sprechens angesichts des gesellschaftlichen Niedergangs, die *Os Maias* durchzieht, wobei der Inzest Allegorie der Dekadenz und Prüfstein des Handelns ist. Vielmehr wird diese Ausweglosigkeit auf die erzählerische Anlage des Romans selbst rückbezogen, der episodenreich aber handlungsarm weder zu einem echten Geschehen noch zu einer Bewertung des Erzählten jenseits eines ironischen Plaudertons findet.
Eça de Queirós hat so die Dekadenz Portugals, die vielfach als moralisches Problem besprochen und beklagt wurde (Oliveira MARTINS, Ramalho Ortigão, Antero de QUENTAL), als diskursives erfaßt innerhalb der zeitgenössischen Theorien von Dilettantismus und Werteverfall sowie auf sein eigenes Sprechen und Schreiben bezogen. Darin liegt die Modernität von *Os Maias*, die zeitgleich in der *Correspondência de Fradique Mendes* stärker zum Ausdruck kommt. Gerade diese Dimension, sowohl die Romantik als auch den Realismus zu zitieren, aber die Weltsicht in einer unaufgelösten »dialogisierten« Vieldeutigkeit zu belassen, hat in den letzten Jahren zu einer Neubewertung von *Os Maias* geführt. Der Roman wird nicht mehr als kompositorisch unausgeglichener Endpunkt eines gescheiterten realistischen Zyklus-Projekts *(Cenas da vida portuguesa)* gesehen, sondern als Werk, das den Weg zur modernen Erzählkunst weist. O.Gr.

AUSGABEN: Porto 1888, 2 Bde. – Porto o. J. [um 1958] (in *Obras*, 3 Bde., 2). – Mem Martins 1980 (LB-EA). – Lissabon o. J. [um 1980/81] (in *Obras*, Hg. u. Anm. H. Cidade Moura; Text nach d. Erstausg.). – Lissabon 1984 [Einl. E. de Lemos]. – Lissabon [2]1984.

ÜBERSETZUNGEN: *Les Maia*, P. Teyssier, 2 Bde., Paris 1982 [frz.]. – *Die Maias*, R. Krügel, 2 Bde., Bln./DDR 1983 [Nachw. Ó. Lopes]. – *Die Maias. Episoden aus dem romantischen Leben*, ders., Mchn. 1985 [Nachw. ders.; [2]1989].

DRAMATISIERUNG: J.-B. Carreiro, *Os Maias* (Schauspiel; Urauff.: Lissabon, 24. 11. 1945, Teatro Nacional; Buchausg. Lissabon 1984; Vorw. J. Almeida Pavão; Studie C. Reis).

LITERATUR: A. Coimbra Martins, *O incesto d'»Os Maias«* (in *Ensaios queirosianos*, Lissabon 1967, S. 267–287). – J. Medina, *E. de Q. e a miséria portuguesa. Ensayo sobre o pessimismo nacional n'»Os Maias«* (in Vértice, 32, 1972, Nr. 341/342, S. 472–487; ern. in J. M., *E. político*, Lissabon 1974, S. 33–71; erw.). – J. do Prado Coelho, *Para a compreensão d'»Os Maias« como um todo orgânico* (in J. do P. C., *Ao contrário de Penélope*, Lissabon 1976). – C. Reis, *Introdução à leitura d'»Os Maias«*, Coimbra 1978; [5]1986. – M. A. Gandra u. L. A. de Oliveira, *Caderno para uma direcção de leitura de »Os Maias«*, Porto 1979. – R. Bismut, *»Os Maias«: imitação ou recriação de Flaubert?* (in Colóquio/Letras, 1982, Nr. 69, S. 20–28). – A. de Lacerda, *»Os Lusíadas« e »Os Maias«: Um binómio português?* (ebd., 1983, Nr. 72, S. 29–40). – J. Décio, *Tempo de estéticas n'»Os Maias« de E. de Q.* (in Arquivos, 4, 1983, S. 31–37). – Ó. Lopes, *»Os Maias«* (in Ó. L., *Álbum de família. Ensaios sobre autores portugueses do século XIX*, Lissabon 1984). – J. de Almeida Moura, *»Os Maias«. Ensaio alegórico sobre a decadência da nação* (in Cadernos de literatura, 1983, Nr. 14, S. 46–56). – G. da Silva, *A pintura na obra de E. de Q.*, Lissabon 1986. – M. L. Carvalhão Buescu, *O regresso ao Ramalhete* (in M. L. C. B., *Ensaios de literatura portuguesa*, Lissabon 1986). – J.-A. França, *Réflexions sur les »Maia« et leur capitale* (in ArCCP, 23, 1987, S. 727–735). – I. P. de Lima, *As máscaras do desengano. Para uma abordagem sociológica de »Os Maias« de E. de Q.*, Lissabon 1987. – P. Teyssier, *»Os Maias« cent ans après*, Paris 1988. – *E. e »Os Maias«. Cem anos depois. Actas do I Encontro Internacional de Queirosianos*, Porto 1988, Koord. I. P. de Lima, Rio Tinto 1990. – *Leituras d'»Os Maias«. 1º Centenário da publicação d »Os Maias«*, Coimbra 1988, Koord. C. Reis, Coimbra 1990.

O PRIMO BASÍLIO. Episódio doméstico

(portug.; *Vetter Basilio. Häusliche Episode*). Roman von José Maria Eça de QUEIRÓS, erschienen 1878. – Luísa, die seit drei Jahren mit Jorge, einem Bergingenieur, glücklich verheiratet ist, erhält während einer längeren Abwesenheit ihres Mannes unerwarteten den Besuch ihres Vetters Basílio. Er ist – wovon niemand, auch nicht ihr Mann etwas weiß – Jahre zuvor ihre erste Liebe gewesen, dann nach

Brasilien gegangen und hatte von dort aus die Beziehung gelöst. Jetzt ist er, ein schöner, eleganter, im Kautschukhandel reich gewordener Mann, geschäftlich in Lissabon, findet seine Kusine noch reizvoller wieder, als er sie in Erinnerung hatte, und beschließt, sein Glück zu versuchen. Sie, eine unwissende, naive Person, die außer ein bißchen Klavierspielen, Häkeln und Stricken nichts gelernt hat, alle Hausarbeit ihren beiden Dienstmädchen überläßt, ihre Tage mit Nichtstun und der Lektüre von Liebesromanen verbringt, fällt den Verführungskünsten des gewissenlosen Don Juan bald zum Opfer. In der Folge treffen sich die beiden dann täglich im »Paradies«, einem schäbigen Absteigequartier, das der Vetter zu diesem Zweck gemietet hat. In der Nachbarschaft beobachtet man verwundert die Vorgänge im Haus des Ingenieurs, während das Zimmermädchen Juliana, eine häßliche, herzkranke, aufsässige alte Jungfer, die von Mißgunst und blindem Haß gegen ihre Umgebung verzehrt wird, argwöhnisch ihre Herrin belauert. Als sie sich schließlich kompromittierende Briefe aneignen kann, hat sie die beiden in der Hand. Doch Basílio reist Hals über Kopf nach Paris, so daß Juliana bei ihm nichts ausrichten kann. Daraufhin erpreßt sie Luísa, stellt täglich neue, immer unverschämtere Forderungen, bis schließlich Luísa die Hausarbeit macht, während Juliana faulenzt oder ausgeht. In ihrer Not wendet Luísa sich schließlich an Sebastião, den besten Freund ihres Mannes, auf dessen Verschwiegenheit sie vertrauen kann. Er zwingt Juliana, die Briefe herauszugeben, zumal die Jungfer in einem Anfall rasender Wut einem Herzschlag erliegt. Doch jetzt erkrankt Luísa an einer Gehirnhautentzündung, fast gleichzeitig trifft aus Paris ein Brief Basílios ein, der kaum verhüllte Anspielungen enthält. Jorge öffnet und liest den Brief, aber die Angst um das Leben seiner Frau, die er zärtlich liebt, überwiegt alle anderen Gefühle. Nach dem Tod Luísas taucht Basílio in Geschäften wieder in Lissabon auf. Als er in angenehmen Erinnerungen schwelgend sein Kusinchen besuchen will, jedoch vor dem verschlossenen Hause erfährt, daß Luísa gestorben ist, kehrt er betreten wieder um, ohne nach den näheren Umständen zu fragen. Auf die Feststellung eines Freundes: *»Na, dann bist du jetzt also ohne Frau!«*, erwidert er: *»Zu dumm! Ich hätte Alphonsine mitbringen sollen!«*

Damit schließt der Roman, den Eça in einem Brief an Teófilo BRAGA (1843–1924; vgl. *Visão dos tempos*) selbstkritisch *»o meu pobre romance« (»mein armer Roman«)* nennt. Er sollte jedoch nicht nur sein erfolgreichster »Wurf« werden, sondern gehört auch nach Thematik, Aufbau, Charakterbezeichnung und Milieuschilderung zu den bedeutendsten Schöpfungen der portugiesischen Romankunst im 19. Jh. Er spielt in der bürgerlichen Mittelschicht der Lissabonner Gesellschaft, deren besondere Merkmale durch die verschiedenen Nebenfiguren verkörpert werden: Die Förmlichkeit und Phrasenhaftigkeit ihrer Anschauungen und Gefühle durch den Hofrat Acácio, die Skepsis und Lustlosigkeit ihres Bildungswillens durch den Arzt Julião, die Flachheit ihres literarischen und künstlerischen Geschmacks durch Ernestinho Ledesma, den eingebildeten Autor des Melodrams *Honra e paixão (Ehre und Leidenschaft)*, das die Romanhandlung des Ehebruchs ebenso spiegelt wie die vielen anzitierten romantischen Opern, vor allem G. Verdis *Traviata* und Ch. Gounods *Faust*. Die triviale Realität wird in bewußter Differenz zu diesen überhöhenden Vorlagen dargestellt und so die inauthentische Lebensweise der Bourgeoisie in teilweise grotesker Weise bloßgelegt. Eças Realismus, der den Leser zu einer *»Kritik durch Lachen«* führen möchte, ist dabei von der Operette J. Offenbachs inspiriert, die ebenfalls im Roman zitiert wird. Das eigentliche Thema des Romans ist die Stellung der Frau in der Gesellschaft: Ohne eigentliche Erziehung und Bildung, ohne brauchbare Kenntnisse und Fähigkeiten, ohne wirkliche Aufgaben und Verantwortung ist sie ein Luxusgeschöpf, als Ehefrau ängstlich gehütet wie ein kostbarer Besitz, als Geliebte ein Spielzeug, das der Mann je nach Laune beiseite wirft und wieder hervorholt. Doch *O primo Basílio* ist kein sozialkritischer Thesenroman (J. G. Simões), wie dies oft in Zusammenhang mit Eças essayistischen Äußerungen über Frauenerziehung und Ehebruch gesehen wurde, sondern ein geschicktes und ironisches Spiel mit den Lesererwartungen eines Bürgertums, das nur allzu gerne romantisch-sentimentalen Träumen nachhing, um seine Unmoral zu vertuschen: *»Wenn es jemals eine Gesellschaft gegeben hat, die nach einem rächenden Künstler verlangte, so ist es diese.«* F.I.-KLL

AUSGABEN: Porto 1878. – Porto ²1878 [veränd.]. – Porto ³1887. – Porto o. J. [um 1958] (in *Obras*, 3 Bde., 1). – Mem Martins 1980 (LB-EA). – Lissabon o. J. [um 1980/81] (in *Obras*, Hg. u. Anm. H. Cidade Moura; nach d. Ausg. ²1878). – Lissabon ²1984.

ÜBERSETZUNGEN: *Basilio*, H. Hilzheimer, Wien u. a. 1956 [freie Bearb.; ern. in *Treulose Romane: Basilio und Alves & Co.*, Nördlingen 1988]. – *Vetter Basilio*, R. Krügel, Bln./DDR 1957 (*AW in Einzelausg.*, Bd. 2). – Dass., ders., Mchn. 1989.

DRAMATISIERUNGEN: A. F. Cardoso de Menezes, *O primo Basílio* (Schauspiel; Urauff.: Rio, 4. 6. 1878, Teatro do Cassino). – V. Pereira, *O primo Basílio* (Schauspiel; Urauff.: Lissabon, 7. 1. 1916, Teatro do Ginásio).

VERFILMUNGEN: Frankreich/Portugal 1922 (Regie: G. Pallu). – Portugal 1959 (Regie: A. L. Ribeiro). – *Vetter Basilio*, BRD 1969 (TV; Regie: W. Semmelroth).

LITERATUR: J. Girodon, *E. de Q., Flaubert et Anatole France* (in BEP, 20, 1957, S. 152–207). – C. Pomarède, *Le style indirect dans le roman d'E. de Q. »O primo Basílio«*, Diss. Toulouse 1961. – J. R. Steven, *E. and Flaubert* (in LBR, 3, 1966, Nr. 1, S. 47–62). – A. de Mendonça, *»O primo*

Basílio«, romance exemplar do realismo queirosiano (in RLA, 14, 1972, S. 73–85). – D. Sire, *Une première ébauche du roman »O primo Bazilio« – Le manuscrit de Tormes* (in BEP, 33/34, 1972/73). – R. M. Fedorchek, *Luisa's Dream Worlds in »O primo Basílio«* (in RoNo, 15, 1974, S. 532–535). – E. Lourenço, *»O primo Basilio«, estructure vide ou structure remplie?* (in Sillages, 4, 1974, S. 57–68). – J. Jarnaes, *Uma leitura política de »O primo Basílio«* (in Colóquio/Letras, 1977, Nr. 40, S. 28–49). – H. Hatzfeld, *Die religiöse Diskussion in »O primo Bazilio« (1877) u. »Effi Briest« (1895)* (in APK, 16, 1980, S. 66–74). – C. Reis, *A temática do adultério n'»O primo Bazilio«* (in C. R., *Construção de leitura*, Coimbra 1982, S. 125–128). – M. V. de Carvalho, *E. de Q. e a ópera no século XIX em Portugal* (in Colóquio/Letras, 1986, Nr. 91, S. 27–37). – J. Jessen, *Keine blauen Äderlein, keine blonden Härchen* (in FAZ, 4. 10. 1988).

PROSAS BÁRBARAS

(portug.; *Barbarische Prosa*). Prosastücke von José Maria Eça de Queirós, postum erschienen 1903. – Nach dem Vorschlag des Autors sollten die Texte, die er in den Jahren 1866/67 für das Feuilleton der ›Gazeta de Portugal‹ geschrieben hatte, unter dem Titel *Prosas bárbaras* gesammelt erscheinen. Doch erst nach seinem Tod wurde eine bearbeitete und gekürzte Auswahl veröffentlicht, die sein Freund Luís de Magalhães besorgte. Ein weiterer Freund des Autors, Jaime Batalha Reis, der einen aufschlußreichen Erinnerungsbericht über die Entstehung dieser Prosa im Boheme-Leben Lissabons schrieb, plädierte dagegen für eine vollständige Ausgabe, die indessen erst 1969 vorlag. Sie umfaßt neben den zwanzig »barbarischen« Texten, die das sentimental-kitschige Feuilleton Portugals entschieden revolutionierten, die Erzählung *A morte de Jesus (Jesu Tod)*, die von April bis Juni 1870 im Feuilleton erschien und fragmentarisch geblieben ist. Sie kann als Vorstudie zu dem Roman *A relíquia (Die Reliquie)* betrachtet werden.

In den einzelnen Texten spiegelt sich unmittelbar die weitgestreute Lektüre des jungen Eça de Queirós, der soeben sein Jurastudium in Coimbra beendet hatte und nun zusammen mit seinen Freunden in Lissabon begierig – meist aus französischen Zeitschriften – Strömungen kennenlernte, die im etablierten Literaturbetrieb des tränentreibenden Ultra-Romantismus und des gelehrt-antikisierenden Klassizismus (A. F. de Castilho) keinen Platz hatten. So entstand eine insbesondere von der deutschen und französischen Spätromantik (H. Heine, G. de Nerval, J. Michelet, V. Hugo) beeinflußte, für das portugiesische Kulturleben neuartige Prosa, die sowohl durch ihre makabren und grotesken Themen als auch durch sprachliche Manierismen (übersteigerte Adjektiv- und Substantivreihungen, Französismen) schockierte. Diese Tendenzen verstärkten sich unter dem Einfluß der Dandy-Poeten Charles Baudelaire und Leconte de Lisle, dessen *Poèmes barbares* titelgebend wurden. Die Texte selbst haben äußerst unterschiedlichen Charakter. Neben essayistischen Betrachtungen und Opernkritiken findet sich Erzählerisches, häufig in abbreviatorischer und skizzenhafter Form oder zu Prosagedichten komponiert. Trotz dieser Heterogenität besitzen die *Prosas bárbaras* durch wiederkehrende Grundgedanken und Formprinzipien eine innere Einheit: Sie erscheinen als fragmentarische Prolegomena zu einer universalen Schrift, die im romantischen Sinne die gesamte Kultur- und Kunstgeschichte umfaßt. Der erste Text mit dem Titel *Sinfonia da abertura (Eröffnungssymphonie)* stiftet diese Geschlossenheit. Dabei steht der Kampf der menschlichen Seele zwischen Spirituellem (Musik) und Natur, zwischen himmlischer Reinheit und niedriger Begierden, zwischen Idealismus und Materialismus im Mittelpunkt. Diesen Kampf, der im Faust-Drama seinen reinsten Ausdruck findet, entscheidet der Teufel, *»der Verbündete der Natur«*, für sich. *O Senhor Diabo (Herr Teufel)* und *Mefistófeles (Mephisto)* sind in diesem Zusammenhang bedeutsam, obgleich die »verkaufte Seele« auch die vielfach besprochene Vita des romantischen Künstlers bestimmt, etwa in *A ladainha da dor (Die Litanei des Schmerzes)* am Beispiel des Geigers Paganini: Der Teufel bringt die Nachtseite in der Seele zur Geltung, fördert die Melancholie als schaffende Kraft, bevor der Musiker in Wahnsinn verfällt und mit dem Tod wiederum in die Natur eingeht. Der Teufel erscheint dabei geradezu als Künstler *par excellence*, der heiter die *»Tragikomödie der Seele«* lenkt: Die Seele stirbt, der Körper aber zersetzt sich im ewigen Kreislauf der Natur, dieser *»fatalen und blinden Kraft«*, in Atome und spendet der universalen Vegetation neue Kraft *(seiva)*: *»Glücklich diejenigen, die unter der Erde sind, denn sie sind auf dem Weg zu einer geheiligten Umwandlung«* (aus *Os mortos – Die Toten*).

Die Umkehrung des christlichen Welttheaters, die in makaberen Todesszenen ausgemalt wird, durchwirkt die *Prosas bárbaras*. Sie erscheinen somit insgesamt als blasphemische Vorreden zu einer »satanischen Bibel«, in der sich Religiöses zu einer dunklen Naturmystik pervertiert wiederfindet. Bezeichnenderweise wird häufig vorgegeben, das Gesagte werde aus aufgefundenen fremden Briefen oder Manuskripten zitiert, etwa im letzten Text, *Memórias de uma forca (Lebenserinnerungen eines Galgens)*. Der Galgen beklagt darin die Widernatürlichkeit menschlich-utilitaristischen Tuns, das ihn als Baum, Inbegriff der Lebenskraft, zum Todeswerkszeug werden ließ. Schließlich tritt der entseelte Materialismus als der eigentliche Feind des musischen Schaffens auf. Damit vervollständigt Eça de Queirós eine übergreifende Theorie der Dekadenz seit dem »Exil der Götter« (H. Heine) durch das Auftreten Jesu und fordert die *»Wiedererweckung des Teufels«*, um die Kunst vor dem Untergang zu bewahren. Doch zugleich wendet er sich auch der Poetisierung dieses Zustandes zu, die über die romantische Melancholie (Lord Byron, A. de

MUSSET) hinausgeht. Dabei zählt er neben E. A. POE und Ch. BAUDELAIRE interessanterweise auch G. FLAUBERT zu den »Dichtern des Bösen« *(Poetas do mal)*, die die Krankheit der Langeweile *(o tédio)* und die Fäulnis *(a podridão)* besingen. Hier findet sich Eças beliebtes Wortspiel *alma/lama (Seele/Schlamm)*, das auch die Brieferzählung *Onfália Benoiton* durchzieht: Estevão Basco, ein hoffnungsvoller Dichter des reinen Idealismus, verfällt der *femme fatale* Onfália Benoiton, der Verkörperung des seelentötenden Materialismus, die ihn ins Elend stürzt. In dieser verkürzten Künstlernovelle verwirklicht sich der *Romantische Satanismus*, den Eça de Queiros 1869 zusammen mit Antero de QUENTAL in den Gedichten der fingierten Dichtergestalt Carlos Fradique Mendes kultivierte. Dort werde die *»finstere Psychologie«* des Bösen und die *»kalte Verzweiflung«* des modernen Bewußtseins ungerührt beschrieben (A. de Quental).

Eça de Queirós sollte vier Jahre nach seinen aufsehenerregenden Feuilletons in einem Vortrag über den *Realismus in der Kunst (O realismo na arte*, 1871 in den *Conferências do Casino*) für die Analyse aktueller gesellschaftlicher Wirklichkeit eintreten, um *»das Böse in unserer Gesellschaft«* zu verurteilen, doch bleiben in seinem realistischen Erzählen Aspekte des romantischen Satanismus mehr oder weniger verborgen präsent und erfahren ab 1880 *(O mandarim)* eine stetige Wiederbelebung unter neuen Vorzeichen. O.Gr.

AUSGABEN: Porto 1866/67 (in Gazeta de Portugal). – Porto 1903, Hg. L. de Magalhães [Einl. J. de Batalha Reis]. – Porto o. J. [um 1958] (in *Obras*, 3 Bde., 1). – Lissabon o. J. [1969] (in *Obras*, Hg. u. Anm. H. Cidade Moura; Einl. nach d. Ausg. 1922; Text nach d. Ausg. in Gazeta de Portugal und Revolução de Setembro; mehrere Neuaufl.). – Mem Martins 1988 (LB-EA).

LITERATUR: M. J. Lopes de Paula, *»Prosas barbaras«, ensaio de análise estilística*, Diss. Lissabon 1945; Nachdr. 1959. – M. J. Saraiva, *A adjectivação nas »Prosas barbaras« de E. de Q.* (in BF, 8, 1947, S. 281–303). – E. Guerra da Cal, *E. de Q., Baudelaire et le »Parnasse« contemporain* (in RLC, 35, 1961, S. 401–420). – J. Girodon, *Fiches queiroziennes* (in BEP, 27, 1966, S. 189–220). – R. Hess, *Die Anfänge der modernen Lyrik in Portugal (1865–1890)*, Mchn. 1978, S. 91–102. – M. M. Gouveia Delille, *Heine e a primeira fase da vida literária de E. de Q.* (in M. M. G. D., *A recepção literária de H. Heine no romantismo português (de 1844 a 1871)*, Lissabon 1984, S. 257–380). – A. G. de Sousa, *William Shakespeare in E. de Q.* (in Portuguese Studies, 1, 1985, S. 82–96).

A RELÍQUIA. Romance de peregrinação e descoberta

(portug.; *Die Reliquie. Roman von Pilgerfahrt und Entdeckung*). Roman von José Maria Eça de QUEIRÓS, in Rio de Janeiro vorabgedruckt in der ›Gazeta de Notícias‹, in Buchform erschienen 1887. – Diese in Ichform geschriebenen Lebenserinnerungen des Dr. jur. Teodorico Raposo, Komtur des Christusordens, sind eine äußerst scharfe Satire auf die falsche Frömmigkeit, die Heuchelei und Tyrannei derjenigen, die sich im Alleinbesitz der Wahrheit und Gerechtigkeit wähnen. Zugleich reflektiert Eça de Queirós in diesem Roman, der pikareske Züge trägt, den Realismus, der die gesellschaftliche Wirklichkeit überlegen darstellt und bewertet und von dem er sich zunehmend entfernen sollte. Diese Reflexion klingt bereits in den zwei Motiven an, mit denen Teodorico treuherzig seine Erzählung begründet: Er möchte eine moralische Lektion erteilen und die »Wahrheit« über seine Reliquie enthüllen. Teodorico, der Erzähler und pikareske Held des Romans, verliert wenige Tage nach seiner Geburt die Mutter, mit sieben Jahren den Vater; er wächst in Lissabon auf, im Haus seiner Tante, Dona Maria do Patrocínio, einer hageren, ledigen, bigotten ältlichen Dame, die das große Vermögen ihres Onkels Godinho geerbt hat. In der Abhängigkeit von dieser Tante und in der Hoffnung auf eine reiche Erbschaft entwickelt sich Teodorico zum perfekten Kriecher und Heuchler. Die Vorspiegelung eines frommen und keuschen Lebenswandels, hinter dem sich selbstverständlich Ketzerei und Ausschweifungen verbergen, gipfelt in einer Pilgerfahrt nach Jerusalem, um durch eine heimgebrachte Relique die Tante endgültig für sich einzunehmen. Doch entsprechend seines Doppellebens erlangt er auf dieser Reise nicht eine, sondern zwei Reliquien: einerseits das Spitzennachthemd einer Engländerin als Erinnerung an die Liebesnächte, die er mit ihr in Alexandrien verbrachte; andererseits einen banalen Dornenzweig, den er – als entscheidendes Geschenk für seine Tante gedacht – zum Bestandteil der Dornenkrone Jesu erklärt. Dabei beglaubigt ihm sein Reisebegleiter, der deutsche Altertumsforscher Dr. Topsius, die Echtheit der Reliquie »wissenschaftlich«. Die beiden Hochstapler begießen ihren Streich mit Champagner, wobei sie auf die Religion und die Wissenschaft anstoßen, die sie beide zu ihrem eigenen Nutzen manipulierten, *»und der schäumende Moët et Chandon tropfe auf die Erde Kanaans«*. Betrunken verfällt Teodorico in einen Traum. Dort wird er Zeuge der Leidensgeschichte Jesu in einem lebensweltlichen Kontext, der der wissenschaftlichen Rekonstruktion in E. RENANS *Vie de Jésus* entspricht (vgl. *A morte de Jesus* in *Prosas bárbaras*). Dabei erscheint das im Traum Erlebte wie eine Wirklichkeit, die Teodorico an der Seite von Dr. Topsius unmittelbar wahrnimmt. Die Person Jesu tritt unter den vielen Wundertätern und Propheten auf, die dem Volk neue und trügerische Hoffnungen verheißen. Es gibt keine Wahrheit, auf die man vertrauen kann. Dies kommt im Schaugericht über Jesus am klarsten zur Sprache. Auf dessen Feststellung, *»Ich kam in diese Welt, um die Wahrheit zu bezeugen«*, antwortet Pilatus mit der Frage *»Aber was ist die Wahrheit?«*, der betretenes Schweigen folgt.

Dieser Traum, der oft als deplaziert betrachtet wurde, ist indessen eng mit Teodoricos Manipulation der Wahrheit verbunden: Mit dem umgedeuteten Dornenzweig möchte Teodorico das Erbe für sich gewinnen. Doch bei der siegesgewiß inszenierten Enthüllung der Reliquie in Gegenwart seiner Tante und seines Mitkonkurrenten Pater Negrão bricht dieser Plan tragikomisch zusammen. Denn statt des angeblichen Bestandteils der Dornenkrone kommt skandalöserweise das Nachthemd der Engländerin aus dem Päckchen zum Vorschein. Aus dem Haus der Tante verstoßen und um seine Hoffnungen betrogen, wird Teodorico zum Reliquienhändler, der im großen Stil das betreibt, was er bisher gegenüber seiner Tante praktizierte. Seine Niederlage lastet er wütend Jesus selbst an, denn er habe die beiden Reliquien vertauscht. Doch in einem visionären Dialog mit dem Gekreuzigten, der sich als die Stimme seines Gewissens zu erkennen gibt, wird er von der *»Unbrauchbarkeit der Heuchelei«* überzeugt. Daraufhin schlägt er eine bürgerliche Laufbahn als Buchhalter ein, wobei er sich folgsam in Fragen der Religion und Liebe der Lüge enthält. Diese offensichtlich moralische Wandlung wird jedoch durch den Erfolg seines Gegenspielers Pater Negrão unterhöhlt, der auf dem Weg der Heuchelei alles erreicht hat, was eigentlich Teodorico zustand – sogar seine ehemalige Geliebte. Aufrichtigkeit ist also die falsche, weil moralische Konsequenz. Daher kehrt Teodorico die Moral um, ähnlich wie dies am Ende von *O mandarim* der Fall ist. Dies hätte bedeutet, vor seiner Tante das Nachthemd unverzüglich zu demjenigen Maria Magdalenas umzudeuten. Diese Reliquie hätte man – so die weiteren Überlegungen Teodoricos – für die Kirche, aber auch für die Wissenschaft als Sensation ausbeuten können. Selbstverliebt in diese Vorstellung, sieht er sich bereits von Renan vertraulich mit *»mein lieber Kollege«* angeredet.

A relíquia, das in der provokanten Verschränkung von Religiösem und Sinnlichem an die *Prosas bárbaras* erinnert, ist ein pikaresk eingekleideter Essay auf den Dilettantismus und den Werteverfall, Themen, die Eça de Queirós zur gleichen Zeit in *Os Maias* ausgehend vom realistischen Erzählmodell behandelte. Die in *A relíquia* meisterhafte Beherrschung parodistischer Verfahren sollte der Autor in seinem Spätwerk (u. a. *A cidade e as serras*) weiterverfolgen. O.Gr.

Ausgaben: Rio 1887 (in Gazeta de Notícias). – Porto 1887. – Porto o. J. [um 1958] (in *Obras*, 3 Bde., 1). – Mem Martins 1980 (LB-EA). – Lissabon o. J. [um 1980/81] (in *Obras*, Hg. u. Anm. H. Cidade Moura; Text nach d. Ausg. 1887). – Lissabon ²1984.

Übersetzungen: *Die Reliquie*, R. A. Bermann, Lpzg. 1918. – Dass., ders., Bln./DDR 1951 (ern. 1963; *AW in Einzelausg.*, Bd. 5). – Dass., A. Klotsch, Bln./Weimar 1984. – Dass., ders., Mchn. 1987 [Nachw. Ó. Lopes].

Dramatisierung: L. de Sttau Monteiro u. A. Ramos, *A relíquia* (Schauspiel; Urauff.: Lissabon, 12. 2. 1970, Teatro Maria Matos).

Literatur: *»A relíquia«. Romance picaresco e cervantesco. Conferência proferida no Grémio Literário, no dia 8 de janeiro de 1971*, Hg. E. Guerra da Cal, Lissabon 1971. – A. Hacthoun, *La doble figuración de la realidad: revelaciones textuales en »A relíquia«* (in LBR, 12, 1975, Nr. 1, S. 100–107). – K.-H. Körner, *Stil oder portugiesische Sprache? Zum »und« in E.s Roman »A relíquia«* (in APK, 18, 1983, S. 134–152). – K. Pörtl, *»A relíquia«, eine Bühnenbearbeitung von Luís Ramos alias Luís de Sttau Monteiro u. Artur Ramos nach dem Roman von E. de Q.* (in IR, 18, 1983, S. 128–138). – Y. Ben-Arieh, *Jerusalem in the 19th Century*, Jerusalem/NY 1984. – C. Reis, *Estratégia narrativa e representação ideológica n' »A relíquia«* (in Colóquio/Letras, 1987, Nr. 100, S. 51–59).

ANTERO DE QUENTAL

eig. Antero Tarquínio de Quental

* 18.4.1842 Ponta Delgada / Azoren
† 11.9.1893 Ponta Delgada

Literatur zum Autor:

Biographien:
J. B. Carreiro, *A. de O. Subsídios para a sua biografia*, 2 Bde., Lissabon 1948; Braga/Ponta Delgada ²1981 [m. Bibliogr.]. – H. Cidade, *A. de O. A obra e o homem*, Lissabon 1962; ³1980. – J. G. Simões, *A. de O.*, Lissabon 1962. – V. de Sá, *A mocidade de A.*, Braga 1963 [Porto ²1977 u. d. T.: *A. de O.*; korr. u. erw.; m. Bibliogr.]. – *A. de O.: Fotobiografia*, Lissabon 1986.

Gesamtdarstellungen und Studien:
A. de O. – In memoriam, Porto 1896. – J. de Carvalho, *A evolução espiritual de A.*, Lissabon 1929. – J. A. de Sant'Anna Dionísio, *A. – algumas notas sobre o seu drama e a sua cultura*, Lissabon 1934. – F. Ramos, *A expressão da liberdade e os Vencidos da vida*, Lissabon 1941. – L. Coimbra, *O pensamento filosófico de A. de Q.*, Lissabon 1944. – J. de Carvalho, *Estudos sobre a cultura portuguesa do século XIX*, Bd. 1: *Anteriana*, Coimbra 1955. – L. C. da Silva, *A. de Q. Evolução do seu pensamento filosófico*, Braga 1959. – K. Rumbucher, *A. de Q.*, Mchn. 1968 [m. Vorw. u. Anhang]. – F. M. S. Silva, *The Philosophic and Educational Thought of A. de Q.*, Diss. Univ. of California, Berkeley 1969 (vgl. Diss. Abstracts, 30, 1969, S. 937A). – J. C. Mota, *A religião na obra e na personalidade de A. de Q.* (in RLA, 13, 1970/71, S. 67–99). – A. Sérgio, *Sobre o carácter do socialismo de A.* (in A. S., *Ensaios VII*, Lissabon 1974,

S. 57–78). – R. Hess, *Die Anfänge der modernen Lyrik in Portugal (1865–1890)*, Mchn. 1978, S. 42 bis 63; 81–86; 177–195 u. ö. – J. Alves, *A. de Q. Les mortelles contradictions: aspects comparatifs avec Charles Baudelaire et Edgar Allan Poe*, Paris 1982. – F. Catroga, *Filosofia e sociologia. A idéia anteriana de socialismo* (in Vértice, 42, 1982, Nr. 448, S. 294–317). – E. Lourenço, *Poesia e metafísica*, Lissabon 1983, S. 119–153. – Ó. Lopes, *A. de Q. Vida e legado de uma utopia*, Lissabon 1983. – A. M. A. Martins, *O essencial sobre A. de Q.*, Lissabon 1985. – C. Berardinelli, *A bifronte idéia de A. de Q.* (in ArCCP, 23, 1987, S. 709–725). – J. G. de Carvalho, *A. de Q. – Novos ensaios*, S. Miguel 1985. – J. Serrão, *O primeiro Fradique Mendes*, Lissabon 1985. – Saraiva/Lopes, [15]1989, S. 889–912.

BOM-SENSO E BOM-GOSTO

(portug.; *Gesunder Menschenverstand und guter Geschmack*). Literarische Streitschrift von Antero de QUENTAL, als Flugblatt erschienen am 2. 11. 1865. – Das ironisch-sarkastische Manifest der »Escola de Coimbra«, einer Gruppe portugiesischer Dichter und Schriftsteller, in ihren Zielen der liberalrevolutionären Bewegung des »Jungen Deutschland« ähnlich, erlebte in drei Monaten drei Auflagen und steht synonym für die sog. *»Questão Coimbrã«* (Streitfrage von Coimbra), die vom September 1865 bis Juli 1866 in den literarischen Kreisen Portugals diskutiert wurde. Die Schrift ist gegen den Hauptvertreter der damals herrschenden Ultra-Romantik, António Feliciano de CASTILHO (1800–1875), gerichtet, der die Polemik durch den *Crítica literária* betitelten Brief an den Herausgeber von Manuel Pinheiro CHAGAS' *Poema da mocidade (Poem der Jugend)*, dem Werk als Nachwort beigegeben, auslöste. Castilho wirft darin Quental und seinen Gesinnungsgenossen Teófilo BRAGA und Vieira de CASTRO Verschwommenheit, unangemessene Themenwahl und Neuerungssucht vor, die er mit deutschen Einflüssen in Verbindung bringt. Quental antwortet mit dem »offenen Brief« *Bom-senso e bom-gosto* und erteilt der formalästhetischen Auffassung vom Wesen der Dichtung eine ausdrückliche Absage; er stellt ihr eine geistig-sittliche entgegen, der es nicht auf Wohlklang und Anmut der Sprache ankommt, sondern auf den Gehalt, weniger auf den Geschmack als auf den Sinn. Er fordert statt einer lebensfremden, spielerisch-unverbindlichen und selbstgefälligen Poesie ohne tieferen Gehalt und ohne Ausdruckskraft eine wirklichkeits- und gegenwartsnahe Dichtung, die von den Fragen und Erkenntnissen ihrer Epoche ausgeht; im Bewußtsein der moralischen Verantwortung des Schriftstellers, besonders in einer von Umbrüchen geprägten Zeit, verlangt der sozialistischen, aber auch sozialutopistischen Ideen verpflichtete Quental die Ablösung des bürgerlich-konservativen *romantismo sentimental* durch einen *romantismo social*.

Teófilo Braga stellte sich in dem Flugblatt *Teocracias literárias (Literarisches Priestertum)* in einem (Antero gänzlich konträren) nüchternen (dadurch aber auch schärferen) Ton auf dessen Seite und erklärte jeglichen Akademismus, vor allem den literarischen, für anachronistisch. Quental reagierte im Dezember 1865 mit einer zweiten Streitschrift, *A dignidade das letras e as literaturas oficiais (Die Würde der Dichtung und die offiziellen Literaturen)*. Er entwickelt darin ausführlicher die Gedankengänge aus *Bom-senso e bom-gosto* und begründet detaillierter seine Ablehnung der von Castilho gepflegten und geförderten romantischen Epigonendichtung (eines Ernesto BIESTER, Tomás RIBEIRO oder Manuel Pinheiro Chagas). Im Unterschied zu dem angriffslustigen Sarkasmus des »offenen Briefs« (den Quental gut zwanzig Jahre später als *»ziemlich unehrerbietig und ziemlich übertrieben«* bezeichnete) enthält sich dieses zweite Manifest jedoch aller persönlichen Spitzen. In der eingehenden kritischen Auseinandersetzung mit dem Werk Castilhos im Anhang würdigt Quental sehr gerecht dessen außerordentliche Fähigkeiten und Verdienste als Formkünstler und Übersetzer. Aber sie reichen nach der Überzeugung des Kritikers nicht aus, Castilho den Rang eines großen Dichters zu sichern und seinem Werk die Würde und den Wert großer, d. h. gehaltvoller Dichtung zu geben. – Diese (relative) Anerkennung Castilhos im zweiten Manifest trug Quental eine Duellforderung von Ramalho ORTIGÃO (1836–1915) ein, der bereits 1862 gegen Castilhos *Conversação preambular*, eine Tomás Ribeiros Versroman *D. Jaime* würdigende »Vorbesprechung«, polemisiert hatte. Ramalhos Niederlage führte dazu, daß er selbst sich der »Schule von Coimbra« zuwandte.

Zu einer Art Fortsetzung der literarisch-ideologischen Debatte der *Questão coimbrã* bildete sich 1871 in Lissabon ein *Cenáculo* genannter Kreis, dessen Mitglieder – unter ihnen neben Antero, Eça, Ramalho, Teófilo Braga, Guilherme de AZEVEDO und Guerra JUNQUEIRO auch die Historiker Oliveira MARTINS und Alexandre HERCULANO – auch als *Geração de 70* bezeichnet werden. In den *Conferências Democráticas do Casino de Lisboa* fordern sie eine über die Literatur hinausgehende, alle Bereiche des sozialen Lebens erfassende Reform der portugiesischen Gesellschaft. A.E.B.-KLL

AUSGABEN: Coimbra 1865. – Coimbra 1923 (in *Prosas*, 3 Bde., 1923–1931, 1). – Lissabon 1966 (in A. Ferreira u. M. J. Marinho, *Bom senso e bom gosto. A questão coimbrã*, 4 Bde., 1966–1970, 1; m. Anm. u. Bibliogr.; [2]1985–1989). – Lissabon 1973 (in *Obra completa*, Hg. A. Salgado Jr., Bd. 1: *Prosas da época de Coimbra*; krit.). – Lissabon 1985, 2 Bde.

LITERATUR: F. Paxeco, *A Escola de Coimbra e a dissolução do romantismo*, Lissabon 1917. – G. Saviotti, *La poetica di A.* (in Estudos italianos em Portugal, 7/8, 1943, S. 23–35). – H. Cidade, *O conceito da poesia como expressão da cultura*, Coimbra 1957, S. 223 ff. – *As grandes polémicas portugueses*, 4 Bde., Lissabon 1964–1967. – Vgl. Literatur zum Autor.

ODES MODERNAS

(portug.; *Moderne Oden*). Gedichte von Antero de QUENTAL, erschienen 1865, in einer veränderten zweiten Fassung 1875. – Die hier vereinigten 24 Gedichte entstanden während der Studentenzeit des Dichters und im engsten Zusammenhang mit der »Schule von Coimbra«, deren Protagonist Quental war. Sie sind Ausdruck der Unruhe und revolutionären Begeisterung der studentischen Jugend von damals, deren weltanschauliche, politische und künstlerische Positionen sich aus dem Studium der Schriften von PROUDHON, QUINET, RENAN und TAINE, FEUERBACH, HEINE und Ludwig BÜCHNER ergaben. Diese Jugend propagierte eine Dichtung, die dem »modernen Zeitalter«, in dem zu leben sie das stolze Bewußtsein hatte, entsprechen sollte. In diesem Sinn ist der Titel der Sammlung programmatisch aufzufassen, wie Quental in einer den Gedichten beigegebenen *Nota sobre a missão revolucionária da poesia (Bemerkung über die revolutionäre Sendung der Poesie)* näher erläutert. Hier wird, ausgehend von dem Grundsatz, Dichtung sei *»das offene Bekenntnis der inneren Denkart eines Zeitalters«*, und in einer dem »Jungen Deutschland« vergleichbaren Gesinnung, die These verkündet: *»Die moderne Dichtung ist die Stimme der Revolution.«*

Revolutionäre ideologische und politische Bekenntnisse, Anklagen und Kampfrufe bilden den Inhalt des Bandes. In *Panteísmo (Pantheismus)*, dem ersten Gedicht der zweiten Auflage (1875), werden die christlichen Glaubensinhalte umgedeutet. Gott Vater ist hier das Leben selbst, das *»bekleidet mit der Stola des Unendlichen ... den großen Segen«* nach dem Buch der Sterne spricht, und in Umdeutung der christlichen Symbole ist die Morgenröte das *Sursum corda* des Universums, das Licht sein *Oremus*, die Sonne die Hostie des Abendmahls, die Wälder sind Kathedralen usw. In dem ursprünglich ersten, später zweiten Gedicht der Sammlung, *À história (An die Geschichte)*, beschwört Quental eine düstere Vision der Geschichte als dem Inbegriff der Sinnlosigkeit: *»Religionen, Throne, Reiche, Sitten –/ O Wolken aufgerührten Staubs!/ Burgen aus Dunst, undeutlich unbestimmt!/ Und Well' auf Well' gehäuft!«* Ihr gegenüber gilt die Losung: *»Man mag Vergangenes fromm begraben –/ Jedoch der Blick soll in die Zukunft gehn!«* Auf die Verwerfung der Geschichte folgt eine Reihe von Gedichten in Sonettform unter dem Titel *A ideia (Die Idee)*, in denen der Dichter, nicht ohne Schmerz um den verlorenen alten Glauben, seine neuen Überzeugungen verkündet: *»Süß war und milde uns an Jesu Brust –/ Was tut's? Wir müssen weitergehn, voran,/ wenn anderswo uns winket helleres Licht.«* Und dieses »hellere Licht«, das höchste Gut, wird sichtbar *»am unbestechlich festen Himmel des Gewissens«*. Von diesem neuen Glauben ausgehend, verkündet der Dichter die Ideale der Zeit – Frieden, Gleichheit, Wahrheit, soziale Gerechtigkeit – und erhebt Anklage gegen Tyrannei und Willkür, Selbstsucht und Heuchelei in Kirche, Staat und Gesellschaft. Er nimmt Stellung zu aktuellen Problemen der Zeit: zum polnischen Aufstand von 1863 und den harten Vergeltungsmaßnahmen der zaristischen Regierung *(À Europa – An Europa)*, zur Unterdrückung der Iren durch die englischen Grundherren *(À Irlanda – Irland)* und – in der zweiten Auflage – zur blutigen Niederwerfung der Kommune im Mai 1871 *(Aos homens de sangue de Versalhes – An die Blutmänner von Versailles)*.

Mit Ausnahme einiger durch ihren persönlichen Ton (z.B. *A ideia*) oder die symbolische Kraft der Metaphern (z.B. *Panteísmo*) ausgezeichneter Gedichte sind künstlerischer Wert und dichterischer Gehalt dieser Sammlung nicht sonderlich groß. Der Dichter bewegt sich in einer abstrakten Ideenwelt, die er nicht mit Leben zu füllen vermag. Darin liegt der Grund dafür, daß er in diesen Gedichten über bloße Rhetorik und Deklamation kaum hinauskommt und das wogende, rollende Pathos Victor HUGOS, die strengen und harten Fügungen Alexandre HERCULANOS – von beiden ist er beeinflußt – sich nicht wirklich anzueignen vermag. In der zweiten Auflage des Werks (1872) hat Quental manches geändert, schwächere Gedichte gestrichen und neue aufgenommen, ohne damit die ideologische Substanz und den pamphletistischen Charakter der Sammlung anzutasten. Die neu hinzugekommenen Gedichte – *Panteísmo, Tese e antítese (These und Antithese)* und *Mais luz (Mehr Licht)* – bezeugen gleichwohl eine Erweiterung des geistigen Raums, in dem der Dichter sich bewegte, nachdem er mit GOETHE und HEGEL vertrauter geworden war. A.E.B.-KLL

AUSGABEN: Coimbra 1865. – Porto [2]1875 [veränd.; def. Ausg.]. – Porto 1898. – Coimbra [4]1926 [nach d. Ausg. [2]1875; m. Anhang]. – Lissabon 1952, Hg. u. Vorw. A. Sérgio. – Lissabon 1981 (in *Poesias*, Hg. M.M. Gonçalves; Ausw. m. Anm.). – Lissabon 1984.

LITERATUR: D.M. Atkinson, *As imagens nas »Odes modernas« de A. de Q.* (in Ocidente, 69, 1969, S. 145–155). – Vgl. Lit. zu *Os sonetos completos*.

OS SONETOS COMPLETOS

(portug.; *Die sämtlichen Sonette*). Gesammelte Sonette von Antero de QUENTAL, erschienen 1886. – Die 109 Sonette dieses von J.P. de Oliveira MARTINS (1845–1894, vgl. *História de Portugal*), dem Freund des Dichters, herausgegebenen und mit einem Vorwort versehenen Bandes, der keineswegs, wie der Titel vermuten läßt, alle Sonette Anteros enthält, sind nach Jahresgruppen in fünf Zyklen geordnet. Die Mehrzahl dieser Sonette war schon vorher in den Gedichtbänden *Sonetos*, 1861 *(Sonette)*, *Odes modernas*, 1865 *(Moderne Oden)*, und *Primaveras românticas*, 1875 *(Romantische Lenze)*, oder in Zeitschriften erschienen. Ihre Gliederung nach fünf Jahresgruppen soll den verschiedenen Phasen der geistigen Entwicklung des Dichters entsprechen. Die Sonette der ersten Gruppe (1860–1862) sind Ausdruck der inneren Unruhe des jungen Studenten in Coimbra, der an den überkommenen Begriffen und Glaubensinhalten zu zweifeln begonnen hat. Liebe, bald als sinnliche, bald als geistige Macht empfunden, scheint ihm in den Sonetten der zweiten Gruppe (1862–1866) neuen Halt zu geben. Doch immer wieder melden sich auch in ihnen der Zweifel und die Befürchtung, in Wahnbildern befangen zu sein. Aus den Sonetten der dritten Gruppe (1864–1874) spricht der Wille, mit der Tat und der Feder für Recht und Gerechtigkeit einzutreten. In der Hingabe des einzelnen an die Gemeinschaft sieht Quental jetzt die eigentliche Bestimmung des Menschen. Damit scheinen Weltschmerz und Ichbefangenheit der früheren Phasen überwunden. Demgegenüber offenbaren die Sonette des vierten Zyklus (1874–1880) einen tiefgreifenden Gesinnungswandel. In ihnen verleugnet der Dichter seine Hoffnungen und Ideale und ersehnt den erlösenden Tod, der in den Abgrund des Nichts, ins Nirwana führt. Im fünften Zyklus dagegen (1881–1884) sind Lebensüberdruß und Todessehnsucht überwunden. Der Dichter hat, wie es in einem seiner Briefe heißt, *»die innere Ruhe und den gläubigen Frieden dessen [gewonnen], der in der sittlichen Freiheit das Gesetz des Daseins, den Schlüssel zu seinen dunkelsten Rätseln … gefunden hat«*.

Nicht in allen Fällen stimmt die nachträgliche Anordnung nach Jahresgruppen mit der chronologischen Reihenfolge, in der die Sonette entstanden sind, überein. Gleichwohl vermittelt diese Einteilung ein authentisches Bild der geistigen Entwicklung des Dichters, die zwischen Lebensbejahung und Lebensverneinung, zwischen Glaubensbereitschaft und Glaubensunfähigkeit, zwischen Gefühl und Vernunft ruhelos schwankt. Zwar scheinen im letzten Zyklus alle Widersprüche aufgehoben, aber der Selbstmord Quentals widerlegte dann jene Geborgenheit »in Gottes Hand«, die er, eben unter dem Titel *Na mão de Deus (In Gottes Hand)*, in einem der letzten Gedichte zum Ausdruck bringt. – Zwiespalt und Gegensätze dieser *»tragischsten Gestalt unserer iberischen Literatur, zu der die kastilische, die portugiesische, die katalanische und die galicische gehören«* (M. Unamuno), spiegeln sich auch in der antithetischen Struktur der Sonette, in denen nach des Dichters eigenen Worten das Streben nach formaler Vollendung einer höheren, *»über der bloßen Ästhetik«* stehenden Notwendigkeit gehorcht, die *»dem Ideal der Kunst das höchste Gesetz ist«*. Es ist die Wahrheit und Aufrichtigkeit der dichterischen Aussage. In diesem Sinne sah Antero de Quental in seiner Sonettdichtung etwas Einzigartiges innerhalb der portugiesischen und spanischen Lyrik und betrachtete sie als sein eigentliches Vermächtnis. Tatsächlich sind die bedeutendsten Sonette der nächstfolgenden Generationen – António NOBRE (1867–1900), Florbela ESPANCA (1895–1930), José RÉGIO (1901–1969) – Bekenntnisdichtung im Sinne Quentals. A.E.B.

AUSGABEN: Porto 1886 [Vorw. J. P. Oliveira Martins]. – Lissabon 1962, Hg. A. Sérgio [m. Einl.]. – Porto 1963 (in *Sonetos*, Hg. E. P. Ramos; Ausw.). – Lissabon 1981 (in *Poesias*, Hg. M. M. Gonçalves; Ausw. m. Anm.). – Lissabon 1983 (*Primaveras românticas. Versos dos 20 anos – 1861–1864*; zuerst Porto 1875).

ÜBERSETZUNG: In *Ausgewählte Sonette*, W. Storck, Paderborn/Münster 1887.

LITERATUR: A. J. da Costa Pimpão, *A. O livro dos sonetos* (in Biblos, 18, 1942, S. 209–224; ern. in A. J. da C. P., *Escritos diversos*, Coimbra 1972, S. 515–535). – R. G. de Carvalho, *A. de Q. nos »Sonetos completos«* (in Ocidente, 17, 1942, S. 162 bis 177). – L. Frediani, *Memorie di una coscienza. I sonetti di A. de Q.* (in Estudos Italianos em Portugal, 1958/59, Nr. 17/18, S. 25–39). – D. M. Atkinson, *As imagens nos sonetos de A. de Q.* (in Ocidente, 59, 1960, S. 105–112). – A. E. Beau, *Die Sonette von A. de Q.* (in APK, 2, 1961, S. 99–151). – J. García Morejón, *Unamuno y el sentimiento trágico de A. de Q.* (in Cuadernos de le Catedra Miguel Unamuno, 11, 1961, S. 27–65). – C. F. Moisés, *Poesia e realidade*, São Paulo 1977, S. 101–116. – A. Romarís Pais, *Los sonetos del »Elogio da morte« de A. de Q.: Notas para su interpretación* (in Colóquio/Letras, 1982, Nr. 69, S. 11–19). – C. Berardinelli, *Os sonetos de A.: tentativa de análise estrutural* (in C. B., *Estudos de literatura portuguesa*, Lissabon 1985, S. 133–157).

CESÁRIO VERDE

eig. José Joaquim Cesário Verde

* 25.2.1855 Lissabon
† 18.7.1886 Lissabon

DAS LYRISCHE WERK (portug.) von Cesário VERDE.

Zu Lebzeiten erfuhr der früh an Tuberkulose verstorbene Dichter nur wenig Beachtung oder wurde geschmäht, wobei man häufig seinen Namen Verde spöttisch auf sein »grünes« Alter bezog. Mit achtzehn Jahren veröffentlichte er sein erstes Gedicht. Wie fast alle seiner 35 Dichtungen erschien es im literarischen Feuilleton einer Zeitung. Die Schmähungen seiner Lyrik trafen Cesário Verde so hart, daß er nach einer anfänglichen Phase großer Produktivität vom Literaturbetrieb Lissabons Abstand nahm und sich stärker den expandierenden Exportbeziehungen des väterlichen Geschäfts widmete oder sich auf das Landgut Linda-a-Pastora zurückzog, ohne jedoch die Dichtkunst vollkommen aufzugeben. Erst nach seinem Tod wurde man sich zunehmend der Bedeutung seiner Schöpfungen bewußt.

Cesário Verde überwindet die romantische Gefühlspoesie, die in der zeitgenössischen Praxis zu pathetischer Rührkunst abgesunken war, und bereitet der modernen Lyrik in Portugal den Weg. Außer Zweifel steht, daß er daran dachte, wie Charles Baudelaire, dessen *Fleurs du mal* ihn nachhaltig beeinflußten, einen Gedichtzyklus zu komponieren. Doch vermutlich kam dieses Vorhaben nicht über Absichtserklärungen hinaus. Mittlerweile gilt als erwiesen, daß *O livro de Cesário Verde*, das über Jahrzehnte hinweg Dichtergenerationen als »Fibel« diente, von Cesário Verdes Studienkameraden Manuel José da Silva Pinto eigenmächtig postum zusammengestellt wurde und keineswegs auf einem überlieferten Plan des Dichters, den er, so Silva Pinto, *»treu auszuführen gedenke«* (A Folha Nova, 25.8.1886), beruht. Die Einteilung der 22 Gedichte, die in *O livro de Cesário Verde* aufgenommen sind, in *Crise romanesca* und *Naturais* geht zweifellos auf den Herausgeber zurück. Wahrscheinlich ist Silva Pinto aber auch für die gegenüber Feuilletonfassungen abgeänderten Versionen und Titel einzelner Gedichte verantwortlich. Letztlich bleibt das Ausmaß seiner Eingriffe ungeklärt, denn die Originalmanuskripte sind 1919 bei einem Brand fast vollständig verlorengegangen. Eine kritische Ausgabe von Cesário Verdes Lyrik ist daher unmöglich.

Vom ersten Sonett *A forca*, 1873 *(Der Galgen)*, an nimmt der junge Dichter den »romantischen Satanismus« auf, der 1867 von Eça de Queirós und Antero de Quental ins Leben gerufen wurde. Die sinnlich-bezaubernde, jedoch gänzlich gefühllose und grausame *femme fatale*, die in *A forca* das empfindsame Ich am Galgen enden läßt, ist in dieser Dichtung ebenso präsent wie der desillusionierte und sich ironisch selbst erniedrigende Dandy, eine Rolle, die häufig mit dem Dichter-Ich verschmilzt. Der harmonische Einklang mit der Geliebten und der geheimnisvollen Natur-Welt, der in der Romantik beschworen wurde, wird in vielen Gedichten Cesário Verdes zwar entworfen, aber durch eine komisch-desillusionierende Schlußwendung brüsk degradiert. So kontrastiert etwa das leidvolle Weinen einer Frau in *Lágrimas*, 1874 *(Tränen)*, mit dem kühl pointierten Kommentar ihres Geliebten: *»Quero um banho tomar de àgua salgada« (»Ich möchte ein Salzwasserbad nehmen«)*. Stilistisch bedeutet diese Ästhetik der Dissonanz, die auf das bürgerliche Lesepublikum schockierend gewirkt haben muß, daß die gewählte dichterische Schriftsprache in der Tradition klassizistischer und (ultra-)romantischer Lyrik durch den Plauderton des mondänen Jargons (fremdsprachliche Ausdrücke) und niedrige Umgangssprache unterwandert wird. Cesário Verde sieht dabei sein Schaffen dem Realismus eng verbunden. Er faßte etwa 1874 vier Gedichte unter dem Haupttitel *Ecos do realismo (Echos des Realismus)* zusammen, die sicherlich ein Teil des Ende 1873 angekündigten, aber nie verwirklichten Bandes *Cânticos do realismo* bilden sollten. Zahlreich sind die Gedichte, in denen aus der Perspektive des stillen Liebhabers, der als *»einsamer Poet« (»poeta solitário«)* durch die Straßen Lissabons irrt, im Café sitzt oder auf den Stufen des Opernhauses steht, die *femme fatale* in ihrer prächtigen Toilette und stolzen Ungerührtheit beschrieben wird. Die Position des demütigen Ich, das zu der majestätischen, meist nordisch schlanken Frau aufsieht, kehrt sich dabei häufig jäh um: Sei es durch eine komische Schlußwendung wie in *Humorismos de amor* (1875) oder aber durch eine plötzliche Solidarisierung mit dem einfachen Volk auf der Straße, das zunehmend in den Blickwinkel des Flaneurs tritt. So endet die Verherrlichung einer modischen *»Grande dama fatal«* in *Deslumbramentos*, 1875 *(Blendungen)*, mit der Vision, eines Tages Königinnen in Lumpen durch die Straßen irren zu sehen.

Auch wenn Cesário Verde beispielsweise in *Desastre*, 1875 *(Katastrophe)*, die Gleichgültigkeit der Herrschenden gegenüber dem Unglück und Elend des einfachen Arbeiters anprangert, so ist er doch keinesfalls ein Dichter des Volkes. Vielmehr ist die Lyrik von der zwiespältigen Haltung des Dandy geprägt, der für die dekadente Aristokratie Verachtung zeigt, sich selbst aber als einsamer Poet von der Masse, innerhalb derer er sich auf dem Trottoir bewegt, abgrenzt. So sieht das still beobachtende Ich im Gedicht *A débil*, 1875 *(Die Schwache)*, das in der Erstfassung den Titel *Na cidade (In der Stadt)* trägt, eine engelhafte *femme fragile* durch die Menge *»in diesem so alten und korrupten Babel«* bedrängt, so wie eine weiße Taube inmitten eines Rabenschwarms. Besagter Zwiespalt wird in *Nevroses*, 1876 *(Neurosen)*, direkt auf die eigene Existenz als Versdichter unter den Bedingungen des Literaturmarktes und der Massenpresse bezogen, wobei er sich selbstironisch mit der schwindsüchtigen Plätterin in einer Nachbarwohnung vergleicht. In *Humilhações*, 1877 *(Erniedrigungen)*, und *Cristalizações*, 1878 *(Kristallisationen)*, verursacht eine bewunderte Schauspielerin, deren Auftreten sich vom »Pöbel« abhebt, dem Ich Erniedrigungen oder sie erscheint selbst erniedrigt.

Zugleich widmet sich Cesário Verdes Lyrik immer stärker der umfassenden Beschreibung konkreter Stadtlandschaft, die der Flaneur durchstreift, und als Abbild der materialistischen und physiologisch bestimmbaren Welt begreift. Das ihr innewohnende Häßliche, Kranke, Deformierte und Vulgäre wird zum Stoff neuer Poesie, etwa in *Num bairro moderno*, 1877 *(In einem modernen Viertel)*. Hier verwandeln sich für das Ich, das in der Augustsonne auf dem Weg zur Arbeit einer Marktfrau begegnet, durch die plötzliche *»Vision des Künstlers«* Obst und Gemüse in groteske Körperteile. Ihren Höhepunkt erreicht dieser neue »Gesang« auf die Stadt in dem umfangreichen Gedicht *O sentimento dum Ocidental*, 1880 *(Das Gefühl eines Abendländers)*, mit Anklängen an Baudelaires *Tableaux parisiens*. Ziellos durch Lissabon flanierend, hält der Dichter vom Hereinbrechen des Abends bis zum Verlö-

schen der Gasbeleuchtung, die an die Stelle romantischer Sterne getreten ist, »Stadtbilder« vom Tejo-Ufer bis zum Chiado fest: von den heimkehrenden Arbeitern bis zu den letzten Betrunkenen und den Nachtwächtern. Details wie die Katzen am Kai, der ehemalige Lateinlehrer als Bettler oder eine im Dunkeln zu Boden fallende Schraube künden von einer neuen Ästhetik und fügen sich ein in die von Schmutz, Krankheit (Epidemien) und Untergang geprägten Ansicht der babylonischen Stadt als *»ungeordnete Masse von Grabeswohnungen, mit Ausmaßen von Bergen«*, der die Utopie einer sauberen und kraftvollen Urbanität entgegengestellt wird.
Doch andererseits ist die Flucht auf das Land ein festes Thema in Cesário Verdes Lyrik, das insbesondere die späten Gedichte beherrscht. *Em petiz*, 1878 *(Als ich klein war)*, evoziert erinnernd einen Herbst mit der Schwester auf dem Land, das die Züge eines bedrohten Idylls trägt. Die umfangreiche, autobiographisch gefärbte Dichtung *Nós*, 1884 *(Wir)*, schließlich läßt die Tradition des antiken Lehrgedichts über das Landleben aufscheinen, wobei die Mythisierung kraftvoller Vegetation dem Zivilisationspessimismus, merkantile Nützlichkeit dem Bukolismus mit Nachtigallen und Mondschein positiv gegenüberstehen: Die Familie flüchtet vor der Cholera und dem Gelbfieber auf das Landgut, das für ihr Exportgeschäft gedeiht. Doch so wie die Tuberkulose 1872 die neunzehnjährige Schwester dahinraffte, besiegelt sie zehn Jahre später das zukunftsträchtige Leben des Bruders, wodurch die Familie dem Untergang geweiht erscheint. Dies läßt das Ich in viel umfassenderem Sinn als in *Nevroses* an seiner Dichterrolle zweifeln: *Nós* endet mit den Zeilen *»Ich habe so schlechte, so traurige, so perverse Augenblicke, daß ich nur Verachtung für die Literatur spüre, und selbst meine geliebten Verse schmähe und vergesse.«* Nicht zuletzt diese reflexive Haltung, das »Machen« von Poesie und das »Verstummen« des Dichters in der Lyrik selbst zu besprechen, lassen Cesário Verde zu einem der wichtigsten Wegbereiter moderner Dichtkunst in Portugal werden. In seiner Dichtung finden sich Anklänge an symbolistische und modernistische Lyrik (F. Pessoa), etwa in *Num Bairro Moderno: »O sol estende seus raios de laranja destilada« (»Die Sonne breitet ihre Strahlen destillierter Orangeade aus«)*. Auf ähnliche Weise wie Eça de Queiroz in der Prosa revolutionierte Césario Verde die portugiesische Stilistik durch Sprach- und Stilmischung und den kühnen Gebrauch von Adjektiven und teilweise neuartigen Adverbien, deren suggestive Kraft auch heute noch erfrischend wirkt. O.Gr.

AUSGABEN: *O livro de C. V.*, Hg. u. Vorw. M. J. de Silva Pinto, Lissabon 1887; [3]1910. – Dass., Lissabon 1945 [erw.]. – Dass., Hg. C. do Nascimento, Lissabon 1952; [15]1977 [rev. Ausg. u. d. T. *O livro de C. V., seguida de algumas poesias dispersas*]. – *Obra completa*, Hg. u. Anm. J. Serrão, Lissabon 1964; zul. 1988 [def. Ausg.; m. Faks., Editionsgesch. u. Bibliogr.]. – *O livro de C. V.*, Hg. V. Nemésio, Lissabon 1964. – *Poesia*, Hg. M. Nobre de Melo, Rio 1967. – *Poesias*, Hg. M. Vieira Mendes, Lissabon 1979 [Ausw. m. Vorw. [2]1982]. – *Antologia comentada de poesias de O livro de C. V.*, Hg. L. Amaro de Oliveira, Porto 1980. – *O livro de C. V.*, Hg. u. Einl. M. E. Ferreira, Lissabon 1981; [2]1986. – *Poesia completa e Cartas escolhidas*, Hg. C. F. Moisés, São Paulo 1982. – *O livro de C. V.*, Hg. A. Capão, Porto 1982 [m. Studie].

ÜBERSETZUNG: *Poesie*, P. Ceccuci, Perugia 1982 [portug.-ital.; m. Einl., Anm. u. Bibliogr.].

LITERATUR: L. Amara de Oliveira, *C. V. (Novos subsídios para o estudo da sua personalidade)*, Coimbra 1944. – J. Serrão, *C. V. – Interpretação, Poesias dispersas e Cartas*, Lissabon 1957. – Estrada Larga, 1, Porto o. J. [1958; mehrere Aufsätze zu C. V.]. – J. do Prado Coelho, *Problemática da his-tória literária*, Lissabon 1961. – M. Sacramento, *Lírica e dialéctica em C. V.* (in M. S., *Ensaios de Domingo I*, Coimbra 1959, S. 93–137). – A. Moreira, *C. V. e a ›Cidade Heróica‹*, Porto 1963. – H. Macedo, *Nós – uma leitura de C. V.*, Lissabon 1975; [3]1986. – R. Hess, *Die Anfänge der modernen Lyrik in Portugal (1865–1890)*, Mchn. 1978. – J. P. de Figueiredo, *A vida de C. V.*, Lissabon 1981 (A obra e o homem; [2]1986). – J. Ladlair, *C. V.: The Need for a New Edition of His Poetry* (in Portuguese Studies, 1, 1985, S. 97–114). – J. Serrão, *O essencial sobre C. V.*, Lissabon 1986. – Colóquio/Letras, 1986, Nr. 93 [mehrere Aufsätze zu C. V.]. – Ó. Lopes, *Entre Fialho e Nemésio*, Bd. 2, Lissabon 1987, S. 461–473. – J. E. Carter, *Cadências tristes. O universo humano na obra poetica de C. V.*, Lissabon 1989. – Saraiva/Lopes, [15]1989, S. 989–992; 998 f. – R. M. Sequeira, *A imagem da cidade na poesia moderna: C. V. e Fernando Pessoa*, Ffm. 1990 (Lusorama, Beih. 2).

III. Vom Modernismus (1920) bis zur Gegenwart

RUBEN A.

d.i. Ruben Alfredo Andresen Leitão

* 26.5.1920 Lissabon
† 29.9.1975 London

A TORRE DA BARBELA

(portug.; *Der Turm der Barbela*). Roman von Ruben A., erschienen 1964. – Mit seinem zweiten Roman erreichte der Autor einen unumstrittenen Durchbruch zum Erfolg. *A torre da Barbela* vereint profunde historische Kenntnisse mit dichterischer Phantasie zu einem surrealistisch verfremdet gezeichneten Gesamtbild der portugiesischen Geschichte und Mentalität. Am Beispiel der Familie Barbela, deren Geschichte mit der Gründung der Nation durch Dom Afonso Henriques beginnt, entwickelt Ruben A. eine schonungslose und zuweilen ironische Darstellung der kollektiven Eigenschaften, Gefühle und Irrtümer seines Volkes. Der Roman spielt in einem magisch-realen Zeitraum, in dem Realität und Fiktion sich fortwährend durchkreuzen und ergänzen.

Ein Fluch hat bewirkt, daß die längst verstorbenen Generationen der Familia Barbela dazu verurteilt sind, sich allnächtlich aus ihren Gräbern zu erheben und auf ihren Gütern im Norden Portugals umherzuirren. So treffen sich hier Menschen der verschiedensten Epochen, deren fiktive individuelle Biographien in reale historische Momente und Ereignisse der portugiesischen Geschichte eingebettet werden. Dom Raymundo – der Stammvater der Barbelas – kämpfte neben seinem Cousin Dom Afonso Henriques gegen Mauren und Spanier, Dom Segismundo begleitete den unglücklichen König Dom Sebastião auf seinem folgenschweren Kreuzzug nach Alcácer-Quibir, und Dona Mafalda unterhielt angeblich eine Liaison mit König Dom João V. Das letzte Mitglied der Familie ist Dom Mirinho, ein geschwätziger Politiker aus der Gegenwart, der von der restlichen Familie nur unwillig geduldet wird.

Neben dem ständigen Wechselspiel von historischen Ereignissen und fiktiven Episoden ist es die Überlagerung der Handlung durch epochenspezifische Diskurse, die dem Roman einen surrealen Charakter verleiht. Abgesehen von der Französin Madeleine und ihrem nur »Cavaleiro« genannten Cousin – die Protagonisten einer Liebesgeschichte –, sind sämtliche Personen des Romans von einer lähmenden Lethargie befallen. Die Barbelas treffen sich lediglich, um über vergangene Erlebnisse und Skandale zu plaudern. So enthüllt Ruben A. durch die Gegenüberstellung von Menschen aus verschiedenen Epochen konstante und wiederkehrende Verhaltensmuster in der Mentalität eines Volkes, dessen *»tragischer Zustand als lebende Tote«* als eine Folge von Entscheidungsunfähigkeit und mangelndem Mut dargestellt wird. Es sind Charakterzüge, die sich bei den Barbelas vor allem in ihrer Unfähigkeit zu lieben ausdrücken: *»Der Mangel an Liebe war es, der sie verriet.«* Diese zentrale These des Romans bildet den Mittelpunkt sämtlicher fiktiver Handlungen. Dom Raymundo, der erste der Barbelas, ließ es einst zu, daß seine Geliebte und uneheliche Verwandte Izabella aus Standesdünkel von der restlichen Familie verbannt wurde. Zur Hexe geworden, sprach Izabella dann den Fluch über die Familie. Die daraus resultierende Angst – zu der sich die Unfähigkeit, zu handeln und gegen Konventionen anzukämpfen, gesellt – prägt die weitere Geschichte der Barbelas und erklärt ihren Niedergang: *»Es gab sogar eine Zeit, da Barbela als die Hauptstadt eines Kontinents galt, von dem neue Ideen, Sitten und sogar Gesten ausgingen. Dies währte nicht lange. Die Gesten wurden ängstlicher, der Hals enger und die Gedanken trockneten ein.«* Einzig in der Liebe zwischen Madeleine und dem Cavaleiro wird ein Hoffnungsschimmer sichtbar. Beide unterscheiden sich in ihrem Wesen von der restlichen Familie. Bei Madeleine ist es eine *»Art von Freude«*, welche die Cousins *»ratlos machte«*; und der Cavaleiro *»war der einzige, der sich vom Alltag des Turms fernhielt. Er zeigte eine Unabhängigkeit, die bei den anderen Cousins selten vorzufinden war«.*

Die allgemeine Unentschlossenheit und die Angst vor Konventionen überwindend, folgt der Cavaleiro Madeleine nach Paris, wo sie sich trotz ihrer bevorstehenden Hochzeit dazu durchringt, mit ihrem Cousin zu fliehen. Beide kehren nach Barbela zurück und beschließen, der Ablehnung und der Doppelmoral der Familie widerstehend, hier zu leben. Doch auch diese Liebe scheitert, wie es schon bei Dom Raymundo geschah, an der Angst: *»Es war die Angst Dom Mendos, es war dasselbe Gefühl, welches sich des starken und flinken Körpers des Cavaleiros bemächtigte. Seine Unschuld brach entzwei.«* Die Hoffnung auf eine Änderung der Verhältnisse in der Torre ist damit vereitelt. Madeleine wird als

Hexe verbrannt, die Familie kann ihr Phantomdasein erhalten und hartnäckig gegen jede Änderung ankämpfen.

Der eigenwillige, barock-expressionistische Stil, der von der *écriture automatique* der Surrealisten geprägt ist und sich keiner literarischen Schule zuordnen läßt, weist Ruben A. als Erneuerer der portugiesischen Sprache aus. Doch greift der Autor mit diesem allegorischen Gemälde der nationalen Geschichte und in der Analyse des portugiesischen Charakters – ein Beispiel ist die verbreitete Vorliebe für endlose Gespräche bei gleichzeitiger Unfähigkeit, in entscheidenden Momenten zu handeln – eine spezifisch portugiesische Tradition auf, die von José Maria Eça de QUEIROS (1845–1900) geprägt und von Autoren wie Aquilino RIBEIRO (1885–1963) fortgesetzt wurde. José-Augusto FRANÇA bezeichnete das Werk als *»einen der bedeutendsten Romane der modernen portugiesischen Sprache«* und als *»einen der ernsthaftesten Angriffe gegen die Mentalität in der portugiesischen Kultur der letzten 25 Jahre«.* A.C.K.

AUSGABEN: Lissabon 1964. – Lissabon ³1966 [m. Studie v. J. Palla e Carmo]. – Lissabon 1983.

LITERATUR: O. Lopes, Rez. (in O Comércio do Porto, 11. 5. 1965). – J.-A. França u. J. do Prado Coelho, *Lembrança de R. A.* (in Colóquio/Letras, 1976, Nr. 29, S. 5–8). – L. C. de Araújo, *Uma torre portuguesa, com certeza* (in *In memoriam R. A. L.*, Bd. 1, Lissabon 1981). – L. F. Trigueiros, *R. e a torre* (ebd.). – A. Gallut-Fruzeau, *Libre essai d'interprétation de deux romans fantastiques. »O aquário« d'A. Sampaio et »A torre da Barbela« de R. A.* (in *Le roman portugais contemporain. Actes du colloque*, Paris 1984, S. 299–306).

AUGUSTO ABELAIRA

* 18.3.1926 Ançã

A CIDADE DAS FLORES

(portug.; *Die Stadt der Blumen*). Roman von Augusto ABELAIRA, erschienen 1959. – Das erste Werk des Autors – nach eigener Aussage das Ende eines acht Jahre währenden Schweigens – ist ein Bekenntnis zur sozial engagierten Literaturtradition neorealistischer Prägung und zugleich Ausdruck einer Auseinandersetzung mit zentralen Fragestellungen des Existenzialismus. Porträtiert wird die Lissabonner Jugend der fünfziger Jahre, die theoretische Fragen zur Politik, Ethik, Liebe, Kunst, Technik und Natur erörtert. Um der salazaristischen Zensur zu entgehen, verlegte der Autor den Schauplatz seines Romans nach Florenz im faschistischen Italien der dreißiger Jahre. Geschildert werden Lebensweise und Gespräche einer Gruppe junger Sozialisten, die jeweils eine Möglichkeit der Auseinandersetzung mit dem totalitären Regime verkörpern.

Giovanni Fazio, der Protagonist, ist Skeptiker. Er hat nach jahrelanger passiver Opposition den Glauben an eine politische Veränderung verloren und hofft nun, diesen durch seine Liebe zur jüngeren und hoffnungsvollen Rosabianca wiederzufinden. Arnolfo Sodati, ein Freund Fazios, ist ein mittelmäßiger und erfolgloser Architekt, dessen Entwürfe sich zwischen Anpassung und Verweigerung bewegen. Renata, Soldatis Freundin, glaubt fest an eine Veränderung und an die Notwendigkeit, aktiv dazu beizutragen. Der Revolutionär Vianello ist aus dem Gefängnis entkommen und taucht unter; er verübt einen mißlungenen Sprengstoffanschlag auf einen deutschen Munitionszug, bei dem mehrere Unschuldige ums Leben kommen, und wird auf der Flucht erschossen. Vianellos Freund und Komplize Benedetto ist gläubiger Christ, der sich aus religiöser Überzeugung den revolutionären Kräften angeschlossen hat. Domenico Villani schließlich ist arbeitsloser Akademiker, kooperiert zeitweilig mit dem Faschismus, um auf diese Weise eine Stellung zu bekommen, wendet sich aber vom Regime wieder ab und übernimmt die Verantwortung für den von Vianello verübten Anschlag, um auf diese Weise das Vertrauen und die Freundschaft der anderen zurückzugewinnen.

Obwohl der Autor im Nachwort der ersten nach der Revolution vom 25. April 1974 erschienenen Ausgabe des Romans betont, daß ihm beim Schreiben *»ein gewisses Bild von Portugal, das faschistische Portugal der fünfziger Jahre und nicht das Italien der dreißiger Jahre«* vorgeschwebt habe, sind die Protagonisten kaum als Portugiesen identifizierbar, nicht einmal individuell eindeutig auseinanderzuhalten. Sie sind eher typisierend dargestellt; die Fragen, die diese Gruppe junger Akademiker bewegen, sind allgemein ethischer und existenzphilosophischer Natur: die Rechtfertigung von Gewalt, die Verantwortung des einzelnen, die Aufgabe der Kunst im zukünftigen sozialistischen Staat, die Rolle der Liebe, das Recht auf privates Glück angesichts des Massenelends, die Bedeutung der Technik und das Verhältnis zur Natur. Insgesamt hinterläßt die Schilderung dieser Jugend, die weder opportunistisch genug ist, um mit dem Regime zu kooperieren, noch so mutig oder überzeugt, um über eine passiv-resignierende Widerstandshaltung hinaus für eine bessere Welt zu kämpfen, an die sie glaubt, geglaubt hat oder weiterhin zu glauben versucht, ein Gefühl der Ohnmacht und Hoffnungslosigkeit, das noch von Fazios letzten Worten bei Ausbruch des Zweiten Weltkriegs am Ende des Romans *(»Es ist das Ende«)* verstärkt wird. Der Autor scheint sich vier Jahre nach Fertigstellung des Romans über dessen resignativen Charakter bewußt zu werden und stellt im Nachwort zur zweiten Ausgabe die Frage, ob *»A cidade das flores*

die Krise jener Männer ausdrückt, welche die Gegenwart überwinden wollen oder die Krise derjenigen, die sie zu erhalten trachten?« Abelaira schließt mit dem Wunsch, *A cidade das flores* möge als ein Buch verstanden werden, das von jemand verfaßt wurde, *»der an den Fortschritt glaubt, an die Gerechtigkeit, an den Frieden und an die reale Möglichkeit, daß alle Menschen gleichberechtigt sein werden«.*
Inhaltlich und stilistisch bewegt sich der Roman an der Grenze zum Essay, wobei die erörterten theoretischen Fragen nicht von dem auktorialen Erzähler gestellt, sondern von den Protagonisten in Gesprächen und inneren Monologen angerissen werden. Von der portugiesischen Kritik wird der Roman als ein *»nüchternes und originelles«* Werk gefeiert, als eine *»schöne und traurige Geschichte von Liebe und Tod, in der mit bewundernswerter Einfachheit das Leben jener geschildert wird, die zwischen Skeptizismus und Hoffnung, Freude und Enttäuschung hin- und hergerissen werden«.* A.C.K.

AUSGABEN: Lissabon 1959. – Lissabon [2]1961 [Nachw. A. A.]. – Lissabon [7]1979.

LITERATUR: M. A. Seixo Barahona, *Le rapport individu-société dans les romans d'A. A.* (in BEP, 33/34, 1972/73, S. 353–358). – V. S. Arêas, *A cicatriz e o verbo. Análise da obra romanesca de A. A.*, Rio 1976. – L. A. de Azevedo Filho, *A. A. e o moderno romance português* (in RBLL, 2, 1980, Nr. 5, S. 5–10). – M. Poppe, *Triste e belo »A cidade das flores«* (in M. P., *Temas de literatura viva. 35 escritores contemporâneos*, Lissabon 1982, S. 25–31). – J. Camilo, *A. A. e Vergílio Ferreira: plenitudes breves e absolutos adiados* (in ArCCP, 19, 1983, S. 413–468).

JOSÉ SOBRAL DE ALMADA-NEGREIROS

* 7.4.1893 Ilha de S.Tomé
† 15.6.1970 Lissabon

LITERATUR ZUM AUTOR:
M. do Carmo Gonçalves Pereira, *A obra literária de A.-N.*, Diss. Lissabon 1965. – M. M. E. Ferrat da Silva, *J. de A.-N.*, Diss. Coimbra 1967. – J.-A. França, *A.-N. O português sem mestre*, Lissabon 1974. – D. Colombini, *A.-N.*, São Paulo 1978.

NOME DE GUERRA

(portug.: *Deckname*). Roman von José Sobral de ALMADA-NEGREIROS, erschienen 1938. – Dieses Buch eines Schriftstellers, der vor allem als Maler hervorgetreten ist, zur Gruppe der ersten portugiesischen »Modernisten« gehörte und zusammen mit Mário de SÁ-CARNEIRO und Fernando PESSOA die kurzlebige, aber literarisch bedeutsame Zeitschrift »Orpheu« (1915) herausgab, ist eine Art erotischer Entwicklungsroman.
Der reiche Herr Antunes, ein durch falsche Erziehung zum Sonderling gewordener Dreißigjähriger, kommt aus der Provinz in die Hauptstadt, um unter der Führung eines »erfahrenen Mannes«, den sein Onkel bestellt hat, das Lissabonner Nachtleben kennenzulernen. Doch die Atmosphäre des »Nightclub«, in den er eingeführt wird, bedeutet ihm nichts; er erkennt, daß er nicht durch Anleitung, sondern nur durch sich selbst zu persönlichem Erlebnis kommen und reifen kann. Mit der Dirne Judite, die sich in der Verbindung mit ihm für das Unglück ihres Lebens schadlos halten will, läßt er sich in ein Verhältnis ein, durchschaut jedoch alsbald die Verlogenheit dieser Beziehung und verläßt Judite. Immerhin verändert diese Erfahrung sein Bewußtsein insoweit, als er nun seine Verantwortung gegenüber dem Leben erkennt. – Dem begrenzten Erfahrungsbereich entspricht die Begrenztheit des Schauplatzes dieser Geschichte: ein Nachtklub und ein gemietetes Zimmer. Charakteristisch für das in kurze, teils erzählende, teils betrachtende Kapitel eingeteilte Buch sind die häufigen psychologischen Digressionen, in denen der Autor seine Vertrautheit mit den Fragestellungen und Thesen der Psychoanalyse verrät. Der bewußt umgangssprachliche Stil gibt sehr genau die Besonderheiten des Lissabonner Sprachgebrauchs wieder. K.H.D.

AUSGABEN: Lissabon 1938. – Lissabon 1956. – Lissabon 1971 (in *Obras completas*, 8 Bde., 2).

LITERATUR: V. Nemésio, Rez. (in Revista de Portugal, 1, 1938, S. 451–456). – J. G. Simões, *A geraçao do Orpheu* (in Revista do Livro, 5, 1960, S. 41–57). – A. Casais Monteiro, *A. N., »Nome de guerra«* (in A. C. M., *O romance, teoria e critica*, Rio de Janeiro 1964, S. 380–384). – D. Mourão-Ferreira, *»Nome de Guerra«* (in D. M.-F., *Hospital das letras*, Lissabon 1966; [5]1985, S. 143–146). – E. Prado Coelho, *Sobre o »Nome de Guerra«* (in Colóquio/Letras, 1970, Nr. 60, S. 35–38). – F. Guimarães, *Um romance de A. N.: »Nome de Guerra«* (in F. G., *Simbolismo, modernismo e vanguardas*, Lissabon 1982, S. 53–59). – M. E. Martínez, *»Nome de Guerra«: una novela de tesis* (in Nova Renascença, 3, 1983, Nr. 10, S. 161–166).

EUGÉNIO DE ANDRADE

d.i. José Fontinhas

* 19.1.1923 Fundão

DAS LYRISCHE WERK (portug.) von Eugénio de ANDRADE.

Mit seinem umfangreichen lyrischen Œuvre gehört Eugénio de Andrade zu den bedeutendsten portugiesischen Autoren der Gegenwart. Er gilt als Außenseiter, der sich keiner literarischen Schule oder Bewegung zuordnen läßt. Andrade versteht seine Poesie als Versuch, die ursprüngliche Einheit zwischen Mensch, Natur und Sprache wiederherzustellen. Die Suche nach einem Zustand der Unschuld jenseits von Scham und Sünde ist in dieser *»Dichtung des Seins und des Liebens, zwischen Fleisch und Geist, dort wo die Seelen nicht existieren, um sich zu quälen und wo die Körper nicht wissen, was Verrat bedeutet«* (Jorge de Sena) stets spürbar. Die vier Elemente – Wasser, Feuer, Luft und Erde – werden mit vorwiegend erotischen Assoziationen belegt: *»Die unschuldige Erde / öffnet sich dem goldenen / Glühen einer Flöte«*; der Mensch wiederum wird mit der umgebenden Landschaft identifiziert: *»Ein nackter Körper glänzte auf dem Sand / Körper, oder Stein, oder Blume?«* So entsteht ein dichtes System von Korrespondenzen zwischen beseelter und unbeseelter Natur. Das Besingen des Eros als göttliches Prinzip einerseits, das Wissen um die Vergänglichkeit alles Physischen andererseits bilden die zwei Pole, zwischen denen sich Andrades Liebeslyrik spannungsvoll entfaltet.

Die wenigen Jugendgedichte, die der Selbstzensur des Autors entgangen sind (eine erste, unter dem Titel *Adolescente – Jüngling* erschienene Sammlung wird von Andrade heute nicht mehr anerkannt), wurden in der Sammlung *Primeiros Poemas* 1977 wiederaufgelegt und stehen noch im Zeichen traditioneller lyrischer Ausdrucksformen. Es handelt sich um einfache, den mittelalterlichen *Cancioneiros* nachempfundene Liebeslieder. Zentrale Motive der späteren Lyrik findet man jedoch bereits in diesen frühen Versuchen: *»Der Herbst ist dies – / das Verfaulen einer Frucht / zwischen den Blättern vergessen«* oder *»die Liebe / ist ein zitternder Vogel / in den Händen eines Kindes«*.

In sprachlicher, wie auch in thematischer Hinsicht läßt sich das Werk Andrades in drei Schaffensphasen gliedern. Die erste umfaßt die Jahre 1948 bis 1961 mit Werken wie: *As mãos e os frutos*, 1948 *(Die Hände und die Früchte), Os amantes sem dinheiro*, 1950 *(Die Liebhaber ohne Geld), As palavras interditas*, 1951 *(Die verbotenen Wörter), Até amanhã*, 1956 *(Bis morgen), Coração do dia*, 1958 *(Herz des Tages)*, und *Mar de Setembro*, 1961 *(Septembermeer)*. Ein ständiger Wechsel der Stimmung zwischen Liebesrausch *(»Feucht von Küssen und Tränen, / Brennen der Erde mit Meeresgeschmack / versank dein Körper in meinem«)* und Trennungsschmerz *(»Welcher Tod, der Schatten dieses Bildes / wo ich dem Erklingen der Tage beiwohne?«)* kennzeichnen diese Lyrik. Nur den Liebenden und Begehrenden ist der Zugang zur Natur *(»Nur deine Hände bringen mir die Früchte«)* und die dichterische Schaffenskraft *(»Für dich erschuf ich die Rosen / für dich verlieh ich ihnen Duft«)* gegeben, und das Ende der Liebe gleicht einer Vertreibung aus dem Zustand des mystischen Naturerlebnisses – dem irdischen Paradies: *»Die Berge sind weit und verbergen / die Flüsse und die Wolken und die Rosen.«* Am drastischsten wird das Ende des Liebeszaubers in *Os Amantes sem dinheiro* thematisiert: *»Nichts mehr haben wir zu geben. / Nichts in dir / verlangt mehr nach Wasser ... / die Worte sind verbraucht.«* Vergänglichkeitsthematik: *»Somos folhas breves onde dormem / Aves de sombra e solidão« (»Wir sind schnell welkende Blätter / auf denen Vögel von Schatten und Einsamkeit schlummern«)*, Bilder der Nacht und des Todes folgen dem Trennungserlebnis: *»Mas a minha morte é este vaguear contigo / na parte mais débil do meu corpo, / com uma espinha de silêncio / atravessada na garganta« (»Aber dies ist mein Tod, dieses Umherirren mit dir / im schwächsten Teil meines Körpers / im Hals eine Gräte von Einsamkeit«)*. In *Até amanhã* beginnt die Überwindung des im Zeichen des Todes der Mutter stehenden Erlebnisses von Trennung und Vergänglichkeit. Die Liebe wird nun als eine den Tod überdauernde Kraft begriffen: *»Nichts könnt ihr gegen die Liebe ... / Den Tod könnt ihr uns geben.«* Jugend und Erotik werden als göttliche Kraft bejaht, die Freude neu entdeckt: *»Ich weiß jetzt, wie die Freude entstand.«* Dichtung ist eine die Vergänglichkeit überwindende Kraft: *»Das Wort ist geboren ... / Es gibt keinen Tod.«* Ihre Rolle ist es, *»Freude erfinden, / die Küsse, die Getreidefelder vermehren«. Mar de Setembro* ist Ausdruck einer nach der Erfahrung von Tod und Trennung zurückgewonnenen Unschuld: *»Ich trage mit mir ein Kind / welches das Meer nie erblickte.«* Viele Fragen: *»Warst du es? War es der anbrechende Tag?«* erinnern an den erstaunten Blick eines Kindes, das die Welt zum erstenmal erblickt und in Worte zu fassen versucht. In Ansätzen wird bereits in dieser Sammlung die Vereinfachung des Ausdrucks, die Beschränkung auf eine Reihe von Metaphern erkennbar, welche für die mit *Ostinato rigore* 1964 einsetzende zweite Schaffensphase des Dichters kennzeichnend ist. Sie umfaßt außerdem die Gedichtsammlungen *Obscuro domínio*, 1971 *(Dunkle Macht), Véspera da água*, 1973 *(Vorabend des Wassers), Escrita da terra*, 1974 *(Schrift der Erde)*, und *Epitáfios*, 1974 *(Grabinschriften)*.

Die poetologische Reflexion rückt nun in den Vordergrund, das Gedicht wird als magisches Doppel der Welt thematisiert: *»So möchte ich das Gedicht: / von Licht erzitternd, von Erde rauh, / von Wind und Wasser brausend.«* Die metaphorische Verbindung von Erotik mit den Naturelementen erreicht in dieser Schaffensphase ihren stilistischen Höhepunkt: *»Um rumor de sementes, / de cabelos / ou ervas acaba-*

das de cortar, / um irreal amanhecer de galos / cresce contigo, / na minha noite de quatro muros« (»Ein Rauschen von Samen / Haare oder frisch gemähtes Gras / eine unwirkliche Dämmerung der Hähne / wächst mit dir / in meiner Nacht aus vier Mauern«). In *Obscuro Domínio* weist die Liebesthematik eine fast gewalttätige und verzweifelte Intensität auf: *»Unausweichliche Verbrennung / Schwindel, Kuß um Kuß entfaltet / zerrissene Weiße.«* Der Autor selber bezeichnet diese Sammlung als *»Buch der Krise, nach mehreren Jahren ohne zu schreiben«*. Das Bewußtsein des Alterns wird zum Gegenstand lyrischer Reflexion und verleiht dem erotischen Erlebnis eine schmerzliche Intensität, ein Prozeß, der sich in der Sammlung *Véspera da água* (1973) weiter verdichtet. Dichtung wird zum Kampf zwischen *»dem zarten Blütenstaub / und dem Schimmel des Strohs«*, sie bewegt sich zwischen dem Wunder des Lebendigen und der Verwesung, also: *»Wie den Tod: dieses schlafwandlerische Tier, aus den Innenhöfen des Gedächtnisses verscheuchen?«*

Die dritte Schaffensphase des Autors umfaßt die Werke *Limiar dos pássaros*, 1976 *(Schwelle der Vögel)*, *Memória doutro rio*, 1978 *(Gedächtnis eines anderen Flusses)*, *Matéria solar*, 1980 *(Sonnenstoff)*, *O peso da sombra*, 1982 *(Das Gewicht des Schattens)*, *Branco no branco*, 1984 *(Weiß auf weiß)*, und *Vertentes do olhar*, 1987 *(Abhänge des Blicks)*. Eine Annäherung an die Prosa wird spürbar, der Vers ist länger, der Stil diskursiver, der Prozeß der Distanzierung verstärkt sich: Während in früheren Gedichten das lyrische Ich von den Bildern geradezu erstürmt wird: *»Ich weiß nicht wie du gekommen bist ... / Du sitzt im Garten / die Hände auf dem Schoß, voller Zärtlichkeit«*, werden nun bloße Bruchstücke einer entfernten Vergangenheit evoziert: *»Solche Dinge Rückstände Reste / Teilchen von Musik des Schweigens / Trümmer ... / So wächst das Getreide über das Gesicht meiner Mutter.«* Die poetologische Reflexion ist Gegenstand fast jedes Gedichtes. Das Erlöschen der Libido, die Besinnung auf die Sprache, als Ort, wo *»der Geschmack der Erde Silbe um Silbe«* hergestellt und verewigt werden kann, führt zu einer zuweilen elegischen Stimmung angesichts der Einsamkeit: *»Nun wohne ich näher an der Sonne, die Freunde kennen den Weg nicht: es ist gut / zu niemandem zu gehören / auf den hohen Ästen, Bruder.«* Die Natur bewahrt zwar ihren magisch-mystischen Charakter, doch sie ist nicht mehr mit jener explodierenden Erotik der früheren Gedichte behaftet. *»Das Wirkliche«*, so das Motto der dritten Phase, *»ist das Wort«*. Denn *»Jetzt sind sie es [die Wörter], die dein Gesicht bewahren ... / Ohne Wörter sind wir nichts mehr«*. Die letzte Frage, die das lyrische Ich in dieser dritten Schaffensphase noch beschäftigt, ist: *»Was hast du mit den Wörtern gemacht? ... / Was wirst du sagen, wenn / man dich fragen wird nach den winzigen Samen, die dir anvertraut wurden?«*

A.C.K.

AUSGABEN: *As mãos e os frutos*, Lissabon 1948. – *Os amantes sem dinheiro*, Lissabon 1950. – *As palavras interditas*, Lissabon 1951. – *Até amanhã*, Lissabon 1956. – *Coração do dia*, Lissabon 1958. – *Mar de Setembro*, Lissabon 1961. – *Ostinato rigore*, Lissabon 1964. – *Obscuro domínio*, Porto 1972. – *Véspera da água*, Porto 1973. – *Escrita da terra*, Porto 1974. – *Epitáfios*, Porto 1974. – *Limiar dos pássaros*, Porto 1976. – *Memória doutro rio*, Porto 1978. – *Matéria solar*, Porto 1980. – *O peso da sombra*, Porto 1982. – *Branco no branco*, Porto 1984. – *Vertentes do olhar*, Porto 1987. – *Poesia e prosa, 1940–1986*, Lissabon 1987, 3 Bde.

LITERATUR: N. de Sampayo, *A poesia de E. de A.* (in Ocidente, 59, 1960, S. 159–170). – *21 ensaios sobre E. de A.*, Hg. M. A. Valente, Porto 1971. – V. Graça Moura, *E. de A. ou a memória de tebas* (in Loreto, 13, 1979, Nr. 4, S. 27–38). – Ó. Lopes, *Uma espécie de música. A poesia de E. de A.*, Lissabon 1981. – R. Sayers, *Portuguese Poetry of Today and E. de A.* (in Concerning Poetry, 17, 1984, Nr. 2, S. 137 bis 154). – A. Ramos Rosa, *E. de A. ou a magia de uma linguagem* (in A. R. R., *Incisões oblíquas. Estudos sobre a poesia portuguesa contemporânea*, Lissabon 1987).

FRANCISCO FERNANDO DA COSTA ANDRADE

* 12.4.1936 Lépe

DAS LYRISCHE WERK (portug.) von Francisco Fernando da Costa ANDRADE (Angola).

Für den angolanischen Lyriker wurde der Aufenthalt in Portugal, wo er sich erstmals mit den Begriffen der Négritude, der Afrikanität und der Realität seines Kontinents beschäftigte, zum entscheidenden Anstoß politischer Bewußtseinsbildung. Im Jahr 1961, nach dem Massaker in Luanda, begann er politische Lyrik zu schreiben, deren prägnantestes Dokument die zehn Gedichtzyklen umfassende Sammlung *Poesia com arma*, 1975 *(Poesie mit Waffen)*, ist. Für Andrade sind Poesie und Revolution miteinander verbunden, und wie Agostinho NETO oder dem mozambikanischen Dichter José CRAVEIRINHA widmet er ein Gedicht der Mutter Erde *(Mãe Terra)*, seiner Lépi-Region, die in Gefahr ist, zerstört zu werden. Es gilt sie zu bewahren, und sei es mit Waffengewalt, bis das Endziel, die Unabhängigkeit seines Landes, erreicht ist und seine Bewohner endlich sagen können *»Ich bin Angolaner« (A flor da chuva – Blume des Regens)*. In *Canto de acusação (Anklagegesang)* kritisiert er die westliche Kultur, die Afrika asphaltiert und den Tod durch Napalm bringt, aber auch seine Landsleute, die noch nicht wissen: *»Sein / ist nicht genug zum Leben!«* Gleichzeitig vereint er die Farben der Erde und der Menschen, Rot und Schwarz, zum Symbol der Revolution, solidarisiert sich mit den Schwarzen Amerikas und hofft auf den neuen Menschen: *»Stolz siegt Schwarz / Sonne aller Menschen.« Cela 1 (Zelle 1)* drückt die Überzeugung aus, daß nichts den Freiheitsdrang aufheben kann. Andrade verdammt die Amerikaner und rühmt die Russische Revolution, die er *»Poesie fürs Leben«* nennt *(Que fazer – Was tun)*. In *Flores armadas (Bewaffnete Blumen)* kehrt er sich von der Négritude ab *(»Dein Körper, Mulattin / ist der Körper des Neuen Lebens«)*, fordert Harmonie, aber auch Unterstützung der Guerrilla: *»Die Waffe gab mir die Stimme« (Insónia – Schlaflosigkeit)*. *O guerrilheiro* kritisiert den fremden Soldaten, der Angola mitunterdrückt und beweint den zwölfjährigen Ngangula, der vom Kolonialherren ermordet wurde. Andrade fordert die Weißen auf, das Land zu verlassen: *»Ich will euch nicht mehr sehen / Der Kompromiß ist unmöglich / das Land, das ihr mit Stiefeln getreten, erlaubt es nicht« (A distância – Entfernung)*. *Povo inteiro (Das ganze Volk)* beschreibt den Schmerz, der mit dem Wind entstand, fordert den Wind auf, umzukehren, ihm Einhalt zu gebieten, dem Feind mit neuer Kraft entgegenzutreten und ihn zu besiegen. *O Lundoji e o eco (Lundoji und das Echo)* und *O futuro nasceu da noite (Die Zukunft wurde nachts geboren)* drücken Dank an die Unabhängigkeitskämpfer und Hoffnung auf die Zukunft aus: *»Damit / über dem blutigen Boden Aprils ... immer ein Regenbogen stehe.«* In den beiden abschließenden Gedichten besingt Andrade nochmals die Nacht der Kolonialzeit, in der mit aufgehendem Mond, der das Licht hervorbrachte, der Widerstand gebrochen wurde: *»Angola im Kampf geboren.«* Andrades dichterisches Werk, zu dem auch *O país da Bissalanka*, 1980 *(Das Land Bissalanka)*, und *Ontem e depois*, 1985 *(Gestern und danach)*, gehören, wird mit dem »dramatischen Gedicht« *No velho ninguém toca*, 1979 *(Am Alten rührt niemand)*, seinem einzigen Theaterstück, abgerundet. In acht Bilder gegliedert, spielt es in einem Dorf des Lépi. Im Kreis diskutieren Jika, der Schmerz, die Liebe, die vier Elemente, die Zeit, das Leben, das Militär, junge Pioniere, neue Bürokraten, junge Leute mit Bart, einfache Afrikaner und der Dorfälteste über den Freiheitskampf und die Zukunft. Sie wollen *»nicht die Fehler von gestern begehen, sondern alles im Auge behalten«*, alles in Frage stellen, außer, sagt Jika, den »Alten«, d. h. den angolanischen Nationaldichter Agostinho Neto, dessen Forderung *»Von den Menschen ausgehen, um zu ihnen zurückzufinden«* von allen beklatscht wird. Die Militärs wollen aber allein bestimmen, die Intellektuellen fordern zur Selbstkritik auf, und Jika unterstreicht, daß es an der Zeit ist, Demagogie und Taktieren, Intrige und Stammesfehden, Opportunismus und aufgeblasene Bürokratie aus der Welt zu schaffen, und ruft allen ein *»Denkt ans Vaterland«* zu, womit Andrade einen Zyklus der »Angolanität«, die er wie kein zweiter beschwört (was ihm den Beinamen »Angolano« de Andrade einbrachte), abschließt. K.De.

Ausgaben: *Armas com poesia e uma certeza*, Lusaka 1974. – *Poesia com armas*, Lissabon 1974. – *No velho ninguém toca*, Lissabon 1979 (Vorw. B. Davidson).

Literatur: C. Bandeirante, *C. A. – Poesia com armas* (in Africa, 1, Lissabon 1978, Nr. 2, S. 220 bis 222). – M. A. Santilli, *C. A. – No velho nunguém toca / teatro* (in Africa, 2, Lissabon 1980, Nr. 9, S. 508–510). – J. Ch. Haggstrom, *Négritude and Afro-Portuguese Poetry*, Diss. Univ. of Minnesota 1985 (vgl. Diss. Abstr., 46, 1986, S. 1940A).

ESTÓRIAS DE CONTRATADOS

(portug.; *Geschichten Angeworbener*). Erzählsammlung von Francisco Fernando da Costa Andrade (Angola), entstanden 1958/59, erschienen 1980. – Im Zentrum dieser Erzählungen steht die Kolonisierung der angolanischen Regionen Longomjo, Cuna und Yava durch portugiesische Bauern, Soldaten, Priester und Händler in der Zeit zwischen 1945 und 1956, und das damit verknüpfte Schicksal der einheimischen Bevölkerung, die zur Landflucht, Zwangsarbeit, Verschleppung und Prostitution verdammt war.

In *Jonga* (1958) geht es um eine Frau namens Jonga, deren Mann Kanalela, wie viele seiner Landsleute, von den Portugiesen unter falschen Versprechungen zum Zwangsarbeiter im Fischereibereich rekrutiert wird und dort ganz der Willkür des Kolonialherrn ausgesetzt ist. Jonga wird vom Klempner vergewaltigt, aber sie widersetzt sich, als dieser sie heiraten will, und wartet weiter auf ihren Mann, der eines Tages von der Küste fliehen kann, verfolgt wird und schließlich in ihren Armen von den Verfolgern ermordet wird. Nun irrt sie durch die Stadt der Weißen, Schulkinder geben ihr zu essen, die Erwachsenen zwingen sie, sich zu kleiden. Als Jonga schließlich stirbt, atmen die Weißen auf, weil endlich der Schandfleck aus dem Stadtbild verschwindet. – *Paulino Kambule – um conto igual a muitos*, 1958 *(Paulino Kambule – eine Geschichte wie viele andere)*, erzählt von der Heimkehr Paulino Kambules, der nach sechs Jahren Vertragsarbeit aus São Tomé mit einiger Habe, aber tief gezeichnet in die Lépi-Region zurückkommt. Hier berichtet er von seinen Erfahrungen, doch wenn er Wein getrunken hat, wird er wieder zum Portugiesen, ist stolz auf seine Uniform und seine Arbeit als Ausrufer für die Kolonialbehörden. Eines Tages kommen Anwerber ins Dorf, und viele Männer folgen den Verlockungen der Portugiesen, so daß die Felder nur noch ungenügend bestellt werden. Als die Anwerber wiederkommen und Kambule Wein für die Vermittlung von Arbeitskräften anbieten, lehnt dieser ab und wird festgenommen, während viele Männer nach Bula-Matadi bzw. Monda fliehen. Beim drittenmal wollen die Portugiesen Kambules Sohn mitnehmen; da schleudert er einen Stein gegen die Anheuerer, tötet einen von ihnen und wird zur Zwangsarbeit auf die Kakaoplantagen nach

São Tomé verschifft. – *Os regressados das ilhas*, 1958 *(Die Heimkehrer von den Inseln)*, handelt von der Rückkehr eines alten Mannes von den Kakaoinseln nach Angola. Im Hafen erfährt er, daß sein Dorf im Landesinneren von den Einwohnern verlassen wurde. Trotzdem kehrt er dorthin zurück, trifft aber nur leere Hütten an. Wie einst er, so wurden auch seine Söhne zur Vertragsarbeit gezwungen oder verließen das Dorf aus Angst vor den Anwerbern, die nicht davor zurückschreckten, die Frauen zu vergewaltigen und unentgeltlich im Straßenbau arbeiten zu lassen. Schließlich trifft er doch noch einen Verwandten, der ihm die Geschichte seiner Tochter erzählt und ihm von den Verdienstmöglichkeiten in der nahen Ferne berichtet. Aber der Alte folgt ihm nicht, sondern bleibt allein in seinem Dorf zurück. – In *A estrada*, 1959 *(Die Straße)*, durchschneidet eine Straße die Lépi-Region. Auf ihr fahren die LKWs der Portugiesen und wandert der alte Chivela mit seinen Söhnen, in der Hoffnung, von einem Auto mitgenommen zu werden. Aber die Weißen wollen Geld und verspotten sie, während Chivela die Straße verdammt, deren *»Staub Ausdruck der eigenen Schuld«* sei. *»Über sie kommen die Gerüche des Meeres und rauben den Leuten alles.«* Der Alte erzählt den Kindern von der Zwangsarbeit der Dorfbewohner beim Bau der Straße, die den Tod vieler forderte. Plötzlich hält ein LKW. Die Fahrer laden die Söhne zur Mitfahrt ein, fordern sie auf, für die Weißen zu arbeiten, und werfen dem Alten eine Flasche Wein zu. Dann verschwindet der Wagen und mit ihm die Söhne. – *Vida de cão*, 1959 *(Hundeleben)*, berichtet vom Leidensweg Nangeves, die zur Straßenausbesserung gezwungen wird und deshalb außerstande ist, ihren kranken Sohn zu pflegen. Als dieser nun zu Brükkenbauarbeiten gezwungen werden soll, versucht sie zu fliehen, wird aber gefangen und zur Strafe kahlgeschoren, während ihr Sohn stirbt. Nun steht sie als Gezeichnete vor den anderen Frauen, die erkennen, daß sie für die Kolonialherren weniger wert sind als ein Hund.

Andrades Erzählwerk steht in der langen mündlichen Erzähltradition Afrikas, ist jedoch gleichzeitig ein historisches Dokument der miserablen Lebensumstände und systematischen Ausbeutung der schwarzen Bevölkerung Angolas in der Zeit portugiesischer Kolonialherrschaft. K.De.

AUSGABEN: Lissabon 1959 *(A estrada)*. – Lissabon 1959 *(Paulino Kambule – Um conto igual a muitos)*. – Luanda 1960 *(Jonga)*. – Algier 1968 *(Os regressados das ilhas)*. – Lissabon 1980 (Vorw. Pepetela).

LITERATUR: A. Margarido, *Estudos sobre literaturas das nacões africanas de lingua portuguesa*, Lissabon 1980. – A. F. Soares, *Literatura angolana de expressão portuguesa*, Porto Alegre 1983.

SOPHIA DE MELLO BREYNER ANDRESEN

* 6.9.1919 Porto

LIVRO SEXTO

(portug.; *Sechstes Buch*). Lyriksammlung von Sophia de Mello Breyner ANDRESEN, erschienen 1962. – Der – wie im Titel angekündigt – sechste und zugleich einer der bedeutendsten Lyrikbände der Autorin ist Kristallisationspunkt einer stilistischen und thematischen Entwicklung. Nach der dem Paganismus und der griechischen Antike verhafteten frühen Poesie, reich an Beschwörungen der Götter und mythologischer Figuren (*Dia do mar – Tag des Meeres*, 1947), verfiel die Autorin in eine Dichtung der Klage ob der Zerbrechlichkeit der Welt und der alles trennenden und aufhebenden Wirkung der Zeit (*No tempo divino – In göttlicher Zeit*, 1954). In ihrem sechsten Band fand sie zu einem neuen Verständnis der Zeit und damit auch der Dinge und Menschen. Ausgangspunkt ist der Gedanke der Überwindung von Vergänglichkeit durch die Dichtung, die als Möglichkeit betrachtet wird, den Augenblick zu verewigen.

Die Sammlung ist in drei Teile gegliedert, welche die angedeutete persönliche Entwicklung der Dichterin schrittweise dokumentieren. Der erste Teil, *Die Dinge*, stellt den Versuch dar, Gegenstände und Landschaften zu »umkreisen«. Gemäß ihrer Auffassung von Dichtung als einer *»Verfolgung des Realen«* werden Steine, Gebirge, Lichteffekte, aber vor allem und immer wieder das Meer betrachtet und zum Gegenstand einer feierlichen Aufmerksamkeit und eines begeisterten Erstaunens gemacht. Der Dichter wird dabei zum bloßen Medium, dessen Blick *»durchsichtig wie Glas«* dazu dient, *»daß sich die Dinge sehen«*. – *Der Stern*, so die Überschrift des zweiten Teils, führt die Dichterin in Anlehnung an die christliche Mythologie zur heiligen Stätte, zu den Menschen: *»Wie viele Wüsten / Mußte ich durchqueren, um jenes zu finden / Was so nah unter den Menschen weilte.«* Hier wird ebenfalls der Abschied von den Göttern gefeiert *(»Da bin ich / Aller Gewänder entkleidet / Aller Wahrsager, Zauberer und Götter entledigt«)* und die Absicht bekundet, durch das Gedicht *»Den wirklichen Augenblick der Erscheinung und des Erstaunens / Vor dem Verfall, Tod und Zusammenbruch zu bewahren«*. Die Hinwendung zum Menschlich-Vergänglichen wird als eine notwendige Folge jener im ersten Teil artikulierten prinzipiellen Aufmerksamkeit des Dichters den Dingen gegenüber verstanden: *»Wer ein richtiges Verhältnis zum Stein, zum Baum, zum Fluß sucht, wird notwendigerweise durch den Geist der Wahrheit dazu geführt, ein richtiges Verhältnis zum Menschen zu suchen.«* – Der dritte Teil, *Die Gitter*, enthält ausschließlich politische Texte, die sich aus-

drücklich auf die negative portugiesische Realität beziehen. Hier werden Vaterland, Exil und politische Unterdrückung thematisiert.
Die Klarheit der Sprache ist Ausdruck jener *»bejahenden Exaltiertheit des Realen«*, welche die Lyrik der Autorin kennzeichnet. Ihre Sprache ist in der entrüsteten Anklage politischer Unterdrückung, in der Revolte gegen menschlichen Schmerz und in der begeisterten Beschreibung einer Seelenlandschaft durch dieselbe nüchterne und knappe Dichte des Ausdrucks geprägt. *»Der poetische Diskurs als plötzliche und feierliche Ekstase gegenüber dem von der Ratio Unkontrollierbaren und im Bereich des imaginären Flüchtigen«* wird als eine der herausragendsten Eigenschaften der Dichtung Sophia de Mello Breyner Andresen betrachtet, die für ihr *Livro Sexto* mit dem Großen Poesiepreis der Sociedade Portuguesa de Escritores ausgezeichnet wurde. A.C.K.

Ausgaben: Lissabon 1962. – Lissabon 1985.

Literatur: O. Lopes, Rez. (in O Cómercio do Porto, 25. 11. 1962; ern. in ders., *Os sinais e os sentidos*, Lissabon 1986, S. 107–112). – C. Crabbé Rocha, *A poesia de S. de M. B. A., ou o culto do canto mágico de Orpheu* (in Biblos, 55, 1979, S. 121–135). – J. Prado Coelho, *S.: A lírica e a lógica* (in Colóquia/Letras, 1980, Nr. 57, S. 20–35). – M. de Lourdes Belchior, *Itinerário de S.* (ebd., 1986, Nr. 89, S. 36–42).

António Lobo Antunes

* 1.9.1942 Lissabon

Literatur zum Autor:
L. A.: Le point de vue de l'écrivain (in Quadrant, Montpellier 1984, S. 147–156). – A.-M. Quint, *Entretien avec le romancier A. L. A.* (in LNL, 78, 1984, S. 93–100). – Baptista-Bastos, *Entrevista com A. L. A.* (in JL, 9. 11. 1985, Nr. 176). – I. Pedrosa, *Entrevista com A. L. A.* (in JL, 14. 4. 1986, Nr. 197). – L. Almeida Martins, *Entrevista com A. L. A.* (in JL, 5.–11. 4. 1988, Nr. 300).

AUTO DOS DANADOS

(portug.; *Spiel von den Verdammten*). Roman von António Lobo Antunes, erschienen 1985. – In seinem sechsten Roman, der mit dem großen Romanpreis des Portugiesischen Schriftstellerverbandes ausgezeichnet wurde, führt der Autor den Leser nach Monsaraz, in die Provinz Alentejo. Alljährlich im September findet in dem kleinen mittelalterlichen Ort das große Fest des Dorfes statt, das in einem Stierkampf gipfelt. Hier, unweit der spanischen Grenze, wird das Tier jedoch, entgegen der sonst in Portugal gepflogenen Tradition, getötet. Während das Fest naht und das ganze Dorf einnimmt, liegt der Patriarch einer alten Großgrundbesitzerfamilie, die den Ort seit jeher beherrschte, auf seinem heruntergekommenen Landsitz im Sterben; sein herannahender Tod ist ein Symbol für das Sterben einer ganzen Gesellschaftsschicht, für den mit der Revolution so erhofften Beginn einer neuen Zeit.
Der Alte, dessen Frau ihn vor langer Zeit verlassen hat, lebt auf dem Gut mit drei erwachsenen Kindern: Da ist der Sohn Gonçalo mit dem Eisenbahntick, der in Uniform mit der Kelle in der Hand vor Spielzeuggleisen ernsthaft um An- und Abfahrt seiner Züge besorgt ist, dann »die Mongolide«, die auch für den Erzähler keinen anderen Namen besitzt, und schließlich Leonor, verheiratet mit einem widerlich herrischen Mann. Aus Lissabon kommen die Enkelin Ana, ihr Mann Nuno, ein Zahnarzt und mit ihnen Anas verzogener Bruder, der zwölfjährige Bengel Francisco. Nuno erlebt die düstere Atmosphäre dieses Familienclans von außen, als einer, der aus engen, allerdings nicht weniger bedrückenden Verhältnissen stammt. Während die Schwachsinnigen, in andere Welten entrückt, die Vorgänge um den sterbenden Alten kaum wahrnehmen, versuchen Leonor und ihr Mann, der ohne Rücksicht auf Verwandtschaftsgrade brutal allen Frauen hinterhersteigt (die Mongolide hat von ihm eine Tochter, die ihrerseits wieder von ihm geschwängert wird und eine Tochter bekommt), sich das Erbe zu sichern. Der herbeigerufene Notar weiß nur zu gut, wie die Vermögenslage ist. Zu spät erkennen die beiden, daß sie ein nur aus Schulden bestehendes Erbe übernommen haben. Während das Fest mit dem Stierkampf seinen Höhepunkt erreicht, der Tod des Stieres und der Tod des Patriarchen parallel verlaufen, bis Mensch und Tier im Sterben eins werden, bereitet die Familie die Flucht nach Spanien vor. Damals sei man per Flugzeug nach Brasilien geflohen, bemerkt Nuno ironisch, während draußen bärtige Gestalten die Slogans der Revolution auf das Volk herabredeten und im Alentejo, dem traditionellen Gebiet der Latifundien, die Landarbeiter gerechtere, menschlichere Lebensbedingungen kennenlernten. Auf der Liste der herannahenden Revolutionäre ist der Name dieser Familie unterstrichen. Fast alle können sie sich rechtzeitig absetzen.
Der Roman ist in fünf große Abschnitte, die zwei Tage vor dem Fest und die drei Tage während des Festes, unterteilt. Im ersten Kapitel steht Nunos Tagesablauf in seiner Praxis in Lissabon im Mittelpunkt. Erst als er Francisco, den kleinen Bruder seiner Frau Ana, für die Reise nach Monsaraz in einem düsteren Appartement aus den Händen einer mumienhaften Angestellten auslöst, tritt mehr und mehr die bedrückende Atmosphäre der Familie, in die er hineingeheiratet hat, in den Vordergrund. Mit der Ankunft in Monsaraz wechselt die Erzählperspektive, wobei die Gestalten nicht durchgän-

gig in der ersten Person sprechen, sondern, in größerer, oft auch ironischer Distanz des Autors zur Erlebniswelt seiner Figuren, in der dritten Person dargestellt werden. Anas Mutter, als einfaches Mädchen, Tochter des Gutsverwalters, nie ernst genommen im Kreis dieser Familie, obendrein lächerlich gemacht, weil Gonçalo, der mit dem Eisenbahntick, sie sich zur Frau gewählt hat, erzählt von ihrer Heirat, der zynischen Reaktion des Schwiegervaters, der höhnischen Ablehnung durch die Familienangehörigen. Sie bleibt die unterwürfige Kreatur, die Frau des Verrückten, eine ernstzunehmende Schwiegertochter wird sie nie.

Sieben Jahre später – und hier wird neben der erinnerten Vergangenheit der Figuren und der Gegenwart am Sterbebett des Alten die dritte zeitliche Ebene in den Roman eingeführt – kehrt Ana kurz aus Brasilien zurück, um für die finanzielle Absicherung ihrer Mutter zu sorgen. Sieben Jahre später kommt auch Francisco zu Wort, der inzwischen in einer ärmlichen, chaotischen, kleinen Wohnung in Lissabon mit einer zwanzig Jahre älteren Schauspielerin zusammenlebt, von der er mit großer Zärtlichkeit spricht. Es ist eine Liebesbeziehung, der er, das revoltierende Kind aus gutem Hause, viel verdankt.

»Am Vorabend meines Todes«, im vorletzten Kapitel, erinnert sich schließlich der Alte selbst an die ersten Ehejahre, an die gegenseitigen Verletzungen, die man sich zufügte; da ist der nie verwundene Verlust der Frau, die Bitterkeit über Leonor und den Schwiegersohn, die so hemmungslos habgierig auf das Erbe Jagd machen, während er im Sterben liegt. Waren die ersten vier Kapitel jeweils nur einer oder zwei Gestalten des Romans zugeordnet, so lösen sich im letzten Teil, am dritten Tag des Festes, als der Stier erlegt wird und der Alte stirbt, in kurzer Aufeinanderfolge die Stimmen verschiedener Familienangehöriger ab. Das düstere Porträt dieser degenerierten Familie wird unterstrichen durch den Modergeruch, der vom nahe gelegenen Flußufer herüberzieht und sich mit dem Verwesungsgestank in dem alten Landsitz vermengt.

Der Roman ist streng durchkomponiert, unverkennbar auch hier die eindringliche, bilderreiche Sprache des Autors, die jedoch weniger metaphernbefrachtet ist als in den ersten Werken.

R.G.M.

AUSGABEN: Lissabon 1985; [10]1987.

LITERATUR: L. Cruz, Rez. (in Colóquio/Letras, 1987, Nr. 97, S. 118/119).

EXPLICAÇÃO DOS PASSAROS

(portug.; *Erklärung der Vögel*). Roman von António Lobo ANTUNES, erschienen 1981. – In diesem vierten Roman des Autors steht Rui S., Geschichtsprofessor und Schriftsteller, im Mittelpunkt, ein Mann, der gegen die Erwartungen seiner großbürgerlichen Familie rebelliert, sich ihren Ansprüchen und Anforderungen verweigert. *»Erklär mir die Vögel«*, hatte der kleine Rui als Kind einmal den Vater gebeten, als ein Schwarm vor dem Landhaus in die bläuliche Abenddämmerung aufflatterte. Der Vater, ein einflußreicher Geschäftsmann, erklärt dem Sohn liebevoll die Vögel. Diese Szene wird als kostbare Erinnerung an eine glückliche Kindheit mehrfach zitiert. Rui S. aber ist später bitter enttäuscht von seinem Vater, der ihn ablehnt, als er gegen seinen Willen Geschichte studiert und sich politisch engagiert. Von ihm, dem einzigen Sohn unter vier Kindern, erwartet man die Mitarbeit im väterlichen Unternehmen. Rui S. heiratet zwar eine Schöne der Gesellschaft, läßt sich jedoch bald scheiden und sucht bei Marilia, einer überzeugten Kommunistin aus ärmlichen Verhältnissen, neuen Halt. Von ihren Parteigenossen wird er, der Großbürgerssohn, nicht akzeptiert, von der eigenen Familie höhnisch als ein Versager abgestempelt. So ist Rui S. in keiner der beiden Welten mehr zu Hause.

Der Roman beginnt mit seiner Vorahnung, *»eines Tages werde ich hier am Strand angeschwemmt wie ein von Fischen zerfressener, toter Wal«*. Rui besucht die krebskranke Mutter im Hospital und verabschiedet sich, da er am Wochenende zu einem Kongreß fahren möchte. In Wahrheit holt er Marilia ab, um einige Tage mit ihr am Strand zu verbringen, um ihr endlich zu sagen, daß er sich von ihr trennen möchte, obwohl er spürt, wie sehr er noch an ihr hängt. In vier große Kapitel unterteilt, Donnerstag, Freitag, Samstag, Sonntag, werden die Ereignisse dieses Wochenendes erzählt. Familienangehörige, Freunde und Kollegen, die Leute aus dem kleinen Strandort, die Genossen von der Partei, sie alle kommen in diesem mehrstimmig angelegten Text zu Wort, erzählen aus ihrer Sicht von Rui und damit von sich selbst. Spätestens mit der ersten Zeugenaussage im zweiten Kapitel wird deutlich, daß Rui sich das Leben genommen hat. Seine Leiche wird unter einem Schwarm kreischender Möwen am Strand gefunden.

Wie in all seinen Romanen erzählt Lobo Antunes nie linear, sondern läßt Vergangenheit, Gegenwart und Zukunft ständig ineinander übergehen, verstärkt dadurch, daß hier mehrere Stimmen zu Wort kommen. Ob es seine eigenen Erinnerungen an die Familie sind und an die peinlichen Versuche, seine zweite, nicht akzeptierte Frau dort einzuführen, ob Parteisitzungen mit den Genossen wiedergegeben werden oder die erschreckend unberührt klingenden Vermutungen Marilias über die Ursachen seines Todes, ob die Kommentare der Zeugen des Selbstmords oder die meistens höchst selbstgefälligen, höhnischen Bemerkungen seiner Verwandten über dieses armselig gescheiterte Leben – sie alle werden in unterschiedlichem Rhythmus zusammengeführt, laufen parallel und ergänzen sich in einer vielstimmigen, sprachlich eindrucksvollen Komposition. Der Roman endet in einer Zirkusszene – schon zu Beginn werden immer wieder Gestalten in Zirkusaufmachung eingeführt, man fühlt sich häufig an Fellinis *8 1/2* erinnert, einen Film, den Lobo Antunes besonders schätzt –: in Anwesenheit aller bisher Befragten wird der Selbstmord zum laut inszenierten Spektakel, Rui S. hat seinen großen Auftritt, wie gelähmt sieht er sich selbst dabei zu. Die Erklärung der Vögel wird zur Erklärung seines gescheiterten Lebens, die Autopsie des Selbstmörders zur Autopsie der Lebenden. Hier wie in den vorangegangenen drei Romanen dieses Autors steht als Thema im Hintergrund die Angst vor Zuneigung und zugleich die geradezu besessene Sehnsucht nach Verständnis und Zärtlichkeit – und die verzweifelte Erfahrung, daß alle Versuche der Kommunikation scheitern. R.G.M.

AUSGABEN: Lissabon 1981; [8]1986.

OS CUS DE JUDAS

(portug.; *Ü: Der Judaskuß*). Roman von António Lobo ANTUNES, erschienen 1979. – Der Kolonialkrieg in Angola, den der Autor als Arzt aus eigener Erfahrung kennt, und die Entwicklung Portugals von der Diktatur Salazars bis zu der Zeit restaurativer »Normalisierung« nach der »Nelkenrevolution« vom 25. April 1974 bilden die Grundthemen von Antunes' Werk. *Os cus de Judas* besteht aus dem obsessiven Monolog eines Arztes über die Schrekken des Angola-Kriegs, die ihn auch noch acht Jahre später traumatisch verfolgen.

Der Lebenslauf des Ich-Erzählers steht exemplarisch für die Generation junger Männer, die in der Spätphase der Regierung Salazars aufwuchsen, gefangen im Widerspruch zwischen einer von Repression und Katholizismus geprägten Gesellschaftsordnung und der durchsickernden westlich-libertären Konsumwelt. Ohne Vorbereitung werden sie 27 Monate *»im Namen stumpfsinniger Ideale«* nach Afrika an *»den Arsch der Welt«* geschickt – so die sinngemäße Übersetzung des Titels *Os cus de Judas*. Stellvertretend für sie, die zu Zehntausenden im »Vietnam Portugals« sinnlos kämpften und starben, redet das Ich des Romans in 25 Abschnitten über das private und zugleich nationale Trauma, das nach der Revolution aus dem öffentlichen Bewußtsein verdrängt wurde. Der Monolog des Veteranen in den Bars von Lissabon, begleitet von Alkohol und einer namenlosen Frau, bei der er Vergessen sucht, spiegelt die vergeblichen Versuche wider, den absurden Krieg zu bewältigen. Doch alle erinnerten Bilder von Hieronymus Bosch bis Pablo Picasso, alle Bücher und Filme zerbrechen als reliquienhafte Scherben einer entfremdeten Zivilisation am absoluten Grauen, das sie nicht ertragbar machen können. Sie erweisen sich als ebenso machtlos wie die Umwandlung erfahrener Realität in Zoo, Zirkus und Karneval, die die Welt zum – wenn auch sinnlosen – Theater entschärfen soll. Statt dessen bleibt nur die Wahl zwischen Selbstmord oder Selbstentfremdung, einzig die Lebenskraft der ausgehungerten Guerilleros, die sich nicht brechen ließen durch die *»unfreiwilligen Besatzer in einem fremden Land und Agenten eines provinziellen Faschismus, der sich selbst auffraß«*, vermag noch zu faszinieren. Die Heimkehr nach Portugal wird zu einem Weg in eine Fremde, für die Angola nur auf der Landkarte existiert. In dieser Fremde muß der Heimgekehrte wieder »normal« leben lernen angesichts der Zerstörung seiner vormals geordneten bürgerlichen Existenz (Frau, Familie, Beruf) nach zwei Jahren *»am Arsch der Welt«*.

Die Erfahrung, daß das Trauma unbewältigt geblieben ist, führt zu einer zutiefst resignativen Einschätzung der gesellschaftlichen Entwicklung in Portugal. Dabei wiegt besonders schwer, daß die Befreiung aus der Diktatur gerade aus dem Widerstand gegen die Kolonialkriege entscheidende Impulse erhielt: *»Langsam glaube ich, daß die anderthalb Millionen Menschen, die durch Afrika gezogen sind, nie existiert haben.«* Die radikale Umwertung nationaler Ideologien und Mythen, die Konfrontation der repressiven Stimmen von Staat und Kirche mit dem brutalen Militärjargon markieren den entschieden tabubrechenden Charakter von *Os cus de Judas*, das neben *Fado Alexandrino* (1983) zum erfolgreichsten Buch Antunes' wurde. O.Gr.

AUSGABEN: Lissabon 1979; [14]1986.

ÜBERSETZUNG: *Der Judaskuß*, R.-G. Mertin, Mchn. 1987.

LITERATUR: M. do Carmo Monteiro, *Éléments pour une lecture de »Os cus de Judas« de A. L. A.* (in Recherches et Études Comparatistes Ibéro-Francophone de la Sorbonne Nouvelle, 4, 1982, S. 110–119). – F. Uteza, *»Os cus de Judas«: Mirage au bout de la nuit* (in Quadrant, Montpellier 1984, S. 121–145). – J. Camilo, *Alguns aspectos da técnica narrativa em »Os cus de Judas« de A. L. A* (in Cahiers d'Études Romanes, 10, 1985, S. 231–249). – U. Timm, Rez. (in Der Spiegel, 27.4. 1987). – J. Drews, Rez. (in SZ, 6.5. 1987). – F. Rathjen, Rez. (in FRs, 20.6. 1987). – P. Demetz, Rez. (in FAZ, 8.8. 1987). – H. Thorau, Rez. u. Interview (in Die Zeit, 6.11. 1987).

BAPTISTA-BASTOS

eig. Baptista Bastos

* 27.2.1934 Lissabon

CÃO VELHO ENTRE FLORES

(portug.; *Alter Hund zwischen Blumen*). Roman von BAPTISTA-BASTOS, erschienen 1974. – Der Roman schildert die Kindheits- und Jugenderinnerungen des Journalisten und Schriftstellers Manuel, der in einem Armenviertel Lissabons aufwächst. Diese Umgebung übt auf ihn einen magischen

Reiz aus, wie ihn auch all die Geschichten faszinieren, die ihm sein Großvater unter einer alten Eiche erzählt. Als der Krieg ausbricht, werden die Zeiten schwierig. Ein Riß geht durch die Familie: Vater und Großvater Manuels, die besorgt das Weltgeschehen auf der Landkarte verfolgen, werden von Mutter und Großmutter, die als Wäscherinnen arbeiten, und dem als Streikbrecher bekannten Onkel, der als Mechaniker seinen Lebensunterhalt bestreitet, ihrer Untätigkeit wegen verachtet. Mit seinem zynisch-sadistisch veranlagten, stummen Vetter Mudo (= der Stumme) zieht Manuel durchs Viertel und entdeckt mit ihm einige Geheimnisse der Welt. Mudos Charakter ist ihm allerdings zuwider, kann dieser doch nichts dabei finden, daß sich Soldaten gegenseitig umbringen. Eine Truppenparade, der sein Vater und Großvater als einzige Bewohner des Viertels nicht zusehen, wird zu einem Schlüsselerlebnis in Manuels Leben, denn er muß feststellen, daß nicht alle Menschen gleich sind. Bei der Beerdigung seines Großvaters entdeckt Manuel mit Genugtuung die positiven Aspekte dieses Anders-Seins, denn als die Nachbarn und Bekannten, einem letzten Wunsch des Verstorbenen folgend, seinen Sarg an der Kaserne vorbeitragen, sind die Militärs gezwungen, diesem zu salutieren. Manuels Großmutter, eine Nachfahrin von Carolina do Ribeiro, der Organisatorin des ersten Textilarbeiterstreiks in Portugal, erzählt ihm, daß der Großvater ein mutiger Mann war, der zwar große Angst vor dem Kommenden hatte, aber trotzdem *»wie ein alter Hund zwischen Blumen«* vorwärts schritt.
Nach dem Tod des Großvaters verläßt Manuels Vater die Familie, mit der er sich nie verstanden hatte. In dieser Zeit lernt Manuel das Mädchen Nora kennen, mit der er, wie er rückblickend bedauernd feststellen muß, gern sein restliches Leben verbracht hätte. Die existentiellen Erfahrungen dieser Zeit werden vom Sterben der krebskranken Mutter bestimmt: nach ihrem Tod bringt ihn seine Großmutter zum Vater, wo er von nun an lebt. Aber dieser arbeitet nachts, und da Manuel tagsüber in die Schule muß, begegnen sich die beiden nur selten und haben wenig Gelegenheit, einen Tag gemeinsam zu verbringen. Eines Tages kommt der Vater bedrückt nach Hause zurück, und von diesem Zeitpunkt an läßt er Manuel nicht mehr ganz an seiner Welt teilhaben. Plötzlich hat er Freunde wie der Großvater und versteckt im Haus geheimnisvolle Zeitungen. Während der Vater sich durch Schweigen vor seinem Sohn schützt, unterhalten sich Manuel und João, der vielgehänselte Sohn eines Straßenmädchens, in einer auch von Schmugglern benutzten Ehrensprache, mit der sie ihre Geheimnisse vor Gleichaltrigen zu verbergen suchen. Ihre Freundschaft teilen sich die beiden mit einem verarmten und mißachteten Zirkuszauberer. Eines Tages beschließen sie gemeinsam, Manuels Vetter Mudo aufzusuchen. Manuel findet jetzt wieder in seine alte wunderbare Welt zurück, und beobachtet mit Vergnügen die Liebelei zwischen seiner Tante und dem Zauberer. Alles erinnert ihn an die glücklichen Zeiten seiner frühen Kindheit, als er mit dem Großvater unter der alten Eiche saß, zumal sein Vater jetzt mit Joãos Mutter zusammenlebt. Doch das Glück wird von den Schreien *»Salazar, Salazar, Salazar«* übertönt. Großes Schweigen tritt ein, die Stimmung schlägt um. Die verbitterte Großmutter wird vom Onkel ins Altersheim gesteckt. Aber sie formuliert ihren Haß nicht, sondern ergibt sich, wie so viele, dem Staub.
Dieser Staub ist eine Metapher für das Portugal der Diktatur, das in diesem 28 Episoden umfassenden Roman satirisch-scharf mit der Stimme des jungen Manuel kritisiert wird, die nur von einigen Gedankeneinschüben des reifen Journalisten und Schriftstellers unterbrochen wird und meisterlich die verschiedenen Lebensabschnitte und wachsende Isolation des Protagonisten verdeutlicht. – Die 1981 erschienene Erzählung *Viagem de um pai e de um filho pelas ruas da amargura (Reise eines Vaters und Sohnes durch die Straßen der Bitterkeit)* setzt die Thematik der Selbsterfahrung eines Menschen, der sich mit seinem in der Kindheit idealisierten Vater auseinandersetzen muß, vor dem Hintergrund der Realität eines verstummten und traurigen Landes der salazaristischen Diktatur fort. K.De.

AUSGABEN: Lissabon 1974. – Lissabon 1980. – Mem Martins 1982 (LB-EA).

LITERATUR: E. M. de Melo e Castro, *Literatura portuguesa de invencão*, São Paulo 1983, S. 124–138. – M. A. Seixo, *A palavra do romance*, Lissabon 1986, S. 169–181.

MARIA ISABEL BARRENO
MARIA VELHO DA COSTA
MARIA TERESA HORTA

Maria Isabel Barreno
eig. Maria Isabel Barreno de Freitas Manuel
* 10. 7. 1938 Lissabon

Maria Velho da Costa
d.i. Maria de Fátima Bivar
* 1938 Lissabon

Maria Teresa Horta
eig. Maria Teresa de Mascarenhas Horta
* 20. 5. 1937 Lissabon

NOVAS CARTAS PORTUGUESAS

(portug.; *Ü: Neue portugiesische Briefe oder wie Maina Mendes beide Hände auf den Körper legte und den übrigen legitimen Oberen einen Tritt in den Hin-*

tern versetzte). Sammlung von Briefen und lyrischen Texten von Maria Isabel BARRENO, Maria Velho da COSTA und Maria Teresa HORTA, erschienen 1972. – Mit diesem gemeinsam verfaßten Buch verursachten die drei Autorinnen den wohl größten literarischen Skandal der salazaristischen Ära. Das Buch wurde beschlagnahmt, den »Drei Marias«, wie die Verfasserinnen bald heißen sollten, *»wegen Mißbrauch der Pressefreiheit«* und *»Verletzung des öffentlichen Anstands«* der Prozeß gemacht, doch das Verfahren endete im April 1974 im Zuge der »Nelkenrevolution« mit dem jähen Sieg für die Angeklagten und die Frauenbewegung. Dieses keiner literarischen Gattung zuzuordnende Buch ist das schriftliche Zeugnis der allwöchentlichen Zusammenkünfte der drei Autorinnen. Als Ausgangspunkt und thematischer Leitfaden wurde die Figur der portugiesischen Nonne Mariana Alcoforado aus Beja gewählt, welche im 17. Jh. von einem französischen Ritter verführt und dann schnöde verlassen wurde. Die an ihren Geliebten gerichteten fünf Briefe (anonym ersch. 1669 unter dem Titel *Lettres portugaises*), die in Deutschland durch RILKES Übersetzung bekannt wurden, gehören in der Weltliteratur zu den eindrucksvollen Zeugnissen verzweifelter, aber durchaus mit einem hohen Reflexionsgrad verbundener Leidenschaft.

Wie die »drei Marias« in ihrem Nachtrag bemerken, wollten hier *»drei portugiesische Schriftstellerinnen von heute … zusammen ein klassisches, obgleich möglicherweise gefälschtes Werk der Literatur neu formulieren, das von einer anderen portugiesischen Frau, einer vermutlich gebildeten Nonne, die schon lange tot ist, geschrieben wurde«*. Von der Erfahrung ausgehend, daß *»immer eine Klausur bereit sein wird für den, der gegen das Althergebrachte aufbegehrt«*, begreifen die drei Autorinnen die Figur der verlassenen Nonne als Symbol für die Stellung der Frau in der von strengen Moralvorstellungen geprägten, patriarchialischen portugiesischen Gesellschaft. Erotische Phantasien und Bekenntnisse wechseln ab mit Briefen Marianas an ihre Familie oder mit Antworten des französischen Ritters auf ihre Briefe. Auch untereinander tauschen die Autorinnen Briefe und Gedichte aus. So entsteht ein Konglomerat aus lyrischer und erotischer Poesie, aus erfundenen Briefen aus dem 17. Jh., die das Mariana-Alcoforado-Thema weiterentwickeln, aus fiktiven Briefen über zeitgenössische nationale Themen wie Auswanderung, Unterdrückung, Krieg in Übersee, weibliche und männliche Rollen; aus Essays über das Hauptproblem, die jahrhundertlange Unterdrückung der portugiesischen Frau. Die Figur der Mariana nimmt verschiedene Persönlichkeiten an: eine gegen ihre Mutter aufbegehrende junge Frau, eine politisch engagierte Studentin oder die in Portugal zurückgebliebene Frau eines Emigranten. Mit schonungsloser Offenheit werden dabei Themen wie Sexualität, eheliche Treue, Schwangerschaft, Abtreibung, Mutterliebe erörtert. *»In Gemächern möchten sie uns drei halten, aufmerksam, damit wir die Tage mit großem Schweigen, mit zärtlicher Sprache und Haltung ausschmücken, wie es Brauch ist. Aber es ist gleich, ob die Klausur hier ist oder in Beja, wir weigern uns, wir gehen fort, zahm oder ungestüm, zerreißen jäh unsere Gewänder und besteigen das Leben, als wären wir Männer.«* A.C.K.

AUSGABEN: Lissabon 1972. – Lissabon 1974.

ÜBERSETZUNG: *Neue Portugiesische Briefe*, L. v. Schönfeldt, Ffm./Bln. 1977 (Ullst. Tb).

LITERATUR: N. Novaes Coelho, *»Novas Cartas Portuguesas« e o processo de conscientização de mulher – século 20* (in Letras, Curitiba 1975, Nr. 23, S. 165–171). – F. Mendonça, *»Novas Cartas Portuguesas«: O discurso das palavras ou O discurso das coisas?* (in *Actas do 7º. Congresso Brasileiro de Língua e Literatura*, Rio 1975). – M. Ondina Braga, *Mulheres escritoras*, Lissabon 1980. – I. M. S.-P. Allegro-de-Malgalhães, *The Time of Women: The Temporal Dimension in Contemporary Writings by Women: Portuguese Fiction*, Diss. Univ. of California 1985 (vgl. Diss. Abstracts, 47, 1986, S. 1760A).

MARIA JUDITE DE CARVALHO

* 1921 Lissabon

AS PALAVRAS POUPADAS

(portug.; *Die unausgesprochenen Worte*). Erzählungen von Maria Judite de CARVALHO, erschienen 1961. – Die 1959 mit den Erzählungen *Tanta Gente, Mariana (So viele Leute, Mariana)* debütierende Autorin wurde für ihren zweiten Erzählband *As palavras poupadas* mit dem »Prémio Camilo Castelo Branco« ausgezeichnet. In ihrer stilistischen Knappheit und Nüchternheit erinnern die häufig durch eine überraschende Wendung und ein offenes Ende gekennzeichneten neun Erzählungen an die »short story« angelsächsischer Prägung. Wie im übrigen Werk der Autorin (z. B. in den Erzählungen *Paisagem sem barcos*, 1963 – *Landschaft ohne Boote*), sind auch hier die Hauptpersonen oft Frauen, deren Dasein von einer patriarchalischen Familienstruktur geprägt und eingeengt wird. Leitmotive der Erzählungen sind die Einsamkeit und die Unfähigkeit des einzelnen zur zwischenmenschlichen Kommunikation.

Die Titelerzählung, die erste und längste der Sammlung, schildert die Auseinandersetzung der jungen verwitweten Graça mit ihrer Vergangenheit, das heißt in erster Linie mit der übermächtigen Vaterfigur, deren Autorität sie sich nur schwerlich zu entziehen vermochte. Der nur moralisierende Allgemeinplätze von sich gebende, jeder Liebesäußerung unfähige Vater; Vasco, der junge Hausfreund und zugleich Graças erste heimliche Liebe, sowie die gehaßte Stiefmutter werden dabei evoziert. Als zentrales Erlebnis steht Graças Entdeckung des Liebesverhältnisses zwischen dem von ihr angebeteten Vasco und der Stiefmutter sowie der daraus folgende Bruch mit dem Vater. Die Ereignisse werden nicht linear und direkt erzählt, sondern – Graças Gedächtnis entsprechend – in der eigenwilligen Reihenfolge der inneren Zeit zunächst angedeutet, später ergänzt, so daß der Leser erst am Ende der Erzählung Graças Geschichte wie ein Mosaik zusammensetzen kann. – In der zweiten Erzählung läßt der Eifersuchtsmord innerhalb eines von der Umgebung belächelten, jeden Sinn für Geschmack und Angemessenheit entbehrenden älteren Paares Tragisches und Lächerliches hart aufeinanderprallen. – Der bereits in der Titelerzählung thematisierte, das Lebensgefühl der Hauptperson prägende Selbstüberdruß – *»sie stand vor dem Spiegel und hatte sich lange betrachtet, begierig, als erwarte sie etwas, was noch nicht geboren, nicht da war, nicht existierte. Dies war das Gesicht, ihr Gesicht, ihr alltägliches Gesicht, welche Müdigkeit«* – sowie das spannungsreiche Verhältnis zwischen der inneren – erlebten – und äußeren Zeit werden immer wieder zum Gegenstand der Erzählung. So in der unverhofften Begegnung einer älteren Dame mit einem ehemaligen Liebhaber. Mehr als eine konkrete Kritik an gesellschaftlichen Phänomenen spricht aus diesen Erzählungen ein verhaltener, von leiser Ironie begleiteter Pessimismus. Die Isolation des einzelnen und die Absurdität des Lebens werden als schicksalhaft, das Schicksal der Menschen als Folge eines unvorhersehbaren Zufalls begriffen. So erscheint der Ertrinkungstod eines jungen Mannes als der rettende Zufall, der eine häßliche, nicht mehr ganz junge Frau davor bewahrte, von diesem selben Mann – ihrem Verlobten – verlassen zu werden, und sie unverhofft in die achtbare Rolle der Witwe *»des Mannes, der gestorben ist«* brachte. Derselbe Zufall wiederum läßt den verzweifelten Versuch eines alten kranken Mannes, seine gelähmte Frau durch gemeinsamen Selbstmord dem Elend des Armenheimes zu entziehen, scheitern: Er stirbt zwar, doch sie kann noch gerettet werden.

Der Stil der Autorin ist durch die Fähigkeit gekennzeichnet, Charaktere in knapper, pointierter Form eindringlich zu erfassen. Durch die Wiederholung einiger leitmotivischer Sätze oder Stichworte in variierenden Situationen innerhalb einer Erzählung vermag Maria Judite de Carvalho fein nuancierte Stimmungswechsel greifbar zu machen. Ihre *»lyrische, melancholische«* Sicht des Lebens sieht Jacinto do PRADO COELHO als Ausdruck und Fortsetzung einer spezifisch *»portugiesischen literarischen Tradition«*. A.C.K.

AUSGABE: Lissabon 1961; [3]1973.

ÜBERSETZUNG: *Veranda mit Blumen*, C. Meyer-Clason (in *Portug. Erzählungen des 20. Jh.s*, Hg. ders., Freiburg i. B. 1988; Ausz.).

LITERATUR: Ó. Lopes, Rez. (in O Comércio do Porto, 8. 6. 1962; ern. in Ó. L., *Os sinais e os sentidos*, Lissabon 1986, S. 131–135). – J. do Prado Coelho, *M. J. de C., »As palavras poupadas«* (in J. do P. C., *Ao contrário de Penélope*, Lissabon 1976). – A. Quadros, *Crítica e verdade*, Lissabon 1964. – F. Mendonça, *A literatura portuguesa no século XX*, São Paulo 1973.

JOSÉ MARIA FERREIRA DE CASTRO

* 24.5.1898 Salgueiros, Distrito de Aveiro
† 29.6.1974 Porto

LITERATUR ZUM AUTOR:
A. Cabral, *F. de C., o seu drama e a sua obra*, Lissabon 1940. – F. J. Pereira, *F. de C. Ficcionista* (in Estudos, 33, 1955, Nr. 342, S. 586–605). – J. Brasil, *F. de C.*, Lissabon 1961. – *Livro do cinquentenário da vida literária de F. de C. 1916–1966*, Lissabon 1967. – J. C. Gillespie, *O conceito da fraternidade na obra de F. de C.* (in Ocidente, 74, 1968, S. 169–173). – *F. de C. A sua vida. A sua personalidade. A sua obra*, Hg. A. Salema, Lissabon 1974 [m. Bibliogr.]. – *In memoriam de F. de C.*, Cascais 1976. – J. N. Ornelas, *The fiction of F. de C.*, Diss. NY 1976 (vgl. Diss. Abstracts, 37, 1976, S. 4403A). – M. B. Emery, *J. M. F. de C. et le Brésil*, 2 Bde., Diss. Aix-en-Provence 1981.

EMIGRANTES

(portug.; *Ü: Auswanderer*). Sozialkritischer Roman von José Maria Ferreira de CASTRO, erschienen 1928. – Der Roman behandelt das Auswandererproblem in den Jahren der Wirtschaftskrise nach dem Ersten Weltkrieg. Im Mittelpunkt des Geschehens steht der Portugiese Manuel da Bouça, der seine Familie in der trügerischen Erwartung verläßt, in Brasilien sein Glück zu machen und nach wenigen Jahren als reicher Mann in sein Heimatdorf im nördlichen Portugal zurückzukehren. Nach einem Jahr beinahe sklavischer Fron auf einer Kaffeeplantage und weiteren Jahren schwerer, schlecht bezahlter Arbeit in São Paulo kommt er, ärmer als er einst ausgewandert war, wieder in seinem Heimatort an: Seine Frau ist gestorben, seine Tochter verheiratet, sein Stück Ackerland ist ihm verlorengegangen. Der Heimat entfremdet und aus Furcht vor der Demütigung durch seine Bekannten, die ihn seiner Armut wegen verachten würden, verläßt er sein Dorf, um sein Leben als einsamer Mann in Lissabon, wo ihn niemand kennt, zu beschließen.

Am Beispiel dieses Auswandererschicksals enthüllt der Roman die sozialen Mißstände, die zur Auswanderung führen – das schreiende Elend eines großen Bevölkerungsteils, die ungerechte Verteilung des Reichtums, das betrügerische, skrupellose Vorgehen derer, die unter Vorspiegelung falscher Tatsachen aus der Gutgläubigkeit und der trostlosen Situation der Armen Kapital schlagen – und die nicht minder harten Lebensbedingungen, die den Ausgewanderten in der Neuen Welt erwarten: wiederum rücksichtslose Ausbeutung der Arbeitskraft, ein ungesundes Klima, unzureichende Hygiene, Revolutionen. – Ferreira de Castro schildert nüchtern, fast reportagehaft. Seine Prosa weist keine sprachlichen Eigentümlichkeiten auf, wirkt aber überzeugend durch die strenge Sachlichkeit der Darstellung. In den Dialogszenen gelingt dem Autor eine getreue Wiedergabe der volkstümlichen Umgangssprache Portugals und Brasiliens. Eingestreute Naturbeschreibungen deuten schon auf die eindrucksvollen Landschaftsbilder in seinem Roman *A selva*, 1930 *(Die Kautschukzapfer)*, voraus. *Emigrantes* stellt einen Bruch mit der teils aristokratisch, teils bürgerlich ausgerichteten einheimischen Romantradition des 19. Jh.s dar und zeigt seinen Autor als Vorläufer des portugiesischen Neorealismus. K.H.D.

AUSGABEN: Belém 1928. – Porto 1979 (in *Obras*, Bd. 1). – Lissabon 1982.

ÜBERSETZUNG: *Auswanderer*, H. u. W. Furreg, Wien 1953.

LITERATUR: J. N. Ornelas, *A alienação e a destruição do ser humano: Manuel da Bouça em »Emigrantes« de F. de C.* (in Vértice, 39, 1979, Nr. 420/421, S. 203–219).

A SELVA

(portug.; *Ü: Die Kautschukzapfer*). Autobiographisch-sozialkritischer Roman von José Maria Ferreira de CASTRO, erschienen 1930. – Nach seiner Darstellung des Auswandererschicksals in *Emigrantes* (1928) errang der junge portugiesische Schriftsteller, der sich nach harten Jahren im Urwald (1912–1914) als Autodidakt schließlich in brasilianischen Literatenkreisen emporgearbeitet hatte, mit dem in zahlreiche Sprachen übersetzten Roman über die Tragödie der Seringueiros zu Beginn des 20. Jh.s einen Welterfolg.

Der monarchistisch gesinnte und politisch ehrgeizige portugiesische Jurastudent Alberto muß nach der Teilnahme an einem Putschversuch gegen die Republik seine Heimat verlassen und flieht über Spanien nach Pará zu seinem Onkel Macedo. Dieser hat es als Gastwirt mit weitem Gewissen meisterlich verstanden, die heimkehrenden Kautschukzapfer um ihre Ersparnisse zu erleichtern. Er hält den Neffen, der sich ohne Erfolg eine neue Existenz zu schaffen sucht, eine Zeitlang aus, bis Alberto die unwürdige Lage im Hause des begüterten Onkels durchschaut. Macedo nützt die Gelegenheit, den Verwandten mit Hilfe Balbinos loszuwerden, der im Ceará und Maranhão Arbeitsrekruten für die Kautschukstationen in der grünen Hölle anwirbt. Auf der Dampferfahrt den Amazonas aufwärts (Kap. 2–4) erlebt Alberto, in unmenschlicher Enge mit zahlreichen groben Parias zusammengepfercht, erstmals die schrecklich-schöne, unbändige Naturgewalt, das *»panische Lauern voller Drohung«*, angesichts dessen der Mensch nur als *»ein verirrter Wanderer am Rande des Rätsels«* erscheint. Er ahnt, was ihn in diesem üppigen Reich des Todes erwartet, und geht verbotenerweise in Manaus an Land, um sich eine angemessene Arbeit zu suchen. Damit zieht er sich freilich den Zorn Balbinos zu. Auf der Kautschukstation »Paradiso« am Oberlauf des Madeiraflusses empfangen die in ihrer Hoffnung auf leichten Verdienst längst enttäuschten Sklaven die Neuankömmlinge, indem sie deren *»verbrecherische Unwissenheit«* höhnisch verspotten. Die Neuen müssen zunächst bei Juca Tristam, dem Konzessionär eines unübersehbar großen Urwaldstreifens, ihre Ausrüstung sowie den lebensnotwendigen Proviant kaufen. Damit geraten sie auf Jahre hinaus in schuldnerische Abhängigkeit von dem brutalen Händler. Der infolge der Konkurrenz durch den ceylonesischen Kautschuk nicht aufzuhaltende Preisverfall des Rohgummis auf dem Weltmarkt raubt ihnen zudem jegliche Aussicht auf noch so geringe Ersparnisse. Alberto zieht in Begleitung des erfahrenen Mulatten Firmino durch den Urwald auf seine Estrada (Zapftrasse), schon jetzt entmutigt durch die Berichte von heimtückischen Überfällen der Indianer. Bald nach seiner ersten Einweisung in das Leben in Paradiso wird der an sich willig arbeitende Anfänger Alberto wegen einiger technischer Ungeschicklichkeiten von Balbino bei Juca angeschwärzt (Kap. 7). Die im Urwald-Eldorado lebendig begrabenen armen Schlucker, die mit ihm arbeiten, haben keine Frauen, keine Zerstreuung und zu ihrer Betäubung nur Zuckerrohrschnaps. In seiner Verzweiflung versucht ein Kumpel sich die neunjährige Tochter eines eingeborenen Waldsassen *(caboclo)* gefügig zu machen. Den dazwischentretenden Vater erschlägt Agostinho meuchlings und flieht. Verschärfte Kontrollen durch Aufseher sollen den Kautschukertrag trotz sinkender Preise steigern. Auch Binda, der als Verkäufer in Jucas Kramladen angestellt ist, wird zum Wachdienst eingeteilt. Dafür nimmt Alberto (Kap. 9) seine Stelle ein und entrinnt so dem grünen Gefängnis. Zugleich gewinnt er nun aber neue ungeheuerliche Einblicke in jene Ungerechtigkeiten, mit denen das »epische Mühen« der Zapfer ausgebeutet wird. Als ihm seine alte Mutter mit der Nachricht einer Amnestie auch Geld für die Heimfahrt schickt, müßte Alberto immer noch zehn Monate arbeiten, um seine Schulden bei Juca zu tilgen; indessen erläßt ihm Juca den Betrag. Vor der Abreise verhilft er seinem Beschützer Firmino und dieser weiteren Leidensgefährten zur Flucht; die Deserteure werden jedoch wieder eingefangen und übel mißhandelt. Aus Zorn darüber, daß der Freiheitswille und die Würde der Menschen skru-

pellos mit Füßen getreten werden, legt der alte Neger Tiago »Holzbein« Feuer an das Haus seines Herrn (Kap. 15), der elend in den Flammen umkommt. Dem Paradies entflohen, will Alberto Jurist werden, um fortan das Recht zu verteidigen, nachdem er die Machtlosigkeit seiner eigenen früheren wie auch der von ihm bekämpften demokratischen Parteidoktrinen erkannt hat.
Der Roman enthält keine direkte politische Stellungnahme. Seine Anklage wirkt allein aus der fast dokumentarisch nüchternen und unpathetisch sprechenden Reportage, die auf erzählende Ausschmückung abenteuerlicher Einzelheiten verzichtet. Auch die großartig zwingenden Naturbilder sind nicht Ausstattungskulisse, sondern, wie *»ein würgender Ring«*, Bestandteil der dargestellten menschlich-sozialen Wirklichkeit. Der lateinamerikanische Roman hat sich seit den Jahren nach dem Ersten Weltkrieg mit ständig wachsendem Engagement diesen sozialen, indianistischen Problemen in Kaffee-, Zuckerrohr-, Kautschuk- und Kakaoplantagen, im Sertão, auf Ölfeldern und in Bergwerken zugewandt und die Auseinandersetzung des Menschen mit den Mächten der tropischen Natur geschildert. D.B.

AUSGABEN: Lissabon 1930. – Rio 1958ff. (in *Obras completas*). – Lissabon 1967. – Porto 1979 (in *Obras*, Bd. 1). – Lissabon 1981.

ÜBERSETZUNGEN: *Die Kautschukzapfer. Roman aus dem brasilianischen Urwald*, A. Höllriegel, Hbg. 1933; ern. Düsseldorf 1953. – *Selva. In den Urwäldern Amazoniens*, R. Caltofen, Zürich 1946.

LITERATUR: S. Weiland, *Die Naturschilderung in dem Roman »A selva« von F. de C.* (in *Homenaje a F. Krüger*, Bd. 2, Mendoza 1954, S. 613–622). – J. Navarro, *F. de C. e o Amazonas*, Porto 1959. – J. M. Ferreira de Castro, *Quando, onde e como escrevei »A selva«* (in Autores, Nr. 13, 1961, S. 14f.). – A. Cabral, *Antecedentes de »A selva«* (in Vértice, 27, 1967, Nr. 280/281, S. 23–36). – R. Gomes, *»A selva« e a descoberta humana da Amazónia* (ebd., S. 38–41). – F. P. Ellison, *The myth of the Destruction and Re-creation of the World in F. de C.'s »A selva«* (in LBR, 15, 1978, S. 101–109; Suppl.).

MÁRIO CLÁUDIO

d.i. Rui Manuel Barbot Costa
* 6.11.1941 Porto

AMADEO

(portug.; *Amadeo*). Roman von Mário CLÁUDIO, erschienen 1984. – Dem Autor gelingt es in diesem, von Lesern und Kritik gleichermaßen enthusiastisch aufgenommenen Roman, Leben und Werk des Malers Amadeo de Souza-Cardoso (1887–1918), trotz seiner kurzen Schaffenszeit eine der großen Symbolfiguren des portugiesischen Modernismus, zu vergegenwärtigen. Die Einflüsse reichen von Juan Gris, Sonia und Robert Delaunay und Georges Braque über Amedeo Modigliani zu Constantin Brancusi und Alexander Archipenko. Mit der Gruppe »Orpheu« um Mário de SÁ-CARNEIRO, Fernando PESSOA und José de ALMADA-NEGREIROS gehört er zu den Repräsentanten des Futurismus.
Der Roman beginnt mit der Beschreibung des Elternhauses in Manhufe, nahe Amarante; der Vater ist einer der reichen Großgrundbesitzer im Norden Portugals, und Amadeos Kindheit und Jugend, die er auf dem Gut und in den Sommermonaten in Espinho verbringt, ist geprägt von Kuhherden und Weinbergen, von Landarbeitern und von Mägden, die er beim Waschen und Baden im Fluß beobachtet. Er interessiert sich für die Tagelöhner, die während der Weinlese bei seinem Vater arbeiten, obwohl diese angeblich Kinder stehlen und sie in Höhlen bei Hexen verstecken. Aber diese spezielle Atmosphäre regt seine Phantasie an, und er findet bei diesen geistig-sinnlichen Ausflügen Unterstützung bei einem Onkel mütterlicherseits, bei Tio Chico, der von Anfang an Amadeos Ambitionen gegenüber offen ist.
Nach einem Besuch Brasiliens beginnt Amadeo in Coimbra zu studieren, befaßt sich mit republikanischen Ideen, lebt in Cafés, frequentiert Bordelle und entwickelt sich zum Bohemien, der er bis zum Lebensende bleibt. Nach einer Zeit in Lissabon, wo er zunächst Architektur studiert, dann einige Zeichenkurse absolviert, zieht er 1906 mit seinem Maler-Freund Francisco Smith nach Paris, wo damals auch Lenin lebt, wo *»Karossen ohne Pferde«* fahren. Er bezieht ein Appartement am Boulevard Montparnasse, verbringt täglich mehrere Stunden im Künstlertreffpunkt Café Rotonde, beginnt, als Zeichner und Karikaturist zu arbeiten und wird Schüler des spanischen Malers Anglada Camarasa. 1908 mietet er sein erstes Atelier in der Cité Falguière, lernt ein Jahr später Modigliani kennen, mit dem er sich freundschaftlich verbindet und gemeinsam 1911 in Paris und 1913 in New York anläßlich der Armory Show ausstellt, und arbeitet in einer Gruppe um Eduardo Vianna und José Pache-

co. Nach Kriegsausbruch kehrt er mit seiner Lebensgefährtin Lúcia nach Manhufe zurück. Doch das nordportugiesische Dorf ist nicht das weltstädtische Paris, die »wilde Ehe« wird nicht geduldet. Erst nach der offiziellen Hochzeit können sie gemeinsam die letzten Lebensjahre Amadeos auf dem väterlichen Gut verbringen. Wie seine Bilder, so wird nun auch das Elternhaus von Licht und Luft durchflutet, seine Gemälde, beeinflußt von den Delaunays, die sich 1915/16 in Vila do Conde aufhalten, wie auch seine von den Moden der Metropole Paris unberührte Heimat lassen ihn zu einem dem Kubismus verwandten und doch eigenen Ausdruck finden.

Cláudio verbindet in *Amadeo* zwei Erzählebenen: die Nachforschungen von Papi zur Rekonstruktion des Lebens von Souza-Cardoso, die von seinem Neffen Frederico, dem einzigen Menschen, mit dem er darüber spricht, in einem Tagebuch beschrieben und kommentiert werden, und dokumentierte Äußerungen von Souza-Cardoso selbst. Die beiden Ebenen wechseln sich im Roman stetig ab, vermischen sich aber niemals. Obwohl, mit Ausnahme der Figur des Álvaro (ein Kommilitone Fredericos, der für Cláudio selbst steht), alle Personen und Orte real sind, wird die Grenze zwischen Realität und Imagination nicht überschritten. Ziel des Autors war weder die dokumentarische Biographie noch die reine Fiktion, sondern – analog der Technik Amadeos – aus distanzierter Sicht die Darstellung der Wahrscheinlichkeit. Für den Leser verwischen sich die Ebenen dennoch, zumal Papi in rauschhafter Besessenheit versucht, jedes noch so kleine Detail aus Amadeos Leben herauszufinden und zu belegen, ja nach Paris fährt, um die von Amadeo frequentierten Lokale zu besuchen. Dadurch entsteht ein künstlerisches Klima, das dem Leser nicht allein die Fakten über den Maler vermittelt, sondern auch dessen atmosphärischen Lebensraum, der zum eigentlichen Träger der aus Fragmenten, Tagebuchaufzeichnungen, Briefen, Gedanken, ja selbst Bildern komponierten »Nicht-Biographie« wird. Durch das Nebeneinander von Amadeos Lebenszeit und Fredericos Eintragungen 1980/81 ist es möglich und auch intendiert, Parallelen zum heutigen Leben im Norden Portugals zu ziehen: unverändert bleiben die Fronleichnamsprozession in Amarante oder das unter der Treppe schlafende Dienstmädchen, verändert hat sich das Verhalten der Tagelöhner, die heute selbstbewußt und ohne die Mütze zu ziehen Forderungen stellen. Der Roman endet mit der Nachricht Álvaros an den Autor, daß Frederico bei einem Unfall ums Leben gekommen sei, daß daraufhin dessen kokainsüchtiger Onkel Papi die Arbeit an der Biographie Amadeos, seiner Projektionsfigur, aufgegeben und ihm, Álvaro, seine Aufzeichnungen überlassen habe. Diese sende er nun mitsamt dem Tagebuch Fredericos an den Autor, der damit verfahren könne, wie er wolle. Mário Cláudio bezeichnet *Amadeo*, der mit dem »Grande Prémio APE« des portugiesischen Schriftstellerverbands ausgezeichnet wurde, als den ersten Teil einer Trilogie, in der er die (nord-)portugiesische Realität in Beziehung setzen will zu drei Epochen und drei gesellschaftlichen Ständen: zum ländlichen Großbürgertum und Adel (in *Amadeo*), zum städtischen Kleinbürgertum (in *Guilhermina*, 1986, über die Cellistin Guilhermina Suggia) und zu den Landarbeitern (in *Rosa*, 1988, über die Töpferin Rosa Ramalha).

K.De.-KLL

Ausgabe: Lissabon 1984; ²1985.

Literatur: E. Prado Coelho, *A teia de Nolan* (in JL, 21. 5. 1984). – C. Reis u. a., *Porque escolheram »Amadeo«* (ebd., 16.4. 1985; m. Interview). – A. M. Machado, *M. C. em resumo* (in Semanário, 21.4. 1985). – P. u. G. Chalender, *Mito e escrita em »Amadeo«* (in Peregrinação, 17, 1987, Nr. 7–9, S. 3–8). – L. Machado, *»Amadeo«. Da biografia à ficção* (in Colóquio/Letras, 1988, Nr. 102, S. 69 ff.).

Natália Correia

* 13.9.1923 Ponta Delgada / Azoren
† 17.3.1993 Lissabon

O ENCOBERTO

(portug.; *Der Verschollene*). Schauspiel in drei Akten von Natália Correia, erschienen 1969, Uraufführung: Lissabon 1977, Teatro Maria Matos. – Die Verbreitung des Textes wurde sofort nach Erscheinen von der Zensur verboten, bis nach dem Sturz der Diktatur Caetanos am 25. April 1974. Die Inszenierung dieser Satire auf den *Sebastianismus*-Glauben der Portugiesen durch die Cooperativa Repertório wurde aber der politischen Intention Correias nicht gerecht (C. Porto). Die Autorin, die lange als *Membro Independente do Partido Socialista* Abgeordnete im portugiesischen Parlament war, beschäftigt sich vor allem mit den Beziehungen Portugals zu seinen ehemaligen Kolonien und der Frage nach der Selbständigkeit auf beiden Seiten. Um politische wie moralische Eigenständigkeit geht es auch in *O encoberto*, wenn das Stück vordergründig auch nur ein historisches Drama zu sein scheint.

Der geschichtliche Hintergrund des die Portugiesen wie Brasilianer bis heute beschäftigenden *Sebastianismo* ist folgender: Dom Sebastião, der vierundzwanzigjährige portugiesische König, zieht mit einem 16000 Mann starken Heer, darunter auch alle kampffähigen jungen Adeligen und 2800 deutsche Söldner, an die Küste Marokkos, um die Mauren und Türken zu schlagen und somit den Islam in Nordafrika endgültig zu besiegen, sowie Portugals schwindenden Einfluß in Afrika zu stärken. Am 4. August 1578 werden die Portugiesen von den Marokkanern unter Führung von Muley Moluco bei Alcácer-Quibir (Ksar el-Kebir, heute L'oüed el-Makhazen) vernichtend geschlagen. Der marokkanische König, sein Neffe und Kontrahent Muley Mohammed und Dom Sebastião kommen in der Schlacht um, aber niemand hat Dom Sebastião sterben sehen, und sein Leichnam wurde angeblich nie gefunden; ein leerer Sarg wurde am 19. September 1578 in Lissabon begraben. – Zwei Jahre später fiel Portugal nach einigen Kämpfen an Philipp II., Dom Sebastiãos Onkel, der schon vor der Schlacht diese Lösung angestrebt hatte, da Dom Sebastião der letzte vom Geschlecht der Avis war. Von 1580 bis 1640 gehörte Portugal zu Spanien, eine Tatsache, die das portugiesische Volk nie akzeptierte, mit der sich jedoch der Adel bestens arrangierte. Nach der Schlacht von Alcácer-Quibir glaubten die Portugiesen an die Wiederkehr ihres verschollenen Königs, der sie von spanischer Unterdrückung, Pest und Elend befreien und, wie in den Prophezeiungen des Schusters Bandarra, an einem Nebelmorgen auf seinem weißen Pferd erscheinen und die nationale Souveränität wiederherstellen werde.

In den folgenden Jahren tauchten mehrere Personen auf, die behaupteten, Dom Sebastião zu sein. So erschien 1598 in Venedig ein Mann namens Marco Tullio Catizone, der berichtet, er sei zwanzig Jahre lang durch Afrika und das Heilige Land gepilgert, um für seine Fehler Buße zu tun; nun sei er gekommen, seine Ansprüche auf die portugiesische Krone geltend zu machen. Auf Geheiß der spanischen Botschaft kam er zuletzt in Florenz ins Gefängnis und wurde 1603 im spanischen San Lucar de Barrameda hingerichtet. – Von allen falschen Dom Sebastiãos scheint er derjenige gewesen zu sein, der die Spanier am meisten beunruhigte, da er der realen Gestalt am ähnlichsten war, v. a. was die vorstehende Habsburger Unterlippe betraf. Auffallend seien allerdings seine mangelhaften Kenntnisse des Portugiesischen gewesen.

Nach Francisco Maria BORDALO und dessen ebenfalls sofort nach dem Erscheinen 1847 zensiertem Stück *Rei o impostor? (König oder Betrüger?)* nimmt nun auch Natália Correia die überlieferte Geschichte dieses falschen Dom Sebastião als Vorlage für ein Schauspiel und potenziert die Aussage durch einen Kunstgriff: Das Zentrum des Geschehens wird auf eine venezianische Theaterbühne verlegt, auf der das Stück *As desventuras do rei encoberto (Die Mißgeschicke des verschollenen Königs)* aufgeführt werden soll. Der Leiter der Schauspieltruppe, Bonami, stellt Dom Sebastião dar. Von dem Augenblick an, in dem Dom João de Castro, ein emigrierter portugiesischer Patriot und glühender Anhänger Dom Sebastiãos, davon überzeugt ist, daß dieser Mann wirklich der verschollene König sei, wird Bonami zu Bonami-Rei und übernimmt immer sicherer seine Rolle, zu der er auch noch steht, als er bereits zum Tode verurteilt ist und Dom João ihn wieder als Schauspieler anerkennen will, um ihn zu retten. Wie die Mitspielenden weiß auch der Zuschauer zuletzt nicht, ob Bonami nun Schauspieler oder König war. Die Figuren des 16. Jh.s verwandeln sich allmählich in solche des 20. Jh.s und glauben immer noch, daß Dom Sebastião zurückkehren und ihnen die alte Kraft und Macht wiederbringen werde: Diesmal steigt er in einem silbernen Raumschiff vom (Theater-)Himmel herab – eine Vision. Am Ende steht die Frage: *»Quando deixará o sonhar demais/ de ser o perigo de viver de menos?« (»Wann wird zu viel träumen aufhören, die Gefahr zu sein, zu wenig zu leben?«)*.

Der Zensur müssen vor allem diese letzten nachdenklichen und wachrüttelnden Worte subversiv erschienen sein, ebenso wie die Darstellung des Cristóvão de Mouro, desjenigen Mannes, der von Philipp II. als *Vice-Rei*, d. h. Statthalter Portugals, eingesetzt wurde, da er ihm das Land mitsamt seinen Kolonien »verkauft« hatte und der nun despotisch herrscht und zugleich dem großen Herrn der halben Welt sklavisch ergeben ist. Er wird von den Privilegierten – den Adeligen, den Bankiers und den Padres – unterstützt, und diese fürchten nichts mehr als einen wiederkehrenden Dom Sebastião, der sie alle zur Rechenschaft ziehen und entmachten würde. Der Vice-Rei foltert Bonami-Rei persönlich, um die Wahrheit zu erfahren. Nach dessen Tod, den das Volk wieder nicht wahrhaben will, hofft man erneut auf *»o Rei que incarna a revolta« (den König, der den Aufruhr verkörpert)*.

Dieses in einer kraftvollen, dabei poetisch-ironischen Sprache geschriebene Stück steht in der jahrhundertealten portugiesischen Tradition des *Sebastianismus*, die bereits 1572 mit CAMÕES' *Lusíadas (Die Lusiaden)* begann, in denen Dom Sebastião als künftiger Retter der Nation gepriesen wird, und die 1934 in der Dichtung *Mensagem (Botschaft)* von Fernando PESSOA ihren Höhepunkt fand. Correia setzt diese Thematik 1981 in einem weiteren Schauspiel, *Erros meus, má fortuna, amor ardente (Meine Irrtümer, mein Unglück, meine glühende Liebe)* fort, das anläßlich des 400. Todestages von Camões verfaßt wurde und dessen Titel einem Sonett des portugiesischen Nationaldichters entnommen ist. Diese Darstellung von Camões' Leben gipfelt darin, daß der Poet sich selbst anklagt, durch seine aufputschenden Verse Don Sebastião und das portugiesische Volk in den Untergang getrieben zu haben. Einziger Trost: Der Dichter und der König wurden gemeinsam unsterblich.

Natália Correia, die von *Cântico do país emerso*, 1961 *(Gesang des erwachten Landes)*, bis zu *Armistício*, 1985 *(Waffenstillstand)*, ihren Ruf als bedeutende Lyrikerin des modernen Portugal bestätigt, verfolgt auch in Reiseberichten *(Descobri que era européia*, 1951, *Ich entdeckte, daß ich Europäerin war)* und in Essays, zuletzt in *Todos somos hispanos*, 1988 *(Wir sind alle Hispanier)*, den gewissermaßen antisebastianistischen Gedanken, daß die Portugiesen ihre Spanienfeindlichkeit überwinden und die gemeinsamen Wurzeln der *»ibericidade«* (des »Iberserseins«) wiederentdecken sollten. Hiermit ergreift Correia die Partei António SÉRGIOS, der bereits 1917 in seinem Essay *Interpretação não român-*

tica do sebastianismo (Unromantische Interpretation des Sebastianismus) die Portugiesen aus ihren sebastianistischen Träumen reißen und sie zu Taten ermuntern wollte. Auch im Hinblick auf die europäische Einheit erhält der Satz des »Verräters« Cristovão de Moura in *O encoberto* ein neues Gewicht: *»Pertenço àquele número de portugueses lúcidos que entendem ser mais vantajoso participar da grandeza de Espanha do que roer o luxo de uma mesquinha nacionalidade« (»Ich gehöre zu jenen klarsichtigen Portugiesen, die erkennen, daß es vorteilhafter ist, an der Größe Spaniens teilzuhaben, als sich den Luxus einer armseligen Nationalität zu erlauben«).* I.Schw.

Ausgaben: Lissabon 1969. – O. O. o. J. [Lissabon 1977].

Literatur: A. Machado Pires, *D. Sebastião e o encoberto*, Lissabon ²1980, S. 63. – A. Quadros, *Poesia e filosofia do mito sebastianista*, Bd. 1, Lissabon 1982, S. 180–193.

MARIA VELHO DA COSTA

eig. Maria de Fátima Bivar

* 1938 Lissabon

CASAS PARDAS

(portug.; *Graue Häuser*). Roman von Maria Velho da Costa, erschienen 1977. – Die Autorin begann ihre schriftstellerische Arbeit 1966 mit den Erzählungen *Lugar commun (Der Gemeinplatz)* und dem Roman *Maina Mendes*, 1969 *(Maina Mendes)*, in dem sie Techniken experimentellen Schreibens anwendet, also die Aufhebung des Erzählprinzips, *»eine Zerlegung des Romans im traditionellen Sinne«* (A. Seixo) anstrebt. Die Nebeneinanderstellung und die Überlagerung von objektiver Bedeutung und subjektiver Konnotation, die Nuancierung stilistischer Mikrostrukturen und die Mischung verschiedener Gattungen, führt Maria Velho da Costa in *Casas pardas*, ausgezeichnet mit dem »Prémio Cidáde de Lisboa«, fort. Der Roman ist in fünf »Häuser« unterteilt, wobei das mittlere Haus in Form eines Dramas gestaltet ist. Elisa, eine der drei weiblichen Hauptfiguren, warnt vor den vielen *»schneidenden Erfindungen, die grausamst für denjenigen sind, der lesen will«*. Nacheinander werden sie, ihre Schwester Mary und ihre Freundin Elvira vorgestellt, ihre Gedanken, Freuden und Ängste formuliert, ohne daß die Frauen, mit Ausnahme der Begegnung im dritten Haus, miteinander sprechen.
Elisa, vierundzwanzigjährige Tochter eines nordportugiesischen Gutsbesitzers, sitzt in Lissabon auf der Avenida da Liberdade (Freiheitsallee) auf einer Bank und denkt nach: über sich, ihre Herkunft, die Lage der Arbeiter und Studenten, die Situation der Frau im allgemeinen und ihres Landes im besonderen, das sich, 1968/69, im Übergang befindet von der Diktatur Salazars zu der von Caetano. – Mary, die den Beinamen »Dolorosa« (die Schmerzensreiche) trägt, ist das Sinnbild der zutiefst enttäuschten Frau, die sich vor den Demütigungen in eine Traumwelt flüchtet. In einer Klosterschule erzogen und von dem Gefühl belastet, seit der Geburt der jüngeren Schwester von den Eltern vernachlässigt worden zu sein, ist sie nun mit Francisco, dem Liebhaber ihrer Mutter, verheiratet. Von dessen machistischem Verhalten angeekelt, fühlt sie sich platonisch zu José Oom hingezogen, legt aber dennoch auf höchst narzißtische Weise Wert auf ihren Körper, den sie durch Cremes und Masken ständig zu verschönern sucht. Die »Maske« aber wird zu ihrem eigentlichen Sein, an der Seite von Francisco ist sie innerlich wie tot. Als ihre Mutter stirbt, sieht sie ihren Mann zum erstenmal weinen. Um der gesellschaftlichen Norm zu genügen, bleibt sie, entgegen Elisas Rat, die Francisco als Schlappschwanz beschimpft, bei ihm. Doch um sich Luft zu machen, begegnet sie ihm mit Ausfälligkeiten, die in der dreiaktigen dramatischen Szenerie kulminieren. Während eines Abendessens mit zwei befreundeten Ehepaaren, bei dem Francisco neue Machtstrukturen prophezeit, eine der Frauen sich über den Niedergang des Landes, ja selbst der Kirche ausläßt, die, ähnlich der Darstellung in Ingmar Bergmans Film *Das Schweigen*, die Gesellschaft vor Unmoral beschützt habe, stellt Elisa die falsche Moral gerade ihrer Familie bloß, indem sie die Affäre ihrer Schwiegermutter mit ihrem Cousin ans Licht bringt. In resignativ-provokativer Weise fordert Mary die Anwesenden mit den Worten des Letzten Abendmahls auf: *»Esset und trinket, das ist mein Leib!«* und bezichtigt Francisco, sie nur ihres Geldes wegen geheiratet zu haben. Um die Situation zu entschärfen, spricht jemand über die Verfilmung von Manuel de Oliveiras *Uma abelha na chuva (Eine Biene im Regen)*, deren Zustandsbeschreibung einer Ehe die Situation zwischen Mary und Francisco aber nur noch pointierter charakterisiert. – Elvira ist eine Frau, die mit offenen Augen die Veränderungen aktiv miterlebt. Sie lebt mit ihrem Mann und ihrem Baby bei ihrer Schwiegermutter in einem Zimmer und muß für einige Zeit auch noch ihren schwerkranken Vater bei sich aufnehmen und pflegen. Die großen Spannungen, die daraufhin zwischen ihr, ihrem Mann und dessen Mutter entstehen, lösen sich erst auf, nachdem sich eine kleine Wohnung für die junge Familie gefunden hat und Elvira als ihre Lebensmaxime das Ideal des *» Wir müssen füreinander dasein«* erkennt.
Während also Elvira im Kreis der Gemeinschaft ihren Platz findet, Mary sich in ihrem Haus und in sich selbst verschließt, sucht Elisa weiter nach der Identität Portugals und nach ihrer eigenen und stellt ohne Unterlaß die Frage *» Wer sind wir? Wer bin ich?«* – Maria Velho da Costa klopft in *Casas*

pardas anhand der drei Frauenschicksale die komplexe Problematik Portugals ab, die über den 25. April 1974, also über das offizielle Ende der Diktatur, hinausreicht. K.De.

AUSGABEN: Lissabon 1977. – Lissabon ³1986.

LITERATUR: R. Eminescu, *Novas coordenadas no romance português*, Lissabon 1983. – A. Seixo, *»Casas pardas«* (in A. S., *A palavra do romance*, Lissabon 1986, S. 185–188). – M. Gusmao, *»Casas pardas« – a arte da polifonia e o rigor da paixão: uma poética da individuação histórica* (in M. Velho da Costa, *Casas pardas*, Lissabon ³1986, S. 9–57).

MIA COUTO

* 1955 Beira

VOZES ANOITECIDAS

(portug.; *Eingeschlafene Stimmen*). Erzählungen von Mia COUTO (Moçambique), erschienen 1987. – Mia Couto stellt sich mit diesem Erzählband in die Tradition der oralen Literatur Moçambiques und gehört ideell zu der jungen Schriftstellergeneration der sechziger Jahre, die in der Kurzgeschichte die natürliche Weiterführung des afrikanischen Geschichtenerzählens fand. Der zwölf Erzählungen umfassende Band beginnt mit *A fogueira (Die Feuerstelle)*. In der Dürre und Armut der Steppe Moçambiques beschließt ein verzweifelter Mann, dem elenden Leben seiner Frau ein Ende zu machen, und beginnt ein Grab zu schaufeln. Als Regen einsetzt, gräbt er wie besessen weiter, verfällt dem Fieber und sieht im Traum eine Feuerstelle. Am nächsten Tag taumelt er aus der Hütte, fällt in die Grube, wird aber von seiner Frau gerettet. Im Fieberschlaf träumt er von alten Geschichten, die er fast alle erfunden hat, bis das Feuer endgültig erlischt. – *O último aviso do corvo falador (Die letzte Mahnung des sprechenden Raben)* handelt von dem falschen Heiler Zuzé Paaza, der den Leuten im Dorf wahrsagt und ihnen dafür immer mehr Geld abverlangt. Als ihn Candida aufsucht, um ihn um die Heilung ihres an epileptischen Anfällen leidenden Mannes Sulane zu bitten, stiftet Zuzé sie an, dessen Kleider zu stehlen, die er sich selbst anzieht, angeblich um die Götter zu besänftigen. Darüber kommt es zu einer Auseinandersetzung mit Candidas Mann, wobei dieser den Zauberer und dessen Medium, den Raben, verletzt. Der Wahrsager verflucht Sulane, der daraufhin einen Anfall erleidet, und verläßt schließlich das Dorf, dessen Einwohner nur noch den toten Raben hinter seiner Hütte finden und angsterfüllt fliehen. – *De como se vazou a vida de Ascolino do Perpétuo Socorro (Wie sich das Leben von Ascolino do Perpétuo Socorro entleerte)* erzählt von dem indischen Kaufmann Socorro und seiner Frau Epifania, die ihn nach Jahren der Mißachtung verläßt, weil er sich lieber täglich um siebzehn Uhr von seinem Diener mit dem Fahrrad zur Whiskybar bringen läßt, als sich um seine Frau zu kümmern. Als Socorro von Epifanias Flucht erfährt, gebietet er dem Diener, die Verfolgung aufzunehmen, hält ihn jedoch an, immer schneller zu fahren, da er um siebzehn Uhr wieder in der Bar sein müsse. – In *A história dos aparecidos (Die Geschichte der Aufgetauchten)* erscheinen zwei ertrunkene Männer, Luis und Anibal, plötzlich wieder in ihrem Dorf. Aber niemand will sie aufnehmen, da sie nicht mehr registriert sind und körperlos erscheinen, und außerdem der Dorfverwalter seine Lebensmittelrationen nicht beschränken will. Nach einer Beschwerde der Parteikommission dürfen und müssen die beiden aber schließlich im Dorf bleiben, um die Papiere der Lebenden zu sortieren. – Die Titelheldin von *A menina do futuro torcido (Das Mädchen mit der verdrehten Zukunft)*, Tochter eines Mechanikers, wird von ihrem Vater allnächtlich krumm an eine Öltonne gebunden, denn sie soll später als Schlangenmensch viel Geld verdienen. Eines Tages fährt er mit ihr in die Stadt und spricht mit dem Zirkusmanager, der aber nur an Künstlern interessiert ist, die Eisen zerbeißen können. Als der Vater auf der Rückfahrt die Tochter auf ihre starken Zähne anspricht, sinkt sie ihm tot in die Arme.

Mit diesen wie auch weiteren Erzählungen *(O dia em que explodiu Mabata-bata – Der Tag, an dem Mabata-bata explodierte; Os passaros de Deus – Die Vögel Gottes; Afinal Carlota Gentina não chegou de voar? – Schließlich flog Carlota Gentina doch nicht?; Saíde, o lata de água – Saíde, die Wasserbüchse; As baleias de Quissico – Die Wale von Quissico* und *Patanhoca, o cobreiro apaixonado – Patanhoca, der verliebte Schlangenfänger)* vermischt der Autor mit viel Witz und Ironie, aber auch bissiger Kritik die Mythologie der Völker Moçambiques mit der Geschichte des Landes und verleiht seinen Erzählungen bald historischen, bald magischen Charakter, der zuweilen, wie in *Os pássaros de Deus*, an den magischen Realismus eines Gabriel GARCÍA MÁRQUEZ erinnert. K.De.

AUSGABE: Lissabon 1987 [Vorw. J. Craveirinha; Einl. L. C. Patraquim].

LITERATUR: Rez. (in JL, 20. 6. 1987, Nr. 263). – I. Rocha, *Os prosadores em Moçambique* (ebd., 26. 10. 1987, Nr. 277). – C. de M. Medina, *Sonho Mamana Africa*, São Paulo 1987, S. 55–68.

José Craveirinha

eig. José G. Vetrinha, auch Mario Vieira
* 18.5.1922 Lourenço Marques (heute Maputo)

DAS LYRISCHE WERK (portug.) von José Craveirinha (Moçambique).

Craveirinha gilt heute als einer der größten Dichter Afrikas. Der angolanische Schriftsteller David Mestre schrieb 1973 über ihn: *»Craveirinha bringt mich in die schwierige Situation, daran zu glauben, daß er einer der größten zeitgenössischen Dichter portugiesischer Sprache und ein afrikanischer Riese der Poesie ist. Aber gibt es dort nicht Diop? Gibt es dort nicht Senghor? Nein. Es ist mir nur danach, daß es ihn geben möge, und es gibt ihn: Craveirinha.«* Craveirinha unterstützte aktiv die mosambikanischen Befreiungsbewegung Frelimo und wurde während der Kolonialkriege von den Portugiesen inhaftiert. 1964 erschien in Lissabon sein erster Gedichtband *Xigubo (Kriegstanz)*, mit Gedichten der fünfziger Jahre, der von der politischen Polizei umgehend beschlagnahmt wurde. In diesem Werk zeigt Craveirinha sich den Idealen der »Négritude« verpflichtet; jener literarischen Bewegung führender afrikanischer und karibischer Schriftsteller wie L. S. Senghor (*1906), Aimé Césaire (*1913) und L. Damas (*1912), die westliche Zivilisationserrungenschaften in Frage stellten und eine Aufwertung der autochthonen afrikanischen Kulturformen anstrebten. Wie der angolanische Nationaldichter António Agostinho Neto (1922–1979) widmet auch Craveirinha seine ersten Zeilen der Mutter Afrika, deren Schönheit und Verträumtheit er hervorhebt, die er aber auch zum Kampf auffordert: *»Erhebt die Arme zur Flamme / damit / vor den Trommeln der Nacht der verräterische Leopard fliehe.«* Das Gedicht *Grito Negro (Schwarzer Schrei)* klagt die gnadenlose Ausbeutung der schwarzen Arbeiter in den Kohlebergwerken an: *»Ich bin Kohle! / Und gewaltsam reißt du mich aus dem Boden / und machst aus mir ein Bergwerk, Chef, / damit ich ewig dir diene wie Kraft ohne eigenes Leben. / Aber ewig nicht, Chef! Ich bin Kohle / und ich muß glühen, / und versengen muß alles die Kraft, mit der ich brenne«* (Übers. V. Ebersbach). Auch in *Africa*, einem seiner berühmtesten Gedichte, beschwört Craveirinha den unheilvollen Einfluß der westlichen Zivilisation mit der *»einziggültigen Wahrheit ihres Evangeliums, / der Mystik ihres Glasperlentands und ihres Pulvers, / mit der Logik ihrer MG-Salven«*. Die weißen Menschen *»hören schon nicht mehr / die zarte Stimme der Bäume mit ihren Ohren, die taub sind vom Krampf der Turbinen, / sie lesen in meinem Wolkenbruch nicht / die Zeichen von Regen und Dürre, / und in ihren Augen, vom Glanz der Metalle geblendet, / erlischt die ausdrucksvolle epidermische Schönheit aller Blumen ... Und die Größe ihrer Seelen ist die Cowboy-Größe, / der Nimbus der Atome, / die sich in dem Luftdoppelrodeo Japans entblätterten.«* Doch die schwarze Mutter Afrika wird trotz aller ihr zugefügten Demütigungen triumphieren: *»Ich erhebe in der Tagundnachtgleiche meines Landes / den Rubin des schönsten Xironga-Gesanges, / und auf der ungewöhnlichen Helle der Morgen-Lenden / ist die Liebkosung meiner wilden Finger / wie die schweigende Harmonie von Zagaies zur Brunst der Rasse / die schön sind wie goldene Phallen, / aufgereckt in den kraftvollen Leib der afrikanischen Nacht«* (Übers. A. Reimann).

Während Craveirinha in *Xigubo* noch radikal die Auslöschung der Weißen propagiert, schlägt das portugiesisch-italienisch verfaßte Gedicht *Cantico a un Dio di Catrame*, 1966 *(Gesang an einen Asphaltgott)*, einen moderateren Ton an. Denn mit dem weißen Eindringling ist etwas Neues entstanden: das Mosambikanische, die Mischkultur und mit ihr der Mulatte *(Velha Cantiga – Altes Lied)*. Nach Craveirinha, selbst Sohn eines Portugiesen und einer schwarzen Mosambikanerin, muß jeder Mensch das Recht haben, in einer Gesellschaft ohne Rassenschranken zu leben, also auch der Weiße, sofern er auf die Ausbeutung anderer verzichtet *(Poesia da menina que um dia veio – Gedicht des Mädchens, das eines Tages kam)*. Der Hoffnung auf eine gerechte Gesellschaft steht aber noch die Realität des Kolonialismus und die Passivität des Schwarzen gegenüber, die es zu überwinden gilt, selbst wenn der Kampf Menschenleben kostet. So ruft der Dichter in *Regresso (Rückkehr)* seinen Landsleuten ein *»Sterben, um sich zu erneuern«* zu. – Der Gedichtband *Karingana ua Karingana*, 1974 *(Es war einmal)*, umfaßt 84 Gedichte auf portugiesisch, die zum Teil auch Vokabular der Bantusprache Ronga enthalten und zwischen 1945 und 1974 entstanden sind. Dem Titel getreu umfaßt der Band Gedichtfabeln, fiktive Lehrstücke, die *»die Art / Dinge zu erzählen / als wären sie Vorhersagen / ... dessen was wahr sein kann«* aufzeigen. Obwohl es sich um didaktische Gedichte handelt, die von der Ungerechtigkeit des Kolonialismus sprechen und die falsche Moral der Weißen verurteilen, stellt Craveirinha sich hier nicht ausschließlich in den Dienst der Militanz, die er ebenfalls fordert, sondern versucht die Tradition der Rongakultur in seine Poesie aufzunehmen, um so die portugiesische Sprache zu »mosambikanisieren« und damit zu bereichern, denn *»die Schwierigkeiten der wahren Poesie sind nicht die Ideen, sondern die Wörter«*. *»Craveirinha führt einen politisch-ästhetischen Angriff gegen die geerbte koloniale Sprache«* (R. G. Hamilton), indem er die portugiesische Syntax afrikanisiert.

Arbeiten von 1954 bis 1975 umfaßt *Cela I*, 1980 *(Zelle I)*. Auch hier klagt der Dichter Folter und koloniale Unterdrückung an: *»Ich bin Analphabet / aber meine Grammatik geht über alle Sprachen hinaus / wenn meine Haut bei den Schlägen / alle nur erdenklichen ABC-Typen spürt.«* Doch das Gedicht *Minha mais querida (Meine Geliebte)* verkündet vornehmlich die Liebe, die – eine Parallele zum

Werk Agostinho Netos – unabdingbare Voraussetzung für den Sieg und den Neuaufbau ist: *»Meine Liebste / mehr als sonst / ist's notwendig / zu lieben / Aber gut lieben / viel lieben / immer mehr lieben / So lieben wie nur ich Dich liebe / mehr lieben als notwendig / oft verzweifelt lieben / So sehr lieben / ... / fast so viel wie jemand der deliriert / Oder aber, meine Liebe / lieben über alles / über alle / zumindest immer mehr lieben als die Wut / die tausendmalige Wut dessen ist / der uns im Gefängnis haßt.«* K.De.-KLL

AUSGABEN: *Xigubo*, Lissabon 1964 *(Chigubo)*; ern. Maputo 1980. – *Cântico à un dio di catrame*, Mailand 1966 [ital.-portug.; Einl. Lussu]. – *Karingana ua Karingana*, Lourenço Marques 1974; ern. Lissabon 1982. – *Cela I*, Lissabon 1980.

ÜBERSETZUNG: In *Gedichte aus Moçambique*, V. Ebersbach u. A. Reimann, Lpzg. 1979 (RUB).

LITERATUR: R. G. Hamilton, *Voices from an Empire: A History of Afro-Portuguese Literature*, Minneapolis 1975, S. 202–212. – M. Ferreira, *Literaturas africanas de expressão portuguesa*, Bd. 2, Lissabon 1977. – Laranjeira, *J. C. – »Cela I«* (in Colóquio/Letras, 1982, Nr. 68, S. 89 f.). – F. G. B. Martinho, *»Karingana ua Karingana« de J. C.* (in Cadernos de literatura, 14, Coimbra 1987, Nr. 4, S. 34–41). – C. de M. Medina, *Sonha Mamana África*, São Paulo 1987, S. 147–162.

FLORBELA DE ALMA DA CONCEIÇÃO ESPANCA

* 8.12.1894 Vila Viçosa / Alentejo
† 8.12.1930 Matosinhos

LITERATUR ZUR AUTORIN:
Bibliographien:
C. A. Iannone, *Bibliografia de F. E.* (in A Cidade de Évora, Jg. 22/24, 1965/67, Nr. 48/50, S. 51–64). – R. Guedes, *Acerca de F.*, Lissabon 1986, S. 115 bis 177.
Biographien:
C. David, *O romance de F. E.*, Évora 1949. – M. Alexandrina, *F. E. e a sua personalidade*, Lissabon ²1969. – A. Bessa Luís, *A vida e a obra de F. E.*, Lissabon 1979. – R. Guedes, *Acerca de F.*, Lissabon 1986, S. 21–86.
Gesamtdarstellungen und Studien:
D. Ivens Tavares, *O narcisimo de uma poetisa* (in Portucale, 9, 1936, S. 106–120). – A. Borges, *F. E. e a sua obra*, Lissabon 1946. – J. de Sena, *F. E. ou A expressão do feminino na literatura portuguesa*, Porto 1947; ern. in J. de S., *Da poesia portuguesa*, Lissabon 1959, S. 115–143. – A. da Costa Leão, *Poetas do sul, B. de Passos e F. E.*, Lissabon 1948. – J. G. Simões, *História da poesia portuguesa do século XX*, Lissabon 1959, S. 448–452; 480/481. – M. M. Moreira Nunes, *F. E., sarça ardente de fogos fátuos* (in A Cidade de Évora, Jg. 19/20, 1962/63, Nr. 45/46, S. 161–234). – *Desdobrável homenagem a F. E.*, Vila Viçosa 1964. – J. Régio, *Ensaios de interpretação crítica*, Lissabon 1964. – M. de Fátima Passos Silva, *F. E.: do sonho à morte*, Diss. Lissabon 1966. – O. Colares, *A simbologia pagã no lirismo de F. E.* (in O. C., *Dois estudos portugueses*, Fortaleza 1976, S. 37–50).

CHARNECA EM FLOR

(portug.; *Blühende Heide*). Sonette von Florbela de Alma da Conceição ESPANCA, postum erschienen 1931. – Die 46 Sonette, ein bedeutendes Zeugnis portugiesischer Frauendichtung, sind Ausdruck eines leidenschaftlichen, in sich widerspruchsvollen Erlebens, das sich in Ekstasen der Selbstversenkung, der Selbstentfremdung und Ich-Vergessenheit verströmt. Die rauschhafte innere Bewegung, die sich in der raschen Aufeinanderfolge von Bildern, Ausrufen und Fragen expressiv verdichtet, wird nur gebändigt und rhythmisch gegliedert durch die vorgegebene Strenge der Sonettform, die allerdings zuweilen durch freiere Behandlung des Reimschemas *(abab/abba; abba/baab; abba/abab)* gelockert wird. Wie schon der Titel der Sammlung andeutet, ist Florbela Espanca eng mit der heimatlichen Landschaft der Alentejo-Ebene verbunden. Mit ihr identifiziert sie sich selbst *(Charneca em flor, Interrogação, Árvores do Alentejo)*. – Die Dichterin hat sich hier endgültig von den Einflüssen Antero de QUENTALS (1842–1893) und António NOBRES (1867–1900) befreit, in deren Sonetten ebenfalls innere Widersprüche und Erschütterungen oder Todesahnung und Sehnsucht zum Ausdruck kamen: Die Sonette der Florbela Espanca wirken, verglichen mit denen Quentals, gefühlstrunkener, mit denen Nobres dagegen anschaulicher und sinnenfroher (ein Eindruck, zu dem der häufige Gebrauch von Wörtern wie »Auge« und »Hände« beiträgt). A.E.B.

AUSGABEN: Porto/Coimbra 1931, Hg. G. Battelli. – Porto ¹⁰1962 (in *Sonetos*; ²¹1982; m. Studie v. J. Régio). – Mem Martins 1981 (LB-EA). – Lissabon 1985 (in *Obras completas*, 2; m. Vorw. u. Anm.).

LIVRO DE SOROR SAUDADE

(portug.; *Buch der Schwester Schwermut*). Sonettzyklus von Florbela de Alma da Conceição ESPANCA, erschienen 1923. – Zusammen mit dem vorausgehenden *Livro das mágoas*, 1919 *(Buch der Leiden)*, und dem postumen Werk *Charneca em flor*, 1931 *(Blühende Heide)*, ist diese Sammlung von 36 Sonetten der eigenwilligste und wichtigste Beitrag der unglücklichen jungen Dichterin zu der seit den frühen zwanziger Jahren stärker zu Wort kommenden portugiesischen Frauenlyrik. Unter dem Eindruck der Bewegung des *saudosismo* und der von QUENTAL bis NOBRE gepflegten Vorliebe für Gedankendichtung in Sonettform werden ihre Verse über den Ästhetizismus des Fin de siècle und die spätromantisch-erotische Rhetorik hinaus zum tragischen Bekenntnis unergründbarer Schwermut, genährt von der Sehnsucht nach *»etwas mehr Glück, etwas mehr Schönheit, etwas mehr Gerechtigkeit«*.

Bis zum Überdruß in geistiger Erschöpfung analysiert die Princesa Encantada da Quimera ihre *»saudade louca«*, die Skala ihrer leidenschaftlichen Empfindungen vom rauschhaft erfahrenen Glück bis zum verzweifelten Schmerz. Schlüsselwörter sind hierfür *mágoa* (»Leid«), *saudade* (»Schwermut«), *sonho* (»Traum«), *miragem* (»Spiegelung«). Die dichterischen Bilder sind einfach, aber kontrastreich und zeugen von einfühlsamem Naturerleben. Die anspruchsvolle und strenge Struktur des Sonetts wird gelegentlich gelockert durch Abwandlungen im Reimschema und durch affektive Auflösung des syntaktischen Gefüges in Ausrufen und Metaphernfolgen. D.B.

AUSGABEN: Porto 1923. – Porto [10]1962 (in *Sonetos*; [21]1982; m. Studie v. J. Régio). – Lissabon 1985 (in *Obras completas*, 2; m. Vorw. u. Anm.).

LITERATUR: V. Urbano, *Lirismo y saudade en la poesía de F. E. y Rosalia de Castro* (in Letras femininas, 8, Beaumont/Tex. 1982, Nr. 1, S. 21–35).

JOSÉ BENIGNO DE ALMEIDA FARIA

* 4.5.1943 Montemor-o-Novo

TRILOGIA LUSITANA

(portug.; *Lusitanische Trilogie*). Romanzyklus von José Benigno de Almeida FARIA, bestehend aus *A paixão*, 1965 *(Die Passion)*, *Cortes*, 1978 *(Brüche)*, und *Lusitânia*, 1980 *(Lusitanien)*. Bisher nur einzeln veröffentlicht wurde der den Zyklus fortsetzende Roman *Cavaleiro andante*, 1983 *(Fahrender Ritter)*. – Der Romanzyklus schildert gleichnishaft am Beispiel einer Großgrundbesitzerfamilie im Alentejo, der südlichen Provinz Portugals mit den größten sozialen Unterschieden, in der die sogenannte »Nelkenrevolution« ihre stärkste unmittelbare Auswirkung hatte, das politische Schicksal des Landes von den letzten Tagen des faschistischen Regimes bis zum Ende der revolutionären Unruhen im November 1975. Die mit Skepsis durchsetzte Hoffnung des Autors weicht dabei im Lauf der vier Romane zunehmend einer bitteren, negativen Bilanz dieser politischen Entwicklung.

Der Titel des ersten Romans *A paixão* macht die religiöse Symbolik deutlich, die für alle vier Romane Geltung hat: Der Auflösung der Familie, der alten Ordnung, Leiden und Tod steht die Hoffnung auf Erlösung, auf eine positive Änderung der Verhältnisse gegenüber. In den ersten zehn Abschnitten werden die Angehörigen der Familie während eines Karfreitagmorgens vorgestellt, wobei der Autor durch die Wiederaufnahme des letzten Satzes des vorausgehenden Abschnitts die Familienmitglieder zu einer Einheit verkettet, die in Wahrheit nicht mehr besteht. In Monologen und Angstträumen entsteht die konfliktgeladene Atmosphäre zwischen reaktionären Eltern, kritischen Kindern und dem unter seinen menschenunwürdigen Lebensbedingungen leidenden Personal. Der Zerfall dieser Einheit und der Untergang der Welt der Vergangenheit wird durch ein Feuer eingeleitet, das einen Teil des Landbesitzes zerstört, sowie durch die Flucht des zweiten Sohnes, João Carlos, aus dem Elternhaus. Der Bruch mit dem politisch andersdenkenden und unbelehrbaren Vater ist der Beginn des persönlichen Leidensweges von João Carlos, der im Lauf der Romane immer stärker als Protagonist hervortritt. Am Ende des Romans erlebt João Carlos die Karfreitagsprozession der kleinen Stadt, die wegen eines Stromausfalls zu einem Chaos ausartet. Der Traum, am Aufbau einer neuen Welt teilzuhaben, der Sinn der Passion und die Möglichkeit der Erlösung werden hier schon ironisch relativiert.

Der zweite Roman *Cortes* spielt am folgenden Tag, dem Ostersamstag, und zeigt das weitere Zerbrechen der Familie. João Carlos vollendet seine Flucht und geht zu seiner Freundin Marta nach Lissabon; der Vater Francisco wird von seinen Landarbeitern ermordet; die Hausangestellte Piedade kündigt ihre Stellung. Während sich in dem ersten, zur Zeit des Salazar-Regimes entstandenen Roman noch die Hoffnung auf eine politische Erneuerung ausdrückt, überwiegt hier schon bittere Ironie. João Carlos wird zum erstenmal mit den Christus-Initialen J. C. benannt, und sein Aufbruch in eine bessere Welt endet in einem Marihuanarausch: eine ironische Verkehrung der Wiederauferstehung.

Der dritte Roman *Lusitânia* schließt wiederum zeitlich an das vorangegangene Werk an, umfaßt aber ein ganzes Jahr, vom Ostersonntag 1974 bis zum Ostersonntag 1975, die Nelkenrevolution und das Jahr revolutionärer Unruhen danach. Der an einen im Ersten Weltkrieg torpedierten Dampfer erinnernde Titel und die leitmotivisch wiederkehrenden Bilder untergehender Schiffe thematisieren die negative Sicht der Ereignisse. Nach einer abenteuerlichen Entführung leben João Carlos und Marta in einem venezianischen Palast und erleben die Revolution aus der Distanz: in Briefen von Angehörigen aus Portugal und Angola. Das Bild variiert zwischen der Angst der im Alentejo zurückge-

bliebenen Mutter vor Enteignung und Ausschreitungen, der Euphorie über die neugewonnene Freiheit unter der Jugend in Lissabon und Berichten von Gewalt und Ungerechtigkeiten in Luanda. João Carlos muß sein nunmehr freiwilliges venezianisches Exil verlassen, um seiner Mutter und den Geschwistern zur Seite zu stehen. Nach seiner Rückkehr fühlt er sich als Fremder im eigenen Lande; er zeichnet in seinen Briefen an Marta ein sarkastisch gefärbtes Bild der verlorenen Ideale der Revolution, in der letztlich Korruption und Unterdrückung herrschen wie vorher.
Die idealistische Hoffnung auf eine neue Welt ist in *Cavaleiro andante* der harten Realität gewichen. Das Land der Familie ist enteignet, die Angehörigen kämpfen im Alentejo, in Lissabon und in Brasilien um den Lebensunterhalt. André, der älteste Sohn, stirbt an einer unheilbaren Krankheit; João Carlos zieht die bittere Bilanz, daß sich alles zu Sinnlosigkeit, zum Nichts, zu Krankheit und Tod wendet. Trotzdem ist der Tenor dieses Romans weniger pessimistisch als der von *Lusitânia*: Für alle Personen gibt es noch die Hoffnung, sich von dem bedrückenden Alltag lösen zu können. Sie drückt sich im Mythos des »fahrenden Ritters« und dessen Suche nach dem Gral aus, die auch dann einen Sinn vermittelt, wenn sie nur Traum ist oder im Tod endet. So findet sich João Carlos in sein Außenseitertum und kann sich in seiner Liebe zu Dichtung und Kunst, die ihn mit seiner Freundin Marta verbindet, von seiner pessimistischen Weltsicht distanzieren.
Fragmentierung, Diskontinuität in der Darstellung von Zeit, Handlung und Personen bestimmen die Struktur dieses von James JOYCE beeinflußten Werks. In Träumen, Monologen, Tagebuchfragmenten und Briefen reflektieren zyklisch wiederauftretende Personen ihre Situation. Der Erzähler tritt weitgehend zurück, es dominiert die perspektivische Darstellung mit sprachlicher Individualisierung nach Stand, regionaler Herkunft und Stimmung. *A paixão* ist auch als Prosagedicht bezeichnet worden; die Sprache ist hier bewußt dichterisch, rhythmisch gestaltet mit ihrem Reichtum an Alliterationen, Assonanzen, vorangestellten und gehäuften Adjektiven, Neologismen. Später wird die Sprache zunehmend nüchterner, das ironische, parodistische, sarkastische Element, womit der Erzähler häufig die perspektivische Darstellung durchbricht, gewinnt an Gewicht. D.Sch.

AUSGABEN: *A paixão:* Lissabon 1965; [6]1986. – *Cortes:* Lissabon 1978; [3]1986. – *Lusitânia:* Lissabon 1980; [5]1987. – *Cavaleiro andante:* Lissabon 1983; [3]1987. – Lissabon 1982 (*Trilogia lusitana*).

ÜBERSETZUNGEN: *Passionstag*, C. Meyer-Clason, Ffm. 1968. – In *Fragmente einer Biografie*, ders. u. A. Haase, Bln. 1980 [Ausz.].

LITERATUR: Ó. Lopes, *»A paixão«* (in O Comércio do Porto, 12.4. 1966; ern. in Ó. L., *Os sinais e os sentidos*, Lissabon 1986, S. 186–291). – F. M. de Mendonça, *A. F., romancista de vanguarda* (in *2.º Congresso brasileiro de língua e literatura*, Rio 1977, S. 237–255). – A. Tabucchi, *Il Salazarismo come »Condizione Umana«* (in A. T., *Due romanzi del periodo buio*, Florenz 1976). – G. Depretis, *»A paixão« de A. F.* (in Quaderni Iberoamericani, 1979, Nr. 53/54, S. 283–288). – C. R. C. Oliveira, *»A paixão« de A. F.*, Coimbra 1980. – J. E. Tomlins, *Character and Structure in A. F.'s »A paixão«* (in *La Chispa '81: Selected Proceedings*, Hg. G. Paolini, New Orleans 1981, S. 333–341). – C. R. C. Oliveira, *A. F.: um itinerário* (in Colóquio/Letras, 1982, Nr. 69, S. 29–35). – M. A. Seixo, *»Cortes« – »Lusitânia«* (in A. M. S., *A palavra do romance*, Lissabon 1986, S. 193–200). – V. Graça Moura, *Várias vozes*, Lissabon 1987.

VERGÍLIO FERREIRA

* 28.1.1916 Melo / Serra da Estrela

LITERATUR ZUM AUTOR:
L. A. de Azevedo Filho, *V. F. e o romance da verticalidade humana* (in *2º congresso brasileiro de lingua e literatura*, Rio 1971, S. 209–236). – J. Palma-Ferreira, *Breve perspectiva de la obra literária de V. F.*, Salamanca 1972. – M. L. Dal Farra, *V. F. e as duas faces do »mythos«* (in Colóquio/Letras, 1974, Nr. 21, S. 65–79). – A. de Mendonça, *O romance de V. F.: Existencialismo e ficção*, São Paulo 1978. – *Estudos sobre V. F.*, Hg. u. Vorw. H. Godinho, Vila da Maia 1982. – J. R. de Paiva, *O espaço-limite no romance de V. F.*, Recife 1984. – H. Godinho, *O universo imaginário de V. F.*, Lissabon 1985 [m. Bibliogr.]. – *Homenagem a V. F.* (in Colóquio/Letras, 1986, Nr. 90, S. 24–46).

ALEGRIA BREVE

(portug.; *Kurze Freude*). Roman von Vergílio FERREIRA, erschienen 1965. – Der Roman gilt sowohl stilistisch als auch thematisch als eines der souveränsten Werke des Autors nach dem in *Mudança* (1949) und *Aparição* (1959) dokumentierten Bruch mit dem Neorealismus. Das Werk zeugt von einer Weiterentwicklung in der von Ferreira wiederholt thematisierten Auseinandersetzung mit einer von HEIDEGGER, HUSSERL und SARTRE beeinflußten ontologischen Problematik. Die Beschäftigung mit dem Tod als zentrales Grenzerlebnis sowie die Frage nach einer Möglichkeit der Daseinsbewältigung jenseits jeder Religion und Ideologie sind auch hier ein zentrales Thema des von philosophischen Betrachtungen durchsetzten Roman-Essays geblieben. Neu ist jedoch die historische Dimension, in die diese Problematik gerückt wird und die als Folge der Erfahrung des Alterns dargestellt wird. Bereits das *sujet* des Romans – eine Abwandlung des Mythos vom letzten Menschen, der zugleich der Erzeuger einer neuen Menschheit ist – stellt den Erzähler, der zugleich Hauptperson der Geschichte ist, nicht wie in früheren Romanen Ferreiras primär als von existentieller Unruhe bewegtes Individuum dar, sondern vor allem als Repräsentant einer dem einzelnen übergeordneten Menschheit.

Die Lebensgeschichte des Erzählers, eines Lehrers mit Namen Jaime Faria, verbindet sich mit der bruchstückhaften Chronik des Verfalls eines Dorfes, das symbolisch für die gesamte Menschheit steht. Der Lehrer, der allein im Dorf zurückgeblieben ist – er hat gerade den letzten Bewohner, seine Frau, begraben – wartet auf die Ankunft eines Sohnes, dessen Existenz unsicher ist. Auf ihn konzentrieren sich alle Hoffnungen des Erzählers, der in diesem Sohn die Verkörperung des neuen Menschen sieht. Jede chronologische Reihenfolge mißachtend, evoziert der Erzähler Ereignisse aus zwei Zeitstufen der Vergangenheit: Die erste setzt mit seiner Geburt ein und reicht bis zu dem Zeitpunkt, als ein Ingenieur im Dorf erscheint, um in den Bergwerken das vorhandene Wolfram abzubauen. Die zweite, mit der sogenannten »Technisierung« des Dorfes einsetzende Zeitstufe, endet mit dem Exodus der jüngeren Dorfbewohner in die Stadt und dem allmählichen Dahinsiechen der zurückgebliebenen alten Leute. Der Erzähler harrt als letzter aus.

Die erzählte Zeit – Jaime Farias assoziativ geschildertes Leben im Dorf – und die Erzählzeit, die durch das Warten auf den Sohn geprägt ist, fließen in eine innere Zeit des Erinnerns und der Reflexion zusammen. Dieser wird die hypothetische Zukunft nach Ankunft des Sohnes, der die neue Menschheit gründen soll, entgegengesetzt. Auf diese Weise entsteht eine mythische Zeitstruktur der ewigen Wiederkehr. Das letzte Kapitel *(»ich werde meine Frau begraben«)* und das erste *(»ich habe meine Frau begraben«)* gehen ineinander über, eine unendliche, zirkuläre Lektüre erlaubend. In gleicher Weise kehren Menschen und Erlebnisse, die das Leben des Erzählers geprägt haben, immer wieder in seiner Erinnerung zurück, werden zunächst nur erwähnt, um später um so genauer beschrieben zu werden, so daß sich die einzelnen Bruchstücke erst gegen Ende des Romans zu einer Geschichte in üblichem Sinne zusammenfügen. Zum Zeitpunkt des Erzählens hat Jaime Faria, allein geblieben und älter geworden, jene Ruhe gefunden, die eher aus Müdigkeit und Resignation besteht und keine Lösung der ontologischen Problematik signalisiert, sondern ein Weitergeben aller Fragestellungen an eine neue Generation: *»Es ist gut, geboren zu sein, um zu sehen, wie es ist, die Neugierde zu töten. Flüchtige Freude, kurzes Licht. Es ist das, was mir zukam, ich nehme es in Frieden an. Und müde. In Frieden.«* Die einzige Existenzberechtigung erblickt der Erzähler nun im hoffnungsvollen Warten auf den Sohn, der eines Tages kommen und *»Fragen stellen«* wird. Jaime Faria versteht sich als Träger der Kontinuität des menschlichen Lebens, das er nicht aufgeben darf, bevor jener Sohn ihn ablöst.

In der Dorffluchtthematik des Romans ist keine konkrete gesellschafts- und zivilisationskritische Intention zu erkennen. Die Geschichte ist somit eher als Allegorie der Menschheit im weitesten Sinne zu verstehen. Genauso dienen die in der Erinnerung evozierten Personen eher einer Typologie der Ideologien der alten Menschheit: Religion, Ästhetizismus, Sozialismus usw. Im Zusammenhang mit der neuen Menschheit vermeidet der Erzähler bewußt das Aufstellen jeder alternativen Ideologie. Der neue Mensch soll gerade durch seine ideologische Unschuld gekennzeichnet und so stark sein, daß er keine Götter braucht. Der Ort des Geschehens, die Gebirgskette Serra da Estrela im Norden Portugals, ist – als Ort der Kindheit des Autors – stark symbolisch besetzt. Die *»stumme Gegenwart dieser weißen Masse«* wird durch einen lakonischen, von kurzen Sätzen geprägten Stil und eine Sprache der »Reinheit« und des »Schweigens« suggeriert. Die Landschaft drückt die Stimmung der Leere und der stummen Verzweiflung aus, die den Erzähler kennzeichnet. Nur hier und da, im Evozieren vergangener – meist erotischer – Erlebnisse, bricht jene von Eros und Gewalt durchsetzte, expressionistische Sprache früherer Romane wieder hervor.

A.C.K.

Ausgaben: Lissabon 1965. – Lissabon 1973.

Literatur: U. Tavares Rodrigues, *V. F., »Alegria breve«*, Lissabon 1965. – Ó. Lopes, Rez. (in O Comércio do Porto, 12. 10. 1966; ern. in Ó. L., *Os sinais e os sentidos*, Lissabon 1986, S. 79–87). – J. Listopad, *Cinema e ficção: Elementos para a filmagem de »Alegria breve«* (in Colóquio/Letras, 1973, Nr. 13, S. 70–73).

APARIÇÃO

(portug.; *Erscheinung*). Roman von Vergílio Ferreira, erschienen 1959. – *Aparição* ist das erste reife Werk des Autors nach dem Bruch mit seinen dem Neorealismus verpflichteten Anfängen (*Onde tudo foi morrendo*, 1944; *Vagão J*, 1946) und gilt als Schlüsselwerk einer zweiten, von Sartre, Heidegger und Husserl beeinflußten, betont subjektivistischen Schaffensphase. Die Suche des Erzählers nach sich selbst, sowie die Bewältigung des angesichts des Todes als absurd empfundenen Daseins bilden die zentrale Thematik des Werks. In einem Wechsel von Erzählung und philosophischer Reflexion – die den Roman in die Nähe des Essays rücken läßt – versucht der Erzähler, der zugleich Hauptperson der Handlung ist, sich der ontologischen Problematik zu nähern. Personale und auktoriale Erzählperspektive sowie drei Zeitebenen – Erzählzeit, erzählte Zeit und Rückblenden aus der Kindheit – fließen ineinander. Die Handlung wird

laufend von Reflexionen und Kommentaren des Erzählers unterbrochen oder durch die Vorankündigung erst später geschilderter Episoden vorweggenommen.
Der Lehrer Alberto Soares schildert Ereignisse und menschliche Begegnungen während eines am Beginn seiner beruflichen Laufbahn in Évora zugebrachten Schuljahres. Umrahmt werden die 25 Kapitel des Werks von einem Vor- bzw. Nachspann, die, im Wortlaut fast identisch, eine kreisförmige Erzählstruktur erzeugen. Hier erfährt der Leser, daß »viele Jahre« seit den geschilderten Ereignissen vergangen sind, daß der Erzähler krank geworden ist, sich vom Schuldienst zurückgezogen und geheiratet hat. In diesen Rahmentexten, in denen alle Zeitebenen nochmals brennpunktartig zusammenfließen, wird auch eine Lösung für die den Erzähler im Hauptteil quälende Problematik angedeutet: *»Und doch, ich weiß es heute, es gibt für das Leben nur ein Problem, nämlich zu wissen, zu wissen um meine Natur und daraus die Fülle und Ursprünglichkeit von allem, die Freude, den Heroismus, die Bitterkeit jeder Gebärde wiederherzustellen. Die bittere Existenz des Wunders innezuhaben, daß ich existiere, daß es unendlich notwendig ist, daß ich lebe, um dann blitzartig zu begreifen, daß ich sterben muß.«* Dieser Zustand des Sich-selbst-Erscheinens wird einerseits durch die wortlose Verständigung mit einem geliebten Menschen – seiner Frau –, andererseits durch die Kunst – durch das Schreiben als Erinnerungs- und Selbstfindungsprozeß – erreicht. Die geschilderten Ereignisse – die Ankunft des Erzählers in Évora, die Begegnung mit der Familie Moura, das erotische Verhältnis zu Sofia, der Tod ihrer kleinen Schwester Cristina, Sofias Ermordung und, schließlich, des skandalumwitterten Lehrers endgültige Abreise aus Évora – sind lediglich Darstellungsmöglichkeiten seiner Identitätssuche. Die Personen, die sein soziales Umfeld ausmachen, haben eher die Funktion verzerrender Spiegel, die *»das Gegenteil von dem, was ich zu sein trachte«* verkörpern und so dem Erzähler bei der Suche nach seiner *»ursprünglichen Wahrheit«* dienen: *»Ich versuche das eigentliche Gesicht der Dinge zu entdecken und dort meine vollkommene Wahrheit zu lesen.«* Sie symbolisieren theoretische Lösungen der aufgeworfenen Daseinsproblematik: Ana und ihr Vater verkörpern die religiöse Lösung, welche der Erzähler als Flucht ablehnt; der Ingenieur Francisco vertritt eine sozialgebundene (neo-)realistische Weltanschauung, welche als unzureichend dargestellt wird, denn *»der Hunger unseres Daseins erschöpft sich nicht in einem vollen Magen«*; Sofia entsagt jeder Hoffnung auf eine Lösung, sie ist der Ausdruck einer Verzweiflung, welche der Erzähler zwar zeitweilig fasziniert, die wegen ihrer selbstzerstörerischen Ausweglosigkeit jedoch schließlich von ihm abgelehnt wird. Cristina bietet mit ihrer Musik als einzige eine vom Erzähler angenommene Lösung, nämlich die der Daseinsbewältigung durch Kunst. Mit ihr verbindet ihn ein Einverständnis jenseits der Sprache. Die wiederholt auftretenden Todesfälle – der seines Vaters, der Selbstmord des alten Bauern, der tödliche Unfall Cristinas und die Ermordung Sofias – dienen als Anstoß zum wiederholten Umkreisen der Frage nach der Rechtfertigung des Lebens angesichts der *»Unglaubwürdigkeit des Todes«*.
Umrahmt wird diese ontologische Suche von der kargen Landschaft des Alentejo, welche – in Analogie zur Verfassung des Erzählers – als feindlich und gewalttätig geschildert wird. Besonders gelungen ist die Beschreibung der kleinstädtischen und konservativen Atmosphäre Évoras. Der Roman verbindet im expressionistischen Stil philosophisches Vokabular mit mystisch-religiösen Elementen zu einer zuweilen etwas pathetischen Beschwörung *»der Gedärme, des Blutes und der Wurzeln«*. – *Aparição* war Ferreiras größter Erfolg. Er wurde dafür mit dem höchsten portugiesischen Literaturpreis, dem »Premio Camilo Castelo Branco«, ausgezeichnet. J. G. SIMÕES bezeichnete den Roman als *»eine der bemerkenswertesten ›réussites‹ in der Geschichte des portugiesischen Romans«*. A.C.K.

AUSGABEN: Lissabon 1959; [7]1970. – Lissabon/Porto 1968 [Vorw. V. Ferreira].

LITERATUR: A. Bacelar, *V. F., »Aparição«*, Lissabon 1959. – J. G. Simões, *Crítica III*, Lissabon o. J., S. 455–460. – L. A. de Azevedo Filho, *A ficção em V. F.* (in Occidente, N. S. 80, 1971, S. 13–35). – B. Berrini, *»Aparição« de V. F. Breve estudo* (in Littera, Rio 1972, Nr. 4, S. 93–102). – V. M. de Campos, *V. F. e a obra »Aparição«*, São Paulo 1976.

ANTÓNIO JOSÉ BRANQUINHO DA FONSECA

* 4.5.1905 Mortágua
† 16.5.1974 Lissabon

O BARÃO

(portug.; *Der Baron*). Erzählung von António José Branquinho da FONSECA, erschienen 1942. – Der Autor ist der zweiten modernistischen Strömung Portugals zuzurechnen, des »grupo de Presença«, und gehört neben José RÉGIO (1901–1969) und João Gaspar SIMÕES (1903–1987) zu den Begründern ihrer programmatischen Zeitschrift ›Presença‹ (1927–1940). Die »Presencistas« fordern eine originelle, gänzlich individualistisch ausgeformte und introspektiv angelegte *»literatura viva«*, in die der Schriftsteller seine eigenen emotionalen und intellektuellen Erfahrungen mit all ihren Widersprüchen einfließen lassen solle. Branquinho spaltete sich zwar 1930 offiziell von der Gruppe ab mit dem Vorwurf, die ursprüngliche Ablehnung jeder akademischen Imitation verkomme zusehends zu

einem Adeptentum in den eigenen Reihen, blieb aber ihrem Programm verbunden und gilt als der große »prosador« dieser Bewegung.
Branquinhos Gedichte (veröffentlicht 1926 und 1932) und seine Theaterstücke (1928 und 1939) erreichen nicht die Bedeutung seiner Erzählungen. Sein Ruhm beginnt mit den Novellensammlungen *Zonas*, 1931 *(Zonen)*, und *Caminhos magnéticos*, 1938 *(Magnetische Wege)*, endet mit *Rio turvo*, 1945 *(Trüber Fluß)*, und *Bandeira preta*, 1956 *(Schwarzes Banner)*, und hat mit *O Barão* seinen Höhepunkt.
Ein Inspektor, der in einem abgelegenen Dorf der Serra do Barroso im Norden Portugals eine Schule zu inspizieren hat, schildert seine merkwürdige nächtliche Begegnung mit einem reichen, feudal herrschenden Großgrundbesitzer. Nach einer beschwerlichen Reise wird er abends vom »Baron« willkommen geheißen. Nahezu genötigt, dessen Gast zu sein, sieht sich der Inspektor bei der Ankunft auf dem schloßähnlichen Anwesen in eine mittelalterliche Welt versetzt, die ihm in seinen Träumen der geeignete Rahmen für ein ruhiges und unabhängiges Leben ist. Beim Wein erzählt der Baron seinem hungrigen Gast von seiner Studentenzeit in Coimbra, bis die langjährige Haushälterin Idalina – insgeheim Herrin des Hauses und eine wahre *»Tigerin«*, wie der Baron mit Kennermiene bemerkt – das langersehnte Abendessen bringt. Schon ziemlich betrunken, prahlt der Baron auf grobe Weise von den vielen Mädchen, die er sich mit seinem Vater geteilt hat, und schließlich spricht er auch von seiner *»Bela Adormecida«* (Dornröschen), die er auch *»Ela«* (Sie) nennt und derer er, das Tier, nicht würdig sei, weswegen er sie nur aus der Ferne anbete. Der Baron wird immer sentimentaler, es verlangt ihn nach Musik, und spät in der Nacht läßt er eine *»Tuna«* zu sich rufen, eine Gruppe musizierender Bauern aus der Umgebung. In einer grotesken Szene betreten über fünfzig goyahafte Gestalten den Saal und beginnen, nach einigen Minuten der Totenstille, mit einer Mischung aus Feierlichkeit, Furcht und Haß zu spielen. Mit ungläubigem Staunen begibt sich der Inspektor in das folgende Bacchanal, tanzt und singt mit dem Baron und Idalina bis zum Umfallen und bricht schließlich in ein von allen Hemmungen befreites Gelächter aus. Während der Baron sich nach einem rituellen Akt der Selbsttaufe »rein« genug fühlt, seiner *»Ela«* gegenüberzutreten, versucht der Inspektor vergeblich, an Idalina seine erwachten sexuellen Gelüste zu stillen. Trunken und erschöpft entfacht er in seinem Zimmer mit einer brennenden Zigarette ein Feuer, aus dessen *»Hölle«* ihn der Baron rettet, was zum Anlaß für ein neuerliches Gelage wird, bei dem nun auch der Inspektor sein Innerstes offenbart: Zum erstenmal spricht er von seiner einzigen und unglücklichen Liebe zu einer Frau. Der Baron erinnert sich an seine *»Bela Adormecida«* und, von Mut erfüllt und vom Zuspruch seines neugewonnenen Freundes ermuntert, macht er sich in dessen Begleitung nochmals auf den Weg zu ihr, bricht im Garten eine Rose, die er vor ihr Fenster legen will. Der zurückgelassene Inspektor verirrt sich im Morgengrauen, reitet schließlich auf einem Esel wieder zum Gut und erfährt, daß der Baron, längst zurückgekehrt, mit einem Schulterschuß und gebrochenem Schädel im Bett liege. Hier bricht die Geschichte ab, und der Inspektor erinnert sich später, anläßlich einer Einladung des Barons, an dieses Abenteuer: *»Ja, Baron!... Eines Tages muß ich wiederkommen. Und wir müssen uns wieder auf den dunklen Pfaden unserer Träume und unserer Verrücktheiten verlieren...«*
Die Interpretationen dieser Erzählung sind, wie David Mourão-Ferreira in einem Nachwort ausführt, so vielfältig wie ihre Struktur komplex ist. Je nach Interpretationsansatz, ob soziologisch (A. Pinheiro Torres), mythisch (A. Quadros) oder historisch-psychologisch (N. Novaes Coelho), läßt sich ein symbolisches Bild Portugals herausarbeiten. Dabei berücksichtigt die Auslegung, Branquinho habe mit der Figur des Barons ein ironisches Portrait seines Landes zeichnen wollen, das, in der Mitte des 20. Jh.s, noch immer seiner verlorenen Größe nachtrauere und, vor allem in den ländlichen Regionen, in einer mittelalterlich-abgeschlossenen Gesellschaftsordnung (A. Pinheiro Torres) verharre, nur eine Seite des Textes. José Régio sieht in der meisterhaften Verknüpfung des realistischen, phantastisch-grotesken und lyrischen Elements die herausragende Stellung der Erzählung, und in der Betonung des Phantastisch-Unbewußten liegt eine weitere Bedeutungsebene. Beide, im übrigen symbolhaft anonymen Protagonisten offenbaren von Anfang an ihre dualen Charaktere, ihre realistisch-intellektuell-irdische wie ihre idealistisch-emotional-spirituelle Seite. Während jedoch der Baron, ein unter seiner inneren Zerrissenheit leidender Mensch, Tier wie Poet, in dem *»Gott und der Teufel kämpften«*, in einer phantasmagorischen Welt so gut wie zu Hause ist, »lernt« der zunächst noch genau zwischen Traum und Realität unterscheidende Inspektor erst allmählich, Irreales als in gewisser Weise existent zu betrachten. In dieser Nacht findet zwischen den beiden eine Annäherung statt, die anfänglich kontroversen Positionen verschmelzen zu einem »wir«-Gefühl, und der Inspektor akzeptiert die ideale Welt des Barons als real, nimmt an ihr teil. Nach diesem Abenteuer ist er sozusagen *»baronisiert«* (F. Cota Fagundes). Und die nächtliche, winterliche Reise in das Bergdorf empfindet der Inspektor als einen *»Weg zum schönen Abenteuer, zur neuen glückhaften Empfindung, wie ein fahrender Ritter«*. Und schon beim Eintritt in die Welt des Barons spürt er, daß ihm hier die Möglichkeit gegeben ist, zu sein, zu verstehen und seinen *»Weg zu gehen«*. Diese Anspielungen auf den mittelalterlichen *aventiure*-Roman finden ihre, teils wort- und situationsgetreuen Vorbilder sowohl in Chrétien de Troyes' *Yvain* (F. Cota Fagundes) wie in Cervantes' *Don Quixote* (Ó. Lopes), in letzterem vor allem die platonische Anbetung einer unerreichbaren Geliebten.
Diese anachronistische Reise vom 20. Jh. ins Mittelalter ist also ebenso als gesellschaftspolitische

Warnung zu verstehen (der Baron kehrt von seinem – irrealen – Ausflug ja schwer verletzt in die Realität zurück) wie auch, als Metapher für die Reise ins eigene Unbewußte und in die Phantasie, als unabdingbar für die psychische Entwicklung des Menschen. – Dieser komplexe Stoff diente Luís de Sttau MONTEIRO (* 1926) später als Vorlage zu einem gleichnamigen Theaterstück (1964), dessen Aufführung vier Jahre später von der salazaristischen Zensur verboten wurde. K.De.-E.Bn.

AUSGABEN: Lissabon 1942. – Lissabon o.J. [Nachw. J. Régio]. – Lissabon 1969 [Nachw. D. Mourão-Ferreira]. – Lissabon 1972, Hg. u. Einl. ders. – Lissabon o.J. [Nachw. N. Novaes Coelho]. – Mem Martins [2]1983 (in *O Barão e outros contos*; LB-EA).

LITERATUR: J. G. Simões, *Crítica I*, Porto 1942. – Ó. Lopes, *B. da F.* (in *Historia ilustrada das grandes literaturas*, Bd. 8, Lissabon 1973, S. 787–791). – E. A. Riggio, *Notes on B. da F.'s »O Barão«* (in Journal of the American Portuguese Society, 9, 1975, S. 30–44). – A. Pina, *A herança realista de B. da F.* (in A. P., *Realismo e comunicação*, Cacém 1981, S. 71–85). – F. Cota Fagundes, *The Chivalric Tradition in B. da F.'s »O Barão«* (in REH, 15, 1981, S. 199–201). – Ders., *A ›visión esperpéntica‹ na elaboração estética de »O Barão«* (in Colóquio/Letras, 1982, Nr. 68, S. 26–43). – M. Poppe, *Uma obra-prima, »O Barão«* (in M. P., *Temas de literatura viva*, Lissabon 1982, S. 147–152). – Y. David-Peyre, *Structure et mouvements dans »O Barão« de B. da F.* (in *Le roman portugais contemporain. Actes du colloque ... 1979*, Paris 1984, S. 153–173). – L. Guyer, *»O Barão« and the Dark Night of the Soul* (in Hispania, 71, 1988, S. 536–542).

MANUEL DA FONSECA

* 15.10.1911 Santiago de Cacém
† 11.3.1993 Lissabon

LITERATUR ZUM AUTOR:
M. Sacramento, *O realismo dialéctico na obra de M. da F.* (in M. S., *Ensaios de domingo*, Coimbra 1959, S. 229–236). – J. M. Mendes, *Uma voz da dor e da solidão* (in J. M. M., *Por uma literatura de combate*, Amadora 1975, S. 101–107). – M. de Lourdes Belchior u. a., *Três ensaios sobre a obra de M. da F.*, Lissabon 1980. – C. Reis, *O discurso ideológico do neo-realismo português*, Coimbra 1983. – *Vida e obra de M. da F.*, Santiago de Cacém 1986.

O FOGO E AS CINZAS

(portug.; *Das Feuer und die Asche*). Erzählungen von Manuel da FONSECA, erschienen 1953. – Die elf Erzählungen, zuerst vereinzelt in Zeitungen und Zeitschriften veröffentlicht und schließlich, auf Betreiben von Carlos de OLIVEIRA, in einem Band zusammengefaßt, lesen sich wie elf Variationen zu einem Thema. Fonseca schildert, wie in seiner Heimatregion, dem ländlichen Alentejo im Süden Portugals, die industrielle Entwicklung und der technische Fortschritt zu einem Verfall der »alten Werte« führen, zu einer Auflösung der ehedem die dörfliche Gemeinschaft konstituierenden Kommunikation. Die Alten, an eine kleine und überschaubare Welt gewöhnt, sind unfähig, die raschen Veränderungen anzunehmen oder die neue Zeit aktiv mitzugestalten. Sie leben in einer idealisierten, ihnen wie ein Refugium erscheinenden Vergangenheit, flüchten sich in den Alkohol, in das »Verrücktsein« oder gar in den Tod – sie verweigern sich der Zukunft. Aber auch die Kinder sind so an die sozialen Bedingungen gebunden, daß sie kaum eine Chance haben, in einer zunehmend kapitalisierten und entfremdeten Welt ein selbstbestimmtes Leben zu führen.
Die gesamte Thematik umreißt, sozusagen als Motiv, der erste Satz der ersten Erzählung *O Largo (Der Platz)*: *»Früher war der Platz der Mittelpunkt der Welt.«* Er war Treffpunkt aller Männer des Ortes, ohne Klassenunterschiede, war den Kindern Spielplatz und zugleich die beste »Schule des Lebens«. Die Frauen blieben zu Hause, und wenn sie einmal eine Freundin besuchen wollten, wurden sie von ihren Männern dorthin begleitet. Doch dann kam die Eisenbahn, die alles veränderte. Die kleinen Betriebe mußten schließen, eine Fabrik wurde gebaut, aus den selbständigen Handwerkern wurden abhängige Arbeiter. Das Leben verteilte sich nun auf den ganzen Ort, die Männer zogen auf einmal die Hüte voreinander, die Frauen gingen alleine aus oder mit ihren Männern in den Club. Jedes Café hatte seine eigene Kundschaft, und auch die Kinder spielten nur noch unter ihresgleichen. Auf den Platz ging niemand mehr. Der blieb den Trinkern und den wehmütig in Erinnerungen kramenden Alten vorbehalten wie dem João Gadunha, der von dem großen Platz in Lissabon, dem Rossio, erzählt, ohne jemals dort gewesen zu sein. Aber seine Zuhörer lachen ihn aus, wissen sie doch jetzt von eigenen Reisen oder aus den sich schnell verbreitenden Nachrichten, wie es in der Welt wirklich aussieht. Für Geschichtenerzähler ist jetzt, da es »den Platz« nicht mehr gibt, auch kein Raum mehr, ebensowenig wie für den ehemals geachteten Handwerksmeister Ranito, der nun, verarmt und für die Gesellschaft wertlos geworden, nur noch zu trinken weiß.
In *A harpa (Die Harfe)*, der folgenden Geschichte, verliebt sich der schüchterne Luciano in die lebhafte Lena. Trotz ihrer Ermutigungen bleibt er abweisend und hält sich zurück, bis er eines Abends mit seiner Großmutter in das Elternhaus Lenas geht,

deren Bruder gestorben ist. Nachdem das Beileid ausgesprochen ist, holt Lenas Vater aus einem dunklen Kasten voll Wehmut eine Harfe hervor und spielt eine traurige Weise. In dieser Atmosphäre geht Luciano aus sich heraus, sieht sich in dem halbverfallenen Herrenhaus um, entdeckt die Wappen und Waffen der Vorfahren an den Wänden und nimmt auch Lena bewußt wahr. Am nächsten Tag übergibt er dem Mädchen einen Dolch als Geschenk für ihren Vater und findet den Mut, ihr zu gestehen: *»Ich mag deinen Vater, aber auch dich.«*
Die Titelgeschichte schildert die Erinnerungen des alten, vereinsamten Portela. Dieser denkt an Adorinha, seine Verlobte, die er aus Scham darüber, daß alle Leute des Ortes sie nackt gesehen haben, als sie aus einem Feuer gerettet wurde, nicht geheiratet hat, und an jene traurige Nacht, als das Haus seines ehemaligen Schulkameraden André in Flammen stand. Für seinen Freund, den Feuerwehrmann Poupa aus Lissabon, war es ein »tolles Feuer« gewesen, aber er kam beim Löschen ums Leben. Ebenso starb in jener Nacht der Vater Andrés, mit dessen verkohlter Leiche eine schreckliche Wahrheit ans Licht kam. André hatte seinen Vater, den reichsten Bürger der Stadt, bis ins hohe Alter in Abhängigkeit gehalten, damit sein zukünftiges Erbe erhalten bleibe, und ihn sogar im Haus gefesselt, was die Stricke an den Handgelenken des Toten bewiesen. So verlor Portela auch noch seinen zweiten Freund, der wegen dieser Tat für den Rest seines Lebens ins Gefängnis mußte.
Noite de Natal (Heiligabend) beschreibt das Schicksal eines Soldaten, der in einem Gasthof in Beja am Heiligabend von einem Kameraden erstochen wird, nachdem er versucht hatte, sich die Liebe der jungen, armen Wirtin Maria zu erkaufen. – In *O retrato (Das Porträt)* erinnert sich ein Mann an ein Kindheitserlebnis. Als kleiner Dorfjunge wurde er von seinem Vater gezwungen, sich photographieren zu lassen, weil er für die Einschulung in der Stadt ein Bild benötigte. Für den Jungen bedeutete dies den Verlust seiner Freunde und seiner Freiheit, die er auf dem Dorfplatz genossen hatte. – Auch in den übrigen Geschichten des Bandes – *Amor agreste (Große Liebe), A testemunha (Der Zeuge), O último Senhor de Albarrã (Der letzte Herr von Albarrã), Um nosso semelhante (Einer wie wir), Sempre é uma companhia (Es gibt immer einen Gefährten)* und *Meio pão com recordações (Halbes Brot mit Erinnerungen)* – schildert Fonseca in eindringlich-realistischer und zugleich wehmütig-lyrischer Weise den Wandel der Zeit und die von den elenden Lebensumständen erschwerte Loslösung von der Vergangenheit und die Hinwendung zur Zukunft. Diese Dialektik unterstreicht Fonseca mit dem Gebrauch unterschiedlicher Tempora; er baut so Gegenpositionen auf, die sich aus der Präsens- bzw. Vergangenheitsform ergeben und eine bestimmte, die psychische und soziale Befindlichkeit der Personen wiedergebende Atmosphäre erzeugen. Das Erzählte gibt etwas subjektiv Erinnertes wieder, gewinnt durch sprachliche Regionalismen und detaillierte Beschreibung des Ambiente an Eindringlichkeit und erreicht durch immer wiederkehrende Personen- und Ortsnamen exemplarischen Charakter. Manuel da Fonseca gilt als Begründer des portugiesischen Neorealismus, erreicht seine Meisterschaft darin jedoch erst in dem Roman *Seara de vento*, 1958 *(Saat des Windes)*, der auf *Meio pão com recordações* basiert, der letzten Erzählung dieses Bandes.

K.De.-KLL

AUSGABEN: Lissabon 1953. – Lissabon 1966. – Mem Martins 1972 (LB-EA). – Lissabon [9]1981 [rev.].

LITERATUR: A. Bacelar, Rez. (in Vértice, 14, 1954, S. 378/379). – M. Poppe, *Segurança e exigencia: »O fogo e as cinzas«* (in M. P., *Temas de literatura viva*, Lissabon 1982, S. 265–268).

SEARA DE VENTO

(portug.; *Saat des Windes*). Roman von Manuel da FONSECA, erschienen 1958. – Der in einer Zeit größter sozialer Spannungen publizierte und als Meisterwerk des Neorealismus geltende Roman, der das Schicksal einer verarmten Kleinbauernfamilie im südportugiesischen Alentejo schildert, basiert auf der vom Autor in *O Fogo e as cinzas* (1953) veröffentlichten Erzählung *Meio pão com recordações (Halbes Brot mit Erinnerungen)* und dem *»homerischen Tod eines Verzweifelten, der sich mit der Schutzpolizei einen Schußwechsel lieferte und bis zum letzten Atemzug Widerstand leistete«* (U. Tavares Rodrigues). Der Zwischenfall hatte sich 1958 im Bezirk Serpa ereignet.
Joaquim de Valmurado, Vater von António de Valmurado (genannt »Palma«), besitzt ein kleines armseliges Haus mit der Ruine eines Backofens, der *»Seele der Familie«*. Verarmt und in Sorge, seine Parzelle zu verlieren, verschuldet sich Joaquim beim Großgrundbesitzer Elias Sobral, erkennt schließlich seine aussichtslose Situation und erhängt sich im Ofenhaus. Nun versucht sein Sohn Palma, den Kredit abzuarbeiten. Doch nach einem ihm fälschlich angelasteten Getreidediebstahl, der in Wirklichkeit vom jungen Sobral begangen wurde, muß er zwei Jahre ins Gefängnis und findet anschließend nirgendwo Arbeit, so daß die Familie allein vom Verdienst der Tochter Mariana lebt. Da dies nicht ausreicht, um den Hunger von Mutter, Frau, Tochter und dem wolfsartigen Sohn Bento zu stillen, sieht sich Palma schließlich gezwungen, gegen seine Überzeugung den Schmugglern Galrito und Mira zu folgen und seinen Lebensunterhalt durch Grenzgänge nach Spanien zu verdienen.
Obwohl ihn seine gottesfürchtige Frau Julia aus religiösen Gründen davon abzuhalten versucht und seine politisch aktive Tochter Mariana ihn lieber bei den revoltierenden Bauern sähe und ihm zuruft *»allein sind wir nichts wert«*, ändert er den einmal eingeschlagenen Weg nicht mehr und verbringt nun auch seine Freizeit oft in der Kneipe Miras. Eines Tages trifft er dort den Großgrundbesitzer Sobral

und wird beinahe handgreiflich gegen ihn. Äußerst verärgert, zumal auch seinem Sohn die Angst im Gesicht steht, eilt Sobral davon, fährt zur Polizeistation, wo er den Wachtmeister Gil auffordert, Palma wegen des Versuchs, tätlich zu werden, einzusperren. Der Polizist weigert sich, Palma deshalb hinter Gitter zu bringen, schlägt aber vor, ihn wegen Schmuggelei zu verfolgen, worauf sich die beiden Männer schnell einigen. Man nimmt Julia fest, schleppt sie auf die Polizeistation und bringt sie mit viel Tücke dazu, ihren Mann zu denunzieren. Kurz darauf wird auch ihr Mann zur Wache gebracht, wo ihn der Polizist der Schmuggelei bezichtigt und ihm erklärt, daß seine Frau ihn verraten hätte. Als diese ihre Aussage wiederholen soll, wird sie tot in ihrer Zelle gefunden. Palma verliert die Selbstkontrolle, schlägt um sich und wird in eine Zelle gesperrt, ehe er zur Beerdigung seiner Frau, an der die gesamte Landarbeiterschaft teilnimmt, wieder auf freien Fuß gesetzt wird.

Doch noch am selben Abend nimmt er sein Gewehr, verläßt sein Haus, da es von der Polizei überwacht wird, durch ein rückseitiges Fenster, geht zum Gutshof Sobrals und erschießt diesen. Von der Polizei verfolgt, kehrt er in sein Haus zurück, flieht aber nicht, wie Mariana ihm rät, sondern läßt seinem Haß freien Lauf und trägt mit der »Autorität« ein erbittertes Feuergefecht aus, in dessen Verlauf er den Wachtmeister tötet. Schließlich sinkt er, in den Leib getroffen, neben dem Ofen zusammen und schreit: *»Sagt meiner Tochter, sagt ihr, sie hat recht! Ein Mann allein ist nichts wert.«*

»Die gradlinige Logik der Geschichte führt über die individuelle Tragik der Hauptpersonen hinaus zur Stärkung eines Solidaritätsbewußtseins unter den Landarbeitern des Alentejo« (H. Siepmann), die Fonseca mit einer dialektalen und metaphorischen Sprache erreicht, in der dem Wind als der Kraft der Zerstörung und der revolutionären Erneuerung eine besondere Rolle zukommt. K.De.

AUSGABE: Lissabon 1958; 14 1988.

ÜBERSETZUNG: *Gesäter Wind*, I. Losa, Bln./DDR 1967. – *Saat des Windes*, dies., Freiburg i. B. 1990.

DRAMATISIERUNG: M. da Fonseca, *Seara de vento* (Urauff.: Lissabon 1975, Teatro Maria Matos).

LITERATUR: L. A. de Azevedo Filho, *A dimensão neo-realista em »Seara de vento«* (in L. A. de A. F., *Uma visão brasileira da literatura portuguesa*, Coimbra 1973). – J. de Melo, *Contribuição para uma leitura (talvez ideológica) de »Seara de vento«* (in Vértice, 38, 1978, S. 381–398). – M. A. Santilli, *Arte e representação da realidade no romance português contemporâneo*, São Paulo 1979, S. 83–109. – J. de Oliveira Lopes, *Estruturas de narrativa na »Seara de vento« de M. da F.*, Coimbra 1980. – U. Tavares Rodrigues, *O vento – coro da tragédia* (in U. T. R., *O novo olhar sobre o neo-realismo*, Lissabon 1981). – M. E. O. Assumção, *»Seara de vento«: estrutura e sentido* (in Colóquio/Letras, 1982, Nr. 66).

TEOLINDA GERSÃO

* 30.1.1940 Coimbra

PAISAGEM COM MULHER E MAR AO FUNDO

(portug.; *Ü: Landschaft mit Frau und Meer im Hintergrund*). Roman von Teolinda GERSÃO, erschienen 1982. – Wie in dem ersten Roman der Autorin, *»O Silêncio«*, ist auch in diesem nachfolgenden Werk die Hauptgestalt eine Frau, und auch hier geht es um erzwungenes Schweigen. Doch ist hier die individuelle Thematik um die politische Dimension erweitert worden. Der Hintergrund für das Einzelschicksal ist das faschistische Regime in Portugal und der Versuch des politischen Widerstandes. Thema dieses Romans ist nicht mehr die Befreiung der Frau aus der traditionellen Unterdrückung durch den Mann, sondern an dem Beispiel eines weiblichen Schicksals erfährt der Leser die drohende Zerstörung des Individuums und eines ganzen Volkes durch den autoritären Staat, der aus einem Volk von Entdeckern und Seefahrern ein Volk *»ohne Stimme«*, ein Volk von *»Ertränkten«* oder *»Erstickten«* macht.

Der Beginn des Romans führt den Leser mit Hilfe der erlebten Rede und des inneren Monologs unmittelbar ein in den Moment tiefster Depression, den die Protagonistin Hortense durchlebt. Ihr Mann ist plötzlich an einem Herzschlag gestorben, nachdem er nach langen Jahren des politischen Widerstandes endgültig die Möglichkeit verloren hatte, in seinem Beruf als Architekt arbeiten zu können. Hortenses Sohn Pedro ist im Kolonialkrieg in Angola gefallen, ihre Schwester als Widerstandskämpferin nach Südamerika geflüchtet und dort verschollen. – Hortense flieht in die Einsamkeit ihres Hauses am Meer, erlebt Augenblicke vollkommener Passivität, den Verlust allen Lebenswillens, Momente, in denen ihr der Gedanke an Selbstmord als einzig mögliche Lösung erscheint. Erst als sie ihre Stimme wiederfindet, ihren Schmerz in Worte fassen und herausschreien kann, beginnt ihr Kampf ums Überleben. In immer wiederkehrenden Bildern und Szenen erinnert sie sich an ihr vergangenes Leben, das ein ständiger Kampf gegen die feindselige Umwelt war, an die Flucht aus dem Elternhaus vor dem autoritären, faschistischen Vater, an die Konflikte mit der repressiven, regimetreuen Lehrerin, schließlich an ihre Zuflucht in dem Haus, in dem sie glücklich verheiratet war und das ihr doch keinen wirklichen Schutz bieten konnte. Indem sie ihre Ängste und ihre Verzweiflung artikuliert, verlieren diese allmählich an Kraft. Hortense kann nach Lissabon zurückkehren und sich wieder anderen Menschen zuwenden. Am Ende dieser positiven inneren Entwicklung steht – noch als traumhafte Vorahnung – die Revolution. Sie wird er-

möglicht durch die Rebellion des Individuums, das seine Passivität überwindet. In dieser Passivität sieht die Autorin eine Mitschuld jedes einzelnen an den unerträglichen Lebensbedingungen.
Ein typisch weiblicher, wenn auch nicht feministischer Zug des Werks ist es, daß die Autorin der Frau, die sie zur Hauptgestalt ihrer Romane macht, eine hervorragende Rolle im persönlichen und politischen Leben zuweist. Sie gibt ihr ein großes Maß an Gestaltungskraft und psychischer Stärke und gerade deshalb auch ein großes Maß an Schuld an den Verhältnissen, weil sie zu häufig resigniert und in ihrer traditionell passiven Rolle verharrt. Typisch für die moderne Romantechnik ist das Fehlen einer Entwicklung in der Darstellung von Handlung und Personen. Es wird eine psychische Krise beschrieben, die sich am selben Ort über eine kurze Zeitspanne erstreckt. Perspektivische Darstellung schafft eine interessante Mehrdeutigkeit der Personen und die Auflösung von räumlicher und zeitlicher Ordnung durch den ständigen Wechsel von Rückblenden und Vorausschau, Wirklichkeit, Traum und phantastischen Angstvisionen. Die Sprache ist emotional und reich an malerischen und rhythmischen Elementen. D.Sch.

Ausgabe: Lissabon 1982; [3]1985.

Übersetzung: *Landschaft mit Frau und Meer im Hintergrund*, K. v. Schweder-Schreiner, Mchn. 1985.

Literatur: E. Prado Coelho, *»Paisagem com mulher e mar ao fundo«* (in JL, Juli 1982). – C. Kong-Dumas, *T. G., »Paisagem com mulher e mar ao fundo«* (in Colóquio/Letras, 1983, Nr. 73, S. 78–81). – D. Prewo, *Das Eigene im Anderen* (in BuchJournal, 1987, Nr. 4). – I. A. de Magalhães, *O tempo das mulheres: a dimensão temporal na escrita feminina contemporânea. Ficção portuguesa*, Lissabon 1987.

O SILÈNCIO

(portug.; *Ü: Das Schweigen*). Erzählung von Teolinda Gersão, erschienen 1981. – Mit ihrem ersten Roman gelang der zunächst als Verfasserin von Kinderbüchern bekannten Autorin der literarische Durchbruch. Die Mann-Frau-Beziehung steht im Mittelpunkt des Werkes, wobei jedoch weniger konkrete Probleme des weiblichen Rollenverhaltens in der portugiesischen Gesellschaft erörtert, als vielmehr die prinzipielle Unmöglichkeit der Verständigung zwischen beiden Geschlechtern thematisiert werden. Die Erzählung vermeidet – bereits dies eine Absage an die »männliche« Rationalität – eine chronologisch geordnete Struktur im herkömmlichen Sinne. Sie besteht fast ausschließlich aus von Träumen und Phantasien durchsetzten inneren Monologen der Hauptperson Lídia, der Erzählerin, seltener des männlichen Widerparts Afonso, mit dem Lídia in einem vergeblichen Versuch der Verständigung imaginäre Gespräche führt. Die spärliche Handlung wird nur im Bewußtseins- und Reflektionsstrom beider Personen gespiegelt, so daß es dem Leser erst allmählich gelingt, den Handlungsfaden von den Träumen, Phantasien und Erinnerungen der Hauptpersonen zu isolieren.
Lídia, eine junge Malerin, lebt in einem Haus am Meer mit dem Arzt Afonso zusammen, der ihretwegen aus einer zur trostlosen Routine gewordenen Ehe ausbrach. Lídia ist eine geradezu mystische, im Reich der Elemente und der Natur beheimatete Frau. Ihre Versuche, bis zum Wesen der Dinge und Menschen vorzustoßen, ihre Mißachtung der herkömmlichen Grenzen zwischen Traum und Realität, denen sie ihre Phantasie entgegenstellt, verunsichern und ärgern Afonso, der ein praktischer, die Ordnung der Dinge und die beruhigende Macht der Gewohnheit liebender Mensch ist. Diese prinzipielle Wesensverschiedenheit läßt jedes Gespräch bereits im Ansatz scheitern und führt zu einer immer ausgeprägteren Entfremdung zwischen beiden. Während sie über ihre Beziehung zu Afonso nachsinnt, beschwört Lídia Kindheitserinnerungen an das abschreckende Schicksal ihrer Mutter Lavínia herauf: Nach einem gescheiterten Versuch, die wohlbehütete Bürgerlichkeit ihrer Ehe zu verlassen, kehrte Lavínia als gebrochene Frau zu ihrem Mann zurück und fristete ihr weiteres Leben in stummer, selbstentfremdeter Resignation. In einem Versuch, Afonso *»die Angst vor einer Welt unbegrenzter Räume und Formen«* zu nehmen, zerstört Lídia vorsätzlich die alltägliche Ordnung um ihn herum. Als sie endlich der Vergeblichkeit ihres Tuns gewahr wird, verläßt sie Afonso, nachdem sie das gemeinsam gezeugte Kind abtreiben ließ.
Lídias Sehnsucht gilt einem nicht näher definierten Urzustand der Harmonie mit den Elementen, einer mystischen Zeit, in der die Unterschiede zwischen Traum, Phantasie und Realität aufgehoben sind. Ihre Kritik gilt einer modernen technischen Welt, ohne Freiraum für die Entfaltung des einzelnen Individuums. Die Autorin benutzt das nicht ganz neue Motiv der erdverbundenen, mystischen, instinktiv handelnden und intuitiv begreifenden Frau, der ein vergleichsweise schwaches Männerbild entgegengesetzt wird, ein Wesen, das von äußeren Zwängen, Vernunft und Ratio gelenkt und eingezwängt wird. Ähnlich wie in *Os meninos de ouro* (1983) von Agustina Bessa Luís richtet sich die Kritik der weiblichen Hauptperson gegen eine den Freiraum des Individuums, die Phantasie und alles Unvorhersehbare und Ungeordnete zerstörende moderne Gesellschaft von Technokraten. Während aber Bessa Luís die moderne portugiesische Gesellschaft einer schonungslosen Analyse unterzieht, verläßt Gersãos Kritik in *O silêncio* kaum eine subjektive und etwas vage Ebene, wodurch sie ins Zeitlos-Unverbindliche abzugleiten droht. Die Absage der Autorin an jede zeitliche oder räumliche Begrenzung, an die lineare Abfolge der Ereignisse, läßt einen poetischen Raum um die Protagonistin entstehen, in dem die von der Autorin beschwore-

nen Assoziationen traumähnlich zu schweben scheinen. Teolinda Gersãos Stil verrät eine solide, jedoch nie aufdringlich wirkende Arbeit am Text.
A.C.K.

AUSGABEN: Lissabon 1981. – Lissabon 1984.

ÜBERSETZUNG: *Das Schweigen*, K.v. Schweder-Schreiner, Mchn. 1987.

LITERATUR: C.C. Oliveira, *T.G.,* »*O silêncio*« (in Colóquio/Letras, 1982, Nr. 65, S. 81–83).

OLGA GONÇALVES

* 1929 Luanda / Angola

A FLORESTA EM BREMERHAVEN

(portug.; *Der Wald in Bremerhaven*). Roman von Olga GONÇALVES, erschienen 1975. – Der erste Roman der Autorin, die bis zu diesem Zeitpunkt durch eine Reihe von Gedichtbänden hervorgetreten war, beschäftigt sich mit einem zu jener Zeit und noch bis heute aktuellen Thema in der portugiesischen Gesellschaft: mit der Emigrationsproblematik. Die Autorin berichtet, daß sie während einer Reise in Porto Covo (Alentejo) ein Zimmer genommen und mit ihrer Gastgeberfamilie und anderen Personen zahlreiche Gespräche geführt habe, aus denen sich der Roman zusammensetzt, wobei die Personen ihre Gedanken in eigener Rede darstellen. Die Erzählerin äußert sich dagegen nie direkt, ihre Anwesenheit wird nur durch die Reaktionen der Gesprächspartner verdeutlicht. »*Auf diese Weise präsentiert sich das Werk als eine Reihe von Quasi-Monologen, die in Form eines Tagebuchs aufgezeichnet werden*« (G. Hasebrink). Dadurch entsteht ein Text, der weit über eine Ferienthematik hinausgeht und sowohl die Probleme von Heimkehrern als auch die gesellschaftlichen und politischen Veränderungen unmittelbar nach der Revolution in Portugal (1974) beleuchtet, um dem Leser schließlich aus punktuellen Ereignissen einen Gesamteindruck zu vermitteln, zu dem außer den beiden Hauptpersonen noch der Kioskbesitzer, die Freunde des Gastgeberehepaares in Albufeira, deren Nichte, ein Fischer, ein Architekt und weitere Bewohner von Porto Covo beitragen.
Den Mittelpunkt des Romans bildet die Emigrationsgeschichte von Manuel und seiner Frau – deren Name nie genannt wird –, die nach Jahren der Armut, Unterdrückung und Erniedrigung nach Bremerhaven auswanderten, wo sie hart in einer Fischfabrik arbeiten mußten, aber auch ihre persönliche Freiheit fanden. Unmittelbar nach dem Sieg der Nelkenrevolution kehrt die Familie nach Portugal zurück, kauft sich von dem Ersparten ein Haus, doch werden die beiden nun von ihrer Umgebung als Neureiche kritisiert. Manuel ist daher froh, in der Schriftstellerin endlich eine Gesprächspartnerin gefunden zu haben, die Verständnis für seine schlimmen Erfahrungen aus früheren Jahren zeigt, als er noch als Tagelöhner bei einem Gutsbesitzer mehrere Tage von seinem Haus entfernt arbeiten mußte. Seinen Wunsch nach Unabhängigkeit erfüllte er sich in Deutschland, wo er sich sehr wohl fühlte. Doch seine Frau bestand darauf, nach Porto Covo zurückzukehren. Aber auch sie, die – im Gegensatz zu ihrem Mann – die Erfüllung im einfachen Leben in der Heimat findet, sehnt sich gelegentlich nach Bremerhaven zurück, kontrastiert unaufhörlich ihre Eindrücke von Deutschland mit denen des alentejanischen Küstenorts, erzählt von der Ausbeutung der Gastarbeiter in Deutschland, von den Unterschieden und Vorurteilen, die es unter den Fremdarbeitern gab, und verrät dabei ihr eigenes klischeehaftes Denken, zumal sie die Spanierinnen verdammt und die zigarettenrauchenden deutschen Frauen verurteilt. Doch spricht sie auch von dem guten Arbeitslohn in Deutschland, von den Mentalitätsunterschieden, vom grauen Himmel der Nordseestadt, der sie ständig an den blauen Himmel Porto Covos denken läßt, und schließlich vom Wald, der für sie so etwas wie das Meer Portugals war: »*Was gibt es Besseres, als das Meer zu sehen.*« Ergänzt werden diese Eindrücke durch die der Freunde aus der Emigration: von Arlindo, der – um seine Rentenansprüche betrogen – in die Algarveprovinz zurückkam, oder von seiner Nichte Guilda, die in Deutschland ihren Besitzdrang nach Garderobe im Übermaß sättigte, schließlich aber heimkehrte, um nicht während ihrer langen Abwesenheit ihren Verlobten an eine andere Frau zu verlieren.
Mehr als um einen Roman handelt es sich bei *A floresta em Bremerhaven* um eine soziologische Studie, »*in der den generell stillen portugiesischen gesellschaftlichen Schichten das Wort erteilt wird: dem Volk, den Arbeitern, die direkt ihr Leben schildern*« (I. A. Magalhães). Dem realistischen Stil wird aber streckenweise eine poetische Sprache, wie z. B. bei Naturbeschreibungen, gegenübergestellt, so daß sich der Roman »*zwischen Dichtung und dokumentarischem Essay*« (A. Pina) bewegt, ein Roman, »*dessen Hauptanliegen und Stärke sicherlich eher auf der gesellschaftlichen als auf der literarischen Ebene liegt*« (G. Hasebrink).
K.De.-KLL

AUSGABE: Lissabon 1975; [3]1984.

LITERATUR: O. Gonçalves, *Entrevista – Vida de emigrante e tema de romance,* »*A floresta em Bremerhaven*« (in Mulher: modas e bordados, 15.9. 1976, S. 5–8). – A. Pina, »*A floresta em Bremerhaven*« *de O. G.* (in A.P., *Realismo e comunicação*, Cacém 1981, S. 175–177). – C. Ferreira-Pinto, »*A floresta em Bremerhaven*«: *uma análise* (in Vertice, 1985, Nr. 464/465, S. 162–167. – I. A. Magalhães, *O tem-*

po das mulheres: a dimensão temperoal na escrita feminina contemporânea. Ficção portuguesa, Lissabon 1987, S. 333–362. – G. Hasebrink, Rez. (in Tranvía, 1989, Nr. 12, S. 66).

HERBERTO HELDER

d.i. Luis Bernardes de Oliveira
* 23.11.1930 Funchal / Madeira

DAS LYRISCHE WERK (portug.) von Herberto HELDER.
Herberto Helder gilt in der portugiesischen Literatur als der beachtenswerteste Vertreter des Surrealismus und, zusammen mit Eugénio de ANDRADE (* 1923), als einer der bedeutendsten zeitgenössischen Lyriker. A. Ramos ROSA beschreibt die Poesie Helders als eine *»dunkle und nächtliche Ausarbeitung«*, als *»einen Gesang der Totalität, aber vor allem der Energie des Wesens«*, wo der Mensch in *»seiner rituellen Nacktheit«* erscheint, *»das heißt, in der nächtlichen Dimension der absoluten Subjektivität«*. Die experimentelle, dunkle und sibyllinische Poesie Helders, der wiederholt literarische Preise abgelehnt hat, trug ihm den Beinamen *»poeta obscuro«* – dunkler Dichter – ein.
Helders Dichtung verweigert konsequent den Bezug auf jegliche Wirklichkeit – *»von allem sind die Spiegel die unreinste Erfindung«* – und postuliert, einer Traditionslinie folgend, die über die deutsche Romantik und den französischen Symbolismus bis hin zum Surrealismus führt, die absolute Subjektivität der Dichtung. Die abbildende und logische Funktion der Sprache verschwindet hinter einem rein assoziativen, mit der Syntax willkürlich verfahrenden poetischen Diskurs: *»Der Stein eröffnet den Schweif unaufhörlichen Goldes, Worte sind wir, / widerhallende Fische./ Nur das Wasser spricht in den Löchern./ Nur/ langsam der Klang eines Schmetterlinges, eine Übertreibung.«* Durch die Sprengung überkommener Symbole und versteinerter sprachlicher Strukturen soll die sprachinhärente Energie offengelegt werden: *»Federhalter des Gedichtes, aufgelöst im ursprünglichen/ Sinne des Gedichtes./ Oder das Gedicht durch den Federhalter steigend,/ seinen eigenen Impuls durchquerend.«*
Durch autonome Assoziationsketten wird eine die Wirklichkeit sprengende Form der Wahrnehmung und somit eine neue Art von surrealer Erkenntnis gesucht: *»Frau, Haus, Katze. Ein Stein im Kopf der Frau; und im Kopf des Hauses, ein gewaltsames Licht.«* Im Mittelpunkt dieses Erkenntnisprozesses steht die Überwindung der Individualität, um jene durch Zivilisation und gesellschaftliche Konventionen verlorengegangene ursprüngliche Einheit zwischen Mensch und Kosmos wiedererlangen zu können: *»Das Blut der Welt fließt / und glänzt. Es scheint, als ob mein Fleisch / sich zerstreut zwischen den Dingen des nächtlichen Frühlings.«* Treibende Kraft in diesem Prozeß ist die Liebe, das Prinzip der Verschmelzung und der Aufhebung der eigenen Individualität: *»Ich lege mich hin und liebe die Frau. Und liebe / die Liebe in der Frau. Und in dem Wort, die Liebe... Und ich denke ich bin total in der Minute / in der die Frau ewig.«*
Grundthemen von Helders Lyrik sind der Eros als Prinzip der kosmischen Vereinigung und Bewegung, die daraus resultierende Ekstase, die Halluzination und der Traum als Ausdruck des Unbewußten, das den Zugang zu einem höheren Erkenntnisgrad bietet. Erst das Unterbewußtsein legt jene vitale Energie frei, die oft in Form von Gewalt erscheint und ein Grundattribut von Eros und Poesie ist: *»Blutig sind die Worte und sie hinterlassen Spuren durch die Zeiten.«* Die Frau erscheint in ihrer Ambivalenz als Mutter und Geliebte, als Synonym der lebensspendenden Natur, das mit den geheimen, vom Dichter beschworenen Kräften in Verbindung steht: *»Die Frauen machen unrein und herrlich / unser klares und unfruchtbares / männliches Leben. / Denn die Frauen denken nicht, sie eröffnen dunkle Rosen, überfluten die Intelligenz des Gedichtes.«* Der Akt des Gebärens ist Sinnbild des Dichtens. Wie ein Kind im Mutterleib, so *»wächst«* auch das Gedicht *»wirr, in der Unordnung des Fleisches«*, *»vielleicht wie Blut oder Schatten von Blut durch die Kanäle des Seins«*. In ihrer Doppelrolle als Mutter und Geliebte ist die Frau Ausdruck einer umschlingenden, verzehrenden Kraft: *»In jeder Frau existiert ein stiller Tod.«* Doch ist dieser Tod durchwegs positiv konnotiert: *»Ich werde ihren Mund trinken, um dann den Tod/ und die Todesfreude zu besingen.«* Auch das Kind wird in seiner *»mörderischen Unschuld«* immer wieder thematisiert. Es ist der Reinheit, der Spontaneität, der ursprünglichen Energie nahe, welche die Natur der Poesie ausmachen: *»Und wir sind nichts, als das Gedicht wo sich die / Kinder / wahnsinnig entfernen.«* Wie der primitive Mensch besitzt auch das von Vernunft und Zivilisation unberührte Kind die Gabe der Dichtung.
In Helders umfangreichem Werk kann man weniger eine lineare Entwicklung erkennen als vielmehr verschiedene Formen des Umkreisens der dargelegten Thematik. *»Blut«*, *»Wein«*, *»Milch«* und *»Honig«* als lebensspendende, Ekstase verursachende vitale Materien, der Kosmos, die Metapher des leuchtenden menschlichen Körpers, ein Abbild der Gestirne, das Feuer als Element der Bewegung und Symbol erotischen Glühens, Gewalt und Zerstörung als Ausdrucksformen der Liebe und des poetischen Schaffens bleiben durchgehende und zentrale Motive seiner Lyrik. Während in einigen Gedichten des Autors noch Ansätze eines formal logischen Satzbaus erkennbar sind – *»Wenn die Blätter der Melancholie erkalten mit Gestirnen / neben dem Raum / und das Herz ein erfundener Samen ist / in seinem asketischen Dunkel und in seinem Eintagswirbel, entreißt du die Wege meiner Einsamkeit«* –, be-

stehen andere aus syntaktischen Bruchstücken, losen Metaphernfolgen: *»Das im Wahnsinn der Angst / gepumpte Blut / die Art und Weise es zu schreiben, dringt / in das Papier, verbrennt / alles – die Tage die es wagen / in der Welt: die Massen von Gold: der Kern.«*

Bereits in *A colher na boca*, 1961 *(Der Löffel im Munde)*, Helders zweiter Gedichtsammlung, findet man die für das gesamte spätere Werk kennzeichnende rituelle Besetzung des Akts des Dichtens: *»In Demut webe ich meine dankbaren Worte / über die schöne Wildheit des Fleisches, erhebe ich meinen Becher.«* Auch die Sexualität wird – genauso wie die Einnahme von Speise und Trank – als Ritual thematisiert. Abendmahlssymbolik und sexuelle Metaphorik verschmelzen ineinander. Die sexuelle Vereinigung wird wiederholt mit Bildern wie *»ich setze mich an deinen Tisch«* umschrieben.

Das Dichten wird als geduldige Suche des Dichters nach *»einem magischen Wort«* thematisiert, welches *»wie ein Blitz / auf den Dächern eines Lebens«* einschlagen würde. Durch die geballte Aneinanderreihung von Substantiven wie *»die Sonne, die Frucht, das Kind, das Wasser, der Gott, die Milch, die Mutter / die Liebe«* soll eine sprachliche Energie erzeugt werden, die der jenes vom Dichter gesuchten Urwortes nahekommt. Der Wahnsinn, als ein Bewußtseinszustand, in dem das Unterbewußte regiert, wird als der Weg zu einem höheren Erkenntnisgrad beschrieben: *»In diesem Wahnsinn / würde jedes Ding seinen eigenen Namen und Geist annehmen.«* Von einzelnen, beliebigen Gegenständen wie z. B. einer Orange ausgehend, unternimmt der Dichter die Suche nach der *»innersten Einheit dieses Gedichtes mit den Dingen«*. Sie nähert sich auf doppelte Weise der Jagd, einem weiteren durchgehenden Motiv in Helders Lyrik. Wie in der Liebe, so schmelzen auch in der Jagd Jäger und Gejagter zu einer Einheit zusammen. Durch die Freilegung vitaler Kräfte und Instinkte wird die Individualität überwunden: *»Es gab einen Mann, der durch den Tau lief... Er leuchtete im Tau. Trug einen Pfeil... als würde er gejagt ... von einem Jäger.«*

Helders Suche nach dem ursprünglichen, von der Zivilisation unberührten poetischen Impuls führt ihn, wie schon die Romantiker, zu der Poesie alter Völker und Kulturen. In *O bebedor nocturno*, 1968 *(Der nächtliche Trinker)*, überträgt er Gedichte aus dem *Alten Testament*, von den Maias und den Azteken, aber auch japanische Haikus und Zen-Gedichte. Einzelne dieser Übertragungen wirken wie eine Vorform oder die Auflösung Helderscher Metaphern. So beispielsweise das Maia-Rätsel: *»Sohn, sahst du zufällig zwei grüne Steine mit einem Kreuz in der Mitte? – die Augen des Menschen.«* Noch deutlicher kann man in *Comunicação académica*, 1965 *(Akademische Mitteilung)*, den Schaffensprozeß des Dichters verfolgen. Wie immer abstraktere Versionen eines realistischen Gemäldes wird das ursprüngliche Bild einer *»unter einem Pfefferstrauch schlafenden Katze«* in diesem kurzen, in Zeilenform gehaltenen Text aufgelöst und durch Assoziationen ergänzt, bis am Ende *»der Schatten der Katze gelbe Blätter spendend, die gelb träumen über schlafend den Pfefferstrauch«* entsteht. Wie in der abstrakten Malerei sind hier nicht die einzelnen Gegenstände an sich von Bedeutung, sondern die Beziehungen zwischen Formen und Farben und deren Dynamik. In *Retrato em movimento*, 1967 *(Bild in Bewegung)*, findet man eine kurze Parabel über den Kern der Helderschen Poetik. Ein Maler, der gerade einen roten Fisch bildnerisch festzuhalten versucht, entdeckt eines Tages, daß dieser allmählich *»von innen«* schwarz wird. In dieser Mutation erkennt der Maler die Veränderung als das einzige *»Gesetz, das sowohl die Welt der Dinge als auch die der Imagination umfaßt«*. Er stellt fest, die einzige Form von Treue ist die, dieses Prinzip der Veränderung darzustellen, und malt einen gelben Fisch.

Auch das Verhältnis des Dichters zur Gesellschaft wird in dieser Sammlung thematisiert. Der Dichter steigt hinab zur Unterwelt – die Zivilisation wird durch das Bild der Untergrundbahn in die Nähe des Hades gerückt –, stellt aber fest, daß dort all das, was er sucht, keinen Platz hat. Er findet keine *»Anstrengung, um die Weisheit zu finden«*. Der Dichter bleibt einsamer Außenseiter mit einer schrecklichen Berufung: *»Der Wunsch nach Ewigkeit ist das Feuer, das am schnellsten die Hände verbrennt. Dieser Wunsch ist ungewöhnlich tödlich.«*

In *Os brancos arquipélagos*, 1971/72 *(Die weißen Archipele)*, sucht der Dichter mittels Drogen und Alkohol den Zustand der Halluzination. Eine Flut von Bildern, tranceartige Wahrnehmungszustände entstehen auf diese Weise: *»Im kühlen Mäander erreichte der Alkohol das Gedächtnis, / schimmernder Schwamm dort innen, in einem Loch / die Stauung des Kammes über den Gedanken, / durchnäßter Kopf.«*

Als logische Folge der Auffassung Helders, die Aufgabe der Poesie sei die, Bewegung und Veränderung zu erfassen, wird in *Cobra*, 1977 *(Schlange)*, die Poesie mit dem Film in Verbindung gebracht: *»Die Theorie war diese: alles niederzureißen – aber jemand nahm die Filmkamera.«* Auch der Tanz, in dem sich die Totalität der körperlichen Energien ausdrückt, wird mit der Poesie in Verbindung gebracht: *»Jeder Tanz zieht die Kraft an.«*

In *Ultima ciência*, 1988 *(Letzte Wissenschaft)*, umgibt sich der Dichter mit Nacht, um die eigenen dunklen, verborgenen Kräfte wiederzufinden: *»Von allen Orten des Parkes greift eine Vibration / die Statue an, die erklimmt den Tag / geneigt, die eindringt in das Dunkle mit weißen Augen. / Die Luft erleuchtet ihren Mund. / Mit Fingern von jähem Gold schließt ihr die Nacht / die Muskeln. Aber eine Flut von Lebenssaft eröffnet sie, / eine Temperatur strahlender / Chemie. Denn in der Mitte dieser / Territorialmasse ist es / daß das Blut erbebt und aufblüht / zwischen Stein und Aura. / – die langsame Statue ihren Stern tragend, bis sie sich in anderen verblendeten Pupillen verspätet.«*

A.C.K.

AUSGABEN: *O amor em visita*, Lissabon 1958. – *A colher na boca*, Lissabon 1961. – *Poemacto*, Lissabon 1961; ern. 1963. – *Lugar*, Lissabon 1962. – *A máquina de emaranhar paisagens* (in Poesia experimental, Lissabon 1964, Nr. 1). – *Electronicolírica*, Lissabon 1964. – *Comunicação académica* (in Jornal do Fundão, 24. 1. 1965; Sondernr. *Poesia experimental*). – *Retrato em movimento*, Lissabon 1967. – *Ofício cantante*, Lissabon 1967. – *Húmus*, Lissabon 1967. – *O bebedor nocturno*, Lissabon 1968. – *Apresentação do rosto*, Lissabon 1968. – *Vocação animal*, Lissabon 1971. – *Os brancos arquipélagos* (in *Mário Paulo. Catálogo de exposição*, Lissabon 1971 u. in Diário popular, 12. 5. 1971; Supl. litérario). – *Antropofagias. Texto 1* (in Caliban, Lourenço Marques 1971, Nr. 2). – *Antropofagias. Textos 2, 3, 5, 7, 12* (in Caderno antológico novembro, Lissabon, Nov. 1972). – *Cobra*, Lissabon 1977. – *O corpo. O luxo. A obra*, Lissabon 1978. – *Photomaton & Vox*, Lissabon 1979. – *Flash*, Lissabon 1980. – *Poesia toda. 1953–1980*, Lissabon 1981. – *A cabeça entre as mãos*, Lissabon 1982. – *As magias*, Lissabon 1987. – *A última ciência*, Lissabon 1988.

LITERATUR: A. Ramos Rosa, *H. H. poeta órfico* (in *Poesia, liberdade livre*, Lissabon 1962, S. 149–157). – R. Belo, *Poesia e arte poética em H. H.* (in *Na senda da poesia*, Lissabon 1969, S. 158–237). – N. Correia, *O surrealismo na poesia portuguesa*, Lissabon 1973. – F. Guimaraes, *Acerca da publicação de »Poesia toda« de H. H.* (in Colóquio/Letras, 1973, Nr. 15, S. 70–73). – M. L. Lepecki, *Sobre a poesia de H. H.* (in Revista Vozes, Rio 1974, Nr. 4, S. 21–28; Sondernr. *Literatura portuguesa: crítica e discursividade*). – M. E. Guedes, *H. H. Poeta obscuro*, Lissabon 1979. – M. de Fátima Marinho, *H. H. A obra e o homem*, Lissabon 1982. – M. L. Dal Farra, *A alquimía da linguagem. Leitura da cosmogonia poética de H. H.*, Lissabon 1986.

OS PASSOS EM VOLTA

(portug.; *Die Schritte umher*). Erzählsammlung von Herberto HELDER, erschienen 1963. – Dieser Sammlung verdankt der vorwiegend lyrisch orientierte Autor seinen literarischen Durchbruch. *Os passos em volta* gelten als Vorbereitung des 1968 erschienenen, autobiographisch gefärbten Werkes *Apresentação do rosto (Vorstellung des Gesichts)*. In der dritten Auflage (1970) wurde die Sammlung um vier Texte erweitert, in der vierten (1980) nochmals ergänzt und überarbeitet. Die insgesamt 23 Erzählungen sind durch eine dichte Kette von Querverweisen und wiederkehrenden Motiven eng miteinander verknüpft. Ihre einheitliche Thematik kann mit der in der ersten Erzählung, *Stilo (Stil)*, problematisierten »Suche nach dem Stil« umschrieben werden. Hiermit ist nicht nur des Dichters Suche nach einer eigenen Ausdrucksform gemeint, der Begriff wird in einem allgemeineren ontologischen Sinn gebraucht. Der »Stil«, so erklärt der Erzähler einem stummen Gegenüber, ist ein beliebiges Wertesystem, mit dem die Absurdität und Gewalttätigkeit des Lebens aufgehoben beziehungsweise überspielt werden kann. Dabei stellt der Erzähler die Frage, ob der Wahnsinn, die Folge eines Mangels an »Stil«, nicht *»edler, dem großen Geheimnis unserer Menschlichkeit entsprechender«* sei. In diesem Sinne handeln Erzählungen wie *O coelacanto* (*Der Quastenflosser*; ein »lebendes« Fossil) oder *O grito (Der Schrei)* vom plötzlichen Ausbruch mittelmäßiger Menschen aus dem Alltag.

Die Unfähigkeit der Umwelt, mit Menschen umzugehen, welche aus der sogenannten Normalität herausfallen, den »Stil« durchbrechen, wird neben der gleichfalls schwierigen Sozialisation des Dichters zum Gegenstand der Erzählung. Dieser wird als vereinsamt lebender Aussätziger dargestellt, der ständig zwischen Verachtung und plötzlich ausbrechender Liebe zu den Menschen hin und her gerissen wird. Zentrales Motiv der Handlung, die eine Parallele findet in Helders von mehreren Auslandsaufenthalten geprägtem Leben, ist der Aufbruch zu fremden Städten und Ländern als Form der Suche *(Holanda – Holland; Os comboios que vão para Antuérpia – Die Züge nach Antwerpen)*. Das ersehnte Ziel ist jedoch nicht auf der Landkarte zu finden: *»Manchmal denke ich, es existiert gar keine Stadt mit solchem Namen. Aber dies ist nicht und war auch nie wesentlich« (Como se vai para Singapura – Wie man nach Singapur kommt)*. Nicht das Ankommen, das Erreichen des Ziels, sondern die Suche, die Hoffnung erscheinen als das Entscheidende. Diese stetige Annäherung, das Umkreisen – in dem Titel der Sammlung bereits angedeutet – kennzeichnet die Daseinsform des Dichters, symbolisiert durch das Bild des Mannes, der, in einer fremden Stadt angekommen, sich immer wieder im Kreis dreht und immer wieder auf denselben Platz, dieselben Straßen trifft.

Dem Reisen im geographischen Sinne wird eine andere Form der Erfahrungs- und Bewußtseinserweiterung entgegengestellt, die in den Mittelpunkt von Helders Poetik führt: *Der Traum (Sonhos)*, so der Titel der dritten Erzählung, wird als die wirksamere und reichere Form des Reisens begriffen. In diesem Sinne wird der realen äußeren Welt eine von Phantasie, Träumen und unbewußten Assoziationen zusammengesetzte surreale und mythische Welt entgegengesetzt. Dieses Bekenntnis des Autors zum Surrealismus mit seiner Heraufbeschwörung unterbewußter verlorengegangener Schichten menschlicher Erfahrung zeigt sich nicht nur in einigen phantastisch-absurden erzählerischen Einfällen: So hält beispielsweise in *Cães, Marinheiro (Hunde, Seemann)* ein Hundepaar sich einen Matrosen als Gartenwache. Auch der von leitmotivischen Assoziationen wie *zeugen, erzeugen, zerstören, Blut, Energie, Erde, Mutter, Mörder* geprägte, die Syntax und Chronologie mißachtende literarische Stil Helders sowie die Durchkreuzung verschiedener Erfahrungs- und Wirklichkeitsebenen sind Ausdruck einer Poetik, in der den Träumen und dem Unbewußten eine übergeordnete Rolle zugeschrieben wird. A.C.K.

AUSGABEN: Lissabon 1963. – Lissabon [3]1970 [erw.]. – Lissabon [4]1980 [erw. u. überarb.] – Lissabon [5]1985.

LITERATUR: A. Quadros, *»Os passos em volta« de H. H.* (in *Crítica e verdade*, Lissabon 1964, S. 177–181). – J. Palma-Ferreira, *H. H. – »Os passos em volta«* (in Colóquio/Letras, 1971, Nr. 4, S. 92/93). – M. A. Alexandre, *»Os passos em volta« de H. H. – A refracção mitológica da história* (in Diário popular, 1. 3. 1978) – M. F. Martins, *H. H. Um silêncio de bronze*, Lissabon 1983, S. 91–101.

LÍDIA JORGE

* 18.6.1946 Boliqueime

LITERATUR ZUR AUTORIN:
R. Eminescu, *Novas coordenadas do romance português*, Lissabon 1983 (BB). – C. P. Medina, *Viagem à literatura portuguesa contemporânea*, Rio 1983, S. 483–505. – M. Simões, *A nova narrativa portuguesa: de Almeida Faria a L. J.* (in Rassegna Iberistica, 1984, Nr. 21, S. 3–15). – I. A. de Magalhães, *O tempo feminino em Agustina Bessa Luís, Olga Gonçalves e L. J.* (in I. A. de M., *O tempo das mulheres*, Lissabon 1987, S. 463–489). – M. F. Brauer-Figueiredo, *L. J. und ihre Romane* (in Lusorama, 1988, Nr. 7, S. 26–34). – L. A. Martins, *L. J. Notícia do Cais dos prodígios* (in JL, 15. 2. 1988, Nr. 293, S. 6–10). – I. Pedrosa, *Ficção portuguesa: L. J.* (in Ler, 1988, Nr. 1, S. 8–13).

O CAIS DAS MERENDAS

(portug.; *Der Picknickplatz am Meer*). Roman von Lídia JORGE, erschienen 1982. – Schauplatz der Handlung im zweiten Roman Lídia Jorges ist, wie schon in *O dia dos prodígios*, die Provinz Algarve. Nach eigener Aussage hat die Autorin an beiden Romanen gleichzeitig geschrieben. Auch hier geht es um die Bewohner eines armen, rückständigen Dorfes, aus deren Perspektive der Leser den sozialen und kulturellen Umbruch in der portugiesischen Dorfgesellschaft erlebt. Wieder erzählen alle 24 Bewohner des Dorfes Redonda, alle erinnern sich, meistens ist es unmöglich, den jeweiligen Sprecher auszumachen. Nicht als Individuen sind sie von Bedeutung, entscheidend ist die Vermittlung des kollektiv Erlebten. Erst nach zahlreichen, jeder inneren Logik entbehrenden Rückblenden wird dem Leser deutlich, wie sich die Geschichte wirklich zugetragen hat.

Einige Dorfbewohner sind ausgewandert. Sebastião, der geblieben ist, weil ihm die Zugreise zu unbequem schien, verschafft sich mit einem selbstgebastelten Radio Anschluß an die Außenwelt und ist nun den anderen an Wissen überlegen. Als in einigen Kilometern Entfernung ein riesiges Hotel gebaut wird und ein Touristenzentrum entsteht, zieht er fasziniert dorthin, um zu arbeiten, gefolgt von vielen Dorfbewohnern. Schon zu Beginn des Romans sind die Leute aus Redonda aus ihrem natürlichen Milieu herausgerissen, versuchen sie, sich ausländische Sitten, Verhaltensweisen und Wörter anzueignen. So feiern sie eine »party«, wie es sich nun gehört, und keine »merenda«, die an ein ländliches Essen erinnern würde. Dem Tourismus verdanken sie zwar ein angenehmes Leben mit leichten Arbeiten, Freizeit zum Genießen, Feiern und mit gutem Essen: In Wahrheit bedeutet die Arbeit in dem Hotel für sie aber auch den Beginn der Entfremdung. Ihre dörfliche Vergangenheit, die harte Feldarbeit, die alten Freunde, die Traditionen, all das versuchen sie zu vergessen und zu verdrängen, bis ihnen nach der Arbeit bei regnerischem Wetter schon der Weg zum Dorf zu unbequem erscheint. Tiere und Blumen, die der Pflege bedürfen, geben sie der Bequemlichkeit halber ab. Der Kontrast zwischen ihrem Dorfleben und dem Leben im Hotel und am Strand wird immer größer. Als Sebastião, der eine englische Freundin hat, einmal Besuch von seiner Frau und anderen Leuten aus Redonda bekommt, schämt er sich wegen ihrer ländlichen Sitten: *»Der Unterschied, der offenbar wurde, war so kraß, daß man Lust hatte, ein Denkmal zu errichten: Hier war am 22. August das vergangene Jahrhundert zu Besuch.«* Rosária, Sebastiãos Tochter, ist die einzige, die sich nicht einleben und anpassen kann. Sie begeht früh Selbstmord. Der Roman setzt einige Zeit nach ihrem Tod ein, dennoch ist ihr Name ständig gegenwärtig – sie ist das Gewissen aller.

Aus verblüffend eingeschränkter Perspektive werden auch der Kolonialkrieg, die Emigration und die Revolution erlebt. So war z. B. für Quinas der Krieg in Ordnung: Er ist unverletzt geblieben, hat Felle, Teppiche, Elefantenzähne und ein Porzellanservice mitgebracht und darf zufrieden feststellen, daß seine Verlobte noch einen tadellosen Ruf besitzt. Die revolutionären Ereignisse, die den Begriff des Eigentums in Frage stellen, verwirren wiederum Sebastião, der glaubt, nunmehr womöglich einen Anteil am Hotelkomplex beanspruchen zu können. *»Beeinflußt vom Geist der Zeit«* organisiert das Personal schließlich einen kollektiven Aufstand gegen den holländischen Hotelchef und will überdies nun wieder nur noch portugiesisch sprechen. Da die Portugiesen aber von ihren eigentlichen Zielen nur eine vage Vorstellung haben, scheitert ihr halbherziger Versuch, eigene Ideen und Forderungen durchzusetzen, und alles geht wie gewohnt weiter.

In ihrem dritten Roman, *Notícia da cidade silvestre*, 1984 *(Nachricht von der anderen Seite der Straße)*, schildert Lídia Jorge die komplexen Beziehungen zweier Frauen in der von Anonymität geprägten Großstadt, deren gegensätzliche Charaktere als Symbole für die widersprüchlichen gesellschaftlichen Tendenzen im heutigen Portugal zu verstehen sind. 1988 erschien der Roman *A costa dos murmúrios (Das Ufer der Gemurmel)*, in dem sich Lídia Jorge mit dem bisher weitgehend tabuisierten Thema der Brutalität des portugiesischen Kolonialkriegs in Moçambique (vgl. auch Antonio Lobo Antunes *Os cus de Judas*, 1979 – *Der Judaskuß*) auseinandersetzt. F.F.B.

Ausgabe: Mem Martins 1982; ³1982.

Literatur: M. A. Seixo, Rez. (in Colóquio/Letras, 1983, Nr. 75, S. 98–100). – L. F. Bulger, *»O cais das merendas« de L. J. – uma identidade cultural perdida?* (ebd., 1984, Nr. 82, S. 51–57). – M. A. Seixo, *Escrever a terra* (in M. A. S., *A palavra do romance*, Lissabon 1985, S. 19–28).

O DIA DOS PRODÍGIOS

(portug.; *Ü: Der Tag der Wunder*). Roman von Lídia Jorge, erschienen 1980. – Ihren ersten Roman widmete die Autorin ihrer Großmutter, deren Erzählungen sie als Kind gebannt gelauscht und dabei gelernt hatte, *»das Hören von Sätzen und ihrer Melodie wichtig zu nehmen«*. In einem programmatischen Vorwort erfährt der Leser, daß eine Geschichte erzählt, jede Figur darin eine Rolle spielen wird, und alle gleichzeitig das Wort ergreifen werden. Tatsächlich werden die Figuren im folgenden nicht vornehmlich handelnd vorgeführt. Teile des Romans, in denen das Leben, Fühlen und Denken einzelner Personen und ihr Verhältnis zueinander aufgezeigt wird, alternieren mit Szenen in der Schankwirtschaft, in der sich die Dorfbewohner treffen und miteinander sprechen. Sie reden gleichzeitig, durcheinander, aneinander vorbei über ihre Sorgen, Wünsche, Träume und Erinnerungen.

Präsentiert wird der von Armut, Rückständigkeit und Aussichtslosigkeit bestimmte Alltag der Bewohner von Vilamaninhos, eines kleinen Dorfes in der Provinz Algarve im Süden Portugals. Neuigkeiten erreichen Vilamaninhos nur von außen, durch das Radio, durch Briefe, mit dem Autobus. Jesuína Palha – eine der 25 Figuren – setzt mit ihrer Erzählung ein Gerücht über das Wunder einer fliegenden Schlange in Umlauf. Jeder erzählt es weiter und lebt in Angst, daß die Schlange zurückkehren könnte. Der Schlangenflug, Symbol einer kollektiven Identitätsstiftung im Dorf, wird als wunderbares Vorzeichen interpretiert. Durch das Radio kommt 1974 die Nachricht nach Vilamaninhos, daß weit weg in Lissabon eine Revolution stattgefunden habe. Die Dorfleute können sich darunter nichts vorstellen. In ihrer vom Aberglauben geprägten Phantasie werden die Abteilungen der Streitkräfte, die, wie im Rundfunk angekündigt, durch ganz Portugal geschickt werden sollen, zu wunderbaren Wesen von einem anderen Stern, die, soviel sie auch trinken mögen, immer nüchtern bleiben und wie irdische Engel für Gerechtigkeit sorgen werden. Voll naiver Bewunderung reden die Dorfleute von den Revolutionären: Sie halten sie für fremdartige Wesen, die nur mit dem kleinen Finger auf einen Schalter zu drücken brauchen, und schon arbeiten alle Instrumente für sie, als hätten sie Arme – die Dorfleute haben selbst keine Elektrizitätsversorgung und kennen nur die Arbeit mit den Händen. Ihre Bewunderung gipfelt in dem Satz: *»Leute, die schon alles haben, das haben, was wir uns nicht vorstellen können.«* Als dann die Soldaten tatsächlich in ihrem Kampfwagen auftauchen, hält man sie für Wesen von einer anderen Galaxie: Von Engeln und einem Himmelswagen ist die Rede. Die Soldaten sprechen aber eine Sprache, die von den Dorfbewohnern nicht verstanden wird, und fahren unverrichteter Dinge weiter. Die Leute sind enttäuscht, insbesondere weil die Soldaten nicht einmal Zeit gefunden hatten, ihnen das Wunder der fliegenden Schlange zu erklären, wie sie gehofft hatten. Der achtzigjährige José Jorge Júnior fragt, ob die Soldaten wie Priester ausgesehen hätten (bisher hatte ihnen nur die Kirche Hoffnung auf das Leben nach dem Tod gemacht). Ein anderer drückt eine Enttäuschung so aus: *»Sie haben nicht mal eine neue Glaubenslehre mitgebracht.«*

Auch die alltäglichen Probleme werden aus dem Blickwinkel der Dorfbewohner geschildert, so z. B. aus der Perspektive der jungen Carminha, deren erster Verlobter im Kolonialkrieg gestorben ist, während der zweite, der auch in Afrika kämpft, im Verlauf eines Heimaturlaubs von seinen Kriegserlebnissen schwadroniert. Es finden sich Anspielungen auf leerstehende, verfallene Häuser, deren Bewohner ins Ausland emigriert sind, um Arbeit zu finden und der Armut zu entfliehen: mit nachhaltigen Konsequenzen für die heimische Landwirtschaft. Viele Dorfbewohner halten jedoch Landflucht für das einzig Sinnvolle.

In *O dia dos prodígios* bricht Lídia Jorge bewußt mit traditionellen Erzählkonventionen, sie weicht von grammatikalischen und orthographischen Normen ab, gibt gesprochene Sprache unverändert wieder und folgt damit einer verbreiteten Tendenz des modernen portugiesischen Romans. Auffällig ist der Versuch der Autorin, verschiedene Reaktionen und Aspekte eines Ereignisses simultan – an zwei Stellen sogar zweispaltig – darzustellen; ein Verfahren, das schon Jorge de Sena in *O físico prodigioso*, 1977 *(Der wundertätige Physikus)*, angewandt hat. F.F.B.

Ausgabe: Mem Martins 1980; ⁴1982.

Übersetzung: *Der Tag der Wunder*, M. Meyer-Minnemann, Freiburg i. B. 1989.

Literatur: J. Listopad, Rez. (in Colóquio/Letras, 1982, Nr. 67, S. 93/94).

AGUSTINA BESSA LUÍS

eig. Maria Agustina Ferreira Teixeira Bessa Luís

* 15.10.1922 Vila Meã bei Amarante

LITERATUR ZUR AUTORIN:
M. A. Barahona, *Para o estudo da expressão do tempo no romance português contemporânea*, Lissabon 1968, S. 45–98; ern. 1987. – Á. M. Machado, *A vida e a obra de A. B. L.*, Lissabon 1979. – Ders., *A. B. L. – o imaginário total*, Lissabon 1983. – Ders., *A. B. L. et le roman portugais contemporain* (in *Le roman portugais contemporain. Actes du colloque*..., Paris 1984, S. 235–244). – A. Portela, *A. por A. Entrevistas*, Lissabon 1986.

OS MENINOS DE OURO

(portug.; *Die Goldkinder*). Roman von Agustina Bessa Luís, erschienen 1983. – In ihrer 22. Publikation nimmt die außerordentlich produktive Verfasserin die bereits in früheren Werken wie *Crónica do cruzado Osb.*, 1976 *(Chronik des Kreuzfahrers Osb.)*, und *As fúrias*, 1977 *(Die Furien)*, betriebene kritische, bisweilen einer Demontage gleichenden Analyse des postrevolutionären Portugals wieder auf, ohne die Übel der Vergangenheit zu beschönigen. Die »Goldkinder«, die *»zeitgenössischen Barone mit politischer Ader, ihre Zufälle und Mißgeschicke«* sind Gegenstand des Romans, der zugleich eine ausgiebige und profunde Analyse des portugiesischen Nationalcharakters und seiner soziologischen, politischen, kulturellen und historischen Implikationen darstellt. Die Autorin untersucht die Bedingungen, die nach dem Absterben des ersten revolutionären Impetus den Boden für das Aufkommen einer anachronistischen Sehnsucht des Volkes nach einer charismatischen politischen Figur bereiteten. Dabei analysiert Bessa Luís den Mangel an moralischen Werten in der von Technokratie und Pseudowissenschaftlichkeit beherrschten gegenwärtigen Gesellschaft ebenso wie historische Konstanten der portugiesischen Mentalität mit ihrer Neigung zum Träumen und unbestimmten Warten. Getragen wird die Handlung vom Werdegang José Moreira Matildes zum umjubelten Politiker. Die Geschichte seines Erfolgs ist zugleich die der Auseinandersetzung mit seiner Frau Rosamaria – sie ist die eigentliche Hauptperson des Romans –, die sich gegen die politische Karriere ihres Mannes hartnäckig wehrt. Der Roman endet mit der völligen Entfremdung der Eheleute und dem Tod José Matildes auf dem Höhepunkt seiner Karriere.

José wird zum Kristallisationspunkt der Sehnsucht eines von der Revolution enttäuschten und nach neuen Werten hungernden Volkes. Er entwickelt sich vom introvertierten Intellektuellen und Einzelgänger zu einer Figur im Stil eines »Citizen Kane«, die *»Kopie eines bereits verstorbenen Menschentypus«*, und büßt dabei sowohl seine Innerlichkeit als auch die kritische Intelligenz des Intellektuellen ein, die beide mit der Macht unvereinbar sind. Josés Problem besteht darin, seine beschränkt-individuelle Persönlichkeit mit der *»ungeheuren, auserwählten Formel des gebildeten und fähigen Mannes – eines Überrestes vom Super-Mann – zu vereinbaren«*. Als er sein Bewußtsein nicht mehr aus sich selbst, sondern aus dem Urteil der anderen schöpft, verfällt José einer mysteriösen Krankheit, die von der Autorin als Folge der *»Sterilität der Einbildungskraft«* interpretiert wird: *»Der Mensch ist dann genial, wenn er den Geist entdeckt, der in jedem von uns vorhanden ist, und nicht, wenn er dazu auffordert, daß man ihm folgt.«* Rosamaria – *»unbezähmbar«*, weil frei von Eitelkeit – wehrt sich in instinktiver Vorahnung dieses Prozesses gegen den Aufstieg ihres Gatten und hält hartnäckig an ihrer kleinen Welt, der Familie, fest. Sie wird als Kämpferin dargestellt, die ihrer *»absurden Seele«* treu bleibt und sich den gesellschaftlichen Konventionen nicht beugt. Josés Problem, die Identität als *»Form narzißtischer Bildung«*, betrifft sie nicht. Rosamaria besitzt eine unbeirrbare und instinktive Selbstsicherheit im Handeln und Urteilen, während José stets von Zweifeln gequält wird. Sie gleicht jenen wilden Blumen – den Geresianas –, die für die Autorin am Ende des Romans zum Symbol *»einer Urzeit«* werden, in der die Seele *»mit der Unendlichkeit verkehrt«*.

Das Werk steht ganz im Zeichen des eigenwilligen Stils der Autorin. Ein ständiger Wechsel von Zeitebenen, erzählerischem Stil, historischen Diskursen und philosophischen Betrachtungen lassen die allgegenwärtige Präsenz der auktorialen Erzählerin spüren. Diese erscheint als *»zeitlose Stimme, welche aus dunklen Kräften zusammengesetzt ist und das Gedächtnis an eine Zeit vor dem Kampf um die Persönlichkeit transportiert«*. – Für ihren *»Essay der menschlichen Beziehungen«* wurde die Autorin mit dem Großen Preis des portugiesischen Schriftstellerverbandes ausgezeichnet. A.C.K.

AUSGABE: Lissabon 1983; [7]1987.

LITERATUR: S. R. Lopes, Rez. (in Coloquio/Letras, 1983, Nr. 76). – Á. M. Machado, *A. e o imaginário político* (in JL, 21. 6. 1983, Nr. 61).

A SIBILA

(portug.; *Ü: Die Sibylle*). Roman von Agustina Bessa Luís, erschienen 1954. – Nach den Romanen *Mundo fechado*, 1948 *(Verschlossene Welt)*, *Os super-homens*, 1950 *(Die Übermenschen)*, und den Erzählungen *Contos impopulares*, 1951–1953 *(Unpopuläre Geschichten)*, gelang der bedeutendsten zeitgenössischen Prosaistin Portugals ein spektakulärer Erfolg. *A sibila* erhielt nicht nur den Preis »Delfim Guimarães« (bereits als Manuskript 1953), sondern wurde darüber hinaus mit dem begehrten Preis »Eça de Queirós« (1954) ausgezeichnet. Das Werk ist zugleich eine psychologische Studie Proustschen Zuschnitts über die Großbäuerin Joaquina Augusta und ein realistisches Porträt der Landbevölkerung im nordportugiesischen Douro-Tal in der zweiten Hälfte des 19. und der ersten Hälfte des 20. Jh.s; Menschen, die in ihrem mühsamen Alltag, in ihren Gewohnheiten, Eigenarten und sozialen Beziehungen mit außerordentlicher Plastizität und analytischem Scharfsinn dargestellt sind. An das Vorbild Prousts erinnert nach G. R. Lind vor allem die Aufmerksamkeit für das bezeichnende Detail, die Vertrautheit mit der bildenden Kunst und die Neigung, zur Verdeutlichung physiognomischer Eigentümlichkeiten ihrer Gestalten auf bestimmte Gemälde der Meister zu verweisen, aber auch die weit ausschwingenden Schachtelsätze sowie die grundsätzlich kontemplative Erzählhaltung, die auf den Aufbau dramatischer Spannungsbogen verzichtet.

Der Roman beginnt und endet mit der gleichen Szene: Germana, Nichte und Erbin Joaquina Augustas, genannt Quina, erinnert sich mit der Distanz des »Stadtkindes« an die bereits vor Jahren Verstorbene, die wegen ihrer geheimnisvollen Menschenkenntnis und Stärke bei der abergläubischen Dorfgemeinschaft im Rufe einer Sibylle, einer Seherin, stand. Dieser Erzählrahmen nimmt der im Anschluß geschilderten Lebensgeschichte Quinas den *»zufälligen und zusammenhanglosen«* Charakter der Gegenwart, um sie in eine *»absolute Zeit des Erinnerns«* zu verwandeln. Eine Identifizierung der Erzählerin mit Germana findet jedoch nur insofern statt, als sich beide mit demselben Phänomen – Quinas Persönlichkeit – auseinandersetzen. Die Erzählung selbst umfaßt drei Generationen des Hauses Vessada; sie erstreckt sich von der Kindheit der Eltern Quinas bis zum Erwachsensein Germanas. Dabei wechselt die Erzählerin ständig zwischen verschiedenen Zeitebenen, verfolgt Nebenhandlungen, den Hauptfaden des Erzählens verlassend, mißachtet jede chronologische Reihenfolge und Kontinuität des Erzählens, nur der inneren Zeit des Gedächtnisses gehorchend. In der Schilderung des Lebens dieser einfachen Frau kommt eine – wenn auch nicht ausgeführte – aktuelle Frauenthematik zum Ausdruck. Quina ist das zweitälteste von fünf Kindern und die jüngste Tochter von Maria de Encarnação, einer sie zugunsten der Erstgeborenen vernachlässigenden und sie zu harter, überfordernder Arbeit antreibenden Mutter, und von Francisco Teixeira, einem vergnügungssüchtigen Frauenhelden und Familienpatriarchen, der nach seinen eigenen Gesetzen lebte und darum von seiner Tochter bewundert wurde. Da ihre drei jüngeren Brüder in die Stadt (Porto) ziehen, liegt es bei ihr, den heruntergewirtschafteten Hof weiterzuführen. Weil ihr kein Mann zur Seite steht, entwickelt Quina »männliche« Eigenschaften, Initiative und Tatkraft, ja Skrupellosigkeit, verfügt aber auch über eine profunde Kenntnis des Gewissens und Instinkts ihrer Mitmenschen. Sie verkörpert in ihrem Lebenslauf die um die Domäne der Männer kämpfende Frau. Handelsgeschäfte und die Bewirtschaftung ihres Besitzes, beides so erfolgreich betrieben, daß sie am Ende ihres Lebens als reich gilt, sind Quinas Mittel, um die Welt der Männer zu erobern und ihre eigene Unabhängigkeit zu erreichen. Die stets um die Anerkennung der anderen Kämpfende erreicht ihr Lebensziel, wird von den Frauen wegen ihrer sibyllinischen Eigenschaften, von den Männern wegen ihres praktischen Geschäftssinns bewundert und geachtet. Selbst bei den höheren Gesellschaftsschichten vermag sie sich Anerkennung zu erwerben.

Quinas Streben nach Macht und Anerkennung, hinter dem sich ihr Bedürfnis nach Liebe verbirgt *(»die verborgenste Faser ihres Wesens war die Zärtlichkeit«)*, wird ihr jedoch am Lebensende zum Verhängnis. Sie adoptiert das Waisenkind Custódio, zu dem sie ein starkes emotionales Verhältnis entwickelt, distanziert sich von Verwandten und Freunden, um sich fast ausschließlich diesem Jungen zu widmen, der mit seiner primitiven, fast gewalttätigen Natur zu einer nie versiegenden Quelle von Schmerz und Enttäuschung für sie wird. Trotz ihrer tiefen Kenntnis der menschlichen Seele und ihrer geschäftlichen Nüchternheit vermag sich Quina dieser emotionalen Abhängigkeit nicht zu entziehen und stirbt nach einer längeren Krankheit von der Familie vergessen, nur von ihrem um ein Erbteil bettelnden Schützling begleitet. – In ihrem widersprüchlichen Charakter, in ihrer Mischung aus Stärke und Schwäche, Weisheit und Torheit ist Quina Ausdruck des *»undurchdringlichen Mysteriums«* der menschlichen Seele. *»Neben dieser gierigen Huldigung an die Welt, war die tiefe Einordnung in die subjektivste Originalität, die Hingabe ihrer moralischen Kräfte an ein geistig Unendliches, welches sie nicht als undurchdringlich verstand, sondern für sie so nah und erreichbar war wie die Erde. Es gibt Mysterien, sagte sie, aber nicht für mich. Es gibt Gott, aber er ist es, der mich sucht.«* A.C.K.

Ausgaben: Lissabon 1954; [11]1988. – Rio 1982. – Lissabon 1984.

Übersetzung: *Die Sibylle*, G. R. Lind, Ffm. 1988 [m. Nachw.].

Literatur: Ó. Lopes, Rez. (in Comércio do Porto, 14. 12. 1955; ern. in Ó. L., *Os sinais e os sentidos*, Lissabon 1986, S. 155–159). – J. Camilo, *Uma leitura de »A sibila«* (in Cadernos de literatura, 1981, Nr. 9, S. 43–53). – M. da Graça de Melo Borges, *»A sibila«. Sob o signo do espelho* (in Arquipélago, 6, 1984, S. 187–197). – Ó. Lopes, *A. B. L. – uma ronda do flagrante com o insolito* (in Ó. L., *Os sinais e os sentidos*, Lissabon 1986, S. 181–190). – I. A. de Magalhães, *O tempo das mulheres. A dimensão temporal no escrita feminina contemporânea. Ficção portuguesa*, Lissabon 1987, S. 207–228. – H. Thorau, Rez. (in Die Zeit, 10. 6. 1988).

DINIS MACHADO

* 1930 Lissabon

O QUE DIZ MOLERO

(portug.; *Ü: Molero und die verrückte Welt*). Roman von Dinis MACHADO, erschienen 1977. – Der Roman fiel der Literaturkritik sofort als ein Novum auf, wenn er auch nicht Machados Erstlingswerk ist. Unter dem Pseudonym Dennis McShade hatte der Autor bereits 1968 drei Kriminalromane veröffentlicht, die den Typus der amerikanischen *hard boiled school* (D. HAMMETT, R. CHANDLER) parodieren, *»Schriftübungen«* (Machado), die er aus kommerziellen Gründen und unter starkem Zeitdruck verfaßte. Vom Autor selbst als *»Flug in die Phantasie- und Kindheitswelt«* beschrieben, ist *O que diz Molero* ganz offensichtlich durch Machados Kindheitserlebnisse in einem alten Viertel Lissabons geprägt. Die Schilderung eines Milieus (das Bairro Alto in den späten dreißiger und frühen vierziger Jahren) macht das Gassenleben, aus ständig wechselnden Perspektiven beobachtet, zum eigentlichen Helden des Romans.

Im Mittelpunkt von *O que diz Molero* steht die Berichterstattung des Beamten Molero an eine große Organisation über eine seltsame Persönlichkeit, im Text immer nur »der Junge« genannt. Dessen traumatische Kindheit und erlebnisreiche Jugend in Lissabons Bairro Alto sowie sein anschließendes Wanderleben, das ihn von Paris nach Afrika, von Neapel nach New York treibt, stellt den Kern der Handlung dar, um den sich eine bizarre Galerie emblematisch zu nennender Figuren gruppiert. Kameraden und Nachbarn des Helden tragen Spitznahmen wie »Descoiso« (Unzeug) oder Lucas Pireza (Kurt Kitsch), die einerseits auf die Verklärung des Alltagsgeschehens durch eine Abenteuerfilm- und Romanmythologie der vierziger Jahre hindeuten, andererseits durch die parodistischen Anklänge der Namen eine kritische Distanz zu dieser Mythologisierung schaffen. Die Dreieckskomposition des Romans ergibt sich aus Moleros Bericht und den Kommentaren der den Bericht lesenden Personen (Austin, Mister de Luxe), die durch ihre Mutmaßungen Moleros Recherchen und seine sich verändernde Persönlichkeit zum Hauptthema des Erzählens machen. Während des langen und minuziösen Untersuchungsverfahrens erlebt Molero einen allmählichen Identifikationsprozeß mit den Leiden und Krisen seines Forschungsgegenstandes, und Moleros Formulierungen der Einfühlung, oft kristallisiert zu Lebensmaximen, sowie seine Interpretationsversuche werden kontrapunktisch von Mister de Luxes etwas zynisch distanzierter Haltung oder emphatisch von Austins sympathisierendem Kommentar variiert. Der Schluß des Romans bleibt offen: Nach der Erwähnung von Moleros Nervenzusammenbruch erfährt der Leser lediglich Mister de Luxes endgültige Anordnung: Molero soll einen für seine vollkommene Erholung nötigen Urlaub bekommen, und der Bericht soll nach der üblichen Computeranalyse an andere Beamte weitergegeben werden.

Sind die weltbekannten Protagonisten der populären Versionen der amerikanischen Comicstripwelt (Tarzan, Gordin, Mandrake, Mickey Mouse) in ihrer psychologischen Kargheit, rein körperlichen Existenz und Anschaulichkeit ihres Handelns die Vorfahren Machados heiterer Kumpane, so verdankt sich die hektische Verkettung der Ereignisse, die pausenlose Aufeinanderfolge von spektakulären Szenen, wodurch der Leser tatsächlich gefangengenommen wird, der begeisterten Rezeption von allerlei Western- und Kriminalfilmen. Auf der Ebene der Erzähltechnik evozieren der Zauber der gesprochenen Sprache, die Zwanglosigkeit und Euphorie der Alltagssprache, die umfassenden Prosarhythmen, die unbeschwert von der Parodie in die Tragödie hinein, von der gekünstelten Rhetorik in den Lyrismus »galoppieren«, die Grundzüge einer mündlichen Kultur sowie die Erfahrung des Sportjournalismus. Das Interessanteste an Machados Prosa wird durch die Erzählstruktur ermöglicht: die üppige Vielfalt der Sprachregister, die sich reibungslos aneinanderknüpfen und sich gleichzeitig relativieren. Die soziale Kritik (die Darstellung der Volksarmut während der portugiesischen Diktatur oder die Anklänge an den Spanischen Bürgerkrieg) gibt der hektischen Parodie der Western- oder Kriminalfilme in der unwahrscheinlichsten und amüsantesten Schlägereiszene der *»camones«* (Amerikaner) Raum, und die melancholische Beschreibung der Freundschaft mit dem Sportler/Paralytiker Leduc wird durch eine ironische Trivialisierung psychoanalytischer Interpretationsversuche stilistisch ausgeglichen. Das frühzeitige Interesse Machados für das Fußballspiel *(»Ich schwänzte die Schule, sooft es Fußballspiele gab«)* gewinnt in *O que diz Molero* Prägnanz und macht sich in zahlreichen Handlungsmotiven und im Erzählrhythmus bemerkbar.

Die Skepsis einer moralisch schwarzweißen Welt gegenüber – die Bösewichte sind eher arme Teufel, meistens sogar ganz nette Kumpel; die Ordnungskräfte zeigen sich im Gegenteil erratisch (Molero), zynisch (Mister de Luxe) oder zu anpassungsfähig (Austin) – ist dem Wertsystem des schwarzen Romans oder Films zuzuschreiben. Auf sprachlicher Ebene wird eine teils wehmütige, teils euphorische Utopie des ununterbrochenen, alles umfassenden Diskurses angestrebt, in dem die *»Papier- und Tintenfiguren«* (P. Valéry) wesentlich nur als vorläufige Stütze, rasche Erscheinungen im Ausüben eines erzählerischen Vergnügens fungieren, das uns nochmals auf eines der markantesten Kindheitserinnerungen Machados – den Rundfunkbericht eines Fußballspiels – zurückführt. Sucht man eine Erklärung für den unerhörten Erfolg dieses Bestsellers beim portugiesischen Lesepublikum (auf fünf Editionen im Erscheinungsjahr folgten bis

1984 weitere acht) könnte man vielleicht in erster Linie die Beschwingtheit der Prosa, die fortwährende Spannung und die Vielfalt der Stimmen und Stimmungen nennen, die zusammen ein echtes Lesevergnügen bewirken. Berücksichtigt man aber das portugiesische kollektive Unbewußte, klingt die Erklärung des Essayisten Eduardo LOURENÇO, die den Erfolg von *O que diz Molero* auf *»die Abwesenheit aller ideologischen Gespenster, die seit den vierziger Jahren die Alleinherrscher in der literarischen Szene waren«* zurückführt, vollkommen treffend.

M.A.A.

AUSGABE: Lissabon 1977; 13 1984.

ÜBERSETZUNG: *Molero und die verrückte Welt*, L. Kolanoske, Bln./DDR 1984.

LITERATUR: D. Faria, Rez. (in Colóquio/Letras, 1978, Nr. 3). – M. A. Mello, *D. M. e as aventuras de um ›best-seller‹ português* (in MGSL, 12. 8. 1978). – E. Melillo Reali, *Il romanzo concentrico di D. M.* (in AION, 23, 1981, Nr. 1, S. 165–179).

JOSÉ RODRIGUES MIGUÉIS

* 9.12.1901 Lissabon
† 27.10.1980 New York

LITERATUR ZUM AUTOR:
M. Sacramento, *A problematica do eu em J. R. M.*, Coimbra 1959. – Ó. Lopes, *O pessoal e o social na obra de J. R. M.* (in Ó. L., *Cinco personalidades literárias*, Porto 1961). – A. C. Monteiro, *J. R. M. – Onde a noite se acaba*, Rio 1964. – J. A. Kerr Jr., *Aspects of Time, Place and Thematic Content in the Prose Fiction of J. R. M. as Indications of the Artist's ›Weltansicht‹*, Diss. Univ. of Wisconsin 1970 (vgl. Diss. Abstracts, 31, 1971, S. 6062A; zusammenfassende Ausz. in Estudos ibero-americanos, 2, Porto Alegre 1976, S. 47–83). – Ders., *M. – to the Seventh Decade*, University/Miss. 1977. – M. L. Lepecki, *R. M.: o código e a chave*, Lissabon 1979. – M. A. Duarte, *Socio-Political Undercurrents in Four Works by J. R. M.*, Diss. Univ. of Minnesota 1980 (vgl. Diss. Abstracts, 41, 1981, S. 4730A). – *Contos de J. R. M.*, Hg. M. Barahona, Lissabon 1981.

LÉAH E OUTRAS HISTÓRIAS

(portug.; *Léah und andere Erzählungen*). Erzählungsband von José Rodrigues MIGUÉIS, erschienen 1958. – Die zehn Erzählungen des Bandes, der mit dem Camilo-Castelo-Branco-Preis ausgezeichnet wurde, sind in der Zeit von 1946–1957 entstanden, die Erzählung *Saudades para a Dona Genciana (Erinnerungen an Dona Genciana)* wurde bereits 1957 gesondert publiziert. Miguéis' Erzählungen sind offenkundig von persönlichen Kindheitserfahrungen in Lissabon zur Zeit des Übergangs von der Monarchie zur Republik (1910), langen Jahren des Exils in Belgien und den USA und (ab 1946) zeitweiligen Aufenthalten in Portugal geprägt. In realistischer Sprache beschreibt der Autor in den ganz unterschiedlichen Erzählungen die Eigentümlichkeiten sowohl der portugiesischen Gesellschaft zwischen den Weltkriegen als auch die der belgischen und amerikanischen seines Exils.

Zum dominanten Thema wird dabei das portugiesische Nationalgefühl der »saudade«. Dieses Thema der Erinnerung und die wehmütige Erfahrung der Unwiederbringlichkeit der Vergangenheit werden in den drei Erzählungen *Léah, Dona Genciana* und *Regresso à cúpula da Pena (Rückkehr zur Kuppel des Palastes von Pena)* besonders gestaltet. Bereits die ersten Worte der Titelerzählung *»Ich erinnere mich noch genau ...«* geben dieses Thema an. Der Ich-Erzähler, ein junger portugiesischer Emigrant in Belgien, hat durch sein Liebesverhältnis zu Léah, dem Zimmermädchen der heruntergekommenen Pension, in der er wohnt, mehr noch dadurch, daß er nicht die tiefe Liebe sucht und die Konsequenzen, die aus dieser Liebe erwachsen, nicht tragen will, Schuld auf sich geladen. Jahre später versucht er sich und vor allem Léah, in einem imaginären Dialog mit ihr, Rechenschaft über sein Verhalten abzulegen. In *Dona Genciana* – ganz ähnlich in der Erzählstruktur – zeichnet Miguéis mit viel Sprachwitz und Liebe zum stimmigen Detail ein burleskrealistisches Bild der kleinbürgerlichen Welt eines Lissabonner Stadtviertels. Der wehmütige Rückblick auf das *»Goldene Zeitalter«* (Ó. Lopes) der ersten Jahre der Republik, als man in den Straßen Lissabons *»wie unter freiem Himmel«* leben konnte, und die Kontrastierung mit einer veränderten Erzählgegenwart und dem – aus der Sicht des Erzählers – Verfall der moralischen Werte beinhalten zugleich die Kritik an der durch den Militärputsch von 1926 errichteten Diktatur. In *Regresso* kann die Desintegration in der Heimat, ausgelöst durch den Identitätsschock aufgrund der Differenz zwischen dem in der Erinnerung bewahrten statischen Bild der Heimat und der veränderten Realität, durch die Begegnung mit der Natur, die Erforschung des dadurch freigesetzten Unbewußten und die schließlich daraus erfolgende Heirat mit der vor 20 Jahren zurückgelassenen geliebten Frau überwunden werden. Die psychologisch differenzierter und komplizierter angelegten Charaktere der männlichen Ich-Erzähler kontrastieren in *Léah* und *Regresso* mit der *»gesegneten Einfachheit« (Léah)* der Frauenfiguren, die ihre menschliche Größe in aufopfernder Liebe zeigen.

Die Protagonisten Miguéis entstammen vor allem dem portugiesischen Bürgertum, dessen Heucheleien und Doppelmoral der Autor in den Erzählungen *Uma viagem na nossa terra (Eine Fahrt durch unser Land)* und *A importância da risca do cabelo (Die Wichtigkeit des Scheitels)* scharf kritisiert. Zentrales Thema in den Erzählungen Miguéis' ist der Prozeß der Selbsterkenntnis des erzählenden Ich, das Streben nach Integrität und die Bestätigung des Willens, moralisch richtig und verantwortlich zu handeln: *»Der Mensch, Léah, unterscheidet sich vom Vieh durch ein empfindliches Hühnerauge, das das Vieh unserer Meinung nach nicht besitzt: das moralische Gewissen.«* Ein gleichbleibendes Motiv ist die Beklemmung des jeweils ganz unterschiedlich charakterisierten Ich-Erzählers durch das Gefühl des Fremdseins in seiner Umgebung. – Die Erzählungen Miguéis' zeigen eine große Variationsbreite des Stils, oft mit gewollten Anklängen an die großen portugiesischen Erzähler des 19. Jh.s wie J. M. Eça de QUEIRÓS oder C. CASTELO BRANCO. Miguéis gilt als der wichtigste Autor eines *»ethischen Realismus«* (Ó. Lopes), und betrachtet man sein Gesamtwerk, so scheint sich *»gerade in seinen Erzählungen seine Fähigkeit, die soziale Dimension der Alltagssituationen aufzuzeigen, die den Stoff seiner Erzählungen abgeben, am deutlichsten zu manifestieren«* (M. Barahona). R.Hes.

AUSGABEN: Lissabon 1958. – Lissabon 1971. – Lissabon [10]1981 (in *Obras completas*, Bd. 4).

ÜBERSETZUNG: *Léah*, J. Adler (in *Der Gott der Seefahrer und andere portugiesische Erzählungen*, Red. C. Meyer-Clason, Tübingen 1972). – Dass., dies. (in *Portugiesische Erzählungen des 20. Jh.s*, Hg. C. Meyer-Clason, Freiburg i. B. 1988).

LITERATUR: J. A. Kerr Jr., *»Regresso à cúpula da Pena«: Integration, Reintegration and Its Partial Frustration* (in USF Language Quarterly, 14, 1976, S. 31 ff.). – Ders., *Some Considerations on R. M.'s »Léah«* (in World Literature Today, 51, 1977, S. 220–223). – Ders., *Notes on the Significance of »Saudades para a Dona Genciana« in M.'s Prose Fiction* (in Hispania, 63, 1980, S. 25–30).

PÁSCOA FELIZ

(portug.; *Fröhliche Ostern*). Novelle von José Rodrigues MIGUÉIS, erschienen 1932. – Diese Novelle begründete den literarischen Ruhm des Autors. *Páscoa feliz* schildert die Geschichte eines Mannes aus proletarischen Verhältnissen, eines schizophrenen Paranoikers, der aus Protest gegen das Elend, die Demütigungen und Feindseligkeit seiner Mitmenschen, die ihn schon früh zum Außenseiter machten, verschlossen in sich selbst nur in seiner Phantasie lebt. Zu schwach, um gegen Unterdrükkung und Abhängigkeit zu kämpfen, wird er zum Kriminellen. Deutlich spürbar in der Thematik ist der Einfluß des Realismus von DOSTOEVSKIJ, der durch Raul BRANDÃO in Portugal Eingang gefunden hatte. Miguéis hatte seit 1924 an der Novelle gearbeitet; ein Vorabdruck des zweiten Kapitels erschien in ›Seara Nova‹, der Zeitschrift der Neorealisten, wie sich die portugiesischen Vertreter des sozialistischen Realismus nannten; die gesamte Novelle blieb unveröffentlicht, bis 1932 eine Gewerkschaft die Herausgabe übernahm.

Schauplatz der Erzählung ist Lissabon in den ersten Jahrzehnten dieses Jahrhunderts. Renato Lima, Kind einfacher Leute, die aus der Provinz in die Stadt gekommen sind, lernt früh, sich in die Ungerechtigkeiten des Lebens zu schicken. Nach einer freudlosen Kindheit – der Vater, ein gewalttätiger Bierbrauereiarbeiter, stirbt bei einem Arbeitsunfall, die Mutter muß sich als Zugehfrau durchs Leben schlagen, die Altersgenossen verhöhnen und isolieren ihn – wird er bereits mit zwölf Jahren Vollwaise; er kommt bei einem wohlhabenden Beamten unter, für den die Mutter Hemden gebügelt hatte. Abhängig von dessen Wohltätigkeit, erlernt er bald die *»neuen Techniken des Überlebens«*: die Demütigungen zu ertragen und sich zu beugen. Er wird bei einem Kaufmann angestellt, arbeitet als Handelsgehilfe und Büroangestellter. Als Ausgleich zu seinem freudlosen Alltag ohne Ambitionen schafft er sich in seinen Träumen ein zweites Leben, in dem er »jemand« ist. Sein Freiheitsdrang bricht sich in gelegentlichen Wutanfällen Bahn, was dazu führt, daß er häufig den Arbeitsplatz wechselt. Da er sonst ein guter Angestellter ist, findet er schnell wieder Arbeit. Er heiratet bescheiden. Das Eheleben und eine neue Anstellung geben seinem Leben eine neue Stabilität. Als Buchhalter eines gutsituierten Geschäftsmannes, der ihm volles Vertrauen schenkt und der ihm die Übergabe des ganzen Geschäfts in Aussicht stellt, hat er endlich die Möglichkeit, ein sorgloseres Leben zu führen. Aber nun bringt ihn sein zweites Ich dazu, willkürlich alles aufs Spiel zu setzen: Er stürzt sich in Ausschweifungen, läßt sich zur Unterschlagung hinreißen, was durch eine unvermeidbare Verkettung von Umständen dazu führt, daß er seinen Arbeitgeber tötet. Er wird verurteilt und kommt in eine psychiatrische Anstalt, wo er sich endlich frei fühlt: befreit von der ihn beängstigenden Umwelt, befreit von seiner Vergangenheit *(»Die Vergangenheit existiert nicht, sie ist nur eine Vorstellung, die wir nach unserem Belieben verändern«)*, frei von gesellschaftlichen Bindungen *(»Die Idee des Bösen läßt mich an die Gesellschaft denken: Wir sind quitt! Sie hat nichts für mich getan, ich schulde ihr nichts; ich lebte an ihrem Rand wie eine Distel am Wegrand. Ich klage sie auch nicht an. Sie ist nichts weiter als eine abstrakte Idee, an die derjenige appelliert, der von sich selbst nichts mehr erwartet ... Es gibt nur Individuen«)* und frei von persönlicher Verantwortung. Renato Lima sieht sich selbst nur als *»den Mann, der gehorchte«*. Psychischer Ausdruck dieser »absoluten Freiheit« ist, daß Renato jegliche Erinnerung an die Tat und sein früheres Leben verloren hat.

Miguéis' Novelle liest sich wie eine sozialpsychologische Studie. Das Besondere daran ist, daß er die Erzählung ganz dem Protagonisten überläßt, aber dennoch deutlich macht, daß er dieses Konzept von »Freiheit« ablehnt. Die ersten beiden der insgesamt 13 Kapitel schildern die Gerichtsverhandlung und den Aufenthalt in der psychiatrischen Anstalt. Dort versucht ein Arzt, Renato zu heilen, indem er ihm hilft, sein Erinnerungsvermögen und damit die Grundlage für die moralische Instanz des Gewissens wiederherzustellen. In den folgenden elf Kapiteln blickt der Ich-Erzähler auf sein Leben zurück. Der Erzählvorgang selbst widerlegt also die Negierung der Verantwortlichkeit, stellt er doch das Resultat von Renatos Bemühen, sich zu erinnern, dar. Ebenso zeigt die Komposition der Erzählung eine konträr zu seiner anfänglich dargestellten psychischen Disposition verlaufende Entwicklung. Der erste Teil, der Renatos Persönlichkeitsspaltung bis hin zur Geldunterschlagung beschreibt, zeigt Renatos Loslösen von allen Bindungen; sein Verhalten wird zynisch und brutal. Der Ton der Erzählung erreicht zuweilen den der sozialen Farce. Der zweite Teil zeigt Renatos verzweifelten, doch aussichtslosen Kampf gegen die Folgen seines Fehlverhaltens, gegen die sich zuziehende Schlinge. Wendepunkt der Entwicklung ist die Krankheit seines kleinen Sohnes. Die Sorge um ihn verändert Renatos Verhalten und läßt ihn auch eine neue Beziehung zu seiner Frau entwickeln. Renato kann diesen Kampf aber nicht gewinnen, da er sein Verschlossensein in sich selbst nicht durchbrechen kann.

Leitmotivisch durchzieht die Metapher des orientierungslos treibenden Schiffes die Erzählung, in deren Zentrum drei Alpträume beschrieben werden, die die Situation des Eingeschlossenseins und Scheiterns des Protagonisten verdeutlichen. – Die zeitgenössische Kritik nahm die Novelle begeistert auf; sie galt ihr als *»proletarischer Roman«* und als *»bemerkenswertestes Werk eines Romanciers der jungen Generation«* (H. Cidade). R.Hes.

Ausgaben: Lissabon 1932. – Lissabon 1958. – Lissabon [7]1987 (in *Obras completas*, Bd. 5).

Literatur: R. W. Sousa, *The Father-Figure Motif in the Worlds of »Pedro Paramo« and »Páscoa feliz«* (in BHS, 5, 1977, S. 29–39). – J. A. Kerr Jr., *Notes on »Páscoa feliz« and Some of Its Implications for the Future* (in Proceedings of the Pacific Northwest Conference on Foreign Languages, 29, 1978, S. 106–110). – Ders., M., *»Páscoa feliz«: Classification and Reality* (in USF Language Quarterly, 22, 1983, S. 31–34; 38). – B. Williams, *Sonhar e desvairar: o mito abortivo de »Páscoa feliz«* (in Mester, 13, 1984, S. 17–26).

LUÍS DE STTAU MONTEIRO

* 3.4.1926 Lissabon

Literatur zum Autor:
F. Angst, *Charme u. Moral. Zur Darstellung der Wirklichkeit bei L. de S. M.*, Diss. Zürich 1972. – M. E. F. Salema u. a., *Eça de Queirós, Fernando Pessoa, S. M.*, Lissabon 1978. – J. E. Vendramino, *O teatro de L. de S. M.: Do enigma ao panfletário*, Diss. São Paulo 1978. – A. Levy-Zlotowski, *Rencontre avec L. de S. M.* (in Quadrant, 1986, S. 125–143).

ANGÚSTIA PARA O JANTAR

(portug.; *Die Angst vorm Abendessen*). Roman von Luís de Sttau Monteiro, erschienen 1961. – Zwei ehemalige Schulkameraden, der einfache Angestellte António und der Fabrikant Gonçalo, treffen sich über Jahrzehnte hinweg am 15. jeden Monats zum gemeinsamen Abendessen in einem Lissabonner Restaurant. Was nach einem harmonischen Ritual aussieht, in dem Klassenschranken überschritten werden, gerät bei Sttau Monteiro zum Szenario sozialer Gegensätze im Portugal der späten fünfziger Jahre. Die weitgehend auf Dialoge ausgerichtete Erzählweise läßt dabei unschwer das Theater als die eigentliche Domäne des Schriftstellers erkennen.

»Du gehst nur mit mir essen, damit du dir sagen kannst, was für ein feiner Kerl du bist.« Diese Vermutung Antónios steht am Beginn eines »Spiels« zwischen den beiden Partnern, die zwar gleichaltrig sind, aber ganz verschiedenen sozialen Schichten angehören: Während António unter ärmlichen Verhältnissen in einem Pensionszimmer lebt, kann Gonçalo nicht nur seiner Familie ein materiell sorgloses Leben bieten, sondern hält sich auch noch eine Mätresse namens Alexandra. Der Zufall will es, daß António an einem Sonntagabend in einer Bar, die er sonst nie besucht, Alexandra kennenlernt. Diese lädt ihn aus einer Laune heraus zu sich in die von Gonçalo bezahlte Wohnung ein. Im Verlauf des Abends gelangt das ungleiche Paar über spielerische Dialoge zu einem Moment tiefen Gemeinschaftsgefühls, als sie einsehen, daß sie beide »benutzt« werden. Sie verwirklichen für eine Liebesnacht den Traum, einmal etwas *»aus erster Hand«* zu haben, bis sie die Realität jäh wieder einholt: Alexandra jagt den erschreckten António wie einen Hund in die Regennacht hinaus. Doch António hat bereits zuvor über ein Porträt in Alexandras Wohnung den richtigen Schluß gezogen, daß sie die Mätresse seines reichen Freundes ist. Mit der unbestimmten Absicht, Gonçalo zu demütigen, versucht António Tage später erneut sein Glück, ihm werden aber von Alexandra schroff seine beschämenden Absichten vorgehalten.

Simultan zu diesem Handlungsstrang wird Gonçalos Familienleben präsentiert. Er scheut es, seinem 24jährigen Sohn Pedro ins Gewissen zu reden, obgleich ihn seine besorgte Frau Teresa wiederholt dazu auffordert. Gonçalo sieht bei Pedro dieselben Hoffnungen auf eine Veränderung des Status quo, die er selbst einmal in jungen Jahren hatte und an deren Stelle ein zynischer Egoismus getreten ist. Pedro ist tatsächlich Mitglied einer »revolutionären« Gruppe, doch ist er sich seiner *»seltsamen Situation«* als Sohn eines Unternehmers sehr wohl bewußt: Verräter für die einen und Bourgeois für die anderen. Dabei fallen auch kritische Töne über die *»Slogans der Hoffnung«*, die so infantil seien wie der herrschende patriotisch-nationalistische Diskurs. Gonçalo, der den hohlen Sprechweisen seiner Klasse ebensowenig Wert abgewinnen kann, geht kalt berechnend wie ein »Spieler« nur nach den *»notwendigen Regeln zur Erhaltung der Klasse«* vor, die ihm seine Machtposition sichern. Dies erklärt er seinem Sohn illusionslos materialistisch in einem langen Brief, der Teresa schockiert. Diese *»Regeln der Spiele, die zu nichts führen«*, durchziehen allerdings die gesamte Denkweise Gonçalos, die in kursiv gesetzten Abschnitten unmittelbar enthüllt wird. Derartige Gedankenreden, die jede im Roman auftretende Hauptfigur begleiten, erinnern an das Konzept der *»sousconversation«* (N. Sarraute): Hier soll das aufgedeckt werden, was unter den oft leeren oder gezwungenen Alltagsdialogen im Inneren einer Person vor sich geht. Diese Doppelbödigkeit des Dialogs sowie die Idee des »Spiels« wird überaus bedeutsam, als Gonçalo das nächste fällige Abendessen mit António zu einer Lehrstunde für seinen Sohn Pedro machen will: Er möchte ihm am Beispiel seines Freundes demonstrieren, daß es sich nicht lohne, für die andere Klasse zu kämpfen, der man nicht angehört. Sein Gegenüber António durchschaut diese Absicht allerdings sehr rasch und glaubt, durch seine Liebesnacht mit Alexandra eine demütigende *»Waffe«* in der Hand zu haben. Doch er weiß nicht, daß Alexandra Gonçalo schon alles gebeichtet hat; so ist am Ende wie immer António derjenige, der beschämt zurückbleibt, auch wenn er davon überzeugt ist, daß Gonçalos Freundschaft nur dazu dient, ihn ständig zu demütigen, indem er sich väterlich und beschützend als der Stärkere zeigt – wie damals, als er ihn in der Schule vor den anderen Kameraden verteidigte. Allerdings weiß Gonçalo nicht, daß António bei diesem Abendessen bereits bewußt dem Tod ins Auge blickt, als er trotzig dem Zynismus des Stärkeren den Anspruch entgegensetzt, *»alle Abendessen müssen dazu dienen, die Welt zu retten«*. Er stirbt wenig später: Gegenüber seinen Träumen ist das Leben zu kurz gekommen. Auch nach Antónios Tod glaubt Gonçalo, weiter »spielen« zu müssen: Als er seltsamerweise auf seinem Terminkalender im Büro die gewohnte Verabredung am 15. eingetragen findet, kann er sich nur denken, daß dies Alexandras Rache dafür ist, daß er sie nach der Affäre mit António im Stich gelassen hat. Doch im Restaurant erwartet ihn sein Sohn Pedro zum Abendessen.

Angústia para o jantar ist die auf ein »Kammerspiel« konzentrierte Introspektive in die Seelenlage Portugals während der Diktatur Salazars. Der Leser gewinnt über die eingängigen Alltagsdialoge und die Innenschau der Personen Einsicht in die gesellschaftlichen Fesseln des einzelnen. Die Absicht, auf diese Weise Bewußtsein zu wecken, verfolgte Sttau Monteiro in seinen Theaterstücken weiter. O.Gr.

AUSGABE: Lissabon 1961; [8]1979.

ÜBERSETZUNG: *The Rules of the Game*, A. Stephens, Ldn. 1964 [engl.; auch NY 1964, u. d. T. *A Man of Means*].

LITERATUR: J. Camilo, *Relendo »Angústia para o jantar« (1961), de L. de S. M.* (in Cahiers d'études romanes, 1980, Nr. 6, S. 11–17). – M. G. Besse, *»Angústia para o jantar«: romance ou teatro* (in Colóquio/Letras, 1982, Nr. 65, S. 33–39).

FELIZMENTE HA LUAR!

(portug.; *Zum Glück scheint der Mond!*). Stück in zwei Akten von Luís de Sttau MONTEIRO, erschienen 1961, Uraufführung: Paris, 1. 3. 1969, durch das Teatro-Oficina Português; portugiesische Erstaufführung: Lissabon, 29. 9. 1978, Teatro Nacional. – In seinem ersten Theaterstück, mit dem Sttau Monteiro gleich seinen Ruf als einer der wichtigsten portugiesischen Dramatiker des 20. Jh.s begründete, verknüpft er gekonnt die Tradition des historischen Dramas mit der modernen Dramaturgie des epischen Theaters im Sinne Bertolt BRECHTS. Ein geschichtlicher Stoff dient ihm als Vorlage, um den Mangel an Freiheit unter der damaligen Diktatur Salazars zu artikulieren und zu politischem Handeln aufzufordern. Von den Lesern und der Kritik begeistert aufgenommen und mit dem Großen Preis der Sociedade Portuguesa de Escritores ausgezeichnet, von der Zensur mit Aufführungsverbot belegt, war das Stück erst siebzehn Jahre nach Erscheinen – in einer vom Autor selbst besorgten Inszenierung – auf einer portugiesischen Bühne zu sehen.

Felizmente há luar! basiert auf der historischen Episode der »Konspiration von 1817«, wobei sich Sttau Monteiro auf die nacherzählende Dokumentation von Raul Brandão, *1817, A conspiração de Gomes Freire* (1922) stützen konnte; sie belegt, daß der General Gomes Freire de Andrade vom »Rat des Königreiches«, der Portugal nach der napoleonischen Invasion in Abwesenheit des Königs João VI regierte, unrechtmäßig inhaftiert und hingerichtet wurde, um möglichen Umsturzplänen der liberalen bürgerlichen Kräfte vorzubeugen. Sttau Monteiro übernimmt dabei nicht nur die historischen Figuren, sondern zum großen Teil auch die dokumentierten Reden. Allerdings legt er gerade auf die Allgegenwart des Volkes Wert, das historisch gesehen keinen Einfluß auf die Ereignisse hatte. Gomes Freire dagegen, erklärtermaßen die Hauptperson des Stückes, tritt kein einziges Mal in Szene.

Die beiden Akte des Stückes sind analog angelegt. Sie beginnen jeweils mit denselben Sätzen, ausgesprochen von einer Figur aus dem Volk: *»Was kann ich tun? Ja: was kann ich tun?«* Die Figur steht dabei mit dem Rücken zum Publikum, wodurch das Volk auf der Bühne und die Zuschauer einander angenähert werden: Beide müssen sich gegen eine verzweifelte Ohnmacht angesichts des repressiven Staatsapparates wehren. Richtet das Volk im ersten Akt noch seine Hoffnungen auf Gomes Freire als einen *»Freund des Volkes«*, muß es im zweiten Akt nach dessen Inhaftierung zu eigenständigem aktiven Bewußtsein finden – gerade angesichts der unbeugsamen Beharrlichkeit der Mächtigen, mit der Hinrichtung von Gomes Freire ein Exempel zu statuieren, das sie besonders grausam in die Länge ziehen. Dabei erhält auch der Titel *»Zum Glück scheint der Mond!«* eine doppelte Bedeutung: Zum einen ist es der historisch verbürgte Ausspruch des D. Miguel Forjaz, Vorsitzender des Rates, der sich von der Hinrichtung im Mondlicht eine für alle sichtbare wirkungsvolle Abschreckung erhofft; zum anderen wird es als letzter Satz des Stückes zu einem Schrei der Hoffnung des Volkes auf Veränderung. Hier zeigt sich die gezielte »Offenheit« des Dramas, denn historisch gesehen wird der verhaßte »Rat des Königreiches« tatsächlich drei Jahre nach dem Tod von Gomes Freire gestürzt.

Felizmente há luar! ist also alles andere als eine Tragödie um das Individuum, das einer Staatsraison zum Opfer fällt – auch wenn das Stück diese Tradition wachruft. Vielmehr ist es ein Lehrstück, das sehr stark mit Entsprechungen und Kontrasten arbeitet. Im ersten Akt wird gezeigt, aus welchen verschiedenen Motiven die Mitglieder des Regierungsrates zur Übereinkunft gelangen, Gomes Freire zu verurteilen: rein materielle Interessen (General Beresford, der Repräsentant der englischen Krone), der Wille, den gesellschaftlichen Status quo zu erhalten (D. Miguel Forjaz), die Verteidigung der traditionellen Machtposition der Kirche (Principal Sousa). Gestützt wird dieses repressive System von willfährigen Denunzianten und Spitzeln (Morais Sarmento, Andrade Corvo, Vicente). Ihre immer übertriebeneren Berichte von einer Konspiration liefern schließlich die Rechtfertigung für die Entscheidung der Regierenden, Gomes Freire zu verhaften, die den Höhepunkt des ersten Aktes bildet.

Der zweite Akt zeigt vor allem an der Figur von Matilde de Melo, der Geliebten von Gomes Freire, den Bewußtseinsprozeß von einer Haltung des Kompromisses, bei der man sich selbst ohne Rücksicht auf die »Wahrheit« zu retten sucht, zu einer verantwortungsvollen und aktiven Haltung des Widerstandes. Eine Gegenfigur dazu ist Vicente, der durch seine Spitzeltätigkeit zum Polizeichef aufgestiegen ist. Matilde entfaltet ihr mutiges Vorgehen im Dialog mit dem Principal Sousa, wobei sie die Judas-Rolle der Kirche, ihr Paktieren mit den Herrschenden enthüllt. Gomes Freire erhält dagegen die Züge einer Christus-Gestalt, die stellvertretend Leid auf sich lädt. *»Wenn es Heilige gibt, gehört Gomes Freire zu ihnen«*, sagt Frei Diogo, eine Kontrastfigur zum Principal Sousa. Der zweite Akt gipfelt schließlich in der Hinrichtung, zu der Matilde wie zu einem Fest ihren grünen Rock anzieht und damit bewußt ein Zeichen der Hoffnung setzt: *»Zum Glück scheint der Mond!«*

Sttau Monteiro gelingt mit *Felizmente há luar!* eine *»Synthese von dramatischem und epischem Theater«* (F. Mendonça). Nicht um das Mitleiden mit dem tragisch sterbenden Gomes Freire geht es, der daher auch überhaupt nicht als Figur in Erscheinung tritt, sondern darum, den Zuschauer aufzufordern, die Geschicke des Volkes selbst in die Hand zu nehmen. O.Gr.

Ausgaben: Lissabon 1961. – Lissabon 1963; 121980. – Porto 21971.

Übersetzung (Ausz.): H. Thorau (in *Iberoamericana. Literatur Spaniens, Portugals u. Lateinamerikas* ..., Hbg. 1986).

Literatur: F. Mendonça, *Para o estudo do teatro em Portugal (1946–1966)*, Assis/São Paulo 1971, S. 94–102. – M. Guterres, *»Felizmente há luar!«: A dialéctica entre o poder e o povo* (in BHS, 52, 1975, S. 235–246). – J. J. Macklin, *Compromise and Commitment in L. de S. M. »Felizmente há luar!«* (in MLR, 71, 1976, S. 304–314). – C. Porto, Rez. (in Diário de Lisboa, Dez. 1978).

TODOS OS ANOS, PELA PRIMAVERA

(portug.; *Ü: Jedes Jahr im Frühling*). Drama in zwei Akten und mit einem Finale von Luís de Sttau Monteiro, erschienen 1963. – Nach seinem ersten Drama *Felizmente há luar!*, das ihn in Portugal bekannt machte, bekräftigte Sttau Monteiro zwei Jahre später mit *Todos os anos, pela primavera* seine herausragende Rolle im politisch engagierten Theater der sechziger Jahre. Dabei drohte ihm im »Estado Novo« des Diktators Salazar, der gerade zu dieser Zeit beginnender Kolonialkriege in Afrika und innerer Opposition zu immer härteren Unterdrückungsmaßnahmen griff, beständig die Zensur – ein Umstand, der bereits zu Beginn des Stükkes thematisiert wird: Es ist zynischerweise all denjenigen gewidmet, die sich unter dem bestehenden *»regime prisional«* gezwungen sehen werden, es zu verbieten.

Diese *»Gefängnisordnung«* bestimmt auch die Handlung, die sich – bisweilen simultan – in zwei ineinander gelagerten Räumen abspielt: Eine kleine Zelle für die Häftlinge befindet sich innerhalb eines *»großen Käfigs«*, in dem sich die Wärter aufhalten. Diese gehen um so brutaler gegen die Gefangenen vor, je bedrohter das Regime ist, dem sie gehorchen. Während eine unpersönliche Radiostimme den Untergang der Regierung immer weniger hinter kämpferischem Pathos verbergen kann, werden sich die Wärter bewußt, daß sie selbst Gefangene sind. Endet der erste Akt schließlich darin, daß die siegreichen Revolutionäre gegen das Gefängnis vordringen, so läßt der zweite Akt von Anfang an keinen Zweifel daran aufkommen, daß sich mit der Revolution nichts an den Strukturen geändert hat. Allerdings hat das Personal seine Positionen gewechselt: Die vorherigen Aufseher werden zu Häftlingen, und einer der ehemaligen Häftlinge wird zum Chef der Gefängniswärter, die wiederum der Rede eines Nachrichtensprechers lauschen. Doch es bleibt nicht beim bloßen Umkehren der Machtverhältnisse, die am Ende des zweiten Aktes durch eine erneute Revolution vertauscht werden. Vielmehr wird der Blick auf die Konstanten gerichtet, etwa auf die Kontinuität des politischen Diskurses, der in der Stimme aus dem Radio allgegenwärtig ist. Lediglich die Revolutionshelden und -daten, *»die den Straßen und Plätzen der Stadt ihre Namen geben«*, wechseln. Ebenso wird der Blick auf den Opportunisten gelenkt, der es versteht, sich im richtigen Moment zum Helden der jeweiligen Revolution zu machen, und auf den Intellektuellen, der mit jeder neuen *»Gefängnisordnung«* festgenommen, verhört und gefoltert wird, weil seine Interpretation der geschichtlichen Ereignisse immer von der offiziellen Version abweicht. *»Jedes Jahr im Frühling«*, wie es bereits der Titel des Dramas verdeutlicht, findet er sich in der Zelle wieder.

In dem Ausspruch *»Jedes Jahr im Frühling«* verdichtet sich zugleich die zyklisch-analoge Grundidee des gleichnamigen Theaterstücks. Sein parabelhafter Charakter wird durch die typisierende Figurenanlage unterstrichen. Dabei gewinnt der *»erste Gefangene«*, der als Intellektueller unter jeder Herrschaft erneut im Gefängnis landet, die Qualität einer privilegierten Figur der Vermittlung. Wird er zu Beginn des Stückes aus dem Publikum heraus verhaftet – ohne Solidarität zu erfahren –, wendet er sich im Finale direkt an die Zuschauer: *»Es gibt immer irgendeine Kommission in irgendeinem Haus in irgendeiner Stadt, die irgendeine Revolution vorbereitet und sie ausbrechen läßt, immer wenn es notwendig wird, daß alles beim alten bleibt.«* Diesem Geschichtsfatalismus wird allerdings gerade im Finale die Aufforderung an das Publikum entgegengestellt, durch einen abweichenden dritten Akt, durch ein *»Finale, das nicht den Frühling tötet«*, aus der resignativen Haltung auszubrechen und einen Weg zu suchen, der zu einer tatsächlichen Befreiung von den Mechanismen der Macht führt. Das Drama wird »offen« gehalten. Bereits in einer Vorbemerkung des Autors heißt es, daß es im Ermessen des Zuschauers liegt, ob das Stück zwei, fünf oder zwanzig Akte hat und in welcher Abfolge sie auftreten. Daher hebt sich im Finale der Vorhang, statt sich zu senken: Die Bühne ist bereit für den nächsten Akt.

Mit seinen Tendenzen zum epischen Theater knüpft *Todos os anos, pela primavera* deutlich an die Konzeption des epischen Theaters von Bertolt BRECHT an. Über verfremdende und gleichnishafte Darstellung wird versucht, die Einsicht des Zuschauers in die Veränderbarkeit menschlichen Handelns wachzurufen und Aktivität zu wecken. Ähnlich wie in seinen späteren Werken (etwa in den beiden Einaktern *A guerra santa – A estátua*, 1966 – *Der heilige Krieg – Die Statue*) zeigt sich Sttau Monteiro dabei kritisch gegenüber der allzu euphorischen Vorstellung einer gleichwohl ersehnten Revolution – eine Haltung, die ihm im Falle von *A guerra santa* Aufführungsverbot und eine sechsmonatige Gefängnisstrafe wegen Vaterlandsverrats eintrug. O.Gr.

AUSGABE: Lissabon 1963; [4]1973.

ÜBERSETZUNG: *Jedes Jahr im Frühling*, G. Baumrucker, Kassel o. J. [ca. 1970].

DAVID MOURÃO-FERREIRA

eig. David de Jesus Mourão-Ferreira

* 24.2.1927 Lissabon

MATURA IDADE

(portug.; *Reifes Alter*). Gedichtsammlung von David MOURÃO-FERREIRA, erschienen 1973. – *Matura idade* nimmt Themen und Motive aus bereits früher veröffentlichten Gedichtbänden des Autors (*A secreta viagem*, 1950; *Os quatro cantos do tempo*, 1958; *In memoriam memoriae*, 1962; *Infinito pessoal ou a arte de amar*; 1962; *Do tempo ao coração*, 1966 und *Cancioneiro de Natal*, 1971) wieder auf, die mit bemerkenswerter Kohärenz das poetische Universum des Dichters abbilden. Eines der Hauptthemen ist die Liebe als »Erosmaschine« *(Canção dos jogos do amor – Gesang von den Spielen der Liebe)*, aber auch als Hauptquelle der Erkenntnis *(Sob a pele – Unter der Haut)*. Sie weckt den Wunsch nach Verewigung des einzigartigen Moments *(O corpo os corpos – Der Körper die Körper)*, macht aber auch die Unmöglichkeit seiner Verwirklichung bitter bewußt *(Ilha-Insel; Pervigilium Veneris)*; sie bietet das Vergnügen am Spiel mit vielfältigen Spiegelungen und verurteilt gleichzeitig dazu *(É sem duvida amor – Es ist ohne Zweifel Liebe)*. Eine minuziöse Geographie des erotisierten Körpers *(Ilha)* soll die Zeichen der Vergänglichkeit verdecken *(É terrivel o vento – Der Wind ist furchtbar)*. Indem die Poesie Liebe und Zeit, letztere gleichbedeutend mit dem Tod, polarisiert, erscheint sie als dritter Eckpunkt in diesem Spannungsverhältnis. Poesie wird hier verstanden als Arbeit, *»poetische Exerzitien« (»Korsett dieses Gesangs«; »die unbarmherzige Metrik«)*, nur durch sie kann dem Vergessen eine Schranke gesetzt werden, und nur in ihr wandelt sich die Erinnerung in Kreativität.

Die Vielfalt der Motive in *Matura idade* bestätigt den Reichtum früherer Veröffentlichungen: klassizistische Topoi *(Colina – Hügel; Tríptico de discurso em verso – Triptychon der Rede in Versen)*, obsessive Vergegenständlichungen mit surrealistischer Neigung *(Tocata e fuga – Tokkata und Fuge; Matura idade)*, Anspielungen auf mythische Orte und Figuren der Antike *(Tríptico; Maio '68 – Mai 68; Canção dos quarenta anos – Lied vom Alter von 40 Jahren; Quotidiano – Alltag)*, symbolhafte Widerspiegelungen der Natur und ihrer vier Elemente *(É terrível o vento; Canção da ilha podre – Lied von der verfaulten Insel)*. In satirischer Manier handhabt Mourão-Ferreira Syntax, Komposition und Ableitungen bis an die Grenze der Lesbarkeit, kreiert Neologismen, nutzt phonetische Ähnlichkeiten geschickt aus und erzielt so Effekte, die den ursprünglichen Sinn der Worte verkehren *(Didáctica; Entretanto – Inzwischen)*. Dabei schwankt er zwischen ätzender Kritik an verkrusteten Institutionen und autoritären Verhaltensweisen und melancholischer Ironie, die aus der Diskrepanz zwischen unerfüllbarem heftigem Begehren und einer banalen Realität resultiert *(Pervigilium Veneris; Ilha)*.

In den fünf Zyklen des Bandes sucht Mourão-Ferreira jeweils die Möglichkeiten einer spezifischen Gedichtform auszuloten. Im ersten Zyklus, *Os sinais (Die Signale)*, faßt der Dichter die Beschreibung der Spuren, die das Leben im Menschen hinterläßt, in 20 Distichen: *»Der Sonne ins Gesicht schauen, so lernt man / die Anfangsbuchstaben von Solitude« – »Und die Monate klopfen an unsere Tür / immer täuschen sie vor, daß sie andere Götter sind.«* Der sieben Gedichte umfassende folgende Zyklus *As sonatas (Die Sonaten)* ist durch das Vorhaben, eine textliche Entsprechung zur musikalischen Form der Sonate zu »üben«, rhetorisch am konsequentesten ausgearbeitet. In Gedichten wie *Tokkata und Fuge, Ein Gesicht eine Stadt* wirkt die Komposition der Lieblingsmotive Mourão-Ferreiras (Parallelismen und gegenseitige Durchdringungen von bildlicher Darstellung des menschlichen Körpers und der Geographie der Stadt; das Spiel der vier Elemente als Symbol der irdischen Fülle, aber auch ihrer Hinfälligkeit) »musikalisch« bis an die Grenzen der reinen Abstraktion. Im Zyklus *As sinopses (Die Synopsen)* entsteht durch das Spiel mit ähnlich klingenden Wörtern, assonierenden Versendungen und spöttischen Neologismen, z. B. in *Da literadura (Von der Literatorheit)*, ein ironisches Bild der Wirklichkeit: *»Die Literatoren. Die Literapäpste / mit Schreien und Schlägen lenkt man die Narren / Welcher Wind sie aufbläht, niemand widersteht ihnen / O Literadünen – O Literadeiche.«* Ausgehend von Elementen der abendländischen Vorstellungswelt (dem Aufstand der Engel in der jüdischen Überlieferung; der griechischen Mythologie) beleuchtet Mourão-Ferreira in den Gedichten *Mai '68* und *Triptychon* in einer Art *»zeitgelenktem Zoom«* (V. G. Moura) Ereignisse der Gegenwart, die etablierte Überzeugungen entlarven. Diese Zoom-Bewegung mündet in die Antizipation einer beunruhigenden Zukunft, in der der Mond als erste Kolonie der interplanetaren Verbannung erscheint und der erste Gefangene ein Dichter ist, oder wo die Apokalypse durch die Trivialisierung der menschlichen (Un)ordnung Gestalt annimmt.

In den zehn Gedichten des Zyklus *Die Sonette* bearbeitet Mourão-Ferreira für das Sonett charakteristische Motive, wobei er sich genauestens an die tradierte Struktur hält: die Gleichsetzung der Welt mit einem erotisierten Körper und umgekehrt, die Fetischisierung des anatomischen Bereichs, das poetische Wort als Mittel zur Vereinigung der Gegensätze, hier des Gegensatzes zwischen der Euphorie der Liebe und ihrer Vergänglichkeit: *»Und dieses ganze Spiel ist ohne Zweifel Liebe / ist ohne Zweifel Liebe. Aber plötzlich / ist es ohne Zweifel Liebe und ist nichts.«* Der letzte Zyklus, *Die Sestinen*, resümiert Themen und Motive von Mourão-Ferreiras lyrischem Werk *(Lied vom Alter von 40 Jahren, Lied von den Spielen der Liebe)*. Hier zeigt sich die Widerstandsfähigkeit des poetischen Wortes *(»Flieg mit den Flügeln der Taube, Lied / wende dich mit ihr zur Sonne, und tot oder lebend / sag ihr, daß ich noch nicht mal jetzt mich verabschiede«)*, eine über die Liebe hinausgehende existentielle Freigeisterei, die »poetische Erfindung« als einziges Gegenmittel gegen die Falschheiten der Wahrheit *(»Lauf frei herum, Lied, in diesem Gesang / Täusch den, der dich belügt, der dich übertönt / der dir diesen Kampf als unausweichlich vorstellt«)* und nicht zuletzt die kämpferische Dimension, die Anklage des allseitigen Verfalls der portugiesischen Gesellschaft am Vorabend der Revolution 1974: *»Schon wirst du eine Flamme auf der Insel, Lied / schon verbrennst du die Wurzeln. Und die Morgen der Eingeweide stoßen die Intrige aus.«*

Das poetische Gewebe von Rhythmus und Reim, von Parallelismen, Antithesen und Paronomasien, Assonanzen und Alliterationen ist in einigen Texten so verdichtet, daß der weniger aufmerksame Leser sich als Beobachter selbstgefälliger Spielereien oder akademischer Übungen vorkommen mag *(A boca as bocas – Der Mund der Münder)*. Den komplexen rhetorischen Mustern, die das poetische Schaffen als einzige Freiheit proklamieren, steht dabei ein vermeintlich einfacher Wortschatz gegenüber: *»Dadurch, daß es lügt, ist es das einzige, was nicht lügt / dadurch, daß es mich gefangennimmt, ist es das einzige, was mich befreit.«* So gilt Mourão-Ferreira als Meister in einer *»bestausgestatteten poetischen Werkstatt«* (V. G. Moura). M.A.A.

AUSGABEN: Lissabon 1973. – Lissabon 1980 (in *Obra poética I/II*). – Lissabon 1988 (in *Obra poética 1948–1988*; Einl. E. Prado Coelho).

LITERATUR: J. R. de Sousa, Rez. (in Colóquio/Letras, 1974, Nr. 17). – J. B. Nunes, Rez. (in Artifices da palavra. Sociedade de expansão cultural, Lissabon 1975). – V. G. Moura, *O amor e o occidente na obra de D. M-F.* (in Colóquio/Letras, 1977, Nr. 37,

S. 17–27). – Ders., *D. M.-F. ou A mestria do Eros e vinte poesias inéditas de D. M.-F.*, Porto 1978 [m. Bibliogr.]. – J. M. Garcia, *D. M.-F. A obra e o homem*, Lissabon 1980. – E. Lisboa, *Uma claridade de sombras e de luzes* (in Colóquio/Letras, 1981, Nr. 61). – J. L. Araújo Lima, *A poesia dos metafísicos: modas de expressão e o efeito de »awareness«, I: Wit* (in Revista da Faculdade de letras, línguas e literaturas, Porto, 2. sér., 1, 1984, S. 247–259).

FERNANDO NAMORA

* 15.4.1919 Condeixa-a-Nova
† 31.1.1989 Lissabon

LITERATUR ZUM AUTOR:
J. Décio, *Aspectos da obra literária de F. N.* (in Alfa, 1963, Nr. 4, S. 57–73). – M. Sacramento, *F. N. A obra e o homem*, Lissabon o. J. [1967]. – F. Luso Soares, *Literatura, dialéctica, estrutura. Ensaios*, Lissabon 1971. – N. N. Coelho, *Escritores portugueses*, São Paulo 1973. – *F. N. Análise crítica*, Hg. T. de Vasconcelos, Lissabon 1973 [m. Textausw.]. – H. Brückner, *Die soziale u. psychologische Problematik im Werk F. N.s. Ein literatursoziologischer Beitrag zur Geschichte des portugiesischen Neo-Realismus*, Diss. Mchn. 1972 [vgl. H. B., *Os fundamentos materiais e intelectuais do neo-realismo II: A problemática social e psicológica na obra de F. N.*, in Vértice, 37, 1977, S. 26–31; 470–485]. – E. M. Camocardi, *F. N., um cronista no território da ficção*, Assis 1978. – P. u. G. Chalendar, *Temas e estruturas na obra de F. N.*, Lissabon 1979. – F. Dacosta, *Encontros com F. N.*, Porto 1979. – J. M. Mendes, *Encontros com F. N.*, Porto 1979. – M. L. Medeiros, *O tempo disfarçado: A estrutura temporal nos romances de F. N.* (in Colóquio/Letras, 1983, Nr. 73, S. 21–28). – L. F. Trigueiros, *Discurso na recepção académica de F. N.* (in Memórias da Acad. de Ciências de Lisboa. Classe de letras, 23, 1985, S. 317–330). – J. M. Cabezas, *A doença e a morte na obra de F. N.*, Diss. Madrid 1986. – Colóquio/Letras, 1988, Nr. 103 [Sondernr. *Homenagem a F. N.*]. – Letras e letras, 1988, Nr. 9 [Sondernr. *F. N.*].

O HOMEM DISFARÇADO

(portug.; *Ü: Der Mann in der Maske*). Psychologisch-sozialkritischer Roman von Fernando NAMORA, erschienen 1957. – Das Thema des Werkes ist, wie der Autor an anderer Stelle sagt, *»der Mensch unserer Zeit in seiner Ratlosigkeit, Angst und Einsamkeit, auf der Suche nach einer Lichtung, wo er, ohne Maske und Korruptionen, einen klaren Sinn des Lebens, eine unverfälschte Gelegenheit zu menschlicher Solidarität entdecken kann«*. Fernando Namora, selbst Mediziner, stellt die Beziehung des modernen Menschen zu seiner Umwelt, wie in fast allen seinen Prosawerken, am Beispiel eines Arztes dar, der autobiographische Züge erkennen läßt. Der Protagonist João Eduardo, der an einer Lissabonner Poliklinik arbeitet, sieht sich durch Heuchelei und Verderbtheit, die ihm auf Schritt und Tritt begegnen, und durch den inneren Zwiespalt zwischen seinem Pflichtbewußtsein und dem Gefühl seiner Ohnmacht dazu gezwungen, seinen Mitmenschen gegenüber eine Maske zu tragen, unter der er leidet. Statt eine Entscheidung herbeizuführen und die Doppelrolle aufzugeben, spielt er weiterhin den anderen eine Komödie vor. Seinem Pessimismus, der sich bis zur Misanthropie und zum Weltekel steigern kann (er fühlt sich von den Menschen angewidert, die ihn mit ihren alltäglichen Sorgen und ihrer Neigung zum Melodramatischen bedrängen, obwohl er ihnen letztlich doch nicht helfen kann), steht die Sehnsucht nach einer menschlichen Begegnung gegenüber, die es ihm ermöglicht, seine Maske abzustreifen. Das Buch endet mit einer Dissonanz: Während der zu einem Doppelleben Verurteilte sich seinem ersehnten Ziel nahe glaubt, wird ihm die bestürzende Nachricht vom Tod seines schwerkranken Freundes überbracht.

Die Darstellung des Romans wechselt, meist ohne deutlichen Übergang, zwischen erlebter Rede und fortschreitender Erzählhandlung, eine Technik, die dem komplexen, schwer faßbaren Charakter des Protagonisten gerecht wird. Der Autor, einer der Hauptvertreter des Neorealismus in der modernen portugiesischen Literatur, findet in der von ihm für Portugal begründeten Gattung des Arztromans ein besonders geeignetes Ausdrucksmittel seiner Sozialkritik. K.H.D.

AUSGABEN: Lissabon 1957. – Lissabon 1962. – Porto Alegre 1966. – Lissabon [10]1988 *(Obras de F. N.)*.

ÜBERSETZUNG: *Der Mann mit der Maske*, L. Kolanoske, Bln./DDR 1974.

LITERATUR: Ó. Lopes, Rez. (in O Comercio do Porto, 11. 3. 1958; ern. in Ó. L., *Os sinais e os sentidos*, Lissabon 1986). – J. M. Mendes, *»O homem disfarçado« de F. N.* (in Vértice, 31, 1971, S. 801 bis 803). – Y. David-Peyre, *O elemento picaresco em três romances de F. N.* (in Colóquio/Letras, 1977, Nr. 40; 1978, Nr. 41). – U. T. Rodrigues, *O rosto e a máscara na obra de F. N.* (in Memórias da Acad. das Ciências de Lisboa, Classe de letras, 21, 1980, S. 153–167).

A NOITE E A MADRUGADA

(portug.; *Nacht und Morgenfrühe*). Roman von Fernando NAMORA, erschienen 1950. – Die Haupthandlung dieses Gegenwartsromans, der im portugiesisch-spanischen Grenzgebiet spielt, ist der Kampf um den Besitz des Bodens, der, in früherer Zeit zur Urbarmachung und Nutznießung den Bauern in Erbpacht gegeben, ihnen jetzt von den Nachfahren der ehemaligen Eigentümer streitig gemacht wird. Ohne Rücksicht auf überkommene Rechte und Besitzverhältnisse soll der Boden zu moderner Bewirtschaftung unter ortsfremde Siedler aufgeteilt werden. Die Auflösung der alten patriarchalischen Ordnung, die darin zum Ausdruck kommt, macht den Widerstand aussichtslos, nicht nur weil bei den neuen Herren gefühllose Kälte, Mißachtung des Rechts und Korruption an die Stelle des alten Gerechtigkeitssinnes, der Anteilnahme und des Vertrauens getreten sind, sondern weil der Prozeß der Auflösung auch die Bauern ergriffen hat. In seinem Kampf um den ererbten Besitz steht der alte Parra allein. Die wenigen, die zu ihm halten, sind zu wirksamer Hilfe zu schwach. Nicht einmal auf die eigenen Söhne kann er zählen, denn der ältere steht als Anführer einer Schmugglerbande außerhalb des Gesetzes, den jüngeren, einen verkommenen, dem Spiel und Trunk ergebenen skrupellosen Menschen, erkennt er nicht als sein Kind an. Bei den Verwandten ist der alte Familiensinn, unter den Bauern der alte Gemeinsinn verschwunden; überall herrschen Entfremdung, Mißtrauen und Mißgunst. So ist der alte Parra nicht nur das Opfer zynischer Niedertracht, sein Tod ist auch die Folge seiner Vereinsamung in einer unwirtlich gewordenen Welt.

Die Geschichte des alten Parra ist in diesem Roman nicht Gegenstand einer fortlaufenden Erzählung, sondern wird in wenige Episoden zusammengedrängt. Den breitesten Raum nimmt die Schilderung von Umständen, Situationen und Verhaltensweisen ein, ihrerseits von Episoden unterbrochen, die nur durch die darin auftretenden Personen lokker mit der Haupthandlung verknüpft sind. Wie in anderen Romanen Namoras sind auch in diesem der launig-humorvolle Ton der realistischen Darstellungsweise, die sprachliche Konzentration, die Beschränkung auf wenige einprägsame Züge in der Zeichnung der Personen und der knappe, die Gesprächspartner unverwechselbar kennzeichnende Dialog die wichtigsten Stilmittel. A.E.B.

Ausgaben: Lissabon 1950; [11]1979. – Lissabon [6]1970.

Verfilmung: Portugal 1983/84 (Regie: A. Ramos).

OS CLANDESTINOS

(portug.; *Ü: Im Verborgenen*). Roman von Fernando Namora, erschienen 1972. – Vasco Rocha, Bildhauer und ehemals militanter Linker, wartet im gemieteten Zimmer eines kitschigen bürgerlichen Appartments auf seine Geliebte Jacinta. Sie läßt, wie schon oft, lange auf sich warten, ja es ist unsicher, ob sie überhaupt kommen wird. Dieses Warten wird für Vasco zum Anlaß einer grundlegenden Selbstreflexion, die schließlich zur Infragestellung seiner Existenz führt. Die schmachvolle Rolle des heimlichen, stets von einer unberechenbaren Geliebten erniedrigten Ehebrechers, veranlaßt den Künstler zu einer strengen und schonungslosen Abrechnung mit dem eigenen Leben. Der entwürdigenden Heimlichkeit des Ehebruchs, Ausdruck einer von ihm verabscheuten bürgerlichen Doppelmoral, die sein jetziges Dasein kennzeichnet, stellt Vasco eine andere, durch den aktiven Einsatz für die sozialistische Ideologie bedingte Heimlichkeit entgegen, seine durch politische Verfolgung und Exil gekennzeichnete Vergangenheit. Ohne die Jahre des Exils in Spanien und Frankreich oder die im Gefängnis verbrachte Zeit zu glorifizieren, wird Vasco jedoch im Laufe dieses langen Wartens immer mehr bewußt, daß sein jetziges Dasein eine Infragestellung all dessen ist, wofür er in vergangenen Jahren gekämpft hat.

Vascos Gewissenserforschung und Lebensbilanz werden in einer Mischung aus direkter und indirekter Rede wiedergegeben. Er führt dabei verschiedene imaginäre Dialoge mit Menschen, die ihm nahestehen: mit Maria Cristina, seiner stets mißtrauischen und anklagenden Ehefrau, mit Jacinta, seiner launenhaften Geliebten, und mit dem jungen Studenten Alberto, stummer Ankläger von Vascos politischem Konformismus. Abwechselnd werden diese Menschen angesprochen; bezugnehmend auf einzelne Schlüsselerlebnisse erzählt ihnen Vasco in Gedanken nun Dinge, die er ihnen bislang verschwieg. In der Diskrepanz zwischen Mitgeteiltem und Verschwiegenem erkennt Vasco das Ausmaß seiner Isolation und (Selbst-)Entfremdung. Der am Ende des Romans gefaßte Entschluß, das Zimmer und somit auch Jacinta zu verlassen, ist Ausdruck eines Versuchs der Selbstfindung auf existentieller wie auf politischer Ebene.

Mehr als die Entwicklungsgeschichte eines Intellektuellen zwischen Opposition und Resignation, ist *Os clandestinos* ein weiterer Teil jenes *»Paneels des portugiesischen Lebens«*, das Namoras neorealistisches Werk darstellt. Während in früheren Werken wie *O trigo e o joio* die unteren Gesellschaftsschichten im Mittelpunkt der Erzählung standen, thematisiert Namora in *Os clandestinos* die Probleme und Konflikte der eigenen Generation linksorientierter Künstler und Intellektueller in ihrer Beziehung zum kapitalkräftigen Großbürgertum. Nicht nur Vascos entwürdigendes Verhältnis zur snobistischen Jacinta, Ehefrau eines reichen Playboys, zeugt von einer erniedrigenden Anpassung an die Verhältnisse, auch andere evozierte Figuren, wie der Schriftsteller Paulo Relvas, der Journalist Zeferinho oder die Dichterin Alda, erscheinen als angepaßte Künstler, deren latent schlechtes Gewissen durch gegenseitige Anklagen und sinnlose Kaffeehausdebatten überspielt wird. Namora schildert das zerstörerisch intellektuelle Klima in einem autoritären Staat, in dem *»die Menschen ihre Mutlosigkeit einschläferten«*, die *»Gefährten .... vergiftend, um nicht die eigene Vergiftung zu spüren«*.

Von der Kritik als *»Errungenschaft der realistischen Ästhetik«* gefeiert, sprengt der Roman durch seine metaphernreiche Sprache – *»Es gab gewisse Stunden, die einen Vulkan in sich bargen«* oder *»Ihre Haare brannten, wie schön und unheimlich war dieses Kornfeld von Flammen«* – und durch den fast durchgehenden assoziativen Stil der inneren Rede die Grenzen des Neorealismus. A.C.K.

AUSGABEN: Lissabon 1972; Porto Alegre 1973. – Porto ²1973. – Lissabon ⁷1981 *(Obras de F. N.)*.

ÜBERSETZUNG: *Im Verborgenen*, G. Hohl, Bln./DDR 1979 [Nachw. J. Palla e Carmo].

LITERATUR: E. M. Camocardi, *»Os clandestinos« de F. N.: a estrutura presente da palavra e do tempo* (in RLA, 14, 1972, S. 121–132). – J. M. Mendes, *»Os clandestinos«* (in Vértica, 32, 1972, S. 529–532).

O RIO TRISTE

(portug.; *Ü: Der traurige Fluß*). Roman von Fernando NAMORA, erschienen 1982. – Wie bereits in seinem vorherigen Werk *Resposta a Matilde*, 1980 *(Antwort auf Matilde)*, verzichtet Namora auch in *O rio triste* auf die Rolle des Übergeordneten, anonymen Erzählers neorealistischen Zuschnitts zugunsten eines komplexen, vielstimmigen Erzählens, das sich stets selbst hinterfragt und den Leser zum Zeugen des literarischen Entstehungsprozesses macht. Der Schriftsteller André Bernardes ist auf der Suche nach Stoff für einen Roman. Diesen findet er schließlich im mysteriösen und scheinbar grundlosen Verschwinden des mittleren Angestellten Rodrigo auf dem morgendlichen Weg zur Arbeit. Die Fiktionalisierung dieses Ereignisses vollzieht sich stufenweise: Die Geschichte wird zunächst von dem Reporter Ferreirinha, einem Freund Andrés, aufgegriffen und von der gesamten Presse zu einer sensationellen Geschichte aufgebauscht, bevor der Schriftsteller anfängt, sich ernsthaft für sie zu interessieren.

André durchlebt eine Phase schriftstellerischer Unproduktivität. Nach dem Scheitern des Versuchs, über den sterbenden Schriftsteller Faria Gomes – seinen Freund und Lehrer – zu schreiben, entschließt er sich, Rodrigos Geschichte aufzugreifen. Diese scheint ihm zunächst den zum Schreiben notwendigen Abstand zu gewähren. Im Laufe der Zeit findet jedoch eine immer stärkere Identifizierung Andrés mit dem Verschwundenen statt. Er schlüpft immer mehr in dessen Rolle, bis am Ende des Romans Andrés morgendliches Gespräch mit seiner Frau Dorita, seine Stimmung und seine Gedanken beim Verlassen des Hauses zur lückenlosen Rekonstruktion des Morgens werden, an dem Rodrigo verschwand. In dem Maße, in dem er sich mit Rodrigo identifiziert und die Beweggründe seines Verschwindens nachzuvollziehen versucht, übernimmt André die Rolle des auktorialen Erzählers.

Von diesem Hauptstrang abgesehen, setzt sich die Handlung des Romans aus vielerlei Nebenfäden zusammen, die jeweils eine eigene literarische Ausdrucksform erhalten. In seinen Besuchen bei Rodrigos Ehefrau Teresa bekommt André das Tagebuch der Tochter des Ehepaars zu lesen. Außer einigen Informationen über die komplexe Beziehung zwischen den Eltern enthüllt das Tagebuch die Ängste, Komplexe und Hoffnungen des pubertären Mädchens. André erhält im Laufe des Romans darüber hinaus mehrere Briefe seiner in Paris lebenden Geliebten Marta. Diese schwanken zwischen leidenschaftlicher Klage ob Andrés mangelnden Mutes, seine Frau zu verlassen, und entsagender Resignation. Um André über seine Schreibhemmungen hinwegzuhelfen, schickt ihm Marta auch das Tagebuch eines jungen Soldaten aus Angola, eine beeindruckende Auseinandersetzung mit den psychischen Folgen des täglichen Umgangs mit Gewalt und Tod. Hinzu kommt noch der Bericht eines illegal ausgewanderten Gastarbeiters über die katastrophalen Lebensbedingungen dieser im In- und Ausland gleichermaßen ausgebeuteten Klasse. Namora gelingt es, diese Vielfalt von Stimmen, in denen einzelne Themen wie Kolonialkrieg, Zensur, die Situation der Gastarbeiter oder die Beziehungen zwischen den Geschlechtern zum Ausdruck kommen, mit stilistischer Meisterschaft zu einer Totale der portugiesischen Wirklichkeit in den sechziger Jahren zu vereinigen. Auch die Zeitebene des Erzählens reicht von Andrés Kindheit über die Erzählgegenwart – Rodrigos Verschwinden im Jahre 1965 – bis hin zu einer von André antizipierten Zukunft: die Gegenwart nach der Revolution des 25. April 1974, in der sich der Erzähler/André im Archiv der Geheimpolizei nach der Akte Rodrigos suchen sieht, ein postumer Versuch, dessen Verschwinden zu begreifen. – Namora wurde für *O rio triste* mit portugiesischen und brasilianischen Literaturpreisen ausgezeichnet. A.C.K.

AUSGABEN: Lissabon 1982. – Rio 1982. – Lissabon ⁸1986 (m. Studie v. D. Mourão-Ferreira; *Obras de F. N.*).

ÜBERSETZUNG: *Der traurige Fluß*, H. Erlewein, Mchn. 1985. – Dass., ders., Bln./DDR 1986. – Dass., ders., Rastatt 1989.

LITERATUR: N. N. Coelho, *»O rio triste«: romance realista ou alegórico?* (in JL, 7. 6. 1983, Nr. 60, S. 24/25). – P. u. G. Chalendar, *A fabricação do sentido em »O rio triste« de F. N.* (in Colóquio/Letras, 1985, Nr. 86, S. 24–32). – P. Lidmilová, *Breve nota sobre a complexidade estrutural d'»O rio triste«, de F. N.* (in Vértice, 45, 1985, S. 76–78).

O TRIGO E O JOIO

(portug.; *Ü: Spreu und Weizen*). Roman von Fernando NAMORA, erschienen 1954. – Im Vorwort zur sechsten Auflage dieses Buches nennt der brasilianische Prosadichter Jorge AMADO (* 1912) den Verfasser *»einen Meister des Romans, dessen Bücher – insbesondere … ›O trigo e o joio‹ – zu jeder Zeit und in jedem Land groß und bedeutend wären«*. In dieser Erzählung, *»wo jedes Wort richtig, wo das des Schmuckes entkleidete Substantiv die Erde des Alentejo selbst ist«* (Amado), geht es um den Besitz eines Esels. Der Kleinbauer Loas, in dem die Leute *»einen Hexenmeister und ein Orakel«* sehen, weil er in alten Büchern liest, vom Lauf der Gestirne und von der Zeitrechnung etwas versteht, den Teufel gesehen hat und die Zukunft voraussagt und der im Alentejo, der Kornkammer Portugals, einen Streifen Land besitzt, hat infolge einer Mißernte sein Maultiergespann verloren und nun keinen anderen Wunsch, als wenigstens so viel zusammenzusparen, daß er sich eine Eselin kaufen kann, um sich mit ihrer Hilfe wieder emporzuarbeiten. Das wenige Geld, das er schließlich beieinander hat, übergibt er Barbaças, dem »Taugenichts« des Romans. Ungewisser Herkunft, zwar kein »Vagabund« *(vagabundo)*, aber ein Müßiggänger und Faulpelz *(vadio)*, wird er von den Leuten des Städtchens, auch von den »besseren« wie Dona Quitéria, der klatschsüchtigen Betschwester, verhätschelt, seitdem er eine Erkrankung am Wundstarrkrampf wunderbarerweise überstand. Dieser Tunichtgut soll nun für Loas, der Vertrauen zu ihm gefaßt hat, auf dem Viehmarkt des nächstgelegenen Marktfleckens eine gesunde, kräftige, sanfte Eselin erstehen. Aber er gerät in die schlechte Gesellschaft Vieirinhas, des Schwagers von Loas, der den Amazonas befahren, Afrika durchquert und Brasilien gesehen hat, und verjubelt mit diesem in einer einzigen Nacht das ganze Geld. Als nun in einer dramatischen Szene, in der die beiden ihr Unrecht gestehen, der Großbauer Cortes dem Loas in falscher Großmut das Geld ersetzen und ihm sogar noch mehr dazu geben will, damit er endlich zu seinem Esel kommt, zerreißt Barbaças die Banknoten mit den Zähnen: Er selbst wird Loas den Schaden ersetzen.

Während der Erntearbeiten, die bald darauf beginnen, verdingt er sich bei Cortes als Mäher und schafft so gewaltig, daß er am Ende einen weit größeren Betrag als den verpraßten übrigbehält. Jetzt kann Loas die Eselin kaufen und ersteht ein schönes, starkes, lammfrommes Tier, das Alice, sein Töchterlein, sogleich in ihr Herz schließt. Aber das Glück, das sich nun dank des Tieres und dank der Hilfe des Barbaças, der endgültig ins Haus zieht, anzubahnen scheint, wird jäh zerstört. Eine gedankenlose Bemerkung Vieirinhas, auf der Eselin sei doch eine Aussätzige geritten, stürzt Loas und seine Frau Joana in Panik. Nun sehen sie in dem Tier und in Barbaças Träger der furchtbaren Krankheit, die das Leben ihrer Tochter bedroht. Sie versuchen es zunächst mit einer drastischen Ausräucherung des Tiers und des Kindes und mit strenger Trennung beider voneinander. Als sie dann aber feststellen müssen, daß das Mädchen die Eselin heimlich besucht, tötet die Frau das Tier durch einen Gewehrschuß ins Auge. Das Buch schließt mit der Beschreibung des Blutes, das aus der Wunde rinnt und sich verwandelt: *»Schon war es nicht mehr das Blut des Tieres. Es war das Land, das in Todesschweiß, Blutschweiß aufstöhnte. Und auch ein rauher Wind fehlte nicht, ein aus den Bergen des Nordens ausgewanderter Wind, und bildete Runzeln auf seiner zähen, geronnenen Oberfläche.«*

Es ist ein kosmisches Buch, in dem Mensch und Natur miteinander verschmelzen und alles Landschaftsgebundene ins Menschlich-Allgemeine transponiert ist. Der Titel der deutschen Ausgabe des Romans ist irreführend; die Übersetzung ist falsch. Nicht »Spreu und Weizen«, Wertloses und Wertvolles sind einander gegenübergestellt. Der Symbolgehalt des Originals (wörtl. *Weizen und Rauschgras*) weist auf Tieferes hin: So wie das Rauschgras, der Taumellolch das Sommergetreide vergiftet und die Hoffnung auf eine gute Ernte zerstört, so wohnt im Menschen ein zerstörerisches Prinzip. Die Personen des Buches verkörpern, jede auf andere Weise, diese Wahrheit. Unter ihnen ist Barbaças, in dem die Tradition des spanischen Schelmenromans weiterlebt, die zudem von der Figur des Landstreichers in John STEINBECKS *Of Mice and Men*, 1937 *(Von Mäusen und Menschen)*, beeinflußt ist, in besonderem Maße Träger dieses Konflikts. Letztlich vertritt weder er noch eine der anderen Figuren eine soziale Gruppe, ein soziales Problem oder einen landschaftsgebundenen Typ, sondern jede von ihnen verkörpert eine zeitlose allgemein menschliche Möglichkeit. Mit den ihm eigenen sprachlichen und darstellerischen Mitteln (vgl. *O homem disfarçado* und *A noite e a madrugada*) schafft Namora Gestalten, *»die auch lebendig bleiben, wenn die Landschaft des Alentejo sich völlig gewandelt, der Mensch sein heutiges Schicksal überwunden haben und ein neuer, anderer Mensch geworden sein wird«* (J. Amado). F.I.

AUSGABEN: Lissabon 1954. – Lissabon 1960. – Porto Alegre 1970 [Vorw. J. Amado; [2]1973]. – Lissabon [18]1983 (Vorw. J. Amado, *Obras de F. N.*). – Lissabon 1987.

ÜBERSETZUNG: *Spreu und Weizen*, C. Meyer-Clason, Einsiedeln 1963. – *Loas und sein Esel*, ders., Bln./DDR 1963.

VERFILMUNG: Portugal 1965 (Regie: M. Guimarães).

LITERATUR: Ó. Lopes, Rez. (in O Comércio do Porto, 8. 3. 1955; ern. in Ó. L., *Os sinais e os sentidos*, Lissabon 1986). – Y. David-Peyre, *»O trigo e o joio« ou la quête merveilleuse* (in Sillages, 1972, Nr. 1, S. 9–29). – E. M. Camocardi, *As relações metafóricas e metonímicas em »O trigo e o joio«* (in RLA, 1982, Nr. 22). – C. Berardinelli, *»O trigo e o joio«, de F. N.* (in C. B., *Estudos de literatura portuguesa*, Lissabon 1985, S. 343–387).

VITORINO NEMÉSIO

eig. Vitorino Nemésio Mendes Pinheiro da Silva

* 9.12.1901 Praia da Vitória auf Terceira/Azoren

† 20.2.1978 Lissabon

LITERATUR ZUM AUTOR:
J.G. Simões, *Crítica II*, Bd. 1, Lissabon o.J. [1961]. – *Homenagem … do Prof. V.N. Perfil e bibliografia* (in Revista da Faculdade de Letras, 2ª sér., Lissabon 1971, Nr. 13, S. 5–68). – *Miscelânias de estudos em honra do Prof. V.N.*, Lissabon 1971. – Colóquio/Letras, 1971, Nr. 4 [Sondernr. *V.N.*]. – *Críticas sobre V.N.*, Hg. A.C. Lucas, Lissabon 1974 [m. Bibliogr.]. – E. Lourenço, *Tempo e poesia*, Porto 1974. – J. Martins Garcia, *V.N. A obra e o homem*, Lissabon 1978; ern. 1988. – Brotéria, 108, 1979, Nr. 2 [Sondernr. *V.N.*]. – J.V. Serrão, *Evocação de V.N.* (in Memórias da Acad. de Ciências de Lisboa. Classe de letras, 20, 1979, S. 207–214). – J. Martins Garcia, *Temas nemesianos*, Angra do Heroísmo 1981. – H.G. da Silva, *Açorianidade na prosa de V.N. Realidade, poesia e mito*, Lissabon 1985. – M.M. Gouveia, *A viagem em V.N.*, Ponta Delgada 1986. – *V.N. Estudo e antologia*, Hg. dies., Lissabon 1986. – D. Mourão-Ferreira, *O essencial sobre V.N.*, Lissabon 1987. – A.M. Pires, *Raul Brandão e V.N.: ensaios*, Lissabon 1988.

DAS LYRISCHE WERK (portug.) von Vitorino NEMÉSIO.

Vitorino Nemésios Lyrik ist wesentlicher Teil eines Œuvres, das daneben Romane, Erzählungen, literaturwissenschaftliche und philosophische Essays, historische Abhandlungen und biographische Schriften umfaßt und den Autor als eine der führenden intellektuellen Persönlichkeiten Portugals im 20. Jh. ausweist. Nemésio ist altersmäßig der Generation der *Presença* zuzurechnen, vor deren programmatischem Hintergrund einer kulturellen Öffnung nach Europa und zur Moderne seine Dichtung zweifellos zu sehen ist. Stilistisch gehört er keiner sich deutlicher profilierenden Richtung an, er zeigt aber Affinitäten zum portugiesischen »Imagismus« der vierziger Jahre, aber auch zum Surrealismus. E. LOURENÇO nennt ihn einen *»Surrealisten ohne Surrealismus«* und sieht seine Dichtung, zusammen mit der von Mário SAA und António de SOUSA als Brücke zwischen *Orpheu* und dem Surrealismus, der sich in Portugal erst ab 1947 als Bewegung manifestiert.

Nemésios lyrische Produktion, die, sieht man von einem sehr frühen Werk ab, sich zwischen den Jahren 1935 und 1976 entfaltet, gliedert sich in zwei Zyklen. Der erste taucht auf der Suche nach dem Ich in Kindheit, Mythos und die kollektive Verbundenheit der Folklore der azorischen Inselheimat. Der zweite wendet sich vor dem Hintergrund ontologischer Dialektik der Religion und der Sprache als menschlichen Grundbefindlichkeiten zu. – *La voyelle promise* (1935, in französischer Sprache) spiegelt, in einer an APOLLINAIRE und den Surrealisten orientierten Sprachgebung, mit ansatzweiser Auflösung der logischen Diskursivität des Gedichts, brüsken Gedankensprüngen und extremen Metaphern, Aufbruchstimmung und kündigt stilistisch seine spätere Dichtung an. *O bicho harmonioso*, 1938 *(Das tönende Tier)*, bringt mit Gedichten, wie z.B. *O canário de oiro (Der goldene Kanarienvogel)* eine erste Quintessenz seiner Suche nach Ich und Subjekt: die Entrückung – in unvermittelt aufstehenden, mythisch verfremdeten Erinnerungsbildern – in eine Kindheit, die sich im archetypischen Rahmen der Insel, vertrauter Familienmitglieder, der Kette der Ahnen und einer rätselhaften Frauenfigur präsentiert, und deren Reflexion sich in Erlebensinhalten wie Werden und Vergehen, Fruchtbarkeit und Sterilität, Kraft und Zartheit der »inneren Musik« des Dichters, in der alles durchziehenden Dialektik eines gleitenden, assoziativen, bildhaften Denkens vollzieht und in die ratlose Frage und Klage um die alles verschlingende Zeit mündet: *»Zeit, du führst meinen Vater hinweg / Mit vierzehn Pferden, alle mit Sehnen aus Sonne; / Und übers Jahr fünfzehn! …«* Ganz von der Symbolik um Wasser und Zeit durchzogen ist auch *Eu, comovido a Oeste*, 1940 *(Ich nach Westen bewegt)*. Suche nach den Ursprüngen ist wohl auch die ganz in volkstümlichen *quadras* gehaltene und zum Teil populäre Sprachformen oder den sprachlichen Surrealismus der Folklore nachbildende Sammlung *Festa redonda*, 1950 *(Rundes Fest)*, mit Gedichten wie *Cantigas à Ilha Terceira, à cidade, à praia, e aos montes (Lieder auf die Ilha Terceira, die Stadt, den Strand und die Berge)* oder *Minha tia Marianinha (Meine Tante Marianinha)*. Diese Tendenz setzt sich in einem Teil der *xácaras* und *cantigas* von *Nem toda a noite a vida* (1952) fort.

Den zweiten Zyklus leitet *O pão e a culpa*, 1953 *(Das Brot und die Schuld)*, biographisch wohl Ausdruck einer religiösen Krise, ein. Das schon vorher latente religiöse Problem wird hier explizit thematisiert. Angesichts des Verlustes der Seinsgeborgenheit in den Dingen dieser Welt wendet sich das Subjekt, wenn auch unter Vorbehalten, der Transzendenz Gottes zu, die, etwa als *»Geist der Nacht«*, *»wechselhaft, von Michael zu Satan«*, als Heiliger Geist oder Prometheus mit der zweideutigen Gabe ihres Feuers Gutes und Böses in sich vereinigt und vor der dem Menschen nur das Ausbreiten seiner Hinfälligkeit als *»Stilleben«* bleibt. – Die Suche verlagert sich in *O verbo e a morte*, 1959 *(Das Wort und der Tod)*, in eine Reflexion, die sich, auf der Basis eines ausgeweiteten Verständnisses des »verbo«/»Verbo« und unter dem Einfluß HEIDEGGERS im linguistisch-ontologischen Bereich vollzieht, wo die Relation von Sprache und Sein, etwa in der ontologischen Deutung grammatikalischer Kategorien, auf ihre Bedeutung für die menschliche Exi-

stenz hin problematisiert wird. Das Wort wird zur tragenden Größe, droht aber gleichzeitig zur leeren Struktur zu werden (vgl. *A casa do ser – Das Haus des Seins*), eine Leere, die ein fragwürdig gewordenes Subjekt, das sich nur noch auf die Strukturen der Sprache gründet (»ich«), ebenfalls zur Inexistenz verurteilt und Gott bestenfalls noch als Indifferenz *(silêncio)* zu qualifizieren erlaubt.
O verbo e a morte, eines der »schwierigsten« Werke Nemésios, ist Summe oder *»Quintessenz«* (D. Mourão Ferreira), aber auch radikalster Ausdruck der ontologischen und existentiellen Suche und Beunruhigung Vitorino Nemésios und erreicht nicht nur im Ausmünden der Dialektik in eine Art Sinn-Entropie, sondern auch ästhetisch, bei durchaus traditioneller prosodischer Form, Grenzen dichterischer Aussagbarkeit. Die nachfolgende Dichtung – der in *Poesia* (1961) die zusammengefaßte Neuausgabe seiner Dichtung zwischen 1935 und 1940 vorausgeht – führt zwar weitgehend die angesprochene Problematik weiter, »humanisiert« sich aber nicht zuletzt in der Intensivierung des konkreten sinnlichen Bezugs und im teilweisen Wiederaufgreifen volkstümlicher Dichtungsformen (*O cavalo encantado*, 1963 – *Das Zauberpferd; Canto de vespera*, 1967 – *Vorabendlied; Limite de idade*, 1972 – *Altersgrenze; Poemas brasileiros*, 1972 – *Brasilianische Gedichte; Sapateia açoriana*, 1976 – *Azorianischer Tanz*). *Limite de idade* kaschiert zwar nicht den existentiell kritischen Charakter des Moments, markiert aber in seiner Resignation, seinem fast humorvollen Spiel mit Begriffen der Verwaltungs- und Wissenschaftssprache, deutlich den Abstand zu den Werken der weltanschaulichen Krise von *O pão e a culpa* und *O verbo e a morte*. Ausgangspunkt des Dichtens Nemésios ist wohl die Identitätssuche, die sich über die persönlichen Ursprünge hinaus an den Mythos wendet und sich in assoziativ evozierten archetypischen Bildern (Meer – Insel; Symbolik des Bergenden und der Zirkularität; Organisches; Verfall, Auflösung, Wachsen) dem Unbewußten öffnet und die azorische Heimat symbolisch auslegt.
Das Volkstümliche wiederum verweist einerseits auf das (zeitlose?) Kollektiv als Urgrund des Individuums, andererseits präfiguriert das Interesse für seine sprachlichen Manifestationen die spätere Aufmerksamkeit des Dichters für das Eigen-Sein der Sprache. Dies gilt auch für den *»Kolloquialismus«* (M. M. Gonçalves) der frühen Phase, der ironisch die Relativierung konventioneller Sprachvorstellungen andeutet und gleichzeitig die Überwindung des nur gefühlvoll Subjektiven markiert. Der Übergang zwischen den Phasen oder Zyklen der Dichtung Nemésios vollzieht sich nicht als Bruch, sondern als Umakzentuierung von Interessen und Perspektiven unter Weitergabe der Motive und Topoi. Die existentielle Reflexion führt zur Religion, wobei freilich eine postulierte *»Sicht der Beziehungen zwischen Gott und Mensch in reinster katholischer Tradition«* (E. Lourenço) zumindest im Hinblick auf die zweite Phase Nemésios zweifelhaft ist. Das religiöse Thema öffnet sich zur Reflexion der Dialektik des Seins mit ihren topischen Termini des Innen und Außen, des Wesens und des Ausdrucks. Dabei wird in zunehmendem Maße die Sprache Ort dieser Dialektik, in der sich alles auf alles öffnet, Gott und Mensch einbezogen. Sprache war für Nemésio von Anfang an nicht, wie weitgehend für den Konfessionalismus der *Presença*, stark typisiertes Verweiselement auf ein allgemein bekanntes Gefühl, sondern sie vermittelte die *»Kenntnis einer Realität, die objektiv durch diese Bilder charakterisiert wird«* (F. Guimarães), was wiederum die Eigenständigkeit der Sprache unterstreicht und die Originalität der Bilder impliziert. Der Selbstverweischarakter der Sprache wie ihre Öffnung zum Sein beinhaltet aber auch Entsubstantialisierung *(»Sprache, Haus des Seins, das da nicht wohnt«)*, nicht zuletzt des Subjekts (E. Prado Coelho). – Explizit äußert sich Vitorino Nemésio zu seiner Poetik im Vorwort zu *Poesia* (1960).
In jüngster Zeit hat sich die kritische Beschäftigung mit der Dichtung Nemésios, der als »Klassiker« der portugiesischen Dichtung des 20. Jh.s gelten muß, intensiviert, und zwar einerseits wohl durch das strukturalistische Interesse an Nemésios Sprachkonzept (E. Prado Coelho), andererseits wohl auch durch die Aktualität der Individuum und Kollektiv erfassenden Dialektik von Öffnung und Identitätssuche bzw. -bewahrung. Indiz für dieses Interesse ist die seit 1990 erfolgende Herausgabe der *Obras completas*. W. Kre.

Ausgaben: *Canto matinal*, Angra do Heroísmo 1916. – *La voyelle promise*, Coimbra 1935. – *O bicho harmonioso*, Coimbra 1938. – *Eu, comovido a Oeste*, Coimbra 1940. – *Festa redonda, décimas e cantigas de terreiro oferecidas ao povo da ilha Terceira por V. N., natural da dita ilha*, Lissabon 1950. – *Nem toda a noite a vida*, Lissabon 1953; [2]1973. – *O verbo e a morte*, Lissabon 1959. – *O pão e a culpa*, Lissabon 1955. – *Poesia (1935–1940)*, Lissabon 1961; ern. 1986 *(Obras)*. – *O cavalo encantado*, Lissabon 1963. – *Andamento holandês e Poemas graves*, Lissabon 1964. – *Ode ao Rio, ABC de Rio de Janeiro*, Rio 1965. – *Vesperais (1916–1918)*, Angra do Heroísmo 1966. – *Canto de véspera*, Lissabon 1966. – *Limite de Idade*, Lissabon 1972. – *Poemas brasileiros*, Lissabon 1972. – *Sapateia açoriana, Andamento holandês e Outros poemas*, Lissabon 1976. – *Poesias de V. N.*, Hg. M.M. Gonçalves, Lissabon 1983 [Ausw.; m. Anm.]. – *Poesias* (in *Obras completas*, Bd. 1/2, Hg. F. Freitas Morna, Lissabon 1990).

Literatur: D. Mourão-Ferreira, *V. N.: na publicação de »O pão e a culpa«* (in D. M.-F., *Vinte poetas contemporâneos*, Lissabon 1960; [2]1980). – M. de L. Belchior Pontes, *»Humanismo«. Nova dimensão de poesia? A proposta de »Poesia (1935–1940)« de V. N.* (in Colóquio/Letras, 1962, Nr. 17, S. 52–64; 71). – E. Prado Coelho, *V. N. – a gramática de Deus ou a ficção reversível* (in Colóquio, 12, 1971, Nr. 4, S. 33–43). – F. Guimarães, *A expressão simbólica em V. N.* (in F. G., *Linguagem e ideologia*, Porto 1972). – E. Lourenço, *V. N. ou da livre navegação (no mar* *poético de Deus)* (in E. L., *Tempo e poesia*, Porto 1974). – H. Siepmann, *Die portugiesische Lyrik des Segundo Modernismo*, Ffm. 1977, S. 162–175. – W. Kreutzer, *Stile der portugiesischen Lyrik im 20. Jh.*, Münster 1980, S. 234–242. – J. de Sena, *V. N.* (in J. de S., *Estudos da literatura portuguesa*, Bd. 1, Lissabon 1981). – R. M. B. Goulart, *V. N.; na senda do verbo primordial* (in Arquipélago, 1982, Nr. 4, S. 417–435). – F. Guimarães, *Da ciência da linguagem à linguagem da ciência* (in F. G., *Simbolismo, modernismo e vanguardas*, Lissabon 1982). – L. Cechin, *A imagem poética em V. N.*, Angra do Heroísmo 1983. – O. Lopes, *V. N.* (in O. L., *Os sinais e os sentidos*, Lissabon 1986, S. 49–54). – E. Ferraz da Rosa, *V. N. – Uma poética da memória*, Lissabon 1989.

MAU TEMPO NO CANAL

(portug.; *Schlechtes Wetter im Kanal*). Roman von Vitorino NEMÉSIO, erschienen 1944. – Mit diesem großen Gesellschaftsroman des Lissabonner Professors für romantische Literaturen, der auch als Lyriker bekannt geworden ist, tritt die Inselwelt der Azoren, die Heimat des Dichters, in die moderne Literatur ein (Rossi). Im Mittelpunkt der breitangelegten Erzählung steht Margarida Clark Dulmo, deren Neigung für João Garcia rein freundschaftlichen Gefühlen Platz macht, als ihr jugendlicher Onkel Roberto Clark, ein unehelicher Sohn ihres englischen Großvaters, aus London zu Besuch kommt und ihr ein unabhängiges Leben in der Hauptstadt des britischen Weltreichs ausmalt, fern der beengenden, durch gesellschaftliche Konventionen und Spannungen bestimmten Atmosphäre ihrer Inselheimat. Aber Roberto stirbt, ein letztes Opfer der in Horta aufflammenden Beulenpest, und Margarida heiratet schließlich den reichen, adligen André Barreto, dessen Eintritt in die Firma Clark & Sons ihren Vater vor dem geschäftlichen Zusammenbruch bewahrt.

Diese eher banale Geschichte unerfüllter Liebe ist in ein feingezogenes Netz vielfältigster gesellschaftlicher, ethnographischer und geschichtlicher Motive und Begebenheiten eingesponnen, die dank der Fabulierkunst des Autors lebendig und interessant werden. So wird einerseits die Struktur der mit fremdländischen, insbesondere englischen Einflüssen durchsetzten azorianischen Gesellschaft zu Beginn des 20. Jh.s bis in ihre Verästelungen aufgezeigt, andererseits in den Reden der Fischer und einfachen Leute die Eigentümlichkeiten der azorianischen Volkssprache festgehalten. Durchsetzt mit englischen und französischen Vokabeln, mit Satz- und Gesprächsfetzen auf englisch, französisch, italienisch und deutsch, gespickt mit Anspielungen auf und Reminiszenzen an die Geschichte der Literatur, bildenden Kunst und Musik, trägt der Erzählstil zudem eine umfassende Gelehrsamkeit und Bildung zur Schau und setzt sie auch beim Leser voraus, dem lange fremdsprachliche, darunter lateinische Zitate zugemutet werden.

Der Romantitel, der sich auf den St.-Georgs-Kanal zwischen den mittleren Azoreninseln bezieht, hat symbolische Bedeutung, ebenso wie die meisten der häufig fremdsprachlichen Kapitelüberschriften und letztlich das gesamte Werk, das realistisch und symbolisch, Gesellschaftsroman und Seelenschilderung zugleich ist und daraus seine dichterische Kraft bezieht. *Mau tempo no canal* ist mit Recht von der Kritik als erster zeitgenössischer portugiesischer Roman begrüßt worden. K.H.D.

AUSGABEN: Lissabon 1944; [7]1985. – Lissabon [8]1988 *(Obras completas)*.

ÜBERSETZUNG: *Le serpent aveugle*, D. Chast, Paris 1953 [frz.].

LITERATUR: G. C. Rossi, *Geschichte der portugiesischen Literatur*, Tübingen 1964, S. 343 f. – M. L. Lepecki, *Sobre »Mau tempo no canal«* (in Colóquio/Letras, 1971, Nr. 4, S. 44–49).

ANTÓNIO AGOSTINHO NETO

* 17.9.1922 Cateta
† 10.9.1979 Moskau

SAGRADA ESPERANÇA

(portug.; *Ü: Angola, heilige Hoffnung*). Gedichtband von António Agostinho NETO (Angola), erschienen 1974. – In dieser Sammlung ist der größte Teil des lyrischen Werks des Arztes und Politikers Agostinho Neto zusammengefaßt, wobei viele Gedichte schon 1963 in Mailand unter dem Titel *Con occhi asciutti (Mit trockenen Augen)* erschienen waren. Die gesamte Lyrik des Angolaners ist, obwohl sie sich noch der Sprache der portugiesischen Kolonialherren bedient, zutiefst afrikanisch, geprägt durch einen freien Vers, eine Vielzahl an Metaphern, Symbolen und Farben, die ihr einen gnomischen Charakter verleihen.

Schon das erste, der Mutter Afrika gewidmete Gedicht *(Adeus à hora da largada – Adieu bei der Abfahrt)* faßt Agostinho Netos Gedanken und Ziele klar zusammen: *»Mutter / Du hast mich das Warten gelehrt … / Aber das Leben / hat in mir diese mythische Hoffnung vernichtet / Ich hoffe nicht mehr / ich bin derjenige, auf den man wartet / Ich bin, Mutter / Die Hoffnung sind wir … / Heute sind wir die nackten Kinder der Negersiedlungen im Urwald / … die schwarzen, unwissenden Männer / die den weißen Mann respektieren müssen / und den Reichen fürchten / Wir sind Deine Kinder … / Deine Kinder / die hungrig / und durstig sind / die sich schämen, Dich Mutter zu nennen / die Angst haben, über die Straße zu gehen*

/ die Angst vor den Menschen haben / ... Morgen werden wir der Freiheit Hymnen singen / wenn wir die Abschaffung dieser Sklaverei feiern werden / Wir gehen auf die Suche nach dem Licht / Deine Kinder, Mutter ... / Gehen auf die Suche nach dem Leben.« Nacht, Dunkelheit, die angolanische Landschaft, Hoffnung auf Freiheit, die Rückbesinnung auf das eigene Ich und die Bewältigung des Schicksals durch Selbstfindung, Kampf gegen den Kolonialismus und die Gewißheit, daß der Nacht der Tag folgen muß, sind die Koordinaten, die *Sagrada esperança* von Anfang bis Ende bestimmen.

Der erste Teil der Sammlung ist vom Leben im Dunkel, im Abseits, in Entfremdung und Abhängigkeit gezeichnet. Er thematisiert die Versklavung und Verschiffung von Angolanern nach São Tomé *(Partida para o contrato – Abfahrt zur Zwangsarbeit)*, die Hoffnungslosigkeit des Lebens in den Musseques, den Elendsvierteln der Städte *(Sábado nos musseques – Samstag in den Musseques)* und die Grausamkeit des ausbeuterischen, unmenschlichen Kolonialsystems. Trotzdem hebt die Nacht weder Netos Hoffnung auf die Wiedergeburt der Schwarzen *(Noite – Nacht)* und die Überwindung seiner vom Kolonialherren geschürten Ignoranz auf, genausowenig wie seinen Traum, der Unabhängigkeit aktiv entgegenzugehen, da der Nacht Morgengrauen und Licht folgen. Netos Dichtung ist dabei aber in keiner Weise sentimental. Der Dichter will keine falschen Emotionen wecken, sondern fordert in *Desfile de sombras (Vorbeischreiten der Schatten)* den Träumer auf, *»zurück zur Realität«* zu kommen. Neto unterstreicht, daß der Weg hart ist *(Comboio africano – Afrikanischer Zug)* und es eines klaren Blicks bedarf, um das eigene Schicksal in die Hand zu nehmen. So warnt der Autor vor den Gefahren der Akkulturation und Entfremdung durch die westliche Welt, die hinter den Fassaden von Demokratie und Christentum Ungleichheit und Armut versteckt *(Civilização ocidental – Westliche Zivilisation)*. In *Mussanda amigo (Lieber Freund)* wendet er sich aber von seiner radikalen Négritude-Haltung ab und erkennt, wie der Senegalese L. S. Senghor (*1906), daß Europa, in seiner Medizin, Intelligenz und revolutionären Tradition, durchaus Werte besitzt, die zur Selbsterkenntnis des Afrikaners beitragen können: *»Meine Hände haben Grundsteine der Welt gelegt / ich habe das Recht auf ein Stück Brot« (Confiança – Vertrauen)*. Trotzdem betont er, daß der Weg zur Freiheit afrikanisch sein muß; so erinnert er an die erste panafrikanische Konferenz von Bamako (1954) und die anderen Befreiungsbewegungen Afrikas – *»Vom Niger bis zum Kap ... harmonisiert man die Ouvertüre des Neuen Afrika« (Pausa – Pause)* –, die ihn in seiner »Heiligen Hoffnung« bestärken.

Gewiß, daß nichts den Regen, Symbol für Aufstand und Befreiung, aufhalten kann *(Noites de cárcere – Gefängnisnächte, A reconquista – Wiedergewinnung)*, fordert Agostinho Neto im letzten Teil der *Sagrada esperança* verstärkt zur Anwendung des biblischen Verses *»Auge um Auge«* auf, obwohl dieser auch die Gefahr des Todes birgt: *»Es ist die Zeit, den Kampf aufzunehmen / hinter den Büchern hervorzukommen« (Depressa – Schnell)*, denn *»Träume nützen nichts gegen eine Wand aus Bajonetten« (Luta – Kampf)*. Aber es handelt sich für ihn um unumgängliche Opfer auf dem Weg zur Unabhängigkeit und einer friedlichen Welt, in der jeder *»die gleiche Stimme«* hat *(A voz igual)*. So endet *Sagrada esperança* als Ausdruck der Hoffnung auf die Liebe in *»allen Afrikas der Welt« (Desfile de sombras)*, denn *»unser Weg ist ein einziger! – die Liebe« (Para enfeitar os teus cabelos – Um dein Haar zu schmücken)*. Die Diktion der Gedichte verrät Agostinho Netos Entwicklung von der Négritude und Angolanität hin zum Anwalt universeller Gerechtigkeit. Was Senghor für die frankophonen Länder Afrikas bedeutet, ist Agostinho Neto für die lusophonen: nicht nur der bedeutendste Dichter seines Landes, sondern einer der Großen der politisch-humanistischen Lyrik überhaupt. K.De.

Ausgaben: Póvoa de Varzim 1957 (*Quatro Poemas*; Teilausg.). – Lissabon 1961 (*Poemas*, Teilausg.). – Algier 1969 (*Com os olhos secos*; Vorw. C. Andrade). – Lissabon 1974 [Vorw. B. Davidson; Einl. M. Holness; ²1975; erw.; ¹¹1987]. – Luanda 1977 u. ö. – Porto ²1981. – São Paulo 1985.

Übersetzungen: *Con occhi ascuitti*, Mailand 1963 [ital.; Vorw. J. Lussu]. – *Angola, heilige Hoffnung*, M. A. S. Melo u. H. Pflüger, Köln 1976. – *Gedichte – Nachdichtungen nach A. N. – Sagrada esperança*, A. S. Arnold, Lpzg. 1977 (RUB). – *Sacred Hope*, Marga Holness, Ldn. 1988 [Ausw.; engl.].

Literatur: J. Amado, *Die Gedichte von A. N.* (in SuF, 29, 1977). – A. P. Torres, *A poesia de A. N.* (in A. P. T., *O neorealismo na literatura portuguesa*, Lissabon 1977, S. 206–213). – *A. N.* (in Lavra e Oficina, Luanda 1979, Nr. 9). – M. Lourenço, *O desenvolvimento da consciência em »Sagrada esperança«* (in Africa, 1, Lissabon 1979, Nr. 3, S. 253–262). – Africa, 2, 1980, Nr. 7 [Sondernr. *A. N.*]. – C. Andrade, *Literatura angola (opiniões)*, Lissabon 1980, S. 61–69. – M. R. P. Cavalcanti, *A. N., uma poesia universal* (in Arquivos, 3, 1980, Nr. 5, S. 45–53). – A. Margarido, *Estudos sobre literaturas das nações africanas de língua portuguesa*, Lissabon 1980. – M. Simões, *A estrutura binária de »Sagrada esperança: da ›sombra‹ para a ›luz‹* (in Africa, 2, 1980, Nr. 7, S. 158–163). – D. Burness, *A. N. and the Poetry of Combat* (in *Critical Perspectives on Lusophone Literature from Africa*, Hg. ders., Washington D.C. 1981, S. 89–103). – R. G. Hamilton, *Para uma poesia de Angola* (in R. G. H., *Literatura africana – literatura necessária*, Bd. 1, Lissabon 1981, S. 93–121). – F. A. Soares, *Literatura angolana de expressão portuguesa*, Porto Alegre 1983. – J. C. Haggstrom, *Négritude and Afro-Portuguese Poetry*, Diss. Univ. of Minnesota 1985 (vgl. Diss. Abstracts, 46, 1986, S. 1940A). – D. P. Lambeth, *Implicações sócio-políticos na poesia de quatro poetas angolanos – G. Bessa Victor, V. de Cruz, A. A. N., M. António*, Diss. Georgetown 1986 (vgl. Diss. Abstracts,

47, 1986, S. 1303A). – Z. Harbata, *A. N. – »Sagrada esperança«* (in Africa, 8, 1986, Nr. 13, S. 72–74). – M. Ferreira, *A viagem para a celebração* (in A. A. N., *A renúncia impossível*, Lissabon 1987, S. 7–28). – E. Neto, *Este é meu canto*, Lissabon 1989. – *A voz igual*, Hg. Fundação A. de Almeida. Col. Angolé, Porto 1990 [m. zahlr. Beiträgen zum Werk A. N.s].

CARLOS DE OLIVEIRA

eig. Carlos Alberto Serra de Oliveira

* 10.8.1921 Belém do Pará / Brasilien
† 1.7.1981 Lissabon

LITERATUR ZUM AUTOR:

J. G. Simões, *Crítica II*, Lissabon o. J. [1961]. – B. Abdala Jr., *O processo de fundamentação da escritura nos romances de C. de O.*, Diss. São Paulo 1973. – F. Hasse Pais Brandão, *Nexos sobre a obra de C. de O.* (in Colóquio/Letras, 1975, Nr. 26; 1976, Nr. 29). – B. Abdala Jr., *A escrita neo-realista: análise sócio-estilística de C. de O. e Graciliano Ramos*, São Paulo 1981. – Vértice, 42, 1982, Nr. 450/451 [Sondernr. *C. de O.*].

DAS LYRISCHE WERK (portug.) von Carlos de OLIVEIRA.

Carlos de Oliveira, auch als Romancier ein portugiesischer Klassiker des 20. Jh.s, hat als Lyriker eine exemplarisch zu nennende Entwicklung durchlaufen. Seine Dichtung beginnt in den vierziger Jahren im literarischen Kontext des Neorealismus, wobei sie von vornherein nicht zu plakativ-rhetorischer Agitation neigte, sondern, bei aller Eindeutigkeit der Positionsnahme im Sinne der Linken, Nuancierungen Raum gab. Seit *Turismo* (1942) und *Mãe pobre*, 1945 *(Arme Mutter)*, thematisiert sie die Realität in Form großartiger, aber auch spröder Natur und sozialen Elends (z. B. in den Gedichten um Amazonien und Gândara) sowie die politische »Nacht«. *Descida aos infernos*, 1949 *(Abstieg in die Hölle)*, ist als phantastische und mehrsinnige Allegorie eines Absteigens – zum Zentrum der Materie, zu den Urgründen der Existenz, ins eigene Ich, auch in seine monströsen Bereiche, in die Hoffnungslosigkeit der aktuellen Situation, in den Tod – und erneuten Aufsteigens zu verstehen. Das programmatisch deutbare Gedicht *Ave solar* (*Sonnenvogel*; ursprünglich Abschluß von *Terra de harmonia*, 1950), spätestens aber der Band *Cantata*, kann als Ende einer ersten Phase bzw. Übergang zu einer zweiten im Werk Carlos de Oliveiras gelesen werden.

Das in der Dichtung der ersten Phase zutage tretende soziale und politische Interesse, das Eintreten für die Armen und Unterprivilegierten ist ein unmittelbares Charakteristikum des portugiesischen Neorealismus. Dessen theoretisch wie praktisch freilich tendenziell umfassenderes künstlerisches Konzept suchte entschieden die nationale Dichtungstradition zu integrieren, vornehmlich in ihren volkstümlichen Vertretern (Gil VICENTE, der *Romanceiro*), aber nicht nur diese. So sind Anklänge an traditionelle Dichtung, an das Erzählen des Romanceiro – *»Ich bringe Kunde vom Hunger/ Der draußen umgeht im öden Land (O Viandante – Der Wanderer)* – oder an die Sonettkunst CAMÕES', oder die Transposition der politischen Aktualität in die gespenstische *Xácara das bruxas dançando (Ballade der tanzenden Hexen)*, charakteristisch für diese Phase Oliveiras. In ihrem gelegentlichen Pathos, ihrer Anlage als »Gesang«, prophetische »Stimme«, »Beschwörung«, d. h. einer unmittelbar publikumszugewandten Haltung, treffen sich historische Reminiszenz und aktuelles Engagement. Inhalte dieser Dichtung sind Zukunftserwartung und Gegenwartsgebundenheit, Hoffnung und Traum einerseits und Verzweiflung andererseits, die in weitgehend traditionelle Topoi (Tag – Nacht, Leben – Tod, Hinauf – Hinab etc.) gefaßt werden; in der Bildwelt dominiert das Organische und Vegetale. Thematisiert wird daneben die problematische Position des wenn auch engagierten, so doch in seiner Mentalität bürgerlichen, intimistisch orientierten dichterischen Subjekts vor dem zu befreienden Volk einerseits und dem Totalanspruch der Klassenkampfideologie andererseits, denen gegenüber der Poet, in der Regel nicht ohne Komplikationen, seine Position als revolutionär zu rechtfertigen oder aber den Verdacht ungenügender Solidarität zu entkräften sucht.

Die zweite Schaffensphase, die über *Cantata* (1960) eingeleitet wird und in den beiden 1968 erschienenen Sammlungen *Micropaisagem (Mikrolandschaft)* und *Sobre o lado esquerdo (Über die linke Seite)* bereits ihren vollen künstlerischen Ausdruck findet, orientiert die Dichtung Carlos de Oliveiras neu. Zum einen verschwindet die literarische Tradition als Bezugshintergrund, zum andern die Ich-Aussprache, auch die Psychologisierung, etwa im Dialogisieren des Subjekts mit sich selbst, sowie die Anlage des Gedichts als »Gesang«. Die neue Konzeption erfaßt das Gedicht als eigenständiges Konstrukt und Kunstobjekt. Dies deutet sich schon in der sorgfältigen und originellen Strukturierung der Gedichte, beispielhaft etwa in *Micropaisagem*, an. In ihrer Kürze und offensichtlich kalkulierten graphischen Übersichtlichkeit wird das Einzelwort zum gewichtigen Strukturelement, seine Relation zum Kontext tritt deutlich hervor und wird stilistisch explizit gemacht. Jeweils ohne Titel, jedoch schon durch Numerierung sowie eine gewisse thematische Geschlossenheit als Einzeltext ausgewiesen, werden diese kurzen poetischen Texte zu größeren mit Titel versehenen Gedichten zusammengefaßt, wobei sie oft untereinander syntaktisch verbunden bleiben, wodurch weiter konturierte Zwischengruppen entstehen, was eine deutliche Rhythmisierung des Sinnverlaufs auf der Ebene des Gesamttextes zur Folge hat. Stilistisch treten schon im Segmentgedicht Ellipse, intensive Interpunktion, Aufzählung und Zentrierung zentraler Begriffe in den Vordergrund.

Teil der objektiven Welt geworden, ist das Gedicht nicht mehr, wie in der ersten Phase oft postuliert, Träger »magischer« oder prophetischer Funktion, sondern reflektiert selbst, in seinem Rhythmus und seiner Strukturiertheit, die »Welt«, wird ihr homolog; der Nachmittagshimmel erscheint als *»Gedicht, in den Höhen gebildet«*, das sich nun in einer Syntax widerspiegelt, die *»Luftdinge, wie Wind und Licht«* zu schaffen vermag (Tarde). Im Rahmen dieses Konzepts tritt, nicht zuletzt wohl bedingt durch die Erfahrung der Widerständlichkeit und des Eigencharakters des Sprachmaterials, die Selbstreflexion des Gedichts, das Sprechen über sein eigenes Da-Sein, seine Strukturiertheit, die Abschätzung seiner Erkenntnisleistung usw., in den Vordergrund. Als materielles Substrat der Bildebene wird die organische weitgehend durch die anorganische Welt abgelöst, so daß von einer »Mineralisierung« der Welt in der Dichtung Carlos de Oliveiras gesprochen wurde. Das Sprechen über mineralische Strukturen und Versteinerung, das Erscheinen von Stein, Kalk, Sand, Düne, Fels, Grotte, Schnee und Frost kann als dialektische Ergänzung des Organischen der ersten Phase durch das Anorganische gedeutet werden (M. Gusmão), treten diese Elemente doch gelegentlich in dialektischen Gegensatz zur Welt des Lebenden, Bewegten und Beseelten, wobei die Möglichkeit eines Endes in Bewegungslosigkeit freilich als perspektivische Täuschung entlarvt wird *(Estrelas)*. Nichtsdestoweniger konnotiert die Welt des Anorganischen in der Regel nicht negativ. Positiv an ihr werden die Feinheit und Exaktheit ihrer Strukturen, das langsame notwendige Entstehen der Form und das Flimmern und Gleißen *(cintilação)*, gewissermaßen Ausdruck eines Eigenlebens der anorganischen Materie, bemerkt. Die Gewichtigkeit des Anorganischen in der Entwicklung des dichterischen Kosmos Oliveiras kann als konsequenteste Ausprägung der Tendenz zum Objektiven, diesseits aller Psychologie nur Da-Seienden, aber auch zur Erfassung der Welt als Einheit, die alle Bereiche einbezieht, verstanden werden.

Freilich wird auch hier das Humanum in Form des Bewußtseins nicht völlig ausgeschaltet. Zwar ist das individuell psychologisierende Ich verschwunden, doch kann einerseits die (im übrigen nicht völlig) mineralisierte Welt als auf Human-Existentielles verweisend gelesen werden, was z. B. in dem ganz traditionell konnotierenden Oppositionspaar Tag – Nacht offenbar wird, andererseits tritt das Humanum in *Entre duas memórias (Zwischen zwei Gedächtnissen)* durchaus wieder in ein dialektisches Verhältnis zur Objektwelt, deren nun gesicherte Eigenständigkeit ihre volle Bedeutsamkeit nicht zuletzt aus der Frage und Perplexität des ihr gegenüberstehenden Bewußtseins erhält, das damit wieder Teil des poetischen Kosmos wird. Notwendig wird diese »Rehumanisierung« nicht zuletzt durch das (ebenfalls Welt darstellende) Gedicht: *»Den Schlüssel des Gedichtes umdrehen/ und uns in seinem Glanz einschließen/ über dem Gletschertal. Die erinnerte Kälte/ wieder lesen« (Chave)*.

Das Werk Carlos de Oliveiras, das im Laufe seines Erscheinens zahlreiche Neubearbeitungen und vor allem Umgruppierungen erfuhr, vollzieht – zum Teil vorauseilend – die seit den vierziger Jahren für die portugiesische Lyrik bestimmende Entwicklung: Ausgang vom Neorealismus (der in seinem Hang zum Diskursiven, Bekenntnishaften und zur Ich-Problematisierung, aber auch seiner toposhaften Bildwelt noch deutlich Grundorientierungen des Presencismus folgte), Berührung mit Imagismus und Surrealismus, Ankunft bei einer Auffassung, die im Gedicht als Konstrukt, seinem Objekt- und Produktcharakter, sich vom traditionellen Humanum distanziert; und dies, wie etwa bei Saint-John Perse, Ponge, oder dem »chosisme«, auch in der Etablierung der Welt der Objekte oder des Anorganischen als Imaginationsraum. Nach E. Lourenço liegt die Bedeutung der Dichtung Carlos de Oliveiras in ihrer Spannweite: Sie *»wurzelt, diesseits und jenseits der ideologischen Absicht, die sie oberflächlich strukturiert, in tiefen Obsessionen, deren Spektrum bisweilen, in der Nähe der dunklen und ernsten Bereiche der Grenzbilder unserer ungewissen conditio, beunruhigende Züge annimmt«*, und sie ist *»Appell und leidenschaftliche Aussprache zugunsten einer Rationalität, einer klaren Sinngebung des Abenteuers der menschlichen Existenz, als dessen Zeuge und Seher zugleich der Dichter aufsteht«.* W.Kre.

Ausgaben: *Turismo*, Coimbra 1942. – *Mãe pobre*, Coimbra 1945. – *Colheita perdida*, Coimbra 1948. – *Descida aos infernos*, Porto 1949. – *Terra de harmonia*, Lissabon 1950. – *Cantata*, Lissabon 1960. – *Poesias*, Lissabon 1962 [enth. die bisherigen Gedichtslg. außer *Turismo*]. – *Sobre o lado esquerdo*, Lissabon 1968. – *Micropaisagem*, Lissabon 1968. – *Entre duas memórias*, Lissabon 1971. – *Trabalho poético*, Lissabon 1976, 2 Bde. [enth. Bd. 1: *Turismo* [Neufassg.], *Mãe pobre, Colheita perdida, Descida aos infernos, Terra da harmonia, Ave solar, Cantata*; Bd. 2: *Sobre o lado esquerdo, Micropaisagem, Entre duas memórias, Pastoral*; [2]1982; *Obras de C. de O.*]. – *Pastoral*, Lissabon 1977. – *A poesia*, Hg. M. Gusmão, Lissabon 1981 [Ausw.; m. Anm.].

Literatur: J. G. Simões, *C. de O. I. »Mãe pobre«. II: »Cantata«* (in J. G. S., *Crítica II*, Bd. 2, Lissabon 1961). – A. P. Torres, *»Sobre o lado esquerdo«* (in Diário de Lisboa, 11. 4. 1968). – M. Gusmão, *»Sobre o lado esquerdo« – De como um sujeito se lê numa cidade* (in O Tempo e o modo, 1968, Nr. 64–66, S. 970–972). – E. Lourenço, *C. de O. e o trágico neorealista* (in E. L., *Sentido e forma da poesia neo-realista*, Lissabon 1968, S. 173–249). – A. P. Torres, *»Micropaisagem«* (in Seara Nova, 1969, Nr. 4, S. 149/150). – N. de Matos, *»Micropaisagem«, um espaço de rigor e de harmonia* (in N. de M.,

A leitura e a crítica, Lissabon 1971, S. 107–154). – M. Gusmão, *Um tempo poético* (in Crítica, 12, 1971, Nr. 12). – E. Prado Coelho, *C. de O. – a génese difícil da harmonia* (in E. P. C., *A palavra sobre a palavra*, Porto 1972, S. 105–131). – A. Ramos Rosa, *»Entre duas memórias«* (in Colóquio/Letras, 1972, Nr. 7, S. 80–82). – G. Cruz, *O peso das palavras na poesia de C. de O.* (in G. C., *A poesia portuguesa hoje*, Lissabon 1973, S. 55–61). – Ders., *Esquecimento e memória na poesia de C. de O.* (ebd., S. 63–70). – G. Lanciani, *Officina poetica. Studio e antologia poetica*, Mailand 1975. – C. de Brito, *»Trabalho poético« de C. de O.* (in C. de B., *Prática da escrita em tempo de revolução*, Lissabon 1977, S. 100–104). – M. Guterres, *»Estalactite«: a génese do poema* (in *Belfast Spanish and Portuguese Papers*, Hg. P. S. N. Russell-Gebbett u. a., Belfast 1979, S. 61–68). – E. Prado Coelho, *Itinerário poético de C. de O.* (in E. P. C., *A letra litoral*, Lissabon 1979, S. 155 bis 179). – F. Paixão, *Poesia: duas possibilidades de rosto* (in Estudos portugueses e africanos, 1, 1983, S. 11–23).

CASA NA DUNA

(portug.; *Ü: Haus auf der Düne*). Roman von Carlos de OLIVEIRA, erschienen 1943. – *Casa na duna* gilt zusammen mit den zeitgenössischen Romanen Alves REDOLS, Pereira GOMES', Manuel da FONSECAS und Fernando NAMORAS als eines der klassischen Werke des portugiesischen Neorealismus. Der Roman erfuhr mit der dritten Auflage (1964) eine Umarbeitung im Sinne einer Straffung der Szenen und einer Konkretisierung des sprachlichen Ausdrucks.

Der Roman spielt in den ersten Jahrzehnten dieses Jahrhunderts – eindeutige Zeitangaben fehlen – in der Gândara, einem Sumpf- und Dünengebiet im Norden Portugals. Er schildert den Niedergang des in drei Generationen durch Aufkauf der Parzellen kleinerer Bauern entstandenen Grundbesitzes der Familie Paulo, dessen Zentrum »das Haus auf der Düne« ist, unter dem das Dorf mit den Hütten der nun als Landarbeiter bei Mariano Paulo arbeitenden Häusler liegt. Seit dem Tod seiner Frau bei der Geburt seines Sohnes Hilário ist es dort stiller geworden. Nur wenige Freunde aus der nahen Kleinstadt Corgos, unter ihnen der Arzt Dr. Seabra, besuchen Mariano noch gelegentlich. Seine ganz im alten Stil betriebene Landwirtschaft leidet nicht nur unter allgemein ungünstigen Bedingungen, sondern gerät vor allem durch die verkehrsmäßige Erschließung der Region und die Einfuhr außerregionaler Produkte zunehmend in Bedrängnis. Einer Modernisierung durch Einsatz von Maschinen verweigert er sich angesichts der kaum übersehbaren Ausgaben in begründetem Mißtrauen gegenüber der Kreditwirtschaft. Keine Stütze findet er in seinem pathologisch labilen, an der Wirtschaft völlig desinteressierten Sohn Hilário. Marianos Versuch, seinen Betrieb durch Einrichtung einer kleinen Ziegelbrennerei mit eigenem Rohstoff abzusichern, scheitert nach anfänglichen Erfolgen durch den Ziegelimport von Großbetrieben, die ihn preislich unterbieten. Er verliert dabei die letzten finanziellen Reserven. Als sein Sohn im Zusammenhang mit einer Eifersuchtsaffäre um eine ländliche Prostituierte erschlagen wird, überwältigen den Alten Wahnvorstellungen, die ihn schließlich dazu führen werden, sein Anwesen anzuzünden.

Thema des Romans ist der Niedergang traditioneller Wirtschafts- und Gesellschaftsstrukturen unter dem Einbruch kapitalistischer und großräumig organisierter moderner Wirtschaftsformen ins ländliche Portugal, dessen großbäuerlicher, zum Teil sogar mit dem Bürgertum verbundener Grundbesitz wie auch die in seiner Abhängigkeit stehenden Landarbeiter vordergründig durch ländliche Wucherer und einen dynamischen Kommerz, letztlich aber durch die kaum mehr lokalisierbare Macht des Kapitals um ihre Existenz gebracht werden. Ländliche Realität erscheint in der Darstellung materieller Existenzbedingungen, dargestellt an charakteristischen Lebensläufen und markanten Typen. Demoralisierung und Resignation lassen unvermittelt brutale Instinkte, irrationale Hoffnungen und Hysterien hervorbrechen. »Naturalistischer« Stilzwang manifestiert sich in der neben Milieu und Situation wirkenden Determinierung durch offensichtlich vererbte pathologische Züge der Paulos. Konnotation und Symbol sind kennzeichnende Stilmittel und funktionieren weitgehend im Rahmen einer für den Neorealismus typischen »Ästhetik der Trauer« (A. Margarido), wobei das Fehlen eines positiven Gegenentwurfs auffällt, möglicherweise Marianos Wahnvorstellungen nicht nur explizitester Ausfluß einer *»volkstümlichen Tradition, eines Gefühls um Natur und Mensch im Kampf mit einem düsteren Geschick – oder was als solches erscheint«* (M. Dionísio) sind, sondern – wie auch das Ende in der Selbstvernichtung – Ratlosigkeit auch des Autors angesichts des modernen Kapitalismus, der als Gegenüber nicht mehr personalisierbar ist und als inkommensurabel empfunden wird, spiegeln. W.Kre.

AUSGABEN: Coimbra 1943. – Lissabon [3]1964 [rev.; Vorw. M. Dionísio]. – Lissabon [4]1970 *(Obras)*. – Lissabon [8]1983 *(Obras de C. de O.)*.

ÜBERSETZUNG: *Haus auf der Düne*, C. Meyer-Clason, Freiburg i. B. 1989.

LITERATUR: A. P. Torres, *O movimento neorealista em Portugal na sua primeira fase*, Lissabon 1977. – A. Margarido, *Quelques problèmes posés par la lecture du roman néo-realiste* (in *Le roman portugais contemporain. Actes du colloque...*, Paris 1984, S. 23–97). – M. Guterres, *»Casa na duna«: Uma interpretação* (in Vértice, 42, 1982, S. 692–699). – B. A. Junior, *Escrita dialéctica e formas rituais nos romances de C. de O.* (ebd., S. 646–654). – V. Moreira, *Paisagem povoada: a Gândara na obra de C. de O.* (ebd., S. 712–728).

FINISTERRA. Paisagem e povoamento

(portug.; *Finisterra. Landschaft und Besiedelung*). Roman von Carlos de Oliveira, erschienen 1978. – Der Autor leistete mit diesem seinem letzten Roman einen bedeutenden Beitrag zur Erneuerung des portugiesischen Romans, wie sie spätestens seit José Cardoso Pires' *O delfim* (1968) in Anlehnung an internationale Entwicklungen im Gange ist. Inhalt der 33 Kapitel des Romans ist eine Bilderfolge aufsteigender Erinnerungen aus der Kindheit, die sich im archetypischen Rahmen des alten Hauses, symbolisch für den Bewußtseinsraum, manifestieren, das vom Nebel, der Dunkelheit, schließlich einer undifferenzierten gelatinehaften Masse bedroht wird, ihnen für die Dauer des Diskurses standhält und schließlich doch von ihnen »eingenommen« wird. Ausgangspunkt der Erinnerung ist die Landschaft und der Garten bzw. das Kind, das sie zeichnet, sowie die immer wieder evozierte Zeichnung (im weiteren ergänzt durch eine Ledergravierung und verblichene Fotos), von der aus sich Gestalten in Metamorphose, sich abwechselnde und ineinander übergehende Stimmen und Perspektiven und sich überblendende Zeitebenen und Schauplätze entfalten: Der Mann, der sich erinnert und der als hauptsächlicher Erzähler fungiert, das Kind, sowohl als real präsentes wie erinnertes Kind, das der Mann einst war und von dem er oder ein weiterer Erzähler in der Er-Form sprechen, die Mutter, die Frau des Protagonisten und Erzählers, etc., mit ihnen emblemhaft zugeordneten Objekten, Eigenschaften und Sachverhalten. Daneben treten noch, als geheimnisvoll-imaginärer Vorstellungskomplex, Pilger auf, mit *»brennenden Haaren«* (aus der Kinderzeichnung), zunächst nur erwartet, dann tatsächlich erscheinend, schließlich im Wald, in einer geheimnisvollen Szene der Frau (des Erzählers) begegnend, die als Priesterin und Kurtisane, schließlich in phantastischer Verklärung erscheint.

Den Geschehensrahmen des Romans bildet der Verfall, der sich auf mehreren Ebenen als Entdifferenzierungsvorgang präsentiert: Neben dem zum Teil phantastisch-traumhaften aktuellen oder erinnerten Geschehen etwa in der Aufhebung der Kategorien von Raum und Zeit, die zu einer Dimension zusammenfließen (*Finisterra* als zeitlicher Begriff oder Toponym), wobei der Fortgang der Zeit nur in der materiellen Veränderung des Raums erkennbar wird; im Verschwimmen der Konturen der Personen; in der Aufhebung der Differenziertheit der Perspektiven und Erzählstandpunkte; in der Verwischung der Textsorten. In diesem Prozeß verschwindet das Subjekt als gewichtende, zentrierende und identifizierende Größe und bleibt allenfalls als Haltung der Beunruhigung angesichts des andrängenden Undifferenzierten noch spürbar. Die Zerstörung der diskursiven und perspektivierenden Ordnung des Textes wird durch die sprachlich präzise, exakte Notierung der Objekte und Qualitäten auf mikrostruktureller Ebene noch hervorgehoben. Die Bildwelt trägt als *»kontrollierte Halluzination«* (L. Santos Costa) archetypische Züge: Das gilt für die Scheidung von Innen und Außen bei drohendem Eindringen des Außen (wobei getreu der Rhetorik des Traumhaften gerade Abwehr und Beschwörung genau das Gegenteil bewirken können); die andrängende Vegetation selbst trägt Züge des Zweideutigen: ein rätselhafter Pilz, Wurzeln, die die Fundamente angreifen, faulende unterirdische Wälder, die den Grund unsicher machen, schließlich unorganisch, aber aktiv, die Dünen. – Hinter zahlreichen Bezügen, die *Finisterra* mit dem übrigen Werk Carlos de Oliveiras verbinden und die vordergründig etwa als häufiger Landschaftstyp, als Motiv der Kindheit, des Niedergangs etc. erkennbar werden, treten hier besonders deutlich allgemeinere gemeinsame Grundstrukturen hervor: die Faszination durch die Ambiguität von Trennung und Einheit oder Differenzierung und Chaos, das Widerspiel von Vegetalem und Mineralem. Die neue »Poetik« des Romans mit ihrer Verbindung von lyrischen und »prosaischen« Formprinzipien und ihrem Hinterfragen konventioneller Kategorien kam möglicherweise dem Ausdruck von Oliveiras »persönlichem Mythos« in besonderer Weise entgegen. W.Kre.

Ausgaben: Lissabon 1978; [5]1984 *(Obras de C. de O.)*.

Übersetzung: *Finisterra. Paesaggio e popolamento*, G. Lanciani, L'Aquila u. a. 1983 [ital.; m. Einl.].

Literatur: M. A. Seixo, *Escrever a terra – sobre a inscrição do espaço no romance português contemporâneo* (in Revista da Faculdade de Letras. Univ. de Lisboa, 5/2, 1984, Nr. 12, S. 19–28). – Dies., *Paysage et narration dans »Finisterre« de C. de O.* (in *Le roman portugais contemporain. Actes du colloque* ..., Paris 1984, S. 207–215; portug. in M. A. S., *A palavra do romance*, Lissabon 1986, S. 115–123). – L. Santos Costa, *Dez anos depois do fim do mundo* (in JL, 1988, Nr. 318, S. 7).

UMA ABELHA NA CHUVA

(portug.; *Ü: Eine Biene im Regen*). Roman von Carlos de Oliveira, erschienen 1953. – Der Autor, auch als Lyriker bedeutend, schrieb mit seinen Romanen in den vierziger Jahren, besonders aber mit *Uma abelha na chuva*, klassische Werke des portugiesischen Neorealismus, der, marxistisch orientiert, sich seit Ende der dreißiger Jahre analysierend und anklagend mit dem zeitgenössischen Portugal beschäftigte. – Álvaro Rodrigues Silvestre, Grundbesitzer und Händler, Sohn eines reichen Bauern – ein labiler Charakter, aber nicht ohne plötzliche, auch kriminelle Energien, sonst zur Flucht, vor allem in den Alkohol, neigend, dann weinerlich und von morbider Religiosität –, verheiratet mit D. Ana Maria dos Prazeres Alva, aus verarmtem Adel, möchte im Lokalblatt einer kleinen nordportugiesischen Stadt ein öffentliches Bekenntnis all seiner

Betrügereien ablegen, was durch das Erscheinen D. Ana Marias verhindert wird. Diese, gesellschaftlich, emotional und sexuell frustriert, demütigt ihn seit zwanzig Jahren, träumt von seinem Bruder, einem Abenteurer, und wirft dem blonden Kutscher Jacinto bewundernde Blicke zu. Dieser hat ein Verhältnis mit der Bediensteten Clara. D. Álvaro, der ein Gespräch zwischen beiden belauscht, erfährt, daß die Herrin Jacinto schöne Augen macht und Clara ein Kind von ihm erwartet. In einem unbestimmten Gefühl von Eifersucht und Frustration läßt er Claras Vater, den blinden Töpfer Mestre António, wissen, Jacinto habe Clara entehrt. In einer grausigen Szene wird Jacinto von dem Blinden und seinem Gehilfen umgebracht und die Leiche ins Meer geworfen. Clara hat bemerkt, was geschehen ist, und schreit es durchs Dorf. Die Dorfbewohner dringen in den Hof Álvaros ein. Seine Rolle wird bekannt. Clara begeht Selbstmord, indem sie sich in einen Brunnen stürzt.

Der Roman bietet ein Psychogramm des ländlichen, noch im bäuerlichen Bereich wurzelnden und mit dem Kleinadel verbundenen Bürgertums, das in typischen Vertretern erscheint und dessen Denk- und Reaktionsweisen, hier die Widersprüchlichkeit D. Álvaros und die Ambiguitäten seines Freundeskreises, auf Unterdrückung und Inauthentizität beruhen. Demgegenüber leben Clara und Jacinto ihre Liebe authentisch. Trotzdem wird das Volk nicht idealisiert: Hier herrschen Gier, veraltete Moralbegriffe, Vertierung durch Unbildung. Die Fähigkeit zum gesteuerten kollektiven gesellschaftlichen Handeln fehlt. Der Ausrichtung des Romans auf Analyse und Verstehen, nicht Agitation, entspricht ein weitestmögliches Zurücktreten des Erzählers, was auch dem inneren Monolog und dem Bewußtseinsstrom Raum gibt. Die Symbolebene ist stark ausgeprägt, angefangen von der Synbolik des negativ konnotierenden Wassers (Regen, Schlamm, Kälte; Tod Jacintos und Claras!), die stark an Álvaro gebunden ist, bis zum Titelsymbol der Biene, Symbol des Produktiven, Positiven, Menschenfreundlichen – implizit wohl Clara und Jacinto –, die in Sturm und Regen zugrunde geht. Der Schluß ist in seiner eventuellen Zukunftsprognose vieldeutig. Neben der Tendenz zum Vergessen und Verschweigen und der Ausweglosigkeit, die das Geschehen selbst suggeriert, wird bei Dr. Neto, dem »Naturphilosophen«, ein Bewußtwerdungsprozeß explizit.

Die Thematisierung des ländlichen Raums – vor allem unter dem Aspekt seines »Proletariats« und seiner Armut – ist typisch für den portugiesischen Neorealismus und ergibt sich aus dem tatsächlichen sozialen Gewicht dieses Bereichs. Das Interesse für seine soziale »Elite«, ihre Neurosen und Obsessionen, hat seit PÉREZ GALDÓS' *Doña Perfecta* Tradition im iberischen Realismus. Thematisch ähnliche Lagerungen finden sich im portugiesischen Roman etwa bei Camilo CASTELO BRANCO, in Branquinho da FONSECAS *O barão* und in José Cardoso PIRES' *O delfim*. Die künstlerische Umsetzung dessen, was das Volk erzählt – hier die zur Tragödie gewordene Moritat –, hatte Carlos de Oliveira zu einer der Aufgaben des Neorealismus erklärt. W.Kre.

AUSGABEN: Coimbra 1953. – Lissabon 1960; [7]1974. – Porto 1976 [Vorw. M. A. Seixo]. – Lissabon [23]1987 *(Obras de C. de O.)*.

ÜBERSETZUNG: *Eine Biene im Regen*, C. Meyer-Clason, Freiburg i. B. 1988.

LITERATUR: A. Bacelar, Rez. (in Vértice, 14, 1954, S. 379–381). – Y. F. Vieira, *»Uma abelha na chuva«, procedimentos retóricos da narrativa* (in Alfa, 1970, Nr. 16, S. 235–255). – M. Guterres, *»Uma abelha na chuva«: Romance neo-realista* (in Portugiesische Forschungen der Görres-Ges., 14, 1976/77, S. 112–117). – C. de Brito, *»Uma abelha na chuva«, C. de O.* (in C. de B., *Prática da escrita em tempo de revolução*, Lissabon 1977, S. 55/56). – F. C. Fagundes, *Tese e simbolismo em »Uma abelha na chuva« de C. de O.* (in Hispania, 63, 1980, S. 685–690). – C. Reis, *Introdução à leitura de »Uma abelha na chuva«*, Coimbra 1980. – C. Garcia, *Funcionalidade de duas estruturas e arquitectura simbólica em »Uma abelha na chuva«* (in Vértice, 42, 1982, S. 655–662). – B. A. Junior, *Escrita dialéctica e formas rituais nos romances de C. de O.* (ebd., S. 646–654). – *Correspondência e conversa com C. de O. sobre »Uma abelha na chuva«*, Hg. A. Roig (ebd., S. 611–626). – J. Camilo dos Santos, *Techniques, thèmes et art du roman, un exemple portugais: »Uma abelha na chuva«, de C. de O.*, Diss. Rennes 1983 [überarb. Fassg. u. d. T. *C. de O., et le roman*, Paris 1987]. – J. Alves, *»Uma abelha na chuva«: Ébauche d'une lecture sur plusieurs portées* (in *Le roman portugais contemporain. Actes du colloque...*, Paris 1984, S. 197–205). – J. Camilo, *Quelques aspects de la technique narrative du roman à la troisième personne: Deux exemples: C. de O. et Agustina Bessa Luís* (ebd., S. 217–233). – T. J. Dudson, *A Note on Symbolism in C. de O.'s »Uma abelha na chuva«* (in Neoph, 68, 1984, S. 225–231).

JOAQUIM PAÇO D'ARCOS

eig. Joaquim Belford Correia da Silva Paço d'Arcos

* 14.6.1908 Lissabon
† 10.6.1979 Lissabon

LITERATUR ZUM AUTOR:
J. M. Viqueira Barreiro, J. P. d'A., Madrid 1958. – Ó. Lopes, *J. P. d'A.. Ensaio crítico*, Porto 1959 (Separatdr. aus Lusíada, 3, Nr. 11). – J. Pontes, *O aprendiz da crítica*, Rio 1960. – J. G. Simões, *Críti-*

ca III, Lissabon o.J. [1961]. – A.Á. Doria, *J.P.d'A. A obra e o homem*, Lissabon 1962. – M. da Cruz Malpique, *J.P.d'A.*, Lissabon 1963. – L.A. de Azevedo Filho, *A estrutura do romance em J.P.d'A.* (in Ocidente, 73, 1967, S. 110–118). – A. Guibert, *J.P.d'A.* (in RDD, 3, 1971, S. 714–718). – O. Mendes, *A alma dos livros. Um brasileiro lê P.d'A.*, Lissabon 1972. – *Estudos em »Crônica a vida lisboeta«*, Rio 1974. – H.M. Birchal, *A ironia e o »humor« em Eça de Queirós, Machado de Assis e J.P.d'A.* (in Bracara Augusta, 30, 1976, S. 257–287). – J. Paço d'Arcos, *História e sentido da »Crónica da vida lisboeta«*, Lissabon 1977.

ANA PAULA. Perfil duma lisboeta

(portug.; *Anna Paula. Bildnis einer Lissabonnerin*). Roman von Joaquim PAÇO D'ARCOS, erschienen 1938. – Ana Paula ist der erste Teil einer Romantrilogie über das Lissabonner Gesellschaftsleben, der mit den folgenden Bänden, *Ansiedade (Furcht)* und *O caminho da culpa*, 1944 *(Der Weg der Schuld)*, zu einer *Crónica da vida lisboeta* zusammengefaßt wurde. Ana Paula, aus altadligem Geschlecht, heiratet den Emporkömmling Jorge de Melo, der sich im Ersten Weltkrieg und als Offizier während der nationalen Revolution einen Namen gemacht hat. Er will seine gesellschaftliche Stellung durch diese Heirat und mit dem Vermögen seiner Frau festigen. Glücksspiel und Liebesaffären treiben ihn schnell in immer tiefere Verschuldung; in Unterschlagungen sieht er seine letzte Rettungsmöglichkeit. Sie werden aber entdeckt und führen zu seiner Verhaftung. Einer seiner Freunde erstattet das Geld zurück und übernimmt die Verteidigung. Jorges Neigung zu Ana Paula bringt beide bald in einen Gewissenskonflikt, der seine Lösung im gegenseitigen Verzicht findet. Der Freund plädiert mit Erfolg auf Freispruch des Angeklagten, vermag aber nicht, Ana Paula dazu zu bewegen, sich ihm zuliebe von Jorge scheiden zu lassen. Obwohl sie die Neigung des Freundes erwidert und auch weiß, daß Jorge sie betrogen hat, trennt sie sich nicht von ihrem Mann, sondern unterwirft sich bewußt der gesellschaftlichen Konvention, die die Scheidung verpönt. – Die Vorgänge und Auseinandersetzungen, die im Stil eines gehobenen Unterhaltungsromans wiedergegeben werden, sollen Zustände und Gesinnungen der tonangebenden Gesellschaftsschicht spiegeln. Sie setzt sich aus verstädtertem Landadel, der keine politische und soziale Funktion mehr hat, aus geschäftstüchtigen, finanzkräftigen, skrupellosen Parvenüs, die noch ohne politisches und soziales Verantwortungsbewußtsein sind, aus Beamten und Offizieren ohne Profil, geschäftigen Advokaten, ehrbaren Ehefrauen und kalt rechnenden Mätressen zusammen. Sie werden in ihren Beziehungen zueinander ohne jede Moralisierung dargestellt. A.E.B.

AUSGABEN: Lissabon 1938. – Lissabon 1971. – Lissabon [13]1986 (*Crónica da vida lisboeta*, Bd. 1).

O CAMINHO DA CULPA

(portug.; *Der Weg der Schuld*). Roman von Joaquim PAÇO D'ARCOS, erschienen 1944. – Im Mittelpunkt dieses Gegenwartsromans aus dem Lissabon der Jahre 1940–1943 steht Eugénia Maria, einzige Tochter des Visconde de Pedrógão und Alleinerbin seines Vermögens, eine Frau aus der Gesellschaft jener *»paar hundert Leute, die, nach ihrem eigenen Verständnis, ganz Lissabon sind«*.

Die Vorgeschichte der Protagonistin wird in einigen Passagen der ersten Kapitel skizziert: Um die Jahrhundertwende geboren, kam sie mit 13 Jahren auf ein Internat in Lausanne, kehrte mit 18 nach Portugal zurück und heiratete kurz darauf, noch unvertraut mit sich selbst, unter Protektion beider Familien den ersten Mann, zu dem sie ein Gefühl von Liebe empfand, den Sohn eines ehemaligen Studienfreundes ihres Vaters, Gil Vaz de Macedo. Macedo, höflich, aber berechnend und stets auf eigenen Vorteil bedacht, hatte es schon früh verstanden, sich den zurückgezogen lebenden Visconde durch regelmäßige Besuche gewogen zu halten, auch nachdem er vom Polytechnikum ohne Abschluß abgegangen war und durch Beziehungen bei einer Versicherungsgesellschaft untergebracht werden mußte. Dort fand er den richtigen Boden, um sein Talent für gute Geschäfte zu entwickeln, begann Karriere zu machen und zugleich ein Verhältnis mit einer früheren Hausangestellten des Visconde einzugehen, die ihm schließlich einen Sohn gebar. Die Ehe selbst jedoch blieb kinderlos, was nicht nur nach der Meinung Macedos, des Visconde und der ganzen Gesellschaft, sondern vor allem auch in den Augen Eugénia Marias ein Versagen gegenüber der in sie gesetzten Erwartung war, durch einen Nachkommen für den Fortbestand des Familiennamens und -vermögens zu sorgen.

Die erzählte Gegenwart umfaßt die letzten drei Lebensjahre Eugénia Marias, die unter dem Zeichen einer sich immer deutlicher manifestierenden Krebserkrankung stehen. Ihren Lebensinhalt findet sie in der Öffentlichkeit bei einem Wohltätigkeitsverein, dessen Organisation und Geldbeschaffung für den Bau eines Sanatoriums für mittellose Tuberkulosekranke sie übernimmt, privat in der Liebe zu Paulo de Morais, dem Arzt, der ihr eröffnet hatte, daß sie sich einer Operation unterziehen muß, und der zugleich von Anfang an um die Nutzlosigkeit dieser Operation weiß. Eugénia Maria schiebt die Entscheidung Monat um Monat hinaus; als sie sich zuletzt doch entschließt und der Termin bekannt wird, versucht ihr Mann, sie vorher unter Vorspiegelung falscher Tatsachen zur Adoption seines Sohnes zu bewegen, um in den Besitz der Erbschaft zu kommen. Aber nicht ihr Mann, sondern ihr Geliebter Paulo wird zur eigentlichen Enttäuschung ihres Lebens: Eugénia Maria erfährt, daß sie nach fast dreijähriger Liaison mit Paulo ein Kind von ihm erwartet; als sie kurze Zeit nach der Operation, bei der ihr die rechte Brust abgenommen wird, erneut in das Krankenhaus eingeliefert werden muß, teilt sie ihm das Ereignis mit.

Paulo, seinerseits verheiratet, legt ihr eine Abtreibung nahe. Um alle Hoffnungen betrogen, greift sie zu Tabletten und stirbt einen langsamen und schweren Tod. Obwohl zeitlebens nur schwach religiös, werden ihr schließlich die kirchlichen Tröstungen zur einzig verbliebenen Zuflucht.

Der Weg der Schuld bildet den dritten Teil (nach *Ana Paula*, 1938, und *Ansiedade*, 1940) eines später unter dem Titel *Chronik des Lissabonner Lebens (Crónica da vidalisboeta)* zusammengefaßten, insgesamt sechsbändigen Romanzyklus', der die Zeit von den frühen dreißiger bis zu den frühen fünfziger Jahren umfaßt und dem Zeitgeschmack eines größeren Publikums entgegenkam. Der innere Zusammenhalt ergibt sich aus der Übereinstimmung des Ortes, Übernahme jeweils eines Teils der Protagonisten, zeitlicher Aufeinanderfolge und formal und inhaltlich ähnlicher Struktur. Hauptziel ist eine Soziographie der kulturtragenden Schicht Lissabons, wobei für die Darstellung moralischer Konflikte die Perspektive weiblicher Protagonisten bevorzugt wird. Zwei Gesichtspunkte treten dabei in den Vordergrund: die Faktoren, die das Verhältnis der Mitglieder dieser sehr heterogenen Gesellschaft zueinander bestimmen, und das Problem der Ehe (in einer Atmosphäre sich revitalisierender katholischer Kräfte unter der konservativen Regierung Salazars, charakterisiert durch die Wiederherstellung des Konkordats zwischen Portugal und dem Heiligen Stuhl vom 7. 5. 1940). Obwohl sich der auktoriale Erzähler jeder unmittelbaren Moralisierung enthält, steht hinter beiden Aspekten die Frage nach einer gemeinsamen Ethik jener Gesellschaft, die ihr Hauptbetätigungsfeld in sich selbst in Gestalt des Erkundens, Aufbauens und Förderns persönlicher und geschäftlicher Möglichkeiten sieht. Daher spielt die Psychologie der Konversation, der Andeutungen und Bemerkungen, der gegenseitigen Beobachtung und Verstellung eine wesentliche Rolle (ähnlich manchen zeitgleichen Werken des Presencismo, z. B. José Régios). Eine Reflexion aktueller europäischer Ereignisse (Zweiter Weltkrieg) findet in den Gesprächen nur am Rande statt; man hat mit sich selbst genug zu tun. So entsteht ein durchaus negatives Bild der Triebfedern dieser Gesellschaft: Alle Vorgänge und Entscheidungen erscheinen letztendlich als Ausdruck eines bewußt gehandhabten, erklärbaren Kalküls der Handelnden; eine für wahr gehaltene Liebe (Eugénia Marias zu Paulo) entpuppt sich als Trugbild; idealistische Bestrebungen verlaufen im Sande (z. B. Bau des Sanatoriums); den noch zu Idealismus fähigen Menschen (Eugénia Maria) ereilt vorzeitig die subversive Kraft des Todes. Allein religiöse Hoffnung erweist sich am Ende als dauerhafter Beistand des Menschen. A. Schü.

Ausgaben: Lissabon 1944. – Lissabon [5]1986 (*Crónica da vida lisboeta*, Bd. 5).

Übersetzung: *La caída*, J. M. Viqueira Barreiro, Madrid 1944 [span.].

MEMÓRIAS DUMA NOTA DE BANCO

(portug.; *Erinnerungen einer Banknote*). Roman von Joaquim Paço d'Arcos, erschienen 1962. – Mit den Ohren und Augen von Damião de Góis, dem großen portugiesischen Humanisten des 16. Jh.s, dessen Konterfei sie trägt, hat eine 500-Escudo-Banknote die Zeit zwischen 1942 und 1960 erlebt und schreibt, nachdem sie über andere Banknoten in Erfahrung gebracht hat, daß ihr ein baldiges Ende durch Verbrennen bevorsteht, ihre Memoiren. Ihr »Geburtsdatum« ist der 29. September 1942, Geburtsort die Firma Bradbury, Wilkinson & Co. in London, von wo aus sie nach Lissabon zum Banco de Portugal transportiert wurde. Da 500 Escudos in jener Zeit einen relativ hohen Wert darstellten, lag die Umlaufgeschwindigkeit solcher Banknoten niedrig genug, um einige Zeit am Schicksal der jeweiligen Besitzer teilhaben zu können.

Der erste in der Reihe wird der Abteilungsleiter der emittierenden Bank, der sechzigjährige Rodrigues, der die Banknote in ein Lissabonner Bordell trägt. Damit beginnt eine achtzehnjährige Odyssee, die sie teils in Brieftaschen und Geldkassetten, teils versteckt in Kleidungsstücken durch Frankreich, Deutschland, England, Spanien und auf die Kapverden führt und auf der sie immer wieder Zeugin menschlicher Tragödien wird.

In der Lissabonner Bar »Aquário« erfährt sie erstmals von der Existenz eines Krieges und lernt die Jüdin Sophia kennen, die dem Konzentrationslager Miranda de Ebro entronnen ist und hier dem auf solche Frauen spezialisierten reichen Alentejaner Gaspar in die Hände fällt, der, um sie für sich zu behalten und ihre drohende Zwangsausweisung zu umgehen, seinen Friseur dazu bringt, sie gegen Entgelt pro forma zu heiraten. In Paris hängt an der Banknote ein großer Teil Hoffnung des jüdischen Ehepaares Koehler, mit ihr (der Escudo galt in der Kriegszeit als »harte« Währung) aus einem Hinterzimmer-Versteck in die Schweiz fliehen zu können. Sie werden entdeckt und schließlich im Konzentrationslager Ravensbrück umgebracht. Der neue Besitzer, SS-Führer Wilhelm, fällt in einem Scharmützel gegen die Engländer. 1947 erwirbt sie ein Londoner Bankangestellter, der davon träumt, einmal das Ursprungsland seines geliebten Portweins zu sehen, diesen Traum aber wegen einer Erkrankung für immer aufgeben muß. Über mehrere Etappen gelangt die Banknote wieder nach Portugal, dient einem Fälscher als Modellvorlage, der aus Gier um ihres Besitzes willen von seinem Sohn erstochen wird, erlebt den enttäuschenden Verlauf des Ehebruchs einer Majorsgattin, den Selbstmord eines verkannten Dichters auf den Kapverdischen Inseln, eine Tochter aus gutem Hause beim Diebstahl eines Brillantringes in einem Pariser Juwelierladen; schließlich wieder nach Lissabon zurückgekehrt, abgegriffen und dem Ende ihrer Tage nah, erinnert sie sich zuletzt eines alten Lehrers, den sie einmal einer wenig interessierten Schülerschar von Damião de Góis hatte erzählen hören: Wie Góis mit allen das Gespräch gesucht und mit Luther in Wittenberg an einem Tisch gesessen habe; wie er daraufhin angezeigt und schließlich verurteilt worden sei. Mit dem Hinweis auf die Gestalt Góis' als mögliches Vorbild für die Zukunft und darauf, daß sich seit jenen schlechten Zeiten in der Welt bisher wenig geändert habe, schließen die Erinnerungen. Hinter dem heiteren Ton dieser Memoiren verbirgt sich ein allgemein den Sinn menschlichen Daseins in Frage stellender Pessimismus. Stets führen die Wege der Banknote in die Niederungen des Lebens und zu den Schattenseiten menschlicher Existenz, in eine Welt der Miseren, der enttäuschten Träume und mißlungenen Pläne. Ein Panoptikum vergeblicher Anstrengungen und Hoffnungen wird vorgeführt, in dem die Schlußperspektive, der Rekurs auf eine grundsätzliche Solidarität der Menschen untereinander, ihre Wirkung verfehlen muß; denn im Roman erscheint nicht die mehr oder weniger subtil vom Menschen gegen seinesgleichen angewandte Gewalt als das, was allem menschlichen Streben Grenzen setzt und Hoffnungen und Träume letztlich als bloße Flora von Eitelkeiten entlarvt, sondern es ist die Bosheit eines feindlich gesonnenen Schicksals, die sich darin kundgibt, die Bosheit destruktiver Kräfte, die bestimmend in den Lauf der Welt eingreifen und vor aller Vollendung für den vorzeitigen Untergang des größer, besser oder schöner Gedachten sorgen. Nichts gerät zu dem, was es hätte werden können: Die menschliche Tragik wird zur Komödie. *»So wenig ich in meinem Umlauf ausruhen konnte, so wenig hielt die Welt in ihrer Verrücktheit inne.«* In der Betonung des Aspekts des Maroden als des eigentlich »Realen« und im Interesse an der Gestaltung jeweils solcher Situationen, die die Verwandlung einer Hoffnung in eine Illusion verfolgen, zeigt der Roman Anklänge an Spielarten des portugiesischen Existentialismus (vor allem an Vergílio Ferreira); der rasche Wechsel der Schauplätze, der Personen und insbesondere die spürbaren didaktischen Absichten des Romans nehmen ihm jedoch die Eindringlichkeit und Trostlosigkeit der Analysen Ferreiras. Nicht zuletzt aufgrund seines Bemühens um die Einbeziehung aktueller Ereignisse in seine Romane und dank eines konventionellen, auf Unterhaltung angelegten Stils wurde Paço d'Arcos während der fünfziger und sechziger Jahre zu einem der meistgelesenen Schriftsteller in Portugal. A.Schü.

Ausgaben: Lissabon 1962. – Lissabon ³1970. – Lissabon 1985.

Übersetzungen: *Mémoires d'un billet de banque*, H. Pomès, Paris 1968 [frz.]. – *Memoirs of a Banknote*, R. Lyle, Chicago 1968 [engl.]. – *Memorias de un billete de banco*, J. M. Viqueira Barreiro, Madrid 1968 [span.].

NEVE SOBRE O MAR

(portug.; *Schnee über dem Meer*). Novellen von Joaquim Paço d'Arcos, erschienen 1942. – Von zeitgenössischen Frauenschicksalen handeln die sechs Novellen dieses Bandes, die in den ersten Jahren des Zweiten Weltkriegs und – eine Seltenheit in der modernen portugiesischen Literatur – außerhalb Portugals spielen: auf dem Flug zwischen Lissabon und den USA, in New York, Washington und Philadelphia. Die Geschichten sind dadurch miteinander verbunden, daß der Autor sie entweder von den Hauptgestalten – einer Polin *(Eudóra)*, einer Amerikanerin *(Ao longe os arranha-céus – In der Ferne die Wolkenkratzer)*, einer deutschen Jüdin *(O mundo perdido – Die verlorene Welt)*, einer Spanierin *(Evangeline)*, einer Tochter aus holländisch-indonesischer Mischehe *(De Surabaya ao Broadway – Von Surabaya zum Broadway)* und einer Französin *(Marcelle; on, A carta para o prisoneiro – Marcelle oder der Brief für den Gefangenen)* – oder von Nebenfiguren erfahren hat, die ebenfalls als Bindeglieder zwischen den Erzählungen fungieren. In allen sechs Novellen ist inmitten der amerikanischen Umwelt der besondere europäische Hintergrund stets gegenwärtig: Polen im Hitlerkrieg, Deutschland unter dem Naziregime, Spanien während des Bürgerkriegs, Frankreich und Holland unter deutscher Besatzung, Portugal als neutrale Zone des Friedens. Gemeinsam ist allen Frauengestalten, daß sie der Bedrohung durch Krieg, Verfolgung und Terror zwar entronnen sind, aber die Welt, in der sie geborgen waren, verloren haben und daß es ihnen nicht gelingt, in der neuen, die ihnen Zuflucht gewährt, heimisch zu werden. Am schwersten lastet auf ihnen die Trennung von Angehörigen und Freunden, der Verlust persönlicher Bindungen. Das gilt auch für die Amerikanerin Norma Davenport, die man um ihr Kind betrügt, als sie sich von den Vorurteilen der bürgerlichen Gesellschaft löst, und für Jowa, die Tochter der Indonesierin, die in der Familie ihres holländischen Vaters als Fremdling behandelt wird. Beide werden in ihrem eigenen Land heimatlos.

Infolge der räumlichen Distanz, aus der die Ereignisse gesehen werden, die zur Vorgeschichte der einzelnen Novellen gehören, und im Rahmen der gesellschaftlichen Atmosphäre, in der sich die Gestalten bewegen und ihre Geschichten sich zutragen, bleibt die zeit- und situationsbedingte Spannung, die diese Novellen erregen, gedämpft. Es geht dem Autor vor allem um die Darstellung der privaten Situationen und Konflikte, in die seine Heldinnen geraten sind, nicht so sehr um die Problematik der Zeit. Obgleich eine leise Kritik an den Zeitverhältnissen und gesellschaftlichen Zuständen zu spüren ist, deren Opfer seine Frauengestalten sind, ist Paço d'Arcos weit davon entfernt, die tragische Verflechtung von Mensch und Zeit, Individuum und Gesellschaft, Gesamt- und Einzelschicksal und das Zusammenwirken von Schuld und Verhängnis in seinen Gestalten sichtbar zu machen. Der ungeheuren Dramatik des Augenblicks, in dem die Erzählungen spielen, zeigt sich dieser seinem Wesen nach konventionelle Schriftsteller mit seiner traditionsgebundenen Sprache kaum gewachsen. A.E.B.

AUSGABEN: Lissabon 1942. – Lissabon 1951. – Lissabon 51968.

PEPETELA

d.i. Artur Carlos Maurício Pestana dos Santos

* 1941 Benguela

MAYOMBE

(portug.; *Ü: Mayombe oder Eine afrikanische Metamorphose*). Roman von PEPETELA (Angola), erschienen 1980. – Geschrieben wurde der Roman 1971 auf dem Höhepunkt des angolanischen Unabhängigkeitskriegs in Dolisie (Kongo), einem Stützpunkt der von dem Schriftsteller und späteren Staatspräsidenten António Agostinho NETO (1922–1979) gegründeten, marxistisch orientierten Unabhängigkeitsbewegung MPLA *(Movimento Popular de Libertação de Angola – Volksbewegung für die Befreiung Angolas)*. Der bewaffnete Konflikt hatte 1961 mit vereinzelten spontanen Aktionen und blutigen Massakern der schwarzen Bevölkerung an portugiesischen Siedlern begonnen, worauf das Salazar-Regime vom Mutterland Portugal aus mit brutalstem militärischem Einsatz und massiver Terrorisierung der Bevölkerung reagierte. Die durch unterschiedliche politische Zielsetzungen, persönliche Feindschaften und Stammesfehden zersplitterten Befreiungsbewegungen (MPLA, FLNA, UNITA) konnten bis zur Unabhängigkeit 1975 nur beschränkte Erfolge erzielen. Ende der sechziger Jahre operierte die MPLA im Norden, indem sie von Stützpunkten im Kongo aus Vorstöße ins Innere Angolas unternahm.

In der Situation, aus der heraus Pepetelas Roman entstand, spielt er auch. Eine Guerilla-Einheit der MPLA unter Führung eines Kriegsveteranen mit dem *nom de guerre* Sem Medo (»Ohne Furcht«) dringt vom Stützpunkt Dolisie aus in Angola ein. Nach dem Überfall auf einen Holzfällertrupp und dem Kampf mit einer portugiesischen Militäreinheit zieht sie sich wieder zurück. Doch auf dem Rückzug wird ein Diebstahl entdeckt: Einem der schwarzen Gefangenen, die über die Ziele der Bewegung aufgeklärt und dann wieder freigelassen wurden, hat ein Guerillero eine Geldnote gestohlen. Der politische Kommissar João riskiert mit einer kleinen Gruppe zusammen die Rückkehr ins Feindgebiet und gibt das Geld an den Bestohlenen zurück, um ihn und die bisher passive und distanzierte Bevölkerung von der Redlichkeit der Unabhängigkeitsbewegung zu überzeugen. Einige Wochen später wird von derselben Einheit ein dauerndes Lager im Urwald *(»Mayombe«)* in Angola selbst errichtet. Langeweile, Routine, mehr oder weniger erfolgreiche politische Schulung und Nahrungsmangel kennzeichnen das Lagerleben. Aus dieser Lage heraus entstehen Konflikte in der Führung und Stammesfehden unter den Soldaten. Die Aggressionen gegen den korrupten Funktionär André in Dolisie, der den Nachschubmangel zu verantworten hat, brechen offen aus, als bekannt wird, daß die Verlobte Joãos, Ondina, diesen mit André betrogen hat. André wird verhaftet und Sem Medo zum provisorischen Stützpunktkommandanten ernannt. Ein Versöhnungsversuch Joãos mit Ondina scheitert. Als ihm Sem Medo rät, sich endgültig von ihr zu trennen, überwirft sich João mit ihm und kehrt allein ins Lager zurück. Währenddessen treffen beunruhigende Nachrichten in Dolisie ein: Portugiesische Truppen haben ein Camp in bedrohlicher Nähe des Lagers errichtet. Folge der durch diese Neuigkeiten hervorgerufenen Nervosität ist, daß in einer burlesken Episode die freiwilligen Truppen aus Dolisie unter Führung Sem Medos beinahe ihr eigenes Lager überfallen, da sie es wegen eines Mißverständnisses von den Portugiesen besetzt glauben. Aber die Solidarität unter den Guerilleros wird dadurch wiederhergestellt; nur das Zerwürfnis zwischen João und Sem Medo bleibt. Beim Angriff auf das portugiesische Camp wird Sem Medo getötet, als er João, der sich unnötig in Gefahr begibt, zu retten versucht. Bevor Sem Medo stirbt, söhnt er sich mit João aus und kann ihm noch berichten, daß seine Aktion, bei der er das Geld zurückgab, Erfolg hatte, da der Bestohlene in die Bewegung eingetreten ist. João tritt an Sem Medos Stelle und eröffnet eine neue Front in dessen Heimatprovinz.

In das personal erzählte Geschehen sind immer wieder innere Monologe und lange Gesprächspassagen eingestreut. In den inneren Monologen der verschiedensten beteiligten Figuren artikulieren sich deren widersprüchliche Meinungen und Lebensgeschichten, die alle noch von der Erfahrung des Kolonialismus geprägt sind: der von grausigen Erinnerungen verfolgte Bauer, der dogmatische, ungeduldige Intellektuelle, der korrupte Funktionär, der heimatlose Mischling u. a. Dadurch wird das Konfliktpotential deutlich, besonders das Problem des »Tribalismus«, der Zersplitterung in einander mißtrauende Stämme. In den langen Gesprächspassagen werden aktuelle und zukünftige Probleme einer revolutionären Bewegung, die ihre Identität noch nicht gefunden hat, besprochen, vor allem aber das widersprüchliche Verhältnis von Individuum und Kollektiv im revolutionären Kampf. Die wichtigsten Dialoge sind die zwischen Sem Medo und João. In dieser Quasi-Vater-Sohn-Beziehung versucht der allem Dogmatismus abholde Sem Medo, João von seiner Art zu denken zu überzeugen. Sem Medo scheint damit das Sprachrohr des Autors Pepetela zu sein. Obwohl er um die Gefährdung der revolutionären Bewegung weiß, gibt Pepetela durch Sem Medos Anti-Dogmatismus, in lyrischen Naturschilderungen des Urwalds und mythologischen Anspielungen und überhaupt durch den dialogischen Aufbau seines Romans in kritischer Solidarität einer Hoffnung Ausdruck: der epischen Hoffnung, daß aus der revolutionären Aktion ein neuer Mensch geboren wird, ein Mensch zwischen Individuum und Kollektiv, der gegen alle Dogmen, Ideologien und Vorurteile immer wieder die Wahrheit sucht, ohne je zu behaupten, sie ein für allemal gefunden zu haben. Diese Hoffnung drückt auch João am Ende des Romans aus: *»Ich erschaffe mir eine neue Haut. Es gibt jene, die schreiben müssen, um die Haut abzustreifen, die nicht mehr zu ihnen paßt. Andere verlassen ihr Land. Wieder andere wechseln ihre Geliebten. Andere ihren Namen oder ihren Haarschnitt. Ich habe einen Freund verloren. ... So ist das Schicksal Oguns, des afrikanischen Prometheus.«* D.Fu.

AUSGABE: Lissabon 1980; ³1988.

ÜBERSETZUNG: *Mayombe oder Eine afrikanische Metamorphose*, M. Tkalec, Bln./DDR 1983.

VERFILMUNG: 1984 (Regie: R. Guerra).

LITERATUR: P. A. Reisman, *Angolan Narrative and National Identity: »Mayombe«* (in Literature and Contemporary Revolutionary Culture, 1984/85, Nr. 1, S. 406–418). – A. Guimarães, *»Mayombe«: Do passado ao futuro* (in *Les littératures africaines de langue portugaise. Actes du colloque ...*, Paris 1985, S. 65–71). – M. P. Hanganu, *La matrice nationale dans la prose angolaise contemporaine, tout particulièrement dans »Mayombe« de P.* (ebd., S. 73–77). – M. T. G. M. da Silva, *O »Mayombe« na produção de P.* (in AION, 27, 1985, S. 419–435). – L. A. Heinrich, Rez. (in Dt. Volkszeitung, 7. 2. 1986). – G. R. L., Rez. (in Stuttgarter Ztg., 1. 3. 1986). – G. Soria, *Intervista ad Artur Pestana (P.)* (in Quaderni Ibero-Americani, 61/62, 1986/87, S. 227–232). – M. T. Leite, *A discursividade épica em »Mayombe« de P.* (in *Literaturas africanas de língua portuguesa*, Lissabon 1987, S. 35–43). – U. T. Rodrigues, *»Mayombe« e a condição humana* (ebd., S. 73–79). – C. Willis, *»Mayombe« and the Liberation of the Angolan* (in Portuguese Studies, 3, 1987, S. 205 bis 214). – T. Fiofori, *The Role of the Writer as Tutor and Guide* (Interview, in West Africa, 15. 8. 1988, S. 1485/1486). – M. J. Gardão, *P. e a Guerrilha da escrita* (Interview, in JL, 4. 10. 1988).

CAMILO PESSANHA

eig. Camilo d'Almeida Pessanha
* 7.9.1867 Coimbra
† 1.3.1926 Macau

CLEPSYDRA

(portug.; *Wasseruhr*). Gedichtsammlung von Camilo PESSANHA, erschienen 1920. – Nach einem erfolgreich absolvierten Jurastudium in Coimbra reiste Pessanha im Frühjahr 1894 nach Macau, um dort als Lehrer am »Instituto de Macau« zu arbeiten. Er verließ die portugiesische Kolonie in China nur noch viermal für jeweils wenige Monate – zuletzt 1915/16 –, um seine Heimat zu besuchen. Seine erste Rückkehr nach Portugal 1896 wurde als die Ankunft des *»Dichters der neuen Schule«* angekündigt – wurden doch seit seiner Studienzeit fortwährend einzelne Gedichte in portugiesischen Zeitschriften abgedruckt und so verbreitet. (Inzwischen sind von Camilo Pessanha knapp sechzig Gedichte bekannt, von denen beinahe jedes in mehreren, teils beträchtlich voneinander divergierenden Fassungen existiert.) Im Oktober 1916 brachte Luís de MONTALVOR in der einzigen Nummer seiner Zeitschrift ›Centauro‹ erstmals eine Sammlung von fünfzehn Gedichten Pessanhas heraus, 1920 erfolgte auf Betreiben von Ana de Castro OSÓRIO in deren Verlag Edições Lusitânia die Publikation eines schmalen Lyrikbändchens unter dem Titel *Clepsydra*, das insgesamt dreißig Gedichte enthielt, deren Entstehungszeit bis 1890 zurückzuverfolgen ist. *Clepsydra* blieb die einzige Buchveröffentlichung zu Lebzeiten Pessanhas und gilt als das bedeutendste Dokument des portugiesischen Symbolismus. Eine erste, um sechs Sonette und drei Gedichte erweiterte Fassung der Sammlung erschien 1945.

Clepsydra beginnt mit einer eigens für ihre Veröffentlichung gedichteten, als Motto und als Einführung gedachten vierzeiligen *Inschrift (Inscrição)*, in deren unglücklichen, Hoffnungslosigkeit verbreitenden Anfangsversen *»Eu vi a luz em um país perdido. / A minha alma é lânguida e inerme«* (*»Ich erblickte das Licht der Welt in einem verlorenen Land. / Meine Seele ist niedergeschlagen und wehrlos«*), bereits die Atmosphäre und der Horizont der lyrischen Welt Pessanhas anklingt. Es folgt eine Abteilung mit Sonetten und eine zweite mit Gedichten, den Abschluß bildet ein wiederum eigens für diesen Zweck gedichtetes *Poema Final*, in dem elementaren Akten des menschlichen Daseins (zu schauen, nachzudenken und zu träumen), die aus dem Zwischenreich der Vorexistenz nach Verwirklichung drängen, die Nutzlosigkeit ihres Strebens vorgehalten und allmählich der Verzicht auf Leben und die Auslöschung des Willens eingeredet wird: *»Gemebundo arrulhar dos sonhos não sonhados, / Que toda* *a noite errais, doces almas penando, / ... Adormecei. Não suspireis. Não respireis« (»Wimmerndes Girren nicht geträumter Träume, / Die ihr die ganze Nacht umherirrt, sanfte arme Seelen, / ... Schlaft ein. Seufzt nicht. Atmet nicht«)*.

In Form und Thematik lassen sich Einflüsse französischer Symbolisten – vor allem von seinem Vorbild VERLAINE, aber auch von RIMBAUD und MALLARMÉ – und der Sonette von Luís de CAMÕES ausmachen. Dem portugiesischen Symbolismus eines Eugénio de CASTRO (vgl. dessen *Oaristos*, 1890 – *Liebesgeständnisse*), der in Wort- und Bilderprunk schwelgt, zeigt sich die im Ausdruck wesentlich verhaltenere und konzentriertere Lyrik Pessanhas dagegen wenig verwandt. Die wenigen Stellen des bisher publizierten Schrifttums, an denen Pessanha seine Ansichten zur Dichtkunst festgehalten hat, bezeugen schon früh Ansätze eines autonomen poetologischen Konzepts (so 1887 in einer Kritik zu A. FOGAÇAS *Versos da Mocidade*); am ausführlichsten äußert er sich im Vorwort zu dem Gedichtband *Flores de Coral* (1912) von A. O. de CASTRO. Danach konstituiert sich die poetische Synthese in einem Prozeß, der durch drei Komponenten bestimmt wird: als Ästhet inspiriert sich der Dichter am Anblick der Dinge und untersucht die Menge an Schönheit *(»a quantidade de beleza«)*, die sie, einer bestimmten literarischen Form angepaßt, hervorbringen können. Als sorgfältiger wissenschaftlicher Beobachter *(»consciencioso observador científico«)* interpretiert er den Anblick als oberflächlichen Schein und versucht, ihn zu durchdringen, um auf den Grund der Dinge, zu ihrem inneren Wesen zu gelangen. Verbindendes Medium schließlich ist die Seele, der Spiegel, in dem die Phänomene sich offenbaren. Naturgemäß und unausweichlich berührt nun aber das analytische Vermögen des Menschen dort, wo es zeitliche Verhältnisse erkennt, den Gedanken an den Tod *(»A inteligência ... vai naturalmente ... roçar pela ideia da morte«)*. Denn je konsequenter die Suche nach wahrhaft Dauerndem betrieben wird, desto deutlicher erweist sich als einzige Konstante des Seins und damit als die eigentliche Realität das alles durchwirkende Gesetz allgemeiner Vernichtung. So in *Vénus II*: Das Schiff segelt, im klaren Wasser sieht man weiße Kieselsteinchen und kleine rosa Muscheln friedlich liegen – *»E a vista sonda, reconstrui, compara, / Tantos naufrágios, perdições, destroços! / – Ó fúlgida visão, linda mentira!« (»Und das Auge forscht, rekonstruiert, vergleicht, / So viele Untergänge, Unheil, Zerstörungen! / – O leuchtendes Trugbild, anmutige Lüge!«)*. Nichts, was hinter dem schönen Schein der Dinge noch käme, das Zugrundegehen ist der Gang in einen Abgrund, in ein rätselhaftes, ungewisses »Nie mehr« (etwa in dem Sonett *Imagens que passais pela retina*), zusammengefaßt im Bild der langsam verrinnenden Zeit, das der Sammlung den Titel gab und einer Zeile des *Poema Final* – vielleicht in Anlehnung an BAUDELAIRES *»Le gouffre a toujours soif: la clepsydre se vide«* – entnommen ist: *»E escutando o correr da água na clepsidra« (»Und auf das Fließen des Wassers in der Wasseruhr hörend«)*. Dem Fragenden werden keine Antworten mehr zuteil aus einer Welt, die ihre Gegenständlichkeit verloren hat: *»Miragens do nada, / Dizei-me quem sou ...« (»Sinnestäuschungen des Nichts, / Sagt mir, wer ich bin ...«; Roteiro da Vida I – Lebensreise I)*; auch die selbstgesteckten Ziele und Ideale entblößen sich im Rückblick als *»formas inconsistentes« (unbeständige Formen)*, das Ersehnte, Erträumte und Erhoffte läßt sich nicht in die Wirklichkeit überführen, es bleibt unberührbar: *»Viça uma flor ... / Poes-lhe o dedo, ei-la murcha sobre e haste ...« (»Eine Blüte treibt hervor ... / Legst du den Finger daran, hängt sie verwelkt am Stengel ...«; Olvido – Vergessenheit*; der gleiche Gedanke auch in *Depois da luta e depois da conquista* und in *Se andava no jardim)*.

Poesie liegt in einem feinen Gespür für das Schmerzliche disharmonischer Augenblicke und in dem Vermögen, diese Empfindung dramatisch zu strukturieren. Überall dort, wo etwas zu schwinden droht, entdeckt das ästhetische Subjekt, die Seele, ihr Verlangen nach Bewahrung des Vergehenden und idealisiert vor dem Abgrund des Vergehenmüssens das noch Bestehende, Gegenwärtige ebenso wie das bereits Entschwundene, das die Verwandlung in einen bleibenden Zustand schon vollzogen hat. Die eingesetzten poetischen Mittel versuchen, diese eine Empfindung in möglichst klarer und abstrakter Form einzufangen und kantabel zu gestalten; daher auch die Bevorzugung des relativ frei gehandhabten Sonetts sowie von Strophen- und Versformen, die die inhaltliche Aussage durch Wiederholung bestimmter rhythmischer Muster auf nichtrationaler Ebene provozieren (z. B. das Monotone im Gedicht *Branco e Vermelho*, das Lässig-Beschwingte in *Rufando*). Charakteristisch für Pessanhas Dichtkunst ist das Streben nach dem rhythmisch vollendeten Vers, nach dem beschwörenden Tonfall über die bloße Wortbedeutung hinaus in den Bereich des Unaussprechlichen, der Gefühlswelt, führen soll. – Die einzelnen Bilder sind unverbunden, scheinbar beziehungslos nebeneinander gestellt, oft aus halben Sätzen und Andeutungen bestehend. Gleichwohl ergeben sich auch aus der Verwendung von Stilmitteln, wie Anaphern, Alliterationen und Binnenreimen, Klangassoziationen, die das Gedicht zusammenhalten.

Ein Nachhall der chinesischen Umgebung findet sich in der Sammlung *Clepsydra* kaum, am ehesten noch in dem Wenceslau de MORAES (1854–1929) – Pessanhas Schriftstellerkollege und Freund aus gemeinsamen Tagen in Macau – gewidmeten Gedicht *Viola chinesa*, das dort im September 1914 dort veröffentlicht wurde. Nach Ansicht Pessanhas hat die poetische Inspiration als eine von Kindheit an ausgebildete gefühlsmäßige Erregbarkeit ihre Wurzel dort, wo man aufgewachsen ist, weswegen die Dichter auch im Ausland im Grunde nur ihre Heimat besängen. Gerade in seiner Lyrik glaubte man Einflüsse des chinesischen Milieus (vor allem der Philosophie) zu erkennen; man suchte und fand in seiner Person und in seinen Gedichten herrschende Vorstellungen von kolonialer Lebensweise und

Exotik bestätigt. Sein Name blieb der einzige von literarischem Rang, der sich mit dem Macaus verband.

Die eigentliche Entdeckung der Bedeutung Pessanhas für die portugiesische Literatur begann erst in den fünfziger Jahren (E. de Lemos); seither zeigt sich die Tendenz, seine Lyrik mit den Anfängen der Moderne in Portugal zu verknüpfen (Ó. Lopes, A. Quadros). Die jüngere Dichtergeneration in Lissabon, die zum Kreis der sog. »Ersten Modernisten« werden sollten, die *Geração de Orpheu*, allen voran Fernando Pessoa (1888–1935) und Mário de Sá-Carneiro (1890–1916), lernten Pessanhas Gedichte hauptsächlich aus kursierenden Abschriften und aus Rezitationen kennen, die der Autor bei seinen Portugalaufenthalten gelegentlich in Cafés oder in privatem Kreis abhielt. (Der heute noch tradierte Mythos, Pessanha habe seine Lyrik nicht auf Papier, sondern nur *»im Gedächtnis zusammengesetzt und aufbewahrt«*, so J. Osório de Castro, hat hier seine Wurzel.) Auf eine Umfrage der Zeitung ›República‹ aus dem Jahr 1914 über *»das schönste Buch der letzten 30 Jahre«* antwortete Sá-Carneiro, dies sei *»ein Buch, das nicht veröffentlicht ist – es wäre in der Tat jenes imperiale, das die unedierten Gedichte Camilo Pessanhas, des großen Rhythmikers, vereinigen würde«*. Pessoa bezeichnete Pessanha, neben Antero de Quental (1842–1893) und Cesário Verde (1855–1886), als seinen dritten Lehrmeister, dessen *»poesia do vago e do impressivo«* wahrhaftig zu empfinden lehre. Sá-Carneiro schätzte ihn als *»mehr modernen denn modernistischen Dichter«* – ein Hinweis auf die bei aller Neuheit früh empfundene Klassizität seiner Dichtung. A. Schü.

Ausgaben: Lissabon 1920. – Lissabon 1945, Hg. J. de Castro Osório [erw. Neufassg.]. – Lissabon 1969 (in *Clepsidra e outros poemas*, Hg. u. Einl. ders.; krit.; m. Bibliogr.; 61983). – Lissabon 1979, Hg. T. C. Lopes [Ausw.; m. Einl.; 21983]. – Lissabon 1987. – Amadora 1988 (in *Obra*, Hg. A. Quadros, 2 Bde.).

Übersetzung: *Clepsidra*, B. Spaggiari, Bari 1983 [m. Einl. u. Komm.; portug.-ital.].

Literatur: E. de Lemos, *A »Clepsidra« de C. P. Notas e reflexões*, Porto 1956; Lissabon 1981. – A. Dias Miguel, *C. P. Elementos para o estudo da sua biografia e da sua obra*, Lissabon 1956 [Separatdr. aus Ocidente, 48–51]. – D. Barreiros, *O testamento de C. P.*, Lissabon 1961; 21979. – J. G. Simões, *C. P. A obra e o homem*, Lissabon o. J. [um 1965]. – O. M. C. Paiva Monteiro, *O universo poético de P. M.* (in Arquivo coimbrão, 24, 1969, S. 83–109; vgl. ebd. S. 117 ff.). – M. Teixeira, *C. de A. P. Dados biográficos* (in Bol. ecclesiástico da diocese de Macau, 67, 1969, S. 324–342). – M. de Lourdes Belchior, *Verlaine e o simbolismo em Portugal* (in Brotéria, 90, 1970, S. 305–319). – Ó. Lopes, *O quebrar dos espelhos* (in Ó. L., *Ler e depois*, Porto 1970, S. 198–210; 21976). – A. S. Seabra Pereira, *Decadentismo e simbolismo na poesia portuguesa*, Coimbra 1975. – A. C. Gomes, *A metáfora cósmica em C. P.*, São Paulo 1977. – U. T. Rodrigues, *Reflexão sobre três sonetos de C. P.: »A estátua«, a »Vénus viva« e a »Vénus morta«* (in Memórias da Acad. das Ciências de Lisboa, Classe de Letras, 1978, Nr. 19, S. 281–290). – A. F. Rodrigues de Oliveira, *O simbolismo de C. P.*, Lissabon 1979. – F. Guimarães, *C. P. e os caminhos de transformação da poesia portuguesa* (in Colóquio/Letras, 1981, Nr. 60, S. 31–39). – B. Spaggiari, *O simbolismo na obra de C. P.*, Lissabon 1982 (BB). – Persona, 10, Juli 1984 [Sondernr. *C. P.*]. – T. R. Lopes, *Pessoa e P. O succedentismo e o interseccionismo na teoria e na prática* (in *Poéticas do século XX*, Hg. M. A. Seixo, Lissabon 1984, S. 149–164). – M. Garcia, *Sobre C. P.* (in Brotéria, 122, 1986, S. 386–394). – M. de P. Campos Menezes, *Para uma gramática do discurso poético – »Violoncelo«, simbolismo fónico-rítmico, interseccionismo e »O sobrevivente« I* (in Diacrítica, 1, 1986, S. 101–129). – Ó. Lopes, *Entre Fialho e Nemésio*, Bd. 1, Lissabon 1987, S. 117–137. – A. Klobucka, *A (de)composição de Venus* (in Colóquio/Letras, 1988, Nr. 104/105, S. 38–44). – A. Quadros, *O primeiro modernismo português*, Amadora 1989, S. 77–120.

FERNANDO PESSOA

eig. Fernando António Nogueira Pessoa

* 13.6.1888 Lissabon
† 30.11.1935 Lissabon

Literatur zum Autor:

Bibliographien:

M. A. Galhoz, *Apêndice. Notas e variantes. Bibliografia* (in F. Pessoa, *Obra poética*, Hg. dies., Rio 1960; 31969, S. 669–762). – C. A. Iannone, *Bibliografia de F. P.*, Coimbra 1969; São Paulo 21975 [rev. u. erw.]. – J. Blanco, *Esboço de uma bibliografia*, Lissabon 1983.

Biographien:

J. G. Simões, *Vida e obra de F. P. História de uma geração*, 2 Bde., Lissabon 1950; 51987 [2 Bde.; rev. u. aktualisiert]. – A. Guibert, *F. P.*, Paris 1960; 21975. – A. Quadros, *F. P. A obra e o homem*, Lissabon o. J. [1960]; ern. 2 Bde., 1981/82 [erw. Neuausg.]. – *F. P. Uma fotobiografia*, Hg. M. J. de Lancastre, Lissabon 21981 [m. Faks.]. – H. D. Jennings, *Os dois exílios – F. P. na África do Sul*, Vila Nova de Gaia 1984. – I. M. França, *F. P. na intimidade*, Lissabon 1987. – Á. Crespo, *La vida plural de F. P.*, Barcelona 1988 (portug.: *A vida plural de F. P.*, Lissabon 1990).

Zeitschrift:

Persona, Hg. Centro de Estudos Pessoanos, Porto 1977 ff.

Gesamtdarstellungen und Studien: J. Nemésio, *Os ineditos de F. P.*, Lissabon 1957. – M. Moisés, *F. P. Aspectos da sua problemática*, São Paulo 1958. – A. Casais Monteiro, *Estudos sobre a poesia de F. P.*, Rio 1958 [ern. u. d. T. *A poesia de F. P.*, Lissabon 1985; rev.]. – M. Sacramento, *F. P. – poeta da hora absurda*, Lissabon 1958; 31985. – A. da Silva, *Um F. P.*, Porto Alegre 1959; Lissabon 21988. – O. Paz, *El desconocido de sí mismo* (in *F. P. Antología*, Mexiko 1962, S. 11–40; portug.: *F. P. o desconhecido de si mesmo*, Lissabon 1980; ern. 1988). – G. R. Lind, *Die englische Jugenddichtung F. P.s* (in APK, 6, 1966, S. 130–163). – G. de M. Kujawski, *F. P., o outro*, São Paulo 1967; Petrópolis 31979. – L. Stegagno Picchio, *P. Uno e quattro* (in Stc, 1, 1967, Nr. 4, S. 377–401; frz. in L. S. P., *La méthode philologique*, Paris 1982, S. 321–357). – J. A. M. Duarte, *F. P. e os caminhos da solidão*, Belo Horizonte 1968. – J. do Prado Coelho, *Diversidade e unidade em F. P.*, Lissabon 1969; 71984 [rev. u. aktualisiert; m. Bibliogr.]. – B. N. Teensma, *Sobre o clima espiritual de F. P.; apatia e energia religiosa* (in APK, 9, 1969, S. 65–96). – T. Wyss, *Dialog u. Stille: Max Jacob, Giuseppe Ungaretti, F. P.*, Zürich 1969. – G. R. Lind, *Teoria poética de F. P.*, Porto 1970 [ern. u. d. T. *Estudos sobre F. P.*, Lissabon 1981; erw.]. – D. P. da Costa, *O esoterismo de F. P.*, Porto 1971. – A. de Pina Coelho, *Os fundamentos filosóficos da obra de F. P.*, 2 Bde., Lissabon 1971. – E. Frias, *O nacionalismo místico de F. P.*, Braga 1971. – G. Güntert, *Das fremde Ich. F. P.*, Bln./NY 1971 [m. Bibliogr.]. – A. E. Severino, *F. P. na África do Sul*, 2 Bde., Marília 1971 [m. Bibliogr.]. – E. Lourenço, *P. revisitado. Leitura estruturante do drama em gente*, Porto 1973; Lissabon 21981. – M. da Glória Padrão, *A metáfora em F. P.*, Porto 1973; ern. 1981. – L. Panarese, *F. P. Imminenza dell'ignoto*, Mailand 1973. – T. Vasconcelos, *Antropografia de F. P.*, Porto 1973. – J. A. Seabra, *F. P. ou o poetodrama*, São Paulo 1974 [m. Bibliogr.; Lissabon 21988; erg.]. – M. T. R. Lopes, *F. P. et le drame symboliste: héritage et création*, Paris/Lissabon 1977. – M. N. Noro, *A geração de Orpheu*, Porto 1978, S. 7–161. – *Actas do I Congresso Internacional de Estudos Pessoanos. Porto 1978*, Porto 1979. – L. de Sousa Rebelo, *F. P. e a tradição clássica* (in ArCCP, 13, 1978, S. 235–264). – Y. K. Centeno u. S. Reckert, *F. P. Tempo, solidão, hermetismo*, Lissabon 1978. – J. Mendes, *Literatura portuguesa IV*, Lissabon 1979, S. 245–308. – B. Bourennane Baker, *F. P. and Edgar Allen Poe – F. P. and Walt Whitman* (in ArCCP, 15, 1980, S. 247–321). – W. Kreutzer, *Stile der portug. Lyrik im 20. Jh.*, Münster 1980, Kap. 2 [Hab.Schrift Würzburg 1977]. – I. P. Monteiro u. a., *F. P., quem era(m)?*, Lissabon 1980. – C. F. Moisés, *O poema e as máscaras*, Coimbra 1981. – I. P. Monteiro u. J. S. Sampaio, *F. P. e os limites da condição humana*, Lissabon 1981. – A. Saraiva, *F. P. e Jorge de Sena*, Porto 1981. – J. Serrão, *F. P. Cidadão do imaginário*, Lissabon 1981. – Á. Crespo, *F. P. – el poeta es un fingidor*, Madrid 1982. – *The Man Who Never Was: Essays on F. P.*, Hg. G. Monteiro, Providence/R.I. 1982. – J. de Sena, *F. P. & Ca heterónima*, 2 Bde., Lissabon 1982. – A. Antunes, *Saudade e profetismo em F. P.*, Braga 1983. – J. do Prado Coelho, *Camões e P. Poetas da utopia*, Lissabon 1984. – A. Tabucchi, *Pessoana mínima*, Lissabon 1984. – *Actas do II Congresso Internacional de Estudos Pessoanos. Nashville … 1983*, Porto 1985. – L. P. M. de Almeida, *F. P. no cinquentenário da sua morte*, Coimbra 1985. – C. Berardinelli, *Estudos de literatura portuguesa*, Lissabon 1985, S. 159–179; 213–341. – J. A. das Neves, *F. P., o poeta singular e plural*, São Paulo 1985. – J. A. Seabra. *O heterotexto pessoano*, Lissabon 1985. – L. de Oliveira e Silva, *O materialismo idealista de F. P.*, Lissabon 1985. – Revista Comunidades de língua portuguesa, 1985/86, Nr. 6/7 [Sondernr. *Estudos sobre F. P. no Brasil*]. – *Circumnavegando P. Ciclo de conferências…*, Coimbra 1986. – *F. P. Algebra der Geheimnisse*, Zürich 1986 [m. Beitr. v. O. Paz, P. Hamm, G. R. Lind u. G. Güntert]. – M. B. de Alcântara, *F. P. e o movimento futurista de Álvaro de Campos*, Brasília 1986. – E. Finazzi-Agrò, *O alibi infinito – O projecto e a prática na poesia de P.*, Lissabon 1987. – J. Gil, *F. P. ou a metafísica das sensações*, Lissabon 1987 (frz.: *F. P. ou la métaphysique des sensations*, Paris 1988). – P. Hamm, *Im Labyrinth des Ich* (in Die Zeit, 6. 11. 1987). – JL, 14. 6. 1988, Nr. 310 [Sondernr. *F. P.*]. – Y. K. Centeno, *F. P. Os trezentos e outros ensaios*, Lissabon 1988. – J. A. Seabra, *Poétique et philosophie chez F. P.*, Paris 1988. – S. de A. Cara, *F. P.: Um detective-leitor e muitas pistas*, São Paulo 1988. – A. Margarido, *Trinta e três e nove leituras plásticas de F. P.*, Porto 1988. – D. Mourão Ferreira, *Nos passos de P.*, Lissabon 1988. – RdO, März 1989 [Sondernr. *F. P. y su siglo*]. – *Three Persons in One. A Centenary Tribute to F. P.*, Hg. B. McGuirk, Nottingham 1989. – I. Castro, *Editar P.*, Lissabon 1990.

O GUARDADOR DE REBANHOS

(portug.; *Ü: Der Hüter der Herden*). Gedichtzyklus aus 49 Gedichten von Fernando PESSOA, unter dem Heteronym Alberto Caeiro ab 1925 in den Zeitschriften ›Athena‹ und ›Presença‹ erschienen; erste vollständige Veröffentlichung postum 1946 als Buchausgabe. – Dieser Zyklus bildet das Kernstück der Gedichte, die der Autor Alberto Caeiro zuschreibt, einem jener »Heteronyme« *(heterónimos)*, die nach seiner Aussage als Dichterpersönlichkeiten ein eigenes Dasein in seinem Innern führten und die nicht nur alle ihre eigene Thematik und Weltauffassung, sondern auch eigene dichterische Form und eigenen Stil haben. Fernando Pessoa erfand für jedes seiner drei wichtigsten Heteronyme – die beiden anderen sind Álvaro de Campos und Ricardo Reis – eine Biographie. Alberto Caeiro wäre demzufolge 1889 in Lissabon geboren und 1915 an Tuberkulose gestorben. Er hätte den größten Teil seines Lebens berufslos im Alentejo verbracht und seine Gedichte 1911/12 verfaßt (während aus den Manuskripten des Autors hervorgeht, daß diese zwischen 1914 und 1930 entstanden).

»Nie habe ich Herden gehütet, / und dennoch ist es, als ob ich sie hütete. / Meine Seele ist wie ein Hirte, / kennt den Wind und die Sonne / und geht an der Hand der Jahreszeiten, / folgt ihnen und schaut«, bekennt Alberto Caeiro in den ersten Versen. Er dichte, ohne Ehrgeiz, aus der Sicht eines ungebildeten Hirten, der einsam in der Natur lebt. Sein Weltbild ist gekennzeichnet durch radikale Absage an jede theologische oder philosophische Spekulation darüber, was wohl hinter dem sinnenhaft Faßbaren stehe, besonders aber durch Absage an jede dichterisch-metaphorische, vor allem anthropomorphe Deutung der nichtmenschlichen Welt. Die Dinge, Pflanzen, Lebewesen sind lediglich das, als was sie sich darbieten, d. h., sie sind einfach das, was sie sind: Die Blumen »fühlen« nicht etwa, wie *»die mystischen Dichter«* sagen, denn dann wären sie keine Blumen, sondern Menschen; auch haben die Steine keine »Seele«, sonst wären sie Lebewesen und keine Steine; und die Flüsse geraten beim Mondschein nicht in »Ekstase«, denn dann wären sie *»kranke Menschen«*. Für Alberto Caeiro ist jedes interpretierende Denken dekadent: *»Ich habe keine Philosophie, ich habe Sinne ... / Rede ich von der Natur, so nicht, weil ich weiß, was sie ist, / sondern weil ich sie liebe, und deshalb liebe ich sie; / denn niemals weiß der Liebende, was er liebt, / noch auch, warum er liebt oder was lieben ist ... // Lieben ist ewige Unschuld, / und die einzige Unschuld ist: nicht zu denken.«* Er gefällt sich in einem Dasein, das ebenso Dasein schlechthin ist wie das der Dinge; Glück und Unglück werden hingenommen wie Berge und Ebenen. Er liebt das Kind, das unreflektiert lebt wie er – so auch das Jesuskind, von dem er träumt, daß es aus der dogmatisch komplizierten und langweiligen Existenz im Himmel zu ihm flüchtet und nun als *»das Ewige Kind«* bei ihm bleibt. Er verachtet die Zivilisation, wie er überhaupt die Tätigkeit der Menschen für nichtig hält, und er lehnt es ab, daß sich Menschen umeinander kümmern; daraus entstehe nur Übel. Seine Ethik ist der *»natürliche Egoismus der Blumen«*.

Die doppelte Fiktion eines Heteronyms, das seinerseits als »Hüter der Herden« etwas verkörpert, was es nicht ist, und die Art, wie dieses Heteronym dann eine absolute, unreflektierte Naivität zu besitzen vorgibt, sich dabei aber höchst reflexiv über seine Naivität äußert, das alles offenbart in prägnanter Form das ironisch distanzierte Spiel des Intellekts, das für Fernando Pessoas gesamte Dichtung kennzeichnend ist. Als ersten heteronymen Schöpfungen des Autors überhaupt kommt den Versen des *Hüters der Herden* entscheidende Bedeutung zu: Sie sind die Frucht einer asketischen Befreiung von den Gefahren einer oft allzu selbstverständlich übernommenen dichterischen Tradition (biographische Erlebnisdichtung und »leichtfertige« metaphorische Deutung der Dinge). Sie machen den Weg frei für die kapriziösen Fiktionen der übrigen Heteronyme, insbesondere Álvaro de Campos. Formal gesehen dokumentieren sie Fernando Pessoas Durchbruch zum reimlosen freien Rhythmus und bedeuten den ersten Schritt zu dessen weitgehender Verwendung innerhalb des sogenannten portugiesischen Modernismus. D.W.

Ausgaben: Lissabon 1925 (in Athena, 1, Nr. 4; unvollst.). – Coimbra 1931 (in Presença, Nr. 30 u. 31/32; 2 weitere Ged.). – Lissabon 1942 (in *Poesia*, Hg. u. Einl. A. Casais Monteiro, 2 Bde.; unvollst.; ern. 1945, 1 Bd.). – Lissabon 1946 (in *Obras completas*, 7 Bde., 1942–1974, 3; Anm. J. G. Simões u. L. de Montalvor; vollst.; m. Varianten; [8]1984). – Rio 1960 (in *Obra poética*, Hg. M. A. Galhoz; m. Einl. u. Varianten; [3]1981; Einl. N. N. Coelho). – Mem Martins 1986 (in *Obra poética*, Hg. u. Einl. A. Quadros, 7 Bde., 5; LB-EA). – Porto 1986 (in *Obra poética e em prosa*, Hg. u. Vorw. ders., 3 Bde., 1). – Lissabon 1986 (*O manuscrito de O guardador de rebanhos de Alberto Caeiro*, Hg. I. Castro; veränd.; Faks.).

Übersetzung: In *Poesie*, G. R. Lind, Ffm. 1962 [enth. 2 Ged.; portug.-dt.]. – In *Dichtungen*, ders., Ffm. 1965 [enth. alles außer den 2 Ged. in *Poesie*]. – *Der Hüter der Herden*, ders. (in *Alberto Caeiro. Dichtungen. Ricardo Reis. Oden*, Zürich 1986; m. Nachw.; portug.-dt.; ern. Ffm. 1989; FiTb).

Literatur: M. L. Guerra, *Sobre e conceito de opacidade na poesia de Alberto Caeiro* (in Ocidente, 63, 1962, Nr. 295, S. 209–224). – B. Linnartz, *Alberto Caeiro als Antipode F. P.s*, Hbg. 1967. – O. del Bene, *Alberto Caeiro: un atteggiamento de F. P.* (in AION, 10, 1968, S. 153–168). – J. M. Sheets, *F. P. as a Anti-Poet: Alberto Caeiro* (in BHS, 46, 1969, S. 39–47). – J. A. Seabra, *Alberto Caeiro ou le degré zéro de la poésie* (in Sillages, 2, 1972, S. 311–356). – A. M. Janeira, *Zen nella poesia di P.* (in Quaderni portoghesi, 1977, Nr. 1, S. 95–116). – P. Hourcade, *Alberto Caeiro. Gloses sur le »Guardador de rebanhos«* (in BEP, 37/38, 1977/78, S. 93–125). – C. V. Cattaneo, *Um poema blasfemo de F. P.* (in Colóquio/Letras, 1979, Nr. 50, S. 9–21). – M. H. N. Garcez, *Alberto Caeiro, descobridor da natureza?*, Porto 1985. – L. Harig, Rez. (in SZ, 13. 12. 1986). – J. S. Machado, *Este é o verdadeiro »Guardador de rebanhos« de Alberto Caeiro* (in JL, 10. 3. 1986, S. 2–4). – P. Demetz, Rez. (in FAZ, 29. 8. 1987). – H. Loetscher, Rez. (in NZZ, 10. 7. 1987). – U. Stempel, Rez. (in Die Zeit, 17. 4. 1987).

O LIVRO DO DESASSOSSEGO

(portug.; *Ü: Das Buch der Unruhe*). Sammlung von tagebuchartigen Prosastücken von Fernando Pessoa, von Maria Aliete Galhoz und Teresa Sobral Cunha aus den nachgelassenen Papieren entziffert und von Jacinto do Prado Coelho 1982 herausgegeben. – Diese 520 Textfragmente schrieb Pessoa dem Hilfsbuchhalter Bernardo Soares zu. Aufgrund der großen Schwierigkeiten beim Auffinden der Manuskripte zog sich die Publikation des zum Teil schwer lesbaren Manuskripts nach dem Tode des Dichters nochmals um sein ganzes

Lebensalter, nämlich 47 Jahre, hin. Die Anordnung der Fragmente bleibt, nachdem Pessoa selbst keine Zeit für eigene Editionspläne fand, dem jeweiligen Herausgeber überlassen. Daher existieren neben zwei portugiesischen auch französische, spanische und deutsche »Bücher der Unruhe«, die jeweils anders geordnet sind und zum Teil die lükkenhaften oder repetitiven Fragmente ausgelassen haben. Die deutsche Ausgabe läßt das Bestreben erkennen, das Textmaterial zu straffen, allzu lückenhafte Texte und Wiederholungen zu vermeiden. Die Lektüre wird dadurch zwar erleichtert, durch diese ordnenden Eingriffe entgeht dem deutschen Leser jedoch der wiederholende, obsessive Charakter der Notizen und Betrachtungen des Hilfsbuchhalters Bernardo Soares.

An seinem Hauptwerk in Prosa hat Pessoa zwanzig Jahre lang mit unterschiedlicher Intensität gearbeitet. Die ersten Aufzeichnungen stammen aus dem Jahre 1913, die letzten aus dem Jahre 1934, ein Jahr vor seinem Tode. Pessoa hat die Prosastücke zunächst einem gewissen Vicente Guedes, seit 1930 dem Hilfsbuchhalter Bernardo Soares zugeschrieben. Bernardo Soares, dessen Biographie und äußerliche Erscheinung sich ungefähr mit denen Pessoas decken, wurde von dem Dichter selbst – und im Gegensatz zu den Heteronymen Caeiro, Reis und Campos – als literarische Person bezeichnet. Nimmt man Pessoas Definition von Prosa als einer, im Vergleich zur Poesie, kleineren Lüge ernst sowie seine Behauptung, Bernardo Soares komme dann zum Vorschein, wenn er müde oder schläfrig sei, so hat der Hilfsbuchhalter aus der Rua dos Douradores seinen Platz in der fiktionalen Welt Pessoas neben Faust und dem lyrischen Ich der *Poesias inéditas*. Während die drei Heteronyme als Daseinsmodelle zu betrachten sind, als verschiedene Versuche, die Dichotomie von Denken und Empfinden, Traum und Wirklichkeit zu lösen beziehungsweise zu umgehen, steht im *Buch der Unruhe* das Leiden an dem alle Gefühle und Empfindungen zersetzenden Bewußtsein sowie die schmerzhaft empfundene Auflösung des Ichs im Mittelpunkt. Bernardo Soares, der von sich behauptet: *»Ich erschuf in mir verschiedene Persönlichkeiten. Ich erschaffe ständig Personen. Jeder meiner Träume verkörpert sich, sobald er geträumt erscheint, in einer anderen Person; dann träumt sie, nicht ich«* und somit das Phänomen der Heteronymie genau umschreibt, scheint wohl von allen Fiktionen Pessoas diejenige zu sein, die dem Dichter am nächsten steht. Doch vermeidet Soares jeden intimen Beichtton – *»Was sollte denn wohl jemand bekennen, was wertvoll oder nützlich sein könnte?«* –, er erzählt vielmehr *»gleichmütig«* eine *»faktenlose Autobiographie«*, eine *»Geschichte ohne Leben«*.

Der Hilfsbuchhalter, der wie Pessoa in einem Handelsbüro der Lissaboner Baixa arbeitet und in einem möblierten Zimmer haust, ist ein *promeneur solitaire*, der durch die Straßen von Lissabon spaziert und seine Umgebung betrachtet. Doch ist diese teilnahmslose Aufmerksamkeit gegenüber den ihn umgebenden Menschen eher Ausgangspunkt zur Selbstreflexion als Ausdruck einer Auseinandersetzung mit der Außenwelt: *»Es gibt Tage, an denen jeder Mensch, dem ich begegne, und noch mehr die Menschen, mit denen ich üblicherweise umgehe, das Aussehen von Symbolen annehmen und, entweder einzeln oder miteinander verbunden, eine prophetische oder okkulte Schrift bilden, aufgezeichnet aus Schatten meines Lebens.«* Das bunte Treiben auf den Straßen, fremdes Glück und Leid lassen den Einsamen nur seine Ausgeschlossenheit stärker spüren, jenen nihilistischen *tédio*, den Überdruß, über den er im Zustand einer *»tiefen und ruhigen Depression«* reflektiert. Die Rua dos Douradores, in der sich sein Leben vorzugsweise abspielt, die Menschen, denen er täglich begegnet, erscheinen ihm als verkleinertes Abbild von Leben und Welt. Das Fragment 7 liefert einen wichtigen Schlüssel zum Verständnis der Aufzeichnungen: *»Wir alle, die wir träumen und denken, sind Buchhalter und Hilfsbuchhalter in einem Stoffgeschäft oder in einem Geschäft mit einem anderen Stoff in irgendeiner anderen Anstalt. Wir führen Buch und erleiden Verluste, wir summieren und gehen dahin; wir schließen die Bilanz, und der unsichtbare Saldo spricht immer gegen uns.«* Dieses Bewußtsein ist es, was den Verfasser von seiner Umgebung unterscheidet, was ihn lähmt und jede Gefühlsregung oder zwischenmenschliche Bindung als sinnlos erscheinen läßt.

Während die früheren Fragmente noch ganz im Bann eines manierierten Spätsymbolismus stehen – *»vom Ungenauen und von Spuren leben zwischen großem Wahnsinnspurpur und falschen Spitzenkrausen erträumter Majestäten«* –, weist der zweite, 1929 einsetzende Produktionsschub eine vereinfachte Sprache und eine Verstärkung des aphoristischen Charakters auf. Der Primat des Traums vor der Wirklichkeit (*»Ich kann mich mir als alles vorstellen, weil ich nichts bin«*), die Auflösung des Ichs in einem *»Übermaß an Selbsten«* sowie das Bewußtsein, einer Generation anzugehören, deren schwieriges Erbe eine Welt *»ohne Stützen für Leute mit Herz und Hirn«* ist, sind einige der stets wiederkehrenden Themata. Bernardo Soares hegt keinerlei Träume von Ausbruch, keine Rimbaudsche Vision fremder Länder versüßt ihm den grauen Lissaboner Alltag. Mit NOVALIS teilt er das Wissen, daß alle Erkenntnis in uns selbst liegt und durch äußerliche Erlebnisse nicht gewonnen werden kann (*»Existieren ist reisen genug ... Wenn ich mich meiner Phantasie überlasse, sehe ich. Was tue ich anders, wenn ich reise? Nur äußerste Schwäche der Einbildungskraft rechtfertigt, daß man den Ort wechseln muß, um zu fühlen«*), doch fehlt ihm der romantische Glauben an die erlösende Kraft der Liebe: *»Die Liebe wird man satt, oder sie enttäuscht.«*

Lebensüberdruß des Fin de siècle, dessen Topoi im *Buch der Unruhe* unverkennbar sind, fließen mit dem von Pessoa immer wieder thematisierten Leiden am Bewußtsein zusammen. Das Baudelairesche Motiv des einsamen Spaziergängers, das Stigma des *poète maudit*, teilt Bernardo Soares mit den Symbolisten, explizit verweist er auf Cesário VERDES Lissaboner Tableaus, doch sucht er nicht mehr nach einem Ausweg aus dem Widerstreit zwischen Spleen und Ideal. Er weiß, daß die Unzulänglichkeit in ihm liegt, in jener von Zeitgenossen wie Gottfried BENN und Ludwig KLAGES ebenfalls thematisierten Aufspaltung des Ich. Bernardo Soares, der den Satz Henri AMIELS *»Die Landschaft ist ein Geisteszustand«* in *»Der Geisteszustand ist eine Landschaft«*, umkehrt, vollzieht mit dieser einfachen Wendung den Übergang zum Modernismus, dem jenes Gefühl des Geworfenseins des Individuums zugrunde liegt, aus dem heraus Gottfried Benn wenig später behaupten wird: *»Es gibt nur zwei Dinge: die Leere und das gezeichnete Ich.«* Allein der Glaube an die überdauernde Macht der Literatur rettet das Werk vor dem gänzlichen Nihilismus. Nur die Literatur, als *»Verwirklichung ohne den Makel der Wirklichkeit«*, scheint erstrebenswert, das *»Ziel, das jede menschliche Anstrengung ansteuern sollte, wenn sie wahrhaft menschlich und nicht ein Überrest der Tierhaftigkeit wäre. Ich glaube, eine Sache ausdrükken heißt ihre Kraft bewahren und ihr den Schrecken nehmen. Die Felder sind grüner in der Beschreibung als in ihrem Grün. Wenn man die Blumen mit Sätzen beschreibt, die sie im Bereich der Phantasie definieren, besitzen sie Farben von einer Haltbarkeit, die ihr zellenhaftes Leben nicht hergibt.«*

Für die Pessoa-Forschung lieferte diese späte Veröffentlichung wichtige Impulse. Nicht nur die psychoanalytische Auseinandersetzung mit dem Fall Pessoa und seiner Beziehung zur Sexualität erfährt im *Buch der Unruhe* wichtige Anhaltspunkte – Bernardo Soares erklärt seine Unfähigkeit, zu lieben und menschliche Beziehungen einzugehen, mit dem frühen Tod der Mutter und dem daraus entstandenen Mangel an Zärtlichkeit und liebevoller Zuwendung –, auch die Auseinandersetzung mit Pessoas Lyrik erfährt neue Impulse. In diesem Zusammenhang hofft der Pessoa-Forscher Eduardo LOURENÇO, daß das Phänomen der Heteronymie bei Pessoa vor dem Hintergrund des *Buchs der Unruhe* als *»Ausdruck einer tieferen Heteronymie«* erkannt werde, *»von der Caeiro, Reis, Campos weder die Übersetzung noch die Lösung sind, sondern der innere und organisch instabile Ausdruck«*. A.C.K.

AUSGABEN: Lissabon 1982, Hg. u. Vorw. J. do Prado Coelho, 2 Bde. [Textbearb. M. A. Galhoz u. T. S. Cunha]. – Porto 1986 (in *Obra poética e em prosa*, Hg. u. Vorw. A. Quadros, 3 Bde., 2; veränd.). – Mem Martins 1987 (in *Obra em prosa*, Hg. u. Einl. ders., 9 Bde., 3/4; veränd.; LB-EA). – Lissabon 1990/91, Hg. T. S. Cunha, 2 Bde.

ÜBERSETZUNG: *Das Buch der Unruhe des Hilfsbuchhalters Bernardo Soares*, G. R. Lind, Zürich 1985 (m. Nachw.; ern. Ffm. 1987; FiTb).

LITERATUR: F. E. G. Quintanilha, *F. P. e o »Livro do desassossego«* (in Ocidente, 75, 1968, S. 129–143). – M. da Glória Padrão, *A escrita do Desassossego* (in Persona, 1, 1977, S. 21–31). – A. Saraiva, *Para a história do estudo de Jorge de Sena sobre o »Livro do desassossego« e para a história da publicação do »Livro do desassossego«* (ebd., 3, 1979, S. 41–45). – J. G. Simões, *F. P. perante Bernardo Soares*, Lissabon 1983. – V. Anastácio, *Acerca do »Livro do desassossego«* (in Vértice, 44, 1984, S. 3–22). – G. R. Lind, *F. P.s »Livro do desassossego« – ein Brevier der »décadence«-Literatur* (in *Aufstieg u. Krise der Vernunft*, Hg. M. Rössner u. B. Wagner, Wien u. a. 1984, S. 319–335). – W. Kreutzer, *Bernardo Soares u. das »Livro do desassossego« – eine vorläufige Bilanz* (in Portug. Forschungen der Görres-Ges., 19, 1984–1987, S. 127–137). – H. Brode, Rez. (in FAZ, 5. 10. 1985). – H.-J. Heise, Rez. (in SZ, 9. 10. 1985). – A. Margarido, *Bernardo Soares: escrever e existir* (in Colóquio/Letras, 1985, Nr. 88, S. 78–87). – H. Platschek, Rez. (in Die Zeit, 13. 9. 1985). – U. Stempel, Rez. (in FRs, 9. 10. 1985). – E. Lourenço, *F., rei da nossa baviera*, Lissabon 1986. – M. Stoessel, Rez. (in NZZ, 1. 1. 1986). – N. Tasca, *L'effet sujet. A propos du »Livro do desassossego« de F. P.* (in ArCCP, 23, 1987, S. 771–783). – T. S. Cunha, *Um novo »Livro do desassossego« de Vicente Guedes/Bernardo Soares* (in JL, 4. 7. 1989; vgl. ebd., 16. 10. 1990). – M. L. Guerra, *Bernardo Soares, o heterónimo do desassossego* (ebd., 9. 1. 1990).

MENSAGEM

(portug.; *Ü: Botschaft*). Gedichte von Fernando PESSOA, erschienen 1934. – Die meist sehr kurzen und hermetischen Gedichte dieser Sammlung sind in einem langen Zeitraum, oft in großem Abstand voneinander, zwischen 1913 und 1934 entstanden. Sie stellen das einzige Werk dar, das zu Lebzeiten Pessoas erschienen ist. Lediglich in den Jahren 1928, dem Jahr der *Revolução Nacional*, die dem *Estado Novo (Neuer Staat)* mit dem Feldmarschall Carmona (1869–1951) als Staatschef und dem Professor der Finanz- und Wirtschaftswissenschaften Salazar (1889–1970) als Regierungschef zum Sieg verhalf, und 1934, dem Jahr ihres Erscheinens in Buchform, sind jeweils eine größere Anzahl der Gedichte (12 bzw. 15) rasch nacheinander entstanden. Dieser Umstand dürfte für die Deutung des Werks wesentlich sein.

Mensagem zerfällt in drei Teile: Im ersten sind die darin enthaltenen 19 Gedichte unter dem Titel *O brasão (Das Wappen)* den Bestandteilen des portugiesischen Wappens zugeordnet, d. h. zwei den beiden Wappenfeldern, sechs den im Randfeld abgebildeten Burgen, fünf den Schilden im Mittelfeld, eines der Krone und drei dem Wappentier, einem Greif. In diesen Gedichten erscheinen Vorläufer, Begründer, Gestalter und Verteidiger des unabhängigen Königreichs und der portugiesischen Weltherrschaft zur See von den Anfängen bis zu ihrem Zusammenbruch nach dem rätselhaften Verschwinden des letzten Königs aus dem Hause Avis, Dom Sebastião, in der Schlacht von Kasr el-Kebir in Marokko (1578). Dadurch war die Herrschaft über Portugal und das Reich für 60 Jahre an die spanische Krone gefallen.

Zwei Gestalten des ersten Teils kehren im zweiten

wieder: König Sebastian und Heinrich der Seefahrer. In dem einen, *O Infante D. Henrique*, heißt es von Heinrich dem Seefahrer: *»Der einzige Imperator, der in Wahrheit / die Weltenkugel hat in seiner Hand.«* Das andere, *O Infante* überschriebene, enthält den berühmten Vers: *»Das Meer hat sich vollendet, und das Reich zerfiel. / O Herr, noch muß sich Portugal vollenden.«* Daß Portugal sich erneuere und vollende, ist im übrigen das große Anliegen sowohl des zweiten wie des dritten Teils.

Im zweiten Teil ist das Meer als portugiesisches Meer Gegenstand der Betrachtung. So nennt es Diogo Cão, der als erster den Kongo erreichte, in dem ihm gewidmeten Gedicht *Padrão: »Das nur begrenzte Meer mag griechisch oder römisch sein, / Das unbegrenzte Meer ist portugiesisch.«* *Mar português* ist das berühmte zehnte Gedicht dieses Teils überschrieben, dessen erste Strophe lautet: *»O salzig Meer, wieviel von deinem Salz / Sind Tränen Portugals! / Weil wir dich kreuzten, wie viele Mütter weinten, / Wie viele Kinder beteten umsonst! Wie viele Bräute blieben ohne Mann, / Damit du unser würdest, Meer!«* Und weiter, am Schluß der zweiten Strophe: *»Gefahr und Abgrund gab der Herr dem Meer, / Doch auch den Himmel spiegelt er drin wieder.«* Auf dieses zehnte Gedicht folgt als elftes *A última nau (Das letzte Schiff)*. Mit König Sebastian an Bord und hoch flatternder Fahne des Imperiums stach es in See und *»kehrte nicht zurück«*. Auf die Frage, ob es dereinst wohl wiederkehren werde, lautet die Antwort des Dichters: *»In mir, in einem Meer, das keine Zeit und keinen Raum besitzt, / Seh ich in Dunkelheit dein blasses Bild, / Das wiederkehrt. // Die Stunde weiß ich nicht, jedoch ich weiß, die Stunde gibt's.«* Hier greift Pessoa eine alte Überlieferung auf, die zunächst der ungebildete Schusterpoet O BANDARRA, dann der berühmte Kanzelredner Johanns IV., António VIEIRA (1608–1697), verbreitete und die noch heute weiterlebt: König Sebastian werde eines Tages heimkehren und ein neues Zeitalter für Portugal begründen.

Von ihm, dem Verborgenen, handelt der dritte, *O encoberto* betitelte Teil. In keinem der darin enthaltenen Gedichte wird die Frage des Dichters beantwortet: *»Wer kommt, die Wahrheit zu leben, / Die König Sebastian starb?«* Denn der *»auf dem Schlachtfeld fiel in widriger Stunde«*, kehrt nicht als derselbe wieder, sondern als *»der, als den ich mich träumte und welcher ewig ist«*. Aber *»wann, wann willst du kommen, / Wann König sein? Wann ist die Stunde?«* Auf die immer drängendere Frage folgt schließlich nach ein paar mutlosen Gedichten am Ende des allerletzten, zugleich mutlosesten, die Antwort: *»Alles ist ungewiß und verspätet / Alles zerstreut, nichts ganz. / O Portugal, heut' bist du ein Nebel«.* Nach einer langen Pause ertönt dann unversehens der Ruf: *»É a hora!« (»Die Stunde ist da!«)*. Das Buch schließt mit dem mahnenden und zugleich ermunternden römischen Gruß: *»Valete, Fratres.«* F.I.

AUSGABEN: Lissabon 1934; [2]1941 [m. Korr.]. – Lissabon [3]1945 (in *Obras completas*, 7 Bde., 1942–1974, 5; ab [5]1959; Einl. D. Mourão-Ferreira; [13]1986). – Rio 1960 (in *Obra poética*, Hg. M. A. Galhoz; m. Einl.; [3]1981, Einl. N. N. Coelho). – Mem Martins 1986 (in *Obra poética*, Hg. u. Einl. A. Quadros, 7 Bde., 1; LB-EA). – Porto 1986 (in *Obra poética e em prosa*, Hg. u. Vorw. ders., 3 Bde., 1). – Porto 1988 [mehrspr. Ausg. m. Photographien v. J. Barros].

ÜBERSETZUNG: *Don Sebastian, König von Portugal*, G. R. Lind (in *Poesie*, Ffm. 1962; Ausz.; portug.-dt.). – *Heinrich der Seefahrer* u. *Portugiesisches Meer*, ders. (in *Dichtungen*, Ffm. 1965; Ausz.). – *Botschaft*, ders. (in *Esoterische Gedichte. Mensagem / Botschaft. Englische Gedichte*, Zürich 1989; m. Nachw.; portug.-dt. u. engl.-dt.).

ADAPTION: Portugal 1988 (Verfilmung; Regie: V. Lopes).

LITERATUR: K. Reichenberger, *Das Meeresmotiv in Baudelaires »Fleurs du mal« u. P.s »Mensagem«. Ein Beitrag zur vgl. Literaturwiss.* (in APK, 3, 1963, S. 131–153). – J. do Prado Coelho, *Cronologia e variantes de »Mensagem«* (in J. do P. C., *A letra e o leitor*, Lissabon 1969, S. 309–319; [2]1977). – A. P. Bonapace, *Análise do poema »D. Fernando, Infante de Portugal«, segunda quina da primeira parte do livro »Mensagem«, de F. P.* (in Ocidente, 80, 1971, Nr. 398, S. 401–410). – A. M. Pires, *D. Sebastião e o encoberto*, Lissabon 1971, S. 104–111. – J. Serrão, *Do sebastianismo ao socialismo em Portugal*, Lissabon 1973, S. 9–37. – R. G. Lind, *F. P. e a loucura* (in APK, 16, 1980, S. 100–116). – E. Lourenço, *Camões e P.* (in Brotéria, 110, 1980, S. 55–68). – R. W. Sousa, *P.: The Messenger* (in R. W. S., *The Rediscoverers. Major Writers in Portuguese Literature of National Regeneration*, University Park (Pa.)/ Ldn. 1981, S. 131–160). – Ders., *The Structure of F. P.'s »Mensagem«* (in BHS, 59, 1982, S. 58–66). – J. E. de Lima Alves, *O esoterismo em »Mensagem«* (in Nova Renascença, 4, 1984, S. 349–371). – E. M. Camocardi, *O mito e o real na estrutura de »Mensagem«* (in RLA, 25, 1985, S. 83–96). – L. F. A. Carlos, *A função matricial de Ulisses em »Mensagem«* (in Nova Renascença, 5, 1985, S. 110–126). – O. T. Almeida, *»Mensagem«. Uma tentativa de reinterpretação*, Angra di Heroísmo 1987. – P. Demetz, Rez. (in FAZ, 3. 3. 1990).

ODE MARÍTIMA

(portug.; *Ü: Meeres-Ode*). Lyrische Dichtung von Fernando PESSOA, unter dem Heteronym Álvaro de Campos erschienen 1915. – Diese im zweiten und letzten Heft der vom Dichter selbst gegründeten Zeitschrift ›Orpheu‹ erschienene Dichtung ist das umfangreichste aller Gedichte, die Pessoa als »Álvaro de Campos« verfaßte. Neben der rund vierzehn Jahre später unter demselben Heteronym erschienenen *Tabacaria (Tabakladen)* – *»un des plus beaux poèmes de tous les temps«* (Le Monde, 19. 4. 1985) – ist es die bedeutendste Dichtung dieses

»größten Lyrikers seit Camões« überhaupt. Von dem fiktiven Verfasser, einem der drei oder vier von Pessoa erfundenen »Andersnamigen« seiner selbst, sagt der Dichter, dieser lebe nach Abschluß seines Studiums als Schiffsbauingenieur in Glasgow und seit einer Orientreise *»untätig hier in Lissabon«*, ein schmächtiger, 1,75 m großer, *»einem portugiesischen Juden unbestimmt ähnelnder«* junger Mann, *»mit glattem, gescheiteltem Haar, Monokel und extrem taillierter Kleidung«*. Er schreibe, wenn er plötzlich einen ungezielten Drang zum Schreiben verspüre. Ganz ähnlich wie sein *»Semi-Heteronym Bernardo Soares«* erscheine Álvaro de Campos, *»immer wenn ich müde oder schläfrig bin, so daß Denkfähigkeit und innere Hemmung ein wenig aussetzen«*. In diesem Sinn ist die *Ode marítima* unmittelbarer Ausdruck einer nicht logisch, sondern assoziativ gesteuerten Vision, in der das Sein und Wesen des Dichters verschmilzt mit dem Meer, den Schiffen, Menschen und Dingen des Meeres der vergangenen Zeit, dem enthemmten, grausamen, blutigen Leben der Piraten von einst und er sich als der »Das-Gott« begreift, als Gott eines »Gegenkults«, *»als monströser, satanischer Gott, als Gott eines Blutpantheismus«*. Diese ungeheure und ungeheuerliche Vision, die den Dichter eines Sommermorgens *»am verlassenen Kai«* überfällt, wird ausgelöst beim Anblick eines Frachters, der von weitem in die Flußmündung einfährt. Sie steigert sich durch die Erinnerung an den uralten Seemannsruf, den ein englischer Freund, Jim Barns, ihm beigebracht hat: *»Aho-o-o-o-o-o-o-o-o---yyyy … / Schooner aho-o-o-o-o-o-o-o…yyyy …«* Sie erreicht ihren Höhepunkt mit dem Lied des Großen Piraten *»Fifteen men on the Dead Man's Chest. / Yo-ho-ho and a bottle of rum!«* und bricht ab mit einem langen, kaum noch artikulierten Schrei, in dem sich Fetzen des Seemannsrufs und des Liedes miteinander vermischen. Danach ist die Seele des Dichters erschöpft, das »Schwungrad«, das in ihm kreiste, steht still: *»In mir ist eine einzige Leere, eine Wüste, ein nächtliches Meer.«* In diese Leere hinein ertönt wieder der Seemannsruf, und *»eine Meernacht«* geht in der Seele des Dichters auf: *»Der Mond geht am Horizont auf. / Und meine glückliche Kindheit erwacht wie eine Träne in mir.«* Vor dem zärtlichen Glück der Kindheit, dessen der Dichter sich nunmehr erinnert, wird unverständlich, was er vorher empfand: *»Ah, como pude eu pensar, sonhar aquelas coisas?« (»Wie konnte ich so etwas denken und träumen?«)* Vergeblich versucht er – diesmal *»durch eine fast literarische Phantasie«* – die vorher geschauten Bilder, die Empfindungen, die ihn erfüllten, wieder hervorzurufen. Statt dessen ertönt von neuem *»die alte Stimme des englischen Seemanns Jim Barns … zur Absoluten Stimme, Mundlosen Stimme geworden«*, und ruft *»bestürzenderweis von jenseits des Anscheins der Dinge«* mit dem alten Seemannsruf nach dem Dichter, der jetzt *»plötzlich die Augen, die nicht geschlossen waren«*, öffnet und sich mitten in der Gegenwart befindet, am Gestade der modernen Zeit, in der es auch Seefahrt gibt, zwar nicht mehr mit Seglern, sondern mit *»Dampfern mannigfacher Art«*, aber *»auf dem alten, noch immer homerischen Meer, o Odysseus!«*. Mit einem Lobgesang auf die neue Zeit, die praktische, handeltreibende, wohlgeordnete, hygienische Gegenwart – *»Ach, dies alles ist schön, dies alles ist menschlich und ist verbunden / Mit den menschlichen Gefühlen, den so geselligen und bürgerlichen, / So verwickelt einfachen, so metaphysisch traurigen«* – und mit der resignierenden Frage *»Wer bin ich, daß ich weine und frage?«* schließt das Gedicht: *»Und die langsame Drehung des Krans zieht, wie ein sich drehender Zirkel, / Einen Halbkreis ich weiß nicht welchen Gefühls / In das bewegte Schweigen meiner Seele.«*

Das Gedicht entfaltet in freien Rhythmen und durchweg reimlosen Langzeilen, die in ungleiche Strophen gegliedert sind, eine beispiellose Gewalt des Worts. Die Kühnheit der Bilder, die gewagte Paradoxie der Aussage und die an Gewaltsamkeit grenzende Freiheit der Syntax verbinden sich mit einer riesigen Spannweite des Gefühls und der Stimmung, die zwischen kindlicher Seligkeit und ekstatischem Aufschrei allen Stufen und Schwankungen ausgeliefert ist. Allerdings bleibt der wache, ironische Intellekt des Künstlers stets beobachtend gegenwärtig und verhindert letztlich, gerade an den Höhepunkten, die überzeugende Wirkung. Die den Wahnsinn streifende Exaltation des Gefühls im ersten, längeren Teil des Gedichts, die rührend-rührselige Stimmung im zweiten mit seinem Lob der Schönheit und Poesie der Gegenwart beeinträchtigen einander wechselseitig und erweisen das Ganze in der Erinnerung an die Kindheit mit der nachfolgenden Verherrlichung letztlich als Ergebnis einer gewaltigen intellektuellen Bemühung. Hier offenbart sich der Gegensatz zwischen Pessoa und Walt WHITMAN (1819–1892), als dessen ebenbürtiger Schüler und Rivale er sich in der Rolle Álvaro de Campos' fühlt. Ist die Dichtung Whitmans ein »Triumph der Vitalität«, so ist die Pessoas die Frucht einer aufs äußerste gesteigerten dichterischen Sensibilität des Intellekts. Nicht nur in dem von »ihm selbst« abgezeichneten Gedicht *Autopsicografia*, sondern auch sonst nennt Pessoa den Dichter einen *»fingidor«*, einen Menschen, der täuscht, und zwar so sehr, *»daß er sogar den Schmerz vortäuscht, / Den Schmerz, der ihm wirklich getroffen«*. Und in dem so tänzerisch leichten Gedicht *Ela canta, pobre cafeira … (Ja da singt sie, arme Schnitterin …)* steht das bezeichnende Geständnis: *»O que em mim sente, está pensando« (»Was in mir fühlt, ist da als Denken«)*. F.I.

AUSGABEN: Lissabon 1915 (in Orpheu, Nr. 2, April–Juni). – Lissabon 1944 (in *Obras completas*, 11 Bde., 1942–1974, 2; Anm. J. G. Simões u. L. de Montalvor; m. Varianten; ern. 1980). – Rio 1960 (in *Obra poética*, Hg. M. A. Galhoz; m. Einl.; [3]1981; Einl. N. N. Coelho). – Mem Martins 1986 (in *Obra poética*, Hg. u. Einl. A. Quadros, 7 Bde., 7; LB-EA). – Porto 1986 (in *Obra poética e em prosa*, Hg. u. Vorw. ders., 3 Bde., 1). – Lissabon 1990 (in *Poemas de Álvaro de Campos*, Hg. C. Berardinelli; krit.).

ÜBERSETZUNG: *Meeres-Ode*, G. R. Lind (in *Poesie*, Ffm. 1962; portug.-dt.). – Dass., ders. (in *Dichtungen*, Ffm. 1965; Ausz.). – Dass., ders. (in *Álvaro de Campos. Poesias/Dichtungen*, Zürich 1987; mit Nachwort; portug.-dt.; ern. Ffm. 1989; FiTb).

LITERATUR: M. C. de Vasconcelos, *Louvor e simplificação de Álvaro de Campos*, Lissabon 1953. – A. Uva, *A presença de Walt Whitman em Álvaro de Campos* (in Estrada larga, 1, Porto o. J.). – M. L. Guerra, *Significado existencial da »Ode marítima«* (in Ocidente, 65, 1963, Nr. 208, S. 299–319; ern. in M. L. G., *Ensaios sobre Álvaro de Campos I*, Lissabon 1969). – M. Ehrhardt, *O mar na »Ode marítima« de F. P.* (in APK, 4, 1964, S. 159–180). – R. Hess, *F. P. & Walt Whitman* (ebd., S. 181 bis 211). – A. E. Severino, *A presença de Milton numa ode de Álvaro de Campos* (in LBR, 7/8, 1970/71, Nr. 1, S. 35–45). – A. Faria, *P. che pensa Campos che sente* (in Quaderni portoghesi, 1977, Nr. 2, S. 11–25). – S. Kovadloff, *Meditar a P. Una aproximación a través del estudio de la »Ode marítima«* (in F. Pessoa, *»Ode marítima«*, Caracas 1977, S. 11–76). – F. C. Fagundes, *The Search for the Self: Álvaro de Campos »Ode marítima«* (in *The Man Who Never Was: Essays on F. P.*, Hg. G. Monteiro, Providence/R.I. 1981). – L. R. Guyer, *A viagem do herói na »Ode marítima«* (in Persona, 4, 1981, S. 29–35). – N. Larsen, *From Whitman (to Marinetti) to Álvaro de Campos: A Case Study in Materialist Approaches to Literary Influence* (in Ideologies & Literature, 4, 1983, S. 94–115). – S. C. de Mattos, *A »Ode marítima« de Álvaro de Campos – uma releitura* (in Nova Renascença, 4, 1984, S. 145–162). – J. F. Coelho, *Micro-leituras de Álvaro de Campos*, Lissabon 1987. – P. Hamm, Rez. (in Die Zeit, 6. 11. 1987). – R. R. Wuthenow, *»Alle Weltalter im Gehirn«. Die Gedichte des Portugiesen Álvaro de Campos (i. e. F. P.)* (in FRs, 23. 1. 1988).

ODES DE RICARDO REIS

(portug.; *Ü: Oden von Ricardo Reis*). Gedichte von Fernando PESSOA, unter dem Heteronym Ricardo Reis erschienen ab 1924 in den Zeitschriften ›Athena‹ und ›Presença‹; erste vollständige Veröffentlichung postum 1946 als Buchausgabe. – Von den etwa 130 Gedichten dieser Sammlung, die Pessoa als »Ricardo Reis« verfaßte, wurden zu Lebzeiten des Dichters nur wenige veröffentlicht: etwa zwanzig im Oktober 1924 in ›Athena‹ und weitere acht einige Jahre später in verschiedenen Heften der ›Presença‹. *»Ein ungefähres Bild der Person«*, die diese Gedichte schreiben sollte, war dem Dichter bereits 1912 erschienen, als er *»auf den Gedanken kam, einige Gedichte heidnischer Art zu verfassen«*. Seit 1914 bis zu seinem Lebensende hat »Ricardo Reis« den Dichter mit großer Hartnäckigkeit begleitet, während die beiden anderen Heteronyme sich seiner nur vorübergehend bemächtigten. Im Vergleich mit »Alberto Caeiro«, dem Vertreter einer *»absoluten, unreflektierten Naivität«* (vgl. *O guardador de rebanhos*) und Verächter der Zivilisation, der nur Volksschulbildung besaß, und mit »Álvaro de Campos«, dem »Hysteriker« unter Pessoas Heteronymen (vgl. *Ode marítima*), der im Gegensatz zu »Caeiro« ein recht ordentliches, aber auch fehlerhaftes Portugiesisch schrieb, ist »Ricardo Reis«, der Arzt und Monarchist, der seit 1919 aus politischen Gründen in Brasilien lebt, ein klassisch gebildeter Mann; er schreibt, wie Fernando Pessoa gesteht, *»besser als ich, allerdings, wie ich meine, mit übertriebenem Purismus«*. In dieser Schilderung des vorgeblichen Dichters sind die Wesenszüge der ihm zugeschriebenen Gedichte bereits enthalten. Es handelt sich *»um eine Neuformung der antiken Dichtung aus modernem Geist«* (G. R. Lind).

»Ricardo Reis« ist der reine Ästhet, der, die Verstrickungen des Gefühls und die Mühsal des Nachdenkens vermeidend, aus genießerischer Distanz die Formen und Farben der sichtbaren Dinge und Wesen wahrnimmt, den Ablauf der Zeit, den Rhythmus des Lebens gelassen betrachtet in einer anthropozentrischen Welt, auf die wohl der Tod und das blindwaltende Schicksal dunkle, furchterregende Schatten werfen, die aber eben deshalb in jedem Augenblick sich um so ewigkeitshaltiger aufdrängt. Eine heiter-melancholische Gelassenheit herrscht in diesen Gedichten, aus denen das unablässige Bemühen spricht, dem Andrang des Unbekannten, Unbegreiflichen und Unausweichlichen zu widerstehen und sich dessen zu vergewissern, was dem Menschen hier und jetzt zugeteilt ist. Diese »heidnische« Lebensauffassung bildet zu Pessoas eigenen Anschauungen einen Gegensatz, insofern die Unruhe eines Dichters, der von sich sagte: *»Was in mir fühlt, ist da als Denken«* (vgl. *Mensagem*) und der sich als *»gnostischen, folglich allen organisierten Kirchen gegenüber ablehnenden Christen«* bezeichnete, in den *Odes de Ricardo Reis* überwunden und aufgehoben zu sein scheint in der Gewißheit der Vergänglichkeit der Welt und der Vergeblichkeit alles Tuns. *»Weise ist, wer sich begnügt mit dem Anblick der Welt«*, heißt es, oder: *»Rosen, Liebste, zieh ich dem Vaterland vor, / und lieber sind Magnolien mir / als Tugend und Ruhm.«* Die Heiterkeit und Gelassenheit, die in tänzerisch wiegendem Rhythmus das erste Gedicht der Sammlung preist *(»Heiter ist, Meister, / Jegliche Stunde, / Die wir versäumen, / Wenn ins Versäumen / Gleichwie in Vasen / Blumen wir geben«)*, ist nicht die unbefangene, oft unbedachte Art Alberto Caeiros *(»An nichts zu denken ist Metaphysik genug«)*, sondern ist eine schwermütige, gefährdete Heiterkeit, die immer wieder neu errungen werden muß: *»Feierlich wandert über fruchtbares Land / Die weiße, unnütze Wolke und hebt / Einen Augenblick aus den Feldern / Einen eisigen Hauch. // So auch mir in der Seele schwebt träg der Gedanke / Und verdüstert mir den Sinn. Doch bald schon kehr' ich / Wie zu sich selbst dasselbe Feld zurück zum Tage / Des unvollkommenen Lebens.«* Oder der Dichter verstummt angesichts unbeantwortbarer Fragen: *»Wenn hier am Meeres-*

ufer meine Spur / Das Meer mit Wellen dreien löscht, / Was wird am Hohen Strand es tun, / An dem das Meer die ZEIT *ist?«* Der Rat des Dichters ist: *»Blicke von fern auf das Leben. / Und befrage es nie. / Gar nichts kann es / Dir sagen. Die Antwort wohnt über den Göttern.«* Unter diese dem Menschen verwandten, wie er dem Schicksal unterworfenen Götter reiht der Dichter auch Christus ein: *»Nicht dich, Christus, hass' ich oder liebe dich nicht. / An dich wie an die anderen, älteren Götter glaub' ich. / ... / Trauriger Gott, nötig vielleicht, denn es gab keinen / Wie du, einen mehr im Pantheon und im Kultus, / ... / Denn für alles gab's Götter, du fehltest.«*
Das aus dem verlorenen Glauben an Christus als den einzigen Gott neugewonnene Verhältnis zur klassischen Antike findet in den *Odes* in der souveränen Beherrschung der klassischen portugiesischen Metrik seine Entsprechung. Vorherrschend sind die klassischen Maße der Camonianischen Ode: Zehnsilber im Wechsel mit Sechssilbern, sehr selten andersartige Verse. Klassisch zu nennen sind ferner die sehr gewählte Ausdrucksweise in Wortschatz, Metaphorik und Syntax sowie die meisterhafte Handhabung antiker rhetorischer Figuren und nicht zuletzt der Verzicht auf den Reim, eine innerhalb der klassizistischen Überlieferung Portugals zuvor unbekannte Kühnheit. F.I.

AUSGABEN: Lissabon 1924 (in Athena, 1, Nr. 1; unvollst.). – Coimbra 1928 (in Presença, Nr. 10; 2 weitere Oden). – Coimbra 1931 (ebd., Nr. 31/32; 2 weitere Oden). – Lissabon 1942 (in *Poesia*, Hg. u. Einl. A. Casais Monteiro, 2 Bde.; unvollst.; ern. 1945, 1 Bd.). – Lissabon 1946 (in *Obras completas*, 11 Bde., 1942–1974, 4; Anm. J. G. Simões u. L. de Montalvor; ern. 1983). – Rio 1960 (in *Obra poética*, Hg. M. A. Galhoz; m. Einl.; ³1981; Einl. N. N. Coelho). – Mem Martins 1986 (in *Obra poética*, Hg. u. Einl. A. Quadros, 7 Bde., 6; LB-EA). – Porto 1986 (in *Obra poética e em prosa*, Hg. u. Vorw. ders., 3 Bde., 1).

ÜBERSETZUNG: *Ricardo Reis*, G. R. Lind (in *Poesie*, Ffm. 1962; Ausw.; portug.-dt.). – *Oden*, ders. (in *Dichtungen*, Ffm. 1965; Ausw.). – Dass., ders. (in *Alberto Caeiro. Dichtungen. Ricardo Reis. Oden*, Zürich 1986; m. Nachw.; portug.-dt.; ern. Ffm. 1989; FiTb).

LITERATUR: Z. de Oliveira, *O problema religioso em F. P.* (in Estudos, 4, 1961, S. 223–241). – P. Rosa, *Uma interpretação de F. P.*, Porto Alegre 1969; ern. Lissabon 1971. – S. Belkior, *Horácio e F. P.*, Rio 1982. – Ders., *F. P. – Ricardo Reis: Os originais, as edições, o cânone das odes*, Lissabon 1983. – C. A. Baumgarten, *A proposição do mundo em Ricardo Reis* (in Nova Renascença, 4, 1984, S. 44–61). – M. H. da Rocha Pereira, *Novos ensaios sobre temas clássicos na poesia portuguesa*, Lissabon 1988, S. 261–285.

JOSÉ CARDOSO PIRES

* 2.10.1925 Peso da Régua / Trás-os-Montes

LITERATUR ZUM AUTOR:
L. Cruz, *J. C. P. Análise crítica e selecção de textos*, Lissabon 1971. – J. Palla e Carmo, *Significado real e dimensões morais na obra de J. C. P.* (in J. P. do C., *Do livro à leitura*, Lissabon 1971). – A. Pires, *J. C. P., um fabulador exemplar* (in Brotéria, 92, 1971, S. 810–816). – N. N. Coelho, *Escritores portugueses*, São Paulo 1973. – M. L. Lepecki, *Ideologia e imaginário. Ensaio sobre J. C. P.*, Lissabon 1977. – J. do Nascimento Campelo, *›O animal incômodo‹ ou a criação literária na obra de J. C. P.* (in Arquivos, 3, 1980, S. 39–49). – Ó. Lopes, *Time and Voice in the Work of J. C. P.* (in Portuguese Studies, 2, 1986, S. 141–158). – *J. C. P. por J. C. P.*, Hg. A. Portela, Lissabon 1990.

BALADA DA PRAIA DOS CÃES

(portug.; *Ü: Ballade vom Hundestrand*). Roman von José Cardoso PIRES, erschienen 1982. – Diese *Abhandlung über ein Verbrechen*, so der Untertitel des mit dem »Grande Prémio de Literatura« ausgezeichneten Romans, der umgehend in zahlreiche europäische Sprachen übersetzt wurde, ist Höhepunkt einer erkenntnistheoretischen und poetologischen Auseinandersetzung mit dem Verhältnis zwischen Fiktion und Realität, die bereits in den vorangegangenen Werken Cardoso Pires' zum Ausdruck kommt. Die offene Thematisierung des Zusammenhangs zwischen einem totalitären Regime, das die Freiheit von Presse und Literatur unterbindet, und der Frage nach dem Verhältnis von Wahrheit und Literatur ist jedoch neu gegenüber den vorhergehenden, unter der salazaristischen Zensur entstandenen Werken. Cardoso Pires greift ein im Jahre 1960 begangenes politisches Verbrechen auf, nämlich den Mord an dem Hauptmann Almeida Santos, dessen Leiche an dem Strand Praia do Guincho aufgefunden wurde. Mit Hilfe der geheimpolizeilichen Archive, seit der April-Revolution von 1974 der Öffentlichkeit zugänglich, und dem persönlichen Bericht einer in den Fall verwikkelten Person versucht Cardoso Pires das Geschehene zu rekonstruieren, doch erschöpft sich der Roman keineswegs in der akribischen Aufdeckung eines authentischen Falles.
Die Leiche des regimefeindlichen Major Dantas Castro, so der fiktionale Name des Ermordeten, Mitglied einer nicht näher bezeichneten politischen Organisation, wird von streunenden Hunden an einem einsamen Strand ausgegraben und von einem Fischer entdeckt. Dem Major war kurze Zeit zuvor mit zwei weiteren Oppositionellen die Flucht aus dem Militärgefängnis in Beja gelungen,

er wurde von der Geheimpolizei gesucht. Die näheren Umstände des Mordes erfährt der Leser, wie in einer Kriminalgeschichte, erst am Ende des Romans, nach der Gefangennahme der beiden Fluchtgefährten.
Die Tat stellt sich als Verzweiflungsakt der vom Major im gemeinsamen Versteck gefangengehaltenen und von ihm psychisch und physisch gequälten Komplizen heraus. Der Mord an dem Major, der innerhalb der kleinen Gruppe von Oppositionellen die menschenverachtenden Machtstrukturen des Systems reproduziert, das er eigentlich bekämpft, erhält somit den Stellenwert eines revolutionären Befreiungsaktes.
Cardoso Pires bedient sich der Reportage und der Collage als Mittel des Dokumentarromans: Polizeiberichte, Ausschnitte aus Zeitungsmeldungen und Zeugenbefragungen stehen sich gegenüber oder ergänzen sich. Zunächst scheint sich der Erzähler auf das Ordnen des authentischen Materials beschränken zu wollen, seine Ergänzungen muten in ihrer trockenen Detailfülle wie polizeiliche Berichte an. Ab dem Zeitpunkt der Festnahme von Filomena, der Geliebten des Majors, erhält jedoch das Geschehene zunehmend fiktionale Unmittelbarkeit. In dem Maße, in dem er sich für die rätselhafte und äußerst junge Frau interessiert, rückt der mit dem Fall beauftragte Polizeiinspektor Elias Santana in den Mittelpunkt der Erzählung und wächst zur Romanfigur heran, deren Innenleben sich mittels Träume und innerer Monologe dem Leser offenbart. Während der Autor die Figur des Inspektors aus dem bloßen protokollhaften Dasein herausreißt und ihm fiktionale Züge verleiht, versucht dieser, in einer Spiegelung des schöpferischen Aktes des Erzählers, die psychologischen Umstände und Motive des Mordes zu begreifen und zu rekonstruieren, und wächst damit allmählich in die Rolle eines subjektiven Ich-Erzählers hinein. In dem Moment aber, in dem der Leser das Geschehen aus dem Blickwinkel Elias Santanas zu sehen und zu deuten beginnt und sich der Illusion hingibt, die Ereignisse zu begreifen, sorgt der auktoriale Erzähler für eine Brechung der Perspektive: Er distanziert sich ausdrücklich vom Inspektor, gibt vor, das Ausmaß seines Wissens nicht zu kennen, und verbannt ihn hiermit in den Bereich einer jeder fiktionalen Annäherung sich sperrenden Wirklichkeit. Zugleich thematisiert der Erzähler seine eigene Forschungsarbeit, den zeitlichen Abstand zwischen dem Geschehenen und dessen literarischer Bearbeitung, und zwingt dadurch den Leser zu einer kritischen Reflexion über das Verhältnis zwischen Realität, Reportage und Fiktion: *»Es ist kein Krimi und keine Reportage. Es ist wirklich Fiktion, mit Charakteren, an denen ich die Ängste und die Atmosphäre dieser Zeit festmache.«* Stand *O delfim* noch unter dem Postulat einer möglichst getreuen Wiedergabe der Wirklichkeit in ihrer Komplexität von Ursachen und Wirkungen, zeugt hier die mehrfache Brechung der Erzählperspektive von einer anwachsenden Skepsis des Autors gegenüber der Literatur als Mittel der Erkenntnis im unmittelbaren journalistischen Sinne. Cardoso Pires, durch seine langjährige Arbeit an einer gegen die Zensur ankämpfenden Tageszeitung mit den Gefahren der Manipulation von und durch die Sprache wohl vertraut, hat, wie kaum ein anderer portugiesischer Autor, diese Erfahrung in sein literarisches Schaffen einfließen lassen. A.C.K.

AUSGABE: Lissabon 1982; [12]1986 – Rio 1987.

ÜBERSETZUNG: *Ballade vom Hundestrand*, C. Meyer-Clason, Mchn. 1990.

VERFILMUNG: *Balada da praia dos cães / La playa de los perros*, Portugal/Spanien 1986/87 (Regie: J. Fonseca e Costa).

LITERATUR: A *»Balada da praia dos cães« ou O medo e a solidão* (in JL, 23. 8. 1983). – Rez. (in Colóquio/Letras, 1984, Nr. 77, S. 91 f.). – J. N. Ornelas, »Balada da praia dos cães« de J. C. P.: Entre a história e a ficção (in *Selected Proceedings of the 35th Annual Mountain Interstate Foreign Language Conference*, Hg. R. Fernández-Rubio, Greenville/S. C. 1987, S. 263–271).

O DELFIM

(portug.; *Ü: Der Dauphin*). Roman von José Cardoso PIRES, erschienen 1968. – Der Autor setzt sich in diesem Roman mit dem iberischen *machismo* auseinander, der in Portugal nach dem geckenhaften Edelmann Marquês de Marialva (1713 bis 1799) *marialvismo* genannt wird. Diese jahrhundertealte Vorstellung von der Überlegenheit des männlichen Geschlechts hatte Cardoso Pires bereits in seiner satirischen Schrift *Cartilha do Marialva*, 1960 *(Fibel von Marialva)*, attackiert. Wie bereits im ersten Roman des Autors, *O hóspede de Job*, bilden auch in *O delfim* die feudal anmutenden Besitzverhältnisse im ländlichen Portugal und die daraus resultierenden sozialen Spannungen nur die Kulisse des Geschehens, ohne daß sie mit dem eigentlichen Thema, dem *»Akt der Rebellion gegen männliche Gewohnheitsrechte«*, wie der Autor selbst formuliert, in Bezug zu stehen scheinen.
Der Roman entwickelt sich zunächst wie eine Kriminalgeschichte klassischen Zuschnitts: Der Erzähler, der alljährlich die Jagdsaison in dem Dorf Gafeira verbringt, erfährt bei seiner Ankunft von einem Drama im Hause einer ihm entfernt bekannten Familie: Ehefrau und Diener des Ingenieurs Tomás da Palma Bravo wurden in dessen Haus tot aufgefunden. Der Ingenieur selbst, kinderloser Abkömmling eines alteingesessenen Geschlechts und Besitzer des gesamten Jagdreviers der Umgebung, ist seitdem verschollen. Dies veranlaßte die Bevölkerung des Dorfes dazu, Antrag auf kollektive Nutzung des Jagdreviers zu stellen. Daß der Tod des Dieners und der vermutliche Selbstmord der in einem Teich aufgefundenen Ehefrau die unmittelbare Folge des von beiden begangenen Ehebruchs

ist, erfährt der Leser erst am Ende des Romans. Auch den Bezug zwischen dieser privaten Tragödie und der sich abzeichnenden Revolte der Landbevölkerung gegen soziale Ungerechtigkeit wird erst gegen Ende des Romans deutlich.
Der Erzähler, der sich die Klärung des Falles vornimmt, wird zunächst mit einer Reihe von sich widersprechenden Berichten der Bevölkerung konfrontiert, denen lediglich der Haß auf den standesbewußten Ingenieur gemeinsam ist sowie die Angst, durch seine Rückkehr könne die Kollektivierung der Ländereien verhindert werden. Diese Informationen versucht der Erzähler durch das Evozieren von Erlebnissen und Gesprächen aus seinem früheren Umgang mit dem Ehepaar sowie durch eigene Vermutungen und Reflexionen zu ergänzen. Von dem wenigen ausgehend, was er über die in das Unglück verwickelten Personen weiß, versucht der Erzähler deren Biographie zu rekonstruieren. Dieser Versuch ist zugleich eine differenzierte psycho-soziale Analyse einer ganzen Gesellschaftsschicht, nämlich der des großbürgerlichen Landbesitzers, als dessen Prototyp der Ingenieur Tomás da Palma Bravo gelten kann. Die Nachforschungen des Erzählers verlassen immer mehr die rein kriminalistische Ebene des »who done it«, die sozialpolitische Dimension des Ereignisses rückt in den Vordergrund. Der Charakter des Ingenieurs, der über Hunde, Diener und Frauen mit derselben Selbstverständlichkeit verfügt und dessen Hauptsorgen der stetige Beweis seiner Männlichkeit sowie die Verteidigung seiner obsolet gewordenen Privilegien sind, entpuppt sich immer mehr als Schlüssel für das Geschehen. Die Abhängigkeit, in der er seinen Diener zu halten verstand, sowie die unerfüllte Existenz seiner betrogenen Ehefrau erscheinen als Voraussetzung für den wie eine Revolte gegen den omnipotenten Hausherrn anmutenden Ehebruch, der zum Tode beider führte.
Während die kriminalistische Lösung des Falles immer mehr in den Hintergrund rückt, problematisiert der Erzähler zunehmend seine Suche nach der Wahrheit, verwirft oder hinterfragt Hypothesen und bindet sie in eine allgemeine erkenntnistheoretische und poetologische Reflexion ein. Hinter dieser wird Cardoso Pires' Postulat deutlich erkennbar, die Dinge durch das Schreiben *»weder einfacher noch komplexer erscheinen zu lassen, als sie in Wirklichkeit sind«*; stets wird der Leser daran erinnert, daß Fiktion immer nur eine unter mehreren möglichen Hypothesen über die Wirklichkeit bleibt. Dieser bis zur äußersten Konsequenz geführte realistische Anspruch kann dem gesamten Schaffen des Autors als Motto vorangestellt werden. Auch der stetige Wechsel zwischen Fiktion und Dokumentation, Schilderung und Reflexion, ist als Versuch einer möglichst getreuen und facettenreichen Annäherung an die Wirklichkeit zu deuten. A.C.K.

Ausgaben: Lissabon 1968; [10]1988. – Lissabon 1988.

Übersetzung: *Der Dauphin. Der Roman des heutigen Portugal*, C. Meyer-Clason, Tübingen/Basel 1973.

Literatur: N. N. Coelho, *Sobre »O delfim« de J. C. P.* (in Tempo e o modo, 1969, Nr. 71/72, S. 494–503). – J. Carvalho, *»O delfim«: leitura semiológica* (in Vozes, 68, 1974, Nr. 4, S. 51–58). – V. M. Gonçalves, *O ludismo crítico do romance »O delfim« de J. C. P.* (in Colóquio/Letras, 1977, Nr. 36, S. 70–73). – J. do N. Campelo, *Aspectos da temporalidade em »O delfim«* (in Revista Letras, 28, 1979, S. 61–66). – D. Briesemeister, *Die Technik der historischen Verschlüsselung in dem Roman »O delfim« (1968) von J. C. P.* (in IR, 12, N. F., 1980, S. 88–108). – J. de Melo, *As funções do narrador em »O delfim« de J. C. P.* (in Colóquio/Letras, 1981, Nr. 59, S. 30–41).

O HÓSPEDE DE JOB

(portug.; *Hiobs Gast*). Roman von José Cardoso Pires, erschienen 1963. – An diesem ersten, mit dem Literaturpreis Camilo Castelo Branco ausgezeichneten Roman des Autors läßt sich die Entwicklung Cardoso Pires' vom erfolgreichen Verfasser mehrerer Erzählbände wie *O anjo ancorado*, 1958 *(Der gefesselte Engel)*, und *Jogos de azar*, 1963 *(Glücksspiele)*, zu einem der bedeutendsten portugiesischen Romanciers der Gegenwart nachvollziehen. *O hóspede de Job*, das noch im selben Jahr als herausragendes Werk des Neorealismus ins Italienische übersetzt wurde, besteht aus einzelnen, in Kapitel eingeteilten und lose miteinander verbundenen erzählerischen Sequenzen, die sprachliche Einfachheit mit einem Höchstmaß an erzählerischer Dichte vereinigen.
Die einzelnen Episoden ergänzen sich zu einem scharfsichtigen Tableau des Alltags der Landbevölkerung in einer der ärmsten portugiesischen Provinzen – dem Alentejo – um die Mitte des 20. Jh.s, doch erschöpft sich der Roman keineswegs in der sozialpsychologischen Milieustudie. Diese dient nach Aussage des Autors vielmehr dazu, *»eine Legende, eine Moral oder ein menschliches Klima jenseits jeder zeitlichen oder geographisch-historischen Unmittelbarkeit zu illustrieren«*. Schon die große Anzahl interpretatorischer Leerstellen, ohne deren gedankliche Ergänzung der Leser schwerlich die Parabel deuten und einen Zusammenhang zwischen den einzelnen Episoden herstellen kann, weisen auf Cardoso Pires' Abwendung von einem allzu dogmatischen Neorealismus hin. Bereits der Anfang des Romans – eine Unterhaltung zwischen später nicht mehr auftretenden Soldaten in der alentejanischen Stadt Cercal Novo – enthält wichtige Motive zur Deutung des weiteren Geschehens. Gegenstand dieses Gesprächs ist der Maulesel, im Kasernenjargon die gängige Bezeichnung für den Sündenbock oder fiktiven Feind, das Opfer, auf das bei den täglichen Schießübungen gezielt wird. Der Maulesel, das Tier der Armen, dessen Dasein durch

harte, ausdauernde Arbeit und stummen, wehrlosen Haß gekennzeichnet ist, entpuppt sich bald als Symbol für das Dasein der um Arbeit und menschenwürdige Löhne kämpfenden Menschen, deren Revolte bereits im Keim vom Militär erstickt wird. Angesichts der scharfen staatlichen Unterdrückung erscheinen stummer, passiver Haß und verbitterte Resignation als die einzig mögliche Haltung. Dieses Motiv führt direkt zum Kern der eigentlichen Parabel, deren Erzählung stets von Szenen aus dem Alltag der Bevölkerung und des Militärs durchbrochen wird.
Aníbal, der als Soldatenvater noch fest an Sinn und Berechtigung des Militärs als Verteidiger von Vaterland und Gerechtigkeit glaubt und seine quixoteske Phantasie durch die süchtige Lektüre alter Chroniken nährt, macht sich auf den Weg zur Militärkaserne, wo sein Sohn stationiert ist. In seiner wahnhaften Phantasie ist Aníbal fest davon überzeugt, das Militär werde ihm als Soldatenvater eine Altersrente zugestehen und einen glänzenden Empfang bereiten. Unter dem Vorwand, Arbeit zu suchen, überredet er einen arbeitslosen jungen Mann, ihn auf seiner Reise zu begleiten. Ein schrecklicher Zwischenfall bereitet jedoch Aníbals Träumen von einem triumphalen militärischen Empfang ein jähes Ende: Auf offenem Felde werden beide Männer von einem militärischen Sprengstoffversuch überrascht, Aníbals Gefährte João Portela wird dabei schwer verwundet. In der Militärkaserne, wo diesem ein Bein amputiert weren muß, begreift Aníbal schließlich, daß beide nichts mehr als unbequeme Opfer militärischen Leichtsinns sind. An Stelle des ihm fremd gewordenen Sohnes, nimmt sich Aníbal des jungen João Portela an, für dessen Schicksal er sich verantwortlich fühlt.
A.C.K.

AUSGABE: Lissabon 1963; 71986.

ÜBERSETZUNGEN: *L'ospite de Giobbe*, A. Repetto, Mailand 1963 [ital.]. – *L'invité de Job*, J. Fressard, Paris 1967 [frz.].

LITERATUR: J. Décio, *Para uma revisão de as-pectos ficcionais do tempo em »O hóspede de Job«, de C. P.* (in Cadernos de literatura, 1980, Nr. 7, S. 45–49). – M. Poppe, *Essencialidade da linguagem. »O hóspede de Job«* (in M. P., *Temas de literatura viva*, Lissabon 1982). – J. N. Ornelas, *Técnica e estrutura d'»O hóspede de Job« de J. C. P.* (in Atlântida, 33, 1987, Nr. 1, S. 35–57).

JOSÉ RÉGIO

eig. José Maria dos Reis Pereira

* 17.9.1901 Vila do Conde
† 22.9.1969 Vila do Conde

LITERATUR ZUM AUTOR: C. Gil, *Mário de Sá-Carneiro, Miguel Torga, J. R.: Três atitudes perante a vida*, Coimbra 1949. – Ó. Lopes, *Cinco personalidades literárias*, Porto 1961, S. 85–167. – Á. Ribeiro, *A literatura de J. R.*, Lissabon 1969. – *In memoriam de J. R.*, Hg. J. S. Couto, Porto 1970. – A. Trevissan, *Valores cristãos na poesia de J. R.* (in Brotéria, 90, 1970, S. 731–754). – A. Casais Monteiro u. a. (in Colóquio/Letras, 1973, Nr. 11, S. 5–34). – H. Siepmann, *Das Selbstverständnis des Dichters: R.s Metapoesie* (in H. S., *Die portugiesische Lyrik des Segundo Modernismo*, Ffm. 1977, S. 67–85). – L. Piva, *J. R. – o ser conflituoso. Dualismo e estilo*, Porto 1977 [m. Bibliogr.]. – E. Lisboa, *J. R. A obra e o homem*, Lissabon 1976 [m. Bibliogr.]. – D. Faria, *Metamorfoses do fantástico na obra de J. R.*, Paris 1977 [Vorw. E. Lourenço]. – J. de Sena, *R., Casais, a »presença« e outros afins*, Porto 1977. – J. G. Simões, *J. R. e a história do movimento da ›Presença‹*, Porto 1977. – E. Lisboa, *J. R. Uma literatura viva*, Lissabon 1978 (BB). – H. Siepmann, *Portugals Theater des 20. Jh.s u. das moderne Drama. Almada – R. – Santareno* (in IR, 12, N. F., 1980, S. 41–53). – E. Lisboa, *J. R. ou a confissão relutante*, Lissabon 1988.

AS ENCRUZILHADAS DE DEUS

(portug.; *Die Scheidewege Gottes*). Gedichtzyklus von José RÉGIO, erschienen 1936. – Der in vier Bücher unterteilte Zyklus knüpft, thematisch gesehen, an Régios frühere Gedichtbände *Poemas de Deus e do diabo*, 1925 *(Gedichte von Gott und Teufel)*, und *Biografia*, 1929 *(Biographie)*, an. Wie diese stellt er den Versuch des Dichters dar, durch schrankenlose Selbstanalyse sein eigenes Ich zu enthüllen, wobei er nicht selten zu unbarmherziger Selbstkritik und -anklage gelangt. Hier wird der innere Zwiespalt eines Menschen aufgedeckt, der um Gott ringt und vergeblich eine Antwort von ihm zu erzwingen sucht, der Gott leugnet und dennoch an ihn glauben muß (vgl. *Poema de amor sem fé nem esperança – Gedicht von Liebe ohne Glauben und Hoffnung; Velha história – Eine alte Geschichte; Sarça ardente – Der brennende Dornbusch)*. Es offenbart sich ferner der verzweifelte Dualismus zwischen dem Künstler, der die Einsamkeit braucht und liebt, und dem Menschen, der unter der Isolierung innerhalb der ihn verkennenden menschlichen Gesellschaft leidet, den Künstler in sich zum Schweigen bringen will, aber schließlich doch von ihm besiegt wird. So stehen sich hier – wie vorher in der Dich-

tung Mário de SÁ-CARNEIROS (1890–1916) – Ichbezogenheit und Sehnsucht des Künstlers nach menschlicher Bindung gegenüber, wobei diese Sehnsucht unerfüllt bleiben muß, da des Dichters Menschsein unter Menschen immer nur Täuschung und Selbsttäuschung ist (vgl. *Fantasia sobre um velho tema – Phantasie über ein altes Thema; Poema de amor sem fé nem esperança; O papão – Der Menschenfresser; Caos – Chaos; Versos da bela adormecida – Verse von der schlafenden Schönen*).
Die Gedichte weisen neben lyrischen vielfach auch dramatische Elemente auf. Ihre nicht selten spielerisch wirkende, bildreiche Sprache, die meist klangvoll gereimten Verse und der rhythmische Reiz stehen oft im Widerspruch zu der qualvollen, verzweifelten inhaltlichen Aussage und dürfen als formale Überwindung der inneren Zerrissenheit des Dichters verstanden werden. In eindringlichen Wiederholungen, Fragen und Ausrufen jedoch bricht der innere Schmerz auch im Bereich des Sprachlich-Formalen hervor. K.H.D.

AUSGABEN: Coimbra 1935 [recte 1936]. – Lissabon 51966. – Porto 61970 (in *Obras completas: Poesia*). – Porto 21975. – Porto 31984.

LITERATUR: H. Cidade, *Tendências do lirismo contemporâneo do »Oaristos« às »Encruzilhadas de Deus«* (in BF, 5, 1938, S. 199–228). – Z. de Oliveira, *O problema religioso em J. R.* (in Estudos, 35, 1957, H. 4). – W. Kreutzer, *Stile der portugiesischen Lyrik im 20. Jh.*, Münster 1980, Kap. 3 [Hab.Schr. Würzburg 1977].

BENILDE OU A VIRGEM-MÃE

(portug.; *Benilde oder Die jungfräuliche Mutter*). Drama in drei Akten von José RÉGIO, Uraufführung: Lissabon 25. 11. 1947, Teatro Nacional. – Die achtzehnjährige Benilde, deren Mutter schon früh in religiösem Wahnsinn gestorben ist und die unter der Obhut ihres weltabgewandten und verschlossenen Vaters in ländlicher Abgeschiedenheit aufwächst, erwartet ein Kind und deutet selbst ihre Schwangerschaft als jungfräuliche Auserwähltheit. Obwohl alles darauf hinweist, daß Benilde als Nachtwandlerin in somnambulem Zustand das Opfer eines Irren wurde, scheitern an der Naivität und Unbedingtheit ihrer Überzeugung, an dem Zustand der Verzückung, in dem sie stirbt, alle natürlichen Erklärungen, alle bürgerlichen Vorurteile, Vernunftüberlegungen und Rettungsversuche. Das Stück stellt die Frage nach dem Zusammenhang zwischen psychischer Krankheit und religiösmystischer Ekstase, zwischen »Verrücktheit und »Ent-rücktheit«. Die Möglichkeit des Mysteriums wird dabei nicht verworfen; Régio versucht, gerade durch Einbeziehung der psychopathologischen Argumentation den Weg zu einem neuen, modernen Mysterienspiel zu finden. – Das Drama wirkt in Szenen mit nüchtern-sachlichem Dialog überzeugender als in denen der mystischen Exaltation Benildes und ihres Vetters Eduard, der die Geliebte doch noch für sich zu retten hofft, schließlich aber selbst ihrem Wahn verfällt. – Die Zensur hatte an *Benilde e a virgem-mãe* trotz gewisser antiklerikaler Züge nichts auszusetzen, während die Aufführung von Régios erstem »mistério«, dem Dreiakter *Jacob e o anjo*, 1941 *(Jakob und der Engel)* wegen vermuteter politischer Anspielungen verboten wurde und erst 1968 – nach einer französischsprachigen Uraufführung 1952 in Paris – in Portugal inszeniert werden konnte. A.E.B.

AUSGABEN: Lissabon 1947; 21970. – Porto 31983 (in *Obras completas: Teatro*). – Porto 21984.

VERFILMUNG: Portugal 1975 (Regie: M. de Oliveira).

LITERATUR: J. de Sena, Rez. (in Seara Nova, 13. 12. 1947; ern. in J. de S., *R., Casais, a »presença« e outros afins*, Porto 1977, S. 105–117 und in J. de S., *Do teatro em Portugal*, Lissabon 1988, S. 89–96). – L. F. Rebelo, *Teatro português do romantismo aos nossos dias*, Lissabon 1959–1961.

BIOGRAFIA

(portug.; *Biographie*). Sonettenzyklus von José RÉGIO, erschienen 1929. – Der Versuch einer Selbstdarstellung in Sonetten erinnert, im Rahmen der portugiesischen Literaturgeschichte, an Antero de QUENTAL (1842–1893), der seine *Sonetos Completos* (1886) ausdrücklich als *»innere Autobiographie«* verstanden wissen wollte. In den 80 Sonetten teilt Régio mit Quental die innere Zwiespältigkeit und Gebrochenheit, das Ketzertum des dennoch Gläubigen, die Einsamkeit und Verzweiflung des Irrenden auf der Suche nach sich selbst, des Abtrünnigen, der Gott leugnet – und an ihn glaubt. Die Gemeinsamkeit zwischen beiden Dichtern zeigt sich in gleichen oder ähnlichen Titeln der Gedichte *(Ignoto Deo; Cristo; Os mortos-vivos)* und in verwandten Gedanken und Motiven *(Ícaro; Juízo de Deus; De Profundis)*. Was jedoch Régio von Antero unterscheidet, ist die Ichbezogenheit seiner Lyrik, die das Thema des Konflikts begrenzt auf das Bewußtsein von Gnade und Fluch des Dichtertums, auf die Situation des Dichters, der sich erwählt und ausgestoßen weiß, der an sich selber glaubt und sich selbst verneint und bei dem die befreiende Erkenntnis zu einem Akt der Selbstzerstörung wird. Régios Selbstanalyse ist von unbarmherziger, quälend-hemmungsloser Offenheit. Bewußt verzichtet er auf alle »Schönheit« *(redenção)*, sein Schmerz findet allein im Sarkasmus Ausdruck (der sich bereits in der Wahl des Mottos zeigt, einem Wort NIETZSCHES, nach dem derjenige, der den Abgrund liebe, Flügel haben müsse). Die Sprache dieser zum Teil ausgesprochen formstrengen Sonette ist nüchtern bis zur Härte, gedrängt und beinah lakonisch, arm an Bewegungsverben, vorwiegend statisch *(»... // Que o meu caminho – o meu!*

– *é que pedia. / E o meu caminho, ou eram todos eles, / Ou era, então, ficar parado e só. // ...«; Universalidade – Universalität)*. Zugleich aber wird diese Nüchternheit durch klangvolle Endreime, Alliterationen und Binnenreime ausgeglichen. Die Zwiespältigkeit und Gebrochenheit, die diese Selbstdarstellung kennzeichnet, erscheint in der dichterischen Gestaltung künstlerisch überwunden. A.E.B.

AUSGABEN: o.O. 1929; [5]1969. – Porto [6]1978 (in *Obras completas*). – Porto [2]1982.

LITERATUR: H. Cidade, *Tendências do lirismo contemporâneo do »Oaristos« às »Encruzilhadas de Deus«* (in BF, 5, 1938, S. 199–228).

EL-REI SEBASTIÃO

(portug.; *König Sebastian*). Schauspiel in drei Akten von José RÉGIO, erschienen 1949. – Régio greift in dieser *Schauspieldichtung (Poema espectacular)*, wie er selbst das Werk bezeichnet, eines der häufigsten und umstrittensten Themen der portugiesischen Literatur- und Geistesgeschichte auf: die Gestalt und das Schicksal des Königs Sebastian, der durch seine hochfliegenden Eroberungspläne und seinen verhängnisvollen Zug nach Marokko mit der Niederlage bei Ksar el-Kebir 1578 den Untergang der portugiesischen Weltmacht herbeiführte. Die messianische Legende von der Entrükkung und einstigen Wiederkehr des »Verborgenen« und »Ersehnten« hatte für die portugiesische Geschichtsverklärung eine ähnliche Bedeutung wie die Kyffhäuser-Sage von Barbarossa (die sich ursprünglich auf die erwartete Rückkehr des Hohenstaufers Friedrich II. bezog) für die deutsche. Die historische Forschung ist noch immer bemüht, das psychologische Rätsel des zugleich unbeherrschten und gehemmten, kräftigen und krankhaften, schwärmerischen und misogynen Jünglings zu lösen, der gegen alle Warnungen seiner Ratgeber und unbekümmert um seine Verantwortung für das Reich hartnäckig auf der Ausführung seines abenteuerlichen Plans beharrte.
Régio verbindet in seinem Stück diese historischen und psychologischen Komponenten zu einem modernen Bühnenmysterium, in dem das Geheimnis des Königs sich diesem selbst als unwiderstehliche Todessehnsucht und als der Wunsch, in ein »höheres Leben« entrückt zu werden, offenbart. Dieser Drang ist mächtiger als alle Vernunftgründe, ja mächtiger sogar als die eifernden und mahnenden »Stimmen«, die er in schlaflosen Nächten zu hören vermeint. In der allmählichen Enthüllung des Geheimnisses entfaltet sich die eigentliche Handlung der drei Akte: Sebastian vertraut dem seherischen Schuster Simão seine Ängste und Nöte, seine Zweifel und Träume an; die Deutung, die der Schuster diesen gibt, steigert sich schließlich bis zur Vision von Sebastians Tod und zukünftiger mythischer Verklärung. – Das Drama selbst verklärt den König keineswegs; dieser wird vielmehr in der ganzen Fragwürdigkeit und Verstörtheit seines widerspruchsvollen und zugleich faszinierenden Wesens dargestellt. Die eigenartige Wirkung dieser vielschichtigen Figur wird durch die satirisch-paradoxen und grotesken Späße zweier Narren, die in Sebastians Welt des Gegensatzes von Verzückung und Vernunft, Verblendung und Sorge, Unterwürfigkeit und zorniger Empörung einbrechen, nicht gemindert, sondern besonders grell beleuchtet. A.E.B.

AUSGABEN: Coimbra 1949. – Porto [2]1978 (in *Obras completas*).

LITERATUR: A. Ventura Ferreira, *O teatro de J. R.* (in Estrada Larga, 2, 1959). – L. F. Rebelo, *Teatro português do romantismo aos nossos dias*, Lissabon 1959–1961.

JOGO DA CABRA CEGA

(portug.; *Blinde-Kuh-Spiel*). Roman von José RÉGIO, erschienen 1934. – Dieser Ichroman ist das erste Prosawerk Régios. Sein Thema ist die Isoliertheit des sich selbst und einer kleinbürgerlichen und intellektuellen, zugleich engen und brüchigen Umwelt entfremdeten Ich, das an der Möglichkeit verzweifelt, sein äußeres Verhalten mit seinem innersten Fühlen in Einklang zu bringen. Alle Versuche, die Isolierung zu durchbrechen, scheitern an seiner Angst und an seiner Unfähigkeit zur Hingabe und Bindung. Die Unaufrichtigkeit, deren der Held des Romans sich schuldig weiß und die ihn in seinen Beziehungen zu andern hemmt und verwirrt, versucht er durch schonungslos aufrichtige Selbsterkenntnis zu überwinden, ohne daß jedoch in dem selbstquälerischen Prozeß der Seelenzergliederung, dem er sich dabei unterzieht, die Verkrampfung gelockert werden könnte. Die Strukturelemente von Régios Roman sind Introspektion und Selbstanalyse. Alles äußere Geschehen – zufällige, gesuchte, erzwungene, verfehlte oder gemiedene Begegnungen, erotische Erlebnisse, Variationen des vergeblichen Versuchs, der Vereinzelung zu entrinnen – ist nur Vorwand für eine in Wahrheit unerbittliche Zergliederung des eigenen Verhaltens und für das rückhaltlose Eingeständnis des eigenen physischen und moralischen Versagens.
Das Werk, bei dem – vor allem für die Gestalt des João Franco – offensichtlich Oscar WILDE und André GIDE Pate gestanden haben, ist der erste namhafte Versuch eines intellektuellen Romans in Portugal und entspricht ganz den Prämissen einer »Literatura viva«, wie sie die Begründer der Literaturzeitschrift ›Presença‹ (1927–1940) – José Régio, J. G. SIMÕES, Branquinho da FONSECA u. a. – gefordert haben. Stilistisch zeichnet es sich durch seine im Vergleich mit der Literatur der Zeit ungewöhnlich konzise Sprache aus. – Régios Roman wurde aus moralischen Gründen von der Zensur verboten. A.E.B.

AUSGABEN: Coimbra 1934. – Lissabon ²1963. – Porto ⁴1982 (in *Obras completas*).

LITERATUR: F. Crespo, *O inconformismo espiritual na obra de J. R.* (in BHS, 33, 1956, S. 165–170). – D. Faria, *Um fantástico de imersão social em J. R.* (in Colóquio/Letras, 1974, Nr. 18, S. 22–32).

POEMAS DE DEUS E DO DIABO

(portug.; *Gedichte von Gott und vom Teufel*). Gedichte von José RÉGIO, erschienen 1925. – Erste Zeugnisse der religiösen Unruhe dieses Dichters, schlagen die hier vereinigten, teilweise schon während der Schulzeit Régios entstandenen 21 Jugendgedichte das Grundthema an, das sich seitdem in immer neuen Variationen entfalten sollte (vgl. *Biografia*, 1929; *As encruzilhadas de Deus*, 1936): die Zerrissenheit des Individuums, das sich gegensätzlichen Mächten – Gott und Satan, Gut und Böse, Geist und Fleisch – ausgesetzt weiß. In dem Zwist zwischen Selbstbehauptung *(»Deutro de mim me quis en ver...«, Narciso – Narziß)* und dem Wunsch nach Selbstaufgabe durch Einordnung in eine Gemeinschaft empfindet Régio zudem sein Dichtertum als Verhängnis, da es ihn unaufhaltsam in die Vereinsamung treibt. Dabei ist schon für den jungen Dichter bezeichnend, daß sich die religiöse Beunruhigung nicht in Ekstasen oder mystischen Meditationen verliert. In dem rückhaltlosen Bekenntniswillen, der ihn beseelt, ist vielmehr auch das religiöse Erlebnis oder die religiöse Situation Gegenstand kühler Beobachtung und Selbstanalyse. Ebenso bezeichnend ist der formale Aspekt der Gedichte. Schon in diesem ersten lyrischen Werk zeigt sich ein ausgeprägter Sinn für die Einheit von Form und Gehalt, ein prägnanter Ausdruckswille, der sowohl strenge wie freiere Formen beherrscht und auch unterschiedliche metrische, strophische und rhythmische Mittel kunstvoll miteinander zu verbinden weiß.

Der zweiten Auflage von 1943 hat Régio unter dem Titel *Um trecho das minhas »Memórias críticas« (Ein Stück aus meinen »Kritischen Erinnerungen«)* ein Nachwort beigefügt, das in den Auflagen ab 1951 den Titel *Introdução a uma obra (Einführung in ein Werk)* erhielt und sich zu einem Rechenschaftsbericht über sein Gesamtwerk entwickelte.

A.E.B.

AUSGABEN: Lissabon 1925. – Porto 1951 (in *Obra poética*). – Lissabon ⁶1965 (in *Obras completas: Poesia*; m. Zeichn. des Autors). – Porto ¹⁰1984 (in *Obras completas: Poesia*).

LITERATUR: W. Kreutzer, *Stile der portugiesischen Lyrik im 20. Jh.*, Münster 1980, Kap. 3 [Hab. Schr. Würzburg 1977].

ALVES REDOL

eig. António Alves Redol

* 29.12.1911 Vila Franca de Xira bei Lissabon

† 29.11.1969 Lissabon

LITERATUR ZUM AUTOR:
Vértice, 30, 1970, Nr. 322/323 [Sondernr. *A. R.*; m. Bibliogr.]. – G. R. McNab, *The Neo-Realistic Novel in Portugal: Literature as a Political Weapon*, Diss. Univ. of New York 1973 (vgl. Diss. Abstracts, 34, 1973, S. 5191A). – A. P. Torres, *O movimento neo-realista em Portugal na sua primeira fase*, Lissabon 1977 (BB). – F. Martins, *The Prostrate Hero in the Novels of A. A. R.*, Diss. City Univ. of New York 1979 (vgl. Diss. Abstracts, 39, 1979, S. 4306/07A). – A. P. Torres, *Romances de A. R.*, Lissabon 1979. – A. Salema, *A. R. A obra e o homem*, Lissabon 1980. – C. Reis, *O discurso ideológico do neo-realismo português*, Coimbra 1983 [zugl. Diss.]. – P. Calheiros, *Néo-réalisme ou néo-naturalisme* (in *Le roman portugais contemporain. Actes du colloque...*, Paris 1984, S. 101–122). – M. G. Besse, *La problématique de l'espace dans la première phase de l'œuvre d'A. R.*, Diss. Poitiers 1985 [vgl. Ausz. *Les visages de l'eau dans les premiers romans d'A. R.*, in Quadrant, 1986, S. 95–114]. – A. P. Ferreira, *A. R. e o neo-realismo português*, Lissabon 1990.

FANGA

(portug.; *Fanga*). Roman von Alves REDOL, erschienen 1943. – *Fanga* oder *fanega* ist ein altes portugiesisches Getreidemaß (dem Scheffel entsprechend) und steht hier symbolisch für die harte Arbeit der Bauern im Ribatejo, die bei hohem Pachtzins einem kleinen Stück Land ihren Lebensunterhalt abringen müssen. Manuel Caixinha, die Zentralgestalt des Romans, erwacht nach dem Selbstmord seines trunksüchtigen Vaters und nach der Abreise seiner Schwester Anita, die in Lissabon einem eindeutigen Gewerbe nachgehen will, aus der Ignoranz, in der sein Stand seit Jahrhunderten gelebt hat. Mühsam eignet er sich die Kunst des Lesens an. Sein Freiheitsdrang wächst und siegt schließlich sogar über seine Liebe zu dem Mädchen Rita, die ihn erneut in sein früheres Dasein, in die Abhängigkeit von der *fanga* zurückzuzwingen drohte.

Mit diesem Roman, seinem Hauptwerk, verhalf Redol dem Neorealismus in Portugal zum Durchbruch. Aus der Überzeugung, daß alle Literatur soziale Literatur sein müsse, schrieb er das Buch als eine Anklage gegen die blinde Gewalt der *patrões* (Oberschicht der Großgrundbesitzer). Inhaltlich und stilistisch geht es ihm um die krasse Darstellung der Wirklichkeit, die für ihn gleichbedeutend mit Wahrheit ist. Manuel Caixinha ist Redol selbst. Abwechselnd in der ersten und dritten Person erzählend, berichtet er von seiner Jugend, in der er sich gegen ein scheinbar unwiderruflich vorgezeichnetes Schicksal auflehnte. Die neugewonnene Bildung, für ihn der einzige Ausweg, treibt ihn nicht zur Flucht aus seiner Umwelt, er will sie vielmehr mit dieser in Einklang bringen. Doch der Aberglaube und der Neid der anderen isolieren den »gelehrten« Bauern innerhalb der Gemeinschaft seines Standes. Hier beginnt die Auseinandersetzung Redols mit den Problemen, die er in späteren Romanen immer wieder behandelt hat. Die Verbindung von individuellen und sozialen Konflikten in diesem Werk bezeichnet einen Wendepunkt in der portugiesischen Gegenwartsprosa, die bis dahin nur idealisierende Regionalromane hervorgebracht hatte. M.Fr.

AUSGABEN: Lissabon 1943. – Lissabon [6]1963 [m. Vorw. d. Verf.]. – Lissabon [9]1976. – Mem Martins 1979 (LB-EA). – Lissabon [10]1980 (in *Obras completas*, Hg. F. L. de Castro, Bd. 1).

LITERATUR: M. G. Besse, *A ilusão da posse da terra em dois romances de A. R.: »Gaibéus« e »Fanga«* (in Vértice, 1986, Nr. 470–472, S. 127–133).

GAIBÉUS

(portug.; *Landarbeiter*). Roman von Alves REDOL, erschienen 1939. – »Gaibéus« nennt man die Männer und Frauen, die von der Beira Baixa und vom Alto Ribatejo in die Tejoebene kommen, um sich in den weithin überfluteten Gebieten ihr hartes Brot bei der Reisernte zu verdienen. Redol schildert in lockerer Szenenfolge die Spannungen zwischen den Aufsehern und den Arbeitern, die unter schlechten sozialen Bedingungen zu immer größerem Einsatz ihrer Kräfte angespornt werden. Dramatisch akzentuierte Einzelgestalten stehen für viele ihrer Schicksalsgenossen, etwa die physisch überforderte Ti Maria do Rosário und die drei jungen Gaibéus, die eine bessere Zukunft herbeisehnen. In ihren verschiedenen Schattierungen werden die Träume und Wünsche der Arbeiter und ihr Leben nach Feierabend beschrieben. Für sie alle ist die sinnliche Liebe das einzige, was sie Elend und Haß für Augenblicke vergessen läßt, was sie in eine andere Welt versetzt.

Nach Redols eigenen Worten sollte sein Buch in erster Linie ein menschlicher Dokumentarbericht sein. Hatten die anderen portugiesischen Romanciers der ersten Hälfte des 20. Jh.s vorwiegend Gesellschaftsromane nach französischem Muster (Teixeira de QUEIRÓS), Regionalromane (Aquilino RIBEIRO) oder doktrinäre Erziehungsromane (José RÉGIO) geschrieben, so will Redol seinem sozialen Protest Ausdruck geben, indem er, ohne ironische Distanz und ohne Schwarzweißzeichnung, die soziale Wirklichkeit unter außerliterarischen Aspekten wiedergibt. In Thematik (sozialrevolutionäre Tendenz) und Technik (Rückblenden, lyrisch-realistische Mischform) folgt Redol den großen brasilianischen Vorbildern (Jorge AMADO, José Lins do RÊGO, Graciliano RAMOS), die in großangelegten Romanwerken das Leben der Neger auf den Plantagen erbarmungslos geschildert hatten. – Von literarhistorischer Bedeutung ist *Gaibéus* als das erste größere Werk des Neorealismus in Portugal – zu dessen bekanntesten Vertretern Autoren wie Fernando NAMORA, Carlos de OLIVEIRA, Manuel de FONSECA oder Vergilio FERREIRA gehören –, der in seinen epischen Ausläufern noch in der Gegenwart wirksam ist. Die von der Bewegung propagierte Ideologie fand trotz einer individueller werdenden Ästhetisierung zum Teil erst nach der Revolution 1974 ihren direkten Ausdruck. M.Fr.

AUSGABEN: Lissabon 1939. – Lissabon [5]1976. – Lissabon [15]1980 (in *Obras completas*, Hg. F. L. de Castro, Bd. 17). – Lissabon 1989 (in *Obras completas*).

LITERATUR: J. Namorado, *A primeira crítica neorealista a »Gaibéus«* (in Vértice, 1965, Nr. 258, S. 171–173). – M. A. Santilli, *A. R. e o tempo das ações consumadas* (in RLA, 12, 1969, S. 123–138). – C. Reis, *Da literariedade em »Gaibéus«* (in Colóquio/Letras, 1979, Nr. 52, S. 33–38). – M. A. Santilli, *Arte e representação da realidade no romance português contemporâneo*, São Paulo 1979, S. 63–82. – B. dos Santos Trone, *As mulheres em »Gaibéus«* (in Vértice, 41, 1981, Nr. 442/443, S. 167–170). – M. G. Besse, *»Gaibéus«: A epifania de um mistério* (in Colóquio/Letras, 1984, Nr. 77, S. 45–52).

AQUILINO RIBEIRO

* 13.9.1885 Carregal da Tabosa bei Sernancelhe
† 27.5.1963 Lissabon

LITERATUR ZUM AUTOR:
M. Mendes, *A. R. A obra e o homem*, Lissabon 1960; ern. 1977. – Ó. Lopes, *Cinco personalidades*, Porto o. J. [um 1961]. – J. Alves das Neves, *Portuguesismo e universalismo na obra de A. R.* (in RLA, 6, 1965, S. 43–66). – A. T. de Vasconcelos, *A. R.*, Lissabon 1965. – A. Faria, *Contribuição para o estudo do vocabulário de A. R.* (in Revista de Portugal, 33, 1968, S. 507–559). – N. Novaes Coelho, *A. R. – »Jardim das tormentas«. Gênese da ficção aquiliana*, São Paulo 1973 [m. Bibliogr.]. – *A. R.*, Hg. R. Rego, Lissabon 1978. – F. C. H. Garcia, *A. R. e a ficção picaresca* (in LBR, 15, 1978, S. 111 ff.; Suppl.). – Colóquio/Letras, 1985, Nr. 85 [Sondernr. *A. R.*]. –

A. R. 1885–1963, Red. M. Braga, Lissabon 1985 [Ausst.-Kat.]. – L. Vidigal, *O jovem A. R. Ensaio biográfico e antológico na Lisboa da »belle époque« (1903–1908)*, Lissabon 1986. – O. Lopes, *Entre Fialho e Nemésio*, Bd. 1, Lissabon 1987, S. 369–398. – J. Reis, *A. R. em Paris*, Lissabon 1987.

ANDAM FAUNOS PELOS BOSQUES

(portug.; *Faune streifen durch die Wälder*). Roman von Aquilino Ribeiro, erschienen 1926. – Die 1920 in der Sammlung *Filhas de Babilónia (Töchter Babyloniens)* veröffentlichte Erzählung *O derradeiro fauno (Der letzte Faun)* bildet den Kern dieses Romans, in dem der Bauernsohn Ribeiro die Darstellung regionaler Sitten seiner Heimat mit antiklerikaler Satire verbindet und sich vom Volksaberglauben ironisch distanziert. Eigene Jugenderfahrungen in einem Priesterseminar und die Einflüsse des Kultur- und Geisteslebens während seines ersten Pariser Exils (1908–1914), vor allem durch Anatole France und dessen sozialutopistische Vorstellungen wie durch die Lebensphilosophie des *»élan vital«* von Henri Bergson fließen in das Werk ein. Frei gelebte Liebe und Sexualität sind seit Ribeiros erster Veröffentlichung, der Erzählungssammlung *Jardim das tormentas*, 1913 *(Garten der Stürme)*, immer wieder Thema in seinem Werk.

In der Gebirgsgegend der portugiesischen Beira Alta sieht sich die jugendliche Landbevölkerung von einer immer stärker um sich greifenden Welle naturhafter Sinnlichkeit erfaßt, die als das Wirken dämonischer Mächte empfunden wird und der weder Eltern noch Geistliche entgegenzuwirken vermögen. Die Bannkraft dieser Mächte erweist sich selbst an den Pfarrern, von denen die einen – wie Jesuíno und Teodoro – in ihrer menschlichen Schwäche ihr nie widerstanden haben, während der asketisch strenge und eifernde Pater Dámaso ihr erst am Ende wie erlöst nachgibt. Die einzelnen Gestalten der Landpfarrer und Bauern sind vor allem durch ihre Sprache charakterisiert; die Darstellung von Volksfesten und Pfarrerzusammenkünften gewinnt Anschaulichkeit durch die Vielfalt der Sprechweisen, deren Skala von rustikal-kernigen Ausdrücken bis zur blumenreichen Rhetorik, klassischen Oratorik und scholastischen Dialektik reicht. Die dabei zutage tretenden Schwächen und Widersprüche der Charaktere und Gesinnungen werden vom Autor mit Humor ironisiert. Der eigentliche »Held« des Romans ist jedoch die Gebirgsnatur; die stimmungsvollen Schilderungen der Sommer- und Wintertage in dieser Bergwelt gehören zu den bedeutendsten Beispielen der Landschaftsbeschreibung in der neueren portugiesischen Literatur.

Die heidnische Sinnenbejahung, die der Roman verkündet, wird durch das christliche Element nicht unterdrückt, dieses von ihr nicht verdrängt. Beide erscheinen, eines im anderen, vermenschlicht und dadurch miteinander versöhnt. A.E.B.-KLL

Ausgaben: Lissabon 1926. – Lissabon 1931. – Lissabon 1962. – Amadora [5]1980 (in *Obras completas*). – Lissabon 1983 (in *Romances completos*, 17 Bde., 1983/84, 3). – Amadora 1985 (in *Obras completas. Edição comemorativa do centenário do nascimento de A. R.*).

Literatur: W. Giese, *A. R.* (in ASSL, 154, 1928, S. 259–266).

O MALHADINHAS

(portug.; *Malhadinhas*). Erzählung von Aquilino Ribeiro, in der Erzählungssammlung *Estrada de Santiago (Die Straße nach Santiago)* erschienen 1922, in einer erweiterten Fassung 1958. – António Malhadas, genannt »O Malhadinhas«, ist einer jener unverdorbenen, gesunden portugiesischen Typen, denen man noch heute im Landesinneren begegnen kann: mittelgroß, nicht sonderlich kräftig, aber wendig und zäh, dazu aufrecht und treu, schlau, findig und kühl, ohne Bosheit, doch aufbrausend bis zur Unbesonnenheit, wenn es um die Mannesehre geht. Diesem Malhadinhas, dem der Beruf des Maultiertreibers und fliegenden Händlers *»eine sehr farbige Ausdrucksweise und einen leichten Schuß Egoismus und Ironie verliehen hatte«*, ist der Dichter angeblich in dem Dorf Barrelas im Bergland der Beira Alta begegnet, wo der alte Mann an Markttagen den Leuten seine Lebensgeschichte erzählte. *»Und mir war«*, so gesteht der Dichter, *»als hörte ich das barbarische, starke Heldenlied eines Portugals, das nicht mehr ist.«* Barbarisch und stark in dem Sinn, als die Überzeugungen und Gefühle einfach und klar, die Handlungen rasch und eindeutig sind. Das waren noch Zeiten, beginnt der Held seine Geschichte, *»als ich anfing, jemand zu sein in der Welt«*, und er selbst ist wie eine Verkörperung jener Zeiten, *»in denen der Schnee zur rechten Zeit kam und die Kirschen zusammen mit dem Korn«* und *»ein Mann von Wort soviel galt, als trüge er einen Sack voller Goldstücke mit sich herum«*. Und wie damals gearbeitet wurde! Noch bevor ihm der erste Bartflaum sproß, war er, Malhadinhas, bereits Besitzer eines Eselchens, mit dem er zwischen dem Dorf und der Küstenstadt hin und her zog, handeltreibend und feilschend wie ein ausgekochter Alter. Als eine Kette von Siegen zieht dieses Leben an den Zuhörern vorüber: groß der Triumph im Stockkampf, zu dem man ihn leichtfertig herausfordert; siegreich und auch in den Konsequenzen ein voller Erfolg der Brautraub, den der Eifersüchtige begeht, um das geliebte Mädchen vor den Nachstellungen des jungen, wohlhabenden Pfarrers aus dem Nachbardorf zu bewahren. Erfolgreich und vom Glück begünstigt ist er auch in seinem Beruf, so daß er es, obwohl seine und Brízidas Ehe mit neunzehn Kindern gesegnet ist, sogar zu einem eigenen Häuschen bringt. Siegreich bleibt er natürlich auch in den vielen Messerstechereien, in die er hineingezogen wird, und siegreich endlich in der grauenvollen Begegnung mit den Wölfen in jener Schneenacht, in der er mit einem Mönch unterwegs war und das Rudel schließlich dadurch verscheuchte, daß er mit dem Weihrauchfaß des Mönchs einen Höllenlärm vollführte.

O Malhadinhas ist die Geschichte der Lebensbejahung und ungebrochenen Kraft des einfachen Menschen in einer naturnahen Ordnung, glaubhaft gemacht durch eine Sprache, in der sich ältestes, im Volk noch lebendiges Sprachgut und landschaftsgebundene Ausdrucksweise mit der modernen Hochsprache kunstvoll vermischen. F.I.

AUSGABEN: Lissabon 1922 (in *Estrada de Santiago*). – Lissabon 1958 (erw., in *O Malhadinhas. Mina de diamantes*). – Porto 1971. – Lissabon 1978 (in *O Malhadinhas. Mina de diamantes*, in *Obras completas*; [21]1987). – Amadora 1985 (in *Obras completas. Edição comemorativa do centenário do nascimento de A. R.*). – Lissabon 1991.

LITERATUR: Ó. Lopes, *O mundo pícaro de A. R.* (in Vértice, 25, 1965, S. 885–896). – C. Reis, *Da narratividade n'»O malhadinhas« de A. R.* (in Colóquio/Letras, 1985, Nr. 85, S. 43–49). – A. P. Torres, *»O malhadinhas«. Visto através do seu adagário* (ebd., S. 50–56).

TERRAS DO DEMO

(portug.; *Teufelserde*). Roman in zwei Teilen von Aquilino RIBEIRO, erschienen 1919. – Der Schauplatz des Geschehens ist ein Dorf der im Innern Portugals gelegenen Berglandschaft der Beira Alta, der Heimat des Dichters. In der Widmung an den Schriftsteller Carlos Malheiro DIAS (1875–1941) sagt Aquilino von sich selbst, er sei weniger Romancier als Chronist, und so weist dieses Werk keinen einheitlich ausgeführten Plot auf, sondern ist in seiner aus mehreren Handlungssträngen bestehenden äußeren Struktur eher episodisch, was auch auf die Verbindung des Autors zum pikaresken Roman hindeutet (vgl. unter diesem Aspekt besonders die vier Jahre später erschienene Erzählung *O Malhadinhas*). Man könnte von einer Chronik des instinkthaften Daseins der *»am Rande der Zivilisation«* (A. Ribeiro) lebenden, von ihren Triebkräften und ihrem Aberglauben beherrschten Menschen sprechen, doch ist bedeutsam, daß die innere Einheit des Werks nicht nur in seiner thematisch bedingten homogenen Gestimmtheit liegt, sondern künstlerisch auch dadurch erreicht wird, daß im Bewußtsein des Lesers das gesamte Geschehen in kausale Abhängigkeit zu einem im ersten Kapitel ausgesprochenen Fluch tritt, der das Leben der Handlungsfiguren bedroht und zerstört. Der Fluch erscheint dem Leser beinahe als Schicksalsmacht, die das vielfältige Geschehen umgreift und wesenhaft zu der irrational ausgerichteten Welt gehört, in der Hexenglauben, Wahrsagerei und Teufelsaustreibung, verbunden mit anderen ethnographischen Eigenarten wie Wallfahrt und Jahrmarkt, integrierende Bestandteile sind.

Die Hauptfigur des ersten, *A velha e o lobo (Die Alte und der Wolf)* überschriebenen Teils, Rosa Gaudência, eine der Töchter des ehrbaren und wohlhabenden Gastwirts José Francisco Gaudêncio, hat nach dem Tod ihres Vaters und dem ihres Mannes mit materiellen Schwierigkeiten zu kämpfen, um sich und ihre Kinder durchzubringen. Daß sie eine beträchtliche Geldsumme versteckt hält, die sie als Mädchen im Gasthaus ihres Vaters einem Viehtreiber gestohlen hat (womit schon früh das für den Roman wichtige, das Handeln der Protagonistin und ihres Gegenspielers Luís Rola bestimmende Motiv der Geldgier auftaucht), weiß niemand, obwohl mitunter darüber gemunkelt wird. Doch der Fluch, den ihr Vater damals über den Dieb ausgesprochen hat *(»Que a maldição do Senhor acompanhe esse oiro até se desfazer em cinzas!« – »Der Fluch des Herrn begleite dieses Gold, bis es zu Asche wird!«)*, scheint sie zu begleiten und ihr weiteres Leben und schließlich ihren Tod zu bestimmen. Ihre Ehe mit einem Nichtsnutz von Mann, der sie in Schulden zurückläßt; das Unglück ihrer Kinder, am augenfälligsten die monströse Verunstaltung ihres Sohnes, des freßgierigen, tierischen João Bispo; die immer unerträglicher werdenden, in offene Feindschaft ausartenden Reibereien mit ihrem Schwiegersohn Luís Rola und schließlich ihr Selbstmord, als dieser das von ihr ein Leben lang versteckt gehaltene Geld entdeckt – dies alles mutet wie die Auswirkung einer verderbenbringenden Schicksalsmacht an, die noch über den Tod von Rosa Gaudência hinausgreift und das Leben ihrer Nichte Glòrinhas (zweiter Teil des Romans) zerstört. Diese wird kurz vor der Erfüllung ihrer Wünsche, d. h. der Heirat mit dem Landedelmann Inácio Mioma, den sie liebt, ein Opfer des Monsters João Bispo; bedeutete das idyllische Verhältnis zu Inácio Mioma ein Ausbrechen aus ihrer Erdgebundenheit, so wirkt dieser Schluß wie eine symbolhafte Zerstörung, durch die sich der Teufelskreis schließt.

Trotz seiner Heimatbezogenheit würde die Bezeichnung »Regionalroman« der literarischen und literarhistorischen Bedeutung dieses Werks nicht gerecht. Es stellt den Versuch dar, aus dem Volk heraus zu einer Wiederbelebung der nationalen Literatur zu gelangen, durch die Orientierung an der Sprache des Volkes die Sprache der Literatur zu erneuern. *»Das Dorf ist die Mutter der Sprache, hier ist sie am reinsten«*, sagt der Autor in der dem Roman vorangestellten Widmung. Dieser Aspekt vor allem – die plastische, sinnliche, erdgebundene, doch künstlerisch verdichtete Ausdrucksweise mit ihrem der bäuerlichen Sphäre entnommenen Bilderreichtum und Sprichwortschatz, die Vielfalt des volkstümlichen Vokabulars und der Realismus des Dialogs – ist es, der die eigentliche Bedeutung des Romans ausmacht. K.H.D.

AUSGABEN: Lissabon 1919. – Lissabon 1963. – Lissabon 1974. – Lissabon 1983 (in *Romances completos*, 17 Bde., 1983/84, 2). – Amadora 1985 (in *Obras completas. Edição comemorativa do centenário do nascimento de A. R.*).

LITERATUR: N. Novaes Coelho, *»Terra do demo«* (in Revista do Arquivo municipal, 176, São Paulo 1969, S. 163–189). – J. Camilo, *à procura de pureza original? Uma leitura de »Terras do demo«, romance de A. R.* (in ArCCP, 14, 1979, S. 543–572). – E. Lourenço, *A. ou as duas aldeias* (in Colóquio/Letras, 1985, Nr. 85, S. 15–21). – M. A. Seixo, *O exaltante poder: Relendo »Terras do demo« e »A casa grande dos Romarigães«* (ebd., S. 22–31). – H. Almeida, *Reconsiderações sobre a língua literária de A. no romance »Terras do demo«* (in Colóquio/Letras, 1990, Nr. 115/116, S. 15–26).

URBANO TAVARES RODRIGUES

* 6.12.1923 Lissabon

LITERATUR ZUM AUTOR:
J. M. Mendes, *Por uma literatura de combate*, Lissabon 1975. – A. M. Machado, *A novelística portuguesa contemporânea*, Lissabon 1977. – M.-H. Mailheiro, *Influences françaises dans l'œuvre de U. T. R.* (in RECIFS, 4, 1982, S. 91–98). – M. Negwer, *Die Darstellung von Provinzialität u. Salazarismus im fiktionalen Prosawerk von U. T. R.*, Ffm. 1983. – A. Roig, *Entretien avec U. T. R.* (in Quadrant, 1986, S. 115–125). – J. M. Mendes u. a., *Dossier U. T. R.* (in Letras e Letras, 5. 6. 1989).

AS TORRES MILENÁRIAS

(portug.; *Die tausendjährigen Türme*). Theaterstück in zwei Akten zu je zwei Szenen von Urbano Tavares RODRIGUES, erschienen 1971, neu bearbeitet 1975. – Das kurze Werk nimmt im umfangreichen Schaffen des Autors eine Sonderstellung ein, da es als Schauspiel konzipiert ist und dennoch den von ihm bevorzugten Prosaformen Roman und Novelle verhaftet bleibt. Urbano Tavares Rodrigues selbst bezeichnet es als *»peça-romance«*, als »Roman-Stück«, das er zudem nicht an einen Zuschauer, sondern an einen Leser richtet. Es entstand nach seiner Freilassung 1968 aus politischer Gefangenschaft und spiegelt die verzweifelte Hoffnung auf den letztendlichen Triumph der Demokratie im *»schmutzigen und infamen Mikrokosmos«* des portugiesischen Faschismus wider. Die Metapher vom Einsturz der tausendjährigen Türme symbolisiert dieses Hoffen auf eine revolutionäre Veränderung, die im Bewußtsein der Menschen erst noch reifen muß. 1975 – der Traum von einem sozialistischen Portugal scheint mit der Nelkenrevolution vom 25. April 1974 erfüllt – nimmt sich Urbano Tavares Rodrigues den Text noch einmal vor und ändert ihn in wesentlichen Punkten. Diese überarbeitete Fassung (die auch Grundlage dieser Besprechung ist) widmete er dem kubanischen Revolutionsführer Che Guevara.

Ort der Handlung ist der mit modernen Kunstobjekten ausgestattete Salon einer bürgerlichen Wohnung im Lissabon des Jahres 1970. Als Protagonisten treten drei befreundete Paare mittleren Alters auf: der jugendlich wirkende Anwalt Luís Alberto und seine hübsche Frau Dolores mit ihrer rebellischen 18jährigen Tochter Cláudia; der reiche Immobilienmakler Heitor und seine elegante Gattin Marília; der ehrgeizige Autohändler Duarte und seine sinnliche Schwester Carolina. Nebenfiguren sind das Dienstmädchen Deolinda und ein namenloser Landstreicher, halb Hippie, halb Bettler, der das schicke Milieu stört. Ferner kommen zwei Rundfunk- oder Fernsehsprecher (je nach Inszenierung) zu Wort. Alle Darsteller tragen ihren Gesichtern nachmodellierte Masken mit einem erstarrten – zunächst heiteren, später ängstlichen – Ausdruck. Im zweiten Akt sind die Masken zu Beginn weiß und gesichtslos, zum Schluß wieder heiter. In diesem Spiel der falschen Mienen werden die Symbolik der Figuren und der zyklische Handlungsverlauf deutlich: Die oberflächliche neureiche Gesellschaft wird durch ein lebensbedrohendes Ereignis – eine Invasion von Außerirdischen – vorübergehend aus ihrer intellektuellen Selbstzufriedenheit und aufgesetzten sozialistischen Philosophie gerissen, um dann wieder in die alten klassenorientierten Verhaltensmuster zurückzufallen. Die äußere Handlung, die sich in einer Nacht abspielt, beschränkt sich auf das – anfänglich harmonische – Beisammensein der Freunde bei Whisky und Small talk, in dem plötzlicher Lärm und Aufruhr auf der Straße die Furcht vor einer Revolution aufkommen läßt. Die Medien verbreiten jedoch die Nachricht, daß ein Angriff unbekannter fliegender Objekte die Stadt zu vernichten drohe. Während der Sprecher noch die Existenz der UFOs und ihre zerstörerische Absicht wissenschaftlich zu belegen sucht, unterbricht ihn unvermittelt ein zweiter Sprecher und stellt alles wieder in Frage, indem er suggeriert, es handele sich dabei nur um ein Phänomen kollektiver Halluzination; was gerade geschehe, sei wohl war, doch nur im Bewußtsein der Menschen selbst, die ihren Ängsten und Gewissensbissen – ihren »Dämonen« – freien Lauf ließen. Der Disput der beiden Sprecher um Sein oder Schein durchzieht das ganze Stück und verwirrt den Leser, der die Wahrscheinlichkeit des Geschehens durch seine Erfahrung, das Verhalten der Figuren und die Regieanweisungen des Autors mal bestätigt, mal widerlegt sieht.

Viel wichtiger als dieser Rahmen ist die innere Entwicklung, die durch die Gefahr von außen in den Köpfen der Beteiligten vor sich geht: In die Harmonie und Freundschaft schleicht sich jäh die Angst vor dem Unbekannten und dem Tod. Sie führt zu Wut und Haß, zu psychischer und physischer Aggression. In einer nahezu sadomasochistischen Abrechnung der Freunde und Partner untereinander treten lang verborgene sexuelle Beziehungen und negative Charakterzüge zutage. Diese Orgie der Schuldzuweisungen und Selbstbezichtigungen mündet angesichts des befürchteten Endes in einer Art hysterischen Totentanzes. Aber die Welt geht nicht unter, und am nächsten Morgen melden die Nachrichten, die UFOs hätten die Erde verlassen; allerdings seien insbesondere in den ärmeren Stadtvierteln Tote und Verletzte zu beklagen und möglicherweise sei mit einem zweiten Angriff zu rechnen. Dies provoziert bei den Protagonisten eine ernsthafte Auseinandersetzung mit dem Dasein und dem persönlichen Verhalten. Die Masken werden abgelegt – die Oberflächlichkeit weicht der Ehrlichkeit, der Haß dem Hunger nach Zärtlichkeit und Frieden. Man entdeckt sein soziales Mitgefühl und plant eine Stiftung zum Wiederaufbau der zerstörten Gebäude. Als jedoch der Besitzstand erneut durch das Auftauchen des Landstreichers bedroht wird, der frech eine Umverteilung der Güter fordert, kehrt man schnell zu den alten Rollen (und Masken) zurück; aus Solidarität wird wieder Profitstreben, die Wahrheit macht hohler Rhetorik Platz, die Mienen sind wiederum heiter. Das Leben »normalisiert« sich, und der Kreis ist wieder geschlossen. Nur eine Figur hat die Konsequenz aus den aufrüttelnden Vorgängen gezogen und ist aus dem zynischen, wandlungsunfähigen Milieu ausgebrochen: Cláudia, die die Jugend und (sexuelle) Freiheit verkörpert, wird durch ihr Verschwinden zum Symbol für Hoffnung, Veränderung, Zukunft.

As torres milenárias ist ein psychologisches (Lehr-)Stück um den Mythos vom kollektiven Unbewußten, den die Manipulation der Menschen in der Diktatur mit Hilfe der Massenmedien besonders deutlich macht. Es zeigt den Alltag einer satten Bourgeoisie, die nur durch Privilegienverlust und Existenzangst in ihrer Selbstgefälligkeit erschüttert wird; hier *»tritt der Tod als Gegenpol in die Lauheit des Lebens ein«* und läßt das uralte Bollwerk der herrschenden Klassen erzittern. Diese Dialektik kommt gleichfalls in der Sprache zum Ausdruck, deren teils gehobener, teils familiär-vulgärer Stil die intellektuelle Geziertheit der Figuren bloßlegt und ironisiert. Das Schauspiel zeigt die kosmopolitische Seite des Autors, dessen Hauptthemen – Eros, Freiheit, existentielle und soziale Fragen – von der armen Region des Alentejo, in dem seine Romane überwiegend spielen, hier auf das bürgerliche Ambiente der Hauptstadt übertragen wurden. K.M.K.

AUSGABEN: Amadora 1971. – Amadora ²1975 [rev. u. veränd.; m. Vorw. v. R. Paulo u. Studie v. P. Monteiro].

BASTARDOS DO SOL

(portug.; *Ü: Bastarde der Sonne*). Roman von Urbano Tavares RODRIGUES, erschienen 1959. – Dieser erste Roman von Urbano Tavares Rodrigues ist das vierte Werk in seinem außerordentlich umfangreichen Schaffen, das er 1952 mit der Erzählungssammlung *A porta dos limites (Das Tor der Grenzen)* begann und das außer Romanen und Erzählungen auch Reisebücher, Chroniken, Essays und Kritiken umfaßt. Seine Thematik – die Würde des Individuums – und sein neues Stilbewußtsein – die Abkehr von der naturalistischen Erzählweise – stehen hier exemplarisch für das gesamte Œuvre des Autors. – In fünfzehn kurzen Kapiteln schildert er aus der wechselnden Perspektive und der erlebten Erinnerung der Geschwister Irisalva und Arménio die fatale Liebesbeziehung der jungen Frau zu dem Lebemann Delfino. Der Titel weist auf das Verhältnis der drei Protagonisten zu ihrer menschlichen und natürlichen Umgebung hin: Ort der Handlung ist ein kleines Dorf in der bitterarmen südportugiesischen Region des Alentejo, die von der glühenden Sonne gelähmt wird, mit ihren von Großgrundbesitz und Patriarchat bestimmten Gesellschaftsstrukturen. Hier, wo die Zeit stillzustehen und das Los der Menschen – Mann oder Frau, Armut oder Reichtum, Glück oder Unglück – unabänderlich scheint, muß die Rebellion Irisalvas gegen die allmächtige Tradition zur Katastrophe führen. Doch in der Tragik ihrer Liebe liegt zugleich die Chance zur Befreiung aus Unterdrückung, Einsamkeit und Schmerz.

Die vordergründige Handlung in der Erzählvergangenheit spielt sich in weniger als 24 Stunden ab. Zu Beginn verbrennt Irisalva einen Brief des Geliebten, während ihr Bruder ungeduldig auf sein Abendessen wartet. Am Ende sitzt sie am Nachmittag des darauffolgenden Tages in einem Zug in Richtung Lissabon und schaut einer ungewissen Zukunft entgegen. Dazwischen spannen sich eine kurze, schlaflose Nacht mit einer heftigen Aussprache der Geschwister und ein Tag, an dem Irisalva scheinbar ziellos umherläuft, um die Stunden bis zur Abreise auszufüllen. Banale äußere Begebenheiten wie der brennende Brief, Geräusche vor der Haustür, die Schlaflosigkeit, das Packen der Koffer oder gewisse Begegnungen lösen bei den Geschwistern Gedanken, Erinnerungen und (Alp-)Träume aus, in denen die abgeschlossene Vorvergangenheit wieder lebendig wird. Im schmerzhaften Prozeß des Erinnerns erkennt insbesondere die junge Frau die Hoffnungslosigkeit ihrer gegenwärtigen Situation und beschließt, den verhaßten Bruder, der ihr Leben zerstört hat, zu verlassen.

Der Hintergrund der Handlung, die Ursache für die unerträglich gewordenen Spannungen im Zusammenleben der Geschwister, setzt sich für den Leser erst allmählich aus den Bruchstücken der inneren Monologe zusammen. Auf einem Tanzfest verliebt sich Irisalva in Delfino und gibt sich ihm hin. Nichts kann das schlichte Mädchen von ihrer Liebe zu dem weltläufigen Frauenhelden abbringen, weder seine Abneigung gegen eine Heirat und der daraus resultierende Skandal im Dorf noch seine lange Abwesenheit und ihre Eifersucht. Nachdem ihr Bruder, ein ebenso primitiver wie aggressiver Charakter, durch den Klatsch der Nachbarn davon erfahren hat, versucht er, ihre Ehre zu retten, indem er Delfino zwingen will, sie zu heiraten. Doch dessen arrogante Weigerung führt zu einem blutigen Kampf, in dem Arménio den Don Juan auf bestialische Weise entmannt. In der archaischen Welt einer rückständigen Provinz haben sich alle drei Hauptfiguren – am meisten jedoch die weibliche – durch ihr Verhalten bewußt und konsequent selbst aus der Gesellschaft ausgeschlossen: Delfino mit seinem rücksichtslosen Freiheitsdrang denkt nur an sein Vergnügen; Irisalva ist fest entschlossen, ihr persönliches Glück zu verwirklichen, und nimmt dafür den Skandal einer Beziehung ohne Trauschein in Kauf, und Arménio, der die Stelle des Vaters einnimmt, wird durch seine schreckliche Tat zu einem gefürchteten Monstrum. In diesem Bruch der tradierten Werte und der rationalen Akzeptanz seiner Folgen zeigt sich bei aller Verschiedenheit der Charaktere und ihrer Motive eine Art tieferer Solidarität der drei »Bastarde«: Die Standhaftigkeit gegenüber der Meinung der anderen beim Verfolgen ureigener Ziele vereint sie – und trennt sie zugleich, da sie im Unglück eines jeden einzelnen endet. Doch nachdem das Schicksal seinen Tribut gefordert hat – Delfino verliert seine Männlichkeit, Irisalva den Geliebten, Arménio sein Ansehen –, bietet sich die Gelegenheit, die Zukunft selbst in die Hand zu nehmen. Der Frauenheld begeht offenbar Selbstmord, Arménio bleibt im Dorf, wo er sich provokant dem Urteil der Bewohner stellt, und Irisalva bricht aus ihrem monotonen und unterdrückten Leben aus, indem sie in die Hauptstadt fährt. Dieser Wandel von passiver Schicksalsergebenheit zu aktiver Selbstbestimmung ist gerade bei ihr nicht von vornherein abzusehen, sondern er kristallisiert sich erst im Laufe eines Tages und als Ergebnis ihrer Gedanken und Erinnerungen heraus. Der Schmerz der Demütigung aus der Vergangenheit führt in der Gegenwart des stillen Leidens und des erinnernden Neuerlebens zur Auseinandersetzung und Konfliktbewältigung. Er mündet schließlich in den Aufbruch in eine Zukunft voller Hoffnung auf Würde, gemäß dem Motto, das Urbano Tavares Rodrigues seinem Roman voranstellt: *»On n'a de droit que sur les choses pour lesquelles on a souffert«* (*»Man hat nur ein Anrecht auf die Dinge, für die man gelitten hat«* – ein Wort des *décadence*-Literaten Robert de MONTESQUIOU, 1855–1921).

Dieser dialektische Dreischritt spiegelt sich auf vielen Ebenen wider: in der Sprache, dem Tempus, dem Perspektivenwechsel, den Motiven. Auch im Werk selbst, das wegen seiner Kürze, dem Symbolgehalt und dem ausgefeilten Stil eher als Novelle zu bezeichnen ist, wird dies deutlich: eine gelungene Synthese aus traditionellen und modernen, aus regionalistischen und universalistischen Elementen, die realistische Motive mit den Formen und Techniken des *novo romance* verbindet und mythische Dimensionen erreicht. Urbano Tavares Rodrigues hat einen wichtigen Beitrag zur Erneuerung der portugiesischen Literatur im 20. Jh. geleistet, ist jedoch trotz des ästhetischen Experiments zuallererst dem Menschen verpflichtet. K.M.K.

AUSGABEN: Lissabon 1959. – Lissabon [2]1966 [rev.; m. Studie v. L. F. Rebello]. – Lissabon 1972. – Lissabon [5]1982 (in *Obras*; rev.; m. erw. Vorw. v. L. F. Rebello u. m. Vorw. d. frz. Übers. v. 1969).

ÜBERSETZUNG: *Bastarde der Sonne*, G. Hohl, Bln./DDR 1978 [Nachw. J. Coutinho].

LITERATUR: R. Correia, *U. T. R. Gespräch mit einem portugiesischen Schriftsteller* (in Weltwoche, 1964, Nr. 1619, S. 25). – A. Quadros, *A novelística de U. T. R.* (in *Crítica e verdade*, Lissabon 1964, S. 45–53).

ANTÓNIO RAMOS ROSA

* 17.10.1924 Faro

DAS LYRISCHE WERK (portug.) von António Ramos ROSA.

Ramos Rosa ist seit den sechziger Jahren einer der bedeutendsten Vertreter eines ontologisch orientierten Dichtens in Portugal. Sein Erstlingswerk, *O grito claro*, 1958 *(Der helle Schrei)*, trägt in Gedichten wie *O funcionário cansado (Der müde Beamte)*, *O boi da paciência (Der Ochse der Geduld)* oder *Telegrama sem classificação especial (Telegramm ohne besondere Bestimmung)* noch deutliche Spuren des herrschenden Neorealismus in jener Form, die sich aus seiner Verbindung mit dem Surrealismus ergab und sich mit Namen wie Mário Cesariny de VASCONCELOS, Aleixandre O'NEILL und Egito GONÇALVES verbindet. Bei Ramos Rosa fehlt freilich der gelegentlich skurrile Humor. Seine Dichtung kennzeichnet von Anfang an ein unverkennbarer Ernst, das Bewußtsein einer ständigen, sich stets erneuernden Schwierigkeit. Neben Gedichten wie den obengenannten, die als Absage an eine bedrükkende gesellschaftliche Situation gelesen werden können, zeigt die Anklage in anderen freilich bereits eine gewisse Allgemeinheit und ein spürbares Interesse am Elementaren. Ramos Rosas zweiter Band, *Viagem através duma nebulosa*, 1960 (*Reise durch einen Nebelfleck*; darin noch einmal *O grito claro*), der in der Freiheit von Bild und Metapher die surrealistische Komponente verstärkt, läßt Themen aufklingen, die für Ramos Rosas Dichtung kennzeichnend werden sollten (die Serenität der Dinge, das Schweigen). Sein dritter Teil, *Poemas nus (Nackte Gedichte)*, verweist auf eine später grundlegende Stilgebärde des Dichters. Ende der fünfziger Jahre ist Ramos Rosa eine poetische Größe, an der sich die orientieren, die sich bald als Befürworter eines grundsätzlich neuen Dichtungsverständnisses um die Gruppe *Poesia 61* scharen werden (Casimiro de BRITO, Fiama Hasse Pais BRAN-

DÃO, Luíza Neto JORGE, Maria Teresa HORTA, Gastão CRUZ). Ramos Rosa, selbst Begründer der literarischen Zeitschrift ›Árvore‹, beteiligt sich 1964 und 1965 freilich zum letzten Mal an generationsgebundenen einschlägigen Gruppenaktivitäten.

Voz inicial, 1961 *(Einführende Stimme*, auch *Erstes Wort)* leitet seine Dichtung der sechziger Jahre ein, die in ihrer Originalität das Jahrzehnt weitgehend beherrschen wird: Seit Mitte der vierziger Jahre war sich die Poesie ihres eigenen ontologischen Gewichts, ihrer Bestimmung als Ort der Offenbarung des Realen und selbst Wirklichkeit, bewußt geworden. Dies wurde zwei Jahrzehnte später Erfahrungsrahmen einer ganzen Generation von Dichtern, die ihr Tun als *»Abenteuer des integralen Nennens, das heißt, ein ontologisches Abenteuer«* (E. Lourenço) verstanden. Die Ursprünge dieses Konzepts liegen in der deutschen Romantik und wurden durch den französischen Symbolismus (RIMBAUD, MALLARMÉ) vermittelt. Unmittelbare Anregung für den portugiesischen Bereich kam aus dem Surrealismus. Die Dichtung Ramos Rosas, als *»totale Tat«* und Präsentmachung der Conditio humana theoretisch reflektiert (in *Poesia, liberdade livre*, 1962 – *Poesie, freie Freiheit*), bemüht sich, die Wirklichkeit zu treffen *»durch die Anstrengung, das eigentliche Fundament der Sprache zu erreichen, jene symbolische Struktur, die uns sozusagen zum Sein jedes Dinges führt: ›Ich weiß alles und ich entdecke so/ das Licht, das Wasser, das Brot, den Körper‹«* (F. Guimarães). Gegenstand des Gedichts ist letztlich das Gedicht selbst. Die Problematik der Wirklichkeit wird als direkt in Schaffensakt und sprachlicher Struktur realisiert verstanden. Das Gedicht Ramos Rosas konstituiert dabei eine Welt, die gewissermaßen auf der Ebene der Gegenstände oder noch diesseits von ihnen erscheint, in einem Bereich, der Subjekt und Objekt noch nicht trennt. In diesem wirklich *»materialistischen Universum«* (E. Lourenço) vollzieht sich das »Abenteuer« dieser Dichtung ab *Voz inicial*. Den Enthusiasmus der Unbewußtheit der Begegnung mit dem Erdhaften und einer voll angenommenen Regressivität spiegelt etwa das Einleitungsgedicht *O único sabor (Der einzige Geschmack)*. Emblem des reduzierten Bewußtseins ist der immer wieder thematisierte menschliche Körper, dessen Räumlichkeit eine Art obsessiv erstrebter Osmose mit dem umgebenden Raum ermöglicht, sprachlich manifestiert in der Übertragung von Bildern aus dem einen Bereich in den anderen; aber auch die offensichtliche Tendenz zu klarer Einfachheit des Sprechens, zur Reihung und Isolierung der Begriffe (vgl. auch *A casa viva [Das lebende Haus]* in *Voz inicial*).

»In diesem Schweigen der Dinge dicht an der Erde« (Ocupação do espaço, 1963 – *Einnahme des Raums)* erhebt sich freilich die Frage nach der Art der Realität des Gedichtes selbst. *»Ich denke nicht oder denke: was ist?/ Derweil geht grau der Tag weiter./ Tinte ist und nicht Wald, was aus der Feder fließt,/ doch tränke ich, was ich schreibe, mit noch etwas,/ was noch nicht ist, und was erst drängt,/ Oberfläche zu sein, dicht, offen, undurchdringlich/ und real« (Ocupação do espaço)*. Mag man auch das Gedicht als Konfrontation zwischen einer Absenz, dem *»harten, kompakten Schatten, der aus der Realität selbst entspringt, der gewöhnlichen und exzessiven Präsenz des einfachen Gegenstandes«* (E. Lourenço), und dieser als unerschöpflich empfundenen Präsenz selbst definieren, so stellen sich doch Fragen wie die, ob das Gedicht nun Zeichen oder Wirklichkeit oder wie das Verhältnis zwischen Wort und Schweigen zu fassen sei; es zeichnet sich die mögliche Wendung von der Poetik der »Äußerlichkeit« zur Poetik der autonomen Sprache ab *(Caminho um caminho de palavras – Ich gehe einen Weg von Wörtern*, in *Voz inicial)*, die das Wort in letzter Konsequenz von der Wirklichkeit lösen müßte. Vor allem die Bände *Sobre o rosto da terra*, 1961 *(Auf dem Angesicht der Erde)*, und *Pedra nua*, 1972 *(Nackter Stein)*, thematisieren das Problem des dichterischen Wortes. – Eine bei Ramos Rosa häufige Denkfigur ist das Intervall: Intervall zwischen dem Körper und dem Raum; Intervall zwischen Präsenz und Absenz, das durch das poetische Wort gefüllt werden könnte: *»Zwischen der Wand und dem Schweigen/ gibt es vielleicht ein Wort,/ das ich bilden muß./ Oder es gibt nichts und ich will/ mich nicht verlieren« (Construção do corpo*, 1969 – *Konstruktion des Körpers)*. Das »Ich«, im Intervall zwischen der Leere als Raum konstituiert, erhält sich nur durch das Schreiben: *»Aber nun bin ich im Intervall, wo/ aller Schatten kalt und alles Blut arm ist./ Ich schreibe, um nicht ohne Raum zu leben,/ daß der Körper nicht stirbt im kalten Schatten« (Matéria de amor*, 1982 – *Stoff für/der Liebe)*. – In einem Dichten, das sich als wirklichkeitsschaffend versteht, kann die Absenz positiv konnotieren, als Möglichkeit zum schöpferischen Akt: *»Abwesenheit, wenn ich schreibe,/ und Abwesenheit, wenn ich nicht schreibe,/ tiefer Durst, der ringt,/ bewußter Durst zu sein,/ identischer und einhelliger Durst/ – Möglichkeit zu sein« (Ocupação do espaço)*. »Ignoranz« bietet die Möglichkeit zum Durchstoßen auf die unverstellte Wirklichkeit.

Als hervorstechende formale Aspekte der Dichtung Ramos Rosas zeigt sich in Syntax und metrischem Bau die Absage an die Wirkungsrhetorik des Neorealismus. Auffallend wirkt die Tendenz zur Reduzierung des Vokabulars, die in einer von der Kritik angemerkten scheinbaren Paradoxie zu Bedeutungsausdünnung (F. Guimarães), zur *»Atomisierung des Ausdrucks«* (E. M. de Melo e Castro), mithin aber auch zur Re-Formierung der Sprache führt. Die Problematik zwischen Autonomie der Sprache und notwendigem möglichst unmittelbarem Bezug auf vorgängige Dingwirklichkeit spiegelt sich in der Einfachheit und »Nacktheit« des Vokabulars. Schlüsselwörter Ramos Rosas sind *»Haus«, »Baum«, »Körper«, »Sonne«, »Licht«, »Erde«, »Schweigen«, »Lampe«*; dazu *»arm«, »nackt«, »einfach«, »hart«, »langsam«* u. a. Die hier aufgezählten Merkmale finden sich, bei wechselnder Akzentuierung und Konnotierung, im gesamten Werk des Dichters. Mit *Construção do corpo* (1969) scheint ein Extrempunkt der Reduzierung vorzuliegen, die sich dann in der Einführung neuer *»dy-*

namisierender Elemente« (G. Cruz) wieder etwas lockert. Spätestens seit *Quando o inexorável*, 1983 *(Wenn das Unerbittliche)*, werden auch vormalige Denkmuster im Sinne einer Neutralisierung absoluter Oppositionen umakzentuiert (Pluralisierung statt Negativität etc.). Ein entspannteres Weltverhältnis wird vom Dichter im Hinblick auf den Band *Clareiras*, 1987 *(Lichtungen)*, explizit angemerkt (R. Ferreira e Sousa).

Ramos Rosas ontologische Dichtung ist *»eines der labyrinthischsten und sprödesten Abenteuer unseres zeitgenössischen Dichtens«* (E. Lourenço). Sie konstituiert sich, immer im Odium ihrer eigenen Irrealität, als *»Rettungsversuch in einem Universum purer Objekte, zu dem wir selbst gehören«* (E. Lourenço). Die Intellektualität seines Konzepts stellt Ramos Rosa in eine Reihe mit zeitgenössischen Dichtern, die sich ebenso als Kritiker verstehen: Fernando Guimarães, Víctor Matos e Sá, Ernesto Manuel Melo e Castro. Vorübergehend berührte sich Ramos Rosas Dichtung als ekstatisches Aussprechen der Fülle mit der Paul Éluards (den er übersetzte), Jorge Guilléns, René Chars, Juan Ramón Jiménez', Eugénio de Andrades und Sophia de Mello Breyner Andresens, wandte sich jedoch bald der beunruhigten Frage nach dem Sein der Fülle, die auch als Leere erscheinen kann, zu. Dies wurde ihre Originalität. Die Problematik dieses Dichtens liegt wohl grundsätzlich darin, daß, in der Nachfolge Rimbauds und Mallarmés, mit ontologischer Sinndeutung und Sinnschaffung der Sprache Funktionen zugewiesen werden, die sie möglicherweise überfordern. W.Kre.

Ausgaben: *O grito claro*, Lissabon 1958. – *Viagem através duma nebulosa*, Lissabon 1960. – *Sobre o rosto da terra*, Covilhã 1961. – *Voz inicial*, Lissabon 1961. – *Ocupação do espaço*, Lissabon 1963 [Vorw. E. M. de Melo e Castro]. – *Terrear*, Lissabon 1964. – *Estou vivo e escrevo sol*, Lissabon 1964. – *A construção do corpo*, Lissabon 1969. – *Nos seus olhos de silêncio*, Lissabon 1970. – *Pedra nua*, Lissabon 1972. – *Não posso adiar o coração*, Lissabon 1974 [Ausw. aus den Bdn. von 1960/61; Vorw. E. Lourenço]. – *Animal olhar*, Lissabon 1975. – *Ciclo do cavalo*, Lissabon 1975. – *Respirar a sombra viva*, Lissabon 1975. – *A palavra e o lugar*, Lissabon 1977. – *As marcas no deserto*, Lissabon 1978. – *A nuvem sobre a página*, Lissabon 1978. – *Figurações*, Lissabon 1979. – *O incêndio dos aspectos*, Lissabon 1980. – *Figura: Fragmentos*, Lissabon 1980. – *Matéria de amor*, Porto 1982. – *Quando o inexorável*, Porto 1983. – *Dinâmica subtil*, Lissabon 1985. – *Obras*, Bd. 1: *Mediadoras*, Lissabon 1985. – *Poemas*, Hg. C. A. Ribeiro, Lissabon 1985. – *Volante verde*, Lissabon 1986. – *A mão de água e a mão de fogo: Antologia poética*, Coimbra 1987. – *O deus nu(lo)*, Viana do Castelo 1988. – *O livro da ignorância*, Ponta Delgada 1988. – *Obra poética*, Coimbra 1989. – *Felicidade do ar*, Lissabon 1990.

Übersetzung: *Ciclo del caballo*, Á. Campos Pámpano, Valencia 1985 [portug.-span.].

Literatur: E. M. de Melo e Castro, *Para a poesia de A. R. R.* (in Bandarra, 2.a série, 1, 1961, S. 8–23). – I. Ramalho de Sousa, *Em torno da poesia de A. R. R.* (ebd., S. 24–32). – A. R. Rosa, *Poesia, liberdade livre. Ensaios e críticas*, Lissabon 1962; ern. 1986. – A. Pinheiro Torres, *A poesia de A. R. R. ou: onde se mostra como também se passa do concreto para o abstracto* (in *Poesia: Programa para o concreto*, Lissabon 1966, S. 185–212). – G. Cruz, Rez. (in Colóquio/Letras, 1971, Nr. 1, S. 90/91). – F. Guimarães, *Revisão da moderna poesia portuguesa* (ebd., S. 34–44). – N. de Matos, *A. R. R.: Nos seus olhos de silêncio* (in N. de M., *A leitura e a crítica*, Lissabon 1971, S. 165–174). – E. Prado Coelho, *A. R. R. e o espaço interior do mundo* (in E. P. C., *A palavra sobre a palavra*, Porto 1972, S. 233–250). – E. Lourenço, *Poética e poesia de R. R. ou o excesso do real* (in A. R. Rosa, *Obra poética 1958–1973. I: Não posso adiar o coração*, Lissabon 1974, S. 11–51). – F. Guimarães, *A. R. R., a poesia sob a forma do ciclo* (in Colóquio/Letras, 1978, Nr. 45, S. 28–35). – A. R. Rosa, *A poesia moderna e a interrogação do real*, 2 Bde., Lissabon 1979/80. – E. Prado Coelho, *R. R.: a disseminação amante* (in JL, 1983, Nr. 64, S. 11). – M. I. R. de Sousa Santos, *›A boca restituída ao corpo‹: A propósito de »A poesia moderna e a interrogação do real« de A. R. R.* (in Colóquio/Letras, 1983, Nr. 73, S. 58–61). – J. M. Alves, *A linguagem originária em A. R. R.* (in Nova Renascença, 2, 1985, S. 76–85). – Ó. Lopes, *Os sinais e os sentidos*, Lissabon 1986, S. 231–243. – R. Ferreira e Sousa, *A. R. R.: a alta sedução* (in JL, 1987, Nr. 237, S. 5). – M. I. R. de Sousa Santos, *A língua do silêncio* (in A. R. Rosa, *A mão de água e a mão de fogo: Antologia poética*, Coimbra 1987; auch in JL, 1987, Nr. 280, S. 20/21). – A. R. Rosa, *Incisões obliquas*, Lissabon 1987. – C. V. Marques, *A. R. R.: Queimei poemas de adolescência* (in JL, 1988, Nr. 327, S. 16/17). – C. Barreira, *A sabedoria da escrita* (ebd.). – F. F. Morna, *A. R. R.: trinta anos de poesia (no lançamento de »A mão de agua e a mão de fogo«)* (in letras & letras, 1, 1988, Nr. 4, S. 17). – F. Guimarães, *Um caminho novo na poesia de A. R. R.* (ebd., S. 18). – M. T. D. Furtado, *»O livro da ignorância« de A. R. R. ou a definição da escrita como experiência inicial* (ebd., 2, 1989, Nr. 18, S. 16). – A. R. Rosa, *O princípio criador* (in JL, 1989, Nr. 351, S. 6). – Courrier du Centre International d'Études Poétiques, Jan.–Juni 1990, Nr. 185/186 [Sondernr. A. R. R.]. – M. T. D. Furtado, *»O deus nu(lo)«, de A. R. R. ou fascínio do divino na escrita* (in letras & letras, 3, 1990, Nr. 34). – M. Garcia, Rez. (in Brotéria, 130, 1990).

MÁRIO DE SÁ-CARNEIRO

* 19.5.1890 Lissabon
† 26.4.1916 Paris

DAS LYRISCHE WERK (portug.) von Mário de Sá-Carneiro.

Sá-Carneiro begann sein literarisches Schaffen im Jahr 1910. Er verfaßte, gemeinsam mit Tomás Cabreira Júnior, das Theaterstück *Amizade (Freundschaft)* und veröffentlichte 1912 die Erzählungssammlung *Princípio (Beginn)*, ehe er im Jahr darauf durch die Begegnung mit Fernando Pessoa (1888–1935) auch Vertrauen in seine dichterischen Fähigkeiten gewann und zu einem der bedeutendsten Dichter der ersten *modernismo*-Bewegung wurde. Begleitet von einem intensiven Briefwechsel mit Pessoa, in dem sich neben poetischen Reflexionen auch beständige Selbstzweifel widerspiegeln, stellte Sá-Carneiro 1914 für den Band *Dispersão (Auflösung)* zwölf Gedichte zusammen. Ein zweiter, der unter dem Titel *Indícios de Oiro (Anzeichen des Goldes)* vorbereitet war, gelangte ebenso wie eine Reihe von Gedichten, die der Autor in den letzten Monaten vor seinem Selbstmord verfaßte, erst postum zur Veröffentlichung.

In dem bereits im November 1911 verfaßten Gedicht *A um suicida (An einen Selbstmörder)*, das durch den Freitod von Tomas Cabreira motiviert wurde, findet sich bereits die Todessehnsucht, die sein gesamtes Werk durchziehen sollte, verbunden mit dem Thema gescheiterter Selbstverwirklichung: *»Du hast wenigstens etwas erreicht: den Tod / und es gibt so viele wie ich, die nichts erreichen ...«* Schmerzlicher Ich-Verlust auf der einen Seite und vielgestaltige Inszenierung der *Alma* (Seele) im geheimnisvollen und wunderbaren Imaginationsraum des *Além (Jenseitigen)* auf der anderen bilden die beiden Pole von Sá-Carneiros grundlegend narzißtischer Ästhetik. Im Mittelpunkt steht die ekstatische Verkörperlichung und Sensualisierung von Seelenzuständen, wobei der kostbare und artifizielle Dekor mondäner Welt (Kostüme, Edelsteine) oder ein exotisch-märchenhaftes Ambiente mitunter geradezu barock überbordend entfaltet werden. Selbst die Frau ist als *femme fatale* (häufig in der Gestalt der tanzenden Salomé) nur eine erträumte sexuelle Projektion der eigenen Seele, die für das Ich in Wirklichkeit unerreichbar bleibt. Diese Aspekte werden meist auf eine *»fundamentale Unbefriedigtheit«* (D. Mourão-Ferreira) im Leben des Autors bezogen, der als halbverwaistes Einzelkind einerseits verlassen und andererseits verzogen aufwuchs. Literarhistorisch einordnen läßt sich die Lyrik Sá-Carneiros zwischen den Ästhetizismus eines Eugénio de Castro (1869–1944), dem Symbolismus und seinen – von Pessoa propagierten – weiterführenden Richtungen des *paulismo* und *interseccionismo* (mit der zentralen Auffassung eines sich auflösenden, unberechenbaren Ichs auf der vergeblichen Suche nach der eigenen Identität) sowie dem portugiesischen Äquivalent des Futurismus, den *sensacionismo* (dessen »Programm« exemplarisch durch Pessoas Heteronym Álvaro de Campos vertreten wird).

Der schmale Gedichtband *Dispersão* eröffnet geradezu programmatisch mit den Zeilen *»hoch, hoch aufsteigen, jenseits der Himmel / andere Gefühle, andere Leben reisen«* (aus *Partida – Aufbruch*). Doch gegenüber diesem euphorischen Besingen der Fähigkeit zu extremen Empfindungen findet sich auch tiefe Desillusion: *»Ich möchte fühlen. Ich weiß nicht... mir zerrinnt alles«* (aus *Como eu não possuo – Da ich nicht besitze*). In dem 22 Vierzeiler umfassenden Titelgedicht *Dispersão* geht dies sogar sogar bis zum Verlust des Ich: *»Ich verlor mich in mir selbst / weil ich ein Labyrinth war, / und heute, wenn ich mich fühle, / dann habe ich Sehnsucht nach mir.«* In vielen anderen Texten wiederholt sich die Klage, daß das Ich die einstige Herrschaft über eine »Innere Welt« verloren habe. Im Schlußgedicht von *Dispersão* mit dem bezeichnenden Titel *A queda (Der Fall)* führt dies gar zu einer Selbstheroisierung im (Zer-)Fall als *»König dieser ganzen Inkohärenz«*. Diese Haltung innerer Zerrissenheit, die Sá-Carneiro erzählerisch in der Novelle *A confissão de Lúcio*, 1914 *(Lúcios Bekenntnis)*, umsetzte, prägt von Beginn an den zweiten Gedichtband *Indícios de Oiro: »Ich habe Angst vor mir. Wer bin ich?«* (aus *Epígrafe – Epigraph*). Hier werden die Themen aus *Dispersão* formal und stilistisch kühner ausgeführt und differenzierter entfaltet: Die bisher konventionellen, meist vierzeiligen Strophen in alternierendem oder umschlingendem Reim werden stärker von freiem Vers und Ellipsen durchbrochen, was zu insgesamt fragmentarisierteren Strophen- und Textanlagen führt, häufig in Form einer wachsenden Auflösung innerhalb eines gesamten Gedichtaufbaus (z. B. *Apoteose – Apotheose*). Sprachlich gesehen findet sich seltenes Vokabular in verfremdeten Zusammensetzungen. Immer wieder neu benannt und allegorisiert werden die Versuche, ein *Além* (Jenseits) der Empfindungen zu erreichen, das sich im *Oiro* (Gold) materialisiert, einem Schlüsselwort im Werk Sá-Carneiros. Danach fällt das Ich jedoch wie der Schatten seiner selbst in eine enttäuschte Realität zurück, in der nur die sehnsüchtige Erinnerung und Spuren einer zerronnenen mythischen Selbstverwirklichung bleiben. Sá-Carneiro nennt dieses Ich *»Rei-lua« (»Mondkönig«)* oder *»Estátua« (»Statue«)* und spricht vom *»Eu-tersido«* (»Das, was ich gewesen bin«). In einem einstrophigen Gedicht ohne Titel heißt es sogar: *»Ich bin nicht ich, noch der andere / ich bin irgend etwas dazwischen.«* Nach A. Quadros haben diese Zeilen Pessoa darin bestärkt, sich als Dichter in verschiedene fingierte Dichtergestalten (Heteronyme) aufzuspalten. Im Briefwechsel mit Pessoa hebt Sá-Carneiro hervor, daß seine Gedichte aufrichtigem Gefühl entsprängen, was auf das Fortwirken der romantischen Konzeption verweist. Diese sollte Pessoas selbstreflexive Dichtungsweise unter Heteronymen vollkommen auflösen. Sá-Carneiro hingegen pflegte nie konsequent die zerebrale Poetik des *interseccionismo* und des *sensacionismo* (die simultane wechselseitige Durchdringung verschiedener Wahrnehmungs- oder Empfindungs-»Ebenen«), auch wenn er sich dafür begeisterte, ebenso wie für den Futurismus eines MARINETTI. Am deutlichsten drückt sich diese Begeisterung in dem im Mai 1915 geschriebenen Gedicht *Manucure (Maniküre)* aus, wo von *»meinen futuristischen, kubistischen, interseccionistischen Augen«* die Rede ist. Ausgehend von einer intimen Situation im Café (Polieren der Fingernägel), wird die moderne und mondäne Welt in rascher Abfolge sinnhafter Momenteindrücke verherrlicht (Geräusche, Lichtreflexe, Aufschriften), wobei Sá-Carneiro auch typographisch experimentiert. Dieser Versuch, von Pessoa als *blague* eingestuft, ist eng verbunden mit dem kurzen Abenteuer der literarischen Zeitschrift ›Orpheu‹, deren zwei Ausgaben (April und Juni 1915) Sá-Carneiro mit dem Geld des Vaters finanzierte. Diese Periode fieberhafter Aktivität, die Sá-Carneiro in Lissabon und Paris zusammen mit befreundeten Dichtern entfaltete, brach jäh ab, als der Vater ihm seine Unterstützung entzog. Dies scheint die Lebenskrise, die zum Selbstmord führte, mit ausgelöst zu haben. Seine letzten Gedichte (teilweise noch in *Indícios de Oiro* integriert) prägen verstärkt Bilder des Zerfalls, wobei die bisherige Selbstheroisierung von Ironie und Zynismus unterwandert wird. Im Sommer 1915 beschreibt er in *Sete cancões de declínio (Sieben Gesänge des Untergangs)* das Leben als eine *»Goldtreppe«*, deren Stufen er hüpfend hinunterspringt. Es beginnt mit dem Willen zur vollen Entfaltung des Ich *(»Quero ser Eu plenamente«)* und führt bis zum Verlust der Seele, die er wie einen Hut *»inmitten der Straße nicht mehr einfangen kann«*. Das Leben, begriffen als faszinierendes Theater oder als Jahrmarkt (Karussell, Tombola) und Zirkus, zerbricht: *»In mir weint ein Clown zu seinen Pirouetten«* (aus *Pied-de-nez – Der Spaßmacher*). In dem wohl berühmtesten Sonett Sá-Carneiros, *Aqueloutro (Jener andere)*, zwei Monate vor seinem Tod entstanden, benennt er sich schließlich zynisch als *»O rei-lua postiço« (»falscher Mondkönig«)*, als *»O mago sem condão« (»Magier ohne Zauberkraft«)* und *»O esfinge gordo« (»Fette Sphinx«)*, womit er auf sein unvorteilhaftes Äußeres anspielt.

Sá-Carneiro war neben Fernando Pessoa und den Futuristen Santa-Rita PINTOR und José ALMADA-NEGREIROS die zentrale Gestalt der Modernisten-Gruppe *Orpheu* und prägte weit über seinen frühen Tod hinaus die portugiesische Lyrik. Insbesondere die Dichter der *Presença* beschäftigten sich mit Sá-Carneiro und sorgten dafür, daß der Gedichtband *Indícios de Oiro* veröffentlicht wurde. José RÉGIO, einer der Hauptvertreter dieser zweiten *modernismo*-Bewegung, setzte ihm 1957 mit dem Einakter *Mário ou Eu-próprio – o Outro (Mario oder Ich selbst – der andere)* ein literarisches Denkmal. Für die *Presença*, aber auch für zeitgenössische Autoren, zeichnete sich Sá-Carneiro gerade durch seine bedingungslose Aufrichtigkeit in der Verknüpfung von Leben und Werk gegenüber Pessoas hochreflexiver »gelehrter« Dichtungskunst aus und wirkt damit bis in die Dichtung der Gegenwart. Dem zeit seines Lebens angekündigten Selbstmord Sá-Carneiros entspreche eine *»Ungeduld der Schrift, die der Dichter nicht zu beherrschen wußte«* (Nuno JÚDICE).

O.Gr.

AUSGABEN: *Dispersão. 12 poesias*, Lissabon 1914. – *Indícios de Oiro*, Porto 1937. – *Poesias (Dispersão. Indícios de Oiro. Os últimos poemas)* (in *Obras completas*, Bd. 2, Lissabon 1946; Vorw. J. G. Simões; mehrere Neuaufl.). – *Poesias*, Lissabon 1983 [Vorw. J. Maia]. – *Poesias completas*, Porto 1984. – *Poemas juvenis (1903/1908). Inéditos*, Hg., Einl. u. Anm. F. Castex, Porto 1984. – *Obra poética*, Hg. A. Quadros, Amadora 1985, LB-EA. – *Poesias completas*, Lissabon 1986. – *Poesia* (in *Obra completa*, Bd. 1, Lissabon 1990; Vorw. N. Júdice). – *Obra poética completa*, Mem Martins 1991 [m. Einl., Anm. u. Bibliogr. v. A. Quadros].

ÜBERSETZUNG: In S. de Mello Breyner, *Quatre poètes portugais. Camões, Cesário Verde, M. de S.-C., Fernando Pessoa. Sélection, traduction et présentation*, Paris 1970 [portug.-frz.; Ausw.].

LITERATUR: A. Quadros, *M. de S.-C., a sua poesia e o seu problema* (in A. Q., *Modernos de ontem e de hoje*, Lissabon 1948). – Castro Gil, *S.-C., Miguel Torga, José Régio. Três atitudes perante a vida*, Coimbra 1949. – D. Woll, *Wirklichkeit u. Idealität in der Lyrik von S.-C.*, Bonn 1960 (aktualisierte portug. Fassg.: *Realidade e idealidade na lírica de S.-C.*, Lissabon 1968; m. Bibliogr.). – M. A. Galhoz, *M. de S.-C.*, Lissabon 1963 [m. Bibliogr.]. – J. Régio, *Ensaios de interpretação crítica*, Lissabon 1964, S. 197–244. – D. Mourão-Ferreira, *Hospital das letras*, Lissabon 1966, S. 181–192; [2]1981. – F. Sardo, *M. de S.-C. – poeta da incompletude* (in Vértice, 27, 1967, Nr. 285, S. 343–360). – F. Castex, *M. de S.-C. e a génese de »Amizade«*, Coimbra 1971 [m. Bibliogr.]. – E. Huber, *Zur Lyrik M. de S.-C.s* (in *Studia iberica. Fs. f. Hans Flasche*, Hg. K.-H. Körner u. K. Rühl, Bern/Mchn. 1973, S. 281–294). – Z. M. Bellodi, *Função e forma do tradicional em M. de S.-C.*, Araraquara 1975. – M. L. Machado de Sousa, *Uma leitura das poesias de M. de S.-C.* (in Portug. Forschungen der Görres-Ges., 14, 1976/77, S. 131–136). – W. Kreutzer, *Stile der portug. Lyrik im 20. Jh.*, Münster 1980, S. 29–41. – A. Rábago, *Trascendencia y negación del ser en »Dispersão«* (in LBR, 18, 1981, Nr. 2, S. 331–352). – P. Bacarisse, *A alma amortalhada. M. de S.-C.'s Use of Metaphor and Image*, Ldn. 1984. – L. Mourão, *M. de S.-C. ou o epílogo do romantismo* (in Cadernos de literatura, 1984, Nr. 18, S. 31–44). – C. Berardinelli, *Estudos de literatura portuguesa*, Lissabon 1986, S. 181–212. – A. Margarido, *A complexa relação de M. de S.-C. com o cubismo* (in Colóquio/Artes, 1989, Nr. 82, S. 32–41). – I. Ermida, *M. de S.-C.: o Eu e o sonho (no centenário de seu nascimento)* (in

Brotéria, 130, 1990, S. 569–583). – *M. de S.-C., 1890–1990. Centenaire de la naissance*, Porto 1990. – F. J. B. Martinho, *M. de S.-C. e o(s) outro(s)*, Lissabon 1990.

BERNARDO SANTARENO

d.i. António Martinho do Rosário

* 19.11.1924 Santarém

† 30.8.1980 Carnaxide

LITERATUR ZUM AUTOR:
C. Porto, *Em busca do teatro perdido*, 2 Bde., Lissabon 1973. – F. Rebello, *Combate por um teatro de combate*, Lissabon 1977. – H. Siepmann, *Portugals Theater im 20. Jh. und das moderne Drama* (in IR, 12, 1980, S. 41–53). – M. A. Ribeiro, *A mitogénese no teatro de B. S.*, Rio 1981. – L. F. Rebello, *Estudos de conjunto sobre a obra dramática de B. S.* (in B. Santareno, *Obras completas*, Bd. 4, Lissabon 1987).

O JUDEU. Narrativa dramática em três actos

(portug.; *Der Jude. Dramatische Erzählung in drei Akten*). Theaterstück von Bernardo SANTARENO, erschienen 1966; Uraufführung: Lissabon, 24. 2. 1981, Teatro Nacional de Dona Maria II. – Historische Titelfigur von Santarenos zehntem, von der Zensur mit Aufführungsverbot belegtem Theaterstück ist der Dichter António José da SILVA, genannt »O Judeu«, der 1705 als Sohn sog. »Cristãos novos« in Rio de Janeiro geboren und 1739 nach Anklage durch ein Inquisitionsgericht bei einem Autodafé erhängt und verbrannt wurde. Silva war Autor satirisch-komödiantischer Theaterstücke und sog. »óperas« (Nachahmungen italienischer Opern), die im Lissabonner Teatro do Bairro Alto als Marionettentheater aufgeführt wurden und ihn zum berühmtesten Theaterautor seiner Zeit machten.

Zwischen den Autodafés am Beginn und am Ende der »Erzählung«, zwischen der Predigt eines Dominikanermönchs, in der er die Inquisition lobt und das Judentum beschimpft, und den kirchlichen Gesängen bei der Verbrennung eines vom Inquisitionsgericht an die weltliche Gerichtsbarkeit ausgelieferten Verurteilten liegen dreizehn Jahre. In dieser Zeitspanne werden in chronologischer Reihenfolge die entscheidenden überlieferten Episoden aus dem Leben da Silvas erzählt: die erste Anklage und Folterung 1726, die er zusammen mit seiner Mutter erleidet; die Ausschreitungen des Pöbels gegen die Familie und das aufkeimende Bewußtsein um die lebensbedrohliche Situation; die als seelische Befreiung dargestellte Niederschrift des ersten Theaterstücks während seiner Studentenzeit, in der ihn die Kommilitonen wegen seiner jüdischen Herkunft beleidigten; die Heirat nach jüdischem Ritus mit Leonor Maria de Carvalho und die Geburt des ersten Kindes; Leonors Furcht vor Repressalien und ihr Gedanke an Flucht, dem da Silvas Streben nach allgemeiner Anerkennung im Volk und sein Glaube an eine bessere Zukunft – genährt vom Erfolg seiner Theaterstücke – gegenübersteht; einzelne Szenen aus den Aufführungen seiner Stücke, zur Zeit seiner größten Erfolge (1733–1738); die Gefangenschaft nach einer Anzeige durch eine schwarze Haussklavin im Jahr 1738 und schließlich die Folter und die Hinrichtung im Jahr darauf.

Diese Bilder aus da Silvas Leben erhalten ihren geschichtlichen Rahmen und die politische Dimension durch Szenen aus den damaligen Zentren der Macht: dem Hof und der Inquisitionsbehörde. König D. João V. zeigt sich als eine ambivalente, Leidenschaften und Eitelkeiten unterworfene Gestalt, die ein letztes Gnadengesuch des Dichters gegenüber dem unnachgiebigen Oberinquisitor nicht durchzusetzen vermag. Die drei Inquisitoren des Sanctum Officium treten nach außen zwar stets geschlossen auf, doch zweifelt der Erste Inquisitor an der Gerechtigkeit der Prozesse und der Notwendigkeit der Inquisition überhaupt. Der Oberinquisitor beantwortet diese »Zeichen der Vernunft« mit der Forderung nach absolutem Gehorsam – für Santareno ein Symbol für die Eigendynamik repressiver Prozesse. – Die historischen Szenen und die erzählend-kommentierenden Passagen gehen fließend ineinander über. Die Rolle des kritischen Kommentators übernimmt der – ebenfalls historische – Cavaleiro de OLIVEIRA (1702–1783), der 1756 wegen seiner Äußerung, das große Lissabonner Erdbeben (1755) sei eine Strafe Gottes u. a. für Portugals Festhalten an der Inquisition, in effigie verbrannt wurde (und von dem der berühmt gewordene Satz stammt, mit seiner Inquisition gleiche Portugal anderen Ländern gegenüber einer nachgehenden Uhr). Oliveiras zuweilen sehr lange Monologe haben die Funktion, die Handlung weiterzuführen, die Szenen miteinander zu verbinden und Zeitspannen zu überbrücken, aber auch, den Zuschauer zu desillusionieren, eine Distanz zum Geschehen auf der Bühne herzustellen und allmählich die – so Santareno – »wahre Geschichte« des José da Silva vorzutragen, wie sie sich vom modernen Standpunkt darstellt.

Santareno selbst hat diese »dramatische Erzählung« als *»didaktisches Stück«* bezeichnet. Mit ihm beginnt er sich ganz dem politischen Theater im Sinne BRECHTS zuzuwenden und gezielt theatralische (Einbeziehung des Zuschauerraums, Aus- und Überblendung, Film, Tonband) und künstlerische Mittel (v. a. Vereinfachung durch klare Polarisierung gut–böse, deutliche Charakterzeichnung und kräftige dramatische Akzentuierung) in einem bisher in Portugal nicht gekannten Maß einzusetzen, um das Publikum sowohl zu gefühlsmäßiger Anteil- und Parteinahme als auch zur bewußten geistigen Auseinandersetzung mit dem Bühnengeschehen herauszufordern. Durch das Bloßlegen politischer Mechanismen und gesellschaftlicher Zusammenhänge versucht er, die Wiederholbarkeit von Geschichte zu beweisen – mit vergleichbaren Folgen (Hinweis darauf ist z. B. der prophetische, den Massenmord an Juden in Konzentrationslagern erahnende Traum der Lourença). Im Hintergrund steht die Erwartung, das Publikum möge in der vorgeführten Atmosphäre der Unterdrückung, des Denunziantentums und des Rassenhasses die eigene aktuelle politische Situation wiedererkennen (das faschistische Salazar-Regime, die Verbrechen der Geheimpolizei PIDE, die Kolonialkriege), ohne daß es explizit genannt werden müßte (Gefahr der Zensur oder des Verbots). Das Stück erschließt sich dem Zuschauer erst dann in der vom Autor intendierten Weise, wenn er beginnt, die Vorgänge jener Epoche mit seiner eigenen Zeit zu vergleichen. Um diesen Vergleich anzuregen, muß nach Santareno das Stück vor allem in den Gefühlsbereich eindringen und dem Publikum von dort her verständlich werden: Die Inszenierung soll es unmöglich machen, dem Gesehenen gegenüber Neutralität zu wahren. Sie polemisiert bewußt und unternimmt darin den Versuch, über die beim Publikum provozierten moralischen Positionen in subtiler Weise handlungsorientierend auf die Gegenwart zu wirken. Wesentlicher Aspekt ist hierbei die Sensibilisierung des Gerechtigkeitsempfindens.

Im Gegensatz zu Camilo Castelo Brancos Roman *O Judeu* (1866), der das Schicksal António Josés da Silva in poetisch ausgeschmückter Form wiedergibt, hat sich Santareno in seinem Stück um Authentizität (u. a. auch durch Verwendung von Originalzitaten verschiedener Schriftsteller jener Epoche) bemüht – ein Faktor, der mit dazu beigetragen hat, daß das Stück zur Pflichtlektüre an höheren Schulen wurde. A.Schü.

Ausgaben: Lissabon 1966; [6]1983. – Lissabon [7]1986 (in *Obras completas*, Hg. L.F. Rebello, 1984ff., Bd. 3).

Übersetzung: *El judío*, F. Jover, Barcelona 1969 [span.].

Literatur: W. G. Woodyard, *A Metapher for Repression: Two Portuguese Inquisition Plays* (in LBR, 10, 1973, Nr. 1, S. 68–75). – J. Oliveira Barata, *Para uma leitura de »O Judeu« de B. S.*, Porto 1983. – J. A. Camelo u. M. H. Pecante, *»O Judeu« de B. S.*, Porto 1984. – M. M. Gouveia Delille, *»O Judeu« de B. S.: suas relações com o Teatro Épico de Bertolt Brecht e com o Teatro de Peter Weiss* (in Runa, 1984, Nr. 2). – D. Mimoso-Ruíz, *Le théâtre de B. S. face à la censure* (in *Le théâtre sous la contrainte. Actes du colloque…*, Aix-en-Provence 1988, S. 109–123).

A TRAIÇÃO DO PADRE MARTINHO. Narrativa dramática em dois actos

(portug.; *Der Verrat des Paters Martinho. Dramatische Erzählung in zwei Akten*). Theaterstück von Bernardo Santareno, erschienen 1969; Uraufführung: Havanna/Kuba, November 1970, Sala El Sótano; portugiesische Erstaufführung: Lissabon, 24. 9. 1974, Teatro Maria Matos. – Der junge Pfarrer Martinho ist seit zwei Jahren in der kleinen Gemeinde Cortiçal als Seelsorger tätig. Obwohl ohne berufliche Erfahrung, hat er in dieser kurzen Zeit erreicht, daß ihn die Einwohner des Dorfes als einen der Ihren ansehen *(»Er ist wie ein Bruder«)*. Getreu seiner Auffassung, daß die Mitglieder seiner Pfarrgemeinde, überwiegend arme, hart am Rande menschenwürdiger Existenz lebende Fabrik- und Landarbeiter, erst zu essen haben müssen, bevor ihnen gepredigt werden kann, versteht er sein couragiertes Eintreten für deren Rechte und eine direkte materielle Unterstützung als vordringlichste Aufgabe seines christlichen Dienstes am Nächsten. Dieses Verständnis von Seelsorge bringt ihn jedoch in Konflikt mit den beiden Ortsgrößen, dem »Landbesitzer« und dem »Ingenieur«; der Landbesitzer ist Eigentümer fast des ganzen Landes um Cortiçal, der Ingenieur Inhaber des einzigen Industriebetriebes am Ort, einer Korkfabrik. Sie sehen durch den neuen Pfarrer den Frieden im Ort gestört und vermuten hinter mehreren Streiks, die in den letzten Monaten ausgebrochen sind, den Einfluß seiner Person in Zusammenhang mit Umtrieben einer kommunistischen Zelle unter der Arbeiterschaft. Auf ihr Betreiben und ihre Darstellung des Sachverhaltes hin läßt der Bischof nach längerem Zögern Pfarrer Martinho mitteilen, daß dieser innerhalb von drei Tagen die Pfarrei zu verlassen habe. Eine Unterredung Martinhos mit dem Bischof, in der beide mit gegensätzlichen Bibelstellen argumentieren, bleibt ohne Ergebnis. Als die Anordnung der Kirchenleitung in der Gemeinde bekannt wird, unternimmt eine vom Volk gewählte Kommission des Ortes den vergeblichen Versuch, beim Bischof zugunsten ihres Pfarrers zu intervenieren; sie werden von Sekretären abgefertigt. Von nun an beginnt die Auseinandersetzung außer Kontrolle zu geraten; die Einwohner halten Pfarrer Martinho, der der bischöflichen Anordnung gehorchen will, gegen seinen Willen im Ort fest und verweigern die Übergabe der Kirchenschlüssel. Fast alle der Arbeiter streiken; die Angelegenheit wird von der Presse aufgegriffen; aus Cortiçal starten drei Omnibusse, um erneut eine Audienz beim Bischof zu erzwingen. Der Bischof, der sich zuvor mit den Sekretären und dem Vikar beraten hat, revidiert die getroffene Entscheidung nicht – es könnte als Zeichen von Schwäche ausgelegt werden. Aber auch das Volk gibt nicht nach. Niemand arbeitet mehr auf den Feldern und in der Fabrik. Dem Landbesitzer und dem Ingenieur gelingt es schließlich, ihren Abgeordneten zu einem Polizeieinsatz zu bewegen: Es handle sich um eine offene Revolte, Pfarrer Martinho sei ein gefährlicher Anarchist und stehe mit den Kommunisten im Bunde. Die Verhaftung Martinhos schlägt jedoch fehl, die Polizisten werden von den Einwohnern aus dem Dorf vertrieben. Nach diesem Akt des Widerstandes gegen die staatliche Gewalt steht für den Abgeordneten und den Bischof fest, daß die Revolte so rasch wie möglich beendet werden muß. Eine fünfzig Mann starke Truppe der Guarda Nacional rückt an und eröffnet das Feuer auf die Dorfbewohner, nachdem diese sich weiter geweigert hatten, ihren Pfarrer »herauszugeben«. Zwei Tote bleiben zurück. Damit – so erklärt der Szenenkommentator – sei die dramatische Erzählung beendet. Das weitere Schicksal Martinhos sei ihm nicht bekannt. Er bietet dem Publikum mehrere Lösungen an, zuletzt die, die ihm selbst am meisten zusagt: Martinho hört auf, Priester zu sein, und wird auf der Seite der Armen und Unterdrückten zum Kämpfer für soziale Gerechtigkeit.

Die Handlung des Stücks beruht auf einer wahren Begebenheit, die Charaktere sind erfunden, und auch der Ort Cortiçal existiert nicht wirklich, er ist ein Dorf *»wie so viele in Portugal«*, in dem Erbteilung und -pacht, Arbeitsemigration und eine Zwei-Klassen-Gesellschaft herrschen, die aus Besitzenden und Mächtigen (Fabrik- und Landbesitzer, Geistlichkeit, Mandatsträger) und aus einer großen Zahl von Abhängigen besteht, dem »Volk« aus Fabrik- und Landarbeitern. Die Klassenschranken werden von dem Idealisten Martinho durchbrochen, der sich dem Volk assimiliert und dadurch in der Gesellschaftsklasse, der er seiner Stellung nach angehört, zum verdächtigen Fremdkörper wird. Der Wille des Volkes gilt nichts und wird unterdrückt, wenn er die Interessen der Oligarchie berührt. Der Wille des einzelnen, konsequent bestehendes Unrecht zu beseitigen und soziale Verbesserungen durchzusetzen, führt in der Zwei-Klassen-Gesellschaft notwendig zur gewaltsamen Auseinandersetzung. Nicht von oben helfen, sondern von unten kämpfen: das ist die zentrale politische Aussage des Stücks, das – selbstverständlich – zensiert und mit Aufführungsverbot belegt wurde. Um der Exemplarität des Vorgeführten willen sind Figuren und Verhaltensweisen extrem typisiert; sie entsprechen zumeist dem Klischee früherer Stücke Santarenos. Die Darstellung von Innenperspektiven, die die individuelle psychologische Motivierung von Handlungen vermitteln, ist so schematisiert, daß über sie kaum eine Steuerung der Zuschauersympathie stattfindet. Dies, die Rollenaufteilung (insbesondere die Verwendung der »Stimmen des Volkes« im Stil eines Chors), die Unausweichlichkeit des Handlungsablaufs und eine gewisse pathetische Überhöhung haben zu einem formalen Vergleich dieser dramatischen Erzählung mit der klassischen griechischen Tragödie geführt (J. N. P. Corrêa Cardoso). Der deutliche Appellcharakter des Stücks und die pädagogische Funktion des »geläuterten« Protagonisten sollen den Zuschauer zur Entscheidung über Zustimmung oder Ablehnung der gedanklichen Position des Autors und der in den Kommentaren des Erzählers vorgelegten Interpretationsmuster provozieren. Hauptziel von *A traição do Padre Martinho*, wie auch das anderer Stücke des aktivistischen Theaters aus dem Jahrzehnt vor der Revolution von 1974, etwa L. Sttau MONTEIROS *Sua Excelência*, 1971 *(Seine Exzellenz)*, ist es, Kräfte, die wesentlichen Anteil an der Beständigkeit des damaligen portugiesischen Gesellschaftssystems hatten, kenntlich zu machen und auf der »anderen Seite«, beim Volk, ein »Wir-Gefühl« und damit politisches Bewußtsein zu wecken. Santarenos Kritik richtet sich vor allem an die katholische Kirche. Sie zeigt sich als diejenige institutionalisierte Macht, die – entgegen ihrer eigentlichen Mission und unter Mißachtung ihrer Möglichkeiten, zur moralischen und kulturellen Entwicklung des Landes beizutragen – den sozial engagierten Geistlichen die Unterstützung verweigert, wenn sie durch deren Aktivitäten die bestehende Ordnung gefährdet sieht. Denn oberstes Gebot ist das des Gehorchens; darüber hinaus liegt ihr zu wenig an der Fürsorge für das materielle Wohl des einzelnen. So sagt Martinho schon zu Beginn des Stückes: *»Nicht nur die Seele ist unsterblich, auch das Fleisch ist es. Warum also das Fleisch geringschätzen?«* A. Schü.

AUSGABEN: Lissabon 1969; [4]1974. – Lissabon [5]1986 (in *Obras completas*, Hg. L. F. Rebello, 1984 ff., Bd. 3).

LITERATUR: J. N. P. Corrêa Cardoso, *Os elementos trágicos em »A traição do Padre Martinho«* (in Vértice, 45, 1985, S. 40–55).

JOSÉ SARAMAGO

* 16.11.1922 Azinhaga / Ribatejo

LITERATUR ZUM AUTOR:
M. A. Seixo, *O essencial sobre J. S.*, Lissabon 1987. – *Gespräch mit J. S.* (in Iberoamericana, 11, 1987, Nr. 2–3, S. 106–109). – T. C. Cerdeira da Silva, *J. S. entre a história e a ficção. Uma saga de portugueses*, Lissabon 1989. – M. Dresing, *J. S.* (in KLFg, 22. Nlg., 1990).

O ANO DA MORTE DE RICARDO REIS

(portug.; *Ü: Das Todesjahr des Ricardo Reis*); Roman von José SARAMAGO, erschienen 1984. – Ricardo Reis heißt eine derjenigen fingierten Dichterfiguren, hinter denen Fernando PESSOA (1888–1935) die Autorschaft für sein umfangreiches Werk verbarg. Nach Pessoa studierte Ricardo Reis Medizin, emigrierte 1919 als Monarchist nach

Brasilien und schrieb hauptsächlich kunstvolle, antikisierende Oden. Saramago läßt nun diese Gestalt im Dezember 1935, also kurz nach dem Tod ihres Schöpfers, von Rio de Janeiro nach Lissabon zurückkehren. Damit schreibt *O ano da morte de Ricardo Reis* die Fiktion, mit der Pessoa sein Leben umgab, fort. Zugleich wird aber auch die dichterische Selbstbezogenheit und passive Indifferenz gegenüber der Außenwelt als fragwürdige Haltung aufgezeigt.
Nach der Ankunft in seiner Heimatstadt bringt Ricardo Reis drei Monate in einem Hotelzimmer zu, flaniert müßig durch die Straßen und liest zerstreut die Zeitung, aus der er auch von dem Tod Fernando Pessoas erfährt. Später mietet er sich eine Wohnung und vertritt zeitweise einen Arzt. Dieses Leben, so monoton wie der Regen, der in den ersten Monaten fast unablässig vom Himmel fällt, wird kaum von zwei gleichzeitig geführten Frauenbeziehungen berührt: Ricardo läßt sich zögernd mit dem Zimmermädchen Lídia ein. Daneben verehrt er platonisch die Tochter des Notars Sampaio, Marcenda, deren linker Arm gelähmt ist. Beide Frauennamen treten auch in den Oden auf, die in Saramagos Roman fragmentarisch zitiert die alltäglichen Verrichtungen des Doktors Reis unterbrechen. Das bekannte Gedicht *»Weise ist der, der sich mit dem Schauspiel der Welt abfindet«* drückt deutlich seine ungerührte Weltabgeschiedenheit aus. Überall ist er dabei, sei es auf einem Pilgerzug nach Fátima oder auf einer Massenveranstaltung für den neuen Diktator Salazar, doch er beobachtet alles distanziert. Auch die dramatischen Ereignisse, die die Schlagzeilen bestimmen, der Aufstieg Mussolinis und Hitlers, der Beginn des Spanischen Bürgerkriegs, vermögen den Odendichter nicht aus der Ruhe zu bringen. Beunruhigender sind die Gespräche mit seinem verstorbenen Schöpfer Pessoa, der ihn nachts in seinem Zimmer erwartet. Als Toter kritisiert er diejenige Dichtung, die eine absolute Ordnung poetisiert und ein (nationales) Schicksal verherrlicht, so wie er es selbst vormals etwa in der *Mensagem* (1934) getan hatte. Statt dessen sollte man lieber Unordnung stiften und verhindern, daß das Schicksal tatsächlich zum Schicksal wird. Ricardo Reis bemerkt, daß Pessoa *»zu Lebzeiten weniger subversiv gewesen ist«*, und verweist damit auf ein fundamentales Anliegen Sarmagos, das nicht nur *O ano da morte de Ricardo Reis* prägt: Auf respektlos-heterodoxe Weise werden portugiesische Geschichte und ihre Mythen wiederaufgesucht – in diesem Fall Portugal an der Schwelle zur Diktatur und der Dichter Pessoa, der zur Entstehungszeit des Romans ebenso zum unantastbaren Nationaldenkmal zu erstarren droht wie dies vormals mit Luís de Camões (1524/25–1580), dem Schöpfer der *Lusíadas*, geschehen ist. *O ano da morte de Ricardo Reis* tritt mit beiden – Pessoa und Camões – in einen intertextuellen Dialog, um ›Versteinerungen‹ rückgängig zu machen, etwa versinnbildlicht in der umgekehrten Metamorphose des Riesen Adamastor aus den *Lusíadas*. Und so gewinnt auch der blutleere Ricardo Reis gegen Ende des Romans unverhofft lebendigere Züge. Als Lídia ihm mitteilt, sie sei schwanger, beunruhigt ihn der Gedanke der Vaterschaft zutiefst, doch zugleich regt sich ein Gefühl menschlicher Anteilnahme, das anwächst, als Ricardo die Revolte der Marinesoldaten, an der sich Lídias Bruder Daniel beteiligt, zu seiner eigenen Sache macht. Über ihr Scheitern und den Tod des Bruders vergießt er Tränen, bevor er sich endgültig dazu entschließt, Fernando Pessoa ins Grab nachzufolgen.
Die gesamte Geschichte besitzt einen vielfach zirkulären Charakter, etwa eines Rundgangs durch Lissabon, aber auch einer Unterweltsreise, die Ricardo Reis für die neun Monate eines Vor-Todes, gleichsam ein Gegenstück der ungeborenen Lebensspanne im Mutterleib, zugestanden wird. Im deutlichen Bezug zur Menippea, Lukians *Totenorakel*, bildet der Gang durch das Schattenreich – zugleich ein Bild für Portugal und die Welt der dreißiger Jahre – gewissermaßen das Komplement zur Luftreise in dem Roman *Memorial do Convento*. Dabei werden wiederum Orte und vor allem Texte der Vergangenheit in ungewohnter, exzentrischer Sicht aufgesucht. Scheinbar willkürlich überkreuzen sich Zitate hoher Dichtung und Zeitungsnotizen, um Historisches subversiv auf andere Zeiten zu beziehen. So wird etwa die berühmte Ode, in der sich zwei Schachspieler nicht durch die Nachrichten von einem grauenhaften Krieg in Persien stören lassen (R. Reis, 1. 6. 1916), von Sätzen aus der Zeitung ›Diário de Notícias‹ unterbrochen, die dem Bericht über den Einfall italienischer Truppen unter Badoglio in Addis-Abeba entnommen sind. Das disziplinierte Schachspiel, das die Dichtungsweise von Ricardo Reis generell spiegelt, erscheint fragwürdig angesichts eines Terrors, dem keine Weltöffentlichkeit Einhalt gebietet. Der Roman fordert den Leser auf, sich der stoischen Haltung zu verweigern, also die Zirkularität, die *O ano da morte de Ricardo Reis* als allgegenwärtige Metapher des Fatalismus vorführt, zu durchbrechen. Seit seiner Ankunft im Hafen von Lissabon begleitet Ricardo Reis das Buch *The God of the Labyrinth*, das er auch mit sich nimmt, als er mit Fernando Pessoa endgültig das Grab aufsucht, um, wie er sagt, *»der Welt ein Rätsel zu ersparen«*. Dieses Buch verweist auf eine Erzählung von J. L. Borges, *Examen de la obra de Herbert Quain* (aus *Ficciones*), die ihrerseits den Roman Saramagos spiegelt (E. Souto). Dort geht es nämlich um den Fall eines tot aufgefundenen Schachspielers, den der Detektiv falsch löst. Der Leser ist aufgefordert, nach der *anderen* Lösung zu suchen. Für *O ano da morte de Ricardo Reis* bedeutet dies, angesichts der Entscheidung von Ricardo Reis, in den Sarg hinabzusteigen, sich für eine aktive Haltung gegenüber dem geschichtlichen Augenblick zu entscheiden. Mit dieser Botschaft, die sich durch aktive Lektüre erschließt, gelingt es Saramago überzeugend, eine komplexe intertextuelle Schreibweise mit seinem ethischen Anspruch zu verbinden, nämlich durch ein neues Geschichtsbewußtsein alternative Lebensperspektiven zu eröffnen.

O.Gr.

AUSGABEN: Lissabon 1984; [8]1986. – Lissabon 1988 [m. Einl. u. Bibliogr.].

ÜBERSETZUNG: *Das Todesjahr des Ricardo Reis*, R. Bettermann, Bln./Weimar 1988. – Dass., ders., Reinbek 1988. – Dass., ders., Reinbek 1990 (rororo).

LITERATUR: A. C. Brinco, *Uma ficção: Lisboa, 1985: O segundo regresso de Ricardo Reis* (in JL, 15. 1. 1985). – A. v. Brunn, Rez. (in NZZ, 19. 4. 1985). – J. do Nascimento Campelo, *A ficção da ficção em »O ano da morte de Ricardo Reis«* (in Revista Letras, 34, Curitiba 1985, S. 39–43). – L. de Sousa Rebelo, Rez. (in Colóquio/Letras, 1985, Nr. 88, S. 144–148). – O. Lopes, Rez. (in O. L., *Os sinais e os sentidos*, Lissabon 1986, S. 208–217). – I. Heinrich-Jost, Rez. (in FAZ, 6. 12. 1988). – H. Costa, *Sobre a pos-modernidade em Portugal. S. revisita Pessoa* (in Colóquio/Letras, 1989, Nr. 109, S. 41–47). – R. Görling, Rez. (in FRs, 17. 1. 1989). – E. Souto, *Textos em diálogo: »O ano da morte de Ricardo Reis«* (in Vértice, 27, Juni 1990, S. 69–81).

LEVANTADO DO CHÃO

(portug.; *Ü: Hoffnung im Alentejo*). Roman von José SARAMAGO, erschienen 1980. – Der Alentejo, die weite Landschaft im Süden Portugals, findet nach dem erklärten Willen des Autors in diesem Buch unmittelbar Ausdruck. Für Saramago, der selbst aus einem Dorf stammt, bedeutet dies, die Geschichte der Landarbeiter nachzuzeichnen: ihr entbehrungsreiches und eintöniges Leben ebenso wie ihr Aufbegehren gegen feudale Herrschaftsstrukturen, die sich über 500 Jahre hinweg kaum verändert haben. Die Besetzung der Latifundien durch Arbeiter nach der »Nelkenrevolution« von 1974 bildet den hoffnungsvollen Schlußpunkt, von nun an nicht mehr geknechtet, sondern tatsächlich *»vom Boden erhoben« (»levantado do chão«)* zu sein. Diese Geschichte des Alentejo verdichtet sich in der Chronik der Familie Mau-Tempo. In den drei Generationen, von denen berichtet wird, tritt immer wieder das Merkmal blauer Augen auf. Diese verweisen auf die wiederholt evozierte Vergewaltigung, die die starren Machtverhältnisse bildlich hervorhebt und am Ursprung der Familiengeschichte steht: Ein nordischer Großgrundbesitzer schwängert eine Magd, die am Brunnen Wasser holt. Zugleich wird betont, daß die Geschichte der Mau-Tempos zufällig aus der Vielzahl der Schicksale ausgewählt ist, die in die Landschaft des Alentejo gleichsam eingeschrieben sind.

Um 1905 ziehen der trunksüchtige Schuster Domingos Mau-Tempo und dessen Frau Sara rastlos von Ort zu Ort. Während sich der Mann schließlich erhängt, kehrt Sara, die alle Schläge ihres Gatten erduldet und fünf Kinder gebiert, in das Heimatdorf Monte Lavre zurück, das den Hauptschauplatz der Romanhandlung bildet. Der Erstgeborene, João Mau-Tempo, muß bereits mit zehn Jahren hart arbeiten, um die Familie zu ernähren. Mit zwanzig flieht er mit einem Mädchen namens Faustina, da deren Eltern gegen die Heirat sind. Unterdessen dringen von der Weltgeschichte und den politischen Wandlungen Portugals (erst Republik, dann Diktatur) nur ferne Echos in den Alentejo. Denn was in Lissabon geschieht, ändert nichts an dem Kreislauf von niedriger Entlohnung, Verschuldung, Analphabetismus und Hunger, in dem die kinderreichen Familien in ihren ärmlichen Behausungen gefangen sind. Sie bleiben der zweifelhaften Gunst der Landherren ausgeliefert, denen Kirche und Staat (Polizei und Militär) treu zur Seite stehen. Doch ab 1930 verschärft sich die Situation durch die Einführung von Landmaschinen, die Wirtschaftskrise und die Kommunismus-Hetze. Die Landarbeiter werden einerseits als Kulisse für die Veranstaltungen des jungen Diktators Salazar verwendet, andererseits organisieren sie erste Streiks, an denen sich auch João Mau-Tempo aktiv beteiligt. Zusammen mit seinen Kameraden wird er daraufhin inhaftiert, aber durch die »gütige Intervention« des Dorfpaters Agamedes wieder freigelassen. Der Sohn António Mau-Tempo, der als Kind bei einem verrohten Landherren Schweine hütete, wird später – wie so viele aus dem Alentejo – in Frankreich arbeiten. Eine seiner Schwestern, Gracinda, heiratet Manuel Espada, der zu den Streikführern gehört, und bringt eine Tochter zur Welt, die wiederum jene blauen Augen besitzt, die die Familie Mau-Tempo auszeichnen. Im Mittelpunkt der Chronik steht jedoch weiterhin João Mau-Tempo, der durch solidarische Aktionen bessere Arbeitsbedingungen erkämpfen möchte. Nach dem Verrat heimlicher Zusammenkünfte wird er als Kommunist deklariert, gefoltert und nach jahrelanger Haft wieder freigelassen. Während die Opposition zum Salazar-Regime (die Kandidatur von Humberto Delgado) und der Alp der Kolonialkriege wachsen, gehen die Herrschenden gegen die Mau-Tempos und ihre Leidensgenossen, die mutig auf die Straße gehen, mit äußerster Härte vor. João Mau-Tempo stirbt schließlich früh gealtert wenige Jahre vor der »Nelkenrevolution«.

Die gesamte Familienchronik bildet allerdings nur ein Gerüst, um das sich vielfältige Episoden mit Querverweisen ranken. Dabei treten Figuren wie João und António Mau-Tempo selbst als Geschichtenerzähler zwischen Wahrheit und Lüge in Erscheinung, während im Roman historische Authentizität überhaupt in Frage gestellt wird. Der scheinbar überlegenen Chronistenstimme sind unvermittelt die Berichte, Gedanken und Sehnsüchte der Handelnden in deren bäuerlich-respektloser Denk- und Redeweise einverleibt. Da es somit im Grunde unmöglich ist, eine bestimmte Instanz für »Auflehnung« verantwortlich zu machen, begegnet *Levantado do chão* sprachlich den repressiven Strukturen, denen der Alentejo ausgesetzt ist. Saramago hat seinen Roman zwei Opfern gewidmet, deren Sterben im Gefängnis und auf der Straße in die Handlung integriert ist. Das wuchernde, durch keine Ordnung gehemmte mündliche Erzählen befreit ebenso wie das Träumen für Augenblicke von den existentiellen Ängsten. Populäre Redensarten, Sprichwörter oder naiv-häretische Bibelauslegung unterhöhlen Parolen von Kirche und Staat. Zugleich entstehen neue Mythisierungen, die an diejenigen der brasilianischen Literatur des *sertão* erinnern, etwa die Gestalt des »wohltätigen Räubers« José Gato oder die allegorische Inszenierung von Konflikten, die Geschichte als Prozeß in Frage stellen. Insgesamt erscheint der Roman als Epos auf die vielen ruhm- und namenslosen Helden im Alentejo, in diesem *»inneren Meer der Latifundien«*, und versteht sich somit geradezu als Gegenstück zu den *Lusíadas* von Luís de CAMÕES, dem großen Seefahrer-Epos des 16. Jh.s, das das Salazar-Regime ausbeutete, um das Festhalten an der ultramarinen Expansion zur Staatsideologie zu machen. Saramagos Text unterwandert die Herrschaftsdiskurse durch mündliche Sprechweisen, eine Geschichte »von unten« und die exzentrische Perspektive der Satire. *Levantado do chão* markiert den Übergang vom portugiesischen Neorealismus (A. REDOL, C. de OLIVEIRA) zu einer dialogischen und intertextuellen Schreibweise, die der Autor in nachfolgenden Werken weiterentwickelt. O.Gr.

AUSGABE: Lissabon 1980; [8]1988.

ÜBERSETZUNG: *Hoffnung im Altenejo*, R. u. R. Bettermann, Bln./DDR 1985. – Dass., dies., Reinbek 1987 (rororo).

LITERATUR: E. Engler, Rez. (in Neues Deutschland, 16. 8. 1986). – S. Groenewold, Rez. (in FAZ, 4. 3. 1988). – M. L. Lepecki, *Sobre impressões. Estudos de literatura portuguesa e africana*, Lissabon 1988, S. 83–112.

MEMORIAL DO CONVENTO

(portug.; *Das Memorial*). Roman von José SARAMAGO, erschienen 1982. – Bei Mafra, in der Nähe Lissabons, wird ein gigantisches Konvent errichtet. Dieses Ereignis steht im Mittelpunkt des Romans, der die Geschichte Portugals zwischen 1711 und 1739 lebendig vor Augen führt. Dies geschieht zum einen aus der Perspektive der Tausenden, deren Schweiß und Blut die prunkvolle Machtentfaltung der Kirche und des Königshofes ermöglichten. Zum anderen werden gezielt die Grenzen zwischen Faktischem und Fabulösem ebenso verwischt wie zwischen verschiedenen Epochen. *Memorial do convento* ist kein historischer Roman, der sich auf die geordnete Rekonstruktion von Ereignissen beschränkt. Vielmehr wird im respektlosen Umgang mit Vergangenem dessen mögliche Bedeutung für die Gegenwart und Zukunft erkundet. Dabei wird von Beginn an das prophetische Sprechen parodiert, das Portugals Identität so sehr prägt (BANDARRA, CAMÕES, A. VIEIRA): *Memorial do convento* kündet von einer anderen, heterodoxen Version portugiesischer Geschichte.

»Wenn der König verspricht, ein Konvent zu bauen, wird Gott ihm Nachfolge geben«, prophezeite 1711 ein Franziskanermönch. Der bisher kinderlose Monarch D. João V. gelobt es, und flugs wird ihm – nicht der ersehnte Infant – eine Infantin geboren. Indem die Chronistenstimme dieser Weissagung im Konzert mit populären Wundergeschichten eine schwankhafte Wendung gibt, kommen Zweifel auf, ob besagter Mönch nicht bereits per Beichtgeheimnis von der Schwangerschaft der Königin wußte und dies zum Vorteil seines Ordens ausnutzte. Der König hält jedenfalls sein Wort, gibt ihm doch der Klosterbau Gelegenheit, seine Macht in ihrer Gottgefälligkeit zur Schau zu stellen, während er ungehemmt seinen Nonnenliebschaften nachgeht.

Dieser dekadenten und heuchlerischen Welt der Krone und des Klerus wird in *Memorial do convento* diejenige des einfachen Volkes gegenübergestellt, das den zahlreichen weltlichen und kirchlichen Straßenprozessionen beiwohnt, allerdings diese Lehrstücke der Unterdrückung insgeheim zu Augenblicken sinnesfrohen Lebens nutzt. Auf einem der zahlreichen Autodafés lernen sich die 19jährige Blimunda und der einhändige Kriegsveteran Baltasar kennen und verlieben sich ineinander. Diesen Bund segnet der junge Pater Bartolomeu ohne Sakramente und erweist sich bereits darin als einer, der sich nicht der nachtridentinischen Dogmenstrenge unterwirft. Mit Blimunda und Baltasar bildet er als dritter Part eine häretische *»irdische Dreifaltigkeit«*. Das Liebespaar und der Pater vereinen ihre Fähigkeiten, um von Menschenhand einen »Vogel«, die sogenannte *passarola*, zu bauen. (Ebenso wie die phantastisch anmutende Basilika von Mafra sind die Flugexperimente von Bartolomeu Lourenço de Gusmão geschichtlich verbürgt.) In Saramagos Roman bildet die *passarola* den augenfälligen Schnittpunkt vielfältiger Strategien, sich für einen utopischen Augenblick über die drückende, auf Gott und König ausgerichtete barocke Weltordnung, die im Kloster steinernen Ausdruck findet, zu erheben. *Memorial do convento* knüpft damit an das Sinnbild seines Romans *Levantado do chão* (wörtlich *»vom Boden erhoben«*) an. So bewegt sich das »Flugzeug« gemäß des barocken universalen Bezugsdenkens aufgrund sich gegenseitig anziehender Materien, in deren Mittelpunkt allerdings nicht Gottes Kraft steht. Vielmehr heben Tausende, zum Himmel strebende menschliche Willenskräfte, die in der innersten Kugel eingeschlossen sind, vereinigt die *passarola* in die Lüfte. Diese Willenskräfte sammelt Blimunda, die mit der Gabe ausgestattet ist, durch Körper zu sehen und somit die als kleine Wolken physisch sichtbaren Seelen zu erhaschen, wenn sie den Sterbenden, die Blimunda insbesondere in den Straßen des von der Pest heimgesuchten Lissabon findet, entweichen. In *Memorial do convento* verbindet sich so Historie mit Fabulösem in einer Art und Weise, die an die »Chronik wunderbarer Wirklichkeit« des lateinamerikanischen Romans erinnert. Domenico Scarlatti, der bereits in Alejo CARPENTIERS *Con-*

cierto barroco (1974) auftritt, erscheint auch in Saramagos Roman als Figur, die nicht nur für die erzählte Geschichte, sondern auch für den Akt des Erzählens bedeutsam ist, da Saramago diesen als »epischen Gesang« an die Musik annähert. Scarlatti, der von D. João V. als Hofkapellmeister engagiert wird, freundet sich mit Pater Bartolomeu an, mit dem er in scholastischen Gesprächen das Verquere der herrschenden Wahrheiten entlarvt. Durch seine magische Cembalo-Musik trägt er dazu bei, daß der Flug der *Passarola* gelingt: Der *»Vogelmessias«* erhebt sich über die riesigen Quaderblöcke der Basilika, die Baltasar und seine Kameraden mühselig herbeigeschleppt haben, wobei viele ihr Leben verloren. Bis zu 50 000 Arbeiter zwingt D. João unter das Joch des monumentalen Bauwerks. Die Geschichte dieses gewaltigen Heeres »namenloser Helden« wird – ähnlich wie in *Levantado do chão* – aus der Sicht der Betroffenen selbst erzählt, wobei die Chronik der einfachen Familie, der Baltasar angehört, der dynastischen respektlos gleichgestellt wird. D. João V. möchte die Basilika rechtzeitig zu seinem 41. Geburtstag fertiggestellt haben. Doch die prachtvolle Einweihungsfeier, die eine ganze Woche währt, findet 1730 in einem unvollendeten Gotteshaus statt. Inzwischen mußte Pater Bartolomeu vor der Inquisition fliehen und stirbt geistig umnachtet 1724 in Toledo. Scarlatti reicht seinen Abschied ein, und Baltasar besucht immer wieder die *passarola*, die nach ihrem wundersamen Flug an einem Berghang im dichten Gestrüpp zerschellte. Bei den Reparaturarbeiten geschieht es eines Tages, daß sich Baltasar mit dem »Vogel« unbeabsichtigt erneut in die Lüfte erhebt und nicht wiederkehrt. Blimunda findet nach neun Jahren unablässigen Suchens 1739 ihren Geliebten bei einem Autodafé wieder, so wie sie sich einst kennengelernt hatten. Baltasar gehört allerdings diesmal zu den Verurteilten, die auf dem Scheiterhaufen verbrennen. Während er neben dem Theaterautor António José da SILVA (genannt »O Judeu«) den Tod findet, fängt Blimunda seine entweichende Seele ein.

In dieser Schlußepisode bestätigt sich, wie in Saramagos *Memorial do convento* neue Mythisierungen Terror und offizielle Wahrheiten unterlaufen. Dies ist ein Hauptanliegen des Romans, dessen nur vordergründig monologischer und allwissender Chronikstil erfüllt ist von den Stimmen der Andersdenkenden, die mit gelehrter Skepsis oder naiver Bauernschläue alles auf den Kopf stellen, verdrehen und überkreuzen. Dies geschieht in der Heiterkeit des Karnevals, bei dem man das Erhabene in den Schmutz zieht, das Religiöse profanisiert und drückender Last mit befreiendem Lachen antwortet. Zugleich warnt der Chronist (sich selbst) scheinheilig vor der *»ketzerischen Versuchung«*, der er *»ungewollt Stimme verleiht«*. Der Sprachstil spottet in seinen wuchernden Schlingen und falschen Zitaten ebenso jeder Ordnung wie das Erzählen, das nicht zwischen Wahrheit und Lüge, Vergangenheit und Gegenwart unterscheidet, sondern alles vermischt, wobei immer wieder das Prinzip der Unvollkommenheit, des Formlosen oder Verstümmelten (der einhändige Baltasar) als dasjenige betont wird, das der eigentlichen Wahrheit am nächsten komme.

Der Flug der *passarola*, der nicht wie die Basilika in die glorreiche Nationalhistorie eingegangen ist, bleibt in den Gesprächen des Volkes präsent und bietet dort – nach dem schweren Arbeitstag an der Baustelle des Klosters – den Ausgangspunkt eines von Dogmen befreiten und befreienden Sprechens über Sehnsüchte. In dieser Form erscheint die Luftreise der *passarola* als Version von LUKIANS *Ikaromenippos* und eröffnet eine Leseweise des gesamten Romans als »karnevalisierte Literatur« (M. Bachtin): In *Memorial do convento* werden die ungewohnte Perspektive und die experimentelle Phantastik der menippeischen Satire zum zentralen Element einer emanzipatorischen neuen Geschichtsschreibung »möglicher Historie«, die Bezüge zur jüngsten Vergangenheit herstellt (Diktatur Salazars, Geheimpolizei, Kolonialkriege, »Nelkenrevolution« von 1974). Doch dies bildet nur den schmalen Ausschnitt vielfältiger anachronistischer Verweise auf Begebnisse und Texte verschiedener Jahrhunderte, die sich mit dem Vorwissen des Lesers erschließen. Dabei hebt der Roman auf Konstanten des portugiesischen Identitätsdiskurses ab, etwa auf das prophetische Sprechen, das auf spielerisch-subversive Weise wiederbelebt wird, um der in Denkmälern festgeschriebenen, repressiven Geschichte neue Mythisierungen entgegenzusetzen. Insbesondere im Dialog mit dem Renaissance-Epos von Luís de Camões, *Os Lusíadas*, das unter Salazar zum Steinbruch spätimperialistischer Ideologie wurde, entwickelt Saramago ein Projekt »mythenschaffender Literatur« weiter, das über *Memorial* hinausgeht.

Der Roman gehört zweifellos zu den Höhepunkten portugiesischer Erzählkunst im 20. Jahrhundert und hat eine überwältigende internationale Resonanz gefunden. O.Gr.

AUSGABEN: Lissabon 1982; [20]1990. – Lissabon 1988 [Einl. M.A. Seixo; m. Bibliogr.].

ÜBERSETZUNG: *Das Kloster zu Mafra*, A. Klotsch, Bln./ Weimar 1986. – *Das Memorial*, ders., Reinbek 1986.

VERTONUNG: A. Corghi, *Blimunda* (Oper; Urauff.: Mailand, 20. 5. 1990, Scala).

LITERATUR: A. v. Brunn, Rez. (in NZZ, 21.4. 1983). – A. Pina, Rez. (in Colóquio/Letras, 1983, Nr. 76, S. 83 f.). – E. S. Presedo, *O romance de intervençom nas literaturas portuguesa e galega actuais. A propósito de »Memorial do convento«, de J. S.* (in Vértice, 44, 1984, Nr. 461, S. 32–43). – G. R. Lind, Rez. (in Stuttgarter Ztg., 5.7. 1986). – H. Brode, Rez. (in FAZ, 4. 10. 1986). – O. Lopes, Rez. (in O. L., *Os sinais e os sentidos*, Lissabon 1986, S. 201–208). – R. Görling, Rez. (in FRs, 6. 12. 1986). – H. Thorau, Rez. (in Die Zeit, 23. 1.

1987). – U. Stempel, Rez. (in SZ, 24.6. 1987). – H.-J. Ille, *J. S.: »Das Kloster zu Mafra«* (in WB, 34, 1988, H. 3, S. 471–482). – M. H. Rouanet, *Em pedaços de encaixar: Leitura de »Memorial do convento« de J. S.* (in Colóquio/Letras, 1988, Nr. 101, S. 55–63). – R. A. Preto-Rodas, *A View of 18th-Century Portugal: J. S.'s »Memorial do convento«* (in World Literature Today, 61, 1987, S. 27–31).

JORGE DE SENA

* 2.11.1919 Lissabon
† 4.6.1978 Santa Barbara / Calif.

LITERATUR ZUM AUTOR:
O tempo e o modo, 1968, Nr. 59 [Sondernr. *J. de S.*]. – A. Huerta, *J. de S. na California (1970–1978)* (in Brotéria, 110, 1980, S. 485–502). – *Studies on J. de S. by His Colleagues and Friends. Proceedings of the Colloquium in Memory of J. de S. ... 1979*, Hg. H. L. Sharrer u. F. G. Williams, Santa Barbara/Calif. 1981. – Colóquio/Letras, 1982, Nr. 67 [Sondernr. *J. de S.*]. – Quaderni portoghesi, 13/14, 1983 [Sondernr. *J. de S.*]. – *Estudos sobre J. de S.*, Hg. E. Lisboa, Lissabon 1984 [m. Anthologie]. – M. A. Seixo, *Interferências genológicas na obra de J. de S.* (in Colóquio/Letras, 1986, Nr. 90, S. 57–62). – *No 10 aniversário da morte de J. de S. 1919–1978* (ebd., 1988, Nr. 104/105, S. 5–25).

DAS LYRISCHE WERK (portug.) von Jorge de SENA.

Zu Lebzeiten war das Werk dieses vielseitig Talentierten nur einem Kreis von Eingeweihten bekannt. Heute gehört der Autor neben Luís de CAMÕES und Fernando PESSOA, mit deren Schöpfungen und Gedankengut Jorge de Sena sich intensiv beschäftigte, zu den großen universalen Dichtergestalten Portugals. Jorge de Sena mußte zeit seines Lebens für sein Werk kämpfen, sei es zunächst gegenüber seiner Familie, die ihm eine »nützliche« Berufskarriere bei der Marine und später als Bauingenieur aufzwang, sei es gegenüber einem literarischen Betrieb, der ihm weitgehend die Anerkennung versagte. Sein Entschluß, aus politischen Gründen 1959 Portugal zu verlassen, um nach Brasilien zu emigrieren, hat die Rezeptionssituation in seiner Heimat weiter erschwert. Erst als er sich 1967 endgültig in den Vereinigten Staaten niederließ und dort eine Professur in Literaturwissenschaft erhielt, erfuhr sein Werk eine größere und internationale Beachtung.

Bevor Jorge de Sena zum Emigranten ohne Wiederkehr wurde, hat er einen weiten »dichterischen Weg« zurückgelegt, den er selbst als solchen begriff. So besitzt sein gesamtes Werk einen bekenntnishaften Charakter, ohne im romantischen Sinne Gefühls- und Gedankenlyrik zu sein. Vielmehr »durchlebt« der *poeta doctus* Sena verschiedene Dichtungskonzepte, kombiniert und glossiert sie und entfaltet so einen facettenreichen und häufig respektlos-spielerischen Dialog mit den Gestalten und Werken der universalen Kunst- und Kulturgeschichte. Sein Dichten ist somit – nach seinen eigenen Worten – als eine Art *»geistiger Autobiographie«* zu sehen, in der sich Leben, poetische Erfahrung und die Reflexion über die Dichtung wechselseitig durchdringen. Tatsächlich sammelte Jorge de Sena bis zum November 1944 über 500 Gedichte in dreizehn in sich abgeschlossenen Heften (größtenteils postum veröffentlicht unter dem Titel *Post-Scriptum II*), die bis zum sechsten Heft auch Erzählungen und Theater enthalten. Am Rande finden sich Daten und Hinweise auf Ereignisse vermerkt, so daß diese frühe Werkausgabe eigener Hand zugleich ein *»intimes Tagebuch«* darstellt, das der Autor immer bei sich trug. Das erste hier notierte Gedicht *Desengano (Enttäuschung)* entstand im Alter von sechzehn Jahren unter dem Eindruck von Claude Debussys *La cathédrale engloutie: »Ich sehe die Welt kalt / dunkel, unbekannt, mysteriös.«* Die Suche nach Welterkenntnis und die Musik sollten für Jorge de Sena, der auch gern Komponist geworden wäre, immer mit Poesie verknüpft bleiben.

1942 wurde zu einem entscheidenden Jahr seiner dichterischen Laufbahn. Damals erschien der erste Gedichtband *Perseguição (Verfolgung)* dank der Hilfe von José Blanc de PORTUGAL, Ruy CINATTI und anderen Persönlichkeiten aus dem Kreis der *Presença*, der zweiten modernistischen Bewegung nach *Orpheu* (F. Pessoa). In deren Zeitschrift ›Cadernos de Poesia‹ schrieb Jorge de Sena ab 1940 unter dem Pseudonym Teles de Abreu, das er jedoch rasch wieder verwarf. Die 50 Gedichte von *Perseguição* sind dem 12. und 13. Heft seines »dichterischen Tagebuchs« entnommen und entstanden zwischen 1938 und 1942. Sie sind tief von der Erfahrung des Surrealismus (André BRETON) sowie von der Lektüre RIMBAUDS geprägt. Ohne jemals einer festen Gruppe angehört zu haben, ist für Sena der Surrealismus ein wichtiger Weg der Selbstbefreiung aus Automatismen des Sprechens und Schreibens.

Im zweiten Gedichtband *Coroa da terra*, 1946 *(Landkrone/Bergkuppe)*, dessen 52 Gedichte aus den Jahren 1942 bis 1946 stammen, verdrängt ein – im weiten Sinne – neorealistischer Zug den surrealistischen. Hier steht die politische und gesellschaftliche Besorgnis, etwa angesichts des Weltkriegs, im Vordergrund, der sich auch der Dichter stellen müsse: *»Die Gebote, die ich schreibe, sind keine Poesie / und ein Gebot ist auch nicht poetisch. / Doch ist die Freiheit, die ich aufzeige, Poesie.«* Die Gedichte sind aber auch von der Frage nach der transzendentalen Bestimmung des Menschen geprägt (etwa die sechs Sonette von *Génesis*, 1943/44). *Coroa da Terra*, der Stadt Porto gewidmet, in der Sena die Fakultät für Ingenieurwesen besuchte, schließt be-

zeichnenderweise mit dem Gedicht *Humanidade (Menschheit/ Menschlichkeit)*.
In *Pedra Filosofal*, 1950 (*Stein der Weisen*), seiner dritten, aus 53 Gedichten bestehenden Sammlung, verschmelzen die beiden Hauptsprachen Surrealismus und Neorealismus. Im ersten Teil, der mit *Circunstância* überschrieben ist, finden sich erklärtermaßen »Gelegenheits«-Gedichte, die sich häufig auf den Krieg und politische Verfolgung beziehen, während im zweiten Teil mit dem Titel *Poética* das Verhältnis zwischen Leben und Poesie und die Suche nach dichterischem Ausdruck reflektiert werden. Beides geht im Schlußteil, *Amor*, eine Synthese ein, wobei das »Verstummen« angesichts der Kraft des Lebens und der Liebe – oft in dialogischer Form – besprochen wird, etwa in den *Cânticos da alma silenciosa (Gesänge der schweigenden Seele)*. Sena erprobt verschiedene Dichtungskonzepte und pflegt zunehmend die Beobachtung der eigenen Schöpfung in der »Metapoesie« (L. Stegagno-Picchio). Er setzt sich dabei mit der »Aufrichtigkeit« der *Presença* (José Régio) ebenso kritisch auseinander wie mit dem *fingimento* Fernando Pessoas, dessen Künstlichkeit und *»vermessenen Stolz«* er bald ablehnt. Vielmehr sollte man *»die Welt bezeugen, die uns umgibt«*, um dadurch zu einer *»Umwandlung der Welt«* und damit zur Poesie als *»revolutionärer Haltung«* zu gelangen. Jorge de Sena möchte die letzten Reste einer romantischen Heroisierung des fühlenden Ich, die er noch in Pessoas Heteronymen, den Masken von Yeats oder in den »apokryphen Dichtern« von Antonio Machado findet, abwerfen. Unterstützt durch die Lektüre des klassischen Goethe und der Unpersönlichkeit der Kunst bei T. S. Eliot, verobjektiviert er individuelle Aufrichtigkeit. Sah T. S. Eliot »objektive Poesie« in seinem Leitbild Dante verkörpert, so wendet sich Sena dem großen portugiesischen Renaissance-Dichter Luís de Camões zu, mit dessen Werk er sich in zahlreichen Studien auseinandersetzte.
Griff Sena in *Pedra filosofal* neben dem freien Vers insbesondere auf die Form der Ode zurück, entsteht von Februar bis April 1954 ein Zyklus von 21 Sonetten mit unterschiedlichen Reimschemata unter dem Titel *As evidências (Die Evidenzen)*. Als ein einziges großes Poem feinsinnig durchkomponiert, werden hier ausgehend von Camões' *»Wirrnis der Welt«* die großen transzendentalen Themen behandelt. Der Mensch wird zur Verwirklichung seiner existentiellen Wünsche aufgefordert, denn im Schmerz werde Freiheit erfahren: *»O mein Leben, ich sagte nie etwas. Für uns, für dich, für mich sprach der Schmerz. Und der Schmerz ist gewiß – Freiheit.«* Wegen seiner verborgen subversiven Botschaft von der Zensur bedroht, konnte *As evidências* schließlich doch erscheinen.
Zeitgleich entstand die Sammlung *Fidelidade (Treue)*. 39 Gedichte vereinen die ganze Vielgestaltigkeit von Senas Dichtkunst zwischen 1950 und 1958. Der Gedanke der Treue ist das einzig Verbindende: zum einen Treue zur Ethik eines Dissidenten, der trotz aller Verzweiflung über den Lauf der Welt gegen die offiziellen Lügen und für die »andere«, gerechte und menschliche Wahrheit eintritt; zum anderen Treue zu einem unverortbaren Sprechen an der Grenze des Schweigens. Sena verknüpft begriffliche Dunkelheit oder den gelehrten Rückgriff auf klassische Formen und auf den Fundus der Kulturgeschichte mit dem unmittelbaren Bezug auf den geschichtlichen und biographischen Augenblick. *Fidelidade* ist zugleich der letzte veröffentlichte Band, bevor der Autor nach Brasilien emigrierte, abgerundet durch ein *Post-Scriptum* von 39 Gedichten, das Sena 1960 dem ersten Band seiner Werksausgabe *(Poesia I)* hinzufügte. Dort bestätigt sich das Verlöschen des dichterischen Ich zugunsten einer Konzentration auf das poetische Wort selbst und dessen Funktion, ein neues »Zeugnis« von der Welt abzulegen. In diesem Sinne entstehen Gedichte, in denen ausgehend von der Wahrnehmung eines Kunstwerks im Dialog mit diesem Objekt über metaphysische Fragen meditiert wird.
Unter dem Titel *Metamorfoses* (1963) vereinigt Sena 18 Betrachtungen von Skulpturen, Architekturen und Gemälden, denen er noch zwei Variationen *(Post-Metamorfoses)* und vier Sonette an *Afrodite Anadiómena* hinzufügt. Diese Sonette bilden den krönenden Abschluß der Metamorphosen, in denen vor allem Tod und Sinnlichkeit präsent sind. Nach Senas eigenem erläuterndem Nachwort öffnet sich hier – nach dem bekannten Venusbild von Botticelli – in einer Metamorphose auf der Ebene der dichterischen Schrift die Muschel, der schließlich die Liebesgöttin entsteigt. Die Sonette verwirklichen am reinsten die vom Autor geforderte *»supra-reale Poesie«*, die *»die Wirklichkeit und ihre eigene sprachliche Darstellung umfaßt«*. In den einzelnen Gedichten wird schließlich nur auf die sinnliche Evokationskraft neugebildeter Morpheme vertraut. Dabei geht Sena nicht im Sinne des Konkretismus vor, den er als experimentelle *»Sackgasse«* ablehnt, sondern spielt mit dem »kulturellen Unterbewußtsein«, indem er beispielsweise altgriechisches Vokabular integriert. Der Band *Metamorfoses* findet 1968 in *Arte de música (Musikkunst)* seine Fortsetzung, in dem 32 musikalische Metamorphosen durch ein Präludium eingeleitet und durch ein Potpourri abgeschlossen werden. Die Gedichte verstehen sich als verbale Kristallisationen eines wiederholten intensiven Erlebens von Musikwerken. Senas Interesse am gesprochenen Wort als Klang (beispielsweise im Gedicht über die Vertonung von Heine durch Schumann) stößt an die Grenzen des auf sich selbst bezogenen poetischen Ausdrucks. Doch gleichzeitig bleibt der Autor einem Dichten treu, das unmittelbar auf die äußere Wirklichkeit Bezug nimmt.
Dies zeigt sich in den zeitgleich mit den Metamorphosen entstandenen 70 Gedichten, die 1969 in *Peregrinatio ad loca infecta* versammelt wurden. Der Titel parodiert denjenigen einer frommen Reisebeschreibung ins Heilige Land *(loca sancta)* und bezieht sich auf Senas »Pilgerweg« zwischen Portugal, Brasilien und den Vereinigten Staaten. Dementsprechend gliedert sich der Band, der mit *»An-*

merkungen zu einer Rückkehr nach Europa« schließt. Der Autor besuchte nach nahezu zehn Jahren Exil 1969 auch kurz seine Heimat. Doch der Titel *Peregrinatio ad loca infecta* besagt auch, daß einerseits im Sinne eines Selbst- oder Totengesprächs in die seelischen Abgründe des Dichters hinabgestiegen wird, andererseits mit bitterem und verzweifeltem Sarkasmus das *»tyrannische Tal der Tränen«* angeprangert wird, in das der Mensch die Welt verwandelte. Ausgehend von Widmungen, Jahrestagen, persönlichen Erfahrungen oder gesellschaftspolitischen Ereignissen werden insbesondere die Entfremdung in der Exil-Situation, die Vergänglichkeit des Körpers, das Alter und die Liebe besprochen. Hervorzuheben sind die bekannten Gedichtfolgen *Em Creta com o Minotauro (Auf Kreta mit dem Minotaurus)* und *Sete sonetos da visão perpétua (Sieben Sonette der beharrlichen Sichtweise)*.

1972 erscheint der Band *Exorcismos*, in dem Sena weiterhin mit Gelegenheitsdichtung das *»versifizierte Philosophieren«* pflegt, aber einen aggressiv-verbitterten Ton anschlägt. Die 60 Gedichte zerstören lyrische Konventionen, vor allem die Ästhetik des vagen poetischen Ausdrucks, durch direkte, un-lyrische Aussagen, niedrige Umgangssprache und tabubrechende Sinnlichkeit. Gleichzeitig erweckt er die teufelsaustreibende Kraft von Dichtung wieder: Dem Unrecht und den Verfolgungen der *»Welt, die von den Toten lebt«*, wird eine *Liebeskunst* (Gedichttitel) entgegengesetzt, die sowohl die Freiheit als auch die Überwindung des Todes in sich birgt. In sarkastisch-hoffnungslosen Tiraden richtet sich der Dichter auch gegen die portugiesische Heimat, von der man nichts erwarten könne (z. B. in *L'été au Portugal*), und rächt sich auf diese Weise für alle erlittene Schmach und verweigerte Anerkennung seiner Stimme. Er sieht sich dabei als Nachfahre des zeit seines Lebens verkannten Dichters Luís de Camões, auf dessen Spuren er 1972 anläßlich des vierhundertjährigen Jubiläums der *Lusíadas* Angola und Moçambique bereist.

Ein Jahr später erscheint eine Ausgabe unter dem Titel *Camões dirige-se aos seus contemporâneos (Camões richtet sich an seine Zeitgenossen)*, das u. a. das bekannte gleichnamige Gedicht von 1961 (zuerst in *Metamorfoses* erschienen) enthält, in dem sich der totgeschwiegene Dichter trotzig zu seiner Stimme bekennt. 1974 erscheint dann die Sammlung *Conheço o sal ... e outros poemas (Ich kenne das Salz ... und andere Gedichte)*, die aus 56 Gedichten besteht. Der Autor bezeichnet sie als seine besten und wichtigsten. Bereits die eröffnende Gedichtfolge unter dem Titel *Post-Mortem* läßt den Wunsch nach körperlicher und sinnlicher Wiederauferstehung anklingen, der den gesamten Band bis zum letzten titelgebenden *Conheço o sal...* durchzieht. Sena zeigt hier sein großes proteisches Talent, indem er einerseits ein echoreiches Spiel mit Ideen, Texten und dichterischen Sprachen treibt, und andererseits der Poesie als Zeugnis der Welt (siehe die Angola-Gedichte) und des eigenen Selbst treu bleibt. Er setzt sein *»Poesie gewordenes Tagebuch«* fort, wobei das Thema vom »Tod des Dichters« immer beherrschender wird. Tatsächlich sollte *Conheço o sal...* die letzte Gedichtsammlung sein, die der herzkranke Sena herausgab, sieht man von den ausgekoppelten *Acht Meditationen am Ufer des Pazifik* ab, die 1977 unter dem Titel *Sobre esta praia... (Über diesen Strand...)* erschienen.

Alle seit *Perseguição* (1942) in Einzelbänden veröffentlichten Gedichte, die Jorge de Sena in einer vorläufig dreibändigen Werksausgabe *(Poesia I, II, III)* kommentierend organisierte, sind vor der portugiesischen »Nelkenrevolution« (25. April 1974) geschrieben. Sie stellen allerdings nur einen Bruchteil der immensen Produktion des Autors dar, die seine Frau Mécia de Sena postum sichtete und zu weiteren Bänden zusammenstellte. Unter dem Titel *40 anos de servidão* (1979) sind zu Lebzeiten verstreut publizierte und unveröffentlichte Gedichte seit 1938 versammelt. Hervorzuheben sind das Gedicht *A Portugal*, 1961 *(An Portugal)*, in dem im erbitterten Ton des *Exorcismos*-Bandes das Mutterland verflucht wird, sowie die Abteilung politischer *Cantigas*, die zwischen 1972 und 1977 entstanden sind. In ihnen drückt sich die rasche Enttäuschung Senas über die Revolution in Portugal aus: *»Freiheit, Freiheit, paß auf, daß sie dich nicht töten.«* In dem Band *Sequências* (1980) sind sechs mehrteilige Gedichtfolgen enthalten, die Sena zwischen 1964 und 1974 verfaßte. Hier findet sich u. a. der Zyklus *América, América, I love you*, dessen erster Teil in Brasilien hektographiert als Widerstandsliteratur zirkulierte: Sena tritt vehement gegen die Einmischung der Vereinigten Staaten in die Politik Brasiliens auf. Die übrigen »Sequenzen« haben dagegen experimentellen oder spielerischen Charakter, etwa die »Inventionen« *Au goût du jour*, in dem dichterische Sprachen burlesk glossiert werden, wobei Sena seine eigene Produktion nicht ausspart. Erneut stellt sich in den nachgelassenen Bänden die umfassende dialogische Qualität von Senas lyrischem Werk unter Beweis. Dies schließt sowohl die *»moralistische Meditation«* über die Existenz und die letzten Sinnfragen des Menschen mit ein als auch ein beständiges suchendes Erproben dichterischer Sprechweisen, die er nicht zuletzt durch sein umfassendes Wirken als Herausgeber und Übersetzer anderer Poeten erkundete. Für Sena sind die Dichter des späten 20. Jh.s vor allem *»die Notizbücher und Archive menschlicher Erfahrung mittels der Sprache«*. Und in diesem humanistischen Sinne der Kulturrettung, als *»Feuerzeichen«* angesichts der globalen Katastrophen, hat Jorge de Sena sein gesamtes Werk verstanden. O.Gr.

AUSGABEN: *Perseguição*, Lissabon 1942. – *Coroa da terra*, Porto 1946. – *Pedra filosofal*, Lissabon 1950. – *As evidências*, Lissabon 1955. – *Fidelidade*, Lissabon 1958. – *Poesia I*, Lissabon 1961 (enth. auch *Post-Scriptum*; ²1977; ³1988, Hg. M. de Sena; *Obras*). – *Metamorfoses*, Lissabon 1963 [enth. auch *Quatro sonetos a Afrodite Anadiómena*]. – *Arte de música*, Lissabon 1968. – *Peregrinatio ad loca infecta*, Lissabon 1968. – *Exorcismos*, Lissabon 1972. – *30 anos de poesia*, Lissabon 1972; ²1984 (rev.;

Obras). – *Conheço o sal ... e Outros poemas*, Lissabon 1974. – *Sobre esta praia, oito meditações á beira do Pacífico*, Lissabon 1977. – *Poesia II*, Lissabon 1978; ern. 1988 *(Obras)*. – *Poesia III*, Lissabon 1978 (enth. auch *Camões dirige-se aos seus contemporâneos. Conheço o sal ... e Outros poemas. Sobre esta praia*; [2]1989, Hg. M. de Sena; *Obras*). – *Quarenta anos de servidão*, Hg. M. de Sena, Lissabon 1979; [2]1982 (rev.; ern. 1990; *Obras*). – *Sequências*, Hg. dies., Lissabon 1980. – *Visão perpetua*, Hg. dies., Lissabon 1982; ern. 1989 *(Obras)*. – *Post-Scriptum II*, 2 Bde., Hg. u. Anm. dies., Lissabon 1985.

ÜBERSETZUNGEN: *Over This Shore ... Eight Meditations on the Coast of the Pacific*, J. Griffin, Santa Barbara/Calif. 1979 [portug.-engl.]. – *The Poetry of J. de S.*, F. G. Williams, Santa Barbara 1980 [Ausw. m. Einl. u. Anm.; portug.-engl.]. – *Sobre esta playa*, C. A. Molina, Saragossa 1989 [portug.-span.].

LITERATUR: F. J. B. Martinho, *Breve enquadramento da poesia de J. de S.* (in Colóquio/Letras, 1977, Nr. 37, S. 5–12). – Á. Crespo, *Fidelidad e independencia de J. de S.* (in Nueva Estafeta, 7, 1979, S. 4–11). – F. G. Williams, *Prodigious Exorcist: An Introduction to the Poetry of J. de S.* (in World Literature Today, 53, 1979, S. 9–15). – A. Pinheiro Torres, *O codigo científico-cosmogónico-metafísico de »Perseguição«*, Lissabon 1980. – W. Kreutzer, *Überlegungen zu einer Interpretation von J. de S.s »As evidências« (1955)* (in Iberoromania, 12, 1980, S. 54–67). – F. J. Vieira-Pimentel, *As »Metamorfoses« de J. de S.: Para além do homem e dos deuses* (in Cadernos de literatura, 1981, Nr. 9, S. 63–74). – F. Cota Fagundes, *History and Poetry as »Metamorfoses«* (in BHS, 59, 1982, S. 129–142). – L. F. A. Carlos, *A escrita da emigração e a emigração da escrita na poesia de J. de S.* (in Nova Renascença, 3, 1983, S. 248–256). – F. Freitas Morna, *Sobre um dos sentidos da peregrinação na poesia de J. de S.* (in *Afecto ás letras. Homenagem a J. do Prado Coelho*, Lissabon 1984, S. 179–183). – A. M. G. Leal, *As formas semânticas dos sonetos de J. de S.* (in Estudos portugueses e africanos, 1986, Nr. 7, S. 97–115). – J. Mendes do Castro, *Quatro sonetos controversos de J. de S.* (in Brotéria, 124, 1987, S. 573–578). – F. Cota Fagundes, *A Poet's Way With Music: Humanism in J. de S.'s Poetry*, Providence/R.I. 1988.

O FÍSICO PRODIGIOSO

(portug.; *Ü: Der wundertätige Physicus*). Novelle von Jorge de SENA, erschienen 1966. – Kennzeichnend für das Œuvre des 1959 ins politische Exil nach Brasilien emigrierten Autors ist die abenteuerliche Editionsgeschichte vieler seiner Publikationen. Um *O físico prodigioso*, sein 1964 entstandenes Lieblingswerk, in Portugal veröffentlichen zu können, entschloß sich Jorge de Sena, die Novelle in seinem Erzählband *Novas andanças do demónio*, 1966 *(Neue Abenteuer des Teufels)*, unterzubringen, wo sie dem Zugriff der Zensur leichter zu entgehen vermochte. Erst nach dem politischen Umbruch im Jahre 1974 konnte Sena die Novelle 1977 als eigenständige Publikation veröffentlichen.

Als Grundlage zu dieser phantastischen Geschichte dienten dem Autor zwei Texte aus dem moralistisch-religiösen Buch *Orto do Esposo (Der Garten des Gemahls)* aus dem frühen 15. Jh.: zum einen die Geschichte eines Mannes, der mit seinem Blut Sterbende zu heilen vermochte, zum anderen die eines Menschen, der nicht gehängt werden konnte, weil ihn der Teufel beschützte.

Trotz des mittelalterlichen Rahmens der Geschichte, die Sena mit Gedichten und Romanzen ausschmückt, und der altertümlichen Sprache weisen sowohl der völlig willkürliche Umgang des Erzählers mit Kategorien wie Raum und Zeit als auch die spielerischen Variationen einzelner Textpassagen *O físico prodigioso* als einen bedeutenden Beitrag zur Moderne aus. Auch inhaltlich setzt sich die Novelle unter dem Deckmantel mittelalterlich entrückter Phantastik mit einer durchaus aktuellen Thematik auseinander. Der Physikus – man könnte ihn ebensogut als Arzt oder Magier bezeichnen – ist Symbol einer unbezwingbaren Kraft der Freiheit und der freien Liebe. Der namenlose Held der Geschichte, bereits dies eine Andeutung seines allegorischen Charakters, ist ein Jüngling von so betörender Schönheit, daß sogar der Teufel ihm verfallen ist und ihm um den Preis seines Körpers – nicht seiner Seele – übersinnliche Kräfte verliehen hat. Der Jüngling reist von Ort zu Ort, um mit der Kraft seines jungfräulichen Blutes dem Tod geweihte Menschen zu retten. Seine heilenden Fähigkeiten, deren Geheimnis seine Unschuld ist – er hat noch nie geliebt oder jemanden begehrt –, verliert er durch die Begegnung mit der jungen Witwe D. Urraca, die er mit seinem Blut heilt, um dann ihr Geliebter zu werden. Diese Liebesbeziehung erscheint als die Verwirklichung jener von der 68er Generation postulierten freien Liebe jenseits gesellschaftlicher Konventionen und bürgerlicher Besitzansprüche. Doch währt das Glück nicht lang: Die Inquisition bereitet der Beziehung ein jähes Ende.

Nach jahrelanger Untersuchungshaft soll das Urteil über den eines Pakts mit dem Teufel bezichtigten Physikus gefällt werden. Der einberufene Inquisitionsrat beschließt, die beiden Liebenden nochmals zusammenzuführen und zu beobachten. Trotz Keuschheitsgürtel und gefesselter Hände gelingt den beiden eine mystische Vereinigung, deren Folge ein Akt der Transsubstantiation ist: D. Urraca nimmt Gesichtszüge und Haarfarbe des blonden Physikus an und stirbt. Daraufhin wird dieser gefoltert und verliert dabei seine bis dahin trotz aller Entbehrungen und vergangenen Jahre unveränderte Schönheit und Jugend. Dafür nehmen die mit dem Fall beauftragten Geistlichen nach und nach dessen Gesichtszüge an. Voller Verzweiflung beschließen sie, ihn sofort zu hängen, um seiner unheimlichen Macht ein Ende zu setzen. Dies mißlingt jedoch, da der Teufel den Körper des Verurteilten nach oben zieht. Schließlich stirbt der Physikus am Grab seiner Geliebten, wo alsbald ein Rosenstock wächst. Eine von Pest, Hunger und Zerstörung begleitete Massenrevolte bricht aus, als deren Hymne die *»Romanze der Rosen aus Blut und Milch«* gilt. Die Novelle endet mit der Übernahme der Mütze des Physikus durch einen umherstreunenden Jungen: Die vom Physikus verkörperte Macht wird in ihm weiterleben.

Der parabelhafte Charakter der Novelle ist unverkennbar. In dieser phantastischen Geschichte über die unzerstörbare Macht der Liebe und der Jugend verleiht der Autor in verschlüsselter Form dem Aufbegehren gegen doppelbödigen Puritanismus und politische Repression des salazaristischen Regimes Ausdruck: *»Wenig von dem, was ich jemals schrieb, ist so autobiographisch wie diese phantastischste meiner völlig erdachten Schöpfungen.«* A.C.K.

Ausgaben: Lissabon 1966 (in *Novas andanças do demónio*). – Lissabon 1974 (in *Antologia do conto fantástico*, Hg. E. M. de Melo e Castro). – Lissabon 1977. – Lissabon [2]1981 (*Obras*; [4]1986). – Macau 1988 [portug.-chin.].

Übersetzung: *Der wundertätige Physicus*: Eine Novelle, C. Meyer-Clason, Ffm. 1989.

Literatur: A. Margarido, *Alguns comentários em torno de J. de S.*, Paris 1978. – D. Faria, *J. de S.: »O físico prodigioso«* (in Colóquio/Letras, 1978, Nr. 44). – *O corpo e os signos. Ensaios sobre »O físico prodigioso« de J. de S.*, Hg. M. A. Seixo, Lissabon 1989. – B. Pinkerneil, Rez. (in FAZ, 6. 9. 1989). – Vgl. F. G. Williams, *Breve estudo do »Orto do esposo« com um indice analítico dos »exemplos«* (in BEP, N. S. 30/31, 1969/70, S. 197–242).

O INDESEJADO (António, Rei)

(portug.; *Der Unersehnte – António, König*); Verstragödie in vier Akten von Jorge de Sena, erstmals erschienen 1949 in der Zeitschrift ›Portucale‹. – 1944/45 schrieb der Autor im Alter von 26 Jahren diese erklärtermaßen *»historische Tragödie«*, die zu den eigenwilligsten Schöpfungen des portugiesischen Theaters im 20. Jh. gehört. Der Titel *O Indesejado (Der Unersehnte)* zeigt bereits an, daß Sena dem Kult um den jungen König D. Sebastião entgegentritt: Jener ging 1578 mit einem gewaltigen Heer in der Schlacht von Alcácer-Quibir zugrunde, ohne einen direkten Nachfolger zu hinterlassen. Der verwaiste Thron fiel dann an einen der nächsten Verwandten, Philipp II. von Spanien, womit Portugal für die nächsten sechzig Jahre seine Eigenständigkeit einbüßte. Das Volk hoffte jedoch auf die wunderbare Wiederkunft des D. Sebastião, des Ersehnten *(O Desejado)*, aus der afrikanischen Wüste – ein Erlösungsglaube, der über die Jahrhunderte hinweg als *Sebastianismo* in allen nationalen Krisenzeiten gepflegt und literarisiert wurde. Allerdings gab es in der historischen Situation nach 1578 tatsächlich eine Alternative zu Philipp II.: D. António, der ebenso wie der spanische König ein Recht auf den Thron ableiten konnte. Unter ihm hätte Portugal unabhängig bleiben können. Sena macht ihn zum Protagonisten seines Stückes, das sich streng an die geschichtlichen Begebnisse und Personen hält. Anstelle des irreal ersehnten D. Sebastião kehrt D. António aus Afrika zurück, doch wird ihm, dem Unersehnten, die Gefolgschaft verweigert. Die vier Akte bilden in diesem Sinne Stationen eines *»allmählichen Zerfalls der Persönlichkeit des Protagonisten«*, wie Sena in einem Nachwort von 1949 erläutert. Dies besitzt eine menschlich-existentielle und eine nationalpolitische Dimension, die beide immer präsent sind. Im ersten Akt wird die Situation vom August 1580 entworfen, als sich D. António Hoffnungen auf den Thron macht, wobei ihn insbesondere der Bischof von Guarda unterstützt. Die junge D. Filipa de Portugal möchte er zur Königin machen. Doch zweifelt er noch daran, ob das Volk in ihm wirklich den Nachfolger sieht. Schließlich überzeugt ihn die ihm zujubelnde Menge, der er bewegt antwortet: *»Ihr wißt, ich bin auf eurer Seite. So wie immer.«* So verheißungsvoll schließt der erste Akt. Nur zu bald zerplatzt der Traum: D. António verliert die Schlacht bei Alcântara gegen Philipp II., der von weiten Kreisen des portugiesischen Adels und des Bürgertums getragen wird. Mit Geld bestochen, ziehen diese den spanischen König einem portugiesischen vor, der durch das Volk an die Macht gelangt. D. António sucht bei den Feinden Spaniens um Unterstützung nach und gewinnt Frankreich für seine Sache. Doch die Flotte unter Admiral Strozzi wird im Juli 1582 ebenfalls besiegt. Vor diesem Hintergrund spielt der zweite Akt (Oktober 1582) auf der Azoreninsel Terceira. In diesen letzten Winkel seines Königreiches hat sich D. António mit seinen wenigen Anhängern zurückgezogen. Er verfällt in Schwermut und zweifelt an seiner Bestimmung. Selbst unter seinem Gefolge herrscht Verrat: Duarte de Castro ist einer der vielen, die zu seiner Ermordung angestiftet werden. D. António verurteilt ihn zum Tode, nachdem dieser seinen Freund António Boracho aus Eifersucht erstochen hat, doch sieht er auch seine Vereinsamung voraus: *»Ich werde alle Anhänger fallen sehen, in den Tod oder in den Verrat oder in die Gleichgültigkeit, und werde allein bleiben mitten in der Welt.«*

Seit August 1585 weilt D. António am englischen Hof. Dort erreicht er, daß im Juli 1589 ein Expeditionsheer nach Portugal entsandt wird. Doch das Volk »ersehnt« ihn nicht als Retter der Nation. Kaum jemand leistet ihm Gefolgschaft, und so kehrt er nach London zurück ins Exil. Diesen Moment behandelt der dritte Akt, der an Allerheiligen des Jahres 1589 spielt. D. António hat die Hoffnung aufgegeben, jemals den Thron zu besteigen. Er lebt verarmt, sogar sein Erstgeborener D. Manuel wird abtrünnig. Auch der treuergebene Cipriano de Figueiredo bringt wenig günstige Botschaften aus Portugal: Ehemalige Anhänger versuchen sich zu rehabilitieren, der Bischof von Guarda ist im Gefängnis, und D. Filipa geht ins Kloster.

D. António verkauft seinen königlichen Ring, hält aber an seiner Rolle als König fest, ja scheint sie geradezu dadurch als Würde zu erlangen, daß sie ihm in der Welt verwehrt bleibt. Er lehnt Verhandlungen über seine Ansprüche mit Spanien ab und hält statt dessen an Allerseelen mit den für ihn Gefallenen hof: *»Ich beanspruche nicht, ich bin ...«*
Im vierten Akt erreicht der Widerspruch zwischen realer Unerfüllbarkeit und dem utopischen Willen zur persönlichen und politischen Entfaltung seinen Höhepunkt. Im August 1595 lebt D. António unter noch ärmlicheren Verhältnissen in Reuil bei Paris und reflektiert desillusioniert die fünfzehn Jahre, in denen er vergeblich nach seinem Reich gesucht hat und sich dabei zum Werkzeug für die Machtinteressen Frankreichs und Englands machen ließ: *»Ich war ein schlechter Traum der Unabhängigkeit.«* Und obgleich er sich dessen bewußt ist, daß er sich ein Volk und einen Thron ersehnte, die mit der Wirklichkeit kaum übereinstimmten, prophezeit er, daß Portugal eines Tages frei sein werde, und hält an seinem Vorsatz fest: *»Ich will König sein.«* Im Sterben läßt er sich von seinem Vertrauten Diogo Botelho in einem imaginären Zeremoniell zum König krönen. Und Diogo Botelho bewahrt sich unerschütterlich den Glauben an diesen portugiesischen *»König der Wenigen«*, selbst als zwei französische Ärzte, die dem Verstorbenen das Herz entnehmen, erklären, dieses trage nicht die Kennzeichen eines königlichen Herzens.
Jorge de Sena schuf mit *O Indesejado* ein Gegenstück zum verklärenden Mythos von D. Sebastião, in dem der *»vollkommen desillusionierte Mensch des Absurden«* (J. A. França) im Mittelpunkt steht. *O Indesejado* ist somit eine ebenso historische wie existentielle Tragödie, die der Autor selbst in der Nachfolge des großen Renaissancedramas *A Castro* von António FERREIRA sieht. Es tritt ein Chor auf, und ein regelhaftes Versmaß (meist Zehnsilber) unterstreicht die poetische Qualität klassischen dramatischen Stils. Tragödie definiert Sena als die *»symbolische Darstellung einer dialektischen Krise«*. Im speziellen Fall von *O Indesejado* bedeutet dies *»die Tragödie eines nationalen Bewußtseins, das gegen die wachsende Abstraktion (und Unterdrükkung) seiner eigenen Bestimmung kämpft«*. *O Indesejado* wird als Schlüsseltext in Senas Werk gesehen, wozu auch ein Vorwort des Autors zur Ausgabe von 1974 beigetragen hat. Hier bezieht Sena D. Antónios tragischen Kampf um Anerkennung auf seine eigene dichterische Laufbahn, womit *O Indesejado* nachträglich die Dimension eines Schriftstellerdramas erhält. O.Gr.

AUSGABEN: Porto 1949 (in Portucale, 2. Ser., 4). – Porto 1951; [2]1974 (Col. Teatro, 3). – Porto 1982 [sog. »2. Ausg.«; unautorisiert]. – Lissabon [3]1986 (m. krit. Anhang, Varianten u. Bibliogr.; *Obras*).

LITERATUR: L. F. Rebello, *J. de S. – dramaturgo* (in O tempo e o modo, 1968, Nr. 59, S. 318–323). – E. Lisboa, *O homem que queria ser rei* (in *Estudos sobre J. de S.*, Hg. ders., Lissabon 1984, S. 9–21).

MIGUEL TORGA

d.i. Adolfo Correia Rocha
* 12.7.1907 São Martinho da Anta / Trás-os-Montes
† 17.1.1995 Coimbra

LITERATUR ZUM AUTOR:
Bibliographien:
C. Cayron, *Bio-bibliographie de M. T.* (in BEP, 42/43, 1981/82, S. 199–224). – J. de Melo, *M. T. Ensaio bio-bibliográfico*, Aveiro 1983.
Gesamtdarstellungen und Studien:
E. Lourenço, *O desespero humanista de M. T. e o das novas gerações*, Coimbra 1955. – F. de Moura, *Homenagem a M. T.*, Coimbra 1959. – Z. de Oliveira, *O problema religioso em M. T.* (in Estudos, 37, 1959, S. 402–422). – M. Sacramento, *as raizes do estilismo em M. T.* (in M. S., *Ensaios de Domingo*, Coimbra 1959). – J. de Melo, *M. T. A obra e o homem*, Lissabon 1960. – Ó. Lopes, *Cinco personalidades literárias*, Porto 1961. – T. R. Lopes, *M. T.: Mito, rito e disfemismo* (in BEP, 35/36, 1974/75, S. 205–233). – F. de Magalhães Gonçalves, *Sete meditações sobre M. T.*, Coimbra o. J. [1977]. – C. Crabbé Rocha, *O espaço autobiográfico em M. T.*, Coimbra 1977. – Colóquio/Letras, 1978, Nr. 43 [Sondernr.: *M. T. no 50º. aniversário da sua trajectória literária: 1928–1978*]. – *Homenagem a M. T. Homenagem da Faculdade de Letras de Coimbra a M. T.*, Coimbra 1979 (Biblos, 10, Suppl.). – M. A. Critz, *The Narrative Art of M. T.*, Diss. Univ. of Iowa 1979 (vgl. Diss. Abstracts, 40, 1979, S. 2715A). – F. de Magalhães Gonçalves, *Ser e ler M. T.*, Lissabon 1986. – Colóquio/Letras, 1987, Nr. 98 [Sondernr.: *Homenagem a M. T.*]. – Letras e letras, 1987, Nr. 1 [Sondernr. *M. T.*].

DAS LYRISCHE WERK (portug.) von Miguel TORGA.
Miguel Torga, der auch als Dramaturg, vor allem aber als Erzähler und durch autobiographische Werke bekannt wurde, gehörte kurz dem Kreis der *Presença* an, von der er sich allerdings schon 1930 im Konflikt wieder trennte. Sein bedeutenderes lyrisches Werk erschien ab 1936 *(O outro livro de Job)* regelmäßig und bei konstantem Publikumsinteresse bis zur Mitte der sechziger Jahre. 1976 erhielt er – wie zuvor UNGARETTI, SAINT-JOHN PERSE, Jorge GUILLÉN, Octavio PAZ oder Léopold SENGHOR – in Belgien den Großen Internationalen Poesiepreis. Eine ins Auge fallende Entwicklung seines Dichtens hat die Kritik bisher nicht festgestellt. Eine strukturelle Besonderheit ist allerdings die seit 1941 erfolgende Veröffentlichung seines inzwischen auf fünfzehn Bände (1990) angewachsenen *Diário (Tagebuch)*, in dem verstreut etwa 700 Gedichte erschienen sind, die zu den ästhetisch wert-

vollsten seiner Produktion gehören und wohl auch, in der freien Disziplin (D. Mourão-Ferreira) ihrer Entstehung und Präsentation, innerhalb seines dichterischen Entwicklungsprozesses eine wichtige Rolle spielen. (Torga sieht in ihnen selbst *»das erste Aufscheinen einer objektiven und heiteren Schönheit«; Diário, III.*)

Torga kann zu keiner literarischen Schule gerechnet werden. Trotzdem wird die einstige Nähe zum Presencismus und Neorealismus etwa schon in der beherrschenden Stellung der Reflexion über die Themen Dichter und Dichtung bei Torga deutlich. An presencistische Positionen erinnern dabei die Betonung der fast prinzipiellen Inkonformität des Dichters und seiner ontisch zentralen Stellung und die Ernsthaftigkeit, mit der das Ideal der Kunst vertreten wird; an den Neorealismus die Etablierung des Dichters als Sprecher und geistiger Führer der Gesellschaft, Verkünder einer humanitären Botschaft und Prophet. Gott zu besingen ist eine Pervertierung der Poesie – er läßt sich nicht fassen; aber *»Fruchtbarer Garten deiner Inspiration / Ist dein kleiner Bruder / In Not...« (Contra a degradação)*. In anderen Texten erscheint der Dichter als die Quelle, die nichts für den eigenen Durst bewahrt *(Nihil sibi)*, aber auch als universaler Magier und Seher *(O poema)*. Neben den universalen Anspruch des Dichters tritt seine Identifizierung mit geheimnisvollen, namentlich naturhaften Kräften. Die *conditio* des Dichters und das Schaffen von Poesie verbinden sich auf das engste mit der Suche nach existentieller Fülle, die durch Torgas Bedürfnis nach Absolutem genährt wird (R. da Silva).

Torga findet dieses Absolute im Konkreten und Vitalen, im »Tellurischen«, Erdhaften. Erde im eigentlichen Sinn ist für ihn die Erde der Iberia, sie wird zum Ausgangspunkt einer Reflexion über Existenz und Essenz des iberischen Raums, wie sie sich in diesem Jahrhundert wohl nur bei UNAMUNO findet, dessen Vornamen Torga sich 1934 aus Bewunderung als Teil seines Pseudonyms wählte. (Der Nachname Torga bezeichnet ein im Trás-os-Montes beheimatetes Heidekrautgewächs.) Die Iberische Halbinsel ist für Torga *terra-mater*, »Mutter-Boden«. Die Iberia-Reflexion Torgas vollzieht sich, wohl auf den Spuren der Portugaldeutung Oliveira MARTINS' (A. Seabra), als Reaktion gegen eine spezifisch portugiesische transzendentalistische Geschichtsdeutung und stellt in der Regel deren Portugalbild, d. h. der nationgewordenen Saudade, die sich in den Entdeckungsfahrten konkretisiert habe und im transzendentalistischen Traum eines *Quinto império* (Fünftes Reich) fortsetzt (vgl. F. PESSOA, *Mensagem*), das menschlich unmittelbarere konkretere Empfinden iberischer Realität, auch das Scheitern ihrer Träume, gegenüber. Die großen Gestalten der Iberia ziehen wie *personae*, signifikante und tragische Masken, vorbei und bieten ihre Deutungsfacette des Problems Iberia: Viriatus, der Hirte und Begründer iberischen Bewußtseins; Seneca; der Cid; Inês de Castro; die Seefahrer und Gründer des portugiesischen Reiches; Afonso de Albuquerque, der den Ruin voraussieht; Santa Teresa, die die natürlichen Bande zur kastilischen Erde zugunsten der Gottesliebe verleugnete; unter den Neueren Picasso *(»Neuer Maler der Höhlen von Altamira...«)* und Pessoa. Dann auch die negativen Figuren: Torquemada *(»Immer steht auch ein trauriger Name / Im langen Leben jeder Nation...«)* und Ignatius von Loyola, dessen Gehorsamswahn das iberische Sonnenland in schwarze Traurigkeit getaucht habe.

Die Liebe zum Konkreten, die Faszination durch das Erdhafte und das Paradigma iberischer Existenz ist das Fundament des Torgaschen Humanismus. Dessen Merkmale sind die tiefinnerste Annahme der Realität von Natur und Materie – damit etwa auch die Möglichkeit der Hinnahme des Todes *(Extrema unção – Letzte Ölung)*, ja sogar die Akzeptanz der Täuschung in ästhetisch verklärender und erhebender Naturschönheit *(Da realidade; Para a manhã)*; dann die Anerkenntnis der Größe der menschlichen Existenz, die der Transzendenz vorgeht, einer Existenz, die durchaus als konfliktreich und dramatisch, ähnlich dem Sinn des Unamunoschen *sentimiento trágico de la vida*, empfunden wird *(»Instinktbegabtes Tier, das den Tod ahnt / ...«; Orfeu rebelde)*. Ein sich abzeichnender absoluter Antagonismus wird häufig durch das Tellurische, das Mutterhafte von Existenz und Erde, relativiert: *»Alle sind wir Brüder. / Selbst die, die es nicht wollen, / waschen sich angstvoll die Hände / wenn sie uns verletzen.« (Cântico gradual)*. Torgas Verhältnis zur Religion erscheint vordergründig negativ in seinem Anti-Transzendentalismus, seinen »atheistischen« und antireligiösen Äußerungen, eine Haltung, die freilich in ihren Inhalten als religiös begründet (E. Lourenço), vielleicht sogar, in ihrer Betonung, als Ausdruck tiefer ontologischer Beunruhigung des Dichters gesehen werden kann (R. da Silva). Gespiegelt wird dieses Denken vornehmlich im Mythos, auf den Torga immer wieder zurückgreift, sei es den der Bibel, sei es den der griechischen Antike, darunter besonders der des Orpheus. Er vehikuliert im Mythos seine fundamentalen Interessen: Wert und Bestimmung der Dichtung, Liebe, Tod, Bedürfnis nach Innenschau, Beunruhigung, Streben nach Überwindung (M. H. da Rocha Pereira).

Die politische Haltung Torgas erscheint in seiner Dichtung impliziert, aber deutlich: Sein Kampf gegen die Tyrannei, gegen die Erniedrigung des Menschen durch Not und Mißachtung *(»Im Westen nichts Neues. / Das Volk leistet weiter Widerstand. / Ohne jede Unterstützung / Keucht es und schuftet / bis zum Umfallen«* (*Comunicado*, in *Diário IX*)) zeigt, in seiner Berufung auf elementare Werte, Torgas *»heterodoxen Konservatismus«* (F. de Magalhães Gonçalves), der auch neueren politischen und ökonomischen Entwicklungen reserviert gegenübersteht.

Der lyrische Stil Torgas lehnt sich stark an den der *Presença* an, teilt mit ihr grundsätzliche Diskursivität und Appellcharakter. Seine Bilder sind selten wirklich dunkel, gern greift er auf traditionelle Symbole zurück, die er nicht immer einer neuen

Weltsicht entsprechend radikal umgestaltet, so daß man von einem *»Erbe von in zweideutige Allegorien abgleitenden Symbolen«* (Ó. Lopes) sprechen konnte. Andererseits ist auf die Klarheit und Durchsichtigkeit seines Stils hingewiesen worden (F. de Magalhães Gonçalves). Torgas nächster Geistesverwandter ist zweifellos Miguel de Unamuno, vor allem im Hinblick auf seine Reflexion zur Iberia (die für Unamuno wiederum Portugal selbstverständlich einschloß), aber auch im Hinblick auf das »tragische Lebensgefühl«.

Die Kritik, aber auch seine Selbstdarstellung zeichnen Torga als gelegentlich etwas kantigen Einzelgänger, daneben freilich auch als die überragende literarische Figur Portugals, als einen lebenden Mythos, *»authentisches nationales Gewissen«* (F. de Magalhães Gonçalves). Torga inkarniert dabei ein eher bodenständiges, kontinental-iberisches, in vielem auch bäuerliches Portugal, im Gegensatz zu dem die Nation gemeinhin definierenden transzendentalistischen und ultramarinen Mythos. W.Kre.

AUSGABEN: *Ansiedade*, Coimbra 1928. – *Rampa*, Coimbra 1930. – *Tributo*, Coimbra 1931. – *Abismo*, Coimbra 1932. – *O outro livro de Job*, Coimbra 1936; 51986 [rev.]. – *Lamentação*, Coimbra 1942; 31970. – *Libertação*, Coimbra 1944; 41978. – *Odes*, Coimbra 1946; 31954 [rev.; 41977]. – *Nihil sibi*, Coimbra 1948; 31975. – *Cântico do homem*, Coimbra 1950; 41974. – *Alguns poemas ibéricos*, Coimbra 1952. – *Penas do purgatório*, Coimbra 1954; 21954 [erw.; 31976]. – *Orfeu rebelde*, Coimbra 1958; 21970 [rev.]. – *Câmara ardente*, Coimbra 1962; 21983. – *Poemas ibéricos*, Coimbra 1966; 21983. – *Diário*, Coimbra 1941–1990, 15 Bde. – *Antológia poética*, Coimbra 1981; 21985 [erw.].

ÜBERSETZUNGEN: *Poèmes – La maison des poètes*, Brüssel 1976 [frz.]. – *Anthologie – Audiothèque*, Brüssel 1976 [frz.]. – *Poemas ibéricos*, P. Vázquez Cuesta, Madrid 1984 [span.].

LITERATUR: Ó. Lopes, *Do velho e do novo na poesia de T.* (in Estrada Larga, Bd. 3, Porto o. J., S. 274–277). – D. Brass, *The Art and Poetry of M. T.* (in Sillages, 2, 1973, S. 67–93). – Y. David-Peyre, *M. T. et l'ancien testament à travers »O outro livro de Job«* (in ArCCP, 10, 1976, S. 301–336). – J. de Sena, *Régio, Casais, a »Presença« e outros afins*, Porto 1977, S. 59–80. – D. Mourão-Ferreira, *Poética e poesia no »Diário« de M. T.* (in Colóquio/Letras, 1978, Nr. 43, S. 7–19). – M. H. da Rocha Pereira, *Os mitos clássicos em M. T.* (ebd., S. 20–32). – J. F. da Silveira, *O cilício, e sésamo e as palavras textuais na poesia de M. T.* (ebd., S. 33–43). – J. Herrero, *M. T. Poeta ibérico*, Lissabon 1979 [m. Bibliogr.]. – A. Seabra, *Um poeta da Ibéria: M. T.* (in Cadernos da literatura, 2, 1979, S. 41–54). – R. da Silva, *M. T.: a fidelidade às origens* (in Brotéria, 110, 1980, S. 323–334). – F. de Magalhães Gonçalves, *El iberismo de M. T.* (in CHA, 1987, Nr. 449, S. 112–133). – J. C. de Vasconcelos, *M. T. Orfeu rebelde* (in JL, 6. 6. 1989, Nr. 361, S. 8–11).

BICHOS

(portug.; *Ü: Tiere*). Erzählungssammlung von Miguel TORGA, erschienen 1940. – Diese Sammlung von vierzehn Tiergeschichten gehört zu Torgas erfolgreichsten Werken; es wurde in verschiedene Sprachen übersetzt und von Auflage zu Auflage vom Autor sorgfältig überarbeitet. In kargen Worten und knappen Sätzen wird hier von Tierschicksalen erzählt: vom alternden Jagdhund (Nero), vom verweichlichten Kater (Mago), vom Esel, den die Wölfe verfolgen und zerreißen (Morgado), von der verachteten Kröte (Bambo), vom gealterten, nutzlos gewordenen Hahn (Tenório) usw. – vom Lebenskampf und Lebenswillen der Tiere, von der Gewalt der Triebe, die ihr Dasein bestimmen, von den Demütigungen und Nöten, die sie unter der Hand des Menschen erleiden, der sie zähmt, ausbeutet, quält und immer wieder verläßt und verrät. Torga erzählt aus der Perspektive der Tiere, er versucht als teilnehmend-aufmerksamer Beobachter, sich in ihr Wesen hineinzuversetzen und ihr Leben aus ihrem Blickwinkel zu schildern. Dabei überträgt er dennoch auf ihre Welt menschliche Verhaltensweisen und Gesinnungen – auch und besonders in ihrer Komik. Andrerseits geht es Torga darum, den Menschen in seiner Kreatürlichkeit zu zeigen, in all dem, was ihn im Bereich des Lebendigen mit dem Tier verbindet; dies gelingt ihm vor allem in der Gestalt des Hirtenjungen Ramiro.

Die letzte Erzählung, *Vicente*, berichtet von einem rebellischen Raben, der die Arche Noah eigenmächtig verläßt und sich auf den letzten noch erreichbaren Gipfel rettet, um dort, unbekümmert um die andrängenden Fluten durch seine Tat Gott vor die Entscheidung zu stellen, entweder *»die Größe des Schöpfungsaugenblicks – die vollständige Selbständigkeit des Geschöpfes seinem Schöpfer gegenüber«* zu bewahren und der Sintflut Einhalt zu gebieten oder die eigene Schöpfung in seinem Zorn zu vernichten. Gott gibt dem Raben Vicente schließlich schwermütig nach, da er gegen dessen *»unerschütterlichen Willen, frei zu sein«*, nichts auszurichten vermag. Torgas Rebellion *»gegen Willkür und Dogmatismus, ja gegen den christlichen Gott«* (C. Meyer-Clason) gipfelt in dem Satz: *»Das sinnvolle Leben war unlösbar mit dem Akt der Auflehnung verknüpft«.* A.E.B.-KLL

AUSGABEN: Coimbra 1940; 51954 [überarb.]. – Coimbra 61961 [umgearb.]. – Coimbra 161986.

ÜBERSETZUNGEN: *Farrusco the Blackbird, and Other Stories*, D. Brass, Ldn. 1950 [engl.]. – *Tiere* C. Meyer-Clason, Freiburg i. B. 1989 [m. Einf.].

LITERATUR: T. R. Lopes, *Além, aqui e aquém em M. T.: análise de »Vicente«* (in Colóquio/Letras, 1975, Nr. 25, S. 34–49). – M. Beyerle, *M. T. und der Rabe Noahs* (in ASSL, 219, 1982, S. 78–88). – H. J. Marsilius, Rez. (in SZ, 3./4. 5. 1989).

A CRIACÃO DO MUNDO

(portug.; *Ü: Die Erschaffung der Welt*). Autobiographischer Roman in sechs Teilen von Miguel Torga, erschienen 1937–1981; der siebte und letzte Teil wird erst postum veröffentlicht werden. – Der *Erste Tag* (*O primeiro dia*, 1937) schildert die Kindheit, die der Erzähler als Bauernjunge im nordportugiesischen Gebirge der Trás-os-Montes verbracht hat, der *Zweite Tag* (*O segundo dia*, 1937) die Jugendjahre, die er unter demütigenden Bedingungen auf dem Gut wohlhabender Verwandter und als Gymnasiast in Brasilien verlebte, der *Dritte Tag* (*O terceiro dia*, 1938) die Studienzeit in Coimbra und die Tätigkeit als Landarzt, der *Vierte Tag* (*O quarto dia*, 1939) seine Fahrt durch Spanien und über Italien nach Frankreich zur Zeit des Spanischen Bürgerkriegs, den Aufenthalt in Paris unter den portugiesischen Emigranten und die Rückkehr in die Heimat, der *Fünfte Tag* (*O quinto dia*, 1974) das zunehmend eingeschränkte Leben dort unter der faschistischen Diktatur und die Inhaftierung des Schriftstellers wegen Verbreitung subversiver Ideen, der *Sechste Tag* (*O sexto dia*, 1981), schließlich die von Willkürakten der Geheimpolizei PIDE geprägte Arbeits- und Schreibsituation nach der Entlassung aus dem Gefängnis, die Zeit der Kolonialkriege, die vorsichtige Lockerung der Zensur nach dem Tod Salazars und die Demokratisierungsbestrebungen, die in der Nelkenrevolution (25. 4. 1975) gipfeln. Jeder »Tag« bezeichnet eine neue Phase in dem Bemühen, sich in der Welt zurechtzufinden, sie sich anzueignen oder sie herauszufordern und sich mit ihr zu messen. Es ist die Geschichte einer aufsässigen Natur, die im Widerspruch zur Umwelt ihr eigenes Wesen sucht und findet.

Als der Erzähler den Heimatort Agarez verläßt, angeblich, um in Coimbra seinem Arztberuf, in Wirklichkeit jedoch um seinem Bildungsdrang und seinen literarischen Neigungen nachzugehen, wird ihm Abtrünnigkeit vorgeworfen, und als er Gestalten, Verhältnisse und Erlebnisse aus seiner heimatlichen Welt literarisch verwertet und damit preisgibt, nennt man es Verrat. Seine Erdgebundenheit wiederum, zu der er sich als der Quelle seiner geistigen Kräfte bekennt, entfremdet ihn den Intellektuellen und Literaten; sein Drang nach geistiger Unabhängigkeit widersetzt sich der Tyrannei der Ideologien und Schlagworte. Dieser Konflikt erreicht einen ersten Höhepunkt in Paris (und prägte das Leben Torgas); die Anregungen und Reize, die er in der Weltstadt empfängt, verblassen vor den Briefen des Vaters, der in seiner schlichten Sprache von zu Hause erzählt und zur Rückkehr mahnt. Die Heimkehr bedeutet jedoch weder Verzicht noch Flucht, sondern eher Sammlung vor dem Übergang zu einer neuen Stufe der Entwicklung. – Torga erzählt seine Geschichte nicht in fortlaufendem Zusammenhang, sondern sprunghaft. Er greift einzelne Erlebnisse heraus und schildert sie in Form rückhaltloser Bekenntnisse; bestimmte Situationen werden wie durch plötzliches Aufblenden, Zusammenhänge durch Rückblenden erhellt. Diese Anwendung der Filmtechnik auf den Roman damals ist neu in der erzählenden Literatur Portugals. Bemerkenswert ist ferner die Fähigkeit Torgas, mit knappen Worten – ohne alles Psychologisieren – eine spezifische Atmosphäre wiederzugeben und die Gestalten in Gesten, Haltung, Redeweise und Mimik gegenwärtig werden zu lassen. Dazu trägt die konzentrierte, plastische und überaus offene Darstellung ebenso bei wie die robuste Sprache, die das Mitzuteilende mit Vorliebe auf wortkarge, aber ausdruckskräftige Dialoge zusammendrängt. A.E.B.-KLL

Ausgaben: Coimbra 1937 (*A criação do mundo – Os dois primeiros dias*; [4]1969; überarb.). – Coimbra 1939 (*O terceiro dia da criação do mundo*; [4]1970; überarb.). – Coimbra 1939 (*O quarto dia...*; [2]1971; überarb.). – Coimbra 1974 (*O quinta dia...*). – Coimbra 1981 (*O sexto dia...*).

Übersetzung: *Die Erschaffung der Welt*, C. Meyer-Clason, Freiburg i. B. 1991.

Literatur: H. Cidade, *Um livro de T.: »A criação do mundo – o terceiro dia« entre a 1.ª e a 4.ª edições* (in Colóquio/Letras, 1971, Nr. 2, S. 35–40). – Á. M. Machado, *M. T. ou a impureza da criação* (in Colóquio/Letras, 1978, Nr. 43, S. 44–50). – A. Clemente, *The Portuguese Revolution Seen through the Eyes of Three Contemporary Writers* (in *Proceedings of the 4th National Portuguese Conference*, Providence/R.I. 1980, S. 24–51).

DIÁRIO

(portug.; *Tagebuch*). Autobiographische Aufzeichnungen von Miguel Torga, erschienen 1941–1990. – Mit den 15 bislang publizierten Bänden seines Tagebuches liefert Miguel Torga ein vielseitiges und facettenreiches Bild seiner Zeit. Als Provinzarzt nimmt er an dem mühevollen Alltag der ländlichen Bevölkerung Nordportugals teil, als engagierter Schriftsteller legt er zugleich strenge Rechenschaft über das Schicksal seines Landes ab, und als interessierter Zeitgenosse liefert er schließlich ein vielschichtiges Zeugnis seiner Auseinandersetzung mit den entscheidenden kulturellen, politischen oder religiösen Fragestellungen des 20. Jh.s. Besser als jeder Versuch einer literarästhetischen Einordnung vermögen die Worte des Tagebuchschreibers par excellence, H. F. Amiel (vgl. *Fragments d'un journal intime*), die Torga jedem Band seines Tagebuchs als Motto voranstellt, den Humanismus des Arztes und Schriftstellers zu umschreiben: *»Chaque jour nous laissons une partie de nous mêmes en chemin« (»Jeden Tag lassen wir einen Teil von uns selbst auf dem Weg zurück«)*.

Poesie und Prosa, die Schilderung alltäglicher Erlebnisse und Gespräche, Aphorismen und Essays über literarische, philosophische und gesellschaftliche Themen wechseln sich ab. Stets vermeidet Torga den intimen Beichtton und die Schilderung rein persönlicher Erlebnisse, aus denen er für den Leser nur jene Quintessenz herauskristallisiert, die dem rein Subjektiven eine allgemeingültige Dimension verleiht: *»Aus meiner Künstlerfeder soll nur jene Intimität fließen, die mir ausreichend erscheint, um die gerechte Neugierde des ergebenen Lesers zu stillen, und die mich vor jeder krankhaften Klatschsucht verschont.«* Ausdrücklich bekennt sich der erklärte Feind jedes *»leeren Ästhetizismus«* und skeptische Betrachter aller politischen und religiösen Ideologien als einer, der zwar nicht an die Ewigkeit glaubt, dafür aber *»an das konkrete Alltägliche, als wäre es eine tägliche Ewigkeit«*. Tief in die rauhe und unwirtliche Landschaft von Trás-os-Montes verwurzelt, betrachtet Torga mit liebevollem, aber scharfem Blick die Eigenheiten und den mühsamen Alltag der Bevölkerung. Als Sohn einfacher Bauern hat er stets ein offenes Ohr für die Sorgen und Freuden des kleinen Mannes, von dem er mittels alltäglicher Szenen, Gespräche und pointierter Bemerkungen ein lebendiges Charakterbild liefert.

Torgas Aufzeichnungen, die zum größten Teil unter der erstickenden Atmosphäre der Diktatur Salazars entstanden, zeugen stets von dem Bemühen, in der sozialen und kulturellen Misere der Gegenwart die *»tellurische Wirklichkeit«* seines Landes zu begreifen und zugleich von der kulturellen Öde einer Provinzstadt aus an allen bedeutenden Ereignissen seiner Zeit teilzuhaben. Unermüdlich bereist er nicht nur Europa, Afrika und Amerika, auch seine Heimat durchstreift er immer wieder von Nord bis Süd auf der Suche nach deren geographischen und seelischen Landschaften und Gesichtern: *»Es gab weder Ereignis meiner Zeit noch Ecke dieses Vaterlandes, die nicht mein Interesse geweckt hätten, wie Fälle von Leben oder Tod.«*

Torgas kritischer und kompromißloser Humanismus, der jede ideologische Einbindung in eine religiöse oder literarische Gemeinschaft verweigert, seine unbeugsame moralische Integrität, die keine noch so mutige Stellungnahme scheut, drängen ihn bereits sehr früh in die Rolle des Außenseiters, der seinen Bekenntnissen nicht selten den Charakter moralischer Anklagen verleiht. Hieraus erklärt sich das zuweilen übertrieben anmutende, doch stets aufrichtig empfundene Pathos mancher Passagen: *»Schritt für Schritt die geistige Kreuzigung eines aufsässigen Mannes zu bezeugen, der sich weder im privaten noch im öffentlichen Verhalten einer Epoche ergab, die unfähig war, die harmloseste eigenständige Meinung zu verstehen oder zu tolerieren.«*

Torgas Atheismus, den man zutreffender als einen immerwährenden Streit mit Gott bezeichnen muß, genährt durch die ständige, durch seinen bürgerlichen Beruf bedingte Auseinandersetzung mit Elend und Tod, lassen ihn mit gleichbleibender Betroffenheit die eigene Machtlosigkeit gegenüber der Absurdität der Schöpfung spüren. Dies führt zu einem durch die eigene labile Gesundheit geschürten grundlegenden Pessimismus, der auf die Erkenntnis der Sinnlosigkeit menschlichen Tuns angesichts der Gleichgültigkeit der Natur beruht. Stets versucht Torga dieses schmerzliche Bewußtsein durch den engen Kontakt mit der Natur zu überwinden. In der Gegenwart von Bauern und Fischern, auf der Jagd oder bei der Feldarbeit auf dem elterlichen Acker, findet er die in den Tagebüchern immer wieder festgehaltenen Augenblicke der Ruhe und Erfüllung, die ihm sein bürgerlicher Beruf und seine literarische Tätigkeit versagen. – Wie Torgas literarisches Schaffen überhaupt, zeichnen sich auch die Tagebücher durch eine große Einfachheit und Direktheit der Sprache aus: durch die Fähigkeit, alltäglichen Dingen und einfachen Menschen eine beeindruckende poetische Ausdruckskraft abzugewinnen. A.C.K.

AUSGABEN: Coimbra 1-5 1941–1990, 15 Bde. [z. Tl. in rev. Ausg.].

LITERATUR: J. Maia, *Vida literária. »Diário« de M. T. (VIII vol.)* (in Brotéria, 70, 1960, S. 459 bis 466). – M. Garcia, *M. T., »Diário« X* (ebd., 90, 1970, S. 100–104). – R. da Silva, *»Diário« XI de M. T.* (ebd., 97, 1973, S. 334–339). – J. Medina, *E agora louvemos um grande homem (A propósito do vol. XI do »Diário« de M. T.)* (in Colóquio/Letras, 1974, Nr. 17, S. 78–80). – D. Mourão-Ferreira, *Poética e poesia no »Diário« de M. T.* (in Colóquio/Letras, 1978, Nr. 43, S. 7–19). – J. Maia, *»Diário« (XIII), de M. T.* (ebd., 118, 1984, S. 340–342). – M. L. Lepecki, *M. T. »Diário XIII«, o homem, o tempo, a terra* (in M. L. L., *Sobreimpressões*, Lissabon 1986, S. 137–144).

MONTANHA

(portug.; *Gebirge*). Erzählungen von Miguel TORGA, erschienen 1941. – Alle Geschichten dieser Sammlung spielen in der rauhen, abgelegenen Bergwelt der nordostportugiesischen Provinz Trás-os-Montes, der Heimat des Autors. Trotzdem haben sie nichts mit Heimatdichtung zu tun. Die Menschen und Schicksale, von denen sie berichten, sind paradigmatisch für den in ursprünglichen, vom verderblichen Einfluß der städtischen Zivilisation noch unberührten Verhältnissen lebenden Menschen überhaupt. Dörfer und Landschaften, Personen und Ereignisse schildert der Autor nicht realistisch-naturalistisch in der Einmaligkeit und Besonderheit ihrer äußeren Erscheinungsform, sondern zeigt, worin sie typisch sind. Stark und eindeutig sind die Antriebe, unter denen diese Menschen handeln: Liebe, Treue, Eifersucht, Gerechtigkeitssinn, Großmut und Zorn, Glaube, Aberglaube und Trotz, Mut, Verzweiflung, Demut, Selbstachtung und Verehrung. Diese Antriebe prägen den einzelnen und bestimmen sein Schicksal, aber sie werden getragen und gelenkt vom Bewußtsein der Dorfgemeinschaft, die in der Lebensweise jedes einzelnen das ungeschriebene Gesetz, unter dem sie lebt, erfüllt oder verraten sieht und, je nachdem, ihm beisteht, in ihm und durch ihn tätig wird oder ihn ausstößt. Zwar handelt jede Geschichte von einem Einzelschicksal, aber immer ist das ganze Dorf leidenschaftlich daran beteiligt, denn in jedem Fall wird – entweder positiv oder negativ – über die Wahrheit und Würde des Menschen entschieden.

So wird in *A legenda de Galafura* Maria Lionça als Sinnbild der Gattentreue schon zu Lebzeiten zur legendären Gestalt von Galafura, und als sie den Sohn, der sie, wie sein Vater, verlassen hat und zur See gegangen ist, tot aus Porto zurückbringt, um ihn in der Heimat zu begraben, wird der Ort Galafura als *»der Leib und die Seele seiner Mutter«* bezeichnet. – In einigen Erzählungen tritt die Gemeinschaft geradezu als Handlungsträger auf. So heißt es in *A ressureição (Auferstehung)* von der Ortschaft Saudel: *»Da verzweifelt Saudel, weint schwarze, lehmige Tränen«; »Saudel stößt sich vor lauter Nachdenken über den Fall den Kopf an den Felsen wund«; »Schluchzend befand Saudel, Perra habe recht«; »Und mit Stöcken fiel Saudel über sie her«.* Ebenso wie das Kollektiv für ihn eintritt, wird der einzelne zum Repräsentanten des Kollektivs. Von Arlindo, der Matilde, das beliebteste Mädchen des Dorfes, verführt, wird gesagt: *»Aber mit wem hat Arlindo sich eingelassen! Mit den Leuten von Litém, die imstande sind, einen Makel mit Christi Tränen zu löschen«*, und wenig später: *»Die Gerechten von Litém sind da, der Vater und die Söhne«.* Die Rache, die Vater und Brüder an dem Verführer üben, indem sie ihn entmannen, ist die Rache des Dorfes Litém, das sich mit Matilde, der Entehrten, identifiziert. Umgekehrt stößt das Dorf Guiães den Eseltreiber Duro aus, weil er in blinder Eifersucht, ohne ihr eine Möglichkeit zur Rechtfertigung zu geben, seine Frau umgebracht hat. Als er, aus der Zwangsarbeit in Afrika entlassen, zurückkommt, heißt es: *»Mißtrauisch betrachtete ihn Guiães. Was? Zurückgekommen war er? Wieso war er dort denn nicht umgekommen?«*

Daß dieses Buch in Portugal verboten war, ist nicht recht verständlich. Es weht darin eine an die griechischen Tragödien erinnernde Luft, die es von jeder sozialkritischen oder ideologischen Absicht distanziert. Vor allem aber sind diese Erzählungen sprachliche Kunstwerke in des Wortes eigentlicher Bedeutung. Für Torga ist das Ringen um den sprachlichen Ausdruck und ihre Anpassung an seine sich wandelnden, strengen Maßstäbe bezeichnend. Hat er einzelne seiner Werke noch in der sechsten Auflage *»vollständig umgearbeitet«*, so liegt *Montanha* unter dem Titel *Contos da Montanha (Erzählungen aus dem Gebirge)* in der in Brasilien erfolgreich veröffentlichten dritten *»umgearbeiteten und erweiterten«* Auflage vor. Wo Typisches, Allgemeinmenschliches gezeigt werden soll, ist jedes ausschmückende, Anschaulichkeit bewirkende Wort zuviel. Andererseits scheint nur in der Sprache des Volkes Ursprüngliches aussagbar. Für Torga ist, gerade in diesen Erzählungen, der Versuch charakteristisch, volkstümlicher Ausdrucksweise die Eindeutigkeit und Prägnanz des Holzschnitts und die Knappheit alter, in Stein gehauener Inschriften zu verleihen.

1944 erscheinen *Neue Erzählungen aus dem Gebirge (Novos contos da montanha)*, die Torga ebenfalls mehrfach überarbeitet, erweitert und revidiert; die letzte Fassung umfaßt 22 Geschichten und liegt in deutscher Übersetzung vor. Im Vorwort zur zweiten Auflage 1945 bekennt sich der Autor dazu, *»die undankbare Rolle des Chronisten einer Welt zu spielen, die mich nicht lesen kann«*. Er habe diese Verpflichtung *»im Namen des eigentlichen gesellschaftlichen Gewissens«*, d. h. des Lesekundigen, übernommen, um auf das zunehmende Leid, den Hunger, die Unwissenheit und die Verzweiflung hinzuweisen und ihn zu verantwortlichem Handeln zu bewegen, das schließlich – so Torga 1967 in einer neuerlichen Vorrede – in einem weltweiten Gemeinschaftsgefühl münden solle. F.I.-KLL

Ausgaben: *Montanha*: Coimbra 1941. – Rio ^{2}1955. – *Contos da montanha*: Rio ^{3}1962 [umgearb.]. – Coimbra ^{4}1969 [rev. u. erw.]. – Coimbra ^{6}1982 [rev.]. – *Novos contos da montanha*: Coimbra 1944. – Coimbra ^{3}1952 [überarb. u. erw.]. – Coimbra ^{4}1959 [überarb. u. erw.]. – Coimbra ^{5}1967 [rev. u. erw.; m. Vorw.]. – Coimbra ^{6}1975 [rev.]. – Coimbra ^{9}1980 [rev.; ^{13}1986].

Übersetzung: *Neue Erzählungen aus dem Gebirge*, C. Meyer-Clason, Freiburg i. B. 1990 [nach d. Ausg. Coimbra ^{13}1986]. – Dass., ders., Mchn. 1991.

Literatur: J. F. da Silveira, *Análise de »Novos contos da montanha«* (in Cadernos de PUC. Estudos da literatura portuguesa, Rio 1972, Nr. 9, S. 51–62).

VINDIMA

(portug.; *Ü: Weinlese*). Roman von Miguel Torga, erschienen 1945. – Von den Höhen der Terra fria (Kaltes Land) brechen die arbeitsfähigen Bewohner des Dörfleins Penaguião, *»insgesamt vierzig Männer, Frauen und Kinder«*, auf wie zu einem Fest, obgleich sie wissen, daß sie in der Glut der Terra quente (Warmes Land) härteste Arbeit gegen kärglichen Lohn, schlechte Verpflegung und dürftige Unterkunft erwartet. Aber verglichen mit der Monotonie ihres ärmlichen Daseins im rauhen Gebirge erscheint ihnen die Zeit der Weinlese an den Hängen des Douro, zu der sie sich anwerben ließen, als eine Zeit der Fülle. So ziehen sie aus mit Gesang und Flötenspiel, doch die Reise steht diesmal unter einem bösen Stern. Als Trauerzug, mit einer Toten, kehrt die Gruppe zurück.

Angeworben wurden sie für das Weingut Cavadinha, das dem reichen Emporkömmling Lopes aus Porto gehört, einem hartherzigen Mann ohne menschliche Regung für das einfache Volk, aus dem er selber stammt. Ihm ebenbürtig sind der Gutsverwalter Seara, ein Kriecher und Antreiber, ebenso Frau Lopes, die in frömmelnder Schwärmerei kaum bemerkt, was um sie vorgeht, und die Tochter Guiomar, eine hübsche, aber eingebildete

Person. Nur Alberto, der Sohn, zeigt positivere Charakteranlagen; er ähnelt eher der Familie Meneses, der eine bedeutende Weinbau- und Weinhandelsfirma in Vila Nova de Gaia gehört und die auf ihrem Weingut Junceda in der Nachbarschaft der Lopes die Zeit der Weinlese verbringt. In diesem Haus, das sich altadliger Herkunft rühmt, herrschen noch die patriarchalischen Sitten einer feudalen Vergangenheit, die bei aller Ausbeutung ein anteilnehmendes Verhältnis der Herrschaft zu den Angestellten und Arbeitern erlauben. Aber auch hier sind die Zeichen des Verfalls nicht zu übersehen: geisteskrank der Großvater, die Tochter Catarina ein ätherisches Wesen, das *»fast nur von Tee und Kuchen«* lebt, künstlerische Neigungen hegt, aber ihre Tage in Nichtstun verbringt, unberührt und unberührbar in einsamer Fremdheit. Sie liebt in unerwiderter Liebe Alberto Lopes. Raúl, der zweite Sohn des Hauses, dagegen ist ein vitaler, geradsinniger Mensch, und Susana, die Tante, eine ebenso häßliche wie souveräne Person, spottet ebenso unbekümmert über sich selbst, wie sie die Familie und die ganze Gesellschaftsschicht, der sie angehört, genußvoll ironisiert.

Zu diesem Kreis gesellt sich, einer Einladung der Meneses folgend, Dr. Bruno, ein Augenarzt aus Lissabon, der Raúl von einem schweren Augenleiden geheilt hat. Von Catarina, der er hartnäckig nachstellt, eindeutig abgewiesen, gewinnt er sein Selbstbewußtsein dadurch zurück, daß er Guiomar, die Tochter des Nachbarn, verführt und dann abreist. Der Skandal, der alsbald entsteht, tritt in den Hintergrund durch den Ausbruch eines Unwetters, das auf dem Weingut der Lopes großen Schaden anrichtet, und durch den Tod Albertos, der im Gewitter den Tod sucht und umkommt.

Neben diesen Ereignissen verläuft auf einer anderen Ebene das harte Leben der Leute aus Penaguião, in dessen Mittelpunkt die zugleich zarte und gewalttätige Liebe zwischen Glória und Gustavo und – als »Schutzengel«, der über Ordnung und Frieden wacht – die Gestalt der Tia Angélica stehen. Sie ist es, die am Ende der Lese erkrankt und auf dem Heimweg, von vier Männern auf einer Bahre getragen, stirbt, ohne Penaguião noch einmal gesehen zu haben.

Wie fast alle seine Erzählungen (vgl. *Montanha*) hat Torga auch diesen einzigen Roman überarbeitet. Der deutschen Ausgabe (1965) liegt die überarbeitete Fassung von 1954 zugrunde. Dabei ging es dem Verfasser anscheinend vor allem darum, die in der Urfassung bereits eindeutigen Charaktere noch deutlicher, schärfer hervortreten zu lassen. Die »Überbelichtung«, die dadurch entsteht, beeinträchtigt zuweilen die epische Eindringlichkeit und damit die Glaubwürdigkeit der Erzählung. Im übrigen verzichtet Torga auf alle Kunstgriffe der modernen Prosa zugunsten eines realistischen Stils von lapidarer Eindringlichkeit. KLL

AUSGABEN: Coimbra 1945. – Coimbra [2]1954 [überarb.]. – Coimbra [3]1965 [rev.]. – Coimbra [4]1971 [rev.].

ÜBERSETZUNG: *Weinlese*, E. Farny, Bern u. a. 1965.

LITERATUR: T. R. Lopes, *M. T.: L'office pour ›Un Dieu de terre‹* (in *Le roman portugais. Actes du colloque*..., Paris 1984, S. 131–152).

MARIO CESARINY DE VASCONCELOS

* 9.8.1923 Lissabon

DAS LYRISCHE WERK (portug.) von Mario Cesariny de VASCONCELOS.

Cesariny de Vasconcelos ist der bedeutendste Vertreter des literarischen Surrealismus in Portugal, wenn er auch dort nie eine ähnlich bestimmende Stellung wie A. BRETON im französischen Bereich erlangte. Als Gruppe und Bewegung konstituierte sich der portugiesische Surrealismus erst 1947, und zwar als *Grupo Surrealista de Lisboa*, dem neben Cesariny de Vasconcelos António PEDRO, Alexandre O'NEILL, António DOMINGUES, João Moniz PEREIRA, Jorge de SENA, Fernando de AZEVEDO, José-Augusto FRANÇA, Pedro OOM, António Maria LISBOA, Cruzeiro SEIXAS, Mário Henrique LEIRIA und Carlos Enrico da COSTA angehörten. Von dieser Gruppe spalteten sich 1948 Cesariny und Moniz Pereira als Kern eines späteren *Grupo Surrealista Dissidente* ab. Cesariny de Vasconcelos nahm in führender Funktion an wesentlichen Manifestationen der »heroischen Epoche« des portugiesischen Surrealismus von 1947 bis 1953, vor allem als Initiator und Unterzeichner von Manifesten und Polemiker, teil. Nach dem Tod António Maria Lisboas (1953), vollends aber nach dem Ende der Surrealisten als Bewegung um 1957 blieben er und der Maler Cruzeiro Seixas, dem er freundschaftlich verbunden blieb, als einzige Surrealisten weiterhin produktiv.

Sein Werk situiert sich hauptsächlich in den fünfziger Jahren, angefangen von *Corpo visível*, 1950 – *Sichtbarer Körper* bis *Nobilíssima visão*, 1959 – *Hehre Vision* und setzt sich, zum Teil in Neuherausgabe und Sammelausgaben (z. B. *Poesia 1944–1955*, 1961; *Burlescas, teóricas e sentimentais*, 1972 – *Burlesken, theoretische und sentimentale*) oder der Organisierung surrealistischer Anthologien (z. B. *Antologia surrealista do Cadáver Exquisito*, 1961) bis in die siebziger Jahre fort.

Cesarinys Surrealismuskonzept orientiert sich natürlich an Bretons französischem Surrealismus und sieht sich wie dieser prinzipiell nicht nur als literarische Bewegung, sondern als Aktion und Lebensform gegen die herrschende bürgerliche Ordnung und die als repressiv empfundene Normalität ihrer

Ausdrucksform und ihres ideologischen Überbaus. Im literarischen Bereich beinhaltet dies vor allem die Ablehnung des realistischen Paradigmas mit seinem prinzipiell mimetischen Kunstverständnis: *»Denn die Leiden beschreiben, lebhaft die Gegenwart erfassen, Fakten erzählen – das ist sicher Arbeit, aber es ist immer noch nicht Kunst« (Afixação proibida 2 – Anschlag verboten 2)*. Kunst ist hingegen das Überschreiten gesetzter Grenzen. Andererseits gewinnt der Surrealismus Cesarinys gewisse originelle Züge aus seiner spezifischen kulturhistorischen Situation: seinem politischen Kontext, der nicht nur durch eine als allgemein repressiv gedeutete Gesellschaft, sondern durch einen konkreten Polizeistaat gegeben ist; durch die unmittelbare literarische Präsenz des herrschenden Neorealismus; durch das stets präsente Modell des portugiesischen Primeiro Modernismo, der, in vielen Strebungen dem Surrealismus ähnlich, als Vorläufer empfunden wurde (vgl. *Louvor e simplificação de Álvaro de Campos*, 1953 – *Lob und Vereinfachung von Álvaro de Campos*) und dessen Textproduktionen in einzelnen Fällen kaum von automatischen Texten surrealistischer Provenienz unterscheidbar waren.

Hervorstechendes formales Merkmal des Dichtens Cesarinys ist, neben der allgemeinen Tendenz zur semantischen Inkohärenz, sein häufiger Einsatz einer im weitesten Sinn automatisierten Kombinatorik, beruhend auf der Ausfüllung festgelegter nichtsemantischer oder nur sehr allgemein semantisch formulierter Schemata (Reim; Oppositionsstrukturen), wodurch, nach dem Vorbild des surrealistischen *cadavre exquis*, neue Sinnkombinationen entstehen, eine Struktur, deren Schematismus nach seiner Andeutung freilich gern überspielt wird: *»Es fehlt, o Lautréamont, nicht nur daß jede Feige ihren Esel frißt/ sondern daß alle Esel sich selbst fressen ...« (Falta por aqui ...)*. Einem ähnlichen Prinzip folgt die reihende Verbindung ein und desselben Lexems mit wechselnden Prädikaten oder Attributen *(»Die Liebe ist ein Schlüssel der verloren werden muß/ ein Esel der in der Weite der Meere strauchelt/ ein Platz zum Sonnen am Strand für Kindersoldaten/ ...«; A António Maria Lisboa)* oder das *inventário*, die reihende Aufzählung disparater Objekte. Ein Verfahren, das den Surrealismus Cesarinys von dem Bretons unterscheidet, ist die Neubildung von Wörtern, die Zusammensetzung von Wortungeheuern wie *maresperantototémico (Ditirambo)*, oder, mit unerwarteter Sinnperspektive, z. B. *noivadiagem (Braut / Bräutigam + Vagabundieren)* oder *Arcaifaz(sismo)*. Inwieweit Cesarinys Texte Ergebnisse surrealistischer *écriture automatique* sind, ist nicht mit Sicherheit zu sagen. Nicht zuletzt das letztgezeigte Verfahren deutet freilich darauf hin, daß für Cesariny Sprache nicht in der vergleichbar problemlosen Weise wie im Verständnis Bretons Ausdruck innerer Strebungen, des *»wirklichen Funktionieren des Denkens«* (A. Breton) ist: *»Zwischen uns und den Worten ist schmelzendes Metall/ zwischen uns und den Worten sind Propeller die kreisen/ und uns den Tod bringen uns verstümmeln aus unserem Tiefsten/ das nützliche Geheimnis ziehen können« (You are welcome to Elsinore)*. Explizite Äußerungen Cesarinys lassen auf ein eher bewußtes Arbeiten an der Sprache schließen.

Als Ausdruck des Unbewußten präsentiert sich Cesarinys Dichtung eher in traumhaften und visionären Bildstrukturen, bei häufigem Auftreten rätselhafter Vorgänge: *»Ich erinnere mich an alles als ob es heute wäre/ die Kinder spielten im Garten/ mit einer kleinen Gabel im Rücken/ ohne Zweifel dieselbe von vorhin/ und es war sogar Sonntag sieh mal du/ erschienst plötzlich ganz langsam neben mir/ schlepptest ohne Mühe zwei Anrichten billigster Art ...« (Autografia, III)*. Bestimmte Bilder wirken durch ihre häufigere Wiederkehr, vor allem aber durch ihre Nähe zu archetypischen und mythischen Vorstellungen als signifikativer Ausdruck tieferliegender Botschaften, so z. B. das gelegentlich erscheinende Bild des Ertrunkenen (*Corpo visível* u. ö.).

Ein hervorstechendes Charakteristikum des Surrealismus Cesarinys ist seine Zuwendung zur Alltagswelt (vgl. *Discurso sobre a reabilitação do real quotidiano*, 1952 – *Rede über die Rehabilitierung des alltäglichen Realen*) in Gegenständlichkeit und Sprache, und das sich aus und in der Alltagswelt konkretisierende Engagement als Revolte gegen die lastenden Strukturen der Normalität. Ähnlich wie der aus dem Surrealismus kommende Alexandre O'Neill erkennt Cesariny das Problem der portugiesischen Gesellschaft dort, wo es dem Neorealismus durch den Mythos vom Proletariat und die entsprechende Rhetorik verstellt geblieben war, d. h. nicht nur im materiellen und moralischen Elend der kleinen Leute, sondern vor allem im niederen und mittleren Bürgertum, das in der Perspektive Cesarinys in seiner Lethargie, Ängstlichkeit und Verdrängungsfähigkeit das wirkliche Problem Portugals darstellt, wobei sich der Autor gelegentlich selbst nicht ausnimmt *(»Bourgeois sind wir alle/ ...«; Raios de luz – Lichtstrahlen)*. Häufige Szenen von Gewalt oder zumindest verbaler Heftigkeit sind Ausdruck eines Anrennens gegen die Allgegenwart des Systems im allgemeinsten Sinn (z. B. über den Selbstmord SÁ-CARNEIROS: *»Held auf seine Weise weigerte er sich/ die vaterländische Pisse zu trinken«; Discurso*). Eine typischere und spezifischere Form der surrealistischen Attacke bei Cesariny ist der durch Skurrilität desorientierende oder aber die Alltagswelt gegen »höhere Werte« – und seien es die des kämpferischen Neorealismus – ausspielende Humor: *»Denn schließlich und endlich was zählt ist nicht daß es Hungernde gibt/ weil es so oder so auch noch viele gibt die essen/ denn schließlich und endlich was zählt ist keine Furcht zu haben/ den Geschäftsführer zu rufen und ganz laut vor vielen Leuten zu sagen/ Herr Geschäftsführer! Diese Milch ist sauer!« (Discurso, VI)*. Das Alltägliche als harmlos erscheinender Kampfplatz und der skurrile oder sarkastische Humor als Waffe spiegeln, neben der Unmöglichkeit expliziter politischer Stellungnahme, auch die spezifische mentale Situation wieder und sind in ihrer Erlebnisnähe und Grundsätzlichkeit möglicherweise im Sinne der surrealistischen Absicht durchaus angemessen.

Trotz der Originalität des Werks Cesarinys und seiner Bedeutung für den portugiesischen Surrealismus ist sein eventueller Einfluß schwer abschätzbar: Um eine befreiende Wirkung analog dem französischen Surrealismus, der damit besonders die Lyrik des 20. Jh.s prägte (Ausweitung des Bildrepertoires etc.), auszuüben, erscheint der portugiesische Surrealismus zu spät. Dieses hatte bereits weitgehend der *Primeiro Modernismo* (PESSOA, Sá-Carneiro, Ángelo de LIMA etc.) geleistet, der auch vieles Sensationelle vorweggenommen hatte. Gerade er rückte besonders in den vierziger Jahren durch die einsetzende systematische Publikation des Werks Pessoas und Sá-Carneiros erneut ins Blickfeld. Andererseits war eine neue »Befreiung des Bildes« ebenfalls in den vierziger Jahren weitgehend durch die Imagisten um die ›Cadernos de Poesia‹ (Ruy CINATTI u. a.) eingeleitet worden, eine Phase, in der auch in Einzelmanifestationen (E. de BETTENCOURT, V. NEMÉSIO, J. de Sena) ein gewisser »Präsurrealismus« erscheint.
Die fünfziger Jahre brachten dann den langsamen Rückzug des Neorealismus mit seinem lastenden Realismusbegriff und proklamierten in der Zeitschrift ›Távola Redonda‹ ein neues, sich dem Mythos öffnendes Lyrikkonzept. Daß der literarische Surrealismus, nach 1953 fast ausschließlich von Cesariny repräsentiert, immer stärker ein Avantgardismus unter anderen wurde, mindert nicht seine Originalität. Der Experimentalismus der sechziger Jahre sollte dann auf völlig neuer Basis funktionieren. W-Kre.

AUSGABEN: *Corpo visível*, Lissabon 1950. – *Discurso sobre a reabilitação do real quotidiano*, Lissabon 1952. – *Louvor e simplificação de Alvaro de Campos*, Lissabon 1953. – *Manual de prestidigitação*, Lissabon 1956. – *Pena capital*, Lissabon 1957. – *Alguns mitos maiores alguns mitos menores propostos à circulação pelo autor*, Lissabon 1958. – *Nobilíssima visão*, Lissabon 1959. – *Poesia 1944–1955*, Lissabon 1961. – *Planisfério e outros poemas*, Lissabon 1961. – *A cidade queimada*, Lissabon 1965. – *Projectos de Prémio Alfonso Ortigão seguidos de Poemas de Londres*, Lissabon 1971. – *Burlescas, teóricas e sentimentais*, Lissabon 1972. – *As mãos na água, a cabeça no mar*, Lissabon 1972. – *Titânia e A cidade queimada*, Lissabon 1977.

LITERATUR: G. F. Listopad, *Solfejo do surrealismo português* (in Estrada Larga, Hg. Costa Barreto, Bd. 3, Porto o. J., S. 320–324). – J. Palma Ferreira, *A campanha do surrealismo* (in Diário Popular, 6. 8. 1959). – D. Mourão Ferreira, *M. de V. Na publicação de »Manual de prestidigitação«* (in D. M. F., *Vinte poetas contemporâneos*, Lissabon 1960). – M. C. de Vasconcelos, *A intervenção surrealista*, Lissabon 1966. – A. Tabucchi, *Tre maniere di essere surrealisti* (in A. T., *La parola interdetta*, Turin 1971). – *Surrealismo na poesia portuguesa*, Hg. N. Correia, Sintra 1973. – C. F. Moisés, *Poesia e realidade*, São Paulo 1977, S. 169–183. – J. Risset, *I discepoli di Breton. Paradossi di un'avanguardia inattuale* (in Quaderni portoghesi, 3, 1978, S. 81–88). – W. Kreutzer, *Stile der portugiesischen Lyrik im 20. Jh.*, Münster 1980. – A. M. Santos Soares, *O acontecer surrealista em C.* (in RBLL, 1980, Nr. 4, S. 13–21). – M. de F. Marinho Saraiva, *Les arts poétiques de M. C. de V.* (in *Surréalisme périphérique. Actes du Colloque »Portugal, Québec, Amérique Latine: un surréalisme périphérique?«*, Hg. L. de Moura Sobral, Montreal 1984). – C. A. Molina, *M. C.: Do surrealismo não resta nada* (Interview, in JL, 20. 2. 1990, S. 6–9).

JOSÉ LUANDINO VIEIRA

eig. José Vileira Mateus da Graça

* 4.5.1935 Lagoa do Furadouro / Portugal

LITERATUR ZUM AUTOR:
T. Jacinto, *The Art of L. V.* (in Ba Shiru, 5, 1973, Nr. 1, S. 49–58; ern. in *Critical Perspectives on Lusophone Literature from Africa*, Hg. D. Burness, Washington D.C. 1981, S. 79–88). – A. Tabucchi, *Il ›ritorno‹ in Portogallo di uno scrittore rivoluzionario: Angola e la lingua dei dannati: all'inizio é L.* (in Ponte, 31, 1975, S. 406–410). – M. L. Lepecki, *L. V.: sob o signo da verdade* (in Africa, 1, 1978, Nr. 2, S. 134–142). – *Fire. Six Writers from Angola, Mozambique and Cape Verde*, Hg. D. Burness, Washington D.C. 1977, S. 1–18. – M. Laban u. a., *L.: J. L. V. e a sua obra. Estudos, testemunhos, entrevistas*, Lissabon 1980. – K. M. Schreiner, *Antikolonialistische Literatur Angolas: L. V.* (in Iberoamericana, 1980, Nr. 11, S. 50–58). – R. G. Hamilton, *Literatura africana, literatura necessária I – Angola*, Lissabon 1981. – I. Stern, *L. V.'s Short Fiction: Decolonisation in the Third Register* (in *When the Drumbeat Changes*, Hg. C. A. Parker u. a., Washington D.C. 1981, S. 141–152). – A. F. Soares, *Literatura angolana de expressão portuguesa*, Porto Alegre 1983. – *Les littératures africaines de langue portugaise. Actes du colloque...*, Paris 1985, S. 79–98; 145–149. – P. A. Reisman, *National Literary Identity in Contemporary Angolan Prose Fiction*, Diss. Univ. of Minnesota 1986 (vgl. Diss. Abstracts, 47, 1987, S. 3035A; vgl. auch Aufsatz in LBR, 24, 1987, Nr. 1, S. 69–78). – C. V. Marques, *L.: ›Português é um trofeu de guerra‹* (Interview, in JL, 9. 5. 1989, Nr. 357, S. 8 f.).

NÓS, OS DO MAKULUSU

(portug.; *Wir, die vom Makulusu-Viertel*). Roman von José Luandino VIEIRA (Angola), erschienen 1975. – Der nach den Erzählungen *A cidade e a infância*, 1960 *(Die Stadt und die Kindheit)*, *Luuan-*

da, 1964 *(Luanda)*, und *A vida verdadeira de Domingos Xavier* (1970) erste Roman Luandino Vieiras hat eine bekannte Entstehungsgeschichte: Er wurde niedergeschrieben *»in einem einzigen Zug«*, wie der Autor selbst sagt, innerhalb nur einer Woche im April des Jahres 1967, im *Campo de concentração* von Tarrafal auf den Kapverdischen Inseln, in das der seit 1961 als politischer Gefangener des faschistischen Salazar-Regimes inhaftierte Vieira 1964 überführt worden war und aus dem er erst acht Jahre später freigelassen wurde. Wie fast alle seine Werke wurde auch dieses mit Erscheinungsverbot belegt (eine Ausnahme bilden die drei Erzählungen des Bandes *Luuanda*, die 1964 in Angola erschienen sind und mit dem nationalen Mota-Veiga-Literaturpreis und 1965 in Lissabon mit dem »Grande Prémio de Novelística« des Portugiesischen Schriftstellerverbandes ausgezeichnet wurden, was zur Auflösung des Verbandes und zur Verhaftung zahlreicher »Gesinnungsgenossen« führte).

Die Familie Vieiras übersiedelte 1937 nach Luanda, und der gebürtige Portugiese wird durch seine Teilnahme an der Befreiungsbewegung und seine Unterstützung bei der Gründung eines unabhängigen Staates zum Angolaner. In seinem Roman *Nós, os do Makulusu* berichtet Vieira vom Leben der portugiesischen Siedler und ihrer Stellung innerhalb der Gesellschaft zur Zeit des Kolonialkriegs.

»Einfach, so einfach wie ein Schuß: er war Fähnrich, erwischte eine Kugel, er ging in den Krieg und ließ sein Leben im Staub, der sein Blut trank.« So der erste Satz des Buches: Am Tag der Beerdigung seines jüngeren Bruders Maninho, der im Unabhängigkeitskrieg als Sohn portugiesischer Siedler, den sog. *colonos*, auf seiten der Kolonialarmee gefallen ist, geht der Erzähler Mais-Velho durch Luanda – voller Trauer, Zweifel und Erinnerungen. Auf seinem ziellosen Gang kreist sein Denken von Wahrnehmungen und Assoziationen getrieben um sein und seines Bruders Leben. Dabei kehren einige Erinnerungen leitmotivisch wieder: das Gespräch mit Maninho vor seinem Eintritt in die Armee, das letzte Silvesterfest vor dessen Tod, die weiße Meute, die einen Schwarzen auf der Straße zu Tode prügelt, und andere mehr. Dabei zeigt sich zum einen die unbändige Lebensfreude Maninhos, der sich in seinem Liebesleben gegen sittliche und rassistische Vorurteile auflehnt und sich politisch aller Propaganda und Ideologie verweigert, dabei aber immer allein, unorganisiert, anarchistisch bleibt. Zum anderen werden am Beispiel der Familie des Erzählers – portugiesischer Siedler, die nie den versprochenen gesellschaftlichen Aufstieg schafften und also mit den Einheimischen auf einer Stufe leben – die unterschiedlichen Reaktionen auf diese Situation vorgeführt: die ewig unglückliche Mutter, die Schwester, die so schnell wie möglich einen Weißen heiratet und nach Portugal zurückkehrt, und eben die beiden Brüder, die, jeder auf seine Weise, sich in Angola eine Heimat zu schaffen suchen.

Der Erinnerung an den Blutschwur *»Wir, die vom Makulusu-Viertel«* (das ist eines der *musseque* genannten Armenviertel Luandas), den sich Mais-Velho, Maninho, deren mulattischer Halbbruder Paizinho und der Einheimische Kibiaka als Kinder geschworen haben, verdankt der Roman seinen Titel, und wie alle anderen Kindheitserinnerungen wirkt auch diese wie eine Epiphanie von Gemeinschaft, Klarheit und Glück. Aber im Zug der politischen und militärischen Entwicklung zerfällt die verschworene Kindergemeinschaft: Maninho geht auf seiten der Kolonialtruppen in den Krieg, Kibiaka tritt nach rassistischen Erniedrigungen in den bewaffneten Widerstand ein, Paizinho arbeitet im politischen Widerstand. Und Mais-Velho, der Erzähler, nimmt an allen ihren Einstellungen und Lebenswegen teil, ohne sie ganz zu teilen: Mit seinem jüngeren Bruder hat er dessen Glauben an das Leben und dessen Zweifel an Ideologien und Glaubenshaltungen, die doch vom Leben als falsch überführt werden, gemein, mit Paizinho dessen politischen Widerstand und die Überzeugung, daß der Widerstand eines einzelnen wirkungslos bleibt, und trotz der Trauer um den Tod seines Bruders verteidigt er den bewaffneten Widerstand Kibiakas, dem er sogar seine erste Waffe geschenkt hatte. Damit wird er zum einen zum Modell des Intellektuellen, der zwischen allen Stühlen sitzt, und damit auch zum Symbol für Angolas Wirklichkeit, für die Suche des Landes nach einer eigenen Identität. Denn im Widerspruch zum ersten Satz des Romans und zu den Kindheitserinnerungen ist in dieser Wirklichkeit nichts mehr klar und einfach, ist Wahrheit immer mit Lüge verknüpft, ist keine widerspruchsfreie Haltung zu finden. In der letzten Szene des Romans wird Paizinho von der Geheimpolizei verhaftet, und der Erzähler bleibt zurück als der letzte aus dem Makulusu-Viertel. Als es ihm endlich gelingt, sich an den Blutschwur in Kimbundu (der in der Gegend Luandas gesprochenen Bantusprache) zu erinnern – *»Ukamba, uakamba kikunda« (»Freundschaft, niemals Verrat«)* – und damit seine Erinnerung vollständig wiederherzustellen, lernt er, alle dem Menschen eigene Widersprüche zu akzeptieren, und nur so seine Freunde nicht zu verraten. Daraus zieht er die Kraft, an der Zukunft seines Landes weiterzuarbeiten trotz aller Zweifel.

In diesem Roman findet Vieiras Kunst, zur Schaffung des angolanischen Nationalbewußtseins beizutragen, ihre Meisterschaft; zum einen erreicht die von ihm angestrebte »Kunstsprache« aus portugiesischen und afrikanischen Sprach- und Strukturelementen hier ihren Höhepunkt, womit sich der Roman auch einer einfachen Übersetzung verweigert; zum anderen gelingt Vieira, ohne ideologische Simplifizierung, eine Darstellung *»im Zeichen der Wahrheit«* – wie ein Aufsatz über den Schriftsteller lautet – die die Lebensumstände des Menschen transparent und somit deren Veränderung möglich macht. D.Fu.

AUSGABEN: Lissabon 1975; [4]1985. – Luanda 1977; [3]1987.

ÜBERSETZUNG: *Nous autres, de Makulusu*, M. Laban, Paris 1989 [frz.; m. Vorw.].

A VIDA VERDADEIRA DE DOMINGOS XAVIER

(portug.; *Ü: Das wahre Leben des Domingos Xavier*). Erzählung von José Luandino VIEIRA (Angola), erschienen 1974. – Wie die meisten seiner Erzählungen schrieb Vieira auch diese während seiner insgesamt vierzehnjährigen Inhaftierung als politischer Gefangener. Seit 1961 nur als Photokopie im Umlauf, wurde sie (nach einem inoffiziellen Abdruck 1970 in Brasilien) in Portugal erst 1974 – nach der Revolution – und in Angola 1977 veröffentlicht.

In zehn »Kapiteln« schildert Vieira das Leben des Domingos Xavier, eines schwarzen Angolaners: Bisher ein unbescholtener und politisch unverdächtiger Arbeiter auf einer Staudamm-Baustelle, wird er als Freund eines untergetauchten Widerstandskämpfers, des weißen portugiesischen Ingenieurs Silvestre, eines Nachts von der Geheimpolizei PIDE verhaftet und in deren Gefängnis in Luanda bei einem Verhör gefoltert und schließlich zu Tode geprügelt, weil er sich weigert, den Namen des Ingenieurs preiszugeben. – Am nächsten Morgen reist seine Frau Maria in die Hauptstadt und versucht mit Hilfe von Freunden, ihn zu finden. Sie stößt bei den Behörden auf eine Mauer des Schweigens, sucht alle Gefängnisse ab und erfährt schließlich, daß ihr Mann aus der Hauptstadt gebracht worden sei – was im damaligen Sprachgebrauch heißt: Er ist tot. – Parallel zur Schilderung dieser »offiziellen« Geschehnisse erfährt der Leser, wie die Nachricht von der Verhaftung und, später, der Ermordung eines unbekannten schwarzen Arbeiters, eben Domingos Xaviers, vom zehnjährigen Miúdo Zito und seinem Großvater Petelo zu dessen Bekannten Francisco João und anderen Mitgliedern des geheimen Widerstands läuft und schließlich zum »Kopf« der Bewegung, dem Schneider Mussunda, gelangt.

Vieira zeigt in *A vida verdadeira de Domingos Xavier* exemplarisch den sozioökonomischen Zusammenhang von Unterdrückung und Armut: Die allgegenwärtige Drohung der Überwachung und Verschleppung durch die Geheimpolizei, Behördenarroganz und alltäglicher Rassismus zwingen die Einheimischen zu einem unwürdigen Leben, führen zu Hunger, Ausbeutung, schlechter medizinischer Versorgung und – auch durch die Unterdrükkung und Verleumdung der afrikanischen Sprache und Kultur – zu Analphabetismus, mangelnden (Aus-)Bildungschancen und Arbeitslosigkeit. Die Verhaftung ist aber nicht nur Ausgangspunkt für die Schilderung der Repressionsmethoden der politischen Polizei, sondern auch für die durch die Bedrohung von außen gewachsene Solidarität innerhalb der Bevölkerung bei dem Versuch, das »wahre Leben« wiederzuerlangen. Mit der Besinnung auf die eigene Sprache, Musik und Kultur arbeiten die Angolaner an der Entwicklung einer nationalen Identität und lehnen sich mit einer geradezu *»starrsinnigen Lebensfreude«* gegen Entfremdung, Verzweiflung und Gleichgültigkeit auf – die subtileren, aber eigentlichen Mittel kolonialer Unterdrükkung. *»Sie können das, weil sie immer noch etwas besitzen, was zur Bewältigung einer bedrohlichen Realität notwendig ist: Hoffnung. Nicht eine theologisch geprägte, die ungerechte Lebensverhältnisse verschleiert, indem sie auf das Jenseits vertröstet, sondern eine konkrete Hoffnung, deren Dynamik aus der Einsicht erwächst, daß dieser Zustand verändert werden muß und kann«* (K.-M. Schreiner).

Die Erzählung endet – folgerichtig – mit einem Tanzfest, zu dem alle im Widerstand Aktiven sich zusammenfinden, zu Ehren der gefangenen und ermordeten *»angolanischen Brüder«*, weiß oder schwarz, im Bewußtsein einer allen gemeinsamen Menschlichkeit – und mit einer programmatischen Ansprache Mussundas an seine Gäste: *»Brüder und Schwestern, Angolaner. Eben ist ein Bruder mit der Nachricht zu uns gekommen, daß einer unserer Kameraden getötet wurde. Er hieß Domingos Xavier und war Traktorist. ... Ich habe das Fest nur unterbrochen, um euch das zu sagen, es ist damit nicht zu Ende, denn unsere Freude ist groß: Unser Bruder hat, wie ein Mann, sein Volk nicht verraten, er hat sich nicht verkauft. Weinen wir nicht über seinen Tod, denn du, Domingos António Xavier, beginnst heute dein wahres Leben im Herzen des angolanischen Volkes.«*

Dieser politischen Botschaft des Buches verleiht Vieira auf der Ebene der literarischen Mittel einen adäquaten Ausdruck; so wird nicht aus der Sicht eines einzelnen, sondern aus vielen Perspektiven und in vielen, mal einzelnen, mal kollektiven Stimmen erzählt; so ist die Sprache des Buches kein reines Portugiesisch, sondern mit Elementen aus dem *calão* (dem portugiesischen Argot) und afrikanischen Sprachen vermischt; und so stellt Vieira der Unterdrückung die Vision von Solidarität und Gemeinschaft gegenüber und der technischen Erschließung des Landes und der Ausbeutung seiner Reichtümer grandiose Bilder ungebändigter Naturgewalten. Der zuweilen pathetische Ton scheint durchaus gerechtfertigt, war doch kaum eine Kolonialpolitik so rassistisch und hat die einheimische Bevölkerung menschlich und kulturell so sehr erniedrigt wie die portugiesische in ihrer Mischung aus autoritärem Paternalismus, fanatischem Antikommunismus und katholischem Sendungsglauben. Dieses Buch und besonders der auf ihm basierende Film *Sambizanga* (1972) waren eine scharfe Abrechnung mit dem portugiesischen Kolonialismus. Vieira, Sohn armer portugiesischer Siedler, der sog. *colonos*, die mit der einheimischen Bevölkerung deren Lebensverhältnisse teilten, stellte sich dieser Herrschaft in einem Akt doppelter Solidarität entgegen. Zum einen enthüllte er gegen die Propaganda die tatsächliche koloniale Wirklichkeit Angolas, zum anderen bekannte er sich als Weißer über die Rassengrenze hinweg zu einer eigenen nationalen und kulturellen Identiät der schwarzen und weißen Bevölkerung Angolas. D.Fu.

AUSGABEN: Lissabon 1974; [4]1987. – Luanda 1977; [5]1987. – São Paulo 1979 [Vorw. F. A. Albuquerque Mourão].

ÜBERSETZUNGEN: *La vraie vie de Domingos Xavier*, M. P. de Andrade u. C. Tiberghien, Paris 1971 [frz.]. – *Istinnaja žižn' Dominguša Šavera*, L. V. Nekrassov, Moskau 1973 [russ.]. – *Das wahre Leben des Domingos Xavier*, K. Hering, Bln./DDR 1974 [aus dem Frz.]; ern. Ffm. 1981, Hg. U. Schild u. a. [zus. m. *Großmutter Xixi und ihr Enkel Zeca Santos*; Nachw. G. Grohs]. – *The Real Life of Domingos Xavier*, M. Wolfers, Ldn. 1978 [engl.].

VERFILMUNG: *Sambizanga*, Angola 1972 (Regie: S. Maldoror).

LITERATUR: L. Stockton Chang, *Identity behind Bars: Political Prisoner Protagonists of L. V.* (in Literature and Contemporary Revolutionary Culture, 1984/85, Nr. 1, S. 391–405). – M. L. Lepecki, *L. V. »A vida verdadeira de Domingos Xavier« ou o sinal da verdade* (in M. L. L., *Sobre impressões*, Lissabon 1988, S. 165–173). – P. Reisman Butler, *Colonial Resistance and Contemporary Angolan Narrative: »A vida verdadeira de Domingos Xavier« and »Vidas novas«* (in MFS, 35, 1989, S. 47–54).

Die Verfasser der Beiträge

A.A.A.	Prof. Dr. Angel Antón-Andres
A.As.	Alois Aschenbrenner
A.C.K.	Ana-Maria Cortes-Rosa Kollert M.A.
A.deT.	Dr. Afonso de Toro
A.E.B.	Prof. Dr. Albin E. Beau
A.F.R.	Dr. Aurelio Fuentes Rojo
A.Gi.	Prof. Dr. Albert Gier
A.M.R.	Prof. Dr. Anton M. Rothbauer
A.Q.	Artur Quintana
A.Rö.	Andrea Rössler
A.Schö.	Axel Schönberger M.A.
A.Schü.	Alexander Schütz
B.v.B.	Burkhart von Braunbehrens
B.W.	Berta Wiedemann
B.Wa.	Dr. Birgit Wagner
B.We.	Dr. Brunhilde Wehinger
C.F.L.	Clara Fernandez Lopez
C.L.	Christine Lutz
C.Pl.	Celeste Plückebaum
C.Ro.	Dr. Christoph Rodiek
D.B.	Prof. Dr. Dietrich Briesemeister
D.Fu.	Dieter Fuchs
D. Kös.	Diethard Köster
D.R.	Prof. Dr. Dieter Reichardt
D.Sch.	Dr. Dorothea Schurig
D.W.	Prof. Dr. Dieter Woll
E.Bn.	Eva Bachmann M.A.
E.F.	Dr. Egbert Fass
E.Ge.	Dr. Eberhard Geisler
E.Kl.	Erwin Klein
E.M.B.	Prof. Dr. Eberhard Müller-Bochat
F.F.B.	Dr. Fátime de Figueiredo-Brauer
F.F.M.	Ferran Ferrando Melia
F.I.	Dr. Friedrich Irmen
F.P.C.	Francisca Pichardo Castro
G.E.F.	Götz-Erik Flohr M.A.
G.Hm.	Dr. Gerd Hofmann
G.M.	Dr. Gerhard Müller
G.Wil.	Dr. Gerhard Wild
H.Fa.	Helmuth Faust
H.Fel.	Prof. Dr. Hans Felten
H.I.R.	Hans-Ingo Radatz
H.M.	Herbert Müller
H.R.P.	Hans Rudolf Picard
H.We.	Dr. Horst Weich
I.F.	Dr. Ingeborg Frank
I.Me.	Inge Mees
I.Schw.	Dr. Ingrid Schwamborn
J.G.V.	Javier Gonzáles-Vilaltella
J.Hö.	Prof. Dr. Johannes Hösle
J.Kap.	Joachim Kapuste
J.Sch.	Joachim Schickel
K.De.	Klemens Detering
K.Er.	Dr. Klaus Ertler
K.H.D.	Karl H. Delille
KLL	Redaktion Kindlers Literatur Lexikon
K.M.K.	Dr. Klaus Meyer-Koeken
K.St.	Karlheinz Steigleder
L.C.H.	Luisa Costa-Hölzl
L.M.S.	Dr. Maria-Lourdes Möller-Soler
M.A.A.	Maria Antónia Amarante
M.A. de C.B.S.	Maria Aparecida de Campos Brandao
M.Ca.	Michèle Chaudière
M.Fr.	Prof. dr. Martin Franzbach
M.L.K.	Marie-Luise Knott
M.Mi.	Martina Milletich M.A.
M.P.J.	Maria de la Pau Janer Mulet
M.R.	Prof. Dr. Michael Rössner
M.Ti.	Prof. Dr. Manfred Tietz
O.Gr.	Dr. Orlando Grossegesse
P.F.	Dr. Peter Fischer
P.J.T.	Dr. Pere Juan i Tous
P.P.C.	Paqui Pinchardo Castro
P.Str.	Dr. Petra Strien
R.G.M.	Dr. Ray-Güde Mertin
R.Hes.	Renate Hess
S.Kop.	Stefan Koppelberg
S.L.	Dr. Sabine Laußmann
T.D.S.	Prof. Dr. Tilbert Didác Stegmann
T.M.S.	Prof. Dr. Thomas M. Scherer
U.Fe.	Uta Felten
U.He.	Dr. Udo Hebel
U.Pr.	Dr. Ulrich Prill
V.G.	Volker Glab
W.H.	Dr. Werner Huber
W.Hm.	Walter Heim
W.Kre.	Prof. Dr. Winfried Kreutzer
W.Ste.	Werner Steinbeiß M.A.

Abkürzungsverzeichnis

1. Allgemeine Abkürzungen

Abb.	Abbildung(en)
Abdr.	Abdruck
abgedr.	abgedruckt
Abh.	Abhandlung(en)
Abt.	Abteilung
Acad.	Académie
Akad.	Akademie
Ala.	Alabama
Alas.	Alaska
AlH	Ausgabe letzter Hand
allg.	allgemein
Anh.	Anhang
Anm.	Anmerkung
Ariz.	Arizona
Ark.	Arkansas
Art.	Artikel
AS	Ausgewählte Schriften
AT	Altes Testament
Aufl.	Auflage
Ausg.	Ausgabe
ausgew.	ausgewählt
Ausw.	Auswahl
Ausz.	Auszug
autor.	autorisiert
AW	Ausgewählte Werke
Bd.	Band
Bde.	Bände
Bearb.	Bearbeitung
bearb.	bearbeitet
Beih.	Beiheft
Beil.	Beilage
Ber.	Bericht
Bibl.	Bibliothek
Bibliogr.	Bibliographie
Biogr.	Biographie
Bln.	Berlin
Bull.	Bulletin
bzw.	beziehungsweise
ca.	circa
Calif.	Kalifornien
Cod.	Codex
Colo.	Colorado
Conn.	Connecticut
dass.	dasselbe
D.C.	District of Columbia
Del.	Delaware
ders.	derselbe
desgl.	desgleichen
d.i.	das ist
dies.	dieselbe, dieselben
Diss.	Dissertation
durchges.	durchgesehen
ebd.	ebenda
Ed.	editio, Edition, édition
Einf.	Einführung
Einl.	Einleitung
enth.	enthält
erg.	ergänzt
Erg.-H.	Ergänzungsheft
Erl.	Erläuterungen
ern.	erneut
erw.	erweitert
f., ff.	folgende
Faks.	Faksimile
fasc.	fasciculus
Ffm.	Frankfurt/Main
Fla.	Florida
Frft./Oder	Frankfurt/Oder
Frgm.	Fragment
Fs.	Festschrift
GA	Gesamtausgabe
Ga.	Georgia
geb.	geboren
Ges.	Gesellschaft
Gesch.	Geschichte
GG	Gesammelte Gedichte
GS	Gesammelte Schriften
GW	Gesammelte Werke
H.	Heft
Ha.	Hawaii
Hab. Schr.	Habilitationsschrift
Hbg.	Hamburg
Hg.	Herausgeber
hist.-krit.	historisch-kritisch
Hs.	Handschrift
Id.	Idaho
Ill.	Illinois
Illustr.	Illustration(en)
Ind.	Indiana
Inh.	Inhalt
Inst.	Institut
in Vorb.	in Vorbereitung
Jb.	Jahrbuch
Jg.	Jahrgang
Jh.	Jahrhundert
kaiserl.	kaiserlich
Kans.	Kansas

Kap.	Kapitel
kgl.	königlich
Kl.	Klasse
Komm.	Kommentar, Kommission
korr.	korrigiert
krit.	kritisch
Ky.	Kentucky
La.	Louisiana
Ldn.	London
Lex.	Lexikon
Lfg.	Lieferung
Lit.	Literatur
Lithogr.	Lithographie
Lpzg.	Leipzig
MA	Mittelalter
ma	mittelalterlich
Mass.	Massachusetts
Mchn.	München
Md.	Maryland
Me.	Maine
Mich.	Michigan
Minn.	Minnesota
Miss.	Mississippi
Mitt.	Mitteilung(en)
Mo.	Missouri
monatl.	monatlich
Mont.	Montana
Ms.	Manuskript
musikal.	musikalisch
Nachdr.	Nachdruck
Nachw.	Nachwort
NB	Nationalbibliothek
N.C.	North Carolina
N.D.	North Dakota
Nebr.	Nebraska
Neudr.	Neudruck
Nev.	Nevada
N.F.	Neue Folge
N.H.	New Hampshire
N.J.	New Jersey
Nlg.	Nachlieferung
N.Mex.	New Mexico
N.R.	Neue Reihe
Nr.	Nummer
N.S.	Neue Serie
NT	Neues Testament
NY	New York
N.Y.	New York (Staat)
Oh.	Ohio
o.J.	ohne Jahr
Okla.	Oklahoma
o.O.	ohne Ort
Oreg.	Oregon
Orig.	Original
Pa.	Pennsylvania
phil.	philosophisch, philologisch
Progr.	Programm
Pseud.	Pseudonym
publ.	publiziert
R.	Reihe
R.I.	Rhode Island
rev.	revidiert
Rez.	Rezension
S.	Seite
s.	siehe
sämtl.	sämtliche
S.C.	South Carolina
S.D.	South Dakota
selbst.	selbständig
Ser.	Serie
Sitzungsber.	Sitzungsberichte
s.o.	siehe oben
sog.	sogenannt
Sp.	Spalte
Stg.	Stuttgart
Str.	Strophe
SS	Sämtliche Schriften
s.u.	siehe unten
SU	Sowjetunion
Suppl.	Supplement
s.v.	sub verbo
SW	Sämtliche Werke
Tenn.	Tennessee
Tex.	Texas
theol.	theologisch
Tl.	Teil
Tle.	Teile
T.N.P.	Théatre National Populaire
Tsd.	Tausend
u.a.	und andere
UB	Universitätsbibliothek
u.d.T.	unter dem Titel
Ü	Übersetzung
Übers.	Übersetzung
umgearb.	umgearbeitet
Univ.	Universität
u.ö.	und öfter
unveränd.	unverändert
unvollst.	unvollständig
Urauff.	Uraufführung
Ut.	Utah
V.	Vers
Va.	Virginia
veränd.	verändert
verb.	verbessert
Verf.	Verfasser
verf.	verfaßt
Vergl.	Vergleich
verm.	vermehrt
veröff.	veröffentlicht
Verz.	Verzeichnis
vgl.	vergleiche
vollst.	vollständig
Vorw.	Vorwort
Vt.	Vermont
Wash.	Washington
Wb.	Wörterbuch

Wis.	Wisconsin
Wiss.	Wissenschaft(en)
wiss.	wissenschaftlich
W.Va.	West Virginia
Wyo.	Wyoming
zeitgen.	zeitgenössisch
Zs.	Zeitschrift
z.T.	zum Teil
Ztg.	Zeitung
zugl.	zugleich

2. Bücher, Zeitschriften und Reihen

ABAW	Abhandlungen der Bayerischen Akademie der Wissenschaften
ADAW	Abhandlungen der Deutschen Akademie der Wissenschaften
AHDLM	Archives d'Histoire Doctrinale et Littéraire du Moyen-Âge
AION	Annali dell'Istituto Orientale in Napoli
ALM	Archives des Lettres Modernes
APK	Aufsätze zur portugiesischen Kulturgeschichte
ArCCP	Arquivos do Centro Cultural Português
ASAW	Abhandlungen der Sächsischen Akademie der Wissenschaften zu Leipzig
ASGW	Abhandlungen der (Kgl.) Sächsischen Gesellschaft der Wissenschaften
ASSL	Archiv für das Studium der neueren Sprachen (und Literaturen)
AUMLA	Journal of the Australasian Universities Language and Literature Association
Austral	Collección Austral (Tb-Reihe)
AWA	Anzeiger der philologisch-historischen Klasse der Akademie der Wissenschaften in Wien
BAC	Biblioteca de Autores Cristianos
BAE	Biblioteca de Autores Españoles
BB	Biblioteca Breve (Tb.-Ausgabe)
BdHumR	Bibliothèque d'Humanisme et Renaissance
Beitr.	Beiträge zur Geschichte der deutschen Sprache und Literatur; seit 1955: Beitr. (Tübingen)- Beitr. (Halle)
BEP	Bulletin des études portugaises et de l'Institut Français au Portugal; ab 1974/75 Bulletin des études portugaises et brésiliennes
BF	Boletim de Filologia
BFE	Boletín de Filologia Española
BHi	Bulletin Hispanique
BHS	Bulletin of Hispanic Studies
BRAE	Boletín de la Real Academia Española
BRH	Biblioteca Romanica Hispanica
BRP	Beiträge zur Romanischen Philologie
BS	Bibliothek Suhrkamp
CA	Cuadernos Americanos
Carpeaux	O. M. Carpeaux, *Pequena bibliografia critica da literatura brasileira*, Rio [4]1967; ern. o. J. (1978)
Castalia	Clásicos Castalia (Tb-Reihe)
Cátedra	Colección Cátedra (Tb-Reihe)
CC	Colección Crisól
Ccm	Cahiers de Civilisation Médiéval
CHA	Cuadernos Hispanoamericanos
CL	Comparative Literature
Clás. Cast	Clásicos Castellanos
Class. Garn	Les Classiques Garnier
CMHLB	Cahiers du Monde Hispanique et Luso-Brésilien
ConL	Contemporary Literature
Coutinho	*A literatura no Brasil*, Hg. A. Coutinho, 6 Bde., Rio de Janeiro 1969–1971 (2. Aufl., rev. u. erw.)
Crit	Critique, Studies in Modern Fiction
detebe	Diogenes Taschenbuch
DHS	Dix-Huitième Siècle
DSS	Dix-Septième Siècle
dtv	Deutscher Taschenbuch Verlag

DVLG	Deutsche Vierteljahrsschrift für Literaturwissenschaft und Geistesgeschichte
DWAW	Denkschriften der Wiener (Österreichischen) Akademie der Wissenschaften
ECS	Eighteenth-Century Studies
EdF	Erträge der Forschung
EIC	Essays in Criticism. A Quarterly Journal of Literary Criticism
Eitel	*Lateinamerikanische Literatur der Gegenwart in Einzeldarstellungen*, Hg. W. Eitel, Stg. 1978 (KTA)
EL	Études de Lettres
ER	Europäische Revue
es	Edition Suhrkamp
Euph	Euphorion. Zeitschrift für Literaturgeschichte
FAZ	Frankfurter Allgemeine Zeitung für Deutschland
FH	Frankfurter Hefte, Zeitschrift für Kultur und Politik
FiBü	Fischer Bücherei
FiTb	Fischer Taschenbuch
FMLS	Forum for Modern Language Studies
FRs	Frankfurter Rundschau
GGA	Göttingische Gelehrte Anzeigen
GGT	Goldmanns Gelbe Taschenbücher
Goldm. Tb	Goldmann Taschenbuch
GRLMA	Grundriß der Romanischen Literaturen des Mittelalters
GRM	Germanisch-Romanische Monatsschrift
GröberG	*Grundriß der romanischen Philologie*, Hg. G. Gröber, 2 Bde., 4 Abt., Straßburg 1888–1902
Heyne Tb	Heyne Taschenbuch
HJbG	Historisches Jahrbuch der Görres-Gesellschaft
HR	Hispanic Review. A Quarterly Journal Devoted to Research in the Hispanic Languages and Literatures
IB	Insel Bücherei
Insel Tb	Insel Taschenbuch
IR	Iberoromania
JL	Journal de Letras, artes e ideias
JSpS	Journal of Spanish Studies
KLFG	Kritisches Lexikon zur fremdsprachigen Gegenwartsliteratur
KLRG	Kritisches Lexikon der Romanischen Gegenwartsliteraturen
KnaurTb	Knaur Taschenbuch
KRQ	Kentucky Romance Quarterly
KTA	Kröners Taschenausgabe
LALR	Latin American Literary Review
LangMod	Les Langues Modernes
LATR	Latin American Theater Review
LB-EA	Europa-America – Livros de Bolsillo (Tb.-Reihe)
LBR	Luso-Brazilian Review
LdD	Letras de Deusto
LiLi	Zeitschrift für Literaturwissenschaft und Linguistik
LJb	Literaturwissenschaftliches Jahrbuch der Görres-Gesellschaft
LM	Lexikon des Mittelalters, Mchn. 1980 ff.
LNL	Les Langues Néo-Latines
LR	Les Lettres Romanes
LWU	Literatur in Wissenschaft und Unterricht
MA	Le Moyen-Âge. Revue d'Histoire et de Philologie
MAevum	Medium Aevum
Mag. litt	Magazine littéraire
MD	Modern Drama
MFS	Modern Fiction Studies
MGSL	Minas Gerais: Suplemento literario
MLJ	Modern Language Journal
MLN	Modern Language Notes
MLQ	Modern Language Quarterly
MLR	Modern Language Review
MLS	Modern Language Studies
Moisés	M. Moisés, *Historia da literatura brasileira*, 3 Bde., São Paulo 1983–1985
MPh	Modern Philology
MR	Marche Romane
NAG	Nachrichten von der Akademie der Wissenschaften zu Göttingen
NBAE	Nueva Biblioteca de Autores Españoles
NCF	Nineteenth-Century Fiction
Neoph	Neophilologus. Driemaandeliks tijdschrift voor de weetenschapelike beoefening van levende vreemde talen en van haar letterkunde
NGG	Nachrichten von der Gesellschaft der

	Wissenschaften in Göttingen
NL	Les Nouvelles Littéraires, Artistiques et Scientifiques
NphM	Neuphilologische Mitteilungen
NRFH	Nueva Revista de Filología Hispánica
NRs	Die Neue Rundschau
NSp	Die neueren Sprachen. Zeitschrift für Forschung und Unterricht auf dem Fachgebiet der modernen Fremdsprachen
NSRs	Neue Schweizer Rundschau
NZZ	Neue Zürcher Zeitung
OCrit	Œuvres et Critiques
OL	Orbis Litterarum. Revue internationale d'études littéraires
PMLA	Publications of the Modern Language Association of America
PQ	The Philological Quarterly. A Journal Devoted to Scholarly Investigation in the Classical and Modern Languages and Literatures
Praz	M. Praz, *Liebe, Tod und Teufel. Die schwarze Romantik*, München 1963
PSA	Papeles de Son Armadans
QFLR	Quaderni di filologia romanze
QL	La Quinzaine Littéraire
RABM	Revista de Archivos, Bibliotecas y Museos
RANL	Atti della (Reale) Accademia Nazionale dei Lincei. Rendiconti. Classe di scienze morali, storiche e filologiche
RB	La Revue Politique et Littéraire. Revue Bleue
RBLL	Revista brasileira de lingua e literatura
Rbph	Revue belge de philologie et d'histoire
RCEH	Revista Canadiense de Estudios Hispánicos
RCF	Revue of Contemporary Fiction
Rclc	Revue Canadienne de Littérature Comparée. Canadian Review of Comparative Literature
rde	Rowohlts Deutsche Enzyklopädie
RDM	La Revue des Deux Mondes
RdO	Revista de Occidente
REH	Revista de Estudios Hispánicos
RF	Romanische Forschungen. Vierteljahresschrift für romanische Sprachen und Literaturen
RFE	Revista de Filología Española
RFH	Revista de Filología Hispánica
RH	Revue Hispanique. Recueil consacré à l'étude des langues, des littératures et de l'histoire des pays castillans, catalans et portugais
RHA	Revista Hispanoamericana
RHeb	La Revue Hebdomadaire. Romans – histoire – voyages
RHLF	Revue d'Histoire Littéraire de la France
RHM	Revista Hispánica Moderna
RHT	Revue d'Histoire du Théâtre
RI	Revista Iberoamericana
RJb	Romanistisches Jahrbuch
RKl	Rowohlts Klassiker
RLA	Revista de Letras, Faculdade de Filosofia, Ciências e Letras
RLaR	Revue des Langues Romanes
RLC	Revue de la Littérature Comparée
RLM	Rivista de Letterature Moderne (e comparate)
RLMod	Revue des Lettres Modernes
rm	Rowohlts Monographien
Rom	Romania. Revue trimestrielle consacrée à l'étude des langues et des littératures romanes
RomR	Romanic Review
RoNo	Romance Notes
rororo	Rowohlts Rotations Romane
RoSt	Romance Studies
RPh	Romance Philology
RRAL	Atti della Reale Accademia dei Lincei. Rendiconti. Classe di scienze morali, storiche e filologiche
RRo	Revue Romane
RSH	Revue des Sciences Humaines
RUB	Reclams Universal-Bibliothek
RZL	Romanistische Zeitschrift für Literaturgeschichte
Saraiva/	*História de literatura portuguesa*, Hg.

Lopes	A. J. Saraiva u. Ó. Lopes, Porto [13]1985
SAWH	Sitzungsberichte der Heidelberger Akademie der Wissenschaften
SBAW	Sitzungsberichte der (Kgl.) Bayerischen Akademie der Wissenschaften zu München
SchwRs	Schweizer(ische) Rundschau
SG	Sammlung Göschen
SL	Die Schöne Literatur
SLESP	Suplemento literário – Estado de Saõ Paulo
SLu	Sammlung Luchterhand
SPAW	Sitzungsberichte der (Kgl.) Preußischen Akademie der Wissenschaften
SRLF	Saggi e ricerche di letteratura francese
st	Suhrkamp Taschenbuch
Stc	Strumenti critici
STFM	Société des textes français modernes
StN	Studies in the Novel
StPh	Studies in Philology
StTCL	Studies in Twentieth Century Literature
StvLg	Studien zur vergleichenden Literaturgeschichte
stw	Suhrkamp Taschenbuch Wissenschaft
SuF	Sinn und Form. Beiträge zur Literatur
SWAW	Sitzungsberichte der Wiener Akademie der Wissenschaften
SZ	Süddeutsche Zeitung
TCL	Twentieth-Century Literature
TDR	The Drama Review
TLL	Travaux de linguistique et de littérature
TLS	Times Literary Supplement
TWAS	Twayne's World Authors Series
Ullst. Tb.	Ullstein Taschenbuch
WB	Weimarer Beiträge. Zeitschrift für Literaturwissenschaft, Ästhetik und Kulturtheorie
WdF	Wege der Forschung
WdL	Die Welt der Literatur
WW	Wirkendes Wort. Deutsches Sprachschaffen in Lehre und Leben
WZBln	Wissenschaftliche Zeitschrift der Humboldt-Universität in Berlin. Gesellschafts- und sprach-wissenschaftliche Reihe
WZGreifswald	Wissenschaftliche Zeitschrift der Ernst-Moritz-Arndt-Universität Greifswald. Gesellschafts- und sprachwissenschaftliche Reihe
WZHalle	Wissenschaftliche Zeitschrift der Martin-Luther-Universität Halle-Wittenberg. Gesellschafts- und sprachwissenschaftliche Reihe
WZJena	Wissenschaftliche Zeitschrift der Friedrich-Schiller-Universität Jena. Gesellschafts- und sprach-wissenschaftliche Reihe
WZLpzg	Wissenschaftliche Zeitschrift der Karl-Marx-Universität Leipzig. Gesellschafts- und sprach-wissenschaftliche Reihe
WZRostock	Wissenschaftliche Zeitschrift der Universität Rostock. Gesellschafts- und sprachwissenschaftliche Reihe.
ZfrPh	Zeitschrift für romanische Philologie
ZfrzSp	Zeitschrift für französische Sprache und Literatur
ZvLg	Zeitschrift für vergleichende Litteraturgeschichte

Register der Autoren und Werke